MICHELIN

Deutschland

Guide MICHELIN 2016

HOTELS & RESTAURANTS

Liebe Leser

Mehr Farben, mehr Bilder, mehr Klarheit – das wird Ihnen auffallen, wenn Sie den diesjährigen Guide MICHELIN durchblättern. Wir wollten die Ausgabe 2016 für Sie unterhaltsamer gestalten und Ihnen die Suche nach Hotels und Restaurants noch leichter machen. Denn seit über einem Jahrhundert sind wir nur einer Aufgabe verpflichtet: Ihnen bei der richtigen Wahl zu helfen.

Das ganze Jahr über dreht sich bei den MICHELIN Inspektoren alles darum, hochwertige Adressen – Restaurants, Hotels und Pensionen – in allen Komfortklassen und Preiskategorien zu finden.

Die heutige Gastronomie ist überaus lebendig angesichts der sich ständig entwickelnden Küchen und kulinarischer Verschmelzungen.

Gutes Essen erwartet Sie in allen Restaurants, die wir empfehlen, doch die bemerkenswertesten Küchen sind die mit MICHELIN Stern ✿ – einem, zwei oder drei. Von traditionell bis innovativ, von schlicht bis aufwändig – ganz unabhängig vom Stil erwarten wir immer das Gleiche: beste Produktqualität, Know-how des Küchenchefs, Originalität der Gerichte sowie Beständigkeit auf Dauer und über die gesamte Speisekarte hinweg.

Sich zu verwöhnen muss nicht teuer sein, nicht einmal ein Essen mit der ganzen Familie oder Freunden – dafür sorgt ein treuer Verbündeter: der Bib Gourmand ☺, unsere Auszeichnung für gutes Essen zu fairen Preisen.

Wir nehmen die Bedürfnisse unserer Leser ernst und schätzen Ihre Meinungen und Vorschläge. So können wir unsere Auswahl immer weiter verbessern und Ihnen auf Ihren Reisen zur Seite stehen... auf all Ihren Reisen!

Dear reader

As you flick through this year's MICHELIN guide, you will notice more colours, more pictures and greater clarity: we wanted the 2016 edition to be more enjoyable to read and to make your search for establishments easier and faster! This is because our commitment for over a century has been to help you make the right choice.

•

All year, the Michelin inspectors have been focusing their efforts on finding top quality establishments – restaurants, hotels and guesthouses – across all categories of comfort and price.

Our palates get sharper and sharper as they come across ever-evolving cuisines and culinary crossovers that bring an extraordinary vitality to contemporary cooking.

•

You'll eat well in all of the places we recommend but our stars ✿ – one, two and three – mark out the most remarkable kitchens. Whatever the cooking or restaurant style – from the traditional to the innovative, the modest to the extravagant – we look for the same things: the quality of the produce; the expertise of the chef; the originality of the dishes; and consistency throughout the meal and across the seasons.

Since treating yourself doesn't have to be costly, you can rely on a faithful ally when it comes to sharing meals with family and friends: the Bib Gourmand ☺, our award for good food at moderate prices.

We listen to our readers' needs and we truly value your opinions and recommendations so we can keep improving our selection and help you on your journeys... all of your journeys!

J.-D. Sudres/hemis.fr

Inhaltsverzeichnis

Contents

K. Levit/Design Pics RM/age fotostock • Atlantide S.N.C./age fotostock • SuperStock/age fotostock

Die Grundsätze des Guide MICHELIN

Erfahrung im Dienste der Qualität!

Ob in Japan, in den Vereinigten Staaten, in China oder in Europa, die Inspektoren des Guide MICHELIN respektieren weltweit exakt dieselben Kriterien, um die Qualität eines Restaurants oder eines Hotels zu überprüfen. Dass der Guide MICHELIN heute weltweit bekannt und geachtet ist, verdankt er der Beständigkeit seiner Kriterien und der Achtung gegenüber seinen Lesern. Diese Grundsätze möchten wir hier bekräftigen:

DER ANONYME BESUCH

die oberste Regel. Die Inspektoren testen anonym und regelmäßig die Restaurants und Hotels, um das Leistungsniveau in seiner Gesamtheit zu beurteilen. Sie bezahlen alle in Anspruch genommene Leistungen und geben sich nur zu erkennen, um ergänzende Auskünfte zu erhalten. Die Zuschriften unserer Leser stellen darüber hinaus wertvolle Erfahrungsberichte für uns dar und wir benutzen diese Hinweise, um unsere Besuche vorzubereiten.

DIE UNABHÄNGIGKEIT

Um einen objektiven Standpunkt zu bewahren, der einzig und allein dem Interesse des Lesers dient, wird die Auswahl der Häuser in kompletter Unabhängigkeit erstellt. Die Empfehlung im Guide MICHELIN ist daher kostenlos. Die Entscheidungen werden vom Chefredakteur und seinen Inspektoren gemeinsam gefällt. Für die höchste Auszeichnung wird zusätzlich auf europäischer Ebene entschieden.

DIE AUSWAHL DER BESTEN

Der Guide MICHELIN ist weit davon entfernt, ein reines Adressbuch darzustellen, er konzentriert sich vielmehr auf eine Auswahl der besten Hotels und Restaurants in allen Komfort- und Preiskategorien. Eine einzigartige Auswahl, die auf ein und derselben Methode aller Inspektoren weltweit basiert.

DIE JÄHRLICHE AKTUALISIERUNG

Alle praktischen Hinweise, alle Klassifizierungen und Auszeichnungen werden jährlich aktualisiert, um die genauestmögliche Information zu bieten.

DIE EINHEITLICHKEIT DER AUSWAHL

Die Kriterien für die Klassifizierung im Guide MICHELIN sind weltweit identisch. Jede Kultur hat ihren eigenen Küchenstil, aber gute Qualität muss der einheitliche Grundsatz bleiben.

Denn unser einziges Ziel ist es, Ihnen bei Ihren Reisen behilflich zu sein.

MOBILITÄT IM ZEICHEN VON VERGNÜGEN UND SICHERHEIT IST DIE MISSION VON MICHELIN

→ The MICHELIN guide's commitments

Experienced in quality

Whether it is in Japan, the USA, China or Europe our inspectors use the same criteria to judge the quality of the hotels and restaurants and use the same methods of visiting. The guide can only boast this worldwide reputation thanks to its commitment to the readers and we would like to stress these here.

→ *ANONYMOUS INSPECTION* • *Our inspectors make regular and anonymous visits to hotels and restaurants to gauge the quality of products and services offered to an ordinary customer. They settle their own bill and may then introduce themselves and ask for more information about the establishment. Our readers' comments are also a valuable source of information, which we can follow up with a visit of our own.*

→ *INDEPENDENCE* • *To remain totally objective for our readers, the selection is made with complete independence. Entry into the guide is free. All decisions are discussed with the Editor and our highest awards are considered at a European level.*

→ *THE BEST CHOICE* • *The guide offers a selection of the best hotels and restaurants in every category of comfort and price. This is only possible because all the inspectors rigorously apply the same methods.*

→ *ANNUAL UPDATES* • *All the practical information, classifications and awards are revised and updated every year to give the most reliable information possible.*

→ *CONSISTENCY* • *The criteria for the classifications are the same in every country covered by the MICHELIN guide.*

... THE SOLE INTENTION OF MICHELIN is to make your travels both safe and enjoyable.

Die Top-Adressen

2016

die neuen Sterne...

✿✿✿

Hamburg	The Table Kevin Fehling

✿✿

Berlin	Horváth
Frankfurt am Main	Lafleur
München	Atelier
Piesport	schanz. restaurant.

✿

Auerbach in der Oberpfalz	SoulFood
Beelitz	kochZIMMER
Berlin	Bandol sur Mer
Berlin	Bieberbau
Berlin	Markus Semmler
Berlin	Nobelhart und Schmutzig
Berlin	Richard
Bogen / Niederwinkling	Landgasthof Buchner
Bonn	Yunico
Daun	Graf Leopold
Dortmund	kikillus RESTAURANT
Frankfurt am Main	Gustav
Frankfurt am Main	Restaurant Villa Merton
Frankfurt am Main	SEVEN SWANS
Freiburg im Breisgau	Wolfshöhle
Hamburg	TrüffelSchwein
Koblenz	Da Vinci
Koblenz	Schiller's Restaurant
Köln	Ox und Klee
Mannheim	Marly
Mülheim an der Ruhr	am Kamin
Rügen / Binz	Rugard's Gourmet
Säckingen, Bad	Freigeist
Stuttgart / Fellbach	Goldberg
Teisnach	Oswald's Gourmetstube
Zwischenahn, Bad	Apicius

Und finden Sie alle Sterne-Restaurants 2016
am Ende des Guide MICHELIN, Seite 1304.

... die neuen Bib Gourmand

Altdorf	Augustlhof - Saustall
Amöneburg	Dombäcker
Amstetten	Stubersheimer Hof
Bentheim, Bad	Keilings Restaurant - Weinbistro
Brilon	Almer Schlossmühle
Eckelsheim	Kulturhof
Einbeck	Genusswerkstatt
Eltville am Rhein	Gutsausschank im Baiken
Emmingen-Liptingen	Schenkenberger Hof
Feldkirchen-Westerham	Aschbacher Hof
Frammersbach	Schwarzkopf
Friedberg	Zum Herzog Ludwig
Gießen	Restaurant Tandreas
Hamburg	Stüffel
Hamburg	Trific
Hann. Münden	Biorestaurant Werratal
Hannover	boca
Hardheim	Wohlfahrtsmühle
Heigenbrücken	Gewölbekeller und Parkrestaurant
Illertissen	Vier Jahreszeiten
Karlsruhe	Oberländer Weinstube
Koblenz	Deutscher Kaiser
Koblenz	GERHARDS GENUSSGESELLSCHAFT
Köln	basilicum
Köln	Metzger & Marie
Königswinter	Petit Lion - Weinstube Krone
Kühlungsborn	Tillmann Hahns Gasthaus
Lauterbach	schuberts
Leipzig	Drogerie
Lingen	Ratskeller
Magdeburg	Bon Apart
Maikammer	Dorf-Chronik
March	Jauch's Löwen
Merseburg	Ritters Weinstuben
München	Le Cézanne
Osnabrück	Walhalla
Pforzheim	Landgasthof Seehaus
Randersacker	Bären
Ratingen	Christian Penzhorn
Saarlouis	PASTIS bistro
Sankt Märgen	Zum Kreuz
Schlat	Gasthof Lamm
Schweinfurt	Kugelmühle
Treis-Karden	Schloss Hotel Petry - Wein- und Schloßstube
Vreden	Büschker's Stuben
Wackersberg	Tölzer Schießstätte
Waren (Müritz)	Kleines Meer
Wiesbaden	Chez Mamie
Windorf	Feilmeiers Landleben
Zwingenberg	Kaltwassers Wohnzimmer

Die Sterne 2016

Dreis	✻✻✻	Ort mit mindestens einem 3-Sterne-Restaurant
München	✻✻	Ort mit mindestens einem 2-Sterne-Restaurant
Bonn	✻	Ort mit mindestens einem 1-Stern-Restaurant

Baden-Württemberg

Munkmarsch
Tinnum
Rantum
Glücksburg
Hörnum
Wyk auf Föhr
Panker
Wangels
Dierhagen
Binz
Stralsund
Scharbeutz
Bad Doberan
Rostock
Heringsdorf
Cuxhaven
Timmendorfer Strand
Stolpe
Lübeck
Krakow am See
Hamburg
Feldberger Seenlandschaft
Celle
Berlin
Burgwedel
Wolfsburg
Potsdam
Beelitz
Aerzen
Burg (Spreewald)
Rheda-Wiedenbrück
Paderborn
Friedland
Leipzig
Frankenberg (Eder)
Dresden
Erfurt
Weimar
Bad Hersfeld
Königstein im Taunus
Bad Homburg
Bad Kissingen
Coburg
Johannesberg
Wirsberg
Frankfurt am Main
Würzburg
Auerbach in der Oberpfalz
Miltenberg
Wertheim
Sommerhausen
Wernberg-Köblitz
Weikersheim
Nürnberg
Mulfingen
Langenzenn
Rötz
Künzelsau
Neunburg vorm Wald
Schwäbisch Hall
Regensburg
Teisnach
Rosenberg
Niederwinkling
Waldkirchen
Nördlingen
Bad Griesbach
Salach
Langenau
Augsburg
Pleiskirchen
Sonnenbühl
Ulm
München
Kirchdorf
Starnberg
Prien am Chiemsee
Öhningen
Meersburg
Tegernsee
Aschau im Chiemgau
Konstanz
Lindau im Bodensee
Rottach-Egern
Berchtesgaden
Ofterschwang
Krün
Hirschegg
Oberstdorf

Bib Gourmand 2016

• Orte mit mindestens einem Bib Gourmand-Haus.

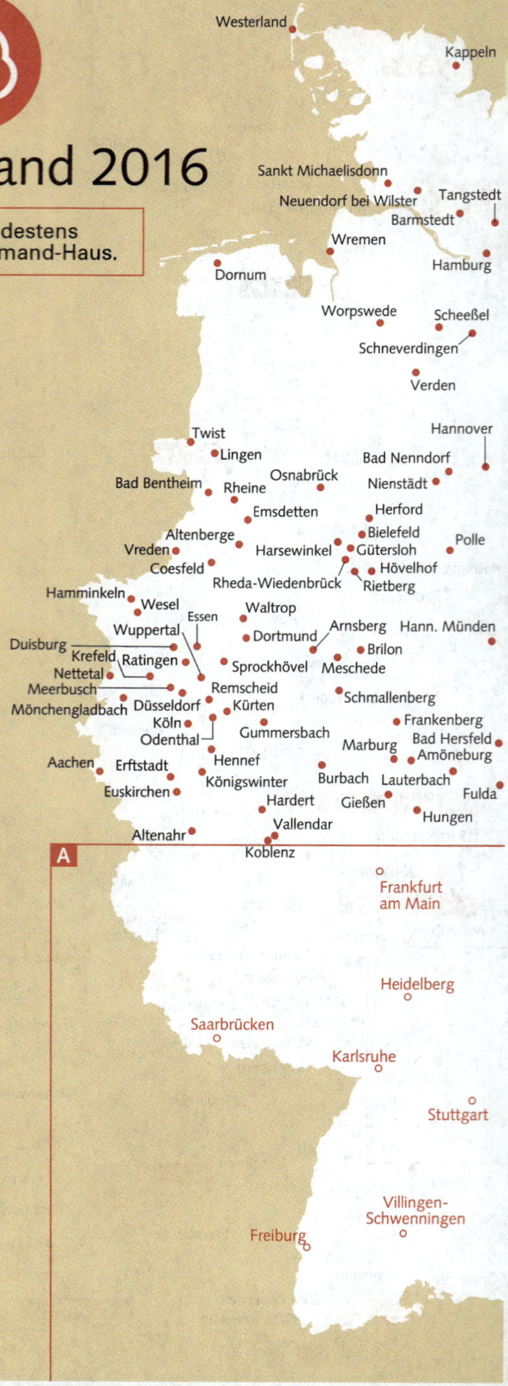

Burg auf Fehmarn
Panker
Wustrow
Greifswald
Scharbeutz
Kühlungsborn
Lübeck
Waren
Gross Nemerow
Lütjensee
Berlin
Celle
Potsdam
Eichwalde
Gifhorn
Nuthetal
Reichenwalde
Braunschweig
Magdeburg
Dessau
Finsterwalde
Einbeck
Quedlinburg
Radeburg
Merseburg
Leipzig
Görlitz
Wilthen
Radebeul
Dresden
Dohna
Freiberg
Chemnitz
Eisenach
Erfurt
Weimar
Finsterbergen
Aue
Saalfeld
Auerbach
Lichtenberg
Meiningen
Stockheim
Presseck
Coburg
Weißenstadt
Küps
Tröstau
Bindlach
Forchheim
Heroldsberg
Heßdorf
Lauf an der Pegnitz
Wernberg-Köblitz
Erlangen
Amberg
Rötz
Fürth
Illschwang
Neunburg vorm Wald
Nürnberg
Pilsach
Cham
Ansbach
Donaustauf
Spalt
Bad Abbach
Pleinfeld
Neutraubling
Grafenau
Pappenheim
Hauzenberg
Nördlingen
Neuburg an der Donau
Windorf
Altdorf
Neuburg am Inn
Höchstädt an der Donau
Schalkham
Wertingen
Hallbergmoos
Bad Füssing
Friedberg
Dachau
Vaterstetten
Ulm
Forstinning
Bergkirchen
Wasserburg am Inn
München
Zorneding
Waging am See
Dießen am Ammersee
Aying
Rohrdorf
Teisendorf
Münsing
Frasdorf
Piding
Bad Tölz
Neubeuern
Bad Grönenbach
Wackersberg
Bad Wiessee
Feldkirchen-Westerham
Rückholz
Roßhaupten
Lenggries
Pfronten
Mittenwald
Garmisch-Partenkirchen
Oberstdorf

A

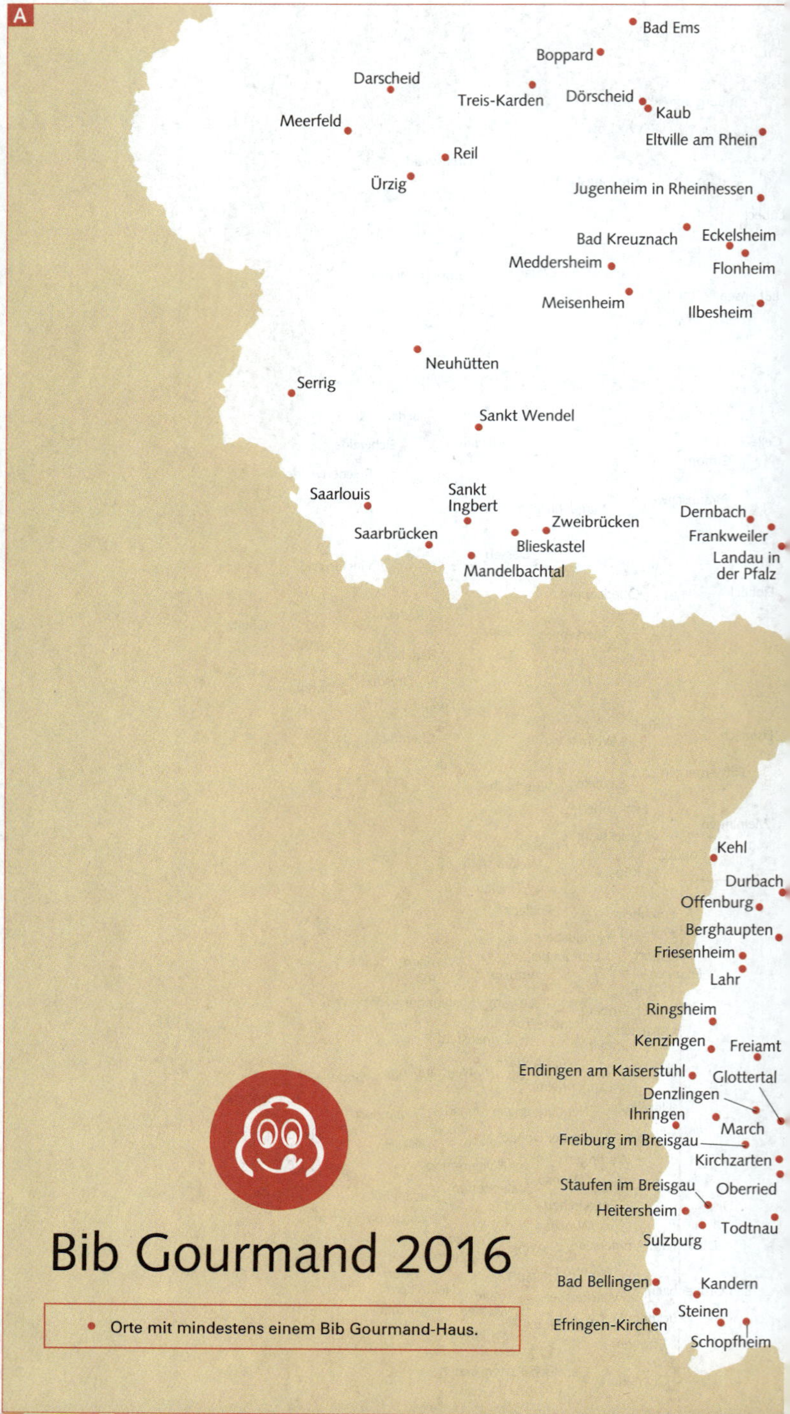

Bib Gourmand 2016

• Orte mit mindestens einem Bib Gourmand-Haus.

Karben
Glashütten
Schweinfurt
Frankfurt am Main
Johannesberg
Frammersbach
Wiesbaden
Heigenbrücken
Rauhenebrach
Aschaffenburg
Mainz
Schwarzach am Main
Marktheidenfeld
Dettelbach
Klingenberg am Main
Triefenstein
Castell
Höchst im Odenwald
Randersacker
Eibelstadt
Wertheim
Iphofen
Saulheim
Großheubach
Sommerhausen
Bürgstadt
Marktbreit
Reichelsheim
Miltenberg
Zwingenberg
Hardheim
Laumersheim
Weikersheim
Marktbergel
Heßheim
Hirschberg
Windelsbach
Freinsheim
Mannheim
Neckargemünd
Mosbach
Mulfingen
Brühl
Deidesheim
Heidelberg
Jagsthausen
Rot am See
Neustadt an der Weinstraße
Leimen
Künzelsau
Maikammer
Hainfeld
Bretzfeld
Feuchtwangen
Zeiskam
Schwaigern
Heilbronn
Herxheim
Leingarten
Schwäbisch Hall
Eggenstein-Leopoldshafen
Brackenheim
Lauffen am Neckar
Neupotz
Dinkelsbühl
Ilsfeld
Oberstenfeld
Bretten
Kandel
Auenwald
Pfinztal
Aspach
Gschwend
Ötisheim
Karlsruhe
Rudersberg
Remchingen
Waiblingen
Ettlingen
Remshalden
Pforzheim
Fellbach
Winterbach
Tiefenbronn
Waldstetten
Bad Herrenalb
Stuttgart
Weinstadt
Königsbronn
Plochingen
Baden-Baden
Leinfelden-Echterdingen
Donzdorf
Bühl
Bühlertal
Notzingen
Schlat
Achern
Steinenbronn
Köngen
Amstetten
Sasbach
Wildberg
Oberboihingen
Sasbachwalden
Bad Urach
Kappelrodeck
Baiersbronn
Lautenbach
Bad Peterstal-Griesbach
Sonnenbühl
Vöhringen
Bad Rippoldsau-Schapbach
Illertissen
Alpirsbach
Bisingen
Schwendi
Schramberg
Villingendorf
Maselheim
Elzach
Kirchdorf an der Iller
Königsfeld im Schwarzwald
Simonswald
Villingen-Schwenningen
Ostrach
Sankt Peter
Bad Grönenbach
Sankt Märgen
Emmingen-Liptingen
Hüfingen
Heiligenberg
Frickingen
Ravensburg
Bonndorf
Überlingen
Salem
Amtzell
Isny im Allgäu
Moos
Immenstaad am Bodensee
Wangen im Allgäu
Stühlingen
Tettnang
Klettgau
Friedrichshafen
Lindau im Bodensee
Waldshut-Tiengen
Laufenburg
Kleinwalsertal

Tradition & Moderne

Wo steht die deutsche Küche heute?

Typisch deutsches Essen wird zwar nach wie vor häufig mit Deftigem und Bodenständigem assoziiert, doch dieses Klischee wird inzwischen längst nicht mehr erfüllt, denn es hat sich viel getan in den Küchen deutscher Restaurants. So werden Weißwurst und Sauerkraut durch zahlreiche tolle Gerichte ergänzt – Tradition und Moderne sind also kein Widerspruch.

In den letzten zwei bis drei Jahrzehnten hat in der deutschen Gastronomie eine dynamische Entwicklung stattgefunden, die der hiesigen Küche ein neues Gesicht gab. Wo vor ca. 30 Jahren gehobene Gastronomie gleichbedeutend war mit französischer Küche, hat die deutsche Küche sukzessive eine eigene Identität gefunden und einen wichtigen Platz in Europa eingenommen, heimische Produkte und deutsche Klassiker werden modern und raffiniert interpretiert. Viele junge Gastronomen mit Ausbildung bei großen Lehrmeistern haben frischen Wind und eigene Ideen in die Restaurants des Landes gebracht und sprechen damit auch ein jüngeres Publikum an. Und das spiegelt sich auch im Guide MICHELIN Deutschland wider: Immer mehr Restaurants präsentieren sich locker, leger und ambitioniert. Gerade in den Metropolen ist inzwischen eine lebhafte, abwechslungsreiche und spannende Gastronomie zu Hause, die weit entfernt ist vom ursprünglichen „deftig-deutsch"-Image. Vor allem Berlin sticht mit einer besonderen gastronomischen Vielfalt hervor.

gourmet-vision/imageBROKER/age fotostock

J.-C. Vaillant/Photononstop

Traditionelles ist nach wie vor gefragt

Sowohl die Spitzengastronomie als auch die traditionelle deutsche Küche erfreuen sich großer Beliebtheit und bestehen erfolgreich nebeneinander. Zur Vielfalt regionaler Spezialitäten gehören im Norden natürlich Hering, Krabben & Co., ebenso Labskaus, ein Gericht aus gepökeltem Rindfleisch, Roter Bete, Zwiebeln und Kartoffeln, das mit Rollmops und Spiegelei serviert wird, sowie Grünkohl mit Pinkel, eine grobe geräucherte Grützwurst. Im Rheinland kommt u. a. der Rheinische Sauerbraten auf den Tisch, der traditionell mit Pferdefleisch zubereitet wird. Aus dem Osten kennt man Königsberger Klopse, nämlich gekochte Hackfleischbällchen in heller Kapern-Sauce, sowie Leipziger Allerlei, ein Gericht aus Gemüse, das es in verschiedenen Varianten gibt, z. B. mit Erbsen, Karotten, Spargel, Blumenkohl… Ein echtes bayerisches Schmankerl sind Weißwürste, die traditionsgemäß mit Brezel und süßem Senf serviert und vormittags gegessen werden. Typisch bayerisch sind aber auch Schweinebraten und Leberkäse und natürlich „Obatzda", eine Käsecreme aus reifem Camembert, Zwiebeln, Paprikagewürz und Kümmel – der Inbegriff einer bayerischen Brotzeit und ein Muss zur Biergartenzeit! Spezialitäten der (süd-) hessischen Küche sind die Frankfurter Grüne Soße (eine kalte Kräutersoße, zu der man Pellkartoffeln isst) oder auch „Handkäs mit Musik", ein Sauermilchkäse (häufig mit Kümmel) in Zwiebel-Essig-Öl-Marinade – dazu trinkt man am liebsten Apfelwein. Der perfekte Ort dafür sind die traditionellen Frankfurter „Äppelwoilokale"!

Mauritius/Photononstop

Und was hat der Südwesten Deutschlands zu bieten? In der Pfalz ist der Saumagen, hergestellt aus Schweinefleisch, Brät und Kartoffeln, eine Delikatesse, die sich nicht nur als Leibspeise von Altbundeskanzler Helmut Kohl einen Namen gemacht hat. Lecker auch Kartoffelsuppe mit Zwetschgenkuchen – oder wie der Pfälzer sagt: „Grumbeersupp un Quetschekuche". Typisch schwäbisch sind Spätzle (z. B. zu Linsen) oder Maultaschen.

Brot

Nirgendwo gibt es so viele verschiedene Brotsorten wie in Deutschland: Weizen- und Weizenmischbrot, Roggen- und Roggenmischbrot, Mehrkornbrote, Dinkel-, Hafer- und Maisbrot, Kartoffelbrot… Unterschieden werden sie nach Getreideart, nach Vollkorn- und Schrotanteil, nach Sauerteig- oder Hefezusatz, nach besonderen Zugaben wie Soja, Malz, Leinsamen, Sonnenblumenkernen oder Joghurt. Daneben gibt es auch Brote mit Vitaminzusatz, besonders hohem Eiweiß- oder auch Ballaststoffanteil sowie kohlenhydratreduziertes Brot. Weitere Sorten sind Pumpernickel und Knäckebrot, denen ein bestimmtes Backverfahren zugrunde liegt.

H. Paul/Photononstop

Der Deutschen liebstes Brot ist das Mischbrot mit Namen wie Kommissbrot, Paderborner Landbrot oder Schwarzwälder Brot. Auch bei der Form gibt es Vorlieben – der eine mag sein Brot als Laib, der andere bevorzugt die Kastenform.

Bier und Wein

K. Scicluna/John Warburton-Lee/Photononstop

Überall in Deutschland wird gerne Bier getrunken. Das beliebteste und deutschlandweit meistproduzierte ist das Pils, ein untergäriges Bier mit vergleichsweise hohem Hopfengehalt, benannt nach der böhmischen Stadt Pilsen. Aber auch diverse regionale Biersorten haben ihre treuen Anhänger, man denke nur an die mit einem Augenzwinkern zu sehende Rivalität zwischen Fans des „Kölsch" und des „Alt" – weder Kölner noch Düsseldorfer verstehen Spaß, wenn es um „ihr" Bier geht! Daneben sind auch Helles, Märzen oder Weizenbier gefragt, ebenso die mit Limonade gemischte Variante, in Süddeutschland als „Radler" bekannt, im Norden als „Alsterwasser".

In Sachen Wein haben die 13 Weinbauregionen in Deutschland so einiges zu bieten. hier ist eine ähnliche Entwicklung wie in der Küche zu erkennen: Früher dominierten auf der Karte französische Weine, inzwischen hat es bedeutende Qualitätssteigerungen beim deutschen Wein gegeben, eine junge Winzergeneration hat das Ruder übernommen. Das größte unter den deutschen Weinbaugebieten ist Rheinhessen, gefolgt von der Pfalz, Baden und Württemberg. Das älteste Anbaugebiet ist übrigens das an Mosel, Saar und Ruwer.

Es gibt vier Güteklassen für deutschen Wein: Deutscher Tafelwein, Landwein, Qualitätswein und Qualitätswein mit Prädikat. Auf dem Etikett eines Prädikatsweins findet sich außerdem seine Qualitätsstufe: 1. Kabinett, 2. Spätlese, 3. Auslese, 4. Beerenauslese, 5. Trockenbeerenauslese (oder Eiswein). Die Bezeichnungen „Großes Gewächs" oder „Erstes Gewächs" entsprechen Lagenbezeichnungen, die besondere Qualitätsanforderungen erfüllen müssen.

Da bleibt nur zu sagen: Wohl bekomms!

Wein in Deutschland

In Deutschland sind ca. 100 000 Hektar mit Weinreben bepflanzt. Das Land ist in 13 Weinanbaugebiete unterteilt. Bei Qualitätsweinen wird die Herkunft aus einer dieser Regionen immer angegeben.

T. Jäger/Westend61/Photononstop

1 • Ahr
2 • Baden
3 • Franken
4 • Hessische Bergstraße
5 • Mittelrhein
6 • Mosel-Saar-Ruwer
7 • Nahe
8 • Pfalz
9 • Rheingau
10 • Rheinhessen
11 • Saale-Unstrut
12 • Sachsen
13 • Württemberg

Die wichtigsten weißweinsorten

Chardonnay • wird in den letzten Jahren zunehmend auch in Deutschland angebaut, vor allem in Baden, der Pfalz und in Rheinhessen. Hochwertige Weine werden oft auch in Barrique ausgebaut.

Grauburgunder (Ruländer) • wird inzwischen vor allem trocken ausgebaut. Meist buttrig-nussiges Bukett mit fruchtigen Aromen. Spätlesen passen durchaus auch zu kräftigen Fleischgerichten.

Gutedel • wächst fast ausschließlich im badischen Markgräflerland und ist eine der ältesten Rebsorten überhaupt. Meist wird die Traube zu leichten, süffigen Weinen ausgebaut, die jung getrunken werden sollten.

Kerner • Diese Kreuzung aus Riesling und Trollinger ergibt aromatische, säurebetonte Weine.

Müller-Thurgau (Rivaner) • leichter, unkomplizierter Wein. Nach dem Riesling die am zweithäufigsten angebaute Traube in Deutschland.

Riesling • die bedeutendste deutsche Rebe mit über 20 % der gesamten Rebfläche. Rieslingtrauben liefern ausgewogene, rassige Weine. Typisch für den Riesling ist sein Duft nach Aprikosen und die oft kräftige Säure.

Silvaner • Die Rebsorte wird insbesondere in Rheinhessen, Franken und in der Pfalz angebaut. Die Weine sind füllig, stoffig, teils wuchtig.

Weißburgunder • hat derzeit die größten Zuwachsraten in Deutschland. Diese Weine besitzen meist eine angenehme, fruchtige Säure und ein dezentes Aroma.

Die wichtigsten Rotweinsorten

Dornfelder • Aus der ertragreichen Traube gehen fruchtige, körperreiche Weine hervor. Er wird hauptsächlich in der Pfalz, in Rheinhessen und in Württemberg angebaut.

Lemberger • Die Rebsorte ist in Österreich als Blaufränkisch bekannt. Der körperreiche Wein hat eine kräftige Farbe und eine dominante Tanninnote.

Portugieser • ist nach dem Spätburgunder die zweitwichtigste Rotweinsorte in Deutschland. Er wird gerne als leichter, fruchtiger Sommerwein getrunken.

Sankt Laurent • Aus dieser Traube, die vor allem in der Pfalz angebaut wird, werden fleischige, samtige Weine mit viel Substanz erzeugt.

Spätburgunder (Pinot noir) • ist die meistangebaute Rotweinsorte in Deutschland. Vollmundige Rotweine mit feiner Säure und meist wenig Gerbstoffen.

Trollinger • Die Württemberger Hausrebe. Trollinger sind süffige Trinkweine von überwiegend heller Farbe und mit feinen Fruchtaromen.

Hinweise zur Benutzung

DIE HOTELS

Von 🏨🏨🏨🏨🏨 bis 🏠: Komfortkategorien.
Rot: unsere schönsten Adressen.

DIE BESTEN PREISWERTEN ADRESSEN

Bib Hotel.
Bib Gourmand.

DIE RESTAURANTS

Von XXXXX bis X: Komfortkategorien
Rot: unsere schönsten Adressen.

DIE STERNE-RESTAURANTS

✿✿✿ Eine einzigartige Küche – eine Reise wert!
✿✿ Eine Spitzenküche – einen Umweg wert!
✿ Eine Küche voller Finesse – einen Stopp wert!

NEU EMPFOHLEN IM GUIDE MICHELIN

ALBSTADT
Baden-Württemberg – 45 330 Ew – Höhe 731 m –
Berlin 721 km – Stuttgart 98 km – Konstanz 9
Michelin Straßenkarte 545

Bären
Flandernstr. 95 ✉ 57439 – ✆ (07431) 2 66 0
– www.baren-hotel.com – geschl. Januar
12 Zim – 44/55 € 80/90 €
Ein tadellos geführtes kleines Hotel in ei
und besonders im Anbau ganz modern

Burghotel
✉ 57439 – ✆ (06542) 9 83 10 – geschl. J
10 Zim – 38/45 € 76/82 € – ½
Einsam auf einer Bergkuppe liegt die
wohnlichen, geschmackvollen Zimm
zum Haus. Ritterrüstungen zieren d

Alte Post
Schleidener Str. 412 ✉ 57439 – ✆ (0
Menü 22/33 € – Karte 19/28 €
Auch wenn man es von außen
Italia. Rustikal-stilvolles Ambie
Spezialitäten.

In Albstadt-Ebingen Süd-Ost: 1 k

Weinhaus
Georg-Glock-Str. 12 ✉ 57439
– wwww.weinhaus.com – g
Menü 48/68 € – Karte 45/5
In einem kleinem historische
elegante Restaurant mit a
speisen Sie im neuzeitliche
→ Allerlei von der Gä
Champagnersauce. Dess

Adler N
Valdhäuser Str. 65 ✉ 57
– www.adler-albstadt
Menü 21 € – Karte 13
Im Nebengebäude e
gestaltete Restauran

Windmüller
Valdhäuser Str. 94 ✉

LAGE DER STADT

Markierung des Ortes auf der Regionalkarte (Nr. der Karte und Koordinaten). Entfernungen zu größeren Städten, Angabe der Michelin Straßenkarte, auf der der Ort zu finden ist.

LAGE DES HAUSES

Markierung auf dem Stadtplan (Planquadrat und Koordinate).

BESCHREIBUNG DES HAUSES

Atmosphäre, Stil, Charakter und Spezialitäten.

EINRICHTUNG UND SERVICE

PREISE

Kategorien & Auszeichnungen

KOMFORTKATEGORIEN

Der Guide MICHELIN bietet in seiner Auswahl die besten Adressen jeder Komfort- und Preiskategorie. Die ausgewählten Häuser sind nach dem gebotenen Komfort geordnet; die Reihenfolge innerhalb jeder Kategorie drückt eine weitere Rangordnung aus.

- Großer Luxus und Tradition
- Großer Komfort
- Sehr komfortabel
- Mit gutem Komfort
- Mit Standard-Komfort
- Hotel mit Restaurant
- Restaurant vermietet auch Zimmer

AUSZEICHNUNGEN

Um Ihnen behilflich zu sein, die bestmögliche Wahl zu treffen, haben einige besonders bemerkenswerte Adressen dieses Jahr eine Auszeichnung erhalten. Die Sterne bzw. „Bib Gourmand" sind durch das entsprechende Symbol ✿ bzw. ☺ gekennzeichnet.

DIE STERNE: DIE BESTEN RESTAURANTS

Die Häuser, die eine überdurchschnittlich gute Küche bieten, wobei alle Stilrichtungen vertreten sind, wurden mit einem Stern ausgezeichnet. Die Kriterien sind: die Qualität der Produkte, die persönliche Note, die fachgerechte Zubereitung und der Geschmack sowie das Preis-Leistungs-Verhältnis und die immer gleich bleibende Qualität.
In jedem Sterne-Restaurant werden drei Beispielgerichte angegeben, die den Küchenstil widerspiegeln. Nicht immer finden sich diese Gerichte auf der Karte, werden aber durch andere repräsentative Speisen ersetzt.

✿✿✿ **Drei Michelin Sterne: eine einzigartige Küche – eine Reise wert!**
Die Handschrift eines großen Küchenchefs! Erstklassige Spitzenprodukte, pure Aromen und intensiver Geschmack, harmonische Kompositionen: Hier wird das Kochen zur Kunst. Perfekt zubereitete Gerichte, die nicht selten zu Klassikern werden – eine Reise wert!

✿✿ **Zwei Michelin Sterne: eine Spitzenküche – einen Umweg wert!**
Hervorragende Produkte, von einem talentierten Küchenchef und seinem Team mit viel Know-how und Inspiration in subtilen, außergewöhnlichen und mitunter originellen Kreationen trefflich in Szene gesetzt – einen Umweg wert!

✿ **Ein Michelin Stern: eine Küche voller Finesse – einen Stopp wert!**
Produkte von ausgesuchter Qualität, unverkennbare Finesse auf dem Teller, auf den Punkt gebrachter Geschmack, ein konstant hohes Niveau bei der Zubereitung – einen Stopp wert!

Neu empfohlen im **Guide MICHELIN**

DIE BESTEN PREISWERTEN HÄUSER

Der Bib Gourmand: unser bestes Preis-Leistungs-Verhältnis
Genuss für bis zu 37 €: sorgfältig zubereitete Produkte, eine moderate Rechnung, eine frische Küche mit exzellentem Preis-Leistungs-Verhältnis.

Bib Hotel
Häuser, die eine Mehrzahl ihrer komfortablen Zimmer bis 95 € anbieten (Preis für 2 Personen inkl. Frühstück).

DIE ANGENEHMSTEN ADRESSEN

Die rote Kennzeichnung weist auf besonders angenehme Häuser hin. Dies kann sich auf den besonderen Charakter des Gebäudes, die nicht alltägliche Einrichtung, die Lage, den Empfang oder den gebotenen Service beziehen.

bis **Angenehme Hotels**

bis **Angenehme Restaurants**

BESONDERE ANGABEN

Neben den Auszeichnungen, die den Häusern verliehen werden, legen die Michelin-Inspektoren auch Wert auf andere Kriterien, die bei der Wahl einer Adresse oft von Bedeutung sind.

LAGE

Wenn Sie eine ruhige Adresse oder ein Haus mit einer schönen Aussicht suchen, achten Sie auf diese Symbole:

Ruhige Lage

Schöne Aussicht

WEINKARTE

Wenn Sie ein Restaurant mit einer besonders interessanten Weinauswahl suchen, achten Sie auf dieses Symbol:

Weinkarte mit besonders attraktivem Angebot
Aber vergleichen Sie bitte nicht die Weinkarte, die Ihnen vom Sommelier eines großen Hauses präsentiert wird, mit der Auswahl eines Gasthauses, dessen Besitzer die Weine der Region mit Sorgfalt zusammenstellt.

Einrichtungen & Service

Restaurant vermietet auch Zimmer
Hotel mit Restaurant
Fahrstuhl
A/C Klimaanlage
Für Körperbehinderte leicht zugängliches Haus
Spezielle Angebote für Kinder
Terrasse mit Speisenservice, Biergarten
Spa Wellnessbereich
Freibad oder Hallenbad
Sauna
Fitnessraum
Tennis
Golfplatz
Garten oder Park
Konferenzraum (übliche Tagungstechnik vorhanden)
Veranstaltungsraum (bei Restaurants)
Hotelgarage (wird gewöhnlich berechnet)
P Parkplatz reserviert für Gäste
Hunde sind unerwünscht
Kreditkarten nicht akzeptiert
U Nächstgelegene U-Bahnstation (in Berlin)

NICHTRAUCHER

Aufgrund des Nichtraucherschutzgesetzes ist das Rauchen in öffentlichen Gebäuden und Restaurants verboten. Die genauen Bestimmungen variieren je nach Bundesland.
In den meisten Hotels werden Nichtraucherzimmer angeboten.

Preise

Anlässlich größerer Veranstaltungen, Messen und Ausstellungen werden von den Hotels in manchen Städten und deren Umgebung erhöhte Preise verlangt. Erkundigen Sie sich bei den Hoteliers nach eventuellen Sonderbedingungen.

RESERVIERUNG UND ANZAHLUNG

Einige Hoteliers verlangen zur Bestätigung der Reservierung eine Anzahlung oder die Nennung der Kreditkartennummer. Dies ist als Garantie sowohl für den Hotelier als auch für den Gast anzusehen. Bitten Sie den Hotelier, Ihnen in seinem Bestätigungsschreiben alle Bedingungen mitzuteilen.

ZIMMER

25 Zim	Anzahl der Zimmer
Zim - 🚹 60/75€	Mindest- und Höchstpreis für ein Einzelzimmer
🚹🚹 70/120 €	Mindest- und Höchstpreis für ein Doppelzimmer
Zim ☕ -	Zimmerpreis inkl. Frühstück
☕ 10 €	Preis des Frühstücks
Suiten	Preise auf Anfrage

HALBPENSION

½ P	Das Haus bietet auch Halbpension an

RESTAURANT

Menü 20/42 € Karte 30/41 €	**Menüpreise:** mindestens 20 €, höchstens 42 € **Der erste Preis** entspricht einer einfachen Mahlzeit mit Suppe, Hauptgericht, Dessert. **Der zweite Preis** entspricht einer reichlicheren Mahlzeit aus Vorspeise, Hauptgericht und Dessert (Getränke nicht inbegriffen).

Informationen zu den Orten

✉ **38100**	Postleitzahl
24 000 Ew	Einwohnerzahl
Höhe 175 m	Höhe
▶ Berlin 145 km	Entfernungen zu größeren Städten

Legende der Stadtpläne

- Hotels
- Restaurants

SEHENSWÜRDIGKEITEN

Interessantes Gebäude

Interessantes Gotteshaus: Katholisch – Protestantisch

STRASSEN

Autobahn • Schnellstraße

Numerierte Ausfahrten

Hauptverkehrsstraße

Gesperrte Straße oder Straße mit Verkehrsbeschränkungen

Fußgängerzone • Straßenbahn

Park-and-Ride-Plätze

Tunnel

Bahnhof und Bahnlinie

Standseilbahn • Seilschwebebahn

Bewegliche Brücke • Autofähre

SONSTIGE ZEICHEN

Informationsstelle

Moschee • Synagoge

Turm • Ruine • Windmühle

Garten, Park, Wäldchen • Friedhof

Stadion • Golfplatz • Pferderennbahn

Freibad / Hallenbad

Aussicht • Rundblick

Denkmal • Brunnen • Fabrik • Leuchtturm

Jachthafen • Autobusbahnhof

Flughafen • U-Bahnstation, S-Bahnhof

Schiffsverbindungen: Autofähre • Personenfähre

Hauptpostamt (postlagernde Sendungen)

POL Polizei (in größeren Städten Polizeipräsidium)

Krankenhaus • Markthalle

Town Hall • University, College

Öffentliches Gebäude, durch einen Buchstaben gekenn-zeichnet:

L R Sitz der Landesregierung • Rathaus

M T Museum • Theatre

ADAC Automobilclub

Town plan key

- Hotels
- Restaurants

SIGHTS

Place of interest
Interesting place of worship • catholic • protestant

ROADS

Motorway • Dual carriageway
Numbered junctions: complete • limited
Major thoroughfare
Unsuitable for traffic, street subject to restrictions
Pedestrian street • Tramway
Car park • Park and Ride
Tunnel
Station and railway
Funicular • Cable-car
Lever bridge • Car ferry

VARIOUS SIGNS

Tourist Information Centre
Mosque • Synagogue
Tower • Ruins • Windmill
Garden, park, wood • Cemetery
Stadium • Golf course • Racecourse • Skating rink
Outdoor or indoor swimming pool
View • Panorama
Monument • Fountain • Lighthouse
Pleasure boat harbour • Coach station
Airport • Underground station
Ferry services: passengers and cars • passengers only
Main post office • Police
Hospital • Covered market
Town Hall • University • College
Public buildings located by letter:
L R Provincial Government office
M T Museum • Theatre
ADAC Automobile Club

How to use this guide

HOTELS

From 🏠🏠🏠🏠🏠 to 🏠:
categories of comfort.
Red: Our most delightful places.

GOOD FOOD & ACCOMMODATION AT MODERATE PRICES

Bib Hotel.
Bib Gourmand.

RESTAURANTS

From XXXXX to X:
categories of comfort
Red: Our most delightful places.

STARS

✿✿✿ Exceptional cuisine, worth a special journey!
✿✿ Excellent cooking, worth a detour!
✿ High quality cooking, worth a stop!

NEW ESTABLISHMENT IN THE GUIDE

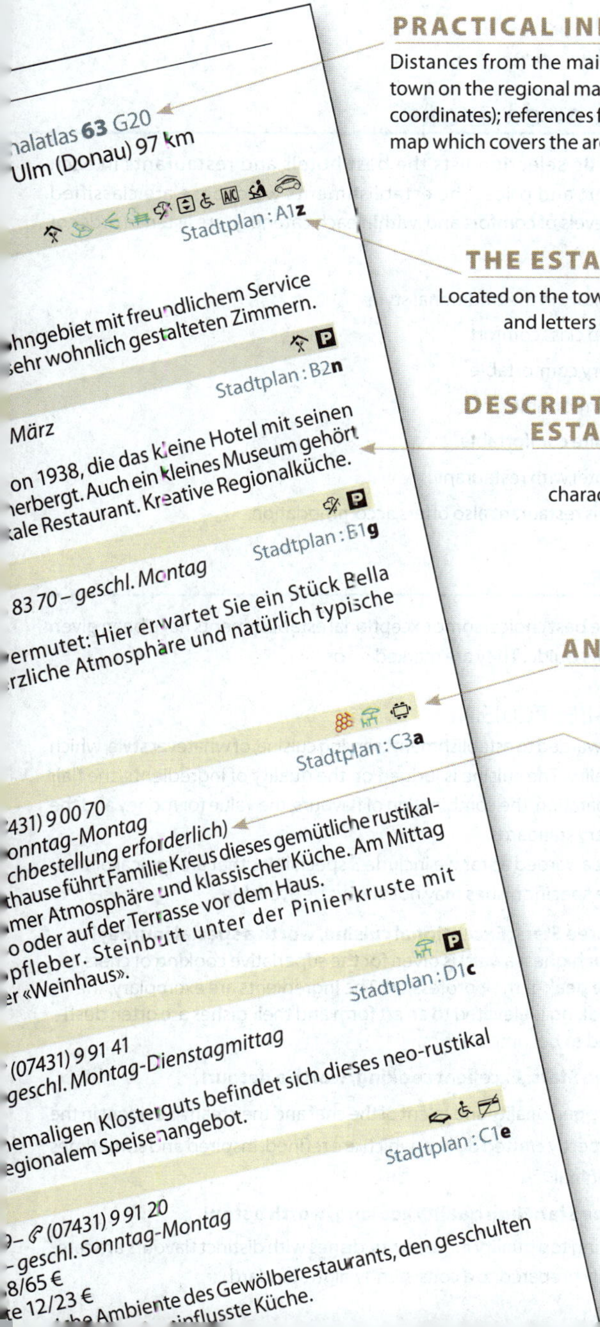

PRACTICAL INFORMATION

Distances from the main towns; locate the town on the regional map (map number and coordinates); references for the Michelin road map which covers the area.

LOCATING THE ESTABLISHMENT

Located on the town plan (coordinates and letters giving the location).

DESCRIPTION OF THE ESTABLISHMENT

Atmosphere, style, character and specialities.

FACILITIES AND SERVICES

PRICES

Classification & awards

CATEGORIES OF COMFORT

The MICHELIN Guide selection lists the best hotels and restaurants in each category of comfort and price. The establishments we choose are classified according to their levels of comfort and, within each category, are listed in order of preference.

- Luxury in the traditional style
- Top class comfort
- Very comfortable
- Comfortable
- Quite comfortable
- Hotel with restaurant
- This restaurant also offers accommodation

THE AWARDS

To help you make the best choice, some exceptional establishments have been given an award in this year's Guide. They are marked ✿ or ☺.

THE STARS: THE BEST CUISINE

MICHELIN stars are awarded to establishments serving cuisine, of whatever style, which is of the highest quality. The cuisine is judged on the quality of ingredients, the flair and skill in their preparation, the combination of flavours, the value for money and the consistency of culinary standards.
For every restaurant awarded a star we include 3 specialities that are typical of their cooking style. These specific dishes may not always be available.

✿✿✿ **Three Stars: Exceptional cuisine, worth a special journey!**
Our highest award is given for the superlative cooking of chefs at the peak of their profession. The ingredients are exemplary, the cooking is elevated to an art form and their dishes are often destined to become classics.

✿✿ **Two Stars: Excellent cooking, worth a detour!**
The personality and talent of the chef and their team is evident in the expertly crafted dishes, which are refined, inspired and sometimes original.

✿ **One Star: High quality cooking, worth a stop!**
Using top quality ingredients, dishes with distinct flavours are carefully prepared to a consistently high standard.

N

New establishment in the guide

GOOD FOOD AND ACCOMMODATION AT MODERATE PRICES

Bib Gourmand: Good quality, good value cooking

'Bibs' are awarded for simple yet skilful cooking for under 37€.

Bib Hotel

Establishment offering good levels of comfort and service, with most rooms priced up to € 95. Price of a room for 2 people, in cluding breakfast.

PLEASANT HOTELS AND RESTAURANTS

Symbols shown in red indicate particularly pleasant or restful establishments: the character of the building, its décor, the setting, the welcome and services offered may all contribute to this special appeal.

to **Pleasant hotels**

to **Pleasant restaurants**

OTHER SPECIAL FEATURES

As well as the categories and awards given to the establishment, Michelin inspectors also make special note of other criteria which can be important when choosing an establishment.

LOCATION

If you are looking for a particularly restful establishment, or one with a special view, look out for the following symbols:

Peaceful

Great view

WINE LIST

If you are looking for an establishment with a particularly interesting wine list, look out for the following symbol:

Particularly interesting wine list

This symbol might cover the list presented by a sommelier in a luxury restaurant or that of a simple inn where the owner has a passion for wine. The two lists will offer something exceptional but very different, so beware of comparing them by each other's standards.

Facilities & services

- This restaurant also offers accomodation
- Hotel with restaurant
- Lift (elevator)
- Air conditioning
- Establishment at least partly accessible to those of restricted mobility
- Special facilities for children
- Meals served in garden or on terrace
- Spa : an extensive facility for relaxation and well-being
- Swimming pool: outdoor or indoor
- Sauna
- Exercise room
- Tennis
- Golf course
- Garden or Park
- Equipped conference room
- Private dining room (in restaurants)
- Hotel garage (additional charge in most cases)
- Car park for customers only
- No dogs allowed
- Credit cards not accepted
- U Nearest metro station (in Berlin)

NON-SMOKERS

By law, smoking is neither allowed in public areas nor in restaurants.
This law may differ from one "Land" to another.
Most hotels have bedrooms for non-smokers.

Prices

RESERVATION AND DEPOSITS

Some hotels will ask you to confirm your reservation by giving your credit card number or require a deposit which confirms the commitment of both the customer and the hotelier. Ask the hotelier to provide you with all the terms and conditions applicable to your reservation in their written confirmation.

ROOMS

25 Zim	Number of rooms
Zim - 🚹 60/75 €	Lowest price/highest price
🚹🚹 70/120 €	for a single and a double or twin room
Zim ☕ -	Breakfast included
☕ 10 €	Breakfast supplement
Suiten	Suites: check with the hotelier for prices

In some towns, when commercial, cultural or sporting events are taking place the hotel rates are likely to be considerably higher.

HALF BOARD

½ P	This establishment offers also half board

RESTAURANT

Menü 20/42 € — **Set meals:** Lowest € 20 and highest € 42

Karte 30/41 € — **A la carte meals:**
The first figure is for a plain meal and includes soup, main dish of the day with vegetables and dessert. The second figure is for a fuller meal and includes hors d'œuvre, main course and dessert.

Information on localities

✉ **38100**	Postal code
24 000 Ew	Population
Höhe 175 m	Altitude (in metres)
▶ Berlin 145 km	Distances between main towns

ORT MIT MINDESTENS...

- ● einem Hotel oder Restaurant
- ✿ einem Sternerestaurant
- ☺ einem „Bib Gourmand" Restaurant
- ☺ einem „Bib Hotel"
- ✕✕ einem besonders angenehmen Restaurant
- ⌂ einem besonders angenehmen Hotel

→ *PLACE WITH AT LEAST...*

- ● *one hotel or a restaurant*
- ✿ *one starred establishment*
- ☺ *one Bib Gourmand restaurant*
- ☺ *one Bib Hotel*
- ✕✕ *one particularly pleasant restaurant*
- ⌂ *one particularly pleasant hotel*

Deutschland in Karten

Atlas mit allen Orten

→ *Regional maps*

Regional maps of showing listed towns

7
15
16
26
25
Dortmund
27
Essen
Düsseldorf
Köln
Bonn
35
36
37
45
46
53
Freiburg im Breisgau
61

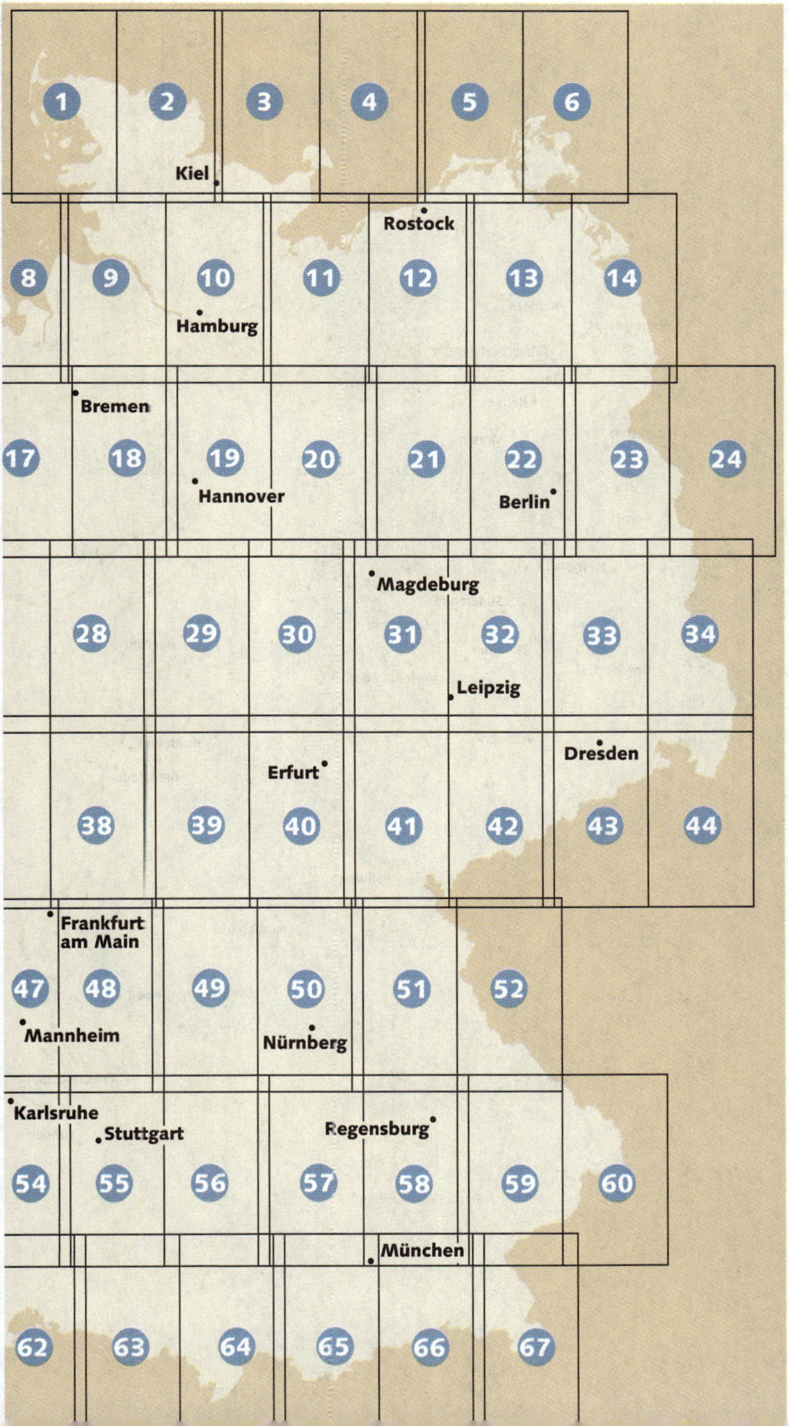
1
2
3
4
5
6
Kiel
Rostock
8
9
10
11
12
13
14
Hamburg
Bremen
17
18
19
20
21
22
23
24
Hannover
Berlin
Magdeburg
28
29
30
31
32
33
34
Leipzig
Dresden
Erfurt
38
39
40
41
42
43
44
Frankfurt am Main
47
48
49
50
51
52
Mannheim
Nürnberg
Karlsruhe
Stuttgart
Regensburg
54
55
56
57
58
59
60
München
62
63
64
65
66
67

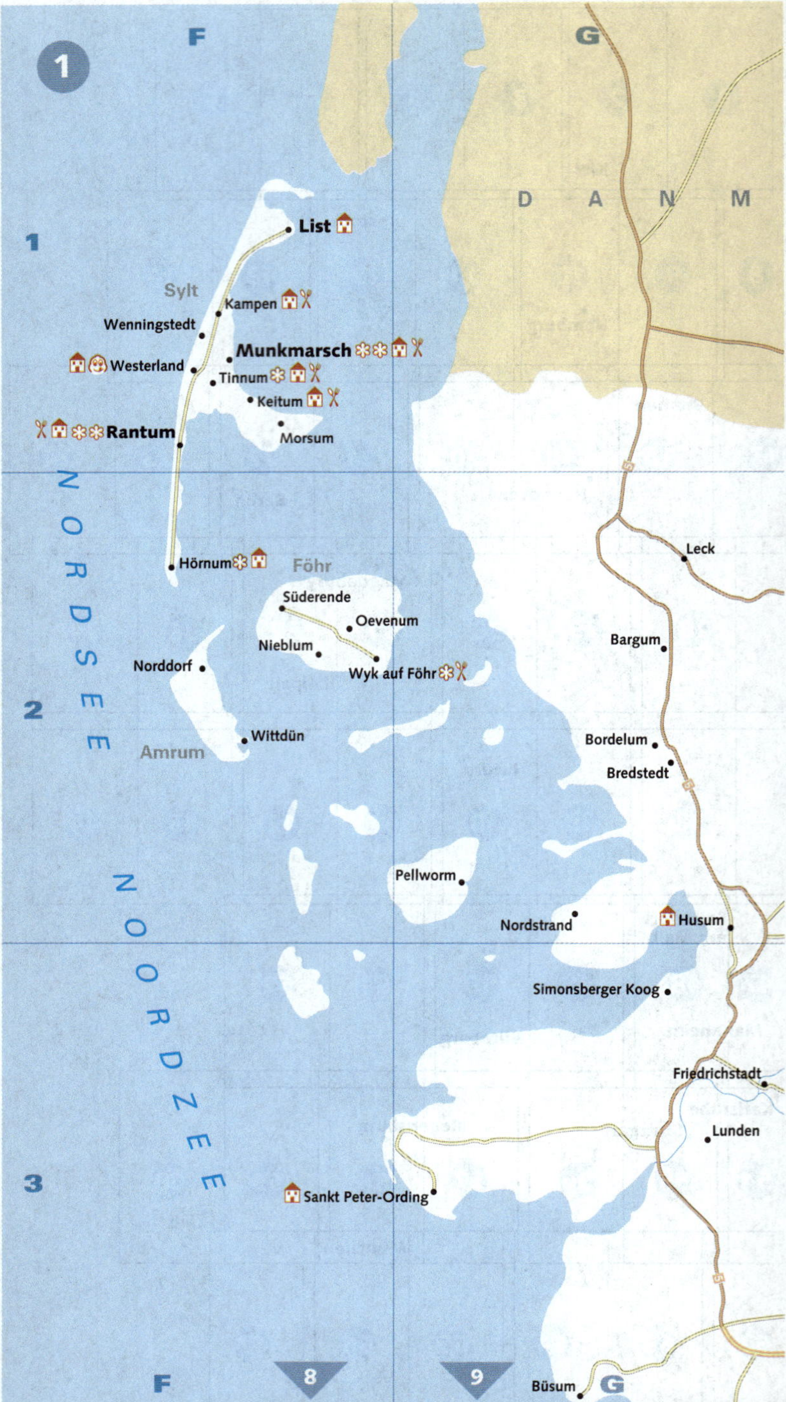

1
F
G
D A N M
1
List
Sylt
Kampen
Wenningstedt
Munkmarsch
Westerland
Tinnum
Keitum
Rantum
Morsum
NORDSEE
Hörnum
Föhr
Süderende
Oevenum
Nieblum
Norddorf
Wyk auf Föhr
2
Wittdün
Amrum
Leck
Bargum
Bordelum
Bredstedt
Pellworm
Nordstrand
Husum
Simonsberger Koog
NOORDZEE
Friedrichstadt
Lunden
3
Sankt Peter-Ording
F
8
9
Büsum
G

H
I
2
A R K
1
Glücksburg
Flensburg
199
3
Kappeln
E 45
Treene
Schlei
2
Rieseby
Holzdorf
Schleswig
76
Eckernförde
Ascheffel
Alt Duvenstedt
Kiel
A 210
Rendsburg
Eider
3
E 45
A 215
404
205
Nortorf
A 23
H
9
10
I

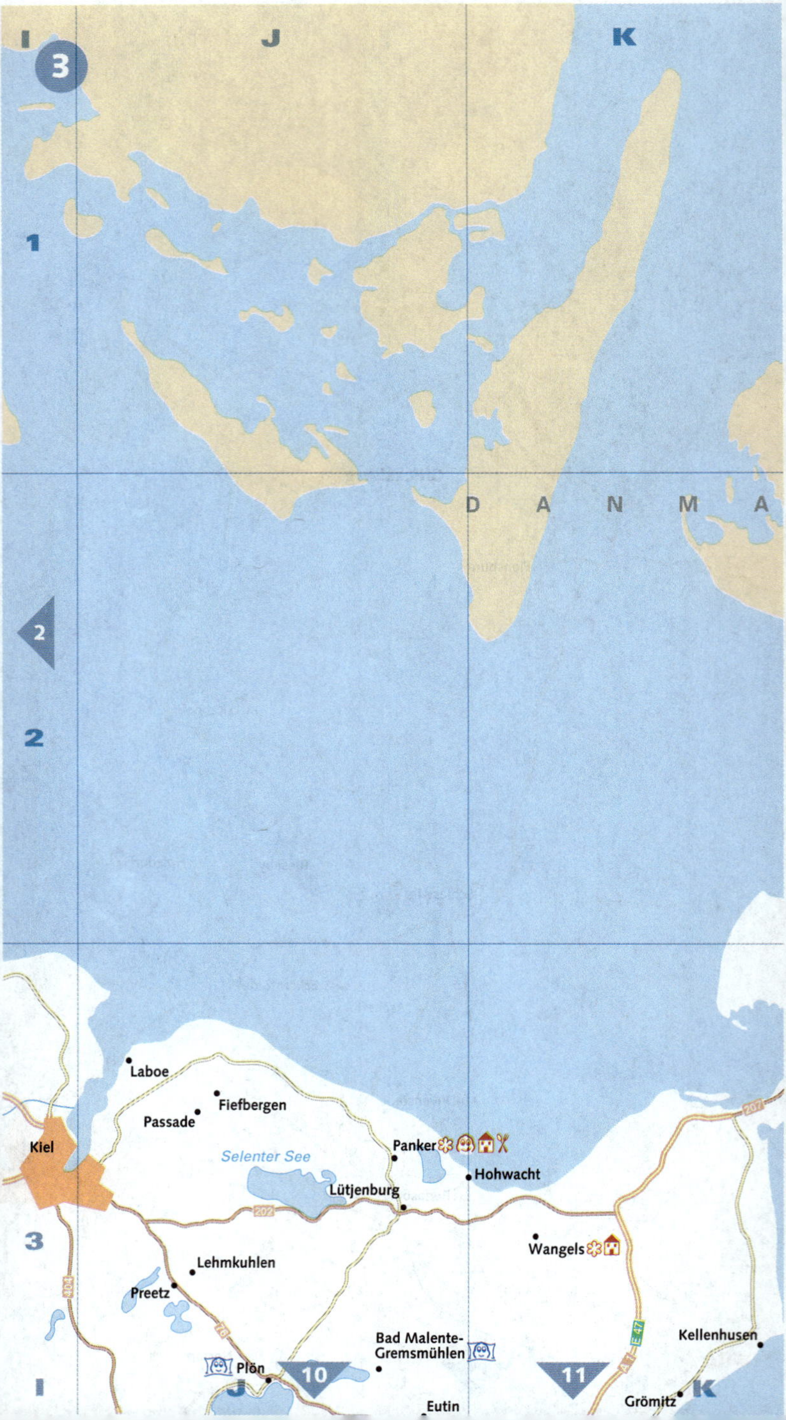

I
J
K
3
1
2
2
3
D A N M A
Laboe
Fiefbergen
Passade
Kiel
Selenter See
Panker
Hohwacht
Lütjenburg
202
207
Wangels
Lehmkuhlen
Preetz
404
76
Bad Malente-
Gremsmühlen
Plön
10
11
E 47
A 1
Kellenhusen
Grömitz
Eutin
I
J
K

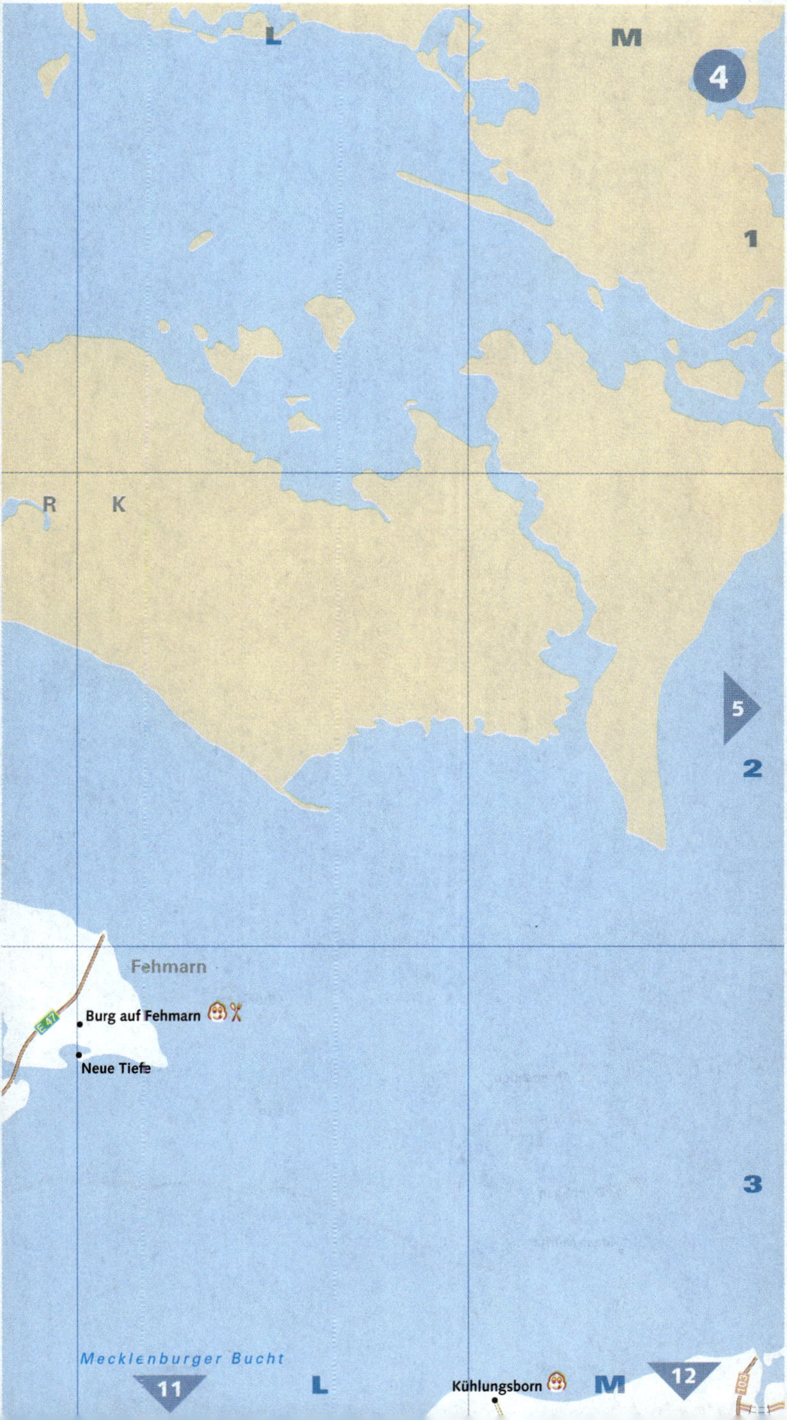
L
M
4
1
R
K
5
2
Fehmarn
E 47
Burg auf Fehmarn
Neue Tiefe
3
Mecklenburger Bucht
11
L
Kühlungsborn
M
12
105

M
N
O
5
1
4
2
O
S
T
3
Prerow
Zingst
Ahrenshoop
Wustrow
Saaler Bodden
Der Grabow
Barth
Dierhagen
Graal-Müritz
105
103
12
13
M
N
O

P
Q
6
1
2
3
S
E
E
Hiddensee
Wiek
Vitte
Neuenkirchen
Lohme
Sagard
Saßnitz
Ralswiek
Rügen
Binz
Sellin
Baabe
Göhren
Sehlen
Putbus
Stralsund
E 251
96
96N
Greifswalder
Bodden
13
14
P
Q

7
C
D
3
4
5
6
N O R D S E E
Langeoog
Langeoog
Baltrum
Norderney
Norderney
Juist
Juist
Borkum
Borkum
Dornum
Esens
Norden
Krummhörn
Aurich
72
210
A 31
E 22
Leer
436
70
A 280
A 7
NEDERLAND
15
16

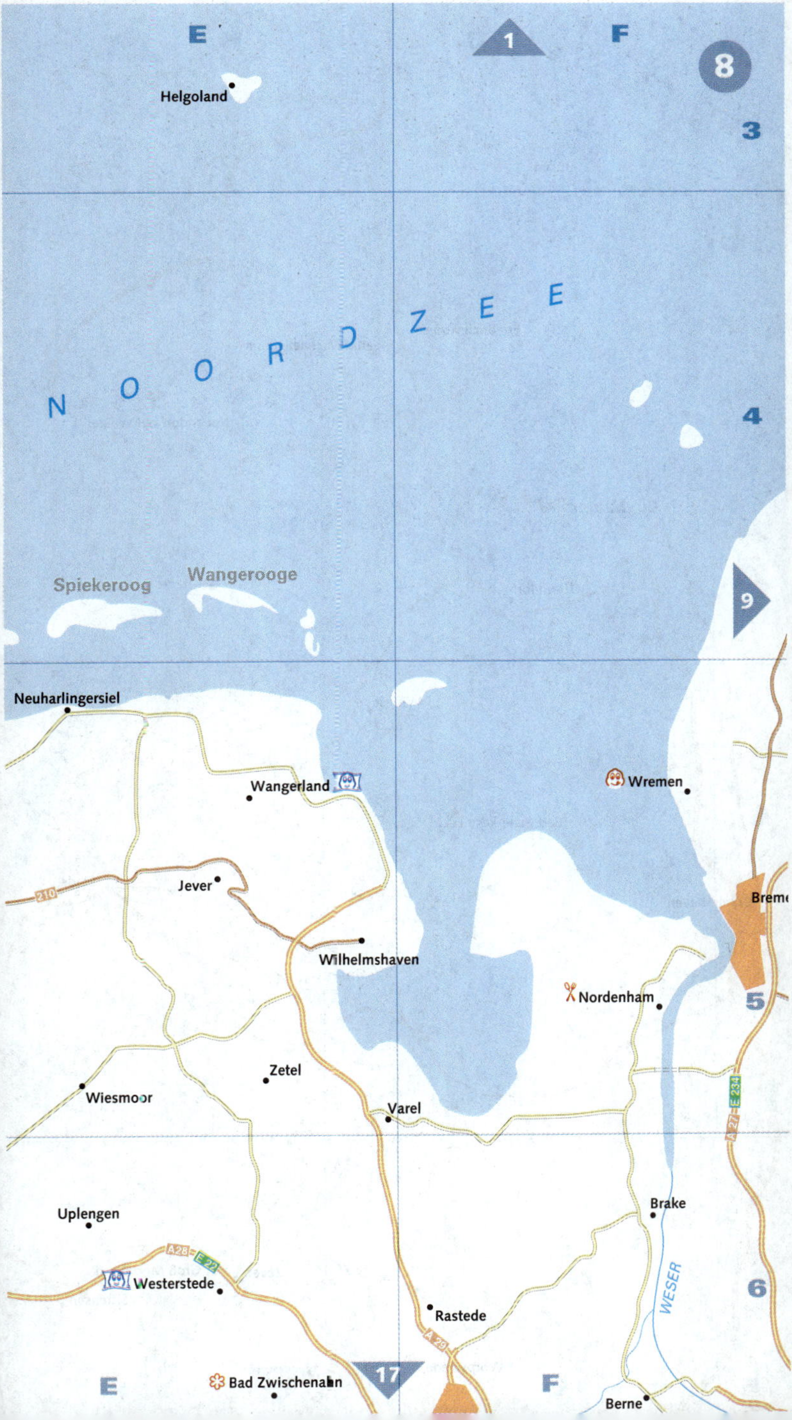

E
1
F
8
3
Helgoland
NOORDZEE
4
Spiekeroog
Wangerooge
9
Neuharlingersiel
Wangerland
Wremen
210
Jever
Bremerhaven
Wilhelmshaven
Nordenham
5
Zetel
Wiesmoor
Varel
A 27
E 234
Brake
Uplengen
A 28
E 22
Westerstede
WESER
6
Rastede
A 29
E
Bad Zwischenahn
17
F
Berne

F
9
1
G
H
2
3
Büsum
A 23
Friedrichskoog
Sankt Michaelisdonn
Nord-Ostsee-Kanal
Neuendorf bei Wilster
4
Cuxhaven
8
Otterndorf
Freiburg
Oste
Wingst
5
Bad Bederkesa
73
Stade
Bremerhaven
74
71
E 234
A 27
Oste
6
Zeven
Groß Meckelsen
Sittensen
Worpswede
18
F
G
H

10
2
3
I
J
Lehmkuhlen
Preetz
Nortorf
Plön
Bosau
Gr. Plöner See
Neumünster
Bad Segeberg
Pronstorf
4
Bokel
Kaltenkirchen
Reinfeld
Barmstedt
Elmshorn
Tangstedt
Quickborn
Norderstedt
11
Tornesch
Uetersen
Ahrensburg
Pinneberg
Ellerbek
Haselau
Rellingen
Lütjensee
Siek
Schenefeld
Hamburg
Wedel
Kuddewörde
5
Witzhave
Steinkirchen
Glinde
Jork
Aumühle
Reinbek
Buxtehude
Geesthacht
Seevetal
ELBE
Winsen
Bendestorf
Handorf
Buchholz in der Nordheide
6
Jesteburg
Lüneburg
Hanstedt
19
Salzhausen

11
J
K
L
3
4
10
20
Wangels
Bad Malente-Gremsmühlen
Kellenhusen
Mecklenburger Bucht
Grömitz
Eutin
Neustadt in Holstein
Scharbeutz
Timmendorfer Strand
Poel
Boltenhagen
Ratekau
Kalkhorst
Klütz
Damshagen
Wismar
LÜBECK
Hamberge
A 1
E 47
76
75
105
A 20
E 22
106
104
Schweriner See
Ratzeburg
Schwerin
Mölln
Schaalsee
5
6
321
A 14
Wittenburg
A 24
E 26
203
Ludwigslust

4
M
5
Graal-Müritz
N
12
3
105
103
Kühlungsborn
Sievershagen
E 55
Bad Doberan
Rostock
105
E 22
A 20
A 20
103
4
A 19
E 55
Benz
108
Neukloster
Nakenstorf
103
13
Warnow
A 14
Güstrow
104
104
Kuhlen-Wendorf
Krakow am See
5
103
Crivitz
Nossentiner
Hütte
Malchow
191
Elde
Plau am See
Plauer
See
Parchim
Leize
Fincken
Meyenburg
6
103
A 24
E 26
A 19
E 55
5
M
21
N

13
N
5
O
6
3
96N
96
E 251
Greifswald
A 20
4
108
Kummerower See
104
12
Hohen Demzin
Bülow
Malchiner See
Lupendorf
Altentreptow
104
5
Neubrandenburg
Burg Stargard
Waren
192
Malchow
Göhren-Lebbin
Gross Nemerow
Müritz
Leizen
Röbel
Ludorf
Neustrelitz
6
A 19
E 55
N
22
O
96
E 251

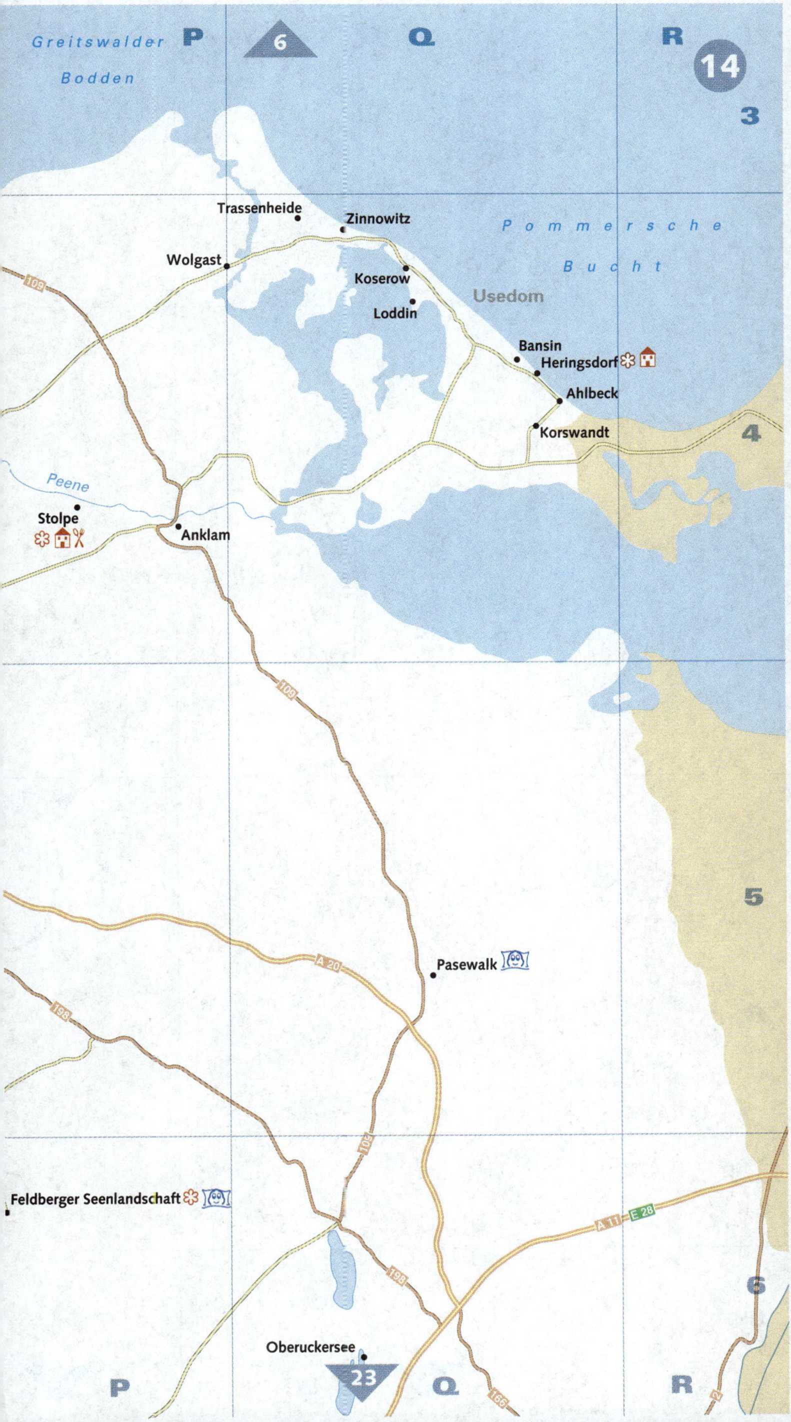

Greifswalder Bodden
P
6
Q
R
14
3
Trassenheide
Zinnowitz
Pommersche Bucht
Wolgast
Koserow
Usedom
Loddin
Bansin
Heringsdorf
Ahlbeck
Korswandt
4
Peene
Stolpe
Anklam
109
5
Pasewalk
A 20
198
Feldberger Seenlandschaft
A 11
E 28
6
Oberuckersee
23
P
Q
R
166
2

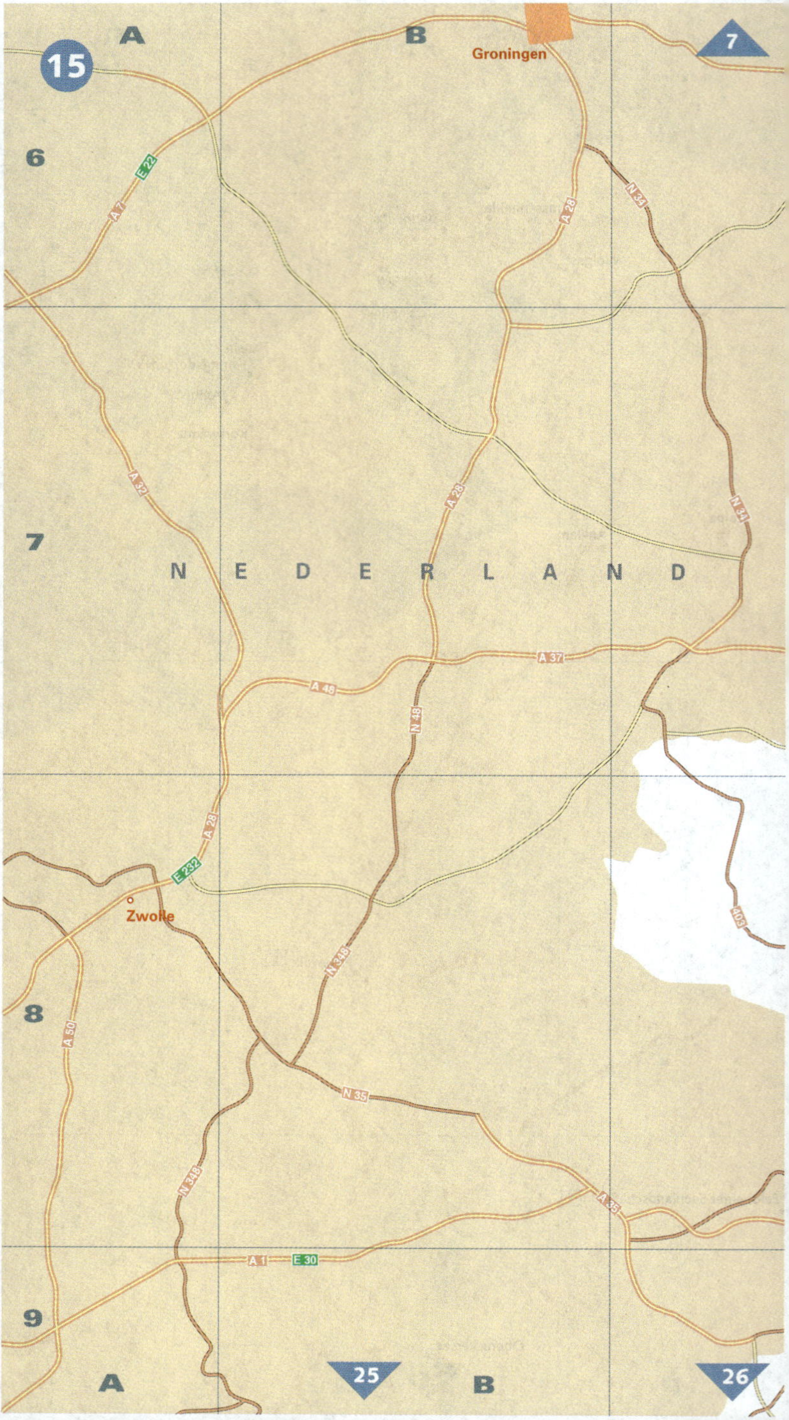

15
A
B
7
Groningen
6
E 22
A 7
A 28
N 34
A 32
7
N E D E R L A N D
A 37
A 48
N 48
A 28
E 232
Zwolle
N 348
403
8
A 50
N 35
A 35
N 348
A 1
E 30
9
A
25
B
26

C
7
A 7
E 22
A 31
E 22
A 280
436
Leer
D
8
E
16
70
6
Papenburg
72
Ems
Werlte
7
A 31
Haren
213
402
Löningen
Hase
402
Meppen
Herzlake
Haselünne
70
Twist
17
213
Lingen
214
213
8
Nordhorn
70
N 342
Spelle
A 30
E 30
Schüttorf
Hörstel
Bad Bentheim
Rheine
Ibbenbüren
Neuenkirchen
A 30
E 30
Gronau
Tecklenburg
9
54
70
481
A 31
26
27
C
D
Emsdetten
E
Lengerich
Steinfurt

17
E
F
8
Rastede
A 29
Bad Zwischenahn
Berne
Oldenburg
6
Wardenburg
A 28
E 22
Delmenhorst
72
Hunte
213
A 29
Garrel
A 1
E 37
51
Wildeshausen
Cloppenburg
7
Visbek
72
213
Bakum
Löningen
Hase
Barnstorf
Dinklage
16
214
214
Damme
E 37
A 1
8
51
Lemförde
Rahden
Bramsche
Espelkamp
Wallenhorst
51-65
Bad Essen
65
Lübbecke
OSNABRÜCK
A 30
E 30
9
urg
A 33
Melle
Lengerich
E
27
A 30
E 30
F
28
Löhne

G
9
H
I
18
Worpswede
Scheeßel
6
A 27
E 234
Rotenburg/
Wümme
Bremen
A 1
E 37
215
Stuhr
Achim
Visselhövede
Verden
7
A 27
E 234
Walsrode
Bad
Fallingbostel
Bruchhausen-Vilsen
215
Aller
Bücken
19
214
214
Schwarmstedt
A 7
E 45
215
Leine
Wedemark
Neustadt am
Rübenberge
A 352
Rehburg-Loccum
Wunstorf
Garbsen
Hannover
Petershagen
Bad Nenndorf
Stadthagen
61
Ronnenberg
Minden
Nienstädt
Barsinghausen
Gehrden
9
Bückeburg
Bad Eilsen
A 2
E 30
28
29
Rinteln
Bad Münder
am Deister
H
217
I
Bad Oeynhausen
G
83

19
10
18
29
30
H
I
J
6
7
8
9
Hanstedt
Lüneburg
Salzhausen
Egestorf
Schneverdingen
Amelinghausen
Bienenbüttel
Bispingen
Bad Bevensen
Uelzen
Faßberg
Bad Fallingbostel
Celle
Wienhausen
Aller
Wedemark
Burgwedel
Gifhorn
Isernhagen
Hannover
Lehrte
Sehnde
Peine
Braunschweig
A 7
E 45
A 352
A 2
E 30
A 395
3
4
6
1
65
191
209
214

K
11
L
20
6
Hitzacker
Dannenberg
Jameln
Lüchow
Arendsee
7
Salzwedel
21
Wittingen
8
WOLFSBURG
A 39
Haldensleben
9
A 2
E 30
1
189
K
30
L
31

21
L
M
12
N
A 24
103
E 26
A 19
E 55
6
Pritzwalk
107
103
5
Kyritz
7
Rühstädt
Arendsee
Wusterhausen
189
Neustadt
Havelberg
20
107
ELBE
102
Storkau
Rathenow
Tangermünde
8
1
Plauer See
1
9
Burg
Ziesar
Wolmirstedt
189
A 2
E 30
L
M
31
N
1

O
13
P
22
6
Rheinsberg
Havel
7
Neuruppin
167
Wustrau-Altfriesack
23
Kremmen
Oranienburg
Wandlitz
A 10
Nauen
Ruppiner
Berlin
Brandenburg an der Havel
Potsdam
Werder
Nuthetal
Schwielowsee
Michendorf
Kloster Lehnin
8
9
Beelitz
32
Trebbin
O
P

23
14
22
33
P
Q
6
7
8
9
Oberuckersee
Templin
Schwedt
ODER
Joachimsthal
Wandlitz
rg
Neuhardenberg
Strausberg
Berlin
Petershagen-Eggersdorf
Madlitz-Wilmersdorf
Spree
Fürstenwalde
Eichwalde
Zeuthen
Bad Saarow
Scharmützel See
Mittenwalde
Reichenwalde
A 11
E 28
A 10
A 114
A 12
E 30
A 13
A 130
E 55
158
167
2
1
5
96A
179
101
96

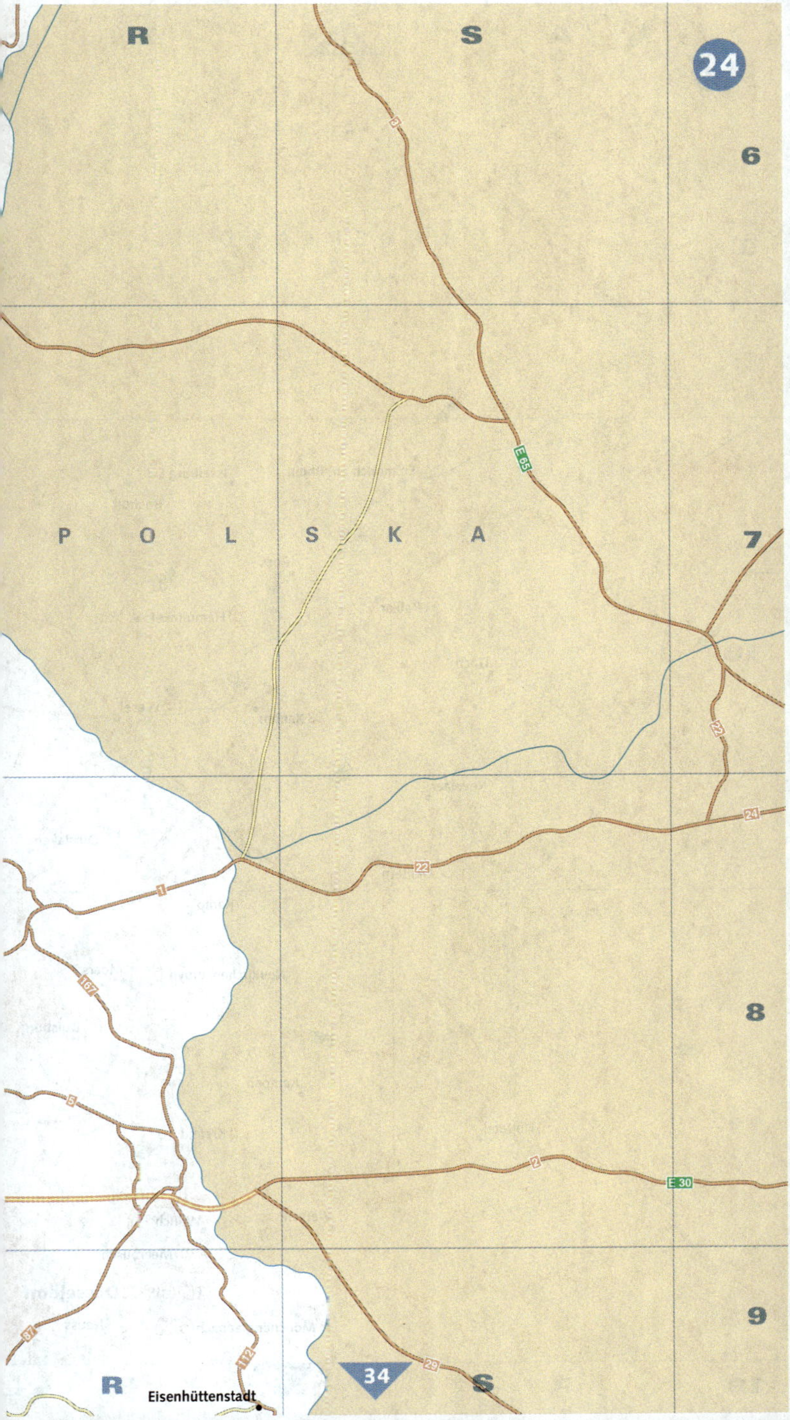
R
S
24
6
3
E 65
P O L S K A
7
22
24
22
1
167
8
5
2
E 30
9
87
112
34
29
R
S
Eisenhüttenstadt

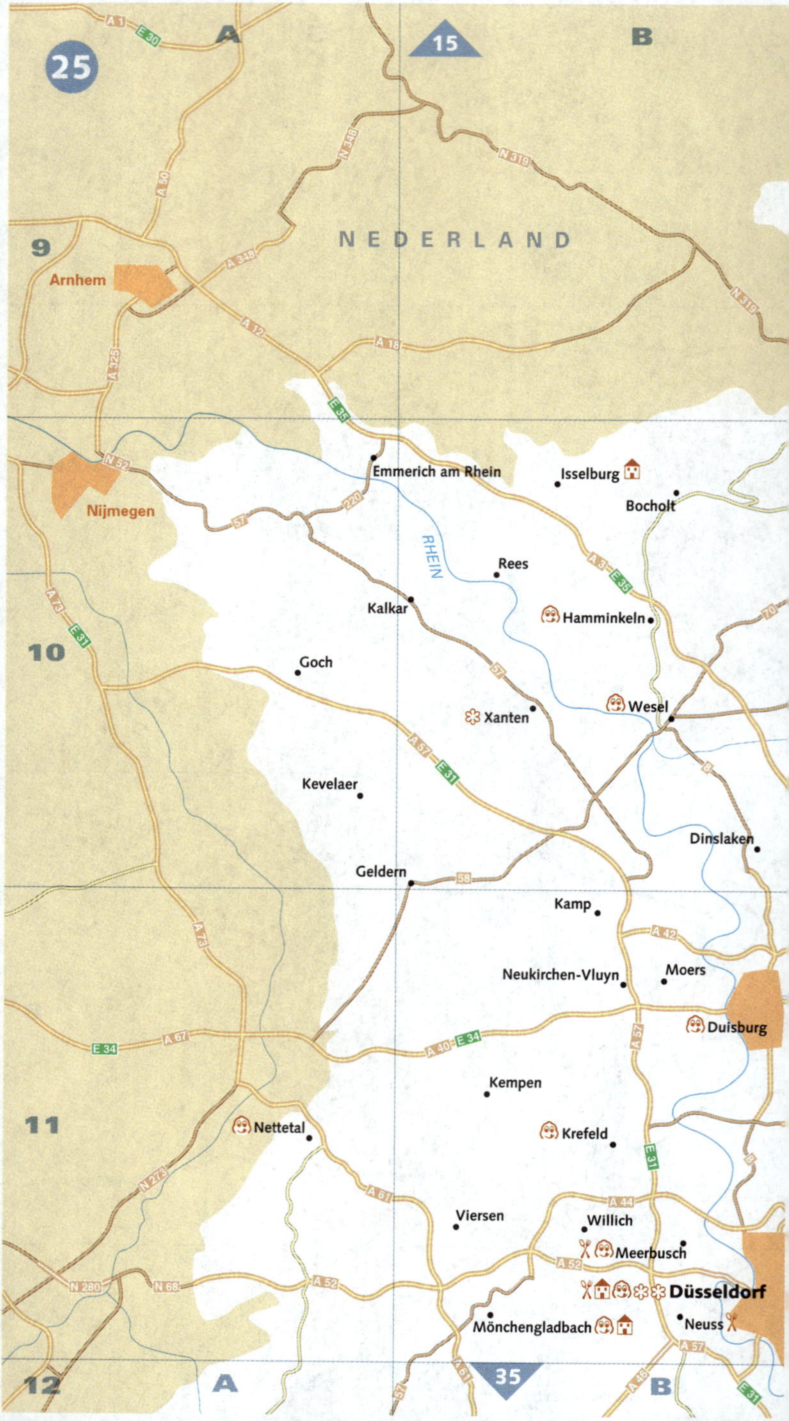
25
A
15
B
NEDERLAND
9
Arnhem
Nijmegen
10
11
12
A
35
B
Emmerich am Rhein
Isselburg
Bocholt
RHEIN
Rees
Kalkar
Hamminkeln
Goch
Xanten
Wesel
Kevelaer
Dinslaken
Geldern
Kamp
Neukirchen-Vluyn
Moers
Duisburg
Kempen
Nettetal
Krefeld
Viersen
Willich
Meerbusch
Düsseldorf
Mönchengladbach
Neuss
A 1
E 30
N 348
A 50
N 319
A 348
A 12
A 18
A 325
E 35
N 52
57
220
A 3
E 35
70
A 73
E 31
57
A 57
E 31
8
58
A 42
A 73
A 57
E 34
A 67
A 40
E 34
N 273
E 31
A 61
A 44
A 52
N 280
N 68
A 52
A 61
57
A 57
A 46
E 31

15
C
Gronau
16
D
26
Emsdetten
Steinfurt
Ahaus
Vreden
Greven
9
Legden
Altenberge
Billerbeck
Coesfeld
Südlohn
Notteln
Münster
Velen
Borken
10
Lüdinghausen
Haltern am See
Nordkirchen
Schermbeck
27
Lippe
Dorsten
Werne
Datteln
Recklinghausen
Waltrop
Lünen
Castrop-Rauxel
Bottrop
Gelsenkirchen
Dortmund
Oberhausen
Bochum
Essen
Witten
Mülheim
an der Ruhr
Schwerte
Ruhr
Hattingen
11
Sprockhövel
Iserlohn
Heiligenhaus
Velbert
Hagen
Ratingen
Nachrodt-
Wiblingwerde
Wuppertal
Erkrath
Lüdenscheid
Radevormwald
Haan
Remscheid
Hilden
Solingen
36
D
Hückeswagen

D
E
F
16
17
27
9
10
11
26
37
Tecklenburg
Lengerich
Bad Iburg
Melle
A 30
E 30
A 33
Ladbergen
A 1
E 37
51
Bad Rothenfelde
68
Halle
Bielefeld
Steinhagen
Telgte
Ems
Harsewinkel
Warendorf
64
Everswinkel
Gütersloh
Verl
Rheda-Wiedenbrück
Sendenhorst
Oelde
Rietberg
A 2
E 34
Ahlen
Beckum
Delbrück
63
55
Lippe
Hamm
Lippetal
Lippstadt
Erwitte
Bad Sassendorf
1
A 44
E 331
Büren
Wickede
Möhnesee
Rüthen
A 46
Warstein
Arnsberg
Iserlohn
Brilon
Bestwig
Meschede
Ruhr
Olsberg
Balve
Willingen
Werdohl
Winterberg
Finnentrop

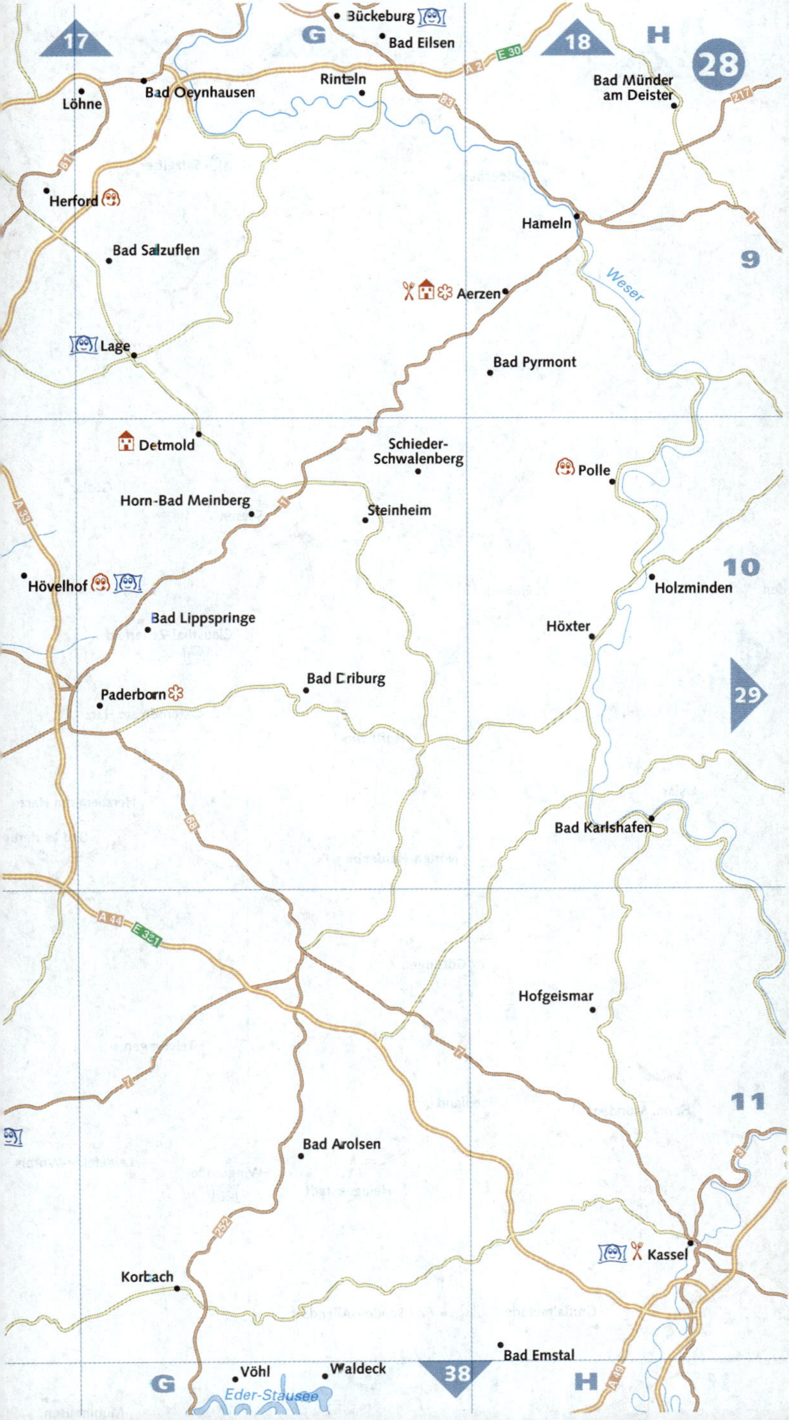

17
G
Bückeburg
Bad Eilsen
18
H
28
E 30
A 2
Löhne
Bad Oeynhausen
Rinteln
Bad Münder am Deister
217
83
61
Herford
Hameln
9
Bad Salzuflen
Weser
Aerzen
Lage
Bad Pyrmont
Detmold
Schieder-Schwalenberg
Polle
Horn-Bad Meinberg
Steinheim
A 33
10
Hövelhof
Holzminden
Bad Lippspringe
Höxter
Bad Driburg
29
Paderborn
Bad Karlshafen
68
A 44
E 331
Hofgeismar
7
11
Bad Arolsen
252
Kassel
Korbach
Bad Emstal
Vöhl
Waldeck
38
G
H
Eder-Stausee
A 49

H
I
J
29
18
19
217
3
6
A 7
E 45
1
A 39
248
Hildesheim
Salzgitter
Elze
9
Alfeld
Leine
Goslar
Seesen
10
den
Einbeck
28
Clausthal-Zellerfeld
243
Osterode am Harz
Northeim
Uslar
Herzberg am Harz
Bad Lauterbe
Nörten-Hardenberg
27
Göttingen
Teistungen
11
Hann. Münden
Friedland
A 38
Leinefelde-Worbis
Wingerode
Heiligenstadt
Großalmerode
Bad Sooden-Allendorf
7
39
Mühlhausen

Braunschweig
19
K
20
L
30
A 2
E 30
A 395
Wolfenbüttel
9
Dedeleben
79
Osterwieck
81
6
Bad Harzburg
Halberstadt
Ilsenburg
Wernigerode
Blankenburg
10
6n
Quedlinburg
Schierke
Ballenstedt
Braunlage
31
27
Bad Sachsa
4
243
Südharz
A 38
11
A 71
K
40
L

31
20
L
Wolmirstedt
Burg
M
21
Ziesar
A 2
E 30
189
9
Magdeburg
Gommern
184
Sülzetal
Schönebeck
A 14
81
71
E 49
Zerbst
187
10
Dessau
184
Bernburg
71
6
Saale
E 51
A 9
30
6
100
Delitzsch
Eisleben Lutherstadt
Halle
A 14
E 49
A 38
11
6
Bad Lauchstädt
Schkopau
Schkeuditz
91
A 38
Querfurt
Merseburg
E 51
A 38
Zwenkau
L
Freyburg
M
41
Weißenfels
A 9
E 49

N
O
P
22
32
Trebbin
Bad Belzig
E 51
A 9
9
102
2
101
Lutherstadt Wittenberg
10
187
ELBE
33
100
87
11
Leipzig
6
Ries
Wermsdorf
Markkleeberg
42
A 14
95

33
P
23
Q
9
10
11
32
43
Schwielochsee
Schlepzig
Lübben
Lübbenau
Burg (Spreewald)
Finsterwalde
Großräschen
Senftenberg
Schwarzheide
Gröditz
Riesa
Radeburg
A 13
E 36
E 55
96
87
102
A 15
101
169
97
6
A 4
E 40

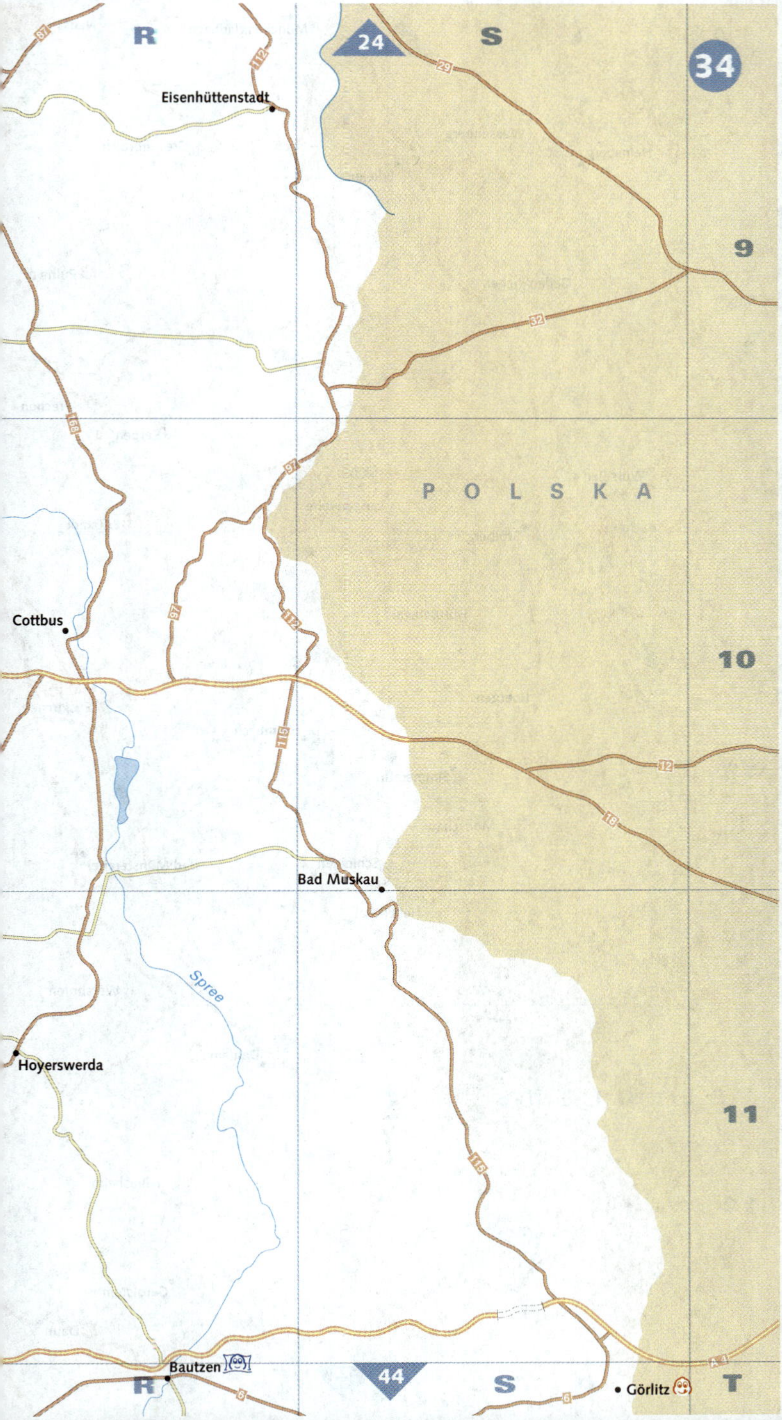

R
S
24
34
Eisenhüttenstadt
9
POLSKA
Cottbus
10
Bad Muskau
Spree
Hoyerswerda
11
Bautzen
Görlitz
R
44
S
T
87
112
29
32
169
97
97
112
115
12
18
115
6
6
A4

35
A
25
Mönchengladbach
B
Neuss
Wassenberg
Heinsberg
Erkelenz
Grevenbroich
Geilenkirchen
Pulheim
Rur
12
Frechen
Kerpen
Würselen
Langerwehe
Aachen
Stolberg
Erftstadt
Hürtgenwald
Roetgen
Euskirchen
Heimbach
13
Simmerath
Monschau
Bad Münstereifel
Schleiden
Hellenthal
Wershofen
Dahlem
BELGIQUE
Hillesheim
14
Gerolstein
Daun
A
45
B
A 46
A 57
A 61
E 31
A 44
E 314
A 76
A 79
A 4
E 40
N 278
A 3
N 3
E 29
A 1
N 632
A 27
A 60
E 42

C
D
26
36
37
12
13
14
45
46
Radevormwald
Lüdenscheid
Haan
Remscheid
Hilden
Solingen
Hückeswagen
Langenfeld
Wermelskirchen
Dormagen
Burscheid
Kürten
Odenthal
Gummersbach
Bergneustadt
Leverkusen
Drolsha
BERGISCH
GLADBACH
Köln
Reichsh
Overath
Rösrath
Nümbrecht
Brühl
Wesseling
Lohmar
Troisdorf
Niederkassel
Siegburg
Windeck
Sieg
Hennef
Hamm
Pracht
Wissen
Bonn
Swisttal
Königswinter
Meckenheim
Bad Honnef
Wachtberg
Unkel
Vettelschoss
Remagen
Roßbach
Bad Neuenahr-
Ahrweiler
Waldbreitbach
Dernau
Sinzig
Mayschoss
Bad Hönningen
Hardert
Altenahr
Rengsdorf
Bad Breisig
RHEIN
Burgbrohl
Neuwied
Andernach
Bendorf
Höhr-
Grenzhausen
Adenau
Maria Laach
Kaltenengers
Vallendar
Mülheim-Kärlich
Koblenz
Nürburg
Bad Ems
Mayen
Kobern-Gondorf
Lahnstein
Braubach
Waldesch
Darscheid
Boppard
Mosel
Cochem
Treis-Karden
Emmelshausen
A 46
A 1
A 3
A 4
A 45
A 48
A 57
A 59
A 61
A 553
A 555
A 565
E 31
E 35
E 37
E 40
E 41
E 44

D
E
F
37
27
Winterberg
Finnentrop
Schmallenberg
Lennestadt
Attendorn
Hallenberg
Bad Berleburg
A 45
E 41
55
12
Olpe
Drolshagen
Hilchenbach
A 4
E 40
Wenden
Kreuztal
Reichshof
478
62
253
54
Bad Laasphe
Siegen
Lahn
Wilnsdorf
Betzdorf
Wissen
13
Burbach
Dillenburg
Herborn
36
Höhn
8
A 45
E 41
277
Gießen
Westerburg
Leun
Wetzlar
49
Braunfels
Weilburg
Hadamar
ausen
49
A 3
E 35
Limburg an der Lahn
ad Ems
Balduinstein
Lahn
Usingen
Weilrod
14
Neu-Anspach
Bad Homburg
vor der Höhe
Idstein
Glashütten
Oberursel
Nastätten
Hohenstein
46
47
Königstein
im Taunus
Kronberg
im Taunus

G
28
H
38
Bad Emstal
Vöhl
Waldeck
Eder-Stausee
A 49
252
Bad Wildungen
Felsberg
Melsunge
Frankenau
Eder
253
Frankenberg (Eder)
A 7
E 45
Mor
12
252
Burgwald
Knüllwald
3
62
Oberaula
Marburg
Amöneburg
A 5
E 40
A 7
E 45
62
Ebsdorfergrund
Alsfeld
3
39
Fulda
13
A 480
E 40
A 485
49
Lauterbach
Grünberg
E 451
Laubach
Fu
A 5
Lich
Hungen
Hosenfeld
Neuhof
Gedern
14
Bad Nauheim
Schlüchtern
Friedberg
Bad Soden-Salmünster
Karben
Nidderau
3
45
A 45
Ronneburg
Bad Orb
47
Gelnhausen
48
Bad Vilbel
G
H
A 66
E 41
Erlensee

H
I
J
39
29
Großalmerode
Bad Sooden-Allendorf
Mühlhausen
Melsungen
Morschen
Fulda
12
Knüllwald
Herleshausen
Eisenach
Werra
Friedewald
Bad Hersfeld
Tabarz
Brotterode
Floh-Seligenthal
38
Tann
13
Hofbieber
Hilders
Meiningen
Petersberg
Fulda
Fladungen
Poppenhausen
Neuhof
Gersfeld
Ostheim vor der Rhön
Oberelsbach
Mellrichstadt
Motten
14
lüchtern
Bad Neustadt an der Saale
Bad Brückenau
48
49
Oberthulba
Bad Kissingen
A 4
E 40
A 7
E 45
A 71
7
27
83
19
279

K
30
L
40
Riethnordhausen
A 71
4
12
Erfurt
Weimar
87
7
Gotha
7
A 4
E 40
A 4
E 40
Friedrichroda
Blankenhain
Arnstadt
Finsterbergen
41
Uhlstädt
Rudolstadt
Saale
Oberhof
A 71
13
Zella-Mehlis
Saalfeld
Saalfelder Höhe
Suhl
Schmiedefeld am Rennsteig
Frauenwald
Nahetal-
Waldau
Masserberg
Neuhaus am Rennweg
88
Reurieth
4
14
A 73
Stockheim
Coburg
Ahorn
Kronach
Wa
279
49
K
50
L
173

41
L
M
31
Freyburg
Weißenfels
Zwenkau
Naumburg
12
Jena
Schmölln
Gera
40
Neukirc
Harth-Pöllnitz
Uhlstädt-Kirchhasel
Neustadt an der Orla
Saale
13
Pößneck
Reichenbach
Treuen
Bleiloch Talsperre
Plauen
Lichtenberg
Bad Steben
14
Hof
Markneukirchen
Bad Elster
Wallenfels
Helmbrechts
Saale
h
Presseck
50
L
M
51

Markkleeberg
N
32
O
P
42
A 14
Döbeln
12
E 40
A 4
173
95
93
Waldenburg
Limbach-
Oberfrohna
A 72
Meerane
Chemnitz
A 4
E 40
Crimmitschau
Hohenstein-
Ernstthal
43
Neukirchen
174
Werdau
Zwickau
A 72
E 441
13
Hartenstein
174
Bad Schlema
Tannenberg
Aue
Annaberg-Buchholz
Schwarzenberg
Auerbach
Schönheide
Oberwiesenthal
Johanngeorgenstadt
E 442
14
Klingenthal
13
ČESKÁ REPUBLIKA
51
N
C 49
O
52
P

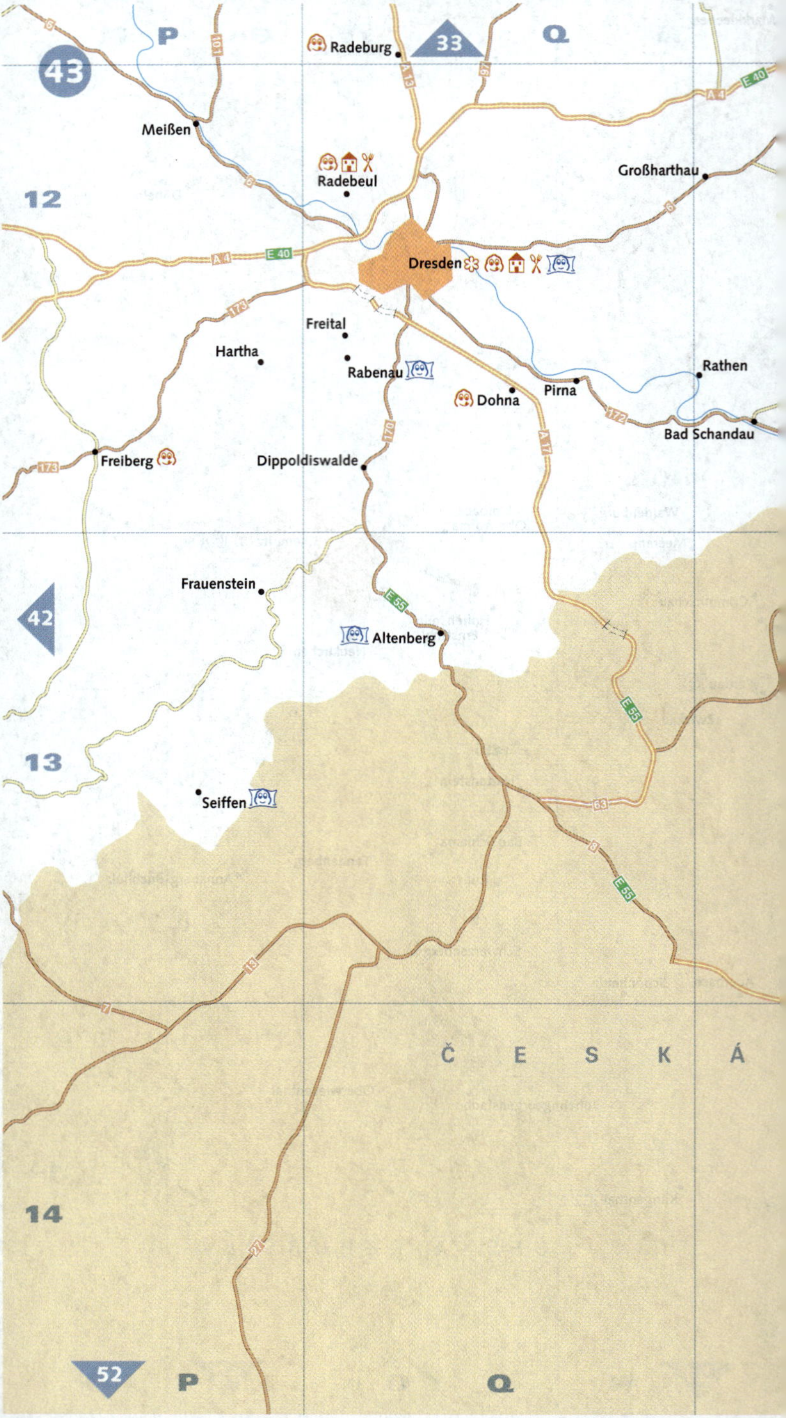

43
33
42
52
P
Q
12
13
14
Radeburg
Meißen
Radebeul
Großharthau
Dresden
Freital
Hartha
Rabenau
Rathen
Pirna
Dohna
Bad Schandau
Freiberg
Dippoldiswalde
Frauenstein
Altenberg
Seiffen
ČESKÁ
A 4
E 40
A 13
A 17
E 55
6
101
173
170
172
63
8
13
7
27

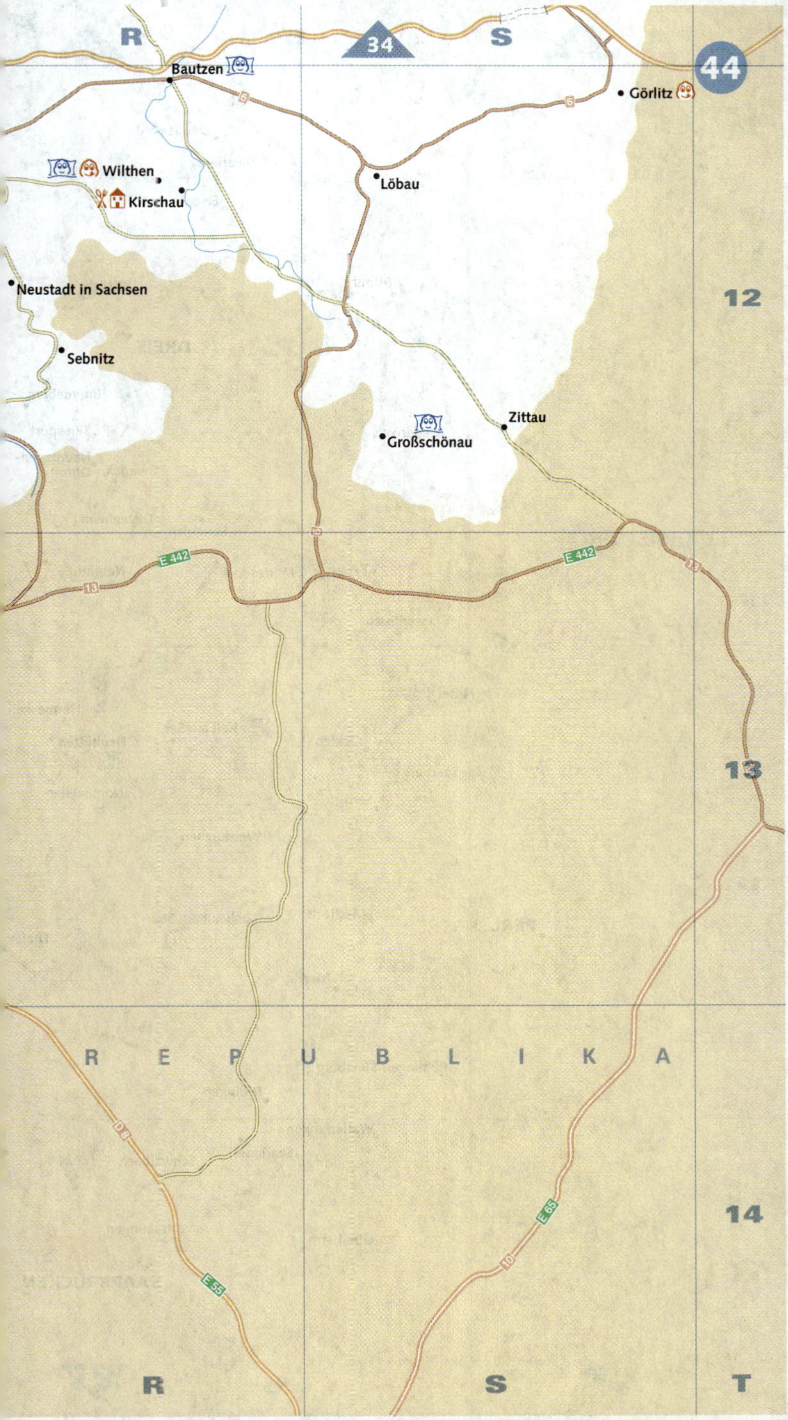
R
34
S
44
Bautzen
Görlitz
Wilthen
Löbau
Kirschau
Neustadt in Sachsen
12
Sebnitz
Zittau
Großschönau
E 442
13
E 442
13
13
R E P U B L I K A
D 8
14
E 65
10
E 55
R
S
T

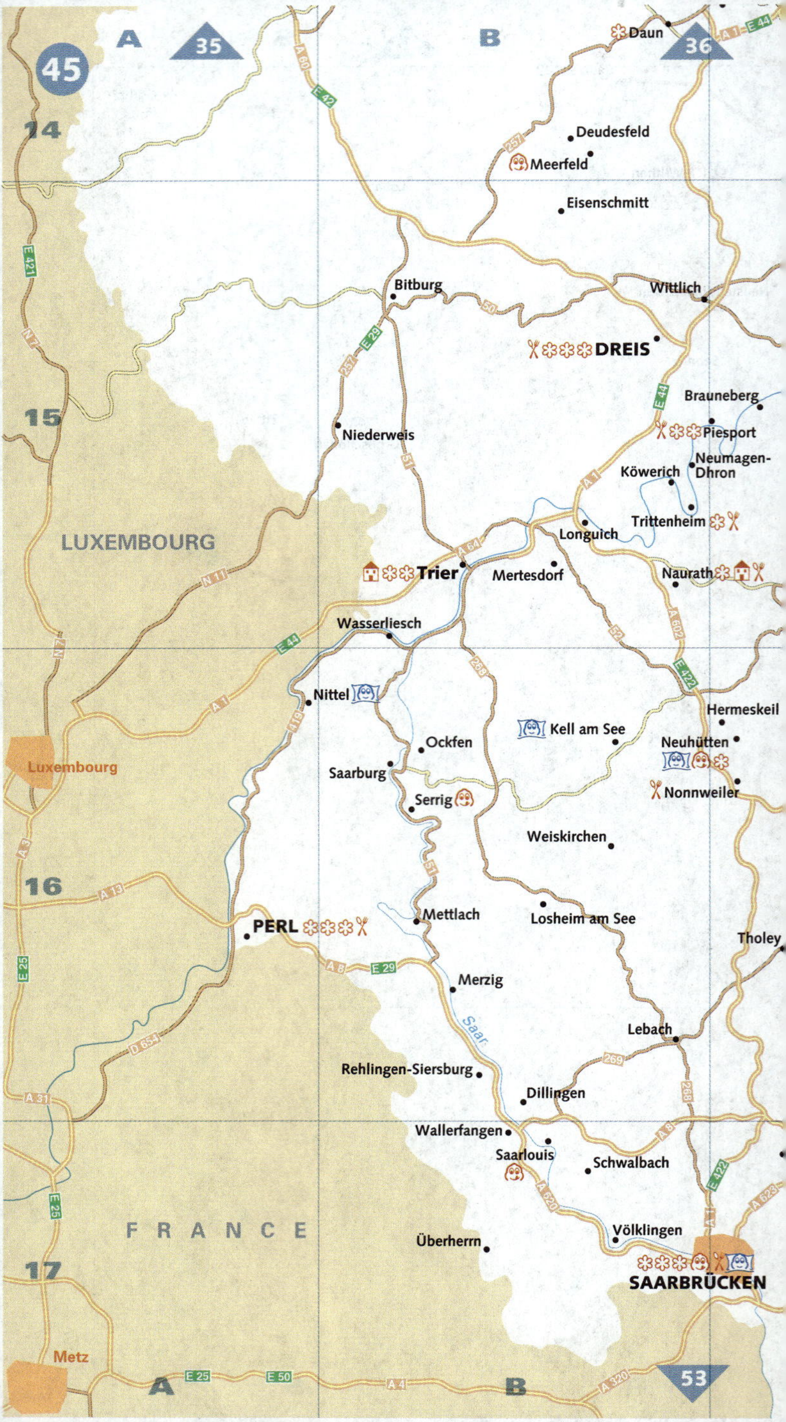

45
A
35
B
36
Daun
14
Deudesfeld
Meerfeld
Eisenschmitt
Bitburg
Wittlich
DREIS
15
Brauneberg
Piesport
Niederweis
Neumagen-Dhron
Köwerich
Trittenheim
Longuich
LUXEMBOURG
Trier
Mertesdorf
Naurath
Wasserliesch
Nittel
Hermeskeil
Kell am See
Neuhütten
Ockfen
Saarburg
Luxembourg
Nonnweiler
Serrig
Weiskirchen
16
Mettlach
Losheim am See
PERL
Tholey
Merzig
Saar
Lebach
Rehlingen-Siersburg
Dillingen
Wallerfangen
Saarlouis
Schwalbach
F R A N C E
Völklingen
Überherrn
17
SAARBRÜCKEN
Metz
A
B
53

36
C
Boppard
D
37
E
46
14
Cochem
Mosel
Treis-Karden
Emmelshausen
Sankt Goar
Beilstein
Bad Bertrich
Nehren
Oberwesel
Dörscheid
Kaub
Alf
327
A 61
Zell
Bacharach
Lorch
49
Reil
E 31
Oberheimbach
Zeltingen-Rachtig
Simmern
Traben-Trarbach
50
Stromberg
Bingen
Bernkastel-Kues
Mülheim
Horbruch
Veldenz
15
Langenlonsheim
Guldental
Bretzen
Bundenbach
Bad Kreuznach
Morbach
Asbacherhütte
Bad Sobernheim
327
Langweiler
Kempfeld
Kirn
Nahe
41
Niederhausen
Meddersheim
47
Meisenheim
Idar-Oberstein
420
Kirchheim
Lauterecken
48
Rockenhausen
Nohfelden
Ulmet
A 63
A 62
Oberthal
Wartenberg-Rohrbach
16
Sankt Wendel
420
Ramstein-Miesenbach
Kaiserslautern
A 6
37
Landstuhl
A 62
Neunkirchen
Bexbach
Wiesbach
Homburg
Wallhalben
Sankt Ingbert
Kirkel
17
Massweiler
A 6
Rhodt
A 8
Blieskastel
Zweibrücken
Wilgartswiesen
Hornbach
Pirmasens
10
Mandelbachtal
Hauenstein
53
C
Lemberg
D
54
E
Dahn

47
E
37
Nastätten
Hohenstein
14
Idstein
Glashütten
Bad Homburg
vor der Höhe
F
38
Karben
Oberursel
Bad Vilbel
Königstein
im Taunus
Kronberg
im Taunus
Taunusstein
Frankfurt
am Main
Offenbach
am Main
Wiesbaden
Hofheim
Hattersheim
Kelsterbach
Kiedrich
Walluf
Eltville
am Rhein
Oestrich-
Winkel
Hochheim
am Main
Heusenstamm
Geisenheim
Rüdesheim
Mainz
Heidesheim
am Rhein
Ingelheim
Rüsselsheim
Dreieich
Langen
Ginsheim-Gustavsburg
Bodenheim
Trebur
15
Gensingen
Bretzenheim
Stadecken-Elsheim
Jugenheim
Saulheim
Gau-Bischofsheim
Büttelborn
Nierstein
Oppenheim
St. Johann
Sprendlingen
Selzen
Darmstadt
Ober-Ramstadt
Wöllstein
Eckelsheim
Flonheim
46
Seeheim-
Jugenheim
Alzey
Zwingenberg
Kirchheimbolanden
Bermersheim
Bensheim
Lindenfels
Flörsheim-
Dalsheim
Zellertal
Worms
Lorsch
Heppenheim
16
Grünstadt
Laumersheim
Heßheim
Birkenau
Neuleiningen
Ramsen
Großkarlbach
Frankenthal
Viernheim
Weinheim
Weisenheim am Berg
Freinsheim
Mannheim
Hirschberg
Enkenbach-
Alsenborn
Kallstadt
Ludwigshafen
am Rhein
Schriesheim
Bad Dürkheim
Ladenburg
Wachenheim
Forst an der Weinstraße
Mutterstadt
Dossenheim
Altrip
Limburgerhof
Deidesheim
Ruppertsberg
Brühl
Heidelberg
Schifferstadt
Schwetzingen
Neckargemünd
Haßloch
Ketsch
17
Neustadt
an der Weinstraße
Speyer
Leimen
Sankt Martin
Maikammer
Edenkoben
Rhodt unter Rietburg
Wiesloch
Edesheim
Dernbach
Hainfeld
Sankt Leon-Rot
Rauenberg
Frankweiler
Gleisweiler
Zeiskam
Ilbesheim
bei Landau
Bad Schönborn
Östringen
Bellheim
54
55
Leinsweiler
Landau
in der Pfalz
Rülzheim
F
A 3
E 35
A 66
A 671
A 60
E 42
A 5
E 451
A 67
E 35
A 61
E 31
A 63
A 6
A 656
E 50
A 65
272

48
38
39
G
H
14
15
16
17
49
55
56
Nidderau
Ronneburg
Bad Orb
Gelnhausen
Erlensee
Linsengericht
Maintal
Hanau
Mühlheim am Main
Alzenau
Kahl am Main
Karlstein am Main
Seligenstadt
Blankenbach
Frammersbach
Heigenbrücken
Johannesberg
Lohr am Main
Stockstadt am Main
Aschaffenburg
Rothenbuch
Karlstadt
Niedernberg
Mespelbrunn
Groß-Umstadt
Kleinwallstadt
Heimbuchenthal
Schollbrunn
Marktheidenfeld
Triefenstein
Mönchberg
Höchst im Odenwald
Klingenberg am Main
Kreuzwertheim
Bad König
Lauderbach
Wertheim
Großheubach
Bürgstadt
Reichelsheim
Rüdenau
Miltenberg
Michelstadt
Weilbach
Grasellenbach
Amorbach
Tauberbischofsheim
Hardheim
Wald-Michelbach
Walldürn
Buchen
Eberbach
Hirschhorn
Osterburken
Neckar
Mosbach
Jagst
Neckarzimmern
Schöntal
Neckarbischofsheim
Jagsthausen
Ingelfingen
Forchtenberg
Künzelsau
Sinsheim
Bad Friedrichshall
Friedrichsruhe
Kupferzell
Bad Wimpfen
Neckarsulm
Öhringen
Waldenburg
MAIN
A 3
E 41
E 42
A 45
A 66
A 81
E 50
A 6

49
39
40
48
56
57
I
J
14
15
16
17
Oberthulba
Bad Kissingen
Wartmannsroth
Elfershausen
Hammelburg
Gemünden am Main
MAIN
Schweinfurt
Main
Zeil am Main
Karlstadt
Werneck
Sulzheim
Rauhenebrach
Birkenfeld
Volkach
eidenfeld
Sommerach
Veitshöchheim
Prichsenstadt
ein
Dettelbach
Schwarzach am Main
Würzburg
Randersacker
Kitzingen
Eibelstadt
Castell
Winterhausen
Sulzfeld am Main
Iphofen
Sommerhausen
Frickenhausen
Marktbreit
Markt Nordheim
Lauda-Königshofen
Neustadt an der Aisch
Bad Windsheim
Bad Mergentheim
Weikersheim
Adelshofen
Marktbergel
Niederstetten
Steinsfeld
Windelsbach
Rothenburg ob der Tauber
Colmberg
Mulfingen
Blaufelden
Ansbach
Schillingsfürst
Langenburg
Rot am See
Kupferzell
Kirchberg an der Jagst
Herrieden
A 7
E 45
A 71
A 70
E 48
A 3
E 43
A 81
E 41
A 6
E 50
27
279
286
19
22
8
13

40
41
50
14
15
16
17
51
57
58
K
L
Coburg
Ahorn
Stockheim
Wallenfels
Kronach
Küps
Seßlach
Lichtenfels
Burgkunstadt
Bad Staffelstein
Main
Kulmbach
Ebensfeld
Kirchlauter
Neudrc
Baunach
Scheßlitz
Bayreu
Memmelsdorf
Hollfeld
Bamberg
Heiligenstadt
Waischenfeld
Ahorntal
Strullendorf
Hirschaid
Wiesenttal
Pottenstein
Gößweinstein
Hallerndorf
Wachenroth
Forchheim
Adelsdorf
Kunreuth
Plech
Weisendorf
Heßdorf
Erlangen
Herzogenaurach
Schnaittach
Kirchensittenbach
Heroldsberg
Lauf an der Pegnitz
Hersbruck
Langenzenn
Fürth
Engelthal
Zirndorf
Nürnberg
Dietenhofen
Altdorf
Wendelstein
Schwabach
Pilsach
Schwanstetten
Neuendettelsau
Neumarkt in der Oberpfalz
Hilpoltstein
A 70
E 48
A 73
A 3
E 45
A 9
E 51
A 6
E 50
E 56
173
85
22
505
2
14
8
13

51
41
M
N
14
15
16
17
50
58
59
L
Helmbrechts
Presseck
Münchberg
Selb
Wirsberg
Weißenstadt
Bad Berneck im Fichtelgebirge
Wunsiedel
Tröstau
Marktredwitz
Neudrossenfeld
Bindlach
Fichtelberg
Waldsassen
Bayreuth
Creußen
Eschenbach in der Oberpfalz
Neustadt an der Waldnaab
Auerbach in der Oberpfalz
Weiden in der Oberpfalz
Plech
Königstein
Wernberg-Köblitz
Illschwang
Amberg
Schwarzenfeld
Neunburg vorm Wald
Pilsach
Rieden
Bodenwöh
Velburg
Saale
Naab
Regen
A 9
E 51
A 93
E 48
303
173
85
22
15
14
A 6
E 50
E 56
16

42
O
43
P
52
14
E 49
6E
E 48
6
E 48
15
20
E 49
ČESKÁ REPUBLIKA
E 50
D 5
E 50
26
16
27
Rötz
17
22
20
Cham
59
O
Grafenwiesen
Bad Kötzting
Lam
P
60
83

53
45
Mandelbachtal
C
Hornbach
Pirmasens
46
D
Wilgartswiesen
Hauenstein
Lemberg
Dahn
Bruchweiler-
Bärenbach
Rumbach
17
18
A 4
E 25
D 1063
D 1340
N 4
A 35
F R A N C E
D 1004
Strasbourg
Kehl
28
E 52
A 352
Offenburg
Neuried
19
A 35
D 1083
Friesenheim
Lahr
Seelbach
N 59
Rust
E 35
Ettenheim
Ringsheim
A 5
20
Weisweil
Kenzingen
D 415
Freiamt
C
61
Malterdingen
D
Riegel
Endingen

Frankweiler
Ilbesheim bei Landau
Zeiskam
Bad Schönborn
Östringen
54
46
47
Leinsweiler
Landau in der Pfalz
Knittelsheim
Bellheim
Rülzheim
Herxheim
Pleisweiler-Oberhofen
Kapellen-Drusweiler
Neupotz
Bruchsal
17
Oberotterbach
Kandel
RHEIN
Eggenstein-Leopoldshafen
Weingarten
Bretten
Scheibenhardt
Karlsruhe
Pfinztal
Rheinstetten
Königsbach-Stein
Ötish
Ettlingen
Remchingen
Waldbronn
18
Niefer
Ösche
Rastatt
Muggensturm
Straubenhardt
Pforzheim
Iffezheim
Kuppenheim
Unterreichenbach
Hügelsheim
Bad Herrenalb
Dobel
Höfen an der Enz
Tiefenb
Baden-Baden
Gernsbach
Schömberg
Bad Liebenzell
Bühl
Bühlertal
Bad Teinach-Zavelstein
Calw
55
Enzklösterle
Sasbach
Achern
Sasbachwalden
Gärtri
Wildberg
Kappelrodeck
Renchen
Seewald
Ottenhöfen im Schwarzwald
Altensteig
Herrenbe
Oberkirch
Nagold
Lautenbach
BAIERSBRONN
Pfalzgrafenweiler
Durbach
Oppenau
Bad Peterstal-Griesbach
Freudenstadt
Rot am
19
Gengenbach
Bad Rippoldsau-Schapbach
Starzac
Nordrach
Berghaupten
Empfingen
Zell am Harmersbach
Alpirsbach
Biberach im Kinzigtal
Schenkenzell
Wolfach
Schiltach
Haslach im Kinzigtal
Hofstetten
20
Biederbach
Hornberg
Schramberg
Villingendorf
Elzach
61
62
Ratshausen
Schonach
Rottweil
E
F
A 65
A 5
E 35
E 52
A 8
A 81
E 41

Sinsheim
47
G
Bad Friedrichshall
H
Friedrichsruhe
48
Bad Wimpfen
55
Neckarsulm
Öhringen
Waldenburg
Bretzfeld
Schwaigern
Heilbronn
17
Eppingen
Leingarten
Weinsberg
Sulzfeld
Lauffen am Neckar
Brackenheim
Ilsfeld
Abstatt
Neckarwestheim
Bönnigheim
Oberstenfeld
Löchgau
Aspach
Ötisheim
Bietigheim-Bissingen
Auenwald
Backnang
Vaihingen an der Enz
Marbach am Neckar
Niefern-Öschelbronn
Asperg
Markgröningen
Ludwigsburg
Rudersberg
Möglingen
Remseck am Neckar
Winnenden
Ditzingen
Korntal
Waiblingen
Tiefenbronn
Remshalden
Fellbach
Schorndorf
18
Gerlingen
Stuttgart
Kernen im Remstal
Weinstadt
Winterbach
Wäschenbeuren
Esslingen am Neckar
Wangen
Ostfildern
54
Sindelfingen
Plochingen
Göppingen
Leinfelden-Echterdingen
Köngen
Uhingen
Böblingen
Wendlingen am Neckar
Ehningen
Notzingen
Gärtringen
Steinenbronn
Filderstadt
Oberboihingen
Ohmden
Holzgerlingen
Waldenbuch
Kirchheim unter Teck
Bad Boll
Nürtingen
Herrenberg
Neckartenzlingen
Bempflingen
Beuren
Ammerbuch
Pliezhausen
Neuffen
Metzingen
Dettingen an der Erms
Tübingen
Bad Urach
Rottenburg am Neckar
Neckar
Reutlingen
19
Starzach
Lichtenstein
Münsingen
Sonnenbühl
Gomadingen
Hechingen
Bisingen
Trochtelfingen
Balingen
20
Albstadt
Ratshausen
62
G
63
H
Meßstetten

48
49
56
57
63
64
I
J
17
18
19
20
Langenburg
Kupferzell
Rot am See
Kirchberg an der Jagst
Herrieden
A 6
E 50
Ilshofen
Feuchtwangen
Crailsheim
Schwäbisch Hall
Stimpfach
Fichtenau
Dinkelsbühl
A 7
25
Rosenberg
Gaildorf
Jagst
Ellwangen
E 43
Gschwend
19
29
Aalen
Nördlingen
Schwäbisch Gmünd
Waldstetten
Königsbronn
Amerdingen
Salach
Donzdorf
Heidenheim an der Brenz
Schlat
Giengen an der Brenz
Höchstädt an der Donau
16
Geislingen an der Steige
Bad Überkingen
Dillingen an der Donau
10
Amstetten
Bad Ditzenbach
Lauingen
Rammingen
Merklingen
Langenau
Günzburg
Blaubeuren
Ulm
DONAU
Neu Ulm
311
Ichenhausen
Jettingen-Scheppach
Erbach
Weißenhorn
Vöhringen
Thannhausen
Ehingen
30
Burgrieden
Krumbach
Illertissen
Schwendi

57
49
K
50
L
der Oberpfalz
Hilpoltstein
Spalt
17
Brombachsee
Altmühlsee
Gunzenhausen
Berching
Pleinfeld
Gnotzheim
Weißenburg in Bayern
Titting
Altmühl
Treuchtlingen
Kipfenberg
Pappenheim
Eichstätt
18
Wemding
Ingolstadt
Neuburg an der Donau
56
Donauwörth
Weichering
Rain am Lech
Ehekirchen
Allmannshofen
Schrobenhausen
Wertingen
Thierhaupten
Lech
19
Aichach
Gersthofen
Horgau
Augsburg
Friedberg
Odelzhausen
Dachau
20
Bergkirchen
Maisach
J
64
K
65
Olching
L
Schwabmünchen

50
Velburg
M
51
Naab
N
58
Regen
Parsberg
Kallmünz
17
Regenstauf
Pettendorf
Beilngries
Regensburg
Donaustauf
Neutraubling
Riedenburg
Bad Abbach
Kelheim
18
Abensberg
Neustadt an der Donau
DONAU
Neufahrn in Niederbayern
59
Mainburg
Altdorf
Landshut
Pfaffenhofen an der Ilm
19
Reichertshausen
Vilsbiburg
Allershausen
Hohenkammer
Kranzberg
Freising
Fahrenzhausen
Hallbergmoos
Taufkirchen
Oberding
Röhrmoos
Neufahrn bei Freising
Eching
Erding
20
Unterschleißheim
Dorfen
Walpertskirchen
Oberschleißheim
Ismaning
Sankt Wolfgang
65
M
66
N
Unterföhring
Kirchdorf

59
N
51
O
52
17
18
19
20
58
66
67
Cham
Grafenwiesen
Bad Kötzting
Lam
Drachselsried
Rattenberg
Viechtach
Bodenmais
Kollnburg
Teisnach
Zwiesel
Sankt Englmar
Steinach
Bernried Kreis Deggendorf
Bogen
Niederwinkling
Straubing
Kirchdorf im
Deggendorf
Plattling
DONAU
Mengkofen
Dingolfing
Vils
Windo
Aldersbach
Arnstorf
Bad Griesbach im Rottal
Schalkham
Vilsbiburg
Bad Birnbach
Pleiskirchen
Simbach am Inn
Altötting
Kraiburg am Inn
Mehring
Burghausen
A 3
E 56
E 5
E 53
A 92
A 94
E 552

P
52
Q
R
60
17
ČESKÁ REPUBLIKA
Frauenau
Spiegelau
Sankt Oswald-Riedlhütte
Wald
Mauth
Grafenau
18
Haidmühle
Freyung
Waldkirchen
Hauzenberg
ofen an der Donau
Wegscheid
Thyrnau
Passau
Untergriesbach
Fürstenzell
Neuburg am Inn
19
Ruhstorf an der Rott
ÖSTERREICH
E 552
12
Bad Füssing
INN
137
E 56
E 552
141
137
20
P
67
Q
A 8
R

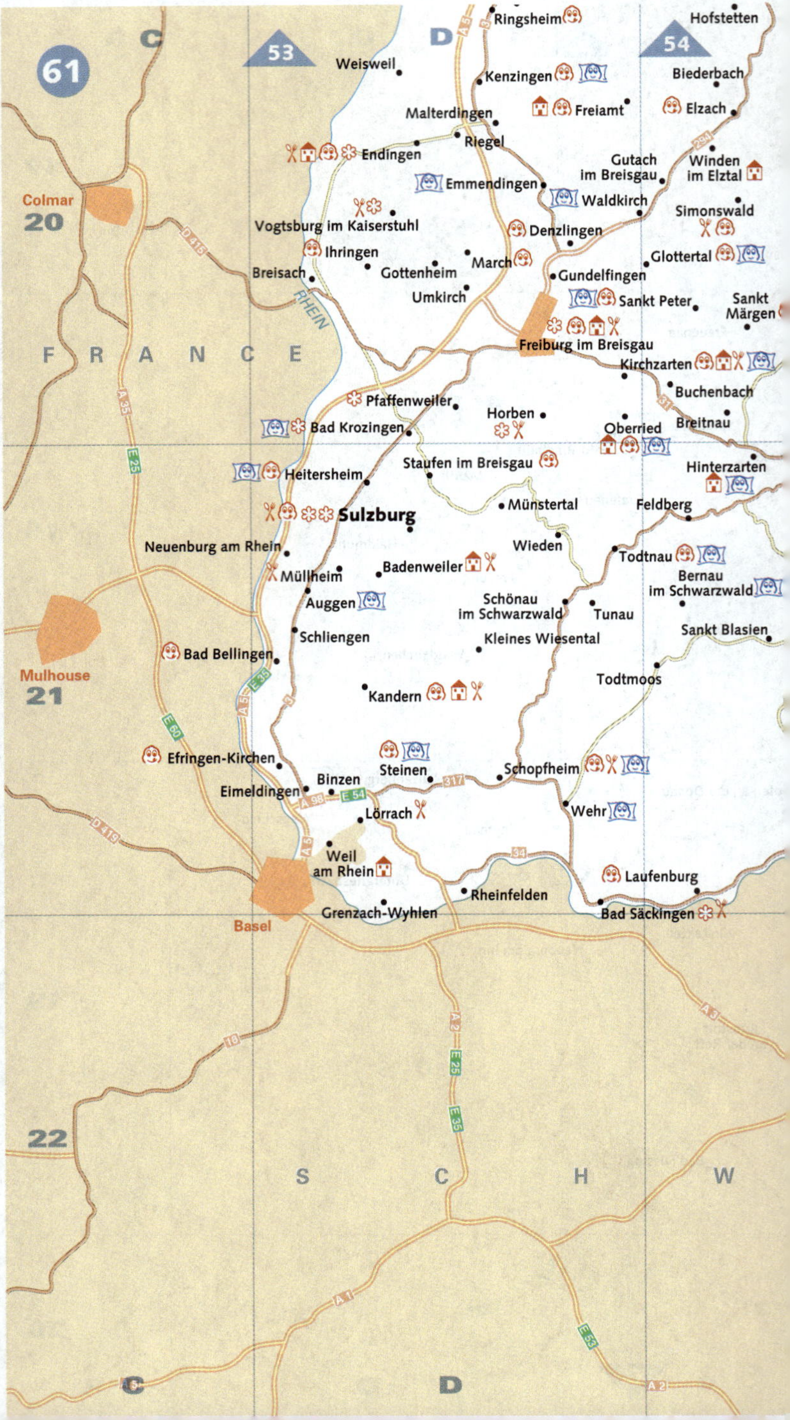
61
C
53
D
54
Ringsheim
Hofstetten
Weisweil
Kenzingen
Biederbach
Malterdingen
Freiamt
Elzach
Riegel
Endingen
Gutach im Breisgau
Winden im Elztal
Emmendingen
Waldkirch
Simonswald
Colmar
20
Vogtsburg im Kaiserstuhl
Denzlingen
Ihringen
Glottertal
Breisach
Gottenheim
March
Gundelfingen
Umkirch
Sankt Peter
Sankt Märgen
RHEIN
Freiburg im Breisgau
F R A N C E
Kirchzarten
Buchenbach
Pfaffenweiler
Horben
Breitnau
Bad Krozingen
Oberried
Staufen im Breisgau
Hinterzarten
Heitersheim
Münstertal
Feldberg
Sulzburg
Wieden
Neuenburg am Rhein
Todtnau
Müllheim
Badenweiler
Bernau im Schwarzwald
Auggen
Schönau im Schwarzwald
Tunau
Schliengen
Sankt Blasien
Kleines Wiesental
Mulhouse
21
Bad Bellingen
Todtmoos
Kandern
Steinen
Efringen-Kirchen
Schopfheim
Binzen
Eimeldingen
Wehr
Lörrach
Weil am Rhein
Laufenburg
Rheinfelden
Basel
Grenzach-Wyhlen
Bad Säckingen
22
S C H W
C
D

E
54
F
55
G
62
Hornberg
Schramberg
Villingendorf
E 41
Al
Ratshausen
Rottweil
Meßstetter
Schonach
Königsfeld im Schwarzwald
Triberg
A 81
Schönwald
20
Trossingen
Spaichingen
DONAU
Villingen-Schwenningen
Hausen Ob Verena
Fridingen an der Donau
A 864
Tuttlingen
311
Donaueschingen
Titisee-Neustadt
Hüfingen
Geisingen
Emmingen-Liptingen
31
Lenzkirch
A 81
Stock
Schluchsee
Bonndorf
E 41
31
Tengen
E 54
Bodman Ludwigsha
315
Grafenhausen
21
Häusern
Stühlingen
Singen
A 81
Radolfzell
Höchenschwand
Moos
33
Schaffhausen
Büsingen am Hochrhein
314
Öhningen
Gaienhofer
Waldshut-Tiengen
Klettgau
34
Dettighofen
Lottstetten
63
RHEIN
Hohentengen am Hochrhein
A 7
A 1
Zürich
A 1
22
E
I
Z
A 3
E
F
G

63
G
55
H
56
Ehingen
Albstadt
Meßstetten
20
DONAU
Sigmaringen
Scheer
Biberach an der Riß
dingen
der Donau
Bad Saulgau
Bad Schussenried
Meßkirch
Ostrach
Pfullendorf
Bad Waldsee
Stockach
Bodman-
Ludwigshafen
Frickingen
Heiligenberg
Weingarten
21
Salem
Deggenhausertal
Überlingen
Ravensburg
Kißlegg
Uhldingen-Mülhofen
Markdorf
Oberteuringen
Reichenau
(Insel)
Meersburg
Meckenbeuren
Amtzell
Gaienhofen
Hagnau
Wangen im Allgäu
Konstanz
Immenstaad
Tettnang
Friedrichshafen
Neukirch
62
Bodensee
Kressbronn
Lindenber
im Allgäu
Langenargen
Nonnenhorn
Wasserburg
Scheidegg
Lindau im Bodensee
Bregenz
22
S C H W E I Z
G
H

Vöhringen
Burgrieden
Illertissen
Schwendi
Maselheim
Kirchdorf an der Iller
Ochsenhausen
56
I
A 7
E 43
Thannhausen
Krumbach
J
57
K
64
Sch
20
Erkheim
Westerheim
Memmingen
Bad Wörishofen
Ottobeuren
A 7
E 532
Bad Wurzach
Bad Grönenbach
Iller
Leutkirch im Allgäu
Dietmannsried
21
12
Marktoberdorf
65
Kempten
Lechbruck
Isny im Allgäu
Maierhöfen
12
Waltenhofen
Rückholz
Seeg
Roßhaupten
Oy-Mittelberg
A 7
Stiefenhofen
Wertach
Hopferau
Forg
Weiler-Simmerberg
Oberstaufen
Pfronten
Füssen
Schwan
Immenstadt im Allgäu
Sonthofen
Bad Hindelang
Ofterschwang
Fischen im Allgäu
Obermaiselstein
179
Oberstdorf
22
Riezlern
Kleinwalsertal
Hirschegg
Mittelberg
ÖSTERREICH
I
J
K

65
K
57
L
20
21
22
64
Dachau
Unterschleißheim
Bergkirchen
Oberschleißheim
Maisach
Olching
Schwabmünchen
Fürstenfeldbruck
München
Langerringen
Gilching
Planegg
Unterhaching
Pullach
Grünwald
Landsberg am Lech
Utting am Ammersee
Ammersee
Oberhaching
Starnberg
Herrsching am Ammersee
Straßlach-Dingharting
Lech
Pöcking
Dießen am Ammersee
Feldafing
Egling
Tutzing
Starnberger See
Münsing
Geretsried
Bernried am Starnberger See
Weilheim
Schongau
Bad Tölz
Iffeldorf
Bad Heilbrunn
Penzberg
Rottenbuch
Wackersberg
Uffing am Staffelsee
Lechbruck
Bad Bayersoien
Staffelsee
Lenggries
Murnau
Bad Kohlgrub
Forggensee
Oberammergau
Eschenlohe
Schwangau
Wallgau
Garmisch-Partenkirchen
Krün
Grainau
Mittenwald
Ö S T E R
Innsbruck
K
L
A 8
E 52
A 99
A 96
E 54
A 95
E 533
E 60
A 12

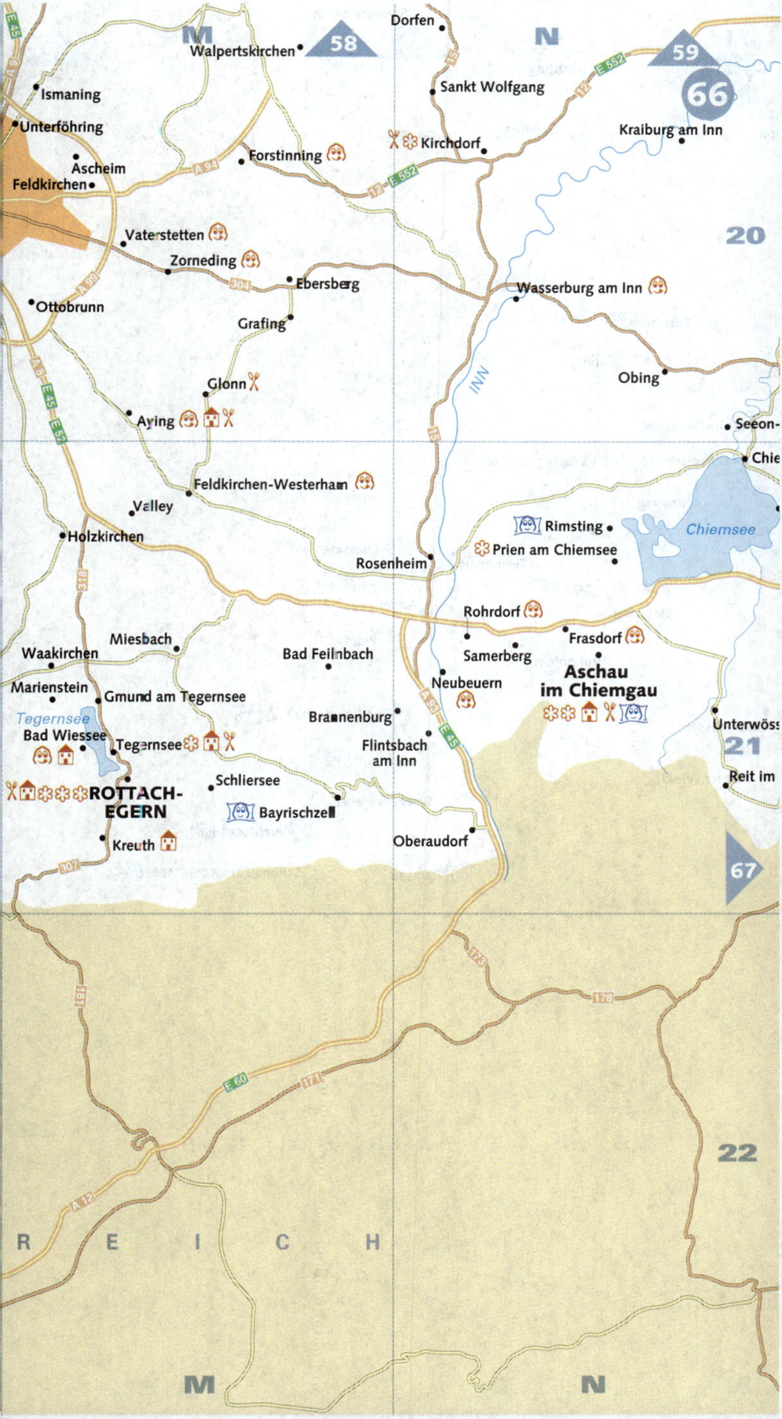
M
N
58
59
66
67
20
21
22
Dorfen
Walpertskirchen
Sankt Wolfgang
Ismaning
Unterföhring
Kraiburg am Inn
Kirchdorf
Forstinning
Ascheim
Feldkirchen
Vaterstetten
Zorneding
Ebersberg
Wasserburg am Inn
Ottobrunn
Grafing
Obing
INN
Glonn
Aying
Seeon-
Chie
Feldkirchen-Westerham
Valley
Rimsting
Chiemsee
Holzkirchen
Prien am Chiemsee
Rosenheim
Rohrdorf
Miesbach
Frasdorf
Waakirchen
Bad Feilnbach
Samerberg
Aschau im Chiemgau
Neubeuern
Marienstein
Gmund am Tegernsee
Tegernsee
Brannenburg
Unterwöss
Bad Wiessee
Tegernsee
Flintsbach am Inn
Reit im
ROTTACH-EGERN
Schliersee
Bayrischzell
Kreuth
Oberaudorf
R E I C H
M
N

N
O
P
67
59
60
66
20
21
22
Simbach am Inn
Altötting
Mehring
Burghausen
Inn
Alz
Salzach
Trostberg
Palling
Seeon-Seebruck
Chiemsee
Waging am See
Chieming
iemsee
Traunstein
Teisendorf
Freilassing
Siegsdorf
Anger
Piding
Salzburg
Ruhpolding
Bad Reichenhall
Unterwössen
Reit im Winkl
Bischofswiesen
Berchtesgaden
Ramsau
Schönau am Königssee
ÖSTERREICH
A 94
12
E 552
20
304
A 8
E 52
E 60
A 1
158
21
178
311
A 10
E 55
168
167
141

Michelin verbessert die Mobilität, denn die Welt ist mobil

Mit allen Mitteln und auf allen Wegen

Seit der Gründung des Unternehmens vor über 100 Jahren verfolgt Michelin dasselbe Ziel: die Mobilität der Menschen fördern. Das ist in erster Linie eine technologische Herausforderung an die Reifen, deren Leistungsfähigkeit wir permanent verbessern, aber auch ein konsequentes Engagement gegenüber Reisenden, damit ihre Fahrt zu einem schönen Erlebnis wird. Vor diesem Hintergrund hat Michelin eine Reihe von Produkten und Serviceleistungen entwickelt: Straßenkarten, Atlanten, Reiseführer, Autozubehör sowie Mobile Apps, Online-Routenplanung und -Assistenzdienste. Michelin setzt sich dafür ein, dass Mobilität Spaß macht!

Michelin Apps

Komfort und Sicherheit sind wichtig - Ihnen und uns. Deshalb hat Michelin 6 kostenlose Mobile Apps entwickelt. Eine komplettes Paket, damit Ihre Reise richtig Spaß macht!

Michelin MyCar • *Services und Informationen für einen optimalen Einsatz Ihrer Reifen und eine rundum sorglose Vorbereitung Ihrer Autofahrten.*

Michelin Navigation • *Die Navigations-App berücksichtigt Echtzeit-Verkehrsinformationen bei der vernetzten Routenplanung.*

ViaMichelin • *Routenplanung und kartografische Daten: ein Must-have für jede Fahrt ohne Zeitverlust.*

Michelin Restaurants • *Da zu jeder Fahrt auch genussvolle Pausen gehören, bieten wir Ihnen in Frankreich und Deutschland eine große Auswahl an Restaurants, u. a. sämtliche Adressen des Guide MICHELIN.*

Michelin Hôtels • *Reservieren Sie Hotelzimmer zu günstigen Preise weltweit!*

Michelin Voyage • *85 Länder und 30.000 Sehenswürdigkeiten, ausgewählt vom Grünen MICHELIN Reiseführer. Und ein Tool zum Erstellen eines persönlichen Fahrtenbuchs.*

Ein Reifen
→ *Was ist das?*

Rund, schwarz, flexibel und stabil zugleich, der Reifen ist für das Rad so wichtig wie der Fuß zum Laufen. Woraus besteht ein Reifen eigentlich? Hauptsächlich aus Gummi, aber auch aus verschiedenen Textilmaterialien und / oder Metallen ... und aus Luft! Durch die richtige Kombination dieser Komponenten erhalten die Reifen ihre besonderen Eigenschaften: Haftung, Stoßdämpfung, kurz: Komfort und Sicherheit für den Fahrer.

1 ***LAUFFLÄCHE***
Eine starke Gummilage sichert die Verbindung mit dem Boden. Sie muss das Wasser gut ableiten und lang halten.

2 ***GÜRTEL***
Der aus zwei oder drei Lagen bestehende Gürtel bietet senkrecht die notwendige Flexibilität und quer die nötige Steifigkeit.

3 ***FLANKE***
Die Flanken sorgen für den Schutz der Textilkarkasse, deren Aufgabe darin besteht, die Lauffläche mit der Felge zu verbinden.

4 ***WULST UND WULSTKERN***
Die Wulstkerne sorgen für eine solide Befestigung des Reifens auf der Felge.

5 ***LUFTDICHTE INNERE GUMMILAGE***
Sie sorgt für die nötige Dichtigkeit und stellt so den korrekten Reifenluftdruck sicher.

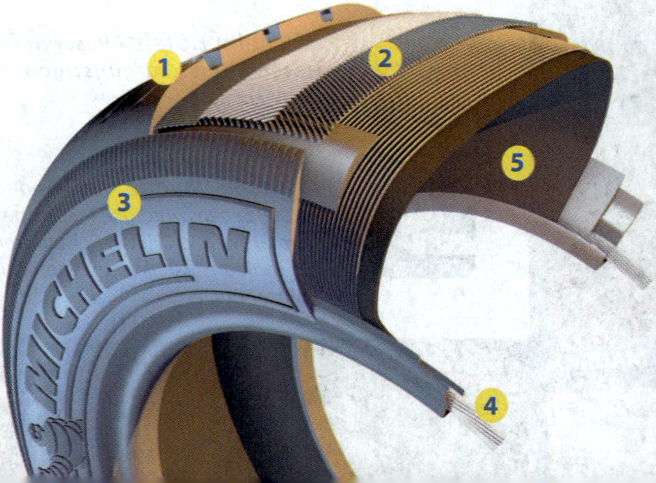

 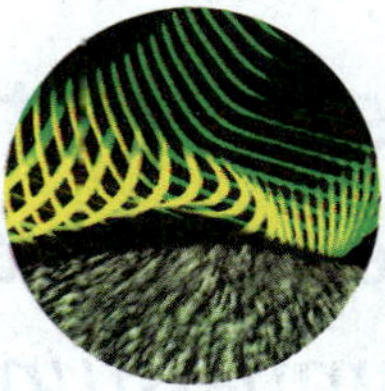 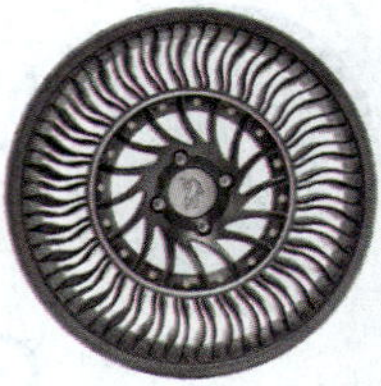

Michelin
→ *Konstante Innovation*

Der 1946 von Michelin entwickelte und patentierte Reifen mit Radialkarkasse hat die Reifenwelt revolutioniert. Um die Herausforderungen neuer Fahrzeugtechnologien zu erfüllen, hat Michelin stets weiter geforscht und im Laufe der Jahre zahlreiche neue und originelle Lösungen entwickelt. So hat das Unternehmen seine führende Position im Bereich Forschung und Entwicklung immer wieder bestätigt.

→ *Der richtige Reifendruck!*

Mobilität mit mehr Sicherheit ist ein wichtiges Anliegen von Michelin. Innovation für eine bessere Mobilität. Das ist die Herausforderung unserer F&E-Ingenieure, die an der Entwicklung von Reifen mit kürzeren Bremswegen und optimaler Fahrbahnhaftung arbeiten. Gleichzeitig veranstaltet Michelin weltweit Kampagnen, um Autofahrer für die Verkehrssicherheit zu sensibilisieren. Mit den Aktionen „Wir machen Druck“ erinnert Michelin daran, welche entscheidende Rolle der richtige Reifendruck für die Sicherheit spielt.

Unsere Strategie:

→ *Reifen mit ausgewogener Gesamtleistung*

Michelin steht für Sicherheit, sparsamen Kraftstoffverbrauch und für eine besonders hohe Laufleistung. Ein Michelin Reifen bietet das alles gleichzeitig. Wie? Dank der Arbeit unserer Ingenieure, die permanent nach innovativen Lösungen und Spitzentechnologien forschen. Ihr Ziel ist es, stets mehrere Leistungsmerkmale optimal in einem Reifen zu vereinen – für alle Arten von Fahrzeugen (Pkw, Lkw, Traktoren, Baumaschinen, Flugzeuge, Motorräder, Fahrräder und Metro). Und für eine besonders ausgewogene Gesamtleistung unserer Produkte.

Geringer Verschleiß, niedriger Energieverbrauch (und CO_2-Emissionen), hohe Sicherheit durch starke Haftung und ein zuverlässiges Bremsverhalten sind die Eigenschaften eines hochwertigen Qualitätsreifens.

Leistungen auf den Punkt gebracht: Michelin Total Performance.

MICHELIN
Total Performance

Michelin Tag für Tag Innovationen für eine nachhaltige Mobilität

VERANTWORTUNGSBEWUSSTER UMGANG MIT DEN RESSOURCEN DER NATUR

Nachhaltige Mobilität

→ *ist eine saubere Mobilität... für alle*

Nachhaltige Mobilität bedeutet, den Menschen eine saubere, sichere, preiswerte und für alle zugängliche Möglichkeit der Fortbewegung anzubieten – überall auf der Welt.

Die 113.000 Michelin Mitarbeiter arbeiten jeden Tag an innovativen Lösungen und:

- entwickeln Reifen und Serviceleistungen für die neuen Anforderungen der Gesellschaft,
- sensibilisieren Kinder und Jugendliche für die Verkehrssicherheit,
- entwerfen neue Transportlösungen mit geringem Energieverbrauch und reduzierten CO_2-Emissionen.

→ *Michelin Challenge Bibendum*

Nachhaltige Mobilität bedeutet, langfristig den Transport von Personen und Gütern sicherzustellen und dadurch für eine verantwortungsbewusste wirtschaftliche, soziale und gesellschaftliche Entwicklung zu sorgen. Angesichts der Verknappung der natürlichen Ressourcen und der Klimaerwärmung engagiert sich Michelin für die Achtung der Umwelt und die öffentliche Gesundheit. In diesem Zusammenhang veranstaltet Michelin regelmäßig die Michelin Challenge Bibendum, das weltweit einzige Forum für die Förderung nachhaltiger Mobilität im Straßenverkehr.

MICHELIN CHALLENGE BIBENDUM

Hotels & Restaurants

Städte in alphabetischer Reihenfolge
(ä = ae, ö = oe, ü = ue)

→ *Towns in alphabetical order*
(but ä = ae, ö = oe, ü = ue)

AACHEN

Nordrhein-Westfalen – 241 690 Ew. – Höhe 173 m – Regionalatlas **35**-**A12**
Berlin 637 km – Düsseldorf 81 km – Antwerpen 140 km – Köln 69 km
Michelin Straßenkarte 543

Pullman Quellenhof

Monheimsallee 52 ✉ 52062 – ✆ (0241) 9 13 20 Stadtplan : C1**a**
– www.pullmanhotels.com
181 Zim – †106/257 € ††138/315 € – ☕ 22 € – 2 Suiten – ½ P
In dem exklusiven Grandhotel erwarten Sie das schicke moderne Royal Spa auf 1000 qm, eine schöne Bar und gute Tagungsmöglichkeiten durch das angeschlossene Kongresszentrum. Im OG: Aussicht auf Aachen. Internationale und klassische Küche im Restaurant La Brasserie und auf der Terrasse mit Parkblick.

Regence

Peterstr. 71 ✉ 52062 – ✆ (0241) 4 78 70 Stadtplan : C2**e**
– www.regence.bestwestern.de
60 Zim – †80/200 € ††180/220 € – ☕ 17 €
Hier sorgt der Eingangsbereich in Gold für einen glänzenden Empfang und die Zimmer sind nach ihrer Komplettrenovierung noch ansprechender, das Feng-Shui-Konzet ist geblieben. Unverändert auch die engagierte Leitung und die Altstadtnähe.

Royal

Jülicher Str. 1 ✉ 52070 – ✆ (0241) 18 22 80 Stadtplan : C2**z**
– www.royal.bestwestern.de – geschl. Ende Dezember 1 Woche
35 Zim – †89/129 € ††99/149 € – ☕ 16 € – 1 Suite
Das Hotel in verkehrsgünstiger Lage ist zeitgemäß und funktional. Komfortabler und geräumiger sind die Zimmer in dem durch einen Wintergarten erreichbaren Anbau.

Benelux

Franzstr. 21 ✉ 52064 – ✆ (0241) 40 00 30 Stadtplan : B3**f**
– www.hotel-benelux.de – geschl. Ende Dezember - Anfang Januar
33 Zim ☕ – †80/114 € ††109/169 €
Das privat geführte Hotel in Altstadtnähe verbindet Wohnlichkeit mit Funktionalität. In neuzeitlichem Ambiente frühstückt man à la carte. Schöner Dachgarten zum Hinterhof.

La Bécasse (Christof Lang)

Hanbrucher Str. 1 ✉ 52064 – ✆ (0241) 7 44 44 Stadtplan : A3**s**
– www.labecasse.de – geschl. über Karneval 1 Woche und Samstagmittag, Sonntag - Montagmittag
Menü 37 € (mittags)/95 € – Karte 60/77 €
Christof Lang liebt seinen Beruf, das spürt man von der ersten Minute an. Auf dem Teller kommt seine Leidenschaft in Geschmack, Finesse und ausgesuchten Produkten zum Ausdruck. Mit feinem Gespür gibt er seiner klassischen Küche eine moderne Note. Die Weinkarte erfreut vor allem Freunde französischer Weine!
→ Caviar Osietra mit pochiertem Ei und Spinat. Tempura vom Hummer auf Kalbskopfvinaigrette. Ente aus dem Ofen.

Kohlibri

Sonnenscheinstr. 80, Ecke Neuenhofstraße, über Adalbertsteinweg D2 ✉ 52078 – ✆ (0241) 5 68 85 00 – www.kohl.de – geschl. 25. Juli - 7. August, Samstagmittag, Sonntagabend - Dienstag
Menü 49/69 € (abends) – Karte 35/69 €
Schon bei der Fahrt mit dem Lift in die 6. Etage des Auto- und Motorradhauses genießt man den Stadtblick, keine Frage, dass da die zwei Terrassen gut ankommen! Auch drinnen hat man dank Komplettverglasung eine schöne Sicht, dazu frische internationale Speisen mit französischem Einfluss. Sonntags Brunch.

Petit Charlemagne

Hartmannstr. 12 ✉ 52062 – ✆ (0241) 51 56 07 85 Stadtplan : B2**c**
– www.petit-charlemagne.de – geschl. Sonntag
Menü 30 € – Karte 31/60 €
Das Restaurant in Domnähe hat seinen Bistro-Charakter ganz bewusst, und das ist kein Widerspruch zu gehobener Küche! Wer die schöne Marmortreppe hinaufgeht, hat's etwas gediegener - hier sitzen die Gäste vor allem am Abend gerne. Achten Sie auf die Tagesempfehlungen.

One & Only

Peterstr. 81 ✉ 52062 – ✆ (0241) 9 43 13 11 Stadtplan : C2**c**
– www.restaurantoneandonly.de – geschl. Anfang Januar 1 Woche, über Karneval 1 Woche und Sonntag sowie an Feiertagen
Menü 42/55 € – Karte 36/68 € – *(nur Abendessen)*
Der Chef, gebürtiger Holländer, steht selbst am Herd und bietet eine klassisch basierte Küche mit internationalen Einflüssen, eine Spezialität ist Rib-Eye-Steak oder Iberico-Schwein vom Grill. Warmes Holz, rote Backsteinwände und ein dekoratives Weinregal schaffen dazu eine sympathische Atmosphäre.

Tom's Restaurant

Jakobstr. 94 ✉ 52064 – ✆ (0241) 91 28 56 88 Stadtplan : B2**b**
– www.toms-restaurant.de – geschl. Sonntag - Montag, Samstagmittag
Menü 39/51 € – Karte 30/52 € – (abends Tischbestellung ratsam)
Aufmerksam und kompetent wird man in dem freundlichen modernen Restaurant umsorgt, und zwar mit saisonal-internationalen Speisen aus sehr guten Produkten. Schauen Sie ruhig mal durch die Fenster in die Küche, das sind interessante Einblicke! Gut parken kann man übrigens im nahen Parkhaus am Dom.

Justus K

Promenadenstr. 36 ✉ 52062 – ✆ (0241) 95 17 76 50 Stadtplan : C2**d**
– www.justusk.de – geschl. Sonntag - Montag
Menü 35/65 € – Karte 29/60 € – *(nur Abendessen)* (Tischbestellung ratsam)
Gerne kommen die Gäste zu Justus Kleineidam, denn hier kann man ungezwungen essen oder einfach einen guten Wein trinken und wird dabei vom sympathischen Chef umsorgt. Das Angebot (es ist auch immer etwas Vegetarisches dabei) steht auf einer großen Tafel und wechselt täglich.

Reuters House

Pontstr. 117 ✉ 52062 – ✆ (0241) 1 89 76 66 Stadtplan : B1**a**
– www.cusina-culinaria.com – geschl. Montag, Samstagmittag, Sonntagmittag
Menü 24 € (mittags unter der Woche)/44 € – Karte 34/64 € – (abends Tischbestellung ratsam)
Gute frische Produkte und die Zufriedenheit seiner Gäste, das liegt Küchenchef Michael Wolf am Herzen. Er kocht international-saisonal und mit regionalem Einfluss, Gewürze und Kräuter spielen dabei eine große Rolle. Benannt ist das Haus übrigens nach dem Gründer der berühmten Londoner Nachrichtenagentur.

In Aachen-Kornelimünster über Adalbertsteinweg D2: 10 km

Sankt Benedikt (Maximilian Kreus)

Benediktusplatz 12 ✉ 52076 – ✆ (02408) 28 88 – www.stbenedikt.de – geschl. Januar 2 Wochen, August 2 Wochen, Oktober 1 Woche und Sonntag - Montag
Menü 66/110 € – Karte 75/83 € – *(nur Abendessen)* (Tischbestellung erforderlich)
Seit der Übernahme von seinen Eltern (diese hatten im Laufe von über 30 Jahren hier lange Zeit einen Stern) hat Maximilian Kreus sowohl das Ambiente als auch die Küche modernisiert. Er kocht fein, klassisch und mit eigenen Ideen, mittags wird aus dem sympathisch-umkomplizierten Restaurant ein legeres Bistro.
➜ Jakobsmuschel, Rettich, Passionsfrucht. Steinbutt, Zucchiniblüte, Safran, Estragon. Presa vom Iberico Schwein, Brokkoli, Mandeln.
Bistro – Siehe Restaurantauswahl

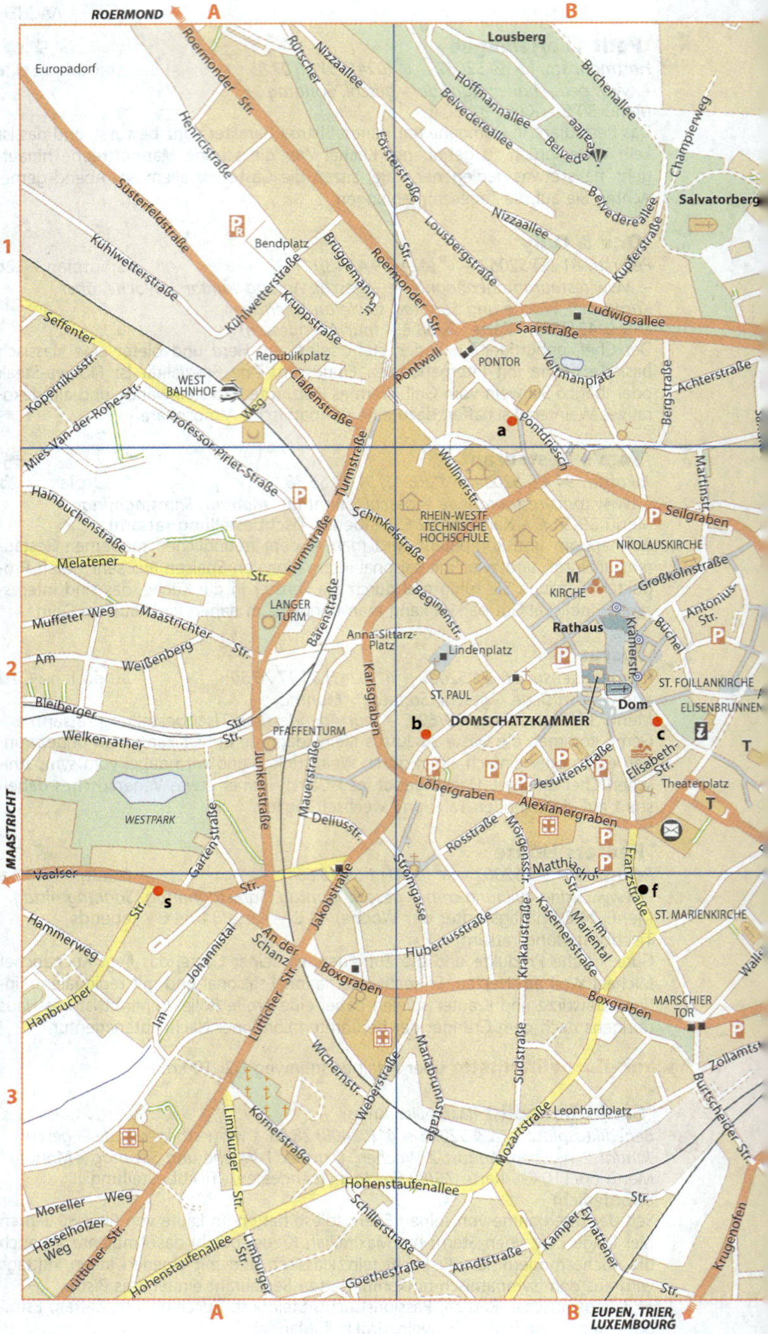
ROERMOND
A
B
1
2
3
MAASTRICHT
EUPEN, TRIER, LUXEMBOURG
Europadorf
Lousberg
Salvatorberg
Roermonder Str.
Rütscher
Nizzaallee
Hoffmannallee
Belvedereallee
Belvedere
Buchenallee
Champierweg
Henricistraße
Försterstraße
Lousbergstraße
Süsterfeldstraße
Kühlwetterstraße
Bendplatz
Brüggemannstr.
Kupferstraße
Ludwigsallee
Saarstraße
Kruppstraße
Republikplatz
PONTOR
Veltmanplatz
Bergstraße
Achterstraße
Pontwall
Seffenter Weg
Kopernikusstr.
WEST BAHNHOF
Mies-Van-der-Rohe-Str.
Professor-Pirlet-Straße
Claßenstraße
Pontdriesch
Turmstraße
Wüllnerstr.
Martinstr.
Hainbuchenstraße
Schinkelstraße
RHEIN-WESTF. TECHNISCHE HOCHSCHULE
Seilgraben
NIKOLAUSKIRCHE
Melatener Str.
Großkölnstraße
Turmstraße
LANGER TURM
Bärenstraße
M
KIRCHE
Antonius-Str.
Muffeter Weg
Maastrichter Str.
Beginenstr.
Rathaus
Krämerstr.
Büchel
Anna-Sittarz-Platz
Am Weißenberg
Lindenplatz
ST. PAUL
ST. FOILLANKIRCHE
Dom
ELISENBRUNNEN
Bleiberger Str.
Welkenrather Str.
PFAFFENTURM
Karlsgraben
DOMSCHATZKAMMER
Junkerstraße
Mauerstraße
Jesuitenstraße
Elisabeth-Str.
Theaterplatz
WESTPARK
Gartenstraße
Löhergraben
Alexianergraben
Deliusstr.
Rosstraße
Mörgensstr.
Franzstraße
Vaalser Str.
Strongasse
Jakobstraße
Matthiashofstr.
Hammerweg
An der Schanz
Johannistal
Krakaustraße
Kasernenstraße
Im Mariental
ST. MARIENKIRCHE
Hubertusstraße
Boxgraben
Hanbrucher Str.
Im
Lütticher Str.
MARSCHIER TOR
Zollamtstr.
Wichernstr.
Weberstraße
Mariabrunnstraße
Südstraße
Burtscheider Str.
Limburger Str.
Körnerstraße
Leonhardplatz
Mozartstraße
Hohenstaufenallee
Moreller Weg
Hasselholzer Weg
Schillerstraße
Eynattener Str.
Kamper Str.
Krugenofen
Goethestraße
Arndtstraße
Limburger Str.
a
b
c
f
s
T
Walle

AACHEN
0
300 m
C
D
ADAC
MÖNCHENGLADBACH
MONSCHAU, TRIER
HAAREN
DÜSSELDORF, KÖLN, MÖNCHENGLADBACH
ROETGEN MONSCHAU
A 544
1
2
3
Soerser Weg
Karolingerstr.
Str.
Eginhardstraße
Alkuinstraße
Alkuinstraße
Grüner Weg
Metzgerstr.
Rolandstraße
Margratenstr.
FARWICKPARK
Grüner Weg
Krantzstraße
Jülicher Str.
Burggrafen-Str.
Krefelder
EUROGRESS
Wingertsberg
INTERNATIONALES SPIELCASINO
Lombardenstraße
Wiesental
Passstraße
M
Jülicher Str.
Monheimsallee
KURGARTEN
Robensstraße
Europaplatz
Heinzenstr.
Mariahilfstr.
Blücherplatz
Europaplatz
Str.
ST. ELISABETH KIRCHE
Blücherplatz
Hansemannplatz
Jülicher
Bischofstr.
Joseph-von-Görres-Straße
Hein-Janssen-Straße
Sigmund-Str.
Talstraße
Peterstraße
Casborn
Heinrichsallee
Ottostraße
Rudolfstraße
Steinkaulstraße
Aretzstraße
Peliserkerstraße
OSTFRIEDHOF
Blondelstr.
Stiftstraße
Hohenzollernplatz
Adalbertstraße
Adalbertstraße
Adalbertsteinweg
ST. JOSEF KIRCHE
Eifelstraße
Sedanstraße
Wespienstraße
Harscampstraße
Gottfriedstraße
Richardstr.
Wilhelmstraße
Friedrichstraße
Kongressstraße
Viktoriastraße
EVANGELISCHE FREIKIRCHE
Oranienstraße
Kurfürstenstr.
Adalbertsteinweg
Theaterstraße
JESUITEN KIRCHE ST. ALFONS
Brabantstraße
Sophienstraße
Bahnhofstr.
Roonstr.
Oppenhoffallee
DREIFALTIGKEITSKIRCHE
Oppenhoffallee
Bismarckstraße
Römerstraße
Zollernstraße
Viktoriaallee
Drimbornstraße
HAUPTBAHNHOF
Bachstraße
Bismarckstraße
BURG FRANKENBERG
Bergische Gasse
HEMATMUSEUM
Moltkestr.
HERZ-JESU-KIRCHE
Turpinstr.
Kasinostraße
Kurbrunnenstraße
BURTSCHEIDER KURGARTEN
Bendstraße
Jägerstraße
Dammstraße
BURTSCHEID
Friedrich-Ebert-Allee
Im Gillesbachtal
In den Heimgärten
Erzbergerallee
Im Grüntal
Hauptstraße
Zeise
a
e
c
z
d
P

Bistro – Restaurant Sankt Benedikt

Benediktusplatz 12 ✉ 52076 – ✆ (02408) 28 88 – www.stbenedikt.de – geschl. Januar 2 Wochen, August 2 Wochen, Oktober 1 Woche und Samstag - Montag

Karte 24/33 € – *(nur Mittagessen)*

Bürgerlich, regional, saisonal - so sieht der schmackhafte Mittagstisch im Hause Kreus aus. Auf der preislich fair kalkulierten kleinen Karte findet sich z. B. "geschmorte Entenkeule, grüner Pfeffer, Kartoffelkuchen, Gemüse".

In Aachen-Richterich über Roermonder Straße A1: 5 km

Schloss Schönau

Schönauer Allee 20 ✉ 52072 – ✆ (0241) 17 35 77 – www.schlossschoenau.com – geschl. Montag - Dienstag

Menü 48/109 € – Karte 56/75 € – *(Mittwoch - Samstag nur Abendessen)*

In dem stilvollen historischen Herrenhaus besticht das festliche Ambiente - passend dazu (und ein echter Blickfang) die kunstvoll gearbeitete hohe Stuckdecke! Ein schöner Rahmen für die klassische Küche.

Schänke – Siehe Restaurantauswahl

Schänke – Restaurant Schloss Schönau

Schönauer Allee 20 ✉ 52072 – ✆ (0241) 17 35 77 – www.schlossschoenau.com – geschl. Montag - Dienstag

Menü 30/55 € – Karte 26/50 € – *(Mittwoch - Samstag nur Abendessen)* (Tischbestellung ratsam)

In der gediegen-ländlichen Schänke mit dem freundlich-familiären Service geht es etwas regionaler zu. Neben "Filetspitzen in Monschauer Senfsauce" sind hier Schmorgerichte eine Spezialität von Axel Hobbach! Übrigens: Jeden ersten Mittwoch im Monat heißt es in dem gemütlichen Restaurant Jazz Time.

AALEN

Baden-Württemberg – 66 820 Ew. – Höhe 429 m – Regionalatlas **56**-I18

Berlin 560 km – Stuttgart 78 km – Augsburg 119 km – Nürnberg 132 km

Michelin Straßenkarte 545

Ramada Hotel Limes-Thermen

Osterbucher Platz 1 ✉ 73431 – ✆ (07361) 94 40 – www.ramada.de

147 Zim – 69/250 € 79/280 € – ½ P

Das Hotel liegt ruhig oberhalb der Stadt, angeschlossen an die Limes-Thermen. Zeitgemäß-funktionelle Zimmer (teils mit Balkon), Massage und Kosmetik sowie Bar mit offenem Kamin. Internationale Küche im klassischen Restaurant. Terrasse mit Blick über die Region.

City Hotel Antik

Stuttgarter Str. 45 ✉ 73430 – ✆ (07361) 5 71 60 – www.hotel-antik.de

50 Zim – 83/103 € 93/123 € – 10 € – ½ P

Aus vier ehemaligen Wohnhäusern besteht das Hotel von Doreen Döring. Die Zimmer sind sehr individuell und in den Kategorien Business, Komfort und First Class zu haben. Hübsche Details hier im Haus sind zahlreiche Antiquitäten und allerlei liebevolle Dekorationen. Im klassisch gestalteten Restaurant serviert man mediterrane Küche.

Ibis Styles

Bahnhofstr. 2 ✉ 73431 – ✆ (07361) 98 08 60 – www.ibisstyles-aalen.com

71 Zim – 69/129 € 69/169 €

Sie suchen eine junge und frisch designte Alternative zu den arrivierten Hotels der Stadt? Hier wohnen Sie in modernen, farbenfrohen Zimmern mit sehr guter Technik und hoher Funktionalität, und das im Herzen Aalens und nur 2 Gehminuten vom Bahnhof. Essen können Sie in "Mike's Story" - es gibt frische Burger, Salate, Flammkuchen und Sandwiches.

Wilder Mann

Karlstr. 4 ✉ 73433 – ✆ (07361) 7 13 66 – www.restaurant-wilder-mann.de – geschl. über Fasching 1 Woche, August 2 Wochen und Montag - Dienstag

Menü 33/48 € – Karte 25/54 €

Gerade erst feierte Familie Högg 75 Jahre "Wilder Mann", doch das Alter sieht man dem Haus nicht an, denn es wird immer wieder investiert - z. B. in den wunderschönen Garten, sicher eine der nettesten Terrassen der Region! Der Patron kocht Klassiker wie Rostbraten ebenso wie moderne Gerichte und ein interessantes Weinmenü.

In Aalen-Ebnat Süd-Ost: 8 km über B 19, in Unterkochen Richtung Neresheim

Landgasthof Lamm

Unterkochener Str. 16 ✉ 73432 – ✆ (07367) 24 12 – www.lamm-ebnat.de – geschl. über Fasching 2 Wochen und Dienstag - Mittwoch

8 Zim – 68/78 € 118 € – ½ P Menü 25/54 € – Karte 25/45 €

Im Landgasthof von Wolfgang Scherr erwarten Sie verschiedene Stuben zum gemütlichen Essen, große Räumlichkeiten zum Feiern und eine moderne Kochschule für lernwillige Gäste! Die Speisekarte teilt sich in "Schwäbisches" und "Was für Feinschmecker" - beides ist für jedermann geeignet. Zudem können Sie hier auch übernachten: Die Zimmer sind nett, gepflegt und wohnlich.

In Aalen-Unterkochen Süd-Ost: 4 km über B 19, Richtung Heidenheim

Das Goldene Lamm

Kocherstr. 8 ✉ 73432 – ✆ (07361) 9 86 80 – www.das-goldene-lamm.de

35 Zim – 97/127 € 129/149 € – ½ P

Aus dem historischen Gasthaus mit Anbau ist mit den Jahren ein komfortables Hotel gewachsen. Die Zimmer sind im Landhausstil gehalten, wer's gerne geräumiger hat, sollte eine der Maisonetten buchen. In der Nähe hat man übrigens auch noch ein einfacheres Gästehaus. Im Restaurant sitzt man bei international-regionaler Küche in elegant-rustikaler Atmosphäre.

Läuterhäusle

Waldhäuser Str. 109 ✉ 73432 – ✆ (07361) 9 88 90 – www.laeuterhaeusle.de – geschl. Montag

11 Zim – 58/78 € 70/99 € – ½ P Menü 28/38 € – Karte 22/41 €

Mit ihrem "Läuterhäusle" haben Brigitte und Michael Asbrock hier eine wirklich nette Adresse - sehr schön auch die Terrasse! Die Chefin verwöhnt Sie mit schwäbischer Küche (Rostbraten, Rehbraten...), aber auch Vegetarisches kommt nicht zu kurz. Sonntags kocht man durchgehend von 12 - 20 Uhr! Und wenn Sie nach dem Essen nicht mehr fahren möchten, wohnliche Zimmer finden Sie hier auch.

In Aalen-Waldhausen Ost: 9,5 km über Ziegelstraße

Adler

Deutschordenstr. 8 ✉ 73432 – ✆ (07367) 95 00 – www.adler-aalen.de – geschl. über Weihnachten

38 Zim – 55/80 € 70/100 € – 5 € – ½ P

Zeitgemäß, wohnlich und meist recht großzügig sind die Zimmer in dem gewachsenen Hotel bei der Kirche, im Stammhaus gibt es aber auch einfachere und günstigere Zimmer. Gemütlich hat man es im elegant-rustikalen Restaurant bei internationalen und regionalen Speisen. Und gönnen Sie sich doch mal Massage- und Kosmetikanwendungen.

ABBACH, BAD

Bayern – 11 750 Ew. – Höhe 371 m – Regionalatlas **58-M18**

Berlin 496 km – München 109 km – Regensburg 15 km – Ingolstadt 62 km

Michelin Straßenkarte 546

Elisabeth

Ratsdienerweg 4 ✉ 93077 – ✆ (09405) 95 09 0 – www.hotel-elisabeth.net – geschl. Ende Dezember - Anfang Januar 2 Wochen

34 Zim – 56/75 € 90/125 €

Aus einer Pension beim Kurpark entstand über die Jahre ein gepflegtes Landhotel mit individuellen Zimmern, W-Lan ist hier kostenfrei. Wirklich ansprechend ist der Frühstücksgarten, gut das Buffet.

Schwögler

Stinkelbrunnstr. 18 ✉ 93077 – ✆ (09405) 96 23 00 – www.schwoegler.de – geschl. Sonntagabend - Montag, sowie an Feiertagen abends
Menü 37/63 € – Karte 33/60 € – (Tischbestellung ratsam)
Neben dem hellen, geradlinigen Interieur hat auch die Küche von Helmut Schwögler eine moderne Seite: Zu bayerischen Gerichten gesellen sich Afrikanisches und Asiatisches, mitunter in Form kreativer Kombinationen. Macht Ihnen z. B. "Ziegenkäseterrine mit Feige und Eis von schwarzen Nüssen" Appetit?

ABENSBERG

Bayern – 13 040 Ew. – Höhe 370 m – Regionalatlas **58-M18**
Berlin 521 km – München 89 km – Regensburg 39 km – Ingolstadt 39 km
Michelin Straßenkarte 546

Altstadt Hotel Kneitinger

Osterriedergasse 2 ✉ 93326 – ✆ (09443) 9 15 40 – www.hotel-kneitinger.de – geschl. Ende Dezember - Anfang Januar 2 Wochen
47 Zim – 59 € 92 €
Hier überzeugen die sehr zentrale Lage und die gepflegten Zimmer, W-Lan und Sky-TV sind kostenlos. Sie können auch im ca. 50 m entfernten Neubau wohnen. Hunger? Im Café-Bistro nebenan gibt es ein kleines Speisenangebot.

ABSTATT

Baden-Württemberg – 4 540 Ew. – Höhe 241 m – Regionalatlas **55-G17**
Berlin 602 km – Stuttgart 40 km – Heilbronn 11 km – Schwäbisch Hall 40 km
Michelin Straßenkarte 545

Ludwig Eins

Heilbronner Str. 16 ✉ 74232 – ✆ (07062) 97 80 – www.ludwig-eins.de – geschl. 1. - 10. Januar
34 Zim – 89/123 € 149 € – 1 Suite
Ludwig's – Siehe Restaurantauswahl
Sie schlafen in modernen, technisch gut ausgestatteten Zimmern samt kostenfreier Minibar, starten mit einem leckeren Frühstück in den Tag (im Sommer auch gerne auf der Terrasse) und relaxen im gepflegten Saunabereich.

Ludwig's – Hotel Ludwig Eins

Heilbronner Str. 16 ✉ 74232 – ✆ (07062) 97 80 – www.ludwig-eins.de – geschl. 1. - 10. Januar und Samstag - Sonntag sowie an Feiertagen
Karte 29/35 €
Sympathisch ist die lockere und ungezwungene Atmosphäre hier, und auch das regionale Speisenangebot ist ansprechend - so z. B. "Schozachtaler Lachsforelle auf frischem Marktgemüse".

ACHERN

Baden-Württemberg – 24 620 Ew. – Höhe 145 m – Regionalatlas **54-E19**
Berlin 725 km – Stuttgart 127 km – Karlsruhe 54 km – Offenburg 26 km
Michelin Straßenkarte 545

Sonne-Eintracht

Hauptstr. 112 ✉ 77855 – ✆ (07841) 64 50 – www.hotel-sonne-eintracht.com
69 Zim – 61/95 € 107/145 € – ½ P
Dieser gewachsene Gasthof in der Ortsmitte bietet freundliche, funktionale Zimmer, die im Anbau etwas geräumiger sind. Beim Frühstück im 4. Stock genießt man den Blick über die Dächer der Stadt und auf die umliegenden Berge des Schwarzwaldes! Im Stammhaus wird bei gemütlicher Atmosphäre badische Küche serviert.

Schwarzwälder Hof

Kirchstr. 38 ✉ 77855 – ✆ (07841) 6 96 80 – www.hotel-sha.de
20 Zim – 56/79 € 79/130 €
Chez Georges – Siehe Restaurantauswahl
Wenn Sie bei dem engagierten Gastgeber Jean-Georges Friedmann buchen, fragen Sie nach den Komfort-Zimmern - hier ist das Preis-Leistungs-Verhältnis am besten! Am Morgen ein hochwertiges Frühstück, draußen ein schöner Blumen-/Kräutergarten.

Chez Georges – Hotel Schwarzwälder Hof

Kirchstr. 38 ✉ 77855 – ✆ (07841) 6 96 80 – www.hotel-sha.de
– geschl. Sonntagabend - Montag
Menü 21/37 € – Karte 29/53 €
Für die badisch-elsässische Küche - richtig gut z. B. "gebratener Flusszander mit Blattspinat, Rauchlachsstreifen und Nudeln" - ist Patrick Rösch verantwortlich, interessante internationale Einflüsse bietet z. B. "Sashimi vom Gelbflossenthunfisch mit Ananas-Passionsfrucht-Chutney". Sie können auch in der Weinstube Kächele bestellen, hier ist es etwas legerer.

1839Malerhaus

Hauptstr. 104 ✉ 77855 – ✆ (07841) 6 66 88 70 – www.1839malerhaus.de
– geschl. Februar 3 Wochen, Oktober - April: Montag
Menü 19 € (mittags unter der Woche)/44 € – Karte 27/56 € – (Tischbestellung ratsam)
Richtig nett sitzt man in dem sorgsam sanierten alten Haus in freundlichen kleinen Stuben, charmant der Mix aus modernem Stil und historischem Rahmen. Auf den Tisch kommt z. B. "geschmorte Ochsenbacke" oder "Wolfsbarsch auf Kartoffel-Basilikum-Salat" Am Abend auch Sushi und Tapas.

In Achern-Oberachern Süd-Ost: 1,5 km über Illenauer Allee

Kiningers Hirsch

Oberacherner Str. 26 ✉ 77855 – ✆ (07841) 2 15 79 – www.kiningers-hirsch.de
– geschl. Oktober - November 2 Wochen, Mai - Oktober: Montag
- Dienstagmittag
5 Zim – 50/65 € 90/105 € – ½ P Menü 39 € – Karte 28/38 €
Der engagierte Gastgeber Bernhard Kininger steht selbst am Herd und bringt regionale und internationale Gerichte auf den Tisch - im November sind die vielen Variationen von der Gans zu empfehlen! Speisen Sie im Sommer unbedingt im tollen Innenhof, und schauen Sie auf dem Weg vom Restaurant zur Terrasse ruhig mal in die durch eine Glasscheibe einsehbare Küche! Übernachten lässt es hier ebenfalls gut. Die Zimmer sind gepflegt und funktional.

Gute Küche zu moderatem Preis? Folgen Sie dem Bib Gourmand.

ACHIM

Niedersachsen – 30 000 Ew. – Höhe 25 m – Regionalatlas **18-G7**
Berlin 374 km – Hannover 112 km – Lüneburg 121 km – Bremen 24 km
Michelin Straßenkarte 541

In Achim-Uesen Süd-Ost: 2 km Richtung Verden und Thedinghausen

Bootshaus

Uesener Weserstr. 17 ✉ 28832 – ✆ (04202) 5 19 80 – www.hotel-bootshaus.de
– geschl. 27. Dezember - 3. Januar
46 Zim – 74/84 € 95/105 € – ½ P
Man wohnt hier wirklich topgepflegt, und das unmittelbar am alten Yachthafen. Fragen Sie nach den Zimmern mit Weserblick und Balkon. Zum Speisen sitzt man am schönsten im Wintergarten zum Wasser hin, auf der Karte z. B. "Scholle Finkenwerder Art", "Medaillons vom Seeteufel", "Kalbsrücken mit grünem Spargel".

ADELSDORF

Bayern – 7 430 Ew. – Höhe 264 m – Regionalatlas **50-K16**
Berlin 426 km – München 210 km – Nürnberg 41 km – Bamberg 34 km
Michelin Straßenkarte 546

Landhotel 3 Kronen

Hauptstr. 8 ✉ 91325 – ✆ (09195) 92 00 – www.3kronen.de – geschl. über Weihnachten 1 Woche, Anfang Januar 1 Woche
36 Zim – 70/85 € 90/120 €
Gleich neben Kirche und Schloss warten 300 Jahre Familientradition auf Sie! Die Gastgeber modernisieren stetig, wie man z. B. an der schicken Lounge und den geräumigen Superior-Zimmern sieht, und auch die drei Juniorsuiten bieten äußerst wohnlichen Komfort. Tipp für Restaurantgäste: Essen Sie bei schönem Wetter im Freien: auf der Terrasse oder - an Wochenenden - im hübschen Biergarten!

In Adelsdorf-Neuhaus Süd-West: 4 km

Zum Löwenbräu

Neuhauser Hauptstr. 3 ✉ 91325 – ✆ (09195) 92 33 10 – www.zum-loewenbraeu.de
25 Zim – 64/100 € 85/130 € – ½ P
Ein echter Brauereigasthof, auf den Familie Wirth (seit 1747) stolz sein kann. Vieles ist traditionell, einiges modern - so verbreitet im Frühstücksraum ein alter Holzherd Charme. Besuchen Sie unbedingt den reizenden Hofladen: lecker die Pralinen und Marmeladen von der Chefin! Ebenso eigene Brände und Bier.

Landgasthof Niebler

Neuhauser Hauptstr. 30 ✉ 91325 – ✆ (09195) 86 82 – www.landgasthof-niebler.de – geschl. 7. - 14. Januar, 17. - 26. Mai und Mittwoch
11 Zim – 55/60 € 85/90 € – ½ P
Menü 18 € – Karte 16/36 € – *(Montag - Donnerstag nur Abendessen)*
Es ist schon ein netter Gasthof, den die engagierte Familie Niebler hier inzwischen in 4. Generation betreibt. In den ländlichen Stuben serviert man fränkische Küche mit pfiffigen Abwandlungen, wie z. B. bei "geschmortem Rehschäufele mit Preiselbeerklößen". Und nach dem Essen finden Sie in den gepflegten Zimmern die nötige Nachtruhe.

ADELSHOFEN

Bayern – 980 Ew. – Höhe 429 m – Regionalatlas **49-I16**
Berlin 502 km – München 264 km – Ansbach 41 km – Würzburg 58 km
Michelin Straßenkarte 546

In Adelshofen-Tauberzell Nord-West: 5 km Richtung Creglingen

Landhaus Zum Falken

Tauberzell 41 ✉ 91587 – ✆ (09865) 94 19 40 – www.landhaus-zum-falken.de – geschl. 31. Januar - 24. Februar, 6. - 16. November, 23. - 27. Dezember
16 Zim – 65 € 85 € – ½ P
Zum Falken – Siehe Restaurantauswahl
Wohnlich-modern, mit ländlichem Charme und preislich sehr fair... hier kann man sich als Kurzurlauber wirklich wohlfühlen! Die Rede ist von einem gestandenen fränkischen Landgasthof (1604 als Amtshaus erbaut) und einem nahe gelegenen Gästehaus. Nicht nur die Marmeladen zum Frühstück sind hausgemacht, der Chef ist Hobby-Imker...

Zum Falken – Hotel Landhaus Zum Falken

Tauberzell 41 ✉ 91587 – ✆ (09865) 94 19 40 – www.landhaus-zum-falken.de – geschl. 31. Januar - 24. Februar, 6. - 16. November, 23. - 27. Dezember und Montag - Dienstag
Karte 16/35 €
Gemütlichkeit pur auch beim Essen: alte Holzbalken, schöner Dielenboden, Bänke und Stühle in rustikalem Stil... Tipp: Donnerstags und freitags gibt's selbstgemachte Bratwürste - und probieren Sie auch die eigenen Obstbrände! Feierlichkeiten in der alten Scheune, Weinproben im Gewölbekeller.

ADENAU

Rheinland-Pfalz – 2 900 Ew. – Höhe 330 m – Regionalatlas **36**-C14
Berlin 644 km – Mainz 163 km – Aachen 125 km – Bonn 48 km
Michelin Straßenkarte 543

Landhaus Sonnenhof

Sonnenberg 10, Zufahrt über Hirzensteinstraße ✉ 53518 – ✆ (02691) 9 22 70 – www.sonnenhof-nuerburgring.de – geschl. 4. Januar - 15. März
36 Zim – 59/249 € 79/299 € – 1 Suite – ½ P
Ein freundlich-familiär geführtes Landhotel mit unterschiedlich eingerichteten, wohnlich-soliden Zimmern. Die Lage oberhalb des Ortes ist ruhig, mit Blick auf die Hohe Acht. Nettes Restaurant mit alpenländischer Note, dazu die sonnige Gartenterrasse.

Blaue Ecke

Markt 5, B 257 ✉ 53518 – ✆ (02691) 20 05 – www.blaueecke.de
28 Zim – 89/99 € 109 € – ½ P
Das Hotel mit schmuckem Fachwerkhaus von 1578 liegt ideal für Rennsportbegeisterte. Sie wählen zwischen den Zimmerkategorien Standard, Superior und Nostalgie. Im Restaurant erwartet Sie mediterranes Flair, dazu hat man noch die Bar-Lounge.

AERZEN

Niedersachsen – 10 620 Ew. – Höhe 99 m – Regionalatlas **28**-H9
Berlin 349 km – Hannover 58 km – Detmold 41 km
Michelin Straßenkarte 541

In Aerzen-Schwöbber Nord-West: 5 km

Schlosshotel Münchhausen

Schwöbber 9 ✉ 31855 – ✆ (05154) 7 06 00 – www.schlosshotel-muenchhausen.com
59 Zim – 125/200 € 160/330 € – 25 € – 9 Suiten
Gourmet Restaurant im Schlosshotel Münchhausen* ✿ • *Schlosskeller – Siehe Restaurantauswahl
Mit stilgerechtem, edlem Interieur und traumhaftem Rahmen verbindet das Schloss a. d. 16. Jh. Historie mit modernem Komfort. Beispielhaft der Service, elegant die Zimmer, geschmackvoll und großzügig der Spa, schön das Hallenbad neben dem Wassergraben... und all das in idyllischer sanfter Hügellandschaft.

XXX ✿

Gourmet Restaurant im Schlosshotel Münchhausen

Schwöbber 9 ✉ 31855 – ✆ (05154) 7 06 00 – www.schlosshotel-muenchhausen.com – geschl. 4. - 20. Januar und Sonntag - Montag, November - Februar: Sonntag - Dienstag
Menü 72/185 € – Karte 80/108 € – *(nur Abendessen)* (Tischbestellung ratsam)
So stellt man sich die stilvoll-historischen Räume eines Schlosses vor: über Ihnen hohe Stuckdecken, unter Ihren Parkettboden, Gemälde an den Wänden... Auf den elegant eingedeckten Tisch kommt Klassisches, begleitet von tollen Weinen. Der Service top geschult und stets präsent, ohne aufdringlich zu sein.
→ Makrele "Hausfrauen Art". Apfel, Sauerrahm, Gurke. Reinerbecker Saibling, Stielmus, Feige, Kohlrabi. Weserbergland Lamm, Rüben, Erdnuss, Zitrone.

XX

Schlosskeller – Schlosshotel Münchhausen

Schwöbber 9 ✉ 31855 – ✆ (05154) 7 06 00 – www.schlosshotel-muenchhausen.com – geschl. November - Januar: Montag - Dienstag
Menü 35 € – Karte 38/59 €
Ein wirklich gemütlicher Ort ist der liebevoll dekorierte Gewölbekeller. Die Holztische und die umlaufende Sitzbank passen schön zu den hübschen Stoffen und bringen eine rustikale Note. Hier lässt man sich regionale Küche schmecken.

AHAUS

Nordrhein-Westfalen – 38 760 Ew. – Höhe 50 m – Regionalatlas **26-C9**
Berlin 522 km – Düsseldorf 116 km – Nordhorn 51 km – Bocholt 49 km
Michelin Straßenkarte 543

In Ahaus-Ottenstein West: 7 km

Haus im Flör

Hörsteloe 49, Nord: 2 km Richtung Alstätte ✉ 48683 – ✆ (02567) 93 99 90 – www.haus-im-floer.de – geschl. Juli - August 1 Woche
25 Zim – †60 € ††85 € – ½ P
In dem ruhig gelegenen Haus der Familie Bonato stehen wohnlich und zeitgemäß ausgestattete Zimmer mit kostenfreiem W-Lan bereit, einige neuere Einzelzimmer sind sehr modern. Hübscher Garten mit Teich. Man speist im gemütlich-eleganten Restaurant oder im schönen Gartenpavillon.

AHLBECK – Mecklenburg-Vorpommern ➜ Siehe Usedom (Insel)

AHLEN

Nordrhein-Westfalen – 51 770 Ew. – Höhe 75 m – Regionalatlas **27-E10**
Berlin 447 km – Düsseldorf 124 km – Bielefeld 69 km – Hamm in Westfalen 13 km
Michelin Straßenkarte 543

In Ahlen-Vorhelm Nord-Ost: 8 km, Richtung Warendorf, dann rechts ab

Witte

Hauptstr. 32 ✉ 59227 – ✆ (02528) 9 29 52 90 – www.hotel-witte.de
27 Zim – †65 € ††95 € – ½ P
Ein gut geführtes Haus, das bereits seit 1878 als Familienbetrieb besteht. Die Gästezimmer sind zeitgemäß und funktional, im Restaurant (mal rustikal, mal neuzeitlicher) gibt es bürgerlich-internationale Küche, dazu der nette Biergarten.

AHORNTAL

Bayern – 2 240 Ew. – Regionalatlas **50-L15**
Berlin 387 km – München 226 km – Bayreuth 30 km – Erlangen 49 km
Michelin Straßenkarte 546

Burg Rabenstein

Rabenstein 33 ✉ 95491 – ✆ (09202) 9 70 04 40 – www.burg-rabenstein.de
19 Zim – †117/225 € ††158/267 € – 3 Suiten – ½ P
Das ist doch mal eine ganz besondere Kulisse: Auf einem Felsvorsprung am Waldrand thront die über 800 Jahre alte Burg. Auf 64 ha erwarten Sie schöne Zimmer (auf TV verzichtet man hier gerne), historische Säle und eine Kapelle für Trauungen sowie eine Tropfsteinhöhle und eine Falknerei.

AHRENSBURG

Schleswig-Holstein – 31 370 Ew. – Höhe 46 m – Regionalatlas **10-J5**
Berlin 276 km – Kiel 79 km – Hamburg 36 km – Lübeck 47 km
Michelin Straßenkarte 541

Park Hotel

Lübecker Str. 10a ✉ 22926 – ✆ (04102) 230 0 – www.parkhotel-ahrensburg.de
101 Zim – †95/155 € ††115/175 € – 15 € – 8 Suiten
le Marron – Siehe Restaurantauswahl
Das Hotel befindet sich in direkter Nachbarschaft zum Schloss Ahrensburg und überzeugt mit zeitgemäßen Gästezimmern in warmen mediterranen Tönen. Nach Tagung oder Geschäftstermin entspannt es sich gut in der Bar im großen Hallenbereich.

Ahrensburg

Ahrensfelder Weg 48 ✉ 22926 – ✆ (04102) 5 15 60 – www.ringhotel-ahrensburg.de
24 Zim – †92/100 € ††114/128 €
Eine freundliche und gepflegte Einrichtung bietet dieses Haus vom Eingangsbereich über die Gästezimmer bis zum Frühstücksraum. Nett ist auch der kleine Garten.

le Marron – Park Hotel
Lübecker Str. 10a ✉ 22926 – ✆ (04102) 23 04 00 – www.parkhotel-ahrensburg.de
Menü 35/46 € – Karte 30/64 €
Herzstück hier ist die Showküche - drum herum schöne lichte Wintergärten, die eine angenehme Atmosphäre für die internationalen Gerichte schaffen.

AHRENSHOOP

Mecklenburg-Vorpommern – 640 Ew. – Höhe 3 m – Regionalatlas **5**-N3
Berlin 259 km – Schwerin 130 km – Rostock 46 km – Stralsund 65 km
Michelin Straßenkarte 542

THE GRAND Ahrenshoop
Schifferberg 24 ✉ 18347 – ✆ (038220) 67 80 – www.the-grand.de
80 Zim – 99/129 € 129/229 € – ½ P
An der Stelle des alten Kurhauses und fast direkt am Strand steht nun diese sehr moderne und puristische Neuinterpretation! Großzügigkeit und Komfort sind einem Grandhotel absolut würdig - die Einrichtung ist allerdings alles andere als klassisch! Spa-Vielfalt auf rund 3000 qm.

Namenlos & Fischerwiege
Schifferberg 2 ✉ 18347 – ✆ (038220) 60 60 – www.hotel-namenlos.de – geschl. vor Weihnachten 10 Tage
30 Zim – 100/130 € 150/250 € – 20 Suiten – ½ P
Namenlos – Siehe Restaurantauswahl
Ein Ensemble aus vier ansprechenden Landhäusern in reizvoller meernaher Lage im Grünen. Die Zimmer und Suiten sind teilweise besonders komfortabel und geschmackvoll, im Haus Fischerwiege schön ruhig Richtung Bodden gelegen - hier auch der Pool und der hübsche helle Frühstücksraum mit Sicht in den Garten. Sie möchten Meerblick? Den gibt es im Haus Namenlos. Und machen Sie es sich auch mal auf der Terrasse im Strandkorb mit leckerem hausgemachtem Kuchen gemütlich!

Künstlerquartier Seezeichen
Dorfstr. 22 ✉ 18347 – ✆ (038220) 6 79 70 – www.seezeichen-hotel.de – geschl. Anfang - Ende Januar
53 Zim – 90/170 € 95/240 € – 3 Suiten – ½ P
Chic und stylish wohnt man in dem Hotel, dafür sorgen die hochwertig ausgestatteten Zimmer, der moderne Wellnessbereich und der ausgesprochen gepflegte geradlinig gestaltete Garten, nicht zu vergessen die tolle Dachterrasse mit Meerblick - sehr beliebt für Hochzeiten! Über den Deich kommen Sie direkt zum Strand und hier hat jeder Gast einen eigenen Strandkorb. Gastronomisch gibt es das ansprechende Restaurant mit Terrasse ums Haus sowie das Café.

Namenlos – Hotel Namenlos & Fischerwiege
Schifferberg 2 ✉ 18347 – ✆ (038220) 60 60 – www.hotel-namenlos.de – geschl. vor Weihnachten 10 Tage
Menü 42/75 € (abends) – Karte 34/69 €
Typische Fischgerichte kommen hier auf den Tisch, aber auch Geschmortes hat seinen Platz auf der Karte - und die wird für Sie durchgehend, auch nachmittags, gekocht! Tipp: Speisen Sie im vorderen Teil des Restaurants, hier hat man einen schönen Blick auf die Ostsee. Im Sommer ist natürlich die Terrasse ein Muss!

In Ahrenshoop-Niehagen Süd: 2,5 km

Landhaus Morgensünn & Susewind
Bauernreihe 4d ✉ 18347 – ✆ (038220) 64 10 – www.hoteluntermreetdach.de
34 Zim – 60/95 € 75/150 € – 2 Suiten – ½ P
Am Kiel – Siehe Restaurantauswahl
Verschiedene hübsche Reetdachhäuser beherbergen wohnliche Zimmer und Appartements im Landhausstil - hier und da Antiquitäten. Hallenbad im Haus Morgensünn (50 m vom Haus Susewind).

Am Kiel – Hotel Landhaus Morgensünn & Susewind
Bauernreihe 4d ✉ 18347 – ☎ (038220) 66 97 21 – www.hotelunterm reetdach.de
Karte 24/46 € – *(November - März: Montag - Freitag nur Abendessen)*
Kein Wunder, dass die Gaststube in dem hübschen roten Reetdachhaus so gefragt ist: Rustikales Holz und schöner Dielenboden machen es hier gemütlich, die Atmosphäre ist leger, der Service freundlich und die Gerichte sind frisch und preislich fair! Nett auch die Bar - finden Sie den alten Walrosszahn?

AICHACH

Bayern – 20 560 Ew. – Höhe 446 m – Regionalatlas **57-K19**
Berlin 565 km – München 68 km – Augsburg 24 km – Ingolstadt 53 km
Michelin Straßenkarte 546

Gasthof Specht
Stadtplatz 43 ✉ 86551 – ☎ (08251) 8 75 20 – www.hotel-specht.de – geschl. 27. August - 10. September
36 Zim – 53/55 € 83/85 € – 1 Suite
Freundlich leitet Familie Specht ihren Gasthof im historischen Stadtkern, bereits in der 4. Generation sorgt man dafür, dass es hier tipptopp gepflegt ist! In den ländlichen Gaststuben gibt es deftige bayerische Küche, im Sommer etwas Kühles im Biergarten.

In Aichach-Sulzbach Süd-West: 5 km Richtung Augsburg, nach 3,5 km rechts

Zum Tavernwirt
Tränkstr. 6 ✉ 86551 – ☎ (08251) 71 54 – www.tavernwirt.de – geschl. Montag - Dienstag
Menü 39 € – Karte 32/67 € – *(Mittwoch - Samstag nur Abendessen)* (Tischbestellung ratsam)
Das passt genau in das Bild eines traditionsreichen Gasthauses: rustikaler Charme und ein Biergarten unter Kastanien. Der Keller birgt einige Trouvaillen - fragen Sie den Chef und Weinliebhaber Martin Wastl!

AITERN – Baden-Württemberg ➜ Siehe Schönau im Schwarzwald

ALBSTADT

Baden-Württemberg – 44 060 Ew. – Höhe 731 m – Regionalatlas **63-G20**
Berlin 721 km – Stuttgart 98 km – Konstanz 99 km – Ulm (Donau) 97 km
Michelin Straßenkarte 545

In Albstadt-Ebingen Süd-Ost: 1 km

Linde
Untere Vorstadt 1 ✉ 72458 – ☎ (07431) 13 41 40 – www.hotel-linde.eu
39 Zim – 102/127 € 127/140 € – ½ P
Linde – Siehe Restaurantauswahl
Schon ein Hingucker ist das komplett sanierte denkmalgeschützte Fachwerkhaus im historischen Ortskern. Drinnen ist es schön wohnlich und komfortabel, besonderen Charme haben die Zimmer unterm Dach!

Zum süßen Grund
Bitzer Berg 1, Nord 1,5 km über Bitzer Steige ✉ 72458 – ☎ (07431) 1 36 60 – www.hotel-suessergrund.de – geschl. Februar
12 Zim – 68 € 98 € – ½ P
Wandern, radfahren oder einfach nur die ruhige Lage mitten im Grünen genießen - der benachbarte Reiterhof passt optimal ins Bild! Einige der wohnlichen Zimmer haben einen eigenen Balkon. Zum Essen sollten Sie auf der schönen Terrasse Platz nehmen.

In der Breite
Flandernstr. 97 ✉ 72458 – ☎ (07431) 9 00 70 – www.hotel-breite.com
14 Zim – 55/75 € 85/105 €
Man spürt förmlich die Liebe, die die Familie in ihr Haus steckt - man kümmert sich engagiert um die Gäste und hält alles top in Schuss! Naturliebhaber erkunden die Wanderwege in der Gegend, relaxen kann man aber auch im schönen Garten!

Linde – Hotel Linde
Untere Vorstadt 1 ✉ 72458 – ✆ (07431) 13 41 40 – www.hotel-linde.eu
– geschl. Anfang Januar 1 Woche, August 2 Wochen und Sonntag
Menü 29 € (mittags)/95 € – Karte 53/86 €
Im eleganten Restaurant (ansprechend das Mooreichenparkett) serviert man Ihnen eine moderne Küche mit internationalem Einfluss. Mittags gibt es auch ein günstiges Tagesmenü.

ALDERSBACH

Bayern – 4 230 Ew. – Höhe 328 m – Regionalatlas **59**-P19
Berlin 594 km – München 158 km – Passau 32 km – Regensburg 111 km
Michelin Straßenkarte 546

Mayerhofer
Ritter-Tuschl-Str. 2 ✉ 94501 – ✆ (08543) 9 63 90 – www.mayerhofer.org
– geschl. 1. - 21. Februar, 31. Oktober - 20. November
30 Zim – 61/79 € 79/115 €
Ein Gasthof wie aus dem Bilderbuch - seit 1905 als Familienbetrieb geführt, mit wohnlichen Zimmern, nettem kleinem Saunabereich und einem regionstypischen Restaurant, wo man unter einem schönen Kreuzgewölbe bayerische Küche serviert bekommt - hier finden sich viele Produkte aus der eigenen Metzgerei!

ALF

Rheinland-Pfalz – 840 Ew. – Höhe 95 m – Regionalatlas **46**-C15
Berlin 671 km – Mainz 108 km – Trier 61 km – Koblenz 84 km
Michelin Straßenkarte 543

Burg Arras
Wohnplatz 1 ✉ 56859 – ✆ (06542) 2 22 75 – www.arras.de
– geschl. Januar
10 Zim – 115/185 € 150/250 € – ½ P
Allein liegt die über 1000 Jahre alte Burg auf einer Bergkuppe, die Aussicht ist grandios - vor allem vom begehbaren Turm. Man bietet schöne wohnliche Zimmer und ein kleines Museum. Rustikales Burgflair im Restaurant - Terrasse mit traumhaftem Blick auf Höllen- und Moseltal.

Bömer's Mosellandhotel
Ferdinand-Remy-Str. 27 ✉ 56859 – ✆ (06542) 23 10 – www.boemershotel.de
– geschl. 3. Januar - 23. März, 14. November - 12. Dezember
34 Zim – 69/89 € 90/148 € – 3 Suiten – ½ P
Hier dürfen Sie sich auf freundlichen Service, wohnliche Zimmer und ein gutes Frühstück freuen, zudem können Sie auf der hübschen Liegewiese relaxen. Im Haus "Veranda" nebenan befinden sich etwas kleinere Zimmer. Zum Restaurant gehören eine nette Bier- und Weinstube sowie eine schöne Terrasse.

ALFELD (LEINE)

Niedersachsen – 18 980 Ew. – Höhe 160 m – Regionalatlas **29**-I9
Berlin 312 km – Hannover 46 km – Göttingen 66 km – Hildesheim 26 km
Michelin Straßenkarte 541

In Alfeld-Warzen West: 2,5 km über Hannoversche Straße

Grüner Wald
Am Knick 7 ✉ 31061 – ✆ (05181) 2 42 48 – www.hotel-gasthof-gruener-wald.de
– geschl. Anfang Januar 1 Woche
23 Zim – 59/68 € 89/99 € – ½ P
Hier wohnen Sie bei freundlichen Gastgebern in komfortablen Zimmern (meist mit Balkon) und freuen sich am Morgen auf ein frisches Frühstück. Zudem locken die ruhige Lage samt Blick ins Grüne, schöne Radwanderwege, ein Trip nach Hannover...

ALLERSHAUSEN

Bayern – 5 470 Ew. – Höhe 442 m – Regionalatlas **58-L19**
Berlin 556 km – München 37 km – Landshut 65 km – Augsburg 86 km
Michelin Straßenkarte 546

Zum Fuchswirt

Ampertalstr. 4 ✉ 85391 – ✆ (08166) 99 19 90 – www.fuchswirt.de
15 Zim – 60/75 € 86/100 €
Ein ländlich-solider Gasthof, der familiär geführt wird und mit geräumigen, wohnlich und freundlich eingerichteten Zimmern überzeugt. Die verschiedenen Gaststuben sind mit viel Holz sehr gemütlich gestaltet. Geboten wird bayerisch-bürgerliche Küche.

ALLMANNSHOFEN

Bayern – 820 Ew. – Höhe 440 m – Regionalatlas **57-K19**
Berlin 538 km – München 89 km – Augsburg 31 km – Donauwörth 15 km
Michelin Straßenkarte 546

In Allmannshofen-Holzen Süd: 2 km

Kloster Holzen Hotel & Gasthof

Klosterstr. 1 ✉ 86695 – ✆ (08273) 9 95 90 – www.kloster-holzen.de
– geschl. 1. - 5. Januar
55 Zim – 70/101 € 106/130 € – 2 Suiten – ½ P
Überaus ansprechend der klare moderne Stil in dieser imposanten Klosteranlage (1697) mit Barockkirche. Tolle Veranstaltungsräume mit Stuckdecke, schöne Gewölbe (z. B. im Frühstücksraum), herrlicher Klostergarten... Im rustikalen Gasthof mit Biergarten isst man regional.

ALPIRSBACH

Baden-Württemberg – 6 310 Ew. – Höhe 441 m – Regionalatlas **54-E19**
Berlin 726 km – Stuttgart 99 km – Freiburg im Breisgau 78 km – Schramberg 19 km
Michelin Straßenkarte 545

Rössle

Aischbachstr. 5 ✉ 72275 – ✆ (07444) 95 60 40 – www.roessle-alpirsbach.de
– geschl. Februar - März 3 Wochen, nach Ostern 1 Woche, Anfang Oktober 1 Woche, November - Dezember 3 Wochen
24 Zim – 55/65 € 85/95 € – ½ P
Rössle – Siehe Restaurantauswahl
Wirklich nett übernachtet man bei Familie Beilharz in dem über 400 Jahre alten Haus direkt an der Kinzig, und das zu einem sehr guten Preis-Leistungs-Verhältnis! Die Gästebetreuung ist angenehm persönlich, die Zimmer sind allesamt wohnlich, einige modern, andere rustikaler in dunkler Eiche, teilweise auch mit Balkon Richtung Kloster.

Rössle – Hotel Rössle

Aischbachstr. 5 ✉ 72275 – ✆ (07444) 95 60 40 – www.roessle-alpirsbach.de
– geschl. Februar - März 3 Wochen, nach Ostern 1 Woche, Anfang Oktober 1 Woche, November - Dezember 3 Wochen und Montagmittag, Mittwoch
Menü 24/42 € – Karte 27/48 €
Schmackhaft, gehoben, regional... so kocht Thorsten Beilharz, der den Familienbetrieb gemeinsam mit seiner Frau bereits in 4. Generation leitet. Und nicht nur Schwarzwaldforelle oder geschmortes Lämmhäxle sind gut hier, auch der Service durch die charmante Chefin im Dirndl stimmt.

ALSFELD

Hessen – 16 000 Ew. – Höhe 268 m – Regionalatlas **38-H13**
Berlin 442 km – Wiesbaden 128 km – Fulda 43 km – Frankfurt am Main 107 km
Michelin Straßenkarte 543

In Alsfeld-Eudorf Nord-Ost: 3 km über B 254, Richtung Schwalmstadt

Zur Schmiede

Ziegenhainer Str. 26, B 254 ✉ 36304 – ✆ (06631) 79 38 30 – www.zur-schmiede.de
52 Zim – 🛉55/64 € 🛉🛉84/114 € – ☕ 6 € – ½ P
Schon seit über 140 Jahren empfängt man hier Gäste! Das ehemalige landwirtschaftliche Anwesen ist heute ein gepflegtes Hotel mit individuellen Zimmern, nettem Freizeitbereich und variablen Tagungsräumen.

Zum Schäferhof

Ziegenhainer Str. 30, B 254 ✉ 36304 – ✆ (06631) 9 66 00 – www.hotel-zum-schaeferhof.de – geschl. Anfang Januar 2 Wochen
22 Zim – 🛉52/65 € 🛉🛉80/85 € – ☕ 7 € – ½ P
Der Familienbetrieb ist ein Gasthof mit Fachwerkfassade, der um einen Hotelanbau ergänzt wurde. Gepflegte Zimmer (teils mit Balkon), heller Frühstücksraum und netter Sauna- und Fitnessbereich. Bürgerliche Küche im ländlich-rustikalen Restaurant.

ALTDORF

Bayern – 15 100 Ew. – Höhe 444 m – Regionalatlas **50-L17**
Berlin 436 km – München 176 km – Nürnberg 29 km – Regensburg 80 km
Michelin Straßenkarte 546

Alte Nagelschmiede

Oberer Markt 13 ✉ 90518 – ✆ (09187) 95 27 0 – www.alte-nagelschmiede.com
24 Zim ☕ – 🛉60/80 € 🛉🛉85/120 €
Am Marktplatz steht das schmucke Haus a. d. 18. Jh. - familiär geführt und behaglich gestaltet. In gemütlichen Stuben bietet man bürgerliche, z. T. auch mediterran beeinflusste Speisen. Originell: Als Garderobe dient ein alter Beichtstuhl.

Rotes Ross

Oberer Markt 5 ✉ 90518 – ✆ (09187) 52 72 – www.rotes-ross-altdorf.de – geschl. Montag, Donnerstagabend
Menü 16/25 € – Karte 18/41 € – (Tischbestellung erforderlich)
Eine sehr gut besuchte Adresse mit rustikalem Charme. Der historische Gasthof mit langer Familientradition bietet solide fränkische Küche zu fairen Preisen, so z. B. "Rinderbrust mit Meerrettichsauce, Kartoffeln und Salat".

ALTDORF – Rheinland-Pfalz

➜ Siehe Edenkoben

ALTDORF Kreis LANDSHUT

Bayern – 11 040 Ew. – Höhe 396 m – Regionalatlas **58-N19**
Berlin 552 km – München 74 km – Landshut 6 km – Braunau am Inn 97 km
Michelin Straßenkarte 546

In Altdorf-Pfettrach Nord-West: 3 km, Richtung Neustadt a.d. Donau jenseits der A 92

Augustlhof

Pfeffenhausener Str. 18 ✉ 84032 – ✆ (08704) 92 72 85 – www.augustlhof.de
11 Zim – 🛉68/78 € 🛉🛉85/105 € – ☕ 8 €
Saustall – Siehe Restaurantauswahl
Außen typisch regional, innen stilvoll-zeitgemäß, das ist der Augustlhof der Familie Smith! Einige der geradlinig-modern eingerichteten Zimmer sind etwas kleiner, aber gut aufgeteilt. Komfortzimmer mit Balkongang und Sky-TV. W-Lan gratis.

Saustall – Hotel Augustlhof

Pfeffenhausener Str. 18 ✉ 84032 – ✆ (08704) 92 72 85 – www.augustlhof.de – geschl. Sonntagabend - Dienstag
Menü 42 € – Karte 31/45 € – *(nur Abendessen, sonntags auch Mittagessen)*
Sehr nett die Atmosphäre, gut die Küche! Unter der schönen Kreuzgewölbedecke wählen Sie z. B. "Hirschgulasch, Cranberries und Petersilienspätzle". Oder bevorzugen Sie ein tolles Steak aus dem Reifeschrank? Für besondere Anlässe: "Herzblut" und "Kuhstall". Donnerstags auf Vorbestellung Spareribs.

ALTENAHR

Rheinland-Pfalz – 1 880 Ew. – Höhe 200 m – Regionalatlas **36-C13**
Berlin 624 km – Mainz 163 km – Bonn 31 km – Aachen 105 km
Michelin Straßenkarte 543

Ruland

Brückenstr. 6, B 257 ✉ 53505 – ✆ (02643) 83 18 – www.hotel-ruland.de
38 Zim – 45/100 € 80/150 € – ½ P
Ruland – Siehe Restaurantauswahl
Hier lässt es sich richtig schön wohnen, denn Familie Carnott investiert stetig und kümmert sich mit Engagement um ihr Haus. Die Zimmer im Stammhaus sind hell und freundlich, die neueren im Gästehaus besonders chic, modern und komfortabel.

Gasthaus Assenmacher

Brückenstr. 12, B 257 ✉ 53505 – ✆ (02643) 18 48 – www.gasthaus-assenmacher.de – geschl. Januar - Februar 2 Wochen, Juni - Juli 2 Wochen
7 Zim – 46/50 € 80/92 € – ½ P
Gaststube Assenmacher • ***Assenmacher Gourmet*** – Siehe Restaurantauswahl
Dass man in dem Familienbetrieb im Ortskern gut essen kann, ist bekannt, aber das Haus mit den gepflegten Zimmern ist auch ein idealer Ausgangspunkt für Wanderungen im Ahrtal oder für einen Besuch der Ahr-Thermen in Bad Neuenahr-Ahrweiler.

Assenmacher Gourmet – Gasthaus Assenmacher

Brückenstr. 12, B 257 ✉ 53505 – ✆ (02643) 18 48 – www.gasthaus-assenmacher.de – geschl. Januar - Februar 2 Wochen, Juni - Juli 2 Wochen und Montag - Dienstag, außer an Feiertagen
Menü 60/109 € – Karte 53/71 € – *(nur Abendessen)*
Im "Gourmet" von Christian und Christa Storch wird ein bisschen feiner gekocht: Aus zwei Menüs kann man nach Lust und Laune wählen, und zwar ambitionierte, kraftvolle Gerichte wie "Ahrtaler Rehrücken mit Holunderchutney, Apfel, Sellerie".

Gaststube Assenmacher – Gasthaus Assenmacher

Brückenstr. 12, B 257 ✉ 53505 – ✆ (02643) 18 48 – www.gasthaus-assenmacher.de – geschl. Januar - Februar 2 Wochen, Juni - Juli 2 Wochen und Montag, außer an Feiertagen
Menü 35/47 € – Karte 29/49 €
Diese gemütliche Gaststube ist die etwas schlichtere Restaurantvariante, die ebenfalls gute, frische Küche bietet. So z. B. "Scheiben von rosa Kalbshaxe mit Senfcreme" oder "gebratenes Zanderfilet auf Apfel-Zwiebelgemüse".

Ruland – Hotel Ruland

Brückenstr. 6, B 257 ✉ 53505 – ✆ (02643) 83 18 – www.hotel-ruland.de – geschl. Januar - Februar: Montag - Donnerstag
Menü 20/38 € – Karte 21/45 €
Andreas Carnott ist hier bereits die 5. Generation am Herd, die Küche weitgehend regional und frisch. Lust auf "Sauerbraten vom Highland-Rind" oder "Kalbstafelspitz in Schnittlauch-Meerrettichsoße"? Vielleicht auf der Terrasse mit Ahrblick?

ALTENBERG

Sachsen – 8 280 Ew. – Höhe 750 m – Regionalatlas **43-Q13**
Berlin 233 km – Dresden 42 km – Chemnitz 74 km – Leipzig 154 km
Michelin Straßenkarte 544

In Altenberg-Oberbärenburg Nord-West: 6 km über B 170 Richtung Dresden, nach 4 km rechts

Zum Bären

Talblick 6 ✉ 01773 – ✆ (035052) 6 10 – www.zum-baeren.de
36 Zim – 55/90 € 75/137 € – ½ P
Recht ruhig liegt das gut geführte und mit sehr freundlichen Gästezimmern ausgestattete Ferienhotel, in dem auch das Preis-Leistungs-Verhältnis stimmt. Das helle, neuzeitliche Restaurant bietet auch eine Terrasse.

ALTENBERGE

Nordrhein-Westfalen – 10 060 Ew. – Höhe 105 m – Regionalatlas **26-D9**
Berlin 482 km – Düsseldorf 135 km – Münster 16 km – Zwolle 159 km
Michelin Straßenkarte 543

Penz Am Dom

Kirchstr. 13 ✉ 48341 – ✆ (02505) 9 39 95 30 – www.penz-am-dom.de – geschl. Anfang Januar und Samstagmittag, Montag
Menü 30/69 € – Karte 34/44 €
In dem hübschen alten Bürgerhaus vis-à-vis dem Dom mischt sich Historisches mit Modernem. Das schöne stimmige Bild reicht vom Rahmen über den freundlichen Service bis zur Küche von Patron Denis Penz. Versuchen Sie doch mal "Skrei auf Lauchgemüse mit Rote-Beete-Kartoffeln und Dijon-Senf-Sauce"! Mittags unter der Woche nur "Business Lunch". Toll die Terrasse!

ALTENKUNSTADT – Bayern ➔ Siehe Burgkunstadt

ALTENSTEIG

Baden-Württemberg – 10 190 Ew. – Höhe 504 m – Regionalatlas **54-F19**
Berlin 689 km – Stuttgart 68 km – Karlsruhe 79 km – Tübingen 48 km
Michelin Straßenkarte 545

In Altensteig-Überberg Nord-West: 2 km

Hirsch

Simmersfelder Str. 24 ✉ 72213 – ✆ (07453) 82 90 – www.hirsch-ueberberg.de – geschl. Januar 2 Wochen
20 Zim – †43/52 € ††80/100 € – ½ P
Wie wär's mit einem geräumigen Zimmer mit charmanten Bauernmöbeln und großem Balkon mit Blick auf Obstwiesen und Weiden? So kann man in dem gewachsenen traditionsreichen Landgasthof der Familien Kirn und Kaufmann die typische Landidylle genießen. Fragen Sie nach den Zimmern im Gästehaus - sie liegen zur Südseite mit toller Sicht ins Tal! Bürgerlich-regional speist man in der gemütlichen Gaststube oder auf der netten Gartenterrasse.

In Altensteig-Wart Nord-Ost: 7 km über B 28, Richtung Calw

Sonnenbühl

Wildbader Str. 44 ✉ 72213 – ✆ (07458) 77 10 – www.hotel-sonnenbuehl.de
145 Zim – †86/213 € ††106/233 € – ½ P
Das am Waldrand gelegene Tagungshotel bietet funktionale Zimmer und etwas komfortablere Juniorsuiten sowie ein eigenes Kongresszentrum ca. 500 m entfernt. Entspannen kann man bei Kosmetikanwendungen oder aber beim Essem im ländlich-rustikalen Restaurant samt hübscher Terrasse.

ALTENTREPTOW

Mecklenburg-Vorpommern – 5 460 Ew. – Höhe 15 m – Regionalatlas **13-P5**
Berlin 153 km – Schwerin 140 km – Neubrandenburg 17 km – Greifswald 51 km
Michelin Straßenkarte 542

Am Markt

Marktplatz 1 ✉ 17087 – ✆ (03961) 2 58 20 – www.ferienhotel-vorpommern.de
33 Zim – †50/75 € ††79/99 € – 1 Suite – ½ P
Mitten in Altentreptow liegt das familiär geführte Hotel mit seinen wohnlichen Gästezimmern, die mit italienischen Stilmöbeln eingerichtet sind. Gemütlich ist das im Bistrostil gehaltene Restaurant. Auch eine Eisdiele befindet sich im Haus.

ALTÖTTING

Bayern – 12 560 Ew. – Höhe 403 m – Regionalatlas **67-O20**
Berlin 625 km – München 93 km – Bad Reichenhall 75 km – Passau 83 km
Michelin Straßenkarte 546

Zur Post

Kapellplatz 2 ✉ 84503 – ✆ (08671) 50 40 – www.zurpostaltoetting.de
93 Zim ☕ – 🚹49/160 € 🚹🚹74/159 € – ½ P
Ein netter Gasthof mitten im Ort, 1280 erstmals erwähnt. Die Zimmer im Stammhaus sind individuell, einige etwas älter, aber immer wohnlich, die Juniorsuiten liegen teilweise schön zum Kapellplatz hin, stilvoll das "Fürstenzimmer". Das Poststüberl: holzgetäfelt und gemütlich, die Küche bürgerlich-regional.

ALTRIP – Rheinland-Pfalz ➔ Siehe Ludwigshafen am Rhein

ALZENAU

Bayern – 19 070 Ew. – Höhe 126 m – Regionalatlas **48-G15**
Berlin 527 km – München 378 km – Frankfurt am Main 41 km – Aschaffenburg 19 km
Michelin Straßenkarte 546

In Alzenau-Wasserlos Süd: 2 km

Schlossberg

Am Schlossberg 2, Ost: 2 km ✉ 63755 – ✆ (06023) 9 48 80 – www.hotel-alzenau.de – geschl. Anfang Januar 2 Wochen
18 Zim ☕ – 🚹80/101 € 🚹🚹101/113 € – ½ P
Das gewachsene Haus liegt wunderschön in den Weinbergen oberhalb des Ortes, von den wohnlich eingerichteten Zimmern hat man eine herrliche Aussicht. Diese schätzen natürlich auch die Restaurantgäste, die besonders gerne auf der Terrasse sitzen - ein reizvolles Plätzchen!

Parkhotel Krone

Hellersweg 1 ✉ 63755 – ✆ (06023) 31 02 50 – www.parkhotel-alzenau.de – geschl. August 2 Wochen
27 Zim ☕ – 🚹78/92 € 🚹🚹105/115 € – 1 Suite
Dieses ruhig gelegene familiengeführte Hotel bietet seinen Gästen mit hellen Naturholzmöbeln im fränkischen Landhausstil eingerichtete Zimmer.

Krone (N)

Hahnenkammstr. 37 ✉ 63755 – ✆ (06023) 9 47 20 – www.krone-alzenau.de – geschl. August 2 Wochen
22 Zim ☕ – 🚹64/115 € 🚹🚹115 € – ½ P
Seit 1863 ist dieses Haus im Besitz der Familie Reising, und die sorgt dafür, dass hier von der Lobby bis in die Zimmer (darunter auch recht kleine Einzelzimmer) alles schön gepflegt ist. Wer zum Essen kommt, hat es in der holzgetäfelten Stube besonders gemütlich.

ALZEY

Rheinland-Pfalz – 17 520 Ew. – Höhe 192 m – Regionalatlas **47-E16**
Berlin 600 km – Mainz 34 km – Bad Kreuznach 34 km – Mannheim 52 km
Michelin Straßenkarte 543

Am Schloss

Amtgasse 39 ✉ 55232 – ✆ (06731) 9 42 24 – www.hotelamschloss-alzey.de
25 Zim ☕ – 🚹68/90 € 🚹🚹90/125 €
Sie wohnen im ehemaligen Kellereihaus (18. Jh.) des Alzeyer Schlosses. Die Zimmer sind individuell und wohnlich - die Holztreppe ist übrigens so alt, wie sie sich anhört! Das Restaurant bietet internationale Küche. Nett ist die Terrasse an einem historischen Tor.

Selzgold (N)

Ochslergasse 10 ✉ 55232 – ✆ (06731) 5 47 18 10 – www.selzgold.de
10 Zim ☕ – 🚹75 € 🚹🚹99 €
Mitten in Alzey steht das sympathische, geschmackvoll-stylische Hotel. Die Zimmer sind modern in Design und Technik, lecker das Frühstück im eigenen Bistro/Café - hier gibt's auch kleine Gerichte. Eine Kaffeerösterei hat man ebenfalls.

AMBERG

Bayern – 41 580 Ew. – Höhe 374 m – Regionalatlas **51-M16**
Berlin 434 km – München 204 km – Weiden in der Oberpfalz 53 km – Nürnberg 61 km
Michelin Straßenkarte 546

Drahthammer Schlößl

Drahthammerstr. 30 ✉ 92224 – ✆ (09621) 70 30 – www.drahthammerschloessl.de
43 Zim – 61/94 € 104/119 €
Fast 1000 Jahre Geschichte stecken in dem Hammerschloss an der Vils! Sehr ansprechend der Rahmen, individuell die hübschen Zimmer, reichlich Antiquitäten... Die Trettenbachs sind auch engagierte Gastronomen: In schönen Stuben von rustikal bis elegant gibt es Themenbuffets und ambitionierte Küche à la carte.

Allee Parkhotel Maximilian

Pfalzgrafenring 1 ✉ 92224 – ✆ (09621) 33 00 – www.allee-parkhotel-maximilian.de
47 Zim – 74/91 € 92/109 €
Zeitgemäß-komfortabel wohnt man in dem ovalen Hotelbau. Ruhiger sind die Zimmer zum Stadtgraben, eine der schönen Maisonetten bietet eine Whirlwanne. Wirklich nett ist die Frühstücksterrasse mit Blick ins Grüne!

Schön Kilian

Ziegelgasse 12, in der Grammerpassage ✉ 92224 – ✆ (09621) 30 84 04 – www.schoen-kilian.de – geschl. Montag
Menü 65/93 € – Karte 26/72 €
Wer bei Kilian Schön zu Gast ist, darf sich auf trendig-modernes Ambiente und schmackhafte frische Küche freuen. Letztere gibt es z. B. in Form von hausgemachter Pasta oder als "gebratenen Zander auf Spitzkohl". Mögen Sie Süßes? Der Patron ist auch Konditor! Schön sitzt man im Sommer im Innenhof.

In Ursensollen-Oberleinsiedl Süd-West: 7 km

Kleindienst

Oberleinsiedl 3b ✉ 92289 – ✆ (09628) 9 20 00 – www.hotel-kleindienst.de – geschl. 23. Dezember - 6. Januar
21 Zim – 50/52 € 80/84 €
Zum 20-jährigen Jubiläum hat sich Familie Kleindienst eine Renovierung gegönnt, das Ergebnis sind frische geradlinig-moderne Zimmer! Die persönliche Führung ist geblieben, ebenso der hübsche Frühstücksraum samt Terrasse. Massageangebot.

AMELINGHAUSEN

Niedersachsen – 3 990 Ew. – Höhe 66 m – Regionalatlas **19-J6**
Berlin 294 km – Hannover 104 km – Hamburg 67 km – Lüneburg 26 km
Michelin Straßenkarte 541

Schenck's Gasthaus

Lüneberger Str. 48, B 209 ✉ 21385 – ✆ (04132) 31 40 – www.schencks.de
30 Zim – 55/71 € 86/116 € – ½ P
Zu diesem traditionsreichen Familienbetrieb gehört ein ruhig gelegenes Gästehaus ca. 200 m vom Stammhaus entfernt, in dem Sie wohnliche Zimmer im Landhausstil erwarten. Restauranträume mit rustikalem Ambiente.

Zum Alchimisten

Auf der kalten Hude 4 ✉ 21385 – ✆ (04132) 93 91 06 – www.zum-alchimisten.de – geschl. Mittwoch
Menü 32/72 € – Karte 31/58 € – *(Montag - Donnerstag nur Abendessen)*
Was könnte die regionale Küche von Martin Herzog mit all ihren Kräutern und Gewürzen besser unterstreichen als ein derart passender Ort? Nämlich ein charmantes reetgedecktes Häuschen mitten im Wald!

AMERDINGEN

Bayern – 860 Ew. – Höhe 525 m – Regionalatlas **56**-J18
Berlin 535 km – München 132 km – Augsburg 63 km – Nördlingen 17 km
Michelin Straßenkarte 546

Landhotel Kesseltaler Hof

Graf-Stauffenberg-Str. 21 ✉ 86735 – ✆ (09089) 6 16 – geschl. Mitte Januar - Mitte Februar, August

14 Zim – †50/60 € ††70/80 €

Kein Fernseher stört hier die Ruhe, stattdessen sitzt man gemütlich auf der Terrasse und schaut in den wunderschönen Rosengarten! Bei Familie Eger fühlen sich Urlauber ebenso wohl wie Radler. Auch für Feierlichkeiten ein idealer Rahmen.

AMMERBUCH

Baden-Württemberg – 11 180 Ew. – Höhe 384 m – Regionalatlas **55**-G19
Berlin 668 km – Stuttgart 40 km – Freudenstadt 51 km – Pforzheim 67 km
Michelin Straßenkarte 545

In Ammerbuch-Entringen

Im Gärtle

Bebenhauser Str. 44 ✉ 72119 – ✆ (07073) 64 35 – www.imgaertle.de – geschl. Montag - Dienstag

Menü 34 € – Karte 24/59 €

Kunstfreunde aufgepasst: Man kommt nicht nur zum Essen hierher, denn das charmant gelegene Restaurant bietet neben schwäbischen Spezialitäten auch eine Ausstellung des Malers Manfred Luz! Im Sommer ein Muss: die tolle Terrasse "im Gärtle"!

AMÖNEBURG

Hessen – 5 090 Ew. – Höhe 364 m – Regionalatlas **38**-G13
Berlin 464 km – Wiesbaden 125 km – Marburg 14 km – Kassel 81 km
Michelin Straßenkarte 543

Dombäcker

Markt 18 ✉ 35287 – ✆ (06422) 9 40 90 – www.dombaecker.de – geschl. 1. - 14. Januar, August 1 Woche, November 1 Woche und Sonntagabend - Dienstagmittag

5 Zim – †65 € ††98 €

Menü 48 € – Karte 31/56 € – *(Dienstag - Donnerstag nur Abendessen)*

Ein Familienbetrieb wie aus dem Bilderbuch direkt am Markt in einem schmucken Fachwerkhaus von 1725! Schmackhaft die Küche des Patrons: ein Mix aus regionaler und gehobener Küche, vom "Landschweinkotelett mit Rübenstampf" bis zum "Saibling auf Fenchelcreme". Wer über Nacht bleibt, hat es schön wohnlich.

AMORBACH

Bayern – 4 010 Ew. – Höhe 165 m – Regionalatlas **48**-G16
Berlin 569 km – München 353 km – Würzburg 73 km – Aschaffenburg 47 km
Michelin Straßenkarte 546

Im Otterbachtal West: 3 km über Amorsbrunner Straße

Der Schafhof

Schafhof 1 ✉ 63916 Amorbach – ✆ (09373) 9 73 30 – www.schafhof.de

24 Zim – †80/155 € ††110/270 € – 19 € – 1 Suite – ½ P

Abt- und Schäferstube* ✿ • *Benediktinerstube – Siehe Restaurantauswahl

Ein wunderbarer Ort, wahrhaft idyllisch und einsam inmitten von Wald und Weiden - man spürt förmlich die Historie des einstigen Klosterguts von 1446! Schöne Zimmer (elegant oder gemütlich-rustikal), ausgezeichnetes Frühstück, Entspannung bei Kosmetik/Massage, am Naturbadeteich oder bei einer Kutschfahrt... Das Engagement der Familie Ullrich tut ein Übriges!

Abt- und Schäferstube – Hotel Der Schafhof
Schafhof 1 ✉ 63916 Amorbach – ✆ (09373) 9 73 30 – www.schafhof.de
– geschl. Montag - Dienstag
Menü 69/109 €
Genießen in rustikal-elegantem Ambiente unter einer historischen Holzdecke! Wenn Achim Krutsch seine klassischen Speisen zubereitet, trifft Produktqualität auf Finesse und Intensität. Neben ausgesuchten Weinen (viele regional) probiert man gerne hauseigenes Quellwasser und Schafhof-Destillate.
➜ Tranche vom Isländischen Kabeljau mit Spargel und Chablisschaum. Unser Lammrücken mit Schnippelbohnen und Thymianjus. Geeistes Erdbeersüppchen und Mousse von Valrhonaschokolade mit Waldfruchtsorbet.

Benediktinerstube – Hotel Der Schafhof
Schafhof 1 ✉ 63916 Amorbach – ✆ (09373) 9 73 30 – www.schafhof.de
– geschl. 1. Januar - 7. März und Mittwoch - Donnerstag
Karte 31/50 €
Im ehemaligen Kelterhaus des Schafhofs - gleich neben dem Stammhaus - geht es etwas ländlicher zu. Hier kocht Ralf Stang regional mit mediterranem Einschlag, freigelegtes Fachwerk und Holztäfelung machen es dazu schön gemütlich.

AMRUM (INSEL)

Schleswig-Holstein – ✉ 25946 – Regionalatlas **1-F2**
Berlin 469 km – Kiel 131 km – Sylt (Westerland) 22 km – Flensburg 62 km
Michelin Straßenkarte 541

NORDDORF – ✉ 25946 – 580 Ew. – Regionalatlas 1-F2

Hüttmann
Ual Saarepswai 2 ✉ 25946 – ✆ (04682) 92 20 – www.hotel-huettmann.de
43 Zim – †69/101 € ††115/185 € – 11 Suiten – ½ P
Eine wirklich schöne Hotelanlage: recht weitläufig, gut geführt und ausgestattet mit individuellen Zimmern, die mit nordischen Charme gefallen - mal geräumig, mal kleiner. Dazu Kosmetik- und Massageangebote und ein Restaurant nebst beliebtem legerem Café-Bistro und Terrasse mit Pavillon - hier wird im Sommer gegrillt. Einen Absacker gibt's in der "Entenschnack-Bar".

WITTDÜN – ✉ 25946 – 740 Ew. – Regionalatlas 1-F2

Weisse Düne
Achtern Strand 6 ✉ 25946 – ✆ (04682) 94 00 00 – www.weisse-duene.de
13 Zim – †98 € ††146 € – 2 Suiten – ½ P
Ein tipptopp gepflegtes familiengeführtes kleines Inselhotel, mit zeitlos eingerichteten Zimmern, die teilweise über Balkon oder Terrasse verfügen. Hübsch hat man auch im Restaurant klaren neuzeitlichen Stil und friesische Elemente gemischt.

AMSTETTEN

Baden-Württemberg – 3 920 Ew. – Höhe 628 m – Regionalatlas **56-I19**
Berlin 617 km – Stuttgart 65 km – Tübingen 80 km – Augsburg 95 km
Michelin Straßenkarte 545

In Amstetten-Stubersteim

Stubersheimer Hof N
Bräunisheimer Str. 1 ✉ 73340 – ✆ (07331) 4 42 99 70
– www.stubersheimer-hof.de – geschl. Montag - Dienstag
7 Zim – †74 € ††112 €
Karte 34/63 € – *(nur Abendessen, sonntags auch Mittagessen)*
Gemütlichkeit und ländlichen Charme versprüht der hübsch sanierte historische Bauernhof. Es gibt gute Regionalküche mit Bezug zur Saison, so z. B. "Zwiebelrostbraten mit Gemüse und Spätzle". Schön übernachten kann man auch, und zwar in wohnlichen Zimmern mit Parkett, teils mit freigelegten Holzbalken.

AMTZELL

Baden-Württemberg – 4 050 Ew. – Höhe 556 m – Regionalatlas **63-H21**
Berlin 715 km – Stuttgart 193 km – Tübingen 136 km – Appenzell 80 km
Michelin Straßenkarte 545

Akademie

Schattbucher Str. 10 ✉ 88279 – ✆ (07520) 95 37 88 – www.akademie-amtzell.de – geschl. 1. - 18. Januar, Mitte August 2 Wochen und Sonntag - Montag
Menü 49/69 € – Karte 35/63 €
Wirklich gut die Küche hier, man kocht mit Gefühl für Aromen und stimmige Kombinationen. Da macht z. B. "Rinderroulade mit gefüllten Schupfnudeln" Appetit. Mittags gibt's das Tagesmenü, am Abend das "Tasting-Menü".

ANDERNACH

Rheinland-Pfalz – 29 030 Ew. – Höhe 70 m – Regionalatlas **36-D14**
Berlin 608 km – Mainz 120 km – Koblenz 19 km – Bonn 43 km
Michelin Straßenkarte 543

Villa am Rhein N

Konrad-Adenauer-Allee 3 ✉ 56626 – ✆ (02632) 9 27 40 – www.villa-am-rhein.de – geschl. über Weihnachten
25 Zim – 65 € 105 € – ½ P
Direkt am Rhein wohnen Sie in diesem freundlich geführten Haus. Gepflegt sind die Gästezimmer alle, wer es besonders wohnlich und zeitgemäß mag, fragt nach den neueren. Vom Restaurant schaut man auf den Fluss.

Parkhotel Am Schänzchen

Konrad-Adenauer-Allee 1 ✉ 56626 – ✆ (02632) 92 05 00 – www.parkhotel-andernach.de – geschl. 20. - 29. Dezember
28 Zim – 65/80 € 108/140 € – ½ P
Das Hotel liegt direkt am Rhein, den man von vielen der zeitgemäß und funktional ausgestatteten Gästezimmer sehen kann - alle mit Balkon. Sie speisen im rustikal-gemütlichen Restaurant oder im modernen Wintergarten mit Flussblick.

Meder

Konrad-Adenauer-Allee 36 ✉ 56626 – ✆ (02632) 4 26 32 – www.hotel-meder.de
10 Zim – 69/75 € 89/99 €
Die sympathische Familie Schauss bietet in dem historischen Haus mit der leuchtend gelben Fassade wohnliche Zimmer mit Bauernmöbeln. Nebenan: das Geysir-Erlebniszentrum.

ANGER

Bayern – 4 400 Ew. – Höhe 558 m – Regionalatlas **67-O21**
Berlin 716 km – München 122 km – Bad Reichenhall 13 km – Rosenheim 75 km
Michelin Straßenkarte 546

In Anger-Aufham Süd: 3 km jenseits der A 8

Wellness- und Landhotel Prinz

Dorfstr. 5 ✉ 83454 – ✆ (08656) 10 84 – www.landhotel-prinz.de
22 Zim – 59/69 € 92/148 € – ½ P
Sie suchen ein romantisches Hotel für Paare? Hier hat man sich auf Verwöhnarrangements für zwei spezialisiert. Genießen Sie wohnlich-alpenländische Atmosphäre und entspannen Sie im schönen Sauna- und Ruhebereich sowie bei zahlreichen Anwendungen. Buchen Sie doch ein Zimmer mit Whirlwanne!

ANKLAM

Mecklenburg-Vorpommern – 12 800 Ew. – Höhe 5 m – Regionalatlas **14-P4**
Berlin 179 km – Schwerin 182 km – Neubrandenburg 49 km – Rügen (Bergen) 94 km
Michelin Straßenkarte 542

Pommernland

Friedländer Landstr. 20c, B 197 ✉ 17389 – ✆ (03971) 2 91 80
– www.hotel-pommernland.de – geschl. 20. Dezember - 5. Januar
29 Zim – 51/71 € 72/90 € – ½ P
Ein tipptopp gepflegtes und schon viele Jahre familiär geführtes Haus mit funktionellen und zugleich wohnlichen Zimmern, auch Mehrbettzimmer. Für Raucher Frühstück im Wintergarten. Im Restaurant bietet man bürgerliche Küche.

ANNABERG-BUCHHOLZ

Sachsen – 20 510 Ew. – Höhe 600 m – Regionalatlas **42-O13**
Berlin 295 km – Dresden 94 km – Chemnitz 31 km – Leipzig 108 km
Michelin Straßenkarte 544

Wilder Mann

Markt 13 ✉ 09456 – ✆ (03733) 14 40 – www.hotel-wildermann.de
65 Zim – 65/100 € 86/152 € – 6 Suiten – ½ P
Das schöne Hotel ist eines der ältesten Bürgerhäuser der Stadt, von dessen Historie u. a. ein original Zellsterngewölbe im Foyer zeugt. Zeitgemäß-gediegene Zimmer und Beauty-Angebot. Silberbaum mit sehenswerter spätgotischer Holzdecke. Kartoffelgerichte im "Kartoffelkeller".

ANSBACH

Bayern – 39 690 Ew. – Höhe 405 m – Regionalatlas **49-J17**
Berlin 481 km – München 202 km – Nürnberg 61 km – Stuttgart 162 km
Michelin Straßenkarte 546

Am DrechselsGarten

Am Drechselsgarten 1 ✉ 91522 – ✆ (0981) 8 90 20
– www.drechselsgarten.bestwestern.de
51 Zim – 99/119 € 139/149 € – 12 € – ½ P
DrechselsStuben – Siehe Restaurantauswahl
Das gut geführte Hotel liegt ruhig oberhalb der Stadt - viele Zimmer haben Balkon und Blick auf Ansbach. Diesen können Sie auch gleich morgens beim Frühstück oder beim Nachmittagskaffee auf der Terrasse haben! Für alle, die zwischendurch mal etwas Action brauchen, gibt es einen tollen Fitnessraum! Und am Abend einen Absacker im "King's Pub"?

Zur Windmühle

Rummelsberger Str. 1, B 14 ✉ 91522 – ✆ (0981) 97 20 00
– www.hotel-windmuehle.de
55 Zim – 68/160 € 98/200 €
Echte Gasthof-Tradition - seit 1914 unter Familie Sturm und die nächste Generation steht schon in den Startlöchern. Das Haus ist im Wandel, fragen Sie nach den ganz neuen und sehr komfortablen Zimmern! Einfachere Kategorien bleiben aber ebenso erhalten. Im rustikalen Restaurant serviert man bürgerlich-fränkische Küche.

Schwarzer Bock

Pfarrstr. 31 ✉ 91522 – ✆ (0981) 42 12 40 – www.schwarzerbock.com
14 Zim – 75/129 € 109/149 € – 3 Suiten – ½ P
Schwarzer Bock – Siehe Restaurantauswahl
Das kleine Rokoko-Haus liegt mitten in der Altstadt und lädt schon mit seiner hübschen Fassade zum Verweilen ein. Und drinnen sieht es ebenso ansprechend aus: Die Zimmer sind ganz individuell geschnitten, wohnlich gestaltet und bieten neben kostenfreier Minibar auch W-Lan und DVD-Player - sicher mehr, als man erwarten würde!

DrechselsStuben – Hotel Am DrechselsGarten

Am Drechselsgarten 1 ✉ 91522 – ✆ (0981) 8 90 20
– www.drechselsgarten.bestwestern.de
Karte 23/47 €
Lockt Sie die schöne Sicht hierher oder die traditionell geprägte internationale Küche? Auf jeden Fall ist beides ein guter Grund, das gediegene Restaurant des Business- und Tagungshotels zu besuchen.

La Corona

Johann-Sebastian-Bach-Platz 20 ✉ 91522 – ✆ (0981) 9 09 01 30 – www.lacorona.de – geschl. Sonntag - Mittwoch und an Feiertagen
Menü 34 € – Karte 35/74 € – *(nur Abendessen)*
Eine sehr nette Mischung aus Vinothek und Restaurant, etwas versteckt im Herzen von Ansbach. Familie Gerg steckt jede Menge Engagement und Herzblut in ihr Haus, das merkt man auch an geschmackvollen, angenehm reduzierten Gerichten wie "Bäckchen vom Schwarzfuß-Schwein mit Tomate & Oregano". Dazu verwöhnt Sie der Patron mit einer bemerkenswerten Auswahl von rund 1400 verschiedenen Weinen - nehmen Sie sich also etwas Zeit!

Schwarzer Bock – Hotel Schwarzer Bock

Pfarrstr. 31 ✉ 91522 – ✆ (0981) 42 12 40 – www.schwarzerbock.com
Menü 16/69 € – Karte 22/44 €
Hier bietet man Ihnen fränkische Wirtshauskultur in Reinform (Designerlampen und wertige Stoffe tun dem traditionellen Charme keinerlei Abbruch)! Und warum stehen auf der Karte auch Pfälzer Spezialitäten? Die hat die charmante Chefin aus ihrer Heimat mitgebracht - daher gibt es neben regionalem Bier und Weinen aus Franken auch so manch guten Tropfen aus der Pfalz. Im Sommer sitzt es sich übrigens auf der Terrasse am schönsten.

In Ansbach-Brodswinden Süd-Ost: 7 km über B 13 nach Höfstetten

Landgasthof Käßer

Brodswinden 102 ✉ 91522 – ✆ (0981) 97 01 80 – www.landgasthof-kaesser.de – geschl. 1. - 9. Januar, 22. Mai - 5. Juni, 1. - 12. September
19 Zim – †60/85 € ††90/130 € – 2 Suiten
Familie Käßer hat in ihrem Gasthaus neben der Kirche geräumige Zimmer (teilweise mit Balkon) und ein Restaurant mit fränkischer Küche - hier profitiert man von der nachbarlichen Hausschlachtung! Draußen kann man übrigens auch schön sitzen - im Schatten einer alten Linde.

ARENDSEE

Sachsen-Anhalt – 7 060 Ew. – Höhe 33 m – Regionalatlas **21**-L7
Berlin 162 km – Magdeburg 116 km – Schwerin 119 km
Michelin Straßenkarte 542

Deutsches Haus

Friedensstr. 91 ✉ 39619 – ✆ (039384) 97 30 – www.dh-arendsee.de
26 Zim – †64/78 € ††98/118 € – 1 Suite – ½ P
Gepflegt wohnt man in dem gewachsenen Familienbetrieb - fragen Sie nach den moderneren Zimmern! In einem Nachbarhaus wird Massage angeboten, dazu finnische Sauna und Strandbad am nahen Arendsee - hier überwintern übrigens sibirische Gänse! Im Sommer Scheune für Veranstaltungen, im Winter gibt es Brunch.

ARNSBERG

Nordrhein-Westfalen – 73 510 Ew. – Höhe 200 m – Regionalatlas **27**-E11
Berlin 482 km – Düsseldorf 129 km – Dortmund 62 km – Meschede 22 km
Michelin Straßenkarte 543

Menge

Ruhrstr. 60 ✉ 59821 – ✆ (02931) 5 25 20 – www.hotel-menge.de – geschl. Februar 2 Wochen, Juli - August 2 Wochen, 23. - 26. Dezember
18 Zim – †60/79 € ††89/120 € – ½ P
Menge – Siehe Restaurantauswahl
Familie Menge betreibt das Haus schon in der 7. Generation, und das mit Engagement, wie die sehr freundliche Gästebetreuung, die gute Zimmerausstattung und nicht zuletzt das leckere Frühstück mit hausgemachter Marmelade zeigen! Und wenn Sie gerne Fahrrad fahren: Das Hotel liegt am Ruhrtalradweg.

Menge – Hotel Menge

Ruhrstr. 60 ✉ 59821 – ✆ (02931) 5 25 20 – www.hotel-menge.de – geschl. Februar 2 Wochen, Juli - August 2 Wochen, 23. - 26. Dezember und Sonntag - Montag

Menü 38/61 € – Karte 28/60 € – *(nur Abendessen)*

Christoph Menge kocht geschmackvoll und ambitioniert, mal zeitgemäß-international, mal Klassiker wie "Saures Schnitzel". Und macht Ihnen vielleicht "Bayerische Creme mit zweierlei Rhabarber" Appetit auf etwas Süßes? Je nach Saison gibt's auch Galloway-Rind, Wild und Lamm - natürlich aus der Region.

Ratskeller

Alter Markt 36 ✉ 59821 – ✆ (02931) 36 72 – www.ratskeller-arnsberg.de – geschl. 16. - 22. Februar und Montag

Karte 17/37 €

Ein engagiertes Betreiberpaar leitet das mit Bedacht modernisierte Gasthaus mit dem ältesten Stammtisch der Stadt. Eleganter ist das Restaurant im hinteren Bereich. Internationale Küche.

In Arnsberg-Hüsten

Gesellenhaus

Heinrich-Lübke-Str. 25 ✉ 59759 – ✆ (02932) 89 02 22 – www.restaurant-gesellenhaus.de – geschl. Juli - August 2 Wochen und Dienstag - Mittwoch

Menü 25/40 € – Karte 22/48 € – *(Montag - Samstag nur Abendessen)*

In dem denkmalgeschützten Backsteinhaus von 1886 hat man ein nettes und stilvoll-modernes Restaurant eingerichtet, in dem man neben einer Empfehlungs- und einer Klassiker-Karte auch eine Steak-Karte reicht.

ARNSTADT

Thüringen – 23 540 Ew. – Höhe 280 m – Regionalatlas **40-K13**

Berlin 311 km – Erfurt 20 km – Coburg 89 km – Eisenach 63 km

Michelin Straßenkarte 544

Stadthaus Arnstadt

Pfarrhof 1 ✉ 99310 – ✆ (03628) 5 86 99 91 – www.stadthaus-arnstadt.de – geschl. Januar 2 Wochen

6 Zim – †89/119 € ††99/139 €

Was aus dem denkmalgeschützten Fachwerkhaus a. d. 16. Jh. dank liebevoller Restaurierung entstanden ist, hat Charme! Schöne alte Dielenböden, hier und da Antiquitäten und original Deckenmalerei. Frühstück in der ehemaligen Schwarzküche.

ARNSTORF

Bayern – 6 730 Ew. – Höhe 397 m – Regionalatlas **59-O19**

Berlin 588 km – München 144 km – Landshut 69 km – Braunau am Inn 61 km

Michelin Straßenkarte 546

In Arnstorf-Mariakirchen Nord-Ost: 4 km

Schlossparkhotel

Obere Hofmark 3 ✉ 94424 – ✆ (08723) 97 87 10 – www.schloss-mariakirchen.de – geschl. 23. Dezember - 6. Januar

40 Zim – †73/76 € ††112 € – 1 Suite

Historisches und Modernes vereint: Im Park des Wasserschlosses wohnt man im klar designten Glasbau und frühstückt im liebenswerten Gartenhaus von 1810. Suite im Schloss. Wie wär's mit selbstgebrautem Bier im Schlossbräu mit böhmischem Gewölbe und Sudkesseln. Im Sommer geht's natürlich in den Biergarten unter Kastanien.

AROLSEN, BAD

Hessen – 15 370 Ew. – Höhe 290 m – Regionalatlas **28-G11**
Berlin 428 km – Wiesbaden 205 km – Kassel 45 km – Marburg 85 km
Michelin Straßenkarte 543

Brauhaus-Hotel

Kaulbachstr. 33 ✉ 34454 – ✆ (05691) 8 98 60 – www.brauhaus-hotel.de – geschl. 2. - 16. Januar, 21. Juli - 4. August
13 Zim – 60/70 € 90/95 € – ½ P
Das kleine Hotel befindet sich in einem denkmalgeschützten historischen Sandsteingebäude und bietet seinen Gästen zeitgemäße Zimmer. Bürgerliche Küche im Restaurant.

Schäfer's Restaurant

Schloßstr. 15 ✉ 34454 – ✆ (05691) 76 52 – www.schaefers-restaurant.de – geschl. April 1 Woche, Oktober 1 Woche und Dienstag
Menü 34/56 € – Karte 26/58 € – *(Montag - Freitag nur Abendessen)*
Ein nettes, freundliches Restaurant, in dem der Inhaber selbst die internationalen Gerichte zubereitet. Vor dem Haus, zur Straße hin, liegt der kleine Terrassenbereich.

Im Ortsteil Schmillinghausen Nord: 6 km über B 252 Richtung Diemelstadt-Rhoden

Landgasthof Teuteberg

Rhoder Str. 8 ✉ 34454 – ✆ (05691) 59 61 – www.landgasthof-teuteberg.de – geschl. Januar
26 Zim – 46/60 € 74/100 € – ½ P
Mitten im Dorf liegt das schmucke Fachwerkhaus, das seit 1871 im Familienbesitz ist und freundlich geleitet wird. Es erwarten Sie wohnliche Zimmer (teils mit Balkon) und ein schöner Garten. Gaststube in bürgerlich-rustikalem Stil.

ASBACHERHÜTTE – Rheinland-Pfalz

→ Siehe Kempfeld

ASCHAFFENBURG

Bayern – 67 690 Ew. – Höhe 138 m – Regionalatlas **48-G15**
Berlin 552 km – München 354 km – Frankfurt am Main 45 km – Darmstadt 40 km
Michelin Straßenkarte 546

Post

Goldbacher Str. 19, B 26 ✉ 63739 – ✆ (06021) 33 40 – www.post-ab.de
62 Zim – 99/129 € 149/159 € – 10 €
Das Hotel in verkehrsgünstiger zentrumsnaher Lage hat überwiegend helle, freundliche Zimmer und ein Hallenbad mit beachtlichem Wandbild des Malers Siegfried Rischar. Das Ambiente im "Bistro O-19" erinnert an den berühmten Filmpreis Oscar.

Zum Goldenen Ochsen

Karlstr. 16, Zufahrt über Friedrichstraße ✉ 63739 – ✆ (06021) 2 31 32 – www.zumgoldenenochsen.de
39 Zim – 55/93 € 89/115 € – ½ P
Oechsle – Siehe Restaurantauswahl
Direkt gegenüber dem Schlosspark und zentral nahe dem Bahnhof liegt der zum Hotel gewachsene Gasthof a. d. 16. Jh. Die Zimmer sind funktionell, die Bäder meist mit Tageslicht. Für Fahrradfahrer ideal: Der Mainradweg ist ca. 300 m entfernt.

Oechsle – Hotel Zum Goldenen Ochsen

Karlstr. 16, Zufahrt über Friedrichstraße ✉ 63739 – ✆ (06021) 2 31 32 – www.zumgoldenenochsen.de – geschl. 3. - 11. Januar und Sonntagabend - Montag
Menü 45 € – Karte 26/51 € – *(nur Abendessen, sonntags auch Mittagessen)*
Gefällt Ihnen das interessante Brotzeit- und Schmankerl-Angebot oder ziehen Sie die fränkisch-mediterrane Landküche des ambitionierten Teams um Florian Löffler vor? Tipp: Gänseessen oder Albatrüffel-Gerichte! Ansprechend ist auch der Mix aus geradliniger Einrichtung und gemütlichem Kachelofen von 1840.

In Aschaffenburg-Nilkheim West: 2,5 km Richtung Darmstadt über die B 26

Classico

Geschwister-Scholl-Platz 10, Zufahrt über Stauffenbergstraße ✉ 63741 – ✆ (06021) 8 49 00 – www.hotel-classico.de – geschl. Ende Dezember - Anfang Januar, August 2 Wochen

24 Zim – 64/72 € 84/92 €

In dem zeitgemäßen Hotel an der Fußgängerzone stehen funktional eingerichtete Zimmer zur Verfügung, die teilweise einen Balkon bieten.

In Haibach Ost: 4 km

Spessartstuben

Jahnstr. 7 ✉ 63808 – ✆ (06021) 6 36 60 – www.hotel-spessartstuben.de

28 Zim – 65 € 90 €

Ein familiengeführtes Haus mit gepflegten und zweckmäßig ausgestatteten Gästezimmern, die mit freundlichen Farben aufgefrischt wurden. Ein schöner Kachelofen, gemütliche Eckbänke sowie teilweise bemalte Decken prägen das Restaurant.

Edel

Zum Stadion 17 ✉ 63808 – ✆ (06021) 6 30 30 – www.hotel-edel.de

10 Zim – 50/58 € 70/82 €

Diese Pension mit privatem Charakter gefällt mit wohnlich eingerichteten und sehr gepflegten Zimmern sowie persönlicher Atmosphäre.

In Johannesberg Nord: 8 km Richtung Mömbris, jenseits der A 3

Auberge de Temple

Hauptstr. 2 ✉ 63867 – ✆ (06021) 4 54 83 00 – www.auberge-de-temple.de – geschl. Februar 1 Woche, August 2 Wochen

6 Zim – 109/149 € 149/189 €

Helbigs • ***Gasthaus*** – Siehe Restaurantauswahl

Sie sollten nicht nur zum Essen zu den Helbigs kommen, denn geschmackvoller kann man kaum übernachten! Neben den wertigen, individuellen und geräumigen Zimmern (sie tragen übrigens die Namen von Künstlern) genießt man eine liebevolle Betreuung durch die Familie samt persönlich serviertem Frühstück.

Helbigs – Hotel Auberge de Temple

Hauptstr. 2 ✉ 63867 – ✆ (06021) 4 54 83 00 – www.auberge-de-temple.de – geschl. Februar 1 Woche, August 2 Wochen und Sonntag - Montag

Menü 67/117 € – Karte 70/84 € – *(nur Abendessen)* (Tischbestellung ratsam)

Sein Händchen für Gewürzkombinationen ist das Markenzeichen von Ludger Helbig - interessante moderne Gerichte sind das Ergebnis. Der ohnehin schon überaus schöne Rahmen des schmucken alten Hauses (sehenswert die Bilder von Christoph de Temple) wird noch unterstrichen durch eine stets präsente Nicole Helbig, die treffliche Weinempfehlungen parat hat.

→ Lauwarmer Pulpo mit mariniertem Kalbskopf und Schwarzbrotcrème. Lammrücken mit geschmorter Babyaubergine und confiertem Paprika. Cannelloni vom Ziegenquark mit "Mysterium Libarius", Brombeersorbet und Hafercrunch.

Gasthaus – Hotel Auberge de Temple

Hauptstr. 2 ✉ 63867 – ✆ (06021) 4 54 83 00 – www.auberge-de-temple.de – geschl. Februar 1 Woche, August 2 Wochen und Montag

Menü 37 € – Karte 35/45 €

Traditionelles, Regionales, Internationales... In stilvoller und dennoch ungezwungener Gasthaus-Atmosphäre kocht Ludger Helbig z. B. "Spitzkohlsüppchen mit Paprika und Chorizo" oder "Rinderroulade mit Karotten und geschmälzten Knödeln".

In Sailauf Nord-Ost: 9 km über Hösbach, jenseits der A 3

Kurfürstliches Schlosshotel Weyberhöfe

Weyberhöfe ✉ 63877 – ✆ (06093) 94 00 – www.weyberhoefe.de

40 Zim – 80/140 € 140/265 € – 18 € – 2 Suiten

Schlossrestaurant • ***Carême*** – Siehe Restaurantauswahl

Der ehemalige Gutshof von 1265 ist mit seinem historischen Charme der perfekte Ort für Hochzeiten - Kapelle und Standesamt inklusive! Schön: das hochwertige Vital Resort. Neben den beiden Restaurants hat man noch die "Weyber-Bar".

XXX **Carême** – Schlosshotel Weyberhöfe

Weyberhöfe ✉ 63877 – ✆ (06093) 94 00 – www.weyberhoefe.de
– geschl. Sonntag - Dienstag
Menü 49/95 € – Karte 50/89 € – *(nur Abendessen)* (Tischbestellung erforderlich)
Das festliche Ambiente mit Spiegel und Gemälden in goldenen Barockrahmen, schimmernden Ornament-Tapeten und opulenten Kronleuchtern passt zum historischen Schloss.

XX **Schlossrestaurant** – Schlosshotel Weyberhöfe

Weyberhöfe ✉ 63877 – ✆ (06093) 94 00 – www.weyberhoefe.de
Menü 39/89 € – Karte 39/66 €
Freigelegte Sandsteinwände und Kamin bestimmen hier das Ambiente. Alternativ sitzt man im lichten Wintergarten, und besonders angenehm ist es an wärmeren Tagen im imposanten Schloss-Innenhof. Kaffee und Kuchen, sonntags Brunch.

ASCHAU im CHIEMGAU

Bayern – 5 550 Ew. – Höhe 615 m – Regionalatlas **66-N21**
Berlin 671 km – München 82 km – Bad Reichenhall 60 km – Salzburg 64 km
Michelin Straßenkarte 546

Residenz Heinz Winkler

Kirchplatz 1 ✉ 83229 – ✆ (08052) 1 79 90 – www.residenz-heinz-winkler.de
19 Zim – 225 € 250/290 € – 13 Suiten
Restaurant Heinz Winkler ✿✿ – Siehe Restaurantauswahl
Mitten im Ort und doch eine eigene Welt... Ein jahrhundertealtes Anwesen gleich nebenan die Kirche, ringsum die wunderbare Bergkulisse - Heinz Winkler hat hier die perfekte Verbindung von elegantem Luxus und traditionell-bayerischem Gasthaus-Charme geschaffen. So groß seine Leidenschaft fürs Kochen, so intensiv sein Engagement als Gastgeber.

Edeltraud

Narzissenweg 15 ✉ 83229 – ✆ (08052) 9 06 70 – www.hotel-edeltraud.de
– geschl. August - September 1 Woche, Oktober - November 1 Woche
16 Zim – 51/69 € 82/86 € – 1 Suite
Ein nettes und sehr gepflegtes kleines Hotel. Im Sommer kann man beim Frühstück auf der Terrasse den Blick auf die Kampenwand genießen. Ein schöner Ausflug ist z. B. eine Radtour zum 6 km entfernten Chiemsee.

XXXX ✿✿ **Restaurant Heinz Winkler** – Hotel Residenz Heinz Winkler

Kirchplatz 1 ✉ 83229 – ✆ (08052) 1 79 90 – www.residenz-heinz-winkler.de
– geschl. Montag - Dienstagmittag, Mittwochmittag
Menü 85 € (mittags)/178 € – Karte 69/108 €
25 Jahre Heinz Winkler in Aschau, das ist beste Qualität gepaart mit höchster Kontinutität und Engagement par excellence! Die Küche ist seit jeher klassisch - Ausdruck, Aroma und Feinheit sind top, ebenso die Präsentation. Der Service herzlich und versiert. Weiteres Highlight: Terrasse mit Alpenpanorama.
→ Loup de mer, Salzkruste, Senfkörner, Estragonsauce. Lackierte Taubenbrust, orientalische Aromen, geräucherte Tomate. Valrhona Schokolade, Himbeere, Vanille.

ASCHEBERG (HOLSTEIN)

Schleswig-Holstein – 3 050 Ew. – Höhe 36 m – Regionalatlas **10-J3**
Berlin 331 km – Kiel 28 km – Lübeck 62 km – Neumünster 32 km
Michelin Straßenkarte 541

Seehotel Dreiklang

Plöner Chaussee 21, B 430 ✉ 24326 – ✆ (04526) 3 39 00
– www.seehotel-dreiklang.de
56 Zim – 93/103 € 135/164 € – ½ P
Das aus drei Gebäuden bestehende Hotel liegt direkt am See und bietet wohnliche, mit Pinienholzmöbeln eingerichtete Appartements, meist mit Seeblick, sowie ein eigenes Strandbad. Neuzeitlich gestaltetes Restaurant mit Wintergarten und Sicht zum See.

ASCHEFFEL

Schleswig-Holstein – 990 Ew. – Höhe 42 m – Regionalatlas **2-I3**
Berlin 390 km – Kiel 44 km – Hamburg 112 km
Michelin Straßenkarte 541

Globetrotter Lodge

Am Aschberg 3 ✉ 24358 – ✆ (04353) 99 80 00 10 – www.globetrotter-lodge.de
30 Zim – 79/95 € 108/133 € – ½ P
Der bekannte gleichnamige Outdoorwaren-Hersteller hat hier in der Naturlandschaft Hüttener Berge sein erstes Hotelprojekt realisiert. Geräumige Zimmer, gute Tagungsmöglichkeiten und internationale Küche. Chic das klare naturbetonte Design überall! Toller Aussichtsturm, auch über eine Kletterwand zu erklimmen!

ASCHHEIM

Bayern – 8 200 Ew. – Höhe 512 m – Regionalatlas **66-M20**
Berlin 588 km – München 14 km – Kufstein 98 km – Augsburg 79 km
Michelin Straßenkarte 546

Schreiberhof

Erdinger Str. 2 ✉ 85609 – ✆ (089) 90 00 60 – www.schreiberhof.de
87 Zim – 90/300 € 140/420 € – 12 € – ½ P
Der ehemalige Gasthof ist ein topgepflegtes Hotel im Zentrum. Die Zimmer sind mit schönen Stoffen und angenehmen Farben wohnlich gestaltet, ebenso attraktiv der Saunabereich. Und gastronomisch? Da hat man verschiedene gemütliche Stuben von rustikal bis stilvoll und einen Biergarten mit alten Bäumen.

Post

Ismaninger Str. 11, B 471 ✉ 85609 – ✆ (089) 9 00 48 00
– www.hotelpost-aschheim.de
77 Zim – 75/95 € 95/115 €
Hier wurde ein alter Gasthof mit langer Familientradition zu einem neuzeitlichen Hotel, das sich wirklich sehen lassen kann. Die Zimmer sind wohnlich und zeitgemäß - fragen Sie nach den geschmackvollen "Naturdesign-Zimmern" mit heimischen Materialien! Regionale Küche im modern-rustikalen Restaurant.

ASPACH – Baden-Württemberg ➜ Siehe Backnang

ASPERG

Baden-Württemberg – 12 960 Ew. – Höhe 270 m – Regionalatlas **55-G18**
Berlin 617 km – Stuttgart 21 km – Heilbronn 38 km – Ludwigsburg 5 km
Michelin Straßenkarte 545

Adler

Stuttgarter Str. 2 ✉ 71679 – ✆ (07141) 2 66 00 – www.adler-asperg.de
70 Zim – 109/159 € 119/169 € – 16 €
Schwabenstube ✿ • ***Aguila*** – Siehe Restaurantauswahl
Seit über 100 Jahren sind die Ottenbachers hier und investieren stetig! Schön die modern-elegante Lobby und der Frühstücksraum - die Bar "RicharZ" wird morgens zum Buffet. Wie wär's mit einem Themenzimmer? "Daimler", "Bosch" oder "Porsche"?

Schwabenstube – Hotel Adler

✿
Stuttgarter Str. 2 ✉ 71679 – ✆ (07141) 2 66 00 – www.adler-asperg.de
– geschl. Anfang Januar 2 Wochen, 17. - 28. Mai, August und Sonntag - Montag sowie an Feiertagen
Menü 43/98 € – Karte 50/76 € – *(Dienstag - Freitag nur Abendessen)*
Ausgesprochen niveauvoll kommt das Restaurant in dem schmucken historischen Fachwerkhaus daher - sowohl in Sachen Ambiente (schön elegant die Atmosphäre) als auch kulinarisch. Finessenreich mischen sich hier Klassik und Moderne, und auch auf Bewährtes aus der Region braucht man nicht zu verzichten.
➜ Taschenkrebs, Rosa Grapefruit, Kaiserschote, Krustentier-Emulsion. Rinderfilet, Pak-Choi, Rettich, Schwarzer Knoblauch. Nashi Birne, Kefir, Erdmandel, Weizengras.

Aguila – Hotel Adler

Stuttgarter Str. 2 ✉ 71679 – ✆ (07141) 2 66 00 – www.adler-asperg.de – geschl. August und Samstag, Sonntagmittag sowie an Feiertagen
Menü 29 € – Karte 25/40 € – *(Montag - Freitag nur Abendessen)*
Was entsteht, wenn Spanien auf Schwaben trifft? "Schwabbas"! Viele Neugierige probieren in angenehm ungezwungener Atmosphäre diesen Küchenmix! Sie können aber auch gerne "entweder-oder" essen.

In Tamm Nord-West: 2,5 km

Historik Hotel Ochsen

Hauptstr. 40 ✉ 71732 – ✆ (07141) 2 99 95 55 – www.ochsen-tamm.de
17 Zim – 59/88 € 79/98 €
Eine ansprechende weiß-graue Fachwerkfassade ziert den historischen Gasthof. Die Zimmer sind mit hellem Naturholz wohnlich eingerichtet, in einigen sind alte Holzbalken freigelegt. Regional speist man in der behaglichen Gaststube.

ATTENDORN

Nordrhein-Westfalen – 24 340 Ew. – Höhe 255 m – Regionalatlas **37**-E12
Berlin 539 km – Düsseldorf 131 km – Siegen 41 km – Lüdenscheid 37 km
Michelin Straßenkarte 543

An der Straße nach Helden Ost: 3,5 km

Burghotel Schnellenberg

Schnellenberger Weg 1 ✉ 57439 Attendorn – ✆ (02722) 69 40 – www.burg-schnellenberg.de – geschl. 3. - 7. Januar, 23. - 25. Dezember
42 Zim – 90/145 € 120/180 € – ½ P
Die imposante Burg über der Stadt ist eine ideale Tagungs- und Veranstaltungsadresse. Die Zimmer sind unterschiedlich geschnitten, geräumiger die schönen Turmzimmer. Saunabereich im Gewölbe. Einstiger Rittersaal als Restaurant, dazu die reizvolle Terrasse auf drei Ebenen.

AUE

Sachsen – 16 620 Ew. – Höhe 350 m – Regionalatlas **42**-O13
Berlin 295 km – Dresden 122 km – Chemnitz 35 km – Zwickau 23 km
Michelin Straßenkarte 544

Blauer Engel

Altmarkt 1 ✉ 08280 – ✆ (03771) 59 20 – www.hotel-blauerengel.de
39 Zim – 80/100 € 110/130 € – ½ P
Tausendgüldenstube • ***St. Andreas*** – Siehe Restaurantauswahl
Eine engagiert geführte Adresse, alles ist top in Schuss! Seit 1663 existiert das Hotel in der Stadtmitte, hinter dessen attraktiver wiederhergestellter Gründerzeitfassade man schön modern wohnt und bei Beauty und Massage entspannt. Lotters Wirtschaft: Hausbrauerei mit Kupferkesseln und Backsteingewölbe.

St. Andreas – Hotel Blauer Engel

Altmarkt 1 ✉ 08280 – ✆ (03771) 59 20 – www.hotel-blauerengel.de – geschl. Januar, August 2 Wochen und Sonntag - Montag sowie an Feiertagen
Menü 65/104 € – Karte 65/94 € – *(nur Abendessen)*
Aufwändig und mit modernen Einflüssen wird in diesem Restaurant der Ungers gekocht. Warme Töne und schöne Tischkultur tragen ihren Teil zum gemütlichen und zugleich eleganten Ambiente bei.

Tausendgüldenstube – Hotel Blauer Engel

Altmarkt 1 ✉ 08280 – ✆ (03771) 59 20 – www.hotel-blauerengel.de – geschl. Januar, August 2 Wochen und Sonntag - Montag sowie an Feiertagen
Menü 25/35 € – Karte 28/46 € – *(nur Abendessen)*
340 Jahre Tradition... Da spürt man schon ein bisschen historischen Charme! Dank Kachelofen und Holzvertäfelung ist es hier schön gemütlich, man wird angenehm persönlich umsorgt und zudem isst man gut - probieren Sie z. B. den geschmorten Kalbstafelspitz!

AUENWALD

Baden-Württemberg – 6 740 Ew. – Höhe 500 m – Regionalatlas **55-H18**
Berlin 601 km – Stuttgart 39 km – Heilbronn 53 km – Esslingen am Neckar 42 km
Michelin Straßenkarte 545

In Auenwald-Däfern

XX **Landgasthof Waldhorn**

Hohnweilerstr. 10 ✉ 71549 – ✆ (07191) 31 23 12 – www.waldhorn-daefern.de – geschl. Januar 2 Wochen, September 2 Wochen und Dienstag - Mittwoch, Samstagmittag
Menü 35/52 € – Karte 34/54 €
Warum Ute Wagner und Alexander Munz so viele Stammgäste haben? Die Küche ist gut. Gekocht wird saisonal-regional und auch international, ein leckeres Gericht ist z. B. "Schweinefilet im Spitzkraut-Kräutermantel mit Karotten-Steckrübengemüse und Kartoffelpüree". Oder wie wär's mit dem "Kleinen Menü" zu sehr gutem Preis-Leistungs-Verhältnis? Herrlich die Gartenterrasse!

AUERBACH in der OBERPFALZ

Bayern – 8 860 Ew. – Höhe 434 m – Regionalatlas **51-L16**
Berlin 395 km – München 212 km – Nürnberg 67 km – Bayreuth 42 km
Michelin Straßenkarte 546

XX **SoulFood** (Michael Laus)

Unterer Markt 35 ✉ 91275 – ✆ (09643) 2 05 22 25 – www.restaurant-soulfood.com – geschl. 1. - 22. Januar und Montag - Dienstag
Menü 33 € (mittags)/56 € – Karte 34/46 €
Kein Wunder, dass es Spaß macht, hier zu essen: Man hat es schön modern, wird fachlich versiert und herzlich umsorgt und isst auch noch wirklich gut! Die Speisen sind frisch, kreativ und ausdrucksstark, die Preise mehr als fair!
➜ Gebratene Würfel vom Pulpo mit Paprika, Zucchini und Aubergine. Gefüllte Wachtelbrust mit jungem Spinat. Saftiger Mohnkuchen mit Heidelbeeren als Gelee

AUERBACH (VOGTLAND)

Sachsen – 19 080 Ew. – Höhe 460 m – Regionalatlas **42-N13**
Berlin 305 km – Dresden 147 km – Gera 58 km – Plauen 24 km
Michelin Straßenkarte 544

In Auerbach-Schnarrtanne Ost: 6 km Richtung Schönheide

XX **Renoir**

Schönheider Str. 235 ✉ 08209 – ✆ (03744) 21 51 19 – www.restaurant-renoir.de – geschl. 4. - 12. Januar, 27. Juni - 7. Juli und Sonntagabend - Dienstag
Menü 38/43 € – Karte 30/55 € – *(Mittwoch - Freitag nur Abendessen)* (Tischbestellung ratsam)
Wer bei diesem Namen Kunst vermutet, liegt ganz richtig, denn Gemälde nach dem Vorbild Renoirs zieren das gemütlich-gediegene Restaurant. Gekocht wird saisonal, so z. B. "Bärlauchschaumsüppchen mit Frischkäseklößchen" und "pochiertes Wallerfilet auf Meerrettichsauce mit Wurzelgemüse".

AUGGEN

Baden-Württemberg – 2 660 Ew. – Höhe 264 m – Regionalatlas **61-D21**
Berlin 833 km – Stuttgart 240 km – Freiburg im Breisgau 35 km – Basel 31 km
Michelin Straßenkarte 545

Zur Krone

Hauptstr. 6 ✉ 79424 – ✆ (07631) 60 75 – www.hotelkroneauggen.de
32 Zim – 67/78 € 89/131 €
Eine charmante Adresse mit tollem Garten samt Teich und alten Bäumen! Die Zimmer in den Gartenhäusern sind geräumiger, besonders gemütlich die mit offenem Holzgiebel. Behaglich das Kaminzimmer im Kutscherhaus. Kleine Speisen für Hausgäste.

AUGSBURG

Bayern – 272 700 Ew. – Höhe 494 m – Regionalatlas **57-K19**
Berlin 560 km – München 68 km – Ulm (Donau) 80 km
Michelin Straßenkarte 546

Steigenberger Drei Mohren

Maximilianstr. 40 ✉ 86150 – ✆ (0821) 5036 0 Stadtplan : A2**a**
– www.augsburg.steigenberger.de
131 Zim – ♦149/230 € ♦♦154/245 € – ☕ 20 € – 4 Suiten – ½ P
Das rund 500 Jahre alte Haus kommt modern-elegant daher! Eine großzügige Lobby, wohnlich-komfortable Zimmer, Spa mit orientalischem Touch und dazu vielfältige Gastronomie vom "Maximilian" mit Showküche über die legere "3 M Bar" mit Tapas bis zum schicken "Sartory".

Dorint

Imhofstr. 12, über Hermanstraße A2 ✉ 86159 – ✆ (0821) 5 97 40
– www.dorint.com/augsburg
184 Zim – ♦117/142 € ♦♦137/162 € – ☕ 19 € – 1 Suite – ½ P
Unmittelbar am Wittelsbacher Park liegt dieses als Turm erbaute Businesshotel mit modernem Wohnkomfort und direktem Zugang zur angrenzenden Kongresshalle. Toll der Ausblick von der 34. Etage - hier auch der Tagungsbereich. Internationales Speisenangebot im Restaurant.

Augsburger Hof

Auf dem Kreuz 2 ✉ 86152 – ✆ (0821) 34 30 50 – www.augsburger-hof.de Stadtplan : A1**v**

36 Zim – 80/120 € 99/150 €

Eines der ältesten Gasthäuser Augsburgs ist dieses persönlich geführte Hotel, das seit über 30 Jahren von Familie Meder geleitet wird. Sehr schön und wohnlich sind die Romantikzimmer. Hübsch der kleine überdachte Innenhof.

Dom-Hotel

Frauentorstr. 8 ✉ 86152 – ✆ (0821) 34 39 30 – www.domhotel-augsburg.de – geschl. 20. Dezember - 11. Januar Stadtplan : A1**c**

51 Zim – 76/130 € 86/160 € – 6 Suiten

In dem historischen Stadthaus beim Dom gelangt man über eine schöne schmiedeeiserne Treppe zu den Zimmern, Appartements und Maisonetten. Angenehm frühstückt man im Sommer unter Kastanienbäumen.

August (Christian Grünwald)

Frauentorstr. 27 ✉ 86152 – ✆ (0821) 3 52 79 – geschl. Ende August - Anfang September und Sonntag - Dienstag (geplanter Umzug im Frühjahr 2016 in die Villa Haag) Stadtplan : A1**e**

Menü 130/160 € – *(nur Abendessen)* (Tischbestellung erforderlich)

Kreativ, innovativ, ausdrucksstark... Das Menü von Chef Christian Grünwald hat einen ganz eigenen Stil, ist abwechslungsreich und gespickt mit spannenden Kontrasten. Wer diesen Genuss an einem besonders schönen Ort erleben möchte, speist im Sommer auf der Dachterrasse!

➜ Forelle aus dem Haselbach, Mairübchen, Mandelölcreme, weißer Meerrettichsud. Taube BBQ, gelbe und rote Bete, Aprikose. Rhabarber, Himbeere, Salzbutterkaramell und Veilchen.

Magnolia

Beim Glaspalast 1 ✉ 86153 – ✆ (0821) 3 19 99 99 – www.restaurant-magnolia.de – geschl. Samstagmittag Stadtplan : B2**m**

Menü 35/79 € – Karte 34/56 €

Ein Essen hier (man kocht mit mediterranem Einschlag) lässt sich wunderbar mit dem Besuch des Kunstmuseums oder des "tim" (Textil- und Industriemuseum) verbinden. Tipp: die günstigen Mittagsgerichte. Empfangen werden Sie übrigens von "fleischigen Lieschen", einer imposanten Holzstatue!

Die Ecke

Elias-Holl-Platz 2 ✉ 86150 – ✆ (0821) 51 06 00 – www.restaurant-die-ecke.de Stadtplan : A2**n**

Menü 24 € (mittags unter der Woche)/78 € – Karte 37/74 €

Das "Eckehaus" von 1577 ist eine Institution in Augsburg. Gemütlich die Atmosphäre, international die Küche. Im Sommer sitzt man am liebsten auf der charmanten Innenhofterrasse!

Papageno

Theaterstr. 8 ✉ 86152 – ✆ (0821) 9 07 64 64 – www.papageno-restaurant.de – geschl. Montag Stadtplan : A1**p**

Menü 39/65 € – Karte 25/46 €

Sie finden das freundliche Restaurant im Zentrum neben dem Theater. Das saisonale Angebot kommt an - probieren Sie das Tapasmenü, serviert in kleinen Portionen. Freitags und samstags gibt es abends in "Papageno's Gourmet" kreative Menüs.

In Augsburg-Göggingen Süd-West: 4 km über Hermanstraße A2

Villa Arborea

Gögginger Str. 124 ✉ 86199 – ✆ (0821) 90 73 90 – www.hotel-villa-arborea.de – geschl. 20. Dezember - 10. Januar

20 Zim – 79/94 € 99/119 €

Der Name der 1935 erbauten Villa (lat. "arbor" = "Baum") nimmt Bezug auf den wunderschönen Garten - wer möchte hier nicht frühstücken? Man spürt im Haus das Engagement der Familie Dey!

In Augsburg-Oberhausen Nord: 2,5 km über Müllerstraße A1

Alpenhof
Donauwörther Str. 233 ✉ 86154 – ✆ (0821) 4 20 40 – www.alpenhof-hotel.de
120 Zim – †64/115 € ††108/152 € – ½ P
Gerne wird die aus drei Gebäuden bestehende Hotelanlage mit guter Verkehrsanbindung für Tagungen genutzt. Die Zimmer sind recht unterschiedlich, die modernsten sind die "Burgfeuer"-Zimmer. Speisen kann man international oder regional.

AUMÜHLE

Schleswig-Holstein – 3 190 Ew. – Höhe 30 m – Regionalatlas **10-J5**
Berlin 266 km – Kiel 104 km – Hamburg 33 km – Lübeck 57 km
Michelin Straßenkarte 541

Waldesruh am See
Am Mühlenteich 2 ✉ 21521 – ✆ (04104) 6 95 30 – www.waldesruh-am-see.de
12 Zim – †62/78 € ††98/115 €
Wie man es sich für ein historisches Haus (Jagdschloss a. d. J. 1763) wünscht, finden sich hier diverse schöne Details von einst - so z. B. Antiquitäten in den Zimmern, der herrliche Saal (wie gemacht für Hochzeiten) oder das gemütliche Jagdzimmer des Restaurants. Letzteres bietet regionale Produkte.

AURICH (OSTFRIESLAND)

Niedersachsen – 40 640 Ew. – Höhe 6 m – Regionalatlas **7-D5**
Berlin 506 km – Hannover 241 km – Emden 26 km – Oldenburg 70 km
Michelin Straßenkarte 541

Hotel am Schloss N
Bahnhofstr. 1 ✉ 26603 – ✆ (04941) 9 55 20 – www.hotel-am-schloss-aurich.de
38 Zim – †79/95 € ††130/145 € – 2 Suiten – ½ P
Gepflegt wohnen lässt es sich in dem Hotel mit der schönen denkmalgeschützten Jugendstilfassade: Die Zimmer sind neuzeitlich und funktional eingerichtet, modern-elegant hat man den Hallenbereich und das Restaurant gestaltet.

Hochzeitshaus
Bahnhofstr. 4 ✉ 26603 – ✆ (04941) 60 44 60 – www.hochzeitshaus-aurich.de
14 Zim – †91/119 € ††120/169 €
Die im 19. Jh. als Bürgermeisterhaus erbaute Villa mit der weißen Fassade liegt beim Stadtwall. Die Zimmer sind individuell und sehr geschmackvoll (chic in Schwarz-Weiß, toll der alte Dielenboden...), einige befinden sich im Kutscherhaus. Eine kleine grüne Oase zum Relaxen: der charmante Garten!

In Aurich-Wallinghausen Ost: 3 km

Köhlers Forsthaus
Hoheberger Weg 192 ✉ 26605 – ✆ (04941) 1 79 20 – www.koehlers-forsthaus.de
48 Zim – †79/119 € ††124/184 € – 1 Suite – ½ P
In dem familiengeführten Hotel stehen unterschiedlich gestaltete Zimmer, ein schöner Garten sowie ein ansprechender Sauna- und Ruhebereich mit Kosmetik und Massage zur Verfügung. Von den Gasträumen blicken Sie ins Grüne. Mit kleiner Bar und Kaminzimmer.

In Aurich-Ogenbargen Nord-Ost: 13 km über B 210 Richtung Wilhelmshaven

Landgasthof Alte Post
Esenser Str. 299, B 210 ✉ 26607 – ✆ (04947) 50 97 90 – www.landgasthof-alte-post.de
82 Zim – †60 € ††99 € – 5 Suiten – ½ P
Die Zimmer in dem regionstypischen Hotel mit Reetdach sind wohnlich und zeitgemäß eingerichtet, darunter einige mit Balkon sowie fünf Themenzimmer. Auch Beauty und Massage werden angeboten. Bürgerliche Gaststube mit elegant-rustikalen Nebenräumen. Gästehaus 700 m entfernt.

AYING

Bayern – 4 850 Ew. – Höhe 610 m – Regionalatlas **66**-M20
Berlin 613 km – München 29 km – Rosenheim 34 km
Michelin Straßenkarte 546

Brauereigasthof Aying

Zornedinger Str. 2 ✉ 85653 – ✆ (08095) 9 06 50 – www.brauereigasthof-aying.de
47 Zim – 99/323 € 163/343 € – 1 Suite – ½ P
August und Maria – Siehe Restaurantauswahl
Der Inbegriff eines bayerischen Brauereigasthofs! Lange Tradition und ehrliche Herzlichkeit gehen hier Hand in Hand! Man wohnt so geschmackvoll wie individuell - im alten Herrenhaus (Urhaus der Inhaberfamilie) auch etwas exklusiver! Toll das Frühstück! Urig-bodenständig: Bräustüberl mit Biergarten.

August und Maria – Hotel Brauereigasthof Aying

Zornedinger Str. 2 ✉ 85653 – ✆ (08095) 9 06 50 – www.brauereigasthof-aying de
Karte 35/50 €
So richtig authentisch: charmanter Service in Tracht, Holztäfelung, im Winter ein wärmender Kamin... Zu leckeren bayerischen Spezialitäten wie "knusprigem Spanferkelrücken" gibt's hauseigenes Bier!

BAABE – Mecklenburg-Vorpommern ➜ Siehe Rügen (Insel)

BACHARACH

Rheinland-Pfalz – 1 890 Ew. – Höhe 70 m – Regionalatlas **46**-D15
Berlin 615 km – Mainz 50 km – Bad Kreuznach 35 km – Koblenz 50 km
Michelin Straßenkarte 543

Altkölnischer Hof

Blücherstr. 2 ✉ 55422 – ✆ (06743) 94 77 80 – www.altkoelnischer-hof.de – geschl. November - März
19 Zim – 50/85 € 85/140 € – ½ P
In dieses hübsche Fachwerkhaus mit langer Geschichte wird kontinuierlich investiert, so sorgt die Familie für sehr gepflegte, wohnliche Zimmer und ein schmuckes Restaurant mit schönen Wandbildern, markantem Leuchter und viel dunklem Holz. Die Küche ist bürgerlich.

In Bacharach-Henschhausen Nord-West: 4 km

Landhaus Delle

Gutenfelsstr. 16 ✉ 55422 – ✆ (06743) 17 65 – www.landhaus-delle-hotel.com – geschl. November - April
7 Zim – 130 € 175/195 € – 1 Suite – ½ P
Der kleine Familienbetrieb oberhalb des Rheins hat keinen typischen Hotelcharakter, er besticht vielmehr durch private Atmosphäre und persönliche Gästebetreuung sowie geräumige wohnliche Zimmer und einen schönen Garten. Dazu klassische Küche und eine tolle Weinauswahl im Restaurant im Gartenhaus.

BACKNANG

Baden-Württemberg – 34 990 Ew. – Höhe 271 m – Regionalatlas **55**-H18
Berlin 589 km – Stuttgart 36 km – Heilbronn 36 km – Schwäbisch Hall 37 km
Michelin Straßenkarte 546

Gerberhof

Wilhelmstr. 16 ✉ 71522 – ✆ (07191) 97 70 – www.gerberhof-backnang.com
42 Zim – 69/110 € 96/135 €
Das Businesshotel mit zeitgemäßen Zimmern liegt nicht weit von der Innenstadt. Hübsch ist der ruhige begrünte Innenhof, in dem man im Sommer auch frühstücken kann. W-Lan und Garage sind übrigens kostenfrei.

Bitzer

Eugen-Adolff-Str. 29 ✉ 71522 – ✆ (07191) 9 63 35 – www.hotel-bitzer.de
32 Zim – 65/79 € 84/94 €
Bei den herzlichen Betreibern schläft man in gepflegten Zimmern, die zwar nicht sehr groß, aber freundlich gestaltet sind und teils zum Garten hin liegen. Tee/Kaffee bekommt man gratis und im schönen Wintergarten gibt's ein gutes Frühstück!

Rielke Restaurant Kerzenstube

Marktstr. 44, 1. Etage ✉ 71522 – ✆ (07191) 9 79 13 60 – www.rilke-caferieur.de – geschl. 16. - 22. Mai, 1. - 22. August und Sonntag - Montag
Menü 74/98 € – Karte 53/65 € – *(nur Abendessen)*
In der 1. Etage des "Rilke Caférieur" (Café und Dekogeschäft) können Sie in angenehm legerer Atmosphäre mit geschmackvoller, stimmiger Landhaus-Note moderne Küche mit kreativem Einfluss genießen.
➜ Milchkalb, Liebstöckel, Meerrettich, Linse. Eigelb, Blumenkohl, weiße Zwiebel, Austernpilze. Schwarzfederhuhn, Wirsing, Sellerie.

Schürers Restaurant Tafelhaus

Schillerstr. 6 ✉ 71522 – ✆ (07191) 90 27 77 – www.restaurant-tafelhaus.de – geschl. über Weihnachten, über Ostern 1 Woche, Anfang September 2 Wochen und Sonntag - Montag sowie an Feiertagen
Menü 31/110 € – Karte 38/79 € – (Tischbestellung ratsam)
Außen schmucke Fachwerkfassade a. d. 18. Jh., innen behagliche Räume von historisch bis modern. Lohnenswert ist es, im Gewölbekeller von 1710 zu essen (rechtzeitig reservieren!). Beliebt: günstiger wechselnder Mittagstisch und "Menu du Jour" inkl. Wasser und Espresso - letzteres auch abends. Kochschule.

Backnanger Stuben

Bahnhofstr. 7 ✉ 71522 – ✆ (07191) 9 12 79 37 – www.backnanger-stuben.de – geschl. Anfang Januar 1 Woche, September 2 Wochen und Sonntag - Montag
Menü 35/89 € – Karte 36/76 € – *(nur Abendessen)*
Steht Ihnen der Sinn nach einem richtig guten Steak? Hier gibt es speziell ausgewählte Fleischstücke aus der ganzen Welt, dazu hausgemachte Saucen und nicht ganz alltägliche Beilagen, so z. B. "Rib Eye mit Kichererbsen-Pommes und Passionsfrucht-Dip".

In Aspach-Großaspach Nord-West: 4 km, jenseits der B 14

Lamm

Hauptstr. 23 ✉ 71546 – ✆ (07191) 2 02 71 – www.lamm-aspach.de – geschl. Sonntagabend - Montag
Menü 20 € (mittags unter der Woche)/49 € – Karte 34/54 €
Hier wird schwäbische Gastlichkeit gepflegt, und das mögen die zahlreichen Stammgäste ebenso wie die saisonal-regionale Küche. Bei Gerichten wie "Rehragout mit Kartoffelknödel" stimmen Qualität und Preis. Schön gediegen die Räume im 1. Stock, sehenswert das Gewölbe (Zigarrenlounge), hübsch die Dachterrasse.

BAD...

siehe unter dem Eigennamen des Ortes (z. B. Bad Orb siehe Orb, Bad)
see under second part of town name (e.g. for Bad Orb see under Orb, Bad)

BADEN-BADEN

Baden-Württemberg – 52 590 Ew. – Höhe 181 m – Regionalatlas **54-E18**
Berlin 709 km – Stuttgart 112 km – Karlsruhe 38 km – Freiburg 112 km
Michelin Straßenkarte 545

J. Stumpe / Look / Photononstop

Hotels

Brenners Park-Hotel & Spa

Schillerstr. 4 ✉ 76530 – ✆ (07221) 90 00 – www.brenners.com
85 Zim – 270/470 € 320/710 € – 38 € – 15 Suiten Stadtplan : A2**a**
Brenners Park-Restaurant ✿✿ • ***Wintergarten*** – Siehe Restaurantauswahl
Ein klassisches Grandhotel mit stilvoll-luxuriöser Einrichtung in unterschiedlichen Zimmerkategorien sowie repräsentativen Veranstaltungsräumen. Edel ist der Spa mit japanisch inspiriertem "Kanebo Harmonising & Care" und exklusiver Spa Suite.

Dorint Maison Messmer

Werderstr. 1 ✉ 76530 – ✆ (07221) 3 01 20 Stadtplan : A2**h**
– www.hotel-baden-baden.dorint.com
152 Zim – 189/349 € 239/399 € – 26 € – 11 Suiten – ½ P
Das Hotel neben Theater und Kasino/Kurhaus vereint Tradition und Moderne. Das spiegelt jedes der eleganten Zimmer wider, vom "Klassik Doppelzimmer Garten" bis hin zur "Penthouse Suite" (237 qm plus große Dachterrasse!). Nicht minder geschmackvoll ist der wertige Wellnessbereich. Wer es ein bisschen rustikaler mag, isst im Theaterkeller, und zwar badisch-elsässisch.

Belle Epoque

Maria-Viktoria-Str. 2c ✉ 76530 – ✆ (07221) 30 06 60 Stadtplan : A2**s**
– www.hotel-belle-epoque.de
17 Zim – 165/240 € 235/299 € – 3 Suiten
Eine Villa von 1874 mit Nebengebäude und hübschem kleinem Park. In den liebevoll, individuell und mit persönlicher Note gestalteten Zimmern finden sich wunderschöne antike Einzelstücke. Ebenso stilvoll: der Frühstücksraum mit Kamin. Am Nachmittag serviert man Kaffee und Kuchen (im Zimmerpreis inbegriffen).

Am Sophienpark

Sophienstr. 14 ✉ 76530 – ✆ (07221) 35 60 Stadtplan : A1**z**
– www.hotel-am-sophienpark.de
73 Zim – 99/210 € 140/280 €
Von 1733 stammt dieses Hotel, das erste Grandhotel in Baden-Baden. Wenn man vor dem Haus steht, glaubt man kaum, dass dahinter ein 4000 qm großer eigener Park liegt! Noch mehr Schönes gibt es drinnen zu entdecken: ein sehenswertes denkmalgeschütztes Treppenhaus sowie frische moderne Zimmer. Von Juli - August internationale Küche auf der Parkterrasse.

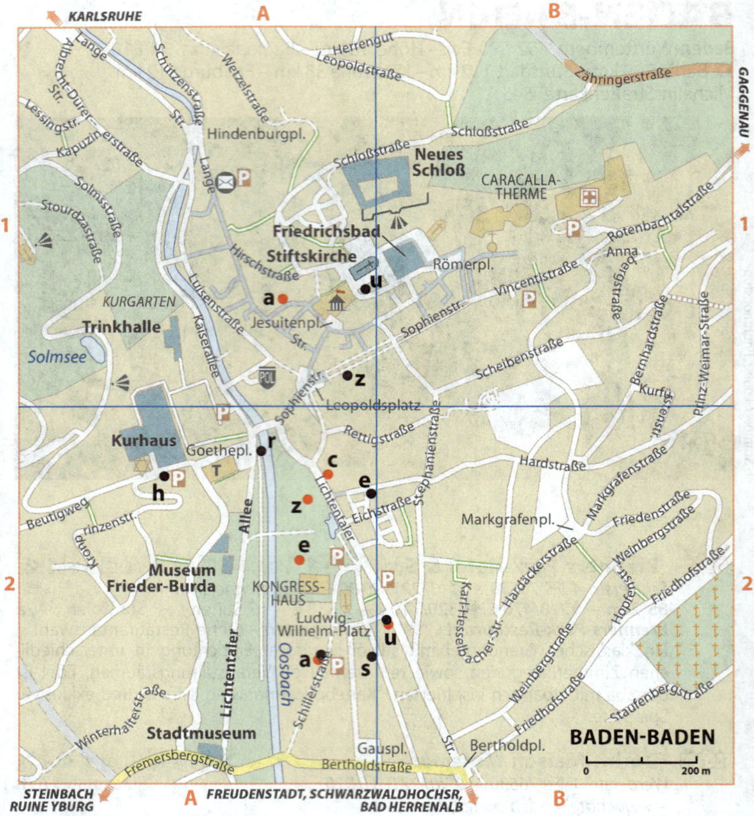

Atlantic Parkhotel

Goetheplatz 3 ✉ 76530 – ✆ (07221) 36 10 Stadtplan : A2**r**

– www.atlantic-parkhotel.de

53 Zim – 109/169 € 199/299 € – ½ P

Klassische Zimmer, farblich angenehm warm gestaltet, bietet das Hotel an der Oos vis-à-vis der Lichtentaler Allee. In der stilvollen Kaminhalle spürt man die lange Tradition des Hauses a. d. J. 1836. Restaurant mit mediterranem Touch und Terrasse am Flussufer mit Blick ins Grüne.

arcona Living Batschari8

Mozartstr. 8, über Lange Straße A1 ✉ 76530 – ✆ (07221) 97 39 90

– www.batschari8.arcona.de

18 Zim – 84/159 € 104/179 € – 15 € – 51 Suiten

In dem imposanten denkmalgeschützten Gebäude der ersten Zigarettenfabrik Europas - nur einen Steinwurf vom Festspielhaus entfernt - finden Sie heute großzügige und stilvolle Zimmer und Suiten.

Der Kleine Prinz

Lichtentaler Str. 36 ✉ 76530 – ✆ (07221) 34 66 00 Stadtplan : B2**u**

– www.derkleineprinz.de

32 Zim – 159/199 € 199/299 € – 8 Suiten – ½ P

Der Kleine Prinz – Siehe Restaurantauswahl

Ein Haus mit ganz persönlicher Note, das mit vielen Antiquitäten äußerst wohnlich und geschmackvoll eingerichtet ist. Die namengebende Erzählung von Antoine de Saint-Exupéry findet sich in zahlreichen Motiven wieder.

Merkur

Merkurstr. 8 ✉ 76530 – ✆ (07221) 30 30 Stadtplan : A2**e**
– www.hotel-merkur.com
36 Zim ☕ – 🚹78/168 € 🚹🚹108/228 € – 2 Suiten – ½ P
Das zentral gelegene Hotel überzeugt mit sehr modernen und wohnlichen Gästezimmern in warmen Farben. Freundlich und geradlinig hat man das Restaurant Sterntaler gestaltet.

Holiday Inn Express

Lange Str. 93, über Lange Straße A1 ✉ 76530 – ✆ (07221) 9 73 50
– www.hiexpress.com/baden-baden
108 Zim ☕ – 🚹79/169 € 🚹🚹79/169 €
Das Hotel nahe der Innenstadt ist mit seinen modern gestalteten und technisch funktionell ausgestatteten Zimmern besonders auf Businessgäste ausgelegt - eine gute Alternative zu den eher klassischen Häusern in Baden-Baden.

Bernhard's Boutique Hotel Société (N)

Jagdhausstr. 5, über Lange Straße A1 ✉ 76530 – ✆ (07221) 7 02 98 98
– www.hotel-societe-baden-baden.de
11 Zim ☕ – 🚹78/85 € 🚹🚹98/105 € – 3 Suiten
La Table – Siehe Restaurantauswahl
Sie suchen ein gepflegtes, familiäres und zudem noch bezahlbares kleines Hotel? Dann sind Sie hier richtig. Und wen es abends nicht mehr in die schöne Fußgängerzone zieht, der wird hier auch frisch und schmackhaft bekocht.

Am Markt

Marktplatz 18 ✉ 76530 – ✆ (07221) 2 70 40 Stadtplan : A1**u**
– www.hotel-am-markt-baden.de – geschl. 13. - 27. Dezember
23 Zim ☕ – 🚹55/80 € 🚹🚹92/105 €
Sie finden das Gasthaus a. d. 18. Jh. etwas oberhalb der Fußgängerzone. Hinter der traditionellen Fassade verbergen sich sehr schöne zeitgemäße Zimmer. Zudem wird man von den sympathischen Schwestern wirklich gut betreut!

Restaurants

Brenners Park-Restaurant – Brenners Park-Hotel

Schillerstr. 4 ✉ 76530 – ✆ (07221) 90 00 Stadtplan : A2**a**
– www.brenners.com – geschl. Ende Januar - Ende Februar und Montag - Dienstag
Menü 128/155 € – Karte 78/148 € – *(nur Abendessen)*
So stimmig und ausdrucksstark in der Küche Klassisches mit Modernem verbunden wird, so umsichtig und fachlich versiert kümmert sich das Serviceteam um die Gäste. Wer seinen Blick von den schön angerichteten Speisen lösen kann, schaut auf das Grün der Lichtentaler Allee!
➜ Bretonischer Steinbutt im schwarzen Trüffelsud mit Petersilienravioli. Filet vom Simmentaler Rind mit Ochsenschwanzkompott. Zitronen-Quarksoufflé mit Erdbeeren und Joghurtsorbet.

Le Jardin de France (Stéphan Bernhard)

Lichtentaler Str. 13 ✉ 76530 – ✆ (07221) 3 00 78 60 Stadtplan : A2**c**
– www.lejardindefrance.de – geschl. 1. - 10. Januar, Mitte Mai 1 Woche, 1. - 10. August und Sonntag - Montag, Januar - Februar: Sonntag - Dienstag, außer an Feiertagen
Menü 35 € (mittags unter der Woche)/98 € – Karte 70/104 € – (Tischbestellung ratsam)
Etwas Besonderes ist schon das räumliche Umfeld, denn das Restaurant liegt im Innenhof des "Goldenen Kreuzes" a. d. 19. Jh.! Hierher passt die tolle französische Küche von Stéphan Bernhard: Er kocht klassisch, mit Finesse und die hervorragenden Produkte stehen klar im Mittelpunkt.
➜ Tatar vom Rind, Wachtelei, Parmesan und Kräuter. Seeteufel und Langustinen mit Kichererbsenpüree, Mandarinen-Vanillevinaigrette. Lammkarree in Olivenkruste, grüner Spargel mit Spinat.

XX **Medici**

Augustaplatz 8 ✉ 76530 – ✆ (07221) 20 06 Stadtplan : A2**e**
– www.medici.de
Karte 38/85 € – *(nur Abendessen)* (Tischbestellung ratsam)
Die Karte hier ist abwechslungsreich, besonders gefragt sind die verschiedenen Steak-Cuts aus Frankreich, Deutschland, Spanien, USA... Diese werden im Sommer übrigens draußen gegrillt - herrlich die Terrasse! Auch das japanische Angebot samt Sushi sollte man probieren! Küche bis 24 Uhr geöffnet.

XX **Wintergarten** – Brenners Park-Hotel & Spa

Schillerstr. 4 ✉ 76530 – ✆ (07221) 90 00 Stadtplan : A2**a**
– www.brenners.com
Karte 52/70 €
Die Mischung aus Klassik und Moderne macht den Stil des viktorianischen Wintergartens lebendig. Einzigartig berauschend der freie Blick auf die weltberühmte Lichtentaler Allee.

XX **Der Kleine Prinz** – Hotel Der Kleine Prinz

Lichtentaler Str. 36 ✉ 76530 – ✆ (07221) 34 66 00 Stadtplan : B2**u**
– www.derkleineprinz.de
Menü 66/82 € – Karte 55/71 €
Klassisch sowohl die Küche als auch die Einrichtung dieses intimen kleinen Restaurants - als Dekoration Skizzen vom "Kleinen Prinzen". Auf der Karte: "Tomatenessenz mit gefüllten Spitzmorcheln", "Medaillon vom Seeteufel in Safransauce"...

X **La Table** N

Jagdhausstr. 5, über Lange Straße A1 ✉ 76530 – ✆ (07221) 7 02 98 98
– www.hotel-societe-baden-baden.de – geschl. Juli 2 Wochen und Mittwoch
- Donnerstag, Samstagmittag
Karte 29/57 €
Der Ableger des "Le Jardin de France" (unter gleicher Leitung) bietet ebenfalls französische Kulinarik. In recht moderner Atmosphäre serviert man z. B. Klassiker wie Rindertatar, aber auch "geschmorte Kalbsbäckchen mit Pfifferlingen".

X **Rizzi**

Augustaplatz 1 ✉ 76530 – ✆ (07221) 2 58 38 Stadtplan : A2**z**
– www.rizzi-baden-baden.de
Menü 39/65 € – Karte 32/47 € – (Tischbestellung erforderlich)
Im Palais Gagarin von 1865 mitten in Baden-Baden liegt das trendig-moderne Restaurant nebst hübschem Terrassen- und Loungebereich zum Kurpark. Lust auf Vitello Tonnato, Bio-Lachsfilet oder Wiener Schnitzel? Oder lieber ein Steak?

X **Klosterschänke**

Klosterschänke 1, an der Straße nach Steinbach, über Fremersbergstraße A2
✉ 76530 – ✆ (07221) 2 58 54 – www.restaurant-klosterschaenke.de
– geschl. Ende Dezember - Mitte Januar, Ende Juli - Mitte August und Montag
Karte 26/52 € – *(Montag - Freitag nur Abendessen)*
Familie Mattes-Racciatti steckt viel Herzblut in ihr sympathisches kleines Restaurant. Das kommt ebenso an bei den Gästen wie die frische regionale und italienische Küche: hausgemachtes Cordon bleu, Saltimbocca alla Romana, Kalbsleber Venezianisch... Terrasse mit wunderbarem Blick auf die Rheinebene!

X **Weinstube Baldreit** N

Küferstr. 3 ✉ 76530 – ✆ (07221) 2 31 36 – geschl. Stadtplan : A1**a**
Anfang September 2 Wochen, über Fasching 1 Woche und Sonntag - Montag
Karte 23/45 € – *(nur Abendessen)* (Tischbestellung ratsam)
Sie liegt schon etwas versteckt, diese nette Weinstube, doch das Suchen lohnt sich - vor allem im Sommer, denn da ist der Innenhof das Herzstück! Man kocht traditionell, vom Rindstatar über Flammkuchen bis zum geschmorten Schweinebäckchen.

Im Stadtteil Geroldsau Süd-Ost: 5 km über Lichtentaler Straße B2

Auerhahn

Geroldsauer Str. 160, B 500 ✉ 76534 – ✆ (07221) 74 35 – www.gasthaus-auerhahn.de

18 Zim – 59/68 € 89/112 € – ½ P

Auerhahn – Siehe Restaurantauswahl

In dem gewachsenen familiengeführten Gasthof stehen wohnliche Zimmer zur Verfügung, die in behaglich-ländlichem Stil eingerichtet sind.

Auerhahn – Hotel Auerhahn

Geroldsauer Str. 160, B 500 ✉ 76534 – ✆ (07221) 74 35 – www.gasthaus-auerhahn.de

Karte 25/43 €

Wirklich nett sind die beiden Gasträume, wobei der mit dem großen Kachelofen besonders heimelig ist. Klar, dass da fast nur badische Gerichte auf der Karte zu finden sind - wie wär's z. B. mit Forelle blau oder geschmorten Kalbsbäckchen?

Im Stadtteil Neuweier Süd-West: 10 km über Fremersbergstraße A2

Heiligenstein

Heiligensteinstr. 19a ✉ 76534 – ✆ (07223) 9 61 40 – www.hotel-heiligenstein.de – geschl. 22. - 25. Dezember

29 Zim – 89/93 € 121/170 € – 1 Suite – ½ P

Heiligenstein – Siehe Restaurantauswahl

Nicht nur im Restaurant, auch im schön ruhig gelegenen Hotel der Familie Beck dreht sich fast alles ums Thema Wein - so auch bei den Zimmern: "Mauerberg", "Château M.", "Capaia", "Weineslust"... Für Wellnessfreunde hat man einen kleinen Wohlfühlbereich und auch das Frühstück ist wirklich gut.

Rebenhof

Weinstr. 58 ✉ 76534 – ✆ (07223) 9 63 10 – www.hotel-rebenhof.de

36 Zim – 89/119 € 109/169 € – ½ P

Rebenhof – Siehe Restaurantauswahl

Ruhig wohnt man bei Familie Ziegler im Rebland Baden-Badens. Die Zimmer gibt es in neuzeitlichem Landhausstil oder größer und moderner Zimmer im angeschlossenen Neubau. Fragen Sie nach einem mit Balkon! Auch vom hübschen kleinen Wellnessbereich genießt man die Aussicht auf die Weinberge!

Röttele's Restaurant und Residenz im Schloss Neuweier

Mauerbergstr. 21 ✉ 76534 – ✆ (07223) 80 08 70 – www.armin-roettele.de – geschl. 25. Januar - 18. Februar und Dienstag, außer an Feiertagen

11 Zim – 105 € 140/155 € – 3 Suiten

Menü 35 € (mittags)/102 € – Karte 63/86 € – *(Montag - Freitag nur Abendessen)* (Tischbestellung ratsam)

Mit Geschmack hat man in den schönen historischen Rahmen des herrschaftlichen Anwesens modernen Stil eingebunden, im Restaurant (mit hübschem lichtem Wintergarten und toller Terrasse) wie auch in den Gästezimmern. Unverkennbar die mediterranen Einflüsse in der Küche von Armin Röttele.

➜ Grillierter Schwertfisch und Calamaretti mit Carbonata-Gemüsesalat, Aiolisauce. Cremesüppchen von Hummer und Zitronengras, glasiertem Schweinebauch und kleiner Frühlingsrolle. Kalbsfilet mit Taleggiokäse und Parmaschinken gebraten, Trüffelgnocchi.

Zum Alde Gott

Weinstr. 10 ✉ 76534 – ✆ (07223) 55 13 – www.zum-alde-gott.de – geschl. Donnerstag - Freitagmittag

Menü 35 € (mittags)/110 € – Karte 40/88 € – (Tischbestellung ratsam)

Engagement und klassische Küche... dafür steht Wilfried Serr seit vielen, vielen Jahren. Begleitet wird das Essen von einer schönen Auswahl an Weinen aus der Region. Beliebt ist das Mittagsmenü zu 35 €, die Terrasse mit Blick auf die Weinberge aber natürlich ebenso!

Heiligenstein – Hotel Heiligenstein

Heiligensteinstr. 19a ✉ 76534 – ✆ (07223) 9 61 40 – www.hotel-heiligenstein.de – geschl. 22. - 25. Dezember und Donnerstag

Menü 35/50 € – Karte 34/57 € – (Tischbestellung ratsam)

Vom "Neuweirer Forellenfilet auf Bärlauchrisotto" bis zum "Kalbsrückensteak mit Morcheln und Spargel" reicht der Mix aus Regionalem und Internationalem. Und dazu eine schöne Weinauswahl (über 400 Positionen) mit der ein oder anderen Rarität. Auch die Atmosphäre in dem schmucken Landgasthof stimmt: der Service freundlich, das Ambiente modern, die Terrasse einladend.

Traube

Mauerbergstr. 107 ✉ 76534 – ✆ (07223) 9 68 20 – www.traube-neuweier.de – geschl. Mittwoch

17 Zim – 85 € 125 € – ½ P   Menü 29/45 € – Karte 28/75 €

Appetit auf "Spanferkelrücken vom Schwäbisch-Hällischen Landschwein auf Steinchampignons und Spinatknödel"? Seit Jahren ist das Haus von Familie Baumann bekannt für schmackhafte, frische Gerichte! Beliebt auch das preisgünstige "Ländliche Menü". Dazu sitzt man in gemütlichen Stuben und wird charmant umsorgt. Und wenn es am Abend später wird, locken wohnliche Zimmer.

Rebenhof – Hotel Rebenhof

Weinstr. 58 ✉ 76534 – ✆ (07223) 9 63 10 – www.hotel-rebenhof.de – geschl. Sonntag

Menü 34 € – Karte 26/55 € – *(Montag - Freitag nur Abendessen)*

Bei einem faszinierenden Blick durch die großen Panoramafenster auf die Rheinebene lässt man sich in dem hellen, freundlichen Restaurant klassisch-internationale Speisen wie "Kalbsnierle in Cognacrahmsauce" schmecken - und dazu Weine aus den umliegenden Weingütern. Ebenso schön die großzügige Terrasse, von der man wunderbar den Sonnenuntergang beobachten kann.

BADENWEILER

Baden-Württemberg – 4 010 Ew. – Höhe 425 m – Regionalatlas **61-D21**

Berlin 834 km – Stuttgart 242 km – Freiburg im Breisgau 36 km – Basel 45 km

Michelin Straßenkarte 545

Schwarzmatt

Schwarzmattstr. 6a ✉ 79410 – ✆ (07632) 8 20 10 – www.schwarzmatt.de

38 Zim – 140/160 € 200/330 € – 3 Suiten – ½ P

Schwarzmatt – Siehe Restaurantauswahl

Ein Ferienhotel "de luxe" mit Familie Mast als geborene Gastgeber: eleganter Landhausstil, tolles Frühstück und erstklassige Halbpension sowie ein hochwertiges Wellnessangebot. Und all das in einer der schönsten Gegenden Deutschlands!

Zur Sonne

Moltkestr. 4 ✉ 79410 – ✆ (07632) 7 50 80 – www.zur-sonne.de

35 Zim – 72/118 € 122/172 € – 1 Suite – ½ P

Zur Sonne – Siehe Restaurantauswahl

Das hübsche Fachwerkhaus der herzlichen Gastgeberfamilie liegt zentral und doch ruhig. Zimmer teils zum Garten oder zum Innenhof, einige mit Balkon. Charmant sind Halle und Frühstücksraum, rustikal-italienisch La Cantinella.

Anna

Oberer Kirchweg 2 ✉ 79410 – ✆ (07632) 79 70 – www.hotel-anna.de – geschl. Mitte November - Mitte Februar

36 Zim – 60/85 € 120/160 € – ½ P

Ein tipptopp gepflegter Familienbetrieb, seit 1929. Fragen Sie nach den Zimmern mit Balkon und Aussicht, hier genießt man die ruhige Hanglage am besten! Auch vom Thermalhallenbad schaut man durch große Fenster nach draußen und hat direkten Zugang zur Panorama-Liegeterrasse! Dazu Kosmetik- und Massage-Angebot.

Am Park

Römerstr. 8 ✉ 79410 – ✆ (07632) 75 80 – www.hotel-am-park.biz
– geschl. 10. November - 1. März
35 Zim ☕ – 🚹75/90 € 🚻150/180 € – ½ P
Das familiär geleitete Hotel liegt ruhig am Kurpark und bietet wohnliche, zeitgemäße Zimmer. Im Haus sind Bilder und Keramiken ausgestellt, darunter auch Exponate des Chefs.

Schwarzmatt – Hotel Schwarzmatt

Schwarzmattstr. 6a ✉ 79410 – ✆ (07632) 8 20 10 – www.schwarzmatt.de
– geschl. Montag - Dienstag
Menü 34/72 € – Karte 47/65 €
In der Schwarzmatt-Küche führt Oliver Mewes Regie, was den Gästen klassische Speisen mit Niveau beschert. Wie alles im Hause Mast ist auch das Restaurant stimmig mit hübschen Stoffen, wohnlichen Farben und dekorativen Accessoires ausstaffiert, im Garten eine herrliche Blütenpracht! Ein Muss am Nachmittag: Kuchen und Torten nach altem Rezept von Hermine Bareiss!

Zur Sonne – Hotel Zur Sonne

Moltkestr. 4 ✉ 79410 – ✆ (07632) 7 50 80 – www.zur-sonne.de
Menü 49 € – Karte 44/55 € – *(nur Abendessen, an Sonn- und Feiertagen auch Mittagessen)*
Dass man hier gut isst, weiß man im ganzen Ort! Außerdem macht sich die Leidenschaft von Gastgeberfamilie Esposito zu ihrem Beruf überall bemerkbar. An warmen Tagen können Sie draußen unter Zitronenbäumchen sitzen!

BAIERSBRONN

Baden-Württemberg – 14 460 Ew. – Höhe 584 m – Regionalatlas **54**-E19
Berlin 720 km – Stuttgart 100 km – Karlsruhe 70 km – Freudenstadt 7 km
Michelin Straßenkarte 545

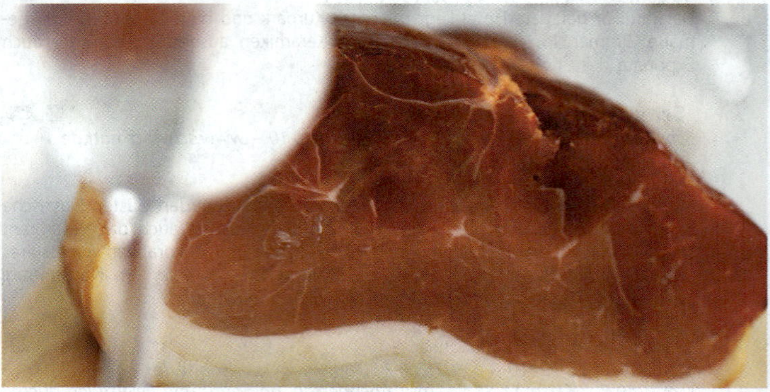

M. Baumgaertner / vario Images RM / age fotostock

Rosengarten

Bildstöckleweg 35 ✉ 72270 – ✆ (07442) 8 43 40 Stadtplan : B3**a**
– www.rosengarten-baiersbronn.de
– geschl. 10. - 21. Januar, 8. November - 17. Dezember
27 Zim – 60/64 € 102/126 € – ½ P
Ruhig die Lage am Ortsrand, familiär und herzlich der Service, alles tipptopp gepflegt. Besonders Wanderfreunde finden hier alles, was sie brauchen - und nach einem schönen Tag in der Natur lässt es sich im Pool gut entspannen, ebenso im gemütlichen Restaurant.

In Baiersbronn-Tonbach Nord: 2 km

Traube Tonbach

Tonbachstr. 237 ✉ 72270 – ✆ (07442) 49 20 Stadtplan : B2**n**
– www.traube-tonbach.de
136 Zim – 169/219 € 249/409 € – 17 Suiten – ½ P
Schwarzwaldstube ✿✿✿ • ***Bauernstube*** • ***Köhlerstube*** • ***Blockhütte***
– Siehe Restaurantauswahl
Unermüdlich verjüngt und verschönert Familie Finkbeiner ihre "Traube", chic z. B. die geradlinig designten Appartements im Haus Kohlwald! Sie genießen individuellen Service samt Kinderbetreuung ("Kids Court", Outdoor-Aktivitäten...) und auch der Spa lässt kaum Wünsche offen (Beauty, Meerwasser-Außenpool, Panoramasauna...). Restaurant Silberberg für Hausgäste.

Tanne

Tonbachstr. 243 ✉ 72270 – ✆ (07442) 83 30 Stadtplan : B2**v**
– www.hotel-tanne.de
45 Zim – 73/108 € 144/230 € – 2 Suiten – ½ P
Schonmal in einer Baumhaussauna gewesen? Sie ist die Krönung des "Schwarzwald-Erlebnispfades"! Inzwischen ist es die 5. Generation der Familie Möhrle, die Ihnen solche Besonderheiten bietet. Schauen Sie sich auch die originelle Hotelbar an - schwarzwaldtypisch rustikal und gleichzeitig modern. Ebenso sehenswert sind auch die Toiletten im UG mit ihren "schönen Aussichten"! Das Restaurant gibt es als traditionelle Stube oder als Wintergarten.

Frühstück inklusive? Die Tasse steht gleich hinter der Zimmeranzahl.

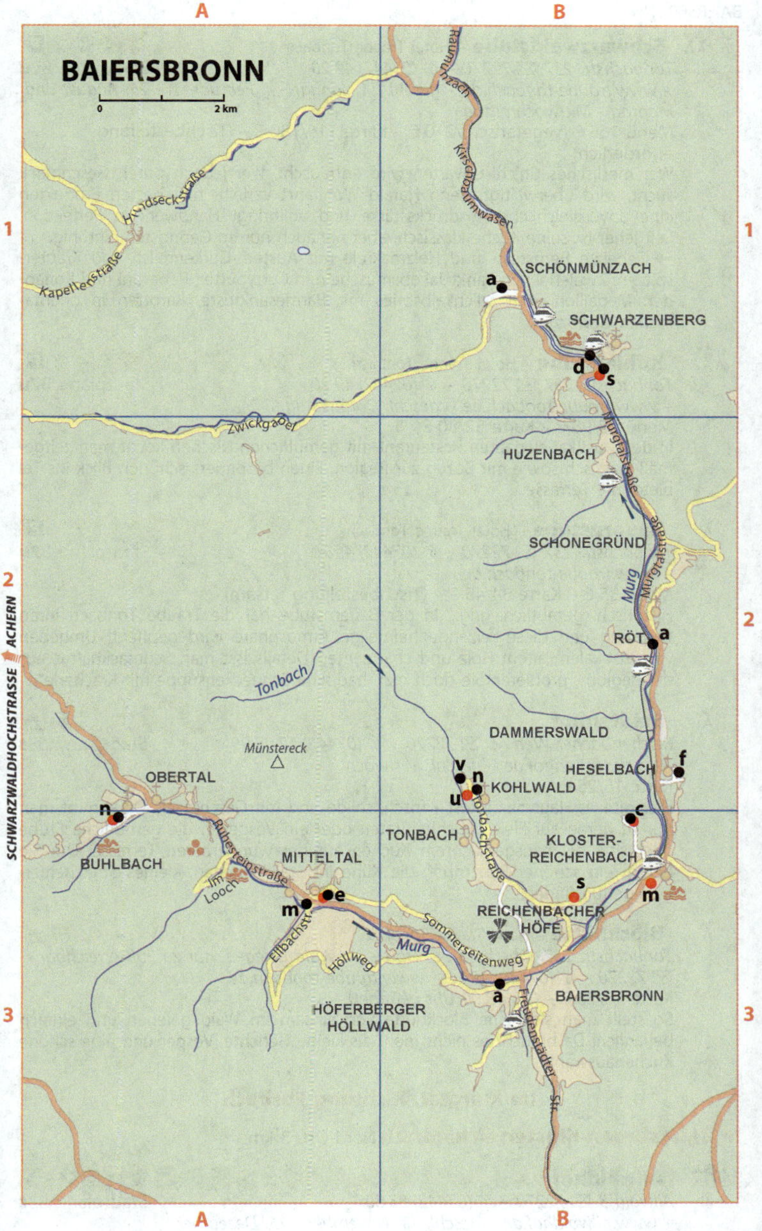

BAIERSBRONN
0
2 km
A
B
1
2
3
SCHWARZWALDHOCHSTRASSE
ACHERN
Raumünzach
Kirschbaumwasen
Hundseckstraße
Kapellenstraße
Zwickgabel
SCHÖNMÜNZACH
SCHWARZENBERG
HUZENBACH
Murgtalstraße
SCHONEGRÜND
Murg
RÖT
DAMMERSWALD
HESELBACH
Tonbach
Münstereck
OBERTAL
KOHLWALD
Tonbachstraße
BUHLBACH
Ruhesteinstraße
MITTELTAL
TONBACH
KLOSTER-
REICHENBACH
Im Looch
Ellbachstr.
Sommerseitenweg
REICHENBACHER
HÖFE
Höllweg
BAIERSBRONN
HÖFERBERGER
HÖLLWALD
Freudenstädter Str.

Schwarzwaldstube – Hotel Traube Tonbach

Tonbachstr. 237 ✉ 72270 – ✆ (07442) 49 20 Stadtplan : B2**u**
– www.traube-tonbach.de – geschl. 11. Januar - 4. Februar, 1. - 25. August und Montag - Mittwochmittag
Menü 165 € (vegetarisch)/210 € – Karte 116/180 € – (Tischbestellung erforderlich)
Wer modisches Chichi erwartet, wird enttäuscht, wer jedoch puren Geschmack sucht, wird überwältigt, denn Harald Wohlfahrt verleiht hier besten Produkten eine unvergleichliche Ausdrucksstärke und vollbringt Handwerk in Perfektion. Seit jeher ist seine Küche klassisch, aber nie auch nur im Geringsten eintönig.
➜ Gebeizte Bernstein- und Holzmakrele mit Austern-Gurkenrelish und Kräuterspitzen. Zweierlei von Sankt Jakobsmuscheln in Currybutter, Peperoni und Koriander. Medaillon vom Milchkalbsbries mit Parmesankruste, Karotten in orientalischen Gewürzen.

Köhlerstube – Hotel Traube Tonbach

Tonbachstr. 237 ✉ 72270 – ✆ (07442) 49 20 Stadtplan : B2**u**
– www.traube-tonbach.de – geschl. Donnerstag
Menü 76/98 € – Karte 52/80 €
In dem rustikal-eleganten Restaurant mit gemütlichen Nischen kocht man zeitgemäß-klassisch sowie mit Bezug zur Region. Einen besonders schönen Blick ins Tal bietet die Terrasse.

Bauernstube – Hotel Traube Tonbach

Tonbachstr. 237 ✉ 72270 – ✆ (07442) 49 20 Stadtplan : B2**u**
– www.traube-tonbach.de
Menü 35 € – Karte 34/49 € – (Tischbestellung ratsam)
Historisch, gemütlich, urig... In der Bauernstube hat die Traube Tonbach ihren Ursprung und diese reizende heimelige Atmosphäre wird gepflegt! Umgeben von rustikalem altem Holz und charmanten Details isst man Schmackhaftes aus der Region - probieren Sie doch mal "badische Schneckensuppe mit Kracherle".

Seidtenhof

Reichenbacher Weg 46 ✉ 72270 – ✆ (07442) 12 08 95 Stadtplan : B3**s**
– www.seidtenhof.de – geschl. Mittwoch
Karte 15/25 €
Hier gibt es Hausmannskost - frisch, solide und mit Geschmack. Da kommt man nur zu gerne auf Fleischküchle, Braten oder ein Vesper in die gemütliche Stube oder sitzt bei hausgemachtem Kuchen auf der wunderbaren Terrasse. Um Sie herum ein schöner Bauernhof, die Kühe im Stall nebenan, kleines Streicheltiergehege für Kinder...

Blockhütte – Hotel Traube Tonbach

Tonbachstr. 237, Oberhalb des Hotels im Wald gelegen, nur zu Fuß erreichbar ✉ 72270 – ✆ (07442) 49 20 – www.traube-tonbach.de
Karte 18/26 € – *(bis 18.00 Uhr geöffnet)*
So stellt man sich eine Blockhütte vor: einsam im Wald gelegen und einfach behaglich! Da braucht es nicht mehr als kleine Gerichte, Vesper und eine schöne Kuchenauswahl!

Im Murgtal, Richtung Forbach

In Baiersbronn-Klosterreichenbach Nord-Ost: 3 km

Ailwaldhof

Ailwald 3 ✉ 72270 – ✆ (07442) 83 60 Stadtplan : B3**c**
– www.ailwaldhof.de – geschl. 11. November - 15. Dezember
21 Zim – †89/228 € ††178/228 € – 5 Suiten – ½ P
Jakob-Friedrich – Siehe Restaurantauswahl
Schön ist die ruhige Lage dieses Hauses am Waldrand, umgeben von einem großen Garten mit Naturteich. Angenehme helle Töne bestimmen das Bild in der Lobby, warmes Holz in den wohnlich-eleganten Zimmern, die meisten mit Talblick. Zum Entspannen: Beauty und Massage.

Heselbacher Hof

Heselbacher Weg 72 ✉ 72270 – ✆ (07442) 83 80 Stadtplan : B2**f**
– www.heselbacher-hof.de
40 Zim – 82/86 € 146/180 € – ½ P
Sympathisch und engagiert, so führt Familie Schneider dieses charmante gewachsene Ferienhotel etwas oberhalb des Ortes. Schön die ruhige Lage, viele der individuellen und wohnlichen Zimmer bieten Balkon und Blick zum Tal, wirklich attraktiv der Spa mit verschiedenen Saunen, beheiztem Außenpool und Anwendungen. Im Restaurant und auf der Sonnenterrasse lässt man sich regionale Küche servieren.

Meierei im Waldknechtshof

Baiersbronner Str. 4 ✉ 72270 Stadtplan : B3**m**
– ✆ (07442) 8 48 40 – www.waldknechtshof.de
– geschl. Dienstag - Mittwoch
6 Zim – 105/135 € 120/150 € – 6 Suiten – ½ P
Menü 38/79 € – Karte 40/61 € – *(nur Abendessen, sonntags auch Mittagessen)*
Das hat Charme: Gebälk, Natursteinwände und dekorative Accessoires machen es in dem ehemaligen Gutshof des Klosters richtig gemütlich! Gekocht wird regional. Schön übernachten kann man übrigens auch: charmante Zimmer mit freiliegenden Holzbalken, einige mit Dachschräge, teilweise als Maisonette.
Hofscheuer im Waldknechtshof – Siehe Restaurantauswahl

Jakob-Friedrich – Hotel Ailwaldhof

Ailwald 3 ✉ 72270 – ✆ (07442) 83 62 15 Stadtplan : B3**c**
– www.ailwaldhof.de – geschl. 11. November - 15. Dezember
Menü 19 € (mittags)/78 € – Karte 25/75 €
Helle Töne, Stoffe in freundlichem Blau-Gelb, stimmige Dekorationen... das schafft hier eine mediterrane Note. Bei regionaler Küche und einer schönen großen Weinauswahl genießt man den Blick ins Tal.

Hofscheuer im Waldknechtshof – Restaurant Meierei im Waldknechtshof

Baiersbronner Str. 4 ✉ 72270 – ✆ (07442) 8 48 40
– www.waldknechtshof.de Stadtplan : B3**m**
Menü 35 € – Karte 20/41 €
Appetit auf was Bodenständiges? Mit Zwiebelrostbraten und Rahmschnitzel oder auch Flammkuchen und Vesperteller (ideal für Wanderer) ist das Angebot etwas rustikaler als in der Meierei.

In Baiersbronn-Röt Nord-Ost: 7 km

Sonne

Murgtalstr. 323, B 462 ✉ 72270 – ✆ (07442) 18 01 50 Stadtplan : B2**a**
– www.sonne-roet.de – geschl. 12. November - 17. Dezember
32 Zim – 80/100 € 165/220 € – 10 Suiten – ½ P
Bei Familie Frey lässt es sich gut wohnen und entspannen, und das liegt u. a. an der schönen "Badewelt" samt Kosmetik und Massage sowie an der Lage direkt an der Murg - hier auch Terrasse und Garten. Nicht zu vergessen das mit viel hellem Holz behaglich gestaltete Restaurant.

In Baiersbronn-Schwarzenberg Nord: 13 km

Sackmann

Murgtalstr. 602, B 462 ✉ 72270 – ✆ (07447) 28 90 Stadtplan : B1**s**
– www.hotel-sackmann.de
65 Zim – 81/143 € 158/290 € – ½ P
Schlossberg ✿✿ • ***Anita Stube*** – Siehe Restaurantauswahl
Familie Sackmann bietet hier komfortable Zimmer, teils zur Murg, sowie einen wertigen und modernen Spa rund um die Themen Holz, Licht, Aromen und Kräuter. Spa Suite und Panoramaterrasse.

Müllers Löwen

Murgtalstr. 604, B 462 ✉ 72270 – ✆ (07447) 93 20 Stadtplan : B1**d**
– www.loewen-schwarzenberg.de
22 Zim – 55/61 € 94/120 € – 1 Suite – ½ P
Panoramastüble – Siehe Restaurantauswahl
Die Müllers haben das passende Hotel für Ihren Wanderurlaub: schön familiär und wohnlich - wie wär's z. B. mit einem Zimmer zur Murg? Und wenn Sie nach einem aktiven Tag entspannen möchten: Unterm Dach gibt es eine Sauna.

Schlossberg (Jörg Sackmann) – Hotel Sackmann

Murgtalstr. 602, B 462 ✉ 72270 – ✆ (07447) 28 90 Stadtplan : B1**s**
– www.hotel-sackmann.de – geschl. 13. - 24. Januar, 27. Juli - 14. August und Montag - Dienstag
Menü 118/162 € – Karte 91/128 € – *(nur Abendessen)* (Tischbestellung ratsam)
Jörg Sackmann, Klassiker und Institution im Ort, bleibt nicht stehen und bringt immer wieder moderne, kreative Einflüsse in seine aromenreiche und produktorientierte Küche mit ein. Komplett wird der Genuss durch den freundlichen klassischen Service und das durch angenehme warme Töne geprägte Ambiente.
➜ Sashimi vom Färöerlachs mit orientalischen Gewürzen, Pink Grapefruit, Salty Fingers. Schweinekinn mit Jakobsmuscheln, Cardoncelli-Pilze, Zwetschgenessiggelee. Karamellisierte Rhabarber Praline, Gurken-Basilikumsorbet, Mandelcreme, Erdbeer-Marshmallow.

Anita Stube – Hotel Sackmann

Murgtalstr. 602, B 462 ✉ 72270 – ✆ (07447) 28 90 Stadtplan : B1**s**
– www.hotel-sackmann.de
Karte 34/59 €
Das Restaurant versprüht Schwarzwälder Charme mit seinem schweren dunkelbraunen Holz und den gepolsterten Bänken mit weichen Kissen, dazu kommt aus der Küche natürlich Regionales wie z. B. "Schweinekotelett mit Serviettenknödel und Gemüse" - schmackhaft und mit guten Produkten zubereitet.

Panoramastüble – Hotel Müllers Löwen

Murgtalstr. 604, Oberhalb des Ortes, nur zu Fuß erreichbar ✉ 72270 – ✆ (07447) 93 20 – www.loewen-schwarzenberg.de
Karte 15/31 € – *(bis 18 Uhr geöffnet)*
Für alle, die gern mal richtig rustikal einkehren, hat Familie Müller oberhalb des Ortes diese urige Holzhütte. Im Winter lockt der Kamin, im Sommer die Terrasse, dazu Vesper und kleine regionale Gerichte. Ein schönes Wanderziel, Panoramasicht inklusive! Abends auch für Privatveranstaltungen buchbar.

In Baiersbronn-Hinterlangenbach West: 10,5 km ab Schönmünzach B1

Forsthaus Auerhahn

Hinterlangenbach 108 ✉ 72270 – ✆ (07447) 93 40
– www.forsthaus-auerhahn.de – geschl. Ende November - Mitte Dezember
46 Zim – 90/130 € 180/220 € – ½ P
Forsthaus Auerhahn – Siehe Restaurantauswahl
Mehr Schwarzwald-Charme ist kaum möglich! Ein gewachsenes ehemaliges Forsthaus, herrlich am Ende des Tales gelegen... perfekt für Wanderer! Sie entspannen in wohnlichen Zimmern (gehoben rustikal die Einrichtung) sowie im schönen Spa samt Blockhaussauna, genießen die gute 3/4-Pension samt hervorragendem Frühstücksbuffet und lassen sich von den engagierten Gastgebern und ihrem Team persönlich umsorgen.

Forsthaus Auerhahn – Hotel Forsthaus Auerhahn

Hinterlangenbach 108 ✉ 72270 – ✆ (07447) 93 40
– www.forsthaus-auerhahn.de – geschl. Ende November - Mitte Dezember und Dienstag
Menü 28/40 € – Karte 24/48 €
In wunderbarer Lage mitten im Wald wünscht man sich doch eine heimelige Stube zur gemütlichen Einkehr - genauso ein reizendes Plätzchen finden Sie im Forsthaus Auerhahn: holzvertäfelte Wände, Kachelofen und dazu regionale Speisen wie "Wildschweinfilet mit Pfifferlingen und Spätzle"... Appetit?

Im Murgtal, Richtung Schwarzwaldhochstraße

In Baiersbronn-Mitteltal West: 4 km

Bareiss

Hermine-Bareiss-Weg 1 ✉ 72270 – ✆ (07442) 4 70 Stadtplan : A3**e**
– www.bareiss.com
89 Zim – 216/295 € 382/496 € – 10 Suiten
Restaurant Bareiss ✿✿✿ • ***Dorfstuben*** • ***Kaminstube*** • ***Wanderhütte Sattelei*** – Siehe Restaurantauswahl

Schlichtweg imponierend, was Familie Bareiss im Laufe der Jahre geschaffen hat, sozusagen der "Platzhirsch" unter den Ferienhotels. Ein Anwesen von beachtlichen 10 000 qm, Luxus in den Zimmern, Spa- und Freizeitangebote für jeden Geschmack, Einkaufsboutiquen samt Bareiss'scher Eigenmarke, stets zuvorkommende Mitarbeiter... Für Kids: Baumhaus, Spielhaus, Piratenschiff im Waldpark. HP inkl.

Lamm

Ellbachstr. 4 ✉ 72270 – ✆ (07442) 49 80 Stadtplan : A3**m**
– www.lamm-mitteltal.de
46 Zim – 52/102 € 132/196 € – ½ P

Ein gewachsenes Ferienhotel unter familiärer Leitung, in dem schon beim Empfang Gemütlichkeit aufkommt. In Sachen Spa sollten Sie sich nicht das "Schwarzwald-Wellnessdorf" mit seinen vier hübschen Blockhäusern mit Dachbegrünung entgehen lassen! Wohnlich die Zimmer, alle mit Balkon. Behaglich-ländlich ist das Ambiente im Restaurant, das Angebot breit gefächert, vom Vesper bis zum 5-Gänge-Menü.

Restaurant Bareiss

✿✿✿

Hermine-Bareiss-Weg 1 ✉ 72270 – ✆ (07442) 4 70 Stadtplan : A3**e**
– www.bareiss.com – geschl. 7. Februar - 3. März, 24. Juli - 25. August und Montag - Dienstag
Menü 99 € (mittags)/215 € – Karte 143/222 €
– (Tischbestellung erforderlich)

Ein Besuch hier kommt einem kleinen Urlaub gleich, da heißt es mit allen Sinnen genießen: Der Service samt Weinberatung glänzt mit Kompetenz und Herzlichkeit, die Küche mit nicht zu übertreffender Sorgfalt und Qualität - sie ist geradezu ein Musterbeispiel für perfekt kombinierte Produkte allerbester Güte!

➜ Langostinos und Imperial Kaviar. Lamm von der Älbler Wacholderheide. Himbeeren "2016".

Kaminstube – Hotel Bareiss

Hermine-Bareiss-Weg 1 ✉ 72270 – ✆ (07442) 4 70 Stadtplan : A3**e**
– www.bareiss.com
Menü 57 € – Karte 47/66 €
– *(Montag - Freitag nur Abendessen)*

Was bei einem Haus wie diesem zählt, ist vor allem Qualität. Dieser Anspruch ist allgegenwärtig, vom Essen (z. B. saisonales "Kaminstubenmenü") bis zu edlen Textilien in traditioneller Art (Damast).

Dorfstuben – Hotel Bareiss

Hermine-Bareiss-Weg 1 ✉ 72270 – ✆ (07442) 4 70 Stadtplan : A3**e**
– www.bareiss.com
Karte 32/50 € – (Tischbestellung ratsam)

"Uhren-Stube" und "Förster-Jakob-Stube", so heißen die wirklich reizenden, mit Liebe zum Detail originalgetreu eingerichteten Bauernstuben a. d. 19. Jh. Der ausgesprochen herzliche Service im Dirndl passt da perfekt ins gemütliche Bild! Und dann ist da noch das gute Essen... Richtig lecker ist z. B. die "Roulade vom Weiderind mit hausgemachten Bandnudeln"!

X **Wanderhütte Sattelei** – Hotel Bareiss

Hermine-Bareiss-Weg 1, Oberhalb des Hotels am Waldrand gelegen, nur zu Fuß erreichbar ✉ 72270 – ✆ (07442) 4 70 – www.bareiss.com
Karte 19/24 € – *(Montag - Samstag bis 17 Uhr geöffnet)*
Das Bareiss hat auch eine ganz bodenständige Seite, und zwar in Form dieser urigen Wanderhütte im Grünen - hier hat man es richtig gemütlich, während man sich mit deftigen Speisen, Flammkuchen und Schwarzwälder Vesper stärkt, und das zu einem wirklich fairen Preis - sonntags sogar bis 21.30 Uhr. Vom Hotel aus führen ein kleinerer und ein größerer Spazierweg hierher.

In Baiersbronn-Obertal Nord-West: 7 km

Engel Obertal

Rechtmurgstr. 28 ✉ 72270 – ✆ (07449) 8 50 – www.engel-obertal.de Stadtplan : A3**n**
79 Zim – 123/204 € 238/376 € – 10 Suiten – ½ P
Andrea-Stube – Siehe Restaurantauswahl
Das Engagement der Familie Möhrle ist ungebrochen, wie man an der stetigen Erweiterung des Ferienhotels sieht: So freuen sich die Gäste z. B. über eine auf rund 5000 qm gewachsene "Wolke 7" mit schönen Ruhezonen und Fitness-Pavillon, mit Saunahäusern im Garten, Naturschwimmteich, unzähligen Anwendungen... Und die Zimmer? Geräumig, hochwertig und stilvoll. In verschiedenen hübsch dekorierten Restauranträumen umsorgt man Sie freundlich und geschult.

XX **Andrea-Stube** – Hotel Engel Obertal

Rechtmurgstr. 28 ✉ 72270 – ✆ (07449) 8 50 – www.engel-obertal.de – geschl. 18. Dezember - 7. Januar, 1. - 25. August und Mittwoch - Donnerstag Stadtplan : A3**n**
Menü 68/145 € – Karte 63/75 € – *(nur Abendessen)* (Tischbestellung ratsam)
Die klassischen Speisen von Küchenchef Peter Müller gibt es à la carte oder in Menüform ("Andrea-Stuben Menü" oder "Amuse Bouche Menü"), serviert von einem sehr herzlichen und kompetenten Team unter der Leitung von Klaus-Diedrich Wöhlk und begleitet von einer schönen umfangreichen Weinauswahl aus Deutschland und der Alten Welt.

An der Schwarzwaldhochstraße Nord-West: 18 km, Richtung Achern, ab B 500 Richtung Freudenstadt

Nationalpark-Hotel Schliffkopf

Schwarzwaldhochstr. 1 ✉ 72270 Baiersbronn – ✆ (07449) 92 00 – www.schliffkopf.de
70 Zim – 125/135 € 180/250 € – 8 Suiten – ½ P
Eine freie Bergkuppe in 1025 m Höhe... Ahnen Sie schon, wie wunderbar die Aussicht von hier oben ist? Wenn Sie noch etwas anderes tun möchten, als Ihren Blick über die Landschaft schweifen zu lassen, lockt der "Berg Spa" mit Beauty und Fitness. Wer lieber ganz privat relaxt, bucht eine Wellness-Juniorsuite mit Dampfdusche und Whirlwanne!

BAKUM

Niedersachsen – 5 920 Ew. – Höhe 33 m – Regionalatlas **17-F7**
Berlin 416 km – Hannover 183 km – Oldenburg 57 km – Bremen 71 km
Michelin Straßenkarte 541

In Bakum-Lüsche

XX **Kalaboush** N

Essenerstr. 53 ✉ 49456 – ✆ (05438) 95 84 58 – www.kalaboush.de – geschl. 1. - 10. Januar, 25. Juli - 7. August und Montag - Dienstag
Menü 25 € (mittags)/120 € – Karte 46/64 € – *(nur Abendessen, sonntags auch Mittagessen)*
Ein wirklich hübsches, gemütliches Restaurant samt Vinothek. Hier bekommen Sie ambitionierte Küche in Form zweier saisonaler Menüs und werden geschult und freundlich umsorgt nebst trefflicher Weinberatung. Fleischliebhaber zieht es auf ein Steak in die moderne Beeflounge.

BALDUINSTEIN

Rheinland-Pfalz – 570 Ew. – Höhe 160 m – Regionalatlas **37-E14**
Berlin 557 km – Mainz 69 km – Koblenz 54 km – Limburg an der Lahn 10 km
Michelin Straßenkarte 543

Landhotel Zum Bären

Bahnhofstr. 24 ✉ 65558 – ✆ (06432) 80 07 80 – www.landhotel-zum-baeren.de – geschl. 11. Januar - 4. Februar
10 Zim – †89/152 € ††165/205 € – ½ P
Bibliothek **•** ***Am Kachelofen*** – Siehe Restaurantauswahl
Nicht nur die herzliche Familie Buggle samt Team macht dieses Traditionshaus aus, auch die geradezu idyllische Lage (nur Bahnlinie und Straße trennen das Haus von der Lahn) sowie die schöne wohnlich-elegante Einrichtung!

Bibliothek (Joachim Buggle) – Landhotel Zum Bären

Bahnhofstr. 24 ✉ 65558 – ✆ (06432) 80 07 80 – www.landhotel-zum-baeren.de – geschl. 11. Januar - 4. Februar und Montag - Dienstag sowie an Feiertagen
Menü 109/149 € – *(nur Abendessen)* (Tischbestellung ratsam)
Mit ihrem stilvollen Interieur wird die Bibliothek ganz dem klassisch-historischen Rahmen des Hauses gerecht. Holztäfelung und dekorative Bücherregale machen es hier schön wohnlich. In der Küche setzt Joachim Buggle auf Produktqualität und Geschmack, passend dazu die ansprechende, gut kalkulierte Weinkarte.
→ Gebackene Langoustine mit Lardo, Erbse und Kopfsalat. Wildfang Steinbutt mit Spargel, Spitzmorcheln und Estragon Beurre Blanc. Imperial Taube mit Petersilienpüree und Mais.

Am Kachelofen – Landhotel Zum Bären

Bahnhofstr. 24 ✉ 65558 – ✆ (06432) 80 07 80 – www.landhotel-zum-baeren.de – geschl. 11. Januar - 4. Februar und Dienstag
Karte 37/66 €
Hier ist es ein bisschen ländlicher. Zur charmanten Atmosphäre (hübscher Kachelofen, warmes Holz, liebenswerte Bären-Deko) kommen regionale Speisen wie "Ochsenbrust mit Zwiebelkruste". Und als Dessert "Schokoladenschnitte mit Haselnusseis"?

BALINGEN

Baden-Württemberg – 33 270 Ew. – Höhe 517 m – Regionalatlas **62-F20**
Berlin 711 km – Stuttgart 82 km – Konstanz 109 km – Tübingen 36 km
Michelin Straßenkarte 545

cosita (N)

Gratweg 2 ✉ 72336 – ✆ (07433) 90 21 70 – www.cosita-balingen.de
19 Zim – †84 € ††124 € – 2 Suiten
Wirklich attraktiv das moderne Design, sowohl in den Zimmern als auch im Restaurant. Warme Farben und hübsche Deko sorgen für eine mediterrane Note, die sich auch im spanischen Speisen- und Weinangebot wiederfindet, Tapas inklusive.

BALLENSTEDT

Sachsen-Anhalt – 9 380 Ew. – Höhe 225 m – Regionalatlas **30-L10**
Berlin 220 km – Magdeburg 66 km – Halle 71 km – Nordhausen 58 km
Michelin Straßenkarte 542

Van der Valk Schlosshotel Großer Gasthof

Schlossplatz 1 ✉ 06493 – ✆ (039483) 5 10 – www.ballenstedt.vandervalk.de
49 Zim – †79/109 € ††99/129 € – 1 Suite – ½ P
Der schöne klassische Bau ist Teil der Schlossanlage - vis-à-vis das historische Theater. Geschäftsreisende schätzen das Hotel ebenso wie Wellnessgäste. Komfortabler wohnt man in der "Business Class". Zum Restaurant und dem Pavillon gehört eine Terrasse zum Schlossplatz.

BALTRUM (INSEL)

Niedersachsen – 570 Ew. – Regionalatlas **7-D4**
Berlin 536 km – Hannover 269 km – Emden 50 km – Norden 17 km
Michelin Straßenkarte 541

Strandhof

Nr. 123 ✉ 26579 – ✆ (04939) 8 90 – www.strandhofbaltrum.de – geschl. Oktober - April
33 Zim – †62/82 € ††109/149 € – 2 Suiten – ½ P
Die strandnahe Lage inmitten von Dünen sowie neuzeitliche und funktionelle Zimmer, teilweise mit großem Balkon, machen das Haus zu einer interessanten Urlaubsadresse. Zeitgemäßes Hotelrestaurant mit bürgerlicher und internationaler Küche.

BALVE

Nordrhein-Westfalen – 11 480 Ew. – Höhe 250 m – Regionalatlas **27-E11**
Berlin 510 km – Düsseldorf 101 km – Arnsberg 20 km – Hagen 38 km
Michelin Straßenkarte 543

In Balve-Eisborn Nord: 9 km, Richtung Menden, hinter Binolen rechts

Antoniushütte

Eisborner Dorfstr. 10 ✉ 58802 – ✆ (02379) 91 50 – www.hotel-antoniushuette.de
45 Zim – †65/129 € ††110/170 € – 4 Suiten
Hier bietet man sehr unterschiedliche, teilweise als Maisonetten angelegte Gästezimmer vom schlichteren Landhauszimmer bis zum schicken Designerzimmer. Das geradlinig gehaltene Restaurant wird durch die modern-rustikale Bauernstube ergänzt.

BAMBERG

Bayern – 70 870 Ew. – Höhe 262 m – Regionalatlas **50-K15**
Berlin 406 km – München 232 km – Coburg 53 km – Nürnberg 61 km
Michelin Straßenkarte 546

Welcome Hotel Residenzschloss

Untere Sandstr. 32 ✉ 96049 – ✆ (0951) 6 09 10 – www.welcome-hotels.com Stadtplan : A1**r**
180 Zim – †154/184 € ††192/224 € – 4 Suiten – ½ P
Ein ansprechendes historisches Anwesen nahe der Staatsphilharmonie, das modern erweitert wurde. Wie wär's mit einem der schicken stilvoll-zeitgemäßen Superiorzimmer? Geräumiger sind allerdings die Deluxe-Zimmer im Schloss. Das Restaurant teilt sich in die "Orangerie" und das "Fürstbischof von Erthal".

Bamberger Hof - Bellevue

Schönleinsplatz 4 ✉ 96047 – ✆ (0951) 9 85 50 – www.bambergerhof.de Stadtplan : B2**e**
38 Zim – †95/125 € ††145/185 € – 12 Suiten
Moderne Eleganz gepaart mit Stil und Charme eines Grandhotels der Jahrhundertwende - schönes historisches Detail sind die original Jugendstilfenster im Frühstücksraum. Wer etwas Besonderes sucht, bucht die Dach-Suite mit Blick auf Bamberg und Kaiserdom! Genießen Sie auch die Aussicht von der Dachterrasse im 4. Stock! Tipp für Hungrige: Café-Bistro Luitpold nebenan.

Villa Geyerswörth

Geyerswörthstr. 15 ✉ 96047 – ✆ (0951) 9 17 40 – www.villageyersworth.de Stadtplan : B2**m**
39 Zim – †120/159 € ††159/179 € – 15 € – 1 Suite
La Villa – Siehe Restaurantauswahl
Das Villenflair dieses Anwesens hat schon von außen etwas Exklusives - ganz stilgerecht ist da die wertige elegante Einrichtung. Und wer es gerne besonders ruhig hat, nimmt ein Zimmer zum Fluss (hinter dem Haus fließt ein Arm der Regnitz)! In die Altstadt sind es übrigens nur wenige Gehminuten.

Weinhaus Messerschmitt

Lange Str. 41 ✉ 96047 — Stadtplan : B2**x**
– ✆ (0951) 29 78 00
– www.hotel-messerschmitt.de
– geschl. 3. - 17. Januar

67 Zim ☕ – 👤90/125 € 👥145/165 € – 3 Suiten – ½ P

Weinhaus Messerschmitt – Siehe Restaurantauswahl

Das historische Haus mit der schmucken gelb-weißen Fassade kann auf über 180 Jahre Familientradition zurückblicken. Im Sommer lässt es sich schön auf der kleinen Dachterrasse im 3. Stock relaxen, und genießen Sie vom Saunabereich aus die Sicht über Bamberg! Kosmetik und Massage buchbar.

Welcome Hotel

Mußstr. 7 ✉ 96047 — Stadtplan : A1**v**
– ✆ (0951) 7 00 00
– www.welcome-hotels.com

167 Zim ☕ – 👤124/154 € 👥144/174 € – 4 Suiten

Das Hotel neben der Kongresshalle besteht aus einem alten Ziegelgebäude (hier der Tagungsbereich) und einem Neubau. Die Zimmer sind freundlich und modern, das Restaurant "Plückers" im historischen Teil bietet neben internationaler und regionaler Küche auch Burger als Spezialität.

Bamberg

Luitpoldstr. 7 ✉ 96052 – ✆ (0951) 51 09 00 Stadtplan : B1**b**
– www.bwhotel-bamberg.de
94 Zim ☕ – 🚶85/115 € 👥99/160 € – 2 Suiten
Eine ideale Businessadresse: günstige Lage zwischen Hauptbahnhof und Altstadt, öffentliche Parkgarage unter dem Hotel, neuzeitlich-funktionelle Zimmer, dazu kostenfreie Annehmlichkeiten wie W-Lan, "Coffee to go" in der Lobby, Waschmaschine und Trockner. Beliebt: Frühstück auf der Terrasse.

Nepomuk

Obere Mühlbrücke 9 ✉ 96049 – ✆ (0951) 9 84 25 00 Stadtplan : B2**a**
– www.das-eckerts.de
23 Zim – 🚶90 € 👥130/150 € – ☕ 5 € – 1 Suite
Das hübsche Fachwerkhaus (ursprünglich eine Mühle) liegt schön direkt an der Regnitz! Die Zimmer modern-funktional, gastronomisch fährt man zweigleisig: "Eckerts" mit regional-saisonaler Küche, innovativ-fränkisches Menü- und A-la-carte-Angebot im "Esszimmer" in der 1. Etage. Für Veranstaltungen: "Schiller 16", ein toller Barockbau von 1752 unweit des Hotels.

Europa

Untere Königstr. 6 ✉ 96052 – ✆ (0951) 3 09 30 20 Stadtplan : B1**a**
– www.hotel-europa-bamberg.de
46 Zim ☕ – 🚶74/119 € 👥89/129 € – ½ P
Tipptopp gepflegte Zimmer, freundliche Gästebetreuung, hochwertiges Frühstück (im Sommer am besten im charmanten Innenhof!)... hier spürt man das Engagement! Im Restaurant frische Kräuterküche mit regionalen Produkten - probieren Sie fränkische Knabbereien im Tapas-Stil! Und für daheim Wein oder Hausgemachtes aus dem Hofshop? Garagenzufahrt über Untere Königstr. 30.

Brudermühle

Schranne 1 ✉ 96049 – ✆ (0951) 95 52 20 Stadtplan : B2**b**
– www.brudermuehle.de
20 Zim ☕ – 🚶74/90 € 👥98/135 € – ½ P
Wie Sie hier wohnen? Modern, zentral (am Domplatz ist man schnell zu Fuß) und die Regnitz haben Sie praktisch vor der Tür! "Rottmeister", "Zaubergarten", "Rotkäppel" oder "Geyerswörthblick", das sind z. B. die schönen Zimmer im Haus Mehlwaage. Ebenso behaglich ist das auf zwei Ebenen angelegte Restaurant.

Tandem

Untere Sandstr. 20 ✉ 96049 – ✆ (0951) 51 93 58 55 Stadtplan : A1**t**
– www.tandem-hotel.de
8 Zim ☕ – 🚶89/110 € 👥98/120 €
Das sorgsam sanierte Haus beherbergt puristisch-zeitgemäße Zimmer mit Blick auf "Klein Venedig". Im EG Café mit leckerem Kuchen, österreichische Klassiker im Restaurant "Ö drei". Parken können Sie z. B. im ca. 200 m entfernten Residenzschloss. Die Lage am Regnitz-Radweg lockt auch Radfahrer an - man bietet übrigens auch einen Fahrradraum und Leihfahrräder.

Weinhaus Messerschmitt – Hotel Weinhaus Messerschmitt

Lange Str. 41 ✉ 96047 – ✆ (0951) 29 78 00 Stadtplan : B2**x**
– www.hotel-messerschmitt.de – geschl. 3. - 17. Januar und Sonntag
Menü 36 € (abends)/60 € – Karte 32/63 €
In gemütlich-historischen Restauranträumen bekommen Sie regional-saisonale Speisen serviert, ebenso auf der Brunnenterrasse - im namengebenden Brunnen schwimmen im Sommer Waller, Aale & Co. Schöner Weinkeller (hier auch Verkostungen) - seit jeher ist man im Haus dem Thema Wein verbunden.

La Villa – Hotel Villa Geyerswörth

Geyerswörthstr. 15 ✉ 96047 – ✆ (0951) 9 17 40 Stadtplan : B2**m**
– www.villageyersworth.de – geschl. 1. - 6. Januar und Sonntag
Menü 39 € – Karte 29/44 €
Das Ambiente einer der nettesten Adressen Bambergs schlägt eine Brücke zwischen Bistro und Restaurant. Eignet sich auch bestens für Geschäftsessen!

In Stegaurach Süd-West: 5 km über A2 Richtung Würzburg

Der Krug

Mühlendorfer Str. 4, Zufahrt über Schulstraße ✉ 96135 – ✆ (0951) 99 49 90 – www.der-krug.de – geschl. über Weihnachten, über Fasching

26 Zim – 70/75 € 100/106 € – ½ P

Der um einen Anbau erweiterte Gasthof im Ortskern ist eine tipptopp gepflegte und wohnlich eingerichtete Adresse, die herzlich-familiär geleitet wird. Im Stammhaus befindet sich das gemütlich-rustikale Restaurant mit guter Auswahl an regionalen Fischgerichten.

BANSIN – Mecklenburg-Vorpommern ➜ Siehe Usedom (Insel)

BARGUM

Schleswig-Holstein – 600 Ew. – Höhe 4 m – Regionalatlas **1-G2**

Berlin 451 km – Kiel 111 km – Sylt (Westerland) 41 km – Flensburg 37 km

Michelin Straßenkarte 541

Andresen's Gasthof

Dörpstraat 63, B 5 ✉ 25842 – ✆ (04672) 10 98 – www.andresensgasthof.de – geschl. Mitte Januar - Anfang Februar und Montag - Dienstag

4 Zim – 45/75 € 60/90 € – ½ P

Karte 25/44 € – (Tischbestellung erforderlich)

Ein Klassiker der norddeutschen Gastronomie - seit über 30 Jahren von der engagierten Gastgeberin Elke Andresen geführt. Sie sitzen in der rustikalen Bauernstube oder in der feinen Friesenstube und wählen von der klassisch-französischen Restaurantkarte oder bestellen eines der bodenständig-regionalen Gerichte, die sich auf der sogenannten "Bauernstuben-Karte" finden.

BARMSTEDT

Schleswig-Holstein – 10 070 Ew. – Höhe 11 m – Regionalatlas **10-I4**

Berlin 335 km – Kiel 77 km – Hamburg 38 km – Lüneburg 93 km

Michelin Straßenkarte 541

Lay's Loft

Schlickumstr. 1 ✉ 25355 – ✆ (04123) 9 29 05 77 – www.lays-loft.de – geschl. Montag - Dienstag

3 Zim – 120 € 150 € – 15 € – ½ P

Menü 40/95 € – (Tischbestellung ratsam)

Mit allerlei liebenswerten Details und persönlichen Dingen haben Fritz Lay und seine Frau die ehemalige Seifenfabrik ausstaffiert! Entstanden ist ein elegant-charmanter Stilmix als toller Rahmen für die moderne klassische Küche. Ganz was Besonderes: die Private Dining Rooms. Sehr schön auch die Gästezimmer!

Lay's Bistro – Siehe Restaurantauswahl

Lay's Bistro – Restaurant Lay's Loft

Schlickumstr. 1 ✉ 25355 – ✆ (04123) 9 29 05 77 – www.lays-loft.de – geschl. Montag - Dienstag

Karte 36/53 €

Die tolle Atmosphäre des wunderschön sanierten historischen Anwesens und die individuelle Einrichtung mit all den liebevoll arrangierten wertigen Einzelstücken sind im Bistro nicht minder geschmackvoll, und gut essen kann man hier auch!

BARNSTORF

Niedersachsen – 6 080 Ew. – Höhe 31 m – Regionalatlas **17-F7**

Berlin 395 km – Hannover 105 km – Bremen 59 km – Osnabrück 67 km

Michelin Straßenkarte 541

Roshop

Am Markt 6 ✉ 49406 – ✆ (05442) 98 00 – www.hotel-roshop.de

63 Zim – 81/125 € 102/150 € – 2 Suiten – ½ P

Das Business- und Tagungshotel liegt zentral am Marktplatz und verfügt über gut ausgestattete Gästezimmer mit individuellem Touch. Einige Zimmer sind ganz modern gestaltet. Unterteilter Restaurantbereich mit zeitgemäßem Ambiente.

BARSINGHAUSEN

Niedersachsen – 33 240 Ew. – Höhe 112 m – Regionalatlas **18-H9**
Berlin 315 km – Hannover 25 km – Bielefeld 87 km – Hameln 42 km
Michelin Straßenkarte 541

Marmite

Egestorfer Str. 36a ✉ 30890 – ✆ (05105) 6 18 18 – www.restaurant-marmite.de – geschl. Montag, Mai - September: Montag - Dienstag
Menü 35/48 € – Karte 31/51 € – *(nur Abendessen, sonntags auch Mittagessen)*
Das Restaurant mit der freundlich-mediterranen Note hat so manchen Stammgast, denn man bekommt hier frische saisonal-internationale Küche und gute Weine geboten. Etwas einfacher isst man im Bistro. Angeschlossene Tennishalle.

In Barsinghausen-Göxe Nord-Ost: 6 km, an der B 65

Gasthaus Müller

Goltener Str. 2 ✉ 30890 – ✆ (05108) 21 63 – www.gasthausmueller.de – geschl. Montag, Januar - Oktober: Montag - Dienstag
Karte 33/59 € – *(Dienstag - Samstag nur Abendessen)*
"Geschmorte Kalbsbäckchen" oder lieber "Rücken vom Havelländer Apfelschwein"? Die regional-saisonale Küche der Brüder Müller (bereits die 5. Generation) kommt gut an. Dazu gibt's in dem sympathischen Gasthaus rund 280 deutsche Weine.

BARTH

Mecklenburg-Vorpommern – 8 550 Ew. – Höhe 2 m – Regionalatlas **5-N3**
Berlin 272 km – Schwerin 155 km – Rostock 59 km – Stralsund 33 km
Michelin Straßenkarte 542

Pommernhotel Barth

Divitzer Weg 2 ✉ 18356 – ✆ (038231) 4 55 80 – www.pommernhotel.de
27 Zim – 50/75 € 75/105 € – 4 Suiten – ½ P
Am Ortsrand finden Sie das Hotel der Familie Splettstößer. Die freundlichen Gastgeber haben hier für Sie gepflegte und praktische Gästezimmer in zeitlosem Stil. Wer es gerne etwas ruhiger mag, fragt nach den Zimmern zum Wald hin.

BAUNACH

Bayern – 4 020 Ew. – Höhe 238 m – Regionalatlas **50-K15**
Berlin 414 km – München 243 km – Bayreuth 69 km – Würzburg 106 km
Michelin Straßenkarte 546

Rocus

Bahnhofstr. 16 ✉ 96148 – ✆ (09544) 2 06 40 – www.restaurant-rocus.de – geschl. Ende August - Anfang September 2 Wochen und Montag
Menü 52/68 € – Karte 40/59 € – *(Dienstag - Samstag nur Abendessen)*
Hier isst man klassisch, mediterran oder auch asiatisch, und das alte ehemalige Bahnhofsgebäude bietet dafür einen hübschen Rahmen: außen schön restauriert, innen geradlinig-modern. Terrasse im Innenhof oder zur Bahnlinie. Tipp: Buchen Sie einen Tisch im Weinkeller, umgeben von vielen spanischen Rotweinen!

BAUTZEN

Sachsen – 39 610 Ew. – Höhe 220 m – Regionalatlas **44-R12**
Berlin 200 km – Dresden 65 km – Görlitz 47 km – Cottbus 75 km
Michelin Straßenkarte 544

Bautzen

Wendischer Graben 20 ✉ 02625 – ✆ (03591) 49 20 – www.bwbautzen.de
157 Zim – 87/105 € 109/125 € – 5 Suiten – ½ P
Die zeitgemäßen und funktionellen Zimmer machen das Hotel gegenüber der historischen Altstadt besonders für Businessgäste interessant. Im Restaurant speist man international. Schön: Während der Adventszeit hat man den Weihnachtsmarkt direkt vor der Tür.

Dom Eck

Breitengasse 2 ✉ 02625 – ✆ (03591) 50 13 30 – www.wjelbik.de
12 Zim – 59/68 € 79/88 €
Die Gästezimmer dieses kleinen Familienbetriebs in zentraler Lage beim Dom sind hell und freundlich gestaltet. Sorbische und deutsche Künstler haben das Haus dekoriert.

Villa Antonia

Lessingstr. 1 ✉ 02625 – ✆ (03591) 50 10 20 – www.hotel-villa-antonia.de
20 Zim – 62/89 € 82/115 € – 2 Suiten – ½ P
Die hübsche Villa a. d. 19. Jh. liegt ca. 10 Gehminuten vom Zentrum entfernt. Die Zimmer sind wohnlich und funktional, Hingucker im Frühstücksraum ist die restaurierte Stuckdecke. In den "Tiroler Stuben" hat man es charmant-alpenländisch, entsprechend die Küche samt "Gröstl" und Wiener Schnitzel.

BAYERISCH GMAIN – Bayern ➔ Siehe Reichenhall, Bad

BAYERSOIEN, BAD

Bayern – 1 120 Ew. – Höhe 812 m – Regionalatlas **65-K21**
Berlin 642 km – München 102 km – Garmisch-Partenkirchen 35 km – Weilheim 38 km
Michelin Straßenkarte 546

Parkhotel am Soier See

Am Kurpark 1 ✉ 82435 – ✆ (08845) 1 20 – www.parkhotel-bayersoien.de
66 Zim – 117/171 € 194/282 € – 5 Suiten – ½ P
Die Leidenschaft der Gastgeber für Afrika spiegelt sich in diesem Hotel wider - frei nach dem Motto: "Bavarian Safari" und "Afrika im Ammergau" finden sich zahlreiche Details. In der African Lounge gibt es die passende Küche dazu: "Strauß und Springbock mit Koriander-Chilisauce". Saisonale Küche im Seestüberl, mittags Brotzeitkarte.

BAYREUTH

Bayern – 71 490 Ew. – Höhe 340 m – Regionalatlas **51-L15**
Berlin 358 km – München 231 km – Coburg 67 km – Nürnberg 80 km
Michelin Straßenkarte 546

Goldener Anker

Opernstr. 6, Zufahrt über Badstr. 3 ✉ 95444 Stadtplan : B1**r**
– ✆ (0921) 7 87 77 40 – www.anker-bayreuth.de – geschl. Weihnachten - Mitte Januar
33 Zim – 108/135 € 178/235 € – 2 Suiten – ½ P
Goldener Anker – Siehe Restaurantauswahl
Familientradition seit 13 Generationen, stilvolle Details, wohin man schaut - ein Gang durchs Hotel ist wie ein Spaziergang durch die Historie des Hauses. Schön die Lage im Herzen der Stadt, elegant das Interieur, das Frühstück wird am Tisch serviert. Eine Besonderheit: Der Tagungsbereich ganz oben hat eine schöne offene Landhausküche und eine Dachterrasse!

Bayerischer Hof

Bahnhofstr. 14 ✉ 95444 – ✆ (0921) 7 86 00 Stadtplan : B1**e**
– www.bayerischer-hof.de – geschl. 22. Dezember - 6. Januar
47 Zim – 78/125 € 104/149 € – 2 Suiten
Das Hotel liegt direkt neben dem Bahnhof und bietet Zimmer von klassisch bis modern, toll die Suite in der obersten Etage. Restaurant im französischen Bistrostil - vorne die legere "Gendarmerie", hinten "Etoile" mit schön gedeckten Tischen. Die Küche: von fränkischer Bratwurst bis Tarte Flambée.

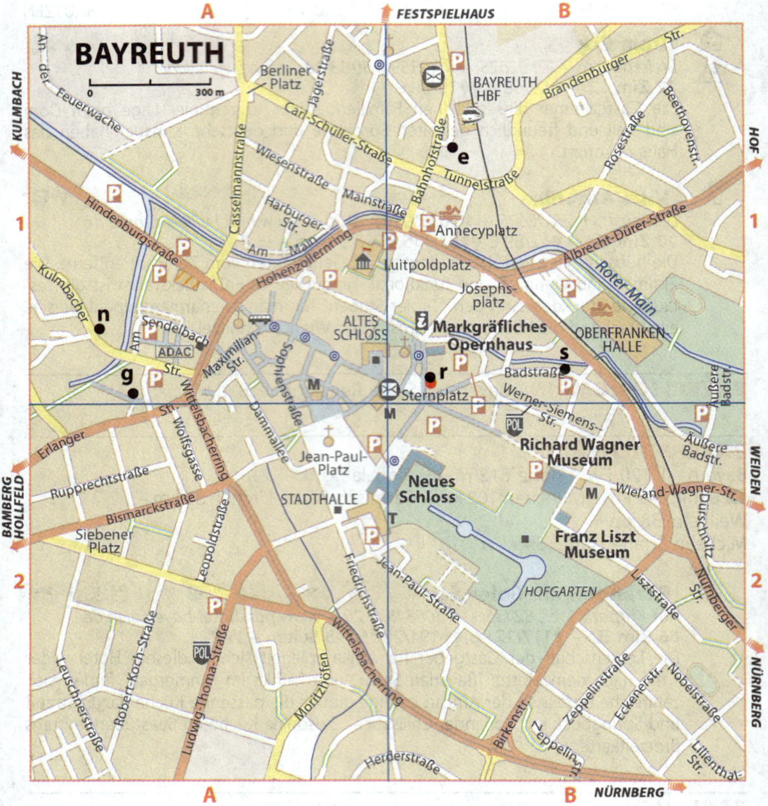

Rheingold

Austr. 2 ✉ *95445 – ✆ (0921) 9 90 08 50* Stadtplan : A1**g**
– www.hotel-rheingold-bayreuth.de
146 Zim – 89 € 115 € – ½ P
Ein gepflegtes Stadthotel mit funktionellen Zimmern und guten Tagungsmöglichkeiten. Die Zimmer nach Süden mit Klimaanlage, die geräumigeren Superior-Zimmer liegen teilweise im Turm und bieten eine schöne Aussicht, Juniorsuiten mit Balkon.

Goldener Löwe

Kulmbacher Str. 30 ✉ *95445 – ✆ (0921) 74 60 60* Stadtplan : A1**n**
– www.goldener-loewe.de
25 Zim – 35/125 € 69/174 € – 8 € – 1 Suite – ½ P
Eine goldene Löwenplastik begrüßt Sie am Eingang dieses gut geführten Gasthofs. Die Zimmer sind schön freundlich ("Deluxe" mit Minibar gratis), die Gaststube gemütlich-rustikal - ein Muss sind hier fränkisches Schäuferl oder Sauerbraten! Mögen Sie Marmelade? Zum Frühstück gibt's 20 selbstgemachte Sorten!

Lohmühle

Badstr. 37 ✉ *95444 – ✆ (0921) 5 30 60* Stadtplan : B1**s**
– www.hotel-lohmuehle.de
43 Zim – 60/118 € 90/175 € – ½ P
Eine nette Adresse auf den Grundmauern einer alten Gerberei und Sägemühle. Im Gasthof sind die Zimmer rustikal, im Gästehaus hell und funktionell eingerichtet. Im Restaurant: weiß verputzte Wände und dunkel gebeizte Deckenbalken.

Goldener Anker – Hotel Goldener Anker

Opernstr. 6 ✉ 95444 – ✆ (0921) 7 87 77 40 Stadtplan : B1**r**
– www.anker-bayreuth.de – geschl. Weihnachten - Ende Januar und Montag
Menü 20 € (mittags)/78 € – Karte 30/96 €
Eine tolle Holztäfelung, schöner Parkettboden und Jugendstilmobiliar bestimmen den Raum - das Inventar stammt größtenteils a. d. J. 1927! Dazu Klassisches und Internationales, z. B. "Kalbsfilet mit Madeirasauce und geröstetem Topinambur".

Bürgerreuth Ristorante italiano

An der Bürgerreuth 20, über Bahnhofstraße B1 ✉ 95445 – ✆ (0921) 7 84 00
– www.buergerreuth.de – geschl. über Weihnachten
8 Zim – †49/55 € ††70/95 € Karte 27/60 €
Seit über 30 Jahren betreuen Rinaldo und Stephanie Minuzzi in dem Restaurant in schöner Lage oberhalb des Festspielhauses ihre Gäste, und die mögen die klassisch-italienische Küche. Toll der große Grill, auf dem z. B. "Pollo alla Diavola" oder der Kalbsspießbraten "Arrosto allo Spiedo" zubereitet werden.

In Bayreuth-Oberkonnersreuth Süd-Ost: 3 km über Nürnberger Straße B2

Zur Sudpfanne

Oberkonnersreuther Str. 6 ✉ 95448 – ✆ (0921) 5 28 83 – www.sudpfanne.com
Menü 20 € (mittags)/69 € – Karte 31/66 €
Sie speisen in einem hübschen ehemaligen Brauereigebäude. Auf der regional-saisonalen Karte findet sich z. B. "Kalbssauerbraten mit Rahmwirsing und Kloß". Alternativ wählt man in der netten Brasserie Grillgerichte, Pasta oder den günstigen wechselnden Mittagsteller. Biergarten unter Bäumen (Selbstbedienung).

In Bindlach-Obergräfenthal Nord: 10 km, über Hindenburgstraße A1, in Heinersreuth Richtung Cottenbach, nach Theta links

Landhaus Gräfenthal

Obergräfenthal 7 ✉ 95463 – ✆ (09208) 2 89 – www.landhaus-graefenthal.de
– geschl. Montagmittag, Dienstag
Karte 27/49 €
Schon von außen eine hübsche, einladende Adresse, drinnen gemütlich mit Kachelofen und netter Deko. Auf den Tisch kommt z. B. "Zweierlei vom fränkischen Ochsen mit Kartoffelplätzchen" oder "Zander mit Steinpilzen und Bamberger Hörnla".

BAYRISCHZELL

Bayern – 1 600 Ew. – Höhe 800 m – Regionalatlas **66**-M21
Berlin 664 km – München 77 km – Rosenheim 37 km – Miesbach 23 km
Michelin Straßenkarte 546

In Bayrischzell-Geitau Nord-West: 5 km über B 307, Richtung Miesbach

Postgasthof Rote Wand

Geitau 15 ✉ 83735 – ✆ (08023) 90 50 – www.gasthofrotewand.de – geschl. 10. November - 12. Dezember
29 Zim – †48/52 € ††70/94 € – ½ P
Sehr sympathisch und familiär ist der Traditionsgasthof mit seinen tipptopp gepflegten Zimmern im wohnlichen Landhausstil. Essen kann man hier im Haus regional - probieren Sie auch die eigene Kreation: Rote-Wand-Torte! Zu den gemütlichen Gaststuben kommt im Sommer der schöne Biergarten unter alten Kastanien.

In Bayrischzell-Osterhofen Nord-West: 3 km über B 307, Richtung Miesbach

Der Alpenhof

Osterhofen 1 ✉ 83735 – ✆ (08023) 9 06 50 – www.der-alpenhof.com
39 Zim – †95/125 € ††135/165 € – 8 Suiten – ½ P
Das Restaurant Seeberg – Siehe Restaurantauswahl
Hier ist alles richtig geschmackvoll: von der eleganten kleinen Lobby bis zu den Zimmern... Nicht zuletzt die aufwändigen Themensuiten wie "Hideaways", "Franz Josef" oder "Mikado" machen das Haus zu einer nicht alltäglichen Adresse!

XX **Das Restaurant Seeberg** – Hotel Der Alpenhof

Osterhofen 1 ✉ 83735 – ✆ (08023) 9 06 50 – www.der-alpenhof.com
Menü 25/39 € – Karte 29/54 €
Der Service sehr freundlich und aufmerksam, die Stuben wirklich hübsch in ihrer gemütlich-bayerischen Art - so wünscht man sich das! Die Küche: regional und saisonal, so z. B. Wiener Schnitzel oder gebratenes Bachsaiblingsfilet.

BECKUM

Nordrhein-Westfalen – 35 910 Ew. – Höhe 105 m – Regionalatlas **27-E10**
Berlin 438 km – Düsseldorf 130 km – Bielefeld 58 km – Hamm in Westfalen 20 km
Michelin Straßenkarte 543

Am Höxberg Süd: 2,5 km, Richtung Lippborger

XX **Zur Windmühle**

Unterberg II/33 ✉ 59269 – ✆ (02521) 8 60 30 – www.zur-windmuehle.de – geschl. Juli - August 2 Wochen und Montag
Menü 38/67 € – Karte 29/64 € – *(Dienstag - Samstag nur Abendessen)*
Ein Haus mit langer Familientradition. Patron Norbert Nettebrock bietet eine international beeinflusste Küche - Lust auf "Lammrücken mit Kräuterkruste"? Tipp: Fragen Sie nach den Empfehlungen des Chefs. Auch für Veranstaltungen ist die große Terrasse mit Blick auf die hauseigene Mühle von 1853 sehr beliebt.

In Beckum-Vellern Nord-Ost: 4 km

Alt Vellern

Dorfstr. 21 ✉ 59269 – ✆ (02521) 8 71 70 – www.alt-vellern.de – geschl. über Weihnachten, über Ostern
40 Zim – 80/125 € 108/185 € – ½ P
Das Haus wird sympathisch, familiär und mit Engagement geführt, man bleibt am Ball und investiert kontinuierlich. Wie wär's z. B. mit einem der wirklich hochwertigen und wohnlichen neueren Zimmer im Dachgeschoss? Schön die rustikal-regionale Atmosphäre im Restaurant, das Angebot ist saisonal.

BEDERKESA, BAD

Niedersachsen – 5 240 Ew. – Höhe 9 m – Regionalatlas **9-G5**
Berlin 400 km – Hannover 198 km – Cuxhaven 42 km – Bremerhaven 25 km
Michelin Straßenkarte 541

Bösehof

Hauptmann-Böse-Str. 19 ✉ 27624 – ✆ (04745) 94 80 – www.boesehof.de
48 Zim – 60/128 € 135/165 € – 10 Suiten – ½ P
Schön und recht ruhig liegt dieser Familienbetrieb. Einige Zimmer mit Blick in den reizvollen Garten, geräumiger im Haus "Jan Bohls". Das Haus "Hermann Allmers" beherbergt einen kleinen Spa. Sehr gutes Frühstück, im Sommer auf der Terrasse. Internationale und regionale Küche im elegant-rustikalen Restaurant.

BEELITZ

Brandenburg – 11 890 Ew. – Höhe 40 m – Regionalatlas **22-O9**
Berlin 59 km – Potsdam 25 km – Bad Belzig 41 km – Magdeburg 126 km
Michelin Straßenkarte 542

XX **kochZIMMER** (Jörg Frankenhäuser)

Berliner Str. 195 ✉ 14547 – ✆ (033204) 70 93 66 – www.restaurant-kochzimmer.de – geschl. Anfang Januar 2 Wochen, Juli - August 3 Wochen und Montag - Dienstag
Menü 43/73 €
Was hier auf den Teller kommt, ist kreative, ambitionierte Küche, wie man sie eher in Berlin erwarten würde! Man kümmert sich freundlich um die Gäste, die Atmosphäre ist sympathisch-modern, schön die Gartenterrasse! Gute kleine Weinauswahl.
➜ Confierter Kabeljau, Wiesenkräuter, Avocado. Schweinebauch "asiatisch", eingelegter Rettich, Litschi. Hirschrücken, Ingwer, Birne, Pinienkerne.

BEILNGRIES

Bayern – 8 900 Ew. – Höhe 368 m – Regionalatlas **58-L18**

Berlin 482 km – München 108 km – Nürnberg 76 km – Ingolstadt 35 km

Michelin Straßenkarte 546

Der Millipp

Hauptstr. 9 ✉ 92339 – ✆ (08461) 12 03 – www.der.millipp.de

22 Zim – 95/120 € 120/135 € – ½ P

Ein traditionsreicher Metzgeregasthof, in dessen Zimmern man gelungen die historische Bausubstanz mit wohnlich-elegantem Landhausstil kombiniert hat. Rustikal-gediegen zeigen sich die Gaststuben mit regionaler Küche.

Fuchsbräu

Hauptstr. 23 ✉ 92339 – ✆ (08461) 65 20 – www.fuchsbraeu.de

71 Zim – 81/108 € 102/128 € – 2 Suiten – ½ P

Das gewachsene Hotel (seit fünf Generationen im Familienbesitz) bietet geschmackvoll-wohnliche Zimmer, einen hübschen kleinen Wellnessbereich sowie ein freundliches Restaurant, in dem man auf regionale Produkte setzt. Gönnen Sie sich doch eine der "Kaiserbeck"-Maisonette-Suiten mit tollem historischem Dachgebälk. Schön auch die gemütlich-moderne "Kaiserbeck Bar".

Die Gams

Hauptstr. 16 ✉ 92339 – ✆ (08461) 61 00 – www.hotel-gams.de

62 Zim – 74/89 € 94/148 € – ½ P

Hier spürt man das Engagement der Familie (bereits die 7. Generation): wohnliche Zimmer, darunter schicke Kreativzimmer, guter Tagungsbereich sowie Massage und Kosmetik. Dazu regionale Küche in gemütlichen Restauranträumen. Tipp: moderne, mit Liebe zum Detail individuell gestaltete Zimmer in der "schmiede7".

Brauereigasthof und Hotel Schattenhofer

Hauptstr. 44 ✉ 92339 – ✆ (08461) 6 41 30 – www.schattenhofer-beilngries.de

48 Zim – 45/74 € 70/90 € – ½ P

Das Haus mit jahrhundertelanger Familientradition bietet in der Wodansburg und im Alten Bräuhaus solide, teils geräumige und neuzeitliche Zimmer; einige allergikergerecht. Das Restaurant ist rustikal gehalten. Die eigene Brauerei ist die letzte im Ort.

BEILSTEIN

Rheinland-Pfalz – 140 Ew. – Höhe 90 m – Regionalatlas **46-C14**

Berlin 655 km – Mainz 111 km – Koblenz 48 km – Trier 102 km

Michelin Straßenkarte 543

Haus Lipmann

Marktplatz 3 ✉ 56814 – ✆ (02673) 15 73 – www.hotel-haus-lipmann.de – geschl. November - 1. April

12 Zim – 90/130 € 100/140 € – ½ P

Mitten im Ort steht das tiptopp gepflegte Gasthaus a. d. 18. Jh. Besonders hübsch ist Zimmer Nr. 4 mit Balkon zur Mosel. Etwas geräumigere Zimmer im Gästehaus. Rustikales Restaurant mit weinberankter Terrasse zum Fluss. Schön ist der Rittersaal mit großem Kamin.

Altes Zollhaus N

Moselstr. 26 ✉ 56814 – ✆ (02673) 18 50 – www.hotel-lipmann.de – geschl. November - März

8 Zim – 65/85 € 85/120 € – ½ P

In dem kleinen Gasthaus an der Mosel erwarten Sie gemütliche Zimmer mit Blick auf den Fluss oder zum Marktplatz. Wer Grillgerichte mag, darf sich freuen - die bekommt man nämlich in der netten Gaststube und auf der Terrasse

BELLHEIM

Rheinland-Pfalz – 8 420 Ew. – Höhe 117 m – Regionalatlas **54**-**E17**
Berlin 659 km – Mainz 126 km – Karlsruhe 33 km – Landau in der Pfalz 13 km
Michelin Straßenkarte 543

Lindner's

Postgrabenstr. 52 ✉ 76756 – ✆ (07272) 97 20 60 – www.lindner-hotel.de
21 Zim – 59/64 € 85/95 €
Ein Haus in netter dörflicher Lage, das sich ganz auf den Businessgast eingestellt hat. Die Zimmer sind funktionell und auch modern, einige mit Klimaanlage. Freuen wird Sie auch das frische Frühstücksbuffet in zeitgemäßem Ambiente.

In Knittelsheim West: 2 km Richtung Landau

Steverding's Isenhof

Hauptstr. 15a ✉ 76879 – ✆ (06348) 57 00 – www.isenhof.de – geschl. Januar 3 Wochen und Sonntagabend - Mittwoch
Menü 98/118 € – *(Donnerstag - Samstag nur Abendessen)* (Tischbestellung erforderlich)
Seit zwei Jahrzehnten mit einem Stern ausgezeichnet, ist der Isenhof ein Garant für gleichbleibend hohes Niveau: modern inspirierte klassische Küche voller Aroma und Ausdruck. Und das ist noch nicht alles: Für jede Menge Charme sorgen das reizende alte Fachwerkhaus sowie professioneller Service mit Herz.
➜ Jakobsmuschel, Wildlachs, gebrannte Melone, Erbse. Salzwiesenlamm mit Radieschen-Artischockensalat. Aprikose, Rosmarin, Pistazie, Lavendel, Zitrone und Schokolade.

BELLINGEN, BAD

Baden-Württemberg – 3 980 Ew. – Höhe 257 m – Regionalatlas **61**-**D21**
Berlin 841 km – Stuttgart 247 km – Freiburg im Breisgau 44 km – Müllheim 12 km
Michelin Straßenkarte 545

Landgasthof Schwanen

Rheinstr. 50 ✉ 79415 – ✆ (07635) 81 18 11 – www.schwanen-bad-bellingen.de – geschl. 4. - 29. Januar
25 Zim – 63 € 91/110 € – ½ P
Landgasthof Schwanen – Siehe Restaurantauswahl
In dem Traditionshaus von 1887 wohnen Sie entweder im Haupthaus, zentral am Schlosspark, oder im 400 m entfernten Gästehaus. Letzteres hat Appartements, Liegewiese und eine schöne Aussicht zu bieten. Den freundlichen Service haben Sie hier wie dort!

Ambiente

Akazienweg 1 ✉ 79415 – ✆ (07635) 8 10 40 – www.ambiente-bellingen.de
22 Zim – 67/115 € 102/120 €
Familie Silcher hat hier renoviert und umgestaltet und dem Haus so ein neues Gesicht gegeben! Und das kleine Hotel ist wirklich nett geworden mit seinen freundlichen Zimmern und dem behaglich-eleganten Frühstücksraum - die gute Auswahl vom Buffet können Sie auch auf der Terrasse zum Garten genießen.

Landgasthof Schwanen – Hotel Landgasthof Schwanen

Rheinstr. 50 ✉ 79415 – ✆ (07635) 81 18 11 – www.schwanen-bad-bellingen.de – geschl. 4. - 29. Januar
Menü 33 € (unter der Woche)/56 € – Karte 30/57 €
Alexander Fräulin ist im traditionsreichen Schwanen (seit Generationen ein Familienbetrieb) für die Küche verantwortlich, und damit für richtig leckere Gerichte wie "Kaninchenpastete mit Pilzen und Pistazien" oder "Variation von gebratenen Edelfischen".

XX **Berghofstüble** P

Berghof 1, Nord-Ost: 1,5 km, über Markus-Ruf-Straße ✉ 79415 – ✆ (07635) 12 93 – www.berghofstueble-bad-bellingen.de – geschl. über Fasnacht 1 Woche, Mitte September 2 Wochen und Montag - Dienstag

Menü 18 € (mittags)/85 € – Karte 36/62 € – (Tischbestellung erforderlich)

"Kulinarisches im Grünen" steht über dem Eingang und das trifft es recht gut, denn das Haus liegt schon etwas abseits. Auf der Karte finden sich Wiener Schnitzel und Cordon bleu, ebenso Entrecôte, Kalbsrückensteak oder Steinbutt. Wie wär's mit einem Platz auf der reizvollen Terrasse mit Aussicht?

In Bad Bellingen-Hertingen West: 3 km

Hebelhof P

Bellinger Str. 5 ✉ 79415 – ✆ (07635) 8 24 49 30 – www.drei-thermen-golfresort.de

30 Zim – 50/60 € 100/120 € – ½ P

Für Golfer könnte die Lage kaum besser sein, denn gleich vier Golfplätze sind in der Nähe! Ein kleines Putting Green hat man sogar direkt im Garten. Neben den schönen wohnlichen Zimmern im Hotel hat man noch Appartementhäuser: Wer länger bleibt, hat's hier richtig chic und modern! Komplett wird das Angebot durch den Freizeitbereich und das gediegene Abendrestaurant.

BELM – Niedersachsen ➜ Siehe Osnabrück

BELZIG, BAD

Brandenburg – 11 060 Ew. – Höhe 88 m – Regionalatlas **32-N9**

Berlin 87 km – Potsdam 57 km – Brandenburg 35 km – Magdeburg 72 km

Michelin Straßenkarte 542

Springbach-Mühle P

Mühlenweg 2, Nord: 2 km, nahe der B 102 ✉ 14806 – ✆ (033841) 79 66 10 – www.springbachmuehle.de

56 Zim – 65/75 € 79/99 € – ½ P

Eine sehr idyllische Adresse am Waldrand ist das 1749 als Ölmühle gebaute und zum Hotel umfunktionierte Anwesen. Der Springbach durchläuft das weitläufige Gartengrundstück. Ländlich-rustikales Ambiente im Restaurant.

BEMPFLINGEN

Baden-Württemberg – 3 400 Ew. – Höhe 336 m – Regionalatlas **55-G19**

Berlin 667 km – Stuttgart 30 km – Reutlingen 13 km – Tübingen 21 km

Michelin Straßenkarte 545

XXX **Krone** P

Brunnenweg 40 ✉ 72658 – ✆ (07123) 3 10 83 – www.kronebempflingen.de – geschl. Anfang Januar 1 Woche, über Fasching, über Ostern, Juni 1 Woche, Anfang - Mitte August und Sonntag - Dienstagmittag, Mittwochmittag

Menü 18 € (mittags unter der Woche)/54 € – Karte 39/73 € – (Tischbestellung ratsam)

Bei Familie Veit (sie betreibt ihr Restaurant bereits seit rund 40 Jahren) gibt es neben klassischer und schwäbischer Küche (Schmorbraten, Spätzle & Co.) auch Saisonales. Sie sollten hier mal zu Mittag essen - ein Lunchmenü für 18 € bekommt man selten! Kleine Terrasse und Lounge.

BENDESTORF

Niedersachsen – 2 280 Ew. – Höhe 36 m – Regionalatlas **10-I6**

Berlin 306 km – Hannover 130 km – Hamburg 39 km – Lüneburg 40 km

Michelin Straßenkarte 541

Landhaus Meinsbur P

Gartenstr. 2 ✉ 21227 – ✆ (04183) 7 79 90 – www.meinsbur.de

10 Zim – 75/110 € 120/180 € – 10 € – 2 Suiten

Landhaus Meinsbur – Siehe Restaurantauswahl

Das charmante historische Bauernhaus steht auf einem herrlichen Gartengrundstück - einst war es Herberge von Filmstars wie Hildegard Knef! Geschmackvoll die Zimmer, freundlich der Service, toll der Garten. Auch Trauungen sind möglich.

XX **Landhaus Meinsbur** - Hotel Landhaus Meinsbur

Gartenstr. 2 ✉ 21227 – ✆ (04183) 7 79 90 – www.meinsbur.de
Menü 35 € – Karte 37/67 €
Außen ein hübsches altes Bauernhaus, drinnen sehenswerte Stuben mit schönen Dekorationen und offenem Kamin. Die Karte ist mediterran und regional: "Kalbstafelspitz mit Meerrettichsauce", "gebratenes Zanderfilet mit Cranberryrisotto"...

BENDORF

Rheinland-Pfalz – 16 540 Ew. – Höhe 80 m – Regionalatlas **36-D14**
Berlin 593 km – Mainz 101 km – Koblenz 12 km – Bonn 63 km
Michelin Straßenkarte 543

Berghotel Rheinblick

Remystr. 79 ✉ 56170 – ✆ (02622) 127 1 27 – www.berghotel-rheinblick.de
32 Zim – 62/67 € 101/120 € – ½ P
In erhöhter Lage über dem Rheintal finden Sie den langjährigen Familienbetrieb mit funktional eingerichteten Gästezimmern, die überwiegend Flussblick bieten. Vom Restaurant und der Panoramaterrasse schaut man auf Bendorf und den Rhein.

In Bendorf-Sayn Nord-West: 1,5 km

Villa Sayn

Koblenz-Olper-Str. 111 ✉ 56170 – ✆ (02622) 9 44 90 – www.villasayn.de
17 Zim – 75/89 € 98/112 € – 9 €
Ein kleines herrschaftliches Anwesen! In der schmucken Villa selbst befindet sich das Restaurant (hier ein breites Angebot), im hinteren Haus die schönen freundlichen Zimmer. Angenehm die toskanische Note, sehenswert die alte Treppe mit schmiedeeisernem Geländer sowie die Stuckverzierungen in der Lobby.

BENSHEIM an der BERGSTRASSE

Hessen – 39 370 Ew. – Höhe 115 m – Regionalatlas **47-F16**
Berlin 593 km – Wiesbaden 66 km – Mannheim 37 km – Darmstadt 26 km
Michelin Straßenkarte 543

Alleehotel Europa - Residenz

Europa-Allee 45 ✉ 64625 – ✆ (06251) 10 50 – www.alleehotel-europa.de
172 Zim – 69/120 € 69/120 € – 10 € – ½ P
Ein Business- und Tagungshotel mit großzügiger Lobby sowie funktionellen Zimmern, die sich auf Haupthaus, Residenz und Boarding House verteilen. Das Restaurant Sankt Georg bietet internationale Küche, in der urig-rustikalen Vinothek gibt's regionale Gerichte zu passenden Weinen.

BENTHEIM, BAD

Niedersachsen – 15 070 Ew. – Höhe 62 m – Regionalatlas **16-C8**
Berlin 491 km – Hannover 207 km – Nordhorn 19 km – Enschede 29 km
Michelin Straßenkarte 541

Grossfeld

Schlossstr. 6 ✉ 48455 – ✆ (05922) 7 77 70 – www.grossfeld.de
128 Zim – 89/99 € 129/149 € – 9 Suiten – ½ P
Aus mehreren Häusern besteht das Hotel im Zentrum, nahe der Burg. Komfortabler sind die Zimmer im "Spa 7". Hier auch der Freizeitbereich mit Außensauna im Blockhausstil.

XX **Keilings Restaurant**

Wilhelmstr. 9a ✉ 48455 – ✆ (05922) 77 66 33 – www.keilings.de – geschl. Juni 3 Wochen, Ende September - Anfang Oktober 2 Wochen und Montag - Dienstag
Menü 79/148 € – Karte 77/105 € – *(nur Abendessen)* (Tischbestellung ratsam)
Hervorragende Küche ist Ihnen bei Lars Keiling gewiss - klassisch-modern ist sie, ausdrucksstark und aromenreich. Der Service glänzt mit Herzlichkeit und Kompetenz, trefflich die Weinberatung. Beachtung verdient auch das Interieur: hochwertig und geschmackvoll-elegant.
→ Scampi, Spargel, Fingerlimes. Zander, Erbsenschote, Morchelbisquit, Pancetta. Perlhuhn, Zitronengras, Kokos, Koriander.
Weinbistro – Siehe Restaurantauswahl

Weinbistro – Keilings Restaurant

Wilhelmstr. 9a ✉ 48455 – ✆ (05922) 77 66 33 – www.keilings.de – geschl. Juni 3 Wochen, Ende September - Anfang Oktober 2 Wochen und Montag - Mittwochmittag

Menü 39/57 € – Karte 34/49 €

Trendig das Raum-in-Raum-Konzept von Gourmet und Bistro. Letzteres bietet schmackhafte regional-klassische Gerichte mit saisonalem Einfluss, z. B. als "geschmorte Ochsenschulter mit Semmelknödel". Schön die Terrasse. Vinothek gegenüber.

In Bad Bentheim-Gildehaus West: 4 km

Waldseiter Hof

An der Waldseite 7, Nord: 2,5 km ✉ 48455 – ✆ (05924) 7 85 50 – www.waldseiterhof.de – geschl. 5. - 11. Januar

18 Zim – 57/66 € 99/110 € – 1 Suite – ½ P

Ein wirklich charmantes Anwesen in einem Park mit Golfplatz! Hier bezieht man wohnliche Landhauszimmer, und zum Speisen sitzt man am liebsten auf der Terrasse umgeben von Blumen, Kräutern und Bäumen - auch zum Frühstücken und für Kaffee und Kuchen ein idyllischer Ort!

BENZ

Mecklenburg-Vorpommern – 630 Ew. – Höhe 40 m – Regionalatlas **12-L4**

Berlin 249 km – Schwerin 45 km – Grevesmühlen 36 km

Michelin Straßenkarte 542

In Benz-Gamehl Nord-Ost: 5 km über B 105

Schloss Gamehl

Dorfstr. 26 ✉ 23970 – ✆ (038426) 2 20 00 – www.schloss-gamehl.de – geschl. Januar

14 Zim – 85/139 € 114/172 € – 5 Suiten – ½ P

Das herrschaftliche Anwesen ist eine echte Augenweide, außen wie innen! In den Zimmern: eleganter Landhausstil - Holz, Leinen und helle Töne dominieren, edel und wohltuend. Auch dem Festsaal-Flair des Restaurants (alter Parkettboden, Lüster, hohe Fenster...) kann man sich nicht entziehen!

BERCHING

Bayern – 8 480 Ew. – Höhe 385 m – Regionalatlas **57-L17**

Berlin 474 km – München 114 km – Nürnberg 60 km – Ingolstadt 41 km

Michelin Straßenkarte 546

Gewürzmühle

Gredinger Str. 2 ✉ 92334 – ✆ (08462) 20 00 50 – www.gewuerzmuehle-berching.de

43 Zim – 62/64 € 82/85 € – 3 Suiten – ½ P

Einst Mühle, dann Reithalle und 1994 zum Hotel umgebaut. Und hier stehen heute gepflegte, wohnliche und sehr individuell geschnittene Zimmer sowie variable Tagungsräume bereit, dazu ein Whirlpool im historischen Gewölbe. Internationale Küche mit regionalen Akzenten in modern-eleganten Restaurantstuben.

BERCHTESGADEN

Bayern – 7 790 Ew. – Höhe 572 m – Regionalatlas **67-P21**

Berlin 744 km – München 154 km – Bad Reichenhall 20 km – Kitzbühel 77 km

Michelin Straßenkarte 546

Alpenhotel Kronprinz

Am Brandholz ✉ 83471 – ✆ (08652) 60 70 – www.alpenhotel-kronprinz.de

62 Zim – 78/125 € 106/230 € – 3 Suiten – ½ P

Die ruhige, leicht erhöhte Lage am Dorfrand sowie zeitgemäße, freundlich gestaltete Zimmer mit gutem Platzangebot machen dieses Ferienhotel aus. Panoramarestaurant mit bayerischem Stüberl, ergänzt durch die Bier- und Weinstube "Zum Faßl" mit regionaler Küche.

Alpenhotel Weiherbach

Weiherbachweg 8 ✉ 83471 – ✆ (08652) 97 88 80 – www.weiherbach.de – geschl. 8. November - 5. Dezember
20 Zim – 41/65 € 76/150 €
Ein wirklich nettes und gepflegtes familiär geführtes Urlaubshotel in ruhiger Lage am Ortsrand. Es erwarten Sie wohnlich eingerichtete Gästezimmer und ein hübscher Gartenbereich. Für Familien sind die Appartements mit kleiner Küche ideal.

Krone

Am Rad 5 ✉ 83471 – ✆ (08652) 9 46 00 – www.hotel-krone-berchtesgaden.de – geschl. November - 20. Dezember
17 Zim – 47/56 € 84/102 € – ½ P
Etwas oberhalb am Ortsrand befindet sich diese schöne Ferienadresse. Ein alpenländisches Haus mit behaglich-rustikalen, teils talseitigen Zimmern. Bergpanorama auch von der Liegewiese und der Terrasse.

Lockstein 1

Locksteinstr. 1 ✉ 83471 – ✆ (08652) 98 00 – www.biohotel-kurz.de
Menü 40 € – *(nur Abendessen)* (Tischbestellung erforderlich)
Das ist schon eine besondere Adresse: Durch die schöne Küche gelangt man in das 500 Jahre alte Bauernhaus. Hier kocht Christel Kurz mit Liebe und Können, und zwar ein vegetarisches Menü, für das auch der tolle Kräutergarten hinter dem Haus zum Einsatz kommt. Nicht nur das Restaurant ist sehr gefragt, auch die beiden Gästezimmer sind gut gebucht.

An der Rossfeld-Ringstraße

Neuhäusl

Wildmoos 45 ✉ 83471 Berchtesgaden – ✆ (08652) 94 00 – www.neuhaeusl.de – geschl. 10. November - 18. Dezember
65 Zim – 75/80 € 160/220 € – ½ P
Ein gewachsener Berggasthof direkt an der Grenze zu Österreich, schön gepflegt und seit mehreren Generationen charmant-familiär geführt. Hier gibt es z. B. einige hübsche große Studios und einen netten Wellnessbereich (charmant die "Almstube"). Zum gemütlichen Restaurant gehören ein Wintergarten und eine Terrasse - mit toller Sicht auf Untersberg oder Kehlstein.

Auf dem Obersalzberg

Kempinski Hotel Berchtesgaden

Hintereck 1 ✉ 83471 – ✆ (08652) 9 75 50 – www.kempinski.com/berchtesgaden
126 Zim – 210/540 € 260/760 € – 12 Suiten – ½ P
LE CIEL ✿ • ***Johann Grill*** – Siehe Restaurantauswahl
1000 m über dem Meer, ringsum schönste Bergkulisse und dazu Luxus der modernen Art! Top die Penthouse-Maisonette-Suiten mit Dachterrasse, eine Oase für Wellnessfans der "Mountain Spa", ein Ort der Gemütlichkeit das rustikale Bergstüberl. Es ist ein Resort der Ruhe und dennoch auch für Tagungen geeignet. Gleich am Haus gibt es übrigens einen Familien-Skihügel mit Lift.

LE CIEL – Kempinski Hotel Berchtesgaden

Hintereck 1 ✉ 83471 Berchtesgaden – ✆ (08652) 9 75 50 – www.kempinski.com/berchtesgaden – geschl. November 2 Wochen und Sonntag - Dienstag
Menü 95/145 € – *(nur Abendessen)* (Tischbestellung ratsam)
Der elegante runde Raum mit herrlichem Bergblick ist schon eine Augenweide, ganz zu schweigen von den Menüs "Welt", "Bayerische Alpen", "Kraut & Rüben" - niveauvoll, finessenreich und aus tollen Produkten. Überaus versiert und reibungslos der Service. Tipp: im Sommer Aperitif auf der traumhaften Terrasse!
➜ Rochen, Artischocke, Kapern, Zitrone. Bio Ei, Rahmspinat, Morcheln. Rhabarber, Ingwer, Miso.

Johann Grill – Kempinski Hotel Berchtesgaden

Hintereck 1 ✉ 83471 Berchtesgaden – ✆ (08652) 9 75 50
– www.kempinski.com/berchtesgaden
Karte 42/79 € – *(nur Abendessen)*
Schön hell und modern ist es hier, die Glasfront garantiert eine Panoramaaussicht, die Gänsehaut-Feeling erzeugt! Seinen Namen hat das Restaurant übrigens vom Erstbesteiger der Watzmann-Ostwand im Jahre 1881.

BERGHAUPTEN – Baden-Württemberg ➜ Siehe Gengenbach

BERGHÜLEN – Baden-Württemberg ➜ Siehe Merklingen

BERGISCH GLADBACH

Nordrhein-Westfalen – 109 430 Ew. – Höhe 100 m – Regionalatlas **36-C12**
Berlin 571 km – Düsseldorf 46 km – Bonn 40 km – Köln 17 km
Michelin Straßenkarte 543

In Bergisch Gladbach-Bensberg

Althoff Grandhotel Schloss Bensberg

Kadettenstraße ✉ 51429 – ✆ (02204) 4 20
– www.schlossbensberg.com
Stadtplan : B2**e**
86 Zim – 175/275 € 205/305 € – 32 € – 34 Suiten
Vendôme ✿✿✿ • ***Trattoria Enoteca*** – Siehe Restaurantauswahl
Ein imposantes jahrhundertealtes Schloss als wunderschöner klassischer Rahmen für edles Interieur und professionellen Service. Fantastisch die exponierte Lage über Köln mit Blick auf den Dom. Auch eine tolle Kulisse für eine Hochzeit!

Waldhotel Mangold

Am Milchbornbach 39 ✉ 51429 – ✆ (02204) 9 55 50
Stadtplan : B2**m**
– www.waldhotel.de – geschl. 27. Dezember - 11. Januar
23 Zim – 100/175 € 160/230 € – 10 € – ½ P
Ruhig liegt das gut geführte Landhotel am Waldrand unterhalb des Schlosses, Wanderwege hat man praktisch gleich vor der Tür! Fragen Sie nach den neueren Zimmern! Zum Haus gehört ein sehr gepflegter Garten und ein elegant-rustikales Restaurant - hier gibt es freitags traditionelle Klassiker.

Malerwinkel

Burggraben 6, am Rathaus ✉ 51429 – ✆ (02204) 9 50 40
Stadtplan : B2**n**
– www.malerwinkel-hotel.de
35 Zim – 98/149 € 169/199 €
Das hübsche Ensemble aus Stammhaus, "Musikschule" und "Künstlerhaus" wird angenehm persönlich geleitet und besticht durch liebenswerte Einrichtung. Sie frühstücken im lichten Wintergarten (interessant die Glasdecke über dem gut bestückten Buffet!) und entspannen im idyllischen begrünten Innenhof.

Vendôme – Althoff Grandhotel Schloss Bensberg

✿✿✿
Kadettenstraße ✉ 51429 – ✆ (02204) 4 20
Stadtplan : B2**e**
– www.schlossbensberg.com – geschl. 1. - 17. Februar, 25. Juli - 17. August und Montag - Dienstag
Menü 120 € (mittags)/270 € – *(Mittwoch - Freitag nur Abendessen)* (Tischbestellung ratsam)
Vom Auftakt bis zum süßen Abschluss treffen hier in edlem, elegantem Ambiente Produktqualität und Zeitgeist auf fachliche Perfektion! Jeder Gang geschmacklich wie optisch ein wahrer Glanzpunkt: ideenreich, aufwändig, durchdacht. Der Service fachlich versiert und souverän.
➜ Labskaus und Kabeljau, Brandade, Matjesvinaigrette. Mieral Perlhuhn, Estragon, kleine Artischocken, Misopüree. Spaghettieis, weiße Schokolade, Himbeer-Rhabarber und Waldmeisterjoghurt.

Trattoria Enoteca – Althoff Grandhotel Schloss Bensberg

Kadettenstraße ✉ *51429* – ✆ *(02204) 4 20* Stadtplan : B2**e**
– *www.schlossbensberg.com*
Menü 49/89 € – Karte 40/78 €
Italienische Küche in geschmackvoller gemütlicher Atmosphäre mit mediterraner Note. Im romantischen Innenhof mit hübsch bewachsenen Natursteinmauern befindet sich die Terrasse.

In Bergisch Gladbach-Herrenstrunden über Kürtener Straße B1:2,5 km

Dröppelminna

Herrenstrunden 3 ✉ *51465* – ✆ *(02202) 3 25 28*
– *www.restaurant-droeppelminna.de*
– *geschl. Januar 1 Woche, über Karneval 2 Wochen, August 3 Wochen und Montag - Dienstag*
Menü 41/51 € – Karte 35/52 € – *(nur Abendessen, sonntags auch Mittagessen)* (Tischbestellung ratsam)
In dem kleinen Fachwerkhaus sorgen allerlei liebevolle Details für Gemütlichkeit. Gerne sitzen die Gäste hier bei international beeinflusster französischer Küche - am Wochenende können Sie zwischen zwei Menüs wählen. Hübsche Terrasse.

In Bergisch Gladbach-Refrath über Dollmannstraße A2

Brehms Kult

Wickenpfädchen 9 ✉ 51427 – ✆ (02204) 96 46 27 – www.brehm-cgn.de – geschl. Februar und Sonntag - Montag, Samstagmittag
Menü 17 € (mittags unter der Woche)/45 € – Karte 37/57 €
Markus Brehm hat hier ein hübsches modernes Restaurant, in dem er international kocht. Die kleine Karte wechselt häufig, je nach Verfügbarkeit der guten, frischen Produkte. Tipp: das günstige 3-gängige Mittagsmenü.

BERGKIRCHEN – Bayern ➔ Siehe Dachau

BERGLEN – Baden-Württemberg ➔ Siehe Winnenden

BERGNEUSTADT

Nordrhein-Westfalen – 18 840 Ew. – Höhe 240 m – Regionalatlas **36**-D12
Berlin 558 km – Düsseldorf 89 km – Köln 57 km – Olpe 20 km
Michelin Straßenkarte 543

In Bergneustadt-Niederrengse Nord-Ost: 7 km über B 55, in Pernze links

Rengser Mühle

Niederrengse 4 ✉ 51702 – ✆ (02763) 9 14 50 – www.rengser-muehle.de – geschl. Montag - Dienstag
4 Zim – 75/95 € 105 € – ½ P
Menü 22 € (mittags)/75 € – Karte 25/56 €
In der 6. Generation betreibt Familie Vormstein das schön gelegene Haus mit heimeligen Stuben. Bürgerliche Küche mit regionalem Einfluss, "Bergische Kaffeetafel" auf Vorbestellung.

BERLEBURG, BAD

Nordrhein-Westfalen – 19 240 Ew. – Höhe 420 m – Regionalatlas **37**-F12
Berlin 494 km – Düsseldorf 174 km – Siegen 42 km – Meschede 56 km
Michelin Straßenkarte 543

Alte Schule

Goetheplatz 1 ✉ 57319 – ✆ (02751) 9 20 47 80 – www.hotel-alteschule.de
20 Zim – 67/90 € 136/156 € – ½ P
Ein geschmackvolles und elegantes kleines Hotel, das sich dem Thema Schule verschrieben hat. Individuelle Einrichtungsdetails, wertiges Mobiliar und freundlicher Service machen dieses Haus sehr angenehm. Das Restaurant in dem alten Schulraum ist behaglich gestaltet, die Küche ist regional und international.

In Bad Berleburg-Wingeshausen West: 14 km

Weber

Inselweg 5 ✉ 57319 – ✆ (02759) 4 12 – www.landgasthof-weber.de – geschl. Januar 1 Woche, Juli 2 Wochen und Montag - Mittwochmittag
4 Zim – 37/40 € 70/74 € – ½ P Menü 25/48 € – Karte 22/50 €
Freundlich und engagiert leitet Familie Weber das traditionsreiche schieferverkleidete Gasthaus mit gemütlichen Stuben und überwiegend regionaler Küche. Schöne Gartenterrasse.

BERLIN

3 501 880 Ew – Höhe 34 m – Siehe Regionalatlas **22** B2
Frankfurt/Oder 105 km – Hamburg 291 km – Hannover 287 km – Leipzig 193 km
Michelin Straßenkarte 545

Lorenz Adlon

Index

Pläne & Verzeichnis

M. Weber/imageBROKER/age fotostock

Alphabetische Liste der Hotels
Alphabetical index of hotels

→ Alphabetische Liste der Restaurants
→ Alphabetical index of restaurants

BERLIN

Restaurants am Sonntag geöffnet
Restaurants open on Sunday

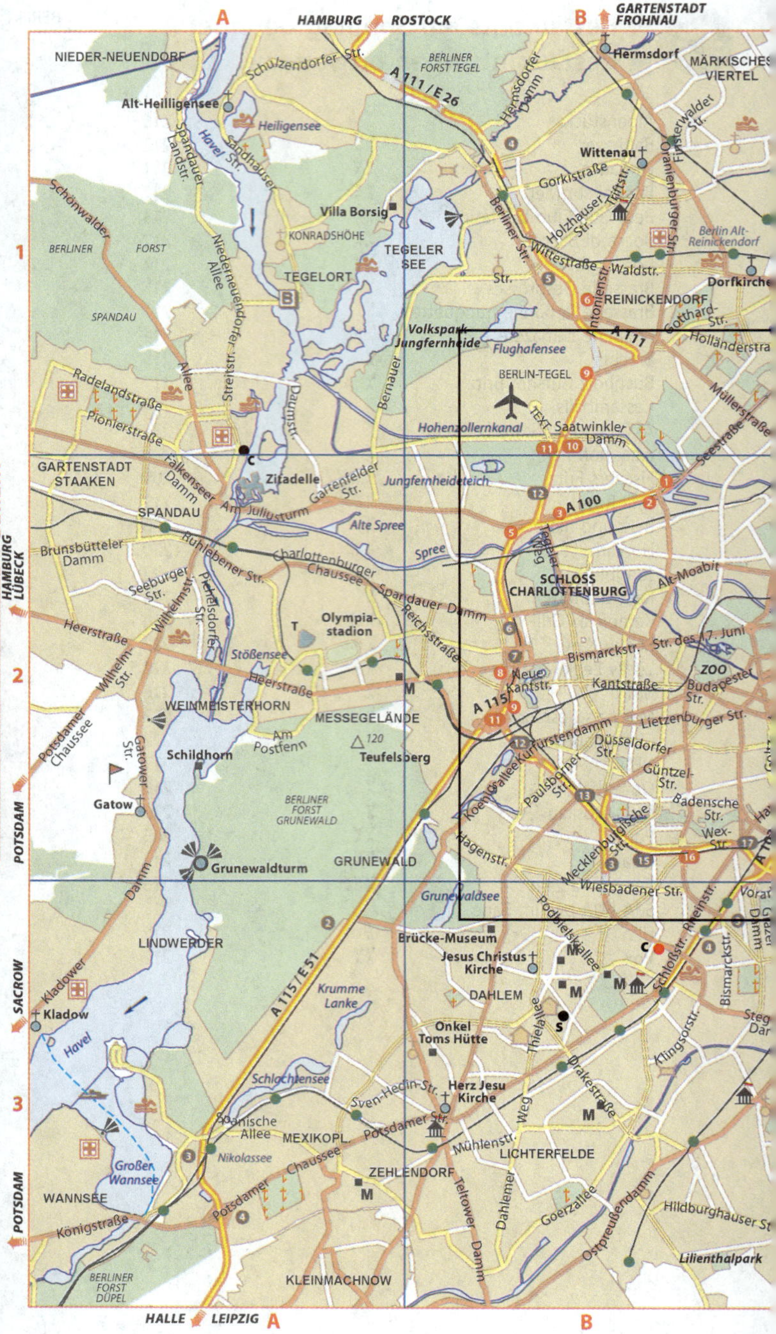
HAMBURG ROSTOCK
GARTENSTADT FROHNAU
NIEDER-NEUENDORF
Schulzendorfer Str.
BERLINER FORST TEGEL
A 111 / E 26
Hermsdorf
MÄRKISCHES VIERTEL
Alt-Heiligensee
Heiligensee
Hermsdorfer Damm
Finsterwalder Str.
Spandauer Landstr.
Havel
Sandhauser Str.
Wittenau
Gorkistraße
Oranienburger Str.
Schönwalder
Villa Borsig
KONRADSHÖHE
Holzhauser Str.
Triftstr.
Berlin Alt-Reinickendorf
BERLINER FORST
Niederneuendorfer Allee
TEGELER SEE
Berliner Str.
Wittestraße
Waldstr.
TEGELORT
Str.
Dorfkirche
SPANDAU
REINICKENDORF
Antonienstr.
Gotthard-Str.
Volkspark Jungfernheide
A 111
Holländerstr.
Flughafensee
Streitstr.
Bernauer
BERLIN-TEGEL
Radelandstraße
Daumstr.
Müllerstraße
Pionierstraße
Hohenzollernkanal
Saatwinkler Damm
Seestraße
GARTENSTADT STAAKEN
Falkenseer Damm
Zitadelle
Gartenfelder Str.
Jungfernheideteich
Am Juliusturm
A 100
SPANDAU
Alte Spree
Brunsbütteler Damm
Ruhlebener Str.
Charlottenburger Chaussee
Spree
Tegeler Weg
Seeburger Str.
SCHLOSS CHARLOTTENBURG
Alt-Moabit
Wilhelmstr.
Pichelsdorfer Str.
Spandauer Damm
Olympia-stadion
Reichsstraße
Heerstraße
Stößensee
Bismarckstr.
Str. des 17. Juni
Neue Kantstr.
ZOO
Wilhelm-Str.
Heerstraße
Kantstraße
Budapester Str.
WEINMEISTERHORN
MESSEGELÄNDE
A 115
Lietzenburger Str.
Potsdamer Chaussee
Am Postfenn
120
Kurfürstendamm
Düsseldorfer Str.
Gatower Str.
Schildhorn
Teufelsberg
Koenigsallee
Güntzel-Str.
Paulsborner Str.
Gatow
BERLINER FORST GRUNEWALD
Badensche Str.
Mecklenburgische Str.
Wex-Str.
Hagenstr.
Grunewaldturm
GRUNEWALD
Wiesbadener Str.
Damm
Grunewaldsee
Podbielskiallee
Rheinstr.
LINDWERDER
Brücke-Museum
Jesus Christus Kirche
Schloßstr.
Bismarckstr.
A 115 / E 51
Krumme Lanke
DAHLEM
Kladower
Kladow
Onkel Toms Hütte
Thielallee
Klingsorstr.
Havel
Schlachtensee
Drakestraße
Sven-Hedin-Str.
Herz Jesu Kirche
Weg
Spanische Allee
MEXIKOPL.
Potsdamer Str.
Mühlenstr.
LICHTERFELDE
Nikolassee
Großer Wannsee
Potsdamer Chaussee
ZEHLENDORF
Teltower Damm
Dahlemer
Goerzallee
Ostpreußendamm
Hildburghauser Str.
WANNSEE
Königstraße
Lilienthalpark
BERLINER FORST DÜPEL
KLEINMACHNOW
HALLE LEIPZIG
HAMBURG LÜBECK
POTSDAM
SACROW
POTSDAM

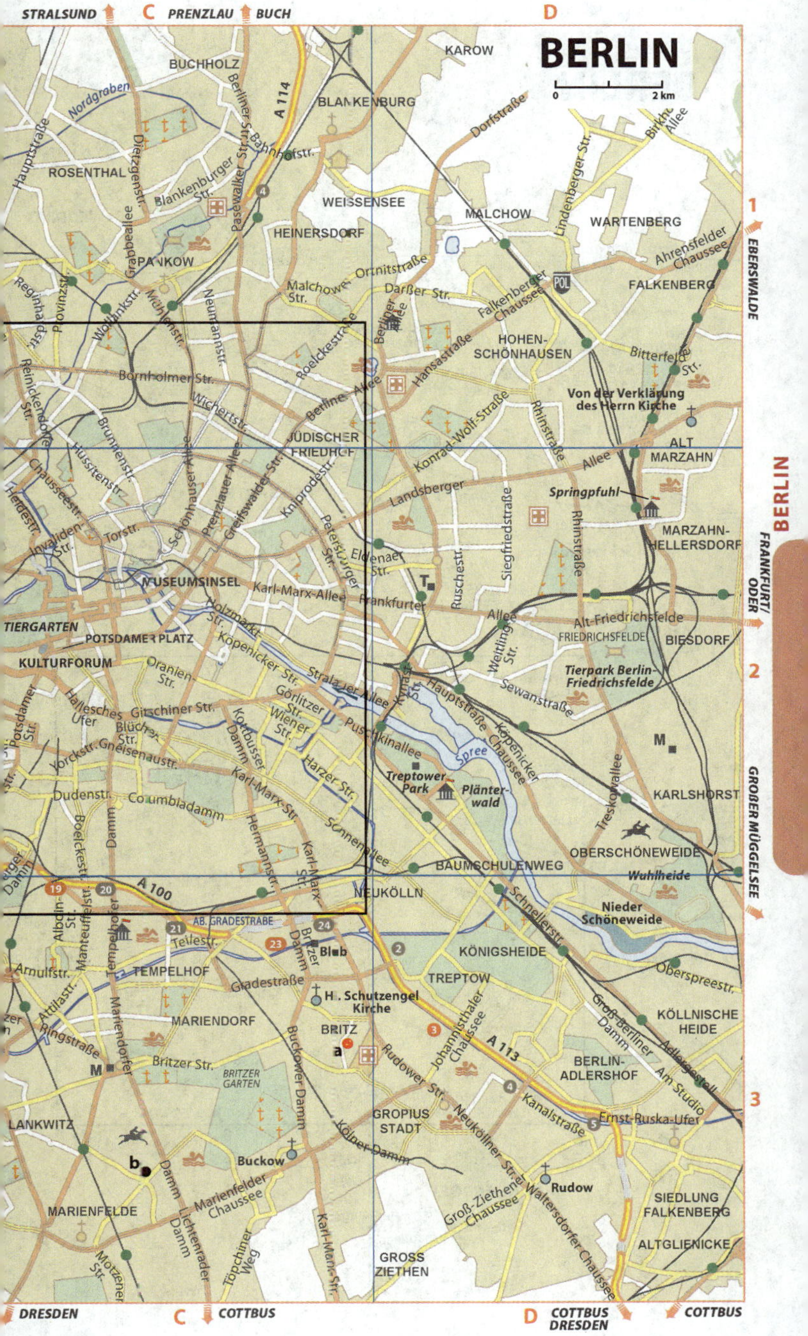
BERLIN
0
2 km
STRALSUND
C
PRENZLAU
BUCH
D
1
2
3
EBERSWALDE
FRANKFURT/ ODER
GROßER MÜGGELSEE
DRESDEN
COTTBUS
COTTBUS DRESDEN
KAROW
BUCHHOLZ
BLANKENBURG
ROSENTHAL
WEISSENSEE
MALCHOW
WARTENBERG
HEINERSDORF
PANKOW
FALKENBERG
HOHEN-SCHÖNHAUSEN
Von der Verklärung des Herrn Kirche
JÜDISCHER FRIEDHOF
ALT MARZAHN
Springpfuhl
MARZAHN-HELLERSDORF
MUSEUMSINSEL
TIERGARTEN
POTSDAMER PLATZ
KULTURFORUM
FRIEDRICHSFELDE
BIESDORF
Tierpark Berlin-Friedrichsfelde
Treptower Park
Plänterwald
Spree
KARLSHORST
OBERSCHÖNEWEIDE
Wuhlheide
BAUMSCHULENWEG
NEUKÖLLN
Nieder Schöneweide
KÖNIGSHEIDE
TREPTOW
TEMPELHOF
KÖLLNISCHE HEIDE
H. Schutzengel Kirche
MARIENDORF
BRITZ
BERLIN-ADLERSHOF
BRITZER GARTEN
LANKWITZ
GROPIUS STADT
Buckow
Rudow
SIEDLUNG FALKENBERG
MARIENFELDE
ALTGLIENICKE
GROSS ZIETHEN
Nordgraben
Hauptstraße
Dietzgenstr.
Blankenburger Str.
Berliner Str.
Bahnhofstr.
Pasewalker Str.
A 114
Dorfstraße
Lindenberger Str.
Birkholzer Allee
Ahrensfelder Chaussee
Grabbeallee
Malchower Str.
Ortnitstraße
Darßer Str.
Berliner Allee
Falkenberger Chaussee
Reginhardstr.
Provinzstr.
Wollankstr.
Mühlenstr.
Neumannstr.
Boelckestraße
Hansastraße
Bitterfelder Str.
Reinickendorfer Str.
Bornholmer Str.
Wichertstr.
Berliner Allee
Konrad-Wolf-Straße
Rhinstraße
Brunnenstr.
Hussitenstr.
Schönhauser Allee
Prenzlauer Allee
Greifswalder Str.
Kniprodestr.
Landsberger Allee
Siegfriedstraße
Chausseestr.
Heidestr.
Invalidenstr.
Torstr.
Petersburger Str.
Eldenaer Str.
Ruschestr.
Karl-Marx-Allee
Frankfurter Allee
Holzmarktstr.
Köpenicker Str.
Alt-Friedrichsfelde
Weitlingstr.
Oranienstr.
Stralauer Allee
Kynaststr.
Hauptstraße
Sewanstraße
Potsdamer Str.
Hallesches Ufer
Gitschiner Str.
Görlitzer Str.
Wiener Str.
Puschkinallee
Köpenicker Chaussee
Blücherstr.
Yorckstr.
Gneisenaustr.
Kottbusser Damm
Karl-Marx-Str.
Harzer Str.
Treskowallee
Dudenstr.
Columbiadamm
Boelckestr.
Damm
Hermannstr.
Karl-Marx-Str.
Sonnenallee
Schnellerstr.
A 100
AB. GRADESTRAßE
Teilestr.
Britzer Damm
Blub
Oberspreestr.
Albdin-Str.
Manteuffelstr.
Tempelhofer Damm
Arnulfstr.
Gradestraße
Attilastr.
Mariendorfer Damm
Johannisthaler Chaussee
A 113
Groß-Berliner Damm
Adlergestell
Am Studio
Ringstraße
Britzer Str.
Buckower Damm
Rudower Str.
Kanalstraße
Ernst-Ruska-Ufer
Neuköllner Str.
Köpenicker Damm
Marienfelder Chaussee
Lichtenrader Damm
Töpchiner Weg
Karl-Marx-Str.
Groß-Ziethener Chaussee
Waltersdorfer Chaussee
Motzener Str.

E F

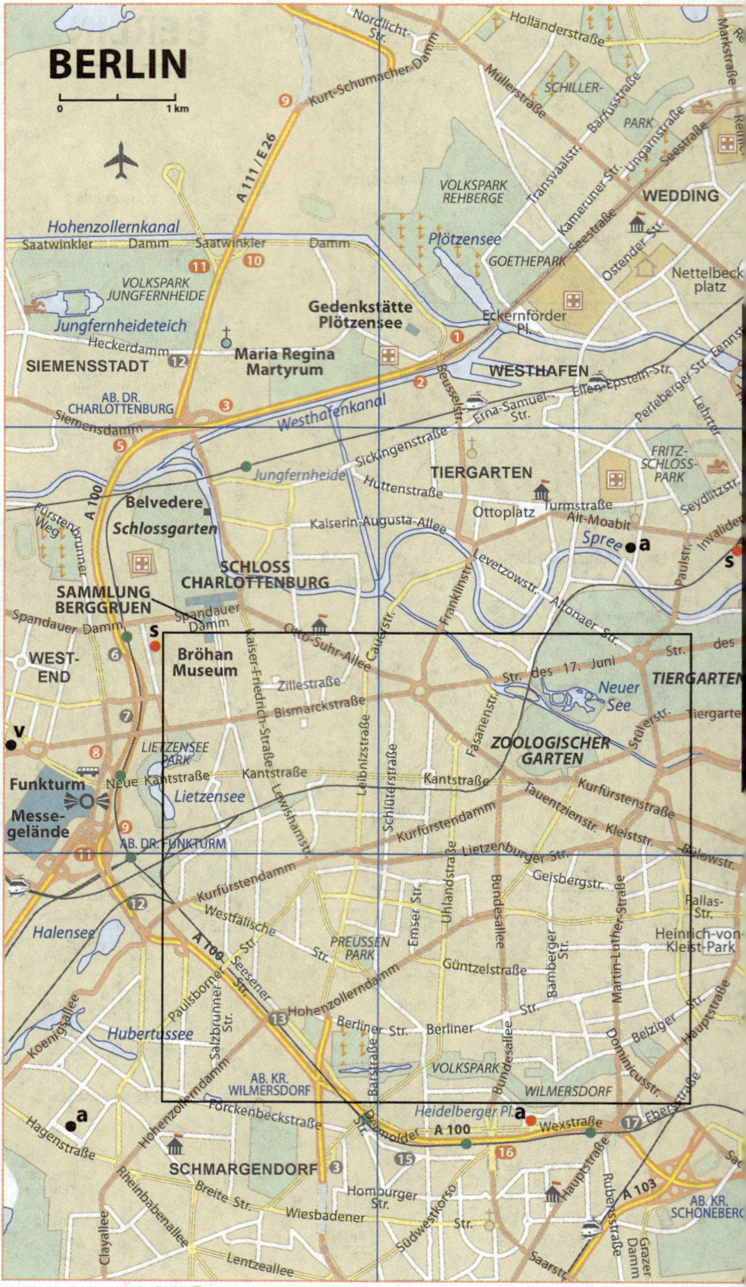

BERLIN
0
1 km
Hohenzollernkanal
Saatwinkler Damm
Saatwinkler Damm
VOLKSPARK JUNGFERNHEIDE
Jungfernheideteich
Heckerdamm
SIEMENSSTADT
Gedenkstätte Plötzensee
Maria Regina Martyrum
AB. DR. CHARLOTTENBURG
Siemensdamm
Westhafenkanal
A 111 / E 26
Kurt-Schumacher-Damm
Nordlicht-Str.
Holländerstraße
Müllerstraße
SCHILLER-PARK
Barfusstraße
Ungarnstraße
Seestraße
Transvaalstr.
Kameruner Str.
VOLKSPARK REHBERGE
WEDDING
Plötzensee
GOETHEPARK
Ostender Str.
Nettelbeck platz
Eckernförder Pl.
WESTHAFEN
Beusselstr.
Erna-Samuel-Str.
Ellen-Epstein-Str.
Perleberger Str.
Lehrter
FRITZ-SCHLOSS-PARK
Seydlitzstr.
Invaliden
Sickingenstraße
Jungfernheide
Huttenstraße
TIERGARTEN
Turmstraße
Ottoplatz
Alt-Moabit
Spree
a
s
Kaiserin-Augusta-Allee
Levetzowstr.
Altonaer Str.
Paulstr.
A 100
Fürstenbrunner Weg
Belvedere
Schlossgarten
SCHLOSS CHARLOTTENBURG
SAMMLUNG BERGGRUEN
Spandauer Damm
Spandauer Damm
WEST-END
Bröhan Museum
Otto-Suhr-Allee
Cauerstr.
Franklinstr.
Kaiser-Friedrich-Straße
Zillestraße
Bismarckstraße
Str. des 17. Juni
Str. des
TIERGARTEN
Neuer See
Tiergarten
Stülerstr.
Fasanenstr.
ZOOLOGISCHER GARTEN
v
LIETZENSEE PARK
Neue Kantstraße
Kantstraße
Kantstraße
Lewishamstr.
Leibnizstraße
Schlüterstraße
Funkturm
Messe-gelände
Lietzensee
AB. DR. FUNKTURM
Kurfürstenstraße
Tauentzienstr.
Kleiststr.
Bülowstr.
Kurfürstendamm
Kurfürstendamm
Lietzenburger Str.
Geisbergstr.
Uhlandstraße
Emser Str.
Bundesallee
Martin-Luther-Straße
Pallas-Str.
Heinrich-von-Kleist-Park
Westfälische Str.
Halensee
A 100
PREUSSEN PARK
Güntzelstraße
Bamberger Str.
Seesener Str.
Paulsborner Str.
Salzbrunner Str.
Hohenzollerndamm
Koenigsallee
Hubertussee
Berliner Str.
Berliner Str.
Belziger Str.
Hauptstraße
Dominicusstr.
Barstraße
VOLKSPARK
WILMERSDORF
AB. KR. WILMERSDORF
Forckenbeckstraße
Hohenzollerndamm
Heidelberger Pl.
Wexstraße
Eberstr.
Deidesheimer Str.
Detmolder Str.
A 100
A 103
Hagenstraße
SCHMARGENDORF
Rheinbabenallee
Breite Str.
Homburger Str.
Wiesbadener Str.
Südwestkorso
Rubensstraße
AB. KR. SCHÖNEBERG
Grazer Damm
Saarstr.
Clayallee
Lentzeallee
Markstraße

1
2
3

E F

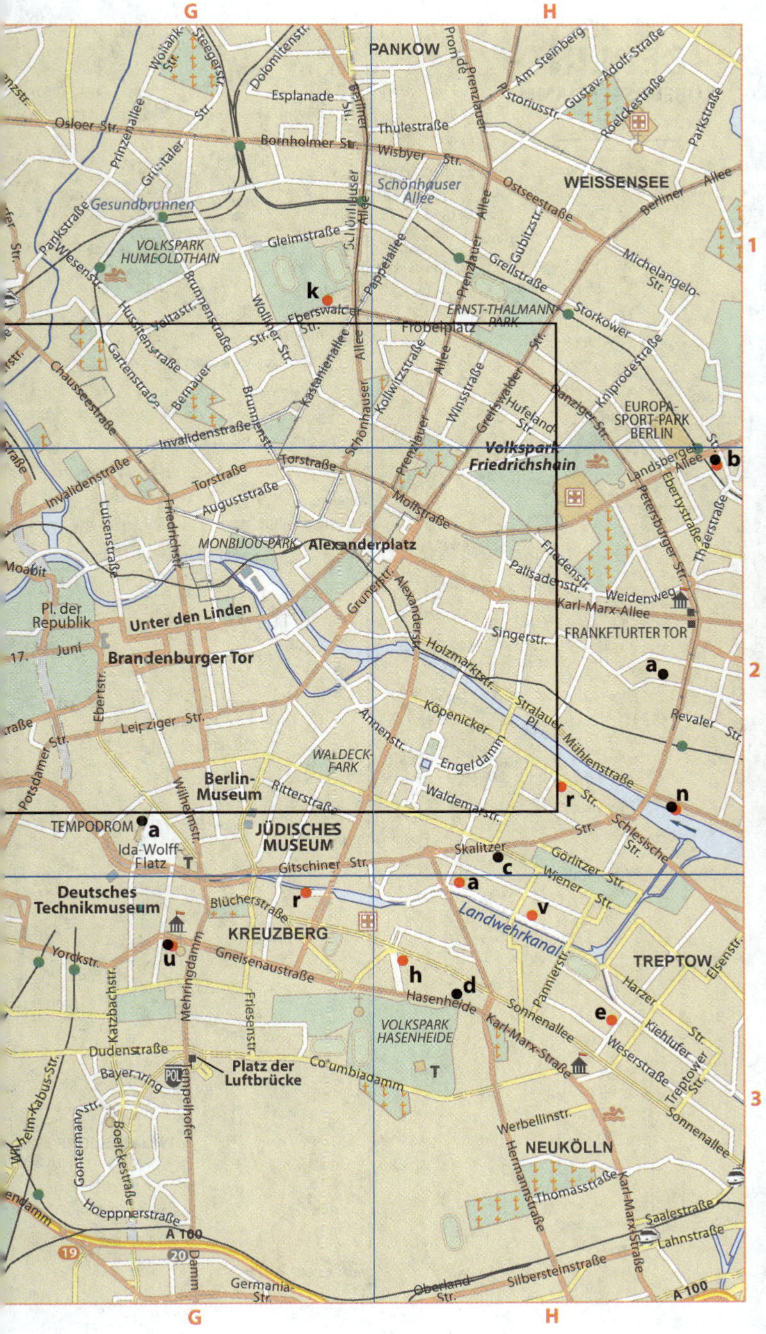
G
H
PANKOW
WEISSENSEE
Esplanade
Thulestraße
Osloer Str.
Bornholmer Str.
Wisbyer Str.
Schönhauser Allee
Ostseestraße
Berliner Allee
Gesundbrunnen
VOLKSPARK HUMBOLDTHAIN
Gleimstraße
Michelangelostr.
Grellstraße
Storkower
ERNST-THALMANN-PARK
Fröbelplatz
Kastanienallee
Kollwitzstraße
Prenzlauer Allee
Greifswalder Str.
Danziger Str.
Knipprodestraße
EUROPA-SPORT-PARK BERLIN
Volkspark Friedrichshain
Invalidenstraße
Torstraße
Auguststraße
MONBIJOU-PARK
Alexanderplatz
Mollstraße
Landsberger Allee
Petersburger Str.
Thaerstraße
Friedenstr.
Palisadenstr.
Weidenweg
Karl-Marx-Allee
FRANKFURTER TOR
Singerstr.
Holzmarktstr.
Moabit
Pl. der Republik
Unter den Linden
17. Juni
Brandenburger Tor
Leipziger Str.
Potsdamer Str.
Köpenicker Str.
Engeldamm
WALDECK-PARK
Revaler Str.
Stralauer Pl.
Mühlenstraße
Berlin-Museum
Ritterstraße
Waldemarstr.
TEMPODROM
Ida-Wolff-Platz
JÜDISCHES MUSEUM
Gitschiner Str.
Skalitzer Str.
Görlitzer Str.
Wiener Str.
Schlesische Str.
Deutsches Technikmuseum
Blücherstraße
KREUZBERG
Landwehrkanal
Yorckstr.
Gneisenaustraße
Mehringdamm
Hasenheide
TREPTOW
Harzer Str.
Kiehlufer
Sonnenallee
Karl-Marx-Straße
Pannierstr.
VOLKSPARK HASENHEIDE
Dudenstraße
Platz der Luftbrücke
Columbiadamm
Weserstraße
Treptower Str.
Werbellinstr.
NEUKÖLLN
Hermannstraße
Thomasstraße
Saalestraße
Lahnstraße
Silbersteinstraße
Oberland Str.
Germania Str.
Hoeppnerstraße
A 100
Tempelhofer Damm
Boelckestraße
Gontermannstr.
Katzbachstr.
Friesenstr.
Wilhelmstr.
Friedrichstr.
1
2
3

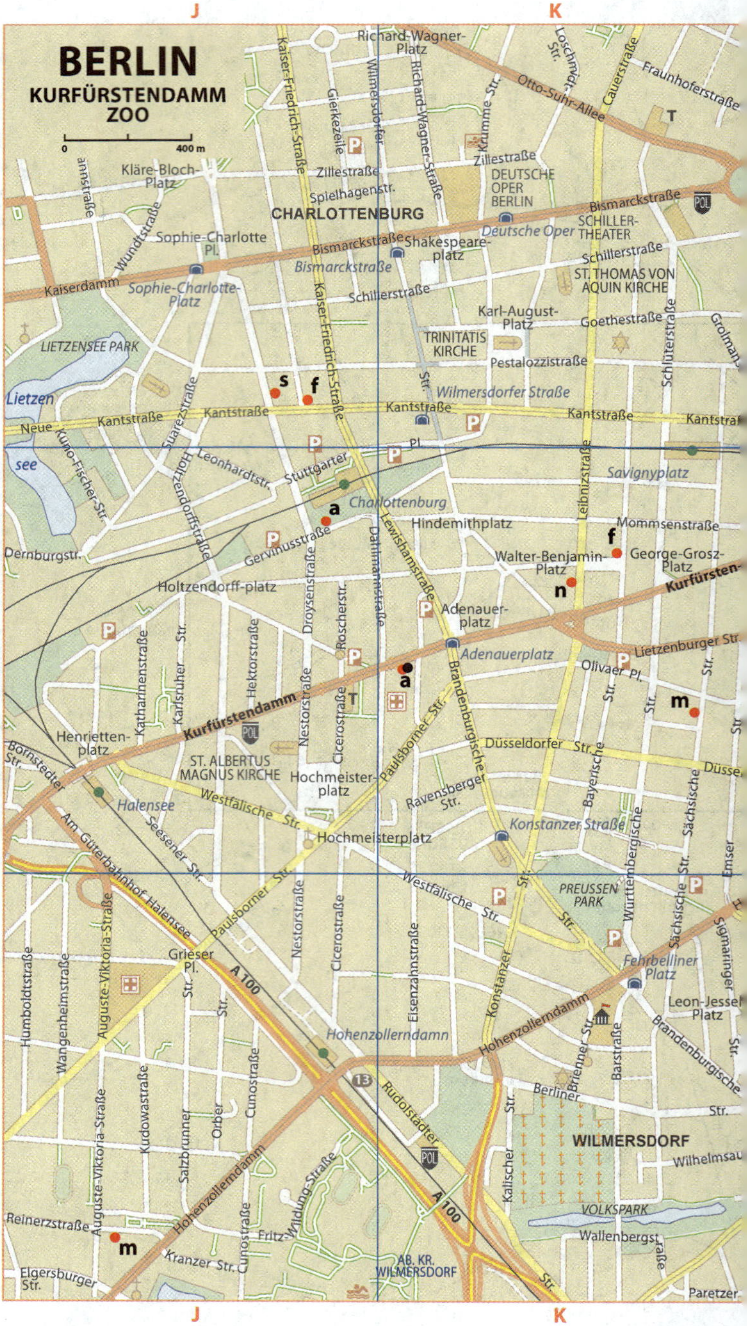
BERLIN
KURFÜRSTENDAMM
ZOO
0
400 m
J
K
1
2
3
Richard-Wagner-Platz
Otto-Suhr-Allee
Fraunhoferstraße
Cauerstraße
Loschmidt-Str.
Kaiser-Friedrich-Straße
Gierkezeile
Wilmersdorfer
Richard-Wagner-Straße
Krumme Str.
Zillestraße
Spielhagenstr.
CHARLOTTENBURG
DEUTSCHE OPER BERLIN
Deutsche Oper
Bismarckstraße
SCHILLER-THEATER
Kläre-Bloch-Platz
Wundtstraße
Sophie-Charlotte Pl.
Sophie-Charlotte-Platz
Kaiserdamm
Shakespeare-platz
Schillerstraße
ST. THOMAS VON AQUIN KIRCHE
Karl-August-Platz
Goethestraße
TRINITATIS KIRCHE
Pestalozzistraße
Schlüterstraße
Grolman
LIETZENSEE PARK
Lietzen
see
Neue Kantstraße
Kantstraße
Wilmersdorfer Straße
Suarezstraße
Kuno-Fischer-Str.
Leonhardtstr.
Stuttgarter Pl.
Holtzendorffstraße
Charlottenburg
Savignyplatz
Leibnizstraße
Hindemithplatz
Mommsenstraße
Dernburgstr.
Gervinusstraße
Walter-Benjamin-Platz
George-Grosz-Platz
Kurfürstendamm
Holtzendorff-platz
Droysenstraße
Roscherstr.
Dahlmannstraße
Lewishamstraße
Adenauer-platz
Adenauerplatz
Lietzenburger Str.
Olivaer Pl.
Katharinenstraße
Karlsruher Str.
Hektorstraße
Nestorstraße
Cicerostraße
Brandenburgische
Paulsborner Str.
Henrietten-platz
ST. ALBERTUS MAGNUS KIRCHE
Hochmeister-platz
Düsseldorfer Str.
Bornstedter Str.
Halensee
Westfälische Str.
Ravensberger Str.
Bayerische
Sächsische
Emser
Seesener Str.
Hochmeisterplatz
Konstanzer Straße
Württembergische
Am Güterbahnhof Halensee
Auguste-Viktoria-Straße
PREUSSEN PARK
Fehrbelliner Platz
Sigmaringer
Humboldtstraße
Wangenheimstraße
Grieser Pl.
A 100
Eisenzahnstraße
Konstanzer
Leon-Jessel Platz
Hohenzollerndamm
Brienner Str.
Barstraße
13
Rudolstädter
Kudowastraße
Salzbrunner
Orber
Cunostraße
Berliner Str.
WILMERSDORF
Kalischer Str.
Wilhelmsau
Fritz-Wildung-Straße
VOLKSPARK
Wallenbergstraße
Reinerzstraße
Kranzer Str.
Elgersburger Str.
AB. KR. WILMERSDORF
Paretzer
s
f
a
n
m
T
P
POL

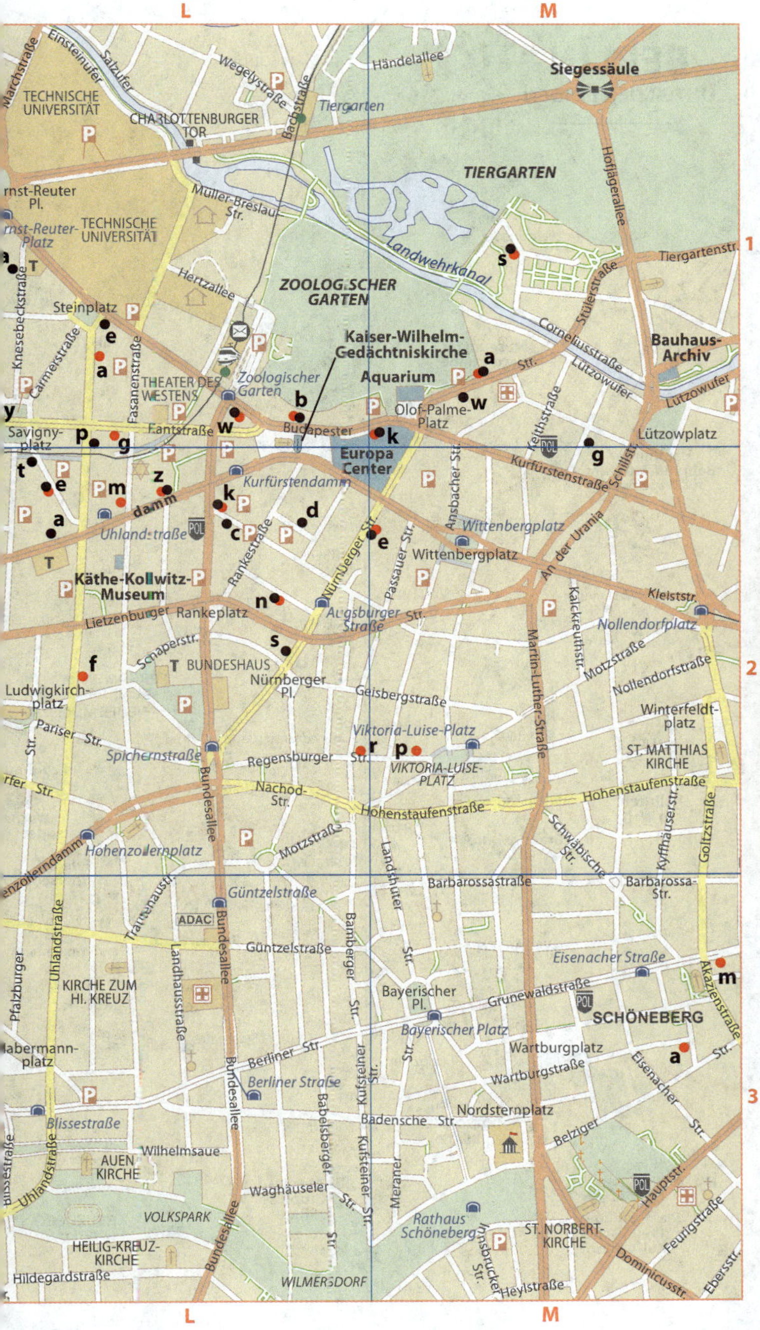
L
M
1
2
3
Siegessäule
TIERGARTEN
Tiergarten
Händelallee
Hofjägerallee
Tiergartenstr.
TECHNISCHE UNIVERSITÄT
CHARLOTTENBURGER TOR
Einsteinufer
Salzufer
Wegelystraße
Bachstraße
Marchstraße
Ernst-Reuter-Pl.
Ernst-Reuter-Platz
Müller-Breslau-Str.
Landwehrkanal
Hertzallee
ZOOLOGISCHER GARTEN
Steinplatz
Knesebeckstraße
Carmerstraße
Fasanenstraße
THEATER DES WESTENS
Zoologischer Garten
Kaiser-Wilhelm-Gedächtniskirche
Aquarium
Corneliusstraße
Stülerstraße
Lützowufer
Bauhaus-Archiv
Olof-Palme-Platz
Budapester Str.
Savignyplatz
Kantstraße
Europa Center
Keithstraße
Lützowplatz
Kurfürstendamm
Kurfürstenstraße
Schillstr.
Uhlandstraße
Rankestraße
Ansbacher Str.
Wittenbergplatz
Nürnberger Str.
Passauer Str.
An der Urania
Käthe-Kollwitz-Museum
Lietzenburger
Rankeplatz
Augsburger Straße
Kleiststr.
Kalckreuthstr.
Nollendorfplatz
Martin-Luther-Straße
Schaperstr.
BUNDESHAUS
Nürnberger Pl.
Motzstraße
Nollendorfstraße
Ludwigkirchplatz
Geisbergstraße
Winterfeldtplatz
Pariser Str.
Viktoria-Luise-Platz
VIKTORIA-LUISE-PLATZ
ST. MATTHIAS KIRCHE
Spichernstraße
Regensburger Str.
Nachod-Str.
Hohenstaufenstraße
Bundesallee
Hohenzollerndamm
Hohenzollernplatz
Motzstraße
Landshuter Str.
Schwäbische Str.
Kyffhäuserstr.
Goltzstraße
Barbarossastraße
Barbarossa-Str.
Trautenaustr.
ADAC
Güntzelstraße
Bamberger Str.
Eisenacher Straße
Akazienstraße
Pfalzburger Str.
KIRCHE ZUM HL. KREUZ
Landhausstraße
Bayerischer Pl.
Bayerischer Platz
Grunewaldstraße
SCHÖNEBERG
Habermannplatz
Berliner Str.
Berliner Straße
Kufsteiner Str.
Wartburgplatz
Wartburgstraße
Eisenacher Str.
Babelsberger Str.
Badensche Str.
Nordsternplatz
Blissestraße
Wilhelmsaue
AUEN KIRCHE
Belziger
Waghäuseler Str.
Meraner
Hauptstr.
Feurigstraße
VOLKSPARK
Rathaus Schöneberg
Innsbrucker Str.
ST. NORBERT-KIRCHE
Dominicusstr.
HEILIG-KREUZ-KIRCHE
Hildegardstraße
WILMERSDORF
Heylstraße
Ebersstr.

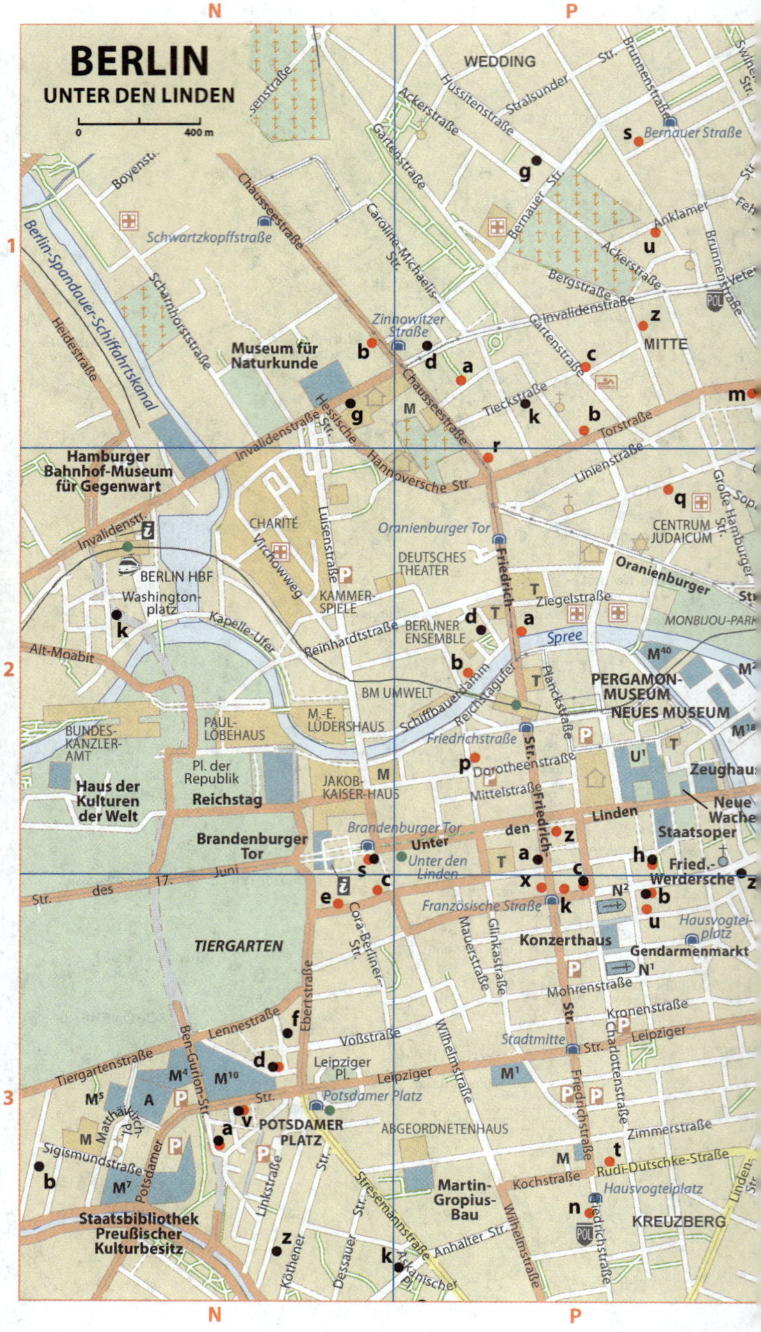
BERLIN
UNTER DEN LINDEN
0
400 m
N
P
1
2
3
WEDDING
MITTE
KREUZBERG
TIERGARTEN
Museum für Naturkunde
Hamburger Bahnhof-Museum für Gegenwart
BERLIN HBF
Washington-platz
CHARITÉ
DEUTSCHES THEATER
KAMMER-SPIELE
BERLINER ENSEMBLE
CENTRUM JUDAICUM
MONBIJOU-PARK
PERGAMON-MUSEUM
NEUES MUSEUM
Zeughaus
Neue Wache
Staatsoper
BM UMWELT
M.-E. LÜDERSHAUS
PAUL-LÖBEHAUS
BUNDES-KANZLER-AMT
Haus der Kulturen der Welt
Pl. der Republik
Reichstag
JAKOB-KAISER-HAUS
Brandenburger Tor
Konzerthaus
Gendarmenmarkt
ABGEORDNETENHAUS
Martin-Gropius-Bau
POTSDAMER PLATZ
Leipziger Pl.
Staatsbibliothek Preußischer Kulturbesitz
Schwartzkopffstraße
Zinnowitzer Straße
Oranienburger Tor
Friedrichstraße
Brandenburger Tor
Unter den Linden
Französische Straße
Hausvogteiplatz
Stadtmitte
Potsdamer Platz
Bernauer Straße
Berlin-Spandauer-Schiffahrtskanal
Spree
Chausseestraße
Invalidenstraße
Hannoversche Str.
Torstraße
Linienstraße
Oranienburger Straße
Friedrichstraße
Unter den Linden
Str. des 17. Juni
Leipziger Str.
Voßstraße
Ebertstraße
Lennéstraße
Tiergartenstraße
Ben-Gurion-Str.
Stresemannstraße
Wilhelmstraße
Kochstraße
Rudi-Dutschke-Straße
Zimmerstraße
Mohrenstraße
Kronenstraße
Charlottenstraße
Mauerstraße
Glinkastraße
Dorotheenstraße
Mittelstraße
Reinhardtstraße
Schiffbauerdamm
Reichstagufer
Kapelle-Ufer
Luisenstraße
Virchowweg
Alt-Moabit
Heidestraße
Scharnhorststraße
Boyenstr.
Ackerstraße
Hussitenstraße
Stralsunder Str.
Brunnenstraße
Gartenstraße
Caroline-Michaelis-Str.
Tieckstraße
Bergstraße
Anklamer
Ziegelstraße
Planckstraße
Hessische Str.
Sigismundstraße
Matthäikirch-Pl.
Potsdamer Str.
Linkstraße
Köthener Str.
Dessauer Str.
Anhalter Str.
Askanischer
Cora-Berliner-Str.
Werdersche
Große Hamburger Str.

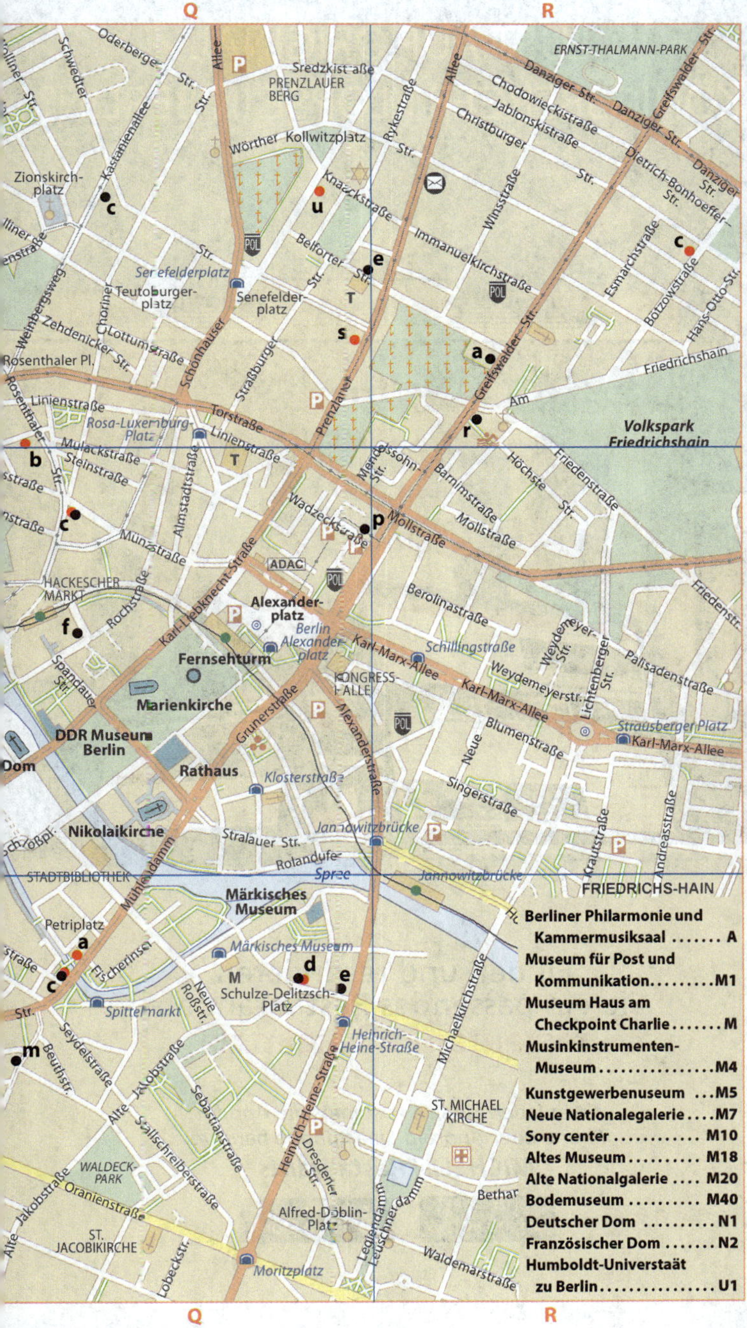
Q
R
1
2
3
ERNST-THALMANN-PARK
PRENZLAUER BERG
Kollwitzplatz
Zionskirch-platz
Senefelderplatz
Teutoburger-platz
Rosenthaler Pl.
Rosa-Luxemburg-Platz
Volkspark Friedrichshain
HACKESCHER MARKT
Alexander-platz
Berlin Alexanderplatz
Fernsehturm
Marienkirche
DDR Museum Berlin
Dom
Rathaus
Nikolaikirche
KONGRESS-HALLE
Strausberger Platz
Karl-Marx-Allee
Schillingstraße
Klosterstraße
Jannowitzbrücke
Spree
STADTBIBLIOTHEK
Märkisches Museum
Petriplatz
Spittelmarkt
Schulze-Delitzsch-Platz
Heinrich-Heine-Straße
ST. MICHAEL KIRCHE
WALDECK-PARK
ST. JACOBIKIRCHE
Alfred-Döblin-Platz
Moritzplatz
FRIEDRICHS-HAIN
Berliner Philarmonie und Kammermusiksaal .... A
Museum für Post und Kommunikation......... M1
Museum Haus am Checkpoint Charlie....... M
Musinkinstrumenten-Museum M4
Kunstgewerbenuseum ... M5
Neue Nationalegalerie M7
Sony center M10
Altes Museum M18
Alte Nationalgalerie M20
Bodemuseum M40
Deutscher Dom N1
Französischer Dom N2
Humboldt-Universtaät zu Berlin U1

Adlon Kempinski

Unter den Linden 77 ✉ *10117* **U** *Brandenburger Tor* Stadtplan : N2**s**
– ✆ *(030) 2 26 10 – www.hotel-adlon.de*
337 Zim – 🚹240/720 € 🚹🚹240/720 € – ☕ 42 € – 45 Suiten
Lorenz Adlon Esszimmer ✿✿ • ***Quarré*** – Siehe Restaurantauswahl
Das schon äußerlich majestätische "Adlon" direkt neben dem Brandenburger Tor ist trotz stetig wachsender Konkurrenz eines der Flaggschiffe unter den deutschen Grandhotels. Schon die Hotelhalle, das "Wohnzimmer" der Berliner Gesellschaft, hat ein ganz besonderes Flair, und wenn dann abends das Piano erklingt... Exklusivität pur - nicht zuletzt dank Butler-Service.

The Ritz-Carlton

Potsdamer Platz 3 ✉ *10785* **U** *Potsdamer Platz* Stadtplan : N3**d**
– ✆ *(030) 33 77 77 – www.ritzcarlton.de/berlin*
263 Zim – 🚹195/450 € 🚹🚹195/450 € – ☕ 38 € – 40 Suiten
Brasserie Desbrosses – Siehe Restaurantauswahl
Eine der elegantesten Adressen Deutschlands. Nobel und repräsentativ die Halle mit freitragender Marmortreppe - hier trifft man sich nachmittags in der stilvollen Lounge zur klassischen "Teatime". Exklusive Bar mit vielen Eigenkreationen.

Waldorf Astoria

Hardenbergstr. 28 ✉ *10623* **U** *Zoologischer Garten* Stadtplan : L1**w**
– ✆ *(030) 8 14 00 00 – www.waldorfastoria.com/berlin*
202 Zim – 🚹210 € 🚹🚹238 € – ☕ 36 € – 30 Suiten
Les Solistes by Pierre Gagnaire ✿ – Siehe Restaurantauswahl
Eindrucksvoll, wie das edle modern-elegante Interieur den Stil der 20er Jahre aufgreift! Und was wäre das Waldorf-Astoria ohne seine "Peacock Alley", die ein Stück New Yorker Hoteltradition nach Berlin bringt. Wohin man schaut, wurden Formen und Farben aufs Stimmigste arrangiert. Berliner Kaffeehauskultur im Romanischen Café - die Torten sind ein Muss!

Grand Hyatt Berlin

Marlene-Dietrich-Platz 2, Eingang Eichhornstraße Stadtplan : N3**a**
✉ *10785* **U** *Potsdamer Platz* – ✆ *(030) 25 53 12 34*
– *www.berlin.grand.hyatt.com*
326 Zim – 🚹199 € 🚹🚹199 € – ☕ 36 € – 16 Suiten
Vox – Siehe Restaurantauswahl
Das in Trapezform erbaute Hotel am Potsdamer Platz besticht mit technisch sehr gut ausgestatteten Zimmern in puristischem Design. Beachtung verdient auch der "Club Olympus Spa" samt eindrucksvollem Schwimmbad über den Dächern von Berlin! Im Mesa gibt es Gerichte von Currywurst bis Rinderroulade.

Hotel de Rome

Behrenstr. 37 ✉ *10117* **U** *Französische Str.* Stadtplan : P2**h**
– ✆ *(030) 4 60 60 90 – www.hotelderome.de*
136 Zim – 🚹260/595 € 🚹🚹260/595 € – ☕ 35 € – 9 Suiten
La Banca – Siehe Restaurantauswahl
Ein Luxushotel am Bebelplatz mit dem repräsentativen Rahmen eines a. d. J. 1889 stammenden Gebäudes, dem früheren Sitz der Dresdner Bank. Der Tresorraum dient heute als Pool. Genießen Sie im Sommer die Aussicht von der Dachterrasse!

Sofitel Berlin Kurfürstendamm

Augsburger Str. 41 ✉ *10789* **U** *Kurfürstendamm* Stadtplan : L2**c**
– ✆ *(030) 8 00 99 90 – www.sofitel-berlin-kurfuerstendamm.com*
291 Zim – 🚹149/1000 € 🚹🚹169/1000 € – ☕ 30 € – 20 Suiten
Der Name ist neu, die auffällige Fassade aus Muschelkalk sowie das bewährte Team sind geblieben. Im ehemaligen "Hotel Concorde" mitten im lebendigen Zentrum erwarten Sie eine sehr großzügige Lobby, schöne geräumige Zimmer, viel Kunst... Typisch französische Bistroküche in der Brasserie.

Regent

Charlottenstr. 49 ✉ *10117* **U** *Französische Str.* Stadtplan : P3**c**
– ✆ (030) 2 03 38 – www.regenthotels.com/berlin
156 Zim – 🚹249/850 € 🚹🚹249/850 € – ☕ 35 € – 39 Suiten
Fischers Fritz ✿✿ – Siehe Restaurantauswahl
Sie suchen perfekte Lage, klassisches Ambiente und aufmerksamen Service? Das Hotel nahe Gendarmenmarkt und "Unter den Linden" bietet zudem eine schöne Gepflogenheit: "Teatime" - englisch, russisch oder sächsisch (selbst kreierte Mischung!), stilgerecht in der eleganten Lounge und von Meissener Porzellan.

Palace

Budapester Str. 45 ✉ *10787* **U** *Zoologischer Garten* Stadtplan : M1**k**
– ✆ (030) 2 50 20 – www.palace.de
259 Zim – 🚹129/495 € 🚹🚹129/495 € – ☕ 26 € – 19 Suiten
First Floor ✿ – Siehe Restaurantauswahl
Das luxuriöse Hotel am Europa-Center bietet eine große Lobby (hier bekommt man auch eine kleine Speisekarte), aufmerksamen Service und Zimmer in klassischem oder modernem Stil sowie noble Suiten. Dazu kommt ein mediterraner Spa auf 800 qm. Die Bar bietet eine sehr gute Gin-Auswahl.

InterContinental

Budapester Str. 2 ✉ *10787* **U** *Wittenbergplatz* Stadtplan : M1**a**
– ✆ (030) 2 60 20 – www.berlin.intercontinental.com
545 Zim – 🚹135/199 € 🚹🚹135/199 € – ☕ 32 € – 13 Suiten
Hugos ✿ – Siehe Restaurantauswahl
Großzügig und wertig sind die modern-eleganten und technisch top ausgestatteten Zimmer, der geschmackvolle Spa auf 1000 qm sowie der Tagungs- und Veranstaltungsbereich. Neben dem "Hugos" gibt es noch das "L.A. Café" und die "Marlene Bar".

The Westin Grand

Friedrichstr. 158, Eingang Behrenstraße ✉ *10117* Stadtplan : P2**a**
U *Französische Str. – ✆ (030) 2 02 70 – www.westingrandberlin.com*
384 Zim – 🚹160/590 € 🚹🚹160/590 € – ☕ 32 € – 16 Suiten
Klassisches Grandhotel mit beeindruckender Lobby und modernen Zimmern. Einige der Suiten sind stilvolle Themensuiten sowie Spa-Suiten. Highlight: Garten auf 3000 qm mitten in Berlin! Zeitgemäße internationale Küche bietet das Restaurant Relish.

Swissôtel

Augsburger Str. 44 ✉ *10789* **U** *Kurfürstendamm* Stadtplan : L2**k**
– ✆ (030) 22 01 00 – www.swissotel.com/berlin
316 Zim – 🚹140/340 € 🚹🚹140/340 € – ☕ 23 €
44 ☺ – Siehe Restaurantauswahl
Das Businesshotel ist typisch urban designt, verleugnet aber nicht seine Schweizer Herkunft. Das merkt man beim Frühstück und im Restaurant, aber auch an Pflegeprodukten, Kissenmenü... Von den meisten Zimmern schaut man auf den Ku'damm, ebenso vom Festsaal - der einzige in Berlin mit dieser Aussicht!

Marriott

Inge-Beisheim-Platz 1 ✉ *10785* **U** *Potsdamer Platz* Stadtplan : N3**f**
– ✆ (030) 22 00 00 – www.berlinmarriott.de
370 Zim – 🚹185 € 🚹🚹185 € – ☕ 32 € – 9 Suiten
Die Halle dieses typisch amerikanischen Kettenhotels ist ein eindrucksvolles 40 m hohes Atrium. Die komfortablen und luxuriösen Zimmer sind ganz auf den Businessgast zugeschnitten. Wem der Sinn nach einem leckeren Steak steht, isst im "Midtown Grill" mit Showküche und beachtlicher Fenstefront.

The Mandala

Potsdamer Str. 3 ✉ *10785* **U** *Potsdamer Platz* Stadtplan : N3**v**
– ✆ (030) 5 90 05 00 00 – www.themandala.de
131 Zim – 🚹170/270 € 🚹🚹170/300 € – ☕ 29 € – 26 Suiten
FACIL ✿✿ – Siehe Restaurantauswahl
Hotel am Potsdamer Platz gegenüber dem Sony-Center. Sehr geräumige, dezent luxuriös gestaltete Zimmer und Suiten sowie ein aparter, hochwertiger Spa. Trendig: Bar Qiu mit Businesslunch.

Maritim

Stauffenbergstr. 26 ✉ 10785 **U** *Potsdamer Platz* Stadtplan : N3**b**
– ✆ (030) 2 06 50 – www.maritim.de
473 Zim – 140/297 € 181/338 € – 33 Suiten
Die perfekte Businessadresse bietet eine gediegen-elegante Lobby und beachtliche Räumlichkeiten für Tagungen und Events. Highlight: die Präsidentensuite mit 350 qm! "Restaurant M" im Stil der 20er Jahre.

Steigenberger

Los-Angeles-Platz 1 ✉ 10789 **U** *Augsburger Str.* Stadtplan : L2**d**
– ✆ (030) 2 12 70 – www.berlin.steigenberger.com
387 Zim – 130/295 € 150/315 € – 25 € – 11 Suiten
Schön sind die Lobby mit Bar und Raucherlounge sowie die modernen Zimmer in Erdtönen und klaren Formen. Dazu gibt es einen kleinen Freizeitbereich. Freundliche Berliner Stube mit traditionellem Touch.

Pullman Schweizerhof

Budapester Str. 25 ✉ 10787 **U** *Zoologischer Garten* Stadtplan : M1**w**
– ✆ (030) 2 69 60 – www.pullmanhotels.com/5347
373 Zim – 125/485 € 125/485 € – 24 € – 10 Suiten
Modernes Business- und Veranstaltungshotel mit sehr komfortablen und technisch gut ausgestatteten Zimmern. Man beachte die interessante Sammlung Berliner Kunst an den Wänden! Und wussten Sie, dass der schicke Spa den größten Hotelpool der Stadt hat? Xxenia: mediterrane Küche in klassischer Bistro-Atmosphäre.

Titanic Deluxe (N)

Französische Str. 30 ✉ 10117 **U** *Hausvogteiplatz* Stadtplan : P3**b**
– ✆ (030) 20 14 37 00 – www.titanic-hotels.de
200 Zim – 160/290 € 160/290 € – 28 € – 8 Suiten
Beef Grill Club by Hasir – Siehe Restaurantauswahl
Sie wohnen mitten in der Stadt und doch ein bisschen in einer eigenen Welt: Das ehemalige Kostümhaus der Staatsoper ist chic designt, von der Lobby in hellem Marmor über die stilvoll-modernen Zimmer bis zum großen Haman. Café Parisienne.

Zoo Berlin (N)

Kurfürstendamm 25 ✉ 10719 **U** *Uhlandstr.* Stadtplan : L2**z**
– ✆ (030) 88 43 70 – www.hotelzoo.de
131 Zim – 180/1200 € 180/1200 € – 27 €
Grace – Siehe Restaurantauswahl
Die bekannte Designerin Dayna Lee hat ein Stück Berliner Hotelgeschichte "wiederbelebt": Das neue "Hotel Zoo" verbindet ausgesprochen elegant und wertig Altes mit Neuem. So wohnt man in geschmackvollen, opulent gestalteten und dennoch funktionellen Zimmern und genießt die Atmosphäre eines Grandhotels.

Steigenberger Hotel am Kanzleramt

Ella-Trebe-Str. 5 ✉ 10557 **U** *Hauptbahnhof* Stadtplan : N2**k**
– ✆ (030) 7 40 74 30 – www.kanzleramt-berlin.steigenberger.com
328 Zim – 119/299 € 119/299 € – 25 € – 11 Suiten
Hier hat man alles puristisch-modern designt. Großzügig die Lobby, schön der Freizeitbereich mit Blick auf das Regierungsviertel. Frühstück gibt's im 1. Stock in einem angenehm hellen Raum, speisen kann man im "No. 5" (Restaurant und Bar). Ideal die Lage direkt am Hauptbahnhof.

Das Stue

Drakestr. 1 ✉ 10787 **U** *Wittenbergplatz* Stadtplan : M1**s**
– ✆ (030) 3 11 72 20 – www.das-stue.com
78 Zim – 210/380 € 240/380 € – 35 €
5 - cinco by Paco Pérez ✿ – Siehe Restaurantauswahl
Richtig "stylish" und "cosy" ist das denkmalgeschützte Gebäude der ehemaligen Dänischen Gesandtschaft aus den 30er Jahren. Geschmackvolles, topmodernes Design, dazu Ruhe trotz Großstadt. Auf Wunsch wohnt man mit Blick auf den Berliner Zoo! Casual: locker und niveauvoll, Internationales im Tapas-Stil.

BERLIN

Am Steinplatz

Steinplatz 4 ✉ *10623* **U** *Ernst-Reuter-Platz* Stadtplan : L1**e**
– ✆ (030) 5 54 44 40 – www.hotelsteinplatz.com
87 Zim – 🚹165/225 € 🚹🚹180/240 € – ☕ 35 €
Einst war es das Künstlerhotel der Spreemetropole, heute ist es ein eher kleineres exklusives Boutiquehotel im Herzen Charlottenburgs. Die Zimmer wertig, chic und wohnlich, der Service aufmerksam und individuell, dazu der Altbau-Charme hoher, teils stuckverzierter Decken. Regional geprägtes Restaurantkonzept.

Ameron Abion Spreebogen

Alt-Moabit 99 ✉ *10559* **U** *Turmstr. – ✆ (030) 39 92 00* Stadtplan : F2**a**
– www.abion-hotel.de
234 Zim – 🚹80/100 € 🚹🚹80/100 € – ☕ 19 € – 9 Suiten
Wohnen direkt an der Spree - und das zeitgemäß und komfortabel. Wie ein kleines Hotel im Hotel: die luxuriös-elegante "Abion Villa" gleich nebenan. Im "Lanninger" samt hübscher Terrasse serviert man regionale Küche. Exklusiv: Veranstaltungen auf der Yacht "Aida" von 1930 (Apr. - Okt.).

25hours Hotel Bikini

Budapester Str. 40 ✉ *10787* **U** *Zoologischer Garten* Stadtplan : L1**b**
– ✆ (030) 1 20 22 10 – www.25hours-hotels.com
149 Zim – 🚹120 € 🚹🚹120 € – ☕ 14 €
NENI – Siehe Restaurantauswahl
Einer der interessantesten Hotel-Hotspots Berlins - angebaut an die Bikini-Mall, trendig der "Urban Jungle"-Style, freie Sicht in den Zoo (von der Sauna im 9. Stock schaut man ins Affengehege!). "Woodfire Bakery" und loungige "Monkey Bar" mit tollem Stadtblick. Leihen Sie kostenfrei Fahrräder oder "Mini"!

BERLIN

Louisa's Place

Kurfürstendamm 160 ✉ *10709* **U** *Adenauerplatz* Stadtplan : K2**a**
– ✆ (030) 63 10 30 – www.louisas-place.de
47 Suiten – 🚹145/625 € 🚹🚹145/625 € – ☕ 26 €
Balthazar – Siehe Restaurantauswahl
Geschmackvolle geräumige Suiten mit Küche und sehr freundlicher Service zeichnen dieses exklusiv ausgestattete Hotel aus. Fragen Sie nach einem Zimmer mit Balkon oder Wintergarten! Stilvoll: der Frühstücksraum und die Bibliothek.

Crowne Plaza Berlin - Potsdamer Platz

Hallesche Str. 10 ✉ *10963* **U** *Potsdamer Platz* Stadtplan : G2**a**
– ✆ (030) 8 01 06 60 – www.crowneplaza.com/potsdamerplatz
237 Zim – 🚹109/344 € 🚹🚹119/354 € – ☕ 19 € – 19 Suiten
In der denkmalgeschützten ehemaligen Postverteilerstation von 1930 direkt neben dem Tempodrom geht es sehr komfortabel und modern zu: schicke Zimmer in warmen Farben und zahlreichen Kategorien sowie gute Veranstaltungsmöglichkeiten. Restaurant "The Post" mit regional-vegetarischer und intenationaler Küche.

Boutique Hotel i-31

Invalidenstr. 31 ✉ *10115* **U** *Naturkundemuseum* Stadtplan : P1**d**
– ✆ (030) 3 38 40 00 – www.hotel-i31.de
117 Zim – 🚹107/999 € 🚹🚹107/999 € – ☕ 17 €
Im Herzen des angesagten Stadtteils Mitte steht dieses Boutique-Hotel mit all seinen Designelementen. Die Zimmer: frisch und wohnlich, in den Kategorien "pure", "white" und "brown" - immer mit kostenfreier Minibar und moderner Technik.

Dormero Hotel Brandenburger Hof

Eislebener Str. 14 ✉ *10789* **U** *Augsburger Str.* Stadtplan : L2**n**
– ✆ (030) 21 40 50 – www.dormero.de
64 Zim – 🚹109/359 € 🚹🚹109/359 € – ☕ 22 € – 8 Suiten
Die Quadriga – Siehe Restaurantauswahl
In dem wilhelminischen Stadtpalais hat man es schön modern, komfortabel und wohnlich - die Zimmer sind individuell geschnitten und technisch erstklassig ausgestattet. Unkomplizierte Küche in der Lounge mit toller Wintergarten-Atmosphäre.

Scandic Potsdamer Platz

Gabriele-Tergit-Promenade 19 ✉ *10963* Stadtplan : N3**z**
U *Mendelssohn-Bartholdy-Park – ✆ (030) 7 00 77 90*
– www.scandichotels.de/berlin
561 Zim – 79/269 € 79/269 € – 9 € – 1 Suite
Der Eingang in Berlin-Mitte, Ihr Zimmer in Kreuzberg? Schon möglich, denn die Grenze verläuft mitten durchs Haus. Der Stil ist klar und puristisch - Fotos, Farben, Stoffe lassen die Jahreszeiter erkennen: Herbst im Restaurant (Spezialität sind hier "Nordic Tapas"), Frühling im Frühstücksraum... Vorbildlich das ökologische Konzept: Zimmereinrichtung recycelbar!

Leonardo Royal

Otto-Braun-Str. 90 ✉ *10249* **U** *Alexanderplatz* Stadtplan : R1**r**
– ✆ (030) 7 55 43 00 – www.leonardo-hotels.com
343 Zim – 79/299 € 79/299 € – 19 € – 3 Suiten
Modernes Businesshotel beim Volkspark Friedrichshain mit guter Verkehrsanbindung und schicken Zimmern, darunter spezielle "Ladies Rooms". Tagungsbereich für bis zu 700 Personen. Internationale Küche im großzügig angelegten Restaurant.

Courtyard by Marriott

Axel-Springer-Str. 55 ✉ *10117* **U** *Spittelmarkt* Stadtplan : Q3**m**
– ✆ (030) 8 00 92 80 – www.marriott.com/bermt
263 Zim – 109/149 € 119/159 € – 4 Suiten
Die variablen Tagungsräume sowie funktionelle Zimmer mit gutem Arbeitsplatz machen das Hotel mit dem großen Hallenbereich zu einer idealen Businessadresse. Das Oléo Pazzo ist ein mediterranes Bistro mit Bar.

Ellington

Nürnberger Str. 50 ✉ *10789* **U** *Wittenbergplatz* Stadtplan : LM2**e**
– ✆ (030) 68 31 50 – www.ellington-hotel.com
280 Zim – 118/208 € 128/228 € – 20 € – 5 Suiten
Duke – Siehe Restaurantauswahl
Zahlreiche Fotos des namengebenden Duke Ellington zieren das puristisch eingerichtete Haus mit schönem Hallenbereich und loungeartigem Innenhof. Viele Details bewahren den historischen Charme.

SANA

Nürnberger Str. 33 ✉ *10777* **U** *Augsburger Str.* Stadtplan : L2**s**
– ✆ (030) 20 05 15 10 – www.berlin.sanahotels.com
166 Zim – 105/180 € 105/180 € – 18 € – 42 Suiten
Urbanes puristisches Design bis unters Dach! In der obersten Etage der kleine Freizeitbereich - toll die Aussicht. Hotelbar "f8/eight" mit Terrasse, im Innenhof eine Lounge. Das Restaurant hat sich der portugiesischen Küche verschrieben.

Adina Hackescher Markt

An der Spandauer Brücke 11 ✉ *10178* **U** *Alexanderplatz* Stadtplan : Q2**f**
– ✆ (030) 2 09 69 80 – www.adina.eu
90 Zim – 109/179 € 109/179 € – 19 € – 55 Suiten
Zentral die Lage, modern die Zimmer und Apartments mit Küche, teils auch mit Waschmaschine. Man hat auch einen kleinen Sauna-Fitnessbereich samt zwei Indoor-Jacuzzis unter "Sternenhimmel" und in der Bar gibt es Kleinigkeiten zu essen.

Golden Tulip Berlin - Hotel Hamburg

Landgrafenstr. 4 ✉ *10787* **U** *Wittenbergplatz* Stadtplan : M1**g**
– ✆ (030) 26 47 70 – www.goldentulipberlin.de
186 Zim – 89/389 € 99/399 € – 15 € – 3 Suiten
Sehr zeitgemäß und businesslike, mit wohnlichen Zimmern und Tagesbar - alles in angenehmen warmen Erdtönen gehalten. Der Tagungsraum ist nicht ohne Grund in der 11. Etage: Lassen Sie beim Arbeiten ruhig mal den Blick über Berlin schweifen!

Arcotel John F

Werderscher Markt 11 ✉ *10117* **U** *Hausvogteiplatz* Stadtplan : P2_3**z**
– ✆ (030) 4 05 04 60 – www.arcotelhotels.com/de/john_f_hotel_berlin
187 Zim – 🚹89/325 € 🚹🚹89/325 € – ☕ 22 € – 3 Suiten
Das Hotel am Auswärtigen Amt ist John F. Kennedy gewidmet. Attraktive, modern designte Zimmer mit Schaukelstuhl, darunter die Themenzimmer "Kennedy" und "International Style". International speist man im Restaurant Foreign Affairs.

Cosmo

Spittelmarkt 13 ✉ *10117* **U** *Spittelmarkt* Stadtplan : Q3**c**
– ✆ (030) 58 58 22 22 – www.cosmo-hotel.de
84 Zim – 🚹99/149 € 🚹🚹109/159 € – ☕ 18 € – 1 Suite
scent – Siehe Restaurantauswahl
Klare moderne Linien, wertige Materialien und zurückhaltende Farben bestimmen hier das Bild. Die Zimmer haben raumhohe Fenster, im 7. und 8. Stock mit Balkon.

casa camper

Weinmeisterstr. 1 ✉ *10178* **U** *Weinmeisterstr.* Stadtplan : Q2**c**
– ✆ (030) 20 00 34 10 – www.casacamper.com
48 Zim ☕ – 🚹152/278 € 🚹🚹193/319 € – 3 Suiten
Von Fernando Amat und Jordi Tio stammt das hochwertige Interieur in klarem Design. In den Zimmern: kräftiges Rot und warmes Holz. Snacks gratis im "Tentempié" im 7. Stock.

SIR F.K. Savigny

Kantstr. 144 ✉ *10623* **U** *Uhlandstr.* Stadtplan : KL1**y**
– ✆ (030) 3 23 01 56 00 – www.hotel-sirsavigny.de
44 Zim – 🚹99/139 € 🚹🚹99/139 € – ☕ 18 €
Was für dieses Haus spricht? Zentrale Lage (ideal für Stadterkundungen), persönlicher Service, schickes Schwarz-Weiß-Design... Zahlreiche Bilder erinnern etwas an einen englischen Landsitz. Tapas und Snacks in der Bar. Toller Hinterhof!

Leonardo Berlin Mitte (N)

Bertolt Brecht Platz 4 ✉ *10117* **U** *Friedrichstr.* Stadtplan : P2**d**
– ✆ (030) 3 74 40 50 00 – www.leonardo-hotels.com
308 Zim – 🚹89/139 € 🚹🚹89/139 € – ☕ 20 € – 1 Suite
Das Hotel ist nicht nur schön stylish von der Lobby bis zu den funktionalen Zimmern, es liegt auch noch zentral und trotzdem ruhig. Nach Ihrer Stadttour können Sie im kleinen Freizeitbereich in der 9. Etage entspannen.

The Dude

Köpenicker Str. 92 ✉ *10179* **U** *Märk. Museum* Stadtplan : Q3**d**
– ✆ (030) 4 11 98 81 77 – www.thedudeberlin.com
27 Zim – 🚹109/199 € 🚹🚹149/239 € – ☕ 18 €
The Brooklyn – Siehe Restaurantauswahl
Ein "American Townhouse" zwischen Mitte und Kreuzberg - charmant, stilvoll, individuell, diskret - nicht wundern: Man muss klingeln! Einzigartig der Mix aus historischen Details (das Haus wurde 1822 erbaut) und Design-Elementen. In der Bar können Sie tagsüber Kleinigkeiten essen; hier wird auch gefrühstückt.

Hecker's Hotel Kurfürstendamm

Grolmanstr. 35 ✉ *10623* **U** *Uhlandstr. – ✆ (030) 8 89 00* Stadtplan : L2**e**
– www.heckers-hotel.de
69 Zim – 🚹85/290 € 🚹🚹95/310 € – ☕ 16 €
Cassambalis – Siehe Restaurantauswahl
Zeitgemäßes Wohnen wenige Schritte vom Ku'damm. Geschmackvoll sind die Themenzimmer Bauhaus, Toskana und Kolonial. Ruhige Sonnenterrasse im 5. Stock, moderner Frühstücksraum.

BERLIN

Catalonia

Köpenicker Str. 80 ✉ *10178* **U** *Märk. Museum* Stadtplan : Q3**d**
– ✆ *(030) 24 08 47 70 – www.noteles-catalonia.com*
131 Zim ☕ – 🚹79/999 € 🚹🚹89/999 €
Das ist das "Pilot-Projekt" der katalanischen Hotelgruppe in Deutschland. Interessant: Die Lobby spiegelt mit ihrem speziellen Look die Vielfalt und die Veränderung Berlins wider, auf den Fluren sehenswerte Graffitis. Das Restaurant bietet einen Mix aus regionaler und spanischer Küche samt Tapas.

Hampton by Hilton

Uhlandstr. 188 ✉ *10623* **U** *Uhlandstr.* Stadtplan : L1**p**
– ✆ *(030) 4 05 02 70 – www.hamptonbyhilton-berlin.de*
214 Zim ☕ – 🚹79/259 € 🚹🚹89/269 €
Klare Linien und wertige Ausstattung überall im Haus. Im Lobby-, Bar- und Frühstücksbereich setzen kräftige, warme Farben zudem noch ansprechende Akzente. Ku'damm und Zoo in der Nähe.

Villa Kastania

Kastanienallee 20 ✉ *14052* **U** *Theodor-Heuss-Platz* Stadtplan : E2**v**
– ✆ *(030) 3 00 00 20 – www.villakastania.com*
45 Zim – 🚹79/299 € 🚹🚹89/299 € – ☕ 15 €
In dem Hotel etwas außerhalb des Zentrums, wenige Gehminuten von der Messe, stehen Zimmer unterschiedlicher Stilrichtungen und ein mediterraner Freizeitbereich zur Verfügung. Helles, freundliches Restaurant mit internationaler Küche und sehr netter Terrasse.

California

Kurfürstendamm 35 ✉ *10719* **U** *Uhlandstr.* Stadtplan : L2**a**
– ✆ *(030) 88 01 20 – www.hotel-california.de*
159 Zim – 🚹79/205 € 🚹🚹89/220 € – ☕ 10 € – 1 Suite
Ein gewachsenes Stadthotel in bester Lage. Hier gibt es wohnliche moderne Zimmer, einen hübschen Saunabereich und ein nettes Café mit kleinem Speisenangebot und lebendiger Terrasse.

H'Otello K'80

Knesebeckstr. 80 ✉ *10623* **U** *Uhlandstr.* Stadtplan : L2**t**
– ✆ *(030) 6 80 73 10 – www.hotello.de/k80*
85 Zim ☕ – 🚹127/202 € 🚹🚹157/242 €
Direkt neben der Straßenbahn an einem belebten Platz geht es urban zu: klar-modern und zurückhaltend elegant. Mehr Platz bieten die Studios. Im Sommer frühstückt man sehr nett auf der Terrasse - es gibt hausgemachte Marmelade.

Holiday Inn Alexanderplatz

Theanolte-Bähnisch Str. 2 ✉ *10178* **U** *Alexanderplatz* Stadtplan : Q2**p**
– ✆ *(030) 7 40 74 70 – www.hiberlincenter.com*
242 Zim ☕ – 🚹89/199 € 🚹🚹99/219 €
Eine gute Business-Adresse: praktisch die Lage nahe dem Alex sowie die funktionalen Zimmer in frischem modernem Design. Das Restaurant "La Maison de l'Entrecôte" teilt man sich mit dem "Indigo" (direkter Durchgang). Hostel im selben Block.

Garden Living

Invalidenstr.101 ✉ *10115* **U** *Zinnowitzer Straße* Stadtplan : N1**g**
– ✆ *(030) 2 84 45 59 00 – www.gardenliving.de*
30 Zim – 🚹99/124 € 🚹🚹119/139 € – ☕ 8 €
"Wohnen wie zuhause" - dieses Gefühl vermittelt das hübsche Ensemble aus drei alten Stadthäusern mit seinen geschmackvollen großzügigen Appartements mit kleiner Küchenzeile sowie der "grünen Oase" in Form eines attraktiven Innenhofs - möchten Sie hier nicht auch an einem schönen Sommermorgen frühstücken?

MANI

*Torstr. 136 ✉ 10119 **U** Rosenthaler Platz* Stadtplan : P1**m**
– ✆ (030) 53 02 80 80 – www.amanogroup.de
63 Zim – 70/189 € 75/189 € – 15 €
MANI – Siehe Restaurantauswahl
Dies ist eines der stylischen Boutique-Hotels in Berlin: hip, mondän, angesagt... Chic die Zimmer mit ihrer wertigen Ausstattung und puristisch-klarem Stil in dunklen Farben.

Honigmond

*Tieckstr. 11 ✉ 10115 **U** Naturkundemuseum* Stadtplan : P1**k**
– ✆ (030) 2 84 45 50 – www.honigmond.de
60 Zim – 89/165 € 120/209 € – 10 €
Individuelle Zimmer in einem stilvollen Haus von 1895 in einer ruhigen Seitenstraße. Zum 350 m entfernten Gästehaus Garden Hotel gehört ein schöner Innenhofgarten. Nettes Kaffeehaus-Restaurant mit klassischem Rahmen.

Kastanienhof

*Kastanienallee 65 ✉ 10119 **U** Rosenthaler Platz* Stadtplan : Q1**c**
– ✆ (030) 44 30 50 – www.kastanienhof.biz
44 Zim – 65/149 € 87/179 € – 9 € – 2 Suiten
Das Hotel kommt vielleicht ein kleines bisschen altmodisch daher, aber mit ganz viel Charme: familiär, heimelig, wohnlich... Fragen Sie nach den ruhigeren Zimmern zum Hof! Urig-berlinerisch die Schankwirtschaft. Tipp: hausgemachter Kuchen!

Otto

*Knesebeckstr. 10 ✉ 10623 **U** Ernst-Reuter-Platz* Stadtplan : L1**a**
– ✆ (030) 54 71 00 80 – www.hotelotto.com
46 Zim – 80/120 € 100/140 € – 15 €
Eine wirklich nette moderne Adresse: überall klares funktionales Design, die Zimmer teilweise mit Kitchenette, im obersten Stock der helle Frühstücksraum und die Terrasse... hier sitzt es sich nachmittags schön bei Tee und Kuchen!

Grenzfall

*Ackerstr. 136 ✉ 13355 **U** Bernauerstr.* Stadtplan : P1**g**
– ✆ (030) 34 33 33 00 – www.hotel-grenzfall.de
37 Zim – 63/179 € 83/199 € – 11 €
Hier überzeugen Freundlichkeit, der 3000 qm große Garten - ein wahres Kleinod in der Großstadt - und der Preis! "Grenzfall" bezieht sich zum einen auf das Miteinander (ein Integrationsbetrieb), zum anderen auf die Lage an der ehemaligen Mauer. Geradlinig das Ambiente, Terrasse mit Blick ins Grüne!

Lorenz Adlon Esszimmer – Hotel Adlon Kempinski

*Unter den Linden 77 ✉ 10117 **U** Brandenburger Tor* Stadtplan : N2**s**
– ✆ (030) 22 61 19 60 – www.lorenzadlon-esszimmer.de
– geschl. 1. - 12. Januar, 27. März - 5. April, 24. Juli - 23. August, 23. Oktober - 1. November und Sonntag - Dienstag
• KREATIV • Menü 140/195 € – Karte 136/166 € – *(nur Abendessen)*
Den Namen "Adlon" assoziiert man unweigerlich mit Stil und Niveau, und das darf man auch hier in der 1. Etage dieser Berliner Top-Adresse erwarten: Bei herrlichem Blick aufs Brandenburger Tor wird Ihnen klassische Küche in Form zweier sehr präzise zubereiteter und kreativ präsentierter Menüs zuteil.
➜ Kohlrabi, Krustentierfond, Jakobsmuschel, junger Lauch, Meerrettich. Taube, Pfeffersauce, Sellerie, Spinat, Petersilie, Curry, Koriander. Erdbeere, Erbsen, Schokolade, Holunder, Minze, Rosmarin.

Les Solistes by Pierre Gagnaire – Hotel Waldorf Astoria

Hardenbergstr. 27 ✉ 10623 **U** *Zoologischer Garten – ✆ (030) 81 40 00 24 50 – www.waldorfastoriaberlin.de – geschl. 25. Juli - 28. August und Sonntag - Montag* Stadtplan : L1**w**

• KREATIV • Menü 85/140 € – Karte 87/129 € – *(nur Abendessen)* (Tischbestellung ratsam)

Die Berliner "Zweigstelle" des Pariser Großmeisters der kreativen französischen Küche, Pierre Gagnaire! Der Rahmen ist großzügig und edel, das top Niveau des Serviceteams steht völlig außer Frage und die klassische Küche glänzt mit eigenem Stil, perfekter Zubereitung und feinsten Produkten.

➜ Großer Raviolo vom Taschenkrebs und Staudensellerie mit Velouté und Spitzen vom grünen Spargel. Maibock mit Wacholder, Sauce "Violine", Rote Bete-Gnocchi. Tarte mit Schokolade aus Ecuador, karamellisierte Mandeln und Haselnüsse.

Fischers Fritz – Hotel Regent

Charlottenstr. 49 ✉ 10117 **U** *Französische Str. – ✆ (030) 20 33 63 63 – www.fischersfritzberlin.com – geschl. Ende Juli - Mitte August* Stadtplan : P3**c**

• KLASSISCHE KÜCHE • Menü 105/180 € – Karte 105/154 € – *(nur Abendessen)* (Tischbestellung ratsam)

Ein wunderbares Beispiel für Präzision und Bezug zum Produkt sind die feinen klassischen Speisen, die Ihnen bei abendlicher Pianomusik in geschmackvoll-elegantem Ambiente (Holztäfelung, Kronleuchter, offener Kamin...) präsentiert werden - für Fischliebhaber ein besonderes Vergnügen.

➜ Gebackenes Demeter Onsenei mit Spitzmorcheln, Kopfsalatcrème und Bärlauch. Bretonischer Hummer geröstet mit Salz, Chili und Koriander. Gebratener Seeteufel, karamellisierter Chicorée und Japanrettich, Jus von Spätburgunder.

Hugos – Hotel InterContinental

Budapester Str. 2, 14. Etage ✉ 10787 **U** *Wittenbergplatz – ✆ (030) 26 02 12 63 – www.hugos-restaurant.de – geschl. Sonntag - Montag* Stadtplan : M1**a**

• MODERNE KÜCHE • Menü 100/150 € – *(nur Abendessen)* (Tischbestellung ratsam)

Keine Frage, hier im 14. Stock lockt die fantastische Aussicht, aber in erster Linie ist das geradlinig-elegante Restaurant wegen der modern-klassischen Küche gefragt - handwerklich wie auch geschmacklich ausgesprochen gelungen.

➜ Königskrabbe sanft gegart, Tatar, Rhabarber, Vanille, Ingwer. Bar de Ligne gebraten, Sellerie, Liebstöckel. Limousin Lamm und Purple Curry, Brunnenkresse, gegrillte Zwiebel.

First Floor – Hotel Palace

Budapester Str. 45 ✉ 10787 **U** *Zoologischer Garten – ✆ (030) 25 02 10 20 – www.firstfloor.palace.de – geschl. 1. - 11. Januar, 25. Juli - 15. August und Sonntag - Montag* Stadtplan : M1**k**

• KREATIV • Menü 119/169 € – Karte 100/123 € – *(nur Abendessen)*

Das gediegen-elegante Restaurant ist fest etabliert in der Berliner Sternegastronomie, und das verwundert nicht angesichts der klassisch-kreativen Küche! Begleitet wird diese von einer rund 1500 Positionen umfassenden Weinkarte und professionellem Service. Interessant: der Blick auf das Treiben vor dem Haus.

➜ Blaue Garnele, Kürbis, Bergamotte. Étouffée Taube, Milchreis, Kirsche. Wagyu Zwiebelrostbraten mit Spätzle „first floor".

FACIL – Hotel The Mandala

Potsdamer Str. 3, 5. Etage ✉ 10785 **U** *Potsdamer Platz – ✆ (030) 5 90 05 12 34 – www.facil.de – geschl. Januar 2 Wochen, Juli - August 3 Wochen und Samstag - Sonntag* Stadtplan : N3**v**

• KREATIV • Menü 45 € (mittags unter der Woche)/185 € – Karte 104/127 € – (Tischbestellung ratsam)

Terrassen-Feeling im 5. Stock! Im Sommer sitzt man bei geöffneter Verglasung fast wie in einem begrünten Innenhof, während man sich die äußerst exakt zubereitete, finessenreiche und toll präsentierte moderne Küche zu Gemüte führt - doppelter Genuss also!

➜ Rochenflügel, Marinda-Tomate und Limonenseitling. Taube, Sauerampfer, Mohn und Karotte. Lammrücken, grüner Anis, Rettich und Roggenbrot.

XXX **5 - cinco by Paco Pérez** – Hotel Das Stue

Drakestr. 1 ✉ 10787 **U** *Wittenbergplatz* Stadtplan : M1**s**
– ✆ (030) 3 11 72 20 – www.5-cinco.com – geschl. Anfang Januar 2 Wochen, Anfang August 2 Wochen und Sonntag - Montag
• KREATIV • Menü 165 € – Karte 97/125 € – *(nur Abendessen)* (Tischbestellung ratsam)

Paco Pérez hat die kreative (Meeresfrüchte-) Küche seines Zwei-Sterne-Restaurants "Miramar" in Spanien nach Berlin gebracht. Das 25-gängige "Experience Menü" sollte man probiert haben - oder wählen Sie lieber à la carte? Sehr speziell: 86 mittig an der Decke hängende Kupfertöpfe aus spanischer Designer-Hand.

➜ Jakobsmuscheln, Parmentier, Schinken und Pedro Ximénez. Kaisergranat vom Grill. Iberico Schweinerippchen und Garnelen.

XXX **VAU** (Kolja Kleeberg)

Jägerstr. 54 ✉ 10117 **U** *Hausvogteiplatz* Stadtplan : P3**u**
– ✆ (030) 2 02 97 30 – www.vau-berlin.de – geschl. Sonntag
• KREATIV • Menü 120/160 €

Was das perfekt eingespielte Küchenteam am Abend für Sie zubereitet, sind zwei Menüs voller Aroma und Geschmack: "Improvisation" (modern-kreativ) und "Komposition" (klassisch). Mittags etwas einfacheres Angebot. Gestalterisch hat übrigens Stararchitekt Meinrad von Gerkan seine Handschrift hinterlassen.

➜ Temperierter Kalmar, Mandeln, Liebstöckel. Versängter Schweinebauch, Apfel, Rettich, Frankfurter grüne Kräuter. Zander, saure Rüben, Brunnenkresse, junger Knoblauch.

BERLIN

XXX **Die Quadriga** – Dormero Hotel Brandenburger Hof

Eislebener Str. 14 ✉ 10789 **U** *Augsburger Str.* Stadtplan : L2**n**
– ✆ (030) 21 40 56 50 – www.quadriga-restaurant.de – geschl. Sonntag - Montag
• KREATIV • Menü 75/115 € – Karte 51/72 € – *(nur Abendessen)*

Ein komfortables Restaurant im eleganten Art-déco-Stil ist die Quadriga und aus der Küche kommen kreative Speisen mit klassischer Basis. Schön die Weinauswahl dazu.

XXX **Kempinski Grill**

Kurfürstendamm 27 ✉ 10719 **U** *Uhlandstr.* Stadtplan : L2**n**
– ✆ (030) 88 43 47 67 – www.kempinski.com/berlinbristol – geschl. Juli - August 4 Wochen
• FRANZÖSISCH KLASSISCH • Menü 55/75 € – Karte 44/77 €

Seit 1952 eine Institution am Ku'damm - die klassische Eleganz von damals wurde - trotz einiger Renovierungen im Laufe der Zeit - bis heute beibehalten und macht den unverwechselbaren Charme des Restaurants aus.

XX **reinstoff** (Daniel Achilles)

Schlegelstr. 26c, Edison Höfe ✉ 10115 Stadtplan : P1**a**
U *Naturkundemuseum – ✆ (030) 30 88 12 14 – www.reinstoff.eu – geschl. Sonntag - Montag*
• KREATIV • Menü 110/198 € – *(nur Abendessen)* (Tischbestellung ratsam)

Sie betreten das historische Fabrikgebäude über den Innenhof, drinnen dann ein spezielles puristisches Raum-in-Raum-Konzept, versierter Service und eine ausgesprochen aufwändige, kreative Küche voller besonderer Details, zu sehen und zu schmecken in den Menüs "ganz nah" und "weiter draußen".

➜ Muscheln, Fenchel von der Knospe bis zur Wurzel, würziger Sud. Regenbogenforelle, Feldmohn, Kapuzinerkresse und Radieschen. Querrippe vom Rind mit Ochsenmark und Maistortilla.

XX **Grace** N – Hotel Zoo Berlin

Kurfürstendamm 25 ✉ 10719 – ✆ (030) 88 43 77 50 70 Stadtplan : L2**z**
– geschl. Sonntag - Montag
• INTERNATIONAL • Menü 50/90 € – Karte 45/85 € – *(nur Abendessen)*

Stilvoll-modernes Design vereint mit dem Flair vergangener Tage - wirklich chic! Gekocht wird international und ebenfalls modern, dafür stehen Gerichte wie "Creamy Rock Shrimps, Gurke, Koriander, Erdnüsse & Chili".

XX **SRA BUA by Tim Raue** – Hotel Adlon Kempinski

Behrenstr. 72 ✉ 10117 **U** *Brandenburger Tor* Stadtplan : N3**c**
– ✆ (030) 22 61 15 90 – www.srabua-adlon.de – geschl. Juli 2 Wochen
• ASIATISCH • Menü 59/126 € – Karte 50/74 € – *(nur Abendessen)*
Die ambitionierte panasiatische Küche aus hochwertigen Produkten mischt Thailändisches mit Japanischem. Das perfekte Pendant zu den interessanten Speisen ist das spezielle und elegante Ambiente. Und weil ein stimmiges Gesamtbild auch eine Frage des Service ist, wird man sehr zuvorkommend und charmant betreut.

XX **Pauly Saal**

Auguststr. 11 ✉ 10117 **U** *Weinmeisterstr.* Stadtplan : P2**q**
– ✆ (030) 33 00 60 70 – www.paulysaal.com – geschl. Sonntag - Montag
• MODERNE KÜCHE • Menü 45 € (mittags)/120 € – (Tischbestellung ratsam)
Sie mögen es elegant und ungezwungen zugleich? Markant in dem hohen Saal in der ehemaligen jüdischen Mädchenschule sind die dekorative Rakete über dem Fenster zur Küche sowie stilvolle Murano-Kronleuchter. Gekocht wird klassisch, produktbezogen, ohne Schnörkel. Mittags auch kleineres Lunchmenü.
➜ Kabstatar, Quinoa, Radieschen, Basilikum. Rote Garnele, Graupen, Navetten. Erdbeere, Waldmeister, Vanille, Meringue.

XX **Zeitgeist** N

Friedrichstr. 84 / Ecke Unter den Linden, 1. Etage Stadtplan : P2**z**
✉ 10177 – ✆ (030) 20 92 13 13 – www.drive-volkswagen-group.com – geschl. Sonntag - Montag, Samstagmittag
• MODERNE KÜCHE • Menü 34 € (mittags)/105 € – Karte 73/95 €
Zu finden ist der neue Hotspot im "Drive", dem VW Group Forum. Im 1. Stock heißt es stylisches Design und ebenso moderne ambitionierte Küche - mittags etwas einfacher, abends gehoben. Lust auf "Taube & Lardo, Sellerie, Stachelbeere"?

XX **La Banca** – Hotel de Rome

Behrenstr. 37 ✉ 10117 **U** *Französische Str.* Stadtplan : P2**h**
– ✆ (030) 46 06 09 12 01 – www.hotelderome.de
• MEDITERRAN • Menü 26 € (mittags)/72 € (abends) – Karte 31/72 €
Leger und trotzdem edel und hochwertig, so der Look des lebhaften, an die Bar angeschlossenen Restaurants samt schönem Innenhof. Geboten wird mediterrane Küche aus frischen Produkten. Tipp: Mittagsmenü zu gutem Preis-Leistungs-Verhältnis!

XX **Grill Royal**

Friedrichstr. 105b ✉ 10117 **U** *Friedrichstr.* Stadtplan : P2**a**
– ✆ (030) 28 87 92 88 – www.grillroyal.com
• GRILLGERICHTE • Karte 43/118 € – *(nur Abendessen)* (Tischbestellung ratsam)
Eine In-Adresse, die bekannt ist für Grillgerichte. Schauen Sie sich das Fleisch selbst im gläsernen Kühlhaus an! Sehr gute Auswahl an Bordeaux und italienischen Weinen. Gerne sitzt man hier auf der Terrasse zur Spree.

XX **Markus Semmler**

Sächsische Str. 7 ✉ 10707 **U** *Hohenzollernplatz* Stadtplan : K2**m**
– ✆ (030) 89 06 82 90 – www.kochkunst-ereignisse.de – geschl. Juli - August und Sonntag - Dienstag
• KLASSISCHE KÜCHE • Menü 85/130 € – Karte 75/105 € – *(nur Abendessen)* (Tischbestellung erforderlich)
Man kocht saisonal, das Produkt steht absolut im Mittelpunkt! Zu den feinen Speisen werden in dem freundlichen Restaurant auch offene Weine aus Magnumflaschen angeboten. Eine hübsche Raucherlounge gibt es übrigens auch.
➜ Thunfisch, Radieschen, Bärlauch, Spargel, Kresse. Atlantik Steinbutt, karamellisierter Romana, Kerbel-Beurre blanc. Rhabarber, Erdbeere, grüner Pfeffer, weiße Schokolade.

BERLIN

XX **Bocca di Bacco**

Friedrichstr. 167 ✉ 10117 **U** *Französische Str.* Stadtplan : P3**x**
– ✆ (030) 20 67 28 28 – www.boccadibacco.de – geschl. Sonntagmittag und an Feiertagen mittags
• ITALIENISCH • Menü 20 € (mittags unter der Woche) – Karte 42/62 €
Ein modern designtes Restaurant mit Bar und Loungebereich, in dem man Ihnen aufmerksam gute italienische Küche serviert. Hübscher Salon für Feierlichkeiten im 1. Stock.

XX **Quarré** – Hotel Adlon Kempinski

Unter den Linden 77 ✉ 10117 **U** *Brandenburger Tor* Stadtplan : N2**s**
– ✆ (030) 22 61 15 55 – www.hotel-adlon.de
• INTERNATIONAL • Karte 43/89 €
Elegantes Interieur - was sonst würde man in einem Haus wie dem Adlon erwarten! Schauen Sie nach einem Fensterplatz - der Blick aufs Brandenburger Tor ist wirklich klasse! Sonntags kommt man gerne zum Brunch.

XX **Vox** – Hotel Grand Hyatt

Marlene-Dietrich-Platz 2, Eingang Eichhornstraße Stadtplan : N3**a**
✉ 10785 **U** *Potsdamer Platz – ✆ (030) 25 53 17 72 – www.vox-restaurant.de – geschl. Samstagmittag, Sonntagmittag*
• MODERNE KÜCHE • Menü 46/66 € (abends) – Karte 48/77 €
Ein stimmiges Konzept, das ankommt: klarer Stil, große Showküche, Sushibar. Schauen Sie zu, wie die modernen Speisen und Sushi-Gerichte entstehen! Und die trendige Bar ist etwas für Whiskey-Freunde - ab 22 Uhr mit Live-Jazz. "Vox" war übrigens die erste Radiostation, die hier 1920 sendete.

XX **Balthazar** – Hotel Louisa's Place

Kurfürstendamm 160 ✉ 10709 **U** *Adenauerplatz* Stadtplan : K2**a**
– ✆ (030) 89 40 84 77 – www.balthazar-restaurant.de
• INTERNATIONAL • Menü 44 € – Karte 40/65 € – *(nur Abendessen)*
Richtig gut essen, und das auch noch direkt am Ku'damm. Die Küche nennt sich "metropolitan cuisine" - hier mischen sich Einflüsse aus der ganzen Welt, dennoch bleibt die Basis deutsch.

XX **Il Punto**

Neustädtische Kirchstr. 6 ✉ 10117 **U** *Friedrichstr.* Stadtplan : P2**p**
– ✆ (030) 20 60 55 40 – www.ilpunto.net – geschl. Samstagmittag, Sonntag
• ITALIENISCH • Menü 30 € (mittags)/80 € – Karte 43/55 €
Für Freunde italienischer Küche - und davon hat Gastgeber Guiseppe Perna so einige als Stammgäste! Die "Paccheri alla Ciampi" haben Sie dem BRD-Besuch des Staatspräsidenten Dr. A. Ciampi zu verdanken. Schön der glasüberdachte Innenhof!

XX **Duke** – Hotel Ellington

Nürnberger Str. 50 ✉ 10789 **U** *Wittenbergplatz* Stadtplan : LM2**e**
– ✆ (030) 6 83 15 40 00 – www.duke-restaurant.com – geschl. Sonntag
• FRANZÖSISCH MODERN • Menü 22 € (mittags unter der Woche)/68 € (abends) – Karte 34/94 €
Das modern-trendige Restaurant ist eine gastronomisch anspruchsvolle Adresse - so kommen aus der offenen Küche z. B. "Ossobuco & Filet vom Weidekalb mit Safran-Fenchel-Risotto und Gremolatajus" oder leckerer "Moelleux au Chocolat".

XX **The Brooklyn** – Hotel The Dude

Köpenicker Str. 92 ✉ 10179 **U** *Märk. Museum* Stadtplan : Q3**d**
– ✆ (030) 20 21 58 20 – www.thebrooklyn.de – geschl. Sonntag
• GRILLGERICHTE • Karte 50/180 € – *(nur Abendessen)*
Das Konzept: lebendige "New York Style"-Atmosphäre und erstklassiges US-Prime-Beef - Rib Eye, Filet Mignon, T-Bone... Außerdem dürfen sich Whisky-Freunde über eine tolle Auswahl freuen!

BERLIN

XX **Alt Luxemburg**

Windscheidstr. 31 ✉ 10627 **U** *Sophie-Charlotte-Platz* Stadtplan : J1**s**
– ✆ (030) 3 23 87 30 – www.altluxemburg.de – geschl. Sonntag
• FRANZÖSISCH KLASSISCH • Menü 52/79 € – Karte 53/73 € – *(nur Abendessen)* (Tischbestellung ratsam)
Das Restaurant ist einer der Klassiker der Stadt und darf sich über so manchen Stammgast freuen. Hier schätzt man das schöne gediegene Ambiente und die traditionelle Küche.

XX **Brenner**

Regensburger Str. 7 ✉ 10777 **U** *Viktoria-Luise-Platz* Stadtplan : L2**r**
– ✆ (030) 23 62 44 70 – www.restaurant-brenner.de – geschl. Sonntag - Montag
• INTERNATIONAL • Menü 44/69 € – Karte 35/58 € – *(nur Abendessen)*
Hier wird in gemütlichen rustikal-eleganten Räumen internationale Küche serviert. Schön die Auswahl an über 350 Weinen - wie wär's mit den offenen Empfehlungen zu den Menüs?

XX **44** – Hotel Swissôtel

Augsburger Str. 44 ✉ 10789 **U** *Kurfürstendamm* Stadtplan : L2**k**
– ✆ (030) 2 20 10 22 88 – www.restaurant44.de – geschl. Sonntag
• SCHWEIZERISCH • Menü 44 € – Karte 35/63 €
Nicht nur einen schönen Blick auf Berlins Flaniermeile erwartet Sie hier, auch das moderne Ambiente ist ansprechend, ganz zu schweigen von der frischen, geschmackvollen und durch das Mutterland der Swissôtels inspirierten Küche - z. B. "geschmorte Kalbsbacke / Kartoffelpüree / Schwarzwurzel".

XX **le petit Felix**

Behrenstr. 72 ✉ 10117 **U** *Brandenburger Tor* Stadtplan : N3**e**
– ✆ (030) 20 62 86 10 – www.lepetitfelix.de – geschl. Sonntag
• MEDITERRAN • Menü 79 € – Karte 36/100 € – *(nur Abendessen)*
Als Restaurant-Ableger des bekannten Clubs bietet das "le petit Felix" im Gebäude des "Adlon" in gediegen-eleganter Brasserie-Atmosphäre eine gute Auswahl vom Menü bis zum Grillgericht. Macht Ihnen z. B. "Wolfsbarsch in der Salzkruste / Ratatouille / La Ratte" Appetit? Dazu Weine aus der Adlon-Vinothek.

XX **Beef Grill Club by Hasir** N – Hotel Titanic Deluxe

Französische Str. 30 ✉ 10117 **U** *Hausvogteiplatz* Stadtplan : P3**b**
– ✆ (030) 20 14 37 08 60 – www.titanic-hotels.de
• INTERNATIONAL • Menü 20/50 € – Karte 40/165 €
Das stylische Grill-Restaurant mit offener Showküche ist eine schöne Adresse für richtig gute Steaks. Werfen Sie einen Blick in den Fleischreifeschrank, denn von hier kommt Dry Aged Beef von hervorragender Qualität!

XX **scent** – Hotel Cosmo

Spittelmarkt 13 ✉ 10117 **U** *Spittelmarkt* Stadtplan : Q3**c**
– ✆ (030) 58 58 22 22 – www.cosmo-hotel.de – geschl. Samstagmittag, Sonntag
• INTERNATIONAL • Menü 40/69 € (abends) – Karte 40/47 €
In dem lichtdurchfluteten Restaurant setzt sich der geradlinige Stil des Designhotels fort. Aus der Küche kommt Schmackhaftes wie "fermentierter Brokkoli mit gebratener Meeräsche" oder "Rinderfilet in der Pilzkruste". Schöne offene Weine.

XX **Ponte**

Regensburger Str. 5 ✉ 10777 **U** *Viktoria-Luise-Platz* Stadtplan : M2**p**
– ✆ (030) 21 91 24 10 – www.ponte-ristorante.de – geschl. Januar 2 Wochen, Juli 2 Wochen und Dienstag
• ITALIENISCH • Karte 33/56 € – *(nur Abendessen)*
Valter Mazza, für die Berliner praktisch ein alter Bekannter, hat nun in Schöneberg wieder eine gastronomische Heimat gefunden. Frisch und klassisch-italienisch sind z. B. "Zucchiniblüte mit Ricotta" oder "Kalbshaxe in Gemüse geschmort", aber auch Fisch und Meeresfrüchte sowie schöne Weine aus Italien.

Rutz

Chausseestr. 8, 1. Etage ✉ 10115 **U** *Oranienburger Tor* Stadtplan : P2**r**
– ✆ (030) 24 62 87 60 – www.rutz-restaurant.de
– geschl. Anfang Januar 2 Wochen und Sonntag - Montag
• MODERNE KÜCHE • Menü 98/170 € – *(nur Abendessen)*

Eine sympathisch-moderne Atmosphäre wie hier wünscht man sich zu einem richtig guten Essen! Und das zeichnet sich aus durch eigenen Stil, durchdachte Zubereitung, fein abgestimmte Komponenten und nicht zuletzt durch hervorragende Produkte. Das Menü gibt's mit 4 - 10 Gängen.

➜ Verbenesud, Seezunge, Erbsen, Enten Aroma. Saure Beete, Hamachi und Sonnenblumenkerne, Koriander. Deichlamm, Senfkarotte, wilder Brokkoli, junger Knoblauch.

Rutz Weinbar – Siehe Restaurantauswahl

Studio Tim Raue (N)

Rheinsbergerstr. 76/77 ✉ 10115 **U** *Bernauer Str.* Stadtplan : P1**s**
– ✆ (030) 44 31 09 50 – www.factoryberlin.com/studio
– geschl. Sonntag - Montag
• MODERNE KÜCHE • Menü 36 € (mittags)/108 € – Karte 42/66 €

Industriearchitektur, Vintage-Look, warme Töne, Street Art... - ein interessanter Mix! Die Karte wechselt alle drei Monate, Themen sind z. B. "Japan" oder "Thailand". Das Haus liegt übrigens direkt am einstigen Grenzverlauf - wer am Chef's Table speist, sitzt an einem Teil der ehemaligen Mauer!

Cassambalis – Hecker's Hotel

Grolmanstr. 35 ✉ 10623 **U** *Uhlandstr.* Stadtplan : L2**e**
– ✆ (030) 8 85 47 47 – www.cassambalis.de
• MEDITERRAN • Menü 35 € (mittags)/90 € – Karte 31/58 €

Näher am Geschehen geht gar nicht: In unmittelbarer Nähe zum Ku'damm erinnert das Lokal an eine heitere Brasserie - mit viel unterschiedlicher Kunst, offenen Weinregalen und bunten Farben. Mediterrane Küche.

Brasserie Lamazère

Stuttgarter Platz 18 ✉ 10178 **U** *Wilmersdorfer Str.* Stadtplan : J2**a**
– ✆ (030) 31 80 07 12 – www.lamazere.de
– geschl. 1. - 4. Januar und Montag
• FRANZÖSISCH • Menü 35/45 € – *(nur Abendessen)*

Der gebürtige Pariser Régis Lamazère hat ein Stück Frankreich nach Charlottenburg gebracht: so richtig nett und quirlig-charmant sein "Bistrot Parisienne", sehr geschmackvoll und gänzlich unprätentiös Gerichte wie "Zweierlei vom Lamm mit Honig-Karotten" oder "Milchreis mit Salzkaramell".

Al Contadino Sotto Le Stelle

Auguststr. 36 ✉ 10119 **U** *Rosenthaler Platz* Stadtplan : Q1**b**
– ✆ (030) 2 81 90 23 – www.alcontadino.eu
– geschl. Dienstag
• ITALIENISCH • Menü 36/55 € – Karte 39/51 € – *(nur Abendessen)*

Gemütliche Trattoria in "Mitte", nahe der Marienkirche. Beliebt ist nicht nur die lebendige Atmosphäre, auch Leckeres wie "Ravioli mit Wolfsbarsch" oder "Ossobuco". Zwei Häuser weiter: Feinkost und kleine Gerichte in der "Mozzarella-Bar".

Katz Orange

Bergstr. 22, Eingang im Hof ✉ 10115 Stadtplan : P1**z**
U *Rosenthaler Platz – ✆ (030) 9 83 20 84 30 – www.katzorange.com*
• INTERNATIONAL • Menü 50/60 € – Karte 43/54 € – *(nur Abendessen)*
(Tischbestellung ratsam)

Sympathisch und lebendig ist das hübsche Restaurant in dem denkmalgeschützten Gebäude von 1893. Auf zwei Etagen - und auf der sehr schönen Terrasse im Innenhof - bekommt man frische ambitionierte Küche von vegan bis zum Wagyu-Steak. Für kleine Gruppen: Fine Dining zum Mitkochen im "Contemporary Food Lab".

BERLIN

ULA

Anklamer Str. 8 ✉ 10178 Berlin **U** *Bernauer Str.* Stadtplan : P1**u**
– ✆ (030) 89 37 95 70 – www.ulaberlin.jimdo.com – geschl. Montag
• JAPANISCH • Menü 35/65 € – Karte 16/45 € – *(nur Abendessen)*
Hier trifft japanische Kunst auf ebensolche Küche: Unter einem Dach mit der gleichnamigen Galerie isst man schön authentisch, auch als Vegetarier. Es gibt weit mehr als Sushi und Sashimi - wie wär's mit dem Jahreszeiten- oder dem Tagesmenü?

Brechts

Schiffbauerdamm 6 ✉ 10117 **U** *Friedrichstr.* Stadtplan : P2**b**
– ✆ (030) 28 59 85 85 – www.brechts.de
• ÖSTERREICHISCH • Menü 33/42 € – Karte 39/56 €
Das nach Bertolt Brecht benannte Restaurant ist ein sympathisches Lokal an der Spree. Rote Wände, Bilder und geradliniger Stil schaffen ein nettes Ambiente für österreichische Klassiker wie Tafelspitz, Kaiserschmarrn & Co. sowie Internationales wie "Meerbarbe mit Radicchio-Koriander-Gemüse".

GLASS

Uhlandstr. 195 ✉ 10623 **U** *Zoologischer Garten* Stadtplan : L1**a**
– ✆ (030) 54 71 08 61 – www.glassberlin.de – geschl. Anfang Januar 2 Wochen, Anfang August 2 Wochen und Sonntag - Montag
• KREATIV • Menü 75/95 € – *(nur Abendessen)* (Tischbestellung ratsam)
Glas und Metall, puristisches Design in Schwarz... ganz schön urban! Dazu passt die kreative Küche des gebürtigen Israelis Gal Ben Moshe, der die Menüs persönlich am Tisch vorstellt (auf Englisch), eine vegetarische Variante gibt es auch. Originell: Dessert "Candy Box" als Picknick! Weine alle auch glasweise.

Bieberbau (Stephan Garkisch)

Durlacher Str. 15 ✉ 10715 **U** *Bundesplatz* Stadtplan : F3**a**
– ✆ (030) 8 53 23 90 – www.bieberbau-berlin.de
– geschl. Sonntag - Montag
• MODERNE KÜCHE • Menü 44/65 € – *(nur Abendessen)* (Tischbestellung ratsam)
Das Restaurant ist ein wunderbares Zeugnis des Stuckateurhandwerks von Richard Bieber! Persönlich-familiär die Führung, überaus schmackhaft die Küche, die keinen übertriebenen Luxus braucht, sondern vielmehr auf Kräuter setzt, und obendrein ist sie auch noch preislich fair!
→ Büffelmozzarella und Aprikose, Lakritz, Oliven und Pinien. Linumer Wiesenkalb, Bohnen, Strandschnecken und Vogelwicke. Erdbeeren, Zitronenmelisse und Macadamia.

Brasserie Desbrosses – Hotel The Ritz-Carlton

Potsdamer Platz 3 ✉ 10785 **U** *Potsdamer Platz* Stadtplan : N3**d**
– ✆ (030) 3 37 77 54 02 – www.ritzcarlton.de/berlin
• FRANZÖSISCH • Karte 45/63 €
Sind Sie überrascht, in diesem Luxushotel typisches Pariser Bistro-Flair zu finden? Die Originaleinrichtung von 1875 stammt aus einem Lokal in Südburgund, dazu gibt es französische Bistrogerichte (z. B. Flammkuchen) aus der Showküche - und für Backwaren (lecker die Crêpes) hat man sogar eine Show-Boulangerie!

Paris-Moskau

Alt-Moabit 141 ✉ 10557 **U** *Hauptbahnhof* Stadtplan : F2**s**
– ✆ (030) 3 94 20 81 – www.paris-moskau.de – geschl. Samstagmittag, Sonntagmittag
• INTERNATIONAL • Menü 28 € (mittags)/78 € – Karte 44/69 €
Das denkmalgeschützte Fachwerkhaus steht im Regierungsviertel, auf einem ehemaligen Eisenbahngelände, ganz in der Nähe befindet sich der Hauptbahnhof. Die Küche ist international ausgerichtet, mittags gibt es auch einfachere Gerichte.

Filetstück Das Gourmetstück

Uhlandstr. 156 ✉ 10719 **U** *Uhlandstr.* Stadtplan : L2**f**
– ✆ (030) 54 46 96 40 – www.filetstueck.de – geschl. Sonntag
• MODERNE KÜCHE • Menü 75/105 € (abends) – Karte 56/99 €
Vieles dreht sich in dem kleinen Restaurant nahe dem Ku'damm ums Thema Fleisch. Neben Steaks bietet man abends in entspannter Atmosphäre auch das "Gourmetstück", ein Menü mit bis zu sieben kreativen Gängen wie "Klosterschwein / Büsumer Krabben / Petersilienwurzel / Grüner Spargel". Tipp: Tisch 21!

Ottenthal

Kantstr. 153 ✉ *10623* **U** *Zoologischer Garten* Stadtplan : L1**g**
– ✆ *(030) 3 13 31 62 – www.ottenthal.com – geschl. Juli - August 1 Woche*
• ÖSTERREICHISCH • Menü 29/65 € – Karte 33/57 € – *(nur Abendessen)*
(Tischbestellung ratsam)
Die typisch österreichische Gasthausküche ist gefragt! Arthur Schneller kocht in dem netten Restaurant (benannt nach seinem Heimatort in Niederösterreich) bewusst schnörkellos und unkompliziert - lecker z. B. die Rindsrouladen, der gebratene Saibling oder Mehlspeisen-Klassiker! Gute Weine aus Österreich.

Alpenstück

Gartenstr. 9 ✉ *10115* **U** *Naturkundemuseum* Stadtplan : P1**c**
– ✆ *(030) 21 75 16 46 – www.alpenstueck.de*
• REGIONAL • Menü 35/48 € – Karte 34/45 € – *(nur Abendessen)*
(Tischbestellung ratsam)
In dem legeren Restaurant kommen regionale Produkte zum Einsatz. Steht Ihnen der Sinn vielleicht nach tagesfrischem Fisch? Mittags gibt es in der hauseigenen Bäckerei gegenüber feine Backwaren und kleine Snacks. Und in der Manufaktur kauft man Maultaschen, Fonds etc. für daheim!

Rotisserie Weingrün

Gertraudenstr. 10 ✉ *10178* **U** *Spittelmarkt* Stadtplan : Q3**a**
– ✆ *(030) 20 62 19 00 – www.rotisserie-weingruen.de – geschl. Sonntag*
• INTERNATIONAL • Karte 37/55 € – *(nur Abendessen)*
Die geradlinig-moderne Einrichtung tut der Gemütlichkeit im sogenannten "Hochzeitshaus" direkt an der Spree keinen Abbruch! Probieren Sie Spezialitäten vom Flammenwandgrill - oder lieber "Salat vom Oktopus"? Im Sommer lockt die Terrasse.

MANI – Hotel MANI

Torstr. 136 ✉ *10119* **U** *Rosenthaler Platz* Stadtplan : P1**m**
– ✆ *(030) 53 02 80 80 – www.hotel-mani.com*
• MODERNE KÜCHE • Menü 50 € (abends) – Karte 29/69 € – *(August: Montag - Samstag nur Abendessen)*
"A place to be" ist dieses Restaurant mit seinem urbanen Look: klares Design, dunkle Töne, offene Küche. Auf der Abendkarte z. B. "gerösteter Saibling, Mangold, Quitte, Ras el Hanout". Oder darf's der einfachere Lunch sein?

Renger-Patzsch

Wartburgstr. 54 ✉ *10823* **U** *Eisenacher Str.* Stadtplan : M3**a**
– ✆ *(030) 7 84 20 59 – www.renger-patzsch.com*
• TRADITIONELLE KÜCHE • Menü 29/34 € – Karte 31/41 € – *(nur Abendessen)*
(Tischbestellung ratsam)
Eine sympathische Adresse und entsprechend beliebt! Richtig gute traditionelle Speisen gibt es hier, und das zu fairen Preisen - probieren Sie z. B. "Elsässer Sauerkraut mit Schäufele" oder Flammkuchen! Gemütlich das Ambiente, dekorativ die Schwarz-Weiß-Landschaftsfotografien des Namensgebers. Tolle Terrasse!

Rutz Weinbar – Restaurant Rutz

Chausseestr. 8, 1. Etage ✉ *10115* **U** *Oranienburger Str.* Stadtplan : P2**r**
– ✆ *(030) 24 62 87 60 – www.rutz-restaurant.de – geschl. Anfang Januar 2 Wochen und Sonntag - Montag*
• REGIONAL • Menü 44/54 € – Karte 33/63 € – *(nur Abendessen, ab 16 Uhr geöffnet)*
Das "Rutz" gibt es auch als legere Variante: Zur trendig-lockeren Atmosphäre (man sitzt hier auch gerne an Hochtischen) kommen regional-bürgerliche Gerichte wie "mit Pfeffer gebratenes Flanksteak, Schnippelbohnen, Rosmarinbutter".

Die Nussbaumerin

Leibnizstr. 55 ✉ *10629* **U** *Adenauerplatz* Stadtplan : K2**n**
– ✆ *(030) 50 17 80 33 – www.nussbaumerin.de – geschl. Sonntag*
• TRADITIONELLE KÜCHE • Karte 24/45 € – *(nur Abendessen)* (Tischbestellung ratsam)
Mit ihrem "Edel-Beisl" hat Johanna Nußbaumer ein Stück kulinarische k. u. k. Kultur im Herzen Berlins etabliert: Backhendl, Wiener Schnitzel, Beiried oder Schmorgerichte und natürlich leckere Mehlspeisen - aber Achtung, für die Portionen "braucht's an Hunga"! Auch die guten Weine stammen aus ihrer Heimat.

FÜR DIE FEINE
KÜCHE NUR DIE
BESTEN STÜCKE
Große Auswahl und exzel ente
Qualität: Wer beides sucht,
ist bei METRO genau richtig.
YOU & METRO
www.metro.de

FÜR DIE FEINE
KÜCHE NUR DIE
BESTEN STÜCKE
Große Auswahl und exzellente
Qualität: Wer beides sucht,
ist bei METRO genau richtig.
www.metro.de
YOU & METRO

Fräulein Fiona

Fritschestr. 48, Ecke Kantstr. 70 ✉ *10627* Stadtplan : J1**f**
U *Wilmersdorfer Str.* – ✆ *(030) 95 60 22 72 – www.fraeulein-fiona.de – geschl. Sonntag - Montag und an Feiertagen*
• REGIONAL • Menü 33/40 € – Karte 31/52 € – *(nur Abendessen)*
Wirklich nett, intim und familiär geführt - ein schöner Kontrast zu den urbanen In-Adressen! Geboten wird Saisonküche aus der Region: Lust auf "gefüllte Kalbsroulade auf Senfrauke"? Im Sommer auch einige Tische draußen an der Straße.

enoiteca IL CALICE

Walter-Benjamin-Platz 4 ✉ *10629* **U** *Adenauerplatz* Stadtplan : K2**f**
– ✆ *(030) 3 24 23 08 – www.enoiteca-il-calice.de – geschl. Sonntag*
• ITALIENISCH • Menü 85 € (abends) – Karte 45/62 €
Wer Brasserie-Flair mag, wird gerne in dieses wirklich nette italienische Restaurant an den Leibniz-Kolonnaden gehen. Schon die Antipastivitrine macht Appetit! Auch ein Weinladen ist mit dabei, so können Sie die gute Weinauswahl zu Hause ebenfalls genießen. Mittags ist das Angebot einfacher.

Bandol sur Mer

Torstr. 167 ✉ *10115* **U** *Rosenthaler Platz* Stadtplan : P1**b**
– ✆ *(030) 67 30 20 51 – www.bandolsurmer.de – geschl. Dienstag - Mittwoch*
• FRANZÖSISCH MODERN • Menü 69/118 € – Karte 62/72 € – *(nur Abendessen)* (Tischbestellung erforderlich)
Einfach, leger und absolut unprätentiös, doch was an den wenigen Tischen serviert wird, ist exakt zubereitet, kreativ und voller Geschmack, tolle Produkte inklusive! Was in der offenen Küche gekocht wird, steht auf der Tafel an der Wand.
→ Felsenoktopus und Wildgarnele, Essenz, Avocado und Rettich. Reh aus der Schorfheide, Süßkartoffel, Schmorgurke und Pfifferlinge. Knusperkirschen, Joghurt, weiße Schokolade, Petersilie und Rosenblütensorbet.

borchardt

Französische Str. 47 ✉ *10117* **U** *Französische Str.* Stadtplan : P3**k**
– ✆ *(030) 81 88 62 62 – www.borchardt-restaurant.de*
• INTERNATIONAL • Menü 18 € (mittags) – Karte 35/60 €
Das klassische Stadthaus beim Gendarmenmarkt ist ein "place to be" - nicht selten trifft man hier auf Prominente und Politiker. Man sitzt gemütlich und isst international, gerne auch auf der reizvollen Terrasse im Innenhof.

NENI – 25hours Hotel Bikini

Budapester Str. 40, 10. Etage ✉ *10787* Stadtplan : L1**b**
U *Zoologischer Garten* – ✆ *(030) 1 20 22 10 – www.25hours-hotels.com*
• MEDITERRAN • Karte 24/46 € – (Tischbestellung ratsam)
Das ist schon sehr speziell: Ein Restaurant mit Gewächshaus-Flair und weit mehr als traumhafter Aussicht! Aus der offenen Küche kommt Mediterranes, Orientalisches und auch Regionales: Humus mit Geflügelleber, Babaganoush, Eifeler Urlamm... Das Konzept stammt von Haya Molcho. Spektakulär die Terrasse!

Brasserie la bonne franquette

Chausseestr. 110 ✉ *10115* **U** *Naturkundemuseum* Stadtplan : N1**b**
– ✆ *(030) 94 40 53 63 – www.labonnefranquette.de*
• FRANZÖSISCH KLASSISCH • Karte 24/58 € – *(nur Abendessen)*
Sehr nett die Brasserie - lebendig die Atmosphäre, klassisch-französisch die Gerichte nach dem Motto "unkomlipiziert, aber gut": "Bavette à l'Échalote", "Confit de Canard"...

In Berlin-Britz

Buchholz Gutshof Britz

Alt-Britz 81 ✉ *12359* – ✆ *(030) 60 03 46 07* Stadtplan : C3**a**
– *www.matthias-buchholz.de – geschl. Dienstag - Mittwoch*
• REGIONAL • Menü 42/69 € – Karte 22/50 €
Matthias Buchholz hat sich für seine "legere Landhausküche" ein schönes Fleckchen ausgesucht. In der einstigen "Milchküche" des Gutshofs auf dem denkmalgeschützten Schloss-Anwesen mit Park serviert man z. B. seine Interpretationen rund ums Eisbein oder Feines wie "Wildbarsch mit grünem Spargel".

BERLIN

In Berlin-Dahlem

Seminaris Campus
Takustr. 39 ✉ 14195 **U** *Dahlem-Dorf* Stadtplan : B3**s**
– ✆ (030) 5 57 79 70 – www.seminaris.de/berlin
183 Zim ☕ – 80/160 € 110/190 € – 3 Suiten
Das Hotel auf dem Campus der Freien Universität ist ein auffallender Bau aus Glas, Stahl und Beton. Sehr moderne, helle Zimmer sowie ein separates Konferenzzentrum in Kubusform. In kräftigen Farben und neuzeitlichem Stil gehaltenes Restaurant.

In Berlin-Friedrichshain

nhow
Stralauer Allee 3 ✉ 10245 **U** *Warschauer Str.* Stadtplan : H2**n**
– ✆ (030) 2 90 29 90 – www.nhow-hotels.com/berlin
303 Zim – 95/155 € 95/155 € – ☕ 24 € – 1 Suite
fabrics – Siehe Restaurantauswahl
Das Haus am Osthafen setzt wie kein zweites Hotel in Berlin die Themen Musik und Lifestyle in Szene! Außen klare Architektur, innen peppiger Look, geschwungene Formen und frische Farben, viel Rosa - alles ganz im Stil von Karim Rashid, dem "Popstar" unter den US-Designern! Einmalig: Tonstudio über der Stadt.

BERLIN

fabrics – Hotel nhow
Stralauer Allee 3 ✉ 10245 **U** *Warschauer Str.* Stadtplan : H2**n**
– ✆ (030) 2 90 29 90 – www.nhow-hotels.com/berlin – geschl. Sonntag
• MODERNE KÜCHE • Menü 35 € – Karte 26/40 €
Cooles Design wie überall im Haus: Weiß, Rosa, trendiges Grün - und reichlich Licht! Die verwendeten Produkte sind top, von Rinderroulade bis Hummer bietet man einen Mix aus Modernem und Klassikern. Mittags wesentlich einfacheres Angebot.

In Berlin-Grunewald

Schlosshotel im Grunewald
Brahmsstr. 10 ✉ 14193 – ✆ (030) 89 58 40 Stadtplan : E3**a**
– www.schlosshotelberlin.com
43 Zim – 262/460 € 367/460 € – ☕ 29 € – 10 Suiten
Das "Unikat im Grunewald" ist ein schmuckes Palais von 1914 mit geschmackvollem Interieur samt hübscher Details von einst. Schön auch der Park und der Freizeitbereich - und das Ganze liegt ruhig und doch nur rund 10 Minuten vom Ku'damm. Das Restaurant bietet Internationales, angenehme Terrasse zum Garten.

Frühsammers Restaurant
Flinsberger Platz 8 ✉ 14193 – ✆ (030) 89 73 86 28 Stadtplan : J3**m**
– www.fruehsammers-restaurant.de – geschl. 1. - 6. Februar, 21. März - 2. April und Samstagmittag, Sonntag - Dienstagmittag, Mittwochmittag
• KLASSISCHE KÜCHE • Menü 69/94 € – (Tischbestellung ratsam)
Im Restaurant auf dem Gelände des Tennisclubs entführen Sonja und Peter Frühsammer Sie in ihre kleine Gourmet-Welt. Aus erstklassigen Produkten kocht die Chefin Feines mit mediterraner und asiatischer Note. Wer etwas Zeit mitbringt, wählt mittags oder abends am besten das Überraschungsmenü ("all inclusive")!
➜ Kalb, Thunfisch, Rucola. Lamm, Gurke, Joghurt, Queller. Pfirsich, weiße Schokolade, Minze.

In Berlin-Kreuzberg

Mövenpick
Schönebergerstr. 3 ✉ 10963 **U** *Potsdamer Platz* Stadtplan : P3**k**
– ✆ (030) 23 00 60 – www.moevenpick-hotels.com/berlin
242 Zim – 115/315 € 115/315 € – ☕ 22 € – 1 Suite
In dem ehemaligen Siemens-Gebäude hat man historische Architektur (sehenswert das Treppenhaus!) mit modernem Interieur kombiniert. Die schönen Atelierzimmer unterm Dach teils mit freistehender Badewanne. Restaurant im Innenhof - schön luftig wird's, wenn man das Glasdach hier im Sommer öffnet!

Vier Jahreszeiten Berlin City

Skalitzer Str. 36 ✉ *10969* **U** *Görlitzer Bahnhof* Stadtplan : H2**c**
– ✆ *(030) 62 73 52 80 – www.vj-hotels.com*
48 Zim – †69/99 € ††79/109 € – ☕ 13 € – 1 Suite
Mitten im umtriebigen Kreuzberg liegt das modern-wohnliche Hotel mit schicken Zimmern in warmen Farben, wertig und technisch auf dem neuesten Stand. Und am Morgen ein großzügiges Frühstücksbuffet.

Ludwig van Beethoven

Hasenheide 14 ✉ *10967* **U** *Hermannplatz* Stadtplan : H3**d**
– ✆ *(030) 6 95 70 00 – www.hotellvb.de*
67 Zim ☕ – †71/120 € ††93/160 €
Ein zeitgemäßes Hotel mit gutem Preis-Leistungs-Verhältnis. Die Zimmer liegen teilweise ruhiger nach hinten. Frühstücken Sie im Sommer auf der begrünten Dachterrasse! Praktisch: ca. 50 m zur U-Bahn und kostenfreies Parken.

Riehmers Hofgarten

Yorckstr. 83 ✉ *10965* **U** *Mehringdamm* Stadtplan : G3**u**
– ✆ *(030) 78 09 88 00 – www.riehmers-hofgarten.de*
22 Zim – †98/128 € ††131/148 € – ☕ 9 € – 1 Suite
e.t.a. hoffmann – Siehe Restaurantauswahl
Ein echter Kontrast zu den modernen Businesshotels der Stadt ist diese charmante kleine Adresse mitten in der prächtigen Hofgartenanlage a. d. 19. Jh. Hier genießt man diskrete Atmosphäre, gepflegte Zimmer und viel Kunst.

Tim Raue

✿✿
Rudi-Dutschke-Str. 26 ✉ *10969* **U** *Kochstr.* Stadtplan : P3**t**
– ✆ *(030) 25 93 79 30 – www.tim-raue.com*
– geschl. 24. - 26. Dezember und Sonntag - Montag
• ASIATISCH • Menü 38 € (mittags)/188 € – Karte 100/158 €
Die asiatisch inspirierte Küche hier demonstriert eindrucksvoll, wie mit nur wenigen ausgesuchten Produkten Speisen zu einem Ausbund an Kraft und Aroma werden. Dieses puristische Konzept findet sich auch im schicken Interieur wieder, und der Service glänzt mit Freundlichkeit und Kompetenz.
→ Jakobsmuschel, Holunderblüte und Zitronengras. Schweinekinn, Papaya und Thai Basilikum. Gedämpfter Steinbutt mit Lauch und Ingwer.

Altes Zollhaus

Carl-Herz-Ufer 30 ✉ *10961* **U** *Prinzenstr.* Stadtplan : G3**r**
– ✆ *(030) 6 92 33 00 – www.altes-zollhaus.com*
– geschl. Sonntag - Montag
• REGIONAL • Menü 35/59 € – Karte 43/51 € – *(nur Abendessen)*
"Genussfachwerk" nennt Herbert Beltle das einstige Zollhaus, das unvermutet idyllisch mitten in Kreuzberg am Landwehrkanal liegt - samt tollem "Weingarten"! Aus regionalen Produkten entstehen z. B. "souufflierter Speckpfannkuchen" oder "Ochsenbacke aus dem Schmortopf". Dazu Weine vom eigenen Pfälzer Weingut.

Richard

✿
Köpenicker Str. 174 ✉ *10997* **U** *Schlesisches Tor* Stadtplan : H3**r**
– ✆ *(030) 49 20 72 42 – www.restaurant-richard.de – geschl. Sonntag - Montag*
• FRANZÖSISCH KLASSISCH • Menü 46/98 € – *(nur Abendessen)*
Der einstige "Köpenicker Hof" von 1900 liegt zwar nicht sonderlich schön, doch das ist schnell vergessen, wenn man unter einer aufwändig gearbeiteten Decke und umgeben von dekorativen Bildern (Patron Hans Richard ist auch Maler) ein modern inspiriertes klassisches Menü genießt. Top Preis-Leistungs-Verhältnis!
→ Artischocken à la Barigoule mit Sommertrüffel. Onglet vom Black Angus mit Auberginencrème und Pimientos de Padron. Mille-feuille mit Himbeeren und Pistazien.

Horváth
Paul-Lincke-Ufer 44a ✉ 10999 **U** *Kottbusser Tor* Stadtplan : H3**a**
– ✆ (030) 61 28 99 92 – www.restaurant-horvath.de – geschl. Montag - Dienstag
• KREATIV • Menü 63/119 € – Karte 64/91 € – *(nur Abendessen)* (Tischbestellung ratsam)
Lust auf kreative Küche? Auf interessante Kombinationen mit Kraft und Ausdruck? Hier pflegt man seinen eigenen Stil, die Gerichte sind durchdacht und stimmig. Der Service herzlich und versiert. Bei gutem Wetter sitzt man gerne im Garten zur lebendigen Straße hin.
➜ Forelle, Melanzani, Schweinegoder. Kalbstafelspitz, Suppengemüse, Kerbel. Mispel, Röstgemüse, weiße Schokolade.

Nobelhart & Schmutzig Ⓝ
Friedrichstr. 218 ✉ 10969 **U** *Kochstr.* Stadtplan : P3**n**
– ✆ (030) 25 94 06 10 – www.nobelhartundschmutzig.com – geschl. Anfang Januar 2 Wochen, Mitte Juli - Mitte August und Sonntag - Montag
• KREATIV • Menü 80 € – *(nur Abendessen)* (Tischbestellung erforderlich)
Eine Art Food-Bar - sehr speziell und trendig-urban, der Service leger und gleichzeitig versiert. Die Küche hat eine ganz eigene Note, auf Luxus oder Chichi verzichtet man bewusst. Man kocht kraftvoll und kreativ, aus überwiegend Brandenburger Produkten... Da macht es richtig Freude, zu essen!
➜ Müritz Saibling, Fenchel. Radieschen, Blutwurst, Petersilie. Kirschen, Hefe, Wacholder.

herz und niere Ⓝ
Fichtestr. 31 ✉ 10967 – ✆ (030) 69 00 15 22 Stadtplan : H3**h**
– www.herzundniere.berlin – geschl. Montag
• REGIONAL • Menü 38/83 € – Karte 31/46 € – *(nur Abendessen)*
Hier wird schmackhaft gekocht, die Produkte kommen aus der Region. Und auch das Drumherum passt: gemütliches Ambiente und freundlicher Service samt guter Weinberatung. Probieren Sie mal den Ochsenmaulsalat - oder lieber etwas Vegetarisches?

Volt
Paul-Lincke-Ufer 20 ✉ 10999 **U** *Schönleinstr.* Stadtplan : H3**v**
– ✆ (030) 3 38 40 23 20 – www.restaurant-volt.de – geschl. Ende Dezember - Anfang Januar 1 Woche, Juli - August 3 Wochen und Sonntag
• REGIONAL • Menü 58/76 € – Karte 54/63 € – *(nur Abendessen)*
Unkompliziert und anspruchsvoll zugleich, dazu angesagter Industrie-Chic! Im ehemaligen Umspannwerk am Landwehrkanal beleben moderne Gerichte wie "Paderborner Maispoularde mit Hüttenkäse und Krustentiergelee" die Kreuzberger Gastro-Szene.

e.t.a. hoffmann – Hotel Riehmers Hofgarten
Yorckstr. 83 ✉ 10965 **U** *Mehringdamm* Stadtplan : G3**u**
– ✆ (030) 78 09 88 09 – www.restaurant-e-t-a-hoffmann.de – geschl. 4. - 12. Januar und Dienstag
• INTERNATIONAL • Menü 40/65 € – Karte 43/66 € – *(nur Abendessen)*
Leckeres wie "Iberico-Schwein mit Polenta und Lauchpüree" zieht zahlreiche Gäste in dieses sympathische, nach dem berühmten Dichter und Künstler benannten Restaurant! Und versäumen Sie nicht, im Sommer in dem charmanten Innenhof zu essen!

In Berlin-Lichtenberg

andel's Hotel
Landsberger Allee 106 ✉ 10369 – ✆ (030) 4 53 05 30 Stadtplan : H1**b**
– www.andelsberlin.com
534 Zim – 94/120 € 219/245 € – 23 Suiten
SKYKITCHEN flavored by a.choice – Siehe Restaurantauswahl
Der beachtliche Hotelbau ist ein modernes Event- und Tagungshotel mit sehr großer Lobby, das nicht nur einen bemerkenswerten Veranstaltungsbereich bietet, sondern auch schöne Zimmer mit Design-Elementen, eine zubuchbare Executive-Lounge für mehr Exklusivität sowie eine Sky-Bar, die ihren Namen verdient.

SKYKITCHEN flavored by a.choice – andel's Hotel

Landsberger Allee 106 ✉ *10369 – ✆ (030) 45 3053 26 21* Stadtplan : H1**b**
– www.skykitchen.berlin – geschl. Sonntag - Montag
• MODERNE KÜCHE • Menü 43 € (vegetarisch)/102 € – *(nur Abendessen)* (Tischbestellung ratsam)

Keine Frage, hier oben im 12. Stock sind die Fensterplätze heiß begehrt - toll der Blick! Der Vintage-Look des Restaurants kommt ebenso an wie die Menüs "From Berlin to the Sea", "Voyage Culinaire" und "Vegetarian".

➜ St. Pierre und Pancetta, Fave Bohnen, Radicchio, Safran. Nordsee Hummer, Chicorée, Bio Zitrone, Fenchel. Wachtel, Pfifferlinge, Erbsen.

In Berlin-Mariendorf

Landhaus Alpinia

Säntisstr. 32 ✉ *12107 – ✆ (030) 76 17 70* Stadtplan : C3**b**
– www.alpinia-berlin.de
58 Zim – 69/99 € 92/129 €

Wer in dem Familienbetrieb übernachten möchte, fragt am besten nach den ruhigeren Zimmern zum Garten! Hier sitzt man auch schön bei bürgerlicher Küche auf der Terrasse mit Blick ins Grüne und zum Teich. Ein Vorteil ist auch die gute Stadt-Anbindung mit Bus und Bahn.

In Berlin-Neukölln

eins44 N

Elbestr. 28 ✉ *12045* **U** *Rathaus Neukölln* Stadtplan : H3**e**
– ✆ (030) 62 98 12 12 – www.eins44.com – geschl. Samstagmittag, Sonntag - Montag
• MODERNE KÜCHE • Menü 20/61 € – Karte 39/53 €

Das kommt an: "industrial design" und gute Küche! Ein trendig-urbanes Lokal mit ungezwungener Atmosphäre versteckt sich hier im 3. Hof in einer ehemaligen Destillerie! Gekocht wird saisonal, mittags etwas reduziert, abends aufwändiger.

In Berlin-Prenzlauer Berg

ackselhaus & blue home

Belforter Str. 21 ✉ *10405* **U** *Senefelder Platz* Stadtplan : Q1**e**
– ✆ (030) 44 33 76 33 – www.ackselhaus.de
31 Zim – 110/170 € 150/360 € – 4 Suiten

Eine Adresse für Individualisten! Das Hotel hat einen sehr privaten Charakter und geschmackvolle, detailverliebt eingerichtete Themenzimmer von "Rom" über "Picasso" bis "Sommerhaus" - letzteres mit eigenem kleinen Dachpool! Oder lieber ein Standardzimmer im balinesischen Stil? Wunderbar der begrünte Innenhof!

Adele

Greifswalder Str. 227 ✉ *10405* **U** *Alexanderplatz* Stadtplan : R1**a**
– ✆ (030) 44 32 43 10 – www.adele-berlin.de
13 Zim – 89/129 € 109/169 € – 3 Suiten

Klar, dass dieses kleine Boutique-Hotel seine Stammgäste hat: recht exklusive Einrichtung im Art-déco-Stil, hübsche wohnliche Zimmer, ein ganz moderner Frühstücksraum... und parken ist hier auch kein Problem!

La Soupe Populaire - Tim Raue P

Prenzlauer Allee 242 ✉ *10405* **U** *Senefelderplatz* Stadtplan : Q1**s**
– ✆ (030) 44 31 96 80 – www.lasoupepopulaire.de – geschl. Januar 2 Wochen, August 3 Wochen und Sonntag - Mittwoch
• REGIONAL • Karte 35/50 €

Die rohe Industriearchitektur der alten Bötzow-Brauerei ist eine tolle Kulisse - und die Gäste mögen es, inmitten der Kunst des Atelierhauses zwischen Betonwänden, Stahlträgern und bunt gemischtem "Shabby Style"-Inventar echt berlinerisch zu essen. Die Küche: Bodenständigkeit mit einer gewissen Finesse.

BERLIN

Lucky Leek

Kollwitzstr. 54 ✉ 10178 **U** *Senefelderplatz* Stadtplan : Q1**u**
– *✆ (030) 66 40 87 10 – www.lucky-leek.com – geschl. Montag - Dienstag*
• VEGETARISCH • Menü 32/49 € – Karte 28/52 € – *(nur Abendessen)*
Das Restaurant entspricht ganz dem Zeitgeist, aber mit persönlicher Note! Josita Hartanto kocht vegan: "Gemüse-Consommé mit Kartoffel-Kresse-Ravioli", "Birnen-Chili-Risotto mit Blumenkohl-Tandoori und Nori-Tempeh-Röllchen"...

Kochu Karu

Eberswalder Str. 35 ✉ 10437 **U** *Eberswalder Str.* Stadtplan : G1**k**
– *✆ (030) 80 93 81 91 – www.kochukaru.de*
• KOREANISCH • Menü 28/38 € – Karte 25/37 € – *(nur Abendessen)* (Tischbestellung ratsam)
"Korea meets Spain" - in dem puristischen kleinen Restaurant verbinden Bin-Lee Zauner (bekannte koreanische Opernsängerin) und José Miranda Morillo (spanischstämmiger Düsseldorfer) kulinarisch beide Länder z. B. in Form von Tapas wie "Gogi Dumplings" oder "Oktopus mit Chorizo". Tipp: Das "Singmahl".

Chez Maurice

Bötzowstr. 39 ✉ 10407 **U** *Senefelder Platz* Stadtplan : R1**c**
– *✆ (030) 4 25 05 06 – www.chez-maurice.com – geschl. Sonntagmittag, Montagmittag*
• FRANZÖSISCH • Menü 16 € (mittags)/95 € – Karte 34/59 € – *(Ende Juli - Mitte August nur Abendessen)*
Wie in einer Brasserie in Frankreich sitzt man hier - gemütlich und leger. Aus der Küche kommen sauber gekochte französische Klassiker, dazu ein guter Bordeaux oder Burgunder! Und für zuhause kann man Wein, Käse und Wurst kaufen!

In Berlin-Schöneberg

Martha's Restaurant N

Grunewaldstr. 81 ✉ 10823 **U** *Eisenacher Str.* Stadtplan : M3**m**
– *✆ (030) 78 00 66 65 – www.marthas.berlin – geschl. Montag*
• INTERNATIONAL • Karte 41/69 € – *(nur Abendessen)*
Saisonale Küche mit klassischer Basis, kreativ umgesetzt und schön präsentiert. Aber nicht nur die Küche kommt an, auch das coole moderne Design und der angenehm legere und freundliche Service sprechen die Gäste an.

In Berlin-Spandau

centrovital

Neuendorferstr. 25 ✉ 13585 – ✆ (030) 81 87 50 Stadtplan : A1_2**c**
– *www.centrovital-berlin.de*
157 Zim – †99 € ††124 € – ☕ 13 € – 1 Suite
Ein nicht ganz alltäglicher Mix aus Gesundheitszentrum, Business- und Wellnesshotel auf einem ehemaligen Brauereigelände mit Blick zum Spandauer See. Zeitlos-wohnlich die Zimmer, attraktiv der Spa nebst Sportclub auf 3500 qm, dazu diverse Veranstaltungsräume und ein Restaurant mit schöner Terrasse.

In Berlin-Steglitz

Jungbluth

Lepsius Str. 63 ✉ 12163 **U** *Steglitzer Rathaus* Stadtplan : B3**c**
– *✆ (030) 79 78 96 05 – www.jungbluth-restaurant.de – geschl. Montag*
• REGIONAL • Menü 35/70 € – Karte 34/42 €
Der Name ist Programm! Die jungen Betreiber haben hier ein kleines Restaurant, über dessen Küche man sich geschmacklich wie auch preislich freut. Lecker z. B. der "Schaufelbraten vom Rind mit Cima di Rapa und Bärlauch-Sellerie-Creme"!

BERMERSHEIM

Rheinland-Pfalz – 320 Ew. – Höhe 175 m – Regionalatlas **47-E16**
Berlin 628 km – Mainz 45 km – Neustadt an der Weinstraße 51 km – Darmstadt 61 km
Michelin Straßenkarte 543

Weingewölbe

Alzeyer Str. 2 ✉ 67593 – ✆ (06244) 52 42 – www.weingewoelbe.com – geschl. Februar 2 Wochen, Oktober 2 Wochen und Montag - Mittwoch
4 Zim – †68 € ††92/102 € Menü 40 € (vegetarisch)/59 € – Karte 41/56 €
Auf dem 120 Jahre alten Hofgut lässt man sich in einem geschmackvoll dekorierten Raum mit Gewölbedecke von der charmanten Chefin mit französischer Küche umsorgen - probieren Sie z. B. "Rinderfilet mit Waldpilzen". Zum Übernachten stehen hübsche, ländlich-mediterrane Gästezimmer bereit.

BERNAU im SCHWARZWALD

Baden-Württemberg – 1 940 Ew. – Höhe 915 m – Regionalatlas **61-E21**
Berlin 818 km – Stuttgart 198 km – Freiburg im Breisgau 56 km – Basel 59 km
Michelin Straßenkarte 545

In Bernau-Dorf

Bergblick

Hasenbuckweg 1 ✉ 79872 – ✆ (07675) 2 73 – www.bergblick-bernau.de – geschl. 2. November - 18. Dezember
10 Zim – †55/75 € ††100/150 € – 3 Suiten – ½ P
Bergblick – Siehe Restaurantauswahl
Wohnlich-charmant hat man es in dem kleinen Familienbetrieb. Obst und eigenes Quellwasser gratis, zum Frühstück frische, hochwertige Produkte, der Service ausgesprochen aufmerksam und freundlich! Wer die 3/4-Pension bucht, bekommt nicht nur tolle Abendmenüs, sondern auch Kuchen und kleine Mittagsgerichte.

Bergblick – Hotel Bergblick

Hasenbuckweg 1 ✉ 79872 – ✆ (07675) 2 73 – www.bergblick-bernau.de – geschl. 2. November - 18. Dezember
Menü 25/65 € – Karte 20/49 €
Hier gibt es Klassiker wie Cordon bleu oder Jägerschnitzel und aus Omas Kochbüchle Saure Kalbsnierle oder der Siedfleischteller. Ambitioniert ist das "Freigeist-Menü", oder nehmen Sie lieber das schöne Hausgastmenü? Das Ambiente: behagliches Holz in Stube und Wintergarten.

In Bernau-Innerlehen

Das Rössle Bernau

St. Johann Weg 2 ✉ 79872 – ✆ (07675) 92 20 50 – www.roessle-bernau.de
36 Zim – †75 € ††150/198 € – ½ P
Aus dem Gasthof mit Landwirtschaft ist ein schönes Hotel mit ländlich-modernen Zimmern und "Schwarzwald-Spa" geworden. Für den kleineren Geldbeutel gibt es aber auch noch ein paar rustikalere Zimmer. Im Restaurant bekommt man regional-klassische Küche wie "Roastbeef vom Schwarzwälder Weiderind", aber auch Vespergerichte fehlen nicht auf der Karte.

Schwarzwaldhaus

Am Kurpark 26 ✉ 79872 – ✆ (07675) 3 65 – www.schwarzwaldhaus-bernau.de – geschl. 2. - 29. November
18 Zim – †50/60 € ††90/120 € – 2 Suiten – ½ P
Freundlich und engagiert leitet Familie Goos das mit Holzschindeln verkleidete einstige Bauernhaus. Behaglich das schwarzwaldtypische ländliche Ambiente in den Zimmern und im Restaurant (regionale Küche). Tipp: die neueren Zimmer und Suiten - viel schönes warmes Holz und hübsche Stoffe machen es hier besonders wohnlich. Dazu die "Panorama-Wohlfühloase" mit Bergblick.

BERNBURG

Sachsen-Anhalt – 33 880 Ew. – Höhe 80 m – Regionalatlas **31-M10**

Berlin 161 km – Magdeburg 45 km – Leipzig 80 km

Michelin Straßenkarte 542

Parkhotel Bernburg

Aderstedter Str. 1 ✉ 06406 – ✆ (03471) 36 20 – www.parkhotel-bernburg.de

102 Zim – 72 € 89 € – 2 Suiten – ½ P

Engagiert leitet Familie Gather das Parforce-Haus a. d. 18. Jh. - benannt nach der Parforce-/Hetzjagd. Die Zimmer sind freundlich und mit eleganter Note gestaltet, einige zum Park. Schönes Restaurant mit ansprechender regional-internationaler Küche. Terrasse im Innenhof.

BERNE

Niedersachsen – 6 840 Ew. – Höhe 1 m – Regionalatlas **17-F6**

Berlin 425 km – Hannover 140 km – Bremen 39 km – Bremerhaven 47 km

Michelin Straßenkarte 541

Weserblick

Juliusplate 6, Nord-Ost: 2 km, an der Fähre nach Farge ✉ 27804 – ✆ (04406) 9 28 20 – www.hotel-weserblick.de – geschl. 4. - 14. Januar

12 Zim – 78/98 € 118/138 € – 1 Suite – ½ P

Die Lage an einem natürlichen Weserstrand mit Fährverbindung sowie gemütliche Zimmer (teils zum Fluss hin gelegen) sprechen für dieses familiär geleitete Haus. Auch das Restaurant und die schöne Terrasse bieten den namengebenden Weserblick.

BERNECK im FICHTELGEBIRGE, BAD

Bayern – 4 270 Ew. – Höhe 393 m – Regionalatlas **51-M15**

Berlin 343 km – München 244 km – Weiden in der Oberpfalz 85 km – Bayreuth 15 km

Michelin Straßenkarte 546

Hartls Lindenmühle

Kolonnadenweg 1 ✉ 95460 – ✆ (09273) 50 06 50 – www.lindenmuehle.de

20 Zim – 69/99 € 99/159 € – 1 Suite – ½ P

Die ehemalige Mühle liegt recht ruhig am Ortsrand - über eine kleine Brücke kommt man in den angrenzenden Kurpark. Wohnlich die hübsch eingerichteten Zimmer, elegant das Restaurant "feindein", das neben saisonaler und regional-traditioneller Küche auch Internationales bietet.

Merkel

Marktplatz 13 ✉ 95460 – ✆ (09273) 99 30 – www.merkelhotel.de

21 Zim – 54/78 € 78/115 € – ½ P

Ein traditionsreiches Haus in zentraler Lage, das seit 1632 im Familienbesitz ist. Sie wohnen in gepflegten Zimmern (teilweise mit Balkon) und sitzen in gemütlichen Gaststuben (die vordere mit Kachelofen) bei bürgerlich-regionaler Küche. Gerne erzählt der Chef von seinem Hobby, der Dampfeisenbahn!

In Bad Berneck-Goldmühl Süd-Ost: 3 km über B 303

Schwarzes Roß

Goldmühler Str. 10 ✉ 95460 – ✆ (09273) 3 64 – www.schwarzesross.de – geschl. 11. - 17. Februar, 18. - 25. Mai, 4. - 11. September, 30. Oktober - 6. November

20 Zim – 40/50 € 65/88 €

Eine nette Adresse, bereits in 6. Generation als Familienbetrieb geführt. Die Zimmer sind recht unterschiedlich, einige in neuzeitlicherem Stil. Wer es geräumiger mag, bucht eine der Ferienwohnungen. Das Speisenangebot ist saisonal und regional-bürgerlich - im Winter ist der Karpfen beliebt. Würste, Schinken und Fleischkäse kommen übrigens aus der eigenen Metzgerei!

BERNKASTEL-KUES

Rheinland-Pfalz – 6 910 Ew. – Höhe 110 m – Regionalatlas **46**-C15
Berlin 675 km – Mainz 113 km – Trier 50 km – Koblenz 103 km
Michelin Straßenkarte 543

Im Ortsteil Bernkastel

Bären

Schanzstr. 9, B 53 ✉ 54470 – ✆ (06531) 95 04 40 – www.hotel-baeren.de
30 Zim – 55/68 € 89/150 €
Der Name ist Programm, denn die Chefin dieses familiengeführten Hauses hat ein Faible für Bären, die Ihnen hier und da als charmante Deko begegnen. Das Gästehaus "Bärchen" bietet moselseitig gelegene Superior-Zimmer mit Balkon, die größtenteils über eine Dampfdusche verfügen. Im "Alten Brauhaus" ein paar Gehminuten entfernt gibt es bürgerlich-saisonale Küche.

Römischer Kaiser

Markt 2, 1. Etage, B 53 ✉ 54470 – ✆ (06531) 91 90 04 – www.roemischer-kaiser-bernkastel.de
22 Zim – 59/69 € 95/125 €
Am Eingang zur Fußgängerzone steht das Eckhaus mit der altrosa Fassade. Die Zimmer sind freundlich und wohnlich eingerichtet, viele mit Moselblick. Frühstück gibt es im Café im Erdgeschoss - lecker auch der Kuchen hier! Praktisch: günstige 3-Tages-Parkscheine für den öffentlichen Parkplatz gegenüber.

Rotisserie Royale

Burgstr. 19 ✉ 54470 – ✆ (06531) 65 72 – www.rotisserie-royale.de – geschl. Mittwoch, Januar - März: Montag - Mittwoch
7 Zim – 45/70 € 50/75 € – ½ P
Menü 25/42 € – Karte 26/44 € – *(November - März: nur Abendessen)*
In dem denkmalgeschützten Fachwerkhaus (eine ehemaligen Küferei a. d. 16. Jh.) bekommt man in gemütlicher Atmosphäre internationale Küche mit regionalen Einflüssen serviert. Am besten parken Sie am Moselufer und laufen ca. 5 Minuten zum Restaurant. Wer in einem der freundlichen Gästezimmer übernachtet, kann die hauseigenen Stellplätze nahe dem Haus nutzen.

Im Ortsteil Kues

Zum Kurfürsten

Amselweg 1, Nord-West: 6 km ✉ 54470 – ✆ (06531) 9 67 70 – www.zum-kurfuersten.de
68 Zim – 74/122 € 164/182 € – 5 Suiten – ½ P
Eine gefragte Adresse, ideal für Wellness-Urlauber, denn hier gibt es auf 2500 qm ein vielfältiges Programm an Beauty, Fitness & Co. Und das Ambiente stimmt ebenfalls, alles ist mit Geschmack gestaltet - vom kleinen Romantikzimmer über chic-moderne LifeStyle-Zimmer bis zur Spa-Suite.

Christiana's Wein und ArtHotel

Lindenweg 18 ✉ 54470 – ✆ (06531) 66 27 – www.wein-arthotel.de
17 Zim – 59/140 € 89/150 € – ½ P
Christiana und Eugen Linden haben viel Herzblut in das Haus gesteckt, alles ist schön geradlinig-modern, das Thema Wein ist allgegenwärtig: Die Zimmer (samt Minibar) sind Winzern der Region gewidmet, von der Chefin selbst gemalte Bilder mit Weinmotiven schmücken die Wände. Sie mögen Steak? Das Restaurant ist bekannt dafür!

burgblickhotel

Goethestr. 29 ✉ 54470 – ✆ (06531) 9 72 27 70 – www.burgblickhotel.de
20 Zim – 59/75 € 89/119 € – ½ P
Ein sympathisches Haus: charmant die modern-puristische Einrichtung, freundlich die Gästebetreuung. Zum Frühstück gibt's hausgemachte Marmelade, in der schönen Weinbar natürlich Moselweine, und der "Ochs" im ehemaligen Schlachthaus bietet Lachstatar, Burger, Entrecôte... Einige Zimmer im Winzerhaus gegenüber.

BERNRIED am STARNBERGER SEE

Bayern – 2 160 Ew. – Höhe 600 m – Regionalatlas **65-L21**
Berlin 632 km – München 45 km – Weilheim 18 km – Starnberg 20 km
Michelin Straßenkarte 546

Marina

Am Yachthafen 1 ✉ 82347 – ✆ (08158) 93 20 – www.hotelmarina.de – geschl. 3. - 17. Januar
87 Zim – †90/140 € ††115/165 € – ½ P
Gefragt sind hier nicht nur die guten Tagungsmöglichkeiten, ein klarer Vorteil ist die Lage auf einem großen Gartengrundstück mit Strandbad, der Yachthafen direkt vor dem Haus! Die Zimmer liegen überwiegend seeseitig und haben meist einen Balkon - die modernsten in Haus Nr. 6. Seeblick auch beim Speisen!

BERNRIED KREIS DEGGENDORF

Bayern – 4 790 Ew. – Höhe 401 m – Regionalatlas **59-O18**
Berlin 554 km – München 160 km – Passau 57 km – Regensburg 65 km
Michelin Straßenkarte 546

Bernrieder Hof

Bogener Str. 9 ✉ 94505 – ✆ (09905) 7 40 90 – www.bernrieder-hof.de
37 Zim – †64 € ††112 € – ½ P
In einem gepflegten Familienbetrieb wohnen Sie hier, und zwar in zeitgemäßen Zimmern, die teilweise einen Balkon haben. W-Lan nutzen Sie kostenfrei. Gönnen Sie sich auch eine Massage- oder Kosmetikanwendung in ansprechendem Ambiente sowie ein Essen in freundlicher Atmosphäre.

In Bernried-Rebling Nord-Ost: 8 km, Richtung Egg

Reblinger Hof

Rebling 3 ✉ 94505 – ✆ (09905) 7 07 14 41 00 – www.reblingerhof.de
29 Zim – †69/77 € ††118/136 € – 1 Suite – ½ P
Der ruhig gelegene Familienbetrieb ist eine schöne Grienadresse inmitten einer idyllischen Landschaft. Geschmackvoll sind die individuellen Zimmer sowie der wertige Santai-Spa, hübsch auch der Garten mit Badeteich. Im ländlich-eleganten Restaurant serviert man regional-internationale Küche.

BERTRICH, BAD

Rheinland-Pfalz – 1 020 Ew. – Höhe 150 m – Regionalatlas **46-C15**
Berlin 659 km – Mainz 118 km – Trier 60 km – Koblenz 93 km
Michelin Straßenkarte 543

Häcker's Fürstenhof

Kurfürstenstr. 36 ✉ 56864 – ✆ (02674) 93 40 – www.haeckers-hotels.com
60 Zim – †112/162 € ††205/289 € – 5 Suiten – ½ P
Klassisch-elegant wohnt man in diesem Hotel in der Ortsmitte, direkt am Kurgarten. Sehr schön ist auch der Spa, hier reichlich Marmor und Stuck. Eine stilvolle Atmosphäre herrscht in den Restauranträumen.

Bertricher Hof

Am Schwanenteich 7 ✉ 56864 – ✆ (02674) 9 36 20 – www.bertricher-hof.de – geschl. 28. November - 13. Januar, 27. Juni - 11. Juli
15 Zim – †52/61 € ††84/106 € – ½ P
Der persönlich geführte Familienbetrieb am kleinen Schwanenteich bietet sehr gepflegte Zimmer, die im Haupthaus nett und wohnlich sind, im Anbau etwas einfacher. Im Restaurant steht der Chef selbst am Herd und bereitet saisonal und regional geprägte Speisen.

BESCHEID – Rheinland-Pfalz → Siehe Trittenheim

BESTWIG

Nordrhein-Westfalen – 11 360 Ew. – Höhe 300 m – Regionalatlas **27-F11**
Berlin 481 km – Düsseldorf 156 km – Arnsberg 29 km – Brilon 14 km
Michelin Straßenkarte 543

In Bestwig-Föckinghausen Nord: 5 km über B 7 Richtung Meschede, in Velmede rechts ab

Waldhaus
Föckinghausen 23 ✉ 59909 – ✆ (02904) 9 77 60 – www.hotel-waldhaus.com – geschl. Mitte November - Anfang Dezember, Ende Juni - Anfang Juli 2 Wochen
17 Zim – †64/85 € ††99/125 € – ½ P
Ein sympathisches kleines Landhotel unter familiärer Leitung. Die Gäste schätzen hier die reizvolle und ruhige Lage am Wald sowie die wohnlich eingerichteten Zimmer. Gemütlich ist das im ländlichen Stil gehaltene Restaurant, nett die Terrasse zum schönen Garten.

BETZDORF

Rheinland-Pfalz – 9 960 Ew. – Höhe 220 m – Regionalatlas **37-E13**
Berlin 576 km – Mainz 120 km – Siegen 18 km – Köln 99 km
Michelin Straßenkarte 543

Breidenbacher Hof
Klosterhof 7 ✉ 57518 – ✆ (02741) 9 77 90 – www.hotel-breidenbacher-hof.de
19 Zim – †68/78 € ††92/102 €
Das Gasthaus von 1893 ist ein langjähriger Familienbetrieb mit recht unterschiedlichen, wohnlichen Zimmern, die teilweise mit Stilmöbeln und Antiquitäten eingerichtet sind. Regionale Küche im gemütlich-eleganten Restaurant, rustikaler ist das Raucherzimmer.

In Kirchen-Katzenbach Nord-Ost: 5 km über B 62 Richtung Siegen

Zum weißen Stein
Dorfstr. 50 ✉ 57548 – ✆ (02741) 9 59 50 – www.zum-weissen-stein.de
39 Zim – †70/82 € ††100/118 € – ½ P
Die Historie des Hauses reicht bis ins 17. Jh. zurück, der Komfort der Zimmer ist dagegen "up to date", zudem sind sie sehr wohnlich und bieten teilweise einen Blick zum Koikarpfenteich im Garten. Das ländlich-elegante Restaurant bietet regionale und internationale Küche.

BEUREN

Baden-Württemberg – 3 460 Ew. – Höhe 435 m – Regionalatlas **55-H19**
Berlin 632 km – Stuttgart 50 km – Reutlingen 21 km – Ulm (Donau) 66 km
Michelin Straßenkarte 545

Beurener Hof
Hohenneuffenstr. 16 ✉ 72660 – ✆ (07025) 91 01 10 – www.beurener-hof.de – geschl. Februar 1 Woche, Juni 1 Woche und Dienstag
10 Zim – †75/85 € ††105/125 € – ½ P
Menü 32/65 € – Karte 21/57 € – *(Montag - Samstag nur Abendessen)*
Trendig-modernes Design sucht man bei Familie Anhorn vergeblich, dafür ist das gediegen-rustikale Restaurant gemütlich mit seinen massiven Holzbalken und Sitznischen! Vor allem aber wird hier ehrlich und schmackhaft gekocht! Auf der Karte findet sich Regionales.

BEVENSEN, BAD

Niedersachsen – 8 830 Ew. – Höhe 33 m – Regionalatlas **19-J6**
Berlin 264 km – Hannover 113 km – Hamburg 86 km – Celle 70 km
Michelin Straßenkarte 541

Grüning
Haberkamp 2 ✉ 29549 – ✆ (05821) 9 84 00 – www.hotel-gruening.de – geschl. 24. November - 18. Dezember, 4. - 22. Januar
24 Zim – †68/98 € ††108/140 € – ½ P
Grüning – Siehe Restaurantauswahl
Das Haus der Familie Grüning steht ruhig am Ortsrand. Wohnlicher, elegant-gediegener Landhausstil und aufmerksamer Service sorgen für eine angenehme Atmosphäre. Alle Zimmer mit Balkon.

XX **Grüning** – Hotel Grüning

Haberkamp 2 ✉ 29549 – ✆ (05821) 9 84 00 – www.hotel-gruening.de – geschl. 24. November - 18. Dezember, 4. - 22. Januar und Montag - Dienstag
Menü 28/45 € – Karte 24/43 € – (Tischbestellung ratsam)
Zu den Grünings geht man nicht nur zum Übernachten: Man bietet hier eine frische internationale Küche aus soliden Produkten. In den Räumen verbreitet helles Naturholz Behaglichkeit.

BEXBACH

Saarland – 17 760 Ew. – Höhe 249 m – Regionalatlas **46-C17**
Berlin 683 km – Saarbrücken 35 km – Homburg/Saar 7 km – Neunkirchen/Saar 7 km
Michelin Straßenkarte 543

Hochwiesmühle

Hochwiesmühle 50, Nord-Ost: 1,5 km ✉ 66450 – ✆ (06826) 81 90 – www.hochwiesmuehle.de
95 Zim – 75/89 € 108/120 € – 1 Suite – ½ P
Das Hotel in einer ruhigen Wohngegend ist eine recht großzügige Anlage mit individuellen und zeitgemäßen Zimmern sowie einem netten Freizeitbereich mit Kosmetikangebot. Probieren Sie im Restaurant doch mal das interessante Saisonmenü oder kommen Sie zum Sonntagsbrunch inklusive alkoholfreien Getränken und Kaffee!

BIBERACH an der RISS

Baden-Württemberg – 31 420 Ew. – Höhe 533 m – Regionalatlas **63-H20**
Berlin 653 km – Stuttgart 134 km – Konstanz 119 km – Ulm (Donau) 42 km
Michelin Straßenkarte 545

Parkhotel Jordanbad

Im Jordanbad 7 ✉ 88400 – ✆ (07351) 34 33 00 – www.jordanbad-parkhotel.de
117 Zim – 97/125 € 125/164 € – 2 Suiten – ½ P
Das Kurhotel von 1905 ist ein zeitgemäßes Hotel mit direktem Zugang zum Jordanbad. Im Neubau stehen ganz modern designte Zimmer bereit. Frühstück im lichten verglasten Gartenzimmer. Zum Restaurant gehört eine Terrasse mit Parkblick.

In Biberach-Rindenmoos Süd: 3,5 km

Landhotel zur Pfanne

Auwiesenstr. 24 ✉ 88400 – ✆ (07351) 3 40 30 – www.landhotel-pfanne.de
20 Zim – 58/71 € 80/100 € – ½ P
Die ruhige Lage dieses Landgasthofs lädt ein, die Gegend mit dem Fahrrad zu erkunden - leihen Sie sich gleich hier eines! Nach einer schönen Tour stärken Sie sich im rustikalen Restaurant oder auf der hübschen Gartenterrasse, schlafen in funktionalen Zimmern und freuen sich auf ein gutes Frühstück.

BIBERACH im KINZIGTAL

Baden-Württemberg – 3 550 Ew. – Höhe 188 m – Regionalatlas **54-E19**
Berlin 766 km – Stuttgart 164 km – Karlsruhe 96 km – Freudenstadt 47 km
Michelin Straßenkarte 545

In Biberach-Prinzbach Süd-West: 4 km, Richtung Lahr

Badischer Hof

Dörfle 20 ✉ 77781 – ✆ (07835) 63 60 – www.badischer-hof.de – geschl. 15. - 25. Februar
50 Zim – 70/100 € 140/180 € – 8 Suiten – ½ P
So mancher Gast kommt gerne wieder, denn schon allein die idyllische waldreiche Umgebung lockt! Aber auch schön wohnlich ist es hier bei Familie Bühler, egal ob Sie nun im Stammhaus, im Jägerhof oder im Haus Wiesengrund buchen. Im Restaurant darf man sich auf Wild aus eigener Jagd freuen!

Landgasthaus Zum Kreuz

Untertal 7, Ost: 1 km ✉ 77781 – ✆ (07835) 42 64 20 – www.kreuz-prinzbach.de – geschl. über Fasching 2 Wochen und Mittwoch - Donnerstagmittag
8 Zim – 65/70 € 96/110 € – ½ P Karte 15/50 €
Hier fühlt man sich einfach wohl - sowohl in den gemütlichen holzvertäfelten Stuben samt Kachelofen als auch auf der großzügigen Terrasse. Die Spezialität von Chef Peter Neumaier sind fangfrische Forellen, aber auch seine "Versucherle" und "Variationen". Wie wär's mit einer Übernachtung? Das Gästehaus "Speicher" besticht durch einen sehenswerten Mix aus warmem Holz und modernem Design!

BIEBELRIED – Bayern ➜ Siehe Würzburg

BIEDERBACH

Baden-Württemberg – 1 730 Ew. – Höhe 470 m – Regionalatlas **61**-E20
Berlin 771 km – Stuttgart 141 km – Freiburg 34 km – Freudenstadt 99 km
Michelin Straßenkarte 545

In Biederbach-Dorf

Hirschen-Dorfmühle

Dorfstr. 19 ✉ 79215 – ✆ (07682) 3 27 – www.hirschen-dorfmuehle.de – geschl. Mitte Februar - Anfang März, Ende Oktober - Anfang November
10 Zim – 39 € 68/75 € – 1 Suite – ½ P
Wie gemacht als Ausgangspunkt für schöne Wanderungen und Radtouren ist das Haus der Familie Burger: reizvolle Landschaft, gepflegte Zimmer, gemütliches Restaurant... Fragen Sie nach den neueren zeitgemäß-ländlichen Zimmern im 2. OG. In der Küche legt man Wert auf regionale Produkte - Lamm kommt sogar aus eigener Zucht!

BIELEFELD

Nordrhein-Westfalen – 328 320 Ew. – Höhe 118 m – Regionalatlas **27**-F9
Berlin 394 km – Düsseldorf 182 km – Dortmund 114 km – Hannover 108 km
Michelin Straßenkarte 543

Bielefelder Hof

Am Bahnhof 3 ✉ 33602 – ✆ (0521) 5 28 20 – www.bielefelder-hof.de Stadtplan : B1**a**
155 Zim – 65/175 € 75/399 € – 19 € – 6 Suiten – ½ P
GeistReich – Siehe Restaurantauswahl
Das Hotel zwischen Bahnhof und Stadthalle verbindet gelungen ein schönes klassisches Stadthaus und einen Neubau. Die Zimmer sind funktionell ausgestattet und farblich stimmig gestaltet. Gut auch die Tagungsmöglichkeiten.

Comfort Stadt Bremen

Bahnhofstr. 32 ✉ 33602 – ✆ (0521) 52 19 80 – www.comfort-garni.de Stadtplan : B1**b**
46 Zim – 61/80 € 71/90 € – 9 €
Einige der Gästezimmer sind zwar recht klein, doch die Lage mitten in der Fußgängerzone macht das wieder wett! Sie kommen mit dem Zug? Der Bahnhof ist nur 400 m entfernt.

GUI

Gehrenberg 8 ✉ 33602 – ✆ (0521) 5 22 21 19 – geschl. Sonntag - Montag Stadtplan : B2**g**
Karte 34/63 € – (Tischbestellung ratsam)
"GUI" steht in der internationalen Plansprache Esperanto für "Genießen", und das können Sie in diesem hochwertig-modern eingerichteten Restaurant in der Innenstadt. In der Küche entstehen frische, schmackhafte Gerichte mit mediterranem Einschlag - jeden Mittwoch gibt es eine neue Karte.

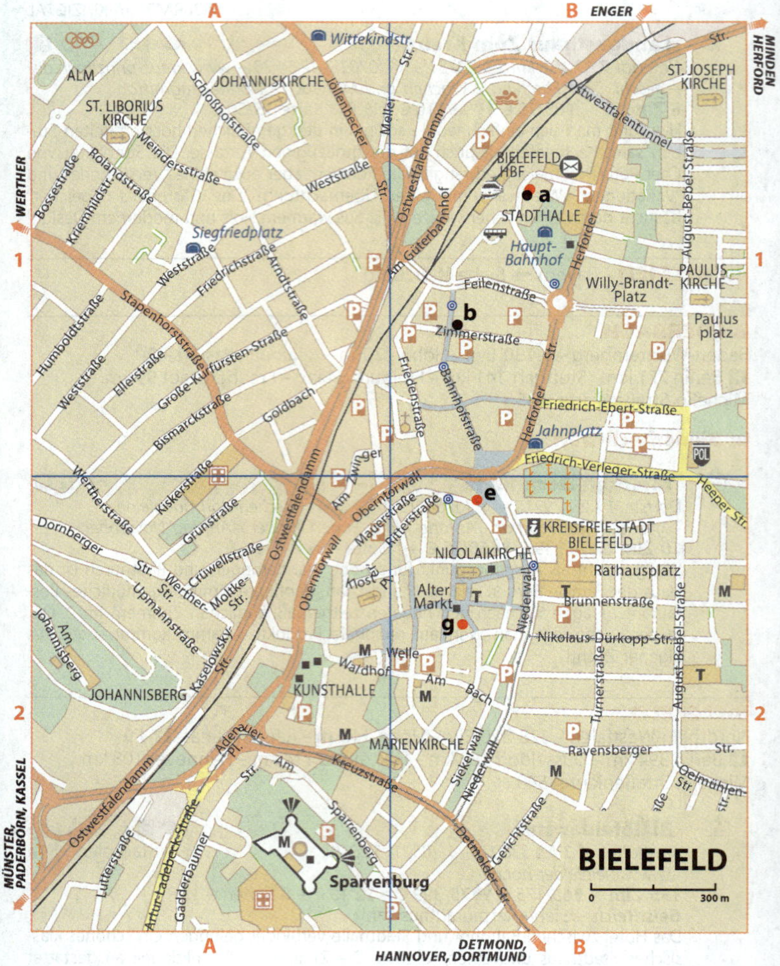

GeistReich – Hotel Bielefelder Hof

Am Bahnhof 3 ✉ 33602 – ✆ (0521) 5 28 26 35 Stadtplan : B1**a**
– www.bielefelder-hof.de – geschl. Sonntagmittag
Menü 39/75 € – Karte 37/71 €
Das Restaurant befindet sich im Altbau des "Bielefelder Hofes" - ansprechend die helle, stilvoll-zeitgemäße Einrichtung unter hohen Decken. Freundlich und geschult serviert man hier internationale Speisen.

Klötzer's

Ritterstr. 33 ✉ 33602 – ✆ (0521) 9 67 75 20 Stadtplan : B2**e**
– www.kloetzer-delikatessen.de – geschl. Sonntag - Montag
Menü 40/50 € – Karte 27/57 €
Es lohnt sich, bei einem Bummel durch die Fußgängerzone einen Abstecher in dieses wirklich schöne, ganz moderne kleine Restaurant zu machen. Neben internationaler Küche lockt auch der Feinkostladen im Haus - davor im Sommer die Terrasse.

In Bielefeld-Brackwede Süd-West: 5 km über Ostwestfalendamm A2

Brackweder Hof

Gütersloher Str. 236 ✉ 33649 – ✆ (0521) 94 26 60 – www.brackweder-hof.de
40 Zim – 81/91 € 107 € – ½ P
Das Hotel liegt verkehrsgünstig an der Hauptstraße - das ist praktisch, und wenn Sie eines der Zimmer nach hinten wählen, trotzdem ruhig! Einige der Zimmer sind mit schönen JAB-Anstoetz-Stoffen ausgestattet, größtenteils hat man Einzelzimmer. Die Küche ist international - mit wechselndem Mittagstisch.

1550 Restaurant

Hauptstr. 27 ✉ 33647 – ✆ (0521) 4 17 41 17 – www.1550restaurant.de
– geschl. 1. - 15. Januar, Juli - August 3 Wochen und Dienstag - Mittwoch
Menü 38/75 € – Karte 37/50 € – *(nur Abendessen, sonntags auch Mittagessen)* (Tischbestellung ratsam)
Die frische internationale Küche hat der einstigen Tenne dieses Gehöfts von 1550 schon zahlreiche Stammgäste beschert, und die mögen z. B. "Skrei, Petersilie, Rote Beete, Graupe". Charmant das Ambiente: ein Mix aus Modernem und Rustikalem.

In Bielefeld-Kirchdornberg West: 8 km über Stapenhorststraße A1

Tomatissimo

Am Tie 15 ✉ 33619 – ✆ (0521) 16 33 33 – www.tomatissimo.de
– geschl. Montag - Dienstag
Menü 34/89 € – Karte 35/86 € – *(nur Abendessen, sonntags auch Mittagessen)* (Tischbestellung ratsam)
Wirklich schön das moderne und zugleich gemütliche Ambiente hier, und auch die Küche von Bernhard Grubmüller kann sich sehen lassen: Mediterranes, aber auch Wiener Schnitzel und Steak vom Grill. Am "Chef's Table" gibt es auf Vorbestellung ein Menü. Und wie wär's mal mit einem Kochkurs?

In Bielefeld-Quelle Süd-West: 5 km über Ostwestfalendamm A2

Büscher

Carl-Severing-Str. 136 ✉ 33649 – ✆ (0521) 94 61 40 – www.hotel-buescher.de
32 Zim – 49/67 € 77/89 € – 9 € – ½ P
Büscher's Restaurant – Siehe Restaurantauswahl
Ein gepflegtes Haus mit Familientradition seit 1884. Mit kräftigen Farben hat man vor allem die Zimmer im Anbau freundlich gestaltet, die im Haupthaus sind etwas einfacher, dafür aber auch günstiger!

Büscher's Restaurant – Hotel Büscher

Carl-Severing-Str. 136 ✉ 33649 – ✆ (0521) 94 61 40 – www.hotel-buescher.de
– geschl. Sonntag - Montagmittag
Menü 35/55 € – Karte 26/54 €
In der Küche legt Juniorchef Patrick Büscher großen Wert auf die Herkunft der Produkte: Wild aus dem Teutoburger Wald, Wels und Saibling aus Steinhagen, Gänse aus Rietberg... Probieren Sie zur Saison auch das selbstgemachte Sauerkraut!

In Bielefeld-Schildesche Nord 5 km über Nowgorodstraße B1

Bayerisches Landhaus - Bayern first

Loheide 41 ✉ 33609 – ✆ (0521) 8 35 35 – www.bayerisches-landhaus.de
32 Zim – 88/108 € 105/148 € – 3 Suiten
Das "Bayerische Landhaus" ist das Stammhaus, "Bayern first" nennt sich der hochwertigere neuzeitliche Anbau - hier sind die Zimmer schön modern und geradlinig, teilweise haben sie auch einen Balkon. Angenehm sitzt man beim Frühstück im Wintergarten, bayerisches Flair im Restaurant samt uriger "Almhütte".

Taverne

Johannisstr. 11a ✉ 33611 – ✆ (0521) 8 61 05 – www.wein-taverne.com – geschl. Januar 1 Woche, August 3 Wochen und Sonntag - Montag sowie an Feiertagen
Menü 34/59 € – *(nur Abendessen)* (Tischbestellung ratsam)
Die beiden freundlichen Gastgeber haben hier ein gemütliches kleines Lokal nebst Weinhandlung. Man bietet eine gute tagesfrische Küche mit drei Menüs, darunter ein vegetarisches. Im Winter sorgt Kaminfeuer für Behaglichkeit, im Sommer lockt die hübsche Terrasse hinterm Haus.

In Bielefeld-Sennestadt Süd-West: 13 km über Detmolder Straße B2

Quality Hotel

Alte Verler Str. 2, mit Gästehaus ✉ 33689 – ✆ (05205) 93 60 – www.quality-hotel-bielefeld.de – geschl. 23. Dezember - 1. Januar
102 Zim – 86/99 € 99/130 €
Sachlich, funktionell und gepflegt - da kann man nichts falsch machen! Dazu kommt noch die Nähe zur Autobahn, ein Vorteil gerade für Geschäftsleute und Tagungsgäste. Tipp: Die 16 Zimmer im Gästehaus gegenüber sind geräumiger und hochwertiger! Im Restaurant isst man bürgerlich.

BIENENBÜTTEL-BARDENHAGEN

Niedersachsen – 6 540 Ew. – Höhe 30 m – Regionalatlas **19-J6**
Berlin 300 km – Hannover 141 km – Lüneburg 15 km – Hamburg 72 km
Michelin Straßenkarte 541

Im Ortsteil Bardenhagen Ost: 8 km

GUT Bardenhagen

Bardenhagener Str. 3 ✉ 29553 – ✆ (05823) 9 53 99 60 – www.gut-bardenhagen.de
26 Zim – 115/150 € 145/180 € – 3 Suiten
GUT Evening – Siehe Restaurantauswahl
Die tolle Anlage mit großem Festsaal ist natürlich die perfekte Location für Hochzeiten. Auch wer hier einfach nur ausspannen möchte, wird nicht enttäuscht: Die Zimmer in Gutshaus, Uhrenvilla und Neubau sind hochwertig, Wasser, Telefon und Internet gibt's gratis - die Ruhe ringsum auch! Schöner Deko-Shop.

GUT Evening – Hotel GUT Bardenhagen

Bardenhagener Str. 3 ✉ 29553 – ✆ (05823) 9 53 99 6 22 – www.gut-bardenhagen.de – geschl. Sonntag - Mittwoch
Menü 42 € – Karte 40/70 € – *(nur Abendessen)*
Das Restaurant hat Charme - das liegt an der gemütlich-modernen Einrichtung in ruhigen, warmen Tönen und an den schön eingedeckten Tischen, an denen man aus einem kleinen gehobenen Angebot wählt. Herrlicher Innenhof!

BIETIGHEIM-BISSINGEN

Baden-Württemberg – 42 210 Ew. – Höhe 200 m – Regionalatlas **55-G18**
Berlin 611 km – Stuttgart 25 km – Heilbronn 25 km – Ludwigsburg 9 km
Michelin Straßenkarte 545

Im Stadtteil Bietigheim

Rose

Kronenbergstr. 14 ✉ 74321 – ✆ (07142) 4 20 04 – www.hotel-rose.de
36 Zim – 89/109 € 99/139 € – 1 Suite
Rose – Siehe Restaurantauswahl
Die junge Generation leitet inzwischen den sympathischen Familienbetrieb. Man wohnt sehr gepflegt in einem Eckhaus im Zentrum nicht weit von der Fußgängerzone. Wer länger bleiben möchte, bucht am besten eines der Appartements im Nebenhaus!

XX **Friedrich von Schiller**

Marktplatz 5 ✉ 74321 – ✆ (07142) 9 02 00 – www.friedrich-von-schiller.com – geschl. 1. - 11. Januar, 1. - 17. August und Sonntag - Montagmittag sowie an Feiertagen

15 Zim – 🚹93/119 € 🚹🚹115/148 € – ☕ 10 € – 4 Suiten – ½ P

Menü 35/79 € – Karte 28/77 €

Ein schöneres Plätzchen hätte aus dem jahrhundertealten Haus in der Altstadt kaum entstehen können! Dass man sich hier richtig wohlfühlt, ist Familie Schork zu verdanken. Voller Einsatz auch beim Kochen: regional, klassisch, schmackhaft! Zum Übernachten: liebenswerte Zimmer, benannt nach Stücken von Schiller.

XX **Rose** (Benjamin Maerz) – Hotel Rose

Kronenbergstr. 14 ✉ 74321 – ✆ (07142) 4 20 04 – www.hotel-rose.de – geschl. Anfang Januar 1 Woche, August 3 Wochen und Samstagmittag, Sonntag - Montag

Menü 79/109 € – Karte 60/82 €

Die Küche im Hause Maerz ist bekannt für Kreatvität und technisch exakte Zubereitung. Während Benjamin Maerz top Produkte verarbeitet (u. a. auch zu einem vegetarischen Menü), kümmert sich sein Bruder Christian kompetent um die Gäste.

➜ Gemüsebeet 3.0, Kimchi, Sesam Wasabi, kandierte Radieschen. Parmesanravioli, Babyspinat, Nussbutterschaum, Belper Knolle. Original Beans White, Rhabarber, Erdbeere, Gojibeere, Verveine, Holunder.

Im Stadtteil Bissingen

Otterbach

Bahnhofstr. 153 ✉ 74321 – ✆ (07142) 58 40 – www.hotel-otterbach.de – geschl. 1. - 7. Januar

85 Zim ☕ – 🚹85/120 € 🚹🚹100/150 €

Besonders gerne wohnen die Gäste im Neubau: Hier hat man Zimmer einer höheren Kategorie - chic und mit individueller Note! Am Morgen frühstücken Sie im lichten Wintergarten, mittags oder abends speisen Sie im hellen, eleganten Restaurant oder im legeren "O"-Stüble.

BILLERBECK

Nordrhein-Westfalen – 11 420 Ew. – Höhe 115 m – Regionalatlas **26-D9**

▶ Berlin 510 km – Düsseldorf 110 km – Enschede 56 km – Münster (Westfalen) 32 km

Michelin Straßenkarte 543

Weissenburg

Gantweg 18, Nord: 2 km, Richtung Steinfurt ✉ 48727 – ✆ (02543) 7 50 – www.hotel-weissenburg.de

75 Zim ☕ – 🚹85/120 € 🚹🚹120/130 € – ½ P

Ideal für Tagungen, Feierlichkeiten und auch für Erholungsuchende. Schön die Lage am Waldrand, dazu Spa auf 700 qm und ein Park mit Wildgehege. Fragen Sie nach den modernen "Parkside"-Zimmern mit Aussicht! Im gemütlichen Restaurant mit großer Panoramaterrasse serviert man internationale und regionale Küche.

Domschenke

Markt 6 ✉ 48727 – ✆ (02543) 9 32 00 – www.domschenke-billerbeck.de

30 Zim ☕ – 🚹60/90 € 🚹🚹85/125 € – 1 Suite – ½ P

Domschenke – Siehe Restaurantauswahl

Familie Groll ist seit mehreren Generationen engagiert bei der Sache und hält ihr Haus top in Schuss! Wie wär's mit einem der besonders schönen modernen Zimmer? Vielleicht die schicke Suite? Gleich vor der Tür der sehenswerte Dom von 1898.

XX **Domschenke** – Hotel Domschenke

Markt 6 ✉ 48727 – ✆ (02543) 9 32 00 – www.domschenke-billerbeck.de

Menü 15 € (mittags)/56 € – Karte 24/60 €

Gut machen sich die modernen Akzente zum rustikalen Flair des 1668 erbauten Gasthofs. Beliebt unter den regionalen Gerichten von Chef Frank Groll ist im November z. B. die "am Tisch tranchierte Gans mit Rotkohl, Wirsing und Kartoffelkloß".

BINDLACH – Bayern ➜ Siehe Bayreuth

BINGEN

Rheinland-Pfalz – 24 240 Ew. – Höhe 100 m – Regionalatlas **47**-E15

Berlin 600 km – Mainz 31 km – Bad Kreuznach 20 km – Koblenz 66 km

Michelin Straßenkarte 543

Weinhotel Michel

Mainzer Str. 74 ✉ 55411 – ✆ (06721) 9 15 10 – www.weinhotel-michel.de – geschl. Ende Dezember - Anfang Januar 2 Wochen

25 Zim – 95/135 € 145/165 €

Bei Familie Michel wohnen Sie in gut gepflegten Zimmern, die nach Rebsorten bzw. Weinlagen benannt sind. Auch Allergikerzimmer mit Holzfußboden stehen zur Verfügung.

In Münster-Sarmsheim

Weinstube Kruger-Rumpf

Rheinstr. 47 ✉ 55424 – ✆ (06721) 4 50 50 – www.kruger-rumpf.com – geschl. 23. Dezember - 5. Januar und Montag

Karte 32/46 € – *(nur Abendessen)*

Charmant ist die ländliche Weinstube des bekannten Weinguts. Hier wie auch auf der hübschen Terrasse serviert man z. B. "Dippekuchen mit mariniertem Schwartenmagen und Apfel-Rosmarinkompott". Außerdem: nette moderne Gästezimmer.

BINZ – Mecklenburg-Vorpommern ➜ Siehe Rügen (Insel)

BINZEN

Baden-Württemberg – 2 960 Ew. – Höhe 284 m – Regionalatlas **61**-D21

Berlin 858 km – Stuttgart 260 km – Freiburg im Breisgau 65 km – Basel 11 km

Michelin Straßenkarte 545

Mühle

Mühlenstr. 26 ✉ 79589 – ✆ (07621) 9 40 84 90 – www.muehlebinzen.de

32 Zim – 90/120 € 120/195 €

Mühle – Siehe Restaurantauswahl

Schön, was Sie da in der einstigen Mühle von 1725 erwartet: ruhige Lage, geschmackvoll-elegante Zimmer (hier hat die Chefin, gebürtige Engländerin, Stilgefühl bewiesen!) und am Morgen ein leckeres Frühstück im hübschen Garten-Pavillon. Einladend auch die gemütliche Zigarren-Lounge.

Ochsen

Hauptstr. 42 ✉ 79589 – ✆ (07621) 4 22 08 88 – www.ochsen-binzen.de

23 Zim – 68/95 € 95/150 € – 1 Suite

Ochsen – Siehe Restaurantauswahl

Direkt am Rathaus steht dieses Landgasthaus mit freundlichen und zeitgemäßen Zimmern. Wer ein bisschen was Besonderes sucht, sollte die modern-elegante Ochsen-Suite buchen!

Ochsen – Hotel Ochsen

Hauptstr. 42 ✉ 79589 – ✆ (07621) 4 22 08 88 – www.ochsen-binzen.de

Menü 44/75 € – Karte 30/72 € – *(nur Abendessen)*

In der Küche von Jörg Brugger und seinem Team mischt sich Klassisches mit Internationalem sowie regionalen Einflüssen, und das auf Basis guter, frischer Produkte. Im Sommer sind die Lieblingsplätze draußen unter dem alten Walnussbaum.

Mühle – Hotel Mühle

Mühlenstr. 26 ✉ 79589 – ✆ (07621) 9 40 84 90 – www.muehlebinzen.de

Menü 44 € (mittags)/84 € – Karte 33/102 €

Hier serviert man Ihnen traditionell-klassische Küche, und es wird vor Ihren Augen tranchiert und flambiert. Wählen Sie z. B. "Chateaubriand mit Sauce Béarnaise" und als Dessert Crêpes Suzette. Den Käse für den Käsewagen holt Patron Hansjörg Hechler übrigens persönlich aus Frankreich!

BIRKENAU

Hessen – 10 020 Ew. – Höhe 147 m – Regionalatlas **47-F16**

Berlin 611 km – Wiesbaden 97 km – Mannheim 30 km – Darmstadt 44 km

Michelin Straßenkarte 543

XX **Drei Birken**

Hauptstr. 170 ✉ 69488 – ✆ (06201) 3 23 68 – www.restaurant-drei-birken.de – geschl. Februar 2 Wochen, September 2 Wochen und Montag - Mittwochmittag

Menü 45/69 € – Karte 31/71 €

Zu Karl und Christine Gassen kommt man natürlich in erster Linie wegen der guten regional-saisonalen Küche wie z. B. Steinbeißer mit Flusskrebsen. Aber auch das helle, freundliche Ambiente und der hübsche Innenhof sprechen die Gäste an.

BIRKENFELD (MAIN-SPESSART-KREIS)

Bayern – 2 160 Ew. – Höhe 206 m – Regionalatlas **49-H15**

Berlin 517 km – München 312 km – Würzburg 29 km – Frankfurt am Main 100 km

Michelin Straßenkarte 546

In Birkenfeld-Billingshausen Nord-Ost: 2 km, Richtung Zellingen

X **Goldenes Lamm**

Unterorstr. 13 ✉ 97834 – ✆ (09398) 3 52 – www.goldenes-lamm-billingshausen.de – geschl. Montag - Dienstag

Menü 34/52 € – Karte 18/43 €

In dem ansprechenden alten Steinhaus leitet Familie Hüsam schon seit Generationen dieses ländlich-rustikale Restaurant. Im Sommer hat man im Hof eine nette kleine Terrasse.

BIRNBACH, BAD

Bayern – 5 530 Ew. – Höhe 376 m – Regionalatlas **59-P19**

Berlin 618 km – München 147 km – Passau 41 km – Landshut 82 km

Michelin Straßenkarte 546

Sonnengut

Am Aunhamer Berg 2 ✉ 84364 – ✆ (08563) 30 50 – www.sonnengut.de

81 Zim – †98/116 € ††190/220 € – 7 Suiten – ½ P

Hirschstuben – Siehe Restaurantauswahl

Ein Vierseithof der neuzeitlichen Art. Modern und geschmackvoll sind die Zimmer, sehr schön auch die neuen Suiten, der Wellnessbereich ist großzügig, aufwändig gestaltet und bietet vielfältige Anwendungen.

Vitalhotel

Brunnaderstr. 27 ✉ 84364 – ✆ (08563) 30 80 – www.vitalhotel-badbirnbach.de

108 Zim – †75/80 € ††114/156 € – 5 Suiten – ½ P

Das Hotel am Rande des Kurgebiets verfügt über wohnliche Zimmer in warmen Farben und überzeugt mit einem umfangreichen Wellnessangebot in geschmackvollem Ambiente.

XX **Hirschstuben** – Hotel Sonnengut

Am Aunhamer Berg 2 ✉ 84364 – ✆ (08563) 30 50 – www.sonnengut.de – geschl. Montag - Dienstag

Menü 25/59 € – Karte 28/43 € – *(Mittwoch - Freitag nur Abendessen)*

Hirsch und andere Wildgerichte sowie leckerer Kaiserschmarrn stehen hier auf der Karte, dazu heimelige Atmosphäre... Getäfelte Wände, Holzfußboden, ein schöner Ofen und hübsche Stoffe machen die Stube warm und gemütlich.

Außerhalb Nord: 6 km

Hofgut Hafnerleiten

Brunndobl 16 ✉ 84364 – ✆ (08563) 9 15 11 – www.hofgut.info

10 Zim – †235/265 € ††440/500 €

Traumhaft wohnt man hier und zwar in seinem eigenen Haus! Zur Wahl stehen das Haus am Feld, das Haus am Wald, das Bootshaus, das Baumhaus... Zehn verschiedene Häuschen sind es insgesamt, eins schöner als das andere, alle hochwertig und individuell. Das Frühstück wird Ihnen gebracht, ebenso das Abendessen. Im Haupthaus speisen die Gäste zusammen an einer großen Tafel.

BISCHOFSWIESEN

Bayern – 7 540 Ew. – Höhe 610 m – Regionalatlas **67-O21**
Berlin 736 km – München 148 km – Bad Reichenhall 13 km – Berchtesgaden 5 km
Michelin Straßenkarte 546

Reissenlehen

Reissenpoint 11 ✉ 83483 – ✆ (08652) 97 72 00 – www.reissenlehen.de – geschl. 2. November - 25. Dezember
18 Zim – 65/100 € 110/200 € – 4 Suiten – ½ P
Wohnlich ist das von Familie Irlinger freundlich geführte kleine Hotel. Hallenbad und Naturbadeteich bieten einen fantastischen Bergblick, toll die Blockhaussauna, gut das Kosmetik- und Massageangebot, und auch Physiotherapie ist buchbar.

Alpenhotel Hundsreitlehen

Quellenweg 11 ✉ 83483 – ✆ (08652) 98 60 – www.hundsreitlehen.de – geschl. 1. März - 2. April, Ende Oktober - 25. Dezember
29 Zim – 50/65 € 100/130 € – 5 Suiten – ½ P
Seit über 100 Jahren ist das 1387 erstmals erwähnte Haus in 750 m Höhe bereits im Familienbesitz. Von der Liegewiese kann man schön die Panoramasicht genießen. Wie wär's z. B. mit einem geräumigen Kuschel- oder Romantikzimmer oder einem Familiennest?

BISINGEN

Baden-Württemberg – 9 160 Ew. – Höhe 561 m – Regionalatlas **55-G19**
Berlin 710 km – Stuttgart 71 km – Konstanz 120 km – Reutlingen 35 km
Michelin Straßenkarte 545

In Bisingen-Zimmern Nord-Ost: 2 km

Gasthof Adler

Schloss-Str. 1 ✉ 72406 – ✆ (07471) 1 69 75 – www.adler-zimmern.de – geschl. August 2 Wochen und Montag - Dienstag
Karte 33/51 € – *(Mittwoch - Freitag nur Abendessen)*
In dem langjährigen Familienbetrieb kocht man regional und sehr schmackhaft - wie wär's z. B. mit "Rücken vom Albweidelamm"? In Bisingen hat man übrigens auch ein Gästehaus mit sechs modernen Zimmern.

BISPINGEN

Niedersachsen – 6 250 Ew. – Höhe 74 m – Regionalatlas **19-I6**
Berlin 335 km – Hannover 94 km – Hamburg 71 km – Lüneburg 45 km
Michelin Straßenkarte 541

Heidehotel Rieckmann

Kirchweg 1 ✉ 29646 – ✆ (05194) 95 10 – www.hotel-rieckmann.de
21 Zim – 54/79 € 79/109 € – ½ P
Heidehotel Rieckmann – Siehe Restaurantauswahl
Persönlich und individuell kümmert sich die Inhaberfamilie um ihre Gäste. Man sieht, dass immer wieder verbessert und aufgefrischt wird! Die Zimmer sind solide, zeitgemäß und preislich fair.

Das kleine Hotel am Park

Am Park 2c, Borstel, Nord-West: 1,5 km ✉ 29646 – ✆ (05194) 68 44 – www.daskleinehotel.de
9 Zim – 68/72 € 95/105 €
Eine sympathische familiäre Adresse in recht ruhiger Waldrandlage. Es stehen wohnlich-individuelle Zimmer bereit, die nach Monaten benannt sind. Zum gepflegten Garten hin liegt der charmante Frühstücksraum mit Terrasse.

Heidehotel Rieckmann – Heidehotel Rieckmann

Kirchweg 1 ✉ 29646 – ✆ (05194) 95 10 – www.hotel-rieckmann.de – geschl. 5. Januar - 5. Februar und Montag - Dienstag
Karte 18/46 € – *(Mittwoch - Samstag nur Abendessen)*
Gekocht wird hier bürgerlich mit internationalem Einfluss, die Produkte sind gut und frisch. Am angenehmsten sitzt man auf der Terrasse mit Blick in den idyllischen Garten mit schönen Bäumen und Teich - einige Plätze sind sogar überdacht.

BISTENSEE – Schleswig-Holstein ➜ Siehe Rendsburg

BITBURG

Rheinland-Pfalz – 13 660 Ew. – Höhe 320 m – Regionalatlas **45-B15**
Berlin 705 km – Mainz 165 km – Trier 23 km – Wittlich 36 km
Michelin Straßenkarte 543

In Rittersdorf Nord-West: 4 km, jenseits der B 51 – Höhe 285 m

Herrmann's

Bitburger Str. 30, in der Burg Rittersdorf ✉ 54636 – ✆ (06561) 9 65 70 – www.burg-rittersdorf.de – geschl. Februar 1 Woche, Juli 1 Woche und Montag - Dienstag
Menü 34/48 € – Karte 34/53 €
Über die Torbrücke gelangt man in den schönen Innenhof (hier eine der Terrassen) der romantischen Wasserburg a. d. 13. Jh. Kaminzimmer, Gute Stube, Jagdzimmer, Burgküche, Turmzimmer... lauter charmant-rustikale Räume! Seit über zehn Jahren bieten Achim und Sylvia Herrmann als engagierte Gastgeber international-regionale Küche. Standesamt im Gotischen Trauzimmer.

BLANKENBACH

Bayern – 1 530 Ew. – Höhe 190 m – Regionalatlas **48-G15**
Berlin 538 km – München 356 km – Aschaffenburg 15 km – Frankfurt am Main 48 km
Michelin Straßenkarte 546

Brennhaus Behl

Krombacher Str. 2 ✉ 63825 – ✆ (06024) 47 66 – www.behl.de
23 Zim – †70/95 € ††96/98 € – ½ P
Seit über 30 Jahren hat Familie Behl das Brennhaus - ihr Motto: "Innovation bewahrt Tradition". Hier wohnt man schön gepflegt und zeitgemäß, und das zu fairen Preisen. Wie wär's mit Frühstück auf der Dachterrasse? Im Restaurant speist man international. Tipp: Brennabende mit Menü in der Destille.

BLANKENBURG

Sachsen-Anhalt – 20 750 Ew. – Höhe 200 m – Regionalatlas **30-K10**
Berlin 222 km – Magdeburg 71 km – Göttingen 124 km – Halle 88 km
Michelin Straßenkarte 542

Greenline Schlosshotel Blankenburg

Schnappelberg 5 ✉ 38889 – ✆ (03944) 3 61 90 – www.schlosshotel-blankenburg.de
67 Zim – †79/99 € ††99/149 € – ½ P
Das herrschaftlich anmutende Sandsteingebäude ist die ehemalige Schlosskaserne von 1871, an die sich der schöne öffentliche Schlosspark anschließt. Die Zimmer sind meist großzügig geschnitten. Saisonale Küche im Restaurant. Die Terrasse liegt zum Innenhof.

Viktoria Luise

Hasselfelder Str. 8 ✉ 38889 – ✆ (03944) 9 11 70 – www.viktoria-luise.de – geschl. 7. - 20. November, 22. - 25. Dezember

12 Zim – 61/90 € 120/140 €

Wer etwas Individualität sucht, findet diese in der Jugendstilvilla von 1893 - in Zimmern wie "Beatrix II", "Christine Luise" oder "Schlossblick". Gastgeberin Andrea Schmitz sorgt für privat-familiäre Atmosphäre. Am Morgen erfüllt sie Ihnen Ihre Frühstückswünsche à la carte.

BLANKENHAIN

Thüringen – 6 470 Ew. – Höhe 300 m – Regionalatlas **40**-L13

Berlin 279 km – Erfurt 31 km – Weimar 19 km – Jena 33 km

Michelin Straßenkarte 544

Lindner Spa & Golf Hotel Weimarer Land

Weimarer Str. 60

✉ 99444 – ✆ (036459) 6 16 40 – www.golfresort-weimarerland.de

94 Zim – 159/249 € 209/299 € – 11 Suiten – ½ P

Direkt an einer 36-Loch-Golfanlage... Natürlich gefragt bei Golfern! Nicht minder attraktiv die wertigen Zimmer, der ebenso geschmackvolle Spa sowie die kostenlose Kinderbetreuung. Der ausgesprochen schöne gemütlich-elegante Landhausstil ist allgegenwärtig - so auch im Restaurant "Augusta", benannt nach einem der bekanntesten Golfplätze der Welt. Internationale Küche.

BLAUBACH – Rheinland-Pfalz ➔ Siehe Kusel

BLAUBEUREN

Baden-Württemberg – 11 770 Ew. – Höhe 516 m – Regionalatlas **56**-H19

Berlin 633 km – Stuttgart 81 km – Reutlingen 57 km – Ulm (Donau) 18 km

Michelin Straßenkarte 545

Ochsen

Marktstr. 4 ✉ 89143 – ✆ (07344) 96 98 90 – www.ochsen-blaubeuren.de – geschl. 24. Dezember - 6. Januar

49 Zim – 69/95 € 95/120 € – 2 Suiten

Bis ins 15. Jh. reicht die Geschichte des Ochsen zurück. Das Haus mit der ansprechenden Fachwerkfassade verfügt über funktionelle Zimmer mit gutem Platzangebot - sehr hübsch die neueren modernen Zimmer! Ländlich-gediegene Gaststuben mit bürgerlicher Küche und schönem Biergarten. Für Raucher: die "Oxbar".

In Blaubeuren-Weiler West: 2 km über B 492

XX Forellen-Fischer

Aachtalstr. 6 ✉ 89143 – ✆ (07344) 65 45 – www.forellenfischer.de – geschl. Sonntagabend - Montag

Menü 52 € – Karte 21/54 €

Gemütlich-rustikal, wie man sich ein Fachwerkhaus vorstellt. Im Sommer lockt die lauschige Terrasse, im Winter der offene Kamin! Kulinarisch ist der Name Programm: Fester Bestandteil der regionalen Küche sind Forellen aus der Aach.

BLAUFELDEN

Baden-Württemberg – 5 180 Ew. – Höhe 460 m – Regionalatlas **49**-I17

Berlin 539 km – Stuttgart 123 km – Würzburg 71 km – Nürnberg 122 km

Michelin Straßenkarte 545

XX Zum Hirschen

Hauptstr. 15 ✉ 74572 – ✆ (07953) 10 41 – www.hirschen-blaufelden.de – geschl. August 3 Wochen und Sonntagabend - Donnerstag

10 Zim – 58/110 € 80/150 € – 2 Suiten

Menü 32/90 € – Karte 29/70 € – (Tischbestellung ratsam)

Vorne bürgerlich-rustikale Stube, hinten etwas eleganter - so präsentiert sich der historische Gasthof gegenüber der Kirche. Gastgeber Manfred Kurz kocht klassisch und regional. Probieren Sie z. B. den "gedämpften fränkischen Waller in Meerrettichbutter" oder die leckere "Zwetschgenterrine mit Vanilleeis"! Man kann hier aber nicht nur essen: Die Zimmer sind sehr gepflegt und z. T. schön modern.

BLIESKASTEL

Saarland – 20 880 Ew. – Höhe 213 m – Regionalatlas **46-C17**
Berlin 693 km – Saarbrücken 30 km – Neunkirchen/Saar 16 km – Zweibrücken 12 km
Michelin Straßenkarte 543

Hämmerle's Restaurant - Barrique

Bliestalstr. 110a ✉ 66440 – (06842) 5 21 42 – www.haemmerles-restaurant.de – geschl. Ende Dezember - Anfang Januar, August 2 Wochen und Sonntag - Montag sowie an Feiertagen
Menü 69/83 € – *(nur Abendessen)* (Tischbestellung ratsam)
Eine feste gastronomische Größe hier in der Saarpfalz! Cliff Hämmerle beweist mit drei Menüs sein Händchen für finessenreiche, intensive Küche - aufwändig, aber nicht abgehoben. Animiert Sie der gläserne Weinschrank zu einem schönen Fläschchen? Wenn Sie danach übernachten möchten: Man hat zwei Gästezimmer.
→ Ballweiler Saibling mit Gurke und Wasabi. Taube à l'Orange. Tarte Tatin mit Rosen und Mandeln.
Landgenuss – Siehe Restaurantauswahl

Landgenuss – Hämmerle's Restaurant - Barrique

Bliestalstr. 110a ✉ 66440 – (06842) 5 21 42 – www.haemmerles-restaurant.de – geschl. Ende Dezember - Anfang Januar, August 2 Wochen und Samstagmittag, Sonntag, Montagabend sowie an Feiertagen
Menü 30/42 € – Karte 30/58 € – (Tischbestellung ratsam)
Empfehlenswert ist hier alles: von modernen Klassikern wie "Rinderroulade de luxe" über kreative Landgenuss-Küche wie "Rinderfilet Rossini" bis hin zum Bliesgau Menü. Oder soll's lieber vegetarisch sein? Passend zum Namen versprüht das Restaurant mediterranes Landhausflair.

BLUNK – Schleswig-Holstein → Siehe Segeberg, Bad

BOCHOLT

Nordrhein-Westfalen – 70 860 Ew. – Höhe 25 m – Regionalatlas **25-B10**
Berlin 575 km – Düsseldorf 81 km – Arnhem 57 km – Enschede 58 km
Michelin Straßenkarte 543

Residenz

Kaiser-Wilhelm-Str. 32 ✉ 46395 – (02871) 9 97 50 – www.hotelresidenz.de
48 Zim – 76/83 € 125/200 € – 13 € – ½ P
Ein stilvolles, komfortables Hotel, das ganz auf Businessgäste und Hochzeiten zugeschnitten ist - hübsch der "Hochzeitsgarten". Die Zimmer sind sehr wohnlich und elegant, besonders wertig die Juniorsuiten. Im Sommer schön: Frühstück auf der Terrasse mit Koikarpfen-Teich. Restaurant mit klassischem Ambiente.

Am Erzengel

Münsterstr. 250 ✉ 46397 – (02871) 24 77 00 – www.am-erzengel.de
60 Zim – 85/125 € 115/160 € – ½ P
Das gewachsene Hotel ist tiptopp gepflegt, verfügt über großzügige, wohnliche Zimmer und ist auch bei Businessgästen gefragt. Ideal für Fahrrad-Touristen: Unterstellmöglichkeiten und Fahrradverleih. Wie wär's mit Frühstück auf der Terrasse? Gediegenes Ambiente im Restaurant, nett der Bistrobereich.

Maestral

Bahnhofstr. 24 ✉ 46395 – (02871) 21 83 60 – www.hotel-maestral.de
21 Zim – 45/66 € 66/110 € – 9 € – ½ P
Das gepflegte Haus liegt relativ ruhig in Bahnhofsnähe und wird familiär geführt. Es beherbergt hell, zeitgemäß und funktionell eingerichtete Zimmer und ein Restaurant mit mediterranem Touch. Geboten wird internationale Küche.

BOCHUM

Nordrhein-Westfalen – 362 220 Ew. – Höhe 100 m – Regionalatlas **26-C11**
Berlin 518 km – Düsseldorf 47 km – Dortmund 21 km – Essen 17 km
Michelin Straßenkarte 543

Renaissance

Stadionring 18 ✉ *44791* – ✆ *(0234) 6 10 10* Stadtplan : B1**a**
– *www.renaissancebochum.de*
174 Zim – 🚹93/500 € 🚹🚹93/500 € – ☕ 19 € – 3 Suiten
Für Businessgäste sind die verkehrsgünstige Lage und der direkte Zugang zum Kongresszentrum ideal, Besucher des Starlight-Express-Theaters nutzen gerne die günstigen Wochenendangebote! Nach Sauna- und Fitnessprogramm (toll die Sicht vom 7. Stock!) stärkt man sich im Restaurant Sutherland mit Internationalem.

Courtyard by Marriott

Klinikstr. 43 ✉ *44791* – ✆ *(0234) 6 10 00* Stadtplan : B1**m**
– *www.courtyardbochum.de*
104 Zim – 🚹91/500 € 🚹🚹91/500 € – ☕ 19 € – 2 Suiten
Interessant ist hier vor allem die Lage am Stadtpark - schnell ist man am Bismarckturm, im Stadion oder beim Musical! Tipp: Auf den Ecken des Hauses liegen geräumigere Studio-Zimmer! Im "green olive" kann man bei internationaler Küche den Tag Revue passieren lassen.

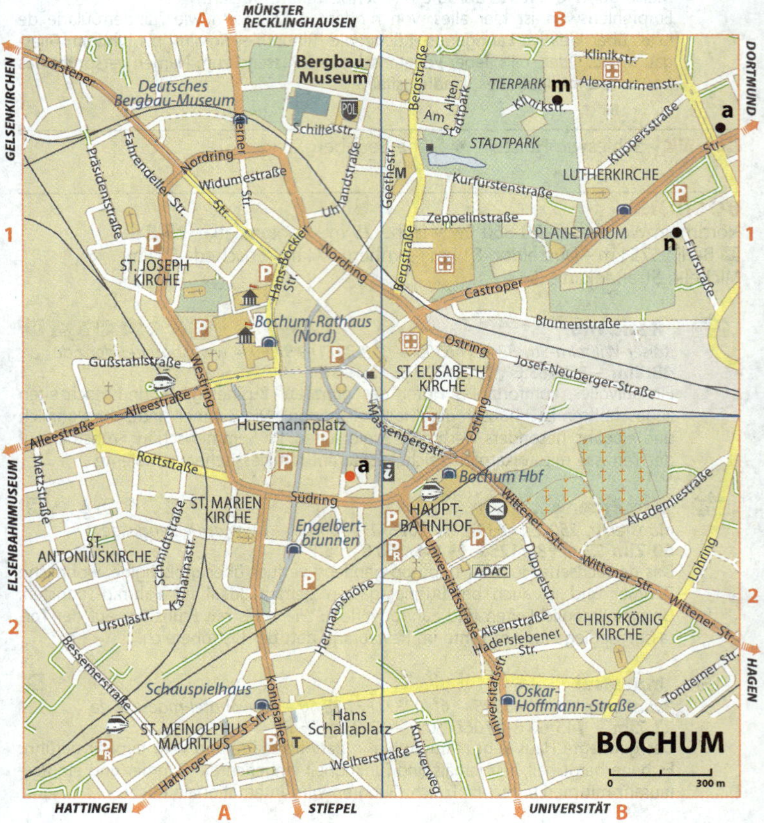

Excelsior

Max-Greve-Str. 32 ✉ 44791 – ✆ (0234) 9 55 50 Stadtplan : B1**n**
– www.hotel-excelsior-bochum.de
32 Zim – 74/89 € 96/115 €
Die verkehrsgünstige Lage nicht weit vom Starlight-Express-Musicaltheater sowie funktionell eingerichtete Zimmer machen dieses Hotel interessant. Es gibt auch ein italienisches Restaurant im Haus.

Livingroom

Luisenstr. 9 ✉ 44787 – ✆ (0234) 9 53 56 85 Stadtplan : A2**a**
– www.livingroom-bochum.de – geschl. Sonntag sowie an Feiertagen
Karte 31/69 €
Das Konzept ist trendig, modern, ungezwungen - eben so, wie man es heute gerne hat! Ein Lifestyle-Restaurant mit Bar und Bistro, und das auf 450 qm! Feste "Classics" auf der Karte sind u. a. US-Prime-Beef-Grillgerichte.

BODENHEIM

Rheinland-Pfalz – 7 150 Ew. – Höhe 100 m – Regionalatlas **47-E15**
Berlin 592 km – Mainz 19 km – Neustadt an der Weinstraße 87 km – Darmstadt 42 km
Michelin Straßenkarte 543

Landhotel Battenheimer Hof

Rheinstr. 2 ✉ 55294 – ✆ (06135) 70 90 – www.battenheimerhof.com – geschl. 18. Dezember - 8. Januar
22 Zim – 60/66 € 82/90 €
In dem schmucken Gutshof unweit des Rheins erwarten Sie funktionale Zimmer und ein freundlicher kleiner Frühstücksraum. Fragen Sie nach den vier hübschen großen Maisonetten! Die rustikalen Kellerräume der Gutsschänke dienen als Restaurant - hier gibt es saisonale Küche und Weine aus der Region.

BODENMAIS

Bayern – 3 300 Ew. – Höhe 689 m – Regionalatlas **59-P17**
Berlin 521 km – München 178 km – Passau 72 km – Cham 51 km
Michelin Straßenkarte 546

Neue Post

Kötztinger Str. 25 ✉ 94249 – ✆ (09924) 95 80 – www.hotel-neue-post.de – geschl. 10. - 22. April, 13. November - 11. Dezember
56 Zim – 57/79 € 114/168 € – 4 Suiten – ½ P
Freundlich-familiär geleitetes Ferienhotel mit unterschiedlich geschnittenen Zimmern, die teils sehr großzügig und mit luxuriöser Note eingerichtet sind. Dazu ein ansprechender Spabereich und ein Restaurant im regionstypischen Landhausstil.

Bodenmaiser Hof

Rißlochweg 4 ✉ 94249 – ✆ (09924) 95 40 – www.bodenmaiser-hof.de
57 Zim – 82/145 € 164/216 € – 5 Suiten – ½ P
In dem familiengeführten Haus wohnen Sie in eleganten und zeitgemäßen Zimmern, meist mit Balkon oder Wintergarten. So richtig schön relaxen kann man z. B. bei Kosmetikanwendungen oder im Garten mit Schwimmteich. Wer es etwas aktiver mag, hat in der Nähe viele gute Wandermöglichkeiten!

Bayerwaldhotel Hofbräuhaus

Marktplatz 5 ✉ 94245 – ✆ (09924) 77 70 – www.hotel-hofbraeuhaus.de – geschl. Anfang November - Mitte Dezember
63 Zim – 64/83 € 122/150 € – 2 Suiten – ½ P
Das bei der Kirche gelegene Hotel ist ein traditionsreiches Haus unter familiärer Leitung, das seinen Gästen ländlich-wohnliche Zimmer und einen großzügigen Wellnessbereich bietet. Dazu hat man Restauranträume mit rustikalem Ambiente.

In Bodenmais-Böhmhof Süd-Ost: 1 km Richtung Zwiesel

Böhmhof

Böhmhof 1 ✉ 94249 – ✆ (09924) 9 43 00 – www.boehmhof.de – geschl. 18. März - 26. April
35 Zim – 90/99 € 150/200 € – ½ P
Eine charmante Ferienadresse in schöner Waldrandlage. Die Atmosphäre in dem einstigen Gutshof ist sehr familiär, die Zimmer sind wohnlich, gut das Freizeit- und Wellnessangebot. Wie wär's mit einer Segway- oder E-Bike-Tour? Restaurant in freundlich-regionalem Stil. HP inklusive.

In Bodenmais-Kothinghammer Süd-West: 2,5 km Richtung Deggendorf

Hammerhof Aktiv- und Wohlfühlhotel

Kothinghammer 1 ✉ 94249 – ✆ (09924) 95 70 – www.hammerhof.de – geschl. April 2 Wochen, 20. November - 24. Dezember
39 Zim – 73/83 € 122/142 € – 20 Suiten
Ein Familienbetrieb in Alleinlage mit großzügigem Rahmen und wohnlichen Zimmern im Landhausstil. Im Haus Sommerland befindet sich der hübsche und vielfältige Wellnessbereich. Geschmackvoll gestaltete Restaurantstuben.

In Bodenmais-Mooshof Nord-West: 1 km Richtung Drachselsried

Mooshof Wellness & SPA Resort

Mooshof 7 ✉ 94249 – ✆ (09924) 77 50 – www.hotel-mooshof.de – geschl. 23. November - 17. Dezember
56 Zim – 90/125 € 170/250 € – 24 Suiten – ½ P
Engagiert betreibt Familie Holzer das gewachsene Traditionshaus. Alles ist schön wohnlich, von der Lobby über die Zimmer bis zur charmanten Antoniusstube - hier traditionell-regionale Küche mit mediterranem Einfluss. Gönnen Sie sich doch eine der schönen edlen Suiten! Attraktiv auch der vielfältige Spa.

BODENWÖHR

Bayern – 4 150 Ew. – Höhe 374 m – Regionalatlas **51**-N17
Berlin 466 km – München 168 km – Regensburg 55 km – Cham 34 km
Michelin Straßenkarte 546

Brauerei-Hotel Jacob

Ludwigsheide 2 ✉ 92439 – ✆ (09434) 9 41 00 – www.brauerei-jacob.de
24 Zim – 58/75 € 80/105 € – 2 Suiten – ½ P
Das Haus wird Ihnen gefallen, zum einen wegen der schönen Lage am Hammersee (hier hat man ein eigenes Strandbad), zum anderen wegen der frischen, wohnlichen Zimmer im Landhausstil. Und dann wäre da noch das Bier, das hier seit 1758 gebraut und in urigen Wirtsstuben serviert wird!

BODMAN-LUDWIGSHAFEN

Baden-Württemberg – 4 430 Ew. – Höhe 408 m – Regionalatlas **63**-G21
Berlin 741 km – Stuttgart 165 km – Konstanz 31 km – Bregenz 74 km
Michelin Straßenkarte 545

Im Ortsteil Ludwigshafen

Seehotel Adler

Hafenstr. 4 ✉ 78351 – ✆ (07773) 9 33 90 – www.seehotel-adler.de
60 Zim – 95/125 € 130/170 € – 3 Suiten – ½ P
Toll die Lage am Seeufer, direkt am Bootshafen. Fragen Sie nach den Themenzimmern oder den modernen Zimmern im Anbau! Nett auch die im Stammhaus mit Seeblick. Man bietet auch Kosmetik sowie ein Restaurant mit trendigem, klassischem oder rustikalem Ambiente. Dazu Terrasse zum See und Biergarten.

Bodenseehotel Immengarten

Überlinger Str. 28 ✉ 78351 – ✆ (07773) 93 74 20 – www.bodenseehotel-immengarten.de

28 Zim – ♀65/95 € ♀♀90/150 € – ½ P

Ihr Vorteil: Vom Hotel zum öffentlichen Strandbad sind es nur wenige Meter, die seeseitigen Zimmer haben einen Balkon und auch beim Tagen im obersten Stock genießt man den Seeblick! Im hellen trendigen Restaurant bekommt man internationale Küche mit saisonalen und thailändisch-indischen Gerichten.

BÖBLINGEN

Baden-Württemberg – 46 720 Ew. – Höhe 464 m – Regionalatlas **55-G18**
Berlin 647 km – Stuttgart 21 km – Karlsruhe 80 km – Reutlingen 36 km
Michelin Straßenkarte 545

V8 Hotel

Graf-Zeppelin-Platz 1, im Meilenwerk ✉ 71034 – ✆ (07031) 3 06 98 80 – www.v8hotel.de

34 Zim – ♀139/199 € ♀♀159/219 € – 15 € – 2 Suiten

Es ist schon recht speziell hier, von der Oldtimer-Halle über originelle Themenzimmer ("Tankstelle", "Route 66"...) und die "Zeppelin-Suite" (3 Etagen plus Dachterrasse!) bis hin zu interessanten Arrangements ("Emotion pur", "Automobile Museumstour" oder "Freuen auf morgen"). Frühstück im Café Reimann.

Zum Reussenstein

Kalkofenstr. 20 ✉ 71032 – ✆ (07031) 6 60 00 – www.reussenstein.com

45 Zim – ♀90/120 € ♀♀120/140 €

Zum Reussenstein – Siehe Restaurantauswahl

Von der Straße müssen Sie ein paar Stufen hinunter gehen, um das Hotel der Familie Böckle (3. Generation) zu betreten. Es gibt hier individuelle Zimmer, darunter auch Themenzimmer, die als Extras sogar Kosmetikbar und Bügelstation haben! Wie wär's im Sommer mit Frühstück im netten Wildkräutergarten?

Rieth

Tübinger Str. 157 ✉ 71032 – ✆ (07031) 72 30 – www.hotel-rieth.de – geschl. 20. Dezember - 6. Januar

43 Zim – ♀86/98 € ♀♀116/136 € – 2 Suiten

Eine zeitgemäße Geschäftsadresse in verkehrsgünstiger Lage am Stadtrand. Die Zimmer liegen ruhig auf der straßenabgewandten Seite. Auch ein netter Garten steht zur Verfügung. Bürgerliche Küche im Restaurant. Raucherlounge.

Da Signora

Graf-Zeppelin-Platz 1, im Meilenwerk ✉ 71034 – ✆ (07031) 3 06 95 09 – www.dasignora.de – geschl. 1. - 7. Januar und Montag

Menü 22 € (mittags)/69 € – Karte 41/61 €

Antonio Kielwein und seine Frau Heiderose (gebürtige Schwäbin, im Herzen aber Italienerin!) sind Gastronomen mit Leib und Seele - Brot und Pasta machen sie natürlich selbst. Am Abend u. a. die Menüs "Pesce" und "Signora", mittags kleine Lunchkarte und günstiges Lunchmenü. Angeschlossen: Enoteca und Vinothek.

Zum Reussenstein – Hotel Zum Reussenstein

Kalkofenstr. 20 ✉ 71032 – ✆ (07031) 6 60 00 – www.reussenstein.com – geschl. Sonntag - Montag

Menü 38/48 € – Karte 21/46 € – (Tischbestellung ratsam)

Dass es hier ganz schwäbisch zugeht, merkt man spätestens beim Studieren der Karte: Die ist nicht nur regional ausgerichtet, sondern auch im Dialekt geschrieben! Dank Glaswand zur Küche hat man immer einen guten Einblick ins Geschehen. Im Gewölbe: Wein-"Schatzkämmerle" und Kochschule.

In Schönaich Süd-Ost: 6 km

Waldhotel Sulzbachtal

im Sulzbachtal 2, Nord-Ost: 2 km, Richtung Steinenbronn ✉ 71101 – ✆ (07031) 7 57 80 – www.sulzbachtal.com – geschl. Mitte Dezember - Mitte Januar

20 Zim – 78/145 € 96/185 €

Ein kleines Hotel mit familiärem Charakter, in dem Sauberkeit ganz groß geschrieben wird! Die Lage ist natürlich auch ein echter Pluspunkt: ringsum Wald, Wiesen und Felder. Ein Restaurant finden Sie in der Nachbarschaft.

BÖNNIGHEIM

Baden-Württemberg – 7 210 Ew. – Höhe 221 m – Regionalatlas **55-G17**
Berlin 616 km – Stuttgart 36 km – Heilbronn 20 km – Karlsruhe 65 km
Michelin Straßenkarte 545

Adler am Schloss

Schlossstr. 34 ✉ 74357 – ✆ (07143) 8 20 20 – www.adler-am-schloss.de – geschl. Anfang Januar 2 Wochen

18 Zim – 59/73 € 78/92 € – 10 €

Sophie La Roche – Siehe Restaurantauswahl

Man wohnt hier richtig schön! Direkt neben dem Schloss fügt sich das nette kleine Hotel mit seinen schmucken Zimmern harmonisch ins Ortsbild - hier und da altes Fachwerk (oder Stuckdecken im Gästehaus). Ebenso charmant die Gästebetreuung! Das Frühstück ist übrigens sehr gut, die Minibar gratis.

Sophie La Roche – Hotel Adler am Schloss

Schlossstr. 34 ✉ 74357 – ✆ (07143) 8 20 20 – www.adler-am-schloss.de – geschl. Anfang Januar 2 Wochen, Sonntag - Montag und an Feiertagen

Menü 49 € (mittags unter der Woche)/121 € – Karte 25/61 €

Schönes elegantes Ambiente, gehobene Tischkultur, freundlicher Service und schmackhafte Speisen gehen hier Hand in Hand! Gekocht wird mit regionalen und internationalen Einflüssen.

BOGEN

Bayern – 9 760 Ew. – Höhe 322 m – Regionalatlas **59-O18**
Berlin 541 km – München 134 km – Regensburg 51 km – Straubing 12 km
Michelin Straßenkarte 546

In Niederwinkling-Welchenberg Süd-Ost: 8 km

Landgasthof Buchner (Mathias Achatz)

Freymannstr. 15 ✉ 94559 – ✆ (09962) 7 30 – www.buchner-welchenberg.de

Menü 89 € – Karte 41/58 € – (Tischbestellung ratsam)

Die Brüder Andreas und Mathias Achatz (bereits die 5. Generation) führen den Landgasthof gemeinsam mit ihren Eltern. Gekonnt verbindet man in der Küche Tradition und modern-kreative Einflüsse von Stationen in hervorragenden Adressen, dazu schöne Weine, die auch in der Vinothek erhältlich sind.

→ Flusskrebse, Erbsenschaum, Babyspinat, konfierte Paprika. Krustentierravioli, Curry, Lauchöl. Rottaler Weiderind, geschmorter Radicchio, Trüffeljus.

BOKEL

Schleswig-Holstein – 640 Ew. – Höhe 8 m – Regionalatlas **10-I4**
Berlin 343 km – Kiel 73 km – Hamburg 55 km – Itzehoe 29 km
Michelin Straßenkarte 541

Bokel-Mühle am See

Neel-Greve-Str. 2 ✉ 25364 – ✆ (04127) 9 42 00 – www.bokelmuehle.de

24 Zim – 70/110 € 90/140 € – 9 €

Tradition und Moderne im Einklang: Die ehemalige Wassermühle ist ein seit 1880 familiengeführtes Hotel in herrlicher Lage am eigenen See. Schöner Landhausstil in der kleinen Lobby, freundliche Zimmer, Frühstück in der heimeligen Mühlenstube (nett die mit alten Mehlsäcken bespannten Stühle). Bürgerliche Küche im Kaminzimmer mit Seeterrasse.

BOLL, BAD

Baden-Württemberg – 5 080 Ew. – Höhe 427 m – Regionalatlas **55**-H19
Berlin 613 km – Stuttgart 52 km – Göppingen 9 km – Ulm (Donau) 49 km
Michelin Straßenkarte 545

Seminaris

Michael-Hörauf-Weg 2 ✉ 73087 – ✆ (07164) 80 50 – www.seminaris.de/badboll
161 Zim – 92/132 € 122/142 € – 2 Suiten – ½ P
In seiner funktionellen Art ist das Hotel ganz auf Tagungen und Seminare ausgelegt. Einen Ausgleich zur Arbeit finden Sie bei Volleyball, Basketball und im Hochseilgarten, aber natürlich auch beim Speisen im Buffet-Restaurant oder in der gemütlich-rustikalen Stube.

Badhotel Stauferland

Gruibinger Str. 32 ✉ 73087 – ✆ (07164) 80 16 80 – www.badhotel-stauferland.de
36 Zim – 49/169 € 79/189 € – 9 € – ½ P
Die ruhige Lage und die schöne Fernsicht locken Gäste hierher, und auch die gediegen-wohnlichen Zimmer und der gepflegte Freizeitbereich sind gute Gründe, dieses Haus zu besuchen. Zum Essen (die Küche ist international und regional) nimmt man im Sommer am besten auf der hübschen Terrasse Platz.

Rosa Zeiten

Bahnhofsallee 7 ✉ 73087 – ✆ (07164) 20 22 – www.rosa-zeiten.de
9 Zim – 59/68 € 89 €
Früher war hier ein Bahnhof, heute sind die Gleise stillgelegt, so dass man schön ruhig übernachten kann! Zimmer und Frühstücksraum in dem kleinen Hotel hat man nett mit wohnlichen Details eingerichtet und die persönliche Führung durch Andrea Beucher gibt dem Haus zusätzlichen Charme!

BOLTENHAGEN

Mecklenburg-Vorpommern – 2 420 Ew. – Höhe 5 m – Regionalatlas **11**-L4
Berlin 250 km – Schwerin 47 km – Lübeck 41 km – Wismar 26 km
Michelin Straßenkarte 542

In Boltenhagen-Redewisch West: 2 km

Gutshaus Redewisch

Redewischer Str. 46 ✉ 23946 – ✆ (038825) 37 60 – www.gutshaus-redewisch.de – geschl. 4. Januar - 20. Februar
20 Zim – 55/85 € 90/150 € – 1 Suite – ½ P
Ein schöner Anblick, wie das stattliche Gutshaus a. d. 19. Jh. bei der Anfahrt vor Ihnen liegt! Vom Enkel des Gutsgründers nach der Wende zurückgekauft, ist es heute ein schmuckes kleines Hotel. Einige Zimmer mit Balkon, teils mit altem Holzfußboden. Setzen Sie sich zum Essen (bürgerliche Küche, durchgehend serviert) auf die Terrasse zum Teich!

In Boltenhagen-Tarnewitz Süd-Ost: 2 km

Iberotel

Baltische Allee 1, Hafen ✉ 23946 – ✆ (038825) 38 40 – www.iberotel.de
191 Zim – 80/160 € 130/200 € – 9 Suiten – ½ P
Ein Ferienhotel - groß, komfortabel und modern. Von Ihrem Zimmer blicken Sie aufs Meer (zum Strand sind es nur 400 m), vor dem Haus wartet die eigene Marina auf Sie, im Spa relaxen Sie auf rund 1000 qm und im Restaurant bekommt man internationale Küche. Familien machen im Dorfhotel nebenan Urlaub.

BONN

Nordrhein-Westfalen – 309 870 Ew. – Höhe 60 m – Regionalatlas **36-C13**
■ Berlin 593 km – Düsseldorf 73 km – Aachen 91 km – Köln 28 km
Michelin Straßenkarte 543

W. Dieterich / Westend61 RM / age fotostock

Hotels

Ameron Hotel Königshof

Adenauerallee 9 ✉ *53111* – ✆ *(0228) 26 01 0* Stadtplan : B2**a**
– *www.hotel-koenigshof-bonn.de*
129 Zim – 🚹79/249 € 🚹🚹99/269 € – ☕ 19 € – ½ P
Oliveto – Siehe Restaurantauswahl
Das Hotel in toller Lage am Rhein bietet moderne, technisch gut ausgestattete Zimmer, teils mit Flussblick. Ein besonderes Highlight: die "Beethoven"-Suite. In neuem Glanz erstrahlt der Spiegelsaal (früher fanden hier Staatsempfänge statt).

Günnewig Hotel Bristol

Prinz-Albert-Str. 2 ✉ *53113* – ✆ *(0228) 2 69 80* Stadtplan : A2**v**
– *www.guennewig.de/hotel-bristol-bonn*
114 Zim ☕ – 🚹89 € 🚹🚹109 € – 2 Suiten
Schön ist die Lage des Hauses zwischen Poppelsdorfer Schloss und einstiger Kurfürstenresidenz. Es erwarten Sie ein eleganter Rahmen und Zimmer in klassischem Stil. Im "Majestic" bietet man Internationales, sonntags gibt es Brunch. Daneben hat man noch das "Bierhoff" und die rustikale "Kupferklause" im UG.

Hilton

Berliner Freiheit 2, Zufahrt über Doetschstraße ✉ *53111* Stadtplan : B1**m**
– ✆ *(0228) 7 26 90* – *www.hilton.de/bonn*
252 Zim – 🚹109/349 € 🚹🚹109/349 € – ☕ 18 € – 9 Suiten
Ein ganz auf Businessgäste ausgelegtes Hotel mit klassisch-gediegenen Zimmern (teils mit Rheinblick), einem gepflegten Freizeitbereich und modernen Tagungsräumen. Im Restaurant "The Grill" bietet man Wagyu- und Dry-Aged-Beef-Spezialitäten.

Galerie Design Hotel

Kölnstr. 360, über Kölnstraße A1 ✉ *53117* – ✆ *(0228) 1 84 80*
– *www.galerie-design-hotel.de*
52 Zim ☕ – 🚹79/191 € 🚹🚹89/215 € – 1 Suite – ½ P
Modernes Design und Kunst bestimmen hier das Ambiente. Die Zimmer bieten eine sehr gute Technik, einige der Superior-Zimmer sind mit Whirlwanne ausgestattet. Internationale Küche im Restaurant Atelier mit schöner Sicht in den Garten.

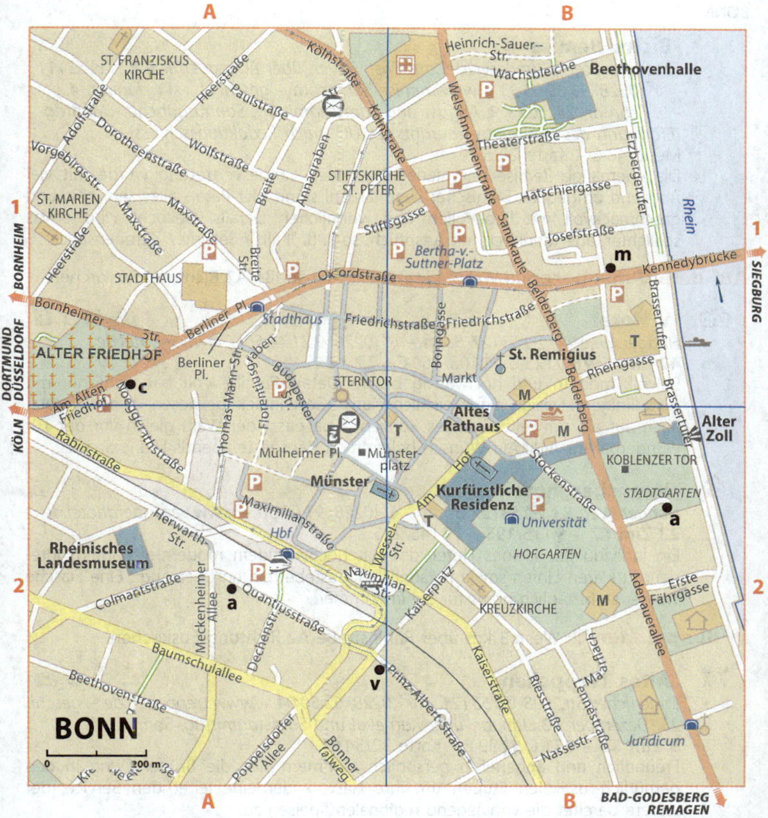

Collegium Leoninum

Noeggerathstr. 34 ✉ *53111* – ✆ *(0228) 6 29 80* Stadtplan : A1**c**
– *www.leoninum-bonn.de*
71 Zim – 🚹95/185 € 🚹🚹105/205 € – ☕ 16 € – ½ P
Das denkmalgeschützte Backsteingemäuer eines ehemaligen Priesterseminars beherbergt heute ein modernes Hotel. Als Tagungsbereich dient u. a. die Alte Kirche. Helles, neuzeitliches Bistro mit netter Terrasse zum kleinen Innenhof.

InterCityHotel

Quantiusstr. 22 ✉ *53115* – ✆ *(0228) 9 26 18 10* Stadtplan : A2**a**
– *www.bonn.intercityhotel.de*
161 Zim – 🚹99/185 € 🚹🚹109/195 € – ☕ 13 €
Vom Zug direkt ins Hotelzimmer... kein Problem dank der günstigen Lage direkt hinter dem Bahnhof! Auch die wertige moderne Einrichtung kann sich sehen lassen. Ein angenehmes Extra: Als Hotelgast bekommen Sie für die Dauer Ihres Aufenthalts ein kostenloses Bahnticket für den öffentlichen Nahverkehr in Bonn!

Restaurants

Oliveto – Ameron Hotel Königshof

Adenauerallee 9 ✉ *53111* – ✆ *(0228) 2 60 15 41* Stadtplan : B2**a**
– *www.hotel-koenigshof-bonn.de*
Menü 25 € (mittags)/59 € – Karte 41/61 €
In dem geschmackvoll-eleganten Restaurant sitzt man besonders schön an einem der Fenstertische oder auf der Rheinterrasse. Schmackhaft die italienische Küche, aufmerksam der Service. Mittags kleiner Auszug aus der Karte und Business Lunch.

Bistro Remise

Fritz-Erler-Str. 7, Bundesviertel am Post Tower, über Adenauerallee B2 ✉ 53111 – ✆ (0228) 93 39 93 33 – www.remise-bonn.com – geschl. 1. - 11. Januar, 4. - 9. Februar, 24. Juli - 9. August und Samstagmittag, Sonntagabend - Montag (Eröffnung des Gourmetrestaurants "EQUU" nach Redaktionsschluss)
Menü 43 € – Karte 29/57 €
Die ehemalige Remise der niedersächsischen Landesvertretung wurde mit viel Aufwand umgebaut. Belgischer Landhausstil stand hier Pate - alles sehr chic und geschmackvoll mit liebevollen und wohnlichen Details. Gekocht wird etwas schlichter, aber dennoch mit Anspruch, so z. B. "Kalb / Sellerie / Zitronensauce".

Auf dem Venusberg Süd-West: 4 km über Rabinstraße A2 Richtung Euskirchen

V Hotel

Haager Weg 44 ✉ 53127 Bonn – ✆ (0228) 9 71 44 50 – www.v-hotel.de
42 Zim – 🚹80/125 € 🚹🚹103/160 € – ☕ 14 €
Stilvoll, modern und hochwertig bis ins Detail! Familie Voit hat nicht nur mit geradlinigem Design und reichlich Kunst Geschmack bewiesen, sondern setzt auch auf ein umweltbewusstes Konzept - da passt der Wald gleich vor der Tür wunderbar ins Bild! Auf Wunsch bekommen Hausgäste abends kleine Snacks.

Venusberghotel

Haager Weg 83 ✉ 53127 Bonn – ✆ (0228) 91 02 30 – www.venusberghotel.de
23 Zim ☕ – 🚹115/195 € 🚹🚹145/225 €
Ein individuelles kleines Hotel, das mit hochwertigem modern-elegantem Interieur in klaren Linien sowie persönlicher Gästebetreuung überzeugt. Eine Flasche Wasser steht täglich gratis für Sie im Zimmer.

In Bonn-Endenich West: 3 km über Rabinstraße A2 Richtung Euskirchen

Altes Treppchen

Endenicher Str. 308 ✉ 53121 – ✆ (0228) 62 50 04 – www.treppchen.de – geschl. 23. Dezember - 3. Januar, über Karneval und Samstagmittag, Sonntag
9 Zim ☕ – 🚹71 € 🚹🚹99 € Karte 32/54 €
Freundlich und angenehm persönlich kümmern sich die Brüder Dung in den gemütlich-rustikalen Stuben um ihre Gäste - der eine leitet den Service, der andere bereitet die vorwiegend regionalen Speisen zu.

Erwarten Sie in einem X oder ⌂ nicht den gleichen Service wie in einem XXXXX oder ⌂⌂⌂⌂⌂.

In Bonn-Bad Godesberg

Maritim

Godesberger Allee, über Bonner Straße C1, Zufahrt über Kurt-Georg-Kiesinger-Allee 1 ✉ 53175 – ✆ (0228) 8 10 80 – www.maritim.de
369 Zim ☕ – 🚹123/203 € 🚹🚹157/237 € – 41 Suiten – ½ P
Im ehemaligen Regierungsviertel gelegenes Hotel mit großzügigem Rahmen. Gläserne Aufzüge bringen Sie in die klassisch-gediegenen Zimmer. Für Golfer: die Rooftop-Driving-Range.

Villa Godesberg

Mirbachstr. 2a ✉ 53173 – ✆ (0228) 83 00 60 Stadtplan : D1**d**
– www.villa-godesberg.de – geschl. Weihnachten - Neujahr
24 Zim ☕ – 🚹120/160 € 🚹🚹140/180 € – 2 Suiten
Wunderschön, wie man in der schmucken Jugendstilvilla von 1905 (erweitert um das Gästehaus Villa Mirbach) den Charme von einst mit modernen Elementen verbunden hat. Luftig-hohe Räume, ein hübscher kleiner Garten (im Sommer ein toller Ort zum Frühstücken!), Minibar und Leihfahrräder gratis...

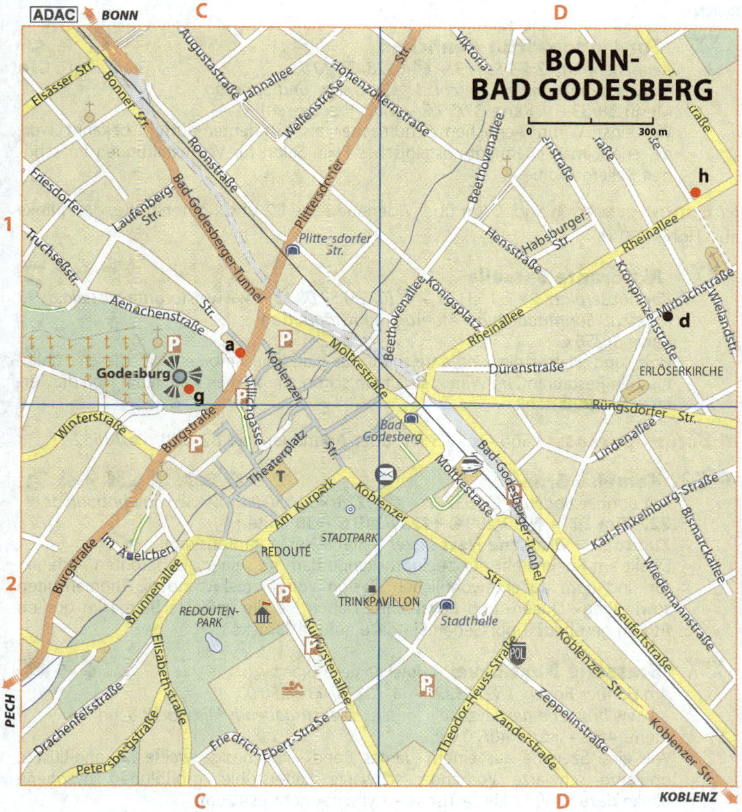

Halbedel's Gasthaus

Rheinallee 47 ✉ 53173 – ✆ (0228) 35 42 53 Stadtplan : D1**h**

– www.halbedels-gasthaus.de – geschl. Juli - August 3 Wochen und Montag

Menü 70 € (vegetarisch)/145 € – Karte 77/111 € – *(nur Abendessen)* (Tischbestellung ratsam)

Irmgard und Rainer-Maria Halbedel sind stets präsent in der schönen Gründerzeitvilla, man spürt förmlich, mit wieviel Freude die beiden bei der Arbeit sind! In den feinen, durchdachten Speisen des Chefs finden sich unter den frischen Zutaten immer wieder Produkte vom eigenen Bauernhof.

➜ Hummer, Kohlrabi, Yuzu, Frischkäse, Estragon. Dry aged Beef-Filet, Perlzwiebeln, Chili, Vanille, Spitzkohl, PX Sherry. Espressocannelloni, Kirschen, Minze, Karamell.

Godesburg

Auf dem Godesberg 5 ✉ 53177 – ✆ (0228) 31 60 71 Stadtplan : C1**g**

– www.godesburg-bonn.de – geschl. Montag

Menü 39/66 € – Karte 36/55 €

Einen traumhaften Blick bietet das rundum verglaste Restaurant, das man an die alte Burg über der Stadt angebaut hat. Serviert wird internationale Küche. Großer Rittersaal für Feierlichkeiten. Ideal für Wanderer: Vesper im Hofgarten.

Zur Lindenwirtin Aennchen

Aennchenplatz 2 ✉ 53173 – ✆ (0228) 31 20 51 Stadtplan : C1**a**
– www.aennchen.de – geschl. 1. - 3. Januar und Sonntag
Menü 38/53 € – Karte 37/59 € – *(nur Abendessen)*
Wo einst Wirtin Aennchen Schumacher als "Studentenmutter" bekannt wurde, erlebt man charmant-nostalgisches Flair. Salon für Veranstaltungen im schönen Kellergewölbe.

In Bonn-Kessenich Süd: 5 km über Adenauerallee B2 und Reuterstraße, dann links ab – Höhe 500 m

Ristorante Sassella

Karthäuserplatz 21 ✉ 53129 – ✆ (0228) 53 08 15 – www.ristorante-sassella.de
– geschl. Sonntagabend - Montag, Samstagmittag
Karte 36/56 €
Holz und Naturstein unterstreichen das Landhausambiente in diesem italienischen Restaurant. Im Winter sitzt man schön am offenen Kamin. Im Hof: die Terrasse unter Kastanien.

In Bonn-Oberkassel Süd-Ost: 4,5 km über Adenauerallee B2 und die A 562

Kameha Grand

Am Bonner Bogen 1 ✉ 53227 – ✆ (0228) 4334 50 00 – www.kamehabonn.de
227 Zim – 219/299 € 239/319 € – 30 Suiten
Yunico ✿ • ***Brasserie Next Level*** – Siehe Restaurantauswahl
Direkt am Rhein steht der beeindruckende Bau mit seiner glasbetonten Architektur und dem außergewöhnlichen Design von Marcel Wanders. Themensuiten sowie King-, Queen- und Royal-Suite. Haben Sie die geflieste Blume im großen Atrium gesehen? Tipp: Gehen Sie dazu auf die "Brücke".

Brasserie Next Level – Hotel Kameha Grand

Am Bonner Bogen 1 ✉ 53227 – ✆ (0228) 43 34 50 00
– www.brasserie-nextlevel.de – geschl. Dienstagabend, Mittwochabend
Menü 46 € – Karte 40/70 €
Wie eine Szenerie aus einem "James Bond"-Film: riesige weiße Murano-Lüster, opulente schwarze Vorhänge, schwarze Lederstühle, großblumig bezogene Bänke dazu weiß-lackierte Tische - stylischer geht es kaum!

Yunico – Hotel Kameha Grand

✿
Am Bonner Bogen 1 ✉ 53227 – ✆ (0228) 43 34 55 00 – www.yunico-kameha.de
– geschl. 13. Juli - 3. August und Sonntag - Montag
Menü 71/139 € – Karte 51/131 € – *(nur Abendessen)*
Stylish und trendy, so das "Japanese Fine Dining" des Kameha Grand. Der Service ist charmant und versiert und die Küche verbindet japanische Tradition finessenreich und interessant mit modernen europäischen Einflüssen. Tipp: Sushi!
→ Obsiblue und Auster, mariniert, Gurke, Granny Smith, Misocrème. Presa vom Iberico "72" sous vide, Teriyaki-Butterfond, Quinoa, Erbsen. Passionsfrucht Moelleux, Karamell, Kokosnusseis.

BONNDORF

Baden-Württemberg – 6 810 Ew. – Höhe 845 m – Regionalatlas **62-E21**
Berlin 773 km – Stuttgart 151 km – Freiburg im Breisgau 55 km – Donaueschingen 25 km
Michelin Straßenkarte 545

Möhringers Schwarzwaldhotel

Rothausstr. 7 ✉ 79848 – ✆ (07703) 9 32 10 – www.schwarzwaldhotel.com
70 Zim – 71/136 € 132/212 € – ½ P
Bei Familie Möhringer wird ständig verbessert und erneuert! So hat man für die Gäste vier Zimmerkategorien (am komfortabelsten sind die Superior-Zimmer und die Juniorsuiten!), dazu ein vielfältiges Spa-Angebot und ein rustikales A-la-carte-Restaurant mit regionaler Küche.

Sommerau

Sommerau 1, Im oberen Steinatal - West: 9 km, Richtung Grafenhausen, nach Steinasäge rechts ab ✉ 79848 – ✆ (07703) 6 70 – www.sommerau.de – geschl. März 3 Wochen

13 Zim – †80/85 € ††120/130 € – ½ P

Sommerau – Siehe Restaurantauswahl

Ringsum nur Wiesen und Wald - wo könnte man besser abschalten? Da verzichtet man gerne auf TV, WLan und Handy-Empfang! Stattdessen genießt man gemütliche Zimmer, ein hübsches Saunahaus, den Badeteich mit Quellwasser... Das ökologische Konzept des Holzhauses passt da perfekt ins Bild!

Sommerau – Hotel Sommerau

Sommerau 1, Im Steinatal - West: 9 km, Richtung Grafenhausen, nach Steinasäge rechts ab ✉ 79848 – ✆ (07703) 6 70 – www.sommerau.de – geschl. März 3 Wochen und Montag - Dienstag

Menü 37/74 € – Karte 33/55 €

Am Herd steht Patron Karl-Thomas Hegar mit Sohn Wolfram und dessen Frau, und was aus der Küche kommt, ist exzellent, so z. B. "Rehragout mit Rotkraut, Spätzle und Preiselbeeren". Gourmet-Tipp: das 5-Gänge-Feinschmeckermenü.

BOPPARD

Rheinland-Pfalz – 15 190 Ew. – Höhe 67 m – Regionalatlas **46-D14**

Berlin 612 km – Mainz 89 km – Koblenz 21 km – Bingen 42 km

Michelin Straßenkarte 543

Bellevue Rheinhotel

Rheinallee 41 ✉ 56154 – ✆ (06742) 10 20 – www.bellevue-boppard.de

71 Zim – †60/100 € ††66/145 € – 11 € – 21 Suiten – ½ P

Le Chopin • ***Bristol*** – Siehe Restaurantauswahl

Direkt an der Rheinpromenade steht das Jugendstil-Juwel von 1887, und es hat nichts von seinem Charme eingebüßt. Dafür sorgt Familie Gawel, die den klassischen Stil wahrt und dennoch nie stehenbleibt - das beweist auch die rund 200 m entfernte neue "Résidence Bellevue" mit 20 eleganten Appartements.

Le Chopin – Bellevue Rheinhotel

Rheinallee 41 ✉ 56154 – ✆ (06742) 10 20 – www.lechopin-boppard.de – geschl. 4. - 22. Januar, 1. - 17. August, 1. - 11. November und Montag - Mittwoch, April - Oktober: Dienstag - Mittwoch

Menü 48/89 € – Karte 41/65 € – *(nur Abendessen)*

Hier ist Klassik Trumpf! Das gilt für die stilvolle Einrichtung samt Kamin, den geschulten Service und die Küche, die aber auch moderne Einflüsse einbezieht - da wären z. B. die "Challans-Ente in zwei Gängen" oder das "Rhabarber-Macaron".

Bristol – Bellevue Rheinhotel

Rheinallee 41 ✉ 56154 – ✆ (06742) 10 20 – www.bellevue-boppard.de

Menü 24/29 € – Karte 31/49 €

Ein Plätzchen mit Geschichte, an dem man nicht nur die schöne Gründerzeit-Atmosphäre genießt, sondern auch die Sicht auf den Rhein. Gekocht wird regional: "gefüllter Kloß", "Saumagen mit Senfcreme", "Ragout vom Karbacher Zicklein"...

In Boppard-Weiler Süd: 6,5 km über Buchenau

Landgasthof Eiserner Ritter

Zur Peterskirche 10 ✉ 56154 – ✆ (06742) 9 30 00 – www.eiserner-ritter.de – geschl. 1. Februar - 10. März, Oktober 2 Wochen

13 Zim – †52/73 € ††74/116 € – ½ P

Der kleine Familienbetrieb liegt etwas abseits der Touristenpfade. Man wohnt hier sehr gepflegt, ob in ganz modernen oder eher rustikalen Zimmern - einige auch mit Blick ins Rheintal. Das Restaurant bietet regionale und klassische Küche.

In Boppard-Buchholz West: 6,5 km, jenseits der A 61 – Höhe 406 m

Tannenheim
Bahnhof Buchholz 3, B 327 ✉ 56154 – ✆ (06742) 22 81 – www.hotel-tannenheim.de – geschl. 23. Dezember - 31. Januar
12 Zim – 55/75 € 85/95 €
Tannenheim – Siehe Restaurantauswahl
Es ist schon ein richtig netter Familienbetrieb, und das seit 1908! Die Zimmer sind tipptopp gepflegt, wohnlich und funktional zugleich, das Frühstück ist frisch, die Preise sind fair und Familie Fuchs kümmert sich wirklich um ihre Gäste.

Tannenheim – Hotel Tannenheim
Bahnhof Buchholz 3, B 327 ✉ 56154 – ✆ (06742) 22 81 – www.hotel-tannenheim.de – geschl. 23. Dezember - 31. Januar, Juli - August 3 Wochen und Sonntag, Donnerstag
Karte 34/50 € – *(nur Abendessen)*
Ob Spargelgerichte, hausgemachte Ravioli oder Klassiker wie Schnitzel aus dem Kalbsrücken, Thomas Fuchs, Sohn des Hauses, verwendet nur gute Produkte für seine aromatische saisonale Regionalküche.

In Boppard-Bad Salzig Süd: 3 km über B 9, Richtung St. Goar

Park Hotel
Römerstr. 38, am Kurpark ✉ 56154 – ✆ (06742) 9 39 30 – www.park-villa.de – geschl. Mitte Dezember - Anfang Februar
18 Zim – 69/105 € 119/139 € – 3 Suiten – ½ P
"New York", "Gauguin" oder "Afrika-Lodge"? Familie Joswig hat in ihrem über 100 Jahre alten Refugium individuelle, wirklich liebevoll gestaltete Themenzimmer. Ebenso hübsch und wertig der Wellnessbereich. Im eleganten Wintergarten samt moderner EssBAR und reizvoller Terrasse isst man klassisch-traditionell.

Außerhalb Nord: 12 km über B 9 bis Spay, dann links, Auffahrt Jakobsberg

Jakobsberg (N)
Im Tal der Loreley ✉ 56154 – ✆ (06742) 80 80 – www.jakobsberg.de
100 Zim – 89/184 € 109/199 € – 4 Suiten – ½ P
Bei Tagungsgästen und Urlaubern wie auch bei Golfern ist das einstige Klostergut gefragt. Die Zimmerkategorien reichen von Classic bis zur Suite, die Themen von Montgolfière über Benetton bis Afrika, und auch "Haribo" spielt eine Rolle. Im Restaurant genießt man die Aussicht bei internationaler Küche.

BORDELUM
Schleswig-Holstein – 1 980 Ew. – Höhe 6 m – Regionalatlas **1-G2**
Berlin 452 km – Kiel 107 km
Michelin Straßenkarte 541

norditeran (N)
Dorfstr. 12 ✉ 25852 Bordelum – ✆ (04671) 9 43 67 33 – www.norditeran.com – geschl. Montag - Dienstag
Menü 36/59 € – Karte 34/56 € – *(nur Abendessen)*
Ihren lang gehegten Traum vom eigenen Restaurant in der Heimat haben sich Bastian Baumgarten und Malte Peters in diesem etwas unscheinbaren Backsteinbau verwirklicht: saisonal-mediterrane Küche in angenehm ungezwungener Atmosphäre. Dazu Feinkostgeschäft samt Bistro - hier mittags Kleinigkeiten.

BORKEN
Nordrhein-Westfalen – 41 390 Ew. – Höhe 50 m – Regionalatlas **26-C10**
Berlin 537 km – Düsseldorf 83 km – Bocholt 18 km – Enschede 57 km
Michelin Straßenkarte 543

Lindenhof
Raesfelder Str. 2 ✉ 46325 – ✆ (02861) 92 50 – www.lindenhof-borken.de
55 Zim – 58/74 € 84/109 € – ½ P
Ein Businesshotel in zentraler Lage mit funktionellen, unterschiedlich geschnittenen und eingerichteten Zimmern sowie guten Tagungsmöglichkeiten. Angenehm hell und neuzeitlich das Wintergartenrestaurant mit Buffetangebot, freundlich-rustikal die "Kleine Linde" mit traditioneller Küche.

BORKUM (INSEL)

Niedersachsen – 5 180 Ew. – Höhe 2 m – Regionalatlas **7-C5**
Berlin 523 km – Hannover 253 km – Emden 50 km
Michelin Straßenkarte 541

Strandhotel Hohenzollern

Jann-Berghaus-Str. 63 ✉ 26757 – ✆ (04922) 9 23 30 – www.strandhotel-hohenzollern.com – geschl. 8. Januar - 4. Februar, 1. - 14. Dezember

10 Zim – 🚹90/150 € 🚹🚹120/180 € – 12 Suiten – ½ P

An der Promenade liegt das Haus von 1895 - die Fassade sowie Säulen im Inneren sind original. Zimmer mit neuzeitlicher Einrichtung und gutem Komfort, teils zur Seeseite. Das mediterran gestaltete Palée ist offen zur Lobby hin und bietet Meerblick.

BOSAU

Schleswig-Holstein – 3 450 Ew. – Höhe 25 m – Regionalatlas **10-J4**
Berlin 315 km – Kiel 45 km – Lübeck 37 km – Eutin 16 km
Michelin Straßenkarte 541

Strauers Hotel am See

Gerold Damm 2 ✉ 23715 – ✆ (04527) 99 40 – www.strauer.de – geschl. Januar - Februar

28 Zim – 🚹68/88 € 🚹🚹128/158 € – 8 Suiten – ½ P

So richtig abschalten vom Alltag: gleich vor der Tür der Plöner See, zu dem man direkt von der Liegewiese über den eigenen Badesteg Zugang hat! Aber auch schöne Zimmer, wohltuende Massagen und ein gemütliches Essen auf der Seeterrasse sorgen für Erholung.

BOTTROP

Nordrhein-Westfalen – 116 500 Ew. – Höhe 55 m – Regionalatlas **26-C11**
Berlin 530 km – Düsseldorf 44 km – Essen 11 km – Oberhausen 8 km
Michelin Straßenkarte 543

Rhein-Ruhr

Essener Str. 140 ✉ 46242 – ✆ (02041) 77 98 60 – www.hotel-rhein-ruhr.de – geschl. 24. - 27. Dezember

46 Zim – 🚹80/199 € 🚹🚹90/229 € – 15 € – 2 Suiten

Das Businesshotel im Südringcenter gegenüber dem Hauptbahnhof verfügt über zeitgemäß und funktional eingerichtete Zimmer, einige mit Blick auf das Tetraeder, das Wahrzeichen Bottrops. Für Gäste ist das Fitnesscenter nebenan kostenlos.

Bahnhof Nord

Am Vorthbach 10 ✉ 46240 – ✆ (02041) 98 89 44 – www.bahnhofnord.de – geschl. Montag - Dienstag

Menü 30/49 € – Karte 26/58 € – *(nur Abendessen)* (Tischbestellung ratsam)

Warum das Restaurant in dem schön sanierten historischen Bahnhofsgebäude so gefragt ist? Es ist stimmig in modernem Landhausstil gehalten, man wird herzlich und unkompliziert umsorgt und mediterran-international bekocht. Auch für Feiern.

BRACKENHEIM

Baden-Württemberg – 15 110 Ew. – Höhe 192 m – Regionalatlas **55-G17**
Berlin 604 km – Stuttgart 41 km – Heilbronn 15 km – Karlsruhe 58 km
Michelin Straßenkarte 545

In Brackenheim-Botenheim Süd: 1,5 km

Adler

Hindenburgstr. 4 ✉ 74336 – ✆ (07135) 9 81 10 – www.adlerbotenheim.de – geschl. 2. - 23. August

15 Zim – 🚹65/75 € 🚹🚹98/108 €

Adler – Siehe Restaurantauswahl

In dem Gasthaus a. d. 18. Jh. steckt jede Menge Herzblut - und zwar das von Familie Rembold, die hier schon seit einigen Jahrzehnten mit Engagement bei der Sache ist! Entsprechend gut ist auch das Frühstück. Die Zimmer sind sehr individuell geschnitten und zeitgemäß-funktional.

Adler – Hotel Adler
Hindenburgstr. 4 ✉ 74336 – ✆ (07135) 9 81 10 – www.adlerbotenheim.de
– geschl. 2. - 23. August und Dienstagmittag
Menü 30/49 € – Karte 33/48 €
Bei Familie Rembold wird schwäbische Tradition groß geschrieben, aber auch Ausflüge in die internationale Küche. So reicht das Speisenangebot vom "schwäbischen Rostbraten mit Maultäschle" bis zum "gratinierten Lammrücken auf Ratatouille", und was man in den gemütlichen Stuben serviert bekommt, schmeckt!

BRAKE

Niedersachsen – 14 990 Ew. – Höhe 2 m – Regionalatlas **8**-F6
Berlin 463 km – Hannover 196 km – Oldenburg 35 km – Bremen 59 km
Michelin Straßenkarte 541

Ambiente
Hinrich-Schnitger-Str. 6 ✉ 26919 – ✆ (04401) 79 80 20
– www.hotel-ambiente-brake.de
4 Zim – 64 € 89 € – 2 Suiten
In dem ehemaligen Kapitänshaus von 1912 kümmert sich die Inhaberfamilie herzlich um ihre Gäste. Die Zimmer sind klassisch-gediegen und mit norddeutschem Charme eingerichtet.

BRAMSCHE

Niedersachsen – 30 140 Ew. – Höhe 48 m – Regionalatlas **17**-E8
Berlin 440 km – Hannover 167 km – Bielefeld 81 km – Lingen 56 km
Michelin Straßenkarte 541

In Bramsche-Hesepe Nord: 2,5 km

Surendorff
Dinglingsweg 1, an der Kreisstraße nach Hesepe ✉ 49565 – ✆ (05461) 9 30 20
– www.surendorff.de
33 Zim – 70/85 € 95/120 € – ½ P
Wochenendgäste starten von hier zu einer Radtour oder besuchen das Tuchmacher Museum. W-Lan nutzt man kostenlos. Die neueren Zimmer im Haupthaus sind modern-elegant. Restaurant mit Kaminzimmer, Wintergarten und Terrasse.

BRANDENBURG an der HAVEL

Brandenburg – 71 150 Ew. – Höhe 32 m – Regionalatlas **22**-N8
Berlin 84 km – Cottbus 178 km – Dessau 82 km – Magdeburg 83 km
Michelin Straßenkarte 542

Hotel am Molkenmarkt N
Molkenmarkt 29 ✉ 14770 – ✆ (03381) 3 31 98 98
– www.hotel-am-molkenmarkt.de
40 Zim – 64/83 € 80/95 € – 10 € – ½ P
Wer ein gepflegtes, modern eingerichtetes Hotel in zentraler Lage sucht, ist hier richtig. Die hübschen Zinmer sind unterschiedlich in der Größe, auch Familienzimmer stehen zur Verfügung.

Havelfloß
Altstädtische Fischerstr. 2 ✉ 14770 – ✆ (03381) 26 90 22
– www.pension-havelfloss.de
9 Zim – 65/90 € 83/90 €
Eine charmante Pension, in dem man gut und preiswert übernachtet. Attraktiv die wohnlich-modernen Zimmer, im Sommer frühstücken Sie draußen direkt an der Havel. Check-in in der kleinen Cafébar gegenüber. Tipp: Man vermietet auch Flöße.

Am Humboldthain
Plauer Str. 1 ✉ 14770 – ✆ (03381) 33 47 67 – www.am-humboldthain.de
– geschl. Januar und Montag - Dienstag
Menü 29/47 € – Karte 29/43 €
Hier hat man ein klassisches Stadthaus im Zentrum schön saniert und mit Geschmack in elegantem Stil eingerichtet. Das Restaurant bietet internationale Speisen an.

Die Werft

Hauptstr. 77 ✉ 14770 – ✆ (03381) 3 28 17 99 – www.werft-brandenburg.de
Karte 31/46 €
Schön die Lage an der Havel, direkt in der Innenstadt. Auf dem Vorplatz eine nette Terrasse, drinnen modernes Design in einem lichten hohen Raum - ein Ruderboot an der Decke dient als Deko. Gekocht wird saisonal. Parkplätze am Packhof 31.

BRANNENBURG

Bayern – 5 720 Ew. – Höhe 509 m – Regionalatlas **66-N21**
Berlin 660 km – München 72 km – Bad Reichenhall 83 km – Rosenheim 17 km
Michelin Straßenkarte 546

Schlosswirt

Kirchplatz 1 ✉ 83098 – ✆ (08034) 7 07 10 – www.schlosswirt.de
16 Zim – 52/85 € 90/98 € – ½ P
Ein Gasthaus a. d. J. 1447, in 5. Generation familiär geführt! Die Zimmer tragen Namen von Künstlern, die das Haus im 19. Jh. als Treffpunkt nutzten. So hat man neben der traditionellen Gaststube (beliebt auch bei Einheimischen) ein heimeliges "Künstlerstüberl". Draußen der lauschige Biergarten unter Linden.

BRAUBACH

Rheinland-Pfalz – 3 020 Ew. – Höhe 65 m – Regionalatlas **36-D14**
Berlin 600 km – Mainz 87 km – Koblenz 13 km
Michelin Straßenkarte 543

Zum weißen Schwanen

Brunnenstr. 4 ✉ 56338 – ✆ (02627) 98 20 – www.zum-weissen-schwanen.de
– geschl. Januar - 13. Februar, August 2 Wochen
23 Zim – 55/85 € 110/150 € – 4 Suiten – ½ P
Eine charmante Adresse mit individuellen Zimmern, darunter schöne zeitgemäß-wohnliche Appartements mit Küchenzeile. Besonderheit: Kunst von Karl Heidelbach. Im gemütlich-rustikalen Restaurant verarbeitet man zahlreiche Kräuter, z. T. aus dem eigenen Garten, die Brasserie in der Mühle bietet Bürgerliches.

BRAUNEBERG

Rheinland-Pfalz – 1 210 Ew. – Höhe 120 m – Regionalatlas **45-C15**
Berlin 683 km – Mainz 123 km – Trier 47 km – Bernkastel-Kues 10 km
Michelin Straßenkarte 543

Brauneberger Hof

Moselweinstr. 136, B 53 ✉ 54472 – ✆ (06534) 14 00 – www.braunebergerhof.de
17 Zim – 79/120 € 110/160 € – 1 Suite – ½ P
Wirklich schön und wertig wohnt man in dem kleinen Familienbetrieb. Neben den neueren Zimmern hat man im alten Fachwerkhaus (1750 fing hier alles an) fünf gemütliche "Nostalgiezimmer" mit einer Besonderheit: Wer hier bucht, bekommt im Hausgast-Restaurant ein kleines Extra! Spezialität sind eigene Rieslingweine - fragen Sie nach einer Weinbergbegehung!

BRAUNFELS

Hessen – 10 690 Ew. – Höhe 236 m – Regionalatlas **37-F13**
Berlin 518 km – Wiesbaden 84 km – Frankfurt am Main 77 km – Gießen 28 km
Michelin Straßenkarte 543

Schloss-Hotel

Hubertusstr. 2 ✉ 35619 – ✆ (06442) 30 50 – www.schloss-hotel-braunfels.de
– geschl. Mitte Dezember - Mitte Januar
30 Zim – 62/78 € 90/150 € – ½ P
Mitten im historischen Kern des Städtchens befindet sich das schlossähnliche Traditionshaus mit schönem Garten. Fragen Sie nach den besonders attraktiven Turmzimmern.

Geranio
Am Kurpark 2 ✉ 35619 – ✆ (06442) 93 19 90 – www.ristorante-geranio.de – geschl. 1. - 10. Januar, Anfang August - Anfang September und Dienstag
Menü 25 € (mittags unter der Woche)/69 € – Karte 36/59 €
Viele Jahre bekochen die Brüder Geranio in dem über 300 Jahre alten Fachwerkhaus unterhalb der Burg nun schon ihre Gäste: authentische, gehoben-klassische italienische Gerichte wie hausgemachte Pasta, aber auch Lammrücken oder Seezunge.

BRAUNLAGE
Niedersachsen – 4 790 Ew. – Höhe 560 m – Regionalatlas **30-J10**
Berlin 252 km – Hannover 119 km – Braunschweig 69 km – Göttingen 67 km
Michelin Straßenkarte 541

Residenz Hohenzollern
Dr.-Barner-Str. 10 ✉ 38700 – ✆ (05520) 9 32 10 – www.residenz-hohenzollern.de – geschl. 3. - 18. April, November 2 Wochen
11 Zim – 89/150 € 145/195 € – 12 Suiten – ½ P
Victoria-Luise – Siehe Restaurantauswahl
Ein Haus zum Wohlfühlen, angefangen beim Service und diversen Annehmlichkeiten über die hübschen, sehr wohnlich gestalteten Zimmer (einige mit toller Sicht, Suiten teilweise mit Küche) bis zum schönen Saunabereich und dem Kosmetikangebot.

Zur Tanne
Herzog-Wilhelm-Str. 8 ✉ 38700 – ✆ (05520) 9 31 20 – www.tanne-braunlage.de – geschl. November
18 Zim – 52/99 € 80/149 € – 3 Suiten – ½ P
Gourmetrestaurant – Siehe Restaurantauswahl
Der Familienbetrieb mitten im Zentrum ist ein erweitertes historisches Haus mit wohnlichen Zimmern, die im sogenannten Bachhaus besonders neuzeitlich sind. Rustikal ist das Ambiente in der Bierstube.

Gourmetrestaurant – Hotel Zur Tanne
Herzog-Wilhelm-Str. 8 ✉ 38700 – ✆ (05520) 9 31 20 – www.tanne-braunlage.de – geschl. November und Montag, außer an Feiertagen
Menü 30/55 € – Karte 29/76 € – *(nur Abendessen)* (Tischbestellung ratsam)
Das elegante Restaurant befindet sich im Stammhaus mit schöner Holzfassade. Die Küche ist zeitgemäß-international ausgelegt und wird auch in der Bierstube serviert. Gute Weinkarte.

Victoria-Luise – Hotel Residenz Hohenzollern
Dr.-Barner-Str. 11 ✉ 38700 – ✆ (05520) 9 32 10 – www.residenz-hohenzollern.de – geschl. 3. - 18. April, November 2 Wochen und Montag, außer an Feiertagen
Menü 25/69 € – Karte 27/53 € – *(Dienstag - Freitag nur Abendessen)*
Mediterrane Elemente bestimmen hier die Einrichtung. In elegantem Ambiente serviert man Ihnen internationale Küche. Gerne nimmt man auch auf der schönen Terrasse Platz.

In Braunlage-Hohegeiß Süd-Ost: 12 km über B 4 Richtung Nordhausen – Höhe 642 m

Vitalhotel Sonneneck
Hindenburgstr. 24 ✉ 38700 – ✆ (05583) 9 48 00 – www.vitalhotel-sonneneck.de
18 Zim – 59/79 € 94/139 € – 9 Suiten – ½ P
Diese familiär geleitete Ferienadresse liegt schön am Ortsrand und bietet zeitgemäße Zimmer, ein Hallenbad mit Blick auf die Harzer Berge und auch eine kleine Kosmetikabteilung. Sie mögen es rustikal? Dann essen Sie doch mal in der netten "Sonneneck Alm" auf der Wiese beim Hotel.

Rust
Am Brande 5 ✉ 38700 – ✆ (05583) 8 31 – www.hotelrust-harz.de
22 Zim – 55/85 € 90/140 € – 2 Suiten – ½ P
Das regionstypische Haus in ruhiger Lage ist ein gepflegter Familienbetrieb - im Gästehaus stehen auch einige Appartements zur Verfügung. Sie möchten sich eine Kosmetikanwendung gönnen? Kein Problem! Restaurant und Terrasse mit Harzblick.

BRAUNSCHWEIG
Niedersachsen – 245 800 Ew. – Höhe 74 m – Regionalatlas **30**-J9
Berlin 228 km – Hannover 66 km – Magdeburg 92 km
Michelin Straßenkarte 541

Steigenberger Parkhotel
Nîmes Str. 2 ✉ 38100 – ✆ (0531) 48 22 20 Stadtplan : C2**s**
– www.braunschweig.steigenberger.com
180 Zim – 119/139 € 119/139 € – 20 € – 4 Suiten
Das neue Flaggschiff der Braunschweiger Hotellerie liegt direkt am Bürgerpark. Das ehemalige Wasserwerk ist noch als historische Maschinenhalle erhalten. Die ansprechenden modern-wohnlichen Zimmer erinnern wie auch die Bar "1777" an den Mathematiker & Physiker Carl Friedrich Gauß. In der Brasserie samt Terrasse serviert man französische und internationale Küche.

Wartburg
Rennelbergstr. 12 ✉ 38114 – ✆ (0531) 59 01 70 Stadtplan : B1**z**
– www.hotelwartburg.de
20 Zim – 68/158 € 89/189 €
Man kommt gerne zu Familie Rösel, die das kleine Hotel mit den individuellen Zimmern schon in der 3. Generation leitet. Im hellen, freundlichen Frühstücksraum (oder im Sommer auf der Terrasse) genießt man am Morgen ein frisches Buffet. Ein Vorteil ist auch die günstige Lage: Die Autobahn ist gut erreichbar und in die Innenstadt ist es nur ein kurzer Spaziergang.

XX Das Alte Haus
Alte Knochenhauerstr.11 ✉ 38100 – ✆ (0531) 6 18 01 00 Stadtplan : B2**g**
– www.altehaus.de – geschl. Sonntag - Montag
Menü 57/90 € – *(nur Abendessen)* (Tischbestellung ratsam)
Enrico Dunkel und sein Team bleiben nicht stehen: Aufgefrischt wurde nicht nur das schöne Restaurant mit "Kochwerkstatt" (hier kann man Kurse machen), recht modern ist auch sein Küchenstil, was die Menüs "Daheim" und "Weltweit" beweisen.

XX Zucker
Frankfurter Str. 2, im ARTmax ✉ 38122 Stadtplan : B2**r**
– ✆ (0531) 28 19 80 – www.zucker-restaurant.de – geschl. Sonntag
Menü 35/84 € – Karte 31/59 €
Was dieses moderne Restaurant interessant macht? Zum einen ist es die spezielle Atmosphäre der ehemaligen Zuckerraffinerie, zum anderen die schmackhafte Küche von Alexander Riehl samt Team - probieren Sie z. B. "gegrillte Entenbrust mit Steckrüben". Dazu freundlicher Service und schöne österreichische Weine.

In Braunschweig-Mascherode Süd: 6 km über Salzdahlumer Straße CD3

XX Da Piero
Salzdahlumerstr. 301 ✉ 38126 – ✆ (0531) 4 35 98 – www.da-piero-bs.de
– geschl. 24. Dezember - 6. Januar, Juli 3 Wochen und Montag
Menü 35/43 € – Karte 32/72 €
Wirklich gemütlich hat man es in dem über 200 Jahre alten Fachwerkhaus, während man sich auf zwei Ebenen von der Chefin und ihrem Team aufmerksam betreuen lässt. Padrone Pietro Stanziale steht selbst am Herd und kocht für Sie klassisch-italienische Speisen mit eigener Note. Immer eine Sünde wert sind seine Pastagerichte! Und dazu eine recht schöne Weinauswahl.

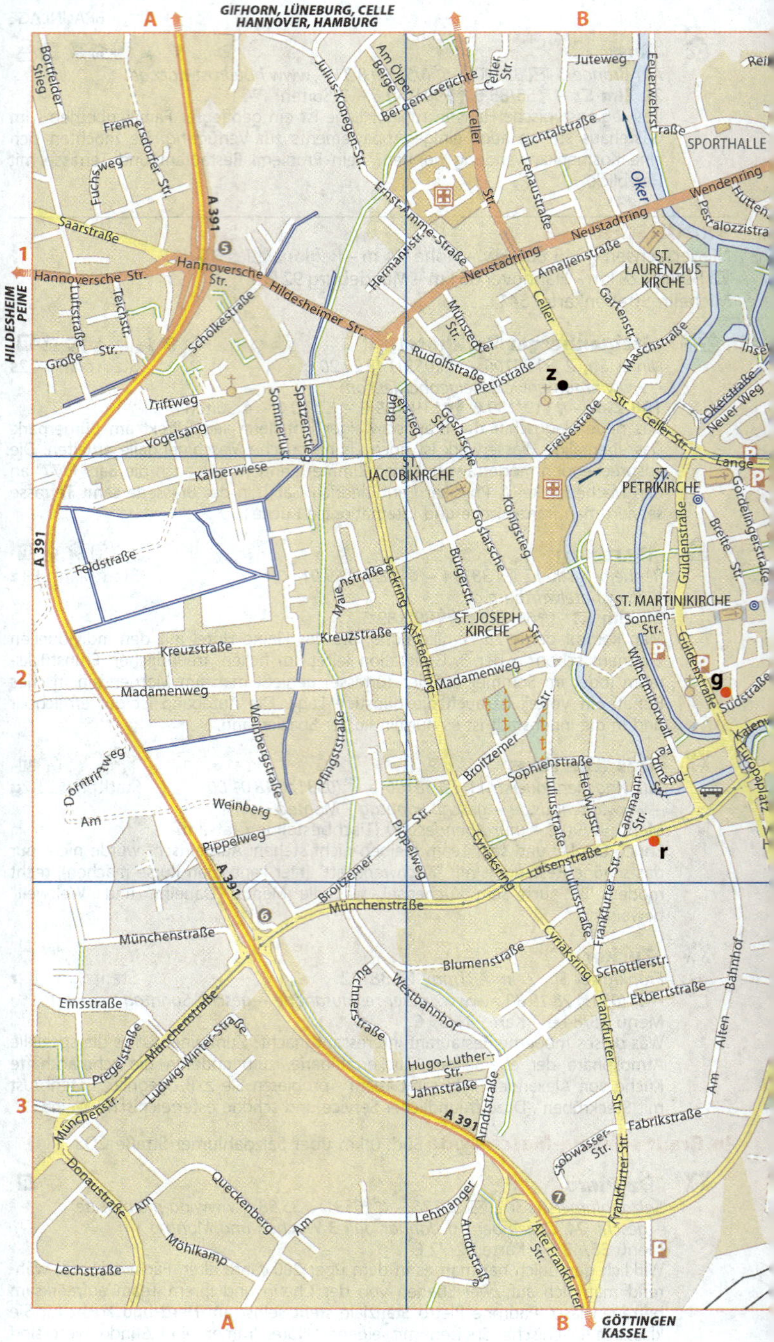
GIFHORN, LÜNEBURG, CELLE
HANNOVER, HAMBURG
HILDESHEIM
PEINE
GÖTTINGEN
KASSEL
A
B
1
2
3
A 391
Saarstraße
Hannoversche Str.
Hildesheimer Str.
Neustadtring
Wendenring
Celler Str.
Rudolfstraße
Petristraße
Kälberwiese
Feldstraße
Kreuzstraße
Madamenweg
Weinbergstraße
Pippelweg
Broitzemer Str.
Münchenstraße
Sackring
Altstadtring
Cyriaksring
Luisenstraße
Frankfurter Str.
Blumenstraße
Westbahnhof
Hugo-Luther-Str.
Jahnstraße
Arndtstraße
Fabrikstraße
Ekbertstraße
Schöttlerstr.
Am Alten Bahnhof
Alte Frankfurter Str.
Lehmanger
Donaustraße
Lechstraße
Möhlkamp
Queckenberg
Emsstraße
Pregelstraße
Ludwig-Winter-Straße
Triftweg
Vogelsang
Sommerlust
Spatzenstieg
Maienstraße
Pfingststraße
Goslarsche Str.
Bürgerstr.
Königstieg
Juliusstraße
Hedwigstr.
Sophienstraße
Cammann-Str.
Wilhelmitorwall
Güldenstraße
Südstraße
Europaplatz
Breite Str.
Gördelingerstraße
Lange
Freisestraße
Maschstraße
Gartenstr.
Amalienstraße
Lenaustraße
Eichtalstraße
Juteweg
Feuerwehrstraße
Oker
Pestalozzistraße
Okerstraße
Neuer Weg
Münstedter Str.
Ernst-Amme-Straße
Hermannstr.
Julius-Konegen-Str.
Bei dem Gerichte
Am Ölper Berge
Bortfelder Stieg
Fremersdorfer Str.
Fuchsweg
Luftstraße
Teichstr.
Große Str.
Schölkestraße
Am Weinberg
Dornttriftweg
Büchnerstraße
Sobwasser-Str.
Sonnen-Str.
SPORTHALLE
ST. LAURENZIUS KIRCHE
ST. JACOBIKIRCHE
ST. PETRIKIRCHE
ST. MARTINIKIRCHE
ST. JOSEPH KIRCHE
z
g
r
5
6
7

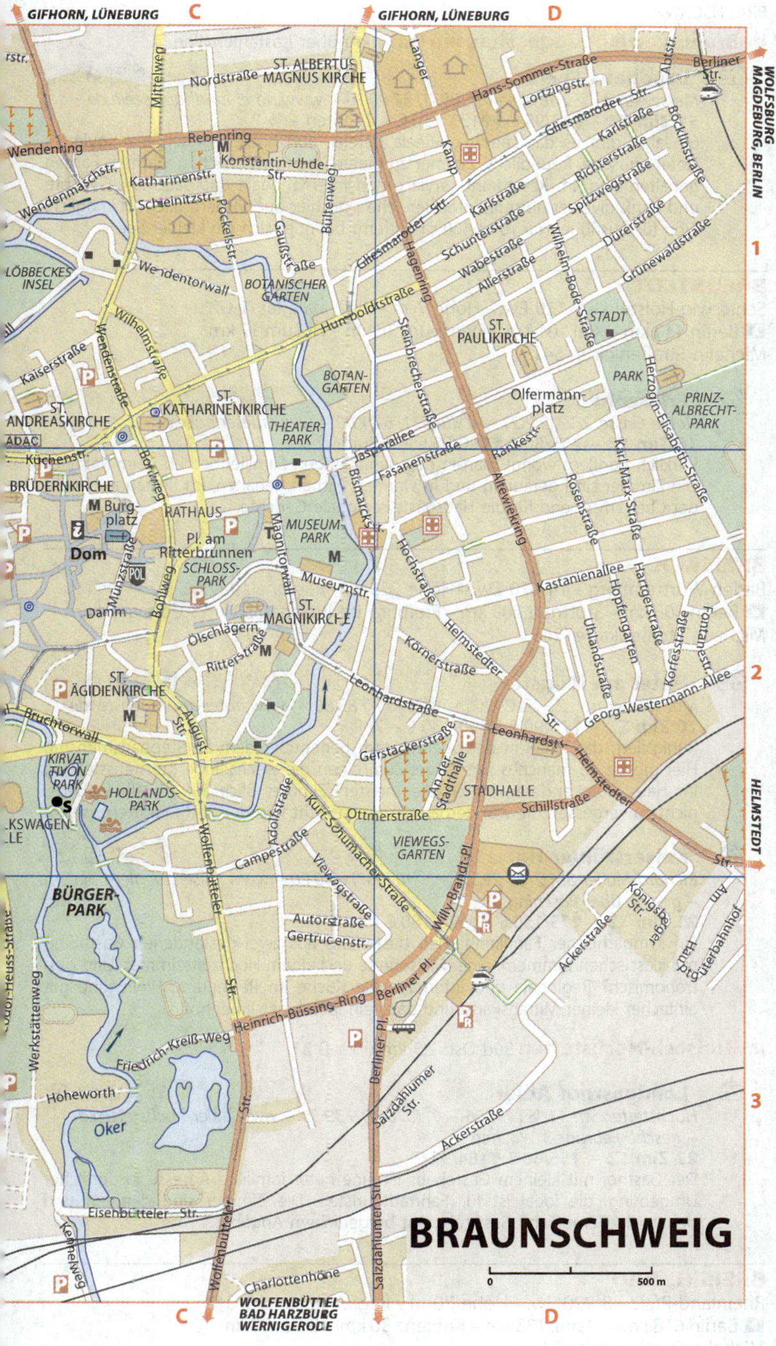

GIFHORN, LÜNEBURG
C
GIFHORN, LÜNEBURG
D
WOLFSBURG MAGDEBURG, BERLIN
HELMSTEDT
1
2
3
ST. ALBERTUS MAGNUS KIRCHE
Nordstraße
Mittelweg
Hans-Sommer-Straße
Berliner Str.
Abtstr.
Lortzingstr.
Gliesmaroder Str.
Wendenring
Rebenring
Konstantin-Uhde-Str.
Katharinenstr.
Schleinitzstr.
Wendenmaschstr.
Pockelsstr.
Gaußstraße
Bültenweg
Kamp
Langer
Karlstraße
Richterstraße
Spitzwegstraße
Böcklinstraße
Dürerstraße
Grünewaldstraße
Schunterstraße
Wabestraße
Allerstraße
Wilhelm-Bode-Straße
Hagenring
LÖBBECKES INSEL
Wendentorwall
BOTANISCHER GARTEN
Humboldtstraße
Steinbrecherstraße
ST. PAULIKIRCHE
STADT PARK
PRINZ-ALBRECHT-PARK
Herzogin-Elisabeth-Straße
Kaiserstraße
Wilhelmstraße
Wendenstraße
BOTAN. GARTEN
Olfermannplatz
ST. ANDREASKIRCHE
ST. KATHARINENKIRCHE
THEATER-PARK
Jasperallee
Rankestr.
Karl-Marx-Straße
ADAC
Küchenstr.
Fasanenstraße
BRÜDERNKIRCHE
Bohlweg
RATHAUS
Burgplatz
Dom
Pl. am Ritterbrunnen
MUSEUM-PARK
Bismarckstr.
Altewiekring
Rossenstraße
SCHLOSS-PARK
Münzstraße
Magnitorwall
Museumstr.
Hochstraße
Kastanienallee
Hopfengarten
Hartgerstraße
Damm
ST. MAGNIKIRCHE
Uhlandstraße
Korfesstraße
Fontanestr.
Ölschlägern
Ritterstraße
Körnerstraße
Helmstedter Str.
Georg-Westermann-Allee
ST. ÄGIDIENKIRCHE
Leonhardstraße
Bruchtorwall
August-Str.
Leonhardstr.
Gerstäckerstraße
An der Stadthalle
STADHALLE
Helmstedter Str.
KIRVAT TIVON PARK
HOLLANDS-PARK
Schillstraße
Ottmerstraße
Adolfstraße
Kurt-Schumacher-Straße
VIEWEGS-GARTEN
Campestraße
Wolfenbütteler Str.
Viewegstraße
Willy-Brandt-Pl.
BÜRGER-PARK
Autorstraße
Gertrudenstr.
Königsberger Str.
Ackerstraße
Am Hauptgüterbahnhof
Werkstättenweg
Heinrich-Büssing-Ring
Berliner Pl.
Friedrich-Kreiß-Weg
Salzdahlumer Str.
Hoheworth
Oker
Ackerstraße
Eisenbütteler Str.
Kennelweg
Wolfenbütteler Str.
Salzdahlumer Str.
Charlottenhöhe
BRAUNSCHWEIG
0
500 m
C
WOLFENBÜTTEL BAD HARZBURG WERNIGERODE
D

In Braunschweig-Riddagshausen Ost: 4 km über Kastanienallee D2

Landhaus Seela

Messeweg 41 ✉ 38104 – ✆ (0531) 37 00 10 – www.hotel-landhaus-seela.de
51 Zim – 🚹72/95 € 👫133/150 € – 2 Suiten – ½ P
60 Jahre gibt es das Landhaus Seela bereits, nun hat es als schön renoviertes Hotel hübsche, freundliche Zimmer zu bieten, die in wohnlichen warmen Farben gehalten sind. Im Restaurant serviert man internationale und saisonale Gerichte und dank diverser abtrennbarer Bereiche sind hier auch Feiern aller Art möglich. Tipp für Ausflüge: Nur rund 400 m entfernt befindet sich ein kleiner See.

BREDSTEDT

Schleswig-Holstein – 5 120 Ew. – Höhe 7 m – Regionalatlas **1**-G2
Berlin 440 km – Kiel 101 km – Flensburg 38 km – Husum 17 km
Michelin Straßenkarte 541

Friesenhalle

Hohle Gasse 2 ✉ 25821 – ✆ (04671) 6 01 00 – www.friesenhalle.de
16 Zim – 🚹55/80 € 👫90/98 € – 2 Suiten
Wirklich gepflegt wohnt man in dem langjährigen Familienbetrieb beim Rathaus. Die Zimmer sind geräumig und in warmen Farben gehalten, im Restaurant kocht der Chef am Abend für die Hausgäste regionale Gerichte.

BREISACH

Baden-Württemberg – 14 470 Ew. – Höhe 225 m – Regionalatlas **61**-D20
Berlin 808 km – Stuttgart 209 km – Freiburg im Breisgau 30 km – Colmar 24 km
Michelin Straßenkarte 545

Hotel am Münster

Münsterbergstr. 23 ✉ 79206 – ✆ (07667) 83 80 – www.hotel-am-muenster.de
70 Zim – 🚹70/90 € 👫90/130 € – ½ P
Ruhig liegt das Hotel in der oberen Stadt gegenüber dem St. Stephansmünster: Hier gibt es so manches fürs Auge: Zum einen die wechselnde Kunstausstellung im Haus, zum anderen bieten die meisten Zimmer Blick auf die Rheinebene, nicht zu vergessen die wunderbare Panoramasicht von der Restaurantterrasse!

Kaiserstühler Hof

Richard-Müller-Str. 2 ✉ 79206 – ✆ (07667) 8 30 60 – www.kaiserstuehler-hof.com – geschl. über Fasching
21 Zim – 🚹75/150 € 👫120/180 € – ½ P
Ein sympathischer Familienbetrieb bestehend aus zwei gestandenen Gasthöfen mit klassischen Zimmern, einer Maisonette und einem Hochzeitszimmer. Und gastronomisch? Regionale und internationale Küche im Restaurant, Weinstube mit einfacher kleiner Mittagskarte und dazu ein lauschiger Innenhof.

In Breisach-Hochstetten Süd-Ost: 2,5 km über B 31

Landgasthof Adler

Hochstetter Str. 11 ✉ 79206 – ✆ (07667) 9 39 30 – www.adler-hochstetten.de – geschl. Februar 3 Wochen
22 Zim – 🚹56/60 € 👫84/98 €
Der Gasthof mit kleinem Gästehaus ist eine nette familiäre Adresse in dörflicher Umgebung, die ideal ist für Fahrradtouristen. Die Zimmer sind gepflegt und behaglich. Gemütliche Gaststube mit bürgerlichem Angebot.

BREISIG, BAD

Rheinland-Pfalz – 8 990 Ew. – Höhe 70 m – Regionalatlas **36**-C13
Berlin 618 km – Mainz 133 km – Koblenz 30 km – Bonn 33 km
Michelin Straßenkarte 543

Am Kamin

Zehner Str. 10, B 9 ✉ 53498 – ✆ (02633) 9 67 22 – www.restaurant-am-kamin.de – geschl. Januar 3 Wochen und Montag - Dienstagmittag
Menü 18 € (mittags) – Karte 30/50 €
Seit über 30 Jahren haben Barbara und Werner Pommer ihr Restaurant nahe dem Marktplatz. Im Winter gemütlich mit Kamin, im Sommer mit schöner Terrasse. Beliebt sind die Fischgerichte, Spezialität des Chefs, aber auch Wild und Gänse!

BREITNAU

Baden-Württemberg – 1 710 Ew. – Höhe 1 018 m – Regionalatlas **61-E20**
Berlin 788 km – Stuttgart 167 km – Freiburg im Breisgau 28 km – Donaueschingen 42 km
Michelin Straßenkarte 545

Kaisers Tanne

Am Wirbstein 27, B 500, Süd-Ost: 2 km ✉ 79874 – ✆ (07652) 1 20 10 – www.kaisers-tanne.de
26 Zim – 81/86 € 132/188 € – 4 Suiten – ½ P
Warum man immer wieder hierher kommt? Der Gasthof hat typischen Schwarzwälder Charme, eine freundliche und engagierte Führung, hübsche Deko, wohnliche Zimmer, gemütliche Stuben... und drum herum schöne Landschaft. Da ist die Terrasse natürlich gefragt! Und wie steht's mit Kosmetik und Massage? HP inklusive.

Faller

Im Ödenbach 5 (B 500, Süd-Ost : 2 km) ✉ 79874 – ✆ (07652) 91 94 90 – www.hotel-faller.de – geschl. 1. März - 20. April, 1. November - 16. Dezember
20 Zim – 52/83 € 94/152 € – 2 Suiten – ½ P
Wer ein paar schöne Urlaubstage in reizvoller Schwarzwaldlandschaft verbringen möchte, ist in den geräumigen Zimmern (fast alle mit Balkon) gut aufgehoben. Für Hausgäste bietet man ein HP-Menü.

BREITSCHEID – Hessen → Siehe Herborn

BREMEN

Bremen – 546 460 Ew. – Höhe 3 m – Regionalatlas **18-G6**
▶ Berlin 390 km – Hamburg 120 km – Hannover 123 km
Michelin Straßenkarte 541

Ch. Bäck / Sime / Photononstop

Hotels

Dorint Park Hotel

Im Bürgerpark ✉ 28209 – ✆ (0421) 3 40 80 Stadtplan : B2**f**
– www.dorint.com/bremen
175 Zim – 🚹129/249 € 🚹🚹149/299 € – ☕ 25 € – 13 Suiten
Park Restaurant – Siehe Restaurantauswahl
Das Luxushotel wurde im Stil eines fürstlichen Landsitzes im 200 ha großen Bürgerpark am Hollersee erbaut. Elegant die Lobby, schön die individuellen Zimmer und der Spa auf 1200 qm. Fragen Sie nach den Zimmern zum See! Smoker's Lounge La Fumadora.

Maritim

Hollerallee 99 ✉ 28215 – ✆ (0421) 3 78 90 Stadtplan : B2**n**
– www.maritim.de
261 Zim – 🚹100/199 € 🚹🚹110/209 € – ☕ 23 € – 5 Suiten – ½ P
Eine komfortable Businessadresse. Das Hotel mit klassisch-gediegenen Zimmern liegt am Bürgerpark und ist an das Congress Centrum Bremen angeschlossen. Abends speist man im stilvollen L'Echalote mit Parkblick.

ÜberFluss

Langenstr. 72 ✉ 28195 – ✆ (0421) 32 28 60 Stadtplan : E1**a**
– www.hotel-ueberfluss.de
50 Zim – 🚹132/147 € 🚹🚹169/184 € – ☕ 13 € – 1 Suite
In der Innenstadt direkt an der Weser steht das schicke Designhotel mit seinen technisch modern ausgestatteten Zimmern, viele mit Flussblick. Suite mit Sauna und Whirlpool.

Atlantic Grand Hotel

Bredenstr. 2 ✉ 28195 – ✆ (0421) 62 06 20 Stadtplan : E2**c**
– www.atlantic-hotels.de
138 Zim – 🚹114/399 € 🚹🚹124/399 € – ☕ 20 € – 2 Suiten
Modernes Businesshotel im Zentrum nahe dem Marktplatz. Klare Linien und warme Töne bestimmen das Interieur. Dachterrasse mit Blick auf Altstadt und Weser. Internationales und Grillspezialitäten im Restaurant ALTO mit Showküche. Wintergarten und Innenhofterrasse.

Bei schönem Wetter isst man gern im Freien! Wählen Sie ein Restaurant mit Terrasse:

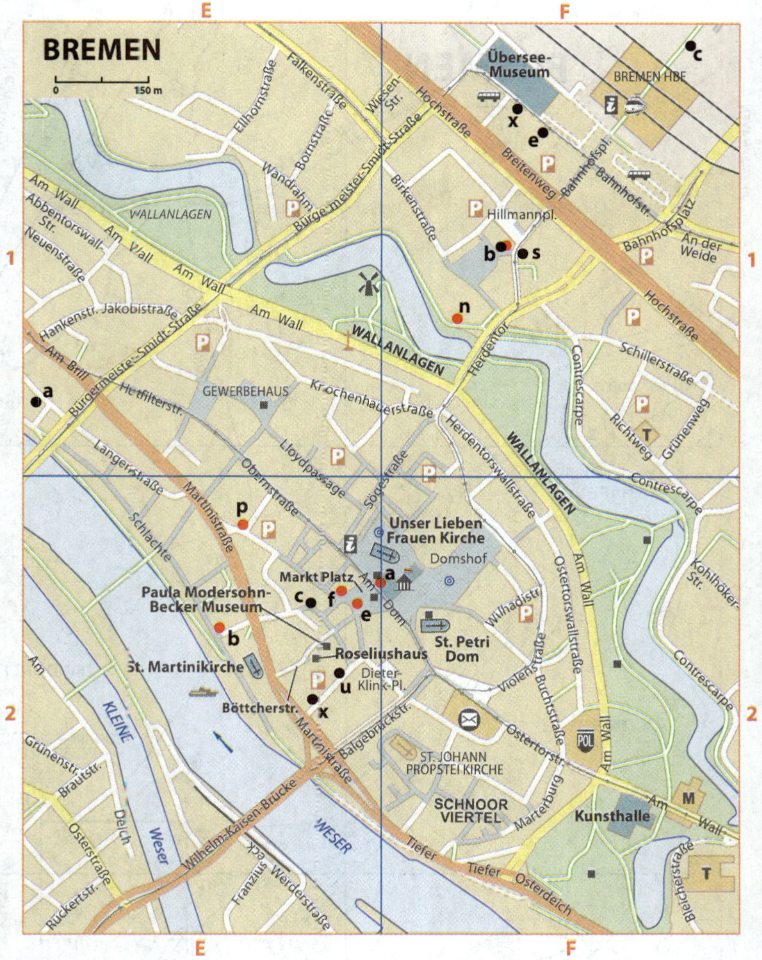

Radisson BLU

Böttcherstr. 2, Eingang Wachtstraße ✉ *28195* Stadtplan : E2**x**
– ✆ (0421) 3 69 60 – www.radissonblu.de/hotel-bremen
235 Zim – 119/199 € 131/199 € – ½ P
In dem Businesshotel empfängt Sie eine attraktive urbane Halle mit integriertem Restaurant - hier mittags Buffet, abends Steaks, Burger, Salate. Komfortabel die Zimmer, schön der historische Himmelsaal unter der Kuppel des Stammhauses.

Atlantic Hotel Universum

Wiener Str. 4 ✉ *28359 – ✆ (0421) 2 46 70* Stadtplan : C2**t**
– www.atlantic-hotels.de/universum
150 Zim – 75/145 € 96/165 €
Das Hotel hinter dem Universum Science Center Bremen, nahe dem Stadtwald, ist geprägt von klarem modernem Design. Man bietet beste Veranstaltungsmöglichkeiten. Restaurant Campus mit internationalem Angebot.

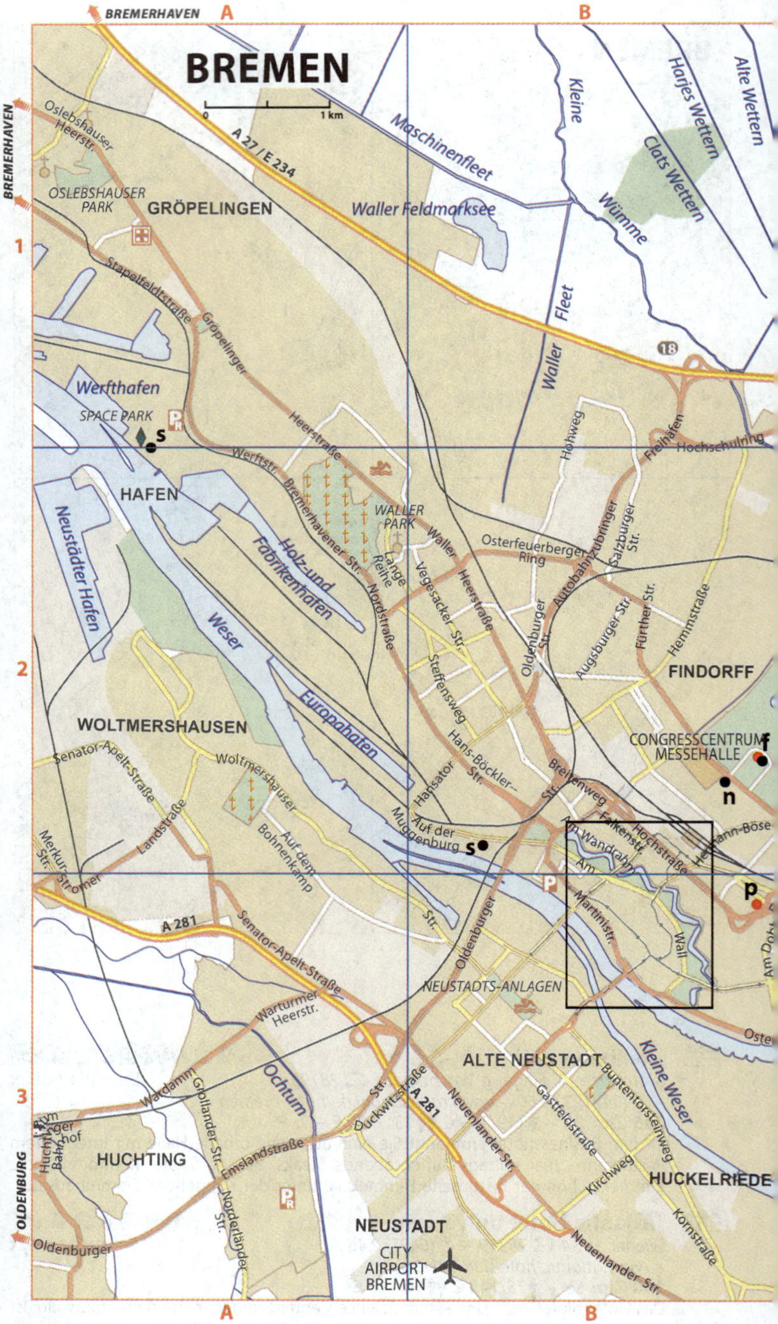
BREMEN
BREMERHAVEN
A
B
1
2
3
0
1 km
A 27 / E 234
Maschinenfleet
Waller Feldmarksee
Kleine
Wümme
Harjes Wettern
Clats Wettern
Alte Wettern
Waller
Fleet
Oslebshauser Heerstr.
OSLEBSHAUSER PARK
GRÖPELINGEN
Stapelfeldtstraße
Gröpelinger
Werfthafen
SPACE PARK
s
HAFEN
Heerstraße
Werftstr.
Bremerhavener Str.
WALLER PARK
Lange Reihe
Waller
Heerstraße
Nordstraße
Vegesacker Str.
Osterfeuerberger Ring
Autobahnzubringer
Salzburger Str.
Hohweg
Freihafen
Hochschulring
Neustädter Hafen
Holz- und Fabrikenhafen
Weser
Europahafen
Oldenburger Str.
Augsburger Str.
Fürther Str.
Hemmstraße
FINDORFF
Steffensweg
Hans-Böckler-Str.
Hansator
Breitenweg
CONGRESSCENTRUM MESSEHALLE
f
n
WOLTMERSHAUSEN
Senator-Apelt-Straße
Woltmershauser Str.
Landstraße
Auf der Muggenburg
s
Auf dem Bohnenkamp
Am Wandrahm
Falkenstr.
Hochstraße
Hermann-Böse
Merkur-Str.
Stromer
Am
Martinistr.
p
Wall
Am Dobben
A 281
Senator-Apelt-Straße
Oldenburger
NEUSTADTS-ANLAGEN
Warturmer Heerstr.
Ochtum
ALTE NEUSTADT
Buntentorsteinweg
Kleine Weser
Gastfeldstraße
Wardamm
Grollander Str.
Duckwitzstraße
Str.
A 281
Neuenlander Str.
Huchtinger Bahnhof
HUCHTING
Emslandstraße
Kirchweg
HUCKELRIEDE
Norderländer Str.
OLDENBURG
Oldenburger
NEUSTADT
CITY AIRPORT BREMEN
Kornstraße
Neuenlander Str.
A
B

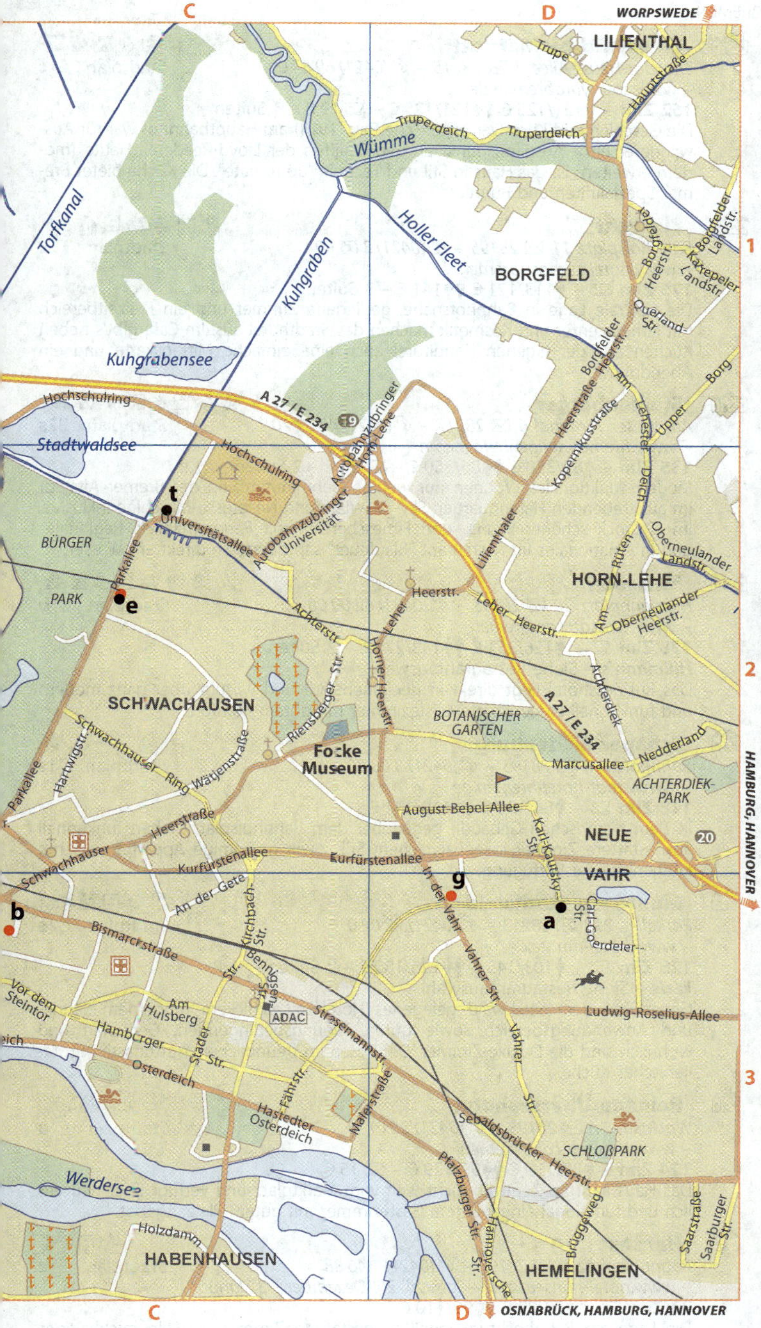
C
D
WORPSWEDE
LILIENTHAL
Trupe
Hauptstraße
Truperdeich
Truperdeich
Wümme
Torfkanal
Kuhgraben
Holler Fleet
BORGFELD
Borgfelder Heerstr.
Borgfelder Landstr.
Katrepeler Landstr.
Querland-Str.
Kuhgrabensee
Hochschulring
A 27 / E 234
19
Autobahnzubringer Horn-Lehe
Borgfelder Heerstraße
Kopernikusstraße
Am Lehester Deich
Upper Borg
Stadtwaldsee
Hochschulring
t
Universitätsallee
Autobahnzubringer Universität
BÜRGER
PARK
Parkallee
e
Achterstr.
Lilienthaler Heerstr.
Leher Heerstr.
Oberneulander Landstr.
HORN-LEHE
Am Rüten
Oberneulander Heerstr.
Horner Heerstr.
Riensberger Str.
SCHWACHAUSEN
Achterdiek
A 27 / E 234
BOTANISCHER GARTEN
Focke Museum
Schwachhauser Ring
Hartwigstr.
Wätjenstraße
Marcusallee
Nedderland
ACHTERDIEK-PARK
Parkallee
August-Bebel-Allee
Karl-Kautsky-Str.
NEUE VAHR
20
Heerstraße
Schwachhauser
Kurfürstenallee
Eurfürstenallee
g
In der Vahr
Schwachhauser
b
An der Gete
Kirchbach-Str.
a
Carl-Goerdeler-
Bismarckstraße
Benningsen-Str.
Str.
Vahrer Str.
Ludwig-Roselius-Allee
Vor dem Steintor
Am Hulsberg
ADAC
Stresemannstr.
Hamburger Str.
Stader Str.
Osterdeich
Fährstr.
Vahrer Str.
Hastedter Osterdeich
Malerstraße
Sebaldsbrücker Heerstr.
SCHLOßPARK
Werdersee
Pfalzburger Str.
Hannoversche Str.
Brüggeweg
Saarstraße
Saarburger Str.
Holzdamm
HABENHAUSEN
HEMELINGEN
HAMBURG, HANNOVER
1
2
3
C
D
OSNABRÜCK, HAMBURG, HANNOVER

Courtyard by Marriott

Theodor-Heuss-Allee 2 ✉ 28215 – ✆ (0421) 69 64 00 Stadtplan : F1**c**
– www.courtyardbremen.de
152 Zim – 121/125 € 121/125 € – ☕ 19 € – 3 Suiten
Die Geschichte in Kurz: Der historische Bau (1913) am Hauptbahnhof war für Auswanderer einst Ausgangspunkt zu den Schiffen der Lloyd-Reederei. Heute (modern erweitert) ist das Haus in Stil und Technik "up to date". Die Küche bietet Bremer Spezialitäten und Burger.

Zur Post

Bahnhofsplatz 11 ✉ 28195 – ✆ (0421) 3 05 90 Stadtplan : F1**x**
– www.hotel-zurpost-bremen.de
175 Zim ☕ – 113/121 € 141 € – 3 Suiten
Die zentrale Lage in Bahnhofsnähe, gediegene Zimmer und ein Freizeitbereich mit Fitnesscenter und Kosmetik machen das Stadthotel aus. Im Café gibt's neben Kuchen aus der eigenen Konditorei auch eine einfache Mittagskarte und ein Abendbuffet.

Steigenberger

Am Weser Terminal 6 ✉ 28217 – ✆ (0421) 47 83 70 Stadtplan : B2**s**
– www.bremen.steigenberger.com
135 Zim – 85/350 € 85/350 € – ☕ 20 € – 2 Suiten – ½ P
Modern-funktionales Wohnen nur wenige Gehminuten von der Bremer Altstadt im aufstrebenden Hafenquartier. Sky-TV, WLan und Nespresso-Maschine inklusive. Im 6. Stock schöner Sauna- und Fitnessbereich mit Panoramablick. Regionales und Internationales im Restaurant "Blaufeuer" samt Terrasse direkt am Wasser.

Swissôtel

Hillmannplatz 20 ✉ 28195 – ✆ (0421) 62 00 00 Stadtplan : F1**b**
– www.swissotel.de/bremen
228 Zim ☕ – 126/251 € 148/273 € – 2 Suiten
Hillmann's – Siehe Restaurantauswahl
Das Businesshotel liegt direkt in der Innenstadt und verfügt über ganz modern und funktionell eingerichtete Gästezimmer mit gutem Komfort.

Schaper-Siedenburg

Bahnhofstr. 8 ✉ 28195 – ✆ (0421) 3 08 70 Stadtplan : F1**s**
– www.stadt-hotel-bremen.de
118 Zim ☕ – 84/136 € 116/141 €
In dem historischen Gebäude gegenüber dem Bahnhofsplatz stehen funktionell ausgestattete Zimmer in neuzeitlichem Stil sowie geräumige Appartements mit Kitchenette zur Verfügung.

Munte am Stadtwald

Parkallee 299 ✉ 28213 – ✆ (0421) 22 02 0 Stadtplan : C2**e**
– www.hotel-munte.de
128 Zim ☕ – 103/145 € 126/180 € – 2 Suiten – ½ P
Wels – Siehe Restaurantauswahl
Gegenüber dem Stadtwald gelegenes Hotel mit schickem modernem Sauna- und Anwendungsbereich sowie guten Tagungsbedingungen. Geräumig und wohnlich sind die Deluxe-Zimmer. Del Bosco im freundlichen Trattoriastil mit italienischer Küche.

Ramada Überseehotel

Wachtstr. 27 ✉ 28195 – ✆ (0421) 36 01 -0 Stadtplan : E2**u**
– www.h-hotels.com/bremen
124 Zim – 89/119 € 99/129 € – ☕ 15 €
Das Haus liegt im Zentrum nicht weit vom Marktplatz und verfügt über neuzeitlich und funktional eingerichtete Gästezimmer mit gutem Platzangebot.

Hanseat

Bahnhofsplatz 8 ✉ 28195 – ✆ (0421) 1 46 88 Stadtplan : F1**e**
– www.hotel-hanseat.com – geschl. 20. Dezember - 3. Januar
33 Zim ☕ – 79/89 € 99/110 €
Die Lage am Bahnhof, funktionell ausgestattete Zimmer und ein reichhaltiges Frühstücksbuffet sprechen für das familiär geführte Hotel. W-Lan ist kostenfrei.

Restaurants

XXX **Park Restaurant** – Dorint Park Hotel

Im Bürgerpark ✉ 28209 – ✆ (0421) 3 40 85 13 Stadtplan : B2**f**
– www.dorint.com/de/
Karte 50/91 €
Prachtvolle Kristallleuchter, gestreifte Stuhlpolster und üppige Stoffdekorationen an den Fenstern... Klassisch ist nicht nur das Ambiente, auch das Speisenangebot mit Gerichten wie "Nordsee-Seezunge Müllerin Art" oder "Beefsteak-Tatar".

XX **Al Pappagallo**

Außer der Schleifmühle 73 ✉ 28203 – ✆ (0421) 32 79 63 Stadtplan : B3**p**
– www.al-pappagallo.de – geschl. Sonntag
Menü 48 € – Karte 41/69 €
Klassische italienische Küche und freundlichen Service bietet das moderne Restaurant mit lichtem Wintergarten. Im schönen begrünten Innenhof hat man eine Terrasse angelegt.

XX **Wels** – Hotel Munte am Stadtwald

Parkallee 299 ✉ 28213 – ✆ (0421) 22 02 6 66 Stadtplan : C2**e**
– www.hotel-munte.de – geschl. 24. - 29. Dezember und Sonntag
Karte 34/48 € – *(nur Abendessen)*
Rund um das imposante Süßwasseraquarium (natürlich mit Welsen) servieren die Gastgeber internationale Gerichte, wobei Fisch- und Wildkreationen im Vordergrund stehen.

XX **Hillmann's** – Hotel Swissôtel

Hillmannplatz 20 ✉ 28195 – ✆ (0421) 62 00 01 29 Stadtplan : F1**b**
– www.hillmanns-restaurant.de – geschl. Juli - August und Samstagmittag, Sonntag, Montagabend
Menü 39 € (abends unter der Woche)/59 € – Karte 16/49 € – (Tischbestellung ratsam)
Modern-elegant die Einrichtung in hellen, warmen Naturfarben, dazu der schöne dunkle Schiffsboden... das ergibt ein wirklich schönes Bild, das ganz den Zeitgeist trifft. Durch die große Fensterfront schaut man ins Grüne. Freitags und samstags gibt es Buffet.

X **Grashoff's Bistro**

Contrescarpe 80, neben der Hillmann-Passage ✉ 28195 Stadtplan : F1**n**
– ✆ (0421) 14 74 90 – www.grashoff.de – geschl. Samstagabend - Sonntag sowie an Feiertagen
Karte 43/65 € – (Tischbestellung ratsam)
Das Restaurant ist eine sympathische Bistroadresse im französischen Stil, die geschickt in den gut sortierten Feinkostladen integriert wurde. Geboten wird eine gehobene klassische Küche.

X **Presse Bar Cuisine**

Langenstr. 31, im Parkhaus am Pressehaus ✉ 28195 Stadtplan : E2**p**
– ✆ (0421) 3 36 28 22 – www.presse-bremen.de – geschl. Sonntag und an Feiertagen
Menü 15 € (mittags)/58 € – Karte 24/42 €
In zentraler Lage nur wenige Schritte vom Marktplatz finden Sie das auf zwei Etagen angelegte Restaurant mit Bistrocharakter, in dem man frische internationale Küche serviert.

X **Restaurant 1783**

Am Markt 13 ✉ 28195 – ✆ (0421) 69 66 30 50 Stadtplan : E2**e**
– www.17-83.de
Menü 18 € (mittags)/58 € – Karte 33/49 €
Im bekannten "Schütting" haben Arnd Feye und Oliver Rößler nach dem "Bremer Ratskeller" ihr zweites Restaurant. Zeitgemäßer Stil unter altem Gewölbe, auf der Karte Internationales wie "Ragout und Rücken vom Lamm mit Curry-Gewürz-Lassi".

Topaz

Langenstr. 2, Kontorhaus am Markt ✉ 28195 Stadtplan : E2**f**
– ✆ (0421) 7 76 25 – www.topaz-bremen.de – geschl. Samstagabend - Sonntag sowie an Feiertagen
Karte 28/54 € – (Tischbestellung ratsam)
In der einsehbaren Küche dieses freundlichen Bistros nahe Rathaus und Dom werden internationale Gerichte zubereitet. Kleineres Speisenangebot im dazugehörigen Laden Deli & Wein.

Das Kleine Lokal

Besselstr. 40 ✉ 28203 – ✆ (0421) 7 94 90 84 Stadtplan : C3**b**
– www.das-kleine-lokal.de – geschl. Juli - August 3 Wochen und Sonntag - Montag
Menü 49/83 € – Karte 51/66 € – *(nur Abendessen)*
Gemütlich ist die Atmosphäre in dem kleinen Restaurant in einer Wohngegend. Der aufmerksame Service bringt frische kreativ-internationale Küche an den Tisch.

Bremer Ratskeller

Am Markt, im alten Rathaus ✉ 28195 Stadtplan : EF2**a**
– ✆ (0421) 32 16 76 – www.ratskeller-bremen.de
Menü 30 € (mittags)/46 € – Karte 19/45 €
Historisch-rustikales Flair verbreitet der traditionsreiche Ratskeller mit imposanter Gewölbedecke, antiken Schmuckfässern und gemütlichen Nischen. Große Auswahl an deutschen Weinen.

Osteria

Schlachte 1 ✉ 28195 – ✆ (0421) 3 39 82 07 Stadtplan : E2**b**
– www.osteria-bremen.de
Menü 25/55 € – Karte 29/51 €
Das mediterran inspirierte Restaurant liegt an der Weser gegenüber der St. Martini Kirche und bietet traditionelle italienische Speisen, die aus der offenen Küche kommen.

In Bremen-Gröpelingen

INNSIDE

Sternentor 6 ✉ 28237 – ✆ (0421) 2 42 70 Stadtplan : A1-2**s**
– www.innside.com
162 Zim – 89/149 € 109/169 € – ½ P
Eine moderne Businessadresse ist das technisch gut ausgestattete Hotel auf einem ehemaligen Werftsgelände. Der Lobby- und Barbereich überrascht mit futuristischem Design. Helles Restaurant mit großer Fensterfront zur Weser.

In Bremen-Neue Vahr

Atlantic Hotel an der Galopprennbahn

Ludwig-Roselius-Allee 2 ✉ 28329 – ✆ (0421) 33 30 00 Stadtplan : D3**a**
– www.atlantic-hotels.de/galopprennbahn
120 Zim – 105/155 € 135/185 € – 1 Suite – ½ P
Modern-funktionelle Gästezimmer und eine gute Verkehrsanbindung sprechen für dieses Hotel. Einige Zimmer mit Blick auf die namengebende Galopprennbahn. Auch vom geradlinig gestalteten Restaurant hat man eine schöne Aussicht.

THE GRILL

In der Vahr 64 ✉ 28329 – ✆ (0421) 87 82 56 40 Stadtplan : D3**g**
– www.the-grill-bremen.de – geschl. 3. - 23. August und Samstagmittag
Karte 45/128 €
Ein Steakhouse "de luxe"! Das gemütlich-stilvolle Ambiente mit viel Naturholz und geschmackvollem Dekor erstreckt sich über zwei Etagen. Die ambitionierte zeitgemäße Küche - ein Muss sind die Steaks vom Nebraska-Beef! - wird begleitet von guten internationalen Weinen.

In Bremen-Vegesack Nord-West: 22 km über Gröpelinger Heerstraße A1 Richtung Bremerhaven

Strandlust Vegesack

Rohrstr. 11 ✉ 28757 – ✆ (0421) 6 60 90 – www.strandlust.com
58 Zim – 99/109 € 140/155 €
Das Hotel mit maritimem Ambiente liegt an einem Fähranleger, umgeben von den hiesigen Werften. Die Zimmer bieten teilweise einen schönen Ausblick auf die Weser. Internationale Küche im angenehm hellen Restaurant. Biergarten und Terrasse zum Fluss.

BREMERHAVEN

Bremen – 108 330 Ew. – Höhe 2 m – Regionalatlas **9-F5**
Berlin 410 km – Bremen 58 km – Cuxhaven 43 km – Hamburg 134 km
Michelin Straßenkarte 541

Haverkamp

Prager Str. 34 ✉ 27568 – ✆ (0471) 4 83 30 – www.hotel-haverkamp.de
85 Zim – 109/134 € 144/179 € – ½ P
Ein komfortables Hotel in der Innenstadt, in dem Zimmer von Standard über Business bis Superior zur Verfügung stehen - die Bäder teilweise mit Whirlwanne. Gediegenes Ambiente im Restaurant.

Best Western

Fischkai 2 ✉ 27572 – ✆ (0471) 80 93 53 00 – www.best-western-bremerhaven.de
96 Zim – 98/105 € 125/135 €
Am alten Fischereihafen erwarten Sie attraktive, topmoderne Zimmer mit neuester Technik und Panoramafenstern. Beim Frühstück blickt man über das Hafenareal. Dazu lichte Konferenzräume und eine Bar.

im jaich

Am Neuen Hafen 19 ✉ 27568 – ✆ (0471) 97 16 63 30 – www.im-jaich.de
48 Zim – 83 € 104 €
Hier ist die Lage Trumpf: unweit der Havenwelten zwischen Weser, Deich und Yachthafen. Topgepflegte Zimmer mit Möbeln aus Tischlerhand - den schönsten Blick hat man von den Panoramazimmern! Lust auf Kuchen? Den gibt's im Coffeeshop.

Natusch Fischereihafen-Restaurant

Am Fischbahnhof 1 ✉ 27572 – ✆ (0471) 7 10 21 – www.natusch.de – geschl. Montag, außer an Feiertagen
Menü 27 € (mittags)/45 € – Karte 32/47 €
Gemütlich ist die rustikale Fischerstube mit Original-Schiffsaccessoires, gediegen das Restaurant Captain Morgan. Schwerpunkt der Karte ist Fisch, und den bezieht man direkt aus den Auktionshallen gegenüber!

Seute Deern

Hans Scharoun Platz, Schiffahrtsmuseum ✉ 27568 – ✆ (0471) 41 62 64 – www.seutedeern.de
Karte 17/41 €
Ein einmaliges maritimes Ambiente bietet das Fischrestaurant im Rumpf der Dreimast-Bark von 1919. Der Speiseraum ist mit vielen historischen Schiffsmodellen dekoriert.

PIER 6

Barkhausenstr. 6 ✉ 27568 – ✆ (0471) 48 36 40 80 – www.pier6.eu – geschl. Anfang Januar 1 Woche und Sonntagabend
Menü 32 € (abends) – Karte 31/52 €
Der gebürtige Franke und langjährige Gastronom Steffen Heumann hat hier an den Havenwelten ein nettes lichtes Restaurant. Gekocht wird sowohl modern-traditionell als auch mediterran, z. B. "Wolfsbarsch / Süßkartoffelpüree / Nizza Salat".

In Bremerhaven-Lehe Nord: 4,5 km

Atlantic Hotel am Floetenkiel

Nordstr. 80 ✉ 27580 – ✆ (0471) 80 62 60 – www.atlantic-hotel-amfloetenkiel.de
84 Zim – 67 € 89 €
Das moderne Hotel verfügt über helle, schlichte Zimmer und einen lichtdurchfluteten Frühstücksraum. Nachts checken Sie per Hotelomat ein. Parken kann man übrigens unter dem Hotel, denn es ist auf Stelzen gebaut.

BRETTEN

Baden-Württemberg – 28 590 Ew. – Höhe 176 m – Regionalatlas **54-F17**
Berlin 634 km – Stuttgart 54 km – Karlsruhe 28 km – Heilbronn 47 km
Michelin Straßenkarte 545

Krone

Marktplatz 2 ✉ 75015 – ✆ (07252) 9 78 90 – www.krone-bretten.de – geschl. 21. Dezember - 4. Januar
53 Zim – 80/93 € 106/125 €
à la table de Guy Graessel – Siehe Restaurantauswahl
Mitten in Bretten steht das im 15. Jh. erbaute Fachwerkhaus mit gepflegter Atmosphäre und zeitgemäßen, wohnlichen Zimmern, einige in kräftigen Farben. W-Lan kostenfrei.

à la table de Guy Graessel – Hotel Krone

Marktplatz 2 ✉ 75015 – ✆ (07252) 71 38 – www.guy-graessel.de – geschl. Februar 2 Wochen, August 3 Wochen und Donnerstag
Karte 31/54 €
"Rindsbug mit Meerrettichsauce und Bouillonkartoffeln" ist eines der schmackhaften klassisch-saisonalen Gerichte des gebürtigen Elsässers Guy Graessel. Und wie das historische Haus schon von außen vermuten lässt, ist das Ambiente schön charmant: Dunkle Holzbalken treffen auf moderne Elemente - nett sitzt man auf Eckbänken unter der reich verzierten Holzdecke!

BRETZENHEIM

Rheinland-Pfalz – 2 560 Ew. – Höhe 105 m – Regionalatlas **47-E15**
Berlin 606 km – Mainz 38 km – Bad Kreuznach 6 km – Koblenz 75 km
Michelin Straßenkarte 543

Hinterconti

Naheweinstr. 17 ✉ 55559 – ✆ (0671) 79 67 09 10 – www.hinterconti.com
14 Zim – 64 € 89 €
Kristina Seckler und ihr Mann haben hier aus einem alten Bauernhof eine richtig sympathische und preislich faire Bed & Breakfast-Adresse gemacht: individuelle Räume voller Charme und Style, von romantisch-floral bis trendig-modern. Toll die einstige Scheune: morgens zum Frühstücken, danach für Events.

BRETZFELD

Baden-Württemberg – 12 130 Ew. – Höhe 210 m – Regionalatlas **55-H17**
Berlin 575 km – Stuttgart 61 km – Heilbronn 20 km – Nürnberg 145 km
Michelin Straßenkarte 545

In Bretzfeld-Bitzfeld Nord: 2 km

Zur Rose

Weißlensburger Str. 12 ✉ 74626 – ✆ (07946) 77 50 – www.rose-bitzfeld.de
81 Zim – 70/105 € 126/149 € – 1 Suite – ½ P
Ein von Tagungsgästen geschätzter gewachsener Gasthof, der von der Familie gut geführt wird. Im Neubau hat man besonders moderne und geräumige Zimmer. Das bürgerliche Restaurant teilt sich in drei Stuben und eine Terrasse im Innenhof. Tipp: Im "Rose-Lädle" gibt's Dosenwurst, Fonds, Saucen...

In Bretzfeld-Brettach Süd-Ost: 9 km, Richtung Mainhardt

Landhaus Rössle

Mainhardter Str. 26 ✉ 74626 – ✆ (07945) 91 11 11 – www.roessle-brettach.de – geschl. 8. - 16. Februar, 16. Mai - 1. Juni, 31. Oktober - 8. November und Montag - Dienstag

5 Zim – †70/120 € ††110/180 € Menü 35/70 € – Karte 34/59 €

Bernd Pils kocht hier nicht nur international-saisonal, auch Schmackhaftes der Region hat er zu bieten. Und dazu gute Weine und charmanter Service durch die Chefin. Das Ambiente ist modern-elegant, beliebt im Winter die Plätze am Kamin ein paar Stufen tiefer. Für Übernachtungsgäste hat man hübsche Zimmer.

In Bretzfeld-Schwabbach Nord-West: 4 km

Reinecker's Dorfstube

Hauptstr. 11, 1. Etage ✉ 74626 – ✆ (07946) 4 89 – geschl. Januar 2 Wochen, August 3 Wochen und Dienstag - Mittwoch

Karte 30/50 € – (Tischbestellung ratsam)

Wer hier einmal gegessen hat, weiß, warum Heide Hartweg so viele Stammgäste hat. Ihre Küche ist frisch und einfach gut! Gefragt sind Rostbraten, Maultaschen & Co. - oder mögen Sie lieber Seezunge? Tipp: das Tagesessen.

BRILON

Nordrhein-Westfalen – 25 500 Ew. – Höhe 450 m – Regionalatlas **27**-F11

Berlin 469 km – Düsseldorf 168 km – Arnsberg 42 km – Lippstadt 47 km

Michelin Straßenkarte 543

Rech

Hoppecker Str. 1 ✉ 59929 – ✆ (02961) 9 75 40 – www.hotel-rech.de

26 Zim – †59/65 € ††90/95 € – ½ P

In dem von Familie Rech-Dietz engagiert geführten Hotel erwarten Sie geschmackvolle Zimmer, die von Etage zu Etage farblich unterschiedlich gestaltet sind. Zudem bietet man Massage und Kosmetik. Restaurant mit eleganter Note.

Wiegelmanns am Wallgraben

Strackestr. 23 ✉ 59929 – ✆ (02961) 40 44 – www.hotel-am-wallgraben.de – geschl. 21. - 25. Dezember

20 Zim – †56/62 € ††70/80 € – 8 €

Wiegelmanns am Wall – Siehe Restaurantauswahl

Ein sehr schönes und stimmiges Interieur macht das am einstigen Stadtgraben gelegene Hotel aus, das von Familie Wiegelmann freundlich geleitet wird. Rustikales Ambiente im Restaurant "Deele".

Wiegelmanns am Wall – Hotel Wiegelmanns am Wallgraben

Strackestr. 23 ✉ 59929 – ✆ (02961) 40 44 – www.hotel-am-wallgraben.de – geschl. 21. - 25. Dezember und Samstagmittag, Sonntag

Menü 48/60 € – Karte 31/57 €

Während in der Küche Ansprechendes wie "Poulet Blanc / geschmorter Chicoree / Ricotta-Gnocchi / Frühlauch" entsteht, kümmert sich der freundliche und geschulte Service unter der Leitung von Burkhard Wiegelmann in angenehm hellem, modernem Ambiente um die Gäste.

Almer Schlossmühle N

Schlossstr. 13 ✉ 59929 – ✆ (02964) 9 45 14 30 – www.almer-schlossmuehle.de – geschl. Mitte Januar 2 Wochen, Anfang Juli 2 Wochen und Montag - Dienstag

Menü 36/54 € – Karte 30/58 €

Hier wird schmackhaft gekocht, da probiert man gerne Leckeres wie Beef Tatar oder gefüllte Maispoulardenbrust! Im Sommer gibt's mittwochs Mühlen-BBQ. Lust auf Weine aus Österreich? Von dort kommt der Chef.

BROTTERODE

Thüringen – 6 400 Ew. – Höhe 560 m – Regionalatlas **39**-J13
Berlin 353 km – Erfurt 62 km – Bad Hersfeld 97 km – Coburg 96 km
Michelin Straßenkarte 544

Zur guten Quelle

Schmalkalder Str. 27 ✉ 98599 – ✆ (036840) 3 40 – www.hotel-quelle.de – geschl. 6. - 28. November
44 Zim – 52/60 € 72/94 € – ½ P
Ein familiengeführtes Hotel nur wenige Kilometer vom Rennsteig des Thüringer Waldes. Die Zimmer sind zeitgemäß-funktional, im Freizeitbereich bietet man auch Massage und Kosmetik.

BRUCHHAUSEN-VILSEN

Niedersachsen – 7 170 Ew. – Höhe 13 m – Regionalatlas **18**-G7
Berlin 369 km – Hannover 87 km – Bremen 49 km – Minden 83 km
Michelin Straßenkarte 541

Forsthaus Heiligenberg

Heiligenberg 3, in Homfeld, Süd-West: 4 km ✉ 27305 – ✆ (04252) 9 32 00 – www.forsthaus-heiligenberg.de
27 Zim – 75/85 € 127/135 € – 4 Suiten – ½ P
Forsthaus Heiligenberg – Siehe Restaurantauswahl
Ein charmantes und mit Geschmack eingerichtetes ehemaliges Forsthaus in angenehm ruhiger Lage auf einer Waldlichtung. Zum Wohlfühlen sind die behaglichen Zimmer mit hübschen individuellen Bädern. Guter Service!

Forsthaus Heiligenberg – Hotel Forsthaus Heiligenberg

Heiligenberg 3, in Homfeld, Süd-West: 4 km ✉ 27305 – ✆ (04252) 9 32 00 – www.forsthaus-heiligenberg.de
Menü 26 € (mittags)/70 € – Karte 32/54 €
Das jahrhundertealte Haus wird gehegt und gepflegt und konnte somit sein wunderbares ursprüngliches Flair bewahren. Besonders imposant ist ein riesiger offener Kamin in der Mitte des Restaurants.

BRUCHSAL

Baden-Württemberg – 42 880 Ew. – Höhe 114 m – Regionalatlas **54**-F17
Berlin 646 km – Stuttgart 68 km – Karlsruhe 29 km – Heidelberg 37 km
Michelin Straßenkarte 545

Scheffelhöhe

Adolf-Bieringer-Str. 20 ✉ 76646 – ✆ (07251) 80 20 – www.scheffelhoehe.de
91 Zim – 95/115 € 125/145 € – 3 Suiten – ½ P
Ein familiengeführtes Haus mit modernen Zimmern, alles ist tipptopp gepflegt, schön die Panoramalage am Park des Belvedere. Highlight sind zwei chic designte 80-qm-Suiten in einer denkmalgeschützten Villa nebenan. An warmen Tagen speist man natürlich auf der Sonnenterrasse mit Blick über die Stadt!

Zum Bären

Schönbornstr. 28 ✉ 76646 – ✆ (07251) 88 6 27 – www.baeren-bruchsal.de – geschl. Montag
Menü 20 € (mittags)/48 € – Karte 25/57 €
In dem denkmalgeschützten Haus von 1780 isst man saisonal-traditionell, so z. B. "Rumpsteak unter der Senf-Zwiebelkruste mit Rotweinsauce" oder "Wildschweinbraten mit Waldpilzen". Der Chef, selbst Jäger, verarbeitet Tiere aus eigener Jagd.

In Bruchsal-Büchenau Süd-West: 7 km über B 3, in Untergrombach rechts

Ritter

Au in den Buchen 92 ✉ 76646 – ✆ (07257) 8 80 – www.ritterbruchsal.de
96 Zim – 79/92 € 109/115 € – 4 Suiten
Der gut geführte Familienbetrieb bietet in den Häusern Domizil und Residenz neuzeitlich und wohnlich gestaltete Gästezimmer. Im Stammhaus befindet sich das Restaurant mit bürgerlicher Küche. Auch ein Biergarten ist vorhanden.

In Forst Nord-West: 5 km

XX **Zum Löwen**

Kirchstr. 8 ✉ 76694 – ✆ (07251) 30 08 96 – www.loewen-forst.de – geschl. Januar 1 Woche, Mitte August 2 Wochen und Sonntagabend - Montag sowie an Feiertagen

Karte 24/41 € – *(Dienstag - Samstag nur Abendessen)*

Ein äußerst gepflegtes Gasthaus mit markanter roter Fassade und einladendem Innenhof. Die freundliche Familie Geissler bietet bürgerliche Küche und einige Schweizer Gerichte.

BRUCHWEILER-BÄRENBACH – Rheinland-Pfalz → Siehe Dahn

BRÜCKENAU, BAD

Bayern – 6 400 Ew. – Höhe 300 m – Regionalatlas **39-I14**

Berlin 478 km – München 345 km – Fulda 32 km – Frankfurt am Main 97 km

Michelin Straßenkarte 546

In Bad Brückenau Stadtmitte – ✉ 97769

Zur Mühle

Ernst-Putz-Str. 17 ✉ 97769 – ✆ (09741) 9 16 10 – www.hotel-zur-muehle.com

40 Zim – †60/78 € ††92/104 € – 2 Suiten – ½ P

Das Hotel liegt ruhig und doch zentrumsnah auf einem schönen Gartengrundstück am Georgi Kurpark. Die Gästezimmer sind funktionell ausgestattet, mit Balkon oder Loggia. Bürgerliches Restaurant.

BRÜHL

Nordrhein-Westfalen – 44 030 Ew. – Höhe 62 m – Regionalatlas **36-C12**

Berlin 589 km – Düsseldorf 61 km – Bonn 25 km – Aachen 76 km

Michelin Straßenkarte 543

XX **Glaewe's Restaurant**

Balthasar-Neumann-Platz 28 ✉ 50321 – ✆ (02232) 1 35 91 – www.glaewesrestaurant.de – geschl. Montag - Dienstag

Menü 50/70 € – Karte 37/56 € – *(nur Abendessen, sonntags auch Mittagessen)*

Seit über 25 Jahren betreiben Doris und Hans Glaewe das freundlich-gediegene Restaurant, das etwas versteckt in einer Geschäftspassage liegt. Serviert wird klassisch-internationale Küche - Stammgäste essen auch gerne an der Bartheke.

X **Kaiserbahnhof**

Kierberger Str. 158 ✉ 50321 – ✆ (02232) 2 55 81 – www.kaiserbahnhof-bruehl.de – geschl. 1. - 14. Januar und Montag

Menü 35 € (mittags)/74 € – Karte 43/54 € – *(nur Abendessen, sonntags auch Mittagessen)*

Benannt wurde das stattliche, geradezu herrschaftlich anmutende Gebäude (1875 als Bahnhof erbaut) nach Kaiser Wilhelm I., der hier einst in die Stadt einfuhr. Entsprechend spiegelt die Küche die Bahnverbindung Köln - Paris wider, und das in stilvoller Brasserie-Atmosphäre.

BRÜHL (BADEN)

Baden-Württemberg – 13 750 Ew. – Höhe 102 m – Regionalatlas **47-F16**

Berlin 635 km – Stuttgart 121 km – Karlsruhe 55 km – Neustadt an der Weinstraße 54 km

Michelin Straßenkarte 545

X **KRONE das gasthaus**

Ketscher Str. 17 ✉ 68782 – ✆ (06202) 6 07 02 52 – www.krone-dasgasthaus.de – geschl. Ende August - Mitte September und Montag

Menü 36 € (vegetarisch)/56 € – Karte 29/57 € – *(nur Abendessen, sonntags auch Mittagessen)*

Andreas Bretzel trifft hier genau den Nerv der Zeit: Schmackhaftes vom vegetarischen Menü über "Kalbsrücken auf Saubohnenpüree" bis hin zu "Hummerpaella mit Chorizo", und das Ganze in einem sympathischen ländlich-schlichten Rahmen mit Flair! Im Sommer geht's raus in den schönen, teilweise überdachten Hofgarten.

BUCHEN (ODENWALD)

Baden-Württemberg – 17 550 Ew. – Höhe 337 m – Regionalatlas **48-H16**
Berlin 560 km – Stuttgart 113 km – Würzburg 65 km – Heidelberg 87 km
Michelin Straßenkarte 545

Prinz Carl

Hochstadtstr. 1 ✉ 74722 – ✆ (06281) 5 26 90 – www.prinzcarl.de – geschl. Januar 2 Wochen
31 Zim – 59/64 € 80/95 € – ½ P
Prinz Carl – Siehe Restaurantauswahl
Für jeden Geschmack das Passende: klassische Zimmer im historischen Stammhaus, geradlinig-moderne im Egon-Eiermann-Bau oder mediterrane im Gästehaus - dies sind die schönsten Zimmer!

Reichsadler

Walldürner Str. 1 ✉ 74722 – ✆ (06281) 5 22 60 – www.hotel-reichsadler.de
20 Zim – 65/75 € 85/95 €
Hier lässt es sich gepflegt übernachten, im Haupthaus wie auch im Gästehaus - Letzteres hat geräumige und etwas modernere Zimmer. Das Hotel liegt nur 10 Autominuten von der Eberstadter Tropfsteinhöhle entfernt und ist auch ein guter Ausgangspunkt für Radfahrer, die die Region erkunden möchten.

Prinz Carl – Hotel Prinz Carl

Hochstadtstr. 1 ✉ 74722 – ✆ (06281) 5 26 90 – www.prinzcarl.de – geschl. Januar 2 Wochen
Menü 31/59 € – Karte 31/56 €
Das nette Restaurant im Herzen der Stadt bietet sich mit seinen wechselnden Tagesgerichten auch für ein schnelles Mittagessen an. Man kocht regional und mit einer guten Auswahl ist auch an Vegetarier gedacht.

BUCHENBACH

Baden-Württemberg – 3 120 Ew. – Höhe 447 m – Regionalatlas **61-E20**
Berlin 807 km – Stuttgart 173 km – Freiburg im Breisgau 14 km
Michelin Straßenkarte 545

In Buchenbach-Himmelreich

Hofgut Himmelreich

Himmelreich 37 ✉ 79199 Kirchzarten – ✆ (07661) 9 86 20 – www.hofgut-himmelreich.de
16 Zim – 42/72 € 70/105 €
Am Eingang des Höllentals steht das Gasthaus von 1560. Es ist ein Integrationsbetrieb für Mitarbeiter mit Behinderung, der auch für körperlich behinderte Gäste gut geeignet ist. Nette Himmelbettzimmer. Bürgerliche Küche in der gemütlich-rustikalen Stube.

BUCHHOLZ in der NORDHEIDE

Niedersachsen – 37 880 Ew. – Höhe 72 m – Regionalatlas **10-I6**
Berlin 312 km – Hannover 124 km – Hamburg 40 km – Bremen 96 km
Michelin Straßenkarte 541

Ristorante Il Sole

Lohbergenstr. 51 ✉ 21244 – ✆ (04181) 9 77 08 – www.ilsole-buchholz.de – geschl. Montag
Karte 27/81 € – *(nur Abendessen)* (Tischbestellung ratsam)
Bei den Brüdern Salerno sind Sie richtig gut aufgehoben, der eine am Gast, der andere am Herd. Viele Stammgäste fahren weit für die Pasta oder den frischen Fisch vom Grill! Wählen Sie von der Tafel oder lassen Sie sich einfach beraten!

BÜCKEBURG

Niedersachsen – 18 930 Ew. – Höhe 61 m – Regionalatlas **28-G9**
Berlin 340 km – Hannover 64 km – Bielefeld 63 km – Bremen 106 km
Michelin Straßenkarte 541

Ambiente
Herminenstr. 11 ✉ 31675 – ✆ (05722) 96 70 – www.ambiente-hotel.de
34 Zim – 92/126 € 132/188 € – ½ P
Das Hotel liegt nahe dem Zentrum, wird familiär geführt und bietet seinen Gästen eine helle, freundliche und zeitgemäße Einrichtung. Restaurant im Bistrostil und nette Gartenterrasse.

Am Schlosstor
Lange Str. 31 ✉ 31675 – ✆ (05722) 9 59 90 – www.schlosstor.de
37 Zim – 78/106 € 105/130 €
In dem gepflegten Hotel in der Fußgängerzone erwarten Sie neuzeitlich und funktionell ausgestattete Zimmer und ein freundlicher Frühstücksraum.

In Bückeburg-Röcke West: 5 km

Große Klus
Am Klusbrink 19 ✉ 31675 – ✆ (05722) 9 51 20 – www.klus.de
31 Zim – 68/82 € 86/112 € – ½ P
Der historische Gasthof mit Hotelbau ist eine sehr gepflegte Adresse, die sympathisch-familiär geleitet wird. Die Zimmer sind wohnlich gestaltet, W-Lan steht kostenfrei zur Verfügung, gut das Frühstück. Im schönen alten Fachwerkhaus gibt es bei gemütlicher Atmosphäre regionale Küche. Richtig nett ist auch die zeitgemäße Fritzbar.

BÜCKEN

Niedersachsen – 2 120 Ew. – Höhe 19 m – Regionalatlas **18-G7**
Berlin 355 km – Hannover 72 km – Bremen 63 km – Hamburg 122 km
Michelin Straßenkarte 541

Thöles Hotel
Hoyaer Str. 33 ✉ 27333 – ✆ (04251) 9 30 00 – www.thoeles.de
30 Zim – 49/59 € 69/79 €
Ein solides familiengeführtes Haus, das auch gerne von Radwanderern genutzt wird. Zum guten Freizeitangebot gehört eine Reitanlage mit Gastboxen. Gästehaus im Nachbarort Hoya. Restaurant in ländlichem Stil.

BÜDELSDORF – Schleswig-Holstein ➜ Siehe Rendsburg

BÜHL

Baden-Württemberg – 28 570 Ew. – Höhe 138 m – Regionalatlas **54-E18**
Berlin 716 km – Stuttgart 117 km – Karlsruhe 45 km – Offenburg 41 km
Michelin Straßenkarte 545

Lamm
Kappelwindeckstr. 15 ✉ 77815 – ✆ (07223) 90 01 80 – www.lamm-buehl.de
– geschl. 1. - 19. Februar und Montag - Dienstag
Menü 32/52 € – Karte 33/56 € – *(nur Abendessen, sonntags auch Mittagessen)*
"In Butter gebratene Kalbsniere in Balsamicojus mit Kartoffelgratin und frischem Marktgemüse"... so oder so ähnlich klingen die schmackhaften Gerichte, die Ludwig Bechter aus guten Produkten zubereitet. Schön auch der Rahmen: drinnen behaglich mit Parkettboden und Holztäfelung, draußen die hübsche Terrasse.

Gude Stub Casa Antica
Dreherstr. 9 ✉ 77815 – ✆ (07223) 3 06 06 – www.gudestub-casa-antica.de
– geschl. 10. - 31. August und Dienstag
Menü 40/55 € – Karte 32/55 €
Sie suchen authentische italienische Küche und ungezwungene Atmosphäre? Patron Andrea Alesi führt am Herd engagiert Regie und bietet ambitionierte sizilianisch geprägte Gerichte, und die werden Ihnen dann in richtig gemütlichen kleinen Stuben zuvorkommend und charmant serviert. Stolz ist man auf die hausgereiften Schinken und die frische selbstgemachte Pasta!

In Bühl-Kappelwindeck Süd-Ost: 2 km über Rungsstraße und Kappelwindeckstraße

Rebstock

Kappelwindeckstr. 85 ✉ 77815 – ✆ (07223) 2 21 09 – www.rebstock-kappelwindeck.de
8 Zim – 59/79 € 84/99 € – ½ P
Oberhalb des Ortes liegt der tipptopp gepflegte familiengeführte kleine Gasthof mit funktionellen Zimmern und nettem Garten. Sie frühstücken im wintergartenähnlichen Anbau, im Restaurant serviert man badische Küche.

In Bühl-Oberbruch Nord-West: 4 km, jenseits der A 5

Pospisil's Gasthof Krone

Seestr. 6 ✉ 77815 – ✆ (07223) 9 36 00 – www.pospisilskrone.de – geschl. Montag - Dienstagmittag, Freitagmittag
7 Zim – 49 € 85 € Menü 35/52 € – Karte 33/52 €
"Spargelsuppe", "Kaninchenkeule mit Paprikasauce, Gemüse und Bärlauchnudeln" und als Dessert "Tarte von Rhabarber mit Sorbet"? In seiner regional-internationalen Küche setzt Pavel Pospisil auf frische Zutaten, sorgfältige Zubereitung und schöne Würze. Für Übernachtungsgäste: gepflegte, funktionelle Zimmer.

An der Burgruine Altwindeck Süd-Ost: 4 km über Kappelwindeck

Burg Windeck

Kappelwindeckstr. 104 ✉ 77815 Bühl – ✆ (07223) 9 49 20 – www.burg-windeck.de – geschl. Anfang Januar 2 Wochen
19 Zim – 85/99 € 139/155 € – 2 Suiten – ½ P
Panorama Restaurant – Siehe Restaurantauswahl
Umgeben von Weinbergen liegt die Burg wunderschön über dem Tal. Das Hotel mit der charmanten Atmosphäre und den hübschen Landhauszimmern (darunter zwei Maisonetten) ist bei Geschäftsleuten und Individualreisenden gleichermaßen beliebt.

Panorama Restaurant – Hotel Burg Windeck

Kappelwindeckstr. 104 ✉ 77815 Bühl – ✆ (07223) 9 49 20 – www.burg-windeck.de – geschl. Anfang Januar 2 Wochen und Sonntagabend
Menü 38/52 € – Karte 42/55 €
Die Aussicht sowohl vom Restaurant als auch von der Terrasse kann man ohne Übertreibung als grandios bezeichnen! Die Rheinebene liegt Ihnen praktisch zu Füßen - bei klarer Sicht sogar das Straßburger Münster.

BÜHLERTAL

Baden-Württemberg – 7 870 Ew. – Höhe 194 m – Regionalatlas **54**-E18
Berlin 721 km – Stuttgart 120 km – Karlsruhe 50 km – Strasbourg 51 km
Michelin Straßenkarte 545

Rebstock

Hauptstr. 110, Obertal ✉ 77830 – ✆ (07223) 9 97 40 – www.rebstock-buehlertal.de – geschl. Februar 2 Wochen, November 2 Wochen
21 Zim – 65/80 € 89/115 € – ½ P
Rebstock – Siehe Restaurantauswahl
Schon seit vielen Jahren wird das Hotel mit Engagement von der Familie geleitet. Man bietet seinen Gästen wohnliche Zimmer, ein gutes Frühstück und freundlichen Service.

Bergfriedel

Haabergstr. 23, Obertal ✉ 77830 – ✆ (07223) 7 22 70 – www.bergfriedel.de – geschl. Anfang Januar 2 Wochen, Anfang November 2 Wochen und Montag - Dienstag
8 Zim – 65/79 € 88/140 € – 2 Suiten – ½ P
Menü 33 € (vegetarisch)/59 € – Karte 30/66 €
"Rumpsteak vom heimischen Rind mit glasierten Zwiebeln und Bratkartoffeln" ist eines der schmackhaften regionalen Gerichte bei Familie Schäuble - reizvoll dazu der Blick auf Obstwiesen, Reben und Wald. In einem wunderschönen Nebenhaus geht der Chef seinem Hobby nach: ein Weinkeller mit rund 600 Positionen! Hier kocht er auch für Gesellschaften.

Rebstock – Hotel Rebstock
Hauptstr. 110, Obertal ✉ 77830 – ✆ (07223) 9 97 40 – www.rebstock-buehlertal.de – geschl. Februar 2 Wochen, November 2 Wochen und Donnerstag
Menü 33 € – Karte 26/49 €
Wer frische badische Küche mag, ist in dem traditionsreichen Haus richtig, denn bei Familie Hörth werden z. B. "Grünkernsuppe mit Markklößchen" und "Sauerbraten mit Rotweinsößle" aufgetischt, dazu regionale Weine. Schöne Terrasse im Garten.

BÜLOW

Mecklenburg-Vorpommern – 970 Ew. – Höhe 24 m – Regionalatlas **13-N5**
Berlin 174 km – Schwerin 106 km – Neubrandenburg 55 km – Güstrow 44 km
Michelin Straßenkarte 542

In Bülow-Schorssow Süd-West: 2 km

Schloss Schorssow
Am Haussee 3, über B 109 Richtung Waren, in Ziddorf links ab ✉ 17166 – ✆ (039933) 7 90 – www.schloss-schorssow.de – geschl. 4. Januar - 12. Februar
44 Zim – †99/129 € ††125/165 € – 1 Suite – ½ P
Ein klassizistischer Dreiflügelbau in einem herrlichen Park am eigenen See mit Strandbad - ein idealer Ort zum Heiraten! Die Zimmer im Schloss sind die komfortableren. Schön auch die Bibliothek und das stilvolle Schlossrestaurant "von Moltke", dazu das Café Rose.

BÜREN

Nordrhein-Westfalen – 21 550 Ew. – Höhe 230 m – Regionalatlas **27-F11**
Berlin 450 km – Düsseldorf 152 km – Arnsberg 56 km – Kassel 92 km
Michelin Straßenkarte 543

Kretzer
Wilhelmstr. 2 ✉ 33142 – ✆ (02951) 24 43 – www.hotel-kretzer.de
10 Zim – †40 € ††74 € – ½ P
In dem Familienbetrieb in einer Seitenstraße im Zentrum sind die Zimmer zwar ein bisschen schlichter, aber tipptopp gepflegt und solide - und der Preis stimmt auch. Wer gerne bürgerlich isst, kommt bei der großen Speisenauswahl auf seine Kosten.

BÜRGSTADT

Bayern – 4 310 Ew. – Höhe 150 m – Regionalatlas **48-G16**
Berlin 566 km – München 352 km – Würzburg 69 km – Aschaffenburg 43 km
Michelin Straßenkarte 546

Adler
Hauptstr. 30 ✉ 63927 – ✆ (09371) 9 78 80 – www.adler-landhotel.de
27 Zim – †58/88 € ††99/150 € – 1 Suite – ½ P
Die Bachmanns haben hier ein wirklich nettes Haus: wohnlich die Zimmer (meist mit Balkon und teilweise mit schönem Blick), hübsch der "Garten der Sinne", freundlich der Service, gemütlich das Restaurant samt Terrasse im Innenhof. Probieren Sie die Destillate aus der eigenen Brennerei!

Weinhaus Stern
Hauptstr. 23 ✉ 63927 – ✆ (09371) 4 03 50 – www.hotel-weinhaus-stern.de
12 Zim – †69/85 € ††85/125 € – ½ P
Weinhaus Stern – Siehe Restaurantauswahl
Ihre Gastgeber bieten in dem hübschen Sandstein-/Fachwerkhaus behagliche Zimmer, Garten- sowie Dachterrasse, gutes Essen und einen Spezialitäten-Shop (die hausgemachte Marmelade gibt's auch zum Frühstück!). Tipp: Freskenmalereien a. d. 16. Jh. in der örtlichen Kapelle.

Weinhaus Stern – Hotel Weinhaus Stern
Hauptstr. 23 ✉ 63927 – ✆ (09371) 4 03 50 – www.hotel-weinhaus-stern.de – geschl. Dienstag sowie 1. Sonntag im Monat
Menü 32 € – Karte 36/51 € – *(nur Abendessen)* (Tischbestellung ratsam)
Nicht nur die gute regional-saisonale Küche von Klaus Markert lockt Gäste hierher (gönnen Sie sich auch einen süßen Abschluss wie "Zimteis im Marzipanmantel mit Zwetschgen"), Können beweist der Chef auch bei seinen Edelbränden!

BÜSINGEN

Baden-Württemberg – 1 360 Ew. – Höhe 421 m – Regionalatlas **62-F21**
Berlin 802 km – Stuttgart 169 km – Freiburg im Breisgau 96 km – Zürich 58 km
Michelin Straßenkarte 545

Alte Rheinmühle
Junkerstr. 93 ✉ 78266 – ✆ (07734) 93 19 90 – www.alte-rheinmuehle.ch
16 Zim – 150/180 € 170/220 €
Alte Rheinmühle – Siehe Restaurantauswahl
Malerisch schmiegt sich die a. d. J. 1674 stammende Mühle an das Ufer des Hochrheins. Sie beherbergt individuelle, wohnliche Zimmer, teilweise mit Antiquitäten und freigelegtem altem Fachwerk.

Alte Rheinmühle – Hotel Alte Rheinmühle
Junkerstr. 93 ✉ 78266 – ✆ (07734) 93 19 90 – www.alte-rheinmuehle.ch – geschl. Mitte Januar - Mitte Februar
Menü 43 € (mittags)/99 € – Karte 44/97 €
Das Besondere hier: Man sitzt wirklich fast auf Rheinhöhe, von der Terrasse aus führen ein paar Stufen sogar direkt ins Wasser - an heißen Tagen sehr verlockend...! Auf den Tisch kommen viele Produkte aus dem Schaffhauser Blauburgunderland.

BÜSUM

Schleswig-Holstein – 4 790 Ew. – Höhe 2 m – Regionalatlas **9-G3**
Berlin 406 km – Kiel 102 km – Cuxhaven 131 km – Flensburg 103 km
Michelin Straßenkarte 541

Windjammer
Dithmarscher Str. 17 ✉ 25761 – ✆ (04834) 96 04 30 – www.hotel-windjammer.de – geschl. 1. November - 28. Februar
16 Zim – 55/67 € 84/108 € – ½ P
Sehr gepflegt wohnt man in dem Familienbetrieb fünf Gehminuten vom Strand. Hübsch der kleine Garten, nachmittags gibt's für Hausgäste kostenfrei Kaffee und Tee, im Restaurant bürgerliche Küche. Ideal für längere Aufenthalte: die sechs schönen modernen Ferienwohnungen beim Hafen, zwei mit eigener Sauna.

Büsum
Blauort 18 ✉ 25761 – ✆ (04834) 6 01 40 – www.hotel-buesum.de – geschl. November - März
28 Zim – 34/65 € 82/96 € – 1 Suite
Die ruhige Lage in einem Wohngebiet, gepflegte Gästezimmer und ein gutes Frühstücksbuffet sprechen für dieses familiengeführte Haus mit Pensionscharakter. Zum Strand sind es nur wenige Minuten zu Fuß.

BÜTTELBORN

Hessen – 14 030 Ew. – Höhe 90 m – Regionalatlas **47-F15**
Berlin 567 km – Wiesbaden 35 km – Frankfurt am Main 38 km – Darmstadt 12 km
Michelin Straßenkarte 543

Monika
Im Mehlsee 1, B 42, Ost: 1 km ✉ 64572 – ✆ (06152) 18 10 – www.hotelmonika.de – geschl. 22. Dezember - 4. Januar
41 Zim – 65/95 € 95/120 €
Ein gut geführtes Hotel mit hellem Empfangsbereich im Wintergartenstil sowie zeitgemäßen, funktionellen Gästezimmern. In der Schirmbar vor dem Haus darf geraucht werden. Internationales im freundlichen Restaurant mit rustikaler Note.

BUNDENBACH

Rheinland-Pfalz – 900 Ew. – Höhe 400 m – Regionalatlas **46-C15**
Berlin 663 km – Mainz 92 km – Koblenz 88 km – Saarbrücken 113 km
Michelin Straßenkarte 543

In Bundenbach-Rudolfshaus Süd-West: 4 km

Forellenhof Reinhartsmühle
Reinhartsmühle 1 ✉ 55626 – ✆ (06544) 3 73 – www.hotel-forellenhof.de – geschl. 4. Januar - 26. Februar
28 Zim – 62/73 € 100/120 € – 2 Suiten – ½ P
Forellenhof – Siehe Restaurantauswahl
Erholungsurlaub gefällig? Der Landgasthof von Familie Weckmüller hat nicht nur wirklich geschmackvolle Zimmer, er liegt auch noch einsam und idyllisch in einem Seitental - da passen der schöne Garten und der eigene Teich perfekt ins Bild.

Forellenhof – Hotel Forellenhof Reinhartsmühle
Reinhartsmühle 1 ✉ 55626 – ✆ (06544) 3 73 – www.hotel-forellenhof.de – geschl. 4. Januar - 26. Februar und Montag
Menü 29/55 € – Karte 22/55 €
Man ist bekannt für Wild aus eigener Jagd sowie Forellen aus eigener Zucht - und für die beachtliche Whisky-Sammlung. Die frische, schmackhafte Küche von Patron Gerd Weckmüller genießt man natürlich am liebsten auf der Terrasse zum Teich!

BURBACH

Nordrhein-Westfalen – 14 420 Ew. – Höhe 380 m – Regionalatlas **37-E13**
Berlin 556 km – Düsseldorf 137 km – Siegen 19 km – Limburg an der Lahn 45 km
Michelin Straßenkarte 543

Snorrenburg
Römer 8 ✉ 57299 – ✆ (02736) 4 49 30 – www.snorrenburg.de
16 Zim – 90 € 110 €
Ein ehemaliges Schulhaus auf dem Gelände einer einstigen Burg beherbergt geschmackvolle, individuell nach Themen gestaltete Zimmer. Frühstück im Jugendstil-Wintergarten. Gemütlich-ländlich: das Restaurant in einem kleinen Fachwerkhaus gegenüber dem Hotel.

In Burbach-Holzhausen Süd-Ost: 8,5 km über Würgendorf, dann rechts

Fiester-Hannes
Flammersbacher Str. 7 ✉ 57299 – ✆ (02736) 2 95 90 – www.fiesterhannes.de – geschl. Januar - Februar 2 Wochen und Montag - Dienstagmittag, Samstagmittag
6 Zim – 65/85 € 100/140 € Menü 30 € (mittags)/78 € – Karte 31/54 €
Hinter der historischen Fachwerkfassade finden Sie ein behagliches und liebenswertes Umfeld für ein gutes Essen. Michael Debus kocht international und regional, dazu herzlicher Service. In einem der hübschen und ausgesprochen wohnlichen Gästezimmer bleibt man auch gerne über Nacht.

BURG – Schleswig-Holstein → Siehe Fehmarn (Insel)

BURG bei MAGDEBURG

Sachsen-Anhalt – 22 830 Ew. – Höhe 54 m – Regionalatlas **31-M9**
Berlin 130 km – Magdeburg 26 km – Brandenburg 55 km
Michelin Straßenkarte 542

Wittekind
An den Krähenbergen 2, im Gewerbegebiet Ost, Süd-Ost: 3 km ✉ 39288 – ✆ (03921) 9 23 90 – www.hotel-wittekind-burg.de
47 Zim – 83 € 128 € – ½ P
Das gepflegte Hotel ist ideal für alle, die zwischen Braunschweig und Berlin auf der A2 unterwegs sind Hier überzeugt Funktionalität. Bürgerliche und internationale Küche im Restaurant, das dank der großen Fensterfront angenehm hell ist.

BURG (SPREEWALD)

Brandenburg – 4 330 Ew. – Höhe 57 m – Regionalatlas **33-R10**
Berlin 113 km – Potsdam 144 km – Cottbus 19 km – Frankfurt (Oder) 98 km
Michelin Straßenkarte 542

Bleiche Resort und Spa

Bleichestr. 16, West: 2 km ✉ 03096 – ✆ (035603) 6 20 – www.bleiche.de
90 Zim – 185 € 350/570 € – 21 Suiten – ½ P
17 fuffzig – Siehe Restaurantauswahl
Was Sie auf dem tollen parkähnlichen Grundstück samt Blumen- und Kräutergärten erwartet, ist Landhausstil in wohnlichster Form - darf es vielleicht die 180 qm große SPA-Suite mit eigener Sauna und Hamam sein? Dazu umfassender Spa, top Service, Kino, Outdoor-Aktivitäten wie Reiten oder Kahnfahrten. Gute Restaurants rund um das Gourmet "17 fuffzig". Hochwertige HP inkl.

Spreewald Thermenhotel

Ringchaussee 152, direkter Zugang zur Spreewald Therme ✉ 03096 – ✆ (035603) 1 88 50 – www.spreewald-thermenhotel.de
83 Zim – 121/137 € 154/186 € – ½ P
Ideal für Therme- und Wellness-Fans ist die Lage direkt neben der Spreewald Therme. Und auch das schicke Interieur kommt an: topmodern, geradlinig, hier und da kräftige Farbakzente. Dieser Stil setzt sich im Restaurant fort - hier wie auf der tollen Terrasse serviert man regional-saisonale Küche.

Kur & Wellness Haus Spree Balance

Ringchaussee 154 ✉ 03096 – ✆ (035603) 75 94 90 – www.spreebalance.de – geschl. 21. - 24. Dezember
38 Zim – 90/99 € 109/149 € – 2 Suiten – ½ P
Alles in diesem Ferienhotel ist schön frisch und neuzeitlich gestaltet, geradlinig-chic die Zimmer im Neubau - hier auch der Wellnessbereich "Balance". In der nahe gelegenen Therme lässt es sich ebenfalls gut entspannen. Das Restaurant Konrad's bietet internationale Klassiker und Saisonales.

17 fuffzig – Hotel Zur Bleiche Resort und Spa

Bleichestr. 16, West: 2 km ✉ 03096 – ✆ (035603) 6 20 – www.bleiche.de – geschl. Februar 2 Wochen, Juli - August 3 Wochen und Sonntag - Montag
Menü 45 € (vegetarisch)/150 € – Karte 75/160 € – *(nur Abendessen)*
Ausgezeichnete Produkte, handwerklich exakte Zubereitung, ansprechende klare Präsentation - all das darf man in dem hübschen Restaurant erwarten. Woher es seinen Namen hat? 1750 ist das Gründungsjahr der einstigen "Bleiche".
➜ Wiesenkalb mit handgeschöpftem Ziegenfrischkäse. Filet vom Waller mit Spinat-Kartoffelcrème. Gebratener Rehrücken aus heimischer Jagd.

Speisenkammer N

Waldschlössenstr. 48 ✉ 03096 – ✆ (035603) 75 00 87 – www.ferienhof-spreewaldromantik.de – geschl. Sonntag - Dienstagmittag
Menü 34/78 € – Karte 45/57 € – (Tischbestellung ratsam)
In dem ungezwungenen kleinen Restaurant kocht man schmackhaft und produktbezogen, so z. B. "Lamm / Artischocke / Erbse / Paprika / Pilze". Übernachten können Sie im "Ferienhof Spreewaldromantik" gleich nebenan.

In Burg-Kauper Nord-West: 9 km

Landhotel Burg im Spreewald

Ringchaussee 125 ✉ 03096 – ✆ (035603) 6 46 – www.landhotel-burg.de
87 Zim – 90/125 € 120/160 € – ½ P
Schöne Urlaubstage verspricht das etwas außerhalb gelegene Landhotel mit seinen wohnlichen, individuellen Zimmern (sehr hübsch die ganz modernen!), dem vielfältigen Spa und der abwechslungsreichen Gastronomie von regional bis italienisch im Il Fienile. Nicht nur für Kinder interessant: großer Außenpool und Streichelzoo sowie die Adventure Minigolf-Anlage.

Waldhotel Eiche
Eicheweg ✉ 03096 – ✆ (035603) 6 70 00 – www.waldhotel-eiche.de – geschl. 3. - 14. Januar
53 Zim – 52/129 € 69/169 € – 8 Suiten – ½ P
Das wohnliche Hotel überzeugt mit der ruhigen Einzellage am Spreekanal. Zum Freizeitangebot zählen der Fitnessraum im Turm mit Blick auf das Anwesen, Massage- und Kosmetikanwendungen, ein Fahrradverleih und Kahnfahrten. Das Restaurant Fontane ist gediegen-elegant, etwas einfacher das Restaurant Burg.

In Werben Süd-Ost: 3 km Richtung Cottbus

Zum Stern
Burger Str. 1 ✉ 03096 – ✆ (035603) 6 60 – www.spreewald-hotel-stern.de
33 Zim – 46/51 € 61/75 € – ½ P
In dem Haus mit langjähriger Familientradition erwarten den Gast zeitgemäße und freundlich mit hellem Naturholzmobiliar eingerichtete Räume. Im Restaurant wählen Sie aus einem preiswerten gutbürgerlichen Speisenangebot.

BURG STARGARD – Mecklenburg-Vorpommern ➜ Siehe Neubrandenburg

---

BURGBROHL
Rheinland-Pfalz – 3 180 Ew. – Höhe 152 m – Regionalatlas **36-C13**
Berlin 627 km – Mainz 130 km – Koblenz 34 km – Köln 74 km
Michelin Straßenkarte 543

Schloss Burgbrohl (N)
Auf der Burg 1 ✉ 56659 – ✆ (02636) 80 01 40 – www.schloss-burgbrohl.de
34 Zim – 98/129 € 129/169 € – 3 Suiten – ½ P
Urkundlich 1093 erstmals erwähnt, ist das 1710 nach einem Brand wieder aufgebaute Schloss ein geschichtsträchtiger Ort, der heute mit schönen modernen Zimmern Ihrer Beherbergung dient. Chic auch der Freizeitbereich, das Restaurant (regionale und internationale Küche) und der Weinkeller für Degustationen.

BURGHAUSEN
Bayern – 17 720 Ew. – Höhe 421 m – Regionalatlas **67-O20**
Berlin 639 km – München 110 km – Bad Reichenhall 67 km – Passau 81 km
Michelin Straßenkarte 546

Glöcklhofer
Ludwigsberg 4 ✉ 84489 – ✆ (08677) 91 64 00 – www.hotel-gloecklhofer.de
82 Zim – 95 € 135 € – ½ P
Wirtshaus Glöcklhofer – Siehe Restaurantauswahl
Ein Businesshotel in zentraler Lage mit sehr gut ausgestatteten, neuzeitlichen Zimmern, darunter Juniorsuiten mit Sauna. Auch einfachere Zimmer sind vorhanden. Zum Entspannen gönnen Sie sich Massage- und Kosmetikanwendungen.

Post
Stadtplatz 39 ✉ 84489 – ✆ (08677) 96 50 – www.altstadthotels.net
23 Zim – 79/96 € 109/139 € – ½ P
Das traditionsreiche Haus steht mitten in der Altstadt, direkt an der Salzach. Der Service ist freundlich, alles ist schön wohnlich, gelungen hat man modernen Stil mit regionalen Elementen kombiniert. Gemütlich sitzt man in der Gaststube mit Kreuzgewölbe bei regionaler Küche. Terrasse am Marktplatz.

Wirtshaus Glöcklhofer – Hotel Glöcklhofer
Ludwigsberg 4 ✉ 84489 – ✆ (08677) 91 64 00 – www.hotel-gloecklhofer.de
Menü 31 € – Karte 18/38 €
Richtig nett die lockere moderne Wirtshausatmosphäre! Ob regionale Schmankerl oder internationale Küche, hier gibt es Schmackhaftes zu einem guten Preis-Leistungs-Verhältnis. Lust auf "Kalbstafelspitz mit Breznknödel und Meerrettichsauce"?

In Burghausen-Raitenhaslach

Klostergasthof Raitenhaslach

Raitenhaslach 9 ✉ 84489 – ✆ (08677) 96 50 – www.altstadthotels.net – geschl. 27. Dezember - 23. März

18 Zim – 89 € 129/139 € – ½ P

Dieser Ort atmet förmlich Geschichte: Den schmucken Gasthof gibt es schon seit 1575, direkt nebenan das Kloster von 1038! Die Zimmer sind außergewöhnlich geschmackvoll und wohnlich (elegante Möbel, kräftige Farben, schöne Stoffe...), die Gaststuben haben rustikalen Charme, serviert wird Regionales. Draußen: Kastaniengarten, Biergarten, Sonnenterrasse!

BURGKUNSTADT

Bayern – 6 440 Ew. – Höhe 304 m – Regionalatlas **50-L15**

Berlin 366 km – München 273 km – Coburg 31 km – Bayreuth 38 km

Michelin Straßenkarte 546

In Altenkunstadt Süd: 2 km

Gondel

Marktplatz 7 ✉ 96264 – ✆ (09572) 36 61 – www.hotelgondel.de – geschl. 1. - 15. Januar

36 Zim – 49/75 € 75/110 € – ½ P

Mit Engagement führt Reinfried Jahn hier zusammen mit seiner Frau die Familientradition fort. Die Zimmer nennen sich "Rustico", "Romantico" oder "Landhaus modern", alle sind wohnlich, W-Lan ist kostenfrei. Im Restaurant erwarten Sie rustikaler Charme und bürgerliche Küche.

BURGRIEDEN

Baden-Württemberg – 3 620 Ew. – Höhe 541 m – Regionalatlas **64-I20**

Berlin 637 km – Stuttgart 115 km – Konstanz 150 km – Ulm (Donau) 24 km

Michelin Straßenkarte 545

Ebbinghaus

Bahnhofplatz 2 ✉ 88483 – ✆ (07392) 60 41 – www.restaurant-ebbinghaus.de – geschl. 1. - 6. Januar, Ende August - Anfang September 3 Wochen und Sonntagabend - Dienstag

Menü 75 € – Karte 39/58 € – *(nur Abendessen, sonntags auch Mittagessen)*

Ein freundliches und modernes Ambiente erwartet Sie in dem Restaurant gegenüber dem Rathaus. Die zeitgemäßen Speisen werden sorgfältig aus guten Produkten zubereitet. Probieren Sie z. B. Lammkeule oder Lammrücken mit kräutrigen Perlgraupen.

BURGWALD

Hessen – 4 860 Ew. – Höhe 305 m – Regionalatlas **38-F12**

Berlin 462 km – Wiesbaden 145 km – Marburg 27 km – Kassel 90 km

Michelin Straßenkarte 543

In Burgwald-Ernsthausen

Oertel Burgwald-Stuben

Marburger Str. 25, B 252 ✉ 35099 – ✆ (06457) 80 66 – www.restaurant-burgwaldstuben.de – geschl. August 3 Wochen und Montag - Mittwoch

Menü 35/65 € – Karte 37/59 € – *(Donnerstag - Samstag nur Abendessen)*

Dunkles Holz, geschmackvolle Deko und schön gedeckte Tische bestimmen hier das Ambiente. Die Chefin setzt auf topfrische Produkte, aus denen sie z. B. Hummersuppe oder " Kalbsrücken mit Pfifferlingen in Rahm und Rösti" zubereitet.

BURGWEDEL

Niedersachsen – 20 240 Ew. – Höhe 53 m – Regionalatlas **19-I8**

Berlin 283 km – Hannover 30 km – Bremen 107 km – Celle 28 km

Michelin Straßenkarte 541

In Burgwedel-Großburgwedel

Kokenhof

Isernhägener Str. 3 ✉ 30938 – ✆ (05139) 80 30 – www.kokenhof.com
54 Zim – 129/139 € 159/186 €
Kokenstube – Siehe Restaurantauswahl
Eine schöne Adresse! Die Zimmer in den rekonstruierten Fachwerkhäusern reichen vom eleganten Landhausstil bis zum geradlinig-modernen Design, Platz und Wohnlichkeit bieten sie alle. Attraktiv auch der Freizeitbereich, sehr gut die Tagungsmöglichkeiten. Kokenkrug als rustikale Alternative zur Kokenstube.

Ole Deele

Heinrich-Wöhler-Str. 14 ✉ 30938 – ✆ (05139) 9 98 30 – www.ole-deele.de – geschl. Sonntag - Montag
11 Zim – 79/115 € 125/185 € Menü 74/109 € – *(nur Abendessen)*
Geschmackvoll und heimelig das prächtige Bauernhaus von 1828, gekocht wird mit regionalen und saisonalen Produkten. Dazu sollten Sie der ausgezeichneten Weinberatung folgen - nach so manch feinem Tropfen schläft es sich schön in wohnlichen Gästezimmern.
➜ Flusskrebs, Wacholder, Tonic, Gurke. Saibling, Karotte, Buttermilch, Kopfsalat. Rehbock, Sellerie, Sonnenblume, Kirsche.

Kokenstube – Hotel Kokenhof

Isernhägener Str. 3 ✉ 30938 – ✆ (05139) 80 30 – www.kokenhof.com
Menü 41 € (mittags)/76 € – Karte 39/64 €
Ansprechend modern das Ambiente, frisch und ambitioniert die Küche. Hier sollten Sie z. B. "Steinbuttfilet mit Senfhollandaise und Sauerkrautpüree" probieren. Im Sommer sitzt man natürlich gerne auf der hübschen Terrasse.

In Burgwedel-Thönse

Gasthaus Lege

Engenser Str. 2 ✉ 30938 – ✆ (05139) 82 33 – www.gasthaus-lege.de – geschl. 3. August - 3. September und Montag - Dienstag
Menü 39/64 € – Karte 41/54 € – *(Mittwoch - Freitag nur Abendessen)*
Neben behaglichem Ambiente (schön die dekorativen Bilder) darf man sich hier auf herzliche Gastgeber freuen und nicht zuletzt auf gute klassische Küche. Appetit auf "Gelbschwanzmakrele mit Champignonsauce" oder "Crepinette von der Taube"?

BURSCHEID

Nordrhein-Westfalen – 18 110 Ew. – Höhe 195 m – Regionalatlas **36**-C12
Berlin 554 km – Düsseldorf 46 km – Köln 31 km – Arnsberg 110 km
Michelin Straßenkarte 543

In Burscheid-Sträßchen Süd-Ost: 2 km, jenseits der A 1

Zum Schmuck-Kastl

Sträßchen 26, B 51 ✉ 51399 – ✆ (02174) 89 45 41 – www.schmuck-kastl.de – geschl. Montag - Dienstag
Menü 22 € (mittags)/50 € – Karte 39/68 €
Die Gastgeber haben hier mit viel Liebe zum Detail ein ländlich-charmantes Restaurant geschaffen. Der aus Kärnten stammende Chef kocht natürlich auch Klassiker aus seiner österreichischen Heimat.

BUTTENHEIM – Bayern ➜ Siehe Hirschaid

BUXTEHUDE

Niedersachsen – 39 780 Ew. – Höhe 2 m – Regionalatlas **10**-I5
Berlin 326 km – Hannover 158 km – Hamburg 37 km – Cuxhaven 93 km
Michelin Straßenkarte 541

Navigare

Harburger Str. 4 ✉ 21614 – ✆ (04161) 7 49 00 – www.hotel-navigare.com
32 Zim – 120/140 € 140/160 €
Seabreeze – Siehe Restaurantauswahl
Das schmucke Gebäude aus der Kaiserzeit - ehemals Hauptsitz der Reederei NSB - beherbergt auf seinen "Decks" zeitgemäß und wertig ausgestattete Zimmer, Minibar inklusive. "Lighthouse" mit Bar und Bistrokarte (Salate, Schnitzel, Burger).

An der Linah

Harburger Str. 44 ✉ 21614 – ✆ (04161) 6 00 90 – www.hotelanderlinah.de
30 Zim – 65/79 € 85/99 €
Hotel mit freundlichem Service. Einige der Gästezimmer sind modern und hübsch in hellen, warmen Tönen gehalten. Ein Teil der Zimmer liegt ruhiger nach hinten.

Seabreeze – Hotel Navigare

Harburger Str. 4 ✉ 21614 – ✆ (04161) 7 49 00 – www.hotel-navigare.com – geschl. Sonntagabend - Dienstagmittag
Menü 65 € – *(nur Abendessen, sonntags auch Mittagessen)*
Die freigelegten Backsteinwände des Gewölbekellers treffen auf elegantes Interieur samt gepflegter Tischkultur. Auf der Karte z. B. "Dorade, Linsen, Chorizo" oder "Huhn vom Land".

Hoddow's Gastwerk

Westfleth 35, Westfleth-Passage ✉ 21614 – ✆ (04161) 50 39 01 – www.hoddows-gastwerk.de – geschl. Montag - Dienstag
Menü 36 € (abends) – Karte 30/50 €
Das Restaurant der Familie Hoddow ist modern gestaltet und liegt zentral. Schmackhaft und frisch sind sowohl die regionalen und internationalen Speisen als auch das leckere Eis. Gute Weine, zusätzliche kleine Mittagskarte.

CALW

Baden-Württemberg – 22 380 Ew. – Höhe 347 m – Regionalatlas **54-F18**
Berlin 659 km – Stuttgart 47 km – Karlsruhe 54 km – Pforzheim 26 km
Michelin Straßenkarte 545

In Calw-Hirsau Nord: 2,5 km über B 463

Kloster Hirsau

Wildbader Str. 2 ✉ 75365 – ✆ (07051) 9 67 40 – www.hotel-kloster-hirsau.de
42 Zim – 76/86 € 124/135 € – ½ P
Kloster Hirsau – Siehe Restaurantauswahl
Vor allem Tagungsgäste schätzen das von Familie Hassel geführte Hotel (die Seminarräume sind auf dem neuesten technischen Stand), aber auch Wochenendurlauber kommen gerne in die ehemalige Klosterherberge von 1450, denn man kann hier gut wohnen, im hübschen Saunabereich mit kleiner Beautyabteilung relaxen und das ca. 300 m entfernte Benediktiner-Kloster ist eine Besichtigung wert. Auch für Veranstaltungen finden sich die passenden Räumlichkeiten.

Kloster Hirsau – Hotel Kloster Hirsau

Wildbader Str. 2 ✉ 75365 – ✆ (07051) 9 67 40 – www.hotel-kloster-hirsau.de
Menü 23 € (mittags)/33 € – Karte 25/47 €
Gemütlich sitzt man in den ländlich-eleganten Stuben und wählt aus regionalen Klassikern wie z. B. Schwarzwald-Forelle oder lässt sich mit einigen internationalen Gerichten überraschen - und das Preis-Leistungs-Verhältnis ist wirklich gut! Mittags gibt es für Eilige auch ein günstigeres Menü.

CASTELL

Bayern – 830 Ew. – Höhe 317 m – Regionalatlas **49**-J16
Berlin 472 km – München 238 km – Würzburg 42 km – Bamberg 69 km
Michelin Straßenkarte 546

Gasthaus zum Schwan

Birklinger Str. 2, B 286 ✉ 97355 – ✆ (09325) 9 01 33 – www.schwan-castell.de – geschl. 1. - 22. Januar, 26. Juli - 15. August und Dienstag - Mittwoch
9 Zim – 50/55 € 72/78 € – ½ P Karte 24/41 €
Seit über 100 Jahren ist das gemütliche Gasthaus, das auch schon mal als Brauerei diente, in Familienhand. Man isst gut hier, nämlich Saisonales wie "Skrei mit Spinat und Kartoffeln", und trinkt dazu Weine von den eigenen Weinbergen. Wer über Nacht bleiben möchte, schläft in gepflegten Zimmern.

CASTROP-RAUXEL

Nordrhein-Westfalen – 73 760 Ew. – Höhe 55 m – Regionalatlas **26**-D11
Berlin 498 km – Düsseldorf 63 km – Bochum 12 km – Dortmund 12 km
Michelin Straßenkarte 543

Raj Mahal

Europaplatz 3 ✉ 44575 – ✆ (02305) 4 45 51 00 – www.raj-mahal.de
56 Zim – 88/101 € 110/121 € – 2 Suiten
Komfortabler Rahmen, exotischer Touch und wohnlich-moderne Zimmer mit handgearbeiteten Möbelstücken aus Indien, das erwartet Sie hier. Gönnen Sie sich auch eine ayurvedische Kur! Im Restaurant: deutsche, indische und vegetarische Speisen.

CELLE

Niedersachsen – 68 510 Ew. – Höhe 40 m – Regionalatlas **19**-I8
Berlin 275 km – Hannover 51 km – Bremen 112 km – Hamburg 117 km
Michelin Straßenkarte 541

Althoff Hotel Fürstenhof

Hannoversche Str. 55 ✉ 29221 – ✆ (05141) 20 10 – www.fuerstenhof-celle.com Stadtplan : A2**e**
62 Zim – 110/160 € 150/190 € – 3 Suiten
Endtenfang ✿ • ***Palio*** – Siehe Restaurantauswahl
Nicht nur die beispielhafte Gästebetreuung hier ist sehr angenehm, das Ambiente im Haus ist ebenso! Passend zum stilvollen Charakter des jahrhundertealten Palais setzt man auf klassische Eleganz. Und wenn Sie bummeln gehen möchten: In die Innenstadt sind es nur wenige Minuten!

Caroline Mathilde

Alter Bremer Weg 37 ✉ 29223 – ✆ (05141) 98 07 80 – www.caroline-mathilde.de Stadtplan : A1**e**
52 Zim – 85/200 € 135/240 € – ½ P
Zwei Häuser im neuzeitlichen Villenstil beherbergen individuelle und wohnliche, teils ganz moderne Zimmer, hübsch der freundliche Frühstücksraum. Gute Parkmöglichkeiten. Das Bistro Kanapé bietet eine kleine internationale Speisenauswahl.

Borchers

Schuhstr. 52, Passage ✉ 29221 – ✆ (05141) 91 19 20 – www.hotelborchers.com Stadtplan : B1**f**
19 Zim – 65/105 € 72/112 €
Das Hotel in der Fußgängerzone ist die einfachere, aber gepflegte und funktionelle Dependance des Fürstenhofs, dessen Freizeitbereich man mitbenutzen kann. Schöne Innenhofterrasse.

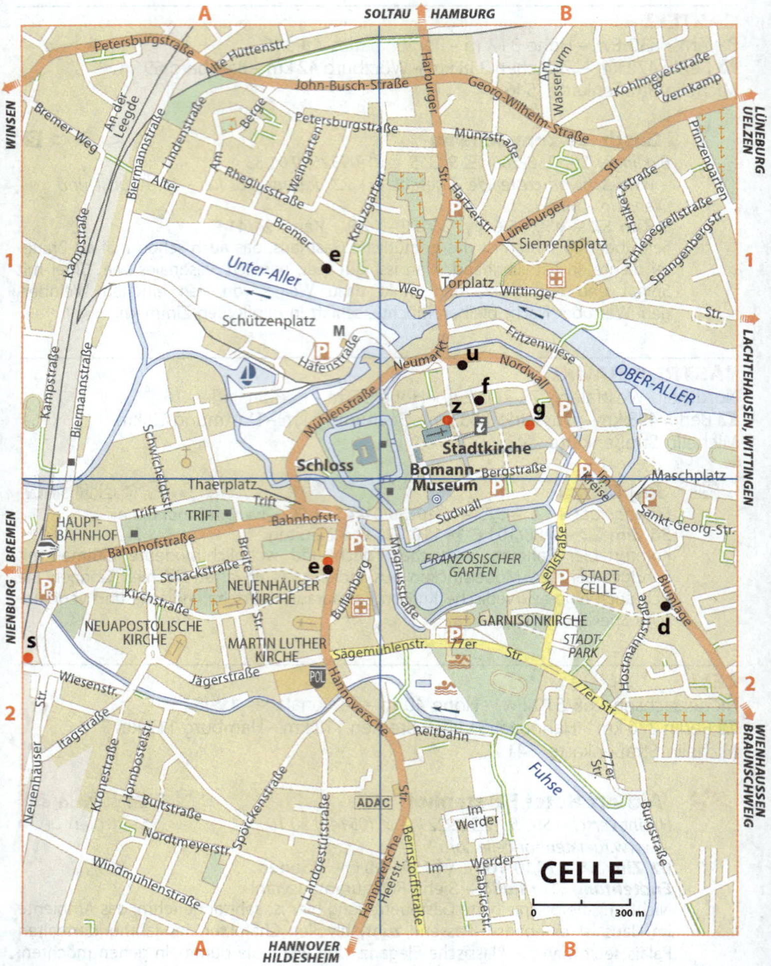

Blumlage

Blumlage 87 ✉ *29221 – ✆ (05141) 97 44 70* Stadtplan : B2**d**
– www.blumlage.de

32 Zim ☕ – 🚹68/135 € 🚹🚹105/180 €

Das Hotel mit den drei markanten Giebeln liegt am Rande der Altstadt, dennoch kann man hier gut parken. Zeitgemäß-funktionale Zimmer und netter Frühstücksraum.

Am Hehlentor

Nordwall 62 ✉ *29221 – ✆ (05141) 8 85 69 00* Stadtplan : B1**u**
– www.hotel-am-hehlentor.de

16 Zim ☕ – 🚹73/120 € 🚹🚹99/140 €

Das reizende Fachwerkhaus wird freundlich von Frau Hohmann geführt - in der Weihnachtszeit versüßt sie ihren Gästen den Aufenthalt mit Glühwein! Die Zimmer sind zwar etwas schlichter, aber das kleine Hotel hat Charme und alles ist gepflegt.

Endtenfang – Althoff Hotel Fürstenhof

Hannoversche Str. 55 ✉ 29221 – ✆ (05141) 20 10 Stadtplan : A2**e**
– www.fuerstenhof-celle.com – geschl. Januar 2 Wochen, August 2 Wochen und Sonntagabend - Dienstag
Menü 69/98 € – Karte 78/94 € – *(nur Abendessen, sonntags auch Mittagessen)*
Hochwertige Produkte, geschmackliche Intensität, raffinierte Kontraste - das sind die Zutaten, mit denen die moderne klassische Küche ihr hohes Niveau hält (seit 1988 mit einem Stern ausgezeichnet) - zusammen mit dem eleganten Interieur und den trefflichen Weinempfehlungen ein überaus stimmiges Bild.
➜ Aschauer Aal, Zwiebelschnitte, marinierter Spargel, Rhabarber, Eigelb. Kalbskotelett, Süßholzbulgur, Zitronenkruste, wilder Knoblauch, geräucherte Aubergine. Die Ente in drei Gängen.

Historischer Ratskeller

Markt 14 ✉ 29221 – ✆ (05141) 2 90 99 Stadtplan : B1**z**
– www.ratskeller-celle.de – geschl. Sonntagabend und an Feiertagen abends
Menü 20 € (mittags)/40 € – Karte 28/44 €
Der besondere Charakter des historischen Kellergewölbes macht es hier gerade in der kalten Jahreszeit so richtig gemütlich, im Sommer hat die Terrasse in der Fußgängerzone ihren Reiz! Aufgetischt werden Klassiker der bürgerlichen Küche wie Büsumer Krabbencocktail oder Heidschnuckenbraten.

Schaper

Heese 6 ✉ 29225 – ✆ (05141) 9 48 80 Stadtplan : A2**s**
– www.hotel-schaper.de – geschl. Sonntagabend - Montag
15 Zim – 65/85 € 90/110 € – ½ P
Menü 36/55 € – Karte 31/51 € – *(nur Abendessen, sonntags auch Mittagessen)*
Vier Generationen Familientradition, dazu behagliche Atmosphäre und gute Küche - wer kommt da nicht gerne zum Essen? Dass es hier schmeckt, beweisen solide gekochte bürgerlich-regionale Gerichte wie z. B. Sauerbraten vom Damhirsch! Übernachten kann man in praktischen Gästezimmern, verteilt auf zwei Häuser.

Weinkeller Postmeister von Hinüber

Zöllnerstr. 25 ✉ 29221 – ✆ (05141) 2 84 44 Stadtplan : B1**g**
– www.weinkeller-celle.de – geschl. Ostern und Sonntag - Montag
Menü 32/49 € – Karte 26/45 € – *(Dienstag - Freitag nur Abendessen)*
Der jahrhundertealte Backsteinkeller setzt auf urigen Charme - und den spürt man, wenn man an rustikalen Holztischen auf ebensolchen Bänken und Stühlen sitzt! Vom Chef kommt ein kleines Angebot an frischen internationalen Speisen.

Palio – Althoff Hotel Fürstenhof

Hannoversche Str. 55 ✉ 29221 – ✆ (05141) 20 10 Stadtplan : A2**e**
– www.fuerstenhof-celle.com – geschl. Januar 2 Wochen
Menü 32/50 € – Karte 41/63 €
Hier ist es so charmant und lebendig, wie es für eine Trattoria typisch ist! Und wie könnte es anders sein: Man bekommt hier ehrliche Cucina Casalinga - probieren Sie die hausgemachte Pasta, am besten draußen unter der alten Kastanie!

In Celle-Altencelle Süd-Ost: 3 km über Blumlage B2

Schaperkrug

Braunschweiger Heerstr. 85, E 214 ✉ 29227 – ✆ (05141) 9 85 10
– www.schaperkrug.de
36 Zim – 52/94 € 84/94 € – ½ P
Das traditionsreiche Haus bietet in seinem Anbau ruhig nach hinten gelegene Zimmer. Einfacher ist das Stammhaus, ein älterer Gasthof. Im gediegenen Restaurant mit Kamin isst man bürgerlich.

der allerKrug

Alte Dorfstr. 14 ✉ 29227 – ✆ (05141) 8 48 94 – www.allerkrug.de – geschl. Juni - Juli 2 Wochen und Montag - Dienstag
Menü 30/75 € – Karte 37/55 €
Appetit auf "Filet und Bäckchen vom Kalb mit Mus von Gartenerbsen"? Dann besuchen Sie Sven Hütten in dem hübschen Fachwerkhaus. Er kocht richtig gut, fein und manchmal auch bewusst etwas bodenständiger - und immer mit regionalem Bezug!

In Celle-Boye Nord-West: 4 km über Petersburgstraße A1, Richtung Winsen

Köllner's Landhaus

Im Dorfe 1 ✉ 29223 – ✆ (05141) 95 19 50 – www.koellners-landhaus.de – geschl. Anfang Januar 1 Woche und Montag

6 Zim – 99/145 € 145/175 € – ½ P Menü 35/73 € – Karte 40/67 €

Ein Anwesen wie aus dem Bilderbuch: ein charmantes Fachwerkhaus von 1589, drum herum ein 11000 qm großer Garten - da könnte das elegante Landhaus-Interieur nicht besser passen! Und wenn es dann auch noch schmeckt... Dafür sorgt Familie Köllner mit guter internationaler Küche. Kosten Sie die Crème brûlée!

In Celle-Groß Hehlen Nord: 4 km über Harburgerstraße B1, Richtung Soltau

Celler Tor

Scheuener Str. 2, an der B 3 ✉ 29229 – ✆ (05141) 59 00 – www.celler-tor.de – geschl. 23. - 26. Dezember

71 Zim – 92/275 € 129/305 € – 2 Suiten – ½ P

Ein gut geführtes Hotel mit wohnlich-zeitgemäßen Zimmern in vier Kategorien, 14 variablen Tagungsräumen sowie einem netten lebendigen Barbereich. Kosmetik und Massageangebot. Restaurant mit klassisch-gediegenem Ambiente.

CHAM

Bayern – 16 440 Ew. – Höhe 370 m – Regionalatlas **59**-O17

Berlin 481 km – München 178 km – Regensburg 73 km – Amberg 73 km

Michelin Straßenkarte 546

Randsberger Hof

Randsbergerhofstr. 15 ✉ 93413 – ✆ (09971) 8 57 70 – www.randsbergerhof.de

80 Zim – 56/62 € 112/124 € – ½ P

Das Hotel bietet funktionelle Zimmer - teils mit Balkon und Blick auf die Stadt. Hübsch sind der Kosmetikbereich und der Panoramaruheraum, ein Highlight ist der Dachpool. Restauranträume mit rustikalem Charakter, teils mit Ritterdekor. Regionale Küche.

Bräu-Pfandl

Lucknerstr. 11 ✉ 93413 – ✆ (09971) 2 07 87 – www.braeupfandl.de – geschl. Juli und Sonntag - Montag, außer an Feiertagen

Menü 21/45 € – Karte 20/55 €

In den gemütlich-rustikalen, hübsch dekorierten Stuben leitet die Chefin freundlich den Service, geboten wird internationale Küche - auch im netten Biergarten wird man passend verköstigt. Im 1. Stock: schöne kleine Gesellschaftsräume.

In Cham-Chammünster Süd-Ost: 3 km über B 85 in Richtung Viechtach

Am Ödenturm

Am Ödenturm 11 ✉ 93413 – ✆ (09971) 8 92 70 – www.oedenturm.de – geschl. 5. Oktober - 28. November und Sonntagabend - Montag, Donnerstagmittag

12 Zim – 35/50 € 60/80 € Menü 25 € – Karte 21/45 €

Ein Berggasthof wie aus dem Bilderbuch: zum einen die schöne Lage am Waldrand, sympathisch-familiäre Atmosphäre und die reizvolle Terrasse, zum anderen die gute Küche von Juniorchef Ernst Hunger und Lebensgefährtin Brigitte Berghammer. Lecker: "Rehrücken mit Zwiebeltortelloni" oder "Kirschstrudel à la Mama"!

CHEMNITZ

Sachsen – 241 210 Ew. – Höhe 296 m – Regionalatlas **42**-O13

Berlin 257 km – Dresden 70 km – Leipzig 78 km – Praha 163 km

Michelin Straßenkarte 544

penta

Salzstr. 56 ✉ 09113 – ✆ (0371) 3 34 10 – www.pentahotels.com Stadtplan : B1**s**

207 Zim – 69/99 € 79/109 € – 17 € – 19 Suiten – ½ P

Das Hotel bei einem kleinen Park bietet einen großzügigen Hallenbereich, gediegene Zimmer mit funktioneller Ausstattung sowie gute Tagungsmöglichkeiten. Blickfang im Restaurant: die offene Showküche. Die Terrasse liegt schön zur Grünanlage.

Günnewig Hotel Chemnitzer Hof

Theaterplatz 4 ✉ 09111 – ✆ (0371) 68 40 – www.guennewig.de Stadtplan : C2**b**

89 Zim – 82/159 € 102/189 € – 3 Suiten – ½ P

Hier überzeugen die Lage direkt neben der Oper sowie die klassisch-gediegene Einrichtung. Von einigen Zimmern des 1929/30 erbauten Hotels blickt man auf den Schillerpark. Das Restaurant ist elegant gestaltet und bietet internationale Küche.

An der Oper

Straße der Nationen 56 ✉ 09111 – ✆ (0371) 68 10 – www.hoteloper-chemnitz.de Stadtplan : C2**f**

91 Zim – 65/95 € 85/120 € – ½ P

Ein modernes und hochwertig eingerichtetes Businesshotel in bester Innenstadtlage. Die Gästezimmer sind in Stil und Technik "up to date". Restaurant Scala in geradlinigem Design, zeitgemäß und international ist das Speisenangebot.

BIENDO N

Straße der Nationen 12, Im Rawema-Haus ✉ 09111 – ✆ (0371) 4 33 19 20 – www.biendo-hotel.de Stadtplan : B2**a**

100 Zim – 50/60 € 70/75 €

Das denkmlageschützte Haus ist ein funktionales Hotel mit preislich fair kalkulierten Zimmer in geradlinig-modernem Stil. Darf es vielleicht eine Juniorsuite mit Pantry-Küche sein? Sehr gut die zentrale Lage gegenüber der Stadthalle.

alexxanders

Ludwig-Kirsch-Str. 9 ✉ 09130 – ✆ (0371) 4 31 11 11 – www.alexxanders.de Stadtplan : C2**a**

30 Zim – 61/65 € 77 € – 8 € – 3 Suiten

alexxanders – Siehe Restaurantauswahl

Ein Stadthaus am Rande des Zentrums mit gepflegten, teilweise besonders modernen Zimmern, von denen einige über einen Balkon mit Sicht auf den begrünten Innenhof verfügen. Auch Zimmer für Langzeitgäste sind buchbar.

Richter

Zschopauer Str. 259, über D3 ✉ 09126 – ✆ (0371) 5 59 10 – www.feinkost-richter.de – geschl. 1. - 6. Januar, 2. - 27. Juli und Montag

Menü 43/64 € – Karte 42/55 € – *(nur Abendessen)*

Ein freundliches Restaurant mit behaglichem Ambiente und offenem Kamin, zu dem auch ein Feinkostgeschäft gehört. Gekocht wird international.

Villa Esche

Parkstr. 58, Eingang Rich.-Wagner-Straße, über Stollbergerstraße A3 ✉ 09120 – ✆ (0371) 2 36 13 63 – www.restaurant-villaesche.de – geschl. Sonntagabend - Montag Stadtplan : BY**a**

Menü 17 € (mittags unter der Woche)/65 € – Karte 30/61 € – (Tischbestellung ratsam)

Die 1903 erbaute Orangerie einer einstigen Unternehmer-Villa (interessant das Henry-van-de-Velde-Museum hier) ist ein freundlicher Ort für einen interessanten Speisenmix von Rindsroulade über Krautwickel bis hin zu "Skrei mit Roter Bete und Staudensellerie". Toll die Terrasse zum Park!

alexxanders – Hotel alexxanders

Ludwig-Kirsch-Str. 9 ✉ 09130 – ✆ (0371) 4 31 11 11 – www.alexxanders.de – geschl. Samstagmittag, Sonntag sowie an Feiertagen mittags Stadtplan : C2**a**

Menü 36/60 € – Karte 33/63 € – (Tischbestellung ratsam)

"Zanderfilet unter der Mandelkruste auf Limettenrisotto", "pochiertes Kalbsfilet an lauwarm mariniertem Gemüse"... Hier stehen international-saisonale Gerichte auf der Karte. Nicht zu vergessen die leckere "karamelliesierte Frischkäsetarte mit Beeren"! Sehr gefragt ist auch der günstige Mittagstisch.

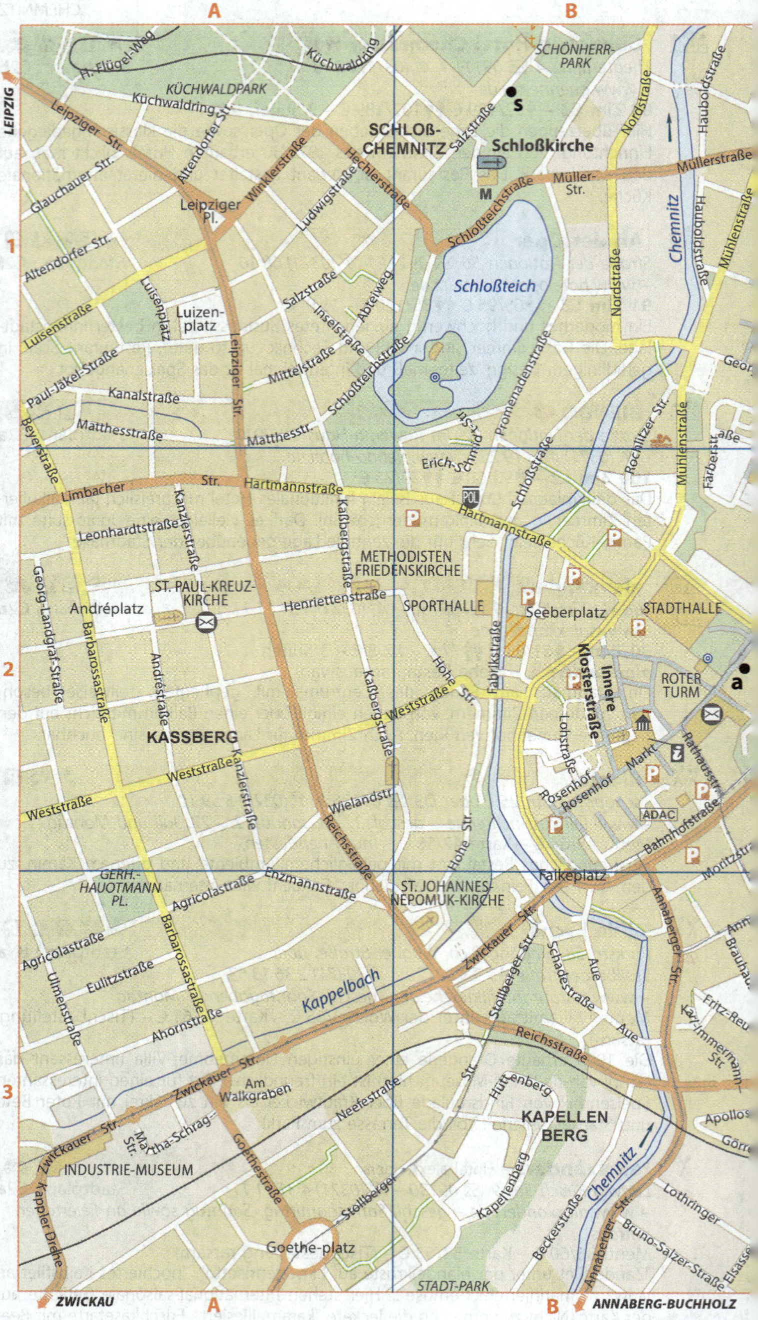

A
B
1
2
3
LEIPZIG
ZWICKAU
ANNABERG-BUCHHOLZ
H. Flügel-Weg
Küchwaldring
KÜCHWALDPARK
Küchwaldring
Altendorfer Str.
Leipziger Str.
Glauchauer Str.
Winklerstraße
Leipziger Pl.
Ludwigstraße
Hechlerstraße
SCHLOß-CHEMNITZ
Salzstraße
SCHÖNHERR-PARK
S
Schloßkirche
M
Schloßteichstraße
Müller-Str.
Müllerstraße
Nordstraße
Hauboldstraße
Chemnitz
Mühlenstraße
Altendorfer Str.
Luisenstraße
Luisenplatz
Luizen-platz
Salzstraße
Inselstraße
Abteiweg
Schloßteich
Nordstraße
Paul-Jäkel-Straße
Kanalstraße
Mittelstraße
Schloßteichstraße
Promenadenstraße
Rochlitzer Str.
Georg
Matthesstraße
Matthesstr.
Erich-Schmidt-Str.
Schloßstraße
Färberstraße
Beyerstraße
Limbacher Str.
Hartmannstraße
POL
Hartmannstraße
Leonhardtstraße
Kanzlerstraße
Kaßbergstraße
METHODISTEN FRIEDENSKIRCHE
Georg-Landgraf-Straße
ST. PAUL-KREUZ-KIRCHE
Andréplatz
Henriettenstraße
SPORTHALLE
Seeberplatz
STADTHALLE
Fabrikstraße
Innere Klosterstraße
ROTER TURM
a
Barbarossastraße
Andréstraße
Hohe Str.
Weststraße
Kaßbergstraße
KASSBERG
Kanzlerstraße
Lohstraße
Markt
Rathausstr.
Weststraße
Weststraße
Wielandstr.
Rosenhof
ADAC
Reichsstraße
Hohe Str.
Bahnhofstraße
Moritzstr.
GERH.-HAUOTMANN PL.
Agricolastraße
Enzmannstraße
ST. JOHANNES-NEPOMUK-KIRCHE
Falkeplatz
Annaberger Str.
Agricolastraße
Zwickauer Str.
Stollberger Str.
Schadestraße
Aue
Brauhausstr.
Ulmenstraße
Eulitzstraße
Barbarossastraße
Kappelbach
Fritz-Reuter-Str.
Karl-Immermann-Str.
Ahornstraße
Reichsstraße
Aue
Zwickauer Str.
Am Walkgraben
Neefestraße
Str.
Hüttenberg
KAPELLEN BERG
Apollostr.
Görres
Zwickauer Str.
Martha-Schrag-Str.
Goethestraße
INDUSTRIE-MUSEUM
Chemnitz
Lothringer
Kappler Drehe
Stollberger
Kapellenberg
Beckerstraße
Annaberger Str.
Bruno-Salzer-Straße
Elsasser
Goethe-platz
STADT-PARK

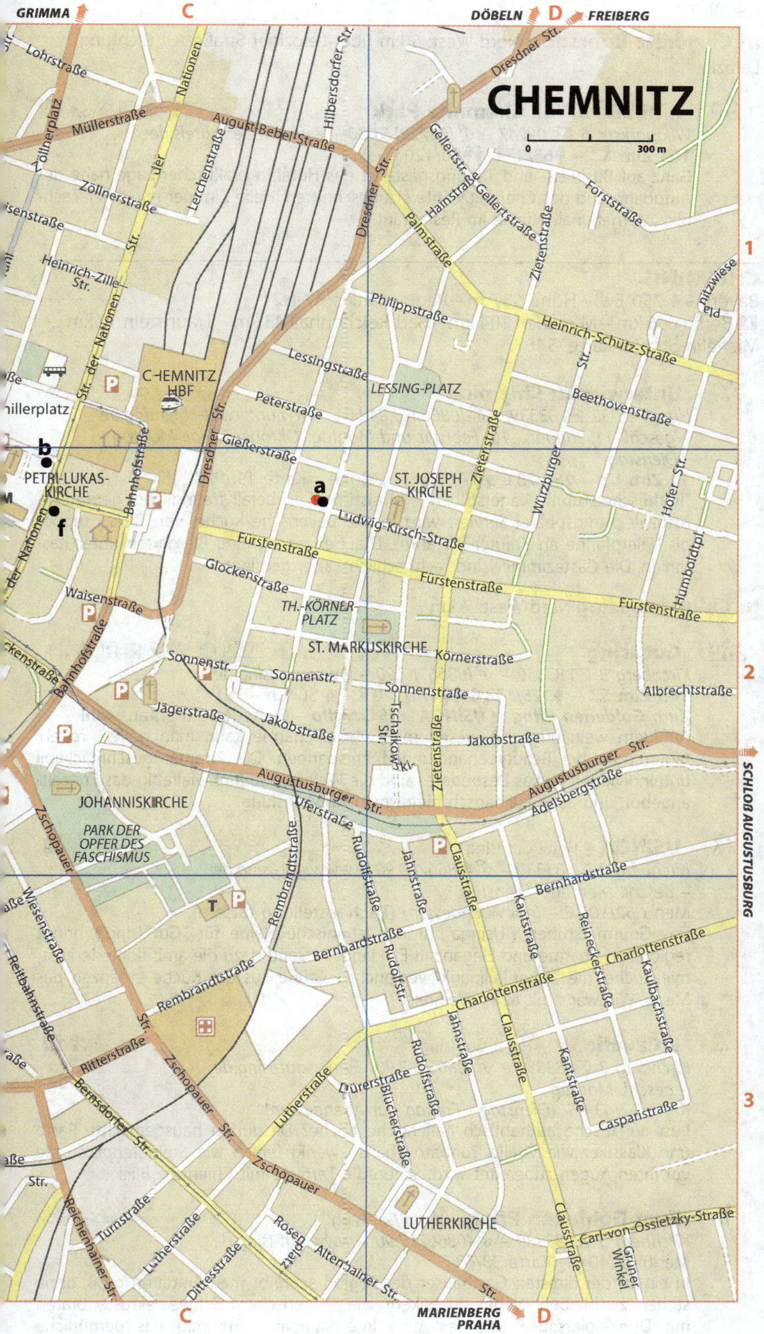
CHEMNITZ
0
300 m
GRIMMA
DÖBELN
FREIBERG
C
D
1
2
3
SCHLOß AUGUSTUSBURG
MARIENBERG
PRAHA
Lohrstraße
Müllerstraße
Zöllnerplatz
Zöllnerstraße
August-Bebel-Straße
Hilbersdorfer Str.
Dresdner Str.
Lerchenstraße
Str. der Nationen
Heinrich-Zille-Str.
Gellertstr.
Gellertstraße
Hainstraße
Forststraße
Palmstraße
Zietenstraße
Philippstraße
Heinrich-Schütz-Straße
Lessingstraße
LESSING-PLATZ
Peterstraße
Beethovenstraße
CHEMNITZ HBF
Bahnhofstraße
Gießerstraße
ST. JOSEPH KIRCHE
PETRI-LUKAS-KIRCHE
a
b
f
Ludwig-Kirsch-Straße
Würzburger Str.
Hofer Str.
Humboldtpl.
Fürstenstraße
Glockenstraße
Waisenstraße
TH.-KÖRNER-PLATZ
ST. MARKUSKIRCHE
Körnerstraße
Sonnenstr.
Sonnenstraße
Albrechtstraße
Jägerstraße
Jakobstraße
Tschaikowskistr.
Augustusburger Str.
Adelsbergstraße
Uferstraße
JOHANNISKIRCHE
PARK DER OPFER DES FASCHISMUS
Zschopauer Str.
Rembrandtstraße
Rudolfstraße
Jahnstraße
Clausstraße
Bernhardstraße
Kantstraße
Reineckerstraße
Kaulbachstraße
Wiesenstraße
Reitbahnstraße
Charlottenstraße
Rudolfstr.
Ritterstraße
Dürerstraße
Blücherstraße
Lutherstraße
Casparistraße
Bernsdorfer Str.
Reichenhainer Str.
Turnstraße
Dittesstraße
Rosenplatz
Altenhainer Str.
LUTHERKIRCHE
Carl-von-Ossietzky-Straße
Grüner Winkel

In Chemnitz-Röhrsdorf Nord-West: 5 km über Leipziger Straße A1, Richtung Leipzig

AMBER HOTEL Chemnitz Park

Wildparkstr. 6 ✉ 09247 – ✆ (03722) 51 30 – www.amber-hotels.de
103 Zim – 65/95 € 90/120 € – ½ P
Ganz auf Business- und Tagungsgäste ist das Hotel in praktischer Lage nahe der Autobahn und des Chemnitzcenters zugeschnitten. Helle Zimmer mit guter Technik. Internationale Küche im Restaurant.

CHIEMING

Bayern – 4 750 Ew. – Höhe 537 m – Regionalatlas **67-N21**
Berlin 666 km – München 104 km – Bad Reichenhall 43 km – Traunstein 12 km
Michelin Straßenkarte 546

Unterwirt zu Chieming

Hauptstr. 32 ✉ 83339 – ✆ (08664) 9 84 60 – www.unterwirt-chieming.de – geschl. 11. Januar - 10. Februar und Montag, Oktober - Mai: Montag - Dienstag
11 Zim – 58/78 € 78/98 € – 1 Suite Karte 19/43 €
"Rothfischerstubn", "Jagerstüberl", "Musistüberl"... überall freundliche, gemütlich-rustikale Atmosphäre! Serviert wird frische bayerische Küche, von "Brez'nsuppe" bis "Filetpfanne an Kräuter-Pilzrahm". Draußen der schöne Biergarten unter Kastanien. Die Gästezimmer sind recht schlicht, aber gepflegt.

In Chieming-Ising Nord-West: 7 km

Gut Ising

Kirchberg 3 ✉ 83339 – ✆ (08667) 7 90 – www.gut-ising.de
105 Zim – 125/133 € 171/270 € – 4 Suiten – ½ P
Zum Goldenen Pflug* • *USINGA* • *Il Cavallo – Siehe Restaurantauswahl
Auf dem weitläufigen Anwesen mit Gutshof-Charme kann man golfen, reiten, tagen oder bei Beautybehandlungen entspannen. Die Zimmer geschmackvoll und individuell (etwas Besonderes sind die Wellness-Suiten), vielfältig das Freizeitangebot, und auch kulinarisch bietet man Abwechslung.

USINGA – Hotel Gut Ising

Kirchberg 3 ✉ 83339 – ✆ (08667) 7 90 – www.gut-ising.de – geschl. Montag - Dienstag
Menü 62/102 € – *(nur Abendessen)* (Tischbestellung ratsam)
Das Gourmetstüberl ("Usinga" ist der lateinische Name für "Gut Ising") bringt regionalen Charme und Eleganz in Einklang. Passend dazu die ambitionierte kreative Küche, die "Alpenkulinarik" verspricht - Grüße aus der Küche ergänzen das Menü. Wie wär's mit einer Weinreise?

Il Cavallo (N) – Hotel Gut Ising

Kirchberg 3 ✉ 83339 – ✆ (08667) 7 90 – www.gut-ising.de – geschl. Montag
Karte 22/43 € – *(Dienstag - Freitag nur Abendessen)*
Lust auf frische authentisch italienische Küche? Da dürfen hausgemachte Pasta und Klassiker wie Vitello Tonnato ebenso wenig fehlen wie Steinofenpizza, die vor Ihren Augen zubereitet wird. Schön die Terrasse mit Chiemsee-Blick.

Zum Goldenen Pflug – Hotel Gut Ising

Kirchberg 3 ✉ 83339 – ✆ (08667) 7 90 – www.gut-ising.de
Menü 32/40 € – Karte 33/63 €
In einem der ältesten Gasthäuser der Region schreibt man Tradition groß, ohne stehen zu bleiben. Neben Klassikern wie "Bayerischem Schweinekrustenbraten mit Dunkelbiersauce" gibt es auch Internationales. Stimmig das gemütliche Ambiente.

CHIEMSEE

Bayern Höhe 518 m – Regionalatlas **67**-N21

Berlin 660 km – München 94 km – Bad Reichenhall 57 km – Traunstein 27 km

Michelin Straßenkarte 546

Auf der Fraueninsel

Zur Linde

Hausnummer 1 ✉ 83256 Chiemsee – ✆ (08054) 903 66 – www.linde-frauenchiemsee.de

14 Zim – 78/95 € 133/178 €

Zur Linde – Siehe Restaurantauswahl

Ein Wirtshaus wie aus dem Bilderbuch und mit über 600 Jahren eines der ältesten in Bayern. Perfekter Rahmen für Hochzeiten. Besuchen Sie auch das Kloster nebenan sowie die Nachbarinsel Herrenchiemsee mit dem berühmten Schloss!

Zur Linde – Hotel Zur Linde

Hausnummer 1 ✉ 83256 Chiemsee – ✆ (08054) 903 66 – www.linde-frauenchiemsee.de – geschl. Anfang Januar - Mitte März

Karte 18/61 €

Der bayerische Gasthaus-Charme von einst ist geblieben und auch die 1000-jährige Linde steht noch im herrlichen Biergarten! Drinnen reizende traditionelle Stuben - Fensterplätze mit Blick zum See! Spezialität ist Fisch aus dem Chiemsee.

CLAUSTHAL-ZELLERFELD

Niedersachsen – 12 780 Ew. – Höhe 560 m – Regionalatlas **29**-J10

Berlin 270 km – Hannover 99 km – Braunschweig 62 km – Göttingen 59 km

Michelin Straßenkarte 541

Harzhotel Zum Prinzen

Goslarsche Str. 20, Zellerfeld ✉ 38678 – ✆ (05323) 9 66 10 – www.zum-prinzen.de

17 Zim – 53/56 € 75 € – 2 Suiten

Im Jahre 1847 wurde das denkmalgeschützte holzverkleidete Haus erbaut. Die Gäste schätzen die sympathische Atmosphäre und die wohnlichen Zimmer in dem freundlich und familiär geführten kleinen Hotel.

Zum Harzer

Treuerstr. 6, Zellerfeld ✉ 38678 – ✆ (05323) 95 00 – www.zum-harzer.de

31 Zim – 59/79 € 75/95 € – 1 Suite – ½ P

In dem relativ ruhig in einer Seitenstraße gelegenen Haus erwarten Sie freundlich und behaglich gestaltete Zimmer in rustikalem Stil sowie Massage- und Kosmetikanwendungen. Im Hotelrestaurant speisen Sie bürgerlich, im Oberharzer Wilddieb gibt es traditionell-regionale Küche. Bar im alten Gewölbekeller.

CLOPPENBURG

Niedersachsen – 32 990 Ew. – Höhe 38 m – Regionalatlas **17**-E7

Berlin 444 km – Hannover 178 km – Bremen 65 km – Lingen 68 km

Michelin Straßenkarte 541

Schäfers Hotel

Lange Str. 66 ✉ 49661 – ✆ (04471) 24 84 – www.schaefers-hotel-cloppenburg.de

16 Zim – 59/75 € 89/99 € – ½ P

Margaux – Siehe Restaurantauswahl

In dem kleinen Hotel in der Innenstadt ist ein Geschwistertrio mit Engagement im Einsatz. Überall im Haus hübsche Dekoration wie Stoffe, warme Farben oder Bilder. Im Sommer hat man eine nette Gartenlounge. Ausflugstipp: das Freilichtmuseum in Cloppenburg. Steaks, Pasta und Snacks im locker-legeren Bistro.

Margaux – Schäfers Hotel

Lange Str. 66 ✉ 49661 – ✆ (04471) 24 84 – www.schaefers-hotel-cloppenburg.de – geschl. Januar 2 Wochen, September 2 Wochen und Montag - Dienstag

Menü 39/69 € – Karte 38/89 € – *(nur Abendessen)*

In dem modern-eleganten Restaurant wird klassisch-international gekocht und dazu gibt es eine Weinkarte mit rund 250 Positionen. Fürs Ambiente: Weinflaschen, Kissen, Kerzen und schöne Gemälde.

COBURG

Bayern – 41 030 Ew. – Höhe 292 m – Regionalatlas **50-K14**
Berlin 383 km – München 279 km – Bamberg 47 km – Bayreuth 74 km
Michelin Straßenkarte 546

Goldene Traube

Am Viktoriabrunnen 2 ✉ 96450 – ✆ (09561) 87 60 Stadtplan : A2**t**
– www.goldenetraube.com
70 Zim – 99/119 € 145/165 €
Esszimmer • ***Victoria Grill*** – Siehe Restaurantauswahl
Seit über 20 Jahren ist Familie Glauben für ihre Gäste da. Hier, in direkter Nähe des Judentores, erwarten Sie eine neuzeitlich-gediegene Lounge, Hotelbar nebst Vinothek, Zimmer in modernem oder klassischem Stil sowie Beauty & Massage.

Stadtvilla

Seifartshofstr. 10 ✉ 96450 – ✆ (09561) 2 39 93 70 Stadtplan : A1**s**
– www.stadtvilla-coburg.de
10 Zim – 93/125 € 110/159 €
Das hübsche Stadthaus von 1906 liegt in einer kleinen Seitenstraße direkt am Flüsschen Itz, zum Landestheater sind es nur zehn Minuten zu Fuß. Die Einrichtung klar und modern (schön der Parkettboden), Frühstück gibt's im lichten Wintergarten. W-Lan und Parkplätze sind gratis, Sauna gegen Gebühr.

Stadt Coburg

Lossaustr. 12 ✉ 96450 – ✆ (09561) 87 40 Stadtplan : A1**e**
– www.hotel-stadt-coburg.de
34 Zim – 94/118 € 108/138 € – 2 Suiten – ½ P
Das Backstüble – Siehe Restaurantauswahl
Mit Engagement leitet Gastgeberin Gisela Gutwill den langjährigen Familienbetrieb nahe dem Bahnhof. Die Zimmer sind zeitgemäß und elegant, die Cafébar in der Lobby bietet auch "Coffee to go".

Esszimmer – Hotel Goldene Traube

Am Viktoriabrunnen 2 ✉ 96450 – ✆ (09561) 87 60 Stadtplan : A2**t**
– www.goldenetraube.com – geschl. 12. Januar - 3. Februar, 13. - 17. Mai, 2. August - 15. September und Sonntag - Dienstag
Menü 65/125 € – *(nur Abendessen)* (Tischbestellung ratsam)
Sicher der kulinarische Hotspot der Region, dafür sorgt eine klassische Küche mit modernen Akzenten sowie reichlich Finesse und Ausdruck! Ausgesprochen stimmig und wertig die helle, elegante Einrichtung, intim die Atmosphäre. Auf der Weinkarte u. a. fränkische und tolle toskanische Weine.
➜ Hummer, Bries, Blumenkohl, Nussbutter. Taube, Bärlauch, Gurke, Aubergine. Reh, Olive, Sellerie, Gewürzsoße.

Victoria Grill – Hotel Goldene Traube

Am Viktoriabrunnen 2 ✉ 96450 – ✆ (09561) 87 60 Stadtplan : A2**t**
– www.goldenetraube.com – geschl. Sonntag - Montagmittag
Karte 35/69 €
Eine gute Adresse für Steaks und Seafood, aber auch regional-saisonale Speisen wie "Saibling mit Pilzrisotto" werden hier gekocht. Das Ambiente ist angenehm modern: klare Linien und warme Farben. Schöne Räume für Gesellschaften.

Das Backstüble – Hotel Stadt Coburg

Lossaustr. 12 ✉ 96450 – ✆ (09561) 87 4 4 44 Stadtplan : A1**e**
– www.hotel-stadt-coburg.de – geschl. 1. - 6. Januar und Sonntag sowie an Feiertagen
Karte 28/43 € – *(nur Abendessen)*
Warmes Zirbelholz und ein Ofen mit offenem Grill machen es hier schön gemütlich, während man z. B. Traditionsgerichte wie "fränkischen Sauerbraten mit Lebkuchensoße, Rotkohl und Coburger Klößen" isst. Mittags etwas kleinere Karte.

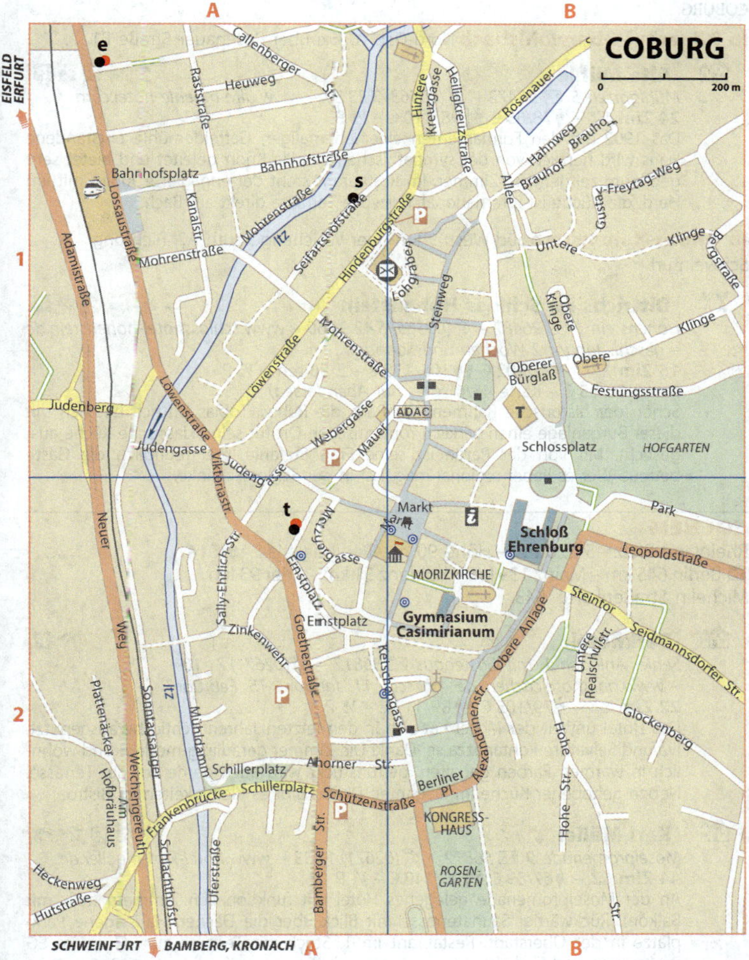

In Coburg-Lützelbuch Ost: 5 km über Seidmannsdorfer Straße B2

Gasthof und Landhaus Fink

Lützelbucher Str. 22 ✉ 96450 – ✆ (09561) 2 49 40 – www.gasthof-fink.de
34 Zim – 🚹38/54 € 🚹🚹62/83 € – ½ P
In 4. Generation betreiben Axel und Heike Fink dieses Haus. Im Gasthof wohnt man recht einfach, im Landhaus gegenüber sind die Zimmer komfortabler und haben einen Balkon. Tipp Mittwoch ist im Restaurant Schlachtschüsseltag - eine Tradition aus Metzgereizeiten!

In Rödental-Oeslau Nord-Ost: 7 km über Rosenauer Straße B1

Grosch

Oeslauer Str. 115 ✉ 96472 – ✆ (09563) 75 00 – www.der-grosch.de
44 Zim – 🚹69/84 € 🚹🚹99/114 € – ½ P
Der Gasthof von 1425 ist ein sympathischer Familienbetrieb mit Brauerei. Wer's schön modern mag, bucht ein Zimmer im Anbau (Brauhotel). In den gemütlichen Gaststuben isst man fränkisch-saisonal, besondere Spezialität unter den eigenen Bieren ist der Capreolus. Tipp: der Biergarten "Die Alm" unweit des Hotels.

In Rödental-Oberwohlsbach Nord-Ost: 10 km über Rosenauer Straße B1

Alte Mühle

Mühlgarten 5 ✉ 96472 – ☎ (09563) 7 23 80 – www.alte-muehle-hotel.com
24 Zim – 78/85 € 98/110 € – ½ P
Das 1902 auf den Fundamenten einer ehemaligen Getreidemühle entstandene Haus wird herzlich von der sympathischen Familie Knorr geleitet und bietet sehr gepflegte zeitgemäße Zimmer. Im Restaurant steht der engagierte Junior mit am Herd, die Küche ist international. Reizvolle Terrasse direkt am Bach.

In Ahorn-Hohenstein Süd-West: 9 km über Weichengereuth A2, Richtung Schweinfurt

Dittrichs im Schloss Hohenstein

Hohenstein 1 ✉ 96482 – ☎ (09565) 5 42 95 60 – www.schlosshotel-hohenstein.de – geschl. Januar 2 Wochen und Sonntag
15 Zim – 72/102 € 105/135 € – 3 Suiten – ½ P
Menü 50/85 € – Karte 45/66 € – *(nur Abendessen)*
Schön der historische Rahmen, der Park, die Ruhe... Tobias Dittrich hat sich mit dieser Burganlage einen wirklich romantischen Ort für seine klassische Küche ausgesucht. Mit von der Partie ist seine Frau Stefanie, die freundlich die Gäste betreut. Wer es lieber regional mag, isst in der Schlossschänke.

COCHEM

Rheinland-Pfalz – 5 220 Ew. – Höhe 90 m – Regionalatlas **46**-C14
Berlin 645 km – Mainz 139 km – Koblenz 51 km – Trier 93 km
Michelin Straßenkarte 543

Parkhotel

Sehler Anlagen 1, mit Gästehaus ✉ 56812 – ☎ (02671) 71 10 – www.parkhotelcochem.de – geschl. 11. Januar - 15. Februar
22 Zim – 79/105 € 89/115 € – ½ P
Das Hotel unweit der Mosel hat sich in den letzten Jahren richtig herausgeputzt, Iva und Salvatore Fontanazza sei Dank! Die Zimmer geradlinig-modern und wohnlich in warmen Farben gehalten, gefrühstückt wird auch gerne auf der Terrasse. Neben gehobener Küche im eleganten Divino gibt es Kleinigkeiten im Bistro.

Karl Müller

Moselpromenade 9 ✉ 56812 – ☎ (02671) 13 33 – www.hotel-karl-mueller.de
44 Zim – 67/89 € 96/140 € – ½ P
An der Moselpromenade gelegenes Hotel mit funktionellen Zimmern (teils mit Balkon). Rückwärtig: Saunaterrasse mit Blick über die Dächer. Hauseigene Parkplätze in der Oberstadt. Restaurant im 1. Stock mit Terrasse zum Fluss, im EG Bar-Lounge und Eisdiele.

Cochemer Jung

Moselpromenade 2 ✉ 56812 – ☎ (02671) 60 52 20 – www.cochemer-jung.de
31 Zim – 71/100 € 104/160 € – ½ P
Das Niedrigenergiehaus - gleich neben dem Schwesterhotel Karl Müller - bietet moderne Zimmer in frischem Grün oder Rot (letztere zur Mosel hin!). Im Bistro bekommt man internationale Gerichte, auf der Café-Terrasse beobachtet man das Treiben auf der Promenade.

Lohspeicher

Obergasse 1 ✉ 56812 – ☎ (02671) 39 76 – www.lohspeicher.de – geschl. März - April 1 Woche und Sonntag - Montag, Mittwoch, Freitag
10 Zim – 70/90 € 90/195 €
Menü 35/79 € – *(nur Abendessen)* (Tischbestellung ratsam)
Über eine schmale Gasse am Rathaus erreicht man das ehemalige Speichergebäude von 1832. Gemütliches Ambiente, freundlicher Service und die saisonalen Menüs von Ingo Beth. Tiefgarage 200 m oberhalb. Individuelle, geschmackvolle Gästezimmer.

In Cochem-Cond

Thul
Brauselaystr. 27 ✉ 56812 – ✆ (02671) 91 41 50 – www.hotel-thul.de
– geschl. Dezember - Februar
23 Zim – 59/77 € 92/156 € – ½ P
Ein tipptopp gepflegtes Haus mit wohnlich gestalteten Gästezimmern, das dank seiner erhöhten Lage eine wunderschöne Aussicht auf Cochem und Mosel bietet.

In Cochem-Sehl

Keßler-Meyer
Am Reilsbach 10 ✉ 56812 – ✆ (02671) 9 78 80 – www.hotel-kessler-meyer.de
46 Zim – 80/145 € 100/200 € – 3 Suiten – ½ P
Sie mögen's ruhig und mit Aussicht? Hier wohnen Sie oberhalb der Mosel in schönen zeitgemäßen Zimmern - wie wär's z. B. mit einer Turm-Maisonette? Gönnen Sie sich auch wohltuende Anwendungen in der "WellnessVilla" nebenan! Wer zum Essen kommt, kann z. B. im netten Wintergarten Platz nehmen.

Klasen
Sehler Anlagen 8 ✉ 56812 – ✆ (02671) 76 01 – www.weinhaus-klasen.de
– geschl. Mitte November - Anfang April
11 Zim – 55/65 € 88/104 € – ½ P
Direkt an der Mosel finden Sie dieses familiengeführte Hotel mit seinen gepflegten und praktischen Gästezimmern, die alle über einen Balkon verfügen. Restaurant mit bürgerlichem Angebot.

Haus Erholung
Moselpromenade 64 ✉ 56812 – ✆ (02671) 75 99 – www.haus-erholung.de
– geschl. 15. November - 2. Februar
10 Zim – 60/88 € 88/112 € – 2 Suiten
Ein kleiner Familienbetrieb mit funktionalen Zimmern, die sich im rückwärtig gelegenen Haus befinden - alle mit Balkon. Frühstücken kann man u. a. im Wintergarten mit Moselblick.

CÖLBE – Hessen ➜ Siehe Marburg

COESFELD

Nordrhein-Westfalen – 35 820 Ew. – Höhe 80 m – Regionalatlas **26-C9**
Berlin 513 km – Düsseldorf 105 km – Nordhorn 73 km –
Münster (Westfalen) 38 km
Michelin Straßenkarte 543

Freiberger im Gasthaus Schnieder-Bauland
Sirksfeld 10, Nord-West: 2 km ✉ 48653 – ✆ (02541) 39 30 – www.restaurant-freiberger.de
– geschl. Februar 2 Wochen, Juli - August 1 Woche und Montag - Dienstag
Menü 28 € (mittags)/58 € – Karte 25/70 €
In einem netten roten Ziegelsteinhaus in ruhiger Lage empfängt Sie Patron Benedikt Freiberger. Die Küche ist regional, durchweg schmackhaft und unkompliziert, von Münsterländer Kalbstöttchen bis zum Westfälischen Sauerbraten. Oder lassen Sie sich von den 7 - 12 Gängen des aufwändigen Gabelmenüs überraschen!

COLMBERG

Bayern – 1 950 Ew. – Höhe 450 m – Regionalatlas **49-J17**
Berlin 498 km – München 225 km – Nürnberg 64 km –
Rothenburg o.d. Tauber 18 km
Michelin Straßenkarte 546

Burg Colmberg
Burg 1 ✉ 91598 – ✆ (09803) 9 19 20 – www.burg-colmberg.de – geschl. Februar
26 Zim – 55/130 € 99/185 €
Hier oben in toller Aussichtslage mischt sich rund 1000-jährige Burgtradition in das wohnliche Hotelambiente - da kann man sich fast ein bisschen als Burgherr/-frau fühlen! Die Zimmer sind schön gemütlich, teils sogar historisch und gespeist wird in den Burgstuben, der Remise oder im Wintergarten - im Sommer lockt natürlich die sonnige Terrasse. Tipp für Heiratslustige: der imposante Rittersaal!

COTTBUS

Brandenburg – 99 920 Ew. – Höhe 70 m – Regionalatlas **34**-R10
Berlin 129 km – Potsdam 146 km – Dresden 104 km – Frankfurt (Oder) 80 km
Michelin Straßenkarte 542

Radisson BLU

Vetschauer Str. 12 ✉ 03048 – ✆ (0355) 4 76 10 – www.radissonblu.de/hotel-cottbus
233 Zim – 🚹68/98 € 🚹🚹78/108 € – ☕ 15 € – 8 Suiten – ½ P
In ein Geschäftszentrum integriertes Hotel mit gediegener Atmosphäre, der Bahnhof praktischerweise gleich vis-à-vis. Einige Zimmer sowie der Freizeitbereich in der 9. Etage bieten eine schöne Sicht.

CRAILSHEIM

Baden-Württemberg – 32 830 Ew. – Höhe 414 m – Regionalatlas **56**-I17
Berlin 528 km – Stuttgart 114 km – Nürnberg 102 km – Würzburg 112 km
Michelin Straßenkarte 545

Post-Faber

Lange Str. 2 ✉ 74564 – ✆ (07951) 96 50 – www.postfaber.de
56 Zim ☕ – 🚹82/92 € 🚹🚹102/112 € – 1 Suite – ½ P
Familie Weber investiert immer wieder in ihr Haus, das nett am Anfang der Fußgängerzone liegt. Die Zimmer sind individuell geschnitten und zeitgemäß gestaltet, die im Gästehaus sind etwas einfacher. Das Restaurant wird durch das gemütliche Post-Stüble ergänzt - hier wie dort serviert man Regionales mit internationalen Einflüssen.

In Crailsheim-Westgartshausen Süd-Ost: 5 km

Zum Hirsch

Westgartshausener Hauptstr. 16 ✉ 74564 – ✆ (07951) 9 72 00 – www.stirn-hotel.de
24 Zim ☕ – 🚹55 € 🚹🚹85 €
Die ruhige Lage im Dorf, freundliche Gastgeber, eine hübsche Empfangshalle und gepflegte Zimmer mit allem, was man so braucht... kurzum eine gute familiäre Adresse! Vis-à-vis das Restaurant "Hirschgarten" in einem schön restaurierten Fachwerkhaus a. d. 18. Jh., dazu ein netter Biergarten. Gekocht wird regional.

CREUSSEN

Bayern – 4 840 Ew. – Höhe 442 m – Regionalatlas **51**-L15
Berlin 367 km – München 222 km – Coburg 83 km – Bayreuth 13 km
Michelin Straßenkarte 546

Im Gärtlein

Im Gärtlein 1 ✉ 95473 – ✆ (09270) 6 50 – www.im-gaertlein.de
11 Zim ☕ – 🚹34 € 🚹🚹56 € – ½ P
Hier wohnt man im Gästehaus einer direkt beim Sportplatz gelegenen bürgerlichen Gaststätte. Die Zimmer freundlich und funktional, günstig die Lage zwischen Pegnitz und Bayreuth.

CRIMMITSCHAU

Sachsen – 19 400 Ew. – Höhe 238 m – Regionalatlas **42**-N13
Berlin 262 km – Dresden 114 km – Gera 39 km – Leipzig 72 km
Michelin Straßenkarte 544

Villa Vier Jahreszeiten

Gabelsbergerstr. 12 ✉ 08451 – ✆ (03762) 7 59 81 10 – www.villa-vierjahreszeiten.de
9 Zim ☕ – 🚹99/112 € 🚹🚹127/137 € – 1 Suite
Wer das stilvolle Flair der aufwändig restaurierten Fabrikantenvilla (1903-1906 erbaut) für sich entdeckt hat, wird gerne wieder herkommen. Das Anwesen ist schon ein Schmuckstück und alles andere als "von der Stange"! Im öffentlichen Vital Center (1 Gehminute entfernt und ebenfalls von den Hotelbesitzern geleitet) kann man Körper und Seele etwas Gutes tun.

CRIVITZ

Mecklenburg-Vorpommern – 4 950 Ew. – Höhe 40 m – Regionalatlas **12**-L5
Berlin 194 km – Schwerin 20 km – Parchim 24 km – Wismar 61 km
Michelin Straßenkarte 542

Waldschlösschen

Schweriner Chaussee 8, West: 5 km, über B 321 Richtung Schwerin ✉ 19089 – ✆ (03863) 5 43 00 – www.waldschloesschen-mv.de

18 Zim – 70/78 € 90 € – 2 Suiten – ½ P

Das familiär geleitete kleine Hotel steht am Waldrand in verkehrsgünstiger Lage nahe Schwerin. Hübsch ist das Hochzeitszimmer. Auch Kosmetikanwendungen werden angeboten. Restaurant mit Wintergarten und Terrasse zum Garten mit Teich.

CUXHAVEN

Niedersachsen – 48 330 Ew. – Höhe 2 m – Regionalatlas **9**-G4
Berlin 421 km – Hannover 222 km – Bremerhaven 43 km – Hamburg 130 km
Michelin Straßenkarte 541

In Cuxhaven-Duhnen Nord-West: 6 km über Strichweg

Strandperle

Duhner Strandstr. 15, Zufahrt über Am Wattenweg ✉ 27476 – ✆ (04721) 4 00 60 – www.strandperle-hotels.de

65 Zim – 105/145 € 151/180 € – 16 Suiten – ½ P

Das Hotel sieht nicht nur von außen aus wie ein Kreuzfahrtdampfer, auch innen steht alles unter dem Motto Seefahrt, viele kleine Details unterstreichen das maritime Flair. Einige Zimmer sowie der Ruhebereich des Spa bieten Meerblick. Internationale Küche im Restaurant nebst Terrasse an der Promenade.

Badhotel Sternhagen

Cuxhavener Str. 86 ✉ 27476 – ✆ (04721) 43 40 – www.badhotel-sternhagen.de – geschl. 20. November - 21. Dezember

39 Zim – 170/215 € 190/280 € – 9 Suiten – ½ P

Sterneck ✿✿ • ***Panorama-Restaurant Schaarhörn*** • ***Ekendöns*** – Siehe Restaurantauswahl

Herzlich wird man in dem seit über 50 Jahren bestehenden Familienbetrieb umsorgt, traumhaft die Lage direkt hinter dem Deich, toll der Blick auf die Nordsee und dazu ein umfassendes Spa-Angebot, das auf Meerwasser setzt (Meerwasser-Thermen, Thalasso...). Was wünscht man sich mehr von einem Ferienhotel?

Strandhotel Duhnen

Duhner Strandstr. 5 ✉ 27476 – ✆ (04721) 40 30 – www.kamp-hotels.de

95 Zim – 71/203 € 127/218 € – 3 Suiten – ½ P

Seit seiner Eröffnung 1896 wächst das traditionsreiche Hotel mit den Ansprüchen der Gäste, wird schöner und geht mit der Zeit. Toll die Lage an der Strandpromenade, komfortabel die Ausstattung, vielfältig der 600 qm große "Levitas Wellspa" sowie die Gastronomie: Restaurant "Vier Jahreszeiten" zum Wattenmeer, Bistro "Kamp's", Bierpub "Störtebeker" sowie "Lido Bar".

Sterneck – Badhotel Sternhagen

✿✿

Cuxhavener Str. 86 ✉ 27476 – ✆ (04721) 43 40 – www.badhotel-sternhagen.de – geschl. 13. November - 21. Dezember, 3. - 17. April und Montag - Mittwoch

Menü 65 € (vegetarisch)/165 € – *(nur Abendessen, sonntags auch Mittagessen)*

Der visuelle Genuss, den die große Fensterfront offenbart (wunderbar der Blick auf Nordsee und Wattenmeer!), findet sein kulinarisches Pendant in drei beeindruckenden Menüs: Klassische Küche trifft auf kreative Elemente, klar und sehr exakt. Kompetenter Service, auch in Sachen Wein (540 Gewächse).

➜ Langostino mit Rauchaal, Kürbis, Yuzu. Steinbutt, Sepia, Rote Bete, Kiwi. Dunkle Schokolade, Quitten, Passionsfrucht, Kaffee.

XXX **Panorama-Restaurant Schaarhörn** – Badhotel Sternhagen

Cuxhavener Str. 86 ✉ 27476 – ✆ (04721) 43 40 – www.badhotel-sternhagen.de – geschl. 20. November - 21. Dezember
Menü 35/63 € – Karte 48/54 €
In hanseatisch-elegantem Ambiente lässt man sich bei einem schönen Ausblick aufs Wattenmeer klassische norddeutsche Küche mit internationalen Einflüssen servieren. Tipp für nachmittags: Kuchen aus der hauseigenen Konditorei!

X **Ekendöns** – Badhotel Sternhagen

Cuxhavener Str. 86 ✉ 27476 – ✆ (04721) 43 40 – www.badhotel-sternhagen.de – geschl. 20. November - 21. Dezember
Karte 37/54 € – *(nur Abendessen)*
300 Jahre alte Eichenbalken eines norddeutschen Bauernhauses, ein schmucker Kachelofen..., da kommt sofort Gemütlichkeit auf. Passend dazu gibt's herzhafte regionale Hausmannkost wie Kartoffelsuppe, Nordseekrabben, Kohlroulade, Rote Grütze!

In Cuxhaven-Sahlenburg West: 10 km über Westerwischweg

Wattenkieker

Am Sahlenburger Strand 27 ✉ 27476 – ✆ (04721) 20 00 – www.wattenkieker.de – geschl. Ende November - Anfang Februar
22 Zim – †59/125 € ††79/169 €
Das familiengeführte Hotel hat einen Logenplatz am Strand. Jedes der Gästezimmer verfügt über einen Balkon, die meisten bieten direkten Meerblick. Restaurantterrasse zur See.

Muschelgrund

Muschelgrund 1 ✉ 27476 – ✆ (04721) 20 90 – www.muschelgrund.de – geschl. November - Februar
20 Zim – †51/97 € ††70/130 €
Sympathisch leitet Familie Finck das kleine Hotel mit gutem Preis-Leistungs-Verhältnis. Tipptopp gepflegte Zimmer, eine moderne Lounge in warmen Tönen und ein leckeres Frühstück.

In Cuxhaven-Döse

Moin!

Steinmarner Str. 83 ✉ 27476 – ✆ (04721) 66 48 22 – www.moin.info
56 Zim – †69/119 € ††99/159 € – 4 Suiten – ½ P
Warum das Hotel so beliebt ist? Hier ist alles tipptopp gepflegt, die Einrichtung freundlich und zeitgemäß, das Frühstückbuffet ist toll, die Mitarbeiter sind herzlich, und auch in Sachen Wellness bietet man so einiges!

DACHAU

Bayern – 45 630 Ew. – Höhe 505 m – Regionalatlas **65**-L20
Berlin 583 km – München 19 km – Augsburg 54 km – Landshut 72 km
Michelin Straßenkarte 546

Central

Münchner Str. 46a ✉ 85221 – ✆ (08131) 564 0 – www.hotel-central-dachau.de
46 Zim – †73/145 € ††88/195 €
Das Hotel liegt zentral an einer Kreuzung, hat einen netten Empfangsbereich mit kleinem Salon, zeitgemäße, wohnliche Zimmer und einen hübschen lichten Frühstücksraum. Geschäftsreisende sind hier gerne zu Gast.

In Dachau-Webling Nord-West: 2 km – 45 630 Ew.

XX **Schwarzberghof**

Augsburger Str. 105 ✉ 85221 – ✆ (08131) 33 80 60 – www.schwarzberghof.eu – geschl. Montag
8 Zim – †70/109 € ††99/149 € Karte 20/47 €
Ein prima Team: Claus Brummer in der Küche, seine Frau Nicole im Service - von ihr kommt auch die stimmige Deko, die zusammen mit dem hellen Holz die Gaststube schön behaglich macht. Die regionale Karte bietet Schmackhaftes wie "Braten vom bayerischen Weideochsen", dazu Tagesempfehlungen.

In Bergkirchen-Günding West: 3 km, Richtung Fürstenfeldbruck

Forelle

Brucker Str. 16 ✉ 85232 – ✆ (08131) 5 67 30 – www.hotel-forelle-dachau.de – geschl. Ende Dezember - Anfang Januar
20 Zim – 72/105 € 85/120 € – 2 Suiten
Hier bleibt man am Ball und kann seinen Gästen hübsche Zimmer bieten. Die Chefin hat ein Faible für schöne Betten, die in allen Räumen unterschiedlich sind. Dazu kommen frische Farbakzente!

In Bergkirchen-Unterbachern Nord-West: 5 km

Gasthaus Weißenbeck

Ludwig-Thoma-Str. 56 ✉ 85232 – ✆ (08131) 7 25 46 – www.weissenbeck.de – geschl. Montag - Dienstag
Menü 19 € (mittags unter der Woche)/36 € (vegetarisch) – Karte 27/52 € – (abends Tischbestellung ratsam)
Lauter zufriedene Gesichter! Kein Wunder, denn Mutter und Tochter Weißenbeck kochen richtig gut und preislich fair! Am Wochenende lockt leckerer Braten die Gäste in das gemütliche Wirtshaus! Mittags ist die Karte etwas reduziert.

DAHLEM

Nordrhein-Westfalen – 4 180 Ew. – Höhe 500 m – Regionalatlas **35-B14**
Berlin 655 km – Düsseldorf 113 km – Köln 79 km – Mainz 196 km
Michelin Straßenkarte 543

In Dahlem-Kronenburg Süd-West: 7,5 km Richtung Trier über die B 51 und Baasem

Schlosshotel Burghaus Kronenburg

Burgbering 2 ✉ 53949 – ✆ (06557) 90 19 00 – www.burghaus-kronenburg.de
20 Zim – 80/90 € 115/125 € – 15 €
Culinari – Siehe Restaurantauswahl
Unterhalb der Burgruine liegt das schöne Anwesen von 1766, beschaulich schon die Zufahrt durch die enge historische Gasse. Familie Peters hat jede Menge Herzblut in das Hotel gesteckt - das sieht man nicht zuletzt an den romantischen Zimmern (zwei mit eigener Sauna)! Und versäumen Sie nicht, in der Ruhe des alten Burgdorfs vom Freibad aus den Blick über die Eifel schweifen zu lassen!

Culinari – Schlosshotel Burghaus Kronenburg

Burgbering 2 ✉ 53949 – ✆ (06557) 9 01 73 88 – www.restaurnat-culinari.de – geschl. Dienstag - Mittwoch
Menü 59/89 € – Karte 51/76 € – *(nur Abendessen)*
Im Restaurant kocht Nada Miskovic für Sie internationale Gerichte mit klassischer Basis (so z. B. "gegrillte Jakobsmuscheln an Wakame-Salat, Safranschaum und Meeresfrüchteravioli"), während Sie unter einer hübschen Stuckdecke sitzen und ein wahres Kulturerbe bestaunen: den Querschnitt einer Römerstraße!

DAHN

Rheinland-Pfalz – 4 450 Ew. – Höhe 210 m – Regionalatlas **53-D17**
Berlin 698 km – Mainz 143 km – Karlsruhe 57 km – Saarbrücken 82 km
Michelin Straßenkarte 543

Pfalzblick

Goethestr. 1 ✉ 66994 – ✆ (06391) 40 40 – www.pfalzblick.de
71 Zim – 85/99 € 139/169 € – 1 Suite – ½ P
Schöne Ferien in ruhiger Waldrandlage: beste Wanderbedingungen und Spa auf über 1000 qm samt Panorama-Ruheraum, dazu die im Preis inbegriffene 3/4-Vitalpension. Im A-la-carte-Restaurant speist man international und regional und genießt den Blick von der Terrasse. Für Weinliebhaber: moderne Vinothek.

In Bruchweiler-Bärenbach Süd-Ost: 6 km über B 427 Richtung Bad Bergzabern, dann rechts ab

Landhaus Felsengarten

Gartenstr. 78 ✉ 76891 – ✆ (06394) 16 61 – www.hotel-felsengarten.de – geschl. November 2 Wochen, über Weihnachten
10 Zim – 50/52 € 74/86 € – 1 Suite
Herzliche Gastgeber, wohnliche Zimmer (benannt nach Bergen und Felsen der Umgebung), Frühstück im Wintergarten, auf Wunsch Massagen, dazu die fairen Preise... Und auch die Lage stimmt: ruhig und ideal für (Rad-) Wanderer, schön der Garten.

DAMME

Niedersachsen – 16 470 Ew. – Höhe 63 m – Regionalatlas **17-E8**
Berlin 416 km – Hannover 114 km – Bielefeld 89 km – Bremen 98 km
Michelin Straßenkarte 541

Lindenhof Hotel Tepe

Osterdammer Str. 51 ✉ 49401 – ✆ (05491) 9 71 70 – www.lindenhof-hotel-tepe.de
35 Zim – 85/95 € 130/150 € – 2 Suiten – ½ P
Lindenhof Hotel Tepe – Siehe Restaurantauswahl
Der Sohn der Gastgeber, Innenarchitekt und Künstler, hat beim Interieur des Hauses mitgewirkt. Zimmer teils mit Balkon, ganz modern sind die im Neubau. Gratis W-Lan im öffentlichen Bereich.

Lindenhof Hotel Tepe – Lindenhof Hotel Tepe

Osterdammer Str. 51 ✉ 49401 – ✆ (05491) 9 71 70 – www.lindenhof-hotel-tepe.de – geschl. Anfang Januar 1 Woche, Juli - August 2 Wochen und Sonntagabend
Menü 20 € (mittags)/26 € – Karte 27/58 €
Ein altes Sofa aus Omas Zeiten fügt sich wunderbar in ein Sammelsurium unterschiedlicher, liebevoll arrangierter Dinge, die ein behagliches und stimmiges Gesamtbild ergeben. Es gibt internationale und saisonale Küche sowie eine Tageskarte.

DAMSHAGEN

Mecklenburg-Vorpommern – 1 250 Ew. – Höhe 20 m – Regionalatlas **11-K4**
Berlin 241 km – Schwerin 38 km – Lübeck 35 km – Rostock 87 km
Michelin Straßenkarte 542

In Damshagen-Parin Süd-Ost: 5 km

Gutshaus Parin

Wirtschaftshof 1 ✉ 23948 – ✆ (03881) 75 68 90 – www.gutshaus-parin.de
30 Zim – 64/125 € 88/195 € – ½ P
Das hat Charme: Ein altes Gutshaus wurde hier mit Geschmack und Sinn für ökologische Materialien in ein reizendes Hotel verwandelt - ein Ort der Ruhe in einem kleinen Dorf! Wählen Sie ihr Zimmer: "Erde", "Wasser", "Himmel", "Sonne". In der Küche arbeitet man viel mit Produkten aus der eigenen Landwirtschaft.

DANNENBERG

Niedersachsen – 8 150 Ew. – Höhe 12 m – Regionalatlas **20-K6**
Berlin 223 km – Hannover 137 km – Schwerin 80 km – Lüneburg 51 km
Michelin Straßenkarte 541

Marschtor

Marschtorstr. 43 ✉ 29451 – ✆ (05861) 98 36 10 – www.daasch.de
7 Zim – 49/59 € 69/79 €
Die freundlichen Gastgeber schaffen in ihrem kleinen Hotel in einer Häuserzeile in der Altstadt eine sehr persönliche Atmosphäre. Es stehen nette helle Zimmer bereit.

DANNENFELS – Rheinland-Pfalz → Siehe Kirchheimbolanden

DARMSTADT

Hessen – 147 930 Ew. – Höhe 144 m – Regionalatlas **47-F15**

Berlin 569 km – Wiesbaden 44 km – Frankfurt am Main 36 km – Mannheim 50 km

Michelin Straßenkarte 543

WELCOME

Karolinenplatz 4 ✉ 64289 – ✆ (06151) 3 91 40 Stadtplan : C2**c**

– www.welcome-hotels.com

202 Zim – 145/275 € 155/285 € – 19 € – 6 Suiten – ½ P

Eine zeitgemäße Businessadresse neben Kongresszentrum und Schloss. Man bietet eine großzügige Lobby und teilweise besonders komfortable Zimmer. Eine Terrasse mit Blick ins Grüne ergänzt das Restaurant Herrngarten. Bistro Moller mit Empore und Bar.

friends Darmstadt Mathildenhöhe

Spessartring 53 ✉ 64287 – ✆ (06151) 39 15 50 Stadtplan : D1**f**

– www.hotel-friends-darmstadt.de – geschl. 28. Dezember - 3. Januar

22 Zim – 98/148 € 108/158 € – 13 €

Die Fassade ist nicht sonderlich hübsch, muss sie aber auch nicht sein, denn hier zählen innere Werte! Die Philosophie: "Freunde gewinnen und behalten" - und das gelingt mit schönen, individuell designten Zimmern, z. B. "Afrika", "Asien"...

Darmstadt

Grafenstr. 31 ✉ 64283 – ✆ (06151) 2 81 00 Stadtplan : B2**e**

– www.hotel-darmstadt.bestwestern.de – geschl. 23. Dezember - 2. Januar

77 Zim – 89/169 € 104/203 €

Engagiert leiten Vater und Sohn das zeitgemäße Haus. Genießen Sie Ihr Frühstück auf der schönen Dachterrasse! Vorteil für Autofahrer: Das Hotel ist in ein Parkhaus mitten im Zentrum integriert! Eine ideale Adresse für Businessgäste.

Weißer Schwan

Frankfurter Landstr. 190, über Frankfurter Straße B1 ✉ 64291

– ✆ (06151) 37 17 02 – www.weisser-schwan.com

20 Zim – 56/58 € 78/93 € – 8 €

Weißer Schwan – Siehe Restaurantauswahl

Gepflegt übernachten kann man hier, und zwar in praktischen und zeitgemäßen Zimmern, die teilweise für Familien geeignet sind. Auch für Feste und Veranstaltungen hat man die passenden Räumlichkeiten.

Donnersberg

Donnersbergring 38 ✉ 64295 – ✆ (06151) 3 10 40 Stadtplan : B3**t**

– www.hotel-donnersberg.de – geschl. 23. Dezember - 8. Januar

18 Zim – 45/100 € 79/120 € – 7 €

Am Donnersbergring nahe der Innenstadt finden Sie das kleine Hotel, das sehr freundlich und persönlich geführt wird und gepflegte, solide Zimmer bietet. Aufenthaltsraum mit Kaffee-/Teebar.

Orangerie

Bessunger Str. 44 ✉ 64285 – ✆ (06151) 3 96 64 46 Stadtplan : C3**b**

– www.orangerie-darmstadt.de

Menü 48/89 € – Karte 42/61 €

Im schönen Orangerie-Park in der Innenstadt steht das historische Gebäude mit lichtem, elegantem Interieur. Bei dieser Lage ist natürlich die Terrasse sehr begehrt! Geboten wird mediterrane Küche aus guten Produkten.

Daniela´s Trattoria Romagnola

Heinrichstr. 39 ✉ 64283 – ✆ (06151) 2 01 59 Stadtplan : B3**a**

– www.trattoria-romagnola.de – geschl. Samstagmittag - Sonntag

Menü 48/85 € – Karte 43/81 €

Seit über 30 Jahre steht die sympathische Chefin am Herd, unterstützt von ihrem Sohn. Probieren Sie die hausgemachte Pasta oder den Klassiker "Kalbsrücken Daniela Art"! Haben Sie die charmante Terrasse mit der historischen Mauer gesehen?

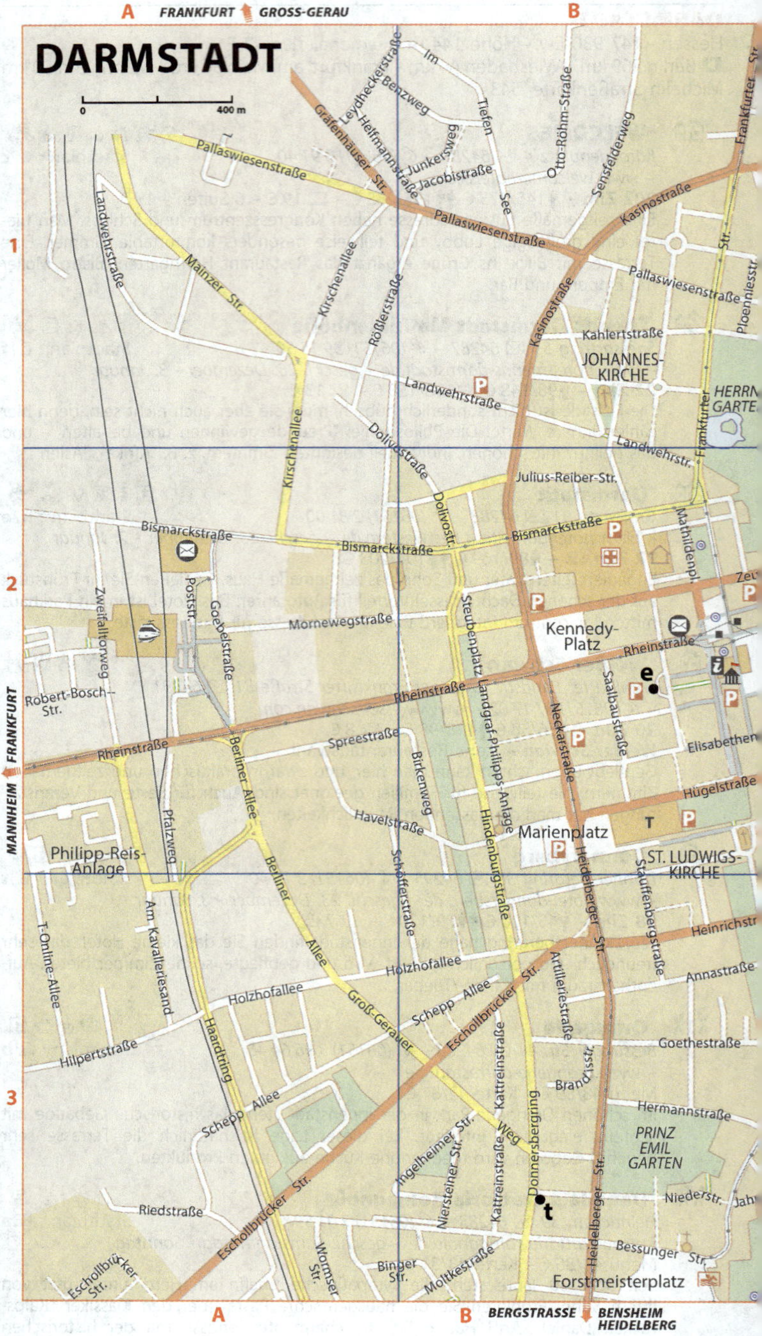
DARMSTADT
A
B
FRANKFURT
GROSS-GERAU
MANNHEIM
FRANKFURT
BERGSTRASSE
BENSHEIM
HEIDELBERG
1
2
3
0
400 m
JOHANNES-
KIRCHE
Kennedy-
Platz
Marienplatz
ST. LUDWIGS-
KIRCHE
Philipp-Reis-
Anlage
PRINZ
EMIL
GARTEN
Forstmeisterplatz
Pallaswiesenstraße
Landwehrstraße
Mainzer Str.
Kirschenallee
Rößlerstraße
Dolivostraße
Bismarckstraße
Mornewegstraße
Rheinstraße
Spreestraße
Havelstraße
Berliner Allee
Holzhofallee
Hilpertstraße
Riedstraße
Haardtring
Eschollbrücker Str.
Schepp Allee
Groß-Gerauer Weg
Steubenplatz
Hindenburgstraße
Neckarstraße
Heidelberger Str.
Kasinostraße
Kahlertstraße
Julius-Reiber-Str.
Frankfurter Str.
Mathildenpl.
Saalbaustraße
Elisabethen
Hügelstraße
Heinrichstr
Annastraße
Goethestraße
Hermannstraße
Niederstr.
Bessunger Str.
Donnersbergring
Kattreinstraße
Moltkestraße
Binger Str.
Wormser Str.
Niersteiner Str.
Ingelheimer Str.
Artilleriestraße
Stauffenbergstraße
Schöfferstraße
Birkenweg
Poststr.
Goebelstraße
Zweifalltorweg
Robert-Bosch-Str.
Pfalzweg
Am Kavalleriesand
T-Online-Allee
Gräfenhäuser Str.
Leydheckerstraße
Helfmannstraße
Benzweg
Junkersweg
Jacobistraße
Tiefen See
Otto-Röhm-Straße
Sensfelderweg
Landgraf-Philipps-Anlage
Brandisstr.
e
t
T
P

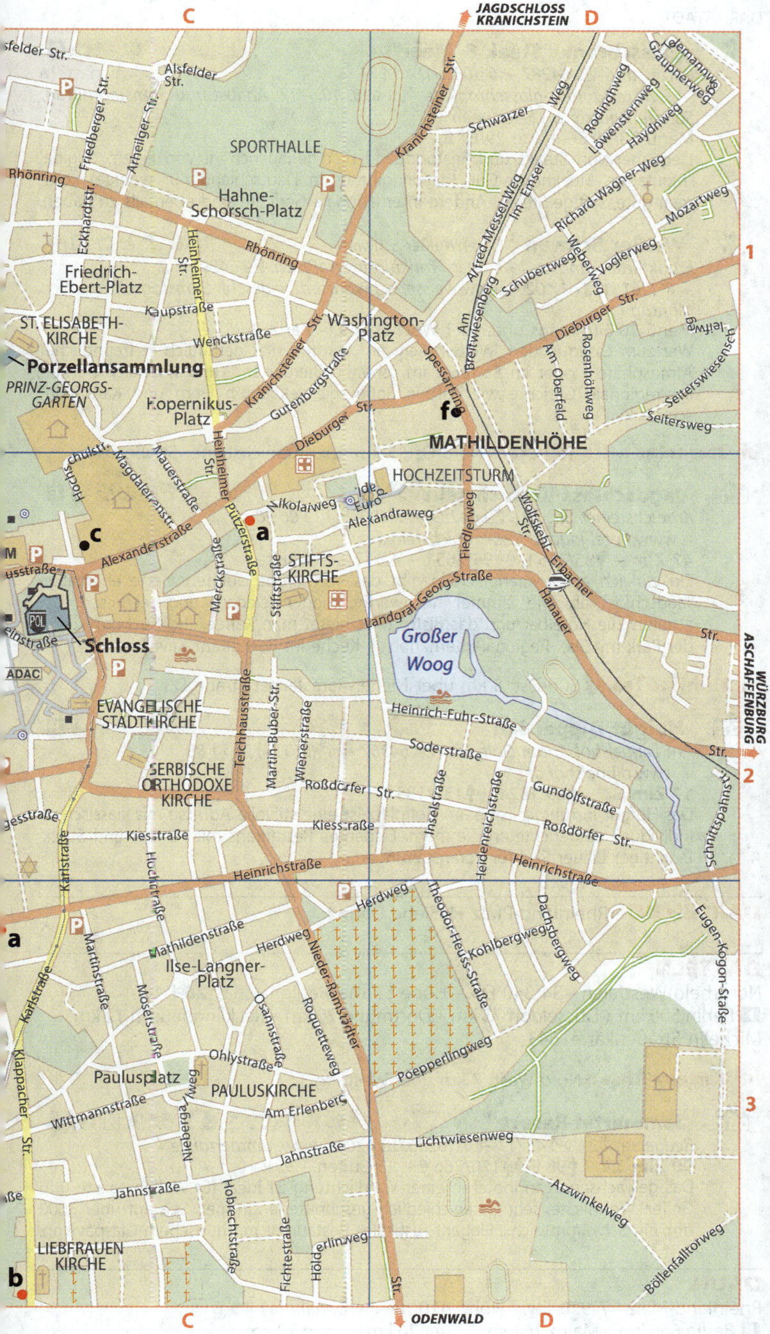
JAGDSCHLOSS KRANICHSTEIN
C
D
1
2
3
WÜRZBURG ASCHAFFENBURG
ODENWALD
SPORTHALLE
Hahne-Schorsch-Platz
Rhönring
Friedrich-Ebert-Platz
ST. ELISABETH-KIRCHE
Porzellansammlung
PRINZ-GEORGS-GARTEN
Kopernikus-Platz
Washington-Platz
MATHILDENHÖHE
HOCHZEITSTURM
STIFTS-KIRCHE
Schloss
Großer Woog
EVANGELISCHE STADTKIRCHE
SERBISCHE ORTHODOXE KIRCHE
Ilse-Langner-Platz
Paulusplatz
PAULUSKIRCHE
LIEBFRAUEN KIRCHE
ADAC
Kranichsteiner Str.
Dieburger Str.
Alexanderstraße
Landgraf-Georg-Straße
Heinrichstraße
Nieder-Ramstädter Str.
Karlstraße
Heinheimer Str.
Teichhausstraße
Roßdörfer Str.
Erbacher Str.
Hanauer Str.
Heinrich-Fuhr-Straße
Soderstraße
Lichtwiesenweg
Atzwinkelweg
Böllenfalltorweg
Eugen-Kogon-Straße
Klappacher Str.
Mathildenstraße
Spessartring
Alfred-Messel-Weg
Richard-Wagner-Weg
Seitersweg
a
b
c
f

Glasschrank "Steak & Meer"

Pützerstr. 6 ✉ 64287 – ✆ (06151) 4 14 71 Stadtplan : C2**a**
– www.restaurant-glasschrank.de – geschl. 10. - 17. August und Samstagmittag, Sonntag ausser an Feiertagen
Menü 28/90 € – Karte 29/87 €
Liebhaber von Steaks und Seafood sind hier genau richtig! Von einem original "Montague"-Steakhouse-Grill (davon gibt es in Deutschland nur wenige) kommen gute, saftige Steaks! Andere internationale Gerichte sind ebenfalls zu haben.

Weißer Schwan – Hotel Weißer Schwan

Frankfurter Landstr. 190, über Frankfurter Straße B1 ✉ 64291 – ✆ (06151) 37 17 02 – www.weisser-schwan.com – geschl. Samstagmittag, Montag
Menü 10 € (mittags unter der Woche)/46 € – Karte 26/51 €
Wer zum Essen in den "Weißen Schwan" kommt, sitzt gemütlich in freundlicher Atmosphäre - oder im Sommer im schönen Biergarten - und lässt sich bürgerlich-regionale Gerichte wie "Grüne Soße mit gekochten Eiern und Kartoffeln" schmecken.

In Darmstadt-Kranichstein Nord-Ost: 5 km über Kranichsteiner Straße D1

Jagdschloss Kranichstein

Kranichsteiner Str. 261 ✉ 64289 – ✆ (06151) 13 06 70 – www.hotel-jagdschloss-kranichstein.de
47 Zim – 85/265 € 95/265 € – 17 € – 1 Suite
Ein wirklich ansprechendes Bild gibt das von Grund auf renovierte ehemalige Jagdschloss ab! Die Zimmer hochwertig, modern-elegant und technisch top, attraktiv die Hotelbar und das Bistro (hier bietet man Kaffee und Kuchen), schön der Park mit See. Regional-internationale Küche im Restaurant Kavaliersbau.

In Mühltal-Traisa Süd-Ost: 5 km über Nieder-Ramstädter-Straße D3

Hofgut Dippelshof

Am Dippelshof 1, am Golfplatz ✉ 64367 – ✆ (06151) 91 71 88 – www.dippelshof.de
17 Zim – 89/132 € 132/185 €
Das Hofgut in ruhiger Lage am Golfplatz ist eine stilvolle Adresse mit klassischen, individuell eingerichteten Zimmern. Elegantes Restaurant mit Parkett und Stuck. Prächtiger Blauer Saal für Veranstaltungen.

DARSCHEID – Rheinland-Pfalz → Siehe Daun

DATTELN

Nordrhein-Westfalen – 34 340 Ew. – Höhe 52 m – Regionalatlas **26-D10**
Berlin 500 km – Düsseldorf 73 km – Dortmund 20 km – Recklinghausen 12 km
Michelin Straßenkarte 543

In Datteln-Ahsen Nord-West: 7 km über Westring

Jammertal-Resort

Redderstr. 421 ✉ 45711 – ✆ (02363) 37 70 – www.jammertal.de
90 Zim – 98 € 170/266 € – 15 Suiten – ½ P
Das gewachsene Landhotel in einer Waldlichtung ist ideal für Wellnessgäste und Golfer. Wohnliche, sehr unterschiedlich geschnittene Zimmer, Spa auf über 3000 qm, ein Schwimmteich... Elegant-rustikales Restaurant mit hübschem Glaspavillon.

DAUN

Rheinland-Pfalz – 7 970 Ew. – Höhe 410 m – Regionalatlas **45-B14**
Berlin 666 km – Mainz 161 km – Trier 76 km – Bonn 79 km
Michelin Straßenkarte 543

Kurfürstliches Amtshaus Dauner Burg

Burgfriedstr. 28 ✉ 54550 – ✆ (06592) 92 50 – www.daunerburg.de – geschl. 3. - 28. Januar

27 Zim ☕ – †75/95 € ††144/165 € – 1 Suite – ½ P

Graf Leopold ✿ – Siehe Restaurantauswahl

Auf der einstigen Burg im Zentrum "wacht" seit vielen Jahren Familie Probst und kümmert sich herzlich um ihre Gäste. Wussten Sie, dass Sie hier auf einem erloschenen vulkanischen Berg nächtigen? Und zwar in individuellen, klassisch-stilvollen Zimmern. Für Ihre Entspannung gibt es einen hübschen kleinen Spa.

Panorama

Rosenbergstr. 26 ✉ 54550 – ✆ (06592) 93 40 – www.hotelpanorama.de – geschl. 11. Februar - 11. März

26 Zim ☕ – †70/85 € ††126/154 € – ½ P

Mit Engagement leiten die Schneiders ihr Haus seit über 30 Jahren - alles ist tipptopp gepflegt, sehr schön die Lage am Hang. Buchen Sie ein Zimmer mit Sicht über Daun! Oder genießen Sie lieber Waldblick? Die Zimmer sind geschmackvoll und wertig, alle mit Balkon, dazu Wellness und Beauty und internationale Küche im Restaurant samt kleinem Wintergarten und Terrasse.

Graf Leopold – Hotel Kurfürstliches Amtshaus Dauner Burg

Burgfriedstr. 28 ✉ 54550 – ✆ (06592) 92 50 – www.daunerburg.de – geschl. 3. - 28. Januar und Montag - Dienstag

Menü 64/128 € – Karte 61/35 € – *(nur Abendessen)* (Tischbestellung ratsam)

In dem stilvoll-eleganten Restaurant (schön der historische Rahmen) versteht man es, einen modernen Küchenstil mit klassischen Einflüssen umzusetzen, und das mit Finesse, geschmacklichem Ausdruck und auf Basis erstklassiger Produkte.

➜ Kaisergranat und Kokosnuss, Ingwer, gebratenes Tortellini. Ente, Kohlrabi, Kirsche, Mohn. Holunder, Dinkel, weiße Schokolade.

In Schalkenmehren Süd-Ost: 6 km, in Gemünden links ab

Michels Landidyll

St.-Martin-Str. 9 ✉ 54552 – ✆ (06592) 92 80 – www.michels-wohlfuehlhotel.de

49 Zim ☕ – †80/87 € ††136/182 € – 1 Suite – ½ P

Hier sollten Sie frühzeitig buchen, vor allem am Wochenende! Warum das gewachsene familiär geführte Landhotel so gefragt ist? Da wären zum einen schöne Zimmer in wohnlichem Landhausstil, zum anderen "Michels VitalQuell" auf 1000 qm sowie das gemütliche Restaurant, nicht zu vergessen der Reiz der Maare...

Schneider am Maar

Maarstr. 22 ✉ 54552 – ✆ (06592) 9 55 10 – www.hotelschneider.de – geschl. 20. - 25. Dezember

21 Zim ☕ – †40/52 € ††55/65 € – ½ P

Seit 1868, inzwischen in 5. Generation, wird das Haus familiär geführt. Das Zimmerangebot reicht vom Standardzimmer bis zum geräumigen Appartement mit Küche und tollem Maarblick - zum Maar hat man übrigens einen eigenen Zugang. Und gastronomisch? Da gibt es bürgerlich-regionale Küche und hausgebackenen Kuchen. Fleisch und Geflügel kommen aus eigener Zucht, auch Apfelsaft stellt man selbst her.

In Darscheid Nord-Ost: 6 km über B 257

Kucher's Gourmet

Karl-Kaufmann-Str. 2 ✉ 54552 – ✆ (06592) 6 29 – www.kucherslandhotel.de – geschl. 3. - 28. Januar und Sonntagabend - Dienstag

14 Zim ☕ – †50/65 € ††101/120 € – ½ P

Menü 35/55 € – Karte 31/64 € – *(Mittwoch - Samstag nur Abendessen)*

Neben der ambitionierten klassischen Küche von Martin Kucher dreht sich hier alles um das Thema Wein - auch eine Leidenschaft von ihm! Wem das Studieren der über 1300 Positionen umfassenden Weinkarte (darunter einige Mosel-Raritäten) zu mühsam ist, kann getrost den Empfehlungen von Heidi Kucher folgen. Das Restaurant hat übrigens ein geschmackvolles neues Gesicht bekommen und auch die schönen wohnlich-individuellen Gästezimmer können sich sehen lassen.

Kucher's Weinwirtschaft ☺ – Siehe Restaurantauswahl

Kucher's Weinwirtschaft – Restaurant Kucher's Gourmet
Karl-Kaufmann-Str. 2 ✉ 54552 – ✆ (06592) 6 29 – www.kucherslandhotel.de – geschl. 3. - 28. Januar und Sonntagabend - Dienstagmittag
Menü 35/55 € – Karte 32/64 €
Charmant kommt die "Weinwirtschaft" daher mit ihren unterschiedlichen antiken Tischen und Stühlen, der hübschen Deko und der fast familiären Atmosphäre. Seit jeher gibt es hier "Saure Nieren mit Bratkartoffeln" - ein Klassiker, der treue Anhänger hat! Für die regional-saisonale Küche wird generell nur Fleisch aus der Eifel verarbeitet.

DEDELEBEN

Sachsen-Anhalt – 7 500 Ew. – Höhe 98 m – Regionalatlas **30-K9**
Berlin 223 km – Magdeburg 79 km – Braunschweig 45 km
Michelin Straßenkarte 542

WESTERBURG Süd-West: 3,5 km

Wasserschloß Westerburg
Westerburg 34 ✉ 38836 – ✆ (039422) 95 50 – www.hotel-westerburg.de
55 Zim – 90/130 € 140/198 € – 2 Suiten – ½ P
Einzigartig, romantisch und wie gemacht für Hochzeiten! In der ältesten Wasserburg Deutschlands (im 8. Jh. Stützpunkt von Karl dem Großen) finden sich natürlich hier und da auch Antiquitäten. Eindrucksvolles gotisches Gewölbe im Restaurant. Terrasse am Wassergraben mit Blick in den Park.

DEDELSTORF – Niedersachsen ➜ Siehe Hankensbüttel

DEGGENDORF

Bayern – 31 860 Ew. – Höhe 314 m – Regionalatlas **59-O18**
Berlin 563 km – München 144 km – Passau 51 km – Landshut 74 km
Michelin Straßenkarte 546

Höttl
Luitpoldplatz 22, Zufahrt über Lateinschulgasse ✉ 94469 – ✆ (0991) 3 71 99 60 – www.hoettl.de
43 Zim – 60/78 € 92/95 € – 1 Suite – ½ P
In dem gepflegten historischen Stadthaus in zentraler Lage stehen wohnliche Zimmer mit mediterranem Touch bereit. W-Lan bietet man kostenlos. Rustikale Gaststube mit regionstypischer Karte. Terrasse vor dem Haus und im Hinterhof.

La padella
Rosengasse 7 ✉ 94469 – ✆ (0991) 55 41 – www.la-padella.eu – geschl. Sonntag - Montag
Menü 33 € (abends) – Karte 29/39 € – (Tischbestellung ratsam)
Schon seit 1987 ist Christine Grill Gastgeberin und Küchenchefin in dem freundlichen Restaurant im Kulturviertel. Sie bietet Ihnen saisonal beeinflusste Küche - oder wie wär's mit einem gemütlichen Frühstück?

In Deggendorf-Natternberg Süd-West: 6 km, jenseits der A 3

Burgwirt
Deggendorfer Str. 7 ✉ 94469 – ✆ (0991) 3 00 45 – www.hotel-burgwirt.de – geschl. August
30 Zim – 60/80 € 85/100 € – 5 Suiten – ½ P
Das Hotel der Familie Bornschlegl liegt (praktisch für alle, die es aktiv mögen) am Donau-Radweg. Die Zimmer sind freundlich und warm gestaltet, im Gästehaus in klaren, modernen Formen, im Haupthaus etwas klassischer. Das Restaurant: von ländlich mit Kachelofen bis neuzeitlich-gediegen im Wintergarten.

DEGGENHAUSERTAL

Baden-Württemberg – 4 070 Ew. – Höhe 544 m – Regionalatlas **63-H21**
Berlin 728 km – Stuttgart 144 km – Konstanz 33 km – Ravensburg 20 km
Michelin Straßenkarte 545

In Deggenhausertal-Limpach

Mohren

Kirchgasse 1 ✉ 88693 – ✆ (07555) 93 00 – www.biohotel-mohren.de – geschl. 7. Januar - 5. Februar
32 Zim – †75/140 € ††120/170 € – ½ P
Mohren – Siehe Restaurantauswahl
Schön wohnt man in dem ehemaligen Gutshof in ruhiger Lage. Die Zimmer sind überwiegend in ansprechendem modern-ländlichem Stil gehalten, zum Frühstück gibt es ein gutes Buffet und für Entspannung sorgt der hochwertige Spabereich.

Mohren – Hotel Mohren

Kirchgasse 1 ✉ 88693 – ✆ (07555) 93 00 – www.biohotel-mohren.de – geschl. 7. Januar - 5. Februar und Montag - Dienstag
Menü 26/42 € – Karte 21/53 €
Hier werden nur biozertifizierte Produkte verwendet und regional zubereitet, dafür sorgt Chef Jürgen Weizenegger. Er steht selbst am Herd und bereitet für Sie Klassiker wie hausgemachte Maultaschen oder Cordon bleu zu.

In Deggenhausertal-Roggenbeuren

Landhotel Krone

Lindenplatz 2 ✉ 88693 – ✆ (07555) 9 22 90 – www.hotel-krone-roggenbeuren.de
47 Zim – †65/72 € ††104/110 €
Ein familiär geführtes Haus mit soliden, praktisch und freundlich gestalteten Gästezimmern. Zur Entspannung werden auch Massage- und Kosmetikbehandlungen angeboten. Zum Restaurant gehört eine hübsche Terrasse hinterm Haus.

In Deggenhausertal-Wittenhofen

Landhotel Adler

Roggenbeurer Str. 2 ✉ 88693 – ✆ (07555) 2 02 – www.landhotel-adler.de – geschl. Mitte Februar - Anfang März 2 Wochen, Ende November 2 Wochen
22 Zim – †58 € ††90 € – ½ P
Der traditionsreiche Landgasthof im Zentrum hat sehr gepflegte Zimmer zu bieten, teils mit Marmorbädern - immer wieder wird hier investiert. Außerdem kann man in einer gemütlichen Gaststube oder auf der netten Terrasse regional essen und auch die Kegelbahn ist noch in Betrieb.

DEIDESHEIM

Rheinland-Pfalz – 3 710 Ew. – Höhe 117 m – Regionalatlas **47-E16**
Berlin 645 km – Mainz 88 km – Mannheim 31 km – Kaiserslautern 39 km
Michelin Straßenkarte 543

Ketschauer Hof

Ketschauerhofstr. 1 ✉ 67146 – ✆ (06326) 7 00 00 – www.ketschauer-hof.com
17 Zim – †195 € ††230 € – 1 Suite
L.A. Jordan ✿ • ***Bistro 1718*** – Siehe Restaurantauswahl
Hotel, Restaurants, Eventlocation - all das vereint das ehemalige Bassermann-Jordan-Weingut. Modernste Technik und exklusives Design vermitteln einen Hauch Luxus, ebenso der kleine, aber feine Spa, ganz zu schweigen vom tollen A-la-carte-Frühstück! Kelterhaus für Veranstaltungen, Kochatelier für Kochkurse.

Deidesheimer Hof

Am Marktplatz 1 ✉ 67146 – ✆ (06326) 9 68 70 – www.deidesheimerhof.de – geschl. 1. - 11. Februar
24 Zim – †105/145 € ††150/195 € – 21 € – 4 Suiten – ½ P
Schwarzer Hahn ✿ • ***St. Urban*** – Siehe Restaurantauswahl
Größtes Engagement legt Familie Hahn hier an den Tag, und das bereits seit 1971! Stetige Investitionen zeigen sich in geschmackvollen und wohnlich-eleganten Zimmern, tollen Veranstaltungsorten vom Kellergewölbe bis zum Gartenhaus sowie in Tagungsräumen mit Niveau.

Kaisergarten Hotel & Spa

Weinstr. 12 ✉ 67146 – ✆ (06326) 70 00 77 – www.kaisergarten-deidesheim.com
85 Zim – 🚹105/175 € 🚹🚹140/220 € – ☕ 19 € – 8 Suiten
Hippo – Siehe Restaurantauswahl
Für Wochenendurlauber, Business- und Tagungsgäste gleichermaßen interessant ist das Hotel im Herzen des historischen Weinstädtchens mit seiner wertigen chic-modernen Einrichtung.

Steigenberger

Am Paradiesgarten 1 ✉ 67146 – ✆ (06326) 97 00 – www.deidesheim.steigenberger.de
123 Zim ☕ – 🚹89/169 € 🚹🚹119/199 € – ½ P
Das Hotel liegt am Ortsrand, Stadtpark und Weinberge schließen sich direkt an. Zahlreiche Accessoires im angloamerikanischen Stil der 30er bis 50er Jahre sind charakteristisch für das Haus. Warme Farben in den Zimmern, Restaurant mit legerem Bistro-Ambiente.

Schwarzer Hahn – Hotel Deidesheimer Hof

Am Marktplatz 1 ✉ 67146 – ✆ (06326) 9 68 70 – www.deidesheimerhof.de – geschl. 1. - 11. Februar, 6. Juli - 25. August und Sonntag - Dienstag, außer an Feiertagen
Menü 65/119 € – Karte 77/109 € – *(nur Abendessen)* (Tischbestellung ratsam)
Das schöne Gewölberestaurant mitten in dem hübschen Weinort ist nicht ohne Grund überregional bekannt! Klassische Küche wird hier gekonnt mit modernen, kreativen Elementen kombiniert, gelungen die Kontraste. Fachlich versierter Service samt guter Weinberatung.
→ Blumenkohl Tajine, Salzzitrone, Ingwer, geräucherte Mandel. Geangelter Loup de mer aus der Salzkruste mit Brandade. Jungschweineschulter à la Vinaigrette, Flusskrebse, Morcheln, Radieschen.

L.A. Jordan – Hotel Ketschauer Hof

Ketschauerhofstr. 1 ✉ 67146 – ✆ (06326) 7 00 00 – www.ketschauer-hof.com – geschl. 1. Januar - 1. Februar und Sonntag - Montag
Menü 70/135 € – Karte 81/95 € – *(nur Abendessen) (Mai - September: Donnerstag - Samstag auch Mittagessen)*
Das Restaurant hat einen neuen Namen und ein Facelift bekommen: stilvoll, modern und angenehm leger ist es hier, und das passt schön zur kontrastreichen kreativ-internationalen Küche und zum charmant-lockeren und gleichermaßen professionellen Service. Sehr gut die Weinberatung.
→ "Carbonara", Eigelb, Schinken, Royal Kaviar und Parmesan. Schwarzer Seehecht geflämmt, Aubergine, Kapuzinerkresse und Seeigelnage. "Verkohltes Rind", Trüffel und Teriyaki.

Gasthaus zur Kanne

Weinstr. 31 ✉ 67146 – ✆ (06326) 9 66 00 – www.gasthauszurkanne.de – geschl. 1. - 10. Januar und Montag - Dienstag
Menü 29/65 € – Karte 33/54 €
Engagiert die Gastgeber, charmant das Ambiente, gut die Küche - da hat das historische Gasthaus im Ortskern natürlich viele Stammgäste. Die regionalen Speisen gibt es auch als "Kannen-5x5", bestehend aus fünf kleinen Überraschungsgängen. Schöne Auswahl an Pfälzer Weinen.

St. Urban – Hotel Deidesheimer Hof

Am Marktplatz 1 ✉ 67146 – ✆ (06326) 9 68 70 – www.deidesheimerhof.de – geschl. 1. - 11. Februar
Menü 35/55 € – Karte 35/53 €
In den behaglichen Restaurantstuben spürt man den traditionellen Charme eines regionalen Landgasthofs, trinkt heimische Weine und lässt sich gut zubereitete Klassiker servieren, darunter "Grosse Pièce", aber auch Pfälzer Gerichte wie "Zander mit Rieslingrahmkraut & Blutwurst".

Hippo – Kaisergarten Hotel & Spa
Weinstr. 12 ✉ 67146 – ✆ (06326) 70 00 77 – www.kaisergarten-deidesheim.com – geschl. Sonntag - Montag
Karte 38/63 €
Stilvoll-geradliniges Interieur in hellen, warmen Naturtönen, dazu angenehm legerer Service und international-mediterrane Gerichte. Aus der einsehbaren offenen Küche kommt z. B. "gebratener Seeteufel mit Gemüse-Escabeche und Kartoffel-Oliven-Mousseline". Lecker auch die Pizza.

Leopold
Weinstr. 10 ✉ 67146 – ✆ (06326) 9 66 88 88 – www.von-winning.de – geschl. 25. Januar - 16. Februar
Menü 45 € – Karte 30/55 €
Aufwändig saniert, ist der ehemalige Pferdestall des Weinguts von Winning heute ein schön modernes und hochgradig beliebtes Restaurant. Ansprechend der Mix aus internationaler Küche (z. B. Wagyu Beef) und Pfälzer Spezialitäten wie "Milchkalbsnierchen mit Senfsauce". Ideal auch für Hochzeiten.

Restaurant fumi N
Im Kathrinenbild 1, im Weingut Biffar ✉ 67146 – ✆ (06326) 7 00 12 10 – www.josef-biffar.de – geschl. Januar und Montag - Dienstag,
Menü 43/65 € – Karte 32/46 € – *(Mittwoch - Freitag nur Abendessen)*
Im Weingut Josef Biffar hat sich ein kleines japanisches Restaurant etabliert. Authentisch die Küche, von Sushi und Sashimi bis hin zu Gerichten wie "gegrilltem Aal mit Teriyaki-Sauce". Dazu empfiehlt man hauseigene Weine.

Bistro 1718 – Hotel Ketschauer Hof
Ketschauerhofstr. 1 ✉ 67146 – ✆ (06326) 7 00 00 – www.ketschauer-hof.com
Karte 28/59 €
Mit dem trendig-lebendigen Bistro bietet der Ketschauer Hof eine nette, legere Alternative zum "L.A. Jordan". Probieren Sie von den schmackhaften regional-mediterranen Gerichten z. B. "Zweierlei vom Iberico-Schwein mit Graupenragout"

DELBRÜCK

Nordrhein-Westfalen – 30 830 Ew. – Höhe 100 m – Regionalatlas **27-F10**
Berlin 432 km – Düsseldorf 171 km – Bielefeld 52 km – Paderborn 16 km
Michelin Straßenkarte 543

Waldkrug
Graf-Sporck-Str. 34 ✉ 33129 – ✆ (05250) 9 88 80 – www.waldkrug.de
49 Zim – 88/99 € 136/152 € – ½ P
Seit 1901 wird das Hotel von der Familie geführt - man ist engagiert und immer wieder wird investiert! Die Zimmer sind geräumig, teilweise besonders wohnlich gestaltet und mit Parkettboden ausgestattet. Englisches Flair in der Kamin-Lobby, gemütlich-gediegene Atmosphäre im Restaurant im Stammhaus.

DELITZSCH

Sachsen – 25 010 Ew. – Höhe 96 m – Regionalatlas **31-N11**
Berlin 162 km – Dresden 116 km – Leipzig 23 km
Michelin Straßenkarte 544

In Delitzsch-Schenkenberg Nord-West: 2,5 km

Schenkenberger Hof
Hofegasse 3 ✉ 04509 Delitzsch-Schenkenberg – ✆ (034202) 73 00 – www.schenkenberger-hof.de – geschl. 21. - 27. Dezember
26 Zim – 53/59 € 73/79 € – ½ P
Eine persönlich-familiäre Adresse in ruhiger Ortsrandlage, umgeben von Gärten. Alles ist tipptopp gepflegt, die praktisch ausgestatteten Zimmer (samt Bädern) wurden aufgefrischt. Tipp: Das nahegelegene Fitnessstudio nutzen Sie kostenfrei.

DELMENHORST

Niedersachsen – 73 590 Ew. – Höhe 7 m – Regionalatlas **17-F6**
Berlin 403 km – Hannover 136 km – Bremen 17 km – Oldenburg 37 km
Michelin Straßenkarte 541

Goldenstedt

Urselstr. 18 ✉ 27751 – ✆ (04221) 99 89 60 – www.hotel-goldenstedt.de – geschl. 23. Dezember - 1. Januar
35 Zim – 55/65 € 79/91 € – 7 €
Viele Stamm- und Businessgäste kommen gerne hierher. Es wird immer wieder investiert, so hat man neben der guten Verkehrsanbindung auch sehr gepflegte und gut ausgestattete Zimmer zu bieten - fragen Sie nach den modernen Komfortzimmern!

Thomsen

Bremer Str. 186 ✉ 27751 – ✆ (04221) 97 00 – www.hotel-thomsen.de – geschl. 24. - 30. Dezember
79 Zim – 59/89 € 79/119 € – 1 Suite – ½ P
Ein gewachsenes Hotel etwas außerhalb des Zentrums mit Gästehaus vis-à-vis - hier befinden sich die Komfortzimmer (Saunanutzung gratis) und der Freizeitbereich. Die Standardzimmer sind einfach. Restaurant mit internationalem Angebot.

DENZLINGEN

Baden-Württemberg – 13 370 Ew. – Höhe 234 m – Regionalatlas **61-D20**
Berlin 802 km – Stuttgart 203 km – Freiburg im Breisgau 19 km – Offenburg 61 km
Michelin Straßenkarte 545

Rebstock-Stube

Hauptstr. 74 ✉ 79211 – ✆ (07666) 90 09 90 – www.rebstock-stube.de – geschl. Sonntag - Montag, außer an Feiertagen
Menü 32 € (mittags)/42 € – Karte 37/68 €
Bei Familie Frey stehen Vater Adolf und Sohn Axel gemeinsam am Herd. Das Ergebnis sind ambitionierte klassisch-internationale Gerichte wie "Rahmsüppchen von frischen Waldpilzen" oder "Hechtklößchen überbacken mit Hummersauce auf Blattspinat und Reis".

DERNAU

Rheinland-Pfalz – 1 760 Ew. – Höhe 125 m – Regionalatlas **36-C13**
Berlin 628 km – Mainz 153 km – Koblenz 55 km – Bonn 31 km
Michelin Straßenkarte 543

Hofgarten

Bachstr. 26 ✉ 53507 – ✆ (02643) 15 40 – www.hofgarten-dernau.de
4 Zim – 90 € 115/125 € Menü 32 € – Karte 24/53 €
Ein charmantes Restaurant in einem hübschen Fachwerkhaus, draußen der lauschige überdachte Innenhof, zudem hat man noch eine rustikale Weinstube. Auf den Tisch kommt z. B. "geschmorte Eifler Wildschweinkeule", dazu Weine vom eigenen Weingut. Für Übernachtungsgäste: schicke Zimmer und ein tolles Frühstück!

DERNBACH (KREIS SÜDLICHE WEINSTRASSE)

Rheinland-Pfalz – 460 Ew. – Höhe 219 m – Regionalatlas **47-E17**
Berlin 671 km – Mainz 112 km – Mannheim 53 km – Landau in der Pfalz 14 km
Michelin Straßenkarte 543

Dernbachtal

Am Berg 3a ✉ 76857 – ✆ (06345) 9 54 40 – www.schneider-dernbachtal.de
12 Zim – 65/72 € 99/110 €
Kein Wunder, dass man hier gerne herkommt: ruhige Hanglage, schön geräumige Zimmer mit Balkon oder Terrasse (Telefon und W-Lan gratis), sympathische Gastgeber... Und: Die leckeren selbstgemachten Marmeladen kann man für Zuhause kaufen!

Schneider

Hauptstr. 88 ✉ 76857 – ✆ (06345) 83 48
– www.schneider-dernbachtal.de – geschl. Januar 2 Wochen, Juli 1 Woche und Montag - Dienstag, September - Oktober: Montag - Dienstagmittag
Menü 29/66 € – Karte 31/58 € – (Tischbestellung ratsam)
1884 als Gaststube eröffnet und seit jeher in Familienhand. In gemütlichen freundlichen Räumen (schön auch die Terrasse hinterm Haus) kann man sich regionale Gerichte wie "Wildragout mit frischen Pilzen und Kartoffelknödeln" schmecken lassen. Freunde Pfälzer Weine kommen ebenfalls auf ihre Kosten.

DESSAU

Sachsen-Anhalt – 84 610 Ew. – Höhe 61 m – Regionalatlas **31-N10**
Berlin 122 km – Magdeburg 64 km – Leipzig 74 km – Nordhausen 140 km
Michelin Straßenkarte 542

Radisson BLU Fürst Leopold

Friedensplatz ✉ 06844 – ✆ (0340) 2 51 50
– www.radissonblu.com/hotel-dessau
204 Zim – 64/120 € 77/136 € – 2 Suiten – ½ P
Hinter der Fassade im Bauhausstil bietet das an einer Grünfläche gelegene Businesshotel eine klare, modern-funktionelle Ausstattung. Es gibt auch eine Massage- und Kosmetikabteilung. Restaurant in neuzeitlichem Stil mit großer Fensterfront.

In Dessau-Ziebigk Nord-West: 1 km

Pächterhaus

Kirchstr. 1 ✉ 06846 – ✆ (0340) 6 50 14 47
– www.paechterhaus-dessau.de – geschl. Januar 2 Wochen und Montag
Menü 40 € – Karte 31/53 €
In dem hübschen Fachwerkhaus (das älteste Haus des Stadtteils Ziebigk) sitzt man schön gemütlich in drei freundlichen, eleganten Stuben, während man sich von der charmanten Chefin mit guter internationaler Küche umsorgen lässt. Auf der Karte z. B."Kalbsroulade mit Kartoffelklößen und Rotkraut". Hinterm Haus hat man eine sehr nette weinberankte Gartenterrasse!

DETMOLD

Nordrhein-Westfalen – 73 450 Ew. – Höhe 130 m – Regionalatlas **28-G10**
Berlin 384 km – Düsseldorf 197 km – Bielefeld 27 km – Hannover 95 km
Michelin Straßenkarte 543

Detmolder Hof

Lange Str. 19 ✉ 32756 – ✆ (05231) 98 09 90
– www.detmolder-hof.de
13 Zim – 89/129 € 139/189 € – ½ P
In dem historischen Haus mitten in der Stadt erwarten Sie engagierter Service, schöne Zimmer, die wertig, stimmig und wohnlich gestaltet sind, sowie ein frisches Frühstück. Neben dem Restaurant hat man noch das Bistro und den "Unterstand" mit dem wohl ältesten Stammtisch Westfalens.

Elisabeth

Elisabethstr. 5 ✉ 32756 – ✆ (05231) 94 88 20
– www.elisabethhotel-detmold.de – geschl. 21. Dezember - 3. Januar
16 Zim – 75/80 € 85/98 €
Das kleine Hotel im Zentrum, ein Integrationsbetrieb für behinderte Menschen, verfügt über helle, freundliche Gästezimmer. Visuelle Reize bietet eine wechselnde Bilderausstellung.

DETTELBACH

Bayern – 6 880 Ew. – Höhe 200 m – Regionalatlas **49**-I15

Berlin 484 km – München 264 km – Würzburg 21 km – Ansbach 82 km

Michelin Straßenkarte 546

Himmelstoss

Bamberger Str. 3 ✉ 97337 – ✆ (09324) 47 76 – www.restaurant-himmelstoss.de – geschl. Februar 3 Wochen und Dienstag - Mittwoch

5 Zim – 55/75 € 75/95 € – ½ P Menü 39/52 € – Karte 33/43 €

In dem Winzerhaus a. d. 17. Jh. hat man es nicht nur schön gemütlich, man isst auch richtig gut hier. Da kommen auch viele Stammgäste zu leckeren regionalen Gerichten wie "geschmorter fränkischer Rinderbacke / Steckrüben / Bandnudeln". Tipp für Sommertage: der Innenhof!

DETTIGHOFEN

Baden-Württemberg – 1 100 Ew. – Höhe 488 m – Regionalatlas **62**-F21

Berlin 819 km – Stuttgart 185 km – Freiburg im Breisgau 105 km – Schaffhausen 17 km

Michelin Straßenkarte 545

Hofgut Albführen

Albführen 20, Nord: 2 km, Richtung Albführen ✉ 79802 – ✆ (07742) 9 29 60 – www.albfuehren.de – geschl. 21. Dezember - 17. Januar

23 Zim – 90 € 170 € – 2 Suiten

Wie könnte ein Hofgut mit Gestüt schöner liegen als inmitten der Natur? Herrliche Ruhe ist Ihnen hier gewiss! Neben 150 Pferden erwarten Sie hübsche individuelle Zimmer und gepflegte Außenanlagen samt Pferdekoppeln, beim Frühstück schaut man auf den Reitplatz. Im Restaurant (toll die hohe offene Decke) speist man mittags von der "Country Club"-Karte, abends gehobener.

DETTINGEN an der ERMS

Baden-Württemberg – 9 190 Ew. – Höhe 398 m – Regionalatlas **55**-H19

Berlin 678 km – Stuttgart 39 km – Reutlingen 13 km – Ulm (Donau) 61 km

Michelin Straßenkarte 545

Rößle

Uracher Str. 30/32 ✉ 72581 – ✆ (07123) 9 78 00 – www.hotel-metzgerei-roessle.de – geschl. 24. - 27. Dezember

28 Zim – 45/105 € 98/135 € – ½ P

Ein charmantes Hotel in einem schönen Fachwerkhaus von 1864. Hier übernachtet man in gepflegten zeitgemäßen Zimmern - fragen Sie nach den zwei besonders modernen! Das gute Frühstück gibt's im Sommer im Innenhof! Das gemütlich-rustikale Restaurant bietet Regionales - vieles kommt aus der eigenen Metzgerei.

DEUDESFELD

Rheinland-Pfalz – 380 Ew. – Höhe 440 m – Regionalatlas **45**-B14

Berlin 688 km – Mainz 181 km – Trier 57 km – Bitburg 28 km

Michelin Straßenkarte 543

Zur Post

Hauptstr. 8 ✉ 54570 – ✆ (06599) 8 66 – www.hotelzurpost-deudesfeld.de

25 Zim – 41/44 € 76/88 € – ½ P

Bereits in der 3. Generation wird der erweiterte ländliche Gasthof als Familienbetrieb geleitet. Man bietet zeitgemäße, wohnliche Zimmer und einen großen Garten. Rustikales Restaurant und urige Bierstube.

DIEKHOLZEN – Niedersachsen ➜ Siehe Hildesheim

DIERHAGEN

Mecklenburg-Vorpommern – 1 510 Ew. – Höhe 1 m – Regionalatlas **5**-N3

Berlin 248 km – Schwerin 122 km – Rostock 35 km – Stralsund 57 km

Michelin Straßenkarte 542

In Dierhagen-Strand West: 2 km

Strandhotel Fischland

Ernst-Moritz-Arndt-Str. 6 ✉ 18347 – ✆ (038226) 5 20
– www.strandhotel-ostsee.de
66 Zim – 190/360 € 240/415 € – 8 Suiten – ½ P
Ostseelounge • ***Marktplatzrestaurant*** – Siehe Restaurantauswahl
Diese Anlage am Meer hinter den Dünen ist ein engagiert geführtes Ferienhotel mit Appartementhäusern. Wohnlich-elegante Zimmer (meist mit Seesicht), großer Spa und Dachterrasse. Tennisfreunde kommen drinnen wie draußen auf ihre Kosten. Und auch die kleinen Gäste fühlen sich hier wohl dank Kinderfrühstück, Betreuung etc. Halbpension ist im Preis inbegriffen.

Ostseelounge – Strandhotel Fischland

Ernst-Moritz-Arndt-Str. 6 ✉ 18347 – ✆ (038226) 5 20
– www.strandhotel-ostsee.de – geschl. Januar - März und Montag - Dienstag
Menü 68/115 € – *(nur Abendessen)* (Tischbestellung ratsam)
Hier ist der Name Programm. Der Blick auf die Ostsee ist umwerfend, die Einrichtung loungig und "cosy" - im Winter mit loderndem Kamin. Dazu gibt's moderne, innovative Küche voller Finessen, toll abgerundet durch sehr interessante Weinempfehlungen und entspannte Atmosphäre.
→ Meerforelle mit Miso gebeizt und Taschenkrebs, grüner Spargel, Rharbarber, Melone. Jacobsmuschel mit Soja mariniert und geflämmt, Eichelschwein, Papaya, Kürbis, Buchenpilze. Island Schellfisch in brauner Butter confiert, flüssige Erbse, Kokosmilch, Stabmuschel.

Marktplatzrestaurant – Strandhotel Fischland

Ernst-Moritz-Arndt-Str. 6 ✉ 18347 – ✆ (038226) 5 20
– www.strandhotel-fischland.de
Menü 45/59 € – Karte 32/63 €
Abends nach einem herrlichen Strandtag oder mittags zum Lunch ist das lichtdurchflutete Restaurant mit Wintergarten die ideale Rückzugsinsel. Serviert werden Gerichte mit mediterranen Einflüssen.

In Dierhagen-Neuhaus West: 1,5 km

Strandhotel Dünenmeer

Birkenallee 20, über Ernst-Moritz-Arndt Straße ✉ 18347 – ✆ (038226) 50 10
– www.strandhotel-ostsee.de
65 Zim – 224/298 € 276/350 € – 25 € – 16 Suiten – ½ P
Dünen und Strand haben Sie hier unmittelbar vor der Tür! Und dieser wunderbaren Lage hat man gelungen Rechnung getragen: Der Spa bietet Meerblick, zur Düne hin das verglaste Restaurant samt Terrasse, von der tollen Außensauna gelangt man direkt zum Strand und von den meisten der modern-eleganten Zimmer genießt man den Sonnenuntergang! HP inklusive.

DIESSEN am AMMERSEE

Bayern – 10 150 Ew. – Höhe 544 m – Regionalatlas **65-K21**
Berlin 635 km – München 55 km – Garmisch-Partenkirchen 62 km – Landsberg am Lech 22 km
Michelin Straßenkarte 546

Seefelder Hof

Alexander-Koester-Weg 6 ✉ 86911 – ✆ (08807) 10 22 – www.seefelder-hof.de
– geschl. 23. Dezember - 6. Februar
25 Zim – 74/118 € 95/169 € – ½ P
Nicht weit vom See liegt dieser Familienbetrieb mit unterschiedlich gestalteten Zimmern. Fragen Sie nach den neuzeitlichen - gepflegt sind aber auch die einfacheren. Nett sitzt man bei bürgerlicher Küche in der behaglichen Gaststube.

In Dießen-Riederau Nord: 4 km

XX **Seehaus**

Seeweg-Süd 22 ✉ 86911 – ✆ (08807) 73 00 – www.seehaus.de
Menü 35/55 € – Karte 30/40 € – *(Oktober - April: Montag - Donnerstag nur Abendessen)*
Sehr schön sitzt man in dem gemütlichen Restaurant, in dem sich Familie Houillot und ihr Team freundlich um die Gäste kümmern. Die traumhafte Lage am See genießt man am besten auf der Terrasse. Zeitgemäße internationale Küche.

DIETENHOFEN

Bayern – 5 550 Ew. – Höhe 353 m – Regionalatlas **50**-J17
Berlin 473 km – München 201 km – Nürnberg 37 km – Ansbach 17 km
Michelin Straßenkarte 546

Moosmühle

Mühlstr. 12 ✉ 90599 – ✆ (09824) 95 90 – www.hotel-moosmuehle.de
30 Zim – 59/72 € 85 € – ½ P
Recht ruhig, tipptopp gepflegt und wohnlich ist es bei Familie Eberhardt. Man kommt zum Tagen, zum Tennisspielen oder um den Naturpark Frankenhöhe zu erkunden, dabei schläft man in behaglichen Landhausszimmern und genießt am Morgen ein frisches Frühstück! Im Restaurant und auf der sonnigen Terrasse bietet man saisonale und regionale Küche, am ersten und zweiten Sonntag im Monat gibt es Brunch.

DIETERSHEIM – Bayern ➜ Siehe Neustadt an der Aisch

DIETMANNSRIED

Bayern – 7 830 Ew. – Höhe 682 m – Regionalatlas **64**-J21
Berlin 684 km – München 112 km – Kempten (Allgäu) 14 km – Memmingen 25 km
Michelin Straßenkarte 546

In Probstried Nord-Ost: 4 km, jenseits der A 7

XX **Landhaus Weller**

Wohlmutser Weg 2 ✉ 87463 – ✆ (08374) 2 32 40 90 – www.landhaus-weller.de – geschl. Montag - Dienstag
9 Zim – 58/98 € 99/160 €
Menü 39 € (mittags)/86 € – Karte 47/63 € – (Tischbestellung ratsam)
Nicht nur zum Essen eine gute Adresse: Im gediegen-ländlichen Restaurant erwartet Sie die schmackhafte zeitgemäße Küche von Jürgen Weller (ein schönes Beispiel ist der Lammrücken mit Bohnenallerlei und Thymianjus), die man auch auf der hübsch bepflanzten Terrasse zu sich nehmen kann. Wer nicht gleich wieder losfahren möchte, übernachtet in äußerst gepflegten Zimmern.

DILLENBURG

Hessen – 23 610 Ew. – Höhe 232 m – Regionalatlas **37**-E13
Berlin 546 km – Wiesbaden 100 km – Gießen 48 km – Arnsberg 115 km
Michelin Straßenkarte 543

Bartmann's Haus

Untertor 1 ✉ 35683 – ✆ (02771) 26 56 10 – www.bartmannshaus.de
26 Zim – 82/92 € 119/129 €
Bartmann's Haus – Siehe Restaurantauswahl
Man wird hier wirklich freundlich betreut und bekommt so manche Aufmerksamkeit geboten. Umfangreich und gut das Frühstück, und vielleicht noch einen Müsliriegel für unterwegs? Modern die Zimmer, am wohnlichsten sind die drei Juniorsuiten!

XX **Bartmann's Haus** – Hotel Bartmann's Haus

Untertor 1 ✉ 35683 – ✆ (02771) 78 51 – www.bartmannshaus.de – geschl. Montagmittag, Dienstagmittag

Menü 49/79 € – Karte 35/54 € – (abends Tischbestellung ratsam)

In dem kleinen Fachwerkhaus neben dem Hotel sitzt man in gemütlichen Stuben und lässt sich freundlich-charmant mit der guten Küche von Patron Ralf Dörr umsorgen, und die gibt's z. B. als "gebratenen Dorschrücken mit Butterkartoffelstampf" oder als Menü "Tradition/Innovation". Tipp: Eintopf am Samstag!

DILLINGEN (SAAR)

Saarland – 20 190 Ew. – Höhe 182 m – Regionalatlas **45**-B16

Berlin 730 km – Saarbrücken 33 km – Saarlouis 5 km – Trier 62 km

Michelin Straßenkarte 543

XX **La Bécasse**

Berckheimstr. 1 ✉ 66763 – ✆ (06831) 6 01 47 – www.la-becasse.de – geschl. über Fasnacht 1 Woche, Juli - August 2 Wochen und Sonntagabend - Dienstag, Samstagmittag

Menü 39/79 €

Nach Stationen in Frankreich Schottland und England hat der aus dem Périgord stammende Gastgeber Fabrice Bertrand nun im Saarland seine Zelte aufgeschlagen und bietet hier in elegantem Ambiente klassische Küche. Angeschlossen das Bistro "Chez Fabrice". Immer im Programm: das "Menu du Pêre Igord" als Erinnerung an seine Heimat.

DILLINGEN an der DONAU

Bayern – 18 090 Ew. – Höhe 433 m – Regionalatlas **56**-J19

Berlin 545 km – München 108 km – Augsburg 51 km – Nürnberg 121 km

Michelin Straßenkarte 546

Convikt

Konviktstr. 9 ✉ 89407 – ✆ (09071) 7 91 30 – www.stadthotel-convikt.de

41 Zim – †54/97 € ††89/119 € – ½ P

Convikt – Siehe Restaurantauswahl

Relativ ruhig liegt der ehemalige Brauereigasthof mit Hotelanbau in der Innenstadt. Die Zimmer in Alt- und Neubau sind unterschiedlich in der Größe und zeitgemäß eingerichtet.

XX **Convikt** – Hotel Convikt

Konviktstr. 9 ✉ 89407 – ✆ (09071) 7 91 30 – www.stadthotel-convikt.de

Menü 24/35 € – Karte 30/49 €

Freundliches Restaurant, stilvolles Dillinger Zimmer, rustikale Weinstube... In gemütlichen Räumen lassen Sie sich regionale und internationale Küche servieren, so z. B. "gebratene Perlhuhnbrust, Risotto, Lauchzwiebeln, Parmesanschaum".

In Dillingen-Fristingen Süd-Ost: 6 km Richtung Wertingen

XX **Storchennest**

Demleitnerstr. 6 ✉ 89407 – ✆ (09071) 45 69 – www.storchen-nest.de – geschl. Anfang Januar 1 Woche, August 2 Wochen und Montag - Dienstag

Menü 34/40 € – Karte 26/52 €

Der von Familie Schneider freundlich geführte Landgasthof ist eine gemütliche Adresse, die internationale Küche mit regionalen Einflüssen bietet. Zum Haus gehört auch eine schöne Terrasse unter schattenspendenden Kastanien.

DINGELSDORF – Baden-Württemberg ➜ Siehe Konstanz

DINGOLFING

Bayern – 18 510 Ew. – Höhe 365 m – Regionalatlas **59-N19**
Berlin 582 km – München 101 km – Regensburg 91 km – Landshut 32 km
Michelin Straßenkarte 546

Max Zwo

Gobener Weg 30 ✉ 84130 – ✆ (08731) 3 94 70 – www.garni-maxzwo.de
41 Zim – 64/100 € 94/120 €
In einem Gewerbegebiet nahe dem BMW-Werk befindet sich dieses Hotel mit neuzeitlich-funktionellen Zimmern und freundlichem Frühstücksraum. Nachmittags Kuchenbuffet gratis.

Ambient Hotel Tassilo

Mühlbachgasse 2 ✉ 84130 – ✆ (08731) 31989 0 – www.hotel-tassilo.de
41 Zim – 65/84 € 84/93 €
In dem Hotel in Zentrumsnähe stehen wohnlich-funktionelle Zimmer bereit, im Haus Othello gegenüber moderne Appartements mit Küchenzeile. Frühstücksraum in italienischem Design.

DINKELSBÜHL

Bayern – 11 320 Ew. – Höhe 442 m – Regionalatlas **56-J17**
Berlin 520 km – München 159 km – Stuttgart 117 km – Nürnberg 93 km
Michelin Straßenkarte 546

Hezelhof

Segringer Str. 7 ✉ 91550 – ✆ (09851) 55 54 20 – www.hezelhof.com
53 Zim – 79/119 € 99/269 € – ½ P
Ein wirklich wunderschönes Beispiel für eine äußerst geglückte Liaison von Historie und Moderne! Der jahrhundertealte Hetzelhof und seine Nebengebäude bilden ein individuelles Boutique-Hotel, ein Hingucker ist schon die schicke Gewölbelobby. Klarer Designerstil in den unterschiedlich geschnittenen Zimmern der Hauptgebäude, ausgesprochen wohnlich die rustikal-modernen "Luis-Trenker-Zimmer" im Haus gegenüber - hier auch das Restaurant "Luis" mit regionaler Küche.

Deutsches Haus

Weinmarkt 3 ✉ 91550 – ✆ (09851) 60 58 – www.deutsches-haus-dkb.de
10 Zim – 89/109 € 109/149 € – 2 Suiten – ½ P
Altdeutsches Restaurant – Siehe Restaurantauswahl
Bestaunen Sie ruhig zuerst die tolle Fachwerkfassade mit ihren kunstvollen Figuren und Ornamenten! In diesem Patrizierhaus von 1440 ist inzwischen die 2. Generation der Familie Kellerbauer im Einsatz. Hier ist alles stimmig arrangiert, immer wieder alte Holzfußböden und schöne Antiquitäten.

Meiser's am Weinmarkt

Weinmarkt 10 ✉ 91550 – ✆ (09851) 58 29 00 – www.meisers.com
11 Zim – 69/109 € 98/168 € – 1 Suite – ½ P
Charmant liegt das kleine Hotel der Meisers mitten in der kopfsteingepflasterten historischen Altstadt. Die Zimmer sind mit warmen Tönen und stilvollen Details wohnlich eingerichtet, schön auch das moderne Ambiente im Restaurant und die gemütliche Lounge mit Bar. Man kommt auch gerne schon auf ein gutes Frühstück hierher! Die Familie betreibt übrigens noch ein weiteres Hotel 5 Minuten vor den Toren der Stadt.

Haus Appelberg

Nördlinger Str. 40, mit Gästehaus ✉ 91550 – ✆ (09851) 58 28 38 – www.haus-appelberg.de
16 Zim – 65/90 € 92/110 € – ½ P
Wer würde nicht gerne in "Königlich bayerischen Schlafstuben" nächtigen? So nennen sich einige Zimmer in dem einstigen Bauernhaus. Wenn Sie es beim Essen besonders gemütlich mögen, setzen Sie sich am besten in die Weinstube! Auch schön: Laube im Innenhof und Biergarten zur Straße. Gute Weinauswahl.

Kunst-Stuben

Segringer Str. 52 ✉ 91550 – ✆ (09851) 67 50 – www.kunst-stuben.de
5 Zim – 60/70 € 80/90 € – 1 Suite
Das ist kein Haus von der Stange, sondern ein richtig charmanter Mix aus kleinem Hotel und dem Atelier des Künstlers Arthur Appelberg. Er und seine Frau kümmern sich sehr persönlich um ihre Gäste, und neben individuell eingerichteten Zimmern mit allerlei Kunst und Antiquitäten bietet man auch ein leckeres Frühstück.

XX **Altdeutsches Restaurant** – Hotel Deutsches Haus

Weinmarkt 3 ✉ 91550 – ✆ (09851) 60 58 – www.deutsches-haus-dkb.de
Menü 26/53 € – Karte 27/56 €
Seine Karte teilt Florian Kellerbauer in "Unsere Heimat" und "Unsere Leidenschaft" und definiert so klar seinen Küchenstil. Mit Klassikern wie "Fränkischem Sauerbraten mit Kartoffelknödel" ist man tief in der Region verwurzelt, Feines wie "Rehrücken in der Nuss-Krokant-Kruste" spiegelt sein Faible für gehobene Gerichte wider - beides schmeckt wunderbar!

DINKLAGE

Niedersachsen – 12 680 Ew. – Höhe 27 m – Regionalatlas **17-E7**
Berlin 417 km – Hannover 131 km – Bremen 78 km – Oldenburg 59 km
Michelin Straßenkarte 541

Vila Vita Burghotel

Burgallee 1 ✉ 49413 – ✆ (04443) 89 70 – www.vilavitaburghotel.de
55 Zim – 130/145 € 180/195 € – ½ P
Kaminstube – Siehe Restaurantauswahl
Das mehrflügelige Fachwerkgebäude im norddeutschen Stil steht in einem schönen Park mit eigenem Wildgehege. Komfortable Landhauszimmer und Spabereich mit markanter Glaspyramide.

XX **Kaminstube** – Vila Vita Burghotel

Burgallee 1 ✉ 49413 – ✆ (04443) 89 70 – www.vilavitaburghotel.de
Menü 27/79 € – Karte 33/64 €
Der offene Kamin, Fachwerk, Bilder und diverser Zierrat sorgen hier für Gemütlichkeit. Trotz des rustikalen Rahmens wird die klassisch-internationale Küche an gut eingedeckten Tischen serviert.

DINSLAKEN

Nordrhein-Westfalen – 67 190 Ew. – Höhe 30 m – Regionalatlas **25-B10**
Berlin 545 km – Düsseldorf 46 km – Duisburg 16 km – Oberhausen 20 km
Michelin Straßenkarte 543

In Dinslaken-Hiesfeld Süd-Ost: 3 km

X **Haus Hiesfeld**

Kirchstr. 125 ✉ 46539 – ✆ (02064) 4 37 50 41 – www.haushiesfeld.de – geschl. Anfang Januar 2 Wochen, Juli - August 2 Wochen und Montag
Menü 40/60 € – Karte 34/54 €
Werfen Sie einen Blick in die einsehbare Küche und schauen Sie zu, wie die Köche - unter ihnen der Chef selbst - die italienischen Gerichte zubereiten. Servierer lässt man sich diese dann auch gerne auf der Terrasse vor dem Haus. So mancher ist in dem netten Landhaus schon Stammgast geworden.

DIPPOLDISWALDE

Sachsen – 14 500 Ew. – Höhe 355 m – Regionalatlas **43-Q12**
Berlin 213 km – Dresden 22 km – Chemnitz 65 km – Marienberg 64 km
Michelin Straßenkarte 544

Landhaus Heidehof

Hohe Str. 2, Nord-Ost: 1,5 km Richtung Malter ✉ 01744 – ✆ (03504) 6 48 70 – www.landhaus-heidehof.de
34 Zim – 65/75 € 85/95 € – ½ P
Bis ins Jahr 1894 reicht die Geschichte dieses gewachsenen Gasthofs auf der Dippoldhöhe zurück. Das von zwei Familien geleitete Haus bietet wohnliche Zimmer im Landhausstil. Biergarten und Terrasse ergänzen das Restaurant.

Am Schloss

Rosengasse 12 ✉ 01744 – ✆ (03504) 61 79 47 – www.hotel-am-schloss.eu
12 Zim – 50/63 € 70/82 € – ½ P
Das kleine Hotel in einer netten gepflasterten Altstadtgasse beim Schloss wird von den Inhabern selbst geführt. Die Zimmer sind gepflegt und funktionell, nach hinten mit Balkon. Restaurant mit bürgerlichem Angebot.

DITZENBACH, BAD

Baden-Württemberg – 3 560 Ew. – Höhe 509 m – Regionalatlas **56-H19**
Berlin 607 km – Stuttgart 61 km – Göppingen 19 km – Reutlingen 51 km
Michelin Straßenkarte 545

Kurhotel Sanct Bernhard

Sonnenbühl 1 ✉ 73342 – ✆ (07334) 9 64 10 – www.energie-kurhotel.de
31 Zim – 78/95 € 130/165 € – 4 Suiten – ½ P
Solebad, Thermarium, Gesundheitsanwendungen, Produkte aus dem eigenen Kräuterhaus... hier urlauben oder kuren Sie ganz nach dem Motto "Neu Kraft schöpfen, Freude finden". Komplett wird das schöne Bild durch die wohnliche Atmosphäre und die ruhige Lage.

DITZINGEN

Baden-Württemberg – 24 280 Ew. – Höhe 303 m – Regionalatlas **55-G18**
Berlin 626 km – Stuttgart 18 km – Pforzheim 33 km
Michelin Straßenkarte 545

Blankenburg

Gerlinger Str. 27 ✉ 71254 – ✆ (07156) 93 20 – www.blankenburghotel.de
71 Zim – 90/120 € 110/140 €
Eine ideale Businessadresse: Das liegt nicht nur an den funktionalen, technisch aktuellen und freundlichen Zimmern, sondern auch an der guten Anbindung an die A81 - so erreicht man Stuttgart in 15 Minuten mit dem Auto oder der nahen S-Bahn.

DOBEL

Baden-Württemberg – 2 150 Ew. – Höhe 689 m – Regionalatlas **54-F18**
Berlin 686 km – Stuttgart 74 km – Karlsruhe 36 km – Baden-Baden 28 km
Michelin Straßenkarte 545

Wagnerstüble

Wildbaderstr. 45 ✉ 75335 – ✆ (07083) 87 58 – www.roykieferle.de – geschl. Montagabend - Dienstag
5 Zim – 49 € 98 € – ½ P
Menü 22 € (mittags)/68 € – Karte 39/57 € – (Tischbestellung erforderlich)
Bereits seit 1975 kocht Roy Kieferle in seinem "Wagnerstüble", und was er hier Schmackhaftes aus guten Produkten zubereitet, nennt sich z. B. "Kalbstafelspitz mit Meerrettichsauce, Kartoffel und Wirsing". Den Service in dem liebenswerten Gastraum macht seine charmante Frau. Mittags ist das Angebot etwas kleiner.

DOBERAN, BAD

Mecklenburg-Vorpommern – 11 610 Ew. – Höhe 15 m – Regionalatlas **12-M4**
Berlin 239 km – Schwerin 79 km – Rostock 17 km – Wismar 44 km
Michelin Straßenkarte 542

Prinzenpalais

Alexandrinenplatz 8 ✉ 18209 – ✆ (038203) 7 31 60 – www.halbersbacher.de
30 Zim – 89/119 € 99/139 € – ½ P
Zwei stilvolle historische Gebäude, deren Zimmer sehr gelungen klassisches Ambiente und moderne Technik vereinen. Zum Ausruhen können Sie sich auch in die hübsche kleine Bibliothek zurückziehen oder auf eine Stärkung in die lichte Orangerie zum Innenhof hin.

Villa Sommer

Friedrich-Franz-Str. 23 ✉ 18209 – ✆ (038203) 7 34 30
– www.hotel-villa-sommer.de
10 Zim – 50/85 € 60/110 € – 2 Suiten
Sie mögen Villen-Flair? In dieser stilgerecht restaurierten einstigen Sommerresidenz von 1904 wohnen Sie in hellen, geräumigen Zimmern mit schönen Holzböden und guter Technik (W-Lan gratis) - ganz modern die beiden Suiten mit Küchenzeile und Dachterrasse. Nebenan fährt die historische Bäderbahn "Molli" ab.

In Bad Doberan-Heiligendamm Nord-West: 7 km

Grand Hotel Heiligendamm

Prof.-Dr.-Vogel-Str. 6 ✉ 18209 – ✆ (038203) 74 00
– www.grandhotel-heiligendamm.de
184 Zim – 185/455 € 195/485 € – 20 Suiten – ½ P
Friedrich Franz* ✿ • *Kurhaus* • *Sushi Bar – Siehe Restaurantauswahl
Die "Weiße Stadt am Meer" ist schon äußerlich eine imposante Erscheinung und geizt nicht mit attraktiven Angeboten: exklusiver Spa, eine separate "wunschlos glücklich"-Kindervilla, elegante und großzügge Zimmer, die in der Region ihresgleichen suchen, sowie vielfältige Gastronomie, einschließlich Beachbar!

Friedrich Franz – Grand Hotel Heiligendamm

Prof.-Dr.-Vogel-Str. 6 ✉ 18209 – ✆ (038203) 7 40 62 10
– www.grandhotel-heiligendamm.de – geschl. 1. Februar - 9. März, 14. November - 7. Dezember und Montag - Dienstag, Anfang Oktober - Ende April: Sonntag - Dienstag
Menü 115/155 € – Karte 74/121 € – *(nur Abendessen)* (Tischbestellung ratsam)
Stilvolle Kronleuchter, handbemalte Seidentapete, wertiges Gedeck... Das Ambiente wird ganz dem feinen Rahmen des historischen Kurhauses gerecht. Die Küche von Ronny Siewert ebenso: modern-klassische Speisen in den Menüs "Gustus" und "Sensibus". Aufmerksamer Service samt versierter Weinberatung.
➜ Jakobsmuschel, gebeizte Makrele, Artischocken, vegetarische Sauce Bourride. Loup de mer, kleines Bohnen-Cassoulet, Gurke, Sauerrahm, Soljankaaufguss. Beef, Filet, Short-Rib, Topinambur, Rote Zwiebel, Café de Paris.

Kurhaus – Grand Hotel Heiligendamm

Prof.-Dr.-Vogel-Str. 6 ✉ 18209 – ✆ (038203) 74 00
– www.grandhotel-heiligendamm.de
Menü 42/54 € – Karte 53/90 € – *(im Winter nur Abendessen)*
Ein Raum voller Noblesse, Klassik und Eleganz, davor die Terrasse - Meerblick und angenehme Ruhe inklusive! Während Sie das Grandhotel-Flair genießen, serviert man Ihnen klassisch-internationale Küche.

Jagdhaus Heiligendamm

Seedeichstr. 18b ✉ 18209 – ✆ (038203) 73 57 75
– www.jagdhaus-heiligendamm.de – geschl. Mitte Januar - Mitte Februar und Mittwoch, Oktober - Juni: Dienstag - Mittwoch
3 Zim – 75 € 95 € – 1 Suite – ½ P
Menü 35/55 € – Karte 39/57 € – *(nur Abendessen, samstags und sonntags sowie an Feiertagen auch Mittagessen)*
In herrlicher Ruhe und nur 500 m vom Strand serviert Ihnen Ines Ramm in modernem Ambiente die ambitionierte zeitgemäße Küche ihres Mannes Alexander. Hier kann man nach dem Essen auch gut übernachten - die wohnlichen Zimmer heißen "Löwenzahn", "Vergissmeinnicht", "Waldbeere" und "Waldmeister".

Sushi Bar – Grand Hotel Heiligendamm

Prof.-Dr.-Vogel-Str. 6 ✉ 18209 – ✆ (038203) 74 00
– www.grandhotel-heiligendamm.de – geschl. 11. - 31. Januar, 24. Oktober - 13. November und Mittwoch - Donnerstag
Menü 49/59 € – Karte 27/62 € – *(nur Abendessen)* (Tischbestellung ratsam)
Sie mögen Sushi? Das geradlinige, lichte kleine Restaurant ist eine schöne Alternative zu den anderen Restaurants des Grand Hotels. Es gibt auch japanische Klassiker und Menüs sowie eine gute Tee- und Sake-Auswahl.

DÖBELN

Sachsen – 21 700 Ew. – Höhe 168 m – Regionalatlas **42-P12**
Berlin 234 km – Dresden 55 km – Leipzig 68 km
Michelin Straßenkarte 544

In Großweitzschen-Obergoseln Nord-West: 5 km, in Zschepplitz rechts

Zum Nicolaner

Obergoseln 4 ✉ 04720 – ✆ (03431) 6 62 10 – www.nicolaner.de
13 Zim – 50/52 € 70/75 € – ½ P
Das kleine Hotel mit gepflegten und funktionellen Zimmern erinnert in seiner Bauweise etwas an ein Landgut, wodurch es sich schön in die ruhige dörfliche Umgebung einfügt.

DÖRSCHEID

Rheinland-Pfalz – 410 Ew. – Höhe 340 m – Regionalatlas **46-D15**
Berlin 627 km – Mainz 66 km – Koblenz 50 km
Michelin Straßenkarte 543

Landgasthaus Blücher

Oberstr. 19 ✉ 56348 – ✆ (06774) 2 67 – www.landgasthaus-bluecher.de – geschl. Februar 3 Wochen
24 Zim – 59/75 € 80/105 € – ½ P
Landgasthaus Blücher – Siehe Restaurantauswahl
Das Haus liegt nicht nur ruhig mit Blick über das Rheintal, sondern wird von Marcus und Nadja Fetz auch angenehm familiär geleitet, bereits in 3. Generation. Sie wohnen in gemütlichen "Landhaus"-, geräumigeren "Komfort"- und besonders modernen "LebensArt"-Zimmern - hübsch sind sie alle! Gutes Frühstück.

Landgasthaus Blücher – Hotel Landgasthaus Blücher

Oberstr. 19 ✉ 56348 – ✆ (06774) 2 67 – www.landgasthaus-bluecher.de – geschl. Februar 3 Wochen und Dienstagmittag, November - April: Dienstag
Menü 24 € (mittags)/49 € – Karte 25/45 €
Lust auf "Rehrücken im Pfannkuchenmantel" oder "Schweinebäckchen mit Kürbis-Chutney"? Zur regional-saisonalen Küche passen Weine vom eigenen Weingut nebenan. Und wie wär's mit einem der prämierten Fetz'schen Edelbrände?

DOHNA

Sachsen – 6 230 Ew. – Höhe 160 m – Regionalatlas **43-Q12**
Berlin 222 km – Dresden 19 km – Liberec 120 km
Michelin Straßenkarte 544

Ratskeller

Am Markt 1 ✉ 01809 – ✆ (03529) 5 74 36 61 – www.ratskeller-dohna.de – geschl. Montag
Menü 29/36 € – Karte 27/39 €
Schön, wie man den Charme des alten Ratskellers erhalten hat! Unter einem attraktiven Kreuzgewölbe bietet André Mühlfriedel schmackhafte regionale Speisen wie "Sauerbraten mit Honigrotkohl und Kartoffelklößen".

DONAUESCHINGEN

Baden-Württemberg – 21 190 Ew. – Höhe 686 m – Regionalatlas **62-F20**
Berlin 747 km – Stuttgart 131 km – Freiburg im Breisgau 64 km – Konstanz 67 km
Michelin Straßenkarte 545

Öschberghof

Golfplatz 1, Nord-Ost: 4 km ✉ 78166 – ✆ (0771) 8 40 – www.oeschberghof.com
73 Zim – 169/214 € 269/324 € – 3 Suiten – ½ P
Öschberghof – Siehe Restaurantauswahl
470 ha Natur pur, Golf (auch Indoor-Golf-Anlage), topmoderner Spa auf 2500 qm und dazu geräumige Zimmer mit guter Technik... für Freizeit- und Tagungsgäste ist dieses Hotel gleichermaßen ideal!

Öschberghof – Hotel Öschberghof

Golfplatz 1, Nord-Ost: 4 km ✉ 78166 – ✆ (0771) 8 46 10 – www.oeschberghof.com

Menü 32 € (vegetarisch)/47 € – Karte 39/68 €

An einem schönen Sommertag auf der Terrasse den Blick über die Landschaft genießen... so lässt es sich aushalten! Neben der international-saisonalen Karte bietet man täglich wechselnde Tagesgerichte und auch ein vegetarisches Menü.

DONAUSTAUF – Bayern → Siehe Regensburg

DONAUWÖRTH

Bayern – 18 550 Ew. – Höhe 410 m – Regionalatlas **57**-K18

Berlin 518 km – München 100 km – Augsburg 44 km – Ingolstadt 56 km

Michelin Straßenkarte 546

In Donauwörth-Parkstadt

Parkhotel

Sternschanzenstr. 1 ✉ 86609 – ✆ (0906) 70 65 10 – www.parkhotel-donauwoerth.de – geschl. 27. Dezember - 6. Januar

45 Zim – 79/97 € 99/128 € – ½ P

In dem topgepflegten Hotel mit tollem Blick auf Donauwörth erwarten Sie sehr freundliche Mitarbeiter und wohnliche Zimmer, die teils mit mediterraner Note eingerichtet sind. Restaurant in geradlinig-neuzeitlichem Stil mit Panoramasicht.

DONZDORF

Baden-Württemberg – 10 770 Ew. – Höhe 407 m – Regionalatlas **56**-I18

Berlin 599 km – Stuttgart 55 km – Tübingen 81 km – Augsburg 115 km

Michelin Straßenkarte 545

Castello

Schloss 1 ✉ 73072 – ✆ (07162) 92 97 00 – www.castello-donzdorf.de – geschl. Montag - Dienstag

Menü 14 € (mittags unter der Woche)/34 € – Karte 29/45 € – (Tischbestellung ratsam)

Wirklich ein toller Rahmen, das Stadtschloss von 1568! Unter dem schönen Gewölbe dürfen Sie sich auf schmackhafte klassisch-mediterrane Speisen freuen - Appetit macht da z. B. "Wolfsbarsch mit Chorizoschaum und Olivenbandnudeln". Ein Muss im Sommer: die Terrasse am Schlossgarten!

DORFEN

Bayern – 14 120 Ew. – Höhe 465 m – Regionalatlas **66**-N20

Berlin 614 km – München 52 km – Landshut 35 km

Michelin Straßenkarte 546

Marienhof

Marienplatz 10 ✉ 84405 – ✆ (08081) 9 33 70 – www.marienhof-hotel.de

31 Zim – 67/125 € 87/180 €

Mitten in der kleinen Stadt kann man hier gut und zeitgemäß übernachten: freundlich die Zimmer (zum Innenhof hin ruhiger), lecker das Frühstücksbuffet. Und in der Tiefgarage hat man eine E-Tankstelle, die Sie kostenfrei nutzen können.

DORMAGEN

Nordrhein-Westfalen – 62 500 Ew. – Höhe 40 m – Regionalatlas **36**-C12

Berlin 571 km – Düsseldorf 17 km – Aachen 85 km – Köln 24 km

Michelin Straßenkarte 543

In Dormagen-Zons Nord: 6 km über B 9 Richtung Neuss

Schloss Friedestrom

Parkstr. 2 ✉ 41541 – ✆ (02133) 50 30 – www.friedestrom.de – geschl. 26. Dezember - 3. Januar

44 Zim – 115/145 € 135/165 € – ½ P

Komfortabel wohnt man in dem familiär geleiteten Haus, das schön am Rhein liegt. Von einigen Gästezimmern schaut man zum Fluss, teilweise sind sie klimatisiert. Freundliches Ambiente und internationale Küche im Restaurant. Rheinblick von der Terrasse unter Linden.

DORNUM

Niedersachsen – 4 530 Ew. – Höhe 2 m – Regionalatlas **7**-D5
Berlin 530 km – Hannover 242 km – Emden 44 km – Oldenburg 94 km
Michelin Straßenkarte 541

In Dornum-Nessmersiel Nord-West: 8 km über Schatthauser Straße

Fährhaus

Dorfstr. 42 26553 – (04933) 3 03 – www.faehrhaus-nessmersiel.de – geschl. 1. November - 26. Dezember, 3. Januar - 4. Februar, 14. Februar - 10. März

19 Zim – 46/75 € 76/120 €

Fährhaus – Siehe Restaurantauswahl

So ein Urlaub ist nochmal so angenehm, wenn man bei sympathischen Gastgebern wohnt! Familie Eberleh macht sich mit ihrem schön gepflegten Haus seit über 35 Jahren das Wohl des Gastes zur Aufgabe. Die Zimmer sind recht großzügig, und wenn Sie eines in der oberen Etage haben, können Sie auf die Inseln schauen!

Fährhaus – Hotel Fährhaus

Dorfstr. 42 26553 – (04933) 3 03 – www.faehrhaus-nessmersiel.de – geschl. 1. November - 26. Dezember, 3. Januar - 4. Februar, 14. Februar - 10. März

Karte 28/42 €

Das gemütlich-rustikale Restaurant am Deich ist beliebt, man sitzt nett hier und isst gut. Traditionell-regionale Gerichte mit internationalem Einfluss heißen z. B. "Frühlingsrolle vom Helgoländer Taschenkrebs mit Aioli" und werden aus frischen Produkten zubereitet. Dienstagmittags kommt man zum Labskaus!

DORSTEN

Nordrhein-Westfalen – 75 550 Ew. – Höhe 31 m – Regionalatlas **26**-C10
Berlin 529 km – Düsseldorf 61 km – Bottrop 17 km – Essen 29 km
Michelin Straßenkarte 543

Goldener Anker (Björn Freitag)

Lippetor 4, Zufahrt über Ursulastraße 46282 – (02362) 2 25 53 – www.bjoern-freitag.de – geschl. Montag - Dienstag

Menü 58/109 € – Karte 73/97 € – *(nur Abendessen)* (Tischbestellung ratsam)

Mindestens so gefragt wie Björn Freitag selbst (TV-Koch, Mannschaftskoch des FC Schalke 04, Unternehmer...) ist sein Restaurant. Der Patron und Küchenchef David Spickermann kochen stimmige klassisch basierte, saisonale Speisen, bei denen auch moderne Einflüsse nicht fehlen. Der Service charmant und versiert.

➜ Tatar von Jakobsmuschel und Kaisergranat mit Schmand und Brunnenkresse. Senfbraten vom schottischen Lammfilet mit Leipziger Allerlei und Minzpolenta. Interpretation vom Erdbeerkuchen mit Basilikumeis.

Henschel

Borkener Str. 47, B 224 46284 – (02362) 6 26 70 – www.restaurant-henschel.de – geschl. 1. - 16. Januar und Sonntag - Dienstag

Menü 56/75 € – Karte 57/63 € – *(nur Abendessen)*

Mit Herzblut betreiben die Henschels ihr gemütlich-elegantes Restaurant. Seit über 50 Jahren steht Leonore Henschel am Herd und bleibt ihrer klassischen Küche treu. Es gibt z. B. "Bretonischen Steinbutt mit Spinat und Champagnersauce".

In Dorsten-Wulfen Nord-Ost: 7 km

Rosin

Hervester Str. 18 46286 – (02369) 43 22 – www.frankrosin.de – geschl. 24. Dezember - 11. Januar, Juli - August 3 Wochen und Sonntag - Montag

Menü 82/162 € – *(nur Abendessen)* (Tischbestellung ratsam)

Authentisch und schlagfertig kennt man Frank Rosin aus seinen TV-Sendungen, ebenso unverkennbar und mit Persönlichkeit präsentiert sich sein Restaurant, die Küche kreativ, ausdrucksstark, mit eigenem Stil. An seiner Seite Küchenchef Oliver Engelke. Exzellent die Weinberatung von Sommelière Susanne Spies.

➜ Melone und Papaya mit Kaffir-Zwiebeln, Röstwurst und Bluefin Thunfisch. Filet vom Aubrac Rind mit Feige und Pfifferlingen. 9 "bar" Kaffee und zweierlei von der Mango."

DORTMUND

Nordrhein-Westfalen – 572 090 Ew. – Höhe 76 m – Regionalatlas **26**-D11
Berlin 492 km – Düsseldorf 78 km – Bremen 236 km – Frankfurt am Main 224 km
Michelin Straßenkarte 543

Arcadia Grand Hotel

Lindemannstr. 88 ✉ 44137 – ✆ (0231) 9 11 30 Stadtplan : A3**a**
– www.accorhotels.com
214 Zim – 85/275 € 85/275 € – 19 € – 2 Suiten – ½ P
Das Hotel neben der Westfalenhalle wird von Tagungen gerne genutzt. Man kann hier zeitgemäß und komfortabel übernachten und im kleinen Restaurant Davidis international speisen. Tipp: Bei den Deluxe-Zimmern sind zusätzliche Extras im Preis inbegriffen!

Radisson BLU

An der Buschmühle 1 ✉ 44139 – ✆ (0231) 1 08 60 Stadtplan : B3**r**
– www.radissonblu.de/hotel-dortmund
185 Zim – 85/209 € 85/209 € – 5 Suiten – ½ P
Hier überzeugen die verkehrsgünstige Lage, neuzeitliche Zimmer mit guter Technik sowie das Businesscenter. Ansprechend der "Active Club" mit großem Pool, Sauna- und Fitnessraum sowie das Restaurant, in dem man internationale Küche bietet.

Parkhotel Wittekindshof

Westfalendamm 270, über Westfalendamm D3 ✉ 44141 – ✆ (0231) 5 19 30
– www.parkhotel-wittekindshof.de
63 Zim – 84/250 € 108/280 € – 15 € – 3 Suiten – ½ P
Das Tagungshotel wird geschätzt wegen der verkehrsgünstigen Lage (praktisch die S-Bahn-Anbindung zur Messe), der gut ausgestatteten Zimmer (fragen Sie nach den modernen neueren Zimmern) und der funktionalen Seminarräume. Eine gemütliche Alternative zum Restaurant ist die Wittekindstube mit modern-rustikalem Ambiente - hier gibt es ebenfalls internationale Küche.

Steigenberger

Berswordtstr. 2 ✉ 44139 – ✆ (0231) 9 02 10 Stadtplan : A3**a**
– www.dortmund.steigenberger.de
166 Zim – 85/215 € 85/220 € – 17 €
Ein schöner zeitgemäßer Style empfängt Sie schon in der Lobby und begleitet Sie bis in die Zimmer (zum Innenhof hin ruhiger gelegen) und das Restaurant. Ein Vorteil ist auch die gute Erreichbarkeit von Messe, Westfalenhalle und Stadion. Nett: die Bar im amerikanischen Stil.

La Cuisine Mario Kalweit

Lübkestr. 21, 1. Etage, über Westfalendamm D3 ✉ 44141 – ✆ (0231) 5 31 61 98
– www.mariokalweit.de – geschl. 1. - 15. Januar, Juli - August 2 Wochen und Sonntag - Montag
Menü 54/99 € – Karte 59/85 € – *(nur Abendessen)*
Schön, was aus dem ehemaligen Tennisclubhaus (ältester Club in Dortmund) geworden ist: ein stilvoll-modernes Restaurant in hellen, ruhigen Tönen mit verschiedenen Menüs von zeitgemäß-klassisch bis regional und auch Vegetarisches.

In Dortmund-Barop Süd-West: 7 km über Wittekindstraße A3

der Lennhof

Menglinghauser Str. 20 ✉ 44227 – ✆ (0231) 75 81 90 – www.der-lennhof.de
– geschl. 27. Dezember - 3. Januar
34 Zim – 85/115 € 105/155 € – ½ P
der Lennhof – Siehe Restaurantauswahl
Gelungen hat man hier moderne und traditionelle Architektur kombiniert, geradlinig das Interieur. Fußball wird hier übrigens groß geschrieben - in jedem Zimmer ein großes Bild der Dortmunder Champions-League-Gewinner, BVB-Spiele werden in der Bar übertragen.

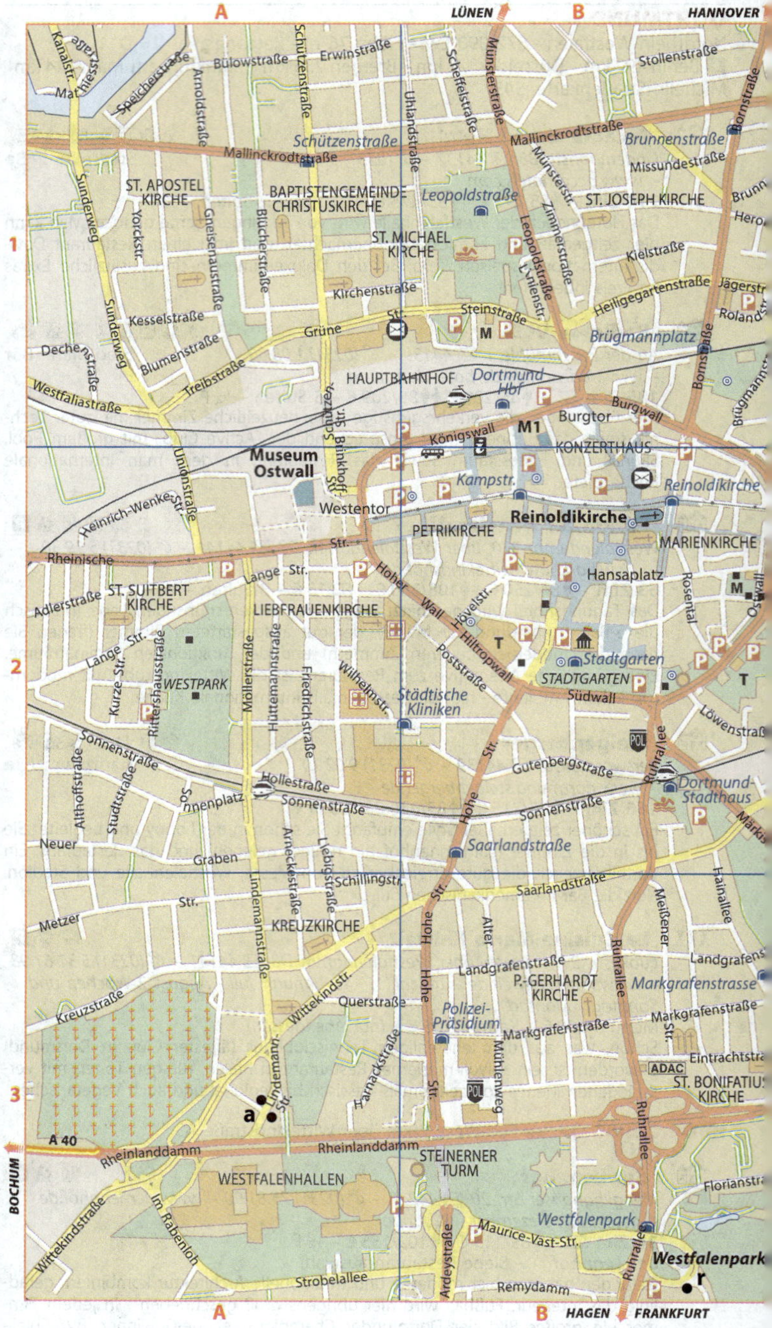
A
LÜNEN
B
HANNOVER
1
2
3
BOCHUM
HAGEN
FRANKFURT
Kanalstr.
Mathiesstraße
Speicherstraße
Bülowstraße
Erwinstraße
Schützenstraße
Uhlandstraße
Scheffelstraße
Münsterstraße
Stollenstraße
Bornstraße
Arnoldstraße
Mallinckrodtstraße
Brunnenstraße
Missundestraße
Leopoldstraße
Sunderweg
ST. APOSTEL KIRCHE
BAPTISTENGEMEINDE CHRISTUSKIRCHE
Yorckstr.
Gneisenaustraße
Blücherstraße
ST. MICHAEL KIRCHE
Zimmerstraße
ST. JOSEPH KIRCHE
Kielstraße
Kirchenstraße
Heiligegartenstraße
Jägerstr.
Roland
Kesselstraße
Grüne
Str.
Steinstraße
M
Brügmannplatz
Blumenstraße
Treibstraße
Dechenstraße
HAUPTBAHNHOF
Dortmund Hbf
Westfaliastraße
Burgtor
Burgwall
Königswall
M1
KONZERTHAUS
Unionstraße
Museum Ostwall
Kampstr.
Reinoldikirche
Westentor
Heinrich-Wenke-Str.
Reinoldikirche
PETRIKIRCHE
MARIENKIRCHE
Rheinische Str.
Lange Str.
Adlerstraße
ST. SUITBERT KIRCHE
LIEBFRAUENKIRCHE
Hoher Wall
Hansaplatz
Rosental
Ostwall
Hövelstr.
Lange Str.
Kurze Str.
Rittershausstraße
Möllerstraße
Hüttemannstraße
Friedrichstraße
Wilhelmstr.
Hiltropwall
Poststraße
Stadtgarten
STADTGARTEN
Südwall
WESTPARK
Städtische Kliniken
Löwenstraße
Sonnenstraße
Althoffstraße
Studtstraße
Sonnenplatz
Hollestraße
Sonnenstraße
Hohe Str.
Gutenbergstraße
Ruhrallee
Dortmund-Stadthaus
Sonnenstraße
Neuer Graben
Arneckestraße
Liebigstraße
Saarlandstraße
Schillingstr.
Saarlandstraße
Hainallee
Metzer Str.
KREUZKIRCHE
Lindemannstraße
Alter
Meißener Str.
Landgrafenstraße
P.-GERHARDT KIRCHE
Markgrafenstrasse
Landgrafenstr.
Kreuzstraße
Wittekindstr.
Querstraße
Polizei-Präsidium
Markgrafenstraße
Markgrafenstraße
Harnackstraße
Mühlenweg
Eintrachtstr.
ADAC
ST. BONIFATIUS KIRCHE
Lindemann-Str.
a
A 40
Rheinlanddamm
Rheinlanddamm
STEINERNER TURM
Florianstr.
WESTFALENHALLEN
Wittekindstraße
Im Rabenloh
Westfalenpark
Maurice-Vast-Str.
Westfalenpark
Ardeystraße
Strobelallee
Remydamm
r

DORTMUND
0
400 m
Museum für Kunst und Kulturgeschichte........M1
C
D
1
2
3
ST. ANTONIUS KIRCHE
Hoeschplatz
Düre ner Str.
Schlosserstraße
Oesterholzstraße
Flurstraße
Lünener Str.
Borsigstraße
Unnaer Str.
Gronaustraße
Wambeler Str.
Brackeler Str.
Werkmeisterstraße
Soester Str.
Tiefe Str.
Osterlandwehr
Lütgenholz
Oestermärsch
Bleichmärsch
Weißenburger Str.
Im Spähenfelde
Körnebachstr.
Inselstraße
Klönnestr.
Hallesche Str.
Hannöversche Str.
Berliner Str.
FRIEDENSKIRCHE
Eckenacher Str.
Heimbaustr.
KÖRNE
Erfurter Str.
Güntherstraße
Lippstädter Str.
Lübecker Str.
Gerichtsstr.
Bremer Str.
Am Ostpark
Alte Ostbahnhof
Hamburger Str.
Körner Hellweg
Kaiserstraße
Paderborner Str.
MARTIN-LUTHER-KIRCHE
Reichswehr Str.
Spreestraße
Arndtstraße
ST. FRANZISKUS UND ANTONIUS KIRCHE
Heiliger Weg
Prinz-Friedrich-Karl-Straße
Robert-Koch-Str.
Am Zippen
JÜDISCHE GEMEINDE
Schönhauser Str.
Im Grubenfeld
Düsseldorfer Str.
Von-der-Goltz-Straße
Am Ostpark
Lange Reihe
Im Dreieck
Untere Brinkstr.
Feldstraße
Im Defdahl
Thomas-Mann-Str.
Stefan-Albring-Str.
Tucholskystr.
Von-den-Berken-Str.
Karl-Marx-Straße
Deggingstraße
Bömckestr.
Voßkuhle
HELIAND-KIRCHE
Voßkuhle
Westfalendamm
KASSEL
M
Friedenstraße
Kronenstraße
Wiskottstr.
NEUAPOSTOLISCHE KIRCHE
Kohlgartenstraße
Hainallee
Märkische Str.
Märkische Straße
Kohlgartenstr.
Semerteichstraße
Strohnstraße
Joseph-Cremer-Str.
Hueckstraße
Hermann-Löns-Str.
Rheinlanddamm
Winterfeldt-Str.
Baeumerstraße
Karl-Liebknecht-Straße
Verlorenes Holz
Hohenfriedberger Str.
Fernsehturm
Oberschlesierstraße
Kipsburg
Auf dem Klei
KAISER-WILHELM HAIN
Schellstraße
Lange Hecke
Winzerweg
SCHWERTE

der Lennhof – Hotel der Lennhof

Menglinghauser Str. 20 ✉ 44227 – ✆ (0231) 75 81 90 – www.der-lennhof.de – geschl. 27. Dezember - 3. Januar
Menü 36/70 € – Karte 33/59 €
Außen 200 Jahre altes Fachwerk, innen elegant-rustikal - aber nicht nur der schöne Rahmen lockt Gäste hierher, auch Schmackhaftes wie Chateaubriand (für 2 Personen). Fragen Sie ruhig auch mittags nach der Abendkarte. Klasse: die Sommer-Winterterrasse, je nach Wetter komplett zu öffnen oder zu schließen!

In Dortmund-Höchsten Süd-Ost: 8 km über Märkische Straße D3, Richtung Schwerte

l'Arrivée

Wittbräucker Str. 565 ✉ 44267 – ✆ (0231) 88 05 00 – www.larrivee.de
70 Zim – 99/159 € 135/195 €
Schon allein die riesige Außenanlage beeindruckt! Und was innen folgt, kann zweifellos mithalten: geradlinig-eleganter Stil gepaart mit der Technik von heute, dazu Spa auf 1000 qm und moderne Küche im "Vivre". Die regionale Restaurantalternative nennt sich "Rustique".

Overkamp

Am Ellberg 1, B 234 ✉ 44265 – ✆ (0231) 46 27 36 – www.overkamp-gastro.de – geschl. Anfang Januar 1 Woche und Dienstag, 28. Juli - 10. September: Montag - Dienstag
11 Zim – 78/83 € 103/115 € – 1 Suite Menü 29/69 € – Karte 23/48 €
Seit über 300 Jahren befindet sich dieses Anwesen in Familienbesitz. In mehreren individuell gestalteten Räumen serviert man bürgerlich-regionale Küche. Sie können auch Kuchen, Wein etc. für zu Hause kaufen. Für Feiern gibt's die urige Holzhütte im Garten und für Übernachtungsgäste moderne, wohnliche Zimmer.

In Dortmund-Syburg Süd: 13 km über Ruhrallee B3, Richtung Frankfurt

Palmgarden

Hohensyburgstr. 200, in der Spielbank Hohensyburg ✉ 44265 – ✆ (0231) 7 74 07 35 – www.palmgarden-restaurant.de – geschl. 21. Dezember - 13. Januar, 13. Juli - 6. August und Montag - Dienstag
Menü 78/135 € – Karte 65/76 € – *(nur Abendessen)* (Tischbestellung ratsam)
Dass Michael Dyllong ein talentierter junger Koch ist, zeigen seine modernen Gerichte - eine schön ausbalancierte Aromenküche, die aufwändig präsentiert wird. Unter einem Dach mit der Spielbank Hohensyburg, ist neben dem feinen Essen auch der Rahmen attraktiv.
→ Pilgermuschel „ceviche“, Pork Szechuan, Rettich, Papaya. Onglet vom US-Beef, Spitzkohl, Kerbelwurzel, Trüffel. Rote Bete, Himbeere, weiße Schokolade, 5 Gewürze.

In Dortmund-Wambel Ost: 6 km über Westfalendamm D3

Ambiente N

Am Gottesacker 70 ✉ 44143 – ✆ (0231) 4 77 37 70 – www.hotel-ambiente.info
36 Zim – 59/90 € 69/100 € – 10 €
kikillus RESTAURANT – Siehe Restaurantauswahl
Das zum Hotel umgebaute ehemalige Offizierskasino ist eine ideale Businessadresse, die durch ihre gute Anbindung an die B1, durch helle moderne Zimmer und ein sehr freundliches Serviceteam überzeugt.

kikillus RESTAURANT N – Hotel Ambiente

Am Gottesacker 70 ✉ 44143 – ✆ (0231) 4 77 37 70 – www.kikillus-restaurant.de – geschl. 11. - 24. Juli und Sonntag - Montag
Menü 59/94 € – Karte 52/66 € – *(nur Abendessen)*
Küche und Ambiente sind hier gleichermaßen modern. Man setzt auf kreative Küche, in die teilweise auch asiatische Aromen mit einfließen. Man legt Wert auf schöne Optik auf dem Teller, dennoch kommt der Geschmack nicht zu kurz!
→ Thunfisch, Dashi, Paprika, Parmesan, Wildkräuter. Rotbarbe, Spinat, Kartoffel, Kalbsbacke, Misohollandaise. Schokolade, Erdbeere, Rhabarber, Yuzu.

DOSSENHEIM

Baden-Württemberg – 12 190 Ew. – Höhe 153 m – Regionalatlas **47-F16**
Berlin 630 km – Stuttgart 127 km – Karlsruhe 62 km – Darmstadt 57 km
Michelin Straßenkarte 545

midori the green guesthouse

Friedrich-Ebert-Str. 4 ✉ 69221 – ✆ (06221) 87 29 80
– www.midori-guesthouse.com – geschl. Weihnachten - Neujahr
66 Zim – 56/145 € 73/162 € – 10 € – 4 Suiten
Ein energieeffizientes Passivhaus - klar, modern, puristisch! Zimmer in den Kategorien BLUE (Standard), YELLOW (Comfort) und GREEN (Suite). Toll zum Frühstücken und Relaxen: die Dachterrasse mit Aussicht! Angrenzend die Panorama-Lounge.

DRACHSELSRIED

Bayern – 2 350 Ew. – Höhe 535 m – Regionalatlas **59-O17**
Berlin 512 km – München 178 km – Passau 80 km – Cham 37 km
Michelin Straßenkarte 546

In Drachselsried-Asbach Süd: 6 km über Grafenried

Berggasthof Fritz

Asbach 10 ✉ 94256 – ✆ (09923) 22 12 – www.fritz-asbach.de
– geschl. Anfang November - Mitte Dezember
30 Zim – 37/55 € 74/94 € – ½ P
Der langjährige Familienbetrieb liegt schön ruhig, wird herzlich geführt und ist auffallend gepflegt. Fragen Sie nach den geschmackvoll-modernen neueren Zimmern - das Motto hier: Natur und Bäume. Im Restaurant isst man bürgerlich-regional - Wurstprodukte aus der eigenen Metzgerei.

DREIEICH

Hessen – 39 870 Ew. – Höhe 135 m – Regionalatlas **47-F15**
Berlin 557 km – Wiesbaden 45 km – Frankfurt am Main 16 km – Darmstadt 17 km
Michelin Straßenkarte 543

In Dreieich-Götzenhain

XX

Gutsschänke Neuhof

Hofgut Neuhof, an der Straße nach Neu-Isenburg über Neuhofschneise, Nord: 2 km ✉ 63303 – ✆ (06102) 3 00 00 – www.gutsschaenkeneuhof.de
Menü 21 € (mittags)/53 € – Karte 34/58 €
Richtig gemütlich ist es in den Räumen des jahrhundertealten Hofguts - im Winter wärmt der hübsche Kamin, im Sommer sitzt man schön auf der tollen Gartenterrasse. Die Eigentümer kommen übrigens aus der Pfalz, so werden zur regionalen Küche auch die hauseigenen Weine aus Herxheim ausgeschenkt.

DREIS (KREIS BERNKASTEL-WITTLICH) – Rheinland-Pfalz ➜ Siehe Wittlich

DRESDEN

Sachsen – 525 110 Ew. – Höhe 113 m – Regionalatlas **43**-Q12
▶ Berlin 193 km – Chemnitz 75 km – Görlitz 110 km – Leipzig 113 km
Michelin Straßenkarte 544
Stadtpläne siehe nächste Seiten

R. Sala / age fotostock

Hotels

Taschenbergpalais Kempinski

Taschenberg 3 ✉ 01067 – ✆ (0351) 4 91 20 – www.kempinski.de/dresden Stadtplan : F2**a**

214 Zim – †149/414 € ††149/414 € – ☕ 31 € – 18 Suiten

Intermezzo • ***Palais Bistro*** – Siehe Restaurantauswahl

Ein prächtiges rekonstruiertes Barockpalais, in dem sich so einiges von seinem früheren Flair wiederfindet. So steht das Haus nicht nur für Luxus, auch sehr viel Charme steckt hier drin! "High Tea" im Vestibül, rauchen können Sie in der Karl May Bar. Und im Winter zum Eislaufen in den Innenhof?

Maritim

Devrientstr. 10 ✉ 01067 – ✆ (0351) 21 60 – www.maritim.de Stadtplan : E1**m**

297 Zim – †89/204 € ††101/219 € – ☕ 21 € – 31 Suiten

In dem ehemaligen Speichergebäude neben Kongresszentrum und Landtag empfängt Sie eine imposante Atriumhalle. Fragen Sie nach den Zimmern in den höheren Etagen mit schönem Elb- oder Stadtblick. Im Restaurant internationale Speisen und Showkochen. Nicht nur für Raucher nett: Bar mit Live-Musik am Abend.

Bülow Palais

Königstr. 14 ✉ 01097 – ✆ (0351) 8 00 30 – www.buelow-palais.de Stadtplan : F1**c**

55 Zim – †125/215 € ††125/215 € – ☕ 24 € – 3 Suiten

Caroussel ✿ • ***Bülow's Bistro*** – Siehe Restaurantauswahl

In dem harmonisch in das Barockviertel eingebundenen Hotel finden Sie den Service und die Aufmerksamkeit, die man schon lange mit dem Namen Bülow verbindet! Hochwertige, wohnliche und individuelle Zimmer, ein moderner Wellnessbereich, exzellentes Frühstück...

Hilton

An der Frauenkirche 5 ✉ 01067 – ✆ (0351) 8 64 20 – www.hilton.de/dresden Stadtplan : F2**e**

329 Zim – †154 € ††154 € – ☕ 23 € – 4 Suiten

Ogura – Siehe Restaurantauswahl

Bevorzugte Altstadtlage, ein weitläufiger Hallenbereich und wohnlich-komfortable Zimmer machen das Hotel aus. Etwas intimer hat man es in der "Executive"-Kategorie mit Zugang zur gleichnamigen Lounge samt kostenfreien Getränken. Im Rossini: elegantes Ambiente, mediterrane Küche und Blick auf die Frauenkirche.

Swissôtel Am Schloss

Schlossstr. 16 ✉ 01067 – ✆ (0351) 50 12 00 – www.swissotel.com/dresden Stadtplan : F2**d**

235 Zim – 🚹110/290 € 🚹🚹110/290 € – ☕ 22 €

Außen spricht Sie die nach historischem Vorbild wieder aufgebaute Fassade an, dahinter Moderne in Design und Technik! Toll der Service, sehr gut das Frühstück in gemütlicher Atmosphäre. Im Ruheraum entspannt man unter einem Gewölbe a. d. 15. Jh.! In der "Wohnstube" Schweizer Küche und "Vitality"-Gerichte.

Suitess

An der Frauenkirche 13, Zufahrt über Rampische Straße ✉ 01067 – ✆ (0351) 41 72 70 – www.suitess-hotel.com Stadtplan : F2**g**

25 Zim – 🚹99/299 € 🚹🚹119/399 € – ☕ 23 € – 9 Suiten – ½ P

MORITZ – Siehe Restaurantauswahl

Schon von außen sehr eindrucksvoll, und hinter der schön rekonstruierten Fassade geht es ebenso geschmackvoll und edel weiter, mit luxuriösen Zimmern voll ausgesuchter Materialien. Perfekt die Lage einen Steinwurf von der Frauenkirche entfernt! Und der Service? Zuvorkommend und angenehm unaufdringlich.

Innside by Meliá

Salzgasse 4 ✉ 01067 – ✆ (0351) 79 51 50 – www.innside.com Stadtplan : F2**v**

180 Zim – 🚹99/160 € 🚹🚹99/160 € – ☕ 20 €

Ven – Siehe Restaurantauswahl

Die Lage ist nicht nur sehr exklusiv, sondern auch einfach praktisch: die Frauenkirche gleich um die Ecke, alle Highlights der Stadt schnell erreichbar. Das ist ebenso wie das stylische Design und die topmoderne Technik sowohl für Business- als auch für Privatreisende attraktiv!

Steigenberger Hotel de Saxe

Neumarkt 9 ✉ 01067 – ✆ (0351) 4 38 60 – www.desaxe-dresden.steigenberger.de Stadtplan : F2**x**

185 Zim – 🚹119/369 € 🚹🚹119/369 € – ☕ 25 € – 4 Suiten – ½ P

Traditionsbewusst trägt das Haus den Namen des ursprünglichen Hotel de Saxe von 1786. Die Zimmer sind schön modern: großzügig, in klaren Linien und ruhigen Tönen. Von vielen schaut man auf die Frauenkirche, vom Restaurant im 1. Stock zum Neumarkt - die Altstadt hat man hier direkt vor der Tür!

QF

Neumarkt 1 ✉ 01067 – ✆ (0351) 5 63 30 90 – www.qf-hotel.de Stadtplan : F2**c**

93 Zim – 🚹101/249 € 🚹🚹101/249 € – ☕ 23 € – 2 Suiten

Die Lage an der Frauenkirche könnte wohl kaum besser sein! Aber das schicke Boutique-Hotel hat noch mehr zu bieten: modern-komfortable Zimmer designt by Bellini. Nach ihm ist auch die gemütliche Bar benannt.

Bülow Residenz

Rähnitzgasse 19 ✉ 01097 – ✆ (0351) 8 00 32 91 – www.buelow-residenz.de Stadtplan : F1**b**

28 Zim – 🚹89/179 € 🚹🚹89/179 € – ☕ 18 € – 1 Suite

Das restaurierte denkmalgeschützte Haus von 1730 ist nicht nur schön anzuschauen: Sie genießen hier klassischen Wohnkomfort (geschmackvoll die warmen Farben), lassen sich überaus aufmerksam umsorgen, frühstücken ausgezeichnet in eleganter Atmosphäre und entspannen im frei zugänglichen Wellnessbereich des nur wenige Meter entfernten Schwesterhotels.

Pullman Dresden Newa

Prager Str. 2c ✉ 01069 – ✆ (0351) 48 14 -1 09 – www.pullman-dresden.com Stadtplan : F3**n**

319 Zim – 🚹99/189 € 🚹🚹109/199 € – ☕ 19 € – ½ P

Hier überzeugen die gute Shopping-Lage unweit des Bahnhofs und die schöne Einrichtung in klaren Linien. Die Zimmer sind zwar nicht groß, aber sehr modern, praktisch und wirklich intelligent gestaltet. Für mehr Komfort und besonders tolle Aussicht: Deluxe-Zimmer im 14. Stock.

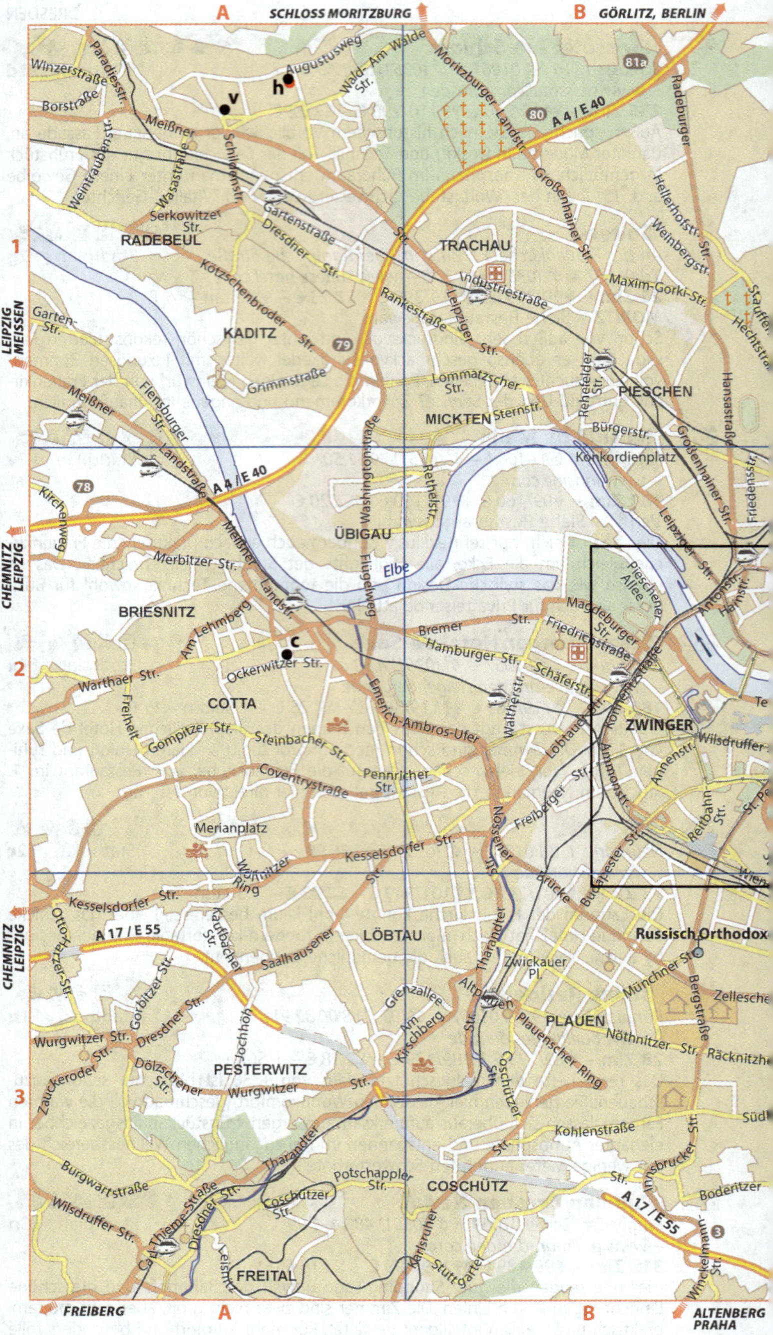
A
SCHLOSS MORITZBURG
B
GÖRLITZ, BERLIN
1
2
3
LEIPZIG MEISSEN
CHEMNITZ LEIPZIG
CHEMNITZ LEIPZIG
RADEBEUL
KADITZ
TRACHAU
PIESCHEN
MICKTEN
ÜBIGAU
BRIESNITZ
COTTA
ZWINGER
LÖBTAU
PLAUEN
PESTERWITZ
COSCHÜTZ
FREITAL
Elbe
A 4 / E 40
A 17 / E 55
Russisch Orthodox
FREIBERG
ALTENBERG PRAHA

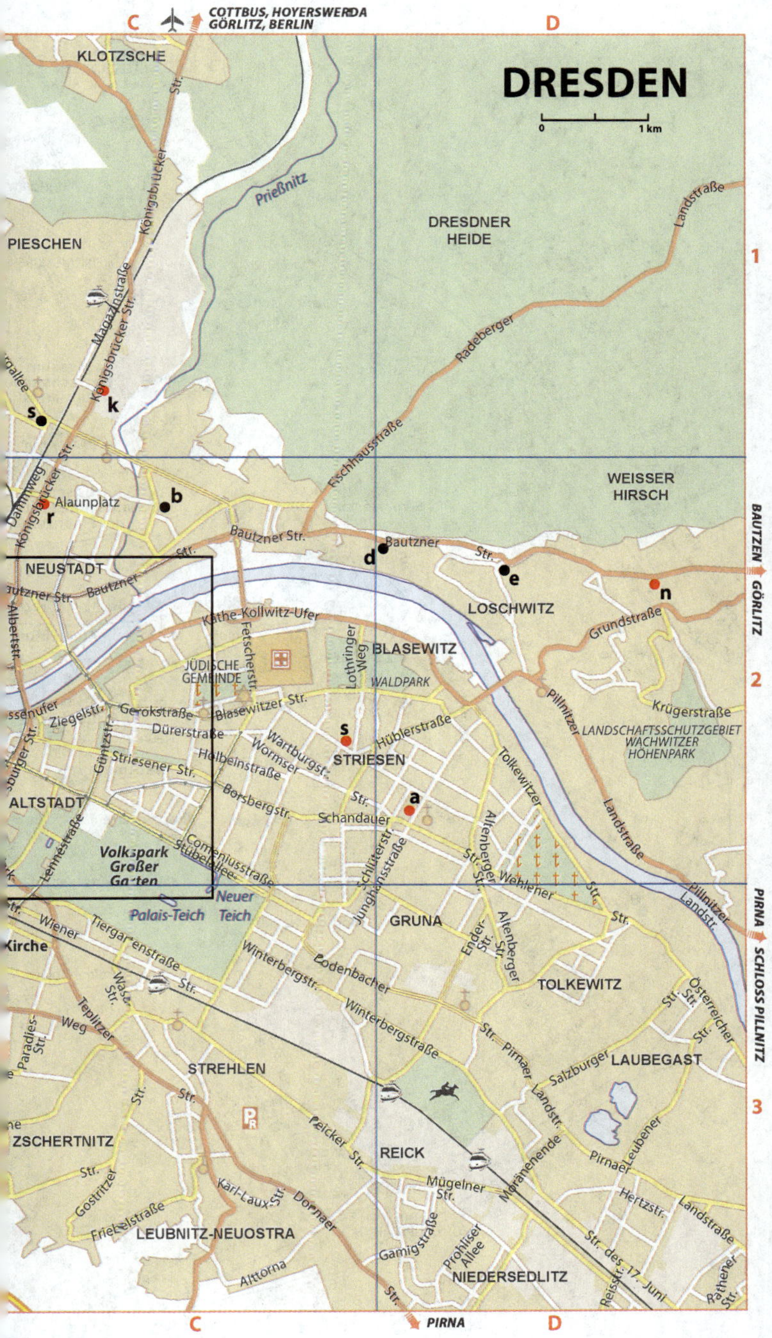

COTTBUS, HOYERSWERDA
GÖRLITZ, BERLIN
DRESDEN
0
1 km
KLOTZSCHE
PIESCHEN
Prießnitz
DRESDNER HEIDE
Landstraße
Radeberger
Königsbrücker Str.
Magazinstraße
Fischhausstraße
WEISSER HIRSCH
Alaunplatz
Bautzner Str.
NEUSTADT
LOSCHWITZ
Grundstraße
Käthe-Kollwitz-Ufer
BLASEWITZ
WALDPARK
JÜDISCHE GEMEINDE
Fetscherstr.
Lothringer Weg
Blasewitzer Str.
Ziegelstr.
Gerokstraße
Dürerstraße
Wartburgstr.
Wormser
Holbeinstraße
STRIESEN
Hüblerstraße
Pillnitzer Landstraße
Krügerstraße
LANDSCHAFTSSCHUTZGEBIET WACHWITZER HÖHENPARK
Tolkewitzer
Striesener Str.
Güntzstr.
Borsbergstr.
Schandauer Str.
ALTSTADT
Lennéstraße
Volkspark Großer Garten
Stübelallee
Comeniusstraße
Neuer Teich
Palais-Teich
Schlüterstr.
Junghansstraße
Altenberger Str.
Wehlener Str.
GRUNA
Kirche
Wiener
Tiergartenstraße
Winterbergstr.
Bodenbacher
Winterbergstraße
Ender-Str.
TOLKEWITZ
Österreicher Str.
Teplitzer
Weg
Paradies-Str.
STREHLEN
Pirnaer Landstr.
Salzburger
LAUBEGAST
ZSCHERTNITZ
Peicker Str.
REICK
Moränenende
Leubener
Pirnaer Landstraße
Mügelner Str.
Karl-Laux-Str.
Dohnaer Str.
Gostritzer Str.
Friebelstraße
LEUBNITZ-NEUOSTRA
Gamigstraße
Prohliser Allee
Hertzstr.
Str. des 17. Juni
Reisstr.
Rathener Str.
Altorna
NIEDERSEDLITZ
BAUTZEN
GÖRLITZ
PIRNA
SCHLOSS PILLNITZ
C
D
1
2
3

DRESDEN
0
300 m
E
F
1
2
3
DRESDEN NEUSTADT
Erna-Berger-Str.
Turnerweg
Antonstraße
Carolinen-Str.
Albertplatz
Hansastraße
Eisenbahnstr.
Leipziger Str.
Uferstraße
Antonstraße
Anton-Str.
Hainstraße
Palaisplatz
Kleine Marienbrücke
Japanisches Palais
Palaisplatz
DREIKÖNIGSKIRCHE
Metzer Str.
Obergraben
Hauptstraße
Museum für Sächsische Volkskunst
Goldener Reiterstatue
Neustädter Markt
Köpckestraße
Sächsisches Staatsministerium der Finanzen
Pieschener Allee
Allee
Pieschener Allee
Magdeburger Str.
Marienbrücke
KONGRESS-ZENTRUM
Devrientstr.
Weißeritzstraße
Friedrichstraße
DRESDEN MITTE
Maxstraße
Ostra-Allee
LANDTAG
Bernhard-von-Lindenau-Platz
Seminarstraße
Weißeritzstraße
Könneritzstraße
Schützenplatz
Adlergasse
Semperoper
Hofkirche
Brühlsche Terrasse
Löbtauer Str.
Roßthaler Str.
Schützengasse
Theaterplatz
Schloßplatz
Albertinum
Wettiner Pl.
Grüne Str.
Hertha-Lindner-Straße
ZWINGER
RESIDENZSCHLOSS
Johanneum
Frauenkirche
Postplatz
Neumarkt
Ehrlichstraße
Ermischstr.
Freiberger Str.
Wilsdruffer Str.
Stadtmuseum
Altmarkt
Freiberger Str.
Freiberger Pl.
Annenstraße
Am See
Marienstraße
Wallstraße
Webergasse
Kreuzkirche
Herbert-Wehner-Platz
Neues Rathaus
Freiberger Str.
Ammonstraße
Maternistraße
Rosenstraße
Jakobsgasse
Liliengasse
Dippoldiswalder Pl.
Doktor-Külz-Ring
Georgplatz
Ferdinandplatz
Sternpl.
Weinligstr.
Falkenstr.
Polierstraße
Budapester Str.
Vitzthumstraße
St. Petersburger Str.
Zinzendorfstraße
Ammonstraße
Feldgasse
Reitbahnstraße
Prager Straße
Prager Str.
Räcknitzstr.
Walpurgisstr.
Bürgerwiese
Ammonstraße
Str.
Feldschlößchenstr.
Zwickauer Str.
Wiener Pl.
Prager Str.
Sidonienstr.
Mosczinskystraße
Lindengasse
Parkstraße
Bayrische Str.
Schweizer Str.
Wiener Pl.
Wiener
Ammonstraße
DRESDEN HAUPTBAHNHOF
Bergstraße
Budapester Str.
Hohe Str.
Kaitzer Str.
Str.
Wiener Str.
M
T
P
a
b
c
d
e
g
m
n
p
t
v
w
x

G
H
1
2
3
NEUSTADT
Louisenstraße
Prießnitzstraße
Radeberger Str.
Bautzner Str.
Alaunstraße
Rothenburger Str.
Königsbrücker Str.
Holzhofgasse
Weintraubenstraße
Lessingstraße
Glacisstraße
Hoyerswerdaer Str.
Hospitalstraße
Archivstraße
Wigardstraße
Carusufer
Rosa-Luxemburg-Platz
Albertbrücke
Käthe-Kollwitz-Ufer
Blumenstraße
Hertelstraße
Bundschuhstr.
Pfeifferhannsstraße
Arnoldstraße
Tatzberg
Bönisch-Pl.
Pfotenhauerstr.
Hopfgartenstraße
Elsasser Str.
Lothringer Str.
Elisenstraße
Elbe
Carolabrücke
Terrassenufer
Güntzplatz
Gerokstraße
JÜDISCHE GEMEINDE
Ziegelstraße
Rathenauplatz
Gerichts-Str.
Pestalozzistraße
Güntzstraße
Marschnerstraße
Hans-Grundig-Straße
Dürerstr.
Thomaestraße
Pillnitzer Str.
Permoser-Str.
Pöppe-Str.
Cranach-Str.
Zirkusstraße
Mathildenstraße
Blochmannstraße
Striesener Str.
Dinglingerstraße
Stephanienplatz
ADAC
Grunaer Str.
Canalettostraße
Nicolaistraße
ALTSTADT
Blüherstraße
Deutsches Hygiene-Museum
Stübelallee
Hähnelstraße
Schumannstraße
Reißigerstraße
Fetscherstraße
Comeniusstraße
a
GLÄSERNE MANUFAKTUR
Lennéstraße
Lingnerallee
BOTANISCHER GARTEN
Hauptallee
Volkspark Großer Garten
Fürstenallee
Neuer Teich
ZOOLOGISCHER GARTEN
PALAIS
Lenneplatz

Holiday Inn

Stauffenbergallee 25a ✉ 01099 – ✆ (0351) 8 15 10 Stadtplan : C1**s**
– www.holiday-inn-dresden.de
121 Zim – **†**90/190 € **††**100/190 € – ½ P
Sie sind Businessgast und suchen ein modernes Hotel mit technisch gut ausgestatteten Zimmern? Hier wohnt man zudem noch in Flughafennähe (6 km entfernt). Minibar, W-Lan, Sky-TV und Parken sind kostenfrei. Im Restaurant bietet man internationale Küche.

Elbflorenz

Rosenstr. 36 ✉ 01067 – ✆ (0351) 8 64 00 Stadtplan : E3**e**
– www.hotel-elbflorenz.de
214 Zim – **†**77/140 € **††**77/140 € – 15 € – 15 Suiten – ½ P
Das Hotel im World Trade Center Dresden ist durch und durch im südländischen Stil gehalten. Von den Zimmern in wohnlich-warmen Farben bis zum begrünten Innenhof samt Terrasse. Im Restaurant serviert man italienische Küche: Antipasti, Pizza, Pasta... Für Businessgäste: preisgünstigeres, einfacheres Frühstück.

Privat

Forststr. 22 ✉ 01099 – ✆ (0351) 81 17 70 Stadtplan : C2**b**
– www.das-nichtraucher-hotel.de
29 Zim – **†**63/78 € **††**81/103 € – 1 Suite
Die engagierten Gastgeber leiten hier ein sehr gepflegtes Nichtraucherhotel in einer ruhigen Wohngegend nicht weit von der Innenstadt. Der Service ist freundlich, die Zimmer sind zeitgemäß und funktional. Restaurant "Maron" mit Wintergarten und netter kleiner Terrasse. Zusatzkarte nach Hildegard von Bingen.

Restaurants

Caroussel – Hotel Bülow Palais

Königstr. 14 ✉ 01097 – ✆ (0351) 8 00 31 40 Stadtplan : F1**c**
– www.buelow-palais.de/caroussel – geschl. Sonntag - Montag
Menü 79/145 € – *(nur Abendessen)* (Tischbestellung ratsam)
Benjamin Biedlingmaier hat sich in Dresden mit seiner geradlinigen und aromatischen klassischen Küche etabliert, und die lässt mit Namen wie "Ein Räuber im heimischen Gemüsebeet" Interessantes erwarten. Das edle Interieur samt sehenswertem Meissener Porzellan steht dem Niveau der Küche in nichts nach.
➜ Taschenkrebs, Grapefruit, Rauchmandel und Jasmin. Luma Schwein, Süßkartoffel und Granatapfel. Rhabarber, Karotte und weiße Schokolade.

MORITZ – Hotel Suitess

An der Frauenkirche 13, 5. Etage, Zufahrt über Stadtplan : F2**g**
Rampische Straße ✉ 01067 – ✆ (0351) 41 72 70 – www.suitess-hotel.com
Menü 39/129 € (abends) – Karte 23/129 €
Speisen Sie auf der Terrasse! Vor Ihren Augen ragt die Kuppel der Frauenkirche empor - mitten in der Altstadt und doch fern vom Trubel! Die ambitionierten Speisen nennen sich z. B. "rosa gebratene Entenbrust auf Ananas-Habanerochutney an Topinambur und Pimentjus". Abends 20% Nachlass für Hotelgäste.

Intermezzo – Hotel Taschenbergpalais Kempinski

Taschenberg 3 ✉ 01067 – ✆ (0351) 4 91 27 12 Stadtplan : F2**a**
– www.kempinski.com/de/dresden – geschl. Sonntagabend - Montag
Menü 54/69 € – Karte 46/68 € – (Tischbestellung ratsam)
Wahrlich ein Intermezzo, und zwar ein elegantes. Möchten Sie Ihr Dinner im Sommer vielleicht unter Sternenhimmel im Innenhof einnehmen? Auch auf Besucher der Semperoper ist man bestens eingestellt.

Lesage

Lennéstr. 1 ✉ 01069 – ✆ (0351) 4 20 42 50 Stadtplan : G3**a**
– www.lesage.de – geschl. Januar - Februar und Sonntagabend, Montagabend
Karte 37/50 €
Nicht nur etwas für Auto-Freunde ist die Gläserne Manufaktur von Volkswagen (lohnend der Blick auf den Fahrzeugturm!): In dem offen gestalteten modernen Restaurant gibt es gute internationale Speisen wie "krosses Skreifilet auf Kartoffel-Paprikapüree und gebratenem Blumenkohl". Sonntags nur Brunch-Buffet.

XX **Elements** (Stephan Mießner)
Königsbrücker Str. 96, Zeitenströmung Haus 25 - 26 Stadtplan : C1**k**
✉ 01099 – ✆ (0351) 2 72 16 96 – www.restaurant-elements.de
– geschl. 8. - 21. Februar und Sonntag
Menü 36 € (mittags)/66 € – Karte 43/59 € – (Tischbestellung ratsam)
In dem ehemaligen Strömungsmaschinenbau-Unternehmen haben Martina Starcvicova und Stephan Mießner gelungen Industrie-Architektur mit gemütlich-hochwertiger Einrichtung kombiniert. Dazu gute, aromenintensive Küche zu sehr fairen Preisen und herzlicher, versierter Service. Schön: die Niagara-Zigarrenlounge.
➜ Artischocke und grüner Spargel, Pastaperlen, Rucola, Pecorino. Jakobsmuschel, Haselnuss, Minze und Buchweizen. Taubenbrust, Süßkartoffelfondant, Zwiebelcrème, Shiitake Pilze.
DELI – Siehe Restaurantauswahl

XX **Kastenmeiers**
Tzschirnerplatz 3 ✉ 01067 – ✆ (0351) 48 48 48 01 Stadtplan : F2**t**
– www.kastenmeiers.de – geschl. Samstagmittag, Sonntagmittag
Menü 21 € (mittags)/49 € – Karte 40/62 € – (Tischbestellung ratsam)
Fisch und Krustentiere sind Spezialität im stilvollen Kurländer Palais inmitten der Altstadt. Patron Gerd Kastenmeier bietet ambitionierte Gerichte wie "Steinbuttkotelett mit gebratenen Artischocken und Graupenristotto" oder Forelle und Saibling aus dem eigenen Becken. Mittwochmittag Sushi.

XX **Palais Bistro** – Hotel Taschenbergpalais Kempinski
Taschenberg 3 ✉ 01067 – ✆ (0351) 4 91 27 10 Stadtplan : F2**a**
– www.kempinski.com/de/dresden
Karte 27/59 €
Hier hat man auf stilvolle und leger-gemütliche Art französisches Savoir-vivre geschaffen. Aber auch die sächsische Heimat hat man nicht vergessen, so gibt es neben Klassikern wie "Coq au vin mit Champignons und Speck" auch schmackhafte regionale Gerichte wie "sächsische Kartoffelsuppe mit Räucherling". Für den kleineren Appetit: einige Gerichte als halbe Portion.

XX **Ven** – Hotel Innside by Melia
Rampische Str. 9 ✉ 01067 Stadtplan : F2**v**
– ✆ (0351) 7 95 15 10 21 – www.ven-dresden.de
– geschl. Sonntagabend
Menü 34 € – Karte 31/41 € – *(Montag - Samstag ab 15 Uhr)*
Bar und Restaurant in puristisch-urbaner Atmosphäre vereint. Modernes Design und beachtliche Raumhöhe beeindrucken hier gleichermaßen! Sogar die Innenhofterrasse samt Loungebereich ist stylish. Und die Küche? Die ist ambitioniert - es gibt z. B. "Lachs / Rote Beete / Gurke / Koriander".

X **Alte Meister**
Theaterplatz 1a ✉ 01067 – ✆ (0351) 4 81 04 26 Stadtplan : F2**p**
– www.altemeister.net
Menü 38 € (abends) – Karte 32/47 €
Im ehemaligen Braun'schen Atelier in einem Seitenflügel des Zwingers erwartet Sie mittags ein Galerie-Lokal und Café mit einfacher Karte, das abends dann zum ambitionierten Restaurant mit monatlich wechselnden Menüs wird.

X **Villandry**
Jordanstr. 8 ✉ 01099 – ✆ (0351) 8 99 67 24 Stadtplan : C2**r**
– www.villandry.de – geschl. Sonntag
Menü 32/42 € – Karte 31/39 € – *(nur Abendessen)* (Tischbestellung ratsam)
Getreu dem Motto "Liebe Dein Essen" werden in dem gemütlich-legeren Restaurant international-saisonale Speisen mit Liebe und vor allem mit Geschmack zubereitet. Von der tagesaktuellen Tafel wählt man z. B. "gebratenen Skrei, Spinat, Rote Beete, Linsen, Kartoffel".

william
Theaterstr. 2, im 2. OG Staatsschauspiel Dresden Stadtplan : E2**w**
✉ 01067 – ✆ (0351) 65 29 82 20 – www.restaurant-william.de
Menü 24 € (mittags)/43 € – Karte 30/48 € – (Tischbestellung ratsam)
Stefan Hermann, bekannt aus dem "bean&beluga", hat in den stilvollen Räumen des Schauspielhauses ein schickes modernes Restaurant samt Bar und Lounge eröffnet. Verantwortlich für die internationale Küche (z. B. "Schweinebauch / Soja / Pak Choi") ist Marcel Kube. Am letzten So. im Monat Brunch in Menüform.

Ogura – Hotel Hilton
An der Frauenkirche 5 ✉ 01067 – ✆ (0351) 8 64 29 75 Stadtplan : F2**e**
– www.hilton.de/dresden – geschl. Montag, Sonntagmittag
Menü 70 € (abends) – Karte 27/63 €
Dank japanischer Stilelemente findet man fernöstliches Flair mitten in Dresden. Schon seit 1998 bringt Patron Yukio Ogura den Gästen die Küche seiner Heimat nahe - nicht fehlen darf da natürlich gutes Sushi!

Bülow's Bistro – Hotel Bülow Palais
Königstr. 14 ✉ 01097 – ✆ (0351) 8 00 30 Stadtplan : F1**c**
– www.buelow-palais.de/buelows-bistro
Karte 33/53 €
Auch hier führt Benjamin Biedlingmaier Regie. Zusammen mit seiner "Caroussel"-Brigade kocht er in dem gemülich-eleganten und angenehm unprätentiösen Restaurant schmackhaft und saisonal - Lust auf "geschmorte Kaninchenkeule, Rosenkohl-Pilz-Gemüse und gebackene Salbeipolenta"?

DELI – Restaurant Elements
Königsbrücker Str. 96, Zeitenströmung Haus 25 - 26 Stadtplan : C1**k**
✉ 01099 – ✆ (0351) 2 72 16 96 – www.restaurant-elements.de – geschl. 8. - 21. Februar und Sonntag
Karte 29/41 €
Das DELI ist die unkompliziert-legere Alternative zum Gourmetrestaurant. Das Angebot richtet sich nach der Saison und bietet neben regionalen Gerichten auch internationale Speisen wie "gegrillten Schwertfisch, Kartoffel-Wasabi-Püree, Spinatsalat". Für den eiligen Mittagsgast: schnelle einfachere Gerichte.

In Dresden-Cotta

Residenz Alt Dresden
Mobschatzer Str. 29 ✉ 01157 – ✆ (0351) 4 28 10 Stadtplan : A2**c**
– www.residenz-alt-dresden.de
138 Zim – 🚹56/120 € 🚹🚹70/140 € – ☕ 13 € – 14 Suiten – ½ P
In einem Wohngebiet gelegenes Hotel mit funktionell ausgestatteten Zimmern in zeitlosem Stil sowie Appartements im angegliederten Boardinghaus. Ideal für Geschäftsreisende. Restaurant mit Wintergarten und zwei Terrassen, eine davon rückwärtig gelegen.

In Dresden-Lockwitz Süd-Ost: 11 km über Dohnaer Straße D3

Landhaus Lockwitzgrund
Lockwitzgrund 100 ✉ 01257 – ✆ (0351) 2 71 00 10
– www.landhaus-lockwitzgrund.de
11 Zim ☕ – 🚹59/69 € 🚹🚹79/89 € – 2 Suiten
Landhaus Lockwitzgrund – Siehe Restaurantauswahl
Sie finden das nette kleine Landhotel außerhalb am Waldrand. Es stehen praktische Zimmer bereit, die wohnlich mit Naturholzmöbeln eingerichtet sind. Sie bleiben länger? Dann nehmen Sie ein Appartement mit Kitchenette!

Landhaus Lockwitzgrund – Hotel Landhaus Lockwitzgrund
Lockwitzgrund 100 ✉ 01257 – ✆ (0351) 2 71 00 10
– www.landhaus-lockwitzgrund.de – geschl. 4. - 21. Januar und Montag
Menü 30 € – Karte 21/44 €
In den historischen ehemaligen Stallungen der alten "Makkaroni-Fabrik" sitzt es sich nicht nur gemütlich unter einem Kreuzgewölbe, hier lässt es sich auch gut speisen: "klare Ochsenschwanzsuppe mit Sherry", "Duett von Edelfischen auf Rieslingsauce mit jungem Blattspinat und Camarguereis"...

In Dresden-Loschwitz

Schloss Eckberg

Bautzner Str. 134 ✉ 01099 – ✆ (0351) 8 09 90 Stadtplan : D2**d**
– www.schloss-eckberg.de
84 Zim – 70/170 € 85/195 € – 18 € – 5 Suiten
Das 15 ha große Anwesen ist ebenso sehenswert wie das traumhafte Schloss selbst! Hier wohnt und speist man klassisch-stilvoll, im Kavaliershaus sind die Zimmer moderner und einfacher. Lassen Sie sich den Ausblick von der Terrasse nicht entgehen - schön auch bei Kaffee und Kuchen!

In Dresden-Niedersedlitz Süd-Ost: 10 km über Bismarckstraße D3

AMBIENTE

Meusegaster Str. 23 ✉ 01259 – ✆ (0351) 20 78 80 – www.hotel-ambiente.de
– geschl. 19. - 28. Dezember
20 Zim – 78/98 € 82/138 €
Auch nach über 20 Jahren wird das Haus mit Engagement, Herzblut und persönlicher Note geführt! Es liegt ruhig in einem Wohngebiet und hat für seine Gäste zeitgemäße, wohnliche Zimmer, darunter hübsche Superior-Gaubenzimmer.

In Dresden-Pillnitz Süd-Ost: 13 km über Pillnitzer Landstraße D3

Schloss Hotel Dresden-Pillnitz

August-Böckstiegel-Str. 10 ✉ 01326 – ✆ (0351) 2 61 40
– www.schlosshotel-pillnitz.de – geschl. Februar
45 Zim – 90/115 € 120/160 € – ½ P
Kaminrestaurant – Siehe Restaurantauswahl
Unmittelbar am Schloss samt schönem Park wohnen Sie in attraktiven Zimmern im Landhausstil. Tipp: Fragen Sie nach den Zimmern mit Schlossblick! Im Wintergarten serviert man regional geprägte Küche. Interessant und tragisch zugleich: In der Lobby sind die Pegelstände der vergangenen Flutkatastrophen markiert!

Kaminrestaurant – Schloss Hotel Dresden-Pillnitz

August-Böckstiegel-Str. 10 ✉ 01326 – ✆ (0351) 2 61 40
– www.dresden-kaminrestaurant.de – geschl. Januar - Februar und Sonntag - Montag
Menü 45/60 € – Karte 52/67 € – *(November - April nur Abendessen)*
Sie wünschen sich gemütlich-elegante Atmosphäre bei Kaminfeuer? Oder einen lauen Sommerabend auf der Terrasse bei romantischem Schlossflair? Beides finden Sie hier, und dazu gut zubereitete Speisen. Mittags nur einfacherer Business-Lunch.

In Dresden-Striesen

La Fourchette

Wittenberger Str. 87 ✉ 01277 – ✆ (0351) 3 12 03 71 Stadtplan : D2**a**
– www.la-fourchette.de – geschl. 15. Februar - 1. März und Sonntag - Montag
Menü 35/43 € – Karte 37/45 € – *(nur Abendessen)*
Schön das alte Eckhaus in einer Wohngegend am Rande der Innenstadt, das Ambiente gemütlich-modern. Hier kochen Patron Mohamed Aidara, gebürtiger Senegalese, und sein Team französisch-karibische Gerichte. Am ersten Sonntag im Monat Brunch.

Spizz

Augsburger Str. 49 ✉ 01309 – ✆ (0351) 3 19 06 26 Stadtplan : C2**s**
– www.restaurant-spizz.de – geschl. Sonntag, außer an Feiertagen
Menü 15/45 € – Karte 18/41 € – (abends Tischbestellung ratsam)
Jung und gleichermaßen gemütlich ist die Atmosphäre in dem hübschen Altbau am Barbarossaplatz. Die kommt bei den zahlreichen Stammgästen ebenso gut an wie die Küche: Klassiker wie Wiener Schnitzel und mediterrane Gerichte wie "Lammhüfte unter der Thymiankruste an Vanille-Schwarzwurzel und Gnocchi".

In Dresden-Weißer Hirsch

Villa Weißer Hirsch

Hermann Prell Str. 6 ✉ 01324 – ✆ (0351) 64 24 13 Stadtplan : D2**e**
– www.villa-weisser-hirsch.de
10 Zim – 85/105 € 125/160 €
Man könnte die auf einem tollen Gartengrundstück gelegene Villa von 1935 auch als Luxuspension bezeichnen, denn das schmucke kleine Hotel mit dem persönlichen Charme ist schon etwas Besonderers mit seinen edel-barocken Zimmern! Ganz zeitlos können Sie aber auch wohnen. Und versäumen Sie nicht das Frühstück!

bean and beluga (Stefan Hermann)

Bautzner Landstr. 32, 1. Etage ✉ 01324 Stadtplan : D2**n**
– ✆ (0351) 44 00 88 00 – www.bean-and-beluga.de – geschl. Sonntag - Montag
Menü 75/150 € – *(nur Abendessen)* (Tischbestellung ratsam)
Attraktiv und mit Niveau - sowohl das Design (geradlinig-modern und zugleich überaus stilvoll) als auch die Küche: Kreative Gerichte, ausdrucksstark mit variablen Texturen und feinen Kontrasten gespickt. Die Weinkarte dazu umfasst rund 400 Positionen. Der Service: kompetent und umsichtig. Weinbar.
➜ Froschschenkel, Pfifferlinge, junger Knoblauch. Lamm, Caesar, Röstbrot. Überraschungsei, Karotte, Haselnuss.

DRIBURG, BAD

Nordrhein-Westfalen – 18 340 Ew. – Höhe 220 m – Regionalatlas **28**-G10
Berlin 390 km – Düsseldorf 190 km – Hannover 108 km – Kassel 86 km
Michelin Straßenkarte 543

Gräflicher Park

Brunnenallee 1 ✉ 33014 – ✆ (05253) 9 52 30 – www.graeflicher-park.de
135 Zim – 119/269 € 159/299 € – ½ P
Caspar's* • *Pferdestall – Siehe Restaurantauswahl
Familie Graf von Oeynhausen-Sierstorpff hat hier ein tolles weitläufiges, von altem Baumbestand und hübschen Beeten geprägtes Anwesen a. d. 18. Jh. samt Kurhaus und Wildgehege. Wohnliche, individuelle Zimmer, Spa auf 1500 qm (u. a. ganzjährig beheizter 25-m-Außenpool) sowie gute Veranstaltungsmöglichkeiten.

Schwallenhof

Brunnenstr. 34 ✉ 33014 – ✆ (05253) 98 13 00 – www.schwallenhof.de
35 Zim – 74/94 € 98/128 € – 4 Suiten – ½ P
Aus dem einstigen Bauernhof ist ein familiengeführtes Hotel geworden, in dem wohnlich eingerichtete Zimmer zur Verfügung stehen. Ein Kamin und einige Nischen machen das Restaurant gemütlich.

Caspar's – Hotel Gräflicher Park

Brunnenallee 1 ✉ 33014 – ✆ (05253) 9 52 30 – www.graeflicher-park.de
– geschl. Sonntag - Montag
Menü 46/99 € – Karte 35/59 € – *(nur Abendessen)*
In wohnlich-eleganter Atmosphäre (raumhohe Bücherregale, klassisches Mobiliar, farblich abgestimmte Stoffe...) wird kreativ-internationale Küche serviert, à la carte oder als Menü ("Stilbruch" oder "Käse ist mein Fleisch"). Im Sommer genießt man auf der Terrasse eine herrliche Blumenpracht.

Pferdestall – Hotel Gräflicher Park

Brunnenallee 1 ✉ 33014 – ✆ (05253) 9 52 30 – www.graeflicher-park.de
Menü 32 € – Karte 25/48 €
Sympathisch-rustikal ist es hier: In den 1860 erbauten Stallungen sitzen Sie heute nett an Holztischen in ehemaligen Pferdeboxen, um Sie herum passende Deko wie alte Tränken und Sättel, über Ihnen eine Gewölbedecke. Mittig die Showküche.

DROLSHAGEN

Nordrhein-Westfalen – 11 850 Ew. – Höhe 340 m – Regionalatlas **37**-D12
Berlin 555 km – Düsseldorf 114 km – Siegen 31 km – Hagen 59 km
Michelin Straßenkarte 543

Zur Brücke

Hagener Str. 12, B 54/55 ✉ 57489 – ✆ (02761) 75 48 – www.hotelzurbruecke.de
18 Zim – †56/62 € ††86/94 € – ½ P
Der Familienbetrieb ist ein 200 Jahre altes Gasthaus, das über sehr gepflegte, wohnlich eingerichtete Zimmer verfügt - auch ein geräumiges Appartement ist vorhanden. Und im Restaurant gibt es in behaglicher Atmosphäre bürgerliche Küche.

DÜRKHEIM, BAD

Rheinland-Pfalz – 18 390 Ew. – Höhe 132 m – Regionalatlas **47**-E16
Berlin 639 km – Mainz 82 km – Mannheim 25 km – Kaiserslautern 33 km
Michelin Straßenkarte 543

Kurpark-Hotel

Schloßplatz 1 ✉ 67098 – ✆ (06322) 79 70 – www.kurpark-hotel.de
113 Zim – †140/153 € ††182/192 € – ½ P
Das geschichtsträchtige ehemalige Kurhaus geht mit der Zeit: topmoderner Spa, wohnliche Zimmer in warmen Farben und ein Restaurant mit internationaler Küche und toller Terrasse zum Kurpark. Lust auf Roulette oder Black Jack? Das Kasino liegt direkt nebenan, der Eintritt ist für Hotelgäste gratis.

Gartenhotel Heusser

Seebacher Str. 50 ✉ 67098 – ✆ (06322) 93 00 – www.hotel-heusser.de
92 Zim – †95/155 € ††149/199 € – 5 Suiten – ½ P
Bestaunen Sie den wunderbaren japanischen Garten mit Teehaus, Bachläufen, Koiteich... und genießen Sie das umfassende Spa-Angebot auf 900 qm vom schönen Hallenbad bis zum schicken Wellness-Pavillon. Aber auch arbeiten lässt es sich hier gut, dafür sorgen die vielfältigen Tagungsmöglichkeiten.

Weingarten

Triftweg 11a ✉ 67098 – ✆ (06322) 9 40 10 – www.hotelweingarten.de
– geschl. Ende Dezember - Ende Januar
18 Zim – †69/95 € ††99/130 €
Mutter und Tochter leiten das sehr gepflegte kleine Hotel, auch das gegenüberliegende Weingut gehört der Familie. Hell und funktional die Zimmer, gut das Frühstücksbuffet, im Sommer lockt der schöne Garten mit Pinien und Rebstöcken.

An den Salinen

Salinenstr. 40 ✉ 67098 – ✆ (06322) 9 40 40 – www.hotel-an-den-salinen.de
– geschl. Mitte Dezember - Anfang Januar
18 Zim – †58/76 € ††80/100 €
Äußerlich eher unscheinbar, zeigt das Hotel seine wahre Größe im Inneren: Hier wird man engagiert und herzlich betreut, alles ist top in Schuss. Wohnlich die Zimmer (Standard, Comfort oder Business), das Frühstücksbuffet klein, aber frisch.

Weinstube Bach-Mayer (N)

Gerberstr. 13 ✉ 67098 – ✆ (06322) 9 21 20 – www.bach-mayer.de – geschl. Februar 2 Wochen, September 3 Wochen und Dienstag - Mittwoch
Menü 39/43 € – Karte 22/43 € – *(Montag - Freitag nur Abendessen)*
Charme und Gemütlichkeit versprüht das ehemalige fürstliche Jagdhaus. Da lässt man sich gerne regional-internationale Speisen wie "knuspriges Saiblingsfilet an Gurken-Kresse-Risotto" servieren - fast schon ein Muss sind auch die Desserts!

In Bad Dürkheim-Seebach Süd-West: 1,5 km

Käsbüro

Dorfplatz 1 ✉ 67098 – ✆ (06322) 68 09 63 – www.kaesbuero.de – geschl. August 2 Wochen und Dienstag

Menü 35 € – Karte 27/49 € – *(nur Abendessen)*

Ein reizendes Haus a. d. 11. Jh. Welche der drei behaglichen Stuben gefällt Ihnen am besten? Oder möchten Sie im hübschen berankten Innenhof speisen? Die frische bürgerlich-regionale Küche ist überall gleich, und dazu gibt's lokale Weine.

Nahe der Straße nach Leistadt Nord: 3,5 km

Annaberg

Annabergstr. 1 ✉ 67098 Bad Dürkheim – ✆ (06322) 9 40 00 – www.hotel-annaberg.com – geschl. 3. - 17. Januar

35 Zim – †75/87 € ††80/99 € – ☕ 12 € – ½ P

Das ehemalige Weingut in den Weinbergen über der Stadt ist eine schöne Kulisse für Hochzeitsfeiern (auch Trauungen möglich). Individuelle Zimmer, teils mit Balkon, einige schöne Winzerzimmer. Zum Restaurant gehören die Terrasse und die rustikale Weinstube.

DÜSSELDORF

Nordrhein-Westfalen – 593 690 Ew. – Höhe 36 m – Regionalatlas **25**-B11
▶ Berlin 564 km – Köln 39 km – Essen 38 km – Amsterdam 236 km
Michelin Straßenkarte 543
Stadtpläne siehe nächste Seiten

H. Wohner/Look / Photononstop

→ Alphabetische Liste der Hotels
→ Alphabetical index of hotels

→ Alphabetische Liste der Restaurants
→ Alphabetical index of restaurants

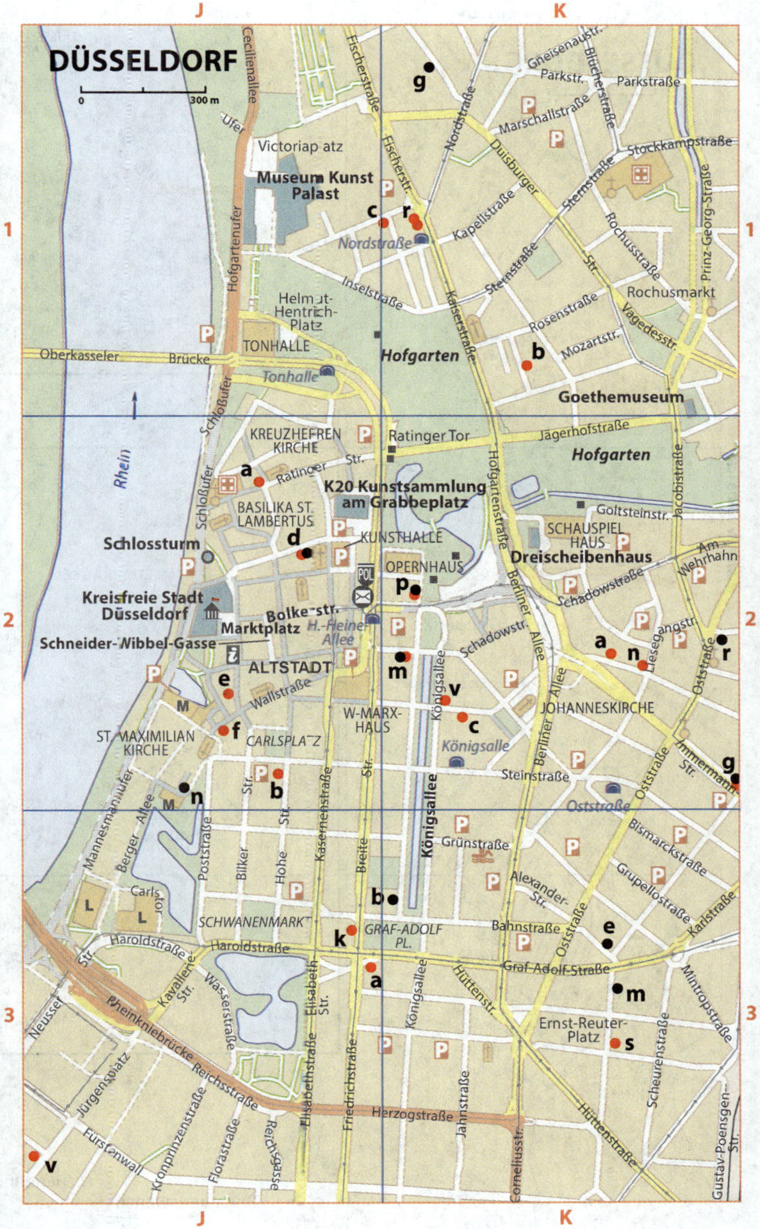
DÜSSELDORF
0
300 m
J
K
1
2
3
Rhein
Museum Kunst Palast
Victoriaplatz
Hofgarten
Goethemuseum
TONHALLE
Oberkasseler Brücke
KREUZHERREN KIRCHE
Ratinger Tor
K20 Kunstsammlung am Grabbeplatz
BASILIKA ST. LAMBERTUS
KUNSTHALLE
OPERNHAUS
SCHAUSPIEL HAUS
Dreischeibenhaus
Schlossturm
Kreisfreie Stadt Düsseldorf
Marktplatz
Schneider-Wibbel-Gasse
ALTSTADT
Bolker-str.
H.-Heine-Allee
W-MARX-HAUS
JOHANNESKIRCHE
ST. MAXIMILIAN KIRCHE
CARLSPLATZ
Königsallee
SCHWANENMARKT
GRAF-ADOLF PL.
Ernst-Reuter-Platz
Graf-Adolf-Straße
Herzogstraße
Rheinkniebrücke
Haroldstraße
Steinstraße
Oststraße
Berliner Allee
Kaiserstraße
Nordstraße
Duisburger Str.
Jägerhofstraße
Schadowstraße
Immermannstr.
Bismarckstraße
Friedrichstraße
Elisabethstraße
Fischerstraße
Hofgartenufer
Rochusmarkt
Hüttenstr.
Reichsstraße
Fürstenwall
Kronprinzenstraße
Jürgensplatz
Neusser Str.

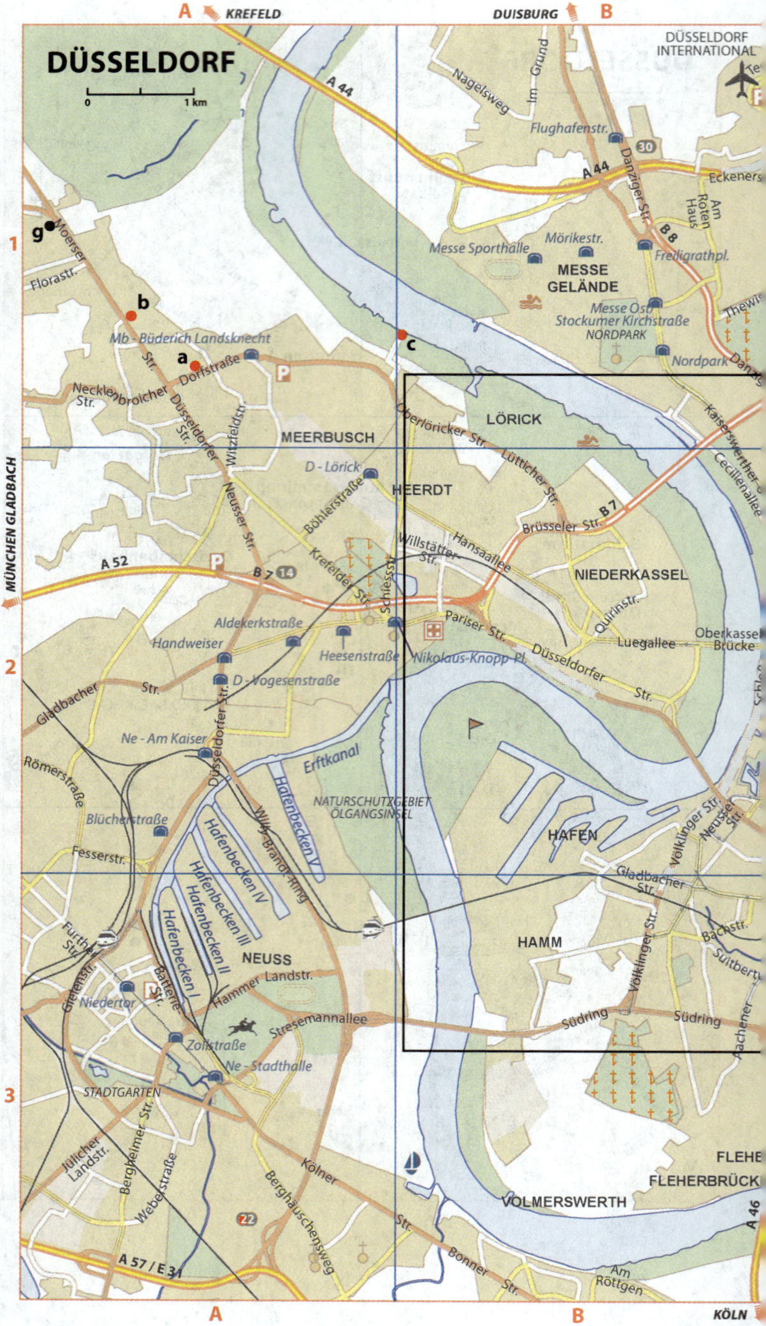
DÜSSELDORF
0
1 km
A
KREFELD
DUISBURG
B
DÜSSELDORF INTERNATIONAL
A 44
Nagelsweg
Im Grund
Flughafenstr.
30
Danziger Str.
Eckeners
Am Roten Haus
B 8
Mörikestr.
Messe Sporthalle
Freiligrathpl.
MESSE GELÄNDE
Messe Ost/ Stockumer Kirchstraße
NORDPARK
Nordpark
1
g
Moerser
Florastr.
b
Mb - Büderich Landsknecht
a
Dorfstraße
c
Str.
Necklenbroicher Str.
Düsseldorfer Str.
Witzfeldstr.
MEERBUSCH
Oberlöricker Str.
LÖRICK
Lütticher Str.
Kaiserswerther
Cecilienallee
D - Lörick
HEERDT
Böhlerstraße
Brüsseler Str.
B 7
Neusser Str.
Krefelder Str.
Willstätter Str.
Hansaallee
NIEDERKASSEL
MÜNCHEN GLADBACH
A 52
B 7
14
Schiessstr.
Quirinstr.
Aldekerkstraße
Pariser Str.
Luegallee
Oberkassel Brücke
Handweiser
Heesenstraße
Nikolaus-Knopp-Pl.
Düsseldorfer Str.
2
D - Vogesenstraße
Gladbacher Str.
Ne - Am Kaiser
Düsseldorfer Str.
Erftkanal
Römerstraße
Hafenbecken V
NATURSCHUTZGEBIET ÖLGANGSINSEL
Willy-Brandt-Ring
Blücherstraße
Völklinger Str.
Neusser Str.
HAFEN
Fesserstr.
Hafenbecken IV
Gladbacher Str.
Hafenbecken III
Hafenbecken II
Hafenbecken I
Bachstr.
Furth Str.
HAMM
Suitbert
NEUSS
Völklinger Str.
Hammer Landstr.
Batterie Str.
Gielenstr.
Niedertor
Stresemannallee
Südring
Südring
Aachener
Zollstraße
Ne - Stadthalle
3
STADTGARTEN
Jülicher Landstr.
Bergheimer Str.
Weberstraße
Kölner Str.
Berghäuschensweg
FLEHE
FLEHERBRÜCK
VOLMERSWERTH
A 46
22
A 57 / E 31
Bonner Str.
Am Röttgen
A
B
KÖLN

ESSEN, MÜLHEIM
C
D
Grüner See
Silbersee
A 44
UNTERRATH
RATH
AAPER WALD
GRAFENBERGER WALD
WILDPARK
GRAFENBERG
GERRESHEIM
Hofgarten
ALTSTADT
WUPPERTAL
HILDEN UNTERBACH
ELLER
ELLERFORST
VOLKSGARTEN
SUEDPARK
STOFFELN
LIERENFELD
Deichsee
A 46
SCHLOSSPARK ELLER
WERSTEN
HOLTHAUSEN
D HOLTHAUSEN
KÖLN
SCHLOSS BENRATH (PARK)
1
2
3

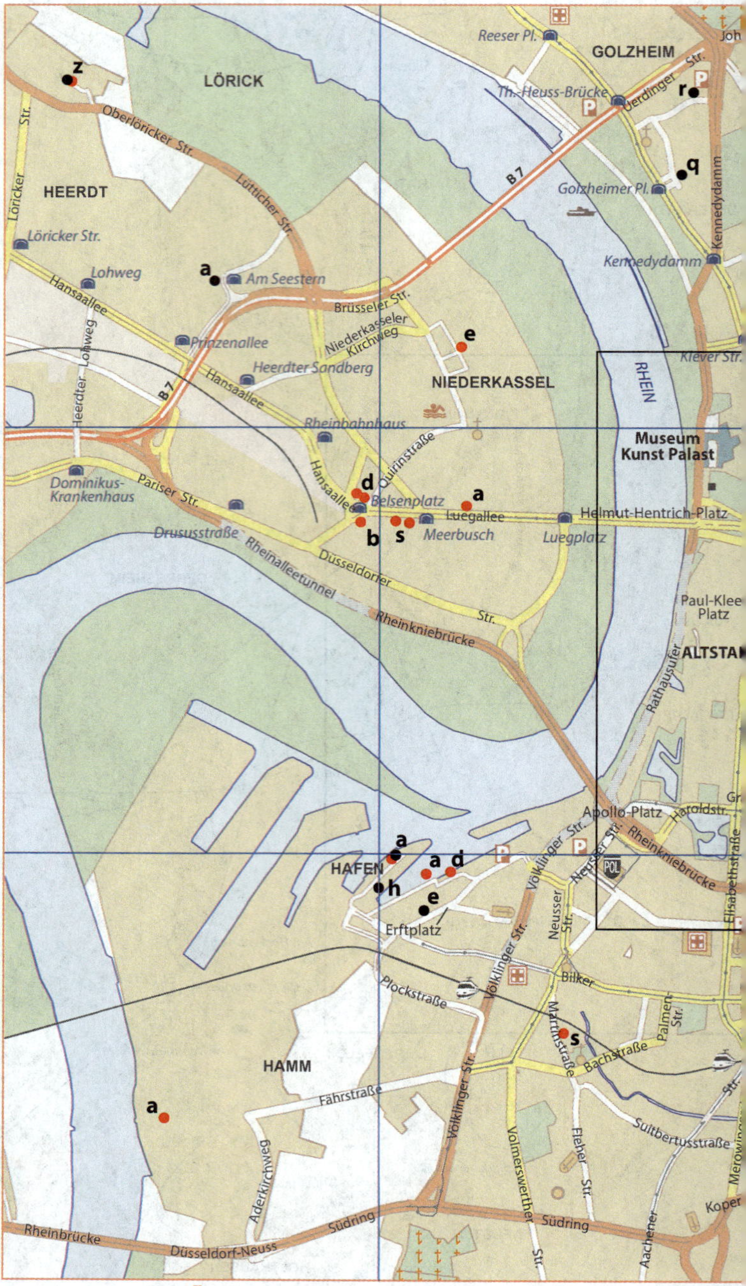

E
F
LÖRICK
GOLZHEIM
HEERDT
NIEDERKASSEL
Museum Kunst Palast
HAFEN
HAMM
ALTSTA
RHEIN
Oberlöricker Str.
Lütticher Str.
Löricker Str.
Lohweg
Am Seestern
Hansaallee
Prinzenallee
Heerdter Sandberg
Heerdter Lohweg
Brüsseler Str.
Niederkasseler Kirchweg
Rheinbahnhaus
Quirinstraße
Belsenplatz
Luegallee
Meerbusch
Luegplatz
Helmut-Hentrich-Platz
Dominikus-Krankenhaus
Pariser Str.
Drususstraße
Rheinalleetunnel
Düsseldorfer Str.
Rheinkniebrücke
Reeser Pl.
Th.-Heuss-Brücke
Uerdinger Str.
Golzheimer Pl.
Kennedydamm
Klever Str.
Paul-Klee Platz
Rathausufer
Apollo-Platz
Haroldstr.
Völklinger Str.
Neusser Str.
Elisabethstraße
Erftplatz
Bilker
Plockstraße
Martinstraße
Bachstraße
Palmen Str.
Fährstraße
Sultbertusstraße
Aderkirchweg
Volmerswerther Str.
Fleher Str.
Aachener
Südring
Rheinbrücke
Düsseldorf-Neuss
Merowing
Koper
B 7
1
2
3

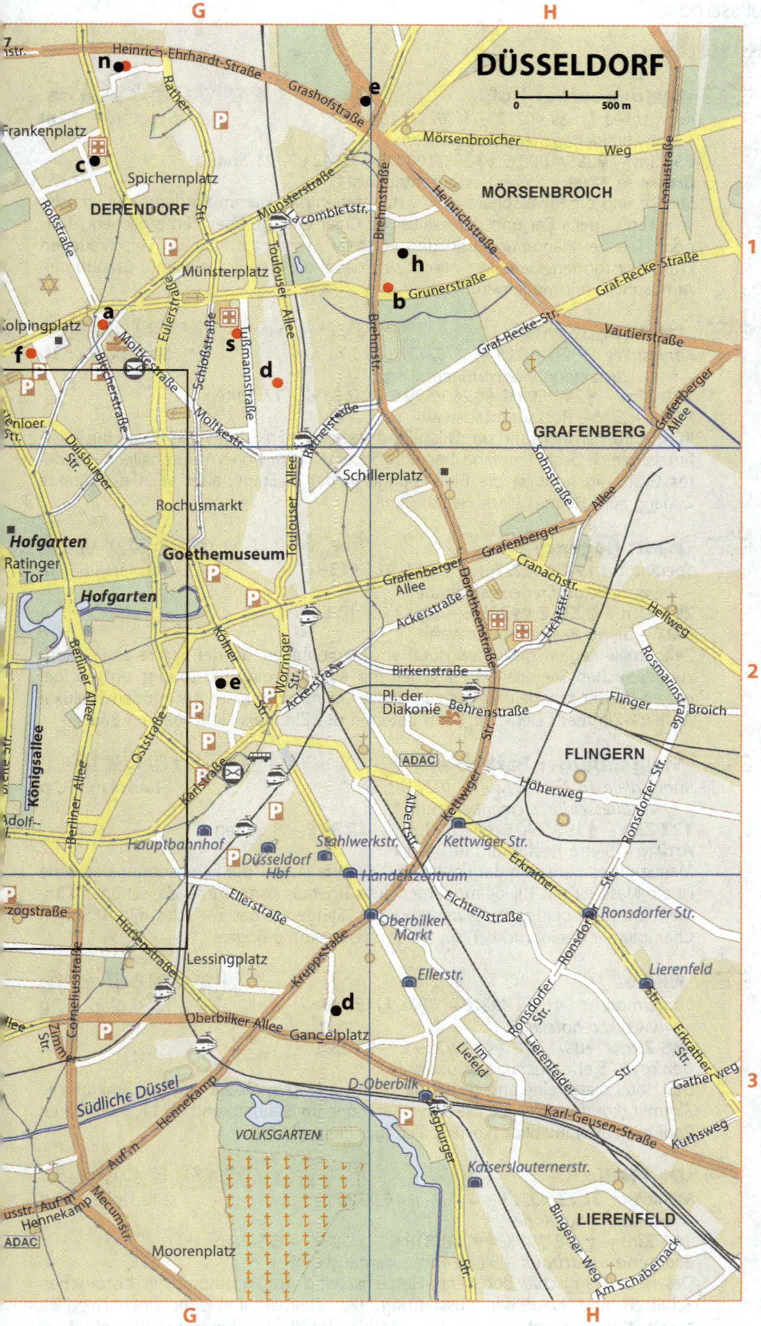
DÜSSELDORF
0
500 m
G
H
1
2
3
DERENDORF
MÖRSENBROICH
GRAFENBERG
FLINGERN
LIERENFELD
Heinrich-Ehrhardt-Straße
Grashofstraße
Mörsenbroicher Weg
Lenaustraße
Frankenplatz
Spichernplatz
Roßstraße
Münsterstraße
Lacombletstr.
Brehmstraße
Heinrichstraße
Münsterplatz
Toulouser Allee
Grunerstraße
Graf-Recke-Straße
Graf-Recke-Str.
Vautierstraße
Kolpingplatz
Moltkestraße
Blücherstraße
Eulerstraße
Schloßstraße
Lußmannstraße
Moltkestr.
Rethelstraße
Grafenberger Allee
Duisburger Str.
Schillerplatz
Sohnstraße
Rochusmarkt
Hofgarten
Ratinger Tor
Goethemuseum
Ackerstraße
Dorotheenstraße
Cranachstr.
Lichtstr.
Hellweg
Rosmarinstraße
Birkenstraße
Köhner Str.
Worringer Str.
Pl. der Diakonie
Behrenstraße
Flinger Broich
Königsallee
Berliner Allee
Oststraße
Karlstraße
ADAC
Höherweg
Ronsdorfer Str.
Albertstr.
Kettwiger Str.
Hauptbahnhof
Düsseldorf Hbf
Stahlwerkstr.
Handelszentrum
Erkrather Str.
Ellerstraße
Hüttenstraße
Fichtenstraße
Oberbilker Markt
Ronsdorfer Str.
Lessingplatz
Kruppstraße
Ellerstr.
Lierenfeld
Corneliusstraße
Zimmerstr.
Oberbilker Allee
Gangelplatz
Im Liefeld
Lierenfelder Str.
Gatherweg
Südliche Düssel
Hennekamp
D-Oberbilk
Karl-Geusen-Straße
Kuthsweg
VOLKSGARTEN
Siegburger Str.
Kaiserslauternerstr.
Auf'm Hennekamp
Mecumstr.
Moorenplatz
Bingener Weg
Am Schabernack
Adolf-
Herzogstraße
a
b
c
d
e
f
h
n
s

Hotels

Breidenbacher Hof

Königsallee 11 ✉ *40212 – ✆ (0211) 16 09 00* Stadtplan : K2**m**
– www.breidenbacherhofcapella.com
85 Zim – ♦295/1000 € ♦♦295/1000 € – ☕ 42 € – 21 Suiten
Brasserie 1806 – Siehe Restaurantauswahl
Service und die Privatsphäre des Gastes stehen hier klar im Vordergrund: von der schicken Capella Bar und der exklusiven Cigar Lounge über den täglichen Afternoon Tea bei Pianomusik und den Personal Assistant bis hin zu verschiedenen Frühstücksformen. Geschickt mischt sich dabei die klassisch-elegante Grandhotel-Atmosphäre mit modernem Komfort.

InterContinental

Königsallee 59 ✉ *40215 – ✆ (0211) 8 28 50* Stadtplan : K3**b**
– www.duesseldorf.intercontinental.com
270 Zim – ♦249/599 € ♦♦269/599 € – ☕ 31 € – 17 Suiten
PÉGA – Siehe Restaurantauswahl
Kunst und Künstler rund um Düsseldorf stehen im Fokus des luxuriösen Businesshotels, gleich beim Empfang beeindruckt eine 40 m hohe Atriumhalle. Besonderes Gäste-Highlight ist die Club-Lounge in der 2. Etage, aber auch der direkte Zugang zum Holmes Place Health Club!

Hyatt Regency

Speditionstr.19 ✉ *40221 – ✆ (0211) 91 34 12 34* Stadtplan : F2_3**a**
– www.dusseldorf.regency.hyatt.de
290 Zim – ♦230 € ♦♦255 € – ☕ 32 € – 13 Suiten
DOX – Siehe Restaurantauswahl
Zeitgemäß-elegant designtes Hotel am Medienhafen, an der Spitze einer Landzunge. Suchen Sie sich ein Plätzchen mit Aussicht: die Club-Lounge on top (bei gutem Wetter schauen Sie bis zum Kölner Dom) oder eines der großen "Deluxe-Ausblick-Zimmer"! Der Clou: Beim Betreten des Zimmers steht man im Bad!

Steigenberger Parkhotel

Königsallee 1a ✉ *40212 – ✆ (0211) 1 38 10* Stadtplan : K2**p**
– www.duesseldorf.steigenberger.de
122 Zim – ♦190/240 € ♦♦230/350 € – ☕ 32 € – 8 Suiten
Artiste – Siehe Restaurantauswahl
Man spürt es bereits in der Lobby: Die "Grande Dame" der Düsseldorfer Hotellerie ist ein Klassiker mit stilvoll-moderner Note, überaus komfortabel die schönen Zimmer. Eines der beiden Restaurants ist das "Steigenberger Eck", das mit 40 Sorten Champagner beeindruckt! Tipp: die Terrasse zum Kö-Bogen.

Nikko

Immermannstr. 41 ✉ *40210 – ✆ (0211) 83 40* Stadtplan : K2**g**
– www.nikko-hotel.de
386 Zim – ♦89/179 € ♦♦129/219 € – ☕ 25 €
Benkay – Siehe Restaurantauswahl
Das Hotel bietet eine ansprechende Lobby in klarem modernem Stil, funktionelle Zimmer (komfortabler die Executive-Kategorie im Neubau) und im 11. Stock einen Pool mit Panoramablick (kostenpflichtiger Freizeitbereich).

De Medici N

Mühlenstr. 31 ✉ *40213 – ✆ (0211) 16 09 20* Stadtplan : J2**d**
– www.deraghotels.de
164 Zim – ♦198/798 € ♦♦218/818 € – ☕ 23 € – 6 Suiten
Brasserie Stadthaus – Siehe Restaurantauswahl
Das neue Flaggschiff der Derag-Hotels ist eine Art Kunsthotel mit historischen Schätzen und luxuriöser Ausstattung. Die Zimmer sind sehr unterschiedlich geschnitten und wohnlich-elegant, attraktiv der Wellnessbereich mit ägyptischem Flair und die Halle erinnert an einen Palazzo in Florenz!

Radisson BLU Media Harbour

Hammer Str. 23 ✉ 40219 – ✆ (0211) 3 11 19 10 Stadtplan : F3**e**
– www.radissonblu.com/mediaharbourhotel-duesseldorf
135 Zim – 🚹109/139 € 🚹🚹115/165 € – ☕ 24 €
Geradlinig-modern designtes Hotel im Medienhafen. In den Zimmern bodentiefe Fenster, mehr Komfort bietet die Business-Kategorie. Auf dem Dach können Sie bei Sauna und Fitness entspannen. Internationales Angebot im Restaurant "Amano" mit Bar, abends zusätzlich vegetarische/vegane Küche im "Amano Verde".

Villa Viktoria

Blumenthalstr. 12 ✉ 40476 – ✆ (0211) 46 90 00 Stadtplan : G1**c**
– www.villaviktoria.com
40 Zim ☕ – 🚹110/355 € 🚹🚹135/380 €
Ihre schöne klassizistische Fassade ist der Villa von 1914 geblieben! Hier übernachten Sie in geräumigen Juniorsuiten und Maisonetten, am Morgen gibt's ein tolles Frühstück mit beachtlicher Auswahl an hausgemachten Konfitüren und Blick in den ruhigen Garten - eine kleine Oase in der Stadt!

Innside Derendorf

Derendorfer Allee 8 ✉ 40476 – ✆ (0211) 17 54 60 Stadtplan : G1**n**
– www.innside.com
160 Zim – 🚹130/535 € 🚹🚹160/565 € – ☕ 19 €
Ven – Siehe Restaurantauswahl
Auf dem ehemaligen Rheinmetall-Gelände steht das Hotel in puristisch-modernem Style - hier besticht die wechselnde Lichtkunst! Geräumige Zimmer mit guter Technik, Juniorsuiten mit kleiner Kitchenette.

Innside Düsseldorf Hafen

Speditionstr. 9 ✉ 40221 – ✆ (0211) 44 71 70 Stadtplan : E3**h**
– www.theview-duesseldorf.de
134 Zim ☕ – 🚹140/1040 € 🚹🚹175/1075 € – 9 Suiten
Das moderne Konzept kommt an: Die Zimmer sind geradlinig und klar designt, in der Bar (ein echtes Highlight in der Stadt!) und im Restaurant - beides in der 18. Etage - genießt man die entspannte Atmosphäre bei sensationellem Blick über Düsseldorf und den Rhein!

Leonardo Royal Königsallee (N)

Graf-Adolf-Platz 8 ✉ 40213 – ✆ (0211) 3 84 80 Stadtplan : J3**a**
– www.leonardo-hotels.com
253 Zim – 🚹99/149 € 🚹🚹129/169 € – ☕ 25 €
Hier wohnen Sie ganz zentral, nur einen Steinwurf von der berühmten Königsallee entfernt. Die Zimmer sind funktionell und zeitgemäß - buchen Sie die Deluxe-Zimmer! Tipp für Damen: Es gibt einige Zimmer mit besonderen Annehmlichkeiten.

Indigo - Boutique Hotel

Kaiserswerther Str. 20 ✉ 40477 – ✆ (0211) 4 99 90 Stadtplan : K1**g**
– www.indigoduesseldorf.com
126 Zim – 🚹109/179 € 🚹🚹109/179 € – ☕ 19 € – 2 Suiten
Geradlinig, modern, hell, von der Halle bis in die Zimmer. Mode spielt hier (passend zum Düsseldorfer Lifestyle) eine bedeutende Rolle - jede Etage ist einem Jahrzehnt gewidmet und farblich sowie mit dekorativen Bildern darauf abgestimmt.

Burns Art & Culture

Stephanienstr. 6 ✉ 40211 – ✆ (0211) 5 50 40 70 Stadtplan : G2**e**
– www.hotel-burns.de – geschl. 23. Dezember - 4. Januar
17 Zim – 🚹115/165 € 🚹🚹145/225 € – ☕ 15 € – 15 Suiten
Fast schon eine kleine Oase recht ruhig die Lage in einer Seitenstraße, geschmackvoll-modern das Interieur - Kunst und Accessoires stammen übrigens aus Afrika! Die Zimmer haben alle Appartement-Charakter: geräumig und mit Küche.

Burns Art Hotel

Bahnstr. 76 ✉ 40210 – ✆ (0211) 7 79 29 10 Stadtplan : K3**e**
– www.hotel-burns.de – geschl. 23. Dezember - 4. Januar
31 Zim – 🛉99/135 € 🛉🛉109/160 € – ☕ 15 € – 4 Suiten
Ein Stadthaus von 1898 mit rund 400 Kunstobjekten und puristischem Design - sehr chic! Sehenswert das tolle Backsteingewölbe im Keller (hier gibt's Frühstück) und die Mini-Terrasse auf dem Dach! Appartements im 300 m entfernten Gästehaus.

Günnewig Hotel Uebachs

Leopoldstr. 3 ✉ 40211 – ✆ (0211) 17 37 10 Stadtplan : K2**r**
– www.guennewig.de
82 Zim ☕ – 🛉184/199 € 🛉🛉214/229 € – 1 Suite
Relativ ruhig liegt das gediegene Hotel in einer Seitenstraße in der Innenstadt. Mit dem vielseitigen Frühstücksbuffet ist man auf internationale Gäste eingestellt.

Haus am Zoo

Sybelstr. 21 ✉ 40239 – ✆ (0211) 6 16 96 10 Stadtplan : H1**h**
– www.hotel-haus-am-zoo.de
22 Zim ☕ – 🛉62/105 € 🛉🛉105/126 €
Hier im attraktiven Zooviertel finden Sie in Karl-Otto und Sabine Leyh herzliche Gastgeber! Die Zimmer sind tipptopp gepflegt, das Stadtbahnticket ist kostenlos. Für Hausgäste bietet man auch eine kleine Speisekarte, im Sommer grillt der Chef sogar für Sie im schönen Garten!

Orangerie

Bäckergasse 1 ✉ 40213 – ✆ (0211) 86 68 00 Stadtplan : J2**n**
– www.hotel-orangerie-mcs.de
27 Zim ☕ – 🛉110/130 € 🛉🛉130/160 €
Das schöne Haus wird gern gebucht, kein Wunder: Es liegt im Herzen der Stadt (so kann man alles zu Fuß erkunden, z. B. das Stadtmuseum nebenan!), hat moderne Zimmer (nach Düsseldorfer Künstlern benannt), einen freundlichen Frühstücksraum...

Am Volksgarten

Flügelstr. 46 ✉ 40227 – ✆ (0211) 72 50 50 Stadtplan : G3**d**
– www.hotel-am-volksgarten.de – geschl. Ende Dezember - Anfang Januar 2 Wochen
14 Zim ☕ – 🛉55/230 € 🛉🛉75/339 €
Das kleine Hotel im Zentrum wird sympathisch und engagiert geführt. Mit Sinn fürs Detail hat man liebenswerte und ganz individuelle Themenzimmer geschaffen. Am Nachmittag checkt man per Schlüsselbox ein.

Restaurants

Brasserie 1806 – Hotel Breidenbacher Hof

Königsallee 11 ✉ 40212 – ✆ (0211) 16 09 05 00 Stadtplan : K2**m**
– www.breidenbacherhofcapella.com
Menü 32 € (mittags) – Karte 44/96 €
Die Eleganz ergibt sich aus dem Interior im Louis-Seize-Stil, Kristalllüstern, feinsten Accessoires, einem Séparée für "privat dining"... Interessant sind die täglich wechselnden "Plat du Jour"-Gerichte, die man auch als Menü bekommt!

Artiste – Steigenberger Parkhotel

Königsallee 1a ✉ 40212 – ✆ (0211) 1 38 16 11 Stadtplan : K2**p**
– www.duesseldorf.steigenberger.de – geschl. Montag
Menü 55/82 € – Karte 50/87 €
Im Trubel der Kö finden Sie hier ein ruhiges Plätzchen im eleganten Wintergarten und genießen mit Blick auf den Hofgarten französische Speisen wie "Tranche vom Steinbutt mit geschmortem Chicorée", aber deutsche Klassiker und Grillgerichte.

Victorian

Königstr. 3a ✉ 40212 – ✆ (0211) 8 65 50 10 Stadtplan : K2**c**
– www.restaurant-victorian.de – geschl. Sonntag - Montag und an Feiertagen, außer an Messen
Karte 40/78 € – (Tischbestellung ratsam)
Hier hat es einen Umzug innerhalb des Haues gegeben, so werden die Gäste dieser bekannten Düsseldorfer Adresse nun im EG mit modern-klassischer Küche aus sehr guten Produkten sowie schönen Weinen umsorgt.
➜ Jakobsmuschel, Mumbai Curry, Mangochutney und Sesam Spinat. US Flanksteak, Café de Paris Butter, Gin Tomate und Ofenkartoffel. Zitrone, Quark und Butterkeks.

Berens am Kai

Kaistr. 16 ✉ 40221 – ✆ (0211) 3 00 67 50 Stadtplan : F3**d**
– www.berensamkai.de – geschl. Anfang Januar 1 Woche und Samstagmittag, Sonntag sowie an Feiertagen
Menü 48 € (mittags)/149 € – Karte 68/123 € – (Tischbestellung ratsam)
Sehr gute Produkte sind für Holger Berens das A und O, es entstehen daraus harmonisch zusammengestellte Gerichte, die mit vielfältigen Aromen und kräftiger Würze überzeugen. Sie genießen die moderne Küche in ebenso modernem, angenehm lichtem Ambiente, begleitet von einer tollen großen Weinauswahl.
➜ St. Pierre, schwarze Paella, Mandelschaum. Perlhuhn, Oliven, Auberginen, Topinambur. Schokolade, Süssknolle, Eberesche.

Rossini

Kaiserstr. 5 ✉ 40479 – ✆ (0211) 49 49 94 Stadtplan : K1**r**
– www.rossini-gruppe.de – geschl. Sonntag und an Feiertagen, außer an Messen
Menü 43/65 € – Karte 41/52 € – *(nur Abendessen)*
Seit 1978 gibt es das Restaurant und seit jeher legt der engagierte Chef Wert auf klassische italienische Gastlichkeit. Elegantes Interieur in Grau und Rot, freundlicher Service, gute Weine. Tipp: Das Parkhaus nebenan ist für Gäste gratis.

Tafelspitz 1876 (Daniel Dal-Ben)

Grunerstr. 42a ✉ 40239 – ✆ (0211) 1 71 73 61 Stadtplan : H1**b**
– www.tafelspitz1876.de – geschl. Ende Dezember - Anfang Januar 2 Wochen und Sonntag - Montag
Menü 72/132 € – Karte 49/94 € – *(nur Abendessen)* (Tischbestellung ratsam)
Daniel Dan-Ben kocht kreativ, mit bewusst wenigen Bestandteilen, die er stimmig zusammenstellt und deren Geschmack und Aromen er gekonnt betont. Auch der Rahmen ist erwähnenswert: Das kleine Restaurant ist hell, angenehm modern und hübsch dekoriert, der Service ausgesprochen freundlich und kompetent.
➜ Fjordlachsforelle, Sesam, Mango, Miso, Rettich. Rosa Tafelspitz vom Wagyu-Rind, Rheinische Gemüse, Fregola Sarda, Dörrpflaume. Bananensplit, Gianduia-Schokolade, Banane, Himbeer, Mascarpone, Knusper.

La Terrazza

Königsallee 30, 2. Etage ✉ 40212 – ✆ (0211) 32 75 40 Stadtplan : K2**v**
– www.restaurantlaterrazza.de – geschl. Feiertage, außer Weihnachten und an Messen
Menü 53/87 € – Karte 49/80 € – (Tischbestellung ratsam)
52 Stufen (oder der Lift) bringen Sie in eine wahre Terrassen-Oase an der Kö! Die Chefin hat schön dekoriert, besonders zur Weihnachtszeit. Auf der Karte: "Safranrisotto mit gebratenen Garnelen", "Seeteufel mit Kartoffel-Lauch-Gemüse"...

Schorn (Marcel Schiefer)

Martinstr. 46a ✉ 40223 – ✆ (0211) 3 98 19 72 Stadtplan : F3**s**
– www.restaurant-schorn.de – geschl. Sonntag - Montag
3 Zim – †80 € ††100 € – ☕ 15 €
Menü 58/99 € – Karte 58/77 € – *(nur Abendessen)* (Tischbestellung ratsam)
Anne Schorn und Marcel Schiefer sind die engagierte junge 3. Generation hier im Haus. Der Chef kocht modern mit klassischen Wurzeln. Sie mögen deutsche Weißweine? Davon gibt's besonders viele. Tipp: die Tische in den hübschen Fensternischen! Im "Mercure" in der Parallelstraße parken Sie kostenlos.
➜ Meeresfrüchtesalat, Olive Artischocke, dicke Bohnen, Fenchel. Spargel, Erbse, Pilze. Nussbutter, Macadamia. Rhabarber, Joghurt, Amaranth, Sauerampfer.

XX **Nagaya**

Klosterstr. 42 ✉ 40211 – ☎ (0211) 8 63 96 36 Stadtplan : K2**n**
– www.nagaya.de – geschl. 24. Dezember - Anfang Januar, Ende Juli - Anfang August und Sonntag - Montag sowie an Feiertagen mittags, außer an Messen
Menü 139/169 € – (Tischbestellung ratsam)
Yoshizumi Nagaya ist ganz in seinem Element, wenn er die ihm bestens vertraute traditionelle japanische Küche mit klassischen Elementen verbindet, gelungen sein Spiel mit Aromen - mal elegant, mal kräftig-würzig. Schöne Auswahl an Weinen und Sake. Tipp: Mittagsmenü zu sehr gutem Preis-Leistungs-Verhältnis.
➜ Taschenkrebs und Avocado mit Buchweizenchip. Dreierlei vom Wagyu Rind aus Japan. Kirschblüteneis und Blattkrokant.

XX **Ven** – Hotel Innside Derendorf

Derendorfer Allee 8 ✉ 40476 – ☎ (0211) 1 75 46 40 40 Stadtplan : G1**n**
– www.innside.com – geschl. Samstagmittag, Sonntag, außer an Messen
Menü 38 € (mittags unter der Woche)/79 € – Karte 33/46 €
Weiß ist die dominierende Farbe in dem hohen Raum, der durch viel Lichteinfall und geradlinigen Style noch heller wirkt. Sind Sie Restaurantgast, parken Sie auf Kosten des Hauses!

XX **PÉGA** – Hotel InterContinental

Königsallee 59 ✉ 40215 – ☎ (0211) 82 85 12 20 Stadtplan : K3**b**
– www.duesseldorf.intercontinental.com
Menü 24 € (mittags unter der Woche)/49 € – Karte 44/71 €
Ein modernes Restaurant (weiße Lederpolster, dunkles Holz, klare Linien...), offen angeschlossen die belebte Halle mit Lounge. Die Küche bietet internationale Speisen und Grillgerichte, nicht zu vergessen das beliebte Mittagsmenü.

XX **Agata's**

Münsterstr. 22 ✉ 40477 – ☎ (0211) 20 03 06 16 Stadtplan : G1**a**
– www.agatas.de – geschl. Sonntag - Montag, außer an Messen
Menü 30 € (mittags)/109 € (abends) – Karte 52/79 € – (Tischbestellung ratsam)
Chefin und Namensgeberin Agata Reul ist gebürtige Polin, Küchenchef Jörg Wissmann hat südkoreanische Wurzeln - die Herkunft beider ist auf der ansprechenden Speisekarte zu erkennen. Oder steht Ihnen der Sinn eher nach Irischem Dry Aged Beef? Auch der günstige Lunch kommt gut an!
➜ Färöer Lachs gebeizt, grüne Papaya, Gurke, Passionsfrucht. Label Rouge Kalb, Hüfte "Bulgogi Art", Zunge, Räucherreis, Shiitake, Zwiebel, Jus. Käsekuchen, Eis, Chicoree, Zitrusfrüchte."

XX **DOX** – Hotel Hyatt Regency

Speditionstr.19 ✉ 40221 – ☎ (0211) 91 34 17 75 Stadtplan : F2_3**a**
– www.dox-restaurant.de
Menü 31 € – Karte 42/96 €
Elegant das bewusst puristisch gehaltene Interieur, dazu die stilvolle Sushibar, die offene Showküche und der tolle Ausblick. Mittags Business Lunch, am Abend gibt es neben Sushi und Steaks auch eine gehobene Karte, sonntags Brunch.

XX **Brasserie Stadthaus** N – Hotel De Medici

Mühlenstr. 31 ✉ 40213 – ☎ (0211) 16 09 28 15 Stadtplan : J2**d**
– www.brasserie-stadthaus.de – geschl. Sonntag - Montagmittag sowie an Feiertagen
Menü 25 € (mittags) – Karte 28/54 € – (Tischbestellung ratsam)
Die schöne Brasserie mit der markanten hohen Kassettendecke und dem hübschen Innenhof bietet französische Lebensart pur! "Tourte au queue de boeuf", "Plateau de fruits de mer", "Tarte au citron"... Dazu ausschließlich Weine aus Frankreich.

X **Lido**

Am Handelshafen 15, im Mediahafen ✉ 40221 Stadtplan : F3**a**
– ☎ (0211) 15 76 87 30 – www.lido1960.de – geschl. 1. - 10. Januar und Sonntag
Menü 72/94 € – Karte 56/75 € – *(nur Abendessen)*
In einem puristisch designten Glaskubus auf einer Brücke direkt über dem Hafenbecken bietet man produktbezogene klassisch-französische Küche. Terrasse auf dem Wasser!

Fehrenbach

Schwerinstr. 40 ✉ 40477 – ✆ (0211) 9 89 45 87 Stadtplan : G1**f**
– www.restaurant-fehrenbach.de – geschl. Weihnachten - 5. Januar, 1. - 22. August und Sonntag - Montag
Menü 53/71 € – Karte 45/57 € – *(nur Abendessen)* (Tischbestellung ratsam)
Julia Fehrenbach ist eine echte Gastgeberin! Am Herd führt Alexander Türk Regie, die Küche ambitioniert und ausdrucksstark, das Motto "Liebe, Lust und Leidenschaft". Dazu schöne gereifte Weine. Vor dem Haus einige Tische auf dem Gehweg.

D'VINE

Lorettostr. 23 ✉ 40219 – ✆ (0211) 54 35 74 28 Stadtplan : J3**v**
– www.d-vine.de – geschl. Januar 1 Woche und Sonntag
Menü 25 € (mittags)/65 € (abends) – Karte 43/79 € – *(Feiertage nur Abendessen)* (abends Tischbestellung ratsam)
Frische Küche mit mediterranen, klassischen und regionalen Einflüssen. Mittags isst man einfacher und günstiger, am Abend gehobener. Schön die europäische Weinkarte - montags können Sie auch Ihren eigenen Wein mitbringen (Korkgeld 10 €).

Münstermanns Kontor

Hohe Str. 9 ✉ 40213 – ✆ (0211) 1 30 04 16 Stadtplan : J2**b**
– www.muenstermann-delikatessen.de – geschl. 1. - 5. Januar und Samstagabend - Montag sowie an Feiertagen
Karte 29/54 €
Die Plätze hier sind richtig begehrt, und das liegt nicht nur an der sympathisch-ungezwungenen Atmosphäre. Wirklich gut die Bistroküche mit regionalen Klassikern - lecker z. B. die Curryschaumsuppe oder der Rheinische Sauerbraten!

Spoerl Fabrik

Tussmannstr. 70 ✉ 40477 – ✆ (0211) 44 03 73 91 Stadtplan : G1**s**
– www.spoerl-fabrik.de – geschl 1. - 18. Januar und Samstagmittag, Sonntagmittag, Montag
Karte 41/50 €
Ein eher einfaches und vielleicht gerade deshalb sympathisches Restaurant im ehemaligen Pförtnerhaus der Spoerl-Fabrik. Wie wär's mit "Perlhuhnbrust / Balsamico-Linsen / Kürbis" oder "Kokos-Limetten-Risotto / Pak Choi"? Kleine Mittagskarte.

Positano

Freiligrathstr. 36 ✉ 40479 – ✆ (0211) 4 98 28 03 Stadtplan : JK1**c**
– www.rossini-gruppe.de – geschl. Montag, außer an Messen
Karte 32/49 €
Das Restaurant an der Ecke erinnert ein bisschen an eine Trattoria im Süden. Hier gibt's mediterrane Küche mit wöchentlich wechselnden Menüs - die Fischspezialitäten stehen hoch im Kurs! Tipp: günstiger Mittagstisch! Parkhaus kostenfrei.

La Piazzetta

Kaiserstr. 5 ✉ 40479 – ✆ (0211) 49 46 56 Stadtplan : K1**r**
– www.rossini-gruppe.de – geschl. Sonntag
Menü 35/54 € – Karte 31/48 €
Wer italienische Küche mag, ist in dem gut geführten, sympathischen Restaurant genau richtig. Ein Nebenraum dient als Weinlager und für Kochkurse. Praktisch für Autofahrer: Das Parkhaus ist kostenfrei.

Le Flair (N)

Marc-Chagall-Str. 108 ✉ 40477 – ✆ (0211) 51 45 56 88 Stadtplan : G1**d**
– www.restaurant-leflair.de – geschl. August 2 Wochen und Montag - Dienstag
Menü 60 € – Karte 38/65 €
Sie werden sich fühlen wie in Paris! Charmant-frankophile Atmosphäre, untermalt von französischen Chansons... Das junge Betreiberpaar bietet in dem kleinen Restaurant z. B. "konfierten Lachs, Karotten, Safran" oder "gebratenen Adlerfisch, Couscous, Blumenkohl". Tagesempfehlungen auf der Tafel.

Benkay – Hotel Nikko
Immermannstr. 41 ✉ 40210 – ✆ (0211) 8 34 26 20 Stadtplan : K2**g**
– www.nikko-hotel.de
Menü 35/140 € – Karte 38/97 €
Das Ambiente ist modern-japanisch, das Angebot vielfältig: Man serviert Sushi, abends zudem Teppanyaki und Kaiseki-Menüs. Sie mögen es privater? Dann wählen Sie einen der separaten Tatami-Räume.

Zum Schiffchen
Hafenstr. 5 ✉ 40213 – ✆ (0211) 13 24 21 Stadtplan : J2**f**
– www.brauerei-zum-schiffchen.de – geschl. Weihnachten - 1. Januar und Sonntag sowie an Feiertagen, außer an Messen
Karte 21/46 €
Rheinisch-bürgerliche Küche in einem urig-gemütlichen Gasthaus mit über 380-jähriger Tradition als Schankwirtschaft. Besondere Plätzchen sind z. B. das Napoleon- oder das Heine-Eck, und natürlich der schöne Biergarten!

Parlin
Altestadt 12 ✉ 40213 – ✆ (0211) 87 74 45 95 Stadtplan : J2**a**
– www.parlin-weinbar.de – geschl. Montag
Menü 43 € – Karte 30/76 € – *(nur Abendessen)* (Tischbestellung ratsam)
Laut und lebendig geht es in dem netten kleinen Lokal in der Altstadt zu. Man sitzt unter einer herrlichen Stuckdecke und isst Schmackhaftes wie "gegrillten Oktopus mit Aprikosen-Kürbis-Chutney" oder "Merguez mit Couscous".

U. Das Restaurant
Klosterstr. 34 ✉ 40213 – ✆ (0211) 91 33 69 92 Stadtplan : K2**a**
– www.u-dasrestaurant.de – geschl. Sonntag - Montag
Menü 49/89 € – *(nur Abendessen)*
In angenehm legeren Räumlichkeiten, die tagsüber als Café dienen, serviert man Ihnen abends ein kreatives Menü - unkompliziert, aber dennoch fein, durchdacht und voller Aroma! Sie bestimmen selbst, wie viele Gänge Sie möchten.

EssBar N
Pionierstr. 24 ✉ 40215 – ✆ (0211) 1 57 93 05 Stadtplan : K3**s**
– www.hm-essbar.de – geschl. Anfang Januar 1 Woche, über Ostern 1 Woche, Mitte Juli - Ende August 2 Wochen und Samstagmittag, Sonntag
Karte 27/41 €
Hier ist der Name Programm, denn in einer lockeren, unprätentiösen Atmosphäre mit Bar-Flair serviert man Ihnen überaus "Essbares" wie "kurzgebratene Lachsforelle in Meerrettichsauce" oder "Burgunderbraten mit Perlzwiebeln und Vichy-Möhren".

In Düsseldorf-Golzheim

Radisson BLU Scandinavia
Karl-Arnold-Platz 5 ✉ 40474 – ✆ (0211) 4 55 30 Stadtplan : F1**q**
– www.radissonblu.com/scandinaviahotel-duesseldorf
313 Zim – †95/135 € ††105/185 € – ☕ 24 € – 1 Suite
Tagungshotel in Rheinnähe mit Konferenzzentrum im 10. Stock (tolle Sicht beim Arbeiten - das hat doch was!). Fragen Sie nach den Businesszimmern, sie sind größer und komfortabler! Moderner Stil im Arnold's: im eleganten Restaurant sowie im Bistrobereich. Sehr schön die Terrasse zum Kräutergarten!

Hilton
Georg-Glock-Str. 20 ✉ 40474 – ✆ (0211) 4 37 70 Stadtplan : F1**r**
– www.dusseldorf.hilton.com
373 Zim – †89/589 € ††109/609 € – ☕ 27 € – 2 Suiten
Ein modernes Businesshotel mit sehr guten Tagungsmöglichkeiten. Die Zimmer sind hell und neuzeitlich gestaltet, Executive-Zimmer mit eigener Lounge und separatem Check-in.

In Düsseldorf-Hamm

Zum Bruderhaus

Fährstr. 237 ✉ 40213 – ✆ (0211) 43 63 63 53 Stadtplan : E3**a**
– www.zum-bruderhaus.de – geschl. über Weihnachten und Montag - Dienstag
Karte 28/53 €
Man kocht hier bodenständig gut und die Preise stimmen auch! Einfache, frische regionale Gerichte sind hier z. B. "Reibekuchen und Salat", "Himmel un Äd", "Bruderhaus Senfrostbraten"... Zusätzliche Tageskarte mit Saisonalem.

In Düsseldorf-Kaiserswerth Nord: 9 km über B1, Richtung Duisburg

Barbarossa

Niederrheinstr. 365 ✉ 40489 – ✆ (0211) 4 08 09 20 – www.hotel-barbarossa.com
45 Zim – 79/139 € 89/159 € – 16 €
Die verkehrsgünstige Lage in Flughafennähe sowie neuzeitlich-wohnliche Zimmer mit mediterraner Note sprechen für dieses Hotel. Freundlicher Frühstücksraum und nette kleine Bar.

MutterHaus

Geschwister-Aufricht-Str. 1 ✉ 40489 – ✆ (0211) 61 72 70
– www.hotel-mutterhaus.de – geschl. 20. Dezember - 4. Januar, über Ostern
55 Zim – 69/350 € 99/380 €
Wunderbar anzuschauen der historische Backsteinbau (1903 als Mutterhaus der Kaiserswerther Diakonie eingeweiht), drum herum das weitläufige Anwesen! Innen schöne alte Fliesen- und Holzböden, teilweise auch Türen von einst und Originalmöbel!

Im Schiffchen (Jean-Claude Bourgueil)

Kaiserswerther Markt 9, 1. Etage ✉ 40489 – ✆ (0211) 40 10 50
– www.im-schiffchen.com – geschl. über Ostern 1 Woche, Juli - August 2 Wochen und Sonntag - Montag
Menü 128/174 € – Karte 101/155 € – *(nur Abendessen)* (Tischbestellung erforderlich)
In der Altstadt von Kaiserswerth steht das schmucke barocke Backsteinhaus, in dem der umsichtige Service die Gäste in das stilvolle Restaurant im 1. Stock geleitet. Seit 1977 untrennbar mit diesem schönen Ort verbunden sind Patron Jean-Claude Bourgueil und seine französische Küche!
➜ Interpretation eines Ceviche nach der Limareise. Barbecue vom Frischling mit Lardo. Warmer und geeister Auflauf von Gewürzen.

Enzo im Schiffchen (Jean-Claude Bourgueil)

Kaiserswerther Markt 9 ✉ 40489 – ✆ (0211) 40 10 50 – www.im-schiffchen.com
– geschl. über Ostern 1 Woche, Juli - August 2 Wochen und Sonntag - Montag
Menü 85 € – Karte 62/90 € – *(nur Abendessen)* (Tischbestellung erforderlich)
Etwas lebendiger geht es in dem kleinen Bourgueil'schen Zweitrestaurant in Schiffsform zu. Hier ist die Küche mediterran - man würzt kräftiger, die Gerichte sind etwas rustikaler, ohne eine gewisse Feinheit vermissen zu lassen. Das Serviceteam ist eingespielt und freundlich.
➜ Marinierte Zahnbrasse mit Amalfi Zitronen, Fenchel und Tropea Zwiebeln. Lammcarré unter der Knoblauchkruste, San-Marzano-Tomatenmarmelade und Gnudi. Die Sünde des Gondoliere.

In Düsseldorf-Lörick

Fischerhaus

Bonifatiusstr. 35 ✉ 40547 – ✆ (0211) 59 79 79 Stadtplan : E1**z**
– www.fischerhaus-hotel.de – geschl. Juli - August 2 Wochen
40 Zim – 79/89 € 99 € – 12 €
Nöthel's Restaurant – Siehe Restaurantauswahl
In einer ruhigen Wohngegend am Rhein hat Peter Nöthel sein gepflegtes Hotel mit behaglichen, zeitgemäßen Zimmern. Es gibt hier auch eine hübsche Lounge in geradlinigem Stil, in der man kleine Gerichte serviert.

Nöthel's Restaurant – Hotel Fischerhaus

Bonifatiusstr. 35 ✉ 40547 – ✆ (0211) 59 44 02 Stadtplan : E1**z**
– www.noethels.de – geschl. Juli - August 3 Wochen und Samstagmittag, Sonntag - Montag
Menü 22 € (mittags)/82 € – Karte 37/66 € – (Tischbestellung ratsam)
Das Konzept kommt an: modern-legere Bistro-Atmosphäre und sehr gute, schmackhafte Küche samt günstigem Mittagsmenü. Auf der Karte liest man z. B. "geschmorte Hasenkeule mit Rosenkohl und Schupfnudeln" oder "gebratener Loup de Mer, Café de Paris, Blattspinat, Butternudeln".

In Düsseldorf-Ludenberg

Reinhardt's

Am Gartenkamp 20, im Gut Moschenhof ✉ 40629 Stadtplan : D1**r**
– ✆ (0211) 30 33 77 47 – www.reinhardts-restaurant.de – geschl. Montag
Menü 20 € (mittags unter der Woche)/75 € – Karte 39/70 €
Umgebung, Ambiente und Küche passen hier wunderbar zusammen: Das Restaurant liegt auf einem Reiterhof im Grünen am Rande der Stadt und bietet in freundlichem modernem Landhausambiente ehrliche regionale Gerichte aus frischen Produkten.

In Düsseldorf-Lohausen

Maritim

Maritim-Platz 1, am Flughafen ✉ 40474 Stadtplan : BC1**t**
– ✆ (0211) 5 20 90 – www.maritim.de
522 Zim – †169 € ††169 € – ☕ 24 € – 11 Suiten
Diese Businessadresse mit direktem Zugang zum Flughafen-Terminal ist das größte Kongresshotel Nordrhein-Westfalens. Moderne, geräumige Zimmer und Freizeitbereich auf über 400 qm. Mediterranes im Bottaccio. Regional: Rheinische Stov. Sushibar namens SushiSho.

In Düsseldorf-Mörsenbroich

Renaissance

Nördlicher Zubringer 6 ✉ 40470 – ✆ (0211) 6 21 60 Stadtplan : G1**e**
– www.renaissanceduesseldorf.com
241 Zim – †129/159 € ††129/159 € – ☕ 24 € – 3 Suiten
Schön modern das Interieur dieses komfortablen Businesshotels - schon die großzügige Lobby wirkt einladend mit ihrem schicken Design in ruhigen, warmen Tönen. Zeitgemäßer Stil auch in den Zimmern, dazu gute Veranstaltungsräume. Auf einer Empore in der Halle befindet sich das Restaurant.

In Düsseldorf-Niederkassel

Osteria Saitta am Nussbaum

Alt Niederkassel 32 ✉ 40547 – ✆ (0211) 57 49 34 Stadtplan : F1**e**
– www.saitta.de – geschl. über Weihnachten und Samstagmittag, Sonntag
Menü 25/65 € – Karte 36/76 € – (Tischbestellung ratsam)
Gemütlich und italienisch-leger! Die Gerichte lässt man sich mündlich empfehlen, los geht's ganz typisch mit Brot, Olivenöl und Bruschetta! Am Mittag ist es hier mitunter recht lebendig! Erleben Sie auch mal den Duft zur Trüffelsaison!

In Düsseldorf-Oberkassel

Innside Seestern

Niederkasseler Lohweg 18a ✉ 40547 – ✆ (0211) 52 29 90 Stadtplan : E1**a**
– www.innside.com
126 Zim – †120/525 € ††150/555 € – ☕ 19 €
Klares modernes Design durch und durch, Licht und Wasser als interessante Gestaltungselemente. Ein echter Hingucker: Europas größte freistehende Betonwand - nachts besonders sehenswert! DADO heißt das trendige Restaurant mit Bar. Tipp: das "Tasting-Flight-Menü" oder der Käseteller mit 9 Spezialitäten!

Saittavini

Luegallee 79 ✉ 40545 – ✆ (0211) 57 79 79 18 Stadtplan : F2**s**
– www.saittavini.de
Karte 42/84 €
Bistro, Weinkeller, Delikatessengeschäft... In dieser sympathischen Enoteca kann man nicht nur italienisch speisen (schön die kleine Antipasti-Theke), die Weinhandlung bietet rund 1000 Weine und im Shop gibt es Spezialitäten aus Italien.

Stappen in Oberkassel (N)

Luegallee 50 ✉ 40213 – ✆ (0211) 93 07 76 00 Stadtplan : F2**a**
– www.stappen-oberkassel.de
Menü 35/65 € – Karte 37/63 € – (Tischbestellung ratsam)
Hier steht frische regionale Küche im Mittelpunkt. In modern-gemütlichem Ambiente isst man z. B. "Senfrostbraten mit Wirsing und gebratenen Drillingen". Schön ungezwungen sitzt man übrigens an einigen Hochtischen gleich neben der Bar.

Dorfstube

Lanker Str. 2 ✉ 40545 – ✆ (0211) 17 15 25 40 Stadtplan : E2**d**
– www.dorfstube.de – geschl. Montag
Karte 29/53 € – (Tischbestellung ratsam)
Rustikales Holz, Kachelöfen, Herrgottswinkel, dekorative Küchenutensilien... Richtig schwarzwaldtypisch! Kein Wunder, es ist ja auch die Bareiss'sche Dorfstube aus Baiersbronn, die Chef Christian Bareiss mit nach Düsseldorf genommen hat! Und das Essen? Badisch natürlich, von Flädlesuppe bis Rahmschnitzele.

Andrejs Oyster Bar (N)

Luegallee 132 ✉ 40545 – ✆ (0211) 93 89 00 78 Stadtplan : E2**d**
– www.andrejs.eu – geschl. Juli - August 2 Wochen und Sonntag - Montag
Karte 39/98 €
Schön authentisch diese Brasserie mit Oyster Bar! Gekocht wird angenehm unkompliziert und mit hervorragenden Produkten - geschmackvoll und nicht alltäglich. Probieren Sie z. B. "Homard à la Presse" oder "im Ganzen gegarten Drachenkopf".

Piazza Saitta

Barbarossaplatz 3 ✉ 40545 – ✆ (0211) 1 71 51 91 Stadtplan : F2**s**
– www.saitta.de – geschl. über Weihnachten und Dienstagmittag, Sonntag
Menü 35 € (abends) – Karte 30/51 €
In dem gemütlichen Restaurant heißt es Küche und Wein aus Italien. Letzteren gibt's zusätzlich zur appetitlichen Frischtheke auch nebenan im Feinkostladen - ein 'Tante-Emma-Laden" für die Düsseldorfer! Terrasse auf dem Platz vor dem Haus.

Brasserie Hülsmann

Belsenplatz 1 ✉ 40545 – ✆ (0211) 86 39 93 30 Stadtplan : E2**b**
– www.brasserie-huelsmann.de – geschl. 21. Dezember - 3. Januar, 25. März - 5. April, 1. - 23. August und Sonntag - Montag sowie an Feiertagen
Karte 21/51 €
Das Konzept hat Erfolg, wie die vielen Gäste zeigen: legere Brasserie-Atmosphäre, frische Küche und faire Preise - auf den Tisch kommen Kalbsleber, Nierchen und Kalbskopf ebenso wie hausgemachte Terrinen und Würste sowie Muscheln und Fisch.

In Düsseldorf-Rath

Van der Valk Airporthotel

Am Hülserhof 57 ✉ 40472 – ✆ (0211) 20 06 30 Stadtplan : C1**r**
– www.airporthotelduesseldorf.de
194 Zim – †99/499 € ††99/499 € – ☕ 18 €
Modernes Hotel nahe ISS Dome mit guter Anbindung an A44 und A52. Besonders schön und geräumig: Themenzimmer mit Whirlwanne. Von den beiden Panorama-Saunen im 15. Stock schaut man auf den Silbersee und über die Stadt. Die Küche ist international - am Abend im Restaurant "ZiZou", mittags in der "Brasserie Max".

In Düsseldorf-Unterrath

Belgo Belga - Le Petit Restaurant

Esperantostr. 1, Eingang Ecke Ulmenstraße ✉ *40468* Stadtplan : C1**b**
– ✆ (0211) 42 99 93 83 – www.belgobelga.de – geschl. Sonntag - Montag
Menü 36/45 € – Karte 33/49 € – *(nur Abendessen)*
Gastgeber Ralf Weißbrodt hat lange in Brüssel gelebt und ist seit jeher der belgisch-französischen Lebensart zugetan - beste Voraussetzungen, um sich der Küche Frankreichs zu widmen. Ehrensache, dass man hier auch belgisches Bier bekommt!

DUISBURG

Nordrhein-Westfalen – 486 820 Ew. – Höhe 33 m – Regionalatlas **25**-B11
Berlin 547 km – Düsseldorf 33 km – Essen 20 km – Nijmegen 107 km
Michelin Straßenkarte 543

Mercure

Landfermannstr. 20 ✉ *47051 – ✆ (0203) 30 00 30* Stadtplan : B2**w**
– www.mercure.com
162 Zim – 76/289 € 76/307 € – 18 € – ½ P
Das Tagungshotel in einer Einkaufspassage hinter dem Bahnhof bietet funktionale Zimmer in modernem Stil. Businesszimmer in den beiden obersten Etagen, "Privilege"-Zimmer mit Zusatzleistungen.

akazienhof

Düsseldorfer Str. 270, über Düsseldorfer Straße B2 ✉ *47053 – ✆ (0203) 66 05 67*
– www.akazienhof-duisburg.de
11 Zim – 59/79 € 89/119 € – 10 €
akazienhof – Siehe Restaurantauswahl
Sie werden dieses kleine Stadthotel mögen: Man bemüht sich um seine Gäste, hat freundliche Zimmer in modernem Stil und kann hier zudem noch gut essen.

akazienhof – Hotel akazienhof

Düsseldorfer Str. 270, über Düsseldorfer Straße B2 ✉ *47053 – ✆ (0203) 66 05 67*
– www.akazienhof-duisburg.de – geschl. Juli - Mitte August und Samstagmittag, Sonntag
Menü 35 € (mittags)/119 € – Karte 43/73 €
Modern-elegant das Ambiente, interessant die ambitionierte internationale Küche: Gekonnt setzt man hier nicht alltägliche mediterrane Elemente ein, schön die kreative Optik. Günstiges Mittagsmenü.

In Duisburg-Duissern Ost: 3 km über B2, Richtung Mülheim

Villa Patrizia

Mülheimer Str. 213 ✉ *47058 – ✆ (0203) 33 04 80 – www.villa-patrizia-online.de*
– geschl. 11. - 19. Februar, 10. - 18. Oktober und Samstagmittag, Sonntag
Menü 38 € (mittags)/70 € – Karte 43/77 €
Seit seiner Eröffnung kommt das Restaurant in der hübschen Villa am Stadtrand gut an. Das liegt zum einen am eleganten Ambiente, zum anderen an der klassisch italienischen Küche, aber auch an den Gastgebern Patrizia und Nico Bodean, die beide engagiert bei der Sache sind! Eine Cigar Lounge gibt es auch.

In Duisburg-Ehingen Süd: 13 km über B2, Richtung Düsseldorf

Im Eichwäldchen

Im Eichwäldchen 15c ✉ *47259 – ✆ (0203) 78 73 46 – www.imeichwaeldchen.de*
– geschl. 12. - 19. Oktober und Montag - Dienstag
Menü 25/55 € – Karte 28/50 € – *(nur Abendessen, sonntags auch Mittagessen)*
In dem namengebenden kleinen Wäldchen findet man dieses gemütliche Restaurant mit internationaler Küche. Probieren Sie die Spezialität des Chefs: Gerichte aus dem Smoker.

NEFF
VERSCHWINDET, WENN'S
ENG WIRD. SCHLAU,
DIESE BACKOFENTÜR!
Die neuen Neff Backöfen mit SLIDE&HIDE®, der einzigen voll versenkbaren Backofentür. Im geöffneten Zustand verschwindet die Backofentür komplett unter dem Backraum. Der Griff dreht sich beim Öffnen und Schließen ergonomisch mit.
JETZT MIT
PYROLYSE
ERHÄLTLICH.
Mehr über die neuen Neff Backöfen: neff.de

In Duisburg-Huckingen Süd: 10 km über B2, Richtung Düsseldorf

Landhaus Milser

Zur Sandmühle 2, an der B 8 ✉ 47259 – ✆ (0203) 7 58 00
– www.landhausmilser.de
57 Zim ☕ – 🚹89/145 € 🚹🚹99/155 € – 3 Suiten – ½ P
Die Lage an einem kleinen See, wohnlich-elegante Zimmer mit mediterraner Note und der hübsche Saunabereich unterm Dach sind einladend, das finden auch zahlreiche Fußballvereine - so war während der WM 2006 die italienische Nationalmannschaft hier im Haus. Italienische Küche im Restaurant Da Vinci.

In Duisburg-Neudorf

Friederichs

Neudorfer Str. 33 ✉ 47057 – ✆ (0203) 31 86 50 Stadtplan : B2**b**
– www.hotel-friederichs.de – geschl. Weihnachten - Neujahr
38 Zim ☕ – 🚹85/239 € 🚹🚹115/259 €
Bistro NT – Siehe Restaurantauswahl
Die engagierte Familie Friederichs bietet in ihrem Hotel gegenüber dem Hauptbahnhof neuzeitlich gestaltete Gästezimmer mit kostenfreiem W-Lan - und gut essen kann man hier im Haus ebenfalls!

Bistro NT – Hotel Friederichs

Neudorfer Str. 33 ✉ 47057 – ✆ (0203) 3 18 65 50 Stadtplan : B2**b**
– www.bistro-nt.de – geschl. 23. Dezember - 8. Januar und Samstagmittag, Sonntag sowie an Feiertagen
Karte 33/59 €
Vom Klassiker bis zur internationalen Küche, von "Dreierlei Currywurst" bis zur "rosa gebratenen Entenbrust mit Himbeeren", in dem hellen Restaurant mit Bistro-Atmosphäre bietet man einen gelungenen Mix. Nett die mediterrane Terrasse.

DURBACH

Baden-Württemberg – 3 830 Ew. – Höhe 217 m – Regionalatlas **54-E19**
Berlin 752 km – Stuttgart 148 km – Karlsruhe 80 km – Freudenstadt 51 km
Michelin Straßenkarte 545

Ritter

Tal 1 ✉ 77770 – ✆ (0781) 9 32 30 – www.ritter-durbach.de
80 Zim – 120/190 € 160/240 € – 7 Suiten – ½ P
Wilder Ritter • ***Ritter Stube*** – Siehe Restaurantauswahl
Tradition wahren und trotzdem mit der Zeit gehen, das gelingt hier seit über 350 Jahren, z. B. in Form von schönen, modern und doch zeitlos designten Zimmern sowie Wellness auf 1200 qm samt Spa-Dachgeschoss mit Weinberg-Blick! Gastronomisch wird auch einiges geboten, im alten Gewölbe des Ritter Kellers z. B. Vesper oder Flammkuchen zum hauseigenen Bier.

Rebstock

Halbgütle 30 ✉ 77770 – ✆ (0781) 48 20 – www.rebstock-durbach.de – geschl. 10. Januar - 1. Februar
38 Zim – 82/135 € 145/198 € – 6 Suiten – ½ P
Rebstock – Siehe Restaurantauswahl
Neben der wunderbaren Schwarzwaldlandschaft ringsum und der wertigen Einrichtung liegt es nicht zuletzt an der Herzlichkeit im Hause Baumann, dass man sich richtig wohlfühlt! Schön die individuellen Zimmer, im Gästehaus moderner Landhausstil mit Kachelofen. Gemütlich die Bibliothek, toll der Park mit Teich.

Wilder Ritter – Hotel Ritter

Tal 1 ✉ 77770 – ✆ (0781) 9 32 30 – www.ritter-durbach.de – geschl. 20. Dezember - 2. Februar, August 3 Wochen und Sonntag - Dienstag
Menü 85/115 € – *(nur Abendessen)* (Tischbestellung ratsam)
Kreative Küche bedeutet hier moderne, schön ausbalancierte Speisen in aufwändiger Optik und mit Produkten von hervorragender Qualität. Das räumliche Pendent könnte nicht stimmiger sein mit seinem stilvoll-modernen Look. Weinliebhaber freuen sich über rund 800 Positionen und kompetente Beratung.
→ Durbacher Goldforelle Müllerin, Zitrone, Petersilie, geschmorter Salat. Grünes Freilandhuhn in zwei Gängen serviert. Rhabarberkuchen, Nussbutter, Joghurt, Baiser.

Rebstock – Hotel Rebstock

Halbgütle 30 ✉ 77770 – ✆ (0781) 48 20 – www.rebstock-durbach.de – geschl. 10. Januar - 1. Februar und Montag
Menü 57/68 € – Karte 30/60 € – (Tischbestellung ratsam)
Man sitzt in behaglich-ländlichen Stuben, wird aufmerksam umsorgt und lässt sich regionale Gerichte wie Schneckensuppe, Hechtklöße oder Rehragout schmecken. Im Sommer schaut man von der traumhaften Terrasse auf Park und Schwarzwald - ein Renner ist die große Auswahl an hausgemachten Torten und Kuchen!

Ritter Stube – Hotel Ritter

Tal 1 ✉ 77770 – ✆ (0781) 9 32 30 – www.ritter-durbach.de
Menü 39 € (vegetarisch)/44 € – Karte 34/64 €
Die originale Stube ist an Behaglichkeit kaum zu übertreffen: schönes altes Holz wohin man schaut, im Winter ein wärmender Kamin - und im Sommer sitzt man draußen sehr angenehm. Passend dazu Schmackhaftes aus der Region wie "Badischer Sauerbraten mit Preiselbeeren und handgeschabten Spätzle".

EBENSFELD

Bayern – 5 600 Ew. – Höhe 255 m – Regionalatlas **50-K15**
Berlin 384 km – München 251 km – Coburg 29 km – Bayreuth 67 km
Michelin Straßenkarte 546

Pension Veitsberg

Prächtinger Str. 14 ✉ 96250 – ✆ (09573) 64 00 – www.pension-veitsberg.de
21 Zim – 35/40 € 60/64 €
Das ist schon eine sehr gepflegte kleine Pension, die Familie Will hier bereits seit 1978 betreibt. Und obwohl man eine gute Anbindung an die Autobahn hat (nur 2 km entfernt), ist die Lage schön ruhig!

EBERBACH am NECKAR

Baden-Württemberg – 14 470 Ew. – Höhe 134 m – Regionalatlas **48-G16**
Berlin 611 km – Stuttgart 107 km – Mannheim 56 km – Heidelberg 33 km
Michelin Straßenkarte 545

Krone-Post

Hauptstr. 1, Zufahrt über Pfarrgasse ✉ 69412 – ✆ (06271) 80 66 20 – www.hotel-krone-post.de – geschl. 1. - 17. Januar
26 Zim – 79/125 € 99/145 € – 1 Suite – ½ P
Kronenstübchen – Siehe Restaurantauswahl
In der Altstadt liegt dieser Familienbetrieb, nur durch die Straße vom Neckar getrennt. Die Zimmer sind recht unterschiedlich, vom Businesszimmer bis zur großen Suite. In der Kutscherstube wird Regionales aufgetischt. Orginell: Drei Farben-Graffitis an den Wänden nehmen Bezug auf die Geschichte des Lokals.

Kronenstübchen – Hotel Krone-Post

Hauptstr. 1, Zufahrt über Pfarrgasse ✉ 69412 – ✆ (06271) 80 66 20 – www.hotel-krone-post.de – geschl. 1. - 17. Januar und November - März: Freitag - Samstagmittag
Karte 36/62 €
Etwas gehobener isst man im kleinen Kronenstübchen. Hier gibt es klassisch-traditionelle Küche mit saisonal-regionalem Einfluss, so z. B. "Wildschweinragout mit Dörrobst" oder "Zanderfilet mit Kartoffelkruste". Terrasse mit Neckarblick!

EBERSBERG

Bayern – 11 470 Ew. – Höhe 558 m – Regionalatlas **66-M20**
Berlin 610 km – München 35 km – Landshut 69 km – Rosenheim 31 km
Michelin Straßenkarte 546

Hölzerbräu

Sieghartstr. 1 ✉ 85560 – ✆ (08092) 8 52 58 90 – www.hoelzer-braeu.de – geschl. 20. Dezember - 4. Januar
49 Zim – 65/99 € 75/125 € – 1 Suite
Gemütlich hat man es in dem gepflegten Haus im Zentrum. Dafür sorgen wohnlich-alpenländische Zimmer und einige Familienzimmer ebenso wie das Restaurant mit rustikalem Charme - hier bietet man auch steirisch-österreichische Küche.

EBSDORFERGRUND

Hessen – 8 910 Ew. – Höhe 250 m – Regionalatlas **38-G13**
Berlin 482 km – Wiesbaden 116 km – Gießen 30 km
Michelin Straßenkarte 543

In Ebsdorfergrund-Frauenberg

Seebode

Burgweg 2 ✉ 35085 – ✆ (06424) 68 96 – www.hotel-seebode.de – geschl. 17. - 23. Oktober
15 Zim – 50/60 € 100/105 €
Das ruhig am Hang gelegene Fachwerkhaus aus der Jahrhundertwende gefällt mit stuckverzierten hohen Räumen im Jugendstil und einem schönen Treppenhaus. Die Zimmer sind wohnlich und etwas individuell geschnitten. Im Sommer speist man am besten auf der hübschen Terrasse!

ECHING

Bayern – 13 420 Ew. – Höhe 469 m – Regionalatlas **58-L20**
Berlin 567 km – München 21 km – Regensburg 104 km – Ingolstadt 59 km
Michelin Straßenkarte 546

Olymp

Wielandstr. 3 ✉ 85386 – ✆ (089) 32 71 00 – www.goldentulipolymp.de
136 Zim – 89 € 109 € – 1 Suite
Das ganz auf Businessgäste zugeschnittene Hotel mit mediterraner Note bietet zeitgemäße Zimmer und Appartements für Langzeitgäste sowie eine kostenfreie Tiefgarage. Sie speisen in der charmant-alpenländischen Stube oder im ländlich-eleganten Restaurant.

ECKELSHEIM

Rheinland-Pfalz – 440 Ew. – Höhe 140 m – Regionalatlas **47-E15**
Berlin 620 km – Mainz 43 km – Saarbrücken 125 km – Darmstadt 77 km
Michelin Straßenkarte 543

Kulturhof N

Kirchstr. 5 ✉ 55599 – ✆ (06703) 30 14 58 – www.kulturhof-eckelsheim.de
– geschl. Montag - Dienstag, Januar - Februar: Montag - Donnerstag
Menü 33/40 € – Karte 29/44 € – *(nur Abendessen, sonntags auch Mittagessen)*
Nach Jahren in der Spitzengastronomie hat Alex Greiner in dieser sorgsam sanierten historischen Hofreite seine berufliche Heimat gefunden. Charmant-rustikal ist es hier, aufgetischt wird Schmackhaftes wie "Rheinhessentapas" oder "Hirschrücken mit karamellisiertem Rotkraut". Schöner Innenhof.

ECKERNFÖRDE

Schleswig-Holstein – 21 800 Ew. – Höhe 3 m – Regionalatlas **2-I3**
Berlin 376 km – Kiel 30 km – Rendsburg 30 km – Schleswig 24 km
Michelin Straßenkarte 541

Stadthotel

Am Exer 3 ✉ 24340 – ✆ (04351) 7 27 80 – www.stadthotel-eckernfoerde.de
63 Zim – 92/127 € 119/159 € – 2 Suiten
Das Hotel befindet sich am Strand, nicht weit vom Zentrum. Man empfängt Sie in einer großen Halle mit Springbrunnen, zudem hat man eine Hotelbar mit Blick auf die Ostsee.

EDENKOBEN

Rheinland-Pfalz – 6 720 Ew. – Höhe 149 m – Regionalatlas **47-E17**
Berlin 655 km – Mainz 101 km – Mannheim 40 km – Landau in der Pfalz 11 km
Michelin Straßenkarte 543

Luitpold

Unter dem Kloster 1 ✉ 67480 – ✆ (06323) 9 52 20 – www.luitpold-edenkoben.de
24 Zim – 70/120 € 120/200 € – 1 Suite
Reizvoll die Lage in den Weinbergen beim ehemaligen Kloster und nahe der Villa Ludwigshöhe. Die Zimmer modern und geräumig, direkt angeschlossen das Mutterhotel "Prinzregent" - hier Check-in/-out, Frühstück, Freizeitbereich und Restaurant.

Prinzregent

Unter dem Kloster 1 ✉ 67480 – ✆ (06323) 95 20
– www.prinzregent-edenkoben.de
36 Zim – 65/110 € 110/168 € – ½ P
Hier wohnt man ruhig und schön etwas außerhalb in den Weinbergen, am Morgen ein gutes Frühstück, mittags und abends speist man im modernen Restaurant. Zusätzlich gibt es noch die rustikale Weinstube und die Schirmbar (im Sommer mit Terrassen-Feeling!). Gute Tagungsmöglichkeiten.

Pfälzer Hof

Weinstr. 85 ✉ 67480 – ✆ (06323) 93 89 10 – www.pfaelzerhof-edenkoben.de – geschl. Anfang Januar 1 Woche

30 Zim – 70/90 € 105/165 € – ½ P

Sie haben die Wahl zwischen modernen Zimmern in gedeckten Erdtönen und Zimmern in ländlichem Stil. Tipp: die drei Giebelzimmer mit Blick aufs Hambacher Schloss und die Villa Ludwigshöhe! Der verglaste Innenhof trägt den vielversprechenden Namen "Garten Eden", im Winter mit Kamin. Pfälzer Küche.

Gutshof Ziegelhütte

Luitpoldstr. 79 ✉ 67480 – ✆ (06323) 94 98 -0 – www.gutshof-ziegelhuette.de

27 Zim – 69/89 € 93/189 € – ½ P

Dies ist ein CO2-neutrales Klimahotel und zudem ein Bücherhotel mit Leih- und Tauschmöglichkeit! Ruhiger liegen die Zimmer im Burghaus. Sie suchen was Besonderes? In Amors Kuschelzimmer gibt es ein drehbares Wasserbett, in der Rosensuite schläft man "schwebend". Fragen Sie nach den Thementagen im Restaurant.

In Rhodt unter Rietburg Süd-West: 2 km

Wohlfühlhotel Alte Rebschule

Theresienstr. 200 ✉ 76835 – ✆ (06323) 7 04 40 – www.alte-rebschule.de

34 Zim – 104/122 € 172/208 € – 3 Suiten – ½ P

Zum Wohlfühlen sind hier die ruhige Lage und der Blick auf das Rebenmeer (besonders schön von der Terrasse!), die sehr komfortablen Zimmer (chic z. B. die Barrique-Zimmer) und das Wellnessangebot. Dazu ein klassisches Restaurant mit wechselndem abendlichem Menü sowie das rustikale Gasthaus Sesel. Verwöhnpension inklusive!

Rhodter Adler

Weinstr. 10 ✉ 76835 – ✆ (06323) 9 49 27 70 – www.rhodter-adler.de – geschl. Januar - Februar

12 Zim – 45/50 € 60/95 €

Einfach charmant der Mix aus Altem und Neuem, alles absolut liebenswert: die engagierten und herzlichen Gastgeber, die individuellen Zimmer, der tolle Innenhof! Nicht zu vergessen das ausgezeichnete Frühstück und die ambitionierte saisonale Küche nebst lokalen Weinen. Parken 400 m oberhalb.

In Weyher Süd-West: 4 km über Rhodt

Winzerstube Weyher

Kirchgasse 19 ✉ 76835 – ✆ (06323) 98 78 18 – www.volkerkrug.de – geschl. Dienstag - Mittwoch

Menü 25/35 € (abends) – Karte 26/46 € – *(Montag - Samstag nur Abendessen)* (Tischbestellung ratsam)

Schon die herrliche Terrasse ist einen Besuch wert, aber auch drinnen ist die ehemalige Winzergenossenschaft a. d. 17. Jh. wirklich schön - eine Symbiose aus historisch und modern! Gekocht wird Saisonales wie "Rehrücken im Brotmantel".

In Altdorf Ost: 6 km über B 38 Richtung Speyer, jenseits der A 65

Gästehaus Vinetum

Raiffeisenstr. 4 ✉ 67482 – ✆ (06327) 29 07 – www.gaestehausvinetum.de – geschl. Mitte November - Mitte Februar

7 Zim – 50/55 € 75/80 €

Ein tipptopp gepflegtes Haus mit privater Atmosphäre. Toskanisches Flair in den Zimmern - meist mit Balkon und schönem Blick zum Pfälzer Wald - und im Frühstücksraum mit Terrasse. Sehr nett: eine Flasche eigenen Wein zur Begrüßung!

EDESHEIM

Rheinland-Pfalz – 2 290 Ew. – Höhe 151 m – Regionalatlas **47-E17**
Berlin 657 km – Mainz 101 km – Mannheim 42 km – Kaiserslautern 48 km
Michelin Straßenkarte 543

Schloss Edesheim

Luitpoldstr. 9 ✉ 67483 – ✆ (06323) 9 42 40 – www.schloss-edesheim.de – geschl. 21. - 27. Dezember
31 Zim – ♦89/126 € ♦♦142/175 € – 8 Suiten – ½ P
Gourmetrestaurant – Siehe Restaurantauswahl
Eine historische Adresse ist das herrschaftliche Anwesen in der Ortsmitte auf einem 5 ha großen Grundstück voller Weinreben. Individuelle, elegante Zimmer. Für Kulturfreunde: Schlossfestspiele im Freilichttheater.

Wein-Castell

Staatsstr. 21, B 38 ✉ 67483 – ✆ (06323) 93 89 40 – www.wein-castell.de – geschl. Februar 1 Woche, Juli - August 1 Woche
11 Zim – ♦60 € ♦♦90 € – ½ P
Der nette Winzerhof ist ein langjähriger Familienbetrieb und wirklich gut in Schuss. Die Gäste mögen die gepflegte ländlich-rustikale Atmosphäre im Haus. Wer nicht nur übernachten möchte, findet hier auch ein gemütliches Restaurant und einen charmanten Innenhof. Natürlich gibt's auch die eigenen Weine!

Gourmetrestaurant – Hotel Schloss Edesheim

Luitpoldstr. 9 ✉ 67483 – ✆ (06323) 9 42 40 – www.schloss-edesheim.de – geschl. 21. - 27. Dezember und Sonntag - Montag
Menü 34/66 € – Karte 45/53 €
Empire-Kronleuchter, Wandmalerei, klassisches Mobilar... Eine schöne Atmosphäre für internationale Speisen wie "In Burgunder geschmorte Ochsenbacke mit Kartoffelmousseline". Sonntags und montags reicht man nur eine einfachere Karte.

EFRINGEN-KIRCHEN

Baden-Württemberg – 8 410 Ew. – Höhe 258 m – Regionalatlas **61-D21**
Berlin 852 km – Stuttgart 254 km – Freiburg im Breisgau 59 km – Basel 15 km
Michelin Straßenkarte 545

Walsers

Bahnhofstr. 34 ✉ 79588 – ✆ (07628) 8 05 52 44 – www.walsers-hotel.de – geschl. Mittwochmittag
22 Zim – ♦79/85 € ♦♦98/105 €
Menü 36 € (vegetarisch)/39 € – Karte 31/60 €
Chef Hans-Dieter Walser kocht schmackhaft und regional, so z. B. "Maultaschen mit geschmälzten Zwiebeln und Kartoffelsalat", aber auch Raffiniertes wie "Edelfische auf Muschelrisotto". Schön sitzt man z. B. im licht-modernen Wintergarten! Ebenso freundlich die Gästezimmer - auch im Neubau "Walsers Zweites".

Im Ortsteil Egringen Nord-Ost: 3 km, jenseits der B 3

Landgasthof Rebstock

Kanderner Str. 21 ✉ 79588 – ✆ (07628) 9 03 70 – www.rebstock-egringen.de – geschl. Montag - Dienstag
10 Zim – ♦68/75 € ♦♦98/110 € – 1 Suite Menü 60 € – Karte 30/63 €
Familie Krause (auch der Sohn ist inzwischen mit im Haus) hat hier einen netten badischen Gasthof. Gekocht wird regional, teils international, und dazu gibt es Markgräfler Weine vom eigenen Weinberg. Die wohnlichen Gästezimmer laden zum Bleiben ein.

EGESTORF

Niedersachsen – 2 380 Ew. – Höhe 101 m – Regionalatlas **19-I6**
Berlin 322 km – Hannover 107 km – Hamburg 57 km – Lüneburg 29 km
Michelin Straßenkarte 541

Acht Linden

Alte Dorfstr. 1 ✉ 21272 – ✆ (04175) 8 43 33 – www.hotel-acht-linden.de
35 Zim – 70/80 € 99/120 € – 2 Suiten – ½ P
In dem Hotel in regionstypisch-charmanter Bauweise bietet die Inhaberfamilie wohnliche Zimmer mit eleganter Note. Wer zum Speisen kommt, sollte das im Sommer auf der Terrasse tun - die liegt z. T. im schönen Innenhof. Auch bei Einheimischen beliebt: der Pub im irischen Stil.

EGGENSTEIN-LEOPOLDSHAFEN

Baden-Württemberg – 15 900 Ew. – Höhe 112 m – Regionalatlas **54**-**F17**
Berlin 660 km – Stuttgart 97 km – Karlsruhe 12 km – Mannheim 63 km
Michelin Straßenkarte 545

Im Ortsteil Eggenstein

Zum Goldenen Anker

Hauptstr. 20 ✉ 76344 – ✆ (0721) 70 60 29 – www.hotel-anker-eggenstein.de – geschl. Januar 1 Woche
32 Zim – 67/85 € 99/114 €
Zum Goldenen Anker – Siehe Restaurantauswahl
Der Dorfgasthof von 1726 hat sich zum zeitgemäßen Hotel gemausert und wird - inzwischen von den freundlichen Gastgebern Stephanie und Armin Radtke - nach wie vor als Familienbetrieb geführt. Fragen Sie ruhig nach den ganz modernen Zimmern!

Zum Löwen (Markus Nagy)

Hauptstr. 51 ✉ 76344 – ✆ (0721) 78 00 70 – www.restaurant-zum-loewen.de – geschl. Anfang Januar 2 Wochen und Sonntag - Montag
11 Zim – 65/75 € 95/105 €
Menü 30 € (mittags)/105 € – Karte 53/81 € – (Tischbestellung ratsam)
Bei Britta und Markus Nagy darf man sich auf sympathische Gastgeber freuen, die mit Freude bei der Arbeit sind, auf ein schönes rustikal-elegantes Restaurant mit gemütlicher Holztäfelung und nicht zuletzt auf eine wunderbare Küche, die Klassik und Moderne gelungen vereint. Übrigens: Übernachten kann man hier ebenfalls sehr angenehm.
→ Schaumsüppchen von der Langustine Royale mit gebratenem Wolfsbarsch. Verschiedenes vom Kalb mit Amalfi Zitrone. Souffliertes Topfenomelette mit kalter Blutorange und Grand Marniereis.

Zum Goldenen Anker

Hauptstr. 20 ✉ 76344 – ✆ (0721) 70 60 29 – www.hotel-anker-eggenstein.de – geschl. Januar 1 Woche und Samstag
Karte 27/53 € – (abends Tischbestellung erforderlich)
Der Gasthof a. d. 18. Jh. ist ein gut besuchtes, lebendiges Restaurant - frisch sind sowohl die Küche als auch das ländlich-moderne Ambiente. Da lässt man sich vom herzlichen Service gerne Schmackhaftes wie "Schwäbischen Zwiebelrostbraten" oder "auf der Haut gebratenen Wolfsbarsch mit Asiagemüse und buntem Reis" auftischen. Hauptgänge auch als kleine Portion möglich.

EGLING

Bayern – 5 400 Ew. – Höhe 609 m – Regionalatlas **65**-**L21**
Berlin 627 km – München 36 km – Garmisch-Partenkirchen 65 km – Bad Tölz 21 km
Michelin Straßenkarte 546

In Egling-Neufahrn Süd-West: 2 km

Hanfstingl

Kirchstr. 7 ✉ 82544 – ✆ (08171) 3 46 70 – www.hotel-hanfstingl.de
23 Zim – 52/65 € 72 € – 4 Suiten
Ein reiner Familienbetrieb und ein sympathischer noch dazu! Die Dissingers haben ihren Landwirtschaftsbetrieb zum Hotel umgebaut und bieten hier schöne wohnliche Zimmer zu fairen Preisen und eine nette Sauna. Tipp: Kommen Sie auch mal zu Kaffee und Kuchen - den macht man hier selbst, ebenso Pralinen!

Landhaus Vogelbauer

Schanzenstr. 4 ✉ 82544 – ✆ (08171) 2 90 63 – www.vogelbauer.de – geschl. Montag
Menü 50/75 € – Karte 36/87 € – *(nur Abendessen, an Sonn- und Feiertagen auch Mittagessen)* (Tischbestellung ratsam)
In den ehemaligen Stallungen des einstigen Bauernhofs a. d. J. 1630 hat man ein bayerisch-charmantes Restaurant eingerichtet, in dem man internationale Küche aus guten Produkten serviert.

EHEKIRCHEN

Bayern – 3 700 Ew. – Höhe 415 m – Regionalatlas **57**-K19
Berlin 553 km – München 54 km – Augsburg 43 km – Ingolstadt 35 km
Michelin Straßenkarte 546

Strixner Hof

Leitenweg 5, Schönesberg ✉ 86676 – ✆ (08435) 18 77 – www.strixner-hof.de – geschl. über Fasching 2 Wochen, August 2 Wochen
7 Zim – 55 € 75 €
Persönlich und individuell wird der nette kleine Gasthof in dörflicher Lage geleitet. Die Zimmer sind tipptopp gepflegt, das Frühstück wird serviert. Im Restaurant samt nettem Wintergarten bekommt man regionale Küche. Tipp: Überall im Ort kann man Kartoffeln direkt vom Bauern kaufen!

EHINGEN

Baden-Württemberg – 24 790 Ew. – Höhe 515 m – Regionalatlas **63**-H20
Berlin 644 km – Stuttgart 101 km – Konstanz 119 km – Ulm (Donau) 26 km
Michelin Straßenkarte 545

Adler

Hauptstr. 116 ✉ 89584 – ✆ (07391) 7 06 60 – www.adlerehingen.de – geschl. Anfang Januar 1 Woche
36 Zim – 59/99 € 85/130 € – ½ P
Mitten im Zentrum wohnen Sie in einem gut geführten Familienbetrieb. Fragen Sie nach den neueren Zimmern! Und nicht nur die sind schön: Im Fitnessraum schaut man beim Trainieren direkt auf das Flüsschen Schmiech. Danach gibt's im Restaurant zur Stärkung regionale Küche mit internationalem Einfluss.

Bier Kultur Hotel Schwanen

Schwanengasse 18 ✉ 89584 – ✆ (07391) 77 08 50 – www.bierkulturhotel.de
50 Zim – 69/120 € 90/150 € – ½ P
Moderne trifft hier auf Tradition - gemeint sind ein Hotelneubau und der 1697 erstmals erwähnte Brauereigasthof nebenan. Bierkultur, Architektur und Design wurden überaus schlüssig miteinander verbunden! Schlafen Sie doch in einem "Bierkistenzimmer" und probieren Sie zur bürgerlichen Küche verschiedene Biere!

In Ehingen-Dettingen Süd: 3 km

Gasthof Knupfer

Rottenackerstr. 15 ✉ 89584 – ✆ (07391) 24 88 – www.gasthof-knupfer.de – geschl. 20. Juni - 4. Juli
10 Zim – 37/42 € 58/66 €
Ein schönes Beispiel für einen einfachen, aber sehr gepflegten Gasthof, in dem man gut und preislich fair übernachten und speisen kann. Gekocht wird frisch und regional, man legt Wert auf saisonale Produkte - das Gemüse stammt aus eigenem Anbau, die Nudeln sind hausgemacht, und dazu gibt's deutsche Weine.

In Ehingen-Kirchen West: 7,5 km

Zum Hirsch

Osterstr. 3 ✉ 89584 – ✆ (07393) 9 50 10 – www.hirsch-ehingen.de
24 Zim – 65/92 € 95/115 € – 1 Suite – ½ P
Der familiengeführte Gasthof mit Fachwerkfassade ist eine ehemalige Kornkammer und hat seinen Ursprung im 13. Jh. Wer's modern mag, wählt eines der schicken neueren Zimmer: hier klare Linien und viel Naturholz! Nett der kleine Sauna- und Fitnessbereich. In den Gaststuben werden bürgerliche Gerichte serviert.

In Ehingen-Nasgenstadt Ost: 3 km über B 311

Panorama

Karpfenweg 7 ✉ 89584 – ✆ (07391) 7 74 60 – www.panorama-ehingen.de

32 Zim ☕ – 🚹58/61 € 🚹🚹88/91 €

Das familiengeführte Hotel ist ideal für Geschäftsreisende, denn die Zimmer sind funktionell in ihrer Ausstattung, bieten gute Technik und praktische Schreibmöglichkeiten.

EHNINGEN

Baden-Württemberg – 8 020 Ew. – Höhe 444 m – Regionalatlas **55-G19**

Berlin 655 km – Stuttgart 25 km – Freudenstadt 65 km – Karlsruhe 81 km

Michelin Straßenkarte 545

Landhaus Feckl

Keltenweg 1 ✉ 71139 – ✆ (07034) 2 37 70 – www.landhausfeckl.de – geschl. Anfang Januar 1 Woche

49 Zim – 🚹109/139 € 🚹🚹119/149 € – ☕ 15 €

Landhaus Feckl ✿ – Siehe Restaurantauswahl

Sehr freundlich wird das Haus mit den überaus wohnlichen Landhauszimmern von der Familie geleitet. Die Zimmer haben teilweise einen Balkon oder Zugang zur kleinen Dachterrasse - fragen Sie nach den großen Zimmern!

XXX ✿ **Landhaus Feckl** – Hotel Landhaus Feckl

Keltenweg 1 ✉ 71139 – ✆ (07034) 2 37 70 – www.landhausfeckl.de – geschl. Anfang Januar 1 Woche und Sonntag - Montag sowie an Feiertagen

Menü 40 € (mittags)/98 € – Karte 66/83 €

Sind Sie ein Freund von Klassikern oder essen Sie lieber modern? Mit beidem (und auch mit Vegetarischem) trifft Patron Franz Feckl bei seinen zahlreichen Gästen ins Schwarze. Ebenso geschätzt: der umsichtige und geschulte Service samt Chefin Manuela Feckl, die stets herzlich am Gast ist! Und auf der Weinkarte u. a. einige Grand-Cru-Rotwein-Raritäten!

→ Hummersuppe mit Estragon. Zwiebel-Rostbraten vom Irischen Angusfilet mit Maultaschen, Bratkartoffeln und Salat Marie. Ochsenschwanz-Variation mit Bohnengemüse und handgeschabten Spätzle.

In Ehningen-Mauren Süd: 2 km

Landhotel Alte Mühle

Mauren 2 ✉ 71139 – ✆ (07034) 2 37 89 10 – www.landhotel-alte-muehle.de

4 Zim ☕ – 🚹117/137 € 🚹🚹117/137 €

Schön familiär ist es hier und richtig romantisch: Fachwerk und das alte Mühlrad versprühen Charme, der Garten ist die Relaxzone schlechthin, alter Baumbestand, Blick ins Grüne und der Bachlauf machen es idyllisch! Und drinnen warten individuelle Zimmer, am geräumigsten ist die "Suite Cream". Morgens folgt dann ein hochwertiges und reichhaltiges Frühstück.

EIBELSTADT

Bayern – 2 810 Ew. – Höhe 180 m – Regionalatlas **49-I16**

Berlin 500 km – München 275 km – Würzburg 11 km – Stuttgart 151 km

Michelin Straßenkarte 546

Kapellenberg

Am Kapellenberg 2, über Würzburger Str. 50 ✉ 97246 – ✆ (09303) 98 00 70 – www.hotel-kapellenberg.de

83 Zim ☕ – 🚹85/149 € 🚹🚹109/185 € – ½ P

Perfekt für Business und Tagung: modern die Ausstattung, attraktiv der geradlinige Stil, ideal die direkte Anbindung an die A3, so ist Würzburg gut erreichbar. Fragen Sie nach den neueren Zimmern, Suiten und Studios.

Altstadthotel Weinforum Franken

Hauptstr. 37 ✉ 97246 – ✆ (09303) 9 84 50 90 – www.weinforum-franken.de
15 Zim ☕ – 🚹64/103 € 🚹🚹96/110 €
Weinforum Franken – Siehe Restaurantauswahl
Wer in dem sympathischen kleinen Hotel wohnt, hat die Altstadt direkt vor der Tür und die Weinberge in unmittelbarer Nähe. Die Zimmer sind geschmackvoll-modern, in einigen wurde der alte Dielenboden restauriert - das bringt Charme!

Gambero Rosso da Domenico

Mühle 2 ✉ 97246 – ✆ (09303) 9 84 37 82 – www.gambero-rosso.eu – geschl. Montag - Dienstag, Donnerstagmittag, Freitagmittag
Menü 35/48 € – Karte 34/50 €
Domenico Cannizzaro bietet in dem zum Lokal umgebauten ehemaligen Schiff am kleinen Yachthafen Schmackhaftes aus Italien. Zur Wahl stehen zwei Menüs und tagesfrische Empfehlungen - Lust auf "Lasagne via Bari"? Tipp: die Terrasse zum Main!

Weinforum Franken – Altstadthotel Weinforum Franken

Hauptstr. 37 ✉ 97246 – ✆ (09303) 9 84 50 90 – www.weinforum-franken.de
Menü 36/48 € – Karte 32/46 €
Auch in dem gemütlich-modernen Restaurant spürt man den liebenswerten Altbau-Charakter des Hauses. In den frischen Speisen finden übrigens Kräuter und Obst aus dem eigenen Garten Verwendung!

EICHSTÄTT

Bayern – 13 160 Ew. – Höhe 391 m – Regionalatlas **57-L18**
Berlin 501 km – München 107 km – Augsburg 73 km – Ingolstadt 27 km
Michelin Straßenkarte 546

Adler

Marktplatz 22 ✉ 85072 – ✆ (08421) 67 67 – www.adler-eichstaett.de – geschl. 15. Dezember - 15. Januar
27 Zim ☕ – 🚹58/67 € 🚹🚹84/126 €
Das schön restaurierte Barockhaus ist ein persönlich geführtes Hotel mit Zimmern in warmen Erdtönen und geradlinig-modernem Stil. Hübsch auch der Frühstücksraum samt gutem Buffet. Im angrenzenden Restaurant gibt es Pizza und Pasta.

Gästehaus Abtei St. Walburg

Walburgiberg 6 ✉ 85072 – ✆ (08421) 9 88 70 – www.abtei-st-walburg.de – geschl. 22. Dezember - 2. Januar
19 Zim ☕ – 🚹42 € 🚹🚹72 €
Herzlich leiten die Benediktinerinnen die Klosteranlage a. d. 11. Jh. Die Zimmer sind schlicht, aber tipptopp gepflegt, von den Schwestern gefertigte Kunst ziert die Wände. Frühstück im historischen Kreuzgewölbe. Hübsch der Klostergarten.

Domherrnhof

Domplatz 5, 1. Etage ✉ 85072 – ✆ (08421) 61 26 – www.domherrnhof.de – geschl. Februar 3 Wochen und Montag
Menü 27 € (mittags)/75 € – Karte 34/57 €
Ein Hingucker das sanierte bischöfliche Palais, elegant die hohen Räume im Rokokostil, toll die restaurierten Kachelöfen. Seit rund 30 Jahren bieten die Waldmüllers hier klassische Küche. Wer's einfacher mag, isst in der rustikalen Schänke.

An der B 13 Nord-West: 9 km

Waldgasthof Geländer

Geländer 1 ✉ 85132 Schernfeld-Geländer – ✆ (08421) 67 61 – www.waldgasthof-gelaender.de – geschl. 15. Januar - 28. Februar
30 Zim ☕ – 🚹50/75 € 🚹🚹66/90 € – ½ P
Ideal für Wanderer ist der von Wiesen umgebene, schön am Waldrand gelegene Gasthof mit Naturlehrpfad, Tiermuseum und Wildgehege sowie Kinderspielplatz. Funktionale, teils modern gestaltete Zimmer. Im rustikalen Restaurant bayerisch-fränkische Küche mit Produkten aus dem Naturpark.

EICHWALDE

Brandenburg – 6 360 Ew. – Höhe 35 m – Regionalatlas **23-P8**
Berlin 31 km – Potsdam 65 km – Cottbus 115 km – Frankfurt (Oder) 79 km
Michelin Straßenkarte 542

Carmens Restaurant
Bahnhofstr. 9 ✉ 15732 – ✆ (030) 6 75 84 23 – www.carmens-restaurant.de – geschl. Anfang Januar 1 Woche, Juli - August 3 Wochen und Sonntag - Dienstag
Menü 35/45 € – Karte 33/50 € – *(Mittwoch - Freitag nur Abendessen)* (Tischbestellung ratsam)
Seit 1990 ist Carmen Krüger eine Art "Missionarin des guten Brandenburger Geschmacks". Sie kocht lecker und unkompliziert, da ist das kleine Restaurant immer wieder ausgebucht. Lust auf "Zander mit Kartoffel-Spargelsalat"? Oder Blutwurst?

EILSEN, BAD

Niedersachsen – 2 400 Ew. – Höhe 95 m – Regionalatlas **28-G9**
Berlin 342 km – Hannover 60 km – Hameln 27 km – Minden 15 km
Michelin Straßenkarte 541

Landhaus Lahmann
Harrlallee 3 ✉ 31707 – ✆ (05722) 83 33 – www.landhaus-lahmann.de – geschl. 23. Dezember - 6. Januar
10 Zim – 57/68 € 83/89 € – 2 Suiten
Das ruhig an einem Waldstück gelegene kleine Hotel ist ein netter Familienbetrieb mit freundlicher, wohnlicher Einrichtung und schönem Garten. Zum Haus gehört ein Reiterhof.

EIMELDINGEN

Baden-Württemberg – 2 430 Ew. – Höhe 266 m – Regionalatlas **61-D21**
Berlin 857 km – Stuttgart 260 km – Freiburg im Breisgau 64 km – Basel 11 km
Michelin Straßenkarte 545

Zum Löwen
Hauptstr. 23, B 3 ✉ 79591 – ✆ (07621) 6 25 88 – www.loewen-eimeldingen.de – geschl. Januar - Februar 1 Woche, Ende August 2 Wochen und Sonntag - Montag
Menü 17/42 € – Karte 21/57 €
Wer bei Familie Hierholzer einkehrt, sitzt in ländlichen Gaststuben oder in der schön begrünten Gartenwirtschaft bei regional-bürgerlicher Küche und freundlichem Service - wie man es sich für einen gestandenen Gasthof wünscht!

EINBECK

Niedersachsen – 31 600 Ew. – Höhe 112 m – Regionalatlas **29-I10**
Berlin 326 km – Hannover 72 km – Braunschweig 94 km – Göttingen 41 km
Michelin Straßenkarte 541

Panorama
Mozartstr. 2 ✉ 37574 – ✆ (05561) 9 37 70 – www.panorama-einbeck.de
41 Zim – 85/95 € 115/130 €
Das Hotel in einer Wohngegend etwas oberhalb der historischen Altstadt wird seit vielen Jahren familiär geführt und verfügt über individuelle und funktionale Zimmer. Klassisch gestaltetes Restaurant und ländliche Bierstube.

Der Schwan
Tiedexer Str. 1 ✉ 37574 – ✆ (05561) 46 09 – www.schwan-einbeck.de – geschl. Sonntag
12 Zim – 70/79 € 110/119 €
Menü 29/74 € – Karte 43/57 € – *(nur Abendessen)*
Seit 1965 betreibt Familie Wicke ihren "Schwan" nun schon. In dem charmant-elegant dekorierten Restaurant in einem historischen Haus nahe dem Marktplatz kocht Chefin Ute klassisch-internationale Speisen, während ihr Mann die Gäste betreut.

Genusswerkstatt N

Tiedexer Tor 3b, im PS. Speicher ✉ 37574 – ✆ (05561) 3 19 99 70 – www.genusswerkstatt-einbeck.de – geschl. Montag (Eröffnung des Hotel "FREIgeist" im Herbst 2015)

Menü 35/48 € – Karte 23/52 €

Nicht alltäglich ist die Kombination von Restaurant und "PS.SPEICHER". Gleich neben sehenswerten Ausstellungsstücken zum Thema "Fortbewegung auf Rädern" liest man im "Werkstattbuch" z. B. "Flat Bread", "geschmorte Hirschkeule mit Dörrobstchutney" oder "PS.Speicher-Burger", zubereitet in der Show-"Werkstatt".

EISENACH

Thüringen – 41 750 Ew. – Höhe 220 m – Regionalatlas **39**-J12

Berlin 353 km – Erfurt 62 km – Kassel 92 km – Nordhausen 130 km

Michelin Straßenkarte 544

Steigenberger Hotel Thüringer Hof

Karlsplatz 11 ✉ 99817 – ✆ (03691) 2 80 – www.eisenach.steigenberger.de Stadtplan : B1**e**

126 Zim – 99/134 € 144/179 € – 1 Suite – ½ P

Eine ansprechende Halle empfängt Sie hinter der schönen historischen Fassade dieses zentral gelegenen Hotels. Wohnliche, zeitgemäße Zimmer und Sauna im obersten Stock mit Zugang nach draußen. Restaurant im Bistrostil mit offener Showküche.

Göbel's Sophien Hotel

Sophienstr. 41 ✉ 99817 – ✆ (03691) 25 10 – www.sophienhotel.de Stadtplan : B1**f**

66 Zim – 69/85 € 120/140 € – ½ P

In dem Hotel wenige Schritte von der Altstadt erwarten Sie zeitgemäße, teils besonders moderne Zimmer, ein gut ausgestatteter Beautysalon sowie eine hübsche kleine Bar im Eingangsbereich. In klaren Linien und warmen Tönen gehaltenes Restaurant.

Villa Anna

Fritz-Koch-Str. 12 ✉ 99817 – ✆ (03691) 2 39 50 – www.hotel-villa-anna.de – geschl. 22. - 29. Dezember Stadtplan : B2**r**

15 Zim – 91/131 € 121/141 €

In der Jugendstilvilla in ruhiger Lage oberhalb der Stadt wohnt man in neuzeitlich ausgestatteten Gästezimmern. Abends werden in der Lobby kleine Snacks serviert. Eine freundliche Adresse, die gut für Geschäftsleute geeignet ist.

Berghotel

An der Göpelskuppe 1 ✉ 99817 – ✆ (03691) 2 26 60 – www.berghotel-eisenach.de Stadtplan : C2**c**

16 Zim – 59/94 € 99 € – 2 Suiten

Toll ist hier nicht nur die Lage nebst Aussicht auf Wartburg und Thüringer Wald. Das hübsche Natursteinhaus unterhalb des Burschenschaftsdenkmals beeindruckt nach Komplettrenovierung mit hochwertigem modernem Interieur. Die internationale Küche genießt man am besten im Wintergarten oder auf der Terrasse!

Weinrestaurant Turmschänke

Karlsplatz 28 ✉ 99817 – ✆ (03691) 21 35 33 – www.turmschaenke-eisenach.de – geschl. 24. Januar - 18. Februar, 24. Juli - 18. August und Sonntag Stadtplan : B1**a**

Menü 35/49 € – Karte 36/46 € – *(nur Abendessen)*

In dem Restaurant im Nicolaiturm schaffen schöne historische Details wie Gemälde oder original Mobiliar von 1912 eine rustikal-elegante Atmosphäre zur saisonal-internationalen Küche. Wie wär's mit einem Fest im "Kerker"?

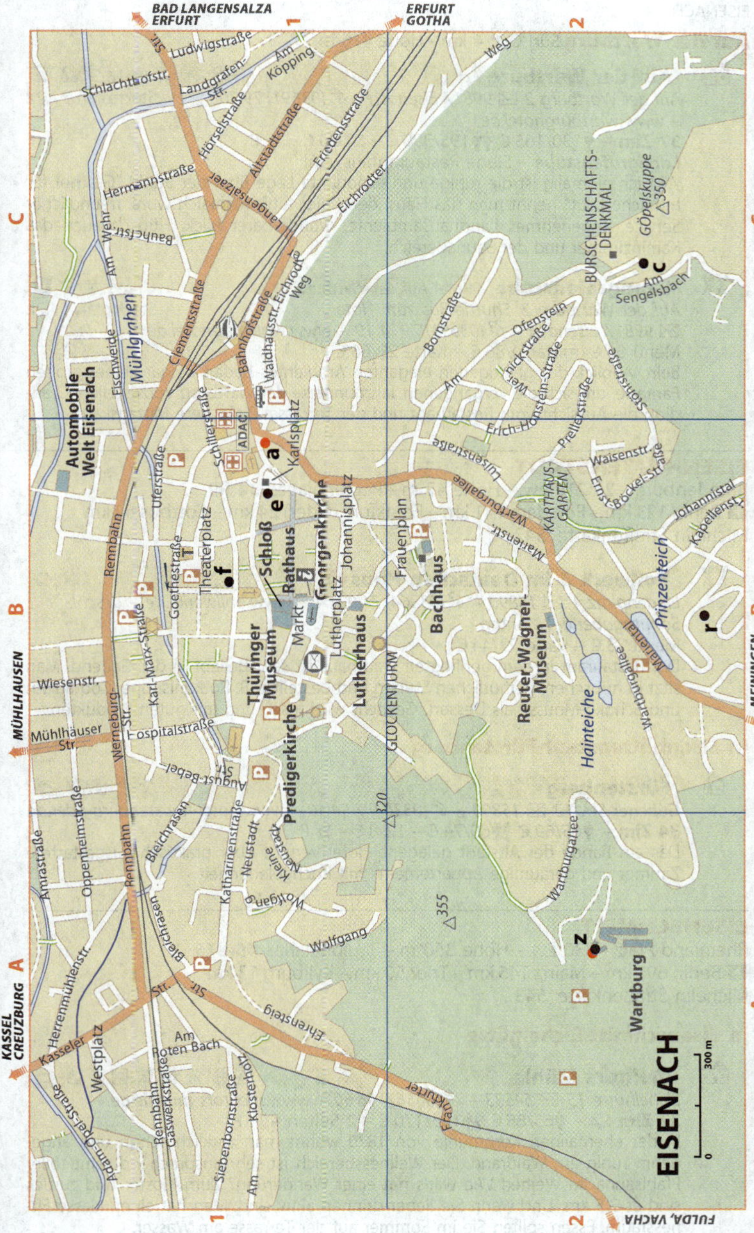
EISENACH
0
300 m
BAD LANGENSALZA
ERFURT
ERFURT
GOTHA
MÜHLHAUSEN
KASSEL
CREUZBURG
MEININGEN
FULDA, VACHA
Automobile Welt Eisenach
Mühlgraben
Schloß
Rathaus
Georgenkirche
Thüringer Museum
Predigerkirche
Lutherhaus
Bachhaus
Reuter-Wagner-Museum
Hainteiche
Prinzenteich
Wartburg
BURSCHENSCHAFTS-DENKMAL
Göpelskuppe
KARTHAUS GARTEN
GLOCKENTURM
Markt
Lutherplatz
Johannisplatz
Frauenplan
Karlsplatz
Theaterplatz
Westplatz
Wartburgallee
Marienstr.
Mariental
Rennbahn
Bahnhofstraße
Clemensstraße
Langensalzaer
Altstadtstraße
Hörselstraße
Ludwigstraße
Schlachthofstr.
Landgrafen-Str.
Am Köpping
Friedensstraße
Eichrodter
Eichrodter Weg
Hermannstraße
Bahnstr.
Am Wehr
Fischweide
Wiesenstr.
Mühlhäuser Str.
Werneburg-Str.
Karl-Marx-Straße
Goethestraße
Uferstraße
Schillerstraße
Waldhausstr.
Hospitalstraße
August-Bebel-Str.
Katharinenstraße
Neustadt
Kleine Neustadt
Wolfgang
Bleichrasen
Amrastraße
Oppenheimstraße
Herrenmühlenstr.
Kasseler Str.
Adam-Opel-Straße
Gaswerkstraße
Am Roten Bach
Siebenbornstraße
Klosterholz
Ehrensteig
Frankfurter Str.
Luisenstraße
Bornstraße
Ofenstein
Wernickstraße
Erich-Honstein-Straße
Prellerstraße
Waisenstr.
Ernst-Böckel-Straße
Stedtfeldstraße
Am Sengelsbach
Johannistal
Kapellenstr.
ADAC
Weg
320
355
350
1
2
A
B
C

Auf der Wartburg Süd-Ost: 4 km – Höhe 416 m

Auf der Wartburg

Auf der Wartburg 2 ✉ 99817 Eisenach – ✆ (03691) 79 70 – www.wartburghotel.de Stadtplan : A2**z**

37 Zim – 🚹130/165 € 🚹🚹195/390 € – ☕ 20 € – ½ P

Landgrafenstube – Siehe Restaurantauswahl

Wirklich einmalig ist die ruhige und exponierte Lage über der Stadt! "Gasthof für fröhliche Leut" nennt man das Haus, denn hier fühlt man sich wohl: freundlicher Service, angenehmes Landhausambiente, wunderbarer Blick. Hübsch auch das Kaminzimmer und der Saunabereich.

Landgrafenstube – Hotel Auf der Wartburg

Auf der Wartburg 2, Shuttle-Bus zum Hotel Stadtplan : A2**z**
✉ 99817 Eisenach – ✆ (03691) 79 71 19 – www.wartburghotel.de

Menü 66 € (mittags)/86 € – Karte 29/66 €

Beim Anblick des gelungenen eleganten Ambientes bedarf es gar keiner großen Fantasie, um sich die vergangenen Jahrhunderte der Wartburg vorzustellen. Grandios: die Aussicht vom Restaurant und der Terrasse! Einfachere Mittagskarte.

EISENHÜTTENSTADT

Brandenburg – 27 210 Ew. – Höhe 42 m – Regionalatlas **34-R9**
▶ Berlin 123 km – Potsdam 141 km – Frankfurt (Oder) 24 km – Cottbus 64 km
Michelin Straßenkarte 542

Bollwerk 4 im Deutschen Haus (N)

Lindenplatz 1 ✉ 15890 – ✆ (03364) 74 02 64 – www.bollwerk4.de – geschl. Sonntagabend - Montag

Menü 33 € – Karte 23/44 €

Das Restaurant in dem gepflegten Stadthaus ist sehr beliebt in der Gegend. Man sitzt in hübschen, gemütlichen Stuben und bestellt z. B. Rotkohlsuppe, Coq au vin und Schoko-Mousse als Dessert. Gekocht wird frisch und mit guten Produkten.

In Eisenhüttenstadt-Fürstenberg

Fürstenberg

Gubener Str. 12 ✉ 15890 – ✆ (03364) 7 54 40 – www.hotel-fuerstenberg-oder.de

34 Zim – 🚹65/69 € 🚹🚹69/74 € – ☕ 8 € – ½ P

Das am Rande der Altstadt gelegene Hotel verfügt über praktisch ausgestattete Zimmer und geräumige Appartements mit Kochgelegenheit.

EISENSCHMITT

Rheinland-Pfalz – 330 Ew. – Höhe 350 m – Regionalatlas **45-B15**
▶ Berlin 691 km – Mainz 146 km – Trier 50 km – Kyllburg 13 km
Michelin Straßenkarte 543

In Eisenschmitt-Eichelhütte

Molitors Mühle

Eichelhütte 15 ✉ 54533 – ✆ (06567) 96 60 – www.molitors-muehle.de

37 Zim ☕ – 🚹65/85 € 🚹🚹125/170 € – 2 Suiten – ½ P

In der ehemaligen Kornmühle von 1870 wohnt man wirklich schön und angenehm ruhig am Waldrand. Der Wellnessbereich ist sehr ansprechend samt toller Pfahlsauna im Weiher! Wie wär's mit einer Wanderung? Zum Kloster und zurück sind es 3,5 km. Und wenn Sie lieber drinnen aktiv sind: Man hat einen klasse Fitnessraum. Essen sollten Sie im Sommer auf der Terrasse am Wasser.

EISLEBEN (LUTHERSTADT)

Sachsen-Anhalt – 24 290 Ew. – Höhe 150 m – Regionalatlas **31-L11**
▶ Berlin 179 km – Magdeburg 85 km – Erfurt 94 km – Leipzig 66 km
Michelin Straßenkarte 542

Graf von Mansfeld
Markt 56 ✉ 06295 – ✆ (03475) 6 63 00 – www.hotel-eisleben.de
46 Zim – 70/90 € 100/105 € – 4 Suiten – ½ P
Mit liebevoller klassisch-eleganter Einrichtung hat man in dem ehemaligen Stadtschloss a. d. 15. Jh. ein stilgerechtes Ambiente geschaffen. Juniorsuiten und Suiten zum Marktplatz. Ein Wintergarten ergänzt das Restaurant mit sehr schönem Kreuzgewölbe.

ELFERSHAUSEN

Bayern – 2 860 Ew. – Höhe 198 m – Regionalatlas **49-I14**
Berlin 484 km – München 318 km – Würzburg 54 km – Fulda 69 km
Michelin Straßenkarte 546

Ullrich (N)
August-Ullrich-Str. 40 ✉ 97725 – ✆ (09704) 9 13 00 – www.hotel-ullrich.de
63 Zim – 77/82 € 115/125 € – ½ P
Gefragt ist dieses Hotel wegen seiner gepflegten und funktionalen Einrichtung sowie der verkehrsgünstigen Lage. Sie mögen's modern? Dann buchen Sie eines der Designzimmer im Turmhaus - schön die frischen Farben hier! Dazu ein hübscher Garten, ein rustikales Restaurant mit Terrasse sowie das Vinarium.

ELLERBEK

Schleswig-Holstein – 4 150 Ew. – Höhe 9 m – Regionalatlas **10-I5**
Berlin 305 km – Kiel 86 km – Hamburg 17 km – Lübeck 73 km
Michelin Straßenkarte 541

Heinsens
Hauptstr. 1 ✉ 25474 – ✆ (04101) 3 77 70 – www.heinsens.de – geschl. Montagmittag, Dienstagmittag
11 Zim – 69/108 € 78/137 € – ½ P
Menü 20 € (mittags)/42 € – Karte 25/52 €
Ein liebevoll sanierter Gasthof von 1900 mit gemütlich-historischem Flair. Internationale und regionale Küche, mittags kleine einfachere Karte. Hausgemachter Kuchen, auch im schönen Garten.

ELLWANGEN

Baden-Württemberg – 23 560 Ew. – Höhe 440 m – Regionalatlas **56-I18**
Berlin 547 km – Stuttgart 97 km – Ansbach 65 km – Augsburg 132 km
Michelin Straßenkarte 545

In Ellwangen-Eggenrot Nord-West: 4 km, Richtung Schwäbisch Hall

Klozbücher
Rosenberger Str. 47 ✉ 73479 – ✆ (07961) 9 24 91 90 – www.klozbuecher.com
13 Zim – 68/78 € 94/98 €
Das kleine Hotel der Familie Klotzbücher kann sich wirklich sehen lassen: der angenehm moderne Stil, die hochwertige Ausstattung und dazu die persönliche Führung... Übrigens: Die Wurst zum Frühstück kommt aus der angeschlossenen eigenen Metzgerei! Kleines Speisenangebot für Hausgäste.

ELMAU – Bayern ➜ Siehe Krün

ELMSHORN

Schleswig-Holstein – 47 670 Ew. – Höhe 3 m – Regionalatlas **10-H5**
Berlin 325 km – Kiel 90 km – Hamburg 36 km – Bremen 147 km
Michelin Straßenkarte 541

Sette Feinbistro
Marktstr. 7 ✉ 25335 – ✆ (04121) 26 29 39 – www.sette-feinbistro.de – geschl. Sonntag
Karte 26/45 € – *(nur Mittagessen, Freitag auch Abendessen)* (Tischbestellung ratsam)
Hier macht gleich am Eingang der kleine Feinkostladen richtig Appetit! Etwas weiter hinten sitzt man dann in einem sympathischen modernen Bistro und wählt von einer wechselnden Karte, was der Markt so bietet. Beliebt sind auch die Desserts!

ELSTER, BAD

Sachsen – 3 690 Ew. – Höhe 495 m – Regionalatlas **41-N14**
Berlin 331 km – Dresden 176 km – Hof 50 km – Plauen 27 km
Michelin Straßenkarte 544

Parkhotel Helene

Parkstr. 33 ✉ 08645 – ✆ (037437) 5 00 – www.parkhotel-helene.de – geschl. 5. - 26. Januar
25 Zim – 49 € 78 € – ½ P
Das familiär geleitete Hotel ist in einer Villa von 1889 untergebracht, die ruhig im Kurgebiet liegt. Die etwas unterschiedlichen Gästezimmer sind alle funktionell ausgestattet. Sie speisen in Albert's Parkrestaurant oder im netten Vogtlandstübl.

ELSTERHEIDE – Sachsen ➜ Siehe Hoyerswerda

ELTVILLE am RHEIN

Hessen – 16 780 Ew. – Höhe 90 m – Regionalatlas **47-E15**
Berlin 576 km – Wiesbaden 14 km – Bad Kreuznach 52 km – Limburg an der Lahn 51 km
Michelin Straßenkarte 543

Frankenbach

Wilhelmstr. 13 ✉ 65343 – ✆ (06123) 90 40 – www.hotel-frankenbach.de – geschl. 26. - 29. Dezember
36 Zim – 80/95 € 115/140 € – ½ P
Jean ✿ – Siehe Restaurantauswahl
Seit 1948 ist Familie Frankenbach mit Engagement im Einsatz. Im Mainzer Hof liegen einige Zimmer schön zum Garten, im Gutenberg Hof wohnt man moderner und besonders hübsch, auch sind die Zimmer hier klimatisiert. Sie mögen Torten? Im eigenen Café gibt's u. a. "Schwäbische Apfel-Rheingauriesling-Torte".

Eltvinum (N)

Schmittstr. 2 ✉ 65343 – ✆ (06123) 60 17 80 – www.eltvinum.de
7 Zim – 95/120 € 145/165 €
Eltvinum – Siehe Restaurantauswahl
Ein echtes Schmuckstück, das ehemalige Rathaus von 1513, das man mit viel Liebe zum Detail zu einem kleinen Boutiquehotel umgebaut hat. Wohnlich-warme Atmosphäre, stilvolles Frühstück von der Etagère, die Altstadt direkt vor der Tür!

Jean (Johannes Frankenbach) – Hotel Frankenbach

✿
Wilhelmstr. 13 ✉ 65343 – ✆ (06123) 90 40 – www.hotel-frankenbach.de – geschl. 26. - 29. Dezember, Juli - August 2 Wochen und Montag - Dienstag
Menü 39/95 € – Karte 37/71 € – *(Mittwoch - Freitag nur Abendessen)*
"Jean", das ist der französische Name von Patron Johannes Frankenbach, der hier eine unkomplizierte, ausdrucksstarke und finessenreiche Küche zu fairen Preisen bietet. So angenehm wie die legere Atmosphäre ist auch der persönliche Service unter seiner Frau Patricia - da kommt man gerne wieder!
➜ Zweierlei vom Thunfisch, Rettich, Avocado, Grüner Apfel. Maibock im Brotmantel, Preiselbeerjus, Selleriepüree, grüner Spargel, Rotweinschalotten. Dessert von der Valrhona Caraibe Kuvertüre, Passionsfrucht, Kokos-Vanilleeis.

Eltvinum (N) – Hotel Eltvinum

Schmittstr. 2 ✉ 65343 – ✆ (06123) 60 17 80 – www.eltvinum.de – geschl. Montag, November - März: Montag - Dienstag
Menü 59 € – Karte 39/54 €
Lust auf frische internationale Küche? Die kommt hier z. B. als "Gazpacho mit Krabben" oder als "Kalbsbäckchen mit Ratatouille und Kartoffelstampf" auf den Tisch. Schön auch die Vinothek und die Terrasse.

Gutsausschank im Baiken

Wiesweg 86 ✉ 65343 – ✆ (06123) 90 03 45 – www.baiken.de – geschl. Februar und Montag, November - März: Montag - Mittwoch
Karte 33/48 € – *(nur Abendessen, sonntags auch Mittagessen)*
Schon allein die Lage ist einen Besuch wert: inmitten von Reben, mit Blick auf die Weinberge und Eltville. Da isst man am liebsten auf der Terrasse - die ist sogar teilweise regenfest! Aus der Küche kommt Leckeres wie "spicy Gänsesalat" oder "in Rheingau-Spätburgunder geschmorte Ochsenbacke".

In Eltville-Hattenheim West: 4 km über B 42

Kronenschlösschen

Rheinallee ✉ 65347 – ✆ (06723) 6 40 – www.kronenschloesschen.de
14 Zim – 🚹130/150 € 🚹🚹150/180 € – ☕ 20 € – 4 Suiten
Kronenschlösschen – Siehe Restaurantauswahl
Nur die Bundesstraße trennt das hübsche Hotel a. d. J. 1894 vom Rhein. Die Zimmer sind individuell, allesamt schön stilvoll, wertig und wohnlich, dazu am Morgen ein frisches Frühstück. Passend zum Rahmen die historischen Salons.

Kronenschlösschen – Hotel Kronenschlösschen

Rheinallee ✉ 65347 – ✆ (06723) 6 40 – www.kronenschloesschen.de
– geschl. 3. - 29. Januar
Menü 75/126 € – Karte 87/101 € – *(Montag - Samstag nur Abendessen, außer an Feiertagen)*
Das hat Stil: unter der sehenswerten bemalten Decke in edlem Ambiente sitzen und sich fachkundig umsorgen lassen, und das mit schön präsentierten und stimmigen klassischen Speisen! Eine wahre Freude für Weinliebhaber: 1200 Positionen samt toller Riesling- und Champagnerauswahl.
➜ Gelbflossenmakrele, Wasabi, Krabbentempura. Bio-Ei, Erbse, Trüffelschaum. Lammrücken und Schulter, Garam Masala, Granatapfel, schwarzer Knoblauch.

Zum Krug

Hauptstr. 34 ✉ 65347 – ✆ (06723) 9 96 80 – www.hotel-zum-krug.de
– geschl. 20. Dezember - 18. Januar, 25. Juli - 9. August und Sonntagabend - Dienstagmittag
15 Zim ☕ – 🚹80/110 € 🚹🚹125/195 € – ½ P Menü 55/75 € – Karte 34/65 €
Ob "Sauerbraten vom Weiderind" oder "Cordon Hirsch - asiatisch", ob Klassiker oder "Neue Krug Küche", immer finden regionale und saisonale Produkte Verwendung. Dazu gibt's schöne Rheingau-Weine. Übernachten kann man im historischen Rathaus oder im Weinhaus, chic-modern oder traditionell.

Adler Wirtschaft

Hauptstr. 31 ✉ 65347 – ✆ (06723) 79 82 – www.franzkeller.de
– geschl. Januar und Dienstag - Mittwoch
Menü 39/74 € – *(Montag und Donnerstag - Freitag nur Abendessen)* (Tischbestellung ratsam)
Wirklich reizend das kleine Fachwerkhaus der Familie Keller, und was sich im Kühlhaus verbirgt, kann sich ebenso sehen lassen: Bentheimer Schwein sowie Charolais- und Limousin-Rind vom eigenen Falkenhof im Taunus - hier kocht der Seniorchef auch für Events. Am Wochenende ab 13 Uhr durchgehend geöffnet.

ELZACH

Baden-Württemberg – 7 130 Ew. – Höhe 361 m – Regionalatlas **61-E20**
▶ Berlin 764 km – Stuttgart 189 km – Freiburg im Breisgau 39 km – Offenburg 43 km
Michelin Straßenkarte 545

Gasthaus Rössle

Hauptstr. 19 ✉ 79215 – ✆ (07682) 2 12 – www.roessleelzach.de
– geschl. Dienstag - Mittwoch
Menü 19/59 € – Karte 24/55 €
In dem Familienbetrieb im Ortskern kommt ambitionierte regionale und internationale Küche auf den Tisch, wobei auch die vegetarischen Gerichte beliebt sind. Im vorderen Bereich des Restaurants hat man es leger-mediterran, weiter hinten ist es gemütlicher und es wird aufwändiger eingedeckt - im Sommer isst man schön im Freien.

In Elzach-Oberprechtal Nord-Ost: 7,5 km über B 294, am Ortsausgang rechts Richtung Hornberg – Höhe 459 m

Schäck's Adler

Waldkircher Str. 2 ✉ 79215 – ✆ (07682) 12 91 – www.schaecks-adler.de – geschl. Mitte Februar - Anfang März und Montag - Dienstag

9 Zim – 68/78 € 116 € – ½ P Menü 35 € – Karte 31/60 €

Sie sitzen in gemütlichen holzvertäfelten Stuben, im Winter sorgt ein Kachelofen für wohlige Wärme... Da kommt man gerne, um sich mit schmackhaften regionalen Gerichten wie "Ragout vom Elztäler Reh mit Apfelrotkraut und breiten geschmelzten Nudeln" verwöhnen zu lassen. Und nach dem Essen noch ein Getränk in der schönen "Strumbel-Bar"? Gestaltet wurde sie von dem bekannten namengebenden Künstler. Für Übernachtungsgäste: geräumige, sehr gepflegte Zimmer und Langschläferfrühstück!

ELZE

Niedersachsen – 8 840 Ew. – Höhe 83 m – Regionalatlas **29**-I9

Berlin 294 km – Hannover 30 km – Göttingen 82 km – Hameln 31 km

Michelin Straßenkarte 541

In Elze-Mehle Süd-West: 3 km über B 1

Schökel's

Alte Poststr. 35 ✉ 31008 – ✆ (05068) 30 66 – www.hotel-schoekel.de – geschl. 1. - 10. Januar und Montag - Dienstag

8 Zim – 90/110 € 120/150 €

Menü 35/70 € – Karte 37/55 € – *(nur Abendessen, sonntags auch Mittagessen)*

Schön hat man das über 250 Jahre alte Gasthaus gestaltet: elegant, mit rustikaler Note und hübschen Dekorationen. Gekocht wird saisonal-international, so liest man auf der Karte z. B. "Rehragout in Wacholderrahm". Ebenso gepflegt und wohnlich kann man hier auch übernachten.

EMMELSHAUSEN

Rheinland-Pfalz – 4 740 Ew. – Höhe 460 m – Regionalatlas **46**-D14

Berlin 621 km – Mainz 76 km – Koblenz 30 km – Bad Kreuznach 57 km

Michelin Straßenkarte 543

Münster

Waldstr. 3a ✉ 56281 – ✆ (06747) 9 39 40 – www.hotel-muenster.de – geschl. 18. Dezember - 6. Januar

18 Zim – 47/52 € 73/81 €

Ein gut geführtes kleines Hotel in einer Seitenstraße. Den Gästen stehen geräumige und solide Zimmer sowie ein gepflegter Garten zur Verfügung. Morgens gibt es ein frisches Frühstück und Tennisfreunde finden gleich nebenan einen Tennisclub.

EMMENDINGEN

Baden-Württemberg – 26 290 Ew. – Höhe 201 m – Regionalatlas **61**-D20

Berlin 794 km – Stuttgart 193 km – Freiburg im Breisgau 23 km – Offenburg 51 km

Michelin Straßenkarte 545

In Emmendingen-Maleck Nord-Ost: 4 km über Tennenbacher Straße

Park-Hotel Krone

Brandelweg 1 ✉ 79312 – ✆ (07641) 9 30 96 90 – www.kronemaleck.de

25 Zim – 65/79 € 95/110 € – ½ P

Schon eine recht individuelle Adresse, die Familie Bergner hier mit Engagement betreibt. Schöne Zimmer in gemütlich-ländlichem oder in modernem Stil, hochwertiges Frühstück, eine tolle Terrasse... nicht zu vergessen die Flamingos im hübschen Garten! Die regionale und internationale Küche serviert man im klassischen Restaurant oder in der behaglichen Kronenstube.

In Emmendingen-Windenreute Ost: 3,5 km über Hochburger Straße

Windenreuter Hof

Rathausweg 19 ✉ 79312 – ✆ (07641) 93 08 30
– www.windenreuter-hof.de
63 Zim ☕ – 🕴58/90 € 🕴🕴95/155 € – 3 Suiten – ½ P
Reizvoll sind die ruhige Lage und die Aussicht von diesem Hotel. Die Zimmer überzeugen durch gutes Platzangebot, meist mit Balkon. Kurzurlauber und Tagungsgäste schätzen das Haus gleichermaßen. Restaurant und Terrasse bieten einen schönen Blick.

EMMERICH am RHEIN

Nordrhein-Westfalen – 30 110 Ew. – Höhe 18 m – Regionalatlas **25-A10**
▶ Berlin 598 km – Düsseldorf 103 km – Arnhem 32 km – Maastricht 158 km
Michelin Straßenkarte 543

In Emmerich-Praest Ost: 6,5 km über B8, Richtung Rees

Zu den drei Linden - Lindenblüte

Reeser Str. 545 ✉ 46446 – ✆ (02822) 88 00
– www.zu-den-3-linden.de – geschl. Januar 2 Wochen, Ende Juli - Anfang September 3 Wochen und Dienstag - Mittwoch
Menü 32/39 € – Karte 38/55 € – *(nur Abendessen)*
Gekonnt werden bei Familie Siemes (bereits die 5. Generation) ausgesuchte Produkte zu schmackhaften regionalen Speisen zubereitet. Da macht z. B. das Menü mit "Variation vom Topfen" und "Lammkeule auf Mangold" Appetit. Und das Ambiente? Freundlich, mit eleganter Note.

EMMINGEN-LIPTINGEN

Baden-Württemberg – 4 550 Ew. – Regionalatlas **62-F21**
▶ Berlin 763 km – Stuttart 134 km – Freiburg i. Breisgau 90 km – Schaffhausen 45 km

Schenkenberger Hof

Schenkenbergerhof 22 ✉ 78576 – ✆ (07465) 9 20 29 50
– www.schenkenberger-hof.com – geschl. 15. - 30. August und Montag - Dienstag
Karte 27/45 €
Hätten Sie mitten in den Wäldern des Hegaus eine derart schmackhafte Küche erwartet? Was in dem überaus gepflegten Landgasthaus an leckeren, frischen Gerichten auf den Tisch kommt, heißt z. B. "Zander im Chorizosud mit Gnocchi". Wunderschöne Terrasse!

EMPFINGEN

Baden-Württemberg – 3 860 Ew. – Höhe 499 m – Regionalatlas **54-F19**
▶ Berlin 698 km – Stuttgart 65 km – Karlsruhe 120 km – Freiburg im Breisgau 123 km
Michelin Straßenkarte 545

Empfinger Hof

Im Auchtert 12 ✉ 72186 – ✆ (07485) 9 98 30
– www.empfingerhof.de
42 Zim – 🕴61/81 € 🕴🕴81/101 € – ☕ 12 € – 2 Suiten – ½ P
Optimal für Businessgäste ist die verkehrsgünstige Lage nahe der Autobahn, bei Tennisfreunden ist das Haus wegen seiner Hallen- und Außenplätze gefragt. Die Zimmer sind funktionell, es gibt verschiedene Katagorien, darunter auch große Appartements. Das Restaurant mit nettem Wintergarten bietet schwäbische sowie italienische Küche.

EMS, BAD

Rheinland-Pfalz – 9 030 Ew. – Höhe 85 m – Regionalatlas **36-D14**
Berlin 590 km – Mainz 66 km – Koblenz 19 km – Limburg an der Lahn 40 km
Michelin Straßenkarte 543

Häcker's Grand Hotel

Römerstr. 1 ✉ 56130 – ✆ (02603) 79 90 – www.haeckers-hotels.com
105 Zim – 🚹109/119 € 🚹🚹200/215 € – ½ P
Der stattliche Barockbau von 1711 liegt im Zentrum an der Lahn. Das traditionsreiche Kurhotel hat einen sehenswerten Empfangsbereich und elegante, wertig ausgestattete Zimmer, toll die Bar "Crystal Horse" mit Pferderennbahn. Klassisches Ambiente und internationale Küche im Restaurant.

Bad Emser Hof

Lahnstr. 6 ✉ 56130 – ✆ (02603) 9 18 10 – www.bad-emser-hof.de – geschl. 19. - 28. Dezember
27 Zim – 🚹76/100 € 🚹🚹99/135 € – 1 Suite – ½ P
Estragon – Siehe Restaurantauswahl
Moderne Gästezimmer mit Balkon erwarten Sie in diesem Hotel, das nur durch die Straße von der Lahn getrennt ist. Einige Zimmer liegen recht ruhig nach hinten. Praktisch: 50 m entfernt finden Sie ein Parkhaus.

Schweizerhaus

Malbergstr. 21 ✉ 56130 – ✆ (02603) 9 36 30 – www.hotel-schweizerhaus.com – geschl. 20. Oktober - 20. November und Donnerstag
10 Zim – 🚹52/75 € 🚹🚹96/98 € – ½ P
Menü 38/85 € – Karte 40/62 € – *(nur Abendessen, sonntags auch Mittagessen)*
Hier kennt man seine Gäste, denn schon seit 1980 betreibt man das schön über der Stadt gelegene Haus! Der Chef steht am Herd und kocht klassische Speisen, die Chefin managt freundlich den Service. Zum Espresso gibt's eine feine Marzipan-Nougat-Praline! Gepflegt übernachten können Sie ebenfalls.

Estragon – Hotel Bad Emser Hof

Lahnstr. 6 ✉ 56130 – ✆ (02603) 34 24 – www.restaurant-estragon.de – geschl. Samstagmittag und Sonntag, außer an Feiertagen
Karte 27/52 €
Ein freundliches Restaurant, in dem man Schmackhaftes wie "Badische Kartoffelsuppe mit Speck" oder "Rahmgeschnetzeltes mit Spätzle" serviert. Gerne kommt man auch mittags, hier bietet man eine kleine Karte mit günstigen Tagesgerichten.

EMSDETTEN

Nordrhein-Westfalen – 35 450 Ew. – Höhe 38 m – Regionalatlas **26-D9**
Berlin 466 km – Düsseldorf 152 km – Nordhorn 54 km – Enschede 50 km
Michelin Straßenkarte 543

Lindenhof

Alte Emsstr. 7 ✉ 48282 – ✆ (02572) 92 60 – www.lindenhof-emsdetten.de – geschl. 20. Dezember - 6. Januar
46 Zim – 🚹65/89 € 🚹🚹85/105 € – ½ P
Lindenhof – Siehe Restaurantauswahl
Seit 1946 ist das Haus ein Familienbetrieb. Wo damals zwei Schwestern mit vier Fremdenzimmer begannen, bietet die freundliche und engagierte Familie Hankh heute in fünf Gebäuden zeitgemäß-wohnliche Zimmer, die sehr gefragt sind! Wer mehr Komfort sucht, bucht eine Juniorsuite mit Dampfbad oder ein Appartement mit Kitchenette im "Alten Wiegehaus".

Lindenhof – Hotel Lindenhof

Alte Emsstr. 7 ✉ 48282 – ✆ (02572) 92 60 – www.lindenhof-emsdetten.de – geschl. 20. Dezember - 6. Januar, Juli 2 Wochen und Sonntag sowie an Feiertagen
Menü 35/56 € – Karte 27/52 € – *(nur Abendessen)* (Tischbestellung ratsam)
Wie das Hotel erfreut sich auch das Restaurant der Hankhs großer Beliebtheit. Das liegt an Udo Hankhs regional und mediterran beeinflusster saisonaler Küche von "Rinderroulade mit Gemüse" bis "Jakobschmuschel mit Vanille & gebackener Kalbskopf", aber auch an seiner charmanten Frau Christine im Service.

EMSTAL, BAD

Hessen – 5 980 Ew. – Höhe 320 m – Regionalatlas **38-H11**

Berlin 416 km – Wiesbaden 212 km – Kassel 34 km – Frankfurt am Main 203 km

Michelin Straßenkarte 543

In Bad Emstal-Sand

Grischäfer

Kasseler Str. 78 ✉ 34308 – ✆ (05624) 9 98 50 – www.grischaefer.de

17 Zim – †51/91 € ††71/95 €

Ein familiengeführtes Haus mit rustikalem Fachwerk-Charme, dessen Gästezimmer gemütlich gestaltet sind. Eines der Zimmer ist eine Maisonette. Das Restaurant befindet sich in der ehemaligen Scheune. Lauschig ist der Biergarten.

ENDINGEN am KAISERSTUHL

Baden-Württemberg – 9 060 Ew. – Höhe 186 m – Regionalatlas **61-D20**

Berlin 789 km – Stuttgart 189 km – Freiburg im Breisgau 28 km – Offenburg 47 km

Michelin Straßenkarte 545

Zollhaus

Hauptstr. 3 ✉ 79346 – ✆ (07642) 9 20 23 43 – www.zollhaus-endingen.de

4 Zim – †98/138 € ††109/149 €

Sie suchen ein individuelles und mit Herzblut geführtes kleines Hotel? Dann sind Sie bei Susanne Huwer und Michael Kaltenbach genau richtig! Klares Design und hochwertige Materialien treffen auf Historie, und zwar die eines denkmalgeschützten über 200 Jahre alten Hauses. Frisch und wirklich gut das Frühstück, gemütlich die kleine Weinlounge unter dem Gewölbe - mit Selbstbedienung.

Merkles Restaurant

Hauptstr. 2 ✉ 79346 – ✆ (07642) 79 00 – www.merkles-restaurant.de – geschl. über Fastnacht 2 Wochen, August 1 Woche und Sonntag - Montag

Menü 37 € (mittags)/129 € (abends) – Karte 37/85 €

Äußerst engagiert und herzlich, so führen die Merkles ihr Haus. Am Abend gibt es saisonale Gerichte oder aufwändige Menüs namens "Einfach Regional" (Regionales modern interpretiert) und "Einfach Merkle" (gewürzintensiv und kreativ). Günstiges Mittagsmenü. Für daheim: interessante hausgemachte Produkte.

→ Pulpo, Apfel, Selleriesalat, Wasabi. Kaninchen, Artischocke, Olive, Sobrasada. Geschmorter Ochsenschwanz, Spätburgundersoße, Schupfnudeln.

Schindler's Ratsstube

Marktplatz 10 ✉ 79346 – ✆ (07642) 34 58 – www.schindlers-ratsstube.de – geschl. Sonntag - Montag

Menü 22 € (mittags unter der Woche)/39 € – Karte 24/43 €

Stammgäste schwören auf Klassiker wie "Kaiserstühler Schneckenrahmsuppe" oder den Winzerteller, probieren Sie aber ruhig auch modernisierte regionale Gerichte wie "Zander mit Blutwurst"! Max Schindler umsorgt Sie hier übrigens seit über 40 Jahren, und das mit Engagement, seine Frau macht freundlich den Service. Schön die Terrasse beim Rathaus!

In Endingen-Kiechlinsbergen Süd-West: 5,5 km über Königschaffhausen

Dutters Stube

Winterstr. 28 ✉ 79346 – ✆ (07642) 17 86 – www.dutters-stube.de – geschl. Januar 2 Wochen und Montag - Dienstag

4 Zim – †55 € ††75/80 €

Menü 25 € (mittags)/58 € – Karte 32/56 € – *(Mittwoch - Freitag nur Abendessen)*

Bei Arthur und Franziska Dutter gehen schmackhafte regionale Saisonküche und ländlich-gemütliche Atmosphäre Hand in Hand. Freundlich serviert man Ihnen z. B. "knusprige Landentenbrust aus dem Ofen mit Kartoffel-Selleriepüree und Rotkohl". Eine einfachere, aber nicht minder charmante Alternative ist die "Dorfwirtschaft" - hier gibt es Vespergerichte, Flammkuchen oder Rumpsteak. Tipp: samstags, sonn- und feiertags preiswertes Mittagsmenü.

ENGELTHAL

Bayern – Regionalatlas **50-L16**
Berlin 426 km – München 178 km – Ansbach 75 km – Regensburg 93 km
Michelin Straßenkarte 546

Grüner Baum

Hauptstr. 9 ✉ 91238 – ✆ (09158) 2 62 – www.gruener-baum-engelthal.de – geschl. Montag - Dienstag
5 Zim – 34/38 € 59/66 € Menü 19 € – Karte 17/45 €
Mit seiner hübschen Deko und ländlichem Charme ist der Gasthof der Familie Koch eine sympathische Adresse. Auf der Karte z. B. "Tafelspitz mit Krensauce" oder auch "gebratenes Doradenfilet auf Fenchel-Tomaten-Couscous mit Olivensauce".

ENGE-SANDE – Schleswig-Holstein ➜ Siehe Leck

ENKENBACH-ALSENBORN

Rheinland-Pfalz – 6 860 Ew. – Höhe 289 m – Regionalatlas **47-E16**
Berlin 632 km – Mainz 80 km – Mannheim 54 km – Kaiserslautern 10 km
Michelin Straßenkarte 543

Im Ortsteil Enkenbach

Kölbl

Hauptstr. 3 ✉ 67677 – ✆ (06303) 30 71 – www.hotel-restaurant-koelbl.de – geschl. Montag, Samstagmittag
13 Zim – 55/75 € 85/120 € Menü 14/49 € – Karte 21/50 €
Bei den Kölbls kann man gut essen, und zwar regionale und internationale Küche, und auch der günstige Mittagstisch erfreut sich großer Beliebtheit. Serviert wird in den netten Gaststuben (gemütlich die kleinen Sitznischen) oder auf der Hofterrasse. Zum Übernachten hat man funktionale Gästezimmer.

ENZKLÖSTERLE

Baden-Württemberg – 1 170 Ew. – Höhe 538 m – Regionalatlas **54-F18**
Berlin 693 km – Stuttgart 89 km – Karlsruhe 64 km – Pforzheim 39 km
Michelin Straßenkarte 545

Enztalhotel

Freudenstädter Str. 67 ✉ 75337 – ✆ (07085) 1 80 – www.enztalhotel.de
46 Zim – 94/170 € 164/242 € – 2 Suiten – ½ P
Das Haus ist gefragt bei Feriengästen, und das liegt am wohnlichen Ambiente in den Zimmern (am komfortabelsten sind die Suiten und Deluxe-Zimmer) und im rustikal-eleganten Restaurant, am schönen zeitgemäßen Wellnessbereich samt attraktiver Ruheräume sowie an der 3/4-Pension, die im Zimmerpreis inbegriffen ist.

EPPINGEN

Baden-Württemberg – 20 920 Ew. – Höhe 199 m – Regionalatlas **55-G17**
Berlin 615 km – Stuttgart 71 km – Heilbronn 26 km – Karlsruhe 48 km
Michelin Straßenkarte 545

Villa Waldeck

Waldstr. 80 ✉ 75031 – ✆ (07262) 6 18 00 – www.villa-waldeck.de – geschl. 27. Dezember - 13. Januar
45 Zim – 78 € 110 € – 2 Suiten – ½ P
Recht ruhig liegt das Familotel am Ortsrand. Neben wohnlichen Zimmern bietet man einen netten Schwimmteich im Garten sowie Streichelzoo und Spielplatz für Kinder. In verschiedene Bereiche unterteiltes Restaurant mit Wintergarten.

Altstadthotel Wilde Rose

Kirchgasse 29 ✉ 75031 – ✆ (07262) 9 14 00 – www.altstadthotel-wilde-rose.de – geschl. Weihnachten - 6. Januar, August 3 Wochen
10 Zim – 75 € 100 €
Das im 16. Jh. im Fachwerkstil erbaute Baumannsche Haus wurde zum Hotel erweitert und verfügt über hübsche Landhauszimmer, teilweise mit Balkon oder Terrasse. Im historischen Teil befindet sich der Wirtskeller mit Tonnengewölbe. Geboten wird italienische Küche.

ERBACH (ALB-DONAU-KREIS)

Baden-Württemberg – 13 120 Ew. – Höhe 529 m – Regionalatlas **56-I19**
Berlin 630 km – Stuttgart 104 km – Konstanz 133 km – Ulm (Donau) 12 km
Michelin Straßenkarte 545

Zur Linde

Bahnhofstr. 8 ✉ 89155 – ✆ (07305) 93 11 00 – www.linde-erbach.de
15 Zim ☕ – 🚹65/85 € 🚹🚹85/98 €
Der langjährige Familienbetrieb mit tipptopp gepflegten Zimmern und bürgerlich-rustikalem Restaurant ist im Sommer auch bei Fahrradtouristen beliebt - den Donauradwanderweg hat man praktisch vor der Tür und als "Bett & Bike"-Hotel bietet man entsprechenden Service. Tipp: Baggersee ganz in der Nähe!

ERDING

Bayern – 35 300 Ew. – Höhe 463 m – Regionalatlas **58-M20**
Berlin 597 km – München 40 km – Regensburg 107 km – Landshut 39 km
Michelin Straßenkarte 546

Henry

Dachauer Str. 1 ✉ 85435 – ✆ (08122) 90 99 30 – www.hotel-henry.de
48 Zim – 🚹58/214 € 🚹🚹78/234 € – ☕ 9 € – 1 Suite
Das Hotel überzeugt mit sehr schönen, individuellen Zimmern, die verschiedenen Städten rund um den Globus gewidmet sind und mit Liebe zum Detail eingerichtet wurden. Neuzeitliches Bistro.

Parkhotel

Am Bahnhof 3 ✉ 85435 – ✆ (08122) 49 90 – www.parkhotel-erding.de
66 Zim – 🚹77/98 € 🚹🚹84/114 € – ☕ 15 €
Das Business- und Tagungshotel liegt zentral gegenüber dem Bahnhof und verfügt über praktisch ausgestattete Zimmer mit Balkon oder Terrasse. In der Halle befindet sich eine kleine Bar. Das zeitlos gehaltene Restaurant bietet internationale Küche.

ERFTSTADT

Nordrhein-Westfalen – 49 040 Ew. – Höhe 100 m – Regionalatlas **35-B13**
Berlin 593 km – Düsseldorf 64 km – Bonn 41 km – Köln 18 km
Michelin Straßenkarte 543

In Erftstadt-Lechenich

Husarenquartier (Herbert Brockel)

Schloßstr. 10 ✉ 50374 – ✆ (02235) 50 96 – www.husarenquartier.de – geschl. Anfang Januar 1 Woche und Montag - Dienstag, außer an Feiertagen
Menü 39/96 € – Karte 52/73 € – *(nur Abendessen, sonntags auch Mittagessen)* (Tischbestellung ratsam)
Lassen Sie sich ruhig von der auffallenden roten Fassade des alten Stadthauses anziehen! Drinnen weiß Herbert Brokel mit Modernem, Klassischem oder Vegetarischem zu überzeugen, das es in Menüform oder à la carte zu entdecken gilt. Die abendliche Gourmetkarte gibt es übrigens auf Vorbestellung auch mittags.
→ Himmel und Äd "Modern". In Rotwein pochiertes Ei auf Spinat mit Belper Knolle. Seezunge, Paprika, Fenchel, Pernod.
Bistro – Siehe Restaurantauswahl

Bistro – Restaurant Husarenquartier

Schloßstr. 10 ✉ 50374 – ✆ (02235) 50 96 – www.husarenquartier.de – geschl. Anfang Januar 1 Woche und Sonntag sowie an Feiertagen
Menü 26/39 € – Karte 30/49 € – *(nur Mittagessen)*
Mittags geht es im Restaurant ein bisschen einfacher zu, wenn schmackhafte saisonale Speisen wie "kleines Rinderfilet vom Irish Ox mit Bohnensalat" serviert werden, immer auch ein Tagesgericht für 9 - 14 €. Nicht zu vergessen: leckere Currywurst & Co. im "Imbiss" - hausgemacht, frisch und sehr beliebt!

Haus Bosen

Herriger Str. 2 ✉ 50374 – ✆ (02235) 69 16 18 – geschl. 1. - 8. Januar und Montag
Menü 25/34 € – Karte 26/46 €
In dem gemütlichen Fachwerkhaus, seit 120 Jahren gastronomisch genutzt, isst man saisonal-international, so z. B. "gebratene Ente mit Orangensauce, Maronen, Kartoffelkloß, Bratapfel, Rotkohl", aber auch Vegetarisches, Pasta, Flammkuchen.

ERFURT

Thüringen – 203 490 Ew. – Höhe 195 m – Regionalatlas **40-K12**
Berlin 304 km – Chemnitz 154 km – Leipzig 130 km – Nordhausen 77 km
Michelin Straßenkarte 544

Radisson BLU

Juri-Gagarin-Ring 127 ✉ 99084 – ✆ (0361) 5 51 00 – www.radisson-erfurt.de Stadtplan : B2**e**
279 Zim – †75/105 € ††85/130 € – 18 € – 3 Suiten – ½ P
Das Tagungshotel am Stadtring überzeugt durch gut ausgestattete, teilweise besonders schöne und moderne Zimmer sowie einen Sauna- und Fitnessbereich im 17. Stock mit Blick über Erfurt. Restaurant mit internationaler Küche, amerikanische Snacks in der Sportsbar.

Victor's Residenz-Hotel

Häßlerstr. 17, über Clara-Zetkin-Straße B2 ✉ 99096 – ✆ (0361) 6 53 30 – www.victors.de
65 Zim – †90/120 € ††110/140 € – 3 Suiten – ½ P
Ein elegantes Tagungs- und Businesshotel nahe dem Landtag, in dem Sie freundlicher Service und geräumige Gästezimmer erwarten - im 4. Stock mit Dachterrasse. Neben dem gediegenen Hotelrestaurant steht auch eine gemütlich-rustikale Stube bereit.

Zumnorde am Anger

Anger 50, Eingang Weitergasse ✉ 99084 – ✆ (0361) 5 68 00 – www.hotel-zumnorde.de – geschl. 1. - 10. Januar Stadtplan : B2**s**
51 Zim – †95/130 € ††120/170 € – 6 Suiten
Restaurant und Weinstube Zumnorde – Siehe Restaurantauswahl
Das Hotel liegt mitten in der Stadt und bietet Ihnen klassisch-elegante Zimmer mit extralangen Betten (2,20 m) sowie einen ruhigen begrünten Innenhof - hier lauscht man dem Glockenspiel des Bartholomäusturms (Tipp: Hochzeitspaare dürfen sich ein Stück wünschen!).

Excelsior

Bahnhofstr. 35 ✉ 99084 – ✆ (0361) 5 67 00 – www.excelsior.bestwestern.de Stadtplan : B2**c**
77 Zim – †100/140 € ††125/160 € – 3 Suiten – ½ P
Sie finden das Stadthaus mit der schmucken Jugendstilfassade und soliden, funktionell ausgestatteten Zimmern zwischen Bahnhof und Angermuseum.

Erfurtblick

Nibelungenweg 20, über A2, Richtung Flughafen ✉ 99092 – ✆ (0361) 22 06 60 – www.hotel-erfurtblick.de
10 Zim – †60/75 € ††80/114 €
Eine familiäre kleine Adresse, die in einem Wohngebiet liegt und einen schönen Blick auf die Stadt bietet. Die Zimmer sind tipptopp gepflegt und funktional. Netter Garten.

Villa am Park

Tettaustr. 5, Süd-West, über A2 ✉ 99094 – ✆ (0361) 7 89 48 60 – www.villa-am-park-erfurt.de
6 Zim – †43/54 € ††55/74 € – 8 €
Sehr schön und individuell sind die Zimmer in der ehemaligen Pfarrersvilla, dekoriert mit Bildern der Chefin. Dazu persönlich-familiäre Atmosphäre, gutes Frühstück, ein hübscher kleiner Garten. Ins Zentrum sind es nur 15 Minuten zu Fuß!

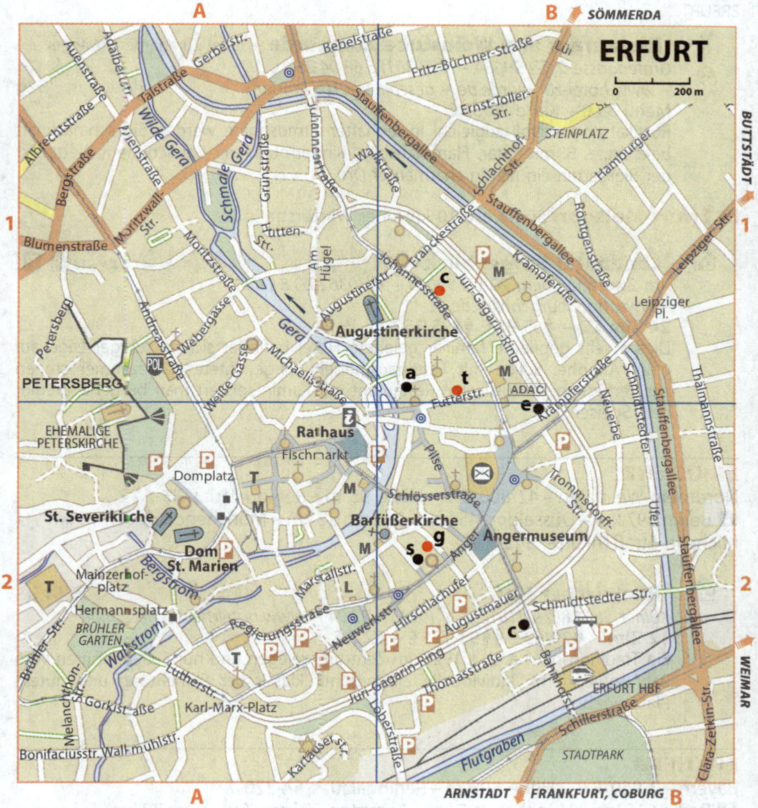

Clara - Restaurant im Kaisersaal

Futterstr. 15 ✉ 99084 – ✆ (0361) 5 68 82 07 Stadtplan : B1**t**
– www.restaurant-clara.de – geschl. Februar 2 Wochen, August 3 Wochen und Sonntag - Montag
Menü 68/117 € – *(nur Abendessen)*
Feine Küche in klarem, elegantem Rahmen: Ein Hingucker ist das große Portrait von Namensgeberin Clara Schumann (erinnern Sie sich noch an ihre Abbildung auf dem 100-DM-Schein?), schön auch das Lichtkonzept. Nebenan gibt man Kochkurse.
➜ Forelle, Basilikum, Sauerrahm. Kalb, Radieschen, Bärlauch. Quark, Rhabarber, Vanille.

Il Cortile

Johannesstr. 150, Signal-Iduna-Passage ✉ 99084 Stadtplan : B1**c**
– ✆ (0361) 5 66 44 11 – www.ilcortile.de – geschl. Anfang Januar 2 Wochen und Sonntag - Montag
Karte 40/55 €
Über einen netten kleinen Innenhof erreicht man das Restaurant. Hier ist es gemütlich und man bekommt frische mediterrane Küche - da hat man natürlich so manchen Stammgast. Probieren Sie z. B. das Antipasti-Buffet oder die leckere Pasta!

Restaurant und Weinstube Zumnorde – Hotel Zumnorde am Anger
Grafengasse 2 ✉ 99084 – ✆ (0361) 5 68 04 26
– www.hotel-zumnorde.de – geschl. 1. - 10. Januar Stadtplan : B2**g**
Menü 39 € – Karte 28/63 €
Rustikal und stilvoll zugleich! In lebhafter Atmosphäre werden Sie schmackhaft bekocht, z. B. mit Tatar, Flammkuchen, Rinderrouladen... Bei schönem Wetter ist der Biergarten ein richtig charmanter Ort!

In Erfurt-Molsdorf Süd-West: 10 km über Winzerstraße A2

Landhotel Burgenblick
Am Zwetschenberg 20 ✉ 99094 – ✆ (036202) 8 11 11
– www.hotelburgenblick.de
24 Zim – 65/95 € 95/150 € – ½ P
Dieses sehr gepflegte familiär geleitete Hotel befindet sich in ruhiger Lage auf einer Anhöhe. Solide mit Landhausmöbeln eingerichtete Gästezimmer stehen zur Verfügung. Im rustikalen Restaurant mit Kamin serviert man bürgerlich-regionale Speisen.

ERKELENZ

Nordrhein-Westfalen – 42 800 Ew. – Höhe 95 m – Regionalatlas **35-A12**
Berlin 597 km – Düsseldorf 45 km – Aachen 38 km – Mönchengladbach 15 km
Michelin Straßenkarte 543

Rheinischer Hof
Kölner Str. 18 ✉ 41812 – ✆ (02431) 22 94 – www.hotelrheinischerhof.de
12 Zim – 79/99 € 95/125 € – 7 €
Ein Traditionshaus a. d. J. 1925, im Zentrum gelegen und nur 5 Gehminuten vom Bahnhof entfernt. Individuelle Zimmer mit klassischer Einrichtung und gutem Platzangebot.

ERKHEIM

Bayern – 2 960 Ew. – Höhe 595 m – Regionalatlas **64-J20**
Berlin 646 km – München 105 km – Kempten 55 km – Augsburg 78 km
Michelin Straßenkarte 546

Erkheimer Landhaus
Färberstr. 37 ✉ 87746 – ✆ (08336) 81 39 70 – www.erkheimer-landhaus.de
11 Zim – 49/65 € 69/85 € – ½ P
Erkheimer Landhaus – Siehe Restaurantauswahl
Diese gepflegte familiäre Adresse befindet sich in einer ruhigen Wohngegend, bietet aber dennoch eine gute Autobahnanbindung. Die Zimmer sind meist in frischem zeitgemäß-wohnlichem Stil eingerichtet, einige auch mit Bauernmöbeln, teilweise mit Balkon.

Erkheimer Landhaus – Hotel Erkheimer Landhaus
Färberstr. 37 ✉ 87746 – ✆ (08336) 81 39 70 – www.erkheimer-landhaus.de
– geschl. Oktober - April: Mittwoch - Donnerstag, Mai - September: Donnerstag
Menü 74 € – Karte 27/55 € – *(nur Abendessen, sonntags auch Mittagessen)*
Gerne kommen die Gäste zu Familie Wörle, um sich saisonal-internationale Speisen servieren zu lassen. Im Sommer sitzt man natürlich am liebsten auf der Terrasse zum Garten - hier wird auf dem großen "Smoker" gegrillt.

ERKRATH

Nordrhein-Westfalen – 43 640 Ew. – Höhe 60 m – Regionalatlas **26-C11**
Berlin 552 km – Düsseldorf 6 km – Wuppertal 26 km
Michelin Straßenkarte 543

In Erkrath-Hochdahl Ost: 3 km, jenseits der Autobahn

Wahnenmühle

Wahnenmühle 1 ✉ 40699 – ✆ (02104) 1 39 93 32 – www.wahnenmuehle.de – geschl. Weihnachten - Anfang Januar 2 Wochen, Juli - August 3 Wochen

4 Zim ☕ – 🕴110/140 € 🕴🕴130/170 €

Ein charmanter Ort auf einer großen Waldlichtung. Hier wohnt man individuell, die Namen der Zimmer (Städte und Regionen) machen Lust, gleich einzuziehen. Die Chefin kümmert sich persönlich um die Gäste, herzlich und familiär die Atmosphäre!

Hopmanns Olive

Ziegeleiweg 1 ✉ 40699 – ✆ (02104) 80 36 32 – www.hopmannsolive.de – geschl. 2. - 11. Februar und Dienstag - Mittwoch

Menü 28 € (mittags unter der Woche)/67 € – Karte 42/66 €

Direkt beim historischen Lokschuppen liegt das gemütliche Restaurant der Hopmanns - einladend das frische Olivgrün des Raumes, ebenso der Sommergarten! Chef Ingo kocht regional und mediterran, so z. B. "Lammrücken mit Kräuterkruste".

ERLABRUNN – Bayern ➜ Siehe Würzburg

ERLANGEN

Bayern – 105 420 Ew. – Höhe 280 m – Regionalatlas **50-K16**

Berlin 444 km – München 191 km – Nürnberg 19 km – Bamberg 40 km

Michelin Straßenkarte 546

Bayerischer Hof

Schuhstr. 31 ✉ 91052 – ✆ (09131) 78 50 – www.bayerischer-hof-erlangen.de Stadtplan : B2**q**

153 Zim ☕ – 🕴95/240 € 🕴🕴115/270 € – 6 Suiten – ½ P

Rosmarin – Siehe Restaurantauswahl

In dem freundlich geführten Stadthotel erwarten Sie komfortable Zimmer und ein Frühstücksraum mit schönem Kreuzgewölbe sowie das kleine Bistro "Ernesto", in dem Sie abends mediterrane und internationale Speisen bekommen.

Creativhotel Luise

Sophienstr. 10 ✉ 91052 – ✆ (09131) 12 20 – www.hotel-luise.de Stadtplan : B2**p**

95 Zim ☕ – 🕴99/119 € 🕴🕴119/139 € – 1 Suite

Ein Hotel auf Bio-Basis, in dem viele Zimmer nach Feng Shui gestaltet sind. Dazu ein schöner Saunabereich und ein gutes Frühstücksbuffet - hier natürlich auch Bioprodukte! Hübsche Fotografien und Kunst im Haus.

Quality Hotel

Bayreuther Str. 53 ✉ 91054 – ✆ (09131) 87 60 – www.quality-erlangen.de Stadtplan : A1**e**

117 Zim – 🕴69/145 € 🕴🕴75/180 € – ☕ 10 €

Das besonders auf Businessgäste und Tagungen ausgelegte Hotel bietet neuzeitlich und funktionell eingerichtete Zimmer - auch Maisonetten stehen zur Verfügung.

Altmann's Stube

Theaterplatz 9 ✉ 91054 – ✆ (09131) 8 91 60 – www.altmanns-stube.de – geschl. Januar 1 Woche, Ende August - Anfang September 2 Wochen Stadtplan : A1**v**

23 Zim ☕ – 🕴78/86 € 🕴🕴99/114 €

Altmann's Stube – Siehe Restaurantauswahl

In dem gepflegten, zeitgemäßen Hotel in der Altstadt kümmert sich Familie Altmann sehr freundlich um die Gäste. Im Haupthaus sind die Zimmer etwas kleiner und daher preisgünstiger, einige davon aber richtig schön modern und hochwertig.

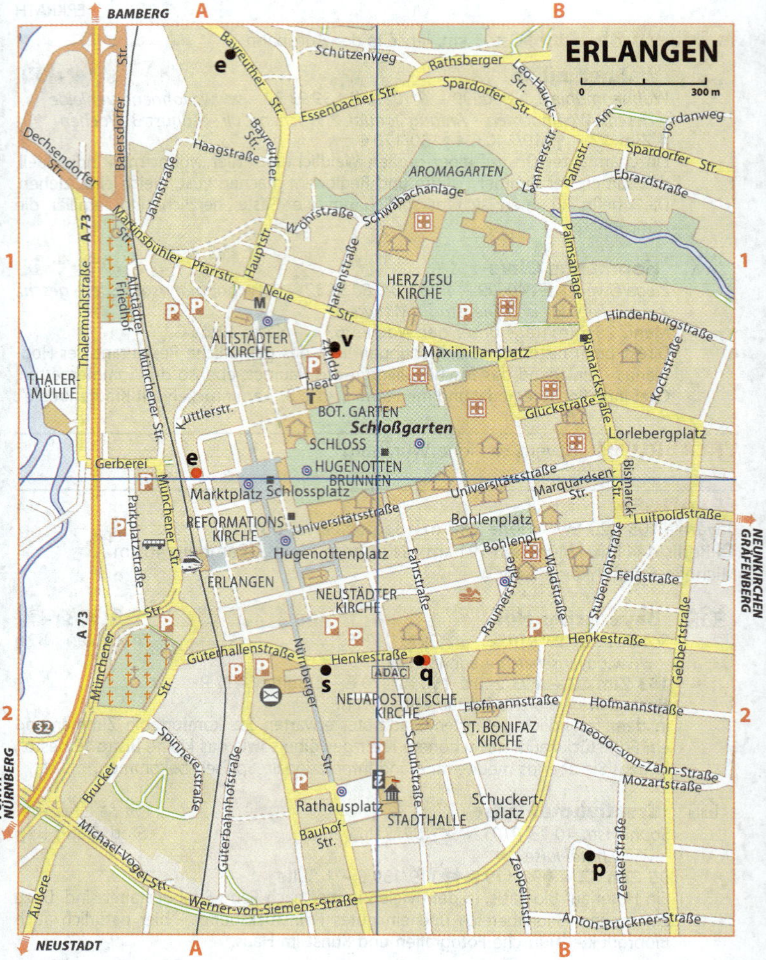

Altmann's Stube – Hotel Altmann's Stube

Theaterplatz 9 ✉ *91054* – ✆ *(09131) 8 91 60* Stadtplan : A1**v**
– www.altmanns-stube.de – geschl. Januar 1 Woche, Ende August - Anfang September 2 Wochen und Sonntag - Montag sowie an Feiertagen
Menü 38/64 € – Karte 31/50 €
Wer zum Essen zu Marco und Binia Altmann kommt, den erwartet gute internationale Küche mit regionalem Einfluss. Aus topfrischen Produkten wird z. B. "Kalbstafelspitz mit Wurzelgemüse, Meerrettichsauce und Bouillonkartoffeln" zubereitet.

Da Pippo

Paulistr. 12 ✉ *91054* – ✆ *(09131) 20 73 94* Stadtplan : A1**e**
– www.dapippo.net – geschl. 21. August - 5. September und Sonntag - Montag
Menü 52/65 € – *(nur Abendessen)*
Nur einen Steinwurf vom Bahnhof verbirgt sich hinter der unscheinbaren Fassade ein echtes Schmuckstück. Die Betreiber sind Gastgeber mit Leib und Seele - der Chef im Service, die Chefin am Herd. Aus sehr guten Produkten entstehen hier frische italienische Gerichte.

Rosmarin – Hotel Bayerischer Hof
Schuhstr. 31 ✉ 91052 – ✆ (09131) 78 50 Stadtplan : B2**q**
– www.bayerischer-hof-erlangen.de – geschl. Samstagmittag, Sonntag
Menü 32/85 € – Karte 33/52 €
Eine elegante Note und zum Namen passende Grüntöne bestimmen hier das Ambiente. Man serviert mediterran-internationale Gerichte wie "Spanferkelrücken, Morchelrahm, Spitzkohl / geschmortes Bäckchen, Kartoffelschaum, Linsen, Zuckerschoten", aber auch regionale Klassiker.

In Erlangen-Eltersdorf Süd: 5 km über Äußere Brucker Straße A2

Rotes Ross
Eltersdorfer Str. 15a ✉ 91058 – ✆ (09131) 69 08 10 – www.hotelrotesross.de – geschl. 20. Dezember - 7. Januar
22 Zim – 76/94 € 94/104 €
Bei Familie Bankel schläft man nicht nur gut in hellen, funktionalen Zimmern, man bekommt zum Frühstück auch frisch gebackene Brötchen aus der eigenen Backstube - dafür ist man bekannt! Zudem gibt es einen schönen Poolbereich, wo die Gäste im Sommer grillen können.

In Erlangen-Frauenaurach Süd-West: 5 km über A2

Schwarzer Adler
Herdegenplatz 1 ✉ 91056 – ✆ (09131) 99 20 51 – www.hotel-schwarzer-adler.de – geschl. 22. Dezember - 7. Januar
14 Zim – 77/92 € 105/115 €
Wirklich charmant ist das familiär geführte Fachwerkhaus von 1702 - behaglich die Zimmer, lauschig der Innenhof. Tipp: Buchen Sie Zimmer Nr. 32 unterm Dach - schön geräumig und mit Blick auf das Storchennest vis-à-vis! Mo. - Do. gibt's in der gemütlichen Weinstube am Abend Suppen, Salate, Käse...

In Erlangen-Kosbach West: 6 km über A2, Richtung Erlangen-West

Gasthaus Polster
Am Deckersweiher 26 ✉ 91056 – ✆ (09131) 7 55 40 – www.gasthaus-polster.de
13 Zim – 90 € 120/130 €
Polster Stube • ***Restaurant Polster*** – Siehe Restaurantauswahl
In einem kleinen Dorf finden Sie dieses gewachsene Gasthaus mit langer Familientradition. Die Zimmer sind hübsch und wohnlich eingerichtet, einige sind als Maisonetten angelegt.

Restaurant Polster – Hotel Gasthaus Polster
Am Deckersweiher 26 ✉ 91056 – ✆ (09131) 7 55 40 – www.gasthaus-polster.de
Menü 38/80 € – Karte 44/67 € – (Tischbestellung ratsam)
"Rinderfilet und Backerl an gebratenem Wurzelgemüse und Zwiebelravioli" oder "Steinbutt und Knurrhahn auf Safranrisotto und Knoblauchfond"? Beides sind schöne Beispiele für die ambitioniert-klassische Küche des eleganten Gourmetrestaurants.

Polster Stube – Hotel Gasthaus Polster
Am Deckersweiher 26 ✉ 91056 – ✆ (09131) 7 55 40 – www.gasthaus-polster.de
Karte 19/55 €
Das zweite Restaurant im Hause Polster ist diese nette holzgetäfelte Stube. Auf der Karte finden sich z. B. "Fränkische Festtagssuppe", "Backhendl an Petersilienkartoffeln" oder "Schweineschäufele in Kümmelsauce".

ERLENSEE

Hessen – 13 310 Ew. – Höhe 112 m – Regionalatlas **48-G14**
Berlin 525 km – Wiesbaden 65 km – Frankfurt am Main 26 km – Fulda 81 km
Michelin Straßenkarte 543

In Neuberg-Ravolzhausen Nord: 2 km

Bei den Tongruben

Im Unterfeld 19 ✉ 63543 – ✆ (06183) 2 04 00 – www.hotel-tongruben.de – geschl. 18. Dezember - 10. Januar

28 Zim – 95/105 € 110/135 €

Engagiert leitet Familie Kremhöller ihr Haus, es ist tipptopp gepflegt und durchweg liebevoll eingerichtet, zudem liegt es noch recht ruhig. Besonders hübsch: die Zimmer mit Dachschräge. Schön auch der Sauna- und Fitnessbereich. Und abends bietet man im Bistro "Gästetreff" kleine Snacks.

ERWITTE

Nordrhein-Westfalen – 15 670 Ew. – Höhe 100 m – Regionalatlas **27-F10**

Berlin 443 km – Düsseldorf 135 km – Arnsberg 39 km – Lippstadt 7 km

Michelin Straßenkarte 543

Schlosshotel

Schlossallee 14 ✉ 59597 – ✆ (02943) 9 76 00 – www.schlosshotel-erwitte.de

15 Zim – 85/89 € 115 € – 6 Suiten

Das schöne Wasserschloss im Stil der Weserrenaissance beherbergt recht individuell geschnittene wohnliche Gästezimmer und - im Gewölbekeller - ein hübsches Restaurant. Auch kulturelle Veranstaltungen kommen hier bei dem tollen Rahmen gut an.

Büker

Am Markt 14 ✉ 59597 – ✆ (02943) 23 36 – www.hotel-bueker.de

19 Zim – 56 € 81 € – 6 € – ½ P

Familie Wilmes ist schon seit 1657 hier im Haus und hat aus dem Gasthof von einst ein kleines Hotel mit sehr gepflegten Zimmern gemacht. Essen kann man natürlich auch: Die bürgerliche Küche passt zu den gemütlich-westfälischen Stuben. Für Gesellschaften hat man ebenfalls schöne Räume.

ESCHBORN – Hessen ➜ Siehe Frankfurt am Main

ESCHENBACH in der OBERPFALZ

Bayern – 3 880 Ew. – Höhe 440 m – Regionalatlas **51-M16**

Berlin 416 km – München 229 km – Regensburg 110 km – Bayreuth 59 km

Michelin Straßenkarte 546

Glutschaufel

Obersee 1 ✉ 92676 – ✆ (09645) 60 29 00 – www.glutschaufel.de

13 Zim – 78 € 112 € – 1 Suite – ½ P

Gabriela und Georg Weber setzen auf Ökologie - so kommen in dem modernen kleinen Hotel sogar Erdwärme und Photovoltaik zum Einsatz! Die Lage spricht für sich: außerhalb, waldnah, das Naturschutzgebiet "Großer Rußweiher" schließt sich direkt an!

ESCHENLOHE

Bayern – 1 550 Ew. – Höhe 640 m – Regionalatlas **65-L21**

Berlin 661 km – München 74 km – Garmisch-Partenkirchen 15 km – Weilheim 30 km

Michelin Straßenkarte 546

In Eschenlohe-Wengen Süd-Ost: 1 km

Alpenhotel Wengererhof

Wengen 1 ✉ 82438 – ✆ (08824) 9 20 30 – www.alpenhotel-wengererhof.de

23 Zim – 51/58 € 82/94 €

Das kann man schon als ländliche Idylle bezeichnen: ruhige Lage am Dorfrand, drum herum Wiesen und Wald, angrenzend der landwirtschaftliche Betrieb mit Schafen. Familie Mangold hat neben gepflegten Zimmern auch einen gemütlichen hellen Aufenthaltsraum mit Getränken und Kaffeemaschine für Sie.

ESENS

Niedersachsen – 7 230 Ew. – Höhe 3 m – Regionalatlas **7-D5**
Berlin 520 km – Hannover 261 km – Emden 72 km – Oldenburg 91 km
Michelin Straßenkarte 541

In Esens-Bensersiel Nord-West: 4 km

Benser Hof

Hauptstr. 9 ✉ 26427 – ✆ (04971) 9 27 40 – www.benserhof.de
19 Zim – 70/120 € 100/140 € – 2 Suiten – ½ P
Ein mit viel Glas und Stahl erbautes Hotel in halbrunder Form, in dem Sie sehr geräumige und freundliche Zimmer mit Balkon und Blick auf Hafen und Bense erwarten. Helles, im Bistrostil gehaltenes Restaurant mit Wintergarten.

Hörn van Diek

Lammertshörn 1 ✉ 26427 – ✆ (04971) 24 29 – www.dasnordseehotel.de – geschl. 19. Dezember - 28. Januar
23 Zim – 69/99 € 89/109 € – 6 Suiten – ½ P
Wenige Minuten entfernt von Strand und Hafen finden Sie dieses Hotel im Landhausstil mit Appartements, die über einen kleinen Küchen- und Wohnbereich verfügen.

Störtebeker

Am Wattenmeer 4 ✉ 26427 – ✆ (04971) 9 19 00 – www.bensersiel-stoertebeker.de – geschl. 4. Januar - 5. Februar
32 Zim – 42/45 € 68/90 €
Das gut geführte Haus mit persönlich-familiärer Atmosphäre bietet gepflegte und funktionelle Zimmer, überwiegend mit Korkfußboden, sowie einen schönen Garten mit Ruhezone.

ESPELKAMP

Nordrhein-Westfalen – 24 610 Ew. – Höhe 50 m – Regionalatlas **17-F8**
Berlin 375 km – Düsseldorf 223 km – Bielefeld 52 km – Bremen 99 km
Michelin Straßenkarte 543

Mittwald

Ostlandstr. 23 ✉ 32339 – ✆ (05772) 9 77 80 – www.mittwaldhotel.de
44 Zim – 74/86 € 99/120 € – ½ P
Das Hotel mit den unterschiedlichen, funktionell ausgestatteten Gästezimmern ist eine tipptopp gepflegte Adresse, die von der Familie seit vielen Jahren gut geführt wird.

ESSEL

– Niedersachsen → Siehe Schwarmstedt

ESSEN

Nordrhein-Westfalen – 566 870 Ew. – Höhe 76 m – Regionalatlas **26-C11**
▶ Berlin 528 km – Düsseldorf 37 km – Amsterdam 204 km – Arnhem 108 km
Michelin Straßenkarte 543

JuNi Art/Westend61 / Photononstop

Essener Hof

Am Handelshof 5 ✉ 45127 – ✆ (0201) 2 42 50 Stadtplan : C2**c**
– www.essener-hof.com – geschl. 24. Dezember - 2. Januar
120 Zim – 65/165 € 80/255 € – 15 € – 4 Suiten – ½ P
Im ältesten Hotel Essens wird immer wieder renoviert und verbessert. So hat man gut ausgestattete Zimmer unterschiedlicher Größe, darunter die interessanten Wellnesszimmer mit Dampfdusche. Freundlich das Restaurant in nordischem Weiß-Blau. Praktisch: zentrale Lage und Parkhaus direkt nebenan!

La Grappa

Rellinghauser Str. 4 ✉ 45128 – ✆ (0201) 23 17 66 Stadtplan : C2**v**
– www.la-grappa.de – geschl. Samstagmittag, Sonntag
Menü 52 € (mittags)/255 € – Karte 47/84 € – (Tischbestellung ratsam)
Dass Rino Frattesi in seinem liebenswert dekorierten Restaurant zahlreiche Stammgäste hat, liegt in erster Linie an der klassisch italienischen Küche, aber auch die schöne Weinkarte und nicht zuletzt rund 1200 Grappas sind verlockend!

In Essen-Bredeney Süd: 6 km über Alfredstraße B3

Parkhaus Hügel

Freiherr-vom-Stein-Str. 209 ✉ 45133 – ✆ (0201) 47 10 91
– www.parkhaus-huegel.de – geschl. 27. Dezember - 3. Januar
13 Zim – 70/95 € 90/130 € – 13 €
Menü 45/75 € – Karte 37/54 € – *(Montag - Freitag nur Abendessen)*
Im Stammsitz der Familie Krupp, direkt gegenüber dem Baldeneysee, erwarten Sie ein gepflegtes kleines Hotel und zahlreiche Veranstaltungsmöglichkeiten, aber auch - und vor allem - ein Restaurant mit ambitionierter Küche: frisch, geschmackvoll und saisonal. Unter der Woche nachmittags Kaffeeservice.

In Essen-Burgaltendorf Süd-Ost: 12 km, über Ruhrallee B3

Mintrops Land Hotel Burgaltendorf

Schwarzensteinweg 81 ✉ 45289 – ✆ (0201) 57 17 10
– www.mintrops.mm-hotels.de
52 Zim – 55/140 € 77/165 € – 12 € – ½ P
Wer es gerne individuell hat, wird dieses Hotel mögen: Zimmer von "Refugium" über "Himmelsstürmergalerie" bis "Landhauszimmer", dazu farbenfrohe moderne Kunst, ein schöner Garten mit diversen Freizeitmöglichkeiten und das frische, helle und zeitgemäße Restaurant Mumm.

In Essen-Horst Ost: 3 km über Steeler Straße D2

XX **Hannappel**

Dahlhauser Str. 173 ✉ 45279 – ✆ (0201) 53 45 06 – www.restaurant-hannappel.de – geschl. Juli - August 3 Wochen und Dienstag

Menü 36 € (vegetarisch)/85 € – Karte 44/65 € – *(nur Abendessen, sonntags auch Mittagessen)*

Gute Produkte und Können - auf dieser Grundlage sorgt Knut Hannappel für eine schmackhafte Küche, die er immer wieder mit modernen Elementen spickt. Das Restaurant ist elegant, der Service freundlich und aufmerksam.

In Essen-Katernberg Nord-Ost: 6 km über Stoppenberger Straße C1, Richtung Gelsenkirchen

X **Casino Zollverein**

Gelsenkirchener Str. 181, über Bullmannaue ✉ 45309 – ✆ (0201) 83 02 40 – www.casino-zollverein.de – geschl. 27. Dezember - 11. Januar und Montag

Menü 36/69 € – Karte 36/63 €

Die Industriearchitektur hier wird Sie sicher beeindrucken: In der Kompressorenhalle der Zeche Zollverein - Weltkulturerbe der UNESCO - sitzt man unter massiven Stahlbetonträgern, während man sich regional und mediterran beeinflusste Küche schmecken lässt.

In Essen-Kettwig Süd-West: 11 km über Alfredstraße B3

Schloss Hugenpoet

August-Thyssen-Str. 51, West: 2,5 km ✉ 45219 – ✆ (02054) 1 20 40 – www.hugenpoet.de

37 Zim – †175/210 € ††225/240 € – ☕ 25 €

HUGENpöttchen – Siehe Restaurantauswahl

Reichlich Kunst und antike Möbel, alte Fliesen und schöne Holzböden, dazu ein mächtiges Granittor in der großen Halle... das herrschaftliche Anwesen a. d. 17. Jh. ist wirklich sehenswert mit seinem historischen Charme. Die neueren Zimmer sind ansprechend modern.

Landhaus Knappmann

Ringstr. 198 ✉ 45219 – ✆ (02054) 78 09 – www.hotel-knappmann.de – geschl. 23. Dezember - 4. Januar

18 Zim ☕ – †89 € ††119 € – 2 Suiten

Wer bei Familie Knappmann wohnt, freut sich über schön großzügige Zimmer, teilweise mit Marmorbad und Whirlwanne. Tipp: Besonderen Charme haben die beiden "Landhäuschen-Suiten" mit eigenem Garten! Und auch gastronomisch geht's gemütlich zu, und zwar im Brauhaus mit uriger Kulisse und bürgerlicher Küche.

Sengelmannshof

Sengelmannsweg 35 ✉ 45219 – ✆ (02054) 9 59 70 – www.sengelmannshof.de

27 Zim ☕ – †76/98 € ††98/125 € – ½ P

Sie können sicher sein, dies ist eine wirklich gepflegte Adresse! Dass die Gäste hier gerne buchen, liegt an den guten, funktionalen Zimmern (darunter ein Hochzeitszimmer) und an den gemütlich-rustikalen Restaurantstuben in dem Gasthaus von 1817 - aber natürlich auch an der schönen Lage im Grünen!

XXX **Résidence** (Berthold Bühler)

✿✿

Auf der Forst 1 ✉ 45219 – ✆ (02054) 9 55 90 – www.hotel-residence.de – geschl. Anfang Januar 1 Woche, Juli - August 3 Wochen und Sonntag - Montag

17 Zim – †98/138 € ††128/198 € – ☕ 18 € – 1 Suite

Menü 105/148 € – Karte 80/113 € – *(nur Abendessen)* (Tischbestellung ratsam)

Über 30 Jahre in kulinarischer Mission im Herzen des Ruhrgebiets! Mit ungebrochenem Engagement sorgt Berthold Bühler in dem schönen Restaurant für feine, überwiegend klassische Küche mit persönlicher Note, kreativen Ideen und ausgesuchten Produkten. Der Service: wie ein Schweizer Uhrwerk, nur viel charmanter!

➜ Huchen mit Kapuziner Knolle, Ringelbete und Rose. Wildschweinfilet mit Rübstiel und violetter Senfsoße. Schnitte von der Karamellschokolade und Kardamom mit Rhabarber.

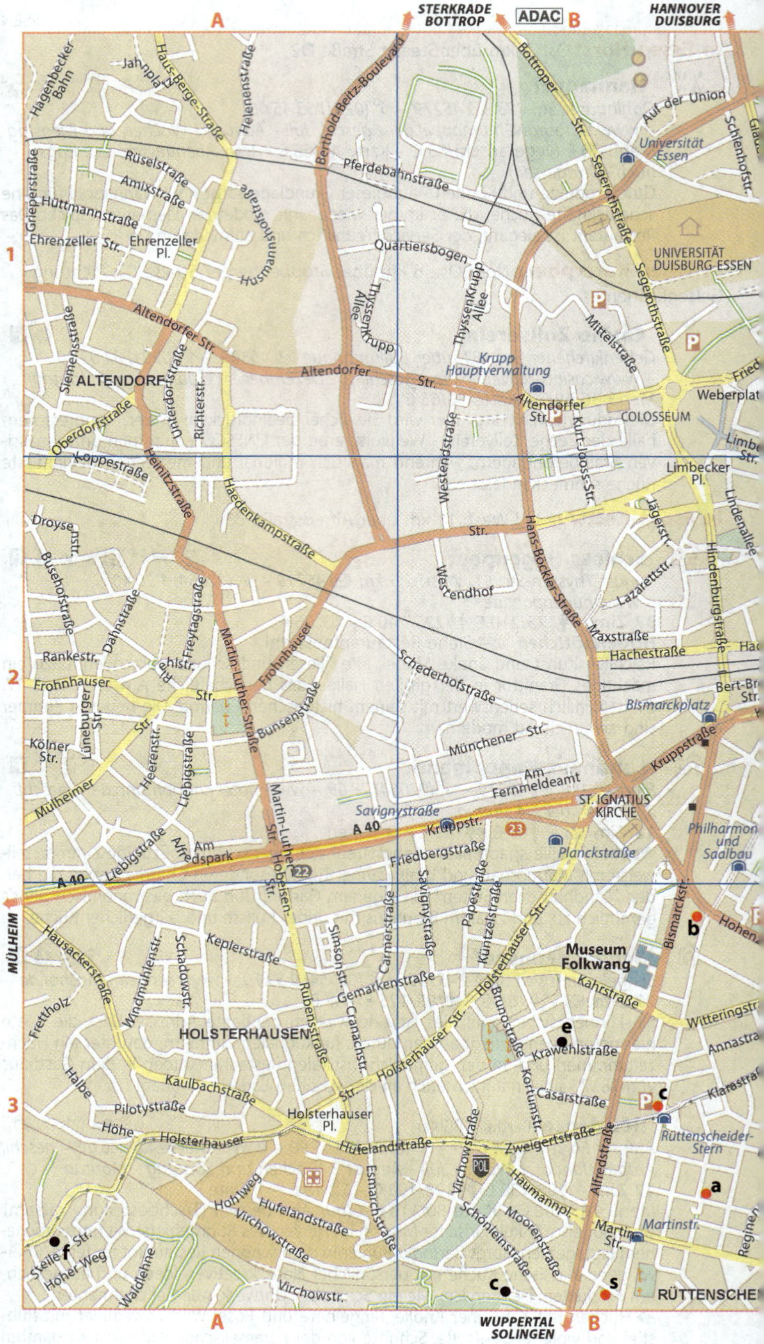

A
B
1
2
3
STERKRADE BOTTROP
ADAC
HANNOVER DUISBURG
MÜLHEIM
WUPPERTAL SOLINGEN
Hagenbecker Bahn
Jahnplatz
Haus-Berge-Straße
Helenenstraße
Berthold-Beitz-Boulevard
Bottroper Str.
Auf der Union
Schlenhofstr.
Universität Essen
UNIVERSITÄT DUISBURG-ESSEN
Grieperstraße
Rüselstraße
Amixstraße
Hüttmannstraße
Ehrenzeller Str.
Ehrenzeller Pl.
Husmannshofstraße
Pferdebahnstraße
Quartiersbogen
ThyssenKrupp Allee
Segerothstraße
Mittelstraße
Altendorfer Str.
Siemensstraße
ALTENDORF
Unterdorfstraße
Richterstr.
Krupp Hauptverwaltung
Westendstraße
Kurt-Jooss-Str.
COLOSSEUM
Weberplatz
Limbecker Str.
Limbecker Pl.
Lindenallee
Oberdorfstraße
Koppestraße
Heinitzstraße
Haedenkampstraße
Hans-Böckler-Straße
Jägerstr.
Lazarettstr.
Hindenburgstraße
Droysenstr.
Busehofstraße
Dahnstraße
Freytagstraße
Westendhof
Maxstraße
Hachestraße
Rankestr.
Riehlstr.
Frohnhauser Str.
Martin-Luther-Straße
Schederhofstraße
Bert-Brecht-Str.
Bismarckplatz
Kölner Str.
Lüneburger Str.
Heerenstr.
Liebigstraße
Bunsenstraße
Münchener Str.
Kruppstraße
Mülheimer Str.
Am Fernmeldeamt
ST. IGNATIUS KIRCHE
Savignystraße
A 40
Kruppstr.
23
Planckstraße
Philharmonie und Saalbau
Alfredspark
Am Alfredspark
Martin-Luther-Str.
Hobeisenstr.
22
Friedbergstraße
Savignystraße
Papestraße
Küntzelstraße
Holsterhauser Str.
Hausackerstraße
Windmühlenstr.
Schadowstr.
Keplerstraße
Simsonstr.
Carmerstraße
Museum Folkwang
Bismarckstr.
Hohenzollernstr.
Kahrstraße
Witteringstraße
Annastraße
Frettholz
HOLSTERHAUSEN
Rubensstraße
Cranachstr.
Gemarkenstraße
Brunostraße
Krawehlstraße
Halbe
Kaulbachstraße
Cäsarstraße
Klarastraße
Pilotystraße
Holsterhauser Pl.
Kortumstr.
Rüttenscheider-Stern
Höhe
Holsterhauser
Hufelandstraße
Virchowstraße
Zweigertstraße
Alfredstraße
Hohlweg
Hufelandstraße
Esmarchstraße
Haumannpl.
Moorenstraße
Martinstr.
Martin-Str.
Steile Str.
Hoher Weg
Waldlehne
Virchowstraße
Schönleinstraße
Virchowstr.
RÜTTENSCHEID
a
b
c
e
f
s

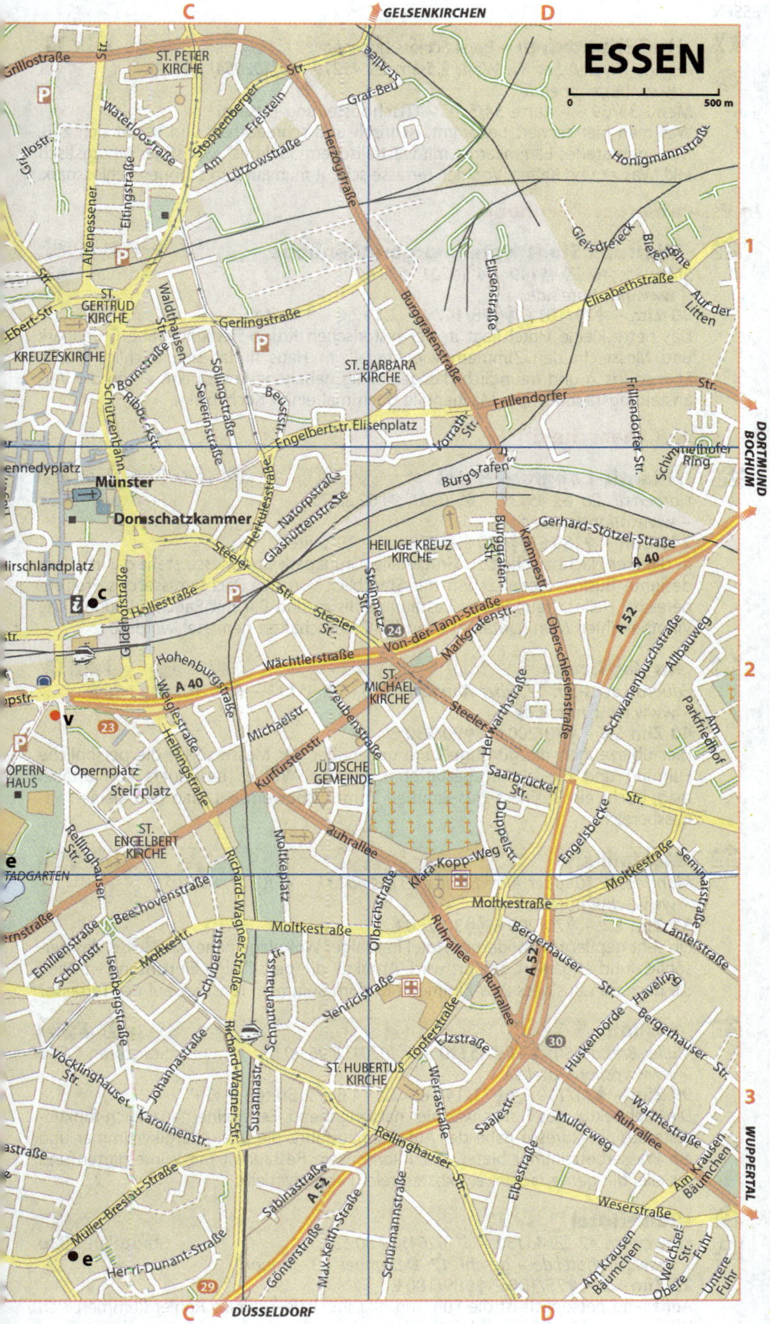
ESSEN
0
500 m
C
D
GELSENKIRCHEN
DÜSSELDORF
DORTMUND BOCHUM
WUPPERTAL
1
2
3
Grillostraße
Grillostr.
ST. PETER KIRCHE
Waterloostraße
Altenessener Str.
Eltingstraße
Steppenberger
Am Freistein
Lützowstraße
Herzogstraße
Graf-Beust-Allee
Honigmannstraße
Gleisdreieck
Bielefeldhöhe
Auf der Litten
Elisabethstraße
Elisenstraße
Burggrafenstraße
ST. GERTRUD KIRCHE
Ebert-Str.
KREUZESKIRCHE
Gerlingstraße
Waldthausen Str.
Bornstraße
Ribbeckstr.
Schützenbahn
Söllingstraße
Severinstraße
Beuststr.
ST. BARBARA KIRCHE
Frillendorfer Str.
Frillendorfer Str.
Schinkelhofer Ring
Engelbertstr.
Elisenplatz
Vorrath Str.
Burggrafen
Kennedyplatz
Münster
Domschatzkammer
Herkulesstraße
Natorpstraße
Glashüttenstraße
Gerhard-Stötzel-Straße
Burggrafen-Str.
Krampestr.
HEILIGE KREUZ KIRCHE
A 40
A 52
Hirschlandplatz
Gildehofstraße
Hollestraße
Steeler Str.
Steinmetzstr.
Von-der-Tann-Straße
Markgrafenstr.
Oberschlesienstraße
Schwanenbuschstraße
Allbauweg
Am Parkfriedhof
Hohenburgstraße
Wächtlerstraße
ST. MICHAEL KIRCHE
Herwarthstraße
Weiglestraße
Helbingstraße
Michaelstr.
Kurfürstenstr.
Steubenstraße
JÜDISCHE GEMEINDE
Saarbrücker Str.
OPERN HAUS
Opernplatz
Steinplatz
Düppelstr.
Engelsbecke
ST. ENGELBERT KIRCHE
Rellinghauser Str.
Moltkeplatz
Ruhrallee
Klara-Kopp-Weg
Moltkestraße
Seminarstraße
STADTGARTEN
Beethovenstraße
Richard-Wagner-Straße
Olbrichstraße
Emilienstraße
Schornstr.
Moltkestr.
Schubertstr.
Bergerhauser Str.
Lanterstraße
Isenbergstraße
Schnutenhausstr.
Henricistraße
Töpferstraße
Huskenborde
Havelring
Vöcklinghauser Str.
Johannastraße
Richard-Wagner-Str.
Susannastr.
ST. HUBERTUS KIRCHE
Werrastraße
Saalestr.
Muldeweg
Warthestraße
Karolinenstr.
Rellinghauser Str.
Elbestraße
Am Krausen Bäumchen
Müller-Breslau-Straße
Sabinastraße
Max-Keith-Straße
Schürmannstraße
Weserstraße
Henri-Dunant-Straße
Gönterstraße
Weichsel-Str.
Obere Fuhr
Untere Fuhr
23
24
29
30
c
e
v

HUGENpöttchen – Hotel Schloss Hugenpoet
August-Thyssen-Str. 51, West: 2,5 km ✉ 45219 – ✆ (02054) 1 20 40 – www.hugenpoet.de
Menü 33/69 € – Karte 34/54 € – (Tischbestellung ratsam)
Was man hier serviert bekommt, ist frisch und schmackhaft und nennt sich z. B. "rosa gebratenes Lammkarree mit westfälischem Stielmus". Günstiger Mittagstisch inkl. Wasser und Kaffee. Von der Terrasse schaut man auf den schönen Schlosspark.

In Essen-Margarethenhöhe

Mintrops Stadt Hotel Margarethenhöhe
Steile Str. 46 ✉ 45149 – ✆ (0201) 4 38 60 – www.mmhotels.de Stadtplan : A3**f**
30 Zim – †71/101 € ††98/147 € – ☕ 12 € – 1 Suite
Das nette kleine Hotel liegt in der historischen Krupp-Siedlung nahe Grugapark und Messe. In den Zimmern wie überall im Haus findet sich reichlich Kunst. Ebenso frisch und freundlich das geradlinig gehaltene Restaurant, schön die Veranstaltungsräume. Tipp: Machen Sie doch mal einen Kochkurs!

In Essen-Rüttenscheid

Atlantic Congress Hotel
Norbertstr. 2a ✉ 45131 – ✆ (0201) 94 62 88 20 – www.atlantic-essen.de Stadtplan : B3**c**
248 Zim – †159 € ††179 € – ☕ 24 € – 19 Suiten
In direkter Nachbarschaft zu Grugahalle, Grugapark und Messe steht das modern designte Businesshotel. Schön der Stadtblick von der Dachterrasse des Freizeitbereichs! Helles, freundliches Restaurant, Bistro und Bar mit Raucher-Lounge. Die Vinothek (hier Wein-Raritäten) kann für Gesellschaften gemietet werden.

An der Gruga
Eduard-Lucas-Str. 17, über Alfredstraße B3 ✉ 45131 – ✆ (0201) 84 11 80 – www.wbw-hotels.de
40 Zim ☕ – †70/200 € ††90/230 €
Hier überzeugen die günstige Lage gegenüber der Messe sowie die persönliche Führung und die gut ausgestatteten Zimmer. Wer es besonders komfortabel mag, bucht ein Business-Plus-Zimmer! Zum Auspowern hat man den kleinen Fitnessbereich.

Maximilians
Manfredstr. 10, über Alfredstraße B3 ✉ 45131 – ✆ (0201) 45 01 70 – www.wbw-hotels.de
31 Zim ☕ – †70/200 € ††90/230 €
Ein sehr gepflegtes, modernes Hotel in ruhiger Wohnlage nahe der Messe, das persönlich und engagiert geführt wird. Attraktiv die geradlinige Einrichtung - fragen Sie nach den Business-Plus-Zimmern! Und im Sommer Frühstück auf der Terrasse?

Ypsilon
Müller-Breslau-Str. 18 ✉ 45130 – ✆ (0201) 8 96 90 – www.ypsilon-hotel.de Stadtplan : C3**e**
99 Zim – †71/119 € ††71/140 € – ☕ 14 € – 2 Suiten – ½ P
Die Architektur des Hotels war hier namengebend. Es ist eine neuzeitlich-funktionelle Businessadresse nahe der Autobahnausfahrt, die u. a. Allergikerzimmer und ein Wasserbettzimmer bietet. Dazu kommt ein Restaurant mit Wintergarten und für alle, die gerne radeln, ein kostenfreier Fahrradverleih.

Ruhr-Hotel
Krawehlstr. 42 ✉ 45130 – ✆ (0201) 77 80 53 – www.ruhrhotel.de – geschl. 17. Dezember - 3. Januar Stadtplan : B3**e**
29 Zim ☕ – †75/130 € ††89/180 €
Auffallend persönlich ist die Führung hier im Haus - Familie Köhler kümmert sich herzlich um ihre Gäste und sorgt dafür, dass alles gepflegt ist. Für schöne Sommertage gibt es eine nette kleine Terrasse, auf der man auch frühstücken kann.

Schote (Nelson Müller)
Emmastr. 25 ✉ 45130 – ✆ (0201) 78 01 07 Stadtplan : B3**a**
– www.restaurant-schote.de – geschl. Anfang Januar 1 Woche, Mitte Juli - Mitte August und Sonntag - Montag
Menü 84/124 € – *(nur Abendessen)*
"Culture", "Roots" oder lieber "no meat, no fish"? Die Menüs von Nelson Müller sind modern, klassisch in der Zubereitung und werden sehr schön präsentiert. Das Restaurant selbst ist gemütlich-elegant, der Service geschult und herzlich.
➜ Cannelloni von Morchel und Lauch im Mangoldblatt. Gebratene Jakobsmuschel mit Erbsenallerlei und Chorizo. Zweierlei vom Rind mit glasiertem Wurzelgemüse und Ochsenschwanzravioli.

BISTECCA
Rüttenscheiderstr. 2, im Glückaufhaus ✉ 45128 Stadtplan : B3**b**
– ✆ (0201) 74 71 69 31 – www.bistecca-grillroom.de – geschl. Samstagmittag, Sonntag sowie an Feiertagen mittags
Karte 46/111 €
Lust auf ein schön gegrilltes Steak? Hier gibt es neben Fleisch aber auch fangfrischen Fisch als Tagesempfehlung! Und auf der Weinkarte mit über 450 Positionen findet sich so manch großer Name. Auch die schicke moderne Einrichtung kommt an.

Rotisserie du Sommelier
Wegenerstr. 3 ✉ 45131 – ✆ (0201) 9 59 69 30 Stadtplan : B3**s**
– www.rotisserie-ruettenscheid.de – geschl. Sonntag - Montag
Menü 45/69 € – Karte 36/61 € – (Tischbestellung ratsam)
Wer in Essen französisches Flair sucht, ist in diesem Bistro in der Fußgängerzone genau richtig. Was der Inhaber in seiner kleinen Küche zubereitet, ist frisch und schmeckt richtig gut. Wie wär's z. B. mit "Pariser Rinderragout mit Waldpilz-Sauté"? Und probieren Sie unbedingt den warmen Schokoladenkuchen!

ESSEN, BAD

Niedersachsen – 15 020 Ew. – Höhe 62 m – Regionalatlas **17-F8**
Berlin 396 km – Hannover 133 km – Bielefeld 71 km – Osnabrück 24 km
Michelin Straßenkarte 541

Höger's Hotel
Kirchplatz 25, Zufahrt über Nikolaistr. 11 ✉ 49152 – ✆ (05472) 9 46 40 – www.hoegers.de
26 Zim – 65/85 € 100/115 € – 1 Suite – ½ P
Eines vorneweg: Wohnlich sind die Zimmer alle, denn die beiden Gastgeberinnen haben ein Händchen für geschmackvolle Einrichtung. Besonders chic ist das Design in dem sanierten alten Fachwerkhaus und dem modernen Anbau. Ebenso hübsch die Lounge. Veranda zum Marktplatz, Terrasse unter Buchen. Eigene Konditorei.

Landhotel Buchenhof
Bergstr. 22 ✉ 49152 – ✆ (05472) 93 90 – www.landhotel-buchenhof.de
26 Zim – 70/120 € 105/160 €
Das schöne Anwesen versprüht mit seinen verschiedenen Fachwerkbauernhäusern (eines von 1703) außen wie innen ländlichen Charme. Es gibt auch Maisonetten. Dazu die hübsche Gartenanlage.

ESSLINGEN am NECKAR

Baden-Württemberg – 89 250 Ew. – Höhe 401 m – Regionalatlas **55-G18**
Berlin 641 km – Stuttgart 17 km – Reutlingen 40 km – Ulm (Donau) 80 km
Michelin Straßenkarte 545

Park Consul
Grabbrunnenstr. 19 ✉ 73728 – ✆ (0711) 41 11 10 – www.pcesslingen.consul-hotels.com
150 Zim – 141/165 € 151/175 € – 16 € – 3 Suiten – ½ P
In dem modernen Businesshotel sticht gleich die luftig-lichte Atriumhalle mit Bar und Lounge ins Auge. Gut ausgestattet sind die Zimmer alle, ein paar Extras und die ruhigere Lage zum "Neckar Forum" bietet die "Executive"-Kategorie. Besonderheit im Restaurant ist das "Wein Forum" regionaler Winzer (Degustation und Kauf möglich). Nicht zu vergessen: die Dachterrasse!

Am Schillerpark

Neckarstr. 60 ✉ 73728 – ✆ (0711) 93 13 30 – www.hotel-am-schillerpark.de
51 Zim – 101/119 € 119/129 € – ½ P
In dem zentrumsnah gelegenen Hotel stehen zeitgemäß-funktionelle Zimmer und ein heller Frühstücksraum mit Gartenterrasse bereit. Die hübschen Maisonetten sind ideal für Familien. Im eleganten Restaurant und auf der mediterranen Terrasse kredenzt man italienische Küche.

Rosenau

Plochinger Str. 65 ✉ 73730 – ✆ (0711) 31 54 56 0 – www.hotel-rosenau.de
57 Zim – 85/169 € 109/189 €
Ein gut geführtes Hotel, in dem immer wieder renoviert und verbessert wird. Einige Zimmer liegen zur Sonnenseite, zu heiß wird's hier dank Klimaanlage dennoch nicht. Toll die Steinskulpturen der Chefin! Am Abend gibt es in der Bar eine kleine Vesperkarte. Schöne begrünte Sonnenterrasse.

Reichsstadt

Rathausplatz 5 ✉ 73728 – ✆ (0711) 35 36 20 – www.ristorante-reichsstadt.de – geschl. Sonntag - Montag
Menü 46/62 € – Karte 37/57 €
Gastgeber Salvatore Marrazzo liebt Kunst und gutes Essen - an beidem lässt er Sie in dem historischen Stadthaus a. d. 15. Jh. teilhaben. Zur italienischen Küche gibt's natürlich Wein aus Italien, aber auch deutsche Rieslinge. Wer lieber draußen sitzt, schaut aufs alte Rathaus direkt gegenüber.

Posthörnle

Pliensaustr. 56 ✉ 73728 – ✆ (0711) 50 62 91 31 – www.posthoernle.de – geschl. Mai - August: Montag - Dienstag, September - April: Montag
Menü 15 € (mittags unter der Woche)/52 € – Karte 26/52 € – *(Dienstag - Donnerstag nur Abendessen, Mai - August: Mittwoch - Donnerstag nur Abendessen)*
Sympathisch-leger ist das Gasthaus in der Fußgängerzone schon von außen, drinnen sitzt man in einem netten hellen Raum mit blanken Holztischen und umlaufender Sitzbank. Die Küche ist saisonal-international, beliebt das günstige Mittagsmenü.

ETTENHEIM

Baden-Württemberg – 12 390 Ew. – Höhe 193 m – Regionalatlas **53**-D20
Berlin 779 km – Stuttgart 174 km – Freiburg im Breisgau 42 km – Strasbourg 53 km
Michelin Straßenkarte 545

Weber

Im Offental 1 ✉ 77955 – ✆ (07822) 8 94 80 – www.weingut-weber.de – geschl. Februar 2 Wochen, Juni - Juli 10 Tage, November 1 Woche und Montag - Dienstag
Menü 25 € (vegetarisch)/75 € – Karte 21/62 €
Auf dem Weingut der Webers leiten Tochter Stefanie und Lebensgefährte Matthias Fährmann die Küche. Ihre breites Angebot reicht von Vespergerichten über Flammkuchen bis hin zu schmackhaften regionalen Speisen wie "Rinderschmorbraten mit buntem Gemüse und feinen Nudeln". Dazu gibt's natürlich die guten hauseigenen Weine (Schwerpunkt Burgunder), für die der Bruder verantwortlich ist.

ETTLINGEN

Baden-Württemberg – 38 820 Ew. – Höhe 133 m – Regionalatlas **54**-F18
Berlin 678 km – Stuttgart 79 km – Karlsruhe 10 km – Baden-Baden 36 km
Michelin Straßenkarte 545

Erbprinz

Rheinstr. 1 ✉ 76275 – ✆ (07243) 32 20 – www.erbprinz.de
116 Zim – 140/205 € 185/255 € – 6 Suiten
Erbprinz ✿ • ***Weinstube Sibylla*** – Siehe Restaurantauswahl
Die Einrichtung in diesem gewachsenen Hotel mit Ursprung im Jahre 1780 reicht von klassisch-gediegen im Stammhaus bis hin zu modern-elegant in den Neubauten. Ebenso attraktiv ist der Spabereich.

Watthalden

Pforzheimer Str. 67a ✉ 76275 – ✆ (07243) 71 40 – www.hotel-watthalden.de
83 Zim ☕ – 🚹84/114 € 🚹🚹104/134 € – ½ P
Hartmaier's Villa – Siehe Restaurantauswahl
Das neben einem kleinen Park gelegene Hotel ist vor allem auf Tagungen und Geschäftsreisende ausgelegt und hat moderne Gästezimmer zu bieten. Außerdem gibt es hier "Watt's Brasserie", einen Biergarten und eine Cocktailbar.

Ibis Styles

Karlsruher Str. 13 ✉ 76275 – ✆ (07243) 7 25 10 – www.ibisstyles.com
102 Zim ☕ – 🚹69/125 € 🚹🚹89/145 €
Überall klares modernes Design mit frischen Farbakzenten in Rot und Grün, alles schön hell und freundlich: Lobby mit Bar und Lounge, "Game-Room" mit Kicker und Playstation, die funktionalen Zimmer. Frühstück auf der kleinen Terrasse?

Stadthotel Engel

Kronenstr. 13 ✉ 76275 – ✆ (07243) 33 00 – www.stadthotel-engel.de – geschl. 24. Dezember - 11. Januar
90 Zim ☕ – 🚹85/110 € 🚹🚹110/140 €
Das Hotel liegt in der Altstadt und verfügt über zeitgemäße Zimmer, die farblich teilweise recht lebendig gestaltet sind. In der Lobby hat man einen netten Barbereich und unterm Dach eine hübsche Sauna nebst Dampfbad.

Erbprinz – Hotel Erbprinz

Rheinstr. 1 ✉ 76275 – ✆ (07243) 32 20 – www.erbprinz.de – geschl. 10. - 26. Januar, 15. - 31. Mai, 21. - 30. August und Sonntag - Montag sowie an Feiertagen
Menü 95/125 € – Karte 88/103 € – *(nur Abendessen)*
Edel das helle, elegante Interieur samt dekorativer Bilder an weiß getäfelten Wänden, ebenso schön die Plätze im Freien. Auf dem Teller klassische Speisen, aus sehr guten Produkten handwerklich exakt und mit viel Geschmack zubereitet.
➜ Salat von Hummer, Erbse und Minze mit Buttermilch-Mangolassi. Taubenbrust mit cremigem Artischocken-Bomba-Reis, Portweinfeige und Pistazienöl. Marinierte Erdbeeren mit kandierten Oliven und Vanilleöl, Basilikumeis.

Hartmaier's Villa – Hotel Watthalden

Pforzheimer Str. 67 ✉ 76275 – ✆ (07243) 76 17 20 – www.hartmaiers.de
Menü 30/61 € – Karte 40/66 €
In der schönen Villa Watthalden von 1818 speist man in hübschen modernen Räumen, mal elegant, mal legerer. Die Karte ist überall gleich - hier liest man z. B. "Kalbsrückensteak in Morchelsauce mit Frühlingsgemüse und Spätzle vom Brett".

Weinstube Sibylla – Hotel Erbprinz

Rheinstr. 1 ✉ 76275 – ✆ (07243) 32 20 – www.erbprinz.de
Menü 35 € – Karte 35/54 €
Hier lassen einen schöner alter Holzfußboden, getäfelte Wände und hübsche Deko die Tradition des Hauses spüren. Auf den wertig eingedeckten Tisch kommen z. B. "geschmorte Kalbsbäckchen mit Rahmkohlrabi und hausgemachten Nudeln".

An der Autobahn A 5 Nord-West: 2 km, Ausfahrt Karlsruhe-Süd

Radisson BLU

Am Hardtwald 10, Industriegebiet ✉ 76275 Ettlingen – ✆ (07243) 38 00 – www.radissonblu.com/hotel-karlsruhe
195 Zim – 🚹89/198 € 🚹🚹89/198 € – ☕ 19 € – 4 Suiten
Neben der Lage an der Autobahnausfahrt überzeugen hier großzügige öffentliche Bereiche, gute Tagungsmöglichkeiten in 19 verschiedenen Räumen sowie zeitgemäße Zimmer.

EUSKIRCHEN

Nordrhein-Westfalen – 55 560 Ew. – Höhe 160 m – Regionalatlas **35-B13**
Berlin 611 km – Düsseldorf 78 km – Bonn 32 km – Aachen 87 km
Michelin Straßenkarte 543

Ameron Parkhotel

Alleestr. 1 ✉ 53879 – ✆ (02251) 77 50 – www.ameron-parkhotel-euskirchen.de
92 Zim – 89/159 € 104/174 € – 2 Suiten – ½ P
Cantinetta – Siehe Restaurantauswahl
Mit zeitlosem hochwertigem Design und guter Technik sowie einem ansprechenden Freizeitbereich überzeugt das Businesshotel ebenso wie mit seiner zentralen Lage gegenüber dem Bahnhof und der Nähe zum Nationalpark Nordeifel.

Stadtwald Vinum

Münstereifeler Str. 148 ✉ 53879 – ✆ (02251) 6 33 13 – www.stadtwaldvinum.de – geschl. Samstagmittag und Montag, außer an Feiertagen
Menü 36/68 € – Karte 34/65 € – (Tischbestellung ratsam)
Schon von außen versprüht das Haus von Franz-Heinz und Christiane Pauli südländisches Flair, drinnen dann ein ebenso geschmackvolles wie stimmiges Ambiente und dazu frische mediterrane Küche mit saisonal-regionalen Einflüssen, z. B. als "Kürbisravioli mit Salbeibutter" oder "Lachsfilet im Sauerkraut-Kartoffelmantel". Sie können hier sogar Wein und Terrakotta kaufen!

Cantinetta – Ameron Parkhotel

Alleestr. 1 ✉ 53879 – ✆ (02251) 77 55 55 – www.ameron-parkhotel-euskirchen.de – geschl. Sonntag
Menü 28/32 € – Karte 25/54 € – *(nur Abendessen)*
Interessante Einblicke bietet hier nicht nur die offene Küche, auch der begehbare gläserne Chambrair weckt Vorfreude, und zwar auf eine große Auswahl an italienischen und deutschen Weinen - die passen zum mediterranen Speisenangebot mit Geschmortem, Pasta und leckeren Desserts.

In Euskirchen-Flamersheim Süd-Ost: 7,5 km

Bembergs Häuschen (Oliver Röder)

Burg Flamersheim, Zufahrt über Sperberstraße ✉ 53881 – ✆ (02255) 94 57 52 – www.burgflamersheim.de – geschl. 1. - 14. Januar und Montag - Dienstag
Menü 69/129 € – *(nur Abendessen, sonntags auch Mittagessen)*
Inmitten des kleinen Eifelortes liegt das Schloss Flamersheim der Familie von Bemberg. Johannes von Bemberg und Oliver Röder betreiben das elegante Restaurant, in dem Sie charmant und versiert umsorgt werden. Wer gerne länger auf dem schönen historischen Anwesen bleiben möchte, kann hier im ehemaligen Kuhstall in attraktiven Zimmern übernachten. Kochschule.
→ Ochsenschwanz, Sellerie, Apfel. Lammrücken und Zunge, Rucola, Feige, Sonnenblumenkerne. Stilton, Pflaume, Madeira, Gewürzbrot.
Eiflers Zeiten – Siehe Restaurantauswahl

Eiflers Zeiten – Restaurant Bembergs Häuschen

Burg Flamersheim, Zufahrt über Sperberstraße ✉ 53881 – ✆ (02255) 94 57 52 – www.burgflamersheim.de – geschl. 1. - 6. Januar und Montag - Dienstag
Karte 33/55 € – *(Mittwoch - Donnerstag nur Abendessen)*
Das ist die rustikalere Restaurantvariante: Hier kocht Oliver Röder z. B. Schmorgerichte vom heimischen Rind oder wechslende Tagesgerichte wie den Sonntagsbraten, Wiener Schnitzel oder Kalbsleber "Berliner Art". Hingucker ist der Holzofen mitten im Raum, in dem u. a. leckere Kartoffelflammkuchen backen! Schön auch der Blick durch die große Fensterfront auf den Teich.

EUTIN

Schleswig-Holstein – 16 770 Ew. – Höhe 33 m – Regionalatlas **11-J4**
Berlin 299 km – Kiel 44 km – Lübeck 48 km – Oldenburg in Holstein 29 km
Michelin Straßenkarte 541

EUT-IN
Lübecker Landstr. 53 ✉ 23701 – ✆ (04521) 79 59 69 – www.eut-in-hotel.de
14 Zim – 🚹49/89 € 🚹🚹69/109 € – ☕ 14 € – 1 Suite
Das kleine Hotel in den Gebäuden der einstigen Straßenmeisterei ist ideal für Ausflüge an die 10 km entfernte Ostsee. Aber auch im Strandkorb am eigenen Badeteich lässt es sich toll relaxen! Die "Alte Straßenmeisterei" bietet kleine Gerichte und Klassiker, in der "Speisekammer" wird ambitionierter gekocht.

EVERSWINKEL
Nordrhein-Westfalen – 9 400 Ew. – Höhe 66 m – Regionalatlas **27-E10**
▶ Berlin 454 km – Düsseldorf 141 km – Bielefeld 60 km – Münster (Westfalen) 18 km
Michelin Straßenkarte 543

In Everswinkel-Alverskirchen Süd-West: 2,5 km

Landhaus Bisping
St.-Agatha-Platz 8 ✉ 48351 – ✆ (02582) 70 01 – www.landhaus-bisping.de
– geschl. 1. - 6. Januar, August 2 Wochen
14 Zim ☕ – 🚹72 € 🚹🚹99/109 €
Die Gästezimmer dieses familiären kleinen Hotels sind tipptopp gepflegt und mit persönlicher Note eingerichtet. Am Morgen gibt es frische Produkte zum Frühstück, abends serviert man Hausgästen eine kleine Auswahl hausgemachter Speisen. Auch Räume für Festlichkeiten sind vorhanden.

EYBA – Thüringen ➜ Siehe Saalfelder Höhe

FAHRENZHAUSEN
Bayern – 4 730 Ew. – Höhe 465 m – Regionalatlas **58-L19**
▶ Berlin 562 km – München 25 km – Freising 26 km – Augsburg 72 km
Michelin Straßenkarte 546

In Fahrenzhausen-Großnöbach Süd-Ost: 2 km über B 13 Richtung München

AmperVilla
Gewerbering 1, B 13 ✉ 85777 – ✆ (08133) 9 96 30 – www.ampervilla.de
– geschl. 22. - 26. Dezember
40 Zim ☕ – 🚹69/149 € 🚹🚹79/159 € – 2 Suiten – ½ P
Ein Haus mit mediterranem Landhausflair. Mit hübschen Stoffen und warmen Farben hat man die Zimmer geschmackvoll und wohnlich gestaltet. Ebenso schön: Frühstücksraum und kleine Bibliothek.

FALLINGBOSTEL, BAD
Niedersachsen – 10 690 Ew. – Höhe 40 m – Regionalatlas **19-I7**
▶ Berlin 329 km – Hannover 69 km – Bremen 70 km – Hamburg 95 km
Michelin Straßenkarte 541

Park Hotel Berlin
Düshorner Str. 7 ✉ 29683 – ✆ (05162) 90 00 60 – www.hotel-berlin-online.de
20 Zim ☕ – 🚹59/99 € 🚹🚹89/129 € – ½ P
Ein vom Inhaber freundlich und familiär geführtes Hotel mit zeitgemäßen und funktionellen, teilweise recht geräumigen Zimmern, einige mit Balkon. Restaurant-Café Leonard mit kleinem internationalem Angebot.

FASSBERG
Niedersachsen – 6 150 Ew. – Höhe 71 m – Regionalatlas **19-I7**
▶ Berlin 308 km – Hannover 90 km – Celle 44 km – Munster 14 km
Michelin Straßenkarte 541

In Faßberg-Müden Süd-West: 4 km

Niemeyer's Posthotel
Hauptstr. 7 ✉ 29328 – ✆ (05053) 9 89 00 – www.niemeyers-posthotel.de
30 Zim ☕ – 🚹75/98 € 🚹🚹120/165 € – 2 Suiten – ½ P
Schäferstube – Siehe Restaurantauswahl
Aus dem 19. Jh. stammt dieser traditionsreiche Familienbetrieb mit behaglichem gediegenem Ambiente und einem hübschen modernen Sauna- und Ruhebereich.

Schäferstube – Niemeyer's Posthotel

Hauptstr. 7 ✉ 29328 – ✆ (05053) 9 89 00 – www.niemeyers-posthotel.de – geschl. 4. Januar - 8. Februar

Menü 29/98 € – Karte 24/68 €

Die "Schäferstube" mit ihrer netten ländlichen Atmosphäre serviert ihren Gästen eine klassische Küche mit regionalen Einflüssen. Ein Grund, warum viele immer wieder kommen!

FEHMARN (INSEL)

Schleswig-Holstein – Regionalatlas **4-K3**

Berlin 350 km – Kiel 86 km – Lübeck 83 km – Oldenburg in Holstein 31 km

Michelin Straßenkarte 541

Burg

In Burg-Neujellingsdorf

Margaretenhof

Dorfstr. 7, Neujellingsdorf 7 ✉ 23769 – ✆ (04371) 8 76 70 – www.restaurant-margaretenhof.com – geschl. Januar - Februar: Montag - Donnerstag, November - Dezember: Dienstag - Mittwoch,

Menü 49/55 € – Karte 34/49 € – *(nur Abendessen, sonntags auch Mittagessen)*

"Gebratener Dorsch mit Sesam-Lauch und lila Kartoffeln auf Teriyakisauce" oder "weiße Tomatensuppe mit Mozzarella-Basilikumravioli und gebackener Garnele"... Der Spagat zwischen klassisch-regionaler Küche und asiatischen Einflüssen gelingt! Man sitzt in gemütlichen kleinen Räumen und wird charmant umsorgt.

Neue Tiefe – ✉ 23769

Strandhotel

Am Binnensee 1, Nähe Südstrand ✉ 23769 – ✆ (04371) 31 42 – www.strandhotel-fehrmarn.de

20 Zim – 40/45 € 74/95 € – 2 Suiten

Die Zimmer in diesem Ferienhotel beim Binnensee sind recht schlicht, aber sehr gepflegt. In wenigen Gehminuten erreicht man den 600 m entfernten Südstrand.

FEILNBACH, BAD

Bayern – 7 740 Ew. – Höhe 512 m – Regionalatlas **66-M21**

Berlin 650 km – München 62 km – Garmisch-Partenkirchen 99 km – Rosenheim 19 km

Michelin Straßenkarte 546

Nahe der BAB-Ausfahrt Bad Aibling Nord: 4,5 km

Maximilian

Torfwerk 2 ✉ 83075 – ✆ (08064) 9 05 70 – www.landgasthof-maximilian.de – geschl. 20. Dezember - 15. Januar

38 Zim – 70/99 € 105/129 €

Ideal für alle auf der Durchreise: Von hier aus sind es nur ca. 800 m bis zur Autobahnauffahrt (A8). In den Zimmern helles Naturholz und frische Farben. Restaurant mit freundlichem Wirtshaus-Ambiente und ansprechendem Terrassenbereich.

FELDAFING

Bayern – 4 160 Ew. – Höhe 646 m – Regionalatlas **65-L21**

Berlin 621 km – München 35 km – Garmisch-Partenkirchen 65 km – Weilheim 19 km

Michelin Straßenkarte 546

In Feldafing-Wieling West: 2 km, Richtung Traubing, dann rechts über B 2

Alte Linde

Wieling 5, an der B 2 ✉ 82340 – ✆ (08157) 93 31 80 – www.linde-wieling.de

40 Zim – 79/195 € 120/255 € – ½ P

Der Familienbetrieb ist aufgrund seiner Seenähe gerade im Sommer ein beliebtes Ziel. Sie schlafen in wohnlichen, recht geräumigen Zimmern (zur Straße hin gut schallisoliert), erkunden mit Elektrofahrrädern die Gegend (Verleih hier im Haus) und stärken sich danach im gemütlich-alpenländischen Restaurant.

FELDBERG im SCHWARZWALD

Baden-Württemberg – 1 850 Ew. – Höhe 1 277 m – Regionalatlas **61**-E21
Berlin 791 km – Stuttgart 170 km – Freiburg im Breisgau 38 km – Basel 60 km
Michelin Straßenkarte 545

In Feldberg-Altglashütten – Höhe 991 m

Schlehdorn
Sommerberg 1, an der B 500 ✉ 79868 – ✆ (07655) 9 10 50 – www.schlehdorn.de – geschl. 16. November - 17. Dezember
12 Zim – 130/185 € 144/232 € – 8 Suiten – ½ P
Bei Familie Dünnebacke ist alles richtig schön regionstypisch: jede Menge behagliches Holz, wohnliche Stoffe, der heimelige Kachelofen in der Stube... Wenn Sie mit der Familie kommen, buchen Sie doch eine der Ferienwohnungen! Und wie wär's mit einem Elektro-Smart? Den leiht man für einen halben Tag kostenlos!

Florian'S
Windgfällstr. 19 ✉ 79868 – ✆ (07655) 9 10 30 – www.hotelwaldeck.com – geschl. Mitte November - Mitte Dezember und Mittwoch
18 Zim – 58/66 € 92/125 € – 2 Suiten – ½ P
Menü 28/49 € – Karte 24/51 € – *(nur Abendessen)*
Am Rand des Dorfes liegt dieses familiengeführte Haus, in dem Gastgeber Florian Stoll regional kocht. Neben Gerichten wie "Hirschmedaillon mit Parmesankruste" genießt man hier auch die Aussicht. Das Hotel Waldeck mit seinen gepflegten Zimmern ist ein guter Ausgangspunkt für Wanderungen im nahen Wald.

In Feldberg-Bärental – Höhe 930 m

Adler Bärental
Feldbergstr. 4, B 317 ✉ 79868 – ✆ (07655) 93 39 33 – www.adler-feldberg.de – geschl. 14. - 27. November
16 Zim – 70/95 € 99/115 € – ½ P
Adler Bärental – Siehe Restaurantauswahl
Das Haus ist außen wie innen im regionstypischen Stil gehalten. Hinter der Holzschindelfassade verbergen sich gemütliche, nach Wildkräutern benannte Zimmer, Maisonetten und Appartements - ruhiger nach Westen hin.

Adler Bärental – Hotel Adler Bärental
Feldbergstr. 4, B 317 ✉ 79868 – ✆ (07655) 93 39 33 – www.adler-feldberg.de – geschl. 14. - 27. November und Dienstag, November - Dezember: Dienstag - Mittwochmittag
Menü 23/49 € – Karte 24/57 €
Schwarzwälder Gemütlichkeit, wie man sie von früher kennt - das können Sie in den netten Gaststuben erleben. Selbstverständlich stehen auf der Karte fast ausschließlich badische Spezialitäten.

Sie möchten spontan verreisen? Besuchen Sie die Internetseiten der Hotels, um von deren Sonderkonditionen zu profitieren.

In Feldberg-Falkau – Höhe 950 m

Peterle
Schuppenhörnlestr. 18 ✉ 79868 – ✆ (07655) 6 77 – www.hotel-peterle.de – geschl. 12. November - 10. Dezember
14 Zim – 35/51 € 76/93 € – ½ P
Wirklich sympathisch und sehr gepflegt! Man schläft hier in individuellen Zimmern, manche mit Holzboden, teilweise mit Balkon oder Terrasse zum netten Garten. Auch dem Restaurant steht der gemütlich-rustikale Stil gut zu Gesicht. Man legt Wert auf regionale Produkte und deutsche Weine.

FELDBERGER SEENLANDSCHAFT

Mecklenburg-Vorpommern – 4 430 Ew. – Höhe 90 m – Regionalatlas **14**-P6
Berlin 143 km – Schwerin 184 km – Neustrelitz 35 km – Neubrandenburg 35 km
Michelin Straßenkarte 542

Im Ortsteil Fürstenhagen

Alte Schule - Klassenzimmer (Daniel Schmidthaler)
Zur Alten Schule 5 ✉ 17258 – ✆ (039831) 2 20 23 – www.hotelalteschule.de – geschl. 10. Januar - 4. Februar und Montag, September - Juni: Montag - Dienstag
18 Zim – 60 € 80/90 € – ½ P
Menü 56/112 € – *(nur Abendessen)* (Tischbestellung ratsam)
Nur der Name erinnert noch an das Pauken von einst, heute heißt es hier richtig gut essen und schön wohnen! In dem fast puristisch gehaltenen und zugleich stilvollen Restaurant setzt man auf moderne Regionalküche mit österreichischen Einflüssen, und dabei wird der Bezug zur Natur groß geschrieben.
➜ Lamm, Hefe, Zwiebel. Maisküken, Pilz, Hopfen. Schokolade, Chicorée, Aronia.
Gaststube Pausenraum – Siehe Restaurantauswahl

Gaststube Pausenraum – Restaurant Alte Schule - Klassenzimmer
Zur Alten Schule 5 ✉ 17258 – ✆ (039831) 2 20 23 – www.hotelalteschule.de – geschl. 10. Januar - 4. Februar und Montag, September - Juni: Montag - Dienstag
Karte 28/30 € – *(nur Mittagessen)*
Jede Schule braucht auch einen Pausenraum... Dieser hier ist ein hübscher Wintergartenanbau, in dem man etwas bodenständiger isst. Gekocht wird regional-saisonal, die Gerichte stehen auf einer Tafel.

FELDKIRCHEN

Bayern – 7 010 Ew. – Höhe 523 m – Regionalatlas **66**-M20
Berlin 591 km – München 16 km – Kufstein 95 km – Augsburg 82 km
Michelin Straßenkarte 546

Bauer
Münchner Str. 6 ✉ 85622 – ✆ (089) 9 09 80 – www.bauerhotel.de
100 Zim – 132/175 € 182/225 € – 1 Suite
Bauer – Siehe Restaurantauswahl
Schon Jahrzehnte in Familienhand, ist der alteingesessene Gasthof zum Hotel gewachsen, engagiert und freundlich wird man hier betreut. Wie wär's mit einem der besonders schönen und wertigen Zimmer im chic-alpinen Stil?

Bauer – Hotel Bauer
Münchner Str. 6 ✉ 85622 – ✆ (089) 9 09 80 – www.bauerhotel.de
Menü 38 € – Karte 24/49 €
Auch zum Essen kommt man gerne zu Familie Bauer, denn man sitzt hier schön in verschiedenen gemütlichen Stuben oder im Wintergarten und lässt sich das tagesfrische regionale Angebot schmecken.

FELDKIRCHEN-WESTERHAM

Bayern – 10 470 Ew. – Höhe 551 m – Regionalatlas **66**-M21
Berlin 623 km – München 39 km – Rosenheim 24 km
Michelin Straßenkarte 546

Im Ortsteil Aschbach Nord-West: 3 km ab Feldkirchen in Richtung München

Aschbacher Hof
Aschbach 3 ✉ 83620 – ✆ (08063) 8 06 60 – www.aschbacher-hof.de
20 Zim – 65/92 € 99/119 € – ½ P
Aschbacher Hof – Siehe Restaurantauswahl
Das kleine Hotel mit den hübschen ländlichen Zimmern ist von der Autobahn aus gut erreichbar und liegt dennoch schön umgeben von Wiesen. In der Nähe Golfplatz, Bergtierpark, Wander- und Radwege. Auch für Tagungen und Hochzeiten interessant.

Aschbacher Hof – Hotel Aschbacher Hof

Aschbach 3 ✉ 83620 – ✆ (08063) 8 06 60 – www.aschbacher-hof.de

Menü 32 € – Karte 26/45 €

"Filet vom bayerischen Jungbullen unter der Bärlauchkruste mit Ragout von weißem und grünem Spargel" - ein schmackhaftes Beispiel für die saisonale, internationale und regionale Küche. Besonders angenehm ist die Terrasse mit toller Sicht auf die Alpen, aber auch drinnen sitzt man gemütlich.

FELLBACH – Baden-Württemberg ➜ Siehe Stuttgart

FELSBERG

Hessen – 10 660 Ew. – Höhe 165 m – Regionalatlas **38-H12**

Berlin 404 km – Wiesbaden 185 km – Kassel 28 km – Gießen 103 km

Michelin Straßenkarte 543

Zum Rosenhof

Rockshäuser Str. 9 ✉ 34587 – ✆ (05662) 27 74 – www.mayer-stahl.de – geschl. Anfang Januar 2 Wochen und Montag

Menü 30/92 € – Karte 32/101 € – *(nur Abendessen)* (Tischbestellung erforderlich)

Die Chefin steht selbst am Herd, das Ergebnis sind ansprechende Gerichte mit mediterranen Einflüssen: Appetit auf "Orangen-Carpaccio mit Jakobsmuschel" oder "Rinderfilet mit schwarzen Linsen und getrüffeltem Kartoffelpüree"?

In Felsberg-Hesserode Süd: 6,5 km über Gensungen und Helmshausen

Zum Rosenhof

Rockshäuser Str. 9 ✉ 34587 – ✆ (05662) 27 74 – www.mayer-stahl.de – geschl. Anfang Januar 2 Wochen

9 Zim – 74/90 € 136/160 € – ½ P

Zum Rosenhof – Siehe Restaurantauswahl

Charmant und persönlich ist es bei Gastgeberin Hannelore Mayer-Stahl in dem Bauernhaus a. d. 16. Jh. Außen hübsche Fachwerkfassade, drinnen liebenswertes Interieur: schöne Stoffe und Farben, dekorative Accessoires, hier und da antike Möbel.

FENSTERBACH – Bayern ➜ Siehe Schwarzenfeld

FEUCHTWANGEN

Bayern – 12 070 Ew. – Höhe 452 m – Regionalatlas **56-J17**

Berlin 509 km – München 171 km – Stuttgart 131 km – Schwäbisch Hall 52 km

Michelin Straßenkarte 546

Greifen-Post

Marktplatz 8 ✉ 91555 – ✆ (09852) 68 00 – www.hotel-greifen.de – geschl. 3. - 11. Januar

35 Zim – 69/113 € 99/154 € – ½ P

Greifen-Post – Siehe Restaurantauswahl

Die beiden prachtvollen Häuser a. d. 14. Jh. liegen direkt am Marktplatz der netten kleinen Stadt. Freunde der Romantik sind hier ebenso gut aufgehoben wie Renaissance- oder Biedermeier-Fans - oder wie wäre es mit einem eleganten Landhauszimmer? Kleine Aufmerksamkeiten sind hier gang und gäbe, selbstverständlich auch das gute Frühstück... Dirk und Birgit Becker-Plaha sind immer selbst präsent und sorgen für Ihr Wohlbefinden!

Greifen-Post – Hotel Greifen-Post

Marktplatz 8 ✉ 91555 – ✆ (09852) 68 00 – www.hotel-greifen.de – geschl. 3. - 11. Januar und Sonntagabend - Montag

Menü 32 € (vegetarisch)/85 € – Karte 34/58 € – *(Dienstag - Freitag nur Abendessen)*

Die drei Stuben sprühen förmlich vor historischem Flair und Gemütlichkeit. In der saisonal-regionalen Küche finden sich auch internationale Einflüsse und vegetarisch kocht man für Sie ebenso gerne. Probieren Sie das "knusprig gebratene Schäufele vom Hällischen Landschwein mit Kartoffelschmarrn und Salat"! Ganzjährige Spezialität: Ente in verschiedenen Variationen.

FICHTELBERG

Bayern – 1 910 Ew. – Höhe 684 m – Regionalatlas **51-M15**
Berlin 366 km – München 259 km – Weiden in der Oberpfalz 67 km – Bayreuth 30 km
Michelin Straßenkarte 546

Schönblick

Gustav-Leutelt-Str. 18 ✉ 95686 – ✆ (09272) 9 78 00 – www.hotel-schoenblick.de
43 Zim – 69/88 € 138/170 € – ½ P
Das gewachsene Anwesen am Ortsende wird familiär geleitet (die Tochter hat inzwischen die Leitung übernommen) und verfügt über wohnlich gestaltete Gästezimmer, meist mit Balkon. Auch Ferienwohnungen sind vorhanden. Gemütlich sitzt man als Restaurantgast in der "Eulenstube".

FICHTENAU

Baden-Württemberg – 4 450 Ew. – Höhe 517 m – Regionalatlas **56-I17**
Berlin 531 km – Stuttgart 119 km – Schwäbisch Hall 43 km – Aalen 41 km
Michelin Straßenkarte 545

In Fichtenau-Neustädtlein

Vitalhotel Meiser

Grenzstr. 42 ✉ 74579 – ✆ (07962) 71 19 40 – www.vitalhotel-meiser.de
62 Zim – 99/148 € 158/228 € – 5 Suiten – ½ P
Ein Wellnesshotel wie aus dem Bilderbuch hat Familie Meiser in den letzten Jahren geschaffen: Da sind zum einen die geschmackvollen Landhauszimmer im Altbau, zum anderen topmoderne und dennoch gemütliche Zimmer im Neubau, dazu eine wirklich schöne Lobby mit Kamin und nicht zuletzt der Spa auf 1000 qm - wertig und mit ausgesprochen wohliger Atmosphäre! Auch die Küche kann sich sehen lassen: regionale und saisonale Gerichte sowie eine attraktive 3/4-Pension - da kommt man gerne wieder!

FIEFBERGEN

Schleswig-Holstein – 560 Ew. – Höhe 26 m – Regionalatlas **3-J3**
Berlin 348 km – Kiel 20 km – Lübeck 89 km – Lütjenburg 27 km
Michelin Straßenkarte 541

Der Alte Auf

Am Dorfteich 15 ✉ 24217 – ✆ (04344) 41 55 25 – www.der-alte-auf.de – geschl. Februar 2 Wochen, Oktober 1 Woche und Montag - Dienstag
Menü 31/39 € – Karte 25/49 € – *(nur Abendessen)* (Tischbestellung ratsam)
Regionale Küche bietet man in dem historischen Bauernhaus, das freundlich-familiär geführt wird. Den charmant-rustikalen Stil hat man bewusst erhalten. Sehr schön ist der Garten.

FILDERSTADT

Baden-Württemberg – 44 640 Ew. – Höhe 371 m – Regionalatlas **55-G19**
Berlin 656 km – Stuttgart 19 km – Reutlingen 25 km – Ulm (Donau) 80 km
Michelin Straßenkarte 545

In Filderstadt-Bernhausen

Schwanen

Obere Bachstr. 1 ✉ 70794 – ✆ (0711) 7 87 82 50 – www.hotelschwanen.de
119 Zim – 112/125 € 148/170 € – 2 Suiten
Eine praktische Businessadresse bestehend aus Alt- und Neubau - etwas geräumiger sind die Zimmer im neueren Teil. Wer italienische Küche mit viel Pizza und Pasta mag, isst im La Fortuna. Alternativ gibt's im Schwanen-Bräu (nur ein paar Schritte vom Hotel entfernt) bürgerlich-regionale Kost und eigenes Bier.

FINCKEN

Mecklenburg-Vorpommern – 530 Ew. – Höhe 75 m – Regionalatlas **13-N6**
Berlin 142 km – Schwerin 110 km – Waren 44 km
Michelin Straßenkarte 542

Kavaliershaus am Finckener See

Hofstr. 12 ✉ 17209 – ✆ (039922) 8 27 00 – www.kavaliershaus-finckenersee.de – geschl. Mitte Januar - Mitte März

12 Zim – 78/143 € 90/155 € – 11 Suiten – ½ P

Eine idyllische Gartenanlage trennt das Kavaliershaus a. d. 18. Jh. vom See. Badesteg, Ruderboot..., da lässt es sich gut relaxen! Auch drinnen hat man es schön: geschmackvoll-puristische Suiten, charmantes "Klassenzimmer" (hier internationale Küche), freundliche Mitarbeiter. Kinderspielhaus und Seminarhaus.

FINNENTROP

Nordrhein-Westfalen – 16 960 Ew. – Höhe 250 m – Regionalatlas **37-E12**

Berlin 529 km – Düsseldorf 130 km – Arnsberg 39 km – Lüdenscheid 43 km

Michelin Straßenkarte 543

In Finnentrop-Rönkhausen Nord: 7 km über B 236

Im Stillen Winkel

Kapellenstr. 11 ✉ 57413 – ✆ (02395) 9 16 90 – www.hotel-im-stillen-winkel.de – geschl. 20. Juli - 9. August

12 Zim – 51/60 € 82/95 € – ½ P

Eine nette familiäre Adresse ist das hübsche, ruhig gelegene Fachwerkhaus, das für seine Gäste neuzeitlich-freundliche oder rustikalere Zimmer bereithält. Im Restaurant serviert man bürgerliche Küche. Zudem hat man noch eine einfache Gaststube.

FINSTERBERGEN – Thüringer ➜ Siehe Friedrichroda

FINSTERWALDE

Brandenburg – 16 570 Ew. – Höhe 108 m – Regionalatlas **33-Q10**

Berlin 120 km – Potsdam 144 km – Cottbus 55 km – Dresden 93 km

Michelin Straßenkarte 542

Zum Vetter

Lange Str. 15, Eingang Große Ringstraße ✉ 03238 – ✆ (03531) 22 69 – www.hotel-zum-vetter.de

16 Zim – 55/62 € 85/95 € – 1 Suite – ½ P

Von der Seitenstraße aus gelangt man über den Innenhof zu diesem gepflegten und praktisch ausgestatteten kleinen Hotel, das bereits seit 1919 als Familienbetrieb geleitet wird.

Goldener Hahn

Bahnhofstr. 3 ✉ 03238 – ✆ (03531) 22 14 – www.goldenerhahn.com – geschl. Ende Juli - Anfang August 2 Wochen und Sonntag - Montag

11 Zim – 49/59 € 99 € – 1 Suite – ½ P

Menü 35 € (vegetarisch)/90 € – Karte 29/72 €

In der ehemaligen Poststation von 1864 kocht Frank Schreiber klassisch mit Lausitzer Einflüssen. Da schmeckt z. B. "Lamm / Polenta / Paprika / Bohnen" so gut wie es klingt. Dazu schöne Weine und gediegen-elegantes Ambiente - sicher eine Ausnahme in der Region!

FISCHEN im ALLGÄU

Bayern – 3 000 Ew. – Höhe 761 m – Regionalatlas **64-J22**

Berlin 731 km – München 157 km – Kempten (Allgäu) 34 km – Oberstdorf 6 km

Michelin Straßenkarte 546

Tanneck

Maderhalm 20 ✉ 87538 – ✆ (08326) 99 90 – www.hotel-tanneck.de

59 Zim – 111/153 € 222/286 € – 3 Suiten – ½ P

Warum das hier ein gelungener Urlaub wird? Das Haus wird wirklich intensiv geführt, liegt schön erhöht (das bringt eine reizvolle Aussicht mit sich!), zudem gibt es viele neu gestaltete Zimmer, nicht zu vergessen jede Menge Wellness (wie wär's mit "Milchwell"?). Außerdem können Sie in verschiedenen Restaurantbereichen von modern-rustikal bis elegant essen.

Alpenblick

Maderhalmer Weg 10 ✉ 87538 – ✆ (08326) 97 91 – www.hotel-alpenblick.de – geschl. 8. November - 13. Dezember

17 Zim – 69/97 € 126/154 € – 8 Suiten – ½ P

Familie Knöbel ist mit Herzblut bei der Sache: Aus einer ehemals kleinen Pension mit Café ist im Laufe der Jahre dieses absolut nette Alpenhotel mit komfortablen Zimmern entstanden. Schön der alpine Stil im Empfangsbereich und im Restaurant samt Terrasse mit Blick auf Fischen!

In Fischen-Langenwang Süd: 3 km

Sonnenbichl Hotel am Rotfischbach

Sägestr. 19 ✉ 87538 – ✆ (08326) 99 40 – www.hotel-sonnenbichl.com

49 Zim – 77/130 € 146/210 € – ½ P

Wer ausspannen möchte, wird sich über die wirklich ruhige Lage freuen. Zur Gegend passt auch der wohnlich-regionale Stil, den die engagierte Familie Scheuerl in den Zimmern, im "Vitaldörfle" (u. a. original finnische Sauna aus Kelo-Holz) sowie im Restaurant (mit lichtdurchflutetem Wintergarten) umgesetzt hat.

FLADUNGEN

Bayern – 2 210 Ew. – Höhe 414 m – Regionalatlas **39-I13**

Berlin 405 km – Wiesbaden 183 km – Fulda 52 km – Bad Neustadt 32 km

Michelin Straßenkarte 546

Sonnentau

Wurmbergstr. 1, Nord-Ost: 1,5 km ✉ 97650 – ✆ (09778) 9 12 20 – www.sonnentau.com

49 Zim – 51/71 € 78/112 € – ½ P

Das am Südhang gelegene Ferienhotel mit Blick auf Fladungen bietet wahlweise Standard- oder Komfortzimmer. Zum Freizeitbereich gehören Anwendungen, Außensauna und Salzstollen. Rustikal sind die Restauranträume.

FLEIN – Baden-Württemberg ➜ Siehe Heilbronn

FLENSBURG

Schleswig-Holstein – 83 470 Ew. – Höhe 12 m – Regionalatlas **2-H2**

Berlin 426 km – Kiel 88 km – Hamburg 158 km

Michelin Straßenkarte 541

In Harrislee-Wassersleben Nord: 5 km

Wassersleben

Wassersleben 4 ✉ 24955 – ✆ (0461) 7 74 20 – www.hotel-wassersleben.de

25 Zim – 69/109 € 140/180 € – ½ P

Nach einem anstrengenden Tag in der Stadt kommt man hier zur Ruhe, direkt an der Förde - man kann sie von fast allen Zimmern sehen! Auch im Restaurant und auf der Terrasse genießt man den Ostseeblick, z. B. bei Kuchen aus der eigenen Konditorei unter freiem Himmel!

In Oeversee Süd: 9 km

Historischer Krug

Grazer Platz 1, B 76 ✉ 24988 – ✆ (04630) 94 00 – www.historischer-krug.de

50 Zim – 89/129 € 139/169 € – ½ P

Privileg* • *Krugwirtschaft – Siehe Restaurantauswahl

Aus verschiedenen Häusern setzt sich dieses Anwesen zusammen, eines davon ein Reetdachhaus von 1519 - entsprechend individuell sind die Zimmer. Entspannen kann man in der "Krugtherme" u. a. bei Ayurveda oder aber im Garten.

XXX Privileg – Hotel Historischer Krug

Grazer Platz 1, B 76 ✉ 24988 – ✆ (04630) 94 00 – www.historischer-krug.de – geschl. Dienstag - Donnerstag

Menü 35/96 € – *(nur Abendessen)*

In dem eleganten kleinen Restaurant werden unter der Leitung von Bodo Lööck zwei Menüs mit den Namen "leger" und "Privileg" zubereitet und an schön eingedeckten Tischen serviert. Dazu gibt es die passende Weinreise.

Krugwirtschaft – Hotel Historischer Krug

Grazer Platz 1, B 76 ✉ 24983 – ✆ (04630) 94 00 – www.historischer-krug.de
Menü 21 € (mittags)/46 € – Karte 38/59 €
Gemütlich die liebenswert mit allerlei Krügen dekorierten Räume, schmackhaft die regionalen Gerichte und Klassiker. Appetit auf "gesottenen Tafelspitz auf Bouillongemüse" oder "krossen Ostseelachs in Flensburger Räucheraalschaum"?

FLINTSBACH am INN

Bayern – 2 990 Ew. – Höhe 479 m – Regionalatlas **66**-N21
Berlin 662 km – München 73 km – Bad Reichenhall 85 km – Rosenheim 18 km
Michelin Straßenkarte 546

Dannerwirt

Kirchplatz 4 ✉ 83126 – ✆ (08034) 9 06 00 – www.dannerwirt.de – geschl. Anfang November 1 Woche
24 Zim – 50/55 € 80/85 € – 1 Suite
So stellt man sich einen typisch bayerischen Gasthof vor: lange Familientradition, gemütlich-ländliche Einrichtung mit viel Holz und herzliche Atmosphäre. Behagliche Stuben, mal in dunkler Tanne, mal in hellem Zirbelholz. Dazu regionale Küche oder einfach eine Brotzeit.

FLÖRSHEIM-DALSHEIM

Rheinland-Pfalz – 3 000 Ew. – Höhe 175 m – Regionalatlas **47**-E16
Berlin 617 km – Mainz 49 km – Bad Kreuznach 47 km – Mannheim 38 km
Michelin Straßenkarte 543

Weingut und Gästehaus Peth

Alzeyer Str. 28, Ortsteil Flörsheim ✉ 67592 – ✆ (06243) 90 88 00 – www.peth.de – geschl. 24. Dezember - 10. Januar, 25. März - 3. April
10 Zim – 70/95 € 85/119 € – 1 Suite
Wohnen im Weingut? Bei Familie Peth wird man persönlich betreut, schläft in hübschen, freundlichen Zimmern und genießt morgens ein appetitliches Frühstück - im Sommer auch gern auf der Dachterrasse. Probieren Sie auch die feinen Hausweine!

FLOH-SELIGENTHAL

Thüringen – 6 180 Ew. – Höhe 360 m – Regionalatlas **39**-J13
Berlin 355 km – Erfurt 63 km – Coburg 87 km – Bad Hersfeld 73 km
Michelin Straßenkarte 544

Im Ortsteil Struth-Helmershof Süd-Ost: 3 km

Thüringer Hof

Kronsteinstr. 3 ✉ 98593 – ✆ (03683) 7 91 90 – www.hotel-thueringer-hof.de
20 Zim – 58/69 € 85/99 € – ½ P
In diesem Familienbetrieb ist man wirklich gut aufgehoben: Das Haus ist tipptopp gepflegt, die Zimmer sind zeitgemäß (alle mit Balkon), der Service ist freundlich und am Morgen gibt es ein gutes, frisches Frühstücksbuffet. Im Restaurant mit Gaststube isst man regional.

FLONHEIM

Rheinland-Pfalz – 2 660 Ew. – Höhe 145 m – Regionalatlas **47**-E15
Berlin 616 km – Mainz 36 km – Neustadt a.d. Weinstraße 71 km – Darmstadt 70 km
Michelin Straßenkarte 543

Zum Goldenen Engel

Marktplatz 3 ✉ 55237 – ✆ (06734) 91 39 30 – www.zum-goldenen-engel.com – geschl. Montagmittag, Dienstagmittag, Mittwoch, September - April: Mittwoch - Donnerstag
Menü 42/66 € – Karte 40/55 €
Direkt neben der schönen Kirche finden Sie in der ehemaligen Poststation ein sympathisches geradlinig-modernes Restaurant. Klaus Mayer kocht hier eher unspektakuläre Gerichte, die dafür aber mit Geschmack, Finesse und Produktqualität glänzen! Wahrhaft idyllisch: der fast schon mediterran anmutende Innenhof!

In Flonheim-Uffhofen Süd-West: 1 km

Landhotel Espenhof

Poststr. 1 ✉ 55237 – ✆ (06734) 9 40 40 – www.espenhof.de – geschl. 1. - 15. Januar

15 Zim – 72/89 € 99/116 € – 2 Suiten

Weinwirtschaft Espenhof – Siehe Restaurantauswahl

Weingut, Weinwirtschaft, Hotel... Familie Espenschied ist omnipräsent, charmant und stets um ihre Gäste bemüht. Geschmackvoll wohnen kann man nicht nur im kleinen Hotel, auch im Weingut hat man Zimmer: chic, modern, hochwertig! Nehmen Sie das leckere Frühstück im Sommer auf der netten Terrasse ein!

Weinwirtschaft Espenhof – Landhotel Espenhof

Poststr. 1 ✉ 55237 – ✆ (06734) 96 27 30 – www.espenhof.de – geschl. 1. - 15. Januar und Montag

Menü 55 € – Karte 27/49 € – *(nur Abendessen, sonntags auch Mittagessen)*

Die Weinwirtschaft ist schon ein besonderes Fleckchen, das man so auch in der Toskana finden könnte - einfach zum Wohlfühlen der reizende Innenhof und die helle Weinstube mit rustikalem Touch! Serviert wird z. B. "Stubenküken mit Enoki-Pilzen und Thai-Curry-Sauce", dazu schöne eigene Weine!

FÖHR (INSEL)

Schleswig-Holstein – Regionalatlas **1-F2**

Berlin 466 km – Kiel 126 km – Sylt (Westerland) 14 km – Flensburg 57 km

Michelin Straßenkarte 541

NIEBLUM – ✉ 25938 – 570 Ew.

Villa Witt

Alkersumstieg 4 ✉ 25938 – ✆ (04681) 5 87 70 – www.hotel-witt.de – geschl. 1. November - 20. März und Montag - Mittwoch

5 Zim – 110/135 € 160/200 € – 2 Suiten

Menü 46/85 € – Karte 41/72 € – *(nur Abendessen)*

Restaurant und Vinothek in einem: Hier sitzt man in legerer Atmosphäre inmitten dekorativer Weinflaschen und schöner antiker Möbel und genießt aus der feinen Küche des Patrons z. B. Deichlammrücken, aber auch Sylter Royal Austern oder einfach Pasta. Hübsch die Terrasse. Die Gästezimmer sind geschmackvoll, wohnlich und mit persönlicher Note gestaltet.

OEVENUM – 460 Ew.

Rackmers Hof

Buurnstrat 1 ✉ 25938 – ✆ (04681) 74 63 77 – www.rackmers.de

15 Suiten – 70/118 € 140/236 €

In dem netten kleinen Ferienhotel, bestehend aus drei reetgedeckten Landhäusern, wohnt man in wirklich hübschen, modern und hochwertig ausgestatteten Maisonetten mit Kitchenette. Am Morgen freut man sich über ein sehr schönes Frühstücksbuffet - die hausgemachte Marmelade können Sie übrigens auch für zu Hause mitnehmen!

Sternhagens Landhaus

Buurnstrat 49 ✉ 25938 – ✆ (04681) 5 97 90 – www.sternhagens-landhaus.de – geschl. 1. Dezember - 15. Februar

13 Zim – 90/130 € 120/150 € – 2 Suiten – ½ P

Der 300 Jahre alte Reethof ist ein Haus für Individualisten, schön mit viel Kunst eingerichtet. Das Frühstück gibt es im ehemaligen Kälberstall - ein wirklich reizender Raum! Abends kocht der Hausherr persönlich ein Menü, mittwochs finden dabei sogar Lesungen statt unter dem Motto "Sternhagens Gerichtgedichte". Das Ambiente dazu gemütlich-rustikal, charmant die Terrasse im Innenhof. Zwei der individuellen Gästezimmer haben eine Sauna, W-Lan nur in einigen Bereichen des Hauses.

SÜDERENDE – ✉ 25938 – 180 Ew.

Landhaus Altes Pastorat

Haus Nr. 45 ✉ 25938 – ✆ (04683) 2 26 – www.landhaus-altes-pastorat.de – geschl. November - Mitte Dezember

4 Zim – 100/125 € 160/170 € – 6 Suiten – ½ P

Ein denkmalgeschütztes ehemaliges Pastorat, das mit heimeligen Räumen in liebenswertem friesischem Stil besticht. Hier und da dienen schöne alte Kacheln als Dekor. Sie möchten in aller Ruhe entspannen? Dann buchen Sie doch für sich den hübschen kleinen Saunabereich mit Zugang zum Garten!

WYK – ✉ 25938 – 4 270 Ew.

Duus-Hotel

Hafenstr. 40 ✉ 25938 – ✆ (04681) 5 98 10 – www.duus-hotel.de – geschl. 20. November - 15. Februar

21 Zim – 57/72 € 89/116 €

In idealer Lage am Anfang der Fußgängerzone und ganz in der Nähe des Hafens findet man diesen Familienbetrieb, in dem funktionell ausgestattete Zimmer bereitstehen.

Alt Wyk (René Dittrich)

Große Str. 4 ✉ 25938 – ✆ (04681) 32 12 – www.alt-wyk.de – geschl. 6. Januar - 17. Februar, 13. November - 8. Dezember und Dienstag, außer Saison: Montag - Dienstag

Menü 36 € (mittags)/92 € – Karte 50/70 € – *(Montag - Mittwoch nur Abendessen, außer an Feiertagen)* (Tischbestellung erforderlich)

Geschmackvoller und charmanter könnte das friesische Interieur nicht sein! In dieser gemütlich-stilvollen Atmosphäre sorgt Daniela Dittrich für professionellen, herzlichen und angenehm diskreten Service, während ihr Mann René aus sehr guten, frischen Zutaten harmonische klassische Speisen zubereitet. Mittags gibt es ein Menü mit exzellentem Preis-Leistungs-Verhältnis. Hier, mitten im Ort und nur wenige Schritte zur Strandpromenade, bleibt man auch gerne länger... und zwar in zwei schönen Ferienwohnungen.

➜ Tatar vom Thunfisch mit Ingwer auf Wasabi-Crème. Dreierlei vom Föhrer Zicklein mit Bohnen und Kartoffel-Cannelloni. Duett von Erdbeeren und Basilikum.

FORCHHEIM

Bayern – 30 710 Ew. – Höhe 266 m – Regionalatlas **50**-K16
Berlin 429 km – München 206 km – Nürnberg 38 km – Bamberg 25 km
Michelin Straßenkarte 546

Franken

Ziegeleistr. 17 ✉ 91301 – ✆ (09191) 62 40 – www.hotelfranken.de

40 Zim – 65/75 € 80/90 €

Recht ruhig liegt dieses Hotel am Ortsausgang. Haupt- und Gästehaus beherbergen tipptopp gepflegte und solide ausgestattete Zimmer. Einige hochwertige Antiquitäten zieren das Restaurant Bobby's in unmittelbarer Nähe des Hotels. Mit Wintergarten.

Am Kronengarten

Bamberger Str. 6a ✉ 91301 – ✆ (09191) 7 25 00 – www.hotel-am-kronengarten.de

23 Zim – 76/99 € 93/110 €

Das Hotel in der Altstadt, in einen Innenhof versetzt, verfügt über praktisch eingerichtete Gästezimmer und wird vom Eigentümer persönlich geführt.

Zum Alten Zollhaus

Hauptstr. 4 ✉ 91301 – ✆ (09191) 97 09 90 – www.zollhaus-forchheim.de – geschl. Montag - Dienstag

Menü 45 € – Karte 22/40 €

Bistroambiente und internationale Küche erwarten Sie in dem Restaurant neben der historischen Katharinenkirche mitten in der Altstadt. Spezialität ist die "sous-vide geschmorte Ochsenschulter", die sich in saisonalen Variationen immer auf der Karte findet! Schön: Biergarten an der Wiesent. Kochschule nebenan.

In Forchheim-Sigritzau Süd-Ost: 3 km in Richtung Erlangen und Pretzfeld

Zöllner's Weinstube

Sigritzau 1 ✉ 91301 – ✆ (09191) 1 38 86 – geschl. 1. - 10. Januar, Mitte August - Anfang September 3 Wochen und Montag - Dienstag
Karte 34/54 € – *(nur Abendessen)*
"Wintergemüse mit Kalbsbackenscheiben und Trüffelvinaigrette", "Kabeljau mit Chorizosauce und Balsamico-Linsengemüse"... Johannes Zöllner spannt in dem liebenswerten historischen Bauernhaus den Bogen zwischen seiner fränkischen Heimat und mediterran-klassischer Küche. Mit im Haus: Mutter und Vater.

FORCHTENBERG

Baden-Württemberg – 4 880 Ew. – Höhe 223 m – Regionalatlas **48**-H17
▶ Berlin 573 km – Stuttgart 83 km – Würzburg 82 km – Heilbronn 41 km
Michelin Straßenkarte 545

In Forchtenberg-Sindringen West: 6 km Richtung Neuenstadt

Krone

Untere Str. 2 ✉ 74670 – ✆ (07948) 9 10 00 – www.krone-sindringen.de
30 Zim – 55/65 € 80/95 € – ½ P
Ein idealer Ausgangsort für Touren auf dem Kocher-Jagst-Radweg - und noch dazu ein äußerst netter und familiärer! Bei den Walters (bereits die 3. Generation) übernachtet man schön wohnlich, im Haupthaus zudem sehr modern. Zum Essen sollten Sie sich im Sommer auf die Terrasse mit Blick auf den Kocher setzen!

FORST – Baden-Württemberg ➜ Siehe Bruchsal

FORST an der WEINSTRASSE

Rheinland-Pfalz – 820 Ew. – Höhe 120 m – Regionalatlas **47**-E16
▶ Berlin 656 km – Mainz 85 km – Neustadt an der Weinstraße 15 km – Saarbrücken 122 km
Michelin Straßenkarte 543

Landhotel Lucashof

Wiesenweg 1a ✉ 67147 – ✆ (06326) 3 36 – www.lucashof.de – geschl. Ende Dezember - Anfang Februar
7 Zim – 55/65 € 90/98 €
Weingut, Hotel und Natur ergeben schon äußerlich ein harmonisches Bild. Der mediterrane Touch setzt sich drinnen fort, alles ist schön freundlich. Die Zimmer sind nach den Weinlagen des eigenen Guts benannt, dazu ein frisches Frühstück.

Gästehaus Oswald

Pfarracker 1 ✉ 67147 – ✆ (06326) 67 75 – www.gaestehaus-pfalz.de
11 Zim – 63/68 € 73/78 €
Ein ausgesprochen nettes kleines Gästehaus - genau richtig für alle, die es eher hoteluntypisch mögen. Freuen Sie sich auf geschmackvolle Zimmer mit hübschen farbenfrohen Bädern und ein leckeres Frühstück bei sympathischen Gastgebern.

Gutsausschank Spindler (N)

Weinstr. 44 ✉ 67147 – ✆ (06326) 58 50 – www.gutsausschank-spindler.de – geschl. 20. Dezember - 1. Februar und Sonntag - Montag
Karte 19/44 €
Gern kommt man zum Essen auf das Weingut der Familie Spindler: Die Küche ist gut, das Ambiente gemütlich. Auf den Tisch kommen Klassiker und auch Internationales sowie die eigenen Weine. Tolle Terrasse unter Reben oder einer alten Platane.

FORSTINNING

Bayern – 3 590 Ew. – Höhe 512 m – Regionalatlas **66-M20**
Berlin 600 km – München 27 km – Ebersberg 13 km – Erding 19 km
Michelin Straßenkarte 546

In Forstinning-Schwaberwegen Süd-West: 1 km Richtung Anzing

Zum Vaas

Münchner Str. 88 ✉ 85661 – ✆ (08121) 55 62 – www.zum-vaas.de – geschl. August 3 Wochen

20 Zim – 56/85 € 79/110 €

Zum Vaas – Siehe Restaurantauswahl

Bei Familie Bauer packen alle mit an - es sind eben richtige Gastwirte, und das seit vier Generationen! Am schönsten wohnt man in dem Gasthof von 1864 übrigens im 2. Stock - die Zimmer hier sind etwas zeitgemäßer und freundlicher.

Zum Vaas – Hotel Zum Vaas

Münchner Str. 88 ✉ 85661 – ✆ (08121) 55 62 – www.zum-vaas.de – geschl. August 3 Wochen und Montag - Dienstag

Karte 22/41 € – (Tischbestellung ratsam)

Wo es lebendig, herzlich und familiär zugeht, kehrt man gerne ein! Was das engagierte Team als "Klassiker" oder "Heuer" auf den Tisch bringt, schmeckt und ist preislich fair! Mittwochs gibt's Kalbsfleischpflanzerl - unbedingt reservieren!

FRAMMERSBACH

Bayern – 4 510 Ew. – Höhe 246 m – Regionalatlas **48-H15**
Berlin 527 km – München 332 km – Würzburg 55 km – Frankfurt am Main 71 km
Michelin Straßenkarte 546

Schwarzkopf

Lohrer Str. 80, B 276 ✉ 97833 – ✆ (09355) 3 07 – www.schwarzkopf-spessart.de – geschl. September 2 Wochen und Montag - Dienstag, Donnerstagmittag, Freitagmittag, Samstagmittag

3 Zim – 58 € 88 € Menü 23 € (vegetarisch)/47 € – Karte 23/51 €

Frisch, schmackhaft und optisch ansprechend präsentiert, so die regionalen Gerichte im Haus von Stefan Pumm und seiner charmanten Frau Anja. Ein beliebter Klassiker: "Chateaubriand mit Sauce Béarnaise" für zwei Personen. Im Winter gibt's ein Sonntagsmenü mit Braten. Gepflegt übernachten können Sie hier auch.

In Frammersbach-Habichsthal West: 10 km über Wiesener Straße und Spessartstraße, im Frammersbacher Forst links ab

Zur frischen Quelle

Dorfstr. 10 ✉ 97833 – ✆ (06020) 13 93 – www.diefrischequelle.de – geschl. 15. Februar - 11. März

20 Zim – 33/36 € 56/62 € – ½ P

Eingebettet in den Naturpark Spessart liegt dieser einfache, aber gut unterhaltene Gasthof mit gepflegten, zweckmäßig eingerichteten Gästezimmern. Ländliche Gaststuben mit großem bürgerlichem Angebot.

FRANKENAU

Hessen – 2 960 Ew. – Höhe 430 m – Regionalatlas **38-G12**
Berlin 449 km – Wiesbaden 167 km – Kassel 66 km – Düsseldorf 230 km
Michelin Straßenkarte 543

Außerhalb Süd: 3 km, über Ellershausen, Lengeltalstraße

Landhaus Bärenmühle

✉ 35110 – ✆ (06455) 75 90 40 – www.baerenmuehle.de – geschl. Mitte - Ende Januar 2 Wochen

12 Zim – 104/122 € 148/212 € – 3 Suiten – ½ P

Das hübsch sanierte alte Anwesen am Ende des in seiner Ursprünglichkeit unversehrten Tales entpuppt sich als wahres Idyll. Man wohnt sehr charmant und ebenso individuell, das Abendessen ist wie die herrliche Ruhe und Einsamkeit im Preis inbegriffen! Badeteich und Saunahaus.

FRANKENBERG (EDER)

Hessen – 17 830 Ew. – Höhe 296 m – Regionalatlas **38-G12**

Berlin 451 km – Wiesbaden 156 km – Marburg 39 km – Kassel 78 km

Michelin Straßenkarte 543

Die Sonne Frankenberg

Marktplatz 2 ✉ 35066 – ✆ (06451) 75 00 – www.sonne-frankenberg.de

55 Zim – 129/229 € 179/289 € – 5 Suiten – ½ P

Philipp Soldan **·** ***Sonne-Stuben*** – Siehe Restaurantauswahl

Ein schöner Anblick sind die liebenswert restaurierten historischen Gebäude mitten im Zentrum. Warme sonnige Töne machen es herrlich wohnlich. Da entspannt es sich auch wunderbar auf drei Etagen Spa. Restaurants hat man gleich drei, darunter das Philippo mit regional-mediterranem Tapasangebot.

Philipp Soldan – Hotel Die Sonne Frankenberg

Marktplatz 2 ✉ 35066 – ✆ (06451) 75 00 – www.sonne-frankenberg.de – geschl. 3. Januar - 2. Februar, 17. Juli - 9. August und Sonntagabend - Dienstag

Menü 78/88 € – *(Mittwoch - Samstag nur Abendessen)* (Tischbestellung ratsam)

Nach einem Umzug innerhalb der "Sonne" kommt das Restaurant mit klaren Formen und ruhigen Farben schön modern daher, Blick in die offene Küche inklusive! Die Menüs: "Nördlich", "Urtypisch", "Natürlich". Der Service zuvorkommend, die Weinauswahl (auch glasweise) ausgesprochen passend.

→ Roh marinierter Fjord Langostino, Heckenrose, Avocado, Bleichsellerie. Sautiertes Kaiserbein, junger Mais, Hirschhornwegerich, eingeweckte Brombeeren. Eintopf vom Lamm, Gartengemüse, Estragonsenf, Schmand.

Sonne-Stuben – Hotel Die Sonne Frankenberg

Marktplatz 2 ✉ 35066 – ✆ (06451) 75 00 – www.sonne-frankenberg.de

Menü 25/65 € – Karte 27/52 €

Sie mögen es regional? Auf der Speisekarte werden Sie einiges Schmackhaftes aus der Gegend entdecken, z. B. "Rinderroulade mit Kartoffelpüree und Gemüse" oder Kaiserschmarrn als leckeren Abschluss - und in den gemütlichen Stuben nehmen diverse Dekorationen Bezug zu Alt-Frankenberg. Terrasse zum Marktplatz!

FRANKENTHAL in der PFALZ

Rheinland-Pfalz – 47 040 Ew. – Höhe 96 m – Regionalatlas **47-E16**

Berlin 618 km – Mainz 66 km – Mannheim 18 km – Kaiserslautern 47 km

Michelin Straßenkarte 543

Victor's Residenz-Hotel

Mina-Karcher-Platz 9, Umgebungsplan Mannheim-Ludwigshafen ✉ 67227 – ✆ (06233) 34 30 – www.victors.de – geschl. Weihnachten - Anfang Januar Stadtplan : AU**c**

96 Zim – 82/174 € 112/184 € – 8 Suiten

Das Hotel mit der ungewöhnlichen modernen Turm-Silhouette bietet funktional ausgestattete Zimmer, Telefonieren in alle Fest- und Handynetze ist kostenfrei. Schön die Aussicht beim Frühstücken im obersten Stock. Bar mit Snackangebot.

FRANKFURT am MAIN

Hessen – 687 780 Ew. – Höhe 98 m – Regionalatlas **47**-F14
Berlin 549 km – Wiesbaden 41 km – Bonn 174 km – Nürnberg 226 km
Michelin Straßenkarte 543
Stadtpläne siehe nächste Seiten

M. Moxter/imageBROKER / age fotostock

→ Alphabetische Liste der Hotels
→ Alphabetical index of hotels

→ Alphabetische Liste der Restaurants
→ Alphabetical index of restaurants

A
B
1
2
3
NIEDERURSEL
NORDWEST-STADT
HEDDERNHEIM
ESCHERSHEIM
ESCHBORN
PRAUNHEIM
VOLKSPARK NIDDATAL
GINNHEIM
NORDWESTKREUZ FRANKFURT
ESCHBORNER DREIECK
RÖDELHEIM
HAUSEN
BOCKENHEIM
GRÜNEBURG PARK
Palmengarten
NIED
GRIESHEIM
NIEDERRAD
GOLDSTEIN
SCHWANHEIM
PARK LOUISA
FRANKFURTER
FRANKFURTER KREUZ
STADTWALD
ZEPPELINHEIM
FRANKFURT-MAIN AG
ADAC
Nidda
Main
A 66
A 648
A 5 / E 451
A 3 / E 42
Frankfurter Str.
Kronberger Str.
Bahnstr.
Industriestr.
Eschborner Str.
Steinbacher Str.
Hauptstraße
Marie-Curie-Str.
Praunheimer Weg
Titus-Str.
Bonameser Str.
Heerstr.
Rosa-Luxemburg-Str.
Raimundstraße
Hügelstr.
Guerickestraße
Kollwitz-Str.
Am Hohen Weg
Loischer Str.
Siegener Str.
Westerbachstraße
Schloßstr.
Bockenheimer Landstr.
Voltastraße
Sossenheimer Weg
Königsteiner Str.
Kurmainzer Str.
Oeserstraße
Oeserstr.
Waldschulstr.
Am Römerhof
Schmidtstr.
Bolongaro-Str.
Mainzer Landstr.
Mainzer Landstraße
Kleyerstraße
Gutleutstraße
Gutleutstr.
Nieder Kirchweg
Leunastraße
Stroofstraße
Schwanheimer Ufer
Gesenheimer Str.
Rheinlandstraße
Lyoner Str.
Bruchfeldstr.
Gerauer Str.
Kennedyallee
Mörfelder Landstr.
Isenburger Schneise
Frankfurter Str.
Südliche Ringstr.
Querspange Kelsterbach
Airportring
Carl-Ulrich-Straße
Forstweg

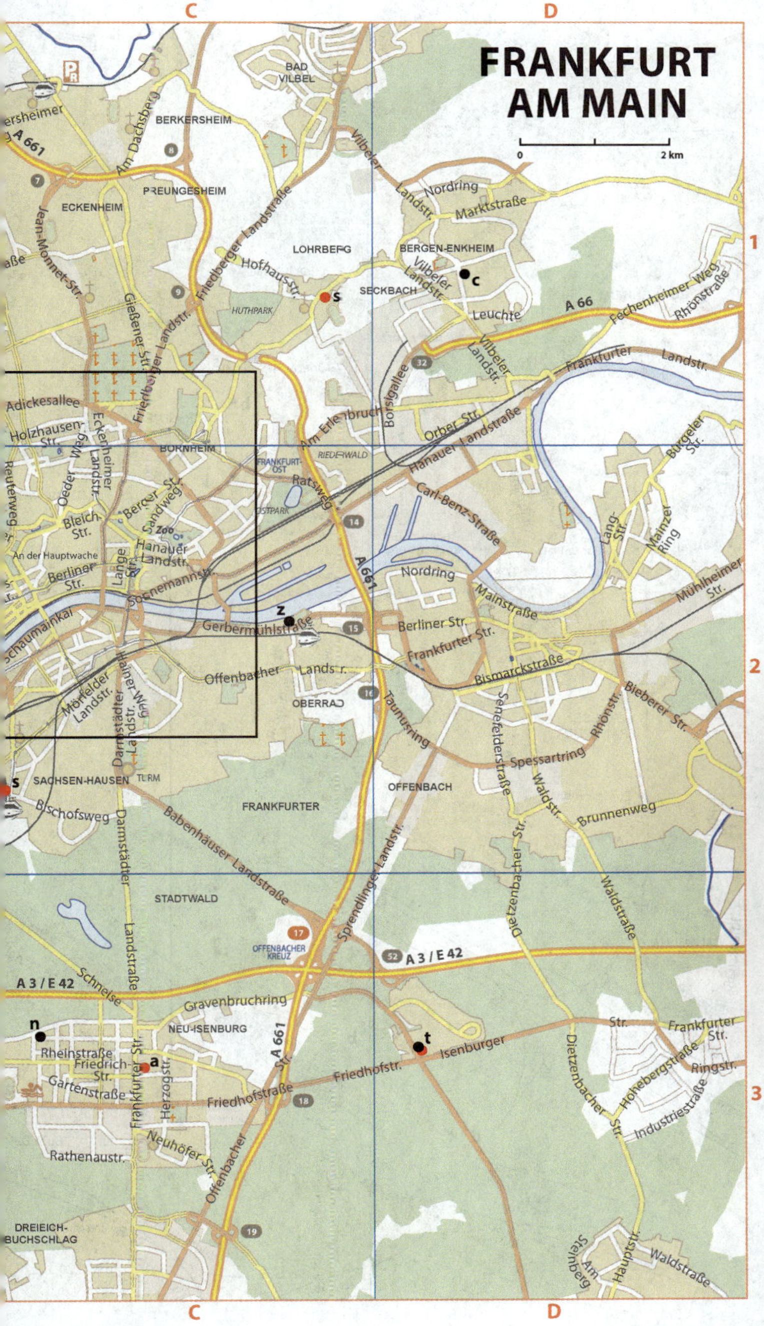
FRANKFURT AM MAIN
0
2 km
C
D
1
2
3
BAD VILBEL
BERKERSHEIM
PREUNGESHEIM
ECKENHEIM
LOHRBERG
BERGEN-ENKHEIM
SECKBACH
HUTHPARK
BORNHEIM
RIEDERWALD
FRANKFURT-OST
OSTPARK
Zoo
An der Hauptwache
OBERRAD
SACHSEN-HAUSEN
TURM
FRANKFURTER
OFFENBACH
STADTWALD
OFFENBACHER KREUZ
NEU-ISENBURG
DREIEICH-BUCHSCHLAG
A 661
A 66
A 3 / E 42
Am Dachsberg
Jean-Monnet-Str.
Gießener Str.
Friedberger Landstr.
Friedberger Landstraße
Hofhaus-Str.
Vilbeler Landstr.
Nordring
Marktstraße
Leuchte
Fechenheimer Weg
Rhönstraße
Frankfurter Landstr.
Borsigallee
Am Erlenbruch
Orber Str.
Hanauer Landstraße
Carl-Benz-Straße
Ratsweg
Adickesallee
Holzhausen-Str.
Eckenheimer Landstr.
Oeder Weg
Reuterweg
Bleich-Str.
Berger Str.
Sandweg
Hanauer Landstr.
Berliner Str.
Lange Str.
Sonnemannstr.
Schaumainkai
Gerbermühlstraße
Offenbacher Landstr.
Mörfelder Landstr.
Darmstädter Landstr.
Hainer Weg
Bürgeler Str.
Lang-Str.
Mainzer Ring
Mühlheimer Str.
Mainstraße
Berliner Str.
Frankfurter Str.
Bismarckstraße
Bieberer Str.
Rhönstr.
Taunusring
Senefelderstraße
Spessartring
Waldstr.
Brunnenweg
Bischofsweg
Babenhäuser Landstraße
Darmstädter Landstraße
Sprendlinger Landstr.
Dietzenbacher Str.
Waldstraße
Schneise
Gravenbruchring
Rheinstraße
Friedrich-Str.
Gartenstraße
Frankfurter Str.
Herzog-str.
Friedhofstraße
Friedhofstr.
Isenburger Str.
Frankfurter Str.
Hohebergstraße
Ringstr.
Industriestraße
Neuhöfer Str.
Rathenaustr.
Offenbacher
Am Steinberg
Hauptstr.
Waldstraße
s
c
z
n
a
t

E
F
1
2
3
A 66
Ginnheimer Landstr.
Ginnheimer Stadtweg
Miquelallee
Frauenlobstraße
Franz-Rücker-Allee
Ditmarstraße
Zeppelinallee
Sophienstraße
BOCKENHEIM
Grempstr.
Falkstraße
Leipziger Str.
Leipziger Straße
Schloßstraße
WESTBAHNHOF
Adalbertstraße
Bockenheimer Warte
Kreuznacher Str.
Voltastraße
Hamburger Allee
Emser Brücke
Theodor-W.-Adorno-Platz
Kiesstraße
Gräfstraße
Naturmuseum Senckenberg
Palmengarten
BOTANISCHER GARTEN
GRÜNEBURGPARK
Grüneburgplatz
Grüneburgweg
Simon-Bolivar-Anlage
JÜDISCHE GEMEINDE
Siesmayerstraße
Myliusstraße
Wiesenau
Unterlindau
Oberlindau
Reuterweg
Hansaallee
Eschersheimer Landstr.
Miquel-Adickesallee
Holzhausenstraße
Bremer Str.
Siolistraße
Bertramstr.
Wolfs
Gärtnerweg
ROTHSCHILD PARK
Westend
Odina-Bott-Platz
Bockenheimer Anlage
Hochstr.
Kettenhofweg
Guiollettstraße
Westendstraße
Mendelssohnstraße
Arndtstraße
Savignystraße
Bettinastraße
Westendstr.
Theodor-Heuss-Allee
MESSE
CONGRESS CENTER
MESSETURM
MESSE FRANKFURT
Osloer Str.
Pl. der Republik
François-Mitterand-Platz
Karlstraße
Taunusanlage
Junghofstr.
Große Gallusstr.
Neue Mainzer Str.
Kaiserstraße
Taunusstraße
Münchener Str.
Hofstr.
Untermainkai
Europa-Allee
Lia-Wöhr-Platz
Stephenson-Str.
Kölner Str.
Koblenzer Str.
Frankenallee
Landstraße
Poststraße
Hafen-Str.
HAUPTBAHNHOF
Gutleutstraße
Wiesenhüttenplatz
Familie-Jürgens-Platz
Baseler Pl.
GALLUSWARTE
Mainzer
Kriegkstraße
Kleyerstraße
Weilburger Str.
Camberger Str.
Hafentunnel
Schönstr.
Rottweiler Pl.
Hermann-Eggert-Str.
WESTHAFEN
Karpfenweg
Main
Friedensbrücke
Schaumainkai
Städelsches Kunstinstitut
Dürerstr.
Gartenstraße
Kennedyallee
Holbeinstr.
Stresemannallee
Carl-von-Noorden-Platz
Burnitzstr.
Hirtenstraße
Theodor-Stern-Kai
Niederräder Ufer
Waidmannstraße
Helmatring
Tiroler
Mörfelder Land

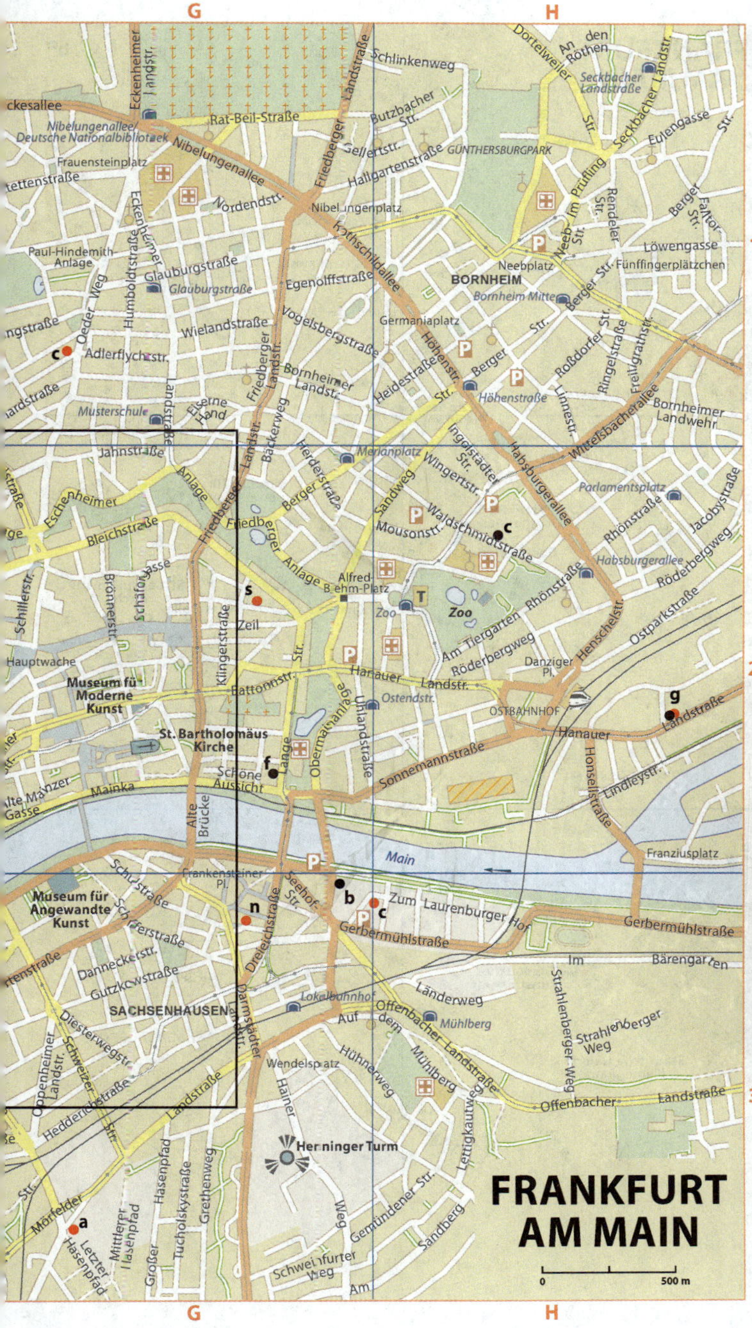
FRANKFURT AM MAIN
0
500 m
G
H
1
2
3
Bornheim
Sachsenhausen
Zoo
Main
Museum für Moderne Kunst
St. Bartholomäus Kirche
Museum für Angewandte Kunst
Henninger Turm
Ostbahnhof
Hauptwache
Günthersburgpark
Nibelungenallee
Nibelungenallee/ Deutsche Nationalbibliothek
Rat-Beil-Straße
Eckenheimer Landstr.
Friedberger Landstraße
Schlinkenweg
Butzbacher Str.
Gellertstr.
Hallgartenstraße
Nibelungenplatz
Rothschildallee
Nordendstr.
Frauensteinplatz
Paul-Hindemith-Anlage
Humboldtstraße
Glauburgstraße
Egenolffstraße
Vogelsbergstraße
Wielandstraße
Oeder Weg
Adlerflychtstr.
Musterschule
Eiserne Hand
Bornheimer Landstr.
Bäckerweg
Germaniaplatz
Heidestraße
Höhenstraße
Berger Str.
Neebplatz
Bornheim Mitte
Seckbacher Landstraße
Dortelweiler Str.
An den Röthen
Eulengasse
Im Prüfling
Rendeler Str.
Löwengasse
Fünffingerplätzchen
Roßdorfer Str.
Ringelstraße
Freiligrathstr.
Linnéstr.
Wittelsbacherallee
Bornheimer Landwehr
Jahnstraße
Merianplatz
Herderstraße
Sandweg
Wingertstr.
Ingolstädter Str.
Habsburgerallee
Parlamentsplatz
Rhönstraße
Jacobystraße
Röderbergweg
Eschenheimer Anlage
Bleichstraße
Friedberger Anlage
Mousonstr.
Waldschmidtstraße
Alfred-Brehm-Platz
Am Tiergarten
Danziger Pl.
Henschelstr.
Ostparkstraße
Schillerstr.
Brönnerstr.
Schäfergasse
Klingerstraße
Zeil
Battonnstr.
Hanauer Landstr.
Ostendstr.
Uhlandstraße
Obermainanlage
Lange Str.
Schöne Aussicht
Sonnemannstraße
Honsellstraße
Lindleystr.
Mainkai
Alte Brücke
Alte Mainzer Gasse
Franziusplatz
Frankensteiner Pl.
Seehofstr.
Zum Laurenburger Hof
Gerbermühlstraße
Schulstraße
Schifferstraße
Dreieichstraße
Dannekerstr.
Gutzkowstraße
Im Bärengarten
Strahlenberger Weg
Länderweg
Lokalbahnhof
Offenbacher Landstraße
Auf dem Mühlberg
Mühlberg
Darmstädter Landstr.
Diesterwegstr.
Schweizer Str.
Oppenheimer Landstr.
Heddericherstraße
Wendelsplatz
Hühnerweg
Hainer Weg
Lettigkautweg
Gemündener Str.
Sandberg
Schweinfurter Weg
Mörfelder Landstr.
Letzter Hasenpfad
Mittlerer Hasenpfad
Großer Hasenpfad
Tucholskystraße
Grethenweg

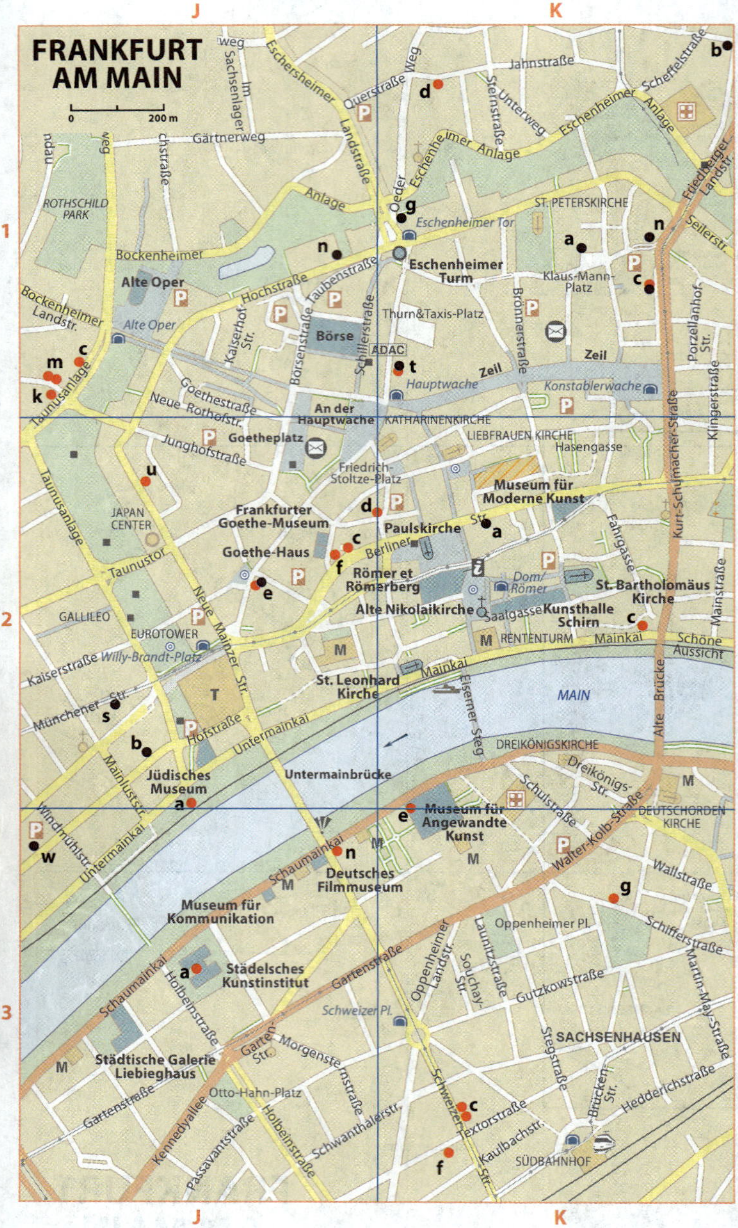
J
K
FRANKFURT
AM MAIN
0
200 m
1
2
3
ROTHSCHILD PARK
Bockenheimer
Alte Oper
Bockenheimer Landstr.
Hochstraße
Börse
ADAC
Eschenheimer Tor
Eschenheimer Turm
Thurn&Taxis-Platz
Klaus-Mann-Platz
ST. PETERSKIRCHE
Zeil
Hauptwache
Konstablerwache
An der Hauptwache
KATHARINENKIRCHE
LIEBFRAUEN KIRCHE
Hasengasse
Goetheplatz
Friedrich-Stoltze-Platz
Museum für Moderne Kunst
Frankfurter Goethe-Museum
Paulskirche
Goethe-Haus
Römer et Römerberg
Dom/Römer
St. Bartholomäus Kirche
Alte Nikolaikirche
Saalgasse
Kunsthalle Schirn
RENTENTURM
Mainkai
Schöne Aussicht
JAPAN CENTER
Taunustor
GALLILEO
EUROTOWER
Willy-Brandt-Platz
Kaiserstraße
Münchener Str.
St. Leonhard Kirche
MAIN
Jüdisches Museum
Untermainbrücke
DREIKÖNIGSKIRCHE
Museum für Angewandte Kunst
DEUTSCHORDEN KIRCHE
Deutsches Filmmuseum
Museum für Kommunikation
Städelsches Kunstinstitut
Oppenheimer Pl.
Schweizer Pl.
SACHSENHAUSEN
Städtische Galerie Liebieghaus
Otto-Hahn-Platz
SÜDBAHNHOF
Kennedyallee
Schwanthalerstr.
Textorstraße
Kaulbachstr.
Hedderichstraße
Gartenstraße
Schaumainkai
Untermainkai
Walter-Kolb-Straße
Wallstraße
Schifferstraße
Kurt-Schumacher-Straße
Alte Brücke

Hotels

Steigenberger Frankfurter Hof

Am Kaiserplatz ✉ 60311 – ✆ (069) 2 15 02 Stadtplan : J2**e**
– www.frankfurter-hof.steigenberger.de
261 Zim ☕ – 🚹249/699 € 🚹🚹249/699 € – 42 Suiten
Français ✿ **• *Oscar's*** – Siehe Restaurantauswahl
Die Tradition dieses klassischen Grandhotels reicht bis ins Jahr 1876 zurück. Außen eine eindrucksvolle historische Fassade, innen Luxus pur: eine repräsentative Lobby mit reichlich Sitzmöglichkeiten, geschmackvolle geräumige Zimmer, ein schöner Spa auf 1000 qm...

Jumeirah

Thurn-und-Taxis-Platz 2, Zufahrt über Große Eschenheimer Str. 8 ✉ 60313 – ✆ (069) 2 97 23 70 Stadtplan : K1**t**
– www.jumeirah.com/frankfurt
199 Zim – 🚹300/480 € 🚹🚹300/480 € – ☕ 32 € – 18 Suiten
Max on One – Siehe Restaurantauswahl
Top Komfort, neueste Technik, wertigste Materialien! Für die Präsidentensuite (220 qm!) ist kein Superlativ zu hoch gegriffen, zum eigenen "Talise-Spa" kommt der direkte Zugang zum Freizeit-Center nebenan. Lust auf libanesische Küche? Das Restaurant el rayyan ist angeschlossen an die Shopping-Mall "MyZeil".

The Westin Grand

Konrad-Adenauer-Str. 7 ✉ 60313 – ✆ (069) 2 98 10 Stadtplan : K1**c**
– www.westingrandfrankfurt.com
353 Zim – 🚹199/699 € 🚹🚹199/699 € – ☕ 33 € – 18 Suiten
san san* • *Sushimoto – Siehe Restaurantauswahl
Eine großzügige internationale Businessadresse in zentraler Lage. Zeitgemäße, wohnliche Zimmer, zahlreiche Tagungsräume, Executive-Club in der 1. Etage. Und für eine kleine Auszeit zwischendurch: der Pool mit tollem Ausblick auf die Stadt oder der schicke Bar-Lounge-Bereich (hier kann man auch essen).

Hessischer Hof

Friedrich-Ebert-Anlage 40 ✉ 60325 – ✆ (069) 7 54 00 Stadtplan : E2**p**
– www.hessischer-hof.de
114 Zim – 🚹249 € 🚹🚹279 € – ☕ 34 € – 7 Suiten
Sèvres – Siehe Restaurantauswahl
Service hat hier einen überaus hohen Stellenwert, vom Willkommensgetränk über die kostenfreie Minibar bis zum hochwertigen Frühstück, entsprechend engagiert die Leitung des Hauses - ein Granhotel im besten Sinne! Eine Institution: Jimmy's Bar, auch Frankfurts Wohnzimmer genannt - täglich Live-Musik ab 22 Uhr.

Hilton

Hochstr. 4 ✉ 60313 – ✆ (069) 13 38 00 Stadtplan : J1**n**
– www.frankfurt.hilton.com
342 Zim ☕ – 🚹169/599 € 🚹🚹169/599 €
Das Haus an der Bockenheimer Anlage empfängt Sie mit einer beeindruckend hohen Atriumhalle. Die Zimmer komfortabel und zeitlos, die Bäder sehr großzügig. Das 25-m-Hallenbad, einstiges Stadtbad, ist das größte Hotelschwimmbad Frankfurts. Im Restaurant internationale Küche mit vielen Grillgerichten.

Le Méridien Parkhotel

Wiesenhüttenplatz 28 ✉ 60329 – ✆ (069) 2 69 70 Stadtplan : F3**k**
– www.lemeridienparkhotelfrankfurt.com
300 Zim – 🚹125/659 € 🚹🚹145/680 € – ☕ 28 €
Im historischen Teil des Hotels, einem herrschaftlichen Palais, erwarten Sie stilvolle Zimmer mit hohen Decken und ein sehenswertes Treppenhaus. Die Jazz-Abende in der Hotelbar sind nicht nur bei den Einheimischen beliebt! Modern-funktionell: der Anbau. Le Parc im Bistrostil, Gartenlokal vor dem Haus.

Roomers

Gutleutstr. 85 ✉ 60329 – ✆ (069) 2 71 34 20 Stadtplan : F3**s**
– www.roomers.eu
116 Zim – 🚹230/360 € 🚹🚹230/920 € – ☕ 32 € – 3 Suiten
Roomers – Siehe Restaurantauswahl
Das beeindruckende Design sucht seinesgleichen: überall wertiges, ausgesprochen stimmiges Interieur in dunklen Tönen, edel auch der Sauna- und Fitnessbereich. Für Nachtschwärmer "the place to be": die trendig-loungige Bar (Mo - Sa mit DJ).

Steigenberger Metropolitan

Poststr. 6 ✉ 60329 – ✆ (069) 5 06 07 00 Stadtplan : F2**c**
– www.metrolopitan.steigenberger.com
129 Zim ☕ – 🚹176 € 🚹🚹196 € – 2 Suiten
Zurückhaltende Eleganz und moderne Funktionalität vereinen sich in dem Stadtpalais a. d. 19. Jh., das direkt neben dem Hauptbahnhof liegt. Art-déco-Elemente zieren Fassade und Interieur. Neuzeitliches Ambiente im Restaurant Brasserie.

Fleming's Deluxe

Eschenheimer Tor 2 ✉ 60318 – ✆ (069) 4 27 23 20 Stadtplan : K1**g**
– www.flemings-hotels.com
206 Zim ☕ – 🚹198/258 € 🚹🚹218/278 € – 4 Suiten
An der Eschenheimer Anlage steht das denkmalgeschützte ehemalige Bayer-Haus a. d. 50er Jahren mit funktionstüchtigem Original-Paternoster. Dank Erweiterung hat man noch mehr moderne und zugleich wohnliche Zimmer. Bar und Lounge im 7. Stock. Vom Dachrestaurant mit Showküche blickt man auf die Skyline.

Mövenpick

Den Haager Str. 5, neben dem Tor Ost, Halle III, Zufahrt über Platz der Einheit ✉ 60327 – ✆ (069) 7 88 07 50 Stadtplan : E2**x**
– www.moevenpick-hotels.com/frankfurt-city
288 Zim – 🚹145/465 € 🚹🚹165/485 € – ☕ 24 €
Businesshotel mit auffallender rot-grauer Fassade direkt am Messegelände. Die Zimmer: geradlinig-modern und funktionell. Fitnessbereich mit Dachterrasse. Restaurant im Bistrostil mit internationalem Angebot.

The Pure

Niddastr. 86 ✉ 60329 – ✆ (069) 7 10 45 70 Stadtplan : F2**r**
– www.the-pure.de
50 Zim ☕ – 🚹150/190 € 🚹🚹170/210 €
Puristisches Design in Weiß dominiert in diesem Hotel in Bahnhofsnähe. Die ansprechenden modern-eleganten Zimmer sind zum Teil nicht sehr großzügig geschnitten.

Adina

Wilhelm-Leuschner-Str. 6 ✉ 60329 – ✆ (069) 2 47 47 40 Stadtplan : J2**b**
– www.adina.eu
52 Zim – 🚹139/399 € 🚹🚹139/499 € – ☕ 21 € – 82 Suiten
Apartment-Hotel nahe Main und City mit klassisch-moderner Einrichtung in klaren Linien und kräftigen Farben. Alle Zimmer mit Küchenzeile, Suiten zudem mit Waschmaschine und Trockner. Im Restaurant: internationale Küche und Tapas.

Radisson BLU N

Franklinstr. 65 ✉ 60486 – ✆ (069) 7 70 15 50 Stadtplan : B2**c**
– www.radissonblu.de/hotel-frankfurt
423 Zim – 🚹99/380 € 🚹🚹127/408 € – ☕ 28 € – 5 Suiten
Der moderne Style dieses nicht alltäglichen Hotels stammt von Matteo Thun und Adam Tihany. Die Zimmer sind nach ihrem Einrichtungsstil benannt: "At home", "Chic", "Fashion" und "Fresh". Im Coast serviert man in trendiger Atmosphäre internationale Küche.

Wyndham Grand Frankfurt (N)

Wilhelm-Leuschner-Str. 32 ✉ *60329* – ✆ *(069) 9 07 45 90* Stadtplan : J3**w**
– *www.wyndhamgrandfrankfurt.com*
281 Zim – 🚹159/199 € 🚹🚹139/219 € – ☕ 23 € – 7 Suiten
Das topmoderne Businesshotel überzeugt zum einen mit schicken und technisch erstklassig ausgestatteten Zimmern (top die Aussicht Richtung Skyline!), zum anderen mit einem attraktiven Gastro-Konzept: "The Linx" ist eine "Open Lobby", in der man mediterran speist und morgens im New-York-Loft-Style frückstückt.

Alexander am Zoo

Waldschmidtstr. 59 ✉ *60316* – ✆ *(069) 94 96 00* Stadtplan : H2**c**
– *www.alexanderamzoo.de*
57 Zim ☕ – 🚹69/250 € 🚹🚹87/250 € – 9 Suiten
In dem Hotel nahe dem Zoo wohnt man in zeitlos gestalteten Zimmern, die großzügig geschnitten sind. Von der Konferenzetage hat man Zugang zur Dachterrasse mit Stadtblick.

25hours Hotel The Goldman

Hanauer Landstr. 127 ✉ *60314* – ✆ *(069) 40 58 68 90* Stadtplan : H2**g**
– *www.25hours-hotels.com/goldman*
97 Zim – 🚹145/405 € 🚹🚹145/405 € – ☕ 18 €
Goldman – Siehe Restaurantauswahl
Individueller könnten die Zimmer nicht sein: unterschiedlichste Details in Farbe, Muster, Accessoires... Die "West"-Zimmer sind nach den Ideen diverser Frankfurter Persönlichkeiten designt, die "East"-Zimmer "vergessenen internationalen Helden" gewidmet. In der "Oost Bar": regelmäßig DJ-Musik und Live-Bands.

Fleming's Hamburger Allee

Hamburger Allee 47 ✉ *60486* – ✆ *(069) 2 01 74 10* Stadtplan : E2**f**
– *www.flemings-hotels.com*
59 Zim ☕ – 🚹91/171 € 🚹🚹104/184 €
Ein wirklich gepflegtes Domizil in praktischer und dennoch relativ ruhiger Lage nahe der Messe. Sie wohnen in geradlinig gestalteten Zimmern - typisch Fleming's: die grünen Äpfel. In der Brasserie erwarten Sie traditionelle Küche und Leckeres von der Feinkosttheke. Die Straßenbahn hält übrigens vor dem Haus.

25hours Hotel by Levi's

Niddastr. 58 ✉ *60329* – ✆ *(069) 2 56 67 70* Stadtplan : F2**h**
– *www.25hours-hotels.com/levis*
76 Zim – 🚹176/426 € 🚹🚹176/426 € – ☕ 18 €
Beim Hauptbahnhof gelegenes "Levi's"-Designhotel. In Anlehnung an den Jeans-Look der 30er bis 80er Jahre sind die Etagen individuell gestaltet. Relaxen von ganz oben bis ganz unten: tolle Dachterrasse "on top", im Keller "Gibson Music Room". Das gemütliche Restaurant "Chez Ima" ist bunt, trendig und lebendig.

Pearl

Gutleutstr. 173 ✉ *60327* – ✆ *(069) 27 13 66 90* Stadtplan : F3**b**
– *www.pearlhotel.de*
55 Zim ☕ – 🚹99/344 € 🚹🚹119/349 €
Das Businesshotel liegt etwas außerhalb des Zentrums, nicht weit vom Hauptbahnhof. Moderne Zimmer in apartem puristischem Stil stehen hier zur Verfügung, dazu eine nette kleine Terrasse hinterm Haus.

Villa Orange

Hebelstr. 1 ✉ *60318* – ✆ *(069) 40 58 40* Stadtplan : K1**b**
– *www.villa-orange.de*
38 Zim ☕ – 🚹95/195 € 🚹🚹119/275 €
Das schön eingerichtete Stadthaus im Villenstil gehört zu den Bio-Hotels. Moderner Stil und warme Töne vom Foyer über die Bibliothek und die Zimmer bis zum Frühstücksraum - hier gibt's am Morgen Bio-Produkte.

Palmenhof

Bockenheimer Landstr. 89 ✉ 60325 – ✆ (069) 7 53 00 60 Stadtplan : F2**m**
– www.palmenhof.com – geschl. Weihnachten - 2. Januar
45 Zim – 🚹135/165 € 🚹🚹135/165 € – ☕ 16 €
Das privat geführte, 1890 erbaute Haus im Bankenviertel beherbergt hinter seiner Gründerzeitfassade hübsche Zimmer, die mit Möbeln verschiedener Epochen eingerichtet sind. Eine sehr gepflegte Adresse!

Fleming's Deluxe Main Riverside N

Lange Str. 5 ✉ 60311 – ✆ (069) 21 93 00 Stadtplan : G2**f**
– www.flemings-hotels.com
145 Zim ☕ – 🚹155 € 🚹🚹175 € – 4 Suiten
Businesshotel mit schönen Zimmern in modern-elegantem Stil - einige bieten einen Blick auf die Skyline Frankfurts, so auch die tolle Wintergarten-Suite in der obersten Etage! Und auch beim Tagen im 6. Stock genießt man die Aussicht. Aus der Showküche des Restaurants kommen internationale Speisen.

Liebig

Liebigstr. 45 ✉ 60323 – ✆ (069) 24 18 29 90 Stadtplan : F1**b**
– www.hotelliebig.de
19 Zim – 🚹135/165 € 🚹🚹165/215 € – ☕ 16 €
Recht individuell wohnt man in der hübschen Jugendstilvilla im Westend, von modern bis klassisch. Einige Zimmer haben besonderen Charme mit ihren Stilmöbeln und nostalgischen Badarmaturen! Und haben Sie die sanierte alte Holztreppe gesehen?

Miramar Golden Mile

Berliner Str. 31 ✉ 60311 – ✆ (069) 9 20 39 70 Stadtplan : K2**a**
– www.miramar-frankfurt.de – geschl. 23. - 31. Dezember
39 Zim ☕ – 🚹80/280 € 🚹🚹100/300 €
Sie finden dieses gepflegte und freundlich geführte Hotel in ganz zentraler Lage zwischen Zeil und Römer. Die Gästezimmer sind zeitlos und funktional eingerichtet, teilweise sind sie recht klein.

Memphis

Münchener Str. 15 ✉ 60329 – ✆ (069) 2 42 60 90 Stadtplan : J2**s**
– www.memphis-hotel.de
42 Zim – 🚹65/500 € 🚹🚹75/600 € – ☕ 9 €
Das Hotel liegt nur ca. fünf Gehminuten vom Bahnhof entfernt. Die Zimmer sind nicht sehr groß, aber zeitgemäß und funktionell in der Ausstattung - zum Innenhof hin ruhiger.

Villa Oriental

Baseler Str. 21 ✉ 60329 – ✆ (069) 27 10 89 50 Stadtplan : F3**e**
– www.villa-oriental.com
30 Zim ☕ – 🚹71/301 € 🚹🚹81/341 €
Hafez – Siehe Restaurantauswahl
Das Hotel in dem schmucken Stadthaus bringt ein Stück Orient nach Frankfurt. Zum schönen authentischen Interieur zählen u. a. rund 15 000 sehr dekorative Fliesen aus Marokko. Freundlich der Service im Haus.

Scala

Schäfergasse 31 ✉ 60313 – ✆ (069) 1 38 11 10 Stadtplan : K1**a**
– www.hotel-scala-frankfurt.de
40 Zim – 🚹92/122 € 🚹🚹122/152 € – ☕ 14 €
Eine zentrale Adresse ganz in der Nähe von Frankfurts Zeil. Die nicht allzu geräumigen Zimmer überzeugen mit Funktionalität. Empfang und Getränkeservice rund um die Uhr.

Gute Küche zu moderatem Preis? Folgen Sie dem „Bib Gourmand" ☺. Das freundliche Michelin-Männchen „Bib" steht für ein besonders gutes Preis-Leistungs-Verhältnis!

Restaurants

XXXX **Français** – Hotel Steigenberger Frankfurter Hof

Am Kaiserplatz ✉ 60311 – ✆ (069) 2 15 83 24 Stadtplan : J2**e**
– www.restaurant-francais.de – geschl. Januar 1 Woche, über Ostern 2 Wochen, Juli - August 4 Wochen und Samstagmittag, Sonntag - Montag sowie an Feiertagen
Menü 59 € (mittags unter der Woche)/104 € (abends) – Karte 94/110 € – (Tischbestellung ratsam)

Als einer der Klassiker der Frankfurter Edelgastronomie ist das "Français" ein Garant für eine feine und überaus intensive Küche mit persönlicher Note. Und was würde man zu so viel Genuss anderes erwarten als angenehm ruhigen, zuvorkommenden und charmanten Service? Im Sommer ein Muss: der Ehrenhof!

➜ Pochierte Gillardeau Auster Nr. 2, Bohne, Tomate, Chipolata-Wurst. Pacific Black Cod, Miso, Erbse, Spitzmorchel. Französisches Salers Rind "Dry Aged", Couscous, Rucola, Griechischer Joghurt

XXX **Lafleur**

Palmengartenstr. 11 ✉ 60325 – ✆ (069) 90 02 91 00 Stadtplan : E1**r**
– www.restaurant-lafleur.de – geschl. 22. Dezember - 12. Januar, Juli - August 3 Wochen und Sonntag - Dienstagmittag, Samstagmittag
Menü 43 € (mittags unter der Woche)/145 € – Karte 81/120 €

Aus besten Produkten entstehen schön präsentierte klassisch-moderne Speisen mit gekonnten Aromen-Kombinationen. Ort des Geschehens ist das Gesellschaftshaus am Palmengarten, und hier ein verglaster Anbau mit hochwertigem geradlinig-stilvollem Interieur und ebenso attraktivem begehbarem Weinklimaschrank.

➜ Lackierter Hamachi, Dashi mit Sudachi, Pak Choi, Reiscrème, Enoki. Filet vom Kabeljau, Champagnersauce, Balsamicoschalotten, Zitronenspinat, Crème von geräucherten Kartoffeln. Dolce von Rhabarber und Bio-Topfen mit Basilikum-Pistazieneis.

XXX **Tiger-Gourmetrestaurant**

Heiligkreuzgasse 20 ✉ 60313 – ✆ (069) 9 20 02 20 Stadtplan : G2**s**
– www.tigerpalast.de – geschl. 22. Dezember - 10. Januar, Mitte Mai - Mitte August und Sonntag - Montag
Menü 98/135 € – Karte 82/124 € – *(nur Abendessen)* (Tischbestellung erforderlich)

Moderne Techniken und Texturen, feine Kontraste, intensive Aromen, dafür steht die klassisch basierte Küche. Sollten Sie angesichts der aufwändig und detailgenau zubereiteten Speisen vergessen, dass Sie sich im Gebäude des Varieté-Theaters befinden: Dekorative historische Plakate in dem fast schon intim wirkenden Restaurant erinnern Sie daran!

➜ Gartengurke in Texturen, Wildkräuter, Radieschen, Rettich. Limousin Lamm, Rücken, Backe und Bries mit Kreuzkümmeljus. Bio Grand Cru Madagaskar Schokolade, Nusserde, Caramelia Ganache, Kaffirlimetteneis.

Palastbar-Restaurant – Siehe Restaurantauswahl

XXX **Restaurant Villa Merton** N

Am Leonhardsbrunn 12, Ecke Ditmarstraße im Union International Club ✉ 60487 – ✆ (069) 70 30 33 Stadtplan : E1**n**
– www.restaurant-villa-merton.de – geschl. Samstag - Sonntag
Menü 69/128 € – *(nur Abendessen)* (Tischbestellung ratsam)

In der denkmalgeschützten Villa im Diplomatenviertel lässt es sich schön speisen. Das Ambiente ist elegant, die Küche von André Großfeld bietet feine Klassik mit modernen Akzenten, verpackt in drei Menüs: "Vegetarisch", "Villa Merton" und "für Leib und Seele".

➜ Variation von Tomate, Mozzarella und Basilikum. Lauwarme Tranche vom Saibling mit Erbsenravioli, Zwiebelchutney, Karottenpüree. Brust und Praline von der Wachtel mit geräuchertem Trauben-Couscous und glacierten Zuckerschoten.

Bistro Villa Merton – Siehe Restaurantauswahl

XXX **Sèvres** – Hotel Hessischer Hof

Friedrich-Ebert-Anlage 40 ✉ 60325 – ✆ (069) 7 54 00 – www.restaurant-sevres.de Stadtplan : E2**p**

Menü 43/99 € – Karte 53/69 € – (abends Tischbestellung ratsam)

Prachtvolle Eleganz auf der ganzen Linie: eine wertvolle Sèvres-Porzellan-Ausstellung im Einklang mit dem erlesenen Interieur des Restaurants! Dazu klassische Gerichte wie "ganze Seezunge mit Blattspinat". Lunch-Tipp: "All-inclusive-Menü".

XXX **Max on One** – Hotel Jumeirah

Thurn-und-Taxis-Platz 2, Zufahrt über Große Eschenheimer Str. 8, 1. Etage ✉ 60313 – ✆ (069) 2 97 23 71 98 – www.jumeirah.com/frankfurt – geschl. Samstagmittag, Sonntag Stadtplan : K1**t**

Karte 43/68 € – *(Juli - August: Montag - Freitag nur Abendessen)* (Tischbestellung ratsam)

Im 1. Stock des noblen Hotels erleben Sie das Geschehen in der Showküche, um Sie herum das schicke Design des japanischen Innenarchitekten Takashi Sugimoto. Es gibt viele Grillgerichte. Hingucker: stimmig integrierter gläserner Weinschrank!

XX **Roomers** – Hotel Roomers

Gutleutstr. 85 ✉ 60329 – ✆ (069) 2 71 34 20 – www.roomers.eu – geschl. Samstagmittag, Sonntagmittag Stadtplan : F3**s**

Karte 30/103 €

Chic-modern das Design, lebendig die Atmosphäre, international die Kreationen aus der Küche. Ein wirklich angenehmes Plätzchen abseits des City-Trubels ist die Terrasse im Hof!

XX **Stanley Diamond La Buvette** (N)

Ottostr. 16 ✉ 60329 – ✆ (069) 26 94 28 92 – www.stanleydiamond.com – geschl. Samstagmittag, Sonntag Stadtplan : F2**t**

Menü 47/69 € – Karte 43/65 €

Trendiges Konzept aus Restaurant und Bar. Das Interieur stylish und hochwertig, der Service unkompliziert und versiert, die Küche ambitioniert - neu interpretierte Klassiker wie "gelierte Oxtail mit Kartoffelschaum & Imperialkaviar".

XX **Kameha Suite - Restaurant Next Level**

Taunusanlage 20 ✉ 60325 – ✆ (069) 4 80 03 70 – www.kamehasuite.de – geschl. Weihnachten - Anfang Januar 2 Wochen, Juli - August 4 Wochen und Sonntag Stadtplan : J1**c**

Menü 55/75 € – Karte 58/72 € – *(nur Abendessen)*

In dem historischen Prachtbau bestaunt man zuerst einmal das beachtliche stilvolle Treppenhaus! Bar, Lounge und Restaurant auf verschiedenen Ebenen, trendig-elegantes Interieur, abends modern-ambitionierte Küche. Mittags nur "Quick-Lunch".

XX **MAIN TOWER RESTAURANT & LOUNGE**

Neue Mainzer Str. 52, 53. Etage, Gebühr ✉ 60311 – ✆ (069) 36 50 47 77 – www.maintower-restaurant.de – geschl. Sonntag - Montag, Samstagmittag und an Feiertagen mittags Stadtplan : J2**u**

Menü 79/105 € (abends) – Karte 37/55 € – (Tischbestellung erforderlich)

Wer möchte nicht beim Essen einen herrlichen Blick über Frankfurt genießen? Der ist Ihnen hier oben in 187 m Höhe gewiss! Mittags kleine Lunchkarte (z. B. "Tafelspitz in Meerrettichsauce"), am Abend dann feine Menüs, z. B. mit "Kaninchenrücken / Spitzkohl / Ziegenkäsegnocchi". Cocktail in der Lounge?

XX **Medici**

Weißadlergasse 2 ✉ 60311 – ✆ (069) 21 99 07 94 – www.restaurantmedici.de – geschl. Sonntag und an Feiertagen Stadtplan : JK2**d**

Menü 39 € (abends)/64 € – Karte 44/65 €

In dem Restaurant mitten in der Innenstadt gibt es internationale Küche mit mediterranen und asiatischen Einflüssen, von "Tataki von Yellowfin Tuna" bis "Rinderfilet mit zweierlei Spargel und Bärlauch". Sehr beliebt: günstiges Lunch-Menü!

XX **Zenzakan**

Taunusanlage 15 ✉ *60325 –* ✆ *(069) 97 08 69 08* Stadtplan : J1**m**
– www.mook-group.de – geschl. Weihnachten - Neujahr und Sonntag
Menü 100 € – Karte 41/105 € – *(nur Abendessen)*
Apartes Schwarz sorgt für intime Atmosphäre, das Lichtkonzept bringt die sehenswerte Deko wie die Armee aus Terrakotta-Kriegern oder die zahlreichen Buddhaköpfe geschickt zur Geltung. Asiatische Küche samt moderner Sushi-Interpretationen.

XX **The Ivory Club**

Taunusanlage 15 ✉ *60325 –* ✆ *(069) 77 06 77 67* Stadtplan : J1**m**
– www.mook-group.de – geschl. Samstagmittag, Sonntagmittag
Menü 80 € – Karte 42/85 € – (Tischbestellung erforderlich)
Lust auf indische Küche? Da dürfen Tandoori- und Curry-Gerichte nicht fehlen! Man verzichtet auf unnötige Deko auf dem Teller und konzentriert sich ganz auf das Aroma. Angenehm der Kolonialstil im Restaurant, ebenso der aufmerksame Service.

XX **Palastbar-Restaurant** – Tiger-Gourmetrestaurant

Heiligkreuzgasse 20 ✉ *60313 –* ✆ *(069) 92 00 2 20* Stadtplan : G2**s**
– www.tigerpalast.de – geschl. Mitte Mai - Mitte August und Montag
Menü 49/54 € – Karte 48/66 € – *(nur Abendessen)*
In dem sehenswerten Backsteingewölbe kann man sogar noch vor der Varieté-Vorstellung essen (ab 17 Uhr), und zwar klassische Küche mit internationalem Einfluss. Lust auf "gebratene Tranche vom Steinköhler in Beurre Blanc mit Zitronenspinat"?

X **Ernos Bistro**

Liebigstr. 15 ✉ *60323 –* ✆ *(069) 72 19 97* Stadtplan : F2**k**
– www.ernosbistro.de – geschl. Ende Dezember - Anfang Januar 2 Wochen, über Ostern 1 Woche, August 3 Wochen und Samstag - Sonntag sowie an Feiertagen
Menü 39 € (mittags)/125 € – Karte 66/122 € – (Tischbestellung ratsam)
Hier heißt es Savoir-vivre pur, denn authentischer könnte das charmante Bistro kaum sein: Täfelung und hübsche Accessoires wie Lampen und dekorative Weinflaschen, dazu lebendige Atmosphäre und geradlinige französische Speisen mit intensivem Geschmack und aus erstklassigen Produkten.
→ Königskrabbe mit Avocadocreme, Grapefruit und Mango, Wasabieis. Dorade mit Calamaretti und Anchovis, Champagnerrisotto, geräucherte Paparikajus. Milchlammkeule, Fenchelkompott und Artischocken, Lamm-Basilikumjus, Ziegenfrischkäse.

X **Weinsinn**

Fürstenbergerstr. 179 ✉ *60322 –* ✆ *(069) 56 99 80 80* Stadtplan : F1**w**
– www.weinsinn.de – geschl. 22. März - 2. April, 26. Juli - 13. August und Sonntag - Montag sowie an Feiertagen
Menü 57/79 € – Karte 62/73 € – *(nur Abendessen)* (Tischbestellung erforderlich)
Was diese Adresse so angenehm macht? Die schöne lockere Atmosphäre, die stimmige Einrichtung mit Sinn fürs Detail, die geradlinige Küche von André Rickert und nicht zuletzt eine Weinkarte mit über 200 Positionen.
→ Kalbsbries und Pulpo, Blumenkohl und Petersilie. Iberico Schwein, Erbse, Zwiebel, Sesam. Weiße Schokolade, Erdbeere, Joghurt und Sauerampfer.

X **SEVEN SWANS**

Mainkai 4 ✉ *60311 –* ✆ *(069) 21 99 62 26* Stadtplan : K2**c**
– www.sevenswans.de – geschl. Sonntag - Montag
Menü 89 € – *(nur Abendessen)* (Tischbestellung erforderlich)
Sie suchen das Besondere? Dies ist das schmalste (aber immerhin sieben Etagen hohe) Gebäude der Stadt! Private Esszimmer-Atmosphäre, schickes Design, Blick zum Main. Und die Küche? Spannend, aromaintensiv, mit eigener Note - als Monatsmenü.
→ Jakobsmuschel mit Kopfsalat, Erdapfel und Schalotte. Ackerbohne mit Melisse, Erbsen und junger Knoblauch. Ockstädter Kirschen mit Balsamessig, Frischkäse und Estragon.

Gustav

Reuterweg 57 ✉ 60323 – ✆ (069) 74 74 52 52 Stadtplan : J1**g**
– www.restaurant-gustav.de – geschl. 22. März - 2. April, 26. Juli - 6. August und Samstagmittag, Sonntag - Montag sowie an Feiertagen
Menü 57/79 € – (abends Tischbestellung ratsam)
Stylish-puristisch, urban die Atmosphäre, jung und locker-charmant der Service, kreativ, finessenreich und ausdrucksstark die Speisen. Von einigen Tischen kann man in die Küche schauen! Mittags vereinfachtes Angebot für den eiligen Gast.
➜ Bachforelle, Erbse, Gurke, Dill. Mangold, Olive, Joghurt, Fenchelsaat. Freilandschwein, Bohnen, Bärlauchknospe, Honig, Senf.

Bistro Villa Merton – Restaurant Villa Merton

Am Leonhardsbrunn 12, Ecke Ditmarstraße im Union Stadtplan : E1**n**
✉ 60487 – ✆ (069) 70 30 33 – www.restaurant-villa-merton.de – geschl. Samstag - Sonntag
Menü 36 € (mittags) – Karte 39/60 €
Mit dem Bistro hat die Villa Merton eine schöne Alternative in Küchenstil und Preis. Man kocht regional und international inspiriert, frisch und schmackhaft: "Fish and Chips Hessisch", "Zwiebelrostbraten mit Kartoffel-Schnittlauch-Püree"...

Mon Amie Maxi

Bockenheimer Landstr. 31 ✉ 60311 Stadtplan : F2**x**
– ✆ (069) 71 40 21 21 – www.mook-group.de – geschl. Anfang Januar 1 Woche und Samstagmittag
Karte 26/107 € – *(Feiertage nur Abendessen)*
In der schönen Villa heißt es Brasserie-Atmosphäre par excellence, und den Beinamen "Oyster Bar" trägt man zu Recht. Gekocht wird französisch, das Angebot reicht von Austern (frisch vom Meeresfrüchte-Buffet) über Kalbsnieren bis zum Steak.

Heimat

Berliner Str. 70 ✉ 60311 – ✆ (069) 29 72 59 94 Stadtplan : J2**c**
– www.restaurant-heimat.de – geschl. 23. Dezember - 8. Januar, über Ostern, über Pfingsten
Menü 45/85 € – Karte 48/70 € – *(nur Abendessen)* (Tischbestellung ratsam)
Das 1956 erbaute ehemalige Wasserhäuschen (Kiosk) beim Goethe-Haus ist ein kleiner Pavillon im "American Diner"-Stil, lebhaft und ungezwungen. Schmackhaft und saisonal ist z. B. "Entenbrust / Avocado / Rotkraut / Serrano-Schinken".

Riz

Berlinerstr. 72, Zugang über Großer Hirschgraben Stadtplan : J2**c**
✉ 60311 – ✆ (069) 28 24 39 – www.riz-frankfurt.de – geschl. Samstagmittag, Sonntag
Menü 39/67 € – Karte 47/58 €
In dem lebhaften Restaurant könnte man sich schon am guten Brot mit Olivenöl satt essen! Lecker auch die saisonalen Gerichte, die aufmerksam und locker serviert werden. Unschlagbar für Frankfurter Verhältnisse: die Preise am Mittag!

La Scuderia

Feuerbachstr. 23 ✉ 60325 – ✆ (069) 72 54 80 Stadtplan : F2**s**
– www.la-scuderia.de – geschl. 24. Dezember - 5. Januar und Sonntag sowie an Feiertagen, außer an Messen
Karte 52/85 €
Ein behaglich-elegantes Ristorante im Westend zwischen Alter Oper und Messe. Hier gibt es keine Speisekarte, die italienische Küche aus guten, frischen Produkten präsentiert man Ihnen in Form von Tagesempfehlungen.

La Cigale

Falkstr. 38 ✉ 60487 – ✆ (069) 70 41 11 Stadtplan : E1**b**
– www.lacigale-restaurant.de – geschl. Sonntag - Dienstagmittag, Freitagmittag, Samstagmittag
Menü 64/66 € – Karte 34/48 € – (abends Tischbestellung ratsam)
In dem gemütlichen kleinen Restaurant sollten Sie reservieren, sonst finden Sie angesichts der vielen Stammgäste keinen Tisch! Der Grund: Hier wird ehrlich, schmackhaft und frisch gekocht, so z. B. "Kalbskotelett mit Steinpilzen".

Surf'n Turf

Grüneburgweg 95 ✉ 60323 – ✆ (069) 72 21 22 Stadtplan : F1**s**
– www.mook-group.de – geschl. Samstagmittag, Sonntag
Karte 41/79 € – *(an Feiertagen nur Abendessen)*
Essen im typischen "American Steakhouse Style"! Was in dem klassischen Ecklokal auf den Tisch kommt, ist gut gereiftes und sehr hochwertiges Rindfleisch vom Grill. Nicht ganz günstig, aber Qualität und Geschmack stimmen!

VaiVai

Grüneburgweg 16 ✉ 60322 – ✆ (069) 90 55 93 05 Stadtplan : F1**a**
– www.vaivai.de
Karte 31/80 € – *(nur Abendessen)* (Tischbestellung erforderlich)
In der großen Bar gleich am Eingang nimmt man seinen Apero ein, bevor man sich in dem trendig-legeren Lokal vor der offenen Küche schmackhafte mediterrane Speisen servieren lässt - oder vielleicht lieber ein Steak in der Größe Ihrer Wahl?

MainNizza

Untermainkai 17 ✉ 60329 – ✆ (069) 26 95 29 22 Stadtplan : J2**a**
– www.mainnizza.de
Karte 35/48 €
Top Lage am Main - die Terrasse ist der Renner! Es gibt schmackhafte internationale Küche mit regionalem Bezug. Sonntags Familienangebote und Braten. Tipp: Nach dem Theaterbesuch (gleich gegenüber) kleine Vesperkarte bis Mitternacht.

Druckwasserwerk (N)

Rotfeder Ring 16 ✉ 60237 – ✆ (069) 2 56 28 77 00 Stadtplan : E3**d**
– www.restaurant-druckwasserwerk.de – geschl. Samstagmittag
Menü 45/59 € (abends) – Karte 38/56 €
Das denkmalgeschützte ehemalige Druckwasserwerk (19. Jh.) im Westhafen hat seinen Industrie-Charme bewahrt - attraktiv die moderne Loft-Atmosphäre. Mittags isst man günstig, abends gehobener. Lust auf "Hessen-Tapas" oder US-Prime-Beef?

san san – Hotel The Westin Grand

Konrad-Adenauer-Str. 7 ✉ 60313 – ✆ (069) 91 39 90 50 Stadtplan : K1**c**
– www.sansan-restaurant.de – geschl. Samstagmittag
Karte 29/58 €
"Bamboo Lounge", "Shanghai Suite" oder ein intimes Separee - man präsentiert typische chinesische Wohn- und Lebenskultur, dazu feine authentische Küche diverser chinesischer Provinzen: kantonesische Dim Sum, Rindfleisch aus dem Szechuan...

Sushimoto – Hotel The Westin Grand

Konrad-Adenauer-Str. 7 ✉ 60313 – ✆ (069) 1 31 00 57 Stadtplan : K1**c**
– geschl. Ende Juli - Mitte August und Montag, Sonntagmittag, außer an Messen
Menü 35/138 € – Karte 37/126 € – (Tischbestellung ratsam)
Das Ambiente ist authentisch schlicht, wie man es von einem japanischen Restaurant erwartet. Sushi, Teppanyaki und vor allem die interessanten "Omakase" bringen Ihnen die vielen Facetten der Kulinarik Japans nahe.

Goldman – 25hours Hotel The Goldman

Hanauer Landstr. 127 ✉ 60314 – ✆ (069) 40 58 68 98 06 Stadtplan : H2**g**
– www.goldman-restaurant.com – geschl. Samstagmittag, Sonntag und an Feiertagen
Menü 62/99 € – Karte 47/68 €
Wer würde in diesem stylischen Haus etwas anderes erwarten als ein modern-legeres Restaurant? Es ist gemütlich und ungezwungen, nett die maritimen Akzente, dazu eine breite Fensterfront. Aus der offenen Küche kommt z. B. "geschmortes Ochsenbäckchen mit Rotweinschalotten, Marktgemüse und Raviolo".

Oscar's – Hotel Steigenberger Frankfurter Hof

Am Kaiserplatz ✉ 60311 – ✆ (069) 2 15 83 25 Stadtplan : J2**e**
– www.frankfurter-hof.steigenberger.de
Karte 43/77 € – (Tischbestellung ratsam)
Ungezwungen, wie man es von einem typischen Bistro erwartet! Beliebter Treff für Banker und Businessleute - deshalb Tisch bestellen! Tipp: "Wiener Schnitzel mit Gurkensalat und Preiselbeeren".

Chez Mamie (N)

Sömmeringstr. 4 ✉ 60322 – ✆ (069) 95 20 93 60 Stadtplan : G1**c**
– www.chezmamie.de – geschl. Samstagmittag, Sonntag
Menü 15 € (mittags) – Karte 24/43 €
Sie kennen das "Chez Mamie" aus Wiesbaden? Das Konzept ist identisch: Auch in diesem netten Bistro mit Weinbar gibt es Traditionelles von einer Karte in Asterix-Buch-Form: "Steak Tartare", "Boeuf Bourguignon"... Mittags einfaches Angebot.

Moriki (N)

Taunusanlage 12 ✉ 60325 – ✆ (069) 71 91 30 70 Stadtplan : J1**k**
– www.moriki.de
Karte 35/70 € – (Tischbestellung ratsam)
Im EG des Hauptsitzes der Deutschen Bank finden Sie dieses stylische und unkomplizierte Restaurant mit Sushibar. Die Küche ist gut - japanisch mit panasiatischen Einflüssen: "crunchy spicy tuna roll", "miso duck", "chili ginger prawn"...

Estragon

Jahnstr. 49 ✉ 60318 – ✆ (069) 5 97 80 38 Stadtplan : K1**d**
– www.estragon-ffm.de – geschl. Anfang Juni 3 Wochen und Sonntag - Montag
Menü 30/64 € – Karte 36/55 € – *(nur Abendessen)*
Charmant und gemütlich ist das Restaurant in einer kleinen Seitenstraße. Man betreibt das Haus bereits seit vielen Jahren und hat so manchen Stammgast. Gekocht wird international - kommen Sie doch mal zum günstigen Menü unter der Woche!

Hafez – Hotel Villa Oriental

Baseler Str. 21 ✉ 60329 – ✆ (069) 23 23 01 Stadtplan : F3**e**
– www.villa-oriental.com
Menü 25/79 € – Karte 20/36 €
Bunte Lampen, bestickte Kissen, bewusstes Spiel mit Farben und orientalische Accessoires erinnern hier an die Märchen aus "1001 Nacht". Tauchen Sie ein und kosten Sie die persische Kulinarik.

Dal Pescatore

Westendplatz 42 ✉ 60325 – ✆ (069) 17 20 28 Stadtplan : F2**d**
– www.dal-pescatore.de – geschl. Samstagmittag, Sonntag ausser an Messen
Menü 60 € – Karte 44/62 €
Was sollte sich hinter diesem Namen anderes verbergen als italienische Küche? Passend zu den zahlreichen Fischgerichten hat das gemütliche Lokal eine frische maritim-mediterrane Atmosphäre. Probieren Sie auch die feinen Oliven!

Laube Liebe Hoffnung (N)

Pariser Str. 11 ✉ 60486 – ✆ (069) 75 84 77 22 Stadtplan : B2**a**
– www.laubeliebehoffnung.de
Menü 28/50 € (abends) – Karte 38/57 €
Im neuen Europaviertel steht das moderne Holzhaus mit charmanter legerer Atmosphäre und frischer Küche, die einen interessanten Mix von "Laube-Bratwurst" bis "Dorade auf Olivenrisotto" bietet. Sehr schön die Terrasse - hier grillt man auch.

FRANKFURTER ÄPPELWOILOKALE: : Apfelwein und regionale Frankfurter Speisen in typischem, gemütlichem Ambiente.

Zum Rad

Leonhardsgasse 2, Seckbach ✉ 60389 – ✆ (069) 47 91 28 Stadtplan : C1**s**
– www.zum-rad.de – geschl. Dienstag
Karte 16/39 € – *(nur Abendessen, sonntags auch Mittagessen)*
In dem rustikalen Gasthaus von 1806 wird das "Stöffche" aus eigener Herstellung ausgeschenkt, dazu gibt's regionale Kost. Der schöne Innenhof dient als Terrasse.

Klaane Sachsehäuser
Neuer Wall 11, Sachsenhausen ✉ 60594 Stadtplan : G3**n**
– ✆ (069) 61 59 83 – www.klaanesachsehaeuser.de – geschl. Sonntag
Karte 17/28 € – *(nur Abendessen)*
Über den Innenhof erreicht man die urige Wirtschaft, in der seit 1886 das selbst gekelterte "Stöffche" fließt und Frankfurter Küche aufgetischt wird. Hier sitzt keiner allein!

Zum gemalten Haus
Schweizer Str. 67, Sachsenhausen ✉ 60594 Stadtplan : K3**c**
– ✆ (069) 61 45 59 – www.zumgemaltenhaus.de – geschl. Juli 3 Wochen und Montag
Karte 12/21 €
Zwischen bemalten Wänden und Relikten vergangener Zeit wird zusammengerückt, "Schoppe gepetzt" und "schläächtgebabbelt" - Hauptsache der "Bembel" bleibt immer gut gefüllt!

Zur Buchscheer
Schwarzsteinkautweg 17, Sachsenhausen ✉ 60598 Stadtplan : C3**s**
– ✆ (069) 63 51 21 – www.buchscheer.de – geschl. 25. Dezember - 7. Januar
Karte 14/32 € – *(Montag - Freitag ab 16 Uhr und Samstag - Sonntag sowie an Feiertagen ab 12 Uhr geöffnet)*
Bereits seit 1876 wird diese gemütlich-rustikale Adresse am Ortsrand familiär geleitet. Zur bodenständigen Küche trinkt man hauseigenen Apfelwein. Nett ist auch der Sommergarten.

Wagner
Schweizer Str. 71, Sachsenhausen ✉ 60594 Stadtplan : K3**c**
– ✆ (069) 61 25 65 – www.wagner-frankfurt.de
Karte 12/26 €
Der Weg zu "Rippche" und Appelwoi führt durch einen Torbogen und den sich anschließenden Innenhof. Wer's besonders gesellig mag, sitzt auf einer langen Holzbank.

In Frankfurt-Bockenheim

Chalet 18
Gremostr. 18 ✉ 60487 – ✆ (069) 70 28 14 Stadtplan : E1**c**
– www.chalet-18.de – geschl. Anfang Januar 1 Woche, Juli und Montag - Dienstag
Menü 61/93 € – Karte 55/67 € – *(nur Abendessen)* (Tischbestellung erforderlich)
Richtig charmant ist das kleine Restaurant im Szeneviertel Bockenheim mit seinem französischen Bistro-Flair - ungezwungener Rahmen trifft hier auf ambitionierte Küche: Der junge Chef kombiniert internationale Aromen auf klassischer Basis.

In Frankfurt - Bergen-Enkheim

Borger
Triebstr. 51 ✉ 60388 – ✆ (06109) 3 09 00 Stadtplan : D1**c**
– www.hotel-borger.de – geschl. 21. Dezember - 2. Januar
33 Zim – †72 € ††82 € – ☕ 8 € – 1 Suite
Ein Haus mit langer Geschichte: einst Gaststätte mit dem ersten Kino in der Gegend, seit 1893 in Familienhand! Freundlich und aufmerksam der Service, funktionell die Zimmer, gut das Frühstück. Parken kann man übrigens auch problemlos.

In Frankfurt-Eschersheim

Brighella
Eschersheimer Landstr. 442 ✉ 60433 – ✆ (069) 53 39 92 Stadtplan : B1**f**
– www.brighella.de
14 Zim ☕ – †75/105 € ††115/155 €
Menü 19 € (mittags)/68 € – Karte 35/72 €
Leonardo Caporale bietet hier schon seit über zwei Jahrzehnten eine gehobene italienische Küche, die bestens in das attraktive gediegene Ambiente passt - an den Wänden Bilder der namengebenden Theaterfigur aus der Commedia dell' Arte. Übernachten können Sie auch: schicke Zimmer in ruhigen Brauntönen.

In Frankfurt-Heddernheim

Speisekammer

Alt Heddernheim 41 ✉ 60439 – ✆ (069) 57 38 88 Stadtplan : B1**b**
– www.speisekammer-frankfurt.de
Karte 26/53 € – *(nur Abendessen)*
Mit Hingabe führt Familie Schreuer das sympathisch-gemütliche Restaurant in dem historischen Gasthaus. Ein lauschiges Plätzchen ist im Sommer der Biergarten im Innenhof! Die Karte: bürgerlich, saisonal und Frankfurter Klassiker.

In Frankfurt - Nieder-Erlenbach Nord: 14 km über Homburger Landstraße C1

Landhaus Alte Scheune

Alt Erlenbach 44 ✉ 60437 – ✆ (06101) 54 40 00 – www.alte-scheune.de – geschl. 27. Dezember - 10. Januar
32 Zim – 78/115 € 98/140 €
Hier hat man drei historische Höfe zu einem Hotel umgebaut, der ursprüngliche Charme der Gebäude wurde dabei bewahrt. Zimmer im Landhausstil sowie Appartements mit Kitchenette. Hübsch dekoriertes Restaurant mit Backsteingewölbe und idyllischer Innenhofterrasse.

In Frankfurt-Niederrad

Innside by Melia Niederrad

Herriotstr. 2 ✉ 60528 – ✆ (069) 67 73 20 Stadtplan : B2**b**
– www.innside.com
144 Zim – 149 € 179 € – 2 Suiten
Businesshotel mit schönem Interieur in puristisch-modernem Stil. Die Zimmer sind stimmig in Form- und Farbgebung, in der luftigen Atrium-Lobby das Lichtkonzept eines Künstlers. Das Restaurant mit integrierter Bar bietet Internationales.

In Frankfurt-Oberrad

Gerbermühle

Gerbermühlstr. 105 ✉ 60594 – ✆ (069) 68 97 77 90 Stadtplan : C2**z**
– www.gerbermuehle.de
15 Zim – 120/160 € 140/180 € – 2 Suiten
Die a. d. 14. Jh. stammende Mühle direkt am Main (in der Bar findet sich übrigens der alte Mühlstein) wurde zu einem schönen kleinen Hotel, wertig und stimmig in geschmackvoll-modernem Stil. Puristisch-elegant das Restaurant. An den Wintergarten schließt sich die Terrasse an, ums Eck der Biergarten zum Fluss!

In Frankfurt-Rödelheim

Rosso de Sera

Arnoldshainer Str. 2 ✉ 60489 – ✆ (069) 76 80 95 80 Stadtplan : B1**c**
– www.rossodesera.de – geschl. 31. Dezember - 11. Januar, 3. - 18. Juli und Montag - Dienstag, Samstagmittag
Menü 23 € (mittags unter der Woche)/64 € – Karte 48/70 € – (Tischbestellung ratsam)
Wirklich charmant ist dieser Mix aus Weinbar und Restaurant! Gekocht wird italienisch, inspirieren lässt man sich dabei von der Küche Venetiens. Zum guten Essen mit reichlich Zutaten aus dem Meer empfiehlt man auch schöne passende Weine.

In Frankfurt-Sachsenhausen

Villa Kennedy

Kennedyallee 70 ✉ 60596 – ✆ (069) 71 71 20 Stadtplan : F3**a**
– www.villakennedy.com
137 Zim – 260/295 € 260/295 € – 35 € – 26 Suiten
Gusto – Siehe Restaurantauswahl
Architektonisch gelungen wurde die Villa Speyer von 1904 zu einem eindrucksvollen Luxushotel erweitert. Das Interieur: klassisch und modern zugleich. Exquisiter Spa mit "Éminence"-Beauty-Behandlungen (einmalig in Deutschland)!

Lindner Hotel & Residence Main Plaza

Walther-von-Cronberg Platz 1 ✉ 60594 – ✆ (069) 66 40 10
– www.lindner.de Stadtplan : G3**b**

111 Zim – 99/799 € 99/799 € – 25 € – 7 Suiten

Ein markantes Hochhaus aus rotem Backstein direkt am Main. Großzügig und geschmackvoll-elegant die Zimmer, meist mit Blick über die Stadt. Wer noch etwas mehr Entspannung möchte, bekommt diese bei Beauty & Spa auf 450 qm oder bei kalifornischen Spezialitäten im New Brick.

Carmelo Greco

Ziegelhüttenweg 1 ✉ 60598 – ✆ (069) 60 60 89 67 Stadtplan : G3**a**
– www.carmelo-greco.de – geschl. Samstagmittag, Sonntag

Menü 37 € (mittags)/139 € – Karte 63/91 €

Der gebürtige Italiener Carmelo Greco mischt in seiner Küche geschickt und finessenreich frankophile Einflüsse mit denen seiner Heimat. Schön sitzt man übrigens nicht nur in dem schicken, eleganten Restaurant, auch die Terrasse ist reizvoll. Preislich toll und entsprechend gefragt ist das Lunch-Menü!

➜ Hummer, Taschenkrebs, Kaviar, Gurken-Essigsorbet. Tortelli Carbonara, Spargel. Bretonische Rotbarbe, Fenchel, Kaffee-Gewürzöl, Krustentiersugo.

Lohninger

Schweizer Str. 1 ✉ 60594 – ✆ (069) 2 47 55 78 60 Stadtplan : J3**n**
– www.lohninger.de

Menü 30 € (mittags)/88 € – Karte 45/75 € – (Tischbestellung ratsam)

Hätten Sie gedacht, dass man österreichische Küche so gelungen mit japanischen Elementen kombinieren kann? Man kocht ohne große Schnörkel, serviert wird in schönen klassischen Räumen unter hohen Stuckdecken. Mittags-Tipp: das Radezky-Menü.

DÖPFNER'S im Maingau

Schifferstr. 38-40 ✉ 60594 – ✆ (069) 60 91 42 01 Stadtplan : K3**g**
– www.doepfners.de – geschl. Juli - August 3 Wochen und Montag - Dienstag

Menü 25 € (mittags)/119 € – Karte 31/61 €

Der Familienbetrieb nahe dem Main bietet in neuzeitlich-elegantem Ambiente gute Küche von "Kalbsnieren in Senfsauce" bis "St. Pierre auf Chorizo-Orangenfenchel". Günstiger Lunch. Sonntagmittags gibt's Braten! Kleines Angebot im Bistro.

Emma Metzler

Schaumainkai 17 ✉ 60594 – ✆ (069) 61 99 59 06 Stadtplan : K2_3**e**
– www.emma-metzler.com – geschl. Sonntagabend - Montag, außer an Messen

Menü 28 € (mittags)/62 € – Karte 54/67 €

Das Restaurant im Museum für Angewandte Kunst ist hell und geradlinig-modern, schön auch die Terrasse zum Park. Gute saisonale Gerichte heißen hier z. B. "Schweinebauch vom Duroc, Calamaretti, Wasabirisotto und Ingwer-Karottengemüse".

Gusto – Hotel Villa Kennedy

Kennedyallee 70 ✉ 60596 – ✆ (069) 7 17 12 12 00 Stadtplan : F3**a**
– www.villakennedy.com

Menü 28 € (mittags unter der Woche)/75 € – Karte 58/126 €

Geschmackvolles geradliniges Design und gehobene italienische Küche in ehrwürdigem Gemäuer. Zum Restaurant hin offen angelegt, lädt die Bar direkt zum Aperitif oder Digestif ein. Ein ganz wunderbarer Ort ist der imposante Innenhof.

Holbein's

Holbeinstr.1, im Städel ✉ 60596 – ✆ (069) 66 05 66 66 Stadtplan : J3**a**
– www.meyer-frankfurt.de – geschl. Montag, außer an Messen

Menü 45 € (abends)/76 € – Karte 43/72 €

Was man hier in dem modernen Glasbau - angeschlossen an das historische Kunstmuseum - aufgetischt bekommt, reicht von Sushi über Tafelspitz bis zu Prime Beef. Mittags gibt es ein kleineres Angebot und das schnelle 2-gängige Lunch Menü.

Coq au Vin

Wallstrasse 19 ✉ 60594 – ✆ (069) 96 20 03 38 Stadtplan : K3**f**
– www.coq-au-vin.de
Menü 27/37 € – Karte 24/58 € – *(nur Abendessen)*
In dem gemütlichen kleinen Restaurant ist der Name Programm - ob Coq au vin, Coq au Cidre oder eine andere Variante, dieser Klassiker findet sich immer auf der Karte mit der französischen Brasserieküche. Und die gibt es zu fairen Preisen.

A Casa Di Tomilaia (N)

Walther-von-Cronberg-Platz 7 ✉ 60594 Stadtplan : GH3**c**
– ✆ (069) 68 97 76 25 – www.acasadi.de
– geschl. Samstagmittag
Karte 23/51 €
In diesem Ableger des "Biancalani" darf man sich auf moderne Trattoria-Atmosphäre freuen: lebendig, freundlich, leger. Es gibt toskanische Spezialitäten wie "Fegato di Vitello", "Bistecca Fiorentina" oder "Risotto Verde", dazu eigene Weine.

In Eschborn Nord-West: 12 km

iO

Graf-Zeppelin-Str. 2 ✉ 65824 Stadtplan : A1**a**
– ✆ (06196) 99 95 90 – www.iohotel.bestwestern.de
– geschl. 23. Dezember - 2. Januar
291 Zim – †126 € ††156 € – ☕ 15 €
Die Lage ist zwar nicht die schönste, dafür aber äußerst praktisch, nämlich autobahnnah in einem Gewerbegebiet! Auch die Ausstattung überzeugt: guter Komfort, geradliniger Stil, moderne Technik.

In Neu-Isenburg Süd: 7 km

Wessinger

Alicestr. 2 ✉ 63263 – ✆ (06102) 80 80 Stadtplan : C3**n**
– www.wessinger.com
60 Zim – †103/135 € ††122/150 € – ☕ 13 €
Sind Sie beruflich unterwegs, sportlich und ein Genießer? Hier sind Sie richtig, denn man hat neuzeitliche Zimmer, ein Schwimmbad und den Wald direkt vor der Tür, und es gibt Feines aus der eigenen Konditorei und Patisserie! Familie Wessinger leitet das Haus - einst Bäckerei - nun in 4. Generation.

Neuer Haferkasten

Frankfurter Str. 118 ✉ 63263 – ✆ (06102) 3 53 29 Stadtplan : C3**a**
– www.neuerhaferkasten.de
Menü 20 € (mittags unter der Woche) – Karte 39/64 €
Die frische italienische Küche (Pasta und Brot sind übrigens hausgemacht) lassen sich hier auch Promis gerne schmecken, wie die zahlreichen Fotos in dem gemütlichen Restaurant zeigen. Günstiger Lunch.

In Neu-Isenburg-Gravenbruch Süd-Ost: 11 km

Kempinski Hotel Gravenbruch

Graf zu Ysenburg und Büdingen-Platz 1 ✉ 63263 Stadtplan : D3**t**
– ✆ (069) 38 98 80 – www.kempinski.com/gravenbruch
187 Zim – †119/409 € ††119/409 € – ☕ 31 € – 37 Suiten
Sra Bua by Juan Amador ✿ • ***Torschänke*** • ***EssTisch*** – Siehe Restaurantauswahl
Nur die schöne Parklage direkt an einem kleinen See ist nach der Komplettrenovierung unverändert, drinnen hat man alles ausgesprochen wohnlich, stimmungsvoll und mit Geschmack gestaltet: Lobby, Smokers Lounge, Ballsaal, Zimmer und Suiten...

Sra Bua by Juan Amador – Kempinski Hotel Gravenbruch

Graf zu Ysenburg und Büdingen-Platz 1 ✉ 63263 Stadtplan : D3**t**
– ✆ (069) 38 98 80 – www.kempinski.com/gravenbruch – geschl. Sonntag - Montag
Menü 110/129 € – Karte 71/91 € – *(nur Abendessen)* (Tischbestellung ratsam)
Richtig edel kommt das Interieur daher: geradliniger Stil, ruhige, gedeckte Farben, "Sra Bua"-typische Buddha-Dekorationen. Und die Küche steht der niveauvollen Einrichtung in nichts nach, dafür sorgen Geschmack, Raffinesse und eine eigene Note samt asiatischem Touch.
➜ Thunfisch, Shiitake, Curry Hara. Étouffée Taube, Hanfsamencrème, Rotkohl, Sellerie. Nashi Birne, Salzkaramell, Michel Cluizel Schokolade, Yuzu.

EssTisch – Kempinski Hotel Gravenbruch

Graf zu Ysenburg und Büdingen-Platz 1 ✉ 63263 Stadtplan : D3**t**
– ✆ (069) 38 98 80 – www.kempinski.com/gravenbruch – geschl. Freitag - Samstag, Sonntagabend
Karte 38/71 €
Im Hauptrestaurant des Hauses hat man einen freundlich-eleganten Rahmen für internationale Küche. Oder lieber "Frankfurter Grüne Sauce - Gebackenes Ei"? Freitags "Perfume of the Sea": Fisch und Meeresfrüchte vom Buffet. Sonntags Brunch.

Torschänke – Kempinski Hotel Gravenbruch

Graf zu Ysenburg und Büdingen-Platz 1 ✉ 63263 Stadtplan : D3**t**
– ✆ (069) 38 98 80 – www.kempinski.com/gravenbruch – geschl. Montag - Dienstag
Karte 29/47 € – *(nur Abendessen)*
Die Torschänke war einst Ausgangspunkt für die Wildschweinjagd - dies ist neben weiteren regionalen Spezialitäten natürlich auch auf der Karte zu finden. Die Atmosphäre dazu ist angenehm ungezwungen.

Beim Flughafen Frankfurt Main Süd-West: 12 km

Hilton

Am Flughafen, The Squaire ✉ 60549 Frankfurt Stadtplan : A3**b**
– ✆ (069) 26 01 20 00 – www.frankfurtairport.hilton.com
232 Zim – 129/569 € 129/569 € – 17 Suiten
In der futuristischen Glas-Stahlkonstruktion von 625 m Länge (konzipiert als liegendes Hochhaus!) verbirgt sich urbaner Chic im besten Sinne. Die A3 könnte kaum näher sein, ICE-Bahnhof und Terminal 1 sind direkt zugänglich! Ballsaal für 570 Personen!

Steigenberger Airport

Unterschweinstiege 16 ✉ 60549 Frankfurt Stadtplan : A3**n**
– ✆ (069) 6 97 50 – www.airporthotel-frankfurt.steigenberger.com
570 Zim – 139/229 € 149/239 € – 28 € – 10 Suiten
Faces – Siehe Restaurantauswahl
Eine elegante Halle, komfortable Zimmer (besonders modern die Tower-Zimmer) und der Freizeitbereich "Open Sky" mit schöner Sicht. Gemütlich ist die historische Unterschweinstiege. Parken Sie in der Tiefgarage des Main Airport Centers!

Sheraton Frankfurt Airport Hotel & Conference Center

Hugo-Eckener-Ring 15, Terminal 1
✉ 60549 Frankfurt – ✆ (069) 6 97 70 Stadtplan : A3**a**
– www.sheratonfrankfurtairport.com
980 Zim – 199/539 € 229/569 € – 32 € – 28 Suiten
Für Flugreisende könnte die Lage nicht besser sein: Unmittelbar gegenüber Terminal 1 nächtigen Sie in einem der größten Hotels in Deutschland! Wer vor oder nach dem Flug Bewegung braucht, bekommt diese im 24-h-Fitnesscenter. Gastronomisch wählt man zwischen modern ("Flavors") und ländlich ("Taverne").

XX **Faces** – Hotel Steigenberger Airport
Unterschweinstiege 16 ✉ 60549 Frankfurt Stadtplan : A3**n**
– ✆ (069) 69 75 24 00 – www.faces.de – geschl. Samstag - Sonntag sowie an Feiertagen
Karte 38/66 € – *(nur Abendessen)*
Hinter einer Glasfront sitzt man in schickem modernem Ambiente mit interessantem Lichtdesign. Zeitgemäße internationale Küche, bei der das Produkt im Mittelpunkt steht. Mit Bar.

FRANKWEILER
Rheinland-Pfalz – 880 Ew. – Höhe 243 m – Regionalatlas **54-E17**
▶ Berlin 664 km – Mainz 113 km – Mannheim 49 km – Landau / Pfalz 11 km
Michelin Straßenkarte 543

XX **Robichon**
Orensfelsstr. 31 ✉ 76833 – ✆ (06345) 32 68 – www.restaurant-robichon.de – geschl. Anfang Januar 1 Wochen, Ende Februar 1 Woche, Ende August - Anfang September 2 Wochen und Montag - Dienstag
Menü 20 € (mittags)/55 € – Karte 34/58 €
Nach über 30 Jahren nicht mehr wegzudenken aus dem beschaulichen Örtchen! Beliebt sind zum einen klassische Speisen wie "Seezungenfilet, Langustinenschwänzchen, Spinatsauce", zum anderen der aufmerksame Service und das charmante Ambiente.

X **Weinstube Brand**
Weinstr. 19 ✉ 76833 – ✆ (06345) 95 94 90 – geschl. Dezember - Januar 2 Wochen, Juli - August 2 Wochen und Sonntag - Dienstagmittag
Karte 26/47 € – (Tischbestellung ratsam)
Diese sympathisch-unkomplizierte Weinstube verbindet Tradition samt gemütlicher Rustikalität mit schmackhafter, frischer Küche - und das kommt an! Probieren Sie z. B. "geschmorte Schulter vom Wildkaninchen auf Cassisrotkraut"!

FRASDORF
Bayern – 3 000 Ew. – Höhe 598 m – Regionalatlas **66-N21**
▶ Berlin 667 km – München 78 km – Bad Reichenhall 60 km – Salzburg 64 km
Michelin Straßenkarte 546

Landgasthof Karner
Nussbaumstr. 6 ✉ 83112 – ✆ (08052) 1 79 70 – www.landgasthof-karner.com
31 Zim – †79/189 € ††89/199 € – ☕ 15 € – 4 Suiten – ½ P
Ein Haus mit langer Tradition (einst Bauernhof, Bäckerei und Gastwirtschaft), schön die denkmalgeschützte Fassade. Man kann hier gepflegt übernachten (eleganter die Zimmer im Anbau), bei Kosmetik, Massage & Co. entspannen und in charmanten Stuben mit Gewölbedecke oder Kachelofen bürgerlich-regional essen.

In Frasdorf-Wildenwart Nord-Ost: 3 km, jenseits der A 8

X **Schloßwirtschaft Wildenwart**
Ludwigstr. 8 ✉ 83112 – ✆ (08051) 27 56 – www.schlosswirtschaft-wildenwart.de – geschl. 30. August - 20. September und Montag - Dienstag
Karte 19/39 €
Richtig gutes Essen in schönem Ambiente! In den gemütlichen getäfelten Stuben der historischen Schlosswirtschaft darf man sich auf frische bayerische Küche samt Klassikern und Saisonalem freuen, von gefüllter Kalbsbrust bis Schweinshaxn.

FRAUENAU
Bayern – 2 690 Ew. – Höhe 616 m – Regionalatlas **60-P18**
▶ Berlin 482 km – München 187 km – Passau 56 km – Cham 66 km
Michelin Straßenkarte 546

St. Florian

Althüttenstr. 22 ✉ 94258 – ✆ (09926) 95 20 – www.st-florian.de – geschl. April 2 Wochen

26 Zim – 58/75 € 135/155 € – 5 Suiten – ½ P

Eine wohnliche und freundlich geführte Ferienadresse. Wie wär's z. B. mit den schönen Themenzimmern "Zauberwald" und "Rosenzimmer"? Und entspannen Sie auch im geschmackvoll-modernen Sauna- und Hallenbadbereich oder bei Beauty-Anwendungen! Gediegen-elegantes Restaurant mit behaglicher Gaststube.

FRAUENSTEIN

Sachsen – 3 010 Ew. – Höhe 655 m – Regionalatlas **43-P13**

Berlin 231 km – Dresden 40 km – Chemnitz 51 km

Michelin Straßenkarte 544

In Frauenstein-Nassau Süd: 7 km

Conrad

Dorfstr. 116 ✉ 09623 – ✆ (037327) 71 25 – www.hotel-conrad.de – geschl. 19. Dezember - 2. Januar

14 Zim – 42 € 67 €

Ein familiär geführter Gasthof in ruhiger Lage mit Liegewiese im Grünen sowie wohnlich eingerichteten und gepflegten Gästezimmern. Bürgerliche Gaststube mit sächsischer Küche.

FRAUENWALD

Thüringen – 990 Ew. – Höhe 750 m – Regionalatlas **40-K13**

Berlin 345 km – Erfurt 62 km – Coburg 56 km – Suhl 17 km

Michelin Straßenkarte 544

Drei Kronen

Südstr. 18 ✉ 98711 – ✆ (036782) 68 00 – www.gasthaus-dreikronen.de – geschl. 7. November - 1. Dezember

21 Zim – 46 € 66 € – ½ P

Gelungener Architektur-Mix aus Alt und Neu: Der schiefergetäfelte Gasthof aus dem 18. Jh. wurde um einen modernen Anbau mit zeitgemäß eingerichteten Zimmern erweitert. Breites bürgerliches Angebot in der einfachen Gaststube.

FRECHEN

Nordrhein-Westfalen – 51 080 Ew. – Höhe 75 m – Regionalatlas **35-B12**

Berlin 579 km – Düsseldorf 47 km – Bonn 39 km – Aachen 65 km

Michelin Straßenkarte 543

Frechener Hof

Johann-Schmitz-Platz 22 ✉ 50226 – ✆ (02234) 95 70 00 – www.frechener-hof.de

39 Zim – 92/149 € 137/245 € – ½ P

Engagiert geleitet und sehr gepflegt! Mit sicherem Gespür für Farbe und Stil haben Dagmar und Sascha Salem das historische Stadthaus geschmackvoll gestaltet, da kann man sich nur wohlfühlen! Neben dem appetitlichen Frühstück (im Sommer auf der schönen Dachterrasse!) bietet man auch bürgerlich-saisonale Küche.

FREIAMT

Baden-Württemberg – 4 120 Ew. – Höhe 305 m – Regionalatlas **61-D20**

Berlin 790 km – Stuttgart 195 km – Freiburg im Breisgau 40 km – Offenburg 53 km

Michelin Straßenkarte 545

In Freiamt-Brettental

Ludinmühle
Brettental 31 ✉ 79348 – ✆ (07645) 9 11 90 – www.ludinmuehle.de
58 Zim – 76/167 € 152/302 € – 6 Suiten – ½ P
Ludinmühle – Siehe Restaurantauswahl
Wirklich schön, was die gewachsene Hotelanlage so alles bietet: familiäre Leitung und zuvorkommende Mitarbeiter, wohnlich-komfortable Zimmer und die beliebte "Verwöhnpension" (ganztägig hausgemachte Snacks im "Genießergärtchen"), Spa auf über 900 qm samt Blockhaus-Stubensauna im Garten, Floating, Beauty... Und an Familien denkt man auch: Kinderparadies mit Betreuung.

Ludinmühle – Hotel Ludinmühle
Brettental 31 ✉ 79348 – ✆ (07645) 9 11 90 – www.ludinmuehle.de
Menü 20 € (mittags unter der Woche) – Karte 33/61 €
"Mühlen-", "Ofen-" oder "Schwarzwaldstube", "Rosen-" oder "Olivengarten"? Überall sitzt man gemütlich und wird aufmerksam umsorgt. Die Küche bietet Internationales wie "rosa gebratenes Rinderfilet auf Serviettenkloß mit Erbsenpüree und Zwiebelkonfit". Faible des Chefs Walter Zimmermann: die preislich fair kalkulierte Weinkarte mit über 250 Positionen! Themenkochkurse.

In Freiamt-Mussbach

Zur Krone
Mussbach 6 ✉ 79348 – ✆ (07645) 2 27 – www.krone-freiamt.de – geschl. Ende Januar 2 Wochen, Ende August - Anfang September 2 Wochen und Mittwoch
8 Zim – 45/55 € 75/80 €
Menü 31/36 € – Karte 22/40 € – *(Montag - Freitag nur Abendessen)*
(Tischbestellung ratsam)
In dem gemütlichen Landhaus isst und wohnt man gut. Seit über 200 Jahren und inzwischen in 9. Generation wird es engagiert und mit Sinn für Tradition geführt. In der Küche entstehen leckere Gerichte wie "Rinderfiletspitzen mit Senfrahmsauce, Gemüse und Brägele", die von der Patronne und ihrem jungen Team freundlich serviert werden.

FREIBERG
Sachsen – 40 270 Ew. – Höhe 410 m – Regionalatlas **43-P12**
Berlin 228 km – Dresden 49 km – Chemnitz 35 km – Leipzig 98 km
Michelin Straßenkarte 544

Le Bambou
Obergasse 1 ✉ 09599 – ✆ (03731) 35 39 21 – www.lebambou.de – geschl. Montagmittag, Dienstagmittag, Donnerstagmittag, Samstagmittag, Sonntag
9 Zim – 69 € 89 € – 6 € Menü 34/49 € – Karte 34/51 €
In moderner, legerer Atmosphäre genießt man hier z. B. "Wachtel Asia Style", "Lammhüfte auf Bärlauchrisotto" oder "Pflaumenmusravioli mit Malagaeis und Crumble". Mi. und Fr. gibt's auch Mittagsessen (kleineres Angebot). Charmante Gästezimmer in der "Auberge Mistral" gegenüber.

FREIBERG am NECKAR – Baden-Württemberg ➜ Siehe Ludwigsburg

FREIBURG (ELBE)
Niedersachsen – 1 880 Ew. – Höhe 2 m – Regionalatlas **9-H4**
Berlin 381 km – Hannover 197 km – Cuxhaven 51 km – Bremerhaven 76 km
Michelin Straßenkarte 541

Gut Schöneworth
Landesbrücker Str. 42 ✉ 21729 – ✆ (04779) 9 23 50 – www.gutschoeneworth.de
20 Zim – 60/70 € 95/125 € – 2 Suiten
Auf einem schönen Gartengrundstück stehen die charmanten Häuser dieses historischen Gutshofs. Man wohnt hier sehr gepflegt, vom ländlich-modernen Zimmer bis zum reizenden Blockhaus im tollen Garten. Hübsch auch die Bar.

FREIBURG im BREISGAU

Baden-Württemberg – 218 050 Ew. – Höhe 278 m – Regionalatlas **61**-D20
▶ Berlin 805 km – Stuttgart 208 km – Basel 71 km – Karlsruhe 134 km
Michelin Straßenkarte 545

W. Dieterich / Westend61 RM / age fotostock

Hotels

Colombi Hotel

Am Colombi Park ✉ 79098 – ✆ (0761) 2 10 60 Stadtplan : A1**r**
– www.colombi.de
88 Zim – 🚹186/252 € 🚹🚹264/288 € – ☕ 22 € – 26 Suiten
Zirbelstube ✿ • ***Falken- und Hans-Thoma-Stube***
– Siehe Restaurantauswahl
Ein sehr elegantes Hotel, das so einiges unter einem Dach verbindet: Luxuriöses Wohnen, Spa, Gourmetküche, Café (toll die Kuchen und Pralinen!), Tagungsmöglichkeiten, beispielhafter Service. Von Nov. - Febr. hat man ein rustikales Chalet im Innenhof - hier gibt's Regionales.

Stadt Freiburg

Breisacher Str. 84, über Friedrichstraße A1 ✉ 79110 – ✆ (0761) 8 96 80
– www.hotel-stadt-freiburg.de
178 Zim ☕ – 🚹141/161 € 🚹🚹161/191 € – 3 Suiten – ½ P
Das Hotel liegt bei der Universitätsklinik. Besonders elegant sind die Juniorsuiten und Suiten (teils mit Panorama-Dachterrasse). Im Neubau modernere Zimmer. Geradliniges Restaurant im großzügigen Hallenbereich, sonntags kleinere Karte.

Zum Roten Bären

Oberlinden 12 ✉ 79098 – ✆ (0761) 38 78 70 Stadtplan : B2**u**
– www.roter-baeren.de
24 Zim ☕ – 🚹99/129 € 🚹🚹159/189 € – 1 Suite – ½ P
Zum Roten Bären – Siehe Restaurantauswahl
Ein engagiert geführtes Haus am Schwabentor mit 700-jähriger Tradition als Gasthaus. Die Zimmer liegen teils zum Platz Oberlinden oder zum Innengarten, einige sind moderner.

Oberkirchs Weinstuben

Münsterplatz 22 ✉ 79098 – ✆ (0761) 2 02 68 68 Stadtplan : B1**a**
– www.hotel-oberkirch.de – geschl. Januar - Februar 2 Wochen
23 Zim ☕ – 🚹94/179 € 🚹🚹134/219 € – 3 Suiten
Oberkirchs Weinstuben – Siehe Restaurantauswahl
Sie wohnen in der Fußgängerzone direkt am Münster in einem Haus von 1738 (hier hat man von einigen Zimmern eine schöne Sicht) oder im Gästehaus in einer Nebenstraße. Klassisch der Stil.

Park Hotel Post

Eisenbahnstr. 35 ✉ *79098 – ✆ (0761) 38 54 80* Stadtplan : A1**h**
– www.park-hotel-post.de
45 Zim ☕ – **†**109/179 € **††**149/219 €
In dem Jugendstilhaus von 1884 dreht sich alles um Bücher: Die Zimmer sind nach Schriftstellern benannt, es gibt Bücher zum Kaufen oder Ausleihen, und schon der Eingangsbereich erinnert an eine Bibliothek! Hübsch der moderne Frühstücksraum.

Am Stadtgarten

Karlstr. 12 ✉ *79104 – ✆ (0761) 2 82 90 02* Stadtplan : B1**e**
– www.hotelamstadtgarten.de
34 Zim – **†**89/229 € **††**109/277 € – ☕ 14 €
Von hier aus ist man in wenigen Gehminuten in der Altstadt. Das Hotel ist durch und durch geradlinig-modern designt. Großzügiger sind die Superiorzimmer, im Gästehaus gegenüber gibt es auch einfachere Zimmer. Snacks in der Bar-Lounge.

Victoria

Eisenbahnstr. 54 ✉ *79114 – ✆ (0761) 20 73 40* Stadtplan : A1**p**
– www.hotel-victoria.de
65 Zim – **†**95/165 € **††**117/200 € – ☕ 15 € – 1 Suite
Zentrales Hotel von 1875 mit ökologischen Prinzipien. Schöne neuzeitliche Zimmer und moderner kleiner Saunabereich. Dazu die Bar "Hemingway" und die Smoker Lounge im Gewölbe.

Rheingold
Eisenbahnstr. 47 ✉ 79098 – ✆ (0761) 2 82 10 Stadtplan : A1**d**
– www.rheingold-freiburg.de
47 Zim – 99/139 € 149/189 € – 2 Suiten – ½ P
Rheingold – Siehe Restaurantauswahl
Praktisch ist die bahnhofsnahe Lage nur wenige Gehminuten von der Fußgängerzone. In den Zimmern bestimmen Art-déco- und Bauhausstil das Ambiente. Nette Geste: Kleines Präsent bei Abreise.

Am Rathaus N
Rathausgasse 4, 1. Etage ✉ 79098 – ✆ (0761) 29 61 60 Stadtplan : B1**g**
– www.am-rathaus.de
39 Zim – 93/119 € 129/159 €
Sie suchen ein gepflegtes Hotel in der Stadtmitte? In einer kleinen Passage direkt beim Rathaus werden Sie fündig. Hier stehen wohnliche Zimmer (teilweise mit Badewanne) zur Verfügung.

The Alex Hotel
Rheinstr. 29 ✉ 79104 – ✆ (0761) 29 69 70 Stadtplan : A1**a**
– www.the-alex-hotel.de – geschl. 23. Dezember - 6. Januar
39 Zim – 90/111 € 99/120 €
Klein, individuell und persönlich. Familie Beinert hat das Haus aus den 60ern in ein topmodernes, chic-urbanes Stadthotel verwandelt. Es liegt in einer ruhigen Seitenstraße in Bahnhofsnähe, die Zimmer sind nicht groß, aber wertig, zum Frühstück gibt's hausgemachte Marmelade, in der "Winery29" regionale Weine.

Schwarzwälder Hof
Herrenstr. 43 ✉ 79098 – ✆ (0761) 3 80 30 – www.shof.de Stadtplan : B2**s**
40 Zim – 72/98 € 105/135 € – ½ P
Im Herzen der Breisgaumetropole liegt das nette Hotel, das Familie Engler mit Engagement betreibt. Die Zimmer gibt's von aufgefrischt bis ganz modern und richtig chic! Hübsch ist auch die holzgetäfelte Gaststube, in der man bürgerlich isst. Tipp für Autofahrer: Parken Sie in der Schlossberggarage gegenüber.

Restaurants

Zirbelstube – Colombi Hotel
Am Colombi Park ✉ 79098 – ✆ (0761) 2 10 60 Stadtplan : A1**r**
– www.colombi.de – geschl. Sonntag - Montag
Menü 75/125 € – Karte 79/121 € – *(nur Abendessen)* (Tischbestellung ratsam)
Die saisonal-klassische Küche dieser renommierten Gourmetadresse findet nach wie vor regen Zuspruch bei den Gästen. Ebenso überzeugend der gut besetzte Service, und auch Inhaber Roland Burtsche begrüßt Sie in der von feinem Zirbelholz bestimmten Atmosphäre gerne persönlich.
➜ Konfierte Sankt Jakobsmuschel und blaue Wildgarnele. Filet vom geangelten Wolfsbarsch mit Paprikafumet, jungen Erbsen. Bananen-Limonensoufflé mit eingelegter Mango und Zitronengraseis.

Oberkirchs Weinstuben – Hotel Oberkirchs Weinstuben
Münsterplatz 22 ✉ 79098 – ✆ (0761) 2 02 68 68 Stadtplan : B1**a**
– www.hotel-oberkirch.de – geschl. Januar - Februar 3 Wochen und Sonntag
Menü 30/36 € (abends) – Karte 23/48 €
Schon die schmucke Fassade ist einladend. Im gemütlichen Restaurant mit Täfelung und Kachelofen serviert man vorwiegend Badisches wie Schwarzwaldforelle oder Kalbszüngle. Sie möchten draußen sitzen? Man hat eine Terrasse zum Münsterplatz.

Rheingold – Hotel Rheingold
Eisenbahnstr. 47 ✉ 79098 – ✆ (0761) 2 82 10 Stadtplan : A1**d**
– www.rheingold-freiburg.de – geschl. Samstagmittag, Sonntag - Montagabend und an Feiertagen
Menü 34/49 € – Karte 26/56 €
In dem hellen Restaurant in der 1. Etage des Hotels serviert man internationale Küche. Wer beim Essen gerne nach draußen schaut, sitzt am besten an einem der großen bodentiefen Rundbogenfenster zur Straße. Bar mit kleiner Galerie.

XX **Zum Roten Bären** – Hotel Zum Roten Bären

Oberlinden 12 ✉ 79098 – ✆ (0761) 38 78 70 Stadtplan : B2**u**
– www.roter-baeren.de – geschl. Sonntag, Juli - August: Sonntag - Montag
Menü 58 € (abends) – Karte 35/59 €
Es ist eines der ältesten Gasthäuser Deutschlands, und in den gemütlichen Stuben ist ein Stück Historie erhalten geblieben - besonders schön spürt man das am behaglichen Kachelofen. Die Küche ist überwiegend international geprägt.

XX **Falken- und Hans-Thoma-Stube** – Colombi Hotel

Am Colombi Park ✉ 79098 – ✆ (0761) 2 10 60 Stadtplan : A1**r**
– www.colombi.de – geschl. Sonntag
Menü 29 € (mittags)/59 € – Karte 44/68 €
Wärme und Gemütlichkeit verbreiten hier die schönen alten Holztäfelungen und die Kachelöfen. Ambiente und Küche sind etwas regionaler als in der "Zirbelstube", auf professionellen Service braucht man dennoch nicht zu verzichten!

X **Wolfshöhle** (Sascha Weiss)

Konviktstr. 8 ✉ 79098 – ✆ (0761) 3 03 03 Stadtplan : B1_2**t**
– www.wolfshoehle-freiburg.de – geschl. Februar - März 2 Wochen, Juli - August 2 Wochen, Oktober - November 2 Wochen und Sonntag - Montagmittag
Menü 33 € (mittags)/110 € – Karte 42/81 €
Hier gibt es richtig gute klassische Küche, die sich u. a. mediterraner Einflüsse bedient und die das Produkt in den Vordergrund stellt. Attraktiv auch das Ambiente: geradlinig-moderner Stil, dazu warmes Holz in Form von vertäfelten Wänden und Parkettboden! Mittags ist die Karte etwas kleiner.
➜ Sardellen, Paprika, Melone. Fenchel, Hummus, Gewürzjoghurt. Steinbutt, wilder Spargel, Estragonfumet.

X **Drexlers**

Rosastr. 9 ✉ 79098 – ✆ (0761) 5 95 72 03 Stadtplan : A1**m**
– www.drexlers-restaurant.de – geschl. 24.Dezember - 6. Januar und Samstagmittag, Sonntag und an Feiertagen
Menü 19 € (mittags)/48 € – Karte 41/55 €
Günstiger und einfacher Mittagstisch oder aufwändigere zeitgemäß-saisonale Küche am Abend? Trendig, modern und angenehm ungezwungen ist das Restaurant nahe dem Colombipark.

X **Basho-An**

Merianstr. 10 ✉ 79098 – ✆ (0761) 2 85 34 05 Stadtplan : A1**f**
– www.bashoan.com – geschl. Montag, Sonntagmittag und an Feiertagen mittags
Menü 35/100 € – Karte 20/51 €
Ganz in der Nähe der Fußgängerzone gibt es hier die beliebte klassisch japanische Küche, einschließlich Sushi, und das Ambiente ist - passend dazu - typisch puristisch. Am Mittag gibt es eine kleinere Karte.

X **Kreuzblume**

Konviktstr. 31 ✉ 79098 – ✆ (0761) 3 11 94 Stadtplan : B2**r**
– www.hotel-kreuzblume.de – geschl. 4. - 19. Januar, 27. Juni - 12. Juli, 31. Oktober - 15. November und Montag - Dienstag
8 Zim – †85/95 € ††125/150 €
Menü 33 € – Karte 46/64 € – *(Januar - April: nur Abendessen)*
Hier stellen Sie sich aus kreativen Gerichten selbst Ihr Menü zusammen. Dazu sorgen ausfmerksamer Service und die hübsche Einrichtung samt zahlreicher dekorativer Bilder für eine freundliche Atmosphäre. Sie möchten übernachten? Die Zimmer sind schön frisch, modern und recht individuell.

X **CHEzFINE** N

Gerberau 22 ✉ 79098 – ✆ (0761) 2 96 49 47 Stadtplan : B2**c**
– www.chezfine.de
17 Zim – †89/119 € ††120/160 € Menü 34 € – Karte 38/53 €
Sie mögen's fleischfrei? Das gemütliche Restaurant mit seiner vegetarischen Küche (in Menüform oder à la carte) ist sehr gefragt! Auf der Karte finden sich aber auch einige Gerichte mit Fleisch oder Fisch. Sie können hier, im Hotel Markgräfler Hof, auch gut übernachten.

In Freiburg-Günterstal Süd: 2 km über A2, Richtung Schauinsland

Kühler Krug

Torplatz 1 ✉ 79100 – ✆ (0761) 2 91 03 – www.kuehlerkrug.de – geschl. Ende Oktober 10 Tage und Mittwoch - Donnerstagmittag

7 Zim – 76 € 98 € – ½ P Menü 28/55 € – Karte 32/55 €

Wer frische badische Küche mag, ist richtig bei Georg und Tanja Fehrenbach in dem gemütlichen alten Gasthof vor dem Torbogen. Probieren Sie z. B. "Kalbskotelett mit Senfkruste und Spinat". Schöne Gästezimmer gibt es übrigens auch, und mit der Straßenbahn kommt man bequem in die Stadt.

In Freiburg-Herdern Nord: 1 km über Karlstraße B1

Panorama Hotel Mercure

Wintererstr. 89 ✉ 79104 – ✆ (0761) 5 10 30 – www.mercure.com/1128

86 Zim – 107/227 € 144/254 €

Hier genießt man die Lage am Waldrand und den fantastischen Blick über Freiburg! Außerdem dürfen Sie sich auf moderne Zimmer mit Balkon sowie Kosmetikanwendungen freuen - und auf ein breites Speisenangebot im Restaurant Chez Eric. Wie wär's z. B. mit Fischspezialitäten auf der tollen Panoramaterrasse?

Eichhalde

Stadtstr. 91 ✉ 79104 – ✆ (0761) 5 48 17 – www.restaurant-eichhalde.de – geschl. August 2 Wochen und Sonntag - Montag

Menü 29 € (mittags)/75 € – Karte 41/71 €

Neben klassischen Gerichten kommen hier vor allem die kleinen Tapas gut an - so kann man viel Verschiedenes probieren! Gemütlich das charmant dekorierte Restaurant, freundlich der Service. Mittags günstiger Plat du jour oder Tagesmenü.

In Freiburg-Lehen West: 3 km über Dreisamstraße A2

Hirschen

Breisgauer Str. 47 ✉ 79110 – ✆ (0761) 8 97 76 90 – www.clarion-hotel-freiburg.de

70 Zim – 113/166 € 157/221 € – ½ P

Hirschen – Siehe Restaurantauswahl

Geschmackvolle Wohnräume mit toskanischer bzw. provenzalischer Note in einem gewachsenen Gasthof von 1698. Tolle Penthouse-Juniorsuite. Schön frühstückt man im Sommer auf der Gartenterrasse.

Bierhäusle

Breisgauer Str. 41 ✉ 79110 – ✆ (0761) 8 83 00 – www.bierhaeusle.de

48 Zim – 78/90 € 120/140 € – ½ P

Früher wurde in dem seit 1842 familiengeführten Haus eigenes Bier gebraut, heute bietet man seinen Gästen funktionelle, unterschiedlich eingerichtete Zimmer (teilweise recht ruhig im Hinterhaus) und ein regionstypisches Restaurant mit saisonaler Karte.

Hirschen – Hotel Hirschen

Breisgauer Str. 47 ✉ 79110 – ✆ (0761) 8 97 76 90 – www.clarion-hotel-freiburg.de

Menü 40 € (mittags)/78 € – Karte 30/77 € – (Tischbestellung ratsam)

Hier gibt es zwei Restaurants: das eine gemütlich-badisch mit viel Holz und kleinen Nischen, das andere hell und freundlich mit kleinem Wintergarten. Eine Spezialität sind Rösti in verschiedenen Variationen, daneben natürlich regionale Klassiker. Beliebt auch die Gänse!

In Freiburg-Munzingen Süd-West: 13 km über Basler Straße A2, jenseits der A 5

Schloss Reinach

St. Erentrudis-Str. 12, B 31 ✉ 79112 – ✆ (07664) 40 70 – www.schlossreinach.de

76 Zim – 69/89 € 130/140 € – 4 Suiten – ½ P

sHerrehus ✿ • ***sBadische Wirtshus*** – Siehe Restaurantauswahl

Der historische Rahmen mit Gutshof-Charme auf der einen Seite, der neuzeitliche Hotelbereich auf der anderen - ein attraktives Bild! Neben den beiden Restaurants gibt es noch das Bistro Limoncello und den Zehntkeller für Weinproben, nicht zu vergessen der schöne Innenhof. Einige Zimmer mit Terrasse.

sHerrehus – Hotel Schloss Reinach

St. Erentrudis-Str. 12, B 31 ✉ 79112 – ✆ (07664) 40 74 40
– www.schlossreinach.de – geschl. 1. Januar - 3. Februar, 7. - 24. August und Samstagmittag, Sonntag - Montag
Menü 60/108 € – Karte 62/80 €
Schön die stilvoll-charmante Fassade des alten Gutsherrenhauses, ebenso das elegante Interieur, nicht zu vergessen der herrliche Innenhof - hier die Terrasse! Für seine klassischen Speisen verwendet Küchenchef Oliver Rausch wenn möglich regionale Produkte. Dazu passen gute französische und badische Weine.
→ Thunfischtatar, Grüner Apfel, Knäckebrot, Koriandermilch. Kalbsfilet und Kalbsschwanz, Möhren, Holunderblüte. Schwarzwälder Kirsch, Fichtensprösslinge, Schokolade, Fichtengeist.

sBadische Wirtshus – Hotel Schloss Reinach

St. Erentrudis-Str. 12, B 31 ✉ 79112 – ✆ (07664) 40 74 80
– www.schlossreinach.de
Menü 34/59 € – Karte 34/57 €
Moderne trifft auf Tradition! Sehr nett das Ambiente aus Natursteinboden, Wirtshaustischen und Bartresen aus dunklem Holz. Auf den Tellern z. B. Kalbsnierle oder Lammhäxle.

In Freiburg-St. Georgen Süd: 5 km über Basler Straße A2

Zum Schiff

Basler Landstr. 35 ✉ 79111 – ✆ (0761) 40 07 50
– www.hotel-zumschiff.de
80 Zim ☕ – 🚹98/120 € 🚹🚹118/140 € – 1 Suite
Auch Geschäftsreisende und Tagungsgäste haben das gewachsene Hotel - Familienbetrieb seit 1821- für sich entdeckt. Die Zimmer sind teilweise allergikergerecht. Zum Essen geht man ins ursprüngliche Stammhaus oder auf die Terrasse mit Kastanienbäumen. Probieren Sie auch die eigenen Weine.

Beim Thermalbad 9 km über Basler Straße A2

Dorint An den Thermen

An den Heilquellen 8 ✉ 79111 – ✆ (0761) 4 90 80
– www.dorint.com/freiburg
98 Zim – 🚹133/170 € 🚹🚹175/230 € – ☕ 18 € – 5 Suiten – ½ P
Schön ist nicht nur die ruhige Lage am Waldrand, auch die modernen Zimmer sind attraktiv. Über einen Verbindungsgang (hier bietet man übrigens Kosmetikanwendungen) gelangt man bequem zum Thermalbad nebenan. Im Restaurant Pirol: schickes geradliniges Ambiente und kreativ-internationale Küche.

FREILASSING

Bayern – 16 080 Ew. – Höhe 422 m – Regionalatlas **67**-O21
▶ Berlin 729 km – München 139 km – Bad Reichenhall 20 km – Salzburg 7 km
Michelin Straßenkarte 546

Moosleitner

Wasserburger Str. 52, West: 2,5 km ✉ 83395 – ✆ (08654) 6 30 60
– www.moosleitner.com – geschl. 1. - 7. Januar
58 Zim ☕ – 🚹77/91 € 🚹🚹110/140 € – 1 Suite – ½ P
Man ist stolz auf das gewachsene Haus, es ist top gepflegt und wird seit vier Generationen familiär geführt. Richtig schön wohnen Sie in den großzügigen Zimmern im Haupthaus (ein schmucker Gasthof, der im 13. Jh. erstmals erwähnt wurde) und im neuen Gästehaus - hier auch der nette moderne Saunabereich und ein kleiner Fitnessraum. Im gemütlich-alpenländischen Restaurant gibt es bayerische Küche.

FREINSHEIM

Rheinland-Pfalz – 5 000 Ew. – Höhe 132 m – Regionalatlas **47-E16**
Berlin 630 km – Mainz 79 km – Mannheim 31 km – Kaiserslautern 42 km
Michelin Straßenkarte 543

Landhotel Altes Wasserwerk

Burgstr. 9 ✉ 67251 – ✆ (06353) 93 25 20 – www.landhotel-altes-wasserwerk.de – geschl. 23. - 28. Dezember

33 Zim – 67/81 € 90/133 €

Das denkmalgeschützte Haupthaus mit schöner Fachwerkfassade - einst Wasserwerk - ist heute Teil eines hübschen, engagiert geführten Hotels. Besonders komfortabel hat man es in den Studios oder Appartements, mal was anderes sind die Turmzimmer! Tipp: Frühstücken Sie im Wintergarten zum kleinen Park!

1514 Boutique Hotel Freinsheim

Hauptstr. 29 ✉ 67251 – ✆ (06353) 5 05 84 10 – www.1514-freinsheim.com – geschl. 17. - 31. Januar

20 Zim – 53/73 € 70/99 € – 12 € – ½ P

Aus dem ehemaligen Hotel "Luther" (viele Jahre ein kulinarischer Anziehungspunkt in der Region) wurde nun ein topmodernes Boutiquehotel in historischem Gemäuer - reizvoll die Lage mitten in dem beschaulichen Weinort. Das Restaurant befindet sich im hübschen Gewölbe, draußen hat man den charmanten Innenhof.

Altstadthof

Hauptstr. 27 ✉ 67251 – ✆ (06353) 93 22 50 – www.altstadthof-freinsheim.de – geschl. 21. Dezember - 22. Januar

15 Zim – 69/89 € 107/127 €

Richtig schmuck der Mix aus historischem Gebäude und moderner Geradlinigkeit! Wer länger bleibt, schätzt das Appartement mit Küche. An einigen Abenden kleine Gerichte in der Weinbar. Schöne "Scheune" zum Tagen. Parken in der Friedhofstraße.

Freinsheimer Hof

Breitestr. 7 ✉ 67251 – ✆ (06353) 5 08 04 10 – www.restaurant-freinsheimer-hof.de – geschl. Anfang Januar 2 Wochen, Juli 2 Wochen und Mittwoch - Donnerstag

4 Zim – 80/100 € 100/150 €

Menü 36/85 € – Karte 32/50 € – *(nur Abendessen, sonntags auch Mittagessen)*

In den einstigen Stallungen des Winzerhofes a. d. 18. Jh. (toll das Kreuzgewölbe) kocht man lecker und produktorientiert, ein schönes Beispiel ist "Jakobsmuschel-Risotto mit Ingwersauce". Im herrlichen Innenhof wird auch gerne mal gegrillt!

Von-Busch-Hof

Von-Busch-Hof 5 ✉ 67251 – ✆ (06353) 77 05 – www.von-busch-hof.de – geschl. Januar und Montag - Dienstag

Karte 32/44 € – *(Mittwoch - Samstag nur Abendessen)*

International ist die Küche in diesem klassisch gehaltenen Restaurant hinter ehrwürdigen Klostermauern. Appetit auf "geschmorte Rinderbacke in Rotweinsauce" oder "Winterkabeljau mit Zitronensauce"? Tipp für den Sommer: der schöne Innenhof!

WEINreich

Hauptstr. 25 ✉ 67251 – ✆ (06353) 9 59 86 40 – www.weinstube-weinreich.de – geschl. Februar 3 Wochen und Sonntagabend - Dienstagmittag

5 Zim – 65/75 € 95 € – 1 Suite

Menü 34/43 € – Karte 27/45 € – (Tischbestellung ratsam)

In der Altstadt finden Sie diese charmant-moderne Weinstube samt hübschem Innenhof. Lust auf "Pfälzer Vitello mit Rauchforellen und Senfsauce" oder den Dauerbrenner, das Rumpsteak vom Gönnheimer Charolais-Rind? Überaus reizend sind auch die ganz individuellen Gästezimmer.

FREISING

Bayern – 45 810 Ew. – Höhe 448 m – Regionalatlas **58-M19**
Berlin 564 km – München 37 km – Regensburg 86 km – Ingolstadt 56 km
Michelin Straßenkarte 546

München Airport Marriott

Alois-Steinecker-Str. 20 ✉ 85354 – ✆ (08161) 96 60 – www.muenchen-airport-marriott.de
250 Zim – 99/299 € 99/299 € – 24 € – 2 Suiten
Schön modern und wertig sind die Zimmer hier, aktuell die Technik, wohnlich die Braun- und Beigetöne. Frühstück gibt es in der freundlichen "Molkerei", regionale und internationale Küche im netten rustikalen Restaurant "Stub'n".

Dorint München Airport

Dr.-von-Daller-Str. 1, B11 ✉ 85356 – ✆ (08161) 53 20 – www.dorint.com
140 Zim – 99/299 € 99/299 € – 21 € – 11 Suiten – ½ P
Ein zeitgemäßes Businesshotel nur wenige Gehminuten vom Bahnhof mit guter Anbindung an den ca. 7 km entfernten Flughafen München. Teil des Hauses ist übrigens ein weit über 400 Jahre alter denkmalgeschützter Gasthof - hier das Restaurant (internationale Küche) und die urige Bar "Dampftheo" mit Kreuzgewölbe.

Corbin Feng Shui by Libertas

Wippenhauser Str. 7 ✉ 85354 – ✆ (08161) 8 86 90 – www.corbin-hotel.de
46 Zim – 135/195 € 152/235 € – 10 €
Feng-Shui-Prinzipien und klarer moderner Stil bestimmen das Hotel. Die Zimmer zur Straße bieten Klimaanlage, die Minibar ist inklusive. Am Morgen erwartet Sie ein gutes Frühstück.

In Freising-Haindlfing Nord-West: 5 km über B 301, in Erlau links

Gasthaus Landbrecht

Freisinger Str. 1 ✉ 85354 – ✆ (08167) 89 26 – www.gasthaus-landbrecht.de – geschl. nach Pfingsten 1 Woche, Mitte August - Anfang September und Montag - Dienstag
Menü 31 € – Karte 28/45 € – *(Mittwoch - Freitag nur Abendessen)*
So stellt man sich einen bayerisch-ländlichen Gasthof vor: bürgerlich-regional die Küche, ungezwungen die Atmosphäre. Während im Winter der Kachelofen wärmt, sitzt es sich im Sommer sehr angenehm im Biergarten!

Im Flughafen Franz-Josef-Strauß Süd-Ost: 8 km, jenseits der A 92

Novotel München Airport

Nordallee 29 ✉ 85356 – ✆ (089) 9 70 51 30 – www.novotel.com/6711
257 Zim – 69/999 € 69/999 € – 21 € – ½ P
Ein Businesshotel in idealer Lage direkt auf dem Flughafengelände mit großzügiger Lobby in modernem Design und geradlinig-funktionellen Zimmern. Das Restaurant bietet internationale Küche.

In Hallbergmoos-Goldach Süd-Ost: 15 km über B 11, jenseits der A 92

Daniel's

Hauptstr. 11 ✉ 85399 – ✆ (0811) 5 51 20 – www.hotel-daniels.de – geschl. 22. Dezember - 6. Januar
26 Zim – 67/99 € 82/129 € – 5 €
Angenehm persönlich wird das schmucke kleine Hotel geführt. Es ist mit Stil und Liebe hochwertig und stimmig eingerichtet, herzlich und aufmerksam der Service, gut das Frühstück... ein Haus mit individuellem Charme!

Alter Wirt

Hauptstr. 66 ✉ 85399 – ✆ (0811) 5 51 40 – www.alterwirt-goldach.de – geschl. 23. Dezember - 1. Januar
14 Zim – 69 € 84/94 € – ½ P
Alter Wirt – Siehe Restaurantauswahl
Der Landgasthof in der Nähe des Flughafens stammt a. d. J. 1865 - familiär geführt und sehr gepflegt. Im Gästehaus stehen zeitgemäß ausgestattete Zimmer bereit.

Alter Wirt – Hotel Alter Wirt
Hauptstr. 66 ✉ 85399 – ✆ (0811) 12 83 70 24 – www.alterwirt-goldach.de – geschl. 1. - 9. Januar und Mittwoch
Menü 20 € (vegetarisch)/43 € – Karte 23/33 € – *(Donnerstag - Samstag nur Abendessen)*
Wer bürgerliche Küche mag, kommt gerne in die rustikale Gaststube, denn hier bietet Stefan Fuß z. B. "Geflügelkraftbrühe mit geräucherter Entenbrust" oder "Schweinsbackerl mit Kartoffel-Selleriepüree" - auch bei den Einheimischen beliebt!

In Oberding-Notzing Süd-Ost: 20 km über B 11, jenseits der A 92

Kandler
Erdinger Moosstr. 11 ✉ 85445 – ✆ (08122) 28 26 – www.hotelkandler.de – geschl. 1. - 8. Januar, 31. Juli - 26. August
44 Zim – 🚹87/163 € 🚹🚹115/163 € – ☕ 13 € – 3 Suiten
Der gewachsene Gasthof von 1860 ist ein sehr gepflegtes Hotel mit langer Familientradition. Die Zimmer sind wohnlich und teils im eleganten Landhausstil eingerichtet. Regionale und saisonale Gerichte in gemütlichen Gaststuben. Schöne Terrasse mit Springbrunnen.

In Oberding-Schwaig Süd-Ost: 20 km über B 11, jenseits der A 92

Sheraton Airport
Freisinger Str. 80 ✉ 85445 – ✆ (089) 92 72 20 – www.sheraton.com/airportmunich
169 Zim – 🚹89/399 € 🚹🚹89/399 € – ☕ 24 € – 1 Suite
Die Lage nahe dem Flughafen (man bietet Shuttle-Service), wohnlich-komfortable Zimmer im Landhausstil sowie zahlreiche Tagungsräume machen diese Hotelanlage aus. Lebhaft die helle Lobby, elegant-rustikal das Restaurant.

Holiday Inn Express Munich Airport
Freisinger Str. 94 ✉ 85445 – ✆ (08122) 9 58 80 – www.hiexpress.com
177 Zim ☕ – 🚹99/299 € 🚹🚹99/299 €
Sie suchen eine funktionelle Übernachtungsadresse in Flughafennähe mit gutem Preis-Leistungs-Verhältnis? Hier bietet man zeitgemäße Zimmer (etwas moderner die neueren) und ein Restaurant mit kleiner internationaler Karte. Praktisch: der Shuttle-Service.

FREITAL

Sachsen – 39 280 Ew. – Höhe 180 m – Regionalatlas **43-Q12**
▶ Berlin 205 km – Dresden 14 km – Freiberg 22 km – Chemnitz 70 km
Michelin Straßenkarte 544

Zum Rabenauer Grund
Somsdorfer Str. 6 ✉ 01705 – ✆ (0351) 6 44 49 99 – www.rabenauergrund.de – geschl. Montag - Dienstag
Menü 18/28 € – Karte 21/34 € – *(Montag - Samstag nur Abendessen)* (Tischbestellung ratsam)
Lust auf "Schinken-Dattel-Hähnchenbrust auf Gemüsecouscous" oder "Rumpsteak mit Brezelkruste"? In dem charmant-gemütlichen alten Gasthof von 1863 gibt es sowohl Regionales als auch Internationales aus heimischen Produkten. Hübsche Terrasse.

In Rabenau Süd-Ost: 5 km

Rabenauer Mühle
Bahnhofstr. 23 ✉ 01734 – ✆ (0351) 4 60 20 61 – www.hotel-rabenauer-muehle.de – geschl. 22. Februar - 6. März
21 Zim ☕ – 🚹58/65 € 🚹🚹84/98 € – ½ P
Die einstige Mühle in ruhiger Waldlage wurde nach einem Brand im 19. Jh. als Gasthaus wieder aufgebaut und bietet heute hübsche Zimmer mit guter Technik, Internetzugang gratis. Bürgerliche Küche im gemütlichen Restaurant mit Biergarten und Terrasse. Am Haus verläuft eine Dampfeisenbahnstrecke.

FREUDENSTADT

Baden-Württemberg – 22 290 Ew. – Höhe 728 m – Regionalatlas **54-F19**
Berlin 713 km – Stuttgart 88 km – Karlsruhe 77 km – Freiburg im Breisgau 96 km
Michelin Straßenkarte 545

Adler

Forststr. 17 ✉ 72250 – ✆ (07441) 9 15 20 – www.adler-fds.de – geschl. 25. Oktober - 15. November

15 Zim – †65/95 € ††110/140 € – ½ P

Hier ist man wirklich gut aufgehoben: Herzlich kümmert sich Familie Gaiser um ihre Gäste, dank stetiger Investitionen und Verbesserungen ist alles tipptopp gepflegt und die Zimmer sind wertig eingerichtet, im OG mit Balkon. Dekorativ: Fotografien des Chefs schmücken das Haus. Im Restaurant gibt's Flammkuchen als Spezialität.

Warteck

Stuttgarter Str. 14 ✉ 72250 – ✆ (07441) 9 19 20 – www.warteck-freudenstadt.de – geschl. Sonntagabend - Montag

13 Zim – †60/78 € ††98/105 € Menü 48/95 € – Karte 32/62 €

Oliver Gläßel hat das Haus von seinen Eltern übernommen und führt auch in der Küche Regie. Klassische Gerichte wie Barbarie Entenbrust oder geschmorter Ochsenschwanz werden in zwei gemütlich-eleganten kleinen Stuben serviert. Sie möchten über Nacht bleiben? Dann bekommen Sie nicht nur wohnlich und wertig ausgestattete Zimmer, sondern starten zudem mit einem feinen kleinen Frühstücksbuffet in den Tag.

An der B 28

Langenwaldsee

Straßburger Str. 99 ✉ 72250 – ✆ (07441) 8 89 30 – www.hotel-langenwaldsee.de – geschl. 8. - 19. Dezember

38 Zim – †59/90 € ††99/190 € – ½ P

Bei Familie Kaltenbach lässt es sich gut erholen: toll die Lage direkt am See, engagiert und herzlich die Gastgeber, richtig wohnlich die Zimmer (auch geräumige Juniorsuiten), schön der Spa samt Ayurveda-Anwendungen und Holzterrasse zum Wasser hin, einladend der Zen-Garten... Im Restaurant legt man Wert auf Regionales.

In Freudenstadt-Igelsberg

Krone

Hauptstr. 8 ✉ 72250 – ✆ (07442) 8 42 80 – www.krone-igelsberg.de – geschl. 7. Januar - 1. Februar, 1. - 19. Dezember

30 Zim – †80/95 € ††128/146 € – ½ P

Entspannen kann man hier nicht nur in wertigen, wohnlichen Zimmern, man hat auch einen hübschen Garten mit Koikarpfenteich und bietet Kosmetikbehandlungen. Gemütlich ist es am Morgen im nordisch-charmanten, mit Delfter Fliesen dekorierte Frühstücksraum - haben Sie schon den kleinen TV im alten Ofen entdeckt? Probieren Sie auch die eigenen Obstbrände, hergestellt in der Destillerie im Keller.

In Freudenstadt-Kniebis West: 10 km – Höhe 920 m

Waldblick

Eichelbachstr. 47 ✉ 72250 – ✆ (07442) 83 40 – www.waldblick-kniebis.de – geschl. März 3 Wochen, Ende November 1 Woche

30 Zim – †89/113 € ††176/184 € – ½ P

Das Haus der Familie Finkbeiner liegt richtig idyllisch, ist sympathisch, ausgesprochen gepflegt und hat Schwarzwälder Flair. Den namengebenden Waldblick genießt man z. B. vom Ruhebereich im OG des Saunahauses - es steht im wirklich schönen Garten, wo es auch noch einem Teich und das "Knusperhäusle" gibt - Letzteres ist ideal für Familien, die ein bisschen mehr Platz brauchen!

In Freudenstadt-Lauterbad

Lauterbad

Amselweg 5, Zufahrt über Kinzigtalstraße ✉ 72250 – ✆ (07441) 86 01 70 – www.lauterbad-wellnesshotel.de

37 Zim – 🚹99/132 € 🚹🚹194/250 € – 4 Suiten – ½ P

Stüble – Siehe Restaurantauswahl

Schön modern hat man es hier sowohl in den geradlinig eingerichteten Zimmern (fast alle mit Balkon) als auch im schicken Spa (verschiedene Ruhezonen, beheizter Außenpool, Massagen und Kosmetikanwendungen...). Sie mögen es lieber ein bisschen klassischer? Es gibt auch einige Zimmer im Schwarzwälder Stil.

Grüner Wald

Kinzigtalstr. 23 ✉ 72250 – ✆ (07441) 86 05 40 – www.gruener-wald.de

42 Zim – 🚹88/92 € 🚹🚹156/196 € – 1 Suite – ½ P

Für Urlaub und Wellness genau richtig: ruhige Lage, reizvolle Landschaft, vielfältige Anwendungen und wohnliche Zimmer, zur Südseite mit Balkon - fragen Sie nach den hübschen neueren mit unbehandeltem Holz! Im "Bienenkörble" serviert man bürgerlich-regionale Küche, vom Wintergarten mit Terrasse blickt man ins Grüne. In den Ferien bietet man übrigens auch Kinderprogramm!

Stüble – Hotel Lauterbad

Amselweg 5, Zufahrt über Kinzigtalstraße ✉ 72250 – ✆ (07441) 86 01 70 – www.lauterbad-wellnesshotel.de

Menü 46/58 € – Karte 36/54 € – (Tischbestellung ratsam)

Echtes Schwarzwald-Feeling kommt im heimeligen "Stüble" auf: Komplett in schönem warmem Holz gehalten und stimmig dekoriert, ist es ein charmanter Rahmen für die regionale Küche. Auf der Terrasse sitzen auch Wanderer gerne und bestellen von der Vesperkarte.

FREYBURG (UNSTRUT)

Sachsen-Anhalt – 4 840 Ew. – Höhe 110 m – Regionalatlas **41-M12**

Berlin 213 km – Magdeburg 130 km – Leipzig 52 km – Halle 41 km

Michelin Straßenkarte 542

Berghotel zum Edelacker

Schloss 25 ✉ 06632 – ✆ (034464) 3 50 – www.edelacker.de – geschl. Januar

83 Zim – 🚹58/72 € 🚹🚹78/105 € – ½ P

In herrlicher Lage über dem Winzerstädtchen erwarten Sie gepflegte, funktionale Zimmer, darunter besonders geräumige und schön gelegene Panoramazimmer. Zum Restaurant gehört eine Sonnenterrasse mit toller Aussicht.

FREYUNG

Bayern – 6 960 Ew. – Höhe 655 m – Regionalatlas **60-Q18**

Berlin 529 km – München 205 km – Passau 36 km – Grafenau 15 km

Michelin Straßenkarte 546

Landhotel Brodinger

Zuppinger Str. 3 ✉ 94078 – ✆ (08551) 43 42 – www.brodinger.de

17 Zim – 🚹60/68 € 🚹🚹100/116 € – 1 Suite – ½ P

Ein gepflegtes Landhotel am Ortsrand beim Freibad. Man bietet wohnliche Zimmer mit individuellem Touch sowie einen kleinen, aber hübschen neuzeitlichen Wohlfühlbereich. Gemütlich-bayerisch ist das Ambiente im Restaurant.

Zur Post

Stadtplatz 2 ✉ 94078 – ✆ (08551) 5 79 60 – www.posthotel-freyung.de

30 Zim – 🚹55/65 € 🚹🚹98/104 € – ½ P

Seit rund 125 Jahre gibt es diesen gut geführten Familienbetrieb mitten in der kleinen Stadt. Buchen Sie die Panoramazimmer "FreYblick" oder die Komfortzimmer "FreYraum". Im Restaurant hat man den ländlichen Charakter bewahrt und mit zeitgemäßen Elementen schöne frische Akzente gesetzt.

In Freyung-Ort Süd-West: 1 km

XX **Landgasthaus Schuster**

Ort 19 ✉ 94078 – ✆ (08551) 71 84 – www.landgasthaus-schuster.de – geschl. Sonntagabend - Dienstagmittag

Menü 37/77 € – Karte 39/68 €

Gerichte wie "Entenbrust mit Petersilienwurzel und Ananas-Blaukraut" zeigen ganz deutlich, dass Patron Leopold Schuster für sein Leben gern kocht! Schmackhaftes Essen, charmante Atmosphäre und die sympathische Chefin im Service kommen auch nach über 25 Jahren unverändert gut an.

FRICKENHAUSEN

Bayern – 1 250 Ew. – Höhe 180 m – Regionalatlas **49-I16**

Berlin 495 km – München 277 km – Würzburg 23 km – Ansbach 61 km

Michelin Straßenkarte 546

Meintzinger

Babenbergplatz 4 ✉ 97252 – ✆ (09331) 8 71 10 – www.hotel-meintzinger.de

29 Zim – 85/135 € 110/150 €

Weingut mit Familientradition seit 1790. Die Chefin kümmert sich freundlich um die Gäste, mit Geschmack hat sie die Zimmer (auch Maisonetten) wertig, modern und mit wohnlichen Details eingerichtet.

FRICKINGEN

Baden-Württemberg – 2 890 Ew. – Höhe 473 m – Regionalatlas **63-G21**

Berlin 721 km – Stuttgart 142 km – Konstanz 34 km – Sigmaringen 41 km

Michelin Straßenkarte 545

In Frickingen-Altheim Nord-West: 2 km über Leustetter Straße

X **Löwen**

Hauptstr. 41 ✉ 88699 – ✆ (07554) 86 31 – www.pfaff-altheim.de – geschl. 23. Dezember - 2. Januar, nach Fastnacht 3 Wochen und Sonntagabend - Montag

Menü 29 € – Karte 24/42 € – *(nur Abendessen, sonntags auch Mittagessen)* (Tischbestellung ratsam)

Hier kocht man mit sehr guten und frischen Produkten aus der Region - das leckere Ergebnis nennt sich z. B. "Lammhäxle mit Gemüsesoße". Probieren Sie auch den Klassiker: Lachsmaultäschle! Und obendrein hat man es noch schön gemütlich.

FRIDINGEN an der DONAU

Baden-Württemberg – 3 100 Ew. – Höhe 626 m – Regionalatlas **62-G20**

Berlin 748 km – Stuttgart 118 km – Konstanz 70 km – Freiburg im Breisgau 107 km

Michelin Straßenkarte 545

In Fridingen-Bergsteig Süd-West: 2 km Richtung Mühlheim – Höhe 670 m

XX **Landhaus Donautal**

Bergsteig 1 ✉ 78567 – ✆ (07463) 4 69 – www.landhaus-donautal.de – geschl. 4. Januar - 16. Februar und Montag, Freitag

7 Zim – 68 € 98 € – 1 Suite Karte 24/43 €

Sie suchen gemütliche Atmosphäre, herzlichen Service und gute Küche? In diesem topgepflegten Betrieb nur wenige Meter vom romantischen Donautal-Aussichtspunkt kocht man mit regionalem und saisonalem Bezug, außerdem macht man hier leckeren Kuchen! Übernachten können Sie auch: die Zimmer sind schön wohnlich.

FRIEDBERG

Bayern – 28 900 Ew. – Höhe 514 m – Regionalatlas **57-K19**

Berlin 583 km – München 75 km – Augsburg 8 km – Ulm (Donau) 87 km

Michelin Straßenkarte 546

Brauereigasthof St. Afra im Felde

Afrastr. 144, St. Afra Süd: 2 km ✉ 86316 – ✆ (0821) 6 08 91 50 – www.sankt-afra.eu

28 Zim – 62 € 89 €

Der Familienbetrieb direkt neben der Wallfahrtskirche verfügt über geräumige Zimmer mit Vollholzmöbeln und Parkettboden. Die kleine Hausbrauerei ist ein Hobby des Chefs. Ein sehr schöner Biergarten ergänzt die gemütlichen Restaurantstuben.

Park Ambiente

Probststr. 14 ✉ 86316 – ✆ (0821) 44 82 34 97 – www.park-ambiente.de

10 Zim – 64/74 € 84 €

Sehr gut schläft man bei Familie Seidl an der Romantischen Straße: private Atmosphäre, gepflegte zeitgemäße Zimmer, frisches Frühstück - und drum herum ein schöner Park. Der Chef verrät Ihnen gerne, wo man in der Gegend gut golfen kann!

Zum Brunnen (N)

Bauernbräustr. 4, Passage Brunnenhof/Garage West ✉ 86316 – ✆ (0821) 60 09 20 – www.hotelzumbrunnen.de

15 Zim – 59/79 € 79/99 €

Das tipptopp gepflegte kleine Hotel befindet sich in einer Einkaufspassage in ruhiger Lage am Rande der Altstadt. Die Zimmer sind zeitgemäß und praktisch ausgestattet.

Zum Herzog Ludwig (N)

Bauernbräustr. 15 ✉ 86316 – ✆ (0821) 59 98 65 10 – www.zumherzogludwig.de – geschl. 1. - 10. Januar und Montag - Dienstag

Menü 40/57 € – Karte 37/52 € – *(nur Abendessen)*

In den Stallungen eines ehemaligen Bauernhofs finden Sie dieses rustikal-elegante Restaurant. Sie sitzen gerne draußen? Man hat einen schönen Innenhof. Die ambitionierte Küche gibt es z. B. als "Filet vom bretonischen Steinbutt mit Erbsenmousseline" oder "Rücken vom Limousin-Lamm gratiniert mit Basilikum".

Gersters Genusswerkstatt

Bauernbräustr. 6 ✉ 86316 – ✆ (0821) 2 62 14 15 – www.gersters-genusswerkstatt.de – geschl. Dienstag, Februar - September: Montag - Dienstag

Menü 33/65 € – Karte 28/43 € – *(nur Abendessen)*

Sonja Gerster und ihr Team bieten unter Friedbergs ältestem Dachstuhl in der gemütlichen holzgetäfelten Stube modern-regionale Küche wie "Jungbullentafelspitz auf Rahmgemüse mit Röstkartoffeln". Im Winter sitzt man am liebsten am heimeligen alten Kachelofen, im Sommer natürlich auf der schönen Terrasse.

FRIEDBERG (HESSEN)

Hessen – 27 760 Ew. – Höhe 159 m – Regionalatlas **38-F14**

Berlin 510 km – Wiesbaden 61 km – Frankfurt am Main 28 km – Gießen 36 km

Michelin Straßenkarte 543

In Rosbach vor der Höhe Süd-West: 7 km über B 455, in Ober-Rosbach links

Grüner Baum

Frankenstr. 24, Zufahrt über Bäckergasse, Nieder-Rosbach ✉ 61191 – ✆ (06003) 70 28 – www.landgasthof-gruener-baum.de – geschl. Dienstag - Mittwoch

Menü 30/89 € – Karte 31/44 € – *(nur Abendessen, sonntags auch Mittagessen)*

In dem traditionsreichen Familienbetrieb speist man bürgerlich-international. Sie wählen zwischen zwei Menüs oder bestellen à la carte z. B. Schnitzelgerichte oder verschiedene Steaks vom Grill, zu denen Sie sich die Beilagen selbst aussuchen. Das Ambiente: rustikal mit modernem Touch. Kochschule.

FRIEDEWALD

Hessen – 2 400 Ew. – Höhe 387 m – Regionalatlas **39**-I12

Berlin 395 km – Wiesbaden 179 km – Kassel 87 km – Fulda 58 km

Michelin Straßenkarte 543

Göbels Schlosshotel Prinz von Hessen

Schlossplatz 1 ✉ 36289 – ✆ (06674) 9 22 40 – www.goebels-schlosshotel.de

79 Zim – 130/150 € 260 € – 13 Suiten – ½ P

Ideal für Wellness, Tagung oder Festlichkeiten ist das aus einer Wasserburg a. d. 16. Jh. entstandene Hotel. Die wohnlich-modernen Zimmer und Themensuiten sind wertig ausgestattet. Das Restaurant ist unterteilt in die Prinzenstube und den lichten Schlossgarten.

FRIEDLAND – Niedersachsen ➔ Siehe Göttingen

FRIEDRICHRODA

Thüringen – 7 440 Ew. – Höhe 430 m – Regionalatlas **40**-J13

Berlin 345 km – Erfurt 54 km – Bad Hersfeld 97 km – Coburg 96 km

Michelin Straßenkarte 544

Ramada

Burchardtsweg 1 ✉ 99894 – ✆ (03623) 35 20 – www.ramada-friedrichroda.de

142 Zim – 85/93 € 121/143 € – 12 Suiten – ½ P

Das Hotel am Kurpark bietet freundliche, neuzeitliche Gästezimmer und einen großzügigen Freizeitbereich, zu dessen Angebot auch klassische Kuren zählen. Das helle Panorama-Restaurant wird ergänzt durch eine nette Bierstube.

In Friedrichroda-Finsterbergen

Hüllrod

Am Hüllrod 11 ✉ 99894 – ✆ (03623) 30 61 75 – www.huellrod.de – geschl. Februar 2 Wochen, Ende Juni 1 Woche, Oktober 2 Wochen und Montag - Dienstag

Menü 30/35 € – Karte 28/45 € – *(November - März: Mittwoch - Freitag nur Abendessen)*

Angenehm geradlinig und frisch kommt die saisonale Küche daher - es gibt z. B. "Wildhacksteak mit Kartoffel-Bärlauchpüree und Spitzpaprika". Die schöne Lage am Waldrand direkt im Naturpark macht natürlich die Terrasse interessant! Sonntags (im Sommer) Blasmusik auf der Freilichtbühne nebenan.

FRIEDRICHSHAFEN

Baden-Württemberg – 57 970 Ew. – Höhe 400 m – Regionalatlas **63**-H21

Berlin 721 km – Stuttgart 167 km – Konstanz 31 km – Freiburg im Breisgau 161 km

Michelin Straßenkarte 545

Goldenes Rad

Karlstr. 43 ✉ 88045 – ✆ (07541) 28 50 – www.goldenes-rad.de – geschl. 18. Dezember - 7. Januar

77 Zim – 85/105 € 125/155 € – ½ P

Goldenes Rad – Siehe Restaurantauswahl

Zentral und nur einen Steinwurf vom See entfernt finden Sie den aus drei Gebäuden bestehenden Familienbetrieb. Beeindruckend die Aussicht aus den Seaside-Zimmern - mit etwas Glück schaut man bis zu den Schweizer Alpen!

CITY KRONE

Schanzstr. 7 ✉ 88045 – ✆ (07541) 70 50 – www.hotel-city-krone.de

111 Zim – 79/219 € 109/239 €

Das Stadthotel befindet sich mitten im Zentrum und hat neben zeitgemäßen Gästezimmern auch eine hübsche Dachterrasse im 5. Stock zu bieten. Fragen Sie nach den Maisonetten mit Seeblick!

Goldenes Rad – Hotel Goldenes Rad
Karlstr. 43 ✉ 88045 – ✆ (07541) 28 50 – www.goldenes-rad.de – geschl. 18. Dezember - 7. Januar und Sonntag
Karte 30/57 €
Schön sitzt man in dem gemütlichen Restaurant, im Sommer draußen in der Fußgängerzone. Hier wie dort genießt man schmackhafte regionale Gerichte wie "Schweinebauch auf Ofenkartoffeln" oder aber Fisch aus dem See.

In Friedrichshafen-Fischbach West: 5 km

Traube am See
Meersburger Str. 11 ✉ 88048 – ✆ (07541) 95 80 – www.traubeamsee.de
94 Zim – 80/160 € 110/200 € – ½ P
Nahe dem See liegt dieses über die Jahre gewachsene Haus. Hier gibt es verschiedene Zimmertypen, wohnlich sind sie alle, teilweise schön geradlinig-modern. Einladend auch der große Wellnessbereich und die Liegewiese. Im Restaurant serviert man regionale Küche.

Maier
Poststr. 1 ✉ 88048 – ✆ (07541) 40 40 – www.hotel-maier.de – geschl. 19. - 24. Dezember
49 Zim – 49/94 € 79/179 € – ½ P
Der Familienbetrieb liegt an der Durchgangsstraße und bietet wohnliche Zimmer - fragen Sie nach den modernen neueren. Im OG der hübsche Saunabereich, hier auch eine schöne Dachterrasse. Hinter dem Haus hat man noch einen netten Garten. Nicht zu vergessen das Restaurant mit regionaler Küche.

In Friedrichshafen-Schnetzenhausen Nord-West: 4 km

Krone
Untere Mühlbachstr. 1 ✉ 88045 – ✆ (07541) 40 80 – www.ringhotel-krone.de – geschl. 18. - 25. Dezember
145 Zim – 98/160 € 160/220 € – 11 Suiten – ½ P
Der ehemalige Gasthof von 1835 ist zu einem imposanten Hotelkomplex gewachsen. Unzählige Freizeitangebote von Luftgewehrschießen bis zur Beauty-Behandlung, eine Brennerei, in der Obst von der eigenen Plantage zu Schnaps verarbeitet wird, sowie verschiedene behagliche Restaurantstuben nebst netter Terrasse.

FRIEDRICHSHALL, BAD

Baden-Württemberg – 18 310 Ew. – Höhe 167 m – Regionalatlas **55-G17**
Berlin 594 km – Stuttgart 62 km – Heilbronn 10 km – Mannheim 83 km
Michelin Straßenkarte 545

In Bad Friedrichshall-Jagstfeld

Sonne
Deutschordenstr. 16 ✉ 74177 – ✆ (07136) 9 56 10 – www.sonne-badfriedrichshall.de
19 Zim – 65/70 € 90/95 € – ½ P
Das familiär geleitete kleine Hotel verfügt über funktionell ausgestattete Gästezimmer, von denen einige etwas größer und moderner sind. Eine Terrasse mit Blick auf den Neckar ergänzt das nette ländlich-rustikale Restaurant.

FRIEDRICHSKOOG

Schleswig-Holstein – 2 480 Ew. – Höhe 2 m – Regionalatlas **9-G4**
Berlin 402 km – Kiel 114 km – Heide 41 km – Cuxhaven 119 km
Michelin Straßenkarte 541

Möven-Kieker
Strandweg 6, Nord-West: 5,5 Km, in Friedrichskoog-Spitze ✉ 25718 – ✆ (04854) 9 04 98 70 – www.moeven-kieker.de – geschl. November - März
12 Zim – 78/80 € 103 € – 1 Suite – ½ P
Ein kleines Hotel hinter dem Deich unter sympathisch-familiärer Leitung. Man wohnt hier in individuellen Zimmern (z. T. mit Meerblick), darunter charmante Alkovenzimmer unterm Dach. Neuzeitliches Restaurant mit Café und Terrasse.

FRIEDRICHSRUHE – Baden-Württemberg ➔ Siehe Öhringen

FRIEDRICHSTADT

Schleswig-Holstein – 2 490 Ew. – Höhe 2 m – Regionalatlas **1**-G3
Berlin 408 km – Kiel 82 km – Sylt (Westerland) 62 km – Heide 25 km
Michelin Straßenkarte 541

Aquarium

Am Mittelburgwall 2 ✉ 25840 – ✆ (04881) 9 30 50 – www.hotel-friedrichstadt.de
36 Zim – 68/108 € 99/150 € – 1 Suite – ½ P
Aquarium? Der Name hat seinen Grund, denn die Inhaber haben ein Faible für Fische und Hochseeangeln - so hat man natürlich auch diverse Aquarien im Haus. Die Zimmer sind wohnlich, die moderne Einrichtung harmoniert schön mit antiken Stücken, teilweise hat man Sicht auf den Mittelburggraben. Im stilvollen Restaurant bietet man internationale Küche mit regionalem Einfluss.

FRIESENHEIM

Baden-Württemberg – 12 570 Ew. – Höhe 161 m – Regionalatlas **53**-D19
Berlin 759 km – Stuttgart 158 km – Karlsruhe 88 km – Offenburg 12 km
Michelin Straßenkarte 545

In Friesenheim-Oberweier

Mühlenhof

Oberweierer Hauptstr. 33 ✉ 77948 – ✆ (07821) 63 20 – www.landhotel-muehlenhof.de – geschl. Februar 2 Wochen, August 2 Wochen
32 Zim – 40/55 € 68/95 €
Mühlenhof – Siehe Restaurantauswahl
Bei Anette und Stefan Rottler gibt es nicht nur gute Küche, auch übernachten kann man schön. Alles ist gepflegt, einige Zimmer sind sehr geräumig (die günstigen recht klein), die meisten haben einen Balkon und das Frühstücksbuffet ist reichhaltig und appetitlich bestückt!

Mühlenhof – Hotel Mühlenhof

Oberweierer Hauptstr. 33 ✉ 77948 – ✆ (07821) 63 20 – www.landhotel-muehlenhof.de – geschl. Februar 2 Wochen, August 2 Wochen und Dienstag
Menü 32/42 € – Karte 23/42 €
"Medaillons vom Reh und Wildschwein mit Spätzle, Preiselbeer-Birne und Marktgemüse" ist nur eines der schmackhaften regional-saisonalen Gerichte hier. Die Preise sind wirklich fair und der Service ist freundlich und flott. Richtig gut kommt auch das günstige Mittagsmenü an!

FÜRSTENFELDBRUCK

Bayern – 34 650 Ew. – Höhe 517 m – Regionalatlas **65**-L20
Berlin 605 km – München 35 km – Augsburg 46 km – Garmisch-Partenkirchen 97 km
Michelin Straßenkarte 546

Fürstenfelder

Mühlanger 5 ✉ 82256 – ✆ (08141) 88 87 55 00 – www.fuerstenfelder.com
98 Zim – 80/115 € 90/150 €
Die ruhige Lage in einer Sackgasse (drei Minuten vom Kloster Fürstenfeld) dürfte jeden freuen, ebenso das schöne schlichte Design: in den Zimmern helles Eichenholz in klaren Linien, viel Licht und moderne Farbakzente in Grün oder Violett. Schlossgastronomie unter gleicher Leitung.

Zur Post

Hauptstr. 7, Zufahrt über Schöngeisingerstraße ✉ 82256 – ✆ (08141) 3 14 20 – www.hotelpost-ffb.de – geschl. 22. Dezember - 7. Januar
41 Zim – 80/120 € 90/150 €
Ein stattlicher Gasthof mit 390-jähriger Familientradition. Die wohnlichen Zimmer sind unterschiedlich gestaltet, darunter einige sehr schöne Biedermeierzimmer. Neben gemütlichen Restaurantstuben bietet man auch eine hübsche Terrasse im historischen Posthof.

Fürstenfelder

Fürstenfeld 15 ✉ 82256 – ✆ (08141) 88 87 54 10 – www.fuerstenfelder.com
Menü 16 € (mittags unter der Woche)/79 € – Karte 27/46 €
Da kann das weiße Kreuzgewölbe noch so schön sein, im Sommer zieht es alle raus: auf die Terrasse oder in den SB-Biergarten! Der Blick aufs Kloster ist auch eine schöne Kulisse für Hochzeiten! Gekocht wird mit Bioprodukten aus der Region.

FÜRSTENWALDE

Brandenburg – 30 970 Ew. – Höhe 43 m – Regionalatlas **23-Q8**
Berlin 59 km – Potsdam 88 km – Frankfurt (Oder) 36 km
Michelin Straßenkarte 542

Haus am Spreebogen

Altstadt 27 ✉ 15517 – ✆ (03361) 59 63 40 – www.haus-am-spreebogen.de
15 Zim – 75 € 95/110 € – ½ P
Ein sehr gepflegtes kleines Hotel in ruhiger Lage an der Spree, in dem Sie zeitgemäß und funktional gestaltete Gästezimmer erwarten. Eine nette Terrasse und ein Biergarten zur Spree ergänzen das freundliche, mit eleganter Note eingerichtete Restaurant.

In Steinhöfel Nord-Ost: 9 km

Schloss Steinhöfel

Schlossweg 4 ✉ 15518 – ✆ (033636) 27 70 – www.schloss-steinhoefel.de
30 Zim – 95/105 € 130/190 € – ½ P
Wirklich hübsch das klassizistische Schloss a. d. 18. Jh. samt englischer Parkanlage. Die Chefin hat ein Händchen für Dekorationen - entsprechend stilvoll ist hier alles gestaltet, von den individuellen, wohnlichen Zimmern über das elegante Restaurant bis zu den schönen Veranstaltungsräumlichkeiten.

FÜRSTENZELL

Bayern – 7 830 Ew. – Höhe 358 m – Regionalatlas **60-P19**
Berlin 604 km – München 169 km – Passau 15 km – Linz 92 km
Michelin Straßenkarte 546

In Fürstenzell-Altenmarkt Nord-Ost: 4,5 km über Passauer Straße, am Ortsende links

Zur Platte

Altenmarkt 10 ✉ 94081 – ✆ (08502) 2 00 – www.gasthaus-zur-platte.de – geschl. Mitte Januar - Ende Februar
12 Zim – 45/55 € 75/95 € – ½ P
Das familiäre kleine Gasthaus liegt wirklich klasse - hier genießt man die Ruhe und den Blick auf Neuburger- und Bayerischen Wald! Sie übernachten in großzügigen Zimmern, entspannen auf der Liegewiese und lassen sich in nettem rustikalem Ambiente regionale Speisen servieren. Wie wär's mit einem Ausflug nach Passau? In ca. 10 Autominuten sind Sie dort.

FÜRTH

Bayern – 118 360 Ew. – Höhe 295 m – Regionalatlas **50-K16**
Berlin 453 km – München 172 km – Nürnberg 7 km
Michelin Straßenkarte 546

Siehe Umgebungsplan Nürnberg

Kupferpfanne

Königstr. 85 ✉ 90762 – ✆ (0911) 77 12 77 Stadtplan : A1**n**
– www.ew-kupferpfanne.de – geschl. Sonntag und an Feiertagen
Menü 30 € (mittags)/68 € – Karte 50/78 € – (Tischbestellung ratsam)
Was die Gäste hierher zieht? Klassische Küche, gemütlich-gediegenes Ambiente, eine gepflegte Weinauswahl und natürlich Patron Erwin Weidenhiller, der stets präsent ist! Lust auf die "in Kräutern gebratene ganze Seezunge mit Gemüse"? Oder vielleicht lieber Hummer?

Altes Forsthaus

Cadolzburger Str. 75 ✉ 90766 – ✆ (0911) 37 30 04 36 Stadtplan : A1**c**
– www.altesforsthaus-fuerth.de – geschl. 1. - 14. Januar, Pfingsten 1 Woche, 29. August - 4. September und Montag - Dienstag
Menü 40 € (vegetarisch)/58 € – Karte 36/53 € – *(Mittwoch - Freitag nur Abendessen)*
Gerne lässt man sich in dem geschmackvoll eingerichteten ehemaligen Forsthaus vom Betreiber-Duo Melzer/Schuster mit stark regional beeinflusster klassischer Küche verwöhnen. Und die gibt es z. B. als Schmorgerichte, aber auch in Form von Saisonalem wie Gänsebraten oder Wild. Sehr nett für warme Sommertage: die teilweise überdachte Terrasse.

La Palma

Karlstr. 22 ✉ 90763 – ✆ (0911) 74 75 00 Stadtplan : A1**b**
– www.ristorante-lapalma.de – geschl. Montag
Menü 30/43 € – Karte 27/45 € – (Tischbestellung ratsam)
Der gebürtige Sizilianer "Gianni" Minneci und seine Frau Maria sind mittlerweile schon ein Stück italienische Gastronomie-Geschichte hier in Fürth. In ihrem hellen, mit eleganter Note gestalteten Restaurant gibt es viele Klassiker und auch eine saisonale Tageskarte sowie entsprechende Weine - ein Ort der Herzlichkeit und Gastfreundschaft.

In Fürth-Burgfarrnbach über Würzburger Straße A1

Weissmanns Krone

Würzburger Str. 476 ✉ 90768 – ✆ (0911) 97 91 21 11
– www.weissmanns-krone.de – geschl. Sonntagabend - Montag
Menü 15 € (mittags)/47 € – Karte 28/39 €
Nach seinem Umzug aus Cadolzburg in dieses historische Fachwerkhaus bietet Ihnen Thomas Weißmann in schlichtem Rahmen mittags eine bürgerlich-fränkische Küche und am Abend die gehobene Version à la "Bamberger Hörnchen mit Zander und Herbstgemüse". Im Sommer sitzt es sich auch schön auf der Terrasse.

In Fürth-Poppenreuth

Mercure

Laubenweg 6 ✉ 90765 – ✆ (0911) 9 76 00 Stadtplan : A1**m**
– www.mercure.com
129 Zim – 75/295 € 75/295 € – 17 €
Die sehr verkehrsgünstige Lage an der Autobahnausfahrt, moderne Zimmer in freundlichen Farben und gute Tagungsmöglichkeiten sprechen für diese Businessadresse. Das Restaurant ist mit Fotografien bedeutender Fürther Persönlichkeiten dekoriert. Mit Bar.

FÜSSEN

Bayern – 14 640 Ew. – Höhe 808 m – Regionalatlas **64-J22**
Berlin 659 km – München 120 km – Kempten (Allgäu) 44 km – Landsberg am Lech 63 km
Michelin Straßenkarte 546

Sommer

Weidachstr. 74, über Augsburger Straße B1 ✉ 87629 – ✆ (08362) 9 14 70
– www.hotel-sommer.de
57 Zim – 98/134 € 158/214 € – 13 Suiten
Urlauber werden hier mit Sicherheit nicht enttäuscht: Zum einen liegt das Hotel schön nahe dem Forggensee, zum anderen hat man unzählige Freizeitmöglichkeiten vom "Vital- und Beauty-Spa" auf 1500 qm bis zum Ausflug mit dem Leihfahrrad - oder sind Sie schonmal Segway gefahren? Tipp: einige besonders hübsche Zimmer im modern-alpinen Stil.

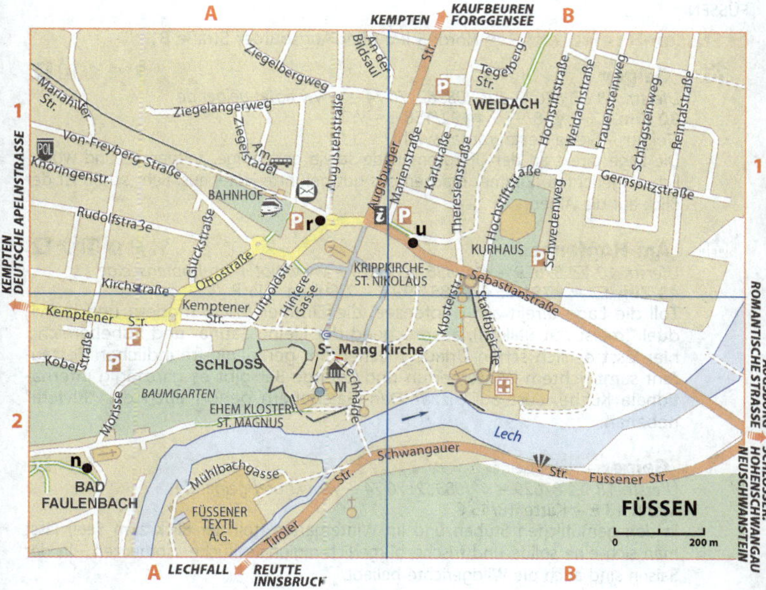

Hirsch

Kaiser-Maximilian-Platz 7 ✉ 87629 – ✆ (08362) 9 39 80 Stadtplan : B1**u**
– www.hotelfuessen.de
52 Zim – 80/128 € 100/190 € – ½ P
Bayerischer Charme ist Ihnen in diesem seit 1904 familiär geführten Haus mitten in Füssen gewiss! Fragen Sie nach den schönen Themenzimmern - sie sind der Region sowie verschiedenen Persönlichkeiten gewidmet. Und noch ein Tipp: Reservieren Sie am Abend im kleinen Bierstüberl, wo man es bei typisch regionalem Essen gemütlich-rustikal hat.

Villa Toscana

Von-Freyberg-Str. 28, über Von-Freyberg-Straße A1 ✉ 87629
– ✆ (08362) 9 13 70 – www.villa-toscana-fuessen.de
31 Zim – 59/79 € 84/129 €
In dem einstigen Nonnen-Erholungsheim hat man es heute zeitgemäß-elegant, und das inmitten eines schönen kleinen Parks etwas außerhalb des Stadtkerns. Zimmer in wohnlich-warmen mediterranen Farben, ansprechend der moderne kleine Saunabereich, gut das Frühstück... Auch Billardzimmer und Bibliothek kommen an.

In Füssen-Bad Faulenbach

Wiedemann

Am Anger 3, Zufahrt über Schwärzerweg ✉ 87629 Stadtplan : A2**n**
– ✆ (08362) 9 13 00 – www.hotel-wiedemann.de
– geschl. Mitte November - 19. Dezember
36 Zim – 59/80 € 119/145 € – ½ P
Hier ist man gerne zu Gast, denn das Haus liegt ruhig, wird seit über 100 Jahren familiär geleitet und alles ist tipptopp gepflegt. Die Zimmer haben teilweise einen Balkon und es gibt diverse Kur- und Kosmetikanwendungen.

In Füssen-Hopfen am See Nord: 5 km über Augsburger Straße B1

Geiger

Uferstr. 18 ✉ 87629 – ✆ (08362) 70 74 – www.hotel-geiger.de
30 Zim – 58/95 € 92/158 € – ½ P
Geiger – Siehe Restaurantauswahl
Die Lage direkt an der Uferpromenade sowie geräumige, zeitgemäß und wohnlich eingerichtete Zimmer machen das gut geführte Hotel aus. Sehr schön ist der Blick auf die Alpen.

Am Hopfensee

Uferstr. 10 ✉ 87629 – ✆ (08362) 5 05 70 – www.hotel-am-hopfensee.de
43 Zim – 75/135 € 85/199 € – 2 Suiten – ½ P
Toll die Lage direkt am Hopfensee, die Zimmer frisch, modern und individuell (meist mit Balkon), ansprechend der kleine Sauna- und Ruhebereich... hier lässt es sich schön Urlaub machen. Im geradlinig-freundlichen Restaurant samt lichtem Wintergarten und Lounge-Bar gibt es ganztägig internationale Küche. Lust auf Pizza? Den Gastgebern gehört auch das "Riviera" nebenan.

Geiger – Hotel Geiger

Uferstr. 18 ✉ 87629 – ✆ (08362) 70 74 – www.hotel-geiger.de
Menü 13 € – Karte 18/45 €
In den gemütlichen Stuben und im Wintergarten (toll der Blick zum See!) lässt man sich eine solide und frische bürgerlich-regionale Küche schmecken - in der Saison sind auch die Wildgerichte beliebt.

FÜSSING, BAD

Bayern – 6 810 Ew. – Höhe 320 m – Regionalatlas **60**-P19
Berlin 636 km – München 147 km – Passau 31 km – Salzburg 110 km
Michelin Straßenkarte 546

Holzapfel Hotels

Thermalbadstr. 4 ✉ 94072 – ✆ (08531) 95 70 – www.hotel-holzapfel.de – geschl. 7. Januar - 8. März
111 Zim – 90/105 € 182/238 € – 12 Suiten – ½ P
Holzapfel's Restaurant – Siehe Restaurantauswahl
Vor allem mit ihrem Neubau hat Familie Holzapfel voll ins Schwarze getroffen: Alchemia Medica Spa und Zen Spa sowie topmoderne Zimmer! Wer es klassischer und gediegener mag, wohnt am besten im Stammhaus. "Therme I" - über einen Bademantelgang zu erreichen - ist für Hausgäste kostenfrei.

Parkhotel

Waldstr. 16 ✉ 94072 – ✆ (08531) 92 80 – www.parkhotel.stopp.de – geschl. 20. - 26. Dezember, 6. Januar - 15. Februar
97 Zim – 86/106 € 168/232 € – 2 Suiten – ½ P
Toskana – Siehe Restaurantauswahl
Ruhig liegt die gewachsene Hotelanlage im Grünen und doch zentrumsnah. Der Hallenbereich und die wohnlichen Gästezimmer sind im klassischen Stil gehalten.

MÜHLBACH

Bachstr. 15, Safferstetten, Süd: 1 km ✉ 94072 – ✆ (08531) 27 80 – www.muehlbach.de
56 Zim – 120/140 € 214/276 € – 5 Suiten – ½ P
Kirchawirt – Siehe Restaurantauswahl
Eine wirklich wohnliche familiäre Adresse mit freundlichem Service ist das gewachsene Kurhotel am namengebenden Mühlbach. Man hat zeitgemäße Zimmer, eine schöne Lounge und einen attraktiven Wellnessbereich samt Arztpraxis. Gönnen Sie sich doch mal die elegante Kaisersuite mit privaten Spa! Eine hübsche kleine Hochzeitskapelle gibt es übrigens auch.

XX **Holzapfel's Restaurant** – Hotel Holzapfel

Thermalbadstr. 4 ✉ 94072 – ✆ (08531) 95 70 – www.hotel-holzapfel.de – geschl. 7. Januar - 8. März

Menü 39/59 € – Karte 30/61 €

Appetit auf "Tafelspitz mit Meerrettich"? Oder lieber "Kalbskotelett mit Trüffel"? Ob bürgerlich-regional oder gehobener, die Gerichte haben Geschmack und Aroma, die Produkte sind von sehr guter Qualität. Und das Ambiente dazu? Rustikal-klassisch in der Schwarzwaldstube, etwas mediterraner im Wintergarten, und eine Terrasse hat man auch.

XX **Toskana** – Parkhotel

Walastr. 16 ✉ 94072 – ✆ (08531) 92 80 – www.parkhotel.stopp.de – geschl. 20. - 26. Dezember, 6. Januar - 15. Februar

Menü 17/35 € – Karte 24/57 €

"Toskana"... weckt das bei Ihnen die Vorfreude auf einen Hauch Italien? Der mediterrane Einfluss, den der Name verspricht, findet sich auf der Speisekarte dieses ansprechend gestalteten Restaurants.

X **Kirchawirt** – Hotel MÜHLBACH

Bachstr. 15, Safferstetten, Süd: 1 km ✉ 94072 – ✆ (08531) 27 84 01 – www.kirchawirt.de

Karte 20/50 €

Vor über 200 Jahren wurde hier mit einer zünftigen Wirtschaft der Grundstein für den heutigen "Kirchawirt" gelegt. Mit heimelig-rustikalem Charme, Gemütlichkeit und bayerischer Küche wird man der Tradition gerecht.

FULDA

Hessen – 65 040 Ew. – Höhe 257 m – Regionalatlas **39**-H13

Berlin 443 km – Wiesbaden 141 km – Frankfurt am Main 99 km – Gießen 109 km

Michelin Straßenkarte 543

ESPERANTO

Esperantoplatz ✉ 36037 – ✆ (0661) 24 29 10 – www.hotel-esperanto.de Stadtplan : B1**a**

327 Zim – ♦98/139 € ♦♦118/189 € – 6 Suiten – ½ P

Toro Negro – Siehe Restaurantauswahl

Besonders auf Tagungen und Businessgäste ist das gegenüber dem Bahnhof gelegene Hotel mit dem komfortablen Rahmen und den modernen Zimmer zugeschnitten, der attraktive Spa ist aber auch für Wellnessgäste interessant. Neben dem Toro Negro gibt es den Weinkeller Bodega (hier Tapas) und das Café "Piazza d'oro".

Maritim Hotel Am Schlossgarten

Pauluspromenade 2 ✉ 36037 – ✆ (0661) 28 20 – www.maritim.de Stadtplan : A1**c**

111 Zim – ♦123/213 € ♦♦156/246 € – 1 Suite – ½ P

Eine große Atriumlobby und moderne Zimmer erwarten Sie in dem Hotel direkt am Schlossgarten. Sehenswert sind die festlichen Säle in der historischen Orangerie. Sie frühstücken im herrlichen barocken "Apollo Saal", am Abend speist man im tollen alten Gewölbekeller.

Goldener Karpfen

Simpliziusbrunnen 1 ✉ 36037 – ✆ (0661) 8 68 00 – www.hotel-goldener-karpfen.de Stadtplan : A2**f**

50 Zim – ♦105/185 € ♦♦145/280 € – 4 Suiten – ½ P

Goldener Karpfen – Siehe Restaurantauswahl

Das Stadthaus im Zentrum beherbergt hinter seiner über 300 Jahre alten Fassade eine schön dekorierte Lobby mit Kamin sowie wohnliche Zimmer von stilvoll-gediegen bis chic-modern. Wie wär's mit einem der netten Themenzimmer?

Peterchens Mondfahrt

Rabanusstr. 7 ✉ 36037 – ✆ (0661) 90 23 50 Stadtplan : A1**f**
– www.hotel-peterchens-mondfahrt.de – geschl. 20. Dezember - 3. Januar
50 Zim – **60/89 € 89/122 €**

Das Hotel bietet u. a. Allergiker- und Familienzimmer, auch Zimmer mit Küchenzeile vorhanden. Nach hinten liegen die Zimmer ruhiger. Rezeption und Frühstücksraum im 4. Stock.

CityHotel Hessischer Hof

Nikolausstr. 22 ✉ 36037 – ✆ (0661) 7 80 11 Stadtplan : B1**s**
– www.hessischerhof.de
26 Zim – **63/80 € 80/110 €** – **8 €**

Die zentrale Lage am Bahnhof sowie freundlich und funktionell gestaltete, teils recht großzügige Gästezimmer machen dieses gepflegte Hotel aus.

XX **Dachsbau**
Pfandhausstr. 8 ✉ 36037 – ✆ (0661) 7 41 12 Stadtplan : A1**e**
– www.dachsbau-fulda.de – geschl. August 2 Wochen und Montag - Dienstag
Menü 22/55 € – Karte 28/58 €
Hinter einer hübsch bemalten Fassade in einer Häuserreihe in der Altstadt erwarten Sie ein liebenswertes Ambiente, die traditionelle Küche der Chefin und der aufmerksame Service durch den Chef.

XX **Goldener Karpfen** – Hotel Goldener Karpfen
Simpliziusbrunnen 1 ✉ 36037 – ✆ (0661) 8 68 00 Stadtplan : A2**f**
– www.hotel-goldener-karpfen.de
Menü 60 € – Karte 29/57 €
Hier bietet man eine gute saisonal-internationale Küche von Hummer über Rinderfilet bis zum Schnitzel. Die Produkte sind frisch und wertig, die Speisen haben Geschmack und Aroma. Dazu eine elegante und gleichermaßen gemütliche Atmosphäre.

X **Toro Negro** – Hotel ESPERANTO
Esperantoplatz ✉ 36037 – ✆ (0661) 24 29 10 Stadtplan : B1**a**
– www.hotel-esperanto.de
Karte 28/47 € – *(nur Abendessen)* (Tischbestellung erforderlich)
Mit der Churrascaria bietet man Ihnen in der 6. Etage nicht nur südamerikanisches Flair, sondern auch typische Grillspezialitäten. Ein Muss ist der brasilianische Klassiker "Rodizio", ein Spieß, der direkt am Tisch geschnitten wird.

GÄRTRINGEN

Baden-Württemberg – 11 760 Ew. – Höhe 476 m – Regionalatlas **55**-**G19**
Berlin 657 km – Stuttgart 31 km – Freudenstadt 59 km – Karlsruhe 88 km
Michelin Straßenkarte 545

Bären
Daimlerstr. 11 ✉ 71116 – ✆ (07034) 27 60 – www.hotel-baeren-gaertringen.de
– geschl. 21. Dezember - 7. Januar
28 Zim – †69/79 € ††83/98 €
Freundlichkeit, Sauberkeit und familiäre Führung... das spricht für sich! Zudem ist das Hotel in dem kleinen Gewerbegebiet von der A81 gut erreichbar und die S-Bahn nur wenige Gehminuten enfernt. Im Zimmer gibt's eine Flasche Wasser gratis.

GAIENHOFEN

Baden-Württemberg – 3 210 Ew. – Höhe 425 m – Regionalatlas **63**-**G21**
Berlin 757 km – Stuttgart 175 km – Konstanz 33 km – Singen (Hohentwiel) 23 km
Michelin Straßenkarte 545

In Gaienhofen-Hemmenhofen

Höri am Bodensee
Uferstr. 20 ✉ 78343 – ✆ (07735) 81 10 – www.hoeri-am-bodensee.de – geschl. 21. Januar - 23. Februar
80 Zim – †85/180 € ††120/199 € – ½ P
Seensucht – Siehe Restaurantauswahl
Reizvoll liegt das Hotel am Seeufer mit Bootsanleger, schöner Liegewiese und Strandzugang. Die Zimmer sind recht unterschiedlich in der Größe, alle zeitgemäß und wohnlich, meist mit Balkon.

Kellhof
Hauptstr. 318 ✉ 78343 – ✆ (07735) 20 35 – www.kellhof.de – geschl. November - März
16 Zim – †75/85 € ††90/130 € – ½ P
Das Fachwerkhaus liegt etwas oberhalb des Sees, ist tipptopp gepflegt (freundlich und wohnlich die Zimmer) und wird engagiert geführt - der Chef kocht übrigens auch selbst, nämlich saisonal-bürgerlich.

XX **Seensucht** – Hotel Höri am Bodensee

Uferstr. 20 ✉ 78343 – ✆ (07735) 81 10 – www.hoeri-am-bodensee.de – geschl. 21. Januar - 23. Februar

Menü 28/56 € – Karte 31/57 €

Die Terrasse ist wohl der idyllischte Ort zum Speisen und Verweilen! Und wenn das Wetter mal nicht mitspielt, schauen Sie vom Restaurant (schön ganz in Weiß) durch die großen Panoramfenster auf den See!

In Gaienhofen-Horn

Gasthaus Hirschen

Kirchgasse 1 ✉ 78343 – ✆ (07735) 9 33 80 – www.hotelhirschen-bodensee.de – geschl. 10. Januar - 3. Februar

41 Zim – 75/220 € 136/252 € – 8 Suiten – ½ P

Familie Amann hat hier nicht nur einen traditionsreichen Gasthof, sondern auch ein modernes Hotel: Besonders schön sind die Landhaussuiten in der Villa Maria sowie die Superior-Zimmer und Panoramasuiten im Neubau! Dazu kommen der hübsche Garten, das gemütlich-ländliche Restaurant und die charmante Terrasse.

GAILDORF

Baden-Württemberg – 12 040 Ew. – Höhe 329 m – Regionalatlas **56**-H18

Berlin 557 km – Stuttgart 69 km – Aalen 43 km – Schwäbisch Gmünd 29 km

Michelin Straßenkarte 545

In Gaildorf-Unterrot Süd: 3 km über B 298

Kocherbähnle

Schönberger Str. 8 ✉ 74405 – ✆ (07971) 26 09 50 – www.kocherbaehnle.de – geschl. August 3 Wochen

16 Zim – 52/60 € 82/88 € – ½ P

Vor über 30 Jahren hat Ulrich Oesterle aus der ehemaligen Bahnhofswirtschaft sein kleines Hotel gemacht und betreibt es bis heute engagiert zusammen mit seiner Frau Wiltrud. In den wohnlichen Zimmern (neuzeitlich oder rustikal) werden Sie sich ebenso wohlfühlen wie in den netten Restaurantstuben oder auf der herrlichen überdachten Terrasse! Ein Muss sind die Maultaschen und natürlich der Kartoffelsalat!

GARBSEN

Niedersachsen – 59 920 Ew. – Höhe 54 m – Regionalatlas **18**-H8

Berlin 304 km – Hannover 17 km

Michelin Straßenkarte 541

Havelser Hof N

Hannoversche Str. 45 ✉ 30827 – ✆ (05137) 8 74 90 60 – www.havelserhof.de

22 Zim – 65/80 € 100/150 €

Richtig schön und noch dazu preislich fair wohnt man in dem Ende des 19. Jh. erbauten Haus, einem "Ableger" des "Landhauses am See". Die Zimmer sind hell und ganz modern, ein Kontrast dazu ist das gemütlich-rustikale Restaurant. Hier gibt es bürgerliche Küche.

In Garbsen-Berenbostel

Landhaus am See

Seeweg 27 ✉ 30827 – ✆ (05131) 4 68 60 – www.landhausamsee.de

45 Zim – 80/125 € 95/150 €

Landhaus am See – Siehe Restaurantauswahl

Sie suchen idyllische Lage und dennoch die Nähe zu Hannover? Sie mögen es modern und gleichzeitig wohnlich? Bitte sehr: ein schmuckes Haus, individuelle Zimmer, fast alle mit Seeblick, dazu ein wunderschöner Garten. Auch zum Tagen ideal.

XX **Landhaus am See** – Hotel Landhaus am See

Seeweg 27 ✉ 30827 – ✆ (05131) 4 68 60 – www.landhausamsee.de – geschl. über Ostern 1 Woche, Sonntag

Menü 40/80 € – Karte 37/66 €

Das Restaurant steht dem Hotel in nichts nach: geschmackvolles Interieur im Landhausstil, ein Traum von einer Terrasse, Blick zum See, dazu frische, gute Gerichte wie "Skrei im Sylter Muschelsud" oder "Schwarzbrotparfait mit Nougatcreme".

GARMISCH-PARTENKIRCHEN

Bayern – 26 110 Ew. – Höhe 708 m – Regionalatlas **65**-K22

▶ Berlin 675 km – München 89 km – Augsburg 117 km – Innsbruck 60 km

Michelin Straßenkarte 546

Reindl's Partenkirchner Hof

Bahnhofstr. 15 ✉ 82467 – ✆ (08821) 94 38 70 Stadtplan : B2**r**

– www.reindls.de – geschl. November

52 Zim – 🚹105/190 € 🚹🚹140/250 € – 10 Suiten – ½ P

Reindl's Restaurant – Siehe Restaurantauswahl

Gleich zwei Generationen kümmern sich in dem gewachsenen Hotel um den Gast. Ein schönes Haus: wohnliche Zimmer (einige sehr hübsch mit rustikaler Täferung!), moderner Saunabereich, herrlicher Blick aufs Wettersteingebirge... Eine einfachere Alternative zu Reindl's Restaurant ist die Brasserie.

Staudacherhof

Höllentalstr. 48 ✉ 82467 – ✆ (08821) 92 90 Stadtplan : A2**v**

– www.staudacherhof.de

49 Zim – 🚹120/150 € 🚹🚹240/300 € – 2 Suiten – ½ P

Schon der herzliche Empfang gibt einem das Gefühl, hier gut aufgehoben zu sein. Dieser Eindruck bestätigt sich auf überaus angenehme Weise in den liebenswert dekorierten Zimmern (Kaffeemaschine, Obst, Minibar gratis), am reichhaltigen und frischen Frühstücksbuffet und im tollen "Alpinum Spa". HP inklusive.

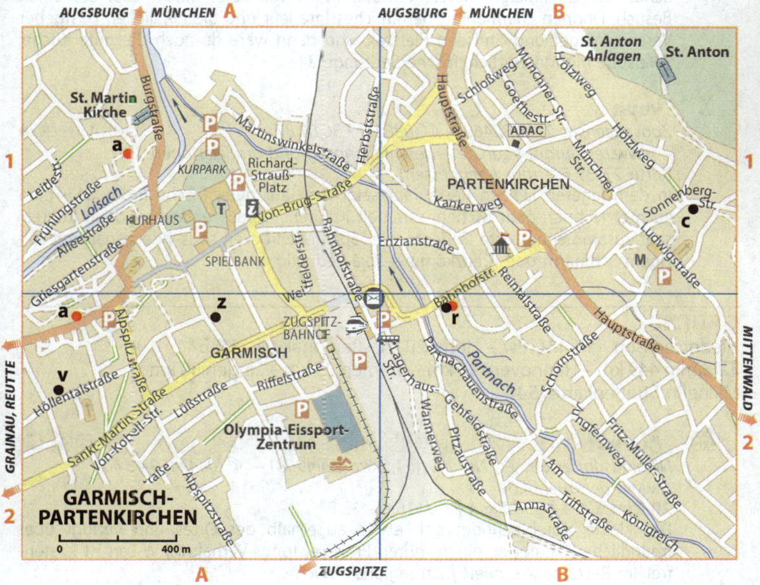

Rheinischer Hof

Zugspitzstr. 76, über A2, Richtung Grainau ✉ *82467* – ✆ *(08821) 91 20*
– *www.rheinischerhof-garmisch.de*
35 Zim – 69/125 € 98/145 € – 4 Suiten – ½ P
Seit vielen Jahren führt die Inhaberfamilie dieses wohnliche Ferienhotel und verbessert immer wieder! Viele der Zimmer (teils im Haus Windrose vis-à-vis) haben Südbalkone, hier hat man's schön sonnig. Buchen Sie doch mal eine Massage oder Kosmetikanwendung im Haus!

Hotel-Gasthof Schatten

Sonnenbergstr. 10 ✉ *82467* – ✆ *(08821) 9 43 08 90* Stadtplan : B1**c**
– *www.hotel-schatten.de – geschl. November*
22 Zim – 70/86 € 90/122 € – ½ P
Einen schönen bayerischen Gasthof hat Familie Baudrexl hier. Sie wohnen in freundlichen Zimmern, die meist nach Süden liegen und Bergblick bieten (besonders geräumig die beiden Juniorsuiten unterm Dach) und speisen in gemütlich-rustikaler Atmosphäre. Di. und Sa. spielt Musik und es wird Schuhplattler getanzt!

Reindl's Restaurant – Hotel Reindl's Partenkirchner Hof

Bahnhofstr. 15 ✉ *82467* – ✆ *(08821) 94 38 70* Stadtplan : B2**r**
– *www.reindls.de – geschl. November*
Menü 30/34 € – Karte 26/58 €
Unter der Leitung von Gastgeberin Marianne Holzinger wird hier regional und klassisch gekocht, z. B. "Kalbsnierchen in Balsamicojus" oder "Lammcarré mit Kräutern mariniert" - und als Dessert vielleicht "Grießflammerie mit Mango"?

Husar

Fürstenstr. 25 ✉ *82467* – ✆ *(08821) 9 67 79 22* Stadtplan : A1**a**
– *www.restauranthusar.de – geschl. Juni und Montag, Februar - April: Montag - Dienstag*
Karte 39/85 € – *(nur Abendessen)* (Tischbestellung ratsam)
Schon die denkmalgeschützte Fassade mit Lüftlmalerei macht Lust auf einen Besuch. Drinnen charmantes, gemütliches Interieur und die herzlichen Gastgeber Verena Merget und Christian Pietrzak, und dann wäre da noch die gute Küche: Tafelspitz mit Meerrettich, frische Seezunge...!

vaun

Zugspitzenstr. 2 ✉ *82467* – ✆ *(08821) 7 30 81 87* Stadtplan : A2**a**
– *www.restaurant-vaun.de – geschl. Sonntag und an Feiertagen*
Karte 27/37 € – *(nur Abendessen)*
In dem legeren kleinen Restaurant setzt man auf gute, frische Produkte - man züchtet Hühner, geht fischen, sammelt Kräuter... Daraus entstehen dann interessant zusammengestellte Gerichte wie "Spanferkelrücken sous-vide gegart mit salzigem Schmarrn und Kreuzkümmel-Soja-Reduktion".

GARREL

Niedersachsen – 14 110 Ew. – Höhe 20 m – Regionalatlas **17**-E7
Berlin 449 km – Hannover 190 km – Bremen 73 km – Lingen 80 km
Michelin Straßenkarte 541

Auehof

Nikolausdorfer Str. 21, Nord-Ost: 1,5 km ✉ *49681* – ✆ *(04474) 9 48 40*
– *www.der-auehof.de*
20 Zim – 53/65 € 85/115 € – ½ P
Das kleine Hotel befindet sich etwas außerhalb des Ortes und verfügt über freundliche Zimmer zu einem guten Preis-Leistungs-Verhältnis, W-Lan ist kostenfrei. Im Restaurant serviert man regionale Küche.

Zur Post

Hauptstr. 34 ✉ 49681 – ✆ (04474) 80 00 – www.hotelpost-garrel.de
30 Zim – 🚹60/90 € 🚹🚹90/130 € – ½ P
Der Inhaber bietet in seinem Hotel in der Ortsmitte hell, wohnlich und neuzeitlich gestaltete Zimmer, im Gästehaus sind sie großzügiger geschnitten. W-Lan gratis. Frisch ist auch das Ambiente in Frühstücksraum und Restaurant, ergänzt durch die Poststube.

GAU-BISCHOFSHEIM

Rheinland-Pfalz – 1 830 Ew. – Höhe 133 m – Regionalatlas **47-E15**
▶ Berlin 594 km – Mainz 13 km – Neustadt an der Weinstraße 89 km – Frankfurt am Main 49 km
Michelin Straßenkarte 543

Das Nack

Pfarrstr. 13 ✉ 55296 – ✆ (06135) 30 43 – www.restaurant-nack.de – geschl. Montag - Dienstag
Menü 29/89 € – Karte 20/53 € – *(Mittwoch - Freitag nur Abendessen)*
In dem historischen ehemaligen Weingut finden Sie ein stylish-schickes Restaurant unter altem Gewölbe! Christoph Arenz kocht hier mit moderner Note, regional und international. Schönes Beispiel: "Carpaccio vom Spießbraten mit Röstzwiebeln".

GEDERN

Hessen – 7 550 Ew. – Höhe 315 m – Regionalatlas **38-G14**
▶ Berlin 505 km – Wiesbaden 100 km – Darmstadt 99 km – Gießen 59 km
Michelin Straßenkarte 543

Schlosshotel

Schlossberg 5 ✉ 63688 – ✆ (06045) 9 61 50 – www.schlosshotel-gedern.de
12 Zim – 🚹59/89 € 🚹🚹39/119 € – ½ P
In dem hübschen Schloss a. d. 13. Jh. wohnen die Gäste in gepflegten, behaglich eingerichteten Zimmern mit Holzfußboden und Altbau-Flair. Das Restaurant: Eleonore- und Ritterstube sowie das "Gefängnis". Bemerkenswert sind der Wappen- und der Gartensaal.

GEESTHACHT

Schleswig-Holstein – 29 370 Ew. – Höhe 27 m – Regionalatlas **10-J5**
▶ Berlin 265 km – Kiel 118 km – Hamburg 30 km – Hannover 167 km
Michelin Straßenkarte 541

Lindenhof

Johannes-Ritter-Str. 38 ✉ 21502 – ✆ (04152) 8 46 70 – www.lindenhof-geesthacht.de
25 Zim – 🚹43/69 € 🚹🚹69/94 € – ½ P
Gemütlich und charmant hat man diesen Familienbetrieb eingerichtet. Kein Zimmer gleicht hier dem anderen, viele sind Themenzimmer, wie z. B. Frosch oder Werft. Das liebenswert maritim gestaltete Restaurant Brasserie bietet internationale und regionale Speisen.

GEHRDEN

Niedersachsen – 14 420 Ew. – Höhe 76 m – Regionalatlas **18-H9**
▶ Berlin 300 km – Hannover 14 km – Bielefeld 96 km – Osnabrück 125 km
Michelin Straßenkarte 541

Berggasthaus Niedersachsen

Köthnerberg 4, über Gartenstraße, Süd-West: 1 km ✉ 30989 – ✆ (05108) 31 01 – www.berggasthaus-niedersachsen.de – geschl. Montag - Dienstag, außer an Feiertagen
Menü 29/88 € – Karte 34/92 € – *(Mittwoch - Freitag nur Abendessen)* (Tischbestellung ratsam)
Viele Stammgäste besuchen diese historische Adresse auf dem Gehrdener Berg und lassen sich in der ehemaligen Stuhlremise internationale Küche servieren, so z. B. "US Flank Steak in Teriyaki mit Rauke". Herrliche Terrasse zum Park.

GEILENKIRCHEN

Nordrhein-Westfalen – 26 630 Ew. – Höhe 80 m – Regionalatlas **35-A12**
Berlin 622 km – Düsseldorf 69 km – Aachen 38 km – Mönchengladbach 40 km
Michelin Straßenkarte 543

City Hotel

Theodor-Heuss-Ring 15 ✉ 52511 – ✆ (02451) 62 70 – www.cityhotel-geilenkirchen.de
47 Zim – 70/75 € 89 € – 9 €
Das Hotel ist einfach praktisch: Es liegt zentral, hat funktionelle Zimmer und Appartements mit kleiner Küche, eine Flasche Mineralwasser im Zimmer sowie W-Lan sind gratis. Die Einzelzimmer sind zwar eher klein, haben aber eine Dampfdusche. Für einen Snack zwischendurch gibt's das Bistro "Café Fleur". Tipp: kostenloses Parkhaus ca. 100 m entfernt.

GEISENHEIM

Hessen – 11 620 Ew. – Höhe 88 m – Regionalatlas **47-E15**
Berlin 590 km – Wiesbaden 28 km – Bad Kreuznach 68 km – Koblenz 68 km
Michelin Straßenkarte 543

Beim Kloster Marienthal Nord: 4 km

Waldhotel Rheingau

Marienthaler Str. 20 ✉ 65366 – ✆ (06722) 9 96 00 – www.waldhotel-rheingau.de
60 Zim – 90/95 € 130/150 € – ½ P
Seit über 150 Jahren ist das Haus - früher Teil des Klosters Marienthal - in der Hand der Familie Gietz. Attraktiv sind sowohl die Weißwein- und Rotweinzimmer als auch der Wellnessbereich. Zudem hat man funktionelle Tagungsräume. Und die Restaurantterrasse ist dank der tollen Lage zum Tal natürlich gefragt!

In Geisenheim-Johannisberg Nord: 4,5 km in Richtung Presberg

Burg Schwarzenstein

Rosengasse 32 ✉ 65366 – ✆ (06722) 9 95 00 – www.burg-schwarzenstein.de
37 Zim – 150/220 € 290/380 € – 25 € – 2 Suiten
Gourmetrestaurant ✿ • ***Grill und Weinbar*** • ***Burgrestaurant*** – Siehe Restaurantauswahl
Was aus der historischen Burganlage entstanden ist, verdient die Bezeichnung Luxushotel! Traumhafte Lage in den Weinbergen mit weiter Sicht, wunderschöne, wertige Zimmer, meist in chic-geradlinigem Design (klasse die Panoramasuite!), und last but not least das ungebrochene Engagement der Familie Teigelkamp.

Haus Neugebauer

Haus Neugebauer 1, Nahe der Straße nach Presberg, Nord-West: 2,5 km ✉ 65366 – ✆ (06722) 9 60 50 – www.hotel-neugebauer.de – geschl. Januar - Februar, Anfang - Mitte August
20 Zim – 70/95 € 115/135 € – ½ P
Ein hübsches Bild ist das einstige Schulhaus von 1850 mit der schmucken Natursteinfassade. Ebenso reizvoll die ruhige Lage im Wald und der Blick ins Grüne - von der Restaurantterrasse besonders reizvoll. Stammgäste buchen immer wieder gerne Zimmer Nr. 2 oder Nr. 27, schön sind aber auch die Zimmer nach Süden!

Gourmetrestaurant – Hotel Burg Schwarzenstein

✿
Rosengasse 32 ✉ 65366 – ✆ (06722) 9 95 00 – www.burg-schwarzenstein.de – geschl. Montag - Dienstag
Menü 85/165 € – *(nur Abendessen, sonntags auch Mittagessen)*
Klein, aber fein: In dem eleganten Gourmetrestaurant im modernen Pavillon neben der eigentlichen Burg genießt man (im Sommer bei geöffneter Fensterfront oder ganz im Freien) eine geschmacksintensive und mit eigenen Ideen gespickte Küche.
➜ Wildgarnele, Amaranth und Sardine. Eigelb, Perlhuhnbrühe und Buchenpilze. Guanaia Schokolade, Kartoffel, Trüffel, Pistazie.

XX **Burgrestaurant** – Hotel Burg Schwarzenstein

Rosengasse 32 ✉ 65366 – ✆ (06722) 9 95 00 – www.burg-schwarzenstein.de

Menü 50/59 € – Karte 44/67 €

Das Lokal befindet sich im historischen Teil der Burg. Von der Laubenterrasse oder von einem der Fensterplätze haben Sie eine einzigartige Aussicht, während Sie sich saisonale Gerichte schmecken lassen.

XX **Grill und Weinbar** (N) – Hotel Burg Schwarzenstein

Rosengasse 32 ✉ 65366 – ✆ (06722) 9 95 00 – www.burg-schwarzenstein.de – geschl. Montag - Dienstag

Karte 20/92 €

Ein weiteres Gastronomie-Konzept der Burg Schwarzenstein: leger und modern die Atmosphäre, passend dazu Speisen wie Steak vom Holzkohlegrill, Fish & Seafood, Burger... Und das alles natürlich bei traumhaftem Blick über die Weinberge.

GEISINGEN

Baden-Württemberg – 6 030 Ew. – Höhe 667 m – Regionalatlas **62-F21**

Berlin 754 km – Stuttgart 128 km – Konstanz 56 km – Singen (Hohentwiel) 30 km

Michelin Straßenkarte 545

XX **Zum Hecht**

Hauptstr. 41 ✉ 78187 – ✆ (07704) 2 81 – www.zumhecht.de – geschl. Montag - Dienstag, Samstagmittag

6 Zim – 38/48 € 68/78 € – ½ P Menü 39/68 € – Karte 33/59 €

Außen fällt die markant rote Fassade auf, innen die schöne Dekoration in Form von moderner Kunst an den Wänden und geschmackvoll arrangierten Blumen - Letztere orientieren sich ebenso an der Saison wie die Küche, die vom Chef auf klassisch-mediterraner Basis zubereitet wird.

GEISLINGEN an der STEIGE

Baden-Württemberg – 26 360 Ew. – Höhe 464 m – Regionalatlas **56-I19**

Berlin 594 km – Stuttgart 58 km – Göppingen 18 km – Heidenheim an der Brenz 30 km

Michelin Straßenkarte 545

In Geislingen-Weiler ob Helfenstein Ost: 3 km – Höhe 640 m

Burghotel

Schalkstetter Str. 1 ✉ 73312 – ✆ (07331) 9 32 60 – www.burghotel-schiehle.de – geschl. 18. Dezember - 6. Januar

23 Zim – 69/89 € 105/169 €

Alles hier ist tipptopp gepflegt - darauf sind Mutter und Töchter Schiehle sehr bedacht! Vieles spricht für ihr Haus: die ruhige Lage, wohnliche Zimmer (fragen Sie nach den renovierten), die Frühstücksterrasse, das komfortable Hallenbad und natürlich auch die herzlichen Gastgeberinnen selbst.

GELDERN

Nordrhein-Westfalen – 33 070 Ew. – Höhe 25 m – Regionalatlas **25-B10**

Berlin 580 km – Düsseldorf 64 km – Duisburg 43 km – Krefeld 30 km

Michelin Straßenkarte 543

See Park Janssen

Danziger Str. 5 ✉ 47608 – ✆ (02831) 92 90 – www.seepark.de

89 Zim – 81/159 € 117/184 € – ½ P

Panoramapool, Fitness mit Betreuung, hochwertiges Beautyangebot... Hier gibt es Spa-Vielfalt auf rund 8000 qm. Dazu freundliche Zimmer, die Lage am See und der Golfplatz gleich nebenan. Tipp: die modernen Panorama-Zimmer in warmen Tönen! Zum See hin auch das Restaurant samt Wintergarten und die Terrasse.

In Geldern-Walbeck Süd-West: 6 km

XX **Alte Bürgermeisterei**

Walbecker Str. 2 ✉ 47608 – ✆ (02831) 8 99 33 – www.alte-buergermeisterei.de – geschl. Juli, August - März: Montag - Dienstag
Menü 55/69 € – Karte 39/60 €
Gemütlich-elegantes Restaurant in dem einstigen Gutshof und Amtshaus. Schön ist der Mix aus historischen Elementen und modernen Bildern. Da sitzt man gerne bei klassischer Küche und guten offen ausgeschenkten Weinen. Einfacher das italienisch-mediterrane Angebot in der Enoteca.

GELNHAUSEN

Hessen – 22 100 Ew. – Höhe 159 m – Regionalatlas **48**-G14
Berlin 508 km – Wiesbaden 84 km – Fulda 59 km – Frankfurt am Main 42 km
Michelin Straßenkarte 543

XX **Bergschlösschen**

Am Schlößchen 4 ✉ 63571 – ✆ (06051) 47 26 47 – www.restaurant-bergschloesschen.de – geschl. Oktober und Dienstag, Samstagmittag
Menü 36/65 € – Karte 37/56 €
In einmalig schöner Lage bietet Leonardo Gazzella hier authentisch italienische Küche. Je nach Saison bekommen Sie bretonischen Hummer, weiße Trüffel und immer topfrischen Fisch! Das Olivenöl holt der Chef höchstpersönlich aus Apulien!

GELSENKIRCHEN

Nordrhein-Westfalen – 257 610 Ew. – Höhe 52 m – Regionalatlas **26**-C11
Berlin 516 km – Düsseldorf 44 km – Dortmund 32 km – Essen 11 km
Michelin Straßenkarte 543

In Gelsenkirchen-Buer

Courtyard by Marriott

Parkallee 3 ✉ 45891 – ✆ (0209) 86 00 – www.courtyardgelsenkirchen.de
194 Zim – †106/118 € ††106/118 € – ☕ 19 € – 4 Suiten
Ein komfortables Hotel mit technisch gut ausgestatteten Zimmern - in den Executive-Zimmern (obere Etagen) WLan gratis. Sauna- und Fitnessbereich im 11. Stock mit tollem Blick auf die Veltins-Arena. Außerdem direkter Zugang zum "medicos.AufSchalke"-Gesundheitszentrum. Das Restaurant bietet mediterrane Küche.

Buerer Hof

Hagenstr. 4 ✉ 45894 – ✆ (0209) 93 34 30 – www.buerer-hof.de
24 Zim ☕ – †85/98 € ††110 €
Das Hotel liegt nahe der Fußgängerzone, wird persönlich geführt und ist topgepflegt. Schöne Fotografien der Stadt Gelsenkirchen zieren die Zimmer (ideal für Familien die XL-Zimmer), WLan ist kostenfrei, gut das Frühstücksbuffet.

Ambient-Hotel Zum Schwan

Urbanusstr. 40 ✉ 45894 – ✆ (0209) 31 83 30 – www.schwanhotel.de – geschl. 20. Dezember - 3. Januar
17 Zim ☕ – †65/109 € ††89/159 € – 1 Suite
Mit Engagement und Herzlichkeit schafft Familie Hiltrop hier eine nette Atmosphäre. Wohnliche Zimmer mit guter Technik, Frühstück in freundlichem Ambiente. Das Restaurant im Bistrostil bietet für Hausgäste eine kleine Speisenauswahl.

GEMÜNDEN am MAIN

Bayern – 10 290 Ew. – Höhe 160 m – Regionalatlas **49**-H15
Berlin 507 km – München 319 km – Würzburg 42 km – Frankfurt am Main 88 km
Michelin Straßenkarte 546

Zum Koppen

Obertorstr. 22, Anfahrt über Mainstraße ✉ 97737 – ✆ (09351) 9 75 00 – www.hotel-koppen.de – geschl. 15. Februar - 10. März, 2. - 16. November

10 Zim – 58/68 € 88/98 € – ½ P

Im Laufe von 500 Jahren Beherbergungsbetrieb hat sich einiges verändert. Heute wohnt man in dem hübschen alten Sandsteinhaus schön modern - das erfahren auch viele Radwanderer (Main-Radweg)! Die Gaststuben ländlich-rustikal, das Vitrum frisch und licht.

In Gemünden-Langenprozelten West: 2 km

Imhof

Frankenstr. 1 ✉ 97737 – ✆ (09351) 9 71 10 – www.hotel-imhof.de

32 Zim – 55/61 € 81/96 € – ½ P

Der zum Hotel erweiterte Gasthof wird familiär geführt und verfügt über funktionell eingerichtete Zimmer - im Stammhaus unterstreichen frische Farben die moderne Note. Man hat ein bürgerliches Restaurant und zudem Räume für Feierlichkeiten.

GENGENBACH

Baden-Württemberg – 10 670 Ew. – Höhe 175 m – Regionalatlas **54**-E19

Berlin 756 km – Stuttgart 160 km – Karlsruhe 90 km – Villingen-Schwenningen 68 km

Michelin Straßenkarte 545

Schwarzwaldhotel Gengenbach

In der Börsiglache 4 ✉ 77723 – ✆ (07803) 9 39 00 – www.schwarzwaldhotel-gengenbach.de

59 Zim – 81/113 € 111/143 € – ½ P

Großzügig, hell und funktional sind hier die Zimmer, darunter auch Appartements mit Küchenzeile. Auch gute Tagungsmöglichkeiten und internationale Küche hat das gepflegte Haus an der Kinzig zu bieten.

Stadthotel Pfeffermühle

Oberdorfstr. 24 ✉ 77723 – ✆ (07803) 9 33 50 – www.pfeffermuehle-gengenbach.de

25 Zim – 50/54 € 80/84 €

Es sind nur wenige Schritte und schon ist man in der historischen Altstadt! Und das Haus selbst? Es ist sehr gepflegt und wird von Familie Armbruster mit Engagement geführt. Fragen Sie nach den neueren Zimmern - sie sind schön zeitgemäß gestaltet.

Die Reichsstadt

Engelgasse 33 ✉ 77723 – ✆ (07803) 9 66 30 – www.die-reichsstadt.de

18 Zim – 95/150 € 135/150 € – 5 Suiten – ½ P

Die Reichsstadt – Siehe Restaurantauswahl

Sie wohnen nicht nur direkt in der Altstadt, sondern auch noch in einem ganz reizenden und gleichermaßen schicken kleinen Hotel, in dem die Chefin Altes und Neues wirklich sehr gekonnt miteinander verbunden hat. Schöne moderne, individuelle Zimmer sind Ihnen hier ebenso gewiss wie herzlicher Service, und als Besonderheit die tolle Skylounge auf dem Dach mit Blick über die Stadt! Nicht zu vergessen die hübsche Sauna und der Garten...

Pfeffer & Salz

Mattenhofweg 3 ✉ 77723 – ✆ (07803) 9 34 80 – www.pfefferundsalz-gengenbach.de

12 Zim – 50/54 € 80/86 € – ½ P

Eine tipptopp gepflegte, familiäre und ruhige Adresse führt Julia Huber hier oberhalb der Altstadt, während ihr Mann Simon als Jungwinzer das dazugehörige Weingut samt kleiner Vinothek leitet. Im Restaurant und auf der großen Terrasse bietet man Internationales und Regionales - beliebt bei Paaren ist das "Twingle-Menü" inklusive heimischem Wein.

Die Reichsstadt – Hotel Die Reichsstadt

Engelgasse 33 ✉ 77723 – ✆ (07803) 9 66 30 – www.die-reichsstadt.de – geschl. Februar und Montag - Dienstagmittag

Menü 29 € (mittags)/89 € – Karte 38/86 €

Möchten Sie regional speisen oder lieber gehobener? Neben "badischem Zanderfilet auf Apfelsauerkraut" und "Wildragout mit Spätzle" können Sie auch "Jakobsmuschel und Hummer auf Steinpilzcarpaccio" oder "Lammrücken mit Pestokruste und Lammfilet in Lardo" wählen - und das im Sommer unbedingt draußen, denn das charmante historische Gasthaus hat eine der bezauberndsten Terrassen überhaupt!

Pfeffermühle

Victor-Kretz-Str. 17 ✉ 77723 – ✆ (07803) 9 33 50 – www.pfeffermuehle-gengenbach.de – geschl. Donnerstag

Menü 19/58 € – Karte 18/47 €

Im Herzen der mittelalterlichen Stadt, ca. 350 m vom gleichnamigen Hotel entfernt, bietet man in einem gemütlichen kleinen Fachwerkhaus von 1476 regionale Küche. Von der Terrasse beobachtet man das rege Treiben vor dem Haus. Im 1. Stock: Salon und "Nachtwächterstüble" - letzteres bietet auf Vorbestellung für 4-8 Personen ein spezielles Menü sowie eine Führung!

In Berghaupten West: 2,5 km

Hirsch

Dorfstr. 9 ✉ 77791 – ✆ (07803) 9 39 70 – www.hirsch-berghaupten.de – geschl. über Fastnacht 10 Tage, Mitte August 10 Tage

19 Zim – 60/65 € 84/94 € – 6 € – 3 Suiten – ½ P

Hirsch – Siehe Restaurantauswahl

Wer in dem gewachsenen Haus der Familie Faißt wohnt, wird freundlich umsorgt und schläft in geräumigen, schön wohnlich gestalteten Zimmern. Und wenn Sie morgens Anlaufschwierigkeiten haben: Es gibt sehr guten Kaffee!

Hirsch – Hotel Hirsch

Dorfstr. 9 ✉ 77791 – ✆ (07803) 9 39 70 – www.hirsch-berghaupten.de – geschl. über Fastnacht 10 Tage, Mitte August 10 Tage und Montag - Dienstagmittag

Menü 36/54 € – Karte 25/49 €

Nicht nur zum Übernachten ist der "Hirsch" eine gute Wahl: In den hübschen ländlichen Stuben sitzt man gemütlich und aufmerksam von Familie Faißt betreut bei schmackhaften und frischen klassischen Gerichten wie "Lammrücken mit Kräutern rosé gebraten, Marktgemüse und Kartoffelgratin". Keine Frage, im Sommer ist die Terrasse beliebt.

GENSINGEN

Rheinland-Pfalz – 3 790 Ew. – Höhe 90 m – Regionalatlas **47**-E15

Berlin 606 km – München 455 km – Würzburg 185 km

Michelin Straßenkarte 543

Sutter's Landhaus (N)

Kreuznacher Str. 61 ✉ 55457 – ✆ (06727) 89 71 70 – www.sutters-landhaus.de

28 Zim – 79 € 99 € – ½ P

Neben der historischen Mühle hat Familie Sutter hier auf über 20 000 qm ein wirklich interessantes Objekt: Landhotel mit geradlinig-modernen Zimmern und Tagungsbereich, attraktive Restaurantscheune samt Dachterrasse und Innenhof (geboten wird regionale Küche) sowie die Open-Air-"Nahetal-Arena" für Events.

GERA

Thüringen – 95 390 Ew. – Höhe 203 m – Regionalatlas **41**-M12

Berlin 238 km – Erfurt 88 km – Bayreuth 127 km – Chemnitz 69 km

Michelin Straßenkarte 544

penta

Gutenbergstr. 2a ✉ *07548 – ✆ (0365) 2 90 90 – www.pentahotels.com*
164 Zim – 🚹59/89 € 🚹🚹59/89 € – ☕ 14 € – 1 Suite – ½ P
Ein zeitgemäßes Hotel, das besonders auf den Businessgast ausgelegt ist und recht geräumige, wohnlich eingerichtete Zimmer bietet. Freundlich gestaltetes Restaurant mit internationaler Küche.

GERETSRIED

Bayern – 23 610 Ew. – Höhe 605 m – Regionalatlas **65-L21**
Berlin 629 km – München 44 km – Garmisch-Partenkirchen 64 km – Innsbruck 99 km
Michelin Straßenkarte 546

In Geretsried-Gelting Nord-West: 6 km über B 11

Neu Wirt

Wolfratshauser Str. 24 ✉ *82538 – ✆ (08171) 4 25 20 – www.neuwirt-gelting.de*
29 Zim ☕ – 🚹79/90 € 🚹🚹99/110 €
Der Landgasthof mit seinen hellen, freundlichen Zimmern (im Dachgeschoss besonders geräumig) ist unter der Woche vor allem bei Businessgästen beliebt, am Wochenende ist er ein guter Tipp für Radfahrer (gleich am Loisachkanal beginnen schöne Wege) - nach der Tour kommt der Biergarten am Haus wie gerufen!

GERLINGEN

Baden-Württemberg – 19 070 Ew. – Höhe 336 m – Regionalatlas **55-G18**
Berlin 635 km – Stuttgart 15 km – Karlsruhe 69 km – Tübingen 57 km
Michelin Straßenkarte 545

Siehe Stadtplan Stuttgart (Umgebungsplan)

Krone

Hauptstr. 28 ✉ *70839 – ✆ (07156) 4 31 10* Stadtplan : A2**e**
– www.krone-gerlingen.de
61 Zim – 🚹93/113 € 🚹🚹113/138 € – ☕ 8 €
Der historische Gasthof unter familiärer Leitung ist ein zeitgemäßes Hotel mit wohnlichen Zimmern, teilweise als Appartement mit offenem Kamin. Unterverpachtetes Restaurant mit unkomplizierter italienischer Küche. Rustikales Kaminzimmer für Raucher.

GERNSBACH

Baden-Württemberg – 13 850 Ew. – Höhe 174 m – Regionalatlas **54-E18**
Berlin 705 km – Stuttgart 91 km – Karlsruhe 34 km – Baden-Baden 11 km
Michelin Straßenkarte 545

Schloss Eberstein

Schloss Eberstein 1 ✉ *76593 – ✆ (07224) 99 59 50 – www.schlosseberstein.com*
12 Zim ☕ – 🚹115 € 🚹🚹158/175 € – 2 Suiten
Schloss Eberstein ✿ • ***Schloss-Schänke*** – Siehe Restaurantauswahl
Das Schloss in wunderbarer Aussichtslage am hauseigenen Weinberg hat Charme und Atmosphäre. Moderne, sehr wohnliche und hochwertige Zimmer, dazu eine reizvolle kleine Liegewiese zwischen historischen Mauern - exklusiv für Hotelgäste.

Romantiklandhaus Hazienda

Pflasteräcker 26 ✉ *76593 – ✆ (07224) 98 93 04 – www.romantiklandhaus.de*
10 Zim ☕ – 🚹94/139 € 🚹🚹139/179 €
Hier haben die Gastgeber ihre Passion für das Mittelmeer nach Baden geholt! Liebevoll und individuell wurden die Apartments (mit Küchenzeile) in mediterranem Hazienda-Stil eingerichtet. Schön auch der Garten.

XXX ✿ **Schloss Eberstein** (Bernd Werner) – Hotel Schloss Eberstein

Schloss Eberstein 1 ✉ 76593 – ✆ (07224) 99 59 50 – www.schlosseberstein.com – geschl. über Fasching 1 Woche, Januar - Mitte März: Montag - Freitagmittag, Samstagmittag, Mitte März - Dezember: Montag - Dienstag, Samstagmittag

Menü 59/92 € – Karte 60/84 €

Die klassisch-französische Küche von Bernd Werner sollte man im Sommer unbedingt auf der Terrasse genießen - toll die Aussicht hier auf Murgtal und Schwarzwald! Mittags gibt es neben den normalen A-la-carte-Gerichten noch die "Schlosssternchen", das sind Speisen im Tapas-Stil: schnell, leicht, originell.

→ Carpaccio vom Schottischen Lachs mit Kaisergranat, Basilikum, gegrilltes Gemüse, Fenchelchip. Confierter Seeteufel und Ragout vom Pulpo, geschmorte Gurken, Kartoffel-Speckpüree. Mit Kokos gratinierter Maibockrücken, Karottenbulgur, Frühlingslauch, Morchel-Curryschaum.

X **Schloss-Schänke** – Hotel Schloss Eberstein

Schloss Eberstein 1 ✉ 76593 – ✆ (07224) 99 59 50 – www.schlosseberstein.com – geschl. Januar - Mitte März: Montag - Dienstag

Menü 32 € – Karte 26/45 €

In der gemütlich-rustikalen Schloss-Schänke wählt man regionale "LandArt"-Küche wie "Murgtalforelle mit Gemüse, Zitronenbutter und Petersilienkartoffeln" oder "Kreativ und Saisonal"-Gerichte wie "Landhuhn mit Spargelgemüse, geschmorten Vanille-Tomaten und Bärlauchschaum". Platanen-Terrasse mit Aussicht.

In Gernsbach-Staufenberg West: 2,5 km

Sternen

Staufenberger Str. 111 ✉ 76593 – ✆ (07224) 33 08 – www.sternen-staufenberg.de – geschl. über Fasching, Ende Juli - Mitte August

14 Zim – †56/86 € ††77/101 € – ☕ 5 € – ½ P

Sternen – Siehe Restaurantauswahl

Ein familiär geführter Landgasthof, in dem man sehr gepflegt wohnt. Dafür stehen sowohl neuzeitlich-komfortable als auch etwas einfacher eingerichtete Zimmer bereit.

X **Sternen** – Hotel Sternen

Staufenberger Str. 111 ✉ 76593 – ✆ (07224) 33 08 – www.sternen-staufenberg.de – geschl. über Fasching, Ende Juli - Mitte August und Donnerstag

Menü 30 € – Karte 22/47 €

Das Restaurant besteht aus verschiedenen Stuben, teilweise mit schöner Holztäfelung. Da kommt zum einen das gemütliche Ambiente gut an, zum anderen die regional geprägte Küche.

GEROLSTEIN

Rheinland-Pfalz – 7 550 Ew. – Höhe 358 m – Regionalatlas **35-B14**

▶ Berlin 678 km – Mainz 182 km – Trier 73 km – Bonn 90 km

Michelin Straßenkarte 543

Am Brunnenplatz

Raderstr. 7 ✉ 54568 – ✆ (06591) 98 08 98 – www.brunnenplatzhotel-molitor.de

9 Zim ☕ – †49/65 € ††70/88 €

Am Zentrumsrand findet man das persönlich und familiär geführte Haus mit sehr gepflegten, recht geräumigen und funktionellen Zimmern zu fairen Preisen. Zum Frühstück gibt es die hausgemachten Marmeladen der Chefin (Holunder ist ihr Favorit!) - auch zum Kaufen für daheim. Gute Parkmöglichkeiten.

In Gerolstein-Müllenborn Nord-West: 4,5 km

Landhaus Müllenborn

Auf dem Sand 45 ✉ 54568 – ✆ (06591) 9 58 80 – www.landhaus-muellenborn.de

22 Zim ☕ – †74/89 € ††118/122 € – ½ P

Das Hotel in ruhiger erhöhter Lage verfügt über wohnliche Zimmer, teils auch Maisonette-Studios. Im Gästehaus sind die Zimmer neuzeitlicher und im Landhausstil gehalten. Zum gediegen-rustikalen Restaurant gehört eine Terrasse mit reizvoller Sicht auf das Umland.

GERSFELD

Hessen – 5 520 Ew. – Höhe 486 m – Regionalatlas **39-I14**
Berlin 431 km – Wiesbaden 160 km – Fulda 28 km – Würzburg 96 km
Michelin Straßenkarte 543

Gersfelder Hof

Auf der Wacht 14 ✉ 36129 – ✆ (06654) 18 90 – www.gersfelder-hof.de
60 Zim – ♦65/79 € ♦♦99/116 € – ½ P
Relativ ruhig liegt das gewachsene Hotel am Ortsrand neben dem öffentlichen Thermalbad. Man bietet funktionelle Zimmer sowie besonders geräumige Appartements im Gästehaus. Restaurant in rustikalem Stil.

Sonne

Amelungstr. 1 ✉ 36129 – ✆ (06654) 9 62 70 – www.sonniges.de – geschl. 10. - 30. Januar
30 Zim – ♦42/45 € ♦♦65/75 € – ½ P
Ein modernisierter Gasthof im Ortskern, der für Sie gut gepflegte, teils recht neuzeitliche Zimmer bereithält. Auch Appartements für Langzeitgäste sind vorhanden. Freundlich gestaltetes Restaurant.

GERSTHOFEN

Bayern – 21 320 Ew. – Höhe 469 m – Regionalatlas **57-K19**
Berlin 552 km – München 65 km – Augsburg 10 km – Ulm (Donau) 76 km
Michelin Straßenkarte 546

Gersthofer Auszeit

Schulstr. 16 ✉ 86368 – ✆ (0821) 29 79 30 – www.gersthofer-auszeit.de
13 Zim – ♦65/79 € ♦♦88/120 € – 1 Suite
Sehr gepflegt und wohnlich hat man es in dem gut geführten Haus. Wer gerne mehr Platz hat, fragt nach dem Premiumzimmer. Auf der Speisekarte finden sich saisonale und internationale Speisen, die im Sommer auch gerne auf der Terrasse serviert werden.

GIENGEN an der BRENZ

Baden-Württemberg – 19 020 Ew – Höhe 464 m – Regionalatlas **56-I19**
Berlin 588 km – Stuttgart 95 km – Augsburg 88 km – Heidenheim an der Brenz 12 km
Michelin Straßenkarte 545

Salzburger Hof

Richard-Wagner-Str. 5 ✉ 89537 – ✆ (07322) 9 68 80 – www.salzburger-hof.de – geschl. 28. Juli - 13. August
27 Zim – ♦52/79 € ♦♦84/104 € – ½ P
Modern, gepflegt und in warmen Farben gehalten, so sind die Zimmer in dem Hotel in einer Seitenstraße. Hier bietet sich ein Besuch des bekannten Steiff-Museums an, das nur 5 Gehminuten entfernt ist. Zum Essen geht's in die behagliche Gaststube mit ihrer alpenländischen Atmosphäre - passend zum Namen des Hauses.

GIESSEN

Hessen – 77 740 Ew. – Höhe 159 m – Regionalatlas **37-F13**
Berlin 495 km – Wiesbaden 89 km – Frankfurt am Main 63 km – Kassel 139 km
Michelin Straßenkarte 543

Tandreas

Licher Str. 55 ✉ 35394 – ✆ (0641) 9 40 70 – www.tandreas.de – geschl. Juli - August 2 Wochen
34 Zim – ♦109/160 € ♦♦139/195 € – ½ P
Restaurant Tandreas – Siehe Restaurantauswahl
Das stilvolle kleine Hotel der engagierten und stets präsenten Tanja Gerlach steht dem Restaurant in nichts nach. Wertig das Frühstück, wohnlich die in warmen Farben gehaltenen Zimmer. Besonders komfortabel: Juniorsuite und Appartement.

Steinsgarten
Hein-Heckroth-Str. 20 35390 – (0641) 3 89 90 – www.hotel-steinsgarten.de
123 Zim – 95/134 € 125/164 € – ½ P
In dem besonders auf Tagungen zugeschnittenen Hotel wählen die Gäste zwischen Business- und Executive-Zimmern; einige sind geräumiger, mit Balkon und kleinem Wohnbereich. Hell und freundlich ist das Ambiente im Restaurant.

heyligenstaedt
Aulweg 41 35392 – (0641) 4 60 96 50 – www.restaurant-heyligenstaedt.de
20 Zim – 85/115 € 115/155 € – 7 €
heyligenstaedt – Siehe Restaurantauswahl
Von der Werkzeugmaschinenfabrik, die Louis Heyligenstaedt 1876 gründete, ist der aparte Industrie-Charme geblieben, und dem steht das wertige, chic-moderne Interieur bestens zu Gesicht! Speziell: Außensauna auf dem Dach! Toll das Frühstück!

heyligenstaedt – Hotel heyligenstaedt
Aulweg 41 35392 – (0641) 4 60 96 50 – www.restaurant-heyligenstaedt.de – geschl. Anfang Januar 1 Woche und Samstagmittag, Sonntag
Menü 26 € (mittags unter der Woche)/84 € – Karte 31/72 €
Hohe Decken, Stahlträger, große Sprossenfenster, hier und da freigelegte Backsteinwände... Den Charakter der einstigen Fabrikhalle hat man bewusst bewahrt, dazu schönes modernes Design und ruhige Töne. Aus der Küche kommt z. B. "Island-Kabeljau mit zweierlei Fenchel". Mittags nur kleine Lunch-Karte.

Restaurant Tandreas – Hotel Tandreas
Licher Str. 55 35394 – (0641) 9 40 70 – www.tandreas.de – geschl. 1. - 6. Januar, Ende Juli - August 2 Wochen und Samstagmittag, Sonntag - Montagmittag
Menü 26 € (mittags)/48 € – Karte 33/68 €
In dem geradlinig-modernen Restaurant wird frisch, schmackhaft und regional gekocht - da findet sich z. B. "Zwiebelrostbraten / Bratkartoffeln / Schmelzzwiebeln". Zuvorkommend die Patronne. Mittags nur Lunch-Menü und einige Tagesgerichte.

GIFHORN

Niedersachsen – 41 520 Ew. – Höhe 53 m – Regionalatlas **19**-J8
Berlin 247 km – Hannover 82 km – Braunschweig 28 km – Lüneburg 88 km
Michelin Straßenkarte 541

Ratsweinkeller
Cardenap 1 38518 – (05371) 5 91 11 – geschl. Montag, Mittwoch
Menü 40 € – Karte 32/44 € – (Tischbestellung ratsam)
Hans-Jörg Bosch hört man seine schwäbische Herkunft nicht nur an, man schmeckt sie auch, wie z. B. bei der leckeren "Hirschroulade mit Rotkohl und Spätzle". Er kann aber auch internationaler, wie beispielsweise der "Seeteufel auf Ofentomatenpesto" zeigt. Nicht nur das Essen in dem schmucken historischen Fachwerkhaus ist gut, in netter rustikaler Atmosphäre kümmert sich die umsichtige Chefin um Sie.

GILCHING

Bayern – 17 860 Ew. – Höhe 588 m – Regionalatlas **65**-L20
Berlin 610 km – München 26 km – Augsburg 49 km – Garmisch-Partenkirchen 84 km
Michelin Straßenkarte 546

Thalmeier
Sonnenstr. 55 82205 – (08105) 50 41 – www.hotel-thalmeier.com – geschl. 23. Dezember - 7. Januar
16 Zim – 75/85 € 100/115 €
Das kleine Hotel ist ein langjähriger Familienbetrieb mit sehr gepflegten Gästezimmern, die mit massivem Holz ausgestattet sind. Gemütlicher Frühstücksraum.

GINSHEIM-GUSTAVSBURG

Hessen – 15 960 Ew. – Höhe 87 m – Regionalatlas **47**-F15
Berlin 582 km – Wiesbaden 20 km – Darmstadt 32 km
Michelin Straßenkarte 543

Schäfer's Landhaus

Bouguenais-Allee 1, Ginsheim ✉ 65462 – ✆ (06144) 9 35 30 – www.schaefers-landhaus.de
20 Zim – †96/125 € ††125/145 €
Ein freundlich geführtes kleines Hotel mit persönlicher Atmosphäre. Die Zimmer sind hell und wohnlich eingerichtet, hübsch ist auch der gemütlich gestaltete Frühstücksraum - ganz zu schweigen von der begrünten Terrasse im Sommer!

GLASHÜTTEN

Hessen – 5 310 Ew. – Höhe 510 m – Regionalatlas **47**-F14
Berlin 549 km – Wiesbaden 34 km – Frankfurt am Main 31 km – Limburg an der Lahn 33 km
Michelin Straßenkarte 543

Glashüttener Hof

Limburger Str. 86, B 8 ✉ 61479 – ✆ (06174) 69 22 – www.glashuettenerhof.com – geschl. Sonntagabend - Montag
9 Zim – †60/75 € ††110/140 € – 7 € Menü 18/38 € – Karte 31/61 €
In dem hübschen gepflegten Gasthaus fühlt man sich wohl, was nicht zuletzt an der herzlichen Brigitte Götzen liegt, die das Haus mit ihrer Familie leitet. Man kocht wirklich gut und frisch, z. B. "Kalbsrückensteak mit gratinierten Endivien und Kartoffelpüree". Mittags bestellen Sie Ihren Hauptgang und bekommen Suppe, Salat und Dessert dazu - ein tolles Angebot!

In Glashütten-Schlossborn Süd-West: 3,5 km

Schützenhof

Langstr. 13 ✉ 61479 – ✆ (06174) 6 10 74 – www.schuetzenhof-mohr.de – geschl. Montag - Dienstagmittag, Mittwochmittag, Sonntagmittag
Menü 81 € (abends) – Karte 51/76 €
Lothar und Martina Mohr sind Gastronomen aus Leidenschaft. Besuche in den besten Restaurants der Welt spiegeln ihr Faible für feine Küche wider, und das merkt man auch hier auf dem Teller: Die Chefin kocht modern-kreativ auf klassischer Basis, der Chef empfiehlt die passenden Weine. Schöne Terrasse.

GLEISWEILER

Rheinland-Pfalz – 610 Ew. – Höhe 285 m – Regionalatlas **54**-E17
Berlin 666 km – Mainz 107 km – Mannheim 49 km – Landau in der Pfalz 8 km
Michelin Straßenkarte 543

Landhotel Herrenhaus Barthélemy

Bergstr. 4 ✉ 76835 – ✆ (06345) 95 30 22 – www.herrenhaus-barthelemy.com – geschl. 7. Januar - 5. Februar, 7. - 25. November
2 Zim – †90/110 € ††125/145 € – 2 Suiten
Voller Liebe zum Detail steckt das tolle Anwesen von 1619, die "Chambres d'hôtes" der Provence waren hier Vorbild. Individuelle Zimmer, antike Stücke, geschmackvolle Deko... Dazu der traumhafte Barockgarten und sehr persönliche Atmosphäre! Zusätzlich drei schöne Ferienwohnungen in der Remise von 1775.

GLINDE

Schleswig-Holstein – 17 930 Ew. – Höhe 24 m – Regionalatlas **10**-J5
Berlin 275 km – Kiel 108 km – Hamburg 16 km
Michelin Straßenkarte 541

San Lorenzo

Kupfermühlenweg 2 ✉ 21509 – ✆ (040) 7 11 24 24 – www.san-lorenzo-glinde.de – geschl. Montag
Menü 46/79 € – Karte 50/69 € – *(nur Abendessen, sonntags auch Mittagessen)* (Tischbestellung ratsam)
Gerne speist man bei Giuseppe und Iris Dellavecchia - charmanter Service, gehobene italienische Küche und eleganter Rahmen (schön die alte Villa mit Wintergarten) kommen eben gut an! Besonders beliebt bei den Gästen ist das günstige Menü mit Weinbegleitung (natürlich aus Italien)!

GLONN

Bayern – 4 890 Ew. – Höhe 536 m – Regionalatlas **66-M20**
Berlin 610 km – München 32 km – Landshut 99 km – Rosenheim 33 km
Michelin Straßenkarte 546

Schwaiger

Feldkirchner Str. 3 ✉ 85625 – ✆ (08093) 9 08 80 – www.hotel-schwaiger.de
75 Zim – 69/119 € 125/169 €
Ein Familienbetrieb mit recht unterschiedlichen Zimmern sowie schönem Saunabereich mit Bäder- und Massageangebot. Dazu ein Café (hier Mo - Fr kleines Mittagsbuffet) und eine Bar mit kleiner Abendkarte.

In Glonn-Herrmannsdorf Nord-Ost: 3 km über Rotter Straße, nach Mecking links

Wirtshaus zum Schweinsbräu

Herrmannsdorf 7 ✉ 85625 – ✆ (08093) 90 94 45 – www.herrmannsdorfer.de – geschl. Sonntagabend - Dienstag, Mittwochabend
Karte 42/69 €
Qualität steht bei den Produkten des hauseigenen Bio-Hofguts im Mittelpunkt, so gibt es in dem schönen Restaurant gute, frische Gerichte mit viel Geschmack! Probieren Sie (neben Weinen) auch das selbstgebraute Bier! Für den kleinen Appetit: die "Wurstbar". Tipp: Leckeres aus Bäckerei und Metzgerei für daheim!

GLOTTERTAL

Baden-Württemberg – 3 140 Ew. – Höhe 306 m – Regionalatlas **61-E20**
Berlin 810 km – Stuttgart 208 km – Freiburg im Breisgau 27 km – Waldkirch 11 km
Michelin Straßenkarte 545

Hirschen

Rathausweg 2 ✉ 79286 – ✆ (07684) 8 10 – www.hirschen-glottertal.de
49 Zim – 74/94 € 85/182 € – ½ P
Hirschen – Siehe Restaurantauswahl
Hier kann man richtig gut wohnen: seit Generationen von der Familie geführt, wohnliche Zimmer, hübsche Sauna zum eigenen Park hin, vor der Tür fließt die Glotter... Relaxen kann man auch bei Massage und Kosmetik, vespern in der Winzerstube.

Zum Kreuz

Landstr. 14 ✉ 79286 – ✆ (07684) 8 00 80 – www.zum-kreuz.com
35 Zim – 53/86 € 98/140 € – ½ P
Am Eingang des Glottertals empfängt Sie seit Generationen familiäre Atmosphäre. Besonders komfortabel: Superior-Zimmer sowie Zimmer "St. Peter" zum Wald hin. Badische Spezialitäten im gemütlichen Gasthof mit Fachwerkfassade. Auch gluten- und laktosefreie Küche.

Pension Faller

Talstr. 9 ✉ 79286 – ✆ (07684) 2 26 – www.pension-faller.de – geschl. 15. - 31. Januar
12 Zim – 40/59 € 70/90 €
Eine Pension mit privater Atmosphäre und unterschiedlichen Zimmern mit Balkon. Sie frühstücken im behaglich getäfelten Stübchen oder auf der kleinen Terrasse zum Garten.

Zum Goldenen Engel

Friedhofweg 2 ✉ 79286 – ✆ (07684) 2 50 – www.goldener-engel-glottertal.de – geschl. nach Fastnacht 2 Wochen, November 2 Wochen und Mittwoch
14 Zim – 52/85 € 85/92 € – ½ P
Menü 35 € (vegetarisch)/38 € – Karte 27/54 €
Außen die schöne Holzfassade, drinnen ländlicher Charme... Da spürt man die 500-jährige Tradition des Gasthauses. Auf den Tisch kommt Regionales - auf der Karte z. B. "Kalbfleisch in Rieslingsauce mit Nudeln", ebenso Wild und Gans. Sie möchten übernachten? Im Schwarzwälder Stil oder lieber moderner?

Adler

Talstr. 11 ✉ 79286 – ✆ (07684) 9 08 70 – www.adler-glottertal.de – geschl. Dienstagmittag
14 Zim – 65/70 € 85/95 € – 1 Suite – ½ P
Menü 24/56 € – Karte 28/59 €
Was passt besser zum Schwarzwald als badische Küche in urgemütlichen Stuben? Auch Gastgeberin Stephanie Kleber sorgt mit ihrer Herzlichkeit dafür, dass man sich wohlfühlt, während man sich z. B. die winterlichen Wild- und Gänsegerichte schmecken lässt. Zum Übernachten: wohnliche, teils auch einfache Zimmer.

Hirschen – Hotel Hirschen

Rathausweg 2 ✉ 79286 – ✆ (07684) 8 10 – www.hirschen-glottertal.de – geschl. Montag
Menü 35/72 € – Karte 35/71 €
Keine Frage, bei Familie Strecker gibt es typische Klassiker wie "badische Flädlesuppe" oder "Kalbsrahmschnitzel mit Spätzle", aber auch internationale Gerichte haben ihren Platz auf der Karte. Und gemütliches Ambiente ist Ihnen ebenso gewiss wie gutes Essen und heimische Weine.

Wirtshaus zur Sonne

Talstr. 103 ✉ 79286 – ✆ (07684) 2 42 – www.sonne-glottertal.de – geschl. über Fasching 2 Wochen und im Winter: Mittwoch - Donnerstag, im Sommer: Mittwoch - Donnerstagmittag
Menü 18 € (mittags unter der Woche)/40 € – Karte 23/54 €
Hier kocht der Vater mit dem Sohn, und zwar eine frische badische Küche. Und der Rahmen passt dazu: eine reizende holzgetäfelte Stube in einem 350 Jahre alten Gasthof. Im Ort hat man zwei sehr nette Ferienwohnungen.

GLÜCKSBURG

Schleswig-Holstein – 5 840 Ew. – Höhe 17 m – Regionalatlas **2-H2**
Berlin 437 km – Kiel 100 km – Flensburg 10 km – Kappeln 40 km
Michelin Straßenkarte 541

Strandhotel

Kirstenstr. 6 ✉ 24960 – ✆ (04631) 6 14 10 – www.strandhotel-gluecksburg.de
35 Zim – 89/189 € 149/289 € – 3 Suiten – ½ P
Felix – Siehe Restaurantauswahl
Schon von außen hübsch anzuschauen ist das Jugendstilhaus von 1880, drinnen frisches skandinavisch-charmantes Flair! Für Urlauber ist die Lage direkt am Strand toll, hier auch das Strandbistro "Sandwig" (in der Nebensaison nur am WE). Auch bei Kosmetik- und Massageanwendungen relaxt es sich gut. HP inkl.

Felix – Strandhotel

Kirstenstr. 6 ✉ 24960 – ✆ (04631) 6 14 15 00 – www.strandhotel-gluecksburg.de
Menü 39/89 € – Karte 35/62 €
In sympathisch-legerer Atmosphäre wird Schleswig-Holsteiner Esskultur gepflegt, und dafür bevorzugt man natürlich Produkte aus der Region: "Reeser Lachsforelle im Pergament", "geschmorter Kalbstafelspitz mit Thymianjus"... Schöne Terrasse!

In Glücksburg-Meierwik Süd-West: 3 km

Alter Meierhof Vitalhotel
Uferstr. 1 ✉ 24960 – ✆ (04631) 6 19 90 – www.alter-meierhof.de
52 Zim – 140/290 € 205/440 € – 2 Suiten – ½ P
Meierei Dirk Luther • ***Brasserie*** – Siehe Restaurantauswahl
Was will man mehr? Sie wohnen unmittelbar an der Förde, werden von aufmerksamen Mitarbeitern perfekt umsorgt, die ausgesuchte warme und stimmige Einrichtung ist mehr als ansprechend und von nahezu jedem Zimmer kann man auf die Ostsee schauen! In der Hof-Therme heißt es "wellbeing" auf orientalisch.

Meierei Dirk Luther – Alter Meierhof Vitalhotel
Uferstr. 1 ✉ 24960 – ✆ (04631) 6 19 94 11 – www.alter-meierhof.de – geschl. 1. - 17. Januar, 25. Juli - 4. September, 17. - 30. Oktober und Sonntag - Montag
Menü 128/178 € – *(nur Abendessen)* (Tischbestellung erforderlich)
Jede Menge Aufwand steckt sowohl in der geschmacksintensiven Zubereitung als auch in der großartigen Präsentation der modern inspirierten klassischen Küche. Und fürs Auge gibt es noch mehr: attraktives Interieur in klaren Linien und hellen Naturtönen, nicht zu vergessen der Blick auf die Flensburger Förde!
➜ Rotbarbe "sous-vide" gegart, Tonicsud, Blumenkohl, Lauch. Rücken und Stelze vom Milchlamm, Zucchini, Fenchel, Artischocke. Haselnuss und Schokolade, Rosinen, Haselnusseis, Nougat.

Brasserie – Alter Meierhof Vitalhotel
Uferstr. 1 ✉ 24960 – ✆ (04631) 6 19 90 – www.alter-meierhof.de
Menü 45/61 € – Karte 56/76 €
Die Gourmetküche der Meierei ist zwar eigentlich ein Muss, wer es aber dennoch etwas legerer mag, bekommt hier in Brasserie-Atmosphäre frische internationale Speisen oder auch einfach ein Stück hausgemachten Kuchen!

In Glücksburg-Holnis Nord-Ost: 5 km

Lodge am Meer
Drei 5 ✉ 24960 – ✆ (04631) 6 10 00 – www.lodgeammeer.de
14 Zim – 85/109 € 98/149 € – ½ P
Die Vorfreude aufs Relaxen am Strand kommt hier schon beim Frühstücken - Sie schauen nämlich auf die Förde direkt vor der Tür! Die Zimmer können sich ebenfalls sehen lassen: freundlich, gemütlich, mit warmem Holz... passend zum familiären Charakter des Hauses.

GMUND am TEGERNSEE

Bayern – 5 890 Ew. – Höhe 740 m – Regionalatlas **66-M21**
Berlin 637 km – München 48 km – Garmisch-Partenkirchen 70 km – Bad Tölz 14 km
Michelin Straßenkarte 546

Jennerwein
Münchner Str. 127 ✉ 83703 – ✆ (08022) 70 60 50 – www.gasthaus-jennerwein.de – geschl. Dienstag - Mittwoch
Menü 28 € – Karte 28/51 €
Die Lage hier an der Kreuzung ist sicherlich nicht die schönste, aber das ist vergessen, sobald Sie in den hübschen ländlich-heimeligen Stuben sitzen und essen: Tafelspitzsülze, Fleischpflanzerl, Tegernseer Saibling, Rindsroulade...

In Gmund-Finsterwald West: 1 km über Tölzer Straße

Feichtner Hof N
Kaltenbrunner Str. 2 ✉ 83703 – ✆ (08022) 9 68 40 – www.feichtner-hof.de
19 Zim – 79 € 99 €
Feichtner Hof – Siehe Restaurantauswahl
In dem alteingesessenen Gasthof gibt es wohnlich-freundliche Landhauszimmer - wer es gerne etwas komfortabler hat, fragt nach den schönen Maisonetten! Erwähnenswert ist auch das Frühstück im gemütlichen holzgetäfelten "Florian Stüberl".

Feichtner Hof (N) – Hotel Feichtner Hof
Kaltenbrunner Str. 2 ✉ 83703 – ✆ (08022) 9 68 40 – www.feichtner-hof.de
Menü 25/45 € – Karte 25/45 €
Hier setzt man auf Qualität und Frische, die Küche regional und saisonal. Serviert wird in der "Schwemme" oder im "Kaminzimmer", und im Sommer isst man im großen Biergarten unter Kastanien auch gerne Leckeres vom Grill!

In Gmund-Ostin

Ostiner Stub´n
Schlierseer Str. 60 ✉ 83703 – ✆ (08022) 705 98 10 – www.ostiner-stubn.de – geschl. Dienstag
Menü 18 € (mittags unter der Woche)/55 € – Karte 33/42 €
Gemütlich und stilvoll kommt die modern-alpenländische Einrichtung daher, regional die Küche. Mittags bietet man eine kleinere Auswahl und ein Tagesmenü. Haben Sie die tolle Terrasse hinterm Haus gesehen?

GNOTZHEIM

Bayern – 840 Ew. – Höhe 473 m – Regionalatlas **57**-K17
Berlin 488 km – München 164 km – Ansbach 36 km – Stuttgart 145 km
Michelin Straßenkarte 546

Gasthof Gentner
Spielberg 1 ✉ 91728 – ✆ (09833) 98 89 30 – www.gasthof-gentner.de – geschl. März 1 Woche, September 2 Wochen und Montag - Dienstag
7 Zim – †67/75 € ††94/110 € – ½ P Karte 28/47 €
Der Gasthof der Familie Gentner gibt ein stimmiges Bild ab: ein traditionsreiches Haus, Produkte aus der Region, "Slow Food"-Mitglied... und das Obst kommt von der eigenen Streuobstwiese. Sie speisen in sorgsam restaurierten Stuben und übernachten in hübschen geräumigen Zimmern mit ländlichem Charme.

GOCH

Nordrhein-Westfalen – 33 070 Ew. – Höhe 18 m – Regionalatlas **25**-A10
Berlin 592 km – Düsseldorf 82 km – Krefeld 54 km – Nijmegen 31 km
Michelin Straßenkarte 543

De Poort
Jahnstr. 6 ✉ 47574 – ✆ (02823) 96 00 – www.depoort.de – geschl. 24. Dezember - 4. Januar
74 Zim – †69/99 € ††79/109 € – 3 Suiten – ½ P
Das Hotel ist eine ideale Tagungsadresse und bietet zudem vielfältige Sport- und Freizeitmöglichkeiten - dazu gehören u. a. ein eigener Schießstand und ein Schwimmbad im 2. OG. Die Zimmer sind teilweise sehr modern und geradlinig.

Am Kastell
Kastellstr. 6 ✉ 47574 – ✆ (02823) 96 20 – www.hotel-am-kastell.de
23 Zim – †68/85 € ††95/105 €
Gut ausgestattete, hell und freundlich gestaltete Zimmer stehen in dem Ende des 18. Jh. erbauten Haus in zentraler Lage bereit. Im Sommer kann man auch im kleinen Innenhof frühstücken.

GÖHREN – Mecklenburg-Vorpommern ➜ Siehe Rügen (Insel)

GÖHREN-LEBBIN

Mecklenburg-Vorpommern – 580 Ew. – Höhe 89 m – Regionalatlas **13**-N5
Berlin 153 km – Schwerin 85 km – Neubrandenburg 65 km – Rostock 86 km
Michelin Straßenkarte 542

Schloss Fleesensee
Schlossstr. 1 ✉ 17213 – ✆ (039932) 8 01 00 – www.schlosshotel.fleesensee.de
178 Zim – †108/168 € ††128/188 € – 19 Suiten – ½ P
Frédéric – Siehe Restaurantauswahl
Das luxuriöse Anwesen besteht aus einem stilvollen Schloss von 1842 und verschiedenen Dependancen mit überaus wohnlichen Zimmern - schön die modernen "Private SPA Suiten" mit eigener Sauna. Lichtdurchflutet die Orangerie, gemütlich die Vinothek mit Gewölbe. Hoteleigener Shuttle zum See.

Frédéric – Schlosshotel Fleesensee

Schlossstr. 1 ✉ 17213 – ✆ (039932) 8 01 00
– www.radissonblu.com/resort-fleesensee
Menü 52 € – Karte 35/61 € – *(nur Abendessen)* (Tischbestellung erforderlich)
Stattlich ruht das Schloss in einem Park und empfängt die Gäste herrschaftlich: stuckverzierte Wände in vornehmem Gelb, offener Marmorkamin und klassisches Mobiliar vermitteln Eleganz.

In Göhren-Lebbin - Untergöhren

Iberotel Fleesensee

Seeblick 30 ✉ 17213 – ✆ (039932) 47 00 – www.iberotel.de
144 Zim – 70/140 € 110/180 € – 12 Suiten – ½ P
Unmittelbar am Fleesensee liegt dieses modern ausgestattete Hotel mit Spabereich auf 950 qm und eigenem Uferabschnitt mit Badeplattform.

GÖPPINGEN

Baden-Württemberg – 55 580 Ew. – Höhe 323 m – Regionalatlas **55-H18**
Berlin 601 km – Stuttgart 43 km – Reutlingen 49 km – Schwäbisch Gmünd 26 km
Michelin Straßenkarte 545

Hohenstaufen

Freihofstr. 64 ✉ 73033 – ✆ (07161) 67 00 – www.hotel-hohenstaufen.de
48 Zim – 84/120 € 108/140 € – ½ P
Das bereits in 6. Generation geführte Haus ist ganz auf den Businessgast zugeschnitten. Zur Wahl stehen zeitgemäße Zimmer im Haupthaus oder eher klassisch-gediegene in den Gästehäusern. Das Restaurant setzt auf rustikale Atmosphäre und traditionelle Küche wie das "Linsengericht der Staufer" - oder kennen Sie "Schwäbische Austern"? Nett ist auch die in Holz gehaltene Bar.

GÖRLITZ

Sachsen – 54 050 Ew. – Höhe 208 m – Regionalatlas **44-S12**
Berlin 215 km – Dresden 98 km – Cottbus 90 km
Michelin Straßenkarte 544

Tuchmacher

Peterstr. 8 ✉ 2826 – ✆ (03581) 4 73 10 Stadtplan : B1**n**
– www.tuchmacher.de
60 Zim – 102/116 € 132/155 € – ½ P
Schneider Stube – Siehe Restaurantauswahl
Sie wohnen in einem sehenswerten, aus mehreren Gebäuden zusammengesetzten Renaissance-Bürgerhaus mit stilgerecht-elegantem Interieur. Wahre Kunstwerke sind die bemalten Holzbalkendecken in manchen Zimmern! Toll die Altstadtlage!

Via Regia N

Jauernicker Str. 15, über Berliner Straße A2 ✉ 2826 – ✆ (03581) 7 64 43 30
– www.viaregia-goerlitz.bestwestern.de
37 Zim – 59/67 € 70/85 € – 10 € – 3 Suiten – ½ P
Gelungen hat man den schönen historischen Häusern ein stilvoll-modernes Interieur verliehen. Entsprechend dem Namen Via Regia ("Königliche Straße") sind die wertigen Zimmer Städten entlang der alten Handelsroute gewidmet. Klein, aber fein: der Saunabereich. Restaurant mit bürgerlicher und mediterraner Küche.

Europa

Berliner Str. 2 ✉ 2826 – ✆ (03581) 4 23 50 Stadtplan : A2**e**
– www.hotel-europa-goerlitz.de
41 Zim – 59/69 € 79/89 € – 1 Suite
Die Lage in der Fußgängerzone spricht ebenso für dieses gepflegte Hotel wie die unterschiedlich geschnittenen und funktional ausgestatteten Gästezimmer.

Schneider Stube – Hotel Tuchmacher

Peterstr. 8 ✉ 2826 – ✆ (03581) 4 73 10 Stadtplan : B1**n**
– www.tuchmacher.de – geschl. Montagmittag
Menü 29/69 € – Karte 28/50 €
Das "Tuchmacher" ist mit seinen gemütlichen Stuben eine gastronomische Institution in der Stadt. Wer frische und kraftvolle regional-saisonale Küche mag, freut sich hier z. B. über "Rindsroulade in Bautzner Senfsauce mit Kartoffel-Stupper und Wirsing". Ein Traum ist im Sommer der Innenhof!

GÖNNHEIM – Rheinland-Pfalz → Siehe Wachenheim

GÖSSWEINSTEIN

Bayern – 4 090 Ew. – Höhe 457 m – Regionalatlas **50-L16**
Berlin 401 km – München 219 km – Nürnberg 50 km – Bayreuth 46 km
Michelin Straßenkarte 546

Stempferhof

Badangerstr. 33 ✉ 91327 – ✆ (09242) 7 41 50 – www.stempferhof.de
36 Zim – †65/79 € ††85/99 € – 1 Suite – ½ P
Hier wohnt man recht ruhig nur wenige Gehminuten vom Ortskern entfernt. Die technisch gut ausgestatteten Zimmer sind geradlinig-modern eingerichtet, ebenso die Lobby mit Kamin. Helles neuzeitliches Restaurant.

Zur Post

Balthasar-Neumann-Str. 10 ✉ 91327 – ✆ (09242) 2 78
– www.zur-post-goessweinstein.de – geschl. Ende November 1 Woche, Mitte Januar - Mitte Februar
12 Zim – 34/37 € 62/68 € – ½ P
Zur Post – Siehe Restaurantauswahl
In direkter Nähe zur Wallfahrtsbasilika des Ortes liegt der traditionsreiche Gasthof der Familie Wölfel, die hier schon seit Generationen Gäste beherbergt. In den gepflegten, wohnlichen Zimmern schläft man gerne.

Zur Post – Hotel Zur Post

Balthasar-Neumann-Str. 10 ✉ 91327 – ✆ (09242) 2 78
– www.zur-post-goessweinstein.de – geschl. November 1 Woche, Mitte Januar - Mitte Februar und Montag außer an Feiertagen
Menü 19/35 € – Karte 17/35 €
Gemeinsam stehen die Brüder Günter und Peter Wölfel am über 60 Jahre alten Herd - gefragt sind die Bratengerichte aus dem Holzofen! Man kocht regional-saisonal, auch glutenfrei. Produkte aus eigener Schweinezucht stehen ebenfalls im Fokus.

Schönblick

August-Sieghardt-Str. 8 ✉ 91327 – ✆ (09242) 3 77
– www.schoenblick-goessweinstein.de – geschl. 26. Oktober - 15. November und Dienstag, Januar - Februar: Montag - Freitag
8 Zim – 47 € 59/74 € – ½ P
Menü 18 € – Karte 16/33 € – *(nur Abendessen, sonntags auch Mittagessen)*
Das kleine Restaurant liegt erhöht am Ortsrand etwas "ab vom Schuss" - da ist die wunderschöne Sonnenterrasse natürlich ein beliebtes Plätzchen! Im Winter sorgt drinnen der Kamin für Behaglichkeit. Gekocht wird vorwiegend regional.

GÖTTINGEN

Niedersachsen – 116 900 Ew. – Höhe 150 m – Regionalatlas **29-I11**
Berlin 340 km – Hannover 122 km – Kassel 47 km – Braunschweig 109 km
Michelin Straßenkarte 541

Gebhards

Goethe-Allee 22 ✉ 37073 – ✆ (0551) 4 96 80 Stadtplan : A1**e**
– www.romantikhotels.com/goettingen
50 Zim – 98/169 € 158/208 €
Georgia-Augusta-Stuben – Siehe Restaurantauswahl
Zwischen Hauptbahnhof und Innenstadt liegt das komfortable Hotel - ein erweitertes historisches Sandsteingebäude. Die engagierten Gastgeber bieten hier wohnlich-elegante Zimmer.

Eden

Reinhäuser Landstr. 22a ✉ 37083 – ✆ (0551) 50 72 00 Stadtplan : B2**d**
– www.eden-hotel.de
99 Zim – 89/209 € 104/229 €
Das von der Inhaberfamilie geleitete Hotel befindet sich nahe dem Zentrum und verfügt über komfortable Gästezimmer unterschiedlicher Kategorien. Im Restaurant La Locanda bietet man italienische Speisen.

Stadt Hannover

Goethe-Allee 21 ✉ 37073 – ✆ (0551) 54 79 60 Stadtplan : A1**a**
– www.hotelstadthannover.de
32 Zim – 84/105 € 119/132 €
Am Rande der historischen Altstadt finden Sie das über 300 Jahre alte Stadthaus. Die Zimmer verbinden Wohnlichkeit und Funktionalität.

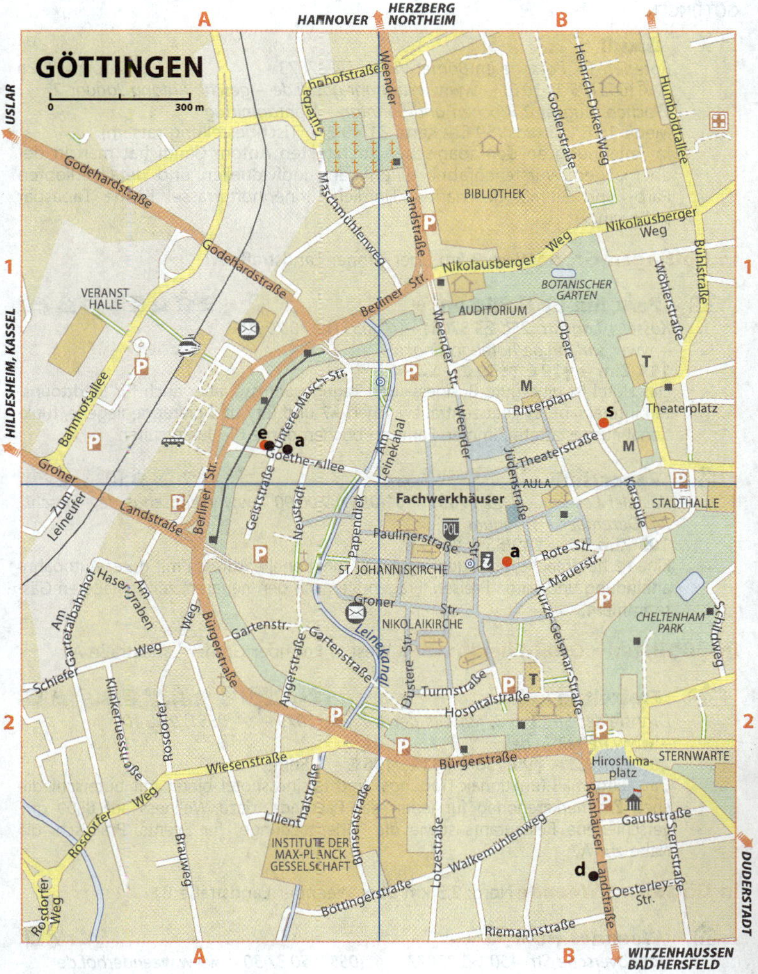

Gauß am Theater

Obere Karspüle 22, Eingang Thaterstraße ✉ *37073* Stadtplan : B1**s**
– ✆ *(0551) 5 66 16 – www.restaurant-gauss.de – geschl. Sonntag - Montag*
Menü 37/75 € – Karte 41/63 € – *(nur Abendessen)*
"Brust und Keule von der Nanteser Ente, Honigjus, Lavendelmöhren, Haselnuss-crêpe" ist nur eine der interessanten modernen Kreationen von Jacqueline Amirallah. Gemütlich das Ambiente mit Gewölbe und freigelegtem Mauerwerk. Schöner Garten.

Georgia-Augusta-Stuben – Hotel Gebhards

Goethe-Allee 22 ✉ *37073 –* ✆ *(0551) 4 96 80* Stadtplan : A1**e**
– www.romantikhotels.com/goettingen
Karte 38/62 €
Mit dunkler Holztäfelung, Art-déco-Lampen und schönem Dielenboden kommt das Restaurant geschmackvoll-gediegen daher. Lust auf Klassiker wie Königsberger Klopse? Nicht wegzudenken von der Karte sind auch Seezunge oder Milchkalbsleber.

Gaudi

Rote Str. 16, Passage im Börner-Viertel ✉ 37073 Stadtplan : B2**a**
– ✆ (0551) 5 31 30 01 – www.restaurant-gaudi.de – geschl. Anfang Januar 2 Wochen, August 2 Wochen und Sonntag - Montagmittag
Menü 15 € (mittags)/59 € – Karte 31/49 € – (Tischbestellung ratsam)
In Anlehnung an den spanischen Architekten Antoni Gaudí hat man in der ehemaligen Würstchenfabrik einen ganz individuellen und detailverliebten Farb- und Stilmix geschaffen. Herrliche Innenhofterrasse! Kleine Tapasbar nebenan.

In Göttingen-Grone West: 3 km über Groner Landstraße A1

Park Inn by Radisson

Kasseler Landstr. 25c ✉ 37081 – ✆ (0551) 2 70 70 70 – www.parkinn.de/hotel-gottingen
114 Zim – 79 € 79 € – 9 €
Das Hotel ist eine gute Business- und Tagungsadresse, aber auch für Stadttouristen interessant. Es liegt zentral zwischen A7 und City und bietet gediegene, funktional ausgestattete Zimmer. Familien buchen gerne die Juniorsuiten.

Rennschuh

Kasseler Landstr. 93 ✉ 37081 – ✆ (0551) 9 00 90 – www.rennschuh.de – geschl. 24. Dezember - 3. Januar
103 Zim – 49/55 € 75 €
Eine recht einfache, aber gepflegte und funktionelle Adresse mit guter Autobahnanbindung und fairen Preisen. Fragen Sie nach den neueren, zeitgemäßeren Gästezimmern.

In Göttingen - Groß-Ellershausen West: 4 km über Groner Landstraße A1

Freizeit In

Dransfelder Str. 3, B 3, jenseits der A 7 ✉ 37079 – ✆ (0551) 9 00 10 – www.freizeit-in.de
209 Zim – 99/156 € 126/196 € – 1 Suite
Das zeitgemäß-funktionale Tagungs- und Businesshotel bietet mit unterschiedlichen Zimmerkategorien für jeden das Passende, dazu Wellness auf 8800 qm, verschiedene Restaurants sowie die "Orient Lounge" für Events. Praktisch: die Nähe zur A7.

In Göttingen-Weende Nord: 2,5 km über Weender Landstraße B1

Weender Hof

Hannoversche Str. 150 ✉ 37077 – ✆ (0551) 50 37 50 – www.weenderhof.de – geschl. 27. Dezember - 15. Januar, 18. Juli - 5. August
20 Zim – 49 € 75 €
Ein gepflegtes Haus unter familiärer Leitung. Die Gästezimmer sind funktional in zeitlosem Stil eingerichtet und liegen teilweise zum Innenhof. In gemütlich-rustikalen Stuben serviert man bürgerliche Küche.

In Friedland Süd: 11 km über A2, Richtung Bad Hersfeld

Landhaus Biewald - Genießer Stube (Daniel Raub)

Weghausstr. 20 ✉ 37133 – ✆ (05504) 9 35 00 – www.biewald-friedland.de – geschl. Februar 2 Wochen, Oktober 2 Wochen und Montag - Dienstag
6 Zim – 45/65 € 65/85 €
Menü 80/95 € – *(nur Abendessen)* (Tischbestellung erforderlich)
Wer die klassische Küche von Daniel Raub probiert, weiß, warum das Restaurant diesen Namen trägt! Die Speisen sind fein, ausdrucksstark, angenehm klar strukturiert, fast schon puristisch ohne viel Chichi zubereitet.
→ Lachs und Senf. Parmesan und Jakobsmuschel. Meeräsche und Artischocke.
Landhaus Biewald – Siehe Restaurantauswahl

Landhaus Biewald – Restaurant Landhaus Biewald

Weghausstr. 20 ✉ 37133 – ✆ (05504) 9 35 00 – www.biewald-friedland.de – geschl. Februar 2 Wochen, Oktober 2 Wochen und Montag - Dienstag, außer an Feiertagen

Menü 25 € – Karte 23/60 €

Familie Raub (bereits die 3 Generation) bietet in heller, leichter Atmosphäre - oder auf der schönen Terrasse - einen unkomplizierten Mix aus regionaler und mediterraner Küche: "Acquerello-Risotto mit Steinpilzen", "geschmorte Lammhaxe mit Landgemüse"... Einfache Gästezimmer hat man übrigens auch.

In Friedland - Groß-Schneen Süd: 10 km über A2, Richtung Bad Hersfeld

Schillingshof

Lappstr. 14 ✉ 37133 – ✆ (05504) 2 28 – www.schillingshof.de – geschl. Januar 3 Wochen, August 3 Wochen und Montag - Dienstag

6 Zim – 78 € 145 €

Menü 36 € (mittags)/105 € – Karte 43/85 € – *(Mittwoch - Freitag nur Abendessen)*

Ein elegantes Restaurant in einem Fachwerkhaus von 1648. Ambitioniert, produktorientiert und mit kreativen Elementen kocht Stephan Schilling für Sie klassisch basierte internationale Speisen. Fragen Sie ruhig auch mal nach Sushi! Übernachtungsgäste freuen sich über schöne moderne Zimmer und die ruhige Lage.

GOMADINGEN

Baden-Württemberg – 2 220 Ew. – Höhe 675 m – Regionalatlas **55**-H19

Berlin 665 km – Stuttgart 64 km – Reutlingen 23 km – Ulm (Donau) 60 km

Michelin Straßenkarte 545

Zum Lamm

Hauptstr. 3 ✉ 72532 – ✆ (07385) 9 61 50 – www.lamm-gomadingen.de – geschl. Montag

10 Zim – 46/54 € 72/88 € – ½ P   Karte 16/38 €

Ein ländlich-schlichter Gasthof, der auf eine lange Familientradition zurückblicken kann und bürgerliche Speisen für Sie bereithält. Zum Übernachten stehen gepflegte und zeitgemäße Zimmer zur Verfügung.

GOMMERN

Sachsen-Anhalt – 10 620 Ew. – Höhe 52 m – Regionalatlas **31**-M9

Berlin 153 km – Magdeburg 18 km – Brandenburg 90 km – Dessau 43 km

Michelin Straßenkarte 542

Wasserburg zu Gommern (N)

Walter-Rathenau-Str.9 ✉ 39245 – ✆ (039200) 7 88 50 – www.wasserburg-zu-gommern.de

47 Zim – 99/119 € 119/159 €

Ein schön saniertes Anwesen mit besonderem Flair - 948 als Wasserburg erstmals erwähnt, 1579 als Jagdschloss wieder aufgebaut, heute ein wohnlich und klassisch-gediegen eingerichtetes Hotel. Gespeist wird in der Gaststube mit Blick auf die Braukessel - probieren Sie auch das selbstgebraute Bier!

GOSLAR

Niedersachsen – 50 690 Ew. – Höhe 255 m – Regionalatlas **29**-J10

Berlin 252 km – Hannover 84 km – Braunschweig 43 km – Göttingen 80 km

Michelin Straßenkarte 541

Der Achtermann

Rosentorstr. 20 ✉ 38640 – ✆ (05321) 7 00 00 – www.der-achtermann.de

154 Zim – 71/111 € 101/171 € – 1 Suite – ½ P

Das Businesshotel mit modernen Zimmern liegt am Rande der Fußgängerzone, nicht weit vom Bahnhof. Wie wär's mit einer der wirklich schicken Turm-Suiten? Im jahrhundertealten Wehrturm der ehemaligen Stadtbefestigung ist auch das Restaurant untergebracht: schöne historische Details und internationale Küche.

Niedersächsischer Hof

Klubgartenstr. 1 ✉ 38640 – ✆ (05321) 31 60 – www.niedersaechsischerhof-goslar.de
63 Zim – 71/99 € 92/139 € – ½ P
Neben gepflegten neuzeitlichen Zimmern hält das Hotel ein besonderes Extra für Sie bereit: eine Ausstellung zeitgenössischer Gemälde. Im Bistro "Pieper's" wählen Sie von einer kleinen internationalen Karte.

In Goslar-Hahnenklee Süd-West: 16 km – Höhe 560 m

Njord

Parkstr. 2 ✉ 38644 – ✆ (05325) 5 28 93 70 – www.hotelnjord.com
24 Zim – 70/100 € 80/200 € – 1 Suite
Madhus – Siehe Restaurantauswahl
Ein freundlich geführtes Hotel mit schönen modernen Zimmern (meist mit Balkon) und Bibliothek unterm Dach mit Blick auf den Kranichsee. Für Ihre Freizeit: Kosmetikangebot und kostenloser Fahrradverleih.

Haus am Hochwald

Langeliethstr. 14c ✉ 38644 – ✆ (05325) 5 16 20 – www.hausamhochwald.de – geschl. November 3 Wochen
15 Zim – 45/55 € 86/104 € – 1 Suite
Ein gut geführter kleiner Familienbetrieb, der ruhig an einem Wanderweg liegt. Das Hotel hält für Sie gepflegte, hell und zeitgemäß gestaltete Zimmer bereit.

Madhus – Hotel Njord

Parkstr. 2 ✉ 38644 – ✆ (05325) 5 28 93 70 – www.hotelnjord.com
Menü 39/46 € – Karte 37/45 € – *(nur Abendessen)* (Tischbestellung ratsam)
"Madhus" ist dänisch und bedeutet "Essenshaus". Man kocht nordisch, modern, saisonal: "Jakobsmuschel gebraten / Kürbis / Haselnuss", "Bauchfleisch gebraten / Marone / Kohl / Kartoffel"... Kommen Sie auch mal samstags zum nordischen Buffet.

GOTHA

Thüringen – 44 330 Ew. – Höhe 300 m – Regionalatlas **40-K12**
Berlin 326 km – Erfurt 22 km – Gera 114 km – Nordhausen 76 km
Michelin Straßenkarte 544

Am Schlosspark

Lindenauallee 20 ✉ 99867 – ✆ (03621) 44 20 – www.hotel-am-schlosspark.de
95 Zim – 88/102 € 110/130 € – ½ P
Die recht ruhige Lage beim Schlosspark oberhalb des Zentrums sowie wohnliches, klassisch-elegantes Ambiente machen dieses Hotel aus. Auch Kosmetikanwendungen werden angeboten. Das Restaurant: lichter Wintergarten und schöne Stube, daneben die gemütliche Bar.

Der Lindenhof

Schöne Aussicht 5 ✉ 99867 – ✆ (03621) 77 20 – www.der-lindenhof-gotha.de
87 Zim – 77/106 € 97/132 € – 1 Suite – ½ P
Das Hotel in dem einstigen Kasernengebäude bietet eine elegante Halle mit kleiner Bibliothek, geräumige, funktionelle Zimmer sowie Räume für Tagungen und Veranstaltungen. Zum Restaurant gehören eine schöne Terrasse und ein Biergarten mit Lagerfeuer.

In Gotha-Siebleben

Landhaus & Burg Hotel Romantik

Salzgitterstr. 76, B 7 ✉ 99867 – ✆ (03621) 3 64 90 – www.landhaus-hotel-romantik.de
24 Zim – 73/99 € 95/180 € – ½ P
Familie Gewalter hat alles hier ausgesprochen individuell und mit Liebe zum Detail gestaltet, so z. B. die tollen "Burg Romantik"-Zimmer, die man mit ihrer wertigen Einrichtung im Barockstil durchaus als opulent bezeichnen kann! Behaglich das Restaurant mit Kamin, im Sommer lockt der Innenhof. Und lassen Sie sich nicht die Sauna im OG der Burg entgehen!

GOTTENHEIM

Baden-Württemberg – 2 780 Ew. – Höhe 194 m – Regionalatlas **61**-D20
Berlin 810 km – Stuttgart 204 km – Freiburg i. Breisgau 15 km – Strasbourg 84 km
Michelin Straßenkarte 545

Zur Krone

Hauptstr. 57 ✉ 79288 – ✆ (07665) 67 12 – www.krone.gottenheim.de – geschl. 1. - 23. Februar, 27. Juni - 12. Juli, 31. Oktober - 15. November

17 Zim – 59/78 € 84/98 €

Zur Krone – Siehe Restaurantauswahl

In der "Krone" ist man gut aufgehoben, denn der traditionsreiche Gasthof wird in 5. Generation von der Familie geführt und man wohnt hier sehr gepflegt - von etwas einfacher bis richtig komfortabel. Darf es vielleicht die Juniorsuite sein?

Zur Krone – Hotel Zur Krone

Hauptstr. 57 ✉ 79288 – ✆ (07665) 67 12 – www.krone.gottenheim.de – geschl. 1. - 23. Februar, 27. Juni - 12. Juli, 31. Oktober - 15. November und Montag - Dienstag

Menü 36/45 € – Karte 25/59 € – *(nur Abendessen)*

Die Stuben mit Ursprung im 18. Jh. haben nicht nur eine nette Atmosphäre, man isst auch gut, nämlich Deftiges wie "Burgundergulasch", Bodenständiges wie "Kalbsfrikassee mit Morcheln" oder auch Feines wie "Eismeerforelle in Rieslingssauce".

GRAAL-MÜRITZ

Mecklenburg-Vorpommern – 4 190 Ew. – Höhe 5 m – Regionalatlas **12**-N3
Berlin 241 km – Schwerin 109 km – Rostock 28 km – Stralsund 59 km
Michelin Straßenkarte 542

IFA

Waldstr. 1 ✉ 18181 – ✆ (038206) 7 30 – www.ifa-graal-mueritz-hotel.com

150 Zim – 110/160 € 132/210 € – 8 Suiten – ½ P

Hier kann man wirklich schön Ferien machen, und das nur einen Steinwurf vom Meer! Buchen Sie seeseitig, oder im Bungalow mit Kitchenette? Und auch Wellness gehört zum Urlaub - der Spa-Bereich ist angenehm großzügig. Entspannen kann man auch in der Bibliothek mit Internetecke oder auf der Terrasse zum Garten.

Strandhotel Deichgraf

Strandstr. 61 ✉ 18181 – ✆ (038206) 13 84 13 – www.strandhoteldeichgraf.com

15 Zim – 88/109 € 99/179 € – 9 Suiten – ½ P

Das Haus mit der roten Fassade überzeugt durch seine Lage direkt hinter den Dünen und die schönen wohnlichen Zimmer in warmen Farben. Im Sommer frühstückt man auf der Terrasse. Das Ambiente im Restaurant erinnert an das Interieur eines Segelschiffes.

Villa Strandkorb

Strandstr. 10 ✉ 18181 – ✆ (038206) 70 00 – www.villa-strandkorb.de – geschl. November - Februar

13 Zim – 59/99 € 69/109 €

In dem gepflegten kleinen Hotel unter familiärer Leitung stehen die wohnlichen "Kajüten-" und "Muschelzimmer" sowie die besonders großzügigen "Leuchtturmsuiten" bereit.

Haus am Meer

Zur Seebrücke 36 ✉ 18181 – ✆ (038206) 73 90 – www.ham-ostsee.de

34 Zim – 45/75 € 74/135 € – ½ P

Vor allem die attraktive strandnahe Lage macht dieses persönlich geführte Hotel aus. Man hat unterschiedlich möblierte, funktionelle Zimmer und ein freundliches, zeitlos gestaltetes Restaurant.

GRAFENAU

Bayern – 8 260 Ew. – Höhe 609 m – Regionalatlas **60-P18**

Berlin 505 km – München 190 km – Passau 38 km – Deggendorf 46 km

Michelin Straßenkarte 546

Säumerhof

Steinberg 32 ✉ 94481 – ✆ (08552) 40 89 90 – www.saeumerhof.de – geschl. Montag, außer an Feiertagen

9 Zim – 52/65 € 85/100 € – 1 Suite – ½ P

Menü 34 € – Karte 27/52 € – *(nur Abendessen, sonntags auch Mittagessen)*

"Wildgarnele und Jakobsmuschel mit Fenchel", "krosser Spanferkelrücken mit Kümmeljus, Rana und Serviettenknödel"... Die Speisen sind so schmackhaft wie sie klingen, und sie werden aus guten Produkten zubereitet. Freundlicher Service ist Ihnen in dem alteingesessenen Haus der Familie Endl ebenfalls gewiss.

GRAFENHAUSEN

Baden-Württemberg – 2 200 Ew. – Höhe 895 m – Regionalatlas **62-E21**

Berlin 788 km – Stuttgart 174 km – Freiburg im Breisgau 50 km – Donaueschingen 41 km

Michelin Straßenkarte 545

Tannenmühle

Tannenmühleweg 5, Süd-Ost: 3 km ✉ 79865 – ✆ (07748) 2 15 – www.tannenmuehle.de

44 Zim – 53/65 € 80/109 € – ½ P

Mühlenmuseum, mehrere Tiergehege (hier ein seltener weißer Hirsch!), eigene Forellenzucht, Spielplatz... Das Anwesen an einem Bach am Waldrand ist ein kleiner Erlebnispark auf 13 ha! Zimmer meist mit Balkon und Küchenzeile, hübsch und ganz schwarzwaldtypisch die Gaststuben. Fragen Sie nach der Forellenkarte!

GRAFENWIESEN

Bayern – 1 520 Ew. – Höhe 439 m – Regionalatlas **59-O17**

Berlin 501 km – München 191 km – Passau 98 km – Cham 26 km

Michelin Straßenkarte 546

Birkenhof

Auf der Rast 7 ✉ 93479 – ✆ (09941) 4 00 40 – www.hotel-birkenhof.de

75 Zim – 99/146 € 222/262 € – 3 Suiten – ½ P

In über 40 Jahren hat Familie Gmach hier viel auf die Beine gestellt! Das Haus ist gepflegt, man bleibt nicht stehen - die Wellnesspagode "SinnesReich" mit diversen Anwendungen, das schöne Sonnendeck mit Terrasse und Dachpool sowie die Juniorsuiten in "NeptunsReich" sind der beste Beweis! HP inklusive.

GRAFING

Bayern – 13 100 Ew. – Höhe 522 m – Regionalatlas **66-M20**

Berlin 614 km – München 39 km – Landshut 80 km – Rosenheim 35 km

Michelin Straßenkarte 546

Hasi's Hotel

Griesstr. 5 ✉ 85567 – ✆ (08092) 7 00 70 – www.hotelhasi.de

23 Zim – 49/98 € 92/170 €

Freundlich, neuzeitlich und funktional ist der Familienbetrieb im Zentrum gestaltet. Man hat auch ein eigenes Café mit kleinem Snack-Angebot - hier bietet man auch das Frühstück.

GRAINAU

Bayern – 3 470 Ew. – Höhe 758 m – Regionalatlas **65-K22**

Berlin 682 km – München 94 km – Garmisch-Partenkirchen 11 km – Kempten 94 km

Michelin Straßenkarte 546

Am Badersee

Am Badersee 1 ✉ 82491 – ✆ (08821) 82 10 – www.hotelambadersee.de
136 Zim – 119/159 € 139/179 € – ½ P
Für Tagungen und Privatgäste gleichermaßen ideal. Das Hotel liegt am Badersee, ist schön in modern-alpinem Stil eingerichtet (chic der Mix aus schwarzem Stahl, warmem Altholz und hellen Tönen), hat einen ansprechenden Saunabereich auf 430 qm und bietet bürgerlich-regionale Küche.

Waxenstein

Höhenrainweg 3 ✉ 82491 – ✆ (08821) 98 40 – www.waxenstein.de
41 Zim – 95/135 € 155/195 € – 4 Suiten – ½ P
Waxenstein – Siehe Restaurantauswahl
Ein wunderschönes Hotel, zum einen wegen des zeitgemäßen Landhausstils, zum anderen wegen der tollen Aussicht auf Waxenstein und Zugspitze. Letzteres ist ein guter Grund, eines der Südzimmer mit Balkon zu buchen!

Alpenhof

Alpspitzstr. 34 ✉ 82491 – ✆ (08821) 98 70 – www.alpenhof-grainau.de
36 Zim – 50/118 € 121/232 € – ½ P
Viele Feriengäste kommen immer wieder zu Familie Rosenstock. Von dem wohnlichen Hotel aus kann man wunderbar zu Wanderungen starten oder einfach im herrlichen großen Garten entspannen! Lassen Sie hier auf der schönen ruhigen Terrasse bei Kaffee und Kuchen (oder bei internationaler Küche) die Seele baumeln!

Längenfelder Hof

Längenfelderstr. 8 ✉ 82491 – ✆ (08821) 98 58 80 – www.laengenfelder-hof.de – geschl. 15. November - 10. Dezember
19 Zim – 55/120 € 92/158 €
Sie mögen es persönlich und familiär? Das Haus liegt ruhig in einer Sackgasse, ist tipptopp gepflegt, liebenswerte kleine Dekorationen, alle Zimmer mit Balkon oder Terrasse, einige sogar mit Kamin. Draußen der Garten vor Bergkulisse.

Waxenstein – Hotel Waxenstein

Höhenrainweg 3 ✉ 82491 – ✆ (08821) 98 40 – www.waxenstein.de
Menü 34/85 € – Karte 32/49 €
In dem geschmackvollen Restaurant des beliebten Ferienhotels bietet die Chefin leckere Gerichte wie "Coq au Riesling von der Maishähnchenbrust mit sommerlichem Gemüse". Ebenso verlockend ist der fantastische Ausblick von der Terrasse.

Gasthaus am Zierwald

Zierwaldweg 2 ✉ 82491 – ✆ (08821) 9 82 80 – www.zierwald.de – geschl. 10. - 22. Januar und Mittwoch
5 Zim – 55/59 € 86/90 € – ½ P Menü 20 € – Karte 23/39 €
Essen mit Blick auf die Zugspitze! In dem langjährigen Familienbetrieb ist Junior Philipp Hagenmeyer für die frische, schmackhafte Küche verantwortlich: Fleischpflanzerl, Maultaschen, Kalbsbäckchen in Rotwein geschmort...

GRASELLENBACH

Hessen – 3 950 Ew. – Höhe 389 m – Regionalatlas **48-G16**
Berlin 592 km – Wiesbaden 95 km – Mannheim 55 km – Beerfelden 21 km
Michelin Straßenkarte 543

Siegfriedbrunnen

Hammelbacher Str. 7 ✉ 64689 – ✆ (06207) 60 80 – www.siegfriedbrunnen.com
57 Zim – 73/122 € 152 € – 2 Suiten – ½ P
Seit über 100 Jahren wird das ruhig gelegene Hotel von der Familie geführt. Man bietet hier wohnliche Zimmer (auch Allergikerzimmer mit Holzfußboden), ein gediegen-rustikales Restaurant auf zwei Ebenen (internationale Küche) sowie ein Tagungszentrum. Eine kleine Oase: der schöne Garten mit Meerwasserpool!

Landgasthof Dorflinde
Siegfriedstr. 14 ✉ 64689 – ✆ (06207) 9 22 90 – www.landgasthof-dorflinde.de
20 Zim – 48/67 € 103/123 € – ½ P
Die 1819 erbaute Dorflinde mitten im Nibelungenland ist das zweite Haus der Samers. Hier mögen die Gäste die familiäre Atmosphäre und den sympathisch-ländlichen Stil der Zimmer und des gemütlich getäfelten Restaurants.

GREETSIEL – Niedersachsen ➜ Siehe Krummhörn

GREIFSWALD

Mecklenburg-Vorpommern – 56 450 Ew. – Höhe 5 m – Regionalatlas **13-P4**
Berlin 214 km – Schwerin 178 km – Rügen (Bergen) 60 km – Rostock 103 km
Michelin Straßenkarte 542

Mercure
Am Gorzberg ✉ 17489 – ✆ (03834) 54 40 – www.mercure.com
113 Zim – 65/90 € 90/105 €
Das Hotel ist eine praktische Tagungs- und Businessadresse am Stadtrand. Es stehen zeitgemäße und funktionale Zimmer bereit, kleine Extras in der Komfort-Kategorie.

Tischlerei
Salinenstr. 22 ✉ 17489 – ✆ (03834) 88 48 48 – geschl. Sonntag
Karte 30/58 €
Eine absolut sympathisch-unprätentiöse Adresse am Hafen (schön die Terrasse hier), die für ihre frische, gute Küche bekannt ist - Lust auf Klassiker wie Fischsuppe oder Internationales wie "Kabeljau mit Linsen und Blumenkohl-Gremolata"?

In Greifswald-Wieck Ost: 4 km

Büttner's
Am Hafen 1a ✉ 17493 – ✆ (03834) 8 87 07 37 – www.buettners-restaurant.de – geschl. Februar 1 Woche, September 10 Tage und Montag
Menü 36/85 € – Karte 43/80 € – *(Dienstag - Donnerstag nur Abendessen)*
Direkt am Hafen und mit Blick auf den Ryck... da ist die Terrasse natürlich gefragt! Aber auch drinnen sitzt man schön in hellem nordischem Ambiente bei Regionalem und Internationalem wie "Zanderfilet mit Bärlauch-Pinienkernravioli".

Fischer-Hütte
An der Mühle 12 ✉ 17493 – ✆ (03834) 83 96 54 – www.fischer-huette.de
Karte 18/46 €
"Dorsch mit Dijon-Senfsauce"? Oder lieber Kleinigkeiten wie "Matjesröllchen mit Pflaumenmus"? Das rustikal-maritime Restaurant ist bekannt für seinen frischen Fisch. Der Blick auf die alte Klappbrücke ist von der Terrasse besonders schön.

In Neuenkirchen Nord: 3 km

Stettiner Hof N
Theodor-Körner-Str. 20 ✉ 17498 – ✆ (03834) 89 96 24 – www.stettiner-hof.de
24 Zim – 62/72 € 82 € – ½ P
Eine Besonderheit dieses Familienbetriebs ist die Ausstellung restaurierter alter Maschinen - ein Hobby des Chefs. Eines der komfortableren Giebelzimmer ist eine Maisonette. Im Bistrostil gehaltenes Restaurant mit Wintergarten, davor der Garten mit Terrasse.

GREMSDORF – Bayern ➜ Siehe Höchstadt an der Aisch

GRENZACH-WYHLEN

Baden-Württemberg – 13 990 Ew. – Höhe 272 m – Regionalatlas **61-D21**
Berlin 868 km – Stuttgart 271 km – Freiburg im Breisgau 87 km – Bad Säckingen 25 km
Michelin Straßenkarte 545

Im Ortsteil Grenzach

Eckert

Basler Str. 20, B 34 ✉ 79639 – ✆ (07624) 9 17 20 – www.hotel-eckert.de

32 Zim – †69/88 € ††90/105 € – ☕ 9 €

Eckert – Siehe Restaurantauswahl

Das "eckert" hat eine Wandlung hinter sich, denn Familie Wiedmer hat das Haus komplett renoviert und ein echtes Schmuckstück daraus gemacht: hochwertig-modernes Design, wohnlich und zugleich funktionell. Verpassen Sie nicht das Frühstück!

villetta

Basler Str. 10 ✉ 79639 – ✆ (07624) 2 09 17 01 – www.hotel-villetta.de

10 Zim – †73/76 € ††82/119 € – ☕ 10 €

Die "kleine Villa" von 1911 ist schon von außen hübsch anzuschauen. Sie liegt zwar an der Hauptstraße, doch man wohnt hier wirklich schön: Die Zimmer sind individuell, modern und komfortabel, gut das Frühstücksbuffet, charmant die Chefin.

Eckert – Hotel Eckert

Basler Str. 20, B 34 ✉ 79639 – ✆ (07624) 9 17 20 – www.hotel-eckert.de

Menü 43 € (unter der Woche)/85 € – Karte 41/73 € – (Tischbestellung ratsam)

Neben schickem Ambiente ist auch gute Küche in das Haus eingezogen, und zwar die des talentierten Juniors Nicolai P. Wiedmer. Der Grandits-Schüler, gerade mal Anfang Zwanzig, ist reich an Ideen - interessant z. B. "marinierter Saibling, Risini-Bohnen, grüne Papaya"

GREVEN

Nordrhein-Westfalen – 35 280 Ew. – Höhe 45 m – Regionalatlas **26-D9**

▶ Berlin 465 km – Düsseldorf 141 km – Nordhorn 76 km – Enschede 59 km

Michelin Straßenkarte 543

Eichenhof

Hansaring 70 ✉ 48268 – ✆ (02571) 9 97 96 00 – www.eichenhof.com

34 Zim ☕ – †65 € ††92 € – ½ P

Das Hotel ist aus einem schönen historischen Bauernhof entstanden. Die Zimmer sind unterschiedlich geschnitten und zeitgemäß eingerichtet, teils auch mit Antiquitäten. W-Lan gratis. Von einer Künstlerin freundlich dekoriertes Restaurant mit ländlichem Charme.

Altdeutsche Gaststätte Wauligmann

Schiffahrter Damm 22, Süd-Ost: 4 km über B 481 in Richtung Münster, jenseits der A 1 ✉ 48268 – ✆ (02571) 23 88 – www.gaststaette-wauligmann.de – geschl. 21. Dezember - 7. Januar, 1. - 23. August und Montag - Dienstag

Karte 19/57 €

Das charmante Gasthaus der Wauligmanns (Familienbetrieb seit 1841) ist hier schon eine Institution - sogar die Bushaltestelle vor dem Haus ist nach der Familie benannt! Seniorchefin Gisela Wauligmann kocht gemeinsam mit Sohn Christoph und ihre westfälische Küche kommt an - so z. B. die hausgemachten Würste!

In Greven-Gimbte Süd: 4,5 km über B 219, jenseits der A 1

Altdeutsche Schänke

Dorfstr. 18 ✉ 48268 – ✆ (02571) 22 61 – www.altdeutsche-schaenke.de – geschl. nach Karneval 2 Wochen, Oktober 1 Woche und Montag - Dienstag

Karte 25/62 €

Schon das beschauliche Örtchen ist einen Besuch wert, und mittendrin hat Familie Höltig dieses schöne ehemalige Bauernhaus von 1846. Drinnen ist es stilvoll-rustikal (toll der alte Kamin!) draußen eine herrliche Gartenterrasse sowie eine weitere kleine Terrasse vor dem Haus. Bürgerlich-internationale Küche.

GREVENBROICH

Nordrhein-Westfalen – 61 900 Ew. – Höhe 50 m – Regionalatlas **35**-B12
Berlin 581 km – Düsseldorf 28 km – Aachen 59 km – Köln 31 km
Michelin Straßenkarte 543

In Grevenbroich-Kapellen Nord-Ost: 6 km, Richtung Neuss über A 46

XX **Drei Könige**
Neusser Str. 49 ✉ 41516 – ✆ (02182) 81 21 53 – www.drei-koenige.net – geschl. Montag
6 Zim – †73/95 € ††95/105 € – ☕ 5 €
Menü 40 € – Karte 37/57 € – *(Dienstag - Freitag nur Abendessen)*
Die einstige Postrelaisstation von 1734 (Route Aachen - Königsberg) ist ein alteingesessenes familiäres Restaurant mit rustikal-elegantem Ambiente und klassisch-saisonalen Gerichten wie Medaillons vom Hirschkalb. Sie möchten über Nacht bleiben? Man hat freundliche Gästezimmer.

GRIESBACH im ROTTAL, BAD

Bayern – 8 510 Ew. – Höhe 453 m – Regionalatlas **59**-P19
Berlin 606 km – München 153 km – Passau 38 km – Landshut 95 km
Michelin Straßenkarte 546

COLUMBIA
Passauer Str. 39a ✉ 94086 – ✆ (08532) 30 90 – www.columbia-hotels.com
63 Zim ☕ – †109 € ††198 € – 2 Suiten – ½ P
Il Giardino ✿✿ • ***Galleria*** • ***El Sotano*** – Siehe Restaurantauswahl
Eine Hotelanlage in ansprechender Hufeisenform mit freundlichem Service, vielseitigem Wellnessangebot und gutem Tagungsbereich. Highlight: die zwei Il-Giardino-Suiten in der Gartenvilla. Lust auf einen guten Film? Es gibt ein Kino im Haus.

XXX ✿✿ **Il Giardino** – Hotel COLUMBIA
Passauer Str. 39a ✉ 94086 – ✆ (08532) 30 91 68 – www.columbia-hotels.com – geschl. Sonntag - Montag
Menü 70/145 € – *(nur Abendessen)* (Tischbestellung ratsam)
Bei Denis Feix wird Klassisches modern interpretiert, Aromen werden interessant und kontrastreich kombiniert. Richtig gut macht sich die Fingerfood-Komponente bei jedem Gang! Sommelière Kathrin Feix stellt für die Menüs eine schöne Weinbegleitung zusammen. Gefragt ist auch das Überraschungsmenü.
➜ Avocado, Einkorn, Bärlauch. Rottaler Reh, Kohlrabi, Rhabarber. Freiland Ei, Erdbeeren, Sauerampfer.

XX **Galleria** – Hotel COLUMBIA
Passauer Str. 39a ✉ 94086 – ✆ (08532) 30 90 – www.columbia-hotels.com
Karte 36/45 €
Beeindruckend, was Farbe alles kann: Warme Rottöne und naturbelassene Korbsessel harmonieren miteinander und schaffen eine behagliche Atmosphäre in dem großzügigen Raum.

X **El Sotano** – Hotel COLUMBIA
Passauer Str. 39a ✉ 94086 – ✆ (08532) 30 91 62 – www.columbia-hotels.com – geschl. Juli und Montag - Dienstag
Karte 19/35 € – *(nur Abendessen)*
Nach unverkennbar mexikanischer Folklore eingerichtetes Lokal - tauchen Sie ein in die prächtige Farbenvielfalt des fernen Landes und genießen die mit typischen Gewürzen gespickten Speisen.

In Bad Griesbach-Therme Süd: 3 km Richtung Bad Füssing

Maximilian
Kurallee 1 ✉ 94086 – ✆ (08532) 79 50 – www.hartl.de/maximillian
194 Zim ☕ – †108/153 € ††176/266 € – 11 Suiten – ½ P
Ferrara – Siehe Restaurantauswahl
In dem komfortablen Hotel werden Wellness und Golf groß geschrieben. Man bietet Spa auf 2500 qm und einen Shuttle-Service zu den Golfplätzen des Hartl-Resorts. Verschiedene Boutiquen im Haus.

Parkhotel
Am Kurwald 10 ✉ 94086 – ✆ (08532) 2 80 – www.parkhotel-badgriesbach.de
159 Zim – 98/113 € 196/226 € – 5 Suiten – ½ P
Diese ruhig am Ortsrand gelegene Ferienadresse verfügt über einen geschmackvollen Spabereich und Medical Wellness mit Therapieangebot. Besonders wohnlich: die Galeriezimmer. Teil des Restaurants ist das gemütliche Stüberl mit regionaler Karte. HP inklusive.

Das Ludwig
Am Kurwald 2 ✉ 94086 – ✆ (08532) 79 90 – www.hartl.de/dasludwig
175 Zim – 110/118 € 190/206 € – 5 Suiten – ½ P
Freizeit, Familien, Urlaub... das Konzept kommt an! Mit Soccer Camp, Geocaching, Golfer-Service, einer Thermenlandschaft auf rund 1800 qm und vielem mehr gibt's für Groß und Klein die passende Aktivität. Beruhigend zu wissen: Kinder werden hier sehr gut betreut!

Drei Quellen Therme
Thermalbadstr. 3 ✉ 94086 – ✆ (08532) 79 80 – www.hotel-dreiquellen.de
98 Zim – 71/101 € 122/222 € – 5 Suiten – ½ P
In dem zentral gelegenen Hotel trifft bayerischer Landhausstil auf zeitgemäßen Komfort. Im Garten hat man einen hübschen "Saunastadl", den man bequem durch einen Bademantelgang erreicht. Die Restauranträume sind gemütlich, teils mit mediterranem Touch gestaltet. HP inklusive.

Fürstenhof
Thermalbadstr. 28 ✉ 94086 – ✆ (08532) 98 10 – www.hartl.de
140 Zim – 101/118 € 188/220 € – 8 Suiten – ½ P
Behaglich sind sie alle, die Zimmer in dieser ansprechenden Hotelanlage, ganz besonders wohnlich sind die neueren mit ihren schönen warmen Farben! Viele Zimmer haben einen Balkon und auch einige Galeriezimmer sind vorhanden. Und natürlich kommt auch der weitläufige Wellnessbereich mit hübsch angelegter Sonnenterrasse gut an. Und zum Speisen wählt man zwischen verschiedenen Restaurantstuben von stilvoll bis ländlich.

Ferrara – Hotel Maximilian
Kurallee 1 ✉ 94086 – ✆ (08532) 79 55 20 – www.hartl.de/maximillian
Karte 40/58 €
Wenn Traditionelles, Ländliches und Klassisches zusammenkommen, dann entsteht eine solch gelungene und elegante Atmosphäre. Spezialität ist u. a. Fisch aus heimischen Gewässern!

Das Symbol bzw. zeigt den Mindestpreis in der Nebensaison und den Höchstpreis in der Hochsaison für ein Einzelzimmer bzw. für ein Doppelzimmer an.

GRÖDITZ
Sachsen – 7 530 Ew. – Höhe 97 m – Regionalatlas **33-P11**
Berlin 175 km – Dresden 52 km – Cottbus 89 km – Leipzig 92 km
Michelin Straßenkarte 544

Spanischer Hof
Hauptstr. 15a ✉ 01609 – ✆ (035263) 4 40 – www.spanischer-hof.de
45 Zim – 90 € 110 € – ½ P
Von der Architektur bis zu den Zimmernamen begleitet Sie ein Hauch Spanien durch das Hotel. Schön sind die zwei aufwändig gestalteten Turm-Maisonetten. Spanische Küche bieten die ländlich gehaltenen Restaurants El Dorado und Bodega, nett die mediterrane Terrasse.

GRÖMITZ

Schleswig-Holstein – 6 920 Ew. – Höhe 14 m – Regionalatlas **11-K3**
Berlin 309 km – Kiel 72 km – Lübeck 54 km – Neustadt in Holstein 12 km
Michelin Straßenkarte 541

Strandidyll

Uferstr. 26 ✉ 23743 – ✆ (04562) 18 90 – www.strandidyll.de
– geschl. 29. November - 24. Dezember
13 Zim – 70/139 € 102/165 € – 13 Suiten – ½ P
Vor allem die Lage unmittelbar am Strand macht das Hotel zu einer schönen Ferienadresse! Ganz in der Nähe befindet sich auch der Yachthafen. Sie speisen mit Blick auf die Ostsee (nachmittags bietet man eine reduzierte Karte). Terrasse zur Promenade.

a-ja. Das Resort.

Am Strande 35 ✉ 23743 – ✆ (040) 6 96 35 25 80
– www.ajaresorts.de
222 Zim – 78 € 125 € – 11 €
Nach dem Baukastensystem bucht man hier zum Zimmer verschiedene Leistungen (sog. "Ups") hinzu, auch Wellness und Fitness. Toll die Lage an der Strandpromenade, trendig-modern die Einrichtung. Restaurant und Bars im OG mit toller Aussicht.

GRÖNENBACH, BAD

Bayern – 5 340 Ew. – Höhe 718 m – Regionalatlas **64-I21**
Berlin 682 km – München 135 km – Augsburg 110 km – Kempten 28 km
Michelin Straßenkarte 546

allgäu resort

Sebastian-Kneipp-Allee 7 ✉ 87730 – ✆ (08334) 5 34 65 00
– www.allgaeu-resort.de
121 Zim – 90/104 € 101/172 € – 4 Suiten – ½ P
Weitblick – Siehe Restaurantauswahl
Mit seinem umfassenden Konzept ist das Resorthotel ideal für alle, die Wellness und modernen Wohnkomfort genießen möchten, aber auch für Tagungsgäste. Der Wohlfühl- und Gesundheitsaspekt wird hier groß geschrieben: Nutzen Sie z. B. die hochwertige medizinische Präventionsdiagnostik oder holen Sie sich bei einem Kochkurs Ernährungstipps! Die ruhige erhöhte Lage macht die Erholung komplett.

Weitblick – Hotel allgäu resort

Sebastian-Kneipp-Allee 7 ✉ 87730 – ✆ (08334) 5 34 65 00
– www.allgaeu-resort.de
Menü 27/66 € – Karte 39/52 €
Das Restaurant trägt seinen Namen zu Recht... durch die Fensterfront geht der Blick in die Natur. Serviert werden internationale Speisen wie "Tatar vom New Zealand Beef mit Rotweinschalotten", oder wie wär's mit den "Floischgerichten" vom Grill? Beliebt und preislich fair: die Menüvariationen in 3 - 5 Gängen.

Topf-Gucker

Marktplatz 8 ✉ 87730 – ✆ (08334) 25 97 25 – www.topf-gucker.com
– geschl. Montag
Menü 30/40 € – Karte 27/58 € – *(Dienstag - Donnerstag nur Abendessen, außer an Feiertagen)*
Sie suchen ein Restaurant mit schmackhafter Regionalküche zu einem sehr guten Preis-Leistungs-Verhältnis? Dann probieren Sie bei Charly Bittner z. B. "Brezen-Weißwurst-Knödel mit Senfsoße" oder "knusprig gebratene Bauernente auf Blaukraut mit Serviettenknödeln". Im Sommer lässt man es sich auf der schönen Terrasse direkt auf dem Marktplatz schmecken.

GRONAU in WESTFALEN

Nordrhein-Westfalen – 46 000 Ew. – Höhe 38 m – Regionalatlas **26-C9**
▶ Berlin 509 km – Düsseldorf 133 km – Nordhorn 35 km – Enschede 10 km
Michelin Straßenkarte 543

In Gronau-Epe Süd: 3,5 km über B 474

Schepers

Ahauser Str. 1 ✉ 48599 – ✆ (02565) 9 33 20 – www.hotel-schepers.de

41 Zim – †75/103 € ††106/135 € – 2 Suiten – ½ P

In dem Familienbetrieb erwarten Sie etwas individuelle, aber immer modern eingerichtete Zimmer mit kostenfreiem WLan. Dazu die nette "Wellness-Lounge" mit Sauna, Kosmetik und Massage. Klassisch-stilvolles Restaurant, ergänzt durch eine Gaststube mit rustikaler Note

Heidehof

Amtsvenn 1, West: 4 km, Richtung Alstätte ✉ 48599 – ✆ (02565) 13 30 – www.restaurant-heidehof.de – geschl. Montag - Dienstag

Menü 19/45 € – Karte 33/61 €

Vater und Sohn Lammers stehen in dem schönen reetgedeckten Haus gemeinsam am Herd. Unter ihren klassischen und saisonalen Gerichten findet sich z. B. "Tranche vom Ostseedorsch auf Pommery-Senfsauce". Sehr beliebt: Wintergarten und Terrasse.

GROSS DÖLLN – Brandenburg ➜ Siehe Templin

GROSS MECKELSEN – Niedersachsen ➜ Siehe Sittensen

GROSS NEMEROW – Mecklenburg-Vorpommern ➜ Siehe Neubrandenburg

GROSS PLASTEN – Mecklenburg-Vorpommern ➜ Siehe Waren (Müritz)

GROSSALMERODE

Hessen – 6 580 Ew. – Höhe 354 m – Regionalatlas **39-I11**
▶ Berlin 379 km – Wiesbaden 255 km – Kassel 24 km – Göttingen 39 km
Michelin Straßenkarte 543

Pempel

In den Steinen 2 ✉ 37247 – ✆ (05604) 9 34 60 – www.pempel.de – geschl. 28. Dezember - 11. Januar

9 Zim – †50/70 € ††85/105 € – ½ P

Im Zentrum liegt der gepflegte Familienbetrieb, der über zeitgemäß und funktionell ausgestattete Zimmer verfügt. Im rustikalen Restaurant kocht der Chef bürgerlich-regionale Gerichte, dazu gibt es eine kleine, aber erlesene Weinauswahl.

GROSSHARTHAU

Sachsen – 2 750 Ew. – Höhe 275 m – Regionalatlas **43-R12**
▶ Berlin 194 km – Dresden 30 km – Bautzen 25 km – Kamenz 22 km
Michelin Straßenkarte 544

Kyffhäuser

Dresdner Str. 3, B 6 ✉ 01909 – ✆ (035954) 58 00 – www.kyffhaeuser-hotel.de – geschl. 2. - 8. Januar

26 Zim – †45 € ††79 € – ½ P

Das bei einem kleinen Schloss gelegene Hotel ist tipptopp gepflegt und wird familiär geführt. Vergnügliche Stunden versprechen diverse Musikveranstaltungen im großen Saal. Das Restaurant bietet bürgerliche Küche und Aktionen wie z. B. Spargel- oder Schnitzelwochen.

GROSSHEUBACH

Bayern – 5 140 Ew. – Höhe 132 m – Regionalatlas **48-G16**

Berlin 570 km – München 354 km – Würzburg 73 km – Aschaffenburg 38 km

Michelin Straßenkarte 546

Weinklause Rosenbusch

Engelbergweg 6 ✉ 63920 – ✆ (09371) 65 04 00 – www.hotel-rosenbusch.de

20 Zim – 50/65 € 69/95 € – ½ P

Das relativ ruhig etwas abseits gelegene Haus wird in der 4. Generation als Familienbetrieb geführt. Die Zimmer sind gepflegt und funktional, teils mit Balkon. Nettes, gemütliches Restaurant mit Kachelofen.

Zur Krone

Miltenberger Str. 1 ✉ 63920 – ✆ (09371) 26 63 – www.gasthauskrone.de – geschl. Februar 10 Tage, Ende Oktober - Anfang November und Montag, Freitagmittag

8 Zim – 55/65 € 85/95 € – ½ P Menü 38/48 € – Karte 30/55 €

Hier geht man gerne essen! Interessant das regional-saisonale Angebot mit internationalen Einflüssen, fair die Preise. Appetit auf "Piccata vom Kalbsbries mit tomatisiertem Rucolasalat" oder "Maronen-Crème-Brûlée mit Hummerravioli und Garnele"? Im Sommer ist die begrünte Terrasse am schönsten!

GROSSKARLBACH

Rheinland-Pfalz – 1 130 Ew. – Höhe 118 m – Regionalatlas **47-E16**

Berlin 637 km – Mainz 76 km – Mannheim 24 km – Kaiserslautern 39 km

Michelin Straßenkarte 543

Gebrüder Meurer

Hauptstr. 67 ✉ 67229 – ✆ (06238) 6 78 – www.restaurant-meurer.de

15 Zim – 90/140 € 140 € – ½ P

Gebrüder Meurer – Siehe Restaurantauswahl

Ein reizendes Anwesen mit toskanischem Charme, traumhaft der Garten! Drinnen individuelle, hochwertig und geschmackvoll eingerichtete Zimmer, teilweise mit Antiquitäten, am Morgen darf man sich auf ein gutes Frühstück freuen.

Gebrüder Meurer – Hotel Gebrüder Meurer

Hauptstr. 67 ✉ 67229 – ✆ (06238) 6 78 – www.restaurant-meurer.de

Menü 49/60 € – Karte 33/66 € – *(nur Abendessen)* (Tischbestellung ratsam)

Wie ein Landhaus im Süden: wohnliche Räume, schöne Farben, rustikale Note... Und dazu machen Speisen wie "mediterrane Fischsuppe" oder "geschmorte Lammstelze auf Bohnenragout" Appetit. Beliebt: das Candle-Light-Dinner. Sonntags Lunchbuffet.

Karlbacher

Hauptstr. 57 ✉ 67229 – ✆ (06238) 37 37 – www.karlbacher.info – geschl. Anfang Januar 2 Wochen und Montag - Dienstag

Menü 32/72 € – Karte 57/72 € – *(Mittwoch - Samstag nur Abendessen, Sonntag nur Mittagessen)* (Tischbestellung ratsam)

In dem über 400 Jahre alten Fachwerkhaus hat man Gourmetrestaurant und Weinstube zusammengelegt, und das Konzept kommt an: ein Mix aus ambitionierten Speisen wie "Pulpo und Sellerie in Paprika-Vinaigrette" und Klassikern wie "geschmortem Junghahn mit Rotweingemüse". Schön auch der glasüberdachte Innenhof.

GROSSRÄSCHEN

Brandenburg – 8 870 Ew. – Höhe 115 m – Regionalatlas **33-Q10**

Berlin 132 km – Potsdam 146 km – Dresden 75 km

Michelin Straßenkarte 542

Seehotel

Seestr. 88 ✉ 01983 – ✆ (035753) 69 06 60 – www.seehotel-grossraeschen.de

56 Zim – 85/134 € 99/144 € – 4 Suiten – ½ P

Der See vor der Tür, klassisch-wohnliche Zimmer und ein stilvolles Restaurant mit saisonaler Küche, dazu gut ausgestattete Seminarräume und draußen eine schöne Grünanlage samt Tennis- und Beachvolleyballplatz. Interessant: "Fälschermuseum" im Haupthaus, einem hübsch restaurierten Gebäude von 1920.

GROSSSCHÖNAU

Sachsen – 5 770 Ew. – Höhe 310 m – Regionalatlas **44-S12**
Berlin 243 km – Dresden 87 km – Zittau 11 km
Michelin Straßenkarte 544

In Großschönau-Waltersdorf Süd: 2,5 km

Quirle-Häusl

Hauptstr. 51 ✉ 02799 – ✆ (035841) 60 60 60 – www.quirle.de
24 Zim – 55/65 € 89/140 € – ½ P
Die Gastgeber sind in der Volksmusik ein bekanntes Duett und leiten ebenso leidenschaftlich das historische Oberlausitzer Umgebindehaus mit dem Kaiserlichen Postamt von 1900 als Gästehaus. Gemütliche Atmosphäre im rustikalen Restaurant Blockstube. Biergarten im Innenhof.

GROSS-UMSTADT

Hessen – 20 760 Ew. – Höhe 160 m – Regionalatlas **48-G15**
Berlin 568 km – Wiesbaden 67 km – Frankfurt am Main 51 km – Darmstadt 22 km
Michelin Straßenkarte 543

Farmerhaus Lodge

Carlo-Mierendorffstr. 5 ✉ 64823 – ✆ (06078) 9 30 75 70 – www.farmerhaus-lodge.de
8 Zim – 95/200 € 110/215 € – 10 €
Wer nicht nur beim Essen die Exotik Afrikas erleben möchte, findet rund 2 km vom Restaurant in einer ehemaligen Hofreite im Zentrum ein nicht alltägliches Designhotel. Mit Liebe zum Detail hat man im gesamten Haus afrikanische Kunst und dekorative Accessoires aufs Stimmigste arrangiert. Toller Innenhof.

Jakob

Zimmerstr. 43 ✉ 64823 – ✆ (06078) 7 80 00 – www.hotel-jakob.de
40 Zim – 73/99 € 79/125 € – 5 € – ½ P
Das familiengeführte Haus liegt am Rande der Stadt, direkt an den naturgeschützten Streuobstwiesen! Einige modernere Zimmer sind besonders schön. Nette kleine Sauna im UG. Internationales Angebot im neuzeitlichen Bistro-Restaurant.

Farmerhaus

Am Farmerhaus 1 ✉ 64823 – ✆ (06078) 91 11 91 – www.farmerhaus.de – geschl. Januar 2 Wochen und Sonntag - Montag
Menü 60/90 € – Karte 46/85 € – *(nur Abendessen)*
Wer die original afrikanischen Spezialitäten auf der Terrasse genießt und dabei auf die Weinberge schaut, hat fast ein bisschen das Gefühl, im "Grande Roche" in Paarl (Südafrika) zu sein! Authentisch auch die Deko im Restaurant.

GROSSWEITZSCHEN – Sachsen ➜ Siehe Döbeln

GRÜNBERG

Hessen – 13 650 Ew. – Höhe 273 m – Regionalatlas **38-G13**
Berlin 476 km – Wiesbaden 102 km – Frankfurt am Main 72 km – Gießen 22 km
Michelin Straßenkarte 543

Villa Emilia

Gießener Str. 42, B 49 ✉ 35305 – ✆ (06401) 64 47 – www.hotel-villa-emilia.de – geschl. Juli - Anfang August 2 Wochen
13 Zim – 70 € 98/110 €
Im Hof hinter der netten alten Villa schließen sich der Hotelanbau sowie der Garten an. Zeitgemäße, helle Zimmer im Landhausstil stehen in dem freundlich geführten Haus bereit. Das im Stammhaus untergebrachte Restaurant bietet saisonale Küche.

GRÜNSTADT

Rheinland-Pfalz – 12 890 Ew. – Höhe 169 m – Regionalatlas **47**-E16
Berlin 632 km – Mainz 59 km – Mannheim 31 km – Kaiserslautern 36 km
Michelin Straßenkarte 543

In Neuleiningen Süd-West: 3 km über Sausenheim, jenseits der A 6

Alte Pfarrey

Untergasse 54 ✉ 67271 – ✆ (06359) 8 60 66 – www.altepfarrey.de – geschl. 1. - 8. Februar, 18. - 25. Juli
11 Zim – 115/125 € 130/180 €
Alte Pfarrey – Siehe Restaurantauswahl
Ein malerischer Ort! Das schmucke Häuserensemble a. d. 16. Jh. birgt hübsche, individuelle Zimmer mit historischem Charme - oder darf es vielleicht eine der beiden modernen Maisonetten mit Terrasse und Ausblick sein?

Alte Pfarrey – Hotel Alte Pfarrey

Untergasse 54 ✉ 67271 – ✆ (06359) 8 60 66 – www.altepfarrey.de – geschl. 1. - 8. Februar, 18. - 25. Juli und Sonntagabend - Montag
Menü 65/110 € – Karte 63/80 € – *(Dienstag - Donnerstag nur Abendessen)*
Die Küche ist saisonal, die Produkte sind topfrisch, die Präsentation wirklich ansprechend. Und der Rahmen? Ein lichtdurchfluteter Wintergarten und ein geschmackvoller historischer Raum - dennoch hat im Sommer der reizende Innenhof die begehrtesten Plätze!
➜ Steinbutt, Spinat, Safran. Rehrücken, Petersilie, Brombeere. Weiße Schokolade, Rosmarin, Birne.

H'manns N

Am Goldberg 2 ✉ 67271 – ✆ (06359) 53 41 – www.hmanns.de – geschl. Montag - Dienstag
Menü 34/78 € – Karte 26/64 € – *(Mittwoch - Freitag nur Abendessen)*
Ein richtig charmantes elegantes Restaurant, in dem Qualität oberste Priorität hat - beim Produkt, beim Service, bei der Tischkultur. Genießen Sie die klassisch-saisonale Küche und ausgesuchte Pfälzer Weine doch mal auf der Terrasse mit Aussicht! Hochwertiges kleines Angebot im Bistro.

GRÜNWALD

Bayern – 11 090 Ew. – Höhe 581 m – Regionalatlas **65**-L20
Berlin 619 km – München 21 km – Innsbruck 161 km – Augsburg 86 km
Michelin Straßenkarte 546

Schlosshotel

Zeillerstr. 1 ✉ 82031 – ✆ (089) 6 49 62 60 – www.schlosshotelgruenwald.de
18 Zim – 90/110 € 110/160 € – 1 Suite
Das kleine Hotel neben der Burg Grünwald geht zurück auf das ehemalige Jägerhaus des Schlosses. In historischem Rahmen erwarten Sie schöne wohnliche Zimmer. Das Restaurant bietet italienische Küche. Hübsch ist die Terrasse mit Blick auf das Isartal.

Alter Wirt

Marktplatz 1 ✉ 82031 – ✆ (089) 6 41 93 40 – www.alterwirt.de
50 Zim – 89/200 € 130/250 € – ½ P
Alter Wirt – Siehe Restaurantauswahl
Ein gestandener bayerischer Landgasthof, der nach ökologischen Aspekten geführt wird. Die Zimmer sind meist allergikergerecht mit Naturholzmöbeln und Parkett ausgestattet.

Alter Wirt – Hotel Alter Wirt

Marktplatz 1 ✉ 82031 – ✆ (089) 6 41 93 40 – www.alterwirt.de
Menü 18 € – Karte 24/63 €
Sympathisch-leger, und das trifft genau den Zeitgeist! In der "Wirtschaft" gibt es durchgehend warme Küche, mittags vegetarisches Imbissbuffet oder Empfehlungen auf der Tafel. Etwas besser eingedeckt ist das "Restaurant" mit urigem Charme. Ob Landgockel oder Apfelkücherl - alles ist Bio!

GSCHWEND

Baden-Württemberg – 4 900 Ew. – Höhe 476 m – Regionalatlas **56-H18**
Berlin 574 km – Stuttgart 59 km – Karlsruhe 138 km – Ansbach 87 km
Michelin Straßenkarte 545

Herrengass

Welzheimer Str. 11 ✉ 74417 – ✆ (07972) 91 25 20 – www.herrengass-gschwend.de – geschl. nach Ostern 1 Woche, Ende August - Anfang September 2 Wochen und Montag - Dienstag

Menü 33/67 € – Karte 31/52 €

Der ehemalige Kolonialwarenladen beherbergt heute zwei Restaurantkonzepte unter einem Dach: ein elegantes Restaurant und das Bistro "Schublad". Das erste ist ein schöner heller hoher Raum, in dem Patron Markus Elison international-regionale Gerichte wie "geschmorten Rinderbraten" oder "Lammrücken in der Pinienkernkruste" bietet, während nebenan eher traditionell gekocht wird - hier gibt's z. B. Steaks.

GÜNZBURG

Bayern – 19 580 Ew. – Höhe 446 m – Regionalatlas **56-J19**
Berlin 569 km – München 112 km – Augsburg 53 km – Stuttgart 110 km
Michelin Straßenkarte 546

Zettler

Ichenhauser Str. 26a ✉ 89312 – ✆ (08221) 3 64 80 – www.hotel-zettler.de – geschl. 22. Dezember - 10. Januar

49 Zim – 89/139 € 125/169 € – ½ P

Funktionale Zimmer und zwei schöne Juniorsuiten stehen in dem gut geführten Familienbetrieb bereit. Zum Frühstücken nehmen Sie im hübschen Wintergarten Platz. Das Restaurant ist klassisch gehalten, von der Terrasse schaut man in den Garten.

Römer

Ulmer Str. 26, B 10 ✉ 89312 – ✆ (08221) 36 73 80 – www.hotel-roemer.de – geschl. 23. Dezember - 3. Januar

24 Zim – 68/80 € 93/112 €

In dem Hotel mit wohnlichen, freundlichen Zimmern setzen hier und da Details im Hundertwasserstil interessante Akzente. Originell: Mauerreste aus der Römerzeit im Frühstücksraum.

GÜSTROW

Mecklenburg-Vorpommern – 28 540 Ew. – Höhe 14 m – Regionalatlas **12-M4**
Berlin 192 km – Schwerin 63 km – Rostock 38 km – Neubrandenburg 87 km
Michelin Straßenkarte 542

Kurhaus am Inselsee

Heidberg 1, Süd-Ost: 4 km ✉ 18273 – ✆ (03843) 85 00 – www.kurhaus-guestrow.de

48 Zim – 85/110 € 120/215 € – 4 Suiten – ½ P

In ruhiger Lage am Inselsee wohnen Sie in stilvoll-klassischen Zimmern, die zur Seeseite hin über einen Balkon verfügen. Annehmlichkeiten sind auch der aufmerksame Service und das vielseitige Frühstück. Das Restaurant mit Brasserie-Flair wird ergänzt durch eine Terrasse zum schönen Park mit alten Bäumen.

Strandhaus am Inselsee N

Heidberg 5 ✉ 18273 – ✆ (03843) 85 02 00 – www.strandhaus-guestrow.de

24 Zim – 73/83 € 93/108 € – 1 Suite – ½ P

Ruhig die Lage am Inselsee, hell und zeitgemäß-funktional die Zimmer, dazu italienische Küche, die man auch gerne auf der schönen Terrasse serviert. Fahrradtouristen schätzen die guten Unterstellmöglichkeiten. Sie können übrigens den Wellnessbereich des Schwesterhotels "Kurhaus am Inselsee" mitbenutzen.

Weinberg
Bölkower Str. 8 ✉ 18273 – ✆ (03843) 8 33 30 – www.weinberg-hotel.de
24 Zim – 🚹65/74 € 🚹🚹85/94 € – ½ P
Das Hotel in einem Wohngebiet wird von den Gastgebern freundlich-familiär geleitet und bietet sehr gepflegte, praktisch eingerichtete Zimmer, teilweise mit Dachschräge. Bürgerliche Küche und modernes Ambiente im Restaurant.

In Lalendorf Süd-Ost: 16 km Richtung Neubrandenburg, jenseits der A 19

Im Wiesengrund
Hauptstr. 3, B 104 ✉ 18279 – ✆ (038452) 2 05 42 – www.imwiesengrund.com
20 Zim – 🚹39/45 € 🚹🚹56/65 € – 6 €
Der seit über 20 Jahren bestehende Familienbetrieb liegt umgeben von Grün und dennoch verkehrsgünstig. Mit wohnlichen Zimmern und schöner Gartenanlage mit Teich und Pavillon. Im Restaurant mit Wintergarten bietet man bürgerliche Küche.

In Lalendorf-Gremmelin Ost: 15 km über B 104

Gut Gremmelin
Am Hofsee 33 ✉ 18279 – ✆ (038452) 51 10 – www.gutgremmelin.de
55 Zim – 🚹65/85 € 🚹🚹89/119 € – ½ P
Die historische Gutsanlage bietet freundliche Alt- und Neubau-Zimmer in klarem zeitgemäßem Stil. Traumhaft ist die Lage am See in einem schönen Park. Reetdachhaus mit Juniorsuite. Restaurant mit Bistro-Ambiente, dazu ein Gewölbekeller für Veranstaltungen.

GÜTERSLOH

Nordrhein-Westfalen – 95 510 Ew. – Höhe 75 m – Regionalatlas **27-F10**
Berlin 412 km – Düsseldorf 156 km – Bielefeld 18 km – Münster (Westfalen) 57 km
Michelin Straßenkarte 543

Parkhotel
Kirchstr. 27 ✉ 33330 – ✆ (05241) 87 70 Stadtplan : B2**n**
– www.parkhotel-gt.de
100 Zim – 🚹99/209 € 🚹🚹99/209 € – 18 € – 3 Suiten
ParkRestaurant* • *Bellini – Siehe Restaurantauswahl
Ansprechend sind hier der großzügige Rahmen und der zeitlos-elegante Stil. Es empfängt Sie eine repräsentative Halle mit Piano und Kamin sowie klassischer Bar. In Sachen Wohnkomfort stehen drei unterschiedliche Zimmerkategorien sowie verschiedene Suiten zur Wahl.

Appelbaum
Neuenkirchener Str. 59, über Neuenkirchener Straße A2 ✉ 33332 – ✆ (05241) 9 55 10 – www.hotel-appelbaum.de
58 Zim – 🚹89/139 € 🚹🚹99/169 €
Seit drei Generationen sorgt die Familie dafür, dass man hier gut wohnt - z. B. in einem der neueren, besonders schönen Zimmer mit Klimaanlage. Fragen Sie nach dem hübschen Apfelbaumzimmer unterm Dach! Ebenso geschmackvoll der ländliche Stil des Frühstücksraums: Hier gibt es am Morgen ein hochwertiges Buffet.

ParkRestaurant – Parkhotel
Kirchstr. 27 ✉ 33330 – ✆ (05241) 87 70 Stadtplan : B2**n**
– www.parkhotel-gt.de – geschl. Samstagabend, Sonntagabend
Menü 30 € (mittags unter der Woche)/35 € (abends) – Karte 37/55 €
Ganz klassisch und gediegen präsentiert sich das Restaurant, in dem die Gäste bei überaus gepflegter Tischkultur aus dem internationalen Angebot ihr Menü auswählen. Schön die Lage zur Parkseite, nett im Sommer der Garten mit Teich.

Bellini – Parkhotel
Kirchstr. 27 ✉ 33330 – ✆ (05241) 87 70 Stadtplan : B2**n**
– www.parkhotel-gt.de
Karte 33/47 € – *(nur Abendessen)*
Frische mediterrane Küche gibt es im zweiten Restaurant des Parkhotels. Wie wär's z. B. mit "Ligurischem Lammragout, im Ofen gegart"? Und als Vorspeise Antipasti vom Buffet - täglich im Angebot!

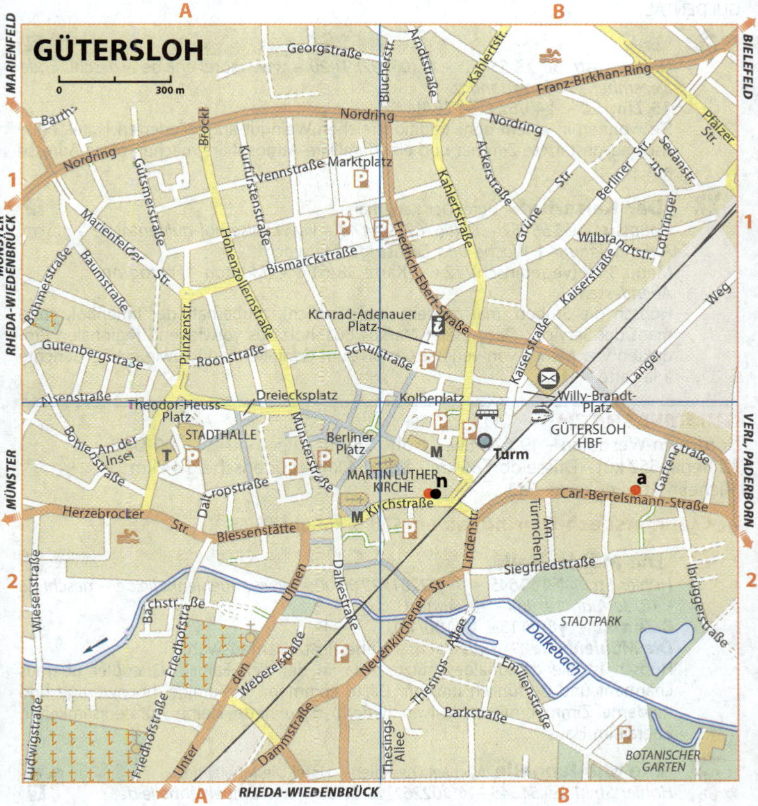

Medium

Carl-Bertelsmann-Str. 33 ✉ 33332 – ✆ (05241) 2 12 16 36 Stadtplan : B2**a**
– www.medium-guetersloh.de – geschl. über Ostern 1 Woche und Sonntag sowie an Feiertagen
Menü 55 € – Karte 33/64 € – *(nur Abendessen)*
Der moderne Loft-Charakter der Medienfabrik kommt an, vor allem ist hier aber die gute saisonal-klassische Küche von Bernhard Büdel gefragt - gerne bestellen die Gäste das Menü inkl. Wein und Wasser. Probieren Sie z. B. das Hummerragout!

GULDENTAL

Rheinland-Pfalz – 2 480 Ew. – Höhe 140 m – Regionalatlas **46**-D15
Berlin 612 km – Mainz 44 km – Bad Kreuznach 12 km – Koblenz 67 km
Michelin Straßenkarte 543

Der Kaiserhof

Hauptstr. 2 ✉ 55452 – ✆ (06707) 9 44 40 – www.kaiserhof-guldental.de – geschl. Anfang Januar 1 Woche
12 Zim – †64/80 € ††102/118 € – ½ P
Der Kaiserhof – Siehe Restaurantauswahl
Der Kaiserhof von 1846 verbindet heute Hotel, Restaurant, Weingut und Kochschule (diese in einem ehemaligen Winzerhof am Ortsrand) - alles geschmackvoll und mit Niveau. Wohnliche Zimmer in ländlichem Stil und am Morgen ein gutes Frühstück.

Enk
Naheweinstr. 36 ✉ 55452 – ✆ (06707) 91 20 – www.hotel-enk.de – geschl. Ende Dezember - Anfang Januar
15 Zim – 49/52 € 78/84 €
Sie wohnen in einem dem traditionsreichen Weingut angegliederten Hotel. Praktisch ausgestattete Zimmer und eine familiäre Atmosphäre machen diese Adresse aus.

Der Kaiserhof – Hotel Der Kaiserhof
Hauptstr. 2 ✉ 55452 – ✆ (06707) 9 44 40 – www.kaiserhof-guldental.de – geschl. Anfang Januar 1 Woche und Dienstag - Mittwoch
Menü 35 € (vegetarisch)/72 € – Karte 38/61 € – *(Montag - Freitag nur Abendessen)*
Hübsch die Stuben (mal modern, mal ländlich), zauberhaft der Innenhof, charmant der Service... Dazu bietet Markus Buchholz aus vorwiegend regionalen Produkten vier Menüs von vegetarisch bis zum Genießermenü sowie einige Gerichte à la carte.

GUMMERSBACH

Nordrhein-Westfalen – 49 670 Ew. – Höhe 250 m – Regionalatlas **36**-D12
Berlin 557 km – Düsseldorf 86 km – Köln 54 km – Lüdenscheid 44 km
Michelin Straßenkarte 543

In Gummersbach-Dieringhausen Süd: 7 km über B 55

Die Mühlenhelle
Hohler Str. 1 ✉ 51645 – ✆ (02261) 29 00 00 – www.muehlenhelle.de – geschl. 2. - 18. Januar, 18. Juli - 18. August
8 Zim – 80/115 € 100/140 € – ½ P
Die Mühlenhelle • ***Bistro*** – Siehe Restaurantauswahl
Hübsch ist die denkmalgeschützte Villa, in der sich Familie Quendler überaus charmant und persönlich um ihre Gäste kümmert. Geräumige, hochwertige und moderne Zimmer mit exklusiven Bädern, dazu nette kleine Aufmerksamkeiten überall im Haus!

Die Mühlenhelle (Michael Quendler) – Hotel Die Mühlenhelle
Hohler Str. 1 ✉ 51645 – ✆ (02261) 29 00 00 – www.muehlenhelle.de – geschl. 2. - 18. Januar, 18. Juli - 18. August und Montag - Dienstag
Menü 79/115 € – Karte 48/82 € – *(nur Abendessen, sonntags auch Mittagessen)* (Tischbestellung ratsam)
Michael Quendler kocht frisch, modern und auf klassischer Basis, seine Gerichte sind schön stimmig, der Eigengeschmack der guten Produkte steht ganz im Mittelpunkt. Eingespielt, angenehm leger und professionell der Service unter der Leitung der Chefin - sie berät Sie auch gerne in Sachen Wein.
→ Kaninchen, Mandel, Feige, Ibericoschinken. Wiehler Reh, Olive, Sellerie. Rhabarber, Ziegensahne, Weizen.

Bistro – Hotel Die Mühlenhelle
Hohler Str. 1 ✉ 51645 – ✆ (02261) 29 00 00 – www.muehlenhelle.de – geschl. 2. - 18. Januar, 18. Juli - 18. August und Montag
Menü 34 € – Karte 32/58 €
Das Bistro ist ein freundlicher, luftig-hoher Raum, in dem man schmackhafte saisonale Gerichte wie "Scholle mit Kartoffeln und Gurkensalat" serviert bekommt. Werfen Sie doch mal einen Blick in die offene Küche!

In Gummersbach-Hülsenbusch West: 7 km über Steinenbrück und Strombach

Landhaus Schwarzenberger Hof
Schwarzenberger Str. 48 ✉ 51647 – ✆ (02261) 2 21 75 – www.schwarzenbergerhof.com – geschl. Montag
Menü 28/89 € – Karte 31/64 € – *(Dienstag - Freitag nur Abendessen)*
Bürgerliche Schmankerln oder lieber klassisch-französische Küche? In gemütlichen Gaststuben mit ländlichem Charme findet sich beides auf der Karte, so z. B. "Tafelspitz in Meerrettichsauce" oder auch "Lammrücken in Haselnussbiskuit".

GUNDELFINGEN

Baden-Württemberg – 11 230 Ew. – Höhe 232 m – Regionalatlas **61**-**D20**
Berlin 806 km – Stuttgart 200 km – Freiburg i. Breisgau 7 km – Strasbourg 80 km
Michelin Straßenkarte 545

Bahnhöfle

Bahnhofstr. 16 ✉ 79194 – ✆ (0761) 5 89 99 49 – www.bahnhoeflegundelfingen.de – geschl. Mittwoch
Menü 28/90 € – Karte 29/63 € – *(Montag - Freitag nur Abendessen)*
Der freundliche Gastgeber kocht hier französisch und international. Das von seiner Frau hübsch dekorierte Restaurant versprüht ländlichen Charme. Schöne Terrasse vor dem Haus.

GUNZENHAUSEN

Bayern – 16 230 Ew. – Höhe 416 m – Regionalatlas **57**-**K17**
Berlin 478 km – München 152 km – Nürnberg 54 km – Ingolstadt 73 km
Michelin Straßenkarte 546

Parkhotel Altmühltal

Zum Schießwasen 15 ✉ 91710 – ✆ (09831) 50 40 – www.aktiv-parkhotel.de
67 Zim – 89/104 € 140/164 € – 5 Suiten – ½ P
Ein Tagungs- und Ferienhotel direkt am Radwanderweg mit schönem Freizeitbereich auf 400 qm und recht individuell eingerichteten Gästezimmern. Zur Terrasse hin ergänzt ein kleiner Wintergartenanbau das Restaurant Chicorée.

Blauer Wolf

Marktplatz 9 ✉ 91710 – ✆ (09831) 89 00 – www.blauerwolf.de – geschl. 1. - 11. Januar
24 Zim – 75 € 99 € – 1 Suite
Der historische Gasthof im Zentrum wurde komplett entkernt und um einen neuzeitlichen Anbau erweitert. Entstanden ist ein hochwertig und modern eingerichtetes Hotel.

In Pfofeld-Langlau Ost: 10 km Richtung Pleinfeld

Strandhotel Seehof

Seestr. 33 ✉ 91738 – ✆ (09834) 98 80 – www.strandhotel-seehof.de
82 Zim – 100/112 € 150/175 € – 3 Suiten – ½ P
Für Tagungs- und Feriengäste gleichermaßen geeignet ist dieses Hotel mit gemütlichen Zimmern im alpenländischen Stil. Reizvoll ist die ruhige Lage am kleinen Brombachsee. Vom Restaurant hat man einen schönen Blick auf den See.

GUTACH im BREISGAU

Baden-Württemberg – 4 250 Ew. – Höhe 293 m – Regionalatlas **61**-**E20**
Berlin 774 km – Stuttgart 208 km – Freiburg im Breisgau 31 km – Offenburg 66 km
Michelin Straßenkarte 545

In Gutach-Bleibach Nord-Ost: 2 km über B 294

Silberkönig

Silberwaldstr. 24, Nord-Ost: 1 km ✉ 79261 – ✆ (07685) 70 10 – www.silberkoenig.de
41 Zim – 54/99 € 85/158 € – 2 Suiten – ½ P
In dem langjährigen Familienbetrieb hat man nicht nur gepflegte Zimmer und ein gemütliches Restaurant samt schöner Terrasse zum Rosengarten, sondern ist auch guter Ausgangspunkt für Ausflüge in die nahe Natur und nach Freiburg. Erkunden Sie auch den "Silberpfad" rund ums Haus - eine kleine Lektüre auf dem Zimmer gibt Aufschluss über die "Sage vom Silberkönig"!

GUTENZELL-HÜRBEL – Baden-Württemberg ➔ Siehe Ochsenhausen

GYHUM – Niedersachsen ➔ Siehe Zeven

HAAN

Nordrhein-Westfalen – 29 990 Ew. – Höhe 160 m – Regionalatlas **36-C11**
Berlin 547 km – Düsseldorf 29 km – Maastricht 140 km – Köln 47 km
Michelin Straßenkarte 543

XX **Fritz Essensart**

Bachstr. 141 ✉ 42781 – ✆ (02129) 37 79 21 – www.fritzessensart.de – geschl. 1. - 14. Januar, 25. Juli - 11. August und Montag - Dienstag, Samstagmittag
Menü 43/74 € – Karte 39/65 €
Trotz der etwas versteckten Lage hat man sich hier mit Internationalem wie "Thunfischsteak im Sesammantel" einen Namen gemacht, herzlich-engagiert die Gastgeber. Drinnen freundlich-lichtes Ambiente, draußen die nette überdachte Terrasse.

HADAMAR

Hessen – 12 260 Ew. – Höhe 130 m – Regionalatlas **37-E14**
Berlin 550 km – Wiesbaden 60 km – Koblenz 63 km – Limburg an der Lahn 8 km
Michelin Straßenkarte 543

Nassau-Oranien

Am Elbbachufer 12 ✉ 65589 – ✆ (06433) 91 90 – www.nassau-oranien.de
60 Zim – 69/95 € 95/125 € – ½ P
Nassau-Oranien – Siehe Restaurantauswahl
Ein hübsches denkmalgeschütztes Fachwerkhaus von 1690, das neuzeitlich erweitert wurde. Sie schlafen in wohnlichen Zimmern von Landhausstil bis geradlinig-modern. Chic auch die "Hirschbar". Dazu ein schöner Kosmetik- und Massagebereich.

XX **Nassau-Oranien** – Hotel Nassau-Oranien

Am Elbbachufer 12 ✉ 65589 – ✆ (06433) 91 90 – www.nassau-oranien.de
Menü 25/45 € – Karte 28/54 €
Das gemütliche Restaurant teilt sich in "Grand Mère" und "Gud Stubb". Trotz der traditionellen Note kocht man hier auch modern, so z. B. "rosa gebratene Entenbrust / Calvados-Basilikumsauce / Sellerie-Apfelgemüse / Rote-Bete-Krapfen".

HÄUSERN

Baden-Württemberg – 1 250 Ew. – Höhe 889 m – Regionalatlas **62-E21**
Berlin 806 km – Stuttgart 186 km – Freiburg im Breisgau 58 km
Michelin Straßenkarte 545

Adler

St.-Fridolin-Str. 15 ✉ 79837 – ✆ (07672) 41 70 – www.adler-schwarzwald.de – geschl. 30. Mai - 21. Juni, 18. - 24. Dezember
39 Zim – 100/170 € 180/400 € – 4 Suiten – ½ P
Adler ✿ – Siehe Restaurantauswahl
Wie schön sich Tradition und Moderne verbinden lassen, sieht man hier z. B. an den tollen zeitgemäß-puristisch und gleichzeitig ländlich designten Zimmern. Doch keine Sorge, der geschätzte "Adler"-Charme ist erhalten geblieben! Ebenso natürlich die Wertigkeit überall im Haus, vom Spa über Frühstück und Halbpension (im Preis inkl.) bis zum Service!

XX ✿ **Adler** (Florian Zumkeller) – Hotel Adler

St.-Fridolin-Str. 15 ✉ 79837 – ✆ (07672) 41 70 – www.adler-schwarzwald.de – geschl. 30. Mai - 21. Juni, 18. - 24. Dezember und Montag - Dienstag
Menü 49 € (mittags unter der Woche)/110 € – Karte 54/82 €
Exzellente Produkte, handwerklich perfekt zubereitet - Florian Zumkeller ist ein Garant für anspruchsvolle Sterneküche, für die der Familienbetrieb mit dem Schwarzwälder Flair seit 1966 bekannt ist. Sein Stil: klassisch mit mediterran-internationalen Einflüssen.
→ Konfierter Bachsaibling mit Apfel, Rote Bete und Verveineinfusion. Rotbarbe Sous Vide gegart mit weißem Kaffeeschaum, Spinat und Passionsfrucht. Medaillon vom Schwarzwälder Weiderind mit gebratenem grünem Spargel und Yuzuhollandaise.

HAGEN

Nordrhein-Westfalen – 186 250 Ew. – Höhe 106 m – Regionalatlas **26**-D11
Berlin 505 km – Düsseldorf 62 km – Dortmund 27 km – Kassel 178 km
Michelin Straßenkarte 543

In Hagen-Rummenohl Süd: 13 km

Dresel
Rummenohler Str. 31, B 54 ✉ 58091 – ✆ (02337) 48 27 10 – www.hotel-dresel.de
24 Zim – ♦55/72 € ♦♦101/108 €
Schön wohnt es sich in diesem topgepflegten Haus, dessen Familientradition bereits 1901 begann. Wie wär's z. B. mit der romantischen Suite mit freistehender Badewanne? Die gute Küche zieht auch zahlreiche Gäste aus der weiteren Umgebung an. Das Ambiente dazu: rustikal in der Tenne, elegant in der Hubertusstube, modern im Wintergarten und auf der Terrasse.

HAGNAU

Baden-Württemberg – 1 400 Ew. – Höhe 409 m – Regionalatlas **63**-G21
Berlin 731 km – Stuttgart 196 km – Konstanz 17 km – Ravensburg 29 km
Michelin Straßenkarte 545

Villa am See
Meersburger Str. 4 ✉ 88709 – ✆ (07532) 4 31 30 – www.villa-am-see.de – geschl. Anfang Oktober - Ende April
6 Zim – ♦99/260 € ♦♦144/280 € – 1 Suite
Ein reizendes kleines Hotel auf einem schönen Gartengrundstück am See. Stilvoll die Einrichtung, aufmerksam der Service, gut das Frühstück - im hübschen Gartenpavillon mit Seeblick. Man bietet auch ein Appartement im Haus gegenüber.

Bodenseehotel Renn
Hansjakobstr. 4 ✉ 88709 – ✆ (07532) 49 47 80 – www.bodenseehotel-renn.de – geschl. 9. Januar - 28. Januar
36 Zim – ♦79/119 € ♦♦102/154 € – ½ P
Das Hotel hat moderne Zimmer und einen netten Garten für Sie. Im Gästehaus vis-à-vis - auch hier wohnliche Zimmer - befindet sich das Restaurant in ansprechend geradlinigem Stil, dazu eine schöne Terrasse mit schattenspendender Kastanie.

Burgunderhof
Am Sonnenbühl 70 ✉ 88709 – ✆ (07532) 80 76 80 – www.burgunderhof.de – geschl. 29. Oktober - April
12 Zim – ♦185/215 € ♦♦215/265 €
Richtig schön wohnt man hier in beeindruckender Lage zwischen Weinbergen und Obstwiesen: hochwertige Einrichtung mit Stil, diverse kleine Aufmerksamkeiten, ein toller Garten, bei gutem Wetter Blick über den See... Um Sie herum der laufende Weingutbetrieb. Mindestaufenthalt 3 Nächte. Kinder ab 16 Jahre.

Zur Winzerstube
Seestr. 1 ✉ 88709 – ✆ (07532) 49 48 60 – www.zurwinzerstube.de – geschl. 9. Januar - 15. März
17 Zim – ♦90/190 € ♦♦99/265 € – ½ P
Hier lockt die Lage direkt am See... diesen haben Sie auch von einigen Zimmern (meist mit Balkon) im Blick. Hotelgäste nutzen die kleine begrünte Terrasse mit Seezugang exklusiv! Im Restaurant kocht man regional - sehr schön ist hier der Wintergarten am Wasser!

Rebstöckle
Seestr. 10 ✉ 88709 – ✆ (07532) 4 31 90 – www.hotel-rebstoeckle.de – geschl. 29. Oktober - 13. November, Anfang Januar 3 Wochen und Dienstag, November - April: Montag - Dienstag
11 Zim – ♦58/85 € ♦♦100/125 € – ½ P Menü 28 € – Karte 23/52 €
In dem sympathischen Restaurant nahe dem See setzt man auf frische Produkte, die der Chef aus der Region bezieht - schmackhaft z. B. "Kalbstafelspitz in Himbeeressig". Auch übernachten kann man hier: Die Zimmer sind hell und zeitgemäß.

HAIBACH – Bayern ➜ Siehe Aschaffenburg

HAIDMÜHLE

Bayern – 1 340 Ew. – Höhe 831 m – Regionalatlas **60-Q18**
Berlin 524 km – München 241 km – Passau 52 km – Freyung 25 km
Michelin Straßenkarte 546

In Haidmühle-Bischofsreut Nord-West: 7 km – Höhe 982 m

Märchenwald

Langreut 42, Nord-Ost: 1 km ✉ 94145 – ✆ (08550) 92 19 70 – www.hotel-maerchenwald.de – geschl. 4. April - 3. Mai, 7. November - 16. Dezember
15 Zim – 45/50 € 70/82 € – 3 Suiten – ½ P
In schöner und sehr ruhiger Lage (5 km zur tschechischen Grenze) erwartet Sie dieses gepflegte kleine Hotel mit geräumigen Zimmern, die mit Küchenzeile ausgestattet sind. Ländliche Gaststube.

HAINFELD

Rheinland-Pfalz – 820 Ew. – Höhe 182 m – Regionalatlas **47-E17**
Berlin 676 km – Mainz 105 km – Neustadt an der Weinstraße 14 km – Saarbrücken 110 km
Michelin Straßenkarte 543

Arens Restaurant

Roschbacher Str. 3 ✉ 76385 – ✆ (06323) 9 13 90 85 – www.arens-restaurant.de – geschl. Ende Januar - Anfang Februar 2 Wochen, Ende Juni - Anfang Juli 2 Wochen, Ende Oktober - Anfang November 2 Wochen und Montag - Dienstag
Menü 39/55 € – Karte 27/52 € – *(Mittwoch - Freitag nur Abendessen)*
Sie suchen ambitionierte Küche in gemütlicher Weinstuben-Atmosphäre? Bei Familie Arens werden Sie fündig! Es gibt einen Mix aus Regionalem und Internationalem, der z. B. als "Seezunge mit Kapuzinerknolle" oder "Strudel von Saumagen" daherkommt. Im schönen Garten speist man umgeben von Weinreben!

HALBERSTADT

Sachsen-Anhalt – 40 330 Ew. – Höhe 122 m – Regionalatlas **30-K10**
Berlin 206 km – Magdeburg 55 km – Halle 90 km
Michelin Straßenkarte 542

Villa Heine

Kehrstr. 1 ✉ 38820 – ✆ (03941) 3 14 00 – www.hotel-heine.de
60 Zim – 74/89 € 129/149 € – 1 Suite – ½ P
Eine ehemalige Fabrikantenvilla mit Anbau und Tagungszentrum, in der Mitte der hübsche kleine Park - hierhin sind die großzügigen Zimmer ausgerichtet. Im rustikalen Brauhaus Heine Bräu trinkt man zur bürgerlich-regionalen Küche gerne das eigene Bier. Es gibt übrigens auch Produkte der Wurstfabrik nebenan.

Parkhotel Unter den Linden

Klamrothstr. 2 ✉ 38820 – ✆ (03941) 6 25 40 – www.pudl.de
45 Zim – 67/77 € 88/108 € – ½ P
Die ansprechende Sandsteinvilla wurde 1911 von der Halberstädter Kaufmannsfamilie Klamroth erbaut und beherbergt heute komfortable klassische Zimmer, im Anbau etwas einfacher. Einer der Restauranträume ist der Saal mit schöner gewölbter Stuckdecke.

Am Grudenberg

Grudenberg 10 ✉ 38820 – ✆ (03941) 6 91 20 – www.hotel-grudenberg.de – geschl. 27. Dezember - Anfang Januar
20 Zim – 56/65 € 88/125 €
Ein schmuckes altes Fachwerkhaus, dem die freundliche Inhaberin mit dekorativen Details eine persönliche Note gegeben hat. Zimmer zum Innenhof ruhiger - hier kann man auch schön frühstücken.

HALDENSLEBEN

Sachsen-Anhalt – 19 190 Ew. – Höhe 53 m – Regionalatlas **20-L9**
Berlin 168 km – Magdeburg 29 km – Brandenburg 117 km – Stendal 68 km
Michelin Straßenkarte 542

Behrens

Bahnhofstr. 28 ✉ 39340 – ✆ (03904) 34 21 – www.hotel-behrens.de – geschl. 27. Dezember - 10. Januar

19 Zim ☕ – 🚹68/72 € 🚹🚹98 €

Beim Brüderpaar Behrens wohnen Sie in zwei miteinander verbundenen Villen von 1892. Dahinter schließt sich der schöne Garten mit Liegewiese und Kräutergarten an. Zeitlos-klassisch ist das Ambiente im Restaurant. Die Bar bietet eine gute Auswahl an Malt-Whisky.

Alte Ziegelei

Klausort 1, B 245, Süd-West: 1,5 km ✉ 39340 – ✆ (03904) 4 32 29 – www.waldhotel-alteziegelei.de

26 Zim ☕ – 🚹65/75 € 🚹🚹75/85 € – ½ P

Seit rund 40 Jahren leitet Familie Poege das gewachsene Gasthaus. Zimmer teils mit freigelegtem altem Gebälk. Auch Massage wird angeboten. In der Nähe ein Erlebnisbad. Die Gaststuben (mit interessanter Schreibmaschinensammlung) werden durch einen lichten Wintergarten ergänzt.

HALLBERGMOOS – Bayern ➜ Siehe Freising

HALLE (SAALE)

Sachsen-Anhalt – 231 440 Ew. – Höhe 100 m – Regionalatlas **31-M11**

▶ Berlin 170 km – Magdeburg 86 km – Leipzig 42 km – Gera 74 km

Michelin Straßenkarte 542

Dormero Hotel Rotes Ross

Leipziger Str. 76, über Franckestr. 1 ✉ 06108 – ✆ (0345) 23 34 30 – www.dormero.de

87 Zim ☕ – 🚹79/249 € 🚹🚹89/259 € – 2 Suiten – ½ P

Klassisch-eleganter Stil bestimmt in dem historischen Haus das Bild. Neben komfortablen Zimmern bietet man einen ansprechenden Saunabereich, im Restaurant serviert man internationale Küche. Praktisch für einen Bummel: Die Fußgängerzone liegt direkt vor der Tür!

Dorint Charlottenhof

Dorotheenstr. 12 ✉ 06108 – ✆ (0345) 292 30 – www.dorint.com/halle

164 Zim – 🚹89/141 € 🚹🚹121/157 € – ☕ 16 € – 2 Suiten – ½ P

In dem Hotel in der Stadtmitte erwarten Sie wohnliche, klassisch gehaltene Gästezimmer. Im obersten Stock befindet sich der "Vital-Club" - hier ist der Außenwhirlpool das Highlight! Direkt an die Lobby schließt sich das Restaurant an.

Immergrün

Kleine Klausstr. 2 ✉ 06108 – ✆ (0345) 5 21 60 56 – www.restaurant-immergruen.de – geschl. Mitte Juli - Mitte August und Sonntag - Montag

Menü 36/70 € – Karte 38/51 € – *(nur Abendessen)*

Warum man so gerne zum Essen in das klassische Stadthaus an der Ecke kommt? Zum einen wird man ambitioniert bekocht (wie wär's z. B. mit saisonalen Menüs wie "Oktoberfest" oder "Herbst"?), zum anderen wirklich liebevoll umsorgt! Dazu hübsches Ambiente: warmes Holz, Farbakzente in Grün, dezente Bilderdeko.

MahnS Chateau Ⓝ

Oleariusstr. 4a ✉ 06108 – ✆ (0345) 20 36 98 60 – www.mahns-chateau.de – geschl. August 1 Woche und Sonntagabend

Karte 41/80 €

Vis-à-vis der Marienkirche finden Sie dieses angenehm leger-moderne Restaurant. Der junge Chef kocht frische und ambitionierte internationale Speisen, die richtig gut schmecken! Mittags gibt's eine einfache Karte für den schnellen Hunger.

HALLE (WESTFALEN)

Nordrhein-Westfalen – 21 170 Ew. – Höhe 125 m – Regionalatlas **27-F9**

▶ Berlin 399 km – Düsseldorf 176 km – Bielefeld 15 km – Münster (Westfalen) 60 km

Michelin Straßenkarte 543

Gerry Weber Sportpark Hotel

Roger-Federer-Allee 6 ✉ 33790 – ✆ (05201) 89 90 – www.gerryweber-sportparkhotel.de

101 Zim – 105/130 € 150/175 € – 5 Suiten – ½ P

Wo sich die Weltelite des Tennis trifft, bietet Ihnen dieses Hotel so einiges an Freizeitaktivitäten: Squash, ein großer Fitnessbereich, zahlreiche Wellnessanwendungen... nicht zu vergessen die tollen Veranstaltungen internationaler Stars! Darf es vielleicht ein besonders komfortables Superior-Zimmer sein mit hochwertigen Tempur-Matratzen und Blick auf den Privatsee?

Hollmann

Alleestr. 20 ✉ 33790 – ✆ (05201) 8 11 80 – www.hotelhollmann.de

35 Zim – 60/65 € 86/92 € – 2 Suiten

Sauerzapfes – Siehe Restaurantauswahl

Das ist nicht einfach nur ein zeitgemäßes und funktionelles Hotel: den Gast erwarten geräumige Zimmer, ein gutes Preis-Leistungs-Verhältnis und eine engagierte Chefin, die stets präsent ist! Tipp: Nach hinten liegen die Zimmer ruhiger.

Gerry Weber Landhotel

Osnabrücker Str. 52 ✉ 33790 – ✆ (05201) 9 71 23 02 – www.gerryweber-landhotel.de

16 Zim – 49/79 € 69/109 € – ½ P

Das Hotel ist sehr gepflegt und funktional, liegt allerdings an einer recht befahrenen Straße, daher wählen Sie am besten ein Zimmer nach hinten raus! Biertrinker aufgepasst: hausgebrautes "Gerry Weber Landbier" - der Kupferkessel fasst 250 Liter! Dazu bekommt man bürgerliche Küche.

Rossini

Eggebergerstr. 11, am Golfplatz ✉ 33790 – ✆ (05201) 97 17 10 – www.rossini-halle.de

Menü 15 € (mittags unter der Woche) – Karte 23/52 €

Nicht nur Golfer sitzen hier im Sommer gerne auf der Terrasse und lassen sich beim Blick ins Grüne mit mediterraner Küche, aber auch mit Steaks oder Pizza bewirten. Eine nette Idee: Im Winter wird das Nebenzimmer im Stil einer Skihütte dekoriert!

Sauerzapfes – Hotel Hollmann

Alleestr. 20 ✉ 33790 – ✆ (05201) 7 35 62 50 – www.sauerzapfes.de – geschl. Samstagmittag

Menü 20/49 € – Karte 22/39 €

In Sachen Restaurant gibt es im Haus der Familie Siekendiek eine moderne und eine gemütlich-rustikale Variante (Bierstube). Am Herd steht René Sauerzapfe und kocht Internationales mit kreativen Einflüssen. Mittags zusätzlich Lunchangebot.

HALLENBERG

Nordrhein-Westfalen – 4 380 Ew. – Höhe 420 m – Regionalatlas **37-F12**

Berlin 467 km – Düsseldorf 200 km – Marburg 45 km – Kassel 86 km

Michelin Straßenkarte 543

Diedrich

Nuhnestr. 2, B 236 ✉ 59969 – ✆ (02984) 93 30 – www.hotel-diedrich.de

57 Zim – 75/180 € 120/260 € – 2 Suiten – ½ P

Das Hotel wird seit 1898 von Familie Diedrich geführt. Sehr schön ist der geradlinig-moderne Stil im Lichtflügel mit einigen komfortableren Zimmern, Lobby und Spa auf 1000 qm. In verschiedenen Restaurantstuben bietet man Regionales mit internationalen Einflüssen.

Sauerländer Hof

Merklinghauser Str. 27, B 236 ✉ 59969 – ✆ (02984) 9 23 70 – www.sauerlaender-hof.de

30 Zim – 64/89 € 98/148 € – ½ P

Ein sehr nettes familiär geführtes Landhotel mit gemütlich-wohnlichen Zimmern, die teilweise rustikaler oder auch eleganter im Landhausstil eingerichtet sind. Zum Restaurant gehören eine Terrasse und eine separate Bierstube.

HALLERNDORF

Bayern – 4 060 Ew. – Höhe 282 m – Regionalatlas **50-K16**
▶ Berlin 426 km – München 223 km – Nürnberg 47 km – Bamberg 22 km
Michelin Straßenkarte 546

In Hallerndorf-Willersdorf Süd-West: 3 km

Landgasthof Rittmayer

Willersdorf 108 ✉ 91352 – ✆ (09195) 9 47 30 – www.rittmayer.com – geschl. 28. Juli - 13. August
15 Zim – 49/52 € 69 €
In der Region ist Familie Rittmayer für die eigene Karpfen- und Wallerzucht bekannt. Sie sollten hier also ruhig mal essen, auch wenn Sie nicht in einem der schönen ländlich-modernen Zimmer wohnen! In der quirligen gemütlichen Wirtschaft gibt's von Mai bis September freitags Grillspezialitäten!

HALSENBACH – Rheinland-Pfalz ➜ Siehe Emmelshausen

HALTE – Niedersachsen ➜ Siehe Papenburg

HALTERN am SEE

Nordrhein-Westfalen – 37 270 Ew. – Höhe 40 m – Regionalatlas **26-C10**
▶ Berlin 500 km – Düsseldorf 77 km – Münster (Westfalen) 46 km – Recklinghausen 15 km
Michelin Straßenkarte 543

Am Turm

Turmstr. 4 ✉ 45721 – ✆ (02364) 9 60 10 – www.hotel-amturm.de
14 Zim – 69/75 € 99/105 € – ½ P
Ein gepflegtes kleines Hotel unter familiärer Leitung mit zeitgemäßen Zimmern (teilweise mit Parkett). Das Haus liegt zentrumsnah, praktisch ist der öffentliche Parkplatz gegenüber. Das Restaurant bietet internationale Küche und Balkangerichte.

Ratshotel

Mühlenstr. 3 ✉ 45721 – ✆ (02364) 34 65 – www.hotel-haltern.de
12 Zim – 65/85 € 95/120 € – ½ P
Ratsstuben – Siehe Restaurantauswahl
Schön wohnlich hat man es in dem kleinen Hotel direkt am Marktplatz mit seinen individuellen Zimmern und dem freundlichen modernen Frühstücksraum. Und da die Umgebung bei Radwanderern beliebt ist, bietet man auch eine Fahrrad-Garage!

Ratsstuben – Hotel Ratshotel

Mühlenstr. 3 ✉ 45721 – ✆ (02364) 34 65 – www.hotel-haltern.de – geschl. 1. - 12. Januar, 10. - 19. April, 21. August - 6. September und Mittwoch
Menü 39/79 € – Karte 37/63 €
Daniel Georgiev ist Gastgeber und kocht auch selbst, und zwar frisch, schmackhaft und saisonal, so z. B. "Kabeljaufilet / Speckschaum / Spitzkohl / Kerbelknollen". Das Ambiente: gemütlich-rustikal oder modern. Tipp: günstiger Mittagstisch.

HAMBERGE

Schleswig-Holstein – 1 490 Ew. – Höhe 7 m – Regionalatlas **11-J4**
▶ Berlin 306 km – Kiel 90 km – Bad Oldesloe 16 km – Hamburg 57 km
Michelin Straßenkarte 541

Landhaus Hamberge

Stormarnstr. 14 ✉ 23619 – ✆ (0451) 8 99 71 10 – www.restaurant-hamberge.de – geschl. Montag, Dienstagmittag, Mittwochmittag
Menü 38 € (vegetarisch)/46 € – Karte 37/59 €
In dem eleganten Restaurant fühlt man sich dank großer Glasfront wie in einem Wintergarten. Aus der Küche kommt z. B. "rosa Rehkeule, grüner Spargel, Pilzstrude", Chef und Sommelier Thorsten Hauck empfiehlt die passenden Weine.

LUST AUF FRISCHEN FISCH VOM FEINSTEN IN HAMBURG?

Finden und **reservieren**
Sie ein passendes Restaurant auf
restaurant.michelin.de

Oder laden Sie sich kostenlos die App für iPhone oder Android-Smartphone herunter
MICHELIN Restaurants

JETZT BEI Google play

Laden im l'App Store

MICHELIN
Wir bringen Sie weiter

HAMBURG

Hamburg – 1 734 280 Ew. – Höhe 6 m – Regionalatlas **10**-I5
Berlin 291 km – Bremen 121 km – Hannover 159 km
Michelin Straßenkarte 541
Stadtpläne siehe nächste Seiten

D. Renckhoff / imageBROKER / age fotostock

Alphabetische Liste der Hotels
Alphabetical index of hotels

→ Alphabetische Liste der Restaurants
→ Alphabetical index of restaurants

→ Restaurants am Sonntag geöffnet
→ Restaurants open on Sunday

Hotels

Fairmont Hotel Vier Jahreszeiten

Neuer Jungfernstieg 9 ✉ 20354 – ✆ (040) 3 49 40 – www.fairmont-hvj.de Stadtplan : L2**v**

139 Zim – ♦295/395 € ♦♦395/495 € – 17 Suiten

Haerlin ✿✿ • ***Jahreszeiten Grill*** • ***Doc Cheng's*** – Siehe Restaurantauswahl

Hamburger Tradition in Vollkommenheit, angefangen im Jahre 1897. Die Zimmer von heute verbinden aufs Gelungenste schickes frisches Design mit klassischer Eleganz - sehr aufwändig, wertig und luxuriös. Relaxen Sie auf der tollen Dachterrasse mit Bar! Afternoon Tea in der stilvollen "Wohnhalle", Snacks und Kuchen in der trendigen Condi Lounge.

Atlantic Kempinski

An der Alster 72 ✉ 20099 – ✆ (040) 2 88 80 – www.kempinski.com/hamburg Stadtplan : M2**a**

221 Zim – ♦199/459 € ♦♦229/489 € – 34 € – 33 Suiten

Atlantic Restaurant – Siehe Restaurantauswahl

Das "Weiße Schloss an der Alster" zeigt sich so richtig luxuriös! Sie betreten eine Lobby voll purer Klassik, nächtigen in Zimmern von edler Zeitlosigkeit (feines Ebenholz, topmoderne Technik...) und tagen oder feiern in stilvollen Salons!

Park Hyatt

Bugenhagenstr. 8, im Levantehaus ✉ 20095 – ✆ (040) 33 32 12 34 – www.hamburg.park.hyatt.de Stadtplan : M3**t**

262 Zim – ♦199/550 € ♦♦239/590 € – 34 € – 21 Suiten

Im 1. Stock empfängt das einstige Kontorhaus von 1912 seine Gäste, die es sich hier in der geschmackvollen Lounge gemütlich machen können. Mit Wertigkeit und moderner Eleganz sucht das Luxushotel seinesgleichen. Restaurant "Apples" lädt mit seiner Showküche zum Zuschauen ein.

Le Méridien

An der Alster 52 ✉ 20099 – ✆ (040) 2 10 00 – www.lemeridienhamburg.com Stadtplan : M2**d**

275 Zim – ♦139/369 € ♦♦159/389 € – 30 € – 14 Suiten

Der attraktive klare Stil zieht sich von den Zimmern (hier speziell entworfene therapeutische Betten) bis in den Wellnessbereich. Was halten Sie von einem Panorama-Zimmer zur Alster in einer der oberen Etagen? Ebenso schön ist die Sicht von Restaurant und Bar im 9. Stock (auch per Außen-Glaslift erreichbar!).

Grand Elysée

Rothenbaumchaussee 10 ✉ 20148 – ✆ (040) 41 41 20 – www.grand-elysee.com Stadtplan : K1**m**

494 Zim – ♦140/250 € ♦♦160/270 € – 20 € – 17 Suiten

Piazza Romana – Siehe Restaurantauswahl

Das größte privat betriebene Hotel Hamburgs! Elegant die Zimmer, weitläufig die Halle mit Boutique und Café. Brasserie und THEO'S mit Prime Beef schließen sich an. Überall im Haus finden sich zudem rund 800 Exponate aus der Kunstsammlung der Eigentümerfamilie. Tipp: ruhig gelegene Gartenhofzimmer oder Südzimmer zum Moorweidenpark.

Sofitel Alter Wall

Alter Wall 40 ✉ 20457 – ✆ (040) 36 95 00 – www.sofitel.com Stadtplan : K3**g**

223 Zim – ♦150/200 € ♦♦150/200 € – 30 € – 18 Suiten

Puristisch und luxuriös zugleich ist der klare moderne Style. Das Alsterfleet hat man gleich vor dem Haus - das genießt man am besten auf der Terrasse direkt über dem Wasser! Hier auch der eigene Bootsanleger. Mittags isst man im Bistro, am Abend italienische Küche im Ticino.

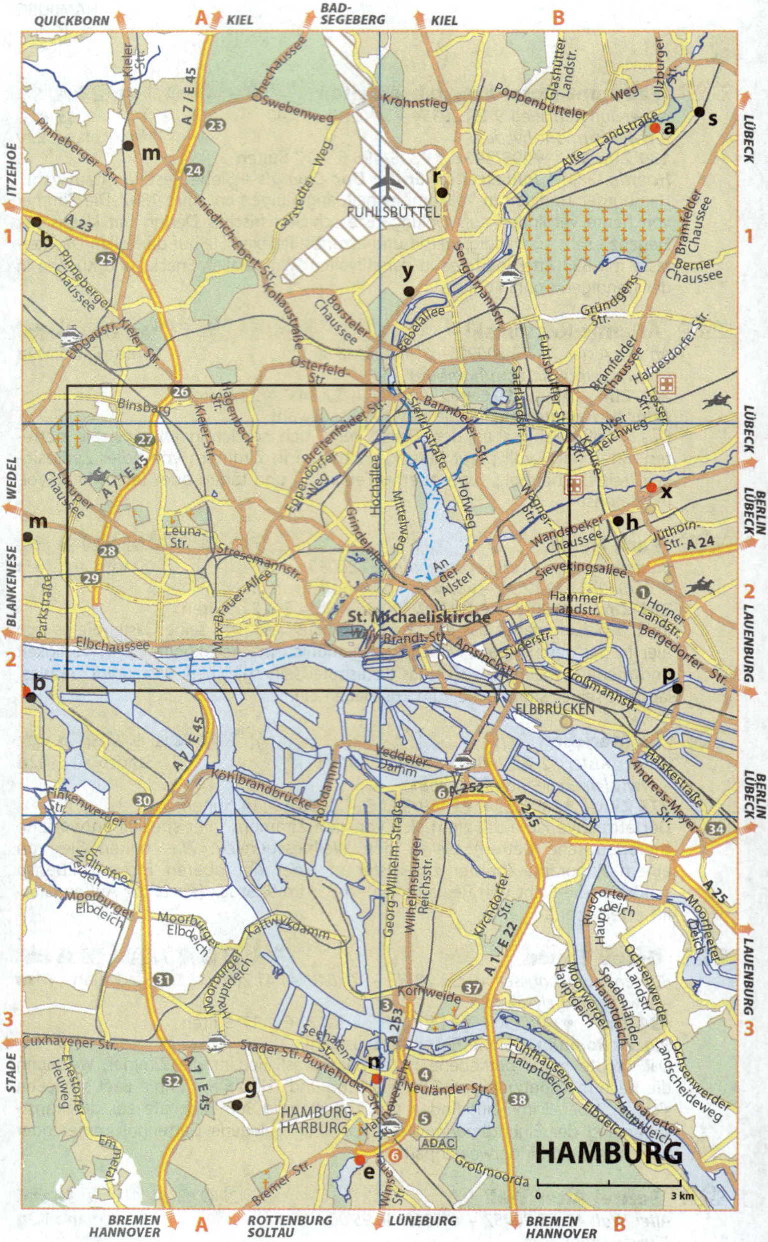
HAMBURG
QUICKBORN
KIEL
BAD-SEGEBERG
KIEL
LÜBECK
ITZEHOE
WEDEL
BLANKENESE
LÜBECK
BERLIN LÜBECK
LAUENBURG
BERLIN LÜBECK
LAUENBURG
STADE
BREMEN HANNOVER
ROTTENBURG SOLTAU
LÜNEBURG
BREMEN HANNOVER
FUHLSBÜTTEL
St. Michaeliskirche
ELBBRÜCKEN
HAMBURG-HARBURG
ADAC
Ohechaussee
Swebenweg
Krohnstieg
Poppenbütteler Weg
Glashütter Landstr.
Ulzburger Str.
Alte Landstraße
Kieler Str.
Pinneberger Str.
Friedrich-Ebert-Str.
Garstedter Weg
Kollaustraße
Sengelmannstr.
Bramfelder Chaussee
Berner Chaussee
Gründgensstr.
Pinneberger Chaussee
Borsteler Chaussee
Bebelallee
Elbgaustr.
Kieler Str.
Osterfeldstr.
Fuhlsbütteler Str.
Saarlandstr.
Haldesdorfer Str.
Lesserstr.
Binsbarg
Hagenbeckstr.
Kieler Str.
Breitenfelder Str.
Sierichstraße
Barmbeker Str.
Alter Teichweg
Krausestr.
Lurup Chaussee
Eppendorfer Weg
Hochallee
Mittelweg
Hofweg
Wagnerstr.
Leunastr.
Stresemannstr.
Grindelallee
An der Alster
Wandsbeker Chaussee
Jüthornstr.
Sievekingsallee
Max-Brauer-Allee
Parkstraße
Elbchaussee
Willy-Brandt-Str.
Amsinckstr.
Hammer Landstr.
Horner Landstr.
Süderstr.
Bergedorfer Str.
Großmannstr.
Veddeler Damm
Köhlbrandbrücke
Roßdamm
Finkenwerder Str.
Halskestraße
Andreas-Meyer-Str.
Vallhöfner Weiden
Moorburger Elbdeich
Moorburger Elbdeich
Kattwykdamm
Georg-Wilhelm-Straße
Wilhelmsburger Reichsstr.
Kirchdorfer Str.
Ruschorter Hauptdeich
Moorfleeter Deich
Ochsenwerder Landstr.
Moorburger Hauptdeich
Moorwerder Hauptdeich
Spadenländer Hauptdeich
Ochsenwerder Landscheideweg
Kornweide
Seehafenstr.
Cuxhavener Str.
Stader Str.
Buxtehuder Str.
Neuländer Str.
Fünfhausener Hauptdeich
Elbdeich
Gauerter Hauptdeich
Ehestorfer Heuweg
Hannoversche Str.
Bremer Str.
Winsener Str.
Großmoorda
A 23
A 7 / E 45
A 24
A 252
A 255
A 25
A 1 / E 22
A 253
3 km

C
D
LURUP
STELLINGEN
Farnhornweg
Farnhornstieg
Binsbarg
Ottensener Str.
Rohlfsweg
Kieler Str.
Koppelstraße
HAUPTFRIEDHOF ALTONA
VOLKSPARK STADION
S. BAHN STELLINGEN
Spannskamp
Hagenbeckstraße
Schnackenburgallee
A 7 / E 45
Försterweg
Gutenbergstr.
Warnstedtstraße
Stadionstr.
VOLKSPARK
Langenfelder Damm
Wieckstraße
S. BAHN LANGENFELDE
Müggenkamp-Str.
Lappenbergs...
BAHRENFELD
Luruper Chaussee
Ebertallee
Holstenkamp
Theodorstraße
Bahrenfelder Chaussee
Osdorfer Weg
Kalckreuthweg
Haydnstr.
Von-Sauer-Straße
Bornkampsweg
Leunastraße
S. BAHN DIEBSTEICH
Plöner Str.
Stresemannstraße
Bahrenfelder Steindamm
Friedensallee
Bahrenfelder Kirchenweg
Gasstraße
Daimlerstr.
Baurstraße
S. BAHN BAHRENFELD
Harkortstraße
Walderseestr.
Behringstraße
Barnerstraße
Julius-Leber-Str.
Max-Brauer...
OTTENSEN
Griegstraße
Reventlow-Str.
OTHMARSCHEN
S. BAHN
ALTON...
Altonaer Museum
Bruno-T...
Ehrenbergstr.
Ottenser Marktplatz
Pl. der Republik
S. Bahn Königs...
Holländische Reihe
Hohenzollernring
Halbmondsweg
Liebermannstraße
ELBCHAUSSEE
Elbchaussee
Palmaille
HAMBURG
0
500 m

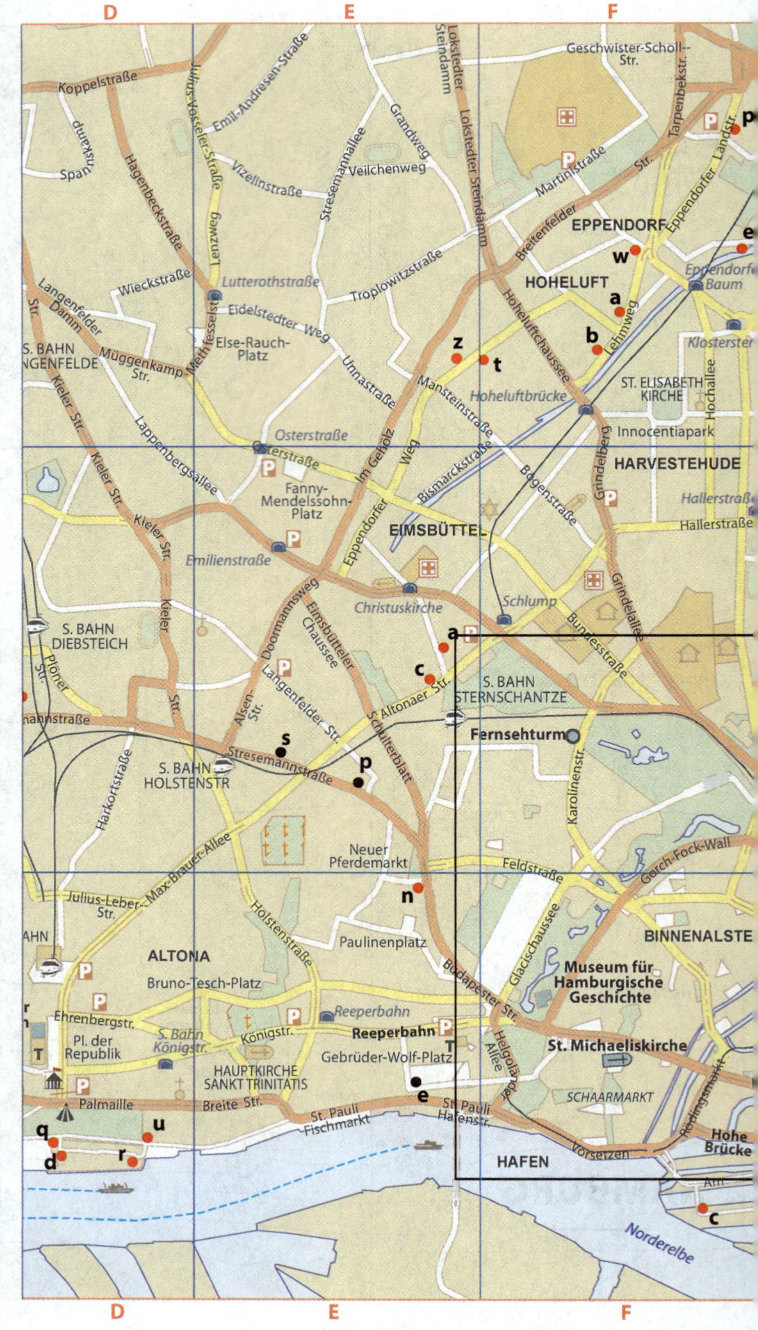
D
E
F
Koppelstraße
Julius-Vosseler-Straße
Emil-Andresen-Straße
Lokstedter Steindamm
Grandweg
Geschwister-Scholl-Str.
Tarpenbekstr.
Spannskamp
Hagenbeckstraße
Vizelinstraße
Stresemannallee
Veilchenweg
Martinistraße
Eppendorfer Landstr.
Breitenfelder Str.
EPPENDORF
Lenzweg
Wieckstraße
Lutterothstraße
Troplowitzstraße
HOHELUFT
Eppendorfer Baum
Langenfelder Damm
Eidelstedter Weg
Hoheluftchaussee
Lehmweg
Klosterstern
S. BAHN LANGENFELDE
Müggenkamp-Str.
Methfesselstr.
Else-Rauch-Platz
Unnastraße
Mansteinstraße
Hoheluftbrücke
ST. ELISABETH KIRCHE
Hochallee
Kieler Str.
Lappenbergsallee
Osterstraße
Im Gehölz
Weg
Innocentiapark
HARVESTEHUDE
Fanny-Mendelssohn-Platz
Bismarckstraße
Bogenstraße
Grindelberg
Hallerstraße
Eppendorfer
EIMSBÜTTEL
Emilienstraße
Christuskirche
Schlump
Grindelallee
Bundesstraße
S. BAHN DIEBSTEICH
Doormannsweg
Eimsbütteler Chaussee
Plöner Str.
Alsen-Str.
Langenfelder Str.
Altonaer Str.
S. BAHN STERNSCHANZE
Fernsehturm
Schulterblatt
Stresemannstraße
S. BAHN HOLSTENSTR
Harkortstraße
Karolinenstr.
Max-Brauer-Allee
Neuer Pferdemarkt
Feldstraße
Gorch-Fock-Wall
Julius-Leber-Str.
Holstenstraße
Paulinenplatz
Glacischaussee
BINNENALSTER
ALTONA
Museum für Hamburgische Geschichte
Bruno-Tesch-Platz
Budapester Str.
Ehrenbergstr.
Reeperbahn
S. Bahn Königstr.
Königstr.
Helgoländer Allee
St. Michaeliskirche
Pl. der Republik
HAUPTKIRCHE SANKT TRINITATIS
Gebrüder-Wolf-Platz
SCHAARMARKT
Palmaille
Breite Str.
St. Pauli Fischmarkt
St. Pauli Hafenstr.
Rödingsmarkt
Vorsetzen
Hohe Brücke
HAFEN
Norderelbe

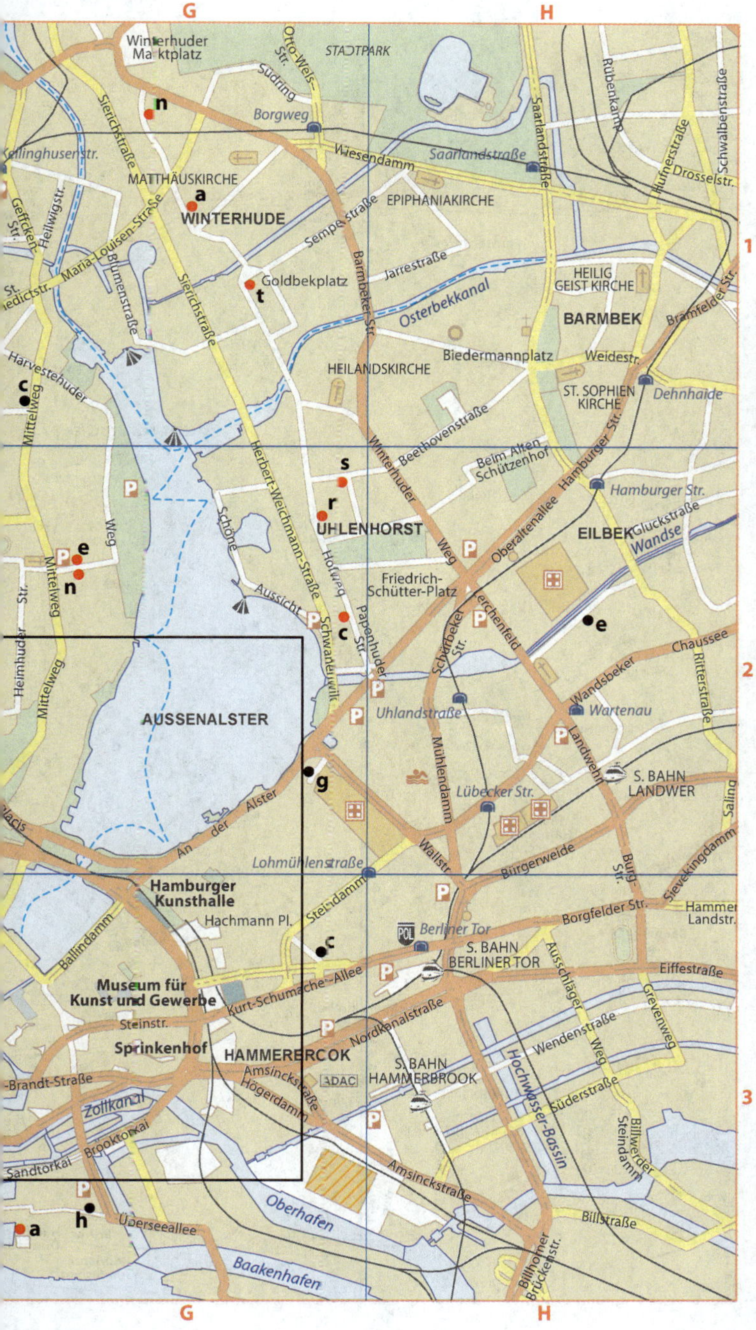
G
H
Winterhuder Marktplatz
STADTPARK
Otto-Wels-Str.
Südring
Borgweg
Kellinghusenstr.
Sierichstraße
MATTHÄUSKIRCHE
WINTERHUDE
Wiesendamm
Saarlandstraße
EPIPHANIAKIRCHE
Rübenkamp
Hufnerstraße
Drosselstr.
Schwalbenstraße
Geffckenstr.
Heilwigstr.
Maria-Louisen-Straße
Blumenstraße
Sempe straße
Goldbekplatz
Jarrestraße
Barmbeker Str.
Osterbekkanal
HEILIG GEIST KIRCHE
BARMBEK
Bramfelder Str.
Harvestehuder Weg
Mittelweg
HEILANDSKIRCHE
Biedermannplatz
Weidestr.
ST. SOPHIEN KIRCHE
Dehnhaide
Beethovenstraße
Beim Alten Schützenhof
Hamburger Str.
Schöne Aussicht
Herbert-Weichmann-Straße
UHLENHORST
Winterhuder Weg
Oberaltenallee
EILBEK
Gluckstraße
Wandse
Hofweg
Friedrich-Schütter-Platz
Heimhuder Str.
Papenhuder Str.
Schwanenwik
Schurbeker Str.
Lerchenfeld
Chaussee
Wandsbeker
Ritterstraße
AUSSENALSTER
Uhlandstraße
Mühlendamm
Wartenau
Landwehr
S. BAHN LANDWER
Lübecker Str.
Saling
An der Alster
Wallstr.
Bürgerweide
Sievekingdamm
Lohmühlenstraße
Burg-Str.
Hamburger Kunsthalle
Hachmann Pl.
Steindamm
Berliner Tor
S. BAHN BERLINER TOR
Borgfelder Str.
Hammer Landstr.
Ballindamm
Ausschläger Weg
Eiffestraße
Museum für Kunst und Gewerbe
Kurt-Schumacher-Allee
Grevenweg
Steinstr.
Nordkanalstraße
Wendenstraße
Sprinkenhof
HAMMERBROOK
S. BAHN HAMMERBROOK
Hochwasser-Bassin
-Brandt-Straße
Amsinckstraße
Högerdamm
ADAC
Süderstraße
Zollkanal
Brooktorkai
Billwerder Steindamm
Sandtorkai
Oberhafen
Billstraße
Überseeallee
Baakenhafen
Billhorner Brückenstr.
1
2
3

J
K
1
2
3
Kleiner Schäferkamp
Schröderstiftstraße
Papendamm
Bundesstraße
Grindelallee
Johnsallee
Schlüterstraße
Rothenbaumchaussee
STERNSCHANZENPARK
Sternschanze
An der Verbindungsbahn
Bundesstr.
Rentzel-Str.
Tiergartenstraße
Fernsehturm
Messeplatz
Lagerstraße
St. Petersburger Str.
CONGRESS CENTRUM HAMBURG
PLANTEN UN BLOMEN
S. BAHN DAMMTOR
Karolinenstraße
MESSEGELÄNDE
Sternstraße
Vorwerkstraße
Glashüttenstr.
ALTER BOTANISCHER GARTEN
Bei den Kirchhöfen
Stephansplatz
Marktstraße
Holstenglacis
KLEINE WALLANLAGEN
Gorch-Fock-Wall
Stephans-Pl.
Messehallen
Neuer Kamp
Feldstraße
GNADENKIRCHE
Dammtorwall
STAATSOPER
Drehbahn
Sievekingplatz
Gänsemarkt
Valentinskamp
Karl-Muck-Platz
Neue ABC-Str.
Heiligen-Geist-Feld
WILHELM-KOCH-STADION
Kaiser-Wilhelm-Straße
ABC-Straße
GROSSE WALLANLAGEN
Heiligengeistfeld
Pilatuspool
Bleichen
Hohe
Glacischaussee
Holstenwall
Kohlhöfen
Museum für Hamburgische Geschichte
Große
Peterstraße
Hütten
Neanderstraße
Markusstr.
Wexstraße
Budapester Str.
St. Pauli
Alter Steinweg
Bleichen-
fleet
Alster-
Neuer
S. Bahn Stadthausbr.
Reeperbahn
Beim Trichter
Zirkusweg
Helgoländer Allee
BISMARCK-DENKMAL
Ludwig-Erhard-Straße
Michaelisstr.
Mönkedam
St. Michaeliskirche
Teilfeld
Rödingsmarkt
Krayenkamp
NIKOLAI KIRCHTURM
Böhmkenstr.
Willy-Brandt-Str.
Seewartenstraße
NEUSTADT
Stintfang
Venusberg
SCHAARMARKT
SCHWEDISCHE GUSTAV-ADOLF-KIRCHE
Admiralitätstraße
Herrlichkeit
Rödingsmarkt
Deichstr.
Herren-graben-fleet
Nikolai-fleet
St. Pauli Hafenstr.
Rambachstr.
Neustädter Neuer Weg
Landungsbr.
Cremon
Kajen
Sankt-Pauli-Elbtunnel
ELBE
Hohe Brücke
Hamburg Dungeon
Vorsetzen
Baumwall
Binnenhafen
Kehrwieder
Miniatur Wunderland

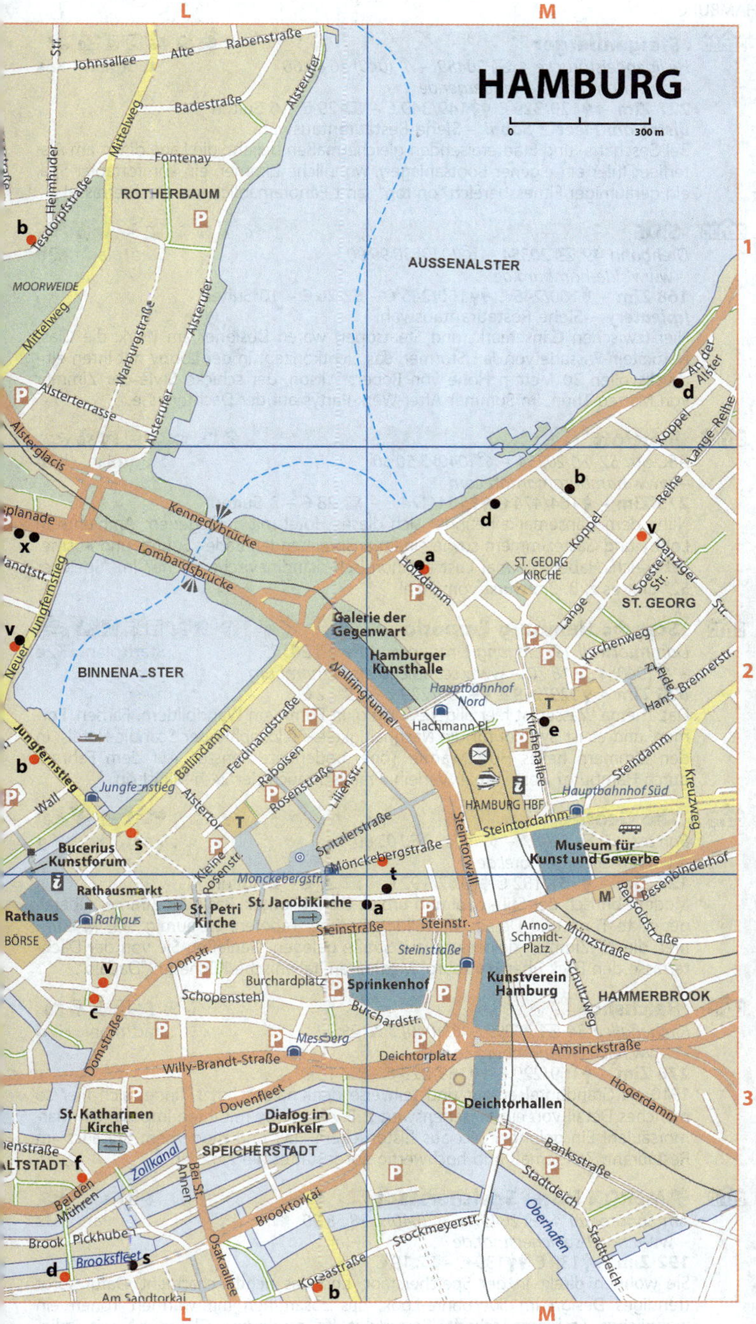
HAMBURG
0
300 m
L
M
1
2
3
Johnsallee
Alte Rabenstraße
Badestraße
Alsterufer
Mittelweg
Fontenay
Heimhuder Str.
Jessdorfstraße
ROTHERBAUM
MOORWEIDE
Warburgstraße
Alsterufer
AUSSENALSTER
Alsterterrasse
Alsterglacis
An der Alster
Koppel
Lange Reihe
Kennedybrücke
Lombardsbrücke
Esplanade
Neuer Jungfernstieg
BINNENALSTER
Holzdamm
ST. GEORG KIRCHE
Koppel
Lange Reihe
Soester Str.
Danziger Str.
ST. GEORG
Kirchenweg
Ellmenreichstr.
Hans-Brennerstr.
Galerie der Gegenwart
Hamburger Kunsthalle
Hauptbahnhof Nord
Hachmann-Pl.
Wallringtunnel
Kirchenallee
Steindamm
Kreuzweg
Jungfernstieg
Ballindamm
Ferdinandstraße
Raboisen
Rosenstraße
Lilienstr.
HAMBURG HBF
Hauptbahnhof Süd
Steintordamm
Steintorwall
Museum für Kunst und Gewerbe
Besenbinderhof
Repsoldstraße
Wall
Alstertor
Kleine Rosenstr.
Spitalerstraße
Mönckebergstraße
Mönckebergstr.
Bucerius Kunstforum
Rathausmarkt
Rathaus
BÖRSE
St. Petri Kirche
St. Jacobikirche
Steinstraße
Steinstr.
Steinstraße
Arno-Schmidt-Platz
Münzstraße
Schultzweg
Domstr.
Burchardplatz
Sprinkenhof
Burchardstr.
Kunstverein Hamburg
HAMMERBROOK
Schopenstehl
Domstraße
Messberg
Deichtorplatz
Amsinckstraße
Willy-Brandt-Straße
Högerdamm
Dovenfleet
Dialog im Dunkeln
Deichtorhallen
St. Katharinen Kirche
SPEICHERSTADT
Banksstraße
ALTSTADT
Zollkanal
Bei St. Annen
Stadtdeich
Oberhafen
Bei den Mühren
Brooktorkai
Stockmeyerstr.
Brook
Pickhuben
Brooksfleet
Osakaallee
Koreastraße
Am Sandtorkai

Steigenberger

Heiligengeistbrücke 4 ✉ 20459 – ✆ (040) 36 80 60 – www.hamburg.steigenberger.de Stadtplan : K3**s**

227 Zim – 🚹129/329 € 🚹🚹149/349 € – ☕ 29 € – 6 Suiten

Bistro am Fleet* • *Sabai – Siehe Restaurantauswahl

Bei Geschäfts- und Städtereisenden gleichermaßen beliebt: die Lage direkt am Alsterfleet (hier ein eigener Bootsanlager), wohnliche Zimmer, ein komfortabler Spa, ein geräumiger Fitnessbereich "on top" samt Panoramablick und Dachterrasse!

SIDE

Drehbahn 49 ✉ 20354 – ✆ (040) 30 99 90 – www.side-hamburg.de Stadtplan : K2**h**

168 Zim – 🚹160/245 € 🚹🚹160/245 € – ☕ 26 € – 10 Suiten

[m]eatery – Siehe Restaurantauswahl

Hier (zwischen Gänsemarkt und Staatsoper) waren Designer am Werk: die Glas-Naturstein-Fassade von Jan Störmer, das Lichtkonzept in der Lobby mit ihren eindrucksvollen 30 Metern Höhe von Robert Wilson, der schicke Style der Zimmer von Matteo Thun. Im Sommer After-Work-Partys auf der Dachterrasse.

Marriott

ABC-Str. 52 ✉ 20354 – ✆ (040) 3 50 50 – www.hamburgmarriott.com Stadtplan : K2**b**

275 Zim – 🚹164/474 € 🚹🚹164/474 € – ☕ 28 € – 3 Suiten

Nahe dem Gänsemarkt befindet sich dieses Hotel mit gediegenem Ambiente in Lobby und Gästezimmern sowie einem ansprechenden Bade-, Sauna- und Kosmetikbereich. Haben Sie mal Lust auf nordisch-skandinavische Küche? Im "Speicher 52" gibt es z. B. Bratwurst vom Elch!

Scandic Hamburg Emporio

Dammtorwall 19, Eingang Dragonerstraße ✉ 20355 – ✆ (040) 4 32 18 70 – www.scandichotels.de/hamburg Stadtplan : K2**e**

325 Zim – 🚹129/219 € 🚹🚹139/229 € – ☕ 12 €

Das Thema Wasser ist hier allgegenwärtig, in Form von Wandbildern, Farben, Formen, und es ist Symbol für die Nachhaltigkeits-Philosophie der Scandic-Hotels. In den Zimmern helles Holz, warme Töne, bodentiefe Fenster. Auf dem Fahrrad durch Hamburg? Kostenfreier Verleih. Praktisch auch der 24-h-Minishop.

The George

Barcastr. 3 ✉ 22087 – ✆ (040) 2 80 03 00 – www.thegeorge-hotel.de Stadtplan : G2**g**

123 Zim – 🚹151/182 € 🚹🚹162/192 € – ☕ 20 € – 2 Suiten

Modern-britisch der Stil - cool und urban. Ob Bibliothek, Bar oder Zimmer, überall gedeckte Töne und Details wie Bilder, Bezüge, Tapeten. Geräumig die "M"-Zimmer, die "S"-Zimmer kleiner und zur Straße gelegen. Genießen Sie von der Dachterrasse den Blick über Hamburg! Mediterran-italienische Küche im "DaCaio".

Reichshof (N)

Kirchenallee 34 ✉ 20099 – ✆ (040) 3 70 25 90 – www.reichshof-hamburg.com Stadtplan : HY**d**

278 Zim – 🚹169/229 € 🚹🚹169/229 € – ☕ 18 €

1910 als Grandhotel erbaut und teilweise denkmalgeschützt, findet sich hier so manches Detail von einst - sehenswert z. B. die Lobby mit ihren imposanten Marmorsäulen! Ein gelunger Mix aus historischem Flair und modernem Stil auch im Restaurant. Zeitgemäß und hochwertig ausgestattet die Zimmer.

AMERON Hotel Speicherstadt (N)

Am Sandtorkai 4 ✉ 20457 – ✆ (040) 6 38 58 90 – www.hotel-speicherstadt.de Stadtplan : L3**s**

192 Zim – 🚹139 € 🚹🚹139 € – ☕ 19 €

Sie wohnen direkt in der Speicherstadt, und das richtig charmant. Dafür sorgt trendiges Design im 50er-Jahre-Look, das zusammen mit warmen Tönen ein wohnliches Ambiente schafft. Restaurant im modernen Glasanbau mit italienischer Küche.

Europäischer Hof

Kirchenallee 45 ✉ 20095 – ✆ (040) 24 82 48 Stadtplan : M2**e**
– www.europaeischer-hof.de
275 Zim ☕ – 🚹125/205 € 🚹🚹160/260 €
In dem Hotel gegenüber dem Hauptbahnhof erwarten Sie u. a. eine gediegen-elegante Halle und die siebengeschossige "Euro-Therme" mit 150-m-Wasserrutsche über sechs Ebenen. Die Atmosphäre in Paulaner's "Miraculum" ist rustikal und ungezwungen.

Lindner Am Michel

Neanderstr. 20 ✉ 20459 – ✆ (040) 3 07 06 70 Stadtplan : J3**a**
– www.lindner.de
259 Zim – 🚹104/649 € 🚹🚹134/679 € – ☕ 23 €
Die Vorteile dieses Hotels? Die Lage in einer Seitenstraße nahe dem "Michel", das geradlinig-moderne Interieur in warmen Tönen, der Saunabereich im 7. Stock mit Blick über die Stadt und - last but not least - die Hamburger Stube mit hanseatischem Flair, in der man z. B. Hamburger Labskaus oder Pannfisch isst.

HENRI

Bugenhagenstr. 21 ✉ 20095 – ✆ (040) 5 54 35 70 Stadtplan : L3**a**
– www.henri-hotel.com
60 Zim – 🚹98/118 € 🚹🚹118/148 € – ☕ 14 € – 5 Suiten
Hochwertig und mit dem Komfort von heute lässt man in dem einstigen Kontorhaus die 50-60er Jahre ("Henri auf Reisen") wieder aufleben. Charmant: Lounge mit Wohnzimmer-Flair, Küche mit Snacks und Getränken sowie täglichem "Aberdbrod" und Kuchen am Wochenende!

25hours Hafen City

Überseeallee 5 ✉ 20457 – ✆ (040) 2 57 77 70 Stadtplan : G3**h**
– www.25hours-hotels.com
170 Zim – 🚹125/399 € 🚹🚹125/399 € – ☕ 18 €
An Individualität ist das hier kaum zu überbieten! Da trifft junges klares Design auf gemütliches Holz, Seemannsgeschichten, alte Schallplatten im loungigen "Vinyl Room", Gäste-Seesack in der Hafensauna auf dem Dach... Und die Zimmer sind natürlich Kojen! Am Wochenende Langschläferfrühstück bis 12 Uhr.

Hafen Hamburg

Seewartenstr. 9 ✉ 20459 – ✆ (040) 31 11 30 Stadtplan : J3**y**
– www.hotel-hamburg.de
380 Zim – 🚹90/200 € 🚹🚹99/300 € – ☕ 20 €
Direkt oberhalb der Landungsbrücken liegen das schmucke Gebäude von 1864 und die neuere komfortablere "Residenz". Die Zimmer sind sehr unterschiedlich gestaltet, das Restaurant "Port" ist klassisch-elegant und dank Verglasung schön hell - mit Sicht auf den Hafen! Beliebte Tower Bar in 62 m Höhe.

relexa Hotel Bellevue

An der Alster 14, Zufahrt über Koppel 103 ✉ 20099 Stadtplan : M1**d**
– ✆ (040) 28 44 40 – www.relexa-hotel-hamburg.de
85 Zim – 🚹87/187 € 🚹🚹87/187 € – ☕ 12 € – 2 Suiten
Ein klassisches Stadthaus zur Alster hin und zwei weitere Gebäude beherbergen individuelle wohnliche Zimmer sowie kleine, aber moderne Einzelzimmer. Mittagsrestaurant mit Alsterblick, gemütlich-maritimes Abendrestaurant im UG, nett die Kellerbar.

Baseler Hof

Esplanade 11 ✉ 20354 – ✆ (040) 35 90 60 Stadtplan : L2**x**
– www.baselerhof.de
163 Zim – 🚹79/161 € 🚹🚹99/181 € – ☕ 12 € – 9 Suiten
Eine gepflegte Adresse zwischen Außenalster und Botanischem Garten. Einige Zimmer etwas einfacher, die im Zwischenbau liegen recht ruhig. Übrigens: Interessiert Sie die Geschichte des großen Gemäldes in der Halle? Gute Auswahl an offenen Weinen im Kleinhuis! Etwas für Liebhaber: jährliche Oldtimer Rallye.

Eilenau

Eilenau 36 ✉ *22089 – ✆ (040) 2 36 01 30* Stadtplan : H2**e**
– www.eilenau.de
17 Zim – 🚹109/139 € 🚹🚹119/159 € – ☕15 € – 5 Suiten
Ganz und gar kein typisches Stadthotel! In zwei sorgsam sanierten Häusern von 1890 treffen in schönen hohen Räumen Antiquitäten, Stuck, Kronleuchter und altes Parkett auf stilvolle Moderne. Im Sommer Frühstück im ruhigen kleinen Garten!

Mittelweg

Mittelweg 59 ✉ *20149 – ✆ (040) 4 14 10 10* Stadtplan : G1**c**
– www.hotel-mittelweg-hamburg.de
30 Zim ☕ – 🚹95/125 € 🚹🚹125/220 €
Der Charme der Jahrhundertwende ist in der Villa von 1890 allgegenwärtig: Treppenhaus, Stuckdecke im stilvollen Frühstücksraum, liebenswert arrangierte Farben, Muster und klassische Möbel in den Zimmern. Lauschig der kleine Garten.

Wedina

Gurlittstr. 23 ✉ *20099 – ✆ (040) 2 80 89 00* Stadtplan : M2**b**
– www.hotelwedina.de – geschl. 23. - 27. Dezember
63 Zim ☕ – 🚹125/195 € 🚹🚹145/225 €
Gelbes Haus, Grünes Haus, Blaues Haus, Galeriehotel... - mal sonnig, frisch und mit mediterraner Note, mal puristisch oder mit literarischen Werken. Die Bücher (auch in der Lobby) sind übrigens von den Autoren signiert. Nicht versäumen: Frühstück im Garten und Stadterkundung per Leihfahrrad!

Alster-Hof

Esplanade 12 ✉ *20354 – ✆ (040) 35 00 70* Stadtplan : L2**x**
– www.alster-hof.de – geschl. 23. Dezember - 2. Januar
108 Zim ☕ – 🚹90/105 € 🚹🚹135/160 € – 3 Suiten
In dem gepflegten Hotel im Zentrum nahe der Alster wird stetig renoviert und so sind die funktional ausgestatteten Zimmer überwiegend in wohnlichen Farben gehalten - einige sind recht kleine Einzelzimmer.

City-House

Pulverteich 25 ✉ *20099 – ✆ (040) 2 80 08 10* Stadtplan : G3**h**
– www.cityhouse.de
30 Zim – 🚹75/139 € 🚹🚹95/149 € – ☕11 €
Wirklich schön, die alte Kaufmannsvilla: Rezeption und Lounge/Bibliothek stilvoll nach englischem Vorbild gestaltet, gediegen-elegant und wohnlich auch die Zimmer (teilweise etwas kleiner). Günstig: bahnhofsnahe Lage in einer Seitenstraße.

Restaurants

Haerlin – Fairmont Hotel Vier Jahreszeiten

✿✿
Neuer Jungfernstieg 9 ✉ *20354 – ✆ (040) 34 94 33 10* Stadtplan : L2**v**
– www.fairmont-hvj.de – geschl. Sonntag - Montag
• FRANZÖSISCH KREATIV • Menü 128/168 € – *(nur Abendessen)* (Tischbestellung ratsam)
Die Menünamen versprechen nicht zuviel, denn was sich hinter "Aromenbehandlung" und "Gaumenparty" verbirgt, ist aufwändig und detailreich, ein Spiel mit Aromen und Texturen. Das Restaurant selbst ist ein Ausbund an Stil, Eleganz und edlen Materialien, wunderbar der Blick auf die Binnenalster!
→ Jacobsmuschel mit Selleriecrème, Tandoori und Chicorée. Lammrücken mit Lavendel, Nashi-Birne, violette Aubergine. Himbeere, Douglasie, Sandelholz, Sauerteig und Verbene.

Atlantic Restaurant – Hotel Atlantic Kempinski

An der Alster 72 ✉ *20099 – ✆ (040) 2 88 88 60* Stadtplan : M2**a**
– www.kempinski.com/hamburg
• KLASSISCHE KÜCHE • Menü 29 € (mittags)/96 € – Karte 58/112 €
Das elegante Restaurant des Hamburger Traditionshotels ist geradezu das Wohnzimmer für weite Teile der hanseatischen Gesellschaft. Da darf man klassische Küche mit Niveau erwarten!

XXX **The Table Kevin Fehling** N
✿✿✿
Shanghaiallee 15 ✉ 20457 – ✆ (040) 22 86 74 22 Stadtplan : G3**b**
– www.the-table-hamburg.de – geschl. 24. Dezember - 3. Januar, 7. - 13. März, 1. - 21. August und Sonntag - Montag
• KREATIV • Menü 180 € – *(nur Abendessen)* (Tischbestellung erforderlich)
Es ist wohl die gastronomisch spektakulärste Neueröffnung des Jahres! Man sitzt in trendig-schickem Ambiente an einem langen geschwungenen Tisch, an dem bis zu 20 Personen Platz finden, Privatsphäre ist einem aber dennoch gewiss. Die Fehling'sche Küche hat wie vorher in Travemünde internationales Top-Niveau!
➜ Geflämmte Makrele und Tatar mit Rettich, Sojakaviar, Dashi-Sud. Challans Enterbrust mit Reiscrème, Himbeere, Reisessig-Hollandaise und Shisojus. "Wundertüte" mit Lavendel, Blaubeere, Sternanis und Kardamom.

XXX **Sabai** – Hotel Steigenberger
Heiligengeistbrücke 4 ✉ 20459 – ✆ (040) 36 80 60 Stadtplan : K3**s**
– www.restaurant-sabai.de – geschl. Sonntag - Montag
• FUSION • Menü 52/70 € – Karte 60/72 € – *(nur Abendessen)*
Wenn asiatische und europäische Küchenstile miteinander verschmelzen, entstehen z. B. "Steinbutt / Reis / Chili / Zitrus" oder "Apfelschwein / Ras el Hanout / Spargel / Aprikose / Bärlauch". Schön das helle, modern-elegante Interieur.

XXX **Jahreszeiten Grill** – Fairmont Hotel Vier Jahreszeiten
Neuer Jungfernstieg 9 ✉ 20354 – ✆ (040) 34 94 33 12 Stadtplan : L2**v**
– www.fairmont-hvj.de
• FRANZÖSISCH KLASSISCH • Menü 30 € (mittags unter der Woche)
– Karte 59/106 €
Das Restaurant ist eine Hommage an den Art-déco-Stil der 20er Jahre, die schöne Holztäfelung schafft Atmosphäre. Versuchen Sie ruhig auch mal die Lifestyle-Küche, die neben Klassikern und Grillgerichten geboten wird. Beliebtes Mittagsmenü.

XX **SE7EN OCEANS**
✿
Ballindamm 40, 2. Etage, Europa-Passage ✉ 20095 Stadtplan : L2**s**
– ✆ (040) 32 50 79 44 – www.se7en-oceans.de – geschl. 8. - 14. Februar, 8. - 28. August und Sonntag, Dienstag
• INTERNATIONAL • Menü 43 € (mittags)/129 € – Karte 60/79 €
Wer dem lebhaften Treiben entfliehen möchte, findet inmitten der Europa-Passage Ruhe in diesem modernen Restaurant mit traumhaftem Blick auf Binnenalster und Jungfernstieg - im Sommer bei weit geöffneter Glasfront! Für kulinarischen Genuss sorgt die international-klassische Küche.
➜ Kalbsbries, Sellerie, Birne, Perigord Trüffel. Steinbutt, Erbsen, Oregano, Rotwein. Bärenkrebs, Grapefruit, Gin Sul, Salbei.

XX **Cölln's**
Brodschrangen 1 ✉ 20457 – ✆ (040) 36 41 53 Stadtplan : L3**c**
– www.coellns-restaurant.de – geschl. Sonntag sowie an Feiertagen
• FISCH UND MEERESFRÜCHTE • Menü 22 € (mittags unter der Woche)/100 €
– Karte 45/74 € – (Tischbestellung ratsam)
Für Fisch und Austern die Adresse schlechthin, und das seit 1760! Wem der Sinn nach Kaviar, Hummer & Co. steht, ist hier goldrichtig. So liebenswert wie individuell: die 13 historischen kleinen Stuben mit Antiquitäten, tollen alten Holztäfelungen, original erhaltenen Fliesen...

XX **Tschebull**
Mönckebergstr. 7, im Levantehaus, 1. Etage ✉ 20095 Stadtplan : M2**t**
– ✆ (040) 32 96 47 96 – www.tschebull.de – geschl. Sonntag sowie an Feiertagen
• ÖSTERREICHISCH • Menü 30 € (mittags)/65 € (abends) – Karte 34/62 € – (Tischbestellung ratsam)
In dem schönen Kontorhaus inmitten der Altstadt pflegt Alexander Tschebull ein Stück seiner österreichischen Heimat. Ein Muss sind Klassiker wie "Alt Wiener Tafelspitz" - ebenso gefragt ist auch Modernes wie "Kabeljaufilet mit Auberginenkruste auf weißem Zwiebelsud". Legerer: "Beisl" mit "Austrian Tapas".

Anna Sgroi

Milchstr. 7 ✉ 20148 – ✆ (040) 28 00 39 30 Stadtplan : G2**e**
– www.annasgroi.de – geschl. Samstagmittag, Sonntag - Montag sowie an Feiertagen mittags
• ITALIENISCH • Menü 39 € (mittags)/93 € – Karte 70/78 €
Der Charme des hübsch sanierten Stadthauses und das reduzierte und doch stilvolle, gemütliche Interieur passen wunderbar zur angenehm schnörkellosen klassisch italienischen Küche aus tollen Produkten. Zusätzliches günstiges Mittagsangebot.
➜ Salat von Flußkrebsen und Gurken mit Mango-Ingwer-Vinaigrette. Ravioli von Felsenaustern und Spinat. Piemonteser Risotto alla Finanziera mit Spitzmorcheln.

La Fayette

Zimmerstr. 30 ✉ 22085 – ✆ (040) 22 56 30 Stadtplan : G2**s**
– www.la-fayette-hamburg.de – geschl. Sonntag
• REGIONAL • Menü 30/36 € – Karte 37/53 € – *(nur Abendessen)*
In markantem Rot sticht die Restaurantfront aus der weißen Fassade des Eckhauses hervor. Gastgeber ist seit 1979 Richard Röhrich, am Herd seine Frau Nathalie, die gerne mit mediterranem Einfluss kocht. Im Winter Gänse vom eigenen Hof in Bayern. Dazu z. B. gute Weine aus Deutschland und Frankreich.

petit bonheur

Hütten 85 ✉ 20355 – ✆ (040) 33 44 15 26 Stadtplan : J3**p**
– www.petitbonheur-restaurant.de – geschl. Sonntag sowie an Feiertagen
• FRANZÖSISCH KLASSISCH • Menü 39 € – Karte 41/65 €
Draußen die geschmackvolle Jugendstilfassade mit typischen Brasserie-Markisen, drinnen ein charmant-elegantes Restaurant mit französischem Flair - sehr schön die Bilder aus der Kunstsammlung des Chefs! Auf dem Teller natürlich klassische Küche wie in Frankreich. Crêpe Suzette wird direkt am Tisch zubereitet!

DIE BANK

Hohe Bleichen 17 ✉ 20354 – ✆ (040) 2 38 00 30 Stadtplan : K2**d**
– www.diebank-brasserie.de – geschl. Sonntag sowie an Feiertagen
• INTERNATIONAL • Menü 29 € (mittags)/75 € – Karte 45/70 € – (abends Tischbestellung ratsam)
Einer der Hotspots der Stadt! Kein Wunder, denn die Kassenhalle im 1. OG des einstigen Bankgebäudes von 1897 ist eine beeindruckende Location. Es gibt z. B. "gebratenes Filet von der Meeräsche" oder "Tunasashimi". Bar mit Brasserie-Karte.

Henriks

Tesdorpfstr. 8 ✉ 20148 – ✆ (040) 2 88 08 42 80 Stadtplan : L1**b**
– www.henriks.cc
• INTERNATIONAL • Karte 44/102 € – (Tischbestellung ratsam)
Lust auf "Beef Tataki, Yuzusauce, Kürbis, Trüffel"? Oder lieber "Schellfisch, Bratkartoffeln, Pommery-Senfsauce"? In dem chic designten Restaurant wird ambitioniert gekocht, ein Mix aus asiatischer, mediterraner und regionaler Küche. Beliebt die großzügige Terrasse samt Lounge. Tipp: preisgünstiger Lunch.

YOSHI im Alsterhaus

Jungfernstieg 16, Alsterhaus 4. OG - Direkter Lift-Zugang Stadtplan : L2**b**
Poststr. 8 ✉ 20354 – ✆ (040) 35 71 44 93 – www.yoshi-hamburg.de – geschl. Sonntag und an Feiertagen
• JAPANISCH • Menü 45/95 € – Karte 30/91 €
Auf dem "Feinschmecker-Boulevard", der 4. Etage des noblen Einkaufszentrums, hat man einen Treffpunkt für Freunde japanischer Esskultur geschaffen. Tradition und Moderne in Einklang bringen - das gelingt den japanischen Köchen z. B. mit Teriyaki-Gerichten oder Sushi. Gefragte Dachterrasse!

Piazza Romana – Hotel Grand Elysée

Rothenbaumchaussee 10 ✉ 20148 Stadtplan : K1**m**
– ✆ (040) 41 41 27 34 – www.grand-elysee.com
• ITALIENISCH • Karte 32/49 €
Von der belebten Hotelhalle gelangt man in dieses Restaurant mit italienisch-mediterranem Angebot. An einigen Tischen direkt in der Halle kann man bei Minestrone, Linguine oder Gambas auch mitten im Geschehen sitzen.

XX **Strauchs Falco** N

Koreastr. 2 ✉ 20354 – ✆ (040) 2 26 16 15 11 Stadtplan : L3**b**
– www.falco-hamburg.de
• INTERNATIONAL • Karte 38/81 €
Mediterrane Gerichte, Steaks, Klassiker... das breite internationale Angebot kommt an. Das Restaurant selbst: moderner Stil, offene Küche, im Sommer mit großer Terrasse. Im OG die Tapasbar, die tagsüber auch als Café dient.

XX **Doc Cheng's** – Fairmont Hotel Vier Jahreszeiten

Neuer Jungfernstieg 9 ✉ 20354 – ✆ (040) 3 49 43 33 Stadtplan : L2**v**
– www.fairmont-hvj.de – geschl. Sonntag
• FUSION • Menü 56/84 € – Karte 55/71 € – *(nur Abendessen)*
Fernöstlich inspiriert und fast schon intim ist das Ambiente, lauschig die beliebte Bar, euro-asiatisch die Küche. Und wenn Sie an einem der Hochtische Platz nehmen (die wurden übrigens aus alten Klostertüren gefertigt!), haben Sie einen besonders schönen Blick in die Showküche. Tipp: die "Doc's Currys"!

X **VLET**

Sandtorkai 23, Eingang über die Kibbelstegbrücke, 1. Etage, Block N ✉ 20457 – ✆ (040) 3 34 75 37 50 – www.vlet.de – geschl. Samstagmittag, Sonntag Stadtplan : L3**d**
• MODERNE KÜCHE • Menü 25 € (mittags)/75 € (abends) – Karte 41/65 €
Der Lagerhaus-Charakter könnte kaum typischer sein für die Speicherstadt und ganz im Stil dieser modernen Adresse werden hier norddeutsche Spezialitäten neu interpretiert, so heißt es z. B. "Labskaus mal ganz anders"! Man beachte auch das umfangreiche Angebot an regionalem Käse. Tipp zum Parken: "Contipark".

X **Coast**

Grosser Grasbrook 14 ✉ 20457 – ✆ (040) 30 99 32 30 Stadtplan : G3**a**
– www.coast-hamburg.de
• FUSION • Karte 42/81 €
Schön am Wasser gelegen, an den "Marco-Polo-Terrassen" am Rand der Hafencity! Ein weiterer Trumpf ist das Konzept: euro-asiatische Speisen und kreative Sushiküche. Im UG gibt es noch mehr Gastronomie: die Enoteca mit italienischem Angebot. Ab 18 Uhr parken Sie in der Unilever-Garage nebenan.

X **Brook**

Bei den Mühren 91 ✉ 20457 – ✆ (040) 37 50 31 28 Stadtplan : L3**f**
– www.restaurant-brook.de – geschl. Sonntag
• INTERNATIONAL • Menü 18 € (mittags unter der Woche)/39 € – Karte 37/50 €
Hier gibt es schmackhafte ehrliche Küche, der Fisch kommt vom berühmten Fischmarkt um die Ecke! Probieren Sie das Menü mit Gerichten von "Lachsvariation" über "Zander mit Spinat" bis "Rinderrücken mit Tortellini". Tipp: Abends ist die hübsch angestrahlte Speicherstadt vis-à-vis ein schöner Anblick!

X **CARLS**

Am Kaiserkai 69 ✉ 20457 – ✆ (040) 3 00 32 24 00 Stadtplan : F3**c**
– www.carls-brasserie.de
• REGIONAL • Menü 42 € – Karte 34/68 €
Französische Küche mit norddeutschem Einschlag. In der eleganten Brasserie an der Elbphilharmonie ist das z. B. Boeuf Bourguignon, Fischsuppe, "Carls Hanseatenplatte"... nicht zu vergessen der günstige Plat du jour - Hafenblick inklusive. Dazu Tartes und Kleinigkeiten im Bistro, im Laden Gewürze und Feinkost!

X **La Mirabelle**

Bundesstr. 15 ✉ 20146 – ✆ (040) 4 10 75 85 Stadtplan : K1**n**
– www.la-mirabelle-hamburg.de – geschl. 1. - 6. Januar und Sonntag - Montag sowie an Feiertagen
• FRANZÖSISCH KLASSISCH • Menü 33/72 € – Karte 53/68 € – *(nur Abendessen)*
Französische Küche hat Patron Pierre Moissonnier im Blut - beide Großmütter waren schon Köchinnen! Man serviert z. B. "Cordon bleu von Kalbsbries und Kaisergranat". Für die rund 50 französischen Käsesorten hat man sogar eine Käsesommelière!

Bistrot Vienna

Fettstrasse 2 ✉ 20357 – ✆ (040) 4 39 91 82 Stadtplan : E2**c**
– www.vienna-hamburg.de – geschl. Montag
• INTERNATIONAL • Menü 25 € – Karte 21/53 € – *(nur Abendessen)*
Charmant, lebhaft und immer gut besucht ist das etwas versteckt liegende kleine Restaurant. Die Gäste mögen die quirlig-legere Atmosphäre und die saisonal-internationale Küche, und so sind die eng stehenden Tische stets heiß begehrt - Reservierungen sind übrigens nicht möglich!

[m]eatery – Hotel SIDE

Drehbahn 49 ✉ 20354 – ✆ (040) 30 99 95 95 Stadtplan : K2**h**
– www.meatery.de
• FLEISCH • Menü 75/120 € – Karte 40/150 €
Die Steaks erfreuen sich großer Beliebtheit - vom einsehbaren Fleisch-Reifeschrank kommen sie bei 800 Grad auf den Grill! Daneben gibt's Tatar von Fisch, Fleisch sowie vegetarisch, und zwar in den Zubereitungen classic, mediterran, orientalisch und asiatisch. Eyecatcher: trendiges Design in frischem Grün!

Bistro am Fleet – Hotel Steigenberger

Heiligengeistbrücke 4 ✉ 20459 – ✆ (040) 36 80 61 22 Stadtplan : K3**s**
– www.hamburg.steigenberger.de
• INTERNATIONAL • Karte 32/68 €
Gemütlich und leger ist das Ambiente hier, schön der Wintergarten - so verläuft der Übergang zwischen drinnen und draußen fast fließend. Internationales Speisenangebot.

Gusto Fino

Papenhuder Str. 49 ✉ 22087 – ✆ (040) 30 03 69 31 Stadtplan : G2**a**
– www.gustofino-hamburg.de – geschl. Samstagmittag, Sonntag
• ITALIENISCH • Menü 13 € (mittags)/82 € – Karte 32/76 €
Eine kleine Treppe führt ins Souterrain des 100 Jahre alten Stadthauses, wo man Ihnen in schön geradlinigem und stilvoll-moderndem Ambiente frische italienische Küche serviert. Wie wär's mal mit dem günstigen Mittagstisch?

Le Plat du Jour

Dornbusch 4 ✉ 20095 – ✆ (040) 32 14 14 Stadtplan : L3**v**
– www.leplatdujour.de – geschl. über Weihnachten
• FRANZÖSISCH KLASSISCH • Menü 33 € (abends) – Karte 30/44 € – (Tischbestellung ratsam)
Sehr beliebt ist der mündlich empfohlene Plat du Jour - da kommt man gern schon mittags in das lebendige Bistro. Küche und Einrichtung (Schwarz-Weiß-Fotos, eng gestellte Tische...) sind ganz authentisch. Probieren Sie auch mal "französische Fischsuppe mit Rouille und Croutons" oder "Steak-Frites"!

Casse-Croûte

Büschstr. 2 ✉ 20354 – ✆ (040) 34 33 73 Stadtplan : K2**s**
– www.cassecroute.de – geschl. über Weihnachten und Sonntagmittag sowie an Feiertagen mittags
• FRANZÖSISCH KLASSISCH • Karte 33/49 € – (Tischbestellung ratsam)
Französische Lebensart mit hanseatischem Touch - das zieht viele Stammgäste in das lebendige, angenehm legere Bistro unweit des Gänsemarkts. Der Klassiker heißt "Bouillabaisse des Nordens", ebenso lecker z. B. "Tafelspitz mit Senfkruste".

Petit Délice

Große Bleichen 21, in der Galleria Passage ✉ 20354 Stadtplan : K2**p**
– ✆ (040) 34 34 70 – geschl. Sonntag sowie an Feiertagen
• FRANZÖSISCH KLASSISCH • Menü 25 € (mittags)/69 € – Karte 30/90 € – (Tischbestellung ratsam)
Das helle, freundliche Restaurant befindet sich in der Passage eines Einkaufszentrums, auf der Karte französische Speisen. Daneben gibt es noch das Bistro Traiteur - hier bekommt man Kleinigkeiten sowie Kaffee und Kuchen.

Butcher's american steakhouse

Milchstr. 19 ✉ 20148 – ✆ (040) 44 60 82 Stadtplan : G2**n**
– www.butchers-steakhouse.de – geschl. Samstagmittag, Sonntagmittag sowie an Feiertagen mittags
• FLEISCH • Karte 57/153 €
Lust auf Steak? Hier gibt es richtig gutes Nebraska-Beef, das Ihnen am Tisch präsentiert wird, manchmal sogar vom Chef persönlich! Tipp für Wintertage: Versuchen Sie, einen der besonders gemütlichen Plätze am offenen Kamin zu ergattern!

Cox

Lange Reihe 68 ✉ 20099 – ✆ (040) 24 94 22 Stadtplan : M2**v**
– www.restaurant-cox.de – geschl. Samstagmittag, Sonntagmittag sowie an Feiertagen mittags
• INTERNATIONAL • Menü 23/49 € – Karte 33/52 € – *(Mitte Juli - Mitte August nur Abendessen)*
Sympathisch-leger - ein Bistro im besten Sinne! Das bunt gemischte Publikum bestellt hier z. B. "Zanderfilet in Schnittlauch-Senfsauce" oder "geschmorte Kaninchenkeule in Portweinjus" - und die "Crème Brûlée mit Nougat" ist eine Sünde wert! Mittags unschlagbares Preis-Leistungs-Verhältnis!

Matsumi

Colonnaden 96, 1. Etage ✉ 20354 – ✆ (040) 34 31 25 Stadtplan : K2**r**
– www.matsumi.de – geschl. Weihnachten - Anfang Januar 2 Wochen, Juli - August 2 Wochen und Sonntag - Montag sowie an Feiertagen mittags
• JAPANISCH • Menü 30/69 € – Karte 24/81 €
Seit 1982 wird hier japanisch gekocht, und die authentischen Spezialitäten kommen gut an! Es gibt auch viele vegetarische Gerichte und einen günstigen Lunch. Serviert wird am Tisch oder an der Sushi-Bar. Tatami-Zimmer für kleine Gruppen.

In Hamburg-Alsterdorf

Alsterkrug

Alsterkrugchaussee 277 ✉ 22297 – ✆ (040) 51 30 30 Stadtplan : B1**y**
– www.alsterkrug-hotel.de
105 Zim – †119/229 € ††119/229 € – ☕ 18 €
Ein tipptopp gepflegtes Hotel, das mit Annehmlichkeiten wie kostenfreiem W-Lan, Sky-TV und Nespressomaschine in den wohnlichen Zimmern sowie Gratis-Ticket für den öffentlichen Nahverkehr nicht nur Businessgäste überzeugt. Kosmetik und Massage im "alsterSPA". Internationales im Restaurant, nette Bierstube.

In Hamburg-Altona

Boston

Missundestr. 2 ✉ 22769 – ✆ (040) 5 89 66 67 00 Stadtplan : E2**s**
– www.boston-hamburg.de
46 Zim – †130/210 € ††150/230 € – ☕ 18 €
Gehoben-komfortabel, ohne steif zu wirken, sowie chic designt, ohne hypermodern zu sein! Zu den geräumigen Zimmer kommen noch die gemütlich-stylische Lounge mit Bar und das trendige Restaurant mit mediterran angehauchter Küche. Pluspunkt: "Stage Theater Neue Flora" nur wenige Gehminuten enfernt.

MY PLACE

Lippmannstr. 5 ✉ 22769 – ✆ (040) 28 57 18 74 Stadtplan : E2**p**
– www.myplace-hamburg.de
17 Zim – †72/99 € ††89/129 € – ☕ 5 € – 1 Suite
Ein kleines Hotel nahe dem Szeneviertel Schanze mit charmant-modernen Zimmern, ganz individuell, jedes nach einem Hamburger Stadtteil benannt. In der "Bakery" gibt's von 8 bis 20 Uhr kostenlos Wasser, Kaffee und Kuchen! Toll: gutes Frühstück (Marmelade hausgemacht) im Sommer auf der Dachterrasse!

XXX **Landhaus Scherrer** (Heinz O. Wehmann)

Elbchaussee 130 ✉ 22763 – ✆ (040) 8 83 07 00 30 Stadtplan : C3**c**
– www.landhausscherrer.de – geschl. Sonntag
• FRANZÖSISCH KLASSISCH • Menü 98/128 € – Karte 65/104 €
Das Landhaus Scherrer und Heinz O. Wehmann, das gehört einfach zusammen, seit 1980! So klassisch wie das elegante Restaurant (überaus dekorativ das große Erotik-Gemälde von Otto Bachmann) ist auch die Küche. Die Weinkarte mit über 600 Positionen kommt - ganz fortschrittlich - per iPad daher!
➜ Gebratener Steinbutt mit Gartengemüsen und Süßholzaroma. Gefüllter Ochsenschwanz vom Eidertaler Auerochsen mit Kalbskopfgraupen. Geflämmte Knusperschnitte mit Quark aus der Wilstermarsch.
Wehmann's Bistro – Siehe Restaurantauswahl

XXX **Le Canard nouveau** (Ali Güngörmüs)

Elbchaussee 139 ✉ 22763 – ✆ (040) 88 12 95 31 Stadtplan : C3**d**
– www.lecanard-hamburg.de – geschl. Sonntag - Montag
• KLASSISCHE KÜCHE • Menü 51 € (mittags unter der Woche)/139 €
– Karte 83/95 € – (Tischbestellung ratsam)
Was der saisonalen klassischen Küche ihre besondere Note verleiht, sind die orientalischen Akzente, die der gebürtige Türke Ali Güngörmüs hier so geschickt einfließen lässt. Genießen Sie den Hafenblick in diesem lichten Rundbau doch auch mal beim Business-Lunch!
➜ Türkische Morcheln mit Spargel in Sherry à la Crème. Karree vom Salzwiesenlamm mit Artischocken und Gewürzjoghurt. Alis Valrhona Schokoladenkuchen.

XXX **Fischereihafen Restaurant**

Große Elbstr. 143 ✉ 22767 – ✆ (040) 38 18 16 Stadtplan : D3**d**
– www.fischereihafenrestaurant.de
• FISCH UND MEERESFRÜCHTE • Menü 23 € (mittags)/58 € – Karte 34/80 € – (Tischbestellung ratsam)
Eine Institution in Hamburg, die überwiegend Fischgerichte bietet. Man speist in klassisch-maritimem Ambiente mit Blick auf den Hafen, umsorgt vom geschulten Service. Beliebt ist natürlich das günstige Mittagsmenü.

XX **Au Quai**

Große Elbstr. 145 b ✉ 22767 – ✆ (040) 38 03 77 30 Stadtplan : D3**q**
– www.au-quai.com – geschl. über Weihnachten, 1. - 15. Januar und Samstagmittag, Sonntag
• FISCH UND MEERESFRÜCHTE • Menü 30/49 € – Karte 42/72 €
Eine trendige Adresse mit guter internationaler Küche, die z. B. in Form von "Black Cod, Miso, Süßkartoffel, Pak Choi" serviert wird. Mittags kommt man gerne zum günstigen Lunch. Der Renner ist natürlich die Terrasse mit tollem Hafenblick!

XX **Petit Amour** N

Spritzenplatz 11 ✉ 22765 – ✆ (040) 30 74 65 56 Stadtplan : D3**a**
– www.petitamour-hh.com – geschl. Januar 1 Woche, August 2 Wochen und Sonntag - Montag
• KLASSISCHE KÜCHE • Menü 58/120 € – *(nur Abendessen, donnerstags auch Mittagessen)* (Tischbestellung ratsam)
Das Haus ist sehr gefragt, und das hat mehrere Gründe: schön das hochwertige Design (puristisch-modern und gemütlich zugleich), professionell der Service samt Weinberatung, und gekocht wird klar, ambitioniert und mit internationalem Touch.

XX **IndoChine**

Neumühlen 11 ✉ 22763 – ✆ (040) 39 80 78 80 Stadtplan : D3**h**
– www.indochine.de – geschl. Samstagmittag
• ASIATISCH • Menü 43 € (abends) – Karte 34/64 €
Der dank Glasfront ungehinderte Blick auf Elbe und Containerhafen zieht ebenso Gäste an wie die Küche: Kambodschanische, laotische und vietnamesische Einflüsse treffen auf klassische Elemente. Mittags günstiges 2-Gänge-Wahlmenü.

Henssler Henssler

Große Elbstr. 160 ✉ 22767 – ✆ (040) 38 69 90 00 Stadtplan : D3**u**
– www.hensslerhenssler.de – geschl. Weihnachten - Neujahr und Sonntag
• MIT ASIATISCHEM EINFLUSS • Menü 45/69 € – Karte 33/55 € – (Tischbestellung ratsam)
TV-Koch Steffen Henssler und Tobias Frerks sind für ihre Sushi- und Sashimi-Variationen bekannt, es gibt aber auch Gerichte wie "Filet von der Dorade" oder "Rib Eye vom Heiderind" mit Beilage und Sauce nach Wahl. Oder lieber "Sushi to go"?

RIVE Bistro

Van-der-Smissen-Str. 1 ✉ 22767 – ✆ (040) 3 80 59 19 Stadtplan : D3**r**
– www.rive.de
• FISCH UND MEERESFRÜCHTE • Menü 50/55 € – Karte 34/61 € – (Tischbestellung ratsam)
Gute Fischküche, freundlicher Service, dazu die berühmten Docks und die passierenden Schiffe im Blick! Es gibt Klassiker wie "Hamburger Pannfisch", aber auch Internationales wie "Yellowfin Tuna, Pak Choi, Mango-Chilli-Couscous" und auch Fleischgerichte.

Das Weisse Haus

Neumühlen 50 ✉ 22763 – ✆ (040) 3 90 90 16 Stadtplan : C3**s**
– www.das-weisse-haus.de – geschl. Samstagmittag, Sonntagmittag, Montag
• INTERNATIONAL • Menü 49 € (abends)/89 € – Karte 35/65 € – (Tischbestellung ratsam)
In dem kleinen weißen Häuschen an der Elbpromenade kocht man international. Auch das saisonale Überraschungsmenü ist inzwischen bekannt! Freundlich-legere Atmosphäre, auch draußen sitzt man nett.

Wehmann's Bistro – Restaurant Landhaus Scherrer

Elbchaussee 130 ✉ 22763 – ✆ (040) 8 83 07 00 50 Stadtplan : C3**c**
– www.wehmanns-bistro.de – geschl. Sonntag
• REGIONAL • Menü 40 € – Karte 32/51 €
Der "kleine Bruder" des Gourmetrestaurants (auch hier erotische Bilder, dazu eine schöne Holztäfelung) hat Klassiker wie "Hamburger Pannfisch" oder "gebratene Kalbsnierchen mit Schneidebohnen und Senfsauce" zu bieten.

In Hamburg-Bahrenfeld

25hours Number One

Paul-Dessau-Str. 2 ✉ 22761 – ✆ (040) 85 50 70 Stadtplan : C2**n**
– www.25hours-hotels.com/no1
128 Zim – 75/295 € 75/295 € – 14 €
Hipp und trendig! Das ehemalige Lagerhaus ist gefragt bei Freunden von stylischem Design mit Retro-Touch. Da passt auch der moderne Stil des Restaurants ins Bild, hier gibt's Gerichte von typisch norddeutsch bis Pizza und Pasta. Tipp: kostenfreie Leihfahrräder sowie "Mini" zur Stadterkundung!

Atlas

Schützenstr. 9a, Eingang Phoenixhof ✉ 22761 Stadtplan : D2**b**
– ✆ (040) 8 51 78 10 – www.atlas.at – geschl. Samstagmittag, Sonntagabend
• INTERNATIONAL • Menü 21 € (mittags)/36 € (abends) – Karte 20/40 €
In der gemütlich-legeren einstigen Fischräucherei samt netter großer Terrasse vor dem Haus wird Internationales serviert. Beliebt ist der Dienstag mit traditionellem Wiener-Schnitzel-Angebot, sonntags nur Brunch. Am Mittag kleinere Karte.

Rach & Ritchy

Holstenkamp 71 ✉ 22525 – ✆ (040) 89 72 61 70 Stadtplan : D2**a**
– www.rach-ritchy.de – geschl. Samstagmittag, Sonntag sowie an Feiertagen mittags
• FLEISCH • Karte 32/69 € – (Tischbestellung ratsam)
Außen trendiges frisches Hellgrün und Aubergine, drinnen ebenso modern-leger! Als Spezialität kommt gutes Rindfleisch aus dem einsehbaren Reifeschrank auf den Grill! Ein Renner ist auch die idyllische Terrasse! Tipp: Mittagsmenü.

Off Club

Leverkusenstr. 54 ✉ 22761 – ✆ (040) 89 01 93 33 Stadtplan : D2**c**
– www.offclub.de – geschl. Sonntag - Montag
• FLEISCH • Karte 31/55 €
Als Teil eines coolen Doppelkonzepts bietet der "Off Club" in dem sanierten Fabrikgebäude schmackhafte Gerichte von "Grünem Spargel / Grapefruit / Parmesan" über "Kalbsbeinscheibe / Kohl / Bratensaft" bis hin zu top Sushi. Mittags günstiges Tagesmenü.
Madame X im Off Club – Siehe Restaurantauswahl

Madame X im Off Club – Restaurant Off Club

Leverkusenstr. 54 ✉ 22761 – ✆ (040) 89 01 93 33 Stadtplan : D2**c**
– www.offclub.de – geschl. Sonntag - Montag
• FLEISCH • Menü 19 € (abends)/88 € – Karte 37/71 € – *(nur Abendessen)* (Tischbestellung erforderlich)
Gastronomie der besonderen Art erlebt man im "Madame X": ein kreatives Carte-Blanche-Menü, schummrige Atmosphäre, legerer Service - man erklärt dem bunt gemischten Publikum die Gerichte persönlich am Tisch.

In Hamburg-Bergedorf Süd-Ost: 33 km über A 25 Richtung Lübeck, Ausfahrt Curslack B3

Zollenspieker Fährhaus

Zollenspieker Hauptdeich 141, im Ortsteil Kirchwerder ✉ 21037 – ✆ (040) 7 93 13 30 – www.zollenspieker-faehrhaus.de
58 Zim – †109/129 € ††129/164 € – ☕ 18 € – 3 Suiten
Ein a. d. 13. Jh. stammendes Traditionshaus mit Hotelerweiterung - Modernes und heimische Materialien überaus ansprechend kombiniert. Schön der öffentliche Bereich und die großzügigen Zimmer. Zum Essen geht man ins historische Gasthaus mit tollem Wintergarten. Hübsche Terrasse, dazu Biergarten mit Elbblick.

In Hamburg-Bergstedt Nord-Ost: 17 km über B1

Stüffel

Stüffel 8 ✉ 22395 – ✆ (040) 60 90 20 50 – www.restaurantstueffel.de – geschl. im Winter: Montag - Dienstag
• REGIONAL • Menü 32/45 € – Karte 28/40 €
Ehrliche regionale Küche in gemütlich-ungezwungener Atmosphäre heißt es in diesem sympathischen Restaurant. Auf den Tisch kommen z. B. "Ravioli mit Nussbutterschaum" oder "Bio-Bauernhuhn mit gebratenem Kürbis", und dazu gibt's eine fair kalkulierte Weinkarte. Im Sommer kleine Mittagskarte.

In Hamburg-Billbrook

Böttcherhof

Wöhlerstr. 2 ✉ 22113 – ✆ (040) 73 18 70 Stadtplan : B2**p**
– www.boettcherhof.com
163 Zim – †95/206 € ††100/211 € – ☕ 17 €
Business- und Tagungsgäste schätzen hier nicht nur die 18 Veranstaltungsräume, auch die wohnlich-komfortablen Zimmer (hier warme Töne und geradliniger Stil) überzeugen, ebenso Fitness und Wellness auf rund 500 modernen Quadratmetern. Internationales und Saisonales im Restaurant "Johann's".

In Hamburg-Blankenese West: 16 km über Elbchaussee A2

Strandhotel

Strandweg 13 ✉ 22587 – ✆ (040) 86 13 44 – www.strandhotel-blankenese.de – geschl. 1. - 11. Januar
14 Zim – †100/145 € ††160/205 € – ☕ 15 € – 1 Suite
Am Elbstrand ist Lifstyle zu Hause! Doch trotz aller Moderne ist der Charme der denkmalgeschützten weißen Jugendstilvilla allgegenwärtig: Den hohen stuckverzierten Räumen steht die stimmige Designereinrichtung vortrefflich zu Gesicht! Gutes Frühstück vom Buffet bei traumhaftem Elbblick.

Süllberg - Seven Seas (Karlheinz Hauser)

Süllbergsterrasse 12 ✉ *22587 – ✆ (040) 8 66 25 20 – www.suellberg-hamburg.de – geschl. Januar - Mitte Februar und Montag - Dienstag*
• FRANZÖSISCH MODERN • **10 Zim** – 🚹170/190 € 🚹🚹190/230 € – ☕ 17 € – 1 Suite
Menü 74 € (vegetarisch)/175 € – *(nur Abendessen, sonntags auch Mittagessen)*
Luxuriös und intim die Atmosphäre, wunderbar der Blick auf die Elbe - so wertig der Rahmen, so anspruchsvoll die klassisch-kreative Küche mit all ihren eleganten, äußerst exakt und harmonisch kombinierten Aromen. Den Abschluss macht der tolle Gebäckwagen zum Espresso! Und danach richtig stilvoll übernachten?
➜ Jacobsmuschel, Brunnenkresse, Haselnuss, Imperialkaviar. Schellfisch, Einkorn, Puntarella, Sanddorn. Limousin Lamm, Pimientos, Schafsjoghurt, Oliven.
Deck 7 – Siehe Restaurantauswahl

Witthüs

Elbchaussee 499a, Zufahrt über Mühlenberg ✉ *22587 – ✆ (040) 86 01 73 – www.witthues.com – geschl. Montag*
• INTERNATIONAL • Menü 30/39 € – Karte 38/55 € – *(nur Abendessen)*
Fast schon romantisch: Im Hirschpark liegt das über 300 Jahre alte Bauernhaus (einst Wohnhaus des berühmten Dichters und Komponisten Hans Henry Jahnn), charmant die elegant-nordische Einrichtung, reizend die Terrasse im Grünen... Geboten wird internationale Küche - bekannt ist man für das Candle-Light-Dinner.

Deck 7 – Restaurant Süllberg - Seven Seas

Süllbergsterrasse 12 ✉ *22587 – ✆ (040) 86 62 52 77 – www.suellberg-hamburg.de*
• REGIONAL • Menü 30 € – Karte 37/82 €
Modern-eleganter Stil, ruhige Erdtöne, schöner Schiffsboden... Das zweite Süllberg-Restaurant ist etwas legerer, die Küche saisonal-international. Im Sommer hausgemachter Kuchen auf der Terrasse, im Winter Rustikales in der "Almhütte".

In Hamburg-Duvenstedt Nord-Ost: 21 km über B1, Richtung Kiel

LENZ

Poppenbütteler Chaussee 3 ✉ *22397 – ✆ (040) 60 55 88 87 – www.restaurant-lenz.de – geschl. August 1 Woche und Dienstag*
• REGIONAL • Karte 31/59 €
So ein Restaurant wünscht man sich um die Ecke: moderne, freundliche Atmosphäre und gute regionale Küche von Labskaus über geschmorte Ochsenbacke bis zur leckeren roten Grütze, dazu feine Kindergerichte. Der lichte Wintergarten lässt sich übrigens im Sommer öffnen!

In Hamburg-Eimsbüttel

Jellyfish

Weidenallee 12 ✉ *20357 – ✆ (040) 4 10 54 14* Stadtplan : E2**a**
– www.jellyfish-restaurant.de – geschl. 24. Dezember - 3. Januar und Samstagmittag, Sonntagmittag, Montag
• FISCH UND MEERESFRÜCHTE • Menü 35 € (mittags)/99 €
Suchen Sie eine Alternative zu Hamburgs arrivierten Fischrestaurants? Hier ist es unkompliziert, urban und minimalistisch - und dennoch ambitioniert! Das beweisen erstklassige Produkte im Menü oder in der "Seafood Etagere" - eine Spezialität, die es auf Vorbestellung gibt!

Trific (N)

Holzbrücke 7 ✉ *20459 – ✆ (040) 41 91 90 46* Stadtplan : F1**t**
– www.trific.de – geschl. 10. - 28. Juli und Sonntag - Montag
• INTERNATIONAL • Menü 30 € – Karte 31/50 € – *(nur Abendessen)*
(Tischbestellung ratsam)
Die Location ist neu, das bewährte Konzept ist geblieben. So stellt man sich aus schmackhaften Speisen wie "Steinbeißer, Spargel, Kartoffeln" sein Menü selbst zusammen. Dazu sitzt man auf zwei Etagen - im lichtdurchfluteten EG schaut man durch die raumhohen Fenster auf das Fleet.

Zipang

Eppendorfer Weg 171 ✉ 20253 – ✆ (040) 43 28 00 32 Stadtplan : E1**z**
– www.zipang.de – geschl. Montag, Dienstagmittag, Mittwochmittag, Sonntagmittag
• JAPANISCH • Menü 19 € (mittags)/76 € (abends) – Karte 30/74 €
"Zipang" bedeutet "Reich der aufgehenden Sonne" - von dort stammt Toshimaru Minami, der traditionelle japanische Gerichte gelungen mit westlichen Einflüssen vereint. In puristischem Ambiente werden Miso-Suppe, Sushi oder auch "Gemüse Escabeche Yuzuaroma mit Wagyufilet-Tataki" serviert.

In Hamburg-Eppendorf

Piment (Wahabi Nouri)

Lehmweg 29 ✉ 20251 – ✆ (040) 42 93 77 88 Stadtplan : F1**a**
– www.restaurant-piment.de – geschl. Sonntag
• KREATIV • Menü 65/108 € – Karte 58/92 € – *(nur Abendessen)* (Tischbestellung ratsam)
Seine marokkanische Heimat hat allerlei feine Gewürze und Aromen zu bieten, da lässt es sich Wahabi Nouri natürlich nicht nehmen seiner klassisch basierten Küche damit eine besondere Note zu verleihen! Und das kommt an, so ist das hübsche, recht intime Restaurant regelmäßig ausgebucht.
➜ Couscous mit sieben Gemüsen und Safranglace. Etouffée Taube, B'stilla, Himbeer-Essigjus. Irischer Lammrücken mit Kardonen und Ras El Hanout.

Ono by Steffen Henssler

Lehmweg 17 ✉ 20251 – ✆ (040) 88 17 18 42 Stadtplan : F1**b**
– www.onobysh.de – geschl. über Weihnachten 2 Wochen und Sonntag
• JAPANISCH • Karte 23/55 € – (Tischbestellung ratsam)
Lebendige Bistro-Atmosphäre und japanische Küche - ist das etwas für Sie? Dann werden Sie sich z. B. über das günstige Mittagsmenü freuen (zwei Gänge inkl. Wasser). Und probieren Sie Inside-Out-Maki und andere frische kreative Sushis.

Cornelia Poletto

Eppendorfer Landstr. 80 ✉ 20249 – ✆ (040) 4 80 21 59 Stadtplan : F1**p**
– www.cornelia-poletto.de – geschl. Anfang Januar 1 Woche und Sonntag - Montag sowie an Feiertagen
• ITALIENISCH • Menü 59/98 € – Karte 44/84 € – (Tischbestellung ratsam)
Cornelia Poletto (bekannt aus ihrem früheren Restaurant und aus dem Fernsehen) bietet hier Italien auf 100 qm - nicht nur auf dem Teller, auch im Laden in Form von Gewürzen, Wein, Pasta, Käse. Man hat übrigens auch eine Kochschule!

Noas

Isekai 1 ✉ 20249 – ✆ (040) 57 00 96 90 Stadtplan : G1**t**
– www.noas-hamburg.de
• INTERNATIONAL • Menü 35/89 € – Karte 38/87 €
Hier sitzt man hinter einer großen Fensterfront (oder davor auf der schönen Terrasse zum Kanal) in geradlinig-modernem Ambiente und wählt aus internationalen Gerichten einschließlich Steaks. Besonderheit: Man hat einen eigenen Bootsverleih.

Poletto Winebar

Eppendorfer Weg 287 ✉ 20251 – ✆ (040) 38 64 47 00 Stadtplan : F1**w**
– www.poletto-winebar.de
• ITALIENISCH • Menü 39 € (mittags)/69 € (abends) – Karte 33/54 € – (abends Tischbestellung ratsam)
In der gemütlich-quirligen Weinbar heißt es bei italienischer Küche "sehen und gesehen werden". Hier bestellt man z. B. "Tagliolini mit Trüffel aus dem Parmesanlaib" oder tolle Aufschnitte von der Berkel-Maschine! Kleiner Weinladen nebenan.

In Hamburg-Finkenwerder

The Rilano

Hein-Saß-Weg 40, über A 7 A3, Richtung Hannover, Ausfahrt 30 ✉ 21129 – ✆ (040) 3 00 84 90 – www.rilano-hotel-hamburg.com

170 Zim – 🚹99/149 € 🚹🚹119/169 € – ☕ 19 € – 5 Suiten

Modernes Hotel an der Elbe, ganz in der Nähe des Airbus-Centers. In den Zimmern (meist mit Elbblick) hat man W-Lan und Softgetränke aus der Minibar kostenfrei. Internationale Küche im Restaurant, Snacks in der "Fusion-Bar", im Sommer "Beachbar". Mit der Fähre (Anleger direkt am Haus) in 30 Min. zum Zentrum.

AM ELBUFER

Focksweg 40a ✉ 21129 – ✆ (040) 7 42 19 10 Stadtplan : A2**b**
– www.hotel-am-elbufer.de – geschl. 19. Dezember - 9. Januar

14 Zim ☕ – 🚹80/105 € 🚹🚹120/150 € – 1 Suite

Das kleine Hotel auf der Elbinsel ist freundlich-familiär geführt und topgepflegt, hat zeitgemäß-wohnliche Zimmer (fragen Sie nach denen mit Elbblick!) und bietet ein gutes, frisches Frühstück. Und die Fähre zum Zentrum ist nicht weit weg.

Finkenwerder Elbblick

Focksweg 42 ✉ 21129 – ✆ (040) 7 42 70 95 Stadtplan : A2**b**
– www.finkenwerder-elbblick.de

• FISCH UND MEERESFRÜCHTE • Menü 32/45 € – Karte 28/67 €

Traditionelle Fischgerichte gehören zu dem Haus wie (seit über 40 Jahren) die Familie Schlünkes - aber auch für Fleischliebhaber ist immer etwas dabei! Toll: Blick auf die Elbe und die gegenüberliegende Elbchaussee mit ihren schönen Villen!

In Hamburg-Flottbek

Landhaus Flottbek

Baron-Voght-Str. 179 ✉ 22607 – ✆ (040) 82 27 41 60 Stadtplan : A2**m**
– www.landhaus-flottbek.de

25 Zim – 🚹95/130 € 🚹🚹130/150 € – ☕ 16 €

Mehrere Bauernhäuser a. d. 18. Jh. beherbergen individuelle, gemütliche und geschmackvoll-elegante Zimmer - zwei davon mit Terrasse bzw. Wintergarten. Wenn Sie sich im Sommer die saisonale Küche auf der Terrasse servieren lassen, können Sie in den schönen Garten schauen!

In Hamburg-Fuhlsbüttel

Radisson BLU Airport

Flughafenstr. 1 ✉ 22335 – ✆ (040) 3 00 30 00 Stadtplan : B1**r**
– www.radissonblu.com/hotel-hamburgairport

265 Zim – 🚹119/256 € 🚹🚹119/256 € – ☕ 20 € – 1 Suite

Ein moderner runder Hotelkomplex mit Zugang zu den Terminals 1 und 2. Überall puristisches Design, Zimmer in den Stilrichtungen "Ocean" und "Urban", darunter große Businesszimmer. Helles, stylisches Restaurant mit integrierter Bar.

In Hamburg-Harburg

Lindtner

Heimfelder Str. 123 ✉ 21075 – ✆ (040) 79 00 90 Stadtplan : A3**g**
– www.lindtner.com

119 Zim – 🚹127/227 € 🚹🚹147/247 € – ☕ 20 € – 9 Suiten

Ein wohnlich-komfortables Privathotel unter engagierter Leitung mit Konferenz- und Veranstaltungsräumen für bis zu 1000 Personen. Gönnen Sie sich doch mal die "Penthouse-" oder die "Kamendy-Suite"! Hochwertiger Wellnessbereich, Restaurant mit internationaler Küche. Parken ist übrigens gratis.

Leuchtturm

Außenmühlendamm 2 ✉ 21077 – ✆ (040) 70 29 97 77 Stadtplan : A3**e**
– www.leuchtturm-harburg.de

• FISCH UND MEERESFRÜCHTE • Menü 34/79 € – Karte 21/85 €

Seezunge, Zander, wilder Loup de Mer... Fisch und Meeresfrüchte sind hier Spezialität. Serviert werden die frische Küche und auch die schönen Weine und Grappas bei mediterranem Flair oder auf der Terrasse am Außenmühlteich. Großer Festsaal.

Nordlicht

Veritakai 2 ✉ 21079 – ✆ (040) 76 79 33 89 – www.nordlicht-harburg.de – geschl. Samstagmittag
• MODERNE KÜCHE • Menü 55/89 € – Karte 38/65 €
In dem Backsteingebäude serviert man Ihnen auf zwei Ebenen frische Fischküche. Ansprechend das Ambiente mit warmen Tönen und dekorativen Bildern. Gut zu wissen: Man hat hier durchgehend geöffnet.

In Hamburg-Langenhorn Nord: 15 km über B1, Richtung Kiel

Marlin

Tarpen 40, im Valvo Park, Gebäude 11 ✉ 22419 – ✆ (040) 30 85 00 40 – www.marlin-restaurant.de
• FISCH UND MEERESFRÜCHTE • Menü 33 € – Karte 21/77 € – (Tischbestellung ratsam)
Zur Mittagszeit geht es hier schon recht lebhaft zu, denn der günstige, etwas einfachere Lunch ist beliebt. Wenn Sie es lieber etwas weniger trubelig mögen, kommen Sie am Abend zur schmackhaften Fischküche oder aber zu einem traditionellen Klassiker wie "Kasseler mit Weinsauerkraut und Kartoffelpüree"!

Speisewirtschaft Wattkorn

Tangstedter Landstr. 230 ✉ 22417 – ✆ (040) 5 20 37 97 – www.wattkorn.de
• REGIONAL • **7 Zim** – 45/70 € 100/120 €
Menü 20 € (mittags)/33 € – Karte 34/71 € – (Tischbestellung ratsam)
Das 125 Jahre alte reetgedeckte Bauernhaus ist nicht nur ein echter Hingucker, sondern auch kulinarisch interessant. In stilvollem und gleichzeitig urgemütlichem Ambiente gibt es Traditionelles "aus Omas Küche", aber auch Wild und Fisch sowie Sushi. Zurecht heiß begehrt: der reizende Sommergarten!

In Hamburg-Lemsahl-Mellingstedt Nord: 20 km über B1, Richtung Lübeck

Stock's Fischrestaurant

An der Alsterschleife 3 ✉ 22399 – ✆ (040) 6 11 36 20 – www.stocks.de – geschl. Montag
• FISCH UND MEERESFRÜCHTE • Karte 25/74 € – (Tischbestellung ratsam)
Außen charmantes Fachwerkhaus mit Reetdach, innen gemütliches Restaurant in warmen Tönen. In der Küche entstehen leckere Fischgerichte wie "gebratenes Filet vom Zander mit Rahmsauerkraut und Grützwurststampf". Probieren Sie auch das Sushi!
Kaminstube – Siehe Restaurantauswahl

Kaminstube – Stock's Fischrestaurant

An der Alsterschleife 3, 1. Etage ✉ 22399 – ✆ (040) 61 13 62 17 – www.stocks.de – geschl. Montag - Dienstag
• ÖSTERREICHISCH • Karte 26/45 € – *(Mittwoch - Freitag ab 15 Uhr geöffnet)*
Holz, Felle auf Stühlen und Bänken, Geweih als Deko - modern-alpenländisches Flair in nordischen Gefilden! Was passt da besser als österreichische Küche? Internationales ist aber ebenso vertreten, von Sushi bis zum Burger. Dachterrasse.

In Hamburg-Nienstedten West: 13 km über Elbchaussee A2

Louis C. Jacob

Elbchaussee 401 ✉ 22609 – ✆ (040) 82 25 50 – www.hotel-jacob.de
66 Zim – 205/265 € 265/455 € – 32 € – 19 Suiten
Jacobs Restaurant ✿✿ • ***Weinwirtschaft Kleines Jacob*** – Siehe Restaurantauswahl
Wunderbar die Lage, sehr gut die Führung, top der Service und überall im Haus hanseatische Eleganz! Darf es vielleicht ein Elbzimmer mit herrlicher Sicht sein? Geschichtlich Interessierte lassen sich den historischen Eiskeller zeigen!

XXXX ✿✿

Jacobs Restaurant – Hotel Louis C. Jacob

Elbchaussee 401 ✉ 22609 – ✆ (040) 82 25 54 07 – www.hotel-jacob.de – geschl. Montag - Dienstag

• FRANZÖSISCH KLASSISCH • Menü 89/154 € – *(Mittwoch - Freitag: nur Abendessen)* (Tischbestellung ratsam)

Ein klasse Team in Küche und Service bereitet Ihnen hier genussvolle Stunden, das stilvolle Interieur (über Ihnen die hohe Stuckdecke, unter Ihnen Fischgrätparkett) tut ein Übriges - nicht zu vergessen die Lindenterrasse zur Elbe! Überaus gelungen vereint man in den Gerichten Kraft, Geschmack und Finesse.

➜ Roh marinierter Maigre, Avocado, Zitrone, Fenchel. Gebratenes Seezungenfilet, Blumenkohl, Curry, Kopfsalat. Kürbiskerne und Joghurt, weiße Schokolade, Hafer.

X

Il Sole

Nienstedtener Str. 2d ✉ 22609 – ✆ (040) 82 31 03 30 – www.il-sole.de

• ITALIENISCH • Menü 16 € (mittags unter der Woche) – Karte 36/50 €

Bei Familie Monesi kommen - entsprechend dem wohlklingenden Restaurantnamen - frische italienisch-mediterrane Speisen auf den Tisch. Macht Ihnen z. B. "gegrillter Schwertfisch mit Olivenöl-Oregano-Marinade" Appetit?

X

Weinwirtschaft Kleines Jacob – Hotel Louis C. Jacob

Elbchaussee 404 ✉ 22609 – ✆ (040) 82 25 55 10 – www.kleines-jacob.de

• KLASSISCHE KÜCHE • Menü 36 € – Karte 36/47 € – *(nur Abendessen)* (Tischbestellung ratsam)

So richtig zum Wohlfühlen ist das angenehm ungezwungene kleine Restaurant vis-à-vis dem Stammhaus an der schönen Elbchaussee: blank gescheuerte Holztische, warmes Licht, offene Küche. Speisen und Weine aus deutschsprachigen Weinbauregionen: "Neufelder Forellentatar", "Coq au Riesling"...

In Hamburg-St. Pauli

Empire Riverside Hotel

Bernhard-Nocht-Str. 97, über Davidstraße ✉ 20359 Stadtplan : E3**e**

– ✆ (040) 31 11 90 – www.empire-riverside.de

327 Zim – †129/309 € ††129/309 € – ☕ 22 €

Puristisches Design von David Chipperfield bestimmt das Hotel nahe den Landungsbrücken. Fragen Sie nach den (Eck-) Zimmern mit Hafenblick! Den bietet auch das Restaurant Waterkant - hier serviert man Internationales aus der offenen Showküche. Der In-Treff schlechthin ist die Panorama-Bar "20 up" im 20. Stock!

East

Simon-von-Utrecht-Str. 31 ✉ 20359 – ✆ (040) 30 99 30 Stadtplan : J2**n**

– www.east-hamburg.de

120 Zim – †150/290 € ††160/300 € – ☕ 24 € – 8 Suiten

East – Siehe Restaurantauswahl

Einst Eisengießerei, heute Trendhotel! Topmodern und wertig: neueste Technik, sehr spezielles Design, durchdacht bis ins kleinste Detail! Nicht minder stylish: "Sporting Club" und hauseigener Club "uppereast" (freitag- und samstagabends).

Ibis St. Pauli Messe

Simon-von-Utrecht-Str. 63 ✉ 20359 – ✆ (040) 65 04 60 Stadtplan : J3**b**

– www.ibis.com

162 Zim – †59/199 € ††69/219 € – ☕ 11 €

In einer Parallelstraße zur Reeperbahn liegt dieses Hotel mit funktionellen, sachlich gestalteten Zimmern und freundlichem Frühstücksraum.

XX

East – Hotel East

Simon-von-Utrecht-Str. 31 ✉ 20359 – ✆ (040) 30 99 33 Stadtplan : J2**n**

– www.east-hamburg.de – geschl. Samstagmittag, Sonntagmittag

• FUSION • Menü 49 € (abends)/99 € – Karte 41/73 €

Schauen Sie sich dieses Restaurant am besten selbst an, denn der ganz besondere Mix aus fernöstlichem Flair und westlicher Industriegeschichte lässt sich kaum in Worte fassen! Mitten in der einstigen Werkshalle: Sushitresen mit Livecooking.

Clouds - Heaven's Restaurant & Bar

Reeperbahn 1, im 23. Stock der Tanzenden Türme Stadtplan : J3**e**
✉ 20359 – ✆ (040) 30 99 32 80 – www.clouds-hamburg.de
• INTERNATIONAL • Menü 35 € (mittags unter der Woche) – Karte 49/102 € – (Tischbestellung ratsam)
Der Blick vom höchsten Restaurant Hamburgs ist schlichtweg grandios! Hoch über Elbe und Michel wählt man französisch-mediterrane Küche (z. B. "Steinbutt im Salzteig" für 2 Personen) oder Rotisserie-Gerichte. Dachterrasse "heaven's nest"!

Nil

Neuer Pferdemarkt 5 ✉ 20359 – ✆ (040) 4 39 78 23 Stadtplan : E3**n**
– www.restaurant-nil.de – geschl. Dienstag, außer im Dezember
• INTERNATIONAL • Menü 27/42 € – Karte 30/48 € – *(nur Abendessen)*
Trendig-lockere Atmosphäre, die ankommt! Auf den drei Ebenen sitzt man zwar ein bisschen eng, aber gemütlich. Dazu gute Gerichte wie "Burger mit Schweine-rillettes, Spitzkohl und Senfcreme" oder "Coq au vin vom Freilandhuhn". Schön der nach hinten gelegene Garten. Kochkurse nebenan.

In Hamburg-Schnelsen

Ökotel

Holsteiner Chaussee 347 ✉ 22457 – ✆ (040) 5 59 73 00 Stadtplan : A1**m**
– www.oekotel.de
21 Zim – 72/95 € 89/109 € – 3 Suiten
Der ökologische Aspekt wird hier groß geschrieben. Man wohnt in geräumigen Zimmern mit geölten Massivholzmöbeln (nach hinten ruhiger gelegen), lässt sich am Morgen ein Frühstück mit Bio-Produkten schmecken und im ca. 200 entfernten "Müllerhaus" bekommt man im kleinen Bistro internationale Bio-Gerichte.

In Hamburg-Sülldorf West: 15 km über A2, Richtung Wedel

Memory

Sülldorfer Landstr. 222, B 431 ✉ 22589 – ✆ (040) 86 62 69 38
– www.memory-hamburg.de – geschl. Juli - August 3 Wochen und Samstagmittag, Sonntag - Montag
• INTERNATIONAL • Menü 25 € (abends)/79 € – Karte 40/82 €
Am Abend sitzt man in mediterran geprägtem Ambiente (hübsch die warmen Töne und die wechselnde Bilderausstellung) bei Internationalem wie "Skreifilet im Nudel-blatt mit Currysud". Mittags einfachere Bistrokarte. Nette Terrasse hinterm Haus.

In Hamburg-Volksdorf Nord-Ost: 16 km über Wandsbecker Chaussee B2, Richtung Lübeck

Hotel du Nord

Im alten Dorfe 40 ✉ 22359 – ✆ (040) 63 85 69 60 – www.hotel-dunord.de
25 Zim – 112 € 144 €
Geschmackvoll hat man die großzügigen, komfortalen und wertigen Zimmer in dem kleinen Designhotel in klarem modernem Stil eingerichtet. Ebenso geradli-nig-zeitgemäß das Ambiente im "Villaggio", die Küche ist italienisch.

Dorfkrug

Im Alten Dorfe 44, Museumsdorf ✉ 22359 – ✆ (040) 6 03 92 94
– www.dorfkrug-volksdorf.com – geschl. Montag
• INTERNATIONAL • Menü 64 € – Karte 34/67 € – *(Dienstag - Samstag nur Abendessen)*
Nordisch-charmant, wohnlich, gemütlich... so sind die Stuben des historischen Bau-ernhauses in dem kleinen Museumsdorf! Und auch das Speisenangebot ist anspre-chend: internationale und regionale Küche, dazu ein Tagesmenü von der Tafel.

In Hamburg-Wandsbek

Ni Hao

Wandsbeker Zollstr. 25 ✉ 22041 – ✆ (040) 6 52 08 88 Stadtplan : B2**x**
– www.ni-hao.de
• CHINESISCH • Menü 28/49 € – Karte 20/35 €
Kanton, Szechuan, Shanghai und Peking - Freunde der chinesischen Küche lassen sich hier auf authentische Art die vier Haupt-Küchenstile näher bringen. Macht Ihnen vielleicht das traditionelle Pekingenten-Menü in 4 Gängen Appetit?

In Hamburg-Wellingsbüttel

Rosengarten

Poppenbüttler Landstr. 10b ✉ 22391 Stadtplan : B1**s**
– ✆ (040) 6 08 71 40 – www.hotel-rosengarten-hamburg.de – geschl. Anfang Januar 2 Wochen
10 Zim ☕ – 🧍77/97 € 🧍🧍100/120 €
Das kleine Hotel der Familie Randel liegt im Nordosten der Stadt. Die freundlichen Gastgeber halten alles auf einem guten Stand, die Preise sind fair und einige Zimmer liegen recht ruhig zum Garten. Parken kann man übrigens auch problemlos.

Poletto Winebar

Wellingsbüttler Weg 119 ✉ 22391 – ✆ (040) 65 86 61 66 Stadtplan : B1**a**
– www.poletto-winebar.de – geschl. Montag
• ITALIENISCH • Menü 29/98 € – Karte 27/51 € – (abends Tischbestellung ratsam)
Dank des Erfolgs des Eppendorfer Stammhauses gibt es das gefragte italienische Konzept nun auch hier: schmackhafte hausgemachte Speisen und gute Weine. Das Ambiente etwas eleganter, mit Showküche und begehbaren Weinklimaschränken.

In Hamburg-Winterhude

TrüffelSchwein (Kirill Kinfelt)

Mühlenkamp 54 ✉ 22303 – ✆ (040) 69 65 64 50 Stadtplan : G1**t**
– www.trueffelschwein-restaurant.de – geschl. 1. - 5. Januar, 7. - 13. März, 25. Juli - 7. August und Samstagmittag, Sonntag - Montag
• MODERNE KÜCHE • Menü 49/89 € – (abends Tischbestellung ratsam)
Hier kocht man modern, fein und aufwändig bis ins Detail. Das ansprechende Ambiente zum guten Essen ist freundlich und angenehm geradlinig. Kommen Sie doch auch mal mittags zum Business Lunch!
➜ Pulpo, Tomate, Bohne. Adlerfisch, Zucchini, Paprika. Ziegenkäse, Estragon, weiße Schokolade.

Portomarin

Dorotheenstr. 180 ✉ 22299 – ✆ (040) 46 96 15 47 Stadtplan : G1**n**
– www.portomarin.de – geschl. Ende Juli - August 3 Wochen und Sonntag - Montag
• SPANISCH • Menü 39/49 € – Karte 34/50 € – *(nur Abendessen)* (Tischbestellung ratsam)
Sie essen gerne spanisch? Zum Speisenangebot dieses charmanten Restaurants gehören typische Tapas und ambitionierte Gerichte wie "Tranchen vom Gelbflossenthunfisch / Mandel / marinierte Zucchini / Wachtelei / Kaviar".

Marbella

Dorotheenstr. 104 ✉ 22301 – ✆ (040) 27 57 57 Stadtplan : G1**a**
– www.restaurant-marbella.de – geschl. Juli - August 3 Wochen und Montag
• SPANISCH • Menü 38/55 € – Karte 32/59 € – *(nur Abendessen)*
Dario Garcia und seine Frau Martina betreiben das Restaurant mit dem netten mediterranen Flair schon über 30 Jahre. Schmackhaft die spanischen Gerichte wie "Iberico-Schweinenacken mit Kräuterseitlingen und Rosmarinkartoffeln".

HAMELN

Niedersachsen – 56 260 Ew. – Höhe 62 m – Regionalatlas **28**-H9
▶ Berlin 327 km – Hannover 45 km – Bielefeld 80 km – Hildesheim 48 km
Michelin Straßenkarte 541

Mercure

164er Ring 3 ✉ 31785 – ✆ (05151) 79 20 – www.mercure.com
105 Zim ☕ – 🧍79/134 € 🧍🧍99/159 € – ½ P
Ein zeitgemäßes Tagungshotel am Bürgergarten, nur wenige Minuten vom historischen Stadtkern entfernt. Von der Sauna im 9. Stock schaut man auf die Altstadt. Neuzeitliches Restaurant mit eleganter Note.

Jugendstil

Wettorstr. 15 ✉ 31785 – ✆ (05151) 9 55 80 – www.hotel-jugendstil.de – geschl. Ende Dezember - Anfang Januar

21 Zim ☕ – 🚹85/128 € 🚹🚹111/178 € – 1 Suite

Die Gründerzeitvilla von 1903 bietet ihren Gästen einen schönen historischen Rahmen und ansprechende, wohnlich gestaltete Zimmer. Suite in der oberen Etage mit kleinem Wintergarten.

Bellevue

Klütstr. 34 ✉ 31787 – ✆ (05151) 9 89 10 – www.hotel-bellevue-hameln.de

18 Zim ☕ – 🚹76/100 € 🚹🚹99/120 €

In der familiär geführten Villa a. d. J. 1910 wohnt man in freundlichen, funktionellen Gästezimmern mit kostenfreiem W-Lan und sitzt am Morgen im angenehm hellen Frühstücksraum oder auf der kleinen Gartenterrasse.

An der Altstadt

Deisterallee 16 ✉ 31785 – ✆ (05151) 4 02 40 – www.hotel-hameln.de – geschl. 18. Dezember - 1. Januar

20 Zim ☕ – 🚹73/119 € 🚹🚹93/159 €

Die Lage im Zentrum und die gepflegten Zimmer in hellen, wohnlichen Tönen sprechen für dieses hübsche 1901 erbaute Jugendstilhaus. W-Lan steht gratis zur Verfügung.

HAMM in WESTFALEN

Nordrhein-Westfalen – 176 440 Ew. – Höhe 63 m – Regionalatlas **27-E10**

▶ Berlin 459 km – Düsseldorf 111 km – Bielefeld 72 km – Dortmund 44 km

Michelin Straßenkarte 543

In Hamm-Wiescherhöfen

Wieland-Stuben

Wielandstr. 84 ✉ 59077 – ✆ (02381) 40 12 17 – www.wielandstuben.de – geschl. 1. - 19. Januar, 29. Juni - 12. Juli und Montag - Dienstag, Samstagmittag

Menü 23 € (mittags)/84 € – Karte 39/67 €

Jeder der drei Restauranträume ist anders, aber alle sind elegant und in sich absolut stimmig - und sofort sticht die aufwändige Blumendekoration ins Auge! Draußen ist es genauso schön: vorne der hübsche Vorgarten, hinten die herrliche romantische Terrasse! Die Küche ist klassisch-saisonal.

HAMM (SIEG)

Rheinland-Pfalz – 3 340 Ew. – Höhe 220 m – Regionalatlas **36-D13**

▶ Berlin 593 km – Mainz 124 km – Bonn 65 km – Limburg an der Lahn 64 km

Michelin Straßenkarte 543

Alte Vogtei

Lindenallee 3, B 256 ✉ 57577 – ✆ (02682) 2 59 – www.altevogtei.de – geschl. 15. Juli - 6. August

13 Zim ☕ – 🚹54/82 € 🚹🚹97/130 € – 2 Suiten – ½ P

Alte Vogtei – Siehe Restaurantauswahl

Wirklich charmant ist das mit zig Antiquitäten dekorierte Haus a. d. 18. Jh., in dem Familie Wortelkamp in 5. Generation volles Engagement zeigt. Schönes individuelles Wohnen vom reizenden Fachwerkzimmer bis zum komfortablen Wellnesszimmer.

Alte Vogtei – Hotel Alte Vogtei

Lindenallee 3, B 256 ✉ 57577 – ✆ (02682) 2 59 – www.altevogtei.de – geschl. 15. Juli - 6. August und Mittwoch - Donnerstagmittag

Menü 29/60 € – Karte 29/50 €

Zum Wohlfühlen ist hier zum einen das Ambiente der geschmackvollen Gasträume und des urigen Gewölbes, zum anderen die frische internationale Küche des Patrons, nicht zu vergessen die Schwarzwälder Herzlichkeit der Chefin.

HAMMELBURG

Bayern – 11 180 Ew. – Höhe 182 m – Regionalatlas **49-I15**

▶ Berlin 487 km – München 319 km – Würzburg 57 km – Bamberg 94 km

Michelin Straßenkarte 546

Deutsches Haus

Kissingerstr. 24 ✉ 97762 – ✆ (09732) 7 88 66 70 – www.dh-hammelburg.de
28 Zim – 52/59 € 79/85 €
Familie Rösser hat dem sanierten alten Fachwerkhaus mit Deko und selbst gefertigten Möbeln (Chef ist Schreiner) ihre eigene Handschrift verpasst! Im schönen Gewölbekeller mixt die Tochter - ihres Zeichens Barkeeperin - leckere Cocktails.

In Hammelburg-Obererthal Nord: 5 km über B 27, in Untererthal rechts

Landgasthof Zum Stern

Obererthaler Str. 23 ✉ 97762 – ✆ (09732) 47 07 – www.landgasthof-stern.com – geschl. 4. - 18. August
19 Zim – 42 € 75 € – 1 Suite – ½ P
Ein echter Familienbetrieb ist der tipptopp gepflegte Landgasthof in der Ortsmitte, in dem solide und praktische Zimmer bereitstehen. Zum Angebot des bürgerlich-ländlichen Restaurants zählen auch eigene Weine und Schnäpse.

In Wartmannsroth-Neumühle West: 6 km über Hammelburg-Diebach

Neumühle

Neumühle 54 ✉ 97797 – ✆ (09732) 80 30 – www.romantikhotel-neumuehle.de – geschl. 2. Januar - 18. Februar
29 Zim – 125/175 € 190/250 € – 2 Suiten – ½ P
Scheune – Siehe Restaurantauswahl
Romantik pur: schönste Fachwerkidylle in Form einer historischen Mühle! Ländlicher Charme, ein freundliches Lächeln in den Gesichtern der Mitarbeiter, im hauseigenen Boot auf der Saale zum Picknick...! Auch ganz modern ist möglich, und zwar in den zwei Kaminsuiten.

Scheune – Hotel Neumühle

Neumühle 54 ✉ 97797 – ✆ (09732) 80 30 – www.romantikhotel-neumuehle.de – geschl. 2. Januar - 18. Februar
Menü 45/80 € – Karte 39/57 € – (Tischbestellung ratsam)
Freigelegte Holzbalken, rustikales Mobiliar und passende Deko - das schafft eine sehr gemütliche Atmosphäre! Dazu gute Küche: "Zander auf Schwarzwurzelfondue mit geschmolzenem Coppa", "Rehgulasch mit Steckrüben-Apfelgemüse"...

HAMMINKELN – Nordrhein-Westfalen ➜ Siehe Wesel

HANAU

Hessen – 89 910 Ew. – Höhe 104 m – Regionalatlas **48-G14**
Berlin 531 km – Wiesbaden 59 km – Frankfurt am Main 20 km – Fulda 89 km
Michelin Straßenkarte 543

Zum Riesen

Heumarkt 8 ✉ 63450 – ✆ (06181) 250 2 50 – www.hanauhotel.de – geschl. über Weihnachten
48 Zim – 100/120 € 130/150 €
Ein sehr gepflegtes Hotel und ideal für Geschäftsreisende. In dem Gasthaus a. d. 17. (Familienbetrieb seit 1912) hat übrigens auch schon Napoleon übernachtet. Außerdem war es 1898 das erste Haus in Hanau mit elektrischem Licht!

In Hanau-Steinheim Süd: 4 km

Villa Stokkum

Steinheimer Vorstadt 70 ✉ 63456 – ✆ (06181) 66 40 – www.villastokkum.de
135 Zim – 118/152 € 144/180 € – 18 € – 2 Suiten
Hier hat man eine historische Zigarrenfabrik samt Villa zu einem modernen Businesshotel erweitert. Großzügige Lobby, gut ausgestattete Zimmer, günstige Verkehrslage. Sehenswert: der Gewölbekeller von 1665. Tipp: Kommen Sie doch mal zum beliebten Sonntagsbrunch!

Birkenhof

Von-Eiff-Str. 37 ✉ 63456 – ✆ (06181) 6 48 80 – www.hotelbirkenhof.de – geschl. 27. Dezember - 2. Januar

45 Zim ☕ – 🚹89/149 € 👥139/159 € – 4 Suiten

Das gewachsene Hotel mit gepflegtem Garten wird seit vielen Jahren familiär geleitet. Fragen Sie nach den neuzeitlicheren Zimmern, die hochwertiger eingerichtet sind. Das Restaurant ist schön hell und hat eine Terrasse mit Blick ins Grüne - auch Nicht-Hotelgäste kommen gerne zum Essen hierher.

Zur Linde

Steinheimer Vorstadt 31 ✉ 63456 – ✆ (06181) 96 43 20 – www.hotel-zur-linde-hanau.de

20 Zim ☕ – 🚹78/135 € 👥110/160 €

Auf drei Häuser verteilen sich die individuellen Zimmer dieses tipptopp gepflegten Hotels, einige besonders freundlich in wohnlich-warmen Farben. Es gibt auch einen schönen Garten an der Stadtmauer, den die Gäste im Sommer gerne nutzen.

HANDORF

Niedersachsen – 1 970 Ew. – Höhe 6 m – Regionalatlas **10**-J6

▶ Berlin 298 km – Hannover 145 km – Hamburg 49 km – Bremen 131 km

Michelin Straßenkarte 541

Schwabenstüble

Cluesweg 22a ✉ 21447 – ✆ (04133) 21 02 51 – www.schwabenstueble-handorf.de – geschl. Montag - Dienstag

Menü 13/29 € – Karte 23/39 € – *(Mittwoch - Freitag nur Abendessen)*

Familie Stoll leitet hier ein sympathisch-ländliches Restaurant mit Terrasse und Biergarten. Der Chef, ein echter Schwabe, bereitet Spätzle, Maultaschen, Schupfnudeln & Co.

HANN. MÜNDEN

Niedersachsen – 23 670 Ew. – Höhe 127 m – Regionalatlas **29**-H11

▶ Berlin 364 km – Hannover 151 km – Kassel 23 km – Göttingen 34 km

Michelin Straßenkarte 541

Alter Packhof

Bremer Schlagd 10 ✉ 34346 – ✆ (05541) 9 88 90 – www.packhof.com – geschl. 4. - 10. Januar

25 Zim ☕ – 🚹86/121 € 👥133/165 €

In der Altstadt, am Zusammenfluss von Fulda und Werra, steht das einstige Lagerhaus von 1837, in dem wohnliche Zimmer bereitstehen. Zwei Juniorsuiten mit eigener Sauna. Das Restaurant ist im Landhausstil gehalten.

Die Reblaus

Ziegelstr. 32, Kirchplatz ✉ 34346 – ✆ (05541) 95 46 10 – www.die-reblaus.com – geschl. Dienstag, Oktober - März: Dienstag - Mittwoch

3 Zim ☕ – 🚹50 € 👥70 € – ½ P

Menü 14 € (mittags unter der Woche)/49 € – Karte 26/48 €

Ein Fachwerkhaus mitten in der Innenstadt beherbergt dieses kleine Restaurant mit gemütlichem modernem Ambiente, in dem man eine mediterran geprägte Küche bietet. Zum Übernachten stehen drei nette schlichte Zimmer bereit.

In Hann. Münden-Gimte Nord: 3 km

Freizeit Auefeld

Hallenbadstr. 33, nahe der B 3 ✉ 34346 – ✆ (05541) 70 50 – www.freizeit-auefeld.de

93 Zim ☕ – 🚹70/100 € 👥90/115 € – ½ P

Ein solide und funktionell ausgestattetes Tagungs- und Geschäftshotel mit Sportanlage, die u. a. Squash, Bowling und einen großen Fitnessbereich bietet. Restaurant mit Fensterfront zur Tennishalle. Die Küche ist bürgerlich-international.

In Hann. Münden-Laubach Süd-Ost: 6 km über Hedemündener Straße

Biohotel Werratal

Buschweg 40 ✉ 34346 – ✆ (05541) 99 80 – www.biohotel-werratal.de – geschl. Januar 1 Woche

40 Zim – 75/89 € 99/130 € – ½ P

Biorestaurant Werratal – Siehe Restaurantauswahl

Das gepflegte Landhotel bietet helle, wohnliche Zimmer, die im Haupthaus besonders freundlich und neuzeitlich sind. Nach einem guten Frühstück aus Bio-Produkten geht's auf zu Wanderungen, Radtouren oder Kanufahrten. Praktisch: Dank der nahen A7 ist das Hotel gut erreichbar.

Biorestaurant Werratal – Biohotel Werratal

Buschweg 40 ✉ 34346 – ✆ (05541) 99 80 – www.biohotel-werratal.de – geschl. Sonntagabend, November - März: Sonntagabend - Montag

Menü 26/42 € – Karte 33/51 €

Ungekünstelt, natürlich, einfach und ehrlich, so lautet das Motto von Gastgeber Jörg Treichel. Neben vegetarischen, veganen, gluten- und laktosefreien Speisen bietet seine Bio-Küche z. B. "geschmortes Rinderschaufelstück mit Ofengemüse" und "Tarte Tatin mit Vanilleeis". Idyllisch die Gartenterrasse.

HANNOVER

Niedersachsen – 518 390 Ew. – Höhe 55 m – Regionalatlas **19**-I8
Berlin 290 km – Bremen 132 km – Hamburg 161 km
Michelin Straßenkarte 541
Stadtpläne siehe nächste Seiten

W. Dieterich / mauritius images / age fotostock

Hotels

Kastens Hotel Luisenhof

Luisenstr. 1 ✉ 30159 – ✆ (0511) 3 04 40 – www.kastens-luisenhof.de Stadtplan : F2**b**
146 Zim – 104/239 € 114/249 € – 20 € – 11 Suiten
MARY's – Siehe Restaurantauswahl
Klassiker und Flaggschiff der Hannoveraner Hotellerie und ältestes Hotel der Stadt. Sehr gelungen, wie hier neben dem traditionellen Stil geschmackvolle Moderne Einzug hält! Gleich um die Ecke: Oper, Fußgängerzone und Hauptbahnhof.

Crowne Plaza

Hinüberstr. 6 ✉ 30175 – ✆ (0511) 3 49 50 – www.schweizerhof-hannover.de Stadtplan : G2**d**
197 Zim – 89/169 € 99/189 € – 4 Suiten
BISTRO Schweizerhof – Siehe Restaurantauswahl
Das privat geführte Hotel im Zenrum ist eines der komfortabelsten Häuser der Stadt. Sie wohnen in sehr geräumigen Zimmern und genießen alle Business- und Tagungsannehmlichkeiten sowie den attraktiven Spa und die gepflegte Gastronomie.

Courtyard by Marriott

Arthur-Menge-Ufer 3 ✉ 30169 – ✆ (0511) 36 60 00 – www.courtyardhannover.de Stadtplan : F3**b**
144 Zim – 92/550 € 92/550 € – 19 € – 5 Suiten
Teil dieses gut geführten Geschäftshotels ist das einstige Kasino. Von den schicken modern-wohnlichen Zimmern schaut man zum Maschsee direkt am Haus oder auf die City bzw. die AWD-Arena nebenan. Im Restaurant Julian's: zahlreiche dekorative Bilder, Showküche und Glasfront zum See.

Sheraton Pelikan

Pelikanplatz 31 ✉ 30177 – ✆ (0511) 9 09 30 – www.sheratonhannoverpelikan.com – geschl. 18. Dezember - 4. Januar Stadtplan : D1**p**
138 Zim – 99/449 € 99/449 € – 23 € – 9 Suiten
5th Avenue – Siehe Restaurantauswahl
Das schöne Fabrikgebäude von einst besticht durch moderne Zimmer, die mit klarem Stil, hohen Decken und ansprechenden Details ein nicht alltägliches Ambiente bieten. Sehenswert die klassische Bar.

Grand Hotel Mussmann

Ernst-August-Platz 7 ✉ 30159 – ✆ (0511) 3 65 60 Stadtplan : F2**v**
– www.grandhotel.de
104 Zim – 🚹139/159 € 🚹🚹169/189 € – 5 Suiten
Es soll stilvoll sein, schnörkellos-modern und komfortabel? Und das Frühstück frisch und reichhaltig? Dazu hätten Sie gerne ideale Innenstadtlage und den Bahnhof ganz in der Nähe? Besonders ruhig hat man es übrigens in den Innenhof-Zimmern.

Novotel

Podbielskistr. 21 ✉ 30163 – ✆ (0511) 3 90 40 Stadtplan : G1**u**
– www.novotel.com
205 Zim – 🚹109/159 € 🚹🚹122/172 € – 19 € – 4 Suiten
Funktional, ganz modern und mit gewissem Chic zeigt sich dieses Novotel auf dem Gelände der ehemaligen Bahlsen-Keksfabrik. Schön geradlinig und zugleich wohnlich der Stil, von der Lobby bis in die technisch sehr gut ausgestatteten Zimmer. Im Restaurant Bistro-Ambiente und internationale Küche.

Savoy

Schloßwender Str. 10 ✉ 30159 – ✆ (0511) 1 67 48 70 Stadtplan : F1**e**
– www.hotel-savoy.de
22 Zim – 🚹129/299 € 🚹🚹159/349 € – 4 Suiten
Das im Stadtzentrum gelegene, gut geführte Hotel überzeugt mit schönen hohen Zimmern, die technisch zeitgemäß ausgestattet sind. Hübsch auch der helle Frühstücksraum.

Restaurants

MARY's – Hotel Kastens Hotel Luisenhof

Luisenstr. 1 ✉ 30159 – ✆ (0511) 3 04 48 16 Stadtplan : F2**b**
– www.marys-hannover.de
Menü 30/48 € – Karte 42/74 €
Stilvoll kommt das Restaurant daher, und zwar auf modern-elegante Art. Zum schönen Ambiente gibt es Gutes wie "Wildschweinsauerbraten, Berberitzen, Schwarzwurzeln, Knöpfle". Namensgeberin ist hier übrigens die Tochter des Hotelgründers.

Clichy

Weißekreuzstr. 31 ✉ 30161 – ✆ (0511) 31 24 47 Stadtplan : G1**d**
– www.clichy.de – geschl. Sonntag - Montag
Menü 58/74 € – Karte 44/82 € – *(nur Abendessen)*
Auch nach über 35 Jahren bleibt das charmant-elegante "Clichy" seiner "Cuisine francaise" treu. Lassen Sie sich z. B."nordischen Saibling mit Nussbutter und grünem Spargel" schmecken. Gerne kommt man in der Saison zum bekannten Gänsebraten.

Die Insel

Rudolf-von-Bennigsen-Ufer 81 ✉ 30519 Stadtplan : C3**k**
– ✆ (0511) 83 12 14 – www.dieinsel.com
Menü 48 € (mittags)/89 € (abends) – Karte 55/84 € – (Tischbestellung ratsam)
In direkter Maschsee-Lage werden die Gäste mittags mit einem tollen Preis-Leistungs-Verhältnis verwöhnt, am Abend speist man noch etwas gehobener - Lust auf "Big-Eye-Thunfisch à la Tempura" oder lieber "weißen Heilbutt auf Wurzelgemüse"?

Titus

Wiehbergstr. 98 ✉ 30519 – ✆ (0511) 83 55 24 Stadtplan : C3**z**
– www.restaurant-titus.com – geschl. Neujahr - Mitte Januar und Sonntag - Montag
Menü 59/89 € – Karte 51/67 € – *(nur Abendessen)* (Tischbestellung ratsam)
Charmant ist das kleine Restaurant mit seiner modern-eleganten Atmosphäre und dem sehr aufmerksamen und versierten Service. Und gut essen kann man auch - gekocht wird klassisch. Tipp: leckere Desserts wie "Topfensoufflé mit Snickerseis".

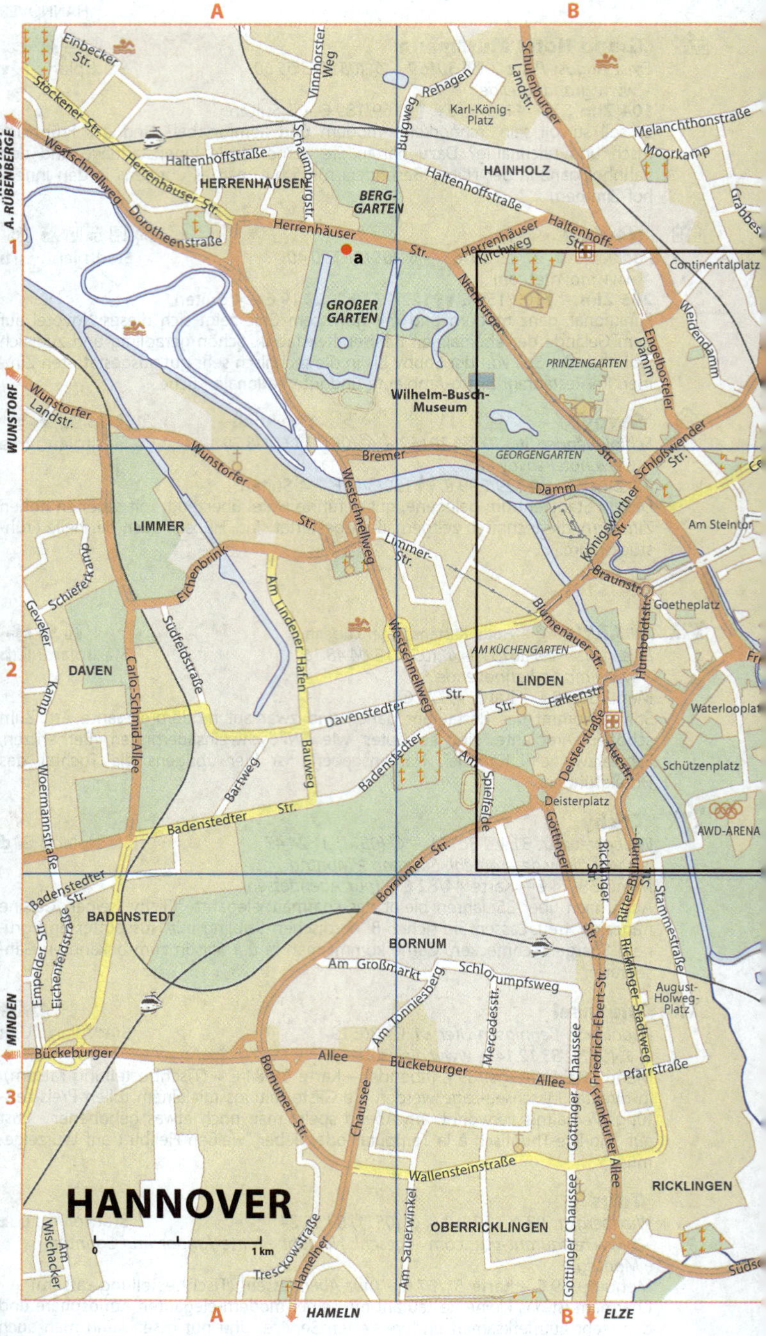
HANNOVER
0
1 km
A
B
1
2
3
NEUSTADT A. RÜBENBERGE
WUNSTORF
MINDEN
HAMELN
ELZE
HERRENHAUSEN
HAINHOLZ
BERG-GARTEN
GROßER GARTEN
a
Wilhelm-Busch-Museum
PRINZENGARTEN
GEORGENGARTEN
AM KÜCHENGARTEN
LIMMER
DAVEN
LINDEN
BADENSTEDT
BORNUM
RICKLINGEN
OBERRICKLINGEN
Einbecker Str.
Stöckener Str.
Westschnellweg
Herrenhäuser Str.
Haltenhoffstraße
Vinnhorster Weg
Schaumburgstr.
Burgweg
Rehagen
Karl-König-Platz
Schulenburger Landstr.
Melanchthonstraße
Moorkamp
Grabbestr.
Dorotheenstraße
Herrenhäuser Kirchweg
Haltenhoff-Str.
Continentalplatz
Nienburger Str.
Engelbosteler Damm
Weidendamm
Wunstorfer Landstr.
Wunstorfer Str.
Bremer Damm
Schloßwender Str.
Königsworther Str.
Am Steintor
Limmer-Str.
Eichenbrink
Schieferkamp
Gevekerkamp
Südfeldstraße
Am Lindener Hafen
Braunstr.
Goetheplatz
Blumenauer Str.
Humboldtstr.
Carlo-Schmid-Allee
Davenstedter Str.
Falkenstr.
Waterlooplatz
Deisterstraße
Auestr.
Schützenplatz
Bartweg
Bauweg
Badenstedter Str.
Am Spielfelde
Deisterplatz
AWD-ARENA
Woermannstraße
Göttinger Str.
Ricklinger Str.
Ritter-Brüning-Str.
Stammestraße
Bornumer Str.
Badenstedter Str.
Empelder Str.
Eichenfeldstraße
Am Großmarkt
Am Tönniesberg
Schlorumpfsweg
Mercedesstr.
Friedrich-Ebert-Str.
Ricklinger Stadtweg
August-Holweg-Platz
Bückeburger Allee
Pfarrstraße
Chaussee
Göttinger Chaussee
Frankfurter Allee
Wallensteinstraße
Am Sauerwinkel
Am Wischacker
Tresckowstraße
Hamelner Chaussee
Südschnellweg

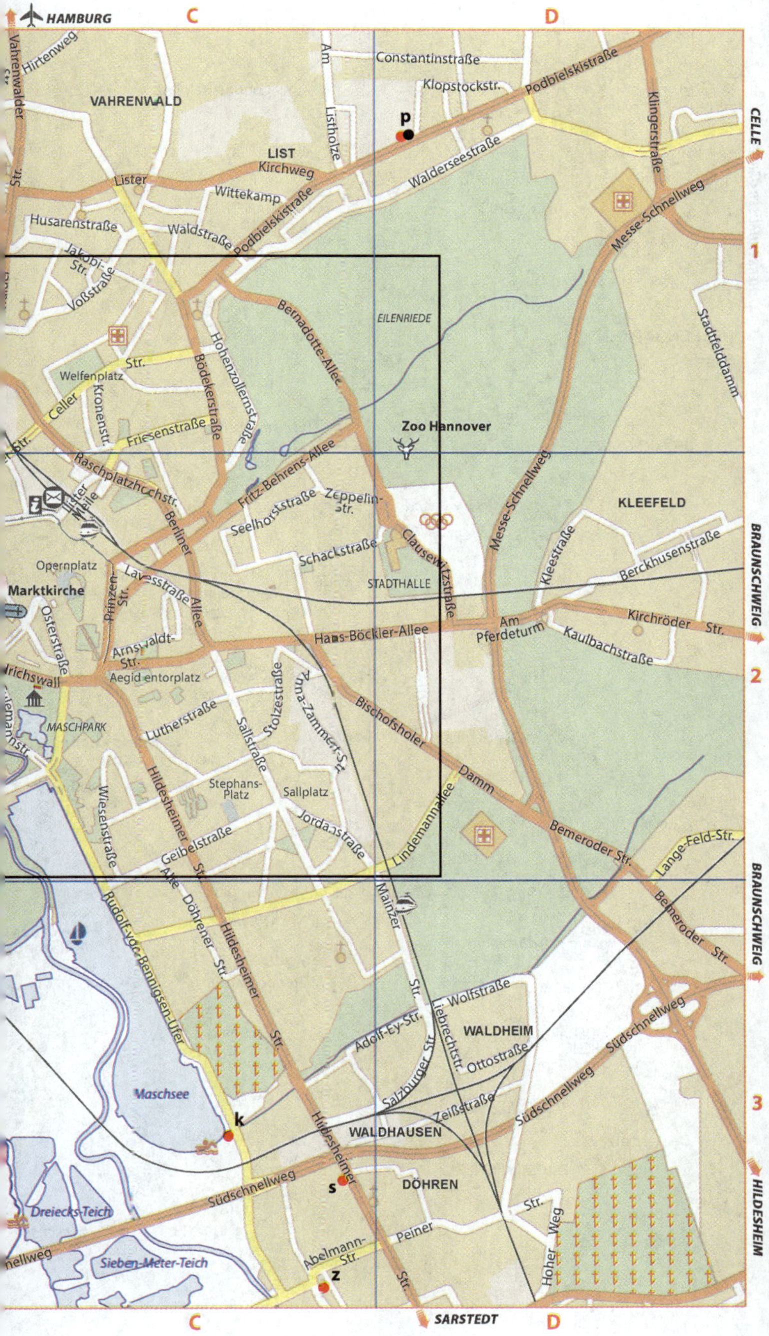
HAMBURG
C
D
CELLE
BRAUNSCHWEIG
BRAUNSCHWEIG
HILDESHEIM
SARSTEDT
1
2
3
VAHRENWALD
LIST
KLEEFELD
WALDHEIM
WALDHAUSEN
DÖHREN
EILENRIEDE
Zoo Hannover
STADTHALLE
Marktkirche
Opernplatz
MASCHPARK
Maschsee
Dreiecks-Teich
Sieben-Meter-Teich
Podbielskistraße
Constantinstraße
Klopstockstr.
Walderseestraße
Klingerstraße
Messe-Schnellweg
Stadtfelddamm
Bernadotte-Allee
Hohenzollernstraße
Bödekerstraße
Fritz-Behrens-Allee
Seelhorststraße
Zeppelin-str.
Schackstraße
Clausewitzstraße
Kleestraße
Berckhusenstraße
Kirchröder Str.
Kaulbachstraße
Am Pferdeturm
Hans-Böckler-Allee
Bischofsholer Damm
Bemeroder Str.
Lange-Feld-Str.
Lindemannallee
Mainzer Str.
Wolfstraße
Liebrechtstr.
Ottostraße
Adolf-Ey-Str.
Salzburger Str.
Zeißstraße
Südschnellweg
Hildesheimer Str.
Alte Döhrener Str.
Rudolf-von-Bennigsen-Ufer
Peiner Str.
Abelmann-Str.
Hoher Weg
Vahrenwalder Str.
Hirtenweg
Lister Kirchweg
Wittekamp
Waldstraße
Husarenstraße
Jakobi-Str.
Voßstraße
Celler Str.
Welfenplatz
Kronenstr.
Friesenstraße
Raschplatzhochstr.
Lister Meile
Berliner Allee
Lavesstraße
Prinzen-Str.
Arnswaldt-Str.
Aegidientorplatz
Osterstraße
Lutherstraße
Sallstraße
Stolzestraße
Anna-Zammert-Str.
Stephans-Platz
Sallplatz
Jordanstraße
Geibelstraße
Wiesenstraße
Am Listholze
p
k
s
z

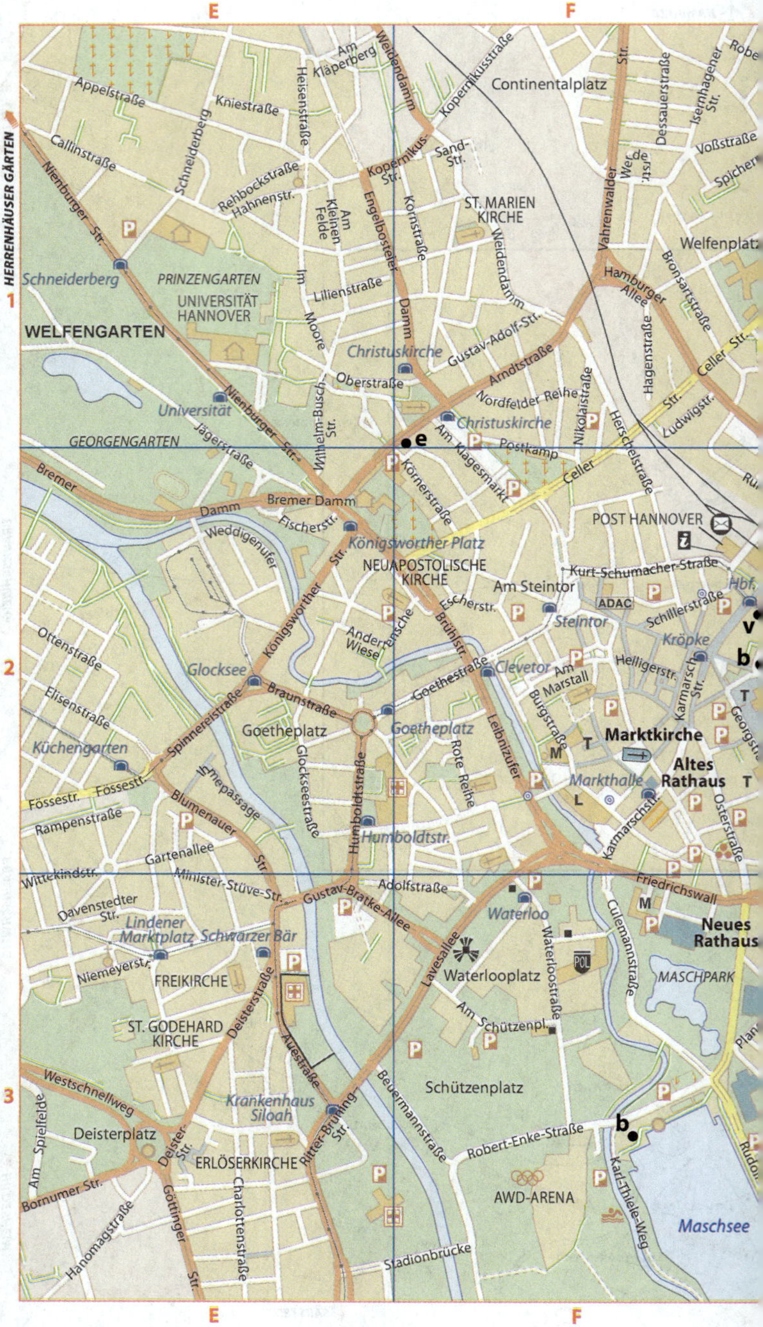
E
F
HERRENHÄUSER GÄRTEN
Continentalplatz
Appelstraße
Kniestraße
Callinstraße
Nienburger Str.
Schneiderberg
Rehbockstraße
Hahnenstr.
Heisenstraße
Am Kläperberg
Weidendamm
Kopernikusstraße
Kopernikus-Str.
Sand-Str.
Engelbosteler Damm
Kornstraße
ST. MARIEN KIRCHE
Vahrenwalder Str.
Dessauerstraße
Isernhagener Str.
Voßstraße
Welfenplatz
Bronsartstraße
Hamburger Allee
Schneiderberg
PRINZENGARTEN
UNIVERSITÄT HANNOVER
WELFENGARTEN
Im Moore
Lilienstraße
Christuskirche
Gustav-Adolf-Str.
Arndtstraße
Hagenstraße
Celler Str.
Ludwigstr.
Universität
Oberstraße
Wilhelm-Busch-Str.
Nordfelder Reihe
Nikolaistraße
Herschelstraße
Christuskirche
GEORGENGARTEN
Jägerstraße
e
Am Klagesmarkt
Postkamp
Celler
Bremer Damm
Körnerstraße
Fischerstr.
Weddigenufer
Königsworther Platz
NEUAPOSTOLISCHE KIRCHE
POST HANNOVER
Kurt-Schumacher-Straße
Am Steintor
ADAC
Hbf.
Escherstr.
Schillerstraße
Steintor
Kröpke
v
b
Ottenstraße
Königsworther Str.
Andertensche Wiese
Brühlstr.
Glocksee
Braunstraße
Goethestraße
Clevetor
Am Marstall
Heiligerstr.
Karmarschstr.
Elisenstraße
Goetheplatz
Goetheplatz
Burgstraße
Marktkirche
Georgstr.
Küchengarten
Spinnereistraße
Glockseestraße
Rote Reihe
Leibnizufer
Altes Rathaus
Fössestr.
Fössestr.
Ihmepassage
Humboldtstraße
Markthalle
Karmarschstr.
Osterstraße
Rampenstraße
Blumenauer Str.
Humboldtstr.
Gartenallee
Wittekindstr.
Minister-Stüve-Str.
Adolfstraße
Friedrichswall
Davenstedter Str.
Gustav-Bratke-Allee
Waterloo
Neues Rathaus
Lindener Marktplatz
Schwarzer Bär
Lavesallee
Waterloostraße
Culemannstraße
Niemeyerstr.
FREIKIRCHE
Waterlooplatz
MASCHPARK
ST. GODEHARD KIRCHE
Deisterstraße
Am Schützenpl.
Auestraße
Westschnellweg
Krankenhaus Siloah
Beuermannstraße
Schützenplatz
Am Spielfelde
Deisterplatz
Deister-Str.
Ritter-Brüning-Str.
Robert-Enke-Straße
b
ERLÖSERKIRCHE
Karl-Thiele-Weg
Bornumer Str.
Charlottenstraße
Göttinger Str.
AWD-ARENA
Maschsee
Hanomagstraße
Stadionbrücke
1
2
3

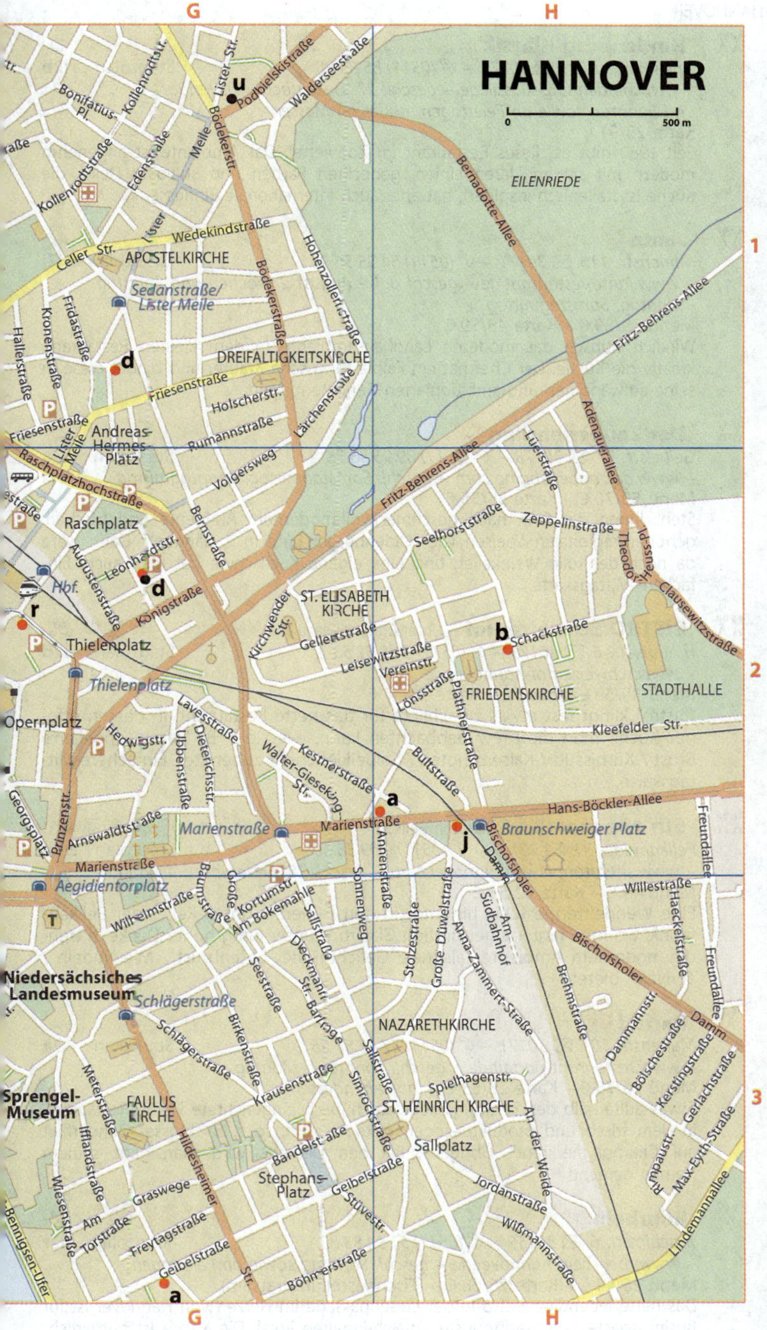

HANNOVER
0
500 m
G
H
1
2
3
EILENRIEDE
Bernadotte-Allee
Fritz-Behrens-Allee
Adenauerallee
Lister Str.
Podbielskistraße
Waldersee straße
Bonifatius-Pl.
Kollenrodtstr.
Kollenrodtstraße
Edenstraße
Meile
Böderkerstr.
Bödekerstraße
Lister Meile
Wedekindstraße
Celler Str.
APOSTELKIRCHE
Sedanstraße/ Lister Meile
Hohenzollernstraße
Fridastraße
Kronenstraße
Hallerstraße
DREIFALTIGKEITSKIRCHE
Friesenstraße
Holscherstr.
Lärchenstraße
Rumannstraße
Andreas-Hermes-Platz
Volgersweg
Raschplatzhochstraße
Raschplatz
Bernstraße
Leonhardtstr.
Augustenstraße
Hbf.
Königstraße
Thielenplatz
Opernplatz
Kirchwender Str.
ST. ELISABETH KIRCHE
Gellertstraße
Leisewitzstraße
Vereinstr.
Lönsstraße
Seelhorststraße
Lüerstraße
Zeppelinstraße
Theodor-Heuss-Pl.
Clausewitzstraße
Schackstraße
FRIEDENSKIRCHE
Plathnerstraße
STADTHALLE
Kleefelder Str.
Lavesstraße
Hedwigstr.
Dieterichsstr.
Ubbenstraße
Walter-Gieseking-Str.
Kestnerstraße
Bultstraße
Hans-Böckler-Allee
Braunschweiger Platz
Bischofsholer Damm
Freundallee
Georgsplatz
Prinzenstr.
Arnswaldtstraße
Marienstraße
Annenstraße
Aegidientorplatz
Willestraße
Haeckelstraße
Wilhelmstraße
Baumstraße
Große Kortumstr.
Am Bokemahle
Sallstraße
Sonnenweg
Stolzestraße
Große Düwelstraße
Anna-Zammert-Straße
Am Südbahnhof
Bischofsholer Damm
Brehmstraße
Dammannstr.
Bölschestraße
Kerstingstraße
Gerlachstraße
Niedersächsiches Landesmuseum
Schlägerstraße
Seestraße
Dieckmann Str.
Barbrage
NAZARETHKIRCHE
Birkenstraße
Krausenstraße
Simrockstraße
Sallstraße
Spielhagenstr.
ST. HEINRICH KIRCHE
An der Weide
Sprengel-Museum
Meterstraße
FAULUS KIRCHE
Hildesheimer Str.
Ifflandstraße
Bandelstraße
Stephans-Platz
Sallplatz
Geibelstraße
Jordanstraße
Rumpaustr.
Max-Eyth-Straße
Wiesenstraße
Graswege
Am Torstraße
Freytagstraße
Stüvestr.
Wißmannstraße
Lindemannallee
Bennigsen-Ufer
Geibelstraße
Böhmerstraße

XX **Hindenburg-Klassik**

Gneisenaustr. 55 ✉ 30175 – ✆ (0511) 85 85 88 Stadtplan : H2**b**
– www.hindenburg-klassik.de – geschl. 27. Dezember - 10. Januar und Sonntag sowie an Feiertagen, außer an Messen
Karte 28/91 €
Seit 1980 gibt es dieses Restaurant im Zooviertel. Das Ambiente ist angenehm modern mit seinen klaren Linien, gedeckten Farben und stilvoller Deko, die Küche ist italienisch inspiriert, hat aber auch internationale Einflüsse.

XX **Jante** N

Marienstr. 116 ✉ 30171 – ✆ (0511) 54 55 56 06 Stadtplan : H2**j**
– www.jante-restaurant.de – geschl. Juli - August 2 Wochen und Sonntag - Montag, Samstagmittag
Menü 29/89 € – Karte 48/59 €
Wirklich hübsch das moderne Landhausambiente in dem kleinen Restaurant, kreativ die Küche. Der Chef hat ein Faible für frische Kräuter und bindet diese in seine aufwändigen und ambitionierten Gerichte mit ein.

XX **Der Zauberlehrling** N

Geibelstr. 77 ✉ 30173 – ✆ (0511) 89 96 36 33 Stadtplan : G3**a**
– www.derzauberlehrling.com – geschl. Samstagmittag, Sonntagmittag
Menü 50/70 € – Karte 35/55 €
Steht Ihnen der Sinn nach geschmackvoll-modernem Ambiente und frischen, gehoben-regionalen Speisen wie "Oldenburger Ente in 2 Gängen"? Dann wäre da noch der tolle Weinkeller, und eine eigene Kochschule hat man auch. Einfachere Mittagskarte.

XX **BISTRO Schweizerhof** – Hotel Crowne Plaza

Hinüberstr. 6 ✉ 30175 – ✆ (0511) 3 49 52 53 Stadtplan : G2**d**
– www.schweizerhof-hannover.de
Menü 39/69 € (abends) – Karte 25/47 €
"Bistro" klingt fast etwas zu schlicht für das nette Restaurant, in dessen offener Küche man die Crew beobachten kann, wie sie z. B. "Fasan - poelierte Brust / Kürbissud / Kaiserschoten / Salbeiklößchen" zubereitet. Einfachere Mittagskarte.

XX **5th Avenue** – Hotel Sheraton Pelikan

Pelikanplatz 31 ✉ 30177 – ✆ (0511) 9 09 38 60 Stadtplan : D1**p**
– www.sheratonpelikanhannover.com – geschl. 18. Dezember - 4. Januar
Menü 49 € – Karte 32/51 €
Eine Wendeltreppe führt hinunter in den früheren Tinten-Keller der Pelikanfabrik, wo man hinter einer großen Glasfront unter luftig-hoher Decke in trendig-modernem Ambiente saisonale Gerichte wie "Entenbrust / Mie-Nudeln / Teriyaki" bietet.

X **Parfait** N

Marienstr. 101 ✉ 30171 – ✆ (0511) 37 41 57 55 Stadtplan : H2**a**
– www.restaurant-parfait.de – geschl. Sonntag - Montag
Menü 25/75 € – Karte 28/53 € – *(nur Abendessen)*
Etwas außerhalb des Zentrums liegt das hübsch eingerichtete kleine Restaurant, in dem frisch und produktbezogen gekocht wird, so z. B. "krosses Zanderfilet auf Champagnerkraut". Übrigens: Bei den Desserts wird man ganz seinem Namen gerecht!

X **Röhrbein**

Joachimstr. 6 ✉ 30159 – ✆ (0511) 51 94 83 83 Stadtplan : G2**r**
– www.roehrbein-hannover.de – geschl. Sonntag sowie an Feiertagen
Menü 26/44 € – Karte 26/68 € – (Tischbestellung ratsam)
Das nette lebendige Bistro in der Luisenpassage im Herzen von Hannover ist für Businessgäste und Stadttouristen gleichermaßen ideal. Die Küche ist bürgerlich-regional, die Auswahl reicht von der Kohlroulade bis zum tagesfrischen Fisch.

da Vinci

Hildesheimer Str. 228 ✉ 30519 – ✆ (0511) 8 43 65 56 Stadtplan : C3**s**
– www.rist-da-vinci.de – geschl. Dezember - Januar 2 Wochen, Juli - August 2 Wochen und Sonntag
Karte 29/46 €
Appetit auf Pizza? Oder doch eher auf klassisch-italienische Speisen wie Antipasti oder Wolfsbarsch? Seit über 20 Jahren kümmern sich die Pollicinos hier um ihre Gäste. Wer möchte: Der Juniorchef bietet auch Weinreisen an.

In Hannover-Bothfeld Nord-Ost: 9 km über Podbielskistraße G1

VIVA CREATIVO

Im Heidkampe 80 ✉ 30659 – ✆ (0511) 64 75 50 – www.viva-creativo.de – geschl. Weihnachten - 3. Januar
63 Zim – 99/250 € 139/350 €
Einige Themenzimmer in diesem Haus machen mit Namen wie "Space", "Mozart", "Arc d'or" oder "Provence" neugierig. Auch Kosmetikanwendungen sind buchbar. Minibar und Kaffee kostenfrei. Frische Atmosphäre und italienische Küche im Restaurant.

In Hannover-Buchholz Nord-Ost: 7 km über Podbielskistraße G1

Gallo Nero

Groß-Buchholzer Kirchweg 72b ✉ 30655 – ✆ (0511) 5 46 34 34 – www.gallo-nero-hannover.com – geschl. Januar 1 Woche, 1. - 26. Juli und Dienstag, Samstagmittag, außer an Messen
Karte 33/57 €
Es ist der Fachwerk-Charme des alten Bauernhauses, der das gemütlich-moderne Restaurant so reizvoll macht, doch auch die frische, authentische italienische Küche kommt an, so z. B. Pasta oder Kotelett vom Ibericio-Schwein mit Steinpilzen.

In Hannover-Flughafen Nord: 11 km über BC1

Maritim Airport Hotel

Flughafenstr. 5 ✉ 30669 – ✆ (0511) 9 73 70 – www.maritim.de
527 Zim – 93/292 € 113/312 € – 21 € – 8 Suiten – ½ P
Das elegant-komfortable Hotel wurde nach dem Vorbild eines Flugzeuges konstruiert. Club Lounge mit Blick auf Start- und Landebahnen sowie ein Businesscenter im Atrium. Restaurant Rôtisserie mit Front Cooking und Buffet-Angebot, mediterrane Küche im Bistro Bottaccio.

In Hannover-Herrenhausen

Schlossküche Herrenhausen

Alte Herrenhäuser Str. 3 ✉ 30419 – ✆ (0511) 2 79 49 40 Stadtplan : A1**a**
– www.schlosskueche-herrenhausen.de – geschl. Januar - Februar: Montag
Menü 35/50 € – Karte 35/72 €
Schön die Lage direkt neben dem Schloss, geradlinig und klar das Ambiente, angenehm der Blick ins Grüne. Aus der Küche kommen moderne internationale Gerichte wie "pochierter St. Pierre mit Rettich, Zitrusfrüchten und La Ratte".

In Hannover-Kirchrode Ost: 10 km über Bischofsholer Damm H3

Tropeano Di-Vino

Kleiner Hillen 4 ✉ 30559 – ✆ (0511) 3 53 31 38 – www.restaurant-tropeano.de – geschl. Montag
Karte 39/57 €
Wirklich hübsch, wie das ehemalige Bauernhaus a. d. 15. Jh. hier auf drei Ebenen rustikales Flair verbreitet. Auf der Karte z. B. "Rehnuss mit Steinpilzflan", dazu über 300 italienische Weine. Im Sommer sitzt man auch draußen sehr schön.

In Hannover-Lahe Nord-Ost: 10 km über Podbielskistraße G1

Der Föhrenhof

Kirchhorster Str. 22 ✉ 30659 – ✆ (0511) 6 15 40
– www.hotel-foehrenhof-hannover.de
78 Zim – 80/392 € 108/392 € – 1 Suite
Zeitgemäße Ausstattung und die verkehrsgünstige Lage nahe der Autobahn sprechen für dieses Hotel. Am Haus verläuft ein Jogging-Parcours, zudem verleiht man kostenfrei Fahrräder. Elegante Atmosphäre mit mediterraner Note im Restaurant "Estragon".

In Hannover-List

boca (N)

Kriegerstr. 43 ✉ 30163 – ✆ (0511) 64 20 97 78 Stadtplan : F1**b**
– www.boca-gastrobar.de – geschl. Montag
Menü 20/40 € – *(nur Abendessen)* (Tischbestellung ratsam)
Großzügig und luxuriös ist es hier nicht, eher schlicht, eng, trubelig und hip! In der offenen Küche dieser etwas schummrigen Gastro-Bar wird lecker und unkonventionell gekocht, die Menü-Basis ist vegetarisch, kann aber um Fisch oder Fleisch erweitert werden. Lust auf Rotkohl-Risotto mit oder ohne Roastbeef?

In Hannover-Messe Süd-Ost: 10 km über Messe-Schnellweg D3

Radisson BLU

Expo Plaza 5, am Messegelände ✉ 30539 – ✆ (0511) 38 38 30
– www.radissonblu.de/hotel-hannover
250 Zim – 97/348 € 97/358 € – 19 € – 1 Suite
Dank seines optimalen Zugangs zur Messe ist das Hotel für Businessgäste ideal. Attraktiv die Zimmer in ihrem modernen, chic-urbanen Stil. Restaurant in der Lobby mit Buffet- und A-la-carte-Bereich sowie kleiner Terrasse auf der Expo Plaza.

Parkhotel Kronsberg

Gut Kronsberg 1, am Messegelände ✉ 30539 – ✆ (0511) 8 74 00
– www.parkhotel-kronsberg.de
200 Zim – 93/546 € 123/546 € – 2 Suiten
Eine komfortable Adresse für Tagungen und Messebesucher. Interessant sind die 12 Designerzimmer - jedes einem Sternzeichen entsprechend dekoriert. Bar, TV-Lounge und Raucherlounge. Das Restaurant: "Gutsherrenstube" und "Witwe Bolte" sowie "Hofgarten" fürs Frühstück.

In Laatzen Süd-Ost: 9 km über Hildesheimer Straße D3

Haase

Am Thie 4, Ortsteil Grasdorf ✉ 30880 – ✆ (0511) 82 01 60 – www.hotel-haase.de
– geschl. 19. Dezember - 5. Januar, 4. - 31. Juli
43 Zim – 69/189 € 95/269 €
Hier tut sich immer etwas, und das seit 1698! Familie Haase leitet das topgepflegte Haus nun in 8. Generation und modernisiert stetig, und das sieht man in den wohnlichen Zimmern. Liebenswert-rustikal das Restaurant - hier gibt es frische bürgerliche Küche.

In Ronnenberg-Benthe Süd-West: 10 km über Bückeburger Allee A3 und B 65

Benther Berg

Vogelsangstr. 18 ✉ 30952 – ✆ (05108) 6 40 60 – www.hotel-benther-berg.de
65 Zim – 81 € 104 €
Benther Berg – Siehe Restaurantauswahl
Schön ist die Lage in einem Park am Waldrand oberhalb des Ortes. Die wohnlichen Zimmer gibt es vom kleinen Standard-Zimmer bis zur Juniorsuite, verteilt auf Altes Haus (1899 als Herrenhaus erbaut), Neues Haus und Landhaus.

Benther Berg – Hotel Benther Berg
Vogelsangstr. 18 ✉ 30952 – ✆ (05108) 6 40 60 – www.hotel-benther-berg.de
Karte 33/49 €
Hier darf man sich auf regional-internationale Küche von "Hirschmedaillons mit Preiselbeer-Kürbiskompott" bis "Loup de Mer in Orangen-Buttersauce" freuen. Sehen lassen kann sich auch das elegante Ambiente hinter hohen Rundbogenfenstern.

HANSTEDT

Niedersachsen – 5 240 Ew. – Höhe 40 m – Regionalatlas **19-I6**
Berlin 321 km – Hannover 118 km – Hamburg 56 km – Lüneburg 31 km
Michelin Straßenkarte 541

Sellhorn
Winsener Str. 23 ✉ 21271 – ✆ (04184) 80 10 – www.hotel-sellhorn.de
48 Zim – †94/129 € ††124/169 € – 3 Suiten – ½ P
Eine wohnliche Ferienadresse unter familiärer Leitung, zu der auch ein zeitgemäßer Spabereich mit Friseur gehört. Zimmer teils mit Gartenblick - den haben Sie auch von der hübschen Innenhofterrasse! Sehr schön die ländlichen Stuben - zum Essen bietet man eine ansprechende Weinauswahl - ein Faible des Chefs!

HAPPURG-KAINSBACH – Bayern ➜ Siehe Hersbruck

HARDERT – Rheinland-Pfalz ➜ Siehe Rengsdorf

HARDHEIM

Baden-Württemberg – ✉ 74736 – 6 860 Ew. – Höhe 271 m – Regionalatlas **48-H16**
Berlin 545 km – Stuttgart 116 km – Würzburg 50 km – Aschaffenburg 70 km
Michelin Straßenkarte 545

Wohlfahrtsmühle N
Wohlfahrtsmühle 1 ✉ 74736 – ✆ (06283) 2 22 20 – www.wohlfahrtsmuehle.com – geschl. Montag - Dienstag
13 Zim – †54/65 € ††85/98 € Karte 30/47 €
Ländlichen Charme versprüht dieses hübsche Anwesen: draußen Teiche, Bachläufe und viel Grün, drinnen gemütliche Stuben und liebenswerte Gästezimmer. Die gute Küche bietet u. a. Wild aus eigener Jagd und Fisch aus eigener Zucht. Tipp: 3-Gänge-Menü sonntagmittags - da kommt die Suppenschüssel auf den Tisch!

HAREN (EMS)

Niedersachsen – 23 090 Ew. – Höhe 9 m – Regionalatlas **16-D7**
Berlin 541 km – Hannover 252 km – Oldenburg 124 km – Groningen 85 km
Michelin Straßenkarte 541

Zur Ems
Emmelerstr. 2 ✉ 49733 – ✆ (05932) 64 03 – www.zur-ems.de – geschl. Sonntagabend - Montag, Samstagmittag, außer an Feiertagen
Karte 21/63 €
Der Chef ist ein wahrer Wein- und Spirituosen-Kenner und nimmt seine Gäste gerne mit in den Keller oder den Cognacraum! Wer auf der Terrasse speist, genießt den Blick auf die Ems. Gekocht wird traditionell und saisonal.

HARRISLEE – Schleswig-Holstein ➜ Siehe Flensburg

HARSEWINKEL

Nordrhein-Westfalen – 23 790 Ew. – Höhe 65 m – Regionalatlas **27-F9**
Berlin 424 km – Düsseldorf 158 km – Bielefeld 30 km – Münster (Westfalen) 46 km
Michelin Straßenkarte 543

Poppenborg

Brockhäger Str. 9 ✉ 33428 – ✆ (05247) 22 41 – www.poppenborg.com – geschl. 1. - 6. Januar, 20. - 25. März, 27. Juli - 3. August, 12. - 19. Oktober und Mittwoch

18 Zim – 59/75 € 95/99 €

Menü 64/109 € – Karte 67/90 €

In dem fest etablierten eleganten Restaurant bekommen Sie topfrische Produkte in Form von klassischen Speisen. Während Heinz Poppenborg am Herd steht, sorgt seine Frau Anne für versierten und stets präsenten Service! Draußen lockt die romantische Gartenterrasse.

Poppenborg's Stübchen – Siehe Restaurantauswahl

Poppenborg's Stübchen – Restaurant Poppenborg

Brockhäger Str. 9 ✉ 33428 – ✆ (05247) 22 41 – www.poppenborg.com – geschl. 1. - 6. Januar, 20. - 25. März, 27. Juli - 3. August, 12. - 19. Oktober und Mittwoch

Karte 25/51 €

Das hier ist die etwas legerere Restaurantvariante des Poppenborg'schen Traditionsbetriebs. Im "Stübchen" gibt es schmackhafte Gerichte vom Hummersüppchen bis zum Tafelspitz. Nett der Biergarten im Grünen!

In Harsewinkel-Marienfeld Süd-Ost: 4 km über B 513

Residence Klosterpforte

Klosterhof 2 ✉ 33428 – ✆ (05247) 70 80 – www.klosterpforte.de

153 Zim – 99/219 € 115/235 € – 6 Suiten

Das 140 000 qm große Anwesen mit historischem Flair hat individuelle Zimmer von klassisch-elegant bis zum modernen "Sporthotel"-Zimmer, einen kleinen See und zwei eigene Fußballplätze sowie das gemütliche Klosterstübchen mit internationaler Küche. Dazu kommt noch der Klosterkeller mit rustikal-bürgerlichem Angebot.

HARTENSTEIN

Sachsen – 4 730 Ew. – Höhe 360 m – Regionalatlas **42-O13**
Berlin 304 km – Dresden 109 km – Chemnitz 32 km – Gera 66 km
Michelin Straßenkarte 544

Gästehaus Wolfsbrunn

Stein 8, Zufahrt über Wildbacherstraße ✉ 08118 – ✆ (037605) 7 60 – www.gaestehaus-wolfsbrunn.de

22 Zim – 70/80 € 100/120 € – 2 Suiten – ½ P

Pavillon – Siehe Restaurantauswahl

Stilvolle Salons, elegante Gästezimmer, ein wunderbarer Park... das Schloss a. d. J. 1912 ist schon ein herrschaftliches Anwesen. Und es ist nicht nur richtig schön, sondern liegt auch noch ruhig am Ortsrand.

Jagdhaus Waldidyll

Talstr. 1 ✉ 08118 – ✆ (037605) 8 40 – www.romantikhotel-waldidyll.de

24 Zim – 79/99 € 110/139 € – 4 Suiten – ½ P

Der Feengarten – Siehe Restaurantauswahl

Etwas Schöneres hätte aus dem einstigen Bergarbeiter-Erholungsheim von 1930 kaum werden können: abseits vom Ort im Wald gelegen, genießt man hier nicht nur Ruhe, auch auf viele liebenswerte Details darf man sich freuen, als da wären eine charmante kleine Lobby mit Kamin, elegante Zimmer und freundlicher Service, der schon beim guten Frühstück auffällt... und dann ist da noch der wunderbare Garten!

Der Feengarten – Hotel Jagdhaus Waldidyll
Talstr. 1 ✉ 08118 – ✆ (037605) 8 40 – www.romantikhotel-waldidyll.de
Menü 37/57 € – Karte 28/54 €
Keine Frage, am besten kann man das Grün ringsum natürlich auf der tollen Terrasse zum Park genießen - und sollte das Wetter nicht mitspielen, lässt man sich die regional-saisonale Küche im gemütlich-eleganten getäfelten Feengarten servieren. Und wie wär's am Abend mit einem 6-Gänge-Gourmetmenü?

Pavillon – Hotel Schloss Wolfsbrunn
Stein 8, Zufahrt über Wildbacherstraße ✉ 08118 – ✆ (037605) 7 60 – www.gaestehaus-wolfsbrunn.de
Menü 24 € (mittags)/62 € – Karte 22/49 € – *(Montag - Freitag nur Abendessen)*
Das Schlossflair ist auch im Restaurant zu spüren: ein vornehmer lichter Pavillon, der geprägt ist von hohen Stuckdecken. Hier gibt es saisonal und regional bezogene Küche nebst Blick ins Grüne - genau dort befindet sich ein Traum von einer Terrasse!

HARTHA (KURORT)

Sachsen – 5 320 Ew. – Höhe 350 m – Regionalatlas **43**-P12
Berlin 216 km – Dresden 25 km – Freiberg 19 km – Pirna 44 km
Michelin Straßenkarte 544

Parkhotel Forsthaus
Am Kurplatz 13 ✉ 01737 – ✆ (035203) 3 40 – www.parkhotel-forsthaus.de
35 Zim – 55/65 € 80/100 € – 1 Suite – ½ P
Solide und gepflegt zeigt sich das einstige Forsthaus nahe dem Kurpark mit seinen rustikal eingerichteten Gästezimmern. Restaurant in gediegenem Stil.

HARTH-PÖLLNITZ

Thüringen – 2 970 Ew. – Höhe 320 m – Regionalatlas **41**-M13
Berlin 254 km – Erfurt 84 km – Gera 18 km – Greiz 28 km
Michelin Straßenkarte 544

In Harth-Pöllnitz - Großebersdorf

Adler - Golf- und Tagungshotel
Großebersdorf 22, B 2 ✉ 07570 – ✆ (036607) 50 00 – www.logis-adler.de
40 Zim – 69 € 96 € – 1 Suite – ½ P
Der um einen Hotelanbau erweiterte Gasthof ist ein familiengeführtes Haus mit wohnlichen, recht unterschiedlich möblierten Zimmern. Restaurant mit gediegen-rustikalem Ambiente.

HARZBURG, BAD

Niedersachsen – 21 680 Ew. – Höhe 261 m – Regionalatlas **30**-J10
Berlin 253 km – Hannover 96 km – Braunschweig 46 km – Göttingen 90 km
Michelin Straßenkarte 541

Braunschweiger Hof
Herzog-Wilhelm-Str. 54 ✉ 38667 – ✆ (05322) 78 80 – www.hotel-braunschweiger-hof.de
68 Zim – 90/105 € 140/160 € – 12 Suiten – ½ P
Restaurant Behnecke – Siehe Restaurantauswahl
Eine wohnliche Ferienadresse mit freundlichem Service ist das seit 1894 familiengeführten Haus. Haben Sie auch den charmanten Kosmetikbereich in dem historischen kleinen Nebengebäude gesehen?

Restaurant Behnecke – Hotel Braunschweiger Hof
Herzog-Wilhelm-Str. 54 ✉ 38667 – ✆ (05322) 78 80 – www.hotel-braunschweiger-hof.de
Menü 21/50 € – Karte 28/60 €
Ländlich-elegant das Ambiente, die Karte saisonal, bürgerlich und auch klassisch-international beeinflusst samt monatlicher Spezialitäten und Romantik-Menü. Für Raucher hat man die rustikale Bierstube. Schöne Salons gibt es ebenfalls.

HASELAU

Schleswig-Holstein – 1 060 Ew. – Höhe 1 m – Regionalatlas **10-H5**
Berlin 315 km – Kiel 96 km – Hamburg 39 km – Itzehoe 47 km
Michelin Straßenkarte 541

Haselauer Landhaus

Dorfstr. 10 ✉ 25489 – ✆ (04122) 9 87 10 – www.haselauer-landhaus.de – geschl. 1. - 6. Januar

12 Zim – †52/73 € ††74/105 € – ½ P

Diese gepflegte Adresse ist ein traditionsreicher Familienbetrieb in einer ruhigen Nebenstraße. Topmodern, frisch und schön hell sind die vier Zimmer im ehemaligen Küsterhaus (hier gibt es auch einen Aufzug!). Im reetgedeckten Haupthaus kann man regional essen.

HASELÜNNE

Niedersachsen – 12 450 Ew. – Höhe 21 m – Regionalatlas **16-D7**
Berlin 490 km – Hannover 224 km – Nordhorn 47 km – Bremen 113 km
Michelin Straßenkarte 541

Jagdhaus Wiedehage

Steintorstr. 9 ✉ 49740 – ✆ (05961) 79 22 – www.jagdhaus-wiedehage.de – geschl. Dienstag

Menü 30/50 € – Karte 25/50 €

Bis ins 16. Jh. reicht die Geschichte dieses ansprechenden Hauses zurück, das mit vielen Jagdtrophäen dekoriert ist. Ein klassisch-rustikales Restaurant mit lauschiger Terrasse. Hier speist man traditionell-regional und saisonal.

HASLACH im KINZIGTAL

Baden-Württemberg – 6 860 Ew. – Höhe 220 m – Regionalatlas **54-E20**
Berlin 774 km – Stuttgart 174 km – Freiburg im Breisgau 54 km – Freudenstadt 50 km
Michelin Straßenkarte 545

In Haslach-Schnellingen Nord: 2 km über B 33

Gasthaus zur Blume

Schnellinger Str. 56 ✉ 77716 – ✆ (07832) 9 12 50 – www.zur-blume.de

27 Zim – †49/99 € ††89/129 € – ½ P

Bereits in der 4. Generation kümmert sich Familie Moser hier engagiert um ihre Gäste. Die Zimmer sind wohnlich-komfortabel und teilweise ganz modern, im Restaurant verbreiten Holztäfelung und Kachelofen ländliches Flair, dazu gibt es Klassiker wie Wiener Schnitzel sowie saisonale Gerichte. Zum Entspannen hat man einen ansprechenden kleinen Saunabereich im UG und Kinder freuen sich auf Spielplatz und Streichelzoo!

HASSLOCH

Rheinland-Pfalz – 19 920 Ew. – Höhe 115 m – Regionalatlas **47-E17**
Berlin 642 km – Mainz 89 km – Mannheim 27 km – Neustadt an der Weinstraße 9 km
Michelin Straßenkarte 543

Sägmühle

Sägmühlweg 140 ✉ 67454 – ✆ (06324) 9 29 10 – www.saegmuehle-pfalz.de

27 Zim – †65/85 € ††79/115 € – ½ P

Man muss sie hier draußen erst mal finden, die historische Mühle (bis 1971 in Betrieb), doch dann erwartet Sie eine idyllische Lage im Grünen und dazu wohnliche Zimmer, ein modern-rustikales Restaurant und ein lauschiger Innenhof. Interessant für Familien: Der Holiday Park ist nur wenige Autominuten entfernt.

HATTERSHEIM

Hessen – 25 740 Ew. – Höhe 103 m – Regionalatlas **47-F15**
Berlin 548 km – Wiesbaden 20 km – Frankfurt am Main 21 km – Mainz 20 km
Michelin Straßenkarte 543

Am Schwimmbad
Staufenstr. 35 ✉ 65795 – ✆ (06190) 9 90 50 – www.hotel-am-schwimmbad.de
24 Zim – 78/95 € 95/125 € – 1 Suite
Das sehr gut geführte Haus überzeugt mit gepflegten, unterschiedlich eingerichteten Zimmern, die alle wohnlich gestaltet sind. Nett sind auch der freundliche Frühstücksraum und der Saunabereich.

HATTINGEN

Nordrhein-Westfalen – 54 360 Ew. – Höhe 90 m – Regionalatlas **26-C11**
Berlin 524 km – Düsseldorf 50 km – Bochum 10 km – Wuppertal 24 km
Michelin Straßenkarte 543

Diergardts Kühler Grund
Am Büchsenschütz 15 ✉ 45527 – ✆ (02324) 9 60 30 – www.diergardt.com – geschl. Montag, Juli - August: Montag - Dienstag
Menü 18 € (mittags unter der Woche)/75 € – Karte 27/73 €
Zahlreiche Stammgäste kommen zu Familie Diergardt, um in schöner Atmosphäre (charmant die Zirbelstube!) gut zu essen. Junior Philipp leitet die Küche - er ist nicht nur Koch, sondern auch Winzer und Sommelier, entsprechend kommt auch der Wein zu den internationalen und regionalen Speisen nicht zu kurz!

Landhaus Wegermann
Wodantal 62, Süd: 4,5 km, über B 51 und Bredenscheid, im Wodantal rechts abbiegen ✉ 45529 – ✆ (02324) 39 50 10 – www.landhaus-wegermann.de – geschl. Juli - August 3 Wochen und Mittwoch - Donnerstag, außer an Feiertagen
8 Zim – 55/80 € 105/130 € – ½ P Menü 25/43 € – Karte 27/57 €
Das gesamte Konzept von Axel Wegermann steht für "biologisch". Ob vegetarisch oder Fleisch, nahezu alles ist Bio-Qualität! Neben dem Restaurant mit etwas rustikalerem Thekenbereich und Terrasse im Grünen gibt es in dem alten Fachwerkhaus auch schöne Landhauszimmer (hier ein kleines Obst-Präsent für Sie!).

HAUENSTEIN

Rheinland-Pfalz – 3 930 Ew. – Höhe 250 m – Regionalatlas **53-D17**
Berlin 686 km – Mainz 124 km – Karlsruhe 66 km – Pirmasens 24 km
Michelin Straßenkarte 543

Felsentor
Bahnhofstr. 88 ✉ 76846 – ✆ (06392) 40 50 – www.hotel-felsentor.de
25 Zim – 66/100 € 96/130 € – 2 Suiten – ½ P
Bei Familie Krämer wird immer wieder investiert, so hat man einige besonders wohnliche Zimmer in warmem Rot, einen freundlich-mediterranen Wintergarten und eine hübsche Terrasse. Zimmer für Eltern mit Kindern gibt es auch. Nicht zu vergessen der "Krämersladen": schöne alte Stücke und Gerichte aus Omas Zeiten!

HAUSEN ob VERENA – Baden-Württemberg

➜ Siehe Spaichingen

HAUZENBERG

Bayern – 11 610 Ew. – Höhe 546 m – Regionalatlas **60-Q19**
Berlin 625 km – München 195 km – Passau 18 km
Michelin Straßenkarte 546

Landgasthaus Gidibauer-Hof
Grub 7, Süd: 0,5 km ✉ 94051 – ✆ (08586) 9 64 40 – www.gidibauer.de – geschl. vor Ostern 1 Woche
17 Zim – 48/58 € 78/98 € – 2 Suiten – ½ P
Landgasthaus Gidibauer-Hof – Siehe Restaurantauswahl
"Naturhotel" trifft es ganz genau, denn der historische Vierseithof liegt wunderbar im Grünen und ist passend zu seiner schönen Naturstein-Architektur richtig wohnlich mit warmem hellem Holz ausgestattet. Wer es geradlinig-modern mag, bucht ein Zimmer im Salettl. Haus und Interieur sind aber nicht nur hübsch anzuschauen, Familie Ertl kümmert sich auch herzlich um ihre Gäste!

Landgasthaus Gidibauer-Hof – Hotel Landgasthaus Gidibauer-Hof

Grub 7, Süd: 0,5 km ✉ 94051 – ✆ (08586) 9 64 40 – www.gidibauer.de – geschl. vor Ostern 1 Woche und Montag

Menü 20/39 € – Karte 17/43 €

Hier bekommt man eine gute bodenständige Regionalküche mit Geschmack. Für Gerichte wie den "gebackenen Kalbskopf mit frischem Kartoffelsalat" oder "Entrecôte mit Rosmarinjus" verwendet man Produkte aus der Region, das Rindfleisch stammt sogar aus der eigenen Charolais-Zucht des Chefs! Und das Ambiente? Ländlich-modern im "Ochsenstall", gemütlich in den Stuben.

HAVELBERG

Sachsen-Anhalt – 6 730 Ew. – Höhe 29 m – Regionalatlas **21**-M7

Berlin 132 km – Magdeburg 108 km

Michelin Straßenkarte 542

Art Hotel Kiebitzberg N

Schönberger Weg 6 ✉ 39539 – ✆ (039387) 59 51 51 – www.arthotel-kiebitzberg.de

28 Zim – 75/105 € 95/139 € – 3 Suiten – ½ P

Interessant sind hier die Lage an der Havel und die schöne geradlinig-moderne Einrichtung samt attraktiver künstlerischer Note. Eines der Zimmer ist eine Wellness-Juniorsuite mit Sauna. Tipp: "PonTOM"-Bootscharter! Im Wintergarten und auf der Terrasse speist man mit Blick ins Grüne. Spezialität: Wagyu-Rind.

HECHINGEN

Baden-Württemberg – 18 750 Ew. – Höhe 528 m – Regionalatlas **55**-G19

Berlin 701 km – Stuttgart 67 km – Konstanz 123 km – Freiburg im Breisgau 131 km

Michelin Straßenkarte 545

In Hechingen-Stein Nord-West: 2,5 km

Lamm

Römerstr. 29 ✉ 72379 – ✆ (07471) 92 50 – www.hotel-lamm-hechingen.de

30 Zim – 75/98 € 105/130 € – ½ P

In dem familiär geführten gewachsenen Gasthof kann man gepflegt wohnen - man bleibt am Ball, investiert und modernisiert stetig. Wer gerne etwas mehr Platz hat, bucht ein Komfortzimmer. Im gemütlichen Restaurant isst man international und regional. Tipp: Besuchen Sie im Sommer das römische Freilichtmuseum!

HEIDELBERG

Baden-Württemberg – 150 340 Ew. – Höhe 114 m – Regionalatlas **47**-**F16**
Berlin 627 km – Stuttgart 122 km – Mannheim 21 km – Darmstadt 59 km
Michelin Straßenkarte 545

M. Moxter / imageBROKER / age fotostock

Hotels

Der Europäische Hof Heidelberg

Friedrich-Ebert-Anlage 1 ✉ *69117* – ✆ *(06221) 51 50* Stadtplan : B2**u**
– *www.europaeischerhof.com*
118 Zim – 179/309 € 218/384 € – 22 € – 3 Suiten – ½ P
Kurfürstenstube – Siehe Restaurantauswahl
Grandhotel-Tradition seit 1865. Seit jeher ein Haus mit Stil, in dessen klassisches Flair man behutsam Moderne einbindet. Fitness und Relaxen mit Stadtblick heißt es im "Panorama Spa" auf 600 qm samt toller Dach-Liegeterrasse! Repräsentativ die Veranstaltungsräume.

Crowne Plaza

Kurfürstenanlage 1 ✉ *69115* – ✆ *(06221) 91 70* Stadtplan : B2**s**
– *www.crowneplaza.de*
232 Zim – 119/280 € 149/300 €
Ihre Vorteile: wohnlich-moderne Zimmer, guter Tagungsbereich, zentrale altstadtnahe Lage (100 m zur S-Bahn-Station, 1 km zum Hauptbahnhof). Nett: "Run Point" in der Lobby mit Streckentipps, Wasser, Obst gratis. Restaurant im glasüberdachten Innenhof mit internationaler Küche, Regionales im Gaudeamus.

Heidelberg Suites

Neuenheimer Landstr. 12 ✉ *69120* – ✆ *(06221) 65 56 50* Stadtplan : D1**r**
– *www.heidelbergsuites.com*
5 Zim – 140/215 € 200/315 € – 21 Suiten
Was könnte man aus drei eleganten Stadtvillen in wunderbarer Neckarlage Schöneres machen als ein niveauvolles Boutique-Hotel? Highlight ist die "Sky Suite"! Auf dem Wasser die restaurierte historische "H. S. Patria": gehobene italienische Küche bei abendlicher Fahrt. Toll: "Weekend Brunch" auf dem Schiff!

Die Hirschgasse

Hirschgasse 3 ✉ *69120* – ✆ *(06221) 45 40* Stadtplan : E1**s**
– *www.hirschgasse.de*
20 Zim – 120/195 € 185/265 € – 23 €
Le Gourmet ✿ • ***Mensurstube*** – Siehe Restaurantauswahl
1472 erstmals erwähnt, heute ein Hotel der besonderen Art: hier ist es charmant bis unters Dach, man wird ausgesprochen freundlich betreut, wohnt überaus individuell und stilvoll und bekommt am Morgen ein ausgesuchtes Frühstück. Schön die Lage am Heiligenberg gegenüber der Altstadt.

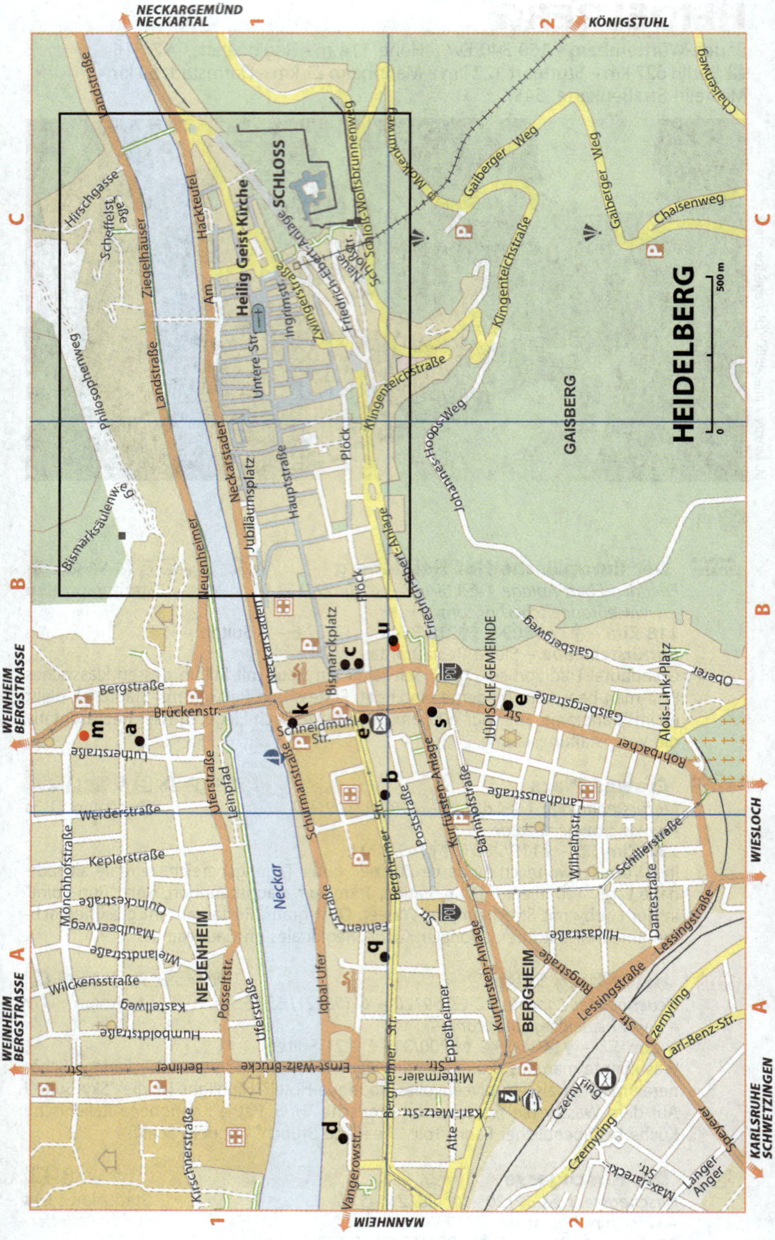
HEIDELBERG
0
500 m
NECKARGEMÜND
NECKARTAL
KÖNIGSTUHL
WEINHEIM
BERGSTRASSE
MANNHEIM
WIESLOCH
KARLSRUHE
SCHWETZINGEN
SCHLOSS
Heilig Geist Kirche
GAISBERG
NEUENHEIM
BERGHEIM
JÜDISCHE GEMEINDE
Neckar
Landstraße
Hirschgasse
Scheffelstr.
Ziegelhäuser
Philosophenweg
Bismarcksäulenweg
Neuenheimer
Neckarstaden
Am Hackteufel
Untere Str.
Ingrimstr.
Zwingerstraße
Friedrich-Ebert-Anlage
Neue Schloßstr.
Schloß-Wolfsbrunnenweg
Molkenkurweg
Gaiberger Weg
Chaisenweg
Klingenteichstraße
Johannes-Hoops-Weg
Jubiläumsplatz
Hauptstraße
Plöck
Bismarckplatz
Schneidmühl Str.
Schurmanstraße
Brückenstr.
Bergstraße
Lutherstraße
Werderstraße
Mönchhofstraße
Keplerstraße
Quinckestraße
Maulbeerweg
Wielandtstraße
Wilckensstraße
Kastellweg
Humboldtstraße
Berliner Str.
Uferstraße
Leinpfad
Posseltstr.
Iqbal-Ufer
Ernst-Walz-Brücke
Vangerowstr.
Kirschnerstraße
Bergheimer Str.
Fehrentzstraße
Poststraße
Kurfürsten-Anlage
Bahnhofstraße
Eppelheimer Str.
Mittermaier-Str.
Karl-Metz-Str.
Alte Eppelheimer
Czernyring
Lessingstraße
Ringstraße
Hildastraße
Dantestraße
Wilhelmstr.
Schillerstraße
Landhausstraße
Rohrbacher Str.
Gaisbergstraße
Gaisbergweg
Alois-Link-Platz
Oberer
Carl-Benz-Str.
Speyerer Str.
Max-Jarecki-Str.
Langer Anger
A
B
C
1
2
a
b
c
d
e
k
m
s
u

D E

1

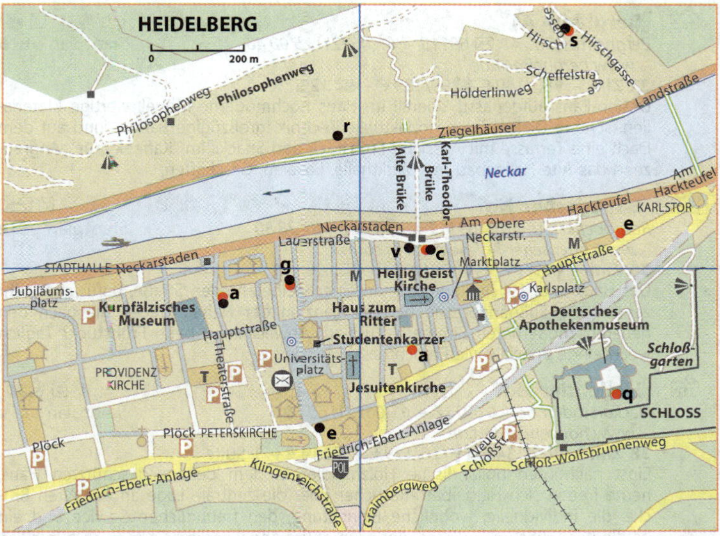

2

D E

Marriott

Vangerowstr. 16 ✉ *69115* – ✆ *(06221) 90 80* Stadtplan : A1**d**
– *www.heidelberg-marriott.de*

245 Zim – 🚹169/249 € 🚹🚹169/249 € – ☕ 23 € – 3 Suiten

Ein typisches Marriott mit komfortablen Zimmern (Tipp: besonders zeitgemäß in der 4. Etage), guten Tagungsmöglichkeiten und modernem Restaurant mit Fleisch- und Grillspezialitäten - wirklich nett die Terrasse zum Neckar. Wer gerne die Aussicht genießt, gönnt sich am besten eine der Suiten mit Dachterrasse!

Qube

Bergheimer Str. 74 ✉ *69115* – ✆ *(06221) 18 79 90* Stadtplan : A1**q**
– *www.qube-heidelberg.de*

70 Zim – 🚹108/168 € 🚹🚹128/188 € – ☕ 18 € – ½ P

Klar, puristisch, wertig - so das Design in dem nach ökologischen Aspekten gestalteten Hotel samt schöner Dachterrasse! Ebenso exquisit und chic die 50 m entfernte Qube-Villa, toll hier die Garten-Lounge! Modern auch das Restaurant, das Angebot reicht vom Burger bis zum gegrillten Thunfisch.

Arthotel

Grabengasse 7 ✉ *69117* – ✆ *(06221) 65 00 60* Stadtplan : D2**e**
– *www.arthotel.de*

24 Zim – 🚹99/169 € 🚹🚹109/189 € – ☕ 13 € – ½ P

Sehr gelungen die Verbindung von Alt und Neu, alles ist wertig und chic - ein Boutique-Hotel im besten Sinne! Besonders schön wohnt man im Erkerzimmer, relaxen kann man auf der Dachterrasse. Geradlinig-modern auch das Restaurant, toll der Innenhof. Übrigens: Trotz Altstadtlage hat man eine Tiefgarage!

Panorama

Bismarckstr. 19 ✉ *69115* – ✆ *(06221) 1 85 21 00* Stadtplan : B1**k**
– *www.panorama-heidelberg.de*

32 Zim ☕ – 🚹100/170 € 🚹🚹140/190 €

Ganz ruhig liegt das Hotel zwar nicht, doch dafür direkt am Neckar und die Schallisolierung ist top! Geschmackvoll und angenehm modern die Zimmer (viele klimatisiert), am Morgen ein frisches Frühstück. Nach einem Bummel durch die nahe Altstadt geht's am Abend auf einen Absacker in die Bar-Lounge.

Bergheim 41

Bergheimer Str. 41 ✉ 69115 – ✆ (06221) 75 00 40 Stadtplan : B1**b**
– www.bergheim41.de
32 Zim – 🚹89/149 € 🚹🚹99/189 € – ☕ 12 €
Design-Fans aufgepasst! Überall im Haus hochmoderne Möbel, wertige Materialien, schöne Dielenböden, topaktuelle Technik, großzügige Bäder... und auf dem Dach eine Terrasse mit Aussicht! Frühstück und Snacks im "Kaffeekultur". Angrenzend das Alte Hallenbad mit Markthalle, Lokalen, Geschäften.

Bayerischer Hof

Rohrbacher Str. 2 ✉ 69115 – ✆ (06221) 87 28 80 Stadtplan : B1**e**
– www.bayrischer-hof-heidelberg.com
56 Zim – 🚹49/149 € 🚹🚹69/199 € – ☕ 7 €
Das Haus a. d. 19. Jh. liegt zwar an einer vielbefahrenen Straße, dafür aber sehr zentral (die Fußgängerzone beginnt ganz in der Nähe). Fragen Sie nach den neueren, moderneren Zimmern. Lust auf Abwechslung beim Frühstück? Täglich wechselnde Specials wie Frenchtoast, Pancakes...

Holländer Hof

Neckarstaden 66 ✉ 69117 – ✆ (06221) 60 50 0 Stadtplan : E1**v**
– www.hollaender-hof.de
38 Zim – 🚹89/134 € 🚹🚹116/179 € – ☕ 14 € – 1 Suite
Einst nächtigten holländische Holzhändler in dem denkmalgeschützten Haus, heute freuen sich Heidelberg-Besucher über die zentrale Lage an der Alten Brücke, die individuelle, wohnliche Einrichtung, den freundlichen Service und ein gepflegtes Frühstück - dieses gibt es in etwas abgespeckter Form auch günstiger.

Zur Alten Brücke

Obere Neckarstr. 2 ✉ 69117 – ✆ (06221) 73 91 30 Stadtplan : E1**c**
– www.altebruecke.com
16 Zim – 🚹109/129 € 🚹🚹128/158 € – ☕ 11 €
Wirtshaus zum Nepomuk – Siehe Restaurantauswahl
Wenn man im Sommer im lauschigen Innenhof frühstückt, spürt man den historischen Charme! Ebenso drinnen: Eine schöne alte Holztreppe führt zu den Zimmern (darunter Dach- und Maisonette-Juniorsuiten), sehr reizvoll der puristisch-moderne Stil zum Altbau-Flair. Ist Ihnen das schöne Bambusparkett aufgefallen?

Exzellenz Hotel (N)

Rohrbacher Str. 29 ✉ 69115 – ✆ (06221) 91 50 Stadtplan : B2**e**
– www.exzellenzhotel.de
48 Zim – 🚹69/89 € 🚹🚹79/99 € – ☕ 10 €
"Tradition trifft Moderne" - so zeigen sich die beiden denkmalgeschützten Stadthäuser. Wie wär's z. B. mit einem Studio mit Kitchenette? Am Morgen lockt ein frisches Frühstücksbuffet in schickem Ambiente. Eigene Parkplätze ganz in der Nähe.

Astoria

Rahmengasse 30 ✉ 69120 – ✆ (06221) 7 29 03 50 Stadtplan : B1**a**
– www.heidelberg-astoria.de – geschl. Ende Dezember - Ende Januar, August 2 Wochen
6 Zim ☕ – 🚹95/145 € 🚹🚹150/190 €
Die charmante, etwas versteckt gelegene Villa von 1907 ist ideal für Individualisten, die "Understatement" bevorzugen. An der Eingangstür steht nach wie vor "Pension Astoria", nichtsdestotrotz hat man es hier komfortabel, modern und wohnlich. Gut das Frühstück, nett die kleine Bar. Begrenzte Parkkapazität.

Weißer Bock

Große Mantelgasse 24 ✉ 69117 – ✆ (06221) 9 00 00 Stadtplan : D2**g**
– www.weisserbock.de
23 Zim – 🚹75/115 € 🚹🚹115/250 € – ☕ 12 €
Weißer Bock – Siehe Restaurantauswahl
In ihrer 300-jährigen Geschichte war diese Heidelberger Institution schon mal ein Brauhaus und auch Studentenverbindungshaus der Ripuaria. Es liegt mitten in der Altstadt (Neckar und Fußgängerzone ganz in der Nähe), die Zimmer geschmackvoll und wohnlich, der Service zuvorkommend.

Backmulde

Schiffgasse 11 ✉ 69117 – ✆ (06221) 5 36 60 Stadtplan : D2**a**
– www.gasthaus-backmulde.de
26 Zim – 99/105 € 115/138 €
Backmulde – Siehe Restaurantauswahl
Ein historisches Gasthaus in einer Seitenstraße mitten in der beschaulichen Altstadt! Die wohnlichen Zimmer sind modern oder klassisch gehalten und liegen zum ruhigen Innenhof, viele sind klimatisiert.

Goldene Rose

St. Annagasse 7 ✉ 69117 – ✆ (06221) 90 54 90 Stadtplan : B1**c**
– www.hotel-goldene-rose.de
37 Zim – 85/150 € 115/170 €
Ein Altstadthotel wie aus dem Bilderbuch! Individuelle Zimmer, schönes, frisches Frühstück (im Sommer im Innenhof!), perfekt die Lage nur wenige Schritte von der Fußgängerzone. Tipp: Reservieren Sie einen der Autostellplätze am Haus!

Nassauer Hof

Plöck 1 ✉ 69117 – ✆ (06221) 90 57 00 Stadtplan : B1**c**
– www.hotel-nassauer-hof.de – geschl. Ende Dezember - Anfang Januar
20 Zim – 88/138 € 128/158 €
Günstig die Altstadtlage, nett die wohnlich-mediterrane Note. Hier bleibt man am Ball und investiert stetig. Zimmer vom kleinen "Economy" bis zum geräumigen "Komfort", gut das Frühstücksbuffet samt Aufschnitt direkt von der Berkel-Maschine.

Restaurants

Le Gourmet – Hotel Die Hirschgasse

Hirschgasse 3 ✉ 69120 – ✆ (06221) 45 40 Stadtplan : E1**s**
– www.hirschgasse.de – geschl. Januar 2 Wochen, August 3 Wochen und Sonntag - Montag
Menü 75/120 € – *(nur Abendessen)* (Tischbestellung ratsam)
Fachwerkdecke, Sandsteinwände, Kachelofen... Wunderbare Relikte von einst kommen in dem elegant ausstaffierten Raum toll zur Geltung - ein nicht alltäglicher Rahmen! Die Küche: klassisch mit modern-kreativen Akzenten und schönem Aromenspiel. Dazu viele deutsche Weine.
➜ Kaisergranat mit Karotte, Passionsfrucht und Petersilie. Seezunge und Pulpo im Bouillabaissesud. Limousin Lamm, gebraten, geschmort und gepökelt mit Gurke und Estragon.

Kurfürstenstube – Der Europäische Hof - Hotel Europa

Friedrich-Ebert-Anlage 1 ✉ 69117 – ✆ (06221) 51 50 Stadtplan : B2**u**
– www.europaeischerhof.com – geschl. Juli - August
Menü 36/109 € – Karte 61/89 € – *(März - Dezember: nur Abendessen)*
Elegant speist man hier - die mächtige Kassettendecke und Wandvertäfelungen mit schönen Intarsienarbeiten bewahren ein Stück Geschichte. Gekocht wird klassisch mit modernen Einflüssen. Juli und August hat das Sommerrestaurant geöffnet.

Scharff's Schlossweinstube im Heidelberger Schloss

Schlosshof 1 ✉ 69117 – ✆ (06221) 8 72 70 10
– www.heidelberger-schloss-gastronomie.de Stadtplan : E2**q**
– geschl. Sonntag - Montag
Menü 79/139 € – Karte 66/91 € – *(nur Abendessen)*
Der Rahmen ist etwas Besonderes: elegante historische Räume, drum herum die sehenswerte Schlossruine, und im Sommer bietet der romantische Schlosshof eine einzigartige Kulisse! Klassisch-modern die Küche - aus den Menüs "Liselotte" und "Karl Theodor" können Sie auch à la carte wählen.
➜ Wildgarnele, Miesmuschel, junge Erbse. Wolfsbarsch, Radieschen, Kopfsalat. Rhabarber, Nußlocher Ziegenkäse.

Simplicissimus

Ingrimstr. 16 ✉ 69117 – ✆ (06221) 6 73 25 88 Stadtplan : E2**a**
– www.simplicissimus-restaurant.de – geschl. Sonntag
Menü 74/84 € – Karte 41/70 € – *(nur Abendessen)* (Tischbestellung ratsam)
In diesem Heidelberger Klassiker in der engen Altstadtgasse gibt es Gutes wie "Steinbutt mit Ochsenschwanz, Spinat und confierter Sonnenwurzel". Das Interieur ist ein schöner Mix aus geradlinig und elegant - draußen der charmante Innenhof!

Weißer Bock – Hotel Weißer Bock

Große Mantelgasse 24 ✉ 69117 – ✆ (06221) 9 00 00 Stadtplan : D2**g**
– www.weisserbock.de
Menü 65 € (abends) – Karte 50/68 € – *(Montag - Donnerstag nur Abendessen)*
Für Gemütlichkeit sorgen hier hübsche Details wie Holztäfelung und historische Fotos. Aus der Küche kommen internationale und regionale Gerichte wie "gegrillter Wolfsbarsch mit Riesling-Sabayone, Paprika, Auberginen-Risotto".

Herrenmühle N

Hauptstr. 239 ✉ 69117 – ✆ (06221) 60 29 09 Stadtplan : E1**e**
– www.herrenmuehle.net – geschl. über Fasching 2 Wochen und Montag
Menü 42/96 € – Karte 35/66 € – *(nur Abendessen, sonntags auch Mittagessen)*
In einer kopfsteingepflasterten Straße in der Altstadt finden Sie dieses Restaurant, in dem man rustikalen Stil ansprechend mit freundlichen Farben kombiniert hat. Romantisch hat man es draußen auf der mit Glyzinien berankten Terrasse.

Alter Mönchhof N

Mönchhofstr. 3 ✉ 69120 – ✆ (06221) 9 85 09 21 Stadtplan : B1**m**
– www.alter-moenchhof.de – geschl. Montag
Menü 49 € – Karte 35/52 € – *(nur Abendessen, Mai - Oktober: Samstag - Sonntag auch Mittagessen)*
Geschmackvoll-moderner Stil hinter historischer Fassade, draußen die herrliche begrünte Terrasse. Sehen lassen können sich auch regionale und internationale Gerichte wie "schottischer Lable-Rouge-Lachs, gegrillte Wassermelone, Venere-Reis".

Wirtshaus zum Nepomuk – Hotel Zur Alten Brücke

Obere Neckarstr. 2 ✉ 69117 – ✆ (06221) 73 91 30 Stadtplan : E1**c**
– www.altebruecke.com
Karte 30/49 € – *(nur Abendessen) (April - September: Montag - Freitag nur Abendessen)*
Schön gemütlich: Viel dunkles Holz schafft typische Wirtshausatmosphäre, dazu hübsche Vorhangstoffe, Kissen, Bilder an den Wänden... Auf dem Teller z. B. klassischer Rostbraten oder auch halbe Ente. Gerne sitzt man im hübschen Innenhof.

Mensurstube – Hotel Die Hirschgasse

Hirschgasse 3 ✉ 69120 – ✆ (06221) 45 40 Stadtplan : E1**s**
– www.hirschgasse.de – geschl. Januar 1 Woche und Sonntag
Menü 44 € – Karte 39/68 € – *(nur Abendessen)* (Tischbestellung ratsam)
In der traditionsreichen Mensurstube sitzt man an blanken Holztischen (Schnitzereien einstiger Studenten erinnern an früher) und lässt sich gute regionale Gerichte wie "Gulasch vom Boeuf de Hohenlohe" servieren. Duftende Rosenterrasse!

Backmulde – Hotel Backmulde

Schiffgasse 11 ✉ 69117 – ✆ (06221) 5 36 60 Stadtplan : D2**a**
– www.gasthaus-backmulde.de – geschl. Sonntag
Menü 36 € – Karte 34/51 € – *(nur Abendessen)*
Lust auf "badisches Schäufele mit Speckwirsing und Schupfnudeln"? Und danach "Mousse von der Valrhonaschokolade mit eingelegten Zwetschgen"? Gut isst man hier mitten in der Altstadt in der hübschen einstigen Schifferherberge a. d. 17. Jh.!

In Heidelberg-Grenzhof Nord-West: 8 km über A1, Richtung Mannheim

Grenzhof

Grenzhof 9 ✉ 69123 – ✆ (06202) 94 30 – www.grenzhof.de – geschl. 23. - 30. Dezember

36 Zim ☕ – 🚹88/123 € 🚹🚹120/188 € – 1 Suite

Gutsstube – Siehe Restaurantauswahl

Es muss ja nicht immer die Innenstadt sein! Hier wohnen Sie in einem schönen Landhotel samt landwirtschaftlichem Anwesen - besonders hübsch die Themenzimmer ("Apfelblüte", "Castello"...), frisch und reichhaltig das Frühstück, reizend der Innenhof. Eine Seltenheit in Heidelberg: kostenfreie Parkplätze!

Gutsstube – Hotel Grenzhof

Grenzhof 9 ✉ 69123 – ✆ (06202) 94 30 – www.grenzhof.de – geschl. 23. - 30. Dezember und Sonntag

Karte 43/60 € – *(nur Abendessen)*

Mögen Sie es ländlich-charmant oder lieber moderner? Die regional-internationalen Speisen kann man sich sowohl in der Stube als auch im Wintergarten schmecken lassen - oder aber draußen im Freien! Mittags nur Lunchbuffet. Tolle Festscheune.

In Heidelberg-Handschuhsheim Nord: 3 km über B1, Richtung Weinheim

Das Lamm

Pfarrgasse 3 ✉ 69121 – ✆ (06221) 4 79 30 – www.lamm-heidelberg.de

13 Zim – 🚹108/185 € 🚹🚹128/251 € – ☕ 15 €

Das ist schon ein wahres Kleinod: Historie, wohin man schaut (das Anwesen ist 350 Jahre alt), hübsch die wohnlichen Zimmer mit Dielenböden, überall im Haus Antiquitäten und Kunst, toll der Innenhof. Übrigens: Strom produziert man selbst - Ladestation für Elektroautos.

Cesarino

Handschuhsheimer Landstr. 118 ✉ 69121 – ✆ (06221) 43 44 41 – geschl. Anfang Januar 2 Wochen, Ende Juli - Ende August und Sonntag

Menü 35/50 € – Karte 37/54 € – *(nur Abendessen)*

Freunde von angenehm schnörkelloser und authentischer italienischer Küche sollten Tamara und Cesario Pecoco in ihrem eleganten Restaurant an der Ecke besuchen. Antipasti und Pastagerichten sind hier immer ein guter Tipp!

Ai Portici

Rottmannstr. 2, Eingang Steubenstraße ✉ 69121 – ✆ (06221) 47 28 17 – www.ai-portici.de – geschl. Anfang August 3 Wochen und Dienstag

Menü 17 € (mittags)/45 € – Karte 28/48 €

Freundlich-familiär die Atmosphäre, frisch die italienische Küche, und die bietet man auf einer kleinen Standardkarte samt einiger leckerer Pizzen und in Form von Tagesempfehlungen. Tipp: Fragen Sie auch nach den Weinen aus der Vineria!

In Heidelberg-Pfaffengrund West: 3,5 km über Alte Eppelheimer Straße A2

Neu Heidelberg

Kranichweg 15 ✉ 69123 – ✆ (06221) 7 38 20 – www.neu-heidelberg.de

44 Zim – 🚹69/149 € 🚹🚹79/189 € – ☕ 10 €

Ein sehr gepflegter Familienbetrieb, in dem Ökologie-Bewusstsein groß geschrieben wird. Die Zimmer sind modern in Stil und Technik, fortschrittlich das Raumklima-System. Zum Essen (bürgerliche Küche) geht man in die behagliche Brunnenstube. Praktisch: Autobahn und Bahnhof sind gut zu erreichen.

In Heidelberg-Wieblingen Nord-West: 4,5 km über Vangerowstraße A1

Ludwig Schwarz (N)

Im Schuhmachergewann 6 ✉ 69123 – ✆ (06221) 77 60 39 – www.ludwigschwarz-restaurant.de – geschl. 1. - 8. Januar und Samstagmittag, Sonntagabend - Montag

Menü 39/69 € – Karte 39/64 €

Was Sie hier in etwas unscheinbarer Lage im Industriegebiet von Wieblingen finden, ist ein geschmackvoll-modernes Restaurant samt schöner Terrasse, in dem Sie sich z. B. auf "St. Pierre mit Butternut-Kürbis und Polenta" freuen dürfen.

HEIDENHEIM an der BRENZ

Baden-Württemberg – 46 420 Ew. – Höhe 504 m – Regionalatlas **56**-I19
Berlin 583 km – Stuttgart 82 km – Augsburg 90 km – Nürnberg 132 km
Michelin Straßenkarte 545

Schlosshotel Park Consul

Hugo-Rupf-Platz 2 ✉ 89522 – ✆ (07321) 3 05 30
– www.pcheidenheim.consul-hotels.com
113 Zim – 159/179 € 179/199 € – 2 Suiten – ½ P
Direkt neben dem Schloss, gegenüber dem Naturtheater und angeschlossen an das Kongresszentrum liegt das zeitgemäß-komfortable Hotel. Der Rahmen ist großzügig, die Zimmer sind modern (alle übrigens mit Stepper), die Schlosssuiten mit Balkon und Schlossblick. Regionale Küche in der SchlossWirtschaft.

In Steinheim am Albuch West: 6 km über B 466

Zum Kreuz

Hauptstr. 26 ✉ 89555 – ✆ (07329) 9 61 50 – www.kreuz-steinheim.de
45 Zim – 85/110 € 99/140 € – ½ P
Der gewachsene Familienbetrieb ist ganz auf den Businessgast zugeschnitten. Die Zimmer sind geradlinig im Stil und mit aktueller Technik ausgestattet. In gemütlichen Restauranträumen (rustikal oder modern) serviert man überwiegend regionale Küche, zum Entspannen hat man einen schönen Saunabereich.

HEIDESHEIM am RHEIN

Rheinland-Pfalz – 7 470 Ew. – Höhe 100 m – Regionalatlas **47**-E15
Berlin 587 km – Mainz 17 km – Neustadt a.d. Weinstraße 100 km – Wiesbaden 18 km
Michelin Straßenkarte 543

Gourmetrestaurant Dirk Maus

Sandhof 7 ✉ 55262 – ✆ (06132) 4 36 83 33 – www.dirk-maus.de – geschl. Juli - August 2 Wochen und Montag - Dienstag
Menü 85/120 € – *(nur Abendessen)*
Das jahrhundertealte Anwesen glänzt mit einem Mix aus alten Bruchsteinwänden und schicker Geradlinigkeit, Dirk Maus mit seiner feinen, auf den Punkt gebrachten Küche - klassisch, mit modernen Akzenten. Im Service seine herzliche Frau Tina.
→ Seehecht, Rotgarnele, Erbse, Basilikum. Taube, Brot, Trüffel, Birne. Kalb, Bohne, Möhre, Zitrus.
Landgasthaus Sandhof – Siehe Restaurantauswahl

Landgasthaus Sandhof – Gourmetrestaurant Dirk Maus

Sandhof 7 ✉ 55262 – ✆ (06132) 4 36 83 33 – www.dirk-maus.de – geschl. Juli - August 2 Wochen und Montag - Dienstag
Menü 39/49 € – Karte 39/69 € – *(Mittwoch - Freitag nur Abendessen)*
Ein kleines bisschen legerer ist es im zweiten Maus'schen Restaurant. Hier wird man aber nicht weniger charmant umsorgt und die Küche ist mit "Blutwurststrudel auf Rahmsauerkraut" oder "Kalbsfilet und Stangenspargel" eine echte Alternative.

HEIGENBRÜCKEN

Bayern – 2 260 Ew. – Höhe 274 m – Regionalatlas **48**-H15
Berlin 542 km – München 350 km – Würzburg 71 km – Aschaffenburg 26 km
Michelin Straßenkarte 546

Villa Marburg im Park

Werner-Wenzelstr. 1 ✉ 63869 – ✆ (06020) 97 99 90 – www.villa-marburg.de – geschl. 1. - 17. Januar, 14. - 28. August
35 Zim – 95 € 125 € – 4 Suiten – ½ P
Gewölbekeller und Parkrestaurant – Siehe Restaurantauswahl
Wohnlich-elegant hat man es in der Villa a. d. 19. Jh. nebst modernem Anbau. Für Ihre Freizeit: Massage und Kosmetik, Indoor-Golf-Simulator oder auch das 100 m entfernte Naturschwimmbad (für Hausgäste kostenfrei). Gastronomisch gibt es zusätzlich freitagabends das Culinaricum: kreative Küche als großes Menü.

Landgasthof Hochspessart

Lindenallee 40 ✉ 63869 – ✆ (06020) 9 72 00 – www.hochspessart.de

34 Zim – 56/70 € 94/119 € – ½ P

Seit über 20 Jahren sind Pearl Marie und Gerhard Samer hier die engagierten Gastgeber. Die Zimmer sehr gepflegt und wohnlich, die Küche regional - eine Spezialität sind Wildgerichte, -schinken und -würste. Dazu gute fränkische und deutsche Weine. Für Aktive: schöne Wander- und Radwege in der Umgebung.

Gewölbekeller und Parkrestaurant – Hotel Villa Marburg im Park

Werner-Wenzelstr. 1 ✉ 63869 – ✆ (06020) 97 99 90 – www.villa-marburg.de – geschl. 1. - 17. Januar, 14. - 28. August und Sonntagabend

Menü 30/42 € – Karte 31/47 €

Steht Ihnen der Sinn nach Fusion oder essen Sie lieber klassisch? Menü oder à la carte? Im Winter sitzt man Mo - Mi im gemütlich-eleganten Sandsteingewölbe, Do - Sa sowie im Sommer im freundlichen Parkrestaurant oder auf der Terrasse.

HEILBRONN

Baden-Württemberg – 117 540 Ew. – Höhe 157 m – Regionalatlas **55**-G17

Berlin 591 km – Stuttgart 60 km – Heidelberg 68 km – Karlsruhe 94 km

Michelin Straßenkarte 545

insel hotel

Willy-Mayer-Brücke, über Kranenstraße ✉ 74072 – ✆ (07131) 63 00 – www.insel-hotel.de Stadtplan : A1**r**

125 Zim – 129/189 € 159/209 € – 5 Suiten

Schwäbisches Restaurant – Siehe Restaurantauswahl

An ein Schiff erinnert das Inselgrundstück im Neckar, auf dem das im klassischen Stil gehaltene Hotel mit seinen unterschiedlichen Zimmern und einem beliebten Restaurant liegt. Die Gastgeber sind bereits in der 3. Generation Gastronomen.

Mercure (N)

Platz Am Bollwerksturm 2 ✉ 74072 – ✆ (07131) 74 99 50 – www.mercure.hn Stadtplan : A1**m**

133 Zim – 135/195 € 150/210 € – 16 € – 3 Suiten

Das Businesshotel ist gefragt bei Geschäftsleuten, die hier in gut ausgestatteten, geradlinig-modern gehaltenen Zimmern wohnen. Der Platz am Bollwerkturm ist eine günstige Lage und das Stadtbad befindet sich gleich nebenan.

Park-Villa

Gutenbergstr. 30 ✉ 74074 – ✆ (07131) 9 57 00 – www.hotel-parkvilla.de – geschl. 24. Dezember - 3. Januar Stadtplan : B2**p**

25 Zim – 98/115 € 132/152 €

Eine schmucke Villa von 1912 samt hübscher Dependance und individueller Zimmer, zu finden in einer angenehmen Wohngegend. Wundern Sie sich nicht, wenn Sie im Garten einen Geparden sehen! Das ist Sammy, er gehört ebenso zum Haus wie die eigenen Schnee-Eulen und die Fische im Teich.

TraumRaum

Bahnhofstr. 31 ✉ 74072 – ✆ (07131) 5 91 92 40 – www.hotel-traumraum.de Stadtplan : A1**t**

21 Zim – 85/129 € 115/169 €

Eindeutig der Hotspot der Heilbronner Hotellerie: Detailgenau und hochwertig, machen die traumhaften Räume Lust auf das exotische Bangkok, das aparte Island, das farbenprächtige Rio de Janairo...! Syndey werden Sie sofort erkennen!

Schwäbisches Restaurant – Insel-Hotel

Willy-Mayer-Brücke, über Kranenstraße ✉ 74072 – ✆ (07131) 63 00 – www.insel-hotel.de Stadtplan : A1**r**

Karte 26/71 €

Familie Mayer betreibt ihr Restaurant persönlich und engagiert - einer der Gründe, warum es in der Umgebung sehr geschätzt ist. Auf der Karte finden sich regionale und internationale Speisen, vor dem Haus eine schöne Terrasse unter Palmen.

Allegro da Umberto

Kranenstr. 14 ✉ 74072 – ✆ (07131) 9 19 99 03 Stadtplan : A1**b**
– www.da-umberto.com – geschl. Sonntag - Montag
Menü 32/78 € – Karte 32/63 € – *(nur Abendessen)* (Tischbestellung ratsam)
Wo mittags unter dem Namen "Melaverde" die Gäste des Science Centers "experimenta" im SB-Bistro-Stil bewirtet werden, erwartet Sie am Abend in einem völlig umgestalteten Restaurant ein klassisch italienisches Angebot! Sehr schöne Terrasse.

Bachmaier

Untere Neckarstr. 40 ✉ 74072 – ✆ (07131) 6 42 05 60 Stadtplan : A1**c**
– www.restaurant-bachmaier.de – geschl. Weihnachten - Anfang Januar 2 Wochen, Juni 2 Wochen und Samstagmittag, Sonntag - Dienstagmittag sowie an Feiertagen
Menü 23 € (mittags)/41 € – (Tischbestellung ratsam)
Sehr nett ist dieses modern in warmen Farben gehaltene Restaurant, schmackhaft die saisonale Küche des oberbayerischen Patrons - mittags wie abends ein variables Menü. Die Chefin managt kompetent den Service, gut die offene Weinbegleitung.

Trattoria da Umberto

Schellengasse 16 ✉ 74072 – ✆ (07131) 7 24 76 55 Stadtplan : B1**a**
– www.da-umberto.com – geschl. August und Montag
Menü 22/52 € – Karte 23/45 € – *(nur Abendessen)*
Etwas versteckt in einer Seitengasse liegt die nette Trattoria mit hübscher begrünter Terrasse. Geboten wird italienische Küche à la Mamma - am Herd steht die sympathische Mutter des Chefs.

In Heilbronn-Böckingen West: 2 km über Südstraße A2

Rebstock la petite Provence

Eppinger Str. 43, Ecke Ludwigsburger Straße ✉ 74080 – ✆ (07131) 4 05 43 51
– www.rebstock-provence.de – geschl. Anfang Januar 2 Wochen, Juli
- September 2 Wochen und Sonntag - Montag
Menü 35/84 € – *(nur Abendessen)*
Ein schöner 2-Mann-Betrieb (genauer gesagt Mann-Frau-Betrieb): Der aus dem Burgund stammende Dominique Champroux und seine Frau Beate sind ein eingespieltes Team und bieten Ihnen Leckeres wie "Rinderfilet von Mr. Häberle im Thymianbrotmantel mit Kapern-Schokoladenöl". Tipp: Machen Sie doch mal einen Kochkurs!

In Heilbronn-Sontheim Süd: 5 km über Wilhelmstraße A2

Piccolo Mondo

Hauptstr. 9 ✉ 74081 – ✆ (07131) 25 11 33 – www.piccolo-mondo.org – geschl.
5. - 14. Februar, 20. August - 3. September und Samstagmittag, Montag
Menü 12 € (mittags unter der Woche)/50 € – Karte 31/49 €
Familie Rapisarda umsorgt hier seit über 30 Jahren ihre Gäste, und das mit Hingabe und sympathisch-natürlicher Freundlichkeit! Der Chef kocht selbst - es gibt einfachere Gerichte, darunter auch Pizza, aber auch eine ambitionierte und beliebte Tageskarte. Terrasse unter Weinlauben.

In Flein Süd: 5,5 km über Wilhelmstraße A2

Wo der Hahn kräht

Altenbergweg 11 ✉ 74223 – ✆ (07131) 5 08 10 – www.wo-der-hahn-kraeht.de
38 Zim – †89/119 € ††109/139 € – ½ P
Wo der Hahn kräht – Siehe Restaurantauswahl
Mitten in den Weinbergen befindet sich das gewachsene Hotel mit Weingut. Die Gästezimmer sind wohnlich in ländlich-rustikalem Stil eingerichtet. Neben dem Restaurant hat man noch die Gaststube mit bürgerlichem Angebot.

Wo der Hahn kräht – Hotel Wo der Hahn kräht

Altenbergweg 11 ✉ 74223 – ✆ (07131) 5 08 10 – www.wo-der-hahn-kraeht.de
Menü 30/85 € – Karte 32/49 €
Die Gebrüder Schick sind in dem ruhig gelegenen Hotel für das Restaurant verantwortlich. Einst die Hühnerfarm ihrer Eltern, ist das Haus heute bekannt für gute Küche. In rustiklaer Atmosphäre lässt man es sich bei der ambitionierten regionalen und teilweise auch mediterranen Küche von Felix Schick gut gehen!

In Leingarten West: 7 km über Südstraße A2

Löwen

Heilbronner Str. 43 ✉ 74211 – ✆ (07131) 40 36 78 – www.uwe-straub.de
– geschl. August, 1. - 8. November und Sonntag - Montag
Menü 65/85 € – Karte 42/60 € – *(nur Abendessen)* (Tischbestellung ratsam)
Uwe Straub kümmert sich um den Service, steht am Herd und berät seine Gäste immer mal gerne selbst in Sachen Wein - ein Gastronom im besten Sinne also! Die Küche ist klassisch orientiert, aber auch mit modernen Ideen gespickt, und so passt sie gut zur aufgefrischten und verjüngten Einrichtung!
Dorfkrug – Siehe Restaurantauswahl

Dorfkrug – Restaurant Löwen

Heilbronner Str. 43 ✉ 74211 – ✆ (07131) 40 36 78
– www.uwe-straub.de – geschl. August, 1. - 8. November und Samstagmittag, Sonntagabend - Montag
Karte 24/51 €
"Dorfkrug-Pfännle", "Saure Nierle", "Straub's Schwabenstreich" oder auch die leckere "Crème brûlée mit marinierten Erdbeeren"... Die schwäbische Alternative zum Löwen ist gut, günstig und hat so manchen Stammgast!

HEILBRUNN, BAD

Bayern – 3 780 Ew. – Höhe 682 m – Regionalatlas **65**-L21
Berlin 650 km – München 63 km – Garmisch-Partenkirchen 46 km – Bad Tölz 8 km
Michelin Straßenkarte 546

Kilian

St.-Kilians-Platz 5 ✉ 83670 – ✆ (08046) 91 69 01 – www.hotelkilian.de
8 Zim – 50 € 80 €
Gleich neben dem idyllischen Adelheid-Park befindet sich dieser kleine Familienbetrieb, dessen Gästezimmer sehr gepflegt und recht geräumig sind.

HEILIGENBERG

Baden-Württemberg – 2 960 Ew. – Höhe 726 m – Regionalatlas **63**-G21
Berlin 718 km – Stuttgart 139 km – Konstanz 36 km – Sigmaringen 38 km
Michelin Straßenkarte 545

Baader

Salemer Str. 5 ✉ 88633 – ✆ (07554) 80 20 – www.hotel-baader.de
– geschl. Dienstag
15 Zim – 58/78 € 80/112 € – ½ P
Menü 38/118 € – Karte 26/62 € – *(Montag - Donnerstag nur Abendessen)*
Unverändert engagiert sind Emma und Clemens Baader hier im Einsatz: Die Patronne führt charmant den Service, ihr Mann kocht mit Bodenhaftung, von klassisch-gehoben bis deftig, von "geschmolzenem Saiblingsfilet mit Wildlachsmeringue in Meerrettichschaum" bis "Milchkalbskutteln in Rieslingsahne mit Spätzle".

In Heiligenberg-Steigen West: 2 km

Hack

Am Bühl 11 ✉ 88633 – ✆ (07554) 86 86 – www.hotel-hack.de
– geschl. 11. Januar - 8. Februar, 2. - 25. November
15 Zim – 60/92 € 90/118 € – ½ P
Hack – Siehe Restaurantauswahl
Hier lässt es sich richtig gut wohnen: Familie Hügle leitet diesen Gasthof persönlich und mit viel Engagement. Im Gästehaus sind die Zimmer übrigens geräumiger. Ein Pluspunkt ist auch die schöne ruhige Lage.

Hack – Hotel Hack

Am Bühl 11 ✉ 88633 – ✆ (07554) 86 86 – www.hotel-hack.de
– geschl. 11. Januar - 8. Februar, 2. - 25. November und Montag
Menü 32 € – Karte 26/47 € – *(Dienstag - Freitag nur Abendessen)*
Wenn Ihnen Schmackhaftes wie "Wachtelgalantine mit Linsensalat" oder "Kalbsfrikassee mit Spargel" Appetit macht, dann werden Sie sich in diesem sympathischen Gasthaus mit der hübschen, von Rosen eingerahmten Terrasse gut aufgehoben fühlen.

HEILIGENDAMM – Mecklenburg-Vorpommern ➜ Siehe Doberan, Bad

HEILIGENHAUS

Nordrhein-Westfalen – 25 420 Ew. – Höhe 190 m – Regionalatlas **26-C11**
Berlin 549 km – Düsseldorf 30 km – Essen 22 km – Wuppertal 25 km
Michelin Straßenkarte 543

Waldhotel

Parkstr. 38 ✉ 42579 – ✆ (02056) 59 70 – www.wald-hotel.de
83 Zim – 121/180 € 149/241 € – 16 € – 3 Suiten
Recht ruhig liegt das komfortable Hotel mit kleinem Tagungszentrum am Waldrand. Die Gästezimmer sind klassisch oder auch ganz modern gestaltet. Vom angenehm hellen Restaurant blickt man in den Garten, in dem sich die Terrasse und ein Pavillon befinden.

HEILIGENSTADT

Thüringen – 16 200 Ew. – Höhe 260 m – Regionalatlas **29-I11**
Berlin 334 km – Erfurt 126 km – Kassel 63 km – Braunschweig 142 km
Michelin Straßenkarte 544

Am Vitalpark

In der Leineaue 2 ✉ 37308 – ✆ (03606) 6 63 70 – www.hotel-am-vitalpark.de
130 Zim – 95/115 € 125/145 € – 4 Suiten – ½ P
Ein modernes Hotel mit Zimmern in mediterranen Farben und großzügiger Halle mit Lounge auf zwei Ebenen. Direkter Zugang zur Bade- und Wellnesslandschaft auf 4000 qm (Sauna kostenpflichtig). Internationales Angebot im Restaurant Theodor Storm mit Wintergarten.

HEILIGENSTADT in OBERFRANKEN

Bayern – 3 530 Ew. – Höhe 304 m – Regionalatlas **50-K15**
Berlin 394 km – München 231 km – Coburg 70 km – Bayreuth 36 km
Michelin Straßenkarte 546

Heiligenstadter Hof

Marktplatz 9 ✉ 91332 – ✆ (09198) 7 81 – www.hotel-heiligenstadter-hof.de – geschl. Februar - März 2 Wochen
24 Zim – 45/52 € 74/88 € – ½ P
Das hübsche alte Fachwerkhaus beherbergt wohnliche Zimmer, teils mit sehenswertem Gebälk, funktionelle und größere Zimmer im Anbau. Gemütlich sitzt man im Restaurant mit Kachelofen - die schöne Lage an der Leinleiter genießt man am besten auf der netten Terrasse!

In Heiligenstadt-Veilbronn Süd-Ost: 3 km

Landhaus Sponsel-Regus

Veilbronn 9 ✉ 91332 – ✆ (09198) 9 29 70 – www.sponsel-regus.de – geschl. Mitte Januar - Mitte Februar 3 Wochen
47 Zim – 53/82 € 110/148 € – 3 Suiten – ½ P
Seit 250 Jahren befindet sich dieser gepflegte Gasthof in Familienbesitz. Im Stammhaus sowie in den Häusern Mattstein und Sonneck erwarten Sie wohnliche Zimmer, nett sitzt man in der rustikalen Gaststube mit Kachelofen. Und buchen Sie doch mal eine Massage! Zum Team gehört übrigens auch Hauskatze Schröder.

HEIMBACH

Nordrhein-Westfalen – 4 340 Ew. – Höhe 206 m – Regionalatlas **35-B13**
Berlin 634 km – Düsseldorf 91 km – Aachen 64 km – Düren 26 km
Michelin Straßenkarte 543

Klostermühle

Hengebachstr. 106a ✉ 52396 – ✆ (02446) 8 06 00 – www.hotel-klostermuehle.de – geschl. 4. - 31. Januar
50 Zim – 51/87 € 69/94 € – ½ P
Die einstige Wassermühle ist eine ideale Adresse für Besucher des Nationalparks Eifel und des Rursees. Ein familiär geführtes Haus mit wohnlichen Zimmern, teils Maisonetten.

HEIMBUCHENTHAL

Bayern – 2 160 Ew. – Höhe 234 m – Regionalatlas **48-H15**
Berlin 565 km – München 346 km – Würzburg 66 km – Aschaffenburg 19 km
Michelin Straßenkarte 546

Lamm

St.-Martinus-Str. 1 ✉ 63872 – ✆ (06092) 94 40 – www.hotel-lamm.de
75 Zim – 82/108 € 110/152 € – ½ P
Im Ortskern neben der Kirche steht der zu einem zeitgemäßen Hotel gewachsene Gasthof. Sehr hübsch sind die Palais-Zimmer mit klassisch-elegantem Ambiente. Neuzeitlicher Spa und Restauranträume in rustikalem Stil.

Panorama Hotel

Am Eichenberg 1, Richtung Heimathenhof ✉ 63872 – ✆ (06092) 60 70 – www.panoramahotel.de
43 Zim – 70/85 € 122/150 € – ½ P
Die erhöhte Lage beschert den Gästen eine schöne Aussicht - von den meisten Zimmern (auch Appartements), vom Wintergarten und der Terrasse oder auch vom hübschen Ruheraum. Jede Menge Action bringen der nahe Hochseilgarten für Gruppen oder Segway-Touren!

In Heimbuchenthal-Heimathen Süd-West: 1,5 km

Heimathenhof

Heimathenhof 2 ✉ 63872 – ✆ (06092) 9 71 50 – www.heimathenhof.com
45 Zim – 75/95 € 125/160 € – ½ P
In ruhiger Lage, umgeben von einer schönen waldreichen Landschaft erwarten Sie freundliche und engagierte Gastgeber, komfortable Zimmer und ein moderner Sauna- und Badebereich. Zum Restaurant gehört eine Terrasse mit toller Aussicht.

HEINSBERG

Nordrhein-Westfalen – 40 910 Ew. – Höhe 38 m – Regionalatlas **35-A12**
Berlin 617 km – Düsseldorf 69 km – Aachen 36 km – Mönchengladbach 33 km
Michelin Straßenkarte 543

In Heinsberg-Randerath Süd-Ost: 8 km, jenseits der A 46

Burgstuben Residenz - St. Jacques (Rainer Hensen)

Feldstr. 50 ✉ 52525 – ✆ (02453) 8 02 – www.rainerhensen.de – geschl. über Karneval 2 Wochen und Montag - Dienstag
Menü 75/139 € – *(nur Abendessen, sonntags auch Mittagessen)* (Tischbestellung ratsam)
Rainer Hensens Restaurant gehört seit vielen Jahren zu den charmantesten und besten Adressen der Region. In eleganter Atmosphäre bekocht man Sie klassisch und dennoch mit eigenen Ideen und einem Schuss Kreativität, nicht alltäglich die Produktwahl. Dazu frisch-legerer Service samt guter Weinempfehlungen.
→ Jakobsmuscheln, Mango-Gurken-Chutney, Curryschaum. Rochenflügel, Zitronen-Kapernbutter. Lammrücken in Olivenkruste mit Bohnenpüree.

In Heinsberg-Unterbruch Nord-Ost: 3 km, über B 221 Richtung Wassenberg

Altes Brauhaus

Wurmstr. 4 ✉ 52525 – ✆ (02452) 6 10 35 – www.altesbrauhaus-heinsberg.de – geschl. über Karneval, Juni 2 Wochen und Montag - Dienstagmittag, Samstagmittag
Menü 32 € – Karte 36/48 €
1779 steht über dem Eingang des "Alten Brauhauses", in dem nie Bier gebraut wurde. Stattdessen gibt es heute schmackhafte regional-klassische Speisen (gerne auch vegetarisch), am Herd steht Ute Weishaupt, die das schöne historische Haus gemeinsam mit ihrer Schwester Elke leitet. Sehenswert die elegant-traditionellen Stuben mit kostbarer Holztäfelung und Schnitzereien.

Außerhalb Süd: 4 km, an der B 221 Richtung Geilenkirchen

Janses Mattes

Janses Mattes 1 ✉ 52525 Heinsberg – ✆ (02452) 2 20 56 – www.jansesmattes.de – geschl. Juli - August 3 Wochen und Montag - Dienstag
Menü 25/48 € – Karte 26/48 €
Das gepflegte Gasthaus ist eines der ältesten in der Gegend und seit jeher eine beliebte Adresse für regional-internationale Küche. Auch wenn sich das Restaurant an einer stark befahrenen Straße befindet, kann man dennoch schön draußen essen, denn die Terrasse liegt nach hinten!

HEITERSHEIM

Baden-Württemberg – 5 970 Ew. – Höhe 254 m – Regionalatlas **61**-D21
Berlin 821 km – Stuttgart 223 km – Freiburg im Breisgau 23 km – Basel 48 km
Michelin Straßenkarte 545

Landhotel Krone

Hauptstr. 12 ✉ 79423 – ✆ (07634) 5 10 70 – www.landhotel-krone.de
33 Zim – 77/99 € 108/148 € – 3 Suiten – ½ P
Landhotel Krone – Siehe Restaurantauswahl
Gästebetreuung wird bei Familie Rottmann-Thoma groß geschrieben. Die Zimmer in dem liebevoll eingerichteten historischen Gasthaus sind wohnlich-elegant, ein ansprechender Kontrast dazu die geradlinig-modernen Appartements im Wellnesshaus.

OX Hotel

Im Stühlinger 10 ✉ 79423 – ✆ (07634) 6 95 58 55 – www.oxhotel.de
24 Zim – 69 € 94 €
Kein Wunder, dass das Hotel gut gebucht ist, denn die Kombination von historischem Rahmen und modernem Interieur ist wirklich gelungen. Man hat sehr schöne trendige, klar designte Zimmer, W-Lan ist kostenfrei, freundlich der Service. Dazu ein sympathisches Café-Restaurant mit bürgerlicher Küche.

Löwen

Hauptstr. 3 ✉ 79423 – ✆ (07634) 55 04 90 – www.loewen-heitersheim.de – geschl. 10. - 22. Februar, 24. Oktober - 6. November
23 Zim – 68/75 € 85/95 €
Der 400 Jahre alte Gasthof wird in der 7. Generation von der Familie geführt und ist sehr gepflegt. Im Anbau sind die Zimmer neuzeitlich-wohnlich, im Stammhaus etwas einfacher. Bürgerlich-saisonale Kost in der Gaststube, im Sommer auch auf der Gartenterrasse.

Landhotel Krone – Landhotel Krone

Hauptstr. 12 ✉ 79423 – ✆ (07634) 5 10 70 – www.landhotel-krone.de – geschl. Dienstag - Mittwochmittag
Menü 20 € (mittags)/68 € – Karte 30/60 €
"Rote Beete Suppe" und danach "Ochsenbrust mit Meerrettich"? Für diese und andere frische Gerichte verwendet man hier Produkte aus der Region. In den Stuben hat man es schön gemütlich - Tipp: ein Platz am Kachelofen!

HELGOLAND (INSEL)

Schleswig-Holstein – ✉ 27498 – 1 360 Ew. – Höhe 40 m – Regionalatlas **8**-E3
Berlin 419 km – Hannover 223 km – Cuxhaven 2 km
Michelin Straßenkarte 541

HELGOLAND

Rickmers Insulaner

Am Südstrand 2 ✉ 27498 – ✆ (04725) 8 14 10 – www.rickmers-insulaner.de
37 Zim – 99/129 € 119/229 € – 8 Suiten – ½ P
An der Promenade liegt das Hotel mit hübschem Garten und wohnlichen, nach Inseln benannten Zimmern. Suiten mit Kitchenette. Nett ist der Private Spa im UG. Galerie nennt sich das mit Gemälden und Skulpturen dekorierte Restaurant.

Hanseat
Am Südstrand 21 ✉ 27498 – ✆ (04725) 6 63 – www.hanseat-helgoland.de – geschl. Anfang November - Mitte März
20 Zim – 69/123 € 112/145 €
In der 3. Generation wird das gepflegte Hotel an der Landungsbrücke als Familienbetrieb geführt. Auch Appartements werden angeboten. Den hausgemachten Kuchen genießt man am besten auf der netten kleinen Terrasse!

Strandhotel Helgoland
Am Südstrand 16 ✉ 27498 – ✆ (04725) 8 15 30 – www.strandhotel-helgoland.de – geschl. Oktober - Dezember
24 Zim – 73/110 € 105/145 € – 5 Suiten
Schön hat man es in dem Hotel direkt an der Strandpromande, die Zimmer sind wohnlich in warmen Farben gehalten, die meisten liegen zum Meer hin! Wer es gerne großzügiger hat, bucht eines der Appartements.

HELLENTHAL
Nordrhein-Westfalen – 8 020 Ew. – Höhe 400 m – Regionalatlas **35**-B13
Berlin 645 km – Düsseldorf 109 km – Aachen 56 km – Düren 44 km
Michelin Straßenkarte 543

Pension Haus Berghof
Bauesfeld 16 ✉ 53940 – ✆ (02482) 71 54 – www.hotel-berghof-hellenthal.de
10 Zim – 45/55 € 72/80 €
Ein gepflegter kleiner Familienbetrieb mit behaglichen Zimmern, die teilweise über Balkon oder Terrasse verfügen. Sie frühstücken in gemütlicher Wohnzimmer-Atmosphäre.

HELLWEGE – Niedersachsen ➜ Siehe Rotenburg (Wümme)

HELMBRECHTS
Bayern – 8 540 Ew. – Höhe 616 m – Regionalatlas **51**-M14
Berlin 320 km – München 277 km – Hof 25 km – Bayreuth 43 km
Michelin Straßenkarte 546

In Helmbrechts-Edlendorf Ost: 3,5 km Richtung Reuthlas

Ostermaier's Waldeck
Edlendorf 12 ✉ 95233 – ✆ (09252) 72 73 – www.ostermaiers-waldeck.de
6 Zim – 59 € 75 € Menü 35/60 € – Karte 18/57 €
Durch und durch charmant - von der schönen Lage auf dem Land über liebenswerte individuelle Zimmer bis zu gemütlich dekorierten Gasträumen nebst hübschem Biergarten. Auf der Karte: französische Fischsuppe, Frankenwaldforelle, argentinisches Rind vom Grill... Auch für Hochzeitsfeiern eine beliebte Adresse!

HENNEF (SIEG)
Nordrhein-Westfalen – 45 810 Ew. – Höhe 67 m – Regionalatlas **36**-C13
Berlin 606 km – Düsseldorf 79 km – Köln 42 km – Mainz 153 km
Michelin Straßenkarte 543

In Hennef-Heisterschoß Nord-Ost: 7 km, über B 478 Richtung Waldbröhl, in Bröl links nach Happerschloss abbiegen

Sängerheim - Das Restaurant
Teichstr. 9 ✉ 53773 – ✆ (02242) 34 80 – www.das-saengerheim.de – geschl. über Karneval 10 Tage und Mittwoch
Menü 33/48 € – Karte 24/64 € – *(Montag - Samstag nur Abendessen, außer an Feiertagen)*
Stilvoll-modernes Ambiente, sympathische Gastgeber und gute, frische Küche. Letztere gibt es z. B. als "Spargelterrine mit Entenei" oder als "Ballotine von der Maispoularde mit hausgemachten Gnocchi". Mittags nur auf Reservierung!

HEPPENHEIM an der BERGSTRASSE
Hessen – 25 020 Ew. – Höhe 106 m – Regionalatlas **47**-F16
Berlin 596 km – Wiesbaden 69 km – Mannheim 29 km – Darmstadt 33 km
Michelin Straßenkarte 543

Villa Boddin
Großer Markt 3 ✉ 64646 – ✆ (06252) 6 89 70 – www.villa-boddin.de
10 Zim ☕ – 🚹85/88 € 🚹🚹115/125 €
Schön fügt sich das kleine Hotel in die Altstadt mit ihren schönen Fachwerkhäusern ein. Gelungen hat man Mauerwerk und alte Holzbalken mit hochwertiger elegant-mediterraner Einrichtung kombiniert. Frühstück mit Blick auf den Marktplatz.

Goldener Engel
Großer Markt 2 ✉ 64646 – ✆ (06252) 25 63 – www.goldener-engel-heppenheim.de – geschl. 20. Dezember - 10. Januar
20 Zim ☕ – 🚹72/99 € 🚹🚹99/140 € – ½ P
Das hübsche Fachwerkhaus liegt mitten in der Altstadt und wird bereits seit 1782 als Familienbetrieb geführt. Freuen Sie sich auf moderne und wohnliche Zimmer, von einigen schaut man zum Marktplatz. Im Restaurant isst man bürgerlich.

HERBORN (LAHN-DILL-KREIS)

Hessen – 20 370 Ew. – Höhe 223 m – Regionalatlas **37-F13**
Berlin 531 km – Wiesbaden 118 km – Siegen 68 km – Gießen 38 km
Michelin Straßenkarte 543

Gutshof
Austr. 81 ✉ 35745 – ✆ (02772) 5 75 57 40 – www.gutshof-herborn.de – geschl. 1. - 10. Januar
72 Zim ☕ – 🚹79/99 € 🚹🚹109/119 € – ½ P
Der behutsam restaurierte ehemalige Bauernhof vereint heute modernen Hotelkomfort mit dem ansprechenden, bewusst erhaltenen Gutshofcharakter der Anlage. Rustikales Lokal mit Brauerei im einstigen Stall gegenüber dem Hotel. Großer Biergarten und Kinderspielplatz.

In Breitscheid-Gusternhain Süd-West: 10 km über B 255 Richtung Montabaur

Ströhmann
Gusternhainer Str. 11 ✉ 35767 – ✆ (02777) 3 04 – www.hotel-stroehmann.de
12 Zim ☕ – 🚹47/57 € 🚹🚹80 €
Ein kleines Hotel in ländlicher Umgebung, in dem Sie gepflegte, neuzeitlich eingerichtete Gästezimmer und ein hübsch mit Stuck verzierter Frühstücksraum erwarten. In der Küche der rustikalen Gaststube verwendet man Produkte aus der hauseigenen Metzgerei.

HERFORD

Nordrhein-Westfalen – 65 340 Ew. – Höhe 65 m – Regionalatlas **28-F9**
Berlin 373 km – Düsseldorf 192 km – Bielefeld 18 km – Hannover 91 km
Michelin Straßenkarte 543

Zur Fürstabtei
Elisabethstr. 9 ✉ 32052 – ✆ (05221) 2 75 50 – www.fuerstabtei.de
20 Zim ☕ – 🚹85/95 € 🚹🚹1‑5 €
Das a. d. 17. Jh. stammende Fachwerkhaus beherbergt heute hübsche wohnliche Gästezimmer, teilweise mit hohen Decken. Stilvolles Ambiente erwartet Sie im Frühstücksraum.

Hansa
Brüderstr. 40 ✉ 32052 – ✆ (05221) 5 97 20 – www.hotel-hansa-herford.de
19 Zim ☕ – 🚹64/94 € 🚹🚹89/120 €
Mitten in der Fußgängerzone gelegenes kleines Hotel mit solide eingerichteten Zimmern und einem gemütlichen Café, das morgens als Frühstücksraum dient.

Am Osterfeuer
Hellerweg 35 ✉ 32052 – ✆ (05221) 7 02 10 – www.am-osterfeuer.de – geschl. Montag - Dienstag
Menü 40/50 € – Karte 32/53 € – *(Mittwoch - Samstag nur Abendessen)*
Bei Hans-Jörg Dunker darf man sich auf regionale Gerichte mit mediterranem Einfluss freuen - da lässt man sich z. B. "frische Linguini mit Pfifferlingen" oder "Tafelspitz in Meerrettichsauce" schmecken.

Die Alte Schule

Holland 39 ✉ 32052 – ✆ (05221) 5 15 58 – www.restaurantalteschule.com
Menü 39/49 € – Karte 38/54 € – *(nur Abendessen)*
In dem Fachwerkhaus a. d. 17. Jh. befindet sich auf zwei Ebenen dieses sympathische behagliche Restaurant mit ungezwungener Atmosphäre, geschultem Service und guter internationaler Küche.

In Herford-Schwarzenmoor

Vivendi

Paracelsusstr. 14 ✉ 32049 – ✆ (05221) 92 00 – www.vivendi-hotel.de – geschl. August
23 Zim – †79/99 € ††99/120 € – ☕ 7 € – ½ P
Sehr sauber und gepflegt ist dieses freundlich-familiär geführte Haus im westfälischen Stil. Die Gästezimmer sind praktisch eingerichtet. Bürgerliches Angebot im Restaurant.

In Hiddenhausen - Schweicheln-Bermbeck Nord: 6 km

Freihof

Herforder Str. 118, B 239 ✉ 32120 – ✆ (05221) 9 94 49 90 – www.hotel-freihof.de
42 Zim ☕ – †59/80 € ††95/110 € – ½ P
In dem von der Familie gut geführten Landhotel stehen solide eingerichtete Gästezimmer bereit, von denen viele über einen Balkon verfügen. Zum Restaurant gehört eine nette kleine Terrasse vor dem Haus.

HERINGSDORF – Mecklenburg-Vorpommern ➜ Siehe Usedom (Insel)

HERLESHAUSEN

Hessen – 2 830 Ew. – Höhe 210 m – Regionalatlas **39**-I12
▶ Berlin 367 km – Wiesbaden 212 km – Kassel 73 km – Bad Hersfeld 49 km
Michelin Straßenkarte 543

In Herleshausen-Holzhausen Nord-West: 8 km über Nesselröden

Hohenhaus

Hohenhaus ✉ 37293 – ✆ (05654) 98 70 – www.hohenhaus.de – geschl. Anfang Januar - Anfang Februar
26 Zim – †120/190 € ††220/280 € – ☕ 20 € – ½ P
Hohenhaus – Siehe Restaurantauswahl
Man muss es inmitten des weitläufigen hauseigenen Wald- und Wiesengebiets erst einmal finden, doch es lohnt sich, denn das einstige Rittergut a. d. 16. Jh. ist ein wahres Idyll und ein komfortables Hotel mit klassisch-gediegenen Zimmern und sehr gutem Service. Abends lässt es sich schön am Kamin verweilen.

Hohenhaus – Hotel Hohenhaus

Hohenhaus ✉ 37293 – ✆ (05654) 98 70 – www.hohenhaus.de – geschl. Anfang Januar - Anfang Februar und Sonntagabend - Dienstagmittag
Menü 58/112 € – Karte 55/66 €
So niveauvoll wie das geschmackvolle Hotel ist auch das elegant-rustikale Restaurant mit Ingo Bocklers klassischer Küche. Herzstück ist der tolle Kachelofen a. d. 18. Jh. Kompetent der Service samt trefflicher Weinberatung.

HERMESKEIL

Rheinland-Pfalz – 5 730 Ew. – Höhe 540 m – Regionalatlas **45**-C16
▶ Berlin 699 km – Mainz 135 km – Trier 39 km – Bonn 160 km
Michelin Straßenkarte 543

In Neuhütten Süd-Ost: 8 km über Züsch

XXX **Le temple** (Christiane Detemple-Schäfer)

Saarstr. 2 ✉ 54422 – ✆ (06503) 76 69 – www.le-temple.de
– geschl. 13. Juli - 4. August und Mittwoch
6 Zim – 60/70 € 90 €
Menü 76/132 € – *(nur Abendessen, Sonntag sowie an Feiertagen auch Mittagessen)* (Tischbestellung ratsam)
Wenn Christiane Detemple-Schäfer in dem geradlinig-eleganten Restaurant in der Küche steht, ist auch ihr Mann Oliver Schäfer mit von der Partie. Das Ergebnis sind klassisch-moderne Gerichte voller Geschmack, Finesse und frischer saisonaler Produkte. Den guten Service genießt man übrigens auch als Übernachtungsgast: geschmackvoll-mediterrane Zimmer, kleine Aufmerksamkeiten, leckeres Frühstück!
➜ Steinbutt mit Jakobsmuscheln, Fregola-Risotto und Brunnenkressesauce. Hamachi mit grünen Aromen. Côte de Boeuf vom US-Beef, Rote Bete, Purple Curry, Topinambur.
Bistro – Siehe Restaurantauswahl

X **Bistro** – Restaurant Le temple

Saarstr. 2 ✉ 54422 – ✆ (06503) 76 69 – www.le-temple.de
– geschl. 13. Juli - 4. August und Mittwoch
Menü 32 € – Karte 24/39 € – *(nur Abendessen, Sonntag sowie an Feiertagen auch Mittagessen)*
Im Hause Detemple-Schäfer kann man auch etwas bodenständiger essen. An schmackhaften saisonal-regionalen Speisen kommen in dem netten modernen Bistro z. B. "Entenbrust mit Rotkraut und Semmelknödel" oder "Crème Brûlée mit Pistazieneis" auf den Tisch. Am Tresen trifft man sich auch gerne auf ein Bier.

HEROLDSBERG

Bayern – 8 370 Ew. – Höhe 362 m – Regionalatlas **50-K16**
Berlin 433 km – München 177 km – Nürnberg 12 km – Bayreuth 82 km
Michelin Straßenkarte 546

Rotes Roß

Hauptstr. 10 ✉ 90562 – ✆ (0911) 9 56 50 – www.rotesross-heroldsberg.de
– geschl. 22. Dezember - 6. Januar
43 Zim – 58/75 € 78/95 € – ½ P
Der historische Gasthof ist schon seit 1856 in der Hand der Familie Sörgel. Man renoviert immer wieder, so hat man auch neuere Zimmer. In der Gaststube im alten fränkischen Stammhaus ist der ländliche Charakter natürlich erhalten geblieben. Schön ist im Sommer die Terrasse unter Linden!

Hof 19

Hauptstr. 19 ✉ 90562 – ✆ (0911) 956 99 3 88 – www.hotel-hof19.com
7 Zim – 75/89 € 85/105 €
Hinter dem "Schwarzen Adler" und im selben ehemaligen Gut liegt dieses wirklich nette kleine Designhotel, das Vater und Tochter mit viel Engagement betreiben. Die Zimmer liegen ruhig, sind modern und wohnlich und in den einstigen Stallungen findet sich der hübsche Frühstücksraum, der von Mittwoch bis Samstag abends zur Weinstube mit kleinem Speisenangebot wird.

XX **Freihardt**

Hauptstr. 81 ✉ 90562 – ✆ (0911) 51 80 8 05 – www.freihardt.com
– geschl. Montag - Dienstag
Menü 18 € (mittags)/70 € – Karte 35/64 €
Hans-Jürgen Freihardt hat sein Lokal komplett renoviert: In ganz modernem und geradlinigem Ambiente serviert er Ihnen nun seinen Mix aus regionalen Gerichten und den klassischen Menüs "Regional" und "Exklusiv". Wählen z. B. "Zwiebelrostbraten vom Frankenrind", "bayerischen Lammrücken mit Rosmarinkruste" oder die Spezialität: "Steaks vom gereiften bayerischen Färsen-Rind". Angenehm: auf der Terrasse sitzen Sie unter einem Glasdach!

HERRENALB, BAD

Baden-Württemberg – 7 350 Ew. – Höhe 365 m – Regionalatlas **54**-F18
Berlin 698 km – Stuttgart 80 km – Karlsruhe 30 km – Baden-Baden 22 km
Michelin Straßenkarte 545

SCHWARZWALD PANORAMA

Rehteichweg 22 ✉ 76332 – ✆ (07083) 92 70 – www.schwarzwald-panorama.com
96 Zim – 109/129 € 159/179 € – 1 Suite – ½ P
Das Hotel liegt ruhig oberhalb der Stadt und bietet neuzeitliche, großzügige Zimmer (meist mit Talblick), einen hellen Freizeitbereich mit Terrasse und Aussicht sowie Kosmetik. Die gemütliche Bar Heidelberger Stube ergänzt das Restaurant La Vie.

Sonnenhof

Bleichweg 9 ✉ 76332 – ✆ (07083) 5 00 46 – www.bad-herrenalb-sonnenhof.de – geschl. Mitte - Ende Dezember, Mitte - Ende Januar
18 Zim – 56/66 € 88/98 €
Freundlich eingerichtete Zimmer (alle mit kleiner Küche und Balkon oder Terrasse), ein frisches Frühstück in lichter, heller Atmosphäre, dazu ein schöner Garten... da fühlt man sich gut aufgehoben!

In Bad Herrenalb-Rotensol Nord-Ost: 5 km

Lamm

Mönchstr. 31 ✉ 76332 – ✆ (07083) 9 24 40 – www.lamm-rotensol.de – geschl. 22. - 24. Dezember, über Fasching 1 Woche
30 Zim – 58/88 € 126/130 € – 1 Suite – ½ P
Lamm – Siehe Restaurantauswahl
Schön wohnlich haben Sie es in diesem gut geführten Familienbetrieb - von vielen der Zimmer schaut man übers Albtal, und vielleicht sehen Sie vom Balkon sogar die Pferde auf der Weide hinterm Haus grasen. Besonders modern sind die Zimmer unterm Dach mit hübschem Bad und teils mit großem Dachfenster!

Lamm – Hotel Lamm

Mönchstr. 31 ✉ 76332 – ✆ (07083) 9 24 40 – www.lamm-rotensol.de – geschl. 22. - 24. Dezember, über Fasching 1 Woche und Montag
Menü 24/57 € – Karte 24/56 € – (abends Tischbestellung ratsam)
Hier isst man richtig gut! "Ochsenzungencarpaccio", "Brennnesselsuppe mit Zandermaultäschle", "Hirschmedaillons mit Preiselbeeren"... die schwäbisch-badischen und saisonalen Gerichte sind sehr schmackhaft und äußerst exakt zubereitet. Freude hat man auch an der schönen, gut sortierten Weinkarte. Viel warmes Holz macht es hier zudem angenehm gemütlich.

HERRENBERG

Baden-Württemberg – 30 380 Ew. – Höhe 460 m – Regionalatlas **55**-G19
Berlin 662 km – Stuttgart 38 km – Karlsruhe 90 km – Freudenstadt 53 km
Michelin Straßenkarte 545

Hasen

Hasenplatz 6 ✉ 71083 – ✆ (07032) 20 40 – www.hasen.de
67 Zim – 60/125 € 85/141 € – 8 € – 4 Suiten
Kaffee-Fans geht das Herz auf: Gastgeber Roland Nölly, gebürtiger Schweizer, hat seine eigene Kaffeerösterei... probieren Sie Espresso, Cappuccino & Co.! Die Zimmer können sich ebenso sehen lassen (die Gesundheitsmatratzen tun nicht nur Allergikern gut!) und im 400 Jahre alten Stammhaus sitzt man gemütlich bei bürgerlicher und internationaler Küche.

In Herrenberg-Affstätt Nord-West: 1,5 km über B 296

Die Linde

Kuppinger Str. 14 ✉ 71083 – ✆ (07032) 3 16 70 – www.dielin.de – geschl. 11. Januar - 10. Februar und Montag - Dienstag
Menü 25/42 € – Karte 27/56 € – *(Mittwoch - Samstag nur Abendessen)*
Bei Familie Willms erwarten Sie schwäbische Klassiker und saisonale Gerichte, heimische Biere und Weine, angenehm legerer Service, freundliches Ambiente und nicht zuletzt ein schöner Garten samt Terrasse auf der Wiese! Nettes Detail: Kunstobjekte im und ums Haus.

In Herrenberg-Mönchberg Süd-Ost: 4 km über B 28

Kaiser
Kirchstr. 10 ✉ 71083 – ✆ (07032) 9 78 80 – www.hotel-kaiser-herrenberg.de – geschl. 23. Dezember - 7. Januar
29 Zim – 🚹59/89 € 🚹🚹75/125 € – ☕ 6 €
Der Familienbetrieb ist ein erweiterter Gasthof in ruhiger, leicht erhöhter Lage. Einige der gepflegten und funktionellen Zimmer liegen nach Süden - mit Balkon und Aussicht. Restaurant mit bürgerlichem Angebot.

HERRIEDEN

Bayern – 7 640 Ew. – Höhe 423 m – Regionalatlas **56-J17**
▶ Berlin 491 km – München 212 km – Nürnberg 67 km – Ansbach 11 km
Michelin Straßenkarte 546

Zur Sonne
Vordere Gasse 5 ✉ 91567 – ✆ (09825) 92 46 10 – www.sonne-herrieden.de – geschl. 28. Dezember - 11. Januar
17 Zim ☕ – 🚹49 € 🚹🚹74/81 € – ½ P
In dem Familienbetrieb (inzwischen in 5. Generation!) sind Fahrradtouristen genau richtig - man hat sogar eine Stromladestation für E-Bikes, und auch den Gepäckservice können Sie nutzen. Man kümmert sich wirklich sehr um die Gäste! Die Zimmer sind etwas individuell und immer gepflegt, speisen kann man regional oder international, und zwar in der modernen, liebevoll dekorierten Sonnenstube oder in der traditionelleren Bürgerstube.

In Herrieden-Schernberg Nord: 1,5 km

Bergwirt
Schernberg 1 ✉ 91567 – ✆ (09825) 2 03 90 – www.hotel-bergwirt.de – geschl. 23. Dezember - 5. Januar
60 Zim ☕ – 🚹50/92 € 🚹🚹72/140 € – 1 Suite – ½ P
Familientradition seit 1880. Man bietet u. a. die Themen-Juniorsuiten "Honeymoon" und "Las Vegas", den lichten Frühstückspavillon und die asiatisch inspirierte Saunalandschaft. Das Restaurant teilt sich in mehrere nette rustikale Stuben.

HERRSCHING am AMMERSEE

Bayern – 10 220 Ew. – Höhe 568 m – Regionalatlas **65-L20**
▶ Berlin 623 km – München 39 km – Augsburg 73 km – Garmisch-Partenkirchen 65 km
Michelin Straßenkarte 546

Chalet am Kiental
Andechs Str. 4 ✉ 82211 – ✆ (08152) 98 25 70 – www.gourmetchalet.de – geschl. Montagmittag
9 Zim – 🚹110/165 € 🚹🚹155/220 € – ☕ 15 € Menü 34/108 € – Karte 34/78 €
Aus einem reizvollen Mix von Alt und Neu ist in dem historischen Bauernhaus ein schönes modernes Restaurant entstanden, in dem man klassisch-internationale Küche serviert. Genießen Sie das Kiental- oder das Chalet-Menü. Mit Geschmack und Liebe zum Detail hat man die Gästezimmer individuell eingerichtet.

HERSBRUCK

Bayern – 12 100 Ew. – Höhe 336 m – Regionalatlas **50-L16**
▶ Berlin 424 km – München 181 km – Nürnberg 35 km – Bayreuth 70 km
Michelin Straßenkarte 546

In Hersbruck-Kühnhofen Nord: 2 km Richtung Hormersdorf

Grüner Baum
Kühnhofen 3 ✉ 91217 – ✆ (09151) 60 95 60 – www.gruener-baum-kuehnhofen.de
30 Zim ☕ – 🚹70/78 € 🚹🚹88/98 € – 1 Suite – ½ P
Von Hersbruck kommend sieht man das Hotel schon von Weitem über der Landschaft thronen. Schöne ländlich-moderne Zimmer, sehr gutes Frühstück, durchweg herzliches Personal... hier spürt man das Engagement der Familie Eberhard. Regionale Küche im Restaurant - nett der Blick ins Grüne.

In Reichenschwand West: 3 km

Schlossrestaurant Reichenschwand

Schlossweg 12 ✉ 91244 – ✆ (09151) 9 08 75 43 – www.schlossrestaurant-reichenschwand.com – geschl. 1. - 27. Januar und Sonntag - Mittwoch

Menü 65/135 € – Karte 51/93 € – *(nur Abendessen)* (Tischbestellung ratsam)

Wird das elegante Restaurant nicht voll und ganz dem herrlichen Rahmen des historischen Wasserschlosses gerecht? Klasse natürlich die Terrasse auf dem tollen Parkanwesen! Aus der Küche kommt z. B. "Kalbsfilet & -Bries & -Backe mit Schalottenpolenta und Wurzelgemüse". Tipp: Candle-Light-Dinner im Turm.

In Kirchensittenbach Nord: 7 km Richtung Homersdorf

Landpension Postwirt

Hauptstr. 21 ✉ 91241 – ✆ (09151) 83 00 40 – www.postwirt.eu – geschl. 10. - 31. August

21 Zim – 62/75 € 87/95 €

Die Zimmer in dem Familienbetrieb sind tipptopp gepflegt, schön geräumig und haben alle einen Balkon, am Morgen gibt's ein gutes Frühstück in freundlich-ländlichem Ambiente. Unter gleicher Leitung übrigens auch der Gasthof "Post" gegenüber.

In Pommelsbrunn-Hubmersberg Nord-Ost: 8 km über B 14 Richtung Sulzbach-Rosenberg, Abfahrt Neuhaus, vor Hohenstadt rechts ab

Lindenhof

Hubmersberg 2 ✉ 91224 – ✆ (09154) 2 70 – www.lindenhof-hubmersberg.de

39 Zim – 72/97 € 111/123 € – 4 Suiten – ½ P

Tagungsgäste, aber auch Wander-Urlauber kommen in den gewachsenen familiengeführten Gasthof. Die Zimmer sind hell und neuzeitlich oder etwas älter und rustikaler. Im Restaurant bietet man Produkte aus der eigenen Bioland-Landwirtschaft. Vor dem Haus der schöne große Biergarten.

HERSFELD, BAD

Hessen – 28 870 Ew. – Höhe 209 m – Regionalatlas **39**-H12

Berlin 408 km – Wiesbaden 167 km – Kassel 76 km – Fulda 46 km

Michelin Straßenkarte 543

Zum Stern

Linggplatz 11, Zufahrt über Webergasse ✉ 36251 – ✆ (06621) 18 90 – www.zumsternhersfeld.de

45 Zim – 60/115 € 122/170 € – ½ P

L'étable • ***Stern's Restaurant*** – Siehe Restaurantauswahl

Die Zimmer in dem traditionsreichen Hotel sind geschmackvoll gestaltet - teils mit altem Fachwerk, teils auch mit schönen modernen Stoffen und Möbeln. Hübsch auch der Saunabereich. Freundlich der Service, praktisch die variablen Veranstaltungsräume, angenehm die Fußgängerzone vor dem Haus.

Am Kurpark

Am Kurpark 19 ✉ 36251 – ✆ (06621) 16 40 – www.hotelamkurpark.net

94 Zim – 80/105 € 120/150 € – ½ P

Im verkehrsberuhigten Kurgebiet liegt dieses zeitgemäße Business- und Tagungshotel. Ein Großteil der Zimmer ist besonders freundlich und modern gestaltet. Im "ParkRestaurant" mit Showküche und in der gemütlich-rustikalen "Tiroler Stube" serviert man internationale Küche.

Thermalis

Am Kurpark 10 ✉ 36251 – ✆ (06621) 79 64 90 – www.hotelthermalis.de

78 Zim – 73/103 € 105/139 € – ½ P

Ein neuzeitlich ausgestattetes Hotel in ruhiger Lage. Man bietet direkten Zugang zur Kurbad Therme, welche die Hausgäste zum ermäßigten Preis nutzen können. Im Restaurant wählt man vom Buffet oder von der kleinen Karte.

Vitalis
Johannes-Klein-Str 37 ✉ 36251 – ✆ (06621) 9 29 20
– www.hotelpension-vitalis.de – geschl. Ende Dezember - Mitte Januar
15 Zim – †60/80 € ††80/105 € – ☕ 8 €
Die kleine Hotel-Pension befindet sich in etwas erhöhter Lage in einer Wohngegend. Die recht geräumigen Zimmer sind zeitgemäß und mit eleganter Note eingerichtet.

L'étable – Hotel Zum Stern
Linggplatz 11, Zufahrt über Webergasse ✉ 36251 – ✆ (06621) 18 90
– www.zumsternhersfeld.de – geschl. Januar und Montag - Dienstag
Menü 69/98 € – Karte 58/76 € – *(nur Abendessen, sonntags auch Mittagessen)* (Tischbestellung ratsam)
Als gebürtiger Hesse legt Küchenchef Patrick Spies Wert auf regionalen Bezug, lässt aber auch internationale Elemente in seine modernen Gerichte miteinfließen. Können und Gefühl kommen hier klar zum Ausdruck, sehr gute, frische Produkte sind selbstverständlich. Freude machen auch die fair kalkulierten Weine.
➜ Petersilienwurzel, Physalis, Kakao, Estragon. Breitenbacher Bachsaibling, Grüne Soße, Sauerampfer, Eiersalat, Gurke, Arganöl. Rhabarber, Cheesecake, Lakritze, Schmand, Bergamotte.

Stern's Restaurant – Hotel Zum Stern
Linggplatz 11, Zufahrt über Webergasse ✉ 36251 – ✆ (06621) 18 90
– www.zumsternhersfeld.de
Menü 37/41 € – Karte 36/58 €
Essen Sie gerne bürgerlich oder lieber etwas gehobener mit internationalem Einfluss? Das schmackhafte Angebot in dem gemütlichen Restaurant (hübsch mit Holztäfelung, Sitzbänken und historischem weißem Kachelofen) reicht von "Kartoffelsuppe mit Blutwurst" bis "Zweierlei vom Lamm mit Tandooribohnen".

HERXHEIM

Rheinland-Pfalz – 10 400 Ew. – Höhe 129 m – Regionalatlas **54-E17**
▶ Berlin 676 km – Mainz 125 km – Karlsruhe 31 km – Landau in der Pfalz 10 km
Michelin Straßenkarte 543

In Herxheim-Hayna Süd-West: 2,5 km Richtung Kandel

Krone
Hauptstr. 62 ✉ 76863 – ✆ (07276) 50 80 – www.hotelkrone.de
– geschl. 24. - 26. Dezember
62 Zim ☕ – †99/145 € ††160/225 € – 4 Suiten – ½ P
Kronen-Restaurant ✿ • ***Pfälzer Stube*** – Siehe Restaurantauswahl
Die Kuntz'sche "Krone" ist nicht nur ein gastronomisches Aushängeschild der Region, auch das herzlich und mit größtem Engagement geführte Hotel kann sich sehen lassen! So entspannt man in schönen, individuellen Zimmern, beim ausgezeichneten Frühstück und im Wellnessbereich samt Außen- und Innenpool.

Duwakschopp (N)
Hauptstr. 103 ✉ 76863 – ✆ (07276) 9 87 22 20 – www.hotel-duwakschopp.de
12 Zim ☕ – †65/70 € ††75/90 €
Das sanierte Fachwerkhaus nebst Anbau liegt im Herzen von Hayna, bekannt als altes deutsches Tabakdorf mit seinen typischen Tabakschuppen - daher der Name. Die Zimmer freundlich und funktional, für Langzeitgäste ist die Ferienwohnung ideal.

Kronen-Restaurant (Karl-Emil Kuntz) – Hotel Krone
Hauptstr. 62 ✉ 76863 – ✆ (07276) 50 80 – www.hotelkrone.de – geschl. Anfang Januar 2 Wochen, Juli - August 2 Wochen und Montag - Mittwoch
Menü 107/130 € – *(nur Abendessen)* (Tischbestellung erforderlich)
Unablässig und höchst motiviert sorgt Patron Karl-Emil Kuntz für Qualität, Ausdruck und enormen Aufwand auf dem Teller. Von nah und fern reisen die Gäste für seine beiden klassisch-saisonal geprägten Menüs an - fast schon legendär die Fülle an Amuse-Bouches! Tolle Auswahl an regionalen Weinen.
➜ Steinbutt mit Salbeibutter überbacken, Edamame, Fenchel, Staudensellerie, Bouillabaissegelee. Rehrücken, Pfifferlinge, Polenta, Muskat-Birne. Zitrone, Gin, Joghurt, Texturen von der Gartengurke.

Pfälzer Stube – Hotel Krone

Hauptstr. 62 ✉ 76863 – ✆ (07276) 50 80 – www.hotelkrone.de
Menü 46/65 € – Karte 33/68 €
Wo Karl-Emil Kuntz draufsteht, ist auch Karl-Emil Kuntz drin - das gilt auch für die überaus charmanten Pfälzer Stuben. Pfälzisches gibt's hier z. B als "krossen Saumagen mit Rieslingsekt-Apfel-Sauerkraut und Schnittlauchpüree", Feineres nennt sich z. B. "Phantasie von Saibling & Dorade".

HERZBERG am HARZ

Niedersachsen – 13 140 Ew. – Höhe 240 m – Regionalatlas **29-J10**
Berlin 327 km – Hannover 105 km – Erfurt 113 km – Göttingen 38 km
Michelin Straßenkarte 541

Landhaus Schulze

Osteroder Str. 7, B 243 ✉ 37412 – ✆ (05521) 8 99 40 – www.landhaus-schulze.de – geschl. August 2 Wochen
20 Zim – 50/70 € 86/96 € – ½ P
Ein familiär geführtes Hotel in verkehrsgünstiger Lage, das gepflegte und solide Zimmer zu einem guten Preis-Leistungs-Verhältnis bietet. Bemalte Bauernmöbel schaffen Behaglichkeit. In den netten Gaststuben serviert man bürgerliche Küche.

HERZLAKE

Niedersachsen – 4 230 Ew. – Höhe 22 m – Regionalatlas **16-D7**
Berlin 494 km – Hannover 227 km – Oldenburg 82 km – Vlagtwedde 80 km
Michelin Straßenkarte 541

In Herzlake-Aselage Ost: 4 km, Richtung Berge

Aselager Mühle

Zur alten Mühle 12 ✉ 49770 – ✆ (05962) 9 34 80 – www.aselager-muehle.de – geschl. 3. - 16. Januar
50 Zim – 71/151 € 121/201 € – ½ P
Mühlenrestaurant – Siehe Restaurantauswahl
Idyllisch liegt die einstige Windmühle am Waldrand. Neben wohnlich-komfortablen, teils sehr geräumigen Zimmern erwartet die Gäste Entspannung bei Kosmetik- und Massageanwendungen. Übrigens: In der Mühle hat man ein Standesamt.

Mühlenrestaurant – Hotel Aselager Mühle

Zur alten Mühle 12 ✉ 49770 – ✆ (05962) 9 34 80 – www.aselager-muehle.de – geschl. 3. - 16. Januar
Karte 37/71 €
Möchten Sie im Mühlenrestaurant speisen oder lieber im rustikalen Jagdzimmer? Oder vielleicht auf der schönen Terrasse mit alter Eiche? Es gibt internationale Küche mit regional-saisonalem Einfluss - Mittagsgäste können auch nach der größeren Abendkarte fragen.

HERZOGENAURACH

Bayern – 22 920 Ew. – Höhe 301 m – Regionalatlas **50-K16**
Berlin 451 km – München 195 km – Nürnberg 26 km – Bamberg 52 km
Michelin Straßenkarte 546

HerzogsPark

Beethovenstr. 6 ✉ 91074 – ✆ (09132) 77 80 – www.herzogspark.de
120 Zim – 138/198 € 165/225 € – 16 € – 3 Suiten – ½ P
Stüberl – Siehe Restaurantauswahl
Das komfortable Businesshotel liegt recht ruhig und dennoch günstig zu den großen Firmen der kleinen Stadt. Geräumig die öffentlichen Bereiche, gut die Tagungsräume. In den Zimmern wohnt es sich stilvoll, zeitgemäß die Technik. Gönnen Sie sich neben Sauna, Pool und Fitness auch eine Massage- oder Kosmetikanwendung. Und am Abend ein Cocktail in der netten Bar?

impala
Hans-Sachs-Str. 2a ✉ 91074 – ✆ (09132) 75 03 20 – www.hotel-impala.eu
18 Zim ☕ – 🚹81/95 € 🚹🚹120 €
Ein wirklich schickes kleines Designhotel, komplett in modern-puristischem Stil! Die Zimmer sind geräumig und jedes hat eine schöne Küchenzeile. Außerdem im Haus: Wäscheraum, Trockner und Bügelstation - und Fahrräder können Sie auch leihen!

Stüberl – Hotel HerzogsPark
Beethovenstr. 6 ✉ 91074 – ✆ (09132) 77 80 – www.herzogspark.de
Menü 36/58 € – Karte 33/56 €
Schön freundlich sind die kleinen Stuben mit ihren hellen Farben und den dekorativen Bildern - da fühlt man sich wohl, während man sich die regional beeinflussten internationalen Speisen von Küchenchef Marco Hollbauer schmecken lässt. Die wird z. B. als "geschmorte Landente in Gewürzjus mit süß-saurem Kürbis" serviert - gerne auch auf der ruhig gelegenen Terrasse.

In Herzogenaurach-Herzo-Base Nord-Ost: 2 km

NOVINA
Olympiaring 90 ✉ 91074 – ✆ (09132) 7 47 20 – www.novina-herzogenaurach.de
150 Zim ☕ – 🚹79/181 € 🚹🚹92/210 € – ½ P
Praktisch zwischen "Puma" und "adidas" gelegen, präsentiert sich das moderne Businesshotel am ehemaligen US-Militärstützpunkt natürlich recht sportlich! Die Zimmer sind komfortabel und technisch gut ausgestattet, die Minibar ist kostenfrei. Im Restaurant und im Wintergarten serviert man internationale Küche. Fitness- und Saunabereich mit zwei Dachterrassen.

HESSDORF

Bayern – 3 450 Ew. – Höhe 290 m – Regionalatlas **50**-K16
Berlin 448 km – München 197 km – Ansbach 56 km – Bayreuth 105 km
Michelin Straßenkarte 546

In Heßdorf-Dannberg Nord-West: 4 km, über Hannberg, in Niederlinberg links abbiegen

Wirtschaft von Johann Gerner
Dannberg 3 ✉ 91093 – ✆ (09135) 81 82 – www.wvjg.de – geschl. über Fasching 1 Woche, nach Pfingsten 1 Woche, Ende August - Anfang September 2 Wochen und Montag - Dienstag, außer an Feiertagen
Menü 51 € – Karte 30/51 €
Ein Haus voller Charme und fränkischer Genusskultur! Sie werden von der Chefin herzlich umsorgt (auch die Mutter ist nach wie vor aktiv), und was Sie aus Detlef Gerners Küche auch bestellen, es sind geschmackvoll und pfiffig verfeinerte regionale Speisen! Probieren Sie "Vitello" nach Art des Chefs mit Garnelenspieß, das "Rehragout mit Feigenknödel" und auf jeden Fall die leckeren Desserts! Zum Übernachten: das hübsche 'Häusla" (für 2-7 Personen).

HESSHEIM

Rheinland-Pfalz – 2 960 Ew. – Höhe 100 m – Regionalatlas **47**-E16
Berlin 634 km – Mainz 70 km – Neustadt an der Weinstraße 37 km – Damstadt 60 km
Michelin Straßenkarte 543

Ellenbergs
Hauptstr. 46a ✉ 67258 – ✆ (06233) 6 17 16 – www.ellenbergs-restaurant.de – geschl. Januar 1 Woche, Ende Juli - Anfang September 1 Woche, Mitte - Ende Oktober 1 Woche und Montag, Samstagmittag
4 Zim ☕ – 🚹59 € 🚹🚹72 € Menü 24 € (vegetarisch)/42 € – Karte 27/48 €
In dem Gasthaus mit der auffallend gelben Fassade legt Familie Ellenberg Wert auf ländliche Gemütlichkeit. Und dazu passen die traditionellen Pfälzer Gerichte von Dieter Ellenberg wie "Hirschgulasch mit Preiselbeerschmand" oder "Leberknödel auf Sauerkraut mit Zwiebelsoße". Schön übernachten kann man auch.

HEUSENSTAMM

Hessen – 18 410 Ew. – Höhe 122 m – Regionalatlas **47**-F15
Berlin 558 km – Wiesbaden 48 km – Darmstadt 30 km – Gießen 75 km
Michelin Straßenkarte 543

Mein SchlossHotel

Frankfurter Str. 9 ✉ 63150 – ✆ (06104) 60 05 50 – www.meinschlosshotel.de
35 Zim – 60/160 € 70/160 € – 12 €
Gastgeberin Petra Baake hat hier Geschmack bewiesen und das Haus hochwertig und gelungen in zeitgemäßem Stil eingerichtet. Sie können zwischen stadt- und bachseitigen Zimmern wählen, oder hätten Sie lieber eine der geräumigen Suiten unterm Dach? Modern auch das Restaurant "Gut", die Devise "besser lecker!"

HIDDENHAUSEN – Nordrhein-Westfalen ➔ Siehe Herford

HIDDENSEE (INSEL)

Mecklenburg-Vorpommern – ✉ 18565 – 1 010 Ew. – Regionalatlas **6**-O2
Berlin 296 km – Schwerin 196 km – Rügen (Bergen) 29 km – Stralsund 36 km
Michelin Straßenkarte 542

In Hiddensee-Vitte

Heiderose

In den Dünen 127, Süd: 3 km ✉ 18565 – ✆ (038300) 6 30 – www.heiderose-hiddensee.de – geschl. 3. Januar - 27. März, 1. November - 25. Dezember
33 Zim – 64/79 € 79/115 € – 1 Suite – ½ P
Das Hotel ist sehr gepflegt und liegt malerisch inmitten der Dünenheide nicht weit vom Meer. Zur Anlage gehören auch einzelne reetgedeckte Häuser mit Ferienwohnungen - alles richtig nett mit inseltypischem Charme. Vom Hafen mit Pferdekutsche oder Schulbus erreichbar.

HILCHENBACH

Nordrhein-Westfalen – 15 000 Ew. – Höhe 360 m – Regionalatlas **37**-E12
Berlin 523 km – Düsseldorf 130 km – Siegen 21 km – Olpe 28 km
Michelin Straßenkarte 543

Hof 31

Bruchstr. 31 ✉ 57271 – ✆ (02733) 1 24 85 90 – www.hof31.de
21 Zim – 65 € 85 € – 10 €
Eine sehr sympathische Adresse mit wohnlichem Ambiente in geradlinig-modernem Stil sowie einem guten Frühstücksbuffet. Zwei der Zimmer sind geräumige Appartements.

Haus am Sonnenhang

Wilhelm-Münker-Str. 21 ✉ 57271 – ✆ (02733) 70 04 – www.hotel-am-sonnenhang.de
18 Zim – 63/85 € 88/120 € – 2 Suiten – ½ P
Der engagiert geführte Familienbetrieb überzeugt durch seine angenehm ruhige und exponierte Lage mit schöner Sicht. Die Zimmer sind gepflegt und individuell, einige mit Balkon. Von der hübschen Gartenterrasse des Restaurants schaut man auf das Rothaargebirge.

In Hilchenbach-Vormwald Süd-Ost: 2 km über B 508

Steubers Siebelnhof

Vormwalder Str. 54 ✉ 57271 – ✆ (02733) 8 94 30 – www.steubers-siebelnhof.de
14 Zim – 115/130 € 220/250 € – 15 € – ½ P
Großzügige Zimmer mit ausgesuchtem Interieur und luxuriösem Touch hat dieses geschmackvolle Landhotel von 1566 zu bieten. Sehr einfach sind die Zimmer im Gästehaus. Restaurant Chesa mit mediterraner Note, ergänzt durch die gemütlich-rustikalen Ginsburg-Stuben.

HILDEN

Nordrhein-Westfalen – 54 740 Ew. – Höhe 50 m – Regionalatlas **36**-C12
Berlin 547 km – Düsseldorf 18 km – Köln 40 km – Solingen 12 km
Michelin Straßenkarte 543

Am Stadtpark

Klotzstr. 22 ✉ 40721 – ✆ (02103) 57 90 – www.hotel-stadtpark.de
105 Zim ☕ – 🚹85/179 € 🚹🚹110/225 €
Aus einem denkmalgeschützten historischen Gebäude ist dieses Businesshotel gegenüber dem Stadtpark gewachsen. Die funktionalen Zimmer sind geradlinig-modern oder gediegen. Das Restaurant "La Scala" bietet freundliches Ambiente und italienische Küche.

Trattoria L'Italiano

Nové-Mesto-Platz 3e ✉ 40721 – ✆ (02103) 91 13 36
– www.ristorante-litaliano.de – geschl. Samstagmittag, Sonntag
Menü 40 € – Karte 31/51 €
Schon viele Jahre begrüßt Familie Biundo hier ihr Gäste. In dem sympathischen Ristorante in einer kleinen Passage bekommt man schmackhafte Küche aus der italienischen Heimat des Chefs, darunter z. B. Vitello Tonnato oder Saltimbocca.

HILDERS

Hessen – 4 610 Ew. – Höhe 440 m – Regionalatlas **39**-I13
▶ Berlin 438 km – Wiesbaden 171 km – Kassel 132 km – Würzburg 115 km
Michelin Straßenkarte 543

Leist Sonne Engel

Marktstr. 12 ✉ 36115 – ✆ (06681) 97 70 – www.leist-sonne-engel.de
30 Zim ☕ – 🚹75 € 🚹🚹108 € – 1 Suite – ½ P
Engel* • *OX* • *Sonne – Siehe Restaurantauswahl
Der Familienbetrieb ist ein zum Hotel erweiterter Gasthof, in dem man - ganz nach Geschmack - zwischen schönen wohnlich-modernen und etwas schlichteren Zimmern wählt. Auch eine Raucherlounge steht zur Verfügung.

OX – Hotel Leist Sonne Engel

Marktstr. 12 ✉ 36115 – ✆ (06681) 97 70 – www.leist-sonne-engel.de
– geschl. Sonntag - Dienstag
Menü 89/99 € – *(nur Abendessen)*
Auch Feinschmecker kommen bei Familie Leist auf ihre Kosten, und zwar in der kleinen Gourmetstube "OX", wo Björn Leist für seine an vier Tischen platzierten Gäste am Abend ein Überraschungsmenü mit 6 - 8 Gängen bietet.

Engel – Hotel Leist Sonne Engel

Marktstr. 12 ✉ 36115 – ✆ (06681) 97 70 – www.leist-sonne-engel.de
– geschl. Sonntag - Dienstag
Menü 35/79 € – Karte 29/67 € – *(nur Abendessen)*
Dass die Küche hier regional wie auch saisonal orientiert ist, sieht (und schmeckt) man an den vier Menüs - Gerichte sind hier z. B. "Zweierlei vom Landschwein - Filet und Bauch - mit Wirsing, Roter Bete, Rösti" oder "Rücken vom Rhönlamm in Tabak - sousvide - mit Zwibbelspoatz, Sellerie, Balsamicokraut".

Sonne – Hotel Leist Sonne Engel

Marktstr. 12 ✉ 36115 – ✆ (06681) 97 70 – www.leist-sonne-engel.de
– geschl. Montag - Dienstag
Menü 25/45 € – Karte 19/66 €
Die nette behagliche Gaststube Sonne ist die etwas einfachere Restaurant-Variante im Haus. Hier bringt man bürgerliche Speisen mit Produkten der hauseigenen Metzgerei auf den Tisch!

HILDESHEIM

Niedersachsen – 99 390 Ew. – Höhe 93 m – Regionalatlas **29**-I9
▶ Berlin 275 km – Hannover 36 km – Braunschweig 51 km – Göttingen 91 km
Michelin Straßenkarte 541

Stadtresidenz

Steingrube 4 ✉ 31141 – ✆ (05121) 6 97 98 92 – www.hotel-stadtresidenz.de
– geschl. Ende Dezember - Mitte Januar, über Ostern
18 Zim ☕ – 🚹85/99 € 🚹🚹100/130 € – 5 Suiten
Sie suchen ein individuelles, geschmackvolles und diskretes Hotel? Eines mit Stil und Charme? In diesem Haus in einem Wohn- und Bürogebiet hat man es komfortabel und elegant, Frühstück gibt es im Sommer auch im schönen Innenhof.

In Hildesheim-Moritzberg

Parkhotel Berghölzchen

Am Berghölzchen 1 ✉ 31139 – ✆ (05121) 97 90 – www.berghoelzchen.de
78 Zim – 🚹79/220 € 🚹🚹99/245 € – ½ P
Dank leicht erhöhter Lage über Hildesheim genießt man von den meisten der wohnlich-funktionalen Zimmer eine schöne Aussicht und zudem ist hier es angenehm ruhig. Das Restaurant zeigt sich geradlinig und mit eleganter Note, die Küche bietet Regionales und Internationales.

In Hildesheim-Ochtersum

Am Steinberg

Adolf-Kolping-Str. 6 ✉ 31139 – ✆ (05121) 80 90 30 – www.hotelamsteinberg.de – geschl. 21. Dezember - 4. Januar, 24. - 28. März
27 Zim – 🚹52/65 € 🚹🚹78/85 €
Wer eine persönliche Note sucht, ist in diesem familiär geführten Hotel richtig. Das Haus ist sehr gepflegt und preislich fair, und ein frisches Frühstück gibt es auch noch. Fragen Sie nach den neueren Zimmern!

In Diekholzen Süd: 9 km

Gasthof Jörns

Marienburger Str. 41 ✉ 31199 – ✆ (05121) 2 07 00 – www.gasthof-joerns.de – geschl. 1. - 9. Januar
18 Zim – 🚹50/100 € 🚹🚹75/120 €
Bereits seit 1877 ist das tipptopp gepflegte Haus am Flüsschen Beuster im Familienbesitz. Über ein besonders gutes Platzangebot verfügen zwei Zimmer im obersten Stock. Frühstück gibt's im ursprünglichen Gasthof, das Restaurant bietet bürgerliche Küche. Mit Kegelbahn.

HILLESHEIM

Rheinland-Pfalz – 3 140 Ew. – Höhe 440 m – Regionalatlas **35-B14**
Berlin 662 km – Mainz 178 km – Trier 90 km – Euskirchen 52 km
Michelin Straßenkarte 543

Augustiner Kloster

Augustiner Str. 2 ✉ 54576 – ✆ (06593) 98 08 90 – www.hotel-augustiner-kloster.de
57 Zim – 🚹89/99 € 🚹🚹129 € – ½ P
Das im 13. Jh. erstmals erwähnte Kloster ist heute ein zeitgemäßes Hotel. Wie wär's z. B. mit einem der sehr schönen Premium-Zimmer unterm Dach? Oder gönnen Sie sich ein Massage- und Beautyprogramm. Regionale und französisch angehauchte Küche im Restaurant mit Terrasse zum Klostergarten. Tipp: die monatlichen Krimidinner-Lesungen!

HILPOLTSTEIN

Bayern – 13 190 Ew. – Höhe 380 m – Regionalatlas **57-L17**
Berlin 457 km – München 134 km – Nürnberg 40 km – Ingolstadt 59 km
Michelin Straßenkarte 546

In Hilpoltstein-Sindersdorf Süd-Ost: 7 km Richtung Neumarkt

Sindersdorfer Hof

Sindersdorf 26, Nahe der A 9 ✉ 91161 – ✆ (09179) 62 56 – www.sindersdorferhof.de – geschl. Mitte November - Anfang Dezember, nach Pfingsten 2 Wochen
19 Zim – 🚹52/74 € 🚹🚹78/98 €
Der von Familie Dotzer freundlich geleitete Landgasthof ist ein verkehrsgünstig gelegenes kleines Hotel mit gepflegten und soliden Zimmern. Gemütlich sitzt man in der Gaststube mit Kachelofen.

HINDELANG, BAD

Bayern – 4 900 Ew. – Höhe 825 m – Regionalatlas **64-J22**
Berlin 730 km – München 161 km – Kempten (Allgäu) 34 km – Oberstdorf 22 km
Michelin Straßenkarte 546

Sonne

Marktstr. 15 ✉ 87541 – ✆ (08324) 89 70 – www.sonne-hindelang.de
47 Zim – 84/101 € 144/178 € – 10 Suiten – ½ P
Ein Traditionshaus mitten im Ortskern, das Sie echtes Allgäuer Flair spüren lässt! Sie wählen zwischen individuellen Zimmern, genießen wohltuende Wellnessanwendungen in schönem Umfeld und speisen in der rustikalen Chesa Schneider auf bürgerlich-regionale Art.

In Bad Hindelang-Bad Oberdorf Ost: 1 km

Obere Mühle

Ostrachstr. 40 ✉ 87541 – ✆ (08324) 28 57 – www.obere-muehle.de
11 Zim – 100/110 € 160/180 € – ½ P
Obere Mühle – Siehe Restaurantauswahl
Der Mix von modernem Stil und antiken Stücken (zu finden in jedem der großzügigen Zimmer) ist schon sehr geschmackvoll. Der Tag beginnt gleich mit einem guten Frühstück in angenehmem Umfeld, zu dem auch die Kaminlounge beiträgt.

Obere Mühle – Hotel Obere Mühle

Ostrachstr. 40 ✉ 87541 – ✆ (08324) 28 57 – www.obere-muehle.de
– geschl. Dienstag
Menü 45 € – Karte 37/64 € – *(nur Abendessen)* (Tischbestellung ratsam)
Ganz was Uriges ist das alte Gasthaus wenige Meter vom kleinen Hotel entfernt - nicht zuletzt wegen der eigenen Sennerei und dem Antiquitätenhandel hier! Zu essen gibt's Regionales und Internationales, dazu rustikales Ambiente und einen netten Garten.

In Bad Hindelang-Oberjoch Nord-Ost: 7 km über B 308 – Höhe 1 130 m

Panorama Hotel Oberjoch

Passstr. 41 ✉ 88400 – ✆ (08324) 9 33 30 – www.panoramahotel-oberjoch.de
113 Zim – 162/209 € 264/422 € – ½ P
Hier heißt es tief durchatmen, und zwar für Ferien-, Wellness- und Businessgäste gleichermaßen. Tolle Bergluft. Spa auf 3000 qm, schöne Zimmer im modern-alpinen Stil, technisch top und geräumig... Wie wär's z. B. mit Tischkicker, Heimkino oder Billardtisch im Zimmer? Die Suiten "Selfness" und "Selfness Plus" machen's möglich! Zum Essen (HP inklusive) gibt es eine umfangreiche Weinkarte mit Schwerpunkt Deutschland. Übrigens: Bergbahn und Busse sind ganzjährig im Preis inbegriffen!

Lanig

Ornachstr. 11 ✉ 87541 – ✆ (08324) 70 80 – www.lanig.de
52 Zim – 100/200 € 200/400 € – 8 Suiten – ½ P
Begonnen hat hier alles in den 30er Jahren als Café, seitdem hat Familie Lanig viel geschaffen: Ferien- und Wellnessgäste fühlen sich wohl in den schönen Zimmern (bemaltes Holz trifft hier auf Schindeln und Leinenstoffe, dazu Granitbäder) und im vielfältigen Alpen-Spa. Hochwertige HP inklusive.

Heckelmiller

Ornachstr. 8 ✉ 87541 – ✆ (08324) 98 20 30 – www.heckelmiller.de
– geschl. 3. April - 5. Mai, 1. November - 15. Dezember
23 Zim – 55/74 € 92/160 € – ½ P
Herzlichkeit ist Ihnen bei der sympathischen Familie Heckelmiller gewiss. Es ist schon ein wirklich nettes kleines Urlaubshotel, Landhaus-Zimmer sorgen für den passenden Wohnkomfort. Wer's sonnig mag, nimmt am besten ein Südzimmer.

In Bad Hindelang-Unterjoch Nord-Ost: 11 km über B 308

Berg- und Aktivhotel Edelsberg

Am Edelsberg 10 ✉ 87541 – ✆ (08324) 98 00 00 – www.hotel-edelsberg.de
27 Zim – 59/88 € 118/202 € – ½ P
Sie suchen Ruhe und haben es gerne rustikal? Genau das werden Sie in dem familiären Fereinhotel finden - dazu noch eine schöne Sicht und einen gepflegten Freizeitbereich mit Wohlfühl- und Kosmetikangebot. HP inklusive.

HINTERZARTEN

Baden-Württemberg – 2 450 Ew. – Höhe 893 m – Regionalatlas **61-E21**

Berlin 785 km – Stuttgart 161 km – Freiburg im Breisgau 24 km – Donaueschingen 38 km

Michelin Straßenkarte 545

Parkhotel Adler

Adlerplatz 3 ✉ 79856 – ✆ (07652) 12 70 – www.parkhoteladler.de

50 Zim – 129/179 € 199/319 € – 6 Suiten – ½ P

Marie Antoinette* • *Wirtshaus – Siehe Restaurantauswahl

Hier trifft der Charme vergangener Tage auf Schwarzwälder Flair - ein schön gediegen-elegantes Haus. Wer Wellness sucht, wird im eigenen 4 ha großen Park (hier auch ein Wildgehege) auf 1500 attraktiv gestalteten Quatratmetern fündig!

Kesslermühle

Erlenbrucker Str. 45 ✉ 79856 – ✆ (07652) 12 90 – www.kesslermuehle.de – geschl. Mitte November - Mitte Dezember

48 Zim – 113/133 € 226/284 € – 6 Suiten – ½ P

Ringsum Wiesen und Wanderwege, im Winter Loipen direkt vor der Tür... Die schöne ruhige Lage mit Blick in die Natur ist ganz klar einer der Trümpfe hier! Die Aussicht genießt man von den Zimmern, vom Spa oder vom Restaurant. Nicht minder angenehm die persönliche Betreuung durch die Gastgeber. HP inklusive.

Thomahof

Erlenbrucker Str. 16 ✉ 79856 – ✆ (07652) 12 30 – www.thomahof.de

48 Zim – 127/130 € 208/286 € – 4 Suiten

Schön wohnt man in dem persönlich geführten Haus in freundlichen Zimmern, die in der Größe sehr unterschiedlich sind. Die meisten mit Balkon, die zum Garten sind besonders angenehm. Einige mit Kachelofen. Restaurant mit gemütlicher Atmosphäre und regionalem Angebot. HP inklusive.

Reppert

Adlerweg 21 ✉ 79856 – ✆ (07652) 1 20 80 – www.reppert.de – geschl. 14. November - 1. Dezember

42 Zim – 122/215 € 220/310 € – 4 Suiten – ½ P

Warum der traditionsreiche Familienbetrieb mit der schönen wohnlichen Einrichtung immer gut besucht ist? Die herzlichen Repperts bleiben stets am Ball und verbessern ständig. Für Langschläfer: Frühstück bis 12 Uhr. Auch im Preis inbegriffen: Jause am Nachmittag und hochwertiges Halbpensionsangebot am Abend.

Erfurths Bergfried

Sickinger Str. 28 ✉ 79856 – ✆ (07652) 12 80 – www.bergfried.de

42 Zim – 114/141 € 230/284 € – 2 Suiten – ½ P

Das Engagement der Erfurths ist ungebrochen, man investiert stetig! Das Ergebnis: geschmackvolle Zimmer (zwei Juniorsuiten mit Sauna oder Whirlwanne), eigene Kosmetikabteilung für Ihr "Wellbeing", Barfußpark, Freibad... und natürlich die ruhige Lage! HP inklusive. Für Selbstversorger: Appartements in der Residenz gegenüber (Frühstück buchbar).

Sonnenberg

Am Kesslerberg 9 ✉ 79856 – ✆ (07652) 1 20 70 – www.hotel-sonnenberg.com – geschl. November 2 Wochen

19 Zim – 90/110 € 130/190 € – 1 Suite – ½ P

Dank der engagierten Gastgeber Klauspeter und Freia Lehmann ist Ihnen hier ein beispielhaft gepflegtes Domizil sicher. Auf den Zimmern (alle mit individueller Note) eine Espressomaschine als kleines Extra. Für Entspannung sorgen Physiotherapie und Kosmetik - nicht zu vergessen Ruhe und Talsicht.

Schwarzwaldhof - Gästehaus Sonne

Freiburger Str. 2 ✉ 79856 – ✆ (07652) 1 20 30 – www.schwarzwaldhof.com – geschl. 9. November - 12. Dezember

39 Zim – 54/62 € 86/120 € – 1 Suite – ½ P

Das Hotel beim Bahnhof besteht aus dem über 110 Jahre alten Schwarzwaldhof und einem Gästehaus mit privater Atmosphäre. Nett das getäfelte Turmzimmer mit Himmelbett. Restaurant mit bürgerlichem Angebot, ergänzt durch eine rustikale Stube.

Imbery

Rathausstr. 14 ✉ 79856 – ✆ (07652) 9 10 30 – www.hotel-imbery.de – geschl. 6. - 21. März, 27. November - 8. Dezember
32 Zim – 42/62 € 76/116 € – ½ P
Wer es lieber etwas ruhiger hat, bucht in dem familiengeführten Haus am besten eines der Zimmer im nach hinten gelegenen Gästehaus - hier wohnt man zudem komfortabler. Stärken können Sie sich im bürgerlichen Restaurant, im Café sowie auf der Terrasse und im Biergarten unter einer Linde.

Marie Antoinette – Parkhotel Adler

Adlerplatz 3 ✉ 79856 – ✆ (07652) 12 70 – www.parkhoteladler.de
Menü 52/73 € – Karte 52/86 € – *(nur Abendessen)*
Ein traditionsreiches Haus mit Ursprung im 15. Jh. Schöne alte Holztäfelungen, niedrige Decken, allerlei dekorative Accessoires - gemütlich-elegant sind die Stuben des historischen Schwarzwaldhauses, die Küche klassisch und international.

Prüfer's Gasthaus

Freiburger Str. 30 ✉ 79856 – ✆ (07652) 9 17 58 05 – www.pruefers-gasthaus.de – geschl. Dienstag - Mittwoch
Menü 39 € (abends)/59 € – Karte 25/52 € – *(nur Abendessen, sonntags auch Mittagessen)*
"Sachsen-Anhalt meets Schwarzwald"... So oder so ähnlich könnte die Geschichte von Peter Prüfer heißen. Der gebürtige Zeitzer bietet in dem Gasthaus am Ortseingang frische, schmackhafte Gerichte wie "Tafelspitz nach Oma Hanna's Rezept" oder auch "Pulpo mit Fenchel und Orangen-Kardamom-Sud".

Wirtshaus – Parkhotel Adler

Adlerplatz 3 ✉ 79856 – ✆ (07652) 12 70 – www.parkhoteladler.de
Karte 31/54 €
Urig geht's zu im "Wirtshus"! Ob nur auf ein Bier, ein Viertele oder eine Stärkung mit badischen Schmankerln - eine nette Alternative zum Restaurant Marie Antoinette.

In Hinterzarten-Alpersbach West: 5 km

Waldhotel Fehrenbach

Alpersbach 9 ✉ 79856 – ✆ (07652) 9 19 40 – www.waldhotel-fehrenbach.de – geschl. 11. - 26. Januar
14 Zim – 78/98 € 124/134 € – ½ P
Zur Esche – Siehe Restaurantauswahl
Das ist Schwarzwald-Idylle! Ein kleiner Familienbetrieb (bereits die 5. Generation) in einsamer Lage, die Einrichtung behaglich und typisch für die Region. Wer's aktiv mag, macht z. B. eine "Kräuterwanderung" oder eine "Quellwanderung".

Gasthaus Engel

Alpersbach 14 ✉ 79856 – ✆ (07652) 15 39 – www.engel-hinterzarten.de – geschl. 11. - 29. April, 14. November - 16. Dezember
9 Zim – 54/60 € 88/96 € – 2 Suiten – ½ P
Gäste schätzen diese ruhig gelegene Urlaubsadresse in 1030 m Höhe. Bei freundlichen Gastgebern wohnt man hier in geräumigen Zimmern mit Balkon - von den meisten genießt man eine schöne Aussicht über den Wald - und sitzt gemütlich in der rustikalen Gaststube.

Zur Esche – Waldhotel Fehrenbach

Alpersbach 9 ✉ 79856 – ✆ (07652) 9 19 40 – www.waldhotel-fehrenbach.de – geschl. 11. - 26. Januar und Montag - Dienstag
Menü 42/78 € – Karte 36/62 €
Zirbelholzverkleidung und charmant-rustikale Deko machen es hier schön schwarzwaldtypisch-heimelig! Frische Kräuter sind für Josef Fehrenbach ein Muss - sie unterstreichen den Geschmack der guten regionalen Produkte. Außerdem produziert er Tees und Marmeladen, die Sie hier kaufen können!

HIRSCHAID

Bayern – 11 920 Ew. – Höhe 248 m – Regionalatlas **50-K15**
Berlin 415 km – München 218 km – Coburg 58 km – Nürnberg 47 km
Michelin Straßenkarte 546

In Hirschaid-Röbersdorf West: 5 km

Gasthaus Wurm
Ringstr. 40 ✉ 96114 – ✆ (09543) 8 43 30 – www.gasthaus-wurm.de – geschl. Januar 2 Wochen, Juni 2 Wochen
16 Zim – 53/69 € 85/100 €
Mitten im Dorf steht das kleine Hotel mit rosa Fassade, das von Familie Wurm mit Herz und Engagement geleitet wird. Alles ist tipptopp gepflegt, freundlich die Zimmer, hübsch die individuellen Blümchenzimmer. Dazu gutes Frühstück sowie fränkische Küche in charmant-ländlichen Stuben. Biergarten unter Linden.

In Buttenheim Süd-Ost: 3,5 km, jenseits der A 73

Landhotel Schloss Buttenheim
Schloss-Str. 16 ✉ 96155 – ✆ (09545) 9 44 70 – www.landhotel-buttenheim.de
8 Zim – 59/69 € 85/95 €
Das im 18. Jh. erbaute ehemalige Forsthaus und Stallgebäude des Schlosses beherbergt liebenswerte Zimmer, alle individuell in freundlichen Farben. W-Lan nutzen Sie gratis. Familie von Seefried betreibt neben dem Hotel noch einen Weinhandel.

HIRSCHBERG

Baden-Württemberg – 9 500 Ew. – Höhe 120 m – Regionalatlas **47-F16**
Berlin 613 km – Stuttgart 131 km – Mannheim 29 km – Darmstadt 50 km
Michelin Straßenkarte 545

In Hirschberg-Leutershausen

Bistronauten
Raiffeisenstr. 1A ✉ 69493 – ✆ (06201) 8 46 18 56 – www.bistronauten.de – geschl. Sonntag - Montag
Menü 30 € (vegetarisch)/34 € – Karte 36/37 € – *(nur Abendessen)* (Tischbestellung ratsam)
Frisch, saisonal, schnörkellos - so kocht man in dem sympathischen kleinen Bistro. Hier geht es locker-leger zu, aus der offenen Küche kommt z. B. "Coq au vin mit Kartoffeln, Pilzen und Zwiebeln". Und danach "Apfeltarte mit Vanilleeis"?

In Hirschberg-Großsachsen

Krone
Landstr. 9, B 3 ✉ 69493 – ✆ (06201) 50 50 – www.krone-grosssachsen.de
64 Zim – 69/79 € 85/95 € – ½ P
Krone – Siehe Restaurantauswahl
Seit 1969 ist Familie Grüber in ihrem Hotel mit Engagement bei der Sache und investiert immer wieder. Die Zimmer sind wohnlich - mal alpenländisch mit Bauernmöbeln, mal moderner. Es gibt zeitgemäße Tagungsräume, zum Erholen Pool und Sauna.

Krone – Hotel Krone
Landstr. 9, B 3 ✉ 69493 – ✆ (06201) 50 50 – www.krone-grosssachsen.de – geschl. 22. - 24. Dezember
Karte 28/64 €
Sie sind recht verschieden, die Stuben in der historischen "Krone", aber alle gemütlich. Wie hier findet sich auch in der Küche Klassisches neben Modernem, "Schwäbischer Zwiebelrostbraten" neben "Jakobsmuscheln mit Granny-Smith-Risotto".

HIRSCHHORN am NECKAR

Hessen – 3 430 Ew. – Höhe 126 m – Regionalatlas **48-G16**
Berlin 621 km – Wiesbaden 120 km – Mannheim 52 km – Heidelberg 23 km
Michelin Straßenkarte 543

Schlosshotel

Schloßstraße 39, Auf Burg Hirschhorn ✉ 69434 – ✆ (06272) 9 20 90 – www.schlosshotel-hirschhorn.de – geschl. November - Februar

25 Zim – 70/98 € 96/164 €

Schön wohnt man über den Dächern von Hirschhorn in einer Burganlage a. d. 12. Jh., charmant die jungen Gastgeber. Einige Zimmer sind besonders stilvoll, so auch das elegante Restaurant. Man bietet internationale Küche, mittags einfache Karte im Bistro. Rustikal der Ritterkeller, toll die Terrasse.

HITZACKER (ELBE)

Niedersachsen – 4 900 Ew. – Höhe 12 m – Regionalatlas **20**-K6

Berlin 238 km – Hannover 140 km – Lüneburg 50 km – Hamburg 102 km

Michelin Straßenkarte 541

Hafen Hitzacker

Am Weinberg 2 ✉ 29456 – ✆ (05862) 9 87 80 – www.hotel-hafen-hitzacker-elbe.de

9 Zim – 85/119 € 95/129 € – 22 Suiten – ½ P

Das Haus hat so seine Besonderheiten: Da wäre zum einen die Jeetzel (Elbzufluss), die die beiden Gebäude trennt (das Restaurant Dierks erreicht man über den "Hiddosteg"!), zum anderen sind die Zimmer riesig (55-90 qm!), wertig und meist mit Hafen- oder Weinbergblick.

HOCHHEIM am MAIN

Hessen – 16 840 Ew. – Höhe 129 m – Regionalatlas **47**-F15

Berlin 559 km – Wiesbaden 12 km – Frankfurt am Main 31 km – Darmstadt 32 km

Michelin Straßenkarte 543

Zielonka

Hajo-Rüter-Str. 15, Gewerbegebiet Ost ✉ 65239 – ✆ (06146) 9 06 70 – www.zielonka-privathotel.de – geschl. 23. Dezember - 2. Januar

20 Zim – 100/146 € 130/176 €

Wer würde eine so nette, persönlich geführte Adresse in einem Gewerbegebiet erwarten? Die Zimmer praktisch und wohnlich zugleich, das Frühstück frisch und lecker. in der Bar/Kaminlounge gibt's kleine Snacks und im Garten kann man von den Obstbäumen naschen! Nebenan: Sportstudio mit Sauna sowie Kreativzentrum.

kuli.nariath N

Mainzer Str. 26 ✉ 65239 – ✆ (06146) 9 09 89 70 – www.kulinariath.de – geschl. Montag - Dienstag

Karte 25/43 € – *(nur Abendessen, sonntags auch Mittagessen)*

Sie mögen traditionelle Küche auf moderne Art? Dann ist diese geschichtsträchtige Adresse (Teil des Hochheimer Hofs) mit ihren geschmorten Kalbsbäckchen, gebratener Kalbsleber oder Schwarzwild-Ragout genau richtig. Charmant der Garten.

HÖCHENSCHWAND

Baden-Württemberg – 2 470 Ew. – Höhe 1 008 m – Regionalatlas **62**-E21

Berlin 809 km – Stuttgart 186 km – Freiburg im Breisgau 56 km – Donaueschingen 63 km

Michelin Straßenkarte 545

Alpenblick

St.-Georg-Str. 9 ✉ 79862 – ✆ (07672) 41 80 – www.alpenblick-hotel.de

37 Zim – 135/165 € 250/270 € – ½ P

Das Wellnesshotel ist beliebt, denn hier wird man von A - Z verwöhnt: wohnliche Zimmer, moderner Spa (Motto "Wasser und Salz") und nicht zuletzt die Bio-Vollpension (für Hausgäste inkl.)! A-la-carte-Gäste werden in der urig-charmanten Schwarzwaldstube z. B. mit Rösti-Gerichten oder Flambi-Spießen bewirtet.

Nägele

Bürgermeister-Huber-Str. 11 ✉ 79862 – ✆ (07672) 9 30 30 – www.hotel-naegele.de

42 Zim – 67/92 € 67/92 € – 2 Suiten – ½ P

Familie Heinen bleibt am Ball und modernisiert stetig - so wohnt man in den Zimmern "Lerchenbergblick" besonders komfortabel und entspannt im Ruheraum, in der Salzgrotte oder bei Beauty & Massage. Am Morgen ein reichhaltiges Frühstücksbuffet, dazu ausgesprochen freundlicher Service. Und wie wär's mit regional-bürgerlicher Küche im schönen Maximilian-Stüble?

Porten's Hotel Fernblick

Im Grün 15 ✉ 79862 – ✆ (07672) 9 30 20 – www.porten.de – geschl. 7. - 27. Januar

38 Zim – 50/53 € 98/104 € – 2 Suiten

Die Zimmer hier sind zwar nicht sehr groß, aber gepflegt, funktional und teilweise schön neuzeitlich eingerichtet. Zudem gibt es ein frisches Frühstück (im Sommer auf der Terrasse) und abends können Sie in den "Hubertusstuben" der Familie Porten essen. Nutzen Sie auch den Wellnessbereich der St.-Georg-Klinik!

Hubertusstuben

Kurhausplatz 1, Eingang St.-Georg-Straße, 1. Etage ✉ 79862 – ✆ (07672) 41 16 01 – www.porten.de – geschl. 7. - 27. Januar und Dienstag

Menü 36/80 € – Karte 30/52 € – *(Montag - Freitag nur Abendessen)*

Nicht nur die Gäste seines wenige Gehminuten entfernten Hotels kommen gerne in Frank Portens Restaurant. Hier lässt man sich klassische und internationale Küche servieren - so z. B. "Saiblingsfilet mit Blattspinat und Safranrisotto".

HÖCHST im ODENWALD

Hessen – 10 010 Ew. – Höhe 157 m – Regionalatlas **48-G15**

Berlin 578 km – Wiesbaden 78 km – Frankfurt am Main 61 km – Mannheim 78 km

Michelin Straßenkarte 543

In Höchst-Hetschbach Nord-West: 2 km über B 45 Richtung Groß-Umstadt

Krone

Rondellstr. 20 ✉ 64739 – ✆ (06163) 93 10 00 – www.krone-hetschbach.de – geschl. Januar 1 Woche, Juli - August 2 Wochen

20 Zim – 56 € 102 € – ½ P

Gaststube • ***Krone*** – Siehe Restaurantauswahl

In 5. Generation empfängt Sie sehr herzlich Familie Wölfelschneider. Es erwarten Sie zeitgemäße Zimmer (meist in schönem wohnlichem Naturholz), die teilweise einen netten Blick in den idyllischen Garten bieten. Gutes Frühstücksbuffet.

Krone – Hotel Krone

Rondellstr. 20 ✉ 64739 – ✆ (06163) 93 10 00 – www.krone-hetschbach.de – geschl. Januar 1 Woche, Juli - August 2 Wochen und Montag, Donnerstag

Menü 45/103 € – Karte 43/63 €

Hier wird mit heimischen Produkten und saisonalen Einflüssen gekocht: "Zweierlei vom Kalb mit Polenta, Spinat und Pfifferlingen", "Jakobsmuscheln auf grünem Spargel mit Maracuja"... Die Schwester des Küchenchefs leitet den freundlichen Service samt trefflicher Weinberatung (man hat 400 Positionen).

Gaststube – Hotel Krone

Rondellstr. 20 ✉ 64739 – ✆ (06163) 93 10 00 – www.krone-hetschbach.de – geschl. Januar 1 Woche, Juli - August 2 Wochen und Montag, Donnerstagmittag

Menü 25 € – Karte 28/63 €

Die frische regionale Küche passt zur angenehm unkomplizierten Atmosphäre der Gaststube. Macht Ihnen Leckeres wie "Wildschweinsauerbraten mit Kartoffelklößen und Wirsing" Appetit? Oder vielleicht "gebackene Kalbszunge auf Lauchgemüse"?

HÖCHSTÄDT an der DONAU

Bayern – 6 570 Ew. – Höhe 416 m – Regionalatlas **56-J19**
Berlin 557 km – München 114 km – Augsburg 45 km – Ansbach 98 km
Michelin Straßenkarte 546

Zur Glocke

Friedrich-von-Teck-Str. 12 ✉ 89420 – ✆ (09074) 95 78 85 – www.restaurant-zur-glocke.de – geschl. 1. - 5. Januar, 8. - 14. Februar, 29. August - 11. September und Montag - Dienstag
7 Zim – 53/68 € 82/92 €
Menü 32 € (vegetarisch)/46 € – Karte 37/55 € – *(Mitte September - Mitte April Mittwoch - Samstag nur Abendessen)*
Die Fassade ist zwar recht schlicht, doch drinnen ist das Haus der Familie Stoiber hübsch und gemütlich-modern! Lust auf Internationales wie "Wildsteinbutt mit Erbsenpüree und Hummerschaum" oder "Bio-Zicklein auf Bohnengemüse". Tipp: Im Sommer sitzt man draußen unter der Kastanie am schönsten und luftigsten!

HÖFEN an der ENZ

Baden-Württemberg – 1 640 Ew. – Höhe 369 m – Regionalatlas **54-F18**
Berlin 680 km – Stuttgart 68 km – Karlsruhe 44 km – Freudenstadt 48 km
Michelin Straßenkarte 545

Ochsen

Bahnhofstr. 2 ✉ 75339 – ✆ (07081) 79 10 – www.ochsen-hoefen.de
52 Zim – 74/102 € 112/146 € – 3 Suiten – ½ P
Bei Familie Braune kann man nicht nur gut schlafen: Entspannen lässt es sich schön im Sauna- und Ruhebereich mit seinem ansprechenden Holz-Stein-Look oder aber auf der Terrasse zur Enz. Auch zum Tagen ist es eine ideale Adresse, für Veranstaltungen hat man eine kleine Piazza und sogar heiraten ist dank des eigenen Standesamtes kein Problem!

HÖHN

Rheinland-Pfalz – 3 050 Ew. – Höhe 508 m – Regionalatlas **37-E13**
Berlin 566 km – Mainz 96 km – Koblenz 53 km – Wiesbaden 75 km
Michelin Straßenkarte 543

Millé

Rheinstr. 2 ✉ 56462 – ✆ (02661) 84 48 – www.restaurant-mille.de – geschl. 19. Oktober - 2. November und Montag - Dienstag
Menü 35/49 € – Karte 33/60 € – *(Mittwoch - Samstag nur Abendessen)*
Herzlich leitet Familie Millé das behagliche Restaurant in der Ortsmitte. Geboten werden internationale Gerichte wie "Lachs im Sesammantel" oder "Rinderfilet unter Ziegenkäse". Speisen Sie im Sommer auch mal im schön angelegten Garten!

HÖHR-GRENZHAUSEN

Rheinland-Pfalz – 9 290 Ew. – Höhe 250 m – Regionalatlas **36-D14**
Berlin 584 km – Mainz 94 km – Koblenz 19 km – Limburg an der Lahn 35 km
Michelin Straßenkarte 543

Heinz

Bergstr. 77 ✉ 56203 – ✆ (02624) 9 43 00 – www.hotel-heinz.de – geschl. 22. - 24. Dezember
90 Zim – 89/114 € 138/238 € – 1 Suite – ½ P
Der gut geführte Familienbetrieb auf einer Anhöhe hält ein umfassendes Wellnessangebot für Sie bereit. Zimmer in den Kategorien Klassik, Basic und Lebensart sowie ansprechende Themenzimmer. Restaurant mit individuell gestalteten Räumen und netter Gartenterrasse.

Silicium N

Schillerstr. 2 ✉ 56203 – ✆ (02624) 94 16 80 – www.hotel-silicium.de
54 Zim – 65/70 € 80/90 € – ½ P
Die ehemalige Glasfabrik präsentiert sich heute mit geradlinig-modernem Interieur. Die Zimmer sind technisch gut ausgestattet, darunter auch einige Allergikerzimmer. Restaurant mit Front-Cooking, dazu eine trendige Bar. Eventküche für Kochkurse und Kochduelle.

Im Stadtteil Grenzau Nord: 1,5 km

Zugbrücke

Brexbachstr. 11 ✉ 56203 – ✆ (02624) 10 50 – www.zugbruecke.de
136 Zim – 89/109 € 138/178 € – 2 Suiten – ½ P
Tagungen, Wellnessgäste, Urlauber, Business... Das Hotel in ruhiger Tallage am Brexbach bietet für jeden das Passende. Wer das Besondere sucht, bucht ein Themenzimmer wie "Ritter" oder "Westerwald". Die Zimmer im Gästehaus sind einfacher. Das Restaurant bietet Buffet oder Internationales à la carte.

HÖNNINGEN, BAD

Rheinland-Pfalz – 5 660 Ew. – Höhe 65 m – Regionalatlas **36-C13**
Berlin 617 km – Mainz 125 km – Koblenz 37 km – Bonn 35 km
Michelin Straßenkarte 543

St. Pierre

Hauptstr. 138, 1. Etage ✉ 53557 – ✆ (02635) 20 91 – www.hotelpierre.de – geschl. Ende Dezember 1 Woche
19 Zim – 59/64 € 89/94 € – 2 Suiten
Gegenüber dem Rathaus steht das freundlich geführte kleine Hotel mit den gepflegten und praktisch ausgestatteten Zimmern. Wie finden Sie übrigens die ganz modernen Bäder? Die zwei geräumigen Suiten sind auch für Familien geeignet.

HÖRSTEL

Nordrhein-Westfalen – 19 500 Ew. – Höhe 45 m – Regionalatlas **16-D8**
Berlin 464 km – Düsseldorf 178 km – Nordhorn 45 km – Münster (Westfalen) 44 km
Michelin Straßenkarte 543

In Hörstel-Riesenbeck Süd-Ost: 6 km über Bevergern, jenseits der A 30

Parkhotel Surenburg

Surenburg 13, Süd-West: 1,5 km ✉ 48477 – ✆ (05454) 9 33 80 – www.parkhotel-surenburg.com
30 Zim – 95/110 € 149/175 € – ½ P
Westfälische Stube ✿ • ***Surenburg*** – Siehe Restaurantauswahl
Richtig schön hat man es hier in malerischer, ruhiger Lage ca. 300 m vom Wasserschloss entfernt, angrenzend eine große Reitanlage. Modern-elegant die Zimmer, zuvorkommend der Service, ausgezeichnet das Frühstück..., dazu das attraktive "Badehaus" - Tipp: Mieten Sie Sauna und Schwimmbad spät abends exklusiv!

Westfälische Stube – Parkhotel Surenburg

✿
Surenburg 13, Süd-West: 1,5 km ✉ 48477 – ✆ (05454) 9 33 80 – www.parkhotel-surenburg.com – geschl. Februar, August, 15. - 30. November und Montag - Dienstag
Menü 89/139 € – *(nur Abendessen)* (Tischbestellung erforderlich)
Denken Sie bei dem Namen an ein ländlich-legeres kleines Restaurant? Warmes Holz schafft westfälische Gemütlichkeit und auch in Richard Nussels kreativer Küche findet sich der regionale Bezug - einige der sehr guten Produkte kommen aus dem Garten von Schloss Surenburg oder aus den Heereman'schen Wäldern.
➜ Sellerie, Tomate, Trüffel. Urkarotte, Zitrusfrüchte, Fenchel. Blaue Gamba, Jasmin, Kaviar.

Surenburg – Parkhotel Surenburg

Surenburg 13, Süd-West: 1,5 km ✉ 48477 – ✆ (05454) 9 33 80 – www.parkhotel-surenburg.com
Menü 34/49 € – Karte 33/57 € – (abends Tischbestellung ratsam)
Hier kocht man ambitionierte internationale Speisen wie "Kalbsbacke mit Vanille geschmort, Kichererbsenmousseline und glasiertem Wurzelgemüse". Darf es nachmittags ein Stück hausgemachter Kuchen sein? Und am Abend ein Cocktail in der stilvollen "Präsidenten Bar"? Im Sommer ein Muss: die große Terrasse!

HÖVELHOF

Nordrhein-Westfalen – 15 820 Ew. – Höhe 107 m – Regionalatlas **28-F10**
Berlin 413 km – Düsseldorf 189 km – Bielefeld 33 km – Detmold 30 km
Michelin Straßenkarte 543

Victoria

Bahnhofstr. 35 ✉ 33161 – ✆ (05257) 9 37 70 – www.93770.de
41 Zim – 54/99 € 84/121 € – ½ P
Ein sehr gepflegter Familienbetrieb, der dank seiner Lage am Bahnhof auch für Zugreisende gut erreichbar ist. Die neueren Zimmer sind zwar etwas teurer, dafür aber am geräumigsten und klimatisiert! Hallenbad und Fitnessbereich nutzen Sie gegen Gebühr. International-regionale Küche in Restaurant und Bistro.

Gasthof Brink

Allee 38 ✉ 33161 – ✆ (05257) 32 23 – geschl. 1. - 14. Januar, Ende Juli - Anfang August 2 Wochen und Montag
9 Zim – 45/55 € 75/85 €
Menü 59 € – Karte 27/60 € – *(nur Abendessen)* (Tischbestellung ratsam)
Bis ins Jahr 1880 geht die Familientradition dieses Hauses zurück. Was Florian Brink in dem eleganten Restaurant kocht, ist eine tolle klassische Küche. Auf der Karte finden sich z. B. "Kalbsfilet mit Morcheln" oder "Seezunge Müllerin".

In Hövelhof-Riege Nord-West: 5 km Richtung Kaunitz, dann rechts ab

Gasthaus Spieker

Detmolder Str. 86 ✉ 33161 – ✆ (05257) 22 22 – www.gasthaus-spieker.de – geschl. Montag, außer an Feiertagen
13 Zim – 57/65 € 83/105 € – ½ P
Menü 35 € (mittags)/45 € – Karte 30/48 € – *(nur Abendessen, sonntags auch Mittagessen)*
Liebenswertes Ambiente, sehr freundlicher Service, gute Produkte - nicht nur für Restaurantbesucher, die regional-mediterran essen möchten, auch für Übernachtungsgäste, die hier zu absolut fairen Preisen in sehr schönen Zimmern schlafen und ein leckeres Frühstück mit ausgezeichnetem Kaffee bekommen!

HÖXTER

Nordrhein-Westfalen – 29 530 Ew. – Höhe 95 m – Regionalatlas **28-H10**
Berlin 362 km – Düsseldorf 225 km – Hannover 86 km – Kassel 70 km
Michelin Straßenkarte 543

Niedersachsen

Grubestr. 3 ✉ 37671 – ✆ (05271) 68 80 – www.hotelniedersachsen.de
80 Zim – 75/110 € 100/180 € – ½ P
Das gut geführte, auch von Geschäftsleuten geschätzte Hotel bietet unterschiedliche Zimmertypen, freundlichen Service und den schönen Freizeitbereich Corbie-Therme. Restaurant Huxori-Stube mit internationaler Küche, kleine Gerichte in der Sachsenklause.

HOF

Bayern – 44 470 Ew. – Höhe 500 m – Regionalatlas **41-M14**
Berlin 317 km – München 283 km – Bayreuth 55 km – Nürnberg 133 km
Michelin Straßenkarte 546

Central

Kulmbacher Str. 4 ✉ 95030 – ✆ (09281) 60 50 – www.hotel-central-hof.de
100 Zim – 89/125 € 109/145 € – 1 Suite – ½ P
Das von zwei Schwestern geführte Hotel liegt gegenüber dem Theater und ist mit seiner direkten Anbindung an die "Freiheitshalle" auch ideal für Tagungen. Wohnliche Zimmer (wie wär's z. B. mit der Wellness-Suite?), schöne "Spa Lounge" mit Kosmetik- und Massageangebot, Indoor-Golf sowie ein gediegen-elegantes Restaurant mit Speisen von fränkisch bis international.

Burghof
Bahnhofstr. 53 ✉ 95028 – ✆ (09281) 81 93 50 – www.hotel-burghof.com
22 Zim ☕ – 🚹74/99 € 🚹🚹99/119 €
Das Stadthaus a. d. J. 1901 ist ein sympathisch geleitetes Hotel, hinter dessen schmucker Fassade sich tipptopp gepflegte wohnlich-elegante Gästezimmer verbergen.

Am Maxplatz
Maxplatz 7 / Ludwigstr. 15 ✉ 95028 – ✆ (09281) 17 30 – www.hotel-am-maxplatz.de – geschl. Ende. Dezember 1 Woche
18 Zim ☕ – 🚹65/95 € 🚹🚹98/110 €
Seit über 35 Jahren leiten die freundlichen Gastgeber ihr kleines Hotel mitten im Zentrum, nahe dem Rathaus. Die Zimmer liegen recht ruhig um den Innenhof des denkmalgeschützten Hauses. Hübsch die Gewölbedecke im Empfangsbereich.

HOFBIEBER
Hessen – 5 960 Ew. – Höhe 380 m – Regionalatlas **39-I13**
Berlin 434 km – Wiesbaden 209 km – Fulda 14 km – Bad Hersfeld 40 km
Michelin Straßenkarte 543

In Hofbieber-Fohlenweide Süd-Ost: 6 km über Langenbieber

Seminarhotel Fohlenweide
Fohlenweide 1 ✉ 36145 – ✆ (06657) 98 80 – www.seminarhotel-fohlenweide.de
27 Zim ☕ – 🚹69/89 € 🚹🚹110/160 € – ½ P
Ein wirklich tolles Anwesen in einsamer Lage, ringsum nur Grün! Auf 3 ha bietet der ehemalige Gutshof (übrigens auch das Zuhause eigener Pferde, Schafe, Ziegen...) ideale Bedingungen für schönes, erholsames Wohnen und erfolgreiches Tagen, und mit dem "Kaminzimmer" zudem ein geschmackvolles Restaurant.

In Hofbieber-Steens Süd-Ost: 8 km über Langenbieber und Elters

Lothar Mai Haus
Lothar-Mai-Str. 1 ✉ 36145 – ✆ (06657) 9 60 80 – www.hotel-lothar-mai-haus-rhoen.de
30 Zim ☕ – 🚹72/102 € 🚹🚹106/132 € – 2 Suiten – ½ P
Sie mögen's ruhig? Das Haus steht einsam in erhöhter Lage, toll der Blick über Wald und Wiesen! Wohnliche Zimmer (von Landhausstil bis modern und allergikergerecht), Kosmetik- und Massage-Angebot sowie ein gemütlich-rustikales Restaurant und eine Terrasse mit grandioser Aussicht. Die Küche ist bürgerlich.

HOFGEISMAR
Hessen – 14 920 Ew. – Höhe 156 m – Regionalatlas **28-H11**
Berlin 407 km – Wiesbaden 245 km – Kassel 24 km – Paderborn 63 km
Michelin Straßenkarte 543

Zum Alten Brauhaus
Marktstr. 12 ✉ 34369 – ✆ (05671) 30 81 – www.zumaltenbrauhaus.de
22 Zim ☕ – 🚹47/55 € 🚹🚹83/88 € – 2 Suiten – ½ P
In der Fußgängerzone mitten im malerischen Ortskern liegt das von zwei Brüdern geleitete Traditionsgasthaus, in dem man nicht nur gepflegt übernachtet, sondern auch bürgerlich isst - und probieren Sie auch mal von den hausgemachten Torten!

HOFHEIM am TAUNUS
Hessen – 38 560 Ew. – Höhe 136 m – Regionalatlas **47-F15**
Berlin 550 km – Wiesbaden 20 km – Frankfurt am Main 22 km – Limburg an der Lahn 54 km
Michelin Straßenkarte 543

Dreispitz

In der Dreispitz 6, an der B 519 ✉ 65719 – ✆ (06192) 9 65 20 – www.hotel-dreispitz.de – geschl. 20. Dezember - 6. Januar, 15. Juli - 15. August

24 Zim – †75/99 € ††95/139 €

Äußerlich vielleicht ein eher unscheinbares kleines Hotel, doch die Zimmer bei Familie Laur können sich sehen lassen: mit individueller Note eingerichtet, von Landhausstil bis geradlinig-modern. Persönlich die Atmosphäre, da passt die liebevolle Deko der Seniorchefin schön ins Bild. Die Küche ist bürgerlich.

Die Scheuer

Burgstr. 12 ✉ 65719 – ✆ (06192) 2 77 74 – www.die-scheuer.de – geschl. Sonntag - Montag

Menü 42 € – Karte 33/60 €

Richtig charmant, was Familie Stöckle aus der "Hammelschen Scheune" a. d. 17. Jh. gemacht hat! Auf zwei Ebenen gibt es in ungezwungen-gemütlicher Atmosphäre Leckeres wie "Kleine Schweinerei vom Schwarzen Iberico" oder "Wolfsbarsch in der Kartoffelkruste". Alternativ: Bürgerliches im Bistro Schmiede gegenüber.

In Hofheim-Diedenbergen Süd-West: 3 km über B 519

Romano

Casteller Str. 68 ✉ 65719 – ✆ (06192) 3 71 08 – www.ristorante-romano.com – geschl. 22. Dezember - 3. Januar und Montag, Samstagmittag

Karte 40/74 €

Schon über 30 Jahre steht Familie Romano für frische klassisch-italienische Küche mit viel Pasta und sehr viel Fisch. Wer lieber Fleisch mag, kann auf dry aged Black Angus zurückgreifen. Richtig nett ist im Sommer die Terrasse im Hof.

HOHEN DEMZIN

Mecklenburg-Vorpommern – 400 Ew. – Höhe 70 m – Regionalatlas **13-N5**

Berlin 178 km – Schwerin 96 km – Neubrandenburg 62 km – Waren 26 km

Michelin Straßenkarte 542

Schlosshotel Burg Schlitz

Burg Schlitz 1, Nahe der B 108, Süd: 2 km, Richtung Waren ✉ 17166 – ✆ (03996) 1 27 00 – www.burg-schlitz.de

16 Zim – †165/195 € ††198/265 € – 23 € – 4 Suiten – ½ P

Wappen-Saal – Siehe Restaurantauswahl

Das imposante Schloss auf dem 180 ha großen Anwesen wurde 1806 von Graf Schlitz erbaut und ist heute ein aufwändig und edel mit Stil und Geschmack eingerichtetes Hotel. Klassisch-elegant sind die großen Zimmer mit meist wunderschönen Decken, toll der Spa. Brasserie Louise mit französischer Küche.

Wappen-Saal – Schlosshotel Burg Schlitz

Burg Schlitz 1, Nahe der B 108, Süd: 2 km, Richtung Waren ✉ 17166 – ✆ (03996) 1 27 00 – www.burg-schlitz.de – geschl. Februar und Montag - Dienstag

Menü 68/100 € – Karte 52/84 € – *(nur Abendessen)*

Sie dinieren in einem eindrucksvollen historischen Saal und genießen charmanten, versierten Service. Klassisch-französisch die beiden Menüs - hier z. B. "in Fenchelöl confierte Malchiner Forelle" oder "Filet vom Limousin-Rind".

HOFSTETTEN

Baden-Württemberg – 1 690 Ew. – Höhe 259 m – Regionalatlas **54-E20**

Berlin 782 km – Stuttgart 146 km – Freiburg 47 km – Strasbourg 62 km

Michelin Straßenkarte 545

Drei Schneeballen

Hauptstr. 11 ✉ 77716 – ✆ (07832) 28 15 – www.drei-schneeballen.de – geschl. Februar 2 Wochen, August 2 Wochen, November 2 Wochen

24 Zim – †38/64 € ††64/94 € – ½ P

Seit über 500 Jahren ist das Haus im Familienbesitz, darauf ist man stolz und entsprechend engagiert wird der Betrieb geführt. Fragen Sie nach den schönen Landhauszimmern mit ihren schicken modernen Bädern oder nach den geräumigen Appartements! In den Gästehäusern sind die Zimmer etwas älter und einfacher. Wer zum Essen kommt, sollte die Forellengerichte probieren - man holt den Fisch topfrisch aus dem Bassin im alten Milchhäuschen gegenüber!

HOHENKAMMER

Bayern – 2 330 Ew. – Höhe 471 m – Regionalatlas **58-L19**
Berlin 560 km – München 41 km – Augsburg 84 km – Landshut 69 km
Michelin Straßenkarte 546

Camers Schlossrestaurant

Schlossstr. 25 ✉ 85411 – ✆ (08137) 93 40 – www.schlosshohenkammer.de – geschl. Weihnachten - Anfang Januar, August 2 Wochen und Sonntag - Montag

Menü 72/88 € – Karte 62/69 € – *(nur Abendessen)*

Nach dem Umzug in das herrschaftliche Schlossgebäude wird das Restaurant ganz seinem Namen gerecht. In einem schönen hellen Gewölberaum gibt es moderne Gerichte wie "sous vide gegartes Kalbsfilet - kleine Artischocken - Perlzwiebeltarte".

HOHENSTEIN

Hessen – 5 970 Ew. – Höhe 340 m – Regionalatlas **47-E14**
Berlin 572 km – Wiesbaden 23 km – Koblenz 64 km
Michelin Straßenkarte 543

Hofgut Georgenthal

Georgenthal 1, Süd-Ost: 5,5 km über Steckenroth, Richtung Strinz-Margarethä ✉ 65329 – ✆ (06128) 94 30 – www.hofgut-georgenthal.de – geschl. 3. - 7. Januar

40 Zim – 124/166 € 166/207 € – 1 Suite – ½ P

Einsam liegt der ehemalige Zehnthof a. d. J. 1692 umgeben von Wald und Wiese. Das Hotel bietet wohnlich-elegantes Ambiente sowie einen Badebereich und Anwendungen. Kleines "Limes"-Museum. Mediterran-regionale Küche im Giorgios.

HOHENSTEIN-ERNSTTHAL

Sachsen – 15 080 Ew. – Höhe 370 m – Regionalatlas **42-O13**
Berlin 269 km – Dresden 81 km – Chemnitz 15 km – Plauen 82 km
Michelin Straßenkarte 544

Drei Schwanen

Altmarkt 19 ✉ 09337 – ✆ (03723) 65 90 – www.mb-hotel.de

30 Zim – 79 € 99 € – ½ P

In Karl Mays Geburtsstadt liegt dieses klassizistische Stadthaus, dessen wohnliche Zimmer teils mit einer Terrasse versehen sind. Stimmig: die alten Kronleuchter im Treppenaufgang und auch das mit Parkettboden ausgelegte Restaurant, in dem man bürgerlich-internationale Küche mit kreativen Kombinationen bietet.

HOHENTENGEN am HOCHRHEIN

Baden-Württemberg – 3 710 Ew. – Höhe 378 m – Regionalatlas **62-E21**
Berlin 802 km – Stuttgart 176 km – Freiburg im Breisgau 79 km – Baden 33 km
Michelin Straßenkarte 545

Wasserstelz

Guggenmühle 15, Nord-West: 3 km, unterhalb der Burgruine Weißwasserstelz ✉ 79801 – ✆ (07742) 9 23 00 – www.wasserstelz.de

12 Zim – 60/65 € 98/110 € – 1 Suite – ½ P

Über 1000 Jahr alt, ehemals Gesindehaus und Teil einer Burganlage - so viel Historie bringt reichlich Atmosphäre mit sich, und die spürt man in den wohnlichen Zimmern sowie in der Gaststube mit Holztäfelung und Kachelofen. Am Rhein hat man übrigens einen Bootsanleger und eine Badestelle.

In Hohentengen-Lienheim West: 5 km

Landgasthof Hirschen

Rheintalstr. 13 ✉ 79801 – ✆ (07742) 76 35 – www.hirschen-lienheim.de – geschl. 26. Dezember - 6. Januar und Samstag - Sonntag

7 Zim – 45/50 € 70/80 € – 8 € Menü 20/50 € – Karte 21/58 €

Ausflugsziele gibt es in der Gegend einige, und als Abschluss kehren Sie hier bei Familie Knuth ein: In gemütlich-ländlichen Stuben bekommen Sie saisonale Speisen. Und danach müssen Sie nicht mal mehr aus dem Haus, denn man hat auch gepflegte Gästezimmer und Appartements.

HOHWACHT

Schleswig-Holstein – 870 Ew. – Höhe 19 m – Regionalatlas **3-J3**
Berlin 335 km – Kiel 41 km – Lübeck 81 km – Oldenburg in Holstein 21 km
Michelin Straßenkarte 541

Hohe Wacht

Ostseering 5 ✉ 24321 – ✆ (04381) 9 00 80 – www.hohe-wacht.de
93 Zim – 115/158 € 140/190 € – 2 Suiten – ½ P
Die Lage an einem kleinen Park, nur wenige Schritte vom Strand entfernt, sowie geräumige Zimmer mit wohnlicher Einrichtung sprechen für das Hotel. Wie wär's mit Kosmetik oder Massage zur Entspannung? Restaurant mit elegantem Touch, im Wintergarten mit Meerblick.

Seeschlösschen

Dünenweg 4 ✉ 24321 – ✆ (04381) 4 07 60 – www.seeschloesschen-hohwacht.de
34 Zim – 88/143 € 162/220 € – ½ P
Das Ferienhotel überzeugt durch seine Lage unmittelbar am Ostseestrand. Die Zimmer sind wohnlich gestaltet, darunter einige Appartements mit Glas-Gauben und Balkon zum Meer. Zum Restaurant gehört eine herrliche Terrasse.

Haus am Meer

Dünenweg 1 ✉ 24321 – ✆ (04381) 4 07 40 – www.hotel-hausammeer.de
25 Zim – 88/120 € 115/180 €
Hier wohnen Sie mitten in der Dünenlandschaft und unmittelbar am Strand! Die Einrichtung ist hell, elegant und friesisch-modern - dem Meer besonders nah fühlt man sich in den "Ostsee-Zimmern" mit ihren großen Fenstern! Zur Stärkung gibt's regionale und mediterrane Speisen, Flammkuchen und hausgemachte Torten.

Genueser Schiff

Seestr. 18 ✉ 24321 – ✆ (04381) 75 33 – www.genueser-schiff.de
37 Zim – 75/105 € 120/190 € – 8 Suiten
Schöner könnte das reetgedeckte weiße Haus kaum liegen - Strand und Meer gleich vor der Tür. Die Zimmer (darunter auch geräumige Maisonetten und Appartements) sind wohnlich und individuell, hübsch die farbliche Gestaltung, teilweise mit Antiquitäten, viele mit Ostseeblick. Regional-mediterrane Speisekarte.

HOLLFELD

Bayern – 5 180 Ew. – Höhe 403 m – Regionalatlas **50-L15**
Berlin 378 km – München 254 km – Coburg 60 km – Bayreuth 23 km
Michelin Straßenkarte 546

Wittelsbacher Hof

Langgasse 8, B 22 ✉ 96142 – ✆ (09274) 9 09 60
– www.wittelsbacher-hof-hollfeld.de – geschl. 2. - 9. November
8 Zim – 50/55 € 75 € – ½ P
Eine gepflegte Adresse, die in 3. Generation familiär geführt wird. Die Zimmer sind mit Landhausmöbeln wohnlich ausgestattet, im Restaurant (gemütlich die holzvertäfelte Zirbelstube) bietet man regional-bürgerliche Küche und Vespergerichte.

HOLZDORF

Schleswig-Holstein – 850 Ew. – Höhe 25 m – Regionalatlas **2-I2**
Berlin 396 km – Kiel 41 km – Rendsburg 39 km
Michelin Straßenkarte 541

Rosenduft & Kochlust

Glasholz 1 ✉ 24364 – ✆ (04352) 91 20 03 – www.rosenduftundkochlust.de
– geschl. Januar - Februar
6 Zim – 59/105 € 110/170 €
Dass es hier keinen Fernseher auf dem Zimmer gibt, macht nichts angesichts der reizvollen Lage des liebevoll sanierten alten Bauernhofs auf dem Lande! Die Zimmer gemütlich, das Frühstück mit vielen Bioprodukten, nachmittags "Afternoon Tea".

HOLZGERLINGEN

Baden-Württemberg – 12 410 Ew. – Höhe 476 m – Regionalatlas **55**-**G19**
Berlin 654 km – Stuttgart 28 km – Böblingen 6 km – Herrenberg 12 km
Michelin Straßenkarte 545

Gärtner

Römerstr. 29, an der B 464 ✉ 71088 – ✆ (07031) 74 56 – www.hotel-gaertner.de
80 Zim – 66/85 € 92/98 € – ½ P
Das Hotel ist für den Businessgast interessant. Das liegt zum einen an der verkehrsgünstigen Lage nahe Bahnhof und Bundesstraße, aber auch an der funktionalen Ausstattung. Außerdem gibt es hier ein gutes Frühstück, bürgerlich-regionale Küche und gute Veranstaltungsmöglichkeiten.

HOLZKIRCHEN

Bayern – 15 810 Ew. – Höhe 691 m – Regionalatlas **66**-**M21**
Berlin 623 km – München 34 km – Garmisch-Partenkirchen 73 km – Bad Tölz 19 km
Michelin Straßenkarte 546

Alte Post

Marktplatz 10a ✉ 83607 – ✆ (08024) 3 00 50 – www.alte-post-holzkirchen.de – geschl. über Weihnachten
44 Zim – 90/145 € 120/160 €
Dies ist ein richtig schöner gepflegter Traditionsgasthof! Fragen Sie nach den gemütlichen ländlich-modernen Themenzimmern - bei "Golf", "Polo", "Jagd"... ist bestimmt auch was nach Ihrem Geschmack dabei! Und die Gaststuben? Natürlich heimelig-bayerisch!

In Holzkirchen-Großhartpenning Süd-West: 4 km über B 13

Altwirt

Tölzer Str. 135 ✉ 83607 – ✆ (08024) 30 32 20 – www.hotel-altwirt.de
40 Zim – 98/120 € 130/160 € – 2 Suiten
Einst stand hier ein alter Landgasthof, heute ist es das Hotel der Familie Vogl mit wohnlichen Zimmern und hübschem Saunabereich - beides in warmen Farben gehalten. Im Restaurant (sehr charmant die Altwirtstube) serviert man regionale und internationale Gerichte.

HOLZMINDEN

Niedersachsen – 20 110 Ew. – Höhe 89 m – Regionalatlas **28**-**H10**
Berlin 352 km – Hannover 75 km – Hameln 50 km – Kassel 80 km
Michelin Straßenkarte 541

Rosenhof

Sollingstr. 85 ✉ 37603 – ✆ (05531) 99 59 00 – www.hotel-rosenhof-holzminden.de – geschl. Ende Dezember - Anfang Januar
11 Zim – 85/95 € 95/125 €
Eine mit Stil und Geschmack eingerichtete Villa, deren wohnliches Ambiente Sie vom Kaminzimmer über die technisch gut ausgestatteten Zimmer bis zum Frühstücksraum begleitet.

HOMBURG am MAIN – Bayern → Siehe Triefenstein

HOMBURG (SAAR)

Saarland – 41 420 Ew. – Höhe 233 m – Regionalatlas **46**-**C17**
Berlin 680 km – Saarbrücken 33 km – Kaiserslautern 42 km – Neunkirchen/Saar 15 km
Michelin Straßenkarte 543

Schlossberg

Schlossberg-Höhenstraße ✉ 66424 – ✆ (06841) 66 60 – www.schlossberghotelhomburg.de – geschl. Januar 1 Woche

74 Zim ☕ – 🚹95 € 🚹🚹150 € – ½ P

Neben der Festung Homburg thront das Hotel über der Stadt und bietet eine einmalige Aussicht. Die Zimmer sind zeitgemäß und funktional, die Tagungsräume gut ausgestattet. Angenehm helles Restaurant mit hochwertiger geradliniger Einrichtung und Panoramablick.

Euler

Talstr. 40 ✉ 66424 – ✆ (06841) 9 33 30 – www.hoteleuler.de

50 Zim ☕ – 🚹69/82 € 🚹🚹76/99 €

Das ansprechende freundliche Ambiente begleitet die Gäste vom Empfang über die wohnlichen Zimmer bis in den Frühstücksraum, wo sie am Morgen eine gute Buffetauswahl erwartet.

In Homburg-Erbach

La Petite Maison (N)

Simonstr. 1 ✉ 66424 – ✆ (06841) 1 52 11 – www.lapetitemaison.saarland – geschl. 1. - 10. Januar, 25. August - 6. September und Samstagmittag, Sonntag - Montagmittag

Menü 35/69 € – Karte 41/68 € – (Tischbestellung ratsam)

Wirklich hübsch das kleine Restaurant, lauschig die Terrasse - beides ein idealer Rahmen für die klassische Küche, die z. B. in Form von "Rinderfilet mit Frühlingsmorcheln" daherkommt.

HOMBURG vor der HÖHE, BAD

Hessen – 52 380 Ew. – Höhe 197 m – Regionalatlas **47**-F14

▶ Berlin 525 km – Wiesbaden 45 km – Frankfurt am Main 18 km – Gießen 48 km

Michelin Straßenkarte 543

Steigenberger

Kaiser-Friedrich-Promenade 69 ✉ 61348 – ✆ (06172) 18 10 – www.bad-homburg.steigenberger.de Stadtplan : B2**r**

148 Zim – 🚹109/295 € 🚹🚹109/295 € – ☕ 23 € – 21 Suiten – ½ P

Hinter der klassischen Fassade verbergen sich eine elegante Lobby und geräumige Zimmer - die schönsten (in Rot- und Champagnertönen) hat man in der 4. und 5. Etage. Modern-klassisches Angebot in "Charly's stubb".

Parkhotel Bad Homburg

Kaiser-Friedrich-Promenade 53 ✉ 61348 – ✆ (06172) 80 10 – www.parkhotel-bad-homburg.de Stadtplan : B2**s**

122 Zim ☕ – 🚹94/134 € 🚹🚹154 € – 10 Suiten – ½ P

Limoncello – Siehe Restaurantauswahl

Das Hotel nahe dem Kurpark besteht aus drei Gebäuden. Am ruhigsten wohnt man im Haupthaus, etwas nach hinten versetzt. Hübsch sind die zwei "Schwalbennester". Im "Steakhouse am Park" bekommt man Steaks vom Lavasteingrill, Meeresfrüchte und saisonale deutsche Klassiker.

Hardtwald

Philosophenweg 31 ✉ 61350 – ✆ (06172) 98 80 – www.hardtwald-hotel.de – geschl. 23. Dezember - 2. Januar Stadtplan : B1**z**

29 Zim ☕ – 🚹95/120 € 🚹🚹115/150 € – 2 Suiten

Schellers ✿ – Siehe Restaurantauswahl

Für Jogger, Walker und Wanderer ist das hier ein Eldorado am Rand des Taunus. Die idyllische ruhige Lage und die schöne wohnliche Einrichtung sind ideal für Familien oder ruhesuchende Businessgäste. Im Rusticano gibt es Internationales, aber auch die bekannte Frankfurter Grüne Soße mit Eiern. Im Winter wird's bei offenem Kamin gemütlich-urig.

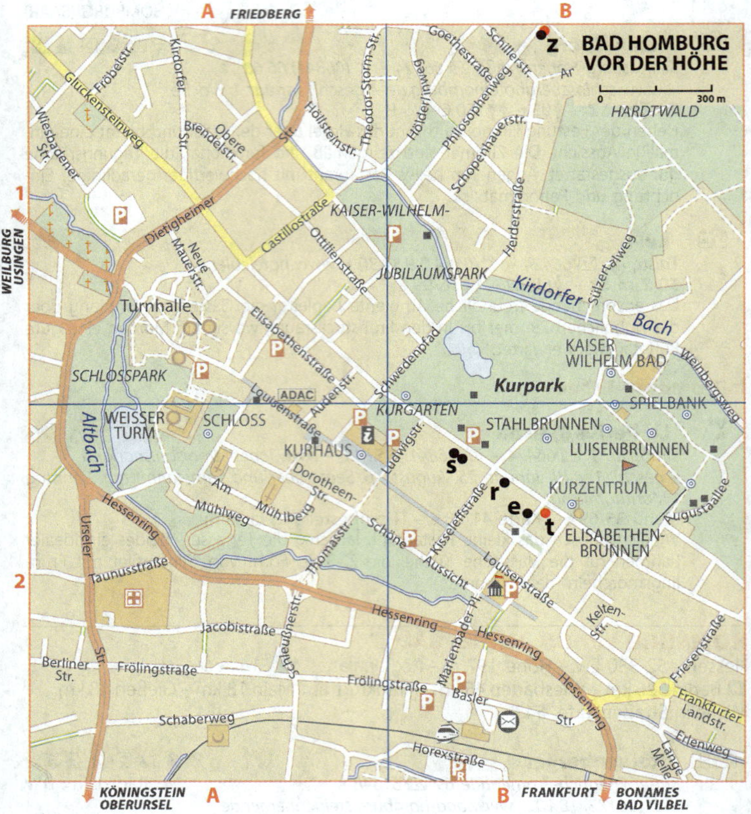

 **Comfort Hotel Am Kurpark**

Ferdinandstr. 2 ✉ *61348 – ✆ (06172) 92 63 00* Stadtplan : B2**e**
– www.comforthotel.de
45 Zim ☕ – 🚹95/269 € 🚹🚹105/349 €
In diesem Stadthaus im klassischen Stil stehen funktionelle, teilweise mit Parkettboden ausgestattete Zimmer bereit, die über ökologische Klimaanlage und Kaffeeautomat verfügen.

Villa am Kurpark

Kaiser-Friedrich-Promenade 57 ✉ *61348* Stadtplan : B2**s**
– ✆ (06172) 1 80 00 – www.karin-loew-hotellerie.de – geschl. 23. Dezember - 1. Januar
24 Zim ☕ – 🚹89/129 € 🚹🚹135/175 €
Das freundlich geführte Hotel ist eine hübsche Villa a. d. 19. Jh. mit wohnlicher Atmosphäre. Zimmer teils mit Blick auf den Kurpark. Heller Frühstücksraum zum kleinen Garten mit Fontäne.

Homburger Hof

Frankfurter Landstr. 126, über Frankfurter Landstraße B2 ✉ *61352*
– ✆ (06172) 4 40 04 – www.hotel-homburger-hof.de
5 Zim ☕ – 🚹85/89 € 🚹🚹108/118 €
Seit 200 Jahren wird hier Gastlichkeit groß geschrieben. Das Haus ist sorgsam saniert und beherbergt individuelle, hochwertig eingerichtete Zimmer. Der Homburger Hof hat sich mit dem ebenfalls traditionsreichen Restaurant Pinocchio "vermählt" - auf der Karte Salate, Rumpsteak und auch feine Fischgerichte.

XX **Schellers** – Hotel Hardtwald

Philosophenweg 31 ✉ 61350 – ✆ (06172) 98 81 51 Stadtplan : B1**z**
– www.schellers-restaurant.com – geschl. 27. Dezember - 15. Januar, 1. - 21. August und Sonntag - Montag

Menü 75/115 € – Karte 78/100 € – *(nur Abendessen)*

Küchenchef Christoph Hesse verarbeitet hier erstklassige Produkte zu eleganten internationalen Speisen, fein und harmonisch. Auch die Atmosphäre stimmt: professioneller, freundlicher Service in hübschem modern-mediterranem Ambiente.

➜ Waldpilze, Lauch, Kalbsbries. Reh, Sellerie, Himbeere. Erdbeere, Waldmeister, Bockbier.

XX **Sänger's Restaurant**

Kaiser-Friedrich-Promenade 85 ✉ 61348 Stadtplan : B2**t**
– ✆ (06172) 92 88 39 – www.saengers-restaurant.de – geschl. Juli - August 2 Wochen und Sonntag - Montag

Menü 36 € (mittags unter der Woche)/105 € – Karte 55/90 €

In dem eleganten Restaurant hinter wilhelminischer Fassade bietet Klaus Sänger klassische Speisen wie Lammrücken unter der Kräuterkruste oder bretonischen Hummer. Und dazu einen schönen Bordeaux oder Burgunder? Seine Frau leitet freundlich den Service und ist auch für die ansprechende Deko verantwortlich.

XX **Limoncello**

Kaiser-Friedrich-Promenade 53 ✉ 61348 Stadtplan : B2**s**
– ✆ (06172) 80 13 00 – www.limoncello-badhomburg.de

Menü 26 € (mittags)/75 € – Karte 26/59 €

In dem eleganten Restaurant wählen Sie schmackhafte saisonale Gerichte oder italienische Klassiker. Auf der Karte liest man z. B. "Fiorelli mit weißem Trüffel gefüllt in Hummerragout" oder "rosa gebratenes Lammrückenfilet auf Rosmarinjus".

HONNEF, BAD

Nordrhein-Westfalen – 24 850 Ew. – Höhe 75 m – Regionalatlas **36**-C13

▶ Berlin 605 km – Düsseldorf 86 km – Bonn 17 km – Koblenz 51 km

Michelin Straßenkarte 543

avendi

Hauptstr. 22 ✉ 53604 – ✆ (02224) 18 90 – www.avendi.de/badhonnef

97 Zim – 🚹79/118 € 🚹🚹119/138 € – 4 Suiten – ½ P

Hier hat man eine hübsche Villa zu einem neuzeitlichen Tagungshotel erweitert. Modern und sachlich-funktionell ist das Ambiente.

In Bad Honnef-Rhöndorf Nord: 1,5 km

XX **Caesareo**

Rhöndorfer Str. 39 ✉ 53604 – ✆ (02224) 7 56 39 – www.caesareo.de – geschl. Dienstag

Menü 65 € – Karte 42/77 € – (Tischbestellung ratsam)

Seit über 20 Jahren bietet Gastgeber Nicola Tucci in dem angenehm lichten Restaurant frische italienische Küche, die saisonal geprägt ist und auch internationale Einflüsse zeigt. Hinter dem Haus: die schön begrünte Terrasse.

HOOKSIEL – Niedersachsen ➜ Siehe Wangerland

HOPFERAU

Bayern – 1 120 Ew. – Höhe 811 m – Regionalatlas **64**-J21

▶ Berlin 671 km – München 127 km – Augsburg 101 km – Bregenz 98 km

Michelin Straßenkarte 546

Schloss zu Hopferau

Schloßstr. 9 ✉ 87659 – ✆ (08364) 98 48 90 – www.schloss-hopferau.com

14 Zim – 🚹80/95 € 🚹🚹152/182 € – ½ P

In dem Schloss a. d. 15 Jh. trifft historisches Flair auf modernes Design und alpenländische Elemente - schön und individuell. Sie lieben Oldtimer? Man hat u. a. einen Rolls Royce für Ausflüge in die Region! Gastronomisch gibt es das elegante "Schlossrestaurant" und die gemütlich-ländliche "Schlossküche".

HORBEN

Baden-Württemberg – 1 120 Ew. – Höhe 607 m – Regionalatlas **61**-D20
Berlin 815 km – Stuttgart 216 km – Freiburg im Breisgau 10 km
Michelin Straßenkarte 545

Gasthaus zum Raben (Steffen Disch)

Dorfstr. 8 ✉ 79289 – ✆ (0761) 55 65 20 – www.raben-horben.de – geschl. Januar - Mitte Februar und Montag - Dienstag
6 Zim – 70/120 € 95/160 € – ½ P
Menü 34/92 € – Karte 37/82 € – *(Mittwoch - Freitag nur Abendessen)*
Wirklich charmant die gemütlich-ländliche Stube mit Holztäfelung und Kachelofen! Genauso schön sitzt man aber auch draußen. In erster Linie verdient aber das Essen Beachtung: Steffen Disch kocht ganz auf das Produkt konzentriert, das bringt Geschmack! Gute regionale Weine.
➜ Wachtel im Brickteig, verschiedene Karotten, Curry. Zweierlei Rehrücken, Topfenknödel, Sellerie, Mispeln. Fjord Forelle, Dicke Bohnen, Pfifferlinge, Krustentiertortellini.

HORBRUCH

Rheinland-Pfalz – 360 Ew. – Höhe 455 m – Regionalatlas **46**-C15
Berlin 665 km – Mainz 92 km – Koblenz 76 km – Trier 64 km
Michelin Straßenkarte 543

Historische Schlossmühle

An der Landstr. 190, Ost: 1 km Richtung Rhaunen ✉ 55483 – ✆ (06543) 40 41 – www.historische-schlossmuehle.de – geschl. 3. - 13. Januar
10 Zim – 75/101 € 114/155 € – 1 Suite – ½ P
Historische Schlossmühle – Siehe Restaurantauswahl
Mit der ehemaligen Mühle a. d. 17. Jh. hat Familie Liller ein wahres Idyll, das sie mit Engagement und Herzblut führt. Angesichts der erholsamen Ruhe ringsum, der charmanten Betreuung und der liebevollen Einrichtung mit persönlicher Note verzichtet man gerne auf TV! Wie wär's mit Frühstück auf der Terrasse?

Historische Schlossmühle – Hotel Historische Schlossmühle

An der Landstr. 190, Ost: 1 km Richtung Rhaunen ✉ 55483 – ✆ (06543) 40 41 – www.historische-schlossmuehle.de – geschl. 3. - 13. Januar und Mittwoch
Menü 39/79 € – Karte 32/68 €
In diesem Restaurant fühlt man sich wie in einem gemütlichen Wohnzimmer - stilvolles Ambiente mit historischen Details tun ihr Übriges. Auf der Karte vor allem klassische Speisen und Wildkräuter aller Art - ein Muss die Kräutersuppe nach Anne Liller mit bis zu 31 Kräutern! Traumhafte Terrasse neben dem Teich.

HORGAU

Bayern – 2 540 Ew. – Höhe 465 m – Regionalatlas **57**-J19
Berlin 577 km – München 82 km – Augsburg 17 km – Memmingen 101 km
Michelin Straßenkarte 546

Zum Schwarzen Reiter

Hauptstr. 1, B 10 ✉ 86497 – ✆ (08294) 8 60 80 – www.flairhotel-platzer.de – geschl. 21. Dezember - 5. Januar
48 Zim – 70/111 € 90/130 €
Familie Platzer hat hier mit einem Faible für Farben und Themen (am schönsten sind die "Elemente"-Zimmer im "Haus der Sinne"!) ein schönes Umfeld zum Wohnen und Tagen geschaffen. Ebenso angenehm: die auffallend freundlichen Mitarbeiter!

HORNBACH

Rheinland-Pfalz – 1 470 Ew. – Höhe 233 m – Regionalatlas **53**-C17
Berlin 708 km – Mainz 140 km – Saarbrücken 44 km – Zweibrücken 11 km
Michelin Straßenkarte 543

Kloster Hornbach

Im Klosterbezirk ✉ 66500 – ✆ (06338) 91 01 00 – www.kloster-hornbach.de
33 Zim – 99/169 € 129/209 € – ½ P
Refugium* • *Klosterschänke – Siehe Restaurantauswahl
Eine gelungene Einheit von Historie und Moderne ist das Kloster a. d. 8. Jh. Ganz individuell wohnt es sich in Zimmertypen wie Remise, Shaker, Mediterran... Oder wie wär's mit einer Pilgerzelle ohne TV und Telefon? Die Mitarbeiter auffallend herzlich, ein Traum die Gartenanlage samt Kräutergarten!

Lösch für Freunde

Hauptstr. 19 ✉ 66500 – ✆ (06338) 91 01 02 00 – www.loesch-fuer-freunde.de – geschl. 4. - 29. Januar
8 Zim – 149/189 € 169/209 € – 7 Suiten – ½ P
Ein einzigartiger Ort voller Individualität - von Plätzen der Begegnung ("Wohnzimmer", Weinlounge oder die lange Tafel für gemeinsame Abendessen) über tolle, durch Paten erschaffene Wohnwelten wie "Literarium", "Jagdzimmer", "Konrads Salon"... bis zum Service samt Vollpension inkl. Snacks, Kaffee & Kuchen!

Refugium – Hotel Kloster Hornbach

Im Klosterbezirk ✉ 66500 – ✆ (06338) 91 01 00 – www.kloster-hornbach.de – geschl. 4. Januar - 3. Februar, 9. - 25. Mai, Ende Oktober 1 Woche und Montag - Dienstag
Menü 71/115 € – Karte 49/70 € – *(nur Abendessen)*
Das Gourmetrestaurant der Kloster-Gastronomie ist ein Einklang aus Historie (toll das alte Kreuzgewölbe) und moderner Eleganz. Die Küche macht mit ambitionierten wechselnden Menüs wie "Flora" und "Fauna" Appetit.

Klosterschänke – Hotel Kloster Hornbach

Im Klosterbezirk ✉ 66500 – ✆ (06338) 91 01 00 – www.kloster-hornbach.de – geschl. Montagmittag, Dienstagmittag, Mittwochmittag, Donnerstagmittag
Menü 32/34 € – Karte 29/55 €
In der Schänke hat man es ausgesprochen gemütlich, während man sich Pfälzer Wein und stark regional geprägte Gerichte wie "Hornbacher Brotsuppe mit Saumagen" oder " Schnitzel und Ragout aus der Rehkeule" schmecken lässt.

HORN-BAD MEINBERG

Nordrhein-Westfalen – 17 190 Ew – Höhe 207 m – Regionalatlas **28**-G10
Berlin 369 km – Düsseldorf 197 km – Bielefeld 37 km – Detmold 10 km
Michelin Straßenkarte 543

Im Stadtteil Holzhausen-Externsteine

Waldhotel Bärenstein

Am Bärenstein 44 ✉ 32805 – ✆ (05234) 20 90 – www.hotel-baerenstein.de
70 Zim – 60/97 € 112/120 € – ½ P
Ruhig liegt das 1904 gegründete familiengeführte Hotel am Waldrand. Die Zimmer sind in verschiedene Kategorien unterteilt - schön sind die Giebelzimmer. Gediegenes Restaurant mit Wintergarten.

HORNBERG (ORTENAUKREIS)

Baden-Württemberg – 4 220 Ew. – Höhe 953 m – Regionalatlas **62**-E20
Berlin 745 km – Stuttgart 132 km – Freiburg im Breisgau 58 km – Offenburg 45 km
Michelin Straßenkarte 545

Adler

Hauptstr. 66 ✉ 78132 – ✆ (07833) 93 59 90 – www.hotel-adler-hornberg.de – geschl. 4. - 23. Februar
19 Zim – 49/56 € 78/88 € – ½ P
Hier erwartet Sie familiäre Führung im besten Sinne, denn das Ehepaar Vogel kümmert sich wirklich zuvorkommend um die Gäste. Das Engagement merkt man auch an der wohnlichen Einrichtung in dem historischen Haus, am guten Frühstück und an der liebenswerten Atmosphäre im Restaurant. Tipp: Fragen Sie nach den Komfortzimmern in der 1. und 2. Etage - diese sind etwas moderner. Und wie wär's mit einem Zimmer mit Erker?

In Hornberg-Fohrenbühl Nord-Ost: 8 km Richtung Schramberg

Landhaus Lauble

Fohrenbühl 65 ✉ 78132 – ✆ (07833) 9 36 60 – www.landhaus-lauble.de – geschl. 8. - 16. Februar

25 Zim – 55/65 € 95/115 € – 3 Suiten – ½ P

Es sieht richtig idyllisch aus, wie das typische Schwarzwaldhaus am Waldrand liegt. Umgeben von viel Grün genießen Sie den Badeteich und die große überdachte Restaurantterrasse, Kinder freuen sich über den Streichelzoo. Hübsch ist das "BergQuell", ein kleiner Wellnessbereich mit Sauna, Ruheraum und - auf Nachfrage - Beautybehandlungen. Sie kommen zum Essen? Das Speisenangebot ist bürgerlich-regional.

HORUMERSIEL – Niedersachsen ➜ Siehe Wangerland

HOSENFELD

Hessen – 4 660 Ew. – Höhe 374 m – Regionalatlas **38**-H13

Berlin 465 km – Wiesbaden 147 km – Fulda 17 km

Michelin Straßenkarte 543

An der Straße nach Fulda Ost: 3 km

Sieberzmühle

Sieberzmühle 1 ✉ 36154 – ✆ (06650) 9 60 60 – www.sieberzmuehle.de – geschl. 4. - 24. Januar

31 Zim – 50/55 € 80/90 € – ½ P

Das solide ausgestattete familiengeführte Hotel in ruhiger Lage ist aus einer ehemaligen Getreidemühle a. d. 16. Jh. entstanden. Zur Anlage gehören auch ein Badeteich und ein Damwildgehege. Im Restaurant bietet man bürgerliche Küche. Ein Mühlrad dient als Dekor.

HOYERSWERDA

Sachsen – 34 320 Ew. – Höhe 116 m – Regionalatlas **34**-R11

Berlin 165 km – Dresden 65 km – Cottbus 44 km – Görlitz 80 km

Michelin Straßenkarte 544

In Elsterheide-Neuwiese Nord-West: 3,5 km Richtung Senftenberg

Landhotel Neuwiese

Elstergrund 55 ✉ 02979 – ✆ (03571) 4 29 80 – www.neuwiese.de

18 Zim – 50/68 € 68/120 € – 1 Suite – ½ P

Der freundlich geführte Familienbetrieb liegt relativ ruhig im Ortskern und verfügt über wohnlich-funktionelle Zimmer. Besonders hübsch: das Appartement und das Hochzeitszimmer. Rustikaler Restaurantbereich.

HÜCKESWAGEN

Nordrhein-Westfalen – 15 110 Ew. – Höhe 270 m – Regionalatlas **36**-D12

Berlin 544 km – Düsseldorf 66 km – Köln 44 km – Lüdenscheid 27 km

Michelin Straßenkarte 543

In Hückeswagen-Kleineichen Süd-Ost: 1 km

Haus Kleineichen

Bevertalstr. 44 ✉ 42499 – ✆ (02192) 43 75 – www.haus-kleineichen.de – geschl. Montag - Dienstag außer an Feiertagen

Menü 16 € (mittags)/28 € – Karte 23/39 €

Der Familienbetrieb ist ein im charmanten alpenländischen Stil gehaltenes Restaurant mit international beeinflusster bürgerlicher Küche. Am Mittag kleines Angebot in Menüform. Beliebt ist auch die Kegelbahn für kleine Gruppen.

HÜFINGEN

Baden-Württemberg – 7 530 Ew. – Höhe 684 m – Regionalatlas **62**-F21
Berlin 751 km – Stuttgart 126 km – Freiburg im Breisgau 59 km – Donaueschingen 3 km
Michelin Straßenkarte 545

In Hüfingen-Fürstenberg Süd-Ost: 9,5 km über B 27 Richtung Blumberg

Gasthof Rössle

Zähringer Str. 12 78183 – (0771) 6 00 10
– www.hotel-zum-roessle.de
39 Zim – 71/85 € 102/109 € – ½ P
Gasthof Rössle – Siehe Restaurantauswahl
In der Ortsmitte liegt der traditionsreiche, familiär geleitete Gasthof. Tipp: Wenn Sie besonders komfortabel wohnen möchten, buchen Sie eine der vier Suiten oder das Doppelzimmer im ehemaligen Pfarrhaus gegenüber!

Gasthof Rössle – Hotel Gasthof Rössle

Zähringer Str. 12 78183 – (0771) 6 00 10
– www.hotel-zum-roessle.de – geschl. Donnerstag
Menü 37/48 € – Karte 24/46 €
Wer bei Andrea und Xaver Wolfsteiner nicht nur übernachten möchte, lässt sich in der ländlichen Gaststube oder im hübschen Wintergarten (Rattanstühle und Steinboden wirken fast mediterran) bürgerliche Küche servieren.

In Hüfingen-Mundelfingen Süd-West: 7,5 km über Hausen

Landgasthof Hirschen

Wutachstr. 19 78183 – (07707) 9 90 50
– www.hirschen-mundelfingen.de – geschl. Januar 2 Wochen, Ende August - Anfang September 2 Wochen und Mittwoch - Donnerstag
Menü 40/69 € – Karte 31/51 €
Gemütlich ist es hier (liebevolle Deko, viel helles Holz...) und gut essen kann man auch! Chefin Verena Martin kocht regional: z. B. "Spanferkel mit Honig-Senf-Kruste, Frühlingslauchknöpfle und Reichenauer Gemüse" oder auch "Dorade mit Bärlauchrisotto und Kirschtomaten"!

HÜGELSHEIM

Baden-Württemberg – 4 970 Ew. – Höhe 121 m – Regionalatlas **54**-E18
Berlin 707 km – Stuttgart 108 km – Karlsruhe 36 km – Rastatt 10 km
Michelin Straßenkarte 545

Hirsch

Hauptstr. 28, B 36 76549 – (07229) 22 55
– www.hirsch-huegelsheim.de
26 Zim – 62/85 € 80/117 € – 4 Suiten
Seit Generationen wird das Haus mit Engagement von der Familie geführt. Die Zimmer sind wohnlich, im Garten hat man eine Hütte für Fondue-Abende, zudem gibt es eine witzige Bar mit sehr spezieller Atmosphäre (sie befindet sich in der ehemaligen Metzgerei) und ein gemütlich-rustikales Restaurant, das in der Saison eine große Auswahl an Spargelgerichten bietet.

Waldhaus

Am Hecklehamm 20 76549 – (07229) 3 04 30
– www.waldhaus-huegelsheim.de – geschl. 23. Dezember - Anfang Januar
14 Zim – 60 € 90 €
Das kleine Hotel in ruhiger Lage wird familiär geleitet und verfügt über gepflegte, solide eingerichtete Zimmer und einen netten Garten.

HÜRTGENWALD

Nordrhein-Westfalen – 8 590 Ew. – Höhe 380 m – Regionalatlas **35-B13**
Berlin 625 km – Düsseldorf 88 km – Aachen 46 km – Bonn 70 km
Michelin Straßenkarte 543

In Hürtgenwald-Simonskall

Landhotel Kallbach
Simonskall 24 ✉ 52393 – ✆ (02429) 9 44 40 – www.kallbach.de
48 Zim – 79/84 € 112/128 € – 1 Suite – ½ P
Das familiengeführte Tagungshotel mit funktionellen Zimmern ist auch für Kurzurlauber im Nationalpark Eifel interessant. Das Haus liegt ruhig im Tal, die Zimmer haben meist einen Balkon und das Restaurant ist schön freundlich gestaltet.

In Hürtgenwald-Vossenack

Zum alten Forsthaus
Germeter Str. 49, B 399 ✉ 52393 – ✆ (02429) 78 22 – www.zum-alten-forsthaus.de
49 Zim – 53/78 € 102/118 € – 14 € – ½ P
Ein gepflegtes und familiär geführtes Haus, gewachsen aus einem ehemaligen Forsthaus. Man hat hier wohnliche, überwiegend geräumige Zimmer, gute Tagungsmöglichkeiten und im Restaurant serviert man ambitionierte regional-bürgerliche Küche - eine Besonderheit sind die am Tisch flambierten Gerichte.

HUNGEN

Hessen – 12 360 Ew. – Höhe 150 m – Regionalatlas **38-G14**
Berlin 497 km – Wiesbaden 82 km – Gießen 22 km – Darmstadt 85 km
Michelin Straßenkarte 543

Hungener Käsescheune
Brauhofstr. 3 ✉ 35410 – ✆ (06402) 5 18 85 72 – www.hungener-kaesescheune.de – geschl. Montag
Menü 12 € (mittags unter der Woche)/39 € – Karte 30/34 € – (Tischbestellung erforderlich)
Die sanierte alte Scheune ist ein echtes Schmuckstück! Bei Leckerem wie "Hessen-Pizza" oder "Rücken vom Duroc-Schwein in Pfeffersauce" können Sie in die Käserei schauen! Mittags ist das Angebot einfacher. Tipp: Im Laden gibt's Käse zu kaufen, und wer selber mal käsen möchte, bucht eines der Seminare!

HUSUM

Schleswig-Holstein – 22 060 Ew. – Höhe 14 m – Regionalatlas **1-G3**
Berlin 424 km – Kiel 84 km – Sylt (Westerland) 42 km – Flensburg 42 km
Michelin Straßenkarte 541

Altes Gymnasium
Süderstr. 2, Zufahrt über Ludwig-Nissen-Straße ✉ 25813 – ✆ (04841) 83 30 – www.altes-gymnasium.de
53 Zim – 119/169 € 195/239 € – ½ P
Das Eucken – Siehe Restaurantauswahl
Ein schmuckes Anwesen mit historischem Charme, 1866/67 als Schule erbaut und liebevoll zum Hotel umgestaltet. Besonders hübsch sind die Superior-Zimmer, dazu Wellness auf 1000 qm. Internationale und regionale Karte im Bistro - einst Schulhof, heute luftig-lichter Wintergarten.

Am Schlosspark
Hinter der Neustadt 74 ✉ 25813 – ✆ (04841) 6 61 10 – www.hotel-am-schlosspark-husum.de
58 Zim – 69/99 € 89/129 € – 6 Suiten
Hier wohnt man etwas außerhalb des Zentrums, und zwar in netten ländlich gehaltenen Standard-Zimmern oder in sehr schönen modernen Komfort-Zimmern. Und wenn Sie gerne etwas mehr Platz hätten, buchen Sie eine der Garten-Suiten! Am Morgen macht der Frühstücksraum mit seinem frischen zeitgemäßen Ambiente und dem großen Buffet gute Laune.

Thomas Hotel

Am Zingel 7 ✉ 25813 – ✆ (04841) 6 62 00 – www.thomas-hotel.de
56 Zim – 69/149 € 92/169 € – 3 Suiten
Das Haus ist über die Jahre zu einem echten Schmuckstück geworden: Es wird sehr gut geführt und hat mehrheitlich ausgesprochen schöne moderne Zimmer, hochwertig ausgestattet und in angenehmen Beige- und Brauntönen gehalten. Dazu kommen noch ein toller Wellnessbereich und eine gemütliche Bar, nicht zu vergessen die zentrale Lage nahe dem Hafen.

XXX **Das Eucken** – Hotel Altes Gymnasium

Süderstr. 2, Zufahrt über Ludwig-Nissen-Straße ✉ 25813 – ✆ (04841) 83 30 – www.altes-gymnasium.de
Menü 54/108 € – Karte 46/72 € – *(nur Abendessen)*
Attraktiv der Rahmen mit hellem Gewölbe und elegantem Interior, aufmerksam der Service. Klassische Küche wird modern interpretiert. Literatur-Nobelpreisträger Rudolf Eucken lehrte im 19. Jh. im "Alten Gymnasium" Philosophie, daher der Name.

In Husum-Schobüll-Hockensbüll Nord-West: 3 km

XX **Zum Krug**

Alte Landstr. 2a ✉ 25813 – ✆ (04841) 6 15 80 – www.zum-krug.de – geschl. Mitte Januar - Mitte Februar und Montag - Dienstag
Menü 40/62 € – Karte 35/57 € – *(nur Abendessen)* (Tischbestellung erforderlich)
Das Ehepaar Frerks betreibt dieses sympathische Restaurant zu zweit. Lehnen Sie sich zurück und lassen Sie die Ruhe in dem reizenden denkmalgeschützten Friesenhaus auf sich wirken, fernab vom Alltag! Fast das ganze Jahr über stehen Gerichte vom Nordstrand-Lamm auf der Karte, aber auch was der eigene Garten zu bieten hat, können Sie probieren - wie wär's z. B. mit einem feinen Quitten-Dessert?

In Simonsberg-Simonsbergerkoog Süd-West: 7 km

Lundenbergsand

Lundenbergweg 3 ✉ 25813 – ✆ (04841) 8 39 30 – www.hotel-lundenbergsand.de
21 Zim – 69/109 € 109/149 € – 2 Suiten – ½ P
Hier finden Sie Ruhe! Das reetgedeckte Haus liegt hinterm Deich, wird familiär geleitet und ist tipptopp gepflegt. Die Zimmer sind richtig schön mit ihrem geradlinigen Design und den hellen, frischen Farben, modern auch der "Watt'n Spa". Im behaglichen Restaurant und auf der hübschen Terrasse gibt's bürgerliche Küche.

IBACH – Baden-Württemberg ➔ Siehe St. Blasien

IBBENBÜREN

Nordrhein-Westfalen – 50 440 Ew. – Höhe 75 m – Regionalatlas **16**-E9
Berlin 452 km – Düsseldorf 173 km – Nordhorn 59 km – Bielefeld 73 km
Michelin Straßenkarte 543

Leugermann

Osnabrücker Str. 33 ✉ 49477 – ✆ (05451) 93 50 – www.hotel-leugermann.de
40 Zim – 59/119 € 84/159 € – 2 Suiten – ½ P
Seit Jahrzehnten eine beliebte Adresse. Familie Leugermann bietet freundlich-wohnliche Zimmer in warmen Farben ("Toskana-", "Meeres-", "Paradieszimmer"...), Beauty (Haupthaus) und Sauna (Gästehaus) sowie bürgerlich-internationale Küche samt Menüs. Nicht zu vergessen die engagierten Mitarbeiter.

Hubertushof

Münsterstr. 222, B 219, Süd: 1,5 km ✉ 49479 – ✆ (05451) 9 41 00 – www.hotelhubertushof.de
25 Zim – 57/95 € 86/124 € – 1 Suite – ½ P
In 3. Generation bietet Familie Welp gepflegte, funktionale Zimmer (fragen Sie nach den ruhigeren rückwärtigen mit Balkon!), einen schönen Garten und saisonal-internationale Küche. Sie frühstücken im Kaminzimmer - besonders gemütlich im Winter! Tipp: Wanderwege gleich am Haus und eine 9-Loch-Swin-Golf-Anlage!

IBURG, BAD

Niedersachsen – 10 580 Ew. – Höhe 119 m – Regionalatlas **27-E9**
Berlin 430 km – Hannover 147 km – Bielefeld 43 km – Nordhorn 94 km
Michelin Straßenkarte 541

Zum Freden

Zum Freden 41 ✉ 49186 – ✆ (05403) 40 50 – www.hotel-freden.de – geschl. 1. - 7. Januar
39 Zim – 68/98 € 95/160 € – ½ P
Aus einem Bauernhof hat sich dieses Hotel entwickelt, in dem die Familie im Einklang mit der langen Tradition stetig modernisiert. Die neuesten Zimmer: schöner klarer Stil und warme Erdtöne. Helles, elegantes Restaurant, dazu eine Bar mit Bistrobereich im Wintergarten.

ICHENHAUSEN

Bayern – 8 560 Ew. – Höhe 489 m – Regionalatlas **56-J19**
Berlin 584 km – München 118 km – Augsburg 56 km – Ulm 36 km
Michelin Straßenkarte 546

In Ichenhausen-Autenried

Autenrieder Brauereigasthof

Hopfengartenweg 2 ✉ 89335 – ✆ (08223) 96 84 40 – www.brauereigasthof-autenried.de
29 Zim – 76/96 € 126/144 €
Schön wohnlich hat man es bei Familie Feuchtmayr - die Chefin hat ein Händchen für warme Töne, die man überall im Haus findet! Und was wäre ein Brauereigasthof ohne Biergarten? Hier, unter alten Bäumen, schmeckt das Selbstgebraute natürlich am besten!

IDAR-OBERSTEIN

Rheinland-Pfalz – 28 330 Ew. – Höhe 300 m – Regionalatlas **46-C16**
Berlin 661 km – Mainz 92 km – Trier 81 km – Bad Kreuznach 49 km
Michelin Straßenkarte 543

Im Stadtteil Idar

Parkhotel

Hauptstr. 185 ✉ 55743 – ✆ (06781) 5 09 00 – www.parkhotel-idaroberstein.de
37 Zim – 85/110 € 120/190 € – ½ P
Der klassische Hotelbau a. d. J. 1906 beherbergt gediegene, teils mit Stilmöbeln eingerichtete Zimmer (Komfortzimmer mit Klimaanlage) und einen modernen Saunabereich. In einem Rundbau mit großer Fensterfront befindet sich das elegante Restaurant. Als legere Alternative hat man das Bistro mit wechselndem günstigem Tagesessen am Mittag.

Berghotel Kristall

Wiesenstr. 50 ✉ 55743 – ✆ (06781) 9 69 60 – www.berghotel-kristall.com
27 Zim – 68/92 € 92/135 € – ½ P
Das familiär geführte Hotel liegt ruhig oberhalb der Stadt. Die Zimmer sind nach Edelsteinen benannt und verfügen teilweise über Balkon oder Terrasse. Behaglich sitzt man im Restaurant mit Kachelofen. Spezialität des Hauses ist Spießbraten, der täglich am offenen Feuer zubereitet wird.

IDSTEIN

Hessen – 23 840 Ew. – Höhe 266 m – Regionalatlas **47-E14**
Berlin 548 km – Wiesbaden 21 km – Frankfurt am Main 50 km – Limburg an der Lahn 28 km
Michelin Straßenkarte 543

Höerhof

Obergasse 26 ✉ 65510 – ✆ (06126) 5 00 26
– www.hoerhof.de – geschl. 3. - 10. Januar
14 Zim ☕ – 🚹98/126 € 🚹🚹126/156 € – 3 Suiten
Heinrich HÖER's Speisezimmer – Siehe Restaurantauswahl
Das freundlich geführte Hotel samt nettem Restaurant in der Oberstadt ist ein schönes jahrhundertealtes Fachwerkgebäude, das seinen historischen Charme bewahrt hat.

Felsenkeller

Schulgasse 1 ✉ 65510 – ✆ (06126) 9 31 10
– www.hotel-felsenkeller-idstein.de – geschl. 20. März - 3. April, 22. Dezember - 2. Januar
28 Zim ☕ – 🚹65/80 € 🚹🚹95/110 €
In dem gepflegten Familienbetrieb am Anfang der Fußgängerzone warten nicht nur freundliche Zimmer auf Sie. Erkunden Sie doch mal per E-Bike die Gegend - hier können Sie welche leihen. Und probieren Sie die eigenen Produkte rund um den Apfel: Apfelwein, Apfelsaft, Gelee und Essig!

Goldenes Lamm N

Himmelsgasse 7 ✉ 65510 – ✆ (06126) 9 31 20
– www.gl-hotel-idstein.de
18 Zim – 🚹64/74 € 🚹🚹79/89 € – ☕ 5 €
Die Dependance des "Höerhofs" liegt mitten in der historischen Altstadt und bietet Ihnen gepflegte, wohnlich gestaltete Zimmer und ein frisches Frühstück, und parken können Sie 50 m vom Haus auf dem öffentlichen Parkplatz.

Heinrich HÖER's Speisezimmer – Hotel Höerhof

Obergasse 26 ✉ 65510 – ✆ (06126) 5 00 26
– www.hoerhof.de – geschl. 3. - 10. Januar und Sonntagabend
Menü 30 € (mittags unter der Woche)/76 € – Karte 45/63 €
Die historischen Räume mit ihrer rustikalen Atmosphäre sowie der lauschige Lindenhof gehören ebenso zum Höerhof wie die gute Küche von Christian Buer - probieren Sie z. B. "Skrei mit Artischocken und Süßkartoffelpüree". Kleine Mittagskarte.

In Idstein-Oberauroff West: 2 km, jenseits der A 3

Gasthof Kern

Am Dorfbrunnen 6 ✉ 65510 – ✆ (06126) 84 74
– www.hotelkern.de
22 Zim ☕ – 🚹50/65 € 🚹🚹75/90 €
Der gewachsene Gasthof wird bereits seit 1885 von der Familie geführt. Die Zimmer sind recht unterschiedlich gestaltet und sehr gepflegt. In den bürgerlich-rustikalen Gasträumen bietet man z. T. eigene Produkte. Nett der Biergarten.

IFFELDORF

Bayern – 2 500 Ew. – Höhe 603 m – Regionalatlas **65-L21**
▶ Berlin 638 km – München 52 km – Garmisch-Partenkirchen 41 km – Weilheim 22 km
Michelin Straßenkarte 546

Landgasthof Osterseen

Hofmark 9 ✉ 82393 – ✆ (08856) 9 28 60
– www.landgasthof-osterseen.de
24 Zim ☕ – 🚹89/109 € 🚹🚹119/162 € – ½ P
Ein Haus, das man gerne weiterempfiehlt! Familie Link ist mit Engagement bei der Sache und hält alles tipptopp gepflegt und gemütlich (die Möbel in den Zimmern stammen vom örtlichen Schreiner). Dazu kommt noch die schöne Lage - hübsch die Terrasse mit Seeblick - und die Preise stimmen auch!

IFFEZHEIM

Baden-Württemberg – 4 750 Ew. – Höhe 123 m – Regionalatlas **54-E18**
Berlin 706 km – Stuttgart 100 km – Karlsruhe 32 km – Rastatt 8 km
Michelin Straßenkarte 545

Zum Schiff

Hauptstr. 60 ✉ 76473 – ✆ (07229) 69 72 88 – www.hotel-de-charme.de
12 Zim – 80/90 € 109/119 €
Schöne Möbel und geschmackvolle Stoffe sowie Holzböden und nostalgische Accessoires schaffen in dem schmucken Haus von 1860 Atmosphäre. Sehr hübscher Garten im Innenhof.

IHRINGEN

Baden-Württemberg – 5 890 Ew. – Höhe 204 m – Regionalatlas **61-D20**
Berlin 802 km – Stuttgart 204 km – Freiburg im Breisgau 19 km – Colmar 29 km
Michelin Straßenkarte 545

Winzerstube

Wasenweiler Str. 36 ✉ 79241 – ✆ (07668) 97 09 10
– www.winzerstube-ihringen.de
30 Zim – 84/114 € 119/149 € – 2 Suiten – ½ P
Familie Schandelmeier hat hier ein wirklich ansprechendes Haus. Fragen Sie nach den geräumigeren und schön modernen Zimmern im Haus "Sankt Vitus" - alle mit großem Balkon. Im Wintergarten oder in der Stube mit Kachelofen und Holztäfelung gibt es regionale Küche und internationale Klassiker. Hübsche Terrasse!

Bräutigam

Bahnhofstr. 1 ✉ 79241 – ✆ (07668) 9 03 50 – www.braeutigam-hotel.de
21 Zim – 55/75 € 88/115 € – ½ P
Bräutigam – Siehe Restaurantauswahl
Das am Bahnhof gelegene Haus der Familie Bräutigam ist ein guter Ausgangspunkt für Ausflüge nach Freiburg. Zeitlos-wohnlich sind die Zimmer, teilweise haben sie einen Balkon.

Holzöfele

Bachenstr. 46 ✉ 79241 – ✆ (07668) 2 07 – www.holzoefele.de
– geschl. Mittwoch - Donnerstag
Menü 35/48 € – Karte 25/61 €
Ein Klassiker sind hier die hausgemachten Terrinen, aber auch schmackhafte "Hechtklößchen mit Blattspinat" finden sich auf der badisch ausgerichteten Karte. Und darf's vielleicht auch etwas für daheim sein? In "Holzöfele's Lädele" bieten die Gastgeber Christine und Robert Franke hausgemachte Spezialitäten!

Bräutigam – Hotel Bräutigam

Bahnhofstr. 1 ✉ 79241 – ✆ (07668) 9 03 50 – www.braeutigam-hotel.de
– geschl. Mittwoch
Menü 32/57 € – Karte 29/55 €
Bei den Bräutigams kann man nicht nur gut übernachten, auch schmackhafte Küche bekommt man hier. Gekocht wird badisch: Schneckensüppchen, Schäufele auf Weinkraut, heimischer Fisch... oder vielleicht Chateaubriand flambiert (für 2 Pers.)?

Weinstube Zum Küfer

Eisenbahnstr. 9 ✉ 79241 – ✆ (07668) 9 96 81 40 – www.kuefer-ihringen.de
– geschl. Februar 3 Wochen und Montag - Dienstag
Menü 39 € – Karte 25/55 € – *(nur Abendessen, sonntags auch Mittagessen)*
(Tischbestellung ratsam)
Das Restaurant von Peter und Marianne Birmele ist gefragt! Kein Wunder, denn man ist hier mit Freude bei der Sache, das Essen ist richtig gut und das Ambiente schön urig (warmes Holz, alter Dielen- und Steinboden, Kachelofen). Spezialität sind die hausgemachten Terrinen.

ILBESHEIM bei LANDAU IN DER PFALZ

Rheinland-Pfalz – 1 190 Ew. – Höhe 202 m – Regionalatlas **47**-**E17**
Berlin 680 km – Mainz 117 km – Neustadt a.d. Weinstraße 30 km – Saarbrücken 109 km
Michelin Straßenkarte 543

Hubertushof

Arzheimer Str. 5 ✉ 76831 – ✆ (06341) 93 02 39
– www.restaurant-hubertushof-ilbesheim.de – geschl. Sonntag - Montag
Menü 20 € (mittags) – Karte 32/50 € – *(Dienstag - Mittwoch nur Abendessen)*
(Tischbestellung ratsam)
Warum sich die jahrhundertealte ehemalige Postkutschenstation so großer Beliebtheit erfreut? Das Ambiente ist schön, der Service herzlich, die Küche gut. Der Mix aus traditionell-regional, international und modern bietet z. B. "Rinderfiletsteak im Smoker gegrillt mit Pfifferlingen". Traumhafter Innenhof!

ILLERTISSEN

Bayern – 16 780 Ew. – Höhe 513 m – Regionalatlas **64**-**I20**
Berlin 633 km – München 151 km – Augsburg 72 km – Bregenz 106 km
Michelin Straßenkarte 546

Kolb

Bahnhofstr. 11 ✉ 89257 – ✆ (07303) 9 61 30 – www.hotel-kolb-illertissen.de
– geschl. August
15 Zim – 🛉69/85 € 🛉🛉95/108 € – 1 Suite – ½ P
Persönlich leitet Familie Kolb bereits in der 3. Generation dieses Hotel gegenüber dem Bahnhof. Sie können hier in gepflegten Gästezimmern übernachten und in einem gemütlich-rustikalen Restaurant speisen.

Gasthof Krone

Auf der Spöck 2 ✉ 89257 – ✆ (07303) 34 01 – www.krone-illertissen.de – geschl. Mittwoch
Karte 24/58 €
Mit Fachwerkgiebel und grünen Fensterläden versprüht der älteste Gasthof Illertissens schon von außen Gemütlichkeit. Vor allem aber lockt die regional-saisonale Küche der Geschwister Kerstin und Jürgen Willer, so z. B. "Tafelspitz mit Meerrettich und Bratkartoffeln". Tipp: Dienstag ist Fleischküchle-Tag!

In Illertissen-Dornweiler Süd-West: 1,5 km Richtung Dietenheim

Dornweiler Hof

Dietenheimer Str. 93 ✉ 89257 – ✆ (07303) 95 91 40 – www.dornweilerhof.de
– geschl. 1. - 5. Januar
16 Zim – 🛉80 € 🛉🛉98/110 €
Wo man so herzlich umsorgt wird wie bei den Steinharts, ist man gerne Gast! Hier freut man sich nicht nur über wirklich gepflegte Zimmer und moderne Technik, auch das Preis-Leistungs-Verhältnis stimmt. Und für warme Sommertage gibt es eine schöne Terrasse, auf der man bürgerlich-regionale Speisen serviert.

Vier Jahreszeiten (N)

Dietenheimer Str. 63 ✉ 89257 – ✆ (07303) 90 59 6 00
– www.vier-jahreszeiten-illertissen.de – geschl. Samstagmittag, Montag
Menü 34/49 € – Karte 29/42 €
Hier wird engagiert gekocht, das sieht und schmeckt man z. B. bei "Rostbraten mit Kraut-Krapfen". Für den kleinen Appetit gibt's auch Vespergerichte. Drinnen ansprechendes geradlinig-modernes Ambiente, draußen ein netter Biergarten.

ILLSCHWANG

Bayern – 2 030 Ew. – Höhe 488 m – Regionalatlas **51**-**M16**
Berlin 429 km – München 202 km – Weiden in der Oberpfalz 60 km – Amberg 16 km
Michelin Straßenkarte 546

Weißes Roß

Am Kirchberg 1 ✉ 92278 – ✆ (09666) 18 80 50 – www.weisses-ross.de – geschl. 4. - 8. Januar
34 Zim – 80/140 € 139/200 € – ½ P
Weißes Roß – Siehe Restaurantauswahl
Familie Nägerl hat ihr Haus in den letzten Jahren zu einem sehr komfortablen und modernen Hotel gemacht: angenehm großzügig der Rahmen, schön wohnlich die Zimmer (chic das klare Design der "Grand Deluxe" und "Deluxe"!), Spa auf 1000 qm...

Weißes Roß – Hotel Weißes Roß

Am Kirchberg 1 ✉ 92278 – ✆ (09666) 18 80 50 – www.weisses-ross.de – geschl. 4. - 8. Januar und Montag
Menü 65 € (abends) – Karte 23/46 €
Hans-Jürgen Nägerl kocht wirklich gut - da schmecken sowohl Klassiker wie "geschmorte Rehkeule mit Kräuterspätzle" als auch gehobene Speisen wie "Jakobsmuscheln mit Avocadocreme und weißem Tomatenschaum". Das Fleisch kommt übrigens aus der eigenen Metzgerei! Das Ambiente: gemütlich und mit ländlichem Charme.

ILSENBURG

Sachsen-Anhalt – 9 430 Ew. – Höhe 250 m – Regionalatlas **30-J10**
Berlin 237 km – Magdeburg 86 km – Braunschweig 59 km – Göttingen 98 km
Michelin Straßenkarte 542

Landhaus Zu den Rothen Forellen

Marktplatz 2 ✉ 38871 – ✆ (039452) 93 93 – www.rotheforelle.de
76 Zim – 85/145 € 125/220 € – ½ P
Landhaus-Restaurant* • *Forellenstube – Siehe Restaurantauswahl
Schon von außen ein Blickfang, attraktiv die zentrale Lage an einem schönen Teich. Man wohnt in exklusiver Landhaus-Atmosphäre, toll die Badehaus-Juniorsuiten direkt am Wasser! Dazu leckeres Frühstück, entspannende Spa-Anwendungen und der richtig gute Service der "Haus-Seelen"! Sehenswert: das Kloster im Ort.

Landhaus-Restaurant – Hotel Landhaus Zu den Rothen Forellen

Marktplatz 2 ✉ 38871 – ✆ (039452) 93 93 – www.rotheforelle.de
Menü 35/55 € – Karte 33/55 €
Im Wintergarten mit Blick zum See - und natürlich auf der Terrasse - fühlt sich wie inmitten der Natur. Die Küche: regional, mediterran, klassisch - es gibt z. B. "Harzer Forelle" oder "Lammrücken mit Saubohnen und Tomaten-Knoblauchsalsa".

Forellenstube – Hotel Landhaus Zu den Rothen Forellen

Marktplatz 2 ✉ 38871 – ✆ (039452) 93 93 – www.rotheforelle.de – geschl. 20. Dezember - 3. Januar, 27. Juli - 6. September und Sonntag - Dienstag
Menü 85/130 € – *(nur Abendessen)*
Wer es gerne etwas intimer hat, wird sich in der eleganten kleinen Forellenstube wohlfühlen. Am Abend lässt man sich hier an einem der vier Tische ein modernes Menü servieren und schaut dabei auf den See.

ILSFELD

Baden-Württemberg – 8 870 Ew. – Höhe 240 m – Regionalatlas **55-G17**
Berlin 596 km – Stuttgart 40 km – Heilbronn 12 km – Schwäbisch Hall 45 km
Michelin Straßenkarte 545

Häußermann's Ochsen

König-Wilhelm-Str. 31 ✉ 74360 – ✆ (07062) 6 79 00 – www.ochsen-ilsfeld.de – geschl. 2. - 25. Januar, Juli - August 1 Woche
25 Zim – 45/59 € 65/85 € – ½ P
Häußermann's Ochsen – Siehe Restaurantauswahl
Seit 1895 wird der erweiterte Gasthof im Ortszentrum als Familienbetrieb geführt. Die Zimmer sind recht einfach, aber gepflegt und befinden sich überwiegend in dem etwas ruhiger gelegenen Anbau.

Häußermann's Ochsen – Hotel Häußermann's Ochsen

König-Wilhelm-Str. 31 ✉ 74360 – ✆ (07062) 6 79 00 – www.ochsen-ilsfeld.de – geschl. 2. - 25. Januar, Juli - August 1 Woche und Donnerstag - Freitagmittag
Menü 41 € – Karte 25/43 €
Wenn Ralph Häußermann am Herd zu Gange ist, ist Ihnen Leckeres wie Sauerbraten oder hausgemachtes Sorbet gewiss - traditionell-regional und saisonal. Interessant: das "Probiererles-Menü". Schinken räuchert man übrigens selbst.

ILSHOFEN

Baden-Württemberg – 6 240 Ew. – Höhe 441 m – Regionalatlas **56-I17**
Berlin 536 km – Stuttgart 99 km – Crailsheim 13 km – Schwäbisch Hall 19 km
Michelin Straßenkarte 545

Park-Hotel

Parkstr. 2 ✉ 74532 – ✆ (07904) 70 30 – www.parkhotel-ilshofen.de
70 Zim – 95/140 € 130/160 € – 6 Suiten – ½ P
Dies ist nicht einfach nur ein Tagungshotel: Das komfortable Haus hat einen schönen eigenen Park, die technisch gut ausgestatteten Zimmer mit Marmorfliesen strahlen Gediegenheit aus und im Panorama-Restaurant sowie in der rustikaleren Kutscherstube bietet man eine ambitionierte internationale Küche mit regionalen Akzenten. Alle Kuchen, Torten und Brote werden übrigens im Haus gebacken!

IMMENSTAAD am BODENSEE

Baden-Württemberg – 6 320 Ew. – Höhe 407 m – Regionalatlas **63-H21**
Berlin 728 km – Stuttgart 199 km – Konstanz 21 km –
Freiburg im Breisgau 152 km
Michelin Straßenkarte 545

Heinzler

Strandbadstr. 3 ✉ 88090 – ✆ (07545) 9 31 90 – www.heinzleramsee.de
30 Zim – 69/109 € 128/180 € – 2 Suiten – ½ P
Heinzler – Siehe Restaurantauswahl
Wunderbar die Lage am See samt Bootsanleger, die meisten Zimmer (teilweise besonders modern) bieten Seesicht. Toll die Panoramasuite mit 180°-Blick! Freier Eintritt ins Strandbad gegenüber. Tipp: Mieten Sie die "Stingray 250 CR"-Yacht!

Seehof

Bachstr. 15, Am Yachthafen ✉ 88090 – ✆ (07545) 93 60 – www.seehof-hotel.de – geschl. über Weihnachten
43 Zim – 70/120 € 110/160 € – ½ P
Seehof – Siehe Restaurantauswahl
Der über die Jahre gewachsene Familienbetrieb von 1885 liegt direkt am Yachthafen. Man hat wohnliche Zimmer, die teilweise Balkon und Seeblick bieten. Wer's modern mag, fragt nach den neueren Zimmern! Eigenes Strandbad.

Hirschen

Bachstr. 1 ✉ 88090 – ✆ (07545) 62 38 – www.gasthof-hirschen-immenstaad.de – geschl. Anfang November - Ende Januar
12 Zim – 48/50 € 78/80 €
Von diesem zentral gelegenen Haus erreichen Sie den Badestrand in wenigen Minuten. In den Zimmern hat man es wohnlich, einige sind etwas älter, aber gut gepflegt.

Heinzler – Hotel Heinzler

Strandbadstr. 3 ✉ 88090 – ✆ (07545) 9 31 90 – www.heinzleramsee.de
Karte 30/48 €
Die Heinzlers bieten frische regionale Küche, z. B. als "Felchen und Egli auf Graupenrisotto". Schön hat man es sowohl in der rustikalen Stube mit Jagdtrophäen als auch auf der Terrasse - hier sitzt man fast direkt am Wasser!

Seehof – Hotel Seehof

Bachstr. 15, Am Yachthafen ✉ 88090 – ✆ (07545) 93 60 – www.seehof-hotel.de – geschl. über Weihnachten

Menü 26/58 € – Karte 32/57 €

Im Sommer sitzt man angesichts der tollen Seelage natürlich am besten auf der Terrasse, um sich Leckeres wie "rosa gebratenes Lammnüsschen", Fisch aus dem See oder auch regionale Klassiker schmecken zu lassen. Drinnen ist es aber ebenfalls schön - mal gemütlich-rustikal, mal modern.

IMMENSTADT im ALLGÄU

Bayern – 14 040 Ew. – Höhe 729 m – Regionalatlas **64**-I22

Berlin 719 km – München 148 km – Kempten (Allgäu) 21 km – Oberstdorf 20 km

Michelin Straßenkarte 546

In Immenstadt-Stein Nord: 3 km über B 19

Krone

Rottachbergstr. 1, an der B 19 ✉ 87509 – ✆ (08323) 9 66 10 – www.hotel-krone-stein.de

51 Zim – 46/145 € 81/210 € – ½ P

Dank der recht verkehrsgünstigen Lage ist die Anfahrt hierher ganz unkompliziert. Sie werden ein gewachsenes, gestandenes Gasthaus vorfinden und in verschiedenen Zimmerkategorien (in Stammhaus, Alt- und Neubau) übernachten. Essen kann man hier ebenso: regionale Küche in unterschiedlichen Stuben.

INGELFINGEN

Baden-Württemberg – 5 580 Ew. – Höhe 217 m – Regionalatlas **48**-H17

Berlin 564 km – Stuttgart 98 km – Würzburg 73 km – Heilbronn 56 km

Michelin Straßenkarte 545

Haus Nicklass

Künzelsauer Str. 1 ✉ 74653 – ✆ (07940) 9 10 10 – www.haus-nicklass.de

60 Zim – 61/90 € 89/105 € – ½ P

Das Hotel ist unter der Woche eine praktische Businessadresse, wird am Wochenende gerne für Familienfeiern genutzt und ist auch bei Stammgästen beliebt! Ein richtiges kleines Highlight ist der Bade- und Saunabereich! Im Haupthaus kann man ganztägig speisen, abends zudem in der rustikalen Weinstube gegenüber.

INGELHEIM am RHEIN

Rheinland-Pfalz – 24 290 Ew. – Höhe 110 m – Regionalatlas **47**-E15

Berlin 587 km – Mainz 18 km – Bad Kreuznach 29 km – Bingen 13 km

Michelin Straßenkarte 543

Wasem Kloster Engelthal N

Edelgasse 15 ✉ 55218 – ✆ (06132) 23 04 – www.wasem.de – geschl. Mittwoch

Karte 21/45 €

Das einstige Kloster a. d. 13. Jh. war lange ein landwirtschaftlicher Betrieb, heute hat Familie Wasem hier ein modernes Restaurant mit schönem weißem Kreuzgewölbe, die Küche ist regional-international. Toll auch die Veranstaltungsräume.

In Ingelheim-Sporkenheim Nord-West: 4 km

Fetzer's Landhotel

Gaulsheimer Str. 14 ✉ 55218 – ✆ (06725) 3 01 30 – www.fetzersgastro.de

14 Zim – 85/105 € 125/135 € – ½ P

Ein von der Inhaberfamilie geleitetes Haus, das über wohnlich gestaltete Gästezimmer mit gutem Platzangebot verfügt. Gegenüber dem Hotel liegt das Restaurant Lindenhof mit Wintergarten, Weinstube und wirklich traumhafter Gartenterrasse.

In Schwabenheim Süd-Ost: 6 km über Groß-Winternheim

Zum alten Weinkeller

Schulstr. 6 ✉ 55270 – ✆ (06130) 94 18 00 – www.immerheiser-wein.de

16 Zim – 65/99 € 90/125 € – ½ P

Menü 29/57 € – Karte 27/46 € – *(nur Abendessen, sonntags auch Mittagessen)*

Der alte Gutshof, Teil des kleinen Immerheiser'schen "Gastronomie- und Weinimperiums", ist sehr charmant, ob Keller, Restaurant, Terra-Cotta-Garten oder Gästezimmer (im "Casa Rustica" oder im "Engel"). Aus Speisen wie "Vitello Tonnato & Pulpo" oder "Rinderbäckchen mit Pastinake" wählen Sie Ihr Menü.

Landgasthof Engel

Markt 8 ✉ 55270 – ✆ (06130) 92 93 94 – www.immerheiser-wein.de

Karte 19/36 €

Der Gasthof von 1569 ist das älteste Haus im Ort. Regionales Angebot in behaglichen Stuben und im schönen Innenhof, Snackkarte in der Vinothek. Es stehen auch Gästezimmer bereit.

INGOLSTADT

Bayern – 127 890 Ew. – Höhe 374 m – Regionalatlas **57-L18**

Berlin 512 km – München 80 km – Augsburg 75 km – Nürnberg 91 km

Michelin Straßenkarte 546

enso

Bei der Arena 1 ✉ 85053 – ✆ (0841) 88 55 90 – www.enso-hotel.de

177 Zim – 79/209 € 99/229 € – 7 € – 1 Suite

Topmodernes und großzügiges Businesshotel direkt an der Saturn-Arena (ideal für Eishockey-Freunde!), nicht weit vom Klenzepark und nur wenige Gehminuten von der Altstadt. In der schicken Bar "ensorino" gibt es Pasta und Snacks und neben dem Hotel befindet sich ein asiatisches Restaurant.

Ara-Hotel

Theodor-Heuss-Str. 30 ✉ 85055 – ✆ (0841) 9 55 50 – www.ara-hotel.de

96 Zim – 149 € 169 € – 4 Suiten – ½ P

In dem am Stadtrand gelegenen Hotel mit moderner Fassade stehen zeitgemäße Gästezimmer mit guter Technik und sehr komfortable Themensuiten zur Verfügung. Regelmäßiger Sonntags-Brunch im Restaurant.

Avus

Ettinger Straße, im Audi Forum ✉ 85057 – ✆ (0841) 8 94 10 71 – www.audi.de/foren – geschl. Sonntag

Menü 25 € (mittags unter der Woche)/65 € – Karte 35/81 €

Modern-elegantes Restaurant in der ersten Etage des gläsernen "Audi Forums". Das Speisenangebot ist zeitgemäß und saisonal, wochentags günstiges Lunchmenü. "Audi museum mobile" nebenan.

Gasthaus Daniel

Roseneck 1 ✉ 85049 – ✆ (0841) 3 52 72 – geschl. Montag

Karte 18/26 €

Wer's bayerisch-bodenständig mag, kommt zu Leberknödelsuppe, Schwartlbraten und Schweinshaxn in das über 500 Jahre alte Brauereigebäude. Und wie es sich für ein zünftiges Wirtshaus gehört, spielen die Einheimischen am Stammtisch Karten!

In Ingolstadt-Spitalhof Süd: 6 km

Mercure

Hans-Denck-Str. 21 ✉ 85051 – ✆ (08450) 92 20 – www.mercure.com

71 Zim – 109/139 € 119/149 € – 14 €

Das Hotel in recht ruhiger Ortsrandlage ist aus einem Gasthof gewachsen und wird familiär geführt. Die praktischen, zeitgemäßen Zimmer liegen meist zum Innenhof oder nach hinten. Restaurant im Landhausstil mit elegantem Wintergarten. Internationale und regionale Küche.

INZLINGEN

– Baden-Württemberg → Siehe Lörrach

IPHOFEN

Bayern – 4 500 Ew. – Höhe 250 m – Regionalatlas **49-J16**
Berlin 479 km – München 248 km – Würzburg 34 km – Ansbach 67 km
Michelin Straßenkarte 546

Zehntkeller

Bahnhofstr. 12 ✉ 97346 – ✆ (09323) 84 40 – www.zehntkeller.de
59 Zim – 🚹87/110 € 🚻129/167 € – 5 Suiten – ½ P
Zehntkeller – Siehe Restaurantauswahl
Bereits seit drei Generationen betreibt Familie Seufert dieses schmucke Anwesen mit Weingut. Historisch-gemütlich der Rahmen, stilvoll-klassisch und schön wohnlich die Zimmer, die meist ruhig zum Innenhof hin liegen.

Das kleine Hotel

Mainbernheimer Str. 10 ✉ 97346 – ✆ (09323) 12 46 – www.hotel-huhn.de/ www.das.kleine.hotel.iphofen.com
9 Zim – 🚹59/79 € 🚻99/119 €
Wer es gerne etwas privater hat, wird das in einer Wohngegend gelegene kleine Hotel mögen. Die Zimmer sind sehr gepflegt und ganz individuell gestaltet. Wert legt man auch auf das gute Frühstück mit Hausgemachtem wie Marmelade, Pasteten...

Altstadthotel Bausewein

Breite Gasse 1 ✉ 97346 – ✆ (09323) 87 66 70 – www.altstadthotel-bausewein.de – geschl. über Weihnachten
10 Zim – 🚹65/88 € 🚻92/108 €
Das Haus mit der auffallenden roten Fassade ist ein freundlicher Familienbetrieb, in dem Sie neuzeitliche, technisch gut ausgestattete Zimmer sowie ein Frühstücksbuffet mit vielen hausgemachten Produkten erwartet. Getäfelte rustikale Weinstube mit bürgerlicher Karte und Öko-Weinen aus eigenem Anbau.

Goldene Krone

Marktplatz 2 ✉ 97346 – ✆ (09323) 8 72 40 – www.gasthof-krone-iphofen.de – geschl. 1. - 6. Januar
21 Zim – 🚹38/70 € 🚻62/98 € – ½ P
Ein familiengeführter traditionsreicher Gasthof in der Altstadt mit Weinbau seit 1878. Die Zimmer sind funktionell ausgestattet und unterschiedlich möbliert. Im rustikalen Restaurant serviert man regional-saisonale Küche mit Wildspezialitäten (der Seniorchef ist Jäger).

Zehntkeller – Hotel Zehntkeller

Bahnhofstr. 12 ✉ 97346 – ✆ (09323) 84 40 – www.zehntkeller.de
Menü 27/80 € – Karte 31/64 €
In dem langjährigen Familienbetrieb mit den charmanten Räumen bekommt man gute Küche und ebensolche Weine. Letztere stammen vom eigenen Weingut und passen wunderbar zu bayerisch-fränkischen Speisen wie "Zwiebelrostbraten mit Petersilienwurzeln und Spätzle".

Deutscher Hof

Ludwigstr. 10 ✉ 97346 – ✆ (09323) 33 48 – www.deutscher-hof-iphofen.de – geschl. 23. Dezember - 14. Januar, 19. August - 6. September und Mittwoch - Donnerstag
6 Zim – 🚹55 € 🚻75/80 €
Karte 29/42 € – *(Montag - Freitag nur Abendessen)*
Wenn Franz Steinruck in dem historischen Fachwerkhaus am Herd steht, setzt er auf bodenständige Küche und Bioprodukte aus der Region. Das Ergebnis ist z. B. "Kalbssteak mit Gemüse und Kartoffelgratin". Sehr nett und persönlich die Chefin im Service! So behaglich wie das Restaurant sind auch die Gästezimmer.

99er Kulinarium (N)

Pfarrgasse 18 ✉ 97346 – ✆ (09323) 80 44 88 – www.99er-kulinarium.de – geschl. Montag, Donnerstag
Menü 30 € – Karte 26/50 €
Sie finden das Restaurant in einer kleinen Seitenstraße nahe Marktplatz, Kirche und Knauf-Museum. In drei gemütlichen Stuben - im Sommer auch gerne auf der Terrasse hinterm Haus - serviert man Ihnen regionale Saisonküche mit Pfiff!

In Iphofen-Birklingen Ost: 7 km

Augustiner am See

Klostergasse 8 ✉ 97346 – ✆ (09326) 97 89 50 – www.augustiner-am-see.de – geschl. Februar 2 Wochen, August 2 Wochen und Mittwoch - Donnerstag
Menü 30 € – Karte 17/34 €
Klassenzimmer oder lieber Klosterstüble? In dem Haus mit der langen Geschichte (einst Teil des Klosters) sitzt man in gemütlichen Räumen bei saisonal-regionaler Küche. Dank der Lage am See ist im Sommer natürlich die Terrasse sehr gefragt!

In Mainbernheim West: 3 km über B 8

Gasthof zum Falken

Herrnstr. 27 ✉ 97350 – ✆ (09323) 8 72 80 – www.zum-falken.de – geschl. 22. Dezember - 5. Januar, 17. Februar - 17. März
18 Zim – 52/68 € 75/85 € – 2 Suiten
Seit 1664 existiert dieser fränkische Gasthof. In dem gepflegten Haus stehen schöne wohnliche Zimmer mit hübschem Gebälk zur Verfügung. Richtig gemütlich sitzt man in der ländlichen Gaststube und lässt sich regionale Küche servieren.

In Rödelsee Nord-West: 3,5 km

Stegner

Mainbernheimer Str. 26 ✉ 97348 – ✆ (09323) 8 72 10 – www.hotel-stegner.de – geschl. 23. Dezember - 6. Januar
18 Zim – 43/50 € 65/70 €
Schon über 30 Jahre wird das kleine Hotel als Familienbetrieb geführt. Man bietet gepflegte Gästezimmer (teilweise mit Balkon), Frühstück im Wintergarten und eine nette Liegewiese, und einen Fahrradverleih hat man ebenfalls.

In Willanzheim-Hüttenheim Süd: 8 km

Landgasthof May

Hüttenheim 6, am Marktplatz ✉ 97348 – ✆ (09326) 2 55 – www.landgasthofmay.de – geschl. 25. Januar - 6. Februar und Mittwoch, November - Ende Februar: Mittwoch - Donnerstag
3 Zim – 38 € 70 € – ½ P Karte 19/37 €
Eine auffallend gelbe Fassade hat das in der Ortsmitte gelegene Haus. Das Gastgeberehepaar betreibt das Restaurant mit Weinstube in 3. Generation. Der Chef kocht Regionales, die Chefin umsorgt nett die Gäste.

ISERLOHN

Nordrhein-Westfalen – 93 120 Ew. – Höhe 247 m – Regionalatlas **27-D11**
Berlin 499 km – Düsseldorf 80 km – Dortmund 26 km – Hagen 18 km
Michelin Straßenkarte 543

VierJahreszeiten

Seilerwaldstr. 10 ✉ 58636 – ✆ (02371) 97 20 – www.vierjahreszeiten-iserlohn.de
70 Zim – 89/135 € 149/169 € – ½ P
Das Hotel liegt schön im Grünen beim Seilersee. Sie wohnen in neuzeitlichen Zimmern mit mediterraner Note und entspannen im netten Saunabereich. Variable Tagungsräume. Internationale Küche bietet man im Restaurant mit hübscher Terrasse zum See.

Campus Garden

Reiterweg 36 ✉ 58636 – ✆ (02371) 1 55 60 – www.campus-garden.de
34 Zim – 89/98 € 123/135 € – ½ P
Auf dem ehemaligen Kasernengelände in Nachbarschaft zu einer privaten Hochschule steht das Businesshotel, das hell und freundlich in mediterranem Stil eingerichtet ist. Internationales Angebot im Restaurant mit hübscher Gartenterrasse.

In Iserlohn-Lössel Süd-West: 6 km

Neuhaus

Lösseler Str. 149 ✉ 58644 – ✆ (02374) 9 78 00 – www.hotel-neuhaus.de
33 Zim – 78/130 € 120/160 € – 2 Suiten – ½ P
Neuhaus – Siehe Restaurantauswahl
Ein ansprechendes Anwesen: wohnlich-individuelle Zimmer einschließlich moderner Spa-Suite, romantischer Garten mit Skulpturen, Obstbäumen und einem 700 Jahre alten Brunnen mit Bergquellwasser, toller kleiner Day Spa in einem Fachwerkhaus von 1753... Leger: Bistro Julius mit kleiner internationaler Karte.

Neuhaus – Hotel Neuhaus

Lösseler Str. 149 ✉ 58644 – ✆ (02374) 9 78 00 – www.hotel-neuhaus.de
Menü 34/44 € – Karte 26/57 €
Dass hier nicht nur das Hotel einen Besuch wert ist, zeigt die engagierte Küche des Hauses ("Rinderfilet an kräftiger Pfeffersauce", "Halbe Bauernente an geschmortem Wirsing"...), die Sie in den schönen Restaurantbereichen Kaminzimmer und Gaststube serviert bekommen. Auch der sonntägliche Brunch ist beliebt.

ISERNHAGEN

Niedersachsen – 23 090 Ew. – Höhe 58 m – Regionalatlas **19**-I8
Berlin 293 km – Hannover 26 km
Michelin Straßenkarte 541

Heinrichs

Hauptstr. 1 ✉ 30916 – ✆ (05139) 8 73 10 – www.restaurant-heinrichs.de – geschl. Montag - Dienstag
Menü 25 € – Karte 20/38 €
Wirklich gemütlich sitzt man in dem hübschen historischen Haus, alte Holztäfelung, dekorative Bilder von einst und schöner Dielenboden schaffen Atmosphäre - nur im Sommer durch den tollen Garten zu übertreffen! Die vorwiegend regional-bürgerliche Küche bietet z. B. schwäbischen Zwiebelrostbraten.

ISMANING

Bayern – 16 090 Ew. – Höhe 490 m – Regionalatlas **66**-M20
Berlin 577 km – München 17 km – Ingolstadt 69 km – Landshut 58 km
Michelin Straßenkarte 546

Zur Mühle

Kirchplatz 5 ✉ 85737 – ✆ (089) 96 09 30 – www.hotel-muehle.de – geschl. Anfang Januar 1 Woche
99 Zim – 89/160 € 120/200 € – 2 Suiten
In netter Lage am Seebach finden Sie diesen Gasthof, dessen Familientradition bis ins Jahr 1857 zurückreicht. Es stehen verschiedene Zimmertypen und ein Sauna- und Badebereich bereit. Dazu eine gemütliche holzvertäfelte Gaststube sowie ein großer Biergarten und eine Terrasse.

Frey

Hauptstr. 15 ✉ 85737 – ✆ (089) 9 62 42 30 – www.hotel-frey.de
23 Zim – 85/120 € 110/160 €
Die behagliche Hotelpension ist ein sympathischer Familienbetrieb mit alpenländischem Ambiente. Das Haus liegt ca. 5 Gehminuten von der S-Bahnstation entfernt.

Malandra Osteria

Schlossstr. 17 ✉ 85737 – ✆ (089) 99 62 86 95 – www.osteria-malandra.de – geschl. Samstag
Menü 36 € – Karte 33/46 €
Sie mögen italienische Küche? Die bietet Ihnen Emilio Giorgio Malandra in diesem gemütlichen Restaurant (dekorativ die modernen Bilder) im Hotel Fischerwirt - vor dem Haus die schöne Terrasse. Mittags ist das Speisenangebot kleiner, auf Nachfrage können Sie aber auch von der großen Karte wählen.

ISNY

Baden-Württemberg – 13 270 Ew. – Höhe 704 m – Regionalatlas **64-I21**
Berlin 698 km – Stuttgart 189 km – Konstanz 104 km – Kempten (Allgäu) 25 km
Michelin Straßenkarte 545

Hohe Linde

Lindauer Str. 75, B 12 ✉ 88316 – ✆ (07562) 9 75 97 – www.hohe-linde.de
29 Zim – 75/85 € 120/140 € – 5 Suiten – ½ P
Allgäuer Stuben – Siehe Restaurantauswahl
Sehr gepflegt und engagiert geführt ist dieser Familienbetrieb am Stadtrand. Sie mögen es modern? Die neueren Zimmer sind geradlinig und mit hellen Naturtönen gleichzeitig schön wohnlich gestaltet. Zum Relaxen: großer Garten mit Teich.

Allgäuer Terrassen Hotel

Alpenblickweg 3 ✉ 88316 – ✆ (07562) 9 71 00 – www.terrassenhotel.de
28 Zim – 74/95 € 129/139 € – ½ P
Das Haus liegt schön am Hang und so haben alle Zimmer eine tolle Aussicht nach Süden! Eine nette Idee für warme Sommertage ist Fliegenfischen in den nahen Gewässern - in der Küche bereitet man Ihren Fang auch gerne zu!

Brauerei Gasthof Engel

Bahnhofstr. 36 ✉ 88316 – ✆ (07562) 97 15 10 – www.engel-isny.de
10 Zim – 54/71 € 82/92 € – ½ P
Hier dreht sich alles um das Thema Bier. Der Traditionsgasthof der Brauerei Stolz ist eine tipptopp gepflegte Adresse mit hellen, geräumigen Zimmern im Landhausstil. Das Restaurant bietet regionale Speisen, zu deren Zutaten natürlich auch Bier gehört.

Bären

Obertorstr. 9 ✉ 88316 – ✆ (07562) 24 20 – www.baeren-isny.de
14 Zim – 48 € 79 € – ½ P
In dem hübschen Eckhaus mit der gelben Fassade erwarten Sie individuell möblierte Gästezimmer und ein netter, im Landhausstil gehaltener Frühstücksraum. Gemütliche Gaststuben.

Allgäuer Stuben – Hotel Hohe Linde

Lindauer Str. 75, B 12 ✉ 88316 – ✆ (07562) 9 75 97 – www.hohe-linde.de – geschl. Sonntag
Menü 28/45 € – Karte 29/49 € – *(nur Abendessen)*
Frisch und regional ist hier die Küche, dazu gehören leckere hausgemachte Maultaschen ebenso wie "Ochsenbacke mit Semmelknödel". Mittwochs und samstags wird am offenen Kamin gegrillt, im Sommer draußen auf der Terrasse zum Hotelgarten.

In Isny-Neutrauchburg Nord: 2 km

Schloss Neutrauchburg

Schlossstr. 11 ✉ 88316 – ✆ (07562) 9 75 64 60 – www.schloss-neutrauchburg.de
13 Zim – 109/129 € 159/179 € – 1 Suite
Das wunderbare Schloss - seit dem 18. Jh. im Besitz der Fürstenfamilie Waldburg-Zeil - besticht durch historisches Flair und überaus hochwertige, geräumige und stilvolle Räume. Im Restaurant genießen Sie Kaffee und Kuchen, im Gasthof Sonne nebenan serviert man Bürgerliches.

Außerhalb Nord-West: 6,5 km über Neutrauchburg, in Unterried Richtung Beuren

Berghotel Jägerhof

Jägerhof 1 ✉ 88316 Isny – ✆ (07562) 7 70 – www.berghotel-jaegerhof.de
88 Zim – 115/120 € 190/240 € – 9 Suiten – ½ P
Schön und absolut ruhig liegt diese Hotelanlage mit Blick auf die Allgäuer Alpen. Wohnliche Zimmer, Maisonetten und Suiten, Massage-Angebot sowie ein charmanter Hochzeits-Stadl, der gut ankommt. Sie speisen im gediegenen Restaurant oder in der rustikalen Stube - Wild kommt übrigens aus dem eigenen Gehege!

ISSELBURG

Nordrhein-Westfalen – 10 710 Ew. – Höhe 17 m – Regionalatlas **25**-**B10**
Berlin 579 km – Düsseldorf 86 km – Arnhem 46 km – Bocholt 13 km
Michelin Straßenkarte 543

In Isselburg-Anholt Nord-West: 3,5 km

Parkhotel Wasserburg Anholt
Kleverstraße ✉ 46419 – ✆ (02874) 45 90 – www.schloss-anholt.de
31 Zim – 106/132 € 169/199 € – 3 Suiten – ½ P
Das stilvolle jahrhundertealte Wasserschloss ist dank seiner Ruhe ein Ort zum Entspannen, ringsum ein 34 ha großer Park. Geschmackvoll und individuell die Zimmer, auch Themenzimmer wie "Seerose" oder "Prinzensuite". Vom lichten Restaurant am Burggraben blickt man aufs Wasser, die Küche ist saisonal.

JAGSTHAUSEN

Baden-Württemberg – 1 650 Ew. – Höhe 212 m – Regionalatlas **48**-**H17**
Berlin 560 km – Stuttgart 79 km – Karlsruhe 121 km – Würzburg 78 km
Michelin Straßenkarte 545

Schlosshotel Götzenburg
Schloßstr. 20, 1. Etage ✉ 74249 – ✆ (07943) 9 43 60 – www.goetzenburg.com
28 Zim – 79/109 € 139/159 € – 4 Suiten – ½ P
Götzenstube – Siehe Restaurantauswahl
Hier finden Sie den Charme, den Sie von einer alten Schlossanlage erwarten, schön die historischen Details und natürlich der Schlosspark! Hauptburg und Vorburg sind gleichermaßen wohnlich - mal gediegen, mal geschmackvoll im Landhausstil.

Götzenstube – Schlosshotel Götzenburg
Schloßstr. 20, 1. Etage ✉ 74249 – ✆ (07943) 9 43 60 – www.goetzenburg.com – geschl. Montag - Dienstagmittag
Menü 33/42 € – Karte 34/45 € – (abends Tischbestellung ratsam)
Eleganter Stil gepaart mit einer ländlichen Note, das passt schön zum historischen Rahmen. An gut eingedeckten blanken Holztischen serviert man Ihnen eine frische saisonal und regional beeinflusste Küche.

JAMELN

Niedersachsen – 1 050 Ew. – Höhe 19 m – Regionalatlas **20**-**K7**
Berlin 235 km – Hannover 134 km – Schwerin 90 km – Lüneburg 58 km
Michelin Straßenkarte 541

Das Alte Haus
Bahnhofstr. 1 ✉ 29479 – ✆ (05864) 6 08 – www.jameln.de – geschl. Montag - Mittwoch
Karte 20/43 € – *(nur Abendessen)* (Tischbestellung ratsam)
Ein liebevoll gestaltetes Fachwerkhaus - schön gemütlich und rustikal. Bei Fleischliebhabern eine gefragte Adresse, denn vom offenen Grill im Gastraum kommen Spareribs, Filetsteak & Co.

JENA

Thüringen – 106 920 Ew. – Höhe 148 m – Regionalatlas **41**-**L12**
Berlin 246 km – Erfurt 59 km – Gera 44 km – Chemnitz 112 km
Michelin Straßenkarte 544

SCALA - Das Turm Hotel
Leutragraben 1, im JenTower ✉ 07743 – ✆ (03641) 3 11 38 88 – www.scala-jena.de Stadtplan : A1**s**
17 Zim – 99/119 € 119/139 € – 18 €
SCALA - Das Turm Restaurant – Siehe Restaurantauswahl
Wo könnte die Aussicht über Jena eindrucksvoller sein als in der 27. Etage des Intershop-Towers? Panoramablick hat man von jedem der Zimmer, zudem klares, reduziertes Design. Obendrein wohnt man noch mitten in der Stadt, aber dennoch ruhig.

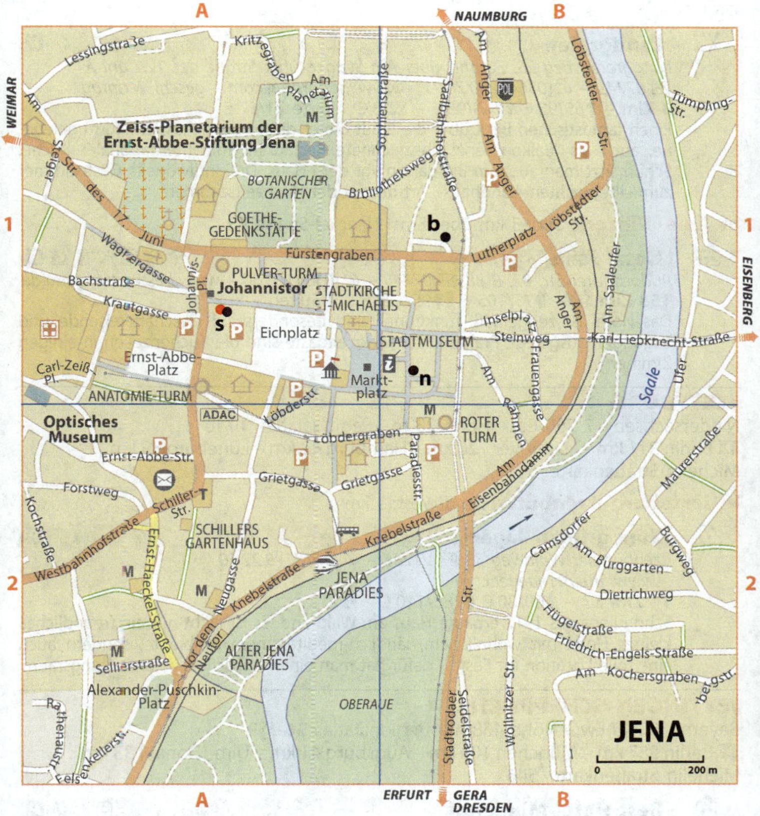

Schwarzer Bär

Lutherplatz 2 ✉ 07743 – ✆ (03641) 40 60 Stadtplan : B1 **b**
– www.schwarzer-baer-jena.de
75 Zim – 60/140 € 105/160 € – 2 Suiten – ½ P
Das nahe dem Zentrum gelegene Haus blickt auf eine 500-jährige Tradition zurück. Wer es modern mag, fragt nach einem der ganz geradlinig gehaltenen neueren Zimmer im Dachgeschoss! Das Restaurant teilt sich in verschiedene, teils mit schöner Holztäfelung ausgestattete Stuben.

Zur Noll

Oberlauengasse 19 ✉ 07743 – ✆ (03641) 59 77 10 Stadtplan : B1 **n**
– www.zur-noll.de
22 Zim – 67/77 € 74/99 € – ½ P
Die historische Nollendorfer Schankwirtschaft ist heute ein nettes familiär geführtes Hotel. Sehenswert ist das komplett mit alten Bohlen verkleidete Bohlenzimmer. Eine gemütliche Atmosphäre herrscht im rustikalen Restaurant.

SCALA - Das Turm Restaurant – SCALA - Das Turm Hotel

Leutragraben 1, im JenTower ✉ 07743 – ✆ (03641) 35 66 66
– www.scala-jena.de Stadtplan : A1 **s**
Menü 29 € (mittags unter der Woche)/51 € – Karte 43/68 €
Keine Frage, hier ist schon allein die Lage in 128 m Höhe einen Besuch wert! Grandios die Sicht über die Stadt durch eine raumhohe Verglasung, dazu gute intenationale Küche. Mittags gibt es zusätzlich ein günstigeres Menü.

Landgrafen

Landgrafenstieg 25, Zufahrt über Am Steiger, über Straße des 17. Juni A1
07743 – (03641) 50 70 71 – www.landgrafen.com – geschl. Montag
3 Zim – 65/95 € 65/95 € – 8 € Karte 21/57 €
Einen fantastischen Blick über die Stadt bietet dieses beim Aussichtsturm gelegene, auch als "Balkon Jenas" bezeichnete Restaurant mit internationaler Küche. Schön sitzt man auch im Biergarten vor dem Haus. Drei individuelle Gästezimmer zum Übernachten: Landhaus-, Art-déco- oder Hochzeitszimmer.

In Jena-Winzerla Süd: 3 km über Ernst-Haeckel-Straße A2

Hotel Jena

Rudolstädter Str. 82, B 88 07745 – (03641) 6 60 – www.bestwesternjena.de
158 Zim – 75/105 € 95/125 € – 2 Suiten – ½ P
Das Hotel ist zeitgemäß, funktionell und besonders auf Geschäftsreisende und Tagungen ausgelegt. Praktisch für Langzeitgäste sind die Küchenzeilen in einigen Zimmern.

JESTEBURG

Niedersachsen – 7 750 Ew. – Höhe 28 m – Regionalatlas **10**-I6
Berlin 311 km – Hannover 126 km – Hamburg 42 km – Lüneburg 39 km
Michelin Straßenkarte 541

In Jesteburg-Itzenbüttel Nord-West: 3 km

Zum grünen Jäger

Itzenbütteler Waldweg 35 21266 – (04181) 9 22 50
– www.gruener-jaeger.com
14 Zim – 60/80 € 80/110 € – ½ P
Schön liegt das 1912 erbaute Haus am Waldrand. Es ist nicht nur ein freundliches kleines Hotel mit wohnlichem, ländlich-mediterranem Ambiente, sondern auch eine tolle Location für Feste - dafür hat man einen hübschen Veranstaltungsraum.

JETTINGEN-SCHEPPACH

Bayern – 6 740 Ew. – Höhe 468 m – Regionalatlas **56**-J19
Berlin 587 km – München 100 km – Augsburg 41 km – Ulm (Donau) 33 km
Michelin Straßenkarte 546

Best Hotel Mindeltal

Robert-Bosch-Str. 3, Scheppach 89343 – (08225) 99 70 – www.besthotel.de
– geschl. 24. Dezember - 2. Januar
74 Zim – 69/129 € 69/159 €
Nur 10 Autominuten vom Legoland liegt das mit praktischen Zimmern ausgestattete Hotel. Interessant für Familien sind im Sommer auch der Kidsclub und das Kinderkino am Abend.

JEVER

Niedersachsen – 13 830 Ew. – Höhe 9 m – Regionalatlas **8**-E5
Berlin 488 km – Hannover 229 km – Emden 59 km – Oldenburg 59 km
Michelin Straßenkarte 541

Friesen-Hotel

Harlinger Weg 1 26441 – (04461) 93 40 – www.jever-hotel.de
33 Zim – 51/61 € 81/91 €
Das familiengeführte Haus liegt ruhig in einem Wohngebiet und verfügt über helle und funktional ausgestattete Zimmer. Vom Frühstücksraum blickt man in den hübschen Garten.

Schützenhof

Schützenhofstr. 47 26441 – (04461) 93 70 – www.schuetzenhof-jever.de
65 Zim – 57/66 € 88/98 € – ½ P
Zitronengras – Siehe Restaurantauswahl
In dem außerhalb des Zentrums nahe dem Sportplatz gelegenen Hotel erwarten die Gäste gepflegte funktionelle Zimmer, einen hübschen modernen Sauna- und Anwendungsbereich und familiäre Atmosphäre.

Zitronengras – Hotel Schützenhof
Schützenhofstr. 47 ✉ 26419 – ✆ (04461) 93 70 – www.schuetzenhof-jever.de
Menü 17/57 € – Karte 23/46 € – *(nur Abendessen)*
In dem geradlinig gestalteten Restaurant finden sich frische regionale Gerichte und internationale Einflüsse auf der Karte - da liest man z. B. "Filet vom Schwein auf Apfel-Trauben-Chutney" oder "pochiertes Poulet in Rosmarinfond".

JOACHIMSTHAL

Brandenburg – 3 380 Ew. – Höhe 72 m – Regionalatlas **23**-Q7
Berlin 68 km – Potsdam 132 km – Eberswalde 31 km
Michelin Straßenkarte 542

Außerhalb Süd-West: 12 km, Richtung Eberswalde und westliche Seerandstraße am Werbellinsee

Tagungszentrum der Wirtschaft
Hubertusstock 2 ✉ 16247 Joachimsthal – ✆ (033363) 5 05 – www.tagungs-zentrum.de
74 Zim – 65/85 € 85/105 € – ½ P
Das Hotel liegt schön ruhig im Wald, im Biosphärenreservat Schorfheide, bietet ein modern-funktionales Ambiente und ist auf Tagungen spezialisiert. Hell und geradlinig ist das nach einem ehemaligen Förster benannte Restaurant "Von Hövel". Hübsche Terrasse.

JOHANNESBERG – Bayern

➜ Siehe Aschaffenburg

JOHANNGEORGENSTADT

Sachsen – 4 260 Ew. – Höhe 780 m – Regionalatlas **42**-O14
Berlin 317 km – Dresden 144 km – Chemnitz 57 km – Chomutov 86 km
Michelin Straßenkarte 544

In Johanngeorgenstadt-Steinbach Nord-West: 2 km

Steinbach
Steinbach 22 ✉ 08349 – ✆ (03773) 88 22 28 – www.gasthof-steinbach.de – geschl. 1. - 20. November
15 Zim – 35/45 € 60/70 € – ½ P
Sehr freundlich und familiär kümmern sich die Inhaber in ihrem praktisch ausgestatteten kleinen Hotel um die Gäste. Naturliebhaber schätzen die schöne ländliche Umgebung. Die behaglichen Gasträume sind in rustikalem Stil gehalten.

JORK

Niedersachsen – 11 800 Ew. – Höhe 1 m – Regionalatlas **10**-I5
Berlin 318 km – Hannover 167 km – Hamburg 63 km – Bremen 108 km
Michelin Straßenkarte 541

Altes Land
Schützenhofstr. 16 ✉ 21635 – ✆ (04162) 9 14 60 – www.hotel-altes-land.de – geschl. 1. - 16. Januar
32 Zim – 68/76 € 92/107 € – ½ P
Ein Fachwerkhaus mit regionalem Charme, das durch ein Gästehaus mit besonders hübschen Zimmern erweitert wurde. Der schöne historische Saal ist ideal für Hochzeiten. Das Ollanner Buurhuus bietet u. a. "vergessene Genüsse" aus seltenen heimischen Grundprodukten.

In Jork-Borstel Nord: 1 km

Die Mühle Jork
Am Elbdeich 1 ✉ 21635 – ✆ (04162) 63 95 – www.diemuehlejork.de – geschl. Januar und Montag - Dienstag
Menü 59/89 € (abends) – Karte 37/60 €
Liebenswert hat man die ehemalige Mühle von 1856 im rustikalen Stil eingerichtet. Zu ambitionierten saisonalen Gerichten wie "Maibock mit Topinambur-Creme, Mairübe und Pfifferlingen" bietet der Chef gute Weine. Idyllische Terrasse.

JUGENHEIM

Rheinland-Pfalz – 1 570 Ew. – Höhe 155 m – Regionalatlas **47-E15**
Berlin 603 km – Mainz 20 km – Neustadt an der Weinstraße 91 km
Michelin Straßenkarte 543

Weedenhof

Mainzerstr. 6 ✉ 55270 – ☎ (06130) 94 13 37 – www.weedenhof.de – geschl. Ende Juli - Mitte August 2 Wochen und Montag - Dienstag, außer an Feiertagen
8 Zim – 60 € 89 € – ½ P
Menü 34 € (vegetarisch)/55 € – Karte 28/43 € – *(nur Abendessen, sonntags auch Mittagessen)*
Schön gemütlich sitzt man hier bei unkomplizierter und schmackhafter Küche. Michael Knöll bereitet z. B. "Kalbstatar mit Tomaten, Oliven und Artischocken" oder "Zander mit Pfifferlingspasta". Übernachten kann man übrigens auch richtig nett.

JUIST (INSEL)

Niedersachsen – 1 540 Ew. – Höhe 3 m – Regionalatlas **7-C5**
Berlin 537 km – Hannover 272 km – Emden 37 km – Aurich/Ostfriesland 31 km
Michelin Straßenkarte 541

Strandhotel Kurhaus Juist

Strandpromenade 1 ✉ 26571 – ☎ (04935) 91 60 – www.strandhotel-kurhaus-juist.com – geschl. 4. Januar - 4. Februar
32 Zim – 150/295 € 170/460 € – 38 Suiten – ½ P
Strandpromenade – Siehe Restaurantauswahl
Strand und Dünen hat man direkt vor der Tür, daneben bietet das Haus mit der repräsentativen Fassade geräumige Zimmer und einen schönen Spa - das Wasser für die Thalasso-Anwendungen kommt aus dem eigenen Brunnen. Stilvoll frühstücken heißt es im klassischen Speisesaal. Toll für Familien: Kinderbetreuung.

Achterdiek

Wilhelmstr. 36 ✉ 26571 – ☎ (04935) 80 40 – www.hotel-achterdiek.de – geschl. 22. November - 23. Dezember
46 Zim – 125/175 € 130/360 € – 3 Suiten – ½ P
Danzer's – Siehe Restaurantauswahl
Ein Ferienhotel wie man es sich wünscht! Ruhige Lage, warme, angenehme Atmosphäre, schöne, individuelle Zimmer (meist mit Blick aufs Wattenmeer) und ein Service, der dem geschmackvollen Interieur in nichts nachsteht!

Pabst

Strandstr. 15 ✉ 26571 – ☎ (04935) 80 50 – www.hotelpabst.de – geschl. 7. Januar - 4. Februar, 30. November - 20. Dezember
50 Zim – 95/195 € 180/350 € – 6 Suiten – ½ P
Rüdiger's – Siehe Restaurantauswahl
Sie können sich aussuchen, ob Sie modern oder doch lieber klassisch-friesisch wohnen möchten. Familie Pabst (bereits die 4. Generation) investiert ständig in ihr Haus und macht es so für die Gäste richtig behaglich und hübsch!

Friesenhof

Strandstr. 21 ✉ 26571 – ☎ (04935) 80 60 – www.friesenhof.info – geschl. November - Anfang März
79 Zim – 45/102 € 134/175 € – 4 Suiten – ½ P
Das Hotel mitten im Ort stammt aus der Jahrhundertwende, schön ist die erhaltene Treppe im Haus. Ausruhen kann man sich in wohnlichen Zimmern, auf der Dachterrasse mit Meerblick oder bei Kosmetik und Massage. Elegant das Restaurant, gemütlich-rustikal die Bierstube.

Westfalenhof

Friesenstr. 24 ✉ 26571 – ☎ (04935) 9 12 20 – www.hotel-westfalenhof.de – geschl. Anfang Januar - Ende März, Mitte Oktober - Ende Dezember
20 Zim – 70/87 € 100/144 €
Schön und sehr gepflegt wohnt man in dem familiär geleiteten Haus. Neben hellen, geschmackvollen Zimmern (darunter recht großzügige Eckzimmer sowie Südzimmer mit Balkon) erwartet Sie ein gutes Frühstücksbuffet.

XXX **Strandpromenade** (N) – Strandhotel Kurhaus Juist

Strandpromenade 1 ✉ 26571 – ✆ (04935) 91 60 – www.strandhotel-kurhaus-juist.com – geschl. 4. Januar - 4. Februar und Montag - Dienstag

Menü 40/95 € – Karte 47/86 € – *(nur Abendessen)* (Tischbestellung ratsam)

Das Restaurant ist Teil des sehenswerten "Weißen Saals" mit hoher Stuckdecke, Kristallleuchtern und schönem Parkettboden. Mit Blick auf Dünen und Meer genießen Sie einen kreativ-saisonalen Mix aus moderner, regionaler und klassischer Küche.

XX **Rüdiger's** – Hotel Pabst

Strandstr. 15 ✉ 26571 – ✆ (04935) 80 54 42 – www.hotelpabst.de – geschl. 7. Januar - 4. Februar, 30. November - 20. Dezember und Dienstag

Menü 25 € (mittags)/75 € – Karte 32/99 €

In dem eleganten kleinen Restaurant kommt auf den Tisch, was die Saison zu bieten hat. Probieren Sie z. B. Maischolle mit frischen Krabben oder Juister Austern! Mittags kleinere Karte. Schöne Terrasse.

XX **Danzer's** – Hotel Achterdiek

Wilhelmstr. 36 ✉ 26571 – ✆ (04935) 80 40 – www.hotel-achterdiek.de – geschl. 22. November - 23. Dezember

Menü 52/82 € (abends) – Karte 35/60 € – (abends Tischbestellung ratsam)

Schon das klassisch-elegante Ambiente ist ansprechend - ganz zu schweigen von der Terrasse mit Deichblick! Dazu gibt es international-regionale Küche wie "Wolfsbarschfilet in Speckbutter auf Belugalinsen". Kleinere Mittagskarte.

KAARST – Nordrhein-Westfalen ➜ Siehe Neuss

KAHL am MAIN

Bayern – 7 410 Ew. – Höhe 110 m – Regionalatlas **48-G15**

▶ Berlin 533 km – München 369 km – Frankfurt am Main 36 km – Aschaffenburg 16 km

Michelin Straßenkarte 546

Zeller

Aschaffenburger Str. 2, B 8 ✉ 63796 – ✆ (06188) 91 80 – www.hotel-zeller.de – geschl. 23. Dezember - 2. Januar

82 Zim – 98/150 € 168/200 € – 1 Suite

Zeller – Siehe Restaurantauswahl

Der gewachsene Gasthof ist ein komfortables Hotel mit freundlichen Mitarbeitern und hübschen individuellen Zimmern. Tipp: Frühstücken Sie im Sommer auf der Terrasse! Gute Tagungsmöglichkeiten.

XX **Zeller** – Hotel Zeller

Aschaffenburger Str. 2, B 8 ✉ 63796 – ✆ (06188) 91 80 – www.hotel-zeller.de – geschl. 23. Dezember - 2. Januar

Karte 30/70 €

Schön das modern-elegante Ambiente - Einfluss hatte hier der Ehemann von Gastgeberin Renate Schleunung, seines Zeichens Architekt. Rustikaler die Stube im historischen Teil. Wie wär's z. B. mit "Bäckchen vom Landschwein auf Sommergemüse"?

KAISERSLAUTERN

Rheinland-Pfalz – 97 120 Ew. – Höhe 251 m – Regionalatlas **46-D16**

▶ Berlin 642 km – Mainz 90 km – Saarbrücken 70 km – Karlsruhe 88 km

Michelin Straßenkarte 543

SAKS

Stiftsplatz 11, über Spittelstraße ✉ 67655 – ✆ (0631) 36 12 50 – www.sakshotels.com Stadtplan : B1**s**

92 Zim – 79/139 € 99/159 € – 15 €

Das SAKS steht für urbanen Lifestyle! Die Zimmer: wertig, wohnlich und chic in klaren Linien und warmen metallischen Tönen - fragen Sie nach den Einraum-Spa-Suiten mit Balkon! Trendiges Design in Restaurant und Bar. Aus der verglasten Küche kommen internationale Gerichte und eine schöne Pizzaauswahl.

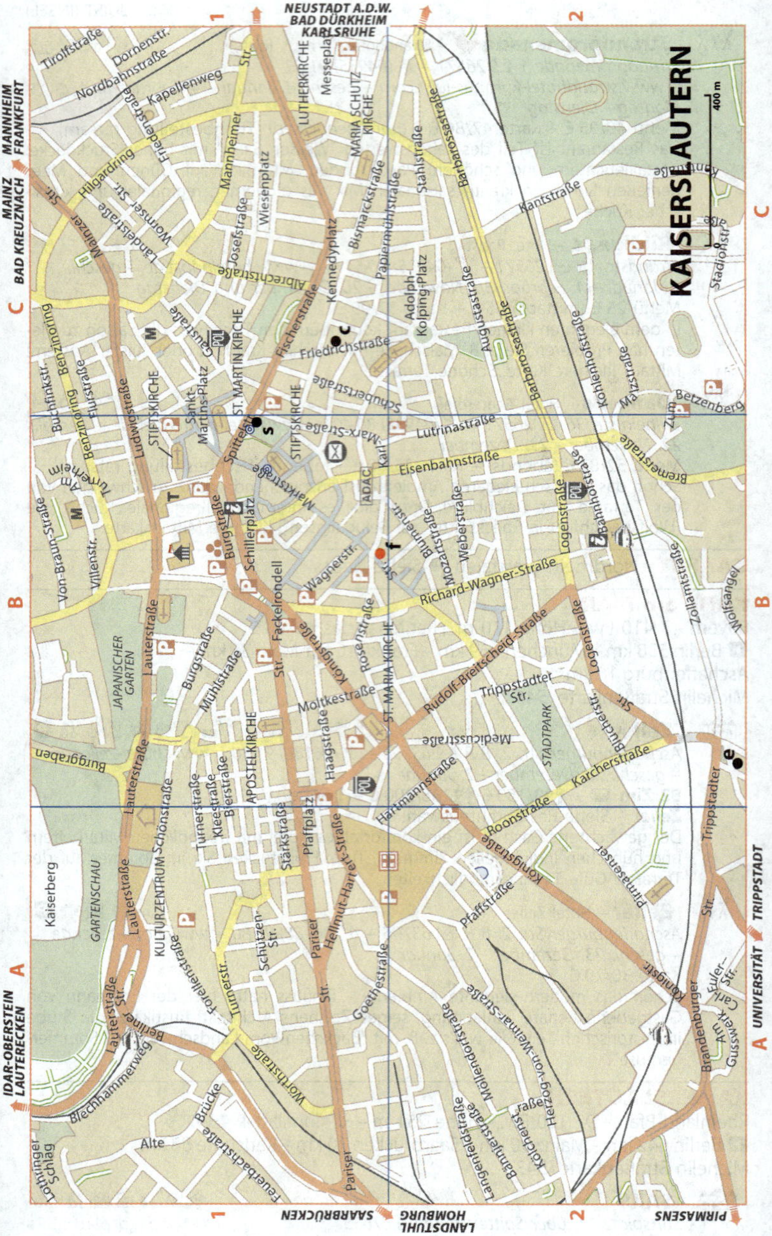
KAISERSLAUTERN
400 m
NEUSTADT A.D.W.
BAD DÜRKHEIM
KARLSRUHE
MAINZ
BAD KREUZNACH
MANNHEIM
FRANKFURT
IDAR-OBERSTEIN
LAUTERECKEN
SAARBRÜCKEN
LANDSTUHL
HOMBURG
PIRMASENS
UNIVERSITÄT
TRIPPSTADT
A
B
C
1
2
Tirolfstraße
Dornenstr.
Nordbahnstraße
Kapellenweg
Friedenstraße
Hilgardring
Mainzer Str.
Wormser Str.
Landelstraße
Mannheimer Str.
Josefstraße
Wiesenplatz
Albrechtstraße
LUTHERKIRCHE
Messeplatz
MARIA SCHUTZ KIRCHE
Bismarckstraße
Papiermühlstraße
Stahlstraße
Barbarossastraße
Kantstraße
Kennedyplatz
Fischerstraße
Friedrichstraße
Adolph-Kolping-Platz
Augustastraße
Kohlenhofstraße
Malzstraße
Zum Betzenberg
Stadionstr.
Buchfinkstr.
Benzinoring
Flurstraße
Ludwigstraße
STIFTSKIRCHE
Sankt-Martins-Platz
ST. MARTIN KIRCHE
Spittelstr.
Schubertstraße
Marx-Straße
Karl-
Lutrinastraße
Eisenbahnstraße
Bremerstraße
Am Turnerheim
Von-Braun-Straße
Villenstr.
Marktstraße
Burgstraße
Schillerplatz
ADAC
Wagnerstr.
Blumenstr.
Mozartstraße
Weberstraße
Logenstraße
Bahnhofstraße
Zollamtstraße
Wolfsangel
JAPANISCHER GARTEN
Lauterstraße
Mühlstraße
Fackelrondell
Königstraße
Rosenstraße
Richard-Wagner-Straße
Rudolf-Breitscheid-Straße
Trippstadter Str.
Moltkestraße
ST. MARIA KIRCHE
Medicusstraße
STADTPARK
Blücherstr.
Burggraben
APOSTELKIRCHE
Turnerstraße
Kleestraße
Bierstraße
Haagstraße
Hartmannstraße
Karcherstraße
Roonstraße
KULTURZENTRUM
Schönstraße
Stärkstraße
Pfaffplatz
Hellmut-Hartert-Straße
Pirmasenser Str.
Kaiserberg
GARTENSCHAU
Forellenstraße
Schützen-Str.
Pariser Str.
Pfaffstraße
Königstr.
Trippstadter Str.
Goethestraße
Carl-Euler-Str.
Am Gußweiher
Brandenburger Str.
Berliner Str.
Turnerstr.
Wörthstraße
Mollendorffstraße
Herzog-von-Weimar-Straße
Langenfeldstraße
Bännjerstraße
Kolchenstraße
Blechhammerweg
Alte Brücke
Feuerbachstraße
Lothringer Schlag

Zollamt
Buchenlochstr. 1 ✉ 67663 – ✆ (0631) 316 66 00 Stadtplan : B2**e**
– www.hotel-zollamt.de – geschl. Ende Dezember - Anfang Januar 2 Wochen
33 Zim – 🚹87/108 € 🚹🚹106/125 € – ☕ 12 €
Hier übernachtet man gerne, denn Familie Folz ist sehr engagiert, zudem ist das Haus top in Schuss und richtig geschmackvoll mit seinem klaren modernen Stil (schön das "Ligne Roset"-Design). Nicht zu vergessen das gute Frühstück!

Stadthotel
Friedrichstr. 39, Zufahrt über Heinrich-Heine-Straße Stadtplan : C1**c**
✉ 67655 – ✆ (0631) 36 26 30 – www.stadthotel-kl.de
21 Zim ☕ – 🚹69/75 € 🚹🚹89/95 €
Mit seinen modernen Zimmern steht der nette Jugendstilbau dem Neubau in nichts nach. Im Frühstücksraum (charmant die freigelegte Sandsteinmauer) gibt's morgens ein gutes Buffet. Die Fußgängerzone ist nicht weit, dennoch ist es recht ruhig.

Bistro 1A
Pirmasenser Str. 1a ✉ 67655 – ✆ (0631) 6 30 59 – geschl. Stadtplan : B1**f**
Sonntag sowie an Feiertagen
Karte 22/45 €
Bistro und Eiscafé mitten in der Innenstadt. Aus dem breit gefächerten Angebot wählt man internationale Gerichte, Kuchen oder auch hausgemachtes Eis. Es gibt durchgehend warme Küche und der Service ist freundlich-charmant.

In Kaiserslautern-Dansenberg Süd-West: 6 km über A2, Richtung Trippstadt

Fröhlich
Dansenberger Str. 10 ✉ 67661 – ✆ (0631) 35 71 60 – www.hotel-froehlich.de
– geschl. 28. Dezember - 4. Januar
28 Zim ☕ – 🚹55/78 € 🚹🚹89/105 € – ½ P
Bereits in langer Familientradition halten die Fröhlichs ihr Haus in Schuss. Wer's besonders modern mag, fragt nach den Zimmern im Haupthaus! Oder wie wär's mit einer Maisonette? Relaxen kann man z. B. bei Massage oder bei bürgerlicher Küche - im Sommer auf der Felswand-Terrasse. Auch der Biergarten lockt.

In Kaiserslautern-Eselsfürth Nord-Ost: 6 km über Mainzer Straße C1, Richtung Mehlingen

Barbarossahof
Eselsfürth 10 ✉ 67657 – ✆ (0631) 4 14 40 – www.barbarossahof.com
116 Zim – 🚹72/115 € 🚹🚹90/145 € – ☕ 5 € – 4 Suiten – ½ P
Ein gewachsenes Hotel mit über 150 Jahren Familientradition - da stehen in fünf Häusern Zimmer ganz unterschiedlicher Stilrichtungen zur Wahl, alle mit aktueller Technik. Im Restaurant erwartet Sie ein breit gefächertes Angebot von Schnitzel über Burger bis Steaks diverser Cuts.

KALKAR

Nordrhein-Westfalen – 13 670 Ew. – Höhe 15 m – Regionalatlas **25**-B10
▶ Berlin 587 km – Düsseldorf 81 km – Nijmegen 35 km – Wesel 35 km
Michelin Straßenkarte 543

Meier's Restaurant
Markt 14 ✉ 47546 – ✆ (02824) 32 77 – www.meiers-restaurant.de – geschl.
Montag - Dienstag
Menü 52 € – Karte 23/51 € – *(nur Abendessen)*
Chef Michael Meier stammt aus Wien und so mischen sich auch Klassiker aus seiner Heimat unter die zeitgemäßen Gerichte. Auch seine Frau ist mit von der Partie - sie leitet mit bayerischem Charme den Service. Und wo möchten Sie speisen? Im Restaurant mit mediterranem Touch, im Wintergarten oder auf der idyllischen Innenhofterrasse?
Bistro Mango – Siehe Restaurantauswahl

Bistro Mango – Meier's Restaurant

Markt 14 ✉ 47546 – ✆ (02824) 32 77 – www.meiers-restaurant.de – geschl. Montag - Dienstag
Karte 17/41 €
Frisches Gelb, bequeme Bänke und Flechtstühle, dekorative Bilder... Ein einladendes Lokal, in dem sich u. a. österreichische Mehlspeisen auf der Karte finden. Das Café-Bistro hat eine eigene Terrasse zum Marktplatz.

KALKHORST

Mecklenburg-Vorpommern – 1 760 Ew. – Höhe 30 m – Regionalatlas **11-K4**
Berlin 254 km – Schwerin 50 km – Lübeck 29 km – Wismar 31 km
Michelin Straßenkarte 542

In Kalkhorst-Groß Schwansee Nord-West: 3 km

Schlossgut Gross Schwansee

Am Park 1 ✉ 23942 – ✆ (038827) 8 84 80 – www.schwansee.de
55 Zim – 108/228 € 118/248 € – 8 Suiten – ½ P
Schlossrestaurant 1745 – Siehe Restaurantauswahl
Ein stilvolles Schlossgut von 1745, viel Grün drum herum und zur Ostsee ist es auch nicht weit! Im Schloss selbst wohnt man individuell (von asiatisch bis klassisch), im Neubau geradlinig-modern (hier alle Zimmer mit Balkon/Terrasse). Vor dem Haus der schöne Naturbadeteich. Brasserie mit regionaler Küche.

Schlossrestaurant 1745 – Hotel Schlossgut Gross Schwansee

Am Park 1 ✉ 23942 – ✆ (038827) 8 84 80 – www.schwansee.de – geschl. Sonntag - Montag
Menü 39 € – Karte 33/60 € – *(nur Abendessen)*
Sie wollten schon immer mal auf einem Schloss speisen? Das Ambiente: modern unter historischem Kreuzgewölbe oder etwas eleganter im Wintergarten. Von der frischen internationalen Küche sollten Sie z. B. den "Gewürz-Brownie mit Joghurt-Limoneneis" probieren.

KALLMÜNZ

Bayern – 2 790 Ew. – Höhe 344 m – Regionalatlas **58-M17**
Berlin 479 km – München 151 km – Regensburg 29 km – Amberg 37 km
Michelin Straßenkarte 546

Zum Goldenen Löwen

Alte Regensburger Str. 18 ✉ 93183 – ✆ (09473) 3 80 – www.luber-kallmuenz.de – geschl. 6. - 26. Oktober und Montag - Dienstag
15 Zim – 57/67 € 79/91 € – ½ P
Karte 24/38 € – (Tischbestellung erforderlich) *(nur Abendessen für Hausgäste)*
Das historische Gasthaus mit lauschigem Hof versprüht genau den Charme, den man sich für einen romantischen Kurztrip wünscht! Mit liebevoller Dekoration (Kunstfreunde aufgepasst!) und persönlicher Gästebetreuung (das Frühstück bekommt man serviert) sorgt Familie Luber für das richtige Maß an Individualität. Zur regionalen Küche gibt's selbst gebrautes Bier!

KALLSTADT

Rheinland-Pfalz – 1 220 Ew. – Höhe 152 m – Regionalatlas **47-E16**
Berlin 636 km – Mainz 69 km – Mannheim 26 km – Kaiserslautern 37 km
Michelin Straßenkarte 543

Weinhaus Henninger

Weinstr. 93 ✉ 67169 – ✆ (06322) 22 77 – www.weinhaus-henninger.de
13 Zim – 85/135 € 105/180 € – 16 € – ½ P
Weinhaus Henninger – Siehe Restaurantauswahl
Über vier Jahrhunderte gibt es den Vierkanthof schon, heute ein geschmackvolles Hotel mit schönen, hochwertigen Zimmern - attraktiv auch der moderne Landhausstil im Gästehaus "Weinkastell" vis-à-vis. Am Morgen ein frisches Landfrühstück.

Kallstadter Hof

Weinstr. 102 ✉ 67169 – ✆ (06322) 6 00 10 90 – www.kallstadter-hof.de
14 Zim – 75/95 € 85/105 € – ½ P
Kallstadter Hof – Siehe Restaurantauswahl
In dem denkmalgeschützten ehemaligen Winzerhof kann man sich wirklich wohlfühlen, denn hier gibt es nette Zimmer im Landhausstil, kleine Aufmerksamkeiten wie Obst und Wasser sowie herzlichen Service. Und auch die Umgebung ist schön: Nur wenige Meter entfernt können Sie wunderbar zwischen Reben spazierengehen.

Müller-Ruprecht Landhotel

Freinsheimer Str. 24 ✉ 67169 – ✆ (06322) 62 07 13 – www.mueller-ruprecht.de – geschl. 21. Dezember - 10. Januar
10 Zim – 69/79 € 89/119 €
Dies ist ein richtig nettes kleines Landhotel: hübsche individuelle Zimmer, ein Fläschchen vom eigenen Weingut als Präsent, zum Frühstück hausgemachte Marmelade und frisches Obst aus dem Garten, im Sommer eine schöne Terrasse...

Vinothek im Weingut am Nil

Neugasse 21 ✉ 67169 – ✆ (06322) 9 56 31 60 – www.weingutamnil.de – geschl. 28. Dezember – 5. Januar, 1. - 21. Februar und Montag – Dienstag
7 Zim – 105/135 € 120/150 € – 1 Suite
Karte 20/39 € – *(Mittwoch – Samstag nur Abendessen)*
Ein Schmuckstück in historischem Gemäuer. Im Innenhof ein Traum von Terrasse, drinnen ein Mix aus rustikal und chic-modern, hochwertig und stimmig! Die Küche reicht von "Hähnchen-Saté mit asiatischem Glasnudelsalat" über "Frikadellen der 11. Generation" bis "Rinderfilet-Tagliata". Tipp: die edlen Gästezimmer!

Kallstadter Hof – Hotel Kallstadter Hof

Weinstr. 102 ✉ 67169 – ✆ (06322) 6 00 10 90 – www.kallstadter-hof.de
Menü 25/35 € – Karte 19/46 € – (Tischbestellung ratsam)
Sehr gefragt das charmante Restaurant mit Holztäfelung und Kamin! Und das liegt zum einen am unkomplizierten, aufmerksamen Service, zum anderen an der Küche: Pfälzer Klassiker und Saisonales, z. B. "Kalbsrückensteak mit Kräuterseitlingen".

Weinhaus Henninger – Hotel Weinhaus Henninger

Weinstr. 93 ✉ 67169 – ✆ (06322) 22 77 – www.weinhaus-henninger.de – geschl. Montagmittag
Menü 25/48 € – Karte 24/59 €
Es ist schon wirklich gemütlich hier. Es gibt Pfälzer Klassiker, und das in liebenswerten Stuben, im schönen Innenhof oder im ehemaligen Barrique-Keller mit spezieller Atmosphäre. Probieren Sie sich durch die hiesige Küchen- und Weinlandschaft, von Saumagen bis Rumpsteak, von Riesling bis Spätburgunder.

KALTENENGERS

Rheinland-Pfalz – 2 080 Ew. – Höhe 63 m – Regionalatlas **36-D14**
Berlin 589 km – Mainz 111 km – Koblenz 11 km – Bonn 52 km
Michelin Straßenkarte 543

Rheinhotel Larus

In der Obermark 7 ✉ 56220 – ✆ (02630) 9 89 80 – www.rheinhotel-larus.de
46 Zim – 85/110 € 120/180 € – ½ P
Hier überzeugt die Lage unmittelbar am Rhein. Das Haus verfügt über wohnlich-solide Zimmer und Maisonetten, hinter dem Haus befindet sich ein kleiner Garten mit Fischteichen. Restaurant und Terrasse bieten einen schönen Blick auf den Fluss.

KALTENKIRCHEN

Schleswig-Holstein – 20 080 Ew. – Höhe 31 m – Regionalatlas **10**-I4
Berlin 316 km – Kiel 61 km – Hamburg 42 km – Itzehoe 40 km
Michelin Straßenkarte 541

Dreiklang Business und Spa Resort

Norderstr. 6 ✉ 24568 – ✆ (04191) 92 10 – www.dreiklang-resort.de
58 Zim – 100/113 € 126/136 € – 3 Suiten – ½ P
Dieses Hotel bietet seinen Gästen wohnlich-mediterrane Landhauszimmer und ein separates Seminarhaus sowie direkten Zugang zum benachbarten Freizeitbad Holstentherme.

KAMP-LINTFORT

Nordrhein-Westfalen – 36 980 Ew. – Höhe 28 m – Regionalatlas **25**-B11
Berlin 565 km – Düsseldorf 42 km – Maastricht 126 km – Arnhem 89 km
Michelin Straßenkarte 543

Wellings Parkhotel

Neuendickstr. 96 ✉ 47475 – ✆ (02842) 2 10 40 – www.wellings-parkhotel.de
60 Zim – 112/132 € 145/185 €
Wellings Parkhotel – Siehe Restaurantauswahl
Wer im "Haus der Alleen" wohnt, hat es richtig schön komfortabel, modern-elegant und zum Teil besonders großzügig. Ein bisschen schlichter sind die Zimmer im "Gartenhaus". Auch zum Tagen hat man die passenden Räumlichkeiten.

Wellings Parkhotel – Wellings Parkhotel

Neuendickstr. 96 ✉ 47475 – ✆ (02842) 2 10 40 – www.wellings-parkhotel.de
Menü 48/68 € – Karte 39/71 €
Nicht nur das Restaurant mit Bar-Lounge und modernem Ambiente ist schön angelegt: Im Sommer werden Sie die Terrasse lieben, wenn Sie unter großen Sonnenschirmen sitzen und in den Garten mit kleinem See schauen!

KANDEL

Rheinland-Pfalz – 8 780 Ew. – Höhe 123 m – Regionalatlas **54**-E17
Berlin 681 km – Mainz 122 km – Karlsruhe 20 km – Landau in der Pfalz 16 km
Michelin Straßenkarte 543

Zum Rössel

Bahnhofstr. 9 ✉ 76870 – ✆ (07275) 50 01 – www.hotel-roessel.info
37 Zim – 49/68 € 70/81 €
Wenngleich die hübsche Fassade des 1761 erbauten Stammhauses Rustikalität vermuten lässt, so wohnt man bei der charmant-engagierten Familie Born doch schön modern - und im geradlinig designten Gästehaus sogar richtig trendig!

Zur Pfalz

Marktstr. 57 ✉ 76870 – ✆ (07275) 9 85 50 – www.hotelzurpfalz.de
48 Zim – 60/80 € 86/106 € – ½ P
Ein Familienbetrieb, in dem sich immer etwas tut! Auch die junge Generation hat schon einiges investiert - so sind viele der wohnlichen Zimmer besonders modern und geschmackvoll. Das Restaurant bietet traditionell-regionale Küche. Draußen lockt der teilweise überdachte Biergarten!

Zum Riesen

Rheinstr. 54 ✉ 76870 – ✆ (07275) 34 37 – www.hotelzumriesen.de
16 Zim – 40/80 € 55/95 € – 4 Suiten – ½ P
Zum Riesen – Siehe Restaurantauswahl
Ein schönes Ensemble erweiterter alter Fachwerkhäuser - geschaffen von Familie Wenz, inzwischen bereits die 4. Generation. Sympathisch die Atmosphäre, unterschiedlich die Zimmer, darunter auch Themenzimmer und Apartments mit kleiner Küche. Praktisch: die Nähe zur Autobahn und der S-Bahn-Anschluss.

Zum Riesen – Hotel Zum Riesen

Rheinstr. 54 ✉ 76870 – ✆ (07275) 34 37 – www.hotelzumriesen.de
– geschl. Januar - Februar und Sonntag - Montag
Menü 35/60 € – Karte 34/57 € – *(nur Abendessen)* (Tischbestellung ratsam)
In dem alteingesessenen Gasthaus wird gelungen Tradition mit Moderne verbunden. In der gemütlich-modernen Weinstube entsteht unter Patron Andreas Wenz neben regionalen Klassikern wie "Kartoffel-Blutwurstravioli" auch Internationales wie "Tandoori-Kabeljau mit orientalischen Aromen gegart". Begrünter Innenhof.

KANDERN

Baden-Württemberg – 8 140 Ew. – Höhe 352 m – Regionalatlas **61-D21**
Berlin 845 km – Stuttgart 252 km – Freiburg im Breisgau 46 km – Basel 21 km
Michelin Straßenkarte 545

Zur Weserei

Hauptstr. 81 ✉ 79400 – ✆ (07626) 4 45 – www.weserei.de
– geschl. 5. - 21. Januar und Montag - Dienstagmittag
Menü 20 € (mittags unter der Woche)/60 € – Karte 31/68 €
Schon viele Jahre führt Familie Kramer ihre historische Weserei und bietet in ländlich-gemütlichem Ambiente oder auf der schönen Terrasse die klassisch-traditionelle Küche des Patrons - machen Ihnen Lammrücken oder Kalbsrückensteak Appetit?

In Kandern-Egerten Süd: 8 km, Richtung Lörrach, in Wollbach links ab

Jägerhaus

Wollbacher Str. 30 ✉ 79400 – ✆ (07626) 87 15
– www.restaurant-jaegerhaus.de – geschl. Januar, August und Sonntagabend
- Dienstag
Menü 24/48 € – Karte 32/67 € – *(Mittwoch - Samstag nur Abendessen)*
(Tischbestellung ratsam)
In dem kleinen Haus am Waldrand kocht Christoph Wermuth schmackhaft, frisch und mit australischem Einfluss. Auf der Karte z. B. "Aussie's prime"-Rinderfilet oder "Surf'n turf", und zum Nachtisch "Pavlova", ein leckeres Schaumkuchendessert! Auch seine Frau stammt von "Down Under" - sie leitet freundlich den Service. Etwas für Kunstfreunde: eigenes Max-Böhlen-Museum!

In Kandern-Wollbach Süd: 6 km, Richtung Lörrach

Pfaffenkeller

Rathausstr. 9 ✉ 79400 – ✆ (07626) 97 74 2 90 – www.pfaffenkeller.de
– geschl. Februar, Anfang August 2 Wochen
9 Zim – 90/110 € 130/150 € – 1 Suite – ½ P
Pfaffenkeller – Siehe Restaurantauswahl
Sie suchen das Besondere? Die beiden Betreiber stecken sehr viel persönliches Engagement in das ehemalige Pfarr- und Domänenhaus von 1618 und geben ihm so seine eigene Note: Stil und Geschmack, allerlei Antiquitäten, kleine Aufmerksamkeiten... Schauen Sie mal in den Hofladen, hier gibt's eigene Erzeugnisse!

Pfaffenkeller – Hotel Pfaffenkeller

Rathausstr. 9 ✉ 79400 – ✆ (07626) 97 74 2 90 – www.pfaffenkeller.de
– geschl. Februar, Anfang August 2 Wochen und Montag - Dienstag
Menü 35/75 € – Karte 35/70 € – *(Mittwoch - Freitag nur Abendessen)*
(Tischbestellung ratsam)
Wohnzimmeratmosphäre im besten Sinne: liebevoll arrangierte Dekorationen, ein heimeliger Kachelofen, alte Holzbalken... und dazu gute Küche! Mögen Sie traditionelle Schmorgerichte oder lieber ein anspruchsvolles Menü? Draußen auf der lauschigen Terrasse sitzt es sich übrigens nicht weniger schön!

KAPELLEN-DRUSWEILER

Rheinland-Pfalz – 980 Ew. – Höhe 159 m – Regionalatlas **54-E17**
Berlin 687 km – Mainz 124 km – Neustadt a.d. Weinstraße 37 km – Saarbrücken 106 km
Michelin Straßenkarte 543

Gästehaus N°31 im Rosengarten

Obere Hauptstr. 31 ✉ 76889 Kapellen-Drusweiler – ✆ (06343) 9 88 50 12 – www.no31.eu

3 Zim – †79/89 € ††79/99 € – 1 Suite

Rosen sind hier allgegenwärtig - als Deko in den Zimmern mit ihren romantisch-nostalgischen Accessoires und schönem Holzfußboden und natürlich im bezaubernden Garten, in dem man auch gerne frühstückt! Auf Anfrage Abendmenü für Hausgäste.

KAPPELN

Schleswig-Holstein – 8 770 Ew. – Höhe 10 m – Regionalatlas **2-I2**
Berlin 404 km – Kiel 60 km – Flensburg 48 km – Schleswig 32 km
Michelin Straßenkarte 541

Thomsen's Motel

Theodor-Storm-Str. 2, B 203 ✉ 24376 – ✆ (04642) 10 52 – www.thomsensmotel.de – geschl. Weihnachten - 1. März

26 Zim – †55/65 € ††90/100 €

An der Durchgangsstraße liegt das gepflegte und funktionale Hotel, fünf Gehminuten ins Zentrum und zum Hafen. Zimmer im EG von außen zugänglich und mit Kochgelegenheit.

Speicher No. 5

Am Hafen 19a ✉ 24376 – ✆ (04642) 54 51 – www.speicher5.de – geschl. Januar und Montag, sowie den letzten Sonntag im Monat

Menü 29/41 € – Karte 29/44 € – *(Dienstag - Samstag nur Abendessen, außer an Feiertagen)* (Tischbestellung ratsam)

Ohne Reservierung werden Sie in dem sympathischen kleinen Restaurant von Regina Geske und Holger Tamm kaum einen Platz ergattern! Jede Menge Stammgäste vom Anwohner bis zum Segler (Hafen direkt vor dem Haus) schätzen die frischen klassischen Speisen wie "Kalbsfilet auf Morchelsahne mit deutschem Spargel".

KAPPELRODECK

Baden-Württemberg – 5 890 Ew. – Höhe 220 m – Regionalatlas **54-E19**
Berlin 731 km – Stuttgart 132 km – Karlsruhe 60 km – Freudenstadt 40 km
Michelin Straßenkarte 545

Prinzen Hübner (N)

Hauptstr. 86 ✉ 77876 – ✆ (07842) 9 97 94 19 – www.zumprinzen.de – geschl. 4. - 10. April, 7. - 13. November und Donnerstag

14 Zim – †58/64 € ††86/94 € – ½ P Menü 17/38 € – Karte 22/47 €

Lust auf frische regionale Küche? Die bekommen Sie hier ebenso wie gemütliche Atmosphäre. Und wer gerne im Freien speist, findet hinter dem Haus eine hübsche Terrasse. Sehr gepflegt übernachten können Sie hier übrigens auch.

In Kappelrodeck-Waldulm Süd-West: 2,5 km

Zum Rebstock

Kutzendorf 1 ✉ 77876 – ✆ (07842) 94 80 – www.rebstock-waldulm.de – geschl. Montag - Mittwochmittag, außer an Feiertagen

11 Zim – †56/69 € ††104/128 €

Menü 29/48 € – Karte 29/47 € – (Tischbestellung ratsam)

Schon von außen macht der alte Gasthof mit seiner historischen Fachwerkfassade Lust auf einen Besuch. Und drinnen: reizende holzgetäfelte Stuben, in denen sich Sandra Stark samt Team charmant und aufmerksam um Sie kümmert. Die Küchenmannschaft um Patron Karl Hodapp sorgt für ambitionierte regionale Speisen - Vorspeise und Dessert bestellen Sie am besten als kleine "Versucherle". Und für daheim selbstgebranntes Kirsch- und Zwetschgenwasser vom Seniorchef!

KARBEN

Hessen – 21 720 Ew. – Höhe 125 m – Regionalatlas **47**-F14
Berlin 536 km – Wiesbaden 55 km – Darmstadt 50 km – Gießen 53 km
Michelin Straßenkarte 543

XX **Neidharts Küche**

Robert-Bosch-Str. 48, Gewerbegebiet ✉ 61184 – ✆ (06039) 93 44 43 – www.neidharts-kueche.de – geschl. Januar 1 Woche, Ende Juli - August 2 Wochen und Montag

Menü 29/43 € – Karte 32/43 € – *(nur Abendessen, sonntags auch Mittagessen)* (Tischbestellung ratsam)

Hier wird frisch gekocht, mit wirklich guten Produkten und der Preis stimmt auch! Reiner Neidhart bringt z. B. "Rollhackbraten vom Glauberger Lamm mit Kartoffel-Selleriestampf und Gemüse" auf den Tisch, und auch Gerichte mit internationalem Einfluss. Schön das Ambiente, im Service die herzliche Chefin.

KARLSHAFEN, BAD

Hessen – 3 540 Ew. – Höhe 101 m – Regionalatlas **28**-H10
Berlin 376 km – Wiesbaden 276 km – Kassel 48 km – Hameln 79 km
Michelin Straßenkarte 543

Hessischer Hof

Carlstr. 13 ✉ 34385 – ✆ (05672) 10 59 – www.hess-hof.de – geschl. 29. Februar - 22. März

20 Zim – 50/60 € 84 € – ½ P

Nahe der Weser liegt der gestandene Gasthof mit solide eingerichteten Zimmern. Ein besonderer Service für Fahrradtouristen sind die abschließbaren Unterstellmöglichkeiten. Großes Restaurant mit Wintergarten.

Zum Weserdampfschiff

Weserstr. 25 ✉ 34385 – ✆ (05672) 24 25 – www.zumweserdampfschiff.de – geschl. November - Februar

14 Zim – 48 € 90 € – ½ P

Das Gasthaus an der Weser kann auf eine über 170-jährige Familientradition zurückblicken. Einige der sehr gepflegten Zimmer liegen schön zum Fluss hin. Restaurant, ländliche Gaststube und Terrasse mit Blick auf das alte Pegelhäuschen.

KARLSRUHE

Baden-Württemberg – 296 040 Ew. – Höhe 115 m – Regionalatlas **54-F18**
Berlin 675 km – Stuttgart 88 km – Mannheim 71 km – Saarbrücken 143 km
Michelin Straßenkarte 545

P. schickert / imageBROKER / age fotostock

Hotels

Novotel Karlsruhe City

Festplatz 2 ✉ 76137 – ☎ (0721) 3 52 60 Stadtplan : B2**f**
– www.novotel.com
246 Zim – 129/209 € 154/234 € – ☕ 19 € – 2 Suiten
Das Businesshotel am Kongresszentrum bietet einen modernen Hallenbereich mit News-Bar, technisch gut ausgestattete Zimmer in Grau und Beige, zehn variable Tagungsräume und ein Restaurant mit großer Terrasse. Das sonntägliche Langschläferfrühstück ist auch bei Karlsruhern sehr beliebt!

Rio

Hans-Sachs-Str. 2 ✉ 76133 – ☎ (0721) 8 40 80 Stadtplan : A1**q**
– www.hotel-rio.de
117 Zim – 70/135 € 82/150 € – ☕ 6 €
Ein familiär geführtes und sehr gepflegtes Hotel am Rande des Zentrums, dessen Zimmer im Gästehaus besonders neuzeitlich und schön sind, im Haupthaus teilweise etwas einfacher.

ZI

Karlstr. 46 ✉ 76133 – ☎ (0721) 3 52 30 00 Stadtplan : A2**z**
– www.zi-hotel.com
40 Zim ☕ – 109/129 € 119/149 €
Lassen Sie sich nicht vom etwas ungewöhnlichen Hotelzugang irritieren: Die Rezeption befindet sich in der stylischen "Zi-Lounge", die Zimmer (in der 1. Etage) erreicht man über einen Nebeneingang - chic die hochwertige Designer-Einrichtung!

Alfa

Bürgerstr. 4 ✉ 76133 – ☎ (0721) 2 99 26 Stadtplan : A2**u**
– www.alfa-karlsruhe.com – geschl. 23. Dezember - 9. Januar
36 Zim – 49/99 € 68/118 € – ☕ 10 €
In idealer Zentrumslage am Ludwigsplatz stehen gepflegte, helle und zeitlose Zimmer mit guter technischer Ausstattung zur Verfügung. Neuzeitlicher kleiner Frühstücksraum.

Berliner Hof

Douglasstr. 7 ✉ 76133 – ☎ (0721) 1 82 80 Stadtplan : A1**e**
– www.hotel-berliner-hof.de – geschl. Ende Dezember - Anfang Januar
49 Zim – 57/79 € 68/98 € – ☕ 9 €
In der Innenstadt, in Schlossnähe, erwartet Sie ein engagiert geführtes Hotel mit teilweise ganz modernen Gästezimmern und gutem Frühstücksbuffet.

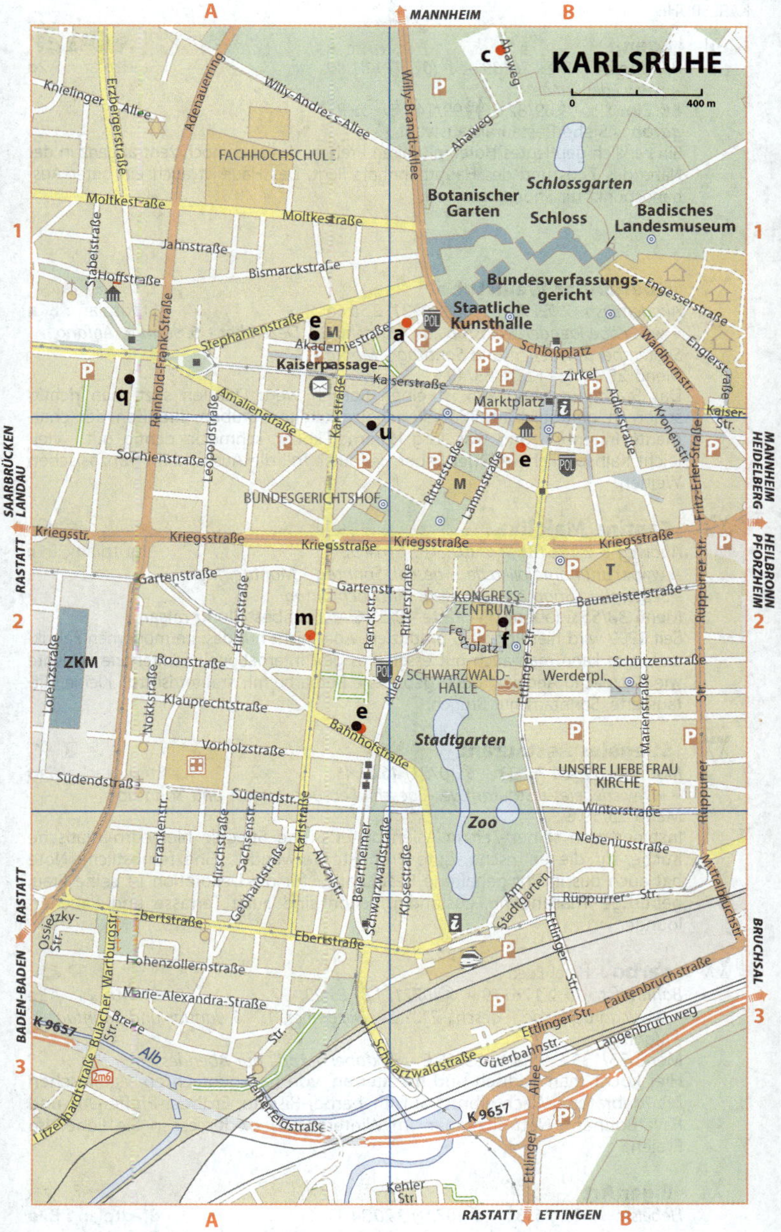
KARLSRUHE
0
400 m
A
B
MANNHEIM
1
2
3
Knielinger Allee
Erzbergerstraße
Adenauerring
Willy-Andreas-Allee
Willy-Brandt-Allee
Ahaweg
FACHHOCHSCHULE
Moltkestraße
Stabelstraße
Jahnstraße
Bismarckstraße
Hoffstraße
Reinhold-Frank-Straße
Stephanienstraße
Akademiestraße
Kaiserpassage
Kaiserstraße
Karlstraße
Amalienstraße
Leopoldstraße
Sophienstraße
BUNDESGERICHTSHOF
Botanischer Garten
Schlossgarten
Schloss
Badisches Landesmuseum
Bundesverfassungs-gericht
Staatliche Kunsthalle
Schloßplatz
Engesserstraße
Englerstraße
Waldhornstr.
Zirkel
Marktplatz
Adlerstraße
Kronenstr.
Fritz-Erler-Straße
Kaiser-Str.
Ritterstraße
Lammstraße
M
Kriegsstr.
Kriegsstraße
Gartenstraße
Gartenstr.
Renckstr.
KONGRESS-ZENTRUM
Baumeisterstraße
Festplatz
Ettlinger Str.
Rüppurrer Str.
Schützenstraße
Werderpl.
Marienstraße
SCHWARZWALD-HALLE
Allee
Hirschstraße
ZKM
Lorenzstraße
Roonstraße
Nokkstraße
Klauprechtstraße
Bahnhofstraße
Stadtgarten
Vorholzstraße
Südendstraße
Südendstr.
UNSERE LIEBE FRAU KIRCHE
Winterstraße
Zoo
Nebeniusstraße
Frankenstr.
Hirschstraße
Sachsenstr.
Gebhardstraße
Karlstraße
Alb
Beiertheimer Allee
Schwarzwaldstraße
Klosestraße
Am Stadtgarten
Rüppurrer Str.
Mittelbruchstr.
Ossietzky-Str.
Wartburgstr.
Ebertstraße
Hohenzollernstraße
Marie-Alexandra-Straße
K 9657
Bulacher Str.
Breite Str.
Litzenhardtstraße
Weinerfeldstraße
Fautenbruchstraße
Ettlinger Str.
Langenbruchweg
Güterbahnstr.
Ettlinger Allee
Kehler Str.
SAARBRÜCKEN LANDAU
RASTATT
BADEN-BADEN
MANNHEIM HEIDELBERG
HEILBRONN PFORZHEIM
BRUCHSAL
RASTATT ETTINGEN
a
c
e
f
m
q
u
POL
T

Eden

Bahnhofstr. 15 ✉ 76139 – ✆ (0721) 1 81 80 Stadtplan : A2**e**
– www.eden-ka.de
68 Zim ☕ – 🚹69/82 € 🚹🚹99/145 € – ½ P
garbo – Siehe Restaurantauswahl
Ein wirklich gepflegtes Hotel mit fairen Preisen, das auch noch zentral ganz in der Nähe des Zoos und des Hauptbahnhofs liegt. Das Haus ist auch ein guter Ausgangspunkt für Shoppingtouren.

Restaurants

Oberländer Weinstube

Akademiestr. 7 ✉ 76133 – ✆ (0721) 2 50 66 Stadtplan : B1**a**
– www.oberlaender-weinstube.de – geschl. 23. Dezember - 6. Januar, Anfang September 2 Wochen und Sonntag - Montag
Menü 27/49 € – Karte 33/49 €
Das Stadthaus von 1826 ist einen Besuch wert: Drinnen sitzt man richtig schön in gemütlich-traditionellen holzgetäfelten Stuben, draußen der charmante Innenhof. Und was Jörg Hammer kocht, schmeckt richtig gut - vielleicht Kalbsbäckchen? Oder lieber Heilbutt? Toll die Auswahl an französischen Weinen.

Cantina Majolika

Ahaweg 6 ✉ 76131 – ✆ (0721) 1 61 14 92 Stadtplan : B1**c**
– www.cantinamajolika.de – geschl. Sonntag - Montag, Mai - September: Sonntag - Montag, Mittwochmittag
Menü 38/55 € (abends) – Karte 40/55 € – (Tischbestellung ratsam)
Seit 1909 wird hier Porzellan produziert. Aber nicht nur das: Im modernen Fabrikambiente kann man auch gut essen - es gibt international-mediterrane Gerichte wie "Gazpacho Andaluz" oder "gebratene Rotbarbe mit Kräuterrisotto". Kleine Mittagskarte. Sonntags nur Brunch.

Stiegeles Restaurant

Mathystr. 22 ✉ 76133 – ✆ (0721) 46 03 45 Stadtplan : A2**m**
– www.stiegeles-restaurant.de – geschl. Februar, August und Sonntag
Menü 25/59 €
Inspiriert von seiner Zeit in Asien bietet Bruno Stiegele hier euro-asiatische Küche, für die er frische, gute Produkte verwendet. Eine fernöstliche Note hat auch das in Rot gehaltene Restaurant - für die Dekoration ist seine Frau, gebürtige Thailänderin, zuständig. Schön sind auch Terrasse und Raucherlounge.

garbo – Hotel Eden

Bahnhofstr. 15 ✉ 76139 – ✆ (0721) 1 81 81 23 Stadtplan : A2**e**
– www.garbo-ka.de – geschl. 21. - 24. Dezember, 1. - 6. Januar und Sonntag - Montag
Menü 35/135 € – Karte 35/65 € – *(Oktober - April: nur Abendessen)*
Hier kocht man badisch und mediterran, von hausgemachten Maultaschen bis "gebratene Wachtelbrust auf Rhabarber-Risotto, Erdbeer-Pfeffer-Jus und Fava-Bohnen". Nett sitzt man im Wintergarten - oder essen Sie lieber im Freien?

EigenArt

Hebelstr. 17 ✉ 76133 – ✆ (0721) 5 70 34 43 Stadtplan : B2**e**
– www.eigenart-karlsruhe.de – geschl. Anfang Januar 1 Woche, Ende Mai - Anfang Juni 2 Wochen und Sonntag - Montag
Menü 47/59 € (abends) – Karte 36/54 €
In dem gepflegten alten Stadthaus nahe dem Marktplatz sitzt man in legerer Bistro-Atmosphäre oder im geradlinig-eleganten Restaurant. Gekocht wird saisonal, z. B. "Gartenkräutersuppe" oder "2-mal Kalb: geschmort & gebraten".

In Karlsruhe-Daxlanden West: 5 km über Kriegstraße A2

Steuermann

Hansastr. 13, Rheinhafen ✉ 76189 – ✆ (0721) 95 09 00
– www.hotel-steuermann.de
29 Zim – 80/90 € 107 €
Das Hotel am Rand des Rheinhafens ist ein Familienbetrieb, in dem man sich wirklich um seine Gäste kümmert! Sie wohnen in hellen, zeitgemäßen Zimmern und frühstücken gut. Neben dem klassisch gehaltenen Restaurant mit vielen Fischgerichten gibt es auch ein einfaches kleines Bistro, in dem man preiswert isst.

Künstlerkneipe

Pfarrstr. 18 ✉ 76189 – ✆ (0721) 16 08 99 57 – www.kuenstlerkneipe.com
– geschl. über Fasching 1 Woche, 24. August - 9. September und Montag
- Dienstag
Menü 29/118 € – Karte 47/77 €
Alter Dielenboden, Eckbänke, dekorative Bilder Karlsruher Künstler..., das ist so richtig gemütlich! Wie wär's z. B. mit "Rehrücken mit Haselnusskruste, Wirsing, Birnenchutney und Schupfnudeln"? Ein Muss: der wunderbare Innenhof! Rustikalere Gerichte und Flammkuchen in der Weinstube Faller.

In Karlsruhe-Durlach Ost: 7 km über Südtangende B3, Richtung Bruchsal

Der Blaue Reiter

Amalienbadstr. 16 ✉ 76227 – ✆ (0721) 94 26 60 – www.hotelderblauereiter.de
83 Zim – 89/146 € 109/156 € – 2 Suiten
Schön wohnlich hat man es in diesem gut geführten Hotel - ansprechend die Deko mit Bildern der Künstlergruppe "Der Blaue Reiter". Recht modern die Superiorzimmer sowie die großzügigen Zimmer im Gästehaus "Kubus". Sehr gute Tagungsräume, im 3. OG mit kleiner Dach-Lounge. Rustikales Restaurant mit Hausbrauerei.

Zum Ochsen

Pfinzstr. 64 ✉ 76227 – ✆ (0721) 94 38 60 – www.ochsen-durlach.de – geschl.
Montag - Dienstag
6 Zim – 108/135 € 135 € Menü 33 € (mittags)/85 € – Karte 50/88 €
Wer bei Anita und Gérard Jollit zu Gast ist, sucht keine kreativen Trends, sondern schätzt klassisch-französische Speisen wie "Gratin von Steinpilzen / Birne / Pinienkerne / Estragon / Parmesan", die mit Frische und sehr guter Qualität überzeugen. Dazu ein schöner Wein aus Frankreich, der Heimat des Chefs. Zum Übernachten: charmante und wertig eingerichtete Zimmer.

Anders auf dem Turmberg

Reichardtstr. 22 ✉ 76227 – ✆ (0721) 4 14 59 – www.anders-turmberg.de
Menü 52/120 € – Karte 53/78 € – *(Montag - Freitag nur Abendessen)*
(Tischbestellung ratsam)
Wirklich toll die Lage, wunderbar der Blick über Karlsruhe, ausgesprochen schön das moderne Ambiente. Und die Küche? Da erwartet Sie eine ansprechende Mischung aus regionalen und saisonalen Gerichten, Klassikern und Vegetarischem.

In Karlsruhe-Grünwinkel Ost: 5 km über Südtangente B3 und Bannwaldallee

Le Salon im Kesselhaus

Griesbachstr. 10c ✉ 76185 – ✆ (0721) 6 69 92 69 – www.kesselhaus-ka.de
– geschl. März 2 Wochen, Juli - August 2 Wochen und Sonntag - Montag
Menü 53/149 € – *(nur Abendessen)* (Tischbestellung ratsam)
Die Umgebung: Industriecharme pur. Das Haus: eine ehemalige Lumpenfabrik! Wer würde hier solch ein gastronomisches Kleinod vermuten? Küchenchef Sven Hemmann kocht kreativ, aufwändig und fein. Die Atmosphäre in dem angenehm intimen Raum ist stylish, aber keineswegs kühl!
➜ Wilder Steinbutt, Spargel, Maracuja, Romasalat. Eifler Ur-Lamm, Bärlauch, Hirse, Pimientos de Padron. Grüne Mango, Sauerampfer, Griechischer Joghurt, Matcha Tee.
Kesselhaus Bistro – Siehe Restaurantauswahl

Kesselhaus Bistro – Restaurant Le Salon im Kesselhaus
Griesbachstr. 10c ✉ 76185 – ✆ (0721) 6 69 92 69 – www.kesselhaus-ka.de – geschl. Montag
Menü 35/37 € – Karte 23/47 €
Wer's lieber ein bisschen legerer hat, findet in diesem luftig-hohen großen Raum mit Empore modernes Bistroflair und Speisen von "Flamms" bis "pochierte Saiblingsroulade auf Kartoffelrösti mit Schmorgurken, Sour Cream und Weizengras-Sud".

In Karlsruhe-Knielingen Nord-West: 6 km über Kriegstraße A2

Schuhs
Neufeldstr. 10 ✉ 76187 – ✆ (0721) 56 51 00 – www.schuhs-hotel.de – geschl. 1. - 7. Januar
24 Zim – 75/85 € 95 €
Schuhs – Siehe Restaurantauswahl
Bei Familie Schuh übernachtet man wirklich sehr gepflegt. Die Zimmer sind funktional ausgestattet und ausgesprochen sauber, W-Lan ist kostenfrei und am Morgen erwartet Sie ein appetitliches Frühstücksbuffet.

Schuhs – Hotel Schuhs
Neufeldstr. 10 ✉ 76187 – ✆ (0721) 56 51 00 – www.schuhs-hotel.de – geschl. 1. - 12. Januar, 1. - 21. August und Samstagmittag, Sonntag sowie an Feiertagen
Menü 20 € (mittags)/48 € – Karte 23/52 €
Sie sitzen in einem gemütlichen Gastraum und lassen z. B. "kross gebratenen Pulpo mit mediterranen Kräutern und Grillgemüse" servieren. Und als Dessert vielleicht "Apfelsorbet mit Erdbeersalat"? Oder mögen Sie lieber ein Vespergericht?

In Karlsruhe-Neureut Nord: 7 km über Adenauerring A1

Nagel's Kranz
Neureuter Hauptstr. 210 ✉ 76149 – ✆ (0721) 70 57 42 – www.nagels-kranz.de – geschl. Sonntag - Montag, Samstagmittag
Menü 45/63 € – Karte 40/81 € – (Tischbestellung ratsam)
Hier gab es einen Generationswechsel: Familie Nagel hat nach rund 40 Jahren das Haus verlassen. Nach wie vor erwartet Sie hinter der netten roten Fassade eine gemütliche Atmosphäre - und draußen im Hof eine schöne Terrasse.

KARLSTADT

Bayern – 14 810 Ew. – Höhe 163 m – Regionalatlas **49-I15**
Berlin 498 km – München 304 km – Würzburg 26 km – Aschaffenburg 58 km
Michelin Straßenkarte 546

Mainpromenade
Mainkaistr. 6 ✉ 97753 – ✆ (09353) 9 06 50 – www.hotel-mainpromenade.de
42 Zim – 76 € 106 € – ½ P
Direkt am Main liegt das auf Businessgäste zugeschnittene Hotel mit modernen, funktionellen Zimmern. Zu den Annehmlichkeiten zählen auch der freundliche Service und das gute Frühstück. Zwei Dachterrassen. Restaurant und Terrasse bieten einen schönen Blick. Auch ein Biergarten ist vorhanden.

KARLSTEIN am MAIN

Bayern – 7 910 Ew. – Höhe 110 m – Regionalatlas **48-G15**
Berlin 556 km – München 368 km – Würzburg 89 km – Darmstadt 47 km
Michelin Straßenkarte 546

In Karlstein-Dettingen Süd-Ost: 1 km, über B 8

Mediterran Hotel Juwel
Am Sportplatz 23 ✉ 63791 – ✆ (06188) 44 60 – www.mediterran-hotel-juwel.de
24 Zim – 67/79 € 81/90 € – 8 €
Ein Hotel mit mediterranem Flair. Die Zimmer hat man in hellen warmen Tönen eingerichtet und nach französischen Städten benannt. Mo - Do gibt es abends eine kleine Speisenauswahl. Schön der große Garten - hier auch ein Kinderspielplatz.

KASSEL

Hessen – 192 880 Ew. – Höhe 167 m – Regionalatlas **28-H11**
Berlin 383 km – Wiesbaden 215 km – Dortmund 167 km – Erfurt 150 km
Michelin Straßenkarte 543

BEST WESTERN PLUS

Spohrstr. 4 ✉ 34117 – ✆ (0561) 7 28 50 – www.bestwesternhotelkassel.de
128 Zim – 95/165 € 115/185 € – 17 € – ½ P
Sie wohnen bahnhofsnah mitten im Zentrum, ein öffentliches Parkhaus ist angeschlossen. Die Brasserie LE COQ in der "Kurfürsten Galerie" bietet mittags eine kleine Lunchkarte, abends kleines Speisenangebot in der Hotelbar, sonntags Brunch. Sauna, Beauty & Co. gegen Gebühr im direkt zugänglichen "EuroFit".

Park Schönfeld

Bosestr. 13 ✉ 34121 – ✆ (0561) 73 97 67 44 – www.parkschoenfeld.com – geschl. 1. - 14. Januar und Samstagmittag, Sonntag
Menü 34 € (mittags unter der Woche)/83 € – Karte 53/66 € – *(Oktober - April: nur Abendessen)*
Eine hübsche Auffahrt führt zu dem Schlösschen in einem kleinen Park, passend zum Rahmen das helle, elegante Interieur. Genauso ansprechend geht es am gut eingedeckten Tisch weiter, und zwar mit modern-klassischen Gerichten wie "Taube mit Quitten, Mais, Spitzkohl und Steinpilzknödel".

Voit (N)

Friedrich-Ebert-Str. 86 ✉ 34119 – ✆ (0561) 50 37 66 12 – www.voit-restaurant.de – geschl. Sonntag - Montag, Samstagmittag
Menü 30 € (mittags)/89 € (abends) – Karte 39/64 €
Ein schönes modernes Restaurant! Unter einer hohen Decke sitzt man hier an Design-Hochtischen, durch große Fenster schaut man zur Straße. Aus der offenen Küche kommen elegante, geschmackvolle Gerichte. Mittags einfachere Karte.

El Erni

Parkstr. 42 ✉ 34119 – ✆ (0561) 71 00 18 – www.el-erni.de
Menü 35 € – Karte 24/54 € – *(nur Abendessen)*
Beeinflusst von der andalusischen Herkunft des Chefs, bietet das Restaurant spanisch-internationale Küche. Der Service ist freundlich, das Ambiente gemütlich und dennoch elegant.

In Kassel-Niederzwehren

Gude

Frankfurter Str. 299 ✉ 34134 – ✆ (0561) 4 80 50 – www.hotel-gude.de
84 Zim – 109/134 € 144/169 € – 1 Suite – ½ P
Das Hotel verfügt über individuelle Zimmer in fünf Kategorien, von Economy bis zur großen Maisonette-Suite. Interessant: "SALZBar" mit Lichtspiel und Terrasse. Küche auf klassischer Basis im Restaurant Pfeffermühle mit gemütlich-rustikalem und modernem Bereich.

In Kassel-Bad Wilhelmshöhe

Kurparkhotel

Wilhelmshöher Allee 336 ✉ 34131 – ✆ (0561) 3 18 90 – www.kurparkhotel-kassel.de
81 Zim – 98/125 € 137/157 € – 4 Suiten – ½ P
In der Nähe des Schlossparks liegt das mit wohnlichen Zimmern ausgestattete Hotel unter familiärer Leitung. Besonders schön sind die Komfort-Plus-Zimmer. Am Nachmittag lockt im Restaurant leckerer Kuchen aus der eigenen Konditorei.

Zum Steinernen Schweinchen

Konrad-Adenauer-Str. 117 ✉ 34132 – ✆ (0561) 94 04 80
– www.steinernes-schweinchen.de
83 Zim – 70/90 € 95/120 € – 2 Suiten – ½ P
Santé – Siehe Restaurantauswahl
Gastgeber Thomas Nähler bleibt in seinem "Steinernen Schweinchen" immer am Ball: Die Zimmer sind schön modern - buchen Sie die zum Tal, ruhig und mit toller Aussicht! Attraktiv auch der Sauna- und Relax-Bereich. Alternative zum "Santé": das "Kleine Schweinchen", hier sind Spareribs der Renner!

Schweizer Hof

Wilhelmshöher Allee 288 ✉ 34131 – ✆ (0561) 9 36 90
– www.hotel-schweizerhof-kassel.de
65 Zim – 89/109 € 99/119 € – 6 Suiten
Modern, funktional, durchdacht... Praktisches Detail in den Zimmern sind z. B. Drehschränke mit I-Pod-Station und Safe. Da sich im Haus nur eine Snackbar befindet, gibt es für Hotelgäste einen Shuttle-Service ins Restaurant des Schwesterbetriebs "Schlosshotel Bad Wilhelmshöhe".

Schlosshotel Bad Wilhelmshöhe (N)

Schloßpark 8 ✉ 34131 – ✆ (0561) 3 08 80
– www.schlosshotel-kassel.de
124 Zim – 99/179 € 119/199 € – 6 Suiten – ½ P
Nicht nur die tolle Lage im Bergpark Wilhelmshöhe besticht, sondern auch die Zimmer und das wertige Wellnessangebot samt Naturbadeteich. Das Highlight: Penthouse-Suite auf zwei Etagen mit Blick auf Schloss, Herkules, Löwenburg und Stadt!

Am Herkules (N)

Hüttenbergstr. 14 ✉ 34131 – ✆ (0561) 81 67 55 80 – www.hotel-am-herkules.de
37 Zim – 70/80 € 95/110 €
Sie finden das Haus im Habichtswald, nicht weit vom "Herkules", Wahrzeichen der Stadt. Es ist tipptopp gepflegt, die Zimmer sind schön modern (hübsch das Nussbaumholz in Kombination mit frischem Grün) und Beauty-Angebote gibt es ebenfalls.

Wilhelmshöher Tor

Heinrich-Schütz-Allee 24 ✉ 34131 – ✆ (0561) 9 38 90
– www.wilhelmshoehertor.de – geschl. 19. Dezember - 3. Januar
33 Zim – 76/100 € 104/107 €
Das tipptopp gepflegte Hotel am Rande des Kurbezirks bietet funktionelle Zimmer mit Märchennamen, die teilweise ruhiger nach hinten liegen. Das Haus ist übrigens biozertifiziert - das merkt man besonders beim exzellenten Frühstück!

Santé – Hotel Zum Steinernen Schweinchen

Konrad-Adenauer-Str. 117 ✉ 34132 – ✆ (0561) 94 04 80
– www.steinernes-schweinchen.de
Menü 25 € (mittags)/59 € – Karte 40/64 €
In gehobener Bistro-Atmosphäre (so lässt sich das Ambiente treffend beschreiben) steht Schmackhaftes vom Rind hoch im Kurs. Probieren Sie z. B. "Roulade vom Limousin-Rind mit Holunder-Rotkohl und gebratenen Knödelhälften". Am besten sitzt man auf der Terrasse und schaut ins Tal! Freitags "Tête-à-Tête"-Menü.

Gutshof

Wilhelmshöher Allee 347a ✉ 34131 – ✆ (0561) 3 25 25
– www.restaurant-gutshof.de
Menü 25/57 € – Karte 26/49 € – (Tischbestellung ratsam)
Gemütlich ist es in dem hübschen Backsteinhaus, traditionell-regional und teilweise auch international beeinflusst die Küche. Wie wär's mit "Rindertafelspitz mit Rahmwirsing und Meerrettichsauce"? Schöne Whisky-Auswahl - Faible des Chefs!

Im Habichtswald West: 2 km, ab Unterer Parkplatz Herkules (Zufahrt für Hotelgäste frei)

Elfbuchen (N)

Aussichtsturm ✉ 34131 – ✆ (0561) 96 97 60 – www.waldhotel-elfbuchen.de

11 Zim ☕ – 🚹98/115 € 🚹🚹132/138 € – ½ P

Sie wohnen in ruhiger Waldlage in hübschen ländlich-behaglichen Zimmern, darunter drei Juniorsuiten mit Whirlwanne. Wie wär's mit einer Kutschfahrt oder Wellness im Kurparkhotel (gehört ebenfalls der Familie)? Das Restaurant bietet bürgerliche Küche, nachmittags kommen Ausflügler gerne zu Kaffee und Kuchen.

In Niestetal-Heiligenrode Ost: 6 km, nahe Autobahn-Anschluss Kassel-Nord

Althans

Friedrich-Ebert-Str. 65 ✉ 34266 – ✆ (0561) 52 27 09 – www.hotel-althans.de – geschl. 23. Dezember - Mitte Januar

10 Zim ☕ – 🚹42/50 € 🚹🚹72/80 €

Ein gut geführter kleiner Familienbetrieb am Ortsrand mit tipptopp gepflegten und funktionell eingerichteten Gästezimmern. Das Frühstück serviert man am Tisch.

KAUB

Rheinland-Pfalz – 840 Ew. – Höhe 90 m – Regionalatlas **46-D15**

Berlin 616 km – Mainz 59 km – Bad Kreuznach 36 km – Koblenz 45 km

Michelin Straßenkarte 543

Zum Turm

Zollstr. 50 ✉ 56349 – ✆ (06774) 9 22 00 – www.rhein-hotel-turm.de – geschl. November und Dienstag, Januar - März: Montag - Donnerstag

6 Zim ☕ – 🚹78/98 € 🚹🚹98/148 € – 1 Suite – ½ P

Menü 39/89 € – Karte 32/61 € – *(Montag - Freitag nur Abendessen, außer an Feiertagen)* (Tischbestellung ratsam)

Appetit auf "rote Paprikasuppe mit Garnele" oder "Lammnüsschen mit Kräuterkruste"? In dem gemütlichen 300 Jahre alten Haus neben dem namengebenden historischen Stadtturm kocht der engagierte Gastgeber frische saisonal-internationale Gerichte. Tipp für Übernachtungsgäste: die Turm-Suite für 4 Personen.

KEHL

Baden-Württemberg – 34 080 Ew. – Höhe 139 m – Regionalatlas **53-D19**

Berlin 748 km – Stuttgart 149 km – Karlsruhe 78 km – Freiburg im Breisgau 81 km

Michelin Straßenkarte 545

Grieshaber's Rebstock

Hauptstr. 183 ✉ 77694 – ✆ (07851) 9 10 40 – www.rebstock-kehl.de – geschl. Anfang Januar 1 Woche, über Fastnacht 1 Woche, August 2 Wochen

49 Zim ☕ – 🚹75/135 € 🚹🚹105/155 €

Grieshaber's Rebstock – Siehe Restaurantauswahl

Wer wohnt nicht gerne in einem Haus, in dem das Thema "Freude" im Mittelpunkt steht? Alle Zimmer ("Verhüllung", "Streublümchen", "Kleine Nachtmusik"...) sind individuell designt und hochwertig eingerichtet, eines schöner als das andere. Fragen Sie nach den ruhigeren zum Garten! Lecker das reichhaltige Buffet am Morgen - im Sommer frühstückt man gerne auf der Terrasse. Tipp: Mieten Sie doch mal das Beetle Cabrio samt Picknickkorb für einen Ausflug!

Milchkutsch

Hauptstr. 147a ✉ 77694 – ✆ (07851) 7 61 61 – www.milchkutsch-kehl.de – geschl. 30. Dezember - 6. Januar, über Fasching, 23. August - 7. September und Samstag - Sonntag

Menü 27 € (mittags unter der Woche)/48 € (mittags) – Karte 30/49 €

Allein der Name klingt schon nach Gemütlichkeit - und das charmante historische Fachwerkhaus sieht auch so aus! In den zwei liebevoll eingerichteten kleinen Stuben (nett die vielen kleinen Figuren und Bilder von Kühen) sitzen viele Stammgäste, die speziell wegen der Calamares des französischen Gastgebers Claude Lievre kommen! Beliebt ist auch das Mittagsmenü mit täglich wechselndem Angebot.

Grieshaber's Rebstock – Hotel Grieshaber's Rebstock

Hauptstr. 183 ✉ 77694 – ✆ (07851) 9 10 40 – www.rebstock-kehl.de – geschl. Anfang Januar 1 Woche, über Fasching 1 Woche, August 2 Wochen und Sonntag - Montag

Karte 33/52 € – *(nur Abendessen)* (Tischbestellung ratsam)

Auch hier spürt man den vollen Einsatz der Familie Grieshaber und ihrem Team: Da wären zum einen großzügige Restauranträume, die modern daherkommen, aber dennoch die Gemütlichkeit eines Wohnzimmers verbreiten, zum anderen der fachkundige Service und nicht zuletzt schmackhafte regionale und internationale Speisen wie "Medaillons aus der Rehkeule, Preiselbeerrahmsauce, Spätzle und Marktgemüse". Ein absolutes Muss: die tolle Terrasse hinterm Haus!

In Kehl-Kork Süd-Ost: 4 km über B 28

Landgasthof Schwanen

Landstr. 3 ✉ 77694 – ✆ (07851) 79 60 – www.schwanen-kork.de

41 Zim – 55/78 € 86/99 €

Die Lubbergers sind stolz auf ihre rund 140-jährige Familientradition, und so packen hier alle mit an! Die Zimmer im Gästehaus sind übrigens alle ganz modern. Wer mit dem Fahrrad die Gegend erkunden möchte, kann kostenfrei eines leihen. Danach gibt's als Stärkung bürgerliche Küche.

Hirsch

Gerbereistr. 20 ✉ 77694 – ✆ (07851) 9 91 60 – www.hirsch-kork.de – geschl. Anfang Januar 2 Wochen, August 3 Wochen und Samstagmittag, Sonntag

Menü 20 € (mittags unter der Woche)/78 € (abends) – Karte 22/63 €

Wie wär's mit "Kartoffelsuppe mit Kracherle" gefolgt von "Kalbsrückensteak mit Waldpilzen à la creme"? So oder so ähnlich sieht die schmackhafte regionale und internationale Küche in diesem gemütlichen Restaurant aus. Eine nette Idee ist das "Raucherbähnle", eine umfunktionierte alte Straßenbahn für Raucher.

KELHEIM

Bayern – 15 750 Ew. – Höhe 343 m – Regionalatlas **58-M18**

Berlin 512 km – München 106 km – Regensburg 31 km – Ingolstadt 56 km

Michelin Straßenkarte 546

Wittelsbacher Hof

Donaustr. 22 ✉ 93309 – ✆ (09441) 17 70 50 – www.wittelsbacherhof-kelheim.de

82 Zim – 89/119 € 119/149 € – 2 Suiten – ½ P

Beim Stadttor stehen die sechs z. T. denkmalgeschützten Gebäude mit geräumigen und wertigen Zimmern, auf Wunsch Leih-Laptop. Chill-Out unterm Dach: In der Bar trifft rustikales Gebälk auf trendig-klares Design. Im Restaurant gibt es bayerisch-regionale Küche.

Stockhammer

Am oberen Zweck 2 ✉ 93309 – ✆ (09441) 7 00 40 – www.gasthof-stockhammer.de – geschl. 8. - 27. August

14 Zim – 50/66 € 82/98 € – ½ P

Am Ufer der Altmühl liegt dieser schöne jahrhundertealte Gasthof, der sich seit über 60 Jahren (inzwischen in 3. Generation) in Familienbesitz befindet. Die Zimmer sind wohnlich, teils recht geräumig, ländlich-gemütlich die Gaststube, dazu der Ratskeller mit Gewölbedecke.

KELL am SEE

Rheinland-Pfalz – 1 920 Ew. – Höhe 480 m – Regionalatlas **45-B16**

Berlin 708 km – Mainz 148 km – Trier 44 km – Saarburg 27 km

Michelin Straßenkarte 543

Fronhof

Am Stausee, Nord: 1 km ✉ 54427 – ✆ (06589) 16 41 – www.hotel-fronhof.de – geschl. 11. - 28. November
10 Zim – 55/60 € 85/95 €
Familie Hau hat hier am Stausee oberhalb des Ortes eine wirklich sympathische Adresse. Die Zimmer sind wohnlich und haben meist einen Balkon zum See, dazu ein freundliches Restaurant samt Terrasse, einen schönen Garten und nebenan ein Gestüt nebst Reitanlage. Machen Sie auch mal einen Spaziergang um den See (ca. 30 Minuten) und kehren Sie dabei im "Hau's am See" ein!

KELLENHUSEN

Schleswig-Holstein – 1 040 Ew. – Höhe 4 m – Regionalatlas **11-K3**
Berlin 320 km – Kiel 83 km – Lübeck 65 km – Grömitz 11 km
Michelin Straßenkarte 541

Erholung

Am Ring 31/Strandstr. 1 ✉ 23746 – ✆ (04364) 47 09 60 – www.hotel-erholung.de
27 Zim – 49/85 € 85/120 € – 3 Suiten – ½ P
Ein familiengeführtes Ferienhotel mit gepflegter Atmosphäre, das nur fünf Gehminuten vom Ostseestrand entfernt ist. Die Zimmer sind solide und zeitgemäß eingerichtet. Neuzeitliches Restaurant mit norddeutscher und internationaler Küche.

KELSTERBACH

Hessen – 14 310 Ew. – Höhe 107 m – Regionalatlas **47-F15**
Berlin 551 km – Wiesbaden 26 km – Frankfurt am Main 19 km – Darmstadt 33 km
Michelin Straßenkarte 543

Ambiente Italiano in der Alten Oberförsterei

Staufenstr. 16 ✉ 65451 – ✆ (06107) 9 89 68 40 – www.ambienteitaliano.de – geschl. 1. - 10. Januar und Samstagmittag, Sonntag außer im Sommer sowie im Dezember
Menü 26/85 € – Karte 52/72 €
Mit seinem freundlich-eleganten Wintergarten bietet das hübsche Jugendstilgebäude neben dem Bürgerhaus den passenden Rahmen für gehobene italienische Küche. Wer's lieber etwas traditioneller hat, isst in der Trattoria - hier gibt's auch Pizza. Tipp: Draußen sitzt man schön im Grünen! Werktags Business Lunch.

KEMPEN

Nordrhein-Westfalen – 34 620 Ew. – Höhe 35 m – Regionalatlas **25-B11**
Berlin 576 km – Düsseldorf 61 km – Geldern 21 km – Krefeld 13 km
Michelin Straßenkarte 543

Papillon

Thomasstr. 9 ✉ 47906 – ✆ (02152) 1 41 50 – www.hotel-papillon.com – geschl. Ende Dezember - Anfang Januar
24 Zim – 58/86 € 88/106 € – 3 Suiten
Das kleine Hotel im Zentrum ist ein nettes und individuelles Design-Hotel und wird von den Geschwistern Kipfelsberger mit Engagement geleitet. Mögen Sie es modern-funktionell oder bevorzugen Sie eines der besonders wohnlichen Themenzimmer von "Schokolade" bis "New York"? Im Bistro gibt es kleine Snacks.

KEMPFELD

Rheinland-Pfalz – 830 Ew. – Höhe 526 m – Regionalatlas **46-C15**
Berlin 669 km – Mainz 111 km – Trier 58 km – Bernkastel-Kues 23 km
Michelin Straßenkarte 543

Gartenhotel Hunsrücker Fass

Hauptstr. 70 ✉ 55758 – ✆ (06786) 97 00 – www.gartenhotel-hunsruecker-fass.de – geschl. Januar
17 Zim – 72 € 110/122 € – ½ P
Das an der malerischen Edelsteinstraße gelegene Haus hat seinen Namen verdient, denn man hat hier einen tollen Garten mit Koi-Teichen. Die wohnlichen Landhaus-Zimmer haben meist einen Balkon, im gemütlichen Restaurant nebst rustikaler Stube isst man international und traditionell, Spezialität ist Spießbraten.

In Asbacherhütte Nord-Ost: 3 km

Harfenmühle

Harfenmühle 2 ✉ 55758 – ✆ (06786) 13 04 – www.harfenmuehle.de – geschl. Januar - Karneval, November - April: Montag - Dienstag
4 Zim – †50 € ††60 € – ☕ 8 € Menü 30 € – Karte 18/46 €
Natur pur heißt es auf dem rund 7 ha großen Anwesen. Hier bietet Familie Koch in zwei hübsch gestalteten Räumen gehoben-internationale Küche und auch rustikalere Speisen. Schön übernachten kann man in vier Gästezimmern im Landhausstil, zusätzlich hat man noch einen eigenen Campingplatz.

KEMPTEN (ALLGÄU)

Bayern – 64 630 Ew. – Höhe 674 m – Regionalatlas **64**-J21
▶ Berlin 695 km – München 127 km – Ulm (Donau) 89 km – Bregenz 73 km
Michelin Straßenkarte 546

Bayerischer Hof

Füssener Str. 96 ✉ 87437 – ✆ (0831) 5 71 80 – www.bayerischerhof-kempten.de
50 Zim ☕ – †63/81 € ††113/126 € – 1 Suite – ½ P
Schon der schicke modern-regionale Stil des Eingangsbereichs sieht einladend aus! Die Zimmer freundlich, wohnlich und individuell. Auch essen können Sie direkt im Haus: In den hübschen rustikalen Stuben und im lauschigen Biergarten bekommt man Allgäuer Küche.

In Sulzberg Süd: 7 km

Sulzberger Hof

Sonthofener Str. 17 ✉ 87477 – ✆ (08376) 92 13 30 – www.sulzberger-hof.de
22 Zim ☕ – †49/79 € ††108/138 € – ½ P
Hier lässt es sich gut wohnen, denn das Landhotel ist sehr gepflegt und liegt zudem noch schön im Grünen. Zimmer und Restaurant (hier bürgerlich-regionale Küche) sind freundlich gestaltet, gerne sitzt man auch auf der hübschen Terrasse.

KENZINGEN

Baden-Württemberg – 9 520 Ew. – Höhe 177 m – Regionalatlas **61**-D20
▶ Berlin 781 km – Stuttgart 182 km – Freiburg im Breisgau 29 km – Offenburg 40 km
Michelin Straßenkarte 545

Schieble

Offenburger Str. 6, B 3 ✉ 79341 – ✆ (07644) 9 26 99 90 – www.hotel-schieble.de – geschl. 28. Januar - 17. Februar, 1. - 17. August
26 Zim ☕ – †55/75 € ††89/109 € – 1 Suite – ½ P
Schieble – Siehe Restaurantauswahl
Man merkt es dem Hotel an, dass es mit viel Engagement geführt wird, und das bereits in der 4. Generation. Schön der Empfangsbereich, sehr ansprechend und wohnlich der Landhausstil in den Zimmern, freundlich der Service...

Scheidels Restaurant zum Kranz

Offenburger Str. 18, B 3 ✉ 79341 – ✆ (07644) 68 55 – www.scheidels-kranz.de – geschl. über Fastnacht 2 Wochen, November 2 Wochen und Montagabend - Dienstag
4 Zim ☕ – †65/69 € ††94/105 € Menü 34/59 € – Karte 27/59 €
Die lange Familientradition verpflichtet und so geht es bei Familie Scheidel (bereits die 7. Generation) engagiert und zugleich traditionell-bodenständig zu. Die Gaststube ist gemütlich mit ihrem historischen Charme, der Service ist herzlich und aus der Küche kommen schmackhafte klassische Gerichte wie "Zanderfilet in Champagnersauce". Und nicht nur die Stammgäste schätzen an kalten Herbsttagen die "Cremesuppe vom Muskatkürbis"!

ZEPPELIN
100 Jahre
MADE IN GERMANY
GOLDENE UNRUH
Leserwahl 2015
Ausgezeichnet
ZEPPELIN CHRONOMETER
"Die besten Uhren der Welt"
Kategorie A bis 2500 Euro
UHREN MAGAZIN
FOCUS
ONLINE FOCUS
Edition Chronometer
Sternwarte Glashütte
Cal. ETA Valjoux 7753
Ref. 7620-1
2299,00 €
www.pointtec.de

Schieble – Hotel Schieble
Offenburger Str. 6, B 3 ✉ 79341 – ✆ (07644) 9 26 99 90 – www.hotel-schieble.de – geschl. 28. Januar - 17. Februar, 1. - 17. August und Sonntagabend - Montag
Menü 27 € – Karte 17/49 €
Das Haus sticht einem ins Auge mit seiner orangefarbenen Fassade und den roten Fensterläden. Drinnen lässt man sich in ländlich-modernem Ambiente frische bürgerliche Speisen schmecken, die in großen Portionen serviert werden. Gerne kommt man auch zum günstigen Mittagstisch.

KERNEN im REMSTAL

Baden-Württemberg – 14 940 Ew. – Höhe 271 m – Regionalatlas **55**-H18
Berlin 615 km – Stuttgart 21 km – Esslingen am Neckar 9 km – Schwäbisch Gmünd 43 km
Michelin Straßenkarte 545

In Kernen-Stetten

Gästehaus Schlegel
Tannäckerstr. 13 ✉ 71394 – ✆ (07151) 94 36 20 – www.gaestehausschlegel.de – geschl. 23. - 30. Dezember
10 Zim – 70 € 100 €
Dieses kleine Hotel gehört zum historischen Gasthof Ochsen. Wenn Sie nach einem Essen bei den Schlegels also eine gepflegte Übernachtungsadresse suchen, finden Sie ein Stückchen entfernt in einem Wohngebiet helle, zeitgemäße Zimmer. Im Sommer sitzt man am Morgen schön auf der Frühstücksterrasse!

Malathounis
Gartenstr. 5 ✉ 71394 – ✆ (07151) 4 52 52 – www.malathounis.de – geschl. über Fasching 1 Woche, August - September 2 Wochen und Sonntag - Montag sowie an Feiertagen
Menü 45/65 € – Karte 61/72 €
Wenn Joannis Malathounis in seine schmackhafte mediterrane Küche griechische Elemente miteinfließen lässt, stimmen Qualität und Frische, Harmonie und Würze. Und dass man sich als Gast hier richtig wohlfühlt, ist seiner Frau Anna zu verdanken, die in dem charmanten Restaurant herzlich den Service leitet. Natürlich gibt es schöne Weine aus Griechenland!
➜ Oktopus-Stifádo mit Zimt und Lorbeer. Bärenkrebs, Vongole, Mandelmilch, Tomatentarte. Olivenölschokolade, Zitrusfrüchte, Pistaziensablé.

Zum Ochsen
Kirchstr. 15 ✉ 71394 – ✆ (07151) 9 43 60 – www.ochsen-kernen.de – geschl. Mittwoch, im Sommer: Dienstag - Mittwoch
Menü 35/65 € – Karte 38/47 €
Die Stammgäste in dem über 300 Jahre alten Gasthaus der Brüder Rolf und Wolfgang Schlegel kommen nicht nur zum Essen, sie sind auch treue Kunden der angeschlossenen Metzgerei - und die ist mit ihrer Weißwurst sogar europaweit bekannt!

KERPEN

Nordrhein-Westfalen – 63 790 Ew. – Höhe 95 m – Regionalatlas **35**-B12
Berlin 592 km – Düsseldorf 60 km – Bonn 48 km – Aachen 54 km
Michelin Straßenkarte 543

Nahe der Straße von Kerpen nach Sindorf Nord: 2 km

Schloss Loersfeld
Schloss Loersfeld 1 ✉ 50171 Kerpen – ✆ (02273) 5 77 55 – www.schlossloersfeld.de – geschl. 22. Dezember - 7. Januar und Sonntag - Montag
Menü 44 € (mittags unter der Woche)/126 € – Karte 65/87 € – (Tischbestellung ratsam)
Ein schönes stimmiges Bild: herrschaftlich der historische Rahmen, stilvoll-elegant das Interieur, fein die klassische Küche mit "Schloss-Menü" und "Degustations-Menü". Sie möchten über Nacht bleiben? In einem Nebentrakt hat man drei hübsche Appartements - Frühstück machen Sie sich selbst, die Zutaten dafür bringt man Ihnen. Für größere Bankette (mit Buffetangebot) gibt es die ehemalige Scheune.
➜ Spargel, Pancetta, Hummer, Brunnenkresse. Rehbock, Wirsing, Sellerie, Pfifferlinge, Kartoffelcrêpes. Erdbeere, Panna Cotta, Petersilie.

KETSCH

Baden-Württemberg – 12 580 Ew. – Höhe 101 m – Regionalatlas **47**-F17
▶ Berlin 631 km – Stuttgart 122 km – Mannheim 19 km – Heidelberg 14 km
Michelin Straßenkarte 545

See Hotel

Kreuzwiesenweg 5 ✉ 68775 – ✆ (06202) 69 70 – www.seehotel.de
70 Zim ☕ – 🚹99/150 € 🚹🚹130/190 €
Die Ente ✿ • ***EssZimmer*** – Siehe Restaurantauswahl
Wirklich toll die ruhige Lage, der kleine See gleich vor der Tür! Alles ist sehr gepflegt und die Gastgeber sind engagiert. Sie mögen es besonders modern? Die neueren Zimmer sind schön geradlinig, in warmen Tönen gehalten und klimatisiert.

Die Ente – See Hotel

✿

Kreuzwiesenweg 5 ✉ 68775 – ✆ (06202) 69 70 – www.seehotel.de – geschl. 1. - 24. Januar, Ende Juli - Anfang August 1 Woche und Sonntag - Montag
Menü 89/129 € – Karte 73/95 € – *(nur Abendessen)*
Modern und durchdacht sind die Menüs, die man sich hier aufmerksam umsorgt zu Gemüte führt - zur Wahl stehen "Das eine Menü" und "Das andere Menü", oder kombinieren Sie selbst. Wer gerne mit Seeblick speist, nimmt im Wintergarten Platz.
➜ Geräuchter Aal von Bremerhaven, grüner Apfel, Staudensellerie. Kalbskutteln, Martinique Chili, Basilkum und Parmesan. Pfifferlinge, Marille, Salbei, geeiste Hollandaise.

Gasthaus Adler

Schwetzinger Str. 21 ✉ 68775 – ✆ (06202) 60 90 04 – www.adler-ketsch.de – geschl. 7. - 15. Februar, 7. - 21. August und Sonntagabend - Montag
Menü 23/73 € – Karte 34/68 €
Die Leute mögen das gepflegte Gasthaus, und im Sommer die nette Hofterrasse! Ob in den gemütlichen Stuben oder im gediegenen Restaurant, es gibt einen Mix aus bürgerlicher und gehobener Küche. Für besondere Anlässe hat man separate Räume.

EssZimmer – See Hotel

Kreuzwiesenweg 5 ✉ 68775 – ✆ (06202) 69 70 – www.seehotel.de – geschl. Mai - September: Samstag - Sonntag, Oktober - April: Samstagmittag, Sonntag
Menü 31/45 € – Karte 39/56 € – (Tischbestellung ratsam)
Im Haus der Keppels gibt es noch ein modernes Zweitrestaurant, in dem man international isst - und das klingt dann z. B. so: "Die Lammhaxe - Linsen, Salbei, Balsamico" oder "Lust auf alles - aber in Klein".

KEVELAER

Nordrhein-Westfalen – 27 640 Ew. – Höhe 22 m – Regionalatlas **25**-A10
▶ Berlin 581 km – Düsseldorf 73 km – Krefeld 41 km – Nijmegen 42 km
Michelin Straßenkarte 543

Klostergarten

Klostergarten 1 ✉ 47623 – ✆ (02832) 9 25 01 00 – www.hotel-klostergarten.eu
29 Zim – 🚹53/93 € 🚹🚹75/115 € – ☕ 9 €
Das Hotel liegt im Mehrgenerationen-Wohnquartier und ist zugleich ein Integrationsbetrieb. Dank komplett barrierefreier Gestaltung erreichen auch Gäste mit Behinderung die freundlichen, großzügigen Zimmer und alle übrigen Bereiche, einschließlich hübschem Wandelgang.

Zur Brücke

Bahnstr. 44 ✉ 47623 – ✆ (02832) 23 89 – www.hotel-restaurant-zur-bruecke.de – geschl. März - April 1 Woche, Juni - August 2 Wochen, Oktober 1 Woche
7 Zim ☕ – 🚹80/82 € 🚹🚹110/112 €
Karte 37/60 € – *(nur Abendessen)* (Tischbestellung ratsam)
In dem Haus von 1783 führen nun schon seit sieben Generationen die Frauen der Familie Regie. Wer gerne bürgerlich isst, wird die Küche der Chefin (u. a. diverse Steaks) mögen. Übrigens: Das Restaurant hat eine hübsche Gartenterrasse.

KIEDRICH

Hessen – 3 910 Ew. – Höhe 165 m – Regionalatlas **47**-E15
Berlin 583 km – Wiesbaden 16 km – Bad Kreuznach 57 km
Michelin Straßenkarte 543

Nassauer Hof

Bingerpfortenstr. 17 ✉ 65399 – ✆ (06123) 99 93 60 – www.hotel-nassauerhof.de – geschl. Ende Dezember - Anfang Januar
21 Zim – 91 € 151 €
Hier überzeugen geschmackvolle Gästezimmer mit massiven Teakholzmöbeln und schönem Holzfußboden. Angenehm licht ist der moderne, verglaste Frühstücksraum mit Terrasse.

KIEL

Schleswig-Holstein – 239 870 Ew. – Höhe 5 m – Regionalatlas **3**-I3
Berlin 346 km – Flensburg 88 km – Hamburg 96 km – Lübeck 92 km
Michelin Straßenkarte 541

Hotel Kieler Yacht Club

Hindenburgufer 70 ✉ 24105 – ✆ (0431) 8 81 30 – www.hotel-kyc.de Stadtplan : B1**c**
20 Zim – 136/156 € 167/349 € – 1 Suite – ½ P
An diesem historischen Ort (einstiges Maschinenhaus des kaiserlichen Yachtclubs von 1887) ist heute alles topmodern und hochwertig, beeindruckend die maritimen Gemälde. Toll die Suite mit freistehendem Whirlpool und großem Balkon! Vom lichten Restaurant samt Terrasse schaut man auf Förde und Yachthafen.

Steigenberger Conti Hansa

Schlossgarten 7 ✉ 24103 – ✆ (0431) 5 11 50 – www.kiel.steigenberger.de Stadtplan : B2**e**
163 Zim – 94/241 € 104/251 € – 17 € – 1 Suite – ½ P
Möchten Sie von Ihrem Zimmer auf den Schlossgarten schauen oder doch lieber auf die Förde? Besonders schön sind die Zimmer mit maritimer Note in der 1. Etage. Wer es sonntagmorgens gerne langsam angehen lässt, darf sich im Restaurant auf das "Langschläferfrühstück" freuen!

Kieler Kaufmann

Niemannsweg 102 ✉ 24105 – ✆ (0431) 8 81 10 – www.kieler-kaufmann.de Stadtplan : B1**k**
60 Zim – 142/177 € 183/199 €
Parkrestaurant – Siehe Restaurantauswahl
Hübsch anzusehen: eine efeuberankte ehemalige Bankiersvilla von 1911 in einem kleinen Park! Zimmer teils mit Fördeblick, schöner Bade- und Saunabereich "Sanctum" - für mehr Privatsphäre buchen Sie das Zimmer mit eigener Sauna im Parkflügel!

Berliner Hof

Ringstr. 6 ✉ 24103 – ✆ (0431) 6 63 40 – www.berlinerhof-kiel.de Stadtplan : A3**d**
99 Zim – 75/125 € 115/180 €
Vor allem Geschäftsleute (aber nicht nur diese) wird es freuen: Das Hotel ist tipptopp gepflegt und liegt zudem geschickt in Zentrumsnähe und unweit des Bahnhofs. Tipp: Die "Komfort Plus"-Zimmer sind schön modern und klimatisiert!

Parkrestaurant – Hotel Kieler Kaufmann

Niemannsweg 102 ✉ 24105 – ✆ (0431) 8 81 10 – geschl. Sonntagmittag Stadtplan : B1**k**
Karte 40/55 €
Das Restaurant macht seinem Namen alle Ehre: Man genießt einen tollen Blick in den Park (besonders reizvoll natürlich die Terrasse!), während man sich regional-saisonale Gerichte wie "Rücken vom Salzwiesenlamm mit Bohnencassoulet" oder "Holsteiner Fischsuppe mit jungem Gemüse und Röstbrot" servieren lässt.

KIEL
0
300 m
SCHLESWIG
A
B
1
2
3
NORWEGEN
SCHWEDEN
DÄNEMARK
SCHÖNBERG LABOE
HAMBURG LÜBECK
LÜBECK
Paul-Fuß-Str.
Geigerstr.
Kleiststraße
a
Blücherplatz
Bülowstraße
Schlieffenallee
Lindenallee
Kiellinie
Neufeldstraße
Westring
Niebuhrstraße
Hardenbergstraße
Esmarchstr.
Esmarchstraße
Niemannsweg
Düsternbrooker
Weg
c
Fraunhoferstraße
Moltkestraße
Caprivistraße
Otto-Hahn-Pl.
Olshausenstr.
Niebuhrstr.
Gneisenau-Str.
Wrangelstraße
Feldstraße
Bremerstraße
Olshausenstraße
Düppelstraße
k
Franckestr.
T
Holtenauer Str.
ANSGARKIRCHE
Beselerallee
Forstweg
Karolinenweg
Waitzstraße
Gerhardstraße
Adolfstraße
L
PAULUSKIRCHE
Hansastraße
Kirchenstraße
Saldern-Str.
Schittenhelm-Str.
ALTER BOTANISCHER GARTEN
Annenstraße
LUTHERKIRCHE
Lehmberg
SCHREVEN PARK
Brunswiker Str.
Hospitalstr.
M
Dreiecksplatz
Lessingplatz
Bergstraße
Goethestraße
Schreven-Teich
Knooper Weg
POL
Legienstraße
Gartenstr.
Lorentzendamm
e
Arndtplatz
OSTSEEKAI
Eckernförder Str.
Damperhof-Str.
Kleiner Kiel
Jensendamm
SCHLOSS
JACOBIKIRCHE
Rathausplatz
ST. NICOLAI-KIRCHE
SEEGARTEN-BRÜCKEN
Wilhelmplatz
ST. NIKOLAUS KIRCHE
Rathaus
Holstenstraße
Schuhmacher-Str.
Wall
Schifffahrtsmuseum
Exerzierplatz
Kleiner Kuhberg
SCHWEDENKAI
Europaplatz
Prüne
OSTSEEHALLE
BOLLHÖRNKAI
Boninstraße
Ringstraße
NORWEGENKAI
Deliusstr.
Hopfenstraße
Zur Fähre
Werftstraße
Werftstr.
Von-der-Tann-Str.
Kaistraße
Bahnhofsplatz
ST. JOHANNES KIRCHE
VOLKSPARK
d
HAUPT-BAHNHOF
Harmsstraße
Kaiserstraße
Papenkamp
Gaardener Ring
Kieler Str.
Schulstraße
Die Hörn
ST. JÜRGEN KIRCHE
Ostring
Ernestinen-Str.
Sophienblatt
Jachmann-Str.
MOORTEICHWIESE
Karlstal
GAARDEN
Gablenzstraße
Helmholtz-Str.

Weinstein

Holtenauer Str. 200 ✉ 24105 – ✆ (0431) 55 55 77 Stadtplan : A1a
– www.weinstein-kiel.com – geschl. Januar 2 Wochen, Juli 2 Wochen und Montag
Menü 45/110 € (abends) – Karte 33/69 € – *(Freitag - Sonntag nur Abendessen)*
Schnell hat sich Mario E. Brüggemann mit seiner Brasserie-Vinothek in Kiel und Umgebung einen Namen gemacht. Der Grund: ambitionierte internationale Küche, z. B. in Form von "Juvenil-Ferkel, Bärlauch, Morchel, Urtomate, Zitrone"!

In Kiel-Friedrichsort Nord-Ost: 2,5 km über Westring A1, Richtung Schleswig

Kieler Förde

Prieser Strand 4 ✉ 24159 – ✆ (0431) 39 96 90 – www.hotel-kielerfoerde.de
19 Zim – 70/75 € 78/92 € – ½ P
Ein familiär geleitetes kleines Hotel direkt neben den Werften mit zeitgemäß-funktionalen Zimmern - wählen Sie eines der geräumigeren Zimmer mit Fördeblick! Beliebt bei Kreuzfahrten: "Park & Cruise" (Übernachtung, Shuttle, Parkplatz).

In Kiel-Holtenau Nord: 8 km über Westring A1

Waffenschmiede

Friedrich-Voss-Ufer 4 ✉ 24159 – ✆ (0431) 36 96 90
– www.hotel-waffenschmiede.de – geschl. 21. Dezember - 17. Januar
13 Zim – 70/100 € 90/140 €
In einem Wohngebiet direkt am Nord-Ostsee-Kanal liegt dieses familiengeführte kleine Hotel mit seinen ganz unterschiedlich eingerichteten Gästezimmern. Eine Terrasse mit schönem Blick auf den Kanal ergänzt das Restaurant.

In Kiel-Wellsee Süd-Ost: 5 km über Sophienblatt A3

Sporthotel Avantage

Braunstr. 40 ✉ 24145 – ✆ (0431) 71 79 80 – www.avantagesporthotel.de
35 Zim – 79/89 € 99/119 € – 10 € – ½ P
So tipptopp gepflegt, wie dieses Hotel ist, verwundert es nicht, dass viele Gäste hier gerne herkommen! Man wohnt in hellen Zimmern, ruhig im Industriegebiet. Tennisfans kommen drinnen und draußen auf ihre Kosten - vom Restaurant schaut man sogar auf die Courts. Am Wochenende kleines Snackangebot.

In Molfsee Süd-West: 8 km über Sophienblatt A3

Bärenkrug

Hamburger Chaussee 10, B 4 ✉ 24113 – ✆ (04347) 7 12 00
– www.baerenkrug.de
38 Zim – 72/78 € 125/135 €
In dem erweiterten historischen Gasthof von Familie Sierks wohnt man schön behaglich in Zimmern mit Landhausflair. Wer in dem Haus a. d. 17. Jh. speist, spürt den nordischen Charme des Gastraums und der Friesenstube - oder den Reiz des Hofgartens mit seiner alten Kastanie!

KIPFENBERG

Bayern – 5 610 Ew. – Höhe 378 m – Regionalatlas **57-L18**
Berlin 490 km – München 102 km – Augsburg 105 km – Ingolstadt 28 km
Michelin Straßenkarte 546

In Kipfenberg-Pfahldorf West: 6 km über Försterstraße

Landhotel Geyer

Alte Hauptstr. 10 ✉ 85110 – ✆ (08465) 1 73 06 30 – www.landhotel-geyer.de
– geschl. 2. - 13. Januar
49 Zim – 78/99 € 118/150 € – 3 Suiten – ½ P
In dem gewachsenen familiengeführten Landgasthof erwarten Sie eine recht großzügige Hotelhalle, solide, teilweise besonders wohnliche Zimmer sowie ein moderner Bade- und Saunabereich. In rustikalen Restaurantstuben serviert man regionale Küche.

In Kipfenberg-Schambach Süd: 7 km über Eichstätter Straße Richtung Arnsberg

Zur Linde

Bachweg 2 ✉ 85110 – ✆ (08465) 9 41 50 – www.linde-altmuehltal.de – geschl. 24. Oktober - 15. November

27 Zim – 55/87 € 94/122 € – ½ P

Der traditionsreiche Familienbetrieb in idyllischer dörflicher Lage verfügt über wohnlich-funktionale Gästezimmer, ein schönes Saunahaus und einen reizvollen Naturschwimmteich im Garten. In mehrere Räume unterteiltes Restaurant mit hübscher Terrasse und regionalem Angebot.

KIRCHBERG an der JAGST

Baden-Württemberg – 4 070 Ew. – Höhe 384 m – Regionalatlas **56**-I17

Berlin 535 km – Suttgart 106 km – Ansbach 53 km – Crailsheim 16 km

Michelin Straßenkarte 545

Landhotel Kirchberg

Eichenweg 2 ✉ 74592 – ✆ (07954) 9 88 80 – www.landhotelkirchberg.de – geschl. über Weihnachten, 1. - 10. Januar

17 Zim – 71/76 € 86/103 €

Die engagierte Familie Bagusch führt ihr Haus mit Herz und schwäbischer Genauigkeit, Pflege ist hier Trumpf! Die Zimmer sind freundlich und funktionell, die Lage ist güntig (BAB gut erreichbar) und die Preise sind fair. Im Restaurant bietet der Patron regionale Gerichte, seine hausgemachten Maultaschen sind die Hausspezialität!

KIRCHDORF an der ILLER

Baden-Württemberg – 3 480 Ew. – Höhe 556 m – Regionalatlas **64**-I20

Berlin 651 km – Stuttgart 134 km – Tübingen 152 km – Bregenz 81 km

Michelin Straßenkarte 545

In Kirchdorf-Oberopfingen

Landgasthof Löwen

Kirchdorfer Str. 8 ✉ 88457 – ✆ (08395) 6 67 – www.loewen-oberopfingen.de – geschl. Ende Juli - Anfang August 2 Wochen und Montag

10 Zim – 57/69 € 79/89 € – ½ P

Menü 36/55 € – Karte 29/51 € – *(nur Abendessen, sonntags auch Mittagessen)*

Bei Familie Ruhland (bereits die 4. Generation) darf man sich auf Schmackhaftes vom Lammbraten über "Schweinefilet unter der Kräuterkruste" bis zum Gourmetmenü freuen. Ideal, wenn Sie auf der Durchreise sind: schöne Zimmer und Autobahnnähe.

KIRCHDORF im WALD

Bayern – 2 130 Ew. – Höhe 684 m – Regionalatlas **60**-P18

Berlin 541 km – München 181 km – Landshut 110 km

Michelin Straßenkarte 546

In Kirchdorf im Wald - Schlag Nord-West: 3 km über die B 85 in Richtung Regen

Hubertus Stüberl

Schlag 36 ✉ 94261 – ✆ (09928) 15 00 – www.hubertus-stueberl.com – geschl. Montag

Karte 13/40 € – *(Dienstag - Freitag nur Abendessen)*

Gastronomie liegt Familie Schönhofer im Blut! Mutter Heike und Sohn Tobias kochen bürgerlich-regionale Speisen mit saisonalem Einschlag. Ob im Sommer auf der Terrasse oder im Winter am Kamin, hier hat man es gemütlich.

KIRCHDORF (KREIS MÜHLDORF am INN)

Bayern – 1 340 Ew. – Höhe 551 m – Regionalatlas **66**-N20

Berlin 624 km – München 50 km – Bad Reichenhall 91 km – Mühldorf am Inn 31 km

Michelin Straßenkarte 546

Christian's Restaurant - Gasthof Grainer

Dorfstr. 1 ✉ 83527 – ✆ (08072) 85 10 – www.christians-restaurant.de – geschl. Montag - Dienstag

Menü 59/99 € – *(nur Abendessen)* (Tischbestellung erforderlich)

Dass man hier stolz ist auf über 400 Jahre Familientradition, spürt man an der schönen gemütlichen Atmosphäre, am charmanten, versierten Service samt fachkundiger Weinberatung und nicht zuletzt an der sehr guten Küche von Christian F. Grainer - klassisch mit geschickt eingebundenen internationalen Einflüssen.

→ Gebeizter Saibling mit Avocado, Reiscreme, Gurken-Wasabisorbet und Passionsfrucht. Hereford-Rinderfilet in Rotwein pochiert mit Süßkartoffel und Bohnen. Variation von Walderdbeere, Dickmilch und Rhabarber.

In Kirchdorf-Moosham West: 5 km über B 15 in Richtung Taufkirchen, links ab Richtung Isen

Wirth z'Moosham

Isener Str. 4 ✉ 83527 – ✆ (08072) 9 58 20 – www.wirth-z-moosham.de – geschl. 26. Dezember - 7. Januar

36 Zim – 54/79 € 84/98 €

In einem kleinen Dorf liegt das familiengeführte Hotel mit freundlichen, praktischen Zimmern, teils mit Blick auf die Alpen. Frühstück im Wintergarten. Behaglich-bayerische Stube mit regional-bürgerlicher Küche. Für Feiern: ehemaliger Kuhstall mit Gewölbe.

KIRCHEN (SIEG) – Rheinland-Pfalz → Siehe Betzdorf

KIRCHENSITTENBACH – Bayern → Siehe Hersbruck

KIRCHHEIM unter TECK

Baden-Württemberg – 39 390 Ew. – Höhe 311 m – Regionalatlas **55-H19**

Berlin 622 km – Stuttgart 38 km – Göppingen 19 km – Reutlingen 30 km

Michelin Straßenkarte 545

Zum Fuchsen

Schlierbacher Str. 28 ✉ 73230 – ✆ (07021) 57 80 – www.hotel-fuchsen.de

78 Zim – 105/150 € 120/180 € – 2 Suiten – ½ P

Wie soll Ihr Zimmer sein? Standard, Komfort oder Deluxe? Letztere sind Juniorsuiten und daher am geräumigsten. Auch wenn Sie nicht bei Familie Kübler wohnen, können Sie sich natürlich im behaglichen Restaurant (Fuchsenstube, Weinstube oder Galerie) gepflegt bewirten lassen!

In Kirchheim unter Teck-Ötlingen West: 2,5 km, Richtung Wendlingen

Rössle

Stuttgarter Str. 202 ✉ 73230 – ✆ (07021) 80 77 70 – www.roessle-kirchheim.de

17 Zim – 98/145 € 125/170 € – 12 € – 3 Suiten

Natürliches Licht ist in dem kleinen Hotel von Christina Reiser ein ganz entscheidender Wohlfühlfaktor - offen, luftig, hell! Neben den modernen, individuellen Zimmern hat man im Gasthaus von 1662 eine gemütliche kleine Gaststube, in der es Mo. - Fr. abends schwäbische Küche gibt.

In Ohmden Ost: 6 km über Jesingen

Landgasthof am Königsweg

Hauptstr. 58 ✉ 73275 – ✆ (07023) 20 41 – www.landgasthof.com – geschl. Samstagmittag, Sonntag - Montag

8 Zim – 85 € 145 € – 12 € Menü 35 € (mittags)/105 € – Karte 71/84 €

Der schon äußerlich sehr ansprechende Landgasthof von 1672 weiß auch im Inneren zu gefallen, ob mit dem geschmackvoll-modernen Restaurant, der hübschen Terrasse oder den wohnlichen Zimmern. Und die Küche erst: ein spannender Mix aus Klassik und Moderne, mit hervorragenden Produkten finessenreich umgesetzt.

→ Carabinero, Lardo, Erbse, Kumquats. Filet vom kanadischen Bison, Mais, Avocado, Folienkartoffel. Weiße Schokolade, Aprikose, Mandel.

KIRCHHEIMBOLANDEN

Rheinland-Pfalz – 7 730 Ew. – Höhe 251 m – Regionalatlas **47-E16**
Berlin 610 km – Mainz 50 km – Bad Kreuznach 43 km – Mannheim 58 km
Michelin Straßenkarte 543

Braun

Uhlandstr. 1, 1. Etage ✉ 67292 – ✆ (06352) 4 00 60 – www.hotelbraun.de
40 Zim – 🚹61/91 € 🚹🚹88/118 € – ☕ 5 €
Familie Braun investiert immer wieder in ihr Haus, so darf man sich auf schicke, moderne öffentliche Bereiche und ebensolche Deluxe-Zimmer (klimatisiert) freuen. Fürs etwas kleinere Budget: die Classic-Zimmer. Hübscher Saunabereich.

In Dannenfels-Bastenhaus Süd-West: 9 km, Richtung Rockenhausen – Höhe 400 m

Bastenhaus

Bastenhaus 1 ✉ 67814 – ✆ (06357) 97 59 00 – www.bastenhaus.de – geschl. Januar 1 Woche
37 Zim ☕ – 🚹67/77 € 🚹🚹98/112 € – ½ P
In freier Natur liegt das aus einer Wirtschaft von 1849 entstandene Hotel mit seinen zeitgemäß und solide ausgestatteten Zimmern (teilweise mit Balkon) und nettem Garten mit Badeteich. Zum Restaurant gehört eine schöne große Terrasse mit Blick zum Donnersberg.

KIRCHLAUTER

Bayern – 1 350 Ew. – Höhe 344 m – Regionalatlas **50-K15**
Berlin 432 km – München 261 km – Würzburg 88 km – Bamberg 32 km
Michelin Straßenkarte 546

In Kirchlauter-Pettstadt

Gutsgasthof Andres

Pettstadt 1 ✉ 96166 – ✆ (09536) 2 21 – www.gutshof-andres.de – geschl. Dienstag - Mittwoch
Menü 25/45 € – Karte 21/47 €
Ein denkmalgeschützter Gutshof mit Familientradition seit 1839, eingerahmt von altem Baumbestand und mit kleinem See vor der Tür. Auf den Tisch kommt Regionales, zudem können Sie hausgemachte Aufstriche und Brände kaufen. Zwei Appartements.

KIRCHZARTEN

Baden-Württemberg – 9 760 Ew. – Höhe 392 m – Regionalatlas **61-D20**
Berlin 800 km – Stuttgart 177 km – Freiburg im Breisgau 9 km – Donaueschingen 54 km
Michelin Straßenkarte 545

Sonne

Hauptstr. 28 ✉ 79199 – ✆ (07661) 90 19 90 – www.sonne-kirchzarten.de
21 Zim ☕ – 🚹59/79 € 🚹🚹85/125 € – 3 Suiten – ½ P
Sonne – Siehe Restaurantauswahl
Seit sieben Generationen investiert Familie Rombach stetig in das Traditionshaus von 1725! Das Ergebnis sind z. B. die freundlich designten Landhaus-Zimmer oder - wenn Sie's ein bisschen frecher mögen - die "Schwarzwald-Pop"-Zimmer. Nicht zu vergessen der schöne moderne Saunabereich samt Anwendungen.

Sonne – Hotel Sonne

Hauptstr. 28 ✉ 79199 – ✆ (07661) 90 19 90 – www.sonne-kirchzarten.de – geschl. Freitagmittag, Samstagmittag
Menü 24/48 € – Karte 20/49 €
Sie essen gern badisch? Bei den Rombachs kommt zur regionalen Küche noch ein gemütliches Ambiente mit Holztäfelung und Parkettfußboden. Mittags ist das Tagesmenü beliebt.

In Kirchzarten - Burg-Birkenhof

rainhof scheune
Höllentalstr. 96 ✉ 79199 – ✆ (07661) 9 88 61 10 – www.rainhof-hotel.de
14 Zim – †74/115 € ††89/139 € – ☕ 14 € – 2 Suiten – ½ P
Design, Wertigkeit und ein Stück Geschichte treffen hier zusammen - historisches Holz und freigelegtes Mauerwerk sind besondere Hingucker. Schön die individuellen Zimmer wie "Poesiezimmer", "Bauernstube", "Landhaus"... sowie der Saunabereich. Die Küche ist regional-international, lecker die Kuchenauswahl.

In Kirchzarten - Burg-Höfen Ost: 1 km

Schlegelhof
Höfener Str. 92 ✉ 79199 – ✆ (07661) 50 51 – www.schlegelhof.de
11 Zim ☕ – †94/102 € ††126/190 €
Schlegelhof – Siehe Restaurantauswahl
Die Freundlichkeit und das Engagement der Familie Schlegel machen das Haus so beliebt, aber auch die hochwertige Einrichtung kommt an: unbehandeltes helles Naturholz und wohnliche Farben machen es hier richtig schön! Lust auf Entspannung? Hübscher Sauna- und Ruhebereich zum Garten, dazu Kosmetik und Massage.

Schlegelhof – Hotel Schlegelhof
Höfener Str. 92 ✉ 79199 – ✆ (07661) 50 51 – www.schlegelhof.de – geschl. Mittwoch
Menü 35/62 € – Karte 34/55 € – *(nur Abendessen, sonntags auch Mittagessen)* (Tischbestellung ratsam)
Wirklich angenehm das ländlich-moderne Ambiente hier, sehr schmackhaft die Küche! Im Sommer sollten Sie "Bibiliskäs mit Brägele" oder "Lammrücken mit Rotweinschalotten" unbedingt auf der Terrasse im Grünen essen! Dazu gute Weine.

In Kirchzarten-Dietenbach Süd-West: 1,5 km

Zum Rössle
Dietenbach 1 ✉ 79199 – ✆ (07661) 22 40 – www.zumroessle.de – geschl. Ende Januar - Anfang Februar 3 Wochen, November 1 Woche und Mittwoch, November - März: Montagmittag, Dienstagmittag, Mittwoch
6 Zim ☕ – †58/82 € ††92/112 € Menü 34/56 € – Karte 30/53 €
"Kalbskopf und -bries auf Pulpo", "Landgockel mit Ricottaravioli"... Schmackhaft-regional isst man in dem Gasthof von 1751, der wirklich charmant ist mit der historisch-rustikalen Bauernstube und der eleganten Bruggastube - und der Garten erst! Zum Übernachten: liebenswerte Zimmer, leckeres Bauernfrühstück!

In Stegen-Eschbach Nord: 4 km

Landhotel Reckenberg
Reckenbergstr. 2 ✉ 79252 – ✆ (07661) 9 79 33 00 – www.landhotel-reckenberg.de – geschl. Mitte November 2 Wochen, Februar und Dienstag - Mittwochmittag
9 Zim ☕ – †75/110 € ††110/130 € – ½ P
Menü 38/55 € – Karte 31/55 € – *(nur Abendessen)*
Bei Familie Hug kann man nicht nur gut essen. Neben dem holzgetäfelten Restaurant in klassischem Stil hat man hier in ruhiger Lage auch geräumige und wohnliche Gästezimmer. Nicht zu vergessen der schöne Garten.

KIRKEL

Saarland – 10 010 Ew. – Höhe 240 m – Regionalatlas **46-C17**
Berlin 690 km – Saarbrücken 24 km – Homburg/Saar 10 km – Kaiserslautern 48 km
Michelin Straßenkarte 543

In Kirkel-Neuhäusel

Ressmann's Residence – Ressmann's Residence
Kaiserstr. 87 ✉ 66459 – ✆ (06849) 9 00 00 – www.ressmanns-residence.de – geschl. Anfang Januar 10 Tage
20 Zim ☕ – †65/75 € ††92/98 € – 1 Suite
Ressmann's Residence – Siehe Restaurantauswahl
Der gut geführte Familienbetrieb liegt im Ortskern und verfügt über funktionale Gästezimmer mit zeitgemäßem Komfort. Am Morgen erwartet Sie ein gutes Frühstücksbuffet.

XX **Ressmann's Residence** – Hotel Ressmann's Residence

Kaiserstr. 87 ✉ 66459 – ✆ (06849) 9 00 00 – www.ressmanns-residence.de
– geschl. Anfang Januar 10 Tage und Dienstag, Samstagmittag, Sonntagabend
Menü 20 € (mittags unter der Woche)/89 € – Karte 35/77 €
Der moderne Look des Restaurants mit seinen klaren Formen und hellen warmen Tönen kommt bei den Gästen gut an, ebenso die ambitionierte zeitgemäße Küche mit international-saisonalen Einflüssen. Einer der Räume ist klimatisiert. Oder sitzen Sie lieber draußen? Der nette Biergarten liegt ruhig hinter dem Haus.

KIRN

Rheinland-Pfalz – 8 170 Ew. – Höhe 190 m – Regionalatlas **46**-D15
Berlin 649 km – Mainz 76 km – Bad Kreuznach 37 km – Trier 77 km
Michelin Straßenkarte 543

X **Kyrburg**

Auf der Kyrburg 1 ✉ 55606 – ✆ (06752) 9 11 90 – www.whiskymuseum.de
– geschl. Montag - Dienstag
Karte 29/52 €
In einem Gebäude von 1764 - intergriert in die Kyrburg a. d. 12. Jh. - befindet sich das rustikale Restaurant mit modernem Anbau und Whisky-Museum (zahlreiche Destillate werden offen ausgeschenkt), traumhaft die Terrasse mit Blick ins Nahetal. Geboten wird Klassisches wie gebratener Zander.

KIRRWEILER – Rheinland-Pfalz ➜ Siehe Maikammer

KIRSCHAU

Sachsen – 6 520 Ew. – Höhe 249 m – Regionalatlas **44**-R12
Berlin 228 km – Dresden 54 km – Görlitz 47 km – Bautzen 11 km
Michelin Straßenkarte 544

Bei Schumann

Bautzener Str. 20 ✉ 02681 – ✆ (03592) 52 00 – www.bei-schumann.de
23 Zim – 75/90 € 150/216 € – 22 Suiten
Juwel **•** ***Al Forno*** – Siehe Restaurantauswahl
Ein wahres Erholungsrefugium und einzigartig in der Oberlausitz! Wie viel Herzblut in diesem Haus steckt, merkt man am beeindruckenden Spa-Tempel, an den wertig-wohnlichen Zimmern und edlen Suiten sowie an zahlreichen kleinen Aufmerksamkeiten! Sehr gut das Frühstück im "Kirschgarten" - hier tagsüber Snacks. In der gemütlichen "Weberstube" isst man regional.

XX **Juwel** – Hotel Bei Schumann

Bautzener Str. 20 ✉ 02681 – ✆ (03592) 52 05 21 – www.bei-schumann.de
– geschl. 11. - 31. Juli und Sonntag - Montag
Menü 59/115 € – *(nur Abendessen)*
Das halbrunde kleine Restaurant ist die Gourmet-Varianate der Schumann'schen Gastronomie: elegantes Ambiente in schickem Schwarz-Lila, versierter, freundlicher Service samt guter Weinberatung und dazu ambitionierte kreative Speisen wie "Eifeler Ur-Lammrücken mit schwarzem Knoblauch".

X **Al Forno** – Hotel Bei Schumann

Bautzener Str. 20 ✉ 02681 – ✆ (03592) 52 05 30 – www.bei-schumann.de
– geschl. Sonntag
Menü 34/39 € – Karte 29/65 € – *(nur Abendessen)*
Richtig gemütlich hat man es hier bei typisch italienischen Gerichten und authentischem Ambiente. Aus der Showküche samt Holzofen kommen natürlich auch Klassiker wie Antipasti, Pizza und Pasta! Nett die Terrasse.

KISSINGEN, BAD

Bayern – 21 230 Ew. – Höhe 220 m – Regionalatlas **49**-I14
Berlin 480 km – München 329 km – Fulda 62 km – Bamberg 81 km
Michelin Straßenkarte 546

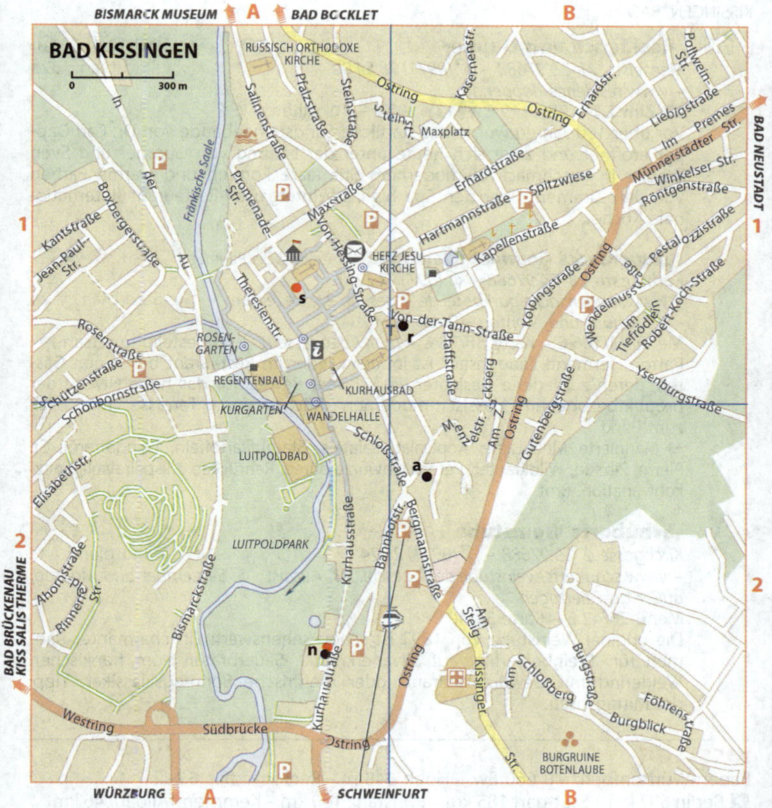

Frankenland

Frühlingstr. 11 ✉ *97688 – ✆ (0971) 8 10* Stadtplan : B1**r**
– www.hotel-frankenland.de
495 Zim ☕ – 🚹89/120 € 👥142/332 € – 4 Suiten – ½ P
Ein komfortables Hotel mit großer Wellnesslandschaft und gutem Tagungsbereich. In der 6. Etage: einige besonders moderne Zimmer, darunter sehr schöne Pavarotti-, Caruso- und Callas-Suiten. Zeitlose Rôtisserie sowie rustikale Frankenland-Stuben mit bürgerlicher Karte.

Laudensacks Parkhotel

Kurhausstr. 28 ✉ *97688 – ✆ (0971) 7 22 40* Stadtplan : A2**n**
– www.laudensacks-parkhotel.de – geschl. 21. Dezember - 30. Januar
20 Zim ☕ – 🚹88/99 € 👥152/178 € – 1 Suite – ½ P
Laudensacks Gourmet Restaurant ✿ – Siehe Restaurantauswahl
Seit über 25 Jahren sind die Laudensacks mit Liebe und Engagement im Einsatz. Herzlich umsorgen sie ihre Gäste, und die haben es richtig schön: überaus wohnliche, individuelle Zimmer (meist mit Balkon), tolles Frühstück (im Sommer gerne auf der Terrasse), ein 4000 qm großer Park, das Beauty-Angebot der Chefin... Halbpension auch an Ruhetagen des Gourmetrestaurants.

Residence von Dapper

Menzelstr. 21 ✉ 97688 – ✆ (0971) 78 54 80 Stadtplan : B2**a**
– www.residence-dapper.de
27 Zim – 89/119 € 138/199 € – 10 Suiten – ½ P
Vor über 100 Jahren wurde das stattliche Sandsteingebäude von Dr. Carl Dapper eröffnet und zeigt sich heute unter der Leitung von Günther und Sven Wedler in geschmackvoll-modernem Stil: klare Formen und warme Farben von den Zimmern über den Spa bis ins Wintergarten-Restaurant (internationale Küche).

Laudensacks Gourmet Restaurant – Laudensacks Parkhotel

Kurhausstr. 28 ✉ 97688 – ✆ (0971) 7 22 40
– www.laudensacks-parkhotel.de – geschl. 21. Dezember - 30. Januar und Montag - Dienstag Stadtplan : A2**n**
Menü 78/106 € – Karte 58/73 € – *(nur Abendessen)* (Tischbestellung ratsam)
Patron Hermann Laudensack ist immer wieder im Restaurant bei seinen Gästen, deren zufriedene Gesichter ein schöner Beweis für das hohe Niveau der produktbezogenen klassisch-modernen Küche sind. Terrasse mit Blick zum Park!
→ Marinierte Meeräsche, Kopfsalat, Salateis, Stampfkartoffeln, Leindotteröl. St. Pierre, Pilzsud, Wildkräuter, Petersilienwurzelpüree. Rehrücken, Mispelravioli, Spitzkohlvariation, Brot.

Schuberts Weinstube

Kirchgasse 2 ✉ 97688 – ✆ (0971) 26 24 Stadtplan : A1**s**
– www.schuberts-weinstube.de – geschl. 23. August - 5. September und Montag, außer an Feiertagen
Menü 26/42 € – Karte 30/40 €
Die original Weinstube von 1893 ist schon sehenswert! Ein charmanter Rahmen für "Steinbeißerfilet auf Silvanerkraut", "Sauerbraten vom fränkischen Weiderind mit Gewürzblaukraut" oder ofenfrische Sonntagsklassiker. Tipp: der Mittagstisch.

KISSLEGG

Baden-Württemberg – 8 660 Ew. – Höhe 648 m – Regionalatlas **63-I21**
Berlin 697 km – Stuttgart 185 km – Konstanz 100 km – Kempten (Allgäu) 46 km
Michelin Straßenkarte 545

Ochsen

Herrenstr. 21 ✉ 88353 – ✆ (07563) 9 10 90 – www.ochsen-kisslegg.de
59 Zim – 64/74 € 89/109 € – 2 Suiten – ½ P
Frisch und modern ist der Ochsen: Die engagierte Gastgeberfamilie hat in den Zimmern (teilweise mit Balkon) für eine freundliche, neuzeitlich-funktionale Einrichtung gesorgt und im Restaurant mischt sich geradlinig-zeitgemäßer Stil geschickt mit einer rustikalen Note.

KITZINGEN

Bayern – 20 450 Ew. – Höhe 205 m – Regionalatlas **49-I16**
Berlin 482 km – München 263 km – Würzburg 22 km – Bamberg 80 km
Michelin Straßenkarte 546

In Sulzfeld am Main Süd-West: 4 km

Vinotel Augustin

Matthias-Schiestl-Str. 4 ✉ 97320 – ✆ (09321) 2 67 29 60
– www.vinotel-augustin.de
8 Zim – 73/88 € 109/118 € – 1 Suite
Ein hübsches kleines Hotel bei einem Weingut. Die komfortablen Themenzimmer sind so individuell wie ihre Namen: Loft, Orient, Tropen, Space, Zen, Hütte, Pop-Art und Afrika. Die Gäste werden herzlich betreut, so auch beim guten Frühstück.

KLEINES WIESENTAL

Baden-Württemberg – 200 Ew. – Höhe 920 m – Regionalatlas **61-D21**
Berlin 845 km – Stuttgart 208 km – Freiburg im Breisgau 58 km – Basel 40 km
Michelin Straßenkarte 545

Im Ortsteil Neuenweg

Haldenhof

Haldenhof 1, In Hinterheubronn, 950 m Höhe, Nord-West: 4,5 km Richtung Müllheim ✉ 79692 – ☎ (07673) 2 84 – www.haldenhof-schwarzwald.de – geschl. Dezember - Februar und Oktober - April: Dienstag

14 Zim – 50/65 € 80 € – ½ P Menü 18/37 € – Karte 19/47 €

Das Gasthaus liegt schön am Wald, toll der Blick von der Terrasse und einer der Stuben - da kehrt man nach einer Wanderung gerne ein und lässt sich international beeinflusste bürgerlich-regionale Küche servieren. Übernachten können Sie ebenfalls - die Zimmer sind ländlich-schlicht und gepflegt.

Im Ortsteil Schwand

Sennhütte

Schwand 14 ✉ 79692 – ☎ (07629) 9 10 20 – www.sennhuette.com – geschl. Februar

12 Zim – 58/65 € 102/116 € – 3 Suiten – ½ P

Sie möchten ein paar Tage ausspannen, die schöne Schwarzwaldlandschaft genießen und wandern? Das Haus der Familie Grether ist die ideale Adresse dafür. Alles hier ist äußerst gepflegt, Sie werden sehr freundlich umsorgt, es gibt Hausmacher Wurst zum Frühstück... und wie wär's mit einem Schnaps aus der eigenen Brennerei nach dem bürgerlich-regionalen Essen?

KLEINWALLSTADT

Bayern – 5 740 Ew. – Höhe 123 m – Regionalatlas **48-G15**
Berlin 565 km – München 353 km – Würzburg 77 km – Darmstadt 49 km
Michelin Straßenkarte 546

Landgasthof zum Hasen N

Marktstr. 3 ✉ 63839 – ☎ (06022) 7 10 65 90 – www.kleinwallstadt-zumhasen.de – geschl. über Fasching 1 Woche, August 2 Wochen und Montag - Dienstagmittag

6 Zim – 55/60 € 70 € – 8 € – ½ P Menü 39/65 € – Karte 23/48 €

Gemütlich ist es in dem Gasthof von 1554: zeitgemäß-rustikal der Stil, hübsch die Deko, draußen der schöne Innenhof! Sie werden herzlich umsorgt und bekommen modern interpretierte traditionell-regionale Küche serviert. Sie möchten übernachten? So liebenswert wie der Gastraum sind auch die Zimmer.

KLEINWALSERTAL

Vorarlberg – 5 015 Ew. – Regionalatlas **64**-I22
Wien 583 km – Bregenz 83 km – Kempten 49 km
Michelin Straßenkarte 730

K. Katja / Prisma / age fotostock

In Riezlern – Höhe 1 100 m

Almhof Rupp

Walserstr. 83 ✉ 87567 – ✆ (0043) 55 17 50 04 – www.almhof-rupp.at
– geschl. Anfang April - Mitte Mai, Ende Oktober - Mitte Dezember
30 Zim – 99/198 € 122/282 €
Direkt neben der Gondelstation liegt diese regionstypische Adresse unter familiärer Leitung. Wohnliche Zimmer, ein ansprechender Saunabereich sowie Massage und Kosmetik. In den gemütlichen Restaurantstuben wird ein täglich wechselndes Menü serviert.

Alpenhof Jäger

Unterwestegg 17 ✉ 87567 – ✆ (0043) 55 17 52 34 – www.alpenhof-jaeger.de
– geschl. 7. April - 24. Mai, 2. November - 18. Dezember
12 Zim – 67/79 € 112/158 €
Humbachstube im Alpenhof Jäger – Siehe Restaurantauswahl
Ein liebevoll restauriertes Walserhaus von 1683, das um einen Anbau im regionalen Stil erweitert wurde. Das kleine Hotel mit den gepflegten rustikalen Gästezimmern wird von Familie Jäger engagiert geleitet. HP inklusive.

Walserstuba

Eggstr. 2 ✉ 87567 – ✆ (0043) 55 17 5 34 60 – www.walserstuba.at
– geschl. 4. April - 28. Juni, 23. Oktober - 15. Dezember
22 Zim – 55/90 € 120/180 €
Der seit mehreren Generationen von Familie Riezler geführte Alpengasthof mit seinen soliden regionstypischen Zimmern befindet sich etwas abseits des Zentrums, nahe der Lifte. Zum Essen sitzt man im urig-charmanten Enzianstüble besonders gemütlich, und zwar bei regionstypischer "Walser Chuche".

Humbachstube im Alpenhof Jäger – Hotel Alpenhof Jäger

Unterwestegg 17 ✉ 87567 – ✆ (0043) 55 17 52 34
– www.alpenhof-jaeger.de – geschl. 7. April - 24. Mai, 2. November - 18. Dezember und Dienstag - Mittwoch
Menü 35/69 € – Karte 33/70 € – *(nur Abendessen)* (Tischbestellung ratsam)
In der richtig gemütlichen kleinen Stube bieten Vater Martin und Sohn Florian schmackhafte regionale Gerichte wie "Gams mit Apfelrotkraut, Maronen-Sellerieravioli und Steinpilzen" oder "warmen Schokoladenkuchen mit Marillenröster und Eis".

Scharnagl's Alpenhof

Zwerwaldstr. 28 ✉ 87567 – ✆ (0043) 55 17 52 76 – www.scharnagls.de – geschl. Anfang April - Anfang Mai, Anfang November - Anfang Dezember und Mittwoch - Donnerstagmittag

5 Zim – 66/81 € 126/164 €

Menü 46/68 € – Karte 33/50 € – (Tischbestellung ratsam)

Dass Jürgen Scharnagl kochen kann, beweisen schmackhafte Gerichte wie "Zürcher Geschnetzeltes mit Champignons und Rösti", zubereitet aus regionalen Produkten. Sympathisch wie die Gastgeber ist auch das freundlich-alpenländische Ambiente.

In Hirschegg – Höhe 1 125 m

Travel Charme Ifen Hotel

Oberseitestr. 6 ✉ 87568 – ✆ (0043) 55 17 60 80 – www.travelcharme.com

117 Zim – 115/280 € 198/224 € – 8 Suiten

Kilian Stuba – Siehe Restaurantauswahl

Das Hotel in 1100 m Höhe wurde von Lorenzo Bellini modern-alpin designt. Schicke Zimmer mit Balkon oder Terrasse, ausgezeichnetes Angebot im PURIA Premium Spa auf 2300 qm. Skischule. Halbpension im Restaurant Theo's.

Walserhof

Walserstr. 11 ✉ 87568 – ✆ (0043) 55 17 56 84 – www.wellnesshotel-walserhof.at – geschl. 12. April - 6. Mai, 6. November - 9. Dezember

44 Zim – 106/199 € 188/338 € – 5 Suiten

Man hat hier nicht nur ein gutes Freizeitangebot, schön wohnlich ist es auch, dafür sorgen unterschiedliche Zimmertypen von "Komfort" über "Superior" und "Romantik" bis zum "Kuschelzimmer". Wer es gerne ganz modern hat, bucht ein Zimmer im "Alpin Chic"-Stil! Nicht weniger ansprechend: der "Raum der Stille" und die Bio-Panoramasauna mit Außenwhirlpool. Teil des regionstypischen Restaurants ist ein hübscher lichter Wintergarten.

Birkenhöhe

Oberseitestr. 34 ✉ 87568 – ✆ (0043) 55 17 55 87 – www.birkenhoehe.com – geschl. 3. April - 25. Mai, 2. November - 17. Dezember

39 Zim – 100/135 € 200/258 € – 5 Suiten

Das ruhig gelegene Ferienhotel mit Aussicht aufs Kleinwalsertal ist ein gut geführter Familienbetrieb mit wohnlichem Ambiente und Spa mit Panoramahallenbad. Das kleine alpenländisch-elegante Sonnenstüble dient als A-la-carte-Restaurant. Zur regionalen Küche reicht man eine ambitionierte Weinkarte mit rund 250 Positionen. Außerdem lockt täglich der leckere hausgebackene Kuchen der Seniorchefin und in der Bar finden Rum- und Whisky-Freunde eine große Auswahl.

Naturhotel Chesa Valisa

Gerbeweg 18 ✉ 87568 – ✆ (0043) 55 17 5 41 40 – www.naturhotel.at – geschl. 3. April - 25. Mai, 10. November - 10. Dezember

52 Zim – 108/163 € 196/356 € – 10 Suiten

Konsequent verfolgt man hier das Bio-Konzept in Architektur, Material, Kosmetik, Speisen- und Weinangebot... Viel Holz, Glas und klares Design schaffen ein ansprechendes wohnlich-modernes Ambiente und dennoch bewahrt man mit dem 500 Jahre alten Gasthof ein Stück Tradition. Im Restaurant (charmant die historische Stube, schön licht der Wintergarten) serviert man Gerichte aus Naturprodukten, dazu gute österreichische Weine, 70% davon sind Bioweine.

Gemma

Schwarzwassertalstr. 21 ✉ 87568 – ✆ (0043) 55 17 5 36 00 – www.gemma.at – geschl. 3. April - 29. April, 6. November - 9. Dezember

26 Zim – 88/164 € 153/265 € – 1 Suite

Nach Umbau erstrahlt das familiär geleitete Haus in neuem Glanz - von der Zufahrt über die Lobby und die Bar bis in die Zimmer ist alles frisch und angenehm modern. Nach wie vor attraktiv ist auch die erhöhte Lage beim Skilift. HP inklusive, im Sommer auch die Liftkarte.

Sonnenberg

Am Berg 26 ✉ 87568 – ✆ (0043) 55 17 54 33 – www.kleinwalsertal-sonnenberg.de – geschl. 4. April - 4. Mai, 24. Oktober - 15. Dezember

14 Zim – 58/81 € 105/170 € – 1 Suite

Urigen Charme versprüht das Walser Bauernhaus a. d. 16. Jh. - so liebenswert wie die sympathischen und engagierten Gastgeber. Bei Eis und Schnee müssen Sie die steile Straße hier hinauf nicht selbst fahren, man holt Sie unten im Ort ab.

Kilian Stuba – Travel Charme Ifen Hotel

Oberseitestr. 6 ✉ 87568 – ✆ (0043) 55 17 60 80 – www.travelcharme.com – geschl. April 1 Woche, Juni 2 Wochen, November 3 Wochen und Sonntag - Montag

Menü 79/109 € – Karte 80/90 € – *(nur Abendessen)*

Optisch und kulinarisch gleichermaßen ein Genuss: Ausgesprochen geschmackvoll das edle, modern-elegante und zugleich warme Design, voller Kraft und Aromen die feinen kreativen Speisen des sympathischen jungen Küchenchefs Sascha Kemmerer. Die Weine dazu kommen vorwiegend aus Österreich und Deutschland.

→ Link's Quellwasser Saibling, eigener Rogen, weißer Spargel, Kalamansivinaigrette, Hummerschaum. Pfrontener Lammrücken, Orientalische Würze, lauwarmer Bulgur, getrocknete Marillen. Waldmeister-Zitronensorbet, getrocknete Erdbeeren, Joghurt, Baiser.

In Mittelberg – Höhe 1 220 m

Haller's Genuss & Spa Hotel

Von Klenze Weg 5 ✉ 87569 – ✆ (0043) 55 17 55 51 – www.hallers.at – geschl. 5. April - 30. Juni

55 Zim – 125/350 € 210/450 € – 30 Suiten

Haller's – Siehe Restaurantauswahl

Das Hotel der Familie Haller ist wohnlich und für die Region typisch eingerichtet, bietet freundlichen Service, eine hochwertige Halbpension und nicht zuletzt einen gut ausgestatteten Spa. Einige Zimmer mit Blick auf die umliegenden Berge!

Leitner

Walserstr. 355 ✉ 87569 – ✆ (0043) 55 17 57 88 – www.leitner-hotel.at – geschl. 9. April - 13. Mai, 1. November - 13. Dezember

35 Zim – 95/155 € 170/240 € – 16 Suiten

Hier überzeugt der aufwändig gestaltete Spabereich auf 1000 qm, dessen Ruheraum einen tollen Bergblick bietet. Besonders schön: einige Zimmer in alpenländisch-modernem Stil.

Lärchenhof

Schützabühl 2 ✉ 87569 – ✆ (0043) 55 17 65 56 – www.naturhotel-laerchenhof.at – geschl. 15. April - 17. Mai, 4. November - 19. Dezember

24 Zim – 68/100 € 130/172 €

Sie finden diesen wohnlichen Familienbetrieb in einer Seitenstraße hinter der Kirche. HP inklusive, im Sommer auch die Bergbahnkarte. Für Entspannung nach einer schönen Wanderung sorgen die "Alpschwitz"-Sauna - attraktiv mit Naturmaterialien wie Holz und Stein gestaltet! - sowie Kosmetikanwendungen und Massagen. Tipp: Probieren Sie die eigenen Honig-Produkte!

Ingeborg

Im Hag 3 ✉ 87569 – ✆ (0043) 55 17 5 75 80 – www.hotel-garni-ingeborg.at

14 Zim – 49/65 € 90/130 €

Bei Familie Rapp wohnt man schön ruhig in einem sympathischen, freundlich geführten und tipptopp gepflegten kleinen Hotel. Die Zimmer sind behaglich-gediegen, die Umgebung ist angenehm dörflich, und lassen Sie sich nicht den wirklich geschmackvollen Saunabereich im mediterranen Stil entgehen!

Haller's – Haller's Genuss & Spa Hotel
Von Kenze Weg 5 ✉ 87569 – ✆ (0043) 55 17 55 51 – www.hallers.at – geschl. 5. April - 30. Juni und Dienstag - Mittwoch
Menü 39/150 € – Karte 31/78 €
In behaglichem Landhausambiente bekommen Sie ambitionierte regionale und internationale Gerichte von Gerd Hammerer und seinem Team serviert, so z. B. "kross gebratener Spanferkelrücken in Pestojus mit Polentastrudel". Auf eine schöne Terrasse mit Aussicht braucht man auch nicht zu verzichten!

In Mittelberg-Höfle Nord-Ost: 3 km, Zufahrt über die Straße nach Baad, dann links abbiegen

IFA-Hotel Alpenhof Wildental
Höfle 8 ✉ 87569 – ✆ (0043) 55 17 6 54 40 – www.ifa-wildental-hotel.com – geschl. 6. November - 1. Dezember
57 Zim – 99/164 € 176/338 €
Die Gäste dieses Hotels schätzen die idyllische Lage, die gut ausgestatteten Zimmer, das Wellness- und Fitnessangebot sowie die Sonnenterrasse mit Panoramablick. HP inklusive.

KLETTGAU

Baden-Württemberg – 7 470 Ew. – Höhe 424 m – Regionalatlas **62-E21**
Berlin 793 km – Stuttgart 163 km – Freiburg im Breisgau 79 km – Donaueschingen 43 km
Michelin Straßenkarte 545

In Klettgau-Grießen

Landgasthof Mange
Kirchstr. 2 ✉ 79771 – ✆ (07742) 54 17 – www.mange-griessen.de – geschl. Anfang September 1 Woche, März 2 Wochen und Montag - Dienstag
Menü 39/57 € – Karte 24/49 € – *(Mittwoch - Freitag nur Abendessen)* (Tischbestellung erforderlich)
Eine der besten Adressen der Region! Patron Paul Maier zeigt echtes Engagement, wenn er seine abwechslungsreichen Speisen kocht - und die reichen von "Cordon bleu mit Pommes Frites" bis "Steinbutt mit Krustentierschaum, Estragon, Artischocken und Hummer". Probieren Sie auch Schnaps und Brot - beides stammt aus der eigenen Produktion der Familie.

KLINGENBERG am MAIN

Bayern – 6 190 Ew. – Höhe 128 m – Regionalatlas **48-G15**
Berlin 576 km – München 354 km – Würzburg 81 km – Amorbach 18 km
Michelin Straßenkarte 546

Straubs Schöne Aussicht
Bahnhofstr. 18, am linken Mainufer ✉ 63911 – ✆ (09372) 93 03 00 – www.straubs-schoene-aussicht.de – geschl. 3. - 10. Januar
28 Zim – 57/69 € 81/88 € – 6 € – ½ P
Straubs Restaurant – Siehe Restaurantauswahl
An der Mainbrücke im Zentrum liegt der langjährige Familienbetrieb mit seinen gepflegten Zimmern - von den meisten schaut man auf den Fluss und die Clingenburg.

Straubs Restaurant – Hotel Straubs Schöne Aussicht
Bahnhofstr. 18, am linken Mainufer ✉ 63911 – ✆ (09372) 93 03 00 – www.straubs-restaurant.de – geschl. Januar und Montag
Menü 39/49 € – Karte 35/56 € – *(Dienstag - Freitag nur Abendessen, Oktober - April: Dienstag - Samstag nur Abendessen)*
Hier lockt die Aussicht auf Weinberge, Burg und Main - am schönsten durch die im Sommer offene Fensterfront und natürlich von der überdachten Terrasse! Aber auch die Küche ist einen Besuch wert: "Sauerbraten von der Rinderschulter auf Spitzkohl-Schalottengemüse", "Wolfsbarschfilet auf Kürbispüree"...

KLINGENTHAL

Sachsen – 9 080 Ew. – Höhe 569 m – Regionalatlas **42-N14**

▶ Berlin 337 km – Dresden 169 km – Chemnitz 86 km – Plauen 43 km

Michelin Straßenkarte 544

Berggasthaus Schöne Aussicht

Aschbergstr. 19 ✉ 8248 – ✆ (037467) 2 02 81 – www.bergasthaus-klingenthal.de

5 Zim – 39/45 € 65/75 € – ½ P

Eine tolle Aussicht über das Vogtland bietet dieses im Stil eines Berggasthofs erbaute Haus in ca. 900 m Höhe. Gemütlich dekorierte Zimmer, teils mit Fachwerk. Der Dielenboden unterstreicht den behaglich-urigen Charakter der Gaststuben.

KLOSTER ZINNA – Brandenburg

→ Siehe Jüterbog

KLOSTER LEHNIN

Brandenburg – 10 670 Ew. – Höhe 36 m – Regionalatlas **22-O9**

▶ Berlin 72 km – Potsdam 37 km – Belzig 30 km – Brandenburg 20 km

Michelin Straßenkarte 542

Im Ortsteil Lehnin

Markgraf

Friedensstr. 13 ✉ 14797 – ✆ (03382) 76 50 – www.hotel-markgraf.de

58 Zim – 63/69 € 83/95 € – ½ P

In diesem familiengeführten Hotel wohnt man in praktischen, zeitgemäßen Zimmern (fast alle mit kleinem Balkon) und entspannt in dem hübschen kleinen Saunabereich im OG. Das Restaurant bietet bürgerlich-saisonale Küche und einige österreichische Gerichte.

KLÜTZ

Mecklenburg-Vorpommern – 3 070 Ew. – Höhe 12 m – Regionalatlas **11-K4**

▶ Berlin 274 km – Schwerin 53 km – Grevesmühlen 14 km – Hamburg 123 km

Michelin Straßenkarte 542

Landhaus Sophienhof

Wismarsche Str. 34, Zufahrt über Schulstraße ✉ 23948 – ✆ (038825) 26 70 80 – www.gartenhotel-sophienhof.de

4 Zim – 43/83 € 63/93 € – 12 €

Wenige Gehminuten vom Schloss Bothmer entfernt steht das schön sanierte Fachwerkhaus von 1854, dessen Zimmer nordisch-wohnlichen Charme versprühen. Café mit Terrasse.

KNITTELSHEIM – Rheinland-Pfalz

→ Siehe Bellheim

KNÜLLWALD

Hessen – 4 450 Ew. – Höhe 260 m – Regionalatlas **39-H12**

▶ Berlin 426 km – Wiesbaden 180 km – Kassel 49 km – Fulda 59 km

Michelin Straßenkarte 543

In Knüllwald-Rengshausen

Sonneck

Zu den einzelnen Bäumen 13 ✉ 34593 – ✆ (05685) 9 99 57 – www.hotel-sonneck.com – geschl. 27. Dezember - 11. Januar, 22. Juli - 8. August

59 Zim – 72/94 € 96/126 € – 1 Suite

In ruhiger Lage oberhalb des Ortes erwartet Sie ein familiär geleitetes Hotel mit neuzeitlichen Zimmern und hübschem Freizeitbereich, der auch Kosmetik und Massage bietet. Eine schöne Aussicht hat man vom Restaurant.

KOBERN-GONDORF

Rheinland-Pfalz – 3 160 Ew. – Höhe 82 m – Regionalatlas **36-D14**

▶ Berlin 612 km – Mainz 100 km – Koblenz 23 km – Trier 117 km

Michelin Straßenkarte 543

Alte Mühle Thomas Höreth

Mühlental 17, Kobern ✉ 56330 – ✆ (02607) 64 74 – www.thomashoereth.de – geschl. Januar 3 Wochen

14 Zim – 160/240 € 210/240 €

Karte 29/63 € – *(Montag - Freitag nur Abendessen)* (Tischbestellung ratsam)

Familie Höreth hat hier ein echtes Bijou: Die Stuben sind liebevoll dekoriert, dazu ein Innenhof, der idyllischer kaum sein könnte, und ein eigenes Weingut! Möchten Sie da nicht ein bisschen länger bleiben? Man hat individuelle und sehr wohnliche Gästezimmer, die schön ruhig liegen!

KOBLENZ

Rheinland-Pfalz – 109 780 Ew. – Höhe 60 m – Regionalatlas **36-D14**

Berlin 600 km – Mainz 100 km – Bonn 63 km – Wiesbaden 102 km

Michelin Straßenkarte 543

Altstadthotel

Jesuitenplatz 1 ✉ 56068 – ✆ (0261) 20 16 4 0 – www.altstadt-hotel-koblenz.de Stadtplan : B1**a**

14 Zim – 70/90 € 85/105 € – 12 €

Das schöne alte Haus mitten in der Stadt birgt neben zeitgemäß-funktionalen Zimmern auch ein Café mit Brotmanufaktur - probieren Sie die verschiedenen Sauerteig-Brote mit diversen Aufstrichen! Hinweis: Rezeption nur bis 18 Uhr geöffnet.

Stein

Mayener Str. 126, über Europabrücke A1 ✉ 56070 – ✆ (0261) 96 35 30 – www.hotel-stein.de

30 Zim – 85/95 € 110/150 €

Schiller's Restaurant – Siehe Restaurantauswahl

Schon über zehn Jahre gibt es das kleine Hotel, dennoch ist es mit seinen wohnlich-funktionellen und sehr gut schallisolierten Zimmern als modern zu bezeichnen. Ein weiteres Plus sind die kostenfreien Parkplätze.

Da Vinci

Firmungstr. 32b ✉ 56068 – ✆ (0261) 9 21 54 44 Stadtplan : B1**d**
– www.davinci-koblenz.de – geschl. Januar und Sonntag - Montag

Menü 30 € (mittags unter der Woche)/95 € – Karte 60/74 €

Hohe Decke, große Fenster, geschmackvolle Einrichtung, gediegene Bar... Rahmen und Interieur erinnern an eine Edel-Brasserie. Gekocht wird modern und aufwändig, aber ohne Chichi, und vor allem mit Finesse, Ausdruck und schönen Kontrasten.

→ Taschenkrebs, Grapefruit, Curry, Krustentiergelee, rosa Ingwer. Eifler Ur-Lamm, Artischocke, Zwiebel, Cous Cous, Koriander. Heimische Erdbeere, Basilikum, weiße Schokolade.

Schiller's Restaurant – Hotel Stein

Mayener Str. 126, über Europabrücke A1 ✉ 56070 – ✆ (0261) 96 35 30 – www.schillers-restaurant.de – geschl. Samstagmittag, Sonntag - Montag

Menü 69/84 € – Karte 64/136 €

Hier darf man sich auf Mike Schillers geschmacksintensive und ausdrucksstarke klassische Küche mit leicht mediterranem Einfluss freuen - als kleine A-la-carte-Auswahl oder als "Confluentia Global", ein Menü mit 4 x 4 Gängen. Man sitzt im Wintergarten oder auf der schönen verkehrsgeschützten Terrasse.

→ Tatar vom Rinderfilet. Bouillabaisse "unsere Art". Eifelreh, sanft gegarter Rücken und marinierte Waldbeeren.

GERHARDS GENUSSGESELLSCHAFT

Danziger Freiheit 3 ✉ 56068 – ✆ (0261) 91 49 91 33 Stadtplan : B1**c**
– www.gerhards-genussgesellschaft.de – geschl. Montag

Menü 20 € (mittags unter der Woche)/50 € – Karte 31/49 € – *(November - Ostern: Dienstag - Donnerstag nur Abendessen)*

Zu Klosterzeiten wurde hier, nicht weit vom Deutschen Eck, wo Rhein und Mosel zusammenfließen, Proviant gelagert, heute wird in dem schönen alten Gewölbe (gelungen der Mix mit modernem Interieur) die feine Küche von Georg Gerhards serviert: lauwarmer Entensalat, geschmorte Lammkeule... Herrlich die Terrasse.

KOBLENZ
BONN, KÖLN
TRIER
A
B
1
2
3
HAFEN
Schartwiesenweg
Mosel
Deutsches Eck
DEUTSCH-HERRENHAUS
Ludwig-Museum
St. Kastor Basilika
Peter-Altmeier-Ufer
ALTE BURG
FLORIANSKIRCHE
Florinsmarkt
Am Alten Hospital
Jesuitenplatz
JESUITENKIRCHE
Josef-Görres-Platz
Liebfrauenkirche
Neuer Messeplatz
Saarplatz
Am Wöllershof
Schlachthofstraße
Europabrücke
Mariahilfstr.
Mayener Str.
An der Bleiche
Balduinbrücke
Garten-Str.
Blumenstraße
Fischelstr.
Moselring
Hohenfelder Str.
Zentralplatz
Clemensstraße
Deinhardplatz
Clemensplatz
Reichenspergerplatz
Konrad-Adenauer-Ufer
Thielenstr.
HERZ-JESU-KIRCHE
Stegemannstraße
Casinostraße
Neustadt
SCHLOSS
Rheinanlage
Friedrich-Ebert-Ring
Karthäuserstraße
Rizzastraße
Pfaffendorfer Brücke
CONGRESS CENTRUM
RHEIN-MOSEL-HALLE
WEINDORF
Löhrstraße
Emil-Schüller-Straße
Hohenzollernstraße
ADAC
Südallee
Kurfürstenstraße
Mainzer Str.
Bismarckstraße
Markenbildchenweg
FORT KONSTANTIN
Römerstraße
Johannes-Müller-Str.
Neversstraße
Frankenstraße
Chlodwigstraße
ST. JOSEF KIRCHE
Sankt-Josef-Platz
Schenkendorfstr.
Rhein
Emser Str.
PFAFFENDORF
ST. PETER UND PAUL KIRCHE
Ellingshohl
BINGEN, BOPPARD SCHLOßSTOLZENFELS
NEUWIED BENDORF
LAHNSTEIN RHEINTAL
0
200 m
a
b
c
d
k

Bistro Filip

Münzstr. 3 ✉ 56068 – ✆ (0261) 97 37 93 71 Stadtplan : A1**b**
– www.bistrofilip.de – geschl. Sonntag
Menü 17 € (mittags)/48 € – Karte 25/42 €
Ein nettes legeres Bistro in der Altstadt mit schöner Terrasse zum Münzplatz. Wie wär's am Abend mit dem Menü? Hier gibt es z. B. "Variation von Lachs mit Gurke & Meerrettich" oder "geröstete Entenbrust in Honigjus". Eigene Kochschule.

Deutscher Kaiser N

Kastorstr. 3 ✉ 56068 – ✆ (0261) 91 48 14 20 Stadtplan : B1**k**
– www.deutscherkaiser.net – geschl. Montag
Menü 35/46 € – Karte 30/52 €
Das in Koblenz bekannte Duo Rudolf (Rudi) Staiger und Melanie Scharpmann ist vom Historischen Weinkeller direkt ans Moselufer gezogen. In dem modern erweiterten Gasthaus von 1490 sitzen Sie auf zwei Etagen in gemütlichen Stuben und essen z. B. "Damhirschmedaillon mit Nussbröseln".

In Koblenz-Güls Süd-West: 5 km über Römerstraße A3, Richtung Cochem

Vinoble – Moselhotel Hähn

Wolfskaulstr. 94 ✉ 56072 – ✆ (0261) 94 72 30 – www.moselhotel-haehn.de
– geschl. Montag - Dienstag
Menü 33/40 € – Karte 36/44 € – *(nur Abendessen)*
Modern-gemütlich ist das kleine Feinschmecker-Restaurant der Familie Hähn - Apfelgrün setzt frische Farbakzente. Aus der Küche kommen z. B. "Hirschrücken in Schokoladenjus" oder "krosser Zander auf Speckbohnen".

Moselhotel Hähn

Wolfskaulstr. 94 ✉ 56072 – ✆ (0261) 94 72 30 – www.moselhotel-haehn.de
51 Zim – 79/95 € 125/155 € – ½ P
Vinoble – Siehe Restaurantauswahl
Ein gewachsenes Hotel, das seit vielen Jahren in Familienbesitz ist. Freundliche, behagliche Zimmer mit zeitgemäßem Komfort sowie schöner Saunabereich mit privatem Wellnesszimmer.

KÖLN

Nordrhein-Westfalen – 1 024 380 Ew. – Höhe 53 m – Regionalatlas **36**-C12
Berlin 579 km – Düsseldorf 42 km – Bonn 31 km – Aachen 72 km
Michelin Straßenkarte 543
Stadtpläne siehe nächste Seiten

R. Mattes / hemis.fr

→ Alphabetische Liste der Hotels
→ Alphabetical index of hotels

→ Alphabetische Liste der Restaurants
→ Alphabetical index of restaurants

Hotels

Excelsior Hotel Ernst

Domplatz/Trankgasse 1 ✉ *50667 – ✆ (0221) 27 01* Stadtplan : J1**a**
– www.excelsior-hotel-ernst.de
114 Zim – 🚹250/350 € 🚹🚹390/490 € – ☕ 32 € – 26 Suiten
taku ✿ • ***Hanse Stube*** – Siehe Restaurantauswahl
Mit Stil hat man in dem 1863 gegründeten Haus am Dom Klassik und Moderne vereint. Exklusiv der Empfangsbereich mit Empore, schön die Lobby (hier Afternoon Tea), elegant die Zimmer, klassischer Grandhotel-Service... Darf's ein bisschen mehr sein? Dann gönnen Sie sich doch ein edles "Grand Deluxe"-Zimmer!

Marriott

Johannisstr. 76 ✉ *50668 – ✆ (0221) 94 22 20* Stadtplan : FG1**d**
– www.koelnmarriott.de
355 Zim – 🚹149/450 € 🚹🚹159/460 € – ☕ 27 € – 10 Suiten
Komfortables und modernes Haus mit einem Hauch Luxus. Schön ist die Dom-Suite mit großer Dachterrasse und tollem Blick. Variable Tagungsräume, "Plüsch-Bar" in der Lobby. Leger-französisch: Brasserie FOU.

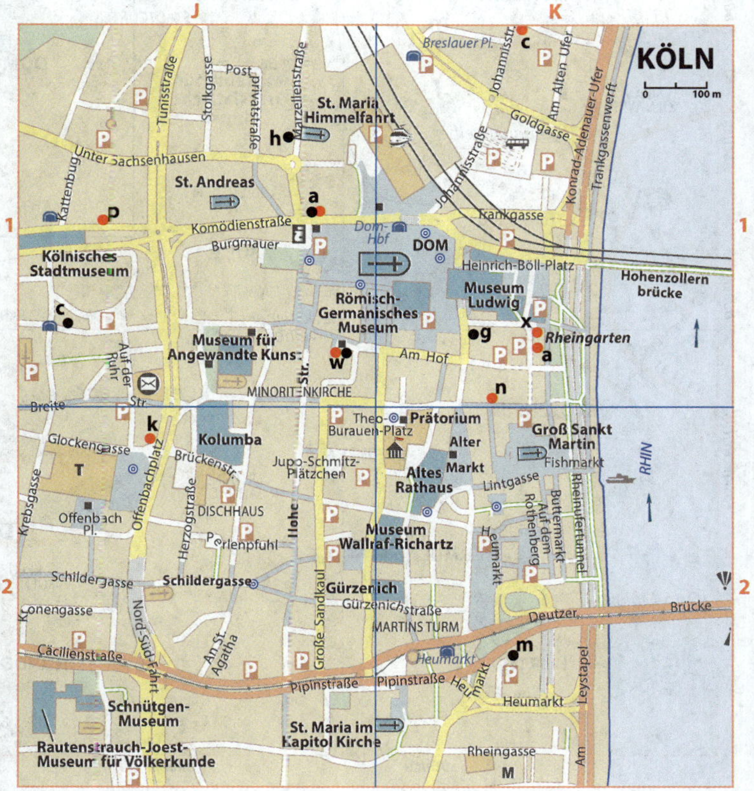

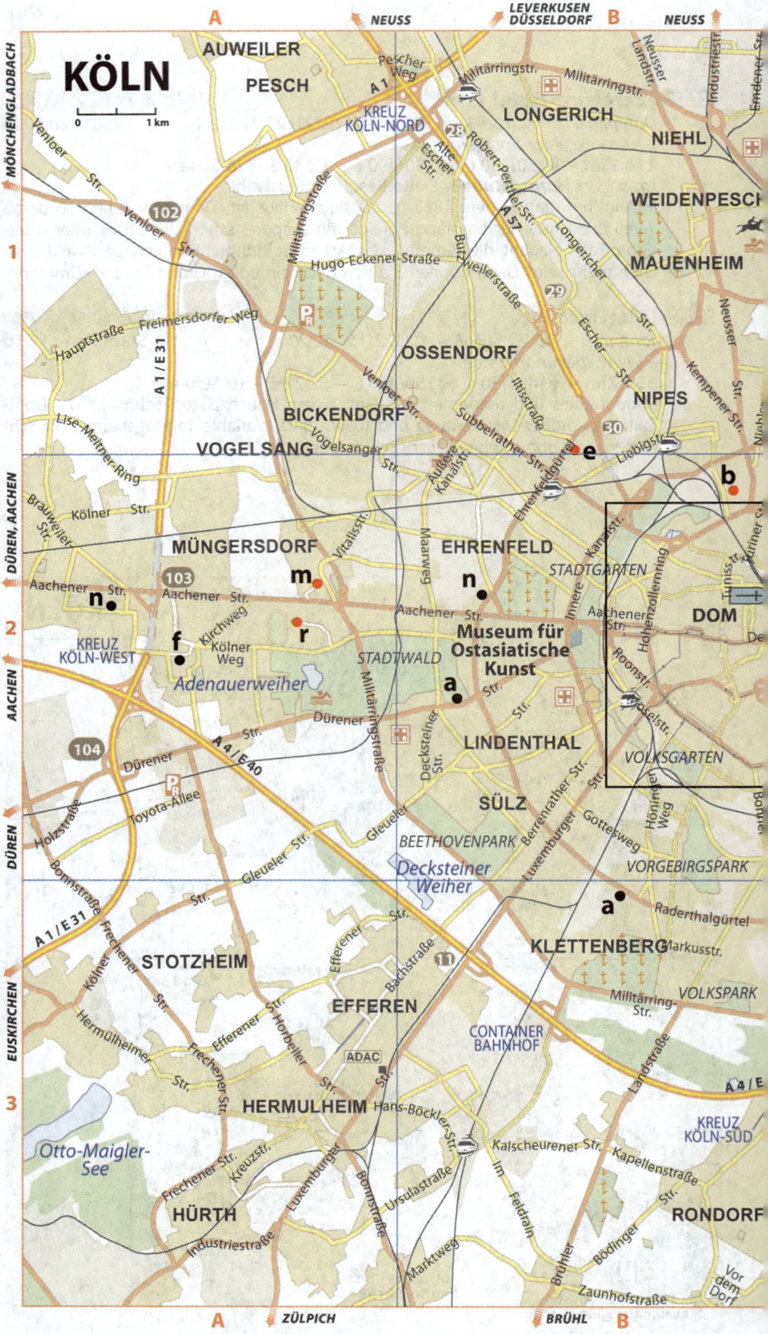
KÖLN
0
1 km
A
B
NEUSS
LEVERKUSEN
DÜSSELDORF
MÖNCHENGLADBACH
DÜREN, AACHEN
AACHEN
DÜREN
EUSKIRCHEN
ZÜLPICH
BRÜHL
1
2
3
AUWEILER
PESCH
LONGERICH
NIEHL
WEIDENPESCH
MAUENHEIM
OSSENDORF
NIPES
BICKENDORF
VOGELSANG
MÜNGERSDORF
EHRENFELD
STADTGARTEN
DOM
Museum für Ostasiatische Kunst
STADTWALD
Adenauerweiher
LINDENTHAL
VOLKSGARTEN
SÜLZ
BEETHOVENPARK
Decksteiner Weiher
VORGEBIRGSPARK
KLETTENBERG
VOLKSPARK
STOTZHEIM
EFFEREN
CONTAINER BAHNHOF
HERMULHEIM
ADAC
Otto-Maigler-See
HÜRTH
RONDORF
KREUZ KÖLN-NORD
KREUZ KÖLN-WEST
KREUZ KÖLN-SÜD
A 1
A 57
A 1/E 31
A 4/E 40
A 4/E
102
103
104
28
29
30
11
Pescher Weg
Militärringstr.
Neusser Landstr.
Industriestr.
Emdener Str.
Alte Escher Str.
Robert-Perthel-Str.
Longericher Str.
Venloer Str.
Hugo-Eckener-Straße
Militärringstraße
Butzweilerstraße
Escher Str.
Neusser Str.
Kempener Str.
Hauptstraße
Freimersdorfer Weg
Lise-Meitner-Ring
Vogelsanger Str.
Subbelrather Str.
Iltisstraße
Äußere Kanalstr.
Ehrenfeldgürtel
Liebigstr.
Brauweiler Str.
Kölner Str.
Vitalisstr.
Maarweg
Innere Kanalstr.
Hohenzollernring
Aachener Str.
Kirchweg
Kölner Weg
Dürener Str.
Roonstr.
Zülpicher Str.
Moselstr.
Deckstein er Str.
Berrenrather Str.
Luxemburger Str.
Gottesweg
Höninger Weg
Toyota-Allee
Holzstraße
Bonnstraße
Gleueler Str.
Raderthalgürtel
Markusstr.
Militärring-Str.
Frechener Str.
Efferener Str.
Bachstraße
Landstraße
Kölner Str.
Hermülheimer Str.
Horbeller Str.
Hans-Böckler-Str.
Kalscheurener Str.
Kapellenstraße
Kreuzstr.
Luxemburger Str.
Bonnstraße
Ursulastraße
Im Feldrain
Industriestraße
Marktweg
Brühler Str.
Bödinger Str.
Zaunhofstraße
Vor dem Dorf
a
b
e
f
m
n
r

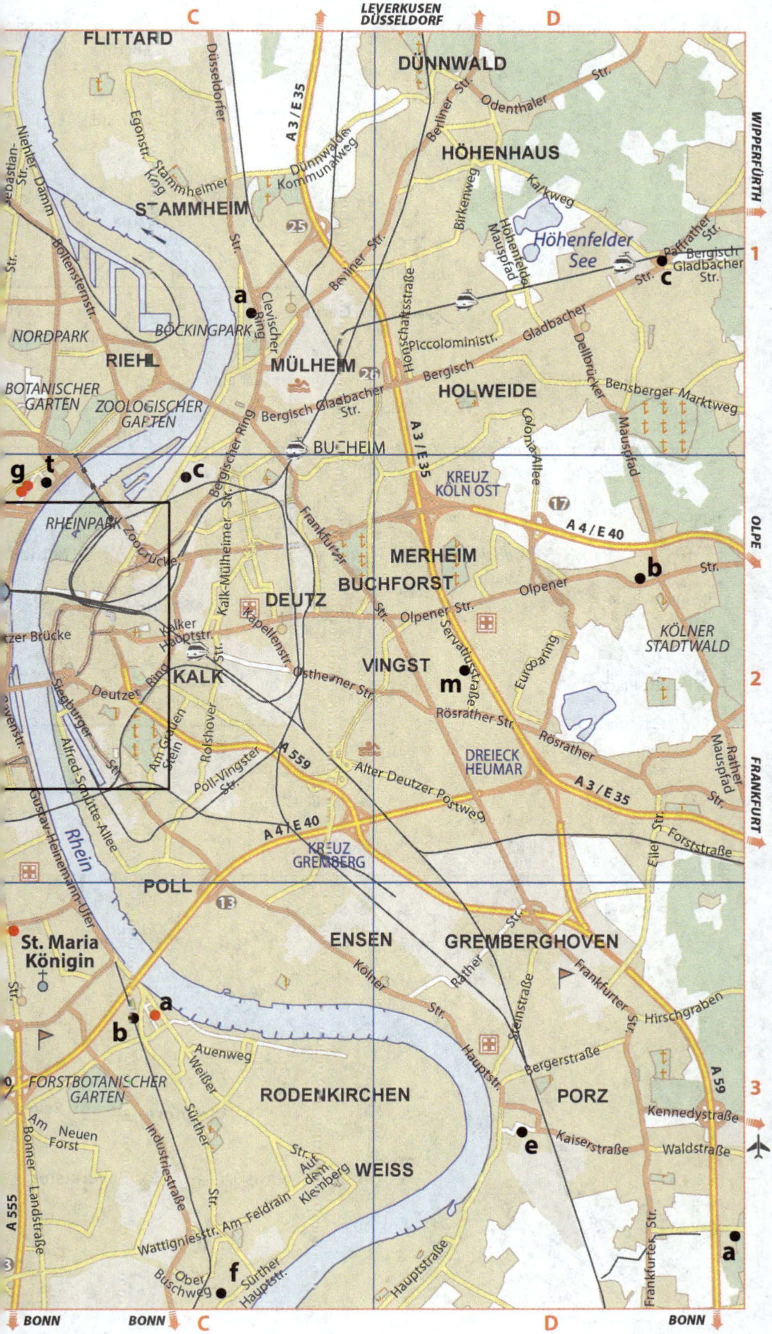

LEVERKUSEN
DÜSSELDORF
C
D
FLITTARD
DÜNNWALD
HÖHENHAUS
STAMMHEIM
Höhenfelder See
NORDPARK
BÖCKINGPARK
RIEHL
MÜLHEIM
HOLWEIDE
BOTANISCHER GARTEN
ZOOLOGISCHER GARTEN
BUCHHEIM
KREUZ KÖLN OST
RHEINPARK
MERHEIM
BUCHFORST
DEUTZ
KÖLNER STADTWALD
VINGST
KALK
DREIECK HEUMAR
KREUZ GREMBERG
POLL
St. Maria Königin
ENSEN
GREMBERGHOVEN
FORSTBOTANISCHER GARTEN
RODENKIRCHEN
PORZ
WEISS
Rhein
WIPPERFÜRTH
OLPE
FRANKFURT
BONN
BONN
BONN
A 3 / E 35
A 4 / E 40
A 559
A 59
A 555
Düsseldorfer Str.
Egonstr.
Stammheimer Ring
Dünnwalder Kommunalweg
Berliner Str.
Odenthaler Str.
Karlweg
Birkenweg
Höhenfelder Mauspfad
Paffrather Str.
Bergisch Gladbacher Str.
Niehler Damm
Boltensternstr.
Clevischer Ring
Piccolministr.
Gladbacher
Holweider Str.
Dellbrücker Mauspfad
Bensberger Marktweg
Bergisch Gladbacher Str.
Bergischer Ring
Colonia-Allee
Zoobrücke
Frankfurter Str.
Kalk-Mülheimer Str.
Olpener Str.
Kalker Hauptstr.
Kapellenstr.
Servatiusstraße
Eumaring
Ostheimer Str.
Rösrather Str.
Deutzer Ring
Siegburger Str.
Alfred-Schütte-Allee
Am Grauen Stein
Rolshover Str.
Poll-Vingster Str.
Alter Deutzer Postweg
Rather Mauspfad
Rather Str.
Eiler Str.
Forststraße
Gustav-Heinemann-Ufer
Kölner Str.
Rather Str.
Frankfurter Str.
Hirschgraben
Auenweg
Weißer Str.
Sürther Str.
Hauptstr.
Steinstraße
Bergerstraße
Kennedystraße
Kaiserstraße
Waldstraße
Am Neuen Forst
Bonner Landstraße
Industriestraße
Auf dem Klenberg
Am Feldrain
Wattignlesstr.
Ober Buschweg
Sürther Hauptstr.
Hauptstraße
Frankfurter Str.
Deutzer Brücke
1
2
3

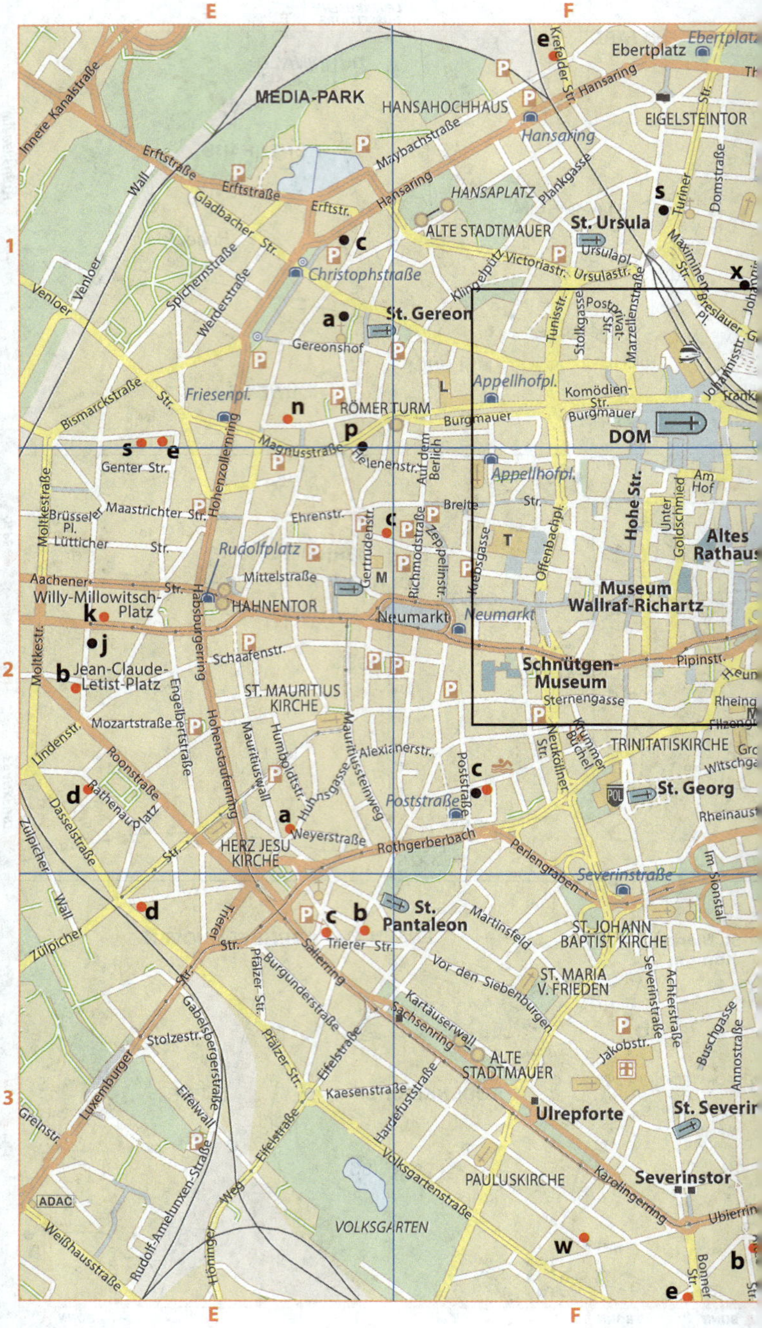
E
F
1
2
3
MEDIA-PARK
HANSAHOCHHAUS
Ebertplatz
EIGELSTEINTOR
Hansaring
HANSAPLATZ
Plankgasse
ALTE STADTMAUER
St. Ursula
Ursulapl.
Victoriastr.
Ursulastr.
Innere Kanalstraße
Erftstraße
Erftstr.
Maybachstraße
Krefelder Str.
Turiner
Domstraße
Maximinenstr.
Breslauer Pl.
Johannisstr.
Wall
Gladbacher Str.
Venloer
Spichernstraße
Werderstraße
Christophstraße
St. Gereon
Gereonshof
Klingelpütz
Tunisstr.
Stolkgasse
Post Str.
Privat-
Marzellenstraße
Friesenpl.
Bismarckstraße
RÖMERTURM
Appellhofpl.
Komödien-Str.
Burgmauer
DOM
Magnusstraße
Helenenstr.
Auf dem Berlich
Genter Str.
Moltkestraße
Brüsseler Pl.
Maastrichter Str.
Hohenzollernring
Ehrenstr.
Breite Str.
Hohe Str.
Unter Goldschmied
Am Hof
Altes Rathaus
Lütticher Str.
Rudolfplatz
Gertrudenstr.
Richmodstraße
Zeppelinstr.
Krebsgasse
Offenbachpl.
Aachener Str.
Willy-Millowitsch-Platz
Mittelstraße
HAHNENTOR
Habsburgerring
Neumarkt
Museum Wallraf-Richartz
Schaafenstr.
Moltkestr.
Jean-Claude-Letist-Platz
Engelbertstraße
Hohenstaufenring
ST. MAURITIUS KIRCHE
Schnütgen-Museum
Sterngasse
Pipinstr.
Rheing.
Mozartstraße
Mauritiuswall
Humboldtstr.
Mauritiussteinweg
Alexianerstr.
Poststraße
Neuköllner Str.
Kleiner Bürchel
TRINITATISKIRCHE
St. Georg
Rheinaustr.
Lindenstr.
Roonstraße
Rathenauplatz
Dasselstraße
Hunnsgasse
Weyerstraße
HERZ JESU KIRCHE
Rothgerberbach
Perlengraben
Severinstraße
Zülpicher Wall
Im Sionstal
Trierer Str.
St. Pantaleon
Martinsfeld
ST. JOHANN BAPTIST KIRCHE
Zülpicher
Salierring
Vor den Siebenburgen
ST. MARIA V. FRIEDEN
Severinstraße
Achterstraße
Buschgasse
Pfälzer Str.
Burgunderstraße
Kartäuserwall
Sachsenring
Jakobstr.
Annostraße
Gabelsbergerstraße
Stolzestr.
Eifelstraße
Hardefuststraße
ALTE STADTMAUER
Luxemburger
Kaesenstraße
Ulrepforte
St. Severin
Greinstr.
Eifelwall
Volksgartenstraße
Severinstor
Rudolf-Amelunxen-Straße
PAULUSKIRCHE
Karolingerring
Ubierring
ADAC
VOLKSGARTEN
Weißhausstraße
Höninger Weg
Bonner Str.
E
F

KÖLN
0
300 m
G
H
1
2
3
Rhein
RHEINPARK
KÖLN MESSE
Messe Sporthalle
Picassopl.
Auenweg
Messeallee
West
Zoobrücke
Legienstraße
Ring
Pfälzischer
Brügelmannstraße
Kennedy-Ufer
Barmer Str.
Deutz-Mülheimer Str.
Opladener Str.
Neuhöfferstraße
Düppelstr.
Mindener Str.
Justinianstraße
ALT ST. HERIBERT
LANXESS ARENA
Gummersbacher Str.
PYRAMIDEN-PARK
ALTER DEUTZER
Deutz-Kalker Str.
Eumeniusstr.
ST. HERIBERTUS
ST. JOHANNES
Lorenzstr.
Thusneldastr.
Alarichstraße
Tempelstraße
Helenenwallstr.
Gotenring
Eitorfer Str.
Reitweg
Östliche Zubringerstr.
Deutzer Ring
EDUARDUS
Teutonenstr.
Cheruskerstr.
Alter Mühlenweg
Judenkirchhofsweg
Walter-Kasper-Weg
A 559
Kannebäckerstraße
DEUTZER FRIEDHOF
Rolshover Kirchweg
Am Grauen Stein
Siegburger Str.
Poller Kirchweg
An den Maien
Alfred-Schütte-Allee
DEUTZER HAFEN
Werft
Deutzer Werft
dor-Heuss-Ring
WECKSCHNAPP
Konrad-Adenauer-Ufer
Rheinufertunnel
Deutzer Brücke
Am Leystapel
MALAKOFFTURM
Imhoff-Stollwerck-Museum
Olympic Museum
Severinsbrücke
Holzmarkt
RHEINAUHAFEN
Bayenstraße
Zollhafen
RUDE-HERR-PARK
BAYENTURM
Am Bayenturm
Ubierring
Agrippinawerft
Agrippinaufer
Mainzer Str.
Im Zollhafen
a
b
d
g
q
y
z

Pullman

Helenenstr. 14 ✉ *50667 – ✆ (0221) 27 50* Stadtplan : E1_2**p**
– www.pullmanhotels.com
265 Zim – †148/221 € ††148/241 € – ☕ 26 € – 10 Suiten
Business- und Tagungshotel im Zentrum, modern und in klaren Linien. Zimmer mit luxuriösem Touch und Bar im Loungestil. Abends bietet das "georgeM." in der 12. Etage zeitgemäße Bioküche und dazu eine schöne Sicht auf den Dom. Man hat übrigens den zweitgrößten Ballsaal der Stadt!

Savoy

Turiner Str. 9 ✉ *50668 – ✆ (0221) 1 62 30* Stadtplan : F1**s**
– www.savoy.de
152 Zim – †147/179 € ††194/285 € – ☕ 18 € – 5 Suiten
Sie suchen etwas Besonderes mit glamourösem Touch? Hochwertig und individuell die Zimmer (New York, Venedig...), chic die Appartements, attraktiv der Spa, schön das Frühstück mit Blick in den sehenswerten Innenhof! Abends speist man im Restaurant Mythos, mittags in der Bar Divas, dazu eine tolle Dachterrasse.

Im Wasserturm

Kaygasse 2 ✉ *50676 – ✆ (0221) 2 00 80* Stadtplan : F2**c**
– www.hotel-im-wasserturm.de
54 Zim – †148/280 € ††166/380 € – ☕ 28 € – 34 Suiten
Himmel un Äd ✿ • ***d/\blju "W"*** – Siehe Restaurantauswahl
Der imposante 140 Jahre alte Wasserturm ist auch nach seinem 25-jährigen Hotel-Jubiläum noch eine Besonderheit! Die Lobby ein echter Hingucker mit den aparten hohen Backsteinwänden und freischwebenden Zugängen zu den dank Facelift noch wohnlicheren Zimmern.

Mondial Am Dom Cologne

Kurt-Hackenberg-Platz 1 ✉ *50667 – ✆ (0221) 2 06 30* Stadtplan : K1**g**
– www.hotel-mondial-am-dom-cologne.com
203 Zim – †115/455 € ††135/475 € – ☕ 28 €
Das Hotel in bester Zentrumslage am Dom überzeugt durch modern-funktionale Zimmer mit guter Technik, darunter großzügige Deluxe-Zimmer. Essen können Sie im Brauhaus "Reissdorf im Mondial", die Küche ist regional - besonders schön ist der Domblick von der Terrasse! Für Raucher gibt es die "Habana Lounge".

Hilton

Marzellenstr. 13 ✉ *50668 – ✆ (0221) 13 07 10* Stadtplan : J1**h**
– www.hilton.de/koeln
294 Zim – †127/239 € ††127/239 € – ☕ 20 € – 2 Suiten
Sie wohnen in unmittelbarer Nähe zum Dom. Das Businesshotel bietet neuzeitliches Design in den technisch gut ausgestatteten Zimmern, in der Ice Bar für Raucher sowie im "Fit & Well Health Club". Geradliniges Ambiente und Showküche im Restaurant Konrad - freitagabends Seafood.

Maritim

Heumarkt 20 ✉ *50667 – ✆ (0221) 2 02 70* Stadtplan : K2**m**
– www.maritim.de
442 Zim – †112/348 € ††128/404 € – ☕ 21 € – 12 Suiten
Schon seit über 25 Jahren gibt es das Hotel an der Deutzer Brücke am Altstadtrand. In der luftig-hohen glasüberdachten Halle finden sich diverse Boutiquen, schöne Zigarren- und Whiskey-Auswahl in der Piano-Bar. Funktional die Zimmer. Bellevue mit Dachterrasse und Blick auf den Rhein.

THE QVEST hideaway (N)

Gereonskloster 12 ✉ *50670 – ✆ (0221) 2 78 57 80* Stadtplan : E1**a**
– www.qvest-hotel.com
33 Zim ☕ – †140/250 € ††170/320 € – 1 Suite
Kein Hotel von der Stange, das einstige Stadtarchiv! Chic der Mix aus Neogotik, Design und Kunst, die Atmosphäre leger, die Gästebetreuung sehr gut und individuell. Ihnen gefällt ein Möbelstück oder ein Accessoire? Sie können es kaufen!

art'otel cologne

Holzmarkt 4 ✉ 50676 – ✆ (0221) 80 10 30 Stadtplan : G2**a**
– www.artotels.com/cologne
217 Zim – 🚹79/145 € 🚹🚹89/145 € – ☕ 20 € – 1 Suite
Hotel und Galerie in einem: trendiges Design, sehr gute Technik mit kostenfreiem W-Lan sowie überall im Haus Werke der koreanischen Künstlerin SEO. Asiatische Küche im Restaurant Chino Latino (schön die Terrasse mit Blick auf Rheinhafen und Schokoladenmuseum). Toll die Dachterrasse für Hausgäste!

NH Köln-City

Holzmarkt 47 ✉ 50676 – ✆ (0221) 2 72 28 80 Stadtplan : FG2**d**
– www.nh-hotels.de
204 Zim – 🚹79/369 € 🚹🚹79/369 € – ☕ 25 €
Das Hotel liegt neben der Severinsbrücke unweit des Schokoladenmuseums. Einige der neuzeitlich-funktionellen Zimmer sind ruhig zum Innenhof gelegene Superior-Zimmer. Modernes Restaurant mit kleinem Wintergarten.

Viktoria

Worringer Str. 23 ✉ 50668 – ✆ (0221) 9 73 17 20 Stadtplan : C2**t**
– www.hotelviktoria.com – geschl. 23. Dezember - 3. Januar, 24. - 29. März
47 Zim ☕ – 🚹85/399 € 🚹🚹99/499 €
1905 als Musikhistorisches Museum erbaut, heute ein engagiert geleitetes Hotel in Zentrums- und Rheinnähe. Man hat viele Originale im Haus, dazu historische Details wie Marmortreppen oder Stuck. Einige Zimmer mit Klimaanlage.

Eden Hotel Früh am Dom

Sporergasse 1 ✉ 50667 – ✆ (0221) 2 61 32 95 Stadtplan : J1**w**
– www.hotel-eden.de
78 Zim ☕ – 🚹90/270 € 🚹🚹115/295 €
Topaktuell und auf Wunsch mit Domblick, so wohnen Sie hier. Auf die Aussicht braucht man auch beim Frühstück nicht zu verzichten, ebenso wenig bei Tagungen oder im Restaurant (das "Hof 18" wurde übrigens an einem 18. eröffnet und bietet 18 Gerichte - nettes Zahlenspiel!).

Hopper Hotel et cetera

Brüsseler Str. 26 ✉ 50674 – ✆ (0221) 92 44 00 Stadtplan : E2**j**
– www.hopper.de – geschl. 20. Dezember - 3. Januar
49 Zim ☕ – 🚹85/250 € 🚹🚹110/310 € – 1 Suite
Das einstige Kloster liegt im Belgischen Viertel. In allen Zimmern designorientierte Einrichtung, wertiges Eukalyptus-Parkett, Marmorbäder und kostenfreies W-Lan. Hübscher Innenhof.

Humboldt1 (N)

Kupfergasse 10, 1. Etage ✉ 50667 – ✆ (0221) 27 24 33 87 Stadtplan : J1**c**
– www.humboldt1.de
7 Zim ☕ – 🚹160/215 € 🚹🚹259/319 €
Schon eine spezielle Adresse, dieses sympathisch-persönlich geführte kleine Boutique-Hotel! Die Zimmer sind hochwertig und mit individueller Note eingerichtet - besonders hübsch ist Zimmer Nr. 6: eine Maisonette mit Bad unterm Dach.

Ludwig

Brandenburger Str. 24 ✉ 50668 – ✆ (0221) 16 05 40 Stadtplan : F1**x**
– www.hotelludwig.de
53 Zim ☕ – 🚹102/115 € 🚹🚹128/145 € – 1 Suite
Warum das Hotel so gefragt ist? Es liegt nur wenige Gehminuten von Dom, Bahnhof und Altstadt entfernt, ist ein familiäres Haus und man ist auffallend freundlich zu den Gästen! Fünf der gepflegten, praktischen Zimmer haben einen Balkon.

Boulevard

Hansaring 14 ✉ 50670 – ✆ (0221) 3 55 84 40 Stadtplan : E1**c**
– www.hotelboulevard.de – geschl. Weihnachten - 3. Januar
27 Zim ☕ – 🚹69/280 € 🚹🚹89/380 €
Das Hotel liegt verkehrsgünstig am Stadtring und überzeugt durch persönliche Führung und gepflegte Zimmer, teilweise mit kleinem Balkon nach hinten. Gutes Frühstücksbuffet.

Restaurants

Himmel un Äd – Hotel Im Wasserturm

Kaygasse 2, 11. Etage ✉ 50676 – ✆ (0221) 2 00 80 Stadtplan : F2**c**
– www.hotel-im-wasserturm.de – geschl. 1. - 11. Januar, 4. - 11. Februar, 12. Juli - 9. August und Sonntag - Montag
Menü 89/129 € – Karte 66/83 € – *(nur Abendessen)* (Tischbestellung ratsam)
Etwa eine Minute brauchen Sie von der "Äd" zum "Himmel", dem 11. Stock des beeindruckenden Gemäuers, wo Sie die beiden gleichnamigen modernen Menüs genießen - und das bei herrlichem Blick über Köln! Lohnenswert: Apero auf der Terrasse!
➜ Hummer, Wasserspinat, Physalis, Kardamomblätter. Felsenrotbarbe, Meeraal-Brandade, Gulaschcrème, Calamaretti. Bergheimer Rehrücken, Sellerie, Waldbeeren, Manjari Schokolade.

Hanse Stube – Excelsior Hotel Ernst

Domplatz/Trankgasse 1 ✉ 50667 – ✆ (0221) 27 01 Stadtplan : J1**a**
– www.excelsiorhotelernst.com
Menü 95 € (mittags)/155 € – Karte 66/92 €
Die "gute Stube" der Stadt! In stilvoll-elegantem Ambiente werden Sie klassisch-traditionell bekocht, dazu wählt man von einer sehr guten Weinkarte. Einer der Klassiker ist die im Restaurant tranchierte Ochsenbrust. Tipp: Business Lunch.

Alfredo (Roberto Carturan)

Tunisstr. 3 ✉ 50667 – ✆ (0221) 2 57 73 80 Stadtplan : J2**k**
– www.ristorante-alfredo.com – geschl. Juli - August 3 Wochen und Samstag - Sonntag sowie an Feiertagen
Menü 70/105 € – Karte 48/80 € – (Tischbestellung ratsam)
Authentische italienische Küche - da tritt Roberto Carturan ganz in die Fußstapfen seines Vaters Alfredo. Er kocht frisch und schnörkellos, die exzellenten Produkte werden hier bei aller Schlichtheit gekonnt in Szene gesetzt. Der Service: professionell, souverän und mit dem richtigen Maß an Lockerheit.
➜ Jakobsmuscheln, Linsen. Steinbutt, Pfifferlinge. Joghurt, weiße Schokolade.

taku – Excelsior Hotel Ernst

Domplatz/Trankgasse 1 ✉ 50667 – ✆ (0221) 2 70 39 10 Stadtplan : J1**a**
– www.taku.de – geschl. über Karneval 1 Woche, über Ostern 1 Woche, Juli - August 4 Wochen und Sonntag - Montag sowie an Feiertagen mittags
Menü 41 € (mittags)/155 € – Karte 66/92 € – (Tischbestellung ratsam)
Hier können Sie niveauvoll die Küche Ostasiens entdecken, und zwar als "Chefs Choice", als "Reise" oder "Vegan". Mittags ist das Angebot in dem geradlinig-modernen Restaurant etwas reduziert, da heißt es Business Lunch, Lunch Box oder Sushi. Pekingenten-Menü auf Vorbestellung.
➜ Kaisergranat, Hijiki, Spargel. Wolfsbarsch, Buchweizen, Shimeji. Entenbrust, Sichuanpfeffer, Wintermelone.

Rotonda (N)

Pantaleonswall 27 ✉ 50676 – ✆ (0221) 9 97 75 11 Stadtplan : E3**c**
– www.rotonda-restaurant.de – geschl. Samstag - Sonntag
Menü 45/65 € – Karte 47/85 € – *(nur Abendessen)* (Tischbestellung ratsam)
Tagsüber Club, abends Restaurant für jedermann. Die Küche ist modern-international: "pure and vegan" oder "finest fish and beef", entsprechend die Menüs: "Buddhas Hand" oder "Earth and Water". Das Design: trendig-urban mit nordischem Touch.

Wie entscheidet man sich zwischen zwei gleichwertigen Adressen?
In jeder Kategorie sind die Häuser nochmals geordnet, die besten Adressen stehen an erster Stelle.

XX ✿

La poêle d'or (Jean-Claude Bado)

Komödienstr. 50 ✉ 50667 – ✆ (0221) 13 98 67 77 Stadtplan : J1**p**
– www.lapoeledor.de – geschl. 22. - 29. Dezember, 11. - 15. Februar und Sonntag - Montag sowie an Feiertagen
Menü 49 € (vegetarisch)/111 € – Karte 57/78 €
Im Mittelpunkt der Küche stehen ganz klar die sehr guten Produkte, und die werden ausdrucksstark und mit Finesse zu modern inspirierten klassisch-französischen Speisen zubereitet. Sie mögen französische Weine? Davon hat man hier eine besonders schöne Auswahl.
➜ Aal mit grünem Apfel und Pumpernickel. Hummer mit Blumenkohl. Taube, Chicorée, Aprikosencoulis, Croustillant von Innereien, Spätburgundersauce.
Bistrot B – Siehe Restaurantauswahl

XX

d/\blju "W" – Hotel Im Wasserturm

Kaygasse 2 ✉ 50676 – ✆ (0221) 2 00 80 Stadtplan : F2**c**
– www.hotel-im-wasserturm.de – geschl. Samstagmittag, Sonntag
Menü 54 € – Karte 30/54 €
Klare Linien und warme Braun- und Sandtöne schaffen hier ein modern-elegantes Design, durch die große Fensterfront schaut man auf die begrünte Terrasse. Lust auf Grillgerichte? Oder lieber "Lachs mit Perlgraupen, Lauch und Paprika"?

XX

L'escalier

Brüsseler Str. 11 ✉ 50674 – ✆ (0221) 2 05 39 98 Stadtplan : E2**b**
– www.lescalier-restaurant.de – geschl. Anfang Januar 2 Wochen und Sonntag - Montag außer an Feiertagen
Menü 49/98 € – *(nur Abendessen)*
Klein, intim, gemütlich..., so zeigt sich das bekannte "L'escalier" mit der sympathischen Bistro-Atmosphäre, klassisch-modern die Küche. Sie wählen das "Menü des Délices" oder das "Menü des Innovations".

XX ✿

La Société

Kyffhäuser Str. 53 ✉ 50674 – ✆ (0221) 23 24 64 Stadtplan : E3**d**
– www.lasociete.info – geschl. Juli 2 Wochen
Menü 55/109 € – Karte 69/89 € – *(nur Abendessen)* (Tischbestellung ratsam)
Küche, Service, Weinempfehlung, Ambiente... Hier freut man sich nicht nur auf richtig gute klassische Küche mit modern-regionalen Elementen (als Auftakt gibt es "Kölsche Tapas"), man wird auch charmant umsorgt und die Atmosphäre ist gemütlich, fast schon intim, sehenswert die Deko!
➜ Tatar vom Limousin-Rind mit gelierter Rauchessenz und Sellerie. Steinbutt mit Kopfsalatrisotto, gebratenem Salatherz, Petersilie und Pariser Karotten. Eifelrehrücken mit Erbse, Lauch und Aprikose.

XX

Em Krützche

Am Frankenturm 1 ✉ 50667 – ✆ (0221) 2 58 08 39 Stadtplan : K1**a**
– www.em-kruetzche.de – geschl 21. - 30. März und Montag
Menü 20 € (mittags)/59 € – Karte 36/58 € – (abends Tischbestellung ratsam)
Kölner-Zimmer, Schankraum, Delfter-Zimmer... Charmant-rustikal ist das historische Gasthaus (Familienbetrieb seit 1971). Spezialität ist z. B. Rheinischer Sauerbraten und im Winter Gans! Elegant: Kaminzimmer und Chippendale-Zimmer im OG.

X ✿✿

Le Moissonnier

Krefelder Str. 25 ✉ 50670 – ✆ (0221) 72 94 79 Stadtplan : F1**e**
– www.lemoissonnier.de – geschl. Weihnachten - Anfang Januar 1 Woche, über Ostern 1 Woche, Juli - August 3 Wochen und Sonntag - Montag, außer an Feiertagen
Menü 90 € (mittags unter der Woche)/140 € – Karte 67/113 € – (Tischbestellung erforderlich)
Ein Bistro wie in Frankreich: klein, quirlig, leger... und richtig sympathisch, was nicht zuletzt am wirklich angenehmen, herzlichen und top eingespielten Service liegt! Gekocht wird kreativ, wobei man sich nur zu gerne von einer bodenständigen französischen Landküche inspirieren lässt!
➜ Fis de veau braisé. Loup de mer en bouillabaisse. Pigeonneau rôti.

Poisson

Wolfsstr. 6 ✉ 50667 – ✆ (0221) 27 73 68 83 Stadtplan : E2**c**
– www.poisson-restaurant.de – geschl. über Karneval und Sonntag - Montag sowie an Feiertagen
Menü 32 € (mittags unter der Woche)/98 € – Karte 68/99 € – (Tischbestellung ratsam)
Der Name sagt es bereits, hier stehen Fisch und Meeresfrüchte im Mittelpunkt: Austern, gebratene Calamaretti, bretonischer Seeteufel oder geangelter Wolfsbarsch... Lassen Sie die erstklassigen Produkte vor Ihren Augen in der offenen Küche zubereiten! Tipp für Autofahrer: Parkhaus gleich nebenan.

WeinAmRhein

Johannisstr. 64 ✉ 50668 – ✆ (0221) 91 24 88 85 Stadtplan : K1**c**
– www.weinamrhein.eu – geschl. Juli - August 2 Wochen und Samstagmittag, Sonntag - Montag sowie an Feiertagen
Menü 22 € (mittags)/59 € – Karte 30/66 €
Frische Küche aus guten Produkten nennt sich hier z. B. "Glattbutt / Kopfsalat / Egerlinge / Kerbel / Nussbuttervinaigrette". Dazu gibt es eine tolle Auswahl an offenen Weinen. Am Mittag ist das günstige Tagesmenü beliebt.

maiBeck (Jan C. Maier und Tobias Becker)

Am Frankenturm 5 ✉ 50667 – ✆ (0221) 96 26 73 00 Stadtplan : K1**x**
– www.maibeck.de – geschl. Montag
Menü 42 € – Karte 38/53 € – (Tischbestellung ratsam)
MaiBeck? Das sind Jan Maier und Tobias Becker, zwei ambitionierte junge Herren, die mit Leidenschaft kochen - und mit einem Gefühl für die Kombination von Aromen. Ihr Aushängeschild: hausgemachte Pasta! Der schönste Platz ist im Sommer die Terrasse mit Rheinblick.
➜ Forellenfilet aus dem Lambachtal, Kartoffelsalat, eingelegte Gürkchen. Sanft geschmortes Schulterscherzel vom Eifelrind, 2-mal Lauch, Champignonjus. Apfeltarte COX, Tonkabohneneis, Rosmarin.

Nada

Cleverstr.32 ✉ 50668 – ✆ (0221) 88 89 99 44 Stadtplan : C2**g**
– www.nadakoeln.de – geschl. Sonntag und an Feiertagen
Menü 39/89 € – Karte 38/56 € – *(nur Abendessen)*
"Gegrillter Oktopus mit warmem Ziegenkäse, Birne, Rübstil" oder "Geschmortes und Gebratenes vom Eifeler Lamm, grüne Bohnen, Ratatouille-Remoulade" - so die moderne internationale Küche. Das Ambiente: ein hoher runder Raum in warmen Tönen, über Ihnen ein markanter Leuchter an violetter Decke!

Capricorn [i] Aries Brasserie

Alteburgerstr. 31 ✉ 50678 – ✆ (0221) 3 97 57 10 Stadtplan : F3**b**
– www.capricorniaries.com – geschl. Samstagmittag, Sonntag, Mittwoch
Menü 19 € (mittags unter der Woche)/59 € – Karte 33/54 €
Die Brasserie in dem Eckhaus ist so wie sie sein sollte: sympathisch, unkompliziert, gemütlich! Auf den Teller kommen hochwertige Produkte, z. B. als "Soupe de poisson mit gebratener Jakobsmuschel" oder als "Steak Frites". Und als Dessert "Crème brûlée mit Tonkabohneneis"?

Gruber's Restaurant

Clever Str. 32 ✉ 50668 – ✆ (0221) 7 20 26 70 Stadtplan : C2**g**
– www.grubersrestaurant.de – geschl. über Weihnachten und Samstagmittag, Sonntag sowie an Feiertagen
Menü 19 € (mittags)/70 € – Karte 40/62 €
Lust auf Wiener Schnitzel, Tafelspitz oder Kaiserschmarrn? Typische österreichische Schmankerl, aber auch Internationales sowie Wein und Kaffee aus der Alpenrepublik gibt es hier in freundlich-legerer Atmosphäre (sehenswert: die Hundertwasser-Replikate). Beliebt für Snacks ist die "Österia" nebenan.

Amabile
Görrestr. 2 ✉ 50674 – ✆ (0221) 21 91 01 Stadtplan : E2**d**
– www.restaurant-amabile.de – geschl. über Karneval 2 Wochen, September 2 Wochen und Sonntag - Montag
Menü 38/70 € – Karte 46/52 € – *(nur Abendessen)*
Zu finden ist das liebenswert dekorierte Restaurant mit rustikalem Touch zwischen Millowitsch-Theater und Universität. Am besten entdeckt man die saisonal-internationale Küche beim Überraschungsmenü.

Heising und Adelmann
Friesenstr. 58 ✉ 50670 – ✆ (0221) 1 30 94 24 Stadtplan : E1**n**
– www.heising-und-adelmann.de – geschl. Sonntag - Montag sowie an Feiertagen
Menü 36/56 € – Karte 41/52 € – *(nur Abendessen)*
Ein lebendiges Bistro - im Eingangsbereich die Bar, draußen eine tolle Terrasse. Zur kleinen Auswahl an internationalen Gerichten - z. B. "gebratene Scampi auf Paprika-Gazpacho" - gibt es eine gute Weinkarte, die fair kalkuliert ist.

Ox & Klee
Richard-Wagner-Str. 20 ✉ 50674 – ✆ (0221) 16 95 66 03 Stadtplan : E2**k**
– www.oxundklee.de – geschl. über Karneval, über Ostern 2 Wochen, Juli 2 Wochen und Sonntag, Donnerstag sowie an Feiertagen
Menü 49/99 € – *(nur Abendessen)* (Tischbestellung ratsam)
Eine wirklich interessante Adresse für frische moderne Küche. Es ist ein sympathisches Restaurant, in dem ambitioniert gekocht wird: ein Wahl- oder ein Überraschungsmenü - alleine wegen der köstlichen Saucen möchte man wieder kommen!
➜ Warm gebeizter schottischer Lachs, Topinambur, Muschelgel, Gurke. Bio-Huhn, Brokkoli, Erdnuss, Zitronengrasjus. Milch und Schokolade in 2 Gängen serviert.

basilicum
Am Weidenbach 33 ✉ 50676 – ✆ (0221) 32 35 55 Stadtplan : E3**b**
– www.basilicum.org – geschl. 1. - 9. Februar und Sonntag - Montag
Menü 37/49 € – Karte 33/50 € – *(nur Abendessen)* (Tischbestellung ratsam)
In dem engagiert und persönlich geführten kleinen Lokal mit Bistroflair sieht (und schmeckt!) man die Liebe zur französischen Küche: Lauchquiche, elsässische Apfeltarte..., aber auch saisonal-internationale Speisen wie "Kalbssteak mit Kräuterkruste" überzeugen. Schöne überdachbare Innenhofterrasse.

Bistrot B – Restaurant La poêle d'or
Komödienstr. 50 ✉ 50667 – ✆ (0221) 13 98 67 77 Stadtplan : J1**p**
– www.lapoeledor.de – geschl. 22. - 29. Dezember und Sonntag - Montag sowie an Feiertagen
Menü 31/33 € – Karte 35/45 €
Hier kocht man klassisch-französische Gerichte bekannter 3-Sterne-Köche aus den 60er und 70er Jahren nach: "Kalbskopfsalat mit Brokkoli", "Poularde Jacqueline", "Crêpes Gil Blas"... Und die können Sie sich selbst zu einem 3-Gänge-Menü zusammenstellen - der Preis bleibt immer gleich!

Metzger & Marie (N)
Kasparstr. 19 ✉ 50670 – ✆ (0221) 99 87 93 53 Stadtplan : B2**b**
– www.metzgermarie.de – geschl. Dienstag - Mittwoch
Menü 25 € – Karte 36/60 € – *(nur Abendessen)* (Tischbestellung ratsam)
Ein gelernter Metzger und ein ehemaliges Funkenmariechen bieten hier Traditionelles, sowohl in Sachen Ambiente (sympathisch der Mix aus rustikal und modern) als auch in der Küche: Wiener Schnitzel, Sauerbraten, aber auch Vegetarisches, dazu schöne deutsche und österreichische Weine. Jung-legere Atmosphäre.

Sorgenfrei

Antwerpenerstr. 15 ✉ 50672 – ✆ (0221) 3 55 73 27 Stadtplan : E1_2**s**
– www.sorgenfrei-koeln.com – geschl. über Weihnachten, über Karneval und Samstagmittag, Sonntag
Menü 17 € (mittags)/35 € – Karte 37/51 €
Eine wirklich nette lebendige Adresse im Belgischen Viertel, die mit internationaler Küche (z. B. "Kabeljau mit Kamille, Gurke, Fenchel" oder "Steak Frites" als Klassiker) sowie mit schönen europäischen Weinen lockt (nebenan hat man auch eine Weinhandlung). Mittags kleineres Angebot samt Plat du jour.

Pure White N

Antwerpener Str. 5 ✉ 50667 – ✆ (0221) 29 43 65 07 Stadtplan : E1_2**e**
– www.pure-white-food.de – geschl. Sonntag
Karte 65/119 € – *(nur Abendessen)* (Tischbestellung ratsam)
Locker-leger geht es hier nahe dem Friesenplatz zu, in der Küche nur top Produkte! Probieren Sie die norwegische Kingcrab, Austern oder wilden Heilbutt! Oder lieber Fleisch? Dry Aged Beef aus den USA, Schottland oder Japan vom Josper Grill.

Teatro

Zugweg 1 ✉ 50667 – ✆ (0221) 80 15 80 20 Stadtplan : F3**e**
– www.teatro-ristorante.de – geschl. 27. Dezember - 4. Januar und Dienstag, Samstagmittag, Sonntagmittag
Menü 18 € (mittags) – Karte 36/67 € – (Tischbestellung ratsam)
Italienisch speisen heißt es in dem lebendig-sympathischen Restaurant. Dekorativ: Schwarz-Weiß-Fotos diverser Filmstars in einem der beiden Räume, Theaterkulisse als Wandbild im anderen.

Höhns Biergarten N

Bonner Str. 381 ✉ 50968 – ✆ (0221) 3 48 12 93 Stadtplan : C3**c**
– www.hoehns-biergarten.de – geschl. Montag, Samstagmittag
Menü 15 € (mittags unter der Woche)/35 € – Karte 35/62 €
Appetit auf "Poularde mit Kartoffelstampf und Pfifferlingen"? In sympathischer Brasserie-Atmosphäre serviert man bürgerliche Küche - schnörkellos, frisch und mit Geschmack. Tipp: das günstige Mittagsmenü. Schöner Biergarten hinter dem Haus.

Comedia Wagenhalle

Vondelstr. 4 ✉ 50677 – ✆ (0221) 35 55 89 10 Stadtplan : F3**w**
– www.comedia-wagenhalle.de
Menü 30/48 € – Karte 26/52 €
Einst Wagenhalle der Feuerwache von 1904, heute Restaurant mit lebendigem Bistroflair, in dem man noch den Charme des denkmalgeschützten Gebäudes spürt. Gerne kommt man auch zum günstigen Mittagsmenü oder zum Überraschungsmenü. Für Kulturfreunde: Das Comedia Theater befindet sich mit im Haus!

KÖLSCHE WIRTSCHAFTEN: : typische, urige kölsche Gaststätten.
Regionale Speisen und ein gepflegtes Kölsch vom Fass

Peters Brauhaus

Mühlengasse 1 ✉ 50667 – ✆ (0221) 2 57 39 50 Stadtplan : K1**n**
– www.peters-brauhaus.de – geschl. über Weihnachten
Karte 17/37 €
In dieses klassische Brauhaus geht man natürlich in erster Linie, um sein Kölsch vom Fass zu genießen (serviert vom Köbes), doch auch die Räume hinter der schön verzierten Fassade verdienen Beachtung! Zum Bier gibt's deftiges Essen.

Haus Töller

Weyerstr. 96 ✉ 50676 – ✆ (0221) 2 58 93 16 Stadtplan : E2**a**
– www.haus-toeller.de – geschl. Weihnachten - Mitte Januar, Juni - August und Sonntag sowie an Feiertagen
Karte 21/28 € – *(nur Abendessen)* (Tischbestellung ratsam)
Das einstige "Steynen Huys" von 1343 ist wirklich etwas für Liebhaber: Original sind Holztische und Dielenboden, Kassettendecke und "Beichtstuhl". Spezialitäten: Grillhaxe, Rheinischer Sauerbraten (vom Pferd) und freitagabends Reibekuchen, dazu Päffgen Kölsch vom Fass.

Früh am Dom

Am Hof 12 ✉ 50667 – ✆ (0221) 2 61 32 15 Stadtplan : J1**w**
– www.frueh-gastronomie.de
Karte 16/37 €
Das ist eines der größten Brauhäuser Deutschlands (rund 1200 Gäste passen hier rein) und ein Muss für jeden Köln-Besucher! Gebraut wird seit 1904 - und immer schon werden Kölsch und typische Speisen an blanken Tischen vom Köbes serviert!

In Köln-Braunsfeld

Ameron Hotel Regent

Melatengürtel 15 ✉ 50933 – ✆ (0221) 5 49 90 Stadtplan : B2**n**
– www.hotelregent.de
178 Zim – 🚹110/430 € 🚹🚹110/430 € – ☕ 20 €
Ideal für Tagungen und Businessgäste ist dieses Hotel mit sehr schöner moderner Einrichtung in klaren Linien, toll der Blick von den oberen Etagen. Im Eingangsbereich hat man eine ansprechende Bar - auch für Sportübertragungen. In der Osteria Cantinetta bekommt man Italienisches wie Focaccia, Pasta & Co.

In Köln-Brück Ost: 13 km

Gut Wistorfs

Olpener Straße 845 ✉ 51109 – ✆ (0221) 8 80 47 90 Stadtplan : D2**b**
– www.gut-wistorfs.de
14 Zim ☕ – 🚹72/83 € 🚹🚹103/114 €
Wenn Sie lieber etwas außerhalb von Köln wohnen, ist der Gutshof a. d. 17. Jh. ideal: behaglicher Landhausstil, Zimmer mit allergikerfreundlichem Fliesenboden, meist zum ruhigen Innenhof. Internationale und regionale Küche, gemütliche Bar für Aperitif, Digestif oder ein Bier. Tolle Veranstaltungsscheune.

In Köln-Dellbrück

Ihr Hotel

Bergisch-Gladbacher Str. 1109 ✉ 51069 Stadtplan : D1**c**
– ✆ (0221) 9 68 19 30 – www.ihr-hotel-koeln.de
21 Zim ☕ – 🚹65/179 € 🚹🚹89/229 €
Die Lage an einer recht befahrenen Straße sollte Sie nicht davon abhalten, hier zu übernachten, denn das Haus wird sehr persönlich geführt, ist ausgesprochen gepflegt, die Zimmer sind sehr gut ausgestattet und das Frühstück top!

In Köln-Dünnwald Nord-Ost: 13 km über Berliner Straße D1

Waldschenke (N)

Am Kunstfeld 41 ✉ 51069 – ✆ (0221) 97 77 16 99 – www.waldschenkekoeln.de – geschl. über Karneval 1 Woche und Montag
Menü 18 € (mittags) – Karte 31/45 €
Hier hat man dem schön gelegenen denkmalgeschützten Fachwerkhaus neues Leben eingehaucht: moderner Stil und helle, warme Töne kombiniert mit rustikaler Note, draußen die hübsche Terrasse. Spezialität: geschmorte Ochsen- oder Kalbsbacken.

In Köln-Deutz

Hyatt Regency
Kennedy-Ufer 2a ✉ 50679 – ✆ (0221) 8 28 12 34 Stadtplan : G2**y**
– www.cologne.regency.hyatt.de
288 Zim – 🚹160/400 € 🚹🚹160/600 € – ☕ 25 € – 18 Suiten
Das Businesshotel liegt zwar auf der "Schäl Sick", also auf der "falschen" (rechten) Rheinseite (so übrigens auch der Name der Hotelbar), doch von hier hat man den besten Blick auf den Dom! Geradlinige, modern-elegante Zimmer und internationale Küche im Restaurant Glashaus im 1. OG - mit Sushibar.

Stadtpalais
Deutz-Kalker-Str. 52 ✉ 50679 – ✆ (0221) 88 04 20 Stadtplan : H2**g**
– www.hotelstadtpalais.de
115 Zim ☕ – 🚹145/329 € 🚹🚹165/349 €
Gegenüber der LANXESS-Arena hat man das ehemalige Kaiser-Wilhelm-Bad zum Hotel umgebaut. Historisches trifft auf moderne "Pott"-Architektur, der sehenswerte Original-Fliesenspiegel in der Halle gibt die schöne Farbgestaltung vor. Absacker in "Bio's Bar" - hier auch Leihgaben von Namensgeber Alfred Biolek.

Inselhotel
Constantinstr. 96 ✉ 50679 – ✆ (0221) 8 80 34 50 Stadtplan : H2**b**
– www.inselhotel-koeln.de
42 Zim ☕ – 🚹89/225 € 🚹🚹119/295 €
Das Stadthaus an der Ecke, gegenüber dem Deutzer Bahnhof, bietet seinen Gästen freundlichen Service und sehr gepflegte, funktionale Zimmer. Messe und LANXESS-Arena in der Nähe.

Ilbertz
Mindener Str. 6, Zufahrt über Siegesstr. 6 ✉ 50679 Stadtplan : G2**z**
– ✆ (0221) 8 29 59 20 – www.hotel-ilbertz.de
26 Zim – 🚹92/99 € 🚹🚹109/125 € – ☕ 10 €
Für alle, die gerne mal aufs Auto verzichten, ist die gute Anbindung an öffentliche Verkehrsmittel ein echter Vorteil! Zudem hat der messenahe Familienbetrieb (inzwischen von den beiden Söhnen geleitet) tipptopp gepflegte Zimmer zu bieten.

In Köln-Ehrenfeld

Carls Ⓝ
Eichendorffstr. 25, Neu Ehrenfeld ✉ 50823 Stadtplan : B1_2**e**
– ✆ (0221) 58 98 66 56 – www.carlsrestaurant.de
– geschl. über Karneval, Oktober 2 Wochen und Montag außer an Feiertagen
Karte 23/42 € – *(nur Abendessen)*
Sie mögen's sympathisch-nachbarschaftlich? Dann wird Ihnen diese charmante bürgerlich-rustikale Adresse gefallen, und die Küche kommt auch an: international-regional, von "Thunfischsteak mit Chicoree-Zitronen-Risotto" bis "Himmel un Äd".

In Köln-Junkersdorf

Brenner'scher Hof
Wilhelm-von-Capitaine-Str. 15 ✉ 50858 Stadtplan : A2**f**
– ✆ (0221) 9 48 60 00 – www.brennerscher-hof.de
38 Zim ☕ – 🚹89/255 € 🚹🚹109/275 € – 2 Suiten
Wer es mediterran mag, wird sich auf dem schönen Anwesen von 1754 wohlfühlen: Behaglichkeit dank warmer Farben und liebenswerter Deko, sehr angenehm im Sommer der Innenhof! Und auch die Lage ist günstig - BAB und City sind gut erreichbar.

In Köln-Lindenthal

Leonardo Royal Hotel Köln - Am Stadtwald

Dürener Str. 287 ✉ 50935 – ☎ (0221) 4 67 60 Stadtplan : B2**a**
– www.leonardo-hotels.com
150 Zim – 🚹79/599 € 🚹🚹89/599 € – ☕ 18 €
Auch wenn die Fassade vielleicht etwas nüchtern wirkt, die Einrichtung des Hotels ist schön modern, von den nach hinten gelegenen Zimmern blickt man auf den Kahnweiher und den Stadtwald. Im Sommer sitzt man im Biergarten direkt am Wasser, in der kalten Jahreszeit schauen Sie vom Wintergarten in den Stadtwald.

In Köln-Merheim

Servatius

Servatiusstr. 73 ✉ 51109 – ☎ (0221) 89 00 30 Stadtplan : D2**m**
– www.hotel-servatius.de – geschl. 23. Dezember - 5. Januar
38 Zim ☕ – 🚹65/359 € 🚹🚹79/389 €
Die vielen Stammgäste wissen, dass man hier gut übernachtet. Neben der praktischen und freundlichen Einrichtung stimmt auch die Größe der Zimmer. Die "RED Lounge Bar" macht schon was her mit ihrem schicken trendigen Design!

In Köln-Mülheim

Park Consul

Clevischer Ring 121 ✉ 51063 – ☎ (0221) 9 64 70 Stadtplan : C1**a**
– www.pckoeln.consul-hotels.com
186 Zim – 🚹65/399 € 🚹🚹65/399 € – ☕ 17 € – 2 Suiten
Konzept und Lage sind ausgelegt auf Tagungen und Messebesucher, gut die Verkehrsanbindung. Schöne Sicht von der Sonnenterrasse im 5. Stock - hier auch die Executive-Zimmer mit Balkon! Besonders ruhig die Zimmer nach hinten. Im Restaurant regionale und internationale Küche. Kölsches Brauhaus im selben Gebäude.

The New Yorker

Deutz-Mühlheimer-Str. 204 ✉ 51063 – ☎ (0221) 4 73 30 Stadtplan : C2**c**
– www.thenewyorker.de
40 Zim – 🚹110/130 € 🚹🚹130/160 € – ☕ 15 €
Das Motto: "Enjoy the difference"! Der Individualgast findet hier das Schöne, das Ausgefallene, Kunst und Design. Sie bleiben länger? Man hat fünf tolle Lofts sowie Apartments. Für Hausgäste: Snacks und kleine Speisen wie Panini oder Flammkuchen. Begrünter Innenhof inmitten der Industriearchitektur!

Burns Art Hotel

Adam-Stegerwald-Str. 9 ✉ 51063 – ☎ (0221) 6 71 16 90 Stadtplan : H1**q**
– www.hotel-burns.de – geschl. 22. - 30. Dezember
102 Zim ☕ – 🚹79/350 € 🚹🚹99/375 €
Das Hotel liegt relativ ruhig in einer Wohnsiedlung. Sie wählen zwischen zeitgemäßen "Fair & More"-Zimmern und den puristisch-chic designten "Burns Art"-Zimmern, oder gönnen Sie sich eine der tollen Juniorsuiten mit Balkon und Stadtblick!

In Köln-Müngersdorf

Maître im Landhaus Kuckuck (Erhard Schäfer)

Olympiaweg 2, über Friedrich-Schmitt-Straße ✉ 50933 Stadtplan : A2**r**
– ☎ (0221) 48 53 60 – www.landhaus-kuckuck.de – geschl. 1. - 10. Februar, 21. März - 3. April, 11. Juli - 7. August und Montag - Dienstag
Menü 99/129 € – *(nur Abendessen)* (Tischbestellung erforderlich)
"Klassik" und "Saisonal" heißen die beiden Menüs, deren Gerichte Sie natürlich auch kombinieren können. Ob Küchenteam oder Service, hier sind alle bestens eingespielt. Man hat nur fünf Tische - ein fast schon exklusiver Rahmen! Übrigens: Nur einen Steinwurf entfernt liegt das Stadion des 1. FC Köln.
➜ Geschmorter Bergfenchel mit Anisrahm, bretonische Herzmuscheln, gepuffter Reis. Brust von der Challansente mit Himbeeressig-Honigsauce, Spitzkohl, Selleriepüree, Kartoffelkrusteln. Mousse von Nougat und gerösteten Haselnüssen, Himbeereis mit italienischer Meringue.
Landhaus Kuckuck – Siehe Restaurantauswahl

XX **Landhaus Kuckuck** – Restaurant Maître im Landhaus Kuckuck

Olympiaweg 2, über Friedrich-Schmitt-Straße ✉ 50933 Stadtplan : A2**r**
– ✆ (0221) 48 53 60 – www.landhaus-kuckuck.de – geschl. 1. - 10. Februar und Montag
Menü 38 € – Karte 44/63 €
Ein Kleinod außerhalb der hektischen City: herrlich im Grünen gelegen und elegant im englischen Landhausstil eingerichtet. Wunderschön die Terrasse - im Sommer sicher auch Ihr Favorit!

XX **Jan's Restaurant in der Remise**

Wendelinstr. 48 ✉ 50933 – ✆ (0221) 5 10 39 99 Stadtplan : A2**m**
– www.jansrestaurant.de – geschl. Montag, Samstagmittag, Sonntagmittag
Menü 32/50 € (abends) – Karte 33/51 €
Kamin, Holzbalken, Backsteinboden..., gemütlicher könnte es auf dem alten Gutshof kaum sein. Und wussten Sie, dass Napoleon hier schon zu Gast war? Auf der Karte finden sich z. B. "Filet von der Dorade / grünes Risotto / getrocknete Tomate". Abends Überraschungsmenü, mittags einfacher Lunch.

In Köln-Porz

Lemp

Bahnhofstr. 44 ✉ 51143 – ✆ (02203) 9 54 40 Stadtplan : D3**e**
– www.hotel-lemp.com
45 Zim – 🚹79/88 € 🚹🚹81/96 € – ☕ 7 €
Warum es sich hier gut wohnen lässt? Das Haus wird engagiert geführt, ist freundlich eingerichtet und am Morgen gibt's ein schönes Frühstücksbuffet. Kleine Speisen oder ein Glas Wein im netten Bistro "Piccolo". Gute S-Bahn-Anbindung.

In Köln - Porz-Grengel

Leonardo Hotel Köln Bonn Airport

Waldstr. 255, am Flughafen Köln/Bonn, über Kennedystraße D3 ✉ 51147 – ✆ (02203) 56 10 – www.leonardo-hotels.com
177 Zim – 🚹79/179 € 🚹🚹99/199 € – ☕ 18 €
Businessgäste sind hier genau richtig! Der Flughafen liegt gleich um die Ecke (kostenfreier Shuttle-Service), von dort aus kommen Sie mit der S-Bahn S13 bequem zum Messegelände. Die Zimmer sind schön geräumig und man bietet internationale Küche sowie eine Bar. Sonntags Brunch.

Spiegel

Hermann-Löns-Str. 122 ✉ 51147 – ✆ (02203) 96 64 40 Stadtplan : D3**a**
– www.hotel-spiegel.de – geschl. Ende Juli - August 3 Wochen
27 Zim ☕ – 🚹75/110 € 🚹🚹90/160 €
Bei Familie Spiegel schläft man in praktisch ausgestatteten Gästezimmern, verweilt gemütlich im angenehm lichten Kaminzimmer - mit Blick in den hübschen kleinen japanischen Garten - und lässt sich im gediegenen Restaurant internationale Küche servieren. Und der Flughafen ist nur 5 Autominuten entfernt.

In Köln - Porz-Langel Süd: 17 km über Hauptstraße D3

XX **Zur Tant**

Rheinbergstr. 49 ✉ 51143 – ✆ (02203) 8 18 83 – www.zurtant.de – geschl. über Karneval und Donnerstag
Menü 70/90 € – Karte 50/68 €
Nach wie vor klassisch ist die Küche dieses gut besuchten Hauses. Wie wär's mit einem Platz am Fenster, dann können Sie z. B. "Seeteufel, Kerbelsauce, Frühlauch, Süßkartoffel" schön auf den Rhein schauen. Von der Terrasse natürlich genauso!
Piccolo – Siehe Restaurantauswahl

X **Piccolo** – Restaurant Zur Tant

Rheinbergstr. 49 ✉ 51143 – ✆ (02203) 8 18 83 – www.zurtant.de – geschl. über Karneval und Donnerstag
Menü 34 € – Karte 32/34 €
Hier kocht man mit frischen Produkten und Bezug zur Region. Probieren Sie z. B. "Kartoffelsuppe mit Blutwurst" und "Zwiebelrostbraten mit Gemüse und Röstkartoffeln"! Sie können sich Ihr 3-Gänge-Menü selbst zusammenstellen, der Preis bleibt immer gleich!

In Köln - Porz-Wahnheide West: 17 km über Kennedystraße D3

Karsten

Linder Weg 4 ✉ 51147 – ✆ (02203) 96 61 90 – www.hotelkarsten.de – geschl. Weihnachten - 2. Januar

24 Zim – 74/120 € 100/149 €

Nicht nur Raumfahrer vom nahen Übungszentrum fühlen sich hier wohl! Kein Wunder, denn hier stimmt alles: recht ruhig die Lage, freundlich die Gastgeberinnen, gepflegt die Zimmer, schön das Frühstück im Wintergarten oder auf der Terrasse!

In Köln-Rodenkirchen

Begardenhof

Brückenstr. 41 ✉ 50996 – ✆ (0221) 9 85 47 10 Stadtplan : C3**b**

– www.begardenhof.de

36 Zim – 76/250 € 90/400 €

Ein attraktives modernes Hotel in verkehrsgünstiger Lage mit geradlinigem Interieur in Braun-, Orange- und Rottönen. Doppelzimmer zum Innenhof, teilweise mit Balkon, geräumig die drei Juniorsuiten, schön die Dachterrasse. Neuzeitliches Restaurant mit internationaler Küche und günstigem Mittagstisch.

AURA by Luis Dias

Wilhelmstr. 35a ✉ 50996 – ✆ (0221) 9 35 23 23 Stadtplan : C3**a**

– www.aura-coeln.de – geschl. Juli - August 3 Wochen und Montag, Samstagmittag

Menü 55/64 € – Karte 44/66 €

In dem etwas versteckt liegenden hübschen kleinen Restaurant könnte man zum Stammgast werden, denn hier gibt es frische mediterrane Küche mit Geschmack. Auch der Service stimmt: aufmerksam und herzlich. Tipp: Parkhaus am Maternusplatz.

In Köln-Sürth

Falderhof

Falderstr. 29 ✉ 50999 – ✆ (02236) 96 69 90 Stadtplan : C3**f**

– www.falderhof.de – geschl. 23. Dezember - 3. Januar

33 Zim – 88/98 € 118 €

Ruhige Zimmer sind Ihnen gewiss auf diesem denkmalgeschützten ehemaligen Bauernhof, keines liegt zur Straße hin! Und hübsch sind sie zudem, hier und da antike Stücke. Zum Essen geht man in das charmante Alte Fachwerkhaus - im Winter sitzt man am Kamin am schönsten, im Sommer auf der wunderbaren Terrasse!

In Köln-Weiden

Garten-Hotel

Königsberger Str. 5 ✉ 50858 – ✆ (02234) 4 08 70 Stadtplan : A2**n**

– www.garten-hotel.de – geschl. 23. Dezember - 2. Januar

33 Zim – 89/99 € 109/139 € – 8 €

Das Hotel ist topgepflegt und bietet wohnlich-zeitgemäße Zimmer und Appartements sowie einen hübschen Wintergarten mit Blick ins Grüne. Praktisch: kostenfreie Tiefgarage. Lust auf Shopping? Wenige Gehminuten zum Weidener Einkaufszentrum.

In Köln-Zollstock

EuroNova arthotel

Zollstockgürtel 65 ✉ 50969 – ✆ (0221) 9 33 33 00 Stadtplan : B3**a**

– www.euronova-arthotel.de

73 Zim – 85/195 € 100/210 € – 15 €

Zwischen zahlreichen Bürogebäuden finden Sie dieses topmoderne Hotel. Die Eigentümer sind Architekten und das sieht man: "Geradlinigkeit und Purismus" lautet die Devise, die Zimmer geräumig und hochwertig. Als Businessgast können Sie Bürotel-Räume mieten - ideal zum Arbeiten.

KÖNGEN

Baden-Württemberg – 9 560 Ew. – Höhe 281 m – Regionalatlas **55-H18**
Berlin 626 km – Stuttgart 26 km – Reutlingen 28 km – Ulm (Donau) 67 km
Michelin Straßenkarte 545

Schwanen

Schwanenstr. 1 ✉ 73257 – ✆ (07024) 9 72 50
– www.schwanen-koengen.de – geschl. 24. Dezember - 6. Januar, August 2 Wochen
45 Zim – 84/92 € 110/124 € – ½ P
Schwanen – Siehe Restaurantauswahl
Bereits in 3. Generation ist Familie Benz hier engagiert im Einsatz, alles ist tipptopp gepflegt. Die Zimmer reichen vom praktischen Business-Einzelzimmer bis zum großzügigen Superior. Neben dem Restaurant gibt es abends noch das "Bistro K.B." mit traditioneller oder schwäbischer Küche.

Neckartal

Bahnhofstr. 19 ✉ 73257 – ✆ (07024) 9 72 20
– www.hotel-neckartal.com
29 Zim – 85/110 € 108/135 € – ½ P
Tafelhaus – Siehe Restaurantauswahl
Praktisch sind hier die verkehrsgünstige Lage nahe der A8 sowie die funktionalen Zimmer in der "Residenz". Für alle, die es besonders schön mögen, haben Petra und Bernd Nödinger das "Gartenhaus" - mit Kräutergarten und Brunnen! Im Stammhaus hat man zudem noch recht einfache Zimmer.

Schwanen – Hotel Schwanen

Schwanenstr. 1 ✉ 73257 – ✆ (07024) 9 72 50
– www.schwanen-koengen.de – geschl. 24. Dezember - 6. Januar, August 2 Wochen und Sonntag - Montag
Menü 19 € (mittags unter der Woche)/35 € – Karte 30/50 €
Nicole Domon, Tochter des Hauses, ist hier die freundliche Gastgeberin, ihr Mann Patrick Domon leitet die Küche. Er kocht regional-international, so z. B. "Rinderfilet mit Steinpilzen und Bohnen". Auch das Mittagsmenü ist gefragt!

Tafelhaus – Hotel Neckartal

Bahnhofstr. 19 ✉ 73257 – ✆ (07024) 9 72 20
– www.hotel-neckartal.com – geschl. Sonntag
Menü 51/59 € – Karte 32/52 € – *(nur Abendessen)*
In erster Linie kommt man natürlich wegen des guten Essens zu den Nödingers, aber auch das Ambiente stimmt: freundlich und modern-elegant. Serviert werden Klassiker wie "Rindsgulasch mit Semmelknödel" oder verschiedene Rostbraten-Varianten, aber auch Internationales.

KÖNIG, BAD

Hessen – 9 440 Ew. – Höhe 183 m – Regionalatlas **48-G16**
Berlin 584 km – Wiesbaden 85 km – Mannheim 71 km – Aschaffenburg 44 km
Michelin Straßenkarte 543

In Bad König-Momart Süd-Ost: 2 km über Weyprechtstraße

Zur Post

Hauswiesenweg 16 ✉ 64732 – ✆ (06063) 15 10
– www.zurpost-momart.de – geschl. Februar
9 Zim – 55/60 € 79/89 € – ½ P
Der Familienbetrieb liegt ruhig in einem kleinen Dorf und ist guter Ausgangsort für Wanderungen. Sie wohnen in behaglichen Zimmern und speisen in gemütlichen Restauranträumen. Im Sommer lässt man sich die regional-saisonale Küche am besten auf der schönen Terrasse mit Blick auf Wiesen und Felder servieren!

KÖNIGSBACH-STEIN

Baden-Württemberg – 9 800 Ew. – Höhe 193 m – Regionalatlas **54-F18**
Berlin 647 km – Stuttgart 65 km – Karlsruhe 25 km – Pforzheim 16 km
Michelin Straßenkarte 545

Im Ortsteil Königsbach

Europäischer Hof

Steiner Str. 100 ✉ 75203 – ✆ (07232) 8 09 80
– www.europaeischer-hof.com – geschl. über Weihnachten 1 Woche, über Fasching 10 Tage, August 2 Wochen
21 Zim – †68 € ††98 €
Europäischer Hof – Siehe Restaurantauswahl
Der Familienbetrieb (bereits die 4. Generation) ist ein gut geführtes kleines Hotel in einem Wohngebiet am Ortsrand und nicht zuletzt wegen seiner Tagungsmöglichkeiten für Geschäftsleute geeignet. Auch für Familienfeiern ideal.

Europäischer Hof – Hotel Europäischer Hof

Steiner Str. 100 ✉ 75203 – ✆ (07232) 8 09 80
– www.europaeischer-hof.com – geschl. über Weihnachten 1 Woche, über Fasching 10 Tage, August 2 Wochen und Sonntagabend - Montag
Menü 40/68 € – Karte 31/46 €
Feldsalat und Kartoffeln aus eigenem Anbau sowie andere saisonale Produkte finden sich in den klassischen, aber auch internationalen Gerichten wie z. B. "Geschnetzeltes und Medaillon vom heimischen Reh mit Wachholderrahmsauce und Preiselbeeren". Gemütlich-gediegen das Restaurant, reizvoll die Gartenterrasse. Eine schöne Besonderheit: der Clochenservice.

KÖNIGSBRONN

Baden-Württemberg – 7 020 Ew. – Höhe 499 m – Regionalatlas **56-I18**
Berlin 572 km – Stuttgart 90 km – Augsburg 106 km – Aalen 14 km
Michelin Straßenkarte 545

In Königsbronn-Zang Süd-West: 6 km

Widmann's Löwen

Struthstr. 17 ✉ 89551 – ✆ (07328) 9 62 70
– www.loewen-zang.de – geschl. über Karneval, September 2 Wochen
23 Zim – †52/94 € ††80/124 € – ½ P
Widmann's Löwen – Siehe Restaurantauswahl
Nordic Walking, Radtouren, ein Besuch im Steiff-Museum... das Hotel der engagierten Widmanns ist wie gemacht als Ausgangspunkt. Wieder zurück vom Ausflug, warten wohnliche Zimmer auf Sie - mal ländlich, mal neuzeitlich. Wenn Sie etwas Besonderes suchen, buchen Sie die schicken "LANDzeit"- und "LANDglück"-Zimmer oder eine der Lodges mit Blick auf die Streuobstwiese! Tipp für Feste: die gemütlich-urige Kerbenhofhütte am Waldrand.

Widmann's Löwen – Widmann's Löwen

Struthstr. 17 ✉ 89551 – ✆ (07328) 9 62 70
– www.loewen-zang.de – geschl. über Karneval, September 2 Wochen und Dienstag - Mittwochmittag
Menü 28/75 € – Karte 21/40 €
Einladend ist hier nicht nur die gemütlich-ländliche Atmosphäre, vor allem die frische und geschmackvolle traditionell geprägte Küche von Frank Widmann samt Team lockt Gäste an. Wie wär's z. B. mit dem in der Region allgegenwärtigen Zwiebelrostbraten? Oder vielleicht lieber "halbe Landente mit Rotkohl"? Und zum Nachtisch "Apfelküchle mit Bratapfeleis"? Selbst noch etwas lernen können Sie in der eigenen Kochschule gegenüber.

KÖNIGSFELD im SCHWARZWALD

Baden-Württemberg – ✉ 78126 – 5 850 Ew. – Höhe 761 m – Regionalatlas **62-E20**
Berlin 752 km – Stuttgart 126 km – Freiburg im Breisgau 79 km – Triberg 19 km
Michelin Straßenkarte 545

In Königsfeld-Buchenberg

Café Rapp

Dörfle 22 ✉ 78126 – ✆ (07725) 9 15 10 – www.cafe-rapp.de – geschl. Januar 2 Wochen, August 3 Wochen und Montag - Dienstag

6 Zim – 64/98 € 88/118 € – ½ P

Menü 35/50 € – Karte 32/57 € – (Tischbestellung ratsam)

Hier stimmen Qualität, Geschmack und Preis! Gerne kommt man zum günstigen Mittagsgericht, abends wird etwas aufwändiger gekocht. Je nach Saison gibt es mündliche Empfehlungen. Beliebt ist das Haus auch für Kaffee und Kuchen.

KÖNIGSTEIN

Bayern – 1 740 Ew. – Höhe 490 m – Regionalatlas **51-L16**
Berlin 407 km – München 202 km – Nürnberg 54 km – Bayreuth 52 km
Michelin Straßenkarte 546

Wilder Mann

Oberer Markt 1 ✉ 92281 – ✆ (09665) 9 15 90 – www.wilder-mann.de

24 Zim – 42/78 € 66/115 € – 3 Suiten – ½ P

Seit 1881 ist der gewachsene Gasthof bei der Kirche im Familienbesitz. Die Zimmer sind wohnlich, teilweise haben sie einen Balkon zum Garten. Nachmittags bekommen Sie hausgebackenen Kuchen, im Restaurant und in der Stube bürgerliche Küche.

KÖNIGSTEIN im TAUNUS

Hessen – 16 050 Ew. – Höhe 362 m – Regionalatlas **47-F14**
Berlin 542 km – Wiesbaden 27 km – Frankfurt am Main 24 km – Bad Homburg vor der Höhe 14 km
Michelin Straßenkarte 543

Villa Rothschild Kempinski

Im Rothschildpark 1 ✉ 61462 – ✆ (06174) 2 90 80 – www.kempinski.com/villarothschild – geschl. 1. - 22. Januar und 3. - 20. August

22 Zim – 260/460 € 310/460 €

Villa Rothschild Kempinski ✿✿ – Siehe Restaurantauswahl

In einem Park steht die schmucke Bankiers-Villa von 1894 - ein edles und stilvolles Boutiquehotel. Shuttle-Service zum Ascara-Spa des Schwesterbetriebs Falkenstein. In Tizian's Bar & Brasserie bekommt man Snacks wie Flammkuchen und Clubsandwiches, aber auch Wiener Schnitzel und Zander - hier speist man, wenn mittags das Gourmetrestaurant geschlossen hat.

Königshof

Wiesbadener Str. 30 ✉ 61462 – ✆ (06174) 2 90 70 – www.koenigshof-koenigstein.de

26 Zim – 88/115 € 120/142 €

Familie Rudolph leitet das ruhig und zentral gelegene Hotel bereits seit 25 Jahren. Die Fotografien in den gut ausgestatteten Zimmern stammen von der Chefin. Am Morgen bedient man sich am schönen Frühstücksbuffet.

✿✿

Villa Rothschild Kempinski – Hotel Villa Rothschild Kempinski

Im Rothschildpark 1 ✉ 61462 – ✆ (06174) 2 90 80 – www.kempinski.com/villarothschild – geschl. 1. - 19. Januar, 2. - 24. August und Sonntag - Dienstag

Menü 105/140 € – Karte 78/96 € – *(nur Abendessen)*

Einer der absoluten Kulinarik-Hotspots des gesamten Rhein-Main-Gebiets und darüber hinaus! Verantwortlich dafür der gebürtige Freiburger Christian Eckhardt mit klassisch basierter und modern interpretierter Küche. Für die stimmige Weinbegleitung dazu sorgt Benjamin Birk. Traumhaft die Terrasse zum Park.

→ Färöer Lachs, Kopfsalat, Zuckererbse, Parmesan. Norwegische Jakobsmuschel, Bete, Crème fraîche, Osietra Kaviar. US-Beef, Morcheln, junger Spinat, Topinambur.

Tristan

Limburger Str. 22 ✉ 61462 – ✆ (06174) 92 85 25 – www.catering-tristan.de – geschl. Montag - Dienstag
Menü 39/43 € – Karte 35/54 € – *(nur Abendessen)*
Sehr gemütlich sitzt man in dem denkmalgeschützten Fachwerkaus, dafür sorgt die Mischung aus geradlinig-moderner Einrichtung, altem Dielenboden und Backstein. Auf der Karte z. B. Tristans Klassiker wie "Rinderfilet mit grünen Bohnen" oder "Riesengarnelen und Edelfische aus dem Wok".

In Königstein-Falkenstein Nord-Ost: 2 km

Falkenstein Grand Kempinski

Debusweg 6 ✉ 61462 – ✆ (06174) 9 09 09 50 – www.kempinski.com/falkenstein
88 Zim – 🚹190/330 € 🚹🚹240/380 € – ☕ 34 € – 24 Suiten
Landgut Falkenstein – Siehe Restaurantauswahl
Das noble Gesamtbild beginnt schon beim Äußeren dieses historischen Häuserensembles und zieht sich durch alle Räume (einschließlich der prächtigen Säle), die ebenso wertig sind wie das umfassende Spa-Angebot - nicht zu vergessen der ausgezeichnete Service! Picknicken Sie doch mal sonntags im Park, während Ihre Kinder den Spielplatz erkunden!

Landgut Falkenstein – Hotel Falkenstein Grand Kempinski

Debusweg 6 ✉ 61462 – ✆ (06174) 9 00 – www.restaurant-landgut.com
Menü 39 € – Karte 38/74 €
Hier hat man einen wirklich tollen Blick auf die Skyline von Frankfurt! Es wird regional gekocht, probieren Sie z. B. "Schaumsuppe von weißen Bohnen mit gepökeltem Schweinebauch" oder "geschmorte Ochsenbäckchen mit glaciertem Gemüse".

KÖNIGSWINTER

Nordrhein-Westfalen – 39 980 Ew. – Höhe 80 m – Regionalatlas **36-C13**
▶ Berlin 597 km – Düsseldorf 83 km – Bonn 10 km – Koblenz 57 km
Michelin Straßenkarte 543

Waldhotel Sophienhof

Löwenburger Str. 1, Ost: 6 km über L331 ✉ 53639 – ✆ (02223) 2 97 30 – www.waldhotel-sophienhof.de – geschl. 21. Dezember - 4. Januar
16 Zim – 🚹69/75 € 🚹🚹82 € – ☕ 11 €
Wirklich schön hat man es hier: Das Haus a. d. J. 1888 liegt ruhig und ist stilvoll-modern eingerichtet - das passt wunderbar zum historischen Charme, den man ganz bewusst bewahrt hat! Für Events und Tagungen: der "Margarethenhof" nebenan. Im Restaurant gibt es Steaks und Flammkuchen.

Hindenburg

Hauptstr. 357 ✉ 53639 – ✆ (02223) 90 19 40 – www.hotel-haus-hindenburg.de – geschl. 22. Dezember - 2. Januar
14 Zim ☕ – 🚹70/85 € 🚹🚹100/120 € – 1 Suite
Eine freundlich-familiäre Adresse ist das nette alte Stadthaus in der Fußgängerzone. Die Zimmer sind klassisch und individuell gestaltet, hübsch ist der kleine Frühstücksraum.

Petit Lion - Weinstube Krone

Hauptstr. 374 ✉ 53639 – ✆ (02223) 70 09 70 – www.krone-koenigswinter.de
Menü 57/60 € – Karte 32/70 € – *(Montag - Freitag nur Abendessen)*
Restaurant, Vinothek und Weinstube - alles unter einem Dach! Und in allen Bereichen bietet man eine Fusion aus euro-asiatischer und regionaler Küche: ein breiter Mix von "Rheinischem Sauerbraten" bis zum "Roten Curry von Fischen und Krustentieren". Übernachten können Sie im Hotel "Krone".

Auf dem Petersberg Nord-Ost: 3 km

Steigenberger Grandhotel Petersberg
Petersberg ✉ 53639 Königswinter – ✆ (02223) 7 40
– www.grandhotel-petersberg.steigenberger.de
99 Zim – 109/179 € 139/269 € – 26 € – 11 Suiten – ½ P
Rheinterrassen – Siehe Restaurantauswahl
Die weitläufige Anlage in exponierter Lage bietet einen repräsentativen Rahmen und eine grandiose Aussicht. Zimmer von wohnlich-funktionell bis klassisch-luxuriös. Kosmetik und Massage. Bistro-Café mit Terrasse.

Rheinterrassen – Steigenberger Grandhotel Petersberg
Petersberg ✉ 53639 Königswinter – ✆ (02223) 7 47 80
– www.grandhotel-petersberg.steigenberger.de
Menü 45/89 € – Karte 42/61 € – *(Montag - Freitag nur Abendessen)*
(Tischbestellung ratsam)
Das Restaurant zeigt sich, hoch oben auf dem Petersberg, als ein Ort der Ruhe fernab des hektischen Alltags. Klassisch das Interieur, phänomenal der Blick auf den Rhein.

KÖTZTING, BAD

Bayern – 7 150 Ew. – Höhe 409 m – Regionalatlas **59-O17**
Berlin 496 km – München 189 km – Regensburg 78 km – Passau 104 km
Michelin Straßenkarte 546

Amberger Hof
Zeltendorfer Weg 4 ✉ 93444 – ✆ (09941) 95 00 – www.amberger-hof.de
– geschl. 10. - 28. Januar
33 Zim – 48 € 82/90 € – ½ P
In dem traditionsreichen Haus der Familie Amberger stehen rustikale oder neuzeitlichere und besonders wohnliche Zimmer bereit, zudem Kosmetik, Massage und Kneippanwendungen. Gemütliche Restaurantstuben und nette Terrasse. Die Küche ist regional-bürgerlich.

In Bad Kötzting-Liebenstein Nord: 7 km in Richtung Ramsried – Höhe 650 m

Bayerwaldhof
Liebenstein 25 ✉ 93444 – ✆ (09941) 9 48 00 – www.bayerwaldhof.de
84 Zim – 117/127 € 212/236 € – 10 Suiten – ½ P
Hier wird ständig investiert. Der Spa, aber auch die Zimmer und das Restaurant sind sehr geschmackvoll gestaltet - überhaupt die gesamte Anlage! Man wird freundlich betreut, ringsum Ruhe und viel Grün, Entspannung pur. Freuen Sie sich z. B. auf den Garten mit Naturbadeteich und Blockhaussauna! HP inklusive.

KÖWERICH

Rheinland-Pfalz – 330 Ew. – Höhe 123 m – Regionalatlas **45-B15**
Berlin 715 km – Mainz 135 km – Trier 27 km – Saarbrücken 92 km
Michelin Straßenkarte 543

Ludwigs
Beethovenstr. 14 ✉ 54340 – ✆ (06507) 80 24 56 – www.moselhotel-ludwigs.de
– geschl. Februar 2 Wochen
7 Zim – 60/70 € 80/95 € – ½ P
Das kleine Moselhotel ist idealer Ausgangsort für aktive Gäste: Golf, Reiten, Paragliding, Wassersport... all das ist in der Nähe möglich. Wer es lieber ruhiger hat, entspannt im schönen Garten, in den liebevoll eingerichteten Zimmern oder im Restaurant bei regionaler Küche - haben Sie auch die Bilder des Schweizer Künstlers Wolfgang Goda gesehen?

KOHLGRUB, BAD

Bayern – 2 560 Ew. – Höhe 828 m – Regionalatlas **65-K21**
Berlin 668 km – München 83 km – Garmisch-Partenkirchen 32 km – Kempten (Allgäu) 78 km
Michelin Straßenkarte 546

Schillingshof
Fallerstr. 11 ✉ 82433 – ✆ (08845) 70 10 – www.hotel-schillingshof.com
131 Zim – 99/169 € 148/198 € – ½ P
In dem funktionalen Hotel mit modernen Zimmern mischen sich Kur- und Businessgäste. Die Tagungsmöglichkeiten sind ideal, der schöne Saunabereich bringt Entspannung, z. B. beim Schwimmen mit traumhaftem Blick ins Tal! Oder tun Sie sich bei "Medical Wellness" etwas Gutes.

Das Johannesbad
Saulgruber Str. 6 ✉ 82433 – ✆ (08845) 8 40 – www.johannesbad-schober.de – geschl. 20. November - 26. Dezember
41 Zim – 66/99 € 132/198 € – 1 Suite – ½ P
Der Untertitel des Hauses: "Medical Spa & Vitalrefugium" - da wundert es nicht, dass es schon im Rezeptionsbereich nach feinen Kräuteressenzen duftet! Entsprechend umfangreich auch das Angebot an Beauty, Massage & Co. Schön zur Ruhe kommt man aber auch in der Kaminbibliothek und im alpinen Landhausambiente der Zimmer und des Restaurants.

Sebaldus
Mühlstr. 1 ✉ 82433 – ✆ (08845) 70 00 – www.landhotel-sebaldus.de – geschl. Mitte November - 27. Dezember
18 Zim – 46/62 € 88/124 € – ½ P
Der Gastgeber hätte sich wohl nicht träumen lassen, dass seine Fliegenfischkurse so gut ankommen! Ist aber natürlich kein Muss - schöne Alternativen bieten der großzügige Ruheraum mit Wintergartenflair, Moor-Kur und Massage oder der tolle Garten, in dem man im Sommer gerne bei einem Bier verweilt!

KOLLNBURG

Bayern – 2 810 Ew. – Höhe 655 m – Regionalatlas **59-O17**
Berlin 510 km – München 177 km – Regensburg 75 km – Passau 85 km
Michelin Straßenkarte 546

Burggasthof
Burgstr. 11 ✉ 94262 – ✆ (09942) 86 86 – www.burggasthof-hauptmann.de – geschl. Mitte November - Mitte Dezember
20 Zim – 44/50 € 78/94 € – ½ P
Eine sehr nette familiäre Adresse, die stetig modernisiert wird. Wie wär's mit einem Themenzimmer? Sie heißen z. B. "Mohnblumenstube" oder "Königssalzstube" Eine Besonderheit ist die eigene Metzgerei im Haus, zudem hat man einen kleinen Salzladen und die "Salzoase"! Gaststube in bürgerlich-rustikalem Stil.

KONSTANZ

Baden-Württemberg – 81 150 Ew. – Höhe 405 m – Regionalatlas **63-G21**
Berlin 753 km – Stuttgart 180 km – Bregenz 62 km – Ulm (Donau) 146 km
Michelin Straßenkarte 545

RIVA
Seestr. 25, Zufahrt Kamorstraße ✉ 78464 – ✆ (07531) 36 30 90 – www.hotel-riva.de
46 Zim – 110/242 € 200/452 € – 5 Suiten
Ophelia ✿✿ • ***RIVA*** – Siehe Restaurantauswahl
Die Lage an der Uferpromenade, maritimes Flair, wertiges modernes Interieur, eine tolle Lounge mit Seeblick, der anspruchsvolle kleine Spa mit sehenswertem Sonnendeck und Freibad "on top"... beste Voraussetzungen für einen schönen Urlaub!

Steigenberger Inselhotel
Auf der Insel 1 ✉ 78462 – ✆ (07531) 12 50 – www.konstanz.steigenberger.de
100 Zim – 135/210 € 200/384 € – 2 Suiten – ½ P
Das Dominikanerkloster a. d. 13. Jh. mit seinem wunderschönen Kreuzgang wird seit 1874 als Hotel geführt, seit 1966 ist es ein Steigenberger! Trumpf ist hier natürlich die Lage am See - herrlich die Liegewiese! Internationale Küche im Seerestaurant mit hübscher Terrasse, Regionales in der Dominikanerstube.

Hotel 47°

Reichenaustr. 17 ✉ 78462 – ✆ (07531) 12 74 90
– www.47grad.de
99 Zim – 100/190 € 130/210 € – ½ P
Eine schöne Adresse am Seerhein: geradliniges Design, wertige Materialien, warme Töne, gutes Platzangebot und moderne Technik. Im Restaurant "Friedrichs" schaut man durch die Fensterfront auf den See und die Stadt, gekocht wird international mit regionalem und saisonalem Bezug.

Buchner Hof

Buchnerstr. 6 ✉ 78464 – ✆ (07531) 8 10 20
– www.buchner-hof.de – geschl. Ende Dezember 1 Woche, Anfang Januar 1 Woche
13 Zim – 88/120 € 110/160 €
Ein familiäres kleines Hotel, das recht ruhig in See- und Altstadtnähe liegt und über freundliche Gästezimmer mit funktionaler Ausstattung verfügt. Namensgeber des Hauses ist der berühmte Tonsetzer des Konstanzer Münsters a. d. 15. Jh.

Ophelia – Hotel RIVA

Seestr. 25, Zufahrt Kamorstraße ✉ 78464 – ✆ (07531) 36 30 90
– www.hotel-riva.de – geschl. 8. - 25. Februar und Dienstag - Mittwoch
Menü 105/140 € – *(nur Abendessen, sonntags auch Mittagessen)* (Tischbestellung ratsam)
In der schönen Villa am See hat man auf ausgesprochen stilvolle Art Klassisches und Modernes vereint. Dazu passt die ebenso modern inspirierte Küche, die weder Kreativität noch Ausdrucksstärke vermissen lässt und auf eine eigene Handschrift setzt - eine Freude auch für Vegetarier.
➜ Kaisergranat, Spargel, Aloe Vera. Taube, Rettich, Süßkartoffel, Thai Curry. Lamm, Broccolini, Topinambur, Badischer Reis.

Papageno

Hüetlinstr. 8a ✉ 78462 – ✆ (07531) 36 86 60
– www.papageno-konstanz.net – geschl. über Fastnacht, Juni - Juli 2 Wochen und Montag - Dienstag
Menü 59/79 € – Karte 49/80 €
In zentraler Lage befindet sich das moderne Restaurant mit eleganter Note. Geboten wird eine zeitgemäße internationale Küche - Tipp: Kommen Sie auch mal zum günstigen Mittagsmenü!

San Martino - Gourmet (Jochen Fecht)

Bruderturmgasse 3, Zugang über Schlachttorgasse ✉ 78462
– ✆ (07531) 2 84 56 78 – www.san-martino.net – geschl. Januar - Februar und Sonntag - Mittwoch
Menü 115 € – Karte 100/137 € – *(nur Abendessen)* (Tischbestellung ratsam)
Mitten im Zentrum und in historischem Gemäuer (schön die Natursteinwände hier) haben Küchenchef Jochen Fecht und Kompagnon Thomas Haist ihr neues Domizil eröffnet, ein geradlinig-elegantes kleines Restaurant. Äußerst fein die modern-klassischen Speisen in Menüform.
➜ Hamachi und Spargel, Erbse, Radieschen, Arganöl, schwarzer Knoblauch. Pulled Pork und Sweet Corn, BBQ Flavors, Grilltomate, Café de Paris. Kobe Beef und US Chuck Short Rip, Powerade, Toskanischer Trüffel, Paprika.
San Martino - Bistro – Siehe Restaurantauswahl

RIVA – Hotel RIVA

Seestr. 25, Zufahrt Kamorstraße ✉ 78464 – ✆ (07531) 36 30 90
– www.hotel-riva.de
Menü 49 € – Karte 36/72 €
Besonders schön ist es in dem mediterran gehaltenen Restaurant, wenn die bodentiefen Fenster zur Terrasse und zum See hin geöffnet sind! Ein Muss im Sommer: hausgebackene Kuchen und Torten draußen im Freien! An Adventsonntagen Brunch.

San Martino - Bistro – Restaurant San Martino - Gourmet
Brudertturmgasse 3, Zugang über Schlachttorgasse ✉ 78462 – ✆ (07531) 2 84 56 78 – www.san-martino.net – geschl. Februar 1 Woche, Oktober 1 Woche und Sonntag - Montag
Menü 58 € – Karte 38/74 €
Dies ist die etwas einfachere Restaurantvariante im Haus, aber auch hier wird schmackhaft gekocht, von "Bouillabaisse à la Bertold Siber und Jochen Fecht" bis "Wiener Schnitzel mit Kartoffel-Gurkensalat".

In Konstanz-Staad Nord-Ost: 4 km

Schiff am See
William-Graf-Platz 2 ✉ 78464 – ✆ (07531) 3 10 41 – www.konstanz.ringhotels.de
33 Zim – 79/119 € 99/169 € – 4 Suiten – ½ P
Schiff – Siehe Restaurantauswahl
Bis ins 13. Jh. geht die Geschichte des Hauses zurück, einst Deutschordenskommende Mainau. Schön die Lage am Seeufer: Zimmer teils mit Aussicht, auf der Sonnenterrasse am Hafen genießt man maritimes Flair - und zur Fähre nach Meersburg sind es nur wenige Schritte.

Schiff – Hotel Schiff am See
William-Graf-Platz 2 ✉ 78464 – ✆ (07531) 3 10 41 – www.konstanz.ringhotels.de
Menü 22 € (mittags) – Karte 24/54 €
"Wiener Schnitzel vom Kalbsrücken mit Kartoffel-Gurkensalat", "Felchenfilet Doria mit geschmortem Gurkengemüse", "Räuchermatjes Hausfrauen Art"... Hier erwarten Sie gute Küche und freundlicher Service.

KORBACH

Hessen – 23 270 Ew. – Höhe 379 m – Regionalatlas **28-G11**
Berlin 447 km – Wiesbaden 187 km – Kassel 64 km – Marburg 67 km
Michelin Straßenkarte 543

Goldflair am Rathaus
Stechbahn 8 ✉ 34497 – ✆ (05631) 5 00 90 – www.goldflair.de
32 Zim – 79 € 113 € – 1 Suite
Inspiriert durch Korbachs Goldlagerstätte, findet sich das Thema Gold überall in diesem Hotel. Einige der Zimmer sind individuelle "Gold"- und "Märchengold"-Zimmer.

KORNTAL-MÜNCHINGEN

Baden-Württemberg – 18 580 Ew. – Höhe 335 m – Regionalatlas **55-G18**
Berlin 635 km – Stuttgart 15 km – Karlsruhe 69 km – Tübingen 57 km
Michelin Straßenkarte 545

Landschloss Korntal
Saalplatz 5, Korntal ✉ 70825 – ✆ (0711) 8 38 88 00 – www.landschloss-korntal.de
26 Zim – 90/110 € 119/140 €
Das Hofgut a. d. 13. Jh. bietet heute nicht nur moderne Zimmer mit guter Technik und ein appetitliches Frühstück, auch Veranstaltungen werden hier groß geschrieben! Prunkstück unter den diversen Räumen ist der historische Festsaal!

KORSCHENBROICH – Nordrhein-Westfalen ➜ Siehe Mönchengladbach

KORSWANDT – Mecklenburg-Vorpommern ➜ Siehe Usedom (Insel)

KOSEROW – Mecklenburg-Vorpommern ➜ Siehe Usedom (Insel)

KRAIBURG AM INN

Bayern – 3 990 Ew. – Höhe 462 m – Regionalatlas **66-N20**
Berlin 650 km – München 78 km – Bad Reichenhall 77 km – Landshut 67 km
Michelin Straßenkarte 546

Hardthaus

Marktplatz 31 ✉ 84559 – ✆ (08638) 7 30 67 – www.hardthaus.de – geschl. August 2 Wochen und Sonntag - Montag
5 Zim – †77/158 € ††77/158 € – ☕ 8 €
Menü 24/98 € – Karte 36/102 € – *(nur Abendessen)* (Tischbestellung ratsam)
In dem denkmalgeschützten Haus umgibt Sie das charmante Ambiente eines ehemaligen Kolonialwarenladens. Davor die schöne Terrasse am Marktplatz. Die Küche ist international. Saisonales Tagesmenü im gemütlichen Gewölbe-Weinkeller. Im Haus gegenüber: moderne, hochwertige Zimmer.

KRAKOW AM SEE

Mecklenburg-Vorpommern – 3 480 Ew. – Höhe 50 m – Regionalatlas **12-N5**
Berlin 170 km – Schwerin 74 km – Rostock 63 km – Neubrandenburg 84 km
Michelin Straßenkarte 542

In Krakow-Seegrube Nord-Ost: 4,5 km

Ich weiß ein Haus am See

Paradiesweg 3 ✉ 18292 – ✆ (038457) 2 32 73 – www.hausamsee.de – geschl. Sonntag - Montag, Juli - August: Montag und November - März: Sonntag - Donnerstag
11 Zim ☕ – †60/110 € ††70/180 € – ½ P
Menü 80 € – *(nur Abendessen)* (Tischbestellung ratsam)
Der romantische Name des Hauses klingt nach Charme und Wohlfühl-Atmosphäre, und genau das findet man bei den engagierten und herzlichen Gastgebern. Nicht zu vergessen die sehr gute klassische Küche in Form eines wechselnden Menüs. Hier bleibt man gerne über Nacht: hübsche Landhauszimmer, see- oder waldseitig.
→ Zander mit Gartengemüse, Couscous und Thaicurryschaum. Reh aus dem Krakower Forst mit Roter und Gelber Bete, Schupfnudeln. Clafoutis von Erdbeeren und Rhabarber.

KRANZBACH – Bayern → Siehe Krün

KRANZBERG

Bayern – 4 140 Ew. – Höhe 483 m – Regionalatlas **58-L19**
Berlin 557 km – München 41 km – Regensburg 94 km – Ingolstadt 49 km
Michelin Straßenkarte 546

In Kranzberg-Hohenbercha Süd-West: 5 km jenseits der A 9

Hörger Biohotel und Tafernwirtschaft

Hohenbercha 38 ✉ 85402 – ✆ (08166) 99 09 80 – www.hoerger-biohotel.de – geschl. Dezember - Januar 10 Tage
25 Zim ☕ – †69/109 € ††89/169 € – ½ P
Ein Gasthaus mit über 100-jähriger Familientradition. Im eigenen Apfelgarten steht ein moderner Vollholzbau mit hübschen geradlinigen Zirbelholz-Zimmern, einfachere Zimmer im Haupthaus. Bio-Küche in gemütlichen, ländlich-rustikalen Gaststuben.

KREFELD

Nordrhein-Westfalen – 222 030 Ew. – Höhe 38 m – Regionalatlas **25-B11**
Berlin 571 km – Düsseldorf 28 km – Eindhoven 86 km – Essen 38 km
Michelin Straßenkarte 543

Gasthof Korff

Kölner Str. 256 ✉ 47807 – ✆ (02151) 3 62 27 66 – www.gasthof-korff.de – geschl. Montag, Samstagmittag
Menü 28 € – Karte 30/52 €
Ein netter Gasthof, der mit seiner sympathischen Brasserie-Atmosphäre sowie der französischen und regionalen Küche gut ankommt. Neben Rinderroulade und Kalbsleber gibt es auch Steinbutt und Jakobsmuscheln.

In Krefeld-Bockum

Mercure Parkhotel Krefelder Hof

Uerdinger Str. 245 ✉ 47800 – ✆ (02151) 58 40 – www.mercure.de
160 Zim – 🚹69/279 € 🚹🚹89/299 € – ☕ 18 € – 4 Suiten – ½ P
Ein klassisches und gediegen-komfortables Hotel mit über 100-jähriger Geschichte. Auch stilvolle Veranstaltungsräume sind vorhanden. Zum Haus gehört ein kleiner Park. Restaurant mit Brasserie-Flair, dazu eine nette Terrasse.

Benger

Uerdinger Str. 620 ✉ 47800 – ✆ (02151) 9 55 40 – www.hotel-benger.de
20 Zim ☕ – 🚹69/79 € 🚹🚹85/110 €
Das Hotel ist gut in Schuss und hat gepflegte Zimmer mit schön renovierten Bädern - so manch Besucher ist da schon zum Stammgast geworden. Und als Freund bürgerlicher Küche ist man auch im gemütlich-rustikalen Restaurant gut aufgehoben.

Villa Medici

Schönwasserstr. 73 ✉ 47800 – ✆ (02151) 5 06 60 – www.villa-medici-krefeld.de – geschl. Mitte Juli - Ende August 3 Wochen und Samstagmittag, Sonntag
9 Zim ☕ – 🚹90 € 🚹🚹120 € Menü 52/90 € – Karte 32/85 €
Nicht nur von außen gibt die schmucke Villa ein herrschaftliches Bild ab: Nach dem Klingeln betreten Sie die Empfangshalle mit toller Freitreppe und gelangen in stilvolle Räume mit schönem Parkett. Zum repräsentativen Rahmen passt der gute Service am Tisch: Große Fische werden vor dem Gast tranchiert, Antipasti auf dem Wagen präsentiert. Einfacher Mittagstisch in der Cantinetta.

In Krefeld-Uerdingen

Chopelin

Casinogasse 1 ✉ 47829 – ✆ (02151) 31 17 89 – www.chopelin.de – geschl. Sonntag - Montag, Samstagmittag
Menü 32/64 € – Karte 26/64 €
Familie Chopelin hat in dem einstigen Bayer-Casino ein elegantes Restaurant mit klassischer Küche und eine legere Bistro-Alternative mit günstigerem Tagesangebot. Beliebt auch das 3-Gänge-Überraschungsmenü (außer samstags). Oder wie wär's mittwochs mit dem Amuse-Bouche-Menü? Toll die Balkonterrasse zum Rhein!

KREMMEN

Brandenburg – 7 110 Ew. – Höhe 39 m – Regionalatlas **22**-O7
▶ Berlin 43 km – Potsdam 50 km – Neuruppin 36 km – Oranienburg 18 km
Michelin Straßenkarte 542

In Kremmen-Groß Ziethen Süd: 6 km

Schloss Ziethen

Alte Dorfstr. 33 ✉ 16766 – ✆ (033055) 9 50 – www.schlossziethen.de – geschl. 20. - 24. Dezember
44 Zim ☕ – 🚹88/135 € 🚹🚹114/166 € – 1 Suite – ½ P
Die Orangerie – Siehe Restaurantauswahl
Ein schmuckes Herrenhaus a. d. 14. Jh. in einem netten Park. Hübsch sind die wohnlichen Zimmer, die diversen Salons und die kleine Bibliothek. Im Rosenhaus hat man einen schönen Tagungsbereich.

Die Orangerie – Hotel Schloss Ziethen

Alte Dorfstr. 33 ✉ 16766 – ✆ (033055) 9 50 – www.schlossziethen.de – geschl. 20. - 24. Dezember
Menü 36/48 € – Karte 29/52 €
Hier sitzen Sie in einem luftig-hohen Raum mit großen Bogenfenstern und lassen sich z. B. "Terrine von Kalbsbries", "Perlhuhn mit Schwarzwurzel- und Herbstsalat" oder "Müritzforelle mit Zimtjus und Kartoffelpüree" servieren.

In Kremmen-Sommerfeld Nord: 8 km

Sommerfeld
Beetzer Str. 1a ✉ 16766 – ✆ (033055) 9 70 – www.hotelsommerfeld.de
83 Zim – 85/117 € 138/177 € – 2 Suiten – ½ P
Das Hotel liegt am Beetzer See und bietet einen ansprechenden Spa sowie wohnlich-komfortable Zimmer. Besonders schön sind die geräumigen Wellness-Relax-Zimmer. Die Restaurantbereiche nennen sich Kranich, Bistro Frosch und Roter Salon.

KRESSBRONN am BODENSEE

Baden-Württemberg – 8 310 Ew. – Höhe 407 m – Regionalatlas **63-H21**
Berlin 731 km – Stuttgart 170 km – Konstanz 41 km – Ravensburg 23 km
Michelin Straßenkarte 545

Boutique-Hotel Friesinger
Bahnhofstr. 5 ✉ 88079 – ✆ (07543) 9 39 87 87 – www.boutique-hotel-friesinger.de
3 Zim – 92/158 € 118/168 € – 2 Suiten
Meersalz – Siehe Restaurantauswahl
Das kleine Bijou nahe dem See steht für stilvoll-moderne, individuelle, geräumige und hochwertige Zimmer, für Liebe zum Detail überall im Haus sowie für ehrliche Herzlichkeit - schlichtweg ein "Vorzeige"-Boutique-Hotel!

Teddybärenhotel Peterhof
Nonnenbacher Weg 33 ✉ 88079 – ✆ (07543) 9 62 70 – www.teddybaerenhotel.de – geschl. Januar - Februar
17 Zim – 59/75 € 99/130 €
Sie lieben Teddybären? Die kleinen bärigen Zeitgenossen sind überall zu finden (im Restaurant, im Zimmer neben der "Minibär"...) und tragen zum individuellen und wohnlichen Ambiente bei - und Sie können Ihren Favoriten sogar käuflich erwerben! Im Restaurant werden ausschließlich regionale Produkte verwendet.

Pension am Bodensee
Bodanstr. 7 ✉ 88079 – ✆ (07543) 73 82 – www.pension-am-bodensee.de
8 Zim – 85/145 € 95/210 € – 1 Suite
Das ehemalige Fischerhaus wird sehr persönlich geführt, liegt direkt am See und bietet neben der tollen Terrasse und der verglasten Sauna (beides natürlich mit Seeblick!) individuelle, geschmackvolle Zimmer. Nicht zu vergessen das exzellente Frühstücksbuffet mit regionalen Spezialitäten!

Meersalz – Boutique-Hotel Friesinger
Bahnhofstr. 5 ✉ 88079 – ✆ (07543) 9 39 87 87 – www.restaurant-meersalz.de – geschl. 29. Februar - 13. März, 7. - 20. November und Montag - Dienstag, außer an Feiertagen
Menü 52/60 € – Karte 36/60 € – *(Mittwoch - Samstag nur Abendessen)*
In dem ehemaligen Steinmetz-Betrieb kocht man für Sie modern, mit eigenem Stil und mit Aromen aus der ganzen Welt. Wie wär's z. B. mit "Riesengarnelen im Wasabi-Knuspermantel"? Elegant das Ambiente, zuvorkommend und freundlich der Service.

In Kressbronn-Retterschen

Sonnenhof
Sonnenhof 8 ✉ 88079 – ✆ (07543) 50 02 20 – www.sonnenhof-bodensee.de
52 Zim – 79/169 € 139/199 € – 1 Suite – ½ P
Zum wohnlich-modernen Ambiente kommt die Lage oberhalb des Bodensees - im Haupthaus oder im Gästehaus "Lindau" hat man teilweise eine schöne Sicht. Einfachere und preisgünstigere Zimmer im älteren Gästehaus. Tipp: Frühstück oder Abendessen im Sommer auf der tollen Terrasse - beeindruckend der Blick!

KREUTH – Bayern ➜ Siehe Rottach-Egern

KREUZNACH, BAD

Rheinland-Pfalz – 48 230 Ew. – Höhe 108 m – Regionalatlas **46**-D15

Berlin 612 km – Mainz 45 km – Idar-Oberstein 50 km – Kaiserslautern 56 km

Michelin Straßenkarte 543

Fürstenhof

Kurhausstr. 20 ✉ *55543* – *(0671) 2 98 46 70* Stadtplan : A2**f**
– *www.sympathie-hotel.de*

75 Zim – 89/99 € 129/139 € – 1 Suite – ½ P

Einst war der Fürstenhof eine Klinik, heute ist er ein modernes Hotel mit zeitgemäß-komfortablen Zimmern, guten Tagungsmöglichkeiten und internationaler Küche. Praktisch: Bäderhaus und Crucenia-Therme sind nur einen Steinwurf entfernt.

PK Parkhotel Kurhaus

Kurhausstr. 28 ✉ *55543* – *(0671) 80 20* Stadtplan : A2**a**
– *www.pkhotels.eu/parkhotel*

120 Zim – 85/115 € 105/165 € – 6 Suiten – ½ P

Das klassische Hotel von 1913 liegt ruhig am Kurpark und bietet kostenfreien Zugang zur direkt angeschlossenen Crucenia-Therme. Sie wohnen in gediegenen Zimmern und lassen sich beim Blick in den Park Internationales servieren. Und wie wär's mit einer Beauty-Anwendung hier im Haus?

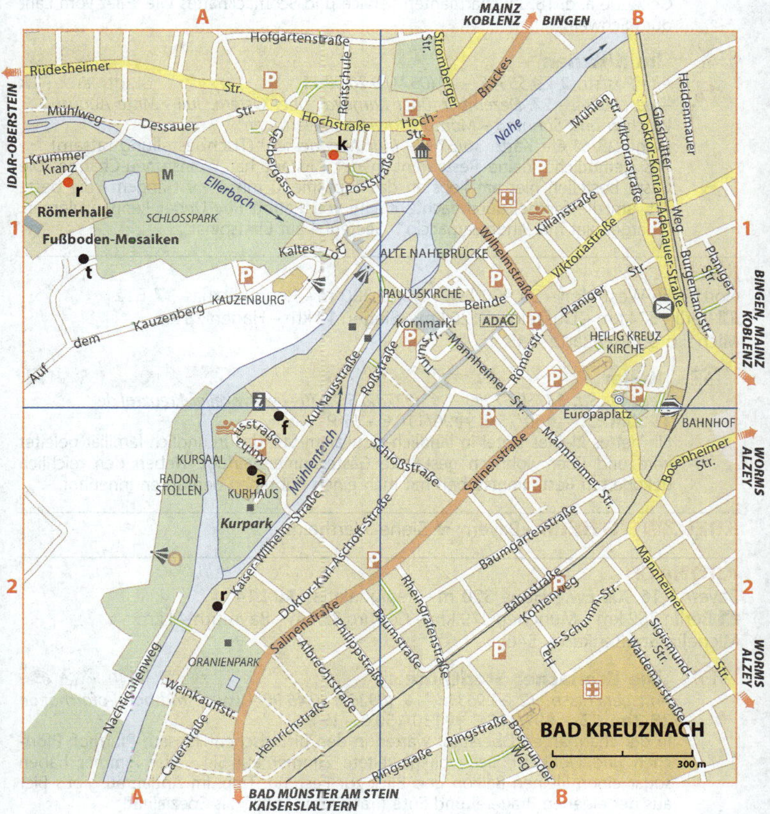

Kauzenburg mit Landhotel

Auf dem Kauzenberg 1 ✉ 55545 – ✆ (0671) 3 80 00 Stadtplan : A1**t**
– www.kauzenburg.de
44 Zim – 69/89 € 92/115 €
Sie wohnen wirklich schön und ruhig über der Stadt und sind dennoch in nur 15 Gehminuten in der Altstadt. In den Zimmern sehr gute Technik und spezielle Komfortbetten! Zum Entspannen hat man neben dem Saunabereich auch einen netten Barfußpfad hinter dem Haus. Das Restaurant ist wenige Schritte entfernt.

Victoria

Kaiser-Wilhelm-Str. 16 ✉ 55543 – ✆ (0671) 84 45 00 Stadtplan : A2**r**
– www.hotel-victoria-bad-kreuznach.de – geschl. 22. Dezember - 4. Januar
21 Zim – 67/72 € 99/115 €
Ein im Kurviertel, an der Nahe gelegenes Stadthotel mit gepflegten, funktionalen Gästezimmern - besonders schön sind die Zimmer zum Fluss. Im Haus befindet sich eine Pizzeria.

Im Gütchen

Hüffelsheimer Str. 1 ✉ 55545 – ✆ (0671) 4 26 26 Stadtplan : A1**r**
– www.jan-treutle.de – geschl. Anfang Januar 1 Woche, Juli - August 2 Wochen und Dienstag
Menü 42/56 € – Karte 38/62 € – *(nur Abendessen)*
Kaum zu glauben, dass dieser modern-elegante, luftig-hohe Raum mal ein Schweinestall war! Jan Treutle und seine Frau bieten in dem schön sanierten Gebäude a. d. 18. Jh. charmanten Service und Schmackhaftes wie "Filet vom Landuro-Schwein".

Im Kittchen

Alte Poststr. 2 ✉ 55545 – ✆ (0671) 9 20 08 11 Stadtplan : A1**k**
– geschl. 24. - 27. Dezember, über Karneval, über Ostern, Juli - Mitte August 2 Wochen und Sonntag - Montag sowie an Feiertagen
Menü 28/61 € – Karte 36/57 € – *(nur Abendessen)* (Tischbestellung ratsam)
Das gemütliche kleine Restaurant in der Altstadt hat Weinstuben-Charme. Die Gäste bestellen hier am liebsten das Tapasmenü mit 4 - 9 Gängen - die beste Art, um die frische, durchdachte Küche von Patron Roy Unger kennenzulernen: "Spargelsalat mit Rindercarpaccio", "Seeteufel auf Blattspinat"...

KREUZTAL

Nordrhein-Westfalen – 30 900 Ew. – Höhe 300 m – Regionalatlas **37**-E12
Berlin 574 km – Düsseldorf 120 km – Siegen 12 km – Hagen 78 km
Michelin Straßenkarte 543

Keller

Siegener Str. 33 ✉ 57223 – ✆ (02732) 5 95 70 – www.keller-kreuztal.de
15 Zim – 60/75 € 90/110 € – ½ P
Ein nettes kleines Hotel in ländlich-rustikalem Stil, das freundlich-familiär geleitet wird und über wohnlich gestaltete Gästezimmer verfügt. Neben den reichlich dekorierten Restaurantstuben hat man einen hübschen begrünten Innenhof.

KREUZWERTHEIM – Bayern → Siehe Wertheim

KRONACH

Bayern – 16 900 Ew. – Höhe 320 m – Regionalatlas **50**-L14
Berlin 352 km – München 279 km – Coburg 33 km – Bayreuth 44 km
Michelin Straßenkarte 546

Die Kronacher Stadthotels

Amtsgerichtsstr. 12 ✉ 96317 – ✆ (09261) 50 45 90 – www.stadthotel-pfarrhof.de
38 Zim – 97/115 € 130/150 € – ½ P
In der charmanten Oberstadt warten in den historischen Häusern Pfarrhof, Pförtchen und Floßherrn liebevoll gestaltete Zimmer auf Sie - vier Zimmer haben sogar einen kleinen Balkon und Blick zur Festung. Tipp: Im Antlabräu gibt's Bier aus der eigenen Brauerei und Ente (fränkisch: "Antla") als Spezialität!

In Stockheim-Haig Nord-West: 7 km über B 89, in Haßlach links

Landgasthof Detsch

Coburger Str. 9 ✉ 96342 – ✆ (09261) 6 24 90 – www.landgasthof-detsch-haig.de – geschl. 21. - 25. Dezember und Sonntagabend - Montag

9 Zim – 55/58 € 75 € – 1 Suite

Menü 22/40 € – Karte 23/39 € – *(Dienstag - Samstag nur Abendessen)*

Bereits seit 1723 hat Familie Detsch hier Schankrecht! Für die regional-saisonale Küche verwendet man Angus-Rinder und Schweine aus eigener Zucht. Eine Spezialität ist auch das "gefüllte fränkische Täubchen" und sonntags gibt es Braten aus dem Ofen mit Thüringer Klößen. Probieren Sie auch den Hausbrand. Im kleinen Gästehaus kann man übrigens auch gepflegt übernachten.

KRONBERG im TAUNUS

Hessen – 18 070 Ew. – Höhe 257 m – Regionalatlas **47-F14**

Berlin 540 km – Wiesbaden 28 km – Frankfurt am Main 17 km – Bad Homburg vor der Höhe 13 km

Michelin Straßenkarte 543

Schlosshotel Kronberg

Hainstr. 25 ✉ 61476 – ✆ (06173) 7 01 01 – www.schlosshotel-kronberg.de

62 Zim – 245/535 € 285/575 € – 32 € – 12 Suiten

Schlossrestaurant – Siehe Restaurantauswahl

Absolut stimmig, wie der englische Einrichtungsstil mit schönen Antiquitäten den eindrucksvollen Rahmen dieses Schlosses a. d. 19. Jh. unterstreicht. Alles ist hochwertig und elegant: Lobby, Bibliothek, Zimmer - diese wurden komplett saniert und stilgerecht gestaltet. Und drum herum ein romantischer Park!

Schlossrestaurant

Hainstr. 25 ✉ 61476 – ✆ (06173) 7 01 01 – www.schlosshotel-kronberg.de

Menü 44 € (mittags)/125 € – Karte 48/84 €

Im Restaurant fühlt man sich zurückversetzt in die Kaiserzeit: Man sitzt in einem tollen prunkvollen Saal, die Atmosphäre stilvoll und gediegen-elegant. Wunderbar auch die Terrasse zum Park. Serviert wird klassische Küche.

Grüne Gans

Pferdstr. 20 ✉ 61476 – ✆ (06173) 78 36 66 – www.gruene-gans.com

Karte 38/52 € – *(Montag - Samstag nur Abendessen)*

Die ehemalige Schlosserei a. d. 17. Jh. ist ein gemütlich-moderner Rahmen für französisch-internationale Küche: Flammkuchen (neben "Classique" auch "Escargots" oder "Roquefort"), aber auch Klassiker wie Tatar vom Rind sowie wechselnde Gerichte wie "Jakobsmuschel und Blutwurst" oder "Kürbis und Feigenravioli".

KROZINGEN, BAD

Baden-Württemberg – 17 450 Ew. – Höhe 234 m – Regionalatlas **61-D20**

Berlin 815 km – Stuttgart 217 km – Freiburg im Breisgau 18 km – Basel 63 km

Michelin Straßenkarte 545

Hofmann zur Mühle

Litschgistr. 6 ✉ 79189 – ✆ (07633) 9 08 85 90 – www.hotel-hofmann.de

26 Zim – 52/65 € 102/114 €

Hier ist man gut aufgehoben: Das Haus ist tipptopp gepflegt und freundlich eingerichtet, die Chefin engagiert und herzlich. Zu Recht stolz ist sie übrigens auf ihren mediterranen Garten! Gerne empfiehlt man auch Restaurants in der Stadt.

In Bad Krozingen-Biengen Nord-West: 3 km

Zur Krone

Hauptstr. 18 ✉ 79189 – ✆ (07633) 9 39 19 89 – www.zur-krone-biengen.de – geschl. Januar 2 Wochen, November 1 Woche und Montag - Dienstagmittag, Samstagmittag

Menü 22 € (mittags)/62 € – Karte 35/54 €

Sascha Kölsch bietet hier regional und mediterran beeinflusste Gerichte - reduziert, klar und ambitioniert. Appetit auf "Tranche vom Rinderfilet mit Rotweinschalotten und Rosmarinkartoffeln" oder "Perlhuhnbrust an Risotto mit Apfel und Parmesan"? Toll die Terrasse im Hof. Eine Raucherlounge gibt es auch.

In Bad Krozingen-Schmidhofen Süd: 3,5 km über B 3

Storchen (Fritz und Jochen Helfesrieder)

Felix und Nabor Str. 2 ✉ 79189 – ✆ (07633) 53 29 – www.storchen-schmidhofen.de – geschl. Sonntag - Montag

7 Zim – ♦75/105 € ♦♦85/110 €

Menü 66/114 € – Karte 42/90 € – (Tischbestellung ratsam)

Außen wie innen gleichermaßen schön anzuschauen ist der Gasthof a. d. 18. Jh. Und als nicht minder attraktives kulinarisches Pendent bieten Vater und Sohn klassische, aber auch regionale Küche. Beliebt auch der günstige Lunch. Sie möchten übernachten? Die Zimmer sind genauso ansprechend wie das Restaurant.

➜ Lauwarmer Salat vom Kalbskopf mit Kalbsbriesle und Gemüsevinaigrette. Bretonischer Wildfangsteinbutt mit Blattspinat, Estragonnudeln, frischen Morcheln. Filet vom Schwarzwälder Bauernkalb mit Pfifferlingen und Spargel.

KRÜN

Bayern – 1 930 Ew. – Höhe 875 m – Regionalatlas **65**-L22

Berlin 683 km – München 96 km – Garmisch-Partenkirchen 17 km – Mittenwald 8 km

Michelin Straßenkarte 546

Alpenhof

Edelweißstr. 11 ✉ 82494 – ✆ (08825) 10 14 – www.alpenhof-kruen.de – geschl. 6. November - 15. Dezember

24 Zim – ♦59/81 € ♦♦112/122 € – 3 Suiten – ½ P

Ein alpenländisches Ferienhotel, in dem eine sehr freundliche und familiäre Atmosphäre herrscht. Man hat nicht nur einen schönen Garten und wohnliche Zimmer (Juniorsuiten mit Teeküche), sondern auch den sehr ansprechenden Saunabereich "Alpin Spa" auf rund 500 qm!

Post

Walchenseestr. 4 ✉ 82494 – ✆ (08825) 3 21 – www.gasthof-blocks-post-kruen.de – geschl. 4. - 26. April, 7. November - 16. Dezember und Montag - Dienstag

Karte 22/43 € – *(nur Abendessen)* (Tischbestellung erforderlich)

In dem legeren Wirtshaus ist es immer voll! Josef Block sen. kocht nur mit frischen Produkten, viele direkt aus der Gegend. Bestellen Sie Ochsenbackerl oder den feinen Kaiserschmarrn! Für den kleinen Hunger Salate und Nudelgerichte. Die Söhne sind auch im Haus: der eine an der Bar, der andere als Konditor!

In Krün-Elmau Süd-West: 9 km über Klais, nur über mautpflichtige Straße zu erreichen

Schloss Elmau

Elmau 2 ✉ 82493 – ✆ (08823) 1 80 – www.schloss-elmau.de

108 Zim – ♦213/438 € ♦♦406/736 € – 20 Suiten

Luce d'Oro • ***Fidelio*** – Siehe Restaurantauswahl

Historie auf der einen Seite, moderner Luxus auf der anderen - und das in traumhafter Lage in einem romantischen Tal! Sie besuchen Konzerte, stöbern in der Bibliothek, genießen die Ruhe im Spa. Für Kinder: eigener Badebereich und aufwändige Betreuung! Auch gastronomisch bietet man viel Abwechslung, HP inkl.

Schloss Elmau Retreat (N)

Elmau 2 ✉ 82493 – ✆ (08823) 1 87 72 – www.schloss-elmau.de

23 Zim – ♦699/879 € ♦♦746/1586 € – 24 Suiten – ½ P

Summit & Tutto Mondo – Siehe Restaurantauswahl

Neben dem Schloss Elmau ist ein wunderschönes Hotel entstanden: einzigartig die Lage samt tollem Blick auf die Bergwelt, geräumige Suiten und Juniorsuiten mit gediegen-modernem Design, attraktiv der "Shantigiri Spa". HP inklusive.

Luce d'Oro – Hotel Schloss Elmau

Elmau 2 ✉ 82493 – ✆ (08823) 1 80 – www.schloss-elmau.de – geschl. 4. - 24. April, 12. - 18. September, 28. November - 18. Dezember und Sonntag - Dienstag

Menü 85/170 € – Karte 74/116 € – *(nur Abendessen)* (Tischbestellung erforderlich)

Wenn das Küchenteam seine beiden kreativen Menüs zubereitet, treffen aufwändige Präsentation und elegantes Aroma aufeinander. Der Genuss bleibt aber nicht dem Gaumen vorbehalten: Edles warmes Holz stimmig kombiniert mit modernen Formen tun Auge und Gemüt gleichermaßen gut.

➜ Steinbutt, Pastinake, Quitte. Taube, Bete, Roggen. Haselnuss, Preiselbeere, Apfel.

Fidelio – Hotel Schloss Elmau

Elmau 2 ✉ 82493 – ✆ (08823) 1 80 – www.schloss-elmau.de

Menü 50 € – Karte 47/65 € – *(nur Abendessen)* (Tischbestellung erforderlich)

Im Restaurant hochwertige moderne Einrichtung und schöne Aussicht, in der Küche jede Menge topfrische Produkte. Aus diesen wird z. B. "Tagliolini mit Langostino und Safransauce" oder "Kotelett vom Seeteufel mit Veroneser Spargel und Basilikumschaum", und zum Dessert "Früchtecannoli mit Piemonteser Nougat"!

Summit & Tutto Mondo N – Hotel Schloss Elmau Retreat

Elmau 2 ✉ 82493 – ✆ (08823) 1 87 72 – www.schloss-elmau.de

Menü 50 € – Karte 47/78 € – *(nur Abendessen)* (Tischbestellung erforderlich)

Sie speisen hier thailändisch, mediterran oder international, ganz gleich ob Sie im "Summit" Platz nehmen oder im "Tutto Mondo". Das Ambiente geschmackvoll-elegant, klasse die Aussicht von der Panoramaterrasse.

In Krün-Kranzbach Süd-West: 7 km über Klais, nur über mautpflichtige Straße zu erreichen

Das Kranzbach

Kranzbach 1 ✉ 82493 – ✆ (08823) 92 80 00 – www.daskranzbach.de

131 Zim – †200/270 € ††360/500 € – 1 Suite – ½ P

Eine Oase der Ruhe, zurückhaltend luxuriös, topmodern und doch zeitlos - hier sind Individualisten zu Gast! Der Spa erstreckt sich über beachtliche 3500 qm, Lady-Spa und Yoga-Schule inklusive. Wer es ganz privat möchte, bucht das Baumhaus im Wald, über einen Privatweg erreichbar. Kinder erst ab 10 Jahre.

KRUMBACH

Bayern – 12 490 Ew. – Höhe 512 m – Regionalatlas **64-J20**

▶ Berlin 648 km – München 120 km – Augsburg 48 km – Frauenfeld 201 km

Michelin Straßenkarte 546

Diem

Kirchenstr. 5 ✉ 86381 – ✆ (08282) 8 88 20 – www.gasthof-diem.de

30 Zim – †49/75 € ††79/98 € – ½ P

Sie haben die Wahl: einfache Zimmer im Stammhaus, Appartements mit Kitchenette oder die modernsten (und schönsten!) Zimmer in der Neuen Sonne vis-à-vis. Nicht nur bei Einheimischen beliebt: der hübsche Biergarten am Bach!

KRUMMHÖRN

Niedersachsen – 12 230 Ew. – Höhe 1 m – Regionalatlas **7-C5**

▶ Berlin 523 km – Hannover 265 km – Emden 14 km – Groningen 112 km

Michelin Straßenkarte 541

In Krummhörn-Greetsiel

Der Romantik-Hof

Ankerstr. 4 ✉ 26736 – ✆ (04926) 91 21 51 – www.romantik-hof.de

32 Zim – †112/148 € ††152/180 € – ½ P

Der friesische Charme dieses netten familiären Hotels samt seiner zwei Gästehäuser wird Sie gleich gefangen nehmen! Das wohltuende Landhausambiente ist dem Engagement der Gastgeber zu verdanken. Hübsch auch der Saunabereich.

Landhaus Steinfeld

Kleinbahnstr. 16 ✉ 26736 – ✆ (04926) 9 18 10 – www.landhaus-steinfeld.de – geschl. 9. - 27. Dezember
25 Zim – 70/172 € 108/215 € – ½ P
Das Hotel in ruhiger Lage bietet verschiedene Zimmertypen, teils im Landhausstil oder mit Bauernmöbeln, draußen ein japanischer Garten und ein Koikarpfenteich. Auf Wunsch auch Massage und Kosmetik. Tipp: Man kann Segways mieten.

Hohes Haus

Hohe Str. 1, Zufahrt über Kalvarienweg, Hotelroute 1 ✉ 26736 – ✆ (04926) 18 10 – www.hoheshaus.de – geschl. 19. - 29. Januar
33 Zim – 61/99 € 109/129 € – ½ P
Im Zentrum, unweit des Hafens, finden Sie das historische Gebäude nebst alter Pastorei als Gästehaus. Hübsch und wohnlich die Zimmertypen "Greetsiel", "Krummhörn" und "Ostfriesland". Speisen kann man in der "Upkammer" (im Winter am Kamin) oder in der gemütlichen Schänke. Bürgerliche Karte mit viel Fisch.

Witthus

Katrepel 5 ✉ 26736 – ✆ (04926) 9 20 00 – www.witthus.de – geschl. 5. - 19. Januar
17 Zim – 71/100 € 87/135 € – 2 Suiten – ½ P
Nett liegt das kleine Hotel in einer Seitenstraße des Fischerdörfchens. Besonders wohnlich sind die modernen Zimmer im neueren Gästehaus. Rustikales Restaurant mit Galerie und sehr schöner Gartenterrasse.

Greetsieler Grachtenhaus N

Justus-Hanssen-Weg 1 ✉ 26736 – ✆ (04926) 92 60 70 – www.greetsieler-grachtenhaus.de – geschl. Mitte - Ende Dezember, Januar
10 Zim – 70 € 120 €
Hier fühlt man sich sofort wohl: familiär die Atmosphäre, hübsch die frische, nordisch-moderne Einrichtung. Charmant die kleine Terrasse, angrenzend eine Ruhezone mit Strandkörben... Und das alles an einer Gracht mit Anleger.

KUDDEWÖRDE

Schleswig-Holstein – 1 340 Ew. – Höhe 28 m – Regionalatlas **10-J5**
Berlin 270 km – Kiel 93 km – Ratzeburg 43 km – Hamburg 33 km
Michelin Straßenkarte 541

Grander Mühle

Lauenburgerstr. 1 ✉ 22958 – ✆ (04154) 8 10 21 – www.grandermuehle.de – geschl. Januar
13 Zim – 74/84 € 99/115 €
Der schöne Backsteinbau auf dem Gelände der ältesten Korn-Wasser-Mühle Deutschlands ist ein wahres Schmuckstück, das man mit antiken Möbeln und allerlei hübschen Accessoires liebevoll ausstaffiert hat. Im separat geführten Restaurant gegenüber weht ein frischer Wind bei authentischer italienischer Küche.

KÜHLUNGSBORN

Mecklenburg-Vorpommern – 7 490 Ew. – Höhe 10 m – Regionalatlas **12-M3**
Berlin 251 km – Schwerin 70 km – Rostock 31 km – Wismar 39 km
Michelin Straßenkarte 542

Travel Charme Ostseehotel

Zur Seebrücke 1, Zufahrt über Ostseeallee ✉ 18225 – ✆ (038293) 41 50 – www.travelcharme.com/ostseehotel
103 Zim – 80/197 € 160/760 € – 7 Suiten – ½ P
Die Lage an der Seebrücke ist das erste, was Sie bei Ihrer Ankunft begeistern wird, Eindruck machen aber auch der großzügige Empfangsbereich, der vielfältige Puria Spa und wohnliche, geradlinig-elegante Zimmer! Die internationalen Speisen nimmt man im Sommer natürlich auf der Terrasse zum Strand hin ein.

Neptun

Strandstr. 37 ✉ 18225 – ✆ (038293) 6 30 – www.neptun-hotel.de – geschl. 3. - 31. Januar

39 Zim ☕ – 🚹70/150 € 🚹🚹90/160 € – 1 Suite – ½ P

An einer belebten Einkaufsstraße in der Stadtmitte liegt das Hotel mit seinen recht großzügigen, wohnlich-stilvoll gestalteten Gästezimmern. Restaurant im Bistrostil mit Wintergarten. Internationale Küche.

Strandblick

Ostseeallee 6 ✉ 18225 – ✆ (038293) 6 33 – www.ringhotel-strandblick.de

47 Zim ☕ – 🚹110/165 € 🚹🚹125/180 € – 5 Suiten – ½ P

Man hat hier Jugendstil-Flair bewahrt (sehenswert der Eingangsbereich und das Treppenhaus!), aber auch viel Neues geschaffen, so z. B. den modernen Spa mit Pool. Individuell der Zuschnitt der Zimmer: mal mit Erker, mal als Suite angelegt. Im Restaurant mit Kaminzimmer isst man international.

Villa Astoria

Ostseeallee 2 ✉ 18225 – ✆ (038293) 41 02 10 – www.villa-astoria.de

19 Suiten ☕ – 🚹105/175 € 🚹🚹119/189 € – ½ P

Tillmann Hahns Gasthaus – Siehe Restaurantauswahl

Schön und strandnah wohnt man in der Villa von 1910. Die Suiten reichen von Standard über Comfort bis Deluxe, im Turm eine Maisonette-Suite - alle sind geschmackvoll in warmen Farben gehalten. Entspannung? Kosmetik und Massage im UG.

Schweriner Hof

Ostseeallee 46 ✉ 18225 – ✆ (038293) 7 90 – www.schwerinerhof.de

29 Zim ☕ – 🚹89/159 € 🚹🚹109/179 € – 4 Suiten

Hier hat man den dänischen Stil konsequent durchgezogen - freundlich, farbenfroh und wohnlich. Im hübschen Strandcafé sitzt es sich schön unter Stuckdecken, in der rustikalen Dänischen Stube gibt's nordische Spezialitäten und auf der Terrasse lässt sich die Nähe zur Ostsee genießen!

Westfalia

Ostseeallee 17 ✉ 18225 – ✆ (038293) 4 34 90 – www.westfalia-kuehlungsborn.de

15 Zim ☕ – 🚹85/130 € 🚹🚹110/160 €

Die Jugendstilvilla ist nicht nur komfortabel und wohnlich, sie liegt auch nur einen Steinwurf von der Ostsee entfernt - die Zimmer bieten Balkon oder Loggia zur Seeseite. Familien haben im Ferienhaus mit direktem Zugang zum sehr schönen Garten ihr eigenes kleines Reich!

Tillmann Hahns Gasthaus – Hotel Villa Astoria

Ostseeallee 2 ✉ 18225 – ✆ (038293) 41 02 14 – www.villa-astoria.de – geschl. Januar - Mai: Montag - Dienstag

Karte 28/49 €

Tillmann Hahn bietet in freundlich-nordischem Landhaus-Ambiente regional-saisonale Küche - lecker und schön unkompliziert z. B. "Meeräsche auf Roter Bete mit Meerrettich und Kartoffelpüree". Alternativ gibt's das "Feinkost-Bistro".

KÜNZELSAU

Baden-Württemberg – 14 810 Ew. – Höhe 218 m – Regionalatlas **48-H17**

▶ Berlin 563 km – Stuttgart 89 km – Würzburg 74 km – Heilbronn 48 km

Michelin Straßenkarte 545

Anne-Sophie

Hauptstr. 22 ✉ 74653 – ✆ (07940) 9 34 60 – www.hotel-anne-sophie.de – geschl. 27. Dezember - 3. Januar

49 Zim ☕ – 🚹89/130 € 🚹🚹130/210 € – ½ P

handicap. • ***Anne-Sophie*** – Siehe Restaurantauswahl

Die moderne Architektur des Neubaus ist ein gelungener Kontrast zum 300 Jahre alten Stadthaus und dem "Würzburger Bau" von 1710 samt diverser Kunstobjekte. Sie wohnen in großzügigen, geschmackvoll-eleganten Zimmern oder günstiger im Gästehaus Anne Sophie. Schauen Sie sich auch im "Lindele-Laden" um!

handicap. – Hotel Anne-Sophie

Hauptstr. 22 ✉ 74653 – ✆ (07940) 9 34 60 – www.hotel-anne-sophie.de – geschl. 27. Dezember - 3. Januar und Samstagmittag, Sonntag - Montag

Menü 59/99 € – Karte 60/83 €

Woher der Name kommt? In Küche und Service werden Menschen mit Handicap ins Team integriert, mit Erfolg. Unter der Leitung von Serkan Güzelcoban entstehen klassisch basierte Speisen mit orientalischen Elementen. Stilvoll das Ambiente - an der Decke ein Himmelsgemälde des Künstlers Markus Schmidgall.

→ Geräucherte Lachsforelle, Brunnenkresse-Crème, Dattel-Gremolata und Rhabarber. Mäusdorfer Landgockel mit Topinambur, Avocado und Kümmelkartoffel. Grüner Matcha Tee mit Mango in Texturen und Sushi-Reiseis.

Anne-Sophie – Hotel Anne-Sophie

Schlossplatz 9 ✉ 74653 – ✆ (07940) 9 34 6 20 41 – www.hotel-anne-sophie.de – geschl. 27. Dezember - 3. Januar

Karte 29/51 €

Sie sitzen gemütlich unter alten Originaldecken oder im luftig-lichten Wintergarten, während das Küchenteam für Sie z. B. "knusprige Spanferkelschulter aus Hohenlohe an Portweinsauce mit Speckbohnen und Schupfnudeln" zubereitet.

KÜPS

Bayern – 7 750 Ew. – Höhe 299 m – Regionalatlas **50**-L14

Berlin 355 km – München 278 km – Coburg 33 km – Bayreuth 50 km

Michelin Straßenkarte 546

Werners Restaurant

Griesring 16 ✉ 96328 – ✆ (09264) 64 46 – www.werners-restaurant.de – geschl. September 2 Wochen und Sonntag

Menü 46/52 € – Karte 32/54 € – *(nur Abendessen)*

Richtig gute Küche und sympathische Gastgeber! "Kürbiscreme mit Hühnchen-Saté", "mediterrane Spanferkelschulter mit Peperonata", "fränkischer Saibling mit Rahmrosenkohl und Bamberger Hörnla"... Werner Hühnlein kocht regional-saisonal, aber auch italienisch und asiatisch beeinflusst - das Gemüse dafür kommt aus dem Knoblauchsland. Im Service seine charmante Frau Maria.

KÜRTEN

Nordrhein-Westfalen – 19 460 Ew. – Höhe 185 m – Regionalatlas **36**-C12

Berlin 560 km – Düsseldorf 63 km – Köln 33 km – Arnsberg 116 km

Michelin Straßenkarte 543

Zur Mühle

Wipperfürther Str. 391 ✉ 51515 – ✆ (02268) 66 29 – www.restaurant-zur-muehle.com – geschl. Juli - August 3 Wochen und Mittwoch, Januar - Oktober: Dienstag - Mittwoch

Menü 36 € (abends) – Karte 28/50 € – (Tischbestellung ratsam)

Seit über 10 Jahren betreiben Hermann und Kerstin Berger dieses nette modern-rustikale Restaurant (in Familienbesitz ist das Haus sogar schon seit 1895!). Zu internationalen Gerichten wie "Barbarie-Entenbrust mit Sesam-Teriyaki-Böhnchen" gesellen sich Klassiker wie "Schnitzel Wiener Art".

KUHLEN-WENDORF

Mecklenburg-Vorpommern – 830 Ew. – Höhe 30 m – Regionalatlas **12**-L5

Berlin 230 km – Schwerin 26 km – Parchim 38 km

Michelin Straßenkarte 542

Im Ortsteil Wendorf

Schlosshotel Wendorf

Hauptstr. 9 ✉ 19412 – ✆ (038486) 3366 0 – www.schlosshotel-wendorf.de – geschl. November - März

21 Zim – 145/155 € 175/185 € – 12 Suiten – ½ P

Cheval Blanc – Siehe Restaurantauswahl

Erholung pur: ein schmuckes Herrenhaus auf einem weitläufigen Grundstück mit Wiesen, Park und See. Drinnen eine stilvolle Lobby mit Bibliothek, Bar und Zigarrenlounge sowie hochwertige und elegante Zimmer. Dazu diverse Aufmerksamkeiten.

Cheval Blanc – Schlosshotel Wendorf

Hauptstr. 7 ✉ 19412 – ✆ (038486) 33 66 11
– www.restaurant-chevalblanc.de – geschl. November - März und Montag - Dienstag
Menü 62/146 € – Karte 41/71 € – *(Mittwoch - Donnerstag nur Abendessen)* (Tischbestellung ratsam)
Wie überall im Haus vermitteln auch im Restaurant zahlreiche Details Schlossflair. Gelungen die Melange aus Moderne und Historie. Gekocht wird auf klassischer Basis mit modernen Einflüssen.

KULMBACH

Bayern – 26 220 Ew. – Höhe 325 m – Regionalatlas **50-L15**
Berlin 355 km – München 257 km – Coburg 46 km – Bayreuth 22 km
Michelin Straßenkarte 546

Kronprinz

Fischergasse 4 ✉ 95326 – ✆ (09221) 9 21 80
– www.kronprinz-kulmbach.de – geschl. 22. Dezember - 7. Januar
22 Zim – 65/85 € 89/110 €
Das Haus hat gleich mehrere Vorzüge: die zentrale Altstadtlage (praktisch die Tiefgarage gegenüber), eine freundliche Gastgeberin und gepflegte Zimmer (fragen Sie nach den schönen modernen oder den eleganten Juniorsuiten im Gästehaus). Und wie wär's mit hausgemachtem Kuchen im Café? Hier auch kleine Gerichte.

Purucker

Melkendorfer Str. 4 ✉ 95326 – ✆ (09221) 9 02 00
– www.hotel-purucker.de
23 Zim – 58/85 € 78/98 € – 2 Suiten
Der Familienbetrieb bietet unterschiedlich eingerichtete und gut schallisolierte Gästezimmer und im Haus nebenan zwei hübsche neuzeitlich gestaltete Appartements. In den Sommermonaten ist das kleine Hallenbad geöffnet. Bürgerliches Restaurant.

In Kulmbach-Höferänger Nord-West: 4 km

Dobrachtal

Höferänger 10 ✉ 95326 – ✆ (09221) 94 20
– www.hotel-dobrachtal.de – geschl. 20. Dezember - 9. Januar
55 Zim – 48/84 € 78/118 € – ½ P
Ein seit vielen Jahren familiengeführtes Hotel mit gepflegten, teilweise recht geräumigen Zimmern, einige mit Balkon, W-Lan ist kostenfrei. In den gemütlichen Gaststuben oder auf der Gartenterrasse (hier sitzt man schön an der ruhig dahinfließenden Dobrach) serviert man regional geprägte Küche.

KUPFERZELL

Baden-Württemberg – 5 750 Ew. – Höhe 336 m – Regionalatlas **56-H17**
Berlin 555 km – Stuttgart 85 km – Heilbronn 46 km – Schwäbisch Hall 17 km
Michelin Straßenkarte 545

In Kupferzell-Eschental Süd-Ost: 6 km über Schlossstraße

Landgasthof Krone

Hauptstr. 40 ✉ 74635 – ✆ (07944) 6 70
– www.krone-eschental.de
56 Zim – 70/80 € 99/109 € – 1 Suite – ½ P
Der gewachsene Familienbetrieb wurde immer wieder erweitert und modernisiert, so sind die Zimmer recht verschieden und z. T. topmodern! Unterschiedlich sind auch die Restauranträume - mal ländlich, mal elegant. Hier gibt es bürgerliche Küche. Gemütlich die Bar/Weinstube "d'Stall".

KUPPENHEIM

Baden-Württemberg – 8 100 Ew. – Höhe 127 m – Regionalatlas **54-E18**
Berlin 698 km – Stuttgart 98 km – Karlsruhe 27 km – Baden-Baden 12 km
Michelin Straßenkarte 545

In Kuppenheim-Oberndorf Süd-Ost: 2 km Richtung Freudenstadt

Raubs Landgasthof

Hauptstr. 41 ✉ 76456 – ✆ (07225) 7 56 23 – www.raubs-landgasthof.de – geschl. Sonntag - Montag
5 Zim – 65 € 105/140 €
Menü 32 € (mittags)/128 € – Karte 55/77 € – (Tischbestellung ratsam)
Ein Landgasthof wie aus dem Bilderbuch, in dem Familie Raub volles Engagement zeigt. Der Patron ist ein "Klassiker", kocht aber auch mit mediterranen Einflüssen, immer ausgesprochen schmackhaft und mit erstklassigen Produkten. Dazu der herrlich unkomplizierte Rahmen... Da kommt man gerne wieder!
→ Nußlocher Ziegenfrischkäse mit marinierten sizilianischen Gemüsen und Basilikum. Atlantik Steinbutt mit Grabener Spargel und Avocado-Peperoninage. Rücken vom Gründenhof Durocschwein mit Kohlrabi und glasierten Aprikosen.

KYRITZ

Brandenburg – 9 160 Ew. – Höhe 42 m – Regionalatlas **21-N7**
Berlin 96 km – Potsdam 85 km – Schwerin 113 km
Michelin Straßenkarte 542

Waldschlösschen

Seestr. 110, Ost: 3 km, Waldkolonie ✉ 16866 – ✆ (033971) 3 07 80 – www.hotel-kyritz.de – geschl. Januar 1 Woche, Oktober 1 Woche
18 Zim – 49/68 € 68/97 € – ½ P
Das kleine Hotel ist ein 1906 erbautes Haus in seenaher Lage am Waldrand. Die Zimmer sind wohnlich gestaltet, im Gästehaus neuzeitlich, im Stammhaus rustikaler. Zum Restaurant gehört ein schöner Biergarten unter alten Bäumen.

LAASPHE, BAD

Nordrhein-Westfalen – 13 980 Ew. – Höhe 330 m – Regionalatlas **37-F12**
Berlin 489 km – Düsseldorf 174 km – Siegen 34 km – Kassel 108 km
Michelin Straßenkarte 543

In Bad Laasphe-Feudingen West: 9 km über B 62, in Saßmannshausen links

Landhotel Doerr

Sieg-Lahn-Str. 8 ✉ 57334 – ✆ (02754) 37 00 – www.landhotel-doerr.de
49 Zim – 75/90 € 150/180 € – ½ P
In diesem Familienbetrieb stehen sehr unterschiedliche, aber stets gemütlich-wohnlich gestaltete Zimmer bereit. Vielfältig und ebenso ansprechend ist der Wellnessbereich. Ländlich-elegantes Ambiente im großzügigen, über zwei Etagen angelegten Restaurant.

Lahntal-Hotel

Sieg-Lahn-Str. 23 ✉ 57334 – ✆ (02754) 12 85 – www.lahntalhotel.de
15 Zim – 85/95 € 150/200 € – 2 Suiten – ½ P
Ein schönes familiengeführtes kleines Landhotel mit wohnlichen und rustikal eingerichteten Zimmern, die recht geräumig sind. Am Morgen wartet ein gutes Frühstücksbuffet. Das Restaurant ist in behaglich-ländlichem Stil gehalten.

Im Auerbachtal

Wiesenweg 5 ✉ 57334 – ✆ (02754) 37 58 80 – www.auerbachtal.de – geschl. 23. Dezember - 15. Januar, 1. - 8. November
16 Zim – 64/69 € 82/98 € – 2 Suiten – ½ P
Sie mögen es ruhig und wohnlich? Das sympathische kleine Hotel liegt am Waldrand und bietet schöne, in hellen warmen Farben gehaltene Zimmer, jedes ist einem Künstler gewidmet. Hübsch auch der Wintergarten und die kleine Bibliothek.

In Bad Laasphe-Glashütte West: 14 km über B 62 sowie Feudingen und Volkholz, in Saßmannshausen links

Jagdhof Glashütte

Glashütter Str. 20 ✉ 57334 – ✆ (02754) 39 90 – www.jagdhof-glashuette.de
25 Zim ☕ – 🚹138/276 € 🚹🚹168/336 € – 4 Suiten – ½ P
Rôtisserie Jagdhof Stuben - Die Braterei – Siehe Restaurantauswahl
Vom Empfang bis zur Abreise bieten die Dornhöfers beispielhafte und überaus liebenswürdige Gästebetreuung! Dazu die ausgesprochen schöne Einrichtung mit ländlichem Charme und die ruhige Lage umgeben von Wald und Wiese. Ein Muss: die reizende rustikale Fuhrmannstube, mit der hier einst alles begann! "Stammgastrevier" heißt die bürgerlich-regionale Wittgensteiner Küche.

Rôtisserie Jagdhof Stuben - Die Braterei – Hotel Jagdhof Glashütte

Glashütter Str. 20 ✉ 57334 – ✆ (02754) 39 90
– www.jagdhof-glashuette.de
Menü 38 € – Karte 30/85 €
Schon allein der große Rôtisseriegrill neben der offenen Küche verbreitet in dem liebevoll dekorierten Restaurant Gemütlichkeit. Es gibt Leckeres vom Holzkohlegrill sowie traditionell-klassische und internationale Küche - auch das ein oder andere Lieblingsgericht von Patron Edmund Dornhöfer ist vertreten!

LAATZEN – Niedersachsen ➜ Siehe Hannover

LABOE

Schleswig-Holstein – 4 920 Ew. – Höhe 21 m – Regionalatlas **3-J3**
Berlin 366 km – Kiel 18 km – Schönberg 13 km
Michelin Straßenkarte 541

Seeterrassen

Strandstr. 84 ✉ 24235 – ✆ (04343) 60 70 – www.seeterrassen-laboe.de – geschl. Dezember - Januar
40 Zim ☕ – 🚹47/65 € 🚹🚹80/108 €
Praktisch eingerichtete Gästezimmer in zeitlosem Stil erwarten Sie in diesem Hotel. Zu den Vorzügen des Hauses zählt auch die strandnahe Lage. Restaurant mit Aussicht auf die Kieler Förde.

> Das Symbol 🚹 bzw. 🚹🚹 zeigt den Mindestpreis in der Nebensaison und den Höchstpreis in der Hochsaison für ein Einzelzimmer bzw. für ein Doppelzimmer an.

LADBERGEN

Nordrhein-Westfalen – 6 440 Ew. – Höhe 50 m – Regionalatlas **27-E9**
Berlin 456 km – Düsseldorf 149 km – Nordhorn 79 km – Bielefeld 83 km
Michelin Straßenkarte 543

Zur Post

Dorfstr. 11 ✉ 49549 – ✆ (05485) 9 39 30 – www.gastwirt.de
21 Zim ☕ – 🚹60/75 € 🚹🚹98/108 € – 1 Suite – ½ P
Zur Post – Siehe Restaurantauswahl
Ein Familienbetrieb mit langer Tradition, und die wird gepflegt! Man wohnt in individuellen Zimmern mit diversen schönen Antiquitäten und Kunst - in dem jahrhundertealten Fachwerkhaus teilweise mit alten Dielenböden. Wer es ruhiger mag, fragt nach einem Zimmer im Gästehaus. Gemütlich das Dresdner Zimmer.

Zur Post – Hotel Zur Post

Dorfstr. 11 ✉ 49549 – ✆ (05485) 9 39 30 – www.gastwirt.de – geschl. Montagmittag, Mittwoch - Donnerstag

Menü 34/42 € (mittags) – Karte 32/50 €

Regionale Küche und ländlicher Charme... das passt schön zusammen! Ein hübscher alter Kamin schafft im Winter behagliche Wärme. Und im Sommer ein Aperitif auf der kleinen Gartenterrasse? Für Veranstaltungen dient das helle Gartenzimmer.

LADENBURG

Baden-Württemberg – 11 510 Ew. – Höhe 106 m – Regionalatlas **47-F16**

▶ Berlin 618 km – Stuttgart 130 km – Mannheim 15 km – Heidelberg 13 km

Michelin Straßenkarte 545

Cronberger Hof

Cronbergergasse 10 ✉ 68526 – ✆ (06203) 9 26 10 – www.hotelcronbergerhof.de

25 Zim ☕ – 🚹75/78 € 🚹🚹85/98 €

In diesem Haus in einer beschaulichen Altstadtgasse wohnt man in funktionalen Zimmern, die ideal sind für Geschäftsreisende. Fragen Sie nach den Zimmern im Haupthaus - die Zimmer im Gästehaus sind kleiner und recht einfach.

Backmulde

Hauptstr. 61 ✉ 68526 – ✆ (06203) 40 40 80 – www.back-mul.de – geschl. Montag

Menü 32 € (mittags unter der Woche)/82 € – Karte 45/71 €

Ganz reizend ist das über 650 Jahre alte Fachwerkhaus eingerichtet, gemütlich-rustikaler Charme inklusive. Aus der Küche kommt Modernes wie "Heilbuttfilet und Jakobsmuschel, Perlgraupen, Karotte, Sanddorn". Tipp: Weinladen gegenüber.

Die Zwiwwel

Kirchenstr. 24 ✉ 68526 – ✆ (06203) 9 28 40 – www.diezwiwwel.de – geschl. Februar 2 Wochen und Montag - Dienstag

Menü 35/66 € – Karte 40/65 € – *(Mittwoch - Freitag nur Abendessen)*

Das historische gelbe Haus steht mitten in der Altstadt. Drinnen sitzt man in heimeligen Stuben mit viel Holz (im Winter wärmt der Kachelofen!), gekocht wird saisonal-klassisch.

LAGE (LIPPE)

Nordrhein-Westfalen – 34 680 Ew. – Höhe 102 m – Regionalatlas **28-G9**

▶ Berlin 388 km – Düsseldorf 189 km – Bielefeld 21 km – Detmold 9 km

Michelin Straßenkarte 543

In Lage-Stapelage Süd-West: 7 km über B 66 Richtung Bielefeld

Haus Berkenkamp

Im Heßkamp 50 ✉ 32791 – ✆ (05232) 7 11 78 – www.haus-berkenkamp.de – geschl. 12. - 25. März, 3. - 26. Oktober

20 Zim ☕ – 🚹48/51 € 🚹🚹82/86 € – ½ P

Hier überzeugen sympathische Gästebetreuung und die ruhige Lage im Grünen. Der ehemalige Bauernhof von 1849 wird engagiert von Familie Berkenkamp geführt.

LAHNSTEIN

Rheinland-Pfalz – 17 580 Ew. – Höhe 66 m – Regionalatlas **36-D14**

▶ Berlin 596 km – Mainz 102 km – Koblenz 9 km – Bad Ems 13 km

Michelin Straßenkarte 543

Wyndham Garden Lahnstein Koblenz

Zu den Thermen, Süd-Ost: 3,5 km über Rheinhöhenweg ✉ 56112 – ✆ (02621) 91 20 – www.wyndhamgardenlahnstein.com

228 Zim – 🚹65/119 € 🚹🚹85/139 € – ☕ 13 € – 13 Suiten – ½ P

Angenehm ruhig liegt das Hotel mit den funktionellen Zimmern in einer Parkanlage auf einem bewaldeten Bergrücken. Eine ideale Tagungs- und Businessadresse. Herrliche Sicht vom Restaurant im 15. Stock, zur Schließzeit Alternative im EG. Zwei Terrassen am Haus.

LAHR (SCHWARZWALD)

Baden-Württemberg – 43 730 Ew. – Höhe 170 m – Regionalatlas **53**-D19
Berlin 767 km – Stuttgart 168 km – Karlsruhe 96 km – Offenburg 26 km
Michelin Straßenkarte 545

Grüner Baum

Burgheimer Str. 105 ✉ 77933 – ✆ (07821) 2 22 82 – www.gruenerbaum-lahr.de – geschl. Sonntagabend
Menü 39/49 € – Karte 16/48 € – (Tischbestellung ratsam)
Ein besonders schöner Ort ist im Sommer die Terrasse hinter dem alten Fachwerkhaus mit ihrer angenehmen indirekten Beleuchtung! Aber auch drinnen sitzt es sich schön gemütlich, während man sich regionale und internationale Speisen wie "in Spätburgunder geschmorten Sauerbraten" oder "Kalbsrückensteak vom Grill auf Waldpilzrisotto" schmecken lässt.

In Lahr-Reichenbach Ost: 3,5 km über B 415

Adler

Reichenbacher Hauptstr. 18, B 415 ✉ 77933 – ✆ (07821) 90 63 90 – www.adler-lahr.de – geschl. über Fasnacht 2 Wochen
22 Zim – 95/125 € 140/170 € – ½ P
Adler • ***Gasthaus*** – Siehe Restaurantauswahl
Familientradition wird hier groß geschrieben: Gleich drei Generationen der Fehrenbachers kümmern sich um Ihr Wohl! Das Haus hat sehr zur Freude der Gäste über all die Jahre seinen badischen Charme bewahrt und trotzdem passt auch der ganz moderne Stil einiger Zimmer gut ins Bild!

Adler (Otto und Daniel Fehrenbacher) – Hotel Adler

Reichenbacher Hauptstr. 18, B 415 ✉ 77933 – ✆ (07821) 90 63 90 – www.adler-lahr.de – geschl. über Fasnacht 2 Wochen und Montag - Dienstag
Menü 58/120 € – *(nur Abendessen)*
Einer der Klassiker der Region hat eine Verjüngungskur bekommen, und die ist wirklich gelungen: Frische, markante Farbtupfer in Rot und Grün treffen auf schwarzwaldtypische Elemente. Geblieben sind natürlich der gewohnt aufmerksame und charmant-familiäre Service sowie die finessenreiche klassisch-moderne Küche von Vater und Sohn Fehrenbacher!
→ Jakobsmuschel mit Banane, Pfeffer und Petersilie. Rehfilet aus dem Tannenrauch mit Aprikose und knuspriger Kartoffel. Sauerkirschen mit Schokolade, Meringe und Joghurt.

Gasthaus – Hotel Adler

Reichenbacher Hauptstr. 18, B 415 ✉ 77933 – ✆ (07821) 90 63 90 – www.adler-lahr.de – geschl. über Fasnacht 2 Wochen und Dienstagmittag
Menü 27 € (vegetarisch)/31 €
Auch im neuen Gasthaus mischen sich Moderne und Tradition, optisch und kulinarisch. Hier geht es etwas legerer zu, man isst aber ebenfalls gut: Schmackhaft, frisch und preislich fair ist u. a. "Schuttertäler Saibling auf Kartoffelrisotto"!

LALENDORF – Mecklenburg-Vorpommern → Siehe Güstrow

LAM

Bayern – 2 650 Ew. – Höhe 475 m – Regionalatlas **59**-P17
Berlin 513 km – München 196 km – Passau 94 km – Cham 39 km
Michelin Straßenkarte 546

Sonnenhof

Himmelreich 13 ✉ 93462 – ✆ (09943) 3 70 – www.sonnenhof-lam.de
165 Zim – 90/122 € 132/224 € – 9 Suiten – ½ P
Eine schön gelegene wohnlich-komfortable Urlaubsadresse für Golfer, Wellnessgäste und Familien. Der Saunabereich ist im modernen asiatischen Stil gehalten. Mit Kids-Club. Neuzeitlich-elegant ist das Ambiente im Restaurant. HP inklusive.

LANDAU in der PFALZ

Rheinland-Pfalz – 43 650 Ew. – Höhe 144 m – Regionalatlas **54-E17**
Berlin 668 km – Mainz 109 km – Karlsruhe 38 km – Mannheim 50 km
Michelin Straßenkarte 543

Parkhotel

Mahlastr. 1, an der Festhalle ✉ 76829 – ✆ (06341) 14 50
– www.parkhotel-landau.de
78 Zim – 99/159 € 125/185 € – ½ P
Schon ein Hingucker, der aparte Kontrast von modernem Hotelbau und direkt angeschlossener historischer Festhalle! Besonders schön die geradlinig-zeitgemäßen Zimmer mit Bezug zum Thema Weinbau. Zum Park hin wohnen Sie übrigens ruhiger. Praktisch: Am Haus gibt es eine öffentliche Tiefgarage und Stellplätze.

Weinkontor Null41

Georg-Friedrich-Dentzel-Str. 11, Zugang über Eutzinger Straße ✉ 76829
– ✆ (06341) 94 54 85 – www.weinkontor-null41.de – geschl. Dienstag
Karte 26/39 €
Alte Backsteinarchitektur gepaart mit urbanem Look - ein wirklich attraktiver Rahmen für richtig leckere Gerichte wie "geschmorte Kalbsbacke auf Mangold-Graupen" - frisch und unkompliziert. Schön die Terrasse, drum herum das Gelände der Landesgartenschau 2015.

Weinstube zur Blum

Kaufhausgasse 9, Frank-Loebsches Haus ✉ 76829 – ✆ (06341) 89 76 41
– www.zurblum.de – geschl. Sonntag - Dienstagmittag, Donnerstagmittag, Freitagmittag
Menü 10/24 € – Karte 26/42 € – (Tischbestellung ratsam)
Der historische Vierflügelbau ist bei Touristen und Einheimischen gleichermaßen gefragt! Saisonale Gerichte von der Tafel und Pfälzer Spezialitäten wie "Saumagen auf Rieslingkraut" isst man im Sommer am liebsten im Innenhof: auf zwei Etagen von Holzarkaden eingefasst und wirklich charmant!

In Landau-Arzheim West: 4 km

Weinstube Hahn

Arzheimer Hauptstr. 50 ✉ 76829 – ✆ (06341) 3 31 44 – geschl. Weihnachten - Neujahr, Ende Juni 1 Woche, September 1 Woche und Dienstag - Mittwoch
Karte 22/44 € – *(nur Abendessen)* (Tischbestellung ratsam)
Stammgäste haben die herzlichen Betreiber hier so einige, denn man sitzt richtig nett in gemütlich-rustikaler Atmosphäre und essen kann man auch gut: Rindfleischsalat, Winzerschmaus, Pfälzer Rumpsteak... Dazu Weine aus der Region.

In Landau-Godramstein Nord-West: 4 km

Westphals Kulinarium

Godramsteiner Hauptstr. 62 ✉ 76829 – ✆ (06341) 96 84 28
– www.westphals-kulinarium.de – geschl. Montag - Dienstag
Menü 28/60 € – Karte 35/48 € – *(nur Abendessen außer an Feiertagen)* (Tischbestellung ratsam)
Gemütliche Stube oder lieber lauschig-mediterraner Hof? Hier wie dort serviert man ambitionierte internationale Gerichte wie "geschmorte Lammkeule mit Gemüse-Couscous und Thymian-Schokoladenjus". Im Sommer sind Fr. und So. zudem die Tapas beliebt. Mi. und Do. abends ausschließlich Überraschungsmenüs.

In Landau-Nussdorf Nord: 3 km

Villa Delange

Lindenbergstr. 30, mit Gästehaus ✉ 76829 – ✆ (06341) 67 67 40
– www.villa-delange.com – geschl. Anfang Januar 2 Wochen
15 Zim – 75/95 € 85/110 €
Passend zum historischen Charme des Hauses hat man hier ein wirklich schönes stilvolles Landhausambiente geschaffen, überall liebevolle Deko. Ebenso hochwertig, nur etwas moderner, sind die Zimmer im 50 m entfernten Gästehaus. Sie bleiben länger? Man hat auch zwei Apartments mit Küchenzeile.

In Landau-Queichheim Ost: 2 km

Soho
Marie-Curie-Str. 9 ✉ 76829 – ✆ (06341) 14 19 60 – www.soho-landau.de
69 Zim ☕ – 🚹76/98 € 🚹🚹115/140 € – ½ P
Ideal für Tagung und Business. Das modern-funktionelle Hotel liegt verkehrsgünstig nahe der Autobahnabfahrt und direkt am Messplatz. Tipp: die lichten Penthouse-Zimmer mit schönem Blick! Aussicht auch von der Dachterrasse des Restaurants.

LANDSBERG am LECH

Bayern – 28 070 Ew. – Höhe 587 m – Regionalatlas **65-K20**
▶ Berlin 597 km – München 57 km – Augsburg 41 km – Kempten (Allgäu) 68 km
Michelin Straßenkarte 546

Goggl
Hubert-von-Herkomerstr. 19 ✉ 86899 – ✆ (08191) 32 40 – www.hotelgoggl.de
59 Zim ☕ – 🚹75/95 € 🚹🚹95/130 € – 1 Suite
Das Altstadthaus steht in einer Häuserreihe beim Rathausplatz. Zu den zeitgemäßen Zimmern zählen auch Familienzimmer. Hübsch ist das kleine Dampfbad im Hundertwasserstil.

Landhotel Endhart
Erpftinger Str. 19 ✉ 86899 – ✆ (08191) 9 29 30 – www.landhotel-endhart.de
34 Zim ☕ – 🚹70/130 € 🚹🚹95/175 € – 1 Suite
Wer es etwas komfortabler mag, bucht in dem Familienbetrieb am Stadtrand eines der Neubau-Zimmer zum Innenhof, am besten eines mit Balkon! Es gibt auch ein freundliches Tagescafé, in dem man am Morgen gemütlich beim Frühstück sitzt.

LANDSHUT

Bayern – 65 330 Ew. – Höhe 393 m – Regionalatlas **58-N19**
▶ Berlin 556 km – München 75 km – Regensburg 75 km – Ingolstadt 83 km
Michelin Straßenkarte 546

Lifestyle
Flurstr. 2, B 299, über A1, Richtung Neustadt ✉ 84032 – ✆ (0871) 9 72 70 – www.hotel-lifestyle.de – geschl. 23. - 27. Dezember
50 Zim ☕ – 🚹69/99 € 🚹🚹89/119 € – 4 Suiten – ½ P
Das Businesshotel liegt gegenüber von "Brandt Zwieback-Schokoladen", entsprechend finden sich hier immer wieder Schokoladenfreuden wie z. B. die Schokoecke beim Frühstück. Funktionelle Zimmer, gute Tagungsmöglichkeiten und internationale Küche. Idyllisch die Gartenterrasse, urig der Eventraum "Stopsl"!

Goldene Sonne
Neustadt 520 ✉ 84028 – ✆ (0871) 9 25 30 – www.goldenesonne.de Stadtplan : B2**d**
59 Zim ☕ – 🚹80/140 € 🚹🚹110/170 € – 1 Suite – ½ P
Das schmucke historische Gebäude in der Altstadt beherbergt geschmackvoll gestaltete, wohnliche Zimmer mit individuellem Zuschnitt und guter technischer Ausstattung. Rustikale Gaststube mit bürgerlicher Karte. Nett ist der Biergarten im Innenhof.

Fürstenhof
Stethaimer Str. 3 ✉ 84034 – ✆ (0871) 9 25 50 – www.fuerstenhof.la – geschl. August 2 Wochen Stadtplan : A1**d**
21 Zim ☕ – 🚹85/110 € 🚹🚹115/160 € – 1 Suite – ½ P
Fürstenzimmer und Herzogstüberl – Siehe Restaurantauswahl
Charmant ist dieses Stadthaus von 1906: Umsichtig die Gastgeber, wertig und wohnlich die Zimmer, auffallend das Bemühen um den Gast, immer wieder kleine Aufmerksamkeiten. Sie suchen etwas Besonderes? Keramik-Suite oder Tuchhändler-Zimmer!

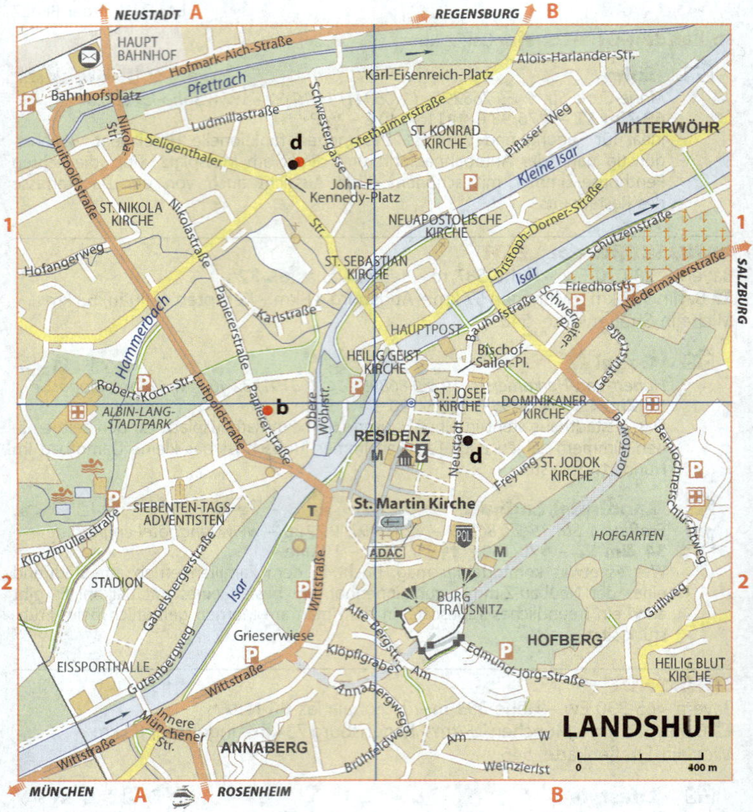

Fürstenzimmer und Herzogstüberl – Hotel Fürstenhof

Stethaimer Str. 3 ✉ 84034 – ✆ (0871) 9 25 50 – www.fuerstenhof.la
– geschl. August 2 Wochen und Sonntag Stadtplan : A1**d**
Menü 56/86 € – Karte 50/62 € – *(nur Abendessen)*
Herzogstüberl mit bayerischem Flair, stilvoll-elegantes Fürstenzimmer, tolle Terrasse... Sie werden stets mit frischer klassischer Küche umsorgt. Man beachte auch die fair kalkulierte Weinkarte mit Raritäten. Lust auf einen Kochkurs?

Bellini

Papiererstr. 12 ✉ 84034 – ✆ (0871) 63 03 03 Stadtplan : A2**b**
– www.bellini-landshut.de – geschl. August 1 Woche und Samstagmittag
Menü 11 € (mittags unter der Woche)/50 € – Karte 31/44 €
Lust auf Trüffel? Entsprechende Gerichte gibt es bei Maurizio Ritacco immer, sogar als Pizza, fragen Sie ruhig nach! Eine weitere Leidenschaft neben der italienischen Küche sind Weinraritäten aus Italien und Frankreich sowie Grappa (besonders der von Levi). Toll die begrünte Hofterrasse!

In den Ortsblöcken finden Sie geografische Angaben wie Bundesland, Michelin-Karte, Einwohnerzahl und Höhe des Ortes sowie Entfernungen zu größeren Städten.

In Landshut-Löschenbrand West: 2,5 km über Johannisstraße A1

Landshuter Hof
Löschenbrandstr. 23 ✉ 84032 – ✆ (0871) 96 27 20 – www.landshuter-hof.de – geschl. Anfang Januar 1 Woche, Mitte - Ende August
25 Zim – 🚹55/65 € 🚹🚹80/95 € – ☕ 5 € – ½ P
In dem familiengeführten Hotel kann man gepflegt übernachten und zudem gut essen: Unter den saisonal-regional geprägten Speisen von Franz Hopper finden sich z. B. "Rostbraten vom Niederbayerischen Rind" oder "Hähnchen vom Bauer Lichtinger". Dazu serviert man gerne deutsche oder österreichische Weine.

LANDSTUHL

Rheinland-Pfalz – 8 300 Ew. – Höhe 248 m – Regionalatlas **46-D16**
Berlin 660 km – Mainz 100 km – Saarbrücken 54 km – Kaiserslautern 17 km
Michelin Straßenkarte 543

Christine
Kaiserstr. 3 ✉ 66849 – ✆ (06371) 90 20 – www.hotel-christine.com
111 Zim ☕ – 🚹65/85 € 🚹🚹105/115 €
Das alpenländische Flair des Hauses kommt an - in der großen Lobby mit offenem Kamin, in den z. T. holzvertäfelten Zimmern, im gemütlichen Frühstücksraum. Modern-elegant das Restaurant Cockpit Lounge. Hier allerlei sehenswerte Fliegerei-Deko sowie ein breites Angebot von Burger über Sandwich bis Schnitzel.

Landhaus Schattner
Kaiserstr. 143 ✉ 66849 – ✆ (06371) 6 18 40 – www.hotel-landhaus-schattner.de – geschl. über Weihnachten
25 Zim ☕ – 🚹60/75 € 🚹🚹80/90 €
Das Haus wird freundlich geleitet und bietet gepflegte Zimmer mit kostenfreiem W-Lan sowie ein gutes Frühstück. Praktisch für Familien sind die Mehrbettzimmer. Interessant: das Wellness-Bad Cubo gegenüber.

LANGEN

Hessen – 35 850 Ew. – Höhe 144 m – Regionalatlas **47-F15**
Berlin 557 km – Wiesbaden 42 km – Frankfurt am Main 22 km – Darmstadt 14 km
Michelin Straßenkarte 543

Steigenberger
Robert-Bosch-Str. 26 ✉ 63225 – ✆ (06103) 97 20 – www.frankfurt-langen.steigenberger.de
205 Zim – 🚹59/399 € 🚹🚹59/399 € – ☕ 17 € – ½ P
Überall in diesem Businesshotel hat man eine nostalgisch-amerikanische Note in die Einrichtung miteinfließen lassen. Gute S-Bahnanbindung zur Frankfurter Messe. Nett dekoriertes Restaurant im Bistrostil.

Mosbach's Restaurant
Vierhäusergasse 1 ✉ 63225 – ✆ (06103) 50 27 13 – www.mosbachs.com – geschl. 26. Dezember - 7. Januar und Samstagmittag, Montag
Menü 25 € (mittags)/39 € – Karte 47/68 € – (Tischbestellung ratsam)
In dem hübschen Fachwerkhaus im Ortskern setzen die elsässischen Brüder Guy und Dominique Mosbach auf traditionelle französische Speisen, so stehen auf der Karte z. B. Boeuf Bourguignon, Kalbsblanquette oder auch feine Bresse-Poularde.

Nahe der Straße nach Dieburg Ost: 2 km

Merzenmühle
Koberstädter Str. 204 ✉ 63225 – ✆ (06103) 5 35 33 – www.merzenmuehle.de – geschl. Samstagmittag, Sonntagabend - Montag
Menü 20 € (mittags)/59 € – Karte 35/56 €
Die Gastgeber kommen aus Österreich, das merkt man an der Speisekarte. Die Atmosphäre ist schön gemütlich, passend zum 600 Jahre alten Fachwerkhaus. Rustikale Alternative: die "Scheuer", ein Mix aus Heurigem und Apfelweinlokal samt Biergarten.

LANGENARGEN

Baden-Württemberg – 7 730 Ew. – Höhe 398 m – Regionalatlas **63-H21**
Berlin 726 km – Stuttgart 175 km – Konstanz 40 km – Ravensburg 27 km
Michelin Straßenkarte 545

Engel

Marktplatz 3 ✉ 88085 – ✆ (07543) 9 34 40 – www.engel-bodensee.de – geschl. 24. Januar - 11. März
37 Zim – †65/88 € ††98/150 € – 4 Suiten – ½ P
Das Hotel im Zentrum, direkt an der Promenade, bietet wohnliche Zimmer und sehr schöne große Suiten sowie einen freundlich gestalteten Saunabereich und ein eigenes Strandbad. Teil des Restaurants ist ein zum Ufer hin gelegener Wintergarten mit Terrasse.

Klett

Obere Seestr. 15 ✉ 88085 – ✆ (07543) 22 10 – www.hotel-klett.de – geschl. November - März
17 Zim – †60/69 € ††90/150 €
Ein sehr gepflegter kleiner Familienbetrieb am See, dem die Chefin mit ihren handgemachten Dekorationen eine persönliche und individuelle Note gibt.

Im Winkel

Im Winkel 9 ✉ 88085 – ✆ (07543) 93 40 10 – www.hotel-imwinkel.de – geschl. 15. November - 31. März
8 Zim – †65/100 € ††90/140 € – 2 Suiten
Wie zu Hause fühlt man sich in dem tipptopp gepflegten Haus der freundlichen Familie Reiß. Die Gäste wohnen in zeitgemäßen Zimmern, genießen das frische Frühstücksbuffet und entspannen im netten Saunabereich.

Karr

Oberdorfer Str. 11 ✉ 88085 – ✆ (07543) 30 90 – www.hotelkarr.de – geschl. Sonntag - Montagmittag, November - April: Sonntag - Montag
14 Zim – †75/100 € ††110/130 € – ½ P
Menü 39/95 € – Karte 42/75 € – *(Dienstag - Donnerstag nur Abendessen)*
Eine sympathische Adresse ist das freundlich gestaltete, reichlich dekorierte Restaurant der Familie Karr. Geboten wird klassische Küche mit regionalen Einflüssen. Für Übernachtungsgäste hat man individuelle, liebevoll gestaltete Zimmer.

Schuppen 13

Argenweg 60, im BMK-Yachthafen ✉ 88085 – ✆ (07543) 15 77 – www.schuppen13.de – geschl. 20. Dezember - Anfang März und Montag
Menü 48 € – Karte 31/56 €
Das Restaurant liegt direkt am Yachthafen und sieht von außen ein bisschen aus wie ein Bootshaus. Drinnen erwarten Sie sorgfältig zubereitete klassisch-italienische Speisen wie "geschmortes Kaninchen mit Pilzrisotto".

Malereck

Aargenstr. 60/4, im BMK-Yachthafen ✉ 88085 – ✆ (07543) 91 24 91 – www.restaurantmalereck.de – geschl. 20. Dezember - Anfang März und Dienstag
Menü 42/65 € – Karte 37/64 €
Richtig schön ist es hier: wunderbar der eigene Park, toll die Terrasse zum See, und das Restaurant ist überaus elegant. Das breit gefächerte Speisenangebot reicht von "offenem Hummerraviolo" über Grillgerichte bis zu Trüffelrisotto.

In Langenargen-Schwedi Nord: 2 km

Schwedi

Schwedi 1 ✉ 88085 – ✆ (07543) 93 49 50 – www.hotel-schwedi.de – geschl. Ende November - Anfang Februar
27 Zim – †60/100 € ††95/170 € – 3 Suiten – ½ P
Das Haus liegt schön ruhig im Grünen am See, die wohnlichen Zimmer teils seeseitig und mit Balkon. Fast wie im Freien schwimmt man im attraktiven glasüberdachten Hallenbad, Ruhebereich und Liegewiese mit Seeblick. Restaurant mit Fischspezialitäten - Bodenseefische aus familiärem Fischereibetrieb.

LANGENAU

Baden-Württemberg – 14 330 Ew. – Höhe 458 m – Regionalatlas **56-I19**
Berlin 603 km – Stuttgart 86 km – Augsburg 71 km – Ulm (Donau) 18 km
Michelin Straßenkarte 545

Zum Bad

Burghof 11 ✉ 89129 – ✆ (07345) 9 60 00 – www.gasthof-zum-bad.de – geschl. 27. Dezember - 5. Januar, Ende Juli - Anfang August
36 Zim – 60/80 € 90/120 €
Zum Bad – Siehe Restaurantauswahl
Ein Haus, in dem man wirklich gerne übernachtet, denn hier ist die ganze Familie mit viel Herzblut im Einsatz! Außerdem sind die Zimmer schön zeitgemäß und wohnlich, das Frühstück ist lecker und die Preise stimmen auch. Der Name stammt übrigens vom ehemaligen "Bad" für Gutbetuchte gleich nebenan.

Zum Bad (Hans Häge) – Hotel Zum Bad

Burghof 11 ✉ 89129 – ✆ (07345) 9 60 00 – www.gasthof-zum-bad.de – geschl. 27. Dezember - 5. Januar, Ende Juli - Anfang August und Montag
Menü 53/94 € – Karte 37/66 €
Wer regionale Klassiker mag, ist in dem hellen modernen Restaurant ebenso in guten Händen wie Freunde gehobener Küche. Ob Sie lieber ein bisschen bodenständiger essen oder das Gourmetmenü vorziehen, Geschmack und Qualität sind Ihnen gewiss.
→ Hummerschaumsüppchen mit Kartoffel-Garnelenmaultäschle. Rotbarbe mit Bouillabaissesud. Filet und Haxe vom Kalb mit geschmortem Kopfsalat und Nudeln.

In Rammingen Nord-Ost: 4 km

Landgasthof Adler

Riegestr. 15 ✉ 89192 – ✆ (07345) 9 64 10 – www.adlerlandgasthof.de – geschl. Montag
9 Zim – 69/150 € 129/185 €
Menü 35/108 € – Karte 24/76 € – *(Dienstag - Donnerstag nur Abendessen)*
Regionale Saisonküche, Vegetarisches und französische Klassiker bekommt man in dem hübschen weinberankten Gasthaus. Darf es dazu vielleicht ein deutscher Riesling sein? Oder lieber etwas Internationales? Wenn Sie nach dem Essen anspruchsvoll übernachten möchten: Man hat auch hochwertig-moderne Zimmer!

LANGENBURG

Baden-Württemberg – 1 730 Ew. – Höhe 439 m – Regionalatlas **56-I17**
Berlin 576 km – Stuttgart 91 km – Würzburg 81 km – Ansbach 96 km
Michelin Straßenkarte 545

Mawell Resort

Roseneck 5 ✉ 74595 – ✆ (07905) 9 41 40 – www.mawell-resort.de – geschl. 21. - 25. Februar
55 Zim – 109/144 € 178/238 € – ½ P
Schon beeindruckend, was man hier in den Berg gebaut hat! Schön sind nicht nur die mit heimischem Holz wohnlich eingerichteten Zimmer, auch die Sauna hoch oben im Turm und der Rooftop-Pool bleiben in Erinnerung - toll der Talblick!

Zur Post

Hauptstr. 55 ✉ 74595 – ✆ (07905) 54 32 – www.gasthofpostlangenburg.de – geschl. 24. Dezember - 10. Januar
13 Zim – 50/65 € 80/95 € – ½ P
Der Gasthof nur wenige Schritte von der Altstadt ist äußerlich eher unscheinbar, innen aber schön wohnlich, und er wird engagiert und persönlich geführt. Man wohnt in gepflegten zeitgemäßen Zimmern und lässt sich in gemütlichen Stuben die traditionellen Gerichte des aus Amsterdam stammenden Patrons servieren.

LANGENFELD (RHEINLAND)

Nordrhein-Westfalen – 56 990 Ew. – Höhe 47 m – Regionalatlas **36**-C12
Berlin 556 km – Düsseldorf 22 km – Aachen 92 km – Köln 26 km
Michelin Straßenkarte 543

In Langenfeld-Reusrath Süd: 3 km über B 8 Richtung Opladen

Landhotel Lohmann

Opladener Str. 19, B 8 ✉ 40764 – ✆ (02173) 9 16 10 – www.landhotel-lohmann.de – geschl. über Weihnachten, über Karneval, Juli - August 3 Wochen
28 Zim – 74/84 € 99/109 € – 8 €
Der langjährige Familienbetrieb liegt günstig zwischen den Messestädten Düsseldorf und Köln und bietet sehr gepflegte Zimmer. Bürgerliche Küche im Restaurant samt lichtem Wintergarten.

LANGENLONSHEIM

Rheinland-Pfalz – 3 730 Ew. – Höhe 110 m – Regionalatlas **47**-E15
Berlin 618 km – Mainz 43 km – Koblenz 78 km – Neustadt an der Weinstraße 90 km
Michelin Straßenkarte 543

Jugendstil-Hof

Naheweinstr. 172 ✉ 55450 – ✆ (06704) 9 63 86 82 – www.jugendstil-hof.de
3 Zim – 185 € 198 €
Hätten Sie hier ein derartig schickes und geradezu luxuriöses Interieur erwartet? Die Chefin ist Inneneinrichterin und so dienen die Räume quasi als "Showroom" für die hochwertige Einrichtung, die man auch kaufen kann. Die Atmosphäre ist privat, man wird persönlich betreut und zum Frühstück gibt's frische Eier der eigenen Hennen und Obst aus dem Garten.

LANGENZENN

Bayern – 10 380 Ew. – Höhe 313 m – Regionalatlas **50**-K16
Berlin 468 km – München 187 km – Ansbach 36 km – Bayreuth 115 km
Michelin Straßenkarte 546

In Langenzenn-Keidenzell Süd: 4 km

Keidenzeller Hof

Fürther Str. 11 ✉ 90579 – ✆ (09101) 90 12 26 – www.keidenzeller-hof.de – geschl. Montag - Donnerstagmittag, Freitagmittag
Menü 45 € (mittags)/105 € – Karte 45/68 €
In dem geschmackvoll renovierten historischen Landgasthof erwartet Sie die charmante Patronne Vera Grimmer in ihrem schicken Restaurant oder in der gemütlichen Stube. Von Küchenchef Martin Grimmer kommt eine moderne, kontrastreiche und fein abgestimmte Küche, die man so nicht erwarten würde! Festscheune.
→ Herz und Lunge, Eiszapfen, Schwarzer Rettich, Hollandaise. Lachs, grüner Spargel, Purple Curry, Kokosnuss. Japanische Zitrone, Erdbeere, Staudensellerie, Schwarzer Reis.

LANGEOOG (INSEL)

Niedersachsen – 1 750 Ew. – Höhe 5 m – Regionalatlas **7**-D4
Berlin 525 km – Hannover 266 km – Emden 57 km – Aurich/Ostfriesland 28 km
Michelin Straßenkarte 541

La Villa

Vormann-Otten-Weg 12 ✉ 26465 – ✆ (04972) 7 77 – www.hotel-lavilla.de – geschl. Januar - März
3 Zim – 90/115 € 120/240 € – 6 Suiten – ½ P
Ein familiär geführtes kleines Hotel ist diese Villa aus der Jahrhundertwende. Die Gästezimmer sind wohnlich gestaltet und verfügen über großzügige Marmorbäder.

Kolb

Barkhausenstr. 30 ✉ 26465 – ✆ (04972) 9 10 41 65 – www.hotel-kolb.de
36 Zim – 75/110 € 136/188 € – 2 Suiten – ½ P
Schiffchen – Siehe Restaurantauswahl
Der Familienbetrieb ist ein im friesischen Landhausstil erbautes Hotel mit behaglichen Zimmern (teils mit Terrasse), hübschem Saunabereich und vielfältigem Frühstücksbuffet. Geräumige Juniorsuiten im Gästehaus.

Flörke

Hauptstr. 17 ✉ 26465 – ✆ (04972) 9 22 00 – www.hotel-floerke.de
50 Zim – 70/100 € 120/180 € – 3 Suiten
Das Ferienhotel liegt ruhig und wird familiär geführt. Besonders komfortabel sind die geräumigen und modernen Appartements im Nebenhaus, schön auch die Sauna.

Mare

Kiebitzweg 8 ✉ 26465 – ✆ (04972) 9 22 60 – www.suiten-hotel-mare.de
25 Zim – 90/150 € 130/180 € – 20 Suiten – ½ P
In dem Hotel in einer ruhigen Wohngegend stehen freundliche zeitgemäße Suiten verschiedener Kategorien bereit, die alle über eine kleine Küche und meist über Balkone verfügen. Schön entspannen können Sie auch im Wellnessgarten mit Naturpool oder aber im Restaurant bei Steaks und Fisch.

Strandeck

Kavalierpad 2 ✉ 26465 – ✆ (04972) 68 80 – www.strandeck.de – geschl. Ende November - Mitte Dezember
36 Zim – 70/115 € 126/152 €
Die Lage hinter den Dünen, die familiäre Atmosphäre und solide, funktionelle Zimmer machen dieses Hotel aus. Frühstücksbuffet mit regionalen Produkten.

Schiffchen – Hotel Kolb

Barkhausenstr. 30 ✉ 26465 – ✆ (04972) 9 10 41 25 – www.hotel-kolb.de
Menü 26/60 € – Karte 34/47 €
Das in dunklem Holz gehaltene Interieur dieses Restaurants ist dem eines Luxusliners nachempfunden. Serviert wird eine frische internationale Küche.

Seekrug

Höhenpromenade 1 ✉ 26465 – ✆ (04972) 3 83 – www.seekrug.de – geschl. Dezember 3 Wochen und Montag, im Winter: Montag - Dienstag
Menü 25/39 € – Karte 19/46 €
Hier speisen die Gäste mit tollem Blick auf Dünen und Meer. Für die bürgerlich-regionale Küche verwendet man vorwiegend heimische Bioprodukte. Große Kuchenauswahl.

LANGERRINGEN – Bayern → Siehe Schwabmünchen

LANGERWEHE

Nordrhein-WestfalenHöhe 135 m – Regionalatlas **35-B12**
Berlin 623 km – Düsseldorf 71 km – Aachen 26 km – Düren 10 km
Michelin Straßenkarte 543

In Langerwehe-Merode Süd-Ost: 4,5 km Richtung Düren, über B 264 und Pier

Wettsteins Restaurant

Schlossstr. 66 ✉ 52379 – ✆ (02423) 22 98 – www.wettsteins-restaurant.de – geschl. über Weihnachten, Juli - August 3 Wochen und Montag - Dienstag
Menü 44/60 € – Karte 27/59 €
Rudolf und Stefanie Wettstein leiten den elterlichen Betrieb in 3. Generation. Mit Fachkenntnis und Engagement umsorgen Sie ihre Gäste, die in freundlich-ländlichem Ambiente bei ambitionierter bürgerlich-regionaler Küche sitzen. Sie planen eine Feier? Man ist hier auch auf Gesellschaften gut eingestellt.

LANGWEILER

Rheinland-Pfalz – 260 Ew. – Höhe 510 m – Regionalatlas **46-C15**

Berlin 687 km – Mainz 112 km – Koblenz 93 km – Saarbrücken 92 km

Michelin Straßenkarte 543

Kloster Marienhöh

Marienhöh 2 ✉ 55758 – ✆ (06786) 29 29 90 – www.klosterhotel-marienhoeh.de

62 Zim – 85/95 € 145/170 € – 4 Suiten – ½ P

Altes Refektorium – Siehe Restaurantauswahl

Hier hat man ein ehrwürdiges Kloster zu einem schönen Hideaway im Naturpark Saar-Hunsrück gemacht: chic-modern designte Zimmer mit sehr guter Technik und ein geschmackvoller Spa. In der "Pilgerlodge" vis-à-vis gibt es 12 einfachere Zimmer.

Altes Refektorium – Hotel Kloster Marienhöh

Marienhöh 2 ✉ 55758 – ✆ (06786) 29 29 90 – www.klosterhotel-marienhoeh.de

Menü 39 € – Karte 39/49 €

Die historischen Räume (schön die integrierten Bruchsteinwände) hat man für seine Gäste modern-elegant gestaltet. Neben einem Menü bietet man Gerichte von rustikal-traditionell bis international-mediterran. Mittags einfacheres Angebot.

LAUBACH

Hessen – 9 660 Ew. – Höhe 207 m – Regionalatlas **38-G13**

Berlin 478 km – Wiesbaden 101 km – Frankfurt am Main 71 km – Gießen 28 km

Michelin Straßenkarte 543

Schlosshotel Bunter Hund

Schottener Str. 2 ✉ 35321 – ✆ (06405) 50 69 80 – www.schlosshotel-laubach.de

20 Zim – 70/75 € 80/130 €

Hier hat man mit Kunst, hübschen Stoffen und diversen Einzelstücken im Barockstil individuelle Räume geschaffen, die Klassik und Moderne schön verbinden. Wie wär's mit Frühstück oder Kaffee und Kuchen auf der kleinen Terrasse unter Bäumen?

Café Göbel

Friedrichstr. 2 ✉ 35321 – ✆ (06405) 9 13 80 – www.cafegoebel.de

10 Zim – 59/65 € 98 €

Sie schlafen in einem liebenswerten, stilvollen Zimmer (nach hinten ruhiger), freuen sich am Morgen auf frische Backwaren zum Frühstück und gönnen sich nachmittags Leckereien aus der eigenen Konditorei! Tipp: Puppenstubenmuseum nebenan.

LAUCHRINGEN – Baden-Württemberg ➜ Siehe Waldshut-Tiengen

LAUCHSTÄDT, BAD

Sachsen-Anhalt – 8 970 Ew. – Höhe 113 m – Regionalatlas **31-M11**

Berlin 185 km – Magdeburg 100 km – Leipzig 11 km – Halle (Saale) 15 km

Michelin Straßenkarte 542

Kurpark-Hotel

Parkstr. 15 ✉ 06246 – ✆ (034635) 2 03 53 – www.kurpark-hotel-bad-lauchstaedt.de

32 Zim – 54/65 € 76/96 € – ½ P

Recht ruhig ist die Lage an den Historischen Kuranlagen. Die Zimmer sind schön und individuell in klassischem Stil und wohnlichen Farben gehalten, Fachwerk macht den Frühstücksraum gemütlich. Lauchstedter Gaststuben gegenüber dem Hotel. Draußen ergänzt der Weinhof die Terrasse.

LAUDA-KÖNIGSHOFEN

Baden-Württemberg – 14 390 Ew. – Höhe 192 m – Regionalatlas **49-H16**

Berlin 535 km – Stuttgart 120 km – Würzburg 40 km – Bad Mergentheim 12 km

Michelin Straßenkarte 545

Im Stadtteil Beckstein Süd-West: 2 km ab Königshofen über B 292

Becksteiner Rebenhof

Am Hummelacker 34 ✉ 97922 – ✆ (09343) 6 27 80 – www.rebenhof.net
– geschl. 20. - 26. Dezember
17 Zim – 86/96 € 136/158 € – 8 Suiten – ½ P
Das neuzeitliche Hotel liegt etwas oberhalb des Dorfes, schön ist der Blick auf die Weinberge. Großzügige Zimmer mit kleiner Küchenzeile, nettes Hallenbad, Kosmetik und Massage. Regionale Speisen im hell gestalteten Restaurant mit mediterranem Touch.

Weinhotel Benz

Am Nonnenberg 12 ✉ 97922 – ✆ (09343) 9 98 – www.weinhotel-benz.de
– geschl. Dezember - Februar
12 Zim – 70/90 € 115/135 €
Etwas Ruhe gefällig? Familie Benz hat hier in reizvoller Lage oberhalb des Ortes nicht nur ihr Weingut. Umgeben von Reben und Obstbäumen kann man schön modern wohnen: warme Naturfarben, Tal- oder Weinbergblick und überall das Thema Wein.

LAUDENBACH

Bayern – 1 420 Ew. – Höhe 127 m – Regionalatlas **48-G16**
Berlin 580 km – München 358 km – Würzburg 51 km – Amorbach 14 km
Michelin Straßenkarte 546

Zur Krone

Obernburger Str. 4 ✉ 63925 – ✆ (09372) 24 82 – www.krone-laudenbach.de
– geschl. Januar - Februar 3 Wochen und August 2 Wochen
8 Zim – 58/98 € 95/130 € – 6 Suiten
Der Familienbetrieb ist ein jahrhundertealter Gasthof, der mitten in dem kleinen Ort neben der Kirche steht. Besonders wohnlich sind die Suiten mit Küchenzeile. Liebenswerte, behagliche Gaststuben mit freundlichem Service. Gartenterrasse und uriger Weinkeller.

Goldner Engel

Miltenberger Str. 5 ✉ 63925 – ✆ (09372) 9 99 30 – www.goldner-engel.de
– geschl. über Fasching und Mittwoch
9 Zim – 42/69 € 72/118 € – ½ P Menü 38/52 € – Karte 25/56 €
In dem traditionellen familiengeführten Dorfgasthof mit Metzgerei wird in rustikalem Ambiente eine international und bürgerlich ausgelegte Küche geboten.

LAUF AN DER PEGNITZ

Bayern – 26 000 Ew. – Höhe 327 m – Regionalatlas **50-L16**
Berlin 417 km – München 173 km – Nürnberg 20 km – Bayreuth 62 km
Michelin Straßenkarte 546

Zur Post

Friedensplatz 8 ✉ 91207 – ✆ (09123) 95 90 – www.hotelzurpost-lauf.de
40 Zim – 76 € 104 € – 1 Suite – ½ P
Nicht weit vom Marktplatz liegt der gut geführte Familienbetrieb, in dem Sie tipptopp gepflegte, funktionelle Zimmer unterschiedlicher Größe erwarten. Im Restaurant bietet man bürgerliche Küche.

An der Straße nach Altdorf Süd: 2,5 km

Waldgasthof Letten

Letten 13 ✉ 91207 Lauf an der Pegnitz – ✆ (09123) 95 30
– www.waldgasthof-am-letten.de – geschl. 22. Dezember - 6. Januar
52 Zim – 84 € 108 € – ½ P
Waldgasthof Letten – Siehe Restaurantauswahl
Wohnliche und gleichzeitig funktionale Zimmer bieten hier in dem Familienbetrieb der Wittmanns modernen Wohnkomfort. Das Haus liegt am Waldrand und dennoch nicht weit von der Autobahn.

Waldgasthof Letten – Hotel Waldgasthof Letten

Letten 13 ✉ 91207 Lauf an der Pegnitz – ✆ (09123) 95 30 – www.waldgasthof-am-letten.de – geschl. 22. Dezember - 6. Januar und Sonntag

Menü 43 € – Karte 21/46 €

Hier sitzt man in gemütlichen Nischen (charmant die rustikalen Holzbalken) und lässt sich regionale Küche mit internationalem Einfluss schmecken - von Fränkischer Festtagssuppe bis Vitello Tonnato, von Forelle blau bis Rib-Eye-Steak.

LAUFENBURG (BADEN)

Baden-Württemberg – 8 740 Ew. – Höhe 337 m – Regionalatlas **61**-E21

Berlin 812 km – Stuttgart 195 km – Freiburg im Breisgau 83 km – Waldshut-Tiengen 15 km

Michelin Straßenkarte 545

Rebstock

Hauptstr. 28 ✉ 79725 – ✆ (07763) 9 21 70 – www.hotel-rebstock-laufenburg.de – geschl. 23. Dezember - 10. Januar

25 Zim – †51/82 € ††88/99 € – ½ P

Ein Familienbetrieb in 3. Generation, der das traditionelle Flair des schönen Altstadthauses a. d. 16. Jh. geschmackvoll mit einer modernen Note verbindet. Von einigen Zimmern schaut man auf den Rhein und die Schweizer Seite der Stadt. Auch von der Terrasse des gediegenen Restaurants genießt man den Blick.

Zumkellers Schlössle

Säckinger Str. 5 ✉ 79725 – ✆ (07763) 9 29 74 15 – www.schloessle-laufenburg.de – geschl. über Fastnacht 2 Wochen, August 2 Wochen und Mittwoch - Donnerstag

Menü 35/78 € – Karte 37/60 € – (Tischbestellung ratsam)

Badische Spezialitäten oder Gourmetmenü? Beides gibt es in der stilvollen alten Villa bei Stefanie Zumkeller und ihrem Mann Iván Lagunas Romeo. Letzterer bereitet aus topfrischen, guten Produkten z. B. "Kalbsrückensteak mit Rosmarin gebraten, Spargel und Kräuterkartoffeln" zu - Seniorchef Winfried Zumkeller steht mit am Herd. Tolle Terrasse und ebensolche Aussicht.

LAUFFEN am NECKAR

Baden-Württemberg – 10 830 Ew. – Höhe 175 m – Regionalatlas **55**-G17

Berlin 613 km – Stuttgart 49 km – Heilbronn 10 km – Ludwigsburg 33 km

Michelin Straßenkarte 545

Gästehaus Kraft

Nordheimer Str. 50 ✉ 74348 – ✆ (07133) 9 82 50 – www.gaestehaus-kraft.de – geschl. 24. Dezember - 5. Januar

33 Zim – †49 € ††74 €

Die ruhige Lage in den Weinbergen vor den Toren der kleinen Stadt ist wirklich schön. Außerdem kann man hier gut und preisgünstig übernachten - die Zimmer sind zeitgemäß und wohnlich, einige recht groß. Probieren Sie die hauseigenen Weine!

Elefanten

Bahnhofstr. 12 ✉ 74348 – ✆ (07133) 9 50 80 – www.hotel-elefanten.de – geschl. Anfang Januar 2 Wochen, Anfang August 2 Wochen und Freitag - Samstagmittag

12 Zim – †70/85 € ††100/125 € – ½ P

Menü 24 € (mittags unter der Woche) – Karte 26/52 €

Im Herzen der netten Stadt hat Familie Glässing (4. Generation) ihr freundliches Gasthaus. Gekocht wird frisch, saisonal und schmackhaft, und zwar Regionales wie hausgemachte Maultaschen sowie Internationales wie "Wolfsbarsch auf geschmolzenen Tomaten mit Risotto". Die Gästezimmer sind einfach, aber gepflegt.

LAUINGEN an der DONAU

Bayern – 10 600 Ew. – Höhe 439 m – Regionalatlas **56**-J19

Berlin 550 km – München 113 km – Augsburg 59 km – Donauwörth 31 km

Michelin Straßenkarte 546

Kannenkeller

Dillinger Str. 26 ✉ 89415 – ✆ (09072) 70 70 – www.kannenkeller.de – geschl. 1. - 15. Januar

27 Zim – 75/85 € 99/112 € – 1 Suite – ½ P

Ein stattliches Gasthaus von 1825 und ein Hotelanbau bilden diesen Familienbetrieb. Erhaltene Natursteinwände zieren den historischen Bereich. Funktionelle, zeitgemäße Zimmer. Teil des Restaurants ist der Wintergarten mit Blick ins Grüne.

LAUMERSHEIM

Rheinland-Pfalz – 890 Ew. – Höhe 108 m – Regionalatlas **47-E16**

Berlin 626 km – Mainz 68 km – Mannheim 25 km – Kaiserslautern 41 km

Michelin Straßenkarte 543

Zum Weißen Lamm

Hauptstr. 38 ✉ 67229 – ✆ (06238) 92 91 43 – www.lamm-laumersheim.de – geschl. Juli - August 2 Wochen, Mitte Oktober 2 Wochen und Dienstag - Mittwoch

Menü 33/61 € – Karte 30/52 € – *(Montag - Freitag nur Abendessen)* (Tischbestellung ratsam)

Seit über 15 Jahren führen die Hofheinz' nun ihr hübsches ländlich-elegantes Restaurant nebst reizvollem Innenhof. Während Patronne Sigrid und ihr kleines Team Sie freundlich umsorgen, kocht Ehemann Kai regional, saisonal und schmackhaft, so z. B. "Hirschgeschnetzeltes in Waldpilzsauce".

LAUTENBACH (ORTENAUKREIS)

Baden-Württemberg – 1 850 Ew. – Höhe 215 m – Regionalatlas **54-E19**

Berlin 742 km – Stuttgart 143 km – Karlsruhe 72 km – Offenburg 19 km

Michelin Straßenkarte 545

Sonnenhof

Hauptstr. 51, B 28 ✉ 77794 – ✆ (07802) 70 40 90 – www.sonnenhof-lautenbach.de – geschl. 1. - 14. Februar

15 Zim – 51/85 € 74/150 € – ½ P

Sonne – Siehe Restaurantauswahl

Der gewachsene Gasthof in der Ortsmitte ist eine tipptopp gepflegte Adresse. Wohnlich-elegant die Zimmer im Gästehaus, im Haupthaus sind sie ein bisschen einfacher und kleiner.

Sonne – Hotel Sonnenhof

Hauptstr. 51, B 28 ✉ 77794 – ✆ (07802) 70 40 90 – www.sonnenhof-lautenbach.de – geschl. 1. - 14. Februar

Menü 29/39 € – Karte 25/51 €

Wirklich gemütlich sitzt man in dem holzgetäfelten Restaurant bei schmackhafter Küche zu der Saisonales wie Wild aus eigener Jagd oder Klassiker wie Badische Schneckensuppe gehören. Haben Sie das Bodenfenster gesehen? Unter Ihnen lagern schöne Weine - fragen Sie auch nach der großen Weinkarte!

LAUTERBACH

Hessen – 13 230 Ew. – Höhe 296 m – Regionalatlas **38-H13**

Berlin 457 km – Wiesbaden 151 km – Fulda 24 km – Gießen 68 km

Michelin Straßenkarte 543

Schubert

Kanalstr. 12 ✉ 36341 – ✆ (06641) 9 60 70 – www.hotel-schubert.de

31 Zim – 68/98 € 110/145 € – 2 Suiten – ½ P

schuberts – Siehe Restaurantauswahl

In der Stadtmitte, direkt am Flüsschen Lauter, steht das Haus der Familie Schubert mit individuellen Zimmern, darunter die geräumigen Themenzimmer Zen, Toskana und Rosen.

schuberts – Hotel Schubert

Kanalstr. 12 ✉ 36341 – ✆ (06641) 9 60 70 – www.hotel-schubert.de – geschl. Sonntagabend

Karte 26/54 €

Nicht nur die nette lebendige Atmosphäre spricht die Gäste an, sondern vor allem Schmackhaftes wie "Zander mit Blutwurst und Rahmwirsing". Alternativ sitzt man gemütlich in der rustikalen Weinstube Entennest (behaglich der Kachelofen) - die Karte ist hier dieselbe wie in der Brasserie. Sonntags Brunch.

LAUTERBERG, BAD

Niedersachsen – 10 680 Ew. – Höhe 296 m – Regionalatlas **29-J10**

Berlin 272 km – Hannover 116 km – Erfurt 104 km – Göttingen 49 km

Michelin Straßenkarte 541

Revita

Sebastian-Kneipp-Promenade 56 ✉ 37431 – ✆ (05524) 8 31 – www.revita-hotel.de

248 Zim – 128 € 196 € – 12 Suiten – ½ P

Wie möchten Sie wohnen? In hübschen "Landhaus"- oder gediegenen "Domicil"-Zimmern, oder ziehen Sie modern-rustikalen "HARZstyle" vor? Auch beim Essen haben Sie die Wahl: regionale Karte oder Buffet im gemütlichen "Hirschfänger", Italienisches im eleganten "Brunello" mit toller Aussicht oder lieber Vital-Küche im "Lollo Rosso"? Im Parkrestaurant isst man klassisch-international.

LAUTERECKEN

Rheinland-Pfalz – 2 180 Ew. – Höhe 169 m – Regionalatlas **46-D16**

Berlin 649 km – Mainz 83 km – Bad Kreuznach 40 km – Kaiserslautern 32 km

Michelin Straßenkarte 543

Pfälzer Hof

Hauptstr. 12 ✉ 67742 – ✆ (06382) 73 38 – www.pfaelzer-hof.de – geschl. Juli - August 1 Woche, November 1 Woche

15 Zim – 55/67 € 78/96 € – ½ P

Engagiert kümmert sich Familie Jakob in diesem Haus im Ortskern um die Gäste, die hier in hübschen, gemütlichen Zimmern wohnen. Restaurant in rustika em Stil mit regionaler Küche. Grillarrangements für Gruppen.

LEBACH

Saarland – 19 390 Ew. – Höhe 275 m – Regionalatlas **45-B16**

Berlin 722 km – Saarbrücken 26 km – Saarlouis 19 km – St. Wendel 28 km

Michelin Straßenkarte 543

Locanda Grappolo d'Oro

Mottener Str. 94, B 268, Gewerbegebiet, West: 2 km ✉ 66822 – ✆ (06881) 33 39 – geschl. Samstagmittag, Sonntagabend - Montag

Menü 65/75 € – Karte 50/64 €

Hell und freundlich das Restaurant, sympathisch die Familie Stira, frisch und schmackhaft die klassisch-französische Küche mit mediterranen Einflüssen. Und zum Abschluss gibt es einen richtig guten Espresso!

LECHBRUCK

Bayern – 2 680 Ew. – Höhe 737 m – Regionalatlas **65-K21**

Berlin 695 km – München 96 km – Augsburg 90 km – Reutte 39 km

Michelin Straßenkarte 546

Landhaus Auf der Gsteig

Gsteig 1, Nord-West: 3 km, Richtung Bernbeuren, dann links ab ✉ 86983 – ✆ (08862) 9 87 70 – www.aufdergsteig.de

42 Zim – 79/199 € 130/259 € – 4 Suiten – ½ P

Hier fühlt man sich nicht nur als Golfer wohl, denn neben dem 18-Loch-Platz überzeugen die herrlich ruhige Lage, die wohnlichen Zimmer und der schöne Saunabereich nebst Panoramapool. Und aus der Küche kommen regionale, aber auch internationale Gerichte. Terrasse mit toller Aussicht auf das Alpenvorland.

LECK

Schleswig-Holstein – 7 590 Ew. – Höhe 6 m – Regionalatlas **1-G2**
Berlin 453 km – Kiel 110 km – Sylt (Westerland) 36 km – Flensburg 33 km
Michelin Straßenkarte 541

In Enge-Sande Süd: 4 km

XX **Berger's Landgasthof**

Dorfstr. 28, Enge ✉ 25917 – ✆ (04662) 31 90 – www.bergers-landgasthof.de
14 Zim – 65/75 € 89/104 € – ½ P
Menü 39 € – Karte 25/53 € – *(nur Abendessen)*
Sie sitzen in einer charmant-rustikalen Stube - oder bei gutem Wetter im schönen Gartenrestaurant - und lassen sich regionale Küche mit internationalem Einfluss servieren. Übernachten können Sie übrigens auch: Die Zimmer sind freundlich eingerichtet und tipptopp gepflegt.

LEER

Niedersachsen – 33 900 Ew. – Höhe 3 m – Regionalatlas **16-D6**
Berlin 495 km – Hannover 234 km – Emden 31 km – Groningen 69 km
Michelin Straßenkarte 541

Frisia

Bahnhofsring 16 ✉ 26789 – ✆ (0491) 9 28 40 – www.hotel-frisia.de
82 Zim – 91/116 € 124/149 €
Das komfortable Hotel befindet sich direkt am Bahnhof und verfügt über funktionell und zeitgemäß ausgestattete Zimmer, besonders geräumig sind die Appartements und Studios.

Ostfriesen Hof

Groninger Str. 109 ✉ 26789 – ✆ (0491) 6 09 10 – www.ostfriesen-hof.de
60 Zim – 72/93 € 110/128 € – ½ P
Direkt am Deich steht das tipptopp gepflegte Hotel, das mit seinen funktionalen Zimmern sowie guten Tagungsmöglichkeiten gerne von Geschäftsleuten besucht wird. Vom Frühstücksraum hat man eine schöne Aussicht. Teil des bürgerlichen Restaurants ist ein lichter Wintergarten.

XX **Perior** (Christian Richter)

Bergmannstr. 16 ✉ 26789 – ✆ (0491) 9 76 95 15 – www.perior.de – geschl. Anfang Januar 2 Wochen, Juli - August 2 Wochen und Sonntag - Montag
Menü 50/97 € – *(nur Abendessen)* (Tischbestellung ratsam)
Hier wird modern und mit hochwertigen Produkten gekocht, und dabei spielen Gemüse und Kräuter sowie die Region eine große Rolle. Und da ein richtig gutes Essen auch einen schönen Rahmen verdient, speist man in einer stilvollen denkmalgeschützten Villa von 1905 nebst charmanter Terrasse.
→ Röstgemüsetatar, weiße Gazpacho, Falaffel und Olivenkraut. Nordsee Heilbutt, Lauchcreme, gefüllte Egerlinge, Dill, Limone. Crème brûlée mit Pina Coladaeis.

XX **Zur Waage und Börse**

Neue Str. 1 ✉ 26789 – ✆ (0491) 6 22 44 – www.restaurant-zur-waage.de – geschl. Ende Oktober 2 Wochen und Dienstag
Karte 34/45 €
Friesischen Charme hat das Traditionshaus, das sich so schön in den Stadtkern einfügt - da lässt man sich gerne regionale Küche mit kreativem Touch schmecken. Besonderer Schwerpunkt hier am Hafen sind die Fischgerichte. Hübsche Terrasse.

LEGDEN

Nordrhein-Westfalen – 6 930 Ew. – Höhe 72 m – Regionalatlas **26-C9**
Berlin 525 km – Düsseldorf 113 km – Nordhorn 55 km – Münster (Westfalen) 49 km
Michelin Straßenkarte 543

Hermannshöhe

Haulingort 30, B 474, Süd-Ost: 1 km Richtung Coesfeld ✉ 48739 – ✆ (02566) 9 30 00 – www.landhotel-hermannshoehe.de

55 Zim – 33/58 € 55/110 € – ½ P

Die Familientradition begann 1884 mit dem Gasthaus an einer Zollstation. Heute stehen neuzeitliche Zimmer bereit, die im Neubau besonders komfortabel sind. WLan gratis. Ein großer alter Münsterländer Kamin ziert das rustikale Restaurant.

LEHMKUHLEN – Schleswig-Holstein ➜ Siehe Preetz

LEHRTE

Niedersachsen – 43 050 Ew. – Höhe 60 m – Regionalatlas **19**-**I8**

Berlin 268 km – Hannover 22 km – Braunschweig 47 km – Celle 33 km

Michelin Straßenkarte 541

In Lehrte-Ahlten Süd-West: 4 km

Landhotel Behre

Zum Großen Freien 3 ✉ 31275 – ✆ (05132) 8 67 80 – www.landhotel-behre.de – geschl. 15. Dezember - 6. Januar

39 Zim – 70/200 € 110/280 €

Auf dem Anwesen eines ehemaligen Bauernhofs steht das familiengeführte Hotel mit wohnlichen Zimmern und einem gemütlichen Frühstücksraum mit Blick in den Garten.

LEIMEN

Baden-Württemberg – 25 820 Ew. – Höhe 118 m – Regionalatlas **47**-**F17**

Berlin 634 km – Stuttgart 109 km – Mannheim 25 km – Heidelberg 7 km

Michelin Straßenkarte 545

Villa Toskana

Hamburger Str. 4 ✉ 69181 – ✆ (06224) 8 29 20 – www.hotel-villa-toskana.de

244 Zim – 89/299 € 89/299 € – 16 € – 8 Suiten – ½ P

Alles hier vermittelt mediterrane Leichtigkeit: Stein- und Parkettfußböden, schöne Ledersessel und -sofas, helle, warme Töne, dekorative Bilder... Gönnen Sie sich doch mal ein Penthouse-Zimmer! Und wie wär's mit Kosmetik und Massage? Italienisch geprägt auch das "Medici" und die Vinothek "Villa di Vino".

Seipel

Bürgermeister-Weidemaier-Str. 26 ✉ 69181 – ✆ (06224) 98 20 – www.hotelseipel.de – geschl. 22. Dezember - 10. Januar

25 Zim – 75/89 € 98/109 €

Für die behaglich-mediterrane Note in dem familiengeführten Haus in einem Wohngebiet nahe dem Sportpark sorgt die Chefin, die ein Händchen für Deko hat. Das sieht man auch im geschmackvollen Frühstücksraum - hier ein gutes, frisches Buffet!

Engelhorn

Ernst-Naujoks-Str. 2 ✉ 69181 – ✆ (06224) 70 70 – www.hotel-engelhorn.de – geschl. 24. Dezember - 6. Januar

46 Zim – 68/80 € 73/95 € – 9 € – 3 Suiten

Sie suchen ein tipptopp gepflegtes Hotel in praktischer Lage? Familie Engelhorn sorgt hier für wohnliches Ambiente, gute Technik und ein leckeres Frühstück. Das Fitnessstudio gegenüber können Sie übrigens kostenfrei nutzen.

Weinstube Jägerlust

Rohrbacher Str. 101 ✉ 69181 – ✆ (06224) 7 72 07 – www.seegerweingut.de – geschl. 20. Dezember - 18. Januar, über Ostern 1 Woche, Mitte August - Mitte September und Samstag - Montag

Karte 27/37 € – *(nur Abendessen)* (Tischbestellung ratsam)

Seit 1707 hat Familie Seeger ihr Weingut und seit über 120 Jahren auch diese Weinstube, die mit ihrem historisch-rustikalen Charme schön urig-gemütlich ist. "Hausgemacht" heißt hier die Devise - traditionell und ehrlich: Maultaschen, Fleischküchle oder Ochsenfleisch mit Meerrettichsauce, dazu Eigenbauweine.

In Leimen-Lingental Ost: 3 km über Heltenstraße

oben

Lingentaler Hof 4, im Landgut Lingental, 1. Etage ✉ 69181 – ✆ (06224) 9 21 09 33 – www.lingental.de – geschl. Februar 2 Wochen, August 2 Wochen und Montag - Donnerstag
Menü 80/130 € – *(nur Abendessen)* (Tischbestellung ratsam)
Es ist schon ein besonderer Rahmen, dieses aufwändig sanierte mittelalterliche Hofgut! Auf dem rustikal-eleganten Dachboden mit seinen freigelegten Holzbalken und verglastem Giebel kommen zu schön präsentierten kreativen Speisen treffliche glasweise Weinempfehlungen, unkompliziert und kompetent der Service.
➜ Saibling, Holunderstrauch, Sauerampfer. Taube auf Holzkohle gegart, Mirabellen, Schmand. Honig, Tanne, Waldheidelbeeren.
Küchenmichel – Siehe Restaurantauswahl

Küchenmichel – Restaurant oben

Lingentaler Hof 4, im Landgut Lingental ✉ 69181 – ✆ (06224) 9 21 09 31 – www.lingental.de – geschl. Februar 2 Wochen und Montag - Donnerstag
Menü 49 € – Karte 43/78 € – *(nur Abendessen)* (Tischbestellung ratsam)
Im selben Gebäude wie das "oben" hat man diese nicht minder attraktive, gemütlich-lebendige Restaurantalternative. Hier gibt es Landhausküche - im Sommer natürlich gerne auf der Terrasse. Dazu Biergarten, Café, Hofladen und Event-Scheune.

LEINEFELDE-WORBIS

Thüringen – 18 560 Ew. – Höhe 320 m – Regionalatlas **29-J11**
▶ Berlin 314 km – Erfurt 83 km – Heiligenstadt 15 km
Michelin Straßenkarte 544

Im Ortsteil Worbis

Drei Rosen

Bergstr. 1, Zufahrt über Lange Str. 76 ✉ 37339 – ✆ (036074) 97 60 – www.3rosen.de
39 Zim ☕ – 🚹65/84 € 🚹🚹90/106 € – ½ P
Ein familiengeführtes Hotel in einem historischen roten Backsteingebäude in zentraler Lage. Die Zimmer sind funktional und zeitlos eingerichtet. Zu essen gibt es bürgerlich-regionale Küche (u. a. Wildschwein aus eigener Jagd und Rind aus eigener Schlachtung), daneben Pizza und Co. im Bistro "vF".

LEINFELDEN-ECHTERDINGEN

Baden-Württemberg – 37 610 Ew. – Höhe 432 m – Regionalatlas **55-G18**
▶ Berlin 654 km – Stuttgart 13 km – Karlsruhe 76 km – Tübingen 38 km
Michelin Straßenkarte 545

Siehe Stadtplan Stuttgart (Umgebungsplan)

Im Stadtteil Leinfelden

Am Park

Lessingstr. 4 ✉ 70771 – ✆ (0711) 90 31 00 Stadtplan : B3**k**
– www.hotelampark-leinfelden.de – geschl. 23. Dezember - 10. Januar
38 Zim ☕ – 🚹88/140 € 🚹🚹100/150 €
Am Park – Siehe Restaurantauswahl
Ruhig liegt das Haus der Familie Schienle in einer Sackgasse am Park. Es stehen sehr gepflegte und funktional ausgestattete Gästezimmer zur Verfügung.

Am Park – Hotel Am Park

Lessingstr. 4 ✉ 70771 – ✆ (0711) 90 31 00 Stadtplan : B3**k**
– www.hotelampark-leinfelden.de – geschl. 23. Dezember - 10. Januar und Samstag - Sonntag
Menü 17 € (mittags)/47 € – Karte 23/49 €
Egal ob Saisonales wie Gans oder Schwäbisches wie "Zwiebelrostbraten mit Bratkartoffeln", es schmeckt einfach! Die engagierten Gastgeber und der langjährige Küchenchef Ulli Herkommer stehen für Qualität und der Preis stimmt auch. Essen Sie im Sommer auf der Gartenterrasse!

Im Stadtteil Echterdingen

Parkhotel Stuttgart Messe-Airport

Filderbahnstr. 2 ✉ 70771 – ✆ (0711) 63 34 40 Stadtplan : C3**b**
– www.parkhotel-stuttgart.de
218 Zim – 🚹95/325 € 🚹🚹95/325 € – ☕ 21 € – 2 Suiten
Kein Hotel von der Stange - das lässt schon die imposante Fassade erahnen. Das Interieur kommt geradlinig-chic und in angenehmen Naturmaterialien daher, zudem hat jede Etage ein regionales Motto (Stuttgart Airport, Wilhelma...). On top: Sauna mit Dachterrasse. Wie möchten Sie speisen? Modern im Parkrestaurant mit Showküche oder urig-gemütlich im Brauhaus?

LEINGARTEN – Baden-Württemberg ➜ Siehe Heilbronn

LEINSWEILER

Rheinland-Pfalz – 390 Ew. – Höhe 263 m – Regionalatlas **54**-E17
Berlin 673 km – Mainz 122 km – Karlsruhe 52 km – Wissembourg 20 km
Michelin Straßenkarte 543

Leinsweiler Hof

Weinstraße, an der Straße nach Eschbach, Süd: 1 km ✉ 76829
– ✆ (06345) 40 90 – www.leinsweilerhof.de – geschl. 3. - 20. Januar
61 Zim ☕ – 🚹89/120 € 🚹🚹149/169 € – ½ P
Leinsweiler Hof – Siehe Restaurantauswahl
Der hübsche Sandsteinbau samt Anbau "Weinland" liegt toll in den Weinbergen - da locken natürlich Außenpool und Terrasse! Drinnen wohnliche Zimmer, Kessler-Suite mit sehenswertem Wandgemälde, attraktiver Wellnessbereich mit Panoramablick.

Castell

Hauptstr. 32 ✉ 76829 – ✆ (06345) 9 42 10 – www.hotel-castell-leinsweiler.de
16 Zim ☕ – 🚹60/75 € 🚹🚹99/130 € – ½ P
Das kleine Landhotel hat engagierte Gastgeber, gepflegte Zimmer und internationale Küche zu bieten - und als "Natur-Wellness-Bereich" gibt's den Pfälzer Wald und die Weinberge ringsum samt schöner Rad- und Wanderwege!

Rebmann

Weinstr. 8 ✉ 76829 – ✆ (06345) 9 54 00 – www.hotel-rebmann.de – geschl. 22. Januar - 22. Februar
11 Zim ☕ – 🚹60/65 € 🚹🚹98/105 € – ½ P
Es ist ein ganz pfalztypisches Bild, wie der Landgasthof mit Hoftor in dem kleinen Winzerdorf steht. Sowohl die Zimmer als auch das Restaurant sind hell und zeitgemäß gestaltet - Letzteres nennt sich "Vin Au Rant" und bietet regionale und auch internationale Küche sowie heimische Weine.

Leinsweiler Hof – Hotel Leinsweiler Hof

Weinstraße, an der Straße nach Eschbach, Süd: 1 km ✉ 76829
– ✆ (06345) 40 90 – www.leinsweilerhof.de – geschl. 3. - 21. Januar
Menü 28 € – Karte 31/54 €
Keine Frage, hier isst man am liebsten auf der herrlichen Terrasse, aber auch im lichten, freundlichen Restaurant genießt man die schöne Sicht. Auf der Karte finden sich sowohl regionale als auch internationale Speisen. Angeschlossene Bar.

LEIPZIG

Sachsen – 520 840 Ew. – Höhe 112 m – Regionalatlas **32**-N11
▶ Berlin 195 km – Dresden 113 km – Erfurt 142 km
Michelin Straßenkarte 544
Stadtpläne siehe nächste Seiten

J. Hans P. Szyszka/Novarc Images / age fotostock

Hotels

Steigenberger Grandhotel Handelshof

Salzgäßchen 6 ✉ *04109* – *(0341) 3 50 58 10* – *www.leipzig.steigenberger.de*
Stadtplan : EF2**s**
167 Zim – 159/549 € 159/549 € – 28 € – 10 Suiten
Le Grand – Siehe Restaurantauswahl
Die klassische Fassade des einstigen Handelshofes von 1909 könnte wohl kaum repräsentativer in Szene gesetzt werden. Während das historische Flair außen architektonisch festgehalten wird, herrscht innen stilvolle Moderne!

The Westin

Gerberstr. 15 ✉ *04105* – *(0341) 98 80* – *www.westinleipzig.com*
Stadtplan : E1**a**
422 Zim – 89/289 € 99/299 € – 21 € – 14 Suiten
Falco ✿✿ • ***Yamato*** – Siehe Restaurantauswahl
Das Tagungs- und Businesshotel liegt günstig im Zentrum, großzügig die Lobby, gut ausgestattet der Konferenzbereich. Wer es gerne besonders komfortabel, modern und hochwertig hat, bucht ein Zimmer in den oberen Etagen. Und gönnen Sie sich auch eine Massage! Restaurant Gusto mit leichter europäischer Küche.

Fürstenhof

Tröndlinring 8 ✉ *04105* – *(0341) 14 00* – *www.hotelfuerstenhofleipzig.com*
Stadtplan : E1**c**
92 Zim – 165/415 € 165/415 € – 4 Suiten
Villers – Siehe Restaurantauswahl
Das repräsentative Patrizierpalais von 1770 bietet einen klassisch-eleganten Rahmen für luxuriösen Hotelkomfort. Schön ist die Badelandschaft, prächtig der historische Serpentinsaal. Mittags und abends Bistrokarte in der "Vinothek 1770" und im "Wintergarten".

Marriott

Am Hallischen Tor 1 ✉ *04109* – *(0341) 9 65 30* – *www.leipzigmarriott.de*
Stadtplan : F1**n**
231 Zim – 99/350 € 99/350 € – 20 € – 1 Suite
Elegantes Ambiente von der Lobby mit Bar-Lounge bis in die wohnlichen Zimmer. Executive-Bereich in der 6. Etage. Klar und zeitgemäß ist der Bade-, Sauna- und Fitnessbereich. "Creme BRÜHLé" mit frischer saisonaler Küche. Burger & Co. in der Champions Sportsbar.

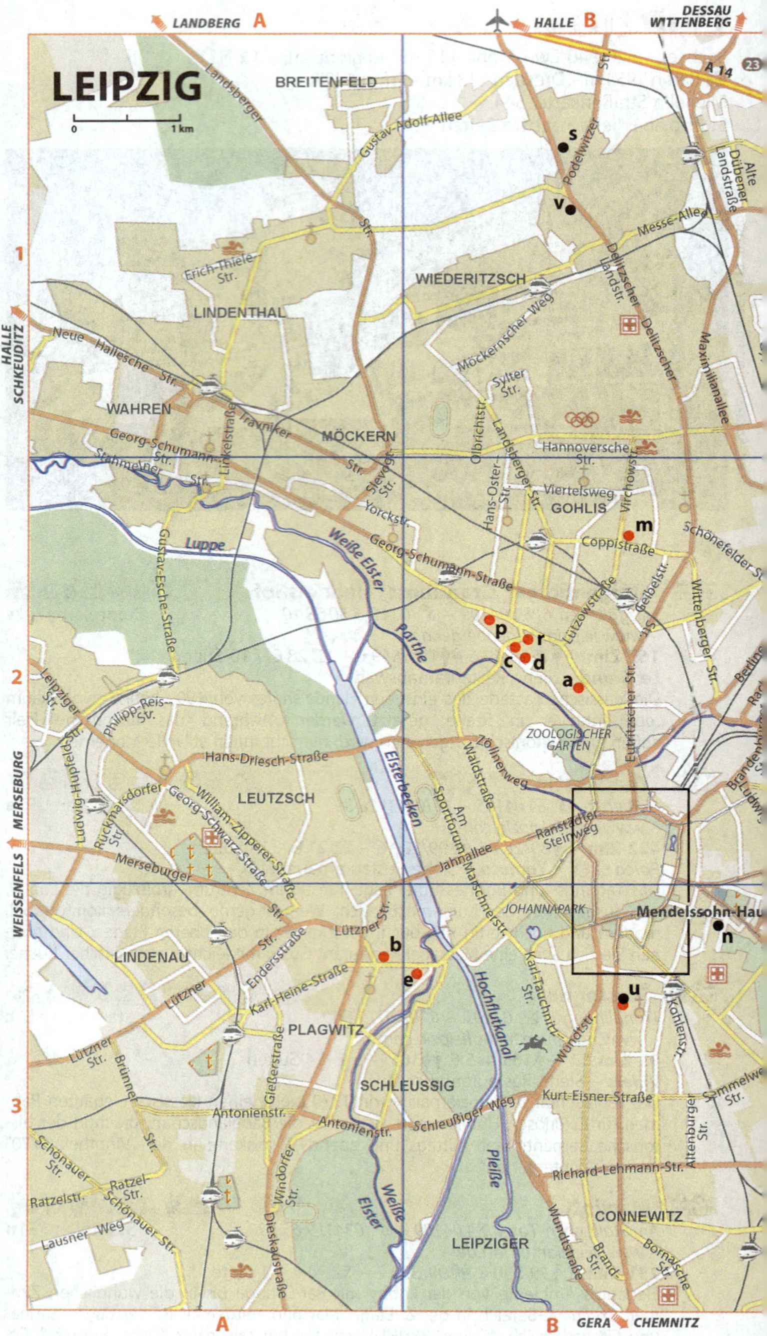
LEIPZIG
0
1 km
LANDBERG
A
HALLE
B
DESSAU
WITTENBERG
A 14
23
BREITENFELD
Landsberger
Gustav-Adolf-Allee
Str.
Podelwitzer
Str.
Alte
Dübener
Landstraße
Messe-Allee
Erich-Thiele-
Str.
WIEDERITZSCH
Delitzscher
Landstr.
Delitzscher
Maximilianallee
LINDENTHAL
Möckernscher Weg
HALLE
SCHKEUDITZ
Neue
Hallesche
Str.
Sylter
Str.
WAHREN
Travniker
MÖCKERN
Olbrichtstr.
Landsberger
Hannoversche
Str.
Georg-Schumann-
Str.
Stahmelner
Str.
Linkelstraße
Str.
Stevogt-
Str.
Hans-Oster-
Str.
Viertelsweg
GOHLIS
Virchowstr.
Yorckstr.
Coppistraße
Schönefelder Str.
Luppe
Weiße Elster
Georg-Schumann-Straße
Gustav-Esche-Straße
Lützowstraße
Geibelstr.
Wittenberger Str.
Parthe
Berliner
Leipziger
Str.
Philipp-Reis-
Str.
Eutritzscher Str.
ZOOLOGISCHER
GARTEN
Elsterbecken
Zöllnerweg
Waldstraße
Hans-Driesch-Straße
Ludwig-Hupfeld-Str.
MERSEBURG
Ruckmarsdorfer
Str.
Georg-Schwarz-Straße
William-Zipperer-Straße
LEUTZSCH
Am Sportforum
Ranstädter
Steinweg
Brandenburger
Ludwig
WEISSENFELS
Merseburger
Str.
Jahnallee
Marschnerstr.
JOHANNAPARK
Mendelssohn-Hau
Lützner Str.
LINDENAU
Endersstraße
Str.
Karl-Heine-Straße
Lützner
Karl-Tauchnitz-
Str.
Hochflutkanal
Wundtstr.
Kohlenstr.
Lützner
Str.
Brünner
PLAGWITZ
Gießerstraße
SCHLEUSSIG
Kurt-Eisner-Straße
Semmelweis
Str.
Antonienstr.
Antonienstr.
Schleußiger Weg
Altenburger
Str.
Schönauer
Str.
Str.
Ratzel-
Str.
Ratzelstr.
Schönauer Str.
Windorfer
Str.
Pleiße
Weiße
Elster
Richard-Lehmann-Str.
CONNEWITZ
Lausner Weg
Dieskaustraße
LEIPZIGER
Wundtstraße
Brand-
Str.
Bornasche
Str.
A
B
GERA
CHEMNITZ
1
2
3
s
v
m
p
r
c
d
a
n
b
e
u

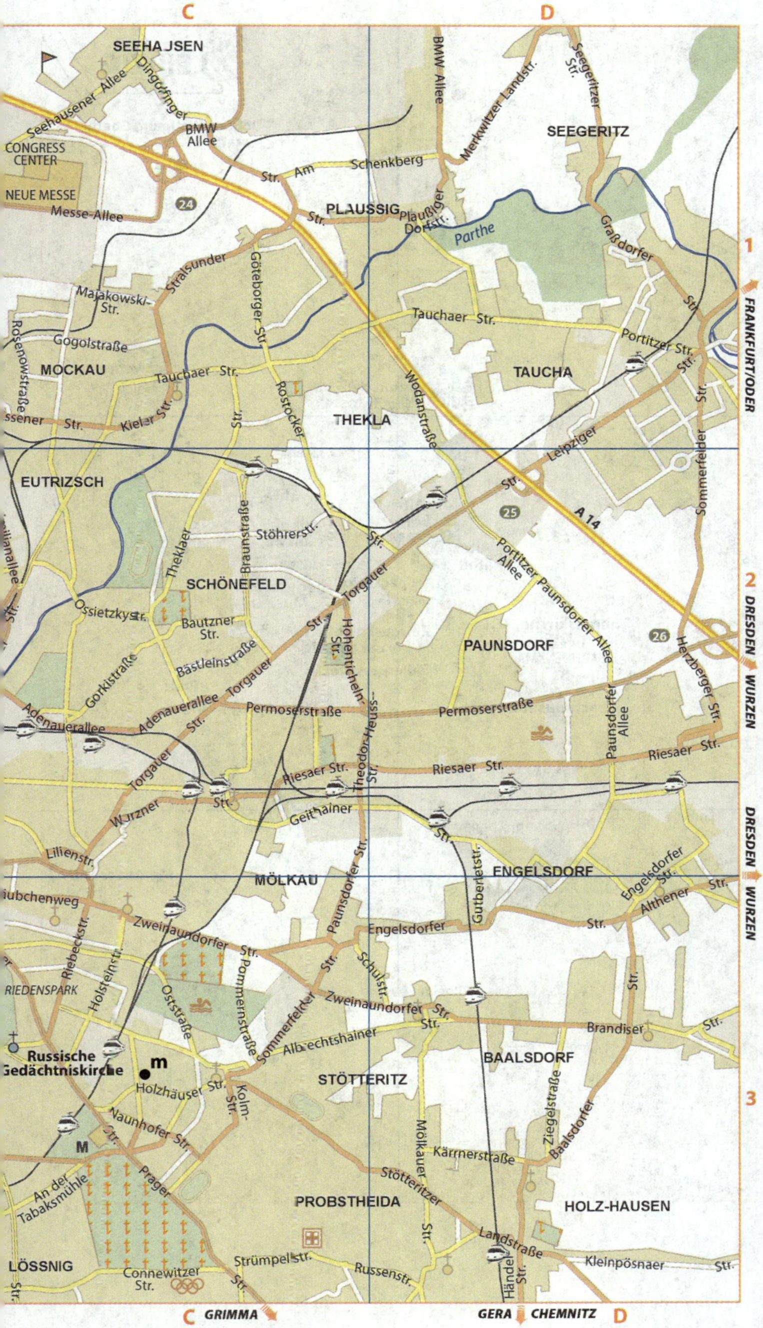
C
D
SEEHAUSEN
Seehausener Allee
Dingolfinger Str.
BMW Allee
CONGRESS CENTER
NEUE MESSE
Messe-Allee
24
Am Schenkberg Str.
PLAUSSIG
Plaußiger Dorfstr.
Parthe
Merkwitzer Landstr.
SEEGERITZ
Seegeritzer Str.
Graßdorfer Str.
1
FRANKFURT/ODER
Stralsunder Str.
Göteborger Str.
Majakowski-Str.
Gogolstraße
Rosenowstraße
MOCKAU
Tauchaer Str.
Kieler Str.
Rostocker Str.
THEKLA
Wodanstraße
Tauchaer Str.
Portitzer Str.
TAUCHA
Leipziger Str.
Sommerfelder Str.
A 14
25
EUTRIZSCH
Stöhrerstr.
Braunstraße
Theklaer Str.
SCHÖNEFELD
Ossietzkystr.
Bautzner Str.
Bästleinstraße
Gorkistraße
Torgauer Str.
Hohentichelnstr.
Portitzer Allee
Paunsdorfer Allee
PAUNSDORF
26
Herzberger Str.
2
DRESDEN
WURZEN
Adenauerallee
Permoserstraße
Theodor-Heuss-Str.
Riesaer Str.
Paunsdorfer Allee
Wurzner Str.
Geithainer Str.
Lilienstr.
MÖLKAU
ENGELSDORF
Engelsdorfer Str.
Althener Str.
Gutberletstr.
Paunsdorfer Str.
Zweinaundorfer Str.
Riebeckstr.
Holsteinstr.
Oststraße
Pommernstraße
Schulstr.
Sommerfelder Str.
Zweinaundorfer Str.
Albrechtshainer Str.
Brandiser Str.
FRIEDENSPARK
Russische Gedächtniskirche
m
Holzhäuser Str.
Kolm-Str.
STÖTTERITZ
BAALSDORF
Ziegelstraße
Baalsdorfer
3
Naunhofer Str.
M
Prager Str.
An der Tabaksmühle
Mölkauer Str.
Kärrnerstraße
Stötteritzer Landstraße
PROBSTHEIDA
HOLZ-HAUSEN
LÖSSNIG
Connewitzer Str.
Strümpelstr.
Russenstr.
Händel Str.
Kleinpösnaer Str.
C
GRIMMA
GERA
CHEMNITZ
D

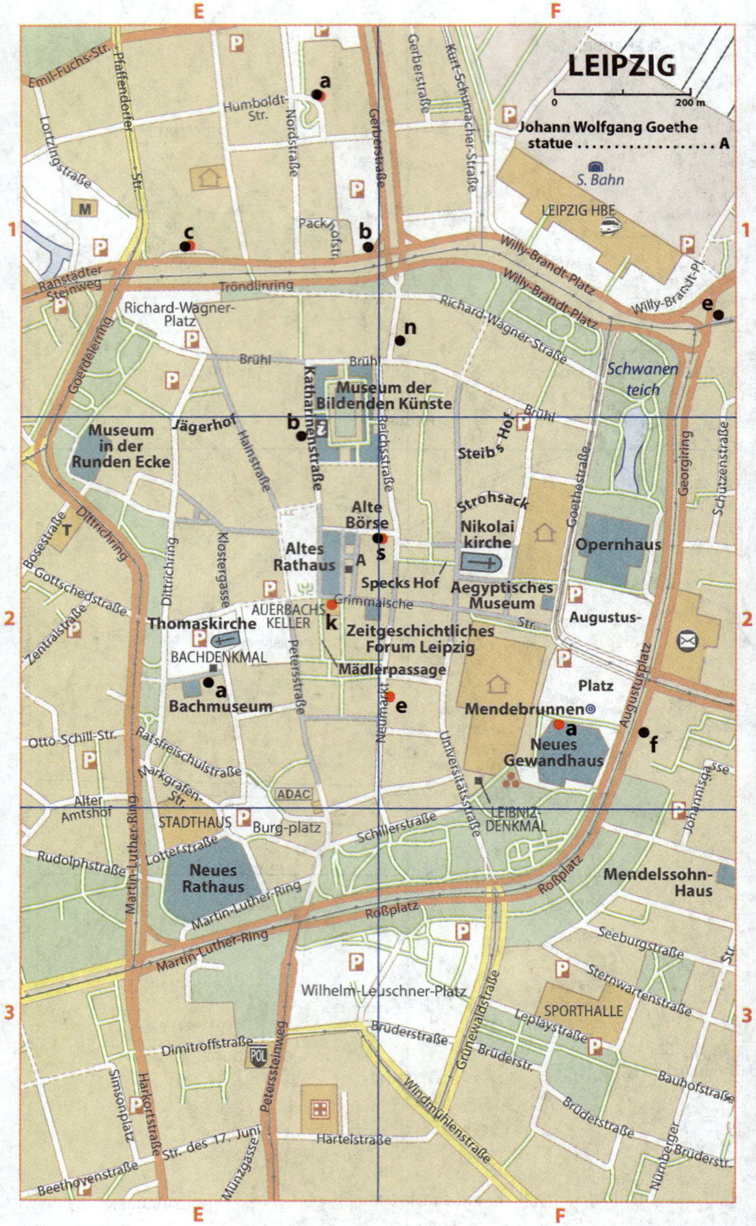
LEIPZIG
0
200 m
Johann Wolfgang Goethe statue .... A
S. Bahn
LEIPZIG HBF
Willy-Brandt-Platz
Richard-Wagner-Straße
Schwanenteich
Museum der Bildenden Künste
Museum in der Runden Ecke
Jägerhof
Steibs Hof
Strohsack
Nikolaikirche
Opernhaus
Alte Börse
Altes Rathaus
Specks Hof
Aegyptisches Museum
Augustus-Platz
AUERBACHS KELLER
Thomaskirche
BACHDENKMAL
Zeitgeschichtliches Forum Leipzig
Mädlerpassage
Bachmuseum
Mendebrunnen
Neues Gewandhaus
LEIBNIZ-DENKMAL
STADTHAUS
Burg-platz
Neues Rathaus
Mendelssohn-Haus
Wilhelm-Leuschner-Platz
SPORTHALLE
Richard-Wagner-Platz
Tröndlinring
Brühl
Katharinenstraße
Reichsstraße
Hainstraße
Goethestraße
Georgiring
Schützenstraße
Dittrichring
Klostergasse
Grimmaische Str.
Petersstraße
Neumarkt
Universitätsstraße
Augustusplatz
Johannisgasse
Schillerstraße
Roßplatz
Martin-Luther-Ring
Otto-Schill-Str.
Rafsfreischulstraße
Markgrafen-Str.
Alter Amtshof
Lotterstraße
Rudolphstraße
Gottschedstraße
Bosestraße
Zentralstraße
Goerdelerring
Ranstädter Steinweg
Emil-Fuchs-Str.
Pfaffendorfer Str.
Lortzingstraße
Humboldt-Str.
Nordstraße
Gerberstraße
Kurt-Schumacher-Straße
Packhofstr.
Seeburgstraße
Sternwartenstraße
Leplaystraße
Brüderstraße
Brüderstr.
Grünewaldstraße
Windmühlenstraße
Bauhofstraße
Nürnberger Str.
Dimitroffstraße
Peterssteinweg
Härtelstraße
Münzgasse
Str. des 17. Juni
Simsonplatz
Harkortstraße
Beethovenstraße
ADAC
POL
E
F
1
2
3

Radisson BLU

Augustusplatz 5, Zufahrt über Grimmaische Straße Stadtplan : F2**f**
✉ 04109 – ✆ (0341) 214 60 – www.radisson-leipzig.com
214 Zim – 🚹99/299 € 🚹🚹99/299 € – ☕ 21 € – 6 Suiten
Das in sehr modernem Stil gehaltene Hotel liegt gegenüber dem Gewandhaus, ins Zentrum ist es nur ein Katzensprung. Großzügig sind die Deluxe-Zimmer und Suiten. Geradliniges Interieur mit purpurroten Farbakzenten im Restaurant Spagos. Internationale Küche.

Victor's Residenz

Georgiring 13 ✉ 04103 – ✆ (0341) 6 86 60 Stadtplan : F1**e**
– www.victors.de
101 Zim ☕ – 🚹114/269 € 🚹🚹139/294 € – ½ P
Das um einen neuzeitlichen Anbau erweiterte historische Haus ist ein komfortabel und zeitgemäß eingerichtetes Hotel gegenüber dem Hauptbahnhof. Fürs Frühstück hat man ein Restaurant im Pariser Brasseriestil, à la carte isst man in der Bayerischen Stube.

Michaelis

Paul-Gruner-Str. 44 ✉ 04107 – ✆ (0341) 2 67 80 Stadtplan : B3**u**
– www.michaelis-leipzig.de
65 Zim ☕ – 🚹79/139 € 🚹🚹99/159 € – ½ P
Michaelis – Siehe Restaurantauswahl
In dem sorgsam restaurierten Gebäude aus der Gründerzeit stehen zeitgemäße und technisch gut ausgestattete Zimmer bereit. Wer es besonders modern mag, bucht ein Zimmer in der "Alten Essig-Manufaktur".

Mercure

Stephanstr. 6 ✉ 04103 – ✆ (0341) 9 77 90 Stadtplan : B3**n**
– www.mercure.com/5406
174 Zim – 🚹69/180 € 🚹🚹75/200 € – ☕ 16 € – 1 Suite – ½ P
Das Hotel ist eine Business- und Tagungsadresse, die mit ihrer funktionellen Ausstattung überzeugt. Es gibt auch ein Restaurant, in dem internationale und regionale Küche serviert wird.

InterCityHotel

Tröndlinring 2 ✉ 04105 – ✆ (0341) 3 08 66 10 Stadtplan : E1**b**
– www.leipzig.intercityhotel.de
166 Zim – 🚹79/199 € 🚹🚹39/209 € – ☕ 13 €
Modern das Design, sehr gut die zentrale Lage - der Hauptbahnhof befindet sich gleich um die Ecke. Einige Zimmer liegen ruhiger zum Innenhof, in den oberen Etagen hat man besonders geräumige Studios. Der öffentliche Nahverkehr ist im Preis inbegriffen.

Arcona LIVING BACH 14

Thomaskirchhof 13 ✉ 04109 – ✆ (0341) 49 61 40 Stadtplan : E2**a**
– www.bach14.arcona.de
52 Zim – 🚹89/190 € 🚹🚹99/260 € – ☕ 18 € – 7 Suiten – ½ P
Das hat Charme: historischer Rahmen und wohnlich-modernes Interieur - wer etwas Besonderes möchte, bucht eine Juniorsuite mit toller alter Kassettendecke! Ideal die Lage in der Stadtmitte: Bachdenkmal und Bachhaus nebenan, Thomaskirche vis-à-vis. Gemütlich essen kann man in der Weinwirtschaft mit Showküche.

Fregehaus (N)

Katharinenstr. 11 ✉ 04109 – ✆ (0341) 26 39 31 57 Stadtplan : E2**b**
– www.hotel-fregehaus.de – geschl. 23. - 28. Dezember
18 Zim – 🚹76 € 🚹🚹86 € – ☕ 10 € – 2 Suiten
Mitten im Zentrum liegt dieses individuelle kleine Hotel, Sie erreichen es über einen Innenhof. Es erwarten Sie modern eingerichtete Zimmer und eine Chefin, die sich freundlich um Sie kümmert.

Restaurants

XXX **Falco** – Hotel The Westin

✿✿ *Gerberstr. 15, 27. Etage ✉ 04105 – ✆ (0341) 9 88 27 27* Stadtplan : E1**a**
– www.falco-leipzig.de – geschl. Januar 3 Wochen, Juli - August 3 Wochen und Sonntag - Montag
Menü 155/188 € – Karte 145/303 € – *(nur Abendessen)* (Tischbestellung ratsam)
Was Peter Maria Schnurr in seiner "Cuisine passion légère" vollbringt, ist kreativ, steckt voller Aromen und ist auch fürs Auge ein echter Genuss - außergewöhnliche Kombinationen, die absolut stimmig sind! Neben der fantastischen Aussicht hier in 96 m Höhe sei auch der hervorragende Service erwähnt!
➜ Petersfisch, Nord Trüffel, Rote Rübe, Rindermark, Moorwurzel. Taube, Papaya, grüner Kardamom. Jade Grüntee, kalte Milch vereist, belgische Endivie, Buddha's Hand.

XX **Stadtpfeiffer** (Detlef Schlegel)

✿ *Augustusplatz 8, Neues Gewandhaus ✉ 04109* Stadtplan : F2**a**
– ✆ (0341) 2 17 89 20 – www.stadtpfeiffer.de – geschl. Juli - August, über Weihnachten und Sonntag - Montag
Menü 108/128 € – Karte 99/108 € – *(nur Abendessen)* (Tischbestellung ratsam)
Das Gewandhaus hat mit diesem komplett verglasten Restaurant von Petra und Detlef Schlegel einen schönen eleganten Rahmen für die niveauvolle Küche. Die Speisen sind klassisch basiert und doch sehr modern - es gibt zwei Menüs, aus denen man auch à la carte wählen kann. Tipp: Konzertdinner.
➜ Rotbarsch, Gurke und Salzzitrone. Leber von Mieral Poularde, Maulbeeren und Kaffeekrokant. Rehrücken, Radieschen, Kohlrabi und Akazienblüte.

XX **Auerbachs Keller - Historische Weinstuben**

Grimmaische Str. 2, Mädler-Passage ✉ 04109 Stadtplan : E2**k**
– ✆ (0341) 21 61 00 – www.auerbachs-keller-leipzig.de – geschl. Sonntag sowie an Feiertagen
Menü 40/75 € – Karte 49/68 € – *(nur Abendessen)*
Mitten in der Altstadt findet man diese Leipziger Institution mit toll restaurierten Räumen, die das Flair von einst bewahrt haben. Auch Goethe war hier zu Gast. Die Küche in den "Historischen Weinstuben" ist klassisch und aufwändiger als im "Großen Keller", wo man in schönem Jugendstil-Ambiente bürgerlich isst.

XX **Michaelis** – Hotel Michaelis

Paul-Gruner-Str. 44 ✉ 04107 – ✆ (0341) 26 78 0 Stadtplan : B3**u**
– www.michaelis-leipzig.de – geschl. Samstagmittag, Sonntag
Menü 34/42 € – Karte 36/48 €
Gerne kommt man in dieses Restaurant, das dank vieler Fenster schön hell und freundlich ist. Sie speisen lieber draußen? Hinter dem Haus befindet sich eine nette Terrasse.

XX **Villers** – Hotel Fürstenhof

Tröndlinring 8 ✉ 04105 – ✆ (0341) 14 00 Stadtplan : E1**c**
– www.restaurant-villers.de – geschl. Sonntag
Menü 66/99 € – Karte 49/68 € – *(nur Abendessen)*
Sie sitzen in klassisch-elegantem Ambiente unter einer schönen hohen Decke und wählen z. B. "Bachsaibling & Flusskrebs / Dill / Mairübe / Mönchsbart" oder "Sommerreh aus der Region / Sellerie / Apfel / Moltebeere". Innenhofterrasse.

XX **Max Enk** N

Neumarkt 9 ✉ 04109 Leipzig – ✆ (0341) 99 99 76 38 Stadtplan : F2**e**
– www.max-enk.de – geschl. Sonntagabend
Menü 15/65 € – Karte 37/75 €
Einst stand hier das Gewandhaus von Leipzig, heute finden Sie im historischen Städtischen Kaufhaus dieses elegante Restaurant, schön in einem Hof gelegen. Auf der Karte: Leipziger Allerlei, Wiener Schnitzel oder auch diverse Steak-Cuts.

Le Grand – Steigenberger Grandhotel Handelshof
Salzgäßchen 6 ✉ 04109 – ☎ (0341) 3 50 58 18 42 Stadtplan : EF2**s**
– www.leipzig.steigenberger.de
Menü 19 € (mittags)/85 € – Karte 37/69 €
Klassisches Interieur in ruhigen Tönen, durch die Fensterfront blickt man zum Vorplatz - hier erinnert ein Goethe-Denkmal an dessen Zeit in Leipzig. Lust auf internationale Gerichte wie "gebratenes Wolfsbarschfilet mit Basilikum-Risotto"?

Yamato – Hotel The Westin
Gerberstr. 15 ✉ 04105 – ☎ (0341) 9 88 10 88 Stadtplan : E1**a**
– www.yamato-restaurant.de
Menü 28/95 € – Karte 28/58 €
Vor Jahren das erste japanische Restaurant der Stadt, heute eine Institution. Nicht nur das Angebot ist typisch, auch das puristisch-schlichte Design. Lust auf ein Teppanyaki-Menü? Oder einfach nur etwas Sushi und Sashimi?

In Leipzig-Gohlis

Schaarschmidt's
Coppistr. 32 ✉ 04157 – ☎ (0341) 9 12 05 17 Stadtplan : B2**m**
– www.schaarschmidts.de
Menü 35 € – Karte 30/64 € – *(nur Abendessen)* (Tischbestellung ratsam)
Das Restaurant ist wirklich hübsch und wird engagiert geführt. Hier isst man Tatar, Hirschrücken, Crêpe Suzette... Die Renner auf der Karte: Gohliser Filettopf oder Sächsische Rinderroulade! Mit Bäumchen begrünte kleine Terrasse zur Straße.

Münsters
Platnerstr. 11 ✉ 04155 – ☎ (0341) 5 90 63 09 – www.münsters.com – geschl. über Weihnachten und Sonntag Stadtplan : B2**c**
Karte 38/52 € – *(nur Abendessen)*
Gemütlich ist es hier: rustikale Backsteindecke, Bilder und Weinflaschen als Deko... Gastgeber André Münster serviert in der ehemaligen Mühle Saisonales wie "Involtini vom Kalbsfilet mit Blattspinat, Pfifferlingen und Gnocchi". Das Lokal ist sehr gefragt, und der große Biergarten erst! Bar in der 2. Etage.

Campus
Schlösschenweg 2 ✉ 04155 – ☎ (0341) 56 29 67 50 Stadtplan : B2**d**
– www.michaelis-leipzig.de – geschl. Sonntag - Montag
Karte 29/41 €
Eine freundliche Atmosphäre herrscht in dem modernen Bistro-Restaurant auf dem Mediencampus. Die Küche ist international-saisonal, mittags kommt man gerne zum günstigen Lunchgericht.

La Mirabelle
Gohliser Str. 11 ✉ 04105 – ☎ (0341) 5 90 29 81 Stadtplan : B2**a**
– www.la-mirabelle.de – geschl. Montagabend, Samstagmittag, Sonntag
Menü 20 € (mittags) – Karte 20/40 €
Das nette Restaurant im Bistrostil bietet am Mittag eine kleine Auswahl an Gerichten, abends wählt man von der französischen Karte.

Passion
Möckernsche Str. 21 ✉ 04155 – ☎ (0341) 5 50 37 45 Stadtplan : B2**p**
– www.restaurant-passion.de – geschl. August 2 Wochen und Samstagmittag, Sonntag - Montag
Menü 41 € (abends) – Karte 32/44 € – (Tischbestellung ratsam)
Mediterranes Flair und freundlicher Service unter der Leitung der Chefin machen dieses Restaurant aus. Im Sommer sitzt man schön auf der Terrasse hinter dem Haus. Kleinere Mittagskarte.

Drogerie N
Schillerweg 36 ✉ 04155 – ☎ (0341) 22 28 64 66 Stadtplan : B2**r**
– www.drogerie-leipzig.net – geschl. Sonntag
Karte 32/53 € – *(nur Abendessen)* (Tischbestellung ratsam)
Dieses schöne Restaurant war tatsächlich mal eine Drogerie, kleine Details hier und da erinnern noch daran. Heute sitzt man gemütlich bei "Perlhuhnbrust mit Keniabohnen" oder "Zanderfilet mit Vanille-Wirsing und Cranberry-Risotto".

In Leipzig-Plagwitz

Heine

Karl-Heine-Str. 20 ✉ 04229 – ✆ (0341) 8 70 99 66 Stadtplan : A3**b**
– www.restaurant-heine.de – geschl. Sonntag - Montag
Menü 49/95 € – *(nur Abendessen)*
In dem Restaurant in angenehmen Braun- und Beigetönen kocht der Chef Saisonales, die Chefin leitet freundlich den Service. Im Winter wird der kleine Kamin beheizt. Terrasse zum Park.

Stelzenhaus

Weissenfelser Str. 65h, Zufahrt über Industriestraße Stadtplan : B3**e**
✉ 04229 – ✆ (0341) 4 92 44 45 – www.restaurant-stelzenhaus.de
Menü 16 € (mittags unter der Woche)/65 € – Karte 34/61 €
Internationale Küche in einer ehemaligen Zinkerei. Mittags bietet man ein Lunchbuffet und eine kleine Bistrokarte - Letztere ergänzt auch am Abend das Angebot. Sonntagsbrunch.

In Leipzig-Rückmarsdorf West: 12 km über Merseburger Straße A2

3 Linden

Kastanienweg 11 ✉ 04178 – ✆ (0341) 9 41 01 24 – www.hotel3linden.de
40 Zim – 50/90 € 60/110 € – 10 €
In dem Hotel in verkehrsgünstiger Lage stehen solide und funktionell ausgestattete Zimmer und geräumigere Juniorsuiten bereit. Mehrere Bowlingbahnen. Das Restaurant "Zum Pferdestall" ist rustikal gehalten und mit allerlei Zierrat liebenswert dekoriert. Bürgerliche Küche.

In Leipzig-Stötteritz

Balance Hotel Alte Messe

Breslauer Str. 33 ✉ 04299 – ✆ (0341) 8 67 90 Stadtplan : C3**m**
– www.balancehotel-leipzig.de
126 Zim – 71/149 € 71/149 € – 14 € – 9 Suiten – ½ P
Ein gepflegtes Businesshotel im recht ruhigen Gründerzeitviertel unweit des Völkerschlachtdenkmals. Kostenfreie Tickets zur Nutzung der öffentlichen Verkehrsmittel in Leipzig. Internationale Küche im Restaurant Amaroso, mittags keine Gerichte.

In Leipzig-Wiederitzsch

Hiemann

Delitzscher Landstr. 75 ✉ 04158 – ✆ (0341) 5 25 30 Stadtplan : B1**v**
– www.hotel-hiemann.de
37 Zim – 69/89 € 79/99 €
Bei Familie Hiemann überzeugen nicht nur funktionale Zimmer und schöne Maisonetten, auch die Anbindung an Autobahn, Stadt und Flughafen wird von den Gästen geschätzt. Fragen Sie nach den Zimmern, die ruhiger nach hinten liegen! Im freundlichen Restaurant mit kleinem Wintergarten gibt es bürgerliche Küche.

Papilio

Delitzscher Landstr. 100 ✉ 04158 – ✆ (0341) 52 61 10 Stadtplan : B1**s**
– www.hotel-papilio.de – geschl. 24. - 28. Dezember
28 Zim – 51/91 € 59/103 € – 8 € – ½ P
Solide und zeitgemäß wohnt man in dem familiär geleiteten Haus, das verkehrsgünstig nahe der Messe liegt. Buchen Sie eines der ruhigeren Zimmer zum netten Garten hin.

In Markkleeberg-Wachau Süd-Ost: 8 km über Prager Straße C3

Atlanta

Südring 21 ✉ 04416 – ✆ (0341) 41 46 00 – www.atlanta-hotel.de
191 Zim – 80/250 € 95/265 € – 5 Suiten
Ein ideales Tagungs- und Businesshotel im Gewerbegebiet. In den sachlich-funktional gestalteten Zimmern sind Minibar und Telefonieren ins dt. Festnetz gratis. Sauna und Whirlpool im 7. Stock. Neuzeitlicher Restaurantbereich.

LEIZEN

Mecklenburg-Vorpommern – 480 Ew. – Höhe 76 m – Regionalatlas **13-N6**
Berlin 139 km – Schwerin 122 km – Waren 40 km
Michelin Straßenkarte 542

In Leizen-Woldzegarten Nord: 7,5 km, Richtung Röbel, über Dembeck und Minzow

Gutshof Woldzegarten

Walower Str. 30 ✉ 17209 – ☎ (039922) 82 20 – www.woldzegarten.de – geschl. Ende Dezember 1 Woche
20 Zim – 55/99 € 79/175 € – ½ P
Das restaurierte Fachwerkhaus ist das ehemalige Verwaltungsgebäude der Adelsfamilie von Flotow. Man bietet freundliche Zimmer und das hübsche "Waschhaus" für Kosmetik und Massage. Beim Speisen auf der Terrasse schaut man ins Grüne - mittags kleineres Angebot. Ferienwohnungen für längere Aufenthalte.

LEMBERG

Rheinland-Pfalz – 3 940 Ew. – Höhe 359 m – Regionalatlas **53-D17**
Berlin 689 km – Mainz 129 km – Saarbrücken 68 km – Pirmasens 5 km
Michelin Straßenkarte 543

Gasthaus Neupert

Hauptstr. 2 ✉ 66969 – ☎ (06331) 4 92 36 – www.landgasthausneupert.de – geschl. 18. - 29. Juli und Montag
7 Zim – 46/49 € 68/72 € – ½ P Karte 20/35 €
Seit mehr als 125 Jahren gibt es das Gasthaus der Familie Neupert. Viel Holz und Kachelofen machen das Restaurant ländlich-rustikal. Auf den Tisch kommen bürgerliche Speisen - Spezialität ist Sauerbraten.

LEMFÖRDE

Niedersachsen – 3 000 Ew. – Höhe 41 m – Regionalatlas **17-F8**
Berlin 389 km – Hannover 126 km – Bielefeld 83 km – Bremen 84 km
Michelin Straßenkarte 541

In Lemförde-Stemshorn Süd-West: 2,5 km Richtung Osnabrück

Tiemann's Boarding House

Espohlstr. 9 ✉ 49448 – ☎ (05443) 20 47 57 – www.tiemanns.net
21 Zim – 48/65 € 75/90 €
Aus einem ehemaligen Schwesternheim gewachsenes kleines Hotel in ländlicher Lage mit freundlichen modernen Zimmern. Das Haus verfügt auch über Appartements für Langzeitgäste.

LENGERICH

Nordrhein-Westfalen – 21 980 Ew. – Höhe 80 m – Regionalatlas **27-E9**
Berlin 438 km – Düsseldorf 173 km – Bielefeld 57 km – Nordhorn 74 km
Michelin Straßenkarte 543

Hinterding

Bahnhofstr. 72 ✉ 49525 – ☎ (05481) 9 42 40 – www.hinterding-lengerich.de – geschl. Montag, Donnerstag
5 Zim – 69 € 108 €
Menü 48/69 € – Karte 40/74 € – *(nur Abendessen, sonntags auch Mittagessen)* (Tischbestellung ratsam)
Die ehemalige Ärztevilla ist schon von außen sehr schön anzusehen, innen setzt sich das stilvolle Bild fort: hohe Räume, warme Farben, wohnliche Atmosphäre... und dazu erfahrene, aufmerksame Gastgeber. Die klassisch-saisonale Küche serviert man gerne auch auf der Terrasse. Wer übernachten möchte, darf sich auf wirklich geschmackvolle, geräumige Zimmer freuen.

LENGGRIES

Bayern – 9 790 Ew. – Höhe 679 m – Regionalatlas **65**-L21
Berlin 649 km – München 60 km – Garmisch-Partenkirchen 62 km – Bad Tölz 9 km
Michelin Straßenkarte 546

In Lenggries-Schlegldorf Nord-West: 5 km, links der Isar in Richtung Bad Tölz, über Wackersberger Straße

Schweizer Wirt

Schlegldorf 83 ✉ 83661 – ✆ (08042) 89 02 – www.schweizer-wirt.de – geschl. Montag - Dienstag
Karte 24/50 € – (Tischbestellung ratsam)
Rund 30 Jahre kocht Wirtin Barbara Hipp hier schon für Sie, und zwar frisch, kraftvoll, regional und preislich fair. Appetit machen da z. B. "Ochsenbrust in Meerrettich" oder "Kalbsnieren mit Pommery-Senfsoße".

LENNESTADT

Nordrhein-Westfalen – 25 910 Ew. – Höhe 410 m – Regionalatlas **37**-E12
Berlin 526 km – Düsseldorf 130 km – Siegen 42 km – Meschede 48 km
Michelin Straßenkarte 543

In Lennestadt-Altenhundem

Cordial

Hundemstr. 93, B 517 ✉ 57368 – ✆ (02723) 67 71 00 – www.hotel-cordial.de – geschl. Anfang November 1 Woche
27 Zim – †60/70 € ††98 € – ½ P
Der engagiert geführte Familienbetrieb ist eine hübsche, zum Hotel erweiterte Villa mit zeitgemäß ausgestatteten Gästezimmern. Wochenendpauschalen für Kurzurlauber. Im behaglichen Kaminzimmer in einem Fachwerkhaus a. d. J. 1886 serviert man Regionales.

In Lennestadt-Halberbracht Nord-Ost: 7 km ab Altenhundem über B 236, in Meggen rechts

Eickhoffs Landgasthof

Am Kickenberg 10 ✉ 57368 – ✆ (02721) 8 13 58 – www.eickhoff-halberbracht.de
Menü 46 € – Karte 24/38 €
Familienbetrieb mit regional und international beeinflusster Küche sowie einer gut sortierten, fair kalkulierten Weinkarte. Schöne Aussicht von der Terrasse und einem der Räume.

In Lennestadt-Saalhausen Ost: 8 km ab Altenhundem über B 236

Haus Hilmeke

Haus Hilmeke 1, Ost: 2 km, Richtung Schmallenberg ✉ 57368 – ✆ (02723) 9 14 10 – www.haus-hilmeke.de – geschl. 8. November - 26. Dezember, 29. Juni - 8. Juli
24 Zim – †84/93 € ††152/170 € – 6 Suiten – ½ P
Viele Stammgäste schätzen das mit Engagement geleitete Haus in schöner Lage. Die Zimmer sind wohnlich, der Service ist freundlich und aufmerksam. Beliebt sind der Mittagstisch sowie hausgemachter Kuchen am Nachmittag.

LENZKIRCH

Baden-Württemberg – 4 820 Ew. – Höhe 808 m – Regionalatlas **62**-E21
Berlin 788 km – Stuttgart 158 km – Freiburg im Breisgau 40 km – Donaueschingen 35 km
Michelin Straßenkarte 545

In Lenzkirch-Saig Nord-West: 7 km über B 315

Saigerhöh
Saiger Höhe 8 ✉ 79853 – ✆ (07653) 68 50
– www.saigerhoeh.de
105 Zim – 79/109 € 139/219 € – 16 Suiten – ½ P
Wer Ruhe sucht, findet sie hier in einsamer Lage oberhalb des Ortes in 1055 m Höhe! Natürlich hat man da eine tolle Aussicht - von der gemütlichen Kamin-Lobby, von den meisten Zimmern, von der Panoramaterrasse des Restaurants... Aktive freuen sich über die Sport- und Spielscheune samt Kletterwand.

Ochsen
Dorfplatz 1 ✉ 79853 – ✆ (07653) 9 00 10
– www.ochsen-saig.de – geschl. 6. November - 15. Dezember
35 Zim – 76/94 € 130/142 € – ½ P
Der gewachsene historische Schwarzwaldgasthof wird familiär geleitet und bietet wohnliche Zimmer, teils mit Balkon, sowie einen Freizeitbereich mit Massage und Hamam. Urtümlich und heimelig ist die rustikale Gaststube mit Kachelofen.

Hochfirst
Dorfplatz 5 ✉ 79853 – ✆ (07653) 7 51
– www.hotel-hochfirst.de – geschl. März 2 Wochen, 6. November - 15. Dezember
21 Zim – 62/79 € 88/118 € – ½ P
Hier kann man nicht nur sehr gepflegt übernachten (fragen Sie nach den neueren Zimmern im Anbau), sondern auch gemütlich essen. In dem charmanten Lokal und auf der Terrasse im hübschen kleinen Garten kommt Bürgerliches auf den Tisch und man kümmert sich freundlich um die Gäste.

LEUN
Hessen – 5 710 Ew. – Höhe 150 m – Regionalatlas **37-F13**
Berlin 524 km – Wiesbaden 82 km – Frankfurt am Main 77 km – Gießen 27 km
Michelin Straßenkarte 543

In Leun-Biskirchen Süd-West: 5 km über B 49

Landhotel Adler
Am Hain 13 ✉ 35638 – ✆ (06473) 9 29 20
– www.landhotel-adler.com – geschl. 30. Dezember - 7. Januar
20 Zim – 59/67 € 89/107 € – ½ P
Lust auf eine Radtour im schönen Lahntal? Oder eine Kanufahrt? Dieser Familienbetrieb ist ein guter Ausgangspunkt dafür. Die wohnlich-ländlichen Zimmer (die meisten mit Balkon) gibt es zu einem soliden Preis-Leistungs-Verhältnis, im Restaurant serviert man bürgerliche Speisen.

LEUTKIRCH
Baden-Württemberg – 21 840 Ew. – Höhe 654 m – Regionalatlas **64-I21**
Berlin 681 km – Stuttgart 171 km – Konstanz 108 km – Kempten (Allgäu) 31 km
Michelin Straßenkarte 545

Brauerei-Gasthof Mohren
Wangener Str. 1 ✉ 88299 – ✆ (07561) 9 85 70
– www.brauereigasthofmohren.de
10 Zim – 50 € 80 € – ½ P
Neuzeitlich oder mit bäuerlichem Mobiliar sind die sehr gepflegten Zimmer dieses typischen kleinen Brauereigasthofs eingerichtet. Urig die Atmosphäre in den beiden Gaststuben, nett der begrünte Terrassenbereich vor dem Eingang. Probieren Sie auch die Spezialitäten aus der Brauerei - mit oder ohne Alkohol!

LEVERKUSEN

Nordrhein-Westfalen – 159 930 Ew. – Höhe 40 m – Regionalatlas **36**-C12
Berlin 567 km – Düsseldorf 30 km – Köln 16 km – Wuppertal 41 km
Michelin Straßenkarte 543

In Leverkusen-Fettehenne

Fettehenne
Berliner Str. 40 ✉ 51377 – ✆ (0214) 9 10 43 – www.hotel-fettehenne.de – geschl. 23. Dezember - 1. Januar
42 Zim – 58/78 € 77/98 €
Ein gepflegtes familiengeführtes Haus in dörflicher Umgebung, das unterschiedlich geschnittene, zeitgemäß und funktionell ausgestattete Gästezimmer bietet.

In Leverkusen-Küppersteg

Lindner Hotel BayArena
Bismarckstr. 118, am Stadion ✉ 51373 – ✆ (0214) 8 66 30 – www.lindner.de
110 Zim – 69/399 € 89/419 € – 20 € – 11 Suiten
Das Hotel an der Nordkurve des Stadions ist ideal für Business und Sportevents. Die Zimmer sind neuzeitlich, darunter geräumige Studiosuiten. Das Restaurant mit international-saisonaler Küche und die moderne Bar mit großer Cocktailauswahl liegen offen zur Halle.

LICH

Hessen – 13 010 Ew. – Höhe 171 m – Regionalatlas **38**-G13
Berlin 492 km – Wiesbaden 87 km – Frankfurt am Main 57 km – Gießen 13 km
Michelin Straßenkarte 543

Ambiente
Hungener Str. 46 ✉ 35423 – ✆ (06404) 9 15 00 – www.ambientehotel-lich.de – geschl. Ende Dezember - Anfang Januar
19 Zim – 67/74 € 87/95 € – 7 €
Nahe der Licher Brauerei liegt das kleine Hotel, das von Elisabeth Kessler mit persönlicher Note geführt wird. Die Zimmer sind funktionell und technisch gut ausgestattet, am Morgen gibt's ein frisches Frühstück.

In Lich-Muschenheim

Zum Heiligen Stein
Am Kirchberg 1a ✉ 35423 – ✆ (06404) 6 68 09 08 – www.zum-heiligen-stein.de – geschl. Montag - Dienstag
Menü 44/74 € – Karte 41/55 € – *(nur Abendessen, sonntags auch Mittagessen)* (Tischbestellung ratsam)
Bildschön ist dieses Haus mit seinem Landhausflair samt stimmiger Deko sowie der hübschen Terrasse, und der Service ist freundlich-charmant! Neben hausgebackenem Brot und anderen Leckereien zum Mitnehmen gibt es hier z. B. "2erlei vom hauseigenen Lamm mit grünem Spargel und getrockneten Kirschtomaten".

LICHTENBERG – Bayern → Siehe Steben, Bad

LICHTENFELS

Bayern – 20 020 Ew. – Höhe 271 m – Regionalatlas **50**-K14
Berlin 372 km – München 268 km – Coburg 18 km – Bayreuth 53 km
Michelin Straßenkarte 546

In Lichtenfels-Reundorf Süd-West: 5 km über B 173

Gasthof Müller
Kloster-Banz-Str. 4 ✉ 96215 – ✆ (09571) 9 57 80 – www.gasthofmueller.de
35 Zim – 42/44 € 72/84 € – 1 Suite – ½ P
Ruhig liegt der Familienbetrieb in einem Ortsteil der Korbstadt Lichtenfels. Fragen Sie nach den zu den Mainauen gelegenen Zimmern mit Banzblick! Im Restaurant bürgerlich-regionale Küche, nett der Garten. Interessante Ausflusgziele: Wallfahrtskirche Vierzehnheiligen, Kloster Banz, Therme Bad Staffelstein.

LICHTENSTEIN

Baden-Württemberg – 9 200 Ew. – Höhe 507 m – Regionalatlas **55-G19**
Berlin 687 km – Stuttgart 51 km – Reutlingen 16 km – Sigmaringen 48 km
Michelin Straßenkarte 545

In Lichtenstein-Honau

Forellenhof Rössle
Heerstr. 20, B 312 ✉ 72805 – ✆ (07129) 9 29 70 – www.forellenhof-roessle.de – geschl. 11. - 15. Januar
30 Zim – †58/105 € ††116/148 € – ½ P
In dem komfortablen, familiär geführten Hotel überzeugen nicht nur die neuzeitlichen und gut ausgestatteten Zimmer, auch der Wohlfühlbereich im OG ist sehr ansprechend, mit schönem Blick vom Dach. Restaurant mit hübschem Wintergartenanbau. Spezialität: Forellen aus eigener Zucht.

LIEBENZELL, BAD

Baden-Württemberg – 8 780 Ew. – Höhe 333 m – Regionalatlas **54-F18**
Berlin 666 km – Stuttgart 46 km – Karlsruhe 47 km – Pforzheim 19 km
Michelin Straßenkarte 545

Koch
Sonnenweg 3 ✉ 75378 – ✆ (07052) 13 06 – www.hotelkoch.com – geschl. Mitte Dezember - Januar
16 Zim – †49/58 € ††85/98 €
Eine wirklich sympathische Adresse: herzlich und familiär die Gastgeberin Sigrid Koch, wohnlich die Einrichtung, alles tipptop gepflegt. Und wie könnte der Tag schöner beginnen als mit einer leckeren, frischen Auswahl am Frühstücksbuffet?

LIEPEN – Mecklenburg-Vorpommern ➜ Siehe Stolpe

LIESER

Rheinland-Pfalz – 1 230 Ew. – Höhe 140 m – Regionalatlas **46-C15**
Berlin 680 km – Mainz 117 km – Trier 44 km – Bernkastel-Kues 4 km
Michelin Straßenkarte 543

Weinhaus Stettler
Moselstr. 41 ✉ 54470 – ✆ (06531) 75 50 – www.weinhaus-stettler.de
15 Zim – †57/60 € ††88/94 €
Fast unmittelbar am Moselufer haben die Stettlers ihr gepflegtes kleines Hotel samt eigenem Weingut. Schön die Dachterrasse - da frühstückt man im Sommer besonders gerne! Außerdem bietet man Kosmetik und Physiotherapie. Am Abend gibt es kleine Snacks und natürlich die eigenen Weine.

LIMBACH-OBERFROHNA

Sachsen – 24 110 Ew. – Höhe 360 m – Regionalatlas **42-O13**
Berlin 259 km – Dresden 83 km – Chemnitz 13 km – Plauen 82 km
Michelin Straßenkarte 544

Lay-Haus
Markt 3 ✉ 09212 – ✆ (03722) 7 37 60 – www.lay-hotel.de
48 Zim – †60/70 € ††82/120 € – ½ P
Sehr familiär und engagiert wird das historische Haus mitten in der kleinen Stadt geleitet, in dem wohnlich-gemütliche Gästezimmer bereitstehen. Der in seiner Art einmalige, in Schieferfels gehauene Felsenkeller ist eine schöne und originelle Alternative zum eleganten Restaurant.

LIMBURG an der LAHN

Hessen – 33 850 Ew. – Höhe 122 m – Regionalatlas **37-E14**
Berlin 551 km – Wiesbaden 52 km – Koblenz 57 km – Gießen 56 km
Michelin Straßenkarte 543

DOM Hotel

Grabenstr. 57 ✉ 65549 – ✆ (06431) 90 10 – www.domhotellimburg.de – geschl. 24. Dezember - 6. Januar
42 Zim – 88/165 € 109/165 € – 12 € – ½ P
Hoteltradition seit 1832 bietet dieses klassische Stadthaus. Schön die sehr zentrale Lage direkt am Kornmarkt, elegant der Rahmen, gepflegt die unterschiedlich geschnittenen Zimmer. Im "Restaurant de Prusse" in der 1. Etage isst man saisonal-international - beliebt die Fensterplätze zur Fußgängerzone.

Zimmermann

Blumenröder Str. 1 ✉ 65549 – ✆ (06431) 46 11 – www.hotelzimmermann.de – geschl. 20. Dezember - 5. Januar
18 Zim – 75/125 € 115/165 €
Stilvoll-elegant präsentiert sich das Hotel der Familie Zimmermann. Schön wohnt man z. B. im Themenzimmer Afrika, geschmackvoll auch der Frühstücksraum. Übrigens: Die Innenstadt ist nicht weit entfernt.

Martin

Holzheimer Str. 2 ✉ 65549 – ✆ (06431) 9 48 40 – www.hotel-martin.de – geschl. 19. Dezember - 11. Januar
26 Zim – 64/84 € 90/102 €
Sie finden diesen Familienbetrieb gegenüber dem Bahnhof. Die Zimmer (darunter auch 4-Bett-Zimmer) sind hell und neuzeitlich, freundlich der Frühstücksraum mit Buffet. Gute Parkmöglichkeiten.

Montana

Am Schlag 19 ✉ 65549 – ✆ (06431) 2 19 20 – www.montana-limburg.de
50 Zim – 64/80 € 85/95 €
Das Hotel liegt in einem kleinen Gewerbegebiet, gut die BAB-Anbindung, ca. 15 Gehminuten ins Zentrum. Sie wohnen in sehr gepflegten, hell und funktional eingerichteten Zimmern mit guter Technik. Frühstück gibt es im lichten Wintergarten.

Himmel und Erde

Joseph-Heppel-Str. 1a ✉ 65549 – ✆ (06431) 5 84 72 08 – www.kapelle-himmelunderde.de – geschl. Sonntagabend - Montag
Menü 39/53 € – Karte 40/69 € – *(nur Abendessen, sonntags auch Mittagessen)*
Einen besonderen Rahmen bietet die 1896 erbaute ehemalige Kapelle am Schafsberg. Unter der hohen Gewölbedecke wählt man saisonal-internationale Gerichte oder ein Überraschungsmenü. Freuen dürfen sich auch Vegetarier und Veganer!

LIMBURGERHOF

Rheinland-Pfalz – 11 170 Ew. – Höhe 97 m – Regionalatlas **47-F16**
Berlin 635 km – Mainz 84 km – Mannheim 13 km – Kaiserslautern 63 km
Michelin Straßenkarte 543

Residenz Limburgerhof

Rheingönheimer Weg 1 ✉ 67117 – ✆ (06236) 47 10 – www.residenz-limburgerhof.de
130 Zim – 75/125 € 99/145 € – 2 Suiten
Viele Geschäftsleute schätzen das in einem Gewerbegebiet gelegene Hotel wegen seiner freundlichen und funktionalen Einrichtung. Im Restaurant bekommen Sie internationale und regionale Gerichte.

LINDAU im BODENSEE

Bayern – 24 560 Ew. – Höhe 401 m – Regionalatlas **63**-H22
Berlin 722 km – München 180 km – Konstanz 59 km – Ravensburg 33 km
Michelin Straßenkarte 546

parasola / F1online / age fotostock

Auf der Insel

Bayerischer Hof

Bahnhofplatz 2 ✉ 88131 – ✆ (08382) 91 50 Stadtplan : A2**b**
– www.bayerischerhof-lindau.de
101 Zim – 139/254 € 196/362 € – 4 Suiten – ½ P
Dieses Grandhotel alter Schule gehört zu den wirklichen Bodensee-Klassikern! Ideale Seelage am Hafen, elegante Zimmer in variablen Zuschnitten und ein umfassendes Wellnessangebot, das man sich mit dem benachbarten Schwesterhotel teilt.

Helvetia

Seepromenade ✉ 88131 – ✆ (08382) 91 30 Stadtplan : A2**x**
– www.hotel-helvetia.com
43 Zim – 95/135 € 169/285 € – 7 Suiten – ½ P
Ein Hotel mit ganz eigener Note, wie gemacht für Romantiker und Wellnessliebhaber - angefangen vom tollen Spa über die Themensuiten (blicken Sie z. B. vom Bett Ihrer "Neuschwanstein Suite" auf den See, genießen Ihre eigene Sonnenterrasse in der "Garden Lounge Suite" oder orientalisches Flair und Wasserbett in der "Oriental Bedroom Suite") bis hin zum Dachgarten!

Reutemann-Seegarten

Ludwigstr. 23 ✉ 88131 – ✆ (08382) 91 50 Stadtplan : A2**k**
– www.reutemann-lindau.de – geschl. 6. November - 20. März
62 Zim – 99/186 € 142/266 € – ½ P
Das Hotel an der Promenade besteht aus zwei ansprechenden alten Stadthäusern mit gediegenen, freundlichen Zimmern. Saunabereich und Spa im Bayerischen Hof. Highlight - und sehr beliebt - ist die Seeterrasse des ganzjährig geöffneten Restaurants, von der man auf die Hafeneinfahrt schaut.

Lindauer Hof

Dammgasse 2 ✉ 88131 – ✆ (08382) 40 64 Stadtplan : B2**y**
– www.lindauerhof.de
30 Zim – 130/199 € 179/260 € – ½ P
Schon sehr lange gibt es dieses Haus auf der Insel - außen rote Fassade und hübscher Treppengiebel, innen zeitlos-modern. Die Lage an der Promenade und die unterschiedlichen Zimmerkategorien sprechen ebenso für das Hotel wie die schöne Terrasse und der Wintergarten des eher traditionellen Restaurants.

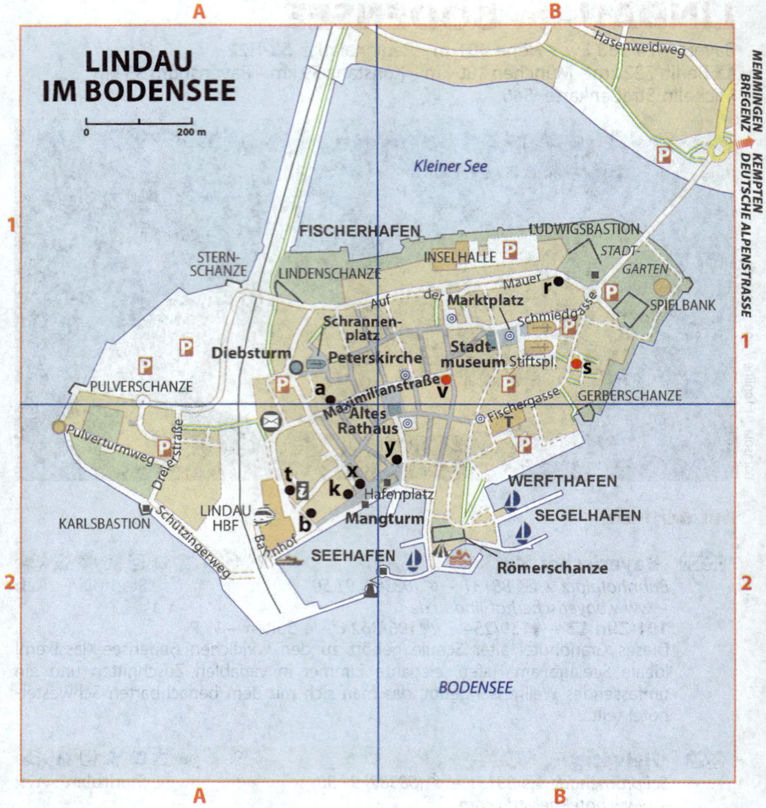

Vis à vis

Bahnhofsplatz 4 ✉ 88131 – ✆ (08382) 39 65 Stadtplan : A2**t**
– www.visavis-lindau.de
72 Zim ☕ – 🚹72/115 € 🚹🚹99/175 €

Die Lage könnte nicht besser sein: Seepromenade, Bahnhof und auch die Fußgängerzone sind im Nu erreicht. Auch die Zimmer bieten alles, was man braucht: zeitgemäße, technisch gute Ausstattung, dazu sind sie hell und freundlich. Außerdem: gepflegtes Frühstücksbuffet und Café-Bar im Haus.

Brugger

Bei der Heidenmauer 11 ✉ 88131 – ✆ (08382) 9 34 10 Stadtplan : B1**r**
– www.hotel-garni-brugger.de – geschl. 21. Dezember - 10. Januar
23 Zim ☕ – 🚹58/90 € 🚹🚹92/130 €

Sehr zentral liegt das Hotel an der Stadtmauer am Altstadtrand. Die Zimmer sind teilweise für Familien geeignet. Zum Relaxen hat man einen hübschen mediterran gestalteten Saunabereich.

Insel-Hotel

Maximilianstr. 42 ✉ 88131 – ✆ (08382) 50 17 Stadtplan : A1_2**a**
– www.insel-hotel-lindau.de – geschl. Februar
26 Zim ☕ – 🚹62/98 € 🚹🚹105/138 €

Gepflegt und funktional wohnt man in dieser Bed-&-Breakfast-Adresse in einem Altstadthaus, die Fußgängerzone gleich vor der Tür. Ein Café hat man direkt mit dabei, bürgerlich essen kann man am Ende der Straße im Gasthaus "Zum Sünfzen".

Alte Post

Fischergasse 3 ✉ 88131 – ✆ (08382) 9 34 60 Stadtplan : B1**s**
– www.alte-post-lindau.de – geschl. 22. Dezember - 19. März
10 Zim ☕ – 🚹70/95 € 🚹🚹120/190 € Karte 18/46 €
Was von außen schon so schmuck daherkommt, kann innen nur gemütlich sein! In dem denkmalgeschützten Gasthaus mitten in der Altstadt bekommt man bürgerlich-regionale Küche und Klassiker aus der österreichischen Heimat der Chefin. Gut übernachten kann übrigens auch - Hotelgäste parken kostenlos.

Zum Sünfzen

Maximilianstr. 1 ✉ 88131 – ✆ (08382) 58 65 Stadtplan : B1**v**
– www.suenfzen.de – geschl. November - März und Donnerstag
Karte 19/48 €
Die traditionelle Trinkstube in dem Haus a. d. 14. Jh. ist eine Lindauer Institution! Drinnen hat man es rustikal, draußen sitzt man schön auf der Terrasse in der Fußgängerzone, teils unter Arkaden. Gekocht wird bürgerlich-regional.

In Lindau-Aeschach Nord: 2 km

Am Rehberg

Am Rehberg 29 ✉ 88131 – ✆ (08382) 33 29 – www.lindauhotels.de
– geschl. Januar - Ende März, November - Dezember
7 Zim ☕ – 🚹79/98 € 🚹🚹98/128 € – 12 Suiten
Familie Bast ist äußerst engagiert und charmant, alles ist wohnlich gestaltet, vom Hallenbereich über die schönen großzügigen Zimmer bis zum behaglichen alpenländisch-eleganten Frühstücksraum. Haben Sie auch den hübschen Garten gesehen?

In Lindau-Hoyren Nord-West: 4 km

Villino

Hoyerberg 34 ✉ 88131 – ✆ (08382) 9 34 50 – www.villino.de
15 Zim ☕ – 🚹110/160 € 🚹🚹190/250 € – 6 Suiten
Villino ✿ – Siehe Restaurantauswahl
Reiner und Sonja Fischer haben hier ein wahres Kleinod geschaffen, zeitloser italienischer Charme zieht sich durch das ganze Haus: elegante und romantische Zimmer, top Service, eine mit Liebe zum Detail gestaltete Saunalandschaft und nicht zuletzt ein mediterraner Traumgarten von 4000 qm!

Villino (Reiner Fischer) – Hotel Villino

✿
Hoyerberg 34 ✉ 88131 – ✆ (08382) 9 34 50 – www.villino.de – geschl. 22. - 26. Dezember
Menü 108/148 € – Karte 104/110 € – *(nur Abendessen)* (Tischbestellung ratsam)
Ausgesprochen attraktiv und ebenso hochwertig präsentiert sich das ausgesuchte elegant-mediterrane Interieur hinter den raumhohen Rundbogenfenstern. Das Niveau der zwei Menüs steht dem in nichts nach: geschmackvoll, durchdacht und aufs Produkt konzentriert. Trefflich auch die Weinempfehlungen.
→ Asiatische Vorspeisenvariation. Bregenzer Forellenfilet, mit Sellerie, Apfel und Meerrettichfond. Filet vom Allgäu Rind mit getrüffeltem Raviolo.

In Lindau-Bad Schachen Nord-West: 4 km

Lindenallee

Dennenmoosstr. 3 ✉ 88131 – ✆ (08382) 9 31 90 – www.hotel-lindenallee.de
– geschl. 21. Dezember - 6. Januar
19 Zim ☕ – 🚹65/119 € 🚹🚹129/139 € – ½ P
Lindenallee – Siehe Restaurantauswahl
Hier wohnen Sie in einer angenehmen Villengegend, viel Grün drum herum, der See ganz in der Nähe. Ein Ort, an dem man sich gerne aufhält, ob nun in den freundlichen Zimmern, im hübschen Frühstücksraum (gut die Buffetauswahl) oder aber im sehr gepflegten Garten!

Schachener Hof

Schachener Str. 76 ✉ 88131 – ✆ (08382) 31 16 – www.schachenerhof-lindau.de – geschl. Anfang Januar - Mitte Februar, Anfang November 1 Woche und Dienstag - Mittwoch, Juli - August: Mittwoch
10 Zim – 69/79 € 89/120 € – ½ P
Menü 31/75 € – Karte 34/56 € – *(nur Abendessen, sonntags auch Mittagessen)* (Tischbestellung ratsam)
In dem von Familie Kraus freundlich geführten Restaurant serviert man sorgfältig zubereitete regionale und internationale Gerichte - auch auf der Terrasse unter alten Kastanienbäumen. Hier am Bodensee ist z. B. die Variation vom Bodenseefelchen mit seinem Kaviar ein Muss!

Lindenallee – Hotel Lindenallee

Dennenmoosstr. 3 ✉ 88131 – ✆ (08382) 9 31 90 – www.hotel-lindenallee.de – geschl. 21. Dezember - 6. Januar
Menü 28 € – Karte 16/49 € – *(geschl. Montag, Oktober - April: Sonntag - Montag) (nur Abendessen)*
Das Restaurant ist schön licht, frisch und angenehm modern, auf der Karte interessante saisonale Speisen. Wer auf der Terrasse sitzt, schaut beim Essen auf Bäume und hübsch bepflanzte Beete. Im Sommer ist Dienstag Barbeque-Tag!

In Lindau-Zech Ost: 4 km

Nagel

Bregenzer Str. 193a ✉ 88131 – ✆ (08382) 9 60 85 – www.hotel-nagel.com
27 Zim – 69/79 € 89/99 €
Dass das hier früher eine Autowerkstatt war, ist nicht mehr zu erkennen. Die junge Familie Kreutz (Nachkommen des Werkstattgründers Franz Nagel) hält heute moderne Zimmer, ein ebensolches Restaurant und einen im Innenhof gelegenen Pool für Sie bereit.

Auf dem Golfplatz Weißensberg Nord-Ost: 8 km

Golfhotel Bodensee

Lampertsweiler 51 ✉ 88138 Weißensberg – ✆ (08389) 8 91 00 – www.golfhotel-bodensee.de – geschl. 15. November - 15. März
34 Zim – 99/119 € 159/169 € – 1 Suite – ½ P
Wer etwas für Golf übrig hat, hat hier einen klaren Vorteil, denn das Hotel liegt herrlich inmitten eines Golfplatzes! Die Zimmer (darunter auch Turmzimmer und Maisonetten) sind schön frisch und modern, haben hellen Naturholzboden und bieten recht viel Platz sowie Blick ins Grüne. Letzteren genießt man auch auf der Restaurantterrasse bei internationaler Küche.

LINDENBERG im ALLGÄU

Bayern – 10 970 Ew. – Höhe 764 m – Regionalatlas **63**-I21
Berlin 713 km – München 174 km – Konstanz 89 km – Lindau 21 km
Michelin Straßenkarte 546

Waldsee

Austr. 41 ✉ 88161 – ✆ (08381) 9 26 10 – www.hotel-waldsee.de
17 Zim – 55/85 € 95/120 € – ½ P
Es ist ein charmantes kleines Hotel, das auch noch schön idyllisch liegt! Ein passendes Zimmer finden Sie bestimmt auch, ob Sie es nun lieber klein und kuschelig mögen oder eher großzügig, mit sehr modernem Bad. Verständlich, dass hier am höchsten Moorbadsee Deutschlands die Terrasse zum Anziehungspunkt wird!

LINDENFELS

Hessen – 5 030 Ew. – Höhe 364 m – Regionalatlas **47**-F16
Berlin 592 km – Wiesbaden 86 km – Mannheim 52 km – Darmstadt 46 km
Michelin Straßenkarte 543

Waldschlösschen

Nibelungenstr. 102 ✉ 64678 – ✆ (06255) 96 81 90
– www.waldschloesschen-web.de – geschl. 31. Oktober - 26. November
14 Zim – 48/54 € 92/104 € – ½ P
Bei Gisela und Volker Löwer kann man behaglich wohnen und sich in sympathisch-rustikalem Ambiente heimische Gerichte wie z. B. Odenwälder Forelle servieren lassen. Der Naturpark Bergstraße-Odenwald lädt zu Ausflügen ein - erkunden Sie z. B. den Nibelungensteig, der direkt am Haus vorbeiführt!

LINGEN

Niedersachsen – 52 160 Ew. – Höhe 23 m – Regionalatlas **16-D8**
Berlin 498 km – Hannover 204 km – Nordhorn 21 km – Bremen 135 km
Michelin Straßenkarte 541

Altes Landhaus

Lindenstr. 45 ✉ 49808 – ✆ (0591) 80 40 90 – www.alteslandhaus.de
36 Zim – 65/95 € 80/125 € – ½ P
Das schöne Landhaus am Stadtrand bietet neben wohnlichen Zimmern im Stammhaus auch topmoderne und sehr komfortable Zimmer im Anbau! Auf der hübschen Innenhofterrasse kann man auch frühstücken. Das Restaurant besteht aus einem angenehm lichten Wintergarten und dem Kaminzimmer.

Ratskeller N

Am Markt 13 ✉ 49808 – ✆ (0591) 14 40 00 80 – www.ratskeller-lingen.de
– geschl. Januar 1 Woche, Juli - August 2 Wochen und Sonntag - Montag
Menü 59 € – Karte 33/51 €
Das Gasthaus von 1549 ist das älteste in Lingen. Aus der einsehbaren verglasten Küche kommen frische, regional-saisonal und mediterran inspirierte Speisen - abends zusätzlich ein anspruchsvolles kreatives Menü. Smoker's Lounge im 1. Stock.
Steak Bar 1549 – Siehe Restaurantauswahl

Steak Bar 1549 N – Restaurant Ratskeller

Am Markt 13 ✉ 49808 – ✆ (0591) 14 40 00 80 – www.ratskeller-lingen.de
– geschl. Januar 1 Woche, Juli - August 2 Wochen und Sonntag - Montag
Karte 32/93 € – *(nur Abendessen)*
Am Abend eine sehr nette Alternative zum Ratskeller: Hier gibt es Dry Aged Beef vom Grill, diverse Tatar-Varianten, Burger und auch Klassiker wie "1549 Currywurst vom bunten Bentheimer".

In Lingen-Darme

Zum Märchenwald

Vennestr. 25 ✉ 49809 – ✆ (0591) 91 28 40 – www.hotel-zum-maerchenwald.de
48 Zim – 55/65 € 32/89 € – ½ P
Die Zimmer in dem gut geführten Familienbetrieb sind sehr gepflegt und praktisch eingerichtet, im Gästehaus etwas kleiner. Das Preis-Leistungs-Verhältnis überzeugt. Hell und freundlich ist das Ambiente im Restaurant.

LINSENGERICHT

Hessen – 9 890 Ew. – Höhe 145 m – Regionalatlas **48-G14**
Berlin 516 km – Wiesbaden 85 km – Darmstadt 72 km – Würzburg 97 km
Michelin Straßenkarte 543

In Linsengericht-Eidengesäß Süd-Ost: 3 km, jenseits der A 66

Der Löwe

Dorfstr. 20 ✉ 63589 – ✆ (06051) 7 13 43 – www.derloewe.com
– geschl. Januar 2 Wochen, Juni - Juli 2 Wochen und Montag - Dienstag
Menü 35/59 € – Karte 34/58 €
Seit über zehn Jahren führt das Ehepaar Sauter das gediegene Restaurant: Er bereitet schmackhafte regional-internationale Küche, sie leitet freundlich den Service. Kommen Sie doch mal zum Mittagsbuffet - das ist sehr gefragt bei den Gästen!

LIPPETAL

Nordrhein-Westfalen – 11 760 Ew. – Höhe 70 m – Regionalatlas **27**-E10
Berlin 453 km – Düsseldorf 131 km – Arnsberg 42 km – Bielefeld 78 km
Michelin Straßenkarte 543

In Lippetal-Lippborg

Gasthof Willenbrink
Hauptstr. 10 ✉ 59510 – ✆ (02527) 2 08 – www.willenbrink.de – geschl. 22. Dezember - 8. Januar, 10. Juli - 10. August und Montag sowie an Feiertagen
6 Zim – 55/60 € 80/85 € Karte 22/43 € – *(nur Abendessen)*
Nach dem Motto "Deutsches für Feinschmecker" kocht Gastgeber Josef Willenbrink in dem traditionsreichen Familienbetrieb. Das Ambiente dazu ist ländlich oder im "Blauen Zimmer" auch etwas eleganter. Sie möchten übernachten? In den Gästezimmern können Sie Bilder der Künstlerin Annette Strathoff bewundern!

LIPPSPRINGE, BAD

Nordrhein-Westfalen – 15 210 Ew. – Höhe 140 m – Regionalatlas **28**-G10
Berlin 385 km – Düsseldorf 179 km – Bielefeld 54 km – Detmold 18 km
Michelin Straßenkarte 543

Park Hotel
Peter-Hartmann-Allee 4 ✉ 33175 – ✆ (05252) 96 30 – www.parkhotel-lippspringe.de
135 Zim – 99/169 € 140/190 € – ½ P
Der Kurpark direkt vor dem Haus, in die Fußgängerzone auch nur ein Katzensprung. Die Ruhe hier schätzen sowohl Geschäftleute als auch Wellnessgäste (vielfältig der "Arminius Spa", angenehm der Naturbadeteich). Einige Zimmer mit Balkon zum Park, auch vom Restaurant schaut man ins Grüne!

LIPPSTADT

Nordrhein-Westfalen – 66 320 Ew. – Höhe 75 m – Regionalatlas **27**-F10
Berlin 436 km – Düsseldorf 142 km – Bielefeld 55 km – Meschede 43 km
Michelin Straßenkarte 542

Lippischer Hof
Cappelstr. 3, Ecke Mühlenstraße ✉ 59555 – ✆ (02941) 9 72 20 – www.bestwestern.de
49 Zim – 61/98 € 96/120 €
Die Lage im Zentrum und die praktische Ausstattung machen das Businesshotel interessant. Tagsüber können Sie sich hier Fahrräder leihen, abends bei einem Getränk in der Bar sitzen - sie ist rund 100 Jahre alt, sehr nett und rustikal!

Fellini
Cappelstr. 44a ✉ 59555 – ✆ (02941) 92 41 50 – www.fellini-lippstadt.de – geschl. Sonntag
Karte 33/56 € – *(nur Abendessen)*
Sie mögen frische italienische Küche? Die gibt es in diesem Fachwerkhaus a. d. 18. Jh. unweit des Marktplatzes. Schön sowohl das helle moderne Ambiente drinnen als auch die überdachbare Terrasse, freundlich der Service durch die Chefin.

In Lippstadt-Bad Waldliesborn Nord: 5 km über B 55

Parkhotel Ortkemper
Liesbornerstr. 30 ✉ 59556 – ✆ (02941) 88 20 – www.parkhotelortkemper.de
40 Zim – 53/55 € 77/80 € – 2 Suiten – ½ P
Nicht nur die zeitgemäße und freundliche Einrichtung in Zimmern und Restaurant ist hier ein Pluspunkt, sondern auch die Lage: Familie Ortkemper hat ihr Hotel nämlich in einer ruhigen Wohngegend am Waldrand, direkt am Kurpark. Zum Gästehaus - hier auch die Sauna - sind es nur ca. 40 m.

LODDIN – Mecklenburg-Vorpommern → Siehe Usedom (Insel)

LÖBAU

Sachsen – 15 540 Ew. – Höhe 263 m – Regionalatlas **44-S12**
Berlin 260 km – Dresden 88 km – Görlitz 29 km – Bautzen 21 km
Michelin Straßenkarte 544

Berg-Gasthof Honigbrunnen

Löbauer Berg 4, Ost: 2,5 km ✉ 02708 – ✆ (03585) 4 13 91 30 – www.honigbrunnen.de

23 Zim – †62/70 € ††100/120 € – ☐ 8 €

1896 als Ausflugslokal erbaut, bei einem Brand zerstört und mit enormem Aufwand restauriert. Die Mühe hat sich gelohnt: Die historische Fassade ist wiederhergestellt, das Interieur geschmackvoll. Einmalige Panoramalage, fantastischer Blick von der Terrasse!

LÖCHGAU

Baden-Württemberg – 5 550 Ew. – Höhe 260 m – Regionalatlas **55-G18**
Berlin 614 km – Stuttgart 33 km – Karlsruhe 64 km – Pforzheim 37 km
Michelin Straßenkarte 545

Zur Krone

Hauptstr. 63 ✉ 74369 – ✆ (07143) 1 82 17 – www.krone-loechgau.de – geschl. Montagabend, Samstagmittag

Karte 21/40 €

Schon von außen lässt das Gasthaus mit der jahrhundertelangen Tradition eine gemütlich-rustikale Atmosphäre vermuten - und dazu passt die bürgerlich-regionale Küche des Chefs! Die schmeckt natürlich auch im schönen Innenhof.

LÖHNE

Nordrhein-Westfalen – 39 530 Ew. – Höhe 70 m – Regionalatlas **28-G9**
Berlin 370 km – Düsseldorf 208 km – Bielefeld 39 km – Hannover 85 km
Michelin Straßenkarte 543

Schewe

Dickendorner Weg 48 ✉ 32584 – ✆ (05732) 9 80 30 – www.hotel-schewe.de – geschl. 12. - 19. Juli

22 Zim – †50/68 € ††64/74 € – ☐ 8 € – ½ P

Wim's Bistro - Restaurant – Siehe Restaurantauswahl

Eine tadellose Adresse: Ruhig ist die Lage des gut geführten Familienbetriebs in einer Wohngegend, neuzeitlich eingerichtete Gästezimmer stehen hier bereit.

Wim's Bistro - Restaurant – Hotel Schewe

Dickendorner Weg 48 ✉ 32584 – ✆ (05732) 9 80 30 – www.hotel-schewe.de – geschl. 12. - 19. Juli und Sonntag

Menü 19/30 € – Karte 26/51 € – *(nur Abendessen)* (Tischbestellung ratsam)

Ein Hauch Süden gepaart mit modernem Bistro-Stil - freundliche Farben sorgen für eine ansprechende Atmosphäre. Serviert werden saisonal geprägte Speisen.

LÖNINGEN

Niedersachsen – 12 940 Ew. – Höhe 22 m – Regionalatlas **16-E7**
Berlin 290 km – Bremen 88 km – Nordhorn 65 km – Enschede 101 km
Michelin Straßenkarte 541

Rüwe

Parkstr. 15 ✉ 49624 – ✆ (05432) 9 42 00 – www.hotel-ruewe.de – geschl. 27. Dezember - 15. Januar

11 Zim ☐ – †68 € ††98 €

In dem kleinen Hotel sorgen Rita und Hans-Herrmann Rüwe dafür, dass alles tipptopp gepflegt ist. Wohnliche Zimmer mit Parkett, teils auch mit Balkon oder schöner Dachterrasse. Zum Restaurant gehören eine nette begrünte Terrasse und ein kleiner Barbereich. Fahrradverleih.

LÖRRACH

Baden-Württemberg – 48 310 Ew. – Höhe 294 m – Regionalatlas **61**-D21
Berlin 862 km – Stuttgart 265 km – Freiburg im Breisgau 70 km – Basel 9 km
Michelin Straßenkarte 545

Villa Elben

Hünerbergweg 26 ✉ 79539 – ✆ (07621) 57 70 80 – www.villa-elben.de
34 Zim – 85/95 € 115/135 €
Schön wohnt man bei der sympathischen Gastgeberin Corinna Harrer: stilvoll die Lobby, tipptopp gepflegt die Zimmer, chic der moderne Frühstücksraum (gut das Buffet!), und versäumen Sie es nicht, im Sommer auf der Dachterrasse zu entspannen!

Am Burghof

Herrenstr. 3 ✉ 79539 – ✆ (07621) 94 03 80 – www.amburghof.de
8 Zim – 80/100 € 120/140 €
Die Innenstadtlage direkt am Burghof ist ideal, die Zimmer sind schön zeitgemäß und im EG hat man eine Lounge-Bar, deren kleines Speisenangebot Pizza, Pasta und Risotto sowie Klassiker wie Rumpsteak oder Schnitzel umfasst. Hier können Sie auch nett draußen sitzen.

Drei König

Basler Str. 169, Empfang in der 2. Etage ✉ 79539 – ✆ (07621) 5 50 47 90 – www.hotel-dreikoenig.de
16 Zim – 95/150 € 135/220 €
Drei König – Siehe Restaurantauswahl
Zentraler geht es kaum: Das kleine Hotel liegt direkt am Marktplatz, ein Parkhaus finden Sie nur 1 Minute entfernt! Chic das klare moderne Design und auch technisch sind die Zimmer "up to date". Im EG gibt es eine Bar nebst Delikatessen.

Zum Kranz

Basler Str. 90 ✉ 79540 – ✆ (07621) 8 90 83 – www.kranz-loerrach.de
9 Zim – 70/110 € 86/130 € – 8 €
Schön frisch, hell und ländlich-modern - das regionstypische Gasthaus geht mit der Zeit, Zimmer und Restaurant sind gleichermaßen ansprechend. Letzteres bietet Klassiker und auch international beeinflusste Gerichte.

Drei König – Hotel Drei König

Basler Str. 169, 1. Etage ✉ 79539 – ✆ (07621) 5 50 47 90 – geschl. Sonntagmittag, Montag
Menü 49 € (abends) – Karte 39/69 € – (abends Tischbestellung ratsam)
Ansprechend der große Raum mit Parkettboden und schönen Tischen. Sind Ihnen die Skulpturen aufgefallen? Der Chef hat sie selbst gefertigt. Aus der Küche kommen z. B. "Saltimbocca mit Salbeiravioli" oder "Wiener Schnitzel mit lauwarmem Kartoffelsalat". Von der Balkonterrasse hat man den Marktplatz im Blick.

Am Burghof

Herrenstr. 3, 1. Etage ✉ 79539 – ✆ (07621) 9 40 38 50 – www.restaurant.amburghof.de – geschl. Sonntag - Montag
Menü 30 € (mittags)/58 € – Karte 28/59 € – (Tischbestellung ratsam)
"Hausgemachte Steinpilzravioli im Salbei-Gemüsefond mit Parmesan", "Filet vom Glattbutt mit Blattspinat und Safran-Gemüserisotto", "eingemachter Weinbergpfirsich in Orangensauce mit Crêpe und Walnusseis"... Die gute Küche genießt man in geradlinig-modernem Ambiente, vor der Fensterfront die schöne Terrasse.

In Lörrach-Brombach Nord-Ost: 4 km, über Brombacher Straße, jenseits der A 98

Villa Feer

Beim Haagensteg 1 ✉ 79541 – ✆ (07621) 5 79 10 77 – www.villa-feer.com – geschl. Mitte - Ende März, Mitte - Ende Oktober und Montag - Dienstag
Menü 58 € – Karte 48/64 €
Was Kathrin Bucher in diversen guten Adressen (u. a. in Kanada, Schottland, den Niederlanden und der Schweiz) an Erfahrungen gesammelt hat, kommt Ihnen in der schmucken alten Villa zu Gute. Mit harmonischen Gerichten wie "gebratenem Filet vom Zander auf Champagner-Choucroute mit hausgemachten Farfalle" hat sie sich in der Region einen Namen gemacht. Toll der Garten!

In Lörrach-Haagen Nord-Ost: 3,5 km über B 317, jenseits der A 98

Burgschenke Rötteln

Röttelnweiler 47, in der Burg Rötteln ✉ 79541 – ✆ (07621) 5 21 41 – www.burgroetteln.com – geschl. Januar 2 Wochen und Sonntag - Montag

Menü 52 € – Karte 40/68 € – *(nur Abendessen)* (Tischbestellung ratsam)

Das hat Charme: der historische Rahmen, die drei kleinen Räume (Tipp: die Fensterplätze in der "Laube") und nicht zuletzt die herzliche Chefin Dörthe Stein! Klassiker sind z. B. Räucherlachstatar, Wachtelbrust oder Rinderfilet. Schön der Biergarten (mit Selbstbedienung) - auch an sonnigen Wintertagen!

In Lörrach-Tüllingen Süd-West: 3,5 km, jenseits der B 317

Maien

Dorfstr. 49 ✉ 79539 – ✆ (07621) 27 90 – www.maien-loerrach.de

16 Zim – 69/79 € 89/129 €

Gasthaus Maien – Siehe Restaurantauswahl

Ein kleines Gasthaus a. d. 19. Jh. in Panoramalage über Lörrach. Gastgeber und Küchenchef Marco Weiß ist hier mit Engagement bei der Sache und bietet wohnlich-moderne Zimmer, gestaltet nach den Elementen Feuer, Wasser, Luft und Erde.

Gasthaus Maien – Hotel Gasthaus Maien

Dorfstr. 49 ✉ 79539 – ✆ (07621) 27 90 – www.maien-loerrach.de – geschl. Montag - Dienstag

Menü 25 € (mittags unter der Woche)/54 € – Karte 36/70 €

Kommen Sie wegen der tollen Aussicht oder doch eher wegen der guten Küche? Im hübschen Restaurant mit Panoramafenstern - und natürlich auf der Terrasse - genießt man sowohl den Blick ins Tal als auch schmackhafte internationale Gerichte wie Cordon bleu oder Hirschkalbsrücken! Rustikaler ist die hintere Stube.

In Inzlingen Süd-Ost: 6 km über B 316 Richtung Rheinfelden

Krone

Riehenstr. 92 ✉ 79594 – ✆ (07621) 22 26 – www.krone-inzlingen.de

23 Zim – 75/85 € 95/105 € – 9 €

Krone – Siehe Restaurantauswahl

Kein Wunder, dass Familie Wiedmer so viele Gäste hat, denn das hier ist ein wirklich gepflegtes Haus mit freundlichen, komfortablen Zimmern und gutem Frühstück - und es ist ideal für Baselbesucher, die etwas günstiger wohnen möchten!

Inzlinger Wasserschloss

Riehenstr. 5 ✉ 79594 – ✆ (07621) 4 70 57 – www.inzlinger-wasserschloss.de – geschl. Dienstag - Mittwoch

12 Zim – 80/120 € 108/160 € – ½ P

Menü 37 € (mittags unter der Woche)/98 € – Karte 45/89 €

Denkmalgeschütztes Gemäuer, ein Wassergraben drum herum, stilvoll-elegantes Interieur... Hier bieten Vater und Tochter Beha z. B. "pochierten Atlantiksteinbutt in Champagnersauce auf Blattspinat" oder "Kalbsfilet und junge Bressetaube in Trüffelsauce". Übernachten können Sie im 150 m entfernten Gästehaus.

Krone – Hotel Krone

Riehenstr. 92 ✉ 79594 – ✆ (07621) 22 26 – www.krone-inzlingen.de

Menü 15 € (mittags unter der Woche)/69 € – Karte 35/67 €

Das Ambiente stylish und chic, die Küche klassisch mit internationalen Einflüssen. Auf der Karte finden sich z. B. "Rinderfilet an Cognac-Pfefferrahmsauce" oder "Kabeljau auf Curry-Linsengemüse", und als Dessert vielleicht ein "Mousse von der belgischen Callebaut-Schokolade"?

LOHMAR

Nordrhein-Westfalen – 29 680 Ew. – Höhe 70 m – Regionalatlas **36-C12**
Berlin 587 km – Düsseldorf 63 km – Bonn 16 km – Siegburg 5 km
Michelin Straßenkarte 543

In Lohmar-Wahlscheid Nord-Ost: 4 km über B 484

Schloss Auel
Haus Auel 1, an der B 484 ✉ 53797 – ✆ (02206) 6 00 30 – www.schlossauel.de
21 Zim – 🛉80/110 € 🛉🛉90/140 € – ☕ 15 € – 3 Suiten – ½ P
Historischen Charme versprüht das wunderbare dreiflügelige Schloss am Golfplatz. Stilgerecht hat man zahlreiche Antiquitäten in die individuelle und sehr wohnliche Einrichtung integriert. Auch eine Kapelle gehört zum Haus. Zwei Ferienwohnungen im Gästehaus. Alternativ zum Restaurant gibt es Snacks im Bistro.

Aggertal-Hotel Zur alten Linde
Bartholomäusstr. 8 ✉ 53797 – ✆ (02206) 9 59 30 – www.meine-alte-linde.de – geschl. Januar 1 Woche, Juli - August 2 Wochen
27 Zim – 🛉80/94 € 🛉🛉110/139 € – ☕ 10 € – ½ P
Recht ruhig liegt der Familienbetrieb neben der Kirche. Die Zimmer sind wohnlich-rustikal gestaltet, für das Frühstück steht der Wintergarten bereit. Das Restaurant: mediterrane Brasserie, behagliche Stube und Terrasse hinterm Haus sowie Biergarten unter der 1000-jährigen Linde. Sonntags Brunch.

LOHME – Mecklenburg-Vorpommern ➜ Siehe Rügen (Insel)

LOHR am MAIN

Bayern – 15 020 Ew. – Höhe 161 m – Regionalatlas **48-H15**
Berlin 521 km – München 321 km – Würzburg 56 km – Aschaffenburg 35 km
Michelin Straßenkarte 546

Franziskushöhe
Ruppertshüttener Str. 70 ✉ 97816 – ✆ (09352) 60 40 – www.franziskushoehe.de
68 Zim – 🛉85/119 € 🛉🛉95/129 € – ☕ 16 € – ½ P
Schön die ruhige erhöhte Lage am Waldrand! Die zeitgemäßen Zimmer sind alle mit DVD-Player ausgestattet. Wie wär's mit Relaxen am Naturbadeteich? Für die Kleinen gibt es einen Kinderspielplatz. Restaurant mit bürgerlicher Karte, beliebt die Terrasse mit Aussicht.

Bundschuh
Am Kaibach 7 ✉ 97816 – ✆ (09352) 8 76 10 – www.hotelbundschuh.de – geschl. Ende Dezember - Anfang Januar
38 Zim ☕ – 🛉68/91 € 🛉🛉98/116 €
Schön entspannen lässt es sich bei Familie Bundschuh, sowohl in den wohnlichen Zimmern (teils mit Balkon oder Terrasse) als auch im reizvollen großen Garten. Tipp: die farbenfrohen "Bundschuh"-Zimmer mit dekorativem Gemälde! Klassischer der Stil in der Jugendstilvilla.

In Lohr-Wombach Süd: 2 km über Westtangente

Spessarttor
Wombacher Str. 140 ✉ 97816 – ✆ (09352) 8 73 30 – www.hotel-spessarttor.de
35 Zim ☕ – 🛉55/78 € 🛉🛉75/98 € – ½ P
Spessarttor – Siehe Restaurantauswahl
Die freundlich in wohnlich-ländlichem Stil eingerichteten Zimmer dieses Familienbetriebs verteilen sich auf das Haupthaus und das etwas ruhigere, 500 m entfernte Gästehaus "Bergwiesen" - Frühstück gibt es in beiden Häusern.

Spessarttor – Hotel Spessarttor
Wombacher Str. 140 ✉ 97816 – ✆ (09352) 8 73 30 – www.hotel-spessarttor.de – geschl. Montagmittag, Dienstag
Menü 21/75 € – Karte 24/47 €
Bei Familie Nätscher kann man nicht nur schön übernachten, man isst hier auch gut, und zwar regional-bürgerlich. In gemütlichen holzgetäfelten Stuben heißt es z. B. "Rahmsuppe von Krustentieren mit Scampi" oder "Rehragout mit Rotkohl".

LONGUICH

Rheinland-Pfalz – 1 270 Ew. – Höhe 130 m – Regionalatlas **45-B15**
Berlin 710 km – Mainz 141 km – Trier 14 km – Saarbrücken 86 km
Michelin Straßenkarte 543

WeinKulturgut Longen-Schlöder

Kirchenweg 9 ✉ 54340 – ✆ (06502) 83 45 – www.longen-schloeder.de – geschl. 21. Dezember - 11. Januar

20 Zim – 70/115 € 120/165 € – ½ P

Winzer und Gastronom Markus Longen hat hier nicht nur ein Weingut und ein Restaurant, sondern auch ein ansprechendes Hotelkonzept: 20 kleine Winzerhäuschen inmitten einer Streuobstwiese - von Matteo Thun geradlinig-modern und mit heimischen Materialien designt. In der Vineria-Vinothek: Weinstubenkarte mit regionalen Produkten sowie wechselndes Angebot auf der Tafel.

LORCH

Hessen – 3 790 Ew. – Höhe 86 m – Regionalatlas **46-D15**
Berlin 452 km – Wiesbaden 44 km – Darmstadt 85 km – Mainz 56 km
Michelin Straßenkarte 543

Hotel im Schulhaus N

Schwalbacher Str. 41 ✉ 65391 – ✆ (06726) 80 71 60 – www.hotel-im-schulhaus.com – geschl. 6. Januar - 12. Februar

44 Zim – 70/110 € 90/130 €

Die Schulbank drückt hier keiner mehr, heute ist das Haus direkt an der Wisper ein topmodernes und zugleich wohnlich-komfortables Hotel. Geradlinig und wertig das Interieur, toll die Penthouse-Zimmer. Zum Frühstück gibt's frische Produkte.

LORSCH

Hessen – 13 170 Ew. – Höhe 98 m – Regionalatlas **47-F16**
Berlin 595 km – Wiesbaden 65 km – Mannheim 35 km – Darmstadt 29 km
Michelin Straßenkarte 543

Zum Schwanen

Nibelungenstr. 52 ✉ 64653 – ✆ (06251) 5 22 53 – www.zum-schwanen-lorsch.de – geschl. Februar 10 Tage, Juni 2 Wochen, Oktober 10 Tage und Montag

Karte 38/63 € – *(nur Abendessen, sonntags auch Mittagessen)* (Tischbestellung ratsam)

Hier kochen Chef und Chefin selbst: Lassen Sie sich mit regionalen Klassikern wie "Medaillons vom Rinderfilet" verwöhnen! Viel dunkles Holz sowie reichlich Bilder und Porzellan als Dekoration machen das Restaurant charmant-gediegen.

LOSHEIM AM SEE

Saarland – 15 830 Ew. – Höhe 300 m – Regionalatlas **45-B16**
Berlin 749 km – Saarbrücken 56 km – Merzig 12 km – Luxembourg 70 km
Michelin Straßenkarte 543

La Küsine N

Zur Küs 1 ✉ 66679 – ✆ (06872) 50 55 05 – www.lakuesine.de – geschl. August 2 Wochen und Samstagmittag, Montag

Menü 20 € – Karte 24/52 €

Der Name ist ein passendes Wortspiel, denn in der Bundeszentrale der "KÜS" ist dieses Restaurant untergebracht, das Regionales wie "Hoorische Knepp in Speckrahmsauce", aber auch Klassisches wie "Kalbsrückensteak in Morchelrahmsauce" bietet.

Am Stausee Nord: 1 km

Hochwälder Wohlfühlhotel

Zum Stausee 192 ✉ 66679 – ✆ (06872) 9 69 20 – www.hochwaelder-wohlfuehlhotel.de

62 Zim – 81/89 € 122/132 €

Die Schokoladenseite dieses Hotels ist ganz klar die dem Stausee zugewandte Seite: schön die Aussicht von den Zimmern hier! Erholung finden Sie aber auch bei Kosmetikanwendungen oder aber im Restaurant "Kulinarium" mit Terrasse zum See. Dazu die benachbarte Hausbrauerei mit Biergarten.

LOTTSTETTEN

Baden-Württemberg – 2 170 Ew. – Höhe 433 m – Regionalatlas **62-F21**
Berlin 813 km – Stuttgart 180 km – Freiburg im Breisgau 106 km – Schaffhausen 12 km
Michelin Straßenkarte 545

In Lottstetten-Nack Süd: 1,5 km

Gasthof zum Kranz
Dorfstr. 23 ✉ 79807 – ✆ (07745) 73 02 – www.gasthof-zum-kranz.de – geschl. Februar 2 Wochen, August 3 Wochen und Dienstag - Mittwoch
Karte 35/64 € – (Tischbestellung ratsam)
Gerd Saremba ist in dem Gasthof von 1769 bereits die 7. Generation der Familie. Er ist nicht nur Gastgeber, sondern steht auch am Herd und kocht klassische und international beeinflusste Speisen, die richtig gut schmecken - im Herbst sollten Sie unbedingt Wild probieren!

LUDORF

Mecklenburg-Vorpommern – 490 Ew. – Höhe 67 m – Regionalatlas **13-N6**
Berlin 144 km – Schwerin 104 km – Neubrandenburg 69 km – Waren (Müritz) 26 km
Michelin Straßenkarte 542

Gutshaus Ludorf
Rondell 7 ✉ 17207 – ✆ (039931) 84 00 – www.gutshaus-ludorf.de – geschl. 5. Januar - 12. März, 14. - 29. Dezember
23 Zim – †76/96 € ††110/139 € – 2 Suiten – ½ P
Morizaner – Siehe Restaurantauswahl
Das barocke Gutshaus an der Müritz verbirgt hinter der hübschen Backsteinfassade a. d. 17. Jh. ein wunderschönes Interieur mit historischem Charme. Zimmer teils mit Parkett.

Morizaner – Hotel Gutshaus Ludorf
Rondell 7 ✉ 17207 – ✆ (039931) 84 00 – www.gutshaus-ludorf.de – geschl. 5. Januar - 12. März, 14. - 29. Dezember
Menü 52/60 € – Karte 42/49 € – *(nur Abendessen)*
Das an der Müritz gelegene Gutshaus im Stil der dänischen Klinkerrenaissance ist eine der empfehlenswertesten Adressen der Region. In der Küche verarbeitet man hauptsächlich Produkte aus heimatlichen Gefilden.

LUDWIGSBURG

Baden-Württemberg – 89 640 Ew. – Höhe 293 m – Regionalatlas **55-G18**
Berlin 617 km – Stuttgart 15 km – Heilbronn 36 km – Karlsruhe 86 km
Michelin Straßenkarte 545

nestor
Stuttgarter Str. 35/2 ✉ 71638 – ✆ (07141) 96 70 Stadtplan : B2**a**
– www.nestor-hotel-ludwigsburg.de
179 Zim – †119/159 € ††129/169 € – 18 €
Das am Schlosspark gelegene denkmalgeschützte Backsteingebäude von 1871, einst eine Garnisonsbäckerei, ist heute ein Stadthotel mit modernen, meist geräumigen Zimmern. Restaurant im schönen Glasanbau entlang der historischen Hauswand, davor die hübsche Terrasse.

Favorit
Gartenstr. 18 ✉ 71638 – ✆ (07141) 97 67 70 Stadtplan : A1**r**
– www.hotel-favorit.de – geschl. 23. Dezember - 2. Januar
88 Zim – †69/99 € ††99/145 €
Ideal für den Businessgast: praktische und zentrale Lage, gut ausgestattete Zimmer und schönes Frühstücksbuffet. Immer wieder wird hier investiert, modernisiert und aufgefrischt - und das sieht man!

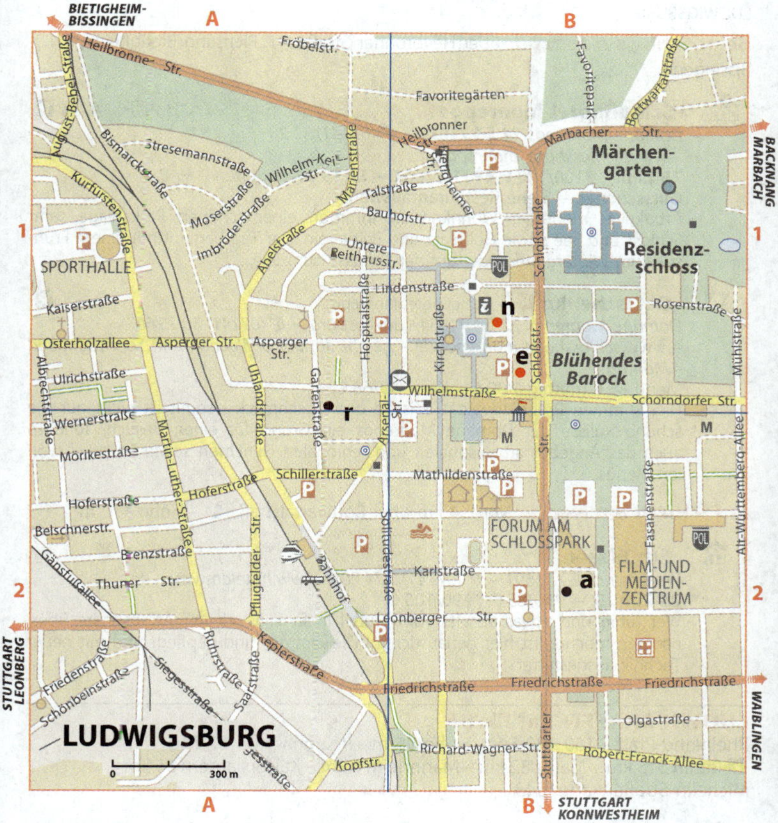

Alte Sonne

Bei der kath. Kirche 3 ✉ 71634 Stadtplan : B1**n**

– ✆ (07141) 6 43 64 80 – www.altesonne-durst.de

– geschl. über Fasching 1 Woche und Montag - Dienstag

Menü 34/52 € – Karte 42/61 €

In modern-elegantem Ambiente oder in legerer Bistro-Atmosphäre verwöhnt Sie Laurent Durst mit einer großen Bandbreite an Gerichten - vom "24 h geschmorten Schaufelstück von der Färse" über "Bouillabaisse à la Laurent" bis hin zum Gourmetmenü. Dazu ein angenehm unkomplizierter Service.

Post-Cantz

Eberhardstr. 6 ✉ 71634 Stadtplan : B1**e**

– ✆ (07141) 92 35 63 – www.post-cantz.de

– geschl. Anfang Januar 1 Woche, über Fasching 1 Woche, Ende August - Anfang September 2 Wochen und Mittwoch - Donnerstag

Menü 27/65 € – Karte 27/60 €

In dem Traditionshaus a. d. 18. Jh. zeigt sich Familie Buhl in 3. Generation unverändert engagiert! Der Gastgeber kocht selbst - Sie werden sehen, "Saure Nierle" schmecken ebenso gut wie frischer Fisch!

Beim Schloss Monrepos über Heilbronner Straße A1, Richtung Bietigheim-Bissingen

Schloßhotel Monrepos (N)
Domäne Monrepos 22 ✉ 71634 – ✆ (07141) 30 20 – www.schlosshotel-monrepos.de
75 Zim – 🚹100/170 € 🚹🚹110/200 € – ☕ 19 € – 2 Suiten – ½ P
Gutsschenke – Siehe Restaurantauswahl
Attraktiver moderner Wohnkomfort inmitten einer schönen Parkanlage samt Schloss und See sowie Golfplatz und Reitverein. Der Tag beginnt mit einem Frühstück im Wintergarten oder auf der Terrasse zum See.

Gutsschenke (N) – Schloßhotel Monrepos
Domäne Monrepos 22 ✉ 71634 Ludwigsburg – ✆ (07141) 30 25 60 – www.schlosshotel-monrepos.de – geschl. Januar 3 Wochen und Sonntagabend - Montag
Menü 35 € (mittags)/90 € – Karte 43/68 €
Hier stimmen Produktqualität, Frische und Geschmack - somit ist nicht nur die schöne Kulisse der Domäne Monrepos ein Grund für einen Besuch, sondern auch das Angebot an saisonalen und regionalen Gerichten sowie anspruchsvollen Menüs.

In Freiberg am Neckar Nord: 4 km über Bottwartalstraße B1 – Höhe 410 m

Am Wasen
Wasenstr. 7 ✉ 71691 – ✆ (07141) 2 74 70 – www.hotelamwasen.de
25 Zim ☕ – 🚹70/85 € 🚹🚹90/106 €
Wer ruhig und etwas abseits vom Trubel in familiär-privater Atmosphäre übernachten möchte, ist hier genau richtig! Die Zimmer sind gepflegt und mit neuer Technik ausgestattet.

LUDWIGSHAFEN am RHEIN

Rheinland-Pfalz – 160 180 Ew. – Höhe 96 m – Regionalatlas **47-F16**
▶ Berlin 615 km – Mainz 82 km – Mannheim 6 km – Kaiserslautern 55 km
Michelin Straßenkarte 543

Europa Hotel
Am Ludwigsplatz 5, Zufahrt über Ludwigstraße ✉ 67059 – ✆ (0621) 5 98 70 – www.europa-hotel.com
112 Zim ☕ – 🚹115/122 € 🚹🚹155/164 € – ½ P
Das Businesshotel im Zentrum bietet zeitgemäß-funktionale Zimmer in gedeckten Farben, moderne Technik und kostenfreies W-Lan. Internationale Küche im Restaurant mit Bar. Ideal zum Shoppen: die fußnahe "Rhein-Galerie".

A table
Welserstr. 25 ✉ 67063 – ✆ (0621) 68 55 65 65 – www.atable.lu – geschl. März 1 Woche, Juni 1 Woche und Samstagmittag, Sonntag - Montagmittag
Menü 32 € (mittags)/78 € – Karte 50/74 €
"Supreme vom Perlhuhn mit zweierlei Kürbis" oder lieber "Zander mit Spitzkohl und Kalbskopfsauce"? Die Küche in dem hellen, freundlichen Restaurant ist klassisch und international, aufmerksam der Service samt passender Weinempfehlung.

In Ludwigshafen-Friesenheim

René Bohn
René-Bohn-Str. 4 ✉ 67063 – ✆ (0621) 6 09 91 00 – www.renebohn.basf.de – geschl. 22. Dezember - 3. Januar
91 Zim ☕ – 🚹140/170 € 🚹🚹170/200 € – 8 Suiten
Hier sollten Sie frühzeitig buchen, denn das sehr gut geführte Businesshotel nahe dem Werksgelände der BASF ist stark frequentiert! Die Einrichtung hochwertig und geradlinig-modern, im Gebäude gegenüber schicke Appartements mit Küche.

Bella Capri

Arnimstr. 2 ✉ 67063 – ✆ (0621) 69 20 45 – www.bellacapri.net – geschl. Montag, Samstagmittag

Menü 32 € – Karte 36/59 €

Traditionelle italienische Küche von Antipasti über Pasta bis zu Fisch und Krustentieren, dazu schöne Weine und modern-elegantes Ambiente. Seit 1984 gibt es das Restaurant und es ist nicht mehr wegzudenken aus Ludwigshafen!

Das Gesellschaftshaus

Wöhlerstr. 15 ✉ 67063 – ✆ (0621) 6 07 88 88 – www.gesellschaftshaus.basf.de – geschl. 24. Dezember - 1. Januar und Samstag - Sonntag sowie an Feiertagen

Menü 54/95 € – Karte 53/74 € – *(nur Abendessen)*

Geradezu herrschaftlich kommt das historische Gesellschaftshaus der BASF daher, drinnen klassischer Stil. Sehr freundlich serviert man ambitionierte Speisen wie "wilden Steinbutt in Paprika-Essignage auf Chorizo-Risotto" und stimmige Weine.

In Altrip Süd-Ost: 10 km

Darstein

Zum Strandhotel 10, im Naherholungsgebiet Blaue Adria ✉ 67122 – ✆ (06236) 44 40 – www.hotel-darstein.de

51 Zim – †68/92 € ††97/133 € – ½ P

Mitten im Naherholungsgebiet "Blaue Adria", den See direkt vor der Tür! Aber nicht nur die Lage ist schön: Die Einrichtung ist modern, die Zimmer sind geräumig, die Gastgeber engagiert. Im "Pfälzer" gibt es aufgepeppte Regionalküche. Neben einem top Tagungsbereich hat man sogar eine eigene Hochzeitsinsel!

LUDWIGSLUST

Mecklenburg-Vorpommern – 12 100 Ew. – Höhe 35 m – Regionalatlas **11-L6**
Berlin 180 km – Schwerin 38 km – Güstrow 98 km – Hamburg 118 km
Michelin Straßenkarte 542

Hotel de Weimar

Schlossstr. 15, Zufahrt über Gartenstraße ✉ 19288 – ✆ (03874) 41 80 – www.hotel-de-weimar.de – geschl. 17. - 26. Dezember

44 Zim – †79/125 € ††93/150 € – 2 Suiten – ½ P

Gediegen und stilvoll wohnt es sich nur wenige Gehminuten vom Schloss entfernt, und zwar im ehemaligen Palais der Fürstin von Weimar! Auch zum Essengehen ist das Haus eine schöne Adresse: Das Restaurant Ambiente befindet sich im glasüberdachten Innenhof und bietet ambitionierte internationale Küche, dazu eine gute Weinauswahl.

LÜBBECKE

Nordrhein-Westfalen – 25 400 Ew. – Höhe 75 m – Regionalatlas **17-F8**
Berlin 373 km – Düsseldorf 215 km – Bielefeld 42 km – Bremen 105 km
Michelin Straßenkarte 543

Quellenhof

Obernfelder Allee 1 ✉ 32312 – ✆ (05741) 3 40 60 – www.quellenhof-luebbecke.de – geschl. 1. - 12. Januar, 11. - 31. Juli

23 Zim – †68/70 € ††90/93 € – 1 Suite – ½ P

Freundlich leitet Familie Kleffmann das kleine Hotel. Es erwarten Sie funktionelle Zimmer und eine gepflegte Außenanlage mit Forellenteich. In ländlichem Stil gehaltenes Restaurant mit Wintergartenvorbau und schöner Sonnenterrasse.

LÜBBEN

Brandenburg – 13 710 Ew. – Höhe 50 m – Regionalatlas **33**-Q9
Berlin 84 km – Potsdam 99 km – Cottbus 53 km
Michelin Straßenkarte 542

Strandhaus

Ernst-von-Houwald-Damm 16 ✉ 15907 – ✆ (03546) 73 64
– www.strandhaus-spreewald.de
20 Zim – 118/158 € 148/218 € – 4 Suiten – ½ P
Das hat schon was: mitten im Ort und dennoch sehr idyllisch direkt an der Spree gelegen und dazu noch richtig schön in wohnlich-modernen Stil eingerichtet. Darf es vielleicht eine Juniorsuite oder eine Spa-Suite sein? Zum Essen (regionale Küche) sitzt man natürlich am besten auf der herrlichen Spreeterrasse.

Edelmonds im Schloss N

Ernst-von-Houwald-Damm 14 ✉ 15907 – ✆ (03546) 1 79 42 57
– www.edelmond.de – geschl. Mitte Januar - Februar 3 Wochen
Menü 20/32 € – Karte 17/47 €
Die gemütlichen Restauranträume in dem hübsch sanierten Schloss sind ein schöner Ort für die regionalen und internationalen Speisen - die tolle Terrasse ebenso. Tipp: Schokoladenspezialitäten der Manufaktur Edelmond aus dem eigenen Laden!

LÜBBENAU

Brandenburg – 16 090 Ew. – Höhe 52 m – Regionalatlas **33**-Q10
Berlin 95 km – Potsdam 113 km – Cottbus 35 km
Michelin Straßenkarte 542

Schloss Lübbenau

Schlossbezirk 6 ✉ 03222 – ✆ (03542) 87 30 – www.schloss-luebbenau.de
– geschl. über Weihnachten
56 Zim – 80/120 € 120/170 € – 8 Suiten – ½ P
Mit Stil hat die Grafenfamilie zu Lynar in dem Schloss mitten in einem tollen Park ein Stück Historie bewahrt: schöner alter Treppenaufgang, klassische Zimmer (sehr hübsch die neueren Zimmer im Marstall!), Saunabereich im Gewölbe, elegantes Restaurant und Jagdstube. Brasserie mit etwas bodenständigerer Küche.

Spreewaldeck

Dammstr. 31 ✉ 03222 – ✆ (03542) 8 90 10 – www.spreewaldeck.de
27 Zim – 75/85 € 95/130 € – ½ P
Ein familiär geleitetes Hotel nur 300 m vom Kahnfährhafen entfernt mit gepflegten, soliden Gästezimmern, die teilweise auch als Familienzimmer genutzt werden können. Ländlich-rustikale Atmosphäre im Restaurant.

LÜBBOW – Niedersachsen ➜ Siehe Lüchow

LÜBECK

Schleswig-Holstein – 211 720 Ew. – Höhe 13 m – Regionalatlas **11-K4**
▶ Berlin 263 km – Kiel 92 km – Schwerin 66 km – Neumünster 58 km
Michelin Straßenkarte 541

McPHOTO / vario Images RM / age fotostock

Hotels

Radisson Blu Senator
Willy-Brandt-Allee 6 ✉ 23554 – ✆ (0451) 14 20 Stadtplan : A2**s**
– www.senatorhotel.de
223 Zim – †134/164 € ††134/164 € – ☕ 20 € – 1 Suite
Unweit des Holstentors an der Trave gelegenes Businesshotel, das moderne Gästezimmer in klaren Linien sowie einen hochwertig ausgestatteten Tagungsbereich bietet. Nautilo mit elegantem Touch, maritime Note in der Kogge.

Atlantic
Schmiedestr. 9 ✉ 23552 – ✆ (0451) 38 47 90 Stadtplan : A2**b**
– www.atlantic-hotels.de/luebeck
132 Zim – †139/189 € ††149/199 € – ☕ 18 € – 3 Suiten – ½ P
Das Haus ist ansprechend in geradlinig-modernem Stil gehalten: klare Linien kombiniert mit warmen Tönen. Fragen Sie nach den Zimmern mit Blick über die Stadt - besonders schön: Studiozimmer mit Dachterrasse im 7. Stock! Im Restaurant Salis isst man zeitgemäß-international (Schwerpunkt Steaks vom Lavasteingrill), mittags kleine Karte. Schöne Smokers Lounge.

Excelsior
Hansestr. 3, über Holstentor A2 ✉ 23558 – ✆ (0451) 8 80 90
– www.hotel-excelsior-luebeck.de – geschl. über Weihnachten
81 Zim ☕ – †62/114 € ††82/148 €
Aus drei miteinander verbundenen Stadthäusern besteht das Hotel in Bahnhofsnähe, zu dessen Vorzügen neben der verkehrsgünstigen Lage auch das neuzeitliche Ambiente zählt.

Anno 1216
Alfstr. 38 ✉ 23552 – ✆ (0451) 4 00 82 10 Stadtplan : A2**e**
– www.hotelanno1216.de – geschl. 5. - 16. Januar
8 Zim – †128/134 € ††148/156 € – ☕ 17 € – 3 Suiten
Dem schmucken alten Backsteinhaus von 1216 hat man ein wirklich schönes wertig-elegantes Interieur verpasst: sehr attraktive große Zimmer, antike und moderne Möbel im Mix, überall im Haus toller Dielenboden, hohe Decken und Stuck! Highlight: die Einraumsuiten mit sehenswerter Malerei an Decke bzw. Wänden. In der Nähe: das Lübecker Marzipan-Haus Niederegger.

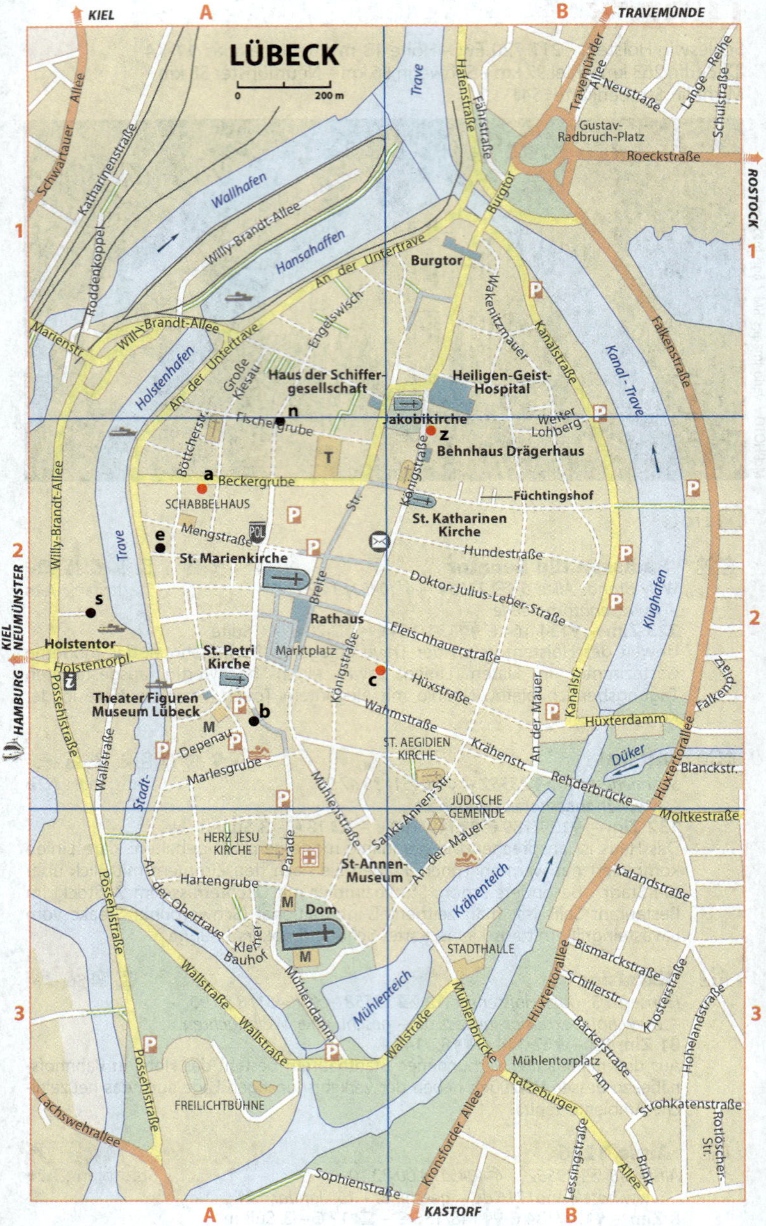
LÜBECK
0
200 m
KIEL
TRAVEMÜNDE
ROSTOCK
KIEL NEUMÜNSTER
HAMBURG
KASTORF
A
B
1
2
3
Schwartauer Allee
Katharinenstraße
Roddenkoppel
Wallhafen
Willy-Brandt-Allee
Hansahaffen
An der Untertrave
Trave
Hafenstraße
Fährstraße
Travemünder Allee
Neustraße
Lange Reihe
Schulstraße
Gustav-Radbruch-Platz
Roeckstraße
Burgtor
Wakenitzmauer
Kanalstraße
Kanal-Trave
Falkenstraße
Marienstr.
Holstenhafen
Große Klesau
Engelswisch
Haus der Schiffergesellschaft
Heiligen-Geist-Hospital
Jakobikirche
Fischergrube
Böttcherstr.
Weiter Lohberg
Behnhaus Drägerhaus
Königstraße
Beckergrube
SCHABBELHAUS
Füchtingshof
St. Katharinen Kirche
Mengstraße
St. Marienkirche
Hundestraße
Doktor-Julius-Leber-Straße
Klughafen
Willy-Brandt-Allee
Breite Str.
Rathaus
Marktplatz
Fleischhauerstraße
Holstentor
Holstentorpl.
St. Petri Kirche
Hüxstraße
Theater Figuren Museum Lübeck
Wahmstraße
An der Mauer
Kanalstr.
Hüxterdamm
Falkenplatz
Possehlstraße
Wallstraße
Depenau
Marlesgrube
ST. AEGIDIEN KIRCHE
Krähenstr.
Rehderbrücke
Düker
Blanckstr.
Hüxtertorallee
Stadt-Trave
Mühlenstraße
Sankt-Annen-Str.
JÜDISCHE GEMEINDE
Moltkestraße
HERZ JESU KIRCHE
Parade
St-Annen-Museum
An der Mauer
Kalandstraße
An der Obertrave
Hartengrube
Dom
Krähenteich
Kleiner Bauhof
STADTHALLE
Bismarckstraße
Schillerstr.
Klosterstraße
Hohelandstraße
Wallstraße
Mühlenteich
Mühlendamm
Mühlenbrücke
Bäckerstraße
Mühlentorplatz
Am
Ratzeburger Allee
Strohkatenstraße
Rotlöscher-Str.
FREILICHTBÜHNE
Lachswehrallee
Kronsforder Allee
Lessingstraße
Brink
Sophienstraße
a
b
c
e
n
s
z
T
M
POL
P

Park Inn by Radisson

Willy-Brandt-Allee 1 ✉ 23554 – ✆ (0451) 1 50 40 – www.parkinn.de Stadtplan : A2**g**

156 Zim – 🚹99/169 € 🚹🚹119/189 € – ☕ 17 €

Die etwas günstigere Variante des "Radisson" gegenüber. Modern das Ambiente, in den meisten Zimmern vermitteln Klinkerwände Lübecker Charme. Im trendigen La Baracca bekommt man italienische Küche. Kasino im Haus.

Park Hotel

Lindenplatz 2, über Holstentor A2 ✉ 23554 – ✆ (0451) 87 19 70 – www.parkhotel-luebeck.de

20 Zim ☕ – 🚹59/99 € 🚹🚹79/130 € – 4 Suiten

Die Jugendstilvilla liegt in der Stadtmitte zwischen Holstentor und Bahnhof und verfügt über wohnliche und gepflegte, teils besonders komfortable Zimmer.

Klassik Altstadt Hotel

Fischergrube 52 ✉ 23552 – ✆ (0451) 70 29 80 – www.klassik-altstadt-hotel.de Stadtplan : A2**n**

29 Zim ☕ – 🚹69/128 € 🚹🚹128/150 €

In dem historischen Stadthaus findet sich ein Stück Lübecker Vergangenheit: Die Doppelzimmer sind (in Bild und Text) Persönlichkeiten der Stadt gewidmet, in den Einzelzimmern haben bekannte Künstler ihre Reiseberichte hinterlassen.

Ibis

Fackenburger Allee 54, über Holstentor A2 ✉ 23554 – ✆ (0451) 4 00 40 – www.ibishotel.com

85 Zim – 🚹56/99 € 🚹🚹56/114 € – ☕ 11 €

Mit seiner verkehrsgünstigen Lage nahe der Autobahn und den sachlich-funktionell ausgestatteten Zimmern ist das Hotel vor allem für Geschäftsreisende interessant.

Restaurants

Wullenwever (Roy Petermann)

Beckergrube 71 ✉ 23552 – ✆ (0451) 70 43 33 – www.wullenwever.de – geschl. Ende März - Anfang April 2 Wochen, Ende Oktober 2 Wochen und Sonntag - Montag Stadtplan : A2**a**

Menü 60/98 € – Karte 70/101 € – *(nur Abendessen)* (Tischbestellung ratsam)

Hier bietet man klassische Küche, die auch dezent internationale Elemente mit einbindet. Tipp: Das Menü ist preislich sehr fair. Nicht nur drinnen in dem Patrizierhaus a. d. 16. Jh. ist es schön (tolle Bronzefiguren, hohe Stuckdecken...), auch der Innenhof hat Flair, ringsum attraktive Altbaufassaden.

→ Steinbuttfilet mit Basilikum gebraten, Artischocke und dreierlei Tomate. Maibockmedaillons mit Pfefferkirschen und Gewürzjus. Delice von exotischen Früchten.

Die Zimberei

Königstr. 5, im Haus der Gemeinnützigen Gesellschaft ✉ 23552 – ✆ (0451) 7 38 12 – www.zimberei.de – geschl. Sonntag - Montag Stadtplan : B2**z**

Menü 39/49 € – Karte 42/58 € – *(nur Abendessen)*

Altstadtflair, geschmackvolles modern-elegantes Ambiente und dann noch gutes Essen? In dem Kaufmannshaus a. d. 13. Jh. serviert man frische Speisen wie "Kabeljau vom Grill auf warmem Tomatencarpaccio". Wie gemacht für Veranstaltungen: die beeindruckenden stilvoll-historischen Säle!

VAI

Hüxstr. 42 ✉ 23552 – ✆ (0451) 4 00 80 83 – www.restaurant-vai.de – geschl. Sonntag Stadtplan : A2**c**

Menü 15 € (mittags)/62 € – Karte 38/67 €

Kommen Sie doch nach der Shoppingtour in dieses gemütlich-moderne Lokal samt reizvollem kleinem Innenhof - gerne auch mittags zum Tagesmenü! Frisch und schmackhaft z. B. "gefüllte Perlhuhnbrust, grüner Spargel, Süßkartoffelbällchen".

In Lübeck-Travemünde Nord-Ost: 19 km

A-ROSA

Außenallee 10 23570 – (04502) 3 07 00 Stadtplan : D1**a**
– www.a-rosa.de/travemuende
168 Zim – 118/258 € 218/338 € – 17 Suiten – ½ P
Buddenbrooks • ***Weinwirtschaft*** – Siehe Restaurantauswahl

Traditionsreiches Seebad und modernes Ferienresort zugleich! Sich entspannt im Strandkorb zurücklehnen, von der "Private Spa Suite" aufs Meer blicken, bei Ayurveda und Thalasso Energie tanken und die Kinder in guten Händen wissen - das ist Urlaub pur! Nicht alltägliche Cocktails in der "Fusion-Bar".

COLUMBIA

Kaiserallee 2 23570 – (04502) 30 80 Stadtplan : D1**b**
– www.columbia-hotels.de/casino-travemuende
67 Zim – 115/160 € 175/250 € – 4 Suiten – ½ P
Holstein's – Siehe Restaurantauswahl

Im Jahre 1914 wurde es erbaut und ist nahezu im Originalzustand erhalten - das wunderschöne weiße Gebäude am Strand (mit eigenem Badebereich) könnte so einiges erzählen! Die Ausstattung ist hochwertig und elegant.

XXXX **Buddenbrooks** – Hotel A-ROSA

Außenallee 10 ✉ 23570 – ✆ (04502) 3 07 08 35 Stadtplan : D1**a**
– www.a-rosa.de – geschl. 22. Februar - 9. März, 24. Juli - 2. August, 31. Oktober - 16. November und Sonntag - Montag
Menü 99/139 € – Karte 82/104 € – *(nur Abendessen)* (Tischbestellung ratsam)
Ein rundum stimmiges Bild: eleganter Rahmen mit hohen Decken und Stuckarbeiten, charmanter und kompetenter Service und eine modern- kreativ beeinflusste Küche, die auch mal Klassiker neu interpretiert. Tipp: Gourmet-Halbpension für Hausgäste in "Seiger's Esszimmer".
→ Getauchte Jakobsmuschel, Ostseeaal, Rote Bete und Meerrettich. Kalbsbries nach Wiener Art, Ochsenmark, Salzzitrone und Petersilie. Rhabarber, Frischkäse, Vanille und Erdbeere.

XX **Holstein's** – Hotel COLUMBIA

Kaiserallee 2 ✉ 23570 – ✆ (04502) 30 83 72 Stadtplan : D1**b**
– www.columbia-hotels.de
Menü 38/66 € – Karte 40/62 €
Das Restaurant zeigt sich hell und elegant in warmen Erdtönen, schön der Meerblick! Da zieht natürlich auch die große Terrasse zur Ostsee Gäste an - und die typisch regionale Küche ebenso!

X **Weinwirtschaft** – Hotel A-ROSA

Außenallee 10 ✉ 23570 – ✆ (04502) 3 07 08 47 Stadtplan : D1**a**
– www.a-rosa.de – geschl. Dienstag
Menü 35 € – Karte 34/50 € – *(Oktober - Juli: nur Abendessen, sonntags auch Mittagessen)* (Tischbestellung ratsam)
Dieses Lokal ist etwas legerer: sympathische Bistro-Atmosphäre, Showküche, eine eigene Weinhandlung und nette Terrassenplätze unter einer Pergola. Serviert wird z. B. "Confierter Bauch vom Duroc-Schwein mit Apfel-Spitzkohl und Roggenbrot". Oder mögen Sie lieber Flammkuchen?

LÜCHOW

Niedersachsen – 9 340 Ew. – Höhe 16 m – Regionalatlas **20-K7**
Berlin 190 km – Hannover 138 km – Schwerin 98 km – Lüneburg 66 km
Michelin Straßenkarte 541

Katerberg

Bergstr. 6 ✉ 29439 – ✆ (05841) 9 77 60 – www.hotel-katerberg.de
39 Zim – †50/65 € ††98 €
Familie Langbehn betreibt hier ein angenehm neuzeitliches und freundliches Hotel, das auch gerne von Businessgästen besucht wird. Mit frischem Kuchen und kleinen Gerichten bietet das Bistro-Café auch die passende Stärkung!

Am Glockenturm

Kirchstr. 15 ✉ 29439 – ✆ (05841) 9 75 40 – www.hotel-am-glockenturm.de
14 Zim – †55/65 € ††90/126 €
In einer Seitenstraße in der Innenstadt liegt das persönlich geführte kleine Hotel, hinter dessen Fachwerkfassade gepflegte und liebenswert eingerichtete Gästezimmer bereitstehen, einige mit integrierten Holzbalken. Behagliches, hübsch dekoriertes Restaurant mit begrünter Terrasse im Innenhof.

In Lübbow-Dangenstorf Süd: 9 km über B 248, am Ortseingang Lübbow links

Landgasthof Rieger

Dörpstroat 33 ✉ 29488 – ✆ (05883) 6 38 – www.landgasthof-rieger.de
10 Zim – †40/55 € ††70/85 € – 1 Suite – ½ P
Der Familienbetrieb ist ein ehemaliger Bauernhof, der seinen ursprünglichen Charme bewahrt hat. Die Gästezimmer sind neuzeitlich oder rustikaler gestaltet. Freigelegtes Fachwerk unterstreicht den ländlichen Charakter des Restaurants.

LÜDENSCHEID

Nordrhein-Westfalen – 72 930 Ew. – Höhe 420 m – Regionalatlas **36-D11**
Berlin 523 km – Düsseldorf 76 km – Hagen 30 km – Dortmund 47 km
Michelin Straßenkarte 543

Mercure

Parkstr. 66, am Stadtpark ✉ 58509 – ✆ (02351) 15 60 – www.mercure.com/2927
161 Zim – 69/89 € 69/99 € – 9 Suiten – ½ P
Die funktionelle Ausstattung macht das Hotel in Zentrumsnähe besonders für Businessgäste interessant. Einige Zimmer und das Hallenbad bieten Aussicht auf Lüdenscheid. Freundliches Restaurant im Wintergartenstil.

LÜDINGHAUSEN

Nordrhein-Westfalen – 23 680 Ew. – Höhe 50 m – Regionalatlas **26-D10**
Berlin 482 km – Düsseldorf 95 km – Dortmund 37 km – Münster (Westfalen) 28 km
Michelin Straßenkarte 543

Hotel No. 11 N

Hermannstr. 11 ✉ 59348 – ✆ (02591) 7 94 91 76 – www.no-11.de
7 Zim – 70/105 € 105/125 €
Mitten in der Altstadt steht das intime kleine Hotel. Alles sehr charmant und hochwertig: Bistrotische aus Paris, antike Schlossspiegel aus Orléans... Die sympathischen Gastgeber haben allerlei hübsche Stücke von ihren Reisen mitgebracht.

LÜNEBURG

Niedersachsen – 71 670 Ew. – Höhe 20 m – Regionalatlas **19-J6**
Berlin 270 km – Hannover 124 km – Hamburg 58 km – Braunschweig 116 km
Michelin Straßenkarte 541

Bergström

Bei der Lüner Mühle ✉ 21335 – ✆ (04131) 30 80 – www.bergstroem.de
131 Zim – 119/139 € 149/169 € – 15 €
Das ansprechende Gebäudeensemble liegt wunderschön direkt an der Ilmenau im Herzen der Altstadt. Wohnliche Zimmer (einige im alten Wasserturm) und eigenes Tagungszentrum. Teilweise als Wintergarten angelegtes Restaurant im Brasseriestil. Vinothek und Bistro.

Altes Kaufhaus

Kaufhausstr. 5 ✉ 21335 – ✆ (04131) 3 08 80 – www.alteskaufhaus.de
83 Zim – 99/132 € 129/162 € – 13 €
Canoe – Siehe Restaurantauswahl
Sie wohnen am Ufer der Ilmenau in einem hübsch sanierten alten Kaufhaus mit Barockgiebel a. d. 16. Jh. Zeitgemäß-funktionale Zimmer, gut ausgestatteter Fitnessbereich und eigene Kunstgalerie.

Einzigartig

Lünertorstr. 3 ✉ 21335 – ✆ (04131) 4 00 60 00 – www.hoteleinzigartig.de
16 Zim – 100/105 € 142/152 €
In dem verwinkelten weißen Häuschen geht es eine alte Holztreppe hinauf zu den Zimmern, der Charme des rund 450 Jahre alten Gebäudes ist allgegenwärtig! Schöner Holzfußboden, hier und da freigelegte Balken, dazu klarer zeitgemäßer Stil - nicht alltäglich und für alle, die das Besondere lieben!

Canoe – Hotel Altes Kaufhaus

Kaufhausstr. 5 ✉ 21335 – ✆ (04131) 3 08 86 24
Menü 25 € (abends) – Karte 26/45 €
Hier kann man in moderner Atmosphäre ungezwungen essen: Die amerikanisch angehauchte Küche reicht von Salaten und Sandwiches über Pasta bis hin zu Steaks und Fisch. Die Plätze am Fluss sind sehr begehrt!

In Lüneburg-Häcklingen Süd-West: 8 km

Ristorante Osteria

Hauptstr. 2 ✉ 21335 – ✆ (04131) 78 92 27 – www.osteria-lueneburg.de – geschl. Juli - August 3 Wochen und Montag - Dienstag
Menü 33/49 € – Karte 34/51 € – *(Mittwoch - Samstag nur Abendessen)* (Tischbestellung ratsam)
Hier geht es lebendig und sympathisch-familiär zu: Man kennt seine Gäste, und davon gibt es einige! Auf rot-weiß karierte Tischdecken kommen appetitlich angerichtete Teller mit der frischen italienischen Küche von Chef Gabriele Penserini.

LÜNEN

Nordrhein-Westfalen – 84 780 Ew. – Höhe 55 m – Regionalatlas **26-D10**
Berlin 481 km – Düsseldorf 84 km – Dortmund 15 km – Münster (Westfalen) 50 km
Michelin Straßenkarte 543

Am Stadtpark

Kurt-Schumacher-Str. 43 ✉ 44532 – ✆ (02306) 2 01 00 – www.ringhotel-luenen.com
121 Zim – †99/199 € ††109/199 € – 4 Suiten – ½ P
Direkt am Stadtpark gelegenes Businesshotel, das mit diversen Räumlichkeiten und der angeschlossenen Stadthalle perfekt auf Veranstaltungen eingestellt ist. Gerne werden die geräumigeren parkseitigen Zimmer gebucht.

LÜTJENBURG

Schleswig-Holstein – 5 350 Ew. – Höhe 33 m – Regionalatlas **3-J3**
Berlin 326 km – Kiel 34 km – Lübeck 85 km – Neumünster 56 km
Michelin Straßenkarte 541

Ristorante Sandro

Markt 10 ✉ 24321 – ✆ (04381) 69 57 – www.ristorante-sandro.com – geschl. Oktober und Mittwoch
Karte 28/50 € – (Tischbestellung ratsam)
Lebensfreude und Spaß am Beruf - das ist es, was Familie Scuteri ihren Gästen vermittelt! "Il Patrone' Alessandro kocht unkomplizierte, schlichte und vor allem frische italienische Gerichte, und natürlich fehlt weder Pizza noch Pasta!

PUR

Neuwerkstr. 9 ✉ 24321 – ✆ (04381) 40 41 47 – www.einfachpurgeniessen.de – geschl. November und Januar - Februar: Montag - Mittwoch, März - Juni sowie September - Oktober: Montag
Karte 26/37 € – (abends Tischbestellung ratsam)
Ein geschmackvolles modern-rustikales Bistro samt Feinkostladen. Es gibt frische Salate mit hausgemachtem Dressing, Flammkuchen, Tagesempfehlungen von der Tafel, Klassiker, leckere Tartes aus Frankreich... und frühstücken kann man auch.

In Panker Nord: 4,5 km in Richtung Schönberg

Ole Liese

Gut Panker ✉ 24321 – ✆ (04381) 9 06 90 – www.ole-liese.de
23 Zim – †79/139 € ††99/169 € – 3 Suiten – ½ P
Restaurant 1797 ✿ • ***Ole Liese Wirtschaft*** – Siehe Restaurantauswahl
Ein idyllisches Anwesen inmitten von Wald und Wiesen, nur zehn Minuten von der Ostsee entfernt. Geschmackvolle Zimmer (benannt nach Rebsorten), ein anspruchsvolles Frühstück, dazu die herzlichen Gastgeber Birthe und Oliver Domnick.

Restaurant 1797 – Hotel Ole Liese

Gut Panker ✉ 24321 – ✆ (04381) 9 06 90
– www.ole-liese.de – geschl. November, Januar - März und Sonntag - Dienstag
Menü 69/97 € – *(nur Abendessen)* (Tischbestellung ratsam)
Wenn Volker Fuhrwerk seine ambitionierten modern-klassischen Speisen zubereitet, spielen Region und Saison eine große Rolle, so manches kommt auch aus dem eigenen Garten. Zum Seele baumeln lassen: Terrasse hinterm Haus mit Blick ins Grüne!
➜ Gebeizter Ostsee Lachs mit Eiszapfen, Frischkäse und Leindotteröl. Maibock aus heimischer Jagd, Ofensellerie, Rhabarber und langem Pfeffer. Weiße Schokolade mit Bergamotte, Buttermilch und Sauerklee.

Forsthaus Hessenstein

Am Turm 1, West: 3 km ✉ 24321 – ✆ (04381) 94 16
– geschl. Oktober 3 Wochen und Montag - Dienstag, Juni - September: Montag, November - März: Montag - Donnerstag
Menü 33/43 € – Karte 30/44 € – *(Dienstag - Samstag nur Abendessen)* (Tischbestellung ratsam)
Peter Marxen, ein Urgestein der Holsteiner Gastroszene, leitet das nette rustikale Forsthaus (abgesehen von einer kleinen Unterbrechung) seit über 35 Jahren! Aus der Küche von Werner Kohout kommen "Wiener Schnitzel mit Kartoffelgratin", "Sauerfleisch mit Bratkartoffeln"...

Ole Liese Wirtschaft – Hotel Ole Liese

Gut Panker ✉ 24321 – ✆ (04381) 9 06 90
– www.ole-liese.de – geschl. Mai - Juni: Montag und September - Oktober: Montag, November - April: Montag - Dienstag
Menü 38/53 € – Karte 33/51 € – *(November - April: Mittwoch - Freitag nur Abendessen)*
Bodenständig-unkompliziert, so die frische, vorwiegend regionale Küche der gemütlichen "Wirtschaft": "Ochsenschwanz vom Happy Highland mit Kartoffel-Bärlauchpüree", "Ostseedorsch mit zweierlei Blumenkohl" oder einfach "Wiener Schnitzel".

LÜTJENSEE

Schleswig-Holstein – 3 250 Ew. – Höhe 53 m – Regionalatlas **10-J5**
Berlin 268 km – Kiel 85 km – Hamburg 39 km – Lübeck 43 km
Michelin Straßenkarte 541

Fischerklause

Am See 1 ✉ 22952 – ✆ (04154) 79 22 00
– www.fischerklause-luetjensee.de – geschl. 7. - 15. Januar
14 Zim – 🚹52/68 € 🚹🚹75/105 € – ☕ 8 €
Fischerklause – Siehe Restaurantauswahl
Das dürfte wohl jedem gefallen, der es ruhig und idyllisch mag: Den Lütjensee haben Sie hier direkt vor der Tür - und wer sich von dem Anblick gar nicht trennen mag, fragt die engagierten Gastgeber am besten nach den Zimmern zum See!

Seehof

Seeredder 19 ✉ 22952 – ✆ (04154) 7 00 70
– www.seehof-luetjensee.de – geschl. Montag - Dienstag
6 Zim – 🚹50 € 🚹🚹90/115 € – ☕ 10 € Karte 22/54 €
Keine Frage, bei dieser tollen Seelage ist der langjährige Familienbetrieb sehr beliebt bei Ausflüglern! Diese schätzen aber nicht nur die Natur ringsum, sondern auch die bürgerliche Küche (z. B. Fisch und Damwild aus eigener Zucht) und die große Kuchenauswahl.

Fischerklause – Hotel Fischerklause

Am See 1 ✉ 22952 – ✆ (04154) 79 22 00 – www.fischerklause-luetjensee.de – geschl. 7. - 15. Januar und Donnerstag, November - Februar: Mittwoch - Donnerstag

Menü 45/65 € – Karte 33/71 €

Hier angelt man noch selbst: Aal, Hecht, Karpfen... Frische Fische sind ebenso Spezialität des Hauses wie Wild aus eigener Jagd. Dazu gibt es u. a. Weine aus Österreich, der Heimat des Chefs. Und als Nachtisch hausgemachtes Eis? Das schmeckt übrigens auch an schönen Sommertagen im Freien am Bootshaus!

LUNDEN

Schleswig-Holstein – 1 680 Ew. – Höhe 3 m – Regionalatlas **1-G3**

Berlin 432 km – Kiel 88 km

Michelin Straßenkarte 541

Lindenhof 1887

Friedrichstr. 39 ✉ 25774 – ✆ (04882) 4 07 – www.lindenhof1887.de – geschl. Dienstag

6 Zim – †65/70 € ††105/110 € – ½ P Karte 22/46 €

An einem begrünten Platz mit Lindenbäumen steht der erweiterte Gasthof von 1887. Schön das moderne Ambiente: Klare Formen, warmes Braun und Farbakzente in frischem Grün. Gekocht wird traditionell, regional, saisonal. Attraktiv auch die geradlinig-zeitgemäß eingerichteten Gästezimmer.

LUPENDORF

Mecklenburg-Vorpommern – 890 Ew. – Höhe 57 m – Regionalatlas **13-N5**

Berlin 184 km – Schwerin 109 km – Neubrandenburg 57 km – Waren (Müritz) 19 km

Michelin Straßenkarte 542

In Lupendorf-Ulrichshusen Süd-West: 3 km

Schloss & Gut Ulrichshusen

Seestr. 14 ✉ 17194 – ✆ (039953) 79 00 – www.ulrichshusen.de

106 Zim – †80/90 € ††100/120 € – ½ P

Idyllisch die Lage am See, schön der historische Rahmen, wohnlich und elegant die Einrichtung. Auch der Gutshof im 2 km entfernten Tressow gehört zum Hotel. Hier weitere Zimmer, Ferienwohnungen und ein Veranstaltungsbereich - toll auch für Hochzeiten. Charmant-rustikales Restaurant im ehemaligen Pferdestall.

MADLITZ-WILMERSDORF

Brandenburg – 710 Ew. – Höhe 65 m – Regionalatlas **23-R8**

Berlin 90 km – Potsdam 107 km – Beeskow 39 km

Michelin Straßenkarte 542

In Madlitz-Wilmersdorf - Alt Madlitz Süd: 4 km

Gut Klostermühle

Mühlenstr. 11 ✉ 15518 – ✆ (033607) 5 92 90 – www.gut-klostermuehle.com

66 Zim – †108/118 € ††158/242 € – 12 Suiten – ½ P

Klosterscheune – Siehe Restaurantauswahl

Idyllisch die Lage am Madlitzer See - das ist schon eine ländliche Oase, perfekt für alle, die Ruhe suchen! Geschmackvolle Zimmer und Spa-Vielfalt im "Brune Balance Med". Sie möchten reiten lernen? Das können Sie im eigenen Reitstall.

Klosterscheune – Hotel Gut Klostermühle

Mühlenstr. 11 ✉ 15518 – ✆ (033607) 5 92 90 – www.gut-klostermuehle.com

Karte 26/44 €

Einen schönen Rahmen zum Speisen bietet die Klosterscheune über zwei Etagen nebst romantischem Gewölbekeller. Wie wär's z. B. mit "Zanderfilet auf Rahmsauerkraut"? Hier kehrt man auch gerne nach einer Wanderung ein.

MAGDEBURG

Sachsen-Anhalt – 229 930 Ew. – Höhe 50 m – Regionalatlas **31-L9**
Berlin 151 km – Braunschweig 89 km – Dessau 63 km
Michelin Straßenkarte 542

Herrenkrug Parkhotel

Herrenkrug 3, über Ernst-Reuter-Allee C2 ✉ 39114 – ✆ (0391) 8 50 80 – www.herrenkrug.de
147 Zim – 94/135 € 128/210 € – 1 Suite – ½ P
Die Saison – Siehe Restaurantauswahl
Herzstück der Hotelanlage in dem wunderschönen weitläufigen Herrenkrug Park ist ein schmuckes Jugendstilgebäude mit sehenswertem Saal. Gediegene Zimmer, Kosmetik und gute Tagungsbereiche.

Maritim

Otto-von-Guericke-Str. 87 ✉ 39104 – ✆ (0391) 5 94 90 – www.maritim.de Stadtplan : B1**e**
501 Zim – 95/130 € 115/150 € – 19 € – 13 Suiten – ½ P
Großes Businesshotel 200 m vom Hauptbahnhof. Von der Rezeption bestaunt man das imponierende, über mehrere Etagen reichende Atrium. Restaurant Da Capo mit Showküche. Einmal im Monat gibt es den beliebten Champagnerbrunch.

Residenz Joop

Jean-Burger-Str. 16, über Magdeburger Ring A2 ✉ 39112 – ✆ (0391) 6 26 20 – www.residenzjoop.de
25 Zim – 99/136 € 124/166 €
Bei Familie Joop wohnt man in einer eleganten Gründerzeitvilla in einem schönen ruhigen Viertel. Die Atmosphäre ist angenehm persönlich, das Frühstück gut, im Sommer lockt der kleine Garten. Auf Wunsch bekommen Sie am Abend einen Snack.

Geheimer Rat

Goethestr. 38 ✉ 39108 – ✆ (0391) 7 38 03 – www.hotel-geheimer-rat.de Stadtplan : A1**n**
65 Zim – 70/94 € 80/109 € – ½ P
Das nach dem Geheimen Rat Goethe benannte Hotel etwas außerhalb der Innenstadt ist sehr freundlich gestaltet. In der kleinen Bibliothek schmökert man u. a. in Werken des Namengebers. Restaurant La Cocagna mit mediterranem Flair und italienischem Angebot.

Merkur

Kometenweg 69, über Magdeburger Ring A2 ✉ 39118 – ✆ (0391) 62 86 80 – www.hotel-merkur-magdeburg.de
21 Zim – 48/58 € 57/77 € – 6 € – 1 Suite
Von zwei Brüdern geführtes Hotel mit guter Anbindung an A14 und A2. Von der lichten runden Atriumhalle mit kleinem Brunnen gelangt man in recht geräumige Zimmer mit Balkon. Bürgerliches Speisenangebot im Restaurant.

Die Saison – Herrenkrug Parkhotel

Herrenkrug 3, über Ernst-Reuter-Allee C2 ✉ 39114 – ✆ (0391) 8 50 80 – www.herrenkrug.de
Menü 19/89 € – Karte 51/67 €
Die typischen Jugendstilelemente dieses liebevoll restaurierten Baus aus der Jahrhundertwende machen den Charme der Restauranträume aus. Besonders nett sitzt es sich im luftig-lichten Wintergarten.

Selma & Rudolph N

Gareisstr. 10, Haus des Handwerks, über Erzberger Straße C1 ✉ 39104 – ✆ (0391) 59 76 50 20 – www.selmarudolph.de – geschl. Ende Juli - Anfang August 2 Wochen und Montag
Menü 19/38 € – Karte 30/49 €
Elegant kommt das Restaurant in dem stattlichen Sandsteingebäude von 1898 daher, schön die Holztäfelung. Die Küche ist klassisch-regional - sonntags kommt man gerne zum Lunchbuffet! Interessant auch die "Kunst & Kost"-Kulturabende.

MAGDEBURG
BURG
BERLIN
DESSAU
BERLIN
STENDAL
SCHÖNEBECK
WANZLEBEN
HALBERSTADT
Wallonerkirche
Petrikirche
Magdalenenkapelle
Johanniskirche
Rathaus
Alter Markt
Kloster Unserer Lieben Frau
Grüne Zitadelle
DOM ST. MAURITIUS UND ST. KATHARINA
ST. SEBASTIAN KIRCHE
MAGDEBURG HBF
STADTHALLE
STADTFELD OST
Messeplatz Max Wille
Elbe
Zollelbe
Schleinufer
Jakobstraße
Johannisbergstr.
Ernst-Reuter-Allee
Breiter Weg
Otto-von-Guericke-Straße
Max-Otter-Str.
Ratswaageplatz
Virchowstraße
Bahnhofstraße
Hasselbach-platz
Magdeburger Ring
Editharing
Olvenstedter Str.
Maybachstraße
Große Diesdorfer Str.
Maxim-Gorki-Straße
Goethestraße
Uhlandstraße
Friesenstraße
Immermannstr.
Steinigstraße
Annastraße
Liebermannstraße
Westring
Schenkendorfstraße
Arndtstraße
Wilhelm-Kulz-Straße
Liebknechtstraße
Lessingstraße
Schlachthofstraße
Sachsenring
Toepfferspark
Herderstraße
Roseggerstraße
Freiligrathstr.
Hegelstraße
Leibnizstraße
Fürstenwall
Domplatz
Friedensplatz
Am Alten Theater
Ulrichpl.
Weitlingstraße
Stadtparkstraße
Kleiner Stadtmarsch
Seilerweg
Winterhafen
Messeplatz
ADAC
300 m

Bon Apart

Breiter Weg 202 ✉ 39104 – ✆ (0391) 6 62 38 50 Stadtplan : B2**a**
– www.bonapart-md.de – geschl. Sonntag außer an Feiertagen
Menü 31 € (abends) – Karte 28/41 € – (Tischbestellung ratsam)
Gemütlich das Bistroflair, gelungen der Mix aus französischer und saisonaler Küche: Flammkuchen, "Kalbsfilet mit grobem Senf und Mocca-Karotten", "Soufflé glacé au Grand Marnier"... Von der Terrasse schaut man aufs Hundertwasserhaus vis-à-vis. Schön auch der alte Gewölbekeller.

In Magdeburg-Ottersleben Süd-West: 7 km über Magdeburger Ring A2, Richtung Wansleben

Landhaus Hadrys

An der Halberstädter Chaussee 1 ✉ 39116 – ✆ (0391) 6 62 66 80
– www.landhaus-hadrys.de – geschl. 21. Dezember - 2. Januar, 1. - 10. Februar, August 2 Wochen, 4. - 15. Oktober und Sonntag - Montag
Menü 31/65 € – Karte 33/49 €
Das hübsche Landhaus steht auf einem großen Gartengrundstück, toll im Sommer die Terrasse! Drinnen elegantes Ambiente. Gekocht wird saisonal-regional, so z. B. "Kalbsleber, Apfel, Kartoffel-Kaiserschmarrn". Kochkurse sind hier übrigens auch möglich!

MAIERHÖFEN

Bayern – 1 590 Ew. – Höhe 741 m – Regionalatlas **64**-I21
Berlin 715 km – München 163 km – Augsburg 138 km – Kempten 23 km
Michelin Straßenkarte 546

Landhotel zur Grenze

Schanz 2 ✉ 88167 – ✆ (07562) 97 55 10 – www.landhotel-zur-grenze.de
– geschl. März - April 1 Woche, November 3 Wochen und Montag
14 Zim – 69/79 € 105/129 € – ½ P Menü 34/75 € – Karte 32/55 €
Ein rundes Bild gibt der gestandene Gasthof etwas außerhalb des Ortes ab - dafür sorgen der gediegen-ländliche Rahmen, eine charmante Frau Rainer im Service und natürlich die frischen Gerichte ihres Mannes, der international, mit regionalem Einschlag kocht. Komplett wird das Angebot durch die netten Gästezimmer.

MAIKAMMER

Rheinland-Pfalz – 4 290 Ew. – Höhe 151 m – Regionalatlas **47**-E17
Berlin 657 km – Mainz 101 km – Mannheim 42 km – Landau in der Pfalz 15 km
Michelin Straßenkarte 543

Immenhof

Immengartenstr. 26 ✉ 67487 – ✆ (06321) 95 50 – www.hotel-immenhof.de
55 Zim – 76/80 € 114/138 € – 3 Suiten – ½ P
Ein Familienbetrieb mit Vorbildcharakter! Das Haus wird engagiert geführt, immer wieder wird investiert, so ist alles tipptopp gepflegt, die Zimmer sind wohnlich, Saunabereich und Schwimmbad laden zum Entspannen ein und im Restaurant samt Wintergarten bietet man regionale und internationale Küche.

Dorf-Chronik N

Marktstr. 7 ✉ 67487 – ✆ (06321) 5 82 40 – www.restaurant-dorfchronik.de
– geschl. Anfang Januar 2 Wochen, Ende Juli - August 3 Wochen und Montag - Dienstag
Karte 24/48 € – *(Mittwoch - Freitag nur Abendessen, außer an Feiertagen)*
Ein Winzerhaus von 1747 samt charmantem Hof - da ist es drinnen wie draußen gleichermaßen gemütlich. Gekocht wird frisch, regional-saisonal (z. B. "geschmorte Ochsenbacke in Dornfelder mit Wurzelgemüse"), hier und da mediterrane und asiatische Einflüsse. Dazu Weine vom eigenen Weingut - auch in der Vinothek.

In Kirrweiler Ost: 2,5 km, jenseits der A 65

Zum Schwanen

Hauptstr. 3 ✉ 67489 – ✆ (06321) 5 80 68 – www.schwanen-kirrweiler.de – geschl. Mitte Februar - Mitte März

15 Zim – 40 € 70 € – ½ P

Mitten in dem von Weinbergen umgebenen Dorf steht dieses liebenswerte und gepflegte Haus, das von Familie Eichenlaub freundlich geführt wird. Neben funktionellen Zimmern hat man ein behagliches rustikales Restaurant, in dem man bürgerlich-regional isst.

MAINBERNHEIM – Bayern

➔ Siehe Iphofen

MAINBURG

Bayern – 14 410 Ew. – Höhe 422 m – Regionalatlas **58-M19**

Berlin 535 km – München 71 km – Regensburg 54 km – Ingolstadt 43 km

Michelin Straßenkarte 546

Espert-Klause

Espertstr. 7 ✉ 84048 – ✆ (03751) 13 42 – www.espert-klause.de – geschl. Ende Januar 2 Wochen, Mitte August - Ende September und Sonntagabend - Montag

Menü 54 € – Karte 29/45 € – *(nur Abendessen, sonntags auch Mittagessen)*

"Zanderfilet unter der Petersilienkruste auf Trüffelschaum" oder lieber einen Klassiker wie "Schweinefilet Favorit mit Currysauce"? Auf Vorbestellung bietet Patron Paul Grasmaier auch "Hummer in drei Gängen". In dem modernen Restaurant schaffen kultige Kugellampen ein bisschen 70er Jahre-Flair.

MAINTAL

Hessen – 36 850 Ew. – Höhe 103 m – Regionalatlas **48-G14**

Berlin 537 km – Wiesbaden 53 km – Frankfurt am Main 12 km

Michelin Straßenkarte 543

In Maintal-Dörnigheim

Zum Schiffchen

Untergasse 21 ✉ 63477 – ✆ (06181) 9 40 60 – www.hotelzumschiffchen.de – geschl. 24. Dezember - 3. Januar

29 Zim – 72/95 € 92/120 € – 1 Suite

Dieses gut geführte Hotel befindet sich seit 1925 in Familienbesitz und überzeugt durch seine ruhige Lage am Main und die zeitgemäßen, wohnlichen Zimmer. Im rustikalen Restaurant mit netter Terrasse zum Fluss bietet man Regionales und Internationales.

Irmchen

Berliner Str. 4 ✉ 63477 – ✆ (06181) 4 30 00 – www.hotel-irmchen.de

22 Zim – 85 € 95 €

Das Haus ist schon eine Institution. Man fühlt sich richtig gut aufgehoben bei Gastgeberin Irmchen Daubenthaler, alles ist tipptopp gepflegt und behaglich. Wenn die Chefin zum Frühstück frische Waffeln backt, werden Sie nicht widerstehen können!

MAINZ

Rheinland-Pfalz – 202 760 Ew. – Höhe 110 m – Regionalatlas **47-E15**

Berlin 568 km – Frankfurt am Main 42 km – Bad Kreuznach 44 km – Mannheim 82 km

Michelin Straßenkarte 543

Hyatt Regency

Malakoff-Terrasse 1 ✉ 55116 – ✆ (06131) 73 12 34 – www.mainz.regency.hyatt.de Stadtplan : D2**s**

265 Zim – 115/359 € 115/389 € – 28 € – 3 Suiten

Bellpepper – Siehe Restaurantauswahl

Businesshotel am Zusammenfluss von Main und Rhein mit großzügiger Lobby und Olympus Spa. Besonders schön sind die Clubzimmer und Suiten mit Flussblick. Neben dem "Bellpepper" mit Terrasse hat man noch den Biergarten und die "Rheintöchter-Terrasse". Bar und Innenhof im historischen Bereich "Fort Malakoff".

Favorite Parkhotel

Karl-Weiser-Str. 1 ✉ *55131* – ✆ *(06131) 8 01 50* Stadtplan : B2**k**
– *www.favorite-mainz.de*
140 Zim – 145/205 € 215/255 € – 9 Suiten
FAVORITE restaurant – Siehe Restaurantauswahl
Dies ist nicht nur das Teamhotel des FSV Mainz 05, es ist auch das Lebenswerk der engagierten Familie Barth. Und die investiert stetig: tolles Konferenzcenter, topmoderne Zimmer - zwei Suiten sind die luxuriösesten der Stadt. All das direkt am Stadtpark. Restaurant-Alternativen: "Bierkutsche" und Biergarten.

Hilton Mainz City

Münsterstr. 11 ✉ *55116* – ✆ *(06131) 27 80* Stadtplan : C2**v**
– *www.hilton.com*
127 Zim – 100/159 € 119/159 € – 18 € – ½ P
Eine ideale Adresse für Businessgäste. Das Hotel liegt sehr zentral (zum Dom sind es nur wenige Minuten zu Fuß) und verbindet klassischen Stil mit zeitgemäßer Funktionalität. In der obersten Etage: Deluxe-Plus-Zimmer mit Balkon. Restaurant Planters mit kleiner internationaler Karte.

InterCityHotel

Binger Str. 21 ✉ *55131* – ✆ *(06131) 58 85 10* Stadtplan : A2**b**
– *www.mainz.intercityhotel.de*
194 Zim – 89/149 € 99/169 € – 13 €
Mit modern-funktionalen Zimmern und der Nähe zu Bahnhof, Innenstadt und Autobahn ist das Hotel eine ideale Businessadresse. Es gibt auch ein Restaurant in geradlinigem Stil mit internationaler Küche.

Das Symbol weist auf besonders ruhige Häuser hin – hier ist nur der Gesang der Vögel am frühen Morgen zu hören…

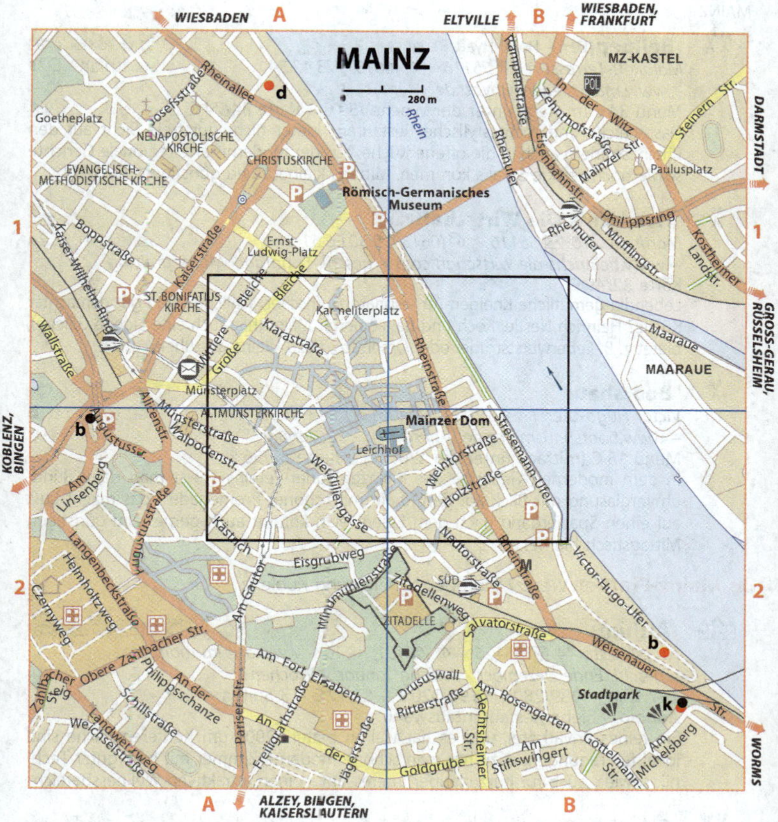

XXX **FAVORITE restaurant** – Favorite Parkhotel

Karl-Weiser-Str. 1 ✉ 55131 – ✆ (06131) 8 01 51 33 Stadtplan : B2**k**

– www.my-favorite-mainz.de – geschl. Februar 2 Wochen, August 2 Wochen und Montag - Dienstag

Menü 29 € (mittags unter der Woche)/125 € – Karte 67/96 €

Mittzwanziger Philipp Stein, übrigens waschechter "Meenzer", kocht finessenreich, auf klassischer Basis und mit modernen Elementen. Zum kulinarischen Genuss kommen noch der charmante Service und die elegante Atmosphäre - wer auf der Terrasse sitzt, hat einen besonders schönen Blick auf Rhein und Dom.

➜ Terrine vom Eifeler Kaninchen mit mariniertem grünen Spargel und Spitzmorcheln. Norwegischer weißer Heilbutt mit Limette, Kapern, Petersilie und Strauchtomatenchutney. Chateaubriand Rossini vom US-Beef.

XX **Geberts Weinstuben**

Frauenlobstr. 94 ✉ 55118 – ✆ (06131) 61 16 19 Stadtplan : A1**d**

– www.geberts-weinstuben.de – geschl. Juli - August 3 Wochen und Montag, Samstagmittag

Menü 34 € – Karte 33/55 €

Patron Frank Gebert, inzwischen die 5. Generation, kocht klassisch und traditionell, auf seine Art. Da gibt es z. B. "mild geräucherte Tranche vom Seesaibling auf Tomatenrisotto", schmackhaft und frisch. Weinberankte Terrasse im Innenhof.

XX **Bellpepper** – Hotel Hyatt Regency
Malakoff-Terrasse 1 ✉ 55116 – ✆ (06131) 73 12 34 Stadtplan : D2**s**
– www.mainz.regency.hyatt.de
Menü 34 € (mittags unter der Woche)/59 € – Karte 34/74 €
Das schicke und recht stylische Restaurant bietet nicht nur freie Sicht auf den Rhein, sondern auch in die offene Küche, aus der modernisierte regionale Gerichte sowie hochwertige Steaks kommen. Mittags kleinere und günstigere Auswahl.

X **Heinrich's Die Wirtschaft** N
Martinsstr. 10 ✉ 55116 – ✆ (06131) 9 30 06 61 Stadtplan : C2**a**
– www.heinrichs-die-wirtschaft.com – geschl. Sonntag - Montagmittag
Karte 32/49 €
Lebendig-gemütliche Kneipen-Atmosphäre zu frischer, schlichter und gut gemachter Küche? Heinrich Nestle, Koch und passionierter Maler (hat auch eine eigene Galerie), bietet z. B. Leberwurststrudel oder Ossobuco, dazu Weine aus Rheinhessen.

X **Bootshaus**
Victor-Hugo-Ufer 1 ✉ 55116 – ✆ (06131) 1 43 87 00 Stadtplan : B2**b**
– www.bootshausmainz.de – geschl. 1. - 22. Januar
Menü 15 € (mittags unter der Woche) – Karte 32/56 €
In dem modernen Gebäude des Mainzer Ruder-Vereins speist man dank Rundumverglasung mit Blick auf den Rhein mit schöner Promenade - das macht Lust auf einen Spaziergang nach dem Essen! Man kommt auch gerne zum günstigen Mittagstisch hierher.

In Mainz-Finthen West: 7 km über A2, Richtung Koblenz

Atrium
Flugplatzstr. 44 ✉ 55126 – ✆ (06131) 49 10 – www.atrium-mainz.de
– geschl. Ende Dezember - Anfang Januar 2 Wochen
147 Zim – †89/280 € ††99/320 € – ☕ 12 € – 3 Suiten – ½ P
Adagio – Siehe Restaurantauswahl
Ein reines Privathotel, und es hat viel zu bieten: 2000 qm Konferenzfläche sind ideal für Tagungen, dazu hat man schöne moderne Zimmer mit sehr guter Technik sowie - auch für Kurzurlauber interessant - einen attraktiven Wellnessbereich.

XX **Adagio** – Hotel Atrium
Flugplatzstr. 44 ✉ 55126 – ✆ (06131) 49 10 – www.atrium-mainz.de
– geschl. Ende Dezember - Anfang Januar 2 Wochen
Menü 39/59 € – Karte 31/52 € – *(nur Abendessen)*
In geschmackvoll-stylischem Ambiente bietet Ihnen die junge Küchencrew ambitionierte Speisen mit stark mediterranem Akzent: "Steinpilzrisotto / Kräuterschmand / Parmesan" oder lieber "Kalbsbäckchen BBQ-Style / Beluga-Linsen / Schmorgemüse")?

XX **Stein's Traube**
Poststr. 4 ✉ 55126 – ✆ (06131) 4 02 49 – www.steins-traube.de
– geschl. über Fasching 3 Wochen, Juli - August 2 Wochen und Montag
- Dienstagmittag
Menü 38/56 € – Karte 24/46 €
In 5. Generation leitet Familie Stein dieses freundlich eingerichtete Gasthaus samt nettem Innenhof - im Sommer ist das hier ein wirklich lauschiges Plätzchen! Der Service herzlich, die Küche saisonal und im Weinkeller über 200 Positionen.

In jedem Sterne-Restaurant ✿ werden drei Beispielgerichte angegeben, die den Küchenstil widerspiegeln. Nicht immer finden sich diese Gerichte auf der Karte, werden aber durch andere repräsentative Speisen ersetzt.

MAISACH

Bayern – 13 170 Ew. – Höhe 514 m – Regionalatlas **65**-L20
Berlin 606 km – München 41 km – Augsburg 43 km – Landsberg am Lech 44 km
Michelin Straßenkarte 546

In Maisach-Überacker Nord: 3 km über Überackerstraße

Gasthof Widmann

Bergstr. 4 ✉ 82216 – ✆ (08135) 4 85
– geschl. Weihnachten - 10. Januar, 15. August - 15. September und Sonntag - Montag
Menü 35/70 € – *(nur Abendessen)* (Tischbestellung erforderlich)
Man schmeckt, dass Chefin Anna Schwarzmann hier mit Freude am Herd steht. Sie kocht international mit Bezug zur Region - probieren Sie z. B. "Medaillon vom Simmentaler Fleckvieh"! Serviert wird in zwei gemütlichen Stuben.

MALCHOW

Mecklenburg-Vorpommern – 6 560 Ew. – Höhe 75 m – Regionalatlas **13**-N5
Berlin 148 km – Schwerin 77 km – Neubrandenburg 74 km – Rostock 79 km
Michelin Straßenkarte 542

Rosendomizil

Lange Str. 2 ✉ 17213 – ✆ (039932) 1 80 65
– www.rosendomizil.de
27 Zim – 79/129 € 89/139 € – ½ P
Mit Geschmack hat man hier hochwertige und moderne Wohnräume geschaffen, wunderbar die Lage am See. Nur einen Steinwurf entfernt: Gästehaus "Hofgarten" mit tollem Loungegarten, Badesteg und Sauna. Wintergartenflair im Restaurant/Café zum Wasser hin. Hauseigene Bäckerei und Konditorei.

Inselhof

Lange Str. 61 ✉ 17213 – ✆ (039932) 82 72 80
– www.hotel-inselhof.de – geschl. Januar - Februar
10 Zim – 95/105 € 105/130 € – ½ P
Aus einem ganz alten Dorfhaus ist dieses nette Hotel mit großzügigen und individuellen Zimmern entstanden. Ein charmantes Kleinod zum Relaxen ist der Garten am See mit Badesteg, Bootsanleger und Pavillon mit Kamin.

MALENTE-GREMSMÜHLEN, BAD

Schleswig-Holstein – 10 410 Ew. – Höhe 32 m – Regionalatlas **11**-J3
Berlin 306 km – Kiel 41 km – Lübeck 55 km – Oldenburg in Holstein 36 km
Michelin Straßenkarte 541

See-Villa

Frahmsallee 11 ✉ 23714 – ✆ (04523) 18 71
– www.hotel-see-villa.de – geschl. 20. - 25. Dezember
10 Zim – 59/69 € 89/99 € – 3 Suiten
In einem Garten steht die kleine Villa, in der eine zuvorkommende, sehr persönliche Gästebetreuung und viele kleine Annehmlichkeiten selbstverständlich sind. Von hier aus ist der Dieksee in ein paar Minuten zu Fuß erreichbar.

Weisser Hof

Voßstr. 45 ✉ 23714 – ✆ (04523) 9 92 50
– www.weisserhof.de – geschl. November
16 Zim – 75/85 € 135/155 € – ½ P
Aus drei Gebäuden und einem sehr schönen Garten besteht die kleine Hotelanlage. Neben zeitgemäßen Zimmern bietet man einen hübschen Wellnessbereich mit Kosmetik und Massage. Zwei Terrassen ergänzen das nette Restaurant.

MALTERDINGEN

Baden-Württemberg – 3 030 Ew. – Höhe 193 m – Regionalatlas **61**-D20
Berlin 790 km – Stuttgart 188 km – Freiburg im Breisgau 27 km – Strasbourg 67 km
Michelin Straßenkarte 545

Landhaus Keller

Gartenstr. 21 ✉ 79364 – ✆ (07644) 9 27 70 – www.landhaus-keller.com – geschl. August 2 Wochen, Ende Dezember - Anfang Januar 2 Wochen
16 Zim – 78/86 € 105/130 € – ½ P
Hier hat man Ruhe und eine schöne Umgebung (ideal für Wanderer) und Freiburg ist trotzdem nicht weit! Und auch die Atmosphäre stimmt: Es ist ein kleines Hotel, das familiär geführt wird, Zimmer und Restaurant sind klassisch. Beim Speisen (internationale Küche) schaut man in den hübschen Garten.

MANDELBACHTAL

Saarland – 10 910 Ew. – Höhe 310 m – Regionalatlas **53**-C17
Berlin 698 km – Saarbrücken 24 km – Sarreguemines 23 km – Zweibrücken 24 km
Michelin Straßenkarte 543

In Mandelbachtal-Gräfinthal

Gräfinthaler Hof

Gräfinthal 6 ✉ 66399 – ✆ (06804) 9 11 00 – www.graefinthaler-hof.de – geschl. 5. - 13. Februar, 10. - 23. Oktober und Montag - Dienstag
Menü 35/55 € – Karte 30/55 €
Aus der ehemaligen Klosterbrauerei a. d. 18. Jh. wurde dieser gemütliche Landgasthof mit Wintergarten. Die Produkte kommen aus der Region: Saibling aus Ballweiler, Ziegenkäse aus Erfweiler... Ein Muss: Bliesgaulamm - ob als Würstchen auf Couscous oder als geschmorte Haxe. Mi. - Fr. günstiger Mittagstisch.

MANNHEIM

Baden-Württemberg – 294 630 Ew. – Höhe 97 m – Regionalatlas **47-F16**
▶ Berlin 614 km – Stuttgart 133 km – Frankfurt am Main 79 km – Strasbourg 145 km
Michelin Straßenkarte 545

AnisimovaAlesya / iStock

Hotels

Dorint Kongresshotel

Friedrichsring 6 ✉ 68161 – ✆ (0621) 1 25 10 Stadtplan : B2**x**
– www.dorint.com/mannheim

285 Zim – 🚹140/180 € 🚹🚹160/200 € – ☕ 23 € – 2 Suiten

Möchten Sie chic-modern wohnen oder ziehen Sie den bewährten klassischen Stil vor? Als bedeutendes Businesshotel in der Innenstadt hat man zahlreiche eigene Tagungs- und Veranstaltungsräume und trumpft zudem mit direktem Zugang zum Congress Center Rosengarten! Klassisch-mediterrane Küche. Kastanienterrasse.

Delta Park Hotel

Keplerstr. 24 ✉ 68165 – ✆ (0621) 4 45 10 Stadtplan : B3**c**
– www.delta-park.de

125 Zim – 🚹155/210 € 🚹🚹155/210 € – ☕ 18 € – 4 Suiten – ½ P

Die zentrale Lage im Herzen der Quadratestadt sowie die funktionelle und komfortable Ausstattung machen das Business- und Tagungshotel interessant. Wer gerne etwas großzügiger wohnt, bucht ein Executive-Zimmer oder eine Juniorsuite. Sie kommen zum Essen? Besonders schön sitzt man im Wintergarten.

Speicher 7

Rheinvorlandstr. 7 ✉ 68159 – ✆ (0621) 1 22 66 80 Stadtplan : A2**s**
– www.speicher7.com

20 Zim – 🚹120/350 € 🚹🚹120/350 € – ☕ 19 €

Früher ein Getreidespeicher, heute ein attraktives und nicht alltägliches Hotel. Moderne Elemente mit kultigen Details der 50er und 60er Jahre - stylish, trendig und wirklich toll, von den großen Zimmern mit Loftflair (Tipp: "Silolounge" mit 12 m hohem Bad!) bis zur loungigen Bar. Und all das direkt am Rhein!

Mercure am Rathaus

F 7, 5-13 ✉ 68159 – ✆ (0621) 33 69 90 Stadtplan : A2**k**
– www.mercure.com

150 Zim – 🚹109/240 € 🚹🚹119/250 € – ☕ 17 € – ½ P

Das zentral und doch relativ ruhig gelegene Hotel bietet dem Geschäftsreisenden alles Notwendige: zeitgemäß-funktionale Zimmer, W-Lan im ganzen Haus sowie gute Tagungsmöglichkeiten. Mit der Straßenbahn Linie 6 in ca. 25 Min. zur SAP-Arena.

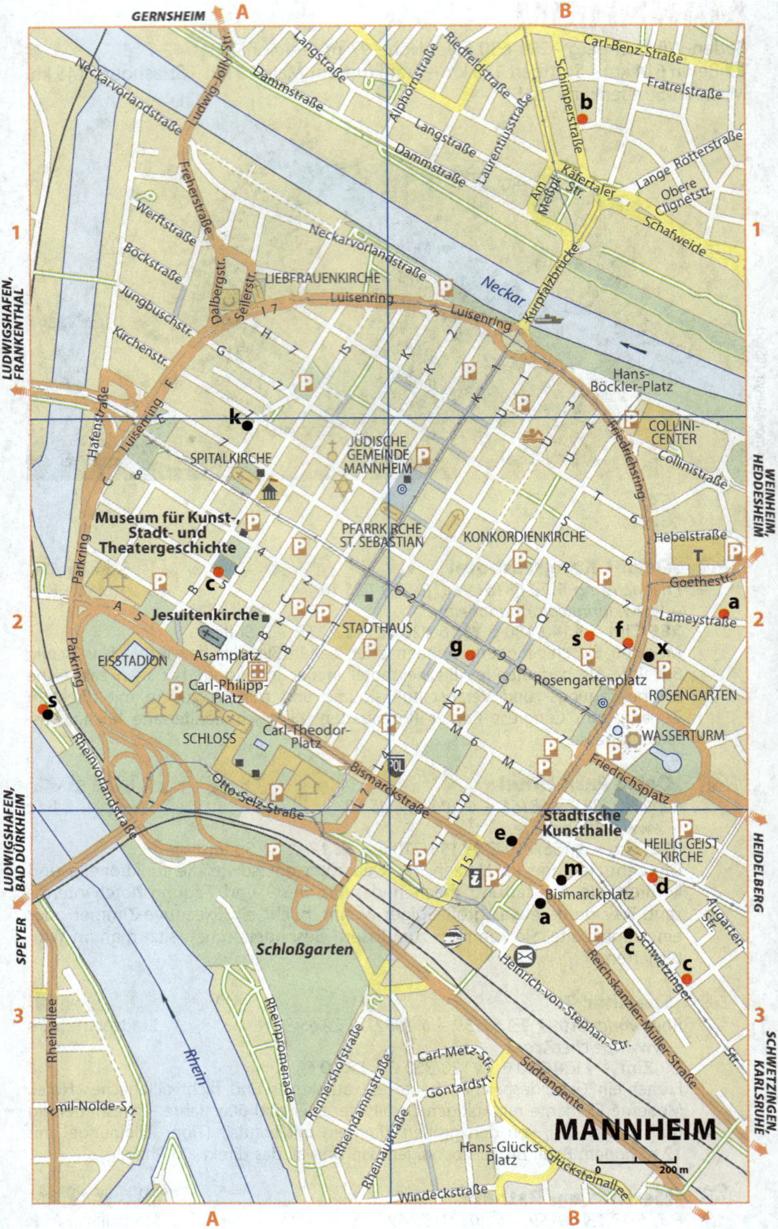
MANNHEIM
GERNSHEIM
A
B
1
2
3
LUDWIGSHAFEN, FRANKENTHAL
LUDWIGSHAFEN, BAD DÜRKHEIM
SPEYER
WEINHEIM, HEDDESHEIM
HEIDELBERG
SCHWETZINGEN, KARLSRUHE
Neckar
Rhein
Schloßgarten
Carl-Benz-Straße
Fratrelstraße
Schimperstraße
Riedfeldstraße
Alphornstraße
Langstraße
Dammstraße
Laurentiusstraße
Käfertaler Str.
An Meßpl.
Lange Rötterstraße
Obere Clignetstr.
Schafweide
Kurpfalzbrücke
Neckarvorlandstraße
Ludwig-Jolly-Str.
Freherstraße
Werftstraße
Böckstraße
Jungbuschstr.
Kirchenstr.
Dalbergstr.
Seilerstr.
Hafenstraße
Luisenring
LIEBFRAUENKIRCHE
Hans-Böckler-Platz
COLLINI-CENTER
Collinistraße
Friedrichsring
Hebelstraße
Goethestr.
Lameystraße
JÜDISCHE GEMEINDE MANNHEIM
SPITALKIRCHE
Museum für Kunst-, Stadt- und Theatergeschichte
PFARRKIRCHE ST. SEBASTIAN
KONKORDIENKIRCHE
Jesuitenkirche
STADTHAUS
Asamplatz
EISSTADION
Carl-Philipp-Platz
SCHLOSS
Carl-Theodor-Platz
Parkring
Rheinvorlandstraße
Otto-Selz-Straße
Bismarckstraße
Rosengartenplatz
ROSENGARTEN
WASSERTURM
Friedrichsplatz
Städtische Kunsthalle
HEILIG GEIST KIRCHE
Bismarckplatz
Augartenstr.
Schwetzinger Str.
Reichskanzler-Müller-Straße
Heinrich-von-Stephan-Str.
Südtangente
Glücksteinallee
Hans-Glücks-Platz
Windeckstraße
Gontardstr.
Carl-Metz-Str.
Rheindammstraße
Rheinaustraße
Rennershofstraße
Rheinpromenade
Rheinallee
Emil-Nolde-Str.
0
200 m

Park Inn by Radisson

Am Friedensplatz 1, über Friedrichsplatz B2 ✉ 68165 – ✆ (0621) 97 67 00 – www.park-inn-mannheim.de

180 Zim – 🚹109/149 € 🚹🚹119/159 € – ☕ 17 €

Ganz auf Businessgäste zugeschnitten ist das Hotel mit seiner funktionalen, technisch guten Ausstattung - ein Plus an Komfort bieten die Superior-Zimmer. Praktisch: die Anbindung an Maimarktgelände und SAP-Arena sowie kostenfreies Parken. Im Restaurant gibt es ein gutes Frühstück und internationale Küche.

Kurpfalzstuben

L 14, 15 ✉ 68161 – ✆ (0621) 1 50 39 20 Stadtplan : B3**e**
– www.kurpfalzstuben.de – geschl. Ende Dezember - Anfang Januar 2 Wochen, August

17 Zim ☕ – 🚹65/85 € 🚹🚹85/110 €

Mutter und Tochter leiten das kleine Hotel in Bahnhofsnähe. Gäste schätzen die gemütlichen Zimmer und die familiäre Note in dem schmucken Haus aus der Jahrhundertwende. Hübsch auch das behaglich dekorierte Restaurant mit Kachelofen.

Am Bismarck

Bismarckplatz 9 ✉ 68165 – ✆ (0621) 40 04 19 60 Stadtplan : B3**m**
– www.bismarckhotel.de – geschl. Weihnachten - Neujahr

44 Zim ☕ – 🚹87/95 € 🚹🚹99/105 €

Ein engagiert geführter Familienbetrieb mit persönlicher Atmosphäre. Wirklich gepflegt wohnt man hier in frischen, zeitgemäßen Zimmern. Parken kann man im P 3 in direkter Nachbarschaft.

Wegener

Tattersallstr. 16 ✉ 68165 – ✆ (0621) 4 40 90 Stadtplan : B3**a**
– www.hotel-wegener.de

41 Zim ☕ – 🚹78/106 € 🚹🚹92/106 €

Hinter der eher unscheinbaren Fassade hat man es nett und wohnlich. Neben gepflegten Zimmern bekommen Sie hier ein gutes Frühstück, außerdem liegt das Haus günstig zwischen Bahnhof, Rosengarten und Fußgängerzone. Tipp: Parken im nahen P 3.

Restaurants

Opus V

O5, 9-12, in der 6. Etage des Modehaus Engelhorn Stadtplan : B2**g**
✉ 68161 – ✆ (0621) 1 67 11 55 – www.restaurant-opus-v.de – geschl. 15. Februar - 6. März, 21. August - 11. September und Sonntag - Dienstagmittag, Mittwochmittag sowie an Feiertagen

Menü 59 € (mittags)/169 € – (Tischbestellung ratsam)

Das monatlich wechslende Menü ("März", "April"...) steckt mit seinen bis zu neun Gängen voller kreativer, moderner und asiatischer Einflüsse, schön dazu das angenehm klare, nordisch-schicke Ambiente. Tipp: Chef's Table. Schauen Sie auch auf die Raritäten- und Champagnerkarte. Mittags reduziertes Angebot.

→ Huchen, Blumenkohl, Tonkabohne. Kalb, Lauch, Pfifferlinge. Schokolade, Erdbeer, Sesam.

Marly

Rheinvorlandstr. 7, am Hafen, im Speicher 7 ✉ 68159 Stadtplan : A2**s**
– ✆ (0621) 86 24 21 21 – www.restaurant-marly.com – geschl. Juni - Juli 3 Wochen und Sonntag - Montag

Menü 36 € (mittags unter der Woche)/89 € – Karte 51/72 € – (Tischbestellung ratsam)

Produktqualität ist hier das A und O, und die merkt man der geschmackvollen mediterran-klassischen Küche an. Und das ist noch nicht alles: Man genießt die schönen Gerichte und das gute Weinangebot in einem schicken ehemaligen Speicher direkt am Rhein, Aussicht inklusive!

→ Tatar von bretonischer Meeräsche, Koriander, Limette und Wasabi. Steinbutt mit gebratenem Spargel und Ingwerhollandaise. Tarte von Amalfizitrone mit Schokosorbet.

Doblers

Seckenheimer Str. 20 ✉ 68165 – ✆ (0621) 1 43 97 Stadtplan : B3**d**
– www.doblers.de – geschl. Ende Juni - Anfang Juli und Sonntag - Montag
Menü 39 € (mittags)/92 € – Karte 57/82 € – (Tischbestellung ratsam)
Die Vollblutgastronomen Gabi und Norbert Dobler haben ihr Restaurant zu einer Institution in Mannheim gemacht. Nach wie vor steht das Produkt im Mittelpunkt der klassisch-mediterranen Küche, zu der man u. a. gerne badische oder Pfälzer Weine empfiehlt. Modern-elegant das Ambiente, gefragt die kleine Terrasse.
➜ Rosa Langustinen mit wildem Spargel und Avocadocrème, Wildkräutersalat. Bretonischer Seeteufel mit Cima di Rapa und Borlottibohnen im Bouillabaissesud. Odenwälder Rehrücken rosa gebraten mit Petersilienwurzelpüree und grüner Pfeffersauce.

Le Corange

O 5, 9-12, in der 6. Etage des Modehaus Engelhorn Stadtplan : B2**g**
✉ 68161 – ✆ (0621) 1 67 11 33 – www.corange-restaurant.de
– geschl. Sonntag sowie an Feiertagen
Menü 49 € – Karte 43/60 € – (abends Tischbestellung ratsam)
Noch reizvoller wird das ohnehin schon attraktive geradlinig-elegante Restaurant durch die tolle Aussicht auf die Stadt. Und es gibt noch etwas fürs Auge: Die klassisch-mediterranen Speisen - Schwerpunkt ist Fisch - werden in einer offenen Küche zubereitet. Eine Etage tiefer: Faces Lounge und Champagnerbar.

L'Osteria Vineria

Q 7,12 ✉ 68161 – ✆ (0621) 1 81 93 35 Stadtplan : B2**s**
– www.osteria-vineria.com – geschl. Sonntag, Montagabend sowie an Feiertagen
Menü 38 € (mittags)/75 € – Karte 52/70 €
"Risotto nero con polpo e calamaretti", "Branzino con fave e carciofi"... Ja, mitten in Mannheim gibt es authentische italienische Küche! Die Produkte sind frisch und gut, Pasta macht man selbst. Gefragt ist auch das günstige Mittagsmenü.

Costa Smeralda

Schwetzinger Str. 71 ✉ 68165 – ✆ (0621) 44 39 46 Stadtplan : B3**c**
– www.restaurantcostasmeralda.com – geschl. Juli - August 3 Wochen und Samstag
Menü 30 € – Karte 29/53 €
Seit über 30 Jahren gibt es dieses Restaurant bereits, und es ist bekannt für frische italienische Küche, bei der das Produkt im Mittelpunkt steht. Empfohlen werden die leckeren Gerichte auf der Tafel.

C-Five

C5,1 ✉ 68159 – ✆ (0621) 1 22 95 50 – www.c-five.de Stadtplan : A2**c**
– geschl. Sonntagabend
Menü 41 € – Karte 44/64 € – (Tischbestellung ratsam)
Modernes Restaurant mit schöner Terrasse auf dem Gelände des Zeughaus-Museums. Appetit auf gebratenen Steinbutt oder geschmorte Lammschulter? Die Beilage dazu wählen Sie selbst. Mittags unter der Woche kleineres Business-Lunch-Angebot.

Saigon

Augustaanlage 54, über Friedrichsplatz B2 ✉ 68165
– ✆ (0621) 1 46 04 – www.saigon-mannheim.de
– geschl. Montag und Samstagmittag
Karte 30/47 €
Der Name verspricht nicht zu viel, denn hier bekommt man in puristisch-modernem Ambiente authentische vietnamesische Küche: "Goi cuon" (Sommerrollen), "Mi vit" (gegrillte Ente), "Bánh bèo" (Dampfküchlein)... Beliebt auch der günstige Lunch.

Osteria Limoni

Schimperstr. 16 ✉ 68167 – ✆ (0621) 3 45 03 Stadtplan : B1**b**
– www.osteria-limoni.de – geschl. Ende August - Anfang September und Montag, Samstagmittag
Menü 34/46 € – Karte 30/40 €
Wo es so gemütlich und sympathisch-lebendig ist und man so herzlich umsorgt wird, kommt man gerne zu italienischen Klassikern oder einem schönen Menü. Auch Pizza-Freunde werden nicht enttäuscht. Tipp für den Sommer: die begrünte Terrasse!

Le Comptoir 17 (N)

Lameystr. 17 ✉ 68165 – ✆ (0621) 73 61 70 00 Stadtplan : B2**a**
– www.comptoir17.com – geschl. August 3 Wochen und Sonntag - Montag
Karte 31/44 € – (abends Tischbestellung ratsam)
Wirklich charmant die typisch französische Bistro-Atmosphäre mit dem Flair der Jahrhundertwende - entsprechend traditionell-französisch auch die saisonale Küche. Auf dem Gehsteig hat man eine kleine Terrasse.

Pinzgauer Stub'n

Schwetzinger Str. 175, über Reichskanzler-Müller-Straße B3 ✉ 68165 – ✆ (0621) 44 96 75 – www.pinzgauerstubn.de – geschl. 2. - 14. Februar, 16. - 26. Mai, 15. August - 1. September und Montag
Menü 40 € – Karte 23/73 €
Ein Stück "K.u.K. Gastlichkeit" mitten in der kurpfälzischen Quadratestadt. Ungezwungen-alpenländisch die Atmosphäre, in der Küche mischen sich österreichische und internationale Einflüsse. Dazu passt ein guter Wein aus Österreich.

In Mannheim-Neckarau Süd-Ost: 5 km über Neckarauerstraße B3

Steubenhof

Steubenstr. 66 ✉ 68199 – ✆ (0621) 81 91 00 – www.steubenhof.bestwestern.de
79 Zim – †129/250 € ††159/280 € – ☕ 18 € – 1 Suite – ½ P
Neuzeitlich und funktional ist hier die Ausstattung, von den Zimmern bis in die Tagungsräume - ganz so wie Geschäftsreisende es brauchen. Besonders komfortabel die Executive- und Deluxe-Zimmer.

In Mannheim-Seckenheim Ost: 9 km über B2, Richtung Heidelberg

Badischer Hof

Seckenheimer Hauptstr. 114 ✉ 68239 – ✆ (0621) 97 86 14 30 – www.badischerhof.net – geschl. Montag
Karte 33/41 €
In der hübschen 280 Jahre alten Brauerei mit den blauen Fensterläden ist es gemütlich-modern: geradliniger Stil und alter Dielenboden. Die Küche mischt Traditionelles mit Internationalem. Schöner Biergarten hinter dem Haus. Für Veranstaltungen: Jugendstilsaal, Vinothek, Keller. Tipp: Kleinkunst-Events!

MARBACH am NECKAR

Baden-Württemberg – 15 340 Ew. – Höhe 229 m – Regionalatlas **55-G18**
Berlin 610 km – Stuttgart 33 km – Heilbronn 32 km – Ludwigsburg 8 km
Michelin Straßenkarte 545

Parkhotel Schillerhöhe

Schillerhöhe 14 ✉ 71672 – ✆ (07144) 90 50 – www.parkhotel-schillerhoehe.de
44 Zim ☕ – †98/132 € ††125/175 €
Sie suchen ein modernes Hotel in ruhiger Lage? Hier finden Sie eine trendige Lounge, Zimmer in klaren Linien und sehr gute technische Ausstattung! Tipp: der Park nebenan mit dem Literaturmuseum der Moderne und dem Schiller-Nationalmuseum.

MARBURG

Hessen – 73 130 Ew. – Höhe 186 m – Regionalatlas **38-F13**
Berlin 473 km – Wiesbaden 121 km – Gießen 30 km – Kassel 93 km
Michelin Straßenkarte 543

VILA VITA Hotel Rosenpark

Anneliese Pohl Allee 7 ✉ 35037 – ✆ (06421) 6 00 50 – www.rosenpark.com
178 Zim – 140/200 € 180/250 € – 13 Suiten
Rosenkavalier – Siehe Restaurantauswahl
Das geschmackvolle Grandhotel ist für Privatgäste ebenso geeignet wie für Tagungen und Geschäftsreisende. Sie genießen die Lage direkt an der Lahn, die wohnlichen Zimmer, das umfassende Spa-Angebot und die großzügigen öffentlichen Bereiche. In der gemütlich-rustikalen Zirbelstube speist man regional.

WELCOME HOTEL

Pilgrimstein 29 ✉ 35037 – ✆ (06421) 91 80
– www.welcome-hotels.com/welcomehotel-marburg
150 Zim – 108/138 € 138/168 € – 4 Suiten – ½ P
Das Hotel befindet sich im Lahn-Center mitten in der Stadt, die öffentliche Tiefgarage bietet Zugang zum Hotel. Gegenüber: der Aufzug hinauf in die Altstadt. Die Superior-Zimmer liegen ruhiger. Internationale Küche im Restaurant.

Im Kornspeicher

Molkereistr. 6, 3. Etage ✉ 35039 – ✆ (06421) 94 84 10
– www.hotel-kornspeicher.de
25 Zim – 75/105 € 95/115 €
Das Hotel - ein Integrationsbetrieb - ist aus einem ehemaligen Kornspeicher entstanden und verfügt über technisch gut ausgestattete Zimmer in klarem modernem Stil.

MARBURGER esszimmer

Anneliese Pohl Allee 1 ✉ 35037 – ✆ (06421) 8 89 04 71
– www.marburger-esszimmer.de – geschl. Montag - Dienstag
Menü 42/59 € – Karte 34/63 € – (abends Tischbestellung ratsam)
Chic das modern-elegante Restaurant im EG des Hauptsitzes der Deutschen Vermögensberatung, schön auch die vorgelagerte Terrasse. Bernd Siener und sein Team machen mit "lackiertem Bauch vom Duroc-Schwein mit gerösteter Jakobsmuschel" oder "Schulter vom Nebraska-Beef mit geschmorten Cipollini-Zwiebeln" Appetit!

Rosenkavalier – VILA VITA Hotel Rosenpark

Anneliese Pohl Allee 7 ✉ 35037 – ✆ (06421) 6 00 51 43 – www.rosenpark.com
Karte 31/113 €
Elegant ist hier der Rahmen, stilvoll in Goldgelb und Blau gehalten. Durch die raumhohen Fenster schaut man auf die schöne Terrasse. Aus der Küche kommen klassische Speisen.

Bückingsgarten

Landgraf-Philipp-Str. 6, Zufahrt über Gisonenweg ✉ 35037
– ✆ (06421) 1 65 77 71 – www.bueckingsgarten-marburg.de
Karte 25/65 €
Ein charmantes Haus direkt unterhalb des Schlosses (markant die mächtige alte Sandsteinmauer) mit toller Sicht und ambitionierter saisonaler Küche mit internationalem Einfluss. Auf der Terrasse gibt's alternativ auch eine einfachere Karte.

In Marburg-Dagobertshausen Nord-West: 6 km

Waldschlösschen

Dagobertshäuser Str. 12 ✉ 35041 – ✆ (06421) 1 75 02 71
– www.waldschloesschen-dagobertshausen.de – geschl. Montag
Menü 39/48 € (abends) – Karte 36/56 €
Wirklich reizend das aufwändig sanierte alte Fachwerkhaus, draußen wie drinnen - absolut sehenswert die Porzellanstube! Etwas Besonderes unter den selbst erzeugten Produkten ist die hauseigene Kartoffelsorte, lecker z. B. in Form von Chips vorneweg! Im Hofgut nebenan: Eventscheune und schöne Landhauszimmer.

In Marburg-Gisselberg Süd: 5 km

Fasanerie

Zur Fasanerie 15 ✉ 35043 – ✆ (06421) 9 74 10 – www.hotel-fasanerie.de – geschl. 20. Dezember - 10. Januar

45 Zim – 76/110 € 105/128 € – ½ P

Sie möchten ruhig im Grünen wohnen und dennoch schnell in der Innenstadt sein? Hier stimmt nicht nur die Lage, man hat auch sehr gepflegte Zimmer in klassischem Stil und bietet bürgerliche Küche sowie saisonale Spezialitäten.

In Marburg - Wehrshausen-Dammühle West: 6 km

Dammühle

Dammühlenstr. 1 ✉ 35041 – ✆ (06421) 9 35 60 – www.hotel-dammuehle.de

25 Zim – 78/99 € 108/134 € – 2 Suiten

Die idyllisch gelegene einstige Mühle a. d. 14. Jh. beherbergt wohnliche Zimmer in drei Gebäudetrakten. Chic und modern designt: "Kuhstall"-Zimmer, Suiten und Penthouse-Juniorsuite. Ländliche Gaststube und großer Biergarten mit Blick ins Grüne.

In Cölbe Nord: 6 km

Company

Lahnstr. 6 ✉ 35091 – ✆ (06421) 9 86 60 – www.hotel-company.de

25 Zim – 69/82 € 94/123 € – ½ P

Das Hotel mit der freundlichen gelben Fassade bietet seinen Gästen mit hellem Naturholz und Rattansesseln behaglich und einladend ausgestattete Zimmer. Nettes rustikales Restaurant mit bürgerlicher Küche, vor dem Haus die Terrasse.

MARCH

Baden-Württemberg – 8 750 Ew. – Höhe 201 m – Regionalatlas **61**-D20
Berlin 804 km – Stuttgart 202 km – Freiburg im Breisgau 13 km – Mulhouse 61 km
Michelin Straßenkarte 545

In March-Neuershausen Nord-West: 1 km

Jauch's Löwen

Eichstetter Str. 4 ✉ 79232 – ✆ (07665) 9 20 90 – www.jauch-loewen.de – geschl. über Fasching 1 Woche und Mittwoch - Donnerstag

15 Zim – 61 € 98 € – ½ P Menü 33/48 € – Karte 25/58 €

Bei Familie Jauch können Sie badische Küche mit internationalen Einflüssen genießen - Appetit macht z. B. "gebratener Zander in Beurre Blanc mit frischen Pfifferlingen". Hell, offen und freundlich hat man das Gasthaus gestaltet, und draußen wartet noch eine schöne Terrasse. Zum Übernachten: gemütliche Zimmer.

MARIA LAACH

Rheinland-Pfalz – 610 Ew. – Höhe 285 m – Regionalatlas **36**-C14
Berlin 617 km – Mainz 121 km – Koblenz 31 km – Bonn 51 km
Michelin Straßenkarte 543

Seehotel Maria Laach

Am Laacher See ✉ 56653 – ✆ (02652) 5 84 00 – www.seehotel-maria-laach.de

69 Zim – 80/110 € 128/210 € – ½ P

Ein 1865 als Gästehaus des Benediktinerklosters erbautes Hotel in ruhiger Lage mit Blick auf Laacher See und Abtei. Die zeitgemäßen Zimmer unterscheiden sich farblich von Etage zu Etage. Drei Restaurantbereiche, schöne Terrasse sowie Bier- und Weinstube im UG.

MARIENTHAL, KLOSTER – Hessen ➜ Siehe Geisenheim

MARKDORF

Baden-Württemberg – 13 290 Ew. – Höhe 453 m – Regionalatlas **63-H21**
Berlin 719 km – Stuttgart 197 km – Konstanz 23 km – Friedrichshafen 16 km
Michelin Straßenkarte 545

Bischofschloss

Schlossweg 2 ✉ 88677 – ✆ (07544) 5 09 10 – www.bischofschloss.de – geschl. Weihnachten - Anfang Januar
37 Zim – 105/139 € 135/173 € – 7 Suiten – ½ P
Wohnen mit historischem Flair? Das bieten die stilvollen, hochwertigen Zimmer im Haupttrakt der ehemaligen Bischofsresidenz. Die übrigen Zimmer sind zeitgemäßer gestaltet. Modern auch das Ambiente im Restaurant, regional-international die Küche. Interessant sind übrigens die individuellen Aufzüge im Haus!

Wirthshof

Steibensteg 10, B 33, Ost: 1 km Richtung Ravensburg, beim Campingplatz ✉ 88677 – ✆ (07544) 5 09 90 – www.wirthshof.de – geschl. 19. Dezember - 6. Januar
22 Zim – 82 € 112/139 € – 1 Suite
Eine zeitgemäß-wohnliche Adresse unter familiärer Leitung. Die Zimmer sind individuell nach Themen gestaltet, hübsch ist der Saunabereich. Auch Beauty-Anwendungen gehören zum Angebot.

MARKGRÖNINGEN

Baden-Württemberg – 14 360 Ew. – Höhe 281 m – Regionalatlas **55-G18**
Berlin 625 km – Stuttgart 21 km – Karlsruhe 63 km – Tübingen 61 km
Michelin Straßenkarte 545

Herrenküferei

Marktplatz 2 ✉ 71706 – ✆ (07145) 9 25 01 16 – www.herrenkueferei.de – geschl. Samstagmittag, Sonntagabend - Montag
10 Zim – 80/88 € 100/118 € – ½ P
Menü 55 € (abends)/100 € – Karte 33/68 €
Hübsch anzuschauen ist das denkmalgeschützte Haus von 1414, das schön am beschaulichen Marktplatz liegt. Der junge Chef kocht ambitioniert, aber auch Rostbraten und einige einfachere regionale Gerichte finden sich auf der Karte. Man kann auch gemütlich übernachten! Vielleicht unter einer alten Balkendecke?

MARKKLEEBERG – Sachsen ➜ Siehe Leipzig

MARKNEUKIRCHEN

Sachsen – 7 960 Ew. – Höhe 500 m – Regionalatlas **41-N14**
Berlin 328 km – Dresden 177 km – Hof 35 km – Plauen 28 km
Michelin Straßenkarte 544

Berggasthof Heiterer Blick

Oberer Berg 54 ✉ 08258 – ✆ (037422) 26 95 – www.heiterer-blick.de – geschl. 20. - 28. Oktober
7 Zim – 42/46 € 61/69 € – ½ P
Mit liebenswerter ländlicher Atmosphäre und persönlicher Gästebetreuung überzeugt das bereits seit 1914 als Familienbetrieb geführte Haus. Von den Zimmern blickt man aufs Vogtland. Gemütlichkeit verbreiten auch die Gaststuben.

MARKT NORDHEIM

Bayern – 1 160 Ew. – Höhe 332 m – Regionalatlas **49-J16**
Berlin 475 km – München 231 km – Würzburg 51 km – Nürnberg 68 km
Michelin Straßenkarte 546

In Markt Nordheim-Ulsenheim Süd-West: 7 km, Richtung Uffenheim

Landgasthaus Zum Schwarzen Adler

Ulsenheim 97 ✉ 91478 – ✆ (09842) 82 06 – www.frankenurlaub.de – geschl. Januar 2 Wochen, August 2 Wochen
14 Zim – 45/55 € 65/75 € – ½ P
Das Gasthaus a. d. 17. Jh. liegt in dörflicher Umgebung, schöne Wanderwege ganz in der Nähe, nach Rothenburg ob der Tauber fährt man nur ca. 15 Minuten. Neben gepflegten Zimmern bietet man bürgerlich-regionale Küche (das Ambiente mal fränkisch, mal etwas eleganter) sowie einen Sauna- und Ruhebereich, den man schön in das alte Fachwerk eingebunden hat.

MARKTBERGEL

Bayern – 1 530 Ew. – Höhe 363 m – Regionalatlas **49-J16**
Berlin 492 km – München 232 km – Ansbach 24 km – Stuttgart 168 km
Michelin Straßenkarte 546

Rotes Ross

Würzburger Str. 1 ✉ 91613 – ✆ (09843) 93 66 00 – www.rotes-ross-marktbergel.de – geschl. Mitte November 2 Wochen
12 Zim – 56 € 79 € – ½ P
Rotes Ross – Siehe Restaurantauswahl
Eine markante rote Fassade ziert das a. d. 16. Jh. stammende Gasthaus im Ortskern, das durch Familie Bogner sehr engagiert und freundlich geführt wird. Sie wohnen in zeitgemäßen, hellen Zimmern in warmen Farben und kleine Aufmerksamkeiten wie kostenfreies Wasser, Obst und Wifi machen Ihren Besuch noch angenehmer, ganz zu schweigen vom frischen Frühstück.

Rotes Ross – Hotel Rotes Ross

Würzburger Str. 1 ✉ 91613 – ✆ (09843) 93 66 00 – www.rotes-ross-marktbergel.de – geschl. Mitte November 2 Wochen und Dienstag
Menü 23/48 € – Karte 22/40 € – *(nur Abendessen, sonntags auch Mittagessen)*
In den beiden Gaststuben des "Roten Rosses" lässt es sich richtig schön speisen, und das liegt nicht nur an der sympathischen Atmosphäre. Thomas Bogner kocht hier frische und geschmackvolle Gerichte wie die bei 65° geschmorte Rindsroulade. Oder mögen Sie lieber ein "Würstle von der Riesengarnele"?

MARKTBREIT

Bayern – 3 680 Ew. – Höhe 191 m – Regionalatlas **49-I16**
Berlin 491 km – München 272 km – Würzburg 28 km – Ansbach 58 km
Michelin Straßenkarte 546

Löwen

Marktstr. 8 ✉ 97340 – ✆ (09332) 5 05 40 – www.ringhotel-loewen.de – geschl. 8. - 14. Februar
29 Zim – 69/79 € 92/102 € – ½ P
Das jahrhundertealte Fachwerkhaus nahe dem Stadttor vereint das Flair von einst mit zeitgemäßem Komfort. Man bietet historisch-romantische, aber auch neuzeitlich-funktionale Zimmer. In den gemütlichen Gaststuben gibt es bürgerliche Küche.

Michels Stern

Bahnhofstr. 9 ✉ 97340 – ✆ (09332) 13 16 – www.michelsstern.de – geschl. Ende Februar 1 Woche, November und Mittwoch - Donnerstagmittag
12 Zim – 54/59 € 84 € Menü 29/39 € – Karte 21/38 €
Die Brüder Michel stecken viel Engagement in ihr Gasthaus, und das sieht man nicht nur an schmackhaften saisonal-regionalen Gerichten wie "rosa gebratenem Kalbsrückensteak mit Rosmarinkartoffeln und Schmorgemüse", sondern auch an der rein fränkischen Weinkarte!

Alter Esel

Marktstr. 10 ✉ 97340 – ✆ (09332) 5 94 94 77 – www.alteresel-marktbreit.de – geschl. Juli 2 Wochen und Montag - Dienstag
Menü 21 € (mittags)/55 € (abends) – Karte 36/40 €
Das herzliche junge Betreiberpaar hat in dem historischen Haus am Altstadtrand ein richtig charmantes Restaurant. Gekocht wird saisonal - mittags gibt es eine kleine Tageskarte, am Abend ein schmackhaftes Menü mit bis zu sechs Gängen.

MARKTHEIDENFELD

Bayern – 10 860 Ew. – Höhe 154 m – Regionalatlas **48-H15**
Berlin 533 km – München 322 km – Würzburg 32 km – Aschaffenburg 46 km
Michelin Straßenkarte 546

Anker

Kolpingstr. 7 ✉ 97828 – ✆ (09391) 6 00 40 – www.hotel-anker.de
39 Zim – 78/98 € 118/132 € – 1 Suite – ½ P
Weinhaus Anker – Siehe Restaurantauswahl
In dem Familienbetrieb in der Altstadt wohnen Sie im Torhaus (hier besonders moderne Zimmer) oder im Hofgartenhaus, die um einen romantischen Innenhof angelegt sind. Lust auf ein bisschen Kultur? Kleinkunstbühne im alten Fasskeller!

Weinhaus Anker – Hotel Anker

Obertorstr. 13 ✉ 97828 – ✆ (09391) 6 00 48 01 – www.weinhaus-anker.de
Menü 34 € (vegetarisch)/89 € – Karte 32/68 €
In der liebenswerten Gaststube (überall schönes warmes Holz, dazu die tolle Deckenmalerei) isst man gute französisch-regionale Gerichte wie "Kaninchenkeule in Apfelwein und Estragon geschmort mit Haselnuss-Spätzle". Do - Mo gibt's abends im rustikalen Sandsteingewölbe "Schöpple" eine kleine fränkische Karte.

MARKTOBERDORF

Bayern – 18 030 Ew. – Höhe 758 m – Regionalatlas **64-J21**
Berlin 638 km – München 99 km – Kempten (Allgäu) 28 km – Füssen 29 km
Michelin Straßenkarte 546

Sepp

Bahnhofstr. 13 ✉ 87616 – ✆ (08342) 70 90 – www.hotelsepp.com – geschl. August
48 Zim – 53/103 € 85/113 €
Seit 1910 wird das gewachsene Hotel gegenüber dem Bahnhof von der Inhaberfamilie geführt. Es erwarten Sie individuelle Gästezimmer mit funktioneller Ausstattung und unterschiedliche Restauranträume von rustikal bis zum neuzeitlichen Wintergarten.

MARKTREDWITZ

Bayern – 17 020 Ew. – Höhe 529 m – Regionalatlas **51-M15**
Berlin 365 km – München 288 km – Weiden in der Oberpfalz 47 km – Bayreuth 54 km
Michelin Straßenkarte 546

Bairischer Hof

Markt 40, Zufahrt über Leopoldstr. 25 ✉ 95615 – ✆ (09231) 6 20 11 – www.bairischer-hof.de
50 Zim – 55 € 80 €
Der traditionsreiche Familienbetrieb steht mitten in der Fußgängerzone. Hier in der Genussregion Oberfranken kann man nicht nur gepflegt übernachten. Versäumen Sie es nicht, im Café mit eigener Konditorei Spezialitäten wie den "Echten Fichtelgebirgs-Pumpernickel" (eine Art Lebkuchen) zu probieren!

MARXZELL – Baden-Württemberg ➜ Siehe Herrenalb, Bad

MASELHEIM

Baden-Württemberg – 4 400 Ew. – Höhe 542 m – Regionalatlas **64-I20**
Berlin 660 km – Stuttgart 130 km – Ulm 40 km – Neu Ulm 40 km
Michelin Straßenkarte 545

In Maselheim-Sulmingen Nord-West: 2,5 km

Lamm

Baltringer Str. 14 ✉ 88437 – ✆ (07356) 93 70 78 – www.sulminger-lamm.de – geschl. Anfang Januar 1 Woche, Mitte August - Anfang September und Montag - Dienstag

Menü 32/69 € – Karte 31/50 € – *(nur Abendessen, sonntags auch Mittagessen)*

"Lachsforelle auf Rahmgurken" oder "geschmortes Zicklein mit mediterranem Gemüse"? Die Küche hier ist frisch und produktbezogen, regional und auch modern beeinflusst. Der Gastraum elegant-ländlich, der Service herzlich und aufmerksam.

MASSERBERG

Thüringen – 2 370 Ew. – Höhe 780 m – Regionalatlas **40-K13**
Berlin 343 km – Erfurt 63 km – Coburg 37 km – Saalfeld 51 km
Michelin Straßenkarte 544

Residenz

Kurhausstr. 9 ✉ 98666 – ✆ (036870) 25 50 – www.residenz-thueringen.de

24 Zim – 60/80 € 110/180 € – 10 € – 5 Suiten – ½ P

Ruhig liegt das Haus mit der Schieferfassade am Ortsrand in Waldnähe. Die Gästezimmer sind mit Parkettboden und Naturholzmöbeln wohnlich ausgestattet. Ein kleiner Wintergarten dient als A-la-carte-Restaurant.

MASSWEILER

Rheinland-Pfalz – 1 040 Ew. – Höhe 435 m – Regionalatlas **46-D17**
Berlin 682 km – Mainz 138 km – Saarbrücken 59 km – Pirmasens 15 km
Michelin Straßenkarte 543

Borst

Luitpoldstr. 4 ✉ 66506 – ✆ (06334) 14 31 – www.restaurant-borst.de – geschl. August 2 Wochen, Oktober 2 Wochen und Montag - Dienstag

5 Zim – 50 € 60/70 €

Menü 31/70 € – Karte 31/71 € – (Tischbestellung ratsam)

Wohnlich-moderner Stil und hübsche Deko, dazu aufmerksamer Service... All das trägt die Handschrift von Gastgeberin Monika Borst. Ebenso engagiert ihr Mann Harry mit seinen ambitionierten klassischen Gerichten wie "Wolfsbarsch im Fenchelsud". Zum Übernachten: einfache, gepflegte Zimmer im Gästehaus gegenüber.

MAUERSTETTEN – Bayern

➜ Siehe Kaufbeuren

MAUTH

Bayern – 2 280 Ew. – Höhe 821 m – Regionalatlas **60-Q18**
Berlin 536 km – München 211 km – Passau 43 km – Grafenau 21 km
Michelin Straßenkarte 546

In Mauth-Finsterau Nord: 5 km über Am Goldenen Steig, Zwölfhäuser und Heinrichsbrunn – Höhe 998 m

Landhotel Bärnriegel

Halbwaldstr. 32 ✉ 94151 – ✆ (08557) 9 60 20 – www.landhotel-baernriegel.de – geschl. November - Mitte Dezember

22 Zim – 54/75 € 94/122 € – ½ P

Der aus zwei Häusern bestehende Familienbetrieb liegt ruhig am Ortsrand und verfügt über behagliche Gästezimmer im regionstypischen Landhausstil. Ländliches Ambiente auch im Restaurantbereich. HP inklusive.

MAYEN

Rheinland-Pfalz – 18 570 Ew. – Höhe 250 m – Regionalatlas **36-C14**
Berlin 625 km – Mainz 126 km – Koblenz 35 km – Bonn 63 km
Michelin Straßenkarte 543

Zur Traube

Bäckerstr. 6 ✉ 56727 – ✆ (02651) 9 60 10 – www.hotel-traube-mayen.de – geschl. Weihnachten - Neujahr

12 Zim – ♦55/60 € ♦♦86/90 €

Der Familienbetrieb in Marktplatznähe ist ein gepflegtes und persönlich geführtes Haus. Die Zimmer sind in warmen Farben gehalten, man schläft in hochwertigen Betten und beim guten Frühstück schaut man in den kleinen Garten.

Zum Alten Fritz

Koblenzer Str. 56 ✉ 56727 – ✆ (02651) 49 77 90 – www.hotel-alter-fritz-my.de

15 Zim – ♦45/50 € ♦♦80/90 €

Das kleine Hotel ist ein langjähriger Familienbetrieb, in dem es sich gepflegt übernachten lässt. Eine ideale Unterkunft ist das Haus z. B. für Besucher der alljährlichen Burgfestspiele oder für Wanderer (Tipp: die "Traumpfade").

Gourmet Wagner

Marktplatz 10 ✉ 56727 – ✆ (02651) 4 97 70 – www.gourmet-wagner.com – geschl. Montag - Dienstag

Menü 69/89 € – Karte 60/83 € – *(nur Abendessen)*

Was hier auf den gut eingedeckten Tisch kommt, ist saisonale Küche einschließlich ansprechender Menüs wie z. B. "Spargel-" oder "Frühlings-Menü". Dazu eine gute Weinkarte. Das Ambiente in dem Restaurant nahe dem Marktplatz ist schön elegant: Helle Grautöne und Weiß dominieren.

MAYSCHOSS

Rheinland-Pfalz – 890 Ew. – Höhe 150 m – Regionalatlas **36-C13**
Berlin 628 km – Mainz 158 km – Bonn 35 km – Koblenz 56 km
Michelin Straßenkarte 543

Zur Saffenburg

Ahr-Rotwein-Str. 43, B 267 ✉ 53508 – ✆ (02643) 83 92 – www.gasthof-saffenburg.de

13 Zim – ♦45/55 € ♦♦85 € – ½ P

Ein netter gewachsener Landgasthof unter familiärer Leitung mit gepflegten, funktionalen Zimmern. Hinter dem Haus fließt die Ahr. Gemütliche holzvertäfelte Restauranträume und tolle Terrasse. Wild aus heimischer Jagd, Kuchen aus der eigenen Backstube.

MECKENBEUREN

Baden-Württemberg – 13 010 Ew. – Höhe 416 m – Regionalatlas **63-H21**
Berlin 712 km – Stuttgart 158 km – Konstanz 40 km – Ravensburg 11 km
Michelin Straßenkarte 545

In Meckenbeuren-Madenreute Nord-Ost: 5 km über Liebenau

Jägerhaus

Madenreute 13 ✉ 88074 – ✆ (07542) 9 45 50 – www.jaegerhaus-hotel.de – geschl. 24. Dezember - 10. Januar

49 Zim – ♦68/150 € ♦♦103/180 € – ½ P

Das Hotel liegt nahe dem Ravensburger Spieleland, da ist man natürlich auf Familien eingestellt, aber auch Geschäftsleute schätzen die gepflegten, funktionellen und recht großzügigen Zimmer - im Gästehaus etwas moderner. In neuzeitlichem Stil auch das Restaurant.

MECKENHEIM

Nordrhein-Westfalen – 23 630 Ew. – Höhe 175 m – Regionalatlas **36-C13**
Berlin 612 km – Düsseldorf 94 km – Bonn 19 km – Koblenz 65 km
Michelin Straßenkarte 543

ZweiLinden

Merler Str. 1 ✉ 53340 – ✆ (02225) 9 42 00 – www.zweilinden.de – geschl. 23. Dezember - 1. Januar

20 Zim – ♦75/85 € ♦♦99/119 € – 1 Suite

Ein wirklich gepflegtes familiengeführtes Haus. Die Zimmer sind funktional (teilweise mit Balkon), der Service ist sehr freundlich, im netten Innenhof sitzt man gemütlich am Teich. Für Businessgäste und Radfahrer gleichermaßen ideal.

MEDDERSHEIM – Rheinland-Pfalz → Siehe Sobernheim, Bad

MEERANE

Sachsen – 15 010 Ew. – Höhe 250 m – Regionalatlas **42**-N13

Berlin 246 km – Dresden 114 km – Chemnitz 41 km – Gera 38 km

Michelin Straßenkarte 544

Meerane

An der Hohen Str. 3, Gewerbegebiet ✉ 08393 – ✆ (03764) 59 10 – www.hotel-meerane.de

135 Zim – ♦59/140 € ♦♦59/170 € – 12 € – 20 Suiten – ½ P

Das vorwiegend auf Tagungen ausgerichtete Hotel in verkehrsgünstiger Lage bietet gut ausgestattete Zimmer und einen im römischen Stil gehaltenen Saunabereich auf 500 qm. Zeitgemäßes Restaurant mit internationaler Küche.

Schwanefeld

Schwanefelder Str. 22 ✉ 08393 – ✆ (03764) 40 50 – www.schwanefeld.de

52 Zim – ♦89/119 € ♦♦119/149 € – 1 Suite – ½ P

Die Hotelanlage besteht aus einem hübschen Fachwerkhaus a. d. 17. Jh., einem Anbau sowie einem schönen Garten mit Teich. Eine Besonderheit ist die hauseigene Schokoladenmanufaktur. Die behaglichen Gaststuben sind im historischen Teil des Hotels untergebracht.

MEERBUSCH

Nordrhein-Westfalen – 54 390 Ew. – Höhe 36 m – Regionalatlas **25**-B11

Berlin 578 km – Düsseldorf 13 km – Venlo 56 km – Arcen 64 km

Michelin Straßenkarte 543

Siehe Düsseldorf (Umgebungsplan)

In Meerbusch-Büderich

Gästehaus Meererbusch

Hindenburgstr. 4 ✉ 40667 – ✆ (02132) 9 33 40 Stadtplan : A1**g**

– www.gaestehaus-meererbusch.de – geschl. 19. Dezember - 3. Januar, 30. Juli - 21. August

17 Zim – ♦99/119 € ♦♦129/139 €

Eine familiäre Adresse mit privatem Rahmen. Antike Möbelstücke schaffen eine stilvolle Atmosphäre. Im schönen Frühstücksraum mit Flügel erwarten Sie ein gutes Buffet und freundlicher Service.

Landhaus Mönchenwerth

Niederlöricker Str. 56 ✉ 40667 – ✆ (02132) 75 76 50 Stadtplan : B1**c**

– www.moenchenwerth.de – geschl. Karneval und Montag, außer an Messen

Menü 65/95 € – Karte 44/85 € – *(nur Abendessen, sonntags auch Mittagessen)*

In dem einladenden Landhaus direkt am Rhein (toll die Terrasse!) bietet der gebürtige Elsässer Guy de Vries mediterran und modern beeinflusste Küche - Appetit auf "Filet vom Steinbutt mit grünem Spargelrisotto"? Sehr charmant der Service.

Anthony's (N)

Moerser Str. 81 ✉ 40667 – ✆ (02132) 9 85 14 26 Stadtplan : A1**b**

– www.anthonys-kochschule.de

Menü 49/79 € – Karte 33/55 € – *(nur Abendessen)*

Die Kombination aus Kochschule und Restaurant kommt gut an. Angenehm leger die Atmosphäre, ambitioniert die internationalen Gerichte wie "Loup de Mer, Ravioli, Bouillabaisse". Gerne lassen sich die Köche auch über die Schulter schauen.

WINELIVE im Lindenhof

Dorfstr. 48 ✉ 40667 – ✆ (02132) 6 58 64 60 Stadtplan : A1**a**
– www.winelive.de – geschl. Montag - Dienstagmittag sowie an Feiertagen
Menü 33/45 € – Karte 31/59 €
In dem netten Backsteinhaus geht es mediterran und international zu, von Speisen wie "Ossobuco mit Tagliatelle" und "Skrei mit Finca-Kartoffel und Pastinake" bis zur schönen Weinauswahl (ca. 40 offene Weine), dazu gemütliches Bistro-Flair.

MEERFELD

Rheinland-Pfalz – ✉ 54531 – 350 Ew. – Höhe 370 m – ✉ Meerfeld
– Regionalatlas **45**-B14
Berlin 686 km – Mainz 153 km – Trier 62 km
Michelin Straßenkarte 543

Maarblick

Meerbachstr. 52 ✉ 54531 – ✆ (06572) 44 94 – www.naturpurhotel.de
22 Zim – 50/75 € 100/180 € – 4 Suiten – ½ P
Ein herzlicher Familienbetrieb mitten in der Vulkaneifel, der mit der Natur im Einklang steht - Bioprodukte werden hier groß geschrieben und die Zimmer gefallen mit wohnlich-warmen Farben. Tipp: Am Nachmittag gibt's den hausgemachten Kuchen der Chefin! Schön modern: Restaurant und "LavaBar".

Zur Post

Meerbachstr. 24 ✉ 54531 – ✆ (06572) 93 19 00
– www.hotel-zur-post-meerfeld.de – geschl. Januar
33 Zim – 55/62 € 96/110 € – ½ P
Poststuben – Siehe Restaurantauswahl
Bereits in 5. Generation sorgt Familie Molitor dafür, dass man hier wirklich gepflegt und preislich fair wohnen kann, die Zimmer sind hell, funktionell und zeitgemäß. Die Lage ist übrigens ideal für einen Wanderurlaub!

Poststuben – Hotel Zur Post

Meerbachstr. 24 ✉ 54531 – ✆ (06572) 93 19 00
– www.hotel-zur-post-meerfeld.de – geschl. Januar und Montag - Dienstag
Menü 30/80 € – Karte 28/47 € – *(November - Dezember nur Abendessen)*
Nach Stationen in erstklassigen Adressen ist Sven Molitor nun mit im elterlichen Betrieb und bietet richtig gutes Essen zu einem top Preis-Leistungs-Verhältnis - ein Muss sind die Suppen (z. B. "Paprikaschaumsuppe mit Kaninchenstrudel"), aber auch Wolfsbarsch oder Einfacheres wie Bauernschnitzel.

MEERSBURG

Baden-Württemberg – 5 630 Ew. – Höhe 444 m – Regionalatlas **63**-G21
Berlin 730 km – Stuttgart 191 km – Konstanz 12 km – Freiburg im Breisgau 143 km
Michelin Straßenkarte 545

Residenz am See

Uferpromenade 11 ✉ 88709 – ✆ (07532) 8 00 40 Stadtplan : B2**r**
– www.hotel-residenz-meersburg.com
23 Zim – 87/206 € 150/288 € – 2 Suiten – ½ P
Casala • ***Residenz am See*** – Siehe Restaurantauswahl
Was das Haus so angenehm macht? Es liegt direkt am See, man wird sehr persönlich umsorgt und wohnt in modernen, hochwertig und individuell eingerichteten Zimmern - von den Balkonen genießt man die Seesicht, ebenso beim tollen Frühstück!

Villa Seeschau

Von-Laßberg-Str. 12 ✉ 88709 – ✆ (07532) 43 44 90 Stadtplan : B1**z**
– www.hotel-seeschau.de – geschl. Dezember - Februar
16 Zim – 90/160 € 130/288 € – 2 Suiten
Die familiengeführte Villa mit gediegenem Rahmen liegt ruhig über der Altstadt. Modern und stilvoll die geräumigen Zimmer, in der Suite haben Sie sogar eine eigene Sauna! Schön zum Verweilen: der gepflegte Garten mit Seeblick. Keine Kinder.

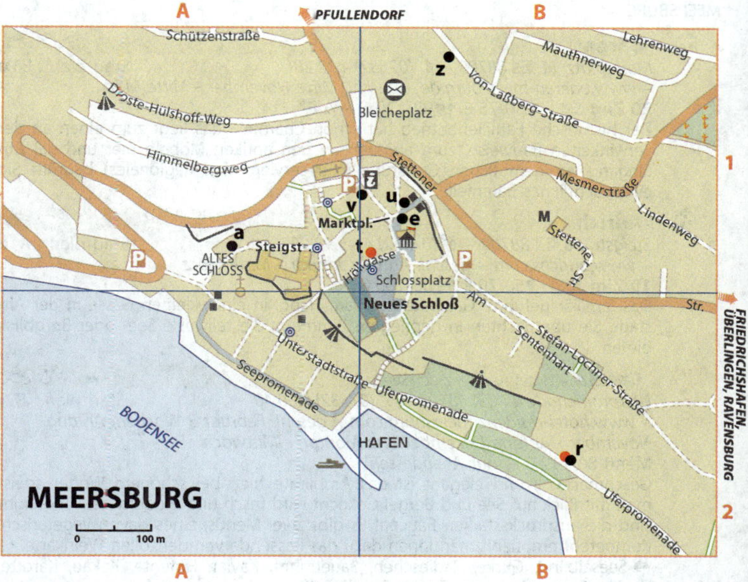

See Hotel Off

Uferpromenade 51, über Stefan-Lochner-Straße B2 ✉ 88709 – ✆ (07532) 4 47 40 – www.seehotel-off.de – geschl. Januar

21 Zim ☕ – 🚹79/168 € 🚹🚹152/258 € – ½ P

Das Hotel liegt am ruhigen Teil der Uferpromenade. Von den freundlichen Zimmern schaut man auf den See oder die Weinberge. Die Liegewiese bietet direkten Zugang zum Wasser. Auch im Restaurant (regionale Küche) hat man den See im Blick - er reicht sogar bis zu den Schweizer Bergen. Zimmerpreise inkl. HP.

3 Stuben

Kirchstr. 7 ✉ 88709 – ✆ (07532) 8 00 90 Stadtplan : AB1**v**
– www.3stuben.de – geschl. 20. Dezember - 6. März

28 Zim ☕ – 🚹75/105 € 🚹🚹120/160 € – ½ P

Das sympathische Hotel befindet sich in einem hübschen restaurierten Fachwerkhaus in der Altstadt. Auf die Gäste warten hier individuell und wohnlich gestaltete Zimmer und ein ansprechendes Restaurant in hellen, warmen Tönen.

Terrassenhotel Weißhaar

Stefan-Lochner-Str. 24, über Stefan-Lochner-Straße B2 ✉ 88709 – ✆ (07532) 4 50 40 – www.terrassenhotel-meersburg.de – geschl. November - März

25 Zim ☕ – 🚹115 € 🚹🚹140 € – ½ P

Traumhaft die Lage oberhalb des Sees mit Panoramablick, sowohl von den meisten der wohnlichen Zimmer (überwiegend mit Balkon) als auch von der großen Restaurantterrasse - an klaren Tagen schaut man sogar bis zu den Schweizer Alpen!

Löwen

Marktplatz 2 ✉ 88709 – ✆ (07532) 4 30 40 Stadtplan : B1**e**
– www.hotel-loewen-meersburg.de

20 Zim ☕ – 🚹45/75 € 🚹🚹90/120 € – ½ P

In dem über 500 Jahre alten Haus im Zentrum hat man sehr wohnliche und individuell eingerichtete Zimmer für Sie. Ein wahres Bijou ist die komplett holzgetäfelte Gaststube, in der man regionale Gerichte bietet.

Bären

Marktplatz 11 ✉ 88709 – ✆ (07532) 4 32 20 Stadtplan : B1**u**
– www.baeren-meersburg.de – geschl. Mitte November - Mitte März
20 Zim – 50/75 € 92/120 € – ½ P
Der historische Familienbetrieb hat schon Charme - das liegt zum einen an der verwinkelten Bauweise, zum anderen an den antiken Möbeln hier und da! Am Eingang zur gemütlichen Gaststube (hier serviert man Regionales) begrüßt Sie ein beachtliches Bärenfell!

Aurichs

Steigstr. 28 ✉ 88709 – ✆ (07532) 4 45 98 55 Stadtplan : A1**a**
– www.aurichs.com – geschl. Anfang Januar - Mitte März
10 Zim – 50/70 € 80/105 €
Das familiär geführte Gasthaus liegt am Hang, in einer kleinen Gasse in der Altstadt. Sie übernachten in gepflegten Zimmern, die teilweise See- oder Burgblick bieten.

Casala – Hotel Residenz am See

Uferpromenade 11 ✉ 88709 – ✆ (07532) 8 00 40 Stadtplan : B2**r**
– www.hotel-residenz-meersburg.com – geschl. Februar 3 Wochen, Anfang November - Anfang Dezember und Montag - Mittwoch
Menü 80/112 € – *(nur Abendessen)*
Geschmackvoll und elegant ist das Ambiente hier, bei schönem Wetter speist man mit Blick auf See und Berge! Gekocht wird frisch und modern - ein Highlight sind die ausdrucksstarken Saucen! Es gibt zwei Menüs, eines davon vegetarisch. Kompetent empfiehlt man Ihnen dazu das Passende von der tollen Weinkarte.
➜ Seesaibling, Gurke, Radieschen, Sauerrahm, Kaviar. Hofente, Kakao, Karotte, Vanille. Gartenhimbeere, Opalys Schokolade.

Residenz am See – Hotel Residenz am See

Uferpromenade 11 ✉ 88709 – ✆ (07532) 8 00 40 Stadtplan : B2**r**
– www.hotel-residenz-meersburg.com – geschl. Dienstag, November - März: Montag - Dienstag
Menü 29 € (vegetarisch)/62 € – Karte 42/61 €
Der reizvolle Ausblick und die mit viel Engagement zubereiteten internationalen Gerichte spielen hier ganz klar die Hauptrolle. Reservieren Sie rechtzeitig einen Tisch in Fensternähe!

MEHRING (KREIS ALTÖTTING)

Bayern – 2 280 Ew. – Höhe 432 m – Regionalatlas **67-O20**
Berlin 632 km – München 103 km – Bad Reichenhall 70 km – Passau 84 km
Michelin Straßenkarte 546

In Mehring-Hohenwart Nord: 1,5 km

Schwarz

Hohenwart 10 ✉ 84561 – ✆ (08677) 9 84 00 – www.gasthof-schwarz.de – geschl. 17. August - 5. September
28 Zim – 60/70 € 95/105 € – ½ P
Der Gasthof unter familiärer Leitung liegt in einem beschaulichen Dorf, unterhalb der Kirche. Wohnliche Zimmer, nette Aussicht vom verglasten Frühstücksraum. In den gemütlichen regionstypischen Gaststuben isst man bayerisch.

MEININGEN

Thüringen – 20 970 Ew. – Höhe 290 m – Regionalatlas **39-J13**
Berlin 371 km – Erfurt 80 km – Coburg 69 km – Fulda 63 km
Michelin Straßenkarte 544

Sächsischer Hof

Georgstr. 1 ✉ 98617 – ✆ (03693) 45 70 – www.saechsischerhof.com
37 Zim – 76/102 € 98/138 € – 12 € – 3 Suiten – ½ P
Posthalterei – Siehe Restaurantauswahl
Das traditionsreiche Hotel - einst Poststation - befindet sich gegenüber dem Englischen Garten und beherbergt elegante großzügige Zimmer sowie einfachere Classic-Zimmer. Neben der "Posthalterei" gibt es die rustikale "Kutscherstube" (charmant die alte Holztäfelung) mit bürgerlich-regionaler Küche.

Posthalterei – Hotel Sächsischer Hof

Georgstr. 1 ✉ 98617 – ✆ (03693) 45 70 – www.saechsischerhof.com – geschl. Mitte Juli - Mitte August und Sonntag - Dienstag
Menü 40/76 € – Karte 33/52 € – *(nur Abendessen)*
Was man hier Gutes zu rund 285 Positionen Wein serviert, nennt sich z. B. "Duo vom Maibock mit wildem Spargel und Kartoffel-Thymianküchlein". Und das Ambiente? Helles warmes Holz, rustikale Natursteinbögen und Deko aus alten Zeiten.

MEISENHEIM

Rheinland-Pfalz – 2 800 Ew. – Höhe 160 m – Regionalatlas **46-D16**
Berlin 644 km – Mainz 67 km – Koblenz 99 km – Saarbrücken 102 km
Michelin Straßenkarte 543

Meisenheimer Hof

Obergasse 33, Zufahrt über Stadtgraben ✉ 55590 – ✆ (06753) 1 23 77 80 – www.meisenheimer-hof.de – geschl. 4. - 19. Januar
14 Zim – 90/109 € 119/169 € – 3 Suiten – ½ P
Meisenheimer Hof – Siehe Restaurantauswahl
In dem aufwändig sanierten Ensemble aus fünf Altstadthäusern hat man die jahrundertelange Historie in Form von alten Böden und Antiquitäten in schöne Räume mit moderner Technik integriert. Das ehemalige Stadtkino wurde zum Open-Air-Veranstaltungsraum - sehr speziell! Gegenüber der Wein-Degustationsraum.

Meisenheimer Hof – Hotel Meisenheimer Hof

Obergasse 33, Zufahrt über Stadtgraben ✉ 55590 – ✆ (06753) 1 23 77 80 – www.meisenheimer-hof.de – geschl. 3. - 20. Januar und Montag - Dienstagmittag
Menü 35/59 € – Karte 33/51 €
In den drei kleinen Restaurantstuben lässt man sich in ungezwungener Atmosphäre von Küchenchef Markus Pape, einem gebürtigen Sauerländer, richtig gut bekochen: "Dreierlei von der Challans-Ente", "geschmortes Bäckchen vom Glantalrind"... Dazu viele Eigenbau-Weine und eine unerwartete Bordeaux-Auswahl.

MEISSEN

Sachsen – 27 140 Ew. – Höhe 110 m – Regionalatlas **43-P12**
Berlin 194 km – Dresden 23 km – Chemnitz 61 km – Leipzig 85 km
Michelin Straßenkarte 544

WELCOME PARKHOTEL

Hafenstr. 27 ✉ 01662 – ✆ (03521) 7 22 50 – www.welcome-hotel-meissen.de
118 Zim – 58/126 € 93/161 € – ½ P
Mittelpunkt der Hotelanlage ist eine schmucke Jugendstilvilla von 1870! In drei Häusern hat man klassisch-elegante oder etwas funktionellere Zimmer. Von einigen Zimmern und vom Restaurant blickt man auf die Albrechtsburg. Hübsch: kleiner Garten mit altem Baumbestand, Terrasse sowie Biergarten am Elbradweg.

In Weinböhla Nord-Ost: 11 km

Laubenhöhe

Köhlerstr. 77 ✉ 01689 – ✆ (035243) 3 61 83 – www.laubenhoehe.de – geschl. 8. - 23. Februar, 4. Juli - 19. August und Sonntagabend - Dienstagmittag
Menü 23/50 € – Karte 18/47 €
Wer hier in ruhiger Lage zwischen Meißen und Moritzburg zum Essen einkehrt, bekommt frische internationale und saisonale Küche. Im Sommer lockt die begrünte Terrasse mit schöner Aussicht, an kühleren Tagen hat man es drinnen gemütlich.

MELLE

Niedersachsen – 45 850 Ew. – Höhe 76 m – Regionalatlas **27-F9**

Berlin 399 km – Hannover 115 km – Bielefeld 39 km – Münster (Westfalen) 80 km

Michelin Straßenkarte 541

Van der Valk Hotel Melle

Wellingholzhausener Str. 7, an der BAB-Ausfahrt Melle-West ✉ 49324 – ✆ (05422) 9 62 40 – www.melle.vandervalk.de

118 Zim – 70/130 € 80/160 €

Dank der Direktanbindung an die A 30 ist das Hotel prädestiniert für Geschäftsreisende, zudem bietet man einen großzügigen und variablen Tagungsbereich (größter Raum 660 qm). Ruhigere Zimmer nach hinten. Von der Autobahn abgewandt auch das Restaurant und die Terrasse. Sonntags Brunch.

Lüers im Heimathof

Friedrich-Ludwig-Jahn-Str. 10, im Erhohlungszentrum am Grönenberg ✉ 49324 – ✆ (05422) 92 50 91 – www.luers-im-heimathof.de – geschl. Montagmittag und Dienstag

Karte 30/44 €

Das reizende Fachwerkhaus von 1620 ist Teil eines Museumsdorfes. Rustikale alte Holzbalken machen es schön gemütlich. Das Angebot ist saisonal, nachmittags gibt's selbstgebackene Kuchen - im Sommer ist dafür die Terrasse besonders beliebt!

MELLRICHSTADT

Bayern – 5 570 Ew. – Höhe 270 m – Regionalatlas **39-J14**

Berlin 392 km – München 359 km – Fulda 57 km – Bamberg 89 km

Michelin Straßenkarte 546

BIO Hotel Sturm

Ignaz-Reder-Str. 3 ✉ 97638 – ✆ (09776) 8 18 00 – www.hotel-sturm.com

46 Zim – 87/99 € 148/192 € – ½ P

Schön, was man hier so alles bietet: wohnliche Zimmer (die gibt's als "Tradition" oder modern als "Zeitgeist"), Naschgarten, Badeteich, Blockhaussauna, Wellness-Anwendungen... Und im Küchenhaus im Garten backt man eigenes Holzofenbrot und stellt Marmelade her - natürlich Bio!

MELSUNGEN

Hessen – 13 310 Ew. – Höhe 179 m – Regionalatlas **39-H12**

Berlin 407 km – Wiesbaden 198 km – Kassel 30 km – Bad Hersfeld 45 km

Michelin Straßenkarte 543

Centrinum

Rosenstr. 1 ✉ 34212 – ✆ (05661) 92 60 60 – www.centrinum.de

21 Zim – 80 € 120 € – 1 Suite – ½ P

In diesem Hotel in der Altstadt wurde Modernität clever mit Fachwerk kombiniert. Die zeitgemäßen Zimmer sind individuell eingerichtet, hübsch der kleine Saunabereich. Internationale Küche im Bistro. Von der Terrasse beobachtet man das Geschehen in der Fußgängerzone.

MEMMELSDORF

Bayern – 8 860 Ew. – Höhe 262 m – Regionalatlas **50-K15**

Berlin 398 km – München 240 km – Coburg 47 km – Bamberg 7 km

Michelin Straßenkarte 546

Brauereigasthof Drei Kronen

Hauptstr. 19 ✉ 96117 – ✆ (0951) 944 33 0 – www.drei-kronen.de – geschl. 21. - 24. Dezember

29 Zim – 60/85 € 99/119 € – ½ P

Als Gasthof gibt es das Haus der Straubs schon seit 1750, die Brautradition geht sogar bis ins Jahr 1457 zurück! Tipp: Das schönste Zimmer ist der "Braumeistertempel"! Besonders gemütlich sitzt man beim Essen in der Stube mit alter Original-Täfelung und Kachelofen. Und wie wär's mit einer Bierprobe?

MEMMINGEN

Bayern – 41 560 Ew. – Höhe 601 m – Regionalatlas **64-I20**
Berlin 661 km – München 114 km – Kempten (Allgäu) 35 km – Augsburg 95 km
Michelin Straßenkarte 546

Falken

Roßmarkt 3 ✉ 87700 – ☎ (08331) 9 45 10 – www.hotel-falken-memmingen.de – geschl. August 3 Wochen, Ende Dezember 2 Wochen
41 Zim – †83/103 € ††120/145 € – 1 Suite
In dem Hotel inmitten der Altstadt hat man wohnliche, neuzeitliche Zimmer für Sie - besonders beliebt die "Business-Suiten" mit Dampfdusche. Fragen Sie auch nach den Zimmern in der 4. Etage mit Blick über Memmingen!

Engelkeller

Königsgraben 9 ✉ 87700 – ☎ (08331) 9 84 44 90 – www.engelkeller.de
25 Zim – †82 € ††118 € – ½ P
In dem Eckhaus nicht weit von der Innenstadt stehen geradlinig-zeitgemäß gestaltete Gästezimmer in warmen Brauntönen bereit. Das mit rustikaler Note eingerichtete Restaurant (hier internationale und bürgerliche Küche) wird durch einen Biergarten ergänzt.

Weinstube Weber am Bach

Untere Bachgasse 2 ✉ 87700 – ☎ (08331) 24 14 – www.weberambach.de – geschl. Montagmittag
12 Zim – †65 € ††85 € – 8 €
Menü 37/68 € – Karte 23/67 € – (Tischbestellung ratsam)
Das Restaurant ist eine Institution in Memmingen, nicht nur weil das Haus a. d. J. 1320 das älteste der Stadt ist, sondern auch wegen der schmackhaften bürgerlich-internationalen Küche. So charmant wie die gemütlichen holzgetäfelten Stuben ist auch die Terrasse unmittelbar am Bach. Zeitgemäße Gästezimmer.

MENGKOFEN (KREIS DINGOLFING)

Bayern – 6 050 Ew. – Höhe 398 m – Regionalatlas **59-N18**
Berlin 556 km – München 106 km – Regensburg 65 km – Dingolfing 10 km
Michelin Straßenkarte 546

Zur Post

Hauptstr. 20 ✉ 84152 – ☎ (08733) 9 22 70 – www.post-mengkofen.de – geschl. 1. - 10. Januar
30 Zim – †70/74 € ††100 €
Der gewachsene historische Gasthof im Ortskern ist eine ehemalige Posthalterei, in der Sie heute in modern und funktionell gestalteten Zimmern übernachten, nach hinten ruhiger. Im Restaurant bietet man auch Krimidinner und Gourmetabende.

MEPPEN

Niedersachsen – 34 110 Ew. – Höhe 14 m – Regionalatlas **16-D7**
Berlin 504 km – Hannover 240 km – Nordhorn 43 km – Bremen 129 km
Michelin Straßenkarte 543

von Euch

Kuhstr. 21 ✉ 49716 – ☎ (05931) 4 95 01 00 – www.hotelvoneuch.de
29 Zim – †74/89 € ††94/104 € – ½ P
von Euch – Siehe Restaurantauswahl
Freundlich kümmert man sich in dem Hotel im Zentrum um seine Gäste. Sie wohnen in tipptopp gepflegten, neuzeitlich eingerichteten Zimmern (geräumiger die Superior-Zimmer) und genießen am Morgen ein gutes Frühstück.

Parkhotel

Lilienstr. 21, nahe der Freilichtbühne ✉ 49716 – ☎ (05931) 9 79 00 – www.emsland-hotels.com
33 Zim – †60/115 € ††85/135 € – 1 Suite – ½ P
In einer ruhigen Seitenstraße am Waldrand gelegenes Hotel mit neuzeitlich eingerichteten Zimmern - die im Nebenhaus liegen übrigens alle ebenerdig und haben eine Terrasse. Schön relaxen kann man in der Außensauna im Garten und bei Kosmetikanwendungen. Hübsch dekoriertes, ländlich gehaltenes Restaurant.

Schmidt am Markt

Markt 17, Zufahrt über Hinterstr. 17 ✉ 49716 – ✆ (05931) 9 81 00 – www.hotel-schmidt-meppen.de
31 Zim – 60/85 € 80/109 € – ½ P
Wer hier wohnt, hat die Fußgängerzone direkt vor der Tür. Sie hätten gerne etwas mehr Platz? Dann fragen Sie nach den größeren modernen Zimmern im Anbau. Praktisch: das öffentliche Sparkassen-Parkhaus schräg gegenüber.

von Euch – Hotel von Euch

Kuhstr. 21 ✉ 49716 – ✆ (05931) 4 95 01 00 – www.hotelvoneuch.de
Menü 27 € (abends)/39 € – Karte 31/47 €
Appetit machen hier z. B. "Meppener Spieß mit mediterranem Ofengemüse und Sauce Rouille" oder "Filet vom Steinbutt im Parmesanmantel mit Kräuter-Kartoffelmousse und Hummerschaum"! Mittags zusätzlich kleine Lunchkarte. Schön die Terrasse!

MERGENTHEIM, BAD

Baden-Württemberg – 22 470 Ew. – Höhe 206 m – Regionalatlas **49-I16**
Berlin 539 km – Stuttgart 117 km – Würzburg 46 km – Ansbach 78 km
Michelin Straßenkarte 545

Parkhotel

Lothar-Daiker-Str. 6 ✉ 97980 – ✆ (07931) 53 90 – www.parkhotel-mergentheim.de
116 Zim – 98/111 € 133/155 € – ½ P
Das Hotel befindet sich direkt am schönen Kurpark, zu dem auch die neuzeitlichen Zimmer liegen, alle mit Balkon oder Loggia. Medizinische Anwendungen und Schönheitsfarm. Internationale Küche im hellen, geradlinigen Restaurant. Terrasse mit Blick ins Grüne.

Bundschu

Milchlingstr. 24 ✉ 97980 – ✆ (07931) 93 30 – www.hotel-bundschu.de
60 Zim – 69/99 € 99/140 € – ½ P
Bundschu – Siehe Restaurantauswahl
Familie Bundschu leitet ihr Haus schon mit sehr viel Engagement und Herz, man renoviert und investiert, und so hat man neben den Komfortzimmern auch besonders schicke und topmoderne Superiorzimmer sowie großzügige Juniorsuiten. Das Haus eignet sich auch bestens für Tagungen und Veranstaltungen aller Art.

Alte Münze

Münzgasse 12 ✉ 97980 – ✆ (07931) 56 60 – www.hotelaltemuenze.de
30 Zim – 59/65 € 90/95 €
Der Gast bekommt hier alles, was er von einem gepflegten Stadthotel erwartet: funktionell ausgestattete Zimmer, solide Technik und ein gutes Frühstücksbuffet. Tipp: Besuchen Sie das wenige Gehminuten entfernte Deutschordensschloss!

Bundschu – Hotel Bundschu

Milchlingstr. 24 ✉ 97980 – ✆ (07931) 93 30 – www.hotel-bundschu.de – geschl. Montag
Menü 32/49 € – Karte 25/50 €
Das gepflegte Restaurant ist die "Gute Stube" im Hause der Bundschus. Gekocht wird regional-mediterran, im Frühjahr auch Asiatisches - nach wie vor ein Klassiker: die Bouillabaisse. Schöne die Terrasse zum Garten.

In Bad Mergentheim-Markelsheim Süd-Ost: 6 km über B 19

Gästehaus Birgit

Scheuerntorstr. 25 ✉ 97980 – ✆ (07931) 9 09 00 – www.gaestehausbirgit.de
11 Zim – 44/47 € 67/74 € – 1 Suite
Wie gemacht für Radwanderer: ruhig am Ortsrand gelegen, der Tauberradweg direkt vor der Tür! Bei der engagierten Familie Beck kann man wirklich nett und günstig übernachten (und auch gut frühstücken) - alles hell und frisch in Blau-Weiß.

MERKLINGEN

Baden-Württemberg – 1 940 Ew. – Höhe 699 m – Regionalatlas **56-H19**
Berlin 629 km – Stuttgart 73 km – Reutlingen 53 km – Ulm (Donau) 26 km
Michelin Straßenkarte 545

Ochsen

Hauptstr. 12 ✉ 89188 – ✆ (07337) 9 61 80 – www.hotel-ochsen-merklingen.de
31 Zim – 79/86 € 124 € – ½ P
Das Gasthaus von 1609 wird seit 1823 von Familie Hintz betrieben! Im Stammhaus wohnt man in Zimmern von rustikal bis neuzeitlich, im Anbau befinden sich Tagungsräume, Festsaal und das moderne Restaurant (internationale Küche und Steaks) - hübsch die Terrasse.

In Berghülen Süd: 8 km über Machtholsheim

Zum Ochsen

Blaubeurer Str. 14 ✉ 89180 – ✆ (07344) 9 60 90 – www.ochsen-berghuelen.de – geschl. 1. - 16. August
36 Zim – 54/56 € 82/84 € – ½ P
In der 6. Generation wird der erweiterte Gasthof von der Familie geleitet. Im Haupthaus und im Anbau hat man gepflegte Zimmer - fragen Sie nach den neueren! Restaurant mit bürgerlicher Küche.

MERSEBURG

Sachsen-Anhalt – 33 440 Ew. – Höhe 100 m – Regionalatlas **31-M11**
Berlin 189 km – Magdeburg 104 km – Leipzig 27 km – Halle (Saale) 16 km
Michelin Straßenkarte 542

Radisson BLU

Oberaltenburg 4 ✉ 06217 – ✆ (03461) 4 52 00 – www.merseburg-radissonblu.com
133 Zim – 75/300 € 80/300 € – 17 € – 3 Suiten – ½ P
Das barocke Zech'sche Palais ist Teil dieses Hotels oberhalb der Stadt. Wer gerne einen schönen Ausblick genießt, bucht ein Businesszimmer im OG mit angeschlossener Dachterrasse! Klassische Küche mit internationalem Einfluss im Restaurant Belle Epoque. Man hat auch stilvolle historische Säle.

Stadt Merseburg

Christianenstr. 25 ✉ 06217 – ✆ (03461) 35 00 – www.bestwestern-merseburg.de
73 Zim – 69/99 € 79/129 € – 1 Suite – ½ P
Das auf Businessgäste ausgerichtete Hotel am Rande der Innenstadt bietet neuzeitliche Zimmer mit guter Technik, die Suite verfügt über eine tolle Dachterrasse. Gönnen Sie sich doch auch eine Massage. Mit im Haus: Steakrestaurant "AZado".

Ritters Weinstuben

Große Ritterstr. 22, Zufahrt über Burgstraße ✉ 06217 – ✆ (03461) 3 36 60 – www.ritters-weinstuben.de – geschl. Anfang Januar 2 Wochen und Sonntag
9 Zim – 51/65 € 58/62 € – 7 € Menü 25/65 € – Karte 31/56 €
Das Ambiente gemütlich-elegant, schmackhaft die regionale und internationale Küche, sehr gut das Preis-Leistungs-Verhältnis! Wie wär's mit "Heimatkunde"? Oder lieber "Weltenbummler"? Mitunter sind die Produkte für die Region nicht ganz alltäglich. Zum Übernachten: wohnliche und funktionale Zimmer.

MERTESDORF

Rheinland-Pfalz – 1 680 Ew. – Höhe 220 m – Regionalatlas **45-B15**
Berlin 725 km – Mainz 150 km – Trier 16 km – Saarbrücken 82 km
Michelin Straßenkarte 543

Weis

Eitelsbacher Str. 4 ✉ 54318 – ✆ (0651) 9 56 10 – www.hotel-weis.de
48 Zim – 73/84 € 99/135 € – ½ P
Das in den Weinbergen des Ruwertals gelegene familiengeführte Hotel mit Weingut verfügt über zeitgemäße und wohnliche Zimmer sowie einen modernen Sauna- und Anwendungsbereich. Behagliches Restaurant mit Kachelofen und rustikale Stube.

XX **Grünhäuser Mühle**

Hauptstr. 4 ✉ 54318 – ✆ (0651) 5 24 34 – www.gruenhaeuser-muehle.de – geschl. Februar und Montag - Dienstag
Menü 40/69 € – Karte 34/64 € – *(nur Abendessen, sonntags auch Mittagessen)*
Die schön restaurierte alte Mühle bietet bei gepflegt-eleganter Tischkultur klassisch-französische Küche mit saisonal-regionalem Einschlag. Kommen Sie doch mal donnerstags, da gibt es Bretonisches Meeresfrüchte-Gabeldinner!

MERZIG

Saarland – 29 670 Ew. – Höhe 174 m – Regionalatlas **45**-B16
Berlin 746 km – Saarbrücken 47 km – Luxembourg 56 km – Saarlouis 21 km
Michelin Straßenkarte 543

Roemer

Schankstr. 2 ✉ 66663 – ✆ (06861) 9 33 90 – www.roemer-merzig.de
41 Zim – 64/74 € 89/110 € – ½ P
Das zeitgemäß und funktionell ausgestattete Haus (teilweise hübsche Themenzimmer wie z. B. Meereszimmer oder Afrikazimmer) ist ein "Bett+Bike"-Hotel: Gäste dürfen sich über Fahrrad-Garage sowie Verleih von Rädern und E-Bikes freuen. Das Restaurant bietet u. a. regionale Küche.

XX **Callari**

Fischerstr. 20 ✉ 66663 – ✆ (06861) 99 24 24 – geschl. 3. - 11. Februar, 8. - 16. Juni, 5. - 8. Oktober und Mittwoch - Donnerstag, Samstagmittag
Menü 47 € – Karte 26/56 €
In Sizilien geboren, hat Gaspare Callari über die Toskana den Weg ins Saarland gefunden. Und hier bewahrt er sich nun in dem etwas versteckt im Zentrum am Seffersbach liegenden Restaurant ein Stückchen Heimat in Form von mediterran-italienischer Küche.

MESCHEDE

Nordrhein-Westfalen – 30 110 Ew. – Höhe 260 m – Regionalatlas **27**-F11
Berlin 481 km – Düsseldorf 150 km – Arnsberg 19 km – Brilon 22 km
Michelin Straßenkarte 543

Von Korff

Le-Puy-Str. 19 ✉ 59872 – ✆ (0291) 9 91 40 – www.hotelvonkorff.de
26 Zim – 64/74 € 92/102 € – 5 € – ½ P
Von Korff – Siehe Restaurantauswahl
Familie von Korff bietet in dem erweiterten Stadthaus von 1902 geradlinig-modern eingerichtete Zimmer mit Parkettboden, zeitgemäßer Technik und gutem Platzangebot.

XX **Von Korff** – Hotel Von Korff

Le-Puy-Str. 19 ✉ 59872 – ✆ (0291) 9 91 40 – www.hotelvonkorff.de
Menü 29/69 € – Karte 27/69 €
Ein Patrizierhaus, dessen architektonische Erneuerung und Erweiterung gelungen ist, überzeugt mit einem Ambiente aus Modernität, klaren Formen und viel Licht. Schöne Auswahl an Bordeaux-Weinen.

In Meschede-Freienohl Nord-West: 10 km über A 46

XX **Luckai**

Christine-Koch-Str. 11 ✉ 59872 – ✆ (02903) 9 75 20 – www.hotel-luckai.de – geschl. Mittwoch
15 Zim – 56/62 € 90/104 € – ½ P Menü 14 € – Karte 17/39 €
In diesem hell gestalteten Restaurant serviert man bürgerliche Küche mit internationalen Einflüssen. Zum Haus gehören auch eine nette Sonnenterrasse und eine Bierstube. Die soliden Gästezimmer verfügen meist über einen Balkon.

In Meschede-Remblinghausen Süd: 6 km

Landhotel Donner

Zur alten Schmiede 4 ✉ 59872 – ✆ (0291) 95 27 00 – www.landhotel-donner.de – geschl. 12. - 29. Januar

14 Zim – 69/82 € 95/125 € – ½ P

Landhotel Donner – Siehe Restaurantauswahl

Familie Donner hat den Gasthof von 1911 in dem historischen Handelshaus zu einem sympathischen, tipptopp gepflegten und wohnlichen kleinen Hotel gemacht. Fragen Sie nach den neuzeitlicheren Zimmern! Dazu gibt's Tipps für Ihre Wanderung.

Landhotel Donner – Landhotel Donner

Zur alten Schmiede 4 ✉ 59872 – ✆ (0291) 95 27 00 – www.landhotel-donner.de – geschl. 12. - 29. Januar und Mittwoch

Menü 32/49 € – Karte 29/51 €

Ob regional oder international, ob hausgemachte Rindswurst oder "Tempura-Garnelen Tandoori", hier wird richtig gut gekocht! Wirklich gemütlich das Ambiente: hübsche ländliche Gaststuben mit hochwertigen Stoffen und warmem Holz. Und nachmittags selbst gebackenen Kuchen auf der schönen Gartenterrasse?

MESPELBRUNN

Bayern – 2 200 Ew. – Höhe 269 m – Regionalatlas **48-H15**

Berlin 561 km – München 342 km – Würzburg 62 km – Aschaffenburg 16 km

Michelin Straßenkarte 546

Schlosshotel

Schlossallee 25 ✉ 63875 – ✆ (06092) 60 80 – www.schlosshotel-mespelbrunn.de – geschl. 2. - 14. Januar

40 Zim – 78/114 € 110/164 € – ½ P

In direkter Nachbarschaft zum Wasserschloss hat sich aus der Schlosswirtschaft dieser Hotelkomplex entwickelt. In neuem Glanz und geradlinig-zeitgemäßem Stil erstrahlen nun viele der Zimmer und auch der Sauna- und Kosmetikbereich. Speisen Sie im Sommer auf der Terrasse unter alten Linden!

Müller's Landhotel

Am Dürrenberg 1, Hessenthal, Nord: 2 km ✉ 63875 – ✆ (06092) 82 48 20 – www.muellers-landhotel.eu

20 Zim – 72/84 € 110/134 € – 2 Suiten – ½ P

Müller's Frischeküche – Siehe Restaurantauswahl

Schön modern wohnt man in dem Familienbetrieb oberhalb von Mespelbrunn. Von den Zimmern zur Talseite hat man eine reizvolle Aussicht, ruhiger schläft man zum Weinberg. Am Morgen erwartet Sie ein ansprechendes Frühstücksbuffet.

Zum Engel

Hauptstr. 268 ✉ 63875 – ✆ (06092) 9 73 80 – www.mespelbrunn-hotel-engel.de

23 Zim – 55/75 € 85/100 € – ½ P

Der gewachsene Gasthof mit frischer gelber Fassade liegt am Ortsanfang unweit des Schlosses. Wohnliche Zimmer, teils mit Balkon - zum schönen großen Garten hin ruhiger. Das Restaurant teilt sich in eine Gaststube mit Kachelofen und die separate Zirbelstube.

Müller's Frischeküche – Müller's Landhotel

Am Dürrenberg 1, Hessenthal, Nord: 2 km ✉ 63875 – ✆ (06092) 82 48 20 – www.muellers-landhotel.eu

Menü 25/37 € – Karte 20/42 € – *(Montag - Donnerstag nur Abendessen)*

In ländlich-charmanten Stuben bietet man regional-saisonale Küche und auch Gerichte mit internationalem Einfluss. Wie wär's z. B. mit dem Menü "Feinschmecker" oder lieber einen von "Müller's Klassikern"? Tipp: Terrasse mit schöner Sicht!

MESSKIRCH

Baden-Württemberg – 8 150 Ew. – Höhe 616 m – Regionalatlas **63-G20**
▶ Berlin 708 km – Stuttgart 118 km – Konstanz 55 km –
Freiburg im Breisgau 119 km
Michelin Straßenkarte 545

In Meßkirch-Menningen Nord-Ost: 5 km über B 311

Zum Adler Leitishofen
Leitishofen 35, B 311 ✉ 88605 – ✆ (07575) 92 50 80 – www.adler-leitishofen.de – geschl. Ende Januar - Anfang Februar 2 Wochen und Dienstag
Menü 13/39 € – Karte 19/43 €
Etwas abseits liegt dieser gepflegte Gasthof - ein sympathisches familiengeführtes Haus, in dem man in gemütlichen Stuben sitzt und sich regionale Gerichte servieren lässt.

MESSSTETTEN

Baden-Württemberg – 10 000 Ew. – Höhe 907 m – Regionalatlas **63-G20**
▶ Berlin 736 km – Stuttgart 91 km – Konstanz 88 km – Albstadt 8 km
Michelin Straßenkarte 545

In Meßstetten-Hartheim Süd-West: 3 km über Hauptstraße

Lammstuben
Römerstr. 2 ✉ 72469 – ✆ (07579) 6 21 – www.lammstuben.de – geschl. Anfang Februar 2 Wochen, Anfang August 2 Wochen und Dienstag - Mittwochmittag
Menü 21/45 € – Karte 20/51 €
Geschmackvoll die drei Stuben (Kachelofen, Wandvertäfelungen und bemalte Holzdecken machen es stilvoll und charmant), regional die Küche. Lust auf Schlachtfest, Kochkurs oder Spargelessen? Je nach Jahreszeit stehen besondere Aktionen an.

METTLACH

Saarland – 12 130 Ew. – Höhe 175 m – Regionalatlas **45-B16**
▶ Berlin 754 km – Saarbrücken 55 km – Trier 43 km – Saarlouis 29 km
Michelin Straßenkarte 543

Saarpark
Bahnhofstr. 31, B 51 ✉ 66693 – ✆ (06864) 92 00 – www.hotel-saarpark.de
40 Zim – †70/120 € ††113/140 € – 5 Suiten – ½ P
In dem Hotel nahe der Saar wohnt man fluss- oder parkseitig, teilweise in Maisonette-Zimmern. Auch Wanderer und Radfahrer sind - vor allem im Sommer - in dieser "Bett+Bike"-Adresse gerne zu Gast. Freundlich gestaltetes Restaurant Montclair und rustikale Bierstube.

In Mettlach-Orscholz Nord-West: 6 km, jenseits der Saar, im Wald links abbiegen

Landhotel Saarschleife
Cloefstr. 44 ✉ 66693 – ✆ (06865) 17 90 – www.hotel-saarschleife.de
44 Zim – †76/122 € ††116/152 € – 4 Suiten – ½ P
Landhotel Saarschleife – Siehe Restaurantauswahl
Familie Buchna führt ihr Haus sehr engagiert, immer wieder wird investiert und erneuert. Fragen Sie nach den neuen geradlinig-modern gestalteten Zimmern! Schön entspannen können Sie auch im gepflegten Freizeitbereich.

Landhotel Saarschleife – Landhotel Saarschleife
Cloefstr. 44 ✉ 66693 – ✆ (06865) 17 90 – www.hotel-saarschleife.de
Menü 39/74 € – Karte 35/66 €
"Jakobsmuscheln auf Gurken-Carpaccio" oder "Lammrücken mit Pestognocchi" sind nur zwei Beispiele für die regional und international geprägte Küche, die zahlreiche Gäste zu Familie Buchna führt. Essen und Service sind hier gleichermaßen gut.

METTNAU (HALBINSEL) – Baden-Württemberg ➜ Siehe Radolfzell

METZINGEN

Baden-Württemberg – 21 180 Ew. – Höhe 350 m – Regionalatlas **55-G19**
Berlin 673 km – Stuttgart 34 km – Reutlingen 8 km – Ulm (Donau) 79 km
Michelin Straßenkarte 545

Schwanen

Bei der Martinskirche 10 ✉ 72555 – ✆ (07123) 94 60 – www.schwanen-metzingen.de
70 Zim – †94/161 € ††119/194 € – ☕ 15 €
Schwanen – Siehe Restaurantauswahl
Das Haus liegt gegenüber der Martinskirche und - ideal für Shopping-Fans - nur wenige Gehminuten von einem der Mode-Outlets. Tipp: Im Anbau hat man besonders schöne neuere Zimmer! Neben dem Restaurant gibt es noch die Bistro-Bar Mezzo.

Schwanen – Hotel Schwanen

Bei der Martinskirche 10 ✉ 72555 – ✆ (07123) 94 60 – www.schwanen-metzingen.de
Menü 15 € (mittags)/45 € – Karte 21/63 €
Moderne Gastronomie und schwäbisch-ländliche Tradition gelungen kombiniert. Auf den Tisch kommt saisonale Küche aus regionalen Produkten, beliebt auch das günstige Lunchmenü! Begehbarer Weinschrank mit schöner Auswahl an deutschen Weinen.

In Metzingen-Glems Süd: 4 km über B 28 Richtung Bad Urach, in Neuhausen rechts ab

Stausee-Hotel

Unterer Hof 3, am Stausee, West: 1,5 km ✉ 72555 – ✆ (07123) 9 23 60 – www.stausee-hotel.de
22 Zim ☕ – †85/120 € ††105/140 €
Die Zimmer in diesem Hotel in schöner Panoramalage oberhalb des Glemser Stausees sind hell und modern-funktionell gestaltet, zur Seeseite mit eigenem kleinem Wintergarten. Auf der Terrasse mit beeindruckender Sicht auf See und Schwäbische Alb sitzt man gerne bei Kaffee und Kuchen.

MEYENBURG

Brandenburg – 2 160 Ew. – Höhe 82 m – Regionalatlas **12-N6**
Berlin 143 km – Potsdam 136 km – Perleberg 49 km – Waren 67 km
Michelin Straßenkarte 542

Germania Hotel am Schlosspark

Wilhelmsplatz 3 ✉ 16945 – ✆ (033968) 50 20 – www.germania-meyenburg.de
14 Zim ☕ – †62 € ††83 € – ½ P
Am Eingang des Schlossparks finden Sie dieses gut geführte kleine Hotel. Es empfängt Sie eine hübsche Halle, die Zimmer sind recht großzügig geschnitten und modern eingerichtet und im Restaurant serviert man Ihnen internationale Küche.

MICHELSTADT

Hessen – 16 160 Ew. – Höhe 206 m – Regionalatlas **48-G16**
Berlin 592 km – Wiesbaden 92 km – Mannheim 66 km – Aschaffenburg 51 km
Michelin Straßenkarte 543

Drei Hasen

Braunstr. 5 ✉ 64720 – ✆ (06061) 7 10 17 – www.dreihasen.de – geschl. 1. - 15. Januar
20 Zim ☕ – †62/72 € ††96 € – ½ P
Auf 300 Jahre Gasthaustradition blickt das schöne historische Gebäude direkt am Marktplatz zurück. Familiäre Atmosphäre, hübsche individuelle Zimmer und bürgerliche Küche in gemütlichen Räumen - eine davon die "Museums-Stubb" mit Kamin von 1450. Charmant das Küferhaus und der Biergarten.

In Michelstadt-Vielbrunn Nord-Ost: 13,5 km über B 47 Richtung Walldürn

Landgasthof Geiersmühle

Im Ohrnbachtal, Aussenliegend 1, Ost: 2 km ✉ 64720 – ✆ (06066) 7 21 – www.geiersmuehle.de – geschl. Anfang Januar 2 Wochen und Montag - Freitagmittag, außer an Feiertagen

8 Zim – 55/70 € 96 € – ½ P Menü 40/65 € – Karte 34/62 €

So wünscht man sich ein beschauliches Mühlenanwesen: etwas abseits in einem idyllischen Tal, gemütlich-elegantes Ambiente und gute Küche. Chefin Franca Wewetzer leitet freundlich den Service, ihr Sohn kocht Saisonales wie z. B. geschmorte Lammkeule. Zum Übernachten hat man recht geräumige, wohnliche Zimmer.

MICHENDORF

Brandenburg – 11 930 Ew. – Höhe 45 m – Regionalatlas **22-O8**

Berlin 50 km – Potsdam 11 km – Belzig 48 km – Brandenburg 42 km

Michelin Straßenkarte 542

In Michendorf-Wildenbruch Süd-Ost: 4 km

Gasthof Zur Linde

Kunersdorfer Str. 1 ✉ 14552 – ✆ (033205) 2 30 20 – www.linde-wildenbruch.de – geschl. Februar

6 Zim – 72/118 € 118/138 €

Gasthof Zur Linde – Siehe Restaurantauswahl

Auf einem schönen, ehemals bäuerlich genutzten Anwesen gegenüber der Kirche übernachten Sie bei freundlichen Gastgebern in sechs überaus wohnlichen und modernen Zimmern, darunter eine Ferienwohnung im Nebengebäude.

Gasthof Zur Linde – Hotel Gasthof Zur Linde

Kunersdorfer Str. 1 ✉ 14552 – ✆ (033205) 2 30 20 – www.linde-wildenbruch.de – geschl. Februar 2 Wochen und Dienstag - Mittwoch

Menü 29/35 € – Karte 32/50 €

Liebenswert-rustikal ist hier die Atmosphäre. Im Winter schafft ein Kamin Behaglichkeit, im Sommer ist der Hofgarten mit der alten Kastanie ein Traum! Auf den Tisch kommt regionale Küche.

MIESBACH

Bayern – 11 140 Ew. – Höhe 697 m – Regionalatlas **66-M21**

Berlin 644 km – München 56 km – Garmisch-Partenkirchen 77 km – Salzburg 101 km

Michelin Straßenkarte 546

Bayerischer Hof

Oskar-von-Miller-Str. 2 ✉ 83714 – ✆ (08025) 28 80 – www.bayerischerhof-online.de

134 Zim – 115/199 € 145/229 € – ½ P

Sie möchten auch auf Geschäftsreise nicht auf Ihr Sportprogramm verzichten? Vom Hotel haben Sie direkten Zugang zum Sportpark: Hier warten auf rund 5000 qm ein großer Fitnessbereich, Sauna, eine Indoor-Soccer-Anlage, Tennis drinnen wie draußen, Squash... Bayerische und italienische Küche in verschiedenen Restaurantbereichen. Prunkstück: der Ballsaal.

Pasta Vino

Kolpingstr. 2 ✉ 83714 – ✆ (08025) 9 97 44 97 – www.pastavino-miesbach.de – geschl. Sonntag - Mittwoch

Menü 60/150 € – *(nur Abendessen)* (Tischbestellung erforderlich)

Der Chef überrascht Sie jeden Abend mit einem neuen kreativen Menü - gerne geht man auf Ihre Wünsche ein. Die zahlreichen Stammgäste schätzen die legere Atmosphäre und natürlich das gute Essen.

MILTENBERG

Bayern – 9 200 Ew. – Höhe 129 m – Regionalatlas **48-G16**
Berlin 566 km – München 347 km – Würzburg 69 km – Aschaffenburg 44 km
Michelin Straßenkarte 546

Hopfengarten

Ankergasse 16 ✉ 63897 – ✆ (09371) 9 73 70 – www.flairhotel-hopfengarten.de
19 Zim – 58/98 € 98/128 € – ½ P
Der hübsche Gasthof in zentraler Lage ist eine familiäre Adresse, die Zimmer bieten W-Lan und Sky-TV gratis, manche auch eine Whirlwanne! Geradlinig-modern ist das Ambiente im Restaurant. Sie sind mit dem Zweirad unterwegs? Unterstellmöglichkeit für Motor- und Fahrräder!

Brauerei Keller

Hauptstr. 66 ✉ 63897 – ✆ (09371) 50 80 – www.hotel-brauerei-keller.de
32 Zim – 62 € 92 € – ½ P
Seit 1881 - inzwischen in 5. Generation - wird der Gasthof als Familienbetrieb geführt. Nicht nur gepflegt übernachten kann man hier, es gibt auch nette rustikale Gaststuben mit bürgerlich-regionalem Angebot.

1622 im Jagd Hotel Rose (Jean-Philipp Schneider)

Hauptstr. 280 ✉ 63897 – ✆ (09371) 4 00 60 – www.jagdhotel-rose.de – geschl. Januar 2 Wochen, Anfang August 3 Wochen und Montag - Dienstag
23 Zim – 78 € 116/120 € – ½ P
Menü 68/96 € – Karte 68/91 € – *(Mittwoch - Freitag nur Abendessen)* (Tischbestellung ratsam)
Im Haus der Familie Schneider überzeugt Juniorchef Jean-Philipp mit ambitionierter modern-klassischer Küche, gelungen die Aromenkombinationen. Der Service umsichtig und charmant. Neben dem stilvoll-zeitgemäßen Restaurant samt Apero-Lounge hat das historische Haus am Main im OG auch einfache Gästezimmer.
→ Steinbutt mit Nussbutterbröseln, jungen Erbsen, kleinen Pfifferlingen und Kalbsglace. Lammrücken mit Cremolata, flüssiger Polenta, Saubohnen und Rotweinperlzwiebeln. Variation von französischen Aprikosen und Vanille mit Basilikumsorbet.
Kristinas Esszimmer – Siehe Restaurantauswahl

Kristinas Esszimmer – Jagd Hotel Rose

Hauptstr. 280 ✉ 63897 – ✆ (09371) 4 00 60 – www.jagdhotel-rose.de – geschl. Januar 2 Wochen, Anfang August 1 Woche und Montag - Dienstag
Menü 34/46 € – Karte 34/48 €
"Ragout vom Reh / Spitzkohl / Spätzle", "Dorade / Karotten-Erdnuss-Bulgur / Mangold"... Hier lässt man sich modern-regionale Klassiker oder Internationales schmecken, während man in dezent elegantem Rahmen sitzt und zum Main schaut.

MINDEN

Nordrhein-Westfalen – 79 970 Ew. – Höhe 48 m – Regionalatlas **18-G9**
Berlin 353 km – Düsseldorf 220 km – Bielefeld 54 km – Bremen 100 km
Michelin Straßenkarte 543

Victoria

Markt 11 ✉ 32423 – ✆ (0571) 97 31 00 – www.victoriahotel-minden.de
32 Zim – 75/110 € 95/145 € – ½ P
Das komfortable Hotel, entstanden aus einem Gebäude von 1840, steht in der Innenstadt und überzeugt mit großzügigen neuzeitlichen Zimmern. Schön ist auch der elegante Saal. Im Restaurant erwartet Sie klassisches Ambiente.

MITTENWALD

Bayern – 7 320 Ew. – Höhe 923 m – Regionalatlas **65-L22**
Berlin 698 km – München 103 km – Garmisch-Partenkirchen 23 km – Innsbruck 37 km
Michelin Straßenkarte 546

Rieger

Dekan-Karl-Platz 28 ✉ 82481 – ✆ (08823) 9 25 00 – www.hotel-rieger.de – geschl. 24. Oktober - 18. Dezember
41 Zim – †48/77 € ††82/140 € – ½ P
Familie Rieger bietet individuelle Zimmer im regionstypischen Landhausstil und einige großzügige Appartements. Wirklich nett ist die sympathisch-ländliche Atmosphäre im Haus. Zu essen gibt es nicht nur regionale und internationale Küche, sondern auch leckere Kuchen aus der eigenen Konditorei!

Alpengasthof Gröbl-Alm

Gröbl-Alm 1, Nord: 2 km ✉ 82481 – ✆ (08823) 91 10 – www.groeblalm.de – geschl. 4. - 28. April, 1. November - 16. Dezember
25 Zim – †59/149 € ††102/154 € – 3 Suiten
Sie wohnen hier richtig auf dem Land! Die Familie betreibt auch den angrenzenden Bauernhof mit Pferden, Ziegen, Schafen... das kommt auch bei Kindern gut an! Die einsame Lage über der Stadt ist schön ruhig, die Atmosphäre typisch bayerisch-behaglich, der Blick von der Terrasse und vom Saunabereich ein Traum!

Das Marktrestaurant

Dekan-Karl-Platz 21 ✉ 82481 – ✆ (08823) 9 26 95 95 – www.das-marktrestaurant.de – geschl. November 1 Woche, März 1 Woche und Montag
Menü 36/58 € – Karte 32/53 €
Frische, Geschmack und richtig gute regionale Produkte - das macht die Gerichte von Andreas Hillejan aus. Appetit auf "Lachsforelle mit grünem Spargel und Zitronenpüree" oder "Bergbauernravioli mit Röstzwiebelsud und Almkäse"?

Am Lautersee Süd-West: 3 km über Leutascher Straße

Lautersee

Am Lautersee 1 ✉ 82481 Mittenwald – ✆ (08823) 10 17 – www.hotel-lautersee.de – geschl. 16. März - 30. April, 1. November - 12. Dezember
11 Zim – †50/80 € ††120/130 € – 2 Suiten – ½ P
Garantiert fällt bei der Ankunft hier jeglicher Alltagsstress von Ihnen ab! Ruhe, grandioser Alpenblick, direkter Seezugang, Terrasse mit Sicht aufs Wasser - und damit die Idylle nicht gestört wird, ist das Haus nur mit Sondergenehmigung per Auto erreichbar. Übrigens: Man ist überaus herzlich zu den Gästen!

MITTENWALDE

Brandenburg – 8 740 Ew. – Höhe 37 m – Regionalatlas **23-P9**
Berlin 40 km – Potsdam 60 km – Lübben 52 km
Michelin Straßenkarte 542

In Mittenwalde-Motzen Süd-Ost: 7 km über Gallun

Residenz am Motzener See

Töpchiner Str. 4 ✉ 15749 – ✆ (033769) 8 50 – www.hotel-residenz-motzen.de
60 Zim – †75/120 € ††120/150 € – ½ P
Das gut geführte Hotel befindet sich in einer schönen Gartenanlage, die vom netten Wellnessbereich aus zugänglich ist und direkt an den (motorbootfreien) See grenzt. Die zeitgemäßen Zimmer haben teilweise einen Balkon. Gediegene Atmosphäre im Restaurant, von der Terrasse blickt man ins Grüne und auf den See.

MÖHNESEE

Nordrhein-Westfalen – 10 860 Ew. – Höhe 250 m – Regionalatlas **27-E11**
Berlin 471 km – Düsseldorf 122 km – Arnsberg 12 km – Soest 10 km
Michelin Straßenkarte 543

In Möhnesee-Körbecke

Haus Griese

Seestr. 5, am Freizeitpark ✉ 59519 – ✆ (02924) 98 20 – www.hotel-haus-griese.de

36 Zim – 65/80 € 99/140 € – ½ P

Gepflegt, familiär und nicht weit vom Möhnesee! Wer gerne etwas mehr Platz hat, bucht am besten eines der Komfortzimmer, wer's moderner mag, ein Business-Zimmer. Aus der Küche kommt ein Mix aus bürgerlichen und internationalen Speisen - und auch Steakgerichte. Schöne Terrasse.

MÖLLN

Schleswig-Holstein – 18 520 Ew. – Höhe 19 m – Regionalatlas **11**-K5

Berlin 248 km – Kiel 112 km – Schwerin 59 km – Lübeck 29 km

Michelin Straßenkarte 541

Zum Weissen Ross

Hauptstr. 131 ✉ 23879 – ✆ (04542) 27 72 – www.weissesross.com – geschl. Sonntagabend - Montag

8 Zim – 65/75 € 105/109 € – 1 Suite – ½ P

Menü 36 € (abends)/49 € – Karte 28/50 €

Gerne schauen die Gäste auch mal in die offene Küche, wenn dort Chef Sönke Schlie bereits in der 6. Generation kocht. Viele kommen am Mittag auf ein klassisch-bürgerliches Tagesgericht. Man kann hier übrigens direkt auf den Stadtsee gucken. Tipp: Das hausgemachte Sonnenblumenkernbrot ist ein Gedicht!

MÖNCHBERG

Bayern – 2 600 Ew. – Höhe 254 m – Regionalatlas **48**-G15

Berlin 574 km – München 351 km – Würzburg 75 km – Aschaffenburg 32 km

Michelin Straßenkarte 546

Schmitt

Urbanusstr. 12 ✉ 63933 – ✆ (09374) 20 90 – www.hotel-schmitt.de – geschl. 4. Januar - 4. Februar

40 Zim – 71/81 € 112/122 € – ½ P

Schön für entspannte Urlaubstage: großer Garten (hier Boccia, Minigolf und Schach) und ein gutes kleines Freizeitangebot, einschließlich Massage- und Kosmetikbereich. Liebhaber von Sammlerstücken kommen in "Hildes Puppenstube" ins Schwärmen! Terrasse mit Aussicht.

MÖNCHENGLADBACH

Nordrhein-Westfalen – 255 090 Ew. – Höhe 60 m – Regionalatlas **35**-B11

Berlin 585 km – Düsseldorf 38 km – Aachen 64 km – Duisburg 50 km

Michelin Straßenkarte 543

Palace St. George

Konrad-Zuse-Ring 10, Nord Park ✉ 41179 – ✆ (02161) 54 98 80 – www.palace-st-george.de

11 Zim – 98/199 € 115/239 € – 15 € – 1 Suite

Eickes Restaurant* • *Bistro – Siehe Restaurantauswahl

Hier hat jemand Geschmack bewiesen: Schön, modern und sehr wertig ist die einstige englische Kaserne beim Borussia-Park! Angenehm auch der freundliche Service, das gute Frühstücksbuffet und die Terrasse mit Lounge. Etwas Besonderes: Im 1. Stock dient eine ehemalige Kirche als Tagungs- und Veranstaltungsraum.

Rosenmeer

Schürenweg 45 ✉ 41063 – ✆ (02161) 46 24 20 – www.rosenmeer.net

15 Zim – 98/110 € 128 € – 14 € – 4 Suiten

Überall bestimmt wertiges geradlinig-modernes Design das Bild: in den Zimmern ruhige Farben, hübsche Stoffe und warmer Parkettboden, ebenso chic und trendig sind Lounge, Bar und das kompett verglaste lichte Restaurant mit Terrasse zum Stadtpark Bunter Garten (schön auch zum Spazierengehen). Sonntags Brunch.

XXX **Eickes Restaurant** – Hotel Palace St. George

Konrad-Zuse-Ring 10, Nord Park ✉ 41179 – ✆ (02161) 54 98 80 – www.palace-st-george.de – geschl. Sonntag - Dienstag
Menü 42/85 € – Karte 33/73 €
Man sitzt hier in einem schönen modern-eleganten Restaurant und lässt sich eine Mischung aus internationaler und klassischer Küche servieren, die sich auch an der Saison orientiert. Das Angebot reicht von "Matjes / Birnen / Topinambur" bis "Hirschrücken / Rote Bete / Schokolade".

X **Bistro** – Hotel Palace St. George

Konrad-Zuse-Ring 10, Nord Park ✉ 41179 – ✆ (02161) 54 98 80 – www.palace-st-george.de
Menü 39/46 € – Karte 39/65 €
Steht Ihnen der Sinn nach "Tagliolini mit gegrillten Steinpilzen" oder "Rumpsteak auf Blumekohlpüree"? Dann werden Sie die legere und unkomplizierte Bistrovariante der Eickes'schen Gastronomie mögen. Im Sommer sitzt man auch draußen schön.

In Mönchengladbach-Hardt West: 6 km

Lindenhof

Vorster Str. 535 ✉ 41169 – ✆ (02161) 55 93 40 – www.lindenhof-mg.de
16 Zim – 78/128 € 102/142 €
Bei Familie Kasteel dürfen Sie sich auf topgepflegte, zeitlos gestaltete Gästezimmer freuen. Wer etwas mehr Platz braucht, fragt am besten nach den moderneren Komfortzimmern. Am Morgen gibt's ein gutes Frühstück in gemütlicher Atmosphäre.

XX **Lindenhof**

Vorster Str. 535 ✉ 41169 – ✆ (02161) 55 93 40 – www.lindenhof-mg.de – geschl. Sonntag - Montag
Menü 43/92 € – Karte 44/73 € – *(nur Abendessen)*
Mit großer Leidenschaft wird das Restaurant - seit 1908 in Familienhand - von Volker und Susanne Kasteel geführt. Das Ambiente ist schön behaglich und zugleich elegant, die Küche klassisch, ambitioniert und produktorientiert.

In Mönchengladbach-Rheydt Süd: 3,5 km

Elisenhof

Klusenstr. 97, in Hockstein ✉ 41239 – ✆ (02166) 93 30 – www.elisenhof.de
68 Zim – 69/180 € 85/240 € – 15 € – ½ P
Classics & Trends – Siehe Restaurantauswahl
Eine gefragte Tagungs- und Businessadresse: gut erreichbar durch die Nähe zur A 61, Telefonate ins dt. Festnetz, W-Lan, Sky-TV sowie Minibar kostenfrei, sonntags Frühstück bis 13 Uhr! Tipp: Einige Zimmer sind besonders modern.

Montana

Giesenkirchener Str. 41, B 230 ✉ 41238 – ✆ (02166) 1 60 06 – www.montana-hotels.de – geschl. Ende Dezember - Anfang Januar 2 Wochen, 24. - 28. April
33 Zim – 55/83 € 69/83 € – 8 €
Neben der verkehrsgünstigen Lage nahe der Autobahn ist hier auch die gute und funktionelle Zimmerausstattung interessant. Und damit der Tag angenehm beginnt, können Sie beim Frühstücken in den schönen nach hinten gelegenen Garten schauen.

XX **Classics & Trends** – Hotel Elisenhof

Klusenstr. 97, in Hockstein ✉ 41239 – ✆ (02166) 93 30 – www.elisenhof.de
Menü 34/74 € – Karte 30/68 €
"Riesengarnele im Kataifiteig", "Bachsaiblingsfilet mit Weißweinrisotto"... Hier speist man saisonal-international, und das in angenehm lichtem Ambiente. Für den kleinen Hunger sind die angeschlossene Bauernstube oder das Bistro ideal.

In Korschenbroich-Kleinenbroich Ost: 7 km

Bienefeld

Im Kamp 5 ✉ 41352 – ✆ (02161) 99 83 00 – www.bienefeld-hotel.de – geschl. 24. Dezember - 3. Januar

12 Zim – †69/78 € ††80/99 €

Eine gediegene und persönliche Atmosphäre erwartet die Gäste in dem kleinen Familienbetrieb in einer ruhigen Wohngegend. Das Haus ist topgepflegt, die Zimmer verfügen über moderne Wellness-Dampfduschen.

In Korschenbroich-Steinhausen Ost: 10 km

Gasthaus Stappen

Steinhausen 39 ✉ 41352 – ✆ (02166) 8 82 26 – www.gasthaus-stappen.de – geschl. 27. Dezember - 2. Januar und Dienstag

Menü 35/65 € – Karte 34/57 € – *(nur Abendessen, sonntags auch Mittagessen)*

Alteingesessen, aber stets aktuell! Frajo und Carmen Stappen bieten in modern-elegantem Ambiente ambitionierte regional-internationale Küche - da gibt es z. B. "gefüllte Wachteln - gebackener Ziegenkäse mit Thymian - karamellisierte Birne". Rustikaler die gemütliche Stube (Tipp: donnerstags Bier vom Fass und Mettbrötchen), draußen der begrünte Hofgarten.

MOERS

Nordrhein-Westfalen – 103 110 Ew. – Höhe 30 m – Regionalatlas **25-B11**

Berlin 556 km – Düsseldorf 41 km – Duisburg 12 km – Krefeld 17 km

Michelin Straßenkarte 543

Kurlbaum

Burgstr. 7, 1. Etage ✉ 47441 – ✆ (02841) 2 72 00 – www.restaurant-kurlbaum.de – geschl. Dienstag

Menü 49 € (mittags)/79 € – Karte 45/63 € – *(Samstag - Montag nur Abendessen)* (Tischbestellung ratsam)

Seit über 25 Jahren bleibt man hier seiner klassischen Küche treu - sehr zur Freude der zahlreichen Stammgäste, die das elegante Restaurant in der Fußgängerzone auch gerne zur Mittagszeit besuchen - da bekommt man ein 2-Gänge-Menü zu einem attraktiven Preis!

In Moers-Repelen Nord: 3,5 km Richtung Kamp-Lintfort

Zur Linde

An der Linde 2 ✉ 47445 – ✆ (02841) 97 60 – www.hotel-zur-linde.de

60 Zim – †112/132 € ††145/185 € – 3 Suiten

Zur Linde – Siehe Restaurantauswahl

Hier hat man ein denkmalgeschütztes Gasthaus und ein historisches Bauernhaus mit einem modernen Anbau verbunden. Eine Businessadresse mit guten Tagungsmöglichkeiten.

Zur Linde – Hotel Zur Linde

An der Linde 2 ✉ 47445 – ✆ (02841) 97 60 – www.hotel-zur-linde.de

Menü 38/72 € – Karte 34/58 €

Das über 220 Jahre alte Bauernhaus hat Atmosphäre - dafür sorgt u. a. die reizende Einrichtung der Stuben, mit der die Gastgeber Liebe zum Detail bewiesen haben. Und im Innenhof: eine charmante Terrasse! Aus der Küche kommen internationale und einige regionale Gerichte.

Außerhalb Süd-West: 6 km, Richtung Krefeld

Feltgenhof

Krefelder Str. 244 ✉ 47447 Moers – ✆ (02845) 2 87 28 – www.feltgenhof.de – geschl. 8. - 23. Februar und Montag - Dienstag

Menü 15/48 € – Karte 42/53 € – *(nur Abendessen, sonntags auch Mittagessen)*

Sehr freundlicher Service und nette Atmosphäre machen das Restaurant in einem ehemaligen Bauernhof von 1890 aus. Im Sommer der Renner: Biergarten mit Grillstation im schönen Innenhof.

MOLFSEE – Schleswig-Holstein ➜ Siehe Kiel

MONREPOS (SCHLOSS) – Baden-Württemberg ➜ Siehe Ludwigsburg

MONSCHAU

Nordrhein-Westfalen – 11 870 Ew. – Höhe 440 m – Regionalatlas **35**-A13
Berlin 649 km – Düsseldorf 110 km – Aachen 49 km – Düren 43 km
Michelin Straßenkarte 543

Lindenhof

Laufenstr. 77 ✉ 52156 – ✆ (02472) 41 86 – www.lindenhof.de
12 Zim – 53/75 € 79/118 €
In dem kleinen Familienbetrieb oberhalb des schönen Zentrums von Monschau schlafen Sie in klassisch eingerichteten Zimmern, genießen von der Terrasse (im Sommer können Sie hier frühstücken) den netten Blick und lassen den Tag gemütlich in der gediegenen Bar ausklingen. In unmittelbarer Nähe liegt übrigens die berühmte Senfmühle!

Schnabuleum

Laufenstr. 118 ✉ 52156 – ✆ (02472) 90 98 40 – www.senfmuehle.de – geschl. Montag
Karte 26/44 € – (Tischbestellung ratsam)
Das Bruchsteinhaus mit dem rustikalen Charme liegt neben der seit jeher in Familientradition betriebenen Senfmühle von 1882. Was liegt da näher, als regionale Senfgerichte anzubieten? Auf der Karte finden sich z. B. "Monschauer Senfcremesuppe" oder "Senfrostbraten vom Weidemastbullen mit Portwein-Senfsauce und Döppekooche". Passend dazu: Senfmuseum und Laden.

MOOS – Baden-Württemberg ➜ Siehe Radolfzell

MORBACH (HUNSRÜCK)

Rheinland-Pfalz – 10 490 Ew. – Höhe 440 m – Regionalatlas **46**-C15
Berlin 669 km – Mainz 107 km – Trier 48 km – Bernkastel-Kues 17 km
Michelin Straßenkarte 543

Landhaus am Kirschbaum

Am Kirschbaum 55a ✉ 54497 – ✆ (06533) 9 39 50 – www.landhausamkirschbaum.de – geschl. 15. - 26. Dezember
22 Zim – 60/65 € 100/110 € – ½ P
Das Haus liegt ruhig am Hang, wird von Inhaberin Lissa Armbruster freundlich geführt und bietet Ihnen funktionelle Zimmer und Appartements sowie Kosmetik und Massage. Sohn Simon Armbruster führt in der Küche Regie: Er kocht ein ambitioniertes Wahlmenü und auch Klassiker wie Wiener Schnitzel oder Strammer Max.

MORSCHEN

Hessen – 3 400 Ew. – Höhe 195 m – Regionalatlas **39**-H12
Berlin 421 km – Wiesbaden 204 km – Kassel 46 km – Gießen 126 km
Michelin Straßenkarte 543

Kloster Haydau

In der Haydau 2 ✉ 34326 – ✆ (05664) 93 91 00 – www.hotel-kloster-haydau.de
134 Zim – 95/115 € 120/140 € – 15 € – 2 Suiten
Poststation – Siehe Restaurantauswahl
Ein toller Rahmen: Das Tagungshotel wurde in das Kloster integriert, dabei wurde der moderne Bau schön in die historische Architektur eingebunden - beeindruckend die große Empfangshalle. Interessant: Die alte Klostermauer verläuft durch das Hotel. Im Gästehaus, der Poststation, gibt es klassischere Zimmer.

Poststation – Hotel Kloster Haydau

Nürnberger Landstr. 13 ✉ 34326 – ✆ (05664) 9 39 30 – www.hotel-kloster-haydau.de
Menü 30/55 € – Karte 37/54 €
Hier finden sich auf der Karte traditionelle Gerichte aus der Region und auch international beeinflusste Speisen: "Schaumsuppe von Erbse und Blutwurst", "Heilbutt mit Miso-Hollandaise"... Und als Dessert vielleicht "Hessisches Tiramisu"?

MOSBACH
Baden-Württemberg – 22 740 Ew. – Höhe 156 m – Regionalatlas **48-G17**
Berlin 587 km – Stuttgart 87 km – Mannheim 79 km – Heidelberg 45 km
Michelin Straßenkarte 545

Zum Amtsstüble
Lohrtalweg 1 ✉ 74821 – ✆ (06261) 9 34 60 – www.amtsstueble.de
50 Zim – 60/85 € 85/120 € – ½ P
In diesem familiär geführten Haus sind die Zimmer und auch der Frühstücksraum freundlich und zeitgemäß gestaltet. Im Anbau hat man u. a. zwei großzügige Juniorsuiten. Bürgerlich-elegant das Restaurant - hier gibt es regional-saisonale Küche mit internationalem Einfluss.

In Mosbach-Nüstenbach Nord-West: 4 km Richtung Reichenbach

Landgasthof zum Ochsen
Im Weiler 6 ✉ 74821 – ✆ (06261) 1 54 28 – www.restaurant-zum-ochsen.de – geschl. Anfang Februar 1 Woche, August - September 3 Wochen und Montag - Dienstag
Menü 29 € (vegetarisch)/34 € – Karte 34/55 € – *(nur Abendessen, sonntags auch Mittagessen)* (Tischbestellung ratsam)
Sie speisen unter einer freigelegten Fachwerkdecke in stilvoll-gemütlichem Ambiente. Gekocht wird frisch und aus regionalen Produkten, so z. B. "Gulasch vom Nüstenbacher Weideangus". Dazu versierter, herzlicher Service. Tipp: Schweizer Wochen im Januar. Ox-Scheune für Feiern.

MOTTEN
Bayern – 1 750 Ew. – Höhe 420 m – Regionalatlas **39-I14**
Berlin 469 km – München 358 km – Fulda 19 km – Würzburg 93 km
Michelin Straßenkarte 546

In Motten-Speicherz Süd: 7 km über B 27

Zum Biber
Hauptstr. 15, B 27 ✉ 97786 – ✆ (09748) 9 12 20 – www.gasthof-zum-biber.de
43 Zim – 45/54 € 66/79 € – ½ P
Aus dem Jahre 1771 stammt das traditionsreiche Haus, das bereits in 5. Generation von der Familie geführt wird. Es erwarten Sie hier gepflegte Zimmer und ein bürgerlich-rustikales Restaurant. Es gibt übrigens Produkte aus der eigenen Metzgerei und auch Hagebuttenwein sowie Honig stellt man selbst her!

MÜDEN – Rheinland-Pfalz ➜ Siehe Treis-Karden

MÜHLHAUSEN
Thüringen – 33 010 Ew. – Höhe 209 m – Regionalatlas **39-J12**
Berlin 301 km – Erfurt 54 km – Eisenach 32 km – Kassel 103 km
Michelin Straßenkarte 544

Brauhaus Zum Löwen
Felchtaer Str. 2 ✉ 99974 – ✆ (03601) 47 10 – www.brauhaus-zum-loewen.de
80 Zim – 55/60 € 80/89 € – ½ P
Im Altstadtbereich liegt das hübsche zum Hotel erweiterte Brauhaus. Die behaglichen Zimmer verteilen sich auf das Haupthaus und die Gästehäuser Unstrut, La Villa und Hainich. Im gemütlichen Restaurant schenkt man Bier aus der eigenen Brauerei aus.

Landhaus Frank - Zum Nachbarn
Eisenacher Landstr. 34 ✉ 99974 – ✆ (03601) 81 25 13 – www.landhaus-frank.de – geschl. Mittwoch
Karte 16/36 €
In dem am Ortsrand gelegenen kleinen Landhaus mit der roten Fassade bekommt man die bürgerlich-internationalen Speisen von André Frank aufgetischt, die mit frischen Produkten und saisonalem Einfluss zubereitet werden.

MÜHLHEIM am MAIN

Hessen – 27 480 Ew. – Höhe 102 m – Regionalatlas **48-G15**
Berlin 537 km – Wiesbaden 51 km – Frankfurt am Main 15 km – Hanau 8 km
Michelin Straßenkarte 543

In Mühlheim-Lämmerspiel Süd-Ost: 5 km über Lämmerspieler Straße

Landhaus Waitz
Bischof-Ketteler-Str. 26 ✉ 63165 – ✆ (06108) 60 60 – www.hotel-waitz.de
74 Zim – †105/165 € ††165/250 € – 7 Suiten
Das Waitz – Siehe Restaurantauswahl
Unter dem Motto "Tradition, Evolution, Innovation" wird dieses Haus von Familie Waitz engagiert geführt. Man hat hier individuelle Zimmer von modern-toskanischem Landhausstil bis klassisch-elegant (drei Zimmer sind großzügige Maisonetten), dazu die moderne "Steff's Lounge" (beliebt hier der Mittagstisch) sowie die gemütliche Zigarrenbar "Fledermaus".

Das Waitz – Hotel Landhaus Waitz
Bischof-Ketteler-Str. 26 ✉ 63165 – ✆ (06108) 60 60 – www.hotel-waitz.de
Menü 35/70 € – Karte 38/61 € – *(nur Abendessen)*
Schön das Restaurant mit seinem eleganten Ambiente in gedeckten Farben. Auf der Karte z. B. "Rücken und Ragout vom Spessart-Hirsch, Preiselbeer-Krokant-Jus, Spitzkohl, Schupfnudeln". Oder möchten Sie lieber ein Menü?

MÜHLTAL – Hessen ➜ Siehe Darmstadt

MÜLHEIM an der RUHR

Nordrhein-Westfalen – 166 660 Ew. – Höhe 40 m – Regionalatlas **26-C11**
Berlin 539 km – Düsseldorf 36 km – Duisburg 9 km – Essen 10 km
Michelin Straßenkarte 543

Villa am Ruhrufer
Dohne 105 ✉ 45468 – ✆ (0208) 9 41 39 70 – www.villa-am-ruhrufer.de Stadtplan : A2**v**
6 Zim – †175/375 € ††195/495 € – 25 € – 6 Suiten
Die herrschaftliche Villa am Rheinufer (1898 erbaut) ist der Inbegriff eines Boutique-Hotels: individuell, geradlinig-chic, auffallend wertig! Beispielhaft der Service, z. B. Shuttle zu den eigenen Golfplätzen und in die City. Noch etwas ruhiger schläft man im Hinterhaus. Kleines Speisenangebot für Hausgäste.

Im Forum
Hans-Böckler-Platz 19, Forum-City-Center ✉ 45468 – ✆ (0208) 30 86 30 – www.hotelimforum.de Stadtplan : B1**c**
51 Zim – †96/129 € ††121/169 €
Hoch über den Dächern der Stadt wohnt man hier, nämlich im 5. Stock des Büro- und Einkaufszentrums "Forum City Mülheim". Ein gepflegtes Hotel mit zeitgemäß und funktionell ausgestatteten Zimmern.

KOCKS am Mühlenberg
Mühlenberg 20 ✉ 45479 – ✆ (0208) 65 61 20 00 – www.hotel-kocks.de – geschl. Weihnachten - 5. Januar Stadtplan : A1**k**
39 Zim – †120/180 € ††130/220 €
In dem ehemaligen Verwaltungsgebäude einer Drahtseilerei ist das schöne und gut ausgestattete Hotel entstanden. Attraktiv der geradlinige Stil, lecker das Frühstück, hochwertig der moderne kleine Sauna- und Fitnessbereich.

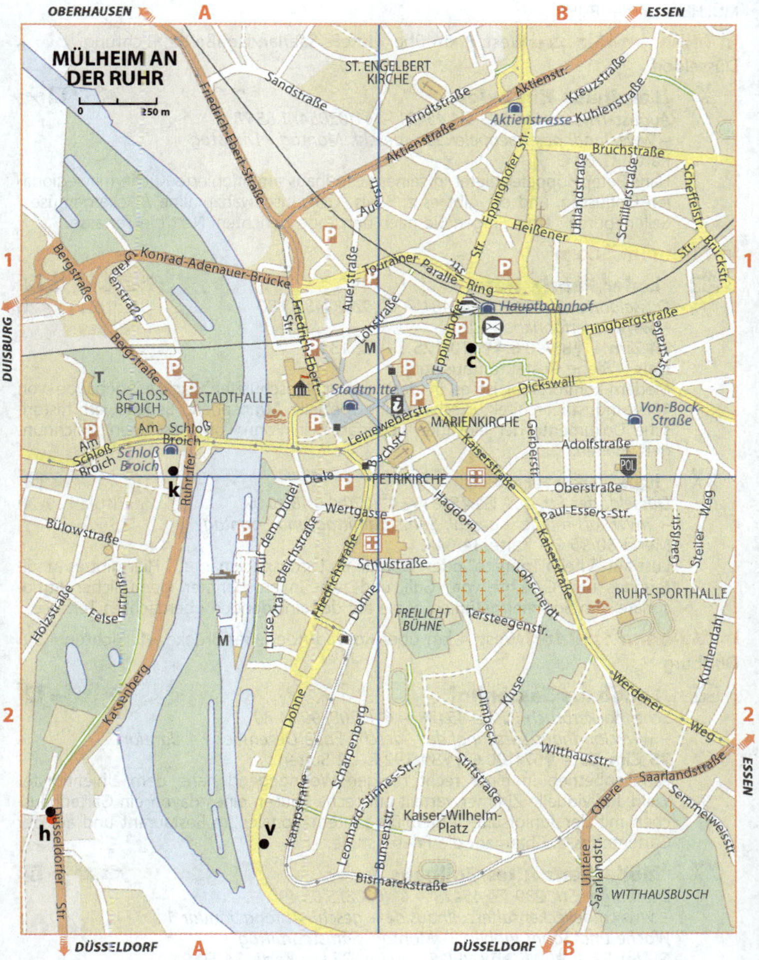

am Kamin

Striepensweg 62, über Aktienstraße B1 ✉ 45473
– ✆ (0208) 76 00 36 – www.restaurant-amkamin.de
– geschl. 1. - 13. Januar und Samstagmittag

Menü 55/99 € – Karte 40/60 €

Mit Sven Nöthel hat in dem ruhig in einem Park gelegenen Fachwerkhaus von 1732 die 3. Generation das Küchen-Ruder übernommen, ohne die Tradition aus den Augen zu verlieren. Die Küche kreativ, ambitioniert und produktbezogen, dazu wohnliches Ambiente und fürsorglicher Service. Toll die Gartenterrasse!

➜ Rauchaal mit Zwiebel, Pastinake und Blaubeere. Grafschafter Weinbergschnecke und Venusmuschel mit Alge, Olive und Perlgraupen. Schwarzfederhuhn mit Bete, Lauch und Fenchel

In Mülheim-Mintard West: 8 km über Untere Saarlandstraße B2, Richtung Düsseldorf

Landhaus Höppeler

August-Thyssen-Str. 123 ✉ 45481 – ✆ (02054) 1 85 78 – www.landhaus-hoeppeler.de – geschl. Montag - Dienstag

Karte 31/60 €

Hans-Peter Höppeler bietet in seinem Landhaus ambitionierte Küche mit regionalen Einflüssen, und die gibt es z. B. als "Ochsenschwanzpraline / Ackergemüse / Selleriepüree". Tipp: Fragen Sie nach den Tagesgerichten. Nett die Terrasse.

In Mülheim-Saarn

Leder Fabrik Hotel

Düsseldorfer Str. 269 ✉ 45481 – ✆ (0208) 48 83 80 Stadtplan : A2**h**

– www.lederfabrikhotel.de

24 Zim – 85/90 € 110/125 € – 13 €

Kais – Siehe Restaurantauswahl

Modern-komfortabel ist es in dem denkmalgeschützten Backsteingebäude von 1864, Industriearchitektur schafft eine spezielle Atmosphäre. Sehenswert: historische Dokumente der einstigen Lederfabrik in Form von Maschinen, Zeichnungen, Plänen.

Kais – Leder Fabrik Hotel

Düsseldorfer Str. 269 ✉ 45481 – ✆ (0208) 8 48 40 07 Stadtplan : A2**h**

– www.kais-mh.de – geschl. Samstagmittag und Sonntag

Menü 30/95 € – Karte 34/64 €

Lust auf "Vitello Tonnato" oder "Dorade im Lardospeckmantel"? Hier gibt es Mediterranes und Gerichte vom Grill, und zwar in entspannter, gemütlicher Atmosphäre - im Sommer natürlich gerne auf der einladenden überdachten Terrasse.

In Mülheim-Speldorf West: 4 km über Konrad-Adenauer-Brücke A1, Richtung Duisburg

Landhaus Sassenhof

Schellhockerbruch 21 ✉ 45478 – ✆ (0208) 99 91 80 – www.landhaus-sassenhof.de – geschl. Ende Dezember - 4. Januar

25 Zim – 67/100 € 89/192 € – 2 Suiten

Familienbetrieb in einer recht ruhigen Wohngegend nahe dem Uhlenhorster Wald. Individuelle Zimmer verteilt auf sechs Häuser, eines davon ein Gartenhäuschen mit der Juniorsuite "Apfelblüte". Internationales im Restaurant und auf der Gartenterrasse. Charmant die Friesenstube.

Mölleckens Altes Zollhaus

Duisburger Str. 239 ✉ 45478 – ✆ (0208) 5 03 49 – www.moelleckensalteszollhaus.de – geschl. Anfang Januar 1 Woche und Sonntagabend - Montag, Samstagmittag

5 Zim – 60 € 80/90 € Menü 37 € – Karte 34/50 €

Möchten Sie im "Bistro" mit mediterraner Note oder im eleganteren "Salon" speisen? Hier wie dort bieten die Mölleckens Klassiker wie Kalbsleber "Berliner Art" oder Wiener Schnitzel sowie beliebte wechselnde Tagesempfehlungen. Gerne sitzt man auf der Terrasse. Zum Übernachten gibt es großzügige Zimmer.

MÜLHEIM (MOSEL)

Rheinland-Pfalz – 1 020 Ew. – Höhe 119 m – Regionalatlas **46-C15**

Berlin 681 km – Mainz 119 km – Trier 44 km – Bernkastel-Kues 6 km

Michelin Straßenkarte 543

Weinromantikhotel Richtershof

Hauptstr. 81 ✉ 54486 – ✆ (06534) 94 80 – www.weinromantikhotel.de

40 Zim – 99/180 € 160/200 € – 3 Suiten – ½ P

Culinarium R • Remise – Siehe Restaurantauswahl

Das schöne historische Gebäudeensemble war einst ein Weingut, heute wohnt man in überaus hübschen klassischen Zimmern von "Petit Charme" über "Flair", "Charme" und "Grand" bis hin zur Juniorsuite und Suite. Dazu eine reizvolle Gartenanlage und der elegante römische Spa nebst Beautyatelier. Sehenswert: Fassweinkran im Frühstücksraum sowie Kellergewölbe auf 1700 qm!

Weisser Bär

Moselstr. 7, B 53 ✉ 54486 – ✆ (06534) 9477 0 – www.hotel-weisser-baer.de
33 Zim – 94/115 € 138/189 € – ½ P
Näher kann man der Mosel kaum sein - ein Großteil der Zimmer sowie das Restaurant samt Terrasse und der schöne Wellnessbereich bieten Flussblick. Vom Empfang über die "African Lodge"-Bar bis zum "Dschungelbad" sind tierische Trophäen und exotische Deko zu bestaunen, die Zimmer sind individuell nach Themen gestaltet (Hacienda, Eschnapur, Bacchus...), die Küche ist klassisch-regional, begleitet von einer guten Rieslingauswahl.

Landhaus Schiffmann

Veldenzer Str. 49a ✉ 54486 – ✆ (06534) 9 39 40 – www.landhaus-schiffmann.de – geschl. 29. Juli - 6. August, 16. - 26. Dezember
43 Zim – 76/86 € 130/150 € – ½ P
Ein Hotel für den Gesundheitsbewussten und Ruhesuchenden: ein großes Gartengrundstück, Ruhe, Blick ins Grüne, dazu ein umfassendes Spa-Angebot samt Heilfasten, TCM, Reiki... sowie Speisen von vegetarisch/vegan über allergikergerecht bis klassisch. So einiges ist hier im Preis inbegriffen: Wasser, Telefonieren ins dt. Festnetz, W-Lan, Leihfahrräder...

Domizil Schiffmann

Hauptstr. 52 ✉ 54486 – ✆ (06534) 94 76 90 – www.domizil-schiffmann.de – geschl. Januar
18 Zim – 55 € 90 € – ½ P
Eine nette Adresse ist das ganz modern eingerichtete kleine Hotel mitten im Ort. W-Lan und Telefon (deutsches Festnetz) sind inklusive, alle Zimmer (darunter auch Allergikerzimmer) mit Balkon oder Terrasse und im Restaurant bietet man bürgerlich-saisonale Küche einschließlich vegetarischer Speisen. Fragen Sie nach den interessanten Arrangements!

Culinarium R – Weinromantikhotel Richtershof

Hauptstr. 81 ✉ 54486 – ✆ (06534) 94 80 – www.weinromantikhotel.de – geschl. 4. Januar - 9. Februar und Montag - Dienstag
Menü 44/74 € – Karte 47/61 € – *(Mai - Oktober: nur Abendessen, Sonntag sowie an Feiertagen auch Mittagessen)*
"Duo vom Ziegenfrischkäse, Rote Bete, Knusper-Hirse, Popcorn" und "Sous-vide gegarter Steinbutt, Blumenkohl, Parmesan, Kerbel"... Zu interessanten Gerichten wie diesen reicht man eine gut sortierte Weinkarte. Wer lieber etwas separat sitzt, reserviert im Rosen- oder Ahnenzimmer. Herrliche Terrasse.

Remise – Weinromantikhotel Richtershof

Hauptstr. 81 ✉ 54486 – ✆ (06534) 94 80 – www.weinromantikhotel.de
Menü 33 € – Karte 30/45 €
In der Remise können Sie sich ab 13 Uhr durchgehend regional-saisonale Gerichte wie "gebratenen Kabeljau mit Gräwes" oder "Crème Brûlée von der weißen Schokolade mit Cassissorbet" schmecken lassen. Draußen sitzt man schön unter einer alten Kastanie mit Blick auf den Seerosenteich.

MÜLHEIM-KÄRLICH

Rheinland-Pfalz – 10 890 Ew. – Höhe 76 m – Regionalatlas **36-D14**
Berlin 599 km – Mainz 109 km – Koblenz 10 km
Michelin Straßenkarte 543

Zur Linde

Bachstr. 12, Mülheim ✉ 56218 – ✆ (02630) 41 30 – www.zurlinde.info – geschl. über Karneval 1 Woche, Oktober 2 Wochen und Montagabend - Dienstag, Samstagmittag
Menü 40 € – Karte 26/55 €
Gemütlich hat man es bei Familie Linden (die 5. Generation). Im Restaurant und in der Winzerstube isst man international, lecker auch die Desserts! In der Stube gibt es zusätzlich Salate und Klassiker. Tipp: Enoteca mit Wein und Gewürzen.

MÜLLHEIM

Baden-Württemberg – 18 460 Ew. – Höhe 267 m – Regionalatlas **61**-D21
Berlin 831 km – Stuttgart 238 km – Freiburg im Breisgau 33 km – Basel 41 km
Michelin Straßenkarte 545

Landhotel Alte Post

Posthalterweg, B 3 ✉ 79379 – ✆ (07631) 1 78 70 – www.alte-post.net – geschl. 22. - 25. Dezember

50 Zim – 80/95 € 120/140 € – 1 Suite – ½ P

Landhotel Alte Post – Siehe Restaurantauswahl

Natürliche Materialien und warme Töne machen die Zimmer in der einstigen Posthalterei schön wohnlich. Benannt sind sie nach Rebsorten, Bäumen und Kräutern, im Gästehaus haben sie einen kleinen Balkon.

Appartement-Hotel im Weingarten

Kochmatt 8 ✉ 79379 – ✆ (07631) 3 69 40 – www.app-hotel-im-weingarten.de

12 Zim – 75/120 € 120/140 €

In einer ruhigen Wohngegend etwas oberhalb der kleinen Stadt hat die engagierte Gastgeberin eine nette familiäre Adresse. Hübsch die Appartements mit Küchenzeile und Balkon/Terrasse. Lust auf Frühstück in Wintergarten-atmosphäre?

Taberna

Marktplatz 7 ✉ 79379 – ✆ (07631) 17 48 84 – www.taberna-restaurant.de – geschl. 10. - 20. Juni und Sonntag - Montag

Menü 39/89 € – Karte 39/67 €

Bei Raffaele Cannizzaro gibt es ehrliche italienische Küche aus guten Produkten, so z. B. "gedämpfter Saibling mit Senfkohl". Und der Rahmen? Ein hübsches Gewölbe oder die Terrasse am bzw. über dem Klemmbach. Mittags preiswertes Tagesessen.

Messer und Gradel

Goethestr. 10 ✉ 79379 – ✆ (07631) 1 00 60 – www.messerundgradel.de – geschl. Dienstag - Mittwoch

Karte 29/66 € – *(nur Abendessen)*

Das Konzept aus Restaurant, Lounge und Bar kommt an, ebenso die trendige "Weltküche", wie man sie selbst nennt: bewusst kleine Portionen von asiatisch über kalifornisch bis mediterran - das passt zur modernen Atmosphäre! Schöne Terrasse.

Landhotel Alte Post – Landhotel Alte Post

Posthalterweg, B 3 ✉ 79379 – ✆ (07631) 1 78 70 – www.alte-post.net – geschl. 22. - 25. Dezember

Menü 24 € (mittags unter der Woche)/64 € – Karte 31/66 €

Der Poet Johann Peter Hebel verewigte den geschichtsträchtigen Gasthof sogar in einem seiner Gedichte. Inzwischen hat man hier Historisches gelungen mit Modernem kombiniert - richtig gemütlich! Aus der Küche kommt Regionales.

In Müllheim-Britzingen Nord-Ost: 5 km über Zunzingen

Hirschen

Markgräfler Str. 22 ✉ 79379 – ✆ (07631) 54 57 – www.hirschen-britzingen.de – geschl. 22. Dezember - 10. Januar, 7. - 15. Juni, 2. - 24. August und Dienstag - Mittwoch

4 Zim – 65 € 65 €

Menü 20 € (unter der Woche) – Karte 25/49 € – (Tischbestellung ratsam)

Ein typisch badischer Familienbetrieb, in dem es schön gastlich zugeht, und das bei solider bürgerlicher Küche... da kommt schonmal die Suppenterrine zum Schöpfen auf den Tisch! Die Gäste mögen den ländlichen Charme - da passen auch die einfachen, aber gepflegten Übernachtungszimmer gut ins Bild.

In Müllheim-Feldberg Süd-Ost: 6 km über Vögisheim

Ochsen

Bürgelnstr. 32 ✉ 79379 – ✆ (07631) 35 03 – www.ochsen-feldberg.de – geschl. Donnerstag

7 Zim ☕ – 50/60 € 100 € Menü 26/49 € – Karte 25/66 €

Der Gasthof ist seit seiner Gründung 1763 in Familienbesitz. Innen schöne Stuben mit ländlichem Charme, draußen eine hübsche Terrasse und ein Innenhof (zur Weihnachtszeit mit kleinem Markt). Hier wird frisch gekocht und behaglich übernachten kann man auch - wie wär's mit der tollen modernen Juniorsuite?

MÜNCHBERG

Bayern – 10 340 Ew. – Höhe 546 m – Regionalatlas **51-M14**

Berlin 323 km – München 266 km – Hof 21 km – Bayreuth 37 km

Michelin Straßenkarte 546

Seehotel Hintere Höhe

Hintere Höhe 7, Süd-West: 1 km ✉ 95213 – ✆ (09251) 9 46 10 – www.seehotel-muenchberg.de

33 Zim ☕ – 49/69 € 69/89 €

Ruhig liegt das Haus umgeben von Wiesen und Wäldern, vor der Tür befindet sich ein kleiner See - in zehn Minuten ist man um ihn herum spaziert! Die wohnlich-klassischen Zimmer bieten meist Balkon und Seeblick.

Braunschweiger Hof

Bahnhofsstr. 13 ✉ 95213 – ✆ (09251) 9 94 00 – www.braunschweigerhof.de – geschl. 1. - 10. August

20 Zim ☕ – 48/55 € 78/85 €

Ein familiär geleitetes kleines Stadthotel mit freundlichem Service, in dem gepflegte und praktisch eingerichtete Gästezimmer zur Verfügung stehen. Gemütlich ist die Atmosphäre im gediegenen Restaurant.

MÜNCHEN

Bayern – 1 388 310 Ew. – Höhe 518 m – Regionalatlas **65**-L20
▶ Berlin 588 km – Innsbruck 164 km – Nürnberg 166 km – Salzburg 144 km
Michelin Straßenkarte 546
Stadtpläne siehe nächste Seiten

S. Goerlich / imageBROKER / age fotostock

→ Alphabetische Liste der Hotels
→ Alphabetical index of hotels

→ Alphabetische Liste der Restaurants
→ Alphabetical index of restaurants

→ Restaurants am Sonntag geöffnet
→ Restaurants open on Sunday

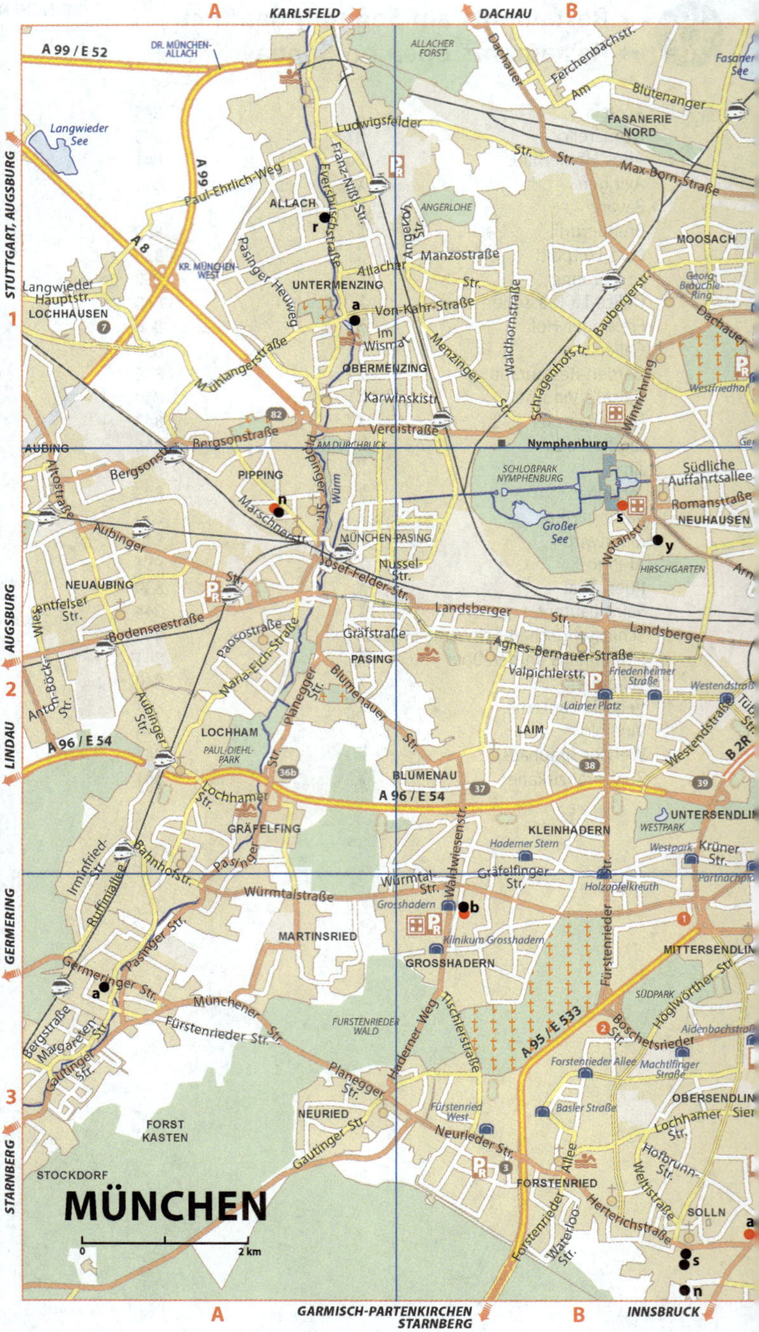
MÜNCHEN
A
B
1
2
3
KARLSFELD
DACHAU
STUTTGART, AUGSBURG
AUGSBURG
LINDAU
GERMERING
STARNBERG
GARMISCH-PARTENKIRCHEN
STARNBERG
INNSBRUCK
A 99 / E 52
DR. MÜNCHEN-ALLACH
Langwieder See
A 99
A 8
KR. MÜNCHEN-WEST
Paul-Ehrlich-Weg
Langwieder Hauptstr.
LOCHHAUSEN
Mühlangerstraße
ALLACH
UNTERMENZING
OBERMENZING
Ludwigsfelder Str.
Franz-Nißl-Str.
Eversbuschstraße
Pasinger Heuweg
Allacher Str.
Von-Kahr-Straße
Im Wismat
Karwinskistr.
Verdistraße
Menzinger Str.
Manzostraße
Angerlohstr.
ANGERLOHE
ALLACHER FORST
Dachauer Str.
Ferchenbachstr.
Am Blütenanger
FASANERIE NORD
Fasaner See
Max-Born-Straße
MOOSACH
Georg-Brauchle-Ring
Dachauer Str.
Westfriedhof
Waldhornstraße
Schragenhofstr.
Baubergerstr.
Wintrichring
Nymphenburg
SCHLOSSPARK NYMPHENBURG
Großer See
Südliche Auffahrtsallee
Romanstraße
NEUHAUSEN
Wotanstr.
HIRSCHGARTEN
AUBING
Bergsonstraße
Altostraße
Aubinger Str.
PIPPING
Pippinger Str.
Würm
AM DURCHBLICK
Marschnerstr.
MÜNCHEN-PASING
Nussel-Str.
Josef-Felder-Str.
NEUAUBING
Wiesentfelser Str.
Bodenseestraße
Paosostraße
Maria-Eich-Straße
Landsberger Str.
Gräfstraße
PASING
Agnes-Bernauer-Straße
Valpichlerstr.
Friedenheimer Straße
Westendstraße
Laimer Platz
LAIM
Anton-Böck-Str.
Aubinger Str.
LOCHHAM
PAUL-DIEHL-PARK
Planegger Str.
Blumenauer Str.
A 96 / E 54
BLUMENAU
Lochhamer Str.
GRÄFELFING
KLEINHADERN
UNTERSENDLING
WESTPARK
Westpark
Krüner Str.
Haderner Stern
Irminfried-Str.
Ruffiniallee
Bahnhofstr.
Pasinger Str.
Würmtalstraße
Würmtal-Str.
Waldwiesenstr.
Gräfelfinger Str.
Holzapfelkreuth
Partnachplatz
Grosshadern
Klinikum Grosshadern
MARTINSRIED
GROSSHADERN
MITTERSENDLING
Germeringer Str.
Münchener Str.
Fürstenrieder Str.
FÜRSTENRIEDER WALD
Haderner Weg
Tischlerstraße
Fürstenrieder Str.
A 95 / E 533
SÜDPARK
Boschetsrieder Str.
Hoglwörther Str.
Aidenbachstraße
Forstenrieder Allee
Machtlfinger Straße
Bergstraße
Margareten-Str.
Gautinger Str.
Planegger Str.
NEURIED
Fürstenried West
Basler Straße
OBERSENDLING
Lochhamer Str.
FORST KASTEN
Gautinger Str.
Neurieder Str.
Allee
Hofbrunn-Str.
Weltistraße
STOCKDORF
FORSTENRIED
Forstenrieder
Waterloo-Str.
Herterichstraße
SOLLN
0
2 km

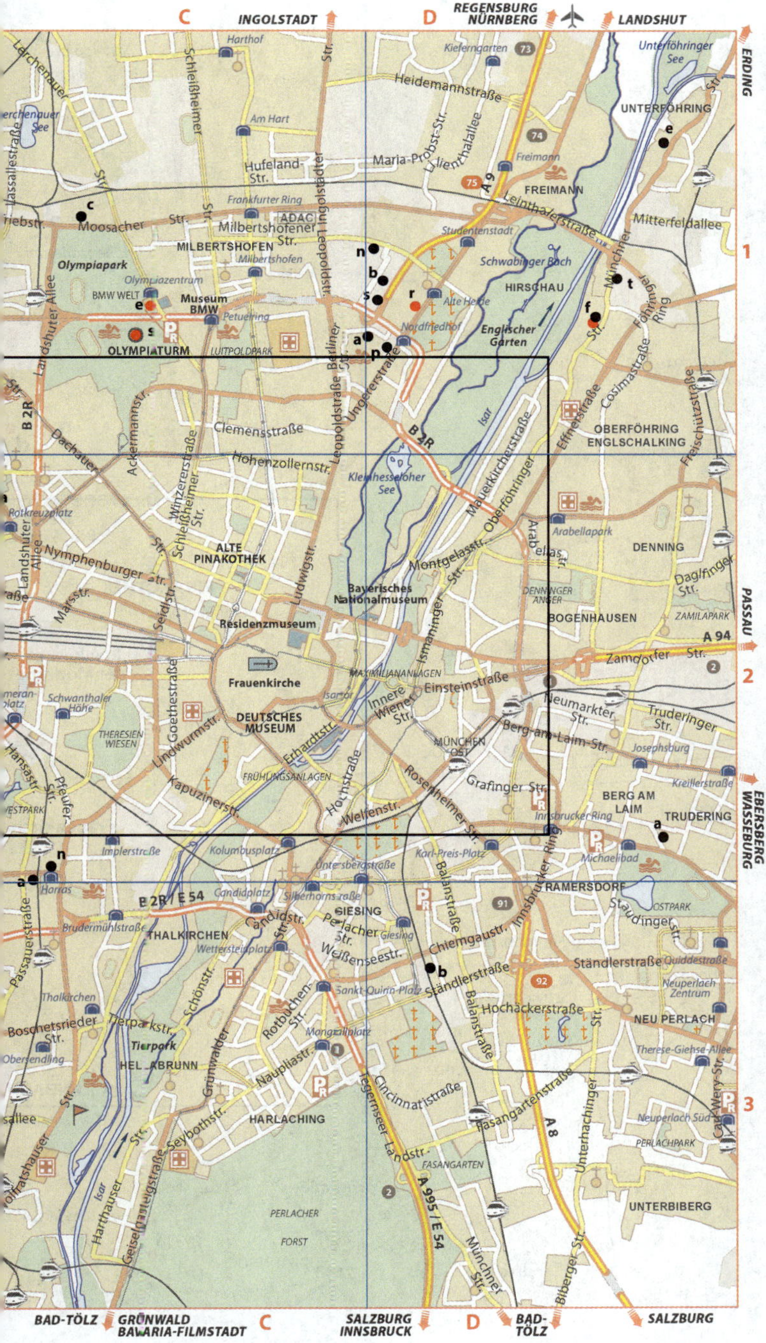
C
INGOLSTADT
D
REGENSBURG
NÜRNBERG
LANDSHUT
ERDING
Harthof
Kieferngarten
Unterföhringer See
Heidemannstraße
UNTERFÖHRING
Am Hart
Freimann
FREIMANN
Hufeland-Str.
Maria-Probst-Str.
Lilienthalallee
A 9
Frankfurter Ring
Moosacher Str.
ADAC
Milbertshofener Str.
MILBERTSHOFEN
Milbertshofen
Leopoldstr.
Ingolstädter Str.
Studentenstadt
Leinthalerstraße
Mitterfeldallee
Olympiapark
Olympiazentrum
BMW WELT
Museum BMW
Petuelring
Alte Heide
Schwabinger Bach
HIRSCHAU
Nordfriedhof
Englischer Garten
OLYMPIATURM
LUITPOLDPARK
Landshuter Allee
Clemensstraße
Hohenzollernstr.
Ungererstraße
B 2R
Isar
Kleinhesseloher See
Effnerstraße
Cosimastraße
OBERFÖHRING
ENGLSCHALKING
Freischützstraße
Mauerkirchenstraße
Oberföhringer
Dachauer
Ackermannstr.
Rotkreuzplatz
Winzererstraße
Schleißheimer Str.
Arabellapark
Arabellastr.
DENNING
ALTE PINAKOTHEK
Ludwigstr.
Nymphenburger Str.
Montgelasstr.
Daglfinger Str.
Bayerisches Nationalmuseum
DENNINGER ANGER
BOGENHAUSEN
ZAMILAPARK
PASSAU
Marsstr.
Seidlstr.
Residenzmuseum
Ismaninger Str.
A 94
Zamdorfer Str.
Frauenkirche
MAXIMILIANANLAGEN
Einsteinstraße
Isartor
Innere Wiener Str.
Neumarkter Str.
Truderinger Str.
Schwanthaler Höhe
Goethestraße
THERESIENWIESEN
DEUTSCHES MUSEUM
Lindwurmstr.
Erhardtstr.
MÜNCHEN OST
Berg-am-Laim-Str.
Josephsburg
Kreillerstraße
Hansastr.
Pfeufer-Str.
Kapuzinerstr.
FRÜHLINGSANLAGEN
Hochstraße
Rosenheimer Str.
Grafinger Str.
BERG AM LAIM
TRUDERING
EBERSBERG
WASSERBURG
Innsbrucker Ring
Welfenstr.
Implerstraße
Kolumbusplatz
Karl-Preis-Platz
Michaelibad
Harras
Untersbergstraße
Balanstraße
RAMERSDORF
B 2R / E 54
Candidplatz
Silberhornstraße
OSTPARK
Staudinger Str.
Brudermühlstraße
THALKIRCHEN
Candidstr.
GIESING
Perlacher Str.
Giesing
Chiemgaustr.
Wettersteinplatz
Weißenseestr.
Ständlerstraße
Quiddestraße
Passauerstraße
Thalkirchen
Schönstr.
Rotbuchenstr.
Sankt-Quirin-Platz
Neuperlach Zentrum
Hochäckerstraße
Boschetsrieder Str.
Tierparkstr.
Mangfallplatz
NEU PERLACH
Obersendling
Tierpark
HELLABRUNN
Grünwalder Str.
Naupliastr.
Therese-Giehse-Allee
Cincinnatistraße
Fasangartenstraße
Unterhachinger Str.
Carl-Wery-Str.
HARLACHING
Seybothstr.
Neuperlach Süd
A 8
PERLACHPARK
Tegernseer Landstr.
FASANGARTEN
Harthauser Str.
Geiselgasteigstraße
A 995 / E 54
PERLACHER FORST
Münchner Str.
UNTERBIBERG
Biberger Str.
BAD-TÖLZ
GRÜNWALD
BAVARIA-FILMSTADT
SALZBURG
INNSBRUCK
SALZBURG
1
2
3

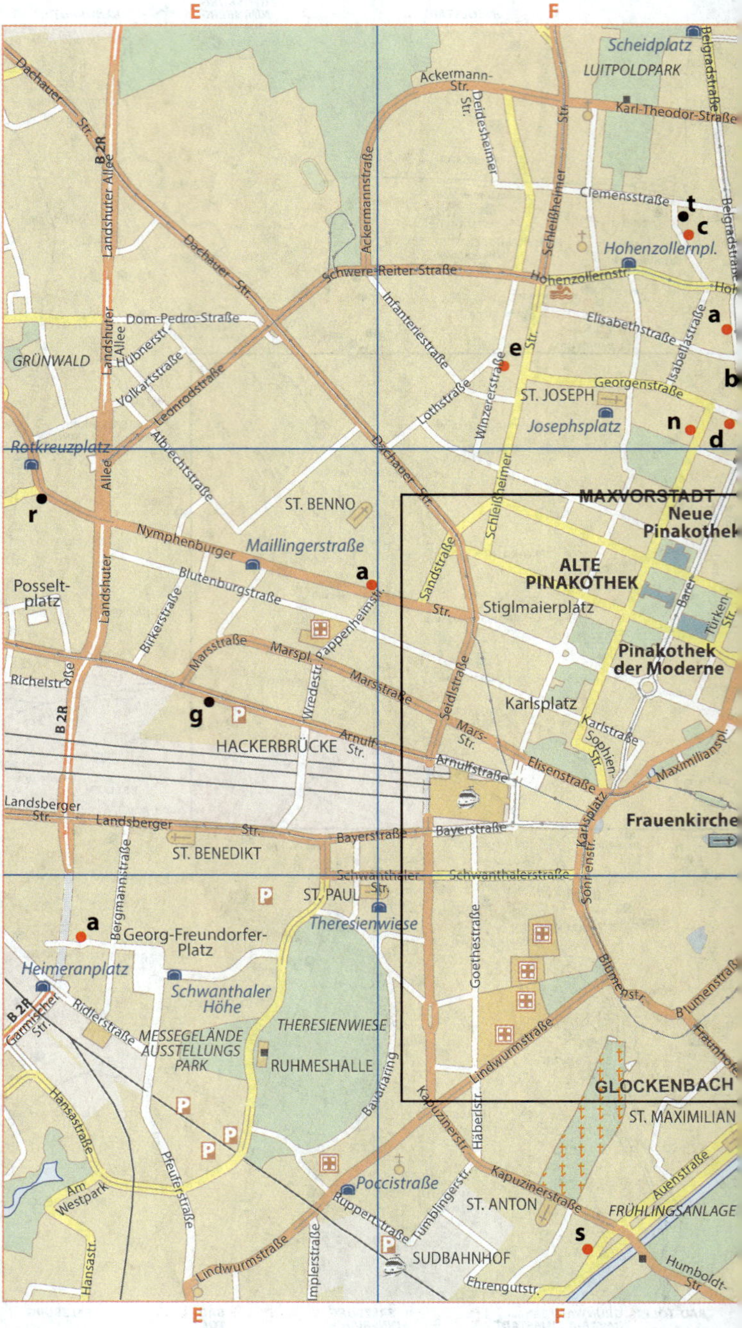
E
F
1
2
3
Scheidplatz
LUITPOLDPARK
Belgradstraße
Ackermann-Str.
Karl-Theodor-Straße
Dachauer Str.
B 2R
Landshuter Allee
Deidesheimer Str.
Schleißheimer Str.
Clemensstraße
t
c
Hohenzollernpl.
Ackermannstraße
Schwere-Reiter-Straße
Hohenzollernstr.
Dom-Pedro-Straße
Infanteriestraße
Elisabethstraße
Isabellastraße
a
b
GRÜNWALD
Hübnerstr.
Volkartstraße
Leonrodstraße
Winzererstraße
e
Lothstraße
Georgenstraße
ST. JOSEPH
Josephsplatz
n
d
Rotkreuzplatz
Albrechtstraße
MAXVORSTADT
Neue Pinakothek
r
ST. BENNO
Nymphenburger Str.
Maillingerstraße
Sandstraße
ALTE PINAKOTHEK
Posselt-platz
Blutenburgstraße
Pappenheimstr.
Stiglmaierplatz
Barer Str.
Türken-Str.
Birkerstraße
Marsstraße
Marspl.
Pinakothek der Moderne
Richelstraße
Wredestr.
Seidlstraße
Karlsplatz
g
HACKERBRÜCKE
Arnulf Str.
Mars-Str.
Karlstraße
Sophien-Str.
Arnulfstraße
Elisenstraße
Maximiliansplatz
Landsberger Str.
Karlsplatz
Frauenkirche
ST. BENEDIKT
Bayerstraße
Sonnenstr.
Bergmannstraße
Schwanthaler Str.
Schwanthalerstraße
ST. PAUL
Theresienwiese
Georg-Freundorfer-Platz
Goethestraße
Heimeranplatz
Schwanthaler Höhe
Blumenstr.
Ridlerstraße
Garmischer Str.
MESSEGELÄNDE AUSSTELLUNGS PARK
THERESIENWIESE
RUHMESHALLE
Bavariaring
Lindwurmstraße
Fraunhoferstr.
GLOCKENBACH
Hansastraße
Kapuzinerstr.
Häberlstr.
ST. MAXIMILIAN
Pfeuferstraße
Am Westpark
Poccistraße
Tumblingerstr.
Kapuzinerstraße
Auenstraße
ST. ANTON
FRÜHLINGSANLAGE
Ruppertstraße
s
Lindwurmstraße
Implerstraße
SUDBAHNHOF
Humboldt-Str.
Hansastr.
Ehrengutstr.

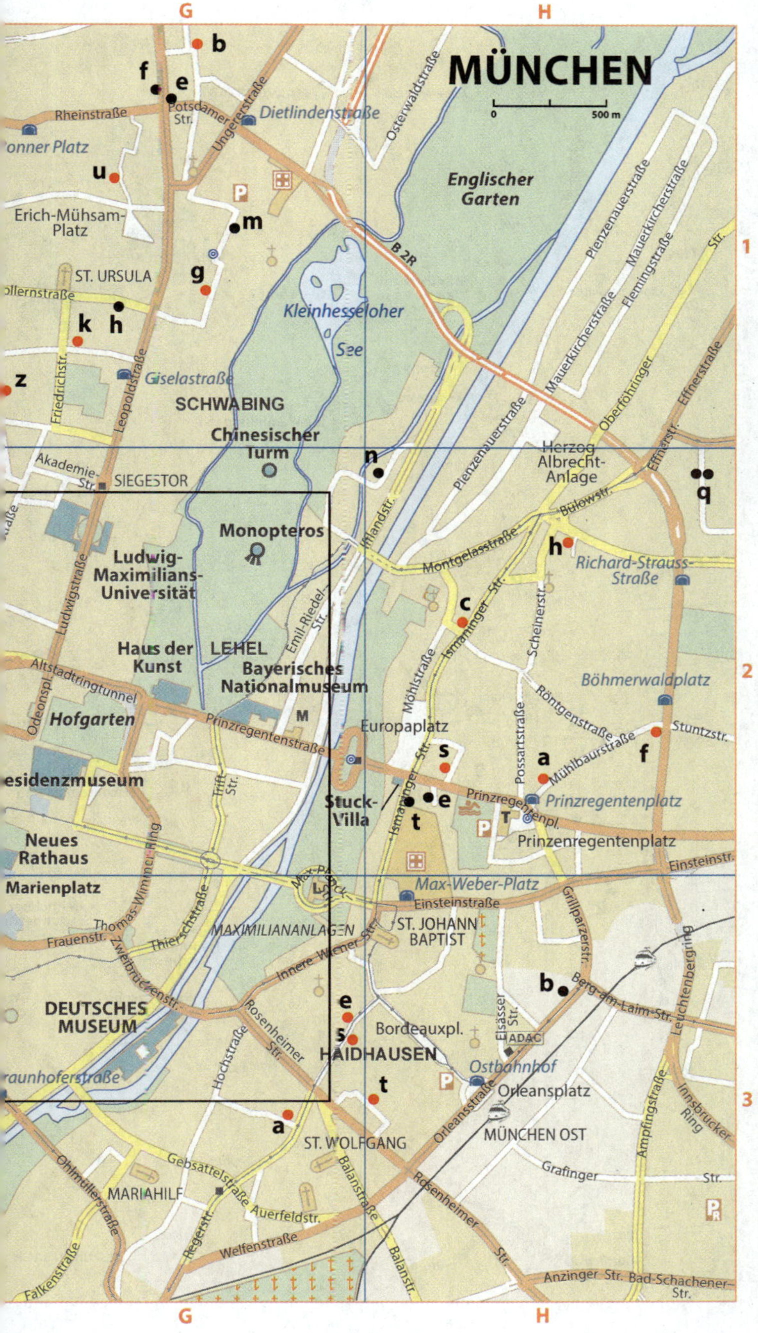
MÜNCHEN
0
500 m
G
H
1
2
3
Englischer Garten
Kleinhesseloher See
SCHWABING
Chinesischer Turm
Monopteros
Ludwig-Maximilians-Universität
Haus der Kunst
LEHEL
Bayerisches Nationalmuseum
Hofgarten
Residenzmuseum
Neues Rathaus
Marienplatz
DEUTSCHES MUSEUM
MAXIMILIANANLAGEN
HAIDHAUSEN
Stuck-Villa
Europaplatz
Herzog Albrecht-Anlage
Richard-Strauss-Straße
Böhmerwaldplatz
Prinzregentenplatz
Prinzenregentenplatz
Max-Weber-Platz
ST. JOHANN BAPTIST
Bordeauxpl.
Ostbahnhof
Orleansplatz
MÜNCHEN OST
ST. WOLFGANG
MARIAHILF
ST. URSULA
SIEGESTOR
Erich-Mühsam-Platz
Dietlindenstraße
Giselastraße
Rheinstraße
Potsdamer Str.
Ungererstraße
Osterwaldstraße
B 2R
Leopoldstraße
Friedrichstr.
Ludwigstraße
Akademie-Str.
Altstadtringtunnel
Odeonspl.
Prinzregentenstraße
Trift-Str.
Emil-Riedel-Str.
Ifflandstr.
Montgelasstraße
Ismaninger Str.
Möhlstraße
Pienzenauerstraße
Mauerkircherstraße
Flemingstraße
Oberföhringer Str.
Effnerstr.
Bülowstr.
Scheinerstr.
Röntgenstraße
Possartstraße
Mühlbaurstraße
Stuntzstr.
Einsteinstr.
Einsteinstraße
Grillparzerstr.
Leuchtenbergring
Berg-am-Laim-Str.
Elsässer Str.
ADAC
Orleansstraße
Amfingstraße
Innsbrucker Ring
Grafinger Str.
Anzinger Str.
Bad-Schachener-Str.
Rosenheimer Str.
Balanstraße
Balanstr.
Innere Wiener Str.
Max-Planck-Str.
Thomas-Wimmer-Ring
Thierschstraße
Frauenstr.
Zweibrückenstr.
Hochstraße
Frauenhoferstraße
Gebsattelstraße
Auerfeldstr.
Regerstr.
Welfenstraße
Ohlmüllerstraße
Falkenstraße
M
T
P
a
b
c
e
f
g
h
k
m
n
q
s
t
u
z

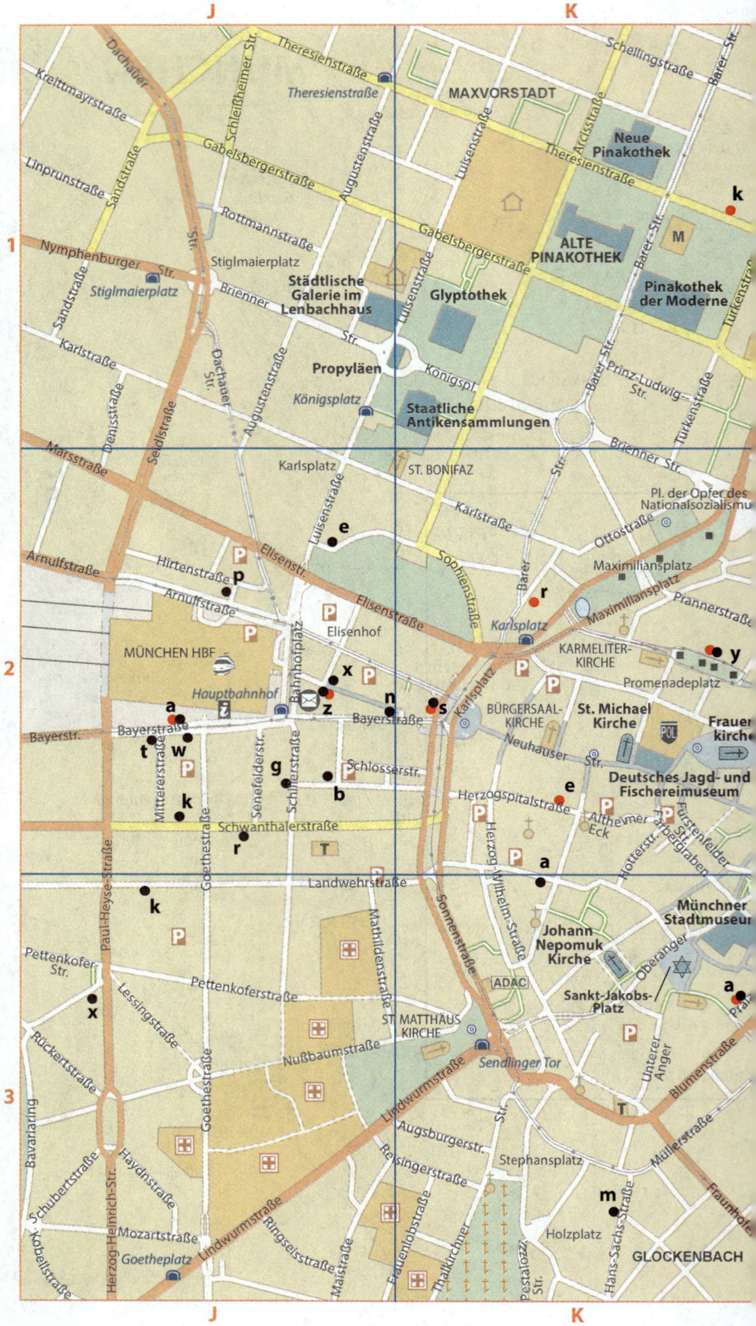
J
K
1
2
3
MAXVORSTADT
Theresienstraße
Schellingstraße
Barer Str.
Neue Pinakothek
Arcisstraße
Luisenstraße
Augustenstraße
Schleißheimer Str.
Dachauer Str.
Kreittmayrstraße
Linprunstraße
Sandstraße
Gabelsbergerstraße
Rottmannstraße
Nymphenburger Str.
Stiglmaierplatz
Brienner Str.
Städtlische Galerie im Lenbachhaus
Glyptothek
ALTE PINAKOTHEK
Pinakothek der Moderne
Türkenstraße
Karlstraße
Propyläen
Königsplatz
Königspl.
Staatliche Antikensammlungen
Prinz-Ludwig-Str.
Denisstraße
Seidlstraße
Marsstraße
Karlsplatz
ST. BONIFAZ
Pl. der Opfer des Nationalsozialismu
Ottostraße
Maximiliansplatz
Arnulfstraße
Hirtenstraße
Elisenstr.
Elisenstraße
Sophienstraße
Elisenhof
Prannerstraße
KARMELITER-KIRCHE
Promenadeplatz
MÜNCHEN HBF
Hauptbahnhof
Bahnhofplatz
Bayerstraße
Bayerstr.
BÜRGERSAAL-KIRCHE
St. Michael Kirche
Frauenkirche
Neuhauser Str.
Deutsches Jagd- und Fischereimuseum
Mittererstraße
Goethestraße
Senefelderstr.
Schillerstraße
Schlosserstr.
Herzogspitalstraße
Althevmer Eck
Hotterstr.
Färbergraben
Fürstenfelder Str.
Schwanthalerstraße
Landwehrstraße
Herzog-Wilhelm-Straße
Sonnenstraße
Paul-Heyse-Straße
Mathildenstraße
Münchner Stadtmuseum
Johann Nepomuk Kirche
Oberanger
Sankt-Jakobs-Platz
ADAC
Pettenkofer-Str.
Pettenkoferstraße
Lessingstraße
ST. MATTHÄUS KIRCHE
Sendlinger Tor
Nußbaumstraße
Rückertstraße
Lindwurmstraße
Unterer Anger
Blumenstraße
Augsburgerstr.
Stephansplatz
Müllerstraße
Bavariaring
Haydnstraße
Schubertstraße
Reisingerstraße
Fraunhofer
Mozartstraße
Herzog-Heinrich-Str.
Goetheplatz
Kobellstraße
Ringseisstraße
Maistraße
Frauenlobstraße
Thalkirchner
Pestalozzistr.
Holzplatz
Hans-Sachs-Straße
GLOCKENBACH
a
b
e
g
k
m
n
p
r
s
t
w
x
y
z

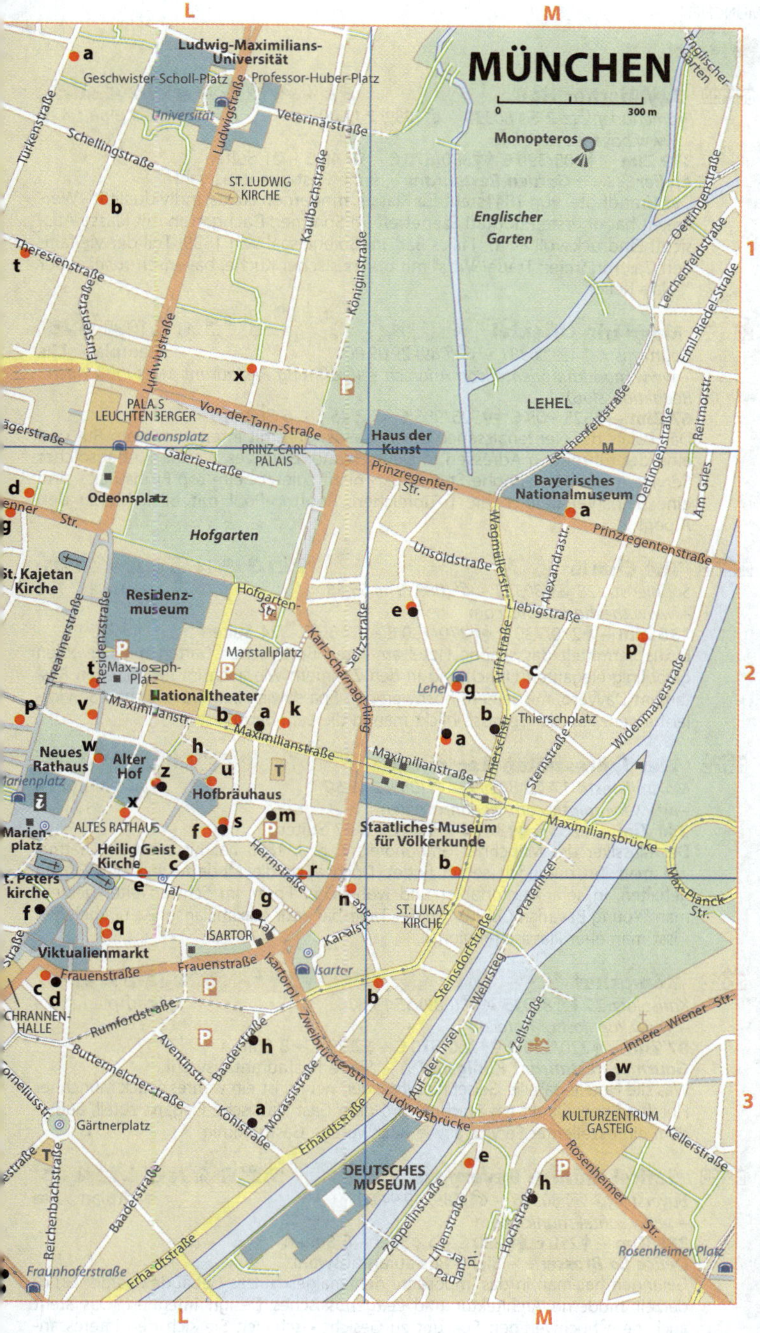
MÜNCHEN
0
300 m
L
M
1
2
3
Ludwig-Maximilians-Universität
Geschwister-Scholl-Platz
Professor-Huber-Platz
Universität
Ludwigstraße
Veterinärstraße
Türkenstraße
Schellingstraße
ST. LUDWIG KIRCHE
Kaulbachstraße
Theresienstraße
Fürstenstraße
Königinstraße
Monopteros
Englischer Garten
Oettingenstraße
Lerchenfeldstraße
Emil-Riedel-Straße
Von-der-Tann-Straße
PALAIS LEUCHTENBERGER
Odeonsplatz
Galeriestraße
PRINZ-CARL PALAIS
Haus der Kunst
Prinzregenten-Str.
LEHEL
Reitmorstr.
Bayerisches Nationalmuseum
Am Gries
Prinzregentenstraße
Odeonsplatz
Hofgarten
Unsöldstraße
Wagmüllerstr.
Alexandrastr.
St. Kajetan Kirche
Residenz-museum
Hofgarten-Str.
Theatinerstraße
Residenzstraße
Marstallplatz
Karl-Scharnagl-Ring
Seitzstraße
Liebigstraße
Max-Joseph-Platz
Nationaltheater
Maximilianstr.
Maximilianstraße
Lehel
Triftstraße
Thierschplatz
Thierschstr.
Widenmayerstraße
Sternstraße
Neues Rathaus
Alter Hof
Marienplatz
Hofbräuhaus
Marien-platz
ALTES RATHAUS
Herrnstraße
Staatliches Museum für Völkerkunde
Maximiliansbrücke
Heilig Geist Kirche
St. Peters kirche
Tal
ST. LUKAS KIRCHE
Max-Planck-Str.
Praterinsel
ISARTOR
Kanalstr.
Viktualienmarkt
Frauenstraße
Isartor
Isartorpl.
Steinsdorfstraße
Wehrsteg
Zellstraße
SCHRANNEN-HALLE
Rumfordstraße
Innere Wiener Str.
Buttermelcherstraße
Aventinstr.
Baaderstraße
Zweibrückenstr.
Auf der Insel
Corneliusstr.
Gärtnerplatz
Morassistraße
Kohlstraße
Ludwigsbrücke
KULTURZENTRUM GASTEIG
Kellerstraße
Erhardtstraße
DEUTSCHES MUSEUM
Rosenheimer Str.
Reichenbachstraße
Zeppelinstraße
Lilienstraße
Hochstraße
Fraunhoferstraße
Erhardtstraße
Rosenheimer Platz

Hotels

Bayerischer Hof

Promenadeplatz 2 ✉ 80333 – ✆ (089) 2 12 00 Stadtplan : K2**y**
– www.bayerischerhof.de
319 Zim – 305/390 € 380/570 € – 40 € – 21 Suiten
Atelier ✿✿ • ***Garden-Restaurant*** – Siehe Restaurantauswahl
Das Grandhotel von 1841steht für Klassik, modernen Luxus, Individualität - Wertigkeit hat oberste Priorität! Szenetreff im Sommer: Dachgarten mit klasse Aussicht! Eindrucksvoll auch "Falk's Bar" im Spiegelsaal von 1839! Teil der vielfältigen Gastronomie: "Trader Vic's" mit polynesischer Küche, bayerisch-rustikal der "Palais Keller".

Mandarin Oriental

Neuturmstr. 1 ✉ 80331 – ✆ (089) 29 09 80 Stadtplan : L2**s**
– www.mandarinoriental.com/munich – (Eröffnung Restaurant Matsuhisa nach Redaktionsslub)
67 Zim – 525/905 € 525/905 € – 45 € – 6 Suiten
Das Palais der Neorenaissance ist ein Luxushotel mit internationalem Ruf und eine der führenden Adressen in Deutschland. Exlusives Wohnen, ebensolcher Service und überaus hohe Standards - nicht zuletzt beim top Frühstück - sind eine Selbstverständichkeit. I-Tüpfelchen: Rooftop-Pool mit Blick bis zu den Alpen!

The Charles

Sophienstr. 28 ✉ 80333 – ✆ (089) 5 44 55 50 Stadtplan : J2**e**
– www.thecharleshotel.com
136 Zim – 270/730 € 270/730 € – 36 € – 24 Suiten
Luxus vermittelt das schöne Hotel am Alten Botanischen Garten mit der edlen geradlinig-eleganten Einrichtung in den Zimmern wie auch im italienischen Restaurant Davvero, mit seinem hochwertigen Spa sowie allen erdenklichen Serviceleistungen. Von der Terrasse blickt man in die Lehnbachgärten.

Vier Jahreszeiten Kempinski

Maximilianstr. 17 ✉ 80539 – ✆ (089) 2 12 50 Stadtplan : L2**a**
– www.kempinski.com/vierjahreszeiten
230 Zim – 263 € 341 € – 42 € – 67 Suiten
Der Klassiker der Münchner Grandhotels a. d. J. 1858 hat historischen Charme, wie man ihn nur noch selten findet. Doch auch die Moderne hat hier Einzug gehalten, in sehr komfortabler und wohnlicher Form. Im Schwarzreiter genießt man "Young Bavarian Cuisine", in der Tagesbar - zur Maximilianstraße hin gelegen - isst man eher klassisch-regional.

Königshof

Karlsplatz 25 ✉ 80335 – ✆ (089) 55 13 60 Stadtplan : K2**s**
– www.koenigshof-hotel.de
87 Zim – 220/520 € 260/570 € – 29 € – 8 Suiten
Gourmet Restaurant Königshof ✿ – Siehe Restaurantauswahl
Was die Hotelierfamilie Geisel hier ihr Eigen nennt, ist ein wahres Stück Münchner Hoteltradition. Direkt am Stachus wird dem Gast klassische Eleganz zuteil, außerdem ein exzellenter Service sowie hochwertige Gastronomie.

Sofitel Munich Bayerpost

Bayerstr. 12 ✉ 80335 – ✆ (089) 59 94 80 Stadtplan : J2**a**
– www.sofitel-munich.com
388 Zim – 250 € 250 € – 38 € – 8 Suiten
Délice La Brasserie – Siehe Restaurantauswahl
Gelungen hat man in das imposante denkmalgeschützte Gebäude aus der Gründerzeit moderne Architektur und zeitgenössisches Design integriert. Das steht auch dem hochwertigen Spa gut zu Gesicht - schauen Sie sich den interessanten Pool an!

Le Méridien

Bayerstr. 41 ✉ 80335 – ✆ (089) 2 42 20 Stadtplan : J2**w**
– www.lemeridienmunich.com

372 Zim – 🕴159/459 € 🕴🕴179/459 € – ☕ 28 € – 9 Suiten

Das Hotel gegenüber dem Hauptbahnhof steht für modernen Stil und schlichte Eleganz. Vom Restaurant schaut man in den hübschen begrünten Innenhof - eine kleine ruhige Oase in der Großstadt! Im Zimmerpreis ist der Eintritt in einige Münchner Museen inkludiert.

Hilton Munich Park

Am Tucherpark 7 ✉ 80538 – ✆ (089) 3 84 50 Stadtplan : H2**n**
– www.hilton.de/muenchenpark

481 Zim – 🕴135/275 € 🕴🕴135/275 € – ☕ 20 € – 3 Suiten

Zu den Luxushotels der Stadt zählt das Haus am Englischen Garten schon lange - Letzteren hat man sich übrigens bei der Gestaltung der Lobby zum Vorbild genommen! Viele der schön geradlinigen Zimmer bieten eine tolle Sicht. Ausgezeichneter Tagungsbereich, internationales Restaurant mit Biergarten am Eisbach.

Eurostars Grand Central

Arnulfstr. 35 ✉ 80636 – ✆ (089) 5 16 57 40 Stadtplan : E2**g**
– www.eurostarsgrandcentral.com

243 Zim ☕ – 🕴99/599 € 🕴🕴109/629 € – 4 Suiten

Ein topaktuelles Businesshotel, nur eine S-Bahn-Station vom Hauptbahnhof entfernt. Zu den sehr komfortablen, wohnlichen und wertigen Zimmern gesellt sich ein kleines Highlight: der Pool auf dem Dach! Mediterrane Küche im "Red" oder (zu Schließzeiten des Restaurants) in der Lounge-Bar.

Louis

Viktualienmarkt 6 ✉ 80331 – ✆ (089) 41 11 90 80 Stadtplan : L3**f**
– www.louis-hotel.com

72 Zim – 🕴219 € 🕴🕴269/309 € – ☕ 27 €

Top die Lage am Viktualienmarkt - von hier stammen die ausgesuchten Zutaten fürs Frühstück! Das Hotel gefällt sowohl mit modernem Design als auch mit Wohnlichkeit. Dazu Annehmlichkeiten wie Schuhputzservice, Tageszeitung... Die japanische Küche des Emiko genießt man im Sommer auf der Dachterrasse zum Hof.

Derag Livinghotel N

Frauenstr. 4 ✉ 80469 – ✆ (089) 8 98 85 65 60 Stadtplan : L3**d**
– www.deraghotels.de

83 Zim – 🕴189/239 € 🕴🕴219/239 € – ☕ 20 €

Schön die zentrale Lage direkt am lebendigen Viktualienmarkt, hochwertig die Designzimmer mit neuester Technik - perfekt für Langzeitgäste die Apartments mit Kitchenette. Kleine Aufmerksamkeiten: kostenfreie Minibar, Nespressomaschine, W-Lan. Mit im Haus: Restaurant "Tian" mit vegetarischer/veganer Küche.

Cortiina

Ledererstr. 8 ✉ 80331 – ✆ (089) 2 42 24 90 Stadtplan : L2**c**
– www.cortiina.com

70 Zim – 🕴169/409 € 🕴🕴189/429 € – ☕ 23 € – 5 Suiten

Schön, was man hier in etwas versteckter, aber doch sehr zentraler Lage zu Gesicht bekommt: wertige Materialien, wohin man schaut - Holz, Schiefer, Jura-Marmor und Naturfarben absolut stimmig kombiniert! Die Zimmer sind recht unterschiedlich geschnitten, das offene Restaurant bietet internationale Küche.

Eurostars Book Hotel

Schwanthalerstr. 44 ✉ 80336 – ✆ (089) 5 99 92 50 Stadtplan : J2**k**
– www.eurostarsbookhotel.com

193 Zim – 🕴99/799 € 🕴🕴99/799 € – ☕ 14 € – 8 Suiten

Das topmoderne Businesshotel hat schon eine eigene Atmosphäre, denn neben dem attraktiven Design finden sich überall im Haus Motive zum Thema Literatur. Eyecatcher ist ein überdimensionales Buch gleich an der Rezeption! Und kulinarisch? Da geht es mediterran-spanisch zu.

anna hotel

Schützenstr. 1 ✉ 80335 – ✆ (089) 5 99 94 40 – www.annahotel.de Stadtplan : J2**n**

75 Zim – 🛉150/320 € 🛉🛉165/345 € – ☕ 20 € – 1 Suite

Auf ein junges und junggebliebenes Publikum trifft man in dem modernen Hotel direkt am Stachus. Wenn Sie Panoramasicht möchten, nehmen Sie ein Zimmer im obersten Stock. Ganz diskret und ebenso chic wohnt man im Nebengebäude! Im Bistro nebst gut besuchter Bar gibt es Sushi und euro-asiatische Gerichte.

Excelsior

Schützenstr. 11 ✉ 80335 – ✆ (089) 55 13 70 – www.excelsior-hotel.de Stadtplan : J2**z**

118 Zim – 🛉135/315 € 🛉🛉175/370 € – ☕ 20 € – 8 Suiten

Geisel's Vinothek – Siehe Restaurantauswahl

Familie Geisel investiert stetig in ihre Betriebe, so auch in dieses Schwesterhotel des "Königshofs" (dort befindet sich der Freizeitbereich). Wie wär's mit einem der schönen modern-alpinen Zimmer? Ausgezeichnet auch das Frühstück.

Maximilian Munich

Hochbrückenstr. 18 ✉ 80331 – ✆ (089) 24 25 80 – www.maximilian-munich.com Stadtplan : L2**m**

36 Zim – 🛉185/295 € 🛉🛉205/295 € – ☕ 18 € – 18 Suiten

Der vielleicht etwas unscheinbar wirkende Rahmen ist Teil des Konzepts: Man verbindet hier angenehme Diskretion mit der Exklusivität geräumiger und geschmackvoll-moderner Zimmer (alle mit Küche und auch für Longstay-Gäste). Im "kleinen Max" gibt es abends internationale Küche - toll die Gartenterrasse.

Platzl

Sparkassenstr. 10 ✉ 80331 – ✆ (089) 23 70 30 – www.platzl.de Stadtplan : L2**z**

166 Zim ☕ – 🛉185/325 € 🛉🛉215/395 € – 1 Suite

Pfistermühle* • *Ayingers – Siehe Restaurantauswahl

Das Hotel mitten in der Altstadt hat schon einen gewissen Charme - das liegt an schönen wohnlichen Zimmern mit traditionellem Touch und modernem Equipment sowie am attraktiven Erholungsbereich im Stil des Maurischen Kiosks von Ludwig II.

Eden Hotel Wolff

Arnulfstr. 4 ✉ 80335 – ✆ (089) 55 11 50 – www.ehw.de Stadtplan : J2**p**

212 Zim ☕ – 🛉153/245 € 🛉🛉198/350 € – 2 Suiten

Kürzer könnte der Weg vom Hauptbahnhof ins Hotel kaum sein! Das Haus existiert bereits über 100 Jahre, seit jeher ein Privathotel. Man wohnt klassisch, puristisch-alpenländisch oder ganz modern, relaxen kann man auf der Dachterrasse, speisen (international und auch bayerisch) im "Peter & Wolff".

Opéra

St.-Anna-Str. 10 ✉ 80538 – ✆ (089) 2 10 49 40 – www.hotel-opera.de Stadtplan : M2**a**

22 Zim ☕ – 🛉170/210 € 🛉🛉190/230 € – 3 Suiten

Sie suchen etwas Spezielles? Das kleine Schmuckstück nahe der Oper hat sehr individuelle Zimmer: Kunst, dazu zahlreiche Antiquitäten, unter die sich aber auch moderne Akzente mischen. Tipp für Sommertage: Frühstück im reizenden Innenhof!

Splendid-Dollmann

Thierschstr. 49 ✉ 80538 – ✆ (089) 23 80 80 – www.hotel-splendid-dollmann.de Stadtplan : M2**b**

36 Zim – 🛉98/288 € 🛉🛉128/333 € – ☕ 15 € – 1 Suite

Feines Boutique-Hotel hinter stilvoller Bürgerhausfassade! Die Zimmer sind nicht riesig, aber liebevoll und mit reichlich Antiquitäten eingerichtet. Persönliche Atmosphäre im lauschigen Hof, im Frühstücksraum, in der Bibliothek (kleine Snacks am Abend). Zwei Garagenplätze und Anwohnerparkausweise.

Courtyard by Marriott City Center

Schwanthalerstr. 37 ✉ 80336 – ✆ (089) 54 88 48 80 Stadtplan : J2**r**
– www.courtyardmunichcitycenter.de
247 Zim – 🚹139/429 € 🚹🚹139/429 € – ☕21 € – 1 Suite
In der Innenstadt, nicht weit vom Bahnhof, liegt das auf Geschäftsreisende ausgelegte Hotel. Die Zimmer sind zeitgemäß ausgestattet, das Frühstücksbuffet ist gut und im Restaurant hat man modernes Flair mit Showküche.

das asam

Josephspitalstr. 3 ✉ 80331 – ✆ (089) 2 30 97 00 Stadtplan : K3**a**
– www.hotel-asam.de – geschl. 22. Dezember - 6. Januar
17 Zim – 🚹99/169 € 🚹🚹139/202 € – ☕19 € – 8 Suiten
Was den Charme dieses geschmackvoll-gediegenen Hauses ausmacht? Helle, wohnliche Zimmer mit hochwertigen Bädern (einige liegen sehr ruhig zum Innenhof) sowie das gute Frühstück in warmer Atmosphäre - schön auch auf der kleinen Terrasse.

Torbräu

Tal 41 ✉ 80331 – ✆ (089) 24 23 40 – www.torbraeu.de Stadtplan : L3**g**
88 Zim ☕ – 🚹162/199 € 🚹🚹215/310 € – 2 Suiten
Das älteste Hotel der Stadt gibt es schon seit 1490, zu finden direkt neben dem historischen Isartor. Unterschiedliche Einrichtungsstile sorgen für Charme: in den Zimmern von traditionell bis topmodern (Suiten mit Blick zum Alten Rathaus), im Schapeau Jugendstilatmosphäre zu bayerisch-mediterraner Küche.

Alpen Hotel

Adolf-Kolping-Str. 14 ✉ 80336 – ✆ (089) 55 93 30 Stadtplan : J2**b**
– www.alpenhotel-muenchen.de
55 Zim ☕ – 🚹99/215 € 🚹🚹126/320 €
Das Haus liegt günstig nahe Bahnhof und Stachus, wird engagiert geführt, das Personal ist auffallend freundlich und zudem hat man hochwertig eingerichtete Zimmer, die mit ihrem Mix aus klaren Formen und warmem Holz so modern wie wohnlich sind. Sehr gutes Frühstück, die Küche bayerisch-international.

Fleming's München-City

Bayerstr. 47 ✉ 80335 – ✆ (089) 4 44 46 60 Stadtplan : J2**t**
– www.flemings-hotels.com
112 Zim ☕ – 🚹141/370 € 🚹🚹176/410 €
Zentral, in unmittelbarer Nähe des Hauptbahnhofs gelegenes Hotel mit funktionellen, in modernem Design gehaltenen Gästezimmern. Restaurant im Bistrostil mit Bar und Feinkosttheke.

Conrad-Hotel de Ville

Schillerstr. 10 ✉ 80336 – ✆ (089) 54 55 60 Stadtplan : J2**g**
– www.conrad-hotel.de
89 Zim ☕ – 🚹97/377 € 🚹🚹124/404 €
Dieses Stadthotel liegt sehr günstig nahe dem Bahnhof und unweit des Zentrums und bietet freundliche Zimmer mit mediterranem Ambiente. Bei schönem Wetter frühstückt man gerne im netten Innenhof.

Admiral

Kohlstr. 9 ✉ 80469 – ✆ (089) 21 63 50 Stadtplan : L3**a**
– www.hotel-admiral.de
31 Zim ☕ – 🚹139/299 € 🚹🚹189/349 € – 1 Suite
Ein gepflegtes kleines Hotel, das seinem angenehm klassischen Stil treu bleibt - von der charmant-plüschigen Halle über die wohnlichen Zimmer bis zur persönlichen Führung! Ausgezeichnet das Frühstück - im Sommer auch im kleinen Garten.

Atrium

Landwehrstr. 59 ✉ 80336 – ✆ (089) 51 41 90 Stadtplan : J3**k**
– www.atrium-hotel.de
161 Zim ☕ – 🚹99/359 € 🚹🚹129/449 €
Ideal die Lage zwischen Hauptbahnhof und "Wiesn", geradlinig-modern und großzügig der Rahmen. Ruhiger die hinteren Zimmer! Frühstück in freundlich-frischer Atmosphäre, dazu der begrünte Innenhof mit Loungebereich. Tipp: Garage reservieren.

Domus

St.-Anna-Str. 31 ✉ 80538 – ✆ (089) 2 17 77 30 Stadtplan : M2**e**
– www.domus-hotel.de
45 Zim ☕ – 🚹120/185 € 🚹🚹160/270 €
Vecchia Lanterna – Siehe Restaurantauswahl
Hier lässt es sich wirklich gepflegt wohnen: zeitgemäße Einrichtung, warme Farben, moderne Bäder..., und im Sommer kann man auch auf der hübschen kleinen Terrasse frühstücken!

H'Otello B'01 N

Baaderstr. 1 ✉ 80469 – ✆ (089) 21 63 10 Stadtplan : K3**h**
– www.hotello.de
56 Zim ☕ – 🚹165/175 € 🚹🚹200/210 €
Wertige Einrichtung in geradlinigem Design und Beige-Tönen, die Zimmer teilweise etwas kleiner, einladend die Lounge/Bar im EG. Ein Pluspunkt ist auch die zentrale Lage unweit des Viktualienmarktes.

Blauer Bock N

Sebastiansplatz 9 ✉ 80331 – ✆ (089) 45 22 23 33 Stadtplan : K3**a**
– www.restaurant-blauerbock.de
68 Zim ☕ – 🚹99/199 € 🚹🚹155/255 € – 1 Suite
Blauer Bock – Siehe Restaurantauswahl
Nur einen Steinwurf vom Viktualienmarkt entfernt hat man es hier schön gepflegt. Die Zimmer sind in unterschiedlichen Stilen eingerichtet - die zum Innenhof hin liegen ruhiger.

Olympic

Hans-Sachs-Str. 4 ✉ 80469 – ✆ (089) 23 18 90 Stadtplan : K3**m**
– www.hotel-olympic.de
37 Zim ☕ – 🚹95/180 € 🚹🚹160/250 €
Gäste aus der Mode- und Medienbranche sind ein deutliches Indiz: Dies ist ein sehr individuelles Haus! Stilvolles Interieur, Kunst, Zimmer zu ruhigen, grünen Innenhöfen. U-Bahn ganz in der Nähe. Parkplatz am besten gleich mit reservieren!

The Flushing Meadows N

Frauenhoferstr. 32 ✉ 80469 – ✆ (089) 55 27 91 70 Stadtplan : K3**b**
– www.flushing-meadows.com
16 Zim – 🚹136 € 🚹🚹174 € – ☕ 11 €
Eine trendige Location, nach außen bewusst zurückhaltend - da kann man schon mal vorbeifahren! Die Zimmer (3. und 4. Stock): cool, modern, mit Industriecharme. Im OG Szenebar mit Terrasse. Kostenloser Fahrradverleih.

Meier

Schützenstr. 12 ✉ 80335 – ✆ (089) 5 49 03 40 Stadtplan : J2**x**
– www.hotel-meier.de – geschl. über Weihnachten
50 Zim ☕ – 🚹81/115 € 🚹🚹101/165 €
Wer wünscht sich das nicht: morgens eine reichhaltige Auswahl zum Frühstück und nach einer erlebnisreichen Stadt-Tour (ideal die Lage zwischen Hauptbahnhof und Stachus) in frischen, freundlichen und topgepflegten Zimmern zur Ruhe kommen!

Uhland

Uhlandstr. 1 ✉ 80336 – ✆ (089) 54 33 50 Stadtplan : J3**x**
– www.hotel-uhland.de – geschl. 3. - 17. Januar
27 Zim ☕ – 🚹82/182 € 🚹🚹100/229 €
Bestaunen Sie ruhig erst einmal die tolle Villenfassade - schon zweimal mit dem Fassadenpreis ausgezeichnet! Drinnen erwartet Sie dann eine engagierte Gastgeberfamilie, seit über 55 Jahren. Zimmer 34 und 35 sind besonders groß und modern.

Restaurants

XXXX ✿

Gourmet Restaurant Königshof – Hotel Königshof

Karlsplatz 25, 1. Etage ✉ 80335 – ✆ (089) 5 51 36 61 42 – www.koenigshof-hotel.de – geschl. 1. - 12. Januar, über Ostern 1 Woche, über Pfingsten 1 Woche, August - Anfang September 4 Wochen und Sonntag - Montag

Stadtplan : K2**s**

• FRANZÖSISCH KLASSISCH • Menü 115/170 € – Karte 93/123 € – (Tischbestellung ratsam)

Darf es ein Fensterplatz sein? Von hier hat man nämlich einen schönen Blick zum Stachus, während man sich von einem kompetenten und stark besetzten Team umsorgen lässt. So klassisch wie der Service ist auch die klare, geradlinige Küche, die mit Präzision und Finesse in Zubereitung und Präsentation überzeugt!

➜ Roh marinierter Landsberger Saibling mit Caviar, Quinoa und Minze. Brust und Keule von der Bresse Taube mit Wasserrettich und Blutwurst. Kokosmilchkonfekt mit dunkler Schokolade und Ananas.

XXX ✿✿

Dallmayr

Dienerstr. 14, 1. Etage ✉ 80331 – ✆ (089) 21 35 1 00 – www.restaurant-dallmayr.de – geschl. 24. Dezember - Anfang Januar 2 Wochen, über Ostern 2 Wochen, August 3 Wochen und Sonntag - Montag sowie an Feiertagen

Stadtplan : L2**w**

• FRANZÖSISCH MODERN • Menü 95/175 € – Karte 82/125 € – *(nur Abendessen, samstags auch Mittagessen)* (Tischbestellung ratsam)

Die Adresse in Sachen Delikatessen schlechthin! Im EG machen feinste Produkte Appetit, im OG heißt es Gourmetküche: facettenreiche und technisch absolut top zubereitete Speisen aus erstklassigen, wunderbar abgestimmten Zutaten - klassisch und doch modern. Charmant und gleichermaßen professionell der Service.

➜ Jakobsmuschel, Karotte, Pinienkerne, Ponzu. Taubenbrust und roter Shiso, Brioche-Mohncreme, Puntarelle. Birne, Quarkbällchen, Mumbai Curry.

XXX ✿✿

Atelier – Hotel Bayerischer Hof

Promenadeplatz 2 ✉ 80333 – ✆ (089) 2 12 07 43 – www.bayerischerhof.de – geschl. Sonntag - Montag

Stadtplan : K2**y**

• FRANZÖSISCH KREATIV • Menü 105/150 € – *(nur Abendessen)*

So edel das geradlinige und zugleich warme Design von Axel Vervoordt, so angenehm der Service, so hochstehend die Küche: facettenreich, technisch äußerst exakt und harmonisch zubereitet, durchdacht bis ins kleinste Detail. Gelungen ergänzen moderne, teilweise japanische Elemente die klassische Basis.

➜ Bayrisches Maishendl vom Gutshof Polting, Petersilie, Mozzarella, Guacamole und Tomatensalat. Wagyu Roastbeef, Süßkartoffel, Shiitake, Zwiebeln und Rindermark. Erdbeere, Sauerampfer, Milch und Buchweizen.

XXX ✿

Schuhbecks in den Südtiroler Stuben

Platzl 6 ✉ 80331 – ✆ (089) 2 16 69 00 – www.schuhbeck.de – geschl. 1. - 10. Januar und Sonntag

Stadtplan : L2**u**

• REGIONAL • Menü 38 € (mittags unter der Woche)/118 € – (Tischbestellung ratsam)

In den gemütlichen alpenländischen Stuben von Alfons Schuhbeck spielen sowohl die bewährte feine Regionalküche als auch moderne Elemente eine Rolle - beides überzeugt mit Geschmack und Ausdruck. Und am Platzl gibt's noch mehr Leckeres: Eis, Schokolade, Gewürze, Wein.

➜ Rindertatar handgeschnitten mit Ochsenschwanzgelee, Pfifferlinge, Sauerrahm und Wachtelei. Weißer Heilbutt mit Senfkohl, Kokos und Hummersauce. Tiramisu von der Brombeere mit Cassissorbet.

XX

Pfistermühle – Hotel Platzl

Pfisterstr. 4 ✉ 80331 – ✆ (089) 23 70 38 65 – www.pfistermuehle.de – geschl. Sonntag

Stadtplan : L2**z**

• REGIONAL • Menü 25 € (mittags) – Karte 42/62 €

Ein separater Eingang führt in die einstige herzogliche Mühle (1573), wo Sie in stilvoll-bayerischem Ambiente (schön das Kreuzgewölbe) Regionales wie "rosa gebratenen Kalbsrücken unter Kürbis-Krokantkruste" speisen. Mittags kleinere Karte.

XX **Garden-Restaurant** – Hotel Bayerischer Hof

Promenadeplatz 2 ✉ 80333 – ✆ (089) 2 12 09 93 – www.bayerischerhof.de Stadtplan : K2**y**

• INTERNATIONAL • Menü 36 € (mittags)/76 € – Karte 49/76 € – (Tischbestellung ratsam)

Ausgesprochen chic: Die hohe Wintergartenkonstruktion mit ihrem Industrial-Style und der lichten Atmosphäre hat ein bisschen was von einem Künstleratelier. Aus der Küche kommt Internationales.

XX **Limoni** N

Amalienstr. 38 ✉ 80799 – ✆ (089) 28 80 60 29 – www.limoni-ristorante.com – geschl. Sonntag Stadtplan : L1**b**

• ITALIENISCH • Menü 48/64 € – Karte 42/52 € – *(nur Abendessen)*

Das Ambiente geradlinig-stylish und gemütlich zugleich, der Service aufmerksam und stets präsent, die Küche frisch, ambitioniert, italienisch. Lust auf Klassiker wie Vitello Tonnato? Oder wählen Sie lieber von der wechselnden Karte?

XX **Les Deux**

Maffeistr. 3a, 1. Etage ✉ 80333 – ✆ (089) 7 10 40 73 73 – www.lesdeux-muc.de – geschl. Sonntag und an Feiertagen Stadtplan : L2**p**

• FRANZÖSISCH MODERN • Menü 48 € (mittags unter der Woche)/110 € – Karte 71/103 € – (Tischbestellung ratsam)

"Les Deux", das sind Fabrice Kieffer und Johann Rappenglück mit ihrem Doppelkonzept aus Restaurant und Brasserie. Ersteres bietet moderne französische Küche mit vielen Facetten, tolle Weine und versierten, umsichtigen Service. Klassiker und Internationales in der lebhaften Brasserie im EG.

➜ Yellow Fin Thunfisch, Granny Smith-Apfel, Wasabi, Avocado. Heimische Steinpilze, Wildkräuter. Brust und Keule von der Bresse Taube à la Royal, Schwarzer Knoblauch, Trüffeljus.

XX **Blauer Bock** – Hotel Blauer Bock

Sebastiansplatz 9 ✉ 80331 – ✆ (089) 45 22 23 33 – www.restaurant-blauerbock.de – geschl. Sonntag - Montag sowie an Feiertagen Stadtplan : K3**a**

• INTERNATIONAL • Menü 35 € (mittags)/85 € (abends) – Karte 40/71 €

Chic die moderne Einrichtung in klaren Linien, ansprechend auch die französisch und regional ausgerichtete Speisekarte. Hier finden sich z. B. Dorade vom Grill oder geschmorte Kalbsbackerl.

XX **Halali**

Schönfeldstr. 22 ✉ 80539 – ✆ (089) 28 59 09 – www.restaurant-halali.de – geschl. Samstagmittag, Sonntag und an Feiertagen, Oktober - Weihnachten: Samstagmittag, Sonntagmittag Stadtplan : L1**x**

• KLASSISCHE KÜCHE • Menü 25 € (mittags unter der Woche)/66 € – Karte 37/70 € – (Tischbestellung ratsam)

Eine echte Institution. In dem Gasthaus a. d. 19. Jh. mit dunkler Holztäfelung sitzt es sich gemütlich bei guten saisonalen Gerichten wie "Kalbsfiletspitzen mit Rahmsauce und Spätzle" oder "französischem Lammrücken mit Kartoffelgratin".

XX **Boettner's**

Pfisterstr. 9 ✉ 80331 – ✆ (089) 22 12 10 – www.boettners.de – geschl. Sonntag und an Feiertagen Stadtplan : L2**h**

• FRANZÖSISCH KLASSISCH • Menü 55/85 € – Karte 41/70 € – (Tischbestellung ratsam)

Münchner Klassiker von 1901 direkt am Platzl, traditionell die Atmosphäre. Zusätzlich zu monatlich wechselnden Aktionsmenüs mit begleitenden Weinen gibt es im Bistrobereich z. B. "Tafelspitz / Meerrettichsauce" oder "Zander / Speckwirsing".

XX **Tian** N

Frauenstr. 4 ✉ 80469 – ✆ (089) 8 85 65 67 12 – www.taste-tian.com – geschl. Sonntag Stadtplan : L3**c**

• VEGETARISCH • Menü 24 € (mittags)/62 € (abends) – Karte 27/49 €

Genau am Viktualienmarkt finden Sie den ersten Ableger des Tian in Deutschland. Das rein vegetarische Konzept wird auch hier gekonnt und raffiniert umgesetzt. Dazu gibt's eine trendige Bar und einen netten Innenhof. Einfachere Mittagskarte.

XX **Nymphenburger Hof**

Nymphenburger Str. 24 ✉ 80335 – ✆ (089) 1 23 38 30 Stadtplan : E2**a**
– www.nymphenburgerhof.de – geschl. Sonntag - Montag sowie an Feiertagen
• INTERNATIONAL • Menü 29 € (mittags unter der Woche)/65 €
– Karte 42/73 € – (Tischbestellung ratsam)
Wirklich schön diese Traditionsadresse. Der Chef ist gebürtiger Steirer und so finden sich auf der Karte auch Gerichte aus seiner Heimat, dazu ausgewählte österreichische Weine. Nett sitzt man auf der lauschigen Terrasse.

XX **Galleria**

Sparkassenstr. 11, Ecke Ledererstraße ✉ 80331 Stadtplan : L2**x**
– ✆ (089) 29 79 95 – www.ristorante-galleria.de
• ITALIENISCH • Menü 25 € (mittags unter der Woche)/79 € – Karte 46/61 € – (Tischbestellung ratsam)
In dem liebevoll dekorierten kleinen Restaurant in zentraler Lage macht richtig gute italienische Küche Appetit! Lust auf "Gnocchi gefüllt mit Stracchino, Porchetta und Trevisano"? Die Bilder mit den Herzmotiven kann man übrigens kaufen.

XX **BNM Restaurant**

Prinzregentenstr. 3, im Bayerischen Nationalmuseum Stadtplan : M2**a**
✉ 80538 – ✆ (089) 45 22 44 30 – www.bnmrestaurant.de – geschl. Sonntag - Montag
• MODERNE KÜCHE • Menü 63/79 € – Karte 46/67 € – *(nur Abendessen)*
Interessant ist zum einen das puristische Design in Kombination mit hohen Gewölbedecken, zum anderen das gastronomische Konzept: Am Abend bietet man ambitionierte Gerichte wie "Eifeler Ur-Lamm mit Ratatouille", mittags gibt es einfachere Bistroküche (à la carte oder Menü), die preislich wirklich fair ist.

XX **Shane's Restaurant**

Geyerstr. 52 ✉ 80469 – ✆ (089) 74 64 68 20 Stadtplan : F3**s**
– www.shanesrestaurant.de – geschl. 1. - 6. Januar und Sonntag - Montag
• MODERNE KÜCHE • Menü 60/120 € – *(nur Abendessen)*
"A place to be" würde man in der irischen Heimat von Shane McMahon sagen. Modern sowohl das Ambiente als auch die feine Küche in Form eines Überraschungsmenüs, der Service leger und kompetent. Lounge-Food in Shane's Bar/ Lounge mit Terrasse.

XX **Pageou** (N)

Kardinal-Faulhaber-Str. 10, 1. Etage ✉ 80333 Stadtplan : K2**c**
– ✆ (089) 24 23 13 10 – www.pageou.de – geschl. Sonntag - Montag sowie an Feiertagen
• INTERNATIONAL • Menü 47 € (mittags)/121 € (abends) – Karte 67/77 € – (Tischbestellung ratsam)
Außen eine prächtige historische Fassade, innen klare Formen, schöne Materialien und Farben - das ist der ansprechende Rahmen für die frische, mediterran beeinflusste und exakt zubereitete Küche. Reizvoll auch die ruhige Terrasse im Hof.

XX **Les Cuisiniers**

Reitmorstr. 21 ✉ 80538 – ✆ (089) 23 70 98 90 Stadtplan : M2**p**
– www.lescuisiniers.de – geschl. Samstagmittag, Sonntag und an Feiertagen
• FRANZÖSISCH KLASSISCH • Menü 39/93 € (abends) – Karte 34/49 € – (Tischbestellung ratsam)
Dies ist schon ein wirklich hübsches und lebendiges Bistro. Geboten wird eine frische und unkomplizierte französische Küche, die den Gästen auf einer Tafel präsentiert wird.

XX **Vecchia Lanterna** – Hotel Domus

St.-Anna-Str. 31 ✉ 80538 – ✆ (089) 81 89 20 96 Stadtplan : M2**e**
– www.vecchia-lanterna.de – geschl. Ende August - Mitte September 2 Wochen und Samstagmittag, Sonntagabend - Montag
• ITALIENISCH • Menü 45/70 € – Karte 48/62 €
In dem modern-eleganten Restaurant samt ruhiger Hinterhofterrasse bekommen Sie klassisch-mediterrane Küche einschließlich interessantem Lunchmenü, dazu vorwiegend Weine aus Italien.

XX **Le Barestovino**

Thierschstr. 35 ✉ 80538 – ✆ (089) 23 70 83 55 Stadtplan : M2_3**b**
– www.barestovino.de – geschl. Sonntag - Montag
• FRANZÖSISCH KLASSISCH • Menü 35/62 € – Karte 31/47 € – *(nur Abendessen)*
Sympathische Atmosphäre sowohl im modernen Restaurant als auch in der Weinbar "Le Bouchon". In beiden Bereichen können Sie von der vollen Karte wählen, und zwar unkomplizierte und schmackhafte traditionell-französische Gerichte wie "Kabeljau auf Linsen und Senf-Beurre-Blanc". Dazu Weine aus Frankreich.

XX **Jin**

Kanalstr. 14 ✉ 80538 – ✆ (089) 21 94 99 70 Stadtplan : L3**n**
– www.restaurant-jin.de – geschl. Montag
• ASIATISCH • Menü 58/88 € – Karte 43/71 € – *(Juli - September: Dienstag - Freitag nur Abendessen)*
Besonders ist hier nicht nur das Ambiente (asiatische Schlichtheit in hochwertiger Form), sondern vor allem die aromenreiche panasiatische Küche, die chinesisch geprägt ist, aber auch japanische und europäische Einflüsse zeigt: "Dim Sum vom Kalbsfilet", "geschmorte Spareribs mit Shiitake"...

XX **Weinhaus Neuner**

Herzogspitalstr. 8 ✉ 80331 – ✆ (089) 2 60 39 54 Stadtplan : K2**e**
– www.weinhaus-neuner.de – geschl. Sonntag und an Feiertagen
• INTERNATIONAL • Menü 25 € (mittags)/56 € – Karte 38/64 €
Seit 1852 gibt es das älteste Weinhaus der Stadt (1641) als Restaurant. Zeitgemäß interpretierte traditionelle Küche von der Landente bis zum Lammrücken in der Kräuterkruste, dazu schöne Weine. Für die Atmosphäre: tolles Kreuzgewölbe, Wandmalereien, alte Täfelung und sehenswerte Schnitzereien von einst.

X **Restaurant N° 15**

Neureutherstr. 15 ✉ 80331 – ✆ (089) 39 99 36 Stadtplan : F1**n**
– www.restaurant-n15.com – geschl. Samstagmittag, Sonntag - Montag
• KLASSISCHE KÜCHE • Menü 40 € (mittags)/90 € – Karte 47/90 € – (abends Tischbestellung ratsam)
Familie Dupuis, in München wohlbekannt, lebt hier mit Herzblut französische Gastrokultur! Geboten wird eine produktbezogene und geschmackvolle französische Küche mit modernen Elementen. Dazu schöne Auswahl an Bordeaux und Burgunder.
➜ Kalbskopf, Lauch, Trüffelvinaigrette. Zweierlei Rinderschulter mit Gemüsen. Armer Ritter, Himbeere, Vanillecrème.

X **Le Stollberg**

Stollbergstr. 2 ✉ 80539 – ✆ (089) 24 24 34 50 Stadtplan : L2_3**r**
– www.lestollberg.de – geschl. Sonntag
• KLASSISCHE KÜCHE • Menü 45 € – Karte 35/63 €
Die Küche dieser sympathischen modernen Adresse ist klassisch-mediterran und saisonal, so z. B. "Kalbsniere in Rotweinsauce an Kartoffelpüree". Kommen Sie doch auch mal zum günstigen Lunch. Samstags durchgehend geöffnet.

X **Gesellschaftsraum** N

Bräuhausstr. 8 ✉ 80331 – ✆ (089) 55 07 77 93 Stadtplan : L2**e**
– www.der-gesellschaftsraum.de – geschl. Samstagmittag, Sonntag
• KREATIV • Menü 56/85 €
Sie mögen es ungezwungen, urban, trendy? Passend zur Atmosphäre wird in dem Restaurant mitten in der Altstadt kreativ, modern und ambitioniert gekocht. Der Service angenehm leger. Mittags einfachere Karte.

X **Rossini**

Türkenstr. 76 ✉ 80799 – ✆ (089) 33 09 42 70 Stadtplan : L1**a**
– www.rossini-weinkeller.net – geschl. 24. Dezember - 6. Januar, August und Samstagmittag, Sonntag sowie an Feiertagen
• ITALIENISCH • Menü 49/65 € – Karte 37/60 € – (Tischbestellung ratsam)
In Anlehnung an den bekannten Film haben Sabine Nasswetter und Fabrizio Cereghini (sein ehemaliges Restaurant diente dem Drehort als Vorbild) diesen Namen gewählt. In dem familiären kleinen Lokal mit eigenem Weinhandel gibt es unkomplizierte authentisch-italienische Küche. Tipp: Parken in der Amaliengarage.

Brennergrill

Maximilianstr. 15 ✉ 80539 – ✆ (089) 4 52 28 80 Stadtplan : L2**j**
– www.brennergrill.de
• FLEISCH • Menü 48 € (abends) – Karte 24/53 €
Hier trifft man sich... In der eindrucksvollen großen Gewölbehalle (einst Marstall der Residenz) vereinen sich Bar, Café und Restaurant zu einem lebendigen Hotspot der Münchner Gastroszene. Es gibt hausgemachte Pasta sowie Fleisch und Fisch vom Grill, einer offenen Feuerstelle mitten im Raum!

Toshi

Wurzerstr. 18 ✉ 80539 – ✆ (089) 25 54 69 42 Stadtplan : L2**k**
– www.restaurant-toshi.de – geschl. Sonntag, Samstagmittag sowie an Feiertagen mittags
• JAPANISCH • Menü 80/140 € – Karte 47/110 €
Steht Ihnen der Sinn nach authentisch japanischer Küche? So typisch wie die puristische Einrichtung ist auch die Karte: Schmackhaftes aus Fernost, Sushi, Teppanyaki und auch Pan-Pacific-Cuisine. Um die Ecke das etwas lebhaftere "Japatapa".

Louis Cuisine

Tattenbachstr. 1 ✉ 80538 – ✆ (089) 44 14 19 10 Stadtplan : M2**c**
– www.restaurant-louis.de – geschl. Mitte August - Anfang September und Samstag - Sonntag
• FRANZÖSISCH • Menü 22 € (mittags)/40 € (abends)
Ein hübsches kleines Restaurant im alten Stadtteil Lehel. Begehrt sind die 12 Plätze natürlich beim günstigen Mittagsmenü. Abends dann ambitionierte französische Speisen wie Lachsfilet "Louis" oder gebratene Kalbsrückenscheiben.

KOI

Wittelsbacherplatz 1 ✉ 80333 – ✆ (089) 89 08 19 26 Stadtplan : L2**d**
– www.koi-restaurant.de – geschl. über Weihnachten und Sonntag sowie an Feiertagen mittags
• JAPANISCH • Karte 27/145 €
Auf zwei Etagen kann man sich hier sowohl optisch als auch kulinarisch an einem interessanten Stilmix erfreuen. Aus frischen Produkten entsteht eine Mischung aus japanischer und europäischer Küche samt Sushi und Fleisch vom Robata-Grill.

Rüen Thai

Kazmairstr. 58 ✉ 80339 – ✆ (089) 50 32 39 Stadtplan : E3**a**
– www.rueen-thai.de – geschl. August 3 Wochen
• THAILÄNDISCH • Menü 49/99 € – Karte 31/54 € – *(Donnerstag - Sonntag und an Feiertagen nur Abendessen)*
Hier hat man sich ganz der südthailändischen Küche verschrieben: "Gung Pla", "Nüe San Kua"... oder lieber ein Fingerfood-Menü? Eine weitere Spezialität sind Gewürzmischungen. An Wein gibt es einige Raritäten!

Cafe Luitpold

Brenner Str. 11 ✉ 80333 – ✆ (089) 2 42 87 50 Stadtplan : L2**g**
– www.cafe-luitpold.de – geschl. Sonntagabend, Montagabend außer an Feiertagen
• TRADITIONELLE KÜCHE • Menü 40/70 € – Karte 23/55 €
Hier sitzt man in lebendiger Kaffeehaus-Atmosphäre bei guter und frischer hausgemachter Küche! Sehenswert auch das eigene Museum im 1. Stock, von dem man in die Backstube schauen kann. Apropos: Probieren Sie auch Torten, Pralinen & Co.!

Gandl (N)

St.-Anna-Platz 1 ✉ 80538 – ✆ (089) 29 16 25 25 Stadtplan : M2**g**
– www.gandl.de – geschl. Sonntag
• INTERNATIONAL • Menü 25 € (mittags)/75 € – Karte 31/54 €
Sie speisen in einem ehemaligen Kolonialwarenladen - die Regale sind teilweise geblieben und auch einige Produkte verkauft man noch. Die Gerichte reichen von klassisch-französisch bis international. Tipp für Sommertage: Terrasse zum Platz!

Porta Capuana

Thierschstr. 14 ✉ 80538 – ✆ (089) 63 89 30 41 – www.porta-capuana.com – geschl. Mitte August - Anfang September 3 Wochen und Samstagmittag, Sonntag Stadtplan : L3**b**

• ITALIENISCH • Menü 26 € (mittags)/79 € (abends) – Karte 37/63 €

Freundlich und familiär geht es hier zu. Schmackhaft und frisch die italienische Küche, ansprechend das Ambiente mit dem großen Wandmotiv der "Piazza del Plebiscito" in Neapel. Und nach dem Essen einen der schönen hochwertigen Grappas?

Zum Alten Markt

Dreifaltigkeitsplatz 3 ✉ 80331 – ✆ (089) 29 99 95 – www.zumaltenmarkt.de – geschl. Sonntag und an Feiertagen Stadtplan : L3**q**

• INTERNATIONAL • Menü 35 € (abends)/40 € – Karte 21/42 €

Dieses persönlich geführte und urig-kleine Lokal am Viktualienmarkt hat man mit dem original erhaltenen 400 Jahre alten Holz einer Südtiroler Ratsherrenstube ausgestattet - wirklich charmant!

Tokami

Theresienstr. 54 ✉ 80333 – ✆ (089) 28 98 67 60 – www.tokami.de Stadtplan : K1**k**

• JAPANISCH • Menü 50/70 € (abends) – Karte 27/40 €

Seit über 25 Jahren gibt es das minimalistisch gehaltene Restaurant schräg gegenüber dem Brandhorst-Museum - das spricht für die klassisch-japanische Küche, die mit ihrer Vielfalt nicht nur bei Sushi-Fans ankommt. Interessante Lunchmenüs.

Theresa Grill & Bar

Theresienstr. 29 ✉ 80333 – ✆ (089) 28 80 33 01 – www.theresa-restaurant.com – geschl. August und Sonntag, Freitagmittag, Samstagmittag (nur Theresa Bar) Stadtplan : L1**t**

• FLEISCH • Menü 12 € (mittags unter der Woche)/80 € – Karte 42/88 € – (abends Tischbestellung ratsam)

Zwei Locations für internationale Küche: trendig, modern, leger das Restaurant "Theresa Grill" - Schwerpunkt sind hier Steaks vom Grill, dazu am Wochenende Frühstück/Brunch. Elegant das Restaurant "Theresa Bar" mit Live-DJ dienstagabends.

Délice La Brasserie – Hotel Sofitel Munich Bayerpost

Bayerstr. 12 ✉ 80335 – ✆ (089) 5 99 48 29 62 – www.sofitel-munich.com Stadtplan : J2**a**

• INTERNATIONAL • Karte 46/71 €

Mit seiner schicken Einrichtung und der enormen Raumhöhe schafft die Brasserie den Spagat zwischen urbaner Leichtigkeit und historischem Gemäuer. Die internationale Küche hat einen stark französischen Touch.

Geisel's Vinothek – Hotel Excelsior

Schützenstr. 11 ✉ 80335 – ✆ (089) 5 51 37 71 40 – www.excelsior-hotel.de – geschl. Sonntagmittag sowie an Feiertagen mittags Stadtplan : J2**z**

• REGIONAL • Menü 20 € (mittags)/42 € – Karte 29/63 €

In diesem Geisel'schen Restaurant ist es etwas legerer als im "Königshof", dennoch kocht man ambitioniert: Klassiker wie "Roastbeef mit Sauce Remoulade" oder auch "Thunfisch mit Shiitake, Frühlingsrolle und Koriander Beurre Blanc".

Ayingers – Hotel Platzl

Sparkassenstr. 10 ✉ 80331 – ✆ (089) 23 70 36 66 – www.ayingers.de Stadtplan : L2**z**

• REGIONAL • Karte 20/45 €

Bayerische Klassiker haben hier - passend zum Wirtshausflair - ihren festen Platz auf der Karte, aber auch Wild aus eigener Jagd kommt gut an, und vorneweg gibt's eine Brezn! Verpassen Sie nicht den Fassanstich - täglich um 17 Uhr!

BRAUEREI-GASTSTÄTTEN: : traditionelle, gemütliche Brauhäuser mit Biergarten. Regional gebraute Biere und deftige bayrische Speisen.

Altes Hackerhaus
Sendlinger Str. 14 ✉ 80331 – ✆ (089) 2 60 50 26 – www.hackerhaus.de Stadtplan : K3**r**
• REGIONAL • Karte 22/52 €
Unter den Brauhäusern der Stadt ist das hier ein recht kleines Haus, dafür aber mit viel Charme und liebenswerten, heimeligen Stuben... und natürlich mit bayerischen Schmankerln! Schöner überdachbarer Innenhof.

Weisses Bräuhaus
Tal 7 ✉ 80331 – ✆ (089) 2 90 13 80 – www.weisses-brauhaus.de Stadtplan : L2_3**e**
• REGIONAL • Karte 17/54 €
Ein bayerisches Wirtshaus, wie es im Buche steht! Hierher kommen die Münchner für "ihr" Kronfleisch - eine von vielen Spezialitäten aus der hauseigenen Metzgerei. In den urigen Stuben zusammenrücken - das hat Tradition!

Spatenhaus an der Oper
Residenzstr. 12 ✉ 80333 – ✆ (089) 2 90 70 60 – www.kuffler.de Stadtplan : L2**t**
• REGIONAL • Karte 35/67 €
Sicher das Brauhaus mit den elegantesten Stuben, das München zu bieten hat - und die ideale Adresse, um vor oder nach dem Besuch der Oper (genau gegenüber!) bayerisch oder auch international zu essen.

Zum Franziskaner
Residenzstr. 9 / Perusastr. 5 ✉ 80333 – ✆ (089) 2 31 81 20 – www.zum-franziskaner.de Stadtplan : L2**v**
• REGIONAL • Karte 18/56 €
Vater und Sohn führen dieses beliebte Traditionshaus, in dem es dank zahlreicher Stammgäste schön lebendig zugeht. Auf den Tisch kommen Leberkäs, Weißwurst und noch weitere Spezialitäten aus der eigenen Metzgerei! Glasüberdachter Innenhof.

Marktwirt
Heiliggeiststr. 2 ✉ 80331 – ✆ (089) 23 24 11 33 – www.marktwirt.com Stadtplan : L3**q**
• REGIONAL • Menü 25/50 € – Karte 20/33 €
In dem sympathischen Lokal am Viktualienmarkt wird nicht nur bayerisch gekocht - auch Südtirol und Österreich sind vertreten. Beachtlich: Man hat rund 150 Obst- und Gemüsebrände! Einladend der beheizte Biergarten.

In München-Allach

Lutter
Eversbuschstr. 109, 1. Etage ✉ 80999 – ✆ (089) 8 12 70 04 – www.hotel-lutter.com – geschl. 23. Dezember - 10. Januar Stadtplan : A1**r**
21 Zim – 75/150 € 95/200 € – 4 Suiten
Man ist gerne Gast bei Familie Lutter: Die Lage ist recht ruhig, die Atmosphäre freundlich, die Zimmer sind wohnlich und die Preise fair. Parken und Internet sind kostenfrei. Mit der nahen S2 ist man in ca. 15 Minuten im Zentrum.

In München-Berg am Laim

Am Ostpark
Michaeliburgstr. 21 ✉ 81671 – ✆ (089) 49 10 13 – www.ostparkhotel.de – geschl. 26. Dezember - 4. Januar Stadtplan : D2**a**
21 Zim – 74/130 € 98/180 €
Familie Obermaier legt großen Wert darauf, dass Sie hier immer gepflegte, funktionale Zimmer vorfinden und mit einem guten Frühstück den Tag beginnen - besonders schön auf der kleinen Gartenterrasse! W-Lan und Garagenplätze kostenfrei.

In München-Bogenhausen

The Westin Grand

Arabellastr. 6 ✉ 81925 – ✆ (089) 9 26 40 Stadtplan : H2**q**
– www.westingrandmunich.com
599 Zim – 🚹139/649 € 🚹🚹139/649 € – ☕ 29 € – 28 Suiten
Diese Business- und Tagungsadresse ist das größte Hotel Münchens und hat auch den größten Day-Spa der Stadt! Tolle Dach-Lounge für die Executive-Zimmer - als rustikale Alternative stehen die Bayerischen Zimmer zur Verfügung.

Palace

Trogerstr. 21 ✉ 81675 – ✆ (089) 41 97 10 Stadtplan : H2**e**
– www.hotel-muenchen-palace.de
70 Zim – 🚹220/390 € 🚹🚹260/540 € – ☕ 28 € – 4 Suiten
Ein geschmackvolles Hotel, das zahlreiche Musiker zu seinen Stammgästen zählt. Erdtöne und Dielenboden machen es hier ausgesprochen wohnlich. Charmant der kleine Freizeitbereich mit Dachterrasse, hübsch der Garten. Täglich "Afternoon Tea" in der Palace Bar, klassisch-internationale Küche im Restaurant.

Sheraton Arabellapark

Arabellastr. 5 ✉ 81925 – ✆ (089) 9 23 20 Stadtplan : H2**q**
– www.sheratonarabellapark.com
405 Zim – 🚹109/589 € 🚹🚹109/589 € – ☕ 23 € – 41 Suiten
Das Hotel befindet sich nahe dem Englischen Garten und verfügt über geradlinig-zeitgemäße Zimmer mit Balkon. Interessant die Club-Lounge im 23. Stock, hier auch der Freizeitbereich - schön der Stadtblick! Die Restaurants "Audrey's" und "66" bieten internationale Küche sowie Grill- und Bio-Gerichte.

Prinzregent am Friedensengel

Ismaninger Str. 42 ✉ 81675 – ✆ (089) 41 60 50 Stadtplan : H2**t**
– www.prinzregent.de
63 Zim ☕ – 🚹115/159 € 🚹🚹145/189 € – 2 Suiten
Schönes altes Holz versprüht hier bayerischen Charme: heimelig-alpenländisch der Frühstücksraum mit Wintergarten, urig-gemütlich die Bar - hier gibt's auch Snacks. Sonntags vegetarischer Brunch, im Winter Käsefondue. Fragen Sie nach den ruhig gelegenen Zimmern zur Gartenseite!

Bogenhauser Hof

Ismaninger Str. 85 ✉ 81675 – ✆ (089) 98 55 86 Stadtplan : H2**c**
– www.bogenhauser-hof.de – geschl. Weihnachten - 6. Januar und Sonntag sowie an Feiertagen
• KLASSISCHE KÜCHE • Menü 49/119 € – Karte 47/79 € – (Tischbestellung ratsam)
Moderne Linien tun der Gemütlichkeit des traditionsreichen Gasthauses keinen Abbruch! Die zahlreichen (Stamm-) Gäste schätzen die ambitionierte klassische Küche von Rinderroulade bis Hummer. Wunderschön der Garten. Weinkarte mit Raritäten.

Käfer Schänke

Prinzregentenstr. 73, 1. Etage ✉ 81675 Stadtplan : H2**s**
– ✆ (089) 4 16 82 47 – www.feinkost-kaefer.de – geschl. Sonntag sowie an Feiertagen
• INTERNATIONAL • Menü 39 € (mittags)/89 € (abends) – Karte 57/98 € – (abends Tischbestellung erforderlich)
Der Name "Käfer" gehört einfach zur Münchner Gastroszene! Der Feinkostladen unter einem Dach mit dem gemütlichen Restaurant garantiert u. a. sehr gutes Fleisch für die Grillgerichte! Für besondere Anlässe: neun ganz individuelle Stuben. Im Bistro: Frühstück, Käfer-Klassiker, Tagesgerichte.

Lesen Sie die Einleitung:
Symbole, Klassements, Abkürzungen und andere Zeichen werden Ihnen dann keine Rätsel mehr aufgeben.

XX **Acquarello** (Mario Gamba)
Mühlbaurstr. 36 ✉ 81677 – ☎ (089) 4 70 48 48 Stadtplan : H2**f**
– www.acquarello.com – geschl. 1. - 3. Januar und Samstagmittag, Sonntagmittag sowie an Feiertagen mittags
• MEDITERRAN • Menü 49 € (mittags unter der Woche)/110 € – Karte 60/95 €
Sowohl italienische als auch französische Elemente stecken in der auf sehr guten Produkten basierenden Küche von Mario Gamba. Freundliche Farben und stimmige Deko samt großem Meerblick-Motiv an der Wand erzeugen mediterranes Flair.
➜ Vitello Tonnato mit zweierlei Thunfischcreme. Gnocchi vom Loup de Mer mit Muschelfond. Taubenbrust mit Petersilie soufflient, schwarzen Walnüssen und kleinen Gemüsen.

XX **Hippocampus**
Mühlbaurstr. 5 ✉ 81677 – ☎ (089) 47 58 55 Stadtplan : H2**a**
– www.hippocampus-restaurant.de – geschl. Montag, Samstagmittag
• ITALIENISCH • Menü 57/67 € – Karte 45/55 €
Reservieren Sie lieber, denn die lebendige Atmosphäre, der charmante Service und italienische Gerichte wie "Galetto mit Artischocken" oder "Tortelli mit Erbsen, Minze und Calamaretti" ziehen viele Gäste an - ebenso die ruhige Terrasse!

X **Huber**
Newtonstr. 13 ✉ 81679 – ☎ (089) 98 51 52 Stadtplan : H2**h**
– www.huber-restaurant.de – geschl. Samstagmittag, Sonntag - Montag
• INTERNATIONAL • Menü 25 € (mittags)/95 € (abends) – Karte 51/70 €
In dem modernen Restaurant (das Interieur stammt von einem Münchner Designer) kocht Michael Huber ambitionierte internationale Speisen. Mittags gibt es die Lunchmenüs "Das Schnelle" und "Das Besondere". Schöne österreichische Weine.

In München-Großhadern

Neumayr
Heiglhofstr. 18 ✉ 81377 – ☎ (089) 7 41 14 40 Stadtplan : B3**b**
– www.hotel-neumayr.de
48 Zim – 🛉80/120 € 🛉🛉120/140 € – ½ P
Johannas – Siehe Restaurantauswahl
In 3. Generation führt Familie Neumayr ihren ländlichen Gasthof im Münchner Südwesten, unweit des bekannten Klinikums. Die Zimmer sind schlicht, aber gut gepflegt, das Frühstück ist frisch und auch die persönliche Atmosphäre kommt an.

X **Johannas** – Hotel Neumayr
Heiglhofstr. 18 ✉ 81377 – ☎ (089) 7 41 14 40 Stadtplan : B3**b**
– www.hotel-neumayr.de – geschl. 27. - 30. Dezember, 11. - 31. Januar und Donnerstag, außer an Feiertagen
• INTERNATIONAL • Menü 35/59 € – Karte 34/52 €
Mit frischen Produkten und ohne viel Schnickschnack sorgt man in den gemütlich-rustikalen Stuben für leckere Gerichte wie "Wildkraftbrühe, Leberknödel" oder "Kalbsbries, Bärlauch, Morcheln, Spitzkohl", und dazu rund 450 tolle Weine.

In München-Haidhausen

Courtyard by Marriott München City Ost
Orleansstr. 83 ✉ 81667 – ☎ (089) 5 58 91 90 Stadtplan : H3**b**
– www.courtyardmunich-cityeast.com
227 Zim – 🛉79/249 € 🛉🛉79/249 € – ☕ 23 € – 2 Suiten
Das Einrichtungskonzept dieses komfortablen Hotels: gerade Formen, warme Farben, technisch neuester Stand. Die Superior-Zimmer liegen ruhiger nach hinten. Langzeitgäste wohnen im Residence Inn gleich nebenan. Die internationale Karte im "max" bietet u. a. Burger und Steaks.

Novotel City

Hochstr. 11 ✉ 81669 – ✆ (089) 66 10 70 Stadtplan : M3**h**
– www.novotel.com/3280
305 Zim – ♦119/219 € ♦♦119/219 € – ☕ 21 € – 2 Suiten
Nahe der Isar und dem Deutschen Museum liegt das Geschäftshotel mit den geradlinig-modernen und funktionellen Zimmern - Kinder bis 16 Jahre schlafen kostenfrei im Zimmer der Eltern. Klarer neuzeitlicher Stil auch im Restaurant.

Preysing

Preysingstr. 1 / Stubenvollstr. 2 ✉ 81667 Stadtplan : M3**w**
– ✆ (089) 45 84 50 – www.hotel-preysing.de – geschl. Weihnachten - 6. Januar
57 Zim ☕ – ♦140/280 € ♦♦186/335 € – 5 Suiten
Das Haus ist wirklich gut in Schuss, ständig wird hier und da investiert, alles ist topgepflegt - vom hübschen hellen Frühstücksraum bis in die Zimmer, deren Ausstattung optimal ist für Geschäftsreisende (alle übrigens mit Granitfußboden).

Tramin

Lothringer Str. 7 ✉ 81667 – ✆ (089) 44 45 40 90 Stadtplan : H3**t**
– www.tramin-restaurant.de – geschl. Sonntag - Montag
• KREATIV • Menü 65/100 € – *(nur Abendessen)*
Locker die Atmosphäre, modern-puristisch die Einrichtung, jugendlich-leger und ebenso kompetent der Service! Und die Küche? Ambitioniert, mal saisonal-regional, mal innovativ. Wählen Sie 4, 5 oder 6 Gänge oder "Tramin Total (ois was gibt)"!

Schweiger²

Lilienstr. 6 ✉ 81669 – ✆ (089) 44 42 90 82 Stadtplan : M3**e**
– www.schweiger2-restaurant.de – geschl. 24. Dezember - 6. Januar, 1. - 15. August und Samstag - Sonntag sowie an Feiertagen
• KREATIV • Menü 99/139 € – *(nur Abendessen)* (Tischbestellung erforderlich)
Das angenehm ungezwungene Restaurant von Franziska und Andreas Schweiger ist ein schöner Beweis dafür, dass sich locker-legere Atmosphäre und hohes Niveau keineswegs ausschließen! Die Küche abwechslungsreich und kreativ, gespickt mit nicht alltäglichen Kompositionen, der Service jung, charmant und kompetent.
→ Epfenhausener Saibling, Lardo, Avocado, Banane. Steinbutt, Rosenheimer Gartengurke, Erbsen, Champagnerschaum, Pimpernelle. Poltinger Lamm, Artischocke, Tomate, Ziegenkäse.

Saint Laurent

Steinstr. 63 ✉ 81667 – ✆ (089) 47 08 40 00 Stadtplan : G3**s**
– geschl. Montag
• FRANZÖSISCH • Menü 29 € – Karte 35/66 € – *(nur Abendessen)*
Hausgemachte Pasteten, Sauerkraut mit gebratenen Jakobsmuscheln, Crème brûlée... Die französische Küche kommt an, ebenso das frankophile Flair samt passender Musik! Ein paar Schritte weiter kann man draußen sitzen.

Atelier Gourmet

Rablstr. 37 ✉ 81669 – ✆ (089) 48 72 20 Stadtplan : G3**a**
– www.ateliergourmet.de – geschl. Sonntag
• FRANZÖSISCH KLASSISCH • Menü 35/53 € – Karte 42/55 € – *(nur Abendessen)* (Tischbestellung ratsam)
Klein, eng, lebhaft, gut besucht - eben einfach nett! Das kulinarische Pendant zur sympathischen Atmosphäre: lecker und frisch, so z. B. "Lammfilet mit Gewürzsauce, Bulgur und Kichererbsen". Dazu flotter Service und gute Weinberatung.

Vinaiolo

Steinstr. 42 ✉ 81667 – ✆ (089) 48 95 03 56 Stadtplan : G3**e**
– www.vinaiolo.de – geschl. Samstagmittag
• ITALIENISCH • Menü 27 € (mittags)/52 € – Karte 40/62 € – (abends Tischbestellung ratsam)
Ein Stück Dolce Vita: Service mit südländischem Charme, die Küche typisch italienisch. Komplett wird das gemütlich-authentische Bild durch Einrichtungsstücke eines alten Krämerladens aus Triest! Tipp: fair kalkuliertes Mittagsmenü!

In München-Milbertshofen

XXX ✿✿ **EssZimmer**

Am Olympiapark 1, 3. Etage, über Lift erreichbar, BMW Welt ✉ 80809 – ✆ (089) 3 58 99 18 14 – www.esszimmer-muenchen.de – geschl. Januar 3 Wochen, August und Sonntag - Montag sowie an Feiertagen Stadtplan : C1**e**

• MODERNE KÜCHE • Menü 90/175 € – *(nur Abendessen)* (Tischbestellung ratsam)

Elegant, aber keineswegs gezwungen - so hat man es in der 3. Etage der BMW Welt. Von hier geht der Blick in die eindrucksvolle Ausflieferungshalle, während Bobby Bräuer Ihnen im Menü "Herzstück" seine regionale Handschrift präsentiert und im Menü "Exkursion" internationale Impressionen. Kostenfreie Garage.

→ Bretonische Langoustine, Wassermelone, Poverade. Salzwiesenlamm, Spitzpaprika, Bronzefenchel. Fichtensprosse, Waldfrüchte, Dulce.

Bavarie – Siehe Restaurantauswahl

X **Bavarie** – Restaurant Esszimmer

Am Olympiapark 1, 2. Etage, über Lift erreichbar, BMW Welt ✉ 80809 – ✆ (089) 3 58 99 18 18 – www.feinkost-kaefer.de – geschl. August 2 Wochen und Sonntagabend sowie an Feiertagen abends Stadtplan : C1**e**

• INTERNATIONAL • Menü 32/39 € – Karte 23/57 €

Regionalität und Nachhaltigkeit sind zwei Grundgedanken der "Bavarie"-Idee. So setzt man beim Kombinieren bayerischer und französischer Elemente auf heimische Produkte. Ein schönes Beispiel ist "Lamm vom Gutshof Polting". Terrasse mit Blick auf Olympiapark und -turm.

In München-Neuhausen

Rotkreuzplatz

Rotkreuzplatz 2 ✉ 80634 – ✆ (089) 1 39 90 80 – www.hotel-rotkreuzplatz.de – geschl. Weihnachten - 10. Januar Stadtplan : E2**r**

56 Zim ☕ – †100/150 € ††150/200 €

Eine gut geführte und gepflegte Adresse. Beim Frühstücken oder bei Kaffee und Kuchen (tagsüber dient der Raum im 1. Stock als Café) können Sie das Treiben auf dem Rotkreuzplatz beobachten - hier hat man im Sommer auch eine Terrasse.

In München-Nymphenburg

Kriemhild am Hirschgarten

Guntherstr. 16 ✉ 80639 – ✆ (089) 1 71 11 70 – www.kriemhild.de Stadtplan : B2**y**

17 Zim – †52/178 € ††86/220 € – ☕ 10 € – 2 Suiten

Gepflegt und freundlich-familiär ist es hier. Wie wär's z. B. mit einem der schönen klimatisierten Zimmer unterm Dach? Nett der Frühstücksraum mit kleinem Wintergarten. Die Lage zwischen Hirschgarten und Schloss bietet auch Naherholung.

X **Acetaia**

Nymphenburger Str. 215 ✉ 80639 – ✆ (089) 13 92 90 77 – www.restaurant-acetaia.de – geschl. Samstagmittag Stadtplan : C2**a**

• ITALIENISCH • Menü 29 € (mittags unter der Woche)/61 € – Karte 46/66 €

Italienische Küche und gemütliches Jugendstil-Flair! Sehr gut sind das Olivenöl und der alte Balsamico - Letzterer gab dem Haus seinen Namen. Spaziergeh-Tipp: einfach den Nymphenburger Kanal entlang zum Schloss mit seinem schönen Park!

X **Schlosswirtschaft Schwaige**

Schloss Nymphenburg, Eingang 30 ✉ 80638 – ✆ (089) 12 02 08 90 – www.schlosswirtschaft-schwaige.de Stadtplan : B2**s**

• TRADITIONELLE KÜCHE • Menü 14 € (mittags unter der Woche)/55 € – Karte 24/45 €

Der Seitenflügel des Schlosses beherbergt mehrere Stuben von rustikal bis elegant, herrlich der große Biergarten mit schönem Kinderspielplatz. Gekocht wird bayerisch. Fragen Sie nach Themenabend-Menüs wie "König Ludwig" oder "Bierig gut"!

In München-Oberföhring

Freisinger Hof

Oberföhringer Str. 191 ✉ *81925 – ✆ (089) 95 23 02* Stadtplan : D1**f**
– www.freisinger-hof.de – geschl. 28. Dezember - Anfang Januar
51 Zim ☕ – 🚹123/133 € 🚹🚹153/158 €
Freisinger Hof – Siehe Restaurantauswahl
Von diesem Landgasthaus ist es nur ein Katzensprung zum Englischen Garten! Es stehen tipptopp gepflegte und behagliche Gästezimmer zur Verfügung, die kleine Halle ist hell und freundlich.

Freisinger Hof – Hotel Freisinger Hof

Oberföhringer Str. 189 ✉ *81925 – ✆ (089) 95 23 02* Stadtplan : D1**f**
– www.freisinger-hof.de – geschl. 28. Dezember - Anfang Januar
• ÖSTERREICHISCH • Menü 34/58 € (abends) – Karte 37/55 €
Schon von außen hübsch anzuschauen ist der traditionsreiche bayerische Gasthof von 1875. Im ebenso charmanten Inneren gibt es Leckeres aus Bayern und Österreich: frisch Gekochtes vom Mastochsen, Krustenbraten, Saiblingsfilet...

In München-Obergiesing

Upper Eat Side

Werinherstr. 15 ✉ *81541 – ✆ (089) 39 29 26 89* Stadtplan : C3**e**
– www.uppereatside.de – geschl. August und Sonntag - Montag
• MODERNE KÜCHE • Menü 65 € – Karte 34/55 € – *(nur Abendessen)*
Modern, alpenländisch und mit deftigem Charme! Die Atmosphäre ist ungezwungen und lebhaft, man redet bayerisch und duzt sich. Die Speisen wählen Sie als kleine, frei kombinierbare Portionen (z. B. "Leberkäs vom Saibling mit Laugenbrötchen") oder als Hauptgang für zwei Personen (z. B. "Entrecôte vom Ochsen").

In München-Obermenzing

Jagdschloss

Alte Allee 21 ✉ *81245 – ✆ (089) 82 08 20* Stadtplan : A2**n**
– www.jagd-schloss.com
35 Zim ☕ – 🚹75/180 € 🚹🚹110/280 € – 1 Suite
Jagdschloss – Siehe Restaurantauswahl
Ein typischer historischer Gasthof, der zum Hotel erweitert wurde. Schön sind die Zimmer im attraktiven modernen Jagdstil! Genauso ansprechend sind die ähnlich eingerichteten Zimmer im angeschlossenen Chalet.

Jagdschloss – Hotel Jagdschloss

Alte Allee 21 ✉ *81245 – ✆ (089) 82 08 20* Stadtplan : A2**n**
– www.jagd-schloss.com
• REGIONAL • Karte 21/52 €
So sollte ein echtes Münchner Wirtshaus sein: rustikal, blanke Tische, bayerische Küche, Service in Dirndl oder Lederhose... und natürlich ein hübscher Biergarten! Die Speisekarte gibt's hier in Zeitungsform - Sie können sie auch mitnehmen.

In München-Ramersdorf

Bold Hotel Giesing

Aschauer Str. 12 ✉ *81549 – ✆ (089) 2 00 01 59 14 00* Stadtplan : D3**b**
– www.bold-hotels.com
142 Zim – 🚹79/129 € 🚹🚹89/139 € – ☕ 10 €
Sie mögen es funktional und geradlinig-modern? Viele Zimmer haben eine Kitchenette, die Superior und einige Deluxe einen Balkon. Offen angelegt: Lobby, Bar, Frühstücksraum und Lounge - ganztägig Snacks. Kleine Dachterrasse in der 4. Etage.

In München-Riem Ost: 9 km über D2, Richtung Passau

Prinzregent an der Messe

Riemer Str. 350 ✉ 81829 – ✆ (089) 94 53 90 – www.prinzregent.de – geschl. Ende Dezember 1 Woche

87 Zim – 124/170 € 164/220 € – 4 Suiten

Das schöne Hotel in Messenähe ist aus einem historischen Gasthof entstanden. Hübsch und behaglich die Zimmer sowie das Restaurant - hier und auf der Terrasse regionale Küche samt Klassikern wie Wiener Schnitzel und Sonntagsbraten, im Biergarten Schmankerlkarte. Tipp: die leckeren Bio-Obstsäfte!

Novotel Messe

Willy-Brandt-Platz 1 ✉ 81829 – ✆ (089) 99 40 00 – www.novotel.com/5563

278 Zim – 89/599 € 89/599 € – 19 €

Auf einem ehemaligen Flughafengelände direkt an der Messe liegt dieses modern und funktionell ausgestattete Hotel. Gut ist die Verkehrsanbindung durch Autobahn und U-Bahn, eine öffentliche Tiefgarage ist angeschlossen.

In München-Schwabing

Marriott

Berliner Str. 93 ✉ 80805 – ✆ (089) 36 00 20 – www.marriott-muenchen.de Stadtplan : D1**a**

345 Zim – 129/399 € 129/399 € – 26 € – 3 Suiten

Ein komfortables Tagungs- und Businesshotel: moderne Zimmer, geräumige Lobby, Massage- und Kosmetikanwendungen. Und gastronomisch gibt es das Hotelrestaurant, die Tagesbar in der Halle, das Steakhouse "grill 93" sowie abends die Sportsbar.

Leonardo Royal

Moosacher Str. 90 ✉ 80809 – ✆ (089) 2 88 53 80 – www.leonardo-hotels.com Stadtplan : C1**c**

419 Zim – 99/499 € 99/499 € – 21 € – 5 Suiten

Der erste Eindruck: die bemerkenswerte Großzügigkeit der Hotelhalle mit ihrem stylischen Design! Lichtdurchflutete Zimmer in ruhigen, geschmackvollen Farben bieten dem Businessgast allen Komfort. Praktisch ist die Lage am Olympiapark.

INNSIDE Parkstadt Schwabing

Mies-van-der-Rohe-Str. 10 ✉ 80807 – ✆ (089) 35 40 80 – www.innside.com Stadtplan : D1**s**

160 Zim – 98/178 € 108/191 € – 22 €

Ein von Stararchitekt Helmut Jahn designtes Hotel in verkehrsgünstiger Lage bei den markanten HighLight Towers. Das gesamte Haus ist schön hell und geradling-modern. Das in Weiß gehaltene Restaurant im Bistrostil bietet internationale Speisen.

Pullman

Theodor-Dombart-Str. 4, Ecke Berliner Straße ✉ 80805 – ✆ (089) 36 09 90 – www.pullman-hotel-muenchen.de Stadtplan : D1**p**

317 Zim – 149 € 169 € – 24 € – 14 Suiten

In dem topmodernen Businesshotel wohnen Sie schön komfortabel, relaxen im kleinen Wellnessbereich oder im Innenhof mit Lounge, Terrasse und Beachbar und lassen sich im lebendigen "theos" internationale Küche servieren.

The Rilano

Domagkstr. 26 ✉ 80807 – ✆ (089) 36 00 10 – www.rilano-muenchen.com Stadtplan : D1**n**

150 Zim – 124 € 144 € – 19 €

Das Flaggschiff der kleinen Rilano-Gruppe steht für modernes Design und aktuelle Technik. Dazu recht verkehrsgünstige Lage auf der Rückseite der Parkstadt, gute Tagungsbedingungen, Grill- & Seafood-Restaurant "Vitello" und tagsüber unter der Woche Pasta-Bar. Im selben Gebäude: Budget-Hotel "Rilano 24/7".

La Maison

Occamstr. 24 ✉ 80802 – ✆ (089) 33 03 55 50 Stadtplan : G1**m**
– www.hotel-la-maison.com
31 Zim – 120/275 € 155/350 € – 15 €
Schon ein Hingucker die wertige, stilvoll-moderne Einrichtung - chic die Akzente in edlem Schwarz! Noch ein Pluspunkt: Die relativ ruhige und dennoch zentrale Lage. Die Zimmer nach hinten mit Balkon, die zur Straße hin geräumiger.

Fleming's

Leopoldstr. 130 ✉ 80804 – ✆ (089) 2 06 09 00 Stadtplan : G1**e**
– www.flemings-hotels.com
162 Zim – 119/357 € 154/377 € – 6 Suiten
Das Tagungshotel in zentraler Lage verfügt über funktionell ausgestattete Gästezimmer und eine schöne Bar. Fragen Sie nach den ruhigeren Zimmern zum Innenhof! Und wie wär's im Sommer mit Frühstück auf der Terrasse?

Suite Novotel

Lyonel-Feininger-Str. 22 ✉ 80807 – ✆ (089) 35 81 90 Stadtplan : CD1**b**
– www.suitenovotel.com
149 Zim – 89/249 € 89/249 € – 15 €
Zur komfortablen Ausstattung der Zimmer gehören hier Kühlschrank und Mikrowelle. Und das ist noch nicht alles: Donnerstags gibt's eine kleine Massage gratis und ab 4 Nächten einen Smart für 4 Stunden kostenfrei!

H'Otello F'22

Fallerayerstr. 22 ✉ 80769 – ✆ (089) 3 07 92 00 Stadtplan : F1**t**
– www.hotello.de
72 Zim – 124/199 € 159/234 € – 2 Suiten
Eines der ersten Häuser der H'Otello-Gruppe und perfekt für Businessgäste: Die Einrichtung ist sachlich und geradlinig-modern, die Autobahnanbindung gut.

H'Otello H'09

Hohenzollernstr. 9 ✉ 80801 – ✆ (089) 3 09 07 70 Stadtplan : G1**h**
– www.hotello.de
71 Zim – 124/199 € 159/234 €
Die Lage: mitten in Schwabing. Das Design: klar, modern, urban. Praktisch: die Tiefgarage am Haus (hier sollten Sie reservieren). Die Studios in der 1. Etage haben einen Balkon. Die A8 und die A96 erreicht man übrigens in ca. 10 Minuten.

Leopold

Leopoldstr. 119 ✉ 80804 – ✆ (089) 36 04 30 Stadtplan : G1**f**
– www.hotel-leopold.de – geschl. 23. - 31. Dezember
57 Zim – 89/128 € 132/175 €
Das Hotel ist tipptopp gepflegt und schon über mehrere Generationen ein Familienbetrieb. Angenehm ist, dass die Zimmer straßenabgewandt zum Garten hin liegen! Einige Zimmer sind etwas moderner.

Tantris

Johann-Fichte-Str. 7 ✉ 80805 – ✆ (089) 3 61 95 90 Stadtplan : G1**b**
– www.tantris.de – geschl. Anfang Januar 2 Wochen und Sonntag - Montag sowie an Feiertagen
• FRANZÖSISCH KLASSISCH • Menü 85 € (mittags unter der Woche)/195 €
– Karte 95/162 € – (Tischbestellung ratsam)
Der kultige Retro-Look gehört zum "Tantris" wie die Frauenkirche zu München. Und auch die nach wie vor ganz klassische Küche ist nicht wegzudenken aus dieser gastronomischen Top-Adresse. Die Speisen durchdacht, intensiv und harmonisch, die Servicebrigade fachlich sehr gut geschult, reibungslos der Ablauf.
➜ Ausgelöster Hummer mit weißem Spargel, Krustentierravioli und Curry-Hummersud. Gratinierter Lammrücken mit Bohnen, Artischocken und Tomatenpolenta. Topfensoufflé mit Pistazieneis.

Geisels Werneckhof

Werneckstr. 11 ✉ *80802 – ✆ (089) 38 87 95 68* Stadtplan : G1**g**
– www.geisels-werneckhof.de – geschl. 24. Dezember - 7. Januar, Ende Juli - Mitte August und Sonntag - Montag
• KREATIV • Menü 95/150 € – Karte 90/126 € – *(nur Abendessen, samstags auch Mittagessen)* (Tischbestellung erforderlich)
Aromenreich, klar, fein, überaus akkurat und mit eigenem Stil... Küchenchef Tohru Nakamura präsentiert eine moderne klassische Küche, in die er geschickt und keinesfalls übertrieben japanische Elemente einfließen lässt. Zur Wahl stehen das "Gaudi-Menü" (erweiterbar zum "Omni-Menü") sowie die Klassiker "Soli".
→ Langoustine, Frühlingsgemüse und Kirschblütendashi. Wagyu Bavette gegrillt und Gyoza von der Ochsenbacke, Artischocken, Pfifferlinge. Dunkle Schokolade, geräucherte Kokosnuss, Jasminblüte und Pomelo.

Il Borgo

Georgenstr. 144 ✉ *80797 – ✆ (089) 1 29 21 19* Stadtplan : F1**e**
– www.il-borgo.de – geschl. Sonntag, Samstagmittag sowie an Feiertagen mittags
• ITALIENISCH • Menü 55 € – Karte 45/53 € – (abends Tischbestellung ratsam)
Seit rund 25 Jahren führt Vito Doino nun schon sein hübsches Restaurant an der Straßenecke. Die wechselnde Speisekarte bietet aromatische italienische Gerichte aus frischen Produkten.

Bibulus

Siegfriedstr. 11 ✉ *80803 – ✆ (089) 39 64 47* Stadtplan : G1**u**
– www.bibulus-ristorante.de – geschl. Samstagmittag, Sonntag
• ITALIENISCH • Menü 20 € (mittags)/72 € – Karte 40/58 €
Wenn ein Restaurant beliebt ist bei den Einheimischen, spricht das für sich! Hier mag man die gute, unkomplizierte italienische Küche und den charmanten Service - am liebsten draußen auf dem kleinen Platz unter Platanen. Günstiger Lunch.

Mangi

Ungererstr. 161 ✉ *80805 – ✆ (089) 36 69 31* Stadtplan : D1**r**
– www.mangi.de – geschl. über Pfingsten 1 Woche, 15. September - 1. Oktober und Samstagabend - Sonntag
• ITALIENISCH • Menü 22 € (mittags unter der Woche) – Karte 28/43 €
Attraktiv ist hier nicht nur der Mix aus Feinkostgeschäft und moderner Trattoria, auch die schlichte und schmackhafte authentische Küche kommt gut an - die hausgemachte Bio-Pasta ist da Pflicht! Dies und anderes gibt es Mo - Mi bis 18 Uhr, Do - Fr bis 22 Uhr und Sa bis15.30 Uhr.

BLU mediteraneo

Bauerstr. 2 ✉ *80796 – ✆ (089) 27 31 22 88* Stadtplan : F1**a**
– www.blu-mediteraneo.de – geschl. Sonntag
• INTERNATIONAL • Menü 35/69 € – Karte 30/52 €
Hier hat man Vinothek, Restaurant und Bar in einem, und das ist angenehm ungezwungen und lebendig! Gekocht wird mit mediterraner Note - mittags kommt man gerne auf ein preiswertes Tagesmenü!

M Belleville

Fallmerayerstr. 16 ✉ *80796 – ✆ (089) 30 74 76 11* Stadtplan : F1**c**
– www.m-belleville.com – geschl. Sonntag - Montag
• FRANZÖSISCH KLASSISCH • Menü 35/45 € – Karte 39/49 € – *(nur Abendessen)*
Ein Stück Paris in München? In dem lebendigen und charmanten Bistrot isst man richtig gut! Ein lockeres, junges Team serviert z. B. "Rôti de porc mit Kartoffelstampf" oder "Rinderbacke in Rotwein geschmort". Und als Dessert "Riz au lait caramel"? Dazu seltene Naturweine und regelmäßig Live-Musik.

Tira tardi

Kurfürstenstr. 41 ✉ 80331 – ✆ (089) 27 77 44 55 Stadtplan : F1**b**
– www.tiratardi.de – geschl. Ende August - Anfang September 2 Wochen und Sonntag
• ITALIENISCH • Menü 40/70 € – Karte 32/77 € – *(Samstag und an Feiertagen nur Abendessen)* (abends Tischbestellung ratsam)
Das kleine Restaurant in einer Wohnstraße bietet authentische italienische Küche: klassisches Brasato, Tagliatelle mit Oktopus... Nebenan gemütliche "Cantina" für Gesellschaften: legere "Cucina Casalinga" inmitten dekorativer Weinregale.

Le Cézanne

Konradstr. 1 ✉ 80801 – ✆ (089) 39 18 05 Stadtplan : G1**z**
– www.le-cezanne.de – geschl. über Ostern, August 3 Wochen und Montag
• FRANZÖSISCH • Menü 45 € – Karte 30/52 € – *(nur Abendessen)* (Tischbestellung ratsam)
In dem sympathischen Restaurant an der Ecke kocht der Chef Speisen aus seiner Heimat Frankreich - man wählt von der Tafel oder von der kleinen Klassiker-Karte. Im Sommer können Sie auch draußen sitzen - oder an der geöffneten Fensterfront.

Kaisergarten

Kaiserstr. 34 ✉ 80801 – ✆ (089) 34 02 02 03 Stadtplan : G1**k**
– www.kaisergarten.com
• REGIONAL • Menü 12 € (mittags unter der Woche) – Karte 31/50 € – (Tischbestellung ratsam)
Charmant der Mix aus modern und rustikal in dem über 100-jährigen "Kaisergarten", gut die bayerische Küche: "Kalbstatar mit Birne und Thymian", "Krustenbraten vom Bio-Schwein"... Im herrlichen Biergarten kann man leider nicht reservieren!

In München-Sendling

angelo Munich Westpark

Albert-Rosshaupter-Str. 45 ✉ 81369 Stadtplan : C2_3**a**
– ✆ (089) 4 11 11 30 – www.angelo-munich.com
185 Zim ☕ – 🚹79/409 € 🚹🚹99/429 € – 22 Suiten
Die ideale Businessadresse: modern, funktional, technisch gut ausgestattet und mit variablen Tagungsräumen für bis zu 350 Personen. Ansprechend auch das markante Design in Rot, Schwarz und Gelb. Die Zimmer bieten hier ein bisschen mehr Platz als im "angelo"-Schwesterhotel.

K+K Hotel am Harras

Albert-Rosshaupter-Str. 4 ✉ 81369 – ✆ (089) 74 64 00 Stadtplan : C2**n**
– www.kkhotels.com
102 Zim – 🚹127/345 € 🚹🚹165/365 € – ☕ 18 €
Sehr gepflegt und verkehrsgünstig gelegen... ein ideales Tagungs- und Businesshotel. Die Zimmer schön modern, ebenso der kleine Sauna- und Fitnessbereich. Eine U-Bahnstation hat man direkt vor der Tür, so sind Sie in 10 Minuten im Zentrum!

In München-Solln

Sollner Hof

Herterichstr. 63 ✉ 81479 – ✆ (089) 7 49 82 90 Stadtplan : B3**s**
– www.sollnerhof.de
29 Zim ☕ – 🚹80/92 € 🚹🚹108/120 €
In einem Wohngebiet gelegener Gasthof mit Familientradition. Im Hotelbau nebenan stehen recht unterschiedlich eingerichtete, wohnlich-solide Zimmer bereit. Ausgesprochen gemütlich ist das Wirtshaus mit typischer Stube und bayerischer Küche.

Heigl

Bleibtreustr. 15 ✉ 81479 – ✆ (089) 7 49 83 70 – www.hotelheigl.de Stadtplan : B3**s**

38 Zim – 49/96 € 80/108 € – 8 €

Hier kümmert man sich um die Gäste, alles ist tipptopp gepflegt, die Preise sind fair, man hat eine schöne Sauna und als kleine Aufmerksamkeit gibt's mittags Süßes in der Lobby. Tipp: Fragen Sie nach den größeren Zimmern (EZ recht klein).

Villa Solln

Wilhelm-Leibl-Str. 16 ✉ 81479 – ✆ (089) 7 49 82 80 – www.villasolln.de Stadtplan : B3**n**

20 Zim – 60/210 € 80/250 €

Ein sehr gepflegter Familienbetrieb in ruhiger Lage nahe dem Forstenrieder Park mit unterschiedlich gestalteten, zeitgemäßen Zimmern, teils mit Balkon und Blick ins Grüne.

Al Pino

Frans-Hals-Str. 3 ✉ 81479 – ✆ (089) 79 98 85 – www.al-pino.de – geschl. Samstagmittag Stadtplan : B3**a**

• ITALIENISCH • Menü 29/69 € – Karte 39/70 €

Valerio Scopel betreibt dieses Restaurant schon über 30 Jahre, und seit jeher bleibt man hier der klassisch-italienischen Küche treu. Das tagesfrische Angebot gibt es mittags auch als saisonales Lunchmenü. Schöne Sommerterrasse.

In München-Trudering Ost: 8 km über D2, Richtung Ebersberg

Am Moosfeld

Am Moosfeld 41 ✉ 81829 – ✆ (089) 42 91 90 – www.hotel-am-moosfeld.de

217 Zim – 102/340 € 152/390 €

Das aus drei Häusern bestehende Hotel verfügt über zeitgemäße, funktionell eingerichtete Zimmer sowie einige Appartements und wird gerne von Businessgästen genutzt. Lunchbuffet im Bistro, Abendessen in der Kaminstube.

In München-Untermenzing

Insel Mühle

Von-Kahr-Str. 87 ✉ 80999 – ✆ (089) 8 10 10 – www.inselmuehle.com Stadtplan : A1**a**

37 Zim – 115/180 € 186/300 €

In der historischen Mühle wohnt man in großzügigen, behaglichen Gästezimmern mit Landhausflair; einige sind als Maisonetten angelegt. Gemütlich sind die Restaurantstuben. Die Terrasse und der herrliche große Biergarten liegen an der Würm.

München-Flughafen Siehe Freising

München Neue Messe Siehe auch Aschheim und Feldkirchen

MÜNDER am DEISTER, BAD

Niedersachsen – 17 330 Ew. – Höhe 125 m – Regionalatlas **28**-H9

Berlin 317 km – Hannover 35 km – Hameln 16 km – Hildesheim 38 km

Michelin Straßenkarte 541

Kastanienhof

Am Stadtbahnhof 11, am Süntel ✉ 31848 – ✆ (05042) 30 63 – www.hotel-kastanienhof.de

28 Zim – 89/155 € 115/199 € – 2 Suiten – ½ P

Recht ruhig liegt das Hotel am Ortsende. Die Zimmer sind unterschiedlich geschnitten, technisch gut ausgestattet und mit warmen Farben wohnlich gestaltet. Freundlich und behaglich ist das Ambiente im Restaurant, zu dem auch ein Wintergarten gehört.

MÜNSING

Bayern – 4 200 Ew. – Höhe 666 m – Regionalatlas **65**-L21

Berlin 623 km – München 36 km – Garmisch-Partenkirchen 57 km – Bad Tölz 23 km

Michelin Straßenkarte 546

Gasthaus Sebastian Limm

Hauptstr. 29 ✉ 82541 – ✆ (08177) 4 11 – www.gasthauslimm.de – geschl. Weihnachten - 3. Januar, 25. August - 13. September und Sonntagabend - Montagmittag, Mittwoch

Menü 16 € (mittags unter der Woche) – Karte 21/50 €

Sie mögen frische, ehrliche Küche, wie sie für einen Metzgerei-Gasthof typisch ist? Aus eigenen Erzeugnissen bereitet man Leckeres wie Schlachtplatte, Rehragout oder Fleischpflanzerl! Die Familie ist hier übrigens schon seit 1908.

MÜNSINGEN

Baden-Württemberg – 13 960 Ew. – Höhe 707 m – Regionalatlas **55**-H19

Berlin 657 km – Stuttgart 58 km – Reutlingen 32 km – Ulm (Donau) 51 km

Michelin Straßenkarte 545

Herrmann

Marktplatz 1 ✉ 72525 – ✆ (07381) 1 82 60 – www.hotelherrmann.de

41 Zim – 58/105 € 104/190 € – 3 Suiten

Mitten in der Altstadt steht der schmucke Fachwerk-Gasthof mit langer Familientradition. Die Landschaftszimmer im Gästehaus sind nach Pflanzen benannt, die neuesten und komfortabelsten Zimmer sind die im Anbau. Schwäbische Gemütlichkeit und typische Küche im Restaurant.

MÜNSTER (WESTFALEN)

Nordrhein-Westfalen – 296 600 Ew – Höhe 60 m – Regionalatlas **26**-D9
Berlin 480 km – Düsseldorf 124 km – Nordhorn 75 km – Bielefeld 87 km
Michelin Straßenkarte 543

R. Harding / hemis.fr

Hotels

Mövenpick

Kardinal-von-Galen-Ring 65 ✉ 48149 – ✆ (0251) 8 90 20 Stadtplan : A2**s**
– www.moevenpick-hotels.com/de
224 Zim – 🚹99/310 € 🚹🚹119/330 € – ☕ 20 € – 2 Suiten
Chesa Rössli – Siehe Restaurantauswahl
Hier lässt es sich zeitgemäß-komfortabel wohnen, gut tagen und auch schön entspannen: In der 6. Etage Sauna- und Fitnessbereich samt Dachterrasse und kleinem Ruheraum mit Panoramablick! Restaurant mit internationaler und Schweizer Küche. Die Lage: verkehrsgünstig, im Grünen, nur ca. 15 Gehminuten vom Zentrum.

Kaiserhof

Bahnhofstr. 14 ✉ 48143 – ✆ (0251) 4 17 80 Stadtplan : B2**b**
– www.kaiserhof-muenster.de
95 Zim – 🚹99/263 € 🚹🚹119/263 € – ☕ 20 € – 5 Suiten
Gourmet 1895 ✿ • ***Gabriel's*** – Siehe Restaurantauswahl
Nach Jahren des Engagements durch Familie Cremer wurde in dem traditionsreichen Haus im Herzen Münsters das Zepter an Kay und Anja Fenneberg übergeben. Nach wie vor steht man für gute Führung und hochwertiges Interieur zum Wohlfühlen. Wie wär's mit etwas Ruhe im schönen Spa oder einem Buch im Kaminzimmer?

Schloss Wilkinghege

Steinfurter Str. 374, Zufahrt über Wilkinghege 41, über Steinfürter Straße A1
✉ 48159 – ✆ (0251) 14 42 70 – www.schloss-wilkinghege.de
35 Zim ☕ – 🚹99/170 € 🚹🚹135/315 € – 13 Suiten – ½ P
von Rhemen – Siehe Restaurantauswahl
Das im 16. Jh. erbaute Schloss mit schönem Park gibt heute individuellen Zimmern einen geschmackvollen Rahmen. Etwas schlichter die Dependance. Das Haus wird gerne für Feierlichkeiten genutzt. Gut die Lage: ruhig und doch zentrumsnah.

Factory Hotel

An der Germania Brauerei 5, Zufahrt über Grevener Str. 91, über Grevener Straße A1 ✉ 48159 – ✆ (0251) 4 18 80 – www.factoryhotel.de
128 Zim – 🚹89/230 € 🚹🚹89/230 € – ☕ 17 € – 16 Suiten
Diese recht spezielle Lifestyle-Adresse - eine ehemalige Brauerei, deren alte Industrie-Architektur mit einem Neubau kombiniert wurde - bietet puristisch designte Zimmer, die großzügige und trendige Bar TIDE sowie die Restaurants EAT mit deutsch-österreichischer Küche und la tapia mit spanischem Angebot.

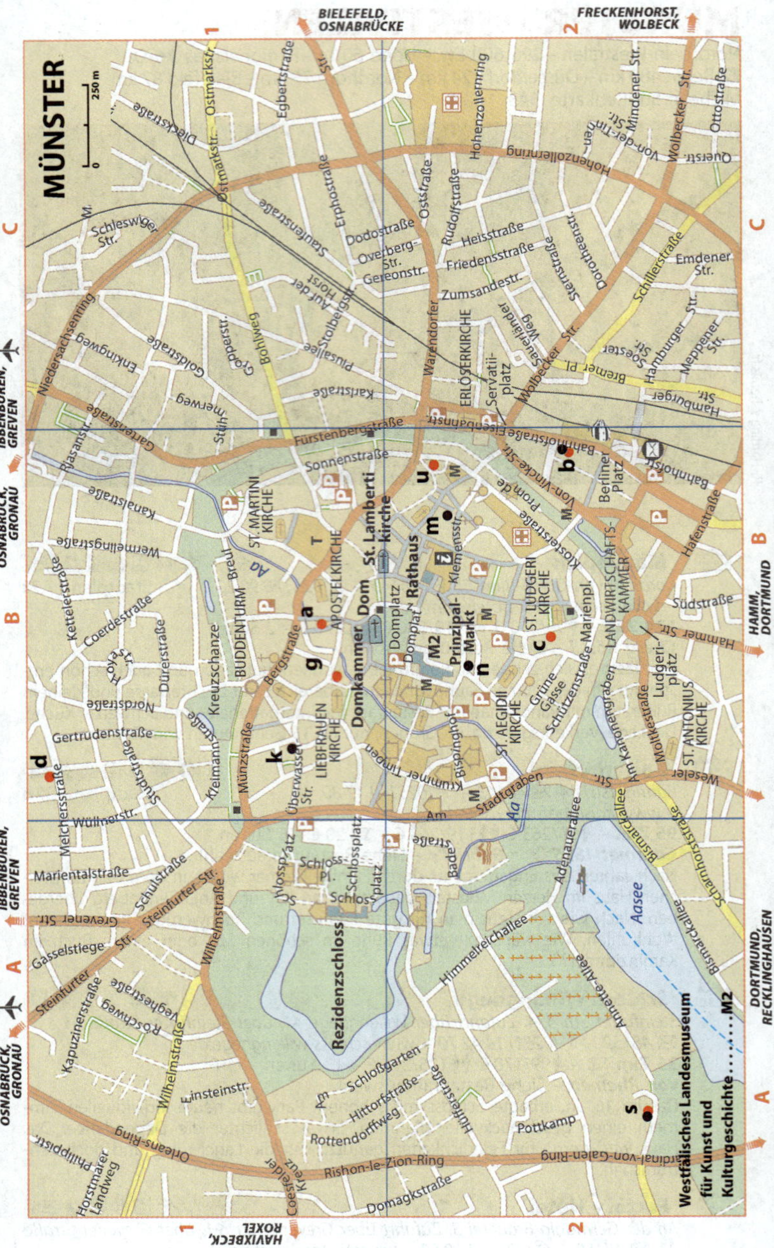
MÜNSTER
0
250 m
BIELEFELD, OSNABRÜCKE
FRECKENHORST, WOLBECK
IBBENBÜREN, GREVEN
OSNABRÜCK, GRONAU
HAMM, DORTMUND
DORTMUND, RECKLINGHAUSEN
HAVIXBECK, ROXEL
Rezidenzschloss
Domkammer
Dom
St. Lamberti kirche
Rathaus
Prinzipal-Markt
APOSTELKIRCHE
LIEBFRAUEN KIRCHE
ST. MARTINI KIRCHE
BUDDENTURM
ERLÖSERKIRCHE
ST. LUDGERI KIRCHE
ST. AEGIDII KIRCHE
LANDWIRTSCHAFTS-KAMMER
ST. ANTONIUS KIRCHE
Aasee
Westfälisches Landesmuseum für Kunst und Kulturgeschichte
M2
Hohenzollernring
Niedersachsenring
Orleans-Ring
Rishon-le-Zion-Ring
Kardinal-von-Galen-Ring
Wolbecker Str.
Warendorfer
Hafenstraße
Bahnhofstraße
Fürstenbergstraße
Sonnenstraße
Steinfurter Str.
Wilhelmstraße
Grevener Str.
Weseler Str.
Hammer Str.
Servatii-platz
Berliner Platz
Ludgeri-platz
Schlossplatz
Domplatz
Bergstraße
Münzstraße
Kreuzschanze
Am Stadtgraben
Himmelreichallee
Annette-Allee
Adenauerallee
Bismarckallee
Schützenstraße
Marienpl.
Hittorfstraße
Pottkamp
Domagkstraße
Coesfelder Kreuz

Überwasserhof

Überwasserstr. 3 ✉ *48143 – ✆ (0251) 4 17 70* Stadtplan : B1**k**
– www.ueberwasserhof.de
56 Zim – 85/95 € 108/135 € – ½ P
Nur ein kleiner Spaziergang ist es von diesem Familienbetrieb (bereits in 3. Generation) zum Dom. Genauso gut wie die zentrale Lage sind auch die zeitlos-funktionale Zimmerausstattung und der lichte Frühstücksraum mit ansprechendem Buffet. Wer Lust auf italienische Küche hat, bekommt sie direkt hier im Haus.

Central

Aegidiistr. 1 ✉ *48143 – ✆ (0251) 51 01 50* Stadtplan : B2**n**
– www.central-hotel-muenster.de – geschl. 1. - 6. Januar, 1. - 15. August
17 Zim – 89/109 € 109/139 € – 3 Suiten
Ans Aufhören denkt man noch lange nicht: Die rüstigen Gastgeber Horst und Gabriele Heiringhoff führen ihr Haus mit Herzblut, entsprechend wohnlich und gepflegt die Zimmer (hier Bilder von Beuys, Warhol & Co.) und persönlich der Service.

Feldmann

An der Clemenskirche 14, Anfahrt über Loerstraße Stadtplan : B2**m**
✉ *48143 – ✆ (0251) 41 44 90 – www.hotel-feldmann.de*
20 Zim – 74/119 € 129/169 € – ½ P
Das Haus der Familie Feldmann liegt mitten im historischen Zentrum, vis-à-vis der Clemenskirche - ideal für Stadterkundungen! Weitere Vorzüge: persönliche Atmosphäre, individuelle, wohnliche Zimmer und ein gutes Frühstück sowie ein traditionell-gemütliches Restaurant mit klassischer und westfälischer Küche.

Restaurants

Gourmet 1895 – Hotel Kaiserhof

Bahnhofstr. 14 ✉ *48143 – ✆ (0251) 4 17 87 00* Stadtplan : B2**b**
– www.gourmet1895.de – geschl. 18. Juli - 22. August und Sonntag - Montag
Menü 79/96 € – *(nur Abendessen)* (Tischbestellung erforderlich)
Das Ambiente edel und angenehm intim, die Küche ambitioniert. Was André Skupin in seinen beiden Menüs bietet, ist fein, klassisch und modern inspiriert. Sie mögen Wein? Dann werden Sie sich über so manche Rarität freuen!
→ Escabeche vom Lachs, Kräuter und Gemüse. Rehbock, Kokos und Pistazie. Taube, Pata Negra und Süßkartoffel.

von Rhemen – Hotel Schloss Wilkinghege

Steinfurter Str. 374, Zufahrt über Wilkinghege 41, über Steinfürter Straße A1
✉ *48159 – ✆ (0251) 14 42 70 – www.schloss-wilkinghege.de – geschl. Sonntag - Montagmittag*
Menü 35 € (mittags unter der Woche)/128 € – Karte 42/60 €
Mit dem Name "von Rhemen" gedenkt man den letzten Adeligen hier. Überaus stilvolles Ambiente und modern interpretierte klassische Gerichte wie "gebratene Tranche vom Steinbutt in Beurre Blanc, zweierlei Blumenkohl, Schnittlauch, Kaviar".

Giverny - Caveau de Champagne

Spiekerhof 25 ✉ *48143 – ✆ (0251) 51 14 35* Stadtplan : B1**g**
– www.restaurant-giverny.de – geschl. Sonntag - Montag
Menü 54/66 € (abends) – Karte 50/78 €
Mit Charme und Leidenschaft repräsentiert Patron Emile Zaragoza seine französische Heimat samt typischem Savoir-vivre. Spezialität sind Fisch und Krustentiere - kommen Sie also mittwochs zur Bouillabaisse oder donnerstags zur Meeresfrüchteplatte! Und dazu eine Flasche Champagner aus dem großen Sortiment?

Chesa Rössli – Hotel Mövenpick

Kardinal-von-Galen-Ring 65 ✉ *48149* Stadtplan : A2**s**
– ✆ (0251) 8 90 26 27 – www.chesa-roessli.de – geschl. Juli - August 4 Wochen und Sonntag - Montag
Menü 37/62 € – Karte 40/61 € – *(nur Abendessen)*
Etwas gehobener als im Hotelrestaurant geht es im Chesa Rössli zu: stimmig-moderne Atmosphäre, ambitionierte internationale Küche von Daniel Groß und seinem Team. Die Weine kann man zuvor im Eingangsbereich aus den großen Chambrairs wählen.

XX **Gabriel's** – Hotel Kaiserhof

Bahnhofstr. 14 ✉ 48143 – ✆ (0251) 4 17 86 00 Stadtplan : B2**b**
– www.kaiserhof-muenster.de – geschl. 15. Juli - 14. August und Sonntag
Menü 39 € – Karte 36/82 €
Blattgold, italienischer Naturstein, Kunst... Den Anspruch, den das geradlinige Design verspricht, halten die international-saisonalen Speisen von Küchenchef André Skupin. Auch Feiern und Veranstaltungen finden hier den passenden Rahmen.

XX **Villa Medici** N

Prozessionsweg 402 ✉ 48155 – ✆ (0251) 3 42 18 – www.villa-medici-muenster.de – geschl. Montag - Dienstag, Samstagmittag
Menü 50/55 € – Karte 44/61 € – (abends Tischbestellung ratsam)
Nach über 20 Jahren ist diese Münsteraner Institution umgezogen. Patron Carmelo Caputo und Küchenchef Daniel Wobbe empfangen Sie nun in stilvoll-modern designtem Ambiente zu nach wie vor ambitionierter mediterraner Küche und italienischem Wein. Fünf geschmackvolle Gästezimmer (ohne Frühstück).

X **Brust oder Keule**

Melchersstr. 32 ✉ 48149 – ✆ (0251) 9 17 96 56 Stadtplan : B1**d**
– www.brustoderkeule.de – geschl. Juli - August 2 Wochen und Sonntag - Montag
Menü 55 € – Karte 35/65 € – *(nur Abendessen)* (Tischbestellung ratsam)
Das Engagement von Gastgeber Bernd Ahlert und Küchenchef Frederik Packwitz samt Team macht das hübsche moderne Restaurant so beliebt. Es gibt tagesaktuelle und saisonale Speisen wie "Kaninchenrücken mit Schwarzwurzel im Blätterteigkissen".

X **Spitzner im Oer'schen Hof**

Königsstr. 42 ✉ 48143 – ✆ (0251) 41 44 15 50 Stadtplan : B2**c**
– www.oerschenhof.ms – geschl. 23. Dezember - 4. Januar und Sonntag - Montag sowie an Feiertagen
Menü 79 € – Karte 39/86 €
In dem ehemaligen Adelshaus von 1748 haben Christin Reimering und Karl-Nikolas Spitzner (in Münster kein Unbekannter) gemütlich-warme Wohnzimmer-Atmosphäre geschaffen, in der ein versiertes Team ambitionierte internationale Küche serviert.

BRAUEREI-GASTSTÄTTEN: : Urig-gemütliche Gaststätten, in denen man zu verschiedenen regional gebrauten Biersorten Topf- oder Pfannengerichte serviert.

X **Kleiner Kiepenkerl**

Spiekerhof 47 ✉ 48143 – ✆ (0251) 4 34 16 Stadtplan : B1**a**
– www.kleiner-kiepenkerl.de – geschl. Montag
Karte 20/45 €
Kein Wunder, dass man so gut besucht ist: eine wirklich gemütliche westfälische Traditionsadresse in der Altstadt, seit 1955 herzlich von Familie Deckenbrock geführt. Der obligatorische Stammtisch heißt "Schöpperecke" (zum Schmunzeln die Politik-Karikaturen), auf der Karte Pfefferpotthas, Eintopf, Rouladen...

X **Altes Gasthaus Leve**

Alter Steinweg 37 ✉ 48143 – ✆ (0251) 4 55 95 Stadtplan : B2**u**
– www.gasthaus-leve.de – geschl. über Weihnachten, über Ostern, über Pfingsten
Karte 20/40 €
Die charmanten alten Stuben sprühen nur so vor Heimeligkeit. Sehr dekorativ sind z. B. schöne alte Öfen, Delfter Kacheln, historische Karikaturportraits... Chef Josef Horstmöller kann so manche Geschichte erzählen! Tipp: regionales Bier.

In Münster-Handorf Ost: 7 km über Warendorfer Straße C1, Richtung Bielefeld

Hof zur Linde

Handorfer Werseufer 1 ✉ 48157 – ✆ (0251) 3 27 50 – www.hof-zur-linde.de
52 Zim – 🛉99/116 € 🛉🛉139/164 € – 8 Suiten – ½ P
Hof zur Linde – Siehe Restaurantauswahl
Nach und nach hat Familie Löfken aus dem historischen Bauernhof dieses schöne Anwesen gemacht. Jedes Zimmer ist anders, beliebt bei Romantikern sind Fischerhaus und Waldhaus, beide idyllisch an der Werse gelegen! Oder vielleicht eine Spa-Juniorsuite mit Whirlwanne und kleiner Sauna? Ebenfalls klasse: Die einstige Scheune ist jetzt ein schicker Veranstaltungsbereich.

Landhaus Eggert

Zur Haskenau 81, Nord: 5 km über Dorbaumstraße ✉ 48157 – ✆ (0251) 32 80 40 – www.landhaus-eggert.de – geschl. 22. - 25. Dezember
33 Zim – 🛉99/138 € 🛉🛉142/168 € – 4 Suiten
Hof Wesendrup – Siehe Restaurantauswahl
Der Gutshof von 1030 ist ein geschmackvolles Anwesen, ruhig und idyllisch die Lage. Im Winter sind die Zimmer mit Sonnenerker gefragt, im Sommer die mit Terrasse! Gönnen Sie sich auch Massage- und Kosmetikanwendungen. Im Restaurant (schön mit großem Kamin) speist man international mit westfälischem Einfluss.

Hof Wesendrup – Hotel Landhaus Eggert

Zur Haskenau 81, Nord: 5 km über Dorbaumstraße ✉ 48157 – ✆ (0251) 32 80 40 – www.landhaus-eggert.de – geschl. 21. Dezember - 31. Januar, 18. - 24. Juli, 10. - 23. Oktober und Montag - Dienstag sowie an Feiertagen
Menü 65/105 € – Karte 51/69 € – *(nur Abendessen)*
Fast schon intim ist die Atmosphäre in dem angenehm zurückhaltend eleganten Restaurant. Und wenn dann noch guter Service samt ebensolcher Weinberatung und ambitionierte zeitgemäß-klassische Küche dazukommen, ist das stimmige Bild komplett!

Hof zur Linde – Hotel Hof zur Linde

Handorfer Werseufer 1 ✉ 48157 – ✆ (0251) 3 27 50 – www.hof-zur-linde.de
Menü 26 € (mittags unter der Woche)/104 € – Karte 45/64 €
Münsterländer Gemütlichkeit gepaart mit Eleganz und Historie... Im Winter kommt im Herdfeuerraum eine ganz besondere Stimmung auf, im Sommer auf der Lindenterrasse! Lust auf das "Westfälische Menü" am Abend? Wochentags günstiges Lunchmenü.

In Münster-Hiltrup Süd: 6 km über Hammerstraße B2, Richtung Hamm

Ambiente

Marktallee 44 ✉ 48165 – ✆ (02501) 2 77 60 – www.hotel-ambiente-muenster.de
21 Zim – 🛉67/76 € 🛉🛉87/96 €
Das Hotel in der 1. Etage eines Geschäftshauses ist gepflegt, funktionell und zeitgemäß. WLan ist kostenfrei, ebenso die angrenzenden Parkplätze, und morgens gibt es ein gutes Frühstücksbuffet. Tipp: Mit dem Bus in 10 Min. ins Zentrum.

Landgraf

Thierstr. 26 ✉ 48165 – ✆ (02501) 12 36 – www.hotel-landgraf.de – geschl. Montag
10 Zim – 🛉70 € 🛉🛉100 € Karte 22/58 €
Der regionale Charme des roten Backsteingebäudes setzt sich auch im Inneren fort, in Form eines ländlich-gediegenen Restaurants. Man hat auch einen Wintergarten, der sich im Sommer öffnen lässt - davor die Terrasse zum schönen Garten!

In Münster-Roxel West: 6,5 km über Einsteinstraße A1, Richtung Havixbeck

Bakenhof

Roxeler Str. 376, Ost: 2,5 km ✉ 48161 – ✆ (0251) 87 12 10 – www.bakenhof.de
41 Zim – 🛉84/94 € 🛉🛉119/134 €
Modern wohnt es sich in dem gewachsenen Familienbetrieb der Twents. Das Haus liegt etwas von der Straße zurückversetzt und daher recht ruhig (einige wenige Zimmer auch im Stammhaus). Das Bistro - benannt nach Sohn Tristan - ist eine legere und preisgünstigere Alternative zum gemütlich-rustikalen Restaurant.

MÜNSTEREIFEL, BAD

Nordrhein-Westfalen – 17 240 Ew. – Höhe 290 m – Regionalatlas **35-B13**
Berlin 621 km – Düsseldorf 91 km – Bonn 42 km – Aachen 74 km
Michelin Straßenkarte 543

Landgasthaus Steinsmühle

Kölner Str. 122 ✉ 53902 – ✆ (02253) 45 87 – www.steinsmuehle.de – geschl. Donnerstag
12 Zim – 59/65 € 98/102 € – ½ P
Menü 30 € – Karte 25/42 € – *(nur Abendessen)*
"Gastlichkeit mit Herz", das ist bereits bei der Einfahrt zu lesen, und nach diesem Motto wird man im gemütlich-rustikalen Rahmen der Wassermühle a. d. 12. Jh. umsorgt. Gekocht wird saisonal-international, im Herbst gibt es Wildgerichte. Ein besonderer Rahmen für Feierlichkeiten ist der Wappensaal. Und zum Übernachten hat man wohnlich-funktionale Zimmer.

MÜNSTER-SARMSHEIM – Rheinland-Pfalz → Siehe Bingen

MÜNSTERTAL

Baden-Württemberg – 5 000 Ew. – Höhe 373 m – Regionalatlas **61-D21**
Berlin 826 km – Stuttgart 229 km – Freiburg im Breisgau 30 km – Basel 65 km
Michelin Straßenkarte 545

In Untermünstertal

Landhaus Langeck

Langeck 6 ✉ 79244 – ✆ (07636) 78 77 5 80 – www.langeck.de – geschl. November 3 Wochen
15 Zim – 62/67 € 100/106 € – ½ P
Ideal für ein paar erholsame Urlaubstage in ländlicher Umgebung: ruhige Lage, jede Menge Grün ringsum - da kann man direkt vor der Tür loswandern! Und zurück vom Ausflug, hat man es in den Zimmern schön wohnlich, dafür sorgt behagliches Holz. Gemütlich auch die Gaststube in nettem ländlichem Stil.

Schmidt's Gasthof zum Löwen

Wasen 54 ✉ 79244 – ✆ (07636) 5 42 – www.loewen-muenstertal.de – geschl. Mitte Januar - Mitte Februar und Montag - Dienstag, außer an Feiertagen
Menü 28/68 € – Karte 23/50 €
Der gestandene Gasthof mit grünen Fensterläden und Lüftlmalerei steckt auch innen voller Schwarzwälder Charme. In der ländlich-eleganten Stube (besonders gemütlich sitzt man am Kachelofen) gibt es badisch-klassische Küche - im Sommer gerne auf der schönen Gartenterrasse! Eigene Brände in der "Destille".

In Obermünstertal

Spielweg

Spielweg 61 ✉ 79244 – ✆ (07636) 70 90 – www.spielweg.com
44 Zim – 82/170 € 139/295 € – 3 Suiten – ½ P
Spielweg – Siehe Restaurantauswahl
Ein Haus mit eigenem Charme! Es wird schon seit Generationen von Familie Fuchs geführt und man spürt das Engagement. Die Zimmer schön behaglich (teilweise mit antiken Möbelstücken), geräumiger im Haus Sonnhalde. Perfekt für Familien: Gartenhaus und "s' Franze". Zum Entspannen gibt's Kosmetik und Massage.

Spielweg – Hotel Spielweg

Spielweg 61 ✉ 79244 – ✆ (07636) 70 90 – www.spielweg.com
Menü 46/66 € – Karte 30/67 €
Gemütliche Stuben mit Holztäfelung, Kachelofen, knarrendem Dielenboden, liebevoller Deko... das ist Schwarzwälder Heimeligkeit. Montags und dienstags ist das Angebot reduziert. Probieren Sie auch den Käse - man hat eine eigene Käserei!

Landgasthaus zur Linde

Krumlinden 13 ✉ 79244 – ✆ (07636) 4 47 – www.landgasthaus.de – geschl. November - April: Donnerstag

11 Zim – 74/89 € 96/152 € – 2 Suiten Menü 28/45 € – Karte 29/46 €

Der historische Gasthof am Neumagenbach ist bekannt für seine Forellengerichte. Und im Winter wird's auch schon mal norddeutsch (die Wurzeln der Inhaber), da gibt's dann z. B. Grünkohl mit Pinkel. Alte Stube, Jägerstube, Kaminstube... überall ist es richtig gemütlich - auch in den wohnlichen Landhauszimmern.

MUGGENSTURM

Baden-Württemberg – 6 180 Ew. – Höhe 123 m – Regionalatlas **54-E18**
Berlin 704 km – Stuttgart 98 km – Karlsruhe 22 km
Michelin Straßenkarte 545

Lamm

Hauptstr. 24 ✉ 76461 – ✆ (07222) 5 20 05 – www.lamm-muggensturm.de – geschl. Dienstag

Menü 33 € (vegetarisch)/53 € – Karte 37/59 €

Hätten Sie hinter der traditionellen Fassade solch ein hell und doch recht modern gestaltetes Restaurant vermutet? Und hier isst man richtig gut (Menü oder à la carte), z. B. "Kalbskotelett mit Estragon-Senfsauce, Bohnen und Schupfnudeln".

MULFINGEN

Baden-Württemberg – 3 700 Ew. – Höhe 288 m – Regionalatlas **49-I17**
Berlin 564 km – Stuttgart 100 km – Würzburg 67 km – Heilbronn 68 km
Michelin Straßenkarte 545

In Mulfingen-Ailringen Nord-West: 7,5 km über Ailringer Straße

Altes Amtshaus

Kirchbergweg 3 ✉ 74673 – ✆ (07937) 97 00 – www.altes-amtshaus.de

12 Zim – 104/124 € 154 € – 3 Suiten – ½ P

Amtskeller – Siehe Restaurantauswahl

Vom kleinen Einzelzimmer bis zur geräumigen Maisonette findet in dem hübschen kleinen Hotel von 1650 jeder das Passende. Geschmackvolles Ambiente, moderne Technik, ausgewähltes Frühstück... und all das umgeben von schönem altem Fachwerk.

Amtskeller – Hotel Altes Amtshaus

Kirchbergweg 3 ✉ 74673 – ✆ (07937) 97 00 – www.altes-amtshaus.de – geschl. 1. - 12. Januar und Montag - Dienstag

Menü 78/114 € – Karte 52/30 € – *(Mittwoch - Freitag nur Abendessen)*

Schon die besondere Atmosphäre ist einen Besuch wert (äußerst gelungen der Mix aus altem Naturstein-Tonnengewölbe und modernem Stil), erst recht aber die ausgezeichnete Küche, für die man gerne frische Produkte von Erzeugern aus der Region verwendet. Lust auf "Vor der Haustür" oder "Über den Tellerrand"?
➜ Fränkische Flusskrebse mit Gurke, grünem Apfel und Dill. Hohenloher Taube mit jungen Karotten, Erbsen, Pfifferlingen. Herzkirschen mit Schrozberger Demeter Joghurt und Hagen Kaffee.

In Mulfingen-Heimhausen Süd: 4 km Richtung Buchenbach

Jagstmühle

Jagstmühlenweg 10 ✉ 74673 – ✆ (07938) 9030 0 – www.jagstmuehle.de

28 Zim – 95/105 € 135/155 € – ½ P

Jagstmühle – Siehe Restaurantauswahl

Mit Engagement wird das wunderbare Anwesen der alten Wassermühle geführt. Zu dem charmanten Hotel mit den wirklich geschmackvollen Zimmern gehört ein herrlicher Garten zur Jagst - hier steht auch die "Jagsthütte" mit vier hübschen Zimmern.

Jagstmühle – Hotel Jagstmühle

Jagstmühlenweg 10 ✉ 74673 – ✆ (07938) 9 03 00 – www.jagstmuehle.de
Menü 36/45 € – Karte 27/56 €
Ein echtes Landidyll - elegant und mit Holzverkleidung sowie Kamin ebenso gemütlich. Hubert Retzbach und Markus Reinauer sind ein eingespieltes Team, das beweisen z. B. "Lammragout mit Bärlauchpüree" oder "Ochsenfleisch in Meerrettich"!

MURNAU

Bayern – 11 660 Ew. – Höhe 688 m – Regionalatlas **65-L21**
Berlin 656 km – München 70 km – Garmisch-Partenkirchen 25 km – Weilheim 20 km
Michelin Straßenkarte 546

Alpenhof Murnau

Ramsachstr. 8 ✉ 82418 – ✆ (08841) 49 10 – www.alpenhof-murnau.com
82 Zim – 129/289 € 149/329 € – 8 Suiten – ½ P
Murnauer Reiter – Siehe Restaurantauswahl
Ein alpenländisches Ferienhotel mit freundlicher Atmosphäre, wohnlichen Zimmern unterschiedlicher Kategorien (auch etwas schlichtere Standardzimmer) und hochwertigem Spa-Angebot. Schön: der Blick auf Wetterstein und Estergebirge.

Angerbräu

Untermarkt 44 ✉ 82418 – ✆ (08841) 62 58 76 – www.angerbraeu.de
30 Zim – 63/69 € 86/117 € – 12 € – 1 Suite – ½ P
In dem komplett sanierten historischen Haus ist dank der Gastgeberin alles tipptopp in Schuss! Hier gibt es schöne behagliche Zimmer mit gutem Platzangebot, einen Saunabereich im DG, wechselnde Kunstaustellungen. Sie möchten essen gehen? Das geradlinig-modern gehaltene Restaurant bietet Internationales.

Post

Obermarkt 1 ✉ 82418 – ✆ (08841) 48 78 00 – www.hotel-post-murnau.de – geschl. Ende November - Ende Dezember
16 Zim – 59/93 € 99/139 €
Hier können Sie getrost buchen: Das hübsche Haus ist sehr gut geführt, liegt schön zentral in der Fußgängerzone, ist charmant eingerichtet, das Frühstücksbuffet ist frisch, das Personal top freundlich...

Klausenhof am Park

Burggraben 10 ✉ 82418 – ✆ (08841) 6 11 60 – www.klausenhof-murnau.de
24 Zim – 62/85 € 104/144 € – 1 Suite – ½ P
Ein gepflegtes und freundlich-familiäres Hotel beim Kurhaus. Im Restaurant Burgklause kommt das Fleisch aus der Region, darunter auch viel Wild aus heimischer Jagd! Der Klassiker: das Pfeffersteak. Je nach Fang (hierfür ist der Enkel des Chefs zuständig) steht auch Zander aus dem Staffelsee auf der Karte.

Murnauer Reiter – Hotel Alpenhof Murnau

Ramsachstr. 8 ✉ 82418 – ✆ (08841) 49 10 – www.alpenhof-murnau.com
Menü 40/99 € – Karte 31/73 €
Hier hat man "Reiterzimmer" und "Hofmann's" zu einem neuen Restaurantkonzept vereint: Geboten wird eine regional-internationale Küche, die mittags etwas einfacher ist. Die Terrasse ist ein Traum - auch nachmittags zum hausgemachten Kuchen!

MUSKAU, BAD

Sachsen – 3 680 Ew. – Höhe 110 m – Regionalatlas **34-S10**
Berlin 161 km – Dresden 111 km – Cottbus 40 km – Görlitz 63 km
Michelin Straßenkarte 544

Am Schloßbrunnen

Köbelner Str. 68 ✉ 02953 – ☎ (035771) 52 30 – www.schlossbrunnen.de – geschl. 27. Dezember - 1. Januar

13 Zim – 49/69 € 59/95 € – ½ P

Freundlich-familiäre Adresse nur 400 m vom Fürst-Pückler-Park (UNESCO Weltkulturerbe) entfernt. Nutzen Sie die nahen Radwanderwege, danach lockt eine Erfrischung auf der Terrasse! Ein Extra: Fahrrad-Service im Haus.

MUTTERSTADT

Rheinland-Pfalz – 12 580 Ew. – Höhe 96 m – Regionalatlas **47**-E16

Berlin 629 km – Mainz 77 km – Mannheim 14 km – Kaiserslautern 58 km

Michelin Straßenkarte 543

Ebnet

Neustadter Str. 53 ✉ 67112 – ☎ (06234) 9 46 00 – www.hotel-ebnet.de

24 Zim – 62/79 € 92/99 €

In diesem Familienbetrieb hält bereits die 3. Generation alles gut in Schuss. Die Zimmer sind zeitgemäß (im hinteren Trakt ruhiger), Fußballfans freuen sich über kostenfreies Sky-TV, das Restaurant ist gemütlich (mit Wintergarten und netter Terrasse). Die Küche ist regional, jeden 2. Sonntag im Monat Brunch.

NACHRODT-WIBLINGWERDE

Nordrhein-Westfalen – 6 510 Ew. – Höhe 380 m – Regionalatlas **26**-D11

Berlin 505 km – Düsseldorf 72 km – Dortmund 28 km – Hagen 16 km

Michelin Straßenkarte 543

Im Ortsteil Veserde Nord-West: 3 km ab Wiblingwerde Richtung Hohenlimburg

Schloss Hotel Holzrichter

Hohenlimburger Str. 15 ✉ 58769 – ☎ (02334) 92 99 60 – www.hotel-holzrichter.de

28 Zim – 92/110 € 150/160 € – ½ P

In idyllischer Aussichtslage bietet Familie Holzrichter seit über 100 Jahren einen herzlichen und engagierten Service, den die Gäste ebenso schätzen wie die hochwertige und überaus wohnliche Einrichtung. Am Morgen macht die gute Auswahl am Frühstücksbuffet Appetit. Gemütlich das holzverkleidete Restaurant.

NAGOLD

Baden-Württemberg – 21 250 Ew. – Höhe 411 m – Regionalatlas **54**-F19

Berlin 675 km – Stuttgart 52 km – Karlsruhe 81 km – Tübingen 34 km

Michelin Straßenkarte 545

Adler

Badgasse 1 ✉ 72202 – ☎ (07452) 86 90 00 – www.hotel-adler-nagold.de – geschl. August 2 Wochen

45 Zim – 68/84 € 95/120 € – ½ P

Das denkmalgeschützte Fachwerkhaus von 1675 (seit 1702 als Gasthof genutzt) steht im Zentrum, nicht weit vom Fluss Nagold. Besonders modern sind die Zimmer im Gästehaus. Nett sind die ländlichen Restaurantstuben im alten Gasthof. Man bietet bürgerliche Küche.

Burg

Gerichtsplatz 8, über Burgstr 2 ✉ 72202 – ☎ (07452) 37 35 – www.restaurant-burg.de – geschl. 1. - 16. August und Montagabend - Dienstag

Menü 32 € – Karte 19/56 €

In der Stadtmitte liegt das ländlich-rustikale Restaurant der Familie Merkle. Mit mediterran inspirierter Terrasse und gemütlichem Kaminzimmer. Die Küche ist regional.

Alte Post

Bahnhofstr. 2 ✉ 72202 – ✆ (07452) 8 45 00 – www.altepost-nagold.de – geschl. Sonntagabend - Mittwoch
Menü 60/85 € – Karte 46/73 € – *(nur Abendessen, sonntags auch Mittagessen)*
In der ersten Etage des schmucken 1697 erbauten Fachwerkhauses mitten im Ort sitzen Sie gemütlich in schönen holzgetäfelten Räumen und wählen zwischen zwei ambitionierten Menüs - hier macht z. B. "Skrei in milder Senfsauce" Appetit.
Kutscherstube – Siehe Restaurantauswahl

Kutscherstube – Restaurant Alte Post

Bahnhofstr. 2 ✉ 72202 – ✆ (07452) 8 45 00 – www.altepost-nagold.de – geschl. Montag
Menü 35/39 € – Karte 27/51 €
Wer es lieber etwas einfacher hat als im Gourmetrestaurant, kann sich im charmant-modernen Bistro im EG der Alten Post regionale Küche und Grillgerichte servieren lassen. Gerne speist man auch auf der Terrasse vor dem Haus.

Ostaria da Gino

Querstr. 3 ✉ 72202 – ✆ (07452) 6 66 10 – www.dagino-nagold.de – geschl. Sonntag
Karte 34/48 € – (Tischbestellung ratsam)
Schön familiär geht es hier zu! Typisch italienisch die Speisen, ungezwungen und charmant die Atmosphäre - das kommt an! Man berät Sie gerne bei der Auswahl von der Tafel, ebenso in Sachen Wein. Vielleicht noch was Leckeres für zuhause aus dem Feinkostladen? Übrigens: Man bietet auch Kochkurse an.

In Nagold-Pfrondorf Nord: 4,5 km über B 463

Pfrondorfer Mühle

Pfrondorfer Mühle 1, an der B 463 ✉ 72202 – ✆ (07452) 8 40 00 – www.pfrondorfer-muehle.de
19 Zim – 69/92 € 98/128 € – 2 Suiten – ½ P
Aus einer ehemaligen Mühle ist das gut geführte und wohnlich eingerichtete Hotel an der Nagold entstanden. Wer es komfortabler mag, bucht eines der eleganteren Zimmer (auch Juniorsuiten) im Anbau. Das Angebot im Restaurant ist bürgerlich-regional, und das mögen die Gäste!

NAHETAL-WALDAU

Thüringen – 3 030 Ew. – Höhe 410 m – Regionalatlas **40-K13**
Berlin 344 km – Erfurt 72 km – Coburg 40 km – Suhl 23 km
Michelin Straßenkarte 544

Weidmannsruh

Hauptstr. 74, Waldau ✉ 98553 – ✆ (036878) 6 03 92 – www.gasthofweidmannsruh.de
8 Zim – 38 € 55 €
In dem hübschen Fachwerkgebäude befindet sich eine gepflegte kleine Pension, die über solide möblierte, wohnliche Gästezimmer verfügt.

NAKENSTORF

– Mecklenburg-Vorpommern → Siehe Neukloster

NASTÄTTEN

Rheinland-Pfalz – 4 120 Ew. – Höhe 280 m – Regionalatlas **47-E14**
Berlin 585 km – Mainz 46 km – Koblenz 35 km – Limburg an der Lahn 34 km
Michelin Straßenkarte 543

Oranien

Oranienstr. 10 ✉ 56355 – ✆ (06772) 10 35 – www.hotel-restaurant-oranien.de – geschl. 27. Juli - 6. August und Sonntagabend - Montag
10 Zim – 45/65 € 75/100 € – ½ P
Menü 49 € – Karte 24/40 € – *(nur Abendessen, sonntags auch Mittagessen)*
Das Restaurant der Familie Debus liegt etwas erhöht am Ortsrand und bietet von den meisten Plätzen eine nette Aussicht. Aus der Küche kommen bürgerlich-regionale Gerichte. Gepflegt übernachten kann man auch.

NAUEN

Brandenburg – 16 620 Ew. – Höhe 35 m – Regionalatlas **22**-O8
Berlin 50 km – Potsdam 45 km – Wittstock 70 km
Michelin Straßenkarte 542

In Nauen-Tietzow Nord: 13 km über B 273

Helenenhof

Am Dorfanger 2 ✉ 14641 – ✆ (033230) 87 70 – www.hotel-helenenhof.de
– geschl. 20. Dezember - 18. Januar
21 Zim – †67/82 € ††98/118 € – ½ P
In dem seit 1883 familiengeführten Gasthof mit den wohnlich gestalteten Zimmern kümmert man sich engagiert und persönlich um die Gäste. Stilvoll-klassisches Restaurant mit schönen Details wie Stuck und Kronleuchter, Parkett und offenem Kamin.

In Nauen-Ribbeck West: 6 km

Schloss Ribbeck

Theodor-Fontane-Str. 10 ✉ 14641 – ✆ (033237) 8 59 00 – www.schlossribbeck.de
Menü 34 € – Karte 25/34 € – *(bis 18 Uhr geöffnet)*
Wer kennt ihn nicht, Theodor Fontanes "Herrn von Ribbeck auf Ribbeck im Havelland"? In dem schönen Schloss mit seinem verlockenden Birnengarten speisen Sie Regionales. Das Anwesen ist natürlich auch ein toller Rahmen für Hochzeiten!

NAUHEIM, BAD

Hessen – 30 880 Ew. – Höhe 148 m – Regionalatlas **38**-F14
Berlin 507 km – Wiesbaden 64 km – Frankfurt am Main 38 km – Gießen 31 km
Michelin Straßenkarte 543

Dolce

Elvis-Presley-Platz 1 ✉ 61231 – ✆ (06032) 30 30 – www.dolcebadnauheim.com
159 Zim – †119/219 € ††139/289 € – 10 Suiten – ½ P
Ein Haus mit interessanten Kontrasten: Da ist zum einen der moderne Bereich mit Rezeption, Zimmern (meist mit Balkon zum Park) und Spa, zum anderen der historische Teil mit Restaurant (schön das von Säulen getragene Gewölbe), Konferenzräumlichkeiten und beeindruckendem Jugendstiltheater.

NAUMBURG

Sachsen-Anhalt – 32 810 Ew. – Höhe 135 m – Regionalatlas **41**-M12
Berlin 223 km – Magdeburg 135 km – Leipzig 62 km – Weimar 49 km
Michelin Straßenkarte 542

Zur Alten Schmiede

Lindenring 36 ✉ 06618 – ✆ (03445) 2 43 60 – www.hotel-zur-alten-schmiede.de
42 Zim – †68/78 € ††95/119 € – ½ P
Der Name erinnert noch an die einstige Huf- und Wagenschmiede, heute stehen hier neuzeitlich-wohnliche Zimmer bereit. Gemütlich sitzt man im rustikalen Restaurant mit nettem Schmiede-Dekor, daneben hat man noch die elegante Winzerstube.

St. Marien

Marienstr. 12 ✉ 06618 – ✆ (03445) 2 35 40 – www.hotel-garni-st-marien.de
15 Zim – †39/54 € ††59/72 €
Das kleine Hotel befindet sich in zentraler Lage und wird herzlich geführt. Die Gäste wohnen in gepflegten und funktionell ausgestatteten Zimmern.

NAURATH (WALD) – Rheinland-Pfalz → Siehe Trittenheim

NECKARBISCHOFSHEIM

Baden-Württemberg – 3 900 Ew. – Höhe 171 m – Regionalatlas **48-G17**
Berlin 614 km – Stuttgart 82 km – Mannheim 60 km – Heilbronn 30 km
Michelin Straßenkarte 545

Schloss Neckarbischofsheim

Schlossstr. 1 74924 – (07263) 4 08 00
– www.schlosshotel-neckarbischofsheim.de
28 Zim – 89/109 € 119/169 € – ½ P
Orangerie und Galerie – Siehe Restaurantauswahl
Ein wirklich toller Rahmen, für alle, die etwas Besonderes suchen! Die Zimmer sind elegant im Biedermeierstil gehalten, und wer es ganz stilgerecht mag, wohnt in einem der Zimmer im Schlossflügel.

Orangerie und Galerie – Hotel Schloss Neckarbischofsheim

Schlossstr. 1 74924 – (07263) 4 08 00
– www.schlosshotel-neckarbischofsheim.de – geschl. Montag
Menü 29/69 € – Karte 35/59 €
Das schöne Anwesen ist perfekt für Feierlichkeiten. Herrlich: In den lichten Räumen sitzt man fast wie im Freien, Park- und Schlossblick inklusive! Interessant sind z. B. das "Badische Menü" und das "Orangerie-Menü".

NECKARGEMÜND

Baden-Württemberg – 13 170 Ew. – Höhe 127 m – Regionalatlas **47-F17**
Berlin 635 km – Stuttgart 107 km – Mannheim 41 km – Heidelberg 10 km
Michelin Straßenkarte 545

In Neckargemünd-Waldhilsbach Süd-West: 5 km über B 45 Richtung Sinsheim

Zimmerle im Rössel

Heidelberger Str. 15 69151 – (06223) 26 65 – www.roessel-waldhilsbach.de
– geschl. Sonntag - Dienstag
10 Zim – 52/64 € 76/90 €
Menü 49/89 € – *(nur Abendessen)* (Tischbestellung ratsam)
"Kabeljau, Béarnaise, Passionsfrucht" oder "Rehrücken, Bauernwurst, Schwarzwurzel"? So oder so ähnlich klingen die ambitionierten Speisen, die Familie Hauck im eleganten kleinen Gourmetrestaurant ihres sympathischen Landgasthofs bietet.
Zum Rössel – Siehe Restaurantauswahl

Zum Rössel – Restaurant Zimmerle im Rössel

Heidelberger Str. 15 69151 – (06223) 26 65 – www.roessel-waldhilsbach.de
– geschl. Montag - Dienstag
Menü 31/59 € – Karte 24/51 €
Gut essen kann man in der einstigen Poststation von 1642 auch in diesem hübschen traditionell gehaltenen Restaurant, und zwar Regionales, das Rössel-Menü oder Klassiker wie "Zander mit Kartoffel-Gurkensalat", zudem gibt es interessante Monatsempfehlungen wie "Thunfisch mit Fenchel und Gin Tonic".

NECKARSULM

Baden-Württemberg – 25 770 Ew. – Höhe 162 m – Regionalatlas **55-G17**
Berlin 597 km – Stuttgart 60 km – Karlsruhe 89 km – Darmstadt 122 km
Michelin Straßenkarte 545

nestor

Sulmstr. 2 74172 – (07132) 38 80 – www.nestor-hotels.de
84 Zim – 115/150 € 115/150 € – 17 € – ½ P
Eine ideale Businessadresse am Altstadtrand, nur wenige Gehminuten vom Audi Forum, nebenan das Konferenz- und Kulturzentrum "Ballei". Nach umfassenden Renovierungen sind Lobby, Zimmer und der offene Restaurantbereich geradlinig-modern und mit frischen roten Farbakzenten gestaltet.

NECKARTENZLINGEN

Baden-Württemberg – 6 440 Ew. – Höhe 292 m – Regionalatlas **55**-G19
Berlin 667 km – Stuttgart 28 km – Karlsruhe 93 km – Tübingen 21 km
Michelin Straßenkarte 545

Hagen's im Restaurant Hammetweil

Hammetweil 10, Direkt auf der Golfanlage ✉ 72654 – ✆ (07127) 81 45 29 – www.restaurant-hagens.de – geschl. Sonntag-Mittwoch
Menü 64 € – Karte 45/53 €
Nicht nur für Golfer interessant: Neben dem Golfrestaurant (im Sommer wird auch auf der Terrasse gegrillt) gibt es das schicke "Hagen's", in dem Gourmets an gut eingedeckten Tischen ein modernes Menü genießen, dazu der herrliche Talblick!

NECKARWESTHEIM

Baden-Württemberg – 3 550 Ew. – Höhe 266 m – Regionalatlas **55**-G17
Berlin 602 km – Stuttgart 38 km – Heilbronn 13 km – Ludwigsburg 25 km
Michelin Straßenkarte 545

Schloßhotel Liebenstein

Liebenstein 1, Süd: 2 km ✉ 74382 – ✆ (07133) 9 89 90 – www.schlosshotel-liebenstein.de – geschl. 23. Dezember - 6. Januar
24 Zim – †93 € ††139/175 € – ☕ 9 €
Hier wohnt man in einem sehr schönen und speziellen Umfeld: Das Hotel ist in die ehrwürdige Schlossanlage integriert, zu der eine Kapelle a. d. 16. Jh. gehört. Internationale Küche mit regionalen Einflüssen sowohl im Restaurant "Kurfürst" als auch im "Lazuli" (Hingucker ist hier das bemalte Gewölbe).

Am Markt

Marktplatz 2 ✉ 74382 – ✆ (07133) 9 81 00 – www.hotel-am-markt-neckarwestheim.de – geschl. 25. Dezember - 6. Januar
13 Zim ☕ – †62/85 € ††85/89 € – 1 Suite
Allein schon wegen der herzlichen Gastgeberin werden Sie das Haus direkt am kleinen Marktplatz in sehr guter Erinnerung behalten! Außerdem ist alles auffallend gepflegt und das Frühstück ist appetitlich und gut.

NECKARZIMMERN

Baden-Württemberg – 1 520 Ew. – Höhe 150 m – Regionalatlas **48**-G17
Berlin 593 km – Stuttgart 80 km – Mannheim 79 km – Heilbronn 25 km
Michelin Straßenkarte 545

Burg Hornberg

Burg Hornberg 2 ✉ 74865 – ✆ (06261) 9 24 60 – www.burg-hotel-hornberg.de – geschl. Januar
23 Zim ☕ – †78/110 € ††110/160 € – 1 Suite – ½ P
Hoch über dem Neckar liegt das in die Burganlage Götz von Berlichingens (sie stammt a. d. 12. Jh.) integrierte charmante Hotel. Das ruhig gelegene Haus bietet eine beeindruckende Sicht, die man vom Restaurant und der Terrasse am besten genießt. Im Burghof kann man außerdem Wein aus eigenem Anbau kaufen.

NEHREN

Rheinland-Pfalz – 110 Ew. – Höhe 91 m – Regionalatlas **46**-C15
Berlin 662 km – Mainz 120 km – Trier 79 km – Koblenz 63 km
Michelin Straßenkarte 543

Quartier Andre

Moselstr. 3 ✉ 56820 – ✆ (02673) 40 15 – www.andre-nehren.de – geschl. 3. Januar - 15. März, 8. November - 20. Dezember
15 Zim ☕ – †35/55 € ††70/100 € – ½ P
In dem Familienbetrieb mit nahegelegenem eigenem Weingut stehen gepflegte, funktionelle Gästezimmer und Appartements mit Kitchenette bereit. Zimmer z. T. mit Balkon nach hinten. Restaurant mit bürgerlicher Küche, kleine Mittagskarte. Donnerstags bietet man Weinproben an.

NENNDORF, BAD

Niedersachsen – 10 410 Ew. – Höhe 82 m – Regionalatlas **18-H8**
Berlin 315 km – Hannover 33 km – Bielefeld 85 km – Osnabrück 115 km
Michelin Straßenkarte 541

Harms

Gartenstr. 5 ✉ 31542 – ✆ (05723) 95 00 – www.hotel-harms.de
46 Zim – †62/90 € ††100/145 € – ½ P
Ein freundlicher Familienbetrieb in ruhiger und doch zentraler Lage. Neben gepflegten, unterschiedlich geschnittenen Zimmern bietet man einen ansprechenden Sauna-, Bade- und Beautybereich.

In Bad Nenndorf-Riepen Nord-West: 4,5 km über die B 65

Schmiedegasthaus Gehrke

Riepener Str. 21 ✉ 31542 – ✆ (05725) 9 44 10 – www.schmiedegasthaus.de – geschl. Anfang Januar 1 Woche
19 Zim – †68/98 € ††98/140 € – ½ P
August – Siehe Restaurantauswahl
Wirklich nett übernachtet man in dem gepflegten Gasthof mit Familientradition seit fünf Generationen. Im Haupthaus stehen freundliche Zimmer in neuzeitlichem Stil bereit, die im Gästehaus sind etwas größer - alle mit kostenfreiem W-Lan.

August – Hotel Schmiedegasthaus Gehrke

Riepener Str. 21 ✉ 31542 – ✆ (05725) 9 44 10 – www.schmiedegasthaus.de – geschl. Anfang Januar 1 Woche und Montag
Menü 34 € – Karte 27/48 €
Auch modernes Ambiente ist in diesem alteingesessenen Gasthaus gemütlich! Neben neuzeitlichen Gerichten werden hier auch Klassiker wie Hirschkeulenbraten sowie regionale Tapas und Steaks serviert. Ist Ihnen auch der tolle begehbare Weinschrank aufgefallen?

NETTETAL

Nordrhein-Westfalen – 41 540 Ew. – Höhe 45 m – Regionalatlas **25-A11**
Berlin 591 km – Düsseldorf 53 km – Krefeld 24 km – Mönchengladbach 24 km
Michelin Straßenkarte 543

In Nettetal-Hinsbeck

Sonneck

Schlossstr. 61 ✉ 41334 – ✆ (02153) 41 57 – www.restaurantsonneck.de – geschl. Januar - Februar 2 Wochen, September - Oktober 2 Wochen und Montag - Dienstag
Menü 30/50 € – Karte 29/56 €
150 Jahren Familientradition hat das freundlich-gemütliche Restaurant von Birgit und Ernst-Willi Franken. Sie kümmert sich um Service und Deko, er um schmackhaft-bürgerliche Gerichte wie "Zander auf Belugalinsen mit Speckkartoffeln". Die Kräuter dafür wachsen im schönen Garten - hier auch die Terrasse!

In Nettetal-Lobberich

Burg Ingenhoven

Burgstr. 10 ✉ 41334 – ✆ (02153) 91 25 25 – www.burg-ingenhoven.de – geschl. 1. - 11. Februar, 18. - 28. Juli und Montag
Menü 37 € – Karte 27/45 €
Hinter den alten Backsteinmauern des einst ritterlichen Anwesens verbergen sich reichlich dekorierte Räume, in denen man international und regional speist. Zweifelsohne auch für Hochzeiten ein schöner Rahmen!

NETZEN – Brandenburg ➜ Siehe Kloster Lehnin

NEU-ANSPACH

Hessen – 14 610 Ew. – Höhe 342 m – Regionalatlas **37-F14**
Berlin 531 km – Wiesbaden 61 km – Frankfurt am Main 31 km
Michelin Straßenkarte 543

Im Hessenpark Süd-Ost: 4 km über Saalburgstraße

Landhotel Zum Hessenpark

Laubweg 1 ✉ 61267 Neu-Anspach – ✆ (06081) 4 46 70 – www.landhotel-hessenpark.de – geschl. 20. Dezember - 1. Januar

34 Zim – 89/104 € 124/129 € – ½ P

Das Hotel ist in ein Museumsdorf mit schmucken rekonstruierten Fachwerkhäusern integriert. Schön ist der klassisch-gediegene Stil im ganzen Haus. Das Restaurant mit Galerie und Terrasse zum Marktplatz nennt sich "Alter Markt".

NEUBERG – Hessen ➜ Siehe Erlensee

NEUBEUERN

Bayern – 4 280 Ew. – Höhe 478 m – Regionalatlas **66-N21**

Berlin 660 km – München 72 km – Bad Reichenhall 71 km – Rosenheim 14 km

Michelin Straßenkarte 546

Auers Schlosswirtschaft

Rosenheimer Str. 8 ✉ 83115 – ✆ (08035) 26 69 – www.auers-schlosswirtschaft.de – geschl. 28. August - 15. September und Sonntag - Montag

Karte 32/45 € – *(nur Abendessen)* (Tischbestellung ratsam)

Mit Herzblut betreibt die Familie den sympathischen Gasthof seit über 25 Jahren. Die charmant-ländlichen Stuben versprühen Gemütlichkeit, der Service ist aufmerksam und auf den Teller kommen schmackhafte saisonal-regionale Gerichte wie "gebratenes Kalbsherz mit weißem Spargel und Kartoffel-Morchel-Roulade".

NEUBRANDENBURG

Mecklenburg-Vorpommern – 63 440 Ew. – Höhe 20 m – Regionalatlas **13-P5**

Berlin 142 km – Schwerin 149 km – Rostock 103 km – Stralsund 99 km

Michelin Straßenkarte 542

Weinert

Ziegelbergstr. 23 ✉ 17033 – ✆ (0395) 58 12 30 – www.hotel-weinert.de

18 Zim – 50 € 65 €

Das gut geführte kleine Hotel liegt nahe der Ringstraße und verfügt über solide und praktisch eingerichtete Gästezimmer. Sie möchten länger bleiben? Im "Wiekhaus" (direkt in die historische Wallanlage gebaut!) gibt es eine Ferienwohnung.

In Burg Stargard Süd: 10 km

Marienhof

Carl-Stolte-Str. 22 ✉ 17094 – ✆ (039603) 25 50 – www.hotel-marienhof.de

24 Zim – 50/56 € 75 € – ½ P

In einem relativ ruhigen Wohngebiet etwas oberhalb des Ortes liegt dieses Haus mit seinen gepflegten und funktional ausgestatteten Zimmern. Das Restaurant teilt sich in Kornkammer und Bauernstube. Man bietet bürgerliche Küche.

In Groß Nemerow Süd: 13 km

Bornmühle

Bornmühle 35, westlich der B 96 ✉ 17094 – ✆ (039605) 6 00 – www.bornmuehle.de

66 Zim – 85/95 € 126/168 € – 2 Suiten – ½ P

Lisette – Siehe Restaurantauswahl

Schön die Lage oberhalb des Tollensesees, chic die Lobby, frisch und modern die Zimmer - see- oder landseitig und mit hochwertigem "Schlaf-Gesund-System" sowie Infotainment per "SuitePad". Besonderheit: Höhenlufttraining in Juniorsuiten und Fitnessraum. Golfplatz in der Nähe.

Lisette – Hotel Bornmühle

Bornmühle 35, westlich der B 96 ✉ 17094 – ✆ (039605) 6 00 – www.bornmuehle.de

Menü 30/53 € – Karte 28/51 €

Am schönsten sitzt man im luftig-lichten Wintergarten, während man sich frische regional-saisonale Küche aus guten heimischen Produkten schmecken lässt. Und die kommt z. B. als "Müritzsaibling in Mandelbutter gebraten mit Paprikasauce, Spargel und Bärlauchgnocchi" daher.

NEUBURG am INN

Bayern – 4 330 Ew. – Höhe 452 m – Regionalatlas **60-P19**
Berlin 613 km – München 167 km – Landshut 128 km – Schärding 8 km
Michelin Straßenkarte 546

Hoftaferne Neuburg

Am Burgberg 5 ✉ 94127 – ✆ (08507) 92 31 20 – www.hoftaferne-neuburg.de – geschl. 15. - 29. Februar, 1. - 8. August, 31. Oktober - 14. November
24 Zim – 75 € 125 €
Hoftaferne Neuburg – Siehe Restaurantauswahl
An der ehemaligen Wehranlage a. d. 11. Jh. hat man ein Gästehaus mit hübschen wohnlichen Zimmern. Aber nicht nur das gepflegte Ambiente ist erwähnenswert, auch die Lage: ruhig, erhöht und mit schöner Aussicht.

Hoftaferne Neuburg – Hotel Hoftaferne Neuburg

Am Burgberg 5 ✉ 94127 – ✆ (08507) 92 31 20 – www.hoftaferne-neuburg.de – geschl. 15. - 29. Februar, 1. - 8. August, 31. Oktober - 14. November und Montag
Menü 17 € (mittags unter der Woche)/65 € – Karte 32/52 €
Im Restaurant, der Hoftaferne von 1440, bereitet der Chef Schmackhaftes wie "Hirschgulasch mit Wacholdersoße" oder "Maronensuppe mit eingelegten Weichseln" zu. Wirklich charmant die historischen Räume hier - und draußen vor dem Haus lockt im Sommer der Biergarten!

NEUBURG an der DONAU

Bayern – 28 750 Ew. – Höhe 149 m – Regionalatlas **57-L18**
Berlin 532 km – München 95 km – Augsburg 52 km – Ingolstadt 22 km
Michelin Straßenkarte 546

In Neuburg-Bergen Nord-West: 8 km über Ried, im Igstetter Wald links

Zum Klosterbräu

Kirchplatz 1 ✉ 86633 – ✆ (08431) 6 77 50 – www.zum-klosterbraeu.de – geschl. 21. - 29. Dezember und über Fasching
24 Zim – 79/109 € 109/149 € – ½ P
Gaststube – Siehe Restaurantauswahl
Stilvolles Ambiente und Familientradition seit 1744. Schön die Zimmer mit wertigem Vollholz und warmen Farben, toll das Kreuzgewölbe in Lobby und Malztenne (hier gibt es Frühstück), ein Traum in Grün der 3 ha große Garten mit Pferdekoppel!

Gaststube – Hotel Zum Klosterbräu

Kirchplatz 1 ✉ 86633 – ✆ (08431) 6 77 50 – www.zum-klosterbraeu.de – geschl. 21. - 29. Dezember, über Fasching und Montagmittag, außer an Feiertagen
Menü 30/75 € – Karte 27/66 €
So stellt man sich eine historische bayerische Gaststube vor: Holzbalken an der Decke, Dielenboden, Kachelofen - gemütlich-rustikal! Dazu gibt es z. B. "Flusskrebse aus dem Kreuzgangbrunnen" oder "Wildhasenkeule mit Serviettenknödel".

NEUDROSSENFELD

Bayern – 3 830 Ew. – Höhe 334 m – Regionalatlas **51-L15**
Berlin 359 km – München 241 km – Bayreuth 12 km – Regensburg 166 km
Michelin Straßenkarte 546

Schloss Neudrossenfeld

Schlossplatz 2 ✉ 95512 – ✆ (09203) 6 83 68 – www.schloss-neudrossenfeld.de – geschl. Montag - Dienstag
Menü 41/52 € – Karte 36/55 € – *(nur Abendessen)*
Der rechte Schlossflügel hat so einiges zu bieten: ein schönes Restaurant (mal gemütlich-rustikal, mal modern), eine Vinothek und im OG ein Saal. Draußen kommt noch die tolle Terrasse dazu! Die Landküche ist schmackhaft, saisonal und kommt gut an. Probieren Sie Kartoffellasagne mit Lachs!

NEUENAHR-AHRWEILER, BAD

Rheinland-Pfalz – 26 940 Ew. – Höhe 104 m – Regionalatlas **36-C13**
▶ Berlin 624 km – Mainz 147 km – Bonn 31 km – Koblenz 56 km
Michelin Straßenkarte 543

Schmid Reinhard / Sime / Photononstop

Im Stadtteil Bad Neuenahr

Steigenberger

Kurgartenstr. 1 ✉ 53474 – ✆ (02641) 94 10 Stadtplan : A2**v**
– www.bad-neuenahr.steigenberger.de
216 Zim – 99/174 € 148/308 € – 5 Suiten – ½ P
Der große klassische Bau befindet sich im Herzen der Stadt. Nicht nur die komfortablen Zimmer in Haupthaus, Mittelbau und Westflügel versprechen Erholung, auch die beeindruckende Bäderabteilung im Haus sowie die Therme "Ahr-Resort", die Sie bequem mit dem Bademantel erreichen!

Dorint Parkhotel

Am Dahliengarten 1, über Hochstraße A2 ✉ 53474 – ✆ (02641) 89 50
– www.dorint.com/bad-neuenahr
238 Zim – 81/180 € 107/210 € – 3 Suiten – ½ P
Ein Tagungs- und Businesshotel an der Ahr mit neuzeitlich-funktioneller Ausstattung und Zugang zum Kongresszentrum. Auch Allergikerzimmer sind vorhanden. Zum hellen Restaurant gehört eine Terrasse mit schöner Aussicht.

SETA Hotel

Landgrafenstr. 41 ✉ 53474 – ✆ (02641) 80 30 Stadtplan : B2**r**
– www.setahotel.de
103 Zim – 82/125 € 125/245 € – ½ P
Das freundlich-privat geführte Hotel hat unter seinen wohnlichen Zimmern ganz besonders komfortable "Bel Etage"-Zimmer: "Blaue Suiten" und "Rote Juniorsuiten" im 4. Stock. Restaurant Landgraf mit Karte für "Vielprobierer": international-regionale Küche in kleinen Portionen! Gut ausgestattete Tagungsräume.

Villa Aurora

Georg-Kreuzberg-Str. 8 ✉ 53474 – ✆ (02641) 94 30 Stadtplan : A2**z**
– www.aurora.de – geschl. 5. November - 2. Dezember
50 Zim – 85/99 € 140/192 € – 2 Suiten – ½ P
Sie suchen eine stilvolle Adresse in schöner Lage? Das aus drei Villen bestehende Hotel bietet dafür individuelle, klassisch gehaltene Zimmer vom normalen Einzelzimmer bis zur Suite. Im Restaurant serviert man internationale und regionale Küche.

Weyer

Wolfgang-Müller-Str. 10 ✉ 53474 – ✆ (02641) 89 40 Stadtplan : A1**h**
– www.hotel-weyer.de – geschl. Januar
34 Zim – 62/90 € 110/150 € – 1 Suite – ½ P
Hier wird stetig investiert, um den Gästen eine wertige Ausstattung zu bieten. Die Zimmer sind individuell und immer wohnlich gestaltet, schön auch der Spa-Bereich, und im Restaurant erwarten Sie freundliches Ambiente und saisonale Küche.

Im Stadtteil Ahrweiler

Hohenzollern an der Ahr

Am Silberberg 50, über Am Turmberg A2, Richtung Altenahr ✉ 53474 – ✆ (02641) 97 30 – www.hotelhohenzollern.com – geschl. 3. - 16. Januar
27 Zim – 79/88 € 124/155 € – ½ P
Hohenzollern an der Ahr – Siehe Restaurantauswahl
Das familiengeführte Hotel bietet dank seiner erhöhten Lage in den Weinbergen einen fantastischen Blick aufs Ahrtal. Schön für Aktive: Direkt am Haus verläuft der Rotweinwanderweg. Die Zimmer sind wohnlich, einige besonders modern.

Prümer Gang

Niederhutstr. 58, Zufahrt über Plätzerstraße ✉ 53474 Stadtplan : B1**p**
– ✆ (02641) 47 57 – www.pruemergang.de – geschl. Juli - August 2 Wochen
12 Zim – 74/80 € 125/131 € – ½ P
Prümer Gang – Siehe Restaurantauswahl
Das kleine Hotel in der Altstadt wird vom Geschwisterpaar Heuser/Müller engagiert geführt, entsprechend wertig die Zimmer (schönes Parkett, puristischer Stil, moderne Bäder) und herzlich die Gästebetreuung. Hübsche Sauna im alten Gewölbe.

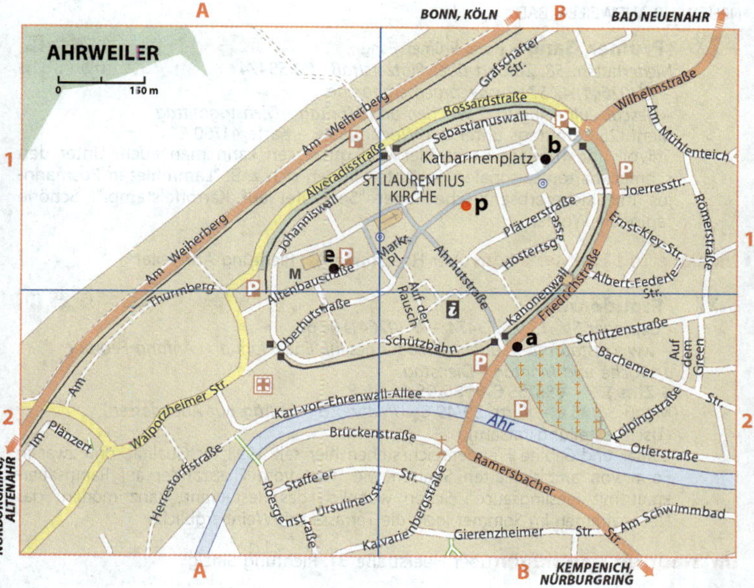

Am weißen Turm

Altenbaustr. 3 ✉ 53474 – ✆ (02641) 9 08 00 Stadtplan : A1**e**
– www.hotelamweissenturm.de – geschl. 19. - 29. Dezember
27 Zim ☕ – 🚹59/75 € 🚹🚹90/120 €
Das in einen neuzeitlichen Gebäudekomplex beim Marktplatz integrierte Hotel bietet funktionale Zimmer und zwei Sonnen-Dachterrassen. Parken können Sie in der öffentlichen Tiefgarage unter dem Haus.

Schützenhof

Schützenstr. 1 ✉ 53474 – ✆ (02641) 9 02 83 Stadtplan : B2**a**
– www.schuetzenhof-ahrweiler.de – geschl. Januar, Juli 2 Wochen
14 Zim ☕ – 🚹60/75 € 🚹🚹87/98 €
Familie Söller-Münch betreibt ihr Haus mit Engagement, immer wieder wird investiert und erneuert. Die Zimmer sind zeitgemäß, hell und teilweise sehr großzügig, einige mit kleiner Küche. Gutes Frühstück in recht moderner Atmosphäre.

Ännchen

Niederhutstr. 11 ✉ 53474 – ✆ (02641) 9 77 70 Stadtplan : B1**b**
– www.aennchen-ahrweiler.de – geschl. 20. Dezember - 8. Januar
24 Zim ☕ – 🚹52/100 € 🚹🚹81/108 €
Innerhalb der alten Stadtmauer der Rotweinstadt Ahrweiler finden Sie dieses familiengeführte Haus mit schönen zeitgemäßen Zimmern, wohnlichem Frühstücksraum und Café.

Hohenzollern an der Ahr – Hotel Hohenzollern an der Ahr

Am Silberberg 50, über Am Turmberg A2, Richtung Altenahr
✉ 53474 – ✆ (02641) 97 30 – www.hotelhohenzollern.com – geschl. 3. - 16. Januar
Menü 34/80 € – Karte 42/68 €
Eine grandiose Aussicht auf das Ahrtal erwartet Sie hier! Das elegante Restaurant samt herrlicher Panoramaterrasse bietet aber auch eine gute internationale Küche mit regionalem und saisonalem Bezug. Vielleicht mal ein vegetarisches Menü?

XX **Prümer Gang** – Hotel Prümer Gang

Niederhutstr. 58, Zufahrt über Plätzerstraße ✉ 53474 Stadtplan : B1**p**
– ✆ (02641) 47 57 – www.pruemergang.de
– geschl. Juli - August 2 Wochen und Montag - Dienstagmittag
Menü 25 € (mittags unter der Woche)/53 € – Karte 41/60 €
Stilvoll und modern ist es hier und gut essen kann man auch. Unter den schmackhaften saisonalen Gerichten finden sich z. B. "Lammfilet in Rosmarinjus mit Kichererbsentasche" oder "Seeteufel auf Kartoffelstampf". Schöne regionale Weine.

Im Stadtteil Heimersheim über Heerstraße A1, Richtung Ahrweiler

XX **Freudenreich**

Göppinger Str. 13 ✉ 53474 – ✆ (02641) 68 68
– www.restaurant-freudenreich.de – geschl. Ende Januar - Anfang Februar 1 Woche und Montag - Dienstag
5 Zim – †55/65 € ††85/95 € – ½ P
Menü 36/45 € – Karte 39/49 € – *(Mittwoch - Freitag nur Abendessen)* (Tischbestellung ratsam)
Lothar und Sabine Freudenreich stehen hier seit 1993 für Qualität, und zwar in Form von ambitionierten Speisen wie "Filet vom Flusszander auf Rahmsauerkraut mit Rieslingsauce". Schön wohnlich das Restaurant, ganz modern das Nebenzimmer. Im Sommer lockt die Terrasse mit Weinbergblick!

Im Stadtteil Heppingen über Heerstraße B1, Richtung Sinzig

Weinquartier Burggarten

Landskroner Str. 61 ✉ 53474 – ✆ (02641) 2 12 80
– www.weingut-burggarten.de – geschl. 20. Dezember - 31. Januar
19 Zim – †72 € ††112 €
"BurgunderDomizil", "DornfelderKlause" "PortugieserStube"... Das charmante Hotel der Winzerfamilie liegt neben dem eigenen Weingut und so sind die schönen, individuellen Zimmer je einer Rebsorte gewidmet, und jedes hat seine eigene "Weinschatzkammer". Einen hübschen Garten gibt es hier übrigens auch.

XXX **Steinheuers Restaurant Zur Alten Post**

Landskroner Str. 110, Eingang Konsumgasse ✉ 53474
– ✆ (02641) 9 48 60 – www.steinheuers.de
– geschl. Anfang Januar 2 Wochen, Ende Juli - Anfang August 2 Wochen und Dienstag - Mittwoch
Menü 125/175 € – *(nur Abendessen, samstags und sonntags auch Mittagessen)*
"Finessenreiche Klassik" ist der passendste Überbegriff für das, was seit 30 Jahren aus der Küche von Hans Stefan Steinheuer kommt, und das natürlich stets in 1A-Produktqualität! Das tolle Essen findet in der Präsenz der charmanten Gabriele Steinheuer ein perfektes Pendant. Lounge für Apero und Digestif.
→ Sardine mit roten Zwiebeln, Chorizo und Kapernperlen. Rotbarbe, Senfkohl, Landmilch. Eifler Rehrücken, Steinpilze, Lorbeerjus.

XX **Steinheuers Landgasthof Poststuben**

Landskroner Str. 110 ✉ 53474 – ✆ (02641) 9 48 60
– www.steinheuers.de – geschl. Anfang Januar 2 Wochen, Juli - August 2 Wochen und Dienstag - Mittwoch
11 Zim – †88 € ††98/128 € – 18 € – 1 Suite
Menü 42/62 € – Karte 42/63 €
Dies ist nicht "Steinheuer light", sondern ein ganz eigenständiges Restaurant mit ambitionierter Frischeküche, die z. B. als "Salat von Kalbskopf und Zunge mit Böhnchen" oder "Zander auf Rieslingkraut" überzeugt. Wer übernachten möchte, wählt die Doppelzimmer im Haupthaus oder das komfortable Gästehaus.

Im Stadtteil Walporzheim über Am Turmberg A1, Richtung Altenahr

Sanct Peter

Walporzheimer Str. 118 ✉ 53474 – ✆ (02641) 90 50 30 – www.hotel-sanctpeter.de

41 Zim – 118/138 € 158/188 €

Das schmucke Romantik-Hotel wurde inzwischen um das deutlich modernere Landhotel mit sehr großzügigen Zimmern erweitert - wählen Sie also zwischen klassischer Eleganz und schicker Geradlinigkeit. Geblieben sind der zuvorkommende Service, das ausgezeichnete Frühstück und ein Traum von Garten!

Historisches Gasthaus Sanct Peter Restaurant Brogsitter

Walporzheimer Str. 134 ✉ 53474 – ✆ (02641) 9 77 50 – www.sanct-peter.de – geschl. Januar - Februar 2 Wochen, Ende Juli - Anfang August und Donnerstag

Menü 99/140 € – *(nur Abendessen)* (Tischbestellung ratsam)

Mit bemerkenswertem Engagement sorgt das Küchenchef-Duo Stefan Krupp und Dirk Burger für finessenreiche und geschmackvolle klassische Speisen mit modernen Einflüssen. Diese werden begleitet von hauseigenen, aber auch zahlreichen internationalen Weinen - für Autofahrer bieten sich die rund 100 "Offenen" an.

→ Yellow Fin Thunfisch, Kalbsfilet, Powerade, Kapern. Wolfsbarsch, konfierte Kirschtomaten, Perlgraupen, Parmesan, Chorizo. U.S. Roastbeef Nebraska, Röstzwiebeln, Bohnen, Ochsenschwanz.

Historisches Gasthaus Sanct Peter Restaurant Weinkirche – Siehe Restaurantauswahl

Historisches Gasthaus Sanct Peter Restaurant Weinkirche – Historisches Gasthaus Sanct

Walporzheimer Str. 134 ✉ 53474 – ✆ (02641) 9 77 50 – www.sanct-peter.de – geschl. Donnerstag, außer an Feiertagen

Menü 35/82 €

Ein stilvolles Restaurant mit Galerie, dessen Historie bis ins 13. Jh. zurückgeht. Sehr schön speist man auch im schmucken Innenhof oder in der leger-modernen Raucherlounge mit Bar. Alternative: die Kaminstube mit Vesperangebot.

NEUENBURG

Baden-Württemberg – 11 710 Ew. – Höhe 230 m – Regionalatlas **61**-D21

Berlin 831 km – Stuttgart 232 km – Freiburg im Breisgau 39 km – Basel 35 km

Michelin Straßenkarte 545

Krone

Breisacher Str. 1 ✉ 79395 – ✆ (07631) 7 03 90 – www.krone-neuenburg.de

37 Zim – 65/70 € 90/105 € – ½ P

Auf herzliche badische Art betreibt die Familie dieses Haus. Die Zimmer, verteilt auf Haupthaus und Anbau "Anna", unterscheiden sich etwas in Komfort und Einrichtung. In den gediegen-ländlichen Gaststuben kommen auch Produkte aus der eigenen Metzgerei auf den Tisch.

Anika

Freiburger Str. 2a ✉ 79395 – ✆ (07631) 7 90 90 – www.hotel-anika.de – geschl. 27. Dezember - 7. Januar

34 Zim – 66/76 € 98/108 € – ½ P

Ein sehr gepflegter Familienbetrieb in einem Wohngebiet am Ortsrand - ganz in der Nähe verläuft der Rheintal-Radweg. Die Gästezimmer sind zum Teil auch für Allergiker geeignet. Zum Restaurant - hier bürgerliches Angebot - gehört eine hübsch angelegte Gartenterrasse.

Gasthof Adler

Breisacher Str. 20 ✉ 79395 – ✆ (07631) 7 21 20 – www.adler-neuenburg.de

13 Zim – 55/75 € 88/95 € – ½ P

Schon seit mehreren Generationen ist dieses Haus im Besitz der Familie Saurer. Die Zimmer sind auffallend gepflegt, einige besonders freundlich gestaltet und mit Parkett ausgestattet. Das Restaurant mit schöner Terrasse bietet bürgerliche Küche.

NEUENDETTELSAU
Bayern – 7 540 Ew. – Höhe 438 m – Regionalatlas **50-K17**
Berlin 467 km – München 187 km – Nürnberg 44 km – Ansbach 19 km
Michelin Straßenkarte 546

Sonne
Hauptstr. 43 ✉ 91564 – ✆ (09874) 50 80 – www.landhotel-sonne.com – geschl. 2. - 6. Januar
69 Zim – ♦65/84 € ♦♦89/114 € – ½ P
Sie suchen fränkische Traditionsgastronomie mit regionaler Küche? Oder vielleicht ein nettes Hotel im Landhausstil? Oder doch eher eine topmoderne Tagungsadresse? Wie auch immer, bei Familie Bischoff finden Sie alles in einem! In den Zimmern haben Sie freie Kopfkissenwahl und das Frühstücksbuffet im ausgesprochen zeitgemäßen Anbau ist reichhaltig bestückt.

NEUENDORF bei WILSTER
Schleswig-Holstein – 480 Ew. – Regionalatlas **9-H4**
Berlin 364 km – Kiel 84 km – Itzehoe 18 km – Hamburg 75 km
Michelin Straßenkarte 541

In Neuendorf-Sachsenbande Süd-Ost: 2 km

Zum Dückerstieg
Dückerstieg 7 ✉ 25554 – ✆ (04823) 9 29 29 – www.dueckerstieg.de
11 Zim – ♦69/99 € ♦♦89/110 €
Zum Dückerstieg – Siehe Restaurantauswahl
Eine freundlich und richtig familiär geführte Adresse, und das bereits in 4. Generation. Sie wohnen in schönen hochwertig eingerichteten Zimmern (im Gästehaus), gefrühstückt wird gegenüber im Gasthaus von 1910.

Zum Dückerstieg – Hotel Zum Dückerstieg
Dückerstieg 7 ✉ 25554 – ✆ (04823) 9 29 29 – www.dueckerstieg.de – geschl. 28. Dezember - 4. Januar und Montag
Menü 33/45 € – Karte 24/39 € – (Tischbestellung ratsam)
Krabben, Zanderfilet und beliebte Klassiker wie Schnitzel "Wiener Art" sowie leckere Desserts - die gute regional-saisonale Küche kommt an, ebenso das schöne Landhausambiente und der aufmerksame Service.

NEUENKIRCHEN – Mecklenburg-Vorpommern ➜ Siehe Greifswald oder Rügen

NEUENKIRCHEN (KREIS STEINFURT)
Nordrhein-Westfalen – 13 560 Ew. – Höhe 60 m – Regionalatlas **16-D9**
Berlin 482 km – Düsseldorf 180 km – Nordhorn 45 km – Enschede 37 km
Michelin Straßenkarte 543

Wilminks Parkhotel
Wettringer Str. 46 ✉ 48485 – ✆ (05973) 9 49 60 – www.wilminks-parkhotel.de
30 Zim – ♦65/80 € ♦♦100/130 € – ½ P
Es ist schon ein sehr gepflegtes Haus, das Theo und Maria Wilmink hier betreiben, und sie investieren auch immer wieder, damit Sie zeitgemäß übernachten, erfolgreich tagen und schön speisen können. Für Letzteres hat man das gemütlich-rustikale "Eichenblatt" mit saisonaler Regionalküche sowie das legere "Bistro Regioner" mit bürgerlich-internationalem Angebot.

NEUE TIEFE – Schleswig-Holstein ➜ Siehe Fehmarn (Insel)

NEUFAHRN bei FREISING
Bayern – 19 040 Ew. – Höhe 464 m – Regionalatlas **58-M20**
Berlin 569 km – München 23 km – Regensburg 106 km – Landshut 55 km
Michelin Straßenkarte 546

In Neufahrn-Hetzenhausen Nord-West: 6 km über Massenhausen, jenseits der A 92

Landgasthof Hofmeier

Hauptstr. 6a ✉ 85376 – ✆ (08165) 80 06 90 – www.hotel-hofmeier.de

58 Zim – 59/90 € 85/135 €

Der langjährige Familienbetrieb liegt mitten im Ort und dennoch recht ruhig. Die Zimmer sind freundlich eingerichtet, schön geräumig die Appartements. Im Restaurant gibt es bürgerlich-regionale Küche - Wild stammt übrigens aus eigener Zucht. Toll für Feierlichkeiten ist der große lichte Wintergarten.

NEUFAHRN in NIEDERBAYERN

Bayern – 3 910 Ew. – Höhe 404 m – Regionalatlas **58-N18**

Berlin 526 km – München 94 km – Regensburg 38 km – Ingolstadt 74 km

Michelin Straßenkarte 546

Schlosshotel Neufahrn

Schloßweg 2 ✉ 84088 – ✆ (08773) 70 90 – www.schlosshotel-neufahrn.de – geschl. Anfang Januar 1 Woche

57 Zim – 79/89 € 99/142 € – 1 Suite – ½ P

In dem historischen Herrenhaus wohnt man in Zimmern mit schöner Schloss-Atmosphäre, im Gästehaus sind die Zimmer neuzeitlich-funktionell. Ideal für Hochzeiten und Tagungen. Elegant-rustikales Restaurant mit Innenhof- und Außenterrasse sowie Biergarten. Eigener Ritterkeller.

NEUFFEN

Baden-Württemberg – 6 110 Ew. – Höhe 408 m – Regionalatlas **55-H19**

Berlin 636 km – Stuttgart 42 km – Reutlingen 17 km – Ulm (Donau) 70 km

Michelin Straßenkarte 545

Traube

Hauptstr. 24 ✉ 72639 – ✆ (07025) 9 20 90 – www.traube-neuffen.de – geschl. 22. Dezember - 5. Januar, August 2 Wochen und Freitag - Samstag, Sonntagabend

15 Zim – 78/90 € 98/120 € – 1 Suite Karte 24/47 €

In dem langjährigen Familienbetrieb wird frisch gekocht und mit regionalen Produkten (Felchen aus dem Bodensee, Gemüse von der Insel Reichenau...). Tipp: die geschmälzten Maultaschen! Wer übernachten möchte, fragt am besten nach den zeitgemäßen Zimmern im Gästehaus gegenüber.

NEUHARDENBERG

Brandenburg – 2 480 Ew. – Höhe 12 m – Regionalatlas **23-R8**

Berlin 71 km – Potsdam 114 km – Frankfurt (Oder) 43 km – Eberswalde 45 km

Michelin Straßenkarte 542

Schloss Neuhardenberg

Schinkelplatz ✉ 15320 – ✆ (033476) 60 00 – www.schlossneuhardenberg.de – geschl. Januar - Februar

54 Zim – 104/203 € 139/223 € – 2 Suiten – ½ P

Inmitten eines wunderbaren Parks liegt dieses Schloss a. d. 18. Jh. Modern-elegante Zimmer, darunter Galerie-Zimmer auf zwei Ebenen (z. T. als Sternenzimmer mit Glasdach). Sympathisch-rustikal ist die "Brennerei".

NEUHARLINGERSIEL

Niedersachsen – 990 Ew. – Höhe 3 m – Regionalatlas **8-E5**

Berlin 517 km – Hannover 257 km – Emden 58 km – Oldenburg 87 km

Michelin Straßenkarte 541

Janssen

Am Hafen - West 7 ✉ 26427 – ✆ (04974) 9 19 50 – www.hotel-janssen.de – geschl. 15. November - 25. Dezember

33 Zim – 69/89 € 98/134 € – ½ P

In der 4. Generation wird das 1929 gebaute Haus mit den zeitgemäß eingerichteten Zimmern bereits von der Familie geleitet. Der kleine Fischereihafen liegt gleich vor der Tür. Das Restaurant ist im friesischen Stil gestaltet.

Poggenstool

Addenhausen 1 ✉ 26427 – ✆ (04974) 9 19 10 – www.poggenstool.com – geschl. Anfang Januar - Fasching, Ende November - Mitte Dezember und Montag - Dienstag

7 Zim – 56/62 € 90/120 € – ½ P Karte 18/70 €

Sehr freundlich wird das gemütlich gestaltete Restaurant in Deichnähe von der Inhaberfamilie geleitet, serviert wird überwiegend regionale Küche. Gepflegte wohnliche Gästezimmer.

NEUHAUS am RENNWEG

Thüringen – 6 920 Ew. – Höhe 800 m – Regionalatlas **40-K13**

Berlin 321 km – Erfurt 109 km – Coburg 44 km – Fulda 168 km

Michelin Straßenkarte 544

Schieferhof

Eisfelder Str. 26, B 281 ✉ 98724 – ✆ (03679) 77 40 – www.schieferhof.de

38 Zim – 80/120 € 100/140 € – ½ P

In dem persönlich geführten Haus von 1908 sorgen schöne Farben, Streifentapeten und Karomuster sowie hübsche Möbel für Wohnlichkeit und Landhausflair. Fragen Sie nach den Zimmern mit besonderen Details wie Büchern oder Badewanne im Raum! Im Restaurant setzt man auf regionale Produkte und Slow Food.

Rennsteighotel Herrnberger Hof

Eisfelder Str. 44, B 281 ✉ 98724 – ✆ (03679) 7 92 00 – www.rennsteighotel.de

20 Zim – 60/77 € 98/126 € – ½ P

Eine familiäre Adresse in waldnaher Lage am beliebten Rennsteig-Wanderweg! Zimmer in behaglichen warmen Tönen, eine kleine Bibliothek zum Schmökern und bürgerliche Kost im netten Restaurant Pfeffermühle.

NEUHOF

Hessen – 10 700 Ew. – Höhe 278 m – Regionalatlas **39-H14**

Berlin 464 km – Wiesbaden 133 km – Fulda 14 km – Frankfurt am Main 89 km

Michelin Straßenkarte 543

Schmitt

Michaelstr. 2 ✉ 36119 – ✆ (06655) 9 69 70 – www.gasthof-schmitt.de

26 Zim – 35/42 € 58/68 € – ½ P

Der erweiterte Gasthof ist seit vielen Jahren ein Familienbetrieb und bietet gepflegte, solide eingerichtete Zimmer, die im Anbau etwas komfortabler sind. Restaurant in bürgerlichem Stil.

NEUHÜTTEN – Rheinland-Pfalz → Siehe Hermeskeil

NEU-ISENBURG – Hessen → Siehe Frankfurt am Main

NEUKIRCH (BODENSEEKREIS)

Baden-Württemberg – 2 640 Ew. – Höhe 562 m – Regionalatlas **63-H21**

Berlin 720 km – Stuttgart 200 km – Konstanz 45 km – Sankt Gallen 71 km

Michelin Straßenkarte 545

In Neukirch-Goppertsweiler

Gasthof zum Hirsch

Argenstr. 29 ✉ 88099 – ✆ (07528) 17 65 – www.gasthof-zum-hirsch.com – geschl. 7. - 18. März, 12. - 23. September und Montag - Dienstag

8 Zim – 65/69 € 85/89 € – ½ P

Menü 24/55 € – Karte 25/44 € – *(nur Abendessen)*

Welche der drei Stuben gefällt Ihnen am besten? Sie sind unterschiedlich gestaltet, aber allesamt gemütlich - im Sommer ist natürlich die hübsche Gartenterrasse gefragt! In der Küche verbindet man Regionales mit Asiatischem und Mediterranem. Zum Übernachten gibt es freundliche und funktionale Zimmer.

NEUKIRCHEN

Sachsen – 6 750 Ew. – Höhe 355 m – Regionalatlas **42**-O13
Berlin 272 km – Dresden 87 km – Chemnitz 10 km
Michelin Straßenkarte 544

Almenrausch

Bahnhofstr. 5 ✉ 09221 – ✆ (0371) 26 66 60 – www.hotel-almenrausch.de – geschl. 17. - 31. Januar
16 Zim – †45/55 € ††68/72 € – ☕ 7 € – ½ P
Das familiär geführte kleine Hotel an der Straße nach Chemnitz hat einen netten rustikalen Charakter. Schöne helle Holzmöbel im Bauernstil machen die Zimmer behaglich. Was auffällt, sind die Balkonpflanzen und Orchideen im Haus - keine Frage, der Chef hat einen "grünen Daumen"!

NEUKIRCHEN (PLEISSE)

Sachsen – 4 080 Ew. – Höhe 245 m – Regionalatlas **42**-N13
Berlin 267 km – Dresden 123 km – Chemnitz 57 km – Gera 29 km
Michelin Straßenkarte 544

Schloss Schweinsburg

Hauptstr. 147 ✉ 08459 – ✆ (03762) 9 48 00 – www.schloss-schweinsburg.de
75 Zim – †64/74 € ††74 € – ☕ 13 € – ½ P
Eine imposante Anlage bestehend aus einem Schloss mit 1000 Jahre alten Grundmauern, einem modernen Hotelanbau, einer eigenen Sporthalle und verschiedensten Veranstaltungsräumen. Die Zimmer: hell, freundlich und zeitgemäß. Restaurant mit Wintergartenanbau und Terrasse.

NEUKIRCHEN-VLUYN

Nordrhein-Westfalen – 26 850 Ew. – Höhe 30 m – Regionalatlas **25**-B11
Berlin 566 km – Düsseldorf 38 km – Essen 37 km – Duisburg 17 km
Michelin Straßenkarte 543

Im Stadtteil Rayen Nord-West: 6 km Richtung Kamp-Lintfort, dann links

Achterath's Restaurant

Geldernsche Str. 352 ✉ 47506 – ✆ (02845) 29 87 80 – www.achteraths.de – geschl. Montag
Menü 25 € (mittags unter der Woche)/59 € – Karte 37/61 €
Die zahlreichen Gäste hier bestellen Leckeres wie "Hirschkalbsmedaillon mit Walnuss-Senfkruste" oder auch das günstige 8-Gänge-Menü. Ebenso gut kommen der moderne Stil in rustikal-historischem Rahmen sowie der freundlich-legere Service an. Tipp: Machen Sie einen Kochkurs!

NEUKLOSTER

Mecklenburg-Vorpommern – 3 870 Ew. – Höhe 30 m – Regionalatlas **12**-L4
Berlin 223 km – Schwerin 46 km – Rostock 44 km – Lübeck 77 km
Michelin Straßenkarte 542

In Nakenstorf Süd: 2,5 km über Bahnhofstraße, am Ortsende links

Seehotel am Neuklostersee

Seestr. 1 ✉ 23992 – ✆ (038422) 45 70 – www.seehotel-neuklostersee.de
26 Zim ☕ – †80/195 € ††145/235 € – ½ P
Allesisstgut – Siehe Restaurantauswahl
Welch reizendes Refugium aus dem einstigen Bauernhaus geworden ist! Ruhe, viel Grün, die "Badescheune" und das "Wohlfühlhaus", dazu direkter Seezugang und eigene Ruderboote. Sie wohnen modern, genießen ein tolles Frühstück, Kulturprogramm in der "Kunstscheune" und am Abend die "Gänsebar".

Allesisstgut – Seehotel am Neuklostersee

Seestr. 1 ✉ 23992 – ✆ (038422) 45 70 – www.allesisstgut-neuklostersee.de – geschl. Januar 3 Wochen
Menü 35 € (abends) – Karte 31/41 €
Ist das nicht ein wunderbares Fleckchen Erde? Regionale Speisen, luftig-leichte mediterrane Atmosphäre und - das Nonplusultra - die herrliche Holzterrasse zum Wasser hin! Mittags wählt man à la carte, abends ein 2- oder 3-Gänge-Menü.

NEULEININGEN – Rheinland-Pfalz ➜ Siehe Grünstadt

NEUMAGEN-DHRON

Rheinland-Pfalz – ✉ 54347 – 2 250 Ew. – Höhe 130 m – ✉ Neumagen-Dhron – Regionalatlas **45**-B15

Berlin 707 km – Mainz 130 km – Trier 35 km – Saarbrücken 92 km

Michelin Straßenkarte 543

Lekker (N)

Grafenweg 1 ✉ 54347 – ✆ (06507) 93 97 71 – www.hotel-lekker.com – geschl. August 1 Woche, November 1 Woche, Januar 2 Wochen

9 Zim – †65/85 € ††90/125 € – 5 Suiten – ½ P

Lekker – Siehe Restaurantauswahl

Das stattliche Gasthaus a. d. 18. Jh. bietet Ihnen sehr großzügige Appartements und Suiten, von etwas schlichter bis fast schon luxuriös, dazu ein frisches, gutes Frühstück. Nicht zu vergessen die zentrale Lage nahe der Mosel.

Lekker (N) – Hotel Lekker

Grafenweg 1 ✉ 54347 – ✆ (06507) 93 97 71 – www.hotel-lekker.com – geschl. August 1 Woche, November 1 Woche, Januar 2 Wochen und Mittwoch

Menü 23/55 € – Karte 32/55 € – *(Montag - Dienstag nur Abendessen)*

Stylish und modern hat man das Gewölbe des Gasthofs gestaltet, so kann man in schönem Ambiente ambitionierte Küche genießen: abends z. B. "Lamm-Variation, Couscous, Bohnen und Erbsencreme" als Fine Dining, mittags Bistrokarte mit Kalbsschnitzel, Rumpsteak & Co. Sehr hübsche Terrasse!

NEUMARKT in der OBERPFALZ

Bayern – 38 480 Ew. – Höhe 424 m – Regionalatlas **50**-L17

Berlin 454 km – München 138 km – Nürnberg 47 km – Amberg 40 km

Michelin Straßenkarte 546

Lehmeier

Obere Marktstr. 12 ✉ 92318 – ✆ (09181) 2 57 30 – www.hotel-lehmeier.de – geschl. 23. - 25. Dezember

27 Zim – †73/90 € ††95/106 € – ½ P

Ein familiengeführtes Hotel im Zentrum mit individuellen Zimmern. Fragen Sie nach den acht schicken Designerzimmern in Oliv-Braun-Gold-Tönen! Frühstück im böhmischen Gewölbe. Schöner Mix aus Historischem und Modernem im Restaurant. Mit loungiger Terrasse.

Mehl

Viehmarkt 20 ✉ 92318 – ✆ (09181) 29 20 – www.hotel-mehl.de

24 Zim – †72/92 € ††92/124 €

Familie Siermann führt ihr Haus mit Engagement und Herzblut, das merkt man an der Pflege, an der wohnlichen Einrichtung, am guten, frischen Frühstück! Die Zimmer sind hell und freundlich.

Gasthof Wittmann

Bahnhofstr. 21 ✉ 92318 – ✆ (09181) 90 74 26 – www.hotel-wittmann.de

32 Zim – †79/145 € ††110/180 € – ½ P

Äußerlich ist der Gasthof zwar eher unscheinbar, drinnen hat Familie Wittmann aber schöne wohnlich-moderne Zimmer geschaffen, auch im Gästehaus. Im Wirtshaus gibt es überwiegend Produkte aus der eigenen Metzgerei. Besuchen Sie auch das Metzgerei-Museum! Oder lieber ein Seminar in der Weißwurst-Akademie?

NEUMÜNSTER

Schleswig-Holstein – 76 960 Ew. – Höhe 22 m – Regionalatlas **10**-I4

Berlin 330 km – Kiel 39 km – Flensburg 100 km – Hamburg 66 km

Michelin Straßenkarte 541

Prisma

Max-Johannsen-Brücke 1 ✉ 24537 – ✆ (04321) 90 40 – www.hotel-prisma.de

93 Zim – †72/110 € ††95/150 € – ½ P

Mit seinen funktionellen Zimmern, dem guten Veranstaltungsbereich und der verkehrsgünstigen Lage ist das neuzeitliche Hotel vor allem für Geschäftsreisende interessant. Praktisch auch die zahlreichen kostenfreien Parkplätze.

Am Kamin

Probstenstr. 13 ✉ 24534 – ✆ (04321) 4 28 53 – www.am-kamin.info – geschl. Juli - August 2 Wochen und Sonntag
Menü 22 € (mittags unter der Woche)/62 € – Karte 52/68 €
Hier wird klassisch-saisonal gekocht, so z. B. "Iberico-Schweinekotelett mit Rote-Beete-Pesto und Gartengemüse". Außerdem hat man es im Restaurant richtig gemütlich, vor allem an kalten Winterabenden am Kamin!

NEUNBURG vorm WALD

Bayern – 8 020 Ew. – Höhe 398 m – Regionalatlas **51-N17**
Berlin 456 km – München 175 km – Regensburg 56 km – Cham 35 km
Michelin Straßenkarte 546

Panorama-Hotel am See

Gütenland 22 ✉ 92431 – ✆ (09672) 9 21 90 – www.hotelgreiner.de
36 Zim – 51/71 € 72/108 € – ½ P
Hier finden Sie in etwas erhöhter Lage ein gut geführtes und gepflegtes Hotel, in dem sich Geschäftsreisende ebenso wohlfühlen wie Kurzurlauber. Man bietet helle, freundliche Zimmer und Appartements, einen zeitgemäßen Saunabereich und ein Restaurant mit bürgerlicher Regionalküche.

In Neunburg-Hofenstetten West: 9 km Richtung Schwarzenfeld, in Fuhrn links

Landhotel Birkenhof

Hofenstetten 55 ✉ 92431 – ✆ (09439) 95 00 – www.landhotel-birkenhof.de – geschl. 18. - 26. Dezember
87 Zim – 83/97 € 140/178 € – 13 Suiten – ½ P
Obendorfer's Eisvogel • ***Turmstube*** – Siehe Restaurantauswahl
Die schöne Lage im Grünen ist lange nicht alles: Familie Obendorfer zeigt Engagement und verbessert ihr Haus stetig! Ein geschmackvolles Hotel mit tollem Wellnessangebot sowie wohnlichen, teils modernen und farblich schön gestalteten Zimmern. Die Davidoff Cigar Lounge bringt Whisky-Liebhaber zum Staunen und Koch-Willige lernen beim Patron im "Genuss Atelier"!

Obendorfer's Eisvogel – Landhotel Birkenhof

Hofenstetten 55 ✉ 92431 – ✆ (09439) 95 00 – www.landhotel-birkenhof.de – geschl. 18. Dezember - 13. Januar, August 2 Wochen und Sonntag - Montag
Menü 80/138 € – *(nur Abendessen)* (Tischbestellung ratsam)
In Hubert Obendorfers exklusivem kleinen Restaurant hat alles eine persönliche Note, in erster Linie natürlich seine feine kreative Küche in Form zweier Menüs ("Heimat" und "Weite Welt")! Eyecatcher ist der ellipsenförmige Weinschrank - vortrefflich übrigens die Weinempfehlungen.
→ Bretonischer Hummer, Currykarotten und Mais. Rehrücken und Haxe mit Aprikose, Kohlrabi und Knuspercannelloni. Waldmeister mit Schokolade und Erdbeere.

Turmstube – Landhotel Birkenhof

Hofenstetten 55 ✉ 92431 – ✆ (09439) 95 00 – www.landhotel-birkenhof.de – geschl. 18. - 25. Dezember
Menü 40 € (abends) – Karte 36/49 €
Die Stuben sind wirklich mit Geschmack eingerichtet, und in diesem schönen Ambiente können Sie auch noch richtig gut essen - so z. B. "kleinen Eintopf vom Rindstafelspitz" oder "pochierten Waller mit Wurzelgemüse und Kren".

NEUNKIRCHEN (SAAR)

Saarland – 45 610 Ew. – Höhe 224 m – Regionalatlas **46-C17**
Berlin 690 km – Saarbrücken 22 km – Homburg/Saar 15 km – Idar-Oberstein 60 km
Michelin Straßenkarte 543

In Neunkirchen-Kohlhof Süd-Ost: 5 km, jenseits der A 8

Hostellerie Bacher - Wögerbauer

Limbacher Str. 2 ✉ 66539 – ✆ (06821) 3 13 14 – www.hostellerie-bacher.de
20 Zim – 70/89 € 120 € – 1 Suite
Hostellerie Bacher - Wögerbauer – Siehe Restaurantauswahl
Ein vom Inhaber geführtes Hotel mit freundlichen, wohnlichen Zimmern und hübschem Wintergarten fürs Frühstück. Probieren Sie hier doch auch mal Schinken und Forellen aus der eigenen Räucherei!

Hostellerie Bacher - Wögerbauer – Hotel Hostellerie Bacher - Wögerbauer

Limbacher Str. 2 ✉ 66539 – ✆ (06821) 3 13 14 – www.hostellerie-bacher.de – geschl. Sonntagabend - Dienstagmittag
Menü 45/108 € – Karte 32/63 € – *(nur Abendessen, sonntags auch Mittagessen)* (Tischbestellung ratsam)
Die Küche von Gastgeber Hermann Wögerbauer ist klassisch, lässt hier und da aber auch seine österreichische Heimat erkennen. Sehr zur Freude der Gäste hat man eine schöne mediterrane Terrasse. Auf Kinder ist man übrigens ebenso gut eingestellt wie auf Veranstaltungen.

NEUPOTZ

Rheinland-Pfalz – 1 880 Ew. – Höhe 103 m – Regionalatlas **54-E17**
Berlin 665 km – Mainz 123 km – Karlsruhe 23 km – Landau 23 km
Michelin Straßenkarte 543

Gehrlein's Hardtwald

Sandhohl 14 ✉ 76777 – ✆ (07272) 24 40 – www.gehrlein-hardtwald.de – geschl. über Fasching 1 Woche, August - September 1 Woche, Mitte Oktober 2 Wochen und Mittwoch - Donnerstag
10 Zim – 48/60 € 78 € – ½ P Menü 34/65 € (abends) – Karte 27/44 €
Es liegt etwas versteckt, das Restaurant der Familie Gehrlein. Drinnen ist es schön gemütlich, im Garten die hübsche Terrasse. Hier wie dort bekommen Sie Schmackhaftes wie "In Butter gebratenes Zanderfilet auf Speckwirsing und Salzkartoffeln". Tipp: Im Gästehaus vis-à-vis hat man richtig wohnliche Zimmer.

Zum Lamm

Hauptstr. 7 ✉ 76777 – ✆ (07272) 28 09 – www.gasthof-lamm-neupotz.de – geschl. Juli - August 3 Wochen und Montagmittag, Dienstag, Sonntagabend
6 Zim – 38/45 € 68/76 € Karte 28/45 € – (Tischbestellung ratsam)
Wer bei den Kregers isst, sollte mal den Zander probieren - gebacken oder gebraten. Ebenso lecker sind aber auch die "Rehbratwürste auf Lauch-Pfifferlingsgemüse", oder lieber etwas Internationales wie "Jakobsmuscheln auf Avocado-Tatar mit Mangosalsa"? Zum guten Essen kommt noch die behagliche Atmosphäre.

NEURIED

Baden-Württemberg – 9 220 Ew. – Höhe 147 m – Regionalatlas **53-D19**
Berlin 755 km – Stuttgart 156 km – Karlsruhe 85 km – Lahr 21 km
Michelin Straßenkarte 545

In Neuried-Altenheim Nord: 2 km über die B 36 Richtung Kehl

Ratsstüble

Kirchstr. 38 ✉ 77743 – ✆ (07807) 9 28 60 – www.ratsstueble.de
30 Zim – 45/50 € 65 €
Gepflegt und preislich fair übernachten? Das kann man in funktionalen, zeitgemäßen Zimmern mit allem, was man unterwegs braucht (SkyTV und Wlan inklusive). Viele der Zimmer sind recht klein, einige für Raucher. Im Sommer sitzt man bei bürgerlicher Küche schön auf der Gartenterrasse. Gemütlich: die holzvertäfelte Stube.

NEURUPPIN

Brandenburg – 30 350 Ew. – Höhe 44 m – Regionalatlas **22**-O7
▶ Berlin 76 km – Potsdam 75 km – Brandenburg 90 km
Michelin Straßenkarte 542

Resort Mark Brandenburg

An der Seepromenade 20 ✉ 16816 – ✆ (03391) 4 03 50
– www.resort-mark-brandenburg.de
131 Zim ☕ – †120 € ††175 € – 4 Suiten – ½ P
Modernes Hotel in schöner Seelage. Über eine Glasbrücke gelangt man in die für Hausgäste kostenlose "Fontane Therme" mit schwimmender Seesauna. Schifffahrten mit hauseigenem Dampfer. Geradlinig-elegant: Parzival mit Seeblick. Behagliche Seewirtschaft mit Showküche.

NEUSS

Nordrhein-Westfalen – 152 260 Ew. – Höhe 40 m – Regionalatlas **35**-B11
▶ Berlin 563 km – Düsseldorf 12 km – Köln 38 km – Krefeld 20 km
Michelin Straßenkarte 543

Swissôtel

Rheinallee 1, über Hammerlandstraße B1, Richtung Düsseldorf ✉ 41460
– ✆ (02131) 77 00 – www.swissotel-duesseldorf.de
246 Zim – †79/129 € ††89/144 € – ☕ 20 € – 2 Suiten – ½ P
Das Hotel in einem Hochhaus etwas außerhalb der Stadt am Rhein hat schöne komfortable Zimmer in geradlinig-modernem Design zu bieten - fragen Sie nach den Eckzimmern auf den oberen Etagen mit toller Aussicht! Der trendige Stil des Hauses setzt sich im Restaurant mit Rheinblick fort.

Dorint

Selikumer Str. 25 ✉ 41460 – ✆ (02131) 26 20 Stadtplan : B2**s**
– www.dorint.com/neuss
209 Zim – †79/154 € ††79/154 € – ☕ 19 € – 1 Suite – ½ P
Ideal für Business und Tagung, dafür sorgen die direkt angeschlossene Stadthalle mit ihren zahlreichen Konferenzräumen sowie moderne und funktionale Zimmer mit guter Technik. Interessant auch die Lage am Rosengarten - so genießt man vom Biergarten aus den Blick ins Grüne.

Fire & Ice

An der Skihalle 1, über Jülischer Straße A2, Richtung Aachen ✉ 41472
– ✆ (02131) 7 52 50 – www.hotelfireandice.de
79 Zim – †129/169 € ††149/189 € – ☕ 17 € – 1 Suite – ½ P
Gemütlich und wertig ist die Einrichtung in dem Businesshotel: vom modern-alpinen Premiumzimmer bis zu Themenzimmern wie "Himalaja", "Mozart" oder "Rocky Mountains"! Das Restaurant im Stil einer Salzburger Hochalm liegt in der Skihalle nebenan - hier Après-Ski-Party am Wochenende. SB-Restaurant Jausenstadl.

Herzog von Burgund

Erftstr. 88 ✉ 41460 – ✆ (02131) 2 35 52 Stadtplan : B2**c**
– www.herzogvonburgund.de – geschl. Januar 2 Wochen, Oktober 2 Wochen und Samstagmittag, Sonntag - Montag
Menü 29 € (mittags) – Karte 28/47 €
Außen eine schöne Stadtvilla, innen gemütliches klassisch-elegantes Ambiente. Der Service versiert und charmant, die Speisen (z. B. "Wolfsbarschfilet mit mediterranem Artischockenragout") ambitioniert und saisonal. Mittags Lunchmenü und Klassiker. Tipp: die Terrasse - eine grüne Oase mitten in der Stadt!

Zum Stübchen

Preussenstr. 73, über Reußenstraße A1 ✉ 41464 – ✆ (02131) 8 22 16
– www.restaurant-zum-stuebchen.de – geschl. Montag, Samstagmittag
Menü 25 € (mittags unter der Woche)/49 € – Karte 31/49 €
Axel und Annett Buß haben hier ein freundlich-elegantes Restaurant, in dem man klassisch-saisonal speist - da findet sich auf der der Karte z. B. "Fjordforelle auf getrüffelter Selleriemousseline". Nett sitzt man auch auf der Terrasse.

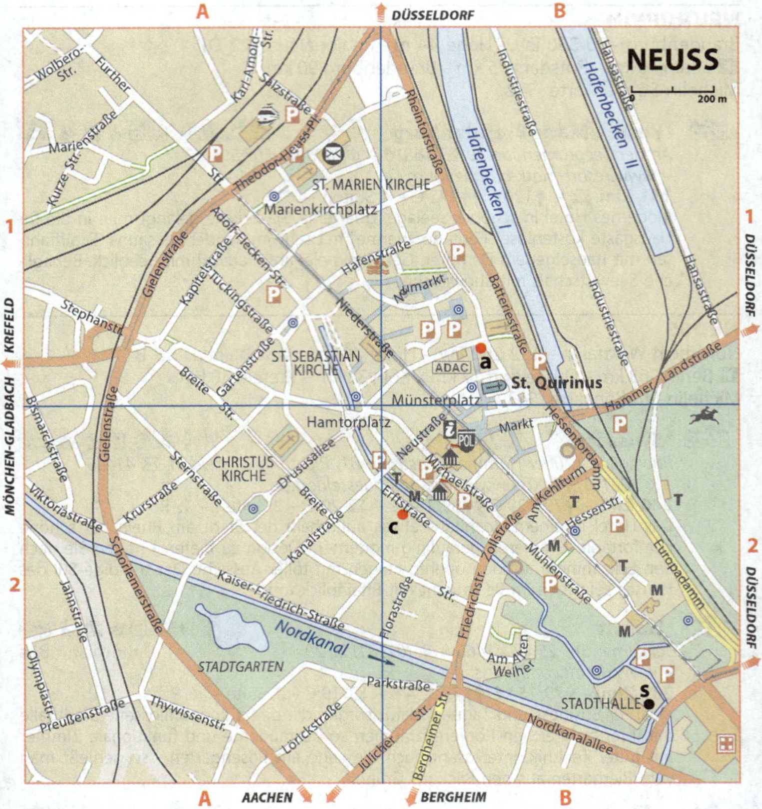

Spitzweg

Glockhammer 43a ✉ *41460 – ✆ (02131) 6 63 96 60* Stadtplan : B1**a**
– www.restaurant-spitzweg.de – geschl. Juli - August 2 Wochen und Freitagmittag, Samstagmittag, Sonntag
Menü 25 € (mittags)/49 € – Karte 30/51 €
Moderner Stil, rote Wände und dekorative, bewusst schiefe Gemälde, so zeigt sich das Restaurant innen, draußen an der Straße die lebendige Terrasse. Appetit auf "Kalbsleber Berliner Art" oder "Kalbsrahmgulasch mit Pilzen und Spätzle"?

In Neuss-Grimlinghausen Süd-Ost: 6 km über Nordkanalstraße B2

Landhaus Hotel

Hüsenstr. 17 ✉ *41468 – ✆ (02131) 3 10 10 – www.landhaus-hotel-schulte.com*
28 Zim – 🚹90/229 € 🚹🚹120/269 € – ☕ 10 €
Die Zimmer in diesem Familienbetrieb sind tipptopp gepflegt und mit wohnlichen Details wie Farben, Mustern und Accessoires individuell gestaltet, klassisch der Stil. Im Restaurant speist man bürgerlich.

In Kaarst Nord-West: 6 km über Fürtherstraße A1

Landhaus Michels

Kaiser-Karl-Str. 10 ✉ *41564 – ✆ (02131) 7 67 80 – www.landhaus-michels.de – geschl. Ende Dezember - Anfang Januar*
15 Zim ☕ – 🚹72/88 € 🚹🚹98/108 €
Er hat Charme, der alte Gasthof - das liegt an der persönlich-familiären Note, den gepflegten Zimmern und der liebenswerten einstigen Gastwirtschaft, in der man heute gemütlich beim guten Frühstück sitzt! Praktisch die Nähe zur Autobahn.

NEUSTADT am RÜBENBERGE

Niedersachsen – 43 380 Ew. – Höhe 37 m – Regionalatlas **18-H8**
Berlin 307 km – Hannover 25 km – Bremen 90 km – Celle 58 km
Michelin Straßenkarte 541

Neustädter Hof

Königsberger Str. 43 ✉ 31535 – ✆ (05032) 8 91 40 – www.neustaedter-hof.de – geschl. 19. Dezember - 3. Januar
25 Zim – 52/55 € 84/88 €
Ein Geschäftshaus in einer Wohngegend beherbergt das gepflegte Hotel. Auch ein Familienzimmer ist vorhanden. Das Erholungsgebiet Steinhuder Meer ist nur wenige Kilometer entfernt.

NEUSTADT an der AISCH

Bayern – 12 440 Ew. – Höhe 293 m – Regionalatlas **49-J16**
Berlin 458 km – München 217 km – Nürnberg 49 km – Bamberg 53 km
Michelin Straßenkarte 546

Allee-Hotel

Alleestr. 14, B 8/470 ✉ 91413 – ✆ (09161) 8 95 50 – www.allee-hotel.de – geschl. 23. Dezember - 6. Januar
41 Zim – 70/98 € 94/136 €
Außen ein schmuckes ehemaliges Schulhaus von 1866, innen klassisch-elegante Zimmer mit modernem Komfort - im Gästehaus schön mit Parkett ausgestattet. Nutzen Sie den kostenfreien Room-Service! Speisen (und zwar Klassiker oder saisonale Gerichte) sollten Sie im lichten Wintergarten, er liegt zum Park hin. Nicht vermuten würde man hier das "Oelkabinett" - eine Bar mit origineller Deko vom Druckmesser bis zum Ölkanister!

In Dietersheim-Oberroßbach Süd: 6 km über B 470

Landgasthof Fiedler

Oberroßbach 3 ✉ 91463 – ✆ (09161) 24 25 – www.landgasthof-fiedler.de
22 Zim – 55/80 € 85/120 € – 3 Suiten – ½ P
Landgasthof Fiedler – Siehe Restaurantauswahl
Ein ländlich-solides Domizil ist dieser gepflegte Landgasthof in angenehm ruhiger Lage. Sie wohnen in unterschiedlich geschnittenen Zimmern im Haupthaus oder in den kleinen Appartements und Suiten im Gästehaus.

Landgasthof Fiedler – Hotel Fiedler

Oberroßbach 3 ✉ 91463 – ✆ (09161) 24 25 – www.landgasthof-fiedler.de
Menü 20/39 € – Karte 18/49 €
Bei Familie Fiedler bekommt man in sympathischer Atmosphäre eine saisonal geprägte und von der Region inspirierte Frischeküche mit vielen Klassikern und traditionellen Einflüssen. Wenn es für die schöne Terrasse noch zu kühl ist, ist der helle Wintergarten eine nette Alternative.

NEUSTADT an der DONAU

Bayern – 13 070 Ew. – Höhe 354 m – Regionalatlas **58-M18**
Berlin 525 km – München 90 km – Regensburg 52 km – Ingolstadt 33 km
Michelin Straßenkarte 546

In Neustadt-Bad Gögging Nord-Ost: 4 km

Marc Aurel

Heiligenstädter Str. 34 ✉ 93333 – ✆ (09445) 95 80 – www.marcaurel.de
152 Zim – 99/109 € 160/320 € – 13 Suiten – ½ P
Das komfortable Hotel empfängt Sie mit einer Lobby im römischen Stil. Wellness- und Freizeitangebote auf 2800 qm. Auch variable Tagungsräume sind vorhanden. Im Restaurant serviert man internationale Küche.

Eisvogel

An der Abens 20 ✉ 93333 – ✆ (09445) 96 90 – www.hotel-eisvogel.de – geschl. 23. - 25. Dezember

54 Zim – 73/180 € 126/212 € – 4 Suiten – ½ P

Was mit einem Gasthof begann, ist heute ein wirklich komfortables Hotel: Neben wohnlichen Zimmern (fragen Sie nach den neuesten!) bietet man Spa-Vielfalt auf 1600 qm und ein Restaurant mit vielen gemütlichen Stuben. Und auch die Umgebung hat ihren Reiz: Das Haus liegt schön ruhig am Flüsschen Abens.

NEUSTADT an der ORLA

Thüringen – 8 230 Ew. – Höhe 300 m – Regionalatlas **41**-M13

Berlin 262 km – Erfurt 97 km – Gera 47 km – Triptis 8 km

Michelin Straßenkarte 544

Schlossberg

Ernst-Thälmann-Str. 62 ✉ 07806 – ✆ (036481) 6 60 – www.ringhotel-schlossberg.de

29 Zim – 65/75 € 90/110 € – 2 Suiten

In dem sanierten historischen Altstadthaus im Zentrum stehen zeitgemäß und funktionell ausgestattete Gästezimmer zur Verfügung; W-Lan können Sie kostenfrei nutzen. Gediegenes Ambiente im Restaurant.

NEUSTADT an der SAALE, BAD

Bayern – 15 140 Ew. – Höhe 242 m – Regionalatlas **39**-I14

Berlin 406 km – München 344 km – Fulda 58 km – Bamberg 86 km

Michelin Straßenkarte 546

Fränkischer Hof

Spörleinstr. 3 ✉ 97616 – ✆ (09771) 6 10 70 – www.hotelfraenkischerhof.de

11 Zim – 54/64 € 86/96 € – ½ P

Das jahrhundertealte Fachwerkhaus am Anfang der Fußgängerzone ist ein familiengeführtes Gasthaus mit langer Tradition. Gepflegt und wohnlich die Zimmer, gemütlich das Restaurant nebst schöner Scheune und Gewölbekeller, dazu der romantische Innenhof. Parken können Sie in der Apothekergasse (200 m entfernt).

In Bad Neustadt-Brendlorenzen Nord: 4,5 km

Die Scheune

Hauptstr. 206 ✉ 97616 – ✆ (09771) 6 31 98 82 – www.die-scheune-nes.de – geschl. Mitte Januar - Ende Februar und Montag - Donnerstag

Menü 28/45 € – Karte 28/49 € – *(nur Abendessen, sonntags auch Mittagessen)* (Tischbestellung ratsam)

Man spürt, dass den liebenswerten Betreibern ihre Gäste am Herzen liegen! Inspiriert wird die saisonal-internationale Küche von der Region und dem hübschen Rosen-Kräuter-Gemüse-Garten! Kunst und Pflanzen schmücken den luftighohen Raum.

NEUSTADT an der WALDNAAB

Bayern – 5 850 Ew. – Höhe 419 m – Regionalatlas **51**-N16

Berlin 402 km – München 210 km – Weiden in der Oberpfalz 7 km – Bayreuth 60 km

Michelin Straßenkarte 546

Am Hofgarten

Knorrstr. 18 ✉ 92660 – ✆ (09602) 92 10 – www.hotelamhofgarten.de – geschl. 20. Dezember - 10. Januar

27 Zim – 55/75 € 80/100 €

Das gepflegte Hotel unter familiärer Leitung befindet sich im Zentrum und bietet zeitgemäße, funktionelle Zimmer, einige davon mit Balkon. Im hellen, modernen Frühstücksraum erwartet Sie am Morgen eine frische Auswahl.

NEUSTADT an der WEINSTRASSE

Rheinland-Pfalz – 52 270 Ew. – Höhe 136 m – Regionalatlas **47**-E17
Berlin 650 km – Mainz 94 km – Mannheim 35 km – Kaiserslautern 36 km
Michelin Straßenkarte 543

Palatina

Gartenstr. 8 ✉ 67433 – ✆ (06321) 92 40 00 – www.hotel-palatina.com
20 Zim – 🚹80/110 € 🚹🚹110/150 € – ☕ 13 € – ½ P
Nur fünf Gehminuten von der Altstadt wurde ein historisches Weingut zu einem ein äußerst geschmackvollen, modernen und komfortablen Hotel. Im Gewölbe das im Bistrostil gehaltene Restaurant, sehr schön der Innenhof - hier genießt man im Sommer Grill-Spezialitäten vom Smoker.

Urgestein im Steinhäuser Hof

Rathausstr. 6 ✉ 67443 – ✆ (06321) 48 90 60 – www.restaurant-urgestein.de – geschl. Sonntag - Montag
6 Zim ☕ – 🚹75/99 € 🚹🚹99/120 €
Menü 85/180 € – *(nur Abendessen)* (Tischbestellung ratsam)
"Grundstein" (vegetarisch) und "Meilenstein" heißen die Menüs, und sie stehen für Kreativität, Ausdruck, Spannung. Oder beweisen Sie "Urvertrauen" in die Küchenbrigade und bestellen Sie das gleichnamige Überraschungsmenü! Haben es Ihnen die lokalen Weine angetan? Der schöne Renaissance-Hof hat auch Zimmer.
→ Glasierte Sellerieravioli, Parmesan, Haselnuss, braune Butter. Kabeljau aus Island in Miso mariniert und geröstet. Bienenstich „Intense“ 2.0, Mandelkrokant, Vanillecrème, Streusel.

Das neue Fontana

Hintergasse 38 ✉ 67433 – ✆ (06321) 35 49 96 – www.das-neue-fontana.de – geschl. Februar, Anfang August 1 Woche und Montag - Mittwoch
Karte 29/51 € – (Tischbestellung ratsam)
Ein freundliches kleines Restaurant in der Altstadt, in dem man sich herzlich um seine Gäste kümmert. Durch eine Glasscheibe können Sie in die Küche schauen, wo man für Sie internationale Gerichte zubereitet.

In Neustadt-Diedesfeld Süd-West: 4 km über Hambach

Grünwedel's Restaurant

Weinstr. 507 ✉ 67434 – ✆ (06321) 21 95 – www.gruenwedels-restaurant.de – geschl. Februar 2 Wochen sowie Mittwoch - Donnerstag
Menü 34 € (vegetarisch)/58 € – Karte 26/49 € – (Tischbestellung ratsam)
Wirklich schön sitzt man in dem ehemaligen Weingut in hellem, elegantem Ambiente unter einem weißen Kreuzgewölbe. Aus der Küche kommen internationale und regionale Gerichte, darunter z. B. "Kalbsfilet auf Ochsenschwanzragout". Auch für Feiern eine ideale Adresse.

In Neustadt-Gimmeldingen Nord: 3 km

Mugler Weinhotel

Peter-Koch-Str. 50 ✉ 67435 – ✆ (06321) 6 60 62 – www.weingut-mugler.de
8 Zim ☕ – 🚹95/110 € 🚹🚹99/120 €
Mitten im historischen Ortskern liegt das sympathische kleine Hotel der Winzerfamilie. Die Zimmer sind wirklich schön, hochwertig und individuell, toll der Garten. Wie wär's mit einem Glas Sekt oder Wein des traditionsreichen Weinguts? Im verpachteten "Kutscherhaus" gibt es Pfälzer Küche.

Netts Restaurant und Landhaus

Meerspinnstr. 46 ✉ 67435 – ✆ (06321) 6 01 75 – www.nettsrestaurant.de – geschl. 1. - 8. Januar und Montag - Dienstag
15 Zim ☕ – 🚹68/100 € 🚹🚹88/118 € – ½ P
Menü 39/52 € – Karte 43/54 € – *(nur Abendessen)*
Viel Herzblut steckt in dem alten Weingut, das zu einer gefragten gastronomischen Adresse geworden ist. Die produktorientierten Speisen nennen sich z. B. "Rehrücken im Tramezzini-Mantel auf Apfel-Ingwerrotkohl". Toll: Terrasse mit herrlicher Sicht und Sommergarten mit Flammkuchen/Kuchen (Selbstbedienung).

Spinne
Peter-Koch-Str. 43 ✉ 67435 – ✆ (06321) 9 59 77 99
– www.restaurant-spinne.de – geschl. Februar 2 Wochen, August 1 Woche, November 1 Woche und Dienstag - Mittwoch
Menü 32/65 € – Karte 23/51 € – *(Montag - Freitag nur Abendessen)* (Tischbestellung ratsam)
Das Weingut Christmann hat wirklich Charme! Attraktiv das Tonnengewölbe, reizend der gepflasterte, begrünte Innenhof. Gekocht wird regional-international und auch gerne mal vegetarisch - da macht z. B. "Romanesco, grüner Spargel im Curryschaum mit Auberginen-Couscous-Cannelloni" Appetit.

Kommerzienrat
Loblocher Str. 34 ✉ 67435 – ✆ (06321) 6 82 00
– www.weinstube-kommerzienrat.de – geschl. Donnerstag
Menü 19/35 € – Karte 20/38 € – *(nur Abendessen)*
Sie werden diese typische Weinstube samt Innenhof lieben, denn die Atmosphäre hier ist charmant-rustikal und zu regionalen Speisen wie Pfälzer Saumagen, Schweinskopfsülze oder Rumpsteak mit Zwiebeln gibt es rund 300 Weine im Offenausschank.

In Neustadt-Mußbach Nord-Ost: 2 km

Weinstube Eselsburg
Kurpfalzstr. 62 ✉ 67435 – ✆ (06321) 6 69 84
– www.eselsburg.de – geschl. 24. Dezember - 8. Januar und Sonntag - Montag
Karte 18/48 € – *(nur Abendessen)* (Tischbestellung ratsam)
Außen urige Natursteinmauern, innen gemütliche enge Stuben, viel Holz und allerlei Zierrat, dazu ein herzliches Team. Hier und im liebenswerten Innenhof gibt es Pfälzer Brotzeit, einfache Winzerküche und eine Wochenkarte.

NEUSTADT (DOSSE)

Brandenburg – 3 410 Ew. – Höhe 35 m – Regionalatlas **21**-N7
Berlin 91 km – Potsdam 78 km – Schwerin 128 km – Stendal 71 km
Michelin Straßenkarte 542

Parkhotel St. Georg
Prinz-von-Homburg-Str. 35 ✉ 16845 – ✆ (033970) 9 70
– www.park-hotel-neustadt.de
20 Zim – 43/73 € 65/91 €
Ein gepflegter, gediegen eingerichteter Familienbetrieb in der Stadt mit dem größten Gestüt Deutschlands. Allerlei Deko rund ums Thema Pferd ziert das Haus. Restaurant mit bürgerlicher Küche, schön die Terrasse mit Blick ins Grüne.

NEUSTADT in HOLSTEIN

Schleswig-Holstein – 14 890 Ew. – Höhe 2 m – Regionalatlas **11**-K4
Berlin 296 km – Kiel 60 km – Lübeck 42 km – Oldenburg in Holstein 21 km
Michelin Straßenkarte 541

In Neustadt-Pelzerhaken Ost: 5 km

Seehotel Eichenhain
Eichenhain 2 ✉ 23730 – ✆ (04561) 5 37 30 – www.eichenhain.de
16 Zim – 77/129 € 120/190 € – 10 Suiten – ½ P
Hier genießt man den Blick über die Gartenanlage und den direkt angrenzenden Strand bis zur Ostsee. Die Zimmer und der Anwendungsbereich sind freundlich und modern. Auch auf der Terrasse des Restaurants profitiert man von der bevorzugten Lage des Hauses.

NEUSTADT in SACHSEN

Sachsen – 12 820 Ew. – Höhe 333 m – Regionalatlas **44-R12**
Berlin 217 km – Dresden 39 km – Bautzen 28 km
Michelin Straßenkarte 544

Parkhotel Neustadt

Johann-Sebastian-Bach-Str. 20 ✉ 01844 – ✆ (03596) 56 20 – www.parkhotel-neustadt.de
55 Zim – †79/96 € ††82/136 € – ½ P
Ein freundlich geführtes Stadthotel mit zeitgemäß und funktionell eingerichteten Gästezimmern. Das Erlebnisbad "Mariba" befindet sich nur wenige Schritte vom Haus entfernt.

NEUSTRELITZ

Mecklenburg-Vorpommern – 20 400 Ew. – Höhe 75 m – Regionalatlas **13-O6**
Berlin 114 km – Schwerin 177 km – Neubrandenburg 27 km
Michelin Straßenkarte 542

Schlossgarten

Tiergartenstr. 15 ✉ 17235 – ✆ (03981) 2 45 00 – www.hotel-schlossgarten.de
24 Zim – †50/69 € ††69/99 €
Das engagiert geführte Haus im Zentrum der Stadt verfügt über wohnliche Zimmer in klassischem Stil, die teilweise zum Garten hin liegen - hier lässt es sich schön entspannen. Es gibt auch ein paar Zimmer mit historisch-stilvoller Note.

NEUTRAUBLING – Bayern → Siehe Regensburg

NEU-ULM

Bayern – 54 970 Ew. – Höhe 471 m – Regionalatlas **56-I19**
Berlin 616 km – München 138 km – Stuttgart 96 km – Augsburg 80 km
Michelin Straßenkarte 546

siehe Ulm (Umgebungsplan)

RiKu (N)

Maximilianstr. 4 ✉ 89231 – ✆ (07 31) 98 09 41 50 – www.riku-hotel.de Stadtplan : B2**a**
69 Zim – †65/95 € ††85/111 €
Attraktiv ist hier nicht nur die zentrale Lage, auch der geradlinige Look ist ansprechend: überall im Haus klare Formen und angenehme Farben - das moderne Grau-Grün der Fassade findet sich auch in den Zimmern und der netten kleinen Lounge.

Stephans-Stuben

Bahnhofstr. 65, über Schützenstraße B2 ✉ 89231 – ✆ (0731) 72 38 72 – www.stephans-stuben.de – geschl. über Fasching 1 Woche, Anfang August 2 Wochen und Samstagmittag, Sonntagabend - Dienstagmittag
Menü 32/68 € – Karte 37/62 € – (Tischbestellung ratsam)
Bereits seit 1995 führen Franziska und Siegfried Pfnür ihr hübsches Restaurant und haben viele Stammgäste. Man fühlt sich wohl in dem freundlich-mediterranen Ambiente bei einem abwechslungsreichen Angebot, zu dem auch Menüs gehören.

In Neu-Ulm-Reutti Süd-Ost: 6,5 km, Richtung Augsburg

Meinl

Marbacher Str. 4 ✉ 89233 – ✆ (0731) 7 05 20 – www.hotel-meinl.de
30 Zim – †93/103 € ††115/132 €
Hier erwarten Sie freundliche und engagierte Gastgeber, die Ihnen wohnliche Zimmer bieten und dafür sorgen, dass alles schön gepflegt ist. So hat man auch ein hübsches modernes Restaurant mit Blick ins Grüne und ambitionierter Küche.

NEUWIED

Rheinland-Pfalz – 63 890 Ew. – Höhe 65 m – Regionalatlas **36-D14**
Berlin 600 km – Mainz 114 km – Koblenz 18 km – Bonn 54 km
Michelin Straßenkarte 543

Food Hotel

Langendorferstr. 155 ✉ 56564 – ✆ (02631) 8 25 20 – www.food-hotel.de
46 Zim – 80/99 € 110/140 € – 1 Suite – ½ P
Ein modernes Hotel, angeschlossen an die Lebensmittelfachschule. Unter der Patenschaft bekannter Firmen sind individuelle Zimmer rund um die Themen Essen und Supermarkt entstanden. Entsprechend auch die Atmosphäre im geradinig gestalteten Restaurant.

Coquille St. Jacques im Parkrestaurant Nodhausen (Florian Kurz)

Nodhausen 1, Nord: 3 km, über B 256 nach Niederbieber
✉ 56567 – ✆ (02631) 81 34 23 – www.parkrestaurant-nodhausen.de
– geschl. Januar 2 Wochen, August und Sonntag - Dienstag
Menü 110/135 € – Karte 62/96 € – *(nur Abendessen)* (Tischbestellung erforderlich)
Nicht nur ein schönes historisches Anwesen, auch - und vor allem - ein gastronomisches Kleinod! In dem modern-eleganten Restaurant ist Florian Kurz für sehr feine klassisch basierte Küche mit eigenen Ideen verantwortlich, Seniorchef Armin Kurz für die versierte Weinberatung.
→ Omas "Brathähnchen" mit Kopfsalat und Kartoffel. Wolfsbarsch mit Schweineschwänzchen, Blumenkohl und Lauch. Taube mit Sellerie, Haselnuss und schwarzem Perigord Trüffel.
Brasserie Nodhausen – Siehe Restaurantauswahl

Brasserie Nodhausen – Restaurant Coquille St. Jacques im Parkrestaurant Nodhausen

Nodhausen 1, Nord: 3 km, über B 256 nach Niederbieber ✉ 56567
– ✆ (02631) 81 34 23 – www.parkrestaurant-nodhausen.de
– geschl. Januar 2 Wochen, August und Sonntag - Dienstag
Menü 32 € (mittags)/48 € – Karte 30/61 € – (Tischbestellung ratsam)
Im Zweitrestaurant des Hauses setzt Florian Kurz auf internationale und regionale Kost, die sich an der Saison orientiert. Appetit auf "Nuss vom Maibock auf Spargelragout"? Oder ein Steakgericht? Ansprechend auch das Wintergartenflair.

NIDDERAU

Hessen – 19 950 Ew. – Höhe 117 m – Regionalatlas **48-G14**
Berlin 526 km – Wiesbaden 60 km – Frankfurt am Main 30 km – Gießen 52 km
Michelin Straßenkarte 543

In Nidderau-Heldenbergen

Zum Adler

Windecker Str. 2 ✉ 61130 – ✆ (06187) 92 70 – www.hoteladler-goy.de – geschl. 29. Dezember - 10. Januar
24 Zim – 55/86 € 84/110 €
In dem zum Hotel erweiterten Gasthof (hübsch hier das blaue Fachwerk) bietet Familie Goy Ihnen sehr gepflegte Zimmer und ein gutes Frühstücksbuffet sowie ein Restaurant in ländlichem Stil.

Alte Bäckerei

Friedberger Str. 16 ✉ 61130 – ✆ (06187) 90 52 30 – www.hotelaltebaeckerei.de
15 Zim – 56/80 € 88/109 €
Die freundliche Gastgeberin Jutta Goy leitet hier die ehemaligen Dependance des 500 m entfernten Hotels "Zum Adler". Die Zimmer sind hell und liegen teilweise besonders ruhig nach hinten. Das leckere Frühstück gibt es bis 11 Uhr - es ist übrigens auch bei den Leuten aus der Gegend beliebt!

NIEBLUM – Schleswig-Holstein → Siehe Föhr (Insel)

NIEDERHAUSEN

Rheinland-Pfalz – 560 Ew. – Höhe 127 m – Regionalatlas **46-D15**
Berlin 631 km – Mainz 56 km – Koblenz 82 km – Saarbrücken 128 km
Michelin Straßenkarte 543

Hermannshöhle Restaurant Weck

Niederhäuser Hermannshöhle 1 ✉ 55585 – ✆ (06758) 64 86 – www.hermannshoehle-weck.de – geschl. 4. - 28. Januar, 27. Juni - 7. Juli, 7. - 17. November und Montag, November - März: Montag - Dienstag
Menü 43/70 € – Karte 35/51 €
Wussten Sie, dass hier einst die Grenze zwischen Bayern und Preußen verlief? Mit dem ehemaligen Fährhaus a. d. 16. Jh. hat Patron Wigbert Weck einen geschichtsträchtigen Ort für seine regional-mediterran inspirierten Speisen wie "Seeteufel mit Ratatouille und Kartoffel-Olivenpüree".

NIEDERKASSEL

Nordrhein-Westfalen – 36 850 Ew. – Höhe 55 m – Regionalatlas **36-C12**
Berlin 585 km – Düsseldorf 67 km – Bonn 15 km – Köln 23 km
Michelin Straßenkarte 543

In Niederkassel-Uckendorf Nord-Ost: 2 km über Spicher Straße

Clostermanns Hof

Heerstraße ✉ 53859 – ✆ (02208) 9 48 00 – www.clostermannshof.de
66 Zim – 99/349 € 119/379 € – 15 € – ½ P
Clostermanns Le Gourmet – Siehe Restaurantauswahl
Beim Golfplatz liegt das stilvoll-wohnliche Hotel, entstanden aus einem hübschen historischen Gutshof. Regional-internationale Küche bietet das lichte "Clostermanns". Schöner Biergarten im Innenhof sowie Lounge.

Clostermanns Le Gourmet

Heerstraße ✉ – ✆ (0228) 9 48 00 – www.clostermannshof.de – geschl. Montag - Dienstag
Menü 51/90 € – Karte 50/63 € – *(nur Abendessen)*
Elegant das Ambiente, ambitioniert und kreativ die Küche. Da findet sich auf der Karte z. B. "Dreierlei vom Loup de Mer / Erbsencreme / gegrillte Kräuterseitlinge / Blutorangenhollandaise / Hummeröl".

NIEDERNBERG

Bayern – 4 920 Ew. – Höhe 117 m – Regionalatlas **48-G15**
Berlin 563 km – München 375 km – Frankfurt am Main 50 km – Aschaffenburg 12 km
Michelin Straßenkarte 546

Seehotel

Leerweg, Süd-West: 1,5 km ✉ 63843 – ✆ (06028) 99 90 – www.seehotel-niedernberg.de
75 Zim – 114 € 145/200 € – 16 € – 8 Suiten
Wie ein kleines Dorf am Seeufer! Wohnliche Zimmer (teils mit Seeblick), gepflegte Gartenanlage und Privat-Sandstrand, Restaurant (international-regionale Küche und veganes Menü) samt schöner Terrasse am Koikarpfenteich, dazu ein toller Wintergarten für Feierlichkeiten und ein klimatisiertes Tagungsgebäude.

NIEDERSTETTEN

Baden-Württemberg – 4 860 Ew. – Höhe 306 m – Regionalatlas **49-I17**
Berlin 553 km – Stuttgart 127 km – Würzburg 50 km – Crailsheim 37 km
Michelin Straßenkarte 545

Krone

Marktplatz 3 ✉ 97996 – ✆ (07932) 89 90 – www.hotelgasthofkrone.de – geschl. 23. Dezember - 9. Januar
32 Zim – 63/68 € 95/112 €
Hätten Sie hinter der historischen Fassade des alten Gasthofs derart moderne Zimmer erwartet? Klare Linien und warme Farben sind hier stimmig und wohnlich kombiniert. Die Zimmer im Gästehaus sind etwas funktioneller. Im Restaurant wählen Sie zwischen der Kronenstube und der eleganten Guten Stube.

NIEDERWEIS

Rheinland-Pfalz – 250 Ew. – Höhe 207 m – Regionalatlas **45**-**B15**
Berlin 722 km – Mainz 173 km – Trier 25 km – Grevenmacher 29 km
Michelin Straßenkarte 543

Schloss Niederweis

Hauptstr. 9 ✉ 54668 – ✆ (06568) 9 69 64 50 – www.schloss-niederweis.de – geschl. Montag
Menü 31/38 € – Karte 30/54 €
Ein schönes Schloss a. d. 18. Jh. In der ehemaligen Kornscheune werden schmackhafte klassisch-saisonale Gerichte gekocht, geschmackvoll-modern das Ambiente (man beachte den historischen Dachstuhl!), reizvoll der Garten. Für Hochzeiten ist der schöne Festsaal ideal - ein Standesamt hat man hier übrigens auch!

NIEDERWINKLING – Bayern ➜ Siehe Bogen

NIEFERN-ÖSCHELBRONN

Baden-Württemberg – 11 840 Ew. – Höhe 240 m – Regionalatlas **55**-**F18**
Berlin 659 km – Stuttgart 47 km – Karlsruhe 37 km – Pforzheim 7 km
Michelin Straßenkarte 545

Im Ortsteil Niefern

Krone

Schloßstr. 1 ✉ 75223 – ✆ (07233) 70 70 – www.krone-pforzheim.de – geschl. 26. Dezember - 9. Januar
60 Zim – 74/105 € 105/115 € – 1 Suite – ½ P
Gepflegte funktionelle Gästezimmer mit zeitgemäßer Einrichtung und gutem Platzangebot bietet dieses von der Inhaberfamilie geführte Haus. Restaurant mit internationaler Küche.

NIENSTÄDT – Niedersachsen ➜ Siehe Stadthagen

NIERSTEIN

Rheinland-Pfalz – 7 980 Ew. – Höhe 85 m – Regionalatlas **47**-**F15**
Berlin 578 km – Mainz 20 km – Frankfurt am Main 53 km – Darmstadt 23 km
Michelin Straßenkarte 543

Wein- und Parkhotel

An der Kaiserlinde 1 ✉ 55283 – ✆ (06133) 50 80 – www.weinhotel.bestwestern.de
55 Zim – 82/195 € 102/225 € – ½ P
Das Hotel ist besonders für Tagungsgäste und Wochenendurlauber interessant. Es liegt in der Ortsmitte, der Heyl'sche Garten direkt vor der Tür und der Rhein gleich um die Ecke. Zimmer und Restaurant haben einen mediterranen Touch, in der Halle gibt es ein Irish Pub.

Villa Spiegelberg

Hinter Saal 21 ✉ 55283 – ✆ (06133) 51 45 – www.villa-spiegelberg.de – geschl. über Weihnachten, über Ostern
11 Zim – 75/85 € 95/110 €
Hier besticht vor allem die Lage: Das geschmackvolle Anwesen ist umrahmt von Reben und hat zudem noch einen schönen eigenen Garten, in dem man im Sommer auch frühstücken kann! Freundlich die Gastgeber, gediegen-funktionell die Zimmer.

Civitas N

Marktplatz 9 ✉ 55283 – ✆ (06133) 5 71 49 95 – www.civitas-nierstein.de – geschl. Februar 2 Wochen und Dienstag - Mittwoch
Karte 30/37 € – *(Montag - Samstag nur Abendessen)*
In dem schmucken roten Häuschen a. d. 17. Jh. wird man engagiert umsorgt, sitzt gemütlich auf drei Etagen (oder auf der schönen Terrasse) und bestellt z. B. "geschmorte Lammkeule mit weißem Bohnenpüree" sowie tolle Niersteiner Weine.

NIESTETAL – Hessen ➜ Siehe Kassel

NITTEL

Rheinland-Pfalz – 2 300 Ew. – Höhe 180 m – Regionalatlas **45-A16**
Berlin 744 km – Mainz 187 km – Trier 26 km – Luxembourg 32 km
Michelin Straßenkarte 543

Culinarium

Weinstraße 5, mit Gästehaus ✉ 54453 – ✆ (06584) 9 14 50 – www.culinarium-nittel.de – geschl. Ende Februar - Ende März
20 Zim – 50/55 € 75/90 €
Culinarium – Siehe Restaurantauswahl
Direkt an der Mosel und nur wenige Meter von der luxemburgischen Grenze liegt das familiengeführte Weingut. Einige der wohnlichen Zimmer im 300 m entfernten Gästehaus, hier auch Sauna und Kochschule. Sehr schön die Zimmer im Haupthaus: modern-rustikal, Thema ist Wein. Nehmen Sie auch Wein für zu Hause mit!

Culinarium – Hotel Culinarium

Weinstraße 5 ✉ 54453 – ✆ (06584) 9 14 50 – www.culinarium-nittel.de – geschl. Ende Februar - Ende März und Sonntagabend - Dienstag
Menü 45 € – Karte 20/50 € – *(nur Abendessen, sonntags auch Mittagessen)* (Tischbestellung ratsam)
Modern-elegant ist es hier: klare Linien, warmer Holzfußboden, ein schicker Kaminofen, Deko zum Thema Kulinarik und Wein. Die regional-saisonale Küche reicht vom "Mannebacher Käse mit Feigensenf" bis zu "Endivienstampfkartoffeln mit Lachsfilet und Herbsttrüffel". Tipp: das Winzersteak der Seniorchefin!

NÖRDLINGEN

Bayern – 19 420 Ew. – Höhe 441 m – Regionalatlas **56-J18**
Berlin 514 km – München 128 km – Augsburg 72 km – Nürnberg 92 km
Michelin Straßenkarte 546

Wirtshaus Meyers Keller - Restaurant Joachim Kaiser

Marienhöhe 8 ✉ 86720 – ✆ (09081) 44 93 – www.meyerskeller.de – geschl. Juni 1 Woche und Montag - Dienstag
Menü 99/130 €
Sehr schön spiegelt das Degustationsmenü die exakte kreative Küche von Joachim Kaiser wider, und zu den ansprechend angerichteten feinen Gerichten passt auch die angenehm elegante Atmosphäre. Speisen Sie im Sommer auf der Terrasse!
→ Carabinero confiert, Krustentierfond, Topinambur. Fjord Forelle, Blaubeergel, Wacholderpulver, Wildkräuter. Valrhonaschokolade, Haselnuss.
Wirtsstube – Siehe Restaurantauswahl

Wirtsstube – Wirthaus Meyers Keller - Restaurant Joachim Kaiser

Marienhöhe 8 ✉ 86720 – ✆ (09081) 44 93 – www.meyerskeller.de – geschl. Juni 1 Woche und Montag - Dienstag
Menü 35 € – Karte 36/58 €
Holzboden, Natursteinwände, Hirschgeweihe als Deko - modern-rustikal ist es hier und schön charmant! Auf den Teller kommt akkurat zubereitete regionale Küche. Tipp: Im ehemaligen Bierkeller reift hausgemachter Schinken nach Culatello-Art!

NÖRTEN-HARDENBERG

Niedersachsen – 8 110 Ew. – Höhe 140 m – Regionalatlas **29-I10**
Berlin 328 km – Hannover 109 km – Kassel 57 km – Göttingen 11 km
Michelin Straßenkarte 541

Hardenberg BurgHotel

Hinterhaus 11a ✉ 37176 – ✆ (05503) 98 10 – www.hardenberg-burghotel.de
42 Zim – 129/200 € 178/260 € – 2 Suiten
Novalis* • *Keilerschänke – Siehe Restaurantauswahl
Hotel mit langer Familientradition am Fuße der Burgruine. Alles ist sehr geschmackvoll, von den Zimmern bis zum "BurgSpa". Schön der Park, bekannt das eigene Reitturnier. 6 km entfernt hat man eine Golfanlage. Standesamt auf der Burg.

Novalis – Hardenberg BurgHotel
Hinterhaus 11a ✉ 37176 – ✆ (05503) 98 10 – www.hardenberg-burghotel.de – geschl. Sonntag - Montag
Menü 54/85 € – *(nur Abendessen)*
Drinnen elegantes Ambiente, draußen Blick auf den Reitplatz und die historische Burganlage. Und die Küche? Zur Wahl stehen "Sophien"-, "Graf Hardenberg"-, "Novalis"- und das vegetarische Menü. Schöne Salons.

Keilerschänke – Hardenberg BurgHotel
Hinterhaus 10 ✉ 37176 – ✆ (05503) 98 10 – www.hardenberg-burghotel.de
Menü 32 € – Karte 26/43 €
Wer's gemütlich-rustikal mag, sitzt bei bürgerlichen, regional-saisonalen Gerichten in der Schänke. Spezialität ist Wildschwein. Lust auf Keilerwürstchen oder Wildschweinlasagne? Nette Mitbringsel finden sich im Keiler-Laden.

NOHFELDEN

Saarland – 10 040 Ew. – Höhe 350 m – Regionalatlas **46**-C16
Berlin 702 km – Saarbrücken 54 km – Trier 58 km – Kaiserslautern 59 km
Michelin Straßenkarte 543

In Nohfelden-Bosen West: 8,5 km

Victor's Seehotel Weingärtner N
Bostalstr. 12 ✉ 66625 – ✆ (06852) 88 90 – www.victors.de
99 Zim – 65/100 € 105/140 € – ½ P
Fünf Minuten zu Fuß sind es von hier zum See, doch das ist nicht der einzige Vorteil dieses Hauses. Die Zimmer sind individuell und wohnlich, von Bauernstil bis elegant, und im Fachwerkhäuschen nebenan heißt es Wellness & Beauty. In unterschiedlichen Stuben speist man traditionell und international.

In Nohfelden-Selbach Süd-West: 10 km

Oldenburger Hof
Birkenfelder Str. 1 ✉ 66625 – ✆ (06875) 8 01 – www.oldenburgerhof-selbach.de – geschl. Ende Januar - Anfang Februar und Montag - Dienstag, Samstagmittag
Karte 19/41 €
Der gestandene Gasthof ist inzwischen in 10. Generation in Familienhand. Den ländlichen Charme hat man bewahrt, helle warme Töne machen sich gut dazu. Saisonal-bürgerliche Küche von Schnitzel bis "Ochsenbacke provencale".

NONNENHORN

Bayern – 1 690 Ew. – Höhe 404 m – Regionalatlas **63**-H22
Berlin 730 km – München 187 km – Konstanz 77 km – Ravensburg 25 km
Michelin Straßenkarte 546

Torkel
Seehalde 14 ✉ 88149 – ✆ (08382) 9 86 20 – www.hotel-torkel.de
30 Zim – 85/105 € 130/250 € – 1 Suite – ½ P
Bei den Gebrüdern Stoppel dürfen Sie sich im Neubau auf schicke moderne Zimmer sowie ein schönes Wellnessangebot freuen! Wer das Bewährte vorzieht: ländlich-schlichte Zimmer im Stammhaus. Im Fokus des Restaurants (nett auch die Terrasse) steht regionale Küche.

Haus am See
Uferstr. 23 ✉ 88149 – ✆ (08382) 98 85 10 – www.hausamsee-nonnenhorn.de – geschl. 14. - 24. November, 18. Dezember - 1. März
24 Zim – 88/103 € 123/217 € – 1 Suite – ½ P
Haus am See – Siehe Restaurantauswahl
Angesichts der sehr wohnlichen Zimmer und des überaus gepflegten Gartens, der auch noch direkten Zugang zum See bietet, möchte man hier einfach die Seele baumeln lassen! Und zufriedene Gäste sind schließlich das Anliegen der engagierten Familie Knörle.

Seewirt

Seestr. 15 ✉ 88149 – ✆ (08382) 98 85 00 – www.hotel-seewirt.de – geschl. 7. Januar - 5. Februar, 31. Oktober - 10. Dezember
30 Zim – 60/95 € 95/175 € – ½ P
Das Hotel liegt wirklich günstig: Zum einen ist der See ganz nah, zum anderen nutzen Hausgäste kostenlos das örtliche Freibad gegenüber. Essen können Sie im Stammhaus von 1617, z. B. in der charmanten historischen Stube. Es gibt aber auch ein Café mit Seeterrasse und Leckerem aus der eigenen Konditorei.

Zur Kapelle

Kapellenplatz 3 ✉ 88149 – ✆ (08382) 82 74 – www.witzigmann-kapelle.de – geschl. 11. Januar - 11. März
17 Zim – 51/65 € 82/118 € – ½ P
Seit Jahrzehnten befindet sich der denkmalgeschützte Gasthof im Familienbesitz. Alles passt zusammen: wohnliche Zimmer, private Atmosphäre, die gemütliche Stimmung in der rustikalen Gaststube - hier bietet man durchgehend warme Küche. Hausspezialität ist Wildente. Natürlich zieht es die Gäste auch auf die schöne Terrasse!

Haus am See – Hotel Haus am See

Uferstr. 23 ✉ 88149 – ✆ (08382) 98 85 10 – www.hausamsee-nonnenhorn.de – geschl. 14. - 24. November, 18. Dezember - 1. März und Mittwoch
Menü 36 € – Karte 32/58 €
Der Blick in den Garten und auf den See gibt dem Wintergartenrestaurant samt schöner Terrasse seinen besonderen Reiz. Valentin Knörle, Sohn des Hauses, leitet die Küche - auf der regionalen Karte finden Sie z. B. "Spanferkelrücken mit Dunkelbiersauce, Spitzkraut und Honig-Grießknödel".

NONNWEILER

Saarland – 8 710 Ew. – Höhe 400 m – Regionalatlas **45-C16**
Berlin 712 km – Saarbrücken 50 km – Trier 45 km – Kaiserslautern 75 km
Michelin Straßenkarte 543

In Nonnweiler-Sitzerath West: 4 km, jenseits der A 1

Landgasthof Paulus

Prälat-Faber-Str. 2 ✉ 66620 – ✆ (06873) 9 10 11 – www.landgasthof-paulus.de – geschl. Montag - Mittwochmittag, außer an Feiertagen
Menü 35/50 € – Karte 42/54 € – (Tischbestellung ratsam)
Seit Generationen in Familienhand! Geboten wird eine Naturküche aus regionalen (Bio-) Produkten, heimischen Kräutern etc., und die gibt es z. B. in Form von "Limousin-Rind in grober Senfsauce". Serviert wird in freundlichem, modernem Landhaus-Ambiente. Zudem hat man eine Vinothek.

NORDDORF – Schleswig-Holstein ➜ Siehe Amrum (Insel)

NORDEN

Niedersachsen – 24 890 Ew. – Höhe 7 m – Regionalatlas **7-D5**
Berlin 531 km – Hannover 268 km – Emden 44 km – Oldenburg 97 km
Michelin Straßenkarte 541

Reichshof

Neuer Weg 53 ✉ 26506 – ✆ (04931) 17 50 – www.reichshof-norden.de
52 Zim – 80/90 € 140/180 € – 3 Suiten – ½ P
Das Hotel liegt an der Fußgängerzone, ist gut geführt und hat unterschiedliche Zimmertypen von ländlich bis modern - besonders chic die beiden großzügiger "Wellness-Lofts"! Zudem bietet man im Haus regional-saisonale Küche. Und wie wär's mit hausgemachtem Kuchen?

Das Bistro im Kontor (N)

Große Neustr. 8 ✉ 26506 – ✆ (04931) 16 89 94 – www.das-bistro-im-kontor.de – geschl. Sonntag - Montag
Menü 32/42 € – Karte 27/46 € – (Tischbestellung ratsam)
Ein interessanter Mix aus Restaurant, Feinkostladen und Kontor (hier allerlei Kochutensilien). Die schmackhafte Bistroküche mit saisonal-regionalem Einfluss gibt's z. B. als "Filet vom Parmaschwein in Rosmarinjus mit Kräuterseitlingen".

In Norden-Norddeich Nord-West: 4,5 km über B 72

Fährhaus

Hafenstr. 1 ✉ 26506 – ✆ (04931) 9 88 77 – www.hotel-faehrhaus.de
74 Zim – 90/180 € 170/220 € – 4 Suiten – ½ P
Hier heißt es komfortabel wohnen in schöner Lage am Deich, direkt an den Fähren nach Juist und Norderney! Lust auf Entspannung bei toller Aussicht? "Wellnessdeck" im 6. Stock! Übrigens: Die Zimmer im Ostdeck sind die moderneren. Ebenso modern die "Tenderbar" und das Restaurant mit Wintergarten.

Regina Maris

Badestr. 7c ✉ 26506 – ✆ (04931) 18 93 70 – www.hotelreginamaris.de
61 Zim – 70/100 € 120/200 €
In einem Wohngebiet direkt am Deich liegt das Ferienhotel mit soliden wohnlichen Gästezimmern, in der obersten Etage mit Meerblick. Auch ein Beautybereich ist vorhanden. Richtig nett und modern-friesisch kommt das Restaurant "Störtebeker's" daher. Die Küche ist regional.

NORDENHAM

Niedersachsen – 26 270 Ew. – Höhe 3 m – Regionalatlas **8-F5**
Berlin 464 km – Hannover 200 km – Cuxhaven 51 km – Bremen 71 km
Michelin Straßenkarte 541

Hotel Am Markt

Marktstr. 12 ✉ 26954 – ✆ (04731) 9 37 20 – www.hotel-am-markt.de
44 Zim – 99/119 € 119/200 € – 3 Suiten – ½ P
In dem roten Klinkerbau in der Stadtmitte stehen neuzeitliche Zimmer mit geschmackvoller Einrichtung bereit. Auch für Tagungen ist das Hotel gut geeignet. Restaurant in der 1. Etage mit internationaler Karte. Bistro.

Küste

Hansingstr. 5 ✉ 26954 – ✆ (04731) 24 98 90 – www.hotelkueste.de
12 Zim – 75/150 € 89/150 €
In dem kleinen Hotel erwarten Sie individuell geschnittene Zimmer mit moderner, komfortabler Ausstattung, dazu ein netter Frühstücksraum mit recht guter Buffetauswahl und ein richtig hübscher Garten - eine wirklich schöne Alternative zu den großen Häusern!

In Nordenham-Tettens Nord: 10 km Richtung Butjadingen, in Schneewarden rechts

Landhaus Tettens

Am Dorfbrunnen 17 ✉ 26954 – ✆ (04731) 3 94 24 – www.landhaus-tettens.de – geschl. Januar 2 Wochen und Montag
Menü 19 € – Karte 23/39 €
In einem schönen Garten am Deich steht das charmante einstige Bauernhaus, unter dessen Reetdach man mit Liebe zum Detail ein gemütliches ländlich-elegantes Restaurant eingerichtet hat. Man serviert Ihnen hier regionale und internationale Küche.

NORDERNEY (INSEL)

Niedersachsen – 5 850 Ew. – Höhe 5 m – Regionalatlas **7-D5**
Berlin 537 km – Hannover 272 km – Emden 44 km – Aurich 31 km
Michelin Straßenkarte 541

Strandhotel Georgshöhe

Kaiserstr. 24 ✉ 26548 – ✆ (04932) 89 80 – www.georgshoehe.de – geschl. 27. November - 25. Dezember
109 Zim – 58/120 € 121/240 € – 23 Suiten – ½ P
N'eys – Siehe Restaurantauswahl
Ein idealer Ort zum Urlaubmachen: die strandnahe Lage und der große Spa, der u. a. Saunen mit Meerblick bietet! Toll für Freunde modernen Designs: die Zimmerkategorien "Prestige" und "Sportive". Im Wintergarten "Seeterrasse" gibt es regional-traditionelle Küche (ab 13 Uhr durchgehend).

Seesteg

Damenpfad 36a ✉ 26548 – ✆ (04932) 89 36 00 – www.seesteg-norderney.de

11 Zim – 240/340 € 280/380 € – 5 Suiten

Seesteg – Siehe Restaurantauswahl

Es gibt wohl nichts in diesem Boutique-Hotel, das nicht exklusiv ist! Die Lage am Strand, Wertigkeit und Design der Lofts, Studios und Penthouse-Zimmer, Highlights wie Private Spa und Rooftop-Pool... Nicht zu vergessen das hausgebackene Brot. Tipp: Wer einen Parkplatz wünscht, sollte reservieren!

Inselloft (N)

Damenpfad 37 ✉ 26548 – ✆ (04932) 89 38 00 – www.inselloft-norderney.de

34 Zim – 110/175 € 140/206 €

Esszimmer – Siehe Restaurantauswahl

Das frische, junge Konzept des schmucken Häuserensembles a. d. 19. Jh. kommt an: hochwertige Studios, Lofts und Penthouse-Zimmer in schickem nordisch-modernem Look, "Wohnzimmer"-Lounge, Spa-Shop nebst Anwendungen, "Design Shop 1837", "Wein & Deli", eigene Bäckerei und dazu locker-familiäre Atmosphäre.

Villa Ney

Gartenstr. 59 ✉ 26548 – ✆ (04932) 91 70 – www.villa-ney.de

4 Zim – 100/125 € 145/165 € – 10 Suiten

In einer ruhigen Dorfstraße befindet sich dieser moderne Villenbau. Dem Gast stehen tipptopp gepflegte, wohnlich und elegant eingerichtete Zimmer zur Verfügung.

Haus Norderney

Janusstr. 6 ✉ 26548 – ✆ (04932) 22 88 – www.hotel-haus-norderney.de – geschl. 1. Dezember - 4. Februar

10 Zim – 75/95 € 124/188 €

Die Villa von 1927 ist eines der schönsten Häuser der Insel und perfekt für Individualisten! Klares Design in warmen Tönen, Frühstück im kleinen Garten, relaxen am Kamin oder in der Sauna, dazu kostenfreie Fahrräder und nette Kleinigkeiten!

Aquamarin

Friedrichstr. 5 ✉ 26548 – ✆ (04932) 9 28 50 – www.hotel-aquamarin-norderney.de – geschl. 1. Dezember - 4. Februar

13 Zim – 59/107 € 104/184 €

Eine richtig sympathisches Haus: Die Führung ist persönlich, schön und individuell die Zimmer, charmant-modern sind Lobby und Frühstücksraum mit hellem Dielenboden und hübschen Details. Tipp: Entspannen auf der kleinen Dachterrasse.

Seesteg – Hotel Seesteg

Damenpfad 36a ✉ 26548 – ✆ (04932) 89 36 35 – www.seesteg-norderney.de

Menü 36 € (vegetarisch)/82 € – Karte 53/83 € – (abends Tischbestellung ratsam)

Wenn Sie keinen Platz mit Meersicht haben, bietet auch der Blick in die verglaste Showküche interessante Eindrücke. Hier wird modern gekocht, großen Wert legt man natürlich auf die Produktqualität. Mittags ist das Angebot kleiner. Heiß begehrt: die Seeterrasse!

➜ Tatar vom Küstenrind mit Auster, Avocado und Shiitake. Steinbutt und Kobepastrami mit Erbse und Pilzfond. Taube mit Lavendeljus, Bohnen und Melone.

N'eys – Strandhotel Georgshöhe

Kaiserstr. 24 ✉ 26548 – ✆ (04932) 89 80 – www.georgshoehe.de – geschl. 27. November - 25. Dezember und Montag, November - März: Montag - Donnerstag

Karte 43/74 € – *(nur Abendessen)* (Tischbestellung ratsam)

N'eys nennt sich das kleine Abendrestaurant im Wintergarten. Stylish ist das Ambiente, grandios der Blick aufs Meer, und aus der Küche kommen klassisch-internationale Speisen.

Esszimmer (N) – Hotel Inselloft

Damenpfad 37 ✉ 26548 – ✆ (04932) 89 38 00 – www.inselloft-norderney.de – geschl. Montag - Dienstag

Karte 36/52 € – *(nur Abendessen)*

Trendy-leger und ambitioniert zugleich: morgens Frühstück, tagsüber Café, abends Restaurant. Letzteres bietet modern-saisonale Gerichte wie "Linsensalat mit Hüttenkäse" oder "Coq au Vin". Man sitzt ungezwungen an großen Tischen zusammen und beobachtet das Geschehen in der offenen Küche.

Weisse Düne

Weisse Düne 1, Nord-Ost: 6 km ✉ 26548 – ✆ (04932) 93 57 17 – www.weisseduene.com

Karte 20/59 € – (abends Tischbestellung ratsam)

An warmen Sommertagen direkt hinter den Dünen im Freien sitzen und international-mediterran speisen? Vielleicht "gebratenen Heilbutt mit Ratatouille"? Mittags kann man nicht reservieren, einfachere Karte (mit Auszügen aus dem Abendangebot).

NORDERSTEDT

Schleswig-Holstein – 75 400 Ew. – Höhe 36 m – Regionalatlas **10**-I5

Berlin 309 km – Kiel 79 km – Hamburg 26 km – Itzehoe 58 km

Michelin Straßenkarte 541

Park-Hotel

Buckhörner Moor 100 ✉ 22846 – ✆ (040) 52 65 60 – www.parkhotel-hamburg.de – geschl. Ende Dezember - Anfang Januar

78 Zim – 98/134 € 119/134 €

Ein Businesshotel in zentraler Lage, in dem Sie eine ansprechende, großzügige Lobby empfängt. Gut ausgestattete Zimmer in zeitlosem Stil, hübscher Frühstücksraum.

In Norderstedt-Harksheide

Schmöker Hof

Oststr. 18 ✉ 22844 – ✆ (040) 52 60 70 – www.schmoekerhof.de

122 Zim – 89/114 € 114 € – 13 €

Das Tagungs- und Geschäftshotel befindet sich etwas außerhalb und bietet funktionell ausgestattete und teilweise frisch renovierte Zimmer. Auch eine Indoor-Golfanlage ist vorhanden. Zum Restaurant gehört ein schöner Biergarten im Innenhof.

NORDHORN

Niedersachsen – 52 300 Ew. – Höhe 23 m – Regionalatlas **16**-C8

Berlin 502 km – Hannover 224 km – Bremen 155 km – Groningen 113 km

Michelin Straßenkarte 541

Riverside

Heseper Weg 40 ✉ 48529 – ✆ (05921) 81 98 10 – www.riverside-nordhorn.de

46 Zim – 108/114 € 125/135 € – ½ P

Komfortable Ausstattung, moderner Stil und wohnlich-warme Farben - und das unmittelbar am Vechtesee! Zur Seeseite liegen die Zimmer ruhiger. Das Restaurant Pier99 sieht sich als legere "Strandbude"; im Sommer mit geöffneter Glasfront, im Winter mit wärmendem Kamin.

Am Stadtring

Stadtring 31 ✉ 48527 – ✆ (05921) 8 83 30 – www.hotel-am-stadtring.de

59 Zim – 62/110 € 92/110 € – 1 Suite – ½ P

In dem Familienbetrieb wohnt man individuell, einige Zimmer sind ganz modern und geradlinig, jedes ist einem Autor gewidmet. Man bietet auch eine ansprechende Sauna sowie Kosmetik. Das Restaurant: Orangerie und Kaminstübchen.

NORDKIRCHEN

Nordrhein-Westfalen – 9 620 Ew. – Höhe 65 m – Regionalatlas **26**-D10

Berlin 503 km – Düsseldorf 96 km – Dortmund 36 km – Bochum 48 km

Michelin Straßenkarte 543

Schloss Restaurant Venus

Schloss 1 ✉ 59394 – ✆ (02596) 97 24 72 – www.lauter-nordkirchen.de – geschl. 4. -25. Januar

Menü 89/115 € – Karte 55/85 € – *(nur Abendessen)*

Im "Westfälischen Versailles" finden Sie dieses klassisch-gediegene Gewölberestaurant - die zahlreichen Gemälde stammen übrigens von Patron Franz L. Lauter, einem passionierten Maler! Geboten wird ein ambitioniertes, kreatives Menü. Eine nette legere Alternative ist das "Bistrante" mit großer Terrasse.

NORDRACH

Baden-Württemberg – 1 920 Ew. – Höhe 297 m – Regionalatlas **54-E19**
Berlin 780 km – Stuttgart 126 km – Freiburg 63 km – Strasbourg 60 km
Michelin Straßenkarte 545

Gasthaus Stube

Im Dorf 28 ✉ 77787 – ✆ (07838) 2 02 – www.stube-nordrach.de
10 Zim – 57 € 83 €
Viele Geschäftsleute sind in dem kleinen Hotel zu Gast - sie schätzen die funktionellen und tipptopp gepflegten Zimmer. Zum Essen geht man in die ländliche Stube - hier gibt's Sauerbraten, Schnitzel, Wildgulasch...

NORDSTRAND

Schleswig-Holstein – 2 210 Ew. – Höhe 2 m – Regionalatlas **1-G2**
Berlin 447 km – Kiel 103 km – Sylt (Westerland) 53 km – Flensburg 61 km
Michelin Straßenkarte 541

Pharisäerhof

Elisabeth-Sophien-Koog 3 ✉ 25845 – ✆ (04842) 3 53 – www.pharisaeerhof.de
28 Zim – 62/75 € 98/110 € – ½ P
Urlaub mit Hund? Kein Problem! Herrchen und Frauchen freuen sich über freundliche Zimmer, ein Café mit eigener Eismanufaktur, eine kleine Bistrokarte und den Hofladen, ihr Vierbeiner über einen Freilauf auf 6000 qm sowie Hunde-Spa! Frühstück, Leihfahrrad und Sauna sind inklusive, kein Aufschlag für Haustiere.

In Nordstrand-Süderhafen

Am Heverstrom

Heverweg 14 ✉ 25845 – ✆ (04842) 80 00 – www.am-heverstrom.de – geschl. Ende Oktober - November
10 Zim – 55/65 € 72/92 € – 1 Suite
Hier steht alles unter dem Motto "familiäre Gemütlichkeit", charmant die Zimmer mit behaglichen Holzmöbeln und friesischer Note (teils mit Terrasse oder Aussicht) ebenso das Restaurant mit seinem schönen alten Tresen. Serviert wird bürgerliche Küche. Der namengebende Heverstrom ist übrigens ein Gezeitenstrom zwischen Nordstrand und Husum.

NORTHEIM

Niedersachsen – 28 870 Ew. – Höhe 120 m – Regionalatlas **29-I10**
Berlin 317 km – Hannover 99 km – Braunschweig 85 km – Göttingen 27 km
Michelin Straßenkarte 541

Freigeist N

Am Gesundbrunnen, Ost: 1,5 km, über B 241 ✉ 37154 – ✆ (05551) 60 70 – www.hotel-freigeist.de
62 Zim – 99/108 € 134/144 € – ½ P
Schöne Adresse für Business- und Privatgäste. Moderner Stil und ruhige Lage - an das Grundstück schließt sich direkt der Wald an. Für Aktive hat man einen Klettergarten, zudem bietet man einen Shuttleservice zum Golfplatz (5 Min.). Internationale Küche im Restaurant. Terrasse zum Garten mit kleinem Teich.

Schere

Breite Str. 24 ✉ 37154 – ✆ (05551) 96 90 – www.hotel-schere.de
38 Zim – 78/98 € 103/133 € – 1 Suite – ½ P
Das Hotel besteht aus acht historischen Fachwerkhäusern, in denen unterschiedliche, zeitgemäß ausgestattete Zimmer bereitstehen. Restaurantgästen bietet man internationale Küche - nett die bürgerlich-rustikale Gaststube. Gleich am Haus beginnt die Fußgängerzone

In Northeim-Hollenstedt Nord-West: 5 km über B 3, jenseits der A 7

Seeger's Gasthof

Einbecker Str. 48 ✉ 37154 – ✆ (05551) 57 48 – www.seegersgasthof.de – geschl. Montag - Dienstag

4 Zim – 49 € 89 €

Menü 37/50 € – Karte 34/48 € – *(nur Abendessen)* (Tischbestellung ratsam)

Ein sympathischer Familienbetrieb mit Tradition, in dem man gut isst. In der Küche werden Produkte aus der Region verarbeitet, z. B. Heidschnucken oder Wild, so manche Zutat stammt auch aus dem eigenen Garten.

NORTORF

Schleswig-Holstein – 6 660 Ew. – Höhe 32 m – Regionalatlas **10**-I3

Berlin 348 km – Kiel 29 km – Flensburg 81 km – Hamburg 78 km

Michelin Straßenkarte 541

Kirchspiels Gasthaus

Große Mühlenstr. 9 ✉ 24589 – ✆ (04392) 2 02 80 – www.kirchspiels-gasthaus.de

15 Zim – 59/100 € 89/140 € – 3 Suiten – ½ P

Kirchspiels Gasthaus – Siehe Restaurantauswahl

Sie wohnen in einem familiengeführten kleinen Hotel, das unmittelbar am Dorfplatz liegt. Die Zimmer sind gepflegt und funktionell ausgestattet - für Familien bieten sich die Suiten an.

Kirchspiels Gasthaus – Hotel Kirchspiels Gasthaus

Große Mühlenstr. 9 ✉ 24589 – ✆ (04392) 2 02 80 – www.kirchspiels-gasthaus.de – geschl. 27. - 30. Dezember

Menü 35/40 € – Karte 27/53 €

Hier bekommt man eine regional geprägte Küche, die frisch und schmackhaft ist - da liest man auf der Karte z. B. "Schmortopf vom Holsteiner Kalb" oder "Ostseeschollenfilet, Jevenstedter Kartoffelschuppen, Gurkengemüse, Dillkartoffelpüree".

NOSSENTINER HÜTTE

Mecklenburg-Vorpommern – 690 Ew. – Höhe 74 m – Regionalatlas **12**-N5

Berlin 154 km – Schwerin 78 km – Güstrow 41 km – Wittstock 51 km

Michelin Straßenkarte 542

Im Ortsteil Sparow Süd-West: 5 km Richtung Malchow, nach 1,5 km rechts ab

Gutshof Sparow

Sparow 8 ✉ 17214 – ✆ (039927) 76 20 – www.gutshof-sparow.de

47 Zim – 70/90 € 95/125 € – 3 Suiten – ½ P

Das komfortable Hotel besteht aus einem schmucken ehemaligen Gutshaus sowie mehreren hübschen Fachwerkhäusern mit Appartements. Auf Anfrage bietet man auch Kosmetik. Die gemütlich-rustikale Jägerstube und der neuzeitliche Wintergarten bilden das Restaurant.

NOTHWEILER – Rheinland-Pfalz → Siehe Rumbach

NOTTULN

Nordrhein-Westfalen – 19 300 Ew. – Höhe 97 m – Regionalatlas **26**-D9

Berlin 499 km – Düsseldorf 106 km – Nordhorn 85 km – Enschede 65 km

Michelin Straßenkarte 543

In Nottuln-Schapdetten Ost: 5 km

Zur alten Post

Roxeler Str. 5, Anfahrt über Fuldastraße ✉ 48301 – ✆ (02509) 9 91 90 – www.zuraltenpost.de

26 Zim – 49 € 78/85 € – ½ P

Ein traditionelles Haus, das seit 1872 von der Familie geführt wird. Die Zimmer sind etwas unterschiedlich eingerichtet, das Hochzeitszimmer ist im alpenländischen Stil gehalten. Etwas komfortabler sind die Zimmer im 1. Stock.

In Nottuln-Stevern Nord-Ost: 2 km Richtung Schapdetten

Gasthaus Stevertal

Stevern 36 ✉ 48301 – ✆ (02502) 9 40 10 – www.gasthaus-stevertal.de – geschl. über Weihnachten

16 Zim – 50 € 90 € Menü 15 € (mittags)/48 € – Karte 17/44 €

Typisch westfälisch hat man es in dem alteingesessenen Gasthaus der Familie Elfers. Ob urig am offenen Kamin (hier wird Schinken geräuchert) oder im gemütlichen Restaurant, man isst bürgerlich-saisonal. Dazu eine gut sortierte und fair kalkulierte Weinkarte samt Raritäten. Und für danach: topgepflegte Zimmer.

NOTZINGEN

Baden-Württemberg – 3 580 Ew. – Höhe 316 m – Regionalatlas **55-H18**
Berlin 629 km – Stuttgart 32 km – Karlsruhe 104 km – Tübingen 57 km
Michelin Straßenkarte 545

Die Kelter

Kelterstr. 15 ✉ 73274 – ✆ (07021) 86 37 86 – www.kelter-notzingen.de – geschl. August 2 Wochen und Montag - Dienstag

Menü 25/42 € – Karte 25/52 € – *(nur Abendessen, sonntags auch Mittagessen)*

Gelungen hat man die ehemalige Kelter von 1700 restauriert! In einem schönen hohen Raum mit freigelegtem altem Fachwerk und dekorativen modernen Bildern bieten Ihnen Oliver Sagrati und seine Frau (sie leitet freundlich den Service) mediterran-regionale Küche - lecker z. B. "Rinderfiletspitzen mit Rahmsauce".

NÜMBRECHT

Nordrhein-Westfalen – 16 670 Ew. – Höhe 285 m – Regionalatlas **36-D12**
Berlin 576 km – Düsseldorf 91 km – Bonn 49 km – Waldbröl 8 km
Michelin Straßenkarte 543

Park-Hotel

Parkstr. 3, Zufahrt über Weiherstraße ✉ 51588 – ✆ (02293) 30 30 – www.nuembrecht.com

90 Zim – 95/115 € 135/155 € – ½ P

Ein Tagungshotel nahe Kurpark und Sportzentrum mit zeitgemäß-funktionellen Zimmern, einige befinden sich in der Sportresidenz direkt am Golfplatz. Mit im Haus: Café mit Kuchenbuffet. Das Restaurant bietet internationale Küche.

NÜRBURG

Rheinland-Pfalz – 180 Ew. – Höhe 593 m – Regionalatlas **36-C14**
Berlin 644 km – Mainz 152 km – Aachen 133 km – Bonn 56 km
Michelin Straßenkarte 543

Lindner Congress & Motorsport Hotel

Stefan-Bellof-Straße ✉ 53520 – ✆ (02691) 3 02 50 00 – www.lindner.de

154 Zim – 69/499 € 89/599 € – 5 Suiten – ½ P

Das Design in dem Hotel am Nürburgring ist ganz dem Motorsport gewidmet. Moderne und sehr wohnliche Zimmer, VIP-Etage mit Zugang zu Tribüne und Hubschrauber-Landeplatz auf dem Dach. Geradlinig-elegantes Restaurant mit angrenzender Terrasse, dazu Bar und Spielkasino sowie Davidoff Lounge.

Dorint

Grand-Prix-Strecke ✉ 53520 – ✆ (02691) 30 90 – www.dorint.com/nuerburgring

207 Zim – 68/599 € 102/599 € – 3 Suiten

Modern-funktional sind die Zimmer dieses Tagungshotels in einer vor allem für Motorsport-Fans einmaligen Lage. Besonders interessant sind die Zimmer zur Rennstrecke hin. Restaurant mit Sicht zur Start- und Zielgeraden, Cockpit Bar mit Autosport-Dekor.

NÜRNBERG

Bayern – 495 130 Ew. – Höhe 309 m – Regionalatlas **50-K16**
Berlin 432 km – München 165 km – Frankfurt am Main 226 km – Leipzig 276 km
Michelin Straßenkarte 546

M. Siepmann / imageBROKER / age fotostock

Hotels

Sheraton Carlton

Eilgutstr. 15 ✉ 90443 – ✆ (0911) 2 00 30 Stadtplan : L2**f**
– www.carlton-nuernberg.de
162 Zim – 🚹99/195 € 🚹🚹149/255 € – ☕ 15 € – 4 Suiten
Die klare Nr. 1 in der Stadt: luxuriös-komfortable Zimmer, attraktiver kleiner Spa mit Blick über Nürnberg, beispielhafte Führung. Im Restaurant Tafelhof serviert man internationale Küche. Beliebt (auch bei den Einheimischen): das Gourmet-Buffet samtagabends sowie der Sonntagsbrunch.

Le Méridien Grand-Hotel

Bahnhofstr. 1 ✉ 90402 – ✆ (0911) 2 32 20 Stadtplan : L2**d**
– www.lemeridiennuernberg.com
192 Zim – 🚹120/529 € 🚹🚹150/559 € – ☕ 24 € – 5 Suiten
Seit Ende des 19. Jh. werden hier Gäste beherbergt. Für Geschäftsreisende und auch Stadttouristen ist die Lage gegenüber dem Hauptbahnhof ideal. Die Zimmer sind modern und chic, dazu klassische Bäder aus Carrara-Marmor! Wenn es Ihnen eine Nummer kleiner reicht: Standardzimmer. Internationale Küche in der Brasserie, sehenswert der denkmalgeschützte Richard-Wagner-Saal!

Holiday Inn City Centre

Engelhardgasse 12 ✉ 90402 – ✆ (0911) 24 25 00 Stadtplan : K2**a**
– www.hi-nuernberg.de
260 Zim – 🚹109/169 € 🚹🚹134/194 € – ☕ 15 € – 3 Suiten
Mit seiner sehr guten zeitgemäß-funktionalen Ausstattung ist das Hotel am Altstadtrand ideal für Geschäftsleute. Nett der Frühstücksaum in klaren Linien, gemütlich die Bar & Brasserie "NitriBizz" - hier gibt es internationale Gerichte.

Ramada Parkhotel

Münchener Str. 25 ✉ 90478 – ✆ (0911) 4 74 80 Stadtplan : H3**g**
– www.ramada-nuernberg.de
185 Zim ☕ – 🚹95/179 € 🚹🚹140/198 € – 2 Suiten
Das Businesshotel befindet sich in einer gepflegten Parkanlage, dem Luitpoldhain, und bietet zeitgemäße Zimmer, meist mit Blick ins Grüne, sowie ein klassisch gehaltenes Restaurant mit Terrasse zum Park. Beim Relaxen im ansprechenden Wellnessbereich schaut man in den hübsch angelegten Innenhof.

Drei Raben

Königstr. 63 ✉ 90402 – ✆ (0911) 27 43 80 – www.hoteldreiraben.de Stadtplan : L2**v**

22 Zim – 120/160 € 150/195 €

Sie möchten die Geschichte Nürnbergs kennenlernen? Das kleine Hotel mit persönlicher Note ist genau richtig: In den schönen Themenzimmern kann man Wissenswertes nachlesen, außerdem liegt das Haus im Herzen der Stadt! Morgens ein sehr gutes Frühstück, am Abend sind die Gäste zum Aperitif eingeladen.

Victoria

Königstr. 80 ✉ 90402 – ✆ (0911) 2 40 50 – www.hotelvictoria.de Stadtplan : L2**x**

62 Zim – 82/158 € 92/198 €

Elegant und richtig modern ist das hübsche Haus von 1896 - ein toller Mix aus Tradition und Moderne. Tipp das große Zimmer "LogenPlatz" mit Balkon und Blick aufs Museum! Wie wär's im Sommer mit Kaffee und Kuchen auf dem Klarissenplatz?

Prinzregent

Prinzregentenufer 11 ✉ 90489 – ✆ (0911) 58 81 88 – www.prinzregent.net Stadtplan : M2**a**

39 Zim – 65/85 € 85/105 €

Das Stadthaus steht in bester Lage an der Pegnitz, gegenüber der Stadtpark "Wöhrder Wiese", in die Innenstadt sind es nur 10 Gehminuten. Die Zimmer haben schöne hohe Decken und sind zeitgemäß ausgestattet.

Loew's Merkur

Pillenreuther Str. 1 ✉ 90459 – ✆ (0911) 99 43 30 – www.loews-hotel-merkur.de Stadtplan : G2**a**

200 Zim – 99/129 € 99/129 € – 12 €

Bereits seit 1930 wird das Hotel privat geführt, günstig die zentrale Lage nahe dem Südausgang des Hauptbahnhofs. Wählen Sie eines der schönen modernen Zimmer in warmen Tönen - oder lieber ein kleines Einzelzimmer? Freundliches gediegenes Ambiente im Restaurant, beliebt die klassische Hotelbar.

Agneshof

Agnesgasse 10 ✉ 90403 – ✆ (0911) 21 44 40 – www.agneshof-nuernberg.de Stadtplan : K1**c**

74 Zim – 82/230 € 98/260 € – 7 €

Hier wohnen Sie mitten in der Altstadt und dennoch ruhig! Eine sympathische Adresse mit freundlich und funktional eingerichteten Zimmern, die meist zu den Gartenhöfen liegen. Nett ist der kleine Saunabereich mit Whirlpool.

Sorat Hotel Saxx

Hauptmarkt 17, Eingang über Waaggasse 7 ✉ 90403 – ✆ (0911) 24 27 00 – www.sorat-hotels.com

103 Zim – 79/99 € 99/129 €

Die Lage direkt in der Altstadt könnte nicht besser sein. Ansprechend auch die moderne Einrichtung - fragen Sie nach den geräumigen Juniorsuiten mit Blick zum Hauptmarkt!

acom

Leipziger Platz 22 ✉ 90491 – ✆ (0911) 6 50 59 90 – www.acomhotels.de/de/nuernberg/ Stadtplan : H1**a**

201 Zim – 90/120 € 106/136 €

Lobby, Zimmer, Frühstücksraum..., alles ist modern und geradlinig! In der Bar gibt es Snacks wie Salate und Pizza. Praktisch: die Lage zwischen Zentrum und Airport, die Autobahn ist schnell erreicht, U-Bahn-Station gleich nebenan.

Nürnberg City West

Regerstr. 6 ✉ 90429 – ✆ (0911) 2 17 50 – www.bestwestern-nuernberg.de Stadtplan : E1**a**

234 Zim – 59/269 € 89/299 € – 6 Suiten

Ein modernes und funktionelles Businesshotel, das acht U-Bahn-Minuten vom Zentrum entfernt ist. Heller nach hinten gelegener Frühstücksraum mit gutem Buffet. Abends serviert man in der Bar kleine Snacks.

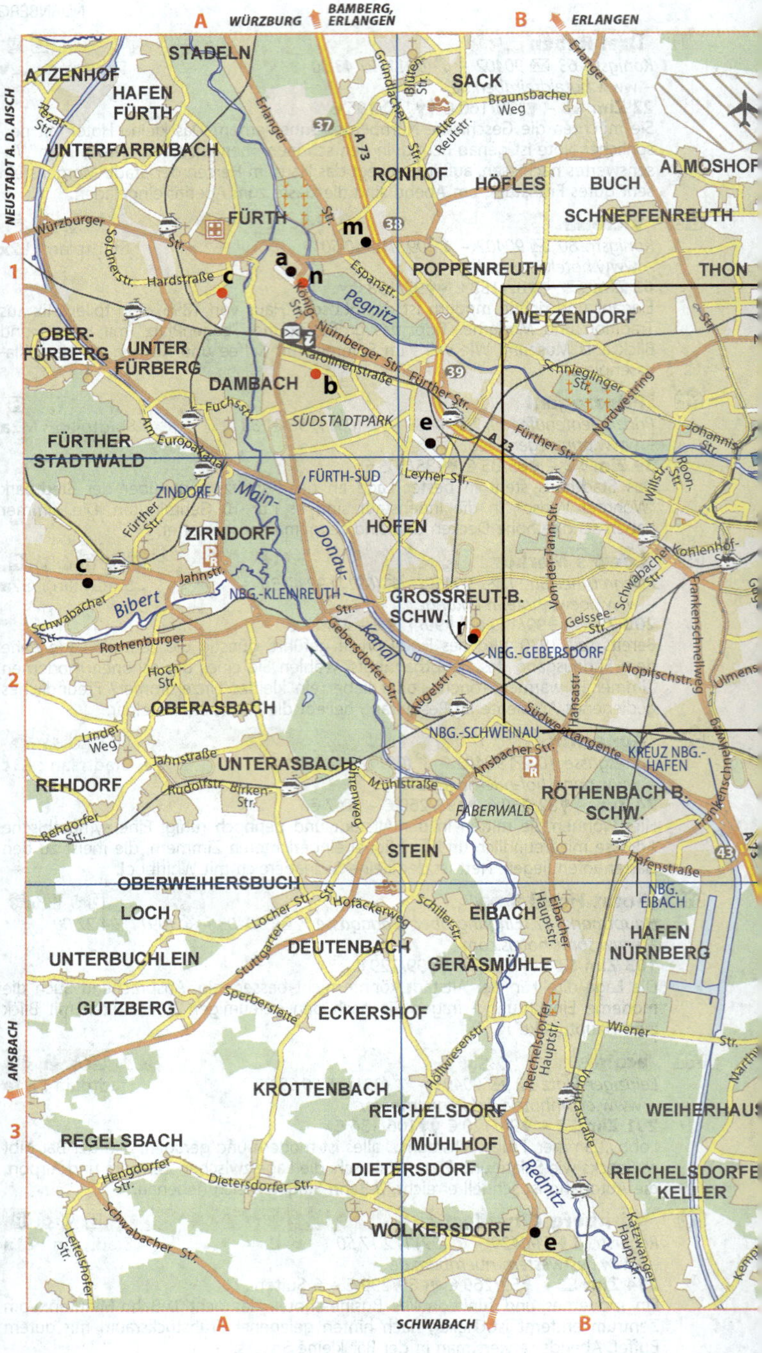
A
WÜRZBURG
BAMBERG, ERLANGEN
B
ERLANGEN
NEUSTADT A. D. AISCH
ANSBACH
SCHWABACH
1
2
3
STADELN
ATZENHOF
HAFEN FÜRTH
SACK
UNTERFARRNBACH
RONHOF
HÖFLES
BUCH
ALMOSHOF
SCHNEPFENREUTH
FÜRTH
POPPENREUTH
THON
WETZENDORF
OBER-FÜRBERG
UNTER FÜRBERG
DAMBACH
SÜDSTADTPARK
FÜRTHER STADTWALD
FÜRTH-SUD
ZINDORF
ZIRNDORF
HÖFEN
NBG.-KLEINREUTH
GROSSREUT-B. SCHW.
NBG.-GEBERSDORF
OBERASBACH
NBG.-SCHWEINAU
KREUZ NBG.-HAFEN
UNTERASBACH
REHDORF
RÖTHENBACH B. SCHW.
FABERWALD
STEIN
OBERWEIHERSBUCH
LOCH
EIBACH
NBG. EIBACH
HAFEN NÜRNBERG
UNTERBUCHLEIN
DEUTENBACH
GERÄSMÜHLE
GUTZBERG
ECKERSHOF
KROTTENBACH
REICHELSDORF
WEIHERHAUS
REGELSBACH
MÜHLHOF
DIETERSDORF
REICHELSDORFER KELLER
WOLKERSDORF
Pegnitz
Main-Donau-Kanal
Bibert
Rednitz
A 73
37
38
39
43
a
b
c
e
m
n
r
Erlanger
Erlanger Str.
Gründlacher Str.
Blüten Str.
Braunsbacher Weg
Alte Reutstr.
Pezat Str.
Würzburger Str.
Soldnerstr.
Hardstraße
Espanstr.
König Str.
Nürnberger Str.
Karolinenstraße
Fürther Str.
Schnieglinger Str.
Nordwestring
Johannis Str.
Fuchsstr.
Am Europakanal
Leyher Str.
Willstr.
Roon-Str.
Fürther Str.
Von-der-Tann-Str.
Kohlenhof-
Schwabacher Str.
Frankenschnellweg
Jahnstr.
Schwabacher Str.
Rothenburger Str.
Hoch-Str.
Gebersdorfer Str.
Geissee-Str.
Nopitschstr.
Wügelstr.
Südwesttangente
Hansastr.
Ansbacher Str.
Linder Weg
Jahnstraße
Rudolfstr.
Birken-Str.
Mühlstraße
Ehrenweg
Rehdorfer Str.
Hafenstraße
Locher Str.
Hofäckerweg
Schillerstr.
Eibacher Hauptstr.
Stuttgarter Str.
Sperbersleite
Wiener Str.
Höllwiesenstr.
Reichelsdorfer Hauptstr.
Vorjurastraße
Hengdorfer Str.
Dietersdorfer Str.
Schwabacher Str.
Leitelshofer Str.
Katzwanger Hauptstr.

NÜRNBERG
0
2 km
C
D
WÜRZBURG
PEGNITZ, BAYREUTH
AMBERG
REGENSBURG
BERLIN, BAYREUTH, HOF
AMBERG
REGENSBURG, NEUMARKT
ANSBACH, HEILBRONN
MÜNCHEN
1
2
3
AIRPORT NÜRNBERG
ZIEGELSTEIN
LOHE
VOLKSPARK MARIENBERG
SCHAFHOF
ERLENSTEGEN
BEHRINGERSDORF
Behringersdorfer See
SCHWAIG
LAUFAMHOLZ
MÖGELDORF
Wöhrder See
LORENZER REICHSWALD
NÜRNBERG
NORISRING
FRANKENSTADION
FISCHBACH
NÜRNBERG MESSE
LANGWASSER
ALTENFURT
Elisabeth-Selbert-Platz
FALKENHEIM
MOORENBRUNN
AN KREUZ NÜRNBERG-OST
KÖNIGSHOF
KREUZ NÜRNBERG SUD
Ludwig-Donau-Main-Kanal
WORZELDORF
KORNBURG
WENDELSTEIN
FEUCHT
A 3 / E 45
A 9 / E 45
A 6 / E 50
A 73
85
86
87
52
44
45
59
47
48
Kalchreuther Str.
Ziegelstein Str.
Bierweg
Äußere Bayreuther Str.
Bayreuther Str.
Erlenstegenstr.
Oedenberger Str.
Thumenberger Weg
Welserstr.
Bayreuther Str.
Sulzbacher Str.
Ostendstr.
Passauer Str.
Bahnhofstr.
Zerzabelshof-Str.
Regensburger Str.
Bingstr.
Allersberger Str.
Pillenreuther Str.
Frankenstraße
Beyernstraße
Münchener Str.
Zeppelin-Str.
Regensburger Str.
Fischbacher Hauptstraße
Karl-Schönleben-Str.
Thomas-Mann-Str.
Breslauer Str.
Gleiwitzer
Oelser Str.
Katzwanger Str.
Julius-Loßmann-Str.
Trierer Str.
Saarbrückener Str.
Liegnitzer Str.
Schwanstetter Str.
Am Zollhaus
An der Radrunde
Alte Salzstr.
Röthenbacher Str.
Norisstraße
Laufer Str.
Nürnberger Str.
Röthenbacher Str.
Laufamholzstraße
Happurger Str.
POL
a
b
c
p
s
u
z

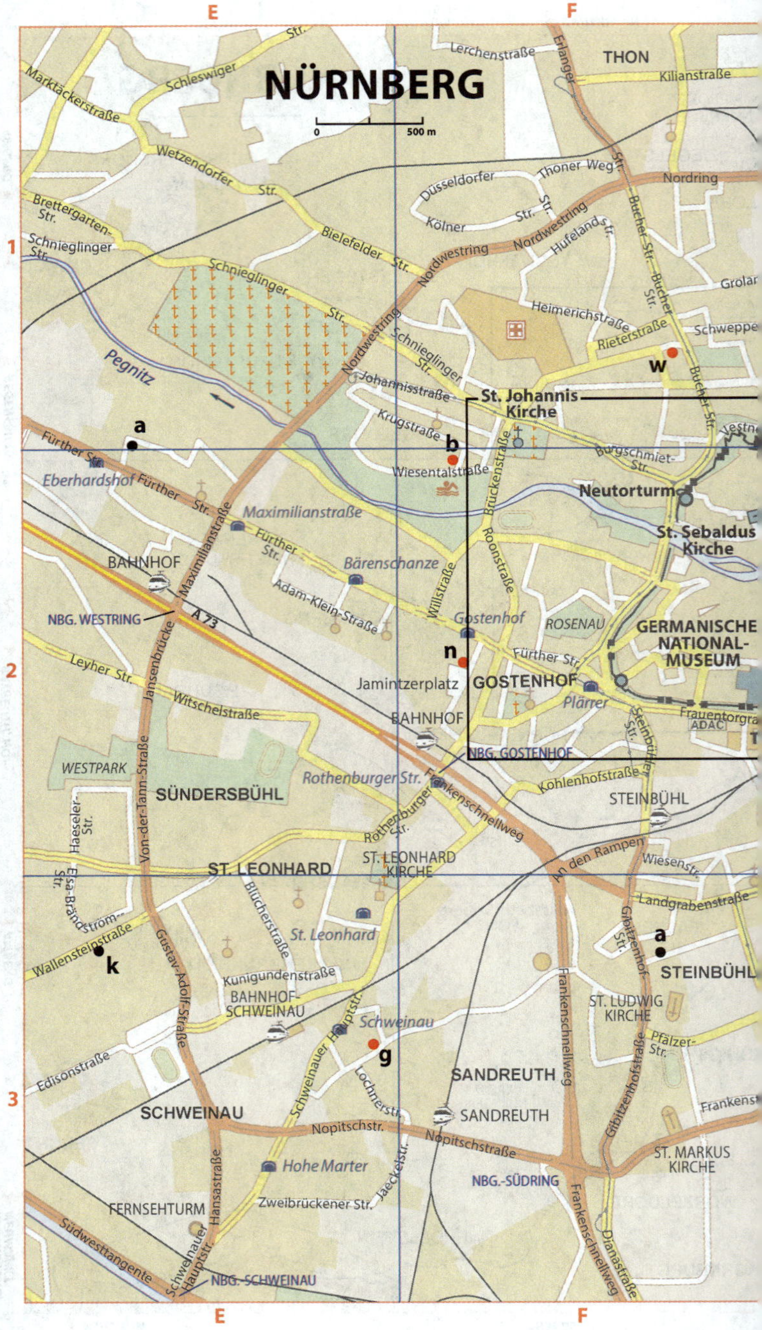
NÜRNBERG
0
500 m
E
F
1
2
3
THON
Nordring
Nordwestring
Pegnitz
St. Johannis Kirche
Neutorturm
St. Sebaldus Kirche
GERMANISCHE NATIONAL-MUSEUM
ROSENAU
GOSTENHOF
Plärrer
Gostenhof
Bärenschanze
Maximilianstraße
Eberhardshof
BAHNHOF
NBG. WESTRING
A 73
Jamintzerplatz
NBG. GOSTENHOF
WESTPARK
SÜNDERSBÜHL
STEINBÜHL
ST. LEONHARD
ST. LEONHARD KIRCHE
St. Leonhard
BAHNHOF-SCHWEINAU
Schweinau
SANDREUTH
SCHWEINAU
ST. LUDWIG KIRCHE
ST. MARKUS KIRCHE
Hohe Marter
NBG.-SÜDRING
FERNSEHTURM
NBG.-SCHWEINAU
Südwesttangente
Frankenschnellweg
ADAC
a
b
w
n
k
g

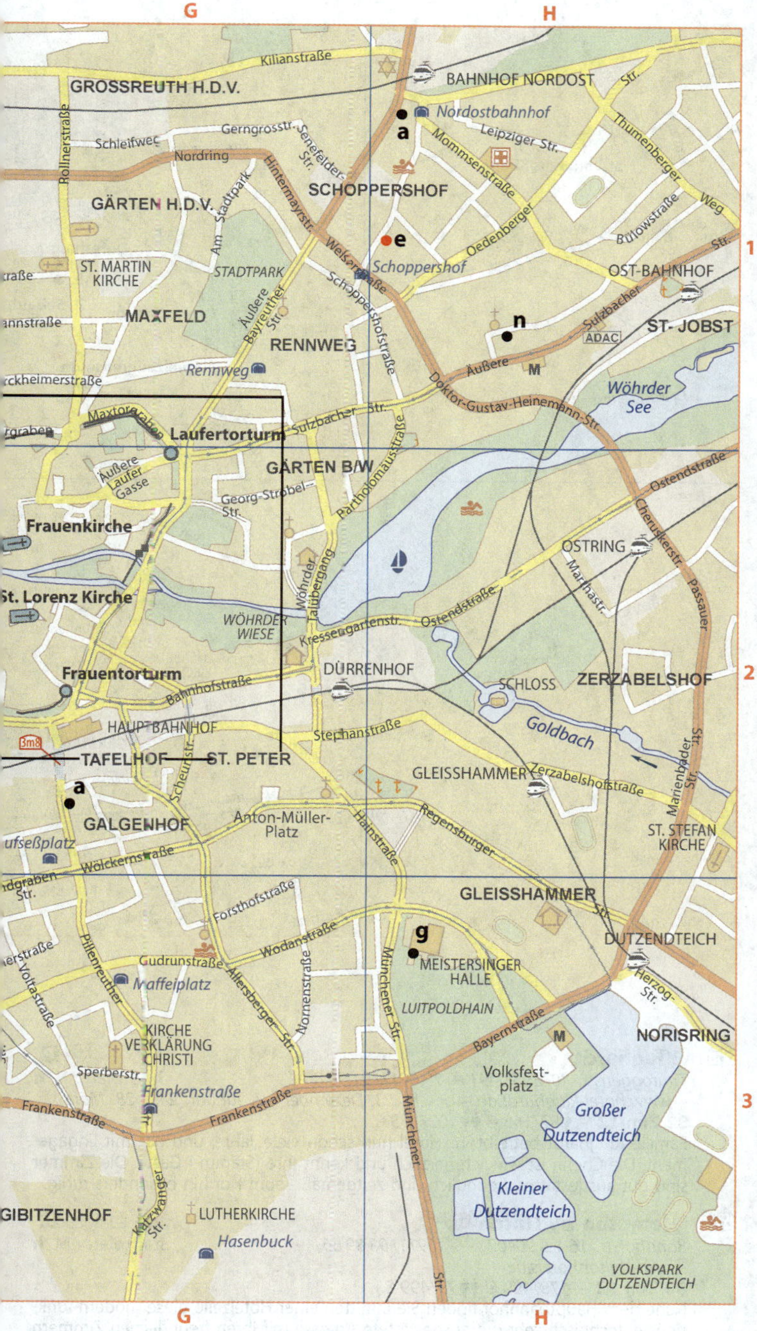
G
H
1
2
3
Kilianstraße
BAHNHOF NORDOST
GROSSREUTH H.D.V.
Nordostbahnhof
a
Rollnerstraße
Schleifweg
Gerngrosstr.
Senefelder-Str.
Leipziger Str.
Mommsenstraße
Thumenberger Weg
Nordring
Hintermayrstr.
SCHOPPERSHOF
GÄRTEN H.D.V.
Am Stadtpark
Bülowstraße
Oedenberger
e
Welserstraße
Schoppershof
ST. MARTIN KIRCHE
STADTPARK
OST-BAHNHOF
Schoppershofstraße
Sulzbacher
Äußere Bayreuther Str.
MAXFELD
n
ST.-JOBST
ADAC
RENNWEG
Rennweg
Äußere
M
Wöhrder See
Doktor-Gustav-Heinemann-Str.
Maxtorgraben
Sulzbacher Str.
Laufertorturm
GÄRTEN B/W
Äußere Laufer Gasse
Ostendstraße
Bartholomäusstraße
Georg-Strobel-Str.
Frauenkirche
Cheruskerstr.
OSTRING
Marthastr.
Passauer
St. Lorenz Kirche
Wöhrder Talübergang
WÖHRDER WIESE
Kressengartenstr.
Ostendstraße
DÜRRENHOF
Frauentorturm
Bahnhofstraße
SCHLOSS
ZERZABELSHOF
Goldbach
HAUPTBAHNHOF
Stephanstraße
TAFELHOF
Scheurlstr.
ST. PETER
GLEISSHAMMER
Zerzabelshofstraße
Marienbader Str.
a
GALGENHOF
Anton-Müller-Platz
Hainstraße
Regensburger
ST. STEFAN KIRCHE
Wölckernstraße
GLEISSHAMMER
Str.
Forsthofstraße
DUTZENDTEICH
g
Wodanstraße
Pillenreuther
Gudrunstraße
MEISTERSINGER HALLE
Herzog-Str.
Maffeiplatz
Allersberger Str.
Nornenstraße
Münchener Str.
LUITPOLDHAIN
Voltastraße
Bayernstraße
NORISRING
KIRCHE VERKLÄRUNG CHRISTI
M
Sperberstr.
Volksfest-platz
Frankenstraße
Großer Dutzendteich
Frankenstraße
Frankenstraße
Münchener
Kleiner Dutzendteich
GIBITZENHOF
Katzwanger Str.
LUTHERKIRCHE
Hasenbuck
VOLKSPARK DUTZENDTEICH
Str.
G
H

Klughardt

Tauroggenstr. 40 ✉ *90491* – ✆ *(0911) 91 98 80* Stadtplan : H1**n**
– *www.hotel-klughardt.de* – *geschl. 23. Dezember - 7. Januar, 24. - 28. März*
32 Zim – 82/145 € 102/165 €
Familie Klughardt betreibt ihr Hotel nun schon viele Jahre, und das mit Engagement. Die Chefin ist wirklich herzlich und kennt ihre (Stamm-) Gäste. Die Zimmer sind gut ausgestattet, freundlich und zeitgemäß - zum Hof hin besonders ruhig.

Hampton by Hilton (N)

Bahnhofstr. 16 ✉ *90402* – ✆ *(0911) 98 89 66* Stadtplan : M2**h**
– *www.hiltonhotels.de*
80 Zim – 79/499 € 79/499 €
Nahe dem Hauptbahnhof finden Sie inmitten einer Hotelzeile diese modern-funktionale, technisch sehr gut ausgestattete Adresse mit ihren freundlichen Zimmern und großem Barbereich. Das Frühstück wird Ihnen hier geschenkt!

Am Josephsplatz

Josephsplatz 30 ✉ 90403 – ✆ (0911) 21 44 70 Stadtplan : K2**k**
– *www.hotel-am-josephsplatz.de* – *geschl. 23. Dezember - 8. Januar*
32 Zm – 85/99 € 103/115 € – 4 Suiten
Eine sympathische, persönlich geführte Adresse ist das Altstadthaus von 1675. Man wohnt in gemütlichen, individuellen Zimmern und entspannt auf der sonnigen Dachterrasse.

Bardolino

Humboldtstr. 3 ✉ 90443 – ✆ (0911) 9 41 18 90 Stadtplan : F3**a**
– *www.hotelbardolino.info*
26 Zim – 95 € 115 €
Dies ist ein familiengeführtes kleines Hotel in einem Wohngebiet in der Nürnberger Südstadt. Es erwarten Sie funktionelle, zeitgemäße Zimmer zu fairen Preisen sowie italienische Küche von hausgemachter Pasta über Dorade bis Saltimbocca. Im Sommer ist die überdachte Terrasse mit Lavagrill sehr nett.

art & business hotel

Gleißbühlstr. 15 ✉ 90402 – ✆ (0911) 2 32 10 Stadtplan : L2**s**
– www.art-buisness-hotel.com – geschl. 1. - 6. Januar, 23. - 31. Dezember
49 Zim ☕ – 🚹74/175 € 🚹🚹120/190 €
Ein wirklich stilvolles Haus, bemerkenswert die Kunst. Die Zimmer sind modern und eher klein, geräumiger die Superiorzimmer. Hübsch der Frühstücksraum samt Terrasse im Innenhof (Brot und Marmelade sind übrigens hausgemacht) sowie die Bar.

Westend

Karl-Martell-Str. 42 ✉ 90431 – ✆ (0911) 93 98 60 Stadtplan : B1**e**
– www.hotelwestend.de – geschl. 23. Dezember - 7. Januar
28 Zim – 🚹59/155 € 🚹🚹79/225 € – ☕ 6 €
Das verkehrsgünstig gelegene Hotel unter charmant-familiärer Leitung bietet modern eingerichtete Zimmer (die Einzelzimmer fallen kleiner aus), einige mit Kitchenette. Frühstück im Wintergarten.

Restaurants

Essigbrätlein (Andree Köthe)

Weinmarkt 3 ✉ 90403 – ✆ (0911) 22 51 31 Stadtplan : K1**z**
– www.essigbraetlein.de – geschl. 24. Dezember - Anfang Januar und Sonntag - Montag
Menü 72 € (mittags)/145 € (abends) – (Tischbestellung ratsam)
Man muss erst mal läuten, um in das nette kleine Restaurant mit rustikalem Touch zu kommen. Andree Köthe und Yves Ollech sind ein kongeniales Duo, wenn es um Innovation und Kreativität geht. Gemüse und Gewürze spielen hier eine besondere Rolle, gelungen auch die Kombination mit Fisch und Fleisch.
→ Rote Bete mit Salat. Gemüse "mariniert und eingelegt". Rhabarber mit Hefeeis.

Aumer's La Vie

Kartäusergasse 12 ✉ 90402 – ✆ (0911) 2 44 97 74 Stadtplan : K2**r**
– www.aumers-la-vie.de – geschl. Januar 1 Woche, April 1 Woche, Ende August - Anfang September 2 Wochen und Sonntag - Montag
Menü 79/110 € – Karte 58/72 € – *(Dienstag - Freitag nur Abendessen)* (Tischbestellung ratsam)
Andreas Aumer hat ein Händchen für ausdrucksstarke Kombinationen und tolle Kontraste. Ausgezeichnete Produkte werden exakt zubereitet und sehr schön angerichtet. Um Sie herum modern-elegantes Ambiente in einem schmucken Jugendstilhaus.
→ Gelbschwanzmakrele roh mariniert, Topinambur, Sauerklee, Bergamotte und Molke. Saibling, Petersilie, Grapefruit und Nussbutter. Apfel, Erbse und Mandel.

Entenstuben

Schranke 9 ✉ 90489 – ✆ (0911) 5 20 91 28 Stadtplan : M1**e**
– www.entenstuben.de – geschl. Anfang Januar 2 Wochen und Sonntag - Montag
Menü 54/89 € – Karte 49/62 € – *(nur Abendessen)*
Hier sitzt man nicht nur in schönem geradlinig-elegantem Ambiente, gut essen kann man auch noch! Was an geschmackvollen modernen Speisen auf den Tisch kommt, nennt sich z. B. "konfierter Saibling mit Mais". Im Sommer lockt die Terrasse!

MINNECI Leonardo

Zirkelschmiedsgasse 28 ✉ 90402 – ✆ (0911) 20 96 55 Stadtplan : K2**f**
– www.minneci-ristorante.de – geschl. Sonntag - Montag
Menü 48/85 € – Karte 44/61 €
Richtig schön verbindet sich der historische Charakter des alten Stadthauses von 1560 mit der Atmosphäre eines italienischen Ristorante. Freundlich-charmant serviert man z. B. "gebratenen Adlerbarsch mit Kaperngemüse und Perlgraupen".

Restauration Fischer

Schottengasse 1 ✉ 90402 – ✆ (0911) 9 89 88 70 – geschl. 1. - 11. Januar, 4. - 18. Juli und Montag Stadtplan : K2**f**

Menü 54/89 € – Karte 48/63 € – *(nur Abendessen)*

In dem Haus a. d. 14. Jh. speist man im modernen EG (hier auch die einsehbare Küche) oder im OG unter der historischen Holzdecke. Geboten wird z. B. "gebratener Loup de Mer auf Fenchelgemüse" oder "Lammrücken auf Ratatouille-Gemüse".

Wonka

Johannisstr. 38 ✉ 90419 – ✆ (0911) 39 62 15 – www.restaurant-wonka.de – geschl. 1. - 6. Januar, 21. August - 7. September und Samstagmittag, Sonntag - Montag Stadtplan : J1**w**

Menü 33 € (mittags unter der Woche)/91 € – Karte 37/54 €

Wirklich nett dieses freundliche Restaurant, und der hübsche Innenhof erst! Im Vordergrund steht aber natürlich die kreativ und klassisch inspirierte Küche. Wie gefällt Ihnen z. B. "sous vide gegarter Kalbsnacken mit Mais"? Und als süßer Abschluss "Zitrone und Basilikum"? Mittags kleine Karte.

Koch und Kellner

Obere Seitenstr. 4 ✉ 90429 – ✆ (0911) 26 61 66 – www.kochundkellner.de – geschl. Juli 2 Wochen und Sonntag Stadtplan : F2**n**

Menü 40 € (mittags)/80 € – Karte 49/66 € – (Tischbestellung ratsam)

"Koch" in dem sympathischen Bistro ist Gerald Hoffmann, "Kellner" ist Gastgeber Frank Mackert. Gekocht wird modern. Es gibt zwei Menüs, in denen sich Leckeres wie "Heilbutt, Limette, Kapern" oder "Lammrücken, Paprika, Aubergine" findet.

Würzhaus

Kirchenweg 3a ✉ 90419 – ✆ (0911) 9 37 34 55 – www.wuerzhaus.info – geschl. 24. - 26. Dezember, 1. - 8. Januar und Samstagmittag, Sonntag - Montagmittag Stadtplan : F1**w**

Menü 17 € (mittags unter der Woche)/76 € – Karte 42/51 € – (Tischbestellung ratsam)

Ein pfiffiges und interessantes Gasthaus: Die Küche ist kreativ, modern und stark regional beeinflusst. Abends gibt es z. B. "Steinbeißer mit Brunnenkresse und Kohlrabi", mittags isst man etwas einfacher, unschlagbar hier das günstige Menü!

Sebald

Weinmarkt 14 ✉ 90403 – ✆ (0911) 38 13 03 – www.restaurant-sebald.de Stadtplan : K1**v**

Karte 26/63 €

"Provenzalische Fischsuppe / Sauce Aioli / Crostini" oder "Tagliata vom Rib Eye / Rucola / Parmesanhobel" - in dem quirligen Restaurant bekommen Sie internationale Küche mit stark mediterranem, aber auch regionalem Einfluss. Von Oktober bis April gibt's an den Wochenenden Livemusik.

IU & ON

Roritzerstr. 10 ✉ 90419 – ✆ (0911) 33 67 67 – www.iu-on.de – geschl. August und Montag - Dienstag Stadtplan : K1**p**

Menü 43/56 € – Karte 37/52 €

Ein richtiger Familienbetrieb, den es seit über 40 Jahren gibt! Auf der Karte finden sich z. B. "Yam Plamük" (fein-scharfer Oktopussalat nach Hausrezept) oder "Gai Ta Krai" (gebratenes Hähnchenbrustfilet mit Zitronengrassauce und Klebreis).

Quo vadis

Elbinger Str. 28 ✉ 90491 – ✆ (0911) 51 55 53 – www.ristorante-quovadis.de Stadtplan : H1**e**

Menü 24/72 € – Karte 29/56 € – (abends Tischbestellung ratsam)

In dem hübschen alten Natursteinhaus kocht der Chef Guiseppe Pluchino selbst, und zwar Pasta aus dem Parmesanlaib, Klassiker wie "Saltimbocca à la Romana" oder aber seine Spezialität: hausgemachte Ravioli mit allerlei Füllungen!

Le Virage

Helmstr. 19 ✉ 90419 – ✆ (0911) 9 92 89 57 Stadtplan : F2**b**
– www.nefkom.net/le.virage – geschl. Montag
Menü 37/43 € – *(nur Abendessen)*
In dem einfachen kleinen Bistro erfährt man ein Stückchen französische Lebensart in Nürnberg! Der Patron bereitet traditionelle Gerichte zu, die in Menüform angeboten werden. Er kocht eher schlicht, aber mit Geschmack und alles ist frisch!

NÜRNBERGER BRATWURST-LOKALE: : Bis ins 14. Jh. reicht die Tradition dieser rustikal-gemütlichen Lokale zurück. Über Buchenholzfeuer gegrillt schmecken die Würste besonders gut.

Historische Bratwurstküche Zum Gulden Stern

Zirkelschmiedsgasse 26 ✉ 90402 – ✆ (0911) 2 05 92 88 Stadtplan : K2**f**
– www.bratwurstkueche.de
Karte 13/21 €
Sehr gemütlich und originell sind die nett dekorierten Stuben in dem Gasthaus von 1419. In der angeblich ältesten Bratwurstküche der Welt kommt die Bratwurst natürlich vom Buchenholzrost!

Bratwursthäusle

Rathaus-Platz 1 ✉ 90403 – ✆ (0911) 22 76 95 Stadtplan : L1**s**
– www.bratwursthaeusle.de – geschl. Sonntag und an Feiertagen
Karte 14/22 €
Zwischen Hauptmarkt und Kaiserburg liegt das Bratwurstlokal schlechthin. Eine äußerst beliebte Adresse mit urigem Flair, mittig der Grill. Die Bratwürste werden übrigens in der hauseigenen Metzgerei jeden Morgen frisch hergestellt!

Bratwurstglöcklein

im Handwerkerhof ✉ 90402 – ✆ (0911) 22 76 25 Stadtplan : L2**z**
– www.bratwurstgloecklein.de – geschl. Sonntag und an Feiertagen (außer Christkindlesmarkt)
Karte 14/23 €
Das Fachwerkhäuschen im Nürnberger Handwerkerhof hat eine lange Tradition als Bratwurstküche. Damen im Dirndl servieren die täglich frisch gemachte, über Buchenholzfeuer gegrillte Wurst auf Zinntellern. Probieren Sie auch mal das Schäufele!

In Nürnberg-Altenfurt

Nürnberger Trichter

Löwenberger Str. 147 ✉ 90475 – ✆ (0911) 8 33 50 Stadtplan : D2**a**
– www.nuernberger-trichter.de – geschl. 20. Dezember - 7. Januar, 25. - 28. März
38 Zim – 🚹59/123 € 🚹🚹88/167 €
Hier stimmen Lage und Einrichtung: Das familiär geführte Hotel liegt verkehrsgünstig nahe der Messe und dem Fußballstadion und verfügt über hell und zeitgemäß möblierte Gästezimmer.

In Nürnberg-Boxdorf Nord: 9 km über Erlanger Straße B1

Schindlerhof

Steinacher Str. 6 ✉ 90427 – ✆ (0911) 9 30 20 – www.schindlerhof.de
92 Zim – 🚹112/142 € 🚹🚹164/178 € – 2 Suiten
unvergesslich – Siehe Restaurantauswahl
Die aus sechs Häusern bestehende Hotelanlage ist ideal für Businessgäste und auch auf Tagungen ausgelegt. Möchten Sie in einem klassischen Landhauszimmer schlafen oder lieber in einem modernen Ryokan-Zimmer? Schön die Hotelbar "DankBar".

unvergesslich – Hotel Schindlerhof

Steinacher Str. 6 ✉ 90427 – ✆ (0911) 9 30 20 – www.schindlerhof.de
Menü 49/95 € – Karte 28/98 €
Das Motto hier "Franken geht fremd". Konkret heißt das: Neben Fränkischer Linsensuppe und Rindsroulade gibt es Internationales wie "Thunfischvariation" und auch Vegetarisches/Veganes. Danach z. B. leckere "Nougat-Tarte mit Haselnüssen"!

In Nürnberg-Flughafen

Mövenpick

Flughafenstr. 100 ✉ 90411 – ✆ (0911) 3 50 10 Stadtplan : C1**c**
– www.moevenpick-hotels.com/nuernberg
150 Zim – 85/180 € 85/180 € – 21 €
Eine funktionale Businessadresse nur 50 m von den Terminals. Lobby und Zimmer sind schön in warmen Rot- und Brauntönen gehalten. Man bietet 24-h-Room-Service und im 1. OG des Flughafengebäudes finden Sie ein "Mövenpick Restaurant".

In Nürnberg-Gebersdorf

NOVINA HOTEL Tillypark

Wallensteinstr. 71 ✉ 90431 – ✆ (0911) 81 76 70 Stadtplan : E3**k**
– www.novina-hotel-tillypark.de – geschl. 23. Dezember - 1. Januar
131 Zim – 101/145 € 129/173 €
Das aus einer ehemaligen Kaserne entstandene Hotel bietet helle, moderne Zimmer, praktisch die Anbindung an Autobahn, Innenstadt und Messe. Internationale Küche im freundlich und geradlinig gestalteten Restaurant samt Wintergarten.

In Nürnberg-Großreuth bei Schweinau

Rottner

Winterstr. 17 ✉ 90431 – ✆ (0911) 61 20 32 Stadtplan : B2**r**
– www.rottner-hotel.de – geschl. Ende Dezember - Anfang Januar
37 Zim – 113/155 € 155/171 €
Gasthaus Rottner – Siehe Restaurantauswahl
Zu dem 200 Jahre alten Gasthaus gesellt sich dieses zeitgemäße Hotel mit schönen wohnlichen Zimmern (Minibar kostenfrei) und sehr gutem Frühstück im Pavillon oder auf der Terrasse! An Sommerabenden rustikale Klassiker im Nussbaumgarten.

Gasthaus Rottner – Hotel Rottner

Winterstr. 15 ✉ 90431 – ✆ (0911) 61 20 32 Stadtplan : B2**r**
– www.rottner-hotel.de – geschl. 24. Dezember - 8. Januar und Samstagmittag, Sonntag - Montag
Menü 42/78 € – Karte 56/69 € – (Tischbestellung ratsam)
Außen ein hübsches Fachwerkhaus nebst schöner Terrasse, drinnen liebenswerte Stuben und wirklich nette Atmosphäre! Auf der Karte Regionales wie "Rehmedaillons mit Pilzen und hausgemachten Spätzle", mittags kleineres Angebot.

In Nürnberg-Kornburg

Weißes Lamm

Flockenstr. 2 ✉ 90455 – ✆ (09129) 2 81 60 Stadtplan : C3**a**
– www.weisses-lamm.com – geschl. Ende August - Mitte September
30 Zim – 48/70 € 76/90 € – ½ P
Ein ländlicher Gasthof mit Familientradition seit 1732, zu dem auch eine eigene Metzgerei gehört. Man hat hier gepflegte, solide Zimmer zu einem guten Preis-Leistungs-Verhältnis und eine beliebte rustikale Gaststube.

In Nürnberg-Kraftshof Nord: 7 km über Erlanger Straße und Kraftshofer Hauptstraße B1

Schwarzer Adler

Kraftshofer Hauptstr. 166 ✉ 90427 – ✆ (0911) 30 58 58
– www.schwarzeradler.de – geschl. Montag
Menü 35 € (mittags)/110 € – Karte 36/95 € – (Tischbestellung ratsam)
Seit über 250 Jahren gibt es den fränkischen Gasthof nun schon. Man kocht gute klassische Speisen (z. B. "Fränkischen Waller aus dem Wurzelsud"), die in geschmackvollen Stuben serviert werden - oder auf der schönen Gartenterrasse!

Alte Post

Kraftshofer Hauptstr. 164 ✉ 90427 – ✆ (0911) 30 58 63 – www.altepost.net – geschl. Mittwoch
Karte 20/49 €
"Fränkische Bratwürste mit Sauerkraut" oder "Karpfen in Bierteig mit Kartoffel- und Selleriesalat" - in der einstigen Poststation a. d. 15. Jh. ist man mit der Region verwurzelt, seit vier Generationen. Charmante Stuben, hübsche Terrasse.

In Nürnberg-Laufamholz

Park Hotel

Brandstr. 64 ✉ 90482 – ✆ (0911) 95 07 00 Stadtplan : D1**p**
– www.park-hotel-nuernberg.de – geschl. 23. Dezember - 2. Januar
21 Zim – 78/118 € 98/148 €
Solche Häuser sollte es öfter geben: In dem sehr persönlich geführten kleinen Hotel kümmert man sich mit viel Engagement und Herzblut um die Gäste! Die Zimmer sind wohnlich und funktional, und versäumen Sie nicht das gute Frühstück!

In Nürnberg-Moorenbrunn

Landgasthof Gentner

Bregenzer Str. 31 ✉ 90475 – ✆ (0911) 8 00 70 Stadtplan : D3**b**
– www.landgasthof-gentner.de – geschl. 23. Dezember - 7. Januar
29 Zim – 74/94 € 104/124 € – 1 Suite
Landgasthof Gentner – Siehe Restaurantauswahl
Familie Gentner (bereits die 3. Generation) legt großen Wert darauf, die Gasthaus-Tradition zu bewahren - und das merkt man an der gepflegten Einrichtung (die Chefin hat ein Händchen für ländliche Deko), am guten Frühstück und an der sehr netten Gästebetreuung vom Empfang bis zur Verabschiedung!

Landgasthof Gentner – Hotel Landgasthof Gentner

Bregenzer Str. 31 ✉ 90475 – ✆ (0911) 8 00 70 Stadtplan : D3**b**
– www.landgasthof-gentner.de – geschl. 23. Dezember - 7. Januar, 31. Juli - 18. August und Montagmittag
Karte 26/51 €
So richtig heimelig hat man es in den reizenden Zirbelholz-Stuben und gute Küche gibt's obendrein! Wie wär's mit "Filetspitzen mit feinem Pilzsößchen, Kartoffelrösti und Salat"? Lecker auch die "Kaffee-Crème-Brûlée mit weißem Schokoladeneis"! Kein Terrassenwetter? Dann setzen Sie sich ins Garten-Stüberl.

In Nürnberg-Schweinau

Gatto Rosso

Hintere Marktstr. 48 ✉ 90441 – ✆ (0911) 66 68 78 Stadtplan : E3**g**
– www.gatto-rosso.de – geschl. Samstagmittag, Sonntag
Menü 25/45 € – Karte 35/51 €
Wirklich gemütlich ist es in dem über 400 Jahre alten kleinen Fachwerkhaus. Hier kocht Severino Donadoni frische italienische Speisen, die seine Frau Amalia freundlich serviert - mitunter hört man sie auch mal hinter der Theke singen!

In Nürnberg-Worzeldorf

Zirbelstube

Friedrich-Overbeck-Str. 1 ✉ 90455 – ✆ (0911) 99 88 20 Stadtplan : C3**z**
– www.zirbelstube.com – geschl. 1. - 11. Januar, 16. - 30. Mai und Sonntag - Montagmittag, Dienstagmittag
6 Zim – 73/110 € 96/170 € Menü 29/69 € – Karte 30/60 €
Ein schmuckes Sandsteingebäude von 1860 mit ebenso schönem Interieur. In der charmanten Zirbelstube serviert man z. B. "Schweinemedaillons mit Sauerkrautkruste, Specksauce und Kartoffelplätzchen". Reizend die Terrasse am alten König-Ludwig-Kanal. Sie können auch übernachten - man hat hübsche Gästezimmer.

In Nürnberg-Zerzabelshof

Hilton Nuremberg

Valznerweiherstr. 200 ✉ 90480 – ✆ (0911) 4 02 90 Stadtplan : C2**u**
– www.hilton.de/nuernberg
152 Zim – 🚹84/296 € 🚹🚹84/296 € – ☕ 21 €
Das Tagungshotel liegt am Lorenzer Wald, direkt neben dem Trainingsgelände des 1. FC Nürnberg (vom Frühstücksraum kann man zuschauen!). Die Zimmer sind funktional und auf den Businessgast zugeschnitten. In der Lounge kann man international essen - es gibt ganztägig Klassiker wie Clubsandwich oder Hamburger.

NÜRTINGEN

Baden-Württemberg – 39 760 Ew. – Höhe 291 m – Regionalatlas **55-H19**
Berlin 633 km – Stuttgart 37 km – Reutlingen 21 km – Ulm (Donau) 66 km
Michelin Straßenkarte 545

Vetter

Marienstr. 59 ✉ 72622 – ✆ (07022) 9 21 60
– www.hotel-vetter.de
38 Zim ☕ – 🚹63/95 € 🚹🚹93/116 €
Das Hotel liegt in einem Wohngebiet außerhalb des Zentrums und ist tipptopp gepflegt. Die Komfortzimmer sind großzügiger geschnitten. Heller Frühstücksraum im Bistrostil.

Valentino

Heiligkreuzstr. 18 ✉ 72622 – ✆ (07022) 3 11 14
– www.ristorante-valentino.com – geschl. Samstagmittag, Sonntag
Karte 32/67 €
Familie Polizzi hat sich hier im Laufe von rund 30 Jahren einen Namen gemacht, und zwar mit italienisch-saisonaler Küche samt tagesfrischer Empfehlungen auf der Tafel. Ehrensache, dass das Olivenöl aus Silzilien kommt, aus eigener Herstellung! Mediterranes Flair im "giardino".

Weinstube zum Schloßberg

Schloßberg 1 ✉ 72622 – ✆ (07022) 3 28 78
– geschl. 24. Dezember - 7. Januar, Ende August - Anfang September 2 Wochen und Sonntag - Montag sowie an Feiertagen
Karte 28/46 € – *(nur Abendessen)* (Tischbestellung erforderlich)
Hier ist man immer gut gebucht! Auch viele Stammgäste kommen gerne in die urig-gemütliche Weinstube unweit der Kirche, um sich bei den herzlichen Betreibern schwäbische Gerichte schmecken zu lassen.

NUTHETAL

Brandenburg – 8 750 Ew. – Höhe 34 m – Regionalatlas **22-O8**
Berlin 41 km – Potsdam 17 km – Belzig 55 km – Magdeburg 123 km
Michelin Straßenkarte 542

In Nuthetal-Philippstal Süd-Ost: 6 km über Potsdamer Straße

Philippsthal

Philippsthaler Dorfstr. 35 ✉ 14558 – ✆ (033200) 52 44 32
– www.restaurant-philippsthal.de
Menü 37 € – Karte 36/51 €
Der Weg zu diesem denkmalgeschützten Anwesen lohnt sich, denn man isst wirklich gut und das Ambiente ist schön mit seinem Mix aus Rustikalem und Modernem, dazu ein reizender Hofgarten. Was aus der offenen Küche kommt, hat Geschmack und Aroma, so z. B. "Kartoffelterrine mit geräuchertem Waller".

OBERAMMERGAU

Bayern – 5 120 Ew. – Höhe 837 m – Regionalatlas **65-K21**
Berlin 678 km – München 92 km – Garmisch-Partenkirchen 19 km – Landsberg am Lech 59 km
Michelin Straßenkarte 546

Maximilian

Ettaler Str. 5 ✉ 82487 – ✆ (08822) 94 87 40 – www.maximilian-oberammergau.de
18 Zim – †175/255 € ††225/345 € – 2 Suiten – ½ P
Ammergauer Maxbräu – Siehe Restaurantauswahl
Chic ist der alpenländisch-moderne Stil dieses luxuriösen kleinen Feriendomizils vor der malerischen Bergkulisse. Die Zimmer sind äußerst wohnlich, ansprechend auch der Sauna- und Beautybereich. Sehr guter und aufmerksamer Service.

Landhaus Feldmeier

Ettaler Str. 29, Zufahrt über Rüdererweg ✉ 82487 – ✆ (08822) 30 11 – www.hotel-feldmeier.de – geschl. März - April 3 Wochen, Oktober - November 2 Wochen
30 Zim – †75/85 € ††115/140 € – ½ P
Auf drei Häuser im regionalen Stil verteilen sich die wohnlichen Gästezimmer mit Balkon oder Terrasse. In "Haus 3" sind die Zimmer besonders neuwertig! Gut entspannen lässt es sich im hübschen Saunabereich. Rustikales Restaurant.

Turmwirt

Ettaler Str. 2 ✉ 82487 – ✆ (08822) 9 26 00 – www.turmwirt.de
22 Zim – †79/85 € ††99/140 € – 1 Suite
Das Traditionshaus mit Ursprung im 18. Jh. steht mitten im Ort. Eine familiäre Adresse mit gepflegten, funktionellen Zimmern und einem schönen lichten Saunabereich.

Antonia

Freikorpsstr. 5 ✉ 82487 – ✆ (08822) 9 20 10 – www.hotel-antonia.com
14 Zim – †52/68 € ††85 €
In diesem kleinen Hotel, das ruhig in einer Wohngegend liegt, kümmert sich die Chefin persönlich um Sie. Es stehen auch zwei geräumige Zimmer mit Kitchenette zur Verfügung.

Ammergauer Maxbräu – Hotel Maximilian

Ettaler Str. 5 ✉ 82487 – ✆ (08822) 9 48 74 60 – www.maximilian-oberammergau.de
Menü 25/32 € (abends) – Karte 24/44 €
Frische saisonale Küche und bayerische Klassiker stehen in diesem herzlichen rustikalen Brauhaus auf der Karte - beim Essen schaut man auf die Braukessel. Sie trinken hier hauseigenes Bier, natürlich auch auf der Terrasse und im Biergarten! Im Restaurant gibt's sogar eine Spielecke für die Kleinen.

OBERAUDORF

Bayern – 4 960 Ew. – Höhe 480 m – Regionalatlas **66-N21**
Berlin 672 km – München 81 km – Bad Reichenhall 95 km – Rosenheim 28 km
Michelin Straßenkarte 546

Bernhard's im Seebacher Haus

Kufsteiner Str. 10 ✉ 83080 – ✆ (08033) 30 87 76 20 – www.bernhards.biz
24 Zim – †58/68 € ††82/98 €
Neben dem gleichnamigen Restaurant hat die Familie gleich gegenüber auch dieses denkmalgeschützte Haus mit der bemalten Fassade. Richtig schön die liebenswert gestalteten Zimmer. Am Abend gibt's in der gemütlichen Stube Weine und Brotzeit.

Ochsenwirt

Carl-Hagen-Str. 14 ✉ 83080 – ✆ (08033) 3 07 90 – www.ochsenwirt.com – geschl. 31. Oktober - 15. November

38 Zim – 46/58 € 84/106 € – ½ P

Seit 1445 gibt es diesen Gasthof, seit jeher ein Familienbetrieb. Die Atmosphäre ist persönlich, man bemüht sich um die Gäste und bleibt am Ball - so hat man z. B. einige neuere, wohnlich-charmante Zimmer im Nebenhaus. Behaglich auch die Bauernstuben mit viel Holz und Kachelofen. Do. Grillabend im Biergarten.

Bernhard's

Marienplatz 2 ✉ 83080 – ✆ (08033) 3 05 70 – www.bernhards.biz – geschl. über Weihnachten und Donnerstag

10 Zim – 38/68 € 66/98 € – ½ P   Menü 39/42 € – Karte 24/56 €

Gerne sitzen die vielen (Stamm-) Gäste in behaglich-mediterranem Ambiente bei regionalen Speisen wie "Krustenbraten mit zweierlei Knödel und Speckkrautsalat". Oder lieber etwas Schweizerisches wie "Zürcher Geschnetzeltes"? Zum Übernachten hat man hübsche wohnliche Zimmer im Landhausstil.

Im Ortsteil Niederaudorf Nord 2 km Richtung Flintsbach

Alpenhof

Rosenheimer Str. 97 ✉ 83080 – ✆ (08033) 30 81 80 – www.alpenhof-oberaudorf.de – geschl. November - Dezember 3 Wochen

16 Zim – 54/75 € 88/104 € – ½ P

Ein Gasthof mit Charme: herzlich-familiär und engagiert die Betreiber, freundlich die Zimmer (am komfortabelsten die "Edelweißzimmer"), gemütlich das regionstypische Restaurant nebst Terrasse. Schön für Kinder: Obstgarten und Spielplatz. Im Winter hat man übrigens die Langlaufloipe direkt vor der Tür.

An der Straße nach Bayrischzell Nord-West: 8,5 km

Feuriger Tatzlwurm

Tatzelwurm ✉ 83080 Oberaudorf – ✆ (08034) 3 00 80 – www.tatzlwurm.de

78 Zim – 75/140 € 140/180 € – 2 Suiten – ½ P

Das Gasthaus a. d. 19. Jh. (reizend die Leiblstube von 1863!) ist heute ein komfortables Wellnesshotel mit stimmigem regionstypischem Konzept. Wohnlich und wertig die Einrichtung, vielfältig das Freizeitangebot. Und die wunderbare Natur gibt's gratis dazu: Blick aufs Kaisergebirge, Badeteich beim Wildbach...

OBERAULA

Hessen – 3 200 Ew. – Höhe 326 m – Regionalatlas **38-H13**

Berlin 425 km – Wiesbaden 165 km – Kassel 73 km – Bad Hersfeld 22 km

Michelin Straßenkarte 543

Zum Stern

Hersfelder Str. 1, B 454 ✉ 35280 – ✆ (06628) 9 20 20 – www.hotelzumstern.de

66 Zim – 55/77 € 90/120 € – ½ P

Schon von außen nett anzusehen ist das schmucke Fachwerkhaus. Die meisten der ländlich-wohnlichen Gästezimmer liegen zum hübschen Garten hin und bieten einen Balkon, zwei der Zimmer sind Familienmaisonetten. Kleiner Spabereich. Ein Grill-Pavillon ergänzt das bürgerlich-rustikal gehaltene Restaurant.

OBERBOIHINGEN

Baden-Württemberg – 5 370 Ew. – Höhe 276 m – Regionalatlas **55-H19**

Berlin 630 km – Stuttgart 34 km – Göppingen 26 km – Reutlingen 25 km

Michelin Straßenkarte 545

Zur Linde

Nürtinger Str. 24 ✉ 72644 – ✆ (07022) 6 11 68 – www.linde-oberboihingen.de – geschl. über Pfingsten 2 Wochen und Montag - Dienstag

Menü 30 € – Karte 22/49 €

Geschmälzte Maultaschen, Zwiebelrostbraten & Co. sind bei Jörg und Heike Ebermann ebenso gefragt wie Württemberger Lamm, eine ihrer Spezialitäten. Auch die günstigen Angebote zum Mittagstisch kommen gut an! Und das Ambiente? Hier ist der 70er-Jahre-Stil unverkennbar.

OBERDING – Bayern ➜ Siehe Freising

OBERELSBACH

Bayern – 2 720 Ew. – Höhe 420 m – Regionalatlas **39**-I14
Berlin 410 km – München 325 km – Fulda 52 km – Bamberg 99 km
Michelin Straßenkarte 546

In Oberelsbach-Ginolfs Süd-West: 4 km Richtung Bischofsheim, nach 1 km rechts

Fischerhütte Edwin

Herbertsweg 1 ✉ 97656 – ✆ (09774) 85 83 38 – www.fischerhuette-edwin.de – geschl. November 2 Wochen, Februar 2 Wochen und Montag - Dienstag
Karte 19/36 €
Ein schlicht-modern gehaltenes Restaurant in einem Holzhaus auf Pfählen mitten im Biosphärenreservat Rhön. Man bietet vorwiegend Fisch aus den eigenen Forellenteichen am Haus.

OBERHACHING

Bayern – 12 780 Ew. – Höhe 576 m – Regionalatlas **65**-L20
Berlin 614 km – München 16 km – Innsbruck 156 km – Kufstein 82 km
Michelin Straßenkarte 546

Hachinger Hof

Pfarrer-Socher-Str. 39 ✉ 82041 – ✆ (089) 61 37 80 – www.hachinger-hof.de – geschl. 23. Dezember - 2. Januar
74 Zim – 70/140 € 90/160 €
Hier kümmert sich bereits die 2. Generation der Familie Mair um Ihr Wohl, ob Sie nun einen Kurzurlaub machen oder nur auf der Durchreise sind. Fragen Sie nach den aktuellsten, komplett aufgefrischten Zimmern! In gemütlichen Stuben bekommen Sie bürgerlich-regionale Speisen serviert.

OBERHAUSEN

Nordrhein-Westfalen – 210 010 Ew. – Höhe 42 m – Regionalatlas **26**-C11
Berlin 536 km – Düsseldorf 35 km – Duisburg 10 km – Essen 12 km
Michelin Straßenkarte 543

Mercure

Max-Planck-Ring 6 ✉ 46049 – ✆ (0208) 4 44 10 – www.mercure-oberhausen.de
94 Zim – 79/99 € 89/109 € – 16 €
Ein modernes Businesshotel, das günstig in einem Industriegebiet liegt, parken ist kein Problem. Hier bleibt man am Ball, alles ist gut in Schuss, die Einrichtung freundlich, das Frühstücksbuffet macht Appetit. Einen genaueren Blick sind auch die Bilder im Haus wert (einige zeigen die Chefin - im Jahre 1960).

TRYP

Centroallee 280 ✉ 46047 – ✆ (0208) 8 20 20 – www.tryphotels.de
210 Zim – 76/99 € 86/106 € – 14 €
Das Hotel am Centro, dem großen Shopping- und Freizeitzentrum, verfügt über neuzeitliche, freundliche Zimmer. Die Premium-Zimmer in der 3. und 4. Etage bieten kleine Extras und besonders komfortable Betten. Italienische Küche im Restaurant.

Hackbarth's Restaurant

Im Lipperfeld 44 ✉ 46047 – ✆ (0208) 2 21 88 – www.hackbarths.de – geschl. 24. Dezember - 7. Januar und Samstagmittag, Sonntag
Menü 44/52 € – Karte 20/61 €
"Rotzungen-Roulade auf Gemüse-Cassoulet und Rotweinsauce" ist nur ein Beispiel für die ansprechend angerichteten kreativ-internationalen Speisen in dem netten Lokal in Centro-Nähe. Der Service freundlich-leger. Hübsch die kleine Terrasse.

OBERHEIMBACH

Rheinland-Pfalz – 560 Ew. – Höhe 140 m – Regionalatlas **46**-D15
Berlin 619 km – Mainz 49 km – Neustadt an der Weinstraße 107 km – Koblenz 55 km
Michelin Straßenkarte 543

Weinberg-Schlösschen

Hauptstr. 2 ✉ 55413 – ✆ (06743) 9 47 18 40 – www.weinberg-schloesschen.de – geschl. Januar - 1. März

26 Zim – 🚹65/149 € 🚹🚹85/199 € – 1 Suite – ½ P

Weinberg-Schlösschen – Siehe Restaurantauswahl

Nur wenige Kilometer vom Rhein und inmitten der Weinberge liegt das Haus der Lambrichs. Die Zimmer reichen vom kleinen "Piccolo" bis zum schicken großen Turmzimmer mit verglastem Bad! Ansprechend modern sind sie alle, schön der Holzboden.

Weinberg-Schlösschen – Hotel Weinberg-Schlösschen

Hauptstr. 2 ✉ 55413 – ✆ (06743) 9 47 18 40 – www.weinberg-schloesschen.de – geschl. Januar - 1. März und Montag, November - Dezember: Montag - Mittwoch

Menü 32/55 € – Karte 31/77 € – *(Dienstag - Donnerstag nur Abendessen)*

Nicht nur attraktives zeitgemäßes Ambiente und freundlicher Service sind Ihnen hier gewiss, gut essen kann man ebenso. Marc Lambrich kocht z. B. Klassiker wie "Ragout vom Oberheimbacher Hirsch". Von der Terrasse schaut man auf die Reben.

OBERHOF

Thüringen – 1 640 Ew. – Höhe 800 m – Regionalatlas **40-K13**

Berlin 337 km – Erfurt 58 km – Bamberg 106 km – Eisenach 53 km

Michelin Straßenkarte 544

Berghotel

Theodor-Neubauer-Str. 20 ✉ 98559 – ✆ (036842) 2 70 – www.berghotel-oberhof.de

70 Zim – 🚹78/100 € 🚹🚹146/206 € – ½ P

Ein wirklich schönes Ferienhotel mit Wellness auf 500 qm und zeitgemäßen, freundlichen Zimmern - etwas gehobener sind die modernen Zimmer in der Dependance "Villa Silva". Ansprechend auch das Restaurant in geradlinigem Stil sowie die schicke Cocktailbar mit Bowlingbahn.

OBERKIRCH

Baden-Württemberg – 19 670 Ew. – Höhe 192 m – Regionalatlas **54-E19**

Berlin 739 km – Stuttgart 140 km – Karlsruhe 76 km – Offenburg 16 km

Michelin Straßenkarte 545

Obere Linde

Hauptstr. 25 ✉ 77704 – ✆ (07802) 80 20 – www.obere-linde.de

24 Zim – 🚹85/105 € 🚹🚹115/155 € – ½ P

Wenn man die zwei schmucken Fachwerkhäuser sieht, denkt man unweigerlich an wohltuend gemütliche Atmosphäre. Und die finden Sie sowohl in den Zimmern (hier können Sie auf Wunsch sogar in einem Himmelbett schlafen) als auch in den Restaurantstuben. Wenn Sie im Sommer lieber draußen essen: Es gibt auch eine schöne Gartenterrasse!

Haus am Berg

Am Rebhof 5, Zufahrt über Privatweg ✉ 77704 – ✆ (07802) 47 01 – www.haus-am-berg-oberkirch.de – geschl. Mitte Januar 2 Wochen, Anfang November 2 Wochen und Dienstag

Menü 16 € (mittags unter der Woche)/50 € – Karte 21/65 € – (Tischbestellung ratsam)

Ruhe, Weinberge ringsum, der Blick bis zum Straßburger Münster... Kein Wunder, dass die gemütliche Terrasse an warmen Sommertagen gut besucht ist! Peter Zimmermann und seine Frau bieten hier - und natürlich auch im ländlichen Restaurant - internationale Speisen. Probieren Sie doch mal das beliebte Tagesmenü!

In Oberkirch-Ödsbach Süd: 3 km

Waldhotel Grüner Baum

Alm 33 ✉ 77704 – ✆ (07802) 80 90 – www.waldhotel-gruener-baum.de
40 Zim ☕ – 🚹100/130 € 🚹🚹166/225 € – 5 Suiten – ½ P
Als wäre die herrliche Schwarzwaldlandschaft ringsum nicht schon genug, bietet man Ihnen hier auch noch einen weitläufigen Garten mit Streichelzoo, den modernen "zeitlos SPA" auf 1000 qm samt tollem "Außen-Living-Pool", eine Kaminlounge sowie ein eigenes charmant-rustikales "Back- und Brennhus", dazu wohnliche Zimmer, die ebenso wie die Restauranträume von ländlich bis elegant reichen. Wie wär's mit einer Panorama-Suite?

In Oberkirch-Ringelbach Nord: 4 km, Richtung Kappelrodeck

Landhotel Salmen

Weinstr. 10 ✉ 77704 – ✆ (07802) 44 29 – www.hotelsalmen.de – geschl. 3. - 14. Januar, 7. - 12. November
29 Zim ☕ – 🚹67/80 € 🚹🚹99/129 € – ½ P
Man merkt, mit welchem Engagement Familie Meier ihr Hotel führt: Alles ist tipptopp gepflegt, die Zimmer sind freundlich - beliebt sind die modernen Business-Einzelzimmer, aber auch die Familienzimmer mit Themen-Kinderzimmer. In den gemütlichen Restaurantstuben serviert man bürgerlich-saisonale Küche.

OBERMAISELSTEIN

Bayern – 950 Ew. – Höhe 859 m – Regionalatlas **64-I22**
▶ Berlin 734 km – München 166 km – Augsburg 141 km – Bregenz 56 km
Michelin Straßenkarte 546

Berwanger Hof

Niederdorf 11 ✉ 87538 – ✆ (08326) 3 63 30 – www.berwangerhof.de
42 Zim ☕ – 🚹79/135 € 🚹🚹152/240 € – 3 Suiten – ½ P
Hier lässt es sich richtig schön wohnen: ruhige Lage, hübsche Zimmer (fragen Sie nach den neueren in schickem modern-alpinem Look), attraktiver "AlpenSpa" auf 1000 qm sowie regional-internationale Küche - auch auf der reizvollen Terrasse.

OBEROTTERBACH

Rheinland-Pfalz – 1 190 Ew. – Höhe 192 m – Regionalatlas **54-E17**
▶ Berlin 694 km – Mainz 130 km – Neustadt a.d. Weinstraße 44 km – Saarbrücken 107 km
Michelin Straßenkarte 543

Schlössl

Weinstr. 6 ✉ 76889 – ✆ (06342) 92 32 30 – www.schloessl-suedpfalz.de – geschl. Januar - Mitte Februar und Sonntagabend - Dienstag
8 Zim ☕ – 🚹75 € 🚹🚹170 €
Menü 52/109 € – Karte 65/71 € – *(nur Abendessen, sonntags auch Mittagessen)*
Schon von außen ist das schön sanierte Amtshaus von 1778 ein Hingucker, drinnen Sandsteinboden in Schachbrettmuster, Parkett, elegantes Mobiliar! Ebenso stilvoll und wertig sind übrigens auch die Gästezimmer. Traumhaft die Terrasse mit Blick auf den Barockgarten. Gekocht wird kreativ und aufwändig.
GUDD GESS – Siehe Restaurantauswahl

GUDD GESS – Restaurant Schlössl

Weinstr. 6 ✉ 76889 – ✆ (06342) 92 32 30 – www.schloessl-suedpfalz.de – geschl. Januar - Mitte Februar und Sonntagabend - Dienstag
Karte 29/50 €
Leger kommt die Dependance des "Schlössls" daher, der Name (saarländisch für "gut gegessen") ist Programm. An langen Tafeln isst man frische regional-kreative Gerichte wie "Winzersteak / Rahmsauerkraut / Harissagrumbeere". Und danach einen selbstgebrannten Schnaps? Der Brennkessel steht direkt im Gastraum!

OBER-RAMSTADT

Hessen – 14 700 Ew. – Höhe 217 m – Regionalatlas **47-F15**
▶ Berlin 571 km – Wiesbaden 58 km – Frankfurt am Main 53 km – Mannheim 56 km
Michelin Straßenkarte 543

Hessischer Hof

Schulstr. 14 ✉ 64372 – ✆ (06154) 6 34 70 – www.hehof.de – geschl. 27. Dezember - 6. Januar, 15. Juli - 8. August

22 Zim – 🚹64/90 € 🚹🚹94/109 € – ☕ 5 € – ½ P

Hessischer Hof – Siehe Restaurantauswahl

In 6. Generation leitet Familie Fischer das über 200 Jahre alte Hotel, eine ehemalige Zehntscheune. Die Gästezimmer sind gepflegt und wohnlich, einige sind etwas größer.

Hessischer Hof – Hotel Hessischer Hof

Schulstr. 14 ✉ 64372 – ✆ (06154) 6 34 70 – www.hehof.de – geschl. 27. Dezember - 6. Januar, 15. Juli - 8. August und Freitag - Samstagmittag

Menü 30 € (mittags unter der Woche) – Karte 25/42 €

Nicht nur gut übernachten kann man bei den Fischers. Die Speisekarte ist regional und international ausgerichtet, gekocht wird mit frischen saisonalen Produkten.

OBERRIED

Baden-Württemberg – 2 830 Ew. – Höhe 455 m – Regionalatlas **61**-D20

▶ Berlin 804 km – Stuttgart 182 km – Freiburg im Breisgau 13 km – Donaueschingen 59 km

Michelin Straßenkarte 545

Gasthaus Sternen Post

Hauptstr. 30 ✉ 79254 – ✆ (07661) 98 98 49 – www.gasthaus-sternen-post.de – geschl. Montagabend - Dienstag

5 Zim ☕ – 🚹60/75 € 🚹🚹80/98 € – 1 Suite   Menü 59 € – Karte 35/53 €

Lust auf schmackhaftes Essen in gemütlichen Stuben? Das schön sanierte Gasthaus von 1875 hat engagierte Inhaber, das merkt man auch auf dem Teller - lecker z. B. die "Kalbshaxe mit Petersilien-Senf-Sauce und handgeschabten Spätzle"! Übernachten kann man auch: liebenswerte Zimmer im Landhausstil.

In Oberried-Hofsgrund Süd-West: 11 km Richtung Schauinsland

Die Halde

Halde 2, Süd-West: 1,5 km ✉ 79254 – ✆ (07602) 9 44 70 – www.halde.com – geschl. 22. - 24. Dezember

37 Zim ☕ – 🚹182/192 € 🚹🚹263/330 € – 2 Suiten – ½ P

Die Halde – Siehe Restaurantauswahl

Wandern Sie gerne? Der einstige Bauernhof liegt ruhig und abgeschieden in 1147 m Höhe, toll der Blick zum Feldberg und ins Tal! Die Einrichtung ist eine Mischung aus Modernem und Regionalem, hochwertig und wohnlich. Wellness gibt es u. a. in Form eines schönen Naturbadeteichs. HP inklusive.

Die Halde – Hotel Die Halde

Halde 2, Süd-West: 1,5 km ✉ 79254 – ✆ (07602) 9 44 70 – www.halde.com – geschl. 22. - 24. Dezember

Menü 35/60 € – Karte 29/54 €

Altes hat man hier auf wunderschöne Art bewahrt, so versprüht die historische Gaststube mit ihrer dunklen Holztäfelung pures Behagen. Was passt da besser als badische Küche aus regionalen Produkten? Probieren Sie auch Wild aus eigener Jagd!

OBERSCHLEISSHEIM

Bayern – 11 360 Ew. – Höhe 483 m – Regionalatlas **65**-L20

▶ Berlin 575 km – München 17 km – Regensburg 112 km – Augsburg 64 km

Michelin Straßenkarte 546

Schlossrestaurant Bellevue

Freisinger Str. 2 ✉ 85764 – ✆ (089) 81 30 93 33 – www.schlossrestaurant-bellevue.de – geschl. Montag - Dienstag

Menü 32/50 € – Karte 27/50 € – *(Mittwoch - Freitag nur Abendessen)*

Ein Stück französische Lebensart vor den Toren Münchens. Man bietet eine ländlich geprägte und verfeinerte französisch-rustikale Küche und freundlichen Service in wohnlichem Landhausambiente. Probieren Sie z. B. Bouillabaisse oder "Pot au feu de Poulet".

In Oberschleißheim-Lustheim Ost: 1 km über B 471

Hotel Am Schlosspark Zum Kurfürst

Kapellenweg 5 ✉ 85764 – ✆ (089) 31 57 90
– www.kurfuerst-hotel.de
88 Zim – 79/217 € 104/250 € – 1 Suite
In dem Familienbetrieb wohnt man recht ruhig beim Schlosspark und nur 20 S-Bahn-Minuten von München! Zimmer in den Kategorien Standard, Komfort und Superior oder günstigere "Chaletzimmer". Im Restaurant bekommt man Wiener Schnitzel ebenso wie Flammkuchen.

OBERSTAUFEN

Bayern – 7 340 Ew. – Höhe 791 m – Regionalatlas **64**-I22
Berlin 735 km – München 161 km – Konstanz 107 km – Kempten (Allgäu) 37 km
Michelin Straßenkarte 546

Allgäu Sonne

Stießberg 1 ✉ 87534 – ✆ (08386) 70 20
– www.allgaeu-sonne.de
149 Zim – 106/157 € 194/332 € – 18 Suiten – ½ P
Bei der Ankunft beeindruckt nicht nur die fantastische Sicht über das Weißachtal, auch die geräumige Panoramahalle kommt gut an. Nicht minder attraktiv der topmoderne Fitnessraum als Teil des vielfältigen, weit über 2000 qm messenden Freizeit- und Wellnessbereichs! In traditionellen Restauranträumen können Sie international inspirierte Regionalküche kosten.

Lindner Parkhotel

Argenstr. 1 ✉ 87534 – ✆ (08386) 70 30
– www.lindner.de/oberstaufen
75 Zim – 99/149 € 167/239 € – 12 Suiten – ½ P
Ein Kettenhotel, das nicht ganz alltäglich ist. Hier wirkt alpenländische Tradition - in den gemütlichen Zimmern und im Bergwiesen-Spa, der schon durch seine Gestaltung Exklusivität versprüht. Paare buchen gerne den Private Spa. Zum Essen sollten Sie auf der tollen Terrasse zum Park hin Platz nehmen!

Rosenalp

Am Lohacker 5 ✉ 87534 – ✆ (08386) 70 60
– www.rosenalp.de – geschl. 28. November - 24. Dezember
86 Zim – 111/152 € 242/276 € – 15 Suiten – ½ P
Sie merken dem Haus seine intensive Führung an: Man hat in den letzten Jahren viel getan - so kann das Ferien- und Wellnesshotel wohnliche Zimmer (klassisch oder topmodern) und jede Menge Spa bieten. Restaurant und Terrasse können sich ebenfalls sehen lassen und auch der Garten ist ein schönes Fleckchen!

Concordia

In Pfalzen 8 ✉ 87534 – ✆ (08386) 48 40
– www.concordia-hotel.de
62 Zim – 77/120 € 154/184 € – ½ P
Das Haus hat schon Atmosphäre! Für Wohnlichkeit ist gesorgt, in den vier miteinander verbundenen Gebäuden erwartet Sie unterschiedliche Landhauseinrichtung, ebenso Balkon oder Terrasse. Für Ihr Wohlbefinden: Medical Wellness, Beauty und mehr. Wer möchte, bekommt "Logi-Diät" oder Schrothkur.

Alpenkönig

Kalzhofer Str. 25 ✉ 87534 – ✆ (08386) 9 34 50
– www.hotel-alpenkoenig.de – geschl. 27. November - 24. Dezember
23 Zim – 85/120 € 170/198 € – ½ P
Familie Bentele hat aus ihrem Haus wirklich ein Schmuckstück gemacht: Für eine geschmackvolle Optik sorgen warme Farben und hochwertige Materialien, fürs Gefühl die persönliche Atmosphäre! Richtig heimelig wird's in den Restaurantstuben bei internationaler und regionaler Kost.

evviva!

Kalzhofer Str. 50 ✉ 87534 – ☎ (08386) 9 32 90 – www.evviva.de – geschl. 20. November - 26. Dezember

18 Zim – 79/87 € 135/148 € – 2 Suiten

ecco! – Siehe Restaurantauswahl

Der ehemalige erfolgreiche Fußballprofi Karl-Heinz Riedle hat hier nicht nur ein zeitgemäßes Hotel, im Sommer kommt der Fußball-Nachwuchs ins Jugend-Camp Tagsüber relaxen Sie bei Ayurveda-Anwendungen, abends macht man es sich in der Fernsehlounge gemütlich.

Adler

Kirchplatz 6 ✉ 87534 – ☎ (03386) 9 32 10 – www.adler-oberstaufen.de – geschl. 1. - 14. Dezember

27 Zim – 65/110 € 130/260 € – 1 Suite – ½ P

Direkt im Herzen der Stadt steht der Traditionsgasthof von 1574 - sehr beliebt die Terrasse auf dem Kirchplatz! Das freundliche Personal ist auch bei der Parkplatzsuche behilflich. Sie beginnen den Tag mit einem guten Frühstück, später können Sie hier bürgerlich-regional essen.

Hochbühl

Auf der Höh 12 ✉ 87534 – ☎ (08386) 9 35 40 – www.hochbuehl.de

20 Zim – 63/86 € 126/168 €

Ein sehr familiäres Haus, in dem man nett und behaglich wohnen kann. Das wissen auch die vielen Schrothkur-Gäste, die hier auf Wunsch Kur-Halbpension erhalten. Gönnen Sie sich doch auch mal eine wohltuende Kosmetikanwendung oder Massage!

Ambiente

Kalzhofer Str. 22 ✉ 87534 – ☎ (08386) 74 78 – www.ambiente-oberstaufen.de – geschl. 5. - 18. Januar, Anfang - Ende Juli 2 Wochen und Montag - Dienstag

Menü 39/62 € – Karte 33/54 € – *(Mittwoch - Samstag nur Abendessen)*

Zahlreiche Stammgäste zieht es immer wieder in das helle, mediterran inspirierte Restaurant mit Wintergarten. Aus der einsehbaren Küche kommen internationale Speisen aus frischen Produkten.

Posttürmle

Bahnhofsplatz 4 ✉ 87534 – ☎ (08386) 74 12 – www.posttuermle.de – geschl. Dezember 3 Wochen und Dienstag, Juni - September: Montag - Dienstag

Menü 42/95 € – Karte 31/80 € – *(nur Abendessen)* (Tischbestellung ratsam)

In dem überaus netten, intimen Restaurant sollten Sie reservieren, denn man hat nur drei Tische! Man ist hier mit Herzblut bei der Sache und bietet gute klassische Küche - probieren Sie "frische Steinpilze in Kräuterbutter gebraten"! Eigene kleine Vinothek.

ecco! – Hotel evviva!

Kalzhofer Str. 50 ✉ 87534 – ☎ (08386) 9 91 96 80 – www.ecco-oberstaufen.de – geschl. November 2 Wochen und Sonntag - Montag

Karte 24/46 € – *(nur Abendessen)*

Hinter der großen Fensterfront sitzt man in freundlichem, chic-modernem Ambiente und genießt eine marktfrische Küche, die z. B. als "Kotelett vom Duroc-Schwein mit gebackenem Kartoffel-Gemüse" daherkommt.

In Oberstaufen-Bad Rain Ost: 1,5 km über Rainwaldstraße

Bad Rain

Hinterstaufen 9 ✉ 87534 – ☎ (08386) 9 32 40 – www.bad-rain.de – geschl. Mitte November - Mitte Dezember

25 Zim – 66/98 € 142/176 € – ½ P

Bad Rain – Siehe Restaurantauswahl

Schon die 5. Generation der Familie ist in dem sympathischen Alpengasthof im Einsatz. Man ist zwar schon ein Stück vom Zentrum entfernt, doch die Idylle hier, die wohnlichen Zimmer, der Wellnessbereich und die gemütlichen Stuben machen das wieder wett!

Bad Rain – Hotel Bad Rain
Hinterstaufen 9 ✉ 87534 – ✆ (08386) 9 32 40 – www.bad-rain.de – geschl. Mitte November - Mitte Dezember
Menü 25/40 € – Karte 19/51 €
Hier bietet man Ihnen eine solide regional bezogene Küche - Spezialität sind Gerichte mit Wild aus eigener Jagd. Wenn Sie in der urigen Bauernstube essen möchten, sollten Sie rechtzeitig reservieren!

In Oberstaufen-Kalzhofen Nord-Ost: 1 km über Kalzhofer Straße

Haubers Alpenresort
Meerau 34 ✉ 87534 – ✆ (08386) 9 33 05 – www.haubers.de
64 Zim – 115/178 € 270/296 € – 5 Suiten – ½ P
Das Resort steht auf 60 ha Grund, darauf befinden sich ein Golfplatz, Wanderwege, ein ganzer Bergrücken, zwei Almen und zwei komfortable Hotels (Landhaus und Gutshof)! Neben der schönen Umgebung gibt es auch einiges für Wellness-Fans. Eine hochwertige Halbpension rundet das Angebot ab.

In Oberstaufen-Steibis Süd: 5 km

Ludwig Royal
Im Dorf 29 ✉ 87534 – ✆ (08386) 89 10 – www.hotel-ludwig-royal.de – geschl. 2. November - 13. Dezember
64 Zim – 102/117 € 117/145 € – 2 Suiten – ½ P
Stilvoll und klassisch-rustikal ist es hier. Ein Ferienhotel mit komfortablen Zimmern und großzügigen Suiten, hübschem Wellnessbereich und verschiedenen Restaurantstuben, in denen Passanten und Pensionsgäste gemischt sitzen.

In Oberstaufen-Thalkirchdorf Ost: 6 km über B 308

Traube
Kirchdorfer Str. 12 ✉ 87534 – ✆ (08325) 92 00 – www.traube-thalkirchdorf.de – geschl. Mitte November - Mitte Dezember
28 Zim – 78/102 € 122/157 € – ½ P
So richtig schön urig kommt der Gasthof mit seiner Schindel-Fachwerkfassade a. d. J. 1767 daher. Passend dazu der traditionelle Charakter des Restaurants. Sie schlafen in frischen, modernen und großen Zimmern oder aber in kleinen ländlich-rustikalen. Zeitweise bietet man auch Kosmetik.

In Oberstaufen-Willis West: 1,5 km über B 308

Bergkristall
Willis 8 ✉ 87534 – ✆ (08386) 91 10 – www.bergkristall.de
47 Zim – 99/187 € 198/458 € – 6 Suiten – ½ P
Der Familienbetrieb in traumhafter Lage über dem Weißachtal hat sich zu einer sehr guten Wellnessadresse gemausert. Auf 800 qm können Sie bei Sauna, Beauty & Co. entspannen - alles hier ist hochwertig. Im Stammhaus hat man ganz schicke neue Zimmer: topmodern und regional. Restaurant und Terrasse bieten grandiose Aussicht.

OBERSTDORF

Bayern – 9 580 Ew. – Höhe 815 m – Regionalatlas **64-J22**
▶ Berlin 737 km – München 165 km – Kempten (Allgäu) 39 km – Immenstadt im Allgäu 20 km
Michelin Straßenkarte 546

Parkhotel Frank
Sachsenweg 11 ✉ 87561 – ✆ (08322) 70 60 – www.parkhotel-frank.de
81 Zim – 102/182 € 226/356 € – 8 Suiten – ½ P
Bei den Franks wird Herzlichkeit ganz groß geschrieben, hier hat man das Gefühl, zur Familie zu gehören! Zimmer gibt es von gemütlich-rustikal bis modern, dazu Spa-Vielfalt samt toller "WellÉtage", verglaster "Welle" und Naturpool im schönen großen Garten.

Exquisit
Lorettostr. 20 ✉ 87561 – ✆ (08322) 9 63 30 – www.hotel-exquisit.de
43 Zim – 🚹160/240 € 🚹🚹270/380 € – 9 Suiten – ½ P
Hier wurden nur wertigste Materialien verarbeitet, heimisches Holz und wohnliche Stoffe - behaglicher und geschmackvoller kann moderne Eleganz kaum sein! Auch kulinarisch fehlt es den Hausgästen an nichts angesichts des gehobenen Menüs. Preise inkl. HP.

Alpenhof
Fellhornstr. 36 ✉ 87561 – ✆ (08322) 9 60 20 – www.alpenhof-oberstdorf.de – geschl. Mitte November - Mitte Dezember
74 Zim – 🚹98/166 € 🚹🚹154/326 € – 6 Suiten – ½ P
So wünscht man sich hier sein Ferienhotel: angenehm familiär, schöne Lage, wohnlich-alpenländische Zimmer und reichlich Wellnessmöglichkeiten. Wenn man dann auch noch auf einer hübschen Terrasse Bergblick und Essen genießen kann, ist das Bild komplett!

Filser
Freibergstr. 15 ✉ 87561 – ✆ (08322) 70 80 – www.filserhotel.de
84 Zim – 🚹59/121 € 🚹🚹118/242 € – ½ P
Seit 1952 ist Familie Filser hier für ihre Gäste da und ermöglicht ihnen einen schönen Aufenthalt: in wohnlichen, ganz unterschiedlich geschnittenen Zimmern und Appartements, beim Beautyprogramm, im Wintergarten am Kamin oder im gediegenen Restaurant.

Löwen & Strauss
Kirchstr. 1, Zufahrt über Bachstr. 12 ✉ 87561 – ✆ (08322) 80 00 80 – www.loewen-strauss.de – geschl. April 2 Wochen, November 2 Wochen
22 Zim – 🚹60/110 € 🚹🚹88/260 € – ½ P
ESS ATELIER STRAUSS ✿ • ***Löwen-Wirtschaft*** – Siehe Restaurantauswahl
Ein "AlpinLifeStyleHotel" der besonderen Art! Für den regionalen Bezug sorgen die Materialien ebenso wie die guten Produkte zum Frühstück! Schön der Saunabereich mit Jacuzzi und Dachterrasse. Tipp: Reservieren Sie zeitig einen Parkplatz.

Kappeler-Haus
Am Seeler 2 ✉ 87561 – ✆ (08322) 9 68 60 – www.kappeler-haus.de
47 Zim – 🚹50/76 € 🚹🚹80/139 €
Ideal für alle, die es in ihrem Urlaub gerne ruhig und diskret mögen! Sie finden hier ein wohltuendes Umfeld in Form heller und sehr freundlicher Zimmer, eines hübschen Gartens mit beheiztem Sommerpool und einer netten Atmosphäre zum Frühstück. Den Bergblick bekommen Sie gratis dazu!

XX ✿ **ESS ATELIER STRAUSS** – Hotel Löwen & Strauss
Kirchstr. 1 ✉ 87561 – ✆ (08322) 80 00 80 – www.loewen-strauss.de – geschl. April, November und Montag - Mittwoch
Menü 58/144 € – *(nur Abendessen)* (Tischbestellung ratsam)
Das alpine Design, der schicke Weinklimaschrank, die Spiegelwand mit kleinen Fenstern zur Küche..., Hingucker gibt es hier reichlich! Und was auf den Teller kommt, ist nicht nur toll anzuschauen, die Speisen sind harmonisch und fein, zeugen von sehr gutem Handwerk und ebensolcher Produktqualität.
➜ Taschenkrebs, Salatgurke, Yuzu, Wildkräuter. Jakobsmuschel, Macadamianuss, Mumbai Curry. Taube, Rote Bete, Kürbis, Raz el-Hanout.

XX ✿ **Maximilians Restaurant - Landhaus Freiberg**
Freibergstr. 21 ✉ 87561 – ✆ (08322) 9 67 80 – www.maximilians-restaurant.de – geschl. Sonntag (Erweiterung um 19 Zimmer bis Frühjahr 2016)
8 Zim – 🚹113/156 € 🚹🚹186/252 € – ½ P
Menü 59/118 € – Karte 58/78 € – *(nur Abendessen)* (Tischbestellung ratsam)
Dass man sich hier fühlt wie bei Freunden, ist Familie Fetz zu verdanken, die seit rund 20 Jahren mit unverminderter Leidenschaft für ihre Gäste da ist. Nicht weniger engagiert geht es am Herd zu, wo saisonale Gerichte entstehen. Und dann sind da noch die Gästezimmer... Einfach schön und stimmig!
➜ Gelbflossen-Thunfisch, Kiwi, Petersilie, Cashewkerne. St. Pierre, Bärlauch, Orange, Spargel. Zweierlei vom heimischen Reh, Kohlrabi, Roggen, Guter Heinrich.

Das Jagdhaus

Ludwigstr. 13 ✉ 87561 – ✆ (08322) 98 73 80 – www.das-jagdhaus.de – geschl. Mittwoch - Donnerstagmittag
Menü 31/42 € – Karte 30/47 € – (abends Tischbestellung ratsam)
Das charmante Holzhaus von 1856 mit seinen drei Stuben ist ein netter Ableger des Sternerestaurants "Maximilian". Die Küche ist regional, als Spezialität gibt es Wild - mögen Sie z. B. "Hirschragout in Rotweinsauce mit Semmelknödel und Apfelmus"? Im schönen Biergarten typische Speisen unter Kastanien.

Löwen-Wirtschaft – Hotel Löwen & Strauss

Kirchstr. 1 ✉ 87561 – ✆ (08322) 80 00 88 – www.loewen-strauss.de – geschl. April 2 Wochen, November 2 Wochen und Montag - Dienstagmittag
Menü 32 € – Karte 25/52 € – (abends Tischbestellung ratsam)
Moderne Rustikalität (schön die liebevollen Details wie alte Skier, Kuhglocken etc.), angenehm freundlicher Service und schmackhafte Küche von "St. Jakobsmuscheln in Thymian-Sesamöl gebraten mit Safran-Artischockencassolette" bis "Rinderbackerl vom Jungbullen mit Lauchpüree". Di. und Mi. abends Live-Musik.

In Oberstdorf-Kornau West: 4 km über B 19 – Höhe 940 m

Nebelhornblick

Kornau 49 ✉ 87561 – ✆ (08322) 9 64 20 – www.nebelhornblick.de
37 Zim – 69/159 € 99/199 € – ½ P
Ruhe ist nicht alles, was die Gäste in dem Ferienhotel erwartet. Zu nennen seien auch die persönliche Führung, gepflegte Zimmer und Appartements und nicht zuletzt die Sicht auf das namengebende Nebelhorn! Im Sommer ist zudem die Bergbahnkarte inklusive.

In Oberstdorf-Tiefenbach Nord-West: 6 km – Höhe 900 m

Alpenhotel

Falkenstr. 15 ✉ 87561 – ✆ (08322) 70 20 – www.alpenhotel-oberstdorf.com
82 Zim – 85/145 € 170/200 € – 10 Suiten – ½ P
Das Hotel liegt schön und recht ruhig am Waldrand und ist eine geschmackvolle gewachsene Ferienadresse. Wohnen können Sie in unterschiedlichen Zimmerkategorien, entspannen beim guten Wellnessangebot und zum Essen geht man ins "Locanda" mit toskanischem Touch. Nett auch die Allgäuer Kaminhalle.

OBERSTENFELD

Baden-Württemberg – 7 900 Ew. – Höhe 234 m – Regionalatlas **55-H18**
Berlin 600 km – Stuttgart 44 km – Heilbronn 18 km – Schwäbisch Hall 49 km
Michelin Straßenkarte 545

Zum Ochsen

Großbottwarer Str. 31 ✉ 71720 – ✆ (07062) 93 90 – www.hotel-gasthof-zum-ochsen.de – geschl. 1. - 10. Januar
30 Zim – 71/81 € 101/111 € – ½ P
Zum Ochsen – Siehe Restaurantauswahl
Ein gestandener Gasthof, den es schon über 300 Jahre gibt! Historisch ist in den Zimmern allerdings gar nichts: Sie sind schön modern und farblich frisch - nur wenige rustikalere Standardzimmer sind noch da. Charmanter Service und gutes Frühstück machen das positive Bild komplett.

Zum Ochsen – Hotel Zum Ochsen

Großbottwarer Str. 31 ✉ 71720 – ✆ (07062) 93 90 – www.hotel-gasthof-zum-ochsen.de – geschl. 1. - 10. Januar und Montag - Dienstag
Menü 39/59 € – Karte 27/54 €
Bei Familie Schick sitzt man in behaglichen Stuben bei schwäbischer, aber auch internationaler Küche: Maultaschen, Kartoffelsalat und Gaisburger Marsch oder auch "gebratener Wolfsbarsch mit Schmorgemüse". Im Sommer: schöner Pavillon!

OBERTEURINGEN

Baden-Württemberg – 4 460 Ew. – Höhe 451 m – Regionalatlas **63-H21**
Berlin 712 km – Stuttgart 174 km – Konstanz 35 km – Friedrichshafen 11 km
Michelin Straßenkarte 545

In Oberteuringen-Bitzenhofen Nord-West: 2 km

Am Obstgarten

Gehrenbergstr. 16/1 ✉ *88094* – ✆ *(07546) 92 20* – *www.am-obstgarten.de*

32 Zim – 59/109 € 89/149 € – 1 Suite

Relativ ruhig liegt das familienfreundliche Haus am Ortsrand und - wie der Name schon vermuten lässt - an den eigenen Obstwiesen. Die Zimmer sind funktionell und haben meist einen Balkon, das Restaurant bietet bürgerliche Küche.

OBERTHAL

Saarland – 6 070 Ew. – Höhe 300 m – Regionalatlas **46**-C16

Berlin 710 km – Saarbrücken 48 km – Trier 68 km – Idar-Oberstein 39 km

Michelin Straßenkarte 543

In Oberthal - Steinberg-Deckenhardt Nord-Ost: 5 km

Zum Blauen Fuchs

Walhausener Str. 1 ✉ *66649* – ✆ *(06852) 67 40* – *www.zumblauenfuchs.de*
– geschl. Juli 2 Wochen und Sonntagabend - Dienstag

Menü 44/90 € – Karte 49/68 € – *(nur Abendessen, sonntags auch Mittagessen)* (Tischbestellung ratsam)

Stimmig ist das gemütlich-elegante Ambiente, gut die mediterran-saisonal beeinflusste klassische Küche. Letzteres ist dem ambitionierten Gastgeber zu verdanken, der freundliche Service und die fachkundige Weinberatung seiner Frau.

OBERTHULBA

Bayern – 4 990 Ew. – Höhe 270 m – Regionalatlas **49**-I14

Berlin 491 km – München 327 km – Fulda 52 km – Bad Kissingen 9 km

Michelin Straßenkarte 546

Rhöner Land

Zum Weißen Kreuz 20 ✉ *97723* – ✆ *(09736) 70 70* – *www.hotelrhoenerland.de*

29 Zim – 70/90 € 100/126 € – 9 € – 2 Suiten

Das Haus wird wirklich engagiert geführt und ist top in Schuss. Die Zimmer sind wertig und technisch gut ausgestattet - wer es besonders geräumig mag, bucht eines der Premium-Zimmer oder eine Suite.

OBERUCKERSEE

Brandenburg – 1 710 Ew. – Regionalatlas **23**-Q6

Berlin 98 km – Potsdam 164 km – Prenzlau 21 km

Michelin Straßenkarte 542

In Oberuckersee-Seehausen

Seehotel Huberhof

Dorfstr. 49 ✉ *17291 Seehausen* – ✆ *(039863) 60 20* – *www.seehotel-huberhof.de*
– geschl. 10. - 28. Januar

23 Zim – 55 € 70/95 € – 2 Suiten – ½ P

Ein wirklich schönes Hotel unter familiärer Leitung, das aus einem restaurierten alten Bauernhof entstanden ist. Gemütlich sowohl die Zimmer als auch die Gaststuben mit ihrem ländlichen Charme, toll der Innenhof! Angenehm der direkte Zugang zum Oberuckersee. Man hat auch Ferienwohnungen/-häuser.

In Oberuckersee-Warnitz

Panorama Hotel am Oberuckersee

Quastweg 2 ✉ *17291 Warnitz* – ✆ *(039863) 6 39 23*
– www.panoramahotel-uckermark.de

33 Zim – 80/85 € 120/138 € – 2 Suiten – ½ P

Hier wohnt man direkt am Oberuckersee, und zwar in recht individuellen Zimmern, die fast alle Seeblick bieten. Ausgesprochen schön der Spa auf 1500 qm und auch das reichhaltige Frühstück lässt keine Wünsche offen. Das Restaurant: behagliches Kaminzimmer, heller Saal mit Seeblick sowie Seeterrasse.

OBERURSEL (TAUNUS)

Hessen – 44 780 Ew. – Höhe 210 m – Regionalatlas **47-F14**

Berlin 533 km – Wiesbaden 47 km – Frankfurt am Main 14 km – Bad Homburg vor der Höhe 4 km

Michelin Straßenkarte 543

Parkhotel am Taunus

Hohemarkstr. 168 ✉ 61440 – ✆ (06171) 92 00 – www.parkhotel-am-taunus.de – geschl. Weihnachten - Neujahr

100 Zim – 98/184 € 124/205 € – ½ P

Ein gut geführtes Tagungs- und Businesshotel mit zeitgemäßen Zimmern, teils mit Balkon zum hübschen Park hinter dem Haus. Schöner moderner Freizeitbereich im obersten Stock sowie Restaurant in neuzeitlichem Stil. Einen Absacker am Abend nimmt man am besten in "Anthony's Bar".

Kraftwerk

Zimmersmühlenweg 2, Gewerbegebiet ✉ 61440 – ✆ (06171) 92 99 82 – www.kraftwerkrestaurant.de – geschl. Juli - August 2 Wochen und Sonntag

Menü 50/98 € – Karte 41/69 € – *(nur Abendessen)* (abends Tischbestellung ratsam)

Das "Kraftwerk-Abendmenü" ist hier der Renner - ambitionierte Küche in 4 bis 10 Gängen. Erwähnenswert sind aber auch rustikale österreichische Klassiker wie "Wiener Schnitzel mit Kartoffel-Gurkensalat" und "Achauer Marillenpalatschinken mit geschlagenem Vanilleeis"! Dazu Vinothek, Lounge, Oldtimer-Showroom.

OBERWESEL

Rheinland-Pfalz – 2 820 Ew. – Höhe 180 m – Regionalatlas **46-D15**

Berlin 621 km – Mainz 56 km – Bad Kreuznach 42 km – Koblenz 49 km

Michelin Straßenkarte 543

Burghotel Auf Schönburg

Schönburg, Süd: 2 km, Richtung Dellhofen ✉ 55430 – ✆ (06744) 9 39 30 – www.burghotel-schoenburg.de – geschl. 11. Januar - 18. März

19 Zim – 85/135 € 150/270 € – 5 Suiten – ½ P

Burgrestaurant Auf Schönburg – Siehe Restaurantauswahl

Seit 1957 beherbergt diese wunderschöne Burg in herrlich exponierter Lage auch Gäste, und die fühlen sich hier richtig wohl. Individuelle Zimmer mit ganz eigenem Charme, tollen Bädern und meist mit Balkon, dazu ein ausgezeichnetes Frühstück und ein traumhafter Blick!

Goldener Propfenzieher

Am Plan 1 ✉ 55430 – ✆ (06744) 9 33 90 – www.goldener-propfenzieher.com – geschl. 1. Februar - 18. März

28 Zim – 60/75 € 80/95 € – ½ P

Die freundlichen Gastgeber haben hier ein über 500 Jahre altes Haus, in dem man sehr gepflegt wohnt. Die Zimmer sind teils ganz modern, teils traditioneller. In Weinstube und Restaurant isst man regional, Schwerpunkt ist Fleisch (der Patron ist auch Metzgermeister). Toll: der Biergarten mit Kastanienbäumen!

Weinhaus Weiler

Marktplatz 4 ✉ 55430 – ✆ (06744) 9 30 50 – www.weinhaus-weiler.de – geschl. 20. Dezember - 17. März

10 Zim – 56/95 € 78/140 € – 4 Suiten – ½ P

In dem schmucken historischen Fachwerkhaus im Zentrum zeigen Trudel und Klaus Weiler volles Engagement: persönlicher Service, individuelle, wohnliche Zimmer (charmant die mit freigelegten Holzbalken) und regionale Küche in gemütlich-rustikalem Ambiente. Ganz speziell: das wenige Schritte entfernte Turmzimmer!

XX **Burgrestaurant Auf Schönburg** – Burghotel Auf Schönburg

Schönburg, Süd: 2 km, Richtung Dellhofen ✉ 55430 – ✆ (06744) 9 39 30 – www.burghotel-schoenburg.de – geschl. 11. Januar - 18. März und Montagmittag

Menü 35/72 € – Karte 36/59 €

Echtes Burgflair ist hier allgegenwärtig, von den drei stilvollen Stuben bis zur einmalig schönen Rheinterrasse - sie allein ist schon einen Besuch wert! Die klassische Küche bietet z. B. "Kalbsbries mit Waldpilzravioli" oder auch Menüs.

In Oberwesel-Dellhofen Süd-West: 2,5 km

Gasthaus Stahl

Am Talblick 6 ✉ 55430 – ✆ (06744) 4 16 – www.gasthaus-stahl.de – geschl. Mitte Dezember - Anfang März

20 Zim – 53/59 € 80/110 € – ½ P

Ein sympathischer ländlicher Gasthof, der von der Familie gut geführt wird. Die neueren Zimmer sind sehr schön im Landhausstil eingerichtet. Hübscher Garten mit Baumbestand. Bürgerliche Küche und Eigenbauweine in den gemütlichen Gaststuben. Toller alter Saal.

OBERWIESENTHAL

Sachsen – 2 240 Ew. – Höhe 914 m – Regionalatlas **42-O14**

Berlin 317 km – Dresden 125 km – Chemnitz 53 km – Plauen 110 km

Michelin Straßenkarte 544

Sachsenbaude

Fichtelbergstr. 4, auf dem Fichtelberg, West: 3 km ✉ 09484 – ✆ (037348) 13 90 – www.sachsenbaude.de – geschl. 8. - 18. November

31 Zim – 79/153 € 104/226 € – 16 Suiten – ½ P

Es ist das sehr wohnliche und geschmackvolle Ambiente, das dieses Berghotel in fast 1200 m Höhe auszeichnet. Der nette Freizeitbereich bietet u. a. Kosmetik und Massage. Als Restaurant dient die gemütliche Loipenklause mit rustikalem Charakter.

Appartementhotel Jens Weissflog

Emil-Riedel-Str. 50 ✉ 09484 – ✆ (037348) 1 00 – www.jens-weissflog.de – geschl. 3. - 14. April, 1. - 15. November

18 Zim – 79/165 € 99/198 € – ½ P

Umgeben von Wiesen und Wald liegt das kleine Hotel des ehemaligen Skisprung-Olympiasiegers. Die Appartements sind nach bekannten Skisprungorten benannt. Kosmetik und Massage. Das Restaurant bietet internationale Küche mit "Springer-Menü". Tolle Sicht auf die Region.

Rotgießerhaus

Böhmische Str. 8 ✉ 09484 – ✆ (037348) 13 10 – www.rotgiesserhaus.de – geschl. 13. - 26. April, 2. - 17. November

21 Zim – 55/65 € 85/140 € – 1 Suite – ½ P

Denkmalgeschütztes Haus mit Kreuzgewölbe im Eingangsbereich, gepflegter Sauna und freundlichen Zimmern. Besonders hübsch ist das Himmelbettzimmer mit Bauernmöbeln. In den gemütlichen Stuben speist man regional. Uriger Weinkeller.

OBING

Bayern – 4 070 Ew. – Höhe 562 m – Regionalatlas **66-N20**

Berlin 647 km – München 72 km – Bad Reichenhall 62 km – Rosenheim 31 km

Michelin Straßenkarte 546

Oberwirt

Kienberger Str. 14 ✉ 83119 – ✆ (08624) 8 91 10 – www.oberwirt.de

49 Zim – 64/84 € 99/110 € – ½ P

Ein gewachsener Gasthof mit eigener Metzgerei, liebenswerten wohnlichen Zimmern und nettem Garten, an den sich der See mit privatem Badesteg anschließt. Gemütlich-charmante Restaurantstuben, darunter die besonders hübsche Tiroler Stube. Biergarten im Innenhof.

OCHSENHAUSEN
Baden-Württemberg – 8 590 Ew. – Höhe 613 m – Regionalatlas **64**-I20
Berlin 658 km – Stuttgart 139 km – Konstanz 150 km – Ulm (Donau) 47 km
Michelin Straßenkarte 545

In Gutenzell-Hürbel Nord-Ost: 6 km über Ulmer Straße, am Ortsende rechts:

Klosterhof
Schlossbezirk 2, Gutenzell ✉ 88484 – ✆ (07352) 9 23 30 – www.klosterhof-gutenzell.de – geschl. 15. - 17. Februar, 22. - 27. Dezember
17 Zim – 54/65 € 82/90 € – ½ P
Das Gasthaus gehörte ursprünglich als Torwache zur ehemaligen Klosteranlage. Sie wohnen in nett eingerichteten und sehr gepflegten Zimmern und speisen im gemütlich-rustikalen Restaurant mit Kachelofen.

OCKFEN
Rheinland-Pfalz – 630 Ew. – Höhe 170 m – Regionalatlas **45**-B16
Berlin 742 km – Mainz 173 km – Trier 29 km – Saarburg 5 km
Michelin Straßenkarte 543

Klostermühle
Hauptstr. 1 ✉ 54441 – ✆ (06581) 9 29 30 – www.klostermuehle-saar.de – geschl. 4. - 28. Januar
25 Zim – 52/89 € 78/106 € – ½ P
Nett liegt der gut geführte Familienbetrieb am Ockfenbach, freundlich und tipptopp gepflegt die Zimmer. Im 1. Stock wohnt immer ein besonderer Gast - neugierig? Im schlicht-rustikalen Restaurant bietet man u. a. die Spezialität Saarriesling vom eigenen Weingut.

ODELZHAUSEN
Bayern – 4 680 Ew. – Höhe 499 m – Regionalatlas **57**-L20
Berlin 590 km – München 46 km – Augsburg 30 km – Donauwörth 65 km
Michelin Straßenkarte 546

Gutshotel im Schlossgut Odelzhausen
Am Schloßberg 1 ✉ 85235 – ✆ (08134) 9 98 70 – www.schlossgut-odelzhausen.de
32 Zim – 67/91 € 98/113 € – 1 Suite
Braustüberl – Siehe Restaurantauswahl
Ein zeitgemäßes Hotel mit historischem Rahmen. Schön hell und wohnlich hat man die geräumigen Zimmer eingerichtet - originell: Durch drei Bäder zieht sich der alte Backsteinschornstein! Praktisch ist die gute Anbindung an die Autobahn.

Staffler
Hauptstr. 3 ✉ 85235 – ✆ (08134) 60 06 – www.hotel-staffler.de – geschl. 19. Dezember - 10. Januar
28 Zim – 70/95 € 105/135 €
Die verkehrsgünstige Lage nahe der A8 sowie gepflegte, zeitgemäß ausgestattete Gästezimmer sprechen für diesen Familienbetrieb, zu dem auch eine nette Gartenanlage gehört. Im Restaurant "Schreiners" gibt es Saisonales in modernem Ambiente.

Braustüberl – Gutshotel im Schlossgut Odelzhausen
Am Schloßberg 1 ✉ 85235 – ✆ (08134) 9 98 70 – www.schlossgut-odelzhausen.de
Karte 22/38 €
Zünftig bayerisch - so ist das Motto in den rustikalen Braustuben. Sie bekommen Bier aus der eigenen Hausbrauerei und bürgerliches Essen, wie es für die Region typisch ist.

ODENTHAL
Nordrhein-Westfalen – 14 730 Ew. – Höhe 85 m – Regionalatlas **36**-C12
Berlin 553 km – Düsseldorf 49 km – Köln 18 km
Michelin Straßenkarte 543

Zur Post (Alejandro und Christopher Wilbrand) – Hotel Zur Post

Altenberger-Dom-Str. 23 ✉ 51519 – ✆ (02202) 97 77 80 – www.zurpost.eu – geschl. Anfang Januar 1 Woche und Montag - Dienstag

16 Zim – 89/159 € 129/209 €

Menü 45 € (mittags)/125 € (abends) – Karte 53/105 € – (Mittwoch-Freitag nur Abendessen)

Außen eine hübsche denkmalgeschützte Schieferfassade mit traditionellem Charme, innen schickes modernes Ambiente. Am Herd die Brüder Alejandro und Christopher Wilbrand: Sie kochen leicht, frisch, elegant und kreativ. Ganz was Besonderes: der "Veranstaltungsraum.de" für interaktive Küchenfeste!

➜ Jakobsmuscheln, Schnittlauchbaumkuchen, Blumenkohl-Panna Cotta. Rücken und Schulter vom Eifler Ur-Lamm, Spargel, Schinkencreme, Kartoffelplätzchen. Variation von der Erdbeere nach Alejandro.

Postschänke – Siehe Restaurantauswahl

Postschänke – Hotel Zur Post

Altenberger-Dom-Str. 23 ✉ 51519 – ✆ (02202) 97 77 80 – www.zurpost.eu – geschl. Anfang Januar 1 Woche

Menü 35/40 € – Karte 33/51 €

Eine sympathische Alternative zum Post-Restaurant: lebhaft die Atmosphäre, schmackhaft die regionalen Gerichte. Lust auf "hausgemachte Sülze mit Bratkartoffeln"? Oder lieber "Roastbeef mit Sauce Remoulade"?

ÖHNINGEN

Baden-Württemberg – 3 590 Ew. – Höhe 446 m – Regionalatlas **62-F21**

Berlin 800 km – Stuttgart 168 km – Konstanz 34 km – Singen (Hohentwiel) 16 km

Michelin Straßenkarte 545

In Öhningen-Schienen Nord: 2,5 km in Richtung Radolfzell

Falconera (Johannes Wuhrer)

Zum Mühlental 1 ✉ 78337 – ✆ (07735) 23 40 – www.restaurant-falconera.de – geschl. über Fastnacht 1 Woche und Sonntagabend - Dienstag

Menü 48 € (mittags unter der Woche)/91 € – Karte 66/81 €

Genuss in mehrfacher Hinsicht: Da sind zum einen die frischen modernen Speisen auf klassischer Basis, zum anderen die liebenswerten Gastgeber Anne und Johannes Wuhrer und nicht zuletzt die malerische Lage im Grünen - auch wenn die Stuben wirklich charmant sind, im Sommer ist die Terrasse einfach am schönsten!

➜ Mit Anissamen gegrillte Wildgarnelen auf Cous Cous und schwarzer Aioli. Rosa Rehrücken mit Wirsing und glasierten Pfefferkirschen. Kleine Limonentarte mit Panna Cotta-Haube und weißem Schokoladeneis.

ÖHRINGEN

Baden-Württemberg – 22 780 Ew. – Höhe 230 m – Regionalatlas **55-H17**

Berlin 568 km – Stuttgart 66 km – Heilbronn 28 km – Schwäbisch Hall 29 km

Michelin Straßenkarte 545

Württemberger Hof

Karlsvorstadt 4 ✉ 74613 – ✆ (07941) 9 20 00 – www.wuerttemberger-hof.de

59 Zim – 93/119 € 115/145 € – 1 Suite

Württemberger Hof – Siehe Restaurantauswahl

In dem gewachsenen Haus am Anfang der Fußgängerzone bietet man teilweise gediegene, im Neubau auch schön moderne Zimmer. Toll die Suite und die Juniorsuite mit herrlicher Dachterrasse! Nicht zu vergessen der Saunabereich, passend zum neuzeitlichen Stil.

Württemberger Hof – Hotel Württemberger Hof

Karlsvorstadt 4 ✉ 74613 – ✆ (07941) 9 20 00 – www.wuerttemberger-hof.de – geschl. Anfang Januar 1 Woche

Menü 29 € – Karte 28/46 €

Bei gepflegter Tischkultur und zeitlosem Ambiente wird ambitionierte internationale Küche serviert - aber nicht nur: Gerichte wie geschmortes Rehschäufele oder Rostbraten schlagen die Brücke zur Region!

In Friedrichsruhe Nord: 6 km, jenseits der A 6

Wald und Schlosshotel Friedrichsruhe

Kärcherstraße ✉ 74639 Zweiflingen – ✆ (07941) 6 08 70 – www.schlosshotel-friedrichsruhe.de

51 Zim – 220/320 € 300/400 € – 15 Suiten – ½ P

Gourmet-Restaurant • ***Jägerstube*** – Siehe Restaurantauswahl

Ein "Landhotel de luxe": Zimmer von modern bis hin zu klassischem Schlossflair, top Service, ein 4400-qm-Spa, der nichts auslässt, Golfplätze direkt vor der Tür und ein Park, der wohl jeden zu einem Spaziergang verführt! Sie mögen's rustikal? Dann vespern Sie in der Waldschänke!

Gourmet-Restaurant – Wald & Schlosshotel Friedrichsruhe

Kärcherstr. 11 ✉ 74639 Zweiflingen – ✆ (07941) 6 08 70 – www.schlosshotel-friedrichsruhe.de – geschl. 17. Januar - 15. Februar und Sonntag - Montag

Menü 68/128 € – Karte 72/120 € – *(nur Abendessen)* (Tischbestellung ratsam)

Ein ganz und gar stimmiges Bild: Die feine Klassik, die der stilvolle, elegante Raum ausstrahlt, findet sich auch in den gelungen zusammengestellten saisonalen Speisen von Boris Benecke. Niveauvoll auch der Service: professionell und angenehm persönlich. Am Mittag gibt es die preisgünstigere "Schlosskarte".

→ Marinierter Taschenkrebs mit Limette, Avocado und Demeter-Holzofenbrot. Pot au feu von Flusskrebsen mit Pfifferlingen und Spargel. Kotelett vom Steinbutt mit Karotte, Spinat und Chablis-Beurre Blanc.

Jägerstube – Wald & Schlosshotel Friedrichsruhe

Kärcherstraße ✉ 74639 Zweiflingen – ✆ (07941) 6 08 70 – www.schlosshotel-friedrichsruhe.de

Menü 58 € – Karte 36/58 €

Hier isst man etwas günstiger als im Gourmet-Restaurant, aber trotzdem gut und zudem sehr gemütlich. Gekocht wird regional: "Pot au Feu von der Lammhaxe mit Gemüse und Gnocchi", "geschmorter Rinderbug mit Buschbohnen und Kartoffelstampf"...

OELDE

Nordrhein-Westfalen – 29 020 Ew. – Höhe 90 m – Regionalatlas **27**-E10

Berlin 430 km – Düsseldorf 137 km – Bielefeld 51 km – Beckum 13 km

Michelin Straßenkarte 543

Engbert

Lange Str. 24, Zufahrt über Gerichtsstraße ✉ 59302 – ✆ (02522) 9 33 90 – www.hotelengbert.de – geschl. 23. Dezember - 4. Januar

43 Zim – 80/90 € 99/120 €

Die Engberts sind nicht nur freundlich, sondern investieren auch stetig. So hat man teilweise besonders moderne Zimmer, die zum Hof hin liegen ruhiger. Fragen Sie im Sommer nach den klimatisierten Zimmern. Schön entspannen lässt es sich im netten kleinen Sauna- und Ruhebereich. Noch ein Vorteil: Sie können hier zentral wohnen und trotzdem gut parken!

OESTRICH-WINKEL

Hessen – 11 500 Ew. – Höhe 93 m – Regionalatlas **47**-E15

Berlin 588 km – Wiesbaden 21 km – Bad Kreuznach 65 km – Koblenz 74 km

Michelin Straßenkarte 543

Im Stadtteil Winkel

F. B. Schönleber

Hauptstr. 1b ✉ 65375 – ✆ (06723) 9 17 60 – www.fb-schoenleber.de – geschl. Mitte Dezember - Mitte Januar

17 Zim – 78/85 € 93/115 €

Die Schönlebers haben hier ein tipptopp gepflegtes kleines Hotel mit ländlich-familiärem Charme. Mit Rheinblick wohnen? Diese Zimmer sind ein bisschen teurer. Interessant für Weinliebhaber: Das eigene VDP-Weingut ist direkt angegliedert! Zum Probieren gibt's die heimelige Weinstube mit Terrasse zum Hof!

Gutsrestaurant Schloss Vollrads

Vollradser Allee, Nord: 2 km ✉ 65375 – ✆ (06723) 6 60 – www.schlossvollrads.com – geschl. 27. Dezember - 18. Februar und Mittwoch, November - Ostern: Dienstag - Mittwoch

Menü 36/59 € – Karte 30/50 €

Das bekannte Weingut a. d. 13. Jh., die tolle Schlossanlage samt gepflegtem Garten, die Lage in den Weinbergen..., eine stilvolle Kulisse für Hochzeiten! Wer einfach "nur" schön essen gehen möchte, bekommt regional-saisonale Küche mit mediterranem Einschlag oder die zusätzliche Vesper- und Schmankerlkarte.

Ankermühle

Kapperweg, Nord: 1 km, in den Weinbergen ✉ 65375 – ✆ (06723) 24 07 – www.ankermuehle.de – geschl. Januar - Februar und Dienstag, Oktober - März: Dienstag - Mittwoch

Menü 35/45 € – Karte 37/49 € – *(im Sommer: Montag - Freitag nur Abendessen, im Winter: Montag - Samstag nur Abendessen)*

Wer in den Weinbergen vor Anker geht, genauer gesagt im Mühlenviertel am Elsterbach unterhalb des Schlosses Johannisberg, bekommt saisonale Heimatküche modern interpretiert. Passend dazu: freigelegtes altes Fachwerk und frische Accessoires.

Die Wirtschaft

Hauptstr. 70 ✉ 65375 – ✆ (06723) 74 26 – www.die-wirtschaft.net – geschl. Juli 3 Wochen und Montag - Dienstag

Menü 11 € (mittags unter der Woche)/33 € – Karte 22/37 € – *(Januar - März: Mittwoch - Freitag nur Abendessen)*

So stellt man sich eine Wirtschaft vor: sympathisch-rustikal und einfach gemütlich! Auf dem Teller bürgerlich-regionale Speisen wie das "Woi-Hinkelche" oder das saisonale "Kulinarium". Der Innenhof des einstigen Weinguts dient als Terrasse.

ÖSTRINGEN

Baden-Württemberg – 12 570 Ew. – Höhe 163 m – Regionalatlas **54-F17**

Berlin 630 km – Stuttgart 97 km – Karlsruhe 45 km – Heilbronn 45 km

Michelin Straßenkarte 545

In Östringen-Tiefenbach Süd-Ost: 8 km Richtung Odenheim, nach 4 km links

Heitlinger Hof

Am Mühlberg 1 ✉ 76684 – ✆ (07259) 46 40 10 – www.heitlingerhof.de

29 Zim – 125/165 € 165/199 € – 2 Suiten – ½ P

Hier hat man die Kraichgauer Hügel- und Weinberglandschaft sowie das eigene Weingut und den Baden Golf & Country Club direkt vor der Tür. Auch die moderne Einrichtung überzeugt: wertig und geradlinig-elegant, Zimmer mit Balkon/Terrasse und schöner Sicht. Im Restaurant regionale Küche. Kleine Mittagskarte.

Kreuzberghof

Am Kreuzbergsee 1 ✉ 76684 – ✆ (07259) 9 11 00 – www.kreuzberghof.de

40 Zim – 60 € 80 € – ½ P

Schön ruhig die Lage am kleinen Kreuzbergsee. Wohnlich-rustikal die Halle, komfortabler die neueren Zimmer. Am Morgen ein gutes Frühstück in behaglichem Ambiente, im Restaurant bürgerliche Küche, nachmittags ein Buffet mit hausgebackenem Kuchen. Tipp: Für Zuhause gibt's selbstgemachte Spezialitäten zu kaufen.

ÖTISHEIM

Baden-Württemberg – 4 690 Ew. – Höhe 246 m – Regionalatlas **55-F18**

Berlin 637 km – Stuttgart 43 km – Karlsruhe 46 km – Heilbronn 69 km

Michelin Straßenkarte 545

Sternenschanz

Gottlob-Linck-Str. 1 ✉ 75443 – ✆ (07041) 66 67 – www.sternenschanz.de – geschl. über Fasching 1 Woche, August 3 Wochen und Montag - Dienstag

Karte 24/46 € – (Tischbestellung ratsam)

Hier kann man richtig gut essen und das Preis-Leistungs-Verhältnis stimmt! Kein Wunder, dass Familie Linck zahlreiche Stammgäste hat, die sich immer wieder gerne frische schwäbische Gerichte wie "Schweinebäckchen mit Wirsingspätzle" schmecken lassen. Im Sommer sitzt man dazu am liebsten im schönen Garten.

OEVENUM – Schleswig-Holstein ➜ Siehe Föhr (Insel)

OEVERSEE – Schleswig-Holstein ➜ Siehe Flensburg

OEYNHAUSEN, BAD

Nordrhein-Westfalen – 48 300 Ew. – Höhe 55 m – Regionalatlas **28**-G9
Berlin 362 km – Düsseldorf 211 km – Bielefeld 37 km – Bremen 116 km
Michelin Straßenkarte 543

In Bad Oeynhausen-Lohe Süd: 2 km über Steinstraße und Weserstraße

Trollinger Hof

Detmolder Str. 89 ✉ 32545 – ✆ (05731) 7 95 70 – www.trollingerhof.de
19 Zim – 60/108 € 90/125 €
In dem familiengeführten kleinen Hotel am Ortsrand erwarten Sie gepflegte zeitgemäße Zimmer und ein gutes Frühstücksbuffet. Zum Haus gehört ein vielfältiger Kräuter- und Blütengarten. Restaurant im bürgerlichen Stil mit überdachter Terrasse hinter dem Haus.

OFFENBACH

Hessen – 116 950 Ew. – Höhe 98 m – Regionalatlas **47-F15**
Berlin 543 km – Wiesbaden 44 km – Frankfurt am Main 8 km – Darmstadt 28 km
Michelin Straßenkarte 543

Sheraton

Berliner Str. 111 ✉ 63065 – ✆ (069) 82 99 90 Stadtplan : A1**c**
– www.sheratonoffenbach.com
221 Zim – 165/350 € 165/350 € – 25 € – 1 Suite
Das Hotel am schönen Büsing-Park ist eine zeitgemäße Tagungs- und Businessadresse. Halle und Restaurant befinden sich übrigens im ehemaligen Hallenbad von Offenbach! Praktisch: Das Büsing Palais a. d. 19. Jh. mit Veranstaltungsräumen ist direkt angeschlossen.

ACHAT Plaza

Ernst-Griesheimer-Platz 7 ✉ 63071 – ✆ (069) 80 90 50 Stadtplan : B2**p**
– www.achat-hotels.com
153 Zim – 82/122 € 92/132 € – 17 € – 2 Suiten – ½ P
In dem denkmalgeschützten einstigen Schlachthof von 1904 empfängt Sie eine architektonisch eindrucksvolle Lobby. Modern und freundlich sind sowohl die Zimmer als auch das Restaurant, dazu hat man noch einen kleinen Saunabereich im Turm mit Zutritt zur Dachterrasse - toll der Blick über die Region! Eventhalle.

Graf

Ziegelstr. 6, Zufahrt über Schloßstraße ✉ 63065 Stadtplan : B1**g**
– ✆ (069) 8 00 85 10 – www.hotel-graf.de – geschl. 23. Dezember - 3. Januar
32 Zim – 59/99 € 85/125 €
Zwei Brüder leiten mit Engagement dieses tipptopp gepflegte Hotel mitten in der Stadt. Zeitgemäße Standard- und Komfortzimmer sowie ein gutes Frühstücksbuffet stehen für Sie bereit. In der Bar bekommen Sie ein kleines Speisenangebot.

schauMahl

Bismarckstr. 177 ✉ 63067 – ✆ (069) 82 99 34 00 Stadtplan : A2**a**
– www.schaumahl.de – geschl. 27. Juli - 20. August und Sonntag sowie an Feiertagen
Menü 48/119 € – Karte 61/81 € – *(nur Abendessen)*
In dem Eckhaus wird in freundlichem Ambiente weltoffene, kreative und ambitionierte Küche in Form zweier Menüs serviert - unter den Gerichten z. B. "Ente, Holunderblüte, Curry, Petersilie". Vertrauen Sie auf die Weinempfehlungen des Chefs!

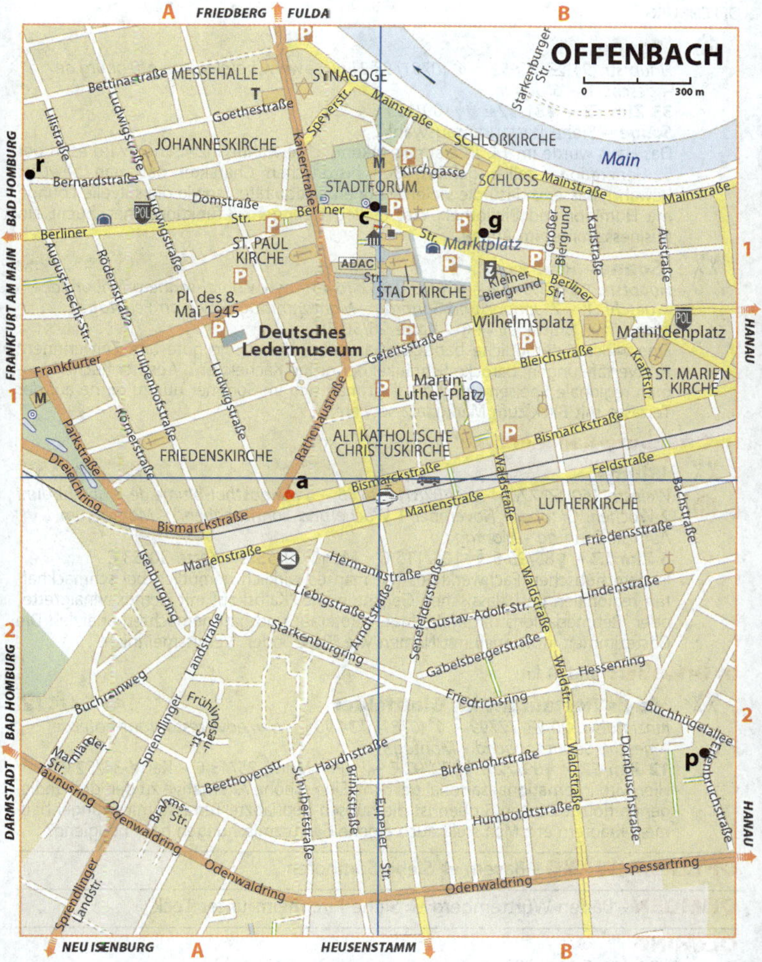

OFFENBURG

Baden-Württemberg – 57 450 Ew. – Höhe 163 m – Regionalatlas **53**-D19
▶ Berlin 744 km – Stuttgart 148 km – Karlsruhe 77 km – Freiburg im Breisgau 64 km
Michelin Straßenkarte 545

Mercure am Messeplatz

Schutterwälder Str. 1a, bei der Oberrheinhalle ✉ 77656 – ✆ (0781) 50 50 – www.accorhotels.com

126 Zim – †95/115 € ††115/135 € – ☕ 17 € – 6 Suiten – ½ P

Direkt bei der Oberrheinhalle gelegen und funktionell ausgestattet, ist das Hotel ideal für Messebesucher und Tagungsgäste. Fragen Sie nach den "Privilege-Zimmern" - hier hat man Kaffeemaschine und Minibar inkludiert. Vom Schwimmbad im 5. Stock schaut man über die Stadt. Das Restaurant bietet Buffet sowie eine regionale und internationale A-la-carte-Auswahl.

Sonne

Hauptstr. 94 ✉ 77652 – ✆ (0781) 93 21 60 – www.hotel-sonne-offenburg.de – geschl. 1. - 6. Januar

33 Zim – ♦81/92 € ♦♦109/153 € – ½ P

Sonne – Siehe Restaurantauswahl

Das Haus wurde im 14. Jh erstmals urkundlich erwähnt, inzwischen wird es in der 5. Generation familiär geführt. Den historischen Charakter hat man bewusst bewahrt, passend dazu die vielen schönen Antiquitäten sowie die stilvolle Lounge mit Humidor und Bibliothek. Wer es lieber zeitgemäß-funktional hat, bucht ein Businesszimmer im Anbau.

Sonne – Hotel Sonne

Hauptstr. 94 ✉ 77652 – ✆ (0781) 9 32 16 46 – www.hotel-sonne-offenburg.de – geschl. 1. - 7. Januar und Sonntag - Montagmittag sowie an Feiertagen

Menü 18 € (mittags)/44 € – Karte 26/50 €

Eine wirklich gemütliche badische Gaststube, die an die gute alte Zeit erinnert: Holzvertäfelungen, barocke Schränke, der grüne Kachelofen... Aus der Küche kommen regionale Speisen - und die lässt man sich im Sommer nur zu gerne auf der Terrasse mit Blick zum Marktplatz servieren.

In Offenburg-Rammersweier Nord-Ost: 3 km

Blume

Weinstr. 160 ✉ 77654 – ✆ (0781) 3 36 66 – www.gasthof-blume.de – geschl. Juni 2 Wochen, Oktober - November 1 Woche und Sonntagabend - Montag, im August: Sonntag - Montag

6 Zim – ♦85/95 € ♦♦105/115 € Menü 30/55 € – Karte 30/53 €

In dem hübschen Fachwerkhaus hat man es wirklich gemütlich bei schmackhaften regionalen und klassischen Gerichten wie "Kalbskopf mit Gemüsevinaigrette" oder "Rehmedaillons mit Pfifferlingen, Rotkraut und hausgemachten Spätzle"! Die Gästezimmer: individuell mit Namen wie "Rose" oder "Vergissmeinnicht".

In Ortenberg Süd: 4 km

Edy's Restaurant im Glattfelder

Kinzigtalstr. 20 ✉ 77799 – ✆ (0781) 9 34 90 – www.edys-restaurant-hotel.de – geschl. Sonntagabend - Montag

12 Zim – ♦59/72 € ♦♦72/92 € – ½ P Menü 25/43 € – Karte 34/52 €

Hier wird international-saisonal gekocht. Eine schöne Alternative zu den drei gediegenen holzgetäfelten Stuben ist die hübsch bepflanzte Terrasse mit Orangenbäumen, Kräutern etc. Man stellt auch eigene Gewürzmischungen her - neugierig?

OFTERSCHWANG – Bayern ➜ Siehe Sonthofen

OHMDEN – Baden-Württemberg ➜ Siehe Kirchheim unter Teck

OLCHING

Bayern – 26 150 Ew. – Höhe 503 m – Regionalatlas **65-L20**

Berlin 595 km – München 36 km – Augsburg 48 km – Dachau 13 km

Michelin Straßenkarte 546

Schiller

Nöscherstr. 20 ✉ 82140 – ✆ (08142) 47 30 – www.hotel-schiller.de – geschl. 23. Dezember - 4. Januar

55 Zim – ♦79/200 € ♦♦89/220 €

Damit die Gäste hier nicht nur in gut ausgestatteten Zimmern wohnen, sondern auch angenehm relaxen können, hat man in dem familiär geführten Hotel an der Amper einen hübschen Sauna- und Ruhebereich im asiatischen Stil geschaffen! Für Tagungen gibt es zudem moderne Seminarräume.

Villa Romantica

Ascherbachstr. 85, Nord-Ost: 3,5 km, am Olchinger See ✉ 82140 – ✆ (08142) 6 52 80 28 – www.villaromantica.de – geschl. Montag

Menü 35 € – Karte 26/48 €

Passend zum italienischen Flair der hübschen Villa gibt es hier mediterrane Küche einschließlich Pizza aus dem Steinofen. Für die Gerichte verwendet man übrigens eigenes Olivenöl aus der Heimat Sizilien. Idyllische Terrasse zum See.

In Olching-Grasslfing Nord-Ost: 2,5 km

Gast- und Tafernwirtschaft zum Haderecker

Allacher Str. 67, Nord-Ost: 4 km, jenseits der A 8 ✉ 82140 – ✆ (08142) 76 29 – www.zumhaderecker.de – geschl. Anfang August 2 Wochen und Dienstag
Karte 14/40 € – (Tischbestel ung ratsam)
Das Gasthaus (seit seiner Gründung im 19. Jh. ein Familienbetrieb) ist so richtig traditionell-bayerisch - und die Küche ist es auch. Am letzten Freitag im Monat gibt es Dampfnudeln! Klar, ein schöner Biergarten gehört auch dazu!

OLDENBURG

Niedersachsen – 158 660 Ew. – Höhe 4 m – Regionalatlas **17-F6**
Berlin 432 km – Hannover 171 km – Bremen 46 km – Bremerhaven 58 km
Michelin Straßenkarte 541

altera Hotel

Herbartgang 23, Zufahrt über Mottenstr. 13 ✉ 26122 – ✆ (0441) 21 90 80 – www.altera-hotels.de
56 Zim – 96/147 € 126/187 €
Michael Schmitz Brasserie & Vinothek – Siehe Restaurantauswahl
In den Zimmern klare Linien und moderne Technik (DVD-Player, Kaffeemaschine, W-Lan gratis). Besonders chic die Design-Lofts, zusätzlich mit iPod-Station und Klimaanlage - die meisten in einem ca. 50 m entfernten Gebäude.

Michael Schmitz Brasserie & Vinothek – altera Hotel

Herbartgang 23, Zufahrt über Mottenstr. 13 ✉ 26122 – ✆ (0441) 21 90 84 00 – www.schmitz-oldenburg.de – geschl. Sonntagmittag
Menü 38/54 € – Karte 27/77 €
Gemütlich sitzt man hier umgeben von dekorativen Weinregalen - wie wär's mit einem der Galerie-Plätze samt Blick aufs Restaurant? Aus der Küche kommen z. B. Zanderfilet, Dry-Aged Beef vom Grill oder zur Saison auch Ente.

OLPE (BIGGESEE)

Nordrhein-Westfalen – 24 600 Ew. – Höhe 340 m – Regionalatlas **37-E12**
Berlin 559 km – Düsseldorf 114 km – Siegen 30 km – Hagen 62 km
Michelin Straßenkarte 543

Koch's Hotel

Bruchstr. 16 ✉ 57462 – ✆ (02761) 8 25 20 – www.kochs-hotel.de
40 Zim – 69/99 € 99/159 € – 10 € – ½ P
Die individuellen und wohnlichen Zimmer dieses Hotels verteilen sich auf das Stammhaus und das auf der anderen Seite des Flusses gelegene Gästehaus mit roter Backsteinfassade. Freundlich präsentiert sich das in warmen Farben gehaltene Restaurant Altes Olpe.

OLSBERG

Nordrhein-Westfalen – 14 720 Ew. – Höhe 360 m – Regionalatlas **27-F11**
Berlin 479 km – Düsseldorf 167 km – Arnsberg 36 km – Kassel 99 km
Michelin Straßenkarte 543

Kurpark Villa

Mühlenufer 4a ✉ 59939 – ✆ (02962) 9 79 70 – www.kurparkvilla.info – geschl. 10. - 24. Januar
32 Zim – 67/133 € 114/166 € – ½ P
Ein wohnlich-elegantes Hotel mit geschmackvollen, im Gästehaus auch etwas moderneren Zimmern. Zum Angebot gehört ein Therapie- und Kosmetikbereich. Schön ist die ruhige Lage am Kurpark. Lichtdurchflutetes Wintergartenrestaurant.

Schinkenwirt

Eisenberg 2, Nord-Ost: 2,5 km, Richtung Willingen, dann links ab ✉ 59939 – ✆ (02962) 97 90 50 – www.schinkenwirt.com – geschl. Anfang Januar 1 Woche, vor Ostern 1 Woche, Juli 2 Wochen

18 Zim – 49/59 € 88/128 € – 2 Suiten – ½ P

Das Hotel mit den gepflegten zeitgemäßen Zimmern liegt ruhig außerhalb des Ortes am Waldrand. Am Haus befindet sich eine kleine Kapelle, zudem hat man eigenes Quellwasser. Vom Restaurant mit hübschem modernem Nebenraum schaut man ins Grüne. Saisonale Küche.

In Olsberg-Bigge West: 2 km

Schettel

Hauptstr. 52 ✉ 59939 – ✆ (02962) 18 32 – www.hotel-schettel.de – geschl. Anfang August 2 Wochen und Dienstag - Mittwochmittag

10 Zim – 46/54 € 79/89 € – ½ P

Menü 19/28 € – Karte 21/39 € – *(nur Abendessen, an Sonn- und Feiertagen auch Mittagessen)*

Eine nette familiär geleitete Adresse mit regionaler Küche. Gemütlich sitzt man im Restaurant und in der rustikalen Bauernstube. Am Mittag bietet man eine kleinere Karte. Die Gästezimmer sind im wohnlichen Landhausstil gehalten.

OPPENAU

Baden-Württemberg – 4 670 Ew. – Höhe 277 m – Regionalatlas **54-E19**

Berlin 750 km – Stuttgart 150 km – Karlsruhe 79 km – Offenburg 26 km

Michelin Straßenkarte 545

Rebstock

Straßburger Str. 13 ✉ 77728 – ✆ (07804) 97 80 – www.rebstock-oppenau.de – geschl. 20. Oktober - 20. November

13 Zim – 49/59 € 77/95 € – 1 Suite – ½ P

Engagiert und freundlich leiten Jean-Luc Ohlmann und seine Frau das hübsche Fachwerkhaus von 1856. Man übernachtet hier in wohnlichen Zimmern und lässt sich im gemütlichen Restaurant regionale Speisen servieren. Oder vielleicht lieber ein Vesper? Ein Muss ist im Sommer die erhöht gelegene Terrasse, unter der das Flüsschen Lierbach fließt!

In Oppenau-Lierbach Nord-Ost: 3,5 km Richtung Allerheiligen

Gasthof Blume

Rotenbachstr. 1 ✉ 77728 – ✆ (07804) 30 04 – www.blume-lierbach.de – geschl. 11. Februar - 11. März

10 Zim – 60/70 € 90/130 € – 1 Suite – ½ P

Der kleine Gasthof liegt im romantischen Lierbachtal. Ein guter Ausgangspunkt für Wanderungen, danach stärkt man sich mit bürgerlicher Küche, im Sommer auf der Terrasse. Die Zimmer sind wirklich wohnlich und tipptopp gepflegt, am schönsten die zwei im neueren Gästehaus - sie sind zudem allergikerfreundlich.

OPPENHEIM

Rheinland-Pfalz – 7 210 Ew. – Höhe 100 m – Regionalatlas **47-F15**

Berlin 597 km – Mainz 24 km – Neustadt an der Weinstraße 74 km – Darmstadt 47 km

Michelin Straßenkarte 543

Merian

Wormser Str. 2 ✉ 55276 – ✆ (06133) 9 49 40 – www.merianhotel.de

14 Zim – 87 € 117/132 €

Das hübsche Stadtschreiberhaus von 1699 liegt mitten in der Altstadt und beherbergt ein engagiert geführtes kleines Hotel mit schöner wertig-moderner Einrichtung von den Zimmer bis zum Frühstücksraum samt gutem Buffet. Gästehaus "Zwo".

Völker

Krämerstr. 7, Eingang Schulstraße ✉ 55276 – ✆ (06133) 22 69 – www.restaurant-voelker.de – geschl. Januar und Montag - Donnerstag, Freitagmittag

Menü 37 € – Karte 29/42 €

Sympathisch und ungezwungen, so sind Atmosphäre und Gastgeber. Was Sie keinesfalls versäumen sollten: eine Führung durch den einmaligen mittelalterlichen "Untergrund" - oder aber "Dinner for One uff rhoihessisch"!

ORANIENBURG

Brandenburg – 42 030 Ew. – Höhe 34 m – Regionalatlas **22-P7**

Berlin 38 km – Potsdam 57 km – Frankfurt (Oder) 112 km

Michelin Straßenkarte 542

Stadthotel (N)

Andre-Pican-Str. 23 ✉ 16515 – ✆ (03301) 69 00 – www.stadthotel-oranienburg.de

56 Zim – 75 € 89 € – 2 Suiten – ½ P

In diesem Businesshotel erwarten Sie ein großzügiger Empfangsbereich sowie neuzeitliche Gästezimmer mit guter Technik und funktionellem Arbeitsplatz. Hell gestaltetes Restaurant mit Bar.

ORB, BAD

Hessen – 9 400 Ew. – Höhe 189 m – Regionalatlas **48-H14**

Berlin 504 km – Wiesbaden 99 km – Fulda 54 km – Frankfurt am Main 55 km

Michelin Straßenkarte 543

Hotel an der Therme

Horststr. 1 ✉ 63619 – ✆ (06052) 88 0 – www.toskanaworld.net

105 Zim – 93/98 € 156/206 € – 7 Suiten – ½ P

Für Freizeitaktivitäten wie Baden, Saunieren & Co. ist das eine ideale Adresse: Sie haben freien Zugang zur angeschlossenen "Toskana Therme" und wählen aus dem umfangreichen Kosmetikangebot des "Wellnessparks". Die Zimmer sind klassisch oder modern, sonntags gibt's ein Langschläferfrühstück.

Rauchfang

Gutenberg Str. 15 ✉ 63619 – ✆ (06052) 91 23 76 – www.restaurant-rauchfang.de – geschl. Montag - Dienstag

Menü 67/95 € – Karte 46/70 € – *(nur Abendessen)* (Tischbestellung erforderlich)

Unkompliziert, frisch und mit exzellenten Produkten, so kocht man italienische Gerichte wie "Spaghetti mit schottischem Glen Douglas Lachsfilet in Safransoße" oder "Lammkrone in pikanter Tomatengorgonzolasoße mit Grenaille Kartoffel". Gemütlich das Ambiente, sehr aufmerksam der Service durch die Chefin.

ORTENBERG – Baden-Württemberg

→ Siehe Offenburg

OSNABRÜCK

Niedersachsen – 155 630 Ew. – Höhe 63 m – Regionalatlas **17-E9**

Berlin 424 km – Hannover 141 km – Bielefeld 50 km – Bremen 121 km

Michelin Straßenkarte 541

Steigenberger Hotel Remarque

Natruper-Tor-Wall 1 ✉ 49076 – ✆ (0541) 6 09 60 – www.osnabrueck.steigenberger.de Stadtplan : A1**b**

153 Zim – 89/189 € 119/199 € – 18 € – 3 Suiten

Ideale Lage für Altstadttouren. Businessgäste schätzen die Tagungsräume sowie technisch gute Arbeitsplätze in den komfortablen Zimmern. Besonderheit: Kunst in der Halle. In der modernen Weinwirtschaft isst man international, Spezialität sind Tapas. Jeden 2. Sonntag im Monat gibt es Brunch.

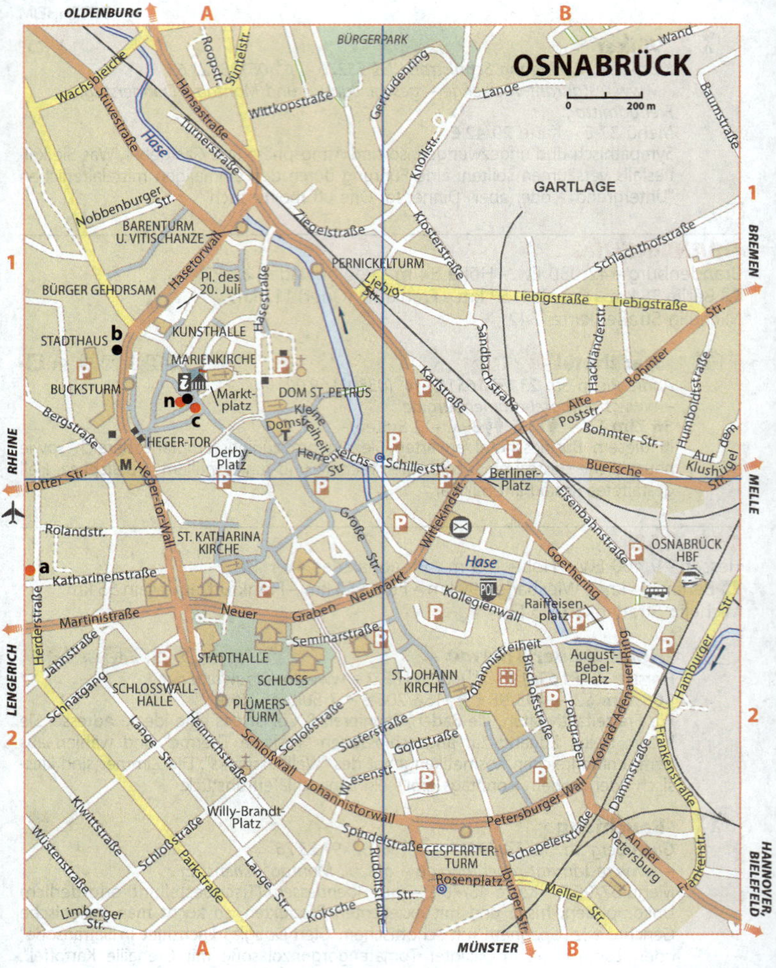

Walhalla

Bierstr. 24 ✉ 49074 – ✆ (0541) 3 49 10 – www.hotel-walhalla.de Stadtplan : A1**n**

69 Zim ☕ – 🚹99/109 € 🚻119/139 € – ½ P

Walhalla – Siehe Restaurantauswahl

Ein Ensemble historischer Häuser mitten in der Altstadt. Zimmer von klassisch bis geradlinig-modern, ein wertiger Saunabereich (auch Massagen) sowie die "David Lounge" als luftig-lichter Wintergarten mit Zugang zum Innenhof.

Landhaus Osterhaus

Bramstr. 109a, über Iburger Straße B2, Richtung Münster ✉ 49090 – ✆ (0541) 9 62 12 31 – www.osterhaus.de – geschl. 18. Dezember - 10. Januar

14 Zim ☕ – 🚹82/95 € 🚻99/120 €

Geräumig und wohnlich-elegant sind die Zimmer/Appartements in dem von der Inhaberfamilie freundlich geleiteten Haus. Mineralwasser, Kaffee/Tee und W-Lan sind gratis.

Welp

Natruper Str. 227, über Hansastraße A1, Richtung Oldenburg ✉ 49090 – ✆ (0541) 91 30 70 – www.hotel-welp.de

23 Zim – 62/72 € 84/90 €

Der gut geführte Familienbetrieb mit praktischen Zimmern (teils mit Balkon) liegt am Grüngürtel der Stadt etwas außerhalb des Zentrums. Im Sommer frühstückt man schön auf der Terrasse.

La Vie

Krahnstr. 1 ✉ 49074 – ✆ (0541) 33 11 50 Stadtplan : A1**c**

– www.restaurant-lavie.de – geschl. 22. Dezember - 6. Januar, Juli - August 3 Wochen und Sonntag - Montag

Menü 134/228 € – *(Dienstag - Donnerstag nur Abendessen)* (Tischbestellung ratsam)

Wenn Thomas Bühner seiner innovativen Ader freien Lauf lässt, heißt es Genuss für Auge und Gaumen. Speisen voller Kreativität, Aufwand und technischer Exaktheit - die Desserts ein echtes Highlight! Beachtung verdient auch das Restaurant selbst: Chic und edel ist es hinter der schmucken Altbaufassade. Gastgeberin par excellence: Thayarni Kanagaratnam.

➜ Loup de mer, mariniert, Blumenkohl, Quinoa, Zitrone. Makrele mit schwarzem Sesameis, Passionsfrucht, Seefenchel, Teriyaki. Filet vom US-Rind, Ochsenbacke, Topinambur, Morchelerde.

Walhalla – Hotel Walhalla

Bierstr. 24 ✉ 49074 – ✆ (0541) 3 49 10 Stadtplan : A1**n**

– www.hotel-walhalla.de

Menü 33/51 € – Karte 34/58 €

Gelungen hat man hier dem traditionellen Haus eine moderne Note gegeben. Ein schönes Beispiel für die schmackhafte klassisch-internationale Küche ist "Kalbstafelspitz mit Meerrettichsauce". Tipp: Auch draußen im Hof sitzt man angenehm.

Tatort Engels

Adolfstr. 40, über Katharinenstraße A2 ✉ 49078 – ✆ (0541) 6 68 73 19 – www.tatort-engels.de – geschl. Sonntag - Montag

Karte 36/58 € – *(nur Abendessen)* (Tischbestellung ratsam)

Leger und trendig ist es bei Hans-Peter Engels, und das kommt an bei den Gästen. Gekocht wird saisonal - die Gerichte werden auf einer dekorativen roten Tafel präsentiert und wechseln täglich.

Fricke Blöcks N

Herderstr. 26 ✉ 49078 – ✆ (0541) 75 04 20 08 Stadtplan : A2**a**

– www.fricke-bloecks.de – geschl. Sonntag - Montag

Menü 35 € – Karte 32/66 € – *(nur Abendessen)*

Was in dem gemütlich eingerichteten Eckhaus in einem Wohnviertel in Zentrumsnähe gekocht wird, ist schmackhaft, saisonal und nennt sich z. B. "geschmortes Bäckchen und Filet vom Alverskirchener Apfelschwein mit Spitzkohl und Pastinake".

In Belm-Vehrte Nord-Ost: 12 km über Bohmter Straße B1, Richtung Bremen

Landgasthaus Kortlüke

Venner Str. 5 ✉ 49191 – ✆ (05406) 8 35 00 – www.hotel-kortlueke.de

24 Zim – 49/57 € 65/69 € – 6 € – ½ P

Ein sehr gepflegter Familienbetrieb mit rustikalen oder helleren, neuzeitlicheren Zimmern und kostenlosem W-Lan. In der Nähe verläuft der bei Wanderern beliebte Wittekindsweg.

OSTBEVERN – Nordrhein-Westfalen ➜ Siehe Telgte

OSTERBURKEN

Baden-Württemberg – 6 470 Ew. – Höhe 247 m – Regionalatlas **48-H16**
Berlin 561 km – Stuttgart 91 km – Würzburg 66 km – Heilbronn 49 km
Michelin Straßenkarte 545

Märchenwald

Boschstr. 14, Nord-Ost: 2 km, nahe der B 292 ✉ 74706 – ✆ (06291) 6 42 00 – www.hotelmaerchenwald.de

20 Zim – 62/69 € 89/99 € – ½ P

In diesem ruhig gelegenen Haus hat man von den Balkonen der ländlichen Zimmer einen netten Blick auf Feld, Wiesen und den (Märchen-) Wald. Vier Zimmer im UG sind recht einfach. Das Wild aus eigener Zucht findet sich ganzjährig auf der Karte des Restaurants.

OSTERODE am HARZ

Niedersachsen – 22 320 Ew. – Höhe 220 m – Regionalatlas **29-J10**
Berlin 316 km – Hannover 98 km – Braunschweig 81 km – Göttingen 48 km
Michelin Straßenkarte 541

In Osterode-Lerbach Nord-Ost: 5 km über B 241

Sauerbrey

Friedrich-Ebert-Str. 129 ✉ 37520 – ✆ (05522) 5 09 30 – www.hotel-sauerbrey.de

29 Zim – 59/79 € 95/125 € – 2 Suiten – ½ P

Ein gewachsenes Hotel mit Familientradition seit 1850. Die Gästezimmer sind unterschiedlich geschnitten und eingerichtet, teilweise mit Balkon. Im rustikalen Restaurant bietet man bürgerliche Küche. Schöner Saal.

In Osterode-Riefensbeek Nord-Ost: 12 km über B 498

Landhaus Meyer

Sösetalstr. 23, B 498 ✉ 37520 – ✆ (05522) 38 37 – www.hotel-landhaus-meyer.de

9 Zim – 52 € 82 € – ½ P

In dem freundlich-familiären kleinen Hotel wohnt man in gepflegten Zimmern, die nett und behaglich sind, im Blockhaus nebenan hat man noch eine Ferienwohnung. Zum Essen sitzen Sie in gemütlichen Stuben oder auf der schönen Terrasse zum Garten, die Küche ist bürgerlich.

OSTERWIECK

Sachsen-Anhalt – 11 380 Ew. – Höhe 117 m – Regionalatlas **30-K9**
Berlin 235 km – Magdeburg 83 km – Goslar 32 km
Michelin Straßenkarte 542

Brauner Hirsch

Stephanikirchgasse 1 ✉ 38835 – ✆ (039421) 79 50 – www.hotel-braunerhirsch.de – geschl. 3. - 18. Januar

24 Zim – 52 € 85/88 € – ½ P

Das Fachwerkhaus von 1728 fügt sich schön in den historischen Kern des kleinen Städtchens ein. Rustikale Fichtenholzmöbel sorgen zusammen mit angenehmen Farben für Gemütlichkeit. Behaglich ist auch das Restaurant mit niedriger Decke im 1. Stock. Terrasse im Innenhof.

OSTFILDERN

Baden-Württemberg – 37 090 Ew. – Höhe 348 m – Regionalatlas **55-G18**
Berlin 644 km – Stuttgart 19 km – Göppingen 39 km – Reutlingen 35 km
Michelin Straßenkarte 545

In Ostfildern-Kemnat

Am Brunnen

Heumadener Str. 19 ✉ 73760 – ✆ (0711) 16 77 70 – www.hotelambrunnen.de

22 Zim – 93/113 € 113/133 €

Mitten im Ort, neben dem namengebenden alten Brunnen, hat die freundliche Gastgeberin schon seit über 20 Jahren ihr Hotel und hält alles gut Schuss. Die Zimmer sind funktional, die Stoffe farblich schön abgestimmt.

In Ostfildern-Ruit

Hirsch Hotel Gehrung
Stuttgarter Str. 7 ✉ 73760 – ✆ (0711) 44 13 00 – www.hirsch-hotel.com
62 Zim – †70/155 € ††98/180 € – ☕ 9 €
Familie Gehrung führt das Hotel (der ursprüngliche Teil stammt übrigens a. d. J. 1604) bereits in 3. Generation. Sie mögen es besonders komfortabel? Dann buchen Sie ein "Top Site"-Zimmer im 4. Stock oder eine der ganz modernen Business-Juniorsuiten! Gediegenes Restaurant und heimelige "Schwäbische Stube".

In Ostfildern-Scharnhausen

Lamm
Plieninger Str. 3a ✉ 73760 – ✆ (07158) 1 70 60 – www.hotelrestaurantlamm.de
32 Zim – †59/129 € ††69/139 € – ☕ 10 € – ½ P
In dem Hotel unter familiärer Leitung stehen solide ausgestattete Gästezimmer unterschiedlicher Kategorien zur Verfügung, teilweise mit Balkon. Freundliches Restaurant im Wintergartenstil und gediegenes Nebenzimmer. Die Küche ist regional und international.

OSTHEIM vor der RHÖN

Bayern – 3 430 Ew. – Höhe 300 m – Regionalatlas **39-J14**
Berlin 404 km – München 346 km – Würzburg 99 km – Wiesbaden 186 km
Michelin Straßenkarte 546

Kaak
Burgstr. 25 ✉ 97645 – ✆ (09777) 5 70 – www.hotel-kaak.de
30 Zim ☕ – †37/47 € ††58/74 € – ½ P
Ein freundlich und familiär geführtes Gasthaus, in dem Sie in sehr gepflegten Zimmern übernachten, der Garten lädt zum Entspannen ein. Außerdem lässt sich die Rhön von hier aus wunderbar erkunden.

OSTRACH

Baden-Württemberg – 6 590 Ew. – Höhe 615 m – Regionalatlas **63-H20**
Berlin 700 km – Stuttgart 128 km – Konstanz 69 km – Ravensburg 33 km
Michelin Straßenkarte 545

Landhotel zum Hirsch
Hauptstr. 27 ✉ 88356 – ✆ (07585) 9 24 90 – www.landhotel-hirsch.de
15 Zim ☕ – †58/67 € ††92/98 € – ½ P
Landhotel zum Hirsch – Siehe Restaurantauswahl
Familie Ermler führt ihr Haus mit Engagement, das spürt und sieht man vom charmanten Empfang über die ländlichen Standardzimmer und die modernen Komfortzimmer bis hin zum guten, frischen Frühstück - zum Wohlfühlen!

Landhotel zum Hirsch – Landhotel zum Hirsch
Hauptstr. 27 ✉ 88356 – ✆ (07585) 9 24 90 – www.landhotel-hirsch.de
Karte 27/45 € – (Tischbestellung ratsam)
In dem über 300 Jahre alten Gasthaus serviert man Ihnen eine schnörkellose und handwerklich sauber gekochte bürgerliche Küche. Da gibt es schwäbische Klassiker wie "Saure Kuttle" (hier allerdings in Balsamisosauce mit Bratkartoffeln) oder auch "Saiblingsklößchen in Krustentiersauce mit Spinat".

OTTENHÖFEN im SCHWARZWALD

Baden-Württemberg – 3 150 Ew. – Höhe 309 m – Regionalatlas **54-E19**
Berlin 736 km – Stuttgart 137 km – Karlsruhe 64 km – Freudenstadt 35 km
Michelin Straßenkarte 545

Breig
Zieselmatt 10 ✉ 77883 – ✆ (07842) 25 65 – www.pension-breig.de
9 Zim ☕ – †59/79 € ††96/119 €
Eine familiäre kleine Adresse in ruhiger Lage mit schön gepflegtem Garten, solide und praktisch ausgestatteten Zimmern (meist mit Balkon) sowie einem gemütlichen Frühstücksraum, nicht zu vergessen der Wohlfühlbereich im UG mit Sauna, Whirlpool und Infrarotkabine

OTTERNDORF

Niedersachsen – 7 150 Ew. – Höhe 2 m – Regionalatlas **9-G4**

Berlin 402 km – Hannover 217 km – Cuxhaven 18 km – Bremerhaven 40 km

Michelin Straßenkarte 541

Am Medemufer

Goethestr. 15 ✉ 21762 – ✆ (04751) 9 99 90 – www.hotel-am-medemufer.de

38 Zim – 69/99 € 79/169 € – 6 Suiten – ½ P

Ein tipptopp gepflegtes, neuzeitliches Hotel mit reizvollem Garten und sehr gutem Frühstück. Kosmetik und Massage im "Miomare" in der Therme gegenüber - mit Shuttle-Service. Restaurant "Leuchtfeuer" mit Terrasse zum Wasser, auf der Karte internationale und regionale Klassiker.

Ratskeller

Rathausplatz 1 ✉ 21762 – ✆ (04751) 38 11 – www.altstadtgaestehaus.de – geschl. Februar und Dienstag

Karte 21/51 €

Das Restaurant in dem über 400 Jahre alten Gewölbekeller wird sympathisch geführt. Freundlich und pfiffig ist der Service der Damen, geleitet von der Chefin. Der Chef steht am Herd.

OTTOBEUREN

Bayern – 8 080 Ew. – Höhe 660 m – Regionalatlas **64-J21**

Berlin 672 km – München 110 km – Kempten (Allgäu) 40 km – Bregenz 85 km

Michelin Straßenkarte 546

Parkhotel Maximilian

Bannwaldweg 11 ✉ 87724 – ✆ (08332) 9 23 70 – www.parkhotel-ottobeuren.de

110 Zim – 85/135 € 135/185 € – 1 Suite – ½ P

Das komfortable Hotel ist gefragt bei Tagungsgästen. Es liegt ruhig oberhalb des Klosters am Waldrand, bietet wohnlich-elegante Zimmer und entspannen kann man beim guten Wellnessangebot, so z. B. am schönen Pool im Freien!

Am Mühlbach

Luitpoldstr. 57 ✉ 87724 – ✆ (08332) 9 20 50 – www.hotel-am-muehlbach.de – geschl. 19. Dezember - 18. Januar

20 Zim – 68 € 82/98 €

Das halbkreisförmig angelegte Hotel bei der Benediktinerabtei bietet zeitgemäße Zimmer, teilweise haben sie Balkon oder Terrasse, fast alle liegen zur Innenseite, zum Garten hin.

St. Ulrich

Bannwaldweg 10 ✉ 87724 – ✆ (08332) 92 35 20 – www.hotel-st-ulrich.com – geschl. 30. Oktober - 12. Februar

28 Zim – 63/73 € 90/100 € – 2 Suiten

Das Haus liegt ruhig am Waldrand etwas oberhalb des kleinen Ortes. Von einigen Zimmern schaut man auf die Basilika. Fragen Sie nach den neueren, besonders freundlichen Zimmern.

OTTOBRUNN

Bayern – 20 790 Ew. – Höhe 455 m – Regionalatlas **66-M20**

Berlin 609 km – München 14 km – Innsbruck 156 km – Kufstein 83 km

Michelin Straßenkarte 546

Aigner

Rosenheimer Landstr. 118 ✉ 85521 – ✆ (089) 60 81 70 – www.hotelaigner.de

73 Zim – 75/295 € 99/325 €

Das Haus ist gepflegt und preislich eine echte Alternative zu Hotels direkt in München. Die Familie investiert immer wieder und so sind einige Zimmer besonders modern! Praktisch: Bushaltestelle vor dem Haus.

OVERATH

Nordrhein-Westfalen – 26 820 Ew. – Höhe 100 m – Regionalatlas **36-C12**

Berlin 583 km – Düsseldorf 60 km – Bonn 31 km – Köln 25 km

Michelin Straßenkarte 543

In Overath-Immekeppel Nord-West: 7 km über A 4 Richtung Köln, Abfahrt Untereschbach

XXX **Sülztaler Hof**

Lindlarer Str. 83 ✉ 51491 – ✆ (02204) 9 75 00 – www.suelztaler-hof.de – geschl. Juni 3 Wochen und Montagmittag, Dienstag - Mittwochmittag

15 Zim – †98/139 € ††148/189 €

Menü 45 € (mittags)/65 € – Karte 36/72 €

Das Gasthaus von 1883 wird seit jeher freundlich und engagiert von Familie Selbach geleitet. Das Ambiente ist charmant-gediegen, die Küche klassisch mit internationalem Einfluss. In einem Hotelanbau bietet man schöne, sehr wohnliche Landhauszimmer.

In Overath-Klef Nord-Ost: 2 km, jenseits der A 4

Lüdenbach

Klef 99, B 55 ✉ 51491 – ✆ (02206) 9 53 80 – www.hotel-luedenbach.de – geschl. Ende Dezember 1 Woche

28 Zim – †54/82 € ††83/99 €

Das seit vielen Jahren familiengeführte Hotel liegt verkehrsgünstig nahe der Autobahn und bietet zeitgemäße, funktionelle Zimmer sowie einen großen Parkplatz. W-Lan kostenfrei. Bürgerlich-saisonales Angebot im Restaurant.

OY-MITTELBERG

Bayern – 4 450 Ew. – Höhe 1 035 m – Regionalatlas **64**-J21

Berlin 710 km – München 124 km – Kempten (Allgäu) 23 km – Füssen 22 km

Michelin Straßenkarte 546

Im Ortsteil Mittelberg

Die Mittelburg

Mittelburgweg 1 ✉ 87466 – ✆ (08366) 1 80 – www.mittelburg.de – geschl. 7. November - 9. Dezember

28 Zim – †89/93 € ††138/242 € – 2 Suiten – ½ P

Von der Begrüßung über das ausgezeichnete Frühstück bis zum Ausflugstipp ist der Service freundlich und hilfsbereit, die Leitung familiär und sehr persönlich und auch Wellness einschließlich Blockhaussauna wird geboten. Rustikal oder elegant? Diese Frage stellt sich bei den Zimmern wie auch beim Restaurant.

PADERBORN

Nordrhein-Westfalen – 143 660 Ew. – Höhe 110 m – Regionalatlas **28**-G10

Berlin 429 km – Düsseldorf 167 km – Bielefeld 47 km – Dortmund 101 km

Michelin Straßenkarte 543

Arosa

Westernmauer 38 ✉ 33098 – ✆ (05251) 12 80 – www.arosa-paderborn.de Stadtplan : A2**s**

121 Zim – †91/111 € ††136 € – 15 € – 3 Suiten – ½ P

Komfortabler könnte die Lage kaum sein: Sie wohnen ganz zentral in unmittelbarer Altstadtnähe und parken im hauseigenen Parkhaus! Besonders elegant sind die neueren Deluxe-Zimmer, sehr guter Tagungs- und Veranstaltungsbereich. Schöne Aussicht vom Schwimmbad im obersten Stock und auch von der Terrasse.

Welcome Hotel

Fürstenweg 13 ✉ 33102 – ✆ (05251) 2 88 00 – www.welcome-hotel-paderborn.com Stadtplan : A1**b**

153 Zim – †95/165 € ††115/185 € – 15 €

Moderner Stil und Farbakzente in warmem Rot begleiten Sie von der Halle bis in die wohnlichen Zimmer dieses zeitgemäßen Businesshotels. Mit großem Tagungsbereich. Neben dem Restaurant gibt es noch die gemütlich-rustikale Bierkneipe.

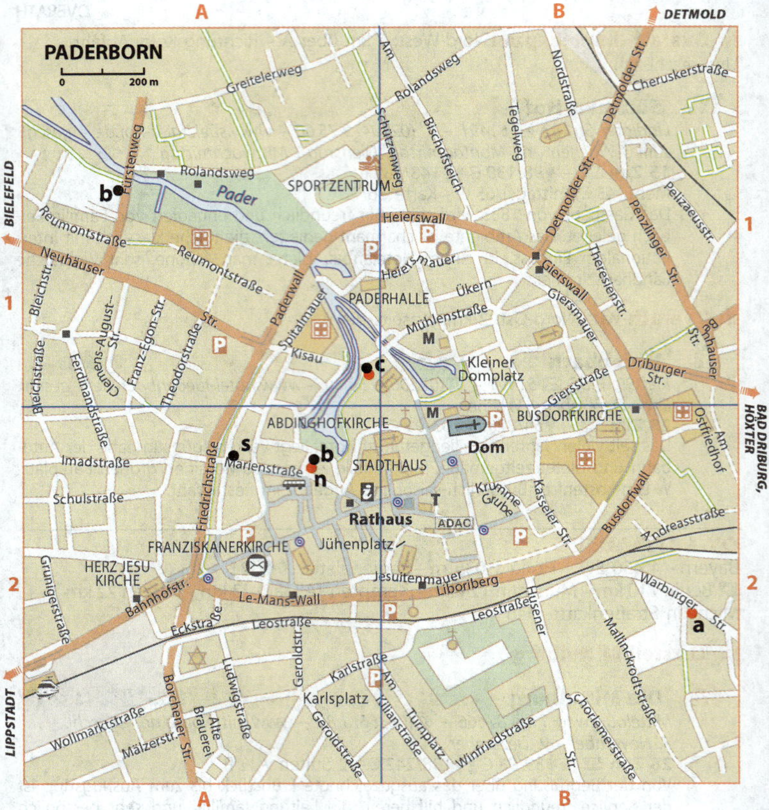

Zur Mühle

Mühlenstr. 2 ⊠ *33098* — Stadtplan : A1**c**
– *✆ (05251) 1 07 50*
– *www.hotelzurmuehle.de*
– *geschl. 22. Dezember - 8. Januar*
25 Zim – 🚹79/107 € 🚹🚹112/122 € – 1 Suite

Sie wohnen hier nicht nur angenehm zentral, sondern auch schön elegant (zu erwähnen sei die stilvolle Stuck-Dekoration im Frühstücksraum) - nicht zu vergessen die freundliche Chefin, die ihre Gäste persönlich umsorgt!

Galerie-Hotel

Bachstr. 1 ⊠ *33098* — Stadtplan : A2**b**
– *✆ (05251) 1 22 40*
– *www.galerie-hotel.de*
11 Zim – 🚹75 € 🚹🚹95 € – 10 €

Ein charmantes Haus: angefangen bei der schmucken spätgotischen Giebelfront über die ständige Bilderausstellung (die Chefin malt die Bilder selbst!) und die individuellen Zimmer bis hin zum liebenswert dekorierten Restaurant La Petite Galerie und den hausgemachten Kuchen im reizenden Tee- und Caféstübchen!

XXX **Balthasar** (Elmar Simon)
Warburger Str. 28 ✉ 33098 – ✆ (05251) 2 44 48 Stadtplan : B2**a**
– www.restaurant-balthasar.de – geschl. 1. - 15. Januar und Sonntag - Montag
Menü 120 € – Karte 59/93 € – (nur Abendessen)
Das Restaurant von Elmar Simon ist bekannt für feine modern-klassische Küche, die auch Vegetarisches bietet. Im Service kann sich der Patron ganz auf das Gespür und das Wissen von Ehefrau Laura - ihres Zeichens Gastgeberin und Sommelière - verlassen.
➜ Schottische Matjesfilets, gebackenes Kalbsbries, Rote Bete. Reelser Lammrücken, baked beans, Blumenkohl, Rosinen. Pina Colada, Ananas, Kokosnuss, Mango.

XX **Kupferkessel**
Marienstr. 14 ✉ 33098 – ✆ (05251) 2 36 85 Stadtplan : A2**n**
– www.kupferkessel-paderborn.de – geschl. Sonntag
Menü 27 € (mittags)/50 € – Karte 32/52 €
Eine sympathische, freundliche Adresse in der Innenstadt, in der regional-international gekocht wird. Gerne kommt man auch mittags, da kann man günstiger essen.

PALLING

Bayern – 3 370 Ew. – Höhe 531 m – Regionalatlas **67-O20**
Berlin 666 km – München 92 km – Bad Reichenhall 49 km – Rosenheim 64 km
Michelin Straßenkarte 546

Michlwirt
Steiner Str. 1 ✉ 83349 – ✆ (08629) 9 88 10 – www.michlwirt.de – geschl. 18. - 24. Januar, 26. September - 16. Oktober
47 Zim – 43/54 € 75/90 €
Herzlich-familiär wird dieser Bilderbuch-Gasthof mit angeschlossener Metzgerei geführt. Die Zimmer im Anbau sind meist geräumiger. Am Morgen gibt's in der Guten Stube ein leckeres Frühstücksbuffet. Ebenso behaglich-traditionell sind Michlstube und Theaterstube, gekocht wird bayerisch.

PANKER – Schleswig-Holstein ➜ Siehe Lütjenburg

PAPENBURG

Niedersachsen – 35 620 Ew. – Höhe 1 m – Regionalatlas **16-D6**
Berlin 513 km – Hannover 240 km – Emden 47 km – Groningen 67 km
Michelin Straßenkarte 541

Alte Werft
Ölmühlenweg 1 ✉ 26871 – ✆ (04961) 92 00 – www.hotel-alte-werft.de
112 Zim – 111/128 € 166/182 € – 9 Suiten – ½ P
Gelungen hat man Industriearchitektur a. d. 19. Jh. - samt einiger erhaltener Werftmaschinen - in einen Hotelbau integriert. Neben neuzeitlichen Zimmern gibt es die Restaurants "Graf Goetzen" (internationale Küche) und "Schnürboden" (regionaleres Angebot) - Hingucker ist eine beachtliche Krankonstruktion.

In Halte Nord-West: 4 km Richtung Meyer Werft

X **Reiherhorst - Gut Halte**
Gut Halte 6 ✉ 26826 – ✆ (04961) 23 17 – www.papenburg-hotel.de – geschl. 20. Juli - 3. August und Sonntagabend - Montag
8 Zim – 59/75 € 95/105 € – ½ P Menü 25/34 € – Karte 25/45 €
Das sorgsam restaurierte Herrenhaus von 1796 ist ein langjähriger Familienbetrieb, ruhig die Lage in einem schönen Park am Deich. Im Restaurant mit Wintergarten und Terrasse sitzt man gemütlich bei regional-saisonaler Küche. Gepflegt übernachten kann man auch. Hübsch: Lobby und Bibliothek.

PAPPENHEIM

Bayern – 3 970 Ew. – Höhe 405 m – Regionalatlas **57-K18**
Berlin 499 km – München 134 km – Augsburg 77 km – Nürnberg 72 km
Michelin Straßenkarte 546

Zur Sonne

Deisinger Str. 20 ✉ 91788 – ✆ (09143) 83 78 37 – www.sonne-pappenheim.de – geschl. Ende Februar - Anfang März
11 Zim – 🚹42/55 € 🚹🚹70/90 € – ½ P
Zur Sonne – Siehe Restaurantauswahl
Die jungen Inhaber haben hier einen wirklich gepflegten Gasthof, der nicht zuletzt wegen seiner Lage am Altmühlradweg gut ankommt. Wer ein bisschen was Besonderes sucht, bucht am besten eines der tollen Themenzimmer, z. B. eines mit rustikalem Hütten-Flair!

Zur Sonne – Hotel Zur Sonne

Deisinger Str. 20 ✉ 91788 – ✆ (09143) 83 78 37 – www.sonne-pappenheim.de – geschl. Ende Februar - Anfang März und Dienstag, November - März : Dienstag - Mittwochmittag
Menü 30 € – Karte 19/41 €
Dass man bei Familie Glück gut essen kann, beweisen schmackhafte Gerichte wie "fränkisches Krustenschäufele mit Dunkelbier-Kümmelsauce" oder - etwas gehobener - "Schnitzel vom Damhirsch mit Waldpilzjus, glasierten Urkarotten und gebratenen Brezenknödelscheiben". Nett das gemütliche Ambiente dazu.

PARCHIM

Mecklenburg-Vorpommern – 17 620 Ew. – Höhe 50 m – Regionalatlas **12-M5**
Berlin 163 km – Schwerin 43 km – Güstrow 75 km
Michelin Straßenkarte 542

Stadtkrug

Apothekenstr. 11, 1. Etage ✉ 19370 – ✆ (03871) 6 23 00 – www.stadtkrug-parchim.de
20 Zim – 🚹50/69 € 🚹🚹65/79 € – 1 Suite – ½ P
Auf eine über 250-jährige Geschichte kann dieses rote Klinkergebäude zurückblicken. Die Gästezimmer sind sehr gepflegt und wohnlich. Reichlich dekoriertes Restaurant in bürgerlichem Stil.

PARSBERG

Bayern – 6 630 Ew. – Höhe 553 m – Regionalatlas **58-M17**
Berlin 477 km – München 137 km – Regensburg 47 km – Ingolstadt 63 km
Michelin Straßenkarte 546

Hirschen

Marktstr. 1a ✉ 92331 – ✆ (09492) 60 60 – www.hirschenhotels.com – geschl. 22. - 26. Dezember
34 Zim – 🚹80/138 € 🚹🚹110/152 € – 2 Suiten – ½ P
Hirschen – Siehe Restaurantauswahl
Ein echtes Traditionshaus im Herzen der kleinen Stadt. Außen die einladende gelbe Fassade, drinnen eine gemütliche Lobby, ein schöner Dorfladen mit eigenen Metzgereiprodukten, hübsche wohnliche Zimmer und ein netter intimer Wellnessbereich - Hallenbad im 100 m entfernten "Garten Hotel Hirschenhof". Vier Suiten und ein DZ im "Privat Hotel Hirschen".

Garten Hotel Hirschenhof

Marktstr. 2 ✉ 92331 – ✆ (09492) 60 60 – www.hirschenhotels.com – geschl. 22. - 26. Dezember
36 Zim – 🚹80/138 € 🚹🚹98/152 € – ½ P
Dies ist die moderne Alternative zum traditionellen "Hirschen" - schräg gegenüber gelegen und unter gleicher Leitung. Schön der Garten, der Hallenbad- und Saunabereich sowie die hellen, geradlinig gehaltenen Zimmer mit angenehmen Naturmaterialien. Abends serviert man Ihnen "Oberpfälzer Tapas".

Hirschen – Hotel Hirschen
Marktstr. 1a ✉ 92331 – ✆ (09492) 60 60 – www.romantik-hotel-hirschen.com – geschl. 22. - 26. Dezember
Menü 34/69 € – Karte 39/61 €
In den behaglichen Wirtstuben - Herzstück des Hirschen ist das "Bräustüberl" - bekommen Sie einen interessanten Mix aus klassisch-gehobener Küche und traditionellen Klassikern wie "Rindfleischtopf" oder "Zwetschgenbavesen".

Außerhalb Nord: 2 km an der A 3 Ausfahrt Parsberg (Autohof)

Villa Toskana
Steinmühlerstr. 3 ✉ 92331 – ✆ (09492) 90 61 81 – www.a3-villa-toskana.de
33 Zim – †49/65 € ††76/85 € – ☕ 6 €
In diesem Haus wird Funktionalität groß geschrieben. Das fängt an bei der Lage in einem Autohof an der A3 und endet bei den zeitgemäßen Zimmern, die in mediterranen Farben gehalten sind. Ideal für Durchreisende oder Geschäftsleute.

PASEWALK

Mecklenburg-Vorpommern – 10 470 Ew. – Höhe 15 m – Regionalatlas **14-Q5**
▶ Berlin 134 km – Schwerin 208 km – Neubrandenburg 59 km – Szczecin 40 km
Michelin Straßenkarte 542

Villa Knobelsdorff
Ringstr. 121 ✉ 17309 – ✆ (03973) 2 09 10 – www.villa-knobelsdorff.de
18 Zim ☕ – †66/71 € ††83/91 € – ½ P
Herzlich kümmert man sich in der schmucken Villa a. d. J. 1896 um die Gäste. Eine schöne Holztreppe führt zu den klassisch gehaltenen Zimmern. Im Restaurant "Alter Pasewalker Bierkeller" herrscht eine gemütlich-rustikale Atmosphäre - möchten Sie vielleicht unter der Gewölbedecke sitzen?

PASSADE

Schleswig-Holstein – 350 Ew. – Höhe 31 m – Regionalatlas **3-J3**
▶ Berlin 375 km – Kiel 28 km – Hamburg 123 km
Michelin Straßenkarte 541

Fischerwiege
An de Laak 11 ✉ 24253 – ✆ (04344) 4 13 86 16 – www.fischerwiege-passade.de – geschl. 4. Januar - 11. Februar
11 Zim ☕ – †85/95 € ††100/115 € – 2 Suiten
Ein charmantes reetgedecktes Haus, ausgesprochen hübsche Zimmer in nordischem Stil, ein idyllischer Garten, ein Bistro-Café mit hausgemachtem Kuchen... und zwei Gastgeber, die mit Liebe bei der Sache sind! Kleiner Seestrand 150 m entfernt.

PASSAU

Bayern – 49 040 Ew. – Höhe 262 m – Regionalatlas **60-P19**
▶ Berlin 607 km – München 192 km – Landshut 119 km – Linz 110 km
Michelin Straßenkarte 546

Ibb Hotel
Bahnhofstr. 24 ✉ 94032 – ✆ (0851) 9 88 30 00 – www.ibbhotelpassau.de Stadtplan : A2**d**
129 Zim ☕ – †62/119 € ††89/159 €
Praktisch ist die zentrale Lage dieses funktionell ausgestatteten Hotels: Es befindet sich gegenüber dem Bahnhof und neben dem Shopping-Center. Restaurant für Veranstaltungen, Gruppen oder auf Vorreservierung!

König
Untere Donaulände 1 ✉ 94032 – ✆ (0851) 38 50 – www.hotel-koenig.de Stadtplan : A1**t**
41 Zim ☕ – †65/130 € ††88/150 €
Das Hotel liegt in der Altstadt an den Schiffsanlegestellen und verfügt über wohnlich-gediegene Gästezimmer, einige mit Blick auf die Donau.

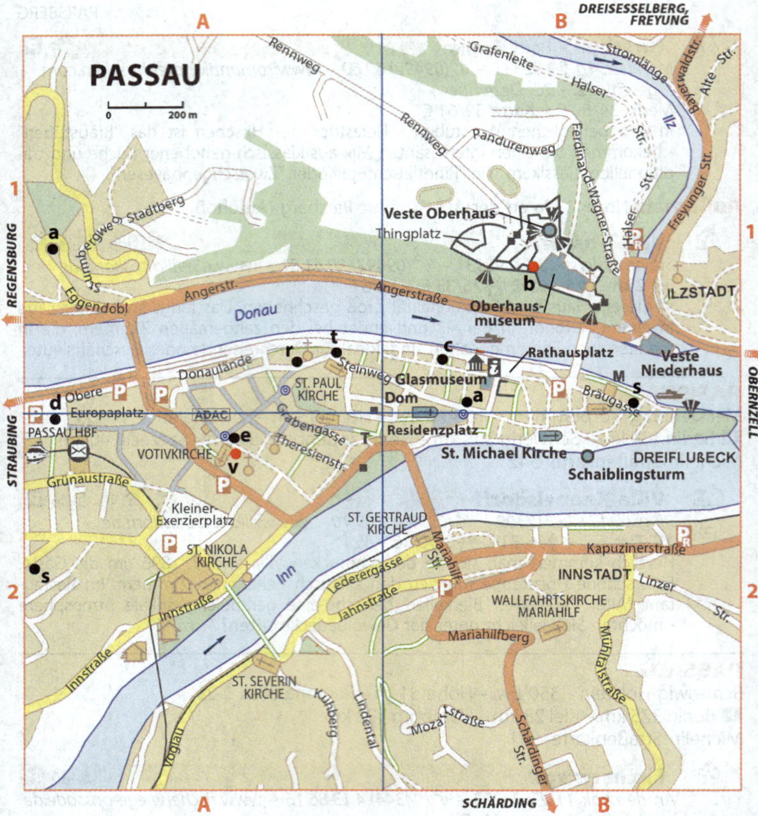

Residenz

Fritz-Schäffer-Promenade 6 ✉ *94032* – ✆ *(0851) 98 90 20* Stadtplan : B1**c**
– *www.residenz-passau.de* – *geschl. über Weihnachten*

50 Zim ☕ – 🚹79/119 € 🚹🚹119/169 €

Eine familiäre Adresse direkt am Donauufer. Die Zimmer sind allesamt schön wohnlich, mal klassisch, mal modern. Zum Entspannen gibt es einen netten Saunabereich und den Flussblick kann man besonders gut auf der hübschen Terrasse genießen - z. B. im Sommer beim Frühstücken.

Weisser Hase

Heiliggeistgasse 1 ✉ *94032* – ✆ *(0851) 9 21 10* Stadtplan : A2**e**
– *www.weisser-hase.de* – *geschl. 20. - 28. Dezember*

107 Zim – 🚹74/89 € 🚹🚹119/145 € – ☕ 8 € – 1 Suite – ½ P

In dem sanierten Altstadthaus im Zentrum erwarten Sie funktionelle Zimmer in neuzeitlichem oder klassischem Stil. Bilder des Künstlers Otto Sammer zieren das Hotel. Gediegenes Restaurant mit internationalem Angebot.

Altstadt-Hotel

Bräugasse 23, am Dreiflüsseeck ✉ *94032* – ✆ *(0851) 33 70* Stadtplan : B1**s**
– *www.altstadt-hotel.de* – *geschl. 3. - 14. Januar, 22. - 27. Dezember*

35 Zim ☕ – 🚹65/95 € 🚹🚹89/155 € – ½ P

Sie möchten ein Zimmer mit Sicht auf das Dreiflüsseeck? Schön modern oder lieber klassisch eingerichtet? Auch wer es gerne etwas geräumiger hat, findet hier das Passende. Angenehm sitzt man im Sommer beim Frühstück auf der Donauterrasse, nett ist die familiäre Atmosphäre. Internationale Küche im Restaurant oder auf der Terrasse zum Fluss.

Wilder Mann

Am Rathausplatz ✉ 94032 – ✆ (0851) 3 50 71 Stadtplan : B1**a**
– www.wilder-mann.com
49 Zim – 60 € 95/120 €
Hotel und sehenswertes Glasmuseum in einem jahrhundertealten Gebäudekomplex im Herzen der Stadt. Das Highlight des Hauses ist der Adalbert-Stifter-Saal mit herrlichem Blick auf die Altstadt - hier nehmen Sie Ihr Frühstück ein!

Passauer Wolf

Untere Donaulände 4 ✉ 94032 – ✆ (0851) 93 15 10 Stadtplan : A1**r**
– www.hotel-passauer-wolf.de
38 Zim – 52/111 € 75/159 € – 1 Suite
Dicke Mauern und Kreuzgewölbe schaffen hier einen gemütlichen Rahmen für zeitgemäße, gut ausgestattete Zimmer. Auf dem Dach des schönen historischen Gebäudes kann man von einer hübschen kleinen Terrasse die Aussicht genießen. Im Nu ist man mitten in der Altstadt.

Spitzberg

Neuburger Str. 29, B 12/388 ✉ 94032 Stadtplan : A2**s**
– ✆ (0851) 95 54 80 – www.hotel-spitzberg.de
35 Zim – 46/116 € 69/161 €
Das familiengeführte Hotel befindet sich in zentrumsnaher Lage oberhalb der Altstadt. Gut die Verkehrsanbindung, zeitgemäß und funktional die Zimmer, darunter auch Familienzimmer. Wer ein Faible für besondere Details hat, bucht ein Zimmer mit toller Stuckdecke!

Heilig-Geist-Stift-Schenke

Heiliggeistgasse 4 ✉ 94032 – ✆ (0851) 26 07 Stadtplan : A2**v**
– www.stiftskeller-passau.de – geschl. Januar 3 Wochen und Mittwoch
Menü 20/46 € – Karte 17/49 €
Sie suchen gemütliche Atmosphäre und solide bayerische Küche? Dann wird es Ihnen in dem Franziskanerkloster von 1358 gefallen: In liebenswerten rustikalen Stuben mit historischem Charme - oder auch im lauschigen Garten - serviert man traditionelle regionale Speisen. Schön urig hat man es im Natursteingewölbe des Stiftskellers.

Das Oberhaus

Oberhaus 1 ✉ 94034 – ✆ (0851) 37 93 06 57 Stadtplan : B1**b**
– www.dasoberhaus.com
Menü 35/89 € – Karte 21/44 €
Dieser Logenplatz über der Stadt hat sich schnell herumgesprochen - die Terrasse ist ein Traum! Zu essen gibt's bürgerlich-bayerische Küche wie "Schweinshaxe mit Kartoffelslat" oder "Schwammerlgulasch".

In Passau-Hacklberg

Atrium

Neue Rieser Str. 6 ✉ 94034 – ✆ (0851) 9 88 66 88 Stadtplan : A1**a**
– www.atrium-passau.de
49 Zim – 49/111 € 72/146 €
In dem Hotel in Hanglage etwas oberhalb des Ortes stehen zeitgemäße, funktionelle Zimmer bereit. Ein interessantes Detail: Im lichten Empfangsbereich hat man ein in den Boden eingelassenes Aquarium.

In Passau-Haidenhof Süd-West: 2 km über A2

Dreiflüssehof

Danziger Str. 42 ✉ 94036 – ✆ (0851) 7 20 40 – www.dreifluessehof.de
67 Zim – 65/80 € 82/130 €
Geschäftsreisende schätzen dieses verkehrsgünstig am Stadtrand gelegene Hotel, dessen Zimmer recht geräumig und wohnlich-gediegen sind. Gemütlich-rustikal ist das Restaurant mit netten Nischen, holzgetäfelten Wänden und Kachelofen.

PEINE

Niedersachsen – 48 380 Ew. – Höhe 68 m – Regionalatlas **19-J9**
Berlin 249 km – Hannover 45 km – Braunschweig 28 km – Hildesheim 32 km
Michelin Straßenkarte 541

In Peine-Stederdorf Nord: 3 km über B 444, jenseits der A 2

Schönau

Peiner Str. 17, B 444 ✉ 31228 – ✆ (05171) 99 80 – www.hotel-schoenau.de
65 Zim – 85/170 € 110/220 €
Seit 100 Jahren ist Familie Hacke nun schon für ihre Gäste da. Ihr Haus hat sich in dieser Zeit zu einem schmucken Hotel gemausert und das Engagement sieht man auch - vom nordisch-ländlichen bis zum topmodernen Zimmer, von der rustikalen Bierstube bis zum eleganten Restaurant. Variable Veranstaltungsräume für Hochzeiten, Tagungen, Feiern jeder Art.

PELLWORM (INSEL)

Schleswig-Holstein – 1 170 Ew. – Höhe 1 m – Regionalatlas **1-G2**
Berlin 465 km – Kiel 117 km – Husum 29 km – Heide 76 km
Michelin Straßenkarte 541

Friesenhaus

Kaydeich 17 ✉ 25849 – ✆ (04844) 99 04 90 – www.hotel-friesenhaus-pellworm.de – geschl. 10. Januar - 15. März, 1. - 30. November
20 Zim – 59/75 € 85/146 € – ½ P
Ein nettes, nahe dem Leuchtturm gelegenes Hotel im regionalen Baustil mit wohnlichen und recht modernen Zimmern. Auch heiraten kann man hier im Haus. Im Restaurant und auf der kleinen Terrasse serviert man regionale Küche und einige internationale Gerichte.

PENZBERG

Bayern – 16 210 Ew. – Höhe 596 m – Regionalatlas **65-L21**
Berlin 640 km – München 53 km – Garmisch-Partenkirchen 43 km – Bad Tölz 19 km
Michelin Straßenkarte 546

Troadstadl

Kirnberger Str. 1, nahe der BAB-Ausfahrt Penzberg ✉ 82377 – ✆ (08856) 94 82 – www.troadstadl.de – geschl. Dienstag - Mittwoch, Sonntagabend
Menü 49/65 € – Karte 27/68 € – *(nur Abendessen, sonntags auch Mittagessen)* (Tischbestellung ratsam)
Saisonal geprägte Küche bietet das Gastgeberpaar in den gemütlichen Stuben des im 13. Jh. erbauten denkmalgeschützten Hauses. Moderne Accessoires schaffen einen reizvollen Kontrast zum rustikalen Charakter des Restaurants.

In Penzberg-Promberg Nord: 5 km Richtung Wolfratshausen

Hoisl-Bräu

Promberg 1 ✉ 82377 – ✆ (08856) 9 01 73 30 – www.hoisl-braeu.de – geschl. 17. - 29. Mai, 31. Oktober - 4. November
22 Zim – 58/101 € 78/122 € – 1 Suite
Warum das Haus gefragt ist? Es liegt schön ruhig, die Preise sind fair, die Einrichtung ist gemütlich-bayerisch, das Frühstück gut... Bei schönem Wetter geht's raus auf die Südterrasse! Ein idealer Ausgangspunkt für Golfer, Radfahrer...

PERL

Saarland – 8 190 Ew. – Höhe 254 m – Regionalatlas **45-A16**
Berlin 767 km – Saarbrücken 68 km – Trier 45 km – Luxembourg 32 km
Michelin Straßenkarte 543

Hammes
Hubertus-von-Nell-Str. 15 ✉ 66706 – ✆ (06867) 9 10 30 – www.hotel-hammes.de – geschl. 1. - 13. August, 21. November - 3. Dezember
12 Zim – 58 € 84 € – ½ P
In diesem familiengeführten Hotel in der Ortsmitte stehen sehr gepflegte, solide und zeitgemäß eingerichtete Gästezimmer zur Verfügung. Und nicht nur das: In der gediegenen Schlemmerstube und der kleinen Dreiländereckstube gibt es bürgerliche Küche und Spezialitäten des Hauses wie z. B. Fischgerichte.

In Perl-Nennig Nord: 10 km über B 419

Victor's Residenz - Hotel Schloss Berg
Schlossstr. 27 ✉ 66706 – ✆ (06866) 7 90 – www.victors.de
105 Zim – 145/245 € 175/275 € – 10 Suiten – ½ P
Die Scheune – Siehe Restaurantauswahl
Nahe der Mosel und der Grenze zu Luxemburg und Frankreich liegt das elegante Hotel am Rande der Weinberge. Sie möchten sich ein besonderes Zimmer gönnen? Dann buchen Sie eine der Götter-Suiten! Zur Ruhe kommen kann man aber auch gut im schönen Spa oder bei mediterraner Küche im "Bacchus".

Zur Traube
Bübingerstr. 22, B 51 ✉ 66706 – ✆ (06866) 3 49 – www.traube-nennig.de – geschl. Mitte Dezember - Anfang Januar
10 Zim – 54/90 € 76/125 € – 11 Suiten – ½ P
Ein engagiert geführter Gasthof an der Bundesstraße. Gepflegt sind die Zimmer alle, im Neubau wohnt man besonders komfortabel. Speisen können Sie in klassisch-elegantem Rahmen mit neuzeitlichem Touch, und zwar bürgerliche Küche mit der Hausspezialität geräucherter Hinterschinken! An Fahrradfahrer ist übrigens auch gedacht, z. B. mit einem Fahrradraum.

Victor's Fine Dining by christian bau
Schlossstr. 27 ✉ 66706 – ✆ (06866) 7 91 18 – www.victors-gourmet.de – geschl. Anfang Januar 2 Wochen, Ende Juli - August 3 Wochen, Ende Oktober 1 Woche und Montag - Dienstag
14 Zim – 145/285 € 175/315 € – 3 Suiten
Menü 145/245 € – *(Mittwoch - Freitag nur Abendessen)*
Eine Fülle aromenreicher Amuses Bouches leitet die beiden Degustationsmenüs ein und weckt die Vorfreude auf ein Mehr an überaus kreativen Speisen, die sich ebenso durch Finesse und Harmonie auszeichnen wie durch top Produkte und einen Hauch Fernost. Das wertige Interieur passt da nur zu gut ins feine Bild.
→ Langoustine, Satay, knackiges Gemüse, Misosuppe. Steinbutt, Kohlrabi, Schnittlauch, Dashibutter. "Souvenir aus Asien" Pan Dan, Nashibirne, Ingwer.

Die Scheune – Victor's Residenz - Hotel Schloss Berg
Schlossstr. 27 ✉ 66706 – ✆ (06866) 7 91 80 – www.victors.de – geschl. Dienstag
Karte 27/53 €
Wer es gerne ein bisschen rustikaler mag, findet ca. 100 m vom Hotel entfernt in der ehemaligen Scheune Gemütlichkeit - und das auf beachtlichen drei Etagen! Hier gibt's regional-saisonale Kost und im Biergarten dazu noch einen schönen Blick in die Weinberge.

PETERSBERG
Hessen – 15 100 Ew. – Höhe 360 m – Regionalatlas **39-H13**
Berlin 450 km – Wiesbaden 144 km – Kassel 105 km – Würzburg 110 km
Michelin Straßenkarte 543

Gasthof Altes Casino
Langenburg 1 ✉ 36100 – ✆ (0661) 96 90 70 – www.gasthof-casino.de
26 Zim – 65/98 € 94/130 € – ½ P
Hier wohnen Sie in einem von zwei Brüdern gut geführten Gasthof. Zimmer und Restaurant sind tipptopp gepflegt, auf den Tisch kommt bürgerlich-regionale Küche.

PETERSHAGEN

Nordrhein-Westfalen – 25 460 Ew. – Höhe 37 m – Regionalatlas **18-G8**
Berlin 355 km – Düsseldorf 230 km – Bielefeld 67 km – Bremen 90 km
Michelin Straßenkarte 543

Schloss Petershagen

Schlossfreiheit ✉ 32469 – ✆ (05707) 9 31 30 – www.schloss-petershagen.com – geschl. 4. - 31. Januar
15 Zim – 85/95 € 140 € – 2 Suiten – ½ P
In dem reizenden kleinen Schloss an der Weser sorgen stilvoll-historische Details für romantisches Flair. Die Gästezimmer sind individuell gestaltet. Vom freundlichen Restaurant "Orangerie" hat man einen schönen Flussblick.

PETERSHAGEN-EGGERSDORF

Brandenburg – 14 210 Ew. – Höhe 52 m – Regionalatlas **23-Q8**
Berlin 28 km – Potsdam 59 km – Eberswalde 44 km – Frankfurt (Oder) 81 km
Michelin Straßenkarte 542

Im Ortsteil Eggersdorf Nord-Ost: 2 km

Landhaus Villago

Altlandsberger Chaussee 88 ✉ 15345 – ✆ (03341) 46 90 – www.villago.de
60 Zim – 82/96 € 102/118 €
Zeitgemäß, wohnlich und funktional sind die Zimmer in diesem auf Tagungen zugeschnittenen Hotel. Schön ist die Lage am Bötzsee - hier hat man ein eigenes Strandbad. Internationale Küche im behaglichen Restaurant.

Landgasthof zum Mühlenteich

Karl-Marx-Str. 32 ✉ 15345 – ✆ (03341) 4 26 60 – www.landgasthof.de
20 Zim – 70/100 € 95/125 € – ½ P
Das familiär geführte Hotel im Ortskern überzeugt durch freundlichen Service und wirklich wohnliche Gästezimmer im Landhausstil. Etwas Besonderes ist das Hochzeitszimmer: Es ist hübsch mit bemalten Bauernmöbeln eingerichtet. Gemütlich-rustikal hat man es beim Essen in der Bauernstube.

PETERSTAL-GRIESBACH, BAD

Baden-Württemberg – 2 630 Ew. – Höhe 393 m – Regionalatlas **54-E19**
Berlin 737 km – Stuttgart 115 km – Karlsruhe 88 km – Offenburg 34 km
Michelin Straßenkarte 545

Im Ortsteil Bad Peterstal

Hubertus

Insel 3 ✉ 77740 – ✆ (07806) 5 95 – www.hotel-hubertus-peterstal.de
13 Zim – 53/73 € 106/110 €
Der kleine Familienbetrieb im Ortskern ist ein einfaches, funktionelles und gut gepflegtes Haus. Besonders hübsch sind die zwei Zimmer unterm Dach: neuzeitlich in dunklem Holz und frischem Grün! Nett auch der Saunabereich - hier bietet man auf Nachfrage auch Massagen an.

Im Ortsteil Bad Griesbach

Dollenberg

Dollenberg 3 ✉ 77740 – ✆ (07806) 7 80 – www.dollenberg.de
63 Zim – 147/761 € 240/892 € – 38 Suiten – ½ P
Le Pavillon ✿✿ • ***Kamin- und Bauernstube*** – Siehe Restaurantauswahl
Dieses fabelhafte Feriendomizil ist nicht nur das Lebenswerk von Meinrad Schmiederer, es ist auch eines der Top-Hotels in Deutschland. Wohnräume mit Stil und Geschmack, Spa-Vielfalt auf rund 5000 qm, ein Service, der nur schwer zu toppen ist, und Gastronomie vom 2-Sterne-Restaurant bis zur rustikalen Hütte. Und all das in einmalig schöner Lage!

Adlerbad

Kniebisstr. 55, B 28 ✉ 77740 – ✆ (07806) 9 89 30 – www.adlerbad.de – geschl. Mitte November - Mitte Dezember

25 Zim – †40/75 € ††80/115 € – ½ P

Den Charme des alten Fachwerkhauses spürt man schön in der komplett getäfelten Alten Dorfstube! Ebenso hübsch, nur eben ganz modern, sind die Zimmer im Gästehaus. Sie entspannen bei Moorpackung, Cleopatra-Bad und Aromaöl-Massage und speisen regional und international in der gemütlich-zeitgemäßen Adlerstube.

Le Pavillon – Hotel Dollenberg

Dollenberg 3 ✉ 77740 – ✆ (07806) 7 80 – www.dollenberg.de – geschl. 22. Februar - 9. März, 13. - 29. Juni und Dienstag - Mittwoch

Menü 118/158 € – Karte 96/112 € – *(Montag - Freitag nur Abendessen)* (Tischbestellung ratsam)

Das gastronomische Aushängeschild des "Dollenberg" ist eine Hochburg der kulinarischen Klassik: geschmacksintensiv und ausdrucksstark, hier und da auch moderne Finessen. In dem eleganten Restaurant wird man zudem ausgesprochen herzlich umsorgt - auch mit einer interessanten Wein- und Getränkebegleitung!

➜ Langostinos, Melone, Avocado. Rehrückenfilet, Broccoli, Sauerkirschgel, Barolojus. Champagnereispraline, Himbeer, Brioche gebraten und Briocheeis.

Kamin- und Bauernstube – Hotel Dollenberg

Dollenberg 3 ✉ 77740 – ✆ (07806) 7 80 – www.dollenberg.de

Menü 24/52 € – Karte 33/62 €

Die aufmerksame junge Servicebrigade ist Ihnen sowohl in der ländlich-rustikalen Bauernstube als auch in der eleganten Kaminstube gewiss, ebenso internationale und regionale Klassiker wie "Kürbisrahmsüppchen mit Kernöl und Kürbiskernen" oder "Lachs mit leichter Meerrettichsauce und Roter Beete". Toll die großzügige Terrasse. Dienstags beliebte "Küchenparty"!

Renchtalhütte

Rohrenbach 8 ✉ 77740 – ✆ (07806) 91 00 75 – www.renchtalhuette.de

Karte 20/45 €

Die zünftige Seite der Dollenberg-Gastronomie: urig-gemütlich, überall rustikales altes Holz, auf den blanken Tisch kommen Raclette und Fondue sowie regionale Gerichte und Vesper (lecker die Hausmacher Wurst im Glas!). Toll die Aussicht! Den Kindern wird es dank Spielplatz und Streichelzoo nicht langweilig.

PETTENDORF – Bayern ➜ Siehe Regensburg

PFAFFENHOFEN an der ILM

Bayern – 24 450 Ew. – Höhe 428 m – Regionalatlas **58-L19**

Berlin 549 km – München 55 km – Augsburg 65 km – Landshut 80 km

Michelin Straßenkarte 546

Moosburger Hof

Moosburger Str. 3, Zufahrt und Eingang über Prof.-Stock-Straße ✉ 85276 – ✆ (08441) 2 77 00 80 – www.hotel-moosburgerhof.de

48 Zim – †84/144 € ††124/164 € – ½ P

Tweer's – Siehe Restaurantauswahl

Zentral die Lage, hochwertig, komfortabel und modern-elegant die Zimmer, sehenswert die Kunstwerke von Omer Berber. Die einfachere Alternative zum Restaurant ist das Bistro "Kunstwinkel" mit regionalen Schmankerln und günstigem Mittagsmenü.

Tweer's – Hotel Moosburger Hof

Moosburger Str. 3, Zufahrt und Eingang über Prof.-Stock-Straße ✉ 85276 – ✆ (08441) 2 77 00 80 – www.hotel-moosburgerhof.de – geschl. 24. Dezember - 6. Januar, 8. - 12. Februar, 21. März - 1. April, 17. - 28. Mai, 30. Juli - 12. September, 31. Oktober - 4. November und Sonntagabend - Montag

Menü 40/70 € – Karte 39/54 € – *(nur Abendessen, sonntags auch Mittagessen)*

Die ambitionierte international beeinflusste klassische Küche hier überzeugt durch den Einsatz topfrischer Produkte, die teilweise sogar vom eigenen Gutshof im nahen Biberg stammen, so z. B. Kaninchen, Enten, Gemüse.

PFAFFENWEILER

Baden-Württemberg – 2 520 Ew. – Höhe 252 m – Regionalatlas **61-D20**
Berlin 811 km – Stuttgart 213 km – Freiburg im Breisgau 14 km – Basel 66 km
Michelin Straßenkarte 545

Zehner's Stube

Weinstr. 39 ✉ 79292 – ✆ (07664) 62 25 – www.zehnersstube.de – geschl. Montag - Dienstagmittag
Menü 69/115 € – Karte 66/94 €
Wo klassische Küche und badischer Charme so schön vereint sind, isst man natürlich gerne, zumal Fritz Zehner (seit über 30 Jahren in der hiesigen Gastronomie selbständig) richtig gut kocht - kraftvoll und produktbezogen! Der Rahmen: das historische Kreuzgewölbe des ehemaligen Rathauses.
➜ Bretonischer Hummersalat mit Papaya und Mango. Jakobsmuscheln mit Thai Curry. Täubchenbrust mit Selleriepüree.
Weinstube – Siehe Restaurantauswahl

Weinstube – Restaurant Zehner's Stube

Weinstr. 39 ✉ 79292 – ✆ (07664) 62 25 – www.zehnersstube.de – geschl. Montag
Karte 38/60 € – *(nur Abendessen)*
Steigen Sie hinab in die Tiefen des Gewölbekellers dieses 400 Jahre alten Gasthauses, das auch über eine nette Außenterrasse vefügt. Verköstigt werden Sie mit Badischem!

PFALZGRAFENWEILER

Baden-Württemberg – 7 060 Ew. – Höhe 636 m – Regionalatlas **54-F19**
Berlin 697 km – Stuttgart 76 km – Karlsruhe 87 km – Tübingen 57 km
Michelin Straßenkarte 545

In Pfalzgrafenweiler-Kälberbronn West: 7 km

Schwanen

Große Tannenstr. 10 ✉ 72285 – ✆ (07445) 18 80 – www.hotel-schwanen.de
56 Zim – 72/130 € 143/250 € – ½ P
In dem sympathsichen Familienbetrieb lässt es sich gut Urlaub machen, und das liegt nicht nur an den wohnlichen Zimmern (die schönsten zur Südseite) und den gemütlichen Restauranträumen Bauern- und Brennstube (hier bietet man Produkte aus der eigenen Landwirtschaft), sondern auch an den zahlreichen Aktivitäten für Kinder: Spielplatz, Ponyreiten, Bauernhof... In den Ferien mit Betreuung.

Waldsägmühle

Waldsägmühle 1, Süd-Ost: 2 km an der Straße nach Durrweiler ✉ 72285 – ✆ (07445) 8 51 50 – www.waldsaegmuehle.de
37 Zim – 70/83 € 132/170 € – 1 Suite – ½ P
Waldsägmühle – Siehe Restaurantauswahl
Familie Ziegler hat hier am Wald ein schönes Hotel mit wohnlichem Ambiente. Perfekt zum Relaxen ist der ansprechende Spa "Zinsbach-Therme", oder Sie entspannen einfach auf der Wiese direkt am Waldrand.

Waldsägmühle – Hotel Waldsägmühle

Waldsägmühle 1, Süd-Ost: 2 km an der Straße nach Durrweiler ✉ 72285 – ✆ (07445) 8 51 50 – www.waldsaegmuehle.de – geschl. Montagmittag
Menü 29 € (mittags)/58 € – Karte 26/59 €
Dass man bei den Zieglers nicht nur gut übernachten kann, zeigen schmackhafte Gerichte wie "Entrecôte mit Schupfnudeln und Gemüse", die Zutaten dafür kommen aus der Region. Dazu gibt's sympathisch-rustikales Schwarzwald-Flair und freundlich-familiären Service. Mittags kleine Karte.

PFINZTAL

Baden-Württemberg – 17 590 Ew. – Höhe 151 m – Regionalatlas **54-F18**
Berlin 651 km – Stuttgart 65 km – Karlsruhe 15 km – Pforzheim 21 km
Michelin Straßenkarte 545

In Pfinztal-Söllingen

Villa Hammerschmiede

Hauptstr. 162, B 10 ✉ 76327 – ✆ (07240) 60 10 – www.villa-hammerschmiede.de

29 Zim – 🛉137/226 € 🛉🛉194/298 € – ☕ 20 € – ½ P

Die Guten Stuben – Siehe Restaurantauswahl

Schon von außen wirkt die modern erweiterte Villa a. d. J. 1893 äußerst einladend, im Inneren besticht die exquisite Einrichtung. Viele der Zimmer liegen besonders ruhig zum weitläufigen Park.

Die Guten Stuben – Hotel Villa Hammerschmiede

Hauptstr. 162, B 10 ✉ 76327 – ✆ (07240) 60 10 – www.villa-hammerschmiede.de

Menü 30 € (mittags unter der Woche)/77 € – Karte 35/60 €

Zwei richtig schöne Stuben mit wohltuend ländlicher Note. Und gut essen kann man hier ebenfalls, es gibt z. B. "Frikassee vom Landhuhn, pochiertes Wachtelei, Pfifferlinge". Tipp: fair kalkuliertes Mittagsmenü! Reizvoller Terrassenbereich.

In jedem Sterne-Restaurant ✿ werden drei Beispielgerichte angegeben, die den Küchenstil widerspiegeln. Nicht immer finden sich diese Gerichte auf der Karte, werden aber durch andere repräsentative Speisen ersetzt.

PFOFELD – Bayern ➔ Siehe Gunzenhausen

PFORZHEIM

Baden-Württemberg – 116 430 Ew. – Höhe 273 m – Regionalatlas **54**-F18

▶ Berlin 662 km – Stuttgart 53 km – Karlsruhe 31 km – Heilbronn 82 km

Michelin Straßenkarte 545

Parkhotel

Deimlingstr. 36 ✉ 75175 – ✆ (07231) 16 10 – www.parkhotel-pforzheim.de

208 Zim ☕ – 🛉95/145 € 🛉🛉125/185 € – 4 Suiten – ½ P

Beim Kongresszentrum gelegen, ideal für Tagungen. Nach getaner Arbeit bei schönem Stadtblick entspannen? Saunabereich samt Außenwhirlpool im obersten Stock! Ebenfalls hier oben: attraktiver Panorama-Veranstaltungsraum. Die Gastronomie: Restaurant, Wintergarten-Café mit Terrasse, Bar. Gutes Frühstücksbuffet.

Landgasthof Seehaus

Tiefenbronner Str. 201, Süd-Ost: 3 km ✉ 75175 – ✆ (07231) 65 11 85 – www.seehaus-pforzheim.de – geschl. Februar und Montag - Dienstag

Menü 47 € – Karte 31/54 €

Das Restaurant der Familie Kampmann, ein ehemaliges Jagdschloss von 1847, ist trotz seines tollen Biergartens mit Seeblick mehr als ein Ausflugslokal. Der Patron kocht hier Schmackhaftes wie "Steinpilzsuppe mit Wildschweinschinken" und "Bauernente mit cremigem Wirsing".

Hoppe's

Weiherstr. 15 ✉ 75173 – ✆ (07231) 10 57 76 – www.restaurant-hoppe.de – geschl. Ende Januar - Anfang Februar 2 Wochen, Ende Mai 1 Woche, August 3 Wochen und Sonntag

Karte 30/47 € – *(nur Abendessen)*

Die Gäste kommen immer wieder gerne zu Manfred und Monika Hoppe, denn hier ist es gemütlich, charmant-lebendig und einfach richtig sympathisch! Ein guter Tipp für alle, die es elsässisch-badisch mögen!

In Pforzheim-Brötzingen West: 3,5 km

Pyramide

Dietlinger Str. 25 ✉ 75179 – ✆ (07231) 44 17 54 – www.restaurant-pyramide.de – geschl. Januar 1 Woche, Ende August - Mitte September 3 Wochen und Montag - Dienstag
Menü 37/62 € – Karte 33/56 € – *(Mittwoch - Samstag nur Abendessen)* (Tischbestellung erforderlich)
Das Restaurant wirkt recht intim und hat mit seiner liebenswerten Deko ein bisschen Wohnzimmeratmosphäre - genauso wie der lauschige Innenhof ein schöner Rahmen für die schmackhafte klassische Küche. Stammgäste nehmen übrigens am liebsten die mündlichen Empfehlungen!

PFRONTEN

Bayern – 8 150 Ew. – Höhe 880 m – Regionalatlas **64**-J22
Berlin 664 km – München 131 km – Kempten (Allgäu) 33 km – Füssen 12 km
Michelin Straßenkarte 546

In Pfronten-Obermeilingen

Berghotel Schlossanger-Alp

Am Schlossanger 1 ✉ 87459 – ✆ (08363) 91 45 50 – www.schlossanger.de
28 Zim – 114/190 € 203/233 € – 8 Suiten – ½ P
Berghotel Schlossanger-Alp – Siehe Restaurantauswahl
Sich zuvorkommend umsorgen lassen, in der Panoramasauna relaxen oder im ganzjährig beheizten Außenpool baden, sich ein Beautyprogramm gönnen oder sich einfach mal mit einem Buch in die loungige Kaminstube zurückziehen - das ist Erholung, und zwar in 1130 m Höhe, umgeben von wunderbarer Berglandschaft!

Burghotel auf dem Falkenstein

Auf dem Falkenstein 1 ✉ 87459 – ✆ (08363) 91 45 40 – www.burghotel-falkenstein.de
16 Zim – 100/155 € 105/160 € – 6 Suiten – ½ P
Die Aussicht ist schlichtweg gigantisch! Wem der Blick vom Zimmer nicht reicht, bekommt gleich morgens beim Frühstück auf der Panoramaterrasse mehr davon! Bemerkenswert ist aber auch die wertige und detailgenaue Zimmereinrichtung von "Luitpolds Jagd", "Suite Burgkristall", "Casablanca" & Co. Nicht zu vergessen der tolle orientalische Panorama-Ruheraum mit Blick auf Schloss Neuschwanstein!

Berghotel Schlossanger-Alp – Berghotel Schlossanger-Alp

Am Schlossanger 1 ✉ 87459 – ✆ (08363) 91 45 50 – www.schlossanger.de
Menü 38/87 € – Karte 32/64 €
Frisch, schmackhaft und saisonal-bayerisch, das ist die Devise von Chefin Barbara Schlachter-Ebert, die für ihre Gäste z. B. "Hirschfilet auf Steinpilzsauce und Wirsinggemüse" zubereitet. Genießen kann man ihre gute Küche in gemütlichen Stuben, umsorgt vom charmanten Serviceteam um Patron Bernd Ebert.

PFULLENDORF

Baden-Württemberg – 13 040 Ew. – Höhe 654 m – Regionalatlas **63**-G21
Berlin 707 km – Stuttgart 123 km – Konstanz 60 km – Freiburg im Breisgau 137 km
Michelin Straßenkarte 545

Adler

Heiligenberger Str. 20 ✉ 88630 – ✆ (07552) 9 20 90 – www.adler-hotel.de
46 Zim – 70/78 € 95/109 € – 2 Suiten – ½ P
Hier lässt es sich schön wohnen: Die Zimmer im Haupt- und Gästehaus dieses engagiert geführten Familienbetriebs sind zeitgemäß gestaltet und technisch gut ausgestattet. Neuzeitlich-leger ist das Bistro "Zauberlehrling". Und schauen Sie sich auch den tollen Sandstein-Gewölbekeller an!

PIDING

Bayern – 5 240 Ew. – Höhe 455 m – Regionalatlas **67**-O21
▶ Berlin 718 km – München 128 km – Bad Reichenhall 9 km – Salzburg 13 km
Michelin Straßenkarte 546

Lohmayr Stub'n

Salzburger Str. 13 ✉ 83451 – ✆ (08651) 71 44 78 – www.lohmayr.com – geschl. Januar 1 Woche, nach Pfingsten 2 Wochen, September 1 Woche und Dienstag - Mittwoch
Menü 33/50 € – Karte 28/47 € – (Tischbestellung ratsam)
Regionale Speisen wie "Hirschmedaillons mit Sauerkirschsauce" und Desserts wie "Eierlikörmousse mit Bitterschokolade und Himbeerschaum" ziehen nicht ohne Grund reichlich Gäste in das schöne historische Haus (einer der ältesten Höfe in Piding): Chef Sebastian Oberholzner kocht frisch, schmackhaft und gekonnt, die Chefin leitet freundlich den Service und das ländlich-charmante Ambiente könnte kaum gemütlicher sein.

PIESPORT

Rheinland-Pfalz – 1 990 Ew. – Höhe 110 m – Regionalatlas **45**-C15
▶ Berlin 693 km – Mainz 135 km – Trier 43 km – Bernkastel-Kues 18 km
Michelin Straßenkarte 543

schanz. hotel.

Bahnhofstr. 8a ✉ 54498 – ✆ (06507) 9 25 20 – www.schanz-hotel.de – geschl. 18. Januar - 9. Februar, 25. Juli - 9. August
12 Zim ☕ – 🚹82/88 € 🚹🚹105/116 €
schanz. restaurant. ✿✿ – Siehe Restaurantauswahl
Das Landhaus mit den grünen Fensterläden ist ein engagiert geführter Familienbetrieb, in dem man wirklich schön in modern-eleganten Zimmern übernachtet und sehr gut frühstückt. Für Weinliebhaber: Man hat ein eigenes kleines Weingut.

schanz. restaurant. – schanz. hotel.

✿✿

Bahnhofstr. 8a ✉ 54498 – ✆ (06507) 9 25 20 – www.schanz-restaurant.de – geschl. 18. Januar - 9. Februar, 25. Juli - 9. August und Montag - Mittwochmittag
Menü 76/127 € – Karte 92/106 € – (Tischbestellung ratsam)
Thomas Schanz setzt auf klassische Küche - aufwändig, aber dennoch ohne Chichi und die Zutaten nur vom Feinsten! Seine Gerichte haben eine eigene Note, sind geschmacksintensiv, ausdrucksstark und schön ausbalanciert. Chic-modern das Ambiente, kompetent der Service. Probieren Sie auch die Eigenbauweine.
→ Tranche vom wilden Steinbutt mit Kaviar vom Ei, Lardomousse und Kresseaufguss. Frikassee vom gegrillten Hummer und Schweinebauch. Label Rouge Taubenbrust mit sautiertem Rucola, Mandelcreme, Tamarinde und Sauce Bergamotte.

PILSACH

Bayern – 2 720 Ew. – Höhe 445 m – Regionalatlas **51**-L17
▶ Berlin 454 km – München 144 km – Nürnberg 40 km – Amberg 36 km
Michelin Straßenkarte 546

Gasthof Am Schloss

Litzloher Str. 8 ✉ 92367 – ✆ (09181) 51 06 00 – www.am-schloss.de – geschl. 8. - 23. August
16 Zim ☕ – 🚹59/79 € 🚹🚹79/99 € – ½ P
Der kleine Familienbetrieb liegt im Ortskern nahe dem Schloss (hier soll Kaspar Hauser seine ersten Lebensjahre verbracht haben). Die Zimmer sind solide und funktional. Im Restaurant und auf der schönen Terrasse bietet man bürgerlich-regionale Küche.

In Pilsach-Hilzhofen Süd-Ost: 9 km über B 299 Richtung Amberg, über Laaber, in Eschertshofen links

Landgasthof Meier

Hilzhofen 18 ✉ 92367 – ✆ (09186) 2 37 – www.landgasthof-meier.de – geschl. Montag - Dienstag, außer an Feiertagen

3 Zim – 95/105 € 150/170 € – 1 Suite – ½ P

Menü 33/66 € – Karte 23/57 €

Ein Paradebeispiel für einen Landgasthof! Ländlich-rustikale Atmosphäre, charmanter Service und auf den Tisch kommt praktisch nur Hausgemachtes, von der Bratwurst bis zum Gemüse aus dem eigenen Garten. Tipp: Dienstag ist Schlachttag! Wollen Sie nicht auch übernachten? Die Zimmer sind chic und modern!

PINNEBERG

Schleswig-Holstein – 42 060 Ew. – Höhe 2 m – Regionalatlas **10-I5**

Berlin 305 km – Kiel 89 km – Hamburg 23 km – Bremen 128 km

Michelin Straßenkarte 541

Cap Polonio

Fahltskamp 48 ✉ 25421 – ✆ (04101) 53 30 – www.cap-polonio.de

53 Zim – 87/97 € 109/125 € – ½ P

Rolin – Siehe Restaurantauswahl

Das Hotel mit den neuzeitlich-wohnlichen Zimmern ist seit 1935 in Familienhand. Hier findet sich ein Teil der Original-Einrichtung des namengebenden Luxusliners "Cap Polonio".

Thesdorfer Hof

Rellinger Str. 35 ✉ 25421 – ✆ (04101) 5 45 40 – www.thesdorferhof.de

20 Zim – 70/81 € 85/110 €

In dem gepflegten Haus stehen mit solidem Kirschholzmobiliar eingerichtete Gästezimmer zur Verfügung. Der Frühstücksraum dient auch als Tagescafé.

Rolin – Hotel Cap Polonio

Fahltskamp 48 ✉ 25421 – ✆ (04101) 53 30 – www.cap-polonio.de – geschl. Donnerstag

Menü 38/65 € – Karte 37/52 €

In klassisch-elegantem Ambiente wird schmackhafte internationale Küche von einem freundlichen Team an gut eingedeckten Tischen serviert. "Rolin" ist der Name eines Schiffskapitäns.

PIRMASENS

Rheinland-Pfalz – 40 270 Ew. – Höhe 387 m – Regionalatlas **53-D17**

Berlin 683 km – Mainz 122 km – Saarbrücken 62 km – Landau in der Pfalz 46 km

Michelin Straßenkarte 543

City Hotel N

Bahnhofstr. 35 ✉ 66953 – ✆ (06331) 21 69 20 – www.cityhotelpirmasens.de – geschl. 23. Dezember - 3. Januar

44 Zim – 67/77 € 82/92 € – 5 € – 1 Suite

Praktisch: zentrale Lage, zeitgemäß-funktionale Zimmer mit neuester Technik, Parkplätze direkt hinterm Haus. Relaxen kann man auf der Dachterrasse, für Sportliche hat man einen kleinen Fitnessraum und am Abend gibt es Snacks an der Bar.

Die Brasserie

Landauer Str. 105 ✉ 66953 – ✆ (06331) 7 25 55 44 – www.diebrasserie-ps.de – geschl. Januar 3 Wochen, September 3 Wochen und Sonntag - Montag

Menü 19 € (mittags)/55 € – Karte 44/64 € – (Tischbestellung ratsam)

Hinter der auffallenden roten Fassade speisen Sie im vorderen Bistrobereich an Hochtischen oder hinten im Restaurant - der freundliche Service ist Ihnen überall gewiss. Der ambitionierte Patron Vjekoslav Pavic kocht aromatisch-saisonal. Lust auf "Filet vom schottischen Label Rouge Lachs auf Kürbisrisotto"?

In Pirmasens-Winzeln West: 4 km

Kunz

Bottenbacher Str. 74 ✉ 66954 – ✆ (06331) 87 50 – www.hotel-kunz.de – geschl. 22. Dezember - 5. Januar

56 Zim – 🚹75/98 € 🚹🚹98/135 € – 2 Suiten – ½ P

Kunz – Siehe Restaurantauswahl

Familie Kunz steht für herzlichen Service, wohnliche Zimmer, Juniorsuiten und Suiten, einen ansprechenden zeitgemäßen Spa und am Morgen ein sehr gutes Frühstück. Bekannt in der Region für gute Cocktails bis spät in den Abend: "Emil's Bar".

Kunz – Hotel Kunz

Bottenbacher Str. 74 ✉ 66954 – ✆ (06331) 87 50 – www.hotel-kunz.de – geschl. 22. Dezember - 5. Januar und Freitagmittag, Samstagmittag

Menü 30 € (mittags unter der Woche)/60 € (abends) – Karte 29/48 € – (Tischbestellung ratsam)

Im Kunz'schen Restaurant schätzt man neben der internationalen und regional-saisonalen Küche (lecker z. B. "Rehbraten mit Wacholdersauce") auch das gemütlich-elegante Ambiente und den charmanten Damenservice. Man beachte auch die Weinkarte!

PIRNA

Sachsen – 37 650 Ew. – Höhe 118 m – Regionalatlas **43-Q12**

Berlin 213 km – Dresden 20 km – Chemnitz 91 km – Görlitz 97 km

Michelin Straßenkarte 544

Genusswerk

Lange Str. 34 ✉ 01796 – ✆ (03501) 5 07 04 91 – www.restaurant-genusswerk.de – geschl. Montag - Dienstagmittag, Mittwochmittag, Sonntagmittag außer an Feiertagen

Menü 32/50 € (abends) – Karte 29/53 €

Nett die Lage in der Altstadt, freundlich-modern das Ambiente, schön der Mix aus saisonal-regionaler und internationaler Küche. Lust auf geschmorten Hirschbraten oder Thaicurry vom Landhuhn? Parken 2 Stunden kostenfrei (hauseigene Garage).

PLANEGG

Bayern – 10 460 Ew. – Höhe 542 m – Regionalatlas **65-L20**

Berlin 605 km – München 24 km – Augsburg 69 km

Michelin Straßenkarte 546

siehe München (Umgebungsplan)

Asemann Planegg

Gumstr. 13 ✉ 82152 – ✆ (089) 8 99 67 60 – www.hotel-planegg.de Stadtplan : A3**a**

39 Zim – 🚹58/69 € 🚹🚹79/99 €

Das Haus ist beliebt, denn hier übernachtet man stadtnah, ruhig und sehr gepflegt, und das zu einem guten Preis-Leistungs-Verhältnis! Am Morgen frühstückt man mit Blick in den Garten.

PLATTLING

Bayern – 12 550 Ew. – Höhe 320 m – Regionalatlas **59-O18**

Berlin 566 km – München 134 km – Passau 54 km – Deggendorf 12 km

Michelin Straßenkarte 546

Liebl

Bahnhofsplatz 3 ✉ 94447 – ✆ (09931) 89 01 60 – www.hotel-liebl.de

26 Zim – 🚹55/60 € 🚹🚹85/95 € – ½ P

Ein nettes familiär geführtes Hotel gegenüber dem Bahnhof. Die Gästezimmer sind recht großzügig geschnitten und wohnlich gestaltet. Gaststuben mit ländlichem Ambiente.

Zur Isar

Passauer Str. 2 ✉ 94447 – ✆ (09931) 95 20 – www.hotel-zur-isar.de – geschl. Januar 1 Woche

66 Zim – 48/68 € 70/95 € – ½ P

In dem Brauereigasthof kann man gepflegt übernachten und im gemütlich-rustikalen Bräustüberl mit dekorativen Braukesseln bürgerlich speisen - das eigene Bier gibt's auch für zu Hause. Zudem bietet man im Winter Do. und Sa. abends im Steakrestaurant Grillgerichte. Das Fleisch stammt übrigens aus eigener Zucht!

PLAU AM SEE

Mecklenburg-Vorpommern – 6 070 Ew. – Höhe 70 m – Regionalatlas **12**-N5

Berlin 151 km – Schwerin 73 km – Rostock 84 km – Stendal 123 km

Michelin Straßenkarte 542

Parkhotel Klüschenberg

Klüschenberg 14 ✉ 19395 – ✆ (038735) 4 92 10 – www.klueschenberg.de

76 Zim – 55/90 € 85/125 € – 3 Suiten – ½ P

Recht ruhig die Lage am Ortsrand in einem kleinen Park, die Zimmer teilweise mit Balkon, besonders hübsch sind die mediterranen im "Parkchalet". Dazu Kosmetik und Massageangebot. Klassisches Restaurant mit internationaler und regionaler Küche. Tipp: Kommen Sie auch mal zum kulinarischen "Wintertheater"!

Fackelgarten

Dammstr. 1 ✉ 19395 – ✆ (038735) 85 30 – www.fackelgarten.de – geschl. 4. Januar - 4. Februar

8 Zim – 62/82 € 80/95 € – ½ P

Ein schönes kleines Hotel an der historischen Elde-Hubbrücke. Geschmackvoll-modern die Zimmer - ab 3 Nächten können Sie auch das schicke Apartment unterm Dach buchen! Im Wintergarten und auf der Terrasse genießt man bei Frühstück, regional-mediterraner Küche sowie Kaffee und Kuchen den Blick aufs Wasser.

In Plau-Plötzenhöhe Süd-Ost: 1,5 km über B 103

Strandhotel

Seestr. 6 ✉ 19395 – ✆ (038735) 81 10 – www.strandhotel-plau.de – geschl. Januar

90 Zim – 61/80 € 87/117 € – ½ P

Das Hotel liegt direkt am See! Sehr gepflegt wohnt man hier - besonders großzügig in den Häusern Panorama und Teichblick, individuell die Zimmer im historischen Haus Seeblick. Eigene Seebrücke und Bootsanleger. Im Restaurant serviert man bürgerliche und regionale Küche.

PLAUEN

Sachsen – 63 970 Ew. – Höhe 355 m – Regionalatlas **41**-M14

Berlin 291 km – Dresden 151 km – Gera 54 km – Chemnitz 80 km

Michelin Straßenkarte 544

Am Strassberger Tor

Straßberger Str. 37 ✉ 08527 – ✆ (03741) 28 70 48 0 – www.strassberger-tor.bestwestern.de

61 Zim – 88/98 € 108/118 € – 1 Suite – ½ P

Neuzeitlich gestaltetes Hotel in Zentrumsnähe, dessen geschmackvolle Zimmer zum Innenhof teils mit einem Balkon versehen sind. Suite mit Dachterrasse und netter Saunabereich. Freundliches Ambiente im Restaurant.

In Plauen-Zwoschwitz Nord-West: 5 km

Landhotel Plauen

Talstr. 1 ✉ 08525 – ✆ (03741) 30 06 80 – www.landhotel-plauen.de

24 Zim – 56/68 € 80/108 € – ½ P

Bereits in der 4. Generation wird dieses Hotel von der Familie geführt. Gepflegte Zimmer und freundlicher Service erwarten Sie. Spielplatz für die Kinder. Mit Parkettboden und hellem Holz ausgestattetes Restaurant mit bürgerlicher Küche und sonniger Terrasse.

PLECH

Bayern – 1 320 Ew. – Höhe 461 m – Regionalatlas **50-L16**
Berlin 394 km – München 192 km – Nürnberg 50 km – Bayreuth 40 km
Michelin Straßenkarte 546

In Plech-Bernheck Nord-Ost: 2,5 km, vor der Autobahn rechts

Veldensteiner Forst
Bernheck 38 ✉ 91287 – ✆ (09244) 98 11 11 – www.veldensteiner-forst.de – geschl. Mitte Februar - Mitte März
30 Zim – 63/72 € 104/114 € – 2 Suiten – ½ P
Freundlich und meist recht geräumig sind die Zimmer in diesem Ferien- und Tagungshotel. Entspannen können Sie bei Kosmetikanwendungen und Massagen, außerdem hat man im Garten einen Naturbadeteich nebst Blockhaussauna. Restaurant mit bürgerlicher Küche.

PLEINFELD

Bayern – 7 470 Ew. – Höhe 382 m – Regionalatlas **57-K17**
Berlin 473 km – München 140 km – Nürnberg 49 km – Ingolstadt 60 km
Michelin Straßenkarte 546

Landgasthof Siebenkäs
Kirchenstr. 1 ✉ 91785 – ✆ (09144) 82 82 – www.landgasthof-siebenkaes.de – geschl. Januar 1 Woche, Ende September 2 Wochen und Sonntagabend - Montag, Donnerstagmittag
5 Zim – 80 € 105 € Menü 29/49 € – Karte 31/50 €
Lust auf "gebratene Lammkeule auf weißem Bohnengemüse mit hausgemachten Schupfnudeln"? Gastgeber Ulrich Riedel kocht regional, teils auch mit internationalen Einflüssen - sehr gut die Produktqualität, ausgezeichnet die Würze. Mittags kann man von einer kleineren Karte z. B. "Kalbfleischküchle mit Kartoffel-Gurkensalat" wählen - top das Preis-Leistungs-Verhältnis!

In Pleinfeld-Stirn

Landgasthaus Zur Linde
Spalterstr. 2 ✉ 91785 – ✆ (09144) 2 54 – www.zur-linde-stirn.de – geschl. Januar 2 Wochen, Juni 2 Wochen, November 2 Wochen und Montag
Menü 28 € – Karte 20/42 €
In dem Familienbetrieb in der Nähe des Brombachsees darf man sich auf regionale Braten-Klassiker freuen, aber auch auf Feines wie "Schweinemedaillons mit Egerlingen in Rahm und Brezenknödel". Die österreichische Heimat der Chefin spiegelt sich in der charmant-rustikalen Einrichtung des Neubaus wider!

PLEISKIRCHEN

Bayern – 2 390 Ew. – Höhe 450 m – Regionalatlas **59-O20**
Berlin 594 km – München 90 km – Braunau am Inn 43 km – Landshut 51 km
Michelin Straßenkarte 546

Huberwirt (Alexander Huber)
Hofmark 3 ✉ 84568 – ✆ (08635) 2 01 – www.huber-wirt.de – geschl. Januar 1 Woche, August 2 Wochen und Montag - Dienstag
Menü 40/100 € – Karte 36/69 € – (Tischbestellung ratsam)
Alteingesessenes bayerisches Wirtshaus und Gourmetküche? Dass das kein Widerspruch ist, beweist Juniorchef Alexander Huber. Voller Leidenschaft verbindet er Regionalität mit gehobener Gastronomie, kocht aromatisch und kreativ, gerne mit heimischen Produkten. Auch Klassiker wie Wiener Schnitzel fehlen nicht.
→ Lauwarm gebeizte Seeforelle, Kalbskopf, gelbe Rübe, Citrusvinaigrette, Wildkräuter. Zanderfilet, Schinken von Josef Huber, Radicchio, Birne, schwarze Nuss. Haxe und Bries vom Lamm, Brunnenkresse, Spargel, Morcheln, French Toast.

PLEISWEILER-OBERHOFEN

Rheinland-Pfalz – 820 Ew. – Höhe 190 m – Regionalatlas **54-E17**
Berlin 696 km – Mainz 126 km – Neustadt an der Weinstraße 39 km – Saarbrücken 105 km
Michelin Straßenkarte 543

Landhotel Hauer

Hauptstr. 31, Oberhofen ✉ 76889 – ✆ (06343) 70 07 00 – www.landhotel-hauer.de – geschl. Anfang Januar 2 Wochen
21 Zim – †73/90 € ††98/125 € – 1 Suite – ½ P
Schön wohnt man in dem für die Region typischen Winzerort. Das alte Fachwerkhaus wurde harmonisch durch einen Hotelanbau ergänzt und ist mit seinen gepflegten Zimmern für Feriengäste und Geschäftsreisende gleichermaßen geeignet.

Reuters Holzappel

Hauptstr. 11, Oberhofen ✉ 76889 – ✆ (06343) 42 45 – www.reuters-holzappel.de – geschl. Januar - Februar 1 Woche, Juni - Juli 2 Wochen und Montag - Dienstag
2 Zim – †45 € ††65/70 €
Menü 29 € – Karte 19/47 € – *(nur Abendessen, an Sonn- und Feiertagen auch Mittagessen)* (Tischbestellung ratsam)
Das schmucke Fachwerkhaus von 1742 könnte kaum besser in den kleinen Winzerort passen. Einfach reizend das gemütliche Holz, die nette Deko, die schönen Möbel..., und dann noch der charmante Hof! Es gibt traditionelle Pfälzer Küche und Tagesempfehlungen wie "Kalbsleberwürfel mit Apfel" sowie regionale Weine.

PLIEZHAUSEN

Baden-Württemberg – 9 310 Ew. – Höhe 340 m – Regionalatlas **55-G19**
Berlin 672 km – Stuttgart 37 km – Reutlingen 8 km – Ulm (Donau) 80 km
Michelin Straßenkarte 545

Schönbuch

Lichtensteinstr. 45 ✉ 72124 – ✆ (07127) 97 50 – www.hotel-schoenbuch.de – geschl. 23. Dezember - 6. Januar
43 Zim – †99/119 € ††149/169 € – ½ P
Schönbuch – Siehe Restaurantauswahl
Eine ideale Adresse für Tagungen und Events (Zauberei, Floßbau, Kochkurs...). Dank der erhöhten Lage hat man eine schöne Sicht auf die Schwäbische Alb. Fragen Sie nach den neueren Zimmern in chic-modernem Stil. Die Minibar ist kostenfrei.

Schönbuch – Hotel Schönbuch

Lichtensteinstr. 45 ✉ 72124 – ✆ (07127) 97 50 – www.hotel-schoenbuch.de – geschl. 23. Dezember - 6. Januar, im August: Samstag - Sonntag
Menü 33/68 € – Karte 35/61 €
Modern-elegant zeigt sich das Restaurant - besonders schön sind die Fensterpätze mit toller Aussicht! Geboten wird regionale Küche mit Klassikern wie Rostbraten sowie internationale Gerichte und Menüs.

In Pliezhausen-Dörnach Nord: 4 km, in Gniebel rechts

Landgasthaus zur Linde (Andreas Goldbach)

Schönbuchstr. 8 ✉ 72124 – ✆ (07127) 89 00 66 – www.linde-doernach.de – geschl. über Fasching 2 Wochen, Ende August - Mitte September 3 Wochen und Mittwoch, Samstagmittag
Menü 60/68 € – Karte 52/63 € – (Tischbestellung ratsam)
Niveauvolle, angenehm schnörkellose klassische Küche bekommen Sie bei Andreas und Irene Goldbach. Das Produkt ist ohne Zweifel das A und O, das schätzen die (Stamm-) Gäste ebenso wie den aufmerksamen, herzlichen Service und die sympathisch-ungezwungene Atmosphäre.
➜ Essenz vom Ochsenschwanz mit Kräuterklößchen. Lammrücken mit Kräuterkruste überbacken, breite Bohnen und Risoleekartoffeln. Warme Topfenknödel mit Aprikosenkompott und Tonkabohneneis.

PLOCHINGEN

Baden-Württemberg – 13 690 Ew. – Höhe 276 m – Regionalatlas **55-H18**
Berlin 623 km – Stuttgart 25 km – Göppingen 20 km – Reutlingen 36 km
Michelin Straßenkarte 545

Princess

Widdumstr. 3 ✉ 73207 – ✆ (07153) 60 50 – www.hotel-princess.de
42 Zim – 59/149 € 79/149 € – 11 €
Das Hotel liegt in Bahnhofsnähe, 15 Autominuten von der Messe Stuttgart. Pluspunkte: Frühstücksterrasse, Snacks auf Wunsch. Die Gemälde im Haus stammen übrigens von der Chefin! Überhaupt wird Dekoration groß geschrieben: Mit den Jahreszeiten wechseln Farben, Bilder, Stoffe...

A2 GASTwerk

Esslinger Str. 81 ✉ 73207 – ✆ (07153) 92 23 80 – www.a2gastwerk.de
44 Zim – 77/84 € 89/102 €
Ein modernes Businesshotel - sachlich-funktional die Ausstattung, puristisch das Design mit markantem Grün als Farbtupfer. Das Frühstück gibt es "2go", Kaffee rund um die Uhr kostenfrei. Nach 20 Uhr Check-in per Automat.

EL Da ENZO (N)

Marktstr. 38 ✉ 73207 – ✆ (07153) 2 30 46 – www.eldaenzo.de – geschl. August 2 Wochen und Montag
Menü 40 € – Karte 37/44 €
Der beliebte Italiener ist nur einige Meter weiter gezogen und bietet nun am Marktplatz in wirklich hübschem, freundlichem Ambiente seine "cucina italiana". Vertrauen Sie auf die mündlichen Empfehlungen, die lohnen sich immer...

Cervus

Bergstr. 1 ✉ 73207 – ✆ (07153) 55 88 69 – www.gasthaus-cervus.de – geschl. Sonntag - Montag sowie an Feiertagen
Menü 13 € (mittags)/52 € – Karte 35/52 € – *(Freitag - Samstag nur Abendessen)* (Tischbestellung ratsam)
In dem hübsch dekorierten, sympathisch-rustikalen Restaurant isst man frisch und preislich fair - da kommen neben Klassikern wie Rostbraten, Maultaschen und Wiener Schnitzel auch saisonale Gerichte auf den Tisch, dazu eine gute Weinauswahl. Die Gäste kommen auch gerne zum Mittagessen, da bietet man eine kleinere, einfachere Karte. Im Sommer mit charmantem Innenhof.

In Plochingen-Stumpenhof Nord-Ost: 3 km Richtung Schorndorf

Stumpenhof

Am Stumpenhof 1 ✉ 73207 – ✆ (07153) 2 24 25 – www.stumpenhof.de – geschl. Montag - Mittwochmittag
Menü 31/61 € – Karte 34/63 € – (Tischbestellung ratsam)
Ein herzliches "Grüß Gott", eine aufmerksame Beate Wägerle, immer mit einem offenen Ohr für die Wünsche der Gäste..., so sehen hier über 75 Jahre Familientradition aus! Die Küche? Rostbraten, Kalbsbäckle & Co., ansonsten zeitgemäß-internationale Gerichte. Spezialität ist auch Wild. Terrasse mit Aussicht!

PLÖN

Schleswig-Holstein – 8 650 Ew. – Höhe 28 m – Regionalatlas **10-J3**
Berlin 317 km – Kiel 28 km – Lübeck 56 km – Neumünster 37 km
Michelin Straßenkarte 541

Landhaus Hohe Buchen

Lütjenburgerstr. 34 ✉ 24306 – ✆ (04522) 78 94 10 – www.landhaus-hohebuchen.de – geschl. November - März
13 Zim – 55/70 € 85/95 € – 1 Suite
Ulf von Hülsen ist ein sympathischer und stets präsenter Gastgeber, der Sie in dem hübschen alten Landhaus persönlich betreut. Drinnen liebenswerte stilvolle Einrichtung (im gemütlichen Lesezimmer wärmt im Winter der Kachelofen), draußen ein toller parkähnlicher Garten. Das Frühstück serviert der Chef selbst!

Brasserie am Schloss

Schlossberg 1 ✉ 24306 – ✆ (04522) 18 37 – www.brasserie-ploen.de – geschl. Mittwoch

Menü 27/58 € – Karte 27/61 € – *(nur Abendessen, an Sonn- und Feiertagen auch Mittagessen)*

Im Herzen der kleinen Stadt, gegenüber der Kirche, finden Sie diese nette Brasserie. Was Sie erwartet? Wohnliche Einrichtung in kräftigen Farben, ausgesprochen freundlicher Service und frische saisonale Küche. Und im Innenhof: eine lauschige Terrasse mit Strandkorb.

PÖCKING

Bayern – 5 430 Ew. – Höhe 672 m – Regionalatlas **65**-L20

Berlin 620 km – München 33 km – Innsbruck 125 km – Augsburg 88 km

Michelin Straßenkarte 546

In Pöcking-Possenhofen Süd-Ost: 1,5 km über Hindenburgstraße

Forsthaus am See

Am See 1 ✉ 82343 – ✆ (08157) 9 30 10 – www.forsthaus-am-see.de

22 Zim – †90/130 € ††110/160 €

Forsthaus am See – Siehe Restaurantauswahl

Sie suchen ein ruhiges und gemütliches Hotel direkt am Starnberger See? Hier finden Sie komfortable Zimmer in wohnlich-alpenländischem Stil, die meisten mit schönem Seeblick und Balkon. Gleich vor dem Haus ein kleiner Segelboothafen.

Forsthaus am See – Hotel Forsthaus am See

Am See 1 ✉ 82343 – ✆ (08157) 9 30 10 – www.forsthaus-am-see.de

Karte 32/77 €

Hier gibt es eine der reizvollsten Terrassen am Starnberger See! Aber auch drinnen im Restaurant sitzt es sich sehr gemütlich. Das ambitionierte regional-internationale Speisenangebot reicht vom Kalbstafelspitz bis zum "gelben Thaicurry mit Steinbutt, Scampi, Shiitake und Kokos".

PÖSSNECK

Thüringen – 12 220 Ew. – Höhe 215 m – Regionalatlas **41**-L13

Berlin 283 km – Erfurt 75 km – Gera 45 km – Hof 73 km

Michelin Straßenkarte 544

Villa Altenburg (N)

Straße des Friedens 49 ✉ 07381 – ✆ (03647) 42 20 01 – www.villa-altenburg.de – geschl. 2. - 31. Januar

15 Zim – †67/73 € ††95/109 €

Die in einem Park gelegene Villa von 1928 ist größtenteils im Originalzustand erhalten - einige schöne Antiquitäten und Parkettböden unterstreichen den historischen Charme. Genießen Sie vom Wintergarten oder von der Terrasse den Blick ins Grüne.

POHLHEIM – Hessen ➜ Siehe Gießen

POLLE

Niedersachsen – 1 180 Ew. – Höhe 90 m – Regionalatlas **28**-H10

Berlin 349 km – Hannover 80 km – Detmold 44 km – Hameln 38 km

Michelin Straßenkarte 541

Graf Everstein

Amtsstr. 6 ✉ 37647 – ✆ (05535) 99 97 80 – www.graf-everstein.de – geschl. Montag - Dienstag

Menü 28 € (mittags)/40 € – Karte 28/47 €

Für schmackhafte regionale Küche ist Familie Multhoff die richtige Adresse, denn neben der wunderschönen Aussicht auf die Weser genießt man z. B. "Kaninchenrücken im Strudelteig" oder im Sommer die "Weser-Bergland-Tapas"!

POMMELSBRUNN – Bayern ➜ Siehe Hersbruck

POPPENHAUSEN (WASSERKUPPE)

Hessen – 2 570 Ew. – Höhe 452 m – Regionalatlas **39-I14**
Berlin 462 km – Wiesbaden 201 km – Fulda 17 km – Gersfeld 7 km
Michelin Straßenkarte 543

Hof Wasserkuppe

Pferdskopfstr. 3 ✉ 36163 – ☎ (06658) 98 10 – www.hof-wasserkuppe.de
16 Zim – ♦65/77 € ♦♦103/112 € – 1 Suite
Was diesen Familienbetrieb ausmacht? Er liegt relativ ruhig in einem Wohngebiet, wird freundlich geführt und bietet Ihnen schön wohnliche und zeitgemäße Zimmer (darunter zwei Studios mit Küchenzeile) sowie einen netten Sauna- und Badebereich nebst "Vital-Studio" für Massage und Kosmetik.

Rhön Garden

Kohlstöcken 4, Ost: 3 km über Rodholz ✉ 36163 – ☎ (06658) 9 17 60 – www.rhoen-garden.de
54 Zim – ♦80/110 € ♦♦110/150 € – ½ P
Die ruhige Lage unterhalb der Wasserkuppe, wohnlich-gediegene Zimmer (meist mit Balkon) sowie Massage- und Kosmetikangebote sprechen für dieses familiengeführte Tagungshotel. Im Restaurant mit Wintergarten bietet man internationale Küche.

POTSDAM

Brandenburg – 159 460 Ew. – Höhe 32 m – Regionalatlas **22-O8**
Berlin 31 km – Brandenburg 38 km – Frankfurt (Oder) 121 km – Leipzig 141 km
Michelin Straßenkarte 542

Bayrisches Haus

Elisenweg 2, im Wildpark, Süd-West: 6 km über Zeppelinstraße A2 ✉ 14471 – ☎ (0331) 5 50 50 – www.bayrisches-haus.de – geschl. Januar
39 Zim – ♦119/159 € ♦♦149/189 € – 2 Suiten
Friedrich-Wilhelm ✿ • ***Gasthaus Alte Försterei*** – Siehe Restaurantauswahl
Ein "Stadthotel" mitten im Wald. Herrlich die ruhige Lage (Tipp: Führung durch den Wildpark), wunderschön das Gebäudeensemble - Herzstück ist das Bayrische Haus von 1847. Wohnlich-wertige Zimmer mit kleinen Aufmerksamkeiten, freundliche Betreuung im attraktiven Spa. Frische saisonale Küche im Bistro Elise.

Am Jägertor

Hegelallee 11 ✉ 14467 – ☎ (0331) 2 01 11 00 – www.hotel-am-jaegertor.de Stadtplan : A1**f**
62 Zim – ♦88/135 € ♦♦98/200 € – 16 € – ½ P
An einer belebten Straße in zentraler Lage direkt am Jägertor steht das stattliche Gebäude a. d. 18. Jh. Die Einrichtung ist wohnlich und elegant. Im Restaurant bietet man saisonale Küche, toll der ruhige Innenhof.

Dorint Hotel Sanssouci

Jägerallee 20 ✉ 14469 – ☎ (0331) 27 40 – www.dorint.com/potsdam Stadtplan : A1**r**
287 Zim – ♦84/139 € ♦♦94/149 € – 20 € – 4 Suiten – ½ P
Das komfortable Hotel zwischen Schloss Sanssouci und dem historischen Stadtkern bietet modern-funktionelles Ambiente, einen großzügigen Freizeitbereich und gute Tagungsmöglichkeiten.

Seminaris Seehotel

An der Pirschheide 40, Süd-West: 5 km, über Zeppelinstraße A2 ✉ 14471 – ☎ (0331) 9 09 00 – www.seminaris.de/potsdam
225 Zim – ♦85/105 € ♦♦110/135 € – 10 Suiten – ½ P
Ein gut ausgestattetes Seminarhotel mit diversen Freizeitangeboten. Schön ist die Lage am Templiner See (mit Strandbad und Bootssteg), das Potsdamer Wassertaxi hält direkt vor der Tür. Restaurant in neuzeitlichem Stil mit Terrasse zum See.

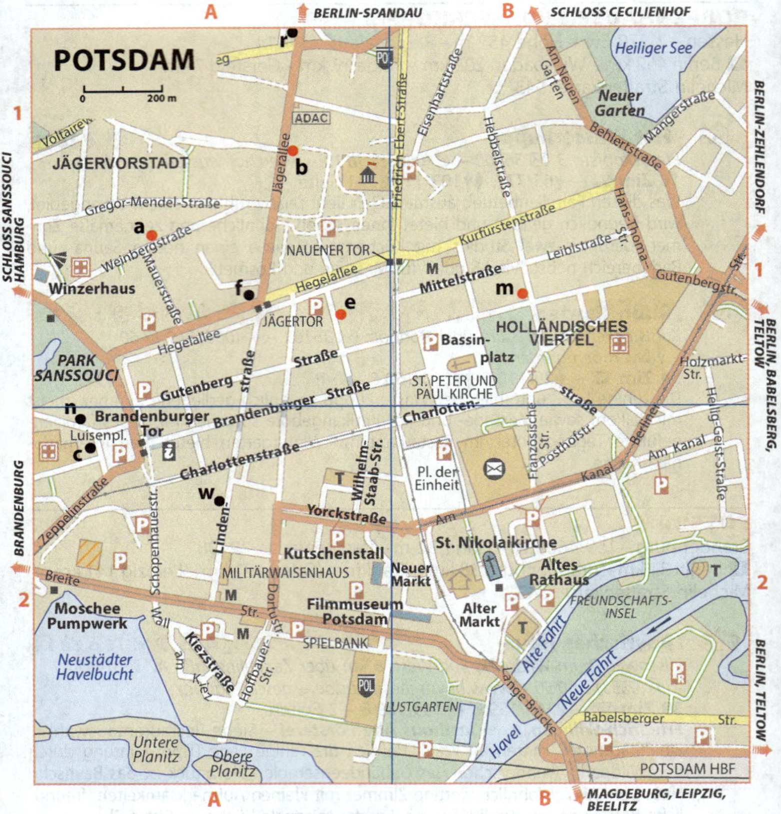

Steigenberger Hotel Sanssouci

Allee nach Sanssouci 1 ✉ 14471 – ✆ (0331) 9 09 10 Stadtplan : A2**n**
– www.potsdam.steigenberger.de
135 Zim ☕ – 🚹75/160 € 🚹🚹85/180 € – 2 Suiten – ½ P
Das Hotel bietet eine funktionelle Einrichtung mit angloamerikanischem Touch. Das Thema Film findet sich in Form von Portraits und Plakaten überall im Haus, zahlreiche Bilder von Filmstars geben dem bistroähnlichen Restaurant eine nostalgische Note.

Am Luisenplatz

Luisenplatz 5 ✉ 14471 – ✆ (0331) 97 19 00 Stadtplan : A2**c**
– www.hotel-luisenplatz.de
34 Zim ☕ – 🚹73/178 € 🚹🚹104/230 € – 4 Suiten
Die Gäste schätzen die zentrale Lage und die schöne gemütliche Atmosphäre dieses schmucken Stadtpalais von 1726. Die Zimmer verteilen sich auf mehrere Häuser, alle sind sehr stilvoll eingerichtet.

Am Großen Waisenhaus

Lindenstr. 28 ✉ 14467 – ✆ (0331) 6 01 07 80 Stadtplan : A2**w**
– www.hotelwaisenhaus.de
34 Zim ☕ – 🚹80/104 € 🚹🚹85/128 €
Angefangen hat alles 1753 als "Kaserne für Beweibte", heute ist der historische Bau im Zentrum ein modernes Hotel. Schön geradlinig die Einrichtung der Zimmer - wer alten Dielenboden mag, fragt nach den "Quartieren deluxe". Das reichhaltige Frühstück sollten Sie im Sommer unbedingt auf der Terrasse einnehmen!

XXX **Friedrich-Wilhelm** – Hotel Bayrisches Haus

Elisenweg 2, im Wildpark, Süd-West: 6 km über Zeppelinstraße A2 ✉ 14471 – ✆ (0331) 5 50 50 – www.bayrisches-haus.de – geschl. Januar, Juli - August 4 Wochen und Sonntag - Montag

Menü 78/118 € – Karte 67/104 € – *(nur Abendessen)* (Tischbestellung ratsam)

Wirklich wunderbar ist dieser elegante holzgetäfelte Raum! Möchten Sie vielleicht am offenen Kamin sitzen, während Sie die klassisch-moderne Küche genießen? Sie werden sehr freundlich umsorgt, nicht zuletzt mit einer schönen Auswahl an deutschen Weinen.

➜ Ikarimi-Lachs, Sobanudeln, Senf und Seeigelschaum. Scholle "Müllerin Art". Maibock, kleine Saitlinge, Cima di rapa und Pfefferkraut.

XX **Speckers Landhaus**

Jägerallee 13 ✉ 14469 – ✆ (0331) 2 80 43 11 Stadtplan : A1**b**

– www.speckers.de – geschl. Sonntag - Montag

3 Zim – 🚹74 € 🚹🚹95 € – ☕10 € – ½ P

Menü 18 € (mittags)/48 € – Karte 35/66 €

Lust auf leckeres Essen und Landhaus-Flair? Schmackhafte regionale Gerichte wie "Schweinebauch mit dicken Bohnen" oder der Klassiker "Speckers Fischsuppe" bescheren diesem sympathischen Restaurant zahlreiche Gäste. Wer über Nacht bleibt, schläft in individuellen und charmanten Zimmern.

X **Juliette**

Jägerstr. 39 ✉ 14467 – ✆ (0331) 2 70 17 91 Stadtplan : A1**e**

– www.restaurant-juliette.de – geschl. Januar - November: Dienstag

Menü 39/85 € – Karte 43/60 €

Sie suchen ein Stück französische Lebensart mitten in Potsdam? In dem wirklich liebenswerten Restaurant im Holländischen Viertel bietet man auf drei Ebenen ambitionierte klassische Küche aus frischen Produkten, dazu die passenden Weine, und im Hintergrund stimmen Sie Chansons aufs Essen ein!

X **Arlecchin**

Hebbelstr. 54 ✉ 14467 – ✆ (0331) 2 43 77 20 Stadtplan : B1**m**

– www.arlecchin.de – geschl. Montag

Karte 38/50 €

Pasta, gefüllte Perlhuhnbrust, Rotweinbirnen-Tarte... Auf den Tisch kommen mediterrane Speisen. Und die Atmosphäre? Die wird bestimmt durch das behagliche Wohnzimmer-Ambiente und charmanten Service.

X **Pino** (N)

Weinbergstr. 7 ✉ 14469 – ✆ (0331) 2 70 30 30 Stadtplan : A1**a**

– www.pino-potsdam.de – geschl. 2. August - 1. September und Sonntag

Menü 36/110 € – Karte 37/74 € – *(nur Abendessen)*

Bei Sizilianer Giuseppe Riolo, genannt Pino, ist man gerne Gast. Unverputzte Backsteinwände verleihen der netten Trattoria eine besondere Note, von der Schiefertafel wählt man italienische Speisen, frisch und saisonal.

X **Gasthaus Alte Försterei**

Elisenweg 1, im Wildpark, Süd-West 6 km über Zeppelinstraße A2 ✉ 14471 – ✆ (0331) 5 50 50 – www.alte-foersterei-potsdam.de – geschl. Januar und Montagmittag, Dienstag - Donnerstagmittag

Menü 30/45 € – Karte 32/51 €

Steht Ihnen der Sinn nach alpiner Küche? Hier bekommen Sie Tafelspitz, frische Forelle, Wiener Schnitzel... Charmant das Ambiente, im Sommer sitzt es sich schön im Biergarten.

In Potsdam-Babelsberg Ost: 3 km über Berliner Straße B1, Richtung Babelsberg

avendi Hotel am Griebnitzsee

Rudolf-Breitscheid-Str. 190 ✉ 14482 – ✆ (0331) 7 09 10 – www.avendi.de/griebnitzsee

87 Zim ☕ – 🚹80/145 € 🚹🚹110/175 € – 6 Suiten – ½ P

Die neuzeitlich-funktionalen, teils seeseitigen Zimmer dieses Businesshotels am Griebnitzsee verteilen sich auf zwei unterirdisch miteinander verbundene Häuser. Gute S-Bahn-Anbindung. Restaurant und Terrasse mit Seeblick.

In Potsdam-Drewitz Ost: 4 km über Berliner Straße B1, Richtung Babelsberg

Ascot-Bristol
Asta-Nielsen-Str. 2 ✉ 14480 – ✆ (0331) 6 69 10 – www.hotel-ascot-bristol.de
89 Zim – ♦49/79 € ♦♦58/88 € – 9 € – 5 Suiten – ½ P
Hotel unweit der Autobahnausfahrt mit wohnlich-funktionalen Zimmern und großzügigen Studios. Mit der S-Bahn (Haltestelle vor dem Haus) sind es ca. 20 Minuten zur Berliner Messe. Restaurant "Journal" mit Bistro-Atmosphäre und einer für Berlin-Brandenburg typischen Küche.

In Potsdam-Hermannswerder Süd: 3,5 km über Lange Brücke B2, Richtung Magdeburg

INSELHOTEL
Hermannswerder 30 ✉ 14473 – ✆ (0331) 2 32 00 – www.inselhotel-potsdam.de
81 Zim – ♦100/130 € ♦♦130/160 € – 7 Suiten – ½ P
Idyllisch die Lage auf der Havelinsel, wohnlich die Zimmer, und lassen Sie sich nicht den attraktiven 2200 qm großen Spa entgehen - hier gibt es u. a. ein schwimmendes Saunahaus! Besonders schön speist man auf der Terrasse zum See, die Küche ist modern inspiriert.

POTTENSTEIN

Bayern – 5 370 Ew. – Höhe 368 m – Regionalatlas **50-L16**
Berlin 395 km – München 212 km – Nürnberg 67 km – Bayreuth 40 km
Michelin Straßenkarte 546

Schwan
Am Kurzentrum 6 ✉ 91278 – ✆ (09243) 98 10 – www.hotel-bruckmayer.de – geschl. Januar
26 Zim – ♦48/52 € ♦♦76/84 €
Bei den Bruckmayers schläft man nicht nur sehr gepflegt und preislich fair, ein Tipp ist auch das eigene Café: lecker die hausgebackenen Kuchen! Wenn's herzhaft sein soll, fragen Sie nach dem Wirtshaus der Familie, dem "Urbräu"! Übrigens: direkter und kostenloser Zugang zum "Juramar"-Bad, Sauna gegen Gebühr.

In Pottenstein-Kirchenbirkig Süd: 4 km

Bauernschmitt
St.-Johannes-Str. 25 ✉ 91278 – ✆ (09243) 98 90 – www.landgasthof-bauernschmitt.de – geschl. 15. November - 15. Dezember
27 Zim – ♦42/48 € ♦♦80/88 € – ½ P
Im Dorfkern steht der erweiterte fränkische Landgasthof unter familiärer Leitung. Sehr gepflegte, praktische Zimmer, ein hübscher Garten sowie ein Saunabereich, Kosmetik und Massage. Bei schönem Wetter können Sie auf der Terrasse frühstücken. Bürgerlich speist man im rustikalen Restaurant.

PRACHT

Rheinland-Pfalz – 1 450 Ew. – Höhe 200 m – Regionalatlas **36-D13**
Berlin 592 km – Mainz 128 km – Koblenz 68 km – Köln 74 km
Michelin Straßenkarte 543

In Pracht-Wickhausen

BON GOÛT N
Talstr. 8 ✉ 57589 – ✆ (02682) 96 71 80 – www.bongout.de – geschl. Montag - Mittwoch
Menü 46 € – Karte 34/57 € – *(nur Abendessen, sonntags auch Mittagessen)*
Volker Luckenbach ist Caterer, Gastronom und Züchter von Bio-Schweinen, und am Herd bietet er eine breite Auswahl vom Schnitzel bis zum Zitronen-Knoblauch-Hühnchen. Drinnen im historischen Fachwerkhaus ist es ebenso nett wie im Garten.

PREETZ

Schleswig-Holstein – 15 530 Ew. – Höhe 24 m – Regionalatlas **10-J3**
Berlin 327 km – Kiel 16 km – Lübeck 68 km – Puttgarden 82 km
Michelin Straßenkarte 541

In Lehmkuhlen-Dammdorf Nord-Ost: 2 km

Neeth

Preetzer Str. 1 ✉ 24211 – ✆ (04342) 8 23 74 – www.neeth.de – geschl. 27. Dezember - 3. Januar, 17. - 23. Oktober,
18 Zim ☕ – 🚹62/95 € 🚹🚹100/120 € – 2 Suiten – ½ P
In 3. Generation führt Familie Neeth mit ihrem Team dieses nette Landhaus. Ob im Stammhaus oder in einem der beiden Gästehäuser, ob rustikal oder topmodern - wohnlich sind die Zimmer alle! Regionale und bürgerliche Küche im ländlichen Restaurant mit kleinem Wintergarten, dekorativ die Kaffeekannensammlung.

PREROW

Mecklenburg-Vorpommern – 1 500 Ew. – Höhe 1 m – Regionalatlas **5-N3**
Berlin 276 km – Schwerin 150 km – Rostock 63 km
Michelin Straßenkarte 542

Störtebeker

Mühlenstr. 2 ✉ 18375 – ✆ (038233) 70 20 – www.pension-stoertebeker.m-vp.de – geschl. 18. - 29. Dezember
10 Zim ☕ – 🚹35/45 € 🚹🚹60/85 € – ½ P
Sie suchen eine preisgünstige Adresse? In dieser kleinen Pension wohnt man in solide eingerichteten Gästezimmern, die teilweise Balkon, Loggia oder Terrasse haben. Bürgerliches Restaurant mit nettem Wintergartenanbau.

In Wieck a. Darss Süd: 4 km

Haferland

Bauernreihe 5a ✉ 18375 – ✆ (038233) 6 80 – www.hotelhaferland.de – geschl. 1. - 9. Dezember
34 Zim ☕ – 🚹123/153 € 🚹🚹143/173 € – 12 Suiten – ½ P
Gute Stube – Siehe Restaurantauswahl
Schön liegen die drei Reetdachhäuser nahe dem Bodden auf einem 2 ha großen Naturgrundstück mit Kräuter- und Gourmetgarten, Teichen, Wald und Feuchtwiese. Zu den gemütlichen Zimmern kommt ein tolles Hallenbad mit Sauna und hübschem Ruheraum in der "Gesundheitsscheune". Tipp für den Sommer: Machen Sie einen ganz typischen Ausflug mit den im kleinen Hafen gegenüber liegenden "Zeesenbooten"!

Gute Stube – Hotel Haferland

Bauernreihe 5a ✉ 18375 – ✆ (038233) 6 80 – www.hotelhaferland.de – geschl. 1. - 9. Dezember
Menü 35/65 € – *(nur Abendessen)*
Mit seiner charmanten Einrichtung im nordischen Stil trägt das Restaurant den Namen "Gute Stube" zu Recht. Die Küche ist frisch und regional, Kräuter und Gemüse kommen teilweise aus dem eigenen Garten. Auch ein vegetarisches Menü steht zur Wahl.

PRESSECK

Bayern – 1 840 Ew. – Höhe 642 m – Regionalatlas **50-L14**
Berlin 337 km – München 270 km – Bayreuth 42 km – Erfurt 170 km
Michelin Straßenkarte 546

In Presseck-Wartenfels Süd-West: 7,5 km

Gasthof Berghof - Ursprung

Wartenfels 85 ✉ 95355 – ✆ (09223) 2 29 – www.berghof-wartenfels.de – geschl. 11. Januar - 17. Februar und Montag - Dienstag
5 Zim ☕ – 🚹45 € 🚹🚹75 €
Menü 34/56 € – Karte 27/64 € – (abends Tischbestellung ratsam)
Das Konzept "Tradition trifft Moderne" findet sich sowohl im Ambiente als auch in der Küche: Es gibt zwei Menüs ("Das Große" und "Das Kleine") mit Gerichten wie "fränkischem Bachsaibling mit gegrilltem Broccoli, Mandeln und Zitrone", aber auch Brotzeiten samt hausgemachter Bratwurst.

PRICHSENSTADT

Bayern – 3 110 Ew. – Höhe 248 m – Regionalatlas **49-J15**

Berlin 466 km – München 254 km – Würzburg 42 km – Schweinfurt 32 km

Michelin Straßenkarte 546

Freihof

Freihofgasse 3 ✉ 97357 – ✆ (09383) 9 02 03 40 – www.freihof-prichsenstadt.de – geschl. 13. - 30. Dezember, 3. - 11. Januar

43 Zim – 120/130 € 160/175 € – ½ P

Der aufwändig restaurierte alte Gutshof kann sich wirklich sehen lassen: hochwertig und geschmackvoll das moderne Interieur, Fachwerk-Charme trifft auf klares Design. Sie möchten auf stilvolle Art die Gegend erkunden? Man verleiht Motorkutschen! Und für Feierlichkeiten gibt es die Eventscheune.

Zum Storch

Luitpoldstr. 7 ✉ 97357 – ✆ (09383) 65 87 – www.gasthof-storch.de – geschl. Januar

13 Zim – 55/75 € 75/120 €

Aus dem Jahre 1658 stammt der Gasthof, der seit über 130 Jahren als Familienbetrieb geführt wird. Die Zimmer sind sehr gepflegt und in wohnlich-ländlichem Stil eingerichtet. Nett die Wirtschaft mit schönem Innenhof unter alten Bäumen. Weine aus eigenem Anbau.

In Prichsenstadt-Neuses am Sand Nord: 5 km über B 286

Landhotel Neuses

Neuses am Sand 19 ✉ 97357 – ✆ (09383) 71 55 – www.landhotel-neuses-sand.de

10 Zim – 49/55 € 63/78 € – 2 Suiten – ½ P

Menü 13/38 € – Karte 21/35 € – *(geschl. Januar - Februar: Montag - Donnerstag nur Abendessen)*

In der einstigen Posthalterei von 1812 wechselte schon Napoleon die Pferde. Hinter der gepflegten Bruchsteinfassade bietet das nette Gastgeberpaar regional-bürgerliche Speisen. Die Zimmer und Appartements sind in ländlichem Stil gehalten.

PRIEN am CHIEMSEE

Bayern – 10 310 Ew. – Höhe 533 m – Regionalatlas **66-N21**

Berlin 656 km – München 85 km – Bad Reichenhall 58 km – Salzburg 64 km

Michelin Straßenkarte 546

Garden-Hotel Reinhart

Erlenweg 16 ✉ 83209 – ✆ (08051) 69 40 – www.reinhart-hotel.de – geschl. 20. Oktober - Mitte April

37 Zim – 95/120 € 130/180 €

Wirklich gepflegt wohnt man hier: In den Zimmern helles warmes Holz und hübsche Stoffe (Einzelzimmer recht groß), draußen der schöne Garten mit Liegewiese, beim guten Frühstück schaut man ins Grüne. Außerdem liegt das Haus ruhig und seenah!

Neuer am See

Seestr. 104 ✉ 83209 – ✆ (08051) 60 99 60 – www.neuer-am-see.de

28 Zim – 51/81 € 88/134 € – 3 Suiten – ½ P

Nur 200 m trennen Sie vom See und der Chiemsee-Schifffahrt zum Königsschloss. Highlight unter den wertigen Zimmern ist die neue große Panoramasuite unterm Dach. Freundlicher Cafébereich im Restaurant: Versuchen Sie erst gar nicht, den hausgemachten Leckereien zu widerstehen!

Rehmann

Bernauer Str. 40 ✉ 83209 – ✆ (08051) 9 61 42 55 – www.restaurant-rehmann.de – geschl. 11. - 26. Januar und Montag - Mittwochmittag, Donnerstagmittag

Menü 69/89 € – Karte 57/78 €

Auch von etwas weiter her kommt man gerne in das hübsche holzgetäfelte Restaurant. Das liegt natürlich in erster Linie an der kreativen und produktbezogenen saisonalen Küche, die einen regionalen Bezug hat. Aber auch auf versierten Service samt guter Weinberatung darf man sich freuen.

→ Gelbschwanzmakrele, Avocado, Zitronengras-Ingwervinaigrette. Lamm, Topinambur, Bergamotte, Erdnuss. Lychee, weiße Schokolade, Petersilie.

Thomas Mühlberger

Bernauer Str. 31 ✉ 83209 – ✆ (08051) 96 68 88 – www.kochstdunoch.de – geschl. Sonntag - Montag
Karte 32/66 € – *(geöffnet bis 18 Uhr)*
Das moderne Konzept kommt an: In legerer Atmosphäre sitzt man an einer langen Theke bei frischer klassisch-saisonaler Küche - gute Beratung auch in Sachen Wein. Abends wird das Bistro zum Küchenstudio für Veranstaltungen und Kochkurse.

PRITZWALK

Brandenburg – 11 990 Ew. – Höhe 63 m – Regionalatlas **21**-M6
Berlin 123 km – Potsdam 115 km – Schwerin 84 km – Rostock 120 km
Michelin Straßenkarte 542

Waldhotel Forsthaus Hainholz

Hainholz 2, Nord-Ost: 1,5 km über B 103 Richtung Meyenburg ✉ 16928 – ✆ (03395) 30 07 90 – www.prignitz-hotels.com
24 Zim – 62/68 € 82/85 €
Wirklich gepflegt wohnt man in dem gut geführten Hotel, das schön in einem kleinen Wald liegt. Die Zimmer sind freundlich eingerichtet, man kümmert sich herzlich um die Gäste und am Morgen erwartet Sie ein gutes Frühstück. Die bürgerliche Küche lässt man sich im Sommer gerne auf der Terrasse servieren.

PROBSTRIED – Bayern ➜ Siehe Dietmannsried

PULHEIM

Nordrhein-Westfalen – 53 110 Ew. – Höhe 47 m – Regionalatlas **35**-B12
Berlin 573 km – Düsseldorf 37 km – Aachen 72 km – Köln 13 km
Michelin Straßenkarte 543

In Pulheim-Dansweiler Süd-West: 6 km über Brauweiler

Il Paradiso

Zehnthofstr. 26 ✉ 50259 – ✆ (02234) 8 46 13 – www.il-paradiso.de – geschl. Montag - Dienstagmittag, Samstagmittag
Menü 25 € (mittags)/48 € – Karte 32/65 €
In dem Familienbetrieb in einer ruhigen Seitenstraße stehen zwei Brüder gemeinsam am Herd und bereiten mediterrane Gerichte zu. Drinnen sitzt man in gemütlich-freundlichem Ambiente, draußen hat man eine schöne Gartenterrasse. Kommen Sie auch mal zum günstigen Lunch!

In Pulheim-Sinnersdorf Nord-Ost: 3 km

Auerhahn

Roggendorfer Str. 46 ✉ 50259 – ✆ (02238) 9 49 00 – www.hotel-auerhahn.net
22 Zim – 85/115 € 95/128 €
Hier lässt es sich gut übernachten: Alles ist gepflegt, die Zimmer sind freundlich und neuzeitlich, eine Flasche Wasser, W-Lan sowie Parken sind kostenfrei. Sie suchen ein Restaurant? Nebenan hat man eines.

In Pulheim-Stommeln Nord: 5 km Richtung Grevenbroich

Gut Lärchenhof

Hahnenstraße, Im Golfclub Lärchenhof, Zufahrt über Am Steinwerk ✉ 50259 – ✆ (02238) 9 23 10 16 – www.restaurant-gutlaerchenhof.de – geschl. Anfang Januar 10 Tage, über Karneval und Montag - Dienstag
Menü 67 € (mittags)/135 € – Karte 62/91 € – (Tischbestellung ratsam)
Schon das Flair des Golfclubs inmitten des schönen Greens sowie das elegante Ambiente locken Gäste hierher, in erster Linie aber natürlich die klassisch-moderne Küche mit vielen regionalen Produkten und mediterranen Einflüssen. Die Menüs heißen "Petit" und "Degustation", dazu die sehr gut bestückte Weinkarte.
➜ Langustine, Topinambur und Bucheckern. Island Saibling, Buche und Raps. Taube, schwarze Johannisbeere und Ringelbeete.
Bistro – Siehe Restaurantauswahl

Bistro – Restaurant Gut Lärchenhof

Hahnenstraße, Im Golfclub Lärchenhof, Zufahrt über Am Steinwerk ✉ 50259 – ✆ (02238) 9 23 10 16 – www.restaurant-gutlaerchenhof.de – geschl. Anfang Januar 10 Tage, über Karneval

Menü 35/49 € – Karte 24/53 €

Es muss nicht immer Gourmetküche sein. Wer es gerne mal ein bisschen einfacher hat, isst im Bistro. Hier gibt es ganztägig Klassiker wie "Peter's Spezial" oder Aktuelles wie "Wildgulasch mit Spätzle".

PULLACH

Bayern – 8 900 Ew. – Höhe 583 m – Regionalatlas **65**-L20

Berlin 598 km – München 12 km – Augsburg 72 km – Garmisch-Partenkirchen 77 km

Michelin Straßenkarte 546

Seitner Hof

Habenschadenstr. 4 ✉ 82049 – ✆ (089) 74 43 20 – www.seitnerhof.de – geschl. 21. Dezember - 6. Januar

40 Zim – 119/235 € 159/309 €

Wohnliche Zimmer, schöner Garten, ruhige Lage und dennoch gute Anbindung nach München... und nicht zuletzt der freundliche Service - da kommen schon so einige Annehmlichkeiten zusammen. Natürlich sei auch die kleine Bibliothek erwähnt!

Alte Brennerei

Habenschadenstr. 4a ✉ 82049 – ✆ (089) 74 84 96 88 – www.altebrennerei-pullach.de – geschl. 1. - 14. Januar und Montag

Menü 42/89 € – Karte 38/55 € – *(Dienstag - Samstag nur Abendessen, außer an Feiertagen)* (Tischbestellung ratsam)

Komplett in Holz gehalten und hübsch dekoriert versprüht das kleine Chalet alpenländischen Charme. In dieser gemütlichen Atmosphäre gibt es saisonale Gerichte und ein günstiges Mittagsmenü - man kocht für Sie auch laktose- und glutenfrei.

PUTBUS – Mecklenburg-Vorpommern → Siehe Rügen (Insel)

PYRMONT, BAD

Niedersachsen – 18 910 Ew. – Höhe 111 m – Regionalatlas **28**-H9

Berlin 351 km – Hannover 69 km – Bielefeld 58 km – Hildesheim 70 km

Michelin Straßenkarte 541

Steigenberger

Heiligenangerstr. 2 ✉ 31812 – ✆ (05281) 15 02 – www.bad-pyrmont.steigenberger.de

140 Zim – 99/185 € 170/340 € – 3 Suiten – ½ P

Als einstiges "Fürstliches Kurhotel" bietet dieses Haus am Kurpark einen klassisch-komfortablen Rahmen. Meist großzügige Zimmer sowie Spa- und Freizeitangebot auf 1500 qm. Alternativ zum angenehm hellen Restaurant bietet man die Stube "Bayerisches Platzl".

Alte Villa Schlossblick

Kirchstr. 23 ✉ 31812 – ✆ (05281) 9 56 60 – www.alte-villa-schlossblick.de – geschl. Januar, 31. September - 17. Oktober

14 Zim – 54/80 € 98/108 € – ½ P

Alte Villa Schlossblick – Siehe Restaurantauswahl

Schon die Fassade der denkmalgeschützten Villa von 1894 ist wirklich einladend, und dazu noch die attraktive Lage am Kurpark gegenüber der Spielbank... Drinnen ist das Haus natürlich ganz stilgerecht mit seinen hohen Räumen und der eleganten Einrichtung.

Alte Villa Schlossblick – Hotel Alte Villa Schlossblick

Kirchstr. 23 ✉ 31812 – ✆ (05281) 9 56 60 – www.alte-villa-schlossblick.de – geschl. Januar, 31. September - 17. Oktober und Montag - Dienstag
Menü 25/41 € – Karte 27/47 €
Der Chef der netten Villa sorgt hier für bürgerlich-regionale Küche. Und die bekommen Sie in ansprechendem Ambiente serviert: Angenehm hell durch die große Fensterfront, schön frisch durch die freundlichen Rottöne.

QUEDLINBURG

Sachsen-Anhalt – 25 060 Ew. – Höhe 122 m – Regionalatlas **30-K10**
Berlin 208 km – Magdeburg 56 km – Erfurt 133 km – Halle 76 km
Michelin Straßenkarte 542

Hotel Am Brühl

Billungstr. 11 ✉ 06484 – ✆ (03946) 9 61 80 – www.hotelambruehl.de
46 Zim – 85/105 € 110/145 € – 3 Suiten – ½ P
Weinstube – Siehe Restaurantauswahl
Ein denkmalgeschütztes Fachwerkgebäude und eine Gründerzeitvilla wurden sorgsam restauriert und bieten einen wirklich charmanten Rahmen. Entspannen lässt es sich z. B. am offenen Kamin oder im romantischen Innenhof. In die überaus sehenswerte Altstadt sind es übrigens nur ca. 10 Minuten zu Fuß!

Theophano (N)

Markt 14, Zufahrt über Weingarten 22 ✉ 06484 – ✆ (03946) 9 63 00 – www.hotel-theophano.de
29 Zim – 79/115 € 99/145 € – ½ P
Aus mehreren miteinander verbundenen kleinen Häusern a. d. 17. Jh. besteht dieses Hotel. Liebenswert eingerichtet die Zimmer, hübsch der Saunabereich samt Dachterrasse mit Blick über die Stadt! Gemütlich sitzt man in Café und Restaurant bei Hausgebackenem und Harzer Küche, draußen die Terrasse zum Marktplatz.

Zum Bär

Markt 8, Zufahrt über Neuer Weg und Pölle 4 ✉ 06484 – ✆ (03946) 77 70 – www.hotelzumbaer.de
48 Zim – 60/95 € 95/165 € – 2 Suiten – ½ P
Das traditionsreiche Hotel in dem Ensemble von Altstadthäusern am Markt verfügt über geschmackvolle und individuelle Zimmer, darunter zwei Suiten. Kosmetik und Massage. Im Restaurant mit Bistro-Ambiente speist man bürgerlich. Dazu ein Café und eine Terrasse auf dem Marktplatz.

Theophano im Palais Salfeldt

Kornmarkt 6 ✉ 06484 – ✆ (03946) 52 66 01 – www.restaurant-theophano.de – geschl. 3. Januar - 13. Februar und Sonntag - Montag
Menü 35/69 € – Karte 28/47 € – *(nur Abendessen)*
Während Sie sich in dem ehemaligen Kornspeicher im historischen Stadtkern frische Gerichte wie "Sauerbraten von der Rinderbacke mit Rotkohl und Serviettenknödel" schmecken lassen, bewundern Sie das tolle alte Kreuzgewölbe, dem die geradlinige Einrichtung gut zu Gesicht steht. Schön sitzt man auch im Innenhof.

Weinstube – Hotel Am Brühl

Billungstr. 11 ✉ 06484 – ✆ (03946) 9 61 80 – www.hotelambruehl.de – geschl. Januar - März: Sonntag
Menü 35/56 € (abends) – Karte 25/49 €
Erinnert Sie das an die Provence? Die ehemalige Stallung ist heute ein reizender Raum, in dem Terrakottafliesen, warme Töne und eine alte Backsteindecke ländliches Flair versprühen. Die Küche hat mediterrane Einflüsse: "Vitello Tonnato nach Art des Hauses", "Crème brûlée mit Vanille und Rosmarin"...

QUERFURT

Sachsen-Anhalt – 11 230 Ew. – Höhe 170 m – Regionalatlas **31-L11**
Berlin 205 km – Magdeburg 103 km – Leipzig 60 km – Merseburg 33 km
Michelin Straßenkarte 542

Querfurter Hof

Merseburger Str. 5 ✉ 06268 – ☎ (034771) 52 40 – www.querfurterhof.de
25 Zim – 55/64 € 69/75 € – 9 € – ½ P
Ein gepflegtes und gut geführtes Hotel, das in verkehrsberuhigter Lage im Herzen der Altstadt steht. Sowohl die Gästezimmer als auch das Restaurant sind freundlich und zeitgemäß eingerichtet.

QUICKBORN

Schleswig-Holstein – 20 050 Ew. – Höhe 19 m – Regionalatlas **10-I5**
Berlin 309 km – Kiel 76 km – Hamburg 33 km – Itzehoe 45 km
Michelin Straßenkarte 541

Jagdhaus Waldfrieden

Kieler Str.1, Nord: 3 km an der B 4 Richtung Bilsen ✉ 25451 – ☎ (04106) 6 10 20 – www.waldfrieden.com
25 Zim – 85/98 € 143/165 €
Jagdhaus Waldfrieden – Siehe Restaurantauswahl
Die ehemalige Privatvilla mit Nebengebäude und schönem Park bietet einen idealen Rahmen für Feierlichkeiten wie Hochzeiten. Die Gästezimmer sind stimmig und sehr wohnlich gestaltet.

Jagdhaus Waldfrieden – Hotel Jagdhaus Waldfrieden

Kieler Str.1, Nord: 3 km an der B 4 Richtung Bilsen ✉ 25451 – ☎ (04106) 6 10 20 – www.waldfrieden.com – geschl. Montagmittag
Menü 22 € (mittags unter der Woche)/38 € – Karte 34/64 €
Nehmen Sie Platz, entweder im gemütlichen Kaminzimmer oder im luftigen Wintergarten. Auf der Karte finden Sie viele norddeutsche Produkte, die teils auch mit mediterranem Einfluss zubereitet werden. Eine Spezialität des Hauses ist die Bauernente.

QUIERSCHIED

Saarland – 13 140 Ew. – Höhe 210 m – Regionalatlas **45-C17**
Berlin 718 km – Saarbrücken 16 km – Mainz 138 km – Luxembourg 106 km
Michelin Straßenkarte 543

Altes Pförtnerhaus N

Fischbacher Str. 102 ✉ 66287 – ☎ (06897) 1 71 72 56 – www.restaurant-altes-pfoertnerhaus.de – geschl. Februar 2 Wochen, September 3 Wochen und Sonntag - Montag
Menü 50/67 € – Karte 31/50 € – *(nur Abendessen)* (Tischbestellung ratsam)
In dem reizenden denkmalgeschützten kleinen Häuschen (ehemaliges Nebengebäude des Knappschaftskrankenhauses) wird nach Lust und Laune mediterran, klassisch und regional gekocht, von "Gazpacho mit gratiniertem Ziegenkäse" bis "Schwertfisch in Maracuja-Knoblauch mit Spargel". Mittags sehr einfaches Angebot.

RABENAU – Sachsen ➔ Siehe Freital

RADEBEUL

Sachsen – 33 440 Ew. – Höhe 117 m – Regionalatlas **43-Q12**
Berlin 190 km – Dresden 7 km – Chemnitz 70 km – Leipzig 110 km
Michelin Straßenkarte 544

Villa Sorgenfrei

Augustusweg 48, Stadtplan Dresden ✉ 01445 Stadtplan : A1**h**
– ☎ (0351) 7 95 66 60 – www.hotel-villa-sorgenfrei.de
15 Zim – 94/144 € 109/179 € – 1 Suite – ½ P
Atelier Sanssouci – Siehe Restaurantauswahl
Eine schöne kleine Lindenallee führt zu dem Herrenhaus a. d. 18. Jh. Überaus charmant und stilvoll das Interieur, gut das frische Frühstück. Wer sich etwas Besonderes gönnen möchte, bucht die Suite samt kleinem Garten.

Atelier Sanssouci – Hotel Villa Sorgenfrei

Augustusweg 48, Stadtplan Dresden ✉ 01445 Stadtplan : A1**h**
– ✆ (0351) 7 95 66 60 – www.hotel-villa-sorgenfrei.de – geschl. Montag - Dienstag
Menü 49/89 € – Karte 34/59 € – *(nur Abendessen)*
Hier wird ambitioniert gekocht: Was man in dem mediterran-eleganten Saal mit seinem historischen Bleikristall-Lüster, Wandmalerei und hoher Stuckdecke serviert, nennt sich z. B. "confierter Moritzburger Saibling mit Kopfsalat und Austern".

Charlotte K.

Coswiger Str. 23, Stadtplan Dresden ✉ 01445 – ✆ (0351) 8 33 68 76 – www.charlotte-radebeul.de – geschl. Montag - Dienstag
2 Zim – 80/90 € 90/100 €
Menü 35/48 € – Karte 35/49 € – *(nur Abendessen, sonntags auch Mittagessen)* (Tischbestellung ratsam)
In dem Fachwerkhäuschen von 1827 speisen Sie in liebenswerten Stuben. Neben unkompliziertem freundlichem Service gibt es leckere internationale Küche von handgemachter Pasta über "Charlottes Sülze" bis Kalbstafelspitz. Gefragt auch die charmanten ländlich-modernen Zimmer.

RADEBURG

Sachsen – 7 380 Ew. – Höhe 147 m – Regionalatlas **43-Q11**
Berlin 173 km – Dresden 22 km – Meißen 18 km
Michelin Straßenkarte 544

In Radeburg-Bärwalde Süd-West: 4,5 km

Gasthof Bärwalde

Kalkreuter Str. 10a ✉ 01471 – ✆ (035208) 34 29 01 – geschl. Sonntagabend, Dienstag - Mittwoch
Menü 29/49 € – Karte 29/41 € – *(nur Abendessen, sonntags auch Mittagessen)* (Tischbestellung ratsam)
Die Fahrt in das ruhig gelegene Dörfchen lohnt sich, denn Familie Seidel hat hier ein gemütliches Gasthaus, in dem Patron Olav klassisch, produktbezogen und schmackhaft kocht, z. B. "Schmorstück vom Charolais-Bullen mit glaciertem Wurzelgemüse". Die Weinkarte verrät, dass man lange im Badischen war.

RADEVORMWALD

Nordrhein-Westfalen – 22 030 Ew. – Höhe 360 m – Regionalatlas **36-D11**
Berlin 540 km – Düsseldorf 64 km – Hagen 27 km – Lüdenscheid 22 km
Michelin Straßenkarte 543

Außerhalb Nord-Ost: 3 km an der B 483 Richtung Schwelm

Zur Hufschmiede

Neuenhof 1 ✉ 42477 Radevormwald – ✆ (02195) 9 27 60 – www.zurhufschmiede.de
23 Zim – 65/85 € 98/115 € – 9 €
Das aus einem Landgasthof entstandene Hotel ist ein netter Familienbetrieb mit wohnlichen Gästezimmern und einem zum Garten hin gelegenen Frühstücksraum. Im Restaurant herrscht eine ländlich-gemütliche Atmosphäre.

RADOLFZELL

Baden-Württemberg – 30 280 Ew. – Höhe 404 m – Regionalatlas **62-G21**
Berlin 747 km – Stuttgart 163 km – Konstanz 23 km – Singen (Hohentwiel) 11 km
Michelin Straßenkarte 545

bora HotSpaResort

Karl-Wolf-Str. 35 ✉ 78315 – ✆ (07732) 95 04 00 – www.bora-hotsparesort.de
84 Zim – 130/322 € 193/451 € – ½ P
Urlauber, Wellnessgäste, Tagungen... Die Lage nur einen Steinwurf vom See entfernt und die schicke wertig-moderne Einrichtung im ganzen Haus spricht jeden an! Alle Zimmer mit Balkon. Sie möchten richtig schön entspannen? "boraSPA" neben an.

Am Stadtgarten

Höllturmpassage 2 ✉ 78315 – ✆ (07732) 9 24 60 – www.hotel-am-stadtgarten.de – geschl. Weihnachten - 10. Januar

31 Zim – 84/94 € 129/149 €

In der Höllturmpassage im Zentrum befindet sich dieses Hotel mit zeitgemäßen, funktionalen Zimmern - einige mit Loggia zum Stadtgarten. Hell und modern ist der Frühstücksraum. Praktisch: Parken kann man in einer öffentlichen Garage im Haus!

Zur Schmiede

Friedrich-Werber-Str. 22 ✉ 78315 – ✆ (07732) 9 91 40 – www.zur-schmiede.com – geschl. 23. Dezember - 2. Januar

37 Zim – 70/85 € 109/139 €

Hier wohnt man in praktischer Lage gegenüber dem Bahnhof und nahe der Fußgängerzone - und der See ist auch nicht weit! Manche der neuzeitlichen Zimmer (einige im "Alten Zollamt" nebenan) sind recht geräumig!

Auf der Halbinsel Mettnau

Art Villa am See

Rebsteig 2/2 ✉ 78315 – ✆ (07732) 9 44 40 – www.artvilla.de

9 Zim – 97/190 € 135/265 € – 3 Suiten

Kunst trägt die schöne Villa nicht nur in ihrem Namen! So einiges zieht die Gäste an: das geschmackvolle und stimmige Interieur, die traumhafte Lage am Mettnaupark, die Nähe zum See, der tolle Garten, der persönliche Service... Der Chef bietet zudem eine gute Weinauswahl mit besonderen Rotweinen!

Mettnau-Stube

Strandbadstr. 23 ✉ 78315 – ✆ (07732) 1 36 44 – www.mettnaustube.de – geschl. Montag - Dienstagmittag

Menü 23/36 € – Karte 28/47 €

In dem freundlich-rustikal gestalteten Restaurant mit Wintergarten bietet man überwiegend Fischküche, asiatisch und regional-saisonal. Schön sitzt man auf der Terrasse im Tessiner Stil - mit Mückenschutz!

In Moos Süd-West: 4 km

Gottfried

Böhringer Str. 1 ✉ 78345 – ✆ (07732) 9 24 20 – www.hotel-gottfried.de – geschl. Januar

15 Zim – 74/95 € 115/125 € – 3 Suiten – ½ P

Gottfried – Siehe Restaurantauswahl

Das kleine Hotel wird familiär geführt und verfügt über gepflegte, funktional eingerichtete Gästezimmer, darunter auch das Garten-, Golf-, Smart- oder Natur-Pur-Zimmer.

Gasthaus Schiff

Hafenstr. 1 ✉ 78345 – ✆ (07732) 9 90 80 – www.schiff-moos.de

21 Zim – 42/97 € 68/108 €

Relativ ruhig liegt der Familienbetrieb in Seenähe beim Bootshafen. Die Zimmer sind im Haupthaus eher schlicht, komfortabler und zeitgemäß-funktionell ist das Gästehaus. Richtig schön sitzt man auf der Terrasse unter Platanen bei leckerem Fisch aus dem Bodensee!

Gottfried – Hotel Gottfried

Böhringer Str. 1 ✉ 78345 – ✆ (07732) 9 24 20 – www.hotel-gottfried.de – geschl. Januar und Mittwoch - Freitagmittag

Menü 28/69 € – Karte 35/59 €

Die Küche von Klaus Neidhart ist saisonal und mediterran beeinflusst und hat natürlich Bezug zum Bodensee. So serviert man frische Speisen wie z. B. "Bouillabaisse von Bodenseefischen mit Rouille und Croûtons".

RAHDEN

Nordrhein-Westfalen – 15 460 Ew. – Höhe 45 m – Regionalatlas **17-F8**

Berlin 370 km – Düsseldorf 231 km – Bielefeld 60 km – Bremen 91 km

Michelin Straßenkarte 543

Westfalen Hof

Rudolf-Diesel-Str. 13 ✉ 32369 – ✆ (05771) 9 70 00 – www.westfalen-hof.de
34 Zim – 55/85 € 80/105 € – ½ P
Neuzeitlich-komfortable Zimmer und ein gutes Sport-/Vitalangebot (u. a. Saunabereich auf 800 qm, Beauty sowie Hallenfußball und Sportsbar) machen diese Anlage aus. Modern-elegantes Ambiente und internationale Küche im Restaurant Rupert.

RAIN am LECH

Bayern – 8 630 Ew. – Höhe 402 m – Regionalatlas **57-K18**
Berlin 532 km – München 109 km – Augsburg 52 km – Ingolstadt 46 km
Michelin Straßenkarte 546

Dehner Blumen Hotel

Bahnhofstr. 19 ✉ 86641 – ✆ (09090) 7 60 – www.dehner-blumenhotel.de
91 Zim – 75/106 € 96/137 € – 3 Suiten – ½ P
Das komfortable Hotel des bekannten Garten-Center-Betreibers bietet wohnlich-solide Gästezimmer sowie das "Rosenrestaurant" mit hübscher Terrasse - von hier schaut man ins Grüne. Auch auf Tagungen ist das Haus zugeschnitten.

RAMMINGEN – Baden-Württemberg ➜ Siehe Langenau

RAMSAU

Bayern – 1 740 Ew. – Höhe 670 m – Regionalatlas **67-O21**
Berlin 732 km – München 138 km – Bad Reichenhall 21 km – Berchtesgaden 11 km
Michelin Straßenkarte 546

Berghotel Rehlegg

Holzengasse 16 ✉ 83486 – ✆ (08657) 9 88 40 – www.rehlegg.de
79 Zim – 87/173 € 173/242 € – 9 Suiten – ½ P
Wanderer sind in dem gewachsenen Familienbetrieb bestens aufgehoben: Wanderweg zum Watzmann direkt am Haus, dazu kostenfrei ein Rucksack mit Equipment! Danach speist man im hübschen regionstypischen Restaurant mit Sonnenterrasse und schläft in wohnlichen Zimmern. Tipp: schicke alpenländisch-moderne Suiten und Studios in der Residenz.

An der Straße nach Loipl Nord: 6 km

Nutzkaser

Am Gseng 10 ✉ 83486 Ramsau – ✆ (08657) 3 88 – www.hotel-nutzkaser.de – geschl. Mitte November - Mitte Dezember
23 Zim – 60/85 € 84/130 € – ½ P
Kein Wunder, dass der Familienbetrieb sehr gut gebucht ist: einfach klasse die Lage mitten in den Bergen, ringsum tolle Wanderwege, traumhaft die Terrasse mit Blick auf Watzmann, Watzfrau und Hochkalter, dazu sympathische Gastgeber und behagliche Zimmer sowie Panoramarestaurant und gemütliches Kaminstüberl.

RAMSEN

Rheinland-Pfalz – 1 800 Ew. – Höhe 232 m – Regionalatlas **47-E16**
Berlin 645 km – Mainz 63 km – Neustadt an der Weinstraße 57 km – Saarbrücken 100 km
Michelin Straßenkarte 543

Seehaus Forelle

Eiswoog 1, Süd-West: 4 km, Richtung Kaiserslautern ✉ 67305 – ✆ (06356) 6 08 80 – www.seehaus-forelle.de
20 Zim – 65/105 € 90/125 € – 1 Suite – ½ P
In idyllischer Lage an einem Weiher erwarten Sie modern designte Zimmer im "haeckenhaus" sowie 100 m entfernt im "forsthaus" und einem kleinen Nebenhaus. TV auf Wunsch. Restaurant mit Seeterrasse, Kaminzimmer und elegantem Grünem Salon. Süßwasserfisch-Spezialitäten.

RAMSTEIN-MIESENBACH

Rheinland-Pfalz – 7 480 Ew. – Höhe 238 m – Regionalatlas **46-D16**
Berlin 662 km – Mainz 100 km – Saarbrücken 56 km – Kaiserslautern 19 km
Michelin Straßenkarte 543

Ramsteiner Hof

Miesenbacher Str. 26, Ramstein ✉ 66877 – ✆ (06371) 97 20 – www.ramsteiner-hof.de

21 Zim – 75/95 € 95/125 €

Der ehemalige Gasthof a. d. 18. Jh. ist heute ein nettes und gepflegtes Landhotel: Es gibt einen gemütlichen Loungebereich sowie helle, mit warmen Farben wohnlich gestaltete und technisch gut ausgestattete Zimmer sowie ein behaglich-rustikales Restaurant mit bürgerlichem Angebot.

RANDERSACKER

Bayern – 3 400 Ew. – Höhe 175 m – Regionalatlas **49-I16**
Berlin 498 km – München 278 km – Würzburg 8 km – Ansbach 71 km
Michelin Straßenkarte 546

Bären

Würzburgerstr. 6 ✉ 97236 – ✆ (0931) 7 05 10 – www.baeren-randersacker.de – geschl. 23. Dezember - 11. Januar, 7. - 25. August

38 Zim – 63/95 € 88/123 €

Bären – Siehe Restaurantauswahl

Der hübsche Gasthof in dem Weinort am Main ist seit 1886 in Familienhand. Alles ist tipptopp gepflegt, die Atmosphäre sympathisch, die Zimmer zeitgemäß und am Morgen gibt's ein frisches Frühstück. Tagungsräume im Gartenhaus.

Bären – Hotel Bären

Würzburgerstr. 6 ✉ 97236 – ✆ (0931) 7 05 10 – www.baeren-randersacker.de – geschl. 23. Dezember - 11. Januar, 7. - 25. August und Sonntagabend

Karte 30/52 €

Was dieses Restaurant so nett und beliebt macht? Zum einen ist es der traditionelle Charme, zum anderen die regionale Saisonküche - und natürlich die Spezialität: Forelle. Gerne sitzen die Gäste im Sommer im lauschigen Innenhof.

RASTATT

Baden-Württemberg – 47 110 Ew. – Höhe 123 m – Regionalatlas **54-E18**
Berlin 696 km – Stuttgart 97 km – Karlsruhe 24 km – Baden-Baden 13 km
Michelin Straßenkarte 545

Schwert

Herrenstr. 3a, Zufahrt über Schiffstraße ✉ 76437 – ✆ (07222) 76 80 – www.hotel-schwert.de

51 Zim – 69/99 € 99/135 € – ½ P

Hoteltradition seit 1729 bietet das stattliche Haus mitten in Rastatt. Sie wohnen in funktionellen und technisch gut ausgestatteten Zimmern, perfekt für Businessgäste, aber auch für Stadtbesucher. Im Restaurant serviert man Ihnen internationale und gehobene Küche mit badischen Wurzeln.

Am Kulturplatz

Am Schloßplatz 7 ✉ 76437 – ✆ (07222) 15 88 70 – www.hotel-am-kulturplatz.de

10 Zim – 78 € 98 €

Das kleine Hotel in dem schön sanierten denkmalgeschützten Haus von 1907 überzeugt durch seine hübschen, geradlinig-modern eingerichteten Gästezimmer. Restaurant im Bistrostil, im Sommer mit netter Terrasse.

RASTEDE
Niedersachsen – 21 260 Ew. – Höhe 18 m – Regionalatlas **17**-F6
Berlin 445 km – Hannover 181 km – Bremen 58 km – Wilhelmshaven 44 km
Michelin Straßenkarte 541

Schlosspark-Hotel Hof von Oldenburg
Oldenburger Str. 199 ✉ 26180 – ✆ (04402) 9 27 90 – www.schlosspark-hotel.de – geschl. 23. Dezember - 6. Januar
36 Zim – 50/65 € 84/99 € – ½ P
Direkt am Schlosspark des Luftkurortes und doch verkehrsgünstig gelegenes Hotel mit solide und funktionell ausgestatteten Gästezimmern. Unterteiltes bürgerliches Restaurant.

RATEKAU
Schleswig-Holstein – 15 140 Ew. – Höhe 20 m – Regionalatlas **11**-K4
Berlin 323 km – Kiel 71 km – Eutin 27 km – Lübeck 15 km
Michelin Straßenkarte 541

In Ratekau-Warnsdorf Nord-Ost: 9 km

Landhaus Töpferhof
Fuchsbergstr. 5 ✉ 23626 – ✆ (04502) 21 24 – www.landhaus-toepferhof.de
35 Zim – 90/120 € 130/155 € – 5 Suiten – ½ P
Sie mögen es individuell? Dieses schöne Anwesen bietet hochwertige und wohnliche Zimmer im Haupthaus und in der "Alten Scheune". Im "Café Tausendschön" lockt hausgemachter Kuchen, draußen der große Garten mit Ententeich. Gemütliches Restaurant mit hübschem Wintergarten. Kostenloser Fahrradverleih.

RATHEN (KURORT)
Sachsen – 360 Ew. – Höhe 120 m – Regionalatlas **43**-R12
Berlin 226 km – Dresden 37 km – Pirna 18 km
Michelin Straßenkarte 544

Elbiente
Wehlener Weg 1, Anfahrt über Elbweg ✉ 01824 – ✆ (035024) 7 55 00 – www.elbiente.de
30 Zim – 75/135 € 100/160 € – ½ P
Sie parken auf der gegenüberliegenden Seite der Elbe und kommen mit der Fähre direkt am Hotel an! Hier erwarten Sie wohnlich-moderne Zimmer, Beauty- und Massage-Angebote und ein Restaurant mit Elbblick. Das Haus ist ein idealer Ausgangspunkt für Radwanderungen.

Elbschlösschen
Kottesteig 5, Anfahrt über Elbweg ✉ 01824 – ✆ (035024) 7 50 – www.hotelelbschloesschen.de – geschl. 4. - 15. Januar
70 Zim – 60/120 € 90/150 € – ½ P
Ein Logenplatz direkt an der Elbe, am Fuße der Bastei. Einige Zimmer haben einen eigenen Balkon zum Elbufer hin, und auch vom Restaurant Lilienstein schaut man auf den Fluss. Zudem: Massage und Kosmetik in der Beautyabteilung. Hinweis: Parken auf gegenüberliegender Flussseite mit anschließender Fährfahrt.

RATHENOW
Brandenburg – 24 170 Ew. – Höhe 29 m – Regionalatlas **21**-N8
Berlin 91 km – Potsdam 78 km – Magdeburg 85 km – Brandenburg 32 km
Michelin Straßenkarte 542

Fürstenhof
Bahnhofstr. 13 ✉ 14712 – ✆ (03385) 55 80 00 – www.hotel-fuerstenhof-rathenow.de
20 Zim – 62/80 € 80/114 € – 5 €
Das Haus mit der auffallend gepflegten klassischen Fassade liegt im Zentrum nahe dem Bahnhof. Individuelle, z. T. mit Antiquitäten eingerichtete Zimmer und stilvoll-gediegener Frühstücksraum.

In Rathenow-Semlin Nord-Ost: 6 km über B 188, in Stechow links

Golf Resort Semlin am See

Ferchesarer Str. 8b, Süd-Ost: 2,5 km ✉ 14712 – ✆ (03385) 55 40 – www.golfresort-semlin.de

72 Zim – 85/100 € 110/145 € – 2 Suiten – ½ P

Ein Golfhotel in herrlich ruhiger Lage etwas außerhalb. Die Zimmer sind wohnlich gestaltet und verfügen über Balkon/Terrasse zum Golfplatz oder zum Wald. Gute Tagungsmöglichkeiten. Schön sind die Restaurantterrasse mit Blick ins Grüne sowie der große Barbereich.

RATINGEN

Nordrhein-Westfalen – 86 390 Ew. – Höhe 50 m – Regionalatlas **26**-C11

Berlin 552 km – Düsseldorf 13 km – Duisburg 19 km – Essen 22 km

Michelin Straßenkarte 543

relexa hotel Ratingen City

Calor-Emag-Str. 7 ✉ 40878 – ✆ (02102) 1 67 50 – www.relexa-hotels.de

134 Zim – 57/149 € 57/179 € – 17 € – ½ P

Das Businesshotel im Zentrum ist freundlich in neuzeitlichem Stil gehalten. Großzügige Lobby mit angrenzendem Café, das geradlinige Ambiente setzt sich im Restaurant fort. Sauna und Fitnessraum sind kostenpflichtig.

Astoria

Mülheimer Str. 72 ✉ 40878 – ✆ (02102) 8 56 70 – www.astoria-ratingen.de – geschl. 19. Dezember - 3. Januar, über Ostern

27 Zim – 85/98 € 98/110 €

Das familiär geleitete zeitgemäße Hotel befindet sich in einem hübschen Stadthaus in verkehrsgünstiger Lage am Zentrumsrand. Gutes Frühstücksbuffet und W-Lan kostenfrei.

Allgäuer Hof

Beethovenstr. 24 ✉ 40878 – ✆ (02102) 9 54 10 – www.allgaeuerhof-ratingen.de – geschl. 20. Dezember - 8. Januar

14 Zim – 75/199 € 95/249 € – ½ P

Das gepflegte kleine Hotel mit den gut ausgestatteten Zimmern wird persönlich und familiär geführt. Zum historischen Stadtkern sind es nur wenige Gehminuten. Gemütliches Ambiente und bürgerliche Küche im Restaurant.

In Ratingen-Homberg Ost: 5 km jenseits der A3

Essgold

Dorfstr. 33 ✉ 40882 – ✆ (02102) 5 51 90 70 – www.restaurant-essgold.de – geschl. 29. Dezember - 13. Januar und Montag - Dienstag

Menü 39/52 € – Karte 31/52 € – *(nur Abendessen)*

Mit Ambition und Geschmack wird in dem Fachwerkhaus von 1875 gekocht, z. B. "Winterkabeljau / Gurkengemüse / Senfsauce / Erdapfelpüree". Dazu sitzt man in einem gemütlichen Raum mit Kachelofen. Zum Übernachten hat man zwei hübsche Zimmer.

In Ratingen-Lintorf Nord: 4 km, jenseits der A 52

Gut Porz

Hülsenbergweg 10 ✉ 40885 – ✆ (02102) 93 40 80 – www.gutporz.de – geschl. Ende Dezember - Anfang Januar 2 Wochen, Juli - August 2 Wochen und Dienstag

Karte 28/53 € – *(Montag - Samstag nur Abendessen, außer an Feiertagen)* (Tischbestellung ratsam)

Internationales wie "Sashimi vom Yellow Fin Tuna" oder eher Klassisches wie "Zanderfilet unter der Weißbrotkruste"? So oder so isst man schmackhaft in dem liebenswerten Fachwerkhaus samt Wintergarten. Sehenswert die Deko zur Adventszeit!

Christian Penzhorn

Konrad-Adenauer-Platz 29, über Duisburger Str. 1 ✉ 40885 – ✆ (02102) 3 89 99 70 – www.christian-penzhorn.de – geschl. Montag

10 Zim – 🚹75/150 € 🚹🚹95/229 € – ☕ 10 €

Menü 39/49 € – Karte 29/50 € – *(nur Abendessen, sonntags auch Mittagessen)*

Dass sich das Restaurant großer Beliebtheit erfreut, liegt zum einen am ungezwungen-modernen Stil, zum anderen an der ambitionierten internationalen Küche von Christian Penzhorn, kein Unbekannter in der Gastronomie. Appetit macht da z. B. "Bretonische Seezunge mit Selleriepüree und Kräutergnocchi".

In Ratingen-West West : 3 km über Kaiserswerther Straße :

relexa Hotel Airport

Berliner Str. 95 ✉ 40880 – ✆ (02102) 45 80 – www.relexa-hotels.de

169 Zim – 🚹57/149 € 🚹🚹57/149 € – ☕ 17 €

In dem Tagungs- und Geschäftshotel nahe der A 52 und unweit des Flughafens erwarten Sie eine großzügige Halle mit Bar sowie funktionell und neuzeilich ausgestattete Zimmer. Interessant für Urlauber ist das "Park, Sleep & Fly"-Angebot.

RATSHAUSEN

Baden-Württemberg – 760 Ew. – Höhe 676 m – Regionalatlas **62-F20**

▶ Berlin 725 km – Stuttgart 91 km – Konstanz 101 km – Villingen-Schwenningen 33 km

Michelin Straßenkarte 545

Adler

Hohnerstr. 3 ✉ 72365 – ✆ (07427) 22 60 – www.adler-ratshausen.de – geschl. August 2 Wochen und Montag - Dienstag

Karte 32/69 €

Ein echtes kleines Bijou: Das Haus von 1811 steckt voller reizender historischer Details, die Gastgeber sind mit Herzblut bei der Sache und gut essen kann man auch! Die Küche ist schwäbisch, man macht so viel wie möglich selbst: Brot, Würste, Schinken, Schnaps... Man hat eigene Schweine und schlachtet selbst.

RATTENBERG

Bayern – 1 730 Ew. – Höhe 560 m – Regionalatlas **59-O17**

▶ Berlin 506 km – München 153 km – Regensburg 71 km – Cham 25 km

Michelin Straßenkarte 546

Posthotel

Dorfplatz 2 ✉ 94371 – ✆ (09963) 95 00 – www.posthotel-rattenberg.de – geschl. 22. August - 5. September, 16. - 22. Dezember

47 Zim ☕ – 🚹72/102 € 🚹🚹130/150 € – 2 Suiten – ½ P

Der Familienbetrieb hat sich von einem traditionellen Gasthof zu einem Wellnesshotel mit schönen wohnlichen Zimmern und vielfältigem Spa auf rund 1000 qm entwickelt. Ein lichter Wintergarten ergänzt das in ländlichem Stil gehaltene Restaurant. HP inklusive.

RATZEBURG

Schleswig-Holstein – 13 870 Ew. – Höhe 36 m – Regionalatlas **11-K5**

▶ Berlin 240 km – Kiel 107 km – Lübeck 23 km – Schwerin 46 km

Michelin Straßenkarte 541

Wittlers Hotel-Gästehaus Cäcilie

Große Kreuzstr. 11 ✉ 23909 – ✆ (04541) 32 04 – www.wittlers-hotel.de – geschl. 18. Dezember - 24. Januar

30 Zim ☕ – 🚹70/88 € 🚹🚹92/118 € – ½ P

Man findet dieses Hotel im historischen Zentrum der im Ratzeburger See gelegenen Inselstadt. Die Gästezimmer sind praktisch in funktionellem Stil eingerichtet. Im Restaurant wird internationale Küche geboten.

RAUENBERG

Baden-Württemberg – 8 350 Ew. – Höhe 132 m – Regionalatlas **47**-F17
Berlin 631 km – Stuttgart 99 km – Mannheim 37 km – Heidelberg 22 km
Michelin Straßenkarte 545

Winzerhof

Bahnhofstr. 4 ✉ 69231 – ✆ (06222) 95 20 – www.winzerhof.net – geschl. 1. - 6. Januar
70 Zim ☕ – 🚹77/147 € 🚹🚹119/217 € – ½ P
Angela – Siehe Restaurantauswahl
Familie Menges steckt viel Herzblut in ihr Haus - inzwischen in der 4. Generation! Fragen Sie nach den ansprechenden und geräumigen Komfortzimmern. Die Karte der "Regionalen Stuben" teilt sich in "Regional", "International", "Fisch" und "Vegetarisch". Spezialität: "Kraichgau-Tapas".

Gutshof

Suttenweg 1 ✉ 69231 – ✆ (06222) 95 10 – www.gutshof-menges.de – geschl. Weihnachten - Anfang Januar 2 Wochen, August 3 Wochen
30 Zim ☕ – 🚹85/105 € 🚹🚹145/155 €
Das Hotel ist direkt an das eigene Weingut angeschlossen - ruhig, ringsum romantische Weinberge, dennoch gute Autobahnanbindung. Hübsch ist der kleine Kräutergarten. Terrakottafliesen und helle Holzstühle lassen die ohnehin schon lichtdurchflutete Weinstube noch freundlicher wirken.

Angela – Hotel Winzerhof

Bahnhofstr. 4 ✉ 69231 – ✆ (06222) 95 23 53 – www.winzerhof.net – geschl. Januar, 24. März - 1. April, 17. - 31. Mai, 28. Juli - 13. September, 1. - 8. November und Sonntag - Dienstag sowie an Feiertagen
Menü 55/110 € – Karte 47/62 € – *(nur Abendessen)* (Tischbestellung ratsam)
Elegant ist das Ambiente hier, und dazu serviert man eine international-saisonale Küche auf klassischer Basis. Auf der Karte liest man z. B. "Rücken vom Salzwiesenlamm mit mediterranem Gemüse".

RAUHENEBRACH

Bayern – 2 930 Ew. – Höhe 320 m – Regionalatlas **49**-J15
Berlin 431 km – München 251 km – Coburg 70 km – Nürnberg 82 km
Michelin Straßenkarte 546

In Rauhenebrach-Schindelsee

Gasthaus Hofmann

Schindelsee 1 ✉ 96181 – ✆ (09549) 9 87 60 – www.schindelsee.de – geschl. Montag - Dienstag, November - März: Montag - Donnerstagmittag, Freitagmittag
8 Zim – 🚹46/70 € 🚹🚹68/85 € – ☕ 11 €
Menü 50/56 € – Karte 20/53 € – *(Mittwoch - Freitag nur Abendessen)*
Regional und saisonal isst man hier, die Produkte frisch und teilweise sogar selbst erzeugt! Das lockt viele Stammgäste an, die in gemütlich-rustikaler Atmosphäre z. B. "Saiblingsfilet mit Safranrisotto" oder "Gockel aus Kleinlangheim" bestellen! Wer übernachten möchte, schläft in wohnlichen Zimmern.

RAVENSBURG

Baden-Württemberg – 49 100 Ew. – Höhe 450 m – Regionalatlas **63**-H21
Berlin 696 km – Stuttgart 147 km – Konstanz 43 km – Ulm (Donau) 86 km
Michelin Straßenkarte 545

Bärengarten

Schützenstr. 21 ✉ 88212 – ✆ (0751) 18 97 07 20 – www.baerengarten.de
13 Zim – 🚹80/99 € 🚹🚹115/155 € – ☕ 9 €
In dem kleinen Hotel in der sanierten 100 Jahre alten Villa stehen den Gästen zeitgemäß-funktionell eingerichtete Zimmer zur Verfügung. Zum großen Wirtshaus gehört ein netter Biergarten.

Obertor
Marktstr. 67 ✉ 88212 – ✆ (0751) 3 66 70
– www.hotelobertor.de – geschl. 23. Dezember - 3. Januar
30 Zim – 90/130 € 130/190 € – 3 Suiten
Das historische Haus am Obertor beherbergt charmante und recht individuelle Zimmer, einen hübschen Frühstücksraum mit Blick ins Grüne und eine schöne Dachterrasse. In der gemütlich-altdeutschen Stube gibt es Bier und Wein aus der Region.

Lumperhof
Lumper 1, West: 2 km in Richtung Schlier ✉ 88212 – ✆ (0751) 3 52 50 01
– www.lumperhof.de – geschl. Pfingsten 2 Wochen und Dienstag
Menü 34/58 € – Karte 35/54 € – *(Montag - Freitag nur Abendessen)*
Idyllisch liegt der familiengeführte Landgasthof im Grünen - reizvoll die Terrasse! Die schmackhaften regional-saisonalen Gerichte nennen sich z. B. "geschmorte Lammschulter auf Bohnenragout" oder "Cassoulet von Kalbsbries und Schnecken".

RECKLINGHAUSEN
Nordrhein-Westfalen – 115 320 Ew. – Höhe 85 m – Regionalatlas **26**-C10
Berlin 508 km – Düsseldorf 63 km – Bochum 17 km – Dortmund 28 km
Michelin Straßenkarte 543

Parkhotel Engelsburg
Augustinessenstr. 10 ✉ 45657 – ✆ (02361) 20 10
– www.parkhotel-engelsburg.de – geschl. über Weihnachten - Anfang Januar 2 Wochen
65 Zim – 102/142 € 134/169 € – 1 Suite
Mit Engagement und Qualitätsbewusstsein wird das über 300 Jahre alte ehemalige Herrenhaus am Altstadtrand geführt. Wohnlich und elegant das Ambiente und als Besonderheit hat man im historischen Turm eine schöne Suite auf drei Etagen! Trendig-modern ist das Restaurant "VESTTAFEL".

REES
Nordrhein-Westfalen – 21 310 Ew. – Höhe 17 m – Regionalatlas **25**-B10
Berlin 580 km – Düsseldorf 87 km – Arnhem 49 km – Wesel 24 km
Michelin Straßenkarte 543

Op de Poort
Vor dem Rheintor 5 ✉ 46459 – ✆ (02851) 74 22
– www.opdepoort.de – geschl. 1. Januar - 20. Februar und Montag - Dienstag, außer an Feiertagen
Menü 47/56 € (unter der Woche) – Karte 38/52 € – (Tischbestellung ratsam)
Da kann man schon ins Schwärmen kommen, wenn man bei schönem Wetter auf der Terrasse sitzt! Sie genießen hier aber nicht nur die herrliche Sicht auf den Rhein, sondern auch schmackhafte Küche mit regionalem und internationalem Einfluss. Drinnen im klassisch-eleganten Restaurant sorgt die Fensterfront für reizvolle Ausblicke.

In Rees-Reeserward Nord-West: 4 km über Westring und Wardstraße

Landhaus Drei Raben
Reeserward 5 ✉ 46459 – ✆ (02851) 18 52
– www.landhaus-drei-raben.de – geschl. Montag - Dienstag
Menü 35/58 € – Karte 35/53 €
Seinen Landgut-Charakter hat das Anwesen a. d. 18. Jh. bewahrt, entsprechend gemütlich - mit Kaminöfen und ländlichem Touch - auch das Interieur. Im Sommer lässt man sich die international-regionale Küche am besten auf der herrlichen Terrasse zum Rhein schmecken. Tagsüber sind Flammkuchen und Kuchen gefragt.

REGENSBURG

Bayern – 138 300 Ew. – Höhe 343 m – Regionalatlas **58-N18**
Berlin 489 km – München 122 km – Nürnberg 100 km – Passau 115 km
Michelin Straßenkarte 546

Goliath am Dom

Goliathstr. 10 ✉ 93047 – ✆ (0941) 2 00 09 00 Stadtplan : B1**g**
– www.hotel-goliath.de – geschl. 21. - 27 Dezember
41 Zim – 130 € 160 € – 2 Suiten
Ein gut geführtes Hotel in Domnähe mit freundlichem Service. In den Zimmern schafft liebenswertes Dekor eine individuelle Note. Nettes Café und Dachterrasse mit schöner Sicht.

Sorat Insel-Hotel

Müllerstr. 7, Zufahrt über Oberpfalzbrücke ✉ 93059 Stadtplan : B1**r**
– ✆ (0941) 8 10 40 – www.sorat-hotels.com
75 Zim – 90/152 € 131/247 € – 2 Suiten – ½ P
Das moderne Hotel ist aus einer denkmalgeschützten alten Manufaktur entstanden, die reizvoll über einen Donauarm gebaut wurde. Komfortzimmer mit Sicht auf Fluss und Altstadt. "Brandner" mit neuzeitlich-elegantem Ambiente und Panoramablick auf den Dom.

Regensburg

Ziegetsdorfer Str. 111, West: 3 km über Augustenstraße A2, Richtung München ✉ 93051 – ✆ (0941) 46 39 30 – www.hotel-regensburg.bestwestern.de
128 Zim – 90/100 € 106/117 € – ½ P
Diese Businessadresse mit guter Autobahnanbindung ist von der Atriumhalle mit Lobbybar bis zu den Zimmern in klarem modernem Stil gehalten. Komfortabler sind die Juniorsuiten. Das Restaurant nennt sich Alte Ziegelei und ist geradlinig gestaltet.

Orphée Großes Haus

Untere Bachgasse 8 ✉ 93047 – ✆ (0941) 59 60 20 Stadtplan : B1**b**
– www.hotel-orphee.de
33 Zim – 110/185 € 145/215 € – 1 Suite
Für Autofahrer ist die Innenstadtlage zwar nicht ganz ideal, dafür ist das Ambiente umso schöner: Wie könnte man attraktiver wohnen als in stilgerecht erhaltenen Räumen mit Stuckdecken und Dielenböden? Ist Ihnen nach einem modernen Giebelzimmer oder bevorzugen Sie die günstigere Variante im Gästehaus? Bistro mit Pariser Charme.

Central

Margaretenstr. 18, über Kunpfmühler Straße A2 ✉ 93047 – ✆ (0941) 2 98 48 40 – www.hotel-central-regensburg.de
70 Zim – 95/113 € 125/143 €
Zwischen Schlosspark und Hauptbahnhof liegt das modern-funktionelle Businesshotel. Einige der Zimmer bieten Schlossblick. Zum Frühstück oder auf einen Kaffee geht man in die Lounge im Coffeeshop-Stil. Fortschrittlich: eigene Elektroauto-Tankstelle!

Landhaus Andreasstadel

Andreasstr. 26, über Griesersteg C1 ✉ 93059 – ✆ (0941) 59 60 23 00 – www.orphee.de
10 Zim – 105/125 € 135/165 €
Das charmante ehemalige Salzstadel nahe der Steinernen Brücke besticht durch herzliche Gästebetreuung und geräumige Zimmer mit mediterraner Note, teils zu den Donauauen hin. Das Frühstück serviert man Ihnen auf dem Zimmer. Parkplatz in der Salzgasse.

Goldenes Kreuz

Haidplatz 7 ✉ 93047 – ✆ (0941) 5 58 12 Stadtplan : B1**k**
– www.hotel-goldeneskreuz.de
9 Zim – 90/135 € 110/175 € – 2 Suiten
Die einstige Kaiserherberge mit historischem Flair vereint in ihren individuellen und eleganten Zimmern Stilmöbel und moderne Formen. Nettes Kaffeehaus und schöner Saal.

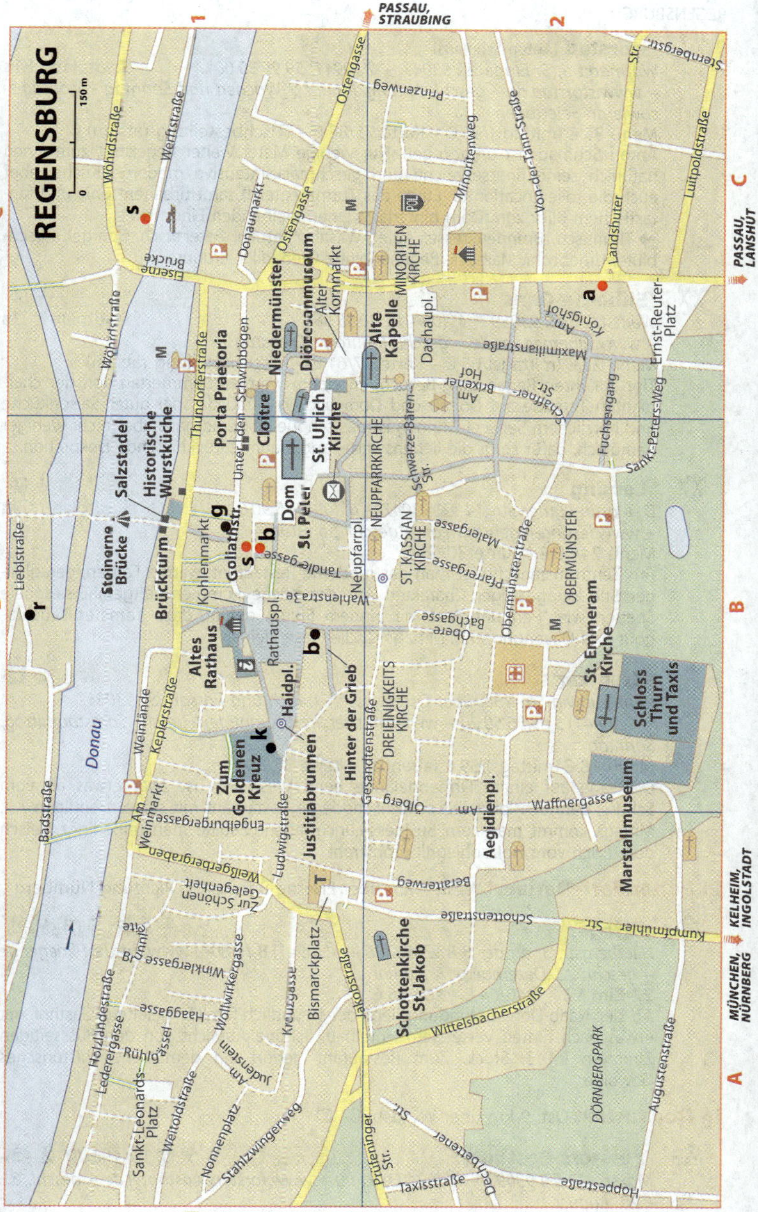
REGENSBURG
0
150 m
PASSAU, STRAUBING
PASSAU, LANDSHUT
KELHEIM, INGOLSTADT
MÜNCHEN, NÜRNBERG
Donau
Steinerne Brücke
Brückturm
Salzstadel
Historische Wurstküche
Altes Rathaus
Zum Goldenen Kreuz
Haidpl.
Justitiabrunnen
Hinter der Grieb
Dom St. Peter
St. Ulrich Kirche
Cloître
Porta Praetoria
Niedermünster
Diözesanmuseum
Alte Kapelle
MINORITEN KIRCHE
NEUPFARRKIRCHE
ST. KASSIAN KIRCHE
DREIEINIGKEITS KIRCHE
OBERMÜNSTER
St. Emmeram Kirche
Schloss Thurn und Taxis
Marstallmuseum
Aegidienpl.
Schottenkirche St-Jakob
DÖRNBERGPARK
Eiserne Brücke
Wöhrdstraße
Werftstraße
Thundorferstraße
Unter den Schwibbögen
Donaumarkt
Ostengasse
Prinzenweg
Minoritenweg
Von-der-Tann-Straße
Luitpoldstraße
Sternbergstr.
Landshuter Str.
Alter Kornmarkt
Dachaupl.
Maximilianstraße
Am Königshof
Ernst-Reuter-Platz
Am Brixener Hof
Schäffnerstr.
Fuchsengang
Sankt-Peters-Weg
Schwarze-Bären-Str.
Malergasse
Pfarrergasse
Obermünsterstraße
Obere Bachgasse
Neupfarrpl.
Wahlenstraße
Tändlergasse
Goliathstr.
Kohlenmarkt
Rathauspl.
Liebigstraße
Weinlände
Keplerstraße
Am Weinmarkt
Engelburgergasse
Weißgerbergraben
Ludwigstraße
Gesandtenstraße
Am Ölberg
Waffnergasse
Beraiterweg
Schottenstraße
Kumpfmühler Str.
Zur Schönen Gelegenheit
Badstraße
Wittelsbacherstraße
Augustenstraße
Bismarckplatz
Jakobstraße
Kreuzgasse
Wollwirkergasse
Winklergasse
Haaggasse
Am Judenstein
Hollandstraße
Lederergasse
Rühlgassel
Sankt-Leonards-Platz
Weitoldstraße
Nonnenplatz
Stahlzwingerweg
Prüfeninger Str.
Dechbettener Str.
Taxisstraße
Hoppestraße
A
B
C
1
2

XX **storstad** (Anton Schmaus)

Watmarkt 5, 5. Etage ✉ 93047 – ✆ (0941) 59 99 30 00 Stadtplan : B1**s**
– www.storstad.de – geschl. Anfang Januar 2 Wochen und Sonntag - Montag sowie an Feiertagen
Menü 35 € (mittags)/95 € – Karte 75/88 € – (Tischbestellung ratsam)
Anton Schmaus ist umgezogen. Nur wenige Meter weiter begeistert zum einen natürlich seine finessenreiche und geschmacksintensive moderne Küche, aber auch die tolle Location (5. Etage des Turmtheaters!) samt urbanem Chic und fantastischem Blick zum Dom hinterlässt einen bleibenden Eindruck!
➜ Thunfisch, Brunnenkresse, Apfel, Wasabi, Rettich. Petersfisch, Spargel, Kirschblüte, Umeboshi. Maibock, Bananenblüte, Grenadilla, Erdnuss.

XX **Silberne Gans**

Werftstr. 3 ✉ 93059 – ✆ (0941) 2 80 55 98 Stadtplan : C1**s**
– www.silbernegans.de – geschl. Montag - Dienstag
Menü 22 € (mittags)/65 € – Karte 37/61 € – (Tischbestellung ratsam)
Tipp für Ihren Regensburg-Besuch: an einem warmen Sommertag von der charmanten Terrasse auf Donau und Dom blicken - und das bei guter Saisonküche und herzlichem Service! Drinnen ist das schöne alte Stadthaus aber nicht weniger gemütlich, dafür sorgt die liebenswerte, angenehm zurückhaltende Dekoration.

XX **Lessing**

D.-Martin-Luther-Str. 14 ✉ 93047 – ✆ (0941) 5 90 02 Stadtplan : C2**a**
– www.lessing-regensburg.de – geschl. Sonntag
Menü 24/68 € – Karte 30/56 €
Am Zentrumsrand findet man das moderne Restaurant: warme Farben, geradliniger Stil, loungeartiger Charakter! Aus der Küche kommen zeitgemäß-saisonale Speisen wie "Perlhuhnbrust mit jungem Spinat gefüllt, dazu Tomaten-Lauchragout und Olivengnocchi". Mittags ist die Karte kleiner.

X **Kreutzer's**

Prinz-Ludwig-Str. 15a, über Ostengasse C1, Richtung Passau ✉ 93055 – ✆ (0941) 5 69 56 50 20 – www.kreutzers-restaurant.de – geschl. Samstagmittag, Sonntag
Menü 18 € (mittags)/59 € (abends) – Karte 38/59 €
Die Lage auf einem Firmengelände beim Westhafen ist zwar etwas ab vom Schuss, dennoch lockt das schlicht-moderne Restaurant mit seiner trendigen Art. Mittags kommt man zum Business-Lunch, abends sollte man unbedingt Fleisch oder Fisch vom Holzkohlegrill probieren!

In Pettendorf-Mariaort West: 7 km über Eiserne Brücke C1, Richtung Nürnberg

Krieger

Heerbergstr. 3, an der B 8 ✉ 93186 – ✆ (0941) 8 10 80 – www.gasthof-krieger.de – geschl. 22. Dezember - 7. Januar
27 Zim – †40/64 € ††64/86 €
An der Naab-Donau-Mündung liegt der freundlich-familiär geleitete Gasthof mit etwas nach hinten versetztem Hotelbau. Schöne Aussicht von den flussseitigen Zimmern im 3. Stock. Zum Restaurant gehört ein gemütliches historisches Gewölbe.

In Donaustauf Ost: 9 km über Wördstraße C1

Forsters Posthotel

Maxstr. 43 ✉ 93093 – ✆ (09403) 91 00 – www.forsters-posthotel.de – geschl. 8. - 28. August
71 Zim – †75/160 € ††130/210 € – 2 Suiten
Zum Postillion – Siehe Restaurantauswahl
Bei Monika und Reinhold Forster ist nicht nur alles top in Schuss, mit dem Neubau ist man auch "up to date": schön die modernen Zimmer sowie die Lobby und der Sauna-, Ruhe- und Beautybereich - alles in klaren Formen und ruhigen Farben. Hier im Hotel ist übrigens ein Teil der alten Stadtmauer freigelegt - so nimmt man optisch ansprechend Bezug auf Donaustauf.

Zum Postillion – Hotel Forsters Posthotel
Maxstr. 43 ✉ 93093 – ✆ (09403) 91 00
– www.hotel-forsters.de – geschl. 8. - 28. August
Menü 33/55 € – Karte 24/52 €
Nicht ohne Grund kehren immer wieder viele Gäste gerne bei Familie Forster ein! Schon das Lesen der international-regionalen Karte macht Appetit: ob Donauzander mit Kürbisgemüse oder Rib Eye Steak vom Wagyu-Rind!

In Neutraubling Süd-Ost: 10 km über Ostengasse C1 Richtung Straubing

Am See
Teichstr. 6 ✉ 93073 – ✆ (09401) 94 60
– www.hotel-am-see.com
38 Zim – 70/103 € 100/145 €
Am See – Siehe Restaurantauswahl
An einem kleinen See liegt das Haus der Familie Lacher. Es erwarten Sie tipptopp gepflegte Zimmer in wohnlichen Farben sowie freundlicher Service. Geräumigere Komfortzimmer, im Gästehaus teils mit Terrasse.

Am See – Hotel Am See
Teichstr. 6 ✉ 93073 – ✆ (09401) 94 60
– www.hotel-am-see.com – geschl. August 3 Wochen und Montag
Menü 34/48 € – Karte 23/53 € – (Tischbestellung ratsam)
Bayerischer Charme und gute Küche ziehen nicht nur die Stammgäste an, auch Tagungs-, Hochzeits- und Hotelgäste möchten sich Saisonales wie Wild oder bürgerliche Klassiker wie Zwiebelrostbraten mit Bratkartoffeln nicht entgehen lassen!

REGENSTAUF

Bayern – 15 530 Ew. – Höhe 345 m – Regionalatlas **58-N17**
Berlin 474 km – München 136 km – Regensburg 19 km – Nürnberg 110 km
Michelin Straßenkarte 546

In Regenstauf-Heilinghausen Nord-Ost: 8 km im Regental

Landgasthof Heilinghausen
Alte Regenstr. 5 ✉ 93128 – ✆ (09402) 42 38
– www.landgasthof-heilinghausen.de – geschl. 17. - 30. Mai und Montag - Dienstag
Menü 32/52 € – Karte 20/39 €
Bürgerlich-regional speist man in dem mit viel Holz und Kachelofen gemütlich gestalteten Familienbetrieb. Biergarten vor dem Haus, auf der anderen Straßenseite der Fluss Regen.

Das Symbol weist auf eine Weinkarte mit besonders attraktivem Angebot hin.

REHBURG-LOCCUM

Niedersachsen – 10 150 Ew. – Höhe 60 m – Regionalatlas **18-H8**
Berlin 328 km – Hannover 47 km – Bremen 89 km – Minden 28 km
Michelin Straßenkarte 541

Rodes Hotel
Marktstr. 22, Loccum ✉ 31547 – ✆ (05766) 2 38
– www.rodes-hotel.de – geschl. 20. Dezember - 10. Januar
23 Zim – 58/65 € 88/99 € – ½ P
Der traditionsreiche Familienbetrieb existiert bereits seit 1608 als Gasthof. Die Zimmer sind gepflegt und ländlich eingerichtet, nett ist der hell gestaltete Frühstücksraum. Restaurant im altdeutschen Stil.

REHLINGEN-SIERSBURG

Saarland – 14 350 Ew. – Höhe 180 m – Regionalatlas **45**-B16
Berlin 736 km – Saarbrücken 37 km – Luxembourg 66 km – Trier 63 km
Michelin Straßenkarte 543

Im Ortsteil Eimersdorf Nord-West: 2 km ab Siersburg

Niedmühle
Niedtalstr. 13 ✉ 66780 – ✆ (06835) 6 74 50 – www.restaurant-niedmuehle.de – geschl. Montag, Samstagmittag
11 Zim – 75/105 € 110 € – ½ P
Menü 39/85 € (unter der Woche) – Karte 43/81 €
Was in dem hellen modernen Restaurant oder - im Sommer sehr beliebt - im romantischen, zur Nied gelegenen Garten mit altem Baumbestand geboten wird, ist klassische Küche mit regionalem und saisonalem Einfluss sowie mittags zusätzlich eine günstige Lunchkarte. Gerne bleiben die Gäste auch über Nacht. Kein Wunder: Die Zimmer sind richtig schön mit ihrem klaren Design!

REICHELSHEIM

Hessen – 8 560 Ew. – Höhe 216 m – Regionalatlas **48**-G16
Berlin 585 km – Wiesbaden 84 km – Mannheim 53 km – Darmstadt 36 km
Michelin Straßenkarte 543

Treuschs Schwanen
Rathausplatz 2 ✉ 64385 – ✆ (06164) 22 26 – www.treuschs-schwanen.com – geschl. Februar 3 Wochen und Mittwoch - Donnerstag
Menü 39/90 € – Karte 37/67 €
Das Gasthaus bei der Kirche ist ein zeitgemäßes, helles Restaurant mit Lounge und begehbarem Weinschrank. Man bietet internationale Speisen und eigenen Apfelwein.
Johanns-Stube – Siehe Restaurantauswahl

Johanns-Stube – Restaurant Treuschs Schwanen
Rathausplatz 2 ✉ 64385 – ✆ (06164) 22 26 – www.treuschs-schwanen.com – geschl. Februar 3 Wochen und Mittwoch
Karte 17/43 €
Die ländliche Stube ist nach dem ersten Schwanen-Wirt (Johann Treusch) benannt, der das Lokal 1842 gründete. Auf den Tisch kommen Produkte aus der Odenwald-Region, z. B. in Form von "Forelle im Kartoffelmantel an Apfelwein-Senfsauce".

In Reichelsheim-Eberbach Nord-West: 1,5 km über Konrad-Adenauer-Allee

Landhotel Lortz
Eberbach 3a ✉ 64385 – ✆ (06164) 49 69 – www.landhotel.nu – geschl. Anfang Januar 1 Woche, Juli 2 Wochen
18 Zim – 65/79 € 99/125 € – 2 Suiten
O de vie – Siehe Restaurantauswahl
Die ruhige Lage und den Ausblick genießt man am besten auf der traumhaften Terrasse oder beim Wandern (schöne Wege ganz in der Nähe). Die Zimmer sind gepflegt und wohnlich (teilweise mit Küchenzeile), von den Balkonen blickt man ins Grüne.

O de vie – Landhotel Lortz
Eberbach 3a ✉ 64385 – ✆ (06164) 49 69 – www.landhotel.nu – geschl. Anfang Januar 2 Wochen, Juli 2 Wochen und Sonntagabend - Montag
Menü 29/48 € – Karte 32/49 € – *(Dienstag - Freitag nur Abendessen)*
Das Lokal ist schon sehr nett in seiner rustikalen Art - besonders gemütlich sitzt man in den kleinen Nischen, da sollten Sie reservieren! Und gute saisonale Küche gibt es hier auch, z. B. "Rehgulasch mit Backpflaumen und Serviettenknödel".

REICHENAU (INSEL)

Baden-Württemberg – ✉ 78479 – 5 190 Ew. – Höhe 403 m – Regionalatlas **63**-G21
Berlin 763 km – Stuttgart 181 km – Konstanz 12 km – Singen (Hohentwiel) 29 km
Michelin Straßenkarte 545

Im Ortsteil Mittelzell

Ganter Hotel Mohren
Pirminstr. 141 ✉ 78479 – ✆ (07534) 9 94 40 – www.mohren-bodensee.de
35 Zim – †100/160 € ††125/170 € – ½ P
Sie möchten schön modern wohnen? Im Stammhaus a. d. 17. Jh. hat man historische Elemente integriert, hier hat man einige besonders großzügige Doppelzimmer. Massage- und Kosmetikangebote gibt es auch. Restaurant im neuzeitlichen Landhausstil und behagliche holzgetäfelte Stube.

Strandhotel Löchnerhaus
An der Schiffslände 12 ✉ 78479 – ✆ (07534) 80 30 – www.loechnerhaus.de – geschl. November - Februar
40 Zim – †90/120 € ††160/210 € – ½ P
Das Haus von 1920 hat wohl die perfekte Lage: der See mit eigenem Strandbad direkt vor der Tür, dazu der romantische Garten mit altem Baumbestand. Natürlich darf hier eine Terrasse zum See nicht fehlen! Das Speisenangebot ist bürgerlich. Zwei der Zimmer sind Appartements.

REICHENBACH (VOGTLAND)

Sachsen – 18 880 Ew. – Höhe 380 m – Regionalatlas **41**-N13
Berlin 304 km – Dresden 132 km – Gera 46 km – Zwickau 29 km
Michelin Straßenkarte 544

Meister Bär Hotel
Goethestr. 28 ✉ 08468 – ✆ (03765) 78 00 – www.mb-hotel.de
30 Zim – †69/85 € ††99/119 € – ½ P
Zwischen Zwickau und Plauen finden Sie dieses in einem Wohngebiet gelegene Hotel mit seinen soliden, meist mit Kirschbaummöbeln eingerichteten Gästezimmern. In Grüntönen gehaltenes Restaurant mit bürgerlichem und internationalem Angebot.

REICHENHALL, BAD

Bayern – 17 140 Ew. – Höhe 473 m – Regionalatlas **67**-O21
Berlin 723 km – München 136 km – Berchtesgaden 20 km – Salzburg 19 km
Michelin Straßenkarte 546

Parkhotel Luisenbad
Ludwigstr. 33 ✉ 83435 – ✆ (08651) 60 40 Stadtplan : A1**e**
– www.parkhotel.de – geschl. 10. Januar - 29. Februar
70 Zim – †59/117 € ††118/208 € – ½ P
Parkhotel Luisenbad – Siehe Restaurantauswahl
Seit über 100 Jahren und nunmehr in 4. Generation ist das Haus in den Händen der Familie Herkommer. Es ist ein klassisches Kurhotel mit historischem Charme, in dem man aber dennoch zeitgemäß wohnen kann - fragen Sie nach den neu gemachten Zimmern!

Sonnenbichl
Adolf-Schmid-Str. 2 ✉ 83435 – ✆ (08651) 7 80 80 Stadtplan : A1**h**
– www.sonnenbichlhotel.de
29 Zim – †43/58 € ††85/106 € – 5 Suiten
Besonders für Kur- und Erholungsaufenthalte empfiehlt sich dieses Hotel nur wenige Schritte vom Kurpark mit Gradierwerk und Konzerthalle. Der schöne kleine Saunabereich "Auszeit" im UG kommt ebenso gut an wie die rustikalen Zimmer sowie die Appartements.

Erika
Adolf-Schmid-Str. 3 ✉ 83435 – ✆ (08651) 9 53 60 Stadtplan : B1**u**
– www.hotel-pension-erika.de – geschl. November - Februar
29 Zim – †40/56 € ††72/104 €
Aus dem Jahre 1898 stammt die schön restaurierte Villa mit hübschem Garten, die freundlich vom Inhaber geführt wird. Viele der gepflegten Zimmer bieten Sicht auf die Berge. Gönnen Sie sich doch die Juniorsuite mit Massagedusche!

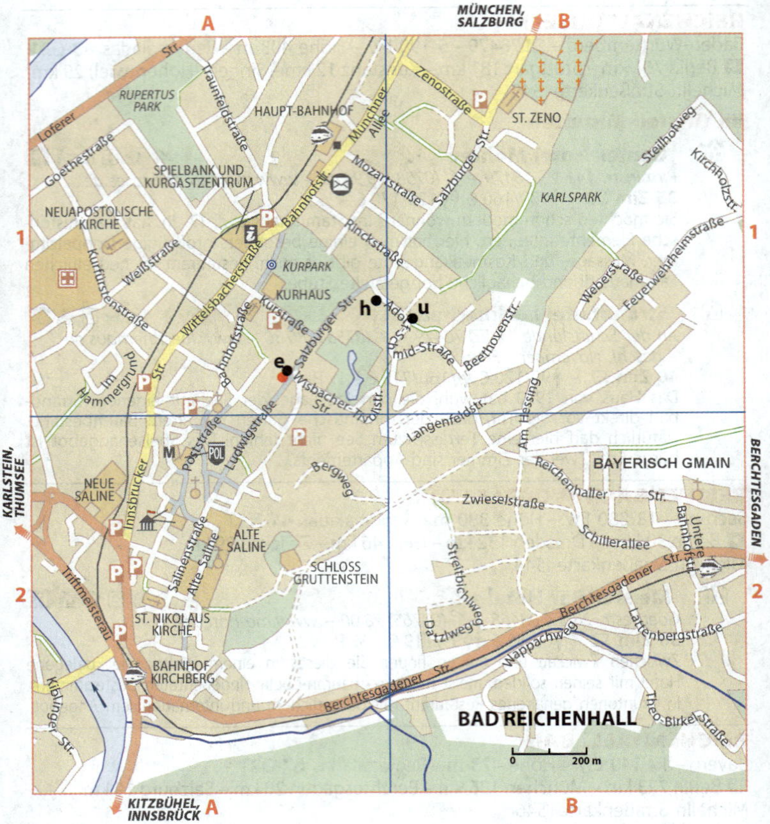

Parkhotel Luisenbad – Parkhotel Luisenbad

Ludwigstr. 33 ✉ *83435 –* ✆ *(08651) 60 40* Stadtplan : A1**e**
– www.parkhotel.de – geschl. 10. Januar - 29. Februar
Menü 26/39 € – Karte 23/49 €
Das klassische und gleichzeitig alpenländisch-rustikale Restaurant hat viele Stammgäste, die den freundlichen Service sowie das internationale und regionale Speisenangebot schätzen, einschließlich der Spezialität des Küchenchefs: leckerer Kaiserschmarrn!

Am Thumsee West: 5 km über Triftmeisterau A2, Richtung Karlstein

Haus Seeblick

Thumsee 10 ✉ *83435 Bad Reichenhall*
– ✆ *(08651) 9 86 30 – www.hotel-seeblick.de*
– geschl. November - 4. Dezember
46 Zim – 🚹66/85 € 🚹🚹132/218 € – 4 Suiten – ½ P
Eine tolle Urlaubsadresse, herrlich etwas oberhalb des Sees gelegen und mit ihrem vielfältigen Freizeitangebot sehr beliebt bei Familien: Blockhaussauna, Kosmetik und Massage, Reiten, Kegelbahn, Spielzimmer und Spielplatz, im Winter hauseigener kleiner Skihang sowie Langlaufloipe... und dazu wohnliche Zimmer, meist mit Aussicht. Man hat übrigens eigenes Quellwasser!

Hubertus

Thumsee 5 ✉ 83435 Bad Reichenhall – ✆ (08651) 22 52 – www.hubertus-thumsee.de – geschl. Anfang November - Anfang Dezember

17 Zim – 39/49 € 70/96 € – 2 Suiten – ½ P

Familie Winkler betreibt engagiert ihre Pension am Thumsee, den man von den meisten Zimmern aus sieht. Die herrliche große Liegewiese bietet direkten Zugang zum See.

REICHENSCHWAND – Bayern ➜ Siehe Hersbruck

REICHENWALDE

Brandenburg – 1 120 Ew. – Höhe 68 m – Regionalatlas **23**-Q9

Berlin 68 km – Potsdam 76 km – Storkow 6 km – Fürstenwalde 14 km

Michelin Straßenkarte 542

Alte Schule

Kolpiner Str. 2 ✉ 15526 – ✆ (033631) 5 94 64 – www.restaurant-alteschule.de – geschl. Dienstag

6 Zim – 69 € 89 € – 2 Suiten

Menü 33 € (vegetarisch)/35 € – Karte 33/49 €

Die ehemalige Schule von 1813 hat schon Charme mit ihrer schlicht-modernen Einrichtung und diversen Schul-Accessoires. Die Speisekarten liegen auf einer alten Schulbank bereit, die netten Gästezimmer sind nach Schulfächern benannt. Gekocht wird gut und frisch. Lust auf "Wiener Schnitzel mit Kartoffel-Spinatsalat"? Oder lieber das "Schulmenü"?

REICHERTSHAUSEN

Bayern – 4 900 Ew. – Höhe 448 m – Regionalatlas **58**-L19

Berlin 555 km – München 47 km – Augsburg 89 km – Landshut 75 km

Michelin Straßenkarte 546

In Reichertshausen-Langwaid Süd-West: 6 km, Richtung Hilgertshausen, in Lausham rechts ab

Maurerwirt

Scheyerer Str. 3 ✉ 85293 – ✆ (08137) 80 90 66 – www.maurerwirt.de – geschl. Montag - Dienstag, außer an Feiertagen

Menü 42/67 € – Karte 44/58 € – *(nur Abendessen, sonntags auch Mittagessen)*

Gemütlich sitzt man in geschmackvollen Stuben, der ländliche Charme passt schön zur langen Tradition des Gasthauses. Georg Grimm kocht ambitioniert und mit internationalem Einfluss. Der freundliche Service empfiehlt dazu den passenden Wein.

REICHSHOF

Nordrhein-Westfalen – 18 690 Ew. – Höhe 370 m – Regionalatlas **37**-D12

Berlin 574 km – Düsseldorf 97 km – Bonn 87 km – Olpe 22 km

Michelin Straßenkarte 543

In Reichshof-Hespert

Ballebäuschen

Hasseler Str. 10 ✉ 51580 – ✆ (02265) 93 94 – www.ballebaeuschen.de – geschl. Montag - Dienstag, außer an Feiertagen

Menü 20 € (mittags)/69 € – Karte 38/66 € – *(Mittwoch - Freitag nur Abendessen)*

Seit über 20 Jahren betreibt Familie Allmann dieses nette rustikale Restaurant im Oberbergischen. Die Küche des Patrons ist schmackhaft, frisch und ehrlich - sie reicht von regionalen bis hin zu klassischen Gerichten. Mittags kleine Tageskarte. Tipp: tolle Terrasse hinter dem Haus mit zwei kleinen Pavillons!

REIL

Rheinland-Pfalz – 1 020 Ew. – Höhe 105 m – Regionalatlas **46**-C15

Berlin 673 km – Mainz 110 km – Trier 62 km – Bernkastel-Kues 34 km

Michelin Straßenkarte 543

Reiler Hof

Moselstr. 27 ✉ 56861 – ✆ (06542) 26 29 – www.reiler-hof.de – geschl. Anfang Dezember - Anfang März

26 Zim – 45/75 € 75/195 € – ½ P

Heim's Restaurant – Siehe Restaurantauswahl

Angenehm freundlich und familiär ist es hier bei den Heims. In den zwei historischen Fachwerkhäusern direkt an der Moselpromenade hat man überaus wohnliche Räume geschaffen.

Heim's Restaurant – Hotel Reiler Hof

Moselstr. 27 ✉ 56861 – ✆ (06542) 26 29 – www.reiler-hof.de – geschl. Anfang Dezember - Anfang März

Menü 29/68 € – Karte 23/63 €

In dem rund 300 Jahre alten Haus ist die ganze Familie im Einsatz, am Herd und im Service. Tipp: Von den schönen Fensterplätzen schaut man auf Weinberge und Mosel, während man sich z. B. gebratenen Schweinebauch oder geschmorte Kalbsbäckchen schmecken lässt. Oder wie wär's mit der selbst kreierten Currywurst?

REINBEK

Schleswig-Holstein – 26 520 Ew. – Höhe 27 m – Regionalatlas **10-J5**

Berlin 272 km – Kiel 113 km – Hamburg 30 km – Lübeck 56 km

Michelin Straßenkarte 541

Waldhaus Reinbek

Loddenallee 2 ✉ 21465 – ✆ (040) 72 75 20 – www.waldhaus.de

48 Zim – 140/150 € 160/170 € – 20 € – 2 Suiten

Ein echter Hingucker ist das Haus mit seinem markanten steilen Dach und den vielen kleinen Gauben - und auch der Wald ringsum macht diese Adresse interessant. Und drinnen? Zimmer im wohnlich-eleganten Landhausstil, das Restaurant mit Orangerie, Pavillon und Zirbelstube sowie eine tolle klassische Bar!

REINFELD

Schleswig-Holstein – 8 760 Ew. – Höhe 19 m – Regionalatlas **10-J4**

Berlin 291 km – Kiel 66 km – Lübeck 18 km – Hamburg 57 km

Michelin Straßenkarte 541

Gästehaus Freyer

Bolande 41a ✉ 23858 – ✆ (04533) 7 00 10 – www.hotel-freyer.de

11 Zim – 45/48 € 65/68 €

In dieser kleinen Pension am Rand von Reinfeld fühlt man sich gut aufgehoben, denn Familie Freyer kümmert sich freundlich um ihre Gäste. Außerdem ist das Haus samt Außenanlage sehr gepflegt und die Zimmer haben Balkon oder Terrasse.

REIT im WINKL

Bayern – 2 370 Ew. – Höhe 696 m – Regionalatlas **67-N21**

Berlin 696 km – München 111 km – Bad Reichenhall 50 km – Rosenheim 52 km

Michelin Straßenkarte 546

Unterwirt

Kirchplatz 2 ✉ 83242 – ✆ (08640) 80 10 – www.unterwirt.de

71 Zim – 65/108 € 130/216 € – 2 Suiten – ½ P

Im 14. Jh. erbaut und 1612 erstmals als Schankwirtschaft erwähnt! Die lange Tradition wird hier gepflegt, ohne dabei stehenzubleiben. So hat man wohnliche Zimmer mit charmant-rustikaler Note, einen weitläufigen Wellnessbereich und schöne Restauranträume - mal modern-alpin, mal gemütlich-ländlich.

Edelweiß

Am Grünbühel 1 ✉ 83242 – ✆ (08640) 9 88 90 – www.edelweiss-hotel.de – geschl. April, November

19 Zim – 44/58 € 74/112 € – 1 Suite – ½ P

Nicht umsonst hat dieses familiäre kleine Haus hinter der Kirche viele Stammgäste. Es ist eine sehr gepflegte und freundlich geführte Adresse mit fairen Preisen. Die Zimmer im Gästehaus sind etwas einfacher.

XX **Klauser's Restaurant**

Birnbacher Str. 8 ✉ 83242 – ✆ (08640) 84 24 – www.klausers.de – geschl. 8. April - 12. Mai, 1. November - 18. Dezember und Montag
Karte 38/71 € – *(nur Abendessen)* (Tischbestellung ratsam)
Seit Jahrzehnten wird das Haus mit Engagement und Leidenschaft geführt. Was man in den liebevoll eingerichteten Stuben sehr freundlich und aufmerksam serviert bekommt, ist klassisch und regional geprägt und nennt sich z. B. " Weidelamm in Rosmarin-Thymian-Kruste mit Petersilienmousseline".

In Reit im Winkl-Blindau Süd-Ost: 2 km

Gut Steinbach

Steinbachweg 10 ✉ 83242 – ✆ (08640) 80 70 – www.gutsteinbach.de
55 Zim – 79/132 € 148/264 € – 8 Suiten – ½ P
Gut Steinbach – Siehe Restaurantauswahl
Sie suchen bayerische Gemütlichkeit nebst modernem Komfort? In den Zimmern mischt sich alpenländischer Stil mit zeitgemäßen Formen und Farben. Und wie könnte das traditionelle Anwesen schöner liegen als ruhig, einsam, umgeben von Natur?

XX **Gut Steinbach** – Hotel Gut Steinbach

Steinbachweg 10 ✉ 83242 – ✆ (08640) 80 70 – www.gutsteinbach.de
Menü 25/58 € (abends) – Karte 24/53 €
Sie sitzen in drei netten ländlichen Stuben (viel warmes Holz macht es hier schön behaglich) und lassen sich regionale Küche schmecken. Appetit macht z. B. "Brust vom Bauerngockel mit Bärlauchrisotto". Im Sommer lockt die Terrasse mit Blick auf die Berge und die Skisprungschanze.

RELLINGEN

Schleswig-Holstein – 13 700 Ew. – Höhe 9 m – Regionalatlas **10-I5**
Berlin 304 km – Kiel 92 km – Hamburg 22 km – Bremen 124 km
Michelin Straßenkarte 541

In Rellingen-Krupunder Süd-Ost: 5 km über A 23 Richtung Hamburg, Abfahrt Halstenbek-Krupunder:

Fuchsbau

Altonaer Str. 357, siehe Stadtplan Hamburg ✉ 25462 Stadtplan : A1**b**
– ✆ (04101) 3 82 50 – www.hotel-fuchsbau.de
38 Zim – 74/83 € 96/105 €
Aufmerksam und freundlich kümmert man sich in diesem sehr gepflegten Familienbetrieb um seine Gäste, auf die individuelle und wohnliche Zimmer sowie ein gutes Frühstücksbuffet warten. Klassisch gehaltenes Restaurant mit hübscher Gartenterrasse.

REMAGEN

Rheinland-Pfalz – 16 040 Ew. – Höhe 60 m – Regionalatlas **36-C13**
Berlin 610 km – Mainz 142 km – Bonn 19 km – Koblenz 38 km
Michelin Straßenkarte 543

In Remagen-Rolandswerth Nord: 14 km, auf dem Rodderberg, Anfahrt über Bonn-Mehlem Richtung Wachtberg, Zufahrt für PKW Samstag, Sonntag sowie an Feiertagen bis 18 Uhr gesperrt

XX **Lutter und Wegner am Rolandsbogen** N

Rolandsbogen 0, Zufahrt über Vulkanstraße ✉ 53424 – ✆ (02228) 3 72 – www.rolandsbogen.de – geschl. 4. Januar - 9. Februar und Montag
Menü 29/65 € – Karte 28/55 €
Die Lage ist schlichtweg traumhaft! Neben der Burgruine von 1122 finden Sie einen Mix aus Ausflugslokal und Restaurant mit ambitionierter Küche: klassischer Sauerbraten, Wolfsbarsch, Kaiserschmarrn... Terrasse mit Blick über die Region!

REMCHINGEN

Baden-Württemberg – 11 670 Ew. – Höhe 160 m – Regionalatlas **54**-F18
Berlin 673 km – Stuttgart 54 km – Karlsruhe 21 km – Pforzheim 14 km
Michelin Straßenkarte 545

In Remchingen-Wilferdingen

Zum Hirsch
Hauptstr. 23 ✉ 75196 – ✆ (07232) 7 96 36 – www.hirsch-remchingen.de – geschl. 1. - 19. Januar
17 Zim – 65/70 € 95/105 €
Zum Hirsch – Siehe Restaurantauswahl
Ein charmantes Bild gibt die Fachwerkfassade dieses gepflegten Gasthofs von 1688 ab - da passen die Zimmer mit ihrem ländlichen Stil schön dazu, von einigen schaut man in den hübschen Garten hinter dem Haus. Praktisch ist die Nähe zur Autobahn.

Zum Hirsch – Hotel Zum Hirsch
Hauptstr. 23 ✉ 75196 – ✆ (07232) 7 96 36 – www.hirsch-remchingen.de – geschl. 1. - 19. Januar und Sonntag - Montag
Menü 26 € (mittags)/48 € – Karte 33/53 €
"Geräucherter Rheinaal auf Rührei und Schwarzbrot", "Rindsroulade mit Marktgemüse und Kartoffelpüree"... Die regionale Küche ist wirklich gut, angenehm locker die Atmosphäre in der gemütlichen Gaststube - ein Hingucker sind die Serviettenringe in Form kleiner Hirschgeweihe! Mittags einfacheres Angebot.

REMSCHEID

Nordrhein-Westfalen – 109 360 Ew. – Höhe 365 m – Regionalatlas **36**-C12
Berlin 535 km – Düsseldorf 40 km – Köln 43 km – Lüdenscheid 35 km
Michelin Straßenkarte 543

Concordia - Heldmann's Restaurant
Brüderstr. 56 ✉ 42853 – ✆ (02191) 29 19 41 – www.heldmanns-restaurant.de – geschl. Anfang Januar 1 Woche, Juli - August 3 Wochen und Samstagmittag, Sonntag - Montag sowie an Feiertagen
Menü 68/98 € – (Tischbestellung erforderlich)
Hübsch ist die schmucke Industriellenvilla von 1889 auch innen: Sie sitzen im lichten Wintergarten oder unter der schönen Stuckdecke des stilvollen Nebenzimmers. Auch nach 20 Jahren kocht Patron Ulrich Heldmann unvermindert engagiert produktorientierte klassische Speisen. Im Service die zuvorkommende Chefin.
→ Rote Garnele "orientalisch", Cous Cous, Aubergine, Minze, Erdnuss. Rücken und Schulter vom Lamm mit Artischocken. Bergische Erdbeeren, Zitronenklee, Sauerampfer.
Herzhaft – Siehe Restaurantauswahl

Herzhaft – Concordia - Heldmann's Restaurant
Brüderstr. 56 ✉ 42853 – ✆ (02191) 29 19 41 – www.heldmanns-restaurant.de – geschl. Anfang Januar 1 Woche, Juli - August 3 Wochen und Samstagmittag, Sonntag - Montag sowie an Feiertagen
Menü 32/38 € – Karte 31/54 €
Die gastronomische Alternative im Hause Heldmann setzt ebenso auf Qualität und Geschmack: Die frische Küche ist bodenständig regional sowie international. Ein schönes Beispiel sind "geschmorte Schweinebacken mit Wirsing und Kartoffelpüree".

In Remscheid-Lüttringhausen Nord-Ost: 6 km

Fischer
Lüttringhauser Str. 131, B 51 ✉ 42899 – ✆ (02191) 9 56 30 – www.hotel-fischer-remscheid.de – geschl. 22. Dezember - 3. Januar
50 Zim – 70/110 € 90/140 €
Das Haus liegt günstig: nur ca. 200 m von der Autobahnausfahrt und dennoch im Grünen. Es ist ein tipptopp gepflegter Familienbetrieb, in dessen Haupt- und Gästehaus man funktional wohnt. Das bürgerliche Restaurant ist im traditionellen bergischen Gasthof untergebracht.

REMSECK am NECKAR

Baden-Württemberg – 24 520 Ew. – Höhe 212 m – Regionalatlas **55**-G18
Berlin 625 km – Stuttgart 17 km – Heilbronn 44 km – Nürnberg 198 km
Michelin Straßenkarte 545

In Remseck-Aldingen

Schiff
Neckarstr. 1 ✉ 71686 – ✆ (07146) 9 05 40 – www.restaurant-schiff.de – geschl. Februar 1 Woche und Mittwoch - Donnerstag
Menü 21/50 € – Karte 23/48 €
Familie Jagiella steht hier schon seit weit über 20 Jahren für Qualität! Chef Christian kocht schwäbisch, aber auch asiatisch, um den Service kümmert sich Chefin Marion selbst.

REMSHALDEN

Baden-Württemberg – 13 500 Ew. – Höhe 255 m – Regionalatlas **55**-H18
Berlin 615 km – Stuttgart 23 km – Schwäbisch Gmünd 34 km – Schwäbisch Hall 58 km
Michelin Straßenkarte 545

In Remshalden-Geradstetten

Krone
Obere Hauptstraße 2 ✉ 73630 – ✆ (07151) 2 97 92 – www.krone-geradstetten.com – geschl. über Fasching 1 Woche, August 3 Wochen und Dienstag - Mittwoch, sowie an Feiertagen außer an Weihnachten sowie Ostern
Menü 48/82 € – Karte 36/68 € – *(nur Abendessen, sonntags auch Mittagessen)*
An der Ortsdurchfahrt gelegen, kann man den traditionellen Gasthof kaum übersehen. Freundlich der Service, gepflegt die Einrichtung (schönes Fischgrätparkett), gut die Gerichte von Gastgeber Björn Bergmann. Seine ambitionierte Küche gibt es z. B. als "in Lemberger geschmortes Ochsenschwanzragout mit hausgemachten Nudeln" oder auch als Jahreszeiten-Menü.

In Remshalden-Grunbach

Weinstube zur Traube
Schillerstr. 27 ✉ 73630 – ✆ (07151) 7 99 01 – www.traube-grunbach.de – geschl. 1. - 16. Februar, 1. - 30. August und Montag - Dienstag
Menü 25 € – Karte 21/48 €
Sandra und Gunter Arbogast leiten die alteingesessene Traube schon in 4. Generation. Das regionale Angebot sowohl an Weinen als auch an Spezialitäten passt zu den behaglich-ländlichen Stuben - zu erwähnen seien hier u. a. die hausgemachte Bauernwurst! Gourmetmenü auf Vorbestellung.

In Remshalden-Hebsack

Lamm Hebsack
Winterbacher Str. 3 ✉ 73630 – ✆ (07181) 4 50 61 – www.lamm-hebsack.de – geschl. 1. - 8. Januar
23 Zim – 75/89 € 110 €
Lamm Hebsack – Siehe Restaurantauswahl
Sie nutzen die schöne Gegend für einen Fahrrad- oder Wanderurlaub? Dann sind Sie bei den Polinskis gut aufgehoben. Der Gasthof gegenüber der Alten Kelter ist seit 1880 im Familienbesitz, entsprechend engagiert wird das Haus geführt!

Lamm Hebsack – Hotel Lamm
Winterbacher Str. 1 ✉ 73630 – ✆ (07181) 4 50 61 – www.lamm-hebsack.de – geschl. 1. - 8. Januar und Sonntagabend
Menü 32 € (mittags)/58 € – Karte 28/63 €
Puppen-, Back-, Bauern- und Jägerstube... Die Restauranträume sind so gemütlich wie ihre Namen klingen! Die Spezialität des Hauses sollte man probiert haben: "Wurstknöpfle in Petersilienbutter geschmelzt mit Filderkraut und Zwiebelstroh". Dazu wählt man aus über 200 Weinen, sehr viele davon aus der Region.

RENCHEN

Baden-Württemberg – 7 320 Ew. – Höhe 150 m – Regionalatlas **54-E19**
Berlin 731 km – Stuttgart 132 km – Karlsruhe 61 km – Offenburg 15 km
Michelin Straßenkarte 545

In Renchen-Erlach Süd-Ost: 2 km über Renchtalstraße

Drei Könige

Erlacher Str. 1 ✉ 77871 – ✆ (07843) 22 87 – www.3-koenige.de – geschl. 22. Februar - 10 März und Mittwoch
Menü 16 € (mittags unter der Woche)/48 € – Karte 20/51 €
Familie Hetzel kümmert sich hier freundlich und fürsorglich um ihre Gäste. Man sitzt gemütlich in holzvertäfelten Stuben und lässt sich schmackhafte regionale Gerichte servieren. Sehr beliebt im November und überregional bekannt: "Gänsebraten mit Rotkohl, Maronen und Kartoffelklößen".

RENDSBURG

Schleswig-Holstein – 27 330 Ew. – Höhe 6 m – Regionalatlas **2-I3**
Berlin 368 km – Kiel 36 km – Neumünster 38 km – Schleswig 30 km
Michelin Straßenkarte 541

ConventGarten

Hindenburgstr. 38 ✉ 24768 – ✆ (04331) 5 90 50 – www.conventgarten.de
80 Zim – 78/114 € 124/160 € – ½ P
Hier überzeugen zeitgemäß-funktionale Zimmer, gute Veranstaltungsmöglichkeiten sowie die Anbindung an die Autobahn und das Zentrum. Vom Restaurant samt toller "Kanalterrasse" blickt man auf den Nord-Ostsee-Kanal und die passierenden Schiffe. Kostenfrei parken kann man übrigens auch.

1690

Herrenstr. 6 ✉ 24768 – ✆ (04331) 77 02 90 – www.hotel-1690.de – geschl. 19. Dezember - 1. Januar
16 Zim – 69/84 € 89/109 €
Hätten Sie hinter der schmucken alten Backsteinfassade solch ein chic-modernes Interieur erwartet? Die Zimmer hochwertig und individuell, der Innenhofgarten samt überdachter Lounge ein echtes kleines Idyll! Wer länger bleibt, kann tolle Apartments mit Küche buchen.

In Büdelsdorf Nord-Ost: 4 km über B 203 Richtung Eckernförde

Heidehof

Hollerstr. 130, B 203 ✉ 24782 – ✆ (04331) 34 30 – www.heidehof.de
102 Zim – 83/93 € 107 € – 11 € – 6 Suiten
Es ist schon auffallend, wie viel Granit in diesem Haus steckt! Er prägt die Einrichtung und passt gut zum zeitlosen Stil. Für Familien sind die Appartements ideal. Geschäftsreisende schätzen die verkehrsgünstige Lage nahe der Autobahn.

Am Bistensee Nord-Ost: 12 km über B 203 in Richtung Eckernförde, in Holzbunge Richtung Alt-Duvenstedt

Seehotel Töpferhaus

Am See 1 ✉ 24791 Alt Duvenstedt – ✆ (04338) 9 97 10 – www.toepferhaus.com
46 Zim – 61/110 € 85/200 € – 5 € – ½ P
querbeet - PICNIC – Siehe Restaurantauswahl
Erholung und Ruhe pur! Die Lage könnte kaum malerischer sein, der schöne See samt privater Seewiese und eigenem Badesteg liegt direkt vor der Tür! Wohnliche Zimmer im Landhausstil (viele mit Terrasse oder Balkon). Gegen Langeweile bei den Kids: Spielzimmer mit Tischtennis, Kicker, Dart...

querbeet - PICNIC – Seehotel Töpferhaus

Am See 1 ✉ 24791 Alt Duvenstedt – ✆ (04338) 9 97 10 – www.toepferhaus.com
Menü 36/44 € (abends) – Karte 25/50 €
Zwei hübsche Restauranträume und eine Terrasse mit Seeblick hat man hier. Das "querbeet" bietet am Abend ein täglich wechselndes Menü, im "PICNIC" bekommt man mittags und abends vor allem Vegetarisches und Veganes à la carte.

RENGSDORF

Rheinland-Pfalz – 2 610 Ew. – Höhe 240 m – Regionalatlas **36-D13**
Berlin 607 km – Mainz 118 km – Koblenz 25 km – Bonn 57 km
Michelin Straßenkarte 543

In Hardert Nord-Ost: 3 km über Friedrich-Ebert-Straße

Corona

Mittelstr. 13, Hotel zur Post ✉ 56579 – ✆ (02634) 27 27 – www.restaurantcorona.de – geschl. Montag - Dienstag
8 Zim – 35 € 66 € Menü 30/69 € – Karte 25/51 €
Sergio und Kerstin Corona sind ein eingespieltes Team. Sie managt mit Charme den Service, er kocht entsprechend seinen Wurzeln mediterran inspiriert, aber auch klassisch und bürgerlich, von Schweinesteak in Pfeffersauce bis Seeteufel mit Pfifferlingen. Stolz ist man auch auf die Hoteltradition der Familie.

REURIETH

Thüringen – 850 Ew. – Höhe 350 m – Regionalatlas **40-J14**
Berlin 381 km – Erfurt 89 km – Coburg 39 km
Michelin Straßenkarte 544

In Reurieth-Trostadt Nord-West: 1 km

Landhotel Klostermühle

Dorfstr. 2 ✉ 98646 – ✆ (036873) 2 46 90 – www.landhotel-klostermuehle.de
16 Zim – 45/65 € 58/78 € – 4 Suiten – ½ P
Idyllisch! Aus einer alten Getreidemühle ist das kleine Hotel entstanden - charmant, günstig und nicht von der Stange. Man schläft in gemütlichen Zimmern und isst in liebenswerten Stuben oder im lauschigen Innenhof.

REUTLINGEN

Baden-Württemberg – 111 360 Ew. – Höhe 382 m – Regionalatlas **55-G19**
Berlin 676 km – Stuttgart 39 km – Pforzheim 77 km – Ulm (Donau) 75 km
Michelin Straßenkarte 545

Achalm N

Achalm (Gewand) 2 ✉ 72766 – ✆ (07121) 48 20 – www.achalm.com
100 Zim – 99/119 € 139/169 € – 1 Suite
Schön ist hier schon die Lage auf einer Anhöhe oberhalb der Stadt, herrlich der Blick! Aber auch die wertige wohnlich-moderne Einrichtung, der attraktive Freizeitbereich und die guten Tagungsmöglichkeiten überzeugen. Lichter moderner Restaurantbau aus Stahl, Glas und Holz, regionale und internationale Küche.

Württemberger Hof

Bahnhofstr. 12 ✉ 72764 – ✆ (07121) 9 47 99 50 – www.hotel-wuerttemberger-hof.de
40 Zim – 80/135 € 99/160 € – 1 Suite
Bereits die 4. Generation der Inhaberfamilie führt dieses traditionelle Haus gegenüber dem Bahnhof - und man bleibt nicht stehen: So sind die Zimmer wohnlich und freundlich gestaltet und haben schöne und gut ausgestattete Bäder!

Fürstenhof

Kaiserpassage 5 ✉ 72764 – ✆ (07121) 31 80 – www.fuerstenhof-reutlingen.de
50 Zim – 94/107 € 121 €
Hier ist zum einen die zentrale Lage interessant, zum anderen die zeitgemäß und funktional ausgestatteten Zimmer, nicht zu vergessen das gute Frühstücksbuffet am Morgen. Und wer etwas entspannen möchte, nutzt Hallenbad und Sauna.

RHEDA-WIEDENBRÜCK

Nordrhein-Westfalen – 46 880 Ew. – Höhe 72 m – Regionalatlas **27**-F10
Berlin 418 km – Düsseldorf 151 km – Bielefeld 37 km – Münster (Westfalen) 54 km
Michelin Straßenkarte 543

Im Stadtteil Rheda

König's
Berliner Str. 47, Zufahrt über Bleichstraße ✉ 33378 – ✆ (05242) 40 80 60 – www.das-koenigs.de
26 Zim – 80/105 € 95/125 €
So aufwändig das Stadthaus a. d. 18. Jh. von außen saniert wurde, so hochwertig zeigen sich auch die Zimmer! Sie möchten lieber etwas preiswerter übernachten? Man vermietet auch Zimmer im Gästehaus "Hotel Am Doktorplatz". Tipp: Im Sommer, wenn das Wetter es zulässt, gibt es BBQ auf dem tollen "Sonnendeck"!

Reuter
Bleichstr. 3 ✉ 33378 – ✆ (05242) 9 45 20 – www.hotelreuter.de – geschl. 26. Dezember - 14. Januar
36 Zim – 72/139 € 119/169 €
Reuter • ***Bistro*** – Siehe Restaurantauswahl
In dem sympathischen Familienbetrieb sorgt bereits die 4. Generation dafür, dass stetig modernisiert wird und alles topgepflegt ist - fragen Sie nach den besonders schönen neuen Zimmern! Einen neuzeitlichen Tagungsbereich gibt es auch.

Reuter (Iris Bettinger) – Hotel Reuter
Bleichstr. 3 ✉ 33378 – ✆ (05242) 9 45 20 – www.hotelreuter.de – geschl. 26. Dezember - 14. Januar, Juli - August 4 Wochen und Sonntag - Montag
Menü 73 € – Karte 82/110 € – *(nur Abendessen)*
Bei Chefin Iris Bettinger kommen nur ausgesuchte saisonale Zutaten in ihre vorzüglichen produktbezogenen Gerichte, und die gibt es in Form eines einzigen Menüs mit bis zu zehn Gängen. Im Sommer können Sie das modern-elegante Ambiente drinnen gegen die charmante Terrasse mit Blick auf die Kirche tauschen.
→ Parmigiano Reggiano-Cappelletti, Erbse, weißer Speckschaum, knuspriges Wachtelei. Pochierter Seeteufel mit Grünkernrisotto, Taschenkrebs, Stilmus und Perlzwiebel. Maibockrücken und Schulter mit Karotten, Mispeln, Sellerie.

Emshaus
Gütersloher Str. 22 ✉ 33378 – ✆ (05242) 4 06 04 00 – www.emshaus-rheda.de – geschl. Montag - Dienstag
Menü 30 € – Karte 31/50 €
Zwischen Rosengarten und Schlosspark finden Sie das schmucke sanierte Backsteinhaus von 1936 (die Zufahrt liegt etwas versteckt). Schön die hochwertige Einrichtung samt altem Parkettboden. Serviert werden regional-saisonale sowie internationale Speisen - und nachmittags leckerer hausgemachter Kuchen!

Bistro – Hotel Reuter
Bleichstr. 3 ✉ 33378 – ✆ (05242) 9 45 20 – www.hotelreuter.de – geschl. 27. Dezember - 8. Januar und Sonntag, Freitagmittag, Samstagmittag
Menü 37 € – Karte 28/48 €
Auch wenn es im Bistro etwas legerer zugeht, so kocht die Gastgeberin auch hier mit sehr guten und topfrischen Produkten, einfach ein bisschen regionaler (z. B. "Gebratenes Zanderfilet auf Blutwurstgraupen mit Majoransauce")! Es gibt ein Menü, Brasserie-Klassiker und schnelle Kleinigkeiten.

Im Stadtteil Wiedenbrück

Ratskeller
Markt 11, Eingang Lange Str. 40 ✉ 33378 – ✆ (05242) 92 10 – www.ratskeller-wiedenbrueck.de – geschl. Weihnachten - Anfang Januar
30 Zim – 70/114 € 104/169 € – ½ P
Das wunderschöne Fachwerkhaus von 1560 wurde zu einem Hotel erweitert, das bereits in der 5. Generation als Familienbetrieb geführt wird. Die Zimmer sind hübsch und individuell. Gemütlich sitzt man in den historischen Gasträumen. Terrasse am Marktplatz.

RHEINE

Nordrhein-Westfalen – 73 490 Ew. – Höhe 35 m – Regionalatlas **16-D8**
Berlin 470 km – Düsseldorf 166 km – Nordhorn 39 km – Enschede 45 km
Michelin Straßenkarte 543

Zum Alten Brunnen

Dreierwalder Str. 25 ✉ 48429 – ✆ (05971) 96 17 15 – www.zumaltenbrunnen.de – geschl. 24. Dezember - 2. Januar

16 Zim – 89/138 € 98/148 € – 4 Suiten – ½ P

Ein reizendes Anwesen wie ein kleines Dörfchen, in der Mitte ein charmanter Hof mit Brunnen - hier gibt es bei schönem Wetter das Frühstück, und das wird am Tisch serviert. Man spürt die persönliche Note, überall im Haus finden sich geschmackvolle Details wie zahlreiche Antiquitäten und stimmige Deko. Darf es vielleicht eine klimatisierte Suite sein?

Beesten

Eichenstr. 3 ✉ 48431 – ✆ (05971) 32 53 – www.restaurant-beesten.de – geschl. Anfang Juli 2 Wochen und Donnerstag

Menü 37/59 € – Karte 32/50 € – *(nur Abendessen)*

Mit Engagement und Herz ist Familie Beesten hier in 4. Generation bei der Sache. Hinter der einladenden roten Klinkerfassade sitzt man gemütlich bei guten internationalen Gerichten wie "Kalbsrückensteak mit Olivenkruste auf Balsamicosauce an Spitzkohl und Bandnudeln". Schön: Terrasse mit altem Baumbestand.

In Rheine-Mesum Süd-Ost: 7 km über B 481

Altes Gasthaus Borcharding

Alte Bahnhofstr. 13 ✉ 48432 – ✆ (05975) 12 70 – www.borcharding.de – geschl. Sonntag

9 Zim – 49/72 € 69/93 €

Menü 20/60 € – Karte 24/64 € – *(nur Abendessen)*

Seit 1712 ist das Gasthaus der Borchardings schon in Familienbesitz. Zahlreiche Stammgäste kommen immer wieder gerne, um sich in der Wein- und Gaststube (sehr gemütlich dekoriert!) von Tobias Borcharding mit regional-saisonalen Gerichten bekochen zu lassen. Für Feiern: Münsterlandstübchen, Saal und Atrium.

RHEINFELDEN

Baden-Württemberg – 32 250 Ew. – Höhe 280 m – Regionalatlas **61-D21**
Berlin 838 km – Stuttgart 284 km – Freiburg im Breisgau 84 km – Bad Säckingen 15 km
Michelin Straßenkarte 545

I Fratelli

Rheinbrückstr. 8, im Haus Salmegg, am Grenzübergang ✉ 79618 – ✆ (07623) 3 02 54 – www.ristorante-i-fratelli.de – geschl. Ende Dezember - Januar 1 Woche, August 2 Wochen und Sonntagabend - Montag

Menü 15 € (mittags unter der Woche)/80 € – Karte 45/74 €

In einer historischen Villa direkt am Rhein (Tipp: die Terrasse zum Fluss!) hat Patrone Enrico Lamano sein schönes Souterrain-Restaurant mit Gewölbedecke. Sein Bruder Bruno kocht, und zwar gehobene italienische Küche. Tolle Grappa-Auswahl!

In Rheinfelden-Eichsel Nord: 6 km über B 316, in Degerfelden rechts

Landgasthaus Maien

Maienplatz 2 ✉ 79618 – ✆ (07623) 7 21 50 – www.maien.com

21 Zim – 71/89 € 99/125 € – ½ P

Inzwischen hat die 5. Generation der Familie Börner das Gasthaus von 1749 übernommen, unverändert stark das Engagement! Fragen Sie nach den geräumigeren Komfortzimmern. Das Restaurant bietet etwas für jeden Geschmack: rustikale Stube oder heller Wintergarten, viele Aktionswochen, Terrasse unter Kastanien...

RHEINSBERG

Brandenburg – 8 120 Ew. – Höhe 61 m – Regionalatlas **22**-O6
Berlin 88 km – Potsdam 125 km – Neubrandenburg 70 km
Michelin Straßenkarte 542

Der Seehof

Seestr. 18 16831 – (033931) 40 30 – www.seehof-rheinsberg.de
11 Zim – 65/85 € 110/130 € – ½ P
Der Seehof – Siehe Restaurantauswahl
Sie finden das ehemalige Ackerbürgerhaus von 1750 ca. 100 m vom See entfernt. Hinter der frischen hellblauen Fassade erwartet Sie ein gepflegtes und freundliches Ambiente.

Der Seehof – Hotel Der Seehof

Seestr. 18 16831 – (033931) 40 30 – www.seehof-rheinsberg.de
Menü 29 € – Karte 23/40 €
Hier erwartet Sie regionale Küche, vom Chef mit Geschmack zubereitet. Das Restaurant ist angenehm hell, im Sommer sitzt man am besten im herrlichen Innenhof!

RHODT unter RIETBURG – Rheinland-Pfalz → Siehe Edenkoben

RIEDEN (KREIS AMBERG-SULZBACH)

Bayern – 2 710 Ew. – Höhe 365 m – Regionalatlas **51**-M17
Berlin 448 km – München 165 km – Regensburg 47 km – Nürnberg 74 km
Michelin Straßenkarte 546

In Rieden-Kreuth Süd-West: 2 km

Waldhotel-Gut Matheshof

Hans-Nowak-Ring 1, Zufahrt über Hans-Nowak-Ring 92286 – (09624) 91 90 – www.gut-matheshof.de
128 Zim – 90 € 120 € – 2 Suiten – ½ P
Ideal für Pferdefreunde ist das zeitgemäße Hotel auf dem Gut Matheshof, einer weitläufigen Anlage am Wald. Angeschlossen ist Europas größtes Reitsport- und Turnierzentrum. Restaurantterrasse mit schöner Sicht über die Region. Rustikaler Gutsgasthof für Veranstaltungen.

RIEDENBURG

Bayern – 5 580 Ew. – Höhe 360 m – Regionalatlas **58**-M18
Berlin 510 km – München 132 km – Regensburg 45 km – Ingolstadt 33 km
Michelin Straßenkarte 546

Forst's Landhaus

Mühlstr. 37b 93339 – (09442) 9 91 93 99 – www.forsts-landhaus.de – geschl. Januar 2 Wochen, August 1 Woche
11 Zim – 45/55 € 70/84 € – ½ P
Forst's Landhaus – Siehe Restaurantauswahl
Wirklich gut übernachten kann man in dem zentrumsnah in einer Nebenstraße am Schambach gelegenen kleinen Hotel. Die Zimmer sind sehr gepflegt, hell und funktional.

Forst's Landhaus – Hotel Forst's Landhaus

Mühlstr. 37b 93339 – (09442) 9 91 93 99 – www.forsts-landhaus.de – geschl. Januar 2 Wochen, August 1 Woche und Montag - Dienstag
Menü 22 € (mittags) – Karte 26/53 €
Wer zum Essen kommt, findet hier frische international-saisonale Küche und eine freundliche Atmosphäre. Sie möchten daußen sitzen? Man hat nette Terrassenplätze vor dem Haus oder seitlich am Bach.

RIEGEL

Baden-Württemberg – 3 810 Ew. – Höhe 181 m – Regionalatlas **61**-D20
Berlin 796 km – Stuttgart 187 km – Freiburg im Breisgau 27 km – Offenburg 45 km
Michelin Straßenkarte 545

Riegeler Hof

Hauptstr. 69 ✉ 79359 – ✆ (07642) 68 50 – www.riegeler-hof.de
55 Zim – 60/75 € 90/110 € – ½ P
Die Landschaft am Kaiserstuhl ist überaus beliebt bei Wanderern - und mit dem gepflegten Hotel der Familie Scherzinger haben Sie einen idealen Ausgangspunkt! Ein Großteil der Zimmer verfügt über einen Balkon. Tipp: Fragen Sie nach den Zimmern im Gästehaus, diese sind besonders hell und freundlich! Rustikale Gemütlichkeit herrscht im Restaurant.

RIESA an der ELBE

Sachsen – 31 430 Ew. – Höhe 106 m – Regionalatlas **33-P11**
Berlin 192 km – Dresden 65 km – Leipzig 62 km – Meißen 27 km
Michelin Straßenkarte 544

In Zeithain-Moritz Nord-Ost: 3,5 km über B 169

Moritz an der Elbe

Dorfstr. 2 ✉ 01619 – ✆ (03525) 5 12 30 – www.hotel-moritz.de
36 Zim – 75/90 € 89/100 € – ½ P
Der mit wohnlichen Zimmern ausgestattete Familienbetrieb ist Teil eines Vierseitenhofes von 1823. Hinter dem Haus verläuft der Elbradwanderweg. Zeitlos-elegantes Restaurant mit bürgerlicher Küche. Eine Terrasse liegt im Innenhof, eine weitere zur Elbe.

RIESEBY

Schleswig-Holstein – 2 660 Ew. – Höhe 30 m – Regionalatlas **2-I2**
Berlin 393 km – Kiel 38 km – Rendsburg 36 km
Michelin Straßenkarte 541

Riesby Krog

Dorfstr. 35 ✉ 24354 – ✆ (04355) 18 17 87 – www.riesbykrog.de
– geschl. Montag, außer an Feiertagen
Menü 37/50 € – Karte 30/46 € – *(November - April: Dienstag - Donnerstag nur Abendessen)*
Charmant und mit viel Herzblut leitet Chefin Maria von Randow das Haus mit den gemütlichen Stuben, und auch für die regional-saisonale Küche ist sie verantwortlich - Lust auf "Tafelspitz, Grüne Sauce, Möhrchen"?

RIETBERG

Nordrhein-Westfalen – 28 700 Ew. – Höhe 78 m – Regionalatlas **27-F10**
Berlin 423 km – Düsseldorf 160 km – Bielefeld 44 km – Münster (Westfalen) 63 km
Michelin Straßenkarte 543

Lind

Am Nordtor 1 ✉ 33397 – ✆ (05244) 70 01 00 – www.lind-hotel.de
78 Zim – 83/112 € 116/160 € – 2 Suiten – ½ P
Großzügig, modern und hochwertig ausgestattet, ist das Hotel mitten in Rietberg für Urlauber und Geschäftsreisende gleichermaßen ideal! Nach einem langen Tag ruft das "Lind vital" mit Massage, Beauty & Co. Oder steht Ihnen der Sinn nach mediterran-regionaler Küche?

In Rietberg-Mastholte Süd-West: 7 km über Mastholter Straße

Domschenke

Lippstädter Str. 1 ✉ 33397 – ✆ (02944) 3 18 – www.domschenke-mastholte.de
– geschl. 1. - 5. Januar, 21. März - 2. April, 27. Juli - 17. August, 7. - 15. Oktober, 21. - 27. Dezember und Dienstag sowie an Feiertagen
Karte 23/42 € – *(nur Abendessen, sonntags auch Mittagessen)* (Tischbestellung ratsam)
Mit Tochter und Schwiegersohn bringt bei Familie Sittinger die nächste Generation frischen Wind ins Haus. In Gaststube und Wintergarten gibt es regionale und internationale Küche sowie Klassiker des Seniorschefs - lecker z. B. "Variation von Edelfischen mit Spaghetti und Thai-Spargel". Im Restaurant auf Reservierung auch Genießer-Menü und kleine A-la-carte-Auswahl.

RIETHNORDHAUSEN

Thüringen – 1 000 Ew. – Höhe 160 m – Regionalatlas **40-K12**
Berlin 275 km – Erfurt 16 km – Gotha 37 km – Nordhausen 58 km
Michelin Straßenkarte 544

Landvogt

Erfurter Str. 29 ✉ 99195 – ✆ (036204) 58 80 – www.hotel-landvogt.de
16 Zim – †69 € ††89 €
Das erweiterte Fachwerkhaus an einer Kastanienallee ist ein familiär geführtes kleines Landhotel, das über zeitgemäße und funktionelle Gästezimmer verfügt. Helles Restaurant in zeitlosem Stil.

RIMSTING

Bayern – 3 760 Ew. – Höhe 564 m – Regionalatlas **66-N21**
Berlin 653 km – München 87 km – Bad Reichenhall 61 km – Wasserburg am Inn 24 km
Michelin Straßenkarte 546

Landhotel beim Has'n

Endorfer Str. 1 ✉ 83253 – ✆ (08051) 60 95 90 – www.landhotelbeimhasn.de
22 Zim – †51/61 € ††82/96 € – ½ P
Zwei Schwestern betreiben das sympathische, wohnliche Landhotel, die Eltern das rustikale Wirtshaus. Man ist hier auf freundlich-familiäre Art sehr um die Gäste bemüht und bietet ein gutes Preis-Leistungs-Verhältnis. Auf den Tisch kommen regionale Speisen.

In Rimsting-Greimharting Süd-West: 4 km in Richtung Prien – Höhe 668 m

Der Weingarten

Weingarten 1, Ratzinger Höhe, Nord-West: 1 km ✉ 83253 – ✆ (08051) 17 75 – www.gasthof-weingarten.de – geschl. 6. Januar - Februar
25 Zim – †57/60 € ††95/105 € – 2 Suiten
Die traumhafte Lage auf der Ratzinger Höhe und die einmalige Aussicht auf den Chiemgau machen Lust auf Natur. Alle Zimmer und Appartements mit Balkon oder Terrasse. Im Restaurant isst man bürgerlich. Der Biergarten zieht viele Gäste an. Toll der große Kinderspielplatz.

RINGSHEIM

Baden-Württemberg – 2 260 Ew. – Höhe 170 m – Regionalatlas **61-D20**
Berlin 780 km – Stuttgart 174 km – Freiburg im Breisgau 38 km – Strasbourg 54 km
Michelin Straßenkarte 545

Heckenrose

Bundesstr. 22 (B 3) ✉ 77975 – ✆ (07822) 78 99 80 – www.hotel-heckenrose.de
25 Zim – †65/79 € ††99/115 € – 1 Suite – ½ P
Heckenrose – Siehe Restaurantauswahl
Das engagiert geführte Hotel ist beliebt bei Urlaubern und Familien, denn die Lage ist ideal für Ausflüge, z. B. in den nahen Europa-Park (Shuttle-Service), zudem gibt es im Haus einen netten Spiele- und Aufenthaltsraum samt Kickertisch! Auch die Zimmer sind ansprechend: geradlinig-zeitgemäß der Stil.

Heckenrose – Hotel Heckenrose

Bundesstr. 22 (B 3) ✉ 77975 – ✆ (07822) 78 99 80 – www.hotel-heckenrose.de – geschl. Mittwoch
Menü 30/55 € – Karte 34/62 € – *(Montag - Samstag nur Abendessen)*
Kein Wunder, dass man hier auch Gäste aus der Schweiz und dem Elsass begrüßt, denn die ambitionierte Küche von Patron Mike Germershausen hat sich mit internationalen Gerichten wie "Schweinsbäckchen / Nussbutter-Kartoffelstampf / Grapefruit" einen Namen gemacht. Und das Ambiente? Hell und modern.

RINTELN

Niedersachsen – 25 230 Ew. – Höhe 56 m – Regionalatlas **28-G9**
Berlin 342 km – Hannover 60 km – Bielefeld 61 km – Hameln 27 km
Michelin Straßenkarte 541

Der Waldkater

Waldkaterallee 27 ✉ 31737 – ✆ (05751) 1 79 80 – www.waldkater.com
31 Zim – ♦99/130 € ♦♦130/155 € – ½ P
Waldkater – Siehe Restaurantauswahl
Das neuzeitliche Fachwerkhaus liegt schön ruhig am Waldrand und beherbergt wohnliche Zimmer, die farblich individuell gestaltet sind. Gemütlich-rustikale Brauerei mit Sudpfanne als Blickfang.

Waldkater – Hotel Der Waldkater

Waldkaterallee 27 ✉ 31737 – ✆ (05751) 1 79 80 – www.waldkater.com – geschl. Sonntag - Mittwoch
Menü 38 € – Karte 34/63 € – *(nur Abendessen)*
Schon 1886 als Einkehr für Wanderer ein beliebtes Ziel, heute sitzen Sie weitaus gehobener im schönen Wintergartenambiente und lassen sich Leckeres wie "gegrilltes Wolfsbarschfilet mit gemalztem Pfifferlingsrisotto" schmecken.

RIPPOLDSAU-SCHAPBACH, BAD

Baden-Württemberg – 2 160 Ew. – Höhe 564 m – Regionalatlas **54-E19**
Berlin 732 km – Stuttgart 106 km – Karlsruhe 97 km – Offenburg 55 km
Michelin Straßenkarte 545

Im Ortsteil Bad Rippoldsau

Klösterle Hof

Klösterleweg 2 ✉ 77776 – ✆ (07440) 2 15 – www.kloesterle-hof.de – geschl. Januar 3 Wochen, November 3 Wochen, November - März: Montag - Mittwoch, April - Oktober: Sonntagabend - Montag
7 Zim – ♦35/70 € ♦♦60/98 € – 1 Suite – ½ P Menü 35 € – Karte 27/50 €
Ganz regional kocht Markus Klein in dem netten rustikalen Restaurant, und das schmackhaft, handwerklich exakt und mit frischen Zutaten. Zu Gerichten wie "Schneckenmaultäschle" oder "Rindsroulade mit Rotkraut und Kartoffelknödeln" trinkt man Weine aus der Region. Nett sitzt man auch an den Tischen vor dem Haus. Zum Übernachten: Zimmer in ländlichem Stil - besonders wohnlich die "Wohlfühl-" und die "Komfortzimmer".

Im Ortsteil Schapbach Süd: 10 km

Ochsenwirtshof

Wolfacher Str. 21, Süd-West: 1,5 km ✉ 77776 – ✆ (07839) 91 97 98 – www.ochsenwirtshof.de – geschl. 10. November - 15. Dezember
15 Zim – ♦75 € ♦♦120/130 € – ½ P
In dem regionstypischen Haus wohnt man besonders schön in den geräumigen Komfortzimmern. Netter kleiner Sauna- und Hallenbadbereich mit Sonnenterrasse. Auf Anfrage auch Massage. Sie speisen in Gaststuben mit ländlichem Charakter oder auf der hübschen Terrasse.

RITTERSDORF – Rheinland-Pfalz → Siehe Bitburg

ROCKENHAUSEN

Rheinland-Pfalz – 5 360 Ew. – Höhe 199 m – Regionalatlas **46-D16**
Berlin 632 km – Mainz 61 km – Bad Kreuznach 30 km – Mannheim 75 km
Michelin Straßenkarte 543

Hotel am Schloss N

Schlossstr. 8, Zufahrt über Rognacplatz ✉ 67806 – ✆ (06361) 9 29 20 – www.hotelamschloss-rockenhausen.de
25 Zim – ♦65/85 € ♦♦85/105 € – 1 Suite – ½ P
Das kleine Schlösschen a. d. 13. Jh. liegt direkt im hübschen Park. In einem modernen Anbau wohnen Sie in geschmackvoll-zeitgemäßen Zimmern. Gastronomisch stehen die Schlossstube mit franko-pfälzischem Angebot und das Bistro (hier Tapas und Traditionelles) zur Wahl. Toller Terrassenbereich!

RÖBEL (MÜRITZ)

Mecklenburg-Vorpommern – 5 140 Ew. – Höhe 65 m – Regionalatlas **13-N6**
Berlin 140 km – Schwerin 105 km – Neubrandenburg 64 km
Michelin Straßenkarte 542

Landhaus Müritzgarten

Seebadstr. 45, Marienfelde, Nord-Ost: 1,5 km ✉ 17207 – ✆ (039931) 88 10 – www.hotel-mueritzgarten.de
38 Zim – 60/95 € 95/130 €
Am Waldrand, nur 200 m von der Müritz, liegt das aus zwei Landhäusern und vier Blockhäusern bestehende Hotel, das persönlich von Familie Neu geführt wird. Wohnliche Zimmer und Vesperstube.

RÖDELSEE – Bayern ➜ Siehe Iphofen

RÖDENTAL – Bayern ➜ Siehe Coburg

RÖHRMOOS

Bayern – 6 260 Ew. – Höhe 505 m – Regionalatlas **58-L19**
Berlin 573 km – München 29 km – Dachau 12 km
Michelin Straßenkarte 546

In Röhrmoos-Großinzemoos Nord-West: 2 km

Landgasthof Brummer

Indersdorfer Str. 51 ✉ 85244 – ✆ (08139) 72 70 – www.landgasthof-brummer.de – geschl. Montag
13 Zim – 69/99 € 89/129 € Karte 21/48 €
Der traditionsreiche Familienbetrieb ist gemütlich gestaltet, teilweise auch schön neuzeitlich und hell. Der Chef bietet solide zubereitete regionale Küche. Nett sitzt es sich auch im Biergarten. Einfache Gästezimmer hat man ebenfalls.

RÖMERBERG – Rheinland-Pfalz ➜ Siehe Speyer

RÖPERSDORF – Brandenburg ➜ Siehe Oberuckersee

RÖSRATH

Nordrhein-Westfalen – 27 800 Ew. – Höhe 90 m – Regionalatlas **36-C12**
Berlin 584 km – Düsseldorf 56 km – Bonn 24 km – Siegburg 12 km
Michelin Straßenkarte 543

Klostermühle

Zum Eulenbroicher Auel 15 ✉ 51503 – ✆ (02205) 47 58 – www.restaurant-klostermuehle.de – geschl. Anfang Januar 1 Woche und Montag - Dienstag
Menü 29 € (mittags)/85 € – Karte 39/60 €
Das hübsche Fachwerkhaus hat auch im Inneren seinen rustikalen Charme bewahrt. In dem liebenswert gestalteten Restaurant bekocht Josée Moissonnier seit über 30 Jahren ihre Gäste.

ROETGEN

Nordrhein-Westfalen – 8 240 Ew. – Höhe 410 m – Regionalatlas **35-A13**
Berlin 648 km – Düsseldorf 96 km – Aachen 34 km – Liège 59 km
Michelin Straßenkarte 543

Gut Marienbildchen

Münsterbildchen 3, B 258, Nord: 2 km ✉ 52159 – ✆ (02471) 25 23 – www.gut-marienbildchen.de – geschl. vor Ostern 1 Woche, Juli - August 3 Wochen und Sonntag - Montagmittag
8 Zim – 65/85 € 90/130 € – ½ P
Gut Marienbildchen – Siehe Restaurantauswahl
Sympathisch und engagiert kümmert sich Chef Jürgen Ziemons um seine Gäste. Er hat für Sie wohnliche Zimmer in gemütlich-ländlichem Stil, einige neuere sind besonders hübsch. Die Frühstückseier stammen übrigens von den eigenen Hühnern! Und dazu als Spezialität die Bratwurst von selbst gezüchteten Kälbern!

Gut Marienbildchen – Hotel Gut Marienbildchen

Münsterbildchen 3, B 258, Nord: 2 km ✉ 52159 – ✆ (02471) 25 23 – www.gut-marienbildchen.de – geschl. vor Ostern 1 Woche, Juli - August 3 Wochen und Sonntag - Montagmittag

Menü 30/75 € – Karte 24/55 €

Hausgeräucherter Hirschschinken, Rinderfilet "Marienbildchen", Kräuter aus dem Garten... Der Gastgeber steht in seinem behaglichen Gasthof selbst am Herd und legt viel Wert auf heimische Produkte - zum Teil stammen sie sogar aus der eigenen Landwirtschaft!

RÖTZ

Bayern – 3 470 Ew. – Höhe 453 m – Regionalatlas **52-N17**

Berlin 459 km – München 204 km – Regensburg 67 km – Amberg 56 km

Michelin Straßenkarte 546

In Rötz-Hillstett West: 4 km in Richtung Seebarn

Resort Die Wutzschleife

Hillstett 40 ✉ 92444 – ✆ (09976) 1 80 – www.wutzschleife.com

59 Zim – 89/125 € 109/196 € – ½ P

Gregor's* • *Spiegelstube – Siehe Restaurantauswahl

Ob Wellness, Tagung, Kurzurlaub, Golf oder kulinarischer Genuss, Familie Hauer wird mit ihrem Resort-Hotel jedem gerecht - und das mit über 125 Jahren Erfahrung als Gastgeber! Großzügig die Atriumhalle über mehrere Etagen, freundlich der Service, nicht zu vergessen die ruhige Lage!

Gregor's (Gregor Hauer) – Resort Die Wutzschleife

Hillstett 40 ✉ 92444 – ✆ (09976) 1 80 – www.wutzschleife.com – geschl. 10. Januar - 22. März, 31. Juli - 14. September und Sonntag - Dienstag

Menü 78/98 € – *(nur Abendessen)* (Tischbestellung erforderlich)

Elegante helle Lederpolster und warmes Rot an den Wänden, feine Tischkultur und stilvolle Dekorationen... Genau der richtige Rahmen für das aufwändig zubereitete Menü von Patron Gregor Hauer - klassische Küche, modern interpretiert.

→ Wildgarnele, Ananas, Kokos. Rotbarbe, Paprika, junger Lauch. Milchkalb, Kartoffel, Morchel, Salat, Zwiebel.

Spiegelstube – Resort Die Wutzschleife

Hillstett 40 ✉ 92444 – ✆ (09976) 1 80 – www.wutzschleife.com – geschl. Sonntag - Dienstag

Menü 24/39 € – Karte 29/65 €

Auch in der schlichteren Alternative zum "Gregor's" kocht man geschmackvoll und ambitioniert - der Stil des Patron ist unverkennbar! Probieren Sie z. B. "geschmorte Rindsschulter in Rotweinsauce" oder das fair kalkulierte Mittagsmenü!

In Winklarn-Muschenried Nord: 10 km in Richtung Oberviechtach

Seeschmied

Lettenstr. 6 ✉ 92559 – ✆ (09676) 2 41 – www.seeschmied.de – geschl. Februar - März

15 Zim – 44/46 € 70/86 € – ½ P

Die Reitingers führen ihr Haus mit Engagement und familiärer Note. Die Gäste wohnen hier in individuell eingerichteten Zimmern, mal Bauernstil, mal afrikanisch. Wirklich nett sitzt man im hübsch dekorierten Restaurant und im Biergarten, gekocht wird regional.

ROHRDORF

Bayern – 5 500 Ew. – Höhe 476 m – Regionalatlas **66-N21**

Berlin 657 km – München 69 km – Bad Reichenhall 71 km – Passau 178 km

Michelin Straßenkarte 546

Zur Post

Dorfplatz 14 ✉ 83101 – ✆ (08032) 18 30 – www.post-rohrdorf.de

113 Zim – 52/84 € 69/105 €

Seit über 200 Jahren ist dieser echt bayerische Gasthof in Familienhand. Man ist engagiert und investiert stetig - fragen Sie nach den neueren ländlich-modernen Zimmern! Im Restaurant wird Fleisch aus der eigenen Metzgerei verarbeitet, die Küche regional-bürgerlich. Praktisch: gute Anbindung an die Autobahn.

Christl
Anzengruberstr. 10 ✉ 83101 – ✆ (08032) 9 56 50 – www.hotel-christl.de
34 Zim – 52/72 € 78/95 €
Das verkehrsgünstig an der A8 gelegene Hotel ist eine tipptopp gepflegte Übernachtungsadresse, deren Zimmer ebenerdig liegen und praktisch ausgestattet sind.

MaximilianS Gut Apfelkam
Unterapfelkam 3, Ost: 3 km, nahe der BAB-Ausfahrt Achenmühle ✉ 83101 – ✆ (08032) 53 21 – www.gut-apfelkam.de – geschl. Dienstag - Mittwoch
Karte 29/42 € – *(nur Abendessen, sonntags auch Mittagessen)* (Tischbestellung ratsam)
Drinnen charmante Stuben, draußen hinter dem Haus ein hübscher Biergarten! Hier wie dort wird man freundlich mit Regionalem und Internationalem umsorgt, darunter z. B. "kross gebratenes Filet von der Forelle mit Kichererbsenpüree und geschmortem Orangen-Fenchel".

RONNEBURG
Hessen – 3 350 Ew. – Höhe 167 m – Regionalatlas **48**-G14
Berlin 535 km – Wiesbaden 76 km – Frankfurt 37 km – Fulda 75 km
Michelin Straßenkarte 543

In Ronneburg-Hüttengesäß

Zur Krone
Langstr. 7 ✉ 63549 – ✆ (06184) 30 30 – www.hessenkrone.de – geschl. Anfang August 2 Wochen und Montag - Dienstagmittag
14 Zim – 60/68 € 82/89 € – ½ P Menü 15/38 € – Karte 26/44 €
Der traditionsreiche Familienbetrieb bietet in seinem gemütlichen holzvertäfelten Restaurant bürgerliche Küche mit hausgemachten Produkten. Nehmen Sie unbedingt auch eine der leckeren Marmeladen oder sortenreinen Apfelgelees mit, die es hier zu kaufen gibt!

RONNENBERG – Niedersachsen ➜ Siehe Hannover

ROSBACH – Hessen ➜ Siehe Friedberg/Hessen

ROSENBERG
Baden-Württemberg – 2 670 Ew. – Höhe 503 m – Regionalatlas **56**-I18
Berlin 558 km – Stuttgart 92 km – Aalen 30 km – Ansbach 64 km
Michelin Straßenkarte 545

Landgasthof Adler (Josef Bauer)
Ellwanger Str. 15 ✉ 73494 – ✆ (07967) 5 13 – www.landgasthofadler.de – geschl. Januar 3 Wochen, August - September 3 Wochen und Montag - Mittwochmittag, Donnerstagmittag
13 Zim – 60/75 € 100/120 € – 2 Suiten
Menü 33/90 € – Karte 35/77 € – (Tischbestellung ratsam)
Wofür der "Adler" von Josef und Marie-Luise Bauer steht? Für unkomplizierte Küche zu fairen Preisen, und auch für natürlichen Charme und Gastfreundschaft, wie man sie nur selten erlebt! Übrigens: Traditionalisten bekommen auch ihre "Linsen mit Saiten"! Man fühlt sich wohl in der farbenfroh gestalteten, sympathisch-unprätentiösen Stube, ebenso in den hübschen Zimmern.
➜ Gerösteter Oktopus, Aubergine, Olive, Fenchel. Beefsteak Tatar, Spiegelei, Kartoffelrösti. "After Eight", weißes Nougateis.

ROSENHEIM
Bayern – 59 940 Ew. – Höhe 446 m – Regionalatlas **66**-N21
Berlin 658 km – München 70 km – Bad Reichenhall 77 km – Innsbruck 108 km
Michelin Straßenkarte 546

San Gabriele

Zellerhornstr. 16 ✉ 83026 – ✆ (08031) 2 60 70 – www.hotel-sangabriele.de
38 Zim – 🚹87/117 € 🚹🚹114/174 € – ☕ 10 € – ½ P
Hier ist keine Wand gerade, jede Zimmertür hat eine andere Form. Vom Ameranger Architekten Rudolf Rechl stammt das ungewöhnliche Design. Wer hier übernachtet, sollte es ritterlich-rustikal mögen. Klosterflair im italienischen Restaurant Il Convento: Gewölbe, Feuerstelle und Weinkeller.

Parkhotel Crombach

Kufsteiner Str. 2 ✉ 83022 – ✆ (08031) 35 80 – www.parkhotel-crombach.de – geschl. 20. Dezember - 3. Januar
63 Zim ☕ – 🚹96/106 € 🚹🚹148/180 € – 1 Suite
An einem kleinen Park in der Stadtmitte liegt dieses Hotel mit seinen zeitgemäß und funktionell ausgestatteten Zimmern. Wer etwas mehr Komfort möchte, bucht eine der Juniorsuiten oder die Suite mit eigener Küche. Frühstück mit Parkblick!

TRYP by Wyndham

Brixstr. 3 ✉ 83022 – ✆ (08031) 30 60 – www.tryprosenheim.com
89 Zim – 🚹77/115 € 🚹🚹92/164 € – ☕ 13 € – 2 Suiten
In dem Hotel im Zentrum hat man gelungen natürliche Materialien mit urbanen Elementen kombiniert und so ein wohnlich-modernes Interieur geschaffen.

La Grappa

Riederstr. 8 ✉ 83022 – ✆ (08031) 9 00 95 90 – www.lagrappa-rosenheim.de
Menü 37 € – Karte 26/46 €
Dass der sympathisch-familiäre Hinterhof-Italiener zahlreiche Stammgäste hat, liegt an Spezialitäten wie hausgemachter Pasta, Saltimbocca alla Romana oder Riesengarnelen vom Grill, dazu das Tagesangebot. Es gibt auch eine kleine Gelateria.

Weinhaus zur historischen Weinlände

Weinstr. 2 ✉ 83022 – ✆ (08031) 1 27 75 – www.weinlaende.de – geschl. 27. August - 11. September und Sonntag sowie an Feiertagen
Menü 16/45 € – Karte 22/61 €
Gemütlich sitzt man in dem schönen über 500 Jahre alten Stadthaus, und zwar in drei charmanten Stuben mit Holztäfelung, Kachelofen und Parkettboden. Hier isst man regional und trinkt gute Weine. Terrasse in der verkehrsberuhigten Zone.

In Stephanskirchen-Baierbach Ost: 7,5 km, jenseits des Inn

Gocklwirt

Weinbergstr. 9 ✉ 83071 – ✆ (08036) 12 15 – www.gocklwirt.de – geschl. Montag - Dienstag
Menü 48/62 € – Karte 21/53 €
Warum es Stammgäste und Ausflügler gleichermaßen zu Familie Huber zieht? Die reichlich dekorierten Stuben sind schön urig und die beachtliche Sammlung an Landmaschinen ist schon sehenswert! Gekocht wird bürgerlich und am Nachmittag gibt's hausgemachten Kuchen. Zum Übernachten: Doppelzimmer im Nachbarhaus.

ROSSBACH

Rheinland-Pfalz – 1 470 Ew. – Höhe 116 m – Regionalatlas **36**-D13
Berlin 619 km – Mainz 132 km – Bonn 65 km – Koblenz 42 km
Michelin Straßenkarte 543

Strand-Cafe

Neustadter Str. 9 ✉ 53547 – ✆ (02638) 9 33 90 – www.strand-cafe.de – geschl. 4. - 29. Januar
21 Zim ☕ – 🚹53/59 € 🚹🚹94/106 € – ½ P
An der Wied etwas außerhalb des Ortes finden Sie diese nette familiäre Adresse. Die Zimmer liegen teils schön zum Fluss hin, etwas geräumiger sind die Komfort-Plus-Zimmer. Restaurant mit Wintergarten und Terrasse mit Blick zur Wied. Kinderspielplatz.

Zur Post
Wiedtalstr. 55 ✉ 53547 – ✆ (02638) 2 80 – www.zur-post-rossbach.de
12 Zim – 45/62 € 74/78 € – ½ P
Der Gasthof von 1830 ist ein schönes Fachwerkhaus in zentraler und doch relativ ruhiger Lage im Ortskern. Am Frühstücksbuffet wird man freundlich betreut, im Restaurant bekommt man saisonal-regionale Küche serviert und relaxen kann man im hübschen Saunabereich mit Dachterrasse. "Dorfladen" mit Eigenprodukten.

ROSSFELD-RINGSTRASSE – Bayern ➜ Siehe Berchtesgaden

ROSSHAUPTEN

Bayern – 2 210 Ew. – Höhe 816 m – Regionalatlas **64**-J21
Berlin 657 km – München 118 km – Kempten 55 km – Füssen 11 km
Michelin Straßenkarte 546

Kaufmann
Füssener Str. 44 ✉ 87672 – ✆ (08367) 9 12 30 – www.hotel-kaufmann.de
38 Zim – 70/125 € 125/250 € – 5 Suiten – ½ P
Kaufmann – Siehe Restaurantauswahl
Ehemals ein ländlicher Gasthof, heute ein modernes Ferienhotel unweit des Forggensees. Einige Zimmer muten fast schon puristisch an, andere noch traditionell. Der chic designte Spa glänzt u. a. mit dem lichtdurchfluteten Poolhaus und einer Panoramasauna mit Außen-Wasserfall.

Kaufmann – Hotel Kaufmann
Füssener Str. 44 ✉ 87672 – ✆ (08367) 9 12 30 – www.hotel-kaufmann.de
Karte 23/48 € – *(Montag - Freitag nur Abendessen)*
Wer Lust hat auf ehrliche bürgerlich-regionale Küche, die wirklich schmeckt, ist bei den Brüdern Kaufmann genau richtig: Hier gibt es Klassiker wie "Zwiebelrostbraten mit Allgäuer Kaasspatzen" oder "Hirschragout mit Semmelknödel"! Und das Ambiente? Holztäfelung und Kachelofen oder hell und modern.

ROSTOCK

Mecklenburg-Vorpommern – 202 890 Ew. – Höhe 13 m – Regionalatlas **12-M4**
Berlin 222 km – Schwerin 89 km – Lübeck 117 km – Stralsund 69 km
Michelin Straßenkarte 542

E. Wrba / imageBROKER / age fotostock

Hotels

Radisson BLU

Lange Str. 40 ✉ 18055 – ✆ (0381) 3 75 00 – www.radissonblu.com/hotel-rostock
Stadtplan : C1**a**

251 Zim – 🚹99/129 € 🚹🚹99/129 € – ☕ 15 € – ½ P

Ideal für Business sind die zentrale Lage und der große Tagungsbereich mit moderner Technik, zur Entspannung gibt es Kosmetik, Panoramasauna und Dachterrasse, nicht zu vergessen die gut ausgestatteten Zimmer in den Stilen Urban, Chili und Ocean (teils mit Blick über den Hafen). Internationales im Restaurant.

Steigenberger Hotel Sonne

Neuer Markt 2 ✉ 18055 – ✆ (0381) 4 97 30 – www.rostock.steigenberger.de
Stadtplan : D2**r**

121 Zim ☕ – 🚹86/231 € 🚹🚹98/241 € – 9 Suiten – ½ P

Weinwirtschaft – Siehe Restaurantauswahl

Attraktiv ist die Lage mitten in Rostock. Die schöne Sicht auf die Altstadt von einigen der komfortablen Zimmer macht Lust auf einen Bummel! Neben guten Veranstaltungsmöglichkeiten bietet man auch Wellness.

Die kleine Sonne

Steinstr. 7 ✉ 18055 – ✆ (0381) 4 61 20 – www.die-kleine-sonne.de
Stadtplan : D2**t**

48 Zim ☕ – 🚹68/168 € 🚹🚹37/187 €

Das Hotel liegt sehr zentral und bietet wohnliche Zimmer sowie einen farbenfroh dekorierten Frühstücksraum. Gäste nutzen die Sauna im Partnerhotel gegenüber. Kiosk mit Snacks.

Altes Hafenhaus

Strandstr. 93 ✉ 18055 – ✆ (0381) 4 93 01 10 – www.altes-hafenhaus.de
Stadtplan : D1**h**

12 Zim ☕ – 🚹69/99 € 🚹🚹89/119 €

Das schön sanierte 200 Jahre alte Stadthaus gegenüber dem alten Hafen ist ein individuelles kleines Hotel, in dem man stilvoll und gemütlich wohnt. Asiatische Massagen.

Frühstück inklusive? Die Tasse ☕ steht gleich hinter der Zimmeranzahl.

Restaurants

Amberg 13

Amberg 13 ✉ *18055 – ✆ (0381) 4 90 62 62* Stadtplan : D1**a**
– www.altstadtrestaurant.de – geschl. März 3 Wochen und Montag
Menü 29/79 € – Karte 29/49 € – *(nur Abendessen)*
Die beiden Chefs sind in dem netten Altstadtlokal fürs Kochen und auch fürs Servieren zuständig, dabei erklären sie den Gästen auch gerne den ein oder anderen Kniff bei der Zubereitung der internationalen Speisen! Kleine Innenhofterrasse.

Weinwirtschaft – Steigenberger Hotel Sonne

Neuer Markt 2 ✉ *18055 – ✆ (0381) 4 97 32 49* Stadtplan : D2**r**
– www.weinwirtschaft-rostock.de
Menü 12/40 € – Karte 21/46 €
Das Thema Wein spielt eine große Rolle: Sie können ihn direkt vor Ort zur internationalen und regionalen Küche trinken oder aber vergünstigt mit nach Hause nehmen! Die unkomplizierte Atmosphäre hier mögen auch die Einheimischen!

Borwin Hafenrestaurant

Am Strande 2a ✉ 18055 – ✆ (0381) 4 90 75 25 Stadtplan : D1**b**
– www.borwin-hafenrestaurant.de
Menü 21 € – Karte 18/45 €
Das traditionelle Ambiente hier hat ein bisschen was von einer "guten alten Stube". Schwerpunkt ist Fisch (vom Backfisch bis zur Auster, dazu Tagesfisch von der Tafel), aber auch Fleischliebhaber werden fündig. Schön der Blick aufs Wasser!

In Rostock-Markgrafenheide Nord-Ost: 16 km über G1, ab Warnemünde mit Fähre und über Hohe Düne, Warnemünder Straße

Godewind

Warnemünder Str. 5 ✉ 18146 – ✆ (0381) 60 95 70 – www.hotel-godewind.de
58 Zim – 69/110 € 94/165 € – 1 Suite – ½ P
So einiges spricht für dieses Haus: der Wellnessbereich mit Meerwasser-Hallenbad, das umfangreiche Frühstück, der nette Garten, gute Parkmöglichkeiten und nicht zuletzt die Lage 400 m vom Strand. Die Zimmer im 4. Stock haben Dachterrasse!

In Rostock-Warnemünde Nord-West: 11 km

Yachthafenresidenz Hohe Düne

Am Yachthafen 1 ✉ 18119 – ✆ (0381) 5 04 00
– www.hohe-duene.de Stadtplan : G1**y**
368 Zim – 160/275 € 200/335 € – 23 Suiten – ½ P
Gourmet-Restaurant Der Butt ✿ • ***Brasserie*** – Siehe Restaurantauswahl
Eine imposante Anlage unmittelbar am Meer, ideal für Wellness, Familien und Tagungen. Yachthafen direkt am Haus, toller Spa auf über 4000 qm, dazu Kinderclub samt Piratenschiff sowie Restaurantvielfalt von Pizza über Fisch bis Steakhouse.

Strand-Hotel Hübner

Seestr. 12 ✉ 18119 – ✆ (0381) 5 43 40 Stadtplan : F1**a**
– www.strandhotelhuebner.de
95 Zim – 145/190 € 185/240 € – 6 Suiten – ½ P
Wer an der Strandpromenade Urlaub macht, möchte auf den Meerblick nicht verzichten - und Sie haben ihn u. a. von einigen der Zimmer sowie von der Sauna und dem Schwimmbad im obersten Stock, hier auch Liegeterrasse und Ruhebereich! Kosmetik und Massage im Schwesterhotel gegenüber.

Warnemünder Hof

Stolteraer Weg 8, in Diedrichshagen, West: 2 km über Parkstraße E1 ✉ 18119
– ✆ (0381) 5 43 00 – www.warnemuender-hof.de
98 Zim – 79/145 € 99/209 € – 7 Suiten – ½ P
In dieser ruhigen Umgebung können Sie entspannt Ferien machen: bei Massage- und Beautyanwendungen, beim Essen auf der Terrasse zum schönen Garten, in einem behaglichen Zimmer... - "Classic", "Reetdach-Mansarde" und die modernen, allergikerfreundlichen "Vitalzimmer" sind nur einige Beispiele!

Park-Hotel Hübner

Heinrich-Heine-Str. 31 ✉ 18119 – ✆ (0381) 5 43 40 Stadtplan : F1**s**
– www.parkhotelhuebner.de
53 Zim – 125/140 € 165/195 € – ½ P
Zeitgemäße Zimmer in freundlichen Tönen, ein schöner Sauna- und Badebereich sowie Massage und Kosmetikbehandlungen erwarten die Gäste hier. Tagungsraum vorhanden. Zum Restaurant gehört eine Vinothek, in der Sie auch ein Fläschchen Wein für zuhause kaufen können. Nette Terrasse mit Kräutergarten!

Strandhafer

Am Stolteraer Ring 1, in Diedrichshagen, West: 2 km über Parkstraße E1
✉ 18119 – ✆ (0381) 3 75 65 70 – www.hotel-strandhafer.de
49 Zim – 79/169 € 139/179 €
Hochwertige Einrichtung in allen Bereichen! Einige Zimmer sind Apartments - mit Hotelservice oder Selbstversorgung (was man so braucht, findet man im eigenen kleinen Supermarkt!). Wie wär's mit Aqua-Gymnastik (Voranmeldung) im schönen Pool?

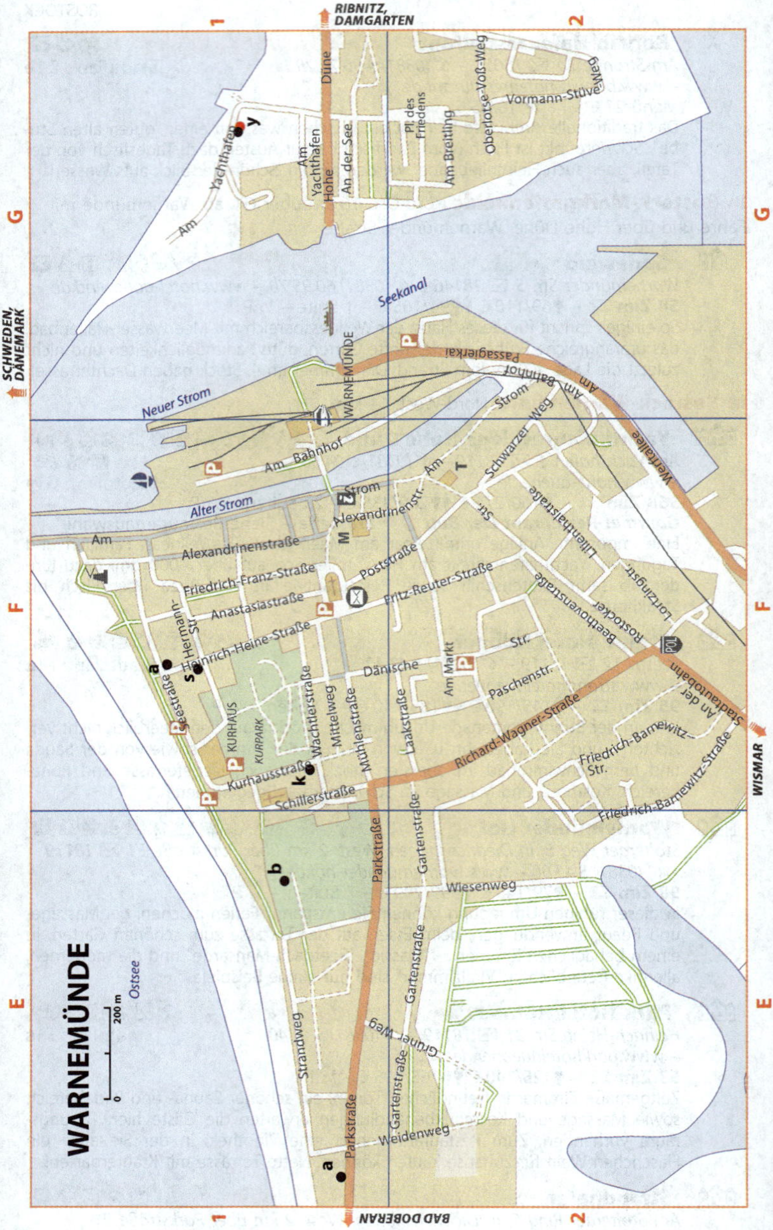
WARNEMÜNDE
Ostsee
0
200 m
RIBNITZ, DAMGARTEN
BAD DOBERAN
SCHWEDEN, DÄNEMARK
WISMAR
Seekanal
Neuer Strom
Alter Strom
Am Yachthafen
Düne
Hohe
An der See
Pl. des Friedens
Am Breitling
Oberlotse-Voß-Weg
Vormann-Stüve-Weg
Passagierkai
Am Bahnhof
Werftallee
Am Strom
Schwarzer Weg
Alexandrinenstraße
Alexandrinenstr.
Friedrich-Franz-Straße
Anastasiastraße
Hermann-Str.
Heinrich-Heine-Straße
Poststraße
Fritz-Reuter-Straße
Lilienthalstraße
Beethovenstraße
Rostocker Str.
Lortzingstr.
An der Stadtautobahn
Dänische Str.
Am Markt
Paschenstr.
Seestraße
KURHAUS
KURPARK
Wachtlerstraße
Mittelweg
Mühlenstraße
Laakstraße
Richard-Wagner-Straße
Friedrich-Barnewitz-Str.
Friedrich-Barnewitz-Straße
Kurhausstraße
Schillerstraße
Parkstraße
Gartenstraße
Wiesenweg
Strandweg
Grüner Weg
Weidenweg
WARNEMÜNDE
1
2
E
F
G

Hanse Hotel
Parkstr. 51 ✉ 18119 Stadtplan : E1**a**
– ✆ (0381) 54 50 – www.hanse-hotel.de
72 Zim – 82/172 € 105/245 € – 5 Suiten – ½ P
Viel näher an der Ostsee kann man kaum wohnen als in diesem zeitgemäßen Haus direkt hinterm Deich. Die meisten Zimmer sind Appartements - hier haben auch Familien genug Platz! Zum Essen zieht es bei dieser Lage wohl jeden auf die Terrasse!

Kurpark Hotel
Kurhausstr. 4 ✉ 18119 Stadtplan : F1**k**
– ✆ (0381) 4 40 29 90 – www.kurparkhotel-warnemuende.de
– geschl. 4. Januar - 27. Februar
18 Zim – 75/125 € 116/158 € – ½ P
Die 1890 erbaute und ehemals als Pension genutzte Villa wird heute von Familie Krause als elegantes kleines Ferienhotel geführt. Wer es lieber kühl mag, sollte eine klimatisierte Juniorsuite buchen. Ein großer Pluspunkt: Zur Strandpromenade ist es nur ein Katzensprung!

a-ja Das Resort:
Zur Promenade 2 ✉ 18119 Stadtplan : E1**b**
– ✆ (040) 6 96 35 25 80 – www.ajaresorts.de
209 Zim – 64/84 € 78/108 € – 11 € – 24 Suiten
Unkompliziertes modernes Wohnen direkt am Meer! Frühstück, Kosmetik (Nivea-Haus), Fitness... Sie buchen nach dem Baukastensystem, je nach Lust und Laune. Alles, was man so braucht, gibt's im "smart markt", dazu das SB-Gastrokonzept: Piazza, Kleines Eck und die Bar Barock.

Gourmet-Restaurant Der Butt – Hotel Yachthafenresidenz Hohe Düne
Am Yachthafen 1 ✉ 18119
– ✆ (0381) 5 04 00 – www.hohe-duene.de Stadtplan : G1**y**
– geschl. 17. Januar - 29. Februar und Sonntag - Montag
Menü 98/125 € – Karte 70/90 € – *(nur Abendessen)* (Tischbestellung ratsam)
In der Küche von Matthias Stolze entstehen interessante moderne Gerichte aus zahlreichen kleinen Komponenten und unterschiedlichen Texturen, und die gibt es à la carte oder als Menü: "Stolze Kreativ" und "Winzermenü" inkl. Wein. Speziell für U-30-Gäste: "Twenü", ein günstiges 3-Gänge-Menü.
→ Milchferkelbauch "à la Chinoise" mit confiertem Hummer, Oca du Pérou und Algen. Steinbuttfilet mit Pilzen, Blattpetersilie und Venusmuscheln. Weidekalb von Kopf bis Fuss mit Mecklenburger Karotten und Wildkräutern.

Brasserie – Hotel Yachthafenresidenz Hohe Düne
Am Yachthafen 1 ✉ 18119 Stadtplan : G1**y**
– ✆ (0381) 5 04 00 – www.hohe-duene.de
Menü 39/52 € – Karte 27/49 €
Eine geschmackvoll eingerichtete große Brasserie mit Rundumblick, in der man regional speist. Sehr angenehm sitzt man auf der schönen Terrasse mit Sicht auf den Hafen.

In Sievershagen West: 8 km über Warnowufer C1, Richtung Wismar

Atrium Hotel Krüger
Ostsee-Park-Str. 2, B 105 ✉ 18069
– ✆ (0381) 1 28 82 00 – www.atrium-hotel-krueger.de
59 Zim – 60/75 € 85/115 € – 2 Suiten – ½ P
Die Lage in dem kleinen Gewerbegebiet ist zwar eher funktionell, aber dafür verkehrsgünstig. Außerdem sind die Zimmer zeitgemäß in Stil und Technik, das Frühstück ist gut und der Sauna- und Badebereich ist ansprechend und gepflegt. Massage bietet man ebenso.

ROT am SEE
Baden-Württemberg – 5 250 Ew. – Höhe 438 m – Regionalatlas **56**-I17
▶ Berlin 532 km – Stuttgart 132 km – Würzburg 78 km – Crailsheim 18 km
Michelin Straßenkarte 545

Landhaus Hohenlohe

Erlenweg 24 ✉ 74585 – ✆ (07955) 9 31 00 – www.landhaus-hohenlohe.de – geschl. 1. - 17. Januar

21 Zim – 57/85 € 80/125 € – ½ P

Landhaus Hohenlohe – Siehe Restaurantauswahl

In dem modernen kleinen Landhaus der Familie Mack kommt man nach einem schmackhaften Essen schön zur Ruhe - das liegt zum einen an der Lage in einem Wohngebiet am Ortsrand, zum anderen hat man behagliche Zimmer in warmen Farben, und ein gutes, frisches Frühstück gibt es obendrein.

Landhaus Hohenlohe – Hotel Landhaus Hohenlohe

Erlenweg 24 ✉ 74585 – ✆ (07955) 9 31 00 – www.landhaus-hohenlohe.de – geschl. 1. - 17. Januar und Sonntagabend - Montag

Menü 37 € (vegetarisch)/85 € – Karte 29/58 €

Ähnlich wie das Restaurant mit seiner gemütlich-rustikalen und seiner eleganten Seite bietet auch die Küche von Matthias Mack einen Mix. Da sollte man sich weder den "Rostbraten in Lemberger Sauce" noch den "gebratenen Saibling mit Blutwurstgröstel und Pimentokraut" entgehen lassen - beides wird Ihnen ebenso zusagen wie der angenehm legere und freundliche Service!

ROTENBURG (WÜMME)

Niedersachsen – 20 950 Ew. – Höhe 21 m – Regionalatlas **18-H6**

Berlin 352 km – Hannover 107 km – Bremen 51 km – Hamburg 79 km

Michelin Straßenkarte 541

Landhaus Wachtelhof

Gerberstr. 6 ✉ 27356 – ✆ (04261) 85 30 – www.wachtelhof.de

36 Zim – 119/180 € 180/210 € – 19 € – 2 Suiten – ½ P

Die Wachtelei – Siehe Restaurantauswahl

Im Haus der Familie Höhns überzeugen Annehmlichkeiten wie der aufmerksame Service und das elegante Ambiente, das sehr gute Frühstück, der hochwertige Spa und die zauberhafte Gartenanlage. Außerdem ist die Buchung von Kreuzfahrten möglich.

Die Wachtelei – Hotel Landhaus Wachtelhof

Gerberstr. 6 ✉ 27356 – ✆ (04261) 85 30 – www.wachtelhof.de

Menü 41/60 € (abends) – Karte 34/63 €

Der Name spiegelt sich nicht nur in der Dekoration wider, sondern auch auf der Karte: "Salat mit gebratener Wachtelbrust, Linsen, Pancetta, Wachtelei", "gefüllte Wachtel"... Oder lieber Klassiker wie Wiener Schnitzel oder Rinderroulade?

In Hellwege Süd-West: 15 km über B 75, in Sottrum links

Prüser's Gasthof

Dorfstr. 5 ✉ 27367 – ✆ (04264) 99 90 – www.pruesers-gasthof.de – geschl. 21. - 24. Dezember

58 Zim – 58/65 € 87/101 € – ½ P

Businessgäste schätzen diesen gepflegten Familienbetrieb, der in seinen drei Häusern funktional ausgestattete und teilweise besonders zeitgemäße Zimmer beherbergt. Der Bade- und Saunabereich befindet sich im Haus Barkmeier. Das Restaurant bietet einen rustikalen und einen neuzeitlichen Bereich.

ROTHENBUCH

Bayern – 1 750 Ew. – Höhe 365 m – Regionalatlas **48-H15**

Berlin 542 km – München 345 km – Würzburg 66 km – Frankfurt am Main 68 km

Michelin Straßenkarte 546

Spechtshaardt

Rolandstr. 34 ✉ 63860 – ✆ (06094) 9 72 00 – www.spechtshaardt.de

48 Zim – 65/90 € 86/135 €

Schön neuzeitlich wohnt man hier in ruhiger Ortsrandlage, die Zimmer haben teilweise einen Balkon. Attraktiv auch der moderne Sauna- und Massagebereich, und gute Tagungsmöglichkeiten bietet man ebenso. Zum bürgerlich-rustikalen Restaurant gehört eine nette Terrasse mit Blick auf den Ort. Kleines Wildgehege.

ROTHENBURG ob der TAUBER

Bayern – 10 930 Ew. – Höhe 430 m – Regionalatlas **49**-I17
Berlin 500 km – München 236 km – Würzburg 69 km – Ansbach 35 km
Michelin Straßenkarte 546

D. MacDonald / age fotostock

Hotels

herrnschlösschen

Herrngasse 20 ✉ 91541 – ✆ (09861) 87 38 90 Stadtplan : A1**h**
– www.herrnschloesschen.de
4 Zim ☕ – 🚹180 € 🚻225/255 € – 4 Suiten – ½ P
herrnschlösschen – Siehe Restaurantauswahl
Es ist schon ein wahres "Bijou", dieses ausgesprochen charmante und geschmackvoll-luxuriöse Boutique-Hotel, das mit sehr persönlicher Note geführt wird und auch noch toll mitten in der historischen Altstadt liegt! In Sachen Komfort lassen die so individuell wie hochwertig designten Zimmer und Suiten keine Wünsche offen, der exklusive Service ebenso wenig - da versteht sich ein ausgezeichnetes Frühstück praktisch von selbst. Vergessen Sie nicht, rechtzeitig zu buchen!

Eisenhut

Herrngasse 3 ✉ 91541 – ✆ (09861) 70 50 Stadtplan : B1**e**
– www.eisenhut.com
78 Zim – 🚹80/180 € 🚻100/280 € – ☕ 12 € – 1 Suite – ½ P
Eisenhut – Siehe Restaurantauswahl
Das ist sicher der Klassiker unter den Rothenburger Herbergen! Hoteltradition seit 1890 heißt es in den vier schmucken Patrizierhäusern: Die Zimmer spiegeln mit ihrer stilvoll-verspielten Einrichtung eine vergangene Epoche wider. Frühstücken Sie bei gutem Wetter unbedingt auf der Terrasse - sonntags kommen auch Langschläfer auf ihre Kosten!

Villa Mittermeier

Vorm Würzburger Tor 7 ✉ 91541 – ✆ (09861) 9 45 40 Stadtplan : B1**v**
– www.villamittermeier.de
28 Zim – 🚹65/175 € 🚻82/223 € – ☕ 12 € – ½ P
Mittermeier – Siehe Restaurantauswahl
Es ist wirklich eine Freude, bei Familie Mittermeier zu wohnen, denn in der hübschen Sandsteinvilla von 1892 finden sich nicht nur wunderschöne individuelle Zimmer und Juniorsuiten, man wird auch herzlich betreut und bekommt am Morgen ein hervorragendes Frühstück, das zudem noch charmant serviert wird! Autofahrer parken kostenfrei direkt vor der Altstadt.

Für große Städte gibt es Stadtpläne, auf denen die Hotels und Restaurants eingezeichnet sind. Die Koordinaten (z.B. : Stadtplan : **12**BM**e**) helfen Ihnen bei der Suche.

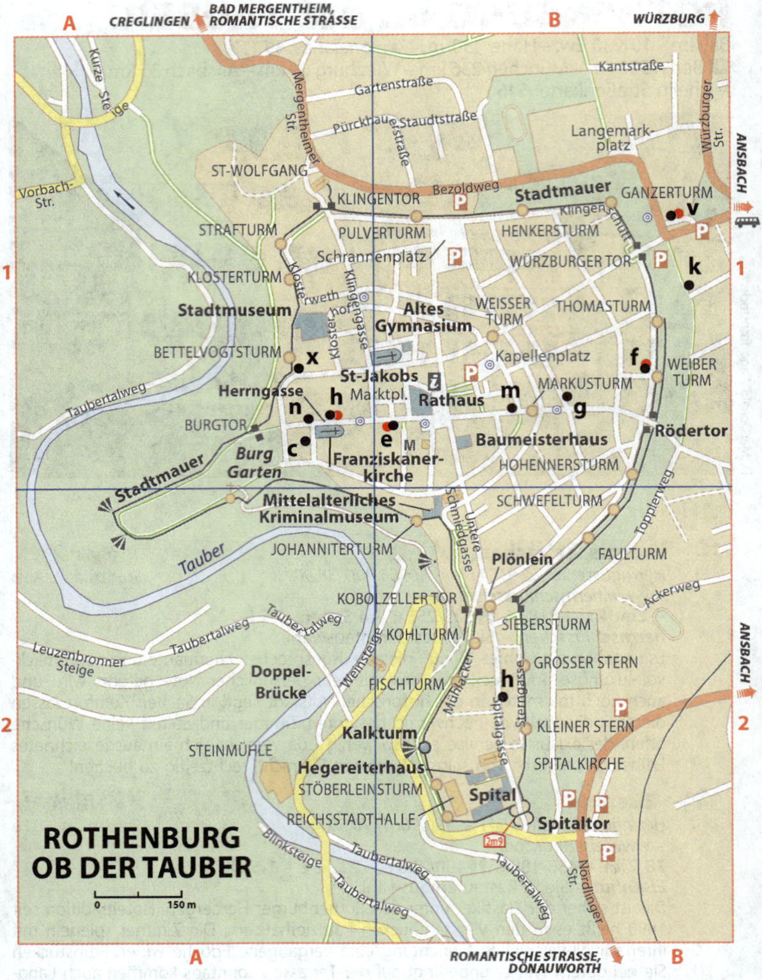

Burg-Hotel

Klostergasse 3 ✉ *91541* – ✆ *(09861) 9 48 90* Stadtplan : A1**x**
– *www.burghotel.eu*

15 Zim ☕ – 🚹95/155 € 🚹🚹125/215 € – 3 Suiten

Von der kleinen Terrasse an der Stadtmauer kann man so schön übers Taubertal blicken, dass die Gäste hier schon zum Frühstück gerne sitzen - ein angenehmer Start in den Tag nach einer ruhigen Nacht in einem geschmackvollen Zimmer. Wenn Sie das Besondere suchen, fragen Sie nach der Suite "Burgschlösschen" - Sie werden nicht enttäuscht sein!

BurgGartenpalais

Herrngasse 26 ✉ *91541* – ✆ *(09861) 8 74 74 30* Stadtplan : A1**n**
– *www.burggartenpalais.de*

14 Zim ☕ – 🚹85/135 € 🚹🚹125/195 € – 2 Suiten – ½ P

Ob Sie dieses Haus nun als Stück Stadtgeschichte sehen oder als geschmackvolles kleines Hotel, ist eigentlich egal, denn wohlfühlen werden Sie sich in dem über 800 Jahre alten Patrizierhaus mit seinen historischen Details auf jeden Fall! Es gibt hier individuelle Zimmer von ländlich bis modern-elegant sowie traditionelle Küche im gemütlichen Restaurant mit toller Terrasse im Garten.

Markusturm

Rödergasse 1 ✉ 91541 – ✆ (09861) 9 42 80 Stadtplan : B1**m**
– www.markusturm.de
25 Zim ☕ – 🚹98/140 € 🚹🚹140/250 € – 1 Suite – ½ P
Dieses romantische Domizil direkt neben dem historischen Markusturm wird nun schon in der 4. Generation von Familie Berger geführt. Sie wohnen in sehr individuellen, geschmackvollen Zimmern von charmant-bäuerlich bis elegant (schön die hochwertigen Stilmöbel) und sitzen in gemütlich-gediegenen Stuben bei internationaler Küche.

Klosterstüble

Heringsbronnengasse 5 ✉ 91541 – ✆ (09861) 93 88 90 Stadtplan : A1**c**
– www.klosterstueble.de
18 Zim ☕ – 🚹58/98 € 🚹🚹88/144 € – 3 Suiten – ½ P
Neben dem Franziskanerkloster hat Familie Hammel ihr Hotel. Einige Zimmer sind moderner (klasse das "Falkennest"!), die im ursprünglichen Gasthof (über 500 Jahre alt) sind kleiner und gemütlich. Essen kann man hier Regionales, und zwar im rustikalen Restaurant oder auf der hübschen Terrasse. Und danach vielleicht ein Cocktail im "Refugium 21"?

Prinzhotel Rothenburg

An der Hofstatt 3 ✉ 91541 – ✆ (09861) 97 50 Stadtplan : B1**f**
– www.prinzhotel.rothenburg.de
52 Zim – 🚹65/135 € 🚹🚹75/185 € – ☕ 12 € – ½ P
topinambur – Siehe Restaurantauswahl
Ein Haus, das sich in den letzten Jahren stark gewandelt hat. Schön modern der Empfangsbereich, ebenso viele der Zimmer, zwei sogar mit Whirlwanne! Und die Lage gleich hinter der historischen Stadtmauer ist für Autofahrer nicht die schlechteste!

Hornburg

Hornburgweg 28 ✉ 91541 – ✆ (09861) 84 80 Stadtplan : B1**k**
– www.hotel-hornburg.de
– geschl. August - September 10 Tage und 2. - 7. November
9 Zim ☕ – 🚹70/120 € 🚹🚹80/130 € – 1 Suite
Wenn Sie bei Gabriele und Martin Wetzel ankommen, stellen Sie Ihr Auto am besten auf den öffentlichen Parkplatz gleich gegenüber, dann heißt es entspannen - ob auf der herrlichen Terrasse oder in den individuellen Zimmern der 1903 erbauten Villa mit schönen Original-Details wie hohen Stuckdecken. Und nach einer erholsamen Nacht gibt es ein frisches Frühstücksbuffet!

Gerberhaus

Spitalgasse 25 ✉ 91541 – ✆ (09861) 9 49 00 Stadtplan : B2**h**
– www.gerberhaus.rothenburg.de
– geschl. 7. Januar - Ende Februar
20 Zim ☕ – 🚹75/100 € 🚹🚹89/140 €
So richtig schön charmant-historisch! In der ehemaligen Gerberei haben die Gastgeber wirklich Sinn fürs Detail bewiesen: liebevolle Deko zu freiliegenden Holzbalken, Dielenboden oder Kamin... Entspannen Sie im romantischen Garten mit Blick auf die Stadtmauer oder im Café bei Kuchen und kleinen Speisen.

Spitzweg

Paradeisgasse 2 ✉ 91541 – ✆ (09861) 9 42 90 Stadtplan : B1**g**
– www.hotel-spitzweg.de
9 Zim ☕ – 🚹70/80 € 🚹🚹90/110 €
Hier atmet man förmlich Rothenburger Geschichte: Das schmucke Haus hat sich vom Herrschaftssitz a. d. J. 1536 über eine kleine Brauerei im 18. Jh. zu diesem schnuckeligen Hotel entwickelt - dabei hat sich das Gebäude kaum verändert und steht natürlich unter Denkmalschutz. Drinnen überall liebenswertes historisch-rustikales Flair.

Restaurants

XX **herrnschlösschen** – Hotel herrnschlösschen
Herrngasse 20 ✉ 91541 – ✆ (09861) 87 38 90 Stadtplan : A1**h**
– www.herrnschloesschen.de – geschl. November und Montag - Dienstag
Menü 47 € – Karte 32/54 €
Mit Sinn für stilvolle Details hat man in dem schönen historischen Rahmen ein stimmiges Interieur geschaffen - ein geglückter Mix aus Landhausflair und moderner Eleganz. Hingucker ist der mächtige Fachwerkbalken von 1526, und der Barockgarten erst... ein traumhafter Ort für eine Terrasse! Zu erwähnen sei natürlich auch die an variablen Themen orientierte Küche von Jürgen Knöchel - lassen Sie sich überraschen!

XX **Eisenhut** – Hotel Eisenhut
Herrngasse 3 ✉ 91541 – ✆ (09861) 70 50 Stadtplan : B1**e**
– www.eisenhut.com
Menü 21/56 € – Karte 20/57 €
Alles ist schön stimmig: gediegener Rahmen, klassisches Mobiliar und ebensolche Tischkultur, dazu beeindruckende Bilder von der Geschichte Rothenburgs. Toll die Terrasse mit Blick in den Garten (auch vom Wintergarten), separat der Biergarten.

X **Mittermeier** – Hotel Villa Mittermeier
Vorm Würzburger Tor 7 ✉ 91541 – ✆ (09861) 9 45 40 Stadtplan : B1**v**
– www.villamittermeier.de – geschl. über Weihnachten und Sonntag - Montag
Menü 49/79 € – Karte 52/74 € – *(nur Abendessen)* (Tischbestellung ratsam)
Wenn es unkompliziert und leger sein soll, dann auf in das gemütliche Tonnengewölbe der Villa! Wie gut die frische saisonale Küche ist, merkt man z. B. bei "Gegrillter Hochrippe mit Kartoffeln, Gemüse und Melange noir". Wein und Delikatessen gibt's auch für zuhause.

X **topinambur** – Prinzhotel Rothenburg
An der Hofstatt 3 ✉ 91541 – ✆ (09861) 97 50 Stadtplan : B1**f**
– www.prinzhotel.rothenburg.de – geschl. Sonntag
Menü 30 € (mittags) – Karte 34/53 € – *(Januar - April nur Abendessen)*
Freundlich, geradlinig, unkompliziert... so zeigt sich das Ambiente des Restaurants, frisch und saisonal die Küche - natürlich spielt hier auch oft die namengebende Knolle eine Rolle. Vor dem Eingang hat man eine nette Terrasse. Praktisch: der nicht weit entfernte öffentliche Parkplatz.

In Steinsfeld-Reichelshofen Nord: 7 km über Würzburger Straße B1

Landwehrbräu
Reichelshofen 31 ✉ 91628 – ✆ (09865) 98 90 – www.landwehr-braeu.de
– geschl. 3. - 28. Januar
37 Zim – 🚹67/89 € 🚹🚹79/116 € – ½ P
Landwehrbräu – Siehe Restaurantauswahl
In der historischen Herberge samt neuerem Gästehaus finden Sie in Standard- oder Komfortzimmern individuellen Wohnkomfort, dazu Brautradition seit dem 18. Jh.! Und lassen Sie sich nicht das regional inspirierte Frühstück entgehen. Ein kleines "Zuckerl": Oldtimer-Fans buchen eine Ausfahrt im Bentley von 1948!

XX **Landwehrbräu** – Hotel Landwehrbräu
Reichelshofen 31 ✉ 91628 – ✆ (09865) 98 90 – www.landwehr-braeu.de
– geschl. 3. - 28. Januar
Menü 24/50 € – Karte 17/46 €
Hier kommt man gerne her: Die Gasträume sprühen nur so vor traditionellem Charme, die Küche ist saisonal-regional ausgerichtet und eigenes Bier aus der Brauerei von 1755 gibt es außerdem! Schön die Nebenzimmer für Feierlichkeiten.

In Windelsbach Nord-Ost: 9 km über Schweinsdorfer Straße B1, Richtung Ansbach

Landhaus Lebert
Schlossstr. 8 ✉ 91635 – ✆ (09867) 95 70
– www.landhaus-rothenburg.de – geschl. 24. - 28. Dezember und Montag
8 Zim – 49/69 € 79/102 € – ½ P
Menü 36/90 € – Karte 27/63 € – *(Dienstag - Freitag nur Abendessen, außer an Feiertagen)*
Sie mögen's bürgerlich? Dann probieren Sie Manfred Leberts Sauerbraten! Und wer lieber klassisch-gehoben isst, der sollte z. B. "Atlantik-Steinbutt auf Steinpilzen" bestellen - so oder so, hier schmeckt es richtig gut! Schön feiern lässt es sich übrigens in der "Scheune", und wenn Sie mal ein Gläschen mehr trinken möchten, warten nette Zimmer im Landhausstil auf Sie.

ROTHENFELDE, BAD

Niedersachsen – 7 650 Ew. – Höhe 100 m – Regionalatlas **27-E9**
Berlin 414 km – Hannover 135 km – Bielefeld 31 km – Münster (Westfalen) 45 km
Michelin Straßenkarte 541

Drei Birken
Birkenstr. 1 ✉ 49214 – ✆ (05424) 64 20
– www.hotel-drei-birken.de
45 Zim – 68/74 € 88/104 € – 3 Suiten – ½ P
Die Gästezimmer dieses Familienbetriebs sind teilweise sehr großzügig, einige sind als Themenzimmer für Damen oder Businessgäste ausgelegt. Kosmetik, Massage und Arztpraxis im Haus. Restaurant mit internationaler Küche.

Dreyer
Salinenstr. 7 ✉ 49214 – ✆ (05424) 2 19 00
– www.hotel-dreyer.de – geschl. 5. - 25. Januar
16 Zim – 55/60 € 77/85 €
Ein sehr gepflegter kleiner Familienbetrieb mit Selbstgebackenem im angeschlossenen Café. Einen Besuch wert ist die Saline vis-à-vis, umgeben vom schönen Kurpark. Kostenlose Leihfahrräder.

Osning
Frankfurter Str. 15, in der Therme "carpe sol" ✉ 49214
– ✆ (05424) 2 21 46 26 – www.osning.de
– geschl. Februar 2 Wochen, August 2 Wochen und Sonntag - Montag
Menü 35/66 € – Karte 33/56 € – *(nur Abendessen)*
Mittelalterlich ist hier nur der Name ("Osning" ist die frühere Bezeichnung für den Teutoburger Wald), das Restaurant in der schicken Therme ist topmodern. Gekocht wird mit Produkten der Region.

ROTTACH-EGERN

Bayern – 5 610 Ew. – Höhe 736 m – Regionalatlas **66-M21**
Berlin 645 km – München 56 km – Garmisch-Partenkirchen 81 km – Bad Tölz 22 km
Michelin Straßenkarte 546

Althoff Seehotel Überfahrt
Überfahrtstr. 10 ✉ 83700 – ✆ (08022) 66 90
– www.seehotel-ueberfahrt.com
153 Zim – 210/480 € 245/515 € – 23 Suiten – ½ P
Restaurant Überfahrt Christian Jürgens* ✿✿✿ • *Egerner Bucht* • *Il Barcaiolo* • *Bayernstube – Siehe Restaurantauswahl
Die eleganten Zimmer (sehr schön die in Erdtönen gehaltenen) wie auch der "4 elements spa" samt Spa-Suiten bieten Luxus, top die Lage direkt am See - hier kommt man in den Genuss eines eigenen Strandbades.

Park-Hotel Egerner Höfe

Aribostr. 19 ✉ 83700 – ✆ (08022) 66 60
– www.egerner-hoefe.de
82 Zim – 129/149 € 194/450 € – 16 Suiten – ½ P
Dichterstub'n ✿ • ***Hubertusstüberl*** – Siehe Restaurantauswahl
Hier fühlt man sich richtig wohl: Regionaler Charme und moderne Elemente in gelungenem Mix, das Personal auffallend zuvorkommend, jeder versteht sich als Gastgeber! Wer's ganz besonders individuell mag, bucht die "Alm"-Zimmer. Hochwertige Suiten und Premuim-Doppelzimmer in den Höfen Valentina und Catherina.

Haltmair am See

Seestr. 33 ✉ 83700 – ✆ (08022) 27 50
– www.haltmair.de – geschl. Ende November - Anfang Dezember 2 Wochen
40 Zim – 85/100 € 130/180 € – 3 Suiten
Direkt am See liegt dieses sympathische familiär geführte Haus. Wohnlich sind die Landhauszimmer, Appartements sowie die Seesuite, chic und modern ist der Spabereich.

Seerose

Stielerstr. 13 ✉ 83700 – ✆ (08022) 92 43 00 – www.seeroserottach.de – geschl. 1. - 20. März, 29. März - 9. April, Ende Oktober - Mitte Dezember
19 Zim – 65/80 € 88/112 €
Wohnlich und angenehm privat ist die Atmosphäre in diesem Familienbetrieb in Seenähe - ruhig und gleichzeitig zentral gelegen. Das Haus verfügt auch über einen netten hellen Saunabereich und ein gemütliches Stüberl.

Fischerweber

Überfahrtstr. 1 ✉ 83700 – ✆ (08022) 9 20 40
– www.fischerweber.de – geschl. 6. - 20. November
6 Zim – 90/100 € 100/120 € – 5 Suiten
Sehr gepflegt, gemütlich und direkt am See gelegen! Alles ist behaglich in hellem Holz gehalten. Wenn Sie länger bleiben möchten, buchen Sie eine Ferienwohnung! Und wie wär's mit einem Edelbrand oder Fruchtlikör aus der eigenen Brennerei?

Restaurant Überfahrt Christian Jürgens – Althoff Seehotel Überfahrt

✿✿✿

Überfahrtstr. 10 ✉ 83700 – ✆ (08022) 66 90
– www.restaurant-ueberfahrt.com – geschl. 8. Februar - 11. März, 31. Oktober - 24. November und Montag - Mittwochmittag, Donnerstagmittag
Menü 189/249 € – Karte 95/183 € – (Tischbestellung ratsam)
Dass Christian Jürgens' Küche eine Reise wert ist, beweist das internationale Publikum in dem schönen Restaurant mit der gemütlich-unkomplizierten Atmosphäre. Er kocht kreativ, hat seinen eigenen Stil: reduziert, aber nie langweilig, dafür intensiv und harmonisch! Der Service so professionell wie charmant.
➜ "Viva Bavaria", Saibling, Räucheraal, Radieschen, Gurke. "Ein Teller voll Meer", Rouget, Turbot, Pulpo, Bouillabaissefond. "Aus dem Feuer", Rehbock, Rote Beete, Spitzkohl.

Dichterstub'n – Park-Hotel Egerner Höfe

✿

Aribostr. 19 ✉ 83700 – ✆ (08022) 66 65 02
– www.egerner-hoefe.de – geschl. Februar 2 Wochen und Dienstag - Mittwoch
Menü 92/148 € – Karte 72/78 € – *(nur Abendessen)* (Tischbestellung ratsam)
Sehr gelungen hat man in dem Pavillon zwischen den Höfen Catherina und Valentina rustikale und moderne Elemente zu einem richtig geschmackvollen und gemütlichen Interieur vereint - Blickfang die offene Feuerstelle mitten im Raum! Die feinen Menüs nennen sich "Regional" und "Degustation".
➜ Saiblingsfilet, Kopfsalat, Speckschaum und tomatisierter Räucherfond. Bauerngockel, Périgordtrüffel, Spargel und Madeiraschaum. Limousin Lamm, Schulter und Rücken, Curryrosinen und Joghurt.

Maiwerts

Südliche Hauptstr. 14 ✉ 83700 – ✆ (08022) 7 05 66 99 – www.maiwerts.de – geschl. 24. November - 11. Dezember, 12. - 22. Januar und Montag
Menü 58/89 € – Karte 35/84 €
Dieter Maiwert ist zurück im Tegernseer Tal! Aus einer ehemaligen Arztpraxis ist ein schönes wohnlich-modernes Restaurant geworden - und hier bietet er nun seine strikt klassische Küche, die natürlich auf ausgezeichneten Produkten basiert! Einige bürgerliche Klassiker sind übrigens auch zu haben.
→ Variation von der Kreuther Forelle. Rotbarbe mit Pinienkernsoße und Erbsenpüree. Kalbsfilet mit Spitzmorchelsoße und Brettspätzle.

Egerner Bucht – Althoff Seehotel Überfahrt

Überfahrtstr. 10 ✉ 83700 – ✆ (08022) 66 90 – www.seehotel-ueberfahrt.com
Karte 41/65 € – *(nur Abendessen)*
Angenehme Erdtöne und holzvertäfelte Wände kombiniert mit klaren modernen Formen... das ist stylish-elegantes Alpenflair. Passend dazu: Alpenkulinarik. Auch Freunde von Grillgerichten kommen auf ihre Kosten.

Hubertusstüberl – Park-Hotel Egerner Höfe

Aribostr. 19 ✉ 83700 – ✆ (08022) 66 65 02 – www.egerner-hoefe.de
Menü 39/58 € – Karte 38/61 €
In dem bayerisch-eleganten Stüberl isst man fein-regional: "Tegernseer Herrengulasch mit Kraut und Spiegelei", "Zanderfilet in der Zwiebelkruste"... An sechs Tagen in der Woche lauschen Sie beim Essen den Klängen des Pianospielers.

Il Barcaiolo – Althoff Seehotel Überfahrt

Überfahrtstr. 10 ✉ 83700 – ✆ (08022) 66 90 – www.seehotel-ueberfahrt.com
Menü 52/65 € – Karte 39/70 €
Große Panoramafenster mit Blick in die herrliche Natur, stilvolle Einrichtung und entspannte Atmosphäre, dazu authentische italienische Küche - was will man als Gast mehr?

Bayernstube – Althoff Seehotel Überfahrt

Überfahrtstr. 10 ✉ 83700 – ✆ (08022) 66 90 – www.seehotel-ueberfahrt.com – geschl. Mittwoch - Donnerstag
Karte 38/52 € – *(nur Abendessen)*
Mittelpunkt der mit Zirbelholz getäfelten Stuben ist ein raumhoher blau-weißer Kachelofen. Lassen Sie sich bayerische Schmankerln schmecken: Weißwürstl, Bauernente, Hirsch-Fleischpflanzerl... und zum Dessert vielleicht Topfen-Palatschinken?

Fährhütte 14

Weißachdamm 50 ✉ 83700 – ✆ (08022) 18 82 20 – www.faehrhuette14.de – geschl. März, November und Montag - Dienstag
Menü 55 € – Karte 31/58 € – (Tischbestellung ratsam)
Als "Ableger" des "Überfahrt" bietet die "Fährhütte" nun einen interessanten Mix aus Regionalem und Internationalem, von "Bouillabaisse FH 14" bis "Fleischpflanzerl mit Bratkartoffeln" - dazu traumhafte Seelage, gemütliche Hütt'n-Atmosphäre und fachkundigen Service. Direkt angrenzend der eigene Beach-Club.

Kirschner Stuben

Seestr 23a ✉ 83700 – ✆ (08022) 27 39 39 – www.kirschner-stuben.de – geschl. Mittwoch
Karte 39/76 € – *(Montag - Dienstag nur Abendessen)* (Tischbestellung ratsam)
Ein sympathisches Restaurant mit lebendiger Atmosphäre und legerem Service. Man reicht eine gute internationale Karte, mittags hat man nur ein einfaches Angebot an bayerischen Schmankerln.

In Kreuth Süd: 5,5 km über B 307

Villa Sonnwend

Setzbergweg 4 ✉ 83708 – ✆ (08029) 3 68 – www.sonnwend.de
13 Zim – †88/138 € ††98/158 € – 4 Suiten
Hier schläft, wer den Trubel direkt am See meiden möchte! Charmante Einrichtung, schöner Garten, fürsorglicher Service, ein tolles Frühstück, das keine Wünsche offenlässt... Gastgeberin Barbara Maier steckt jede Menge Liebe in ihr Haus!

Altes Bad

Wildbad Kreuth 2, Süd: 3 km in Richtung Achensee ✉ 83708 – ✆ (08029) 3 04 – www.altesbad.de – geschl. 7. - 25. November und Montag - Dienstag außer an Feiertagen

Menü 35/55 € (abends) – Karte 24/63 € – (Tischbestellung ratsam)

Das einstige Badhaus a. d. 18. Jh. mit seinen gemütlich-ländlichen Stuben liegt schon recht abgeschieden. Aus der Küche kommt ein breites Angebot, das von regionalen Klassikern wie Schnitzel über viel Wild bis zu frischem Fisch reicht.

In Kreuth-Weißach West: 1 km

Bachmair Weissach

Wiesseer Str. 1 ✉ 83700 Rottach-Weißach – ✆ (08022) 27 80 – www.bachmair-weissach.com

93 Zim – 195/389 € 195/389 € – 53 Suiten – ½ P

Gasthof zur Weissach – Siehe Restaurantauswahl

Aus dem historischen Gasthaus ist ein echtes Schmuckstück geworden - und der rauschende Mühlbach verläuft direkt durch den Garten! Hölzer, Stoffe, Deko, alles ist wertig, jedes Zimmer mit Tablet. Spa auf 700 qm, dazu Kids Club. Gastronomisch kommt die "MIZU Sushi-Bar" gut an, im Winter auch die "Kreuther Fondue Stube". "Bachmair Weissach Arena" für Veranstaltungen.

Gasthof zur Weissach – Hotel Bachmair Weissach

Wiesseer Str. 1 ✉ 83700 Rottach-Weißach – ✆ (08022) 27 80 – www.bachmair-weissach.com

Karte 32/58 €

Im "Gasthof zur Weissach" von 1861 gibt es bayerische Küche, und zwar in hübschen Stuben, die teils in ihrem ursprünglichen Zustand daherkommen! Auf der Karte: klassisches Tatar, Schweinebraten in Dunkelbiersauce, Bayerische Fischsuppe...

ROTTENBUCH

Bayern – 1 690 Ew. – Höhe 763 m – Regionalatlas **65-K21**

Berlin 644 km – München 70 km – Garmisch-Partenkirchen 39 km – Landsberg am Lech 40 km

Michelin Straßenkarte 546

In Rottenbuch-Moos Nord-West: 2 km über B 23

Moosbeck-Alm

Moos 38 ✉ 82401 – ✆ (08867) 9 12 00 – www.moosbeck-alm.de – geschl. 15. - 30. November

18 Zim – 48/58 € 90/120 € – 3 Suiten – ½ P

Ein Haus ganz im Zeichen der Regenbogenfahne. Man wohnt wunderschön im Grünen, in sehr netten, gemütlichen Zimmern. Wer es gerne etwas verspielter hat, wird die Zimmer "König-Ludwig", "Luitpold" und "Sisi" mögen, und natürlich das Modell von Schloss Neuschwanstein im Garten - hier hat man eine FKK-Wiese.

ROTTENBURG am NECKAR

Baden-Württemberg – 41 720 Ew. – Höhe 349 m – Regionalatlas **55-G19**

Berlin 682 km – Stuttgart 55 km – Freudenstadt 47 km – Reutlingen 26 km

Michelin Straßenkarte 545

Martinshof

Eugen-Bolz-Platz 5 ✉ 72108 – ✆ (07472) 91 99 40 – www.martinshof-rottenburg.de

34 Zim – 72/79 € 99/144 € – 10 €

Was dieses Haus interessant macht? Zum einen die altstadtnahe Lage direkt am Eingang zur Fußgängerzone, zum anderen die engagierte familiäre Führung, sehr gepflegte und gut ausgestattete Zimmer sowie schwäbische Spezialitäten aus frischen regionalen Produkten. Gemütliche Zirbelstube für Gruppen.

ROTTENDORF – Bayern ➜ Siehe Würzburg

ROTTWEIL

Baden-Württemberg – 24 380 Ew. – Höhe 597 m – Regionalatlas **62**-F20
Berlin 724 km – Stuttgart 98 km – Konstanz 87 km – Offenburg 83 km
Michelin Straßenkarte 545

Johanniterbad

Johannsergasse 12 ✉ 78628 – ✆ (0741) 53 07 00 – www.johanniterbad.de – geschl. 1. - 6. Januar

32 Zim – 79/99 € 124/144 € – 1 Suite – ½ P

Johanniterstube – Siehe Restaurantauswahl

Seit 1929 ist das Haus im Besitz der Familie Maier, die hier mit Engagement bei der Sache ist. Auch die Lage ist ein Vorteil: am alten Stadtgraben in unmittebarer Nähe zur Innenstadt und trotzdem ruhig! Fragen Sie nach den neueren Zimmern - geräumig, modern und klimatisiert. Oder buchen Sie doch mal die Suite! Sie ist gelungen in die Stadtmauer integriert und hat einen Whirpool.

Johanniterstube – Hotel Johanniterbad

Johannsergasse 12 ✉ 78628 – ✆ (0741) 53 07 00 – www.johanniterbad.de – geschl. 1. - 6. Januar und Sonntagabend - Montagmittag

Menü 24/58 € – Karte 25/54 €

In dem gemütlichen Restaurant sitzen Sie mit Blick auf den historischen Stadtgraben und werden dabei freundlich und aufmerksam umsorgt, und zwar mit der internationalen, saisonal geprägten Küche von Patron Tobias Maier. Ein Muss ist im Sommer die schöne Terrasse - beliebt, aber dennoch ruhig. Für Hausgäste interessant: ein Menü mit gutem Preis-Leistungs-Verhältnis.

In Zimmern-Horgen Süd-West: 7,5 km in Richtung Hausen

Linde Post

Alte Hausener Str. 8 ✉ 78658 – ✆ (0741) 3 33 33 – www.lindepost.de – geschl. Donnerstag

7 Zim – 61 € 96 € Menü 29/61 € – Karte 20/53 €

Die Brüder Kühn samt Familie bieten in dem Gasthof frische regionale Küche. Gerichte wie "Hirschragout aus der heimischen Jagd mit Spätzle und Preiselbeer-Birne" serviert man im klassischen Restaurant oder im vorgelagerten legeren Bistro samt Bar - hier gibt es auch noch eine kleine Vesperkarte. Wenn Sie übernachten möchten: Man hat wohnliche, zeitgemäße Zimmer.

RÜDENAU

Bayern – 770 Ew. – Höhe 193 m – Regionalatlas **48**-G16
Berlin 575 km – München 361 km – Würzburg 87 km – Wiesbaden 107 km
Michelin Straßenkarte 546

Zum Stern

Hauptstr. 41 ✉ 63924 – ✆ (09371) 28 34 – www.landhotel-stern.de – geschl. über Fasching 1 Woche, nach Pfingsten 1 Woche, Oktober - November 3 Wochen und Mittwoch, außer an Feiertagen

10 Zim – 42/58 € 75/88 € – ½ P Karte 20/43 €

Mit Dieter Baumann wird der traditionsreiche Gasthof bereits in 5. Generation geleitet, und eine eigene Metzgerei gehört auch dazu. So hat man stets frisches Fleisch für "Sauerbraten mit Klößen und Rotkraut" oder "Tafelspitz mit Meerrettichgemüse". Tipp selbst hergestellte luftgetrocknete Whisky-Würstchen!

RUDERSBERG

Baden-Württemberg – 11 040 Ew. – Höhe 279 m – Regionalatlas **55**-H18
Berlin 600 km – Stuttgart 43 km – Heilbronn 47 km – Göppingen 37 km
Michelin Straßenkarte 545

In Rudersberg-Schlechtbach Süd: 1 km

Sonne

Heilbronner Str. 70 ✉ 73635 – ✆ (07183) 30 59 20 – www.sonne-rudersberg.de
55 Zim – 80/115 € 110/165 € – 4 Suiten – ½ P
Bereits seit fünf Generationen zeigt Familie Nörr hier volles Engagement. Sie mögen es gerne besonders komfortabel und modern? Dann buchen Sie eines der Deluxe-Zimmer im Anbau! Wer zum Essen kommt, sitzt bei bürgerlich-regionaler Küche in der gemütlichen Gaststube. Tipp für Sonntagsausflügler: Fahrt mit der Schwäbischen Waldbahn (Schorndorf - Welzheim).

Gasthaus Stern

Heilbronner Str. 16 ✉ 73635 – ✆ (07183) 83 77 – geschl. über Pfingsten 3 Wochen, Oktober 3 Wochen und Mittwoch - Donnerstag
Menü 29 € (vegetarisch)/41 € – Karte 28/53 €
Lust auf solide, frische Regionalküche? Wer hier in den wohltuend ländlichen Stuben sitzt, bestellt z. B. "Tafelspitz mit Wirsinggemüse und Meerrettich", sorgfältig zubereitet von Chef Helmut Schiffner, serviert von seiner herzlichen Frau.

RUDOLSTADT

Thüringen – 22 740 Ew. – Höhe 200 m – Regionalatlas **40-L13**
Berlin 284 km – Erfurt 48 km – Coburg 79 km – Suhl 65 km
Michelin Straßenkarte 544

Am Marienturm Süd-Ost: 3 km

Panoramahotel Marienturm

Marienturm 1 ✉ 07407 Rudolstadt – ✆ (03672) 4 32 70 – www.hotel-marienturm.de
29 Zim – 84/98 € 109/135 € – ½ P
Die einsame Panoramalage im Wald über Rudolstadt und dem Saaletal lockt zahlreiche Besucher an - ebenso die Aussichtsterrasse des Marienturms gleich nebenan. Gediegene Zimmer in frischen Farben und Restaurant mit rustikaler Note, dazu ein gemütlicher Raum für Frühstück und Veranstaltungen im 1. OG.

RÜCKHOLZ – Bayern

→ Siehe Seeg

RÜDESHEIM am RHEIN

Hessen – 9 740 Ew. – Höhe 86 m – Regionalatlas **47-E15**
Berlin 592 km – Wiesbaden 31 km – Bad Kreuznach 70 km – Koblenz 65 km
Michelin Straßenkarte 543

Breuer's Rüdesheimer Schloss

Steingasse 10 ✉ 65385 – ✆ (06722) 9 05 00 – www.ruedesheimer-schloss.com – geschl. 22. Dezember - 13. Februar
26 Zim – 90/125 € 125/155 € – 1 Suite – ½ P
Das gut geführte Hotel der Familie Breuer (auch bekannt durch das Weingut) besteht aus dem Gutshaus von 1729 und dem Sickinger Hof. Kunst und Design prägen das Interieur, individuell die Zimmer, teils mit Klimaanlage. Das gemütlich-rustikale Restaurant wird ergänzt durch einen sehr netten Innenhof.

Trapp

Kirchstr. 7 ✉ 65385 – ✆ (06722) 9 11 40 – www.hotel-trapp.de – geschl. 20. Dezember - 10. März
32 Zim – 70/90 € 99/118 €
Mit dem Einstieg der Tochter kommt eine moderne Note ins Haus der Familie Brühl. So hat man z. B. einige neuere Zimmer, die schön frisch und geradlinig-chic eingerichtet sind! Dazu ein gutes Frühstück und die nette Lage im Herzen des Weinortes.

Rheinhotel Rüdesheim

Geisenheimer Str. 25 ✉ 65385 – ✆ (06722) 90 30 – www.rheinhotel-ruedesheim.de – geschl. 20. Dezember - 13. März

30 Zim – 66/91 € 92/142 €

Schon viele Jahre fühlen sich die Gäste bei Familie Dries gut aufgehoben, denn es erwarten Sie hier gepflegte Zimmer, ein freundlicher Saunabereich und am Morgen ein netter Frühstücksraum mit charmant-rustikaler Note.

Zum Bären

Schmidtstr. 24 ✉ 65385 – ✆ (06722) 9 02 50 – www.zumbaeren.de – geschl. Januar - 15. März

18 Zim – 75/120 € 110/180 €

Familie Willig investiert stetig in ihr kleines Hotel und so sind einige Zimmer besonders modern: wohnliche Erdtöne, schicke Bäder! Toll für Radler: Es gibt eine Werkstatt, Leihräder und viele Tourenvorschläge des fahrraderfahrenen Chefs!

In Rüdesheim-Assmannshausen Nord-West: 5 km über B 42

Krone

Rheinuferstr. 10 ✉ 65385 – ✆ (06722) 40 30 – www.hotel-krone.com – geschl. 11. Januar - 23. Februar

66 Zim – 105/165 € 170/220 € – ½ P

Dies ist die Rheingauer Hotellegende! Seit 1541 werden hier Gäste beherbergt, und den historischen Charme des Hauses hat man bewahrt. Man wohnt überaus stilvoll und individuell, Zimmer mit Weinberg- oder Rheinblick. Die schöne Kronenstube bietet Regionales und Internationales, toll die Terrasse.

Schön

Rheinuferstr. 3 ✉ 65385 – ✆ (06722) 22 25 – www.karl-schoen.de – geschl. November - März

13 Zim – 70/90 € 95/120 € – 2 Suiten – ½ P

Familie Schön betreibt hier ein Hotel mit Weingut, dessen Tradition auf einen im Jahr 1752 gegründeten Gasthof zurückgeht. Ein Teil der Zimmer ist mit Balkon zum Rhein ausgestattet. Klassisch-rustikales Restaurant und überdachte Terrasse mit Weinlauben-Flair.

RÜGEN (INSEL)

Mecklenburg-Vorpommern (MV) – Regionalatlas **6-P3**
Berlin 249 km – Schwerin 186 km – Greifswald 60 km – Stralsund 28 km
Michelin Straßenkarte 542

N. Stengert / Novarc / Novarc Images / age fotostock

BAABE – 890 Ew.

Solthus am See

Bollwerkstr. 1, Süd-West: 1 km ✉ 18586
– ✆ (038303) 8 71 60 – www.solthus.de
39 Zim – 69/109 € 79/159 € – ½ P
Das reetgedeckte Haus liegt idyllisch im Grünen zwischen Selliner See und Greifswalder Bodden - ideal für Jogger. Die Einrichtung ist wirklich charmant, von den behaglichen Zimmern im Landhausstil über die holzgetäfelte kleine Bibliothek bis zum Restaurant mit seinem Blockhaus-Look. Den schönen weiten Blick zum Bodden genießt man z. B. von der Terrasse. Lust auf einen Schiffsausflug? Kleiner Anleger vor dem Haus.

Villa Granitz

Birkenallee 17 ✉ 18586
– ✆ (038303) 14 10 – www.villa-granitz.de
– geschl. November - März
53 Zim – 44/72 € 70/96 € – 6 Suiten
Ein Hotel im Stil der Rügener Seebäderarchitektur, in dem man sich aufmerksam um die Gäste kümmert. Die Zimmer sind recht unterschiedlich geschnitten, teilweise bieten sie Balkon oder Terrasse. Entspannen können Sie im hübschen, romantisch angelegten Garten oder - nur wenige Gehminuten entfernt - am Meer. Und einen gemütlichen abendlichen Absacker gibt es in einem alten Fischerboot, das hier als Bar dient.

BINZ – 5 120 Ew.

Travel Charme Kurhaus Binz

Strandpromenade 27, Zufahrt über Schillerstr. 5 ✉ 18609
– ✆ (038393) 66 50 – www.travelcharme.com/kurhaus-binz
137 Zim – 76/208 € 148/398 € – 6 Suiten – ½ P
Seit 1908 existiert der beeindruckende Bau, der an der bekannten Seebrücke liegt. Komfortabel und wertig die Zimmer, großzügig der Wellnessbereich. Und machen Sie es sich auch mal in der geräumigen, hohen Lobby bei einem Kaffee gemütlich und beobachten Sie das Treiben auf der Strandpromenade! Klassisch-stilvolles Ambiente und regional-internationale Küche im Restaurant Kurhaus, Meerblick inklusive.

Grand Hotel Binz

Strandpromenade 7 ✉ 18609 – ✆ (038393) 1 50 – www.grandhotelbinz.com
122 Zim ☕ – 115/194 € 170/328 € – 5 Suiten – ½ P
Eine wohnlich-elegante Ferienadresse, die an die Bäderarchitektur erinnert. Die Zimmer liegen zur Meer- oder zur Waldseite (letztere etwas ruhiger), sehr schön sind die Maisonette-Suiten. Entspannen Sie am nahen Strand und gönnen Sie sich auch eine Anwendung im authentischen Thai-Bali-Spa! Im Restaurant mit Wintergarten und netter kleiner Terrasse serviert man Internationales.

CERÊS

Strandpromenade 24 ✉ 18609 – ✆ (038393) 6 66 70 – www.ceres-hotel.de
42 Zim ☕ – 143/283 € 158/448 € – 6 Suiten – ½ P
NEGRO – Siehe Restaurantauswahl
Der Eigentümer ist Architekt, da verwundert das durchgestylte Interieur nicht. Hochwertige Designerausstattung in Zimmern und Bädern (letztere teilweise mit Seeblick von der Badewanne!), schicker kleiner Spa, Innenhof mit Loungeflair... Und in der Tiefgarage wartet ein Extra auf Sie: Luxusautos zur Probefahrt!

Rugard Strandhotel

Strandpromenade 62, Zufahrt über Proraer Straße ✉ 18609 – ✆ (038393) 5 60 – www.rugard-strandhotel.de – geschl. 11. - 29. Januar, November 3 Wochen
217 Zim ☕ – 80/160 € 180/280 € – 14 Suiten
Rugard's Gourmet ✿ – Siehe Restaurantauswahl
An der schönen lang gezogenen Binzer Bucht erwarten Sie wohnliche Landhauszimmer, ein gediegener Lounge-/Barbereich und ein großer Spa mit Panorama-Dachterrasse. Bernstein: helles, verglastes Restaurant mit Bernsteinbrunnen.

Seehotel Binz-Therme

Strandpromenade 76, Zufahrt über Dollahner Straße ✉ 18609 – ✆ (038393) 60 15 10 – www.binz-therme.de – geschl. April
117 Zim ☕ – 94/144 € 125/192 € – 2 Suiten – ½ P
Am ruhigeren Teil der Strandpromenade liegt dieses komfortable Hotel, nur der Küstenschutzwald trennt Sie von der Ostsee. Beliebt ist das Haus auch bei Familien - ideal sind die Residenzappartements mit kleiner Küche und auch Kinderbetreuung wird angeboten. Besuchen Sie das Thermalbad mit Wasser aus 1222 m bzw. 300 m Tiefe!

AM MEER & SPA

Strandpromenade 34 ✉ 18609 – ✆ (038393) 4 40 – www.hotel-am-meer.de
60 Zim ☕ – 120 € 160 € – ½ P
Engagiert führt Wolfgang Schewe sein chic designtes Hotel. Toller Spa, eigenes Strandbad und versäumen Sie nicht den wunderbaren Panoramablick von der Blue Moon Lounge - hier können Sie sich sogar trauen lassen! Fast alle Zimmer haben Balkon und Meersicht, sehr schön die Galeriezimmer! Ansprechend auch das Restaurant: Klare Linien in Kombination mit warmen Holz- und Erdtönen ergeben ein frisches modernes Bild.

niXe

Strandpromenade 10 ✉ 18609 – ✆ (038393) 66 62 00 – www.nixe.de
12 Zim ☕ – 129/235 € 168/390 € – 4 Suiten
Eine schmucke Villa von 1903 und ein modernes Nebenhaus (ansprechend der Kontrast!) bilden dieses kleine Designhotel in bester Lage. Alles ist wirklich überaus geschmackvoll, stimmig und wertig in geradlinigem Stil gehalten - toll die Zimmer mit Meerblick! Und dann ist da noch der ebenso attraktive Saunabereich, nicht zu vergessen der charmante Service im ganzen Haus!

Vier Jahreszeiten

Zeppelinstr. 8 ✉ 18609 – ✆ (038393) 5 00 – www.vier-jahreszeiten.de
79 Zim ☕ – 79/129 € 99/159 € – ½ P
freustil ✿ – Siehe Restaurantauswahl
Was schon von außen so ansprechend aussieht (weiße Fassade im typischen Bäderstil), zeigt sich innen schön wohnlich: In den Zimmern italienische Möbel, angenehme Farben, teilweise Holzfußboden... Zum Wohlfühlen auch der Spa sowie die frische, helle "Orangerie" (samt netter kleiner Terrasse), in der Sie morgens gemütlich frühstücken und abends alternativ zum "freustil" speisen können.

Strandhotel Binz

Strandpromenade 33, Zufahrt über Marienstraße ✉ 18609 – ✆ (038393) 38 10 – www.strandhotel-binz.de

54 Zim – 79/179 € 99/199 € – ½ P

Das Haus ist schon von außen hübsch anzuschauen mit seiner historischen Fassade. Drinnen (in Stammhaus und Anbau) überzeugen wohnliche Zimmer in geradlinig-modernem oder klassischem Stil, nicht zu vergessen der freundliche und hilfsbereite Service sowie die gute Lage nahe der Strandpromenade. Im Restaurant maritimes Flair und Fischküche. Hinweis: Die Tiefgarage ist aufgrund des Parkboxen-Systems für große Autos nicht optimal.

Imperial

Strandpromenade 20, Zufahrt über Schwedenstraße ✉ 18609 – ✆ (038393) 13 80 – www.karin-loew-hotellerie.de – geschl. 18. - 25. Dezember, 5. - 10. Januar

27 Zim – 50/85 € 67/145 €

Relativ ruhig liegt die schöne 1903 erbaute Jugendstilvilla mit zeitgemäß-wohnlichen Zimmern - meist haben sie Balkon und Ostseeblick. Nett sitzt man auf der Frühstücksterrasse zur Promenade. Praktisch: Man bietet einen Shuttleservice von und zum Bahnhof.

Rugard's Gourmet – Rugard Strandhotel

Strandpromenade 62, 5. Etage, Zufahrt über Proraer Straße ✉ 18609 – ✆ (038393) 5 68 30 – www.rugard-strandhotel.de – geschl. Januar 3 Wochen, November 3 Wochen und Sonntag - Montag

Menü 59/119 € – *(nur Abendessen)* (Tischbestellung ratsam)

In der 5. Etage des großen Ferienhotels entsteht kreative Küche auf klassischer Basis - die Zutaten dafür: erstklassige Produkte und Finesse. Einen schönen Rahmen gibt es auch: elegante Atmosphäre, fantastische Aussicht und sehr aufmerksamer Service samt passender Weinempfehlung.

➜ Tatar vom Langostino, Exotic, Melone, Krokant, Macarons. Getauchte Jakobsmuschel, Champignon, Speck, Estragonmayonnaise. Milchkalbsbries, gelierter Kalbskopf, Wilde Garnele, Sellerie.

NEGRO – Hotel CERÊS

Strandpromenade 24 ✉ 18609 – ✆ (038393) 66 67 77 – www.ceres-hotel.de

Menü 44 € – Karte 37/60 € – *(nur Abendessen)*

Effektvoll setzt sich das minimalistische Interior in Szene. Die konsequente Einhaltung der Farbkombination Schwarz-Ecru macht das Ganze zu einem Ort, der ideal ist zum Entspannen und zum Genießen der guten regionalen Küche.

freustil – Hotel Vier Jahreszeiten

Zeppelinstr. 8 ✉ 18609 – ✆ (038393) 5 04 44 – www.freustil.de – geschl. Montag, Oktober - Mai: Montag - Dienstag

Menü 48 € (vegetarisch)/58 €

Ungezwungen die Atmosphäre, dezente Loungemusik im Hintergrund und dazu herzlicher Service - der ideale Rahmen für die frische kreative Küche von Ralf Haug. Und die kommt in Form zweier Menüs (eines davon vegetarisch) auf die blanken Holztische, gespickt mit kleinen Überraschungen hier und da!

➜ Zwiebelcafé mit Whiskycreme und Schweinebauch. Mixed Pickles aus Stegers Garten. Ochsenfilet, Spitzkohl, Kartoffelacker.

Strandhalle

Strandpromenade 5 ✉ 18609 – ✆ (038393) 3 15 64 – www.strandhalle-binz.de – geschl. Ende Januar 2 Wochen und September - Mai: Montag

Menü 30 € – Karte 22/49 € – *(November - März: Dienstag - Freitag nur Abendessen)*

Am Ende der Promenade steht das nette restaurierte Strandhaus mit nostalgischer Note. Von den vorderen Fensterplätzen schaut man aufs nahe Meer, ebenso von der Terrasse vor dem Haus. Auf der Karte z. B. "Ostseedorsch unter der Kartoffel-Rosmarinkruste" oder "Variation von Matjes", aber auch Fleischgerichte.

GÖHREN – 1 240 Ew. – Höhe 35 m

Hanseatic

Nordperdstr. 2 ✉ 18586 – ✆ (038308) 5 15 – www.hotel-hanseatic.de
126 Zim – 84/149 € 122/216 € – 5 Suiten – ½ P
Ein neuzeitliches Hotel im Bäderstil mit markantem Turm (hier Café und Standesamt). Neben wohnlichen Zimmern mit Pantry sowie Appartements in den Villen Fortuna und Felicitas gibt es einen hübschen Spa, und gastronomisch hat man hier verschiedene Möglichkeiten.

Travel Charme Nordperd

Nordperdstr. 11 ✉ 18586 – ✆ (038308) 70 – www.travelcharme.com – geschl. 4. Januar - 11. März
92 Zim – 65/153 € 98/218 € – 4 Suiten – ½ P
Ein leicht erhöht und relativ ruhig gelegenes Ferienhotel, das aus mehreren Häusern besteht. Mit wohnlichen Zimmern, schönem Garten- und Liegebereich sowie Zugang zum Strand.

Stranddistel

Katharinenstr. 9 ✉ 18586 – ✆ (038308) 54 50 – www.ruegen-hotel-stranddistel.de – geschl. 5. Januar - 27. März, 1. November - 26. Dezember
30 Zim – 58/85 € 98/170 € – 4 Suiten
Die ruhige und doch zentrumsnahe Lage sowie wohnliche Gästezimmer - alle mit Balkon und teilweise mit Seeblick - sprechen für diesen Familienbetrieb. Man bietet auch Ausflüge mit dem hauseigenen Segelschiff "Sehnsucht".

Inselhotel

Wilhelmstr. 6 ✉ 18586 – ✆ (038308) 55 50 – www.inselhotel-ruegen.de – geschl. 15. November - 28. Dezember
27 Zim – 45/70 € 70/116 € – 5 Suiten
Nur 150 m vom Dünenwald entfernt empfangen Sie wirklich freundliche Gastgeber. Familie Riffel hat hier neuzeitlich-funktionale Zimmer (darunter auch einige Appartements) und frühstücken kann man sehr schön auf der Terrasse vor dem Haus. Übrigens: Parken ist im Preis inbegriffen.

Knoblochs Kräuterküche - Villa mit Sonnenhof

Friedrichstr. 8 ✉ 18586 – ✆ (038308) 3 40 94 – www.villa-mit-sonnenhof.de – geschl. Januar - Februar und Sonntag - Donnerstag
Menü 115/120 € – *(nur Abendessen)* (Tischbestellung erforderlich)
Bei Christina und Peter Knobloch kommen nur Erzeugnisse von der Insel auf den Teller, viele Gemüse und Kräuter stammen sogar aus dem eigenen 2000 qm großen Garten! Gerne darf man dem Chef beim Kochen über die Schulter schauen, wenn er sein saisonal-regionales Kräutermenü mit 8 - 10 Gängen zubereitet, das dann ab 19 Uhr an einem großen Tisch serviert wird - unbedingt rechtzeitig reservieren! Und für zuhause gibt's hausgemachte Produkte zu kaufen. Charmante Ferienwohnung.

LOHME – 460 Ew. – Höhe 50 m

Schloss Ranzow

Schlossallee 1 ✉ 18551 – ✆ (038302) 8 89 10 – www.schloss-ranzow.de – geschl. 4. Januar - 3. März, 31. Oktober - 20. November
20 Zim – 75/169 € 95/199 € – ½ P
Der Weg an die nordöstliche Spitze der Insel lohnt sich: In exponierter Lage mit Traumblick steht auf einem wunderschönen Anwesen dieses ehemalige Herrenhaus von 1900! Im Schloss schicke, edel-moderne Zimmer und das elegante Restaurant mit regionaler Küche (Kaffee und Kuchen gibt es täglich ab 12 Uhr), im Gästehaus geradlinig designte Appartements. Eigene Golf-Übungsanlage und sogar eine Hauskapelle zum Heiraten!

NEUENKIRCHEN – 330 Ew.

In Neuenkirchen-Tribbevitz Süd-Ost: 2 km

Gut Tribbevitz

Tribbevitz 6 ✉ 18569 – ✆ (038309) 70 80 – www.gut-tribbevitz.de

20 Zim – 70/95 € 100/130 € – 7 Suiten

Das schmucke historische Gutshaus in ruhiger, einsamer Lage beherbergt recht geräumige Gästezimmer. Schön der Garten mit altem Baumbestand. Zur Anlage gehört auch ein Trakehnergestüt mit Gastboxen.

PUTBUS – 4 330 Ew. – Höhe 50 m

In Putbus-Lauterbach Süd-Ost: 2 km

Badehaus Goor

Fürst-Malte-Allee 1 ✉ 18581 – ✆ (038301) 8 82 60 – www.hotel-badehaus-goor.de

86 Zim – 50/119 € 84/178 € – 3 Suiten – ½ P

Direkt am Greifswalder Bodden steht die ehemalige fürstliche Residenz von 1818 - ein hübscher Rahmen für die geschmackvollen, klassisch-wohnlichen Zimmer. Schön sind auch Spa und Garten. Elegantes Restaurant mit Terrasse im reizvollen Innenhof.

In Putbus-Wreechen Süd-West: 2 km

Wreecher Hof

Kastanienallee 1 ✉ 18581 – ✆ (038301) 8 50 – www.wreecher-hof.de

42 Zim – 49/89 € 79/111 € – 4 Suiten – ½ P

Familie Jürgens bietet in dem Ferienhotel mit den sieben reetgedeckten Häusern meist Suiten, Juniorsuiten oder Maisonetten sowie Kosmetik und Massage. Idyllische Lage im Grünen.

RALSWIEK – 240 Ew.

Schlosshotel Ralswiek

Parkstr. 35 ✉ 18528 – ✆ (03838) 2 03 20 – www.schlosshotel-ralswiek.de

62 Zim – 65/85 € 93/188 € – 3 Suiten – ½ P

Wunderschön anzusehen ist das 1893 im Stil der Neurenaissance erbaute Schloss, das oberhalb des Jasmunder Boddens einsam in einem Park liegt. Auch Kosmetikanwendungen gibt es im Haus. Von der Terrasse des hübschen Restaurants schaut man auf Park, Bodden und Seebühne.

SAGARD – 2 430 Ew. – Höhe 25 m

In Sagard-Neddesitz Nord-Ost: 3 km

Precise Resort

Am Taubenberg 1 ✉ 18551 – ✆ (038302) 95 – www.precisehotelruegen.de

119 Zim – 64/149 € 74/159 € – 10 Suiten – ½ P

Familienfreundliche Ferienanlage mit historischem Gutsherrenhaus als Herzstück. Hier befinden sich individuelle, sehr wohnliche Suiten. Angrenzende Therme mit Sport- und Wellnessangebot. Italienische Küche im Abendrestaurant L'Osteria. Hofküche mit hübschem Wintergarten.

SASSNITZ – 9 490 Ew. – Höhe 30 m

Waterkant

Walterstr. 3 ✉ 18546 – ✆ (038392) 5 09 41 – www.hotel-waterkant.de – geschl. 28. November - 25. Februar

16 Zim – 35/80 € 50/95 €

Sympathisch-familiär und tipptopp gepflegt ist das kleine Hotel von Jutta Koß, das schön oberhalb des Hafens liegt. Fragen Sie nach den Zimmern mit Meerblick! Wunderbar entspannen lässt es sich im schöner Garten mit kleinem Brunnen - beobachten Sie doch mal mit dem Fernglas die Schiffe!

Gastmahl des Meeres

Strandpromenade 2 ✉ 18546 – ✆ (038392) 51 70 – www.gastmahl-des-meeres-ruegen.de
12 Zim ☕ – 🚹60/80 € 🚹🚹80/110 € – ½ P Karte 22/46 €
Fischliebhaber finden hier, was ihr Herz begehrt: ganze Scholle, Sprotten, Fischsoljanka... und die Portionen machen satt! Gerne sitzen die Gäste auf der Terrasse zur Strandpromenade. Und wer in einem der ländlich-wohnlichen Zimmer übernachtet, hat einen eigenen Parkplatz.

SEHLEN – 860 Ew. – Höhe 35 m

In Sehlen-Klein Kubbelkow Nord-West: 3,5 km, über die B 96 Richtung Bergen

Gutshaus Kubbelkow

Im Dorfe 8 ✉ 18528 – ✆ (03838) 8 22 77 77 – www.kubbelkow.de – geschl. Anfang Februar 2 Wochen und Dienstag
8 Zim ☕ – 🚹95/130 € 🚹🚹115/130 € – 2 Suiten – ½ P
Menü 43/78 € – Karte 45/52 € – *(nur Abendessen)*
Mit seiner schmucken Fassade und den stilvollen Salons bewahrt das denkmalgeschützte Herrenhaus in schöner Parklage den ursprünglichen Charme von 1908. Axel Diembeck bietet ambitionierte internationale Küche. Tipp: Bleiben Sie über Nacht! Die Gästezimmer sind hochwertig und ausgesprochen geschmackvoll mit Sinn fürs Detail eingerichtet, hier und da antike Stücke, und am Morgen genießt man ein tolles Frühstück mit reichhaltiger Auswahl!

SELLIN – 2 410 Ew. – Höhe 20 m

ROEWERS Privathotel

Wilhelmstr. 34 ✉ 18586 – ✆ (038303) 12 20 – www.roewers.de
53 Zim ☕ – 🚹135/235 € 🚹🚹165/265 € – 24 Suiten – ½ P
Wohnen im ältesten Haus des Ortes? Hier ist es möglich, denn zu dem hübschen Häuserensemble im typisch wilhelminischen Bäderstil gehört die über 100 Jahre alte "Villa Vineta"! Eine überaus geschmackvolle Adresse, in deren historischen Rahmen sich angenehm dezent auch moderne Elemente mischen. Auf dem 1 ha großen Grundstück unweit des Ostseestrandes finden Sie eine ruhige Oase in Form eines tollen Privatparks samt dreistöckigem Spa-Bau! Und gastronomisch? Im Ambiance serviert man internationale Küche (dazu eine sehr schöne Weinauswahl), in der Brasserie gibt es Snacks.

WIEK – 1 120 Ew.

Kyp Yachthafen Residenz

Hauptstr. 10 ✉ 18556 – ✆ (038391) 7 64 60 – www.kyp-ferien-ruegen.de – geschl. November - März
38 Zim ☕ – 🚹40/65 € 🚹🚹64/90 € – ½ P
Gegenüber der Kirche, ca. 100 m vom Hafen steht das neu aufgebaute traditionelle Gasthaus mit modernem Anbau. Man verfügt über zeitgemäße Zimmer, Appartements und Ferienwohnungen. Deutsches Haus nennt sich das elegant im Brauhausstil gehaltene Restaurant.

RÜHSTÄDT

Brandenburg – 490 Ew. – Höhe 23 m – Regionalatlas **21**-M7
Berlin 155 km – Potsdam 133 km – Perleberg 22 km – Stendal 67 km
Michelin Straßenkarte 542

Schloss Rühstädt

Am Schloss 3 ✉ 19322 – ✆ (038791) 8 08 50 – www.schlosshotel-ruehstaedt.de – geschl. 7. - 21. Januar
14 Zim ☕ – 🚹69/75 € 🚹🚹100/110 €
In dem für viele Storche bekannten Ort liegt das schöne Schloss mit stilgerechter Einrichtung. Geräumige Zimmer und diverse Wohlfühl-Angebote in unterschiedlichen Trakten des Anwesens.

RÜLZHEIM

Rheinland-Pfalz – 7 780 Ew. – Höhe 112 m – Regionalatlas **54-E17**
Berlin 676 km – Mainz 117 km – Neustadt a.d. Weinstraße 48 km – Stuttgart 105 km
Michelin Straßenkarte 543

Hotel Apart

Keplerstr. 1 ✉ 76761 – ✆ (07272) 77 60 00 – www.hotel-apart.eu
20 Zim – 74/84 € 104 € – 1 Suite
Auch wenn die Lage im Gewerbegebiet eher unspektakulär ist, so ist das Hotel innen umso attraktiver: die Zimmer modern, komfortabel und schön stimmig (alle mit kleiner Küche), frisch das Frühstück. Etwas Besonderes ist die Penthouse-Suite!

RÜSSELSHEIM

Hessen – 60 930 Ew. – Höhe 88 m – Regionalatlas **47-F15**
Berlin 561 km – Wiesbaden 19 km – Frankfurt am Main 29 km – Darmstadt 27 km
Michelin Straßenkarte 543

In Rüsselsheim-Bauschheim Süd-West: 5 km über B 519, jenseits der A 60

Bauschheimer Hof

Am Weinfaß 133 ✉ 65428 – ✆ (06142) 9 74 10 – www.bauschheimerhof.de
24 Zim – 70/80 € 80/90 € – 10 €
Die gute Anbindung an die Autobahn sowie funktionell und dennoch wohnlich eingerichtete Gästezimmer sprechen für dieses Businesshotel - im Grüngürtel des Rhein-Main-Gebiets gelegen. Im Restaurant bietet man unter der Woche Abendessen.

RÜTHEN

Nordrhein-Westfalen – 10 330 Ew. – Höhe 380 m – Regionalatlas **27-F11**
Berlin 466 km – Düsseldorf 150 km – Arnsberg 44 km – Detmold 73 km
Michelin Straßenkarte 543

In Rüthen-Kallenhardt Süd: 8 km über Suttrop

Knippschild

Theodor-Ernst-Str. 3 ✉ 59602 – ✆ (02902) 8 03 30 – www.hotel-knippschild.de – geschl. über Weihnachten
20 Zim – 89/139 € 128/188 € – 2 Suiten – ½ P
Knippschild – Siehe Restaurantauswahl
Bei Familie Knippschild (bereits die 5. Generation ist im Haus) ist es überall gemütlich, dafür sorgen Farben, Stoffe, Holz... Schauen Sie sich unbedingt auch das Saunadorf an - Schwarzwaldholz macht's schön behaglich! Elektrofahrräder kann man kostenlos leihen - reservieren Sie rechtzeitig!

Knippschild – Hotel Knippschild

Theodor-Ernst-Str. 3 ✉ 59602 – ✆ (02902) 8 03 30 – www.hotel-knippschild.de – geschl. über Weihnachten
Menü 40 € – Karte 28/53 €
Dorfstube, Bauernstube, Romantikstube - was schon die Namen an Charme versprechen, hält die schöne, liebenswerte Einrichtung! Freundlich und angenehm leger wird den Gästen regionale und saisonale Küche aufgetischt.

RUHPOLDING

Bayern – 6 730 Ew. – Höhe 656 m – Regionalatlas **67-O21**
Berlin 703 km – München 115 km – Bad Reichenhall 30 km – Salzburg 43 km
Michelin Straßenkarte 546

Ortnerhof

Ort 6, am Golfplatz, Süd: 3 km ✉ 83324 – ✆ (08663) 8 82 30 – www.ortnerhof.de
44 Zim – 48/63 € 126/198 € – ½ P
Wellness direkt im Hotel, Golfen gleich nebenan. Viel Platz hat man in den schönen Zimmern im neueren Anbau. Private Spa Suite für Paare, gemütliche Hotelbar in der Halle. A-la-carte-Gäste wählen von der zeitgemäßen Tageskarte. HP inkl.

Steinbach-Hotel

Maiergschwendter Str. 8 ✉ 83324 – ✆ (08663) 54 40 – www.steinbach-hotel.de – geschl. November
67 Zim – 56/99 € 102/136 € – 8 Suiten – ½ P
Von hier aus ist man im Nu am Skilift. Wer's ruhiger mag, entspannt im schönen Saunabereich oder im Hallenbad. Die Zimmer sind recht unterschiedlich, die meisten mit Balkon. Besonders gemütlich speist man in der holzgetäfelten Stube am Kachelofen.

RUHSTORF an der ROTT

Bayern – 6 930 Ew. – Höhe 319 m – Regionalatlas **60-P19**
Berlin 622 km – München 155 km – Passau 23 km – Salzburg 118 km
Michelin Straßenkarte 546

Antoniushof

Ernst-Hatz-Str. 2 ✉ 94099 – ✆ (08531) 9 34 90 – www.antoniushof.de
38 Zim – 85/125 € 105/174 € – 1 Suite – ½ P
Ein traditionsreicher Familienbetrieb mit verschiedenen Zimmerkategorien im wohnlichen Landhausstil. Eine Besonderheit: die Wellness-Suite mit Sauna und Whirlpool. Aber auch im schönen Feng-Shui-Garten lässt es sich gut entspannen. Internationale Küche in der rustikal-eleganten Kaminstube und im Wintergarten.

RUMBACH

Rheinland-Pfalz – 440 Ew. – Höhe 233 m – Regionalatlas **53-D17**
Berlin 704 km – Mainz 150 km – Karlsruhe 60 km – Saarbrücken 91 km
Michelin Straßenkarte 543

In Nothweiler Süd: 3,5 km

Landgasthaus Zur Wegelnburg

Hauptstr. 15 ✉ 76891 – ✆ (06394) 9 20 91 90 – www.zur-wegelnburg.de – geschl. 5. Januar - 10. Februar
12 Zim – 50/60 € 78/95 € – ½ P
Das kleine Gasthaus in der Dorfmitte wird familiär geführt und verfügt über wohnlich-solide eingerichtete Zimmer sowie ländliche Gaststuben mit teils überdachter Sonnenterrasse. Die Umgebung bietet gute Ausflugsmöglichkeiten.

RUPPERTSBERG

Rheinland-Pfalz – 1 460 Ew. – Höhe 121 m – Regionalatlas **47-E16**
Berlin 653 km – Mainz 90 km – Neustadt an der Weinstraße 9 km – Saarbrücken 126 km
Michelin Straßenkarte 543

Hofgut Ruppertsberg

Obergasse 2 ✉ 67152 – ✆ (06326) 98 20 97 – www.dashofgut.com – geschl. Februar 10 Tage und Dienstag
Menü 34/49 € – Karte 27/67 € – *(Montag - Freitag nur Abendessen)*
Der historische Gasthof ist eine der Keimzellen des Weinguts Bürklin-Wolf und heute ein charmantes Restaurant samt herrlichem Innenhof - prädestiniert für Hochzeiten! Man verarbeitet fast ausschließlich Bio-Produkte, so z. B. für "gekochte Schweinezunge mit Meerrettichsauce" oder "überbackene Zwiebelsuppe".

RUST

Baden-Württemberg – 3 800 Ew. – Höhe 164 m – Regionalatlas **53**-D20
Berlin 776 km – Stuttgart 185 km – Freiburg im Breisgau 37 km – Offenburg 37 km
Michelin Straßenkarte 545

Bell Rock

Peter-Thumb-Str. 6, im Europa-Park ✉ 77977 – ✆ (07822) 86 00 – www.europapark.de/bell-rock – geschl. 15. - 25. Februar
190 Zim – 🚹86/172 € 🚹🚹121/221 € – 35 Suiten
ammolite - The Lighthouse Restaurant – Siehe Restaurantauswahl
Entdecken Sie das historische Neuengland! Stilvolle Fassaden und geschmackvolles Interieur mit maritimem Touch auf 40 000 qm. Zahlreiche schöne Details von den großen Bildern in der Halle über originelle Kinder-Etagenbetten im Schiffs-Look bis zum Pooldeck "Mayflower" widmen sich den Pilgervätern in Amerika.

ammolite - The Lighthouse Restaurant – Hotel Bell Rock

Peter-Thumb-Str. 6 ✉ 77977 – ✆ (07822) 77 66 99 – www.ammolite-restaurant.de – geschl. Februar, Juli - August 2 Wochen und Montag - Dienstag
Menü 69/119 € – Karte 94/102 € – *(Mittwoch - Freitag nur Abendessen)* (Tischbestellung ratsam)
Besonders, unverwechselbar und selten wie ein Ammolit! Das Restaurant im EG des Leuchtturms hat eine spezielle Atmosphäre: hochwertigste Materialien, kraftvolle dunkle Töne, stimmiges Dekor. Eine sehr gut besetzte, stets präsente und trotzdem unaufdringliche Servicebrigade umsorgt Sie fachkundig mit aromenintensiven und kontrastreichen modernen Speisen.
→ Bachforelle, Senfgurke, Tapioka, Gurken. Seezunge, Blumenkohl, Blattspinat, Curry, Tomate, Jasminreis. Rind, Erdnuss, Buchenpilze, Pak Choi, Limettenjus.

SAALFELD

Thüringen – 25 100 Ew. – Höhe 240 m – Regionalatlas **40**-L13
Berlin 294 km – Erfurt 59 km – Coburg 73 km – Suhl 65 km
Michelin Straßenkarte 544

Anker

Markt 25 ✉ 07318 – ✆ (03671) 59 90 – www.hotel-anker-saalfeld.de
49 Zim – 🚹57/83 € 🚹🚹85/109 € – 2 Suiten – ½ P
Güldene Gans* • *Thüringer Stuben – Siehe Restaurantauswahl
Schon seit 1543 gibt es dieses Gasthaus direkt am Marktplatz, in dem man gut schlafen und speisen kann! Die Zimmer zum Marktplatz sind teilweise etwas größer geschnitten.

Güldene Gans – Hotel Anker

Markt 25 ✉ 07318 – ✆ (03671) 59 91 03 – www.gueldene-gans.de – geschl. Januar - Februar 4 Wochen, Juli - August 4 Wochen und Sonntag - Montag
Menü 35/47 € – Karte 34/44 € – *(nur Abendessen)* (Tischbestellung erforderlich)
Das historische Kellergewölbe mit seinem mächtigen Gemäuer und dem schönen alten Kachelofen ist schon ein besonderer Rahmen! André Dubrow und Jan Fischer bieten jeden Abend ein schmackhaftes Menü mit 3 - 5 Gängen, das man auch mit Weinbegleitung bestellen kann. In der Saison Heimisches wie Reh oder Waller.

Thüringer Stuben

Markt 25 ✉ 07318 – ✆ (03671) 59 91 03 – www.gueldenegans-saalfeld.de
Menü 25 € – Karte 20/34 €
Lust auf regionale Klassiker? In diesem lebhaften, gemütlichen Restaurant mit Blick auf den Markplatz bietet man Ihnen z. B. Rostbratwürste, Köße oder Rouladen - und nachmittags hausgemachte Kuchen.

SAALFELDER HÖHE

Thüringen – 3 160 Ew. – Höhe 570 m – Regionalatlas **40-L13**
Berlin 310 km – Erfurt 86 km – Saalfeld 11 km – Jena 61 km
Michelin Straßenkarte 544

Im Ortsteil Eyba

Schlosshotel Eyba
Eyba 23 ✉ 07422 – ✆ (036736) 3 40 – www.schlosshotel-eyba.de
41 Zim – 69/89 € 98/120 € – 3 Suiten – ½ P
In einer schönen Parkanlage steht das im 16. Jh. erbaute Schloss mit Gästehaus. Man bietet funktionelle, neuzeitliche Zimmer sowie einen gut ausgestatteten Tagungsbereich.

SAARBRÜCKEN

Saarland – 177 210 Ew. – Höhe 190 m – Regionalatlas **45-C17**
Berlin 710 km – Mannheim 128 km – Luxembourg 93 km – Metz 67 km
Michelin Straßenkarte 543

Victor's Residenz-Hotel
Deutschmühlental 19, über A1, Richtung Saarlouis ✉ 66117 – ✆ (0681) 58 82 10 – www.victors.de
142 Zim – 107/154 € 132/179 € – 2 Suiten – ½ P
In dem komfortablen Hotel neben dem Kasino, beim Deutsch-Französischen Garten wohnen Sie zum Park oder zum Boulevard. Auch beim Essen hat man Auswahl: Sie mögen Brasserie-Flair à la Paris? Im Chez Victor's gibt es französische Küche. Schnell und günstig: "Menu TGV" am Mittag. Freitags Meeresfrüchte-Karte, sonntags Brunch. Stüble als gemütlich-bayerische Alternative.

La Résidence
Faktoreistr. 2 ✉ 66111 – ✆ (0681) 3 88 20 – www.la-residence.de – geschl. 21. Dezember - 7. Januar Stadtplan : A1**x**
139 Zim – 95/145 € 125/175 € – 9 Suiten – ½ P
Ideale Businessadresse in zentraler Lage am Kongresszentrum. Wie wär's z. B. mit einem der geräumigen Loft-Einzelzimmer im obersten Stock? Ganz oben auch der Saunabereich, schön der Blick hier über die Stadt. Im Bonne Table isst man französisch-international. Tipp: günstiger Business Lunch.

Domicil Leidinger
Mainzer Str. 10 ✉ 66111 – ✆ (0681) 9 32 70 – www.leidinger-saarbruecken.de Stadtplan : B2**n**
88 Zim – 88/130 € 110/155 €
Jens Jakob - Das Restaurant* ✿ • *s' Olivo – Siehe Restaurantauswahl
Juniorsuite oder Standardzimmer, Feng-Shui, Japan, Afrika... Wie möchten Sie wohnen? Eine richtige kleine Oase ist der charmante begrünte Zen-Innenhof. Zudem: Bar-Lounge "Panetteria" sowie Theater mit Jazzclub im Hinterhaus. Hotel samt Gäste sind für Familie Leidinger Lebenswerk und Herzenssache zugleich!

Am Triller
Trillerweg 57 ✉ 66117 – ✆ (0681) 58 00 00 – www.hotel-am-triller.de Stadtplan : A2**b**
110 Zim – 92/144 € 107/159 € – 14 € – ½ P
Kunst und modernes Design sind hier allgegenwärtig. Bei den Zimmern hat man die Qual der Wahl: ein helles "Economy"-Zimmer oder eines der ganz individuellen Themenzimmer von "Musée de Paris" über "Licht & Natur" bis zu den neuen "Saarlegenden"-Zimmern mit ihrer vom Künstler Bernd Kissel gestalteten Comic-Wand? Im Restaurant setzt man auf Bioprodukte.

Bayrischer Hof
St. Ingberter Str. 46, Rotenbühl, Ost: 3 km über B1 ✉ 66123 – ✆ (0681) 9 58 28 40 – www.bayrischerhof-sb.de – geschl. 28. Dezember - 3. Januar
22 Zim – 69/86 € 89/106 €
Das Haus in bevorzugter Wohnlage wird sehr intensiv und persönlich von der freundlichen Gastgeberin und ihrem Team geführt, ist überaus liebenswert eingerichtet und bietet den Gästen eine herzliche Betreuung.

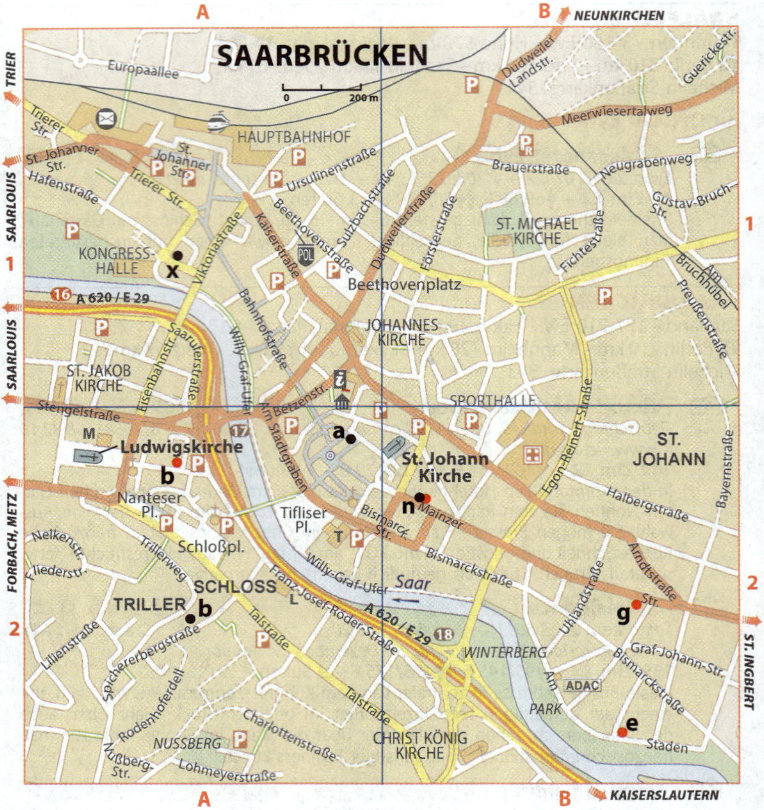

Fuchs

Kappenstr. 12 ✉ *66111 – ✆ (0681) 9 59 11 01* Stadtplan : A2**a**
– www.hotelfuchs.de – geschl. 25. Dezember - 1. Januar
9 Zim – 90/99 € 104/113 €
Das denkmalgeschützte alte Stadthaus (Dependance von Klaus Erforts "GästeHaus") hat mehrere Pluspunkte: die Lage in der Fußgängerzone, vergünstigtes Parken (Rathaus- oder Theatergarage), wohnlicher geradlinig-moderner Stil, zudem bietet man Sushi. Tipp: charmantes Dach-Apartment mit Loggia und Stadtblick!

GästeHaus Klaus Erfort

Mainzer Str. 95 ✉ *66121 – ✆ (0681) 9 58 26 82* Stadtplan : B2**g**
– www.gaestehaus-erfort.de – geschl. 24. Dezember - Anfang Januar, August 2 Wochen und Samstagmittag, Sonntag - Montag sowie an Feiertagen
Menü 125/195 € – Karte 102/155 € – (Tischbestellung ratsam)
Die strahlend weiße Villa ist eine der großen Bastionen für klassische High-End-Kulinarik in Deutschland. Die Gerichte sind sehr fein ausbalanciert, kraftvoll und intensiv und werden von trefflichen Weinempfehlungen begleitet. Zum umsichtigen Service kommt noch der schöne Rahmen nebst toller Terrasse.
➜ Gemüseacker mit bretonischem Hummer, Olivenkrokant und pochiertem Wachtelei. Zweierlei Süppchen von der Wachtel mit kleinen Raviolis. Baeckeoffe von der Taube mit Trüffeljus und jungem Lauch.

XX ✿

Jens Jakob - Das Restaurant – Hotel Domicil Leidinger

Mainzer Str. 10 ✉ 66111 – ✆ (0681) 9 68 19 88 Stadtplan : B2**n**
– www.jjdasrestaurant.jensjakobgourmetworld.com – geschl. Ende Juli - Mitte August 3 Wochen und Sonntag - Montag
Menü 24 € (mittags)/103 € – Karte 59/67 €
Auch nach dem Konzeptwechsel kochen Jens Jakob und sein Team im ehemaligen "Le Noir" klassisch, klar und produktbezogen, weniger verspielt und dennoch niveauvoll. Der Rahmen: geschmackvoll und zugleich angenehm locker. Mittags ist die Auswahl kleiner, am Abend gibt es ein variables Menü und einige Klassiker.
➜ Eigelbravioli mit Kalbskopf und Meerrettich. Teres Major mit Mais und Pfifferlingen. Holundersüppchen mit Pfirsicheis und Limone.

XX

L'Arganier im Handelshof

Wilhelm-Heinrich-Str. 17 ✉ 66111 – ✆ (0681) 5 69 20 Stadtplan : A2**b**
– www.larganier.de – geschl. über Fastnacht 1 Woche, Juli - August 2 Wochen und Samstagmittag, Sonntagabend - Montag
Menü 28 € (mittags unter der Woche)/88 € – Karte 36/72 €
In den schönen klassisch-modernen Räumen des ehrwürdigen Handelshofs setzt man auf französische Küche mit marokkanischen Einflüssen - interessant z. B. "Jakobsmuscheln, Fenchel, Apfel, Räucheraal". Zusätzlich zum A-la-carte-Angebot: günstiges Mittags- und Abendmenü.

XX

Restaurant Quack in der Villa Weismüller

Gersweiler Str. 43a, Alt-Saarbrücken, über A2 Richtung Metz ✉ 66117 – ✆ (0681) 5 21 53 – www.restaurant-quack.de – geschl. 29. Dezember - 4. Januar und Freitagmittag, Samstagmittag - Sonntag
Menü 30/65 € – Karte 33/61 € – (Tischbestellung ratsam)
Ob Bretonische Fischsuppe oder Saarländisches Côte de Boeuf, hier schmeckt es einfach! Zur guten Küche gibt's feine Weine und eine große Portion Charme. Tipp: Reservieren Sie am "Chef's Table" mit Blick in die Küche. Champagner-Lounge.

X

Schlachthof Brasserie

Straße des 13. Januar 35, über Mainzer Straße B2 ✉ 66121 – ✆ (0681) 6 85 33 32 – www.schlachthof-brasserie.de – geschl. Sonntag - Montagmittag sowie an Feiertagen
Menü 39 € – Karte 28/59 € – (Tischbestellung ratsam)
Mitten im Schlachthofviertel gelegen, steht in der charmanten Brasserie natürlich Fleisch im Mittelpunkt - an der "Schwamm sélection" mit ihrem Rind aus Trockenreifung kommt kein Steak-Liebhaber vorbei, aber auch "gebratener Pulpo mit Fenchel, Sellerie und Dill" ist lecker!

X

Le Bouchon

Am Staden 18 ✉ 66121 Stadtplan : B2**e**
– ✆ (0681) 6 85 20 60 – www.lebouchon.de – geschl. Samstagmittag, Sonntag - Montagmittag
Menü 27/47 € – Karte 30/52 € – (abends Tischbestellung ratsam)
Hier wird französische "Bistronomie" gelebt - so gibt es in dem sympathischen, freundlichen Gewölberestaurant Traditionelles aus Frankreich (Quiches, Crêpes Suzette...), aber auch regional-saisonale Speisen. Und nach dem Essen ein schöner Spaziergang entlang der Saar?

X

s' Olivo – Hotel Domicil Leidinger

Mainzer Str. 10 ✉ 66111 – ✆ (0681) 9 68 19 88 Stadtplan : B2**n**
– www.solivo.jensjakobgourmetworld.com – geschl. Montag sowie an Feiertagen
Menü 30/67 € – Karte 27/53 € – (Tischbestellung ratsam)
Der Name lässt es bereits vermuten: Die Speisen hier sind mediterran inspiriert. Passend dazu hat auch das Ambiente eine südländische Note, und die einsehbare Küche erlaubt interessante Einblicke.

Auf dem Halberg Ost: 4 km über Mainzer Straße B2

Schloss Halberg

Franz-Mai-Str. 1 ✉ 66121 Saarbrücken – ✆ (0681) 6 31 81 – www.restaurant-schloss-halberg.de – geschl. Samstagmittag, Sonntag, außer an Feiertagen

Menü 45/55 € – Karte 36/59 €

In dem Schloss neben dem Saarländischen Rundfunk finden sich Bistro, Restaurant und Wintergarten sowie eine Terrasse und Salons für Extras. Geboten wird französische Küche, z. B. "Lammcarré in Kräuterkruste". Tipp: Veranstaltungen wie Schlager-, Krimi- oder Gangster-Dinner - hier müssen Sie reservieren!

SAARBURG

Rheinland-Pfalz – 6 830 Ew. – Höhe 130 m – Regionalatlas **45-B16**

Berlin 743 km – Mainz 176 km – Trier 25 km – Saarbrücken 71 km

Michelin Straßenkarte 543

Villa Keller

Brückenstr. 1 ✉ 54439 – ✆ (06581) 9 29 10 – www.villa-keller.de – geschl. Mitte Februar - Anfang März

11 Zim – 75/85 € 110/140 € – ½ P

Villa Keller – Siehe Restaurantauswahl

Fliesen, Stuck, Holzböden... Vieles hier ist noch original, das macht die klassisch-elegante Villa von 1801 schon zu einem kleinen Schmuckstück. Toll die Lage direkt an der Saar, schön die Aussicht auf die Burg. Gemütlich-uriges Wirtshaus mit regional-bürgerlicher Küche und netter Biergarten im Innenhof.

Saar Galerie

Heckingstr. 12, 2. Etage ✉ 54439 – ✆ (06581) 9 29 60 – www.hotel-saar-galerie.de

33 Zim – 56/59 € 86/89 €

Das Hotel ist in eine Einkaufspassage am Rande der Innenstadt integriert. Die Zimmer sind meist sehr geräumig sowie funktionell und neuzeitlich-wohnlich gestaltet.

Villa Keller – Hotel Villa Keller

Brückenstr. 1 ✉ 54439 – ✆ (06581) 9 29 10 – www.villa-keller.de – geschl. Mitte Februar - Anfang März und Montag - Dienstag

Menü 39 € – Karte 42/60 €

Hier erwartet Sie eine international-regional beeinflusste klassische Küche und dazu charmanter Service. Tipp: Wohlig-warm wird's im Winter am 200 Jahre alten Kachelofen.

In Trassem Süd-West: 4,5 km über B 407

St. Erasmus

Kirchstr. 6a ✉ 54441 – ✆ (06581) 92 20 – www.st-erasmus.de – geschl. 21. - 26. Dezember

33 Zim – 50/75 € 72/120 € – ½ P

In dem Familienbetrieb direkt bei der Kirche stehen zeitgemäße Zimmer bereit, teilweise schön großzügig und besonders wohnlich in warmen Tönen. Beauty und Massage. Behagliches Restaurant im modernen Landhausstil mit bürgerlicher und internationaler Küche.

SAARLOUIS

Saarland – 34 360 Ew. – Höhe 185 m – Regionalatlas **45-B17**

Berlin 728 km – Saarbrücken 27 km – Luxembourg 75 km – Metz 57 km

Michelin Straßenkarte 543

LA MAISON (N)

Prälat-Subtil-Ring 22 ✉ 66740 – ✆ (06831) 89 44 04 40 – www.lamaison-hotel.de

38 Zim – 95/105 € 135/145 €

PASTIS bistro – Siehe Restaurantauswahl

Hochwertig und mit individuellem Design, so kommt die historische Villa nebst Neubau daher - hier wie dort ist alles ausgesprochen stilvoll und modern. Wie wär's z. B. mit einer schicken Themen-Suite?

Victor's Residenz Hotel

Bahnhofsallee 4 ✉ 66740 – ✆ (06831) 98 00 – www.victors.de
88 Zim ☕ – 🚹70/120 € 🚹🚹90/145 € – 41 Suiten – ½ P
Ein Businesshotel ganz in der Nähe des Bahnhofs, gut sind hier die Tagungsmöglichkeiten, aber auch die Zimmer, allen voran die wohnlichen Themensuiten in der Dependance gegenüber! Tipp: Jeden 1. Sonntag im Monat bietet man Brunch im Veranstaltungsbereich "The Club".

Posthof

Postgäßchen 5, Passage ✉ 66740 – ✆ (06831) 9 49 60 – www.posthof-saarlouis.de
48 Zim ☕ – 🚹70/95 € 🚹🚹95/115 €
Mitten in der Altstadt gelegen hat das Hotel mit den praktisch ausgestatteten Zimmern auch im Inneren etwas von dem historischen Charme bewahrt: Hübsches altes Fachwerk ziert sowohl den kleinen Saunabereich unterm Dach als auch den Tagungsraum sowie die Bar "vis-à-vis".

PASTIS bistro N – Hotel LA MAISON

Prälat-Subtil-Ring 22 ✉ 66740 – ✆ (06831) 89 44 04 40 – www.lamaison-hotel.de – geschl. Montag
Karte 30/72 € – (Tischbestellung ratsam)
Schmackhafte klassische Bistroküche wie in Frankreich: Boeuf Bourguignon, Tarte Tatin... Klingt das nicht lecker? Schön auch das Restaurant selbst. Es ist wertig eingerichtet, liegt in der 1. Etage und ist über den Feinkostladen erreichbar.

In Wallerfangen West: 4 km

Villa Fayence

Hauptstr. 12 ✉ 66798 – ✆ (06831) 9 64 10 – www.villafayence.de – geschl. Sonntag - Montag
4 Zim ☕ – 🚹89/112 € 🚹🚹137/172 €
Menü 39 € – Karte 36/68 € – (Tischbestellung erforderlich)
Im schönen hellen Wintergarten der schmucken historischen Villa serviert man seinen Gästen mediterran beeinflusste Küche. Für geschlossene Gesellschaften gibt es das "Cave Fayence". Sie möchten übernachten? Man hat geräumige Gästezimmer mit stilvollen Möbeln.

In Wallerfangen-Oberlimberg Nord-West: 12 km

Hotellerie Waldesruh

Siersburger Str. 8 ✉ 66798 – ✆ (06831) 9 66 00 – www.waldesruh-wallerfangen.de – geschl. September 1 Woche
6 Zim ☕ – 🚹58/70 € 🚹🚹90 € – ½ P
Die ruhige Lage verrät bereits der Name - aber nicht nur das ist angenehm: Thomas Mouget hat hier ein sympathisches kleines Hotel (man hat u. a. auch drei Ferienwohnungen), ein gemütliches Restaurant mit Jagddekor (Hobby des Chefs), eine beheizte Terrasse und einen hübschen Biergarten. Und besuchen Sie auch "Mouget's Delikatessen Laden" mit hausgemachten Produkten!

SAAROW, BAD

Brandenburg – 5 010 Ew. – Höhe 45 m – Regionalatlas 23-Q8
▶ Berlin 72 km – Potsdam 88 km – Frankfurt (Oder) 38 km – Brandenburg 118 km
Michelin Straßenkarte 542

A-ROSA Scharmützelsee

Parkallee 1, Süd-West: 8 km ✉ 15526 – ✆ (033631) 60 – www.a-rosa.de/scharmuetzelsee
138 Zim ☕ – 🚹120/180 € 🚹🚹202/262 € – 14 Suiten – ½ P
Villa am See – Siehe Restaurantauswahl
Wellness- und Golfresort mit beachtlichem Freizeit- und Sportangebot: Spa auf 4200 qm, mehrere Tennis- und Golfplätze, Strandbad, Segelschule und Kinderclub. Ländlich-elegant: Greenside im Golf-Clubhaus. Marktrestaurant mit Showküche - schauen Sie sich kleine Tricks der Köche ab. Smokers Lounge.

Esplanade Resort & Spa

Seestr. 49 ✉ 15526 – ✆ (033631) 43 20 – www.esplanade-resort.de
179 Zim ☕ – 🚹95/136 € 🚹🚹150/190 € – ½ P
Die schöne Hotelanlage am Scharmützelsee bietet freundlich-moderne Zimmer, ein vielfältiges Angebot im ansprechenden Spa sowie eine eigene Marina. "Spa-Suite" mit Sauna. Restaurant "Dependance" über mehrere Ebenen. In der beliebten "Pechhütte" gibt's zünftige Speisen.

Palais am See

Karl-Marx-Damm 23 ✉ 15526 – ✆ (033631) 86 10 – www.palais-am-see.de – geschl. Januar - Mai
9 Zim – 🚹146/166 € 🚹🚹146/166 € – ☕ 12 € – 1 Suite
Bei den engagierten Gastgebern Annette und Peter Fink genießt man den freundlichen und aufmerksamen Service sowie das geschmackvolle wohnlich-klassische Ambiente. Über das schöne Gartengrundstück gelangt man direkt zum See.

Landhaus Alte Eichen

Alte Eichen 21 ✉ 15526 – ✆ (033631) 4 30 90 – www.landhaus-alte-eichen.de
32 Zim ☕ – 🚹73/150 € 🚹🚹118/170 € – 6 Suiten – ½ P
19hundert – Siehe Restaurantauswahl
Schön wohnt es sich in dem Hotel auf einer Halbinsel im See - hübsch die Juniorsuiten in der Villa. Der reizvolle Garten grenzt an den See, hier hat man einen Badesteg. Entspannen kann man auch beim umfangreichen Wellnessangebot.

Villa Contessa

Seestr. 18 ✉ 15526 – ✆ (033631) 5 80 18 – www.villa-contessa.de
7 Zim ☕ – 🚹99/299 € 🚹🚹159/399 € – 1 Suite – ½ P
Villa Contessa – Siehe Restaurantauswahl
In der elegant und mit Liebe zum Detail eingerichteten Villa im Kurpark wird Gästebetreuung groß geschrieben. Neben direktem Seezugang bietet man auch Massage- und Beauty-Anwendungen.

Villa Contessa – Hotel Villa Contessa

Seestr. 18 ✉ 15526 – ✆ (033631) 5 80 18 – www.villa-contessa.de
Menü 48/88 € (abends) – Karte 40/62 €
Umgeben von feinen Stilmöbeln, edlen Dekorationen und eleganter Tischkultur serviert man klassische Speisen wie "gegrillten Seeteufel mit Pancetta und Gemüse-Cassoulet". Und als Dessert vielleicht die Sorbet-Variation? Mittags kleine Karte.

19hundert – Hotel Landhaus Alte Eichen

Alte Eichen 21 ✉ 15526 – ✆ (033631) 4 30 90 – www.landhaus-alte-eichen.de
Menü 25 € – Karte 26/50 €
Ein Logenplatz am See, ob Sommer oder Winter! Es gibt die herrliche Terrasse und das Restaurant samt Wintergarten und Weinstube mit tollem Blick. Auf der Karte z. B. "Maispoulardenbrust mit Wurzelgemüse und Maronen-Kartoffelpüree".

Villa am See – Hotel A-ROSA Scharmützelsee

Parkallee 1, Süd-West: 8 km ✉ 15526 – ✆ (033631) 6 34 59 – www.a-rosa.de – geschl. Montag - Dienstag
Karte 40/54 €
Geschmackvolles "Long-Island"-Ambiente direkt an der kleinen Marina - da ist es nur draußen auf der traumhaften Terrasse zum See noch schöner! Zum tollen Rahmen gibt es internationale Küche und regionale Klassiker. Macht Ihnen z. B. "Salzwiesenlamm mit ligurischen Bohnen und Kräutergnocchi" Appetit?

SACHSA, BAD

Niedersachsen – 7 400 Ew. – Höhe 310 m – Regionalatlas **30-J11**
▶ Berlin 273 km – Hannover 129 km – Erfurt 100 km – Göttingen 62 km
Michelin Straßenkarte 541

Romantischer Winkel

Bismarckstr. 23 ✉ 37441 – ✆ (05523) 30 40 – www.romantischer-winkel.de
72 Zim – 111/235 € 259/298 € – 6 Suiten – ½ P
Romantischer Winkel – Siehe Restaurantauswahl
Hier wird dem Gast einiges geboten: ruhige Lage am Schmelzteich, wohnliche Zimmer (auch Appartements), Spa auf 3500 qm samt "Kids Wellness", freundlicher Service, Kinderbetreuung... Sehenswert die kleine Kapelle in der historischen Villa.

Sonnenhof

Glasebergstr. 20a ✉ 37441 – ✆ (05523) 9 43 70 – www.sonnenhof-bad-sachsa.de – geschl. 5. November - 1. Dezember
15 Zim – 55/80 € 80/150 €
In dem kleinen Hotel unter familiärer Leitung erwarten die Gäste geräumige und wohnlich gestaltete Zimmer. Angenehm: Das Haus liegt etwas erhöht und recht ruhig.

Romantischer Winkel – Hotel Romantischer Winkel

Bismarckstr. 23 ✉ 37441 – ✆ (05523) 30 40 – www.romantischer-winkel.de
Menü 31/74 € (abends) – Karte 33/57 €
Gemütlich-elegant hat man es hier, während man sich die international, regional und saisonal beeinflusste Küche schmecken lässt, die z. B."Harzer Rehschäufel mit Erbsen-Zucchini und Kürbisgnocchi" bietet.

SÄCKINGEN, BAD

Baden-Württemberg – 16 380 Ew. – Höhe 291 m – Regionalatlas **61**-D21
Berlin 822 km – Stuttgart 205 km – Freiburg im Breisgau 74 km – Schaffhausen 67 km
Michelin Straßenkarte 545

Goldener Knopf

Rathausplatz 9 ✉ 79713 – ✆ (07761) 56 50 – www.goldenerknopf.de – geschl. 4. - 10. Januar
68 Zim – 90/139 € 145/165 € – ½ P
Le Jardin – Siehe Restaurantauswahl
Die Lage könnte nicht besser sein: schön zentral und trotzdem ruhig, direkt am Rhein, gleich nebenan Münster und Rathaus! Familie Herzog engagiert sich sehr und das sieht man z. B. an den vielen topmodernen und komfortablen Zimmern! Neben dem "Le Jardin" gibt es das "VinoGusta" mit internationaler Küche.

Rheinsberg (N)

Schaffhauserstr. 123/1 , Ost: 3 km über die B 34, Obersäckingen, am Golfplatz ✉ 79713 – ✆ (07761) 999 24 90 – www.hotelrheinsberg.de
26 Zim – 95/135 € 125/195 €
Das Schwesterhotel des "St. Fridolin" liegt etwas außerhalb, schön ruhig und direkt am Golfplatz. Die Zimmer und Juniorsuiten sind geradlinig-modern und wertig ausgestattet. Morgens frisches Frühstücksbuffet, abends Speisen für Hausgäste.

St. Fridolin

Hasenrütte 4 ✉ 79713 – ✆ (07761) 93 11 00 – www.hotel-st-fridolin.de
25 Zim – 59/104 € 85/120 €
Das geradlinige Ambiente und die ruhige Lage schätzen Geschäftsreisende und Touristen gleichermaßen. Weiterer Pluspunkt: Das Haus ist ein vorbildlicher Integrationsbetrieb für benachteiligte Menschen! Auf Anfrage Abendessen für Hausgäste.

Le Jardin – Hotel Goldener Knopf

Rathausplatz 9 ✉ 79713 – ✆ (07761) 56 50 – www.goldenerknopf.de – geschl. 4. - 10. Januar
Menü 55 € – Karte 36/47 €
Ob Sie nun im Restaurant oder auf der hübschen Terrasse mit Rheinblick sitzen, die regionalen Speisen des Küchenteams kommen hier wie dort gut an bei den Gästen, z. B. in Form von "gesottener Kaninchenkeule mit Petersiliensauce".

Freigeist (Raimar Pilz)
Schönaugasse 11 ✉ 79713 – ✆ (07761) 9 33 37 67 – www.genuss-apotheke.de – geschl. 23. Dezember - 8. Januar, 24. März - 1. April, 14. - 29. Mai, 28. Juli - 9. September, 1. - 4. November und Sonntag - Montag
Menü 30 € (mittags)/81 € – (Tischbestellung ratsam)
Das gelungene Konzept mit Koch-Events, Laden und Restaurant nennt sich "Genuss-Apotheke" (das Haus beim Schlosspark war früher eine Apotheke). Man konzentriert sich auf das Wesentliche, die ausgezeichneten Produkte stehen im Mittelpunkt.
➜ Roter Thunfisch, Melone, Süßdolde, Kapern. Bäckchen vom Milchkalb, Trüffel, Salbei, Gnocchi. Ivoire Schokolade, Himbeergelee und Lavendelblüten.

SAGARD – Mecklenburg-Vorpommern ➜ Siehe Rügen (Insel)

SAILAUF – Bayern ➜ Siehe Aschaffenburg

SALACH
Baden-Württemberg – 7 790 Ew. – Höhe 363 m – Regionalatlas **56-H18**
Berlin 601 km – Stuttgart 49 km – Göppingen 8 km – Ulm (Donau) 43 km
Michelin Straßenkarte 545

In der Ruine Staufeneck Ost: 3 km

Burghotel Staufeneck
Staufenecker Straße ✉ 73084 – ✆ (07162) 93 34 40 – www.burg-staufeneck.de
40 Zim – †110/130 € ††120/190 € – 1 Suite
Burgrestaurant Staufeneck • ***Burgstüble*** – Siehe Restaurantauswahl
Geschmackvoll wohnen! Das einsam und ruhig gelegene Hotel mit dem tollen Blick über das Filstal erwartet Sie mit schönen klassischen Zimmern, moderner Technik, sehr guten Tagungsmöglichkeiten und einem netten Wellnessbereich. Und das Frühstück lässt kaum Wünsche offen - besonders angenehm auf der Terrasse!

Burgrestaurant Staufeneck (Rolf Straubinger) – Burghotel Staufeneck
Staufenecker Straße ✉ 73084 – ✆ (07162) 93 34 40 – www.burg-staufeneck.de – geschl. Montag
Menü 64 € (vegetarisch)/150 € – Karte 57/105 € – *(nur Abendessen, sonntags auch Mittagessen)* (Tischbestellung ratsam)
In überaus attraktivem stilvoll-zeitgemäßem Ambiente bietet Rolf Straubinger eine stark regional geprägte klassische Küche mit modernen Ideen. Ein weiteres Highlight ist die Terrasse mit bemerkenswerter Sicht! Darf es ein bisschen mehr sein von den guten Weinen? Nebenan stehen sehr komfortable Zimmer bereit.
➜ Färöer Lachs mit Lachstatar, süß-sauer eingelegte Rettiche und Radiesle. Herzkalbsbries mit Spargelnudeln und Carbonaraespuma. Variation von Rhabarber und Erdbeere.

Burgstüble
Staufenecker Straße ✉ 73084 – ✆ (07162) 9 33 44 73 – www.burg-staufeneck.de – geschl. Freitag - Samstag
Karte 38/70 € – *(nur Abendessen)*
Auf der Burg gibt es auch eine rustikale Alternative zum Sternerestaurant: Wenn Rolf Straubinger im "Burgstüble" Klassiker wie Maultaschensuppe, frisches Tatar oder Fleischküchle mit Kartoffel-Gurken-Salat zubereitet, wird auch so mancher Gourmet schwach!

SALEM
Baden-Württemberg – 11 050 Ew. – Höhe 443 m – Regionalatlas **63-G21**
Berlin 730 km – Stuttgart 149 km – Konstanz 27 km – Sigmaringen 47 km
Michelin Straßenkarte 545

Salmannsweiler Hof

Salmannsweiler Weg 5 ✉ 88682 – ✆ (07553) 9 21 20 – www.salmannsweiler-hof.de – geschl. 1. - 15. März, 2. - 22. November und Montag - Dienstag

10 Zim – 51/54 € 78/86 € – ½ P

Menü 35/46 € – Karte 26/49 € – *(Mittwoch - Freitag nur Abendessen)*

Die Zutaten für die bodenständig-regionale Küche hier kommen weitestgehend von bekannten Produzenten aus der Region. Daraus entstehen dann z. B. Bärlauchcremesuppe oder Kalbssteak mit Pilzen und Spätzle. In dem sympathischen Haus kann man übrigens auch übernachten: Die Zimmer sind eher einfach, aber gepflegt.

In Salem-Neufrach Süd-Ost: 3 km über Schlossstraße und Neufracher Straße

Recks

Bahnhofstr. 111 ✉ 88682 – ✆ (07553) 2 01 – www.recks-hotel.de – geschl. über Fastnacht 3 Wochen, Anfang November 2 Wochen

18 Zim – 73/93 € 120/140 € – 1 Suite – ½ P

Recks – Siehe Restaurantauswahl

Was Sie hinter dem schmiedeeisernen Tor erwartet, ist wirklich schön: recht individuelle, wohnliche Zimmer (teilweise mit Balkon), Kunst und stilvolle Deko, ein eigener Obstgarten... Nicht zu vergessen die freundliche Gästebetreuung.

Landgasthof Apfelblüte

Markdorfer Str. 45 ✉ 88682 – ✆ (07553) 9 21 30 – www.landgasthof-apfelbluete.de

40 Zim – 62/85 € 105/120 € – ½ P

Das gewachsene Hotel am Ortsausgang wird seit über 25 Jahren als Familienbetrieb geführt. Die Gästezimmer sind funktionell ausgestattet, die im Neubau sind etwas moderner im Stil. Im Restaurant sitzt man gemütlich bei regionaler Küche

Recks – Hotel Recks

Bahnhofstr. 111 ✉ 88682 – ✆ (07553) 2 01 – www.recks-hotel.de – geschl. über Fastnacht 3 Wochen, Anfang November 2 Wochen und Mittwoch - Donnerstag

Menü 40/49 € – Karte 28/52 €

Ehrliche regionale Küche lautet die Devise in den drei behaglichen Stuben - und natürlich auf der herrlichen Terrasse an der Obstwiese! Es gibt z. B. "Kalbsrahmgulasch mit hausgemachten Nudeln" oder "Bayrisch Creme mit Sauerkirschen".

SALZGITTER

Niedersachsen – 98 100 Ew. – Höhe 70 m – Regionalatlas **29-J9**

Berlin 261 km – Hannover 68 km – Braunschweig 28 km – Göttingen 79 km

Michelin Straßenkarte 541

In Salzgitter-Bad

Golfhotel

Gittertor 5 ✉ 38259 – ✆ (05341) 30 10 – www.golfhotel-salzgitter.de

32 Zim – 62/99 € 83/110 €

Das Hotel unweit des Marktplatzes wird gut geführt und bietet freundlichen Service. Die Zimmer verteilen sich auf das Fachwerkhaus und einen Anbau, sie sind wohnlich und funktionell. Wer's noch schicker mag, sollte eines der Komfort-Zimmer buchen! Am Morgen gibt es ein appetitliches frisches Frühstück.

SALZHAUSEN

Niedersachsen – 4 690 Ew. – Höhe 40 m – Regionalatlas **19-I6**

Berlin 288 km – Hannover 117 km – Hamburg 55 km – Lüneburg 18 km

Michelin Straßenkarte 541

Josthof

Am Lindenberg 1 ✉ 21376 – ✆ (04172) 9 09 80 – www.josthof.de

16 Zim – 60/75 € 110/135 €

In den hübschen Reetdachhäusern dieses historischen Bauernhofs stehen schöne wohnliche Zimmer (auch Maisonetten) bereit. Zudem hat man ein zeitgemäßes Ferienhaus. Heimelig sind die mit allerlei Zierrat liebenswert dekorierten Restaurantstuben.

SALZUFLEN, BAD

Nordrhein-Westfalen – 52 130 Ew. – Höhe 80 m – Regionalatlas **28**-**G9**
Berlin 375 km – Düsseldorf 191 km – Bielefeld 26 km – Hannover 89 km
Michelin Straßenkarte 543

Altstadt-Palais Lippischer Hof

Mauerstr. 1 ✉ 32105 – ✆ (05222) 53 40 – www.hof-hotels.de
60 Zim – 79/99 € 115/135 € – 5 Suiten – ½ P
Mitten in der historischen Altstadt bietet das familiengeführte Hotel nicht nur schöne individuelle Zimmer, auch die Restaurants sind Hingucker: im Schotten-Look The ALCHEMIST für "Fine Dining" (hier nur Menüs), mit nostalgischem Apotheken-Interieur die Brasserie Walter's Pharmacy - dazu die Gartenterrasse.

Vitalotel Roonhof

Roonstr. 9 ✉ 32105 – ✆ (05222) 34 30 – www.roonhof.de – geschl. 2. Januar - 3. Februar
39 Zim – 82/92 € 120/145 €
Ein neuzeitliches Hotel mit wohnlich-funktionellen Zimmern und Appartements. Auch Massage- und Kosmetikanwendungen werden angeboten, zudem eine Praxis für Physiotherapie.

Kurpark-Hotel

Parkstr. 1 ✉ 32105 – ✆ (05222) 39 90 – www.kurparkhotel.de – geschl. 2. Januar - 15. Februar
73 Zim – 91/116 € 140/172 € – 1 Suite – ½ P
Das von der Inhaberfamilie geführte Haus im Kurgebiet verfügt über zeitgemäße Zimmer verschiedener Kategorien, fast alle mit Balkon zum Garten oder zur Saline.

In Bad Salzuflen-Sylbach Süd: 8 km über B 239 Richtung Lage

Zum Löwen

Sylbacher Str. 223 ✉ 32107 – ✆ (05232) 9 56 50 – www.hotel-zum-loewen.com – geschl. Juli - August 2 Wochen
40 Zim – 63/68 € 83/86 € – ½ P
Der Familienbetrieb verfügt über wohnlich-gediegene Zimmer und einen Garten mit Teich und Kinderspielplatz. Ein heller Wintergarten dient als Frühstücksraum. Zum Restaurant gehört eine schöne Terrasse hinter dem Haus. Auch ein Raucherbereich ist vorhanden.

SALZWEDEL

Sachsen-Anhalt – 24 290 Ew. – Höhe 22 m – Regionalatlas **20**-**K7**
Berlin 187 km – Magdeburg 103 km – Schwerin 114 km – Wolfsburg 59 km
Michelin Straßenkarte 542

Union

Goethestr. 11 ✉ 29410 – ✆ (03901) 42 20 97 – www.hotel-union-salzwedel.de
33 Zim – 65 € 95 € – ½ P
Das schmucke historische Haus liegt an der Jeetze und gegenüber dem Goethepark. Die Zimmer sind z. T. mit hübschen Stoffen und warmen Farben gestaltet, das Restaurant Salzwedeler Stuben zeigt sich im gemütlichen Tiroler Landhausstil. Tipp: ein Bummel durch die nahe Altstadt der Baumkuchen- und Hansestadt.

SAMERBERG

Bayern – 2 710 Ew. – Höhe 700 m – Regionalatlas **66**-**N21**
Berlin 672 km – München 82 km – Bad Reichenhall 65 km – Traunstein 44 km
Michelin Straßenkarte 546

In Samerberg-Duft Süd: 6 km ab Törwang, über Eßbaum und Gernmühl – Höhe 800 m

Berggasthof Duftbräu

Duft 1 ✉ 83122 – ✆ (08032) 82 26 – www.duftbraeu.de – geschl. 1. - 28. Februar
29 Zim – 66/76 € 102/122 €
Das ist schon Bilderbuch-Idylle! Ruhe, Wald und Wiesen, und mittendrin der Gasthof der engagierten Familie Wallner - eigentlich fast schon ein kleines Dörfchen und so richtig bayerisch! Ein Muss: der Schweinsbraten - oder aber Selbstgebrautes im Biergarten bei tollem Blick auf die Region!

In Samerberg-Grainbach

Gasthof Alpenrose

Kirchplatz 2 ✉ 83122 – ✆ (08032) 82 63 – www.alpenrose-samerberg.de – geschl. November und Montag - Dienstag
Menü 29/56 € – Karte 23/47 €
Gleich bei der Kirche steht der schöne alteingesessene Gasthof. Drinnen gemütliche Stuben mit viel Holz und Ofen, draußen ein lauschiger Biergarten und die Sonnenterrasse mit Aussicht. Gekocht wir bayerisch-saisonal - beliebt das Überraschungsmenü. Und wie wär's mit hausgemachten Torten und Kuchen?

ST. BLASIEN

Baden-Württemberg – 3 830 Ew. – Höhe 770 m – Regionalatlas **61**-E21
Berlin 810 km – Stuttgart 187 km – Freiburg im Breisgau 51 km – Donaueschingen 64 km
Michelin Straßenkarte 545

Café Aich

Hauptstr. 31 ✉ 79837 – ✆ (07672) 14 29 – www.cafeaich.de
4 Zim – 75 € 98/110 €
In dem kleinen Familienbetrieb erwarten Sie persönliche Atmosphäre und elegante Zimmer. Schon früh duftet es aus der eigenen Backstube - gute Kuchenauswahl im Café.

ST. ENGLMAR

Bayern – 1 680 Ew. – Höhe 808 m – Regionalatlas **59**-O18
Berlin 519 km – München 151 km – Regensburg 68 km – Cham 37 km
Michelin Straßenkarte 546

Angerhof

Am Anger 38 ✉ 94379 – ✆ (09965) 18 60 – www.angerhof.de
58 Zim – 103/174 € 178/284 € – 12 Suiten – ½ P
In dem schön am Hang gelegenen Familienbetrieb in einem 3 ha großen Naturpark genießen die Gäste Ruhe, Spa-Vielfalt auf 2000 qm und das wohnliche Ambiente der individuellen Zimmer und Suiten. Auch allergikergeeignete Zimmer. Panoramarestaurant mit Vinothek und Kaminstube.

In St. Englmar-Grün Nord-West: 3 km über Bogener Straße, am Ortsende links

Reiner-Hof

Grün 9 ✉ 94379 – ✆ (09965) 85 10 – www.reinerhof.de – geschl. 28. November - 16. Dezember
44 Zim – 78/110 € 146/178 € – 3 Suiten – ½ P
In dem Familienbetrieb freut man sich über geschmackvoll-wohnliche Zimmer im Sonnenschlösschen und im Stammhaus - wie wär's mit einem gemütlichen Kuschelzimmer unterm Dach? Schön der Spa, alternativ und nicht weit vom Hotel: Sommerrodelbahn, Skilift und Langlaufloipe. Pfiffig-modern: Bar-Lounge und Vinothek.

In St. Englmar-Maibrunn Nord-West: 5 km über Grün

Berghotel Maibrunn

Maibrunn 1 ✉ 94379 – ✆ (09965) 85 00 – www.berghotel-maibrunn.de
50 Zim – 80/100 € 160/180 € – 2 Suiten – ½ P
Gaststube – Siehe Restaurantauswahl
Ein engagiert und charmant geleitetes Haus in erhöhter Lage mit reizvoller Rundumsicht. Sehr wohnlich und geschmackvoll die Zimmer, einige mit modern-alpinem Chic. Neuzeitlicher Spa, Garten mit Hirschgehege, eigener Skilift.

Gaststube – Berghotel Maibrunn

Maibrunn 1 ✉ 94379 – ✆ (09965) 85 00 – www.berghotel-maibrunn.de
Menü 20/65 € – Karte 19/61 €
Viel Holz, umlaufende Bänke, nette Deko... "Jägerstüberl" und "Ludwig II" strahlen pure Gemütlichkeit aus. Dazu z. B. "Zanderfilet mit Kürbiskernsauce und Bratkartoffeln" oder auch Wild (meist aus eigener Jagd). Hirschalmhütte für Events.

In St. Englmar-Rettenbach Süd-Ost: 5 km über Bogener Straße

Gut Schmelmerhof

Rettenbach 24 ✉ 94379 – ✆ (09965) 18 90 – www.gut-schmelmerhof.de
53 Zim – 59/99 € 125/198 € – ½ P
Ludwigsstube und Wirtsstube St. Florian – Siehe Restaurantauswahl
Seit 13 Generationen betreibt Familie Schmelmer das jahrhundertealte Haus, das herrlich ruhig etwas abseits liegt. Wer etwas Besonderes sucht, bucht eine der drei Themensuiten: "Wellness", "Wilderer" oder "Waidler". Relaxen können Sie bei Massage und Beautyanwendungen.

Ludwigsstube und Wirtsstube St. Florian – Hotel Gut Schmelmerhof

Rettenbach 24 ✉ 94379 – ✆ (09965) 18 90
– www.gut-schmelmerhof.de
Menü 39/65 € (abends) – Karte 27/51 €
Hier isst man international und traditionell-regional, nachmittags gibt's die Brotzeitkarte und Kuchen. Übrigens wird hier einmal pro Woche Brot frisch gebacken, dann kann man sich abends Schmankerl aus dem Holzbackofen schmecken lassen!

ST. GOAR

Rheinland-Pfalz – 2 720 Ew. – Höhe 80 m – Regionalatlas **46-D14**
Berlin 627 km – Mainz 63 km – Koblenz 43 km – Bingen 28 km
Michelin Straßenkarte 543

Schloss Rheinfels

Schloßberg 47 ✉ 56329 – ✆ (06741) 80 20 – www.schloss-rheinfels.de
64 Zim – 80/165 € 115/265 € – 4 Suiten – ½ P
Silcher-Stube – Siehe Restaurantauswahl
Gerd und Petra Ripp haben hier aus einem Stück Geschichte ein tolles Domizil gemacht: klassisch-elegante Zimmer, schöner Spa, Rosen- und Kräutergarten..., und das integriert in eine eindrucksvolle Burganlage von 1250. In der "Burgschänke" gibt es Flammkuchen, aber auch Steaks - ein Traum die Panoramaterrasse! "Auf Scharffeneck" mit internationaler Küche.

Silcher-Stube – Hotel Schloss Rheinfels

Schloßberg 47 ✉ 56329 – ✆ (06741) 80 20 – www.schloss-rheinfels.de
– geschl. 2. - 15. Januar, August 1 Woche und Sonntag - Montag
Menü 62/93 € – *(nur Abendessen)*
Mit stilvollem Mobiliar, eleganten Goldtönen und hübschen kleinen Fensternischen (fantastisch die Rheinsicht!) bietet das Gourmetrestaurant einen schönen Rahmen für französisch geprägte Gerichte wie "Lammrücken mit Bopparder Klostersenf".

In St. Goar-Fellen Nord-West: 3 km über B 9, Richtung Koblenz

Landsknecht

Aussiedlung Landsknecht 6, an der Rheinufer-Straße, B 9 ✉ 56329
– ✆ (06741) 20 11 – www.hotel-landsknecht.de – geschl. 15. - 27. Dezember,
1. Januar - 2. März
20 Zim – 75/95 € 99/159 € – 1 Suite – ½ P
Direkt am Rhein liegen Hotel und Weingut von Familie Lorenz. Die Zimmerkategorien nennen sich "Qualität", "Kabinett", "Spätlese" oder "Auslese", meist mit schönem Blick zum Fluss. Mit seiner großen Fensterfront zum Rhein macht das Restaurant "Ausblick" seinem Namen alle Ehre. Tipp: die eigenen Weine!

ST. INGBERT

Saarland – 36 260 Ew. – Höhe 229 m – Regionalatlas **46-C17**
Berlin 697 km – Saarbrücken 13 km – Kaiserslautern 55 km – Zweibrücken 25 km
Michelin Straßenkarte 543

Villa Almarin (N)

Ensheimer Str. 20 ✉ 66386 – ✆ (06894) 99 05 90 – www.villa-almarin.de
6 Zim ☕ – 🚹120/270 € 🚹🚹170/270 € – 1 Suite
Villa Almarin – Siehe Restaurantauswahl
Die denkmalgeschützte Villa wurde von einem Wohnhaus zum charmanten Boutique-Hotel. Zimmer hat man zwar nur sieben (darunter eine Suite und eine Maisonette), diese sind aber ausgesprochen schön! Dazu versüßen zuvorkommender Service, leckeres Frühstück und kleine Aufmerksamkeiten den Tag.

La Trattoria del Postillione

Neue Bahnhofstr. 2 ✉ 66386 – ✆ (06894) 38 10 61 – www.postillione.de – geschl. Sonntag
Menü 15 € (mittags unter der Woche)/49 € – Karte 32/59 €
Schon von außen stimmt Sie das ehemalige Bahnhofsgebäude auf mediterranes Flair ein - dazu trägt der eigene Weinberg direkt am Haus ebenso bei wie die reizende Terrasse. Die persönliche und private Atmosphäre drinnen ist nicht weniger charmant! Italienische Küche samt frischer Pasta. Günstiges Lunchmenü.

Villa Almarin (N) – Hotel Villa Almarin

Ensheimer Str. 20 ✉ 66386 – ✆ (06894) 99 05 90 – www.villa-almarin.de
Menü 68/100 € – Karte 39/72 €
Möchten Sie im geschmackvoll-eleganten Restaurant oder lieber auf der schönen, ruhig gelegenen Terrasse speisen? Hier wie dort gibt es mediterrane Küche mit italienischem Schwerpunkt - da macht z. B. "Lammkarree mit rotem Chicorée" Appetit.

Die Alte Brauerei

Kaiserstr. 101 ✉ 66386 – ✆ (06894) 9 28 60 – www.diealtebrauerei.com – geschl. Dienstag, Samstagmittag
6 Zim ☕ – 🚹65/75 € 🚹🚹89/100 € – 1 Suite
Menü 20 € (mittags unter der Woche)/49 € – Karte 32/58 €
Lust auf eine regionale Spezialität? Bliesgaulamm gibt es hier z. B. als "Ravioli von roten Zwiebeln und Lamm mit Schwarzwurzel". Leckere Alternative: geschmorte Kaninchenkeule. Das Restaurant samt individueller Gästezimmer und engagierter Gastgeber erreichen Sie übrigens über den Innenhof.

In St. Ingbert-Sengscheid Süd-West: 4 km über B 40, jenseits der A 6

Sengscheider Hof

Birkenkopfweg 4 ✉ 66386 – ✆ (06894) 98 20 – www.sengscheiderhof.de – geschl. 27. Dezember - 5. Januar
45 Zim – 🚹60/80 € 🚹🚹115/130 € – ☕ 7 €
Ein gewachsenes Hotel mit Stammhaus von 1879. Letzteres hat u. a. einige besonders moderne und geräumige neuere Zimmer zu bieten. Oder wie wär's mit der Juniorsuite (Zimmer Nr. 400) mit schöner Dachterrasse und Blick auf den Garten samt kleinem Pool? Hell und elegant ist das Ambiente im Restaurant, klassisch die Küche, ergänzt durch eine kleine bürgerliche Auswahl.

ST. JOHANN – Rheinland-Pfalz → Siehe Sprendlingen

ST. LEON-ROT

Baden-Württemberg – 13 110 Ew. – Höhe 107 m – Regionalatlas **47-F17**
Berlin 642 km – Stuttgart 92 km – Mannheim 32 km
Michelin Straßenkarte 545

Fairway

Opelstr. 10, Gewerbepark, Süd-Ost: 2,5 km Richtung Malsch ✉ 68789 – ✆ (06227) 54 40 – www.fairway-hotel.de – geschl. 24. - 31. Dezember
88 Zim – 🚹70/76 € 🚹🚹80/94 € – ☕ 12 € – 2 Suiten
Die Lage im Gewerbegebiet ist perfekt für Businessgäste, doch auch am Wochenende ist das auffallend gepflegte Haus beliebt: Golfplatz nebenan! Abends Snacks in der Lobbybar. Dampfbad im UG.

ST. MÄRGEN

Baden-Württemberg – 1 830 Ew. – Höhe 887 m – Regionalatlas **61-E20**
Berlin 790 km – Stuttgart 230 km – Freiburg im Breisgau 24 km – Donaueschingen 51 km
Michelin Straßenkarte 545

An der B 500 Süd-Ost: 8 km, Richtung Furtwangen

Zum Kreuz

Hohlengraben 1 ✉ 79274 St. Märgen – ✆ (07669) 9 10 10 – www.gasthaus-zum-kreuz.de – geschl. Mitte März 1 Woche, Mitte November - Mitte Dezember

15 Zim – 37/45 € 78/89 € – ½ P

Zum Kreuz – Siehe Restaurantauswahl

Das nette Haus im Schwarzwälder Stil ist seit 1936 in der Hand der Familie Schwer. Neben behaglichen Zimmern und Appartements (im Anbau mit Balkon) bietet man hier auch richtig gute Küche.

Zum Kreuz – Hotel Zum Kreuz

Hohlengraben 1 ✉ 79274 St. Märgen – ✆ (07669) 9 10 10 – www.gasthaus-zum-kreuz.de – geschl. Mitte März 1 Woche, Mitte November - Mitte Dezember und Donnerstag - Freitagmittag

Menü 20/50 € – Karte 19/55 €

Kulinarisch hat sich hier nach der Rückkehr des Juniors einiges getan: Neben Bürgerlichem wie Rahmschnitzel gibt es auch die moderne Version der Regionalküche, z. B. als "Schweinebauch mit eingelegtem Rettich, Birne und Forellenkaviar" - auch in Menüform.

ST. MARTIN

Rheinland-Pfalz – 1 820 Ew. – Höhe 225 m – Regionalatlas **47-E17**
Berlin 658 km – Mainz 102 km – Mannheim 43 km – Kaiserslautern 46 km
Michelin Straßenkarte 543

Wiedemann's Weinhotel

Einlaubstr. 64 ✉ 67487 – ✆ (06323) 9 44 30 – www.wiedemanns-weinhotel.de

20 Zim – 93/107 € 156/218 € – ½ P

Im Hotel des Weinguts Wiedemann wohnt man geschmackvoll, modern und mit Panoramablick! Zudem hat man einen schönen Spa auf 400 qm (wie wär's mit der Essig-Inhalation "Respiratio"?), einen Traum von Garten, das elegante Restaurant mit toller Terrasse, Verkostungen in der Vinothek. Auf Wunsch 3/4-Pension.

Das Landhotel Weingut Gernert

Maikammerer Str. 39 ✉ 67487 – ✆ (06323) 27 94 – www.das-landhotel.com – geschl. 7. - 31. Januar

17 Zim – 73 € 130 €

Ein tipptopp gepflegtes Anwesen am Rand des Weindorfes, etwas unterhalb das eigene Weingut. Die Zimmer sind geräumig und mit mediterraner Note eingerichtet - mit kleinem Rotweinangebot! Bürgerlich speist man im historischen Gewölbe, dazu hat man eine schöne Terrasse.

St. Martiner Castell

Maikammerer Str. 2 ✉ 67487 – ✆ (06323) 95 10 – www.hotelcastell.de

24 Zim – 70/95 € 115/120 € – ½ P

Es hat sich was getan bei Werner und Brigitte Mücke: So einige Renovierungen haben frischen Wind in das Gasthaus (ursprünglich ein Winzerhof) gebracht, die Wohnlichkeit der Zimmer ist geblieben. In den gemütlichen Restaurantstuben und auf der hübschen Terrasse isst man traditionell und regional.

Consulat des Weins

Maikammerer Str. 44 ✉ 67487 – ✆ (06323) 80 40 – www.consulat-des-weins.de – geschl. 20. Dezember - 20. Februar

45 Zim – 69/81 € 124/184 € – ½ P

Im Hotel des bekannten Weinguts Albert Valentin Schneider gibt es nicht nur gepflegte, zeitgemäße Zimmer: Bei schönem Wetter verweilen die Gäste gerne im großzügigen Garten, anschließend stärkt man sich im Restaurant Schneider mit regional-internationaler Küche oder trifft sich in der Vinothek.

Chalet Raabe

Emserstr. 4 ✉ 67487 – ✆ (06323) 21 17 – www.weingut-raabe.de
5 Zim – 50/85 € 82/105 € – 2 Suiten
Das tipptopp gepflegte kleine Gästehaus mit den komfortablen Zimmern und zwei Appartements ist angeschlossen an das Weingut Raabe. Weinstube im Ortskern ganz in der Nähe.

Landhaus Christmann

Riedweg 1 ✉ 67487 – ✆ (06323) 9 42 70 – www.landhaus-christmann.de
9 Zim – 52/60 € 89/99 €
In dem Winzerhof am Ortsrand wohnt man in netten zeitgemäßen Zimmern, nach Weinlagen benannt und teilweise mit Balkon. In der Probierstube gibt's ein frisches, gutes Frühstücksbuffet. Für Familien interessant: Appartements mit Küchenzeile.

ST. MICHAELISDONN

Schleswig-Holstein – 3 520 Ew. – Höhe 3 m – Regionalatlas **9-G4**
Berlin 382 km – Kiel 99 km – Heide 30 km – Cuxhaven 100 km
Michelin Straßenkarte 541

Landhaus Gardels

Westerstr. 15 ✉ 25693 – ✆ (04853) 80 30 – www.gardels.de – geschl. 1. - 10. Januar
50 Zim – 77/109 € 118/168 € – ½ P
Landhaus Gardels – Siehe Restaurantauswahl
Seit mehr als 130 Jahren leitet Familie Peters dieses Landhotel. Die Zimmer sind individuell und meist neuzeitlich eingerichtet (auch einfachere Kategorien sind noch vorhanden), am Morgen genießt man ein reichhaltiges Frühstücksbuffet - sonntags für Langschläfer bis 12 Uhr!

Landhaus Gardels – Hotel Landhaus Gardels

Westerstr. 15 ✉ 25693 – ✆ (04853) 80 30 – www.gardels.de – geschl. 1. - 10. Januar und Sonntag
Karte 32/51 € – *(nur Abendessen)*
Gutes Essen zu fairen Preisen. Was Küchenchef Marc Schlürscheid hier auf den Teller bringt, nennt sich z. B. "Spanferkelschulter sous vide in Backpflaumenjus" oder "Allerlei vom Lamm". Die Bistrokarte bietet Klassiker wie "Bauernomelett".

ST. OSWALD-RIEDLHÜTTE

Bayern – 2 870 Ew. – Höhe 791 m – Regionalatlas **60-P18**
Berlin 503 km – München 188 km – Passau 43 km – Regensburg 115 km
Michelin Straßenkarte 546

Im Ortsteil Riedlhütte

Der Wieshof

Anton-Hilz-Str. 8 ✉ 94566 – ✆ (08553) 4 77 – www.der-wieshof.de – geschl. 7. - 18. März, 3. - 24. April, 1. November - 18. Dezember
19 Zim – 56/61 € 92/102 € – ½ P
Ein wirklich nettes, persönlich betriebenes kleines Ferienhotel, in dem man in schönen, freundlichen Zimmern wohnt - fragen Sie nach den geräumigen Wieshof-Zimmern. Und haben Sie Lust auf eine Massage- oder Kosmetikanwendung? Im Restaurant bietet man regionale und internationale Küche. HP inklusive.

Zum Friedl

Kirchstr. 28 ✉ 94566 – ✆ (08553) 9 66 80 – www.zumfriedl.de – geschl. November - 18. Dezember
17 Zim – 42/46 € 76/100 € – 1 Suite – ½ P
In dem gepflegten Haus in ruhiger Lage stehen individuelle Zimmer bereit, teilweise nach Themen benannt (z. B. Schwammerl, Wilderer, etc.). Schön ist die geräumige Durandl-Juniorsuite. Gemütliches, in Stuben unterteiltes Restaurant. Aktive können direkt beim Haus in die Loipe einsteigen.

ST. PETER

Baden-Württemberg – 2 540 Ew. – Höhe 720 m – Regionalatlas **61**-E20
Berlin 797 km – Stuttgart 224 km – Freiburg im Breisgau 32 km – Waldkirch 20 km
Michelin Straßenkarte 545

Jägerhaus

Mühlengraben 18 ✉ 79271 – ✆ (07660) 9 40 00 – www.hotel-jaegerhaus.de – geschl. 24. Februar - 18. März, 30. Oktober - 24. November

18 Zim – 53/85 € 82/116 € – ½ P

Sie wohnen hier bei sehr freundlichen Gastgebern in behaglichen Zimmern mit ländlichem Charme, schön die Umgebung mit Wiesen und Weihern! Richtig gut relaxen kann man auch im hübschen Saunabereich und am Badeteich im Garten! In den gemütlichen Gaststuben gibt's Bürgerliches und leckere selbstgemachte Kuchen.

Zur Sonne

Zähringerstr. 2 ✉ 79271 – ✆ (07660) 9 40 10 – www.sonneschwarzwald.de – geschl. Januar - Februar 2 Wochen, November 2 Wochen und Montag - Dienstagmittag

13 Zim – 65/95 € 78/136 € – ½ P

Menü 39 € (vegetarisch)/59 € – Karte 33/63 €

Was bei Chef Hanspeter Rombach auf den Teller kommt, ist frisch (viele Bio-Produkte), schmeckt richtig gut und ist zudem schön anzuschauen - so z. B. "Sauerbraten vom Wildwein", aber auch gehobenere Gerichte wie "Bio-Lachs und Garnelen auf Chicoree". Für Übernachtungsgäste: hübscher Sauna- und Ruhebereich.

Nostalgie Gastronomie Zum Kreuz

Scheuergasse 1 ✉ 79271 – ✆ (07660) 92 03 32 – www.rombach-st-peter.de – geschl. 15. Februar - 16. März und Montag - Dienstagmittag

9 Zim – 70/80 € 80/120 € – ½ P Menü 25 € – Karte 21/44 €

Über 100 Jahre reicht die Familientradition der Rombachs schon zurück - ein Stück Nostalgie muss da schon sein, ob im ländlich-schlichten Restaurant oder in den (Themen-) Zimmern. Der Chef kocht regional, mit hiesigen Produkten und teilweise auch Gerichte, die man nur noch selten bekommt. Tipp: Kohlrouladen!

ST. PETER-ORDING

Schleswig-Holstein – 3 750 Ew. – Höhe 3 m – Regionalatlas **1**-G3
Berlin 428 km – Kiel 125 km – Sylt (Westerland) 93 km – Heide 40 km
Michelin Straßenkarte 541

Im Ortsteil St. Peter-Bad

Aalernhüs

Friedrich-Hebbel-Str. 2 ✉ 25826 – ✆ (04863) 70 10 – www.aalernhues.de – geschl. Januar

64 Zim – 109/309 € 139/339 € – 18 Suiten – ½ P

Aalernhüs Grill – Siehe Restaurantauswahl

Ihrer Erholung steht hier nichts im Wege, dafür sorgen komfortable Gästezimmer (wie wär's z. B. ganz frisch und modern in friesischem Blau?) sowie ein schöner Garten und der attraktive Spa auf 1000 qm!

Landhaus an de Dün

Im Bad 63 ✉ 25826 – ✆ (04863) 9 60 60 – www.hotel-landhaus.de

13 Zim – 95/220 € 144/245 € – 2 Suiten

Ihre Gastgeber verbessern und verschönern das kleine Hotel immer wieder, so können Sie sich in elegant-wohnlichen Zimmern und im hübschen Spa erholen, den herzlichen Service genießen, mit einem guten Frühstück in den Tag starten und sich am Nachmittag Kaffee und Kuchen servieren lassen. Und drum herum? Den Kurpark haben Sie direkt vor der Tür, zum Strand sind es nur wenige Gehminuten.

Aalernhüs Grill

Friedrich-Hebbel-Str. 2 ✉ 25826 – ✆ (04863) 70 10 – www.aalernhues.de – geschl. Januar

Karte 38/60 € – *(nur Abendessen)*

Im Restaurant des "Aalernhüs" stehen Fleisch und Fisch im Mittelpunkt, und zwar gegrillt. Bestellen Sie Steinbutt, Seezunge oder eines der Steaks! Oder vielleicht lieber die "Aalernhüs Fischplatte"?

Strandhütte Axels Restaurant
Am Südstrand ✉ 25826 – ✆ (04363) 4 74 70 11 – www.die-strandhuette.de – geschl. November 2 Wochen, Anfang Januar - Mitte März und Montag - Dienstag
Menü 40 € – Karte 42/58 € – *(nur Abendessen)* (Tischbestellung ratsam)
"Sieben Meter über dem Alltag" heißt es hier, denn die "Strandhütte" ist ein Pfahlbau. Vom Restaurant und der Terrasse aus können Sie den Kitesurfern zuschauen, während Sie sich "Tatar vom Eismeerlachs", "Küstenkabeljau auf Kartoffelstampf mit Rauchfisch und Krabben" oder "Filet vom Eidstedter Rind" schmecken lassen. Tagsüber ist das hier ein schönes Ausflugsziel - dann locken frisch gebackene Waffeln!

Im Ortsteil Ording

Eickstädt
Waldstr. 19 ✉ 25826 – ✆ (04863) 9 68 80 – www.hotel-eickstaedt.de
33 Zim – 49/99 € 59/189 € – 10 € – 2 Suiten
Warum man hier schön wohnen kann? Es ist ein familiär geleitetes Haus in einer Wohngegend, die Zimmer sind geradlinig-modern und in hellen warmen Tönen gehalten, man hat eine gemütliche Lounge sowie einen netten Garten mit Strandkörben, und Frühstück gibt es bis 12 Uhr - auf Wunsch auch auf dem Zimmer.

ST. WENDEL

Saarland – 25 890 Ew. – Höhe 285 m – Regionalatlas **46-C16**
Berlin 699 km – Saarbrücken 42 km – Idar-Oberstein 43 km – Neunkirchen/Saar 19 km
Michelin Straßenkarte 543

Angel's - das Hotel am Golfpark
Golfparkallee 1, am Golfplatz, West: 1,5 km ✉ 66606 – ✆ (06851) 99 90 00 – www.angels-dashotel.de
46 Zim – 93/151 € 129/199 € – 2 Suiten – ½ P
Die komfortable Hotelanlage grenzt unmittelbar an die grüne Golflandschaft und ist ganz modern in Architektur und Ambiente. Man bietet auch Massage- und Kosmetikanwendungen. Internationale Küche im großzügigen und lichten Restaurant.

Angel's - das Hotel am Fruchtmarkt
Am Fruchtmarkt 5, Zufahrt über Hospitalstraße ✉ 66606 – ✆ (06851) 99 90 00 – www.angels-dashotel.de
55 Zim – 67/95 € 114/139 € – 1 Suite – ½ P
Beim Dom stehen die vier miteinander verbundenen restaurierten alten Stadthäuser mit ihren geschmackvoll-modernen Zimmern und dem Restaurant Luise mit Bistroflair. Wer das Kosmetikangebot nutzen möchte, wird per Shuttle kostenfrei zum Partnerhotel am Golfplatz gebracht.

In St. Wendel-Bliesen
Nord-West: 5,5 km über Sankt Annen Straße und Alsfassener Straße

Kunz
Kirchstr. 22 ✉ 66606 – ✆ (06854) 81 45 – www.restaurant-kunz.de – geschl. Februar 1 Woche, Juli - August 2 Wochen und Sonntag - Dienstag
Menü 90/104 € – *(nur Abendessen)* (Tischbestellung ratsam)
Anke und Alexander Kunz sind ein eingespieltes Team. Sie ist Gastgeberin aus Leidenschaft, er steht für geradlinige Küche ohne Chichi. Für ihn zählen erstklassige Produkte, Kraft, Ausdruck und Finesse. Toll übrigens auch der Blick auf den beachtlichen "Bliestaldom" St. Remigius.
→ Terrine von geschmorter Spitzpaprika mit Riesengarnelen und Wildkräutersalat. Gebratenes Kalbsbries mit hausgemachten Tortellini. Carré vom Salzwiesenlamm mit grünen Bohnen und Olivengnocchi.
Kaminzimmer – Siehe Restaurantauswahl

Kaminzimmer – Restaurant Kunz

Kirchstr. 22 ✉ 66606 – ✆ (06854) 81 45 – www.restaurant-kunz.de – geschl. Februar 1 Woche und Montag - Dienstag

Menü 39 € – Karte 27/66 € – *(nur Abendessen, sonntags auch Mittagessen)* (Tischbestellung ratsam)

Ob Dry Aged Beef oder Bretonische Seezunge, ob Rinderroulade oder Wiener Schnitzel, auch im Kunz'schen Zweitrestaurant lässt es sich richtig gut essen. Drinnen schöner moderner Stil und gemütlicher Kamin, draußen die hübsche Terrasse.

ST. WOLFGANG

Bayern – 4 340 Ew. – Höhe 509 m – Regionalatlas **66-N20**

Berlin 633 km – München 55 km – Landshut 41 km – Kufstein 88 km

Michelin Straßenkarte 546

St. Georg

Hauptstr. 28, B 15 ✉ 84427 – ✆ (08085) 9 30 30 – www.hotel-st-georg.com

17 Zim – 59 € 72 €

Ein gepflegtes und funktional ausgestattetes kleines Hotel, das gerne von Geschäftsreisenden im Raum München genutzt wird. Ansprechend das regionale Frühstücksbuffet. Im Nebenhaus bietet man Appartements mit kleiner Küche.

SASBACH

Baden-Württemberg – 5 280 Ew. – Höhe 147 m – Regionalatlas **54-E19**

Berlin 727 km – Stuttgart 121 km – Freiburg im Breisgau 91 km – Strasbourg 48 km

Michelin Straßenkarte 545

Michael Harr

Mättich 29 ✉ 77880 – ✆ (07841) 6 73 00 83 – www.harr-sasbach.de – geschl. 1. - 7. Januar und Samstagmittag, Sonntagabend - Montag

Menü 34 € – Karte 33/59 €

Nach diversen Stationen in der gehobenen Gastronomie ist Michael Harr nun in seine Heimat zurückgekehrt und präsentiert in der ansprechend und modern gestalteten einstigen Lagerhalle internationale Gerichte wie "Zander, Hummerschaum, Balsamico, Serranoschinken Thymiankartoffeln". Ebenso beliebt: das täglich wechselnde Angebot auf der großen Tafel.

SASBACHWALDEN

Baden-Württemberg – 2 420 Ew. – Höhe 257 m – Regionalatlas **54-E19**

Berlin 729 km – Stuttgart 131 km – Karlsruhe 58 km – Freudenstadt 45 km

Michelin Straßenkarte 545

Talmühle

Talstr. 36 ✉ 77887 – ✆ (07841) 62 82 90 – www.talmuehle.de – geschl. Anfang Februar - Anfang März

26 Zim – 71/112 € 110/164 € – 1 Suite – ½ P

Fallert • ***Badische Stuben*** – Siehe Restaurantauswahl

Wenn Sie in einem der schönen, wohnlichen Südzimmer dem Rauschen des Baches lauschen, am Morgen aufmerksam umsorgt von der kleinen Frühstückskarte wählen oder über das reizvolle begrünte Anwesen schlendern, dann wird klar: Der Name Fallert steht nicht nur für Gourmetküche!

Fallert – Hotel Talmühle

Talstr. 36 ✉ 77887 – ✆ (07841) 62 82 90 – www.talmuehle.de – geschl. Anfang Februar - Anfang März und November - April: Montag - Mittwochmittag

Menü 44/98 € – Karte 42/85 € – (Tischbestellung ratsam)

Wenn Gutbert Fallert hier klassisch-saisonal kocht, sind ausgesuchte Produkte und geschmackliche Intensität das A und O. Zu den harmonisch zusammengestellten und schön angerichteten Speisen schafft das elegante Interieur den passenden Rahmen. Im Sommer bietet man zur Gourmetküche auch die regionale Karte.

→ Salat von Pulpo mit Chorizo, Paprika, Bohnen und Tomatenvinaigrette. Filet vom Island Kabeljau auf der Haut gebraten, Estragon-Senfsauce. Elsässer Taube mit Holunderessigsauce und knusprige Kartoffelküchle.

Engel

Talstr. 14 ✉ 77887 – ✆ (07841) 30 00 – www.engel-sasbachwalden.de – geschl. Montag, Mitte Januar - März: Montag - Dienstag
13 Zim – 48/85 € 92/160 € – ½ P
Menü 34 € (vegetarisch)/45 € – Karte 29/56 €
Hier passt einfach alles zusammen: Familientradition seit 1764, charmante Stuben hinter historischen Fachwerkmauern, herzliche Atmosphäre und regionale Köstlichkeiten, aber auch internationale Klassiker. Ein tolles Preis-Leistungs-Verhältnis bietet u. a. das Menü "Engel" mit Gerichten wie "kross gebratene Entenbrust mit cremigem Lauch und Kartoffelkrapfen". Schön auch die Gästezimmer - mal ländlich-gemütlich, mal modern.

Badische Stuben – Hotel Talmühle

Talstr. 36 ✉ 77887 – ✆ (07841) 62 82 90 – www.talmuehle.de – geschl. Anfang Februar - Anfang März
Menü 34 € (mittags unter der Woche)/64 € – Karte 33/56 € – (Tischbestellung ratsam)
Mit seiner regionalen Küche ist dieses Restaurant ebenfalls einen Besuch wert: Da wären z. B. die "Badischen Versucherle" oder die "Rehkeule vom Maibock mit Pfeffersauce, Aprikosen-Mispel, Spitzkraut, Selleriepüree und Bubenspitzle"! Einladend auch die Atmosphäre in den Stuben sowie die großzügige Terrasse.

SASSENDORF, BAD

Nordrhein-Westfalen – 11 620 Ew. – Höhe 92 m – Regionalatlas **27-E10**
Berlin 456 km – Düsseldorf 123 km – Arnsberg 29 km – Beckum 27 km
Michelin Straßenkarte 543

Wulff

Berliner Str. 31 ✉ 59505 – ✆ (02921) 9 60 30 – www.hotel-wulff.de
22 Zim – 54 € 109 € – 2 Suiten – ½ P
Das Haus liegt nicht nur günstig in Kurparknähe, sondern ist auch tipptopp gepflegt und wird sehr persönlich geführt! Die Auswahl an Gästezimmern reicht vom Einzelzimmer bis zum Appartement. Und wenn es mal etwas mehr Entspannung sein darf: Sie können auch Wellnessanwendungen buchen!

SASSNITZ – Mecklenburg-Vorpommern ➜ Siehe Rügen (Insel)

SAULGAU, BAD

Baden-Württemberg – 17 020 Ew. – Höhe 587 m – Regionalatlas **63-H20**
Berlin 686 km – Stuttgart 114 km – Konstanz 89 km – Reutlingen 74 km
Michelin Straßenkarte 545

Kleber Post

Poststr. 1 ✉ 88348 – ✆ (07581) 50 10 – www.kleber-post.de
48 Zim – 89/109 € 139/199 € – 1 Suite – ½ P
Vinum – Siehe Restaurantauswahl
Durch und durch stilvoll-modern ist dieses Hotel im Zentrum, hier und da schöne künstlerische Akzente. Die Zimmer sind elegant und stimmig in ihren hellen, warmen Tönen, attraktiv der lichte verglaste Sauna- und Fitnessbereich auf dem Dach.

Vinum – Hotel Kleber-Post

Poststr. 1 ✉ 88348 – ✆ (07581) 50 10 – www.kleber-post.de
Menü 29/63 € – Karte 35/63 € – (Tischbestellung ratsam)
Das Restaurant ist chic und farblich gut getroffen - da hat Chefin Christine Durach bei der Einrichtung Geschmack bewiesen. Auf bequemen Sesseln und Bänken genießt man die schmackhafte Küche von Egon Durach, und die bietet Internationales, aber auch Regionales wie "Ochsenbacken mit Erbsenpüree und Spätzle".

In Bad Saulgau-Bondorf Nord-Ost: 2 km

Oberamer Hof

St.-Bruno-Str. 34 ✉ 88348 – ✆ (07581) 4 89 20 – www.oberamerhof.de – geschl. 14. Februar - 3. März

18 Zim – 42/44 € 64/68 € – ½ P

Charmant die ruhige Lage mit Blick über die Felder! Der alte Bauernhof hat individuelle Zimmer und Appartements (ideal für Familien). Passend zum Charakter des Hauses: die in hellem Holz gehaltene Gaststube mit regionalen Spezialitäten - freitags z. B. typisch schwäbische "Dennete". Sehr nette Gartenterrasse.

In Bad Saulgau-Renhardsweiler Ost : 7,5 km, Richtung Bad Schussenried :

Zum Hasen

Hochstr. 37, Süd-Ost: 2km ✉ 88348 – ✆ (07581) 4 87 40 – www.zumhasen.de

14 Zim – 49/69 € 79/99 € – ½ P

Das kleine Hotel in dem alten Fachwerkhaus ist eine schöne Adresse mit seinen behaglichen Zimmern (wohnlich die hellen Holzmöbel) und der gemütlichen Dorfstube mit regionaler Küche.

SAULHEIM

Rheinland-Pfalz – 7 300 Ew. – Höhe 140 m – Regionalatlas **47-E15**

Berlin 583 km – Mainz 16 km – Bad Kreuznach 43 km – Alzey 20 km

Michelin Straßenkarte 543

mundart Restaurant

Weedengasse 8, Nieder-Saulheim ✉ 55291 – ✆ (06732) 9 32 29 66 – www.mundart-restaurant.de – geschl. 1. - 8. Januar, August 3 Wochen und Mittwoch

Menü 27/59 € – Karte 29/51 € – *(nur Abendessen, sonntags auch Mittagessen)*

In einem netten alten Dorfhaus mitten in dem kleinen Weinort kocht Patron Markus Hebestreit frisch und geschmackvoll, ob geschmorte Ochsenbacke oder Thunfisch-Carpaccio! Hübsch die ländlich-moderne Einrichtung, charmant der Innenhof.

SCHALKENMEHREN

– Rheinland-Pfalz ➜ Siehe Daun

SCHALKHAM

Bayern – 870 Ew. – Höhe 430 m – Regionalatlas **59-N19**

Berlin 581 km – München 86 km – Regensburg 86 km – Landshut 26 km

Michelin Straßenkarte 546

In Schalkham-Johannesbrunn

Sebastianihof

Brunnenstr. 9 ✉ 84175 – ✆ (08744) 91 94 45 – www.sebastianihof.de – geschl. August 2 Wochen und Montag - Mittwoch

Menü 39 € (vegetarisch)/76 € – Karte 31/50 € – *(nur Abendessen, sonntags auch Mittagessen)*

Bei Manfred Eckmaier sind Naturverbundenheit (er geht selbst auf die Jagd) und Bodenhaftung die Basis. Eine seiner schmackhaften regional-saisonalen Speisen: "Rücken und geschmorter Schlegel vom Johannesbrunner Reh mit Blaukrautpüree". Modern das Ambiente im großen "Stadl" und im "Kuhstall", schöner Innenhof.

SCHANDAU, BAD

Sachsen – 3 840 Ew. – Höhe 128 m – Regionalatlas **43-R12**

Berlin 233 km – Dresden 39 km – Chemnitz 110 km – Görlitz 78 km

Michelin Straßenkarte 544

Parkhotel

Rudolf-Sendig-Str. 12 ✉ 01814 – ✆ (035022) 5 20 – www.parkhotel-bad-schandau.de

75 Zim – 60/102 € 94/142 € – ½ P

Umgeben vom Grün des Parks wohnt man in der Villa Sendig von 1880 oder in der Residenz mit Elbblick. Zum Fluss hin auch das Wintergartenrestaurant und die Terrasse. Unter der Woche warme Küche von 14 - 21 Uhr. Im prächtigen historischen Saal kann man jeden Samstag (und bei Workshops) das Tanzbein schwingen!

SCHARBEUTZ

Schleswig-Holstein – 10 720 Ew. – Höhe 12 m – Regionalatlas **11-K4**

Berlin 288 km – Kiel 59 km – Lübeck 30 km – Schwerin 82 km

Michelin Straßenkarte 541

BelVeder

Strandallee 146 ✉ 23683 – ✆ (04503) 3 52 66 00 – www.hotel-belveder.de

68 Zim – 115/235 € 165/325 € – 15 Suiten – ½ P

DiVa • ***BelVeder*** – Siehe Restaurantauswahl

Ihr Zimmer ist wohnlich-elegant und in warmen Tönen gehalten, auf Wunsch genießen Sie vom Balkon den Blick aufs Meer, die angeschlossene Ostsee-Therme nutzen Sie gratis und freundliche Gästebetreuung ist Ihnen ebenfalls gewiss - also beste Voraussetzungen für entspannte Urlaubstage!

Bayside N

Strandallee 130a ✉ 23683 – ✆ (04503) 60 9 60 – www.bayside-hotel.de

126 Zim – 75/129 € 118/228 € – 6 Suiten

Roof – Siehe Restaurantauswahl

Moderner Stil, tolle Aussicht und top Lage direkt am Strand. Die Zimmer sind wertig eingerichtet, meist mit Balkon, chic die Bäder. Toll der Meerblick vom OG - hier das Restaurant "Roof" und die Bar. Regionale Küche im "Coast".

Petersen's Landhaus

Seestr. 56a ✉ 23683 – ✆ (04503) 3 55 10 – www.petersens-landhaus.de

16 Zim – 90/99 € 118/138 € – 1 Suite

Ein Haus mit sympathischer familiärer Atmosphäre und behaglichem Ambiente von der kleinen Kaminhalle bis in die tipptopp gepflegten Zimmer. Reichhaltig und frisch das Frühstücksbuffet - gerne sitzt man auch im Wintergarten.

Göttsche

Am Hang 8 ✉ 23683 – ✆ (04503) 88 20 – www.hotelgoettsche.de – geschl. 1. November - 25. Dezember

15 Zim – 60/180 € 110/190 € – 1 Suite – ½ P

Schon ein hübsches Plätzchen, so leicht erhöht über dem Strand! Die hauseigene Treppe führt Sie hinunter. Wer auf den Meerblick auch im Zimmer nicht verzichten möchte, fragt am besten nach den seeseitigen. Die schöne Sicht genießt man auch auf der Restaurantterrasse bei bürgerlicher Küche.

Villa Scharbeutz

Seestr. 26 ✉ 23683 – ✆ (04503) 8 70 90 – www.hotel-villa-scharbeutz.de – geschl. 1. - 25. Dezember, 10. Januar - 28. Februar

22 Zim – 41/65 € 77/91 €

Die schöne Jugendstilvilla ist das Stammhaus dieses Hotels - hier wohnt man in funktionellen Gästezimmern. Wenn Sie es gerne etwas komfortabler und zeitgemäßer haben, buchen Sie ein Zimmer im Anbau!

XXX **DiVa** – Hotel BelVeder

Strandallee 146, Süd: 1,5 km über B 76, Richtung Timmendorfer Strand ✉ 23683 – ✆ (04503) 3 52 66 00 – www.hotel-belveder.de – geschl. 1. - 5. Januar und Sonntag - Dienstag

Menü 72/116 € – Karte 74/81 € – *(nur Abendessen)* (Tischbestellung erforderlich)

Hier kocht man auf klassischer Basis und mit modernen Einflüssen - das Ergebnis ist geschmackvoll und frisch, angenehm geradlinig und nicht überladen. Dazu freundlicher, ungezwungener Service und elegant-mediterranes Ambiente.

➜ Langustine mit Mandarine und Haselnuss. Steinbutt im Ofen gebraten mit gepfefferter Petersilienjus und Gewürztomate. Rosenspitz vom Bison mit Café de Paris-Kartoffeln.

XX **BelVeder** – Hotel BelVeder

Strandallee 146, Süd: 1,5 km über B 76, Richtung Timmendorfer Strand ✉ 23683 – ✆ (04503) 3 52 67 07 – www.hotel-belveder.de

Menü 32/45 € – Karte 29/58 €

Regionale Küche mit Blick auf die Ostsee - das erwartet Sie hier. Dazu noch klassisch-elegantes Ambiente und im Sommer eine herrliche Terrasse hinter den Dünen!

XX **Roof** N – Hotel Bayside

Strandallee 130a ✉ 23683 – ✆ (04503) 60 9 60 – www.bayside-hotel.de

Karte 43/59 € – *(Montag - Freitag nur Abendessen)* (Tischbestellung erforderlich)

Sushi, Grillgerichte und Meeresfrüchte kommen hier oben auf dem Dach des "Bayside" aus der offenen Küche. Und nach dem Essen ein kleiner Absacker auf der Terrasse mit herrlicher Sicht auf die Ostsee?

X **Brechtmanns Botschaft**

Strandallee 116 ✉ 23683 – ✆ (04503) 7 33 31 – www.brechtmanns-botschaft.de – geschl. Mitte Februar - Mitte März, Ende Oktober - Anfang November und Dienstag - Mittwochmittag

Menü 37/53 € – Karte 33/54 €

Das schöne Haus beim Strand ist eine kulinarische Institution in Scharbeutz. Ann Kathrin Brechtmann leitet herzlich den Service, ihr Mann Sven sorgt für regional und asiatisch beeinflusste Speisen wie "knuspriges Tatar vom Thunfisch mit Ananas-Chili-Sauce" oder "gerösteten Dorsch, Wasserspinat und Bratreis".

X **Herzberg's Restaurant**

Strandallee 129 ✉ 23683 – ✆ (04503) 7 41 59 – www.herzbergs-restaurant.de – geschl. Donnerstag

Menü 25/50 € – Karte 20/45 €

Hier kommt Frisches aus der Region auf den Tisch: Probieren Sie den Fisch - oder lieber Fleisch vom Grill? Das Restaurant ist mit allerlei Accessoires und Liebe zum Detail charmant gestaltet. Auch draußen ums Haus herum sitzt man schön.

In Scharbeutz-Haffkrug

Maris

Strandallee 10 ✉ 23683 – ✆ (04563) 4 27 20 – www.hotelmaris.de

13 Zim – 55/90 € 90/130 € – ½ P

Muschel – Siehe Restaurantauswahl

Was dieses Haus interessant macht? Es liegt direkt an der Strandpromenade und verfügt über wohnlich gestaltete Gästezimmer mit Balkon - teilweise hat man auch Meerblick!

XX **Muschel** – Hotel Maris

Strandallee 10 ✉ 23683 – ✆ (04563) 42 28 03 – www.restaurant-muschel-haffkrug.de

Karte 35/54 € – (Tischbestellung ratsam)

"Dorsch, Spitzkohl, Kartoffeln" oder "ganze gebratene Scholle" - hier wird frisch und saisonal gekocht. Schön hell das Restaurant mit großer Fensterfront (dekorativ die Kronleuchter), draußen die windgeschützte Terrasse an der Promenade.

SCHEER – Baden-Württemberg ➔ Siehe Sigmaringen

SCHEESSEL

Niedersachsen – 12 920 Ew. – Höhe 30 m – Regionalatlas **18-H6**
Berlin 341 km – Hannover 121 km – Hamburg 68 km – Bremen 54 km
Michelin Straßenkarte 541

In Scheeßel-Oldenhöfen Nord-West: 7 km über Zevener Straße, in Hetzwege rechts

Rauchfang

Oldenhöfen 3a ✉ 27383 – ✆ (04263) 6 02 – www.rauchfang-oldenhoefen.de – geschl. Montag - Dienstag
Menü 60/63 € – Karte 30/55 € – *(Mittwoch - Samstag nur Abendessen)*
Seit 20 Jahren betreibt Familie Kaiser den netten Landgasthof, ein Häuslingshaus von 1800. Der Chef kocht Leckeres wie "geschmorte Lammhaxe mit Speckbohnen" oder "Saibling auf Spargelrisotto". Blickfang in dem liebenswerten Restaurant ist der offene Kamin. Oder sitzen Sie lieber auf der Terrasse im Grünen?

SCHEIBENHARDT

Rheinland-Pfalz – 660 Ew. – Höhe 120 m – Regionalatlas **54-E18**
Berlin 687 km – Mainz 168 km – Karlsruhe 24 km – Landau in der Pfalz 32 km
Michelin Straßenkarte 543

In Scheibenhardt-Bienwaldmühle Nord-West: 5,5 km

Bienwaldmühle

Bienwaldmühle 3 ✉ 76779 – ✆ (06340) 2 76 – www.bienwaldmuehle.de – geschl. 21. Dezember - 5. Februar, Ende Juli - Anfang August 2 Wochen und Montag - Dienstag
Menü 35/65 € – Karte 24/46 €
Schön die Lage mitten im Bienwald, abgelegen und ruhig! Da ist (neben dem ansprechenden zeitgemäß-modernen Hauptraum) natürlich die große Terrasse der Renner! Man kocht regional-saisonal, z. B. "Hirschmedaillons mit glacierten Weintrauben".

SCHEIDEGG

Bayern – 4 120 Ew. – Höhe 804 m – Regionalatlas **63-I21**
Berlin 720 km – München 177 km – Konstanz 84 km – Ravensburg 40 km
Michelin Straßenkarte 546

Birkenmoor

Am Brunnenbühl 10 ✉ 83175 – ✆ (08381) 9 20 00 – www.hotel-birkenmoor.com
16 Zim – †45/84 € ††90/118 € – ½ P
Sie suchen ein ruhiges Plätzchen zum Ausspannen? Bei Familie Späth finden Sie ein kleines Hotel fast ganz im Grünen. Die Zimmer hell und gepflegt, zum Wohlfühlen der große Garten und das Wellnessangebot.

SCHENEFELD

Schleswig-Holstein – 18 680 Ew. – Höhe 21 m – Regionalatlas **10-I5**
Berlin 298 km – Kiel 86 km – Hamburg 12 km
Michelin Straßenkarte 541

In Schenefeld-Dorf

Klövensteen

Hauptstr. 83 ✉ 22869 – ✆ (040) 8 39 36 30 – www.hotel-kloevensteen.de
58 Zim – †80/92 € ††106/116 € – ½ P
Ein recht komfortables Hotel, das neben wohnlich und funktionell ausgestatteten Zimmern auch Kosmetikanwendungen bietet. Praktisch ist die gute Anbindung an die Autobahn. Bürgerliche Küche im Bistro.

SCHENKENZELL

Baden-Württemberg – 1 770 Ew. – Höhe 361 m – Regionalatlas **54**-E19

Berlin 732 km – Stuttgart 104 km – Freiburg im Breisgau 72 km – Villingen-Schwenningen 46 km

Michelin Straßenkarte 545

Waldblick

Schulstr. 12, B 294 ✉ 77773 – ✆ (07836) 9 39 60 – www.hotel-waldblick.de – geschl. 11.- 21. Februar

30 Zim – 56/100 € 82/119 € – ½ P

Schon die gelbe Fassade mit den blauen Fensterläden ist freundlich und einladend, ebenso die zeitgemäßen und funktionalen Zimmer (teilweise groß genug für Familien) und natürlich die engagierte Familie Kilgus! Lust auf Minigolf? Man hat eine eigene Anlage direkt am Haus. Im Restaurant und auf der schönen Terrasse serviert man bürgerliche Küche.

SCHERMBECK

Nordrhein-Westfalen – 13 440 Ew. – Höhe 40 m – Regionalatlas **26**-C10

Berlin 523 km – Düsseldorf 69 km – Dorsten 10 km – Wesel 19 km

Michelin Straßenkarte 543

In Schermbeck-Gahlen Süd: 4 km über Mittelstraße und Maassenstraße

Landhaus Nikolay

Kirchhellener Str. 1, Süd: 2 km, in Besten ✉ 46514 – ✆ (02362) 4 11 32 – www.landhaus-nikolay.de – geschl. Montag

Menü 49/79 € – Karte 44/70 € – (Tischbestellung ratsam)

Sie legen Wert auf frische, möglichst heimische Produkte? Der Chef dieses liebenswerten Restaurants ebenso: Für seine klassische Küche sammelt er Pilze, züchtet Hühner und Enten selbst, zieht Gemüse und Kräuter im eigenen Garten...

In Schermbeck-Weselerwald Nord-West: 13 km über B 58, bei Drevenack rechts Richtung Bocholt

Landhotel Voshövel

Am Voshövel 1 ✉ 46514 – ✆ (02856) 9 14 00 – www.landhotel.de – geschl. über Weihnachten, 2. - 7. Januar

46 Zim – 99/137 € 146/187 € – ½ P

Landhotel Voshövel – Siehe Restaurantauswahl

Seminar, Hochzeit, Wellness... Das Hotel ist mit seinem schönen Spa, den individuellen Zimmern (teils Themenzimmer), den variablen Tagungsräumen und dem eigenen Standesamt ideal für so manchen Anlass. Außerdem gibt es Ermäßigung im Golfclub nebenan.

Landhotel Voshövel – Landhotel Voshövel

Am Voshövel 1 ✉ 46514 – ✆ (02856) 9 14 00 – www.landhotel.de – geschl. über Weihnachten, 2. - 7. Januar

Menü 35/74 € – Karte 28/60 €

Was in den gemütlichen Stuben serviert wird, ist schmackhaft, saisonal und aus guten Produkten zubereitet. Die Karte macht mit "gebratenem Lammnüsschen und Bries" oder "trocken gereiftem Rumpsteak unter der Kräuterkruste" Appetit.

SCHESSLITZ

Bayern – 7 190 Ew. – Höhe 310 m – Regionalatlas **50**-K15

Berlin 391 km – München 252 km – Coburg 57 km – Bayreuth 47 km

Michelin Straßenkarte 546

In Schesslitz-Burgellern Nord-Ost: 2 km Richtung Wattendorf, jenseits der A 70

Schloss Burgellern

Kirchplatz 1 ✉ 96110 – ✆ (09542) 77 47 50 – www.burgellern.de

23 Zim – 89/119 € 139/159 € – ½ P

Ein schön saniertes Anwesen a. d. 18. Jh., überall hübsche historische Details wie Parkettböden, Intarsien, Deckengemälde, Original-Türen... Geschmackvoll die Zimmer, reizvoll der 5 ha große Park mit Naturbadeteich. Klassisch das Ambiente im Restaurant, Motto der Küche: "Fränkische Toskana". Man hat übrigens eigenen Honig! Kochschule im Parkschlösschen von 1890.

In Schesslitz-Würgau Ost: 5 km über Hauptstraße, Oberend und B 22

Brauerei-Gasthof Hartmann
Fränkische-Schweiz-Str. 26, B 22 ✉ 96110 – ✆ (09542) 92 03 00 – www.brauerei-hartmann.de – geschl. Dienstag
9 Zim – 48/50 € 80/85 € Karte 16/43 €
Bereits seit 1550 existiert der gestandene Brauereigasthof mit gemütlich-rustikaler Atmosphäre und sehr nettem Biergarten unter Kastanien. Serviert wird regionale Küche mit heimischem Wild. Probieren Sie auch die eigenen Biere "Felsentrunk" mit Rauchmalz, das Schwarzbier "Erbschänk", "Felsenweiße"...

SCHIEDER-SCHWALENBERG

Nordrhein-Westfalen – 8 770 Ew. – Höhe 200 m – Regionalatlas **28**-G10
Berlin 362 km – Düsseldorf 209 km – Hannover 80 km – Detmold 22 km
Michelin Straßenkarte 543

Im Ortsteil Schieder

Landhaus Schieder
Domäne 1 ✉ 32816 – ✆ (05282) 9 80 90 – www.landhaus-schieder.de
25 Zim – 77/91 € 115/134 € – ½ P
Das um 1900 von Graf Ernst Regent zur Lippe errichtete Herrenhaus und ein Gästehaus beherbergen ansprechende Zimmer, z. T. mit separatem Wohnbereich. Restaurant mit Wintergartenvorbau und internationaler Karte.

SCHIERKE

Sachsen-Anhalt – 33 480 Ew. – Höhe 610 m – Regionalatlas **30**-J10
Berlin 246 km – Magdeburg 92 km – Braunlage 10 km – Halberstadt 45 km
Michelin Straßenkarte 542

In Elend-Mandelholz Süd-Ost: 5,5 km Richtung Braunlage und Königshütte

Grüne Tanne (N)
Mandelholz 1, B 27 ✉ 38875 – ✆ (039454) 4 60 – www.mandelholz.de – geschl. 7. - 25. November
23 Zim – 51/55 € 75/90 € – ½ P
Wie gemacht für Wanderer und Kurzurlauber liegt das holzverkleidete Haus am Bodestausee, ringsum Wald. Im schönen Saunahaus etwas oberhalb bietet man auch Massage an. Gemütliche Restauranträume, darunter der freundliche lichte Wintergarten. Die Kuchentheke macht Appetit.

SCHIFFERSTADT

Rheinland-Pfalz – 19 280 Ew. – Höhe 104 m – Regionalatlas **47**-F16
Berlin 631 km – Mainz 83 km – Mannheim 25 km – Speyer 9 km
Michelin Straßenkarte 543

Salischer Hof
Burgstr. 12 ✉ 67105 – ✆ (06235) 93 10 – www.salischer-hof.de – geschl. 1. - 10. Januar
24 Zim – 79/89 € 98/114 € – ½ P
Das aus einem historischen Hofgut entstandene und aus mehreren Gebäuden bestehende Hotel bietet helle, zeitgemäße Zimmer. Ein mediterraner Touch prägt das Haus. In "Möllers Restaurant" serviert man frische Küche z. B. in Form von "Lammrücken mit Ziegenkäse gratiniert, Lammsugo, weißes Bohnenpüree".

Zur Kanne
Kirchenstr. 7 ✉ 67105 – ✆ (06235) 4 90 00 – www.hotel-zurkanne.de – geschl. 27. Dezember - 10. Januar
39 Zim – 60/80 € 90/110 €
Der Gasthof mit der Fachwerkfassade existiert bereits seit 1547 und war ursprünglich ein Männerkloster. Heute wohnen Sie bei Familie Prieschl in sehr gepflegten Zimmern und lassen sich im gemütlichen Restaurant mit bürgerlicher Küche bewirten, wobei Pfälzer Klassiker natürlich nicht fehlen dürfen!

SCHILLINGSFÜRST

Bayern – 2 770 Ew. – Höhe 516 m – Regionalatlas **49-J17**
Berlin 517 km – München 188 km – Würzburg 85 km – Ansbach 28 km
Michelin Straßenkarte 546

Die Post

Rothenburger Str. 1 ✉ 91583 – ✆ (09868) 95 00 – www.flairhotel-diepost.com
13 Zim – 🚹55/75 € 🚹🚹75/110 € – ½ P
Familie Leiblein (bereits die 5. Generation) kümmert sich hier freundlich um ihre Gäste, und das sowohl im netten ländlich-gepflegten Hotelbereich als auch in den verschiedenen Restauranträumen - nicht zu vergessen die schöne Terrasse mit weiter Sicht! Gekocht wird übrigens saisonal und regional. Probieren Sie auch die selbstgebrannten Schnäpse.

SCHILTACH

Baden-Württemberg – 3 820 Ew. – Höhe 330 m – Regionalatlas **54-E20**
Berlin 740 km – Stuttgart 126 km – Freiburg im Breisgau 68 km – Offenburg 51 km
Michelin Straßenkarte 545

Zum weyßen Rössle

Schenkenzeller Str. 42 ✉ 77761 – ✆ (07836) 3 87 – www.weysses-roessle.de – geschl. 22. Dezember - 6. Januar
9 Zim – 🚹57/68 € 🚹🚹82/96 € – ½ P
Ulrich Wolber und seine Frau sind sehr herzliche und engagierte Gastgeber! Da darf man sich auf wohnliche Zimmer freuen, auf ein schönes Frühstück und auf ein charmantes rustikales Restaurant mit regionaler Küche. Wer es gerne etwas geräumiger hat, sollte nach den Doppelzimmern fragen. Auch das Zimmer mit Himmelbett wird gerne gebucht!

SCHKEUDITZ

Sachsen – 16 970 Ew. – Höhe 111 m – Regionalatlas **31-N11**
Berlin 172 km – Dresden 124 km – Leipzig 13 km – Halle (Saale) 21 km
Michelin Straßenkarte 544

Globana Airport Hotel

Frankfurter Str. 4, West: 1,5 km ✉ 04435 – ✆ (034204) 3 33 33 – www.globana.com
158 Zim – 🚹72/144 € 🚹🚹94/188 € – 5 Suiten
Funktionale Tagungs- und Businessadresse mit guter Verkehrsanbindung. Im 6. Stock sind einige Annehmlichkeiten wie z. B. Minibar inklusive. Hausgäste parken kostenfrei. Restaurant mit Wintergarten und Blick ins Grüne.

Schillerstuben

Herderstr. 26 ✉ 04435 – ✆ (034204) 1 47 16 – www.schillerstuben.de – geschl. Sonntag
Menü 65/89 € – *(nur Abendessen)*
In der Villa von 1929 befinden sich schöne wohnliche Restauranträume mit wechselnder Kunstausstellung. Die Küche ist saisonal - im Sommer sitzt man auch auf der hübschen Terrasse.

SCHKOPAU

Sachsen-Anhalt – 10 930 Ew. – Höhe 98 m – Regionalatlas **31-M11**
Berlin 182 km – Magdeburg 96 km – Leipzig 35 km – Halle (Saale) 11 km
Michelin Straßenkarte 542

Schlosshotel Schkopau

Am Schloss 1 ✉ 06258 – ✆ (03461) 74 90 – www.schlosshotel-schkopau.de
49 Zim – 🚹149/169 € 🚹🚹179/219 € – 5 Suiten – ½ P
Ein schönes jahrhundertealtes Anwesen mit Schlosskapelle und Park, das beliebt ist für Hochzeiten. Die wohnlich-elegante Einrichtung fügt sich harmonisch in den historischen Rahmen ein, stilvoll das Restaurant mit Kreuzgewölbe. Im Innenhof finden Konzerte und Theateraufführungen statt.

SCHLAT

Baden-Württemberg – 1 660 Ew. – Höhe 424 m – Regionalatlas **56-H19**
Berlin 608 km – Stuttgart 51 km – Göppingen 9 km – Schwäbisch Gmünd 27 km
Michelin Straßenkarte 545

Gasthof Lamm

Eschenbacher Str. 1 ✉ 73114 – ✆ (07161) 99 90 20 – www.lamm-schlat.de – geschl. über Weihnachten 1 Woche, über Fasching 1 Woche, August 2 Wochen und Dienstag - Mittwoch, Freitagmittag
5 Zim – †50/77 € ††80/90 € – ☕ 15 € Menü 36/120 € – Karte 26/62 €
Jörg Geiger ist ein Multitalent: Zum einen führt er seinen traditionellen Gasthof, zum anderen hat er eine Manufaktur für edle Destillate und Obstschaumweine, dann ist er noch Gastgeber für alle, die in den fünf charmanten, wohnlichen Zimmern übernachten möchten, und, und, und...! Wenn Sie hier einkehren, sollten Sie sich Gerichte wie "geschmorte Schweinebäckchen" oder auch etwas von der "innovativen" Seite der Speisekarte schmecken lassen.

SCHLEIDEN

Nordrhein-Westfalen – 12 920 Ew. – Höhe 370 m – Regionalatlas **35-B13**
Berlin 639 km – Düsseldorf 103 km – Aachen 50 km – Düren 38 km
Michelin Straßenkarte 543

In Schleiden-Gemünd Nord: 6 km über B 265

Kurpark Hotel

Parkallee 1 ✉ 53937 – ✆ (02444) 9 51 10 – www.kurparkhotel-schleiden.de – geschl. 22. Dezember - 10. Januar
20 Zim ☕ – †59/70 € ††97/105 €
Das gepflegte Hotel liegt ruhig am Kurpark und bietet gut ausgestatte Zimmer, die teilweise über einen Balkon verfügen. Dazu ein gutes Frühstücksbuffet mit Bioprodukten.

SCHLEMA, BAD

Sachsen – 4 940 Ew. – Höhe 450 m – Regionalatlas **42-O13**
Berlin 300 km – Dresden 113 km – Chemnitz 37 km – Oberwiesenthal 41 km
Michelin Straßenkarte 544

Am Kurhaus

Richard-Friedrich-Boulevard 16 ✉ 08301 – ✆ (03772) 3 71 70 – www.am-kurhaus.com
41 Zim ☕ – †87 € ††125/150 € – 2 Suiten – ½ P
Hotel in einem neuzeitlichen Gebäudekomplex im Kurgebiet. Die teils zum Park gelegenen Zimmer sind hell und großzügig, der Ayurvedabereich ist authentisch im Stil Sri Lankas gehalten. Freundliches Restaurant mit sonniger Terrasse.

SCHLEPZIG

Brandenburg – 610 Ew. – Höhe 47 m – Regionalatlas **33-Q9**
Berlin 78 km – Potsdam 95 km – Cottbus 66 km – Frankfurt (Oder) 67 km
Michelin Straßenkarte 542

Landgasthof zum grünen Strand der Spree

Dorfstr. 53 ✉ 15910 – ✆ (035472) 66 20 – www.spreewaldbrauerei.de
41 Zim ☕ – †91/121 € ††100/130 € – ½ P
Die hübsche Anlage mit regionstypischem Charakter bietet richtig wohnliche Landhauszimmer (auch Spa-Suiten mit eigener Sauna) und eine schöne große Wiese zum Spreekanal. Gemütlich essen kann man im ländlich gehaltenen Restaurant - oder wie wär's mit einem selbstgebrauten Bier in der rustikalen Braustube?

SCHLESWIG

Schleswig-Holstein – 23 640 Ew. – Höhe 1 m – Regionalatlas **2-H2**
Berlin 395 km – Kiel 53 km – Flensburg 33 km – Neumünster 65 km
Michelin Straßenkarte 541

Hahn

Lutherstr. 8 ✉ 24837 – ✆ (04621) 99 53 52 – www.hotelhahn.de
6 Zim – 70/100 € 90/110 €
In der schmucken Gründerzeitvilla spürt man das Engagement und die Leidenschaft, mit der die Familie hier bei der Sache ist. Die Einrichtung ist hochwertig und stilvoll, in der schönen Lounge bekommt man gute Weine, zum Frühstück ausgewählte Produkte - natürlich auch selbstgemachte Konfitüre.

In Schleswig-Friedrichsberg Süd-West: 5 km

F-Ritz

Friedrichstr. 102 ✉ 24837 – ✆ (04621) 93 22 80 – www.hotel-f-ritz.de – geschl. 21. Dezember - 10. Januar
11 Zim – 60/85 € 80/115 €
Die Gastgeberin ist Architektin, ihr Faible für schöne Formen und Farben sieht man sofort: Vom Parkett über Möbel und Stoffe bis zum Bild an der Wand passt alles zusammen. Sehr gut das Frühstück, hübsch der kleine Garten hinterm Haus.

In Schleswig-Pulverholz Süd-West: 1,5 km

Waldschlösschen

Kolonnenweg 152 ✉ 24837 – ✆ (04621) 38 30 – www.hotel-waldschloesschen.de
114 Zim – 85/149 € 105/179 € – 2 Suiten – ½ P
Fasanerie – Siehe Restaurantauswahl
Schön liegt das Haus der Familie Behmer am Waldgebiet "Pöhler Gehege" - ideal für Spaziergänge. Danach relaxt man im attraktiven hochwertigen "GartenSpa": Sauna-Welt mit Lady's Lounge, Duftgarten, zahlreiche Anwendungen...

Fasanerie – Hotel Waldschlösschen

Kolonnenweg 152 ✉ 24837 – ✆ (04621) 38 30 – www.hotel-waldschloesschen.de – geschl. Sonntag - Montag
Menü 78/109 € – Karte 53/88 € – *(nur Abendessen)*
Hier gesellen sich zum gemütlich-zeitgemäßen Ambiente international und saisonal geprägte Speisen. Probieren Sie die appetitlichen Wild- und Fischgerichte - die sind Spezialität!

SCHLIENGEN

Baden-Württemberg – 5 390 Ew. – Höhe 250 m – Regionalatlas **61-D21**
Berlin 836 km – Stuttgart 243 km – Freiburg im Breisgau 38 km – Müllheim 9 km
Michelin Straßenkarte 545

In Schliengen-Mauchen

Gasthaus Zur Krone

Müllheimer Str. 6 ✉ 79410 – ✆ (07635) 98 99 – www.krone-mauchen.de – geschl. Montag - Dienstag
Karte 16/38 €
Das hier ist die Gutsschänke des Weinguts Lämmlin-Schindler. In rustikalem Ambiente (nett auch die Terrasse) gibt es neben hauseigenen Weinen auch frische Gerichte wie "Zwiebelrostbraten mit Krautspätzle" oder "Linsen mit Spätzle und Wienerle" - nicht zu vergessen die tolle Kuchen- und Tortenauswahl!

SCHLIERSEE

Bayern – 6 790 Ew. – Höhe 784 m – Regionalatlas **66-M21**
Berlin 652 km – München 62 km – Garmisch-Partenkirchen 79 km – Rosenheim 36 km
Michelin Straßenkarte 546

In Schliersee-Spitzingsee Süd: 10 km über B 307, hinter Neuhausen rechts – Höhe 1 085 m

Arabella Alpenhotel am Spitzingsee
Seeweg 7 ✉ 83727 – ✆ (08026) 79 80 – www.arabella-alpenhotel.com
108 Zim – 112/172 € 158/268 € – 9 Suiten – ½ P
Schön liegt das Hotel in 1100 m Höhe, viele der wohnlichen Zimmer bieten Seeblick. Zum schicken modernen Spa gehört die höchstgelegene Sole-Therme Deutschlands. Dazu ein Strandbad. Alpenländisch die König Ludwig Stube, mediterran (u. a. mit Antipasti, Pizza, Pasta) gibt sich die Osteria L'Oliva. Weinkeller.

SCHLUCHSEE

Baden-Württemberg – 2 370 Ew. – Höhe 950 m – Regionalatlas **62-E21**
Berlin 795 km – Stuttgart 172 km – Freiburg im Breisgau 48 km – Donaueschingen 49 km
Michelin Straßenkarte 545

Vier Jahreszeiten am Schluchsee
Am Riesenbühl ✉ 79859 – ✆ (07656) 7 00 – www.vjz.de
207 Zim – 145/180 € 250/340 € – 11 Suiten – ½ P
Ruhige Lage und vielfältiges Freizeitangebot mit Tennis (Hallen- und Freiplätze), großem Bade- und Spabereich, speziellem Ayurveda-Zentrum... Nicht zu vergessen: wohnliche Zimmer mit Balkon. Teil des Restaurantbereichs ist die gemütlich-rustikale Gaststube "Kachelofen".

Hegers Parkhotel Flora
Sonnhalde 22 ✉ 79859 – ✆ (07656) 9 74 20 – www.parkhotel-flora.de
40 Zim – 125/150 € 180/190 € – 7 Suiten – ½ P
Hegers Parkhotel Flora – Siehe Restaurantauswahl
Mit Engagement kümmert sich Familie Heger um ihre Gäste. Ruhig die Lage, wohnlich und wertig die Zimmer, teilweise mit Seeblick. Schön relaxen lässt es sich z. B. am attraktiven Außenpool oder bei Anwendungen im kleinen Spa.

Hegers Parkhotel Flora – Hegers Parkhotel Flora
Sonnhalde 22 ✉ 79859 – ✆ (07656) 9 74 20 – www.parkhotel-flora.de
Menü 36/69 € – Karte 33/67 €
Im Restaurant kocht der Chef regionale und internationale Gerichte - macht Ihnen z. B. "Hirschragout in Wacholdersoße mit Pilzen und Spätzle" Appetit? Dazu gibt's Weine vom Weingut Heger in Ihringen.

In Schluchsee-Aha Nord-West: 4 km über B 500

Auerhahn
Vorderaha 4, an der B 500 ✉ 79859 – ✆ (07656) 9 74 50 – www.auerhahn.net
59 Zim – 150/185 € 270/310 € – 3 Suiten – ½ P
Nur die Straße trennt das Hotel vom See. Umfassend das Wellness- und Sportangebot, dazu ein Leihboot für Angler. Tipp: Eine Juniorsuite hat eine eigene Sauna, zwei Suiten eine Whirlwanne. Vollpension inkl. Auch wenn Sie kein Hausgast sind, können Sie hier essen: Röstigerichte im rustikalen "Tannenzäpfle".

SCHLÜCHTERN

Hessen – 16 020 Ew. – Höhe 207 m – Regionalatlas **38-H14**
Berlin 478 km – Wiesbaden 117 km – Fulda 30 km – Frankfurt am Main 76 km
Michelin Straßenkarte 543

Stadt Schlüchtern
Breitenbacher Str. 5 ✉ 36381 – ✆ (06661) 74 78 80 – www.hotel-stadt-schluechtern.de
30 Zim – 58/62 € 85/89 €
Das Hotel mitten im Zentrum ist hell, freundlich und neuzeitlich eingerichtet. Highlight ist die eigene Bäckerei im Haus - frischer könnten die Brötchen zum Frühstück nicht sein! Bis abends bekommen die Gäste hier auch belegte Brötchen.

SCHMALLENBERG

Nordrhein-Westfalen – 24 980 Ew. – Höhe 400 m – Regionalatlas **37-F12**
Berlin 513 km – Düsseldorf 168 km – Arnsberg 48 km – Meschede 35 km
Michelin Straßenkarte 543

In Schmallenberg-Fleckenberg Süd-West: 2 km über B 236 Richtung Olpe

Hubertus

Latroper Str. 24 ✉ 57392 – ✆ (02972) 50 77 – www.gasthof-hubertus.de – geschl. 2. - 25. Dezember
24 Zim – 68/70 € 108/134 € – ½ P
Ein äußerst gepflegtes Hotel mit familiärer Führung und wohnlichen Zimmern, die teilweise über Balkon/Terrasse verfügen. Vom Badebereich schaut man in den Garten. Bürgerlich-rustikales Restaurant.

In Schmallenberg-Jagdhaus Süd: 7 km über B 236 Richtung Olpe, in Fleckenberg links

Jagdhaus Wiese

Jagdhaus 3 ✉ 57392 – ✆ (02972) 30 60 – www.jagdhaus-wiese.de – geschl. 18. - 26. Dezember
46 Zim – 88/140 € 141/213 € – 16 Suiten – ½ P
Das herrlich ruhig gelegene Anwesen mit Park ist ein Haus mit Tradition, das mit Gefühl und Geschmack modernisiert wird. Die Zimmer sind sehr unterschiedlich, einige eher rustikal, andere moderner. Restaurant in ländlichem Stil.

Schäferhof

Jagdhaus 21 ✉ 57392 – ✆ (02972) 4 73 34 – www.schaeferhof.com – geschl. 7. - 17. März, Mitte November 10 Tage
11 Zim – 59/69 € 82/114 € – 2 Suiten – ½ P
Die herrliche Landschaft, nette, wohnliche Gästezimmer (darunter zwei Maisonetten) und die sehr persönliche Führung machen das tipptopp gepflegte Haus der Familie Grobbel aus. Gemütlich ist die Atmosphäre im Restaurant, schön die Terrasse mit Blick ins Grüne.

In Schmallenberg-Latrop Süd-Ost: 8,5 km über B 236 Richtung Olpe, in Fleckenberg links

Hanses Bräutigam

Latrop 27 ✉ 57392 – ✆ (02972) 99 00 – www.hotel-hanses.de – geschl. 1. - 26. November
24 Zim – 59/69 € 92/156 € – ½ P
In dem netten Sauerländer Fachwerkhaus erwarten Sie einige modern-elegante Komfortzimmer und Juniorsuiten, aber auch einfachere und rustikalere Gästezimmer. Bürgerliches Restaurant.

In Schmallenberg-Nordenau Nord-Ost: 13 km über B 236, in Oberkirchen links

Gnacke

Astenstr. 6 ✉ 57392 – ✆ (02975) 9 63 30 – www.hotel-gnacke.de
15 Zim – 85/115 € 85/190 € – 1 Suite – ½ P
Das traditionelle Ferienhotel verbindet Sauerländer Stil mit modernen Elementen. Die Zimmer sind etwas unterschiedlich in Einrichtung und Zuschnitt, viele mit Balkon und Aussicht. Rustikales Restaurant und hübsche Caféterrasse zum Tal.

In Schmallenberg-Oberkirchen Ost: 8 km über B 236

Gasthof Schütte

Eggeweg 2, nahe der B 236 ✉ 57392 – ✆ (02975) 8 20 – www.gasthof-schuette.de – geschl. 5. - 26. Dezember
47 Zim – 67/101 € 134/216 € – 12 Suiten – ½ P
Gasthof Schütte – Siehe Restaurantauswahl
Familientradition seit über 550 Jahren! Ein schönes Haus, in das stetig investiert wird. So hat man wohnliche Zimmer und gute Freizeitmöglichkeiten - ansprechend der Spa "Lenneborn". 300 m entfernt entspannt man im Garten mit Freibad!

Gasthof Schütte – Hotel Gasthof Schütte

Eggeweg 2, nahe der B 236 ✉ 57392 – ✆ (02975) 8 20 – www.gasthof-schuette.de – geschl. 5. - 26. Dezember

Menü 20 € (mittags)/53 € – Karte 24/57 €

Bewusst hat man mit liebenswerten Dekorationen den rustikalen Charme des alten Stammhauses bewahrt - ein wohltuender Rahmen für schmackhafte klassisch-internationale Speisen und herzhaft-leckere Spezialitäten wie "Westfälische dicke Bohnen mit Kasseler und Mettwurst" oder "Gesottenen Tafelspitz".

In Schmallenberg-Ohlenbach Ost: 15 km über B 236, in Oberkirchen links Richtung Winterberg

Waldhaus

Ohlenbach 10 ✉ 57392 – ✆ (02975) 8 40 – www.waldhaus-ohlenbach.de – geschl. 15. - 19. November

45 Zim – 96/134 € 168/208 € – ½ P

Schneiderstube – Siehe Restaurantauswahl

Das Hotel befindet sich in herrlich ruhiger, sonnenexponierter Lage in 700 m Höhe - toll der Ausblick! Weitere Vorzüge: Nach Umbau sind nun einige der wohnlichen Zimmer überaus geschmackvoll in modernem Stil eingerichtet und auch der Spa hat noch mehr zu bieten!

Schneiderstube – Hotel Waldhaus

Ohlenbach 10 ✉ 57392 – ✆ (02975) 8 40 – www.waldhaus-ohlenbach.de – geschl. 15. - 19. November und Montag - Dienstag

Menü 35/70 € – Karte 32/70 € – *(nur Abendessen)*

Das Restaurant ist eine Mischung aus rustikaler Gemütlichkeit und klassischem Stil, es wirkt angenehm unkompliziert und einladend! Die Küche ist kreativ, dazu bietet man eine Weinauswahl mit Raritäten.

In Schmallenberg-Westfeld Ost: 12 km über B 236, in Oberkirchen links

Schneider

Winterbergerstr. 3 ✉ 57392 – ✆ (02975) 3 32 – www.schneider-westfeld.de – geschl. 14. - 30. November

17 Zim – 43/61 € 63/122 € – 3 Suiten – ½ P

Die engagierte familiäre Führung sowie die gepflegten und wohnlich eingerichteten Gästezimmer sprechen für dieses kleine Hotel. Hell gestaltetes Restaurant mit rustikaler Gaststube und Terrasse.

In Schmallenberg-Winkhausen Ost: 6 km über B 236

Deimann

Winkhausen 5, B 236 ✉ 57392 – ✆ (02975) 8 10 – www.deimann.de

89 Zim – 141/172 € 218/380 € – ½ P

Aus dem Herrenhaus von 1880 ist ein sehr komfortables Ferien- und Wellnesshotel entstanden. Geboten wird ein vielfältiger Spa auf rund 3000 qm, dazu individuelle Zimmer (meist zum Garten hin). Im Wintergarten reicht man eine gehobenere Karte als im Barrestaurant, dessen internationale Küche vom Flammkuchen bis zur Forelle reicht.

SCHMIEDEFELD am RENNSTEIG

Thüringen – 1 760 Ew. – Höhe 700 m – Regionalatlas **40-K13**

Berlin 341 km – Erfurt 59 km – Suhl 13 km

Michelin Straßenkarte 544

Gastinger

Ilmenauer Str. 21, B 4 ✉ 98711 – ✆ (036782) 70 70 – www.hotel-gastinger.de – geschl. Anfang November 2 Wochen

19 Zim – 60/75 € 75/95 € – 2 Suiten – ½ P

Sie wohnen bei engagierten Gastgebern, und das wirklich charmant und ganz individuell! Gefällt Ihnen das hübsche Geschirr? Sie können es kaufen, es wird im eigenen Keramikatelier gefertigt! Nett speist man auf der Panoramaterrasse. Tipp: Thüringer Würste aus Hausschlachtung, nachmittags hausgebackener Kuchen.

SCHMÖLLN

Thüringen – 11 350 Ew. – Höhe 210 m – Regionalatlas **41-N12**
Berlin 236 km – Erfurt 114 km – Gera 27 km
Michelin Straßenkarte 544

Bellevue

Am Pfefferberg 7 ✉ 04626 – ✆ (034491) 70 00 – www.bellevuehotel.de
15 Zim – 61/75 € 79/102 € – 9 € – ½ P
Aus einem im 19. Jh. erbauten Gasthaus etwas oberhalb der Stadt ist dieses kleine Hotel entstanden. Hier lässt es sich in schöner Lage gut wohnen und in klassischem Ambiente speisen - die Küche ist regional und international ausgelegt.

SCHNAITTACH

Bayern – 8 000 Ew. – Höhe 355 m – Regionalatlas **50-L16**
Berlin 409 km – München 178 km – Nürnberg 35 km – Bayreuth 55 km
Michelin Straßenkarte 546

In Schnaittach-Osternohe Nord: 5 km – Höhe 596 m

Berggasthof Igelwirt

Igelweg 6, am Schlossberg, Ost: 1 km ✉ 91220 – ✆ (09153) 40 60 – www.igelwirt.de
32 Zim – 66/71 € 90/120 €
Ein Gasthaus a. d. J. 1892, das dank seiner Lage auf dem Schlossberg eine schöne Sicht über das Tal bietet. Die Zimmer sind mal neuzeitlich, mal nett mit Bauernmöbeln eingerichtet, zum Frühstück gibt's Hausmacherwurst und selbstgemachte Marmelade, im Restaurant bürgerlich-regionale Küche.

SCHNEVERDINGEN

Niedersachsen – 18 730 Ew. – Höhe 86 m – Regionalatlas **19-I6**
Berlin 339 km – Hannover 97 km – Hamburg 66 km – Bremen 74 km
Michelin Straßenkarte 541

Ramster

Heberer Str. 16 ✉ 29640 – ✆ (05193) 68 88 – www.hotel-ramster.de – geschl. Montag
6 Zim – 55/70 € 90/100 € – ½ P Menü 35 € – Karte 22/39 €
Der Chef bezieht seine Produkte aus der Region und macht daraus z. B. geschmorte Heidschnuckenkeule oder Wildhase - und die schmecken auf der schönen Terrasse zum Garten natürlich auch! Sie möchten übernachten? Die Zimmer sind sehr wohnlich und zeitgemäß, teilweise mit Balkon.

In Schneverdingen-Reinsehlen Nord: 4,5 km über Harburger Straße

Camp Reinsehlen

Camp Reinsehlen 1 ✉ 29640 – ✆ (05198) 98 30 – www.campreinsehlen.de
51 Zim – 79/104 € 119/144 € – ½ P
Auch Businessgäste schätzen die Ruhe hier in der schönen Heide! Mit ihrem Lodge-Stil und wohnlich-warmen Naturtönen fügt sich die weitläufige Anlage schön in die Landschaft ein. Spätestens nach einer Klettertour im Hochseilgarten zieht es Sie zur Stärkung ins separat gelegene Restaurant.

In Schneverdingen-Tütsberg Süd-Ost : 12 km über Bahnhofstraße und Heber, in Scharrl links :

Hof Tütsberg

im Naturschutzpark ✉ 29640 – ✆ (05199) 9 00 – www.hotel-hof-tuetsberg.de
24 Zim – 68/78 € 85/149 € – ½ P
Reetgedeckte Häuser a. d. 16. Jh., drum herum ein herrlicher Garten mit großen Buchen und Eichen, so stellt man sich einen Gutshof vor. Im Sommer ist die Terrasse der Renner, ob bei Kaffee und Kuchen oder Heidschnuckengerichten! Es gibt auch Gastboxen, schließlich ist das Naturschutzgebiet ideal für Reiter!

SCHOBÜLL – Schleswig-Holstein → Siehe Husum

SCHÖMBERG (KREIS CALW)

Baden-Württemberg – 7 900 Ew. – Höhe 625 m – Regionalatlas **54-F18**
Berlin 674 km – Stuttgart 74 km – Karlsruhe 47 km – Pforzheim 24 km
Michelin Straßenkarte 545

In Schömberg-Langenbrand Nord-West: 2 km

Schwarzwald-Sonnenhof

Salmbacher Str. 35 ✉ 75328 – ✆ (07084) 9 24 00 – www.schwarzwald-sonnenhof.de

29 Zim – 69/120 € 124/158 € – ½ P

Familie Bub leitet das Hotel wirklich herzlich - da fühlen sich Tagungsgäste, Geschäftsleute und Wochenendurlauber gleichermaßen wohl. Entspannung finden Sie in wohnlichen Zimmern (zwei sogar mit Dachterrasse!), im kleinen Saunadorf und im Restaurant bei bürgerlicher Küche.

SCHÖNAICH – Baden-Württemberg ➜ Siehe Böblingen

SCHÖNAU am KÖNIGSSEE

Bayern – 5 420 Ew. – Höhe 630 m – Regionalatlas **67-O21**
Berlin 747 km – München 159 km – Bad Reichenhall 23 km – Berchtesgaden 5 km
Michelin Straßenkarte 546

Alpenhotel Zechmeisterlehen

Wahlstr. 35, Oberschönau ✉ 83471 – ✆ (08652) 94 50 – www.zechmeisterlehen.de – geschl. 8. November - 20. Dezember

56 Zim – 95/162 € 140/336 € – ½ P

In dem komfortablen Ferienhotel unter familiärer Leitung sind nicht nur die zeitgemäß-wohnlichen Zimmer ideal zum Erholen, auch der Spa hat da so einiges zu bieten: Neuestes Wellness-Vergnügen ist der Spa-Garten mit schönem Naturbadeteich sowie Sauna- und Ruhebereich. Und den tollen Blick auf Grün- und Kehlstein gibt's gratis dazu!

Alm & Wellnesshotel Alpenhof

Richard-Voss-Str. 30 ✉ 83471 – ✆ (08652) 60 20 – www.alpenhof.de – geschl. 3. - 29. April, 6. November - 9. Dezember

52 Zim – 62/155 € 112/220 € – ½ P

Angenehm ruhig liegt das gewachsene Urlaubshotel an einem Waldstück in 700 m Höhe. Einige Zimmer mit schöner großer Dachterrasse, hübsch ist auch der Wellnessbereich. Restaurant mit behaglichem rustikalem Ambiente.

Georgenhof

Modereggweg 21, Oberschönau ✉ 83471 – ✆ (08652) 95 00 – www.hotel-georgenhof.de – geschl. 5. November - 18. Dezember

22 Zim – 49/67 € 84/112 € – ½ P

Ein wohnlicher und engagiert geführter Familienbetrieb in ruhiger Lage, dessen Zimmer alle über einen Balkon verfügen. Vom Wintergarten und der Terrasse blickt man beim Frühstück auf die umliegenden Berge. Nette Kaminlounge.

SCHÖNAU im SCHWARZWALD

Baden-Württemberg – 2 300 Ew. – Höhe 540 m – Regionalatlas **61-D21**
Berlin 808 km – Stuttgart 186 km – Freiburg im Breisgau 39 km – Donaueschingen 63 km
Michelin Straßenkarte 545

Vier Löwen

Talstr. 18 ✉ 79677 – ✆ (07673) 91 81 20 – www.vier-loewen.de – geschl. 7. - 18. November

20 Zim – 57/63 € 98/110 € – ½ P

Nicht nur gepflegt, sondern auch schön familiär ist es in dem Haus mitten im Ort bei der Kirche. In den freundlichen (teils auch etwas rustikaleren) Zimmern kann man gut entspannen und in den ländlichen Gasträumen gemütlich essen! Vater und Sohn Karle bieten eine stark regional ausgerichtete Küche.

In Tunau Ost:3 km über Talstraße und Bischmatt

Zur Tanne
Alter Weg 4 ✉ 79677 – ✆ (07673) 3 10 – www.tanne-tunau.de – geschl. 16. - 26. November, Januar 1 Woche und Montag - Dienstag
12 Zim – 50/65 € 90/120 € – ½ P Menü 30/40 € – Karte 28/42 €
Das hat Charme: außen historisches Bauernhaus, drinnen urige Gemütlichkeit! Auf den Tisch kommen regionale Speisen wie "glasierte Entenbrust mit Kartoffelküchlein und Gemüse". Gästezimmer hat man auch: Sie sind einfach, aber gepflegt. TV gibt es nicht, aber hier genießt man sowieso lieber die Ruhe!

In Aitern-Multen Nord-West: 10 km über B 317, Aitern und Holzinshaus

Belchenhotel Jägerstüble
Obermulten 3, an der Talstation der Belchenbahn ✉ 79677 – ✆ (07673) 88 81 80 – www.belchenhotel.de
29 Zim – 70/90 € 130/160 € – 2 Suiten – ½ P
Eine richtig schöne Lobby nebst Lounge-Bar (moderner Stil trifft auf Schwarzwald-Flair) empfängt Sie im Haus der Familie Dietsche. Auch das erweiterte Wellnessangebot kann sich wirklich sehen lassen, und wer besonders komfortabel wohnen möchte, bucht eine der hochwertigen Juniorsuiten (alle mit Balkon)! Trumpf ist natürlich auch die wunderbare Lage in 1100 m Höhe!

SCHÖNBORN, BAD

Baden-Württemberg – 12 490 Ew. – Höhe 122 m – Regionalatlas **54-F17**
Berlin 636 km – Stuttgart 79 km – Karlsruhe 41 km – Heilbronn 51 km
Michelin Straßenkarte 545

Im Ortsteil Mingolsheim

Villa Medici
Waldparkstr. 20 ✉ 76669 – ✆ (07253) 9 87 10 – www.hotel-villa-medici.de – geschl. 28. Dezember - 10. Januar
90 Zim – 84/94 € 94/104 € – 15 € – 2 Suiten
Wirklich schön, wie man hier moderne Geradlinigkeit und mediterranen Stil kombiniert hat: Farben, Materialien, Accessoires..., die südländische Note zieht sich vom Empfang über die wohnlichen Zimmer (teils ruhig zum Innenhof gelegen) und den netten Saunabereich bis ins freundliche Restaurant mit italienischer Küche einschließlich exzellenter Pizza!

SCHÖNEBECK

Sachsen-Anhalt – 31 590 Ew. – Höhe 50 m – Regionalatlas **31-M9**
Berlin 162 km – Magdeburg 16 km – Dessau 50 km – Halberstadt 56 km
Michelin Straßenkarte 542

Domicil
Friedrichstr. 98a ✉ 39218 – ✆ (03928) 71 23 – www.hotel-domicil-schoenebeck.de
48 Zim – 67/77 € 77/87 € – 7 € – 1 Suite – ½ P
Das Stadthotel in zentraler Lage bietet zeitgemäße und funktionale Gästezimmer, die teilweise ruhiger nach hinten liegen. Minibar, Tee und Kaffee sowie Sky-TV sind kostenfrei. Regionales und internationales Speisenangebot im Restaurant.

SCHÖNHEIDE

Sachsen – 4 740 Ew. – Höhe 630 m – Regionalatlas **42-N13**
Berlin 316 km – Dresden 151 km – Chemnitz 78 km – Zwickau 30 km
Michelin Straßenkarte 544

Forstmeister
Auerbacher Str. 15 ✉ 08304 – ✆ (037755) 6 30 – www.forstmeister.de – geschl. 20. - 24. Dezember
46 Zim – 50/80 € 62/100 € – ½ P
Gepflegt sind die Zimmer in dem Hotel am Waldrand alle, in den schön renovierten hat man es zudem noch besonders wohnlich! Entspannen kann man in der kostenpflichtigen Sauna mit Panoramaruheraum oder nachmittags bei Kaffee und Kuchen. In der Küche setzt man auf regionale Produkte.

SCHÖNTAL

Baden-Württemberg – 5 550 Ew. – Höhe 210 m – Regionalatlas **48-H17**
Berlin 573 km – Stuttgart 86 km – Würzburg 76 km – Heilbronn 44 km
Michelin Straßenkarte 545

In Kloster Schöntal

Zur Post

Honigsteige 1 ✉ 74214 – ✆ (07943) 22 26 – www.gasthof-post-schoental.de
29 Zim – †65/75 € ††90 € – 3 Suiten
Richtig schön wohnt man in dem einstigen Klosterwaschhaus von 1701, das bereits in 5. Generation in Familienhand ist. Historisches Flair und moderne Elemente mischen sich hier gelungen. Bürgerliche Küche im Restaurant - nett sitzt man im Biergarten unter Kastanien.

SCHÖNWALD

Baden-Württemberg – 2 330 Ew. – Höhe 988 m – Regionalatlas **62-E20**
Berlin 772 km – Stuttgart 146 km – Freiburg im Breisgau 49 km – Donaueschingen 37 km
Michelin Straßenkarte 545

Zum Ochsen

Ludwig-Uhland-Str. 18 ✉ 78141 – ✆ (07722) 86 64 80 – www.ochsen.com
36 Zim – †74/114 € ††130/204 € – ½ P
Zum Ochsen – Siehe Restaurantauswahl
1796 erstmals erwähnt und in 6. Generation familiär geführt! Tipp: Die Doppelzimmer Typ E + F sind größer und neuzeitlicher! Und da dies hier eine richtig angenehme Ferienadresse ist, darf man sich auch auf ein gutes Frühstück und einen modernen Spa freuen! Hinterm Haus viel Grün (eigener kleiner Golfplatz).

Dorer

Franz-Schubert-Str. 20 ✉ 78141 – ✆ (07722) 9 50 50 – www.hotel-dorer.de
18 Zim – †75 € ††126/140 € – ½ P
Dorer – Siehe Restaurantauswahl
Das Haus von 1896 liegt ruhig oberhalb des kleinen Kurparks, so hat man hier eine schöne Aussicht - z. B. beim Relaxen im Saunabereich! Liebenswert sind sowohl die Zimmer mit ihrem wohnlich-rustikalen Charme als auch die Gastgeber, die schon seit 4 Generationen familiär und persönlich für Sie im Einsatz sind!

Zum Ochsen – Hotel Zum Ochsen

Ludwig-Uhland-Str. 18 ✉ 78141 – ✆ (07722) 86 64 80 – www.ochsen.com
Menü 35/60 € – Karte 26/49 €
Schön gemütlich hat man es in den Stuben mit ihren charmanten Dekorationen, die ganz typisch sind für die Region. Auf der Karte Internationales mit Bezug zur Saison sowie regionale Gerichte.

Dorer – Hotel Dorer

Franz-Schubert-Str. 20 ✉ 78141 – ✆ (07722) 9 50 50 – www.hotel-dorer.de
Menü 28/76 € (abends) – Karte 29/51 €
In der reizenden Stube kocht Salvatore Cerasola für seine Gäste nicht nur nach Schwarzwälder Tradition: Der aus Palermo stammende Hausherr und Küchenchef überzeugt auch mit schmackhafter mediterraner und klassisch-saisonaler Küche! Indes empfiehlt die Chefin die dazu passenden Weine.

SCHOLLBRUNN

Bayern – 950 Ew. – Höhe 397 m – Regionalatlas **48-H15**
Berlin 547 km – München 325 km – Würzburg 51 km – Aschaffenburg 34 km
Michelin Straßenkarte 546

Zur Sonne

Brunnenstr.1 ✉ 97852 – ✆ (09394) 9 70 70 – www.sonne-schollbrunn.de – geschl. 5. Januar - 5. Februar
26 Zim – †37/40 € ††40/70 € – ½ P
Wandern im Wald oder ein Besuch des Outlet Centers Wertheim? Vom Haus der Familie Haas ist beides nicht weit! Einige Zimmer sind neuer und moderner in warmen Tönen gehalten. Im Restaurant schafft viel Holz rustikales Ambiente, dazu ein netter Biergarten.

SCHONACH

Baden-Württemberg – 4 000 Ew. – Höhe 885 m – Regionalatlas **62-E20**
Berlin 769 km – Stuttgart 143 km – Freiburg im Breisgau 54 km – Triberg 4 km
Michelin Straßenkarte 545

Berghotel Schiller

Schillerstr. 2 ✉ 78136 – ✆ (07722) 92 04 40 – www.berghotel-schiller.com – geschl. 1. - 22. Dezember
8 Zim – 🚹70/90 € 🚻94/120 €
Sympathisch geführt und wohnlich eingerichtet ist das kleine Hotel am Ortsrand, fast im Grünen. Unterm Dach gibt es zwei Juniorsuiten mit offener Holzbalkendecke und Panoramafenster! Schöne Sicht auch beim Frühstück im lichten Wintergarten.

SCHONGAU

Bayern – 11 920 Ew. – Höhe 726 m – Regionalatlas **65-K21**
Berlin 623 km – München 83 km – Garmisch-Partenkirchen 53 km – Kempten (Allgäu) 54 km
Michelin Straßenkarte 546

Holl

Altenstädter Str. 39 ✉ 86956 – ✆ (08861) 2 33 10 – www.hotel-holl-schongau.de – geschl. 1. - 11. Januar, 17. - 22. Mai, 29. August - 11. September
26 Zim – 🚹73/119 € 🚻102/137 € – ½ P
In dem Hotel in leicht erhöhter Lage stehen zwei unterschiedliche Zimmertypen zur Wahl - besonders schön sind die neueren, hell und wohnlich eingerichteten Zimmer. Im Sommer kann man schön im kleinen Biergarten sitzen!

SCHOPFHEIM

Baden-Württemberg – 18 990 Ew. – Höhe 373 m – Regionalatlas **61-D21**
Berlin 826 km – Stuttgart 275 km – Freiburg im Breisgau 83 km – Basel 23 km
Michelin Straßenkarte 545

Glöggler

Austr. 5 ✉ 79650 – ✆ (07622) 21 67 – www.restaurant-gloeggler.de – geschl. Ende August und Sonntag - Montagmittag
Menü 25/53 € – Karte 20/44 €
Gut geführt und sympathisch in seiner ländlichen Art ist das Restaurant in der Altstadt am Rande der Fußgängerzone. Auf den gut eingedeckten Tisch kommen z. B. "Suppe von Kartoffeln und Meerrettich" und "Rinderfiletspitzen mit Rahmsauce".

In Schopfheim-Gersbach Nord-Ost: 16 km über B 317 und Kürnberg – Höhe 855 m

Mühle zu Gersbach

Zum Bühl 4 ✉ 79650 – ✆ (07620) 9 04 00 – www.muehle.de – geschl. 6. - 31. Januar
16 Zim – 🚹69/98 € 🚻95/138 € – ½ P
Mühle zu Gersbach – Siehe Restaurantauswahl
Ein kleines Hotel in ruhiger dörflicher Lage, das sich wirklich sehen lassen kann - dafür sorgt die engagierte Familie Buchleither mit stetigen Verbesserungen. Fragen Sie nach den renovierten Zimmern oder den beiden Studios! Aber auch die anderen Zimmer sind nett und wohnlich. Gutes Frühstück gibt's auch.

Mühle zu Gersbach – Hotel Mühle zu Gersbach

Zum Bühl 4 ✉ 79650 – ✆ (07620) 9 04 00 – www.muehle.de – geschl. 6. - 31. Januar und Dienstag
Menü 20/58 € – Karte 26/58 € – *(Montag - Freitag nur Abendessen)*
Charmant und aufmerksam wird man bei den Buchleithers umsorgt, Tochter und Sohn sind inzwischen auch mit im Haus - sie im Service, er in der Küche. Man kocht regional-international, z. B. "Schweinemedaillons auf Rahmsauerkraut" oder "Lachssteak mit Zitronenpfeffer auf Belugalinsen".

In Schopfheim-Wiechs Süd-West: 3 km

Krone

Am Rain 6 ✉ 79650 – ✆ (07622) 3 99 40 – www.krone-wiechs.de – geschl. 4. - 26. Januar

53 Zim – 80/95 € 122/160 € – 1 Suite – ½ P

Bei Familie Hauri wird immer wieder renoviert und verbessert! Zur schönen Lage kommen individuelle Zimmer, einige davon sehr modern! Als Freizeitangebot können Sie bei Sauna und Massage entspannen, oder wie wär's mit einer Kutschfahrt mit dem Chef? Im Sommer speist man am besten auf der Terrasse mit Aussicht - die Küche ist bürgerlich.

SCHORNDORF

Baden-Württemberg – 38 440 Ew. – Höhe 256 m – Regionalatlas **55-H18**

Berlin 605 km – Stuttgart 35 km – Göppingen 20 km – Schwäbisch Gmünd 23 km

Michelin Straßenkarte 545

Reich an der Rems

Stuttgarter Str. 77, nahe der B 29 Ausfahrt Schorndorf West ✉ 73614 – ✆ (07181) 98 55 80 – www.hotel-reich.de

23 Zim – 79/88 € 110/125 € – 2 Suiten

Hier lässt es sich gut wohnen: Das Haus ist sehr gepflegt und man wird freundlich umsorgt. Buchen Sie ein Zimmer zur Rems (die meisten liegen zu dieser Seite) und frühstücken Sie im Wintergarten!

Gruber

Remsstr. 2 ✉ 73614 – ✆ (07181) 4 82 09 90 – www.hotel-gruber.de – geschl. 20. Dezember - 6. Januar, über Ostern 1 Woche, über Pfingsten 1 Woche

14 Zim – 55/75 € 92/95 €

Bei den Grubers wohnt man schön familiär, sie sind voll und ganz für die Gäste da! Alles ist top gepflegt, der Preis stimmt und parken kann man auch völlig problemlos. Im Sommer schmeißt der Chef schonmal den Grill an. Stolz ist er auch auf seine Musicbox (die alten D-Mark-Münzen dafür gibt's bei ihm!).

In Schorndorf-Weiler West: 2 km

Baur

Winterbacher Str. 52 ✉ 73614 – ✆ (07181) 7 09 30 – www.hotel-baur.de – geschl. 24. Dezember - 7. Januar

18 Zim – 81 € 112 €

Im Haus der Familie Baur kann man nicht nur gepflegt übernachten, es gibt auch Kunst in Form diverser Bilder zu bewundern! Und für Raucher hat man eine kleine Lounge eingerichtet.

In Winterbach West: 4 km über Grabenstraße und Weilerstraße

Best Western

Fabrikstr. 6, nahe der B 29 ✉ 73650 – ✆ (07181) 7 09 00 – www.bestwestern-hotel-winterbach.de – geschl. 22. Dezember - 7. Januar, August

62 Zim – 86/155 € 109/205 € – ½ P

In dem funktionalen Businesshotel passt auch Kunst gut ins Bild, wie die wechselnde Ausstellung hier zeigt! Zum Frühstücken und auch zum Abendessen geht man ins Restaurant Remshalden. Praktisch für die Gäste ist natürlich die gute Anbindung an die B29.

In Winterbach-Manolzweiler West: 9 km über Weiler und Engelberg

Landgasthaus Hirsch

Kaiserstr. 8, 1. Etage ✉ 73650 – ✆ (07181) 4 15 15 – www.hirsch-manolzweiler.de – geschl. über Fasching 2 Wochen, Oktober 1 Woche und Montag - Dienstag

Menü 35 € – Karte 31/77 €

Ein richtiger Familienbetrieb: Juniorchefin Simone Waldenmaier kümmert sich überaus herzlich um die Gäste, während ihr Mann Sven am Herd steht, und auch die Großmutter ist mit von der Partie - sie backt im Backhäuschen nebenan das Brot! Wie wär's z. B. mit Wild aus eigener Jagd. Schnaps brennt man hier übrigens auch selbst (Spezialität ist der "Hirsch-Kammerz-Brand").

SCHRAMBERG

Baden-Württemberg – 20 720 Ew. – Höhe 424 m – Regionalatlas **62-E20**
Berlin 730 km – Stuttgart 118 km – Freiburg im Breisgau 65 km – Freudenstadt 37 km
Michelin Straßenkarte 545

Gasthof Hirsch

Hauptstr. 11, 1. Etage ✉ 78713 – ✆ (07422) 28 01 20 – www.hotel-gasthof-hirsch.com – geschl. nach Fastnacht 1 Woche, Anfang August 3 Wochen und Dienstag - Mittwoch

6 Zim – 60/70 € 120/130 € – 9 € – ½ P Menü 35/72 € – Karte 37/60 €

Schon die persönliche, aufmerksame und diskrete Art der Gastgeberin macht das schöne gediegene Restaurant besonders. Klassische Gerichte wie "Kaninchenfilets mit frischen Pfifferlingen" werden aus hervorragenden Produkten zubereitet, dazu wechselnde Tagesgerichte. Tipp: individuelle, hochwertige Gästezimmer!

In Schramberg-Sulgen Ost: 5 km in Richtung Rottweil

Zum Hasen

Rottweiler Str. 8 ✉ 78713 – ✆ (07422) 9 91 65 60 – www.hotel-zum-hasen.com

58 Zim – 78/135 € 120/180 € – 13 Suiten

Das Hotel ist beliebt bei Geschäftsreisenden - dazu tragen auch die Zimmer im Neubau bei, die durch gutes Platzangebot, Funktionalität und moderne Technik überzeugen. Auch Suiten mit kleiner Kitchenette sowie Konferenzräume befinden sich hier. Gastronomisch gibt es ein Restaurant mit internationaler Küche und als Alternative einen Bistrobereich mit Vespergerichten.

In Schramberg-Tennenbronn Süd-West: 8,5 km

Adler

Hauptstr. 60 ✉ 78144 – ✆ (07729) 9 22 80 – www.adler-tennenbronn.de – geschl. Ende Oktober 1 Woche

10 Zim – 58/72 € 79/89 € – 1 Suite – ½ P

Genau so stellt man sich einen typischen Schwarzwälder Gasthof vor. Alles in dem Familienbetrieb ist wohnlich und sehr gepflegt. Im Restaurant (schön gemütlich mit dem Kachelofen) kocht Thomas Reutlinger seine bürgerlich-regionalen Gerichte vorwiegend mit Bioprodukten!

SCHRIESHEIM

Baden-Württemberg – 14 630 Ew. – Höhe 121 m – Regionalatlas **47-F16**
Berlin 618 km – Stuttgart 130 km – Mannheim 13 km – Darmstadt 53 km
Michelin Straßenkarte 545

Kaiser

Talstr. 44 ✉ 69198 – ✆ (06203) 9 24 89 80 – www.kaiser-schriesheim.de – geschl. 27. Dezember - 12. Januar

25 Zim – 105/155 € 145/195 € – 15 €

In dem Gebäudekomplex mit Ursprung im 17. Jh. (schön die alte Fachwerkarchitektur!) stecken rund 50 verschiedene Granitsteine! Die Zimmer entsprechend individuell und hochwertig, dazu aufmerksamer Service und frisches A-la-carte-Frühstück. Auch im Restaurant sehenswerter Granit, schön die Terrasse.

Strahlenberger Hof

Kirchstr. 2 ✉ 69198 – ✆ (06203) 6 30 76 – www.strahlenbergerhof.de – geschl. Sonntagabend - Montag

Menü 45/99 € – Karte 38/64 € – *(nur Abendessen, im Sommer sonntags auch Mittagessen)* (Tischbestellung ratsam)

Die Zehntscheune a. d. 14. Jh. hat schon Atmosphäre. In rustikal-elegantem Ambiente oder auf der lauschigen Terrasse lässt man sich z. B. "3erlei vom Bergsträßer Lamm mit Kichererbse, Gewürzjoghurt, Safran-Couscous" servieren. Tipp: Samstags hat der Hofladen geöffnet und im Sommer tagsüber das Hofcafé.

essenZzeit (N)

Schillerstr. 9 ✉ 69198 – ✆ (06203) 4 85 40 90 – www.essenzzeit-restaurant.de – geschl. Anfang Januar 2 Wochen, August 2 Wochen und Montag - Dienstag
Karte 31/39 € – *(nur Abendessen)*
Saltimbocca vom iberischen Schweinekotelett, hausgemachte Pasta, Panna Cotta von gesalzenem Karamell... Mediterran-saisonal wird in dem frischen, freundlichen Restaurant zwischen Bahnhof und Altstadt gekocht. Hübsche Innenhofterrasse.

SCHROBENHAUSEN

Bayern – 16 780 Ew. – Höhe 158 m – Regionalatlas **57-L19**
Berlin 549 km – München 74 km – Augsburg 45 km – Ingolstadt 37 km
Michelin Straßenkarte 546

Griesers Hotel Zur Post

Alte Schulgasse 3a ✉ 86529 – ✆ (08252) 8 94 80 – www.griesers-hotel-post.de – geschl. 20. Dezember - 7. Januar
46 Zim – 72/80 € 100 €
Ein familiengeführtes Traditionshaus, das auf Geschäftsreisende zugeschnitten ist. Die Zimmer sind funktionell, im unterirdisch angebundenen Neubau in neuzeitlich-sachlichem Stil.

SCHÜTTORF

Niedersachsen – 12 370 Ew. – Höhe 33 m – Regionalatlas **16-D8**
Berlin 486 km – Hannover 201 km – Nordhorn 19 km – Enschede 35 km
Michelin Straßenkarte 541

Nickisch

Nordhorner Str. 71 ✉ 48465 – ✆ (05923) 9 66 60 – www.hotel-nickisch.de
34 Zim – 79/98 € 112/119 € – ½ P
Am Ortsausgang steht der zum neuzeitlichen Hotel gewachsene Gasthof, der auch für Businessgäste gut geeignet ist. Praktische, freundliche Zimmer und heller Saunabereich. Internationale Küche im zeitgemäßen Restaurant oder in der einfacheren Stube.

SCHUSSENRIED, BAD

Baden-Württemberg – 8 370 Ew. – Höhe 570 m – Regionalatlas **63-H20**
Berlin 675 km – Stuttgart 120 km – Konstanz 104 km – Ulm (Donau) 61 km
Michelin Straßenkarte 545

Amerika

Maybachstr. 14 ✉ 88427 – ✆ (07583) 9 42 50 – www.hotel-amerika.de
54 Zim – 69 € 90 € – ½ P
Praktisch für Businessgäste ist die Lage in einem Gewerbegebiet, in den funktionell ausgestatteten Zimmern sorgen kleine Aufmerksamkeiten und die freundliche Einrichtung für eine persönliche Note. Speisen können Sie in dem zum Hotel gehörenden Restaurant "Zum Schinderhannes" gleich gegenüber.

SCHWABACH

Bayern – 39 140 Ew. – Höhe 326 m – Regionalatlas **50-K17**
Berlin 447 km – München 167 km – Nürnberg 23 km – Ansbach 36 km
Michelin Straßenkarte 546

Holiday Inn Express

Wendelsteiner Str. 4 ✉ 91126 – ✆ (09122) 1 88 00 – www.express-schwabach.de
150 Zim – 69/95 € 69/95 €
Ein modern-funktionelles Businesshotel in verkehrsgünstiger Lage nahe der A6. Schön ist der große helle Lobby- und Frühstücksbereich, kleine Snacks an der Bar.

Raab - Inspektorsgarten

Äußere Rittersbacher Str. 14, Forsthof ✉ 91126 – ✆ (09122) 9 38 80 – www.hotel-raab.de – geschl. 1. - 4. Januar, 31. Juli - 18. August

29 Zim – 79/130 € 95/170 €

Die gute Verkehrsanbindung zur Messe Nürnberg sowie geräumige Zimmer sprechen für diesen gewachsenen Familienbetrieb. Fragen Sie nach den besonders schön, modern und hochwertig eingerichteten Zimmern. Freundliches Restaurant mit hübscher nach hinten gelegener Terrasse.

In Schwabach-Wolkersdorf Nord: 4 km

Drexler

Wolkersdorfer Hauptstr. 42 ✉ 91126 – ✆ (0911) 63 00 98 – www.gasthof-drexler.de – geschl. August Stadtplan : B3**e**

30 Zim – 40/50 € 90 €

Seit 1877 existiert dieser bereits seit mehreren Generationen familiär geleitete Gasthof mit Metzgerei. Man verfügt über gepflegte, meist eher schlichte Zimmer. Gaststube mit ländlichem Ambiente und fränkischer Küche.

SCHWABENHEIM – Rheinland-Pfalz ➜ Siehe Ingelheim

SCHWABMÜNCHEN

Bayern – 13 470 Ew. – Höhe 558 m – Regionalatlas **65**-K20

Berlin 588 km – München 75 km – Augsburg 32 km – Kempten (Allgäu) 77 km

Michelin Straßenkarte 546

In Langerringen-Schwabmühlhausen Süd: 9 km Richtung Buchloe

Untere Mühle

Untere Mühle 1 ✉ 86853 – ✆ (08248) 12 10 – www.unteremuehle.de

36 Zim – 59/72 € 85/110 €

Ideal für Urlauber und Tagungen ist die einstige Kornmühle: ruhige Lage am Ortsrand, wohnliche Zimmer (darunter die Themenzimmer Bambus und Afrika), ein schöner Garten mit Badeweiher und - last but not least - ein Streichelzoo für Kinder!

SCHWÄBISCH GMÜND

Baden-Württemberg – 58 570 Ew. – Höhe 321 m – Regionalatlas **56**-I18

Berlin 582 km – Stuttgart 56 km – Nürnberg 151 km – Ulm (Donau) 68 km

Michelin Straßenkarte 545

Fuggerei

Münstergasse 2 ✉ 73525 – ✆ (07171) 3 00 03 – www.restaurant-fuggerei.de – geschl. Montag

Menü 19 € (mittags)/68 € – Karte 28/62 €

Hier sitzen Sie gemütlich unter einer hohen historischen Gewölbedecke - oder möchten Sie lieber im schönen Garten speisen? Freundlich umsorgt werden Sie hier wie dort, serviert wird bürgerlich-regionale Küche.

In Waldstetten Süd: 6 km

Sonnenhof

Lauchgasse 19 ✉ 73550 – ✆ (07171) 94 77 70 – www.sonnenhof.de – geschl. Montag - Dienstag

Menü 32/34 € – Karte 24/39 €

Sie mögen die klassische "Bratwurst mit Kraut"? Oder doch eher den "Steinbutt in Chardonnay gedünstet"? Nicht zu vergessen die "geschmorte Rote Bete mit Kümmelkaramell"! Für leckere Gerichte wie diese ist Helmut Hilse seit über vier Jahrzehnten verantwortlich und noch immer werden er und seine Frau Rita nicht müde, ihr nettes Lokal mit viel Engagement zu führen. Im Sommer sollte man auf jeden Fall den Biergarten nutzen!

SCHWÄBISCH HALL

Baden-Württemberg – 37 460 Ew. – Höhe 304 m – Regionalatlas **56-H17**
▶ Berlin 551 km – Stuttgart 74 km – Heilbronn 53 km – Nürnberg 138 km
Michelin Straßenkarte 545

G. Fischer / imageBROKER / age fotostock

Hotels

Hohenlohe

Weilertor 14 ✉ 74523 – ✆ (0791) 7 58 70 Stadtplan : A1**c**
– www.hotel-hohenlohe.de

108 Zim – 116/164 € 150/226 € – 6 Suiten – ½ P

Hohenlohe Aussichtsrestaurant – Siehe Restaurantauswahl

Schon erstaunlich, was aus einem kleinen Hotel garni so alles entstehen kann - so hat Familie Dürr das Hotel zur Nr.1 der gesamten Region gemacht! Sie wohnen in komfortablen Zimmern, die teilweise einen luxuriösen Touch haben, und können den ausgezeichneten Tagungsbereich, den vielfältigen Spa und das Bistro-/Bar-Konzept "Jenseits Kochers" nutzen.

Der Adelshof

Am Markt 12 ✉ 74523 – ✆ (0791) 7 58 90 Stadtplan : B2**e**
– www.hotel-adelshof.de

40 Zim – 90/150 € 125/150 € – 2 Suiten – ½ P

San Michele • ***Ratskeller*** – Siehe Restaurantauswahl

Richtig schön wohnen, und das im Herzen der geschichtsträchtigen Stadt. Der Adelshof mit Ursprung im 12. Jh. ist heute ein geschmackvolles, individuelles und ausgesprochen nettes Hotel, das von Familie Eggensperger sehr persönlich geführt wird. Hier im Haus spiegeln sich Kunst und Historie wider - ebenso in den nicht weit entfernten Museen!

Kronprinz

Bahnhofstr. 17 ✉ 74523 – ✆ (0791) 9 77 00 Stadtplan : A2**s**
– www.kronprinz-hall.de – geschl. Weihnachten - Anfang Januar

43 Zim – 78/118 € 111/155 € – ½ P

Sein langes Bestehen (erbaut im 17. Jh.) sieht man dem Haus der Geschwister Braun in keiner Weise an: Außen die schöne gepflegte Fassade, innen neuzeitliche Einrichtung mit allem, was der Businessgast braucht. Aber auch Festspiel- und Stadtbesucher fühlen sich hier wohl, in den Stadtkern sind es nur fünf Gehminuten. Im Restaurant sind Forelengerichte die Spezialität.

Scholl

Klosterstr. 2 ✉ 74523 – ✆ (0791) 9 75 50 Stadtplan : B2**h**
– www.hotelscholl.de

41 Zim – 79/134 € 124/178 €

Am Holzmarkt steht dieses Ensemble aus drei historischen Stadthäusern, in dem Sie eine ansprechende Lobby empfängt und Zimmer von wohnlich-funktional bis chic-modern zur Verfügung stehen. Den Tag beginnt man in einem Frühstücksraum mit Atmosphäre und gutem Buffet.

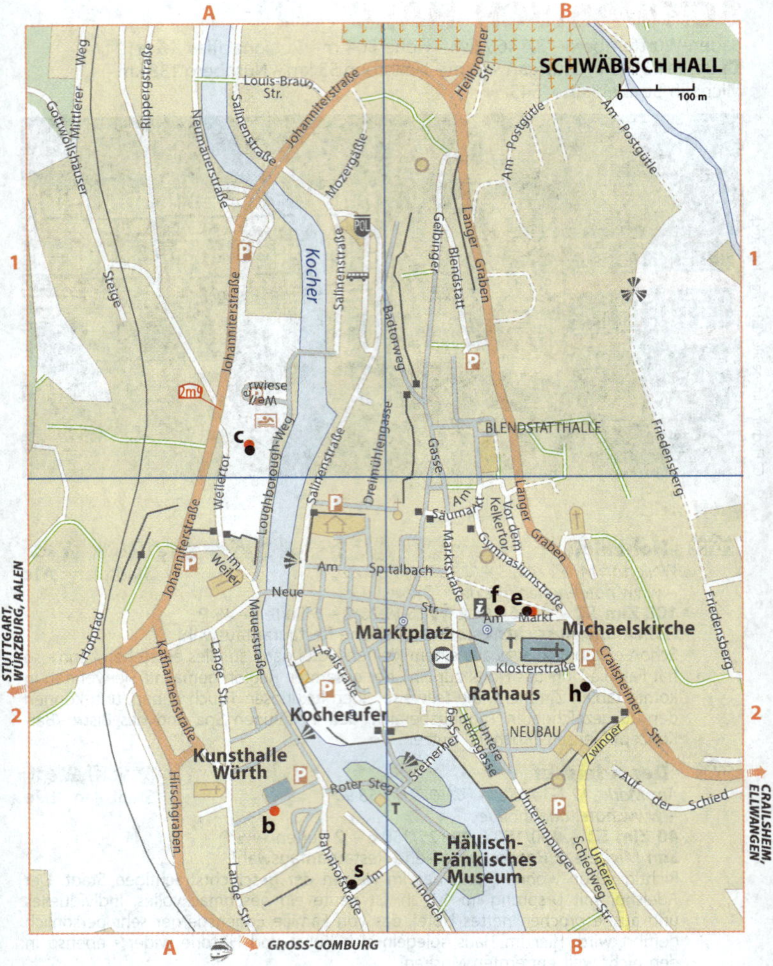

Goldener Adler

Am Markt 11 ✉ *74523* Stadtplan : B2**f**

– ✆ *(0791) 94 66 46 80*

– *www.hotelgoldeneradler.de*

23 Zim ☕ – 🚹79/120 € 🚹🚹98/150 € – ½ P

Das Haus ist ein Stück Stadtgeschichte, gehen seine Ursprünge doch bis ins 12. Jh. zurück. Sie wohnen im Herzen der historischen Stadt in schönen modern sanierten Zimmern, manche sind im Sommer während der Freilichtspiele (gleich gegenüber an der Kirche St. Michael) ein echter Logenplatz! Im Restaurant bietet Ihnen Patron Peter Weissbach ein breites Spektrum: Kutteln, Krustenbraten, Lachs in Orangensauce...

Kleines Budget? Profitieren Sie von den Mittagsmenüs zu moderaten Preisen.

Restaurants

XXX **San Michele** – Hotel Der Adelshof

Am Markt 12 ✉ 74523 – ✆ (0791) 7 58 90 Stadtplan : B2**e**
– www.hotel-adelshof.de – geschl. Februar 2 Wochen, Juli - August 4 Wochen und Sonntag - Montag sowie an Feiertagen
Menü 69/142 € – *(nur Abendessen)* (Tischbestellung erforderlich)
In dem stilvollen kleinen Gourmetrestaurant mit venezianischem Touch erwartet Sie Friedheinz Eggensperger zu einem mediterran inspirierten klassischen Menü, zu dem auch eine wertige Weinbegleitung empfohlen wird. Probieren Sie z. B. "Crevette blue in Limonenjus mit Risoni" oder "Allerlei vom Kaninchen mit Couscous".

XXX **Hohenlohe Aussichtsrestaurant** – Hotel Hohenlohe

Weilertor 14 ✉ 74523 – ✆ (0791) 7 58 70
– www.hotel-hohenlohe.de Stadtplan : A1**c**
Menü 42/79 € (abends) – Karte 34/58 €
Versuchen Sie, einen Fensterplatz zu bekommen, dann können Sie hier von der 1. Etage aus wunderbar auf die Altstadt schauen. Die beiden Küchenchefs bieten einen interessanten Mix aus regionalen und internationalen Gerichten, von der "lauwarmen Schwarzwurst vom Hällischen Landschwein mit Reibeküchle" bis zum "Tournedo vom Boeuf de Hohenlohe".

XX **Ratskeller** – Hotel Der Adelshof

Am Markt 12 ✉ 74523 – ✆ (0791) 7 58 90 Stadtplan : B2**e**
– www.hotel-adelshof.de – geschl. Montag
Menü 42/55 € – Karte 31/62 €
Der Ratskeller im jahrhundertealten Adelshof ist kein Zweitrestaurant im eigentlichen Sinne, denn hier pulsiert das Leben, und das ist angesichts der ebenfalls anspruchsvollen Küche auch nicht verwunderlich - Gerichte wie "Rücken vom Hällischen Edelmastschwein mit Karotten-Nuss-Püree" werden Sie überzeugen!

X **Sudhaus**

Lange Str. 35, an der Kunsthalle Würth ✉ 74523 Stadtplan : A2**b**
– ✆ (0791) 9 46 72 70 – www.sudhaus-sha.de – geschl. Sonntagabend - Montag
Karte 26/41 € – (Tischbestellung ratsam)
Ein Besuch der Kunsthalle oder ein Essen im Sudhaus? Wenn Sie Zeit haben, beides lohnt sich! Das Lokal des denkmalgeschützten Brauhauses von 1903 geht über vier Etagen, ganz oben die spektakuläre Dachterrasse - im Sommer ein Muss! Gegessen wird von deftig bis zeitgemäß und an Brautagen lockt ein verführerischer Duft. Wer keinen Wein mag, sollte das "Dunkle" probieren!

In Schwäbisch Hall-Gottwollshausen West: 4 km über Johanniter Straße A2

Sonneck

Fischweg 2 ✉ 74523 – ✆ (0791) 97 06 70 – www.sonneck-klenk.de
42 Zim – 🚹60/85 € 🚻85/126 € – ½ P
Familie Klenk weiß, was ihre Gäste suchen: Funktionale und wohnliche Zimmer unterschiedlicher Größe bieten für jeden das Passende. Wenn Sie es besonders komfortabel mögen, nehmen Sie eines der ganz modernen Superior-Zimmer. Buchen Sie rechtzeitig, das Haus ist gefragt! Sie kommen zum Essen? In den netten Stuben serviert man bürgerlich-schwäbische Küche zu fairen Preisen.

In Schwäbisch Hall-Hessental Süd-Ost: 3 km über B2, Richtung Crailsheim

Die Krone

Wirtsgasse 1 ✉ 74523 – ✆ (0791) 9 40 30 – www.hotel-diekrone.de – geschl. über Weihnachten
94 Zim – 🚹91/121 € 🚻120/136 € – ½ P
Dies ist der Stammsitz der Familie Dürre (sie betreibt auch das Hotel "Hohenlohe" im Zentrum), bestehend aus dem "Limpurgischem Hochzeitshaus" von 1541 und dem Gartenflügel. Die Zimmer im Haupthaus sind wohnlich-gemütlich, mit rustikalem Touch, die im Gartentrakt modern-funktionell und meist geräumiger. Gastronomisch gibt es "s'Achtele" sowie kleinere Stuben, gekocht wird regional-international. Zum Feiern der hübsche Barocksaal, dazu gute Tagungsmöglichkeiten.

Landhaus Wolf

Karl-Kurz-Str. 2 ✉ 74523 – ✆ (0791) 93 06 60 – www.landhauswolf.eu
39 Zim – 69/99 € 88/109 € – ½ P
Eisenbahn – Siehe Restaurantauswahl
Mit Engagement betreibt Familie Wolf ihr gewachsenes Hotel. Wer es besonders modern mag, fragt nach den Komfortzimmern im Neubau. Etwas älter, aber ebenso wohnlich sind die Zimmer im Haupthaus. Als legere Alternative zum Gourmetrestaurant bietet das Bistro "Bähnle" bürgerlich-regionale Küche.

Smartino

Dolanallee 17, Im Solpark ✉ 74523 – ✆ (0791) 85 65 95 95 – www.hotel-smartino.de – geschl. 23. Dezember - 6. Januar
38 Zim – 49/76 € 80/108 €
Ein junges Konzept: frisch, farbenfroh, trendy. Ein Design-Budget-Hotel, modern-funktionell und ideal für den Businessgast, zu finden im Solpark. Frühstück gibt es ebenso wie kleine Snacks in der peppigen Hotelhalle.

Eisenbahn (Josef und Thomas Wolf) – Hotel Landhaus Wolf

Karl-Kurz-Str. 2 ✉ 74523 – ✆ (0791) 93 06 60 – www.landhauswolf.eu – geschl. September 2 Wochen und Sonntag - Montag
Menü 63/125 € – *(nur Abendessen)* (Tischbestellung ratsam)
Vater und Sohn Wolf kochen hier Seite an Seite, was einen interessanten Mix aus klassischer und moderner Küche verspricht! Die Basis dafür sind immer hervorragende Produkte. Für den freundlichen Service ist Christa Wolf verantwortlich, schön auch das Restaurant selbst mit seinen eleganten Cremetönen.
→ Jakobsmuschel gebraten, rote Bete, Chicorée mit Ingwer, Beurre Blanc. Filetstück vom Iowa-Beef mit BBQ-Lack, Zwiebelcreme und Kartoffelschaum. Soufflé Grand Marnier mit Vanilleeis.

In Schwäbisch Hall-Veinau Nord-Ost: 4,5 km über B2, Richtung Crailsheim

Landhaus Zum Rössle

Zeilwiesen 5 ✉ 74523 – ✆ (0791) 25 93 – www.roessle-veinau.de
21 Zim – 55/74 € 85/119 € – ½ P
Landhaus Zum Rössle – Siehe Restaurantauswahl
Seit zig Generationen wird der traditionsreiche Gasthof von Familie Kunz geführt. Die Zimmer sind angenehm modern und wohnlich oder recht einfach, haben aber immer eine zeitgemäße Ausstattung. Ein schöner Start in den Tag ist das frische und reichhaltige Frühstück. Die Parkmöglichkeiten sind hier übrigens ausgezeichnet!

Landhaus Zum Rössle – Hotel Landhaus Zum Rössle

Zeilwiesen 5 ✉ 74523 – ✆ (0791) 25 93 – www.roessle-veinau.de – geschl. Dienstag
Menü 30/54 € – Karte 20/52 € – *(Montag - Freitag nur Abendessen)*
Hier wird Familientradition groß geschrieben (seit 1493!) und auch Gastfreundschaft nimmt man wörtlich. Die schmackhafte regional geprägte Küche von Ernst Kunz hat einen ebenso hohen Stellenwert - es kommt Leckeres wie "gebackener Blutwurststrudel mit Apfel und Feldsalat" oder "gebratene Ente mit Rotkohl und zweilerlei Knödel" auf den Tisch! Event-Scheune für Feiern.

In Schwäbisch Hall-Weckrieden Süd-Ost: 3 km über B2, Richtung Crailsheim

Rebers Pflug

Weckriedener Str. 2 ✉ 74523 – ✆ (0791) 93 12 30 – www.rebers-pflug.de – geschl. Anfang Januar 2 Wochen, Ende August - Anfang September 2 Wochen
19 Zim – 85/110 € 110/148 € – 2 Suiten
Rebers Pflug – Siehe Restaurantauswahl
Ein Haus, in dem man nie stehenbleibt, denn Familie Reber investiert immer wieder und verschönert ihr Hotel von Jahr zu Jahr, angefangen bei den Standardzimmern bis hin zu ganz besonderen Wohnräumen im Garten, den loftartigen Juniorsuiten im Blockhausstil! Auch das Frühstück kann sich sehen lassen - hier finden sich Wurst und Schinken aus Familienproduktion.

Rebers Pflug – Hotel Rebers Pflug

Weckriedener Str. 2 ✉ 74523 – ☎ (0791) 93 12 30 – www.rebers-pflug.de – geschl. Anfang Januar 2 Wochen, Ende August - Anfang September 2 Wochen und Sonntagabend - Dienstagmittag

Menü 49 € (vegetarisch)/105 € – Karte 41/81 €

Appetit auf regionale Klassiker wie Maultaschen & Co.? Oder doch eher auf Hans-Harald Rebers feine, modern interpretierte Gerichte und Menüs mit starkem Bezug zur Region? Damit es ein Essen ganz nach Ihrem Geschmack wird, bietet man Ihnen hier ein hübsches Restaurant, die trendige "Schwein & Weinbar" und eine lauschige Terrasse sowie eine schöne Weinauswahl.

➜ Kalbsfilet in der Estragon-Senfkruste mit zweierlei Spargel und cremiger Ofenkartoffel. Reinsberger Damhirschrücken in der Pumpernickelkruste mit Süßkartoffelpüree und Haselnuss-Spätzle. Rücken vom Alblamm mit Rosmarinjus, Artischocken, Auberginentatar und Ciabattaknödel.

SCHWAIGERN

Baden-Württemberg – 10 940 Ew. – Höhe 107 m – Regionalatlas **55-G17**

Berlin 613 km – Stuttgart 51 km – Heilbronn 15 km – Karlsruhe 61 km

Michelin Straßenkarte 545

Zum Alten Rentamt

Schlossstr. 6 ✉ 74193 – ☎ (07138) 52 58 – www.altesrentamt.de – geschl. Februar 2 Wochen, August 3 Wochen und Samstagmittag, Sonntag - Montag sowie an Feiertagen

12 Zim – †75/85 € ††105/120 € – ½ P

Menü 18 € (mittags unter der Woche)/39 € – Karte 29/52 €

Dem schönen 300 Jahre alten Fachwerkhaus hat man auch innen ein Stück Historie erhalten, im gemütlich-stilvollen Restaurant und auch in den Gästezimmern. Christian Pilz bietet mittags und abends regionale "Gutsküche", für ein gehobeneres Dinner die "Schlossküche". Schmackhaft-schwäbisch z. B. das "Schmorstück von der Ochsenbrust", fein die "Kalbsravioli mit Spargel".

SCHWALBACH

Saarland – 17 170 Ew. – Höhe 215 m – Regionalatlas **45-B17**

Berlin 726 km – Saarbrücken 25 km – Kaiserslautern 84 km – Saarlouis 6 km

Michelin Straßenkarte 543

In Schwalbach-Elm Süd-Ost: 2 km

Mühlenthal

Bachtalstr. 214 ✉ 66773 – ☎ (06834) 9 55 90 – www.hotel-muehlenthal.de

27 Zim – †53/65 € ††75/85 € – 1 Suite

Die Vorzüge dieses Hotels? Es wird familiär geführt, ist tipptopp gepflegt, Zimmer teils mit Balkon zum hübschen Garten samt Teich, Frühstück in freundlichem Ambiente... Und tagsüber vielleicht eine Kutschfahrt (auf Reservierung)? Die Schwägerin des Chefs hat nebenan ein Restaurant - hier gibt's abends (außer sonntags) als Spezialität Grillgerichte.

SCHWANGAU

Bayern – 3 150 Ew. – Höhe 796 m – Regionalatlas **65-K22**

Berlin 656 km – München 116 km – Kempten (Allgäu) 47 km – Füssen 3 km

Michelin Straßenkarte 546

Weinbauer

Füssener Str. 3 ✉ 87645 – ☎ (08362) 98 60 – www.hotel-weinbauer.de – geschl. 10. - 20. Dezember, 10. - 29. Januar

39 Zim – †49/63 € ††86/100 €

Der gewachsene alpenländische Gasthof unter familiärer Leitung liegt an der Hauptstraße unweit der Königsschlösser - diese kann man von einigen Komfortzimmern aus sehen. Ins Restaurant kommen auch gerne Einheimische zu regionaltypischen Schmankerln - sie mögen die traditionell-bayerische Wirtshauskultur, die der Chef hier pflegt.

In Schwangau-Hohenschwangau

Müller

Alpseestr. 16 ✉ 87645 – ✆ (08362) 8 19 90 – www.hotel-mueller.de
– geschl. November - März
38 Zim ☕ – 🚹105/155 € 🚹🚹140/190 € – 3 Suiten – ½ P
Das seit 1910 existierende Hotel liegt zwischen den beiden Königsschlössern und beherbergt unterschiedliche Gästezimmer mit Schlossblick. Im Restaurant speist man in klassischem oder gemütlich-rustikalem Ambiente - im Sommer natürlich am liebsten auf der Terrasse mit Sicht auf die Schlösser.

In Schwangau-Horn

Rübezahl

Am Ehberg 31 ✉ 87645 – ✆ (08362) 88 88 – www.hotelruebezahl.de
46 Zim ☕ – 🚹126/165 € 🚹🚹180/240 € – 8 Suiten – ½ P
Die Lage schön ruhig, die Gastgeber engagiert, die Zimmer wohnlich-elegant, hübsch die Themen-Suiten "Rosenreich" oder "Almrausch". Beliebt: Panoramaterrasse mit Blick auf Neuschwanstein und Hohenschwanstein - diese Sicht hat man auch vom ganzjährig beheizten Außenpool. Kulinarisch: Verwöhnpension.

In Schwangau-Waltenhofen

Café Gerlinde

Forggenseestr. 85 ✉ 87645 – ✆ (08362) 82 33 – www.pension-gerlinde.de
– geschl. 1. - 20. März, 2. November - 20. Dezember und Montag
19 Zim ☕ – 🚹45/58 € 🚹🚹64/100 €
Hier duftet es nach frisch gebackenem Kuchen! Bis zu 20 hausgemachte Torten gibt es bei Familie Beh (bereits die 3. Generation) täglich - da kommt man natürlich nicht nur zum Übernachten! Abends serviert man auch Brotzeiten.

SCHWANSTETTEN

Bayern – 7 310 Ew. – Höhe 350 m – Regionalatlas **50**-K17
Berlin 452 km – München 150 km – Ansbach 48 km – Regensburg 115 km
Michelin Straßenkarte 546

In Schwanstetten-Schwand

Der Schwan

Am Marktplatz 7 ✉ 90596 – ✆ (09170) 10 52 – www.hotel-der-schwan.de
20 Zim ☕ – 🚹68/72 € 🚹🚹97 €
Hier hat man ein über 600 Jahre altes Gasthaus mit schmucker Fachwerkfassade sorgsam saniert, und das Ergebnis kann sich sehen lassen: schöne individuelle Themenzimmer mit Dielenboden und Gebälk sowie gemütliche Restaurantstuben. Außerdem ist man hier ausgesprochen gastfreundlich!

SCHWARMSTEDT

Niedersachsen – 5 360 Ew. – Höhe 29 m – Regionalatlas **18**-H8
Berlin 310 km – Hannover 51 km – Bremen 88 km – Celle 33 km
Michelin Straßenkarte 541

In Schwarmstedt-Bothmer Nord-West: 3 km über B 214

Gästehaus Schloss Bothmer

Alte Dorfstr. 15 ✉ 29690 – ✆ (05071) 30 37 – www.schlossbothmer.de
6 Zim ☕ – 🚹89/99 € 🚹🚹119/139 €
Ganz individuell wohnt man auf diesem nicht alltäglichen Anwesen. Im Gästehaus des privat bewohnten Schlosses stehen sehr schöne und stilvolle Zimmer bereit, teils mit kleinem Wintergarten. Im lichtdurchfluteten Restaurant bietet man Menüs für Hausgäste.

In Essel Nord-Ost: 8 km, Richtung Ostenholz, jenseits der A 7

Heide-Kröpke
Esseler Damm 1 ✉ 29690 – ✆ (05167) 97 90 – www.heide-kroepke.de
60 Zim – 90/115 € 120/185 € – 8 Suiten – ½ P
Die Hotelanlage mit Park wird bereits in der 3. Generation familiär geleitet. Man bietet u. a. Maisonetten, moderne Suiten oder die gemütliche "Schnucken-Etage". Gutes Spa-Angebot. Freundliches gediegenes Ambiente im Restaurant.

SCHWARZACH am MAIN
Bayern – 3 530 Ew. – Höhe 190 m – Regionalatlas **49-I15**
Berlin 471 km – München 255 km – Würzburg 28 km – Bamberg 47 km
Michelin Straßenkarte 546

Im Ortsteil Stadtschwarzach

Schwab's Landgasthof
Bamberger Str. 4 ✉ 97359 – ✆ (09324) 12 51 – www.landgasthof-schwab.de – geschl. Februar 2 Wochen, August 2 Wochen
13 Zim – 53/68 € 85/135 €
Schwab's Landgasthof – Siehe Restaurantauswahl
Seit vier Generationen wird hier fränkische Gastfreundschaft groß geschrieben. Nahe der A3 bietet Familie Schwab Ihnen solide ausgestattete Zimmer - wirklich toll und sehr hochwertig die beiden komplett in Holz gehaltenen neueren Zimmer!

Schwab's Landgasthof – Hotel Schwab's Landgasthof
Bamberger Str. 4 ✉ 97359 – ✆ (09324) 12 51 – www.landgasthof-schwab.de – geschl. Februar 2 Wochen, August 2 Wochen und Montag - Dienstag
Karte 23/44 € – (Tischbestellung ratsam)
Die Nähe zur Autobahn ist nicht nur ideal für eine Stärkung auf der Reise, auch Einheimische mögen die gute bodenständig-regionale Küche im Hause Schwab - da gibt's z. B. "Rinderroulade mit Klößen" oder Wild aus heimischer Jagd!

SCHWARZENBERG
Sachsen – 17 550 Ew. – Höhe 450 m – Regionalatlas **42-O13**
Berlin 300 km – Dresden 125 km – Chemnitz 41 km – Chomutov 76 km
Michelin Straßenkarte 544

Neustädter Hof
Grünhainer Str. 24 ✉ 08340 – ✆ (03774) 12 50 – www.neustaedterhof.de
77 Zim – 69/77 € 99/105 € – 2 Suiten – ½ P
Das a. d. J. 1910 stammende Haus an der Straßenecke beherbergt hinter seiner hübschen auffallenden Fassade zeitgemäße, wohnlich und funktionell gestaltete Zimmer. Elegante Note im Restaurant mit Kronleuchtern und Holzfußboden.

SCHWARZENFELD
Bayern – 6 320 Ew. – Höhe 364 m – Regionalatlas **51-N17**
Berlin 443 km – München 175 km – Weiden in der Oberpfalz 38 km – Nürnberg 82 km
Michelin Straßenkarte 546

Schloss Schwarzenfeld
Schlossstr. 13 ✉ 92521 – ✆ (09435) 55 50 – www.schloss-schwarzenfeld.de
84 Zim – 99/139 € 139/169 € – 4 Suiten – ½ P
Planen Sie Ihre nächste Tagung doch mal in einem Schloss! Hier kommen zum attraktiven Rahmen eine komfortable Ausstattung (Tipp: Suiten im Schloss), eine schöne Außenanlage sowie die gute Autobahnanbindung (A93 und A6). Ein bisschen Historie vermittelt das weiße Kreuzgewölbe im Restaurant Le Château.

In Fensterbach-Wolfringmühle West: 7,5 km in Richtung Amberg

Wolfringmühle

Wolfringmühle 3 ✉ 92269 – ✆ (09438) 9 40 20 – www.hotel-wolfringmuehle.de – geschl. 2. - 31. Januar

53 Zim ☕ – †58/67 € ††83 € – 1 Suite – ½ P

Hier mischen sich Tagungsgäste, Familien, Kegelgruppe und Urlauber. Der ansprechende Bade-, Sauna- und Massagebereich bietet Erholung für alle und wohl jeder sitzt im Sommer gerne im Biergarten unter schattenspendenden Kastanien!

SCHWARZHEIDE

Brandenburg – 5 750 Ew. – Höhe 100 m – Regionalatlas **33-Q11**

Berlin 144 km – Potsdam 162 km – Senftenberg 18 km – Dresden 56 km

Michelin Straßenkarte 542

lukAs

Ruhlander Str. 49 ✉ 01987 – ✆ (035752) 96 91 41 – www.lukas-schwarzheide.de

11 Zim – †39/69 € ††49/99 € – ☕ 11 €

Freundlich, zeitgemäß und funktional wohnen Sie in dem gepflegten Haus mit der roten Fassade. Neuzeitlich auch das Ambiente im Restaurant, wo man Ihnen internationale Küche serviert. Eine nette Lounge ist ebenfalls vorhanden.

SCHWEDT

Brandenburg – 30 540 Ew. – Höhe 5 m – Regionalatlas **23-R6**

Berlin 100 km – Potsdam 136 km – Neubrandenburg 98 km – Szczecin 87 km

Michelin Straßenkarte 542

Andersen

Gartenstr. 11 ✉ 16303 – ✆ (03332) 2 91 10 – www.andersen.de

32 Zim ☕ – †68/78 € ††82/96 €

Ein funktionell ausgestattetes Hotel in der Altstadt, auch für Businessgäste interessant. Im Sommer kann man auf der Dachterrasse frühstücken - auf dem Buffet findet sich auch hausgemachter Kuchen!

SCHWEINFURT

Bayern – 52 100 Ew. – Höhe 226 m – Regionalatlas **49-J15**

Berlin 456 km – München 287 km – Würzburg 51 km – Bamberg 57 km

Michelin Straßenkarte 546

Roß

Hohe Brückengasse 4 ✉ 97421 – ✆ (09721) 2 00 10 Stadtplan : B2**r**

– www.hotel-ross.de – geschl. 23. Dezember - 6. Januar

47 Zim ☕ – †80/98 € ††83/110 € – ½ P

Das engagiert geführte Hotel von 1806 liegt in der Altstadt von Schweinfurt. Die Gästezimmer sind wohnlich, funktionell und technisch gut ausgestattet. Internationale und regionale Küche im Restaurant, dazu eine moderne Vinothek-Bar.

Alte Reichsbank

Neutorstr. 4 1/2 ✉ 97421 – ✆ (09721) 54 16 70 Stadtplan : B1**a**

– www.altereichsbank.de – geschl. August

18 Zim ☕ – †79/89 € ††99/119 € – ½ P

Zentral gegenüber dem Châteaudun-Park gelegenes Hotel im Gebäude der ehemaligen Reichsbank a. d. J. 1923. Geräumige, freundliche Zimmer mit funktioneller Ausstattung. Das helle, neuzeitliche Restaurant wird ergänzt durch eine Weinstube im einstigen Tresorraum.

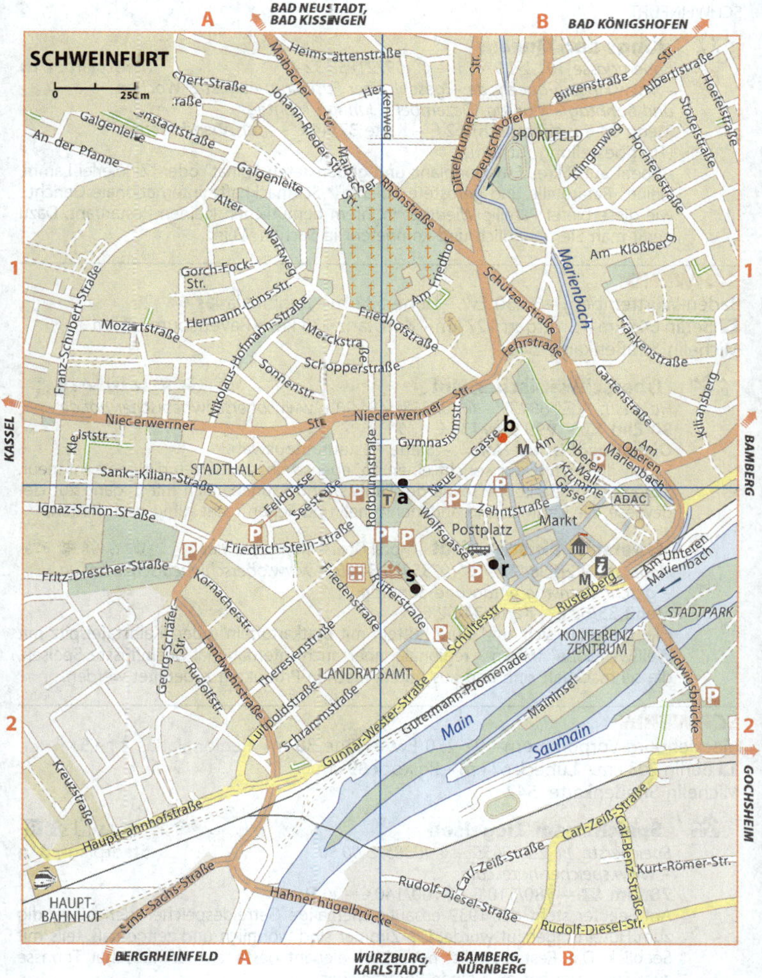

Park Hotel

Hirtengasse 6a ✉ 97421 – ✆ (09721) 12 77 Stadtplan : B2**s**
– www.park-hotel-mpm.de – geschl. 22. Dezember - 7. Januar
39 Zim – †79/89 € ††109 €

Das Businesshotel in der Innenstadt verfügt über funktionale Gästezimmer und einen hellen, freundlichen Frühstücksraum. Moderne Bilder zieren das Haus.

Kugelmühle

Georg-Schäfer-Str. 30 ✉ 97421 – ✆ (09721) 91 47 02 Stadtplan : A2**f**
– www.restaurant-kugelmuehle.de – geschl. 22. Dezember - 6. Januar, 1. - 21. August und Samstag - Sonntag sowie an Feiertagen
Menü 49/78 € – Karte 35/57 € – (Tischbestellung erforderlich)

Lassen Sie sich nicht verwirren, denn das Restaurant liegt in einem Seitenflügel einer Fabrik! Modern-elegante Atmosphäre, klare Linien, aufmerksamer Service und nicht zuletzt schmackhafte Küche aus frischen Produkten. Schönes Beispiel: "Kalbsschwanzravioli mit Bärlauchbutter und Parmesanchips".

Kings and Queens

Bauerngasse 101 ✉ 97421 – ✆ (09721) 53 32 42 Stadtplan : B1**b**
– www.kings-u-queens.de – geschl. über Fasching, August 3 Wochen und Sonntag - Montag, Dezember - Januar: Montag
Menü 34 € (vegetarisch)/62 € – Karte 37/44 € – *(nur Abendessen)* (Tischbestellung ratsam)
Appetit auf "Skrei, Estragonblanc und gedünsteten Spinat" oder "Zweierlei Lamm, kleines Ratatouille und geröstete Polenta"? Schmackhafte internationale Gerichte wie diese bietet Familie Wiederer in ihrem gemütlichen kleinen Restaurant. Dazu berät man Sie freundlich und kompetent in Sachen Wein.

SCHWENDI

Baden-Württemberg – 6 250 Ew. – Höhe 538 m – Regionalatlas **64**-I20
Berlin 645 km – Stuttgart 127 km – Konstanz 138 km – Ravensburg 67 km
Michelin Straßenkarte 545

Oberschwäbischer Hof

Hauptstr. 9 ✉ 88477 – ✆ (07353) 9 84 90 – www.oberschwaebischer-hof.de
30 Zim – 99 € 135 € – ½ P
Oberschwäbischer Hof – Siehe Restaurantauswahl
Schon die Architektur spricht einen an, ebenso das modern-funktionale Interieur. Schön die große Lobby sowie der Fitness- und Saunabereich mit Zugang zur Liegewiese, die Zimmer sind angenehm hell und liegen recht ruhig nach hinten.

Oberschwäbischer Hof – Hotel Oberschwäbischer Hof

Hauptstr. 9 ✉ 88477 – ✆ (07353) 9 84 90 – www.oberschwaebischer-hof.de – geschl. Samstagmittag und Sonntag
Menü 35/68 € – Karte 34/52 €
Hier darf man sich auf "saure Kutteln mit Bratkartoffeln" oder "Kalbstafelspitz mit Weißweinsoße" freuen - regionale, aber auch international beeinflusste Speisen, die schmackhaft sind und aus guten, frischen Produkten zubereitet werden.

SCHWERIN

Mecklenburg-Vorpommern – 91 270 Ew. – Höhe 38 m – Regionalatlas **11**-L5
Berlin 203 km – Lübeck 67 km – Rostock 89 km
Michelin Straßenkarte 542

Speicher am Ziegelsee

Speicherstr. 11 ✉ 19055 – ✆ (0385) 5 00 30 Stadtplan : B1**n**
– www.speicher-hotel.com
78 Zim – 80/110 € 100/140 € – ½ P
Am Seeufer steht der 1939 erbaute ehemalige Getreidespeicher, der aufwändig zum Hotel umgebaut wurde. Die Zimmer sind wohnlich und zeitgemäß, teils mit Seeblick. Das Restaurant ist neuzeitlich-elegant gestaltet, mit hübscher Terrasse zum See - hier hat man einen Bootsanleger.

Niederländischer Hof

Alexandrinenstr. 12 ✉ 19055 – ✆ (0385) 59 11 00 Stadtplan : A1**r**
– www.niederlaendischer-hof.de
30 Zim – 84/129 € 125/180 € – 3 Suiten – ½ P
Niederländischer Hof – Siehe Restaurantauswahl
Schön sieht sie aus, die denkmalgeschützte Fassade dieses 1901 gegründeten Hotels - passend dazu ist das Interieur klassisch gehalten. Wer es komfortabler mag oder das Besondere sucht, sollte in einem der Studios oder im hübschen Kapitänszimmer übernachten! Von einigen Zimmern schaut man auf den Pfaffenteich.

Am Schloss

Heinrich-Mann-Str. 3 ✉ 19053 – ✆ (0385) 59 32 30 Stadtplan : A2**b**
– www.hotel-am-schloss-schwerin.de
25 Zim – 65/69 € 90/94 €
Von der ehemaligen Bäckerei und Dampfmühle im Zentrum ist nur die denkmalgeschützte Fassade geblieben. Helle, funktionale Zimmer, teilweise mit integrierten Holzbalken.

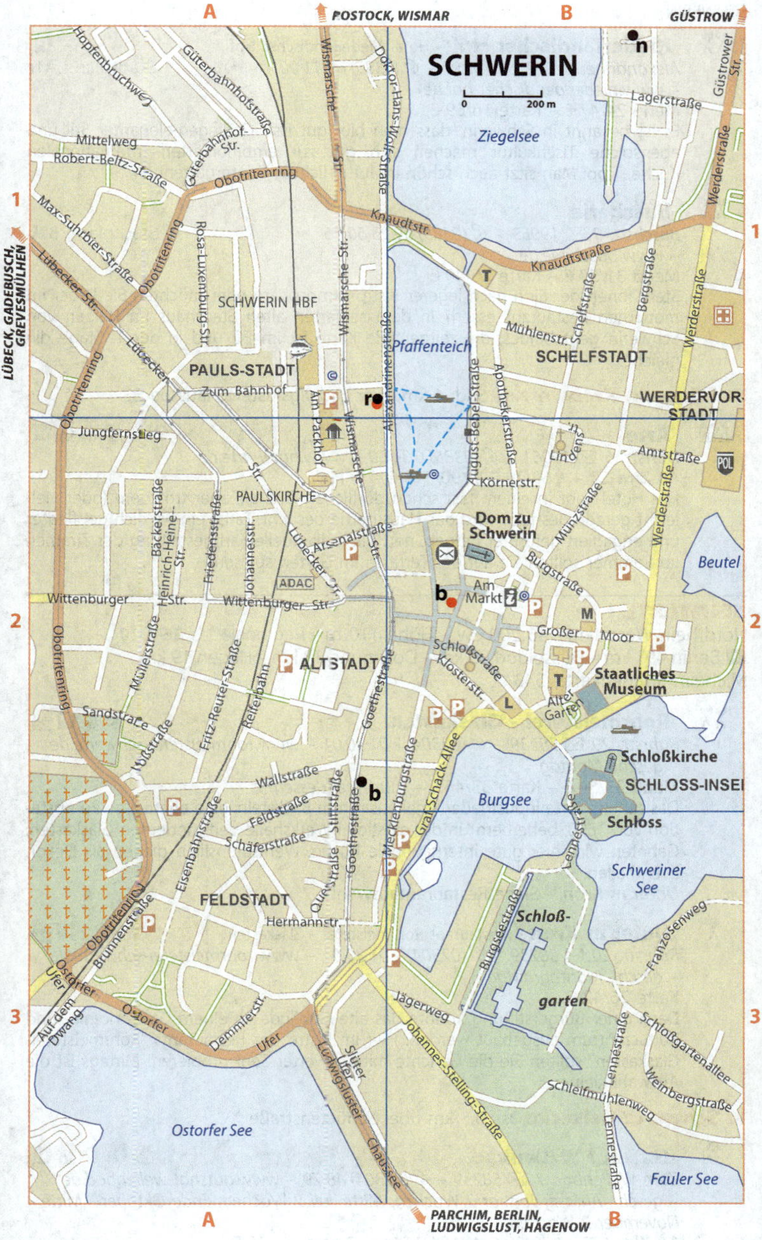
SCHWERIN
0
200 m
A
B
POSTOCK, WISMAR
GÜSTROW
LÜBECK, GADEBUSCH, GREVESMÜHLEN
PARCHIM, BERLIN, LUDWIGSLUST, HAGENOW
1
2
3
Ziegelsee
Pfaffenteich
Burgsee
Schweriner See
Ostorfer See
Fauler See
Beutel
SCHWERIN HBF
PAULS-STADT
PAULSKIRCHE
ALTSTADT
FELDSTADT
SCHELFSTADT
WERDERVOR-STADT
SCHLOSS-INSEL
Dom zu Schwerin
Staatliches Museum
Schloßkirche
Schloss
Schloß-garten
Am Markt
Großer Moor
Alter Garten
Hopfenbruchweg
Güterbahnhofstraße
Güterbahnhof-Str.
Mittelweg
Robert-Beltz-Straße
Max-Suhrbier-Straße
Lübecker Str.
Obotritenring
Rosa-Luxemburg-Str.
Zum Bahnhof
Jungfernstieg
Wismarsche Str.
Doktor-Hans-Wolf-Straße
Knaudtstr.
Knaudtstraße
Lagerstraße
Güstrower Str.
Werderstraße
Bergstraße
Schelfstraße
Mühlenstr.
Alexandrinenstraße
August-Bebel-Straße
Apothekerstraße
Am Packhof
Lindenstr.
Amtstraße
Körnerstr.
Münzstraße
Burgstraße
Arsenalstraße
Bäckerstraße
Heinrich-Heine-Str.
Friedensstraße
Johannesstr.
ADAC
Wittenburger Str.
Schloßstraße
Klosterstr.
Müllerstraße
Fritz-Reuter-Straße
Goethestraße
Sandstraße
Voßstraße
Bellerbahn
Wallstraße
Feldstraße
Stiftstraße
Schäferstraße
Mecklenburgstraße
Graf-Schack-Allee
Lennéstraße
Eisenbahnstraße
Querstraße
Hermannstr.
Brunnenstraße
Ostorfer Ufer
Auf dem Dwang
Demmlerstr.
Ludwigsluster Chaussee
Stüter Ufer
Jägerweg
Johannes-Stelling-Straße
Burgseestraße
Franzosenweg
Schloßgartenallee
Weinbergstraße
Schleifmühlenweg
POL

XX **Niederländischer Hof** – Hotel Niederländischer Hof

Alexandrinenstr. 12 ✉ 19055 – ✆ (0385) 59 11 00 Stadtplan : A1**r**
– www.niederlaendischer-hof.de
Menü 24/47 € – Karte 16/69 €
Es ist bekannt in Schwerin, dass man hier gut isst! Gediegen-eleganter Stil und ebensolche Tischkultur machen sich gut zur ambitionierten internationalen Küche. Tipp: Man sitzt auch schön im luftig-lichten Wintergarten!

XX **buschérie**

Buschstr. 9 ✉ 19053 – ✆ (0385) 59 23 60 66 Stadtplan : B2**b**
– www.buscherie.de
Menü 31/59 € – Karte 26/49 €
Steht Ihnen der Sinn nach legerer Bistro-Atmosphäre oder möchten Sie lieber im modernen Restaurant essen? In dem sanierten alten Stadthaus im Herzen von Schwerin geht beides; die zeitgemäße Karte ist im EG und in der 1. Etage die gleiche.

In Schwerin-Krebsförden Süd: 4 km über Ludwigsluster Chaussee B3

Arte

Dorfstr. 6 ✉ 19061 – ✆ (0385) 6 34 50 – www.hotel-arte.de
40 Zim – 69/79 € 90/110 € – ½ P
Das Hotel liegt in einem fast schon dörflichen Ortsteil, aber trotzdem (oder vielleicht gerade deshalb) wird das Haus gerne besucht. Es ist ein wirklich gepflegter und engagiert geführter Betrieb, nett die individuelle Farbgestaltung der Zimmer. Im Sommer sollten Sie auf der Terrasse im Garten speisen!

SCHWERTE

Nordrhein-Westfalen – 46 200 Ew. – Höhe 110 m – Regionalatlas **26**-D11
Berlin 491 km – Düsseldorf 73 km – Dortmund 13 km – Hagen 19 km
Michelin Straßenkarte 543

XX **Rohrmeisterei - Glaskasten**

Ruhrstr. 20 ✉ 58239 – ✆ (02304) 2 01 30 01 – www.rohrmeisterei-schwerte.de
– geschl. Montag
Menü 33/54 € – Karte 33/46 € – *(nur Abendessen)*
Das sehenswerte Industriedenkmal aus rotem Backstein, eine ehemalige Pumpstation von 1890, beherbergt in der einstigen Werkshalle den modernen Glaskasten. Geboten wird hier gute internationale Küche. Werksutensilien dienen als Dekor. Eventhallen.
Unter'm Kran – Siehe Restaurantauswahl

X **Unter'm Kran** – Restaurant Rohrmeisterei - Glaskasten

Ruhrstr. 20 ✉ 58239 – ✆ (02304) 2 01 30 01 – www.rohrmeisterei-schwerte.de
– geschl. Montagmittag
Karte 26/42 €
Dank einer Bürgerstiftung konnte das alte Gebäude zu einem Gastronomie- und Kulturzentrum ausgebaut werden. Hier im Bistro des Restaurants "Rohrmeisterei-Glaskasten" sollten Sie die Gerichte mit Schwerter Senf probieren! Mittags ist die Auswahl kleiner.

In Schwerte-Geisecke Ost: 5,5 km über Schützenstraße

Gutshof Wellenbad

Zum Wellenbad 7 ✉ 58239 – ✆ (02304) 48 79 – www.gutshof-wellenbad.de
– geschl. Anfang Januar 2 Wochen, Mitte Juli 2 Wochen, Ende Oktober - Mitte November 2 Wochen
14 Zim – 79/89 € 104/114 € – 2 Suiten – ½ P
Gutshof Wellenbad – Siehe Restaurantauswahl
Wunderbar, dieses Anwesen! Zum einen der ehemalige Gutshof an sich (in den Zimmern altes Holz und liebenswert-rustikaler Stil in Kombination mit modernen Bädern), zum anderen der riesige Garten mit Baumbestand, der sich hinterm Haus bis direkt an die Ruhr erstreckt!

XX **Gutshof Wellenbad** – Hotel Gutshof Wellenbad P

Zum Wellenbad 7 ✉ 58239 – ✆ (02304) 48 79 – www.gutshof-wellenbad.de – geschl. Anfang Januar 2 Wochen, Ende Oktober - Mitte November 2 Wochen

Menü 39 € – Karte 32/51 € – *(Montag - Freitag nur Abendessen)*

Gediegenes Restaurant, charmant-rustikale Gaststube, schicker Wintergarten... Wo möchten Sie bei internationaler Küche am liebsten sitzen? Essen Sie im Sommer unbedingt auf der Terrasse - vor Ihnen liegt ein herrliches Gartengrundstück mit der vorbeifließenden Ruhr!

SCHWETZINGEN

Baden-Württemberg – 21 150 Ew. – Höhe 101 m – Regionalatlas **47-F17**

Berlin 623 km – Stuttgart 118 km – Mannheim 18 km – Heidelberg 10 km

Michelin Straßenkarte 545

Villa Benz P

Zähringer Str. 51 ✉ 68723 – ✆ (06202) 93 60 90 – www.villa-benz.de – geschl. 24. Dezember - 10. Januar

10 Zim – †83/95 € ††108/115 €

Zur persönlichen Atmosphäre in der kleinen Villa kommen kostenfreie Annehmlichkeiten wie Minibar, W-Lan, Obst sowie freier Eintritt ins berühmte Schloss vis-à-vis! Tipp: Die Zimmer zum Garten hin sind ruhiger. Im Sommer Frühstück im Freien.

SCHWIELOWSEE

Brandenburg – 10 110 Ew. – Höhe 35 m – Regionalatlas **22-O8**

Berlin 56 km – Potsdam 16 km – Belzig 54 km

Michelin Straßenkarte 542

In Schwielowsee-Caputh

Landhaus Haveltreff P

Weinbergstr. 4 ✉ 14548 – ✆ (033209) 7 80 – www.haveltreff.de

25 Zim – †75/105 € ††102/129 € – 1 Suite – ½ P

Was dieses Hotel interessant macht? Zum einen liegt es unmittelbar an der Havel (man hat auch einen eigenen Bootssteg), zum anderen sind die Zimmer schön gepflegt und wohnlich gestaltet. Dazu kommt noch ein Restaurant im Landhausstil nebst Terrasse zum Fluss - hier isst man regional und international.

SEBNITZ

Sachsen – 10 000 Ew. – Höhe 300 m – Regionalatlas **44-R12**

Berlin 227 km – Dresden 47 km – Görlitz 66 km

Michelin Straßenkarte 544

Sebnitzer Hof P

Markt 13 ✉ 01855 – ✆ (035971) 90 10 – www.sebnitzer-hof.de – geschl. Januar 2 Wochen

54 Zim – †75/85 € ††80/115 € – 2 Suiten – ½ P

Ein sehr gepflegtes Hotel mitten in der kleinen Stadt. Wer gerne etwas individueller wohnt, wählt eines der Themenzimmer: "Afrika", "Vive la France", "Sebnitz"... Nette Alternative zum Restaurant "August der Starke": Café-Weinstube "Margaux" mit französischem Konzept.

SEEG

Bayern – 2 850 Ew. – Höhe 853 m – Regionalatlas **64-J21**

Berlin 658 km – München 142 km – Kempten (Allgäu) 31 km – Pfronten 11 km

Michelin Straßenkarte 546

Pension Heim P

Aufmberg 8 ✉ 87637 – ✆ (08364) 2 58 – www.pensionheim.de – geschl. November - 24. Dezember

14 Zim – †48/60 € ††86/96 € – 2 Suiten

Eine nette familiäre kleine Pension! Hier kann man sehr gepflegt und preislich fair übernachten. Das Haus mit dem ländlich-rustikalen Charme liegt in ruhiger dörflicher Umgebung, toll der Blick auf das Alpenvorland!

In Rückholz-Seeleuten Süd-West: 2 km über Aufmberg

Landhotel Panorama

Seeleuten 62 ✉ 87494 – ✆ (08364) 2 48 – www.panorama-allgaeu.de
– geschl. November - 24. Dezember
11 Zim – 56/114 € 86/124 € – 3 Suiten – ½ P
Landhotel Panorama – Siehe Restaurantauswahl
In diesem Familienbetrieb hat man es schön wohnlich (fragen Sie nach den komfortablen modern-alpenländischen Zimmern im Neubau!) und relaxt im attraktiven kleinen Wellnessbereich mit Panoramasauna und Ruheraum. Toll ist natürlich auch die ruhige Lage mit wunderbarer Sicht auf die Voralpenlandschaft!

Landhotel Panorama – Landhotel Panorama

Seeleuten 62 ✉ 87494 – ✆ (08364) 2 48 – www.panorama-allgaeu.de
– geschl. November - 24. Dezember und Montag
Menü 28/38 € – *(nur Abendessen)* (Tischbestellung erforderlich)
Mit dem Einstieg der beiden Juniorchefs hier im Haus hat sich das Restaurantkonzept etwas verändert: Mittags serviert man nur kleine Gerichte, abends ein bis zu 4-gängiges Menü, schmackhaft und aus frischen Produkten - da findet sich z. B. "marinierter Rücken vom Salzwiesenlamm, Babyspinat, Bodenseeapfel".

SEEHAUSEN – Brandenburg → Siehe Oberuckersee

SEEHEIM-JUGENHEIM

Hessen – 15 770 Ew. – Höhe 133 m – Regionalatlas **47-F15**
Berlin 582 km – Wiesbaden 56 km – Mannheim 48 km – Darmstadt 13 km
Michelin Straßenkarte 543

Im Ortsteil Malchen

Malchen

Im Grund 21 ✉ 64342 – ✆ (06151) 9 46 70 – www.hotel-malchen.de
25 Zim – 75/95 € 110/125 €
Ein familiär geführtes Haus in recht ruhiger Lage an der Bergstraße - angrenzend der Naturpark des Odenwaldes. Ein Teil der Zimmer ist besonders geräumig, einige mit Kitchenette für Langzeitgäste. Freundlicher Frühstücksraum.

SEELBACH

Baden-Württemberg – 4 930 Ew. – Höhe 215 m – Regionalatlas **53-D19**
Berlin 774 km – Stuttgart 175 km – Freiburg im Breisgau 61 km – Offenburg 33 km
Michelin Straßenkarte 545

In Seelbach-Wittelbach Süd: 2,5 km über Tretenhofstraße

Landgasthof Ochsen

Schuttertalstr. 5 ✉ 77960 – ✆ (07823) 22 57 – www.landgasthof-ochsen.com
– geschl. Montag - Dienstag
10 Zim – 51/63 € 92/116 € – ½ P
Menü 19/42 € – Karte 21/59 € – *(Mittwoch - Freitag nur Abendessen)*
Sie mögen es gemütlich und traditionell? So ist es in dem kleinen Gasthof der Familie Eble. Das Haus wird persönlich geführt, hat eine nette Atmosphäre und das Speisenangebot ist saisonal geprägt. Wie schön man hier im Sommer draußen sitzen kann, hat sich schon rumgesprochen - Innenhof und Garten sind heiß begehrt!

SEEON-SEEBRUCK

Bayern – 4 430 Ew. – Höhe 537 m – Regionalatlas **67-N20**
Berlin 654 km – München 80 km – Bad Reichenhall 55 km – Wasserburg am Inn 26 km
Michelin Straßenkarte 546

Im Ortsteil Lambach Süd-West: 3 km ab Seebruck in Richtung Rosenheim

Malerwinkel
Lambach 23 ✉ 83358 – ✆ (08667) 8 88 00 – www.hotel-malerwinkel.de
31 Zim – 54/68 € 103/160 €
Die Lage am See ist wunderschön. Liegewiese, Strandbad und Bootsanleger hat man direkt vor der Tür. Fragen Sie nach den moderneren Zimmern im Anbau! Für Ausflüge kann man Fahrräder leihen. Die riesige Terrasse zum Chiemsee ist im Sommer gut besucht, ein Grund dafür ist sicher auch die große Kuchenauswahl.

SEESEN

Niedersachsen – 19 390 Ew. – Höhe 205 m – Regionalatlas **29-I10**
Berlin 294 km – Hannover 78 km – Braunschweig 62 km – Göttingen 53 km
Michelin Straßenkarte 541

Goldener Löwe
Jacobsonstr. 20 ✉ 38723 – ✆ (05381) 93 30 – www.loewe-seesen.de
39 Zim – 75/105 € 90/130 € – 1 Suite – ½ P
Das Hotel besteht aus einem alten Fachwerkhaus sowie dem "Seminar- und Lifestyle-Trakt" (verbunden durch einen verglasten Übergang) und bietet unterschiedlich eingerichtete Zimmer. Und gastronomisch? Bürgerlich-regionale Küche im Restaurant Anna, kleine Gerichte, Steaks und Burger in der Brasserie.

SEEVETAL

Niedersachsen – 40 160 Ew. – Höhe 14 m – Regionalatlas **10-I6**
Berlin 305 km – Hannover 250 km – Lüneburg 36 km – Hamburg 24 km
Michelin Straßenkarte 541

In Seevetal-Helmstorf

Lieblingsplatz
Moorstr. 41 ✉ 21218 – ✆ (04105) 6 76 69 66 – www.restaurant-lieblingsplatz.de – geschl. Montag
Menü 35 € – Karte 30/54 €
Gemütlich-modern ist es hier (warme Töne, dekorative Accessoires, Terrakottafliesen...), durch die großen Fenster blicken Sie auf die Teiche, aus denen Forelle, Saibling & Co. frisch auf den Tisch kommen. Es gibt auch Fleischgerichte und Vegetarisches. Schön das große Grundstück samt eigener Räucherei.

SEEWALD

Baden-Württemberg – 2 150 Ew. – Höhe 749 m – Regionalatlas **54-F19**
Berlin 709 km – Stuttgart 76 km – Karlsruhe 80 km – Freudenstadt 23 km
Michelin Straßenkarte 545

In Seewald-Besenfeld

Oberwiesenhof
Freudenstädter Str. 60, B294 ✉ 72297 – ✆ (07447) 28 00 – www.hotel-oberwiesenhof.de – geschl. 21. November - 8. Dezember
36 Zim – 86/116 € 158/182 € – 5 Suiten – ½ P
Geräumige, wohnliche Zimmer, ein schöner Spa sowie Sport- und Freizeitangebote (Tennisplätze, Mountainbike- und E-Bike-Verleih...), ein parkähnlicher großer Garten, nicht zu vergessen die reizvolle Landschaft ringsum - so macht man bei Familie Schneider Urlaub! Und lassen Sie sich nicht die Wanderung zum Jagdhaus im eigenen Privatwald entgehen - hier gibt's Vesper! Wer lieber im Restaurant essen möchte, sitzt bei regionaler Küche gemütlich am Kachelofen.

SEGEBERG, BAD

Schleswig-Holstein – 16 740 Ew. – Höhe 44 m – Regionalatlas **10-J4**
Berlin 302 km – Kiel 47 km – Lübeck 33 km – Hamburg 69 km
Michelin Straßenkarte 541

Vitalia Seehotel
Am Kurpark 3 ✉ 23795 – ✆ (04551) 8 02 80 – www.vitaliaseehotel.de
140 Zim – 85/115 € 135/178 € – 4 Suiten – ½ P
Eine schöne Sicht auf den See bieten sowohl die komfortablen, in modernem Stil eingerichteten Zimmer wie auch der großzügige Wellnessbereich dieses Hotels am Kurpark. Neuzeitlich-gediegenes Restaurant mit Seeblick.

In Blunk Nord: 8 km über B 432, in Klein Rönnau links

Landhaus Schulze - Hamann
Segeberger Str. 32 ✉ 23813 – ✆ (04557) 9 97 00 – www.landhaus-schulze-hamann.de
9 Zim – 69/79 € 118/135 €
Der erweiterte Gasthof ist ein langjähriger Familienbetrieb, in dem Sie wohnliches Landhausambiente erwartet. Entspannen kann man auch im hübschen kleinen Garten. Freundlich gestaltetes Restaurant mit schöner Terrasse. Serviert werden regionale Speisen.

In Pronstorf-Strenglin Ost: 17 km über B 206, in Geschendorf links

Strengliner Mühle
Mühlenstr. 2 ✉ 23820 – ✆ (04556) 99 70 99 – www.strenglinermuehle.de
33 Zim – 62/85 € 94/125 € – 2 Suiten – ½ P
Die zum Hotel gewachsene historische Wind- und Wassermühle in netter ländlicher Umgebung ist seit mehreren Generationen im Familienbesitz. Gut gepflegte und wohnliche Gästezimmer. Im Haupthaus befindet sich das helle Wintergarten-Restaurant.

SEHLEN – Mecklenburg-Vorpommern ➜ Siehe Rügen (Insel)

SEHNDE
Niedersachsen – 23 190 Ew. – Höhe 68 m – Regionalatlas **19-I9**
Berlin 269 km – Hannover 23 km – Braunschweig 48 km – Hildesheim 38 km
Michelin Straßenkarte 541

In Sehnde-Bolzum Süd West: 2,5 km über Nordstraße

Landhaus Bolzum
Schmiedestr. 10 ✉ 31319 – ✆ (05138) 60 82 90 – www.landhaus-bolzum.de – geschl. 18. - 31. Dezember
20 Zim – 45/85 € 65/110 € – 2 Suiten
Das familiär geführte kleine Landhotel verfügt über solide, hell eingerichtete Gästezimmer und einen freundlichen Frühstücksraum im Wintergarten.

SEIFFEN
Sachsen – 2 320 Ew. – Höhe 640 m – Regionalatlas **43-P13**
Berlin 256 km – Dresden 65 km – Chemnitz 56 km – Freiberg 36 km
Michelin Straßenkarte 544

Erbgericht-Buntes Haus
Hauptstr. 94 ✉ 09548 – ✆ (037362) 77 60 – www.erzgebirgshotels.de
44 Zim – 46/85 € 63/139 € – ½ P
In diesem traditionsreichen Haus hat man mit recht farbenfroher Einrichtung und den für den Ort Seiffen bekannten Holzfiguren eine freundliche Atmosphäre geschaffen. Restaurantstuben mit rustikalem Charakter.

Seiffener Hof
Hauptstr. 31 ✉ 09548 – ✆ (037362) 1 30 – www.seiffener-hof.de – geschl. 9. - 29. Januar
25 Zim – 50/90 € 75/130 € – ½ P
Ein sehr wohnlicher und auffallend gepflegter Familienbetrieb am Ortsanfang, zu dem neben gemütlichen Gästezimmern auch eine von den Inhabern betriebene Holzwarenwerkstatt gehört - hier kann man bei Bastelkursen seiner Kreativität freien Lauf lassen!

SELB

Bayern – 15 010 Ew. – Höhe 541 m – Regionalatlas **51-M14**
Berlin 344 km – München 291 km – Hof 29 km – Bayreuth 62 km
Michelin Straßenkarte 546

Rosenthal-Casino

Kasinostr. 3 ✉ 95100 – ✆ (09287) 80 50 – www.rosenthal-casino.de
20 Zim – 60/75 € 75/100 € – 8 €
Rosenthal-Casino – Siehe Restaurantauswahl
Gleich neben der Porzellanmanufaktur steht die hübsche Villa mit Anbau im Bauhausstil. Künstler und Designer haben hier mit ihren für Rosenthal kreierten Stücken individuelle Zimmer geschaffen.

Rosenthal-Casino – Hotel Rosenthal-Casino

Kasinostr. 3 ✉ 95100 – ✆ (09287) 80 50 – www.rosenthal-casino.de – geschl. Samstagmittag, Sonntag, außer an Feiertagen
Menü 39/68 € (abends) – Karte 33/56 €
Hier bietet man ambitionierte regionale und internationale Küche. Und das Ambiente dazu: elegant im Restaurant mit sehenswerter indirekt beleuchteter Design-Flaschenwand von 1957, rustikal in der gemütlich-traditionellen Frankenstube

SELIGENSTADT

Hessen – 20 440 Ew. – Höhe 110 m – Regionalatlas **48-G15**
Berlin 540 km – Wiesbaden 58 km – Frankfurt am Main 27 km – Aschaffenburg 17 km
Michelin Straßenkarte 543

In Seligenstadt-Froschhausen Nord-West: 3 km über Frankfurter Straße

Columbus

Am Peitpfad 4 ✉ 63500 – ✆ (06182) 84 00 – www.hotel-columbus.de
117 Zim – 59/129 € 99/164 €
Mit seiner verkehrsgünstigen Lage in einem Gewerbegebiet und funktionellen Zimmern in zeitlosem Stil ist das Hotel ideal für Tagungen und Businessgäste. In der Lobby hat man übrigens eine Bar, die sich großer Beliebtheit erfreut.

SELLIN – Mecklenburg-Vorpommern ➜ Siehe Rügen (Insel)

SELZEN

Rheinland-Pfalz – 1 510 Ew. – Höhe 134 m – Regionalatlas **47-E15**
Berlin 605 km – Mainz 31 km – Neustadt an der Weinstraße 83 km – Wiesbaden 44 km
Michelin Straßenkarte 543

Kaupers Restaurant im Kapellenhof

Kapellenstr. 18a, Zufahrt über Kirschgartenstraße ✉ 55278 – ✆ (06737) 83 25 – www.kaupers-kapellenhof.de – geschl. Mittwoch - Donnerstag
Menü 83/114 € – Karte 64/79 € – *(nur Abendessen)* (Tischbestellung erforderlich)
Mehr als gemütlich hat man es im "Wohnzimmer" von Nora Breyer und Sebastian Kauper: freigelegtes Fachwerk, jede Menge warmes Holz, ein Apero-Sofa, eine traumhafte Dachterrasse, nicht zu vergessen die charmante Chefin! Was der Patron in der Küche zaubert, hat seinen ganz eigenen Stil. Lust auf ein Weinmenü?
➜ Seeforelle kalt angeräuchert, roh marinierter Spargel, Sabayone. Rehrücken aus dem Ofen, Preiselbeermarmelade, rote Rüben auf Meersalz gebacken. Topfenpalatschinkenschnitte, Quarkschlotzcreme, Topfensorbet, Sultaninen.

SENDENHORST

Nordrhein-Westfalen – 12 880 Ew. – Höhe 62 m – Regionalatlas **27-E10**
Berlin 451 km – Düsseldorf 136 km – Bielefeld 73 km – Beckum 19 km
Michelin Straßenkarte 543

In Sendenhorst-Hardt Süd-Ost: 2 km über Osttor

Waldmutter

Hardt 6, an der Straße nach Beckum ✉ 48324 – ✆ (02526) 9 32 70 – www.waldmutter.de

26 Zim – 🚹71 € 🚹🚹112 €

Ein regionstypisches Gasthaus (Schankerlaubnis seit 1882) nebst Hotelanbau. Man wohnt hier sehr gepflegt und neuzeitlich, W-Lan ist kostenfrei. Im Restaurant gibt es bürgerliche Küche. Kinder sind ebenfalls willkommen - die Kleinen freuen sich über den Spielplatz, während Sie im Sommer die Terrasse genießen.

SENFTENBERG

Brandenburg – 24 990 Ew. – Höhe 102 m – Regionalatlas **33-Q11**
Berlin 143 km – Potsdam 152 km – Cottbus 35 km – Dresden 75 km
Michelin Straßenkarte 542

Seeschlößchen

Buchwalder Str. 77 ✉ 01968 – ✆ (03573) 3 78 90 – www.ayurveda-seeschloesschen.de

49 Zim – 🚹125/190 € 🚹🚹198/370 € – 1 Suite – ½ P

Der Senftenberger See liegt gleich gegenüber, die Zimmer (teilweise im Neubau) sind wohnlich und zum Relaxen hat man einen großzügigen Spa mit allerlei Anwendungen! Nett für Ausflügler ist die charmant-rustikale Brasserie in einem kleinen Holzhaus mit Terrasse direkt am See.

Strandhotel

Am See 3 ✉ 01968 – ✆ (03573) 80 04 00 – www.strandhotel-see.de

42 Zim – 🚹65/93 € 🚹🚹85/115 € – ½ P

In attraktiver Lage unmittelbar am See erwarten Sie gepflegte, gut ausgestattete Zimmer sowie eine eigene Badestelle und ein Bootssteg. Fragen Sie nach den Zimmern im Neubau mit Balkon zum See! Auch Restaurant und Terrasse bieten Seeblick.

Lido Senftenberg

Steindamm 26 ✉ 01968 – ✆ (03573) 36 30 00 – www.hotel-lido-senftenberg.de

35 Zim – 🚹69/89 € 🚹🚹110/125 € – 3 Suiten – ½ P

Man hat hier das größte Blockhaus in Europa errichtet! Schon von außen ein schöner Anblick und auch drinnen sorgen die Holzbohlen für kanadisches Flair. Entsprechend die Spezialität im Restaurant: Elch-, Bison- und Rindersteak. Kinder freuen sich über den Spielplatz, der nahe See ist ein ideales Ausflugsziel!

SERRIG

Rheinland-Pfalz – 1 650 Ew. – Höhe 160 m – Regionalatlas **45-B16**
Berlin 739 km – Mainz 173 km – Trier 25 km – Saarbrücken 71 km
Michelin Straßenkarte 543

Gasthaus Wagner

Losheimer Str. 3 ✉ 54455 – ✆ (06581) 22 77 – www.gasthaus-wagner-serrig.de – geschl. Februar - März 1 Woche, September - Oktober 2 Wochen und Dienstag - Mittwoch

Menü 35 € – Karte 27/41 € – *(November - April: Montag - Freitag nur Abendessen)*

Die Küche von Peter Adams ist schmackhaft, bürgerlich-saisonal und hat einen österreichischen Einschlag - dieser findet sich übrigens auch in der gemütlich-charmanten Stube. Hier wärmt im Winter der Kachelofen, im Sommer spenden die Kastanien auf der Terrasse Schatten. Probieren Sie im November doch mal einen "Vacherin Mont-d'Or" für 2 Personen!

SESSLACH

Bayern – 4 000 Ew. – Höhe 271 m – Regionalatlas **50-K14**
Berlin 395 km – München 275 km – Coburg 19 km – Bamberg 40 km
Michelin Straßenkarte 546

Pörtnerhof

Luitpoldstr. 15 ✉ 96145 – ☎ (09569) 1 88 69 00 – www.sesslach-poertnerhof.de – geschl. Montag - Dienstag
9 Zim – †50/70 € ††70/90 € – ½ P
Menü 22/45 € – Karte 21/48 € – *(nur Abendessen)*
Ein schön saniertes ehemaliges Bauernhaus im Ortskern. In gemütlichem Ambiente bietet man an gut eingedeckten Tischen internationale Küche, in der Diele im 1. OG bekommen Sie auf Anfrage ein Menü. Zum Übernachten stehen wohnliche Gästezimmer bereit.

SIEGBURG

Nordrhein-Westfalen – 39 570 Ew. – Höhe 55 m – Regionalatlas **36-C13**
Berlin 590 km – Düsseldorf 67 km – Bonn 13 km – Koblenz 87 km
Michelin Straßenkarte 543

Kranz-Parkhotel

Mühlenstr. 32 ✉ 53721 – ☎ (02241) 54 70 – www.kranzparkhotel.de
109 Zim – †82/189 € ††156/213 € – 4 Suiten – ½ P
Ein neuzeitlich-gediegenes und funktionell ausgestattetes Hotel im Zentrum, das gute Tagungsmöglichkeiten bietet. Die Deluxe-Zimmer und Suiten sind geräumiger. Freundlich gestaltetes Parkrestaurant. Im obersten Stock: die Sunset-Bar.

Kaiserhof

Kaiserstr. 80, Zufahrt über Johannisstraße ✉ 53721 – ☎ (02241) 1 72 30 – www.kaiserhof-siegburg.de – geschl. 22. - 28. Dezember
28 Zim – †69/115 € ††99/145 €
Die praktische Lage in der Fußgängerzone von Siegburg sowie funktional eingerichtete Zimmer sprechen für dieses gut geführte Haus. Im Restaurant mit Bistro-Ambiente überzeugt Familie Keller mit Gastlichkeit und ambitionierter Küche.

SIEGEN

Nordrhein-Westfalen – 99 410 Ew. – Höhe 280 m – Regionalatlas **37-E12**
Berlin 564 km – Düsseldorf 130 km – Bonn 99 km – Gießen 73 km
Michelin Straßenkarte 543

Pfeffermühle

Frankfurter Str. 261 ✉ 57074 – ☎ (0271) 23 05 20 – www.pfeffermuehle-siegen.de
42 Zim – †66/93 € ††94/107 € – ½ P
Das familiengeführte Hotel liegt etwas erhöht außerhalb des Zentrums und bietet zeitgemäße Klassik- und Komfortzimmer sowie ganz moderne Businesszimmer im neuen Anbau. Man verfügt auch über einen guten Tagungsbereich. Internationales Speisenangebot im hellen, freundlichen Restaurant.

Berghotel Johanneshöhe

Wallhausenstr. 1 ✉ 57072 – ☎ (0271) 3 87 87 90 – www.johanneshoehe.de – geschl. 1. - 10. Januar
23 Zim – †65/100 € ††91/125 €
Hier überzeugen die exponierte Lage sowie die gepflegten und praktisch ausgestatteten Zimmer (Standard, Premium oder Superior) - meist mit tollem Blick auf Siegen. Geradliniger Stil bestimmt das Ambiente im Restaurant, Highlight ist die Panoramaterrasse!

In Wilnsdorf-Wilgersdorf Süd-Ost: 4 km

Gästehaus Wilgersdorf

Kalkhain 23 ✉ 57234 – ☎ (02739) 8 96 90 – www.gaestehaus-wilgersdorf.de – geschl. Juli - August 3 Wochen
40 Zim – †51/59 € ††85/97 € – 6 € – ½ P
Angenehm ist die ruhige Waldrandlage dieses Familienbetriebs, schön die Aussicht. Neben funktionellen Zimmern bietet man gute Tagungsmöglichkeiten und einen großen Garten. Freundliches Restaurant zum Tal hin.

SIEGSDORF

Bayern – 8 230 Ew. – Höhe 615 m – Regionalatlas **67-O21**
Berlin 695 km – München 105 km – Bad Reichenhall 32 km – Rosenheim 48 km
Michelin Straßenkarte 546

Alte Post

Traunsteiner Str. 7 ✉ 83313 – ✆ (08662) 66 46 09 00 – www.altepostsiegsdorf.de
29 Zim – 64/84 € 94/114 € – ½ P
Sie sind auf der Durchreise und möchten gepflegt übernachten? Der 600 Jahre alte Gasthof mit typischer Fassadenmalerei ist von der Autobahn schnell erreicht, hat zeitgemäße Zimmer und ein gemütlich-bayerisches Restaurant, wo man bürgerliche Küche und regionale Schmankerl serviert.

In Siegsdorf-Hammer Süd-Ost: 6 km über B 306

Gasthof Hörterer - Der Hammerwirt

Schmiedstr. 1, B 306 ✉ 83313 – ✆ (08662) 66 70 – www.der-hammerwirt.de – geschl. März 3 Wochen, Oktober - November 6 Wochen
21 Zim – 45/99 € 69/169 € – ½ P
Mit 700 Jahren gilt die einstige Schmiede als ältestes Anwesen im Ort. Im Garten der wunderschöne Natur-Badesee mit Holzstegen und Kinderbereich. Man hat auch Familienzimmer und Ferienwohnungen. Im gemütlichen Restaurant (Holzdecke, Terrakottaboden, Kachelofen...) gibt es Saisonales mit regionalen Produkten.

SIEK

Schleswig-Holstein – 2 290 Ew. – Höhe 62 m – Regionalatlas **10-J5**
Berlin 277 km – Kiel 86 km – Bad Oldesloe 26 km – Hamburg 27 km
Michelin Straßenkarte 541

Alte Schule

Hauptstr. 44 ✉ 22962 – ✆ (04107) 87 73 10 – www.alte-schule-siek.de
19 Zim – 85/100 € 105/130 € – 13 €
Alte Schule – Siehe Restaurantauswahl
Mit Engagement leitet Familie Franke samt Schwiegersohn (er ist auch Küchenchef im Haus und bietet Kochkurse an) die ehemalige Schule mitten in Siek. Da lässt es sich gut wohnen, nämlich in schönen hellen Zimmern mit Obst und Wasser gratis!

Alte Schule – Hotel Alte Schule

Hauptstr. 44 ✉ 22962 – ✆ (04107) 87 73 10 – www.alte-schule-siek.de – geschl. Montag
Menü 43/73 € – Karte 38/61 € – *(Dienstag - Freitag nur Abendessen)*
Holzboden, hohe Decken, offener Kamin... in dem hübschen Restaurant steckt der Charme von 1911. Wer die frische und schmackhafte Saisonküche gerne in Menüform probieren möchte, wählt zwischen "Erdkunde" und "(Meeres-) Biologie" - die Unterrichtsfächer erinnern an den Ursprung des Hauses! Chic die Kochschule.

SIEVERSHAGEN – Mecklenburg-Vorpommern ➜ Siehe Rostock

SIGMARINGEN

Baden-Württemberg – 15 600 Ew. – Höhe 580 m – Regionalatlas **63-G20**
Berlin 696 km – Stuttgart 101 km – Konstanz 73 km – Freiburg im Breisgau 136 km
Michelin Straßenkarte 545

In Scheer Süd-Ost: 10 km über B 32

Donaublick

Bahnhofstr. 21, an der B 32 ✉ 72516 – ✆ (07572) 7 63 80 – www.donaublick.de – geschl. 24. - 31. Dezember
30 Zim – 59/73 € 80/94 € – ½ P
Mit dem Fahrrad im Donautal unterwegs? In dem ehemaligen Bahnhof wohnen Sie in funktionellen Zimmern im Altbau oder in schönen Feng-Shui-Zimmern im Neubau, am Morgen gibt es ein leckeres Frühstücksbuffet. Bürgerlich-saisonale Küche im Restaurant. Tipp: Fahrrad- und E-Bike-Verleih im Haus!

XX **Brunnenstube**

Mengener Str. 4 ✉ 72516 – ✆ (07572) 36 92 – www.brunnenstube-scheer.de – geschl. Montag - Dienstagmittag, Mittwochmittag, Donnerstagmittag und Samstagmittag

Menü 33/41 € – Karte 34/54 €

Wirklich gemütlich sitzt man in dem charmant-eleganten, mit hübschen Details liebevoll gestalteten Gasthaus und lässt sich freundlich mit klassischer Küche umsorgen. Wie wär's z. B. mit einer hausgemachten Terrine?

SIMBACH am INN

Bayern – 9 650 Ew. – Höhe 440 m – Regionalatlas **67-P20**

Berlin 634 km – München 122 km – Passau 54 km – Landshut 89 km

Michelin Straßenkarte 546

Göttler

Pfarrkirchner Str. 24 ✉ 84359 – ✆ (08571) 9 11 80 – www.goettler-simbach.de

15 Zim – 36/45 € 55 € – ½ P

Der Familienbetrieb im Ortskern ist eine ehemalige Weißbierbrauerei, die durch ein Gästehaus mit funktionell eingerichteten Zimmern erweitert wurde. Bürgerliche und saisonale Küche im Restaurant - im Sommer mit Biergarten.

SIMMERATH

Nordrhein-Westfalen – 15 030 Ew. – Höhe 540 m – Regionalatlas **35-A13**

Berlin 640 km – Düsseldorf 107 km – Aachen 30 km – Düren 34 km

Michelin Straßenkarte 543

In Simmerath-Rurberg Ost: 8 km

X **Genießer Wirtshaus**

Hövel 15 ✉ 52152 – ✆ (02473) 32 12 – www.geniesserwirtshaus.de – geschl. Montag - Donnerstagmittag

8 Zim – 55/90 € 65/100 € – 7 € – 2 Suiten

Menü 28/43 € – Karte 26/41 €

Gemütlichkeit kommt auf, wenn man bei regionalen Gerichten wie "Döppekooche" in liebenswert dekorierten Stuben sitzt oder nach dem Abendessen in charmanten Themenzimmern (Motto "Genuss") in ein kuscheliges Bett sinkt! Und draußen: ein schöner Obstgarten mit eigenen Hühnern, Räucherhaus, Feuerstelle, Scheune mit Verkaufsladen... das ist Landlust pur!

SIMMERN

Rheinland-Pfalz – 7 620 Ew. – Höhe 340 m – Regionalatlas **46-D15**

Berlin 634 km – Mainz 67 km – Bad Kreuznach 52 km – Trier 87 km

Michelin Straßenkarte 543

An der Straße nach Laubach Nord: 6 km

Birkenhof

Birkenweg 1 ✉ 55469 – ✆ (06761) 9 54 00 – www.birkenhof-info.de

20 Zim – 70/80 € 105/120 € – ½ P

Birkenhof – Siehe Restaurantauswahl

Familie Dietrich (inzwischen ist die 3. Generation mit im Haus) ist hier mit unvermindertem Engagement bei der Sache - das sieht man an den Zimmern in frischem modernem Landhausstil ebenso wie am Sauna- und Fitnessbereich, und das appetitliche Frühstück in schönem Ambiente macht fit für den Tag.

XX **Birkenhof** – Hotel Birkenhof

Birkenweg 1 ✉ 55469 – ✆ (06761) 9 54 00 – www.birkenhof-info.de – geschl. Dienstagmittag

Menü 28/35 € – Karte 24/47 € – (Tischbestellung ratsam)

Die freundliche Atmosphäre des Hotels setzt sich im Restaurant samt Wintergarten fort. Die Küche ist regional geprägt - wie wär's z. B. mit Spezialitäten vom eigener Charolais-Weiderind? Im Sommer ist natürlich die hübsche Terrasse gefragt.

SIMONSBERG – Schleswig-Holstein ➜ Siehe Husum

SIMONSWALD

Baden-Württemberg – 3 010 Ew. – Höhe 372 m – Regionalatlas **61**-**E20**
Berlin 786 km – Stuttgart 215 km – Freiburg im Breisgau 36 km – Donaueschingen 49 km
Michelin Straßenkarte 545

Hugenhof

Am Neuenberg 14 ✉ 79263 – ✆ (07683) 93 00 66 – www.hugenhof.de – geschl. über Fastnacht 2 Wochen, Mitte August - Anfang September 3 Wochen und Montag - Dienstag
15 Zim – 45 € 75 €
Menü 37/48 € – *(nur Abendessen, sonntags auch Mittagessen)* (Tischbestellung erforderlich)
Altes Gebälk, Kamin, charmante Einrichtung - da kommt Gemütlichkeit auf, während Chef Klaus Ditz Ihnen am Tisch sein ambitioniertes und schmackhaftes, täglich wechselndes 4-Gänge-Menü annonciert und Chefin Petra Ringwald freundlich-versiert die passenden Weine empfiehlt. Gegenüber die hübsche Raucherlounge.

SINDELFINGEN

Baden-Württemberg – 61 670 Ew. – Höhe 449 m – Regionalatlas **55**-**G18**
Berlin 647 km – Stuttgart 20 km – Karlsruhe 80 km – Reutlingen 34 km
Michelin Straßenkarte 545

Erikson-Hotel

Hanns-Martin-Schleyer-Str. 8 ✉ 71063 – ✆ (07031) 93 50 – www.erikson.de – geschl. 24. Dezember - 6. Januar
92 Zim – 69/150 € 89/170 € – ½ P
Ein privat geführtes Businesshotel mit recht geräumigen Zimmern in günstiger Lage: Bahnhof gleich gegenüber, die A81 ist schnell erreicht. Im Restaurant gibt es Regionales (Leberle, Nierle...) sowie international-saisonale Gerichte. Wild kommt übrigens immer aus eigener Jagd! Einmal im Monat Sonntagsbrunch.

Knote

Vaihinger Str. 14 ✉ 71063 – ✆ (07031) 61 10 – www.hotel-knote.com – geschl. Ende Dezember - Anfang Januar 2 Wochen
45 Zim – 55/125 € 62/145 € – 9 €
Viola – Siehe Restaurantauswahl
Sie wohnen im Zentrum der Stadt in gepflegten, funktionellen Zimmern, die mit Schallschutzfenstern ausgestattet sind. Fragen Sie nach den Zimmern mit Balkon nach hinten.

Viola – Hotel Knote

Vaihinger Str. 14 ✉ 71063 – ✆ (07031) 6 11 43 – www.hotel-knote.com – geschl. Ende Dezember - Anfang Januar 2 Wochen und Sonntag
Karte 23/40 €
Gebhard Baur ist mit seinem Sindelfinger Lokal "Viola" (benannt nach seiner Frau) hierher ins Hotel Knote umgezogen. Das Konzept ist gleich geblieben: bürgerliche Küche und Saisonales - beliebt natürlich Klassiker wie Zwiebelrostbraten. Günstigere Mittagskarte. Schön die Terrasse zum Hof.

SINGEN (HOHENTWIEL)

Baden-Württemberg – 45 720 Ew. – Höhe 429 m – Regionalatlas **62**-**F21**
Berlin 780 km – Stuttgart 154 km – Konstanz 34 km – Freiburg im Breisgau 106 km
Michelin Straßenkarte 545

Lamm

Alemannenstr. 42 ✉ 78224 – ✆ (07731) 40 20 – www.lamm-singen.bestwestern.de – geschl. 18. Dezember - 18. Januar
76 Zim – 84/124 € 94/164 € – 10 € – 1 Suite – ½ P
Mit Engagement leitet die Familie das am Zentrumsrand gelegene Haus. Die Zimmer sind unterschiedlich eingerichtet, fragen Sie nach den neueren in zeitgemäßem Stil. Im Restaurant gibt es bürgerliche Küche.

In Singen-Bohlingen Süd-Ost: 6 km über Rielasinger Straße, Richtung Überlingen

Zapa

Bohlinger Dorfstr. 48 ✉ 78224 – ✆ (07731) 79 61 61 – www.restaurant-zapa.de – geschl. über Fastnacht 1 Woche, Anfang November 1 Woche, über Weihnachten 1 Woche

14 Zim – 84/110 € 122/150 €

Das Haus liegt ruhig und hat sehr gepflegte moderne Zimmer, Besonderheit sind Bilder und Windspiele eines Nürnberger Künstlers. Zum Erholen: netter Saunabereich und großer Garten. Das Restaurant bietet als Spezialität Graugänse und Hühner (2 Wochen im Winter), dienstagabends vegetarisches Buffet.

SINSHEIM

Baden-Württemberg – 34 680 Ew. – Höhe 154 m – Regionalatlas **48-G17**

Berlin 618 km – Stuttgart 87 km – Mannheim 50 km – Heilbronn 35 km

Michelin Straßenkarte 545

In Sinsheim-Dühren Süd-West: 3 km über B 39, jenseits der A 6

Ratsstube

Karlsruher Str. 55 ✉ 74889 – ✆ (07261) 93 70 – www.ratsstube.de

33 Zim – 70/125 € 92/164 € – ½ P

Der familiengeführte Gasthof ist zu einem Hotel mit wohnlichen Zimmern gewachsen. Ruhiger ist der nach hinten gelegene Anbau. Parkplätze direkt am Haus! Ein besonders freundlicher Ort für die bürgerliche Küche (Fleisch kommt aus der hauseigenen Metzgerei!) ist die Kraichgaustube des Restaurants.

SINZIG

Rheinland-Pfalz – 17 140 Ew. – Höhe 90 m – Regionalatlas **36-C13**

Berlin 613 km – Mainz 135 km – Bonn 22 km – Koblenz 37 km

Michelin Straßenkarte 543

Vieux Sinzig

Kölner Str. 6 ✉ 53489 – ✆ (02642) 4 27 57 – www.vieux-sinzig.com – geschl. 9. - 22. Februar, 17. - 30. August, 26. Oktober - 8. November und Montag - Dienstag

Menü 24 € (mittags unter der Woche)/89 € – Karte 49/67 €

Bei Jean-Marie Dumaine genießen Sie saisonale Küche, in der zahlreiche Wildkräuter zum Einsatz kommen - Einflüsse aus der Region und der französischen Heimat des Chefs sind unverkennbar! Gut die Weinberatung. Im Sommer sollten Sie im Garten speisen! Wie wär's mit eigenen eingemachten Produkten für zu Hause?

In Sinzig-Bad Bodendorf

Maravilla

Hauptstr. 158 ✉ 53489 – ✆ (02642) 4 00 00 – www.maravilla-spa.de

33 Zim – 70/140 € 90/200 € – ½ P

Das geschmackvolle Haus ist eine richtig schöne Wellnessadresse, doch auch Businessgäste fühlen sich in dem recht ruhig gelegenen Hotel wohl. Die Zimmer sind mal klassisch, mal ganz modern, und wer das Besondere sucht, bucht eine der Wellness-Suiten! Im Restaurant geradliniges Ambiente und Showküche.

SITTENSEN

Niedersachsen – 5 610 Ew. – Höhe 31 m – Regionalatlas **9-H6**

Berlin 334 km – Hannover 130 km – Hamburg 58 km – Bremen 63 km

Michelin Straßenkarte 541

In Groß Meckelsen West: 5 km, jenseits der A 1, über Lindenstraße

Schröder

Am Kuhbach 1 ✉ 27419 – ✆ (04282) 5 08 80 – www.hotel-schroeder.de

40 Zim – 65/90 € 75/120 € – ½ P

Ein engagiert geführter Familienbetrieb, in dem kontinuierlich verbessert wird. Die Zimmer sind sehr gepflegt und farblich freundlich gestaltet. Im Restaurant hat man moderne Details und warme Töne mit traditionellen Elementen kombiniert.

In Groß Meckelsen-Kuhmühlen West: 5 km, jenseits der A 1, über Lindenstraße, hinter Groß Meckelsen rechts

Zur Kloster-Mühle

Kuhmühler Weg 7 ✉ 27419 – ✆ (04282) 59 41 90 – www.kloster-muehle.de – geschl. 4. - 10. Januar

17 Zim – 80/120 € 120/210 € – ½ P

Idyllisch liegt der Gutshof an einem kleinen Weiher. In den schönen modernen Zimmern (darunter ein hochwertiges Wellnesszimmer mit Whirlpool!) steht sogar Wein und Sekt für Sie bereit, am Morgen gibt es ein reichhaltiges Frühstücksbuffet, später speist man im Restaurant Regionales mit italienischem Einfluss. Keine Frage, die Lage ist prädestiniert für Feierlichkeiten!

In Stemmen Süd-Ost: 12 km, Richtung Scheeßel, in Helvesiek links

Landgut Stemmen

Große Str. 12 ✉ 27389 – ✆ (04267) 9 30 40 – www.landgut-stemmen.de – geschl. 2. - 7. Januar

32 Zim – 55/89 € 91/110 €

Das Hotel wird familiär geleitet und bietet gepflegte, wohnlich gestaltete Zimmer, darunter auch geräumige Familienzimmer. Im Restaurant serviert man u. a. Klassiker wie Hochzeitssuppe und Sauerfleisch - besonders schön der moderne Wintergarten.

SOBERNHEIM, BAD

Rheinland-Pfalz – 6 420 Ew. – Höhe 150 m – Regionalatlas **46**-D15

Berlin 631 km – Mainz 64 km – Bad Kreuznach 19 km – Idar-Oberstein 31 km

Michelin Straßenkarte 543

BollAnt's - SPA im Park

Felkestr. 100 ✉ 55566 – ✆ (06751) 9 33 90 – www.bollants.de

60 Zim – 144/239 € 288/478 € – 12 Suiten – ½ P

Jungborn ✿ • ***Hermannshof*** – Siehe Restaurantauswahl

Was Sie auf diesem herlichen 60 000 qm umfassenden Parkanwesen erwartet, ist pure Vielfalt in Sachen Wohnen und Spa: vom Standard-Zimmer über die ganz speziellen "SPA-Lodges" bis zu den exklusiven "Heimat-Lodges", von geschmackvollen Ruheräumen bis Medical Wellness samt Felke-Kur, nicht zu vergessen der top Service, der über das "Normale" hinausgeht! HP inklusive.

Maasberg Therme

Am Maasberg, Nord: 2 km ✉ 55566 – ✆ (06751) 87 60 – www.hotel-maasberg-therme.de – geschl. 6. - 19. Dezember, 3. - 22. Januar

75 Zim – 89/120 € 138/198 € – 8 Suiten – ½ P

Golf, Beauty und Medical Wellness einschließlich Felke-Kur, gediegene Zimmer und ein toller Garten sowie gute Tagungsmöglichkeiten und ein mediterran gestaltetes Restaurant - all das bietet Familie Stassen (inzwischen die 4. Generation) auf dem weitläufigen Parkgrundstück.

Jungborn – Hotel BollAnt's - SPA im Park

✿

Felkestr. 100 ✉ 55566 – ✆ (06751) 9 33 90 – www.bollants.de – geschl. Sonntag - Montag

Menü 89/134 € – Karte 78/84 € – *(nur Abendessen)* (Tischbestellung ratsam)

Etwas Besonderes ist hier schon der Rahmen: Ein schönes historisches Sandstein-Tonnengewölbe - früher Obstlager - hat ein hochwertiges elegantes Interieur bekommen. Nicht weniger interessant ist die finessenreiche klassisch basierte Küche von Jens Fischer, die von einem aufmerksamen und kompetenten Team serviert wird. Die Weine dazu sind vorwiegend regional.

➜ Wilder Steinbutt, Edamame, marinierter Kohlrabi, Shiitake. Mieral Bressehuhn, Spitzmorcheln, Sellerie, Nashibirne. Rehrücken aus der Müritz-Region, Rübchen und Rote Bete, Radicchio, Mohnöl, Himbeercreme.

Hermannshof – Hotel BollAnt's - SPA im Park

Felkestr. 100 ✉ 55566 – ✆ (06751) 9 33 90 – www.bollants.de

Menü 48 € – Karte 41/61 € – *(Montag - Freitag nur Abendessen)*

Das hübsche Gewölbe sorgt auch im zweiten Restaurant des "BollAnt's" für Atmosphäre, ebenso das wertige Interieur im attraktiven Vintage-Look! Jens Fischer und sein Team kochen hier mediterran mit regionalen Einflüssen - Appetit macht z. B. "geschmorte Lammschulter mit Bohnen-Cassoulet und Lyoner Kartoffeln".

Kupferkanne

Berliner Str. 2 ✉ 55566 – ✆ (06751) 28 58 – www.restaurant-kupferkanne.de – geschl. Donnerstag, Samstagmittag

Karte 23/49 €

Das ist frische und bodenständige bürgerlich-saisonale Küche! Wer in diesem sympathischen modernen Lokal isst, sollte mal die geschmorten Schweinebäckchen probieren. Im Sommer hat man eine hübsche Terrasse.

In Meddersheim Süd-West: 3 km

Landgasthof zur Traube

Sobernheimer Str. 2 ✉ 55566 – ✆ (06751) 95 03 82 – www.langendorfstraube.de – geschl. 21. Dezember - 8. Januar, Mitte Juli - Anfang August und Dienstagabend - Mittwoch

Karte 24/54 €

Schon seit 1998 haben Ingrid und Herbert Langendorf ihr gemütlich-rustikales Lokal in dem hübschen Naturstein-Fachwerk-Haus - die Atmosphäre ist leger, das Essen richtig gut! Es gibt Kalbskotelett, Loup de Mer, gebratene Blutwurst...

Lohmühle

an der Straße nach Meisenheim, Süd-West: 3 km ✉ 55566 – ✆ (06751) 45 74 – www.restaurant-lohmuehle.de – geschl. Januar und Montag - Dienstag

Karte 28/48 € – *(Mittwoch - Freitag nur Abendessen)*

Die alte Mühle von 1471 liegt nicht nur idyllisch am Waldrand (die Terrasse ist der Renner!), sie hat auch Atmosphäre: Sandstein und Holz bewahren den Charakter von einst. Auf zwei Ebenen gibt es regionale Küche aus heimischen Produkten.

SODEN-SALMÜNSTER, BAD

Hessen – 13 360 Ew. – Höhe 150 m – Regionalatlas **38**-H14

▶ Berlin 511 km – Wiesbaden 101 km – Darmstadt 87 km – Hanau 47 km

Michelin Straßenkarte 543

Im Ortsteil Bad Soden

KIShotel am Kurpark

Parkstr. 8 ✉ 63628 – ✆ (06056) 9 12 20 – www.kishotel.de

22 Zim – 🚹54/68 € 🚻77/81 € – ☕ 7 € – ½ P

Das Hotel befindet sich am Kurpark und bietet funktionale Zimmer, die mit warmen Farben wohnlich gestaltet sind. Zudem hat man einen Kosmetik- und Massagebereich, einen gepflegten Garten sowie ein helles, freundliches Restaurant.

Fiori

Franz-von-Sickingen-Str. 3 ✉ 63628 – ✆ (06056) 91 97 12 – www.hotel-fiori.de

7 Zim ☕ – 🚹51/65 € 🚻75/90 €

Ein wunderbar zeitgemäßes Haus, in dem man sich einfach wohlfühlt. Die Chefin kümmert sich freundlich um Sie, im Zimmer gibt es kleine Aufmerksamkeiten wie Wasser, Obst und Schokolade, im hübschen modernen Restaurant italienisch-internationale Küche. Gut auch die relativ ruhige Lage in einer Einbahnstraße.

SOLINGEN

Nordrhein-Westfalen – 155 320 Ew. – Höhe 221 m – Regionalatlas **36**-C12

Berlin 543 km – Düsseldorf 34 km – Essen 35 km – Köln 36 km

Michelin Straßenkarte 543

In Solingen-Aufderhöhe Ost: 7,5 km

Wipperaue (N)

Wipperaue 3 ✉ 42699 – ✆ (0212) 2 33 62 70 – www.wipperaue.de

12 Zim – 95 € 140 € – 11 €

Das idyllisch an der Wupper gelegene kleine Hotel ist nicht nur zum Tagen ideal, auch erholen kann man sich hier schön: Das komplett sanierte traditionsreiche Haus bietet geschmackvolle, wohnliche Zimmer und ein ländlich-modern gestaltetes Restaurant samt hübscher Terrasse zum Fluss.

Haasenmühle (N)

Haasenmühle 1 ✉ 42699 – ✆ (0212) 2 47 40 12 – www.haasenmuehle.com – geschl. Sonntag - Dienstag

Menü 45 € – Karte 35/68 € – *(nur Abendessen)*

Mit Herzblut bringt man hier den historischen Rahmen der jahrhundertealten einstigen Getreidemühle mit Moderne in Einklang - Letzteres in Form ambitionierter kreativer Gerichte wie "Irish Beef. Shiitake-Pilze. Graupen. Rauchemulsion".

In Solingen-Hästen Süd-Ost: 4 km

Pfaffenberg (N)

Pfaffenberger Weg 284 ✉ 42659 – ✆ (0212) 4 23 63 – www.pfaffenberg.com – geschl. Montag - Dienstag

Menü 56/75 € – Karte 44/66 € – *(nur Abendessen)*

Eine interessante Adresse: abseits der Stadt im Grünen gelegen, chic das modern-elegante Interieur, ambitioniert die Küche - es gibt klassisch-internationale Speisen wie "Rindertatar mit Quinoasalat und Dijon-Senf-Eis". Legerer das Bistro mit breitem Angebot von Burger bis Rahmschnitzel. Schön die Terrasse.

SOMMERACH

Bayern – 1 330 Ew. – Höhe 202 m – Regionalatlas **49**-I15

Berlin 471 km – München 263 km – Würzburg 31 km – Schweinfurt 30 km

Michelin Straßenkarte 546

Zum weißen Lamm

Hauptstr. 2 ✉ 97334 – ✆ (09381) 93 77 – www.strobel-lamm.de – geschl. 22. Dezember - 27. Januar, 7. - 12. Juli

19 Zim – 38/75 € 68/115 €

Seit 1870 ist der Landgasthof mitten im Dorf im Familienbesitz. Die Zimmer sind neuzeitlich-wohnlich gestaltet, hübsch der freundlich-rustikale Frühstücksraum und die Dachterrasse. Gaststube mit behaglich-ländlicher Atmosphäre.

Bocksbeutelherberge

Weinstr. 22 ✉ 97334 – ✆ (09381) 8 48 50 – www.bocksbeutelherberge.de

8 Zim – 46/52 € 65/70 €

Ein gut geführter kleiner Familienbetrieb mit gepflegten, wohnlichen Zimmern. Der ländliche Frühstücksraum dient abends als Weinstube. Die Gäste können hier auch Fahrräder leihen.

SOMMERHAUSEN

Bayern – 1 700 Ew. – Höhe 181 m – Regionalatlas **49**-I16

Berlin 505 km – München 281 km – Würzburg 14 km – Schweinfurt 59 km

Michelin Straßenkarte 546

Zum Weinkrug

Steingraben 5 ✉ 97286 – ✆ (09333) 9 04 70 – www.zum-weinkrug.de – geschl. 18. Dezember - 6. Januar, 1. - 18. April, 28. Oktober - 6. November

15 Zim – 55/65 € 76/90 €

Man findet dieses gepflegte und familiär geführte kleine Hotel vor dem Tor der alten Stadtmauer. Einige der Zimmer bieten einen Balkon, freundlich die Atmosphäre im Frühstücksraum.

Ritter Jörg

Maingasse 14 ✉ 97286 – ✆ (09333) 9 73 00 – www.ritter-joerg.de – geschl. 21. Dezember - 31. Januar, 1. - 25. August

22 Zim – 60/65 € 95/125 €

Ritter Jörg – Siehe Restaurantauswahl

Das von Familie Unkel geleitete Hotel steht mitten im Ort, am Brunnen des namengebenden Ritter Jörg. Die Zimmer sind zeitlos, funktionell und technisch solide ausgestattet.

Philipp

Hauptstr. 12 ✉ 97286 – ✆ (09333) 14 06 – www.restaurant-philipp.de – geschl. Montag - Dienstag

1 Zim – 99/138 € 148 € – 2 Suiten – ½ P

Menü 49/132 € – *(November - März: Mittwoch - Freitag nur Abendessen)* (Tischbestellung erforderlich)

Sie suchen charmante Atmosphäre, top Service und finessenreiche Küche? Letztere ist klassisch-modern und mittags etwas einfacher als "Mix & Match", herzlich-natürlich die Patronne und Sommelière. In dem 400 Jahre alten Haus übernachtet man auch schön: Barock- und Renaissance-Suite sowie ein Doppelzimmer.

➜ Cevice vom Adlerfisch, Melone, Miso, Yuzu. Rehrücken aus dem Steigerwald, Pfifferlinge, Artischocken, Purple Curry. N.Y. Cheesecake auf "unsere Art", Rhabarber, Tahitivanille, Dulceyschokolade.

Ritter Jörg – Hotel Ritter Jörg

Maingasse 14 ✉ 97286 – ✆ (09333) 9 73 00 – www.ritter-joerg.de – geschl. 21. Dezember - 31. Januar, 1. - 25. August und Montag - Dienstag

Karte 22/44 € – *(Mittwoch - Freitag nur Abendessen)*

Was man Ihnen in dem gemütlich-rustikalen Restaurant bietet, ist schmackhafte regionale Küche - fein sind z. B. die "Pfifferlinge mit Semmelknödel" oder das "Schokoladentörtchen mit weißer Crème brûlée"!

SONNENBÜHL

Baden-Württemberg – 6 980 Ew. – Höhe 775 m – Regionalatlas **55-G19**

Berlin 700 km – Stuttgart 63 km – Konstanz 120 km – Reutlingen 26 km

Michelin Straßenkarte 545

In Sonnenbühl-Erpfingen

Hirsch

Im Dorf 12 ✉ 72820 – ✆ (07128) 9 29 10 – www.restaurant-hotel-hirsch.de

14 Zim – 78/100 € 110/150 € – 1 Suite – ½ P

Hirsch • ***Dorfstube*** – Siehe Restaurantauswahl

Die gute Küche im Hause Windhösel ist bekannt, aber wussten Sie auch, dass man hier schön übernachten kann? Besonders reizend sind die neueren Zimmer! Sie frühstücken im lichten Wintergarten und relaxen in der charmanten Stubensauna.

Hirsch (Gerd Windhösel) – Hotel Hirsch

Im Dorf 12 ✉ 72820 – ✆ (07128) 9 29 10 – www.restaurant-hotel-hirsch.de – geschl. nach Pfingsten 1 Woche und Montag - Dienstag

Menü 40/102 € – Karte 50/79 €

In der Gourmetküche des Hirschen werden die Qualität der Zutaten und der Bezug zur Region ganz groß geschrieben. Die Produkte kommen vorzugsweise von lokalen Erzeugern und geben den saisonal-klassischen Gerichten Frische und Geschmack. Schön stimmig das gemütlich-elegante Ambiente.

➜ Hummer mit Linsen und Kartoffelstroh. Skrei mit Rote Bete und Kartoffelmaultäschle. Apfelküchle mit Sabayon und Zimteis.

Dorfstube – Hotel Hirsch

Im Dorf 12 ✉ 72820 – ✆ (07128) 9 29 10 – www.restaurant-hotel-hirsch.de

Karte 31/46 €

Richtig heimelig wird es in der liebenswert dekorierten holzgetäfelten Stube, wenn man sich bei Kerzenschein bodenständige regionale Gerichte wie "Kürbis-Käsemaultaschen auf gedünstetem Rucola" oder "Fleischküchle mit Kartoffel-Gurkensalat" schmecken lässt! Oder vielleicht heimisches Wild?

SONTHOFEN

Bayern – 21 390 Ew. – Höhe 741 m – Regionalatlas **64-J22**
Berlin 725 km – München 152 km – Kempten (Allgäu) 27 km – Oberstdorf 13 km
Michelin Straßenkarte 546

In Ofterschwang Süd-West: 4 km über Südliche Alpenstraße

Sonnenalp Resort

Sonnenalp 1, über Schweineberg 10 ✉ *87527* – ✆ *(08321) 27 20* – *www.sonnenalp.de*

218 Zim – 176/296 € 412/612 € – 36 Suiten – ½ P

Silberdistel – Siehe Restaurantauswahl

Solch ein beachtliches Ferienhotel findet man in Deutschland und darüber hinaus nur selten! Seit vier Generationen steht Familie Fäßler für Herzlichkeit, top Service, alpinen Luxus und Freizeitaktivitäten jeglicher Art, darunter Wellness auf 5000 qm, ein 45-Loch-Golfplatz sowie eine schöne Promenade mit zahlreichen Geschäften, dazu eine tolle Halbpension (inklusive).

Silberdistel – Hotel Sonnenalp Resort

Sonnenalp 1, über Schweineberg 10 ✉ *87527* – ✆ *(08321) 27 20* – *www.sonnenalp.de* – *geschl. 6. - 14. Dezember, 28. Februar - 7. März und Sonntag - Montag*

Menü 91/128 € – Karte 72/100 € – *(nur Abendessen)* (Tischbestellung erforderlich)

Keine Frage, hier oben beeindruckt die grandiose Aussicht! Daneben steht aber ganz klar auch die klassische Küche von Kai Schneller im Mittelpunkt ebenso wie die guten Produkte, auf denen sie basiert! Passend dazu Wertigkeit, Eleganz und alpiner Charme der Einrichtung.

→ Zander in Löwenzahnbutter confiert mit Alb-Leisa, Karotte und Petersilie. Weitnauer Lamm mit Süßholz-Kümmeljus, Zwiebel, Bohne und Aubergine. Dessert aus Abinaoschokolade, Ananas, Holunderblüte und Dill.

SOODEN-ALLENDORF, BAD

Hessen – 8 280 Ew. – Höhe 162 m – Regionalatlas **39-I11**
Berlin 375 km – Wiesbaden 231 km – Kassel 52 km – Bad Hersfeld 68 km
Michelin Straßenkarte 543

Im Ortsteil Ahrenberg Nord-West: 6 km über Ellershausen

Berggasthof Ahrenberg

Auf dem Ahrenberg 5 ✉ *37242* – ✆ *(05652) 9 57 30* – *www.hotel-ahrenberg.de*

45 Zim – 59/79 € 89/129 € – ½ P

Von diesem Hotel in Hanglage hat man einen wundervollen Ausblick aufs Werratal. Das familiär geleitete Haus verfügt über drei Zimmertypen. Im Restaurant bietet man regionale und saisonale Gerichte.

SPAICHINGEN

Baden-Württemberg – 12 350 Ew. – Höhe 660 m – Regionalatlas **62-F20**
Berlin 737 km – Stuttgart 112 km – Konstanz 70 km – Tuttlingen 14 km
Michelin Straßenkarte 545

In Hausen ob Verena Süd-West: 6 km über Angerstraße, Karlstraße und Hausener Straße

Hofgut Hohenkarpfen

Am Hohenkarpfen, Süd-West: 2 km ✉ *78595* – ✆ *(07424) 94 50* – *www.hohenkarpfen.de* – *geschl. 2. - 5. Januar*

21 Zim – 92/102 € 118/142 € – ½ P

Hofgut Hohenkarpfen – Siehe Restaurantauswahl

Ein wahres Idyll - bei gutem Wetter schaut man bis zu den Schweizer Alpen! Die Zimmer in der einstigen Scheune sind schön geradlinig, wohnlich und durchdacht, dekoriert mit Original-Gemälden. Gegen Gebühr bewundern Sie im Haus Ausstellungen der Kunststiftung!

Hofgut Hohenkarpfen – Hotel Hofgut Hohenkarpfen

Am Hohenkarpfen, Süd-West: 2 km ✉ 78595 – ✆ (07424) 94 50 – www.hohenkarpfen.de – geschl. 2. - 5. Januar

Menü 38/69 € – Karte 27/65 €

Die Aussicht ist wirklich klasse, da sollten Sie unbedingt auf der Terrasse speisen! Wenn das Wetter nicht mitspielt, sitzt man aber auch schön drinnen in gemütlich-modernem Ambiente bei saisonal-internationaler Kost und Überraschungsmenüs.

SPALT

Bayern – 4 920 Ew. – Höhe 309 m – Regionalatlas **57-K17**

Berlin 474 km – München 149 km – Nürnberg 50 km – Ingolstadt 70 km

Michelin Straßenkarte 546

In Spalt-Großweingarten Süd-Ost: 1 km

Zum Schnapsbrenner

Dorfstr. 67 ✉ 91174 – ✆ (09175) 7 97 80 – www.schnapsbrennerei.com – geschl. 31. Oktober - 13. November

9 Zim – 44/48 € 72/76 € – 1 Suite – ½ P

Chefin Christa Walther leitet die kleine Pension herzlich und engagiert. Die Gästezimmer sind gepflegt, geräumig und mit Naturholz solide ausgestattet. Zum Haus gehört eine eigene Brennerei mit kleinem Laden. Das Restaurant ist gemütlich-ländlich gestaltet. Man ist bekannt für das Spargelbuffet.

In Spalt-Stiegelmühle Nord-West: 5 km, Richtung Wernfels

Gasthof Blumenthal

Stiegelmühle 42 ✉ 91174 – ✆ (09873) 3 32 – www.gasthof-blumenthal.de – geschl. Montag - Dienstag

Menü 33/45 € – Karte 23/45 €

Wild, Spargel, Forellen, Saiblinge... frisch und saisonal wird bei Sophie und Josef Kocher (bereits die 5. Generation!) gekocht, die guten Produkte stammen natürlich aus der Region. So hübsch wie die ländlichen Stuben ist auch der Innenhof!

SPELLE

Niedersachsen – 8 690 Ew. – Höhe 40 m – Regionalatlas **16-D8**

Berlin 472 km – Hannover 188 km – Oldenburg 155 km – Münster 59 km

Michelin Straßenkarte 541

Krone (N)

Bernard-Krone-Str. 15 ✉ 48480 – ✆ (05977) 9 39 20 – www.krone-hotel-spelle.de

28 Zim – 60 € 85 € – ½ P

Zeitgemäße und funktionale Zimmer mit gutem Platzangebot erwarten Sie in dem gepflegten Hotel, das auch gerne als Businessadresse genutzt wird. Gemütlich das Restaurant mit seinem altdeutschen Touch, die Küche ist bürgerlich-regional.

SPEYER

Rheinland-Pfalz – 49 770 Ew. – Höhe 103 m – Regionalatlas **47-F17**

Berlin 638 km – Mainz 93 km – Mannheim 33 km – Heidelberg 21 km

Michelin Straßenkarte 543

Residenz am Königsplatz

Ludwigstr. 6 ✉ 67346 – ✆ (06232) 68 49 90 – www.residenz-speyer.de Stadtplan : A2**a**

15 Zim – 115/125 € 165/175 €

In dem einstigen Hospiz vereinen sich heute denkmalgeschützte Mauern aufs Ansprechendste mit geradlinig-modernem Interieur in ruhigen Tönen. Toll: Frühstücksraum im Gewölbe sowie Innenhof. Günstig parkt man um die Ecke im Karstadt-Parkhaus.

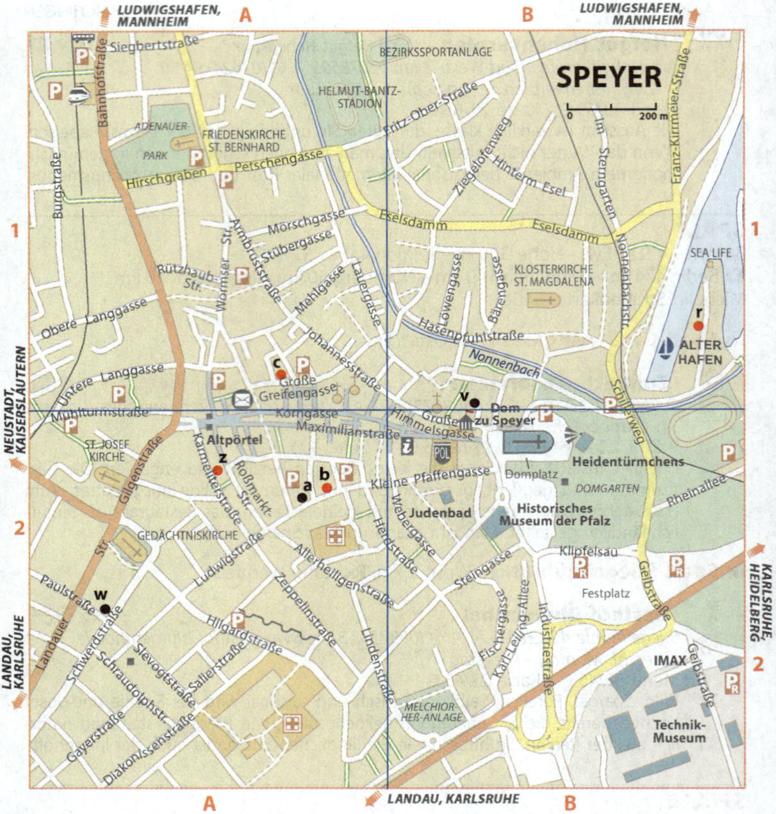

Löwengarten

Schwerdstr. 14 ✉ *67346* – ✆ *(06232) 62 70* Stadtplan : A2**w**
– *www.hotel-loewengarten.de*

65 Zim – 96/138 € 118/158 € – ½ P

Der Familienbetrieb liegt schön zentral, da sind die Sehenswürdigkeiten der Stadt schnell erreicht! Die Zimmer sind hell, freundlich und funktional, geräumiger die Komfortzimmer. Wer länger bleibt, bucht am besten eines der beiden Appartements mit Kitchenette.

Domhof

Bauhof 3 ✉ *67346* – ✆ *(06232) 1 32 90* Stadtplan : B1**v**
– *www.domhof.de*

49 Zim – 101/135 € 125/145 €

Die einstige Herberge des Reichskammergerichts ist ein tolles historisches Gebäudeensemble samt charmantem Innenhof mitten in der Altstadt. Warme Farben und Parkett machen die Zimmer wohnlich. Interessant: Der Frühstückssaal war in den 50er Jahren das Kino von Speyer. Nebenan die Hausbrauerei mit Biergarten.

Backmulde

Karmeliterstr. 11 ✉ *67346* – ✆ *(06232) 7 15 77* Stadtplan : A2**z**
– *www.backmulde.de* – *geschl. Sonntagabend - Montag*

7 Zim – 65/72 € 85/92 € – ½ P Menü 28/68 € – Karte 29/60 €

Die charmant-rustikale Backmulde ist fester Bestandteil der Speyerer Gastronomie. Es gibt hier klassische Küche, die begleitet wird von einer tollen, auch über die Grenzen der Pfalz hinausgehenden Weinauswahl. Und Gästezimmer hat man ebenfalls: wohnlich-warm, mit viel Holz.

AvantGarthe

Ludwigstr. 2, im Wittelsbacher Hof ✉ 67346 Stadtplan : A2**b**
– ✆ (06232) 68 73 59 – www.avantgarthe.de – geschl. Montag
Menü 36/99 € – Karte 32/67 € – *(nur Abendessen)*
Drinnen schönes geradliniges Ambiente, draußen im Hof die lauschige Terrasse. Gekocht wird bodenständig-regional verwurzelt und mit mediterran-internationalen Einflüssen, dazu gibt's gute Weine. Ideal für Feiern: der Raum "Weinwelten".

Rays

Im Hafenbecken 7, Am Yachthafen, 1. Etage ✉ 67346 Stadtplan : B1**r**
– ✆ (06232) 6 77 17 60 – www.rays-speyer.de – geschl. Dienstag
Karte 51/77 € – *(nur Abendessen, sonntags auch Mittagessen)*
Wo einst Lagerschuppen und Frachtschiffe das Bild prägten, ist ein schicker Yachthafen entstanden, und genau dort finden Sie diesen modern-maritimen Hotspot. Die ambitionierte internationale Küche genießt man mit Blick auf den Dom - drinnen wie draußen. Auf der Karte z. B. ausgesuchtes Dry Aged Beef.

CLYNe - Das Restaurant

Große Greifengasse 5 ✉ 67346 – ✆ (06232) 1 00 82 85 Stadtplan : A1**c**
– www.restaurant-clyne.de – geschl. 1. - 15. März, Juli - August 2 Wochen und Sonntag - Montag
Menü 34/45 € – Karte 33/46 € – *(Dienstag - Donnerstag nur Abendessen)*
(Tischbestellung ratsam)
Vom "Pulpo-Gemüsesalat mit Sauce Rouille" bis zum "Rehragout mit Pfifferlingen und Aprikosenknödeln", was in dem äußerlich recht unscheinbaren Haus auf den Tisch kommt, ist frisch und sauber gekocht.

In Speyer-Binshof Nord: 6 km über Bahnhofstraße A1, Richtung Otterstadt, jenseits der A 61

Lindner Hotel & Spa Binshof

Binshof 1 ✉ 67346 – ✆ (06232) 64 70 – www.lindner.de
133 Zim – †119 € ††178 € – 2 Suiten – ½ P
Highlight dieses Hotels ist der Wellnessbereich auf 5200 qm mit Tropic Asia Spa und Private Spa. Zeitgemäße individuelle Zimmer, einige mit offenen Bädern, auch Maisonetten. Verschiedene Restaurants stehen zur Wahl.

In Römerberg-Berghausen Süd: 3 km über Landauer Straße A2

Morgenstern

Germersheimer Str. 2b ✉ 67354 – ✆ (06232) 6 85 00
– www.hotel-morgenstern.de – geschl. über Fasching 2 Wochen, Juli 2 Wochen
20 Zim – †59/65 € ††89/102 €
In dem verkehrsgünstig gelegenen Hotel der Familie Morgenstern können Sie in gepflegten, zeitgemäßen Zimmern wohnen und sich im klassischen Restaurant (im Sommer natürlich auch auf der begrünten Terrasse!) internationale Küche mit regionalen Akzenten servieren lassen.

SPIEGELAU

Bayern – 3 910 Ew. – Höhe 759 m – Regionalatlas **60-P18**
Berlin 496 km – München 193 km – Passau 43 km – Deggendorf 50 km
Michelin Straßenkarte 546

In Spiegelau-Klingenbrunn Nord-West: 4 km – Höhe 820 m

Hochriegel

Frauenauer Str. 31 ✉ 94518 – ✆ (08553) 97 00 – www.hotel-hochriegel.de
– geschl. 3. - 23. April, 6. - 25. November, 18. - 24. Dezember
37 Zim – †53/91 € ††102/154 € – 20 Suiten – ½ P
Wohnlich-individuelle Zimmer erwarten Sie in diesem Haus. Lust auf Wellness? In der Residence auf der anderen Straßenseite hat man Sauna, Hallenbad und Fitness sowie Kosmetik und Massage. Für Aktive: geführte Wanderungen. Hochwertige 3/4-Pension für Hausgäste.

In Spiegelau-Oberkreuzberg Süd: 4 km in Richtung Schönberg

Panoramahotel Grobauer

Kreuzbergstr. 8 ✉ 94518 – ✆ (08553) 9 78 88 80 – www.hotel-grobauer.de – geschl. 8. November - 17. Dezember

40 Zim – 43/60 € 86/110 € – 4 Suiten – ½ P

Die Lage ist schön ruhig, bei gutem Wetter blickt man bis zu den Alpen! Im Zimmer hat man es angenehm wohnlich, zum Frühstück gibt's sogar eigene Metzgereiprodukte! Gönnen Sie sich auch Massage und Kosmetik, und auch therapeutische Anwendungen sind möglich. Bürgerliches Angebot im A-la-carte-Restaurant.

SPIEKEROOG (INSEL)

Niedersachsen – 780 Ew. – Höhe 3 m – Regionalatlas **8-E4**

Berlin 518 km – Hannover 258 km – Emden 61 km – Aurich 33 km

Michelin Straßenkarte 541

Inselfriede

Süderloog 12 ✉ 26474 – ✆ (04976) 9 19 20 – www.inselfriede.de – geschl. 6. Januar - 8. Februar

38 Zim – 70/130 € 120/175 € – ½ P

Die verschiedenen Häuser dieses Familienbetriebs beherbergen freundliche wohnliche Zimmer und einen schönen Bade- und Saunabereich. In wenigen Minuten ist man am Strand. Behagliches Restaurant in Blau-Weiß. Zum Haus gehört auch ein Irish Pub.

SPRENDLINGEN

Rheinland-Pfalz – 4 140 Ew. – Höhe 110 m – Regionalatlas **47-E15**

Berlin 610 km – Mainz 39 km – Bad Kreuznach 7 km

Michelin Straßenkarte 543

In St. Johann Nord-Ost: 2 km

Golf Hotel Rheinhessen

Hofgut Wißberg, Höhe 273 m, Süd: 4 km, beim Golfplatz ✉ 55578 – ✆ (06701) 9 16 40 – www.golfhotel-rheinhessen.de

21 Zim – 85/125 € 125/165 € – ½ P

Die reizvolle, ruhige Lage am Golfplatz, der tolle Blick auf die Weinberge und die ganze Region sowie wohnliche, moderne Gästezimmer machen das Hotel interessant. Im Restaurant und auf der netten Aussichtsterrasse speist man saisonal.

SPROCKHÖVEL

Nordrhein-Westfalen – 24 990 Ew. – Höhe 200 m – Regionalatlas **26-C11**

Berlin 526 km – Düsseldorf 53 km – Bochum 18 km – Wuppertal 16 km

Michelin Straßenkarte 543

Im Stadtteil Niedersprockhövel

Eggers

Hauptstr. 78 ✉ 45549 – ✆ (02324) 7 17 80 – www.hotel-restaurant-eggers.de

15 Zim – 65/75 € 100/110 €

Eggers – Siehe Restaurantauswahl

Dirk Eggers hat hier nicht nur ein gefragtes Restaurant, auch als Übernachtungsgast ist man bei ihm gut aufgehoben, denn im Haupthaus wohnt man in geschmackvollen Zimmern mit wertiger moderner Einrichtung.

Eggers – Hotel Eggers

Hauptstr. 78 ✉ 45549 – ✆ (02324) 7 17 80 – www.hotel-restaurant-eggers.de – geschl. Anfang Januar 10 Tage und Mittwoch

Menü 39 € – Karte 25/50 €

Wer in den hübschen gemütlichen Räumen oder im schönen "Weingarten" auf die Karte schaut, findet dort regionale und internationale Gerichte von Reibekuchen über Schnitzel bis Hummersuppe und Fisch - schmackhaft, frisch und preislich fair. Sie möchten einige Kniffe lernen? Im "Hobbyraum" bietet man Kochkurse!

Tante Anna

Hauptstr. 58 ✉ 45549 – ✆ (02324) 7 96 12 – www.tante-anna.eu – geschl. Montag

Menü 29/45 € – Karte 27/61 € – *(nur Abendessen)* (Tischbestellung ratsam)

Richtig behaglich hat man es in dem geschmackvollen Restaurant, das mit seiner charmanten Deko fast schon Wohnzimmer-Atmosphäre hat! Hier - aber auch auf der sehr netten Terrasse - bekommt man freundlich internationale Küche serviert.

In Sprockhövel-Haßlinghausen Süd-Ost: 8,5 km, jenseits der A 43 und A 1, nahe Gevelsberg

Habbel's

Gevelsberger Str. 127 ✉ 45549 – ✆ (02339) 91 43 12 – www.habbel.com – geschl. Montag

Menü 44 € – Karte 35/69 € – *(nur Abendessen, sonntags auch Mittagessen)*

Hier gibt es so einiges Feines zu entdecken: Da wäre zum einen die schmackhafte, frische Küche mit klarer Linie, die begleitet wird von einer rund 1000 Positionen umfassenden Weinkarte, zum anderen locken zwei eigene Destillerien - der 77er Whisky von Michael Habbel ist der älteste in Deutschland!

STADE

Niedersachsen – 45 320 Ew. – Höhe 1 m – Regionalatlas **9-H5**

Berlin 350 km – Hannover 178 km – Hamburg 59 km – Bremerhaven 76 km

Michelin Straßenkarte 541

RAMADA

Kommandantendeich 1 ✉ 21680 – ✆ (04141) 9 99 70 – www.h-hotels.com/stade

65 Zim – 79/119 € 99/139 € – ½ P

Das Hotel liegt zentrumsnah direkt am Hafen und verfügt über gut gepflegte Zimmer mit praktischer Einrichtung. Auch Appartements mit Kitchenette sind vorhanden sowie ein Restaurant samt Bar im US-amerikanischen Stil.

STADECKEN-ELSHEIM

Rheinland-Pfalz – 4 630 Ew. – Höhe 106 m – Regionalatlas **47-E15**

Berlin 599 km – Mainz 16 km – Neustadt an der Weinstraße 88 km – Darmstadt 50 km

Michelin Straßenkarte 543

Gästehaus Hochmann (N)

Katharinenstr. 12 ✉ 55271 – ✆ (06136) 81 41 18 – www.gaestehaus-hochmann.de

7 Zim – 57/75 € 67/77 € – 6 €

Wo früher ein Bauernhof stand, hat Schwäbin Sabine Hochmann dieses charmante kleine Refugium. Die Zimmer sind wirklich geschmackvoll, so richtig was für Individualisten. Da passt auch das familiäre Frühstück ins Bild, am liebsten im Garten!

STADTHAGEN

Niedersachsen – 21 600 Ew. – Höhe 72 m – Regionalatlas **18-G8**

Berlin 327 km – Hannover 45 km – Bielefeld 76 km – Osnabrück 106 km

Michelin Straßenkarte 541

Stadthotel Gerbergasse

Echternstr. 14 ✉ 31655 – ✆ (05721) 98 60 – www.stadthotel-gerbergasse.de

28 Zim – 69/110 € 99/145 € – ½ P

In dem Hotel in zentraler Lage am Rand der Fußgängerzone erwarten Sie neuzeitliche, technisch gut ausgestattete Zimmer, die im Gästehaus geräumiger sind.

XX Torschreiberhaus

Krumme Str. 42 ✉ 31655 – ✆ (05721) 64 50 – www.torschreiberhaus.de – geschl. 1. - 16. Januar und Sonntag - Montag

Menü 48/58 € – Karte 43/73 € – *(nur Abendessen)*

Ein nettes historisches Stadthaus beherbergt dieses geschmackvoll in klarem modernem Stil eingerichtete Restaurant unter familiärer Leitung. Unter den leckeren zeitgemäßen Gerichten findet sich z. B. "U.S. Ribeye mit Chimichurri, Pestogemüse, Kartoffel-Waffeln mit Quark".

X Fisch-Restaurant Blanke

Rathauspassage 5 ✉ 31655 – ✆ (05721) 8 17 86 – www.fischhaus-blanke.de – geschl. Sonntag - Montag

Karte 25/51 €

In diesem Bistro mit Fischdelikatessengeschäft bietet man fast ausschließlich Fischgerichte und Krustentiere - mittags speist man an blanken Tischen, abends wird eingedeckt.

In Nienstädt-Sülbeck Süd-West: 6 km über B 65

X Sülbecker Krug

Mindener Str. 6, B 65 ✉ 31688 – ✆ (05724) 9 55 00 – www.suelbeckerkrug.de – geschl. Montag - Dienstag

12 Zim – 🚹45/50 € 🚹🚹70/80 € – ☕ 5 €   Karte 33/63 €

Lust auf ein Steak aus dem 800°-Ofen? Oder lieber Internationales wie "Tataki vom Thunfisch"? Auch Klassiker wie Wiener Schnitzel sind zu haben, und als Dessert locken z. B. Grießknödel. Neben dem Restaurant (holzgetäfelt mit Kamin oder Bistrostil) hat man schlichte, aber nette und gepflegte Gästezimmer.

STAFFELSTEIN, BAD

Bayern – 10 130 Ew. – Höhe 274 m – Regionalatlas **50**-K15

▶ Berlin 379 km – München 261 km – Coburg 24 km – Bamberg 26 km

Michelin Straßenkarte 546

Kurhotel

Am Kurpark 7 ✉ 96231 – ✆ (09573) 33 30 – www.kurhotel-staffelstein.de

111 Zim ☕ – 🚹86/135 € 🚹🚹122/207 € – 1 Suite – ½ P

Für Kur-, Urlaubs- und Tagungsgäste gleichermaßen interessant: geräumige, gut ausgestattete Zimmer (teils mit Balkon), großes Angebot an Massage, Kosmetik & Co. sowie zwei Restaurants. Gourmetrestaurant "v. Scheffel" mit gehobener Küche und schöner Steakkarte, fränkisch-bürgerliche Speisen im Hotelrestaurant.

Erich Rödiger

Zur Herrgottsmühle 2 ✉ 96231 – ✆ (09573) 92 60 – www.hotel-roediger.de – geschl. 19. - 26. Dezember, Januar 3 Wochen

50 Zim ☕ – 🚹67 € 🚹🚹104 € – ½ P

Familie Rödiger bleibt hier stets am Ball und investiert immer wieder. So sind die Zimmer schön wohnlich, hübsch die öffentlichen Bereiche. Das Restaurant teilt sich in das modern-elegante Mahagonizimmer und die freundlich-rustikale Stube, dazu die Terrasse. Günstig die Lage nahe Bahnhof und Obermain-Therme.

STARNBERG

Bayern – 22 650 Ew. – Höhe 588 m – Regionalatlas **65**-L20

▶ Berlin 613 km – München 26 km – Augsburg 82 km – Garmisch-Partenkirchen 70 km

Michelin Straßenkarte 546

Vier Jahreszeiten Starnberg

Münchnerstr. 17 ✉ 82319 – ✆ (08151) 4 47 00 – www.vier-jahreszeiten-starnberg.de

126 Zim ☕ – 🚹109/229 € 🚹🚹149/269 € – 5 Suiten – ½ P

Aubergine ✿ – Siehe Restaurantauswahl

Ein modern-elegantes Businesshotel mit technisch gut ausgestatteten Zimmern. Eine schöne Sicht bietet der Saunabereich im obersten Stock mit kleiner Dachterrasse. International-regionale Karte im Restaurant Oliv's.

Aubergine – Hotel Vier Jahreszeiten
Münchnerstr. 17 ✉ 82319 – ✆ (08151) 4 47 02 90 – www.aubergine-starnberg.de – geschl. August und Sonntag - Montag
Menü 59/84 € – *(nur Abendessen)*
Großflächig verglast und chic in seinem klaren Interieur, so ist der Wintergarten ein echtes Highlight im "Vier Jahreszeiten". Aber nicht nur das Ambiente stimmt, auch die modern-kreative Küche überzeugt. Dazu eine gut sortierte Weinkarte.
➜ Jakobsmuschel, Kohlrabi, Alge, Ingwer. Adlerfisch, rote Garnele, Netzmelone, Basilikum, Thaispargel. Rhabarber, Mascarpone, Himbeere, Kresse.

Maximilians
Maximilianstr. 2b ✉ 82319 – ✆ (08151) 9 79 88 70 – www.maximilians-sta.de – geschl. Montag
Karte 32/45 €
Das Ambiente modern-leger mit alpinem Touch, das Angebot breit gefächert, von kleinen Mittagsgerichten wie Kalbfleischpflanzerl (auch "to go") bis zu interessanten Speisen wie "Saiblingsfilet vom Erlenholz". Sommer-Konzept: Steaks & Burger.

STARZACH
Baden-Württemberg – 4 300 Ew. – Höhe 526 m – Regionalatlas **55-F19**
Berlin 697 km – Stuttgart 63 km – Tübingen 44 km – Schaffhausen 124 km
Michelin Straßenkarte 545

In Starzach-Börstingen Nord: 7 km

Schloß Weitenburg
Weitenburg 1 ✉ 72181 – ✆ (07457) 93 30 – www.schloss-weitenburg.de – geschl. 22. - 24. Dezember, 3. - 13. Januar
30 Zim – 78/108 € 139/178 € – ½ P
Schloß Weitenburg – Siehe Restaurantauswahl
Das Schloss liegt mitten im Grünen über dem Neckartal, überall Jagdtrophäen aus dem Familienbesitz. Ideal auch für ganz besondere Anlässe: Sagen Sie "Ja" im Roten Salon oder in der hauseigenen neugotischen Kapelle! Kleines Extra: Hausgäste nutzen den Golfplatz im Tal vergünstigt.

Schloß Weitenburg – Hotel Schloß Weitenburg
Weitenberg 1 ✉ 72181 – ✆ (07457) 93 30 – www.schloss-weitenburg.de – geschl. 22. - 24. Dezember, 3. - 13. Januar
Menü 48/76 € – Karte 41/62 €
Auch im Restaurant legt man Wert auf den authentisch-rustikalen Schloss-Charakter - und natürlich auf frische, gute Küche! Die Aussicht von der Terrasse ist schlichtweg superb!

STAUFEN
Baden-Württemberg – 7 600 Ew. – Höhe 288 m – Regionalatlas **61-D21**
Berlin 820 km – Stuttgart 222 km – Freiburg im Breisgau 22 km – Basel 58 km
Michelin Straßenkarte 545

Zum Löwen
Rathausgasse 8 ✉ 79219 – ✆ (07633) 9 08 93 90 – www.fauststube-im-loewen.de
42 Zim – 78/89 € 88/120 € – ½ P
Besonderheit dieses historischen Hauses am Marktplatz: In Zimmer Nr. 5 soll Faust 1539 sein Leben ausgehaucht haben! Das Gästehaus ist mit Schwarzwälder Fichte wohnlich gestaltet, weitere Zimmer im 300 m entfernten Haus "Goethe". Holz und Kachelofen machen das Restaurant gemütlich, eleganter die Fauststube.

Die Krone
Hauptstr. 30 ✉ 79219 – ✆ (07633) 58 40 – www.die-krone.de
9 Zim – 72 € 98/100 € – ½ P
Die Krone – Siehe Restaurantauswahl
Der nette Gasthof a. d. 16. Jh. ist eine sympathische familiäre Adresse. Hier wohnt man ruhig und dennoch zentral in behaglichen Zimmern, von denen einige einen Balkon und Blick auf den Schlossberg bieten.

Kreuz-Post

Hauptstr. 65 ✉ 79219 – ✆ (07633) 9 53 20 – www.kreuz-post-staufen.de – geschl. Januar - Februar 3 Wochen, November 1 Woche und Dienstag - Mittwoch

12 Zim – 85/105 € 110/150 € – ½ P Menü 36/46 € – Karte 31/73 €

"Geschmorter Ochsenschwanz mit Polenta", "Schweinebauch und Garnele"... Bei Michael Zahn schmecken die badischen Gerichte ebenso wie die klassischen. Passend zur hübschen Fassade des historischen Gasthauses: die charmante holzgetäfelte Stube mit Kachelofen, dazu nicht minder gemütliche, wertige Gästezimmer.

Die Krone – Hotel Die Krone

Hauptstr. 30 ✉ 79219 – ✆ (07633) 58 40 – www.die-krone.de – geschl. Freitagmittag, Samstag, Januar - Februar: Freitag - Samstag

Menü 30 € (vegetarisch)/45 € – Karte 33/58 €

Als Chef in der Küche setzt Volker Lahn die Familientradition fort. Zur badisch-gemütlichen Atmosphäre der Gaststuben gibt es badisch-gutes Essen - probieren sollte man z. B. das "Lammhäxle in Portweinsauce"!

In Staufen-Grunern Süd-West: 1 km

Ambiente

Ballrechterstr. 8 ✉ 79219 – ✆ (07633) 80 24 42 – www.restaurant-ambiente.com – geschl. Februar - März 2 Wochen, Juli - August 2 Wochen und Mittwoch - Donnerstag

Menü 38/56 € – Karte 44/62 €

Dank seiner verkehrsgünstigen Lage in einem kleinen Gewerbegebiet ist das Restaurant gut erreichbar. Wie es hier aussieht? Helle, warme Töne, klare Formen... - ein freundlich-moderner Rahmen für die mediterran inspirierte saisonale Küche.

STEBEN, BAD

Bayern – 3 360 Ew. – Höhe 578 m – Regionalatlas **41**-L14

Berlin 320 km – München 295 km – Coburg 75 km – Hof 25 km

Michelin Straßenkarte 546

relexa

Badstr. 26 ✉ 95138 – ✆ (09288) 7 20 – www.relexa-hotel-bad-steben.de

115 Zim – 79/93 € 99/157 € – 7 Suiten – ½ P

Ruhig liegt das gewachsene Anwesen mit hübschem Schlösschen beim Kurpark. Die Zimmer: Standard (meist mit gemütlicher leichter Dachschräge), Komfort (mit Parkblick, Balkon und kleinen Extras) oder Suiten. Gutes Wellness-, Beauty- und Gesundheitsangebot, modern-elegantes Restaurant mit Terrasse zum Park.

Am Rosengarten

Wenzstr. 8 ✉ 95138 – ✆ (09288) 9 72 00 – www.amrosengarten.de – geschl. Mitte - Ende Januar

14 Zim – 40/49 € 86/92 €

Wo man so herzlich, persönlich und familiär umsorgt wird, kann man sich nur wohlfühlen! Wohnliche Atmosphäre und ein gutes Frühstück sind Ihnen bei der sympathischen Gastgeberin gewiss. Die Therme ist übrigens nur wenige Schritte entfernt.

In Lichtenberg Nord-Ost: 3 km

Harmonie

Schloßberg 2 ✉ 95192 – ✆ (09288) 2 46 – www.harmonie-lichtenberg.com – geschl. Januar 2 Wochen, Juli 2 Wochen und Montag - Mittwochmittag

Menü 34/39 € – Karte 34/63 €

Hier hat mit den beiden Töchtern bereits die nächste Generation die Leitung übernommen (die eine in der Küche, die andere im Service), der geschätzte gemütlich-traditionelle Charakter des charmanten Hauses von 1823 ist geblieben! Probieren Sie Klassiker wie fränkische Schiefertrüffelsuppe oder Saiblingsfilet!

STEGAURACH – Bayern → Siehe Bamberg

STEGEN – Baden-Württemberg → Siehe Kirchzarten

STEINACH (KREIS STRAUBING-BOGEN)

Bayern – 2 970 Ew. – Höhe 348 m – Regionalatlas **59**-O18
Berlin 536 km – München 151 km – Landshut 76 km – Regensburg 44 km
Michelin Straßenkarte 546

Landhaus Krone

Hafnerstr. 1 ✉ 94377 – ✆ (09428) 9 48 02 50 – www.landhauskrone.de
14 Zim – 55 € 79 €
Seit 1737 gibt es diesen gepflegten Gasthof, in dem man in freundlichen Zimmern wohnt und in gemütlichen Stuben speist. Viel Holz sorgt hier für liebenswerte Atmosphäre zur regional-saisonal geprägten Küche. Charmant der Biergarten.

STEINEN

Baden-Württemberg – 9 780 Ew. – Höhe 333 m – Regionalatlas **61**-D21
Berlin 833 km – Stuttgart 269 km – Freiburg im Breisgau 76 km – Basel 17 km
Michelin Straßenkarte 545

In Steinen-Höllstein Süd: 1 km

Höllsteiner Hof

Friedrichstr. 65 ✉ 79585 – ✆ (07627) 9 10 80 – www.hotelhh.de
19 Zim – 61/69 € 89/94 €
Äußerst gepflegt und preislich fair... so wohnt man in dem kleinen Familienbetrieb, dazu verkehrsgünstig und dennoch ruhig in einer Sackgasse. Es gibt auch einen Billardraum und zwei Kegelbahnen. In der netten Buurestube wird vor den Gästen gegrillt - dank Livecam hat man auch im zweiten Gastraum etwas davon!

In Steinen-Kirchhausen Nord: 10 km, über Weitenau und Hofen

Zum fröhlichen Landmann

Hausmatt 3 ✉ 79585 – ✆ (07629) 3 88 – www.hotel-landmann.de – geschl. 19. Januar - 25. Februar
18 Zim – 65/75 € 95/105 € – 2 Suiten – ½ P
Zum fröhlichen Landmann – Siehe Restaurantauswahl
Sie werden überrascht sein, welch moderne Komfortzimmer und schöne Juniorsuiten Sie in diesem Schwarzwälder Gasthof erwarten! Die meisten haben einen Balkon, von dem Sie in den Garten oder auf die Wiesen ringsum schauen. Es sind auch noch ein paar rustikalere Zimmer da.

Zum fröhlichen Landmann – Hotel Zum fröhlichen Landmann

Hausmatt 3 ✉ 79585 – ✆ (07629) 3 88 – www.hotel-landmann.de – geschl. 19. Januar - 25. Februar und Montag
Menü 35/43 € – Karte 29/60 € – (Tischbestellung ratsam)
In 2. Generation steht Alexander Pfanstiel hier am Herd und bietet Regionales wie "Duett vom Kalb: geschmortes Bäckchen und Filet mit Morchelrahmsauce". Probieren Sie auch "Chef's Menü"! Herrlich die Terrasse! Drinnen ist es aber ebenfalls schön: ländlicher Charme gepaart mit frischen modernen Akzenten.

STEINENBRONN

Baden-Württemberg – 6 150 Ew. – Höhe 431 m – Regionalatlas **55**-G19
Berlin 655 km – Stuttgart 20 km – Karlsruhe 82 km – Tübingen 22 km
Michelin Straßenkarte 545

Krone

Stuttgarter Str. 45 ✉ 71144 – ✆ (07157) 73 30 – www.krone-steinenbronn.de – geschl. 24. Dezember - 7. Januar, 10. - 24. August
21 Zim – 70/140 € 91/180 € – 8 €
Krone – Siehe Restaurantauswahl
Bereits in 4. Generation betreibt Familie Hornung ihr Hotel. Ein gepflegtes Haus, in dem man seinen Gästen wohnlich und zeitgemäß eingerichtete Zimmer bietet. Zur Messe Stuttgart sind es ca. 7 km.

Krone – Hotel Krone
Stuttgarter Str. 45 ✉ 71144 – ✆ (07157) 73 30 – www.krone-steinenbronn.de – geschl. 24. Dezember - 7. Januar, 10. - 24. August und Sonntag - Montagmittag sowie an Feiertagen
Menü 35/45 € – Karte 30/57 €
Juniorchef Tim Hornung führt in der Küche Regie und legt Wert auf Frische sowie regionalen und saisonalen Bezug seiner Speisen - "Rehragout mit Spätzle" ist da ein schönes Beispiel! Geschult und sehr freundlich der Service samt stets präsenter Chefin.

STEINFURT

Nordrhein-Westfalen – 33 130 Ew. – Höhe 65 m – Regionalatlas **26**-D9
Berlin 494 km – Düsseldorf 162 km – Nordhorn 55 km – Enschede 39 km
Michelin Straßenkarte 543

In Steinfurt-Borghorst

Schünemann
Altenberger Str. 109 ✉ 48565 – ✆ (02552) 70 24 80 – www.hotel-schuenemann.de
45 Zim – 73/85 € 101/121 € – ½ P
Ein gewachsenes Hotel unter familiärer Leitung. Die Zimmer sind unterschiedlich eingerichtet, aber immer zeitgemäß. Besonders komfortabel sind die Juniorsuiten. Sie können sich hier Fahrräder leihen und die Gegend erkunden. Danach stärken Sie sich dann im Restaurant (rustikal-elegant oder zeitlos-hell).

Posthotel Riehemann
Münsterstr. 8, Zufahrt über Alte Lindenstr. 2 ✉ 48565 – ✆ (02552) 9 95 10 – www.riehemann.de
17 Zim – 59/77 € 99 € – 1 Suite – ½ P
Schon in der ersten Ausgabe des Guide MICHELIN von 1910 war dieses Haus als "Zur Post" erwähnt! Die Herzlichkeit der Familie (bereits die 3. Generation) ist bei den Gästen beliebt, viele davon sind Biker (Fahrradverleih im Haus). Schauen Sie sich auch den kleinen Hofladen mit Münsterländer Produkten an!

STEINHAGEN

Nordrhein-Westfalen – 20 310 Ew. – Höhe 102 m – Regionalatlas **27**-F9
Berlin 404 km – Düsseldorf 166 km – Bielefeld 11 km – Münster (Westfalen) 67 km
Michelin Straßenkarte 543

Graf Bernhard 1344
Brückhof 1 ✉ 33803 – ✆ (05204) 87 01 93 – www.grafbernhard1344.de
23 Zim – 59/78 € 89/120 € – ½ P
Was früher ein Bauernhof war, ist heute ein guter Ausgangspunkt für Ausflüge in den Teutoburger Wald und eine schöne Adresse für Veranstaltungen. Während man im Sommer laue Abende im riesigen Biergarten genießt, lockt von Mitte November bis Anfang Januar die Eislaufbahn vor dem Haus - mit Glühwein und Punsch!

In Steinhagen-Brockhagen West: 5 km

Ententurm
Sandforther Str. 50 ✉ 33803 – ✆ (05204) 9 17 60 – www.ententurm.de – geschl. Montag - Dienstag
7 Zim – 75 € 95 € Karte 30/44 €
Was hier auffällt, ist das durchweg sehr freundliche, herzliche und aufmerksame Personal! Das begleitet Sie vom Restaurant mit charmantem Landhausambiente, hübscher Terrasse und mediterraner Küche bis in den Hotelbereich mit schönen, individuellen Zimmern und einem guten Frühstück, das am Tisch serviert wird!

STEINHEIM

Nordrhein-Westfalen – 12 790 Ew. – Höhe 140 m – Regionalatlas **28-G10**
Berlin 368 km – Düsseldorf 208 km – Hannover 87 km – Detmold 21 km
Michelin Straßenkarte 543

In Steinheim-Sandebeck Süd-West: 12 km über B 252 und Bergheim

Germanenhof

Teutoburger-Wald-Str. 29 ✉ 32839 – ✆ (05238) 9 89 00 – www.germanenhof.de – geschl. 4. - 8. Januar
39 Zim – 74/83 € 97/110 € – ½ P
Germanenhof – Siehe Restaurantauswahl
Aufmerksame Gästebetreuung und wohnliche Zimmer (teilweise mit Balkon) sprechen für dieses zentral gelegene Haus unter engagierter familiärer Leitung.

Germanenhof – Hotel Germanenhof

Teutoburger-Wald-Str. 29 ✉ 32839 – ✆ (05238) 9 89 00 – www.germanenhof.de – geschl. 4. - 8. Januar und Montagmittag, Dienstag
Menü 24/76 € – Karte 29/49 € – (Tischbestellung ratsam)
Bei Familie Seidensticker kann man nicht nur gut übernachten: Im Restaurant steht Sohn Ingo am Herd und bereitet international-regionale Speisen zu, darunter z. B. "Maispoularde in Kräutern gebraten mit Gemüse und hausgemachten Gnocchi".

STEINHEIM am ALBUCH – Baden-Württemberg ➜ Siehe Heidenheim an der Brenz

STEINHOEFEL – Brandenburg ➜ Siehe Fürstenwalde

STEINKIRCHEN

Niedersachsen – 1 570 Ew. – Höhe 1 m – Regionalatlas **10-H5**
Berlin 321 km – Hannover 161 km – Hamburg 41 km – Bremerhaven 88 km
Michelin Straßenkarte 541

Windmüller

Kirchweg 3, hinter der Kirche ✉ 21720 – ✆ (04142) 8 19 80 – www.hotel-windmueller.de
24 Zim – 65/70 € 88/98 € – 1 Suite – ½ P
Die ruhige und recht versteckte Lage hinter der Kirche sowie wohnliche Zimmer machen das gewachsene Hotel aus. Charmant ist das ursprüngliche Stammhaus, ein Fachwerkhaus von 1746. Als Frühstücksraum dient ein freundlicher Pavillon. Das Restaurant im historischen Gebäude hat eine hübsche Terrasse.

STEINSFELD – Bayern ➜ Siehe Rothenburg ob der Tauber

STEMMEN – Niedersachsen ➜ Siehe Sittensen

STEPHANSKIRCHEN – Bayern ➜ Siehe Rosenheim

STIEFENHOFEN

Bayern – 1 790 Ew. – Höhe 805 m – Regionalatlas **64-I21**
Berlin 738 km – München 165 km – Augsburg 140 km – Bregenz 39 km
Michelin Straßenkarte 546

Landgasthof Rössle

Hauptstr. 14 ✉ 88167 – ✆ (08383) 9 20 90 – www.roessle.net – geschl. 9. November - 4. Dezember, 7. - 17. März und Mittwoch
14 Zim – 52/62 € 80/100 € – ½ P Menü 12/40 € – Karte 19/37 €
Axel Kulmus trägt zurecht den Namen "Kräuterwirt", denn es sind allerlei frische Kräuter aus dem eigenen (übrigens auch sehr hübsch angelegten) Garten, mit denen er seine regionalen Gerichte verfeinert und würzt.

STIMPFACH

Baden-Württemberg – 2 950 Ew. – Höhe 418 m – Regionalatlas **56-I17**
Berlin 541 km – Stuttgart 109 km – Nürnberg 110 km – Würzburg 111 km
Michelin Straßenkarte 545

In Stimpfach-Rechenberg Süd-Ost: 4 km

Landhotel Rössle

Ortsstr. 22 ✉ 74597 – ✆ (07967) 9 00 40 – www.roessle-rechenberg.de – geschl. 1. - 10. Januar, 7. - 26. August, 30. Oktober - 6. November
95 Zim – 80/95 € 118/138 €
Familie Sperr hat hier ein sehr komfortables Tagungshotel geschaffen, das mit dem "Campus" auch etwas Spezielles bietet. Die Zimmer reichen von ländlich-modern bis funktionell, der gastronomische Bereich vom hübschen alpenländischen Restaurant über die heimelige Kaminstube bis zur "Scheuer" für Feierlichkeiten. Serviert wird vor allem regionale Küche.

STOCKACH

Baden-Württemberg – 16 190 Ew. – Höhe 491 m – Regionalatlas **63-G21**
Berlin 730 km – Stuttgart 157 km – Konstanz 34 km – Freiburg im Breisgau 112 km
Michelin Straßenkarte 545

Zum Goldenen Ochsen

Zoznegger Str. 2 ✉ 78333 – ✆ (07771) 9 18 40 – www.ochsen.de – geschl. Anfang Januar 2 Wochen
38 Zim – 58/125 € 79/168 € – ½ P
Zum Goldenen Ochsen – Siehe Restaurantauswahl
Mit Philipp P. Gassner leitet nun die 3. Generation den historischen Ochsen! Die Zimmer hat man individuell und wohnlich gestaltet, teilweise haben sie einen Balkon zum Garten. Hübsch: Im Haus hängen einige Gemälde.

Zum Goldenen Ochsen – Hotel Zum Goldenen Ochsen

Zoznegger Str. 2 ✉ 78333 – ✆ (07771) 9 18 40 – www.ochsen.de – geschl. Anfang Januar 2 Wochen und Sonntag - Montagmittag, Samstagmittag
Menü 19 € (mittags unter der Woche)/58 € – Karte 19/68 €
Geradlinig-klassisch das Ambiente im Restaurant, rustikaler die gemütliche Stube. Gekocht wird überwiegend mit Bio-Produkten aus der Region, dazu wählen Sie von einer fair kalkulierten Weinkarte mit vielen italienischen Weinen.

In Stockach-Wahlwies Süd-West: 3 km über B 313, jenseits der A 98

Gasthof Adler

Leonhardtstr. 29 ✉ 78333 – ✆ (07771) 35 27 – www.adler-wahlwies.de – geschl. 27. Mai - 10. Juni, 25. Oktober - 8. November und Montag
15 Zim – 50/85 € 89/104 € – ½ P
Menü 28/52 € – Karte 24/54 € – *(Dienstag - Freitag nur Abendessen)*
Der Gasthof von 1664 ist Familienbetrieb in 11. Generation! Jürgen Veeser kocht regional-saisonal - schmackhaft und auch mal herzhaft. So gibt es in dem gemütlichen Restaurant z. B. "Rumpsteak mit Koriander-Knoblauch-Zitronen-Emulsion" und auch Wurstsalat! Zum Übernachten: freundliche, wohnliche Zimmer.

STOCKHEIM

– Bayern ➜ Siehe Kronach

STOCKSTADT am MAIN

Bayern – 7 730 Ew. – Höhe 117 m – Regionalatlas **48-G15**
Berlin 550 km – München 361 km – Frankfurt am Main 38 km – Darmstadt 36 km
Michelin Straßenkarte 546

Brößler

Obernburger Str. 2 ✉ 63811 – ✆ (06027) 42 20 – www.hotel-broessler.de
35 Zim – 65 € 105 €
Ein schmucker erweiterter Gasthof von 1905. Am reichlich bestückten Frühstücksbuffet und auch in der bürgerlichen Küche findet sich so manches aus eigener Produktion: Bäckerei/Konditorei und Metzgerei gehören zum Haus! Beliebt der Biergarten.

STOLBERG

Nordrhein-Westfalen – 56 200 Ew. – Höhe 200 m – Regionalatlas **35-A12**
Berlin 629 km – Düsseldorf 80 km – Aachen 11 km – Düren 23 km
Michelin Straßenkarte 543

Parkhotel am Hammerberg

Hammerberg 11 ✉ 52222 – ✆ (02402) 1 23 40 – www.parkhotel-stolberg.de – geschl. 23. Dezember - 3. Januar
28 Zim – †61/95 € ††89/175 €
Das Hotel befindet sich nur wenige Gehminuten von der Altstadt in ruhiger waldnaher Lage, behaglich das klassische Ambiente im Haus. Abends bietet man eine kleine Vesperkarte und am Wochenende bringt man Sie auf Wunsch kostenfrei zum "Gut Schwarzenbruch". Tipp: Leihen Sie sich ein Fahrrad oder E-Bike!

Außerhalb An der Straße nach Verlautenheide, Nord-West: 5 km

Gut Schwarzenbruch

Schwarzenbruch 1 ✉ 52222 Stolberg – ✆ (02402) 2 22 75 – www.schwarzenbruch.de – geschl. über Karneval und Dienstag - Mittwoch
Menü 25 € (mittags unter der Woche)/65 € – Karte 30/63 €
Klassische Küche mit internationalen Einflüssen erwartet Sie im traditionellen Rahmen dieses 250 Jahre alten Guts. Wie wär's mal mit dem sonntäglichen Brunch? Das Buffet wird schön vor den Pferdeboxen der einstigen Stallungen angerichtet! Große Gesellschaften (bis zu 250 Personen) finden im etwas entfernt gelegenen orientalischen Pavillon Platz.

STOLBERG (HARZ) – Sachsen-Anhalt → Siehe Südharz

STOLPE

Mecklenburg-Vorpommern – 320 Ew. – Höhe 9 m – Regionalatlas **14-P4**
Berlin 179 km – Schwerin 171 km – Neubrandenburg 48 km – Rügen (Bergen) 103 km
Michelin Straßenkarte 542

Gutshaus Stolpe

Peenstr. 33 ✉ 17391 – ✆ (039721) 55 00 – www.gutshaus-stolpe.de
32 Zim – †100/155 € ††140/290 € – 4 Suiten – ½ P
Gutshaus Stolpe ❀ – Siehe Restaurantauswahl
Dieses wunderbare Domizil bietet im Gutshaus und in der Remise ein sehr geschmackvolles, stimmiges Ambiente und weiß mit ausgezeichnetem Service und Annehmlichkeiten wie dem ansprechenden A-la-carte-Frühstück zu überzeugen. Schöne Bar.

Gutshaus Stolpe – Hotel Gutshaus Stolpe

❀

Peenstr. 33 ✉ 17391 – ✆ (039721) 55 00 – www.gutshaus-stolpe.de – geschl. Januar und Sonntag - Montag
Menü 69/135 € – *(nur Abendessen)*
Hier wird modern beeinflusste klassische Küche geboten, die durch Feinheit, Kontraste und Harmonie besticht. Umsorgt wird man sehr herzlich nebst ausgesuchter Weinbegleitung. Unverändert elegant das feine Landhausflair, tolle Terrasse.
→ Carabineiro, gefüllter Schweinefuß und Bohnenkraut. Kobe Beef, Aprikose, Kümmelkaramell und Frühlingslauch. Weiße Schokolade, Blumenkohl, Veilchen.

Fährkrug

Peenstr. 38 ✉ 17391 – ✆ (039721) 55 00 – www.gutshaus-stolpe.de – geschl. Februar, Oktober - Ende Mai: Dienstag
Menü 28/56 € – Karte 26/44 € – (Tischbestellung ratsam)
So richtig gemütlich sitzt man in dem reizenden jahrhundertealten Reetdachhaus. Da passen Gerichte wie "Eisbein mit eingelegtem Gemüse" oder "Boddenzander mit Mangoldgemüse und Kartoffelrösti" schön ins regionale Bild! Die tolle Lage an der Peene genießt man besonders gerne auf der Terrasse.

In Liepen

Am Peenetal
Dorfstr. 31 ✉ 17391 – ✆ (039721) 5 67 58
– www.gutshof-liepen.de
35 Zim – 65/113 € 90/145 € – ½ P
Schön ist dieser aufwändig sanierte Gutshof nur wenige Gehminuten von der Peene. Wohnliche Zimmer in modernem Landhausstil, attraktiver Spa auf 1800 qm, regionale Küche im Restaurant und auf der hübschen Terrasse. Ideal für Hochzeiten ist der tolle Festsaal mit altem Gebälk. Zudem gibt es einen Hofladen.

STORKAU
Sachsen-Anhalt – 10 530 Ew. – Höhe 35 m – Regionalatlas **21-M8**
Berlin 123 km – Magdeburg 71 km – Brandenburg 60 km – Stendal 18 km
Michelin Straßenkarte 542

Schloss Storkau
Im Park ✉ 39590 – ✆ (039321) 52 10
– www.schloss-storkau.de – geschl. Anfang Januar 2 Wochen
106 Zim – 80/165 € 105/185 € – 1 Suite
Schlossrestaurant – Siehe Restaurantauswahl
Auf einem weitläufigen Parkgrundstück an der Elbe steht das Schloss - ein stilvoller Rahmen für Hochzeiten (ein Standesamt gibt es auch). Zimmer im Haupthaus z. T. mit Antiquitäten, im Kavaliershaus etwas praktischer für Tagungsgäste.

Schlossrestaurant – Hotel Schloss Storkau
Im Park ✉ 39590 – ✆ (039321) 52 10
– www.schloss-storkau.de – geschl. Anfang Januar 2 Wochen und Sonntagabend - Montag
Menü 25/75 € – Karte 27/50 € – (Tischbestellung ratsam)
Speisen mit Blick auf die Elbe! Viele (Bio-) Produkte vom eigenen Hof kommen in Gerichte wie "Storkauer Rote Bete mit hausgemachtem Kuhmilch-Feta" oder "Gänseconfit auf Grünkohl mit Gänseklein-Sauce und Kartoffelpüree". Schöne Terrasse!

STRALSUND
Mecklenburg-Vorpommern – 57 310 Ew. – Höhe 13 m – Regionalatlas **6-O3**
Berlin 247 km – Schwerin 160 km – Rügen (Bergen) 29 km – Rostock 71 km
Michelin Straßenkarte 542

Scheelehof
Fährstr. 23 ✉ 18439 – ✆ (03831) 28 33 00 Stadtplan : B1**a**
– www.scheelehof.de
94 Zim – 95/149 € 115/175 € – ½ P
scheel's ✿ • ***Zum Scheel*** – Siehe Restaurantauswahl
Kein Hotel "von der Stange" ist das Geburtshaus des bekannten Chemikers Carl Wilhelm Scheele. Das Ensemble aus fünf historischen Häusern liegt in der ältesten Straße Stralsunds und ist schon von außen hübsch anzuschauen, und drinnen erst! Immer wieder charmante Relikte von einst - da passen die liebenswerten Zimmer mit ihren individuellen Details wunderbar ins Bild!

arcona Hotel Baltic
Frankendamm 22 ✉ 18439 – ✆ (03831) 20 40 Stadtplan : C2**k**
– www.baltic.arcona.de
132 Zim – 65/110 € 80/125 € – 15 € – ½ P
Das aus einer früheren Kaserne entstandene Hotel in Hafen- und Altstadtnähe ist mit seinen neuzeitlichen und funktionellen Zimmern besonders für Geschäftsreisende interessant. Freundlich und modern: das bistroartige Restaurant Weinwirtschaft.

Mestemacher
the lifestyle-bakery
WESTFÄLISCHER
Pumpernickel
Mestemacher
Brot-Delikatesse mit feinem süßlichen Geschmack, der durch die lange, schonende Backzeit von bis zu 20 Stunden entsteht.
WESTFÄLISCHER
Pumpernickel
500g e
Superior taste AWARD
2015
Natürlich ohne Konservierungsstoffe
GESCHÜTZTE GEOGRAFISCHE ANGABE
Mestemacher GmbH
33254 Gütersloh · Telefon + 49 (0) 5241/8709-0
www.mestemacher.de

STRALSUND
0
200 m
Strelasund
ALTEFÄHR, INSEL, HIDDENSEE
INSEL, RÜGEN, BERGEN, SASSNITZ
GREIFSWALD, GRIMMEN, ROSTOCK
GREIFSWALD, GRIMMEN, ROSTOCK
PROHN
1
2
A
B
C
Rügenbrücke
Hafenbahn
An der Hafenbahn
Reiferbahn
Gartenstraße
Hafenstraße
Hafenstraße
Frankenhof
Frankendamm
HEILGEISTKIRCHE
FRANKENVORSTADT
Wasserstraße
St. Nikolai Kirche
JACOBIKIRCHE
Jacobiturmstraße
Böttcherstraße
Papenstraße
Langenstraße
Frankenstraße
Frankenwall
Teich
Karl-Marx-Straße
Franken-
St. Marien Kirche
Seestraße
KNIEPERTOR
Alter Markt
Rathausplatz
Rathaus
Schillstraße
Olof-Palme-Pl.
Mönchstraße
KÜTERTOR
M
Meeresmuseum
Katharinenberg
Knieperwall
Sarnow-Str.
Knieper Damm
Sarnowstraße
Teich
Knieper
Frankenwall
Damm
Tribseer
Bahnhofstraße
STRALSUND
Friedrich-Engels-Straße
Knieperdamm
Bleichen
Jungfernstieg
Carl-von-Essen-Str.
Hainholzstraße
KNIEPER VORSTADT
Lindenstraße
An den Bleichen
Carl-Heydemann-Ring
Rudolf-Breitscheid-Straße
Baumschulenstraße
Friedrich-List-Straße
Barther Str.
Tribseer Damm
Damm
Moorteich
Vogelwiese
Lindenstraße
Carl-Heydemann-Ring
Barther Str.
Am Stadtwald
Tribseer
a
b
d
h
k
s

Hafenresidenz

Seestr. 10 ✉ 18439 – ✆ (03831) 28 21 20 Stadtplan : B1**h**
– www.hotel-hafenresidenz.de
71 Zim – 69/108 € 76/161 € – 13 € – 2 Suiten – ½ P
Die Lage ist kaum zu toppen: Hafen, Altstadt und das bekannte Ozeaneum haben Sie in unmittelbarer Nähe, einen Bootsteg direkt vor der Tür! Ebenso attraktiv ist das Hotel, denn hier wurde die denkmalgeschützte Architektur des schönen Gebäudeensemble mit geradlinig-modernem Interieur kombiniert. So auch im "Seemannshus" gegenüber - hier hat man neuere, geräumige Zimmer und Maisonetten. Das Restaurant: lichte Orangerie, historische Pumpenstation mit Industrie-Flair sowie die Terrasse zum Meer.

An den Bleichen

An den Bleichen 45 ✉ 18435 – ✆ (03831) 39 06 75 Stadtplan : A1**d**
– www.hotelandenbleichen.de – geschl. 12. Dezember - 12. Januar
24 Zim – 48/65 € 65/88 €
Das familiengeführte Haus liegt ruhig in einem Wohngebiet am Zentrumsrand. Die Zimmer sind gepflegt, praktisch und zeitlos eingerichtet. Wer es geradlinig-modern mag, bucht die hübsche Juniorsuite unterm Dach! Hier oben hat man auch einen kleinen Fitnessraum, am Haus ein netter Garten.

Villa am Meer

Gerhart-Hauptmann-Str. 14 ✉ 18435 Stadtplan : B1**s**
– ✆ (03831) 30 84 66 – www.hotel-mit-meerblick.de
12 Zim – 42/55 € 67/87 €
Angenehm familiär leitet Gastgeberin Marion Müller das kleine Hotel in der sorgsam sanierten Villa von 1912. Von einigen Zimmern kann man das Meer sehen, von dem Sie nur 100 m entfernt wohnen. Hübsch der Frühstücksraum mit Stuckdecke. Parken kann man übrigens kostenfrei hinter dem Haus.

Altstadt Hotel Peiß

Tribseer Str. 15 ✉ 18439 – ✆ (03831) 30 35 80 Stadtplan : B2**b**
– www.altstadt-hotel-peiss.de – geschl. Januar - Februar
15 Zim – 55/88 € 65/125 € – 2 Suiten
Hier wohnt man so richtig nett - das liegt zum einen an der tollen Lage mitten in der Altstadt, an den freundlichen Zimmern in warmen Farben (einige mit Blick zur Marienkirche) und nicht zuletzt an Familie Peiß, die in dem 1881 erbauten Haus mit viel Liebe und Engagement bei der Sache ist! Machen Sie es sich auch auf der Innenhofterrasse oder in der Weinbar gemütlich. Tipp: Nur einen kurzen Fußmarsch entfernt befindet sich ein öffentliches Parkhaus.

scheel's – Hotel Scheelehof

Fährstr. 23 ✉ 18439 – ✆ (03831) 2 83 31 13 Stadtplan : B1**a**
– www.scheelehof.de – geschl. Januar und Montag - Dienstag
Menü 61/91 € – Karte 67/82 € – *(nur Abendessen)* (Tischbestellung ratsam)
Angenehm geradlinig wird hier gekocht und dabei stehen die hochwertigen Zutaten ganz im Mittelpunkt - so kommen feine, harmonische Speisen mit nordischem Einfluss auf den Teller, darunter auch Vegetarisches. Beachtung verdient aber auch das Restaurant selbst mit seinem tollen historischen Gewölbe! Wie wär's mit einem Tisch an der offenen Küche?
→ Pilzravioli, Portulak. Gelbschwanzmakrele, Fenchel, Grüner Apfel, Reis. Kaisergranat, Sellerie, Bronzefenchel.

Zum Scheel – Hotel Scheelehof

Fährstr. 23 ✉ 18439 – ✆ (03831) 2 83 31 12 Stadtplan : B1**a**
– www.scheelehof.de
Menü 29/40 € – Karte 33/51 €
Eine schöne alte Holzdecke, Backsteinwände, ein sehenswertes historisches Wappen... so sieht hier hanseatisches Flair aus, und dazu gibt es regionale und internationale Küche, die man sich im Sommer gerne auf der tollen Innenhofterrasse servieren lässt. Man hat übrigens eine eigene Rösterei mit gemütlichem Café - nehmen Sie sich am besten auch Kaffee für daheim mit!

STRASSLACH-DINGHARTING

Bayern – 3 020 Ew. – Höhe 635 m – Regionalatlas **65-L20**
Berlin 619 km – München 24 km – Augsburg 84 km – Garmisch-Partenkirchen 71 km
Michelin Straßenkarte 546

Gasthof zum Wildpark

Tölzer Str. 2 ✉ 82064 – ✆ (08170) 9 96 20 – www.roiderer.de
Karte 19/45 €
Ein gemütlich-bayerisches Wirtshaus wie es im Buche steht - und da darf ein Biergarten natürlich nicht fehlen! Dieser hier ist auch noch ein besonders tolles Exemplar: riesig, mit großer Markise und Fußbodenheizung! Fleisch und Wurst für die durchgehend warme Küche kommen aus der eigenen Metzgerei nebenan!

L' Estragon

Riedweg 15 ✉ 82064 – ✆ (08170) 2 14 – www.lestragon.de – geschl. Montag - Dienstag
Menü 15 € (mittags unter der Woche)/52 € – Karte 32/41 €
Brasserie-Flair und französisch-internationale Küche kommen gut an - und auch die Terrasse mitten im Garten! An Werktagen nehmen die vielen Stammgäste den günstigen Lunch - zusätzlich gibt's das "Menu de la Semaine" und das "Gourmet Menu".

STRAUBENHARDT

Baden-Württemberg – 10 740 Ew. – Höhe 406 m – Regionalatlas **54-F18**
Berlin 674 km – Stuttgart 67 km – Karlsruhe 30 km – Baden-Baden 38 km
Michelin Straßenkarte 545

In Straubenhardt-Schwann

Landhotel Adlerhof

Mönchstr. 14, Schwanner Warte ✉ 75334 – ✆ (07082) 9 23 40 – www.adlerhof.de – geschl. 2. - 11. Januar
21 Zim – †87/89 € ††129/133 € – 1 Suite – ½ P
Sie suchen ein Hotel in schöner ruhiger Lage? Dieses Hotel liegt reizvoll am Waldrand und die funktionell eingerichteten Zimmer haben teilweise einen Balkon zum Tal hin. Neben bürgerlicher Küche gibt's hier im Haus auch leckere hausgemachte Kuchen!

STRAUBING

Bayern – 45 100 Ew. – Höhe 331 m – Regionalatlas **59-O18**
Berlin 541 km – München 120 km – Regensburg 50 km – Landshut 51 km
Michelin Straßenkarte 546

ASAM

Wittelsbacher Höhe 1 ✉ 94315 – ✆ (09421) 78 86 80 – www.hotelasam.de
96 Zim – †75/86 € ††103/149 € – 15 € – 5 Suiten – ½ P
Ein modernes Lifestyle-Hotel im Zentrum bestehend aus einem denkmalgeschützten Gründerzeit-Gebäude und einem Neubau. Die Zimmer sind komfortabel und sehr zeitgemäß, W-Lan nutzen Sie gratis.

In Straubing-Ittling Ost: 4 km über Ittlinger Straße

Nothaft

Ittlinger Hauptstr. 3 ✉ 94315 – ✆ (09421) 18 33 90 – www.nothaft-straubing.de
18 Zim – †64/74 € ††94/104 €
Ein familiär geleitetes kleines Hotel mit sehr gepflegten, funktionalen Zimmern. Am Frühstücksbuffet finden Sie Produkte aus der eigenen Metzgerei, unter der Woche gibt's für Hausgäste am Abend eine kleine Auswahl an regionalen Gerichten.

STRAUSBERG

Brandenburg – 25 750 Ew. – Höhe 75 m – Regionalatlas **23-Q8**
Berlin 44 km – Potsdam 75 km – Eberswalde 35 km – Frankfurt (Oder) 62 km
Michelin Straßenkarte 542

The Lakeside Burghotel

Gielsdorfer Chaussee 6 ✉ 15344 – ✆ (03341) 3 46 90
– www.burghotel-strausberg.de
50 Zim – 83/95 € 113/125 € – 3 Suiten – ½ P
Das ansprechende Hotel ist architektonisch einer Burg nachempfunden und bietet wohnlich-klassisches Ambiente sowie Massage- und Kosmetikanwendungen. Eine Bistro-Bar mit Pub-Flair ergänzt das Restaurant. Hier und im schön angelegten Garten serviert man Internationales. Standesamt und Burgtheater.

Gasthof-Strausberg-Nord

Prötzeler Chaussee 8 ✉ 15344 – ✆ (03341) 30 06 83
– www.gasthof-strausberg-nord.de
9 Zim – 66 € 90 € – ½ P
Der traditionelle Gasthof hat im Obergeschoss hübsche, in klassischem Stil eingerichtete Zimmer, unten befinden sich charmant dekorierte Restaurantstuben, in denen man gemütlich bei bürgerlicher Küche sitzt. Lust auf eine Radtour? Hier im Haus können Sie auch Fahrräder leihen.

STROMBERG (KREIS KREUZNACH)

Rheinland-Pfalz – 3 210 Ew. – Höhe 250 m – Regionalatlas **46-D15**
Berlin 611 km – Mainz 45 km – Bad Kreuznach 28 km – Koblenz 59 km
Michelin Straßenkarte 543

Land & Golf Hotel Stromberg

Am Buchenring 6, beim Golfplatz ✉ 55442 – ✆ (06724) 60 00
– www.golfhotel-stromberg.de – geschl. 23. - 27. Dezember, 17. Juli - 14. August
164 Zim – 135 € 200 € – 10 Suiten – ½ P
Le Délice – Siehe Restaurantauswahl
Diese Hotelanlage hat so einiges zu bieten: verschiedene Zimmerkategorien von Landhausstil bis zu den schicken modernen Suiten, ein schöner Spa auf 2500 qm sowie gute Verantstaltungsmöglichkeiten - und den Golfplatz haben Sie direkt vor der Tür! Überwiegend regionale Küche im Gartenrestaurant.

Johann Lafer's Stromburg

Schlossberg 1, über Michael-Obentraut-Straße ✉ 55442 – ✆ (06724) 9 31 00
– www.johannlafer.com – geschl. 4. - 19. Januar
13 Zim – 155/195 € 195/285 € – 25 € – 1 Suite
Le Val d'Or • ***Bistro d'Or*** – Siehe Restaurantauswahl
Es ist schon ein wahres Kleinod, das Familie Lafer aus der Burg a. d. 12. Jh. gemacht hat. Sie wohnen in geschmackvollen, individuell geschnittenen Zimmern oder in der Suite über drei Etagen. Dazu bietet man Ihnen einen ausgezeichneten Service und das Frühstück sollten Sie sich auch nicht entgehen lassen!

Le Val d'Or – Hotel Johann Lafer's Stromburg

Schlossberg 1, über Michael-Obentraut-Straße ✉ 55442 – ✆ (06724) 9 31 00
– www.johannlafer.de – geschl. 4. - 19. Januar und Montag - Dienstag
Menü 139/165 € – Karte 93/107 € – *(Mittwoch - Freitag nur Abendessen)*
(Tischbestellung ratsam)
Mit "Jahreszeitenrestaurant" ist Johann Lafers Gourmetrestaurant treffend beschrieben, denn hier bestimmen Frühling, Sommer, Herbst und Winter das wechselnde Ambiente. Natürlich sind auch die harmonischen und schön präsentierten Speisen auf die Saison abgestimmt, und das mit ausgezeichneten Produkten.
→ Thunfisch, Zitrone, Rosmarin. Entrecôte, Tomate, Rote Zwiebel. Schokolade, Himbeere, Brunnenkresse.

XXX **Le Délice** – Land & Golf Hotel Stromberg

Am Buchenring 6, beim Golfplatz ✉ 55442 – ✆ (06724) 60 00 – www.golfhotel-stromberg.de – geschl. 23. - 27. Dezember, 1. - 25. Januar, 17. Juli - 14. August und Sonntag - Montag

Menü 81/96 € – *(nur Abendessen)* (Tischbestellung ratsam)

Weder minimalistisch noch kühl, sondern behaglich-elegant ist die Atmosphäre hier. Geboten wird internationale Küche. Wählen Sie aus den beiden Menüs z. B. "Matjes / Gurke / Avocado" oder "Rehbock / Pfifferlinge / Aprikose".

XX **Bistro d'Or** – Hotel Johann Lafer's Stromburg

Schlossberg 1, über Michael-Obentraut-Straße ✉ 55442 – ✆ (06724) 9 31 00 – www.johannlafer.de – geschl. 4. - 19. Januar und Mittwoch - Donnerstag

Menü 45/69 € – Karte 38/51 €

Auch im zweiten Lafer'schen Restaurant speist man niveauvoll. Drinnen in legerer Atmosphäre oder draußen auf der gemütlichen Terrasse überzeugen "Kalbsrahmgulasch", "Wiener Schnitzel", "Waller mit Erbsenravioli"...

STRULLENDORF

Bayern – 7 810 Ew. – Höhe 251 m – Regionalatlas **50**-K15

Berlin 415 km – München 223 km – Bayreuth 67 km – Ansbach 92 km

Michelin Straßenkarte 546

In Strullendorf-Wernsdorf Nord-Ost: 5 km, Richtung Roßdorf a. Forst über Amlingstadt, jenseits der A 73

Gasthof Schiller

Amlingstadter Str. 14 ✉ 96129 – ✆ (09543) 4 40 20 – www.gasthof-schiller.de – geschl. Mitte Januar 2 Wochen

31 Zim – †54/94 € ††79/109 € – 4 Suiten

Mit Sabine Schiller ist die junge Generation in dem hübschen historischen Gasthof mit der langen Familientradition im Einsatz. Ländlich-charmant die Zimmer im Stammhaus, schön modern die im angeschlossenen Landhotel. In gemütlicher Wirtshausatmosphäre gibt es gute fränkische Brotzeit oder Klassiker wie Schweinshaxe. Großer Biergarten unter Kastanien und Linden.

STÜHLINGEN

Baden-Württemberg – 5 000 Ew. – Höhe 501 m – Regionalatlas **62**-E21

Berlin 773 km – Stuttgart 156 km – Freiburg im Breisgau 73 km – Donaueschingen 30 km

Michelin Straßenkarte 545

Rebstock

Schlossstr. 10 ✉ 79780 – ✆ (07744) 9 21 20 – www.rebstock.eu – geschl. 2. - 25. Januar

33 Zim – †52/54 € ††75/80 € – ½ P

Seit 1368 gibt es den Gasthof (damals noch Schenke), seit 1930 und nun in 3. Generation wird er von Familie Sarnow geführt. Besonders komfortabel die vier modernen Appartements im einstigen Gefängnis, urig-gemütlich die Gaststube. Besonderheit: Bauern- und Bulldogmuseum sowie Puppen- und Nostalgiemuseum!

In Stühlingen-Mauchen West: 7 km

X **Geng's Linde**

St.-Gallus-Str. 37 ✉ 79780 – ✆ (07744) 12 55 – www.gengslinde.de – geschl. März 10 Tage, November 10 Tage und Dienstag

19 Zim – †50 € ††85 € Menü 32/35 € – Karte 22/42 €

Ein Familienbetrieb im Wandel: Junior Christian Geng hat nach seinen Wanderjahren mit interessanten Stationen das Gasthaus übernommen. Das Ambiente geradlinig-modern, die Küche geschmackvoll und frisch, von "mariniertem Kalbstafelspitz" bis "Loup de Mer und Nudeln mit getrockneten Tomaten und Pesto".

In Stühlingen-Schwaningen Nord-West: 7 km über B 314 und B 315, Richtung Singen und Weizen

Gasthaus Schwanen

Talstr. 9 ✉ 79780 – ✆ (07744) 51 77 – www.gasthaus-schwanen.de – geschl. 1. - 10. Januar, 25. Oktober - 15. November und Mittwoch, Oktober - April: Mittwoch - Donnerstag

15 Zim – 59/62 € 82/139 € – 3 Suiten – ½ P

Menü 55 € – Karte 27/45 € – *(nur Abendessen, sonntags auch Mittagessen)*

Einfach sympathisch! Die engagierten Gastgeber Alexandra und Markus Wekerle kommen ebenso gut an wie die liebenswerte Atmosphäre in dem Gasthaus von 1912 und die leckeren Gerichte: "Rehleberknödel auf Sauerkraut", "3erlei vom Schwarzwaldrind"... Sie möchten übernachten? Etwas einfacher im Haupthaus, sehr komfortabel in der "Villa Pfarrhus" nur wenige Meter entfernt.

STUHR

Niedersachsen – 32 560 Ew. – Höhe 4 m – Regionalatlas **18-G7**

Berlin 390 km – Hannover 125 km – Bremen 10 km – Wildeshausen 29 km

Michelin Straßenkarte 541

In Stuhr-Moordeich West: 2 km

Nobel

Neuer Weg 13 ✉ 28816 – ✆ (0421) 5 68 00 – www.nobel-moordeich.de

2 Zim – 43/53 € 49/59 € – 11 € Menü 25/35 € – Karte 23/58 €

In dem klassisch gehaltenen Restaurant wie auch in der gemütlichen, etwas rustikaleren Bierstube Pumpernickel bietet man eine saisonal ausgerichtete Küche von bürgerlich bis international.

STUTTGART

Baden-Württemberg – 597 940 Ew. – Höhe 245 m – Regionalatlas **55-G18**
▶ Berlin 637 km – Frankfurt am Main 207 km – Karlsruhe 75 km – München 223 km
Michelin Straßenkarte 545
Stadtpläne siehe nächste Seiten

S. Lubenow / imageBROKER / age fotostock

→ Alphabetische Liste der Hotels
→ Alphabetical index of hotels

→ Alphabetische Liste der Restaurants
→ Alphabetical index of restaurants

STUTTGART
0
200 m
J
K
1
2
3
Eduard-Pfeiffer-Str.
Relenbergstraße
Seestraße
Panoramastraße
Jägerstraße
Heilbronner Str.
Herdweg
Jägerstr.
Kriegsbergstraße
STUTTGART HBF
MITTLERER SCHLOß-GARTEN
PLANETARIUM
Linden-Museum
Hegelstr.
Friedrichstraße
Kronenstraße
Schillerstraße
Willy-Brandt-Straße
Landhausstr.
Staatsgalerie
Urbanstraße
STADT-GARTEN
Stephanstraße
Königstraße
Württembergische Staatstheater
Schützenstraße
Friedrichsbau
KONGRESS-CENTRUM
Oberer Schloßgarten
Staatsgalerie
LIEDERHALLE
Schloßstraße
Kienestraße
Schlossplatz
Schloss-platz
Neues Schloss
Kunstmuseum
HOSPITALKIRCHE
Planie
LANDTAG
Moserstraße
Werastraße
Berliner Pl.
Lange Str.
Schillerplatz
Landesmuseum Württemberg
Konrad-Adenauer-Straße
LANDES-BIBLIOTHEK
ADAC
Stiftskirche
Karlspl.
Altes Schloss
Wilhelmspalais
Stuttgart Stadtmitte
Charlottenplatz
Gaisburgstr.
Alexanderstraße
Jobstweg
Calwer
Marktplatz
Sporerstraße
Olgastraße
ROTEBÜHLBAU
Rotebühlplatz
Hirschstraße
Holzstraße
Charlottenstraße
Olgaeck
Stadtmitte
Steinstr.
Rathaus
LEONHARDS-KIRCHE
Alexander-Str.
Sophienstraße
TURMHAUS
Torstraße
Hauptstätter Str.
Weberstraße
Hohenheimer Str.
Christophstr.
Paulinenstraße
Olgastraße
Alexanderstraße
Dannecker Straße
Heusteig-Str.
Stafflenbergstraße
Silberburgstraße
Rupert-Mayer-Platz
Tübinger Str.
Wilhelmstr.
Österreichischer Pl.
Dobelstraße
Sonnenbergstraße
Furtbachstraße
ST. MARIA KIRCHE
Schlosser-Str.
Weißenburgplatz
Immenhofer
Mittelstraße
Olgastraße
Bopser
Fangelsbachstr.
Cottastraße
Alexanderstraße
Etzelstraße
Bopserwaldstraße
Im Oberen Kienle
Tübinger
Hauptstätter
Heusteigstraße
Cottastraße
Olgastraße
Neue Weinsteige
Am Bopserweg
Rottannenweg
Wernhaldenstraße
Strohberg
Filderstraße
Liststraße
Str.

STUTTGART
0
2 km
PFORZHEIM
HEILBRONN
CALW, PFORZHEIM, KARLSRUHE
MÜNCHINGEN
HIRSCHLANDEN
DITZINGEN
KORNTAL
HÖFINGEN
WEILIMDORF
GIEBEL
WOLFBUSCH
LEONBERG
BERGHEIM
GERLINGEN
RAMTEL
Schloss Solitude
BOTNANG
BIRKENKOPF
AB-DREIECK STUTTGART LEONBERG
BÜSNAU
KALTENTA
STUTTGART VAIHINGEN
AB-KREUZ STUTTGART
VAIHINGEN
ROHR
DÜRRLEWANG
SINDELFINGEN
OBERAICHEN
MUSBERG
BÖBLINGEN
A 81 / E 41
A 8 / E 52
A 8 / E 41
A 831
Glems
m
e
c
k
M

LUDWIGSBURG
LUDWIGSBURG
KORNWESTHEIM
STAMMHEIM
MÜHLHAUSEN
MÖNCHFELD
OEFFINGEN
ZUFFENHAUSEN
Porsche Museum
HOFEN
ROT
SCHMIDEN
STEINHALDENFELD
FELLBACH
FEUERBACH
MÜNSTER
Höhenpark Killesberg
Parck Wilhelma
Kurpark
BAD CANNSTATT
ROTENBERG
UNTER-TÜRKHEIM
UHLBACH
Stiftskirche
OBER TÜRKHEIM
Neckar
METTINGEN
SILLENBUCH
DEGERLOCH
HEUMADEN
RIEDENBERG
SCHÖNBERG
RUIT
MÖHRINGEN
BIRKACH
KEMNAT
OSTFILDERN
FASANENHOF
Körsch
SCHARNHAUSEN
PLIENINGEN
LEINFELDEN
MESSE
ECHTERDINGEN
NEUHAUSEN
A 8/E 52
WAIBLINGEN, NÜRNBERG
ESSLINGEN, ULM
ULM
REUTLINGEN, TÜBINGEN
REUTLINGEN
C
D
1
2
3

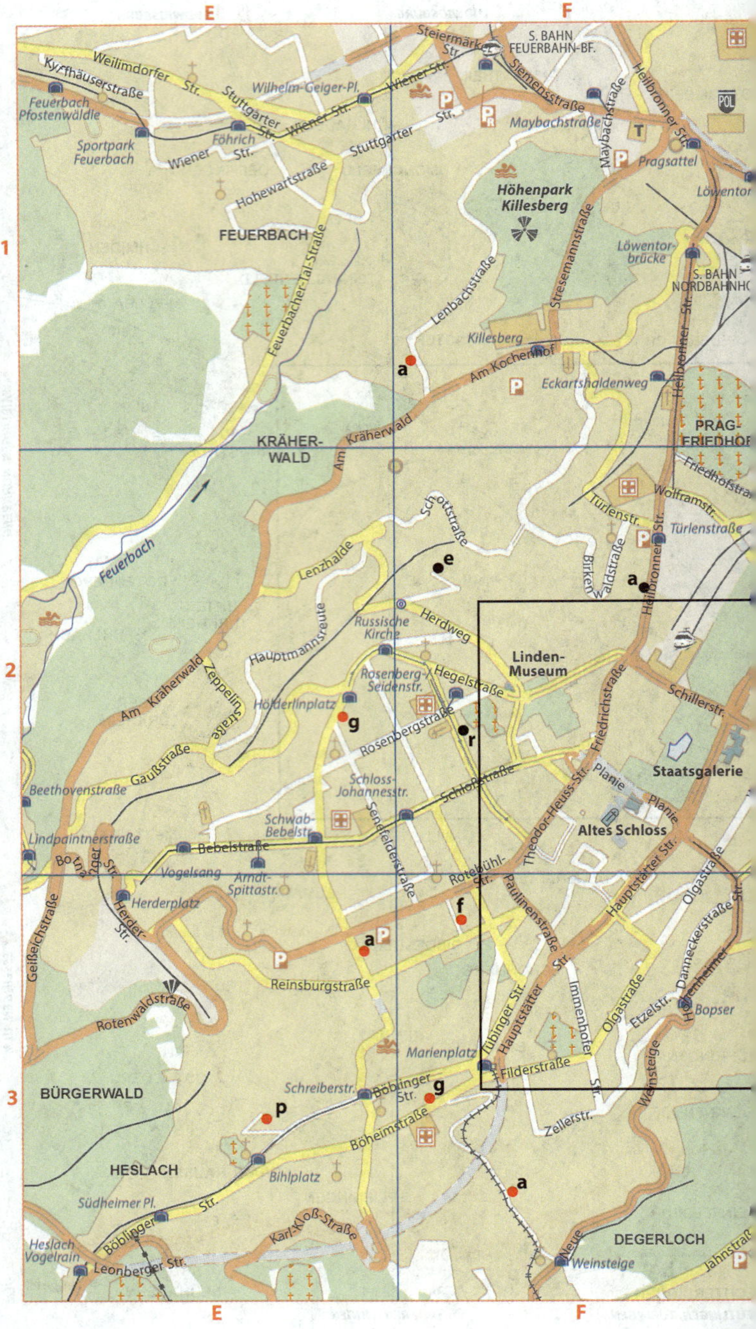
E
F
1
2
3
Steiermärker Str.
S. BAHN FEUERBAHN-BF.
Weilimdorfer Str.
Kyffhäuserstraße
Feuerbach Pfostenwäldle
Wilhelm-Geiger-Pl.
Wiener Str.
Stuttgarter Str.
Siemensstraße
Heilbronner Str.
Maybachstraße
Maybachstraße
Pragsattel
Löwentor
Sportpark Feuerbach
Wiener Str.
Föhrich Str.
Stuttgarter Str.
Hohewartstraße
Höhenpark Killesberg
FEUERBACH
Feuerbacher-Tal-Straße
Stresemannstraße
Löwentorbrücke
S. BAHN NORDBAHNHO
Lenbachstraße
Killesberg
Am Kochenhof
Eckartshaldenweg
Heilbronner Str.
a
KRÄHER-WALD
Am Kräherwald
PRAG-FRIEDHOF
Friedhofstra
Wolframstr.
Türlenstr.
Türlenstraße
Heilbronner Str.
Feuerbach
Schottstraße
e
Lenzhalde
Birkenwaldstraße
a
Hauptmannsreute
Russische Kirche
Herdweg
Linden-Museum
Rosenberg-/Seidenstr.
Hegelstraße
Schillerstr.
Hölderlinplatz
g
Am Kräherwald
Zeppelinstraße
Rosenbergstraße
r
Friedrichstraße
Staatsgalerie
Gaußstraße
Beethovenstraße
Schloss-Johannesstr.
Schloßstraße
Planie
Planie
Theodor-Heuss-Str.
Altes Schloss
Schwab-Bebelstr.
Lindpaintnerstraße
Bebelstraße
Botnanger Str.
Vogelsang
Arndt-Spittastr.
Senefelderstraße
Rotebühl-Str.
Paulinenstraße
Hauptstätter Str.
Olgastraße
Herderplatz
Herder-Str.
f
Geißeichstraße
a
Dannecker straße
Hohenheimer Str.
Reinsburgstraße
Rotenwaldstraße
Tübinger Str.
Hauptstätter Str.
Immenhofer Str.
Olgastraße
Etzelstr.
Bopser
Marienplatz
Filderstraße
Weinsteige
BÜRGERWALD
Schreiberstr.
Böblinger Str.
g
p
Böheimstraße
Zellerstr.
HESLACH
Bihlplatz
a
Südheimer Pl.
Böblinger Str.
Karl-Kloß-Straße
DEGERLOCH
Heslach Vogelrain
Leonberger Str.
Neue Weinsteige
Jahnstraße
E
F

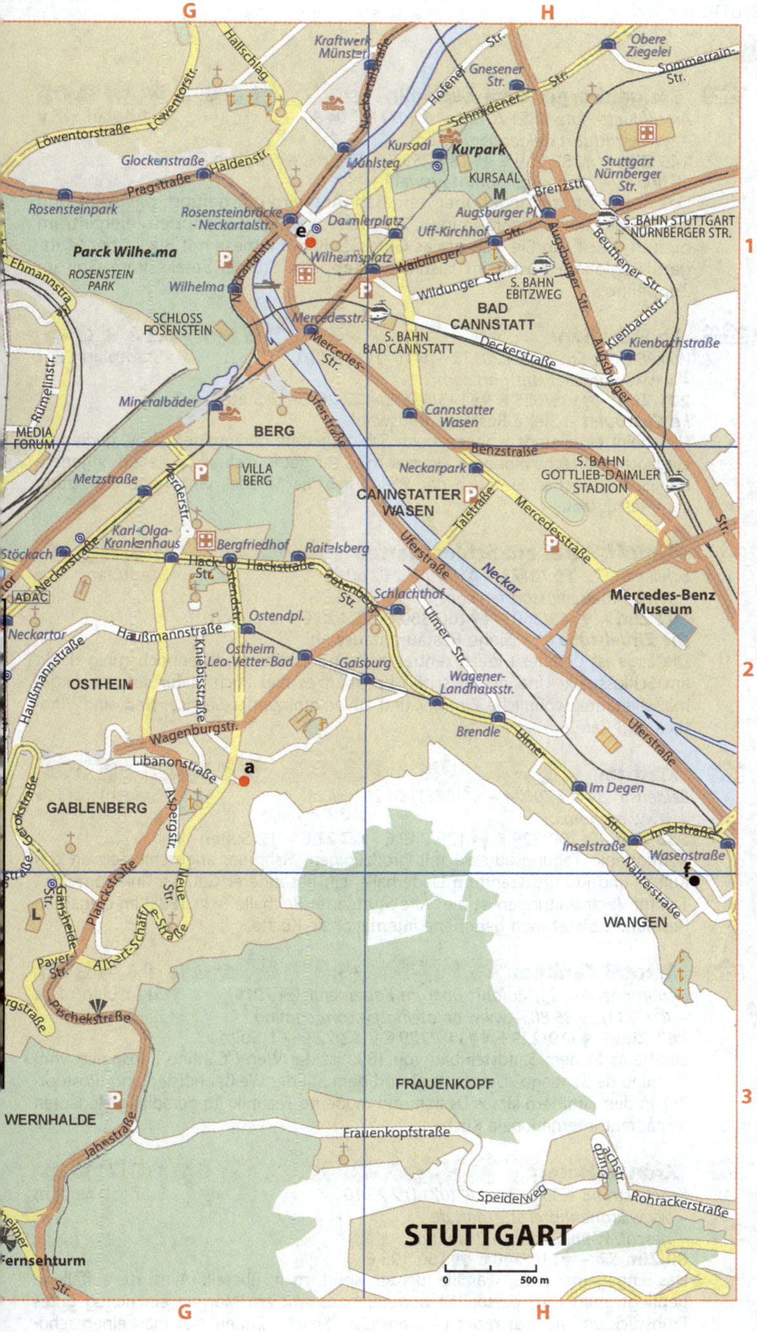
G
H
1
2
3
Kraftwerk Münster
Neckartalstraße
Hallschlag
Löwentorstr.
Löwentorstraße
Hofener Str.
Gnesener Str.
Obere Ziegelei
Sommerrain-Str.
Schmidener Str.
Kursaal
Kurpark
Mühlsteg
KURSAAL
Glockenstraße
Haldenstr.
Pragstraße
Rosensteinpark
Rosensteinbrücke - Neckartalstr.
Daimlerplatz
Uff-Kirchhof
Augsburger Pl.
Brenzstr.
Stuttgart Nürnberger Str.
S. BAHN STUTTGART NÜRNBERGER STR.
Parck Wilhelma
ROSENSTEIN PARK
Ehmannstr.
Wilhelmsplatz
Waiblinger Str.
Wildunger Str.
S. BAHN EBITZWEG
Beuthener Str.
Wilhelma
Neckartalstr.
SCHLOSS ROSENSTEIN
Mercedesstr.
S. BAHN BAD CANNSTATT
BAD CANNSTATT
Deckerstraße
Augsburger Str.
Kienbachstr.
Kienbachstraße
Mercedes-Str.
Rümelinstr.
Mineralbäder
BERG
Uferstraße
Cannstatter Wasen
MEDIA FORUM
Benzstraße
S. BAHN GOTTLIEB-DAIMLER STADION
Neckarpark
VILLA BERG
Metzstraße
Werderstr.
CANNSTATTER WASEN
Talstraße
Mercedesstraße
Karl-Olga-Krankenhaus
Bergfriedhof
Raitelsberg
Stöckach
Neckarstraße
Hack Str.
Hackstraße
Poststr.
Ostendstr.
Neckar
Uferstraße
Schlachthof
ADAC
Mercedes-Benz Museum
Ostendpl.
Ulmer Str.
Neckartor
Haußmannstraße
Kniebisstraße
Ostheim Leo-Vetter-Bad
Gaisburg
Haußmannstraße
OSTHEIM
Wagener-Landhausstr.
Brendle
Ulmer Str.
Wagenburgstr.
Libanonstraße
a
Im Degen
GABLENBERG
Aspergstr.
Gerokstraße
Inselstraße
Wasenstraße
Nähterstraße
f
Gänsheide
Planckstraße
Neue Str.
WANGEN
Payer-Str.
Albert-Schäffle-Straße
Pischekstraße
FRAUENKOPF
WERNHALDE
Jahnstraße
Frauenkopfstraße
Dürrbachstr.
Speidelweg
Rohrackerstraße
STUTTGART
0
500 m
Fernsehturm

Hotels

Steigenberger Graf Zeppelin

Arnulf-Klett-Platz 7 ✉ 70173 – ✆ (0711) 2 04 80 – www.stuttgart.steigenberger.com Stadtplan : K1**v**

149 Zim – 🛉189/259 € 🛉🛉189/259 € – ☕ 26 € – 6 Suiten

OLIVO ✿ – Siehe Restaurantauswahl

Das Businesshotel gegenüber dem Bahnhof wird gut geführt, das spürt und sieht man. In den geräumigen Zimmern wohnen Sie modern-elegant, im oberen Stock tun Sie sich etwas Gutes, z. B. bei Fitness mit Blick über Stuttgart! Regionale Küche im rustikalen Zeppelin Stüble, Steaks vom Grill im Zeppelino'S.

Le Méridien

Willy-Brandt-Str. 30 ✉ 70173 – ✆ (0711) 2 22 10 – www.lemeridienstuttgart.com Stadtplan : K1**t**

291 Zim – 🛉135/625 € 🛉🛉145/635 € – ☕ 25 € – 2 Suiten

Le Cassoulet – Siehe Restaurantauswahl

Hier heißt es luxuriös wohnen beim Schlossgarten: geräumige Lobby, gediegen-elegante und recht moderne Zimmer mit sehr guter Technik sowie ein angenehmer Spa. Besuchen Sie auch das Weinbistro "Le Médoc", eine nette Ergänzung zum Restaurant.

Althoff Hotel am Schlossgarten

Schillerstr. 23 ✉ 70173 – ✆ (0711) 2 02 60 – www.hotelschlossgarten.com Stadtplan : K1**u**

102 Zim – 🛉140/360 € 🛉🛉160/380 € – ☕ 25 € – 4 Suiten

Die Zirbelstube ✿ – Siehe Restaurantauswahl

Die Lage ist geradezu ideal: zentral in Bahnhofsnähe und dennoch ruhig direkt am Schlosspark! Und richtig schön hat man es hier auch, dafür sorgen zeitgemäß-elegante, wohnliche Zimmer und zuvorkommender Service. Nett sind Vinothek und Café.

Maritim

Seidenstr. 34 ✉ 70174 – ✆ (0711) 94 20 – www.maritim.de Stadtplan : F2**r**

555 Zim – 🛉109/229 € 🛉🛉129/249 € – ☕ 21 € – 12 Suiten

Komfortable Tagungsadresse mit großzügigem Rahmen, angeschlossen an das Kultur- und Kongresszentrum Liederhalle. Ein besonderer Genuss: "In-Room-Spa". Toll für Veranstaltungen ist die "Alte Stuttgarter Reithalle" von 1885! Im eleganten Restaurant bietet man gehobene internationale Küche.

Arcotel Camino

Heilbronner Str. 21, Zufahrt über Im Kaisemer 1 ✉ 70191 – ✆ (0711) 25 85 80 – www.arcotelhotels.com/camino Stadtplan : F2**a**

167 Zim – 🛉119/229 € 🛉🛉119/229 € – ☕ 22 € – 1 Suite

Leitthema in dem Sandsteinbau von 1890 ist der Weg ("Camino"), inspiriert vom "Camino de Santiago" (Jakobsweg) und dem Stil der Weißenhofsiedlung (Postdörfle). In den Zimmern klares Design und moderne Technik, im geradlinig-eleganten Restaurant internationale Küche.

Kronen-Hotel

Kronenstr. 48 ✉ 70174 – ✆ (0711) 2 25 10 – www.kronenhotel-stuttgart.de – geschl. Weihnachten - 2. Januar Stadtplan : J1**m**

80 Zim ☕ – 🛉110/140 € 🛉🛉160/195 €

Das Engagement der Familie Berger spürt man überall: Alles ist auffallend gepflegt, man wird persönlich betreut, bekommt am Morgen ein richtig gutes Frühstück und abends gibt's für Hausgäste Snacks. Zudem hat man einen schönen Dachgarten.

Wörtz zur Weinsteige
Hohenheimer Str. 30 ✉ 70184 – ✆ (0711) 2 36 70 00 Stadtplan : K3**p**
– www.zur-weinsteige.de
28 Zim – 🛉95/180 € 🛉🛉110/200 € – ☕ 10 €
Wörtz zur Weinsteige – Siehe Restaurantauswahl
Sie wohnen hier bei zwei engagierten Brüdern; einer der beiden züchtet Kois - zu bewundern im großen Aquarium auf der Terrasse. Sie mögen es besonders stilvoll? Dann buchen Sie die Louis-XVI-Juniorsuite im Schlösschen!

Der Zauberlehrling
Rosenstr. 38 ✉ 70182 – ✆ (0711) 2 37 77 70 Stadtplan : K2**c**
– www.zauberlehrling.de
13 Zim – 🛉135/195 € 🛉🛉180/320 € – ☕ 19 € – 4 Suiten
Der Zauberlehrling – Siehe Restaurantauswahl
Dass das citynahe Haus so gut ankommt, liegt natürlich an den schönen individuellen Zimmern (fast schon ein Muss die Zimmer mit Dachterrasse und Ausblick!), aber ohne Zweifel auch an der Herzlichkeit der Familie Heldmann! Tolles Frühstück.

Azenberg
Seestr. 114 ✉ 70174 – ✆ (0711) 2 25 50 40 Stadtplan : F2**e**
– www.hotelazenberg.de
57 Zim – 🛉85/220 € 🛉🛉95/250 € – ☕ 12 € – 1 Suite
Hier passt alles: Das Haus liegt ruhig und doch zentrumsnah, ist geschmackvoll und wohnlich eingerichtet, hat einen hübschen Garten mit Teich sowie einen netten kleinen Freizeitbereich (Sauna gegen Gebühr), und das Frühstück ist auch gut!

City-Hotel
Uhlandstr. 18 ✉ 70182 – ✆ (0711) 21 08 10 Stadtplan : K2**a**
– www.cityhotel-stuttgart.de
31 Zim ☕ – 🛉69/119 € 🛉🛉89/159 €
Das Hotel unweit der Fußgängerzone bietet Zimmer in klassischem Stil und einen modern-eleganten Frühstücksraum mit schönem Wintergarten und Terrasse. Außerhalb der Rezeptionszeiten ist der Check-in per Schlüsselbox möglich.

Abalon
Zimmermannstr. 7, Zufahrt über Olgastr. 79 ✉ 70182 Stadtplan : K3**x**
– ✆ (0711) 2 17 10 – www.abalon.de
42 Zim ☕ – 🛉79/86 € 🛉🛉89/119 €
In sehr guter Lage oberhalb des Zentrums erwarten Sie funktionelle Zimmer (Saft und Wasser inklusive), ein moderner Frühstücksbereich und eine schön begrünte Dachterrasse.

Restaurants

Die Zirbelstube – Althoff Hotel am Schlossgarten
Schillerstr. 23, 1. Etage ✉ 70173 – ✆ (0711) 2 02 68 28 Stadtplan : K1**u**
– www.hotelschlossgarten.com – geschl. Januar 2 Wochen, August 3 Wochen und Sonntag - Montag
Menü 89 € (vegetarisch)/155 € – Karte 84/102 €
Hier mischt sich die Gemütlichkeit von warmem Zirbelholz mit elegantem Stil und modernen Akzenten. In Sachen Kulinarik setzt man auf abwechslungsreiche und kreative Zubereitungen, kocht kontrastreich und dennoch harmonisch, klassisch und saisonal. Und wissen Sie, wie raffiniert vegetarisch sein kann?
➜ Kaisergranat, Tafelspitz, Liebstöckel. Rotbarbe, Bulgur, Korinthen, Avocado. Kalbsfilet, Hokkaido, weiße Bohnen, Mandel.

YoSH
Feuerbacher Weg 101 ✉ 70192 – ✆ (0711) 6 99 69 60 Stadtplan : F1**a**
– www.yosh-stuttgart.de – geschl. Mitte August - Anfang September und Montag - Dienstag
Menü 118/198 € – Karte 69/106 € – *(nur Abendessen)* (Tischbestellung ratsam)
Niveauvoll speisen... Dafür sorgt zum einen Klaus Jäschke mit seiner frischen klassischen Küche, in der die ausgezeichneten Zutaten toll zur Geltung kommen, aber auch das Ambiente ist ausgesprochen attraktiv mit seiner modernen Eleganz und den überaus wertig eingedeckten Tischen samt schönem Porzellan!
➜ Wagyu-Tafelspitzsülze, Wildkräutersalat, Trüffelvinaigrette. Atlantik Wolfsbarsch, Erbsen, Frühlingslauch, Beurre Blanc. Schokoladensoufflé, Sauerrahmeis.

XXX OLIVO – Hotel Steigenberger Graf Zeppelin

Arnulf-Klett-Platz 7 ✉ 70173 – ✆ (0711) 2 04 80 Stadtplan : K1**v**
– www.olivo-restaurant.de – geschl. Ende Mai 2 Wochen, August - Anfang September und Samstagmittag, Sonntag - Dienstagmittag
Menü 65 € (mittags)/140 € – Karte 60/92 €
In ruhiger, entspannter Atmosphäre das lebendige Treiben des Hauptbahnhofs beobachten und dabei richtig fein essen? Für Letzteres ist Nico Burkhardt mit seinen modernen, produktorientierten und aufwändig arrangierten Speisen verantwortlich.
➜ Chiemsee Huchen, Spargel, Ei, Jamón Jabugo, Wildkräuter. Kalb und Sot-l'y-laisse, Blumenkohl, Pilz, Kopfsalat. Beere, Pistazie, Käsekuchencreme.

XX Kern's Pastetchen

Hohenheimer Str. 64 ✉ 70184 – ✆ (0711) 48 48 55 Stadtplan : K3**v**
– www.kerns-pastetchen.de – geschl. über Pfingsten 2 Wochen, Ende Juli - Anfang August 2 Wochen und Sonntag
Menü 60/70 € – Karte 47/58 € – *(nur Abendessen)* (Tischbestellung ratsam)
Ein Ort mit Wohlfühlfaktor! Dafür sorgen die erfahreren Gastronomen Marieluise und Josef Kern, die ihr charmantes Restaurant mit Herzblut betreiben. Neben Saisonalem hat auch Österreich (Heimat des Patrons) seinen Platz auf der Karte, z. B. als Tafelspitzbrühe oder als Topfenknödel.

XX La Fenice

Rotebühlplatz 29 ✉ 70178 – ✆ (0711) 6 15 11 44 Stadtplan : J2**e**
– www.ristorante-la-fenice.de – geschl. Sonntag, Samstagmittag und an Feiertagen mittags
Menü 18 € (mittags)/65 € – Karte 40/55 €
Schon so mancher ist bei den Geschwistern Gorgoglione zum Stammgast geworden - das spricht für die italienische Küche in dem freundlich-eleganten Ristorante. Übrigens: Zu finden ist der etwas versteckte Eingang über den Hof, wo man im Sommer eine Terrasse hat.

XX Délice

Hauptstätter Str. 61 ✉ 70178 – ✆ (0711) 6 40 32 22 Stadtplan : J3**d**
– www.restaurant-delice.de – geschl. Weihnachten - 6. Januar, über Ostern 1 Woche, über Pfingsten 2 Wochen, August - September 2 Wochen und Samstag - Sonntag
Menü 98 € – Karte 70/82 € – *(nur Abendessen)* (Tischbestellung erforderlich)
Gemütlich und chic ist das kleine Restaurant in dem aparten Tonnengewölbe. Die Speisen sind kreativ, saisonal und mediterran geprägt, der Blick in die offene Küche weckt Vorfreude! Die gut sortierte Weinkarte bietet die passende Begleitung, in Sachen Service erwartet Sie ein reibungsloser Ablauf.
➜ Jacobsmuschel, Zuckerschoten, Erbsen, Morchel. Maibockrücken, Buchweizenravioli, grüner Spargel, Vanillejus. Lauwarmer Valrhona Schokoladenauflauf, Süßkirschen, Karamell, Pistazie.

XX 5

Bolzstr. 8, 1. Etage ✉ 70173 – ✆ (0711) 65 55 70 11 Stadtplan : J1**f**
– www.5.fo – geschl. Mitte August - Mitte September und Sonntag
Menü 76/128 € – Karte 74/98 € – *(nur Abendessen)* (Tischbestellung ratsam)
Hier ist schon alles sehr speziell und einmalig: im EG die lebendige moderne Bar (absoluter Hotspot in der Stadt und ideal für einen Aperitif), im OG das urbane, individuell designte Gourmetrestaurant samt offener Küche. Hier entstehen feine, intensive und ausdrucksstarke Speisen.
➜ Ora King Lachs, kandierte Oliven, Rettich, Curry, Zitronenschale. Obsiblue Garnele, Radieschen-Sojasud, Sprossen, Purple Curry. Bavette vom US-Rind, Lardo, Pfifferlinge, Saubohnen, Rotkohljus.

XX La nuova Trattoria da Franco

Calwer Str. 32 ✉ 70173 – ✆ (0711) 29 47 44 Stadtplan : J2**c**
– www.lanuovatrattoriadafranco.de
Menü 19 € (mittags unter der Woche)/50 € – Karte 30/55 €
Italienische Klassiker, Pizza & Pasta und dazu frisches Ambiente auf zwei Stockwerken - so isst man bei Familie Annunziata mitten in der City. Kommen Sie doch auch mal zum beliebten Mittagstisch in die Trattoria!

XX **Wörtz zur Weinsteige** – Hotel Wörtz zur Weinsteige

Hohenheimer Str. 30 ✉ 70184 – ✆ (0711) 2 36 70 00 Stadtplan : K3**p**
– www.zur-weinsteige.de – geschl. Anfang Januar 2 Wochen, August 2 Wochen und Samstagmittag, Sonntag - Montag sowie an Feiertagen außer an Weihnachten
Menü 42/95 € – Karte 45/76 €
Die Brüder Scherle bieten nicht nur das gleichnamige Hotel, auch ein Besuch zum Essen lohnt sich. In dem gemütlichen Restaurant (stilvoll die Deko in Gold) gibt es ambitionierte internationale Küche. Und dazu deutsche Weine? Diese sind unter den über 1000 Positionen besonders stark vertreten.

XX **Le Cassoulet** – Hotel Le Méridien

Willy-Brandt-Str. 30 ✉ 70173 – ✆ (0711) 2 22 10 Stadtplan : K1**t**
– www.lemeridienstuttgart.com – geschl. 25. Juli - August
Menü 58 € – Karte 32/61 €
Warme, helle Erdtöne wurden gewählt, um dem Restaurant einen eleganten Rahmen zu geben. Dank eines internationalen Speisenangebots ist für jeden Geschmack etwas auf der Karte zu finden.

XX **Cube**

Kleiner Schlossplatz 1, im Kunstmuseum, 4. Etage Stadtplan : J2**b**
✉ 70173 – ✆ (0711) 2 80 44 41 – www.cube-restaurant.de
Menü 33 € (mittags unter der Woche)/57 € – Karte 53/64 €
Lust auf ambitionierte internationale Küche in Verbindung mit puristischem Design und tollem Blick über die Stadt? In dem modernen Glaskubus gibt es abends z. B. "Rinderfiletsteak / Chioggia Bete / Gnocchi", mittags etwas einfachere Karte.

X **Feinkost Böhm**

Kronprinzstr. 6 ✉ 70173 – ✆ (0711) 22 75 60 Stadtplan : J2**a**
– www.feinkost-boehm.de – geschl. Sonntag und an Feiertagen
Menü 27/40 € – Karte 34/57 € – *(Montag - Samstag bis 20 Uhr geöffnet)*
Puristisch-moderner Stil, originelle Bilder an den Wänden, um Sie herum die feinen Leckereien des Feinkostgeschäfts - da hat man die guten Produkte für die saisonalen und klassischen Gerichte direkt im Haus! Tipp: Kunstmuseum um die Ecke.

X **Der Zauberlehrling** – Hotel Der Zauberlehrling

Rosenstr. 38 ✉ 70182 – ✆ (0711) 2 37 77 70 Stadtplan : K2**c**
– www.zauberlehrling.de – geschl. Sonntag
Menü 39/98 € – Karte 51/78 € – *(nur Abendessen)* (Tischbestellung ratsam)
Ein Hingucker: stilvoll-modern das Design, Weiß die vorherrschende Farbe, schön das Lichtkonzept. Die Küche international, saisonal, ambitioniert, Menüs sind z. B. das "Zauber-" oder das "Fischmenü". Samstags nur "Candle Light Dinner".

X **Brust oder Keule** N

Katharinenstr. 21B ✉ 70182 – ✆ (0711) 86 02 73 00 Stadtplan : K2**b**
– www.bok-stuttgart.de – geschl. Samstagmittag, Sonntag
Menü 33 € (abends)/45 € – Karte 34/53 €
Beim Namen stand hier der berühmte Film mit Louis de Funès Pate. Gemütlich und angenehm leger die Atmosphäre, regional inspiriert die Speisen wie "Zwiebelrostbraten mit Lembergersoßle", dazu primär deutsche Weine. Einfachere Mittagskarte.

X **Vetter**

Bopserstr. 18 ✉ 70180 – ✆ (0711) 24 19 16 Stadtplan : K3**s**
– geschl. Weihnachten - Anfang Januar 2 Wochen, Mitte August 2 Wochen und Sonntag
Menü 25/45 € – Karte 27/56 € – *(nur Abendessen)* (Tischbestellung ratsam)
In dem herzlich geführten gemütlichen kleinen Restaurant geht es mitunter sehr lebhaft zu. Die (Stamm-) Gäste schätzen die gute regionale Küche, die z. B. in Form von "Sauerbraten mit Spätzle" oder "Tafelspitz mit Meerrettich" daherkommt.

Goldener Adler

Böheimstr. 38 ✉ 70178 – ✆ (0711) 6 33 88 02 Stadtplan : F3**g**
– www.goldener-adler-stuttgart.de – geschl. über Weihnachten
Karte 27/44 € – *(nur Abendessen)* (Tischbestellung ratsam)
Bei Rolf Hekeler und Christopher Oelkrug macht es richtig Spaß zu essen! Das liegt zum einen an der gemütlich-lebendigen Atmosphäre, zum anderen an wirklich guten und frischen Gerichten wie "Kalbsnieren in Senfsauce mit Röstkartoffeln"!

GiraSole

Schwabstr. 114, nahe Hölderlinplatz ✉ 70193 Stadtplan : E2**g**
– ✆ (0711) 2 22 06 51
Karte 22/43 € – *(Samstag - Sonntag sowie an Feiertagen nur Abendessen)* (Tischbestellung ratsam)
Die typische italienische Küche des kleinen Lokals kommt auch als günstiges Tagesmenü gut an. Die Damen der Familie kümmern sich freundlich um die Gäste, der Chef kocht.

Augustenstüble

Augustenstr. 104 ✉ 70197 – ✆ (0711) 62 12 48 – www. Stadtplan : E3**a**
augustenstüble.de – geschl. nach Pfingsten 1 Woche und Sonntag - Montag außer an Feiertagen
Menü 38/48 € – Karte 34/47 € – *(nur Abendessen)* (Tischbestellung ratsam)
Ein Stück Frankreich mitten in Stuttgart. Seit über 30 Jahren kümmert sich Familie Oberkamm herzlich um ihre Gäste, die sich z. B. hausgemachte Rillette vom Landschwein oder Boeuf Bourguignon schmecken lassen. Dazu eine gute Weinauswahl.

SUSHI-YA

Kronprinzstr. 6, im Feinkost Böhm ✉ 70173 Stadtplan : J2**s**
– ✆ (0711) 2 27 56 29 – www.feinkost-boehm.de – geschl. Sonntag
Menü 22 € (mittags) – Karte 15/44 €
Der absolute Renner ist diese trendige Adresse. An der Bar hat man uneingeschränkte Sicht auf die meisterhafte Handwerkskunst - Besonderheit ist flambiertes Sushi! Und am Nachmittag Kaffee und Kuchen im angeschlossenen Feinkostgeschäft?

SCHWÄBISCHE WEINSTUBEN: : gemütliche Weinstuben mit regionalen Speisen und lokalem Weinangebot.

Weinstube Schellenturm

Weberstr. 72 ✉ 70182 – ✆ (0711) 2 36 48 88 Stadtplan : K2**u**
– www.weinstube-schellenturm.de – geschl. 24. Dezember - 7. Januar und Sonntag sowie an Feiertagen
Karte 27/30 € – *(nur Abendessen)*
In dem 1564 als Teil der Stadtmauer erbauten Turm - benannt ist das Lokal nach Strafgefangenen in Fußschellen - ist es schön urig: Natursteinmauern, alter Holzboden und Gebälk, Kachelofen und Wendeltreppe. Zu essen gibt's Regionales.

Stuttgarter Stäffele

Buschlestr. 2a ✉ 70178 – ✆ (0711) 66 41 90 Stadtplan : F3**f**
– www.staeffele.de – geschl. Samstagmittag, Sonntagmittag und an Feiertagen mittags
Karte 24/44 € – (Tischbestellung ratsam)
Das gemütliche schwäbische Weinlokal besteht aus verschiedenen heimeligen Stuben, die liebenswert mit unterschiedlichsten Accessoires ausstaffiert sind - besonders hübsch ist die Deko zur Adventszeit!

Weinstube Kochenbas

Immenhofer Str. 33 ✉ 70180 – ✆ (0711) 60 27 04 Stadtplan : J3**b**
– www.kochenbas.de – geschl. 19. August - 9. September und Montag
Karte 23/30 €
So behaglich wie die Stube bei den Großeltern... Kein Wunder also, dass man das Gasthaus von 1847 (die älteste Weinstube in Stuttgart!) gerne besucht, um sich am alten Ofen regionale Gerichte servieren zu lassen.

Weinhaus Stetter

Rosenstr. 32 ✉ 70182 – ✆ (0711) 24 01 63 Stadtplan : K2**e**
– www.weinhaus-stetter.de – geschl. Anfang Januar 1 Woche, September 2 Wochen und Sonntag sowie an Feiertagen
Karte 17/39 € – *(Montag - Freitag ab 15 Uhr geöffnet)*
Ein ländliches Lokal mit regionaler Küche und Weinverkauf. Das Weinangebot umfasst ca. 600 Positionen, vor allem Württemberger und französische Weine sind reichlich vertreten.

Weinstube Klösterle

Marktstr. 71, Bad Cannstatt ✉ 70372 Stadtplan : G1**e**
– ✆ (0711) 56 89 62
Karte 22/34 € – *(Montag - Samstag nur Abendessen)*
Das alte Holzhaus von 1463 sticht einem gleich ins Auge, und so urig-gemütlich ist es auch drinnen: dunkles Holz, niedrige Decken, Fachwerk... Die regionalen Speisen und saisonalen Tagesangebote serviert man auch im netten Innenhof.

In Stuttgart-Degerloch

Waldhotel

Guts-Muths-Weg 18 ✉ 70597 – ✆ (0711) 18 57 20 Stadtplan : C2**e**
– www.waldhotel-stuttgart.de
96 Zim – 🚹110/115 € 🚹🚹125/130 € – ☕ 18 €
Was dieses Hotel zu bieten hat, kann sich wirklich sehen lassen: hochwertige Ausstattung auf dem neuesten Stand! Und auch die Lage stimmt: am Waldrand und dennoch mit guter Anbindung an Stadt, Messe, Airport - um die Ecke der Fernsehturm.

Wielandshöhe (Vincent Klink)

Alte Weinsteige 71 ✉ 70597 – ✆ (0711) 6 40 88 48 Stadtplan : F3**a**
– www.wielandshoehe.de – geschl. Sonntag - Montag
Menü 88/120 € – Karte 60/100 € – (Tischbestellung ratsam)
Vincent Klink und seine Wielandshöhe... Was sie zu einer Gourmet-Institution in Stuttgart macht, ist schnell erklärt: höchste Kontinuität! Zusammen mit seinem Küchenteam setzt der Patron auf unverfälschte klassische Küche und top Produkte.
➜ Salat vom gepökeltem Schweinezüngle, Bordeauxvinaigrette. Rücken und Filet vom Alblamm, Breite Bohnen. Pudding von der Valrhonaschokolade mit Vanillesauce.

Fässle

Löwenstr. 51 ✉ 70597 – ✆ (0711) 76 01 00 Stadtplan : C2**a**
– www.faessle.de – geschl. Sonntag - Montag
Menü 25 € (mittags)/38 € – Karte 31/50 € – (Tischbestellung ratsam)
Seine frische Küche hat Rudolf Schmölz schon so manchen Stammgast beschert. Sie mögen regionale Klassiker? Oder lieber Internationales? Hier wird mit Geschmack gekocht, ob Zwiebelrostbraten oder "St.-Pierre-Filet auf venezianischem Gemüse"!

In Stuttgart-Flughafen

Mövenpick Hotel Airport & Messe

Flughafenstr. 50 ✉ 70629 – ✆ (0711) 55 34 40 Stadtplan : C3**k**
– www.moevenpick-hotels.com/stuttgart-airport
324 Zim – 🚹125/455 € 🚹🚹125/455 € – ☕ 25 € – 2 Suiten
Das Businesshotel ist nicht nur komfortabel, man bietet mit schickem klarem Design (und der Sicht von den oberen Etagen) auch was fürs Auge! Die Lage an Flughafen und Messe ist dank sehr guter Schallisolierung nur von Vorteil. Im Restaurant blickt man bei Frühstück oder Mövenpick-Klassikern auf die Terminals.

top air

im Flughafen, Terminal 1, Ebene 4 ✉ 70629 Stadtplan : C3**p**
– ✆ (0711) 9 48 21 37 – www.restaurant-top-air.de – geschl. 1. - 11. Januar, 22. - 29. März, 24. - 30. Mai, August und Samstagmittag, Sonntag - Dienstagmittag sowie an Feiertagen
Menü 85/145 € – Karte 91/158 €
Von den Plätzen direkt an der Fensterfront haben Sie freie Sicht auf das Rollfeld, während Sie die kreative Küche von Marco Akuzun genießen. Angesichts der schönen aufwändigen Präsentation sollten Sie aber auch dem Teller vor Ihnen volle Aufmerksamkeit schenken! Praktisch: Parkplatz P5 ist ganz in der Nähe.
→ Königskrabbe, Kobe, Kaviar, Kohlrabi, Miso. Waller, Blutwurst, Morcheln, Orangenschale, Erbse, Wachtelei. Valrhona "Kalingo", Kokos, Zitronemelisse, Erdnuss.

In Stuttgart-Gablenberg

Nannina

Gaishämmerstr. 14 ✉ 70186 – ✆ (0711) 7 77 51 72 Stadtplan : G2**a**
– www.nannina.de – geschl. Dezember 2 Wochen, August 2 Wochen und Montag, Samstagmittag
Menü 49/66 € – Karte 49/61 €
Gastgeberin Giovanna Di Tommaso (genannt Nannina) widmet sich in dem kleinen Restaurant ganz ihrer Leidenschaft, der italienischen Küche. Frisch und ambitioniert bereitet sie z. B. "auf der Haut gebratenen Zander mit Algen" zu. Typisch Familienbetrieb: Ihr Sohn leitet den Service. Terrasse hinterm Haus.

In Stuttgart-Heslach

Hupperts (N)

Gebelsbergstr. 97 ✉ 70199 – ✆ (0711) 6 40 64 67 Stadtplan : E3**p**
– www.hupperts-restaurant.de – geschl. Montag
Menü 59/89 € – Karte 59/73 € – *(nur Abendessen, sonntags auch Mittagessen)*
Das ist Gastronomie mit Herz und Engagement. Die Küche steht unter dem Motto "Reiner Geschmack": Am Abend bietet man ein ambitioniertes kreatives Menü mit 3-9 Gängen. Gemütliches Kaminzimmer für Raucher.

In Stuttgart-Hohenheim

Speisemeisterei (Frank Oehler und Markus Eberhardinger)

Schloss Hohenheim ✉ 70599 – ✆ (0711) 34 21 79 79 Stadtplan : C3**s**
– www.speisemeisterei.de – geschl. 11. Januar - 12. Februar
Menü 44 € (mittags unter der Woche)/128 € – (Tischbestellung ratsam)
TV-Koch und Patron Frank Oehler und Küchenchef Markus Eberhardinger bieten hier kreative und aromenreiche Speisen, die ebenso mit interessanten Kontrasten bestechen wie das Ambiente: modernes Interieur in klassisch-barockem Rahmen. Fast ein Schnäppchen: der wechselnde Business-Lunch.
→ Stubenküken vom Brunnenhof mit Heu, Speck und Alblinsen. Pak Choi mit Kichererbsencurry, schwarzer Knoblauch, Thai Mango und Litschischaum. Rotbarsch mit Sauce Rouille, Safranfenchel, Koriander und Chilli.

In Stuttgart-Möhringen

DORMERO

Plieninger Str. 100, im SI Centrum ✉ 70567 Stadtplan : C3**d**
– ✆ (0711) 72 10 – www.dormero-hotel-stuttgart.de
424 Zim – †80/150 € ††99/170 € – 30 Suiten – ½ P
Ein apartes Bild: "Whitelounge" und Zimmer sind sachlich-modern in Weiß gehalten! Das Hotel ist ideal für Tagungen und Veranstaltungen, aber auch Privatgäste schätzen das SI-Erlebnis-Centrum und seine Musical-Theater direkt vor der Tür sowie den Zugang zu den "SchwabenQuellen". Es gibt vier Restaurants.

Gloria

Sigmaringer Str. 59 ✉ 70567 – ✆ (0711) 7 18 50 Stadtplan : C3**u**
– www.hotelgloria.de
83 Zim – 69/179 € 89/219 €
Schon viele Jahre sorgt Evelin Kraft dafür, dass man hier gepflegt übernachtet (am geräumigsten im obersten Stock) - sei es nach einem Musical-Besuch (achten Sie auf die Musical-Arrangements) oder auf Geschäftsreise (10 Minuten zu Messe und Airport). Im Hexle isst man schwäbisch-mediterran.

Körschtal

Richterstr. 23 ✉ 70567 – ✆ (0711) 71 60 90 Stadtplan : C3**y**
– www.hotel-koerschtal.de
30 Zim – 68/88 € 86/98 €
Funktionelle und gut gepflegte Zimmer stehen in dem Hotel mitten in Möhringen zur Verfügung. Von der nahen Stadtbahnhaltestelle erreichen Sie bequem das Stuttgarter Zentrum.

Zur Linde

Sigmaringer Str. 49 ✉ 70567 – ✆ (0711) 7 19 95 90 Stadtplan : C3**u**
– www.linde-stuttgart.de – geschl. 26. Dezember - 6. Januar, 22. August - 4. September und Sonntag
Karte 29/51 € – *(nur Abendessen)* (Tischbestellung ratsam)
Auch unter den neuen Betreibern eine gute Empfehlung: In dem charmanten rund 300 Jahre alten Gasthaus gibt es Schwäbisches von hausgemachten Maultaschen über Kalbskutteln bis zum Herrengulasch. Uriger Gewölbekeller für Veranstaltungen.

In Stuttgart-Vaihingen

Pullman Fontana

Vollmoellerstr. 5 ✉ 70563 – ✆ (0711) 73 00 Stadtplan : B3**c**
– www.pullmanhotels.com/5425
250 Zim – 125/285 € 145/305 € – 24 € – 2 Suiten
Ein komfortables Hotel mit wohnlichen Zimmern in klassischem Stil, von den oberen Etagen mit schöner Sicht. Zudem hat man einen hell und neuzeitlich gestalteten Freizeitbereich und ein rustikal-elegantes Restaurant mit Wintergarten.

In Stuttgart-Wangen

Ochsen

Ulmer Str. 323 ✉ 70327 – ✆ (0711) 4 07 05 00 Stadtplan : H3**f**
– www.ochsen-online.de
36 Zim – 89/102 € 119/132 € – 2 Suiten
Familie Bender zeigt hier schon seit Jahrzehnten vollen Einsatz und entsprechend gepflegt ist das alteingesessene Gasthaus. Ausgebaut und erweitert, bietet es sowohl klassische als auch moderne Zimmer (einige sogar mit Whirlwanne) sowie internationale und schwäbische Küche in gemütlich-rustikalem Ambiente.

In Stuttgart-Weilimdorf

Meister Lampe

Solitudestr. 261 ✉ 70499 – ✆ (0711) 9 89 89 80 Stadtplan : B1**m**
– www.restaurant-meisterlampe.de – geschl. über Fasching 1 Woche, August 2 Wochen, Anfang November 1 Woche und Sonntagabend - Montag, Samstagmittag
Menü 50/76 € – Karte 36/56 €
Eine gemütlich-familiäre Adresse hat Daniel Stübler hier, und ambitioniert kochen kann er ebenfalls, nämlich Saisonales wie "rosa gebratenes Kotelett vom Iberico-Schwein mit Nussbutterjus, Petersilienwurzel, Maispolenta und Steinpilzen".

In Stuttgart-Zuffenhausen

Christophorus

Porscheplatz 5, im Porsche Museum 3. OG ✉ 70435 Stadtplan : C1**c**
– ✆ (0711) 91 12 59 80 – www.porsche.com
– geschl. Sonntagabend - Montag
Menü 39 € (mittags)/110 € – Karte 49/104 € – (Tischbestellung ratsam)
Sie sind Auto-Enthusiast und Freund guter Küche? Mit Blick ins Porsche Museum oder auf den Porscheplatz speist man mediterran-international. Highlight und fast ein Muss: US-Prime-Beef! Und danach Digestif samt Zigarre in der Smokers Lounge?

In Fellbach

Zum Hirschen

Hirschstr. 1 ✉ 70734 – ✆ (0711) 9 57 93 70 Stadtplan : D1**v**
– www.zumhirschen-fellbach.de
9 Zim – 88/98 € 118/138 €
Gourmet Restaurant avui • ***Gasthaus zum Hirschen*** – Siehe Restaurantauswahl
Der "Hirschen" ist bekannt für gute Küche, aber Sie können hier auch schön übernachten! Der kochende Gastgeber und seine Frau bieten hübsche, wohnliche Zimmer, Telefon (Festnetz) und W-Lan gratis. Tipp: ein Kurs in der modernen Kochschule.

Hirsch

Fellbacher Str. 2, Ortsteil Schmiden ✉ 70736 Stadtplan : D1**n**
– ✆ (0711) 9 51 30 – www.hirsch-fellbach.de
– geschl. 23. Dezember - 6. Januar
102 Zim – 70/92 € 95/120 € – 2 Suiten
Oettinger's Restaurant – Siehe Restaurantauswahl
Mitten in Schmiden haben die herzlichen Oettingers ein gewachsenes Haus, das selbst fast schon Dorfcharakter hat. Herzstück: die urig-gemütliche Weinstube mit bürgerlicher Küche, im Sommer mit Biergarten. Sie möchten übernachten? Besonders chic die Zimmer im "Lehenhof" - hier auch Lounge und Tagungsbereich.

Gourmet Restaurant avui (Armin Karrer) – Hotel Zum Hirschen

Hirschstr. 1 ✉ 70734 – ✆ (0711) 9 57 93 70 Stadtplan : D1**v**
– www.zumhirschen-fellbach.de
– geschl. Anfang Januar 1 Woche, Mai - August und Sonntag - Dienstag
Menü 59 € (vegetarisch)/168 € – Karte 64/111 € – *(nur Abendessen)* (Tischbestellung erforderlich)
Variantenreich, aromatisch, produktorientiert. Wenn Armin Karrer die diversen Menüs seiner "Cuisine Réelle" präsentiert, wird es nie langweilig - vielleicht wird Ihr Gericht ja direkt am Tisch vollendet! Stimmig auch der Rahmen und der versierte Service.
→ Kalbskopf, Kalbsbries, Pulpo, Langostino, Zitronenvinaigrette. Lamm, Aubergine, Orange, Kardamomjoghurt, Oliven-Orangensalz. Honigerdbeeren, Rosmarinmousse, Teesorbet.

Oettinger's Restaurant – Hotel Hirsch

Fellbacher Str. 2, Ortsteil Schmiden ✉ 70736 Stadtplan : D1**n**
– ✆ (0711) 9 51 30 – www.hirsch-fellbach.de
– geschl. 23. Dezember - 6. Januar, August und Sonntag - Montag sowie an Feiertagen
Menü 51/77 € – Karte 49/57 € – *(Dienstag - Freitag nur Abendessen)* (Tischbestellung ratsam)
"Edel, aber nicht steif", das ist das Motto von Patron Michael Oettinger und seinem Team, und das kommt an! Kreativ-saisonal ist die Küche in dem behaglichen, teilweise holzgetäfelten Restaurant. Nicht nur das Preis-Leistungs-Verhältnis macht Freude, auch der freundliche, unkomplizierte Service.

Goldberg

Tainer Str. 7, Schwabenlandhalle ✉ 70734 Stadtplan : D1**u**
– ✆ (0711) 57 56 16 66 – www.goldberg-restaurant.de
– geschl. August und Samstag - Sonntag
Menü 59/109 € – Karte 52/73 € – *(nur Abendessen)*
Geradlinig-elegantes Ambiente, unkomplizierter Service und dazu ausgesprochen ambitionierte Küche, das alles ist hier vereint. Man kocht kreativ auf klassischer Basis, mutige und gleichermaßen gelungene Aromenkombinationen zeichnen die Gerichte aus. Tipp: Winelounge mit lokalen Spitzengewächsen.
➜ Tafelspitzravioli, Cremespinat, Meerrettich, PX-Essiggelee. Stubenküken, Langostino, Polenta, Karotte, Tandoori. Manjari Schokolade, Maracuja, Grüner Tee.

Aldinger's

Schmerstr. 6 ✉ 70734 – ✆ (0711) 58 20 37 Stadtplan : D1**v**
– www.aldingers-restaurant.de – geschl. Februar - März 2 Wochen, August 3 Wochen und Sonntag - Montag
Menü 37/50 € – Karte 27/60 € – (Tischbestellung ratsam)
"Lachsschnitte in Rieslingsauce" oder "Kalbsrostbraten mit Spätzle"? Nicht zu vergessen der leckere Kartoffelsalat! Der sympathische Familienbetrieb (bereits in 3. Generation) ist bekannt für seine gute Küche. Tipp: die Aktionskarte.

Gasthaus zum Hirschen – Hotel Zum Hirschen

Hirschstr. 1 ✉ 70734 – ✆ (0711) 9 57 93 70 Stadtplan : D1**v**
– www.zumhirschen-fellbach.de – geschl. Anfang Januar 1 Woche und Samstagmittag, Montag, im Sommer: Samstagmittag, Sonntag - Montag
Menü 32 € (mittags unter der Woche) – Karte 33/66 € – (Tischbestellung ratsam)
Dies ist die legere, bodenständigere Restaurantvariante des "Hirschen". Regionale Klassiker schmecken hier ebenso gut wie Internationales, "Zwiebelrostbraten mit handgeschabten Spätzle" ist so lecker wie "marinierter Kalbskopf mit Pulpo".

SÜDHARZ

Sachsen-Anhalt – Regionalatlas **30**-L11
Berlin 256 km – Magdeburg 105 km – Erfurt 90 km – Braunschweig 130 km
Michelin Straßenkarte 542

Im Ortsteil Stolberg

Schindelbruch

Schindelbruch 1, Nord-Ost: 6 km ✉ 06536 – ✆ (034654) 80 80
– www.schindelbruch.de
98 Zim – 94/209 € 148/298 € – 7 Suiten – ½ P
Haupthaus, Landresidenz und zwei Blockhäuser bilden das Hotel in herrlich ruhiger Waldlage. Individuelle, wohnliche Zimmer, schöner Spa samt Badehaus auf drei Ebenen sowie stilvoller Festsaal. Im Waldteufel serviert man Regionales, in der Holzeule Grillgerichte.

Zum Bürgergarten

Thyratal 1 ✉ 06536 – ✆ (034654) 81 10
– www.hotel-zum-buergergarten.de
33 Zim – 44/52 € 78/86 € – ½ P
Das nette historische Fachwerkhaus ist ein familiengeführtes Hotel, in dem solide, wohnlich eingerichtete Gästezimmer zur Verfügung stehen. Das Restaurant befindet sich im Altbau und ist gediegen-rustikal gestaltet.

SÜDERENDE – Schleswig-Holstein ➜ Siehe Föhr (Insel)

SÜDLOHN

Nordrhein-Westfalen – 8 950 Ew. – Höhe 50 m – Regionalatlas **26**-C9
Berlin 538 km – Düsseldorf 98 km – Nordhorn 69 km – Bocholt 24 km
Michelin Straßenkarte 543

Gasthaus Nagel

Kirchplatz 8 ✉ 46354 – ✆ (02862) 9 80 40 – www.hotel-nagel.de
27 Zim – 55/75 € 75/95 € – ½ P
Neben der Kirche steht das gewachsene Gasthaus mit Familientradition seit 1849. Im Haupthaus sind die Zimmer neuzeitlich, im Gästehaus etwas einfacher; alle mit kostenfreiem WLan. Restaurant in bürgerlich-rustikalem Stil, im Sommer mit netter Terrasse.

SÜLZETAL

Sachsen-Anhalt – 9 990 Ew. – Höhe 80 m – Regionalatlas **31**-L9
Berlin 178 km – Magdeburg 17 km – Braunschweig 99 km
Michelin Straßenkarte 542

In Sülzetal-Osterweddingen

Landhotel Schwarzer Adler

Alte Dorfstr. 2 ✉ 39171 – ✆ (039205) 65 20 – www.hotel-osterweddingen.de – geschl. 23. Dezember - 10. Januar
22 Zim – 62/69 € 94/104 €
Besonderes Flair hat der Vierseitenhof von 1754 mit sehenswertem mittelalterlichem Taubenturm und Bauerngarten. Freundlich-familiär die Gästebetreuung, dazu Zimmer mit eleganter Note. In einem der Restauranträume steht ein schöner historischer Kachelofen. Draußen der lauschige Innenhof und der Barockgarten.

SUHL

Thüringen – 35 970 Ew. – Höhe 440 m – Regionalatlas **40**-J13
Berlin 352 km – Erfurt 61 km – Bamberg 94 km
Michelin Straßenkarte 544

Arcadia

Friedrich-König-Str. 1 ✉ 98527 – ✆ (03681) 71 00 – www.arcadia-hotel.de
127 Zim – 56/70 € 66/90 € – 13 € – 6 Suiten – ½ P
Eine Mischung aus Business- und Freizeithotel - zeitgemäß und funktionell in der Einrichtung und mit freiem Zugang zum angrenzenden Ottilienbad im Kongresszentrum. Highlight ist die fantastische Sicht vom Restaurant in der 16. Etage! Nur einen Steinwurf entfernt: Fahrzeugmuseum und Waffenmuseum.

SULZBERG – Bayern ➜ Siehe Kempten (Allgäu)

SULZBURG

Baden-Württemberg – 2 630 Ew. – Höhe 337 m – Regionalatlas **61**-D21
Berlin 826 km – Stuttgart 229 km – Freiburg im Breisgau 29 km – Basel 51 km
Michelin Straßenkarte 545

Waldhotel Bad Sulzburg

Badstr. 67, Süd-Ost: 4 km ✉ 79295 – ✆ (07634) 50 54 90 – www.waldhotel4you.de
36 Zim – 85/139 € 99/170 € – 2 Suiten – ½ P
In einsamer Waldlage finden Sie Ruhe sowie ein gutes Freizeitangebot u. a. mit Rad- und Wandertouren, aber auch Beauty-Anwendungen. Zimmer teils zum Tal, schönes Himmelbettzimmer. Im Restaurant: neuzeitlich-elegantes Ambiente mit rustikaler Note, die Küche ist bürgerlich.

Hirschen (Ehepaar Steiner-Weiler)

Hauptstr. 69 ✉ 79295 – ✆ (07634) 82 08 – www.hirschen-sulzburg.de – geschl. 1. - 23. Februar, 1. - 23. August, 23. - 28. Dezember und Sonntagabend - Dienstag

10 Zim – 100/140 € 140/160 €

Menü 65 € (mittags)/180 € – Karte 106/151 € – (Tischbestellung ratsam)

Klassischer Stil, geschmackvolle Deko und eine gewisse ländliche Eleganz verbreiten hier jede Menge Charme! Klassisch auch die Küche, gleichzeitig aber ganz modern. Douce Steiner und Ehemann Udo Weiler überzeugen mit Handwerk und sicherem Gespür für großartige Kompositionen. Wer gerne Wein trinkt (man hat hier 500 Gewächse), kann in wunderschönen Zimmern übernachten.

→ Velouté von Artischocke und Muscheln, marinierte Salicornes, Safran, Austernblatt. Confierter Steinbutt mit bretonischem Hummer, Krustentierfond und Kamilleblüte. Himbeersoufflé mit Pfirsich-Rosensorbet, Holunderblüte, Limonenkresse.

La Maison Eric

Im Brühl 7 ✉ 79295 – ✆ (07634) 61 10 – www.la-maison-eric.de – geschl. Januar 2 Wochen, Ende Juni - Anfang Juli 2 Wochen, Ende August 10 Tage und Montag - Mittwochmittag, Donnerstagmittag

2 Zim – 85/95 € 110/125 €

Menü 34 € (mittags)/59 € – Karte 40/58 € – (Tischbestellung ratsam)

Schön gemütlich ist es in dem hübschen alten Fachwerkhaus. Ein bisschen Eleganz, eine ländliche Note und dazu ein Hauch Moderne - das schafft Atmosphäre, genauso wie der persönliche Service von Eric Grandgirard! Natürlich kommt man aber auch wegen der schmackhaften klassischen Küche von Dagmar Hauck!

Landgasthof Rebstock

Hauptstr. 77 ✉ 79295 – ✆ (07634) 50 31 40 – www.kellers-rebstock.de – geschl. über Fastnacht, Ende August - Anfang September und Mittwoch

7 Zim – 60/90 € 72/90 € – ½ P

Menü 19 € (mittags unter der Woche)/50 € – Karte 28/48 €

Lust auf "Kraftbrühe mit Flädle", gefolgt von "Rehragout mit Rotkraut und Spätzle"? Leckere regionale Gerichte wie diese gibt es sowohl in der charmant-rustikalen Ofenstube als auch im klassisch gehaltenen Rebstübli - gemütlich sie sind beide! Und gepflegt übernachten kann man obendrein.

In jedem Sterne-Restaurant ✿ werden drei Beispielgerichte angegeben, die den Küchenstil widerspiegeln. Nicht immer finden sich diese Gerichte auf der Karte, werden aber durch andere repräsentative Speisen ersetzt.

In Sulzburg-Laufen West: 2 km

La Vigna

Weinstr. 38 ✉ 79295 – ✆ (07634) 80 14 – www.restaurant-la-vigna.de – geschl. 7. - 21. Februar, 28. August - 11. September und Sonntag - Montag, Dienstagabend, Mittwochabend, Donnerstagabend

2 Zim – 65 € 85 €

Menü 30 € (mittags)/76 € – Karte 41/67 € – (Tischbestellung ratsam)

In diesem italienischen Familienbetrieb sollten Sie auf jeden Fall Ravioli und hausgemachte Nudeln probieren! Und kommen Sie auch mal zum Tagesmenü - dann dürfte es Sie nicht wundern, dass das ländlich-elegante Gasthaus der Espositos meist schnell ausgebucht ist! Beliebt auch die reizende Terrasse.

SULZFELD – Bayern → Siehe Kitzingen

SULZFELD (KREIS KALRSRUHE)

Baden-Württemberg – 4 660 Ew. – Höhe 196 m – Regionalatlas **55**-G17
▶ Berlin 632 km – Stuttgart 57 km – Karlsruhe 46 km –
Neustadt a.d. Weinstraße 75 km
Michelin Straßenkarte 545

Burg Restaurant Ravensburg

Mühlbacherstr. 84 ✉ 75056 – ✆ (07269) 91 41 91
– www.burgrestaurant-ravensburg.de – geschl. Anfang Januar - Mitte Februar und Montag - Dienstag
Menü 13 € (mittags unter der Woche)/35 € – Karte 26/41 €
Keine Frage, die Lage in der Burg ist der Besuchermagnet schlechthin, traumhaft die Terrasse mit Blick über die Region! Serviert wird bürgerlich-regionale Küche und der Wein dazu wächst praktisch vor der Tür. Wäre das nicht auch etwas für Ihre Hochzeit? Eine eigene Kapelle und elegante Säle gibt es neben dem gemütlichen historisch-rustikalen Restaurant nämlich auch.

SULZHEIM

Bayern – 2 040 Ew. – Höhe 227 m – Regionalatlas **49**-J15
▶ Berlin 451 km – München 214 km – Würzburg 51 km – Bamberg 55 km
Michelin Straßenkarte 546

Landgasthof Goldener Adler

Otto-Drescher-Str. 12 ✉ 97529 – ✆ (09382) 70 38
– www.goldener-adler-sulzheim.de – geschl. 24. Dezember - 6. Januar
30 Zim – †70/80 € ††108/118 €
Der ansprechende Gasthof ist ein beispielhaft gepflegter Familienbetrieb. Die Zimmer sind individuell gestaltet, teilweise in ganz modernem Stil eingerichtet. Nett auch das Restaurant mit ländlichem Charakter.

SWISTTAL

Nordrhein-Westfalen – 17 480 Ew. – Höhe 140 m – Regionalatlas **36**-C13
▶ Berlin 608 km – Düsseldorf 71 km – Köln 31 km – Mainz 173 km
Michelin Straßenkarte 543

In Swisttal-Miel

Graf Belderbusch

Schlossallee 17 ✉ 53913 – ✆ (02226) 9 07 88 07 – www.belderbusch.de – geschl. Januar und Montag
Menü 35 € – Karte 29/50 €
Gleich neben der 18-Loch-Anlage des Golf-Clubs Schloss Miel kocht man für Sie internationale Speisen und auch einfachere Gerichte für zwischendurch. In der lebhaften Atmosphäre des luftig-hohen Raumes fühlen sich nicht nur Golfer wohl.

SYLT (INSEL)

Schleswig-Holstein (SH)Höhe 3 m – Regionalatlas **1-F1**
Berlin 464 km – Kiel 136 km – Flensburg 55 km – Husum 53 km
Michelin Straßenkarte 541

S. Lubenow / imageBROKER / age fotostock

HÖRNUM

BUDERSAND Hotel - Golf & Spa

Am Kai 3 ✉ 25997 – ✆ (04651) 4 60 70 – www.budersand.de
– geschl. 4. Januar - 5. Februar
77 Zim – 230/270 € 280/490 € – 6 Suiten – ½ P
KAI3 ✿ • ***Strönholt*** – Siehe Restaurantauswahl
Außen aparte Architektur, innen edles und formschönes Design. Klasse haben hier nicht nur Einrichtung und Service: Ein Eldorado für Literaturfreunde ist die von Elke Heidenreich eingerichtete Bibliothek mit über 1000 Werken (teilweise in Lesungen vorgestellt). Und was könnte reizvoller sein als ein tolles Frühstück auf der Terrasse am Meer?

54° Nord

Strandstr. 2 ✉ 25997 – ✆ (04651) 44 91 70 – www.hotel54gradnord.de
4 Zim – 110/238 € 120/248 € – 18 Suiten
Dies ist das älteste Haus im Ort, das nun, ergänzt durch einen modernen Anbau, ein ungezwungenes und zeitgemäßes Hotel samt schönem kleinem Wellnessbereich beherbergt. Im Altbau befand sich früher die Reederei Hapag, daher der Name. In der Genusswirtschaft "Dock 2" gibt es Flammkuchen, Antipasti, Käse...

KAI3 – BUDERSAND Hotel - Golf & Spa

✿
Am Kai 3 ✉ 25997 – ✆ (04651) 4 60 70 – www.budersand.de – geschl. 4. Januar - 5. Februar und Mittwoch - Donnerstag
Menü 108/168 € – *(nur Abendessen)* (Tischbestellung ratsam)
Kaum angekommen, zieht einen schon die tolle Sicht auf Nordsee und Föhr in ihren Bann. Nicht weniger Aufmerksamkeit verdienen die exakt gearbeiteten, aromenreichen und aufwändig arrangierten Gerichte - hier legt man viel Wert auf Gemüse.
→ Pastinake in Preiselbeersaft gegart mit Wurzelpetersilie, Erdartischocken. Geschmorter und mit Wacholder gegrillter Weideochse mit Dostjus, Lauchzwiebel und Pfifferlingen. Roter Glockenapfel, Apfelbalsam, Rhabarber, Wiesenkerbel, Buchweizen.

Strönholt – BUDERSAND Hotel - Golf & Spa

Fernsicht 1 ✉ 25997 – ✆ (04651) 4 49 27 27 – www.stroenholt.de – geschl. 4. Januar - 5. Februar und außer Saison: Montag - Dienstag
Menü 39 € – Karte 37/51 €
Dass das Backsteingebäude oberhalb des Hotels einst militärischen Zwecken diente, würde man heute angesichts des schicken modernen Designs kaum vermuten. Während Sie über Dünen und Meer blicken, serviert man Ihnen bodenständige saisonale Küche. Im Winter heißt es: gemütlich am Kaminfeuer sitzen!

Kampen

Rungholt

Kurhausstr. 35 ✉ 25999 – ✆ (04651) 44 80 – www.hotel-rungholt.de
44 Zim – 110/160 € 180/250 € – 21 Suiten – ½ P
Eine schöne Urlaubsadresse, die natürlich mit ihrer Lage an den Dünen trumpft. Alles ist topgepflegt, die Zimmer sind sehr unterschiedlich geschnitten, hübsch und wohnlich, der Spa einladend und hell mit Tageslichtsauna und Kinderbecken.

Walter's Hof

Kurhausstr. 23 ✉ 25999 – ✆ (04651) 9 89 60 – www.walters-hof.de
35 Zim – 140/690 € 160/690 € – 20 € – 16 Suiten
Toll ist nicht nur die Nähe zum Strand, auch die hübschen, individuellen Zimmer, teils mit Meerblick! Sehr schön die Kunst im Haus. Wer länger bleiben möchte, wohnt in den Ferienwohnungen und Appartementhäusern am bequemsten. Im gediegen-eleganten Restaurant mit charmant-friesischer Note speist man klassisch.

Village

Alte Dorfstr. 7, Zufahrt über Brönshooger Weg ✉ 25999 – ✆ (04651) 4 69 70 – www.village-kampen.de – geschl. Anfang Dezember 2 Wochen, Ende Januar 3 Wochen
10 Zim – 239/335 € 259/355 € – 4 Suiten
Außen charmant-friesisch, innen edel-elegant - da verwundert es nicht, dass die engagierten Gastgeber Inneneinrichter sind! Viele schöne Details machen die Zimmer wohnlich und individuell. Attraktiv auch der kleine Schwimmbad- und Saunabereich. Am Abend wird nach Ihren (am Vortag geäußerten) Wünschen gekocht.

Ahnenhof

Kurhausstr. 8 ✉ 25999 – ✆ (04651) 4 26 45 – www.ahnenhof.de
13 Zim – 86/122 € 158/255 €
Angenehm persönlich ist die Atmosphäre in dem kleinen Hotel in schöner Lage. Dazu sehr gepflegte und wohnliche Zimmer, ein hübscher Saunabereich und der liebenswert-rustikale Frühstücksraum samt Terrasse mit Blick auf Dünen und Meer!

Rauchfang (N)

Strönwai 5 ✉ 25999 – ✆ (04651) 4 26 72 – www.rauchfang-kampen.de – geschl. Januar 3 Wochen und ausser Saison: Mittwoch
Karte 42/98 € – (abends Tischbestellung ratsam)
Ein Hotspot an der berühmten "Whiskystraße"! Drinnen friesisch-gemütlich, draußen die große Terrasse samt Bar, dazu gutes Essen und herzlicher Service! Gekocht wird ambitioniert und mit kreativem Einschlag, vom Wiener Schnitzel bis zum Rinderfilet. Und mittags vielleicht eine Currywurst?

Gogärtchen

Strönwai 12 ✉ 25999 – ✆ (04651) 4 12 42 – www.gogaertchen.com – geschl. 23. November - 17. Dezember und November - Februar: Montag
Karte 47/77 € – (abends Tischbestellung ratsam)
1951 eröffnet und nicht wegzudenken aus Kampen! Bewusst hat man dem reetgedeckten Backsteinhaus seinen friesischen Charme bewahrt: moderner Stil zu alten Fliesen und Kachelofen. Es gibt saisonale Küche (abends aufwändiger) sowie hausgebackenen Kuchen, und in Bar und Lounge heißt es "sehen und gesehen werden"!

Kamp'ner Pesel (N)

Alte Dorfstr. 2 ✉ 25999 – ✆ (04651) 9 67 47 23 – www.kampner-pesel.de – geschl. Oktober - März: Montag
Karte 47/95 € – *(nur Abendessen)*
Ausgesprochen behaglich ist das weiß getäfelte Restaurant in dem hübschen Reetdachhaus. Serviert wird Internationales wie "Steinbutt mit Ochsenschwanzravioli". Vertrauen Sie ruhig auf die Empfehlungen des legeren und aufmerksamen Service.

Manne Pahl
Zur Uwe Düne 2 ✉ 25999 – ✆ (04651) 4 25 10 – www.manne-pahl.de
Karte 26/69 €
Dass so viele Gäste zu Pius Regli kommen, liegt an der rustikalen Gemütlichkeit und der traditionellen Küche. In der holzgetäfelten Gaststube oder im lichten Wintegarten isst man Scholle, Wiener Schnitzel und natürlich Pfannkuchen! Lecker auch der hausgebackene Kuchen!

Sturmhaube
Riperstig 1 ✉ 25999 – ✆ (04651) 99 59 40 – www.sturmhaube.de
Menü 75/95 € (abends) – Karte 42/87 €
Was wäre Kampen ohne die Sturmhaube? Näher am Meer, inmitten der traumhaften Dünenlandschaft, kann man kaum essen! Gekocht wird mit regionalen Produkten. Und wie wär's mit BBQ auf der Terrasse?

KEITUM

Severin's N
Am Tipkenhoog 18 ✉ 25980 – ✆ (04651) 46 06 60 – www.severins-sylt.de
32 Zim – 230/350 € 290/410 € – 33 Suiten
Außen inseltypisch, innen stilvoll-modern. Einen Steinwurf vom Wasser entfernt beherbergen schöne Backsteinhäuser mit Reetdach luxuriöse Zimmer, einen weitläufigen Spa und zwei Restaurants: Im gemütlichen "Hoog" gibt's Sylter Küche, Snacks sowie Kaffee und Kuchen, im "Tipken's" kocht man gehoben mit regionalen Zutaten. Toll für Familien: ganztägige Kinderbetreuung.

Benen-Diken-Hof
Keitumer Süderstr. 3 ✉ 25980 – ✆ (04651) 93 83 0 – www.benen-diken-hof.de
48 Zim – 136/248 € 166/386 € – 19 Suiten – ½ P
KÖKKEN – Siehe Restaurantauswahl
Das traditionsreiche Haus der engagierten Familie Johannsen ist beliebt: Wer möchte nicht in schönen frischen Zimmern wohnen, sich an der kostenfreien Minibar bedienen, im großen Spa relaxen? Und richtig ausschlafen kann man auch noch - das Frühstücksbuffet steht für Sie bis 13 Uhr bereit!

Aarnhoog
Gaat 13 ✉ 25980 – ✆ (04651) 39 90 – www.faehrhaus-hotel-collection.de
4 Zim – 180/380 € 240/440 € – 7 Suiten
In dem reizenden kleinen Schwesterhaus des Munkmarscher Fährhauses ist Ihnen Diskretion ebenso gewiss wie schönes Ambiente: Nach aufwändiger Sanierung sticht hier hochwertiges Interieur in modern-friesischem Stil ins Auge! Den exklusiven Service genießt man auch beim leckeren Frühstück.

Seiler Hof
Gurstig 7 ✉ 25980 – ✆ (04651) 9 33 40 – www.seilerhofsylt.de – geschl. Mitte November - Weihnachten, 6. Januar - 4. Februar
10 Zim – 80/125 € 120/205 € – 1 Suite
Das hübsche Haupthaus von 1760 war einst eine Seilwerkstatt. Heute freut man sich über Zimmer mit wohnlichem Charakter, einen schönen modernen Saunabereich und einen netten Garten!

Kamps
Gurtstig 41 ✉ 25980 – ✆ (04651) 9 83 90 – www.kamps-sylt.de
8 Zim – 99/149 € 109/169 €
Das familiär und sehr persönlich geführte kleine Haus vereint unter seinem Reetdach Hotel, Galerie und Café. Neben freundlichen Gästezimmern gibt es am Nachmittag auch hausgemachten Kuchen.

KÖKKEN – Hotel Benen-Diken-Hof
Keitumer Süderstr. 3 ✉ 25980 – ✆ (04651) 93 83 0 – www.benen-diken-hof.de – geschl. November - Ostern: Mittwoch
Menü 49/79 € – Karte 50/54 € – *(nur Abendessen)*
Wie wär's mit "gebeiztem Kaninchenrücken mit Holsteiner Cox und Ackersalat"? Hier hat man sich einer natürlichen, regionalen Küche verschrieben. Das Drumherum gefällt ebenso: geschmackvolles, stimmiges Ambiente und freundlicher Service.

List

A-ROSA

Listlandstr. 11 ✉ *25992 – ✆ (04651) 96 75 00 – www.a-rosa.de*
147 Zim – 168/468 € 238/608 € – 30 Suiten – ½ P
Ein bemerkenswertes Haus in traumhafter Lage mit Blick auf Dünen, Watt und Meer. Alles hier ist überaus hochwertig und formschön in geradlinigem Design gestaltet. SPA-ROSA auf 3500 qm mit Meerwasserpool und exklusiven Anwendungen. Asiatische Küche im "Spices".

Strand am Königshafen

Hafenstr. 41 ✉ *25992 – ✆ (04651) 88 97 50 – www.hotel-strand-sylt.de*
15 Zim – 125/265 € 150/280 € – 15 Suiten
Hier heißt es "Erholung am nördlichsten Strand Deutschlands". Das Hotel thront am Königshafen in der Bucht zwischen List und dem sog. Ellenbogen. Alles ist hochwertig, von den modern-eleganten Zimmern (Motto: "Wind, Wasser, Sand"), meist mit Balkon oder Terrasse, bis zum tollen friesischen Frühstücksbuffet.

Morsum

Hof Galerie

Serkwai 1 ✉ *25980 – ✆ (04651) 95 70 50 – www.hotelhofgalerie.de*
2 Zim – 145/335 € 170/360 € – 18 Suiten
Zwei historische Friesenhäuser und ein Neubau bilden dieses moderne Hotel, das Wohnkultur und Kunst vereint. Man hat elegante Suiten, Inselkünstler stellen ihre Werke aus und die große Sommerterrasse mit Brunnen lädt zum Frühstücken ein.

Munkmarsch

Fährhaus

Bi Heef 1 ✉ *25980 – ✆ (04651) 9 39 70 – www.faehrhaus-sylt.de*
31 Zim – 190/390 € 250/450 € – 12 Suiten – ½ P
Fährhaus ✿✿ • ***Käpt'n Selmer Stube*** – Siehe Restaurantauswahl
Ein Luxushotel ohne prätentiösen Rahmen, dafür aber mit exklusivem Wohnkomfort und nahezu perfektem Service! Auch angesichts des hochwertigen Spas und der tollen Lage mit Blick zum Wattenmeer verabschiedet man sich nur sehr ungern wieder!

Fährhaus – Hotel Fährhaus

✿✿

Bi Heef 1 ✉ *25980 – ✆ (04651) 9 39 70 – www.faehrhaus-sylt.de*
– geschl. Anfang Januar - Mitte März und Montag, September - Juni: Sonntag - Montag
Menü 144 € – Karte 86/114 € – *(nur Abendessen)* (Tischbestellung ratsam)
Immer wieder beweist Alexandro Pape, dass er zu den großen Köchen Sylts gehört, und weit darüber hinaus! Seine Menüs stecken voller Aromen und Feingefühl, beste Produkte werden mit modernen Einflüssen zubereitet. Stets präsent und charmant der Service samt versierter Weinberatung.
→ Gerösteter Seeteufel mit Erbsensud. Tranchen vom geflämmten US Dry Aged-Entrecôte mit Selleriepüree und Pfifferlingen. Käsekuchen, Bananenchiboust mit Limetten, Kardamomgelee.

Käpt'n Selmer Stube – Hotel Fährhaus

Bi Heef 1 ✉ *25980 – ✆ (04651) 9 39 70 – www.faehrhaus-sylt.de*
Menü 38/48 € (abends) – Karte 51/85 € – *(ab 13 Uhr geöffnet)* (Tischbestellung ratsam)
Überall sieht man die Liebe zum Detail: original blau-weiße Kacheln, kostbare Antiquitäten, traumhafte Terrasse... Dazu angenehme Gästebetreuung: Sehr freundlich und geschult serviert man Saisonales wie "gebratenes Kabeljaufilet mit Gurken-Dill-Gemüse, Kartoffelstampf und Senfsauce".

Zur Mühle

Lochterbarig 24 ✉ 25980 – ✆ (04651) 38 77 – www.zur-muehle-sylt.de – geschl. 1. November - 25. Dezember und Montagabend - Dienstag
Menü 35 € (abends) – Karte 25/58 €
Kein Wunder, dass das familiengeführte Restaurant so beliebt ist: Es liegt direkt am Wasser, bietet einen tollen Blick und neben regionaler Küche kann man hier am Nachmittag gemütlich im Strandkorb sitzen und hausgemachten Kuchen genießen!

Rantum

Söl'ring Hof

Am Sandwall 1 ✉ 25980 – ✆ (04651) 83 62 00 – www.soelring-hof.de
15 Zim – 370/625 € 395/650 €
Söl'ring Hof – Siehe Restaurantauswahl
"Sylt pur...", das denkt man unweigerlich angesichts der traumhaften Lage in den Dünen! Und das schmucke Friesenhaus steht dem in nichts nach: persönliche Atmosphäre, diskreter Service, schöne wertige Zimmer, ein attraktiver kleiner Spa, ein exklusives "Open End"-Frühstück. Minibar und Strandkorb inklusive!

Watthof

Raanwai 40 ✉ 25980 – ✆ (04651) 80 20 – www.watthof.de – geschl. 10. Januar - 2. Februar, November - 20. Dezember
8 Zim – 220/310 € 260/340 € – 2 Suiten
Ein hübsches Reetdachhaus, familiär geleitet und wohnlich eingerichtet. Teilweise bieten die Zimmer Wattblick - bei gutem Wetter sehen Sie Amrum und Föhr! Die beiden Suiten haben sogar einen eigenen Kamin.

Alte Strandvogtei

Merret-Lassen-Wai 6 ✉ 25980 – ✆ (04651) 9 22 50 – www.alte-strandvogtei.de
7 Zim – 125/245 € 155/290 € – 12 Suiten
Hier wohnt man so richtig schön, alles ist hochwertig, Suiten mit Kitchenette, teils Maisonetten, charmant der Frühstücksraum mit altem Ofen und handbemalten Friesenkacheln, Garten mit Strandkörben, nachmittags gibt es Tee und Kuchenbuffet... Zum Strand sind es nur wenige Minuten zu Fuß.

Söl'ring Hof (Johannes King) – Hotel Söl'ring Hof

Am Sandwall 1 ✉ 25980 – ✆ (04651) 83 62 00 – www.soelring-hof.de – geschl. in der Nebensaison: Mittwoch, Sonntag
Menü 139/179 € – Karte 78/112 € – *(nur Abendessen)* (Tischbestellung erforderlich)
Johannes King und der Söl'ring Hof stehen für absolute Topqualität. Seine Speisen: kreativ, regional, fachlich präzise und auf Basis exquisiter Produkte, viele davon vom eigenen Bauernhof in Keitum! Die Atmosphäre dazu ist elegant-friesisch und lebendig - beliebt die Tische direkt an der offenen Küche.
➜ Auster, Schnecke, Muschel. Taschenkrebs, junge Triebe, Erbse. Steinbutt, Frühlingsgemüse, Kräuter, Seeigel.

Coast

Stiindeelke 1 ✉ 25980 – ✆ (04651) 15 51 – www.restaurant-coast.de – geschl. Dienstag
11 Zim – 96/176 € 106/186 € – 5 Suiten – ½ P
Karte 36/59 € – *(nur Abendessen)*
Das schicke neue "Coast" wurde um das Hotel "Duene" erweitert - Sie genießen hier also inzwischen nicht nur frische Küche mit kreativem Touch (probieren Sie z. B. "Meerbarbe auf Artischocken-Olivenragout mit Tomatenkrapfen"), sondern können auch in sehr geschmackvollen Zimmern übernachten.

Sansibar

Hörnumer Str. 80, Süd: 3 km ✉ 25980 – ✆ (04651) 96 46 46 – www.sansibar.de
Menü 95 € – Karte 25/89 €
Strandhütten-Charakter macht diese Adresse authentisch und beliebt bei Jung und Alt, Touristen und Einheimischen. In dem rustikalen In-Restaurant direkt hinterm Strand isst man "gebratene Scholle mit Speck" oder Dry-Aged-Steak. Lassen Sie noch Platz für eines der köstlichen (großzügig portionierten) Desserts!

TINNUM

Landhaus Stricker

Boy-Nielsen-Str. 10 ✉ 25980 – ✆ (04651) 8 89 90 – www.landhaus-stricker.de
17 Zim – 135/310 € 220/310 € – 21 Suiten – ½ P
BODENDORF'S • ***SIEBZEHN84*** – Siehe Restaurantauswahl
Kerstin und Holger Bodendorf sind beispielhafte Gastgeber, was sich in luxuriösen Zimmern und hervorragendem Service äußert! Dazu ein attraktiver Spa und ein schöner Garten, der fast vergessen lässt, dass man nahe der Bahnlinie liegt.

BODENDORF'S – Hotel Landhaus Stricker

Boy-Nielsen-Str. 10 ✉ 25980 – ✆ (04651) 8 89 90 – www.landhaus-stricker.de – geschl. Februar - März 6 Wochen, November - Dezember 6 Wochen und Sonntag - Montag
Menü 128/159 € – Karte 102/127 € – *(nur Abendessen)* (Tischbestellung ratsam)
Überaus gemütlich ist das elegante kleine Restaurant in warmem Rot, und auch der persönliche und angenehm lockere Service ist ein Wohlfühlfaktor, ganz zu schweigen von den Menüs "Bodendorfs Lieblingsgerichte" und "Moderne" mit neuen Kreationen, in denen Holger Bodendorf auf top Produkte und Frische setzt.
➜ Kabeljau in Nussbuttermolke pochiert mit spanischen Mandeln. Carabinero und Gulaschsaft. Rehrücken und gegrillter Spargel.

SIEBZEHN84 – Hotel Landhaus Stricker

Boy-Nielsen-Str. 10 ✉ 25980 – ✆ (04651) 8 89 90 – www.landhaus-stricker.de
Menü 54/74 € – Karte 42/76 € – *(nur Abendessen, sonntags auch Mittagessen)*
Modern-friesisch, das trifft "Tenne" und "Kaminzimmer" am besten. Hier gibt es Steaks, aber auch "Kabeljau & Kürbis" oder "Rinderfiletwürfel & Teriyaki-Marinade". Alle Hauptgänge auch als kleine Portion - umso mehr können Sie probieren!

WENNINGSTEDT

Sylter Domizil

Berthin-Bleeg-Str. 2 ✉ 25996 – ✆ (04651) 8 29 00 – www.sylter-domizil.de
43 Zim – 70/200 € 90/220 € – 4 Suiten
Die verschiedenen Häuser dieses sehr beliebten Hotels beherbergen hübsche Zimmer: wohnlich, zeitgemäß, friesisch. Auch der freundliche Service und das gute Frühstück (gerne auch auf der Terrasse!) sprechen für diese Adresse.

Friesenhof

Hauptstr. 26 ✉ 25996 – ✆ (04651) 94 10 – www.sylt-friesenhof.de – geschl. November - April
14 Zim – 63/98 € 164/198 €
Auf einem schönen Gartengrundstück mit Obstbäumen und Liegewiese liegt der langjährige Familienbetrieb mit seinen hellen, freundlichen Gästezimmern im friesischen Stil.

Wiesbaden

Hochkamp 8 ✉ 25996 – ✆ (04651) 9 84 40 – www.hotel-wiesbaden-sylt.de – geschl. 1. November - 20. Februar
15 Zim – 70/150 € 140/250 €
Ein auffallend gepflegtes Haus, in dem man sich persönlich und herzlich um die Gäste kümmert. Dazu gehört ein richtig gutes Frühstücksbuffet und leckerer Kuchen am Nachmittag. Und wohnlich ist es obendrein: Viele charmante Details lassen das Faible der Chefin für verspielte ländliche Dekorationen erkennen!

Fitschen am Dorfteich

Am Dorfteich 2 ✉ 25996 – ✆ (04651) 3 21 20 – www.fitschen-am-dorfteich.de – geschl. Dienstag, November - März: Montag - Dienstag
4 Zim – 100/155 € 120/185 € – 4 Suiten
Menü 48/78 € – Karte 35/81 €
Manfred und Verena Fitschen sind hier gemeinsam mit Tochter (Service) und Schwiegersohn (Küche) im Einsatz. Herzlich wird man in dem hellen, freundlichen Restaurant mit saisonaler und regionaler Küche umsorgt. Romantisch die Terrasse mit Blick zum Dorfteich - wie wär's mit einem Strandkorb unter Bäumen?

Westerland

Stadt Hamburg
Strandstr. 2 ✉ 25980 – ✆ (04651) 85 80 – www.hotelstadthamburg.com
45 Zim – 🚹85/270 € 🚹🚹210/360 € – ☕ 22 € – 25 Suiten – ½ P
Bistro Stadt Hamburg* • *Gourmet Restaurant Stadt Hamburg – Siehe Restaurantauswahl
Ein Klassiker a. d. J. 1869 mit ganz eigenem Charme! Individuelle Zimmer in Stammhaus, Gartenflügel und Parkvilla, schön der Spa, engagiert das Personal, und das Frühstück wird am Tisch serviert! Sehenswert: die "Sylt-Lichtbilder" im Haus.

Strandhotel Sylt
Margarethenstr. 9 ✉ 25980 – ✆ (04651) 83 80 – www.sylt-strandhotel.de
8 Zim ☕ – 🚹150/525 € 🚹🚹160/535 € – 44 Suiten
Ideal ist die Lage an der Düne, direkt am Strandzugang und unweit der Fußgängerzone. Lobby und Zimmer/Suiten sind in mediterranen Tönen gehalten. Panorama-Suite mit Meerblick.

Miramar
Friedrichstr. 43, Zufahrt über Margarethenstraße ✉ 25980 – ✆ (04651) 85 50 – www.hotel-miramar.de – geschl. 15. November - 20. Dezember
40 Zim ☕ – 🚹170/455 € 🚹🚹240/475 € – 22 Suiten – ½ P
Familientradition (5. Generation) und der Charme des 1903 erbauten Hotels werden hier gleichermaßen gepflegt. Zahlreiche Jugendstilmöbel fügen sich harmonisch ins klassische Bild. Einige Zimmer, Restaurant und Terrasse liegen schön zum Meer hin. Wie wär's mal mit Relaxen im Strandkorb auf der Düne am Meer?

Wiking
Steinmannstr. 11 ✉ 25980 – ✆ (04651) 4 60 60 – www.hotel-wiking-sylt.de
28 Zim ☕ – 🚹67/178 € 🚹🚹126/240 €
Hier überzeugen individuell geschnittene Zimmer mit geschmackvoll-wohnlicher Einrichtung, alle mit Balkon, teilweise mit Blick auf die Nordsee. Strand und Fußgängerzone in der Nähe.

Landhaus Sylter Hahn
Robbenweg 3 ✉ 25980 – ✆ (04651) 9 28 20 – www.sylter-hahn.de
33 Zim ☕ – 🚹70/230 € 🚹🚹85/195 €
Etwas abseits vom Trubel der Friedrichstraße hat man hier ein schönes modern-elegantes Landhausambiente geschaffen, von den Zimmern in wohnlich-warmen Tönen über den hellen Frühstücksraum und die Bar bis zum attraktiven Wellnessbereich.

Long Island House
Eidumweg 13 ✉ 25980 – ✆ (04651) 9 95 95 50 – www.sylthotel.de
9 Zim ☕ – 🚹86/136 € 🚹🚹126/236 € – 1 Suite
Ein gepflegtes kleines Hotel mit hübschen Interieur nach dem Vorbild der Hamptons auf Long Island. Überall klarer moderner Stil, in den Zimmern ("Lighthouse", "Captains Room"...) schöner Walnussholzboden, viel Weiß und individuelle Deko.

Gourmet Restaurant Stadt Hamburg – Hotel Stadt Hamburg
Strandstr. 2 ✉ 25980 – ✆ (04651) 85 80 – www.hotelstadthamburg.com
Menü 45/120 € – Karte 58/91 € – *(nur Abendessen)*
Im gediegen-eleganten Restaurant des "Stadt Hamburg" ist die Atmosphäre stilvoll und britisch angehaucht. Klassisch und kompetent der Service, gut die französische und regionale Küche aus frischen Produkten.

Franz Ganser
Böttcherstr. 2 ✉ 25980 – ✆ (04651) 2 29 70 – www.ganser-sylt.de – geschl. 24. Februar - 15. März, 17. November - 17. Dezember und Montag - Dienstagmittag
Menü 42/92 € – Karte 43/85 €
Franz Ganser betreibt das Haus schon über 30 Jahre, eine gefragte Adresse. Abends gibt es Nordsee-Seezunge oder Medaillons vom Rehrücken, aber auch am Mittag kann man hier gut essen - etwas einfacher, aber lecker, z. B. Königsberger Klopse.

IVO & CO.

Gaadt 7 ✉ 25980 – ✆ (04651) 2 31 11 – www.ivoundco.de – geschl. 15. Januar - 15. Februar und Dienstag

Karte 37/46 € – *(nur Abendessen)*

Wie wär's mit "Seeteufel auf Ochsenschwanzragout" und als Dessert die feine "Blätterteig-Birnentarte mit Vanilleeis"? So oder so ähnlich klingen die saisonal-internationalen Speisen, die hier in sympathischer Atmosphäre serviert werden.

Shirobar

Maybachstr. 3a ✉ 25980 – ✆ (04651) 9 67 94 49 – www.shirobar.de – geschl. Anfang Dezember 2 Wochen, Anfang Januar - Mitte Februar und Dienstag, ausser Saison: Montag - Dienstag

Karte 18/37 € – (Tischbestellung ratsam)

Das japanische Wort "Shiro" bedeutet im Deutschen "weiß", entsprechend das puristische Design. Passend dazu klassisches Sushi mit westlichen Einflüssen, von Nigiri und Maki bis hin zu aufwändigen Special Rolls wie "Rockshrimp Tempura Roll".

Bistro Stadt Hamburg – Hotel Stadt Hamburg

Strandstr. 2 ✉ 25980 – ✆ (04651) 85 80 – www.hotelstadthamburg.com

Menü 26 € – Karte 31/46 €

Hier isst man Pannfisch, Labskaus & Co., und das gerne auf der Terrasse zur Strandstraße. Gekocht wird richtig schmackhaft und frisch, der Service ist sehr freundlich, die Atmosphäre unkompliziert. Desserttipp: Sylter Rote Grütze!

TABARZ

Thüringen – 3 970 Ew. – Höhe 400 m – Regionalatlas **39**-J12

Berlin 344 km – Erfurt 53 km – Bad Hersfeld 92 km – Coburg 102 km

Michelin Straßenkarte 544

Zur Post

Lauchagrundstr. 16 ✉ 99891 – ✆ (036259) 66 60 – www.hotel-tabarz.de

36 Zim – †61/79 € ††86/98 € – 2 Suiten – ½ P

Das neuzeitliche Hotel im Zentrum bietet zeitgemäße und funktionelle Zimmer, Massage- und Kosmetikbehandlungen sowie Nordic-Walking- und Wander-Angebote. Das gepflegte Restaurant wird ergänzt durch die rustikale Kellerbar Postmarie.

TAMM – Baden-Württemberg

➜ Siehe Asperg

TANGERMÜNDE

Sachsen-Anhalt – 10 530 Ew. – Höhe 45 m – Regionalatlas **21**-M8

Berlin 119 km – Magdeburg 63 km – Brandenburg 64 km

Michelin Straßenkarte 542

Schloss Tangermünde

Amt 1 ✉ 39590 – ✆ (039322) 73 73 – www.schloss-tangermuende.de

36 Zim – †80/115 € ††100/168 € – 1 Suite – ½ P

Ein romantisches Anwesen über der Elbe mit mehreren Häusern in einer idyllischen Gartenanlage. "Kaisertherme" auf 1100 qm, z. B. mit Aquafitness und Ayurveda. Auf der Restaurantterrasse speist man mit Elbblick, zudem gibt es eine Raucherlounge und für besondere Anlässe die Alte Kanzlei a. d. 14. Jh.

TANN (RHÖN)

Hessen – 4 450 Ew. – Höhe 390 m – Regionalatlas **39**-I13

Berlin 418 km – Wiesbaden 226 km – Fulda 30 km – Bad Hersfeld 52 km

Michelin Straßenkarte 543

In Tann-Lahrbach Süd: 3 km

Gasthof Kehl

Eisenacher Str. 15 ✉ 36142 – ✆ (06682) 3 87 – www.landhaus-kehl.de
37 Zim ☕ – 👤45/53 € 👥74/92 € – ½ P
Der sehr gepflegte und freundlich geführte Familienbetrieb ist ein erweiterter traditioneller Gasthof. Im Gästehaus sind die Zimmer etwas geräumiger, ansprechend der moderne Sauna- und Fitnessbereich. Im rustikalen Restaurant serviert man bürgerlich-regionale Gerichte, einmal im Monat auch ein Gourmetmenü.

TANGSTEDT

Schleswig-Holstein – 6 330 Ew. – Höhe 33 m – Regionalatlas **10-I5**
▶ Berlin 310 km – Kiel 84 km – Bad Oldesloe 24 km – Hamburg 29 km
Michelin Straßenkarte 541

Gutsküche

Wulksfelder Damm 15, im Gutshof Wulksfelde ✉ 22889 – ✆ (040) 64 41 94 41 – www.gutskueche.de – geschl. Sonntagabend - Montag
Menü 38/58 € (abends) – Karte 28/45 €
"Gutsküche" trifft es ziemlich genau, denn in der ehemaligen Scheune gibt es schmackhafte und unkomplizierte regionale Speisen aus sehr guten, frischen Zutaten (häufig Bioqualität) - Lust auf "Dreierlei vom Ferkel"? Mittags kleineres Angebot. Tipp: Snacks im "Gutscafé" sowie Bioprodukte im Hofladen nebenan.

TANNENBERG

Sachsen – 1 140 Ew. – Höhe 498 m – Regionalatlas **42-O13**
▶ Berlin 297 km – Dresden 116 km – Chemnitz 32 km – Zwickau 46 km
Michelin Straßenkarte 544

Zum Hammer

Untere Dorfstr. 21 ✉ 09468 – ✆ (03733) 5 29 51 – www.zumhammer.de
18 Zim ☕ – 👤52/55 € 👥72/89 € – ½ P
Mitten im Erzgebirge liegt dieses familiengeführte Landhotel. Das gepflegte Haus verfügt über wohnliche und zugleich funktionelle Zimmer, zum Teil mit freigelegtem Fachwerk. Rustikale Gaststuben mit bürgerlicher Küche.

TAUBERBISCHOFSHEIM

Baden-Württemberg – 12 710 Ew. – Höhe 183 m – Regionalatlas **48-H16**
▶ Berlin 529 km – Stuttgart 117 km – Würzburg 34 km – Heilbronn 75 km
Michelin Straßenkarte 545

Sankt Michael

Stammbergweg 1 ✉ 97941 – ✆ (09341) 8 49 50 – www.hotel-stmichael.com – geschl. 23. Dezember - 8. Januar
44 Zim ☕ – 👤67/77 € 👥100 € – ½ P
Das 1891 als Knabenkonvikt erbaute Haus ist heute ein Hotel mit funktionellen Zimmern, das als Integrationsbetrieb für behinderte Menschen geführt wird. Im Restaurant Stammberger kocht man international-saisonal - nette Terrasse zum Garten! Kapelle und Kirche sind auch dabei.

Badischer Hof

Am Sonnenplatz ✉ 97941 – ✆ (09341) 98 80 – www.hotelbadischerhof.de – geschl. 22. Dezember - 11. Januar, 7. - 23. August
27 Zim ☕ – 👤59/79 € 👥79/99 € – 1 Suite – ½ P
Der historische Gasthof wurde 1733 erbaut und hat sein traditionelles Erscheinungsbild bewahrt. Bereits seit acht Generationen wird das Haus familiär geführt und bietet funktionale Zimmer sowie ein bürgerliches Restaurant.

In Tauberbischofsheim-Distelhausen Süd: 3 km

Das kleine Amtshotel

Amtstr. 2 ✉ 97941 – ✆ (09341) 78 88 – www.das-kleine-amtshotel.de
10 Zim – 60/70 € 80/90 € – 1 Suite
Das kleine Hotel ist schnell ausgebucht. Kein Wunder, denn die Skazels sind wirklich nette Gastgeber. Dazu kommen moderne Zimmer, gutes Frühstück und kostenloser Fahrradverleih! Etwas Besonderes sind Bier-Hefe- und Bier-Hopfen-Bäder im Holzzuber - oder vereinbaren Sie doch eine Bierdegustation mit dem Chef!

TAUBERRETTERSHEIM – Bayern ➜ Siehe Weikersheim

TAUFKIRCHEN (VILS)

Bayern – 9 380 Ew. – Höhe 466 m – Regionalatlas **58-N19**
Berlin 581 km – München 58 km – Regensburg 87 km – Landshut 26 km
Michelin Straßenkarte 546

Am Hof

Hierlhof 2 ✉ 84416 – ✆ (08084) 9 30 00 – www.hotelamhof.de
28 Zim – 59/69 € 89/99 €
In der 1. Etage liegt das freundlich-charmant geführte kleine Hotel. Die Zimmer sind schön modern, aktuell auch die Technik, teilweise mit Balkon. Am Morgen gibt es ein gutes Frühstücksbuffet und auf Vorbestellung auch Halbpension im Restaurant Kulinaria nebenan. Die Tiefgarage nutzen Sie kostenfrei.

In Taufkirchen-Hörgersdorf Süd-West: 8,5 km über B 15

Landgasthof Forster

Hörgersdorf 23 ✉ 84416 – ✆ (08084) 23 57 – www.landgasthof-forster.de – geschl. August - September 2 Wochen und Montag - Dienstag
Menü 30/74 € – Karte 39/50 € – *(nur Abendessen, Sonntag und an Feiertagen auch Mittagessen)*
Ein durch und durch sympathisches Haus: Alois Forster kocht ohne große Schnörkel, aber mit Geschmack und frischen Produkten, ein schönes Beispiel ist "Schweinefilet mit Cremolata, Artischocken, Kartoffelgratin". Umsorgt wird man von seiner herzlichen Frau Friederike, und zwar in hübschem ländlichem Ambiente.

TAUNUSSTEIN

Hessen – 28 520 Ew. – Höhe 343 m – Regionalatlas **47-E14**
Berlin 574 km – Wiesbaden 13 km – Darmstadt 66 km – Mainz 31 km
Michelin Straßenkarte 543

In Taunusstein-Neuhof

Légère

Heinrich-Hertz-Str. 2 ✉ 65232 – ✆ (06128) 60 98 10 – www.legere-hotels-online.com – geschl. Weihnachten - Neujahr
31 Zim – 86/96 € 91/96 € – 12 €
Eines der modernsten Hotels in der Gegend! Die Zimmer in geradlinigem und doch wohnlichem Design, technisch top, Minibar gratis. Dazu Snacks gegen den kleinen Hunger. Sie sind übrigens in prominenter Gesellschaft: Überall im Haus große Fotodrucke der deutschen Politik-, Business- und Kunstszene.

TECKLENBURG

Nordrhein-Westfalen – 8 800 Ew. – Höhe 200 m – Regionalatlas **27-E9**
Berlin 442 km – Düsseldorf 160 km – Bielefeld 77 km – Münster (Westfalen) 28 km
Michelin Straßenkarte 543

In Tecklenburg-Brochterbeck West: 6,5 km

Teutoburger Wald

Im Bocketal 2 ✉ 49545 – ✆ (05455) 9 30 00
– www.ringhotel-teutoburger-wald.de – geschl. 18. - 25. Dezember
42 Zim – 89/139 € 130/170 € – 1 Suite – ½ P
Dass man sich bei Familie Kerssen wohlfühlt, hat seinen Grund: Das Haus wird engagiert geführt und stetig verbessert, die Zimmer sind wohnlich, die Mitarbeiter herzlich... Im Sommer zieht es die Gäste in den schönen Garten mit Teich. Tipp: Lassen Sie sich nachmittags den hausgemachten Kuchen schmecken!

TEGERNSEE

Bayern – 3 640 Ew. – Höhe 747 m – Regionalatlas **66-M21**
Berlin 642 km – München 53 km – Garmisch-Partenkirchen 75 km – Bad Tölz 19 km
Michelin Straßenkarte 546

Leeberghof

Ellingerstr. 10 ✉ 83684 – ✆ (08022) 18 80 90 – www.leeberghof.de – geschl. 7. Januar - 10. Februar
15 Zim – 75/120 € 175/220 € – 4 Suiten – ½ P
Leeberghof – Siehe Restaurantauswahl
In dem individuellen kleinen Haus werden Sie sich nicht sattsehen können an dem Blick von oben auf den See! Aber auch der überaus freundliche Service, die schöne Einrichtung und das sehr gute Frühstück sind Gründe, hier zu übernachten!

Villa am See

Schwaighofstr. 53 ✉ 83684 – ✆ (08022) 18 77 00
– www.schwingshackl-esskultur.de – geschl. November 2 Wochen, Februar 2 Wochen
12 Zim – 95/110 € 160/280 € – ½ P
Schwingshackl ESSKULTUR ✿ – Siehe Restaurantauswahl
Nicht nur toll essen, auch schön wohnen kann man unter Schwingshackl'scher Leitung. Famos der Blick auf den Tegernsee, geschmackvoll und hochwertig die Zimmer (fast alle mit Whirlwanne oder eigener Sauna), überaus einladend der Badesteg... Im Sommer hat man direkt am Wasser das Bistro mit einfacher Karte, im Winter sitzt man im Hotel in der Stube.

XXX ✿

Schwingshackl ESSKULTUR – Hotel Villa am See

Schwaighofstr. 53 ✉ 83684 – ✆ (08022) 18 77 00
– www.schwingshackl-esskultur.de – geschl. November 2 Wochen, Februar 2 Wochen und Dienstag - Mittwoch
Menü 68/120 € – Karte 75/89 € – *(Montag - Freitag nur Abendessen)* (Tischbestellung ratsam)
Kulinarische und visuelle Genüsse gehen hier Hand in Hand: Auf dem Teller die elegante klassische Küche von Erich Schwingshackl, durch die große Fensterfront blickt man auf den See direkt vorm Haus! Nicht minder angenehm der äußerst freundliche Service durch Gastgeberin und Sommelière Katharina Schwingshackl.
➜ Tegernseer Lachsforelle, Fenchel, Blutampfer, Veilchen. Étouffée Taubenbrust mit Roter Bete, Kürbis und Ras el Hanout. Variation von Ananas und Kokosnuss.

XX

Leeberghof – Hotel Leeberghof

Ellingerstr. 10 ✉ 83684 – ✆ (08022) 18 80 90 – www.leeberghof.de – geschl. 7. Januar - 10. Februar und Montag, außer an Feiertagen
Menü 69 € – Karte 30/59 €
Man findet hier kaum einen angenehmeren Ort als auf der Terrasse hoch oben über dem See! Bei schlechtem Wetter bietet man drinnen aber eine wirklich gemütliche Alternative. Mittags einfachere bayerische Karte, am Abend feine saisonale Küche.

TEINACH-ZAVELSTEIN, BAD

Baden-Württemberg – 2 980 Ew. – Höhe 391 m – Regionalatlas **54-F18**
Berlin 669 km – Stuttgart 56 km – Karlsruhe 64 km – Pforzheim 37 km
Michelin Straßenkarte 545

Im Stadtteil Bad Teinach

Bad-Hotel
Otto-Neidhart-Allee 5 ✉ 75385 – ✆ (07053) 2 90 – www.hotel-therme-teinach.de – (Erweiterung um 60 Zimmer und Renovierung der Mineraltherme nach Redaktionsschluss)
54 Zim – 95/205 € 145/255 € – ½ P
Ein denkmalgeschütztes Traditionshaus mit elegantem Rahmen, wertigen Zimmern in klassischem Stil und Kosmetikangebot. Zur Therme nebenan hat man direkten Zugang. Die Gastronomie: Quellenrestaurant mit Reiter- und Jagdzimmer, dazu die nette Kaminbar. Ein Highlight ist der über 6 m hohe festliche Residenzsaal!

Im Stadtteil Zavelstein

Berlins Hotel KroneLamm
Marktplatz 2 ✉ 75385 – ✆ (07053) 9 29 40 – www.berlins-hotel.de
59 Zim – 90/115 € 165/220 € – 3 Suiten – ½ P
Gourmetrestaurant Berlins Krone – Siehe Restaurantauswahl
Dank engagierter Führung kann man dem Gast hier so einiges bieten: Wellnessfans kommen auf 1600 qm auf ihre Kosten, Wohnkomfort gibt es von "Talblick" über "Katharinenplaisir" und "Burgherrengemach" bis hin zur "Jungbrunnensuite" und auch kulinarisch gibt es Abwechslung: gehobene Küche, schwäbische Gerichte oder darf es vielleicht auch mal etwas Herzhaftes in der 1 km entfernten Wanderhütte sein?

Gourmetrestaurant Berlins Krone – Berlins Hotel KroneLamm
Marktplatz 2 ✉ 75385 – ✆ (07053) 9 29 40 – www.berlins-hotel.de – geschl. 7. - 26. Januar, 27. Juli - 16. August und Montag - Dienstag
Menü 90/125 € – Karte 76/100 € – *(nur Abendessen)* (Tischbestellung ratsam)
Eine schöne Alternative zum Restaurant "Lamm" sind die gemütlich-eleganten Räume in der "Krone": Franz Berlin gibt hier drei verschiedene Menüs zum Besten, allesamt produktbezogen, mit moderner Note und wirklich schmackhaft. In Sachen Wein sind Sie bei seinem Bruder Roland, seines Zeichens Sommelier, in fachkundigen Händen.
→ Gänseleber mit Erdbeere, Schafsjoghurt und Waldmeister. Geangelter Wolfsbarsch auf Risotto vom Bibbeleskäs mit Schnecken und Gartenkresse. Paillard vom trocken gereiften Kalbsfilet mit Kaffeejus, Poveraden und Saubohnen.

TEISENDORF

Bayern – 9 190 Ew. – Höhe 501 m – Regionalatlas **67-O21**
Berlin 717 km – München 126 km – Salzburg 22 km – Linz 155 km
Michelin Straßenkarte 546

In Teisendorf-Holzhausen

Gut Edermann
Holzhausen 2 ✉ 83317 – ✆ (08666) 9 27 30 – www.gut-edermann.de
50 Zim – 89/92 € 144/214 € – ½ P
MundArt – Siehe Restaurantauswahl
Dieses Traditionshaus, einst Kurhotel, ist ein wirklich geschmackvolles, wohnliches und komfortables Hotel. Individuelle Zimmer, AlpenSpa auf 2500 qm samt Naturbadeteich und PrivatSpa und natürlich die tolle Lage mit ebensolcher Aussicht!

MundArt – Hotel Gut Edermann
Holzhausen 2 ✉ 83317 – ✆ (08666) 9 27 30 – www.gut-edermann.de
Menü 59 € – Karte 34/61 €
Modern-elegant oder lieber gemütlich-rustikal? Ob im "MundArt" oder in der holzgetäfelten "Bauernstube", es gibt schmackhafte regionale Küche, z. B. als "Kalbshüfte in Thymianjus" oder Süßes wie "gebrannte Maronicreme mit Zwetschgen".

TEISNACH

Bayern – 2 830 Ew. – Höhe 467 m – Regionalatlas **59-O17**
Berlin 520 km – München 168 km – Passau 73 km – Cham 40 km
Michelin Straßenkarte 546

In Teisnach-Kaikenried Süd-Ost: 4 km über Oed und Aschersdorf

Landromantik Wellnesshotel Oswald

Am Platzl 2 ✉ 94244 – ✆ (09923) 8 41 00 – www.hotel-oswald.de
60 Zim – †114/204 € ††228/348 € – 1 Suite – ½ P
Oswald's Gourmetstube ✿ – Siehe Restaurantauswahl
Ein richtig schönes, elegantes Wellnesshotel, in dem vor allem die neueren Zimmer kaum Wünsche offen lassen, ebenso wenig der moderne Spa. Für den kleineren Geldbeutel: Stammhaus-Zimmer. Und gastronomisch? Alpenländisch-schickes Restaurant oder feine Gourmetstube. Produkte aus der eigenen Metzgerei! HP inkl.

Oswald's Gourmetstube – Landromantik Wellnesshotel Oswald

✿
Am Platzl 2 ✉ 94244 – ✆ (09923) 8 41 00 – www.hotel-oswald.de – geschl. Sonntag - Mittwoch
Menü 55/115 € – *(nur Abendessen)* (Tischbestellung erforderlich)
Das elegante kleine Stübchen ist ein echter kulinarischer Hotspot im Bayerischen Wald. Aus erstklassigen Produkten entstehen hier feine klassische Speisen. Und lassen Sie sich vom kompetenten Service den passenden Wein zum Menü empfehlen.
→ Taschenkrebs, Jakobsmuschel, Limone, Kaviar. Rehrücken, Sellerie, Rote Bete, Mole. Valrhona Schokolade, Kirsche, Kaffee, Sauerrahm.

TEISTUNGEN

Thüringen – 2 470 Ew. – Höhe 200 m – Regionalatlas **29-J11**
Berlin 306 km – Erfurt 98 km – Göttingen 32 km – Nordhausen 45 km
Michelin Straßenkarte 544

Victor's Residenz-Hotel Teistungenburg

Klosterweg 6 ✉ 37339 – ✆ (036071) 8 40 – www.victors.de
97 Zim – †85/120 € ††110/150 € – ½ P
Das Tagungs- und Wellnesshotel bietet neben wohnlich-funktionalen Zimmern zahlreiche Freizeitangebote wie "Bäderwelt", Squash, Fitness und Kosmetik sowie Fahrradverleih. Internationale Küche im freundlichen Restaurant mit schöner Terrasse.

TELGTE

Nordrhein-Westfalen – 19 000 Ew. – Höhe 50 m – Regionalatlas **27-E9**
Berlin 445 km – Düsseldorf 149 km – Bielefeld 64 km – Münster (Westfalen) 12 km
Michelin Straßenkarte 543

Heidehotel Waldhütte

Im Klatenberg 19, Nord-Ost: 3 km, über die B 51 ✉ 48291 – ✆ (02504) 92 00 – www.heidehotel-waldhuette.de
33 Zim – †72/87 € ††112/139 € – ½ P
Heidehotel Waldhütte – Siehe Restaurantauswahl
Wie könnte man dem hübschen ehemaligen Bauernhaus und der Idylle hier besser Rechnung tragen als mit rustikalem Charme, einer schönen großen Gartenanlage (sehenswert die Skulpturen-Ausstellung!) sowie Pferdeboxen und Weide für Gastpferde? Und für Radfahrer bietet man Leihfahrräder nebst Kartenmaterial.

Heidehotel Waldhütte – Heidehotel Waldhütte

Im Klatenberg 19, Nord-Ost: 3 km, über die B 51 ✉ 48291 – ✆ (02504) 92 00 – www.heidehotel-waldhuette.de
Menü 42/48 € – Karte 29/53 €
Ländliche Gemütlichkeit in Form von freigelegtem Fachwerk, Kamin und Deko schafft einen schönen Rahmen für aufmerksamen klassischen Service sowie westfälische und internationale Küche (auch kleine Portionen möglich). Wunderbar sitzt es sich im Sommer nach einer Radtour auf der ruhig gelegenen Terrasse!

XX **Telgter Hof**

Münsterstr. 29 ✉ 48291 – ✆ (02504) 8 89 62 60 – www.telgter-hof.com – geschl. Montag

12 Zim – 52/60 € 80/90 € – ½ P Karte 20/44 €

Thomas und Sabine Buschhoff haben hier eine der ältesten Gaststätten der Stadt schön modern saniert. Das Ergebnis: ein gemütlich-zeitgemäßer Schankraum und daran angeschlossen ein geradlinig gestaltetes Restaurant samt Terrasse - überall gibt es frische und schmackhafte saisonal-internationale Küche. Und für die Nacht vielleicht eines der freundlichen Gästezimmer?

In Ostbevern Nord-Ost: 7 km über B 51

Beverhof

Hauptstr. 35 ✉ 48346 – ✆ (02532) 51 62 – www.beverhof.de

13 Zim – 45 € 69 € – 1 Suite – ½ P

Hier arbeitet die ganze Familie mit, entsprechend persönlich ist die Atmosphäre! Auch Fahrradtouristen schätzen die gepflegten Zimmer und die fairen Preise - und nach der Radtour gibt es bürgerlich-regionale Küche.

TEMPLIN

Brandenburg – 16 010 Ew. – Höhe 60 m – Regionalatlas **23-P6**

Berlin 75 km – Potsdam 127 km – Neubrandenburg 81 km – Neuruppin 75 km

Michelin Straßenkarte 542

Am Großdöllner See Süd-Ost: 22 km über Ahrensdorf und B 109

Döllnsee-Schorfheide

Döllnkrug 2 ✉ 17268 Groß Dölln – ✆ (039882) 6 30 – www.doellnsee.de

126 Zim – 75/105 € 100/140 € – 2 Suiten – ½ P

Das in klassischem Stil eingerichtete Hotel liegt ruhig auf einem großzügigen Grundstück am Waldrand mit direktem Seezugang. In der "Wellness Lounge" bietet man Beauty-Anwendungen. Restaurant mit internationaler Küche.

In Tempelin-Storkow Süd: 11km über B 109, in Hammelspring links abbiegen

Villa Morgentau

Burgwaller Str. 2 ✉ 17268 – ✆ (03987) 20 80 80 – www.villa-morgentau.de

5 Zim – 90/105 € 130/145 €

Geschmackvoll wohnen und schön relaxen? Das engagiert geführte kleine Hotel liegt reizvoll im Wald, bietet wohltuende Massagen und Kosmetikanwendungen und hat für seine Gäste gemütlich-elegante, individuell eingerichtete kleine Bungalows auf einem 11 ha großen Parkgrundstück mit Zugang zum Badesee!

TENGEN

Baden-Württemberg – 4 500 Ew. – Höhe 614 m – Regionalatlas **62-F21**

Berlin 760 km – Stuttgart 131 km – Konstanz 58 km – Villingen-Schwenningen 25 km

Michelin Straßenkarte 545

In Tengen-Blumenfeld Ost: 2 km über B 314

Bibermühle

Untere Mühle 1 ✉ 78250 – ✆ (07736) 9 29 30 – www.bibermuehle.de – geschl. 1. - 18. Februar

31 Zim – 63/80 € 108/126 € – ½ P

Bibermühle – Siehe Restaurantauswahl

Hier wurde eine Wassermühle a. d. 12. Jh. zum Hotel erweitert. Genießen Sie die schöne ruhige Lage etwas abseits! Das passt zur Idylle: Man hat einen Forellenteich und ein Damwildgehege.

XX **Bibermühle** – Hotel Bibermühle

Untere Mühle 1 ✉ 78250 – ✆ (07736) 9 29 30 – www.bibermuehle.de – geschl. 1. - 18. Februar

Menü 40/75 € – Karte 27/60 €

Drinnen wie draußen ein romantisches Kleinod: der historische Rahmen des Mühlengebäudes, rustikaler Charme, die hübsche Terrasse beim Wasserfall... Die Küche ist international, natürlich bekommt man auch Forelle aus dem Mühlenteich.

In Tengen-Wiechs Süd: 7 km über Schwarzwaldstraße

Gasthof zur Sonne

Hauptstr. 57 ✉ 78250 – ✆ (07736) 75 43 – www.sonne-wiechs.de – geschl. Februar 3 Wochen und Montag - Dienstag
Menü 36/69 € – Karte 29/56 €
Unweit der Schweizer Grenze kann man bei gemütlich-ländlichem Flair gut essen: regional-saisonal und mit mediterranem Einschlag. Chef Egbert Tribelhorn kocht, leitet den Service und empfiehlt vieles mündlich. Drei einfache Gästezimmer.

TETTNANG

Baden-Württemberg – 18 350 Ew. – Höhe 466 m – Regionalatlas **63-H21**
Berlin 714 km – Stuttgart 160 km – Konstanz 35 km – Kempten (Allgäu) 65 km
Michelin Straßenkarte 545

Rad

Lindauer Str. 2 ✉ 88069 – ✆ (07542) 54 00 – www.hotel-rad.com
69 Zim – 72/80 € 98/130 € – ½ P
In diesem gepflegten Haus in zentraler Lage in der Stadtmitte ist man richtig gut untergebracht: schön die Zimmer in wohnlich-modernem Design - oder bevorzuger Sie eines der etwas größeren Klassik-Zimmer? Holztäfelung und Kachelofen machen es im Restaurant gemütlich, die Küche bürgerlich-regional.

In Tettnang-Kau West: 3 km Richtung Friedrichshafen, in Pfingstweide links

Lamm im Kau

Sängerstr. 50 ✉ 88069 – ✆ (07542) 47 34 – www.lamm-im-kau.de – geschl. Montag
Menü 16 € – Karte 26/56 € – (Tischbestellung erforderlich)
In der ehemaligen Bäckerei wird frisch und regional gekocht - Lust auf "Spargelsalat mit pochiertem Ei" oder "Coq au Vin vom Landhuhn"? Dazu eine wirklich nette Atmosphäre, zu der auch der herzliche Service beiträgt - natürlich auch auf der schönen Terrasse vor dem Haus!

THANNHAUSEN

Bayern – 5 960 Ew. – Höhe 499 m – Regionalatlas **64-J20**
Berlin 591 km – München 113 km – Augsburg 36 km – Ulm (Donau) 59 km
Michelin Straßenkarte 546

Schreiegg's Post

Postgasse 1 ✉ 86470 – ✆ (08281) 9 95 10 – www.schreieggs-post.de – geschl. 2. - 6. Januar
12 Zim – 98 € 139 € – 1 Suite
Familie Nicke leitet freundlich das tipptopp gepflegte und stilvoll-behagliche kleine Hotel in dem hübschen jahrhundertealten Gasthaus. Saunabereich mit Blick über die Stadt, leckeres Frühstück und schöne Restaurantstuben von elegant bis rustikal - dazu der lauschige Kastaniengarten!

THIERHAUPTEN

Bayern – 3 890 Ew. – Höhe 430 m – Regionalatlas **57-K19**
Berlin 550 km – München 86 km – Augsburg 29 km – Donauwörth 27 km
Michelin Straßenkarte 546

Klostergasthof

Augsburger Str. 3 ✉ 86672 – ✆ (08271) 8 18 10 – www.hotel-klostergasthof.de
46 Zim – 54/85 € 90/108 € – ½ P
Ein auf Seminare zugeschnittenes Hotel in der Ortsmitte mit schönem historischem Gasthof als Stammhaus. Die Zimmer praktisch, freundlich und gepflegt, darunter einige Maisonetten. Im einstigen Sudhaus der Klosterbrauerei befindet sich das Restaurant - Frühstück gibt es im schönen Gewölbesaal.

THOLEY

Saarland – 12 220 Ew. – Höhe 400 m – Regionalatlas **45-C16**
Berlin 718 km – Saarbrücken 37 km – Trier 62 km – Birkenfeld 25 km
Michelin Straßenkarte 543

Hotellerie Hubertus

Metzer Str. 1 66636 – (06853) 9 10 30 – www.hotellerie-hubertus.de – geschl. Juli - August 2 Wochen
17 Zim – 52/65 € 95/110 € – ½ P
Hotellerie Hubertus – Siehe Restaurantauswahl
In dem kleinen Familienbetrieb beim Rathaus kann man gepflegt wohnen und gut essen. Neben dem Gourmetrestaurant hat man das "Palazzo" mit mediterraner Küche. Tipp: nachmittags hausgebackener Kuchen der Seniorchefin! Wer's geschichtlich mag: nur wenige Schritte zu Bediktinerabtei und St. Mauritius Kirche mit schönem Barockgarten, in dem man herrlich entspannen kann.

Gästehaus St. Lioba

Im Kloster 3 66636 – (06853) 91 04 23 – www.gaestehaus-sanktlioba.com
16 Zim – 60/80 € 85/100 € – 9 €
Das sehenswerte schmiedeeiserne Tor wird Ihnen sofort ins Auge stechen! Die Benediktinermönche der alten Klosteranlage laden zum Übernachten ein: gemütlich-moderne Zimmer mit wohnlichen Farben und guter Technik, dazu eine kleine Speisenauswahl sowie Kaffee und Kuchen auf der Terrasse mit Blick übers Tal und in den Klostergarten - wahrlich ein Ort der Besinnung.

Hotellerie Hubertus – Hotel Hotellerie Hubertus

Metzer Str. 1 66636 – (06853) 9 10 30 – www.hotellerie-hubertus.de – geschl. Juli - August 2 Wochen und Montag - Dienstag
Menü 68/98 € – *(nur Abendessen, sonntags auch Mittagessen)* (Tischbestellung ratsam)
Nicht nur im Saarland kennt man Josef Hubertus für seine ambitionierte klassisch-französische Küche - seit über 35 Jahren kommt er damit bei seinen Gästen unverändert gut an. Und auch das Ambiente hat seinen Reiz: Der offene Kamin und das mächtige Kreuzgewölbe sind schön anzuschauen.

THUMSEE – Bayern → Siehe Reichenhall, Bad

THYRNAU

Bayern – 4 140 Ew. – Höhe 455 m – Regionalatlas **60-Q19**
Berlin 617 km – München 202 km – Passau 10 km – Regensburg 128 km
Michelin Straßenkarte 546

In Thyrnau-Hundsdorf Nord-Ost: 2 km

Parkschlössl

Hundsdorf 20a 94136 – (08501) 92 20 – www.hotel-parkschloessl.de
40 Zim – 70/90 € 140/180 € – 6 Suiten – ½ P
Das Hotel befindet sich in ruhiger dörflicher Lage am Rande des Bayerischen Waldes. Wohnliche Zimmer mit italienischen Möbeln und geräumigem Bad, Wellness im Beautyschlössl. Elegant ist das Ambiente im Restaurant mit großer Fensterfront.

TIEFENBRONN

Baden-Württemberg – 5 120 Ew. – Höhe 432 m – Regionalatlas **55-F18**
Berlin 646 km – Stuttgart 39 km – Karlsruhe 45 km – Pforzheim 15 km
Michelin Straßenkarte 545

Ochsen-Post

Franz-Josef-Gall-Str. 13 75233 – (07234) 9 54 50 – www.ochsen-post.de
27 Zim – 60/110 € 78/125 € – 5 Suiten
Bauernstuben – Siehe Restaurantauswahl
Seit sage und schreibe 24 Generationen ist der Gasthof im Familienbesitz! Und jede hat bewusst den regionstypischen Charme des Fachwerkhauses erhalten. Hätten Sie gerne ein Himmelbett im Zimmer? Oder vielleicht einen Kachelofen? Egal, welches Zimmer Sie nehmen, die schöne Frühstücksauswahl ist Ihnen gewiss! Im Restaurant Ochsen-Post bietet man für Gruppen ein gehobenes Menü.

Bauernstuben – Hotel Ochsen-Post

Franz-Josef-Gall-Str. 13 ✉ 75233 – ✆ (07234) 9 54 50 – www.ochsen-post.de – geschl. Donnerstag

Menü 23 € (mittags unter der Woche)/59 € – Karte 28/73 €

Ausgesprochen reizend und urig-heimelig ist es hier: rustikales Holz, liebenswerte Accessoires wie bäuerliche Küchenutensilien... Man sitzt an wertig eingedeckten Tischen, flott der junge Service und auch die Chefin ist präsent. Richtig gut z. B. "Ochse vorne und hinten mit Spätzle und Kartoffel-Gurkensalat" - das Fleisch kommt übrigens aus der eigenen Trockenreifung.

In Tiefenbronn-Mühlhausen Süd-Ost: 4 km

Arneggers Adler

Tiefenbronner Str. 20 ✉ 75233 – ✆ (07234) 95 35 30 – www.arneggers-adler.de – geschl. Januar - Februar 2 Wochen

22 Zim – †70/80 € ††98/108 € – ☕ 6 € – ½ P

Arneggers Adler – Siehe Restaurantauswahl

Die helle Fassade mit den grün-weißen Fensterläden ist schon ein Hingucker, stattlich die überdachte Zufahrt! Schön wohnlich sind die Zimmer alle, ein bisschen was Besonderes sind aber die gemütlichen Giebel-Juniorsuiten im Haupthaus! Und wer's gerne chic-modern hat, bucht ein Zimmer im Gästehaus. Ein sehr gepflegtes Haus mit fairen Preisen.

Arneggers Adler – Hotel Arneggers Adler

Tiefenbronner Str. 20 ✉ 75233 – ✆ (07234) 95 35 30 – www.arneggers-adler.de – geschl. Januar - Februar 2 Wochen und Montag

Menü 30/59 € – Karte 30/50 €

Gastgeberin Melanie Arnegger-Becker ist bereits die 5. Generation in diesem Familienbetrieb, und sie steht hier auch am Herd, wo sie Regionales wie "Sauerbraten von der Wildschweinkeule mit Waldpilzen, gebratenem Zwiebellauch und Kartoffelknödelchen", aber auch internationale Speisen zubereitet. Und es gibt auch eine "Spesenkarte" mit günstigeren Gerichten - ein guter Tipp für Businessgäste.

Im Würmtal West: 4 km Richtung Würm

Häckermühle

Im Würmtal 5 ✉ 75233 Tiefenbronn – ✆ (07234) 42 46 – www.haecker-muehle.de – geschl. Montag

13 Zim ☕ – †60/75 € ††90/95 € – ½ P

Menü 40/65 € – Karte 24/61 € – *(Dienstag - Donnerstag nur Abendessen)* (Tischbestellung ratsam)

Die Forellen kommen aus dem eigenen Becken hinter dem Haus, die Kartoffeln vom Bauern in der Nachbarschaft, das Wild vom hiesigen Jäger... In der ehemaligen Getreidemühle an der Würm legt man großen Wert auf regionale Produkte. Nicht nur drinnen im behaglichen Restaurant sitzt man schön, man hat auch eine idyllische Terrasse. Sie können hier auch übernachten - die Gästezimmer verfügen meist über einen Balkon mit Blick ins Grüne.

TIMMENDORFER STRAND

Schleswig-Holstein – 8 770 Ew. – Höhe 2 m – Regionalatlas **11-K4**

Berlin 28? km – Kiel 64 km – Schwerin 80 km – Lübeck 27 km

Michelin Straßenkarte 541

Grand Hotel Seeschlösschen

Strandallee 141 ✉ 23669 – ✆ (04503) 60 11 – www.seeschloesschen.de

125 Zim ☕ – †150/279 € ††190/319 € – 13 Suiten – ½ P

Panorama – Siehe Restaurantauswahl

Lust auf Penthouse-Feeling? Reichlich Komfort und das Nonplusultra an Aussicht erlebt man in der 9. Etage! Toll auch die Spa-Vielfalt auf rund 2000 qm: Meerwasser-Außenpool, Ruheraum mit Ostseeblick, Ayurveda... Und das Meer haben Sie direkt vor der Tür! Highlight des Bistro Noblesse ist die Seeterrasse.

Landhaus Carstens

Strandallee 73 ✉ 23669 – ✆ (04503) 60 80 – www.landhauscarstens.de
32 Zim ☕ – 🚹140/250 € 🚹🚹145/265 € – 1 Suite – ½ P
Schön wohnt man hier direkt an der Promenade hinter dem Strand, und zwar in klassischen Zimmern - verteilt auf das nordische Landhaus und die moderne Dependance. Zum Essen sitzt man bei schönem Wetter am besten auf der Gartenterrasse. Noch ein Vorteil des Hauses: Zum Strand ist es nur ein Katzensprung.

Park-Hotel

Am Kurpark 4 ✉ 23669 – ✆ (04503) 6 00 60 – www.park-hotel-timmendorf.de
25 Zim ☕ – 🚹68/128 € 🚹🚹112/165 €
Die um einen Anbau erweiterte denkmalgeschützte Villa direkt am Kurpark beherbergt wohnlich eingerichtete Gästezimmer. Vor dem Haus befindet sich eine nette Terrasse.

Orangerie

Strandallee 73 ✉ 23669 – ✆ (04503) 6 05 24 24
– www.orangerie-timmendorfer-strand.de – geschl. Februar, November 2 Wochen und Sonntagabend - Dienstag
Menü 65 € (vegetarisch)/119 € – Karte 75/99 € – *(Mittwoch - Samstag nur Abendessen)*
Wenn Lutz Niemann seine klassische Küche zu Besten gibt, stimmen Handwerk, Geschmack, Harmonie und natürlich die Produktqualität, zudem werden die gelungenen Kreationen überaus ansprechend präsentiert. Elegantes Ambiente und zuvorkommender Service machen das schöne Bild komplett.
→ Bretonischer Hummer mit Erbse. Atlantik Steinbutt mit Pfifferlingen, Kohlrabi, Petersilienbutter. Feines von grüner Banane, Mango, Honig, Champagnersüppchen.

Panorama – Grand Hotel Seeschlösschen

Strandallee 141 ✉ 23669 – ✆ (04503) 60 11 – www.seeschloesschen.de
Menü 47/89 € – Karte 31/120 € – *(Montag - Freitag nur Abendessen)*
Was erwarten Sie von einem Restaurant mit diesem Namen? Sowohl drinnen in eleganter Atmosphäre als auch draußen auf der Terrasse über dem Strand: eine Aussicht wie ein Postkartenmotiv! Internationale Karte mit guter Fischauswahl.

Reethuus

Wohldstr. 25 ✉ 23669 – ✆ (04503) 88 87 90 – www.restaurant-reethus.de
Menü 34/65 € – Karte 30/87 €
Grillgerichte, Salate, regionale Klassiker..., das kommt gut an bei den Gästen! Genauso der freundlich-legere Service und die Dünen-Terrasse - nicht ganz leicht, hier im Sommer einen Platz zu ergattern! Aber auch drinnen in dem reetgedeckten alten Haus mit seinem nordischen Charme sitzt man richtig angenehm.

In Timmendorfer Strand-Niendorf Ost: 1,5 km über B 76

Strandhotel Miramar

Strandstr. 59 ✉ 23669 – ✆ (04503) 80 10 – www.strandhotel-miramar.de
– geschl. 6. - 31. Januar
34 Zim – 🚹77/109 € 🚹🚹94/202 € – ☕ 15 € – 2 Suiten – ½ P
Hinter der weißen Klinkerfassade dieses Hotels direkt am Strand erwarten die Gäste gut gepflegte Zimmer. Das Restaurant "Meereszeit" bietet neben regionaler und internationaler Küche auch einen schönen Blick auf Dünen und Meer!

TITISEE-NEUSTADT

Baden-Württemberg – 11 800 Ew. – Höhe 849 m – Regionalatlas **62-E21**
▶ Berlin 780 km – Stuttgart 160 km – Freiburg im Breisgau 33 km – Donaueschingen 32 km
Michelin Straßenkarte 545

Im Ortsteil Titisee

Treschers Schwarzwaldhotel

Seestr. 10 ✉ 79822 – ✆ (07651) 80 50 – www.schwarzwaldhotel-trescher.de

82 Zim ☕ – 🚹130/163 € 🚹🚹140/216 € – 5 Suiten – ½ P

Den See hat man hier praktisch immer im Blick. Tipp: der Seeflügel mit seinem Mix aus Klassik und Moderne. Ebenso chic (mit Naturstein) der Bade- und Saunabereich, herrlich der Außenpool zum See, davor das private Strandbad! Besonders schön speist man in der charmanten Hirschstube, toll auch die Seeterrasse!

Bären

Neustädter Str. 35 ✉ 79822 – ✆ (07651) 80 60 – www.baeren-titisee.de

51 Zim ☕ – 🚹160/230 € 🚹🚹230/300 € – ½ P

Vierthäler – Siehe Restaurantauswahl

Vom alten "Bären" a. d. J. 1888 ist nur der Name geblieben. Nach einem Brand hat Familie Sauter hier ein topmodernes Feriendomizil geschaffen: wohnliche Lounge, Zimmer von komfortabel bis fast schon luxuriös, ein vielfältiger Spa... In der "Stube" gibt es regionale Klassiker und Bürgerliches, im stylischen "Sauters" hochwertige Küche für Hausgäste, 3/4-Pension inkl.

Seehotel Wiesler

Strandbadstr. 5 ✉ 79822 – ✆ (07651) 9 80 90 – www.seehotel-wiesler.de – geschl. 16. November - 21. Dezember

36 Zim ☕ – 🚹92/145 € 🚹🚹155/235 € – 2 Suiten – ½ P

Die Seelage mit eigenem Strandbad ist optimal, fast alle Zimmer liegen seeseitig. Wer's modern mag, bucht die Zimmer "Life Style" oder "De Luxe" oder das "Loft-Haus". Attraktiv auch der Spa, und vom Hallenbad schwimmt man nach draußen, wunderbar der Blick - auch beim Speisen auf der großen Restaurantterrasse!

Vierthäler – Hotel Bären

Neustädter Str. 35 ✉ 79822 – ✆ (07651) 80 60 – www.baeren-titisee.de – geschl. Dienstag - Mittwoch

Menü 25/69 € – Karte 31/59 € – *(Montag - Freitag nur Abendessen, außer an Feiertagen)*

Das feine kleine Restaurant trägt den alten Namen Titisees, und auch Fotos von einst erinnern an die "gute alte Zeit". Thomas Sauter bietet klassische Gerichte wie "Dreierlei von der Lachsforelle mit Brioche und Zitronen-Basilikumsorbet".

Im Jostal Nord-West: 6 km ab Neustadt

Jostalstüble

Jostalstr. 60 ✉ 79822 – ✆ (07651) 91 81 60 – www.jostalstueble.de – geschl. Januar

13 Zim ☕ – 🚹50/55 € 🚹🚹90/100 € – 2 Suiten

Der typische Schwarzwaldgasthof ist ein netter Familienbetrieb mit wohnlichen Zimmern, darunter zwei geräumige Appartements, sowie Massage- und Kosmetikbereich mit schönem Heubad. Restaurant mit ländlichem Charakter und bürgerlicher Speisekarte.

Im Ortsteil Waldau Nord: 10 km

Sonne-Post

Landstr. 13 ✉ 79822 – ✆ (07669) 9 10 20 – www.sonne-post.de – geschl. Mitte November - Mitte Dezember, Mitte - Ende März

23 Zim ☕ – 🚹58/70 € 🚹🚹106/120 € – ½ P

Der Gasthof mit 100-jähriger Familientradition bietet wohnliche Zimmer, die nach Vögeln benannt sind. In den Talzimmern hat man es etwas ruhiger und genießt eine schöne Aussicht. Ein Kachelofen und viel helles Holz machen die Gaststube heimelig.

TITTING

Bayern – 2 640 Ew. – Höhe 447 m – Regionalatlas **57-L18**

Berlin 485 km – München 119 km – Augsburg 87 km – Ingolstadt 42 km

Michelin Straßenkarte 546

In Titting-Emsing Ost: 4,5 km über Emsinger Straße

Dirsch

Hauptstr. 13 ✉ 85135 – ✆ (08423) 18 90 – www.hotel-dirsch.de – geschl. 17. - 28. Dezember

97 Zim – †80/117 € ††127/220 € – 3 Suiten – ½ P

Ein gut geführtes Hotel in ruhiger dörflicher Lage mit unterschiedlich geschnittenen wohnlichen Gästezimmern, Spa auf 1500 qm und einem großen Tagungsbereich. Fragen Sie nach den besonders hübschen neueren Zimmern im Anbau!

TODTMOOS

Baden-Württemberg – 1 870 Ew. – Höhe 820 m – Regionalatlas **61-E21**

Berlin 817 km – Stuttgart 201 km – Freiburg im Breisgau 49 km – Donaueschingen 78 km

Michelin Straßenkarte 545

In Todtmoos-Strick Nord-West: 2 km

Rößle

Kapellenweg 2 ✉ 79682 – ✆ (07674) 9 06 60 – www.hotel-roessle.de – geschl. Mitte November - Mitte Dezember

35 Zim – †66/140 € ††126/180 € – ½ P

Der gewachsene Schwarzwaldgasthof von 1670 ist seit jeher ein Familienbetrieb. Die Zimmer sind schön und individuell gestaltet, besonders beliebt sind die Zimmer im Anbau! Und wie wär's mit etwas Wellness? Massage, Kosmetik, Friseur... Wer im Sommer gern draußen isst, wird die hübsche Gartenterrasse schätzen.

TODTNAU

Baden-Württemberg – 4 830 Ew. – Höhe 659 m – Regionalatlas **61-D21**

Berlin 800 km – Stuttgart 179 km – Freiburg im Breisgau 32 km – Donaueschingen 56 km

Michelin Straßenkarte 545

In Todtnau-Todtnauberg Nord: 6 km, Richtung Freiburg – Höhe 1 021 m

Sonnenalm

Hornweg 21 ✉ 79674 – ✆ (07671) 18 00 – www.hotel-sonnenalm.de – geschl. 28. Oktober - 16. Dezember

13 Zim – †66/80 € ††100/119 € – ½ P

Das Haus ist eine sehr gepflegte und sympathisch regionale Adresse, und es hat einen ganz klaren Vorteil: Die Hanglage oberhalb des Dorfes bringt einen unverbaubaren Blick auf Schwarzwald und Schweizer Alpen mit sich!

In Todtnau-Herrenschwand Süd: 14 km über B 317 und Präg – Höhe 1 018 m

derWaldfrieden

Dorfstr. 8 ✉ 79674 – ✆ (07674) 92 09 30 – www.derwaldfrieden.de – geschl. 15. November - 12. Dezember

20 Zim – †50/80 € ††90/130 € – 4 Suiten – ½ P

derWaldfrieden – Siehe Restaurantauswahl

Ein Haus mit zwei Gesichtern! Da ist zum einen der typische Schwarzwaldgasthof mit seinen netten, wohnlichen Zimmern, zum anderen das tolle "spaHaus": Juniorsuiten und Suiten sowie "panoramaSpa", alles in schickem modern-regionalem Look!

derWaldfrieden – Hotel der Waldfrieden

Dorfstr. 8 ✉ 79674 – ✆ (07674) 92 09 30 – www.derwaldfrieden.de – geschl. 15. November - 12. Dezember und Montag - Dienstag

Menü 35 € – Karte 24/47 €

In ihren ländlichen "gastStuben" bietet Familie Hupfer - am Herd steht Sohn Volker, der einige gute Adressen hinter sich hat - ein breites Spektrum vom Vesper bis zum "Ragout vom Todtmooser Reh". Probieren Sie z. B. das "Menü des Tages".

TÖLZ, BAD

Bayern – 18 070 Ew. – Höhe 658 m – Regionalatlas **65-L21**
Berlin 642 km – München 53 km – Garmisch-Partenkirchen 54 km – Innsbruck 97 km
Michelin Straßenkarte 546

Links der Isar

Lindenhof
Königsdorfer Str. 24 ✉ 83646 – ✆ (08041) 79 43 40 – www.lindenhof-toelz.de – geschl. 20. - 26. Dezember
9 Zim – †59/75 € ††85/95 € – 2 Suiten
Ein kleines Hotel in einem Haus von 1843. Freundlich die Gastgeberin, sehr nett die recht geräumigen Zimmer in warmen Farben - von einigen schaut man auf die Isar hinter dem Haus. Das Restaurant bietet griechische Küche.

Alexandra
Kyreinstr. 13 ✉ 83646 – ✆ (08041) 7 84 30 – www.alexandrahotel.de
20 Zim – †55/98 € ††89/129 €
Das kleine Hotel ist eine sympathische persönlich-familiäre Adresse, die behaglich eingerichtet ist. Die meisten Zimmer verfügen über einen Balkon.

In Bad Tölz-Kirchbichl Nord: 6,5 km über Dietramszeller Straße

Jägerwirt
Nikolaus-Rank-Str. 1 ✉ 83646 – ✆ (08041) 95 48 – www.jaegerwirt.de – geschl. Ende Oktober - Mitte November und Montag, Donnerstag
Menü 30/45 € – Karte 23/34 €
Gemütlich-urige Atmosphäre, gutes Essen, faire Preise... Bei Familie Rank kehrt man gerne ein. Neben Vespergerichten und Klassikern wie Bratensülze gibt es auch "geschmortes Kaninchen mit Ravioli" oder "gratinierten Ziegenkäse". Auf Vorbestellung bekommen Sie die beliebten Kalbs- und Schweinshaxen vom Grill!

TORNESCH

Schleswig-Holstein – 12 590 Ew. – Höhe 13 m – Regionalatlas **10-I5**
Berlin 315 km – Kiel 104 km – Hamburg 33 km – Itzehoe 35 km
Michelin Straßenkarte 541

Esinger Hof
Denkmalstr. 7, Esingen ✉ 25436 – ✆ (04122) 9 52 70 – www.esingerhof.de
23 Zim – †40/48 € ††60/70 €
Eine nette familiäre Pension mit sehr gepflegten, soliden Zimmern und schönem Garten. Praktisch ist die gute Autobahnanbindung. Mit Appartements für Langzeitgäste.

TRABEN-TRARBACH

Rheinland-Pfalz – 5 770 Ew. – Höhe 110 m – Regionalatlas **46-C15**
Berlin 673 km – Mainz 104 km – Trier 63 km – Bernkastel-Kues 24 km
Michelin Straßenkarte 543

Im Ortsteil Traben

Moselschlösschen
An der Mosel 15 ✉ 56841 – ✆ (06541) 83 20 – www.moselschloesschen.de – geschl. 4. - 17. Januar
61 Zim – †95/125 € ††130/170 € – 4 Suiten – ½ P
Sie wohnen auf einem historischen Anwesen in wunderbarer Lage direkt an der Moselpromade. Sehr geschmackvoll und wertig die Zimmer, modern-elegant das Restaurant mit lichter Orangerie, schön der Spa, toll der Säulenkeller von 1754 für Veranstaltungen. Daneben gibt es noch die Kochschule "Tafelkunst" und eine Vinothek.

Jugendstilhotel Bellevue

An der Mosel 11 ✉ *56841 – ✆ (06541) 70 30 – www.bellevue-hotel.de*
60 Zim – 95/130 € 140/170 € – 9 Suiten – ½ P
Belle Epoque – Siehe Restaurantauswahl
Sie mögen's historisch? Das hübsche Gebäudeensemble mit stilvollem Haupthaus von 1903 lässt Sie an zahlreichen Details den Charme des Jugendstils spüren. Wohnlich und individuell die Zimmer (sehr schön z. B. das geräumige Walzerzimmer im Haus Havenstein), ansprechend der Spabereich und der Dachgarten.

Trabener Hof

Bahnstr. 25, Eingang Rottmann-Straße ✉ *56841 – ✆ (06541) 7 00 80 – www.trabener-hof.de*
30 Zim – 70/90 € 99/120 €
Lobby, Zimmer, Frühstücksraum..., das Stadthaus a. d. J. 1898 hat eine angenehm freundliche und neuzeitliche Einrichtung. Im Zimmer steht für Sie ein kostenfreies Mineralwasser bereit und auch W-Lan nutzen Sie gratis. Nett: der kleine Aufenthaltsraum mit Balkonterrasse.

Belle Epoque – Jugendstilhotel Bellevue

An der Mosel 11 ✉ *56841 – ✆ (06541) 70 30 – www.bellevue-hotel.de*
Menü 37 € (abends) – Karte 37/62 € – (Tischbestellung ratsam)
Schöne Jugendstilelemente mischen sich hier in die Einrichtung und machen das Ambiente interessant - Blickfang ist ein speziell angefertigtes Fensterbild. Dazu bietet man saisonal beeinflusste Küche. Für besondere Anlässe: "Art Deco Salon".

Im Ortsteil Trarbach

Moseltor

Moselstr. 1 ✉ *56841 – ✆ (06541) 65 51 – www.moseltor.de*
9 Zim – 69/95 € 100/140 € – 4 Suiten – ½ P
Bauer's Restaurant – Siehe Restaurantauswahl
Sehr gepflegt, familiär geführt und dann noch an der Mosel gelegen - in dem historischen Haus mit Bruchsteinfassade wohnt es sich schön. Wenn Sie sich etwas Besonderes gönnen möchten, buchen Sie die geschmackvoll-moderne "Goethe Suite"!

Bauer's Restaurant – Hotel Moseltor

Moselstr. 1 ✉ *56841 – ✆ (06541) 65 51 – www.moseltor.de – geschl. Dienstag*
Menü 30/47 € – Karte 30/46 € – *(nur Abendessen)* (Tischbestellung ratsam)
Bei Familie Bauer wird ambitioniert gekocht, und zwar regional-saisonale Gerichte wie "Hunsrücker Hirschgulasch mit Pfifferlingen in Wacholdersauce" oder "geschmorte Lammkeule in Dornfelder Sauce mit Frühlingskräutern". Beliebt: die Terrasse mit Moselblick.

TRASSEM – Rheinland-Pfalz ➜ Siehe Saarburg

TRASSENHEIDE – Mecklenburg-Vorpommern ➜ Siehe Usedom (Insel)

TRAUNSTEIN

Bayern – 18 950 Ew. – Höhe 591 m – Regionalatlas **67**-O21
Berlin 674 km – München 112 km – Bad Reichenhall 35 km – Rosenheim 53 km
Michelin Straßenkarte 546

Parkhotel 1888 (N)

Bahnhofstr. 11 ✉ *83278 – ✆ (0861) 98 88 20 – www.parkhotel-traunstein.de*
56 Zim – 69/88 € 112 € – ½ P
1888 – Siehe Restaurantauswahl
In dem Hotel a. d. 19. Jh. sticht gleich der Treppenaufgang mit eindrucksvoll gedrechseltem Geländer ins Auge. Trotz aller Tradition findet man hier angenehm zeitgemäße Zimmer. Entspannen kann man im Saunabereich im oberen Stock.

1888 – Parkhotel 1888

Bahnhofstr. 11 ✉ 83278 – ✆ (0861) 98 88 20 – www.parkhotel-traunstein.de
Menü 15 € (mittags)/48 € – Karte 22/53 €
Hier bekommen Sie frische Küche in Form einer schönen Mischung aus bayerischen und französischen Gerichten - so z. B. "Lammrücken Provençale in Kräuterkruste". Das Ambiente: mal klassisch-gediegen, mal nette Bistro-Atmosphäre. Benannt ist das Restaurant übrigens nach dem Baujahr des Hauses.

TREBBIN

Brandenburg – 9 250 Ew. – Höhe 39 m – Regionalatlas **32**-P9
Berlin 56 km – Potsdam 29 km – Brandenburg 62 km – Frankfurt (Oder) 101 km
Michelin Straßenkarte 542

Parkhotel

Parkstr. 5 ✉ 14959 – ✆ (033731) 7 10 – www.parkhotel-trebbin.de – geschl. 22. Dezember - 3. Januar
38 Zim – 64/74 € 75/80 € – 1 Suite – ½ P
Neuzeitlich und funktionell ist die Einrichtung der Gästezimmer in diesem familiär geführten Hotel in relativ ruhiger Lage am Stadtpark. Im Restaurant bietet man u. a. Gerichte und Weine aus der pfälzischen Heimat der Chefin.

TREBUR

Hessen – 13 090 Ew. – Höhe 88 m – Regionalatlas **47**-F15
Berlin 571 km – Wiesbaden 25 km – Frankfurt am Main 38 km – Darmstadt 21 km
Michelin Straßenkarte 543

Zum Erker

Hauptstr. 1 ✉ 65468 – ✆ (06147) 9 14 80 – www.zum-erker.de
23 Zim – 65/70 € 85/90 € – ½ P
Bereits seit 1743 wird das Gasthaus als Familienbetrieb geführt. Es stehen gediegen und solide eingerichtete Zimmer mit gutem Platzangebot bereit. Bürgerliches Restaurant.

TREIS-KARDEN

Rheinland-Pfalz – 2 230 Ew. – Höhe 90 m – Regionalatlas **46**-C14
Berlin 633 km – Mainz 100 km – Koblenz 37 km – Trier 104 km
Michelin Straßenkarte 543

Im Ortsteil Karden

Schloss-Hotel Petry

St.-Castor-Str. 80 ✉ 56253 – ✆ (02672) 93 40 – www.schloss-hotel-petry.de
72 Zim – 59/95 € 88/160 € – ½ P
Wein- und Schloßstube – Siehe Restaurantauswahl
Verschiedene Gebäude einschließlich Schloss bilden diese familiär geführte Adresse. Hier überzeugen wohnliche Gästezimmer und ein schön gestalteter Sauna- und Behandlungsbereich - nett hat man das Thema Wein umgesetzt.

Wein- und Schloßstube – Schloss Hotel Petry

St.-Castor-Str. 80 ✉ 56253 – ✆ (02672) 93 40 – www.schloss-hotel-petry.de
Menü 34/89 € – Karte 26/55 €
Gebackenes Seelachsfilet, kross gebratener Adlerfisch, Pfälzer Saumagen und Rehschäufele, Kalbsfilet und Scampi... Hier finden Sie eine Vielfalt an schmackhaften Speisen. Tipp für Feinschmecker: das Schloßstubenmenü!

In Müden Ost: 4 km Richtung Löf

Sewenig

Moselstr. 5, B 416 ✉ 56254 – ✆ (02672) 13 34 – www.hotel-sewenig.de – geschl. 3. Januar - 4. Februar, 10. - 25. Februar
30 Zim – 40/50 € 78/98 € – ½ P
In dem Ferienhotel mit Weingut wohnt man in gepflegten, funktionellen Zimmern, die im rustikalen Stil gehalten sind. Im Restaurant und auf der Terrasse zur Mosel hin serviert man bürgerliche Küche.

TREUCHTLINGEN

Bayern – 12 580 Ew. – Höhe 412 m – Regionalatlas **57**-**K18**
Berlin 496 km – München 147 km – Ansbach 54 km – Augsburg 77 km
Michelin Straßenkarte 546

In Treuchtlingen-Schambach

Zum Güldenen Ritter
Burggasse 1 ✉ 91757 – ✆ (09142) 2 04 89 00 – www.zum-gueldenen-ritter.de
9 Zim – 56/98 € 98/134 € – ½ P
Einst Späherburg, seit dem 16. Jh. als Gasthaus geführt und heute ein liebenswertes kleines Hotel mit historischem Charme von den geräumigen Zimmern bis zu den Restaurantstuben - hier gibt es z. B. Schmabacher Rostbraten oder Altmühltaler Lamm. Nett die Bar im alten Pferdestall, hübsch die Terrasse vorm Haus.

TREUEN

Sachsen – 8 120 Ew. – Höhe 450 m – Regionalatlas **41**-**N13**
Berlin 298 km – Dresden 143 km – Gera 51 km – Plauen 10 km
Michelin Straßenkarte 544

Wettin
Bahnhofstr. 18 ✉ 08233 – ✆ (037468) 65 80 – www.hotel-wettin.de
23 Zim – 49/74 € 68/84 € – 6 € – ½ P
Das 1898 im Ortskern erbaute Eckhaus ist ein kleiner Familienbetrieb, dessen Gästezimmer zeitlos, solide und funktionell ausgestattet sind. Zum unterteilten Restaurantbereich gehört eine nette Terrasse.

TRIBERG

Baden-Württemberg – 4 770 Ew. – Höhe 864 m – Regionalatlas **62**-**E20**
Berlin 765 km – Stuttgart 139 km – Freiburg im Breisgau 61 km – Offenburg 56 km
Michelin Straßenkarte 545

Parkhotel Wehrle
Gartenstr. 24 ✉ 78098 – ✆ (07722) 8 60 20 – www.parkhotel-wehrle.de
51 Zim – 85/115 € 149/175 € – 5 Suiten – ½ P
Parkhotel Wehrle – Siehe Restaurantauswahl
Traditionshaus mit reizvollem Park (sehenswert hier der über 400 Jahre alte Mammutbaum!) und individuellen Zimmern von klassisch bis modern. Das größere Gästehaus ist direkt mit dem tollen "Sanitas Spa" verbunden. Sie möchten heiraten? Kleinstes Standesamt Deutschlands im Haus!

Schwarzwald Residenz
Bgm.-De-Pellegrini-Str. 20 ✉ 78098 – ✆ (07722) 96 23 0 – www.residenz-triberg.bestwestern.de
36 Zim – 70/85 € 109/129 € – ½ P
Freundliche Zimmer finden sich in diesem recht ruhig gelegenen Hotel mit schöner Aussicht. Die praktischen Appartements sind insbesondere für Familien geeignet. Das hell und zeitlos gestaltete Restaurant bietet internationale Küche.

Parkhotel Wehrle – Parkhotel Wehrle
Gartenstr. 24 ✉ 78098 – ✆ (07722) 8 60 20 – www.parkhotel-wehrle.de
Menü 46/64 € – Karte 39/62 € – *(nur Abendessen)*
Ob Roter Salon, Ochsenstube oder Alte Schmiede, ob elegant oder rustikal - jeder dieser historischen Räume ist ein sehr schöner Ort für regionale Spezialitäten wie frische Forellen oder Internationales wie "rosa gebratene Lammhüfte mit Lauch-Ziegenkäsetarte".

TRIEFENSTEIN

Bayern – 4 270 Ew. – Höhe 180 m – Regionalatlas **48-H15**
Berlin 523 km – München 313 km – Würzburg 31 km
Michelin Straßenkarte 546

In Triefenstein-Homburg am Main Süd-Ost: 2 km

Weinhaus Zum Ritter
Rittergasse 2 ✉ 97855 – ✆ (09395) 15 06 – www.weinhaus-ritter.de – geschl. Februar - März 3 Wochen und Montag - Dienstagmittag
4 Zim – 38 € 62 €
Menü 31/50 € – Karte 25/37 € – *(November - Mai: Dienstag - Samstag nur Abendessen)*
Wie man es bei diesem 400 Jahre alten ehemaligen Bauernhaus vermutet, sitzt man hier richtig gemütlich in einer reizenden Stube. Da passt die regionale Küche von Thomas Hausin gut dazu, lecker z. B. "Bauernente mit Kartoffelklößen und Apfelrotkohl". Im Sommer ein Muss: die Terrasse!

TRIER

Rheinland-Pfalz – 106 550 Ew. – Höhe 130 m – Regionalatlas **45-B15**
Berlin 719 km – Mainz 162 km – Bonn 143 km – Koblenz 124 km
Michelin Straßenkarte 543

B. Rohrschneider / age fotostock

Hotels

Park Plaza

Nikolaus-Koch-Platz 1 ✉ 54290 Stadtplan : C1**f**
– ✆ (0651) 9 99 30
– www.parkplaza-trier.de
150 Zim – 89/163 € 123/197 € – 17 € – 2 Suiten – ½ P
Die richtige Adresse für modern-komfortables Wohnen und Tagen ist das Hotel in unmittelbarer Nähe der Fußgängerzone. Interessant: Überall im Haus finden sich Spuren der Stadtgeschichte, so z. B. auch im 330 qm großen Sauna- und Kosmetikbereich mit seinem römischen Flair. Zur Halle hin offenes Restaurant mit Terrasse im Innenhof. Sonntags Brunch.

Villa Hügel

Bernhardstr. 14 ✉ 54295 Stadtplan : A2**s**
– ✆ (0651) 3 30 66
– www.hotel-villa-huegel.de
– geschl. 10. - 24. Januar
35 Zim – 108/148 € 148/198 € – 1 Suite – ½ P
Sie suchen etwas mehr Stil und Charme als in einem "normalen" Stadthotel? Wie wär's mit dieser Villa von 1914? Relativ ruhig über Trier gelegen, komfortabel, wohnlich und technisch modern, mit schönem Sauna- und Ruhebereich und herrlichem Garten - nicht zu vergessen Gastgeber mit Liebe zum Beruf! Zum leckeren Frühstück gibt's Stadtblick von der Panoramaterrasse.

Nells Park Hotel

Dasbachstr. 12 ✉ 54292 Stadtplan : B1**n**
– ✆ (0651) 1 44 40
– www.nellsparkhotel.de
73 Zim – 70/99 € 92/142 € – 9 € – ½ P
Das komfortable Hotel liegt verkehrsgünstig und dennoch im Grünen - so haben der Park direkt vor Ihrer Tür und auch die nahe Mosel einen hohen Freizeitwert! Die Zimmer sind geschmackvoll (besonders die JAB-Anstoetz-Zimmer oder die tolle Maisonette-Suite mit Whirlwanne!), schön auch der Wellnessbereich samt Dachterrasse. Die international-saisonale Küche gibt es im klassisch-eleganten Restaurant, im lichten Bistro-Wintergarten und auf der Terrasse zum Park. Probieren Sie auch die Mosel-Weißweine in der "Vinothek 1861" im Gewölbekeller!

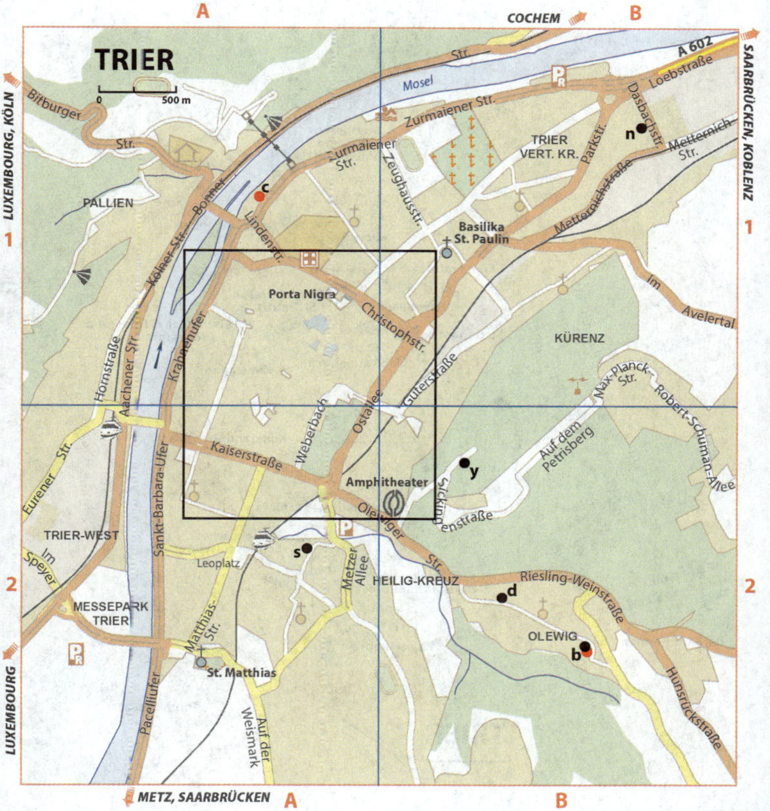

Deutscher Hof

Südallee 25 ✉ 54290 – ✆ (0651) 9 77 80 Stadtplan : C2**g**
– www.hotel-deutscher-hof.de
– geschl. 22. Dezember - 5. Januar
100 Zim – 🚹65/105 € 🚹🚹80/180 € – ☕ 8 € – ½ P

Unweit der historischen Kaisertherme liegt das in 3. Generation familiär geführte Hotel. Hier macht man noch alles selbst: waschen, reinigen, frisch kochen..., und alles ist tipptopp gepflegt, ob Standard- oder modernes Komfortzimmer, netter Saunabereich mit Sicht über Trier oder Restaurant mit klassisch-bürgerlich-saisonaler Küche. Gute Parkplatzsituation.

Aulmann

Fleischstr. 47, Eingang Jakobsspitälchen 1, 2. Etage Stadtplan : C1**a**
✉ 54290 – ✆ (0651) 9 76 70
– www.hotel-aulmann.de
36 Zim – 🚹50/70 € 🚹🚹85/120 € – ☕ 5 €

Mitten im Zentrum steht das aus einem modernisierten und erweiterten Altstadthaus entstandene Hotel. Die Gästezimmer sind zeitgemäß und praktisch ausgestattet. Ein paar Gehminuten entfernt können Sie in der "Kartoffelkiste" bürgerlich essen - Schwerpunkt sind natürlich Kartoffeln.

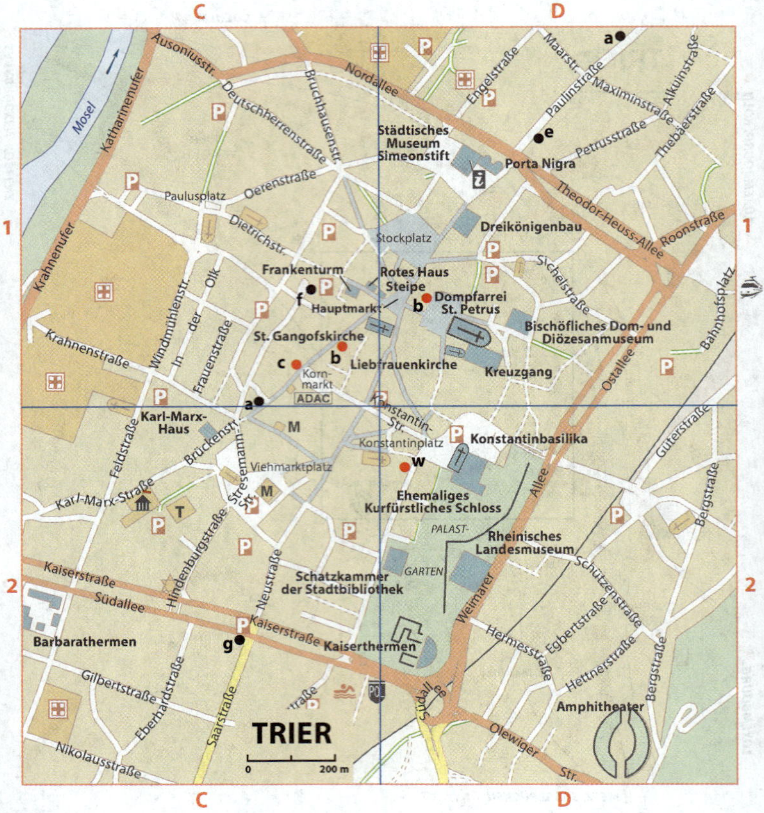

ante porta - DAS STADTHOTEL

Paulinstr. 66 ✉ 54292 – ✆ (0651) 43 68 50 Stadtplan : D1**a**
– www.hotel-anteporta.de
– geschl. 23. - 26. Dezember

37 Zim – 🚹59/109 € 🚹🚹69/114 € – ☕ 8 €

Kein Wunder, dass dieses Hotel gefragt ist: Es ist geschickt anzufahren, bietet gute Parkmöglichkeiten, zur Porta Nigra sind es nur fünf Minuten zu Fuß und die modern-puristische Einrichtung ist ebenfalls attraktiv! In den Zimmern (darunter auch Familienzimmer) freundliche Farben, gute Technik und teilweise Balkone, zum Frühstück eine frische Buffet-Auswahl.

Petrisberg

Sickingenstr. 11 ✉ 54296 – ✆ (0651) 46 40 Stadtplan : B2**y**
– www.hotel-petrisberg.de

25 Zim ☕ – 🚹75 € 🚹🚹105/110 €

Das Haus liegt so richtig schön oberhalb der Stadt - beeindruckend die Aussicht, angenehm die Ruhe. Im eigenen 6 ha großen Wald kann man wunderbar joggen oder spazieren gehen, ca. 20 Minuten sind es zu Fuß zum Dom. Alle Zimmer mit Balkon, einige nach hinten mit Blick zum Wald und den beiden Eseln Nelly und Lohni.

Paulin

Paulinstr. 13 ✉ 54292 – ✆ (0651) 14 74 00 Stadtplan : D1**e**
– www.hotel-paulin-trier.de
23 Zim – 🚹63/85 € 🚹🚹85/125 € – ☕ 10 €
Praktisch ist hier vor allem die Nähe zur Porta Nigra: So erreichen Sie die Fußgängerzone von diesem gepflegten, funktionalen Hotel aus bequem zu Fuß, und auch die Basilika St. Paulin ist nur wenige Gehminuten entfernt. Parken kann man hier übrigens auch gut. Und zum Essen gibt es im "Eselchen" ein paar Kleinigkeiten.

Restaurants

Bagatelle

Zurlaubener Ufer 78 ✉ 54292 – ✆ (0651) 9 95 69 90 Stadtplan : A1**c**
– www.bagatelle-trier.com
Menü 59/79 € – Karte 54/89 €
Schon seit vielen Jahren ist Karl Schmelzer engagierter Gastgeber in dem kleinen alten Fischerhaus am Moselufer. Auf zwei Ebenen lässt man sich bei gepflegter Tischkultur ambitionierte klassisch-saisonal-mediterrane Küche servieren - unter der Woche gibt es auch ein günstiges Mittagsmenü. Schön die Moselterrasse.

Schlemmereule

Domfreihof 1b, im Palais Walderdorff ✉ 54290 Stadtplan : D1**b**
– ✆ (0651) 7 36 16 – www.schlemmereule.de
– geschl. 1. - 10. Februar und Sonntag, außer an Feiertagen
Menü 20 € (mittags unter der Woche)/52 € – Karte 45/62 €
In dem einstigen Amts- und Regierungshaus a. d. 18. Jh. verbindet sich der klassisch-historische Rahmen mit modernem Stil - sehenswert sind die große Original-Statue der Kaiserin Helena sowie zwei interessante Deckengemälde (hier hat man bewusst Fehler eingebaut!). Gekocht wird international-saisonal, günstiger Lunch. Terrasse im Hof.

Brasserie

Fleischstr. 12 ✉ 54290 – ✆ (0651) 97 80 00 Stadtplan : C1**b**
– www.brasserie-trier.de
Karte 22/54 €
Wer beim Bummeln durch Trier Lust auf eine Stärkung in typischer Brasserie-Atmosphäre bekommt, kehrt am besten bei Björn und Melanie Ostermann ein. In dem gemütlichen Lokal gleich beim Hauptmarkt gibt es Klassiker wie den "Trierer Lieblingsteller" oder Hühnerfrikassee. Beliebt sind auch Lamm-, Kaninchen- und Wildgerichte oder "Filetspitzen Stroganoff".

Georgs Restaurant

An der Härenwies 10 ✉ 54294
– ✆ (0651) 9 93 00 60 – www.georgs-restaurant.de
– geschl. 10. - 20. Oktober und Montag - Dienstag
Menü 39/59 € – Karte 30/56 € – *(nur Abendessen)*
Das "Südbad" ist nicht nur für Badegäste interessant, dafür sorgt Georg Henke mit frischen internationalen Gerichten wie "in Honig karamellisierter Barbarie-Entenbrust mit Thymianjus und Sellerie-Kartoffelpüree" oder dem Klassiker "Schnitzel mit Champignon-Lauchsauce". Das Restaurant hat eine kleine Lounge und eine tolle Terrasse mit Blick ins Schwimmbad.

Das Symbol 🚹 bzw. 🚹🚹 zeigt den Mindestpreis in der Nebensaison und den Höchstpreis in der Hochsaison für ein Einzelzimmer bzw. für ein Doppelzimmer an.

Weinwirtschaft Friedrich Wilhelm

Weberbach 75 ✉ 54290 – ✆ (0651) 99 47 48 00 Stadtplan : D2**w**
– www.weinwirtschaft-fw.de – geschl. Sonntag sowie an Feiertagen
Karte 20/59 €
Das Restaurant ist ein Ableger des Trittenheimer "Wein- und Tafelhauses", und zwar ein ausgesprochen gemütlicher. Gekocht wird regional. Lassen Sie sich im Sommer nicht den idyllischen Garten entgehen - mitten in der Stadt und doch ruhig!

In Trier-Euren Süd-West: 3 km über Eurener Straße A2

Eurener Hof

Eurener Str. 171, Zufahrt über Ludwig-Steinbach-Straße ✉ 54294
– ✆ (0651) 8 24 00 – www.eurener-hof.de
67 Zim – 🚹82/125 € 🚹🚹110/148 € – ☕ 13 € – 2 Suiten – ½ P
Wilder Kaiser und Gutsstube – Siehe Restaurantauswahl
Gemeinsam mit seiner Frau führt Simon Haag den elterlichen Betrieb in 4. Generation. Mit einem gelungenen Facelift hat man dem wertigen rustikalen Erbe eine geschmackvoll-moderne Note gegeben. Ansprechend auch der Freizeitbereich mit Kosmetik- und Massageangebot. Gemütlich wird's in der charmanten Laurenziusstube bei einer Brotzeit oder Fleisch aus der Region.

Wilder Kaiser und Gutsstube – Hotel Eurener Hof

Eurener Str. 171, Zufahrt über Ludwig-Steinbach-Straße ✉ 54294
– ✆ (0651) 8 24 00 – www.eurener-hof.de
Karte 32/63 €
Auf moselfränkisch-traditionelle Behaglichkeit darf man sich sowohl im Wilden Kaiser als auch in der Gutsstube freuen, ebenso auf schmackhafte regional-saisonale Küche. Tipp: Freitag ist Eintopftag, sonntags kommt man zu Crêpes Suzette. Beliebt ist auch der günstige Mittagstisch "ländlich & deftig". Gute Weinkarte mit Schwerpunkt Mosel, Saar, Ruwer.

In Trier-Olewig

BECKER'S Hotel

Olewiger Str. 206 ✉ 54295 – ✆ (0651) 93 80 80 Stadtplan : B2**b**
– www.beckers-trier.de
22 Zim ☕ – 🚹75/150 € 🚹🚹110/180 € – 3 Suiten – ½ P
BECKER'S ✿✿ • ***BECKER'S Weinhaus*** – Siehe Restaurantauswahl
Bei Familie Becker heißt es wohnliche Atmosphäre und zuvorkommender Service. Die Zimmer sind minimalistisch designt, Frühstück gibt's in der trendig-modernen Weinbar oder im rustikalen Weinhaus - hier hat man übrigens auch einige Zimmer: kleiner und einfacher, aber gemütlich.

Blesius Garten

Olewiger Str. 135 ✉ 54295 – ✆ (0651) 3 60 60 Stadtplan : B2**d**
– www.blesius-garten.de – geschl. Mitte Januar - Februar
61 Zim – 🚹67/77 € 🚹🚹85/132 € – ☕ 10 € – ½ P
Das ehemalige Hofgut a. d. J. 1789 beherbergt Gästezimmer im Landhausstil mit geschmackvoll-moderner Note sowie ein Restaurant mit hübschem Wintergarten, in dem man international speist. Sie mögen Bier? In der Hausbrauerei mit Biergarten ist es schön urig - man hat sogar einen Biersommelier im Haus!

BECKER'S – BECKER'S Hotel

✿✿

Olewiger Str. 206 ✉ 54295 – ✆ (0651) 93 80 80 Stadtplan : B2**b**
– www.beckers-trier.de – geschl. über Karneval 3 Wochen, Juli - August 2 Wochen und Sonntag - Montag
Menü 130/155 € – *(nur Abendessen)* (Tischbestellung ratsam)
Durch und durch modern, von der Kubus-Architektur über das geradlinig-klare Design bis zum kreativen Menü. Das nennt sich "Purer Genuss" und setzt auf top Produktqualität, interessante Kontraste und präzise Technik - wie viele Gänge hätten Sie gerne? Übrigens: Die hauseigenen Weine harmonieren schön dazu.
➜ Blauer Hummer, Wassermelone, Koriander. Gegrillter Steinbutt, Pfifferlinge und Aprikosen. Gelierte Kalbshaxe und Bries, Blumenkohl in Texturen.

BECKER'S Weinhaus – BECKER'S Hotel
Olewiger Str. 206 ✉ 54295 – ☎ (0651) 93 80 80 Stadtplan : B2**b**
– www.beckers-trier.de
Menü 28 € (mittags unter der Woche)/59 € – Karte 33/73 €
Ein Kontrast zum modernen Neubau des Hotels ist das Stammhaus - hier die Weinstube. Viel helles Holz macht es schön behaglich - da lässt man sich gerne klassisch-saisonale Gerichte wie "gebratene Jakobsmuscheln mit Schalottenravioli und Schnittlauchschmand" servieren. Hübsch auch die Terrasse.

In Trier-Zewen Süd-West: 7 km über A2, Richtung Luxemburg

Ambiente
In der Acht 1 ✉ 54294 – ☎ (0651) 82 72 80
– www.ambiente-trier.de
12 Zim – 69/79 € 99/109 €
Stemper's Brasserie – Siehe Restaurantauswahl
Ein familiär geleitetes kleines Hotel mit wohnlichen, teils besonders großzügigen Zimmern und einem schönen Garten mit Teich.

Schloss Monaise
Schloss Monaise 7 ✉ 54294 – ☎ (0651) 82 86 70
– www.schlossmonaise.de – geschl. 1. - 12. Februar und Montag - Dienstagmittag
Menü 48/88 € – Karte 56/80 €
Markenzeichen von Chef Hubert Scheid ist (neben dem charakteristischen Pferdeschwanz!) seine klassische Küche aus Top-Produkten. Gerichte wie "Seeteufel auf Blattspinat in Krustentierjus" oder "Hirschkalbsrücken mit frischen Waldpilzen" werden - wie sollte es in dem 1783 erbauten Schlösschen an der Mosel auch anders sein - in stilvollen hohen Räumen serviert.

Stemper's Brasserie – Hotel Ambiente
In der Acht 1 ✉ 54294 – ☎ (0651) 82 72 80
– www.ambiente-trier.de – geschl. Sonntag, Donnerstag
Menü 30/45 € – Karte 23/43 € – *(nur Abendessen)*
Sie speisen im "Jardin" mit Blick in den hübsch bepflanzten Garten oder in der Brasserie, dem ursprünglichen Teil des Hauses, wo vor über 200 Jahren alles begann. Auf den Tisch kommen kleine Bistrogerichte und klassisch-internationale Küche - Spezialität von Chef Markus Stemper ist Französischer Fischeintopf.

TRITTENHEIM

Rheinland-Pfalz – 1 080 Ew. – Höhe 130 m – Regionalatlas **45-B15**
Berlin 700 km – Mainz 138 km – Trier 35 km – Bernkastel-Kues 25 km
Michelin Straßenkarte 543

Wein- und Tafelhaus (Alexander Oos)
Moselpromenade 4 ✉ 54349 – ☎ (06507) 70 28 03
– www.wein-tafelhaus.de – geschl. Januar 3 Wochen, Juli - August 2 Wochen, November 1 Woche und Montag - Dienstag, außer an Feiertagen
7 Zim – 85/95 € 140/180 € – ½ P
Menü 95/125 € – Karte 75/108 € – *(nur Abendessen)* (Tischbestellung ratsam)
Dass man sich hier wirklich willkommen fühlt und mit Herz umsorgt wird, ist der Verdienst von Gastgeberin Daniela Oos. Ihr Mann Alexander kocht indes interessante saisonal-klassische Gerichte mit mediterranen Elementen. Den traumhaften Blick auf die "Trittenheimer Apotheke" genießt man am besten vom neuen verglasten Kubus-Anbau! Eine Kochschule und geschmackvolle Gästezimmer gibt es ebenfalls.
→ Zweierlei vom gebeizten Saibling mit Mango, Chili und Guacamole. Gebratener Lammrücken mit Artischocken-Olivenpüree. Délice von der Schokolade mit Passionsfrucht.

Weinstube Stefan-Andres

Laurentiusstr. 17 ✉ 54349 – ✆ (06507) 59 72 – www.weingut-bernhard-eifel.de – geschl. Januar - Februar und Montag - Dienstag, November - März: Montag - Donnerstag
5 Zim – 56 € 75 € – ½ P
Menü 38/65 € – Karte 36/57 € – *(nur Abendessen)* (Tischbestellung ratsam)
Naturstein, Holz und warme Töne verleihen der charmanten Weinstube ihren gemütlichen Charakter. Zur internationalen Küche bietet man Weine aus eigenem Anbau. Für Übernachtungsgäste stehen nette, wohnliche Zimmer bereit.

In Bescheid Süd: 10 km über Büdlicherbrück

Zur Malerklause

Im Hofecken 2 ✉ 54413 – ✆ (06509) 5 58 – www.malerklause.de – geschl. über Fastnacht 2 Wochen, Anfang September 2 Wochen und Montag - Dienstag
Menü 44/88 € – Karte 46/74 € – *(nur Abendessen)* (Tischbestellung ratsam)
Bei Familie Lorscheider wird mit guten Produkten schmackhaft und ambitioniert gekocht. Das gediegene Restaurant ist reichlich dekoriert und hat eine schöne überdachte Terrasse.

In Naurath (Wald) Süd: 8 km oder über A1 Abfahrt Mehring – Höhe 395 m

Rüssel's Landhaus

Büdlicherbrück 1, Nord-Ost: 1,5 km ✉ 54426 – ✆ (06509) 9 14 00 – www.ruessels-landhaus.de – geschl. 1. - 15. Januar, August 2 Wochen
12 Zim – 85/110 € 105/200 € – 2 Suiten
Rüssel's Landhaus • ***Rüssel's Hasenpfeffer*** – Siehe Restaurantauswahl
Der Name Rüssel steht nicht nur für kulinarischen Genuss. Werfen Sie einen Blick in die Zimmer und Sie werden über Nacht bleiben wollen! Ob Landhausstil oder Themen wie "Weinselig" oder "Provence", hier ist ein Raum geschmackvoller als der andere!

Rüssel's Landhaus – Hotel Rüssel's Landhaus

Büdlicherbrück 1, Nord-Ost: 1,5 km ✉ 54426 – ✆ (06509) 9 14 00 – www.ruessels-landhaus.de – geschl. 1. - 15. Januar, August 2 Wochen und Dienstag - Donnerstagmittag
Menü 105/145 € – Karte 72/94 € – (abends Tischbestellung ratsam)
Wo könnte man eine idyllischere Terrasse finden als an einem kleinen See mitten im Grünen? Genau hier haben Ruth und Harald Rüssel mit einem stimmigen Mix aus Moderne, Eleganz und ländlichem Charme einen wunderschönen Ort für hervorragende innovative Küche geschaffen.
➜ Confierter Saibling, Spitzmorchelcremolata, Lauchpüree. Rehrücken, Spitzkohl, Sonnenblumenkernpüree, Sanddornjus. Landmilch-Vanillemus, Rosenwasser, Mandel, Himbeere.

Rüssel's Hasenpfeffer – Hotel Rüssel's Landhaus

Büdlicherbrück 1, Nord-Ost: 1,5 km ✉ 54426 – ✆ (06509) 9 14 00 – www.ruessels-landhaus.de – geschl. 1. - 16. Januar, August 2 Wochen und Dienstag - Donnerstagmittag
Menü 39 € – Karte 30/65 €
Eine wirklich hübsche Alternative zum Rüssel'schen Gourmetrestaurant und beliebt bei den Gästen. Die bestellen hier z. B. gerne Wild und Geschmortes - ein Hasengericht findet sich übrigens auch immer auf der regional-saisonalen Karte.

TROCHTELFINGEN

Baden-Württemberg – 6 340 Ew. – Höhe 700 m – Regionalatlas **55**-G19
▶ Berlin 702 km – Stuttgart 68 km – Konstanz 105 km – Reutlingen 27 km
Michelin Straßenkarte 545

Zum Rössle

Marktstr. 48 ✉ 72818 – ✆ (07124) 92 50 – www.hotel-restaurant-roessle.de – geschl. Anfang August 2 Wochen
24 Zim – 53 € 79 € – ½ P
In dem gut geführten Familienbetrieb in der Orttsmitte wird immer wieder modernisiert, so hat man schön gepflegte, freundlich und zeitgemäß eingerichtete Zimmer. Im Restaurant bietet man bürgerlich-regionale Küche.

TRÖSTAU

Bayern – 2 410 Ew. – Höhe 550 m – Regionalatlas **51-M15**

Berlin 370 km – München 268 km – Weiden in der Oberpfalz 58 km – Bayreuth 37 km

Michelin Straßenkarte 546

Schmankerl Restaurant Bauer

Kemnather Str. 22 ✉ 95709 – ✆ (09232) 28 42 – www.bauershotel.de – geschl. Mittwoch, November - März: Montagmittag, Dienstagmittag und Mittwoch

11 Zim – 45/60 € 80/90 € Karte 22/41 €

Herzlich umsorgen Antje und Andre Pielorz in dem alteingesessenen Restaurant ihre Gäste. Probieren Sie die Spezialität: "Tafelspitz mit Krensauce und Knödeln"! Zum Essen gibt's so manch guten Wein - ein Hobby der Gastgeber.

In Tröstau-Fahrenbach Süd-Ost: 2 km

Golfhotel Fahrenbach

Fahrenbach 1 ✉ 95709 – ✆ (09232) 88 20 – www.golfhotel-fahrenbach.de

76 Zim – 69/75 € 110/122 € – 4 Suiten – ½ P

Man spürt gleich das gute Betriebsklima im Haus, alle sind auffallend freundlich, man fühlt sich willkommen! Das Hotel (angenehm ruhig am Golfplatz gelegen) ist bei Golfern und Geschäftsleuten gleichermaßen beliebt. Geräumige Zimmer, Saunalandschaft und Massagen bieten Erholung.

TROISDORF

Nordrhein-Westfalen – 72 980 Ew. – Höhe 60 m – Regionalatlas **36-C12**

Berlin 584 km – Düsseldorf 65 km – Bonn 12 km – Siegburg 5 km

Michelin Straßenkarte 543

Außerhalb Nord: 2 km über Altenrather Straße

Forsthaus Telegraph

Mauspfad 3 ✉ 53842 Troisdorf-Spich – ✆ (02241) 7 66 49 – www.forsthaus-telegraph.de – geschl. Anfang Januar 1 Woche und Montag - Dienstag, Mittwochmittag, Donnerstagmittag

Menü 41/68 € – Karte 36/61 € – (Tischbestellung ratsam)

Das einstige Forsthaus in idyllischer Lage im Wald bietet auf zwei Ebenen in gediegen-rustikalem Ambiente eine klassische Küche mit internationalem und regionalem Einfluss.

TROSSINGEN

Baden-Württemberg – 15 430 Ew. – Höhe 699 m – Regionalatlas **62-F20**

Berlin 741 km – Stuttgart 108 km – Freiburg im Breisgau 86 km – Schaffhausen 68 km

Michelin Straßenkarte 545

In Trossingen-Schura Süd: 3 km

Landgasthof Bären

Lange Str. 18 ✉ 78647 – ✆ (07425) 81 78 – www.baeren-schura.de – geschl. Ende August 2 Wochen

8 Zim – 79/89 € 98/110 € – ½ P

Ein schöner Gasthof, seit mehreren Generationen im Besitz der Familie Link. Sehenswert sind die modernen Themenzimmer wie "Natur pur", "Sinfonie", "Technologie"... Im Restaurant - und natürlich auf der schönen Terrasse - ergänzt eine wechselnde Saisonkarte das bürgerliche und regionale Angebot.

TROSTBERG

Bayern – 11 050 Ew. – Höhe 493 m – Regionalatlas **67-O20**

Berlin 676 km – München 98 km – Salzburg 65 km – Rosenheim 60 km

Michelin Straßenkarte 546

Auf Wolke 8

Schwarzerberg 8, B 299 ✉ 83308 – ✆ (08621) 6 48 49 00 – www.hotelaufwolke-8.de

22 Zim – 49/72 € 86/98 €

Das kleine Hotel liegt zwar an der Straße, doch die Zimmer sind schallisoliert. Nette Details in dem freundlich gestalteten Haus sind die zahlreichen Bilder von Jazz-Musikern sowie die schöne Sicht von der Frühstücksveranda! Außerdem kommt man bequem zum Essen: Shuttle-Bus zum nahen Restaurant "Hex'n Küch".

TÜBINGEN

Baden-Württemberg – 85 390 Ew. – Höhe 341 m – Regionalatlas **55-G19**
Berlin 682 km – Stuttgart 46 km – Karlsruhe 105 km – Ulm (Donau) 100 km
Michelin Straßenkarte 545

Hospederia La Casa

Hechingerstr. 59, über B2 ✉ 72072 – ☎ (07071) 94 66 60 – www.lacasa-tuebingen.de
39 Zim – †179/287 € ††179/287 € – ☕ 23 € – 2 Suiten
Refugio La Casa – Siehe Restaurantauswahl
Mit Sinn für schöne Formen und Farben sowie wertige Materialien hat man hier ein geschmackvolles orientalisch-mediterranes Ambiente geschaffen. Tipp: ruhigere Zimmer zum Innenhof! Herzlich und persönlich der Service, attraktiv das Arabische Bad unter den Maurischen Bögen mit dem Flair aus 1001 Nacht!

Stadt Tübingen

Stuttgarter Str. 97, über B2, Richtung Reutligen ✉ 72072 – ☎ (07071) 3 10 71 – www.hotel-stadt-tuebingen.de – geschl. 20. Dezember - 6. Januar, über Ostern, über Pfingsten, Anfang August 2 Wochen
70 Zim ☕ – †99/150 € ††99/190 €
Ausgesprochen schön wohnt man in diesem langjährigen Familienbetrieb. Das schicke und hochwertige moderne Design der Zimmer zieht sich bis ins Bad! Dazu kommt noch ein praktischer Aspekt, nämlich die günstige Verkehrslage. Das Restaurant bietet regionale und internationale Küche.

Domizil

Wöhrdstr. 5 ✉ 72072 – ☎ (07071) 13 90 – www.hotel-domizil.de Stadtplan : B2**n**
79 Zim ☕ – †113/135 € ††143/155 € – ½ P
Die altstadtnahe Lage ist perfekt, von den zeitgemäßen und funktionellen Zimmern hat man teilweise Neckarblick. Frühstücken Sie im Sommer unbedingt auf der Terrasse direkt am Ufer! Hier können Sie sich übrigens auch mit dem Stocherkahn am hauseigenen Anleger absetzen lassen! Tagesticket im Parkhaus nebenan.

Krone

Uhlandstr. 1 ✉ 72072 – ☎ (07071) 1 33 10 – www.krone-tuebingen.de Stadtplan : B2**b**
64 Zim ☕ – †99/155 € ††145/185 € – 1 Suite – ½ P
Uhlandstube – Siehe Restaurantauswahl
Das traditionelle Stadthotel (seit 1885 in Familienhand) liegt zentral am Neckar und hat schöne wohnliche Zimmer, die teilweise besonders modern sind - so auch der ansprechende Saunabereich mit herrlichem Blick über Tübingen! Brasserie Ludwig's im Glasanbau.

Am Schloss

Burgsteige 18 ✉ 72070 – ☎ (07071) 9 29 40 – www.hotelamschloss.de – geschl. 4. - 14. Januar Stadtplan : B1**c**
37 Zim ☕ – †78/115 € ††125/148 € – ½ P
Beim Schloss, in einer steilen Gasse, steht das Stadthaus a. d. 16. Jh. Die Zimmer haben alle ihre individuelle Note in Einrichtung und Zuschnitt. Regionale Küche im "Mauganeschtle". Von der Terrasse schaut man auf die Dächer der Altstadt.

Refugio La Casa – Hotel Hospederia La Casa

Hechingerstr. 59, über B2 ✉ 72072 – ☎ (07071) 94 66 60 – www.lacasa-tuebingen.de
Menü 48/65 € – Karte 47/79 € – *(nur Abendessen)*
Südländische Stilelemente sorgen für eine überaus einladende Atmosphäre, die Mi., Fr. und Sa. durch Pianoklänge untermalt wird - draußen lockt die lauschige Terrasse. Die Küche ist international-saisonal, der Service aufmerksam.

Uhlandstube – Hotel Krone

Uhlandstr. 1 ✉ 72072 – ☎ (07071) 1 33 10 – www.krone-tuebingen.de Stadtplan : B2**b**
Menü 33/67 € – Karte 34/49 €
Benannt wurde das Lokal nach dem Tübinger Dichter, Jurist und Politiker Ludwig Uhland. Holzvertäfelte Wände und gut eingedeckte Tische sorgen für einen gepflegten Rahmen für die saisonal abgestimmte Küche.

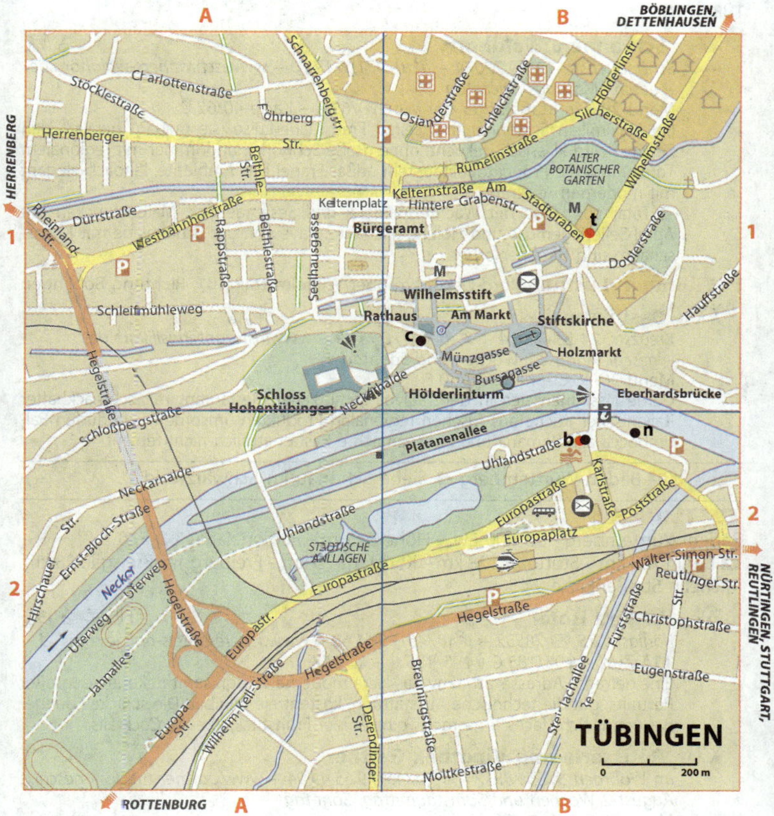

Museum

Wilhelmstr. 3 ✉ 72074 – ✆ (07071) 2 28 28 Stadtplan : B1t
– *www.restaurant-museum.de*
– *geschl. Sonntagabend - Montag*
Menü 20/32 € – Karte 32/52 €
Attraktiv ist hier zum einen die Lage im Herzen der Altstadt, zum anderen der historische Rahmen des Museumsgebäudes! Gekocht wird mit regionalen und saisonalen Produkten, und das kommt an. Für Feiern hat man den prächtigen Uhlandsaal.

In Tübingen-Bebenhausen Nord: 6 km über Wilhelmstraße B1, Richtung Böblingen

Landhotel Hirsch

Schönbuchstr. 28 ✉ 72074 – ✆ (07071) 6 09 30
– *www.landhotel-hirsch-bebenhausen.de*
12 Zim – 🚹84/112 € 🚻149/165 €
In dem traditionsreichen Haus stehen liebenswert eingerichtete Zimmer bereit, die ländlichen Charme mit eleganter Note verbinden. Das Restaurant weiß mit hübschem Ambiente und freundlichem Service zu gefallen.

Schranners Waldhorn
Schönbuchstr. 49 ✉ 72074 – ✆ (07071) 6 12 70 – www.schranners-waldhorn.de – geschl. Montag - Dienstag
Menü 29 € (mittags unter der Woche)/65 € – Karte 40/62 €
Bei Maximilian Schranner und seiner Frau Marie-Luise (sie managt herzlich den Service) wird klassisch gekocht, ohne große Schnörkel und immer mit regionalem Touch, und die Produktqualität steht außer Frage! Das Ambiente: ländlich-elegant mit modernen Akzenten.
➜ Tatar vom Rind mit Wachtelspiegelei und Sesamgebäck. Maibockrücken mit Apfel-Selleriegemüse und Holunderschaum. Pavé von der Schokolade mit Kokosschaum und Himbeersorbet.

In Tübingen-Lustnau Nord-Ost: 4 km über Wilhelmstraße B1, Richtung Böblingen

Basilikum
Kreuzstr. 24 ✉ 72074 – ✆ (07071) 8 75 49 – www.ristorantebasilikum.de – geschl. August 2 Wochen und Sonntag
Menü 30/40 € – Karte 38/50 €
Gerne lässt man sich in dem stilvoll-gemütlichen Restaurant mit schmackhafter italienischer Küche aus frischen regionalen Produkten umsorgen - da dürfen Saltimbocca alla Romana und hausgemachte Pasta natürlich nicht fehlen!

TUNAU – Baden-Württemberg ➜ Siehe Schönau im Schwarzwald

TUTTLINGEN

Baden-Württemberg – 33 400 Ew. – Höhe 645 m – Regionalatlas **62-F20**
Berlin 753 km – Stuttgart 128 km – Konstanz 70 km – Freiburg im Breisgau 88 km
Michelin Straßenkarte 545

Légère Hotel
Königstr. 25 ✉ 78532 – ✆ (07461) 9 61 60 – www.legere-hotels-online.com
114 Zim – 🚹95/185 € 🚹🚹95/185 € – ☕ 15 €
Eine gefragte Adresse: attraktiv das klare moderne Design samt dekorativer großer Portraits, gut die technische Ausstattung, kostenfreie Minibar. Die schicke Lounge-Bar nennt sich "faces" - morgens gibt es hier Frühstück, abends Cocktails.

Rôtisserie und Vinothek Gartner
Im Wöhrden 5 ✉ 78532 – ✆ (07461) 9 65 49 94 – www.gartner-tut.de – geschl. August 2 Wochen und Samstagmittag, Sonntag
Menü 49 € – Karte 28/58 €
Engagiert betreibt Florian Gartner seine Rôtisserie (chic der geradlinige Stil), Herzstück der offenen Küche ist ein Grill - von hier kommt die Spezialität des Hauses: Stubenküken oder Taube! Gekocht wird meist mit Produkten aus der Region.

In Tuttlingen-Möhringen Süd-West: 5 km

Löwen
Mittlere Gasse 4 ✉ 78532 – ✆ (07462) 62 77 – www.loewen-moehringen.de
18 Zim ☕ – 🚹58/68 € 🚹🚹76/96 €
Der erweiterte 400 Jahre alte Gasthof wird familiär geleitet und verfügt über helle, tipptopp gepflegte und funktionale Zimmer, die sich teilweise auch für Familien eignen. Im Sommer isst man am besten auf der Terrasse vor oder hinter dem Haus.

Außerhalb Süd-Ost: 6 km über B 14 Richtung Stockach

Landhotel Hühnerhof
Äussere Talhöfe 2 ✉ 78532 Tuttlingen – ✆ (07461) 9 65 50 – www.tut-hotel.de
46 Zim ☕ – 🚹70/100 € 🚹🚹90/150 € – ½ P
Man wohnt hier verkehrsgünstig, gepflegt und auf Wunsch auch besonders komfortabel. Nicht weit entfernt erinnert ein Gedenkstein an die ehemalige Grenze zwischen Württemberg und Baden. Bürgerliche Küche in der Gaststube und auf der Sonnenterrasse. Schöner Kinderspielplatz.

TUTZING

Bayern – 9 510 Ew. – Höhe 611 m – Regionalatlas **65-L21**
Berlin 627 km – München 40 km – Starnberg 15 km – Weilheim 14 km
Michelin Straßenkarte 546

Zum Reschen
Marienstr. 7 ✉ 82327 – ✆ (08158) 93 90 – www.zumreschen.de
18 Zim ☕ – 🚹71/79 € 🚹🚹99/110 €
Ein wirklich netter Familienbetrieb, der von Mutter und Tochter Hauer herzlich geführt wird. Sie wohnen in gepflegten, behaglichen Zimmern (teilweise mit Balkon oder Terrasse), vom See trennt Sie nur ein kurzer Spaziergang!

TWIST
Niedersachsen – 9 630 Ew. – Höhe 13 m – Regionalatlas **16**-C7
▶ Berlin 523 km – Hannover 255 km – Nordhorn 25 km – Bremen 147 km
Michelin Straßenkarte 541

In Twist-Bült

Landgasthof Backers
Kirchstr. 25 ✉ 49767 – ✆ (05936) 90 47 70 – www.gasthof-backers.de – geschl. Anfang Januar 1 Woche und Montag - Dienstag, Samstagmittag
5 Zim ☕ – 🚹48/65 € 🚹🚹80/95 € – ½ P Menü 45 € – Karte 30/49 €
Dass man bei Familie Backers (bereits die 5. Generation) gerne isst, liegt am behaglichen Ambiente und natürlich an der frischen Regionalküche. Lust auf "Sauerbraten vom Maibock"? Donnerstags kommt man gerne zum Menü "Duett" für 2 Personen.

ÜBERHERRN
Saarland – 11 500 Ew. – Höhe 377 m – Regionalatlas **45**-B17
▶ Berlin 743 km – Saarbrücken 36 km – Saarlouis 13 km – Metz 52 km
Michelin Straßenkarte 543

Linslerhof
Linslerhof 1, Ost: 2 km ✉ 66802 – ✆ (06836) 80 70 – www.linslerhof.de
62 Zim ☕ – 🚹80/158 € 🚹🚹119/218 € – ½ P
Ein schöner historischer Gutshof in ruhiger Lage, dessen verschiedene Gebäude sich auf 330 ha verteilen. Mit einem Blick fürs Detail hat Brigitte von Boch-Galhau liebenswerte Zimmer im englischen Landhausstil und gemütliche Restauranträume geschaffen. In der Georgstube isst man regional-saisonal, im St. Antonius etwas gehobener.

ÜBERKINGEN, BAD
Baden-Württemberg – 3 760 Ew. – Höhe 440 m – Regionalatlas **56**-I19
▶ Berlin 598 km – Stuttgart 62 km – Göppingen 21 km – Ulm (Donau) 37 km
Michelin Straßenkarte 545

Bad-Hotel
Otto-Neidhart-Platz 1 ✉ 73337 – ✆ (07331) 30 20 – www.bad-hotel-bad-ueberkingen.de
38 Zim ☕ – 🚹88/108 € 🚹🚹118/144 € – ½ P
Ob Sie im Haupthaus schlafen oder im Gästehaus, die Zimmer sind zeitgemäß und angenehm hell, wohnlich und funktional. Außerdem liegt das Hotel nett am Kurpark und ist auch für Veranstaltungen ein schöner Rahmen. Das Restaurant samt hübscher Terrasse bietet einen Mix aus mediterranen und regionalen Gerichten.

ÜBERLINGEN
Baden-Württemberg – 22 050 Ew. – Höhe 403 m – Regionalatlas **63**-G21
▶ Berlin 743 km – Stuttgart 172 km – Konstanz 40 km – Ravensburg 46 km
Michelin Straßenkarte 545

Wiestor
Wiestorstr. 17 ✉ 88662 – ✆ (07551) 8 30 60 – www.wiestor.com
16 Zim ☕ – 🚹59/85 € 🚹🚹85/104 €
Mitten in der Altstadt liegt das gepflegte kleine Hotel. Die Zimmer sind alle wohnlich eingerichtet, in warmen Tönen gehalten und verfügen teilweise über einen Balkon oder eine Terrasse. Zur Uferpromenade ist es nur ein kurzer Spaziergang.

Stadtgarten

Bahnhofstr. 22 ✉ 88662 – ✆ (07551) 45 22 – www.hotel-stadtgarten.de – geschl. 1. November - 15. März

25 Zim – 48/70 € 48/70 € – 3 Suiten – ½ P

Die zentrumsnahe Lage am namengebenden Stadtgarten, freundliche und funktionale Zimmer sowie ein hübsch angelegter Garten mit Seeblick sprechen für dieses Haus. Einen Kosmetiksalon gibt es übrigens auch. Sie kommen mit der ganzen Familie? Im Hinterhaus hat man geräumige Ferienwohnungen.

Alpenblick

Nussdorferstr. 35 ✉ 88662 – ✆ (07551) 9 20 40 – www.alpenblickhotel.de – geschl. Mitte Dezember - Anfang März

22 Zim – 60/90 € 96/120 €

Seit über 30 Jahren leitet Walter Mohring dieses kleine Haus etwas oberhalb des Sees. Die Balkone bieten teilweise einen tollen Seeblick, nett im Sommer auch der kleine Außenpool!

Bürgerbräu

Aufkircher Str. 20 ✉ 88662 – ✆ (07551) 9 27 40 – www.bb-ueb.de – geschl. 4. - 29. Januar und Montag - Dienstag

12 Zim – 69/79 € 99/114 €

Menü 36 € – Karte 29/55 € – *(Mittwoch - Freitag nur Abendessen)*

Das hübsche historische Fachwerkhaus in der Altstadt ist ein langjähriger Familienbetrieb, in dem man es bei modern beeinflusster saisonaler Küche schön behaglich hat. Topgepflegt wie das Restaurant sind übrigens auch die wohnlichen, freundlich gestalteten Gästezimmer.

In Überlingen-Andelshofen Ost: 3 km

Johanniter-Kreuz

Johanniterweg 11 ✉ 88662 – ✆ (07551) 93 70 60 – www.johanniter-kreuz.de

29 Zim – 72/120 € 126/185 € – 1 Suite – ½ P

Johanniter-Kreuz – Siehe Restaurantauswahl

Ein zum Hotel gewachsenes historisches Bauernhaus. Besonders schön sind die Designer- und Gartenzimmer, ebenso modern der verglaste Frühstücksraum und die hübsche Terrasse. Nicht zu vergessen die freundliche Gästebetreuung.

Sonnengarten

Zum Brandbühl 19 ✉ 88662 – ✆ (07551) 8 30 00 – www.wohlfuehlhotel-sonnengarten.de – geschl. Januar - Februar

20 Zim – 69/89 € 95/125 €

Hier ziehen die ruhige Lage und die netten Zimmer in warmen Tönen die Gäste an, und auch der helle Saunabereich und der schöne Garten direkt am Haus sind ansprechend.

Johanniter-Kreuz – Hotel Johanniter-Kreuz

Johanniterweg 11 ✉ 88662 – ✆ (07551) 93 70 60 – www.johanniter-kreuz.de – geschl. Montag - Dienstagmittag

Menü 34/70 € – Karte 39/61 €

In den ehemaligen Stallungen des einstigen Bauernhofs wird man in schickem gemütlichem Rahmen mit regionaler Küche bewirtet. Imposant der mitten im Raum platzierte Kamin mit offenem Feuer!

In Überlingen-Lippertsreute Nord-Ost: 9 km

Landgasthof zum Adler

Hauptstr. 44 ✉ 88662 – ✆ (07553) 8 25 50 – www.adler-lippertsreute.de

16 Zim – 62/78 € 80/110 € – ½ P

Landgasthof zum Adler – Siehe Restaurantauswahl

Seit 1570 ist der ehemalige Bauernhof bereits in Familienbesitz! Die Zimmer im Gästehaus sind moderner, die im Haupthaus etwas einfacher. Oder lieber eine Ferienwohnung? Auf der Liegewiese hinterm Haus kann man schön die Aussicht genießen.

Landgasthof Keller

Riedweg 2 ✉ 88662 – ✆ (07553) 82 72 90 – www.landgasthofkeller.de – geschl. 24. Dezember - 20. Januar

13 Zim – 48/65 € 60/94 € – ½ P

Der seit vielen Jahren familiengeführte Gasthof mit den roten Fensterläden bietet Ihnen schlichte, tipptopp gepflegte Zimmer im Haupthaus oder im Anbau. Gaststube mit sympathisch-ländlichem Charakter, dazu eine lauschige Terrasse unter Kastanienbäumen.

Landgasthof zum Adler – Hotel Landgasthof zum Adler

Hauptstr. 44 ✉ 88662 – ✆ (07553) 8 25 50 – www.adler-lippertsreute.de – geschl. Mittwoch - Donnerstag

Menü 39/45 € – Karte 29/50 €

In der gemütlichen Gaststube des tollen alten Fachwerkhauses kocht man regional, aber internationale Einflüsse finden sich hier. "Kalbszunge mit Bärlauchsauce" schmeckt ebenso gut wie "geschmorte Lammschulter in Pommery-Senfsauce".

UELZEN

Niedersachsen – 33 270 Ew. – Höhe 35 m – Regionalatlas **19-J7**

Berlin 233 km – Hannover 99 km – Braunschweig 83 km – Celle 53 km

Michelin Straßenkarte 541

In Uelzen-Holdenstedt Süd-West: 4 km Richtung Celle

Holdenstedter Hof

Holdenstedter Str. 64 ✉ 29525 – ✆ (0581) 97 63 70 – www.holdenstedterhof.de – geschl. Ende Oktober 1 Woche und Montag - Dienstag

4 Zim – 60 € 80 € Menü 18 € (mittags unter der Woche)/40 €

Sie suchen einen soliden Gasthof mit bürgerlicher Küche? Zum Essen bietet man Ihnen hier ein nettes Ambiente, ob Sie nun im elegant dekorierten Restaurant, in der holzgetäfelten Bauernstube oder im Sommer auf der hübschen Gartenterrasse sitzen möchten.

ÜRZIG

Rheinland-Pfalz – 910 Ew. – Höhe 106 m – Regionalatlas **46-C15**

Berlin 691 km – Mainz 124 km – Trier 51 km – Bernkastel-Kues 10 km

Michelin Straßenkarte 543

Zur Traube

Moselweinstr. 16, B 53 ✉ 54539 – ✆ (06532) 93 08 30 – www.zurtraubeuerzig.de – geschl. Dezember - Mitte März

12 Zim – 62/170 € 65/170 € – ½ P

Ein nettes und sehr gepflegtes kleines Hotel unter familiärer Leitung mit zeitgemäßen Zimmern, die im Haupthaus etwas größer sind und teilweise moselseitig liegen. Zum neuzeitlichen Restaurant gehört eine überdachte Moselterrasse.

Moselschild & Oliver's Restaurant

Hüwel 14, B 53 ✉ 54539 – ✆ (06532) 9 39 30 – www.moselschild.de – geschl. Januar und Dienstag, November - Mai: Montag - Dienstag

12 Zim – 55/75 € 80/115 € – ½ P

Menü 40/56 € – Karte 33/62 € – (mittag Tischbestellung erforderlich)

Aus der regional-saisonalen Küche von Oliver Probst kommt z. B. "Rumpsteak unter der Schalotten-Senfkruste" oder auch das mittwochabendliche Menü "Gourmet in Jeans" für 32 € inkl. Apero. Tipp: Terrasse mit Moselblick! Sie möchten mit dem eigenen Boot kommen? Kein Problem, man hat einen Anleger am Haus.

UETERSEN

Schleswig-Holstein – 17 670 Ew. – Höhe 6 m – Regionalatlas **10-H5**

Berlin 319 km – Kiel 101 km – Hamburg 37 km – Itzehoe 35 km

Michelin Straßenkarte 541

Mühlenpark

Mühlenstr. 49 ✉ 25436 – ✆ (04122) 9 25 50 – www.muehlenpark.de

25 Zim – 80/85 € 120/125 €

Das stilvolle Gebäude auf einem Grundstück mit altem Baumbestand ist schon ein schmuckes Anwesen! Im Anbau erwarten Sie geräumige Gästezimmer mit klassischer Einrichtung, in der Villa selbst das Restaurant mit internationaler Küche. Schöne Terrasse.

PARKHOTEL-Rosarium

Berliner Str. 10 ✉ 25436 – ✆ (04122) 9 21 80 – www.parkhotel-rosarium.de
37 Zim – ♦47/85 € ♦♦102/120 € – ☕ 12 €
Unmittelbar am wunderschönen Rosarium der Rosen- und Hochzeitsstadt Uetersen liegt das familiengeführte Hotel. Beeindruckend ist die Ausstellung von über 5000 Golfbällen aus der ganzen Welt. Von der hübschen Terrasse schaut man auf Park und Mühlenteich.

UFFING am STAFFELSEE

Bayern – 2 970 Ew. – Höhe 659 m – Regionalatlas **65**-K21
▶ Berlin 660 km – München 71 km – Innsbruck 90 km
Michelin Straßenkarte 546

Seerestaurant Alpenblick

Kirchtalstr. 30 ✉ 82449 – ✆ (08846) 93 00 – www.seerestaurant-alpenblick.de – geschl. Mitte September - April: Donnerstag
Menü 28 € – Karte 21/47 €
Ein Logenplatz am Staffelsee! Hier werden regionale Klassiker und internationale Küche frisch gekocht. Tipp: Man hat einen der schönsten Biergärten der Region (mit Grillstation und Selbstbedienung) unterhalb der Restaurantterrasse!

UHINGEN

Baden-Württemberg – 13 980 Ew. – Höhe 295 m – Regionalatlas **55**-H18
▶ Berlin 613 km – Stuttgart 37 km – Tübingen 63 km – Karlsruhe 110 km
Michelin Straßenkarte 545

Schloss Filseck

Filseck 1 ✉ 73066 – ✆ (07161) 2 83 80 – www.restaurant-auf-schloss-filseck.de – geschl. Sonntag - Montag, Samstagmittag
Menü 17 € (mittags unter der Woche)/89 € – Karte 41/59 €
Für die produktorientierten internationalen Gerichte wie "Carré vom Salzwiesenlamm mit Pfefferminz-Jus, gebratene Pfifferlinge, Ziegenkäse-Feigen-Ravioli" hat man hier einen wirklich schönen Rahmen: hohe Holzdecke, freiliegende Natursteinwände, moderne Bilder... Oder möchten Sie im tollen Innenhof speisen? Das hübsche Schloss ist auch eine perfekte Location für Feste!

UHLDINGEN-MÜHLHOFEN

Baden-Württemberg – 7 940 Ew. – Höhe 398 m – Regionalatlas **63**-G21
▶ Berlin 736 km – Stuttgart 181 km – Konstanz 19 km – Ravensburg 38 km
Michelin Straßenkarte 545

Im Ortsteil Maurach

Seehalde

Birnau-Maurach 1 ✉ 88690 – ✆ (07556) 9 22 10 – www.seehalde.de – geschl. Anfang Januar - Anfang März
21 Zim ☕ – ♦83/128 € ♦♦150/198 € – ½ P
Seehalde – Siehe Restaurantauswahl
Der von zwei Brüdern geleitete Familienbetrieb könnte kaum schöner liegen: Über die Liegewiese gelangt man direkt zum See! Diesen kann man auch von den zeitgemäßen Zimmern sehen - fragen Sie nach den neueren Superiorzimmern!

Pilgerhof und Rebmannshof

Maurach 2 ✉ 88690 – ✆ (07556) 93 90 – www.hotel-pilgerhof.de
48 Zim ☕ – ♦65/90 € ♦♦110/160 € – ½ P
Der Pilgerhof und der über 300 Jahre alte Rebmannshof liegen umgeben von Weinbergen und nur wenige Meter vom See entfernt (hier ein hauseigener Badestrand). Die Zimmer sind großzügig und wohnlich, neuzeitlich auch das Restaurant - Highlight natürlich die Seeterrasse! Brot backt man übrigens noch selbst.

Seehalde – Hotel Seehalde

Birnau-Maurach 1 ✉ 88690 – ✆ (07556) 9 22 10 – www.seehalde.de – geschl. Anfang Januar - Anfang März und Dienstag - Mittwoch

Menü 35/69 € – Karte 32/67 €

Bei der fantastischen Seelage ist im Sommer die Terrasse ein Muss! Auch die frischen, schmackhaften Speisen sind zu empfehlen - die Kräuter stammen aus dem eigenen Garten, von bekannten Bodenseefischern kommt regelmäßig Fisch!

Im Ortsteil Seefelden

Landhotel Fischerhaus

Seefelden 3 ✉ 88690 – ✆ (07556) 92 94 90 – www.fischerhaus-seefelden.de – geschl. November - März

23 Zim ☕ – 🚹130/160 € 🚹🚹190/240 € – 6 Suiten – ½ P

Auf diesem wunderschön gelegenen Anwesen wohnen Sie im historischen Fachwerkhaus oder einem der Gästehäuser in wirklich gemütlichem Rahmen. Vom parkähnlichen Garten hat man Zugang zum hoteleigenen Seestrand. Für Hausgäste ist die Halbpension inklusive.

Im Ortsteil Unteruhldingen

Seevilla

Seefelder Str. 36 ✉ 88690 – ✆ (07556) 9 33 70 – www.seevilla.de – geschl. Mitte November - Februar

22 Zim ☕ – 🚹100/130 € 🚹🚹120/165 € – ½ P

Die stilvoll eingerichtete Villa nahe den Pfahlbauten hat wohnliche, hochwertige Zimmer zu bieten, teils mit Seeblick und Balkon. Dekorativ: Werke regionaler Künstlerinnen im ganzen Haus. Am Abend gibt es ein reichhaltiges Buffet im Wintergarten oder auf der Terrasse im gepflegten Garten mit Wasserspiel.

Mainaublick

Seefelder Str. 22 ✉ 88690 – ✆ (07556) 9 21 30 – www.hotel-mainaublick.de – geschl. Ende Oktober - März

32 Zim ☕ – 🚹58/60 € 🚹🚹125/150 €

Schön wohnt es sich in dem Ferienhotel nahe dem Yachthafen in zeitgemäßen Zimmern. Entspannen können Sie u. a. bei Beauty-Anwendungen. Beim Speisen auf der Terrasse sitzt man herrlich zum See hin, schattig unter hübschen Platanen.

UHLSTÄDT-KIRCHHASEL

Thüringen – 5 990 Ew. – Höhe 190 m – Regionalatlas **41-L13**

▶ Berlin 283 km – Erfurt 79 km – Saalfeld 21 km – Gera 61 km

Michelin Straßenkarte 544

Im Ortsteil Weißen

Kains Hof

Weißen 19, West: 3 km ✉ 07407 – ✆ (036742) 6 11 30 – www.hotelkainshof.com – geschl. 3. Januar - 28. Februar

30 Zim ☕ – 🚹65/80 € 🚹🚹90/94 € – ½ P

Mit seiner liebenswerten Fachwerkfassade verspricht der ehemalige Bauernhof in dem beschaulichen Dorf schon von außen ländlichen Charme. Neben gemütlich-rustikalen Gaststuben hat man im Sommer eine lauschige Terrasse im Innenhof. Gepflegt übernachten kann man auch im ca. 100 m entfernten Gästehaus.

ULM (DONAU)

Baden-Württemberg – 117 980 Ew. – Höhe 478 m – Regionalatlas **56-I19**

▶ Berlin 613 km – Stuttgart 93 km – Augsburg 80 km – München 138 km

Michelin Straßenkarte 545

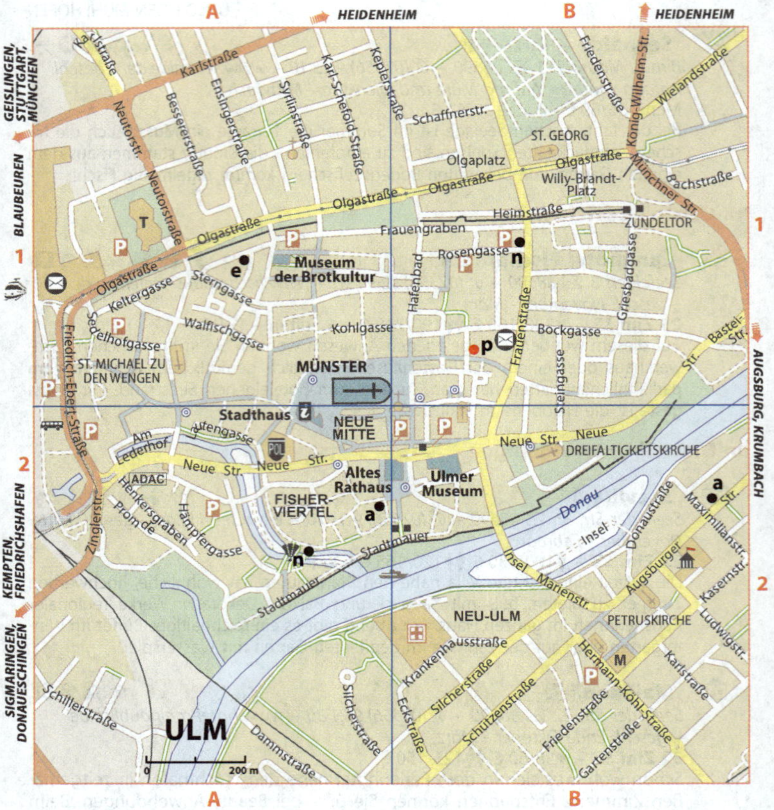

LAGO

Friedrichsau 50, Donauhalle, über B1, Richtung Heidenheim ✉ *89073*
– ✆ (0731) 2 06 40 00 – www.hotel-lago.de
60 Zim – †104/134 € ††118/148 € – ☕ 17 €
LAGO ✿ – Siehe Restaurantauswahl
Buchen Sie ein Zimmer mit Blick zum See! Schön anzusehen ist aber auch das hochwertige geradlinig-moderne Interieur (einige Zimmer mit Design-Elementen der Hochschule für Gestaltung (HfG) Ulm). Abends kleines Bistroangebot. Praktisch: Die Messe ist nur einen Steinwurf entfernt.

Schiefes Haus

Schwörhausgasse 6 ✉ *89073 – ✆ (0731) 96 79 30* Stadtplan : A2**n**
– www.hotelschiefeshausulm.de – geschl. 24. Dezember - 1. Januar
11 Zim ☕ – †109/125 € ††119/160 €
Gerade Wände sucht man hier vergeblich! In dem liebenswerten kleinen Haus a. d. 15. Jh. ist so ziemlich alles schief - nur die Betten nicht! Das hochwertige moderne Design ist ein charmanter Kontrast zu alten Holzbalken und Dielenböden. Frühstücken Sie im Sommer auf der Galerie direkt über dem Flüsschen Blau!

Comfor

Frauenstr. 51 ✉ *89073 – ✆ (0731) 9 64 90* Stadtplan : B1**n**
– www.comfor.de – geschl. 24. Dezember - 1. Januar
101 Zim ☕ – †85/115 € ††105/130 €
Ein zeitgemäß-funktionales Hotel in der Innenstadt - günstig parken können Sie im Parkhaus Frauenstraße. Einige Zimmer mit Freisitz zum Innenhof. Auch Familienzimmer sind vorhanden.

Neuthor

Neuer Graben 17 ✉ 89073 – ✆ (0731) 9 75 27 90 Stadtplan : A1**e**
– www.hotel-neuthor.de – geschl. 24. Dezember - 11. Januar
24 Zim – 85/115 € 105/125 €
Freundlich und funktionell ist das Ambiente in dem Nichtraucher-Hotel in der Altstadt - fragen Sie nach den Zimmern mit Blick zum Münster! Und wie wär's mit einem Besuch im fußnah gelegenen Museum für Brotkultur? Tipp: Parkhaus Salzstadel.

Am Rathaus-Reblaus

Kronergasse 10 ✉ 89073 – ✆ (0731) 96 84 90 Stadtplan : A2**a**
– www.rathausulm.de – geschl. 23. Dezember - 10. Januar
32 Zim – 78/125 € 98/140 € – 1 Suite
Individuell und gemütlich wohnt man im Hotel am Rathaus oder nebenan im charmanten Fachwerkhaus Reblaus von 1651. Gönnen Sie sich doch die Landhaussuite! Sie sind mit dem Fahrrad unterwegs? Man hat einen abschließbaren Fahrradraum.

LAGO – Hotel LAGO

Friedrichsau 50, Donauhalle, über B1, Richtung Heidenheim ✉ 89073
– ✆ (0731) 2 06 40 00 – www.lagogenusswerkstaetten.de
Menü 49/98 € – Karte 53/71 € – *(nur Abendessen)*
Ob Sie das Menü "Exkurs" wählen oder à la carte, die modernen Gerichte überzeugen immer mit Geschmack, Optik und einem Gefühl für das Produkt! Den Seeblick genießt man übrigens nicht nur von der Terrasse - der großen Fensterfront sei Dank!
➜ Hummer, Mais, Gurke. Loup de Mer, Pfifferlinge, Tomate. Kirsche, Olive, Joghurt.

Pflugmerzler

Pfluggasse 6 ✉ 89073 – ✆ (0731) 6 02 70 44 Stadtplan : B1**p**
– www.pflugmerzler.de – geschl. Sonntag
Menü 69/86 € – Karte 42/64 € – *(nur Abendessen)*
Beim Bummel durch die Altstadt ist das Restaurant in einer Seitengasse schnell erreicht. Schön der Mix aus nostalgischer Holztäfelung und modernen Tönen, freundlich der Service. Es gibt regionale und internationale Gerichte sowie Steaks.

In Ulm-Böfingen Nord-Ost: 3 km über König-Wilhelmstraße B1 und B 19 Richtung Heidenheim

Atrium (N)

Eberhard-Finckh-Str. 17 ✉ 89075 – ✆ (0731) 9 27 10
– www.meinbestwesternulm.de
72 Zim – 80/119 € 100/139 €
SIEDEPUNKT – Siehe Restaurantauswahl
Das Hotel liegt leicht erhöht am Ortsrand und ist mit seiner zeitgemäßen und funktionalen Ausstattung eine ideale Adresse für Tagungen und Businessgäste.

SIEDEPUNKT (N) – Hotel Atrium

Eberhard-Finckh-Str. 17 ✉ 89075 – ✆ (0731) 9 27 16 66
– www.siedepunkt-restaurant.de – geschl. Sonntag
Menü 39/78 € – Karte 40/58 € – *(nur Abendessen)*
In einem an das Hotel angeschlossenen Glasanbau sitzt man in modernem Ambiente und genießt durch die Fensterfront den Blick auf die Stadt. Von der Karte wählt man "Raus in die Welt", "Daheim geblieben" oder "Fleischlos glücklich".

In Ulm-Wiblingen Süd: 3 km über Schützenstraße B3

Löwen

Hauptstr. 6 ✉ 89079 – ✆ (0731) 8 80 31 20 – www.loewen-ulm.com
25 Zim – 102/107 € 127/132 €
Günstig ist natürlich die Nähe zu Ulm - für das Haus sprechen aber auch das moderne und zugleich wohnliche Landhausflair (viel schönes Holz und warme Farben), der Biergarten sowie die Terrasse im Innenhof. Die Küche ist international.

ULMET

Rheinland-Pfalz – 710 Ew. – Höhe 200 m – Regionalatlas **46-D16**
Berlin 663 km – Mainz 98 km – Saarbrücken 81 km – Trier 92 km
Michelin Straßenkarte 543

Felschbachhof

Felschbachhof 1, West: 1 km, nahe der B 420 ✉ 66887 – ✆ (06387) 91 10 – www.felschbachhof.de

36 Zim – 69/90 € 90/110 € – 1 Suite – ½ P

Ein gut geführtes Hotel in etwas erhöhter Lage außerhalb des kleinen Ortes mit Superior-, Komfort- und Standardzimmern sowie Appartements mit kleiner Küche. Einen netten Saunabereich hat man ebenfalls. Für die internationale und saisonale Küche werden teilweise Bioprodukte verwendet.

UMKIRCH

Baden-Württemberg – 5 240 Ew. – Höhe 207 m – Regionalatlas **61-D20**
Berlin 808 km – Stuttgart 203 km – Freiburg im Breisgau 10 km – Strasbourg 87 km
Michelin Straßenkarte 545

Landhaus Blum

Am Gansacker 3 ✉ 79224 – ✆ (07665) 9 34 39 90 – www.heuboden.de

60 Zim – 85 € 120/150 € – ½ P

Praktisch die Anbindung an die Autobahn, gut die Tagungsmöglichkeiten, modern die Zimmer (mit schönem Holzfußboden und klarem Design). Sie kommen zum Essen? Im "Heuboden" gegenüber dem Hotel wählen Sie zwischen Buffet und à la carte. Und für Nachtschwärmer gibt es hier auch Dancing Clubs.

Pfauen

Hugstetter Str. 2 ✉ 79224 – ✆ (07665) 9 37 60 – www.hotel-pfauen-umkirch.de – geschl. Januar 3 Wochen

20 Zim – 55/65 € 75/105 €

Villa Thai – Siehe Restaurantauswahl

Die freundliche Gastgeberfamilie bietet in dem kleinen Hotel gepflegte Zimmer, teilweise mit Balkon. Wer's fernöstlich mag, sollte nach den "Thai-Zimmern" fragen - die sind mit schönen Möbelstücken aus Thailand ausgestattet.

Villa Thai – Hotel Pfauen

Hugstetter Str. 2 ✉ 79224 – ✆ (07665) 9 37 60 – www.hotel-pfauen-umkirch.de – geschl. Januar 3 Wochen und Dienstag - Mittwochmittag

Menü 35/59 € – Karte 25/51 €

Viel Holz schafft eine warme Atmosphäre, thailändisches Dekor einen Hauch Exotik. Schön hat Familie Mac das Ambiente hier auf die kulinarischen Spezialitäten Thailands abgestimmt. Tipp: Es gibt auch frisches Sushi!

UNKEL

Rheinland-Pfalz – 5 120 Ew. – Höhe 56 m – Regionalatlas **36-C13**
Berlin 608 km – Mainz 137 km – Bonn 20 km – Neuwied 28 km
Michelin Straßenkarte 543

Rheinhotel Schulz

Vogtsgasse 4 ✉ 53572 – ✆ (02224) 90 10 50 – www.rheinhotel-schulz.de – geschl. 1. - 10. Januar

36 Zim – 65/105 € 95/160 € – 6 Suiten – ½ P

Das gewachsene historische Hotel in toller Lage direkt am Rhein bietet klassisches Ambiente im Haupthaus, modernes Interieur im Rheinflügel und Landhausstil im Sonnenflügel. Flussblick vom Restaurant und von der Terrasse mit Platanen.

UNTERFÖHRING

Bayern – 10 760 Ew. – Höhe 508 m – Regionalatlas **66-M20**
Berlin 586 km – München 10 km – Kufstein 107 km – Augsburg 77 km
Michelin Straßenkarte 546

siehe Stadtplan München (Umgebungsplan)

Lechnerhof

Eichenweg 4 ✉ 85774 – ✆ (089) 95 82 80 – www.hotel-lechnerhof.de Stadtplan : D1e

67 Zim – 115/180 € 150/190 € – 3 Suiten

Das aus einem alten Hof entstandene familiengeführte Hotel hat für Sie wohnliche Zimmer und besonders komfortable Superior-Zimmern, dazu einen hübschen Frühstücksraum in hellem Holz. In der Nähe: Fußballarena des FC Bayern München.

Feringapark

Feringastr. 2 ✉ 85774 – ✆ (089) 95 71 60 – www.feringapark-hotels.com Stadtplan : D1t

218 Zim – 125/169 € 165/199 € – ½ P

Ein Businesshotel mit guter Autobahnanbindung nahe Isarauen und Englischem Garten. Wer es gerne modern mag, sollte nach den ganz geradlinigen Zimmern fragen. Gastronomisch bietet man Restaurant (internationale Küche), Bräustüberl und Bar. Übrigens gibt es im Haus und nebenan auch Einkaufsmöglichkeiten!

UNTERGRIESBACH

Bayern – 6 040 Ew. – Höhe 556 m – Regionalatlas **60-Q19**

Berlin 633 km – München 213 km – Landshut 142 km – Linz 66 km

Michelin Straßenkarte 546

Landgasthof Zum Lang

Alte Dorfstr. 29 ✉ 94107 – ✆ (08593) 9 33 00 – www.landgasthof-lang.de – geschl. Montag

6 Zim – 55/65 € 70/106 € – ½ P Menü 20/27 € – Karte 13/34 €

In dem Gasthof a. d. 17. Jh. steht die engagierte Gastgeberin Ursula Bauer selbst am Herd. Ihre pfiffig aufgewertete bayerische Küche gibt es in liebenswert dekorierten Stuben. Tipp für Übernachtungsgäste: das "Kuschelzimmer" ist das größte und schönste!

UNTERHACHING

Bayern – 23 220 Ew. – Höhe 556 m – Regionalatlas **65-L20**

Berlin 601 km – München 14 km – Innsbruck 155 km – Kufstein 82 km

Michelin Straßenkarte 546

Holiday Inn

Inselkammer Str. 7 ✉ 82008 – ✆ (089) 66 69 10 – www.holiday-inn-muenchen.de

257 Zim – 89/299 € 99/349 € – 21 € – ½ P

Schon aufgrund seiner verkehrsgünstigen Lage in einem Gewerbegebiet ist das Hotel ideal für Businessgäste, aber auch die funktionale Ausstattung passt! Die Zimmer sind ansprechend in geradlinigem Stil gehalten.

UNTERREICHENBACH

Baden-Württemberg – 2 230 Ew. – Höhe 314 m – Regionalatlas **54-F18**

Berlin 672 km – Stuttgart 62 km – Karlsruhe 40 km – Pforzheim 12 km

Michelin Straßenkarte 545

In Unterreichenbach-Kapfenhardt Süd-West: 3 km

Mönchs Waldhotel

Zu den Mühlen 2 ✉ 75399 – ✆ (07235) 79 00 – www.moenchs-waldhotel.de

65 Zim – 69/121 € 122/219 € – 4 Suiten – ½ P

Der rustikale Schwarzwald-Charme ist überall im Haus präsent. Von den nach Süden gelegenen Zimmern schaut man auf Wald und Wiesen, etwas moderner, aber dennoch wohnlich-ländlich die neueren Zimmer. Blick ins Grüne auch beim Frühstück im lichten Wintergarten, bei bürgerlich-regionaler Küche in Mönch- und Schwarzwaldstube sowie auf der Terrasse. Kosmetik und Massage.

UNTERSCHLEISSHEIM

Bayern – 26 370 Ew. – Höhe 473 m – Regionalatlas **65**-L20

Berlin 570 km – München 17 km – Regensburg 107 km – Augsburg 69 km

Michelin Straßenkarte 546

Dolce Munich

Andreas-Danzer-Weg 1 ✉ 85716 – ✆ (089) 3 70 53 00 – www.dolcemunich.com

255 Zim – 89/349 € 119/370 € – 3 Suiten

Die ideale Businessadresse: Das Hotel liegt gut erreichbar im Gewerbegebiet, die Zimmer sind chic-modern und technisch aktuell, man hat 23 Tagungsräume und mit dem Ballhausforum (1300 qm!) sind auch Groß-Events kein Problem! Als A-la-carte-Gast kann man im Redox international essen.

UNTERWÖSSEN

Bayern – 3 520 Ew. – Höhe 555 m – Regionalatlas **67**-N21

Berlin 688 km – München 99 km – Bad Reichenhall 52 km – Traunstein 29 km

Michelin Straßenkarte 546

Astrid

Wendelweg 15 ✉ 83246 – ✆ (08641) 9 78 00 – www.astrid-hotel.de – geschl. November - 15. Dezember

8 Zim – 64/72 € 104/120 € – 12 Suiten – ½ P

Empfang, Zimmer, Frühstück... Während des gesamte Aufenthalts ist man hier in sehr guten Händen. Gepflegte, freundliche Einrichtung, Kosmetikanwendungen, behagliche Landhausatmosphäre und bürgerliche Küche im Restaurant. Ganz in der Nähe: Wössener See mit kostenlosem Freibad.

UPLENGEN

Niedersachsen – 11 510 Ew. – Höhe 9 m – Regionalatlas **8**-E6

Berlin 473 km – Hannover 206 km – Emden 53 km – Oldenburg 38 km

Michelin Straßenkarte 541

In Uplengen-Südgeorgsfehn Süd: 10 km ab Remels, jenseits der A 28

Ostfriesischer Fehnhof

Südgeorgsfehner Str. 85 ✉ 26670 – ✆ (04489) 27 79 – www.fehnhof.de – geschl. Oktober 2 Wochen und Montag - Dienstag

Menü 27/37 € – Karte 22/48 € – *(Mittwoch - Freitag nur Abendessen)*

Der Familienbetrieb bietet in gemütlichen friesischen Stuben regionale Gerichte aus frischen Produkten. Hinter dem Haus befindet sich ein schöner Biergarten mit Teich.

URACH, BAD

Baden-Württemberg – 11 870 Ew. – Höhe 463 m – Regionalatlas **55**-H19

Berlin 660 km – Stuttgart 45 km – Reutlingen 19 km – Ulm (Donau) 56 km

Michelin Straßenkarte 545

Graf Eberhard

Bei den Thermen 2 ✉ 72574 – ✆ (07125) 14 80 – www.hotel-graf-eberhard.de

80 Zim – 70/113 € 110/163 € – ½ P

Das Hotel liegt an der bekannten Albtherme und wird auch von Tagungsgästen und Besuchern der Stuttgarter Messe geschätzt. Alle Zimmer mit gutem Platzangebot und Balkon. Das Restaurant bietet Regionales. Besonders gemütlich: die Weinstube.

Wilder Mann

Pfählerstr. 7 ✉ 72574 – ✆ (07125) 94 73 30 – www.restaurant-wildermann.de – geschl. Sonntag - Montag (Erweiterung um einen Hotelbereich mit 18 Zimmern nach Redaktionsschluss)

Menü 35/53 € – Karte 30/53 € – *(nur Abendessen)*

Was in dem ehemaligen Brauereigebäude auf den Tisch kommt, ist Altbewährtes, das neu interpretiert wird: frische, aromatische Speisen wie "Rostbraten mit Speck-Zwiebelkruste" oder "Jakobsmuscheln mit Blutwurst auf Himmel und Erd".

URSENSOLLEN – Bayern → Siehe Amberg

USEDOM (INSEL)

Mecklenburg-Vorpommern – ✉ 17406 – Höhe 5 m – Regionalatlas **14-Q4**
▶ Berlin 220 km – Schwerin 201 km – Neubrandenburg 81 km – Rügen (Bergen) 100 km
Michelin Straßenkarte 542

J. Arnold / hemis.fr

Ahlbeck

Seehotel Ahlbecker Hof

Dünenstr. 47, Anfahrt über Karlstr. ✉ 17419 – ✆ (038378) 6 20 – www.seetel.de

80 Zim – †105/295 € ††139/319 € – 11 Suiten – ½ P

Kaiserblick • ***Blauer Salon*** – Siehe Restaurantauswahl

Ein Prachtbau von 1890 mit stilgerechtem klassischem Interieur. Umfassend das Wellnessangebot samt Asia-Spa, gut der Service, angenehm das Langschläferfrühstück bis 12 Uhr - am liebsten auf der Terrasse zur Promenade! Sie mögen es geräumig? Dann buchen Sie eine große Suite in der Residenz! Die Brasserie bietet französisch-saisonale Küche, Asiatisches im "Suan Thai".

Das Ahlbeck N

Dünenstr. 48, Anfahrt über Ritterstraße ✉ 17419 – ✆ (038378) 4 99 40 – www.das-ahlbeck.de

50 Zim – †108/284 € ††129/305 € – 32 Suiten – ½ P

Ideal die Lage unmittelbar an der Promenade, modern die wohnlichen Zimmer und der große Spa. Wer sich mal etwas mehr gönnen möchte, bucht eine "Penthouse-Suite" mit tollem Meerblick! Im Zimmerpreis inkludiert: Bäderbahn-Ticket und ab 2 Übernachtungen ein Begrüßungs-Abendmenü im Restaurant.

Kastell

Dünenstr. 3 ✉ 17419 – ✆ (038378) 4 70 10 – www.kastell-usedom.de

6 Zim – †65/155 € ††79/170 € – 9 Suiten

Wie eine kleine Burg kommt das Hotel am Dünenwald daher, drinnen durchweg im klassischen Stil gehalten. Machen Sie es sich in Lobby und Bar auf Chesterfield-Sesseln am Kamin gemütlich oder entspannen Sie im kleinen Sauna- und Ruhebereich.

Kaiserblick – Seehotel Ahlbecker Hof

Dünenstr. 47 ✉ 17419 – ✆ (038378) 6 20 – www.ahlbecker-hof.de

Menü 39/71 € – Karte 42/59 € – *(nur Abendessen)*

Edel bezogene Armsessel, dazu Maria-Theresia-Kronleuchter und aufwändig drapierte Vorhänge schaffen hier ein harmonisches Bild. Die Küche ist international-klassisch - aus den Menüs können Sie auch à la carte wählen.

Blauer Salon – Seehotel Ahlbecker Hof

Dünenstr. 47 ✉ 17419 – ✆ (038378) 6 20 – www.seetel.de – geschl. Januar und Sonntag - Montag

Menü 82/145 € – Karte 58/82 € – *(nur Abendessen)*

Sie genießen elegante Atmosphäre, die schöne Sicht auf Promenade und Meer sowie den umsichtigen, professionellen Service, nicht zu vergessen die ambitionierten klassischen Speisen wie "gefüllter Lammsattel mit Merguez und Zwiebelallerlei".

Bansin

Kaiser Spa Zur Post

Seestr. 5 ✉ 17429 – ✆ (038378) 5 60 – www.hzp-usedom.de

110 Zim – 70/300 € 110/380 € – 60 Suiten – ½ P

Zur Alten Post – Siehe Restaurantauswahl

Aus der Villa im Seebäderstil ist ein neuzeitlich-komfortables Hotel entstanden: wohnlich-elegante Zimmer, schöner Spa mit Außenpool, tägliches Langschläferfrühstück bis 13 Uhr, und dazu die zentrale Lage. Bürgerlich-saisonale Küche im Banzino.

Travel Charme Strandhotel

Bergstr. 30 ✉ 17429 – ✆ (038378) 800 0 – www.travelcharme.com

87 Zim – 69/258 € 138/368 € – 13 Suiten

Familienfreundlichkeit wird hier groß geschrieben: Kinderbetreuung, Familienzimmer und sogar Wellness für Kinder im "Puria-Spa". Sehr hübsche Suiten im OG mit Blick auf Strand und Meer. Tolle Sicht auch vom Restaurant (1. Etage) und von der Terrasse. Wechselnde Themenbuffets und kleines buntes Kinderbuffet.

Zur Alten Post – Hotel Kaiser Spa Zur Post

Seestr. 5 ✉ 17429 – ✆ (038378) 5 60 – www.hzp-usedom.de – geschl. 12. Januar - 2. Februar und Montag - Dienstag

Menü 39/130 € – Karte 36/75 € – *(nur Abendessen)*

Mit einer schönen Sammlung alter Postfahrzeugmodelle und anderer Postutensilien wird das klassisch-elegante Restaurant ganz seinem Namen gerecht. Ihre Aufmerksamkeit verdient aber auch die Küche: Sie bietet Klassiker und Internationales.

Heringsdorf

Steigenberger Grandhotel und Spa

Liehrstr. 11 ✉ 17424 – ✆ (038378) 49 50 – www.heringsdorf.steigenberger.de

173 Zim – 135/365 € 165/405 € – 40 Suiten – ½ P

Seaside – Siehe Restaurantauswahl

Ein Ferien-Grandhotel, wie man es sich wünscht: die Zimmer hochwertig und komfortabel, der Service aufmerksam, dazu der große Spa, Kinderbetreuung und die direkte Nähe zum Strand! Für Hausgäste abendlich wechselndes Menü im "Lilienthal". Wer's leger mag: Bistroküche im "Waterfront" samt Lounge-Terrasse.

Travel Charme Strandidyll

Delbrückstr. 10 ✉ 17424 – ✆ (038378) 47 60 – www.travelcharme.com/strandidyll

143 Zim – 97/300 € 130/348 € – 7 Suiten – ½ P

Luxuriöses Flair versprüht das Hotel mit Park bereits von außen. Das Interieur steht dem in nichts nach: große Atriumlobby mit Glaskuppel, mediterran inspirierter Spa und freundlich-wohnliche Zimmer. Etwas Besonderes: Turmsuite mit Rundumsicht. "Belvedere" im 4. Stock mit Meerblick und internationaler Küche. Vom "Giardino" mit Wintergarten schaut man in den Garten.

Strandhotel Ostseeblick

Kulmstr. 28 ✉ 17424 – ✆ (038378) 5 40 – www.strandhotel-ostseeblick.de

60 Zim – 90/150 € 140/220 € – 4 Suiten – ½ P

Bernstein – Siehe Restaurantauswahl

Hier überzeugen der herzliche und aufmerksame Service, die helle, geschmackvolle Einrichtung, diverse kleine Extras (z. B. Minibar inkludiert) und Wellness auf 1000 qm mit MEERness-Ritualen am Strand. Einzigartiger Seeblick von den meisten Zimmern und von der Lounge. Bistro-Flair im Alt Heringsdorf gegenüber.

Esplanade
Seestr. 5 ✉ 17424 – ☎ (038378) 7 00 – www.seetel.de
48 Zim – 95/120 € 130/180 € – ½ P
Tom Wickboldt – Siehe Restaurantauswahl
Das Hotel ist ein schlossartiges Gebäude von 1869, in dem schöne gediegene Gästezimmer bereitstehen. Mitbenutzung des großen Spabereichs des "Pommerschen Hofs". Im klassisch gehaltenen "Epikur" serviert man saisonale Küche

Strandhotel
Liehrstr. 10 ✉ 17424 – ☎ (038378) 23 20 – www.strandhotel-heringsdorf.de – geschl. 18. - 26. Dezember
88 Zim – 89/201 € 120/269 € – 1 Suite – ½ P
Nur wenige Schritte von der Promenade und dem Strand entfernt steht das stilvoll-wohnlich eingerichtete Hotel mit vielfältigem Spa. Zimmer teilweise mit Meerblick. Geschmackvolles holzgetäfeltes Restaurant mit internationalem und regionalem Angebot.

Fortuna
Kulmstr. 8 ✉ 17424 – ☎ (038378) 4 70 70 – www.hotel-fortuna.kaiserbaeder.m-vp.de – geschl. Anfang November - Ende Dezember
21 Zim – 45/75 € 60/120 €
In der schmucken Villa a. d. 19. Jh. bieten die freundlichen Gastgeber helle, gepflegte Zimmer, einige mit netter Loggia. Zum Strand ist es nur ein Katzensprung.

Tom Wickboldt – Hotel Esplanade
Seestr. 5 ✉ 17424 – ☎ (038378) 7 00 – www.seetel.de – geschl. Sonntag - Dienstag
Menü 79/125 € – Karte 73/90 € – *(nur Abendessen)*
Hier darf man sich auf kreative, harmonische und kontrastreiche Küche freuen - zwei schöne Menüs, begleitet von einem umsichtigen und kompetenten Service samt trefflicher Weinberatung sowie von einem lichten, stilvoll-eleganten Ambiente.
→ Jakobsmuschel und Mango, Hummerespuma, Karotten-Ingwerpüree, Koriander, Zitrone. Maibock, Sellerie, Blutwurst, Karotte, Pfifferlinge. Fourme d'Ambert, Birne und Schwarze Nüsse.

Seaside – Steigenberger Grandhotel und Spa
Liehrstr. 11 ✉ 17424 – ☎ (038378) 49 50 – www.heringsdorf.steigenberger.de – geschl. Sonntag - Dienstag
Karte 33/81 € – *(nur Abendessen)* (Tischbestellung ratsam)
Die Gourmetvariante der Grandhotel-Gastronomie: elegant-maritime Atmosphäre und ambitionierte kreative Speisen wie "Seezungenpraline / Spargel / Kartoffel-Trüffelespuma". Und danach einen Digestif in der gemütlichen Bar samt Terrasse?

Bernstein – Strandhotel Ostseeblick
Kulmstr. 28 ✉ 17424 – ☎ (038378) 5 42 40 – www.strandhotel-ostseeblick.de
Menü 35/75 € – Karte 58/90 € – *(nur Abendessen)*
Einfach klasse der weite Blick über den Heringsdorfer Strand und die Ostsee! Aber auch der Teller vor Ihnen hat Schönes zu bieten: kreative, internationale Küche, gerne auch in Form eines Überraschungsmenüs.

Da Claudio
Friedenstr. 16 ✉ 17424 – ☎ (038378) 80 18 76 – www.da-claudio-usedom.de – geschl. Mitte Dezember - Anfang Februar und Sonntag
Karte 34/57 € – *(nur Abendessen)* (Tischbestellung ratsam)
Frische, saisonale italienische Küche bekommen Sie in dem behaglichen Restaurant im Zentrum - hausgemachte Pasta darf da natürlich nicht fehlen! Oder wie wär's mit "Rote-Beete-Gnocchi in Gorgonzolasauce mit Rotweinbirne"?

Kulm-Eck
Kulmstr. 17 ✉ 17424 – ✆ (038378) 2 25 60 – www.kulm-eck.de – geschl. 20. Januar - 20. Februar und Montag, Oktober - Ostern: Sonntag
Menü 39/61 € – Karte 48/59 € – *(nur Abendessen)*
Das Restaurant auf einer Anhöhe ist sympathisch-leger und hat eine schöne Terrasse unter Bäumen. Man kocht kreativ, regional, mit Kräutern und Blüten, so z. B. "Kalbsbacke, Spargel-Morchelallerlei, Topfen-Bärlauchknödel, Hollandaise".

Lutter und Wegner im Seebad Heringsdorf
Kulmstr. 3 ✉ 17424 – ✆ (038378) 2 21 25 – www.lutter-wegner-usedom.de – geschl. November - März: Sonntag
Karte 29/53 €
Hier gibt es frische internationale Küche von Antipasti über Wiener Schnitzel bis hin zu - obligatorisch für Lutter & Wegner! - Kaiserschmarrn. Dabei sitzt man gemütlich zwischen Weinregalen und lässt sich freundlich-leger umsorgen.

Korswandt

Baltic Hills (N)
Hauptstr. 10 ✉ 17419 – ✆ (038378) 8 05 00 – www.baltic-hills.bestwestern.de – geschl. über Weihnachten, 3. - 21. Januar
84 Zim – 69/139 € 69/149 € – 2 Suiten – ½ P
Ein Urlaubshotel, das ideal ist für Sportler und Wellnessfans: 19-Loch-Golfplatz, Spa, Fahrradverleih - und zum Strand gibt es einen kostenlosen Shuttle. Die Zimmer sind ansprechend und wertig im modernen Landhausstil gehalten, das Restaurant im Golf-Clubhaus bietet Internationales.

Koserow

Nautic
Triftweg 4 ✉ 17459 – ✆ (038375) 25 50 – www.nautic-usedom.de
51 Zim – 52/79 € 80/126 € – 9 Suiten – ½ P
Das Hotel liegt zentral, 10 Gehminuten vom Meer, und hat freundlich gestaltete Zimmer - für Familien sind besonders die Suiten interessant. Schön der großzügige Bade- und Saunabereich. Im Restaurant gibt's bürgerliche Küche, zudem hat man eine Sky-Sportsbar. Auch für Tagungen ist das Haus ideal.

Loddin

In Loddin-Kölpinsee Nord-Ost: 2 km

Strandhotel Seerose
Strandstr. 1 ✉ 17459 – ✆ (038375) 5 40 – www.strandhotel-seerose.de
105 Zim – 55/145 € 98/207 € – 4 Suiten – ½ P
Reizvoll ist die strandnahe Lage umgeben vom Küstenwald - fragen Sie nach den Zimmern in den oberen Etagen, hier hat man tollen Meerblick! Relaxen können Sie im ansprechenden Spa, speisen im freundlichen Restaurant samt Wintergarten zum Meer.

Trassenheide

Kaliebe
Zeltplatzstr. 14 ✉ 17449 – ✆ (038371) 5 20 – www.kaliebe.de
35 Zim – 50/115 € 65/135 € – ½ P
Eine schöne Ferienadresse mit modernen Zimmern, hübsche Inselmotive sorgen hier für Urlaubsfeeling! Zum 250 m entfernten Strand gelangt man durch den Küstenwald, in dem mehrere Blockhäuser stehen - besonders beliebt bei Familien. Bürgerliche Küche mit selbst geräuchertem Fisch im Restaurant mit Wintergarten.

Zinnowitz

Usedom-Palace
Dünenstr. 8 ✉ 17454 – ✆ (038377) 39 60 – www.usedom-palace.de – geschl. 6. November - 27. Februar
41 Zim – 80/130 € 110/250 € – 2 Suiten – ½ P
Klassische Eleganz bestimmt das Anwesen an der Uferpromenade - ein prächtiges Hotel von 1900. Schauen Sie sich den schönen Badebereich an mit seinen historischen Motiven von Zinnowitz als tolle Wandmalereien! Im Restaurant bietet man internationale Küche.

USINGEN

Hessen – 13 610 Ew. – Höhe 292 m – Regionalatlas **37-F14**

Berlin 521 km – Wiesbaden 62 km – Frankfurt am Main 32 km – Gießen 38 km

Michelin Straßenkarte 543

essWebers

Marktplatz 21 ✉ 61250 – ✆ (06081) 5 76 37 60 – www.esswebers.de – geschl. 1. - 14. Januar, 7. - 11. Februar, 22. Oktober - 2. November und Dienstag - Mittwochmittag

Menü 20 € (mittags)/68 € – Karte 50/58 €

In dem aufwändig sanierten denkmalgeschützen Liefrink-Haus direkt am Marktplatz kocht Uwe Weber aus frischen Zutaten international beeinflusste Speisen wie "asiatische Geflügelsuppe mit Mu-Err" oder "Kalbsrücken mit Spinat und Risotto".

USLAR

Niedersachsen – 14 370 Ew. – Höhe 178 m – Regionalatlas **29-H10**

Berlin 352 km – Hannover 133 km – Kassel 60 km – Göttingen 39 km

Michelin Straßenkarte 541

Menzhausen

Lange Str. 12, Zufahrt über Mauerstr. 2 ✉ 37170 – ✆ (05571) 9 22 30 – www.hotel-menzhausen.de

40 Zim – †80/120 € ††120/140 € – ½ P

Das Hotel mit schmuckem historischem Fachwerkhaus als Stammhaus bietet einen schönen Freizeitbereich mit Kosmetik und Massage sowie einen reizvollen Garten. Wie wär's mit einem "Märchenzimmer"? Restaurant mit internationaler und bürgerlicher Küche. Hübscher Innenhof.

UTTING am AMMERSEE

Bayern – 4 410 Ew. – Höhe 554 m – Regionalatlas **65-K20**

Berlin 625 km – München 47 km – Augsburg 61 km – Landsberg am Lech 24 km

Michelin Straßenkarte 546

Wittelsbacher Hof

Bahnhofsplatz 6 ✉ 86919 – ✆ (08806) 9 20 40 – www.hotel-wittelsbacher-hof.de – geschl. 15. Dezember - 15. März

19 Zim – †80/120 € ††95/150 €

In dem langjährigen Familienbetrieb beim Bahnhof stehen gut gepflegte, solide und praktisch eingerichtete Gästezimmer bereit, einige verfügen über einen Balkon. Bürgerliches Angebot im Restaurant mit Biergarten.

VAIHINGEN an der ENZ

Baden-Württemberg – 28 080 Ew. – Höhe 217 m – Regionalatlas **55-G18**

Berlin 633 km – Stuttgart 28 km – Heilbronn 54 km – Karlsruhe 56 km

Michelin Straßenkarte 545

In Vaihingen-Horrheim Nord-Ost: 7 km Richtung Heilbronn

Lamm

Klosterbergstr. 45 ✉ 71665 – ✆ (07042) 8 32 20 – www.hotel-lamm-horrheim.de

23 Zim – †76/98 € ††100/120 € – ½ P

Lamm – Siehe Restaurantauswahl

Familie Bramm betreibt hier mitten im Ort ein nettes und gepflegtes Hotel, in dem man gut und zeitgemäß übernachten und auch tagen kann. Wenn das Wetter mitspielt, können Sie im Sommer schön auf der Terrasse zum Kirchplatz frühstücken!

Lamm – Hotel Lamm

Klosterbergstr. 45 ✉ 71665 – ✆ (07042) 8 32 20 – www.hotel-lamm-horrheim.de – geschl. 4. - 8. Januar

Menü 29/95 € – Karte 31/45 €

In dem freundlichen Restaurant bekommen Sie in zwangloser Umgebung bürgerlich-schwäbische Gerichte serviert. Nicht zu verfehlen - liegt direkt an der Hauptstraße!

In Vaihingen-Rosswag West: 4 km über B 10 Richtung Pforzheim

Lamm Rosswag

Rathausstr. 4, 1. Etage ✉ 71665 – ✆ (07042) 2 14 13 – www.lamm-rosswag.de – geschl. Februar 3 Wochen, August 3 Wochen
12 Zim – 60/75 € 90/95 € – ½ P
Lamm Rosswag – Siehe Restaurantauswahl
Bei Familie Ruggaber kann man nicht nur gut essen: Das Haus steht mitten in einem charmanten kleinen Weinort und ist mit seinen gepflegten, in wohnlichen Farben gehaltenen Zimmern und dem guten Frühstück eine schöne Übernachtungsadresse.

Lamm Rosswag (Steffen Ruggaber) – Hotel Lamm Rosswag

Rathausstr. 4, 1. Etage ✉ 71665 – ✆ (07042) 2 14 13 – www.lamm-rosswag.de – geschl. Februar 3 Wochen, August 3 Wochen und Sonntag - Montag
Menü 34 € (mittags unter der Woche)/109 € – Karte 40/75 € – (Tischbestellung ratsam)
Man spürt, dass Sonja und Steffen Ruggaber ihr Haus mit Herzblut betreiben, und das schmeckt man auch: Die ambitionierte modern-saisonale Küche des Chefs und natürlich auch die schwäbischen Klassiker haben den sympathischen Gastgebern schon so manchen Stammgast beschert. Schön die deutsche Weinauswahl.
➜ Getauchte Jakobsmuschel, Kalbskopf, Pfifferlinge, Zuckererbse. Rücken vom Maibock, Purple Curry, Rote Bete, Blutwurst. Joghurt, Weiße Schokolade, Rhabarber, Waldmeister.

VALLENDAR

Rheinland-Pfalz – 8 390 Ew. – Höhe 99 m – Regionalatlas **36-D14**
Berlin 593 km – Mainz 113 km – Koblenz 9 km – Bonn 61 km
Michelin Straßenkarte 543

Die Traube

Rathausplatz 12 ✉ 56179 – ✆ (0261) 6 11 62 – www.dietraube-vallendar.de – geschl. 24. Dezember - 9. Januar, Mitte Juli - August 3 Wochen und Sonntag - Montag
Menü 35/62 € – Karte 34/65 € – (Tischbestellung ratsam)
Gemütlich sitzt man in dem reizenden Fachwerkhaus von 1647 auf kleinen Bänken und lässt sich schmackhafte regionale Gerichte servieren. Dazu zählen z. B. "Variation vom Lamm" oder "Birnen-Bohnen-Speck". Auch der günstige Mittagstisch kommt gut an. Sehr nett die Terrasse vor der alten Scheune mit Glockenspiel.

VALLEY

Bayern – 3 100 Ew. – Höhe 650 m – Regionalatlas **66-M21**
Berlin 622 km – München 43 km – Innsbruck 133 km – Kufstein 59 km
Michelin Straßenkarte 546

Waldrestaurant Maxlmühle

Maxlmühle ✉ 83626 – ✆ (08020) 17 72 – www.maxlmuehle.de – geschl. Mitte Februar - Anfang März, August 1 Woche, November 1 Woche und Mittwoch - Donnerstag
Karte 16/39 €
Mögen Sie Forellen? Die räuchert man hier selbst - auch Sülze und Pasteten sind aus eigener Herstellung! Familie Fritzsche ist nun seit 50 Jahren in diesem Gasthaus, das so schön einsam am Ende der Straße direkt am Wasser liegt! Da kommt natürlich auch der Biergarten gut an.

VAREL

Niedersachsen – 23 560 Ew. – Höhe 9 m – Regionalatlas **8-E5**
Berlin 461 km – Hannover 204 km – Bremen 75 km – Wilhelmshaven 25 km
Michelin Straßenkarte 541

In Varel-Dangast Nord-West: 7 km

Graf Bentinck
Dauenser Str. 7 ✉ 26316 – ✆ (04451) 13 90 – www.bentinck.de
42 Zim – 🚹88/100 € 🚹🚹128/145 € – ½ P
Das reetgedeckte Haus mit backsteinroter Fassade und Sprossenfenstern ist mit seinen geräumigen wohnlichen Zimmern für Tagungen und Urlauber gleichermaßen geeignet. Restaurant im friesischen Stil.

VATERSTETTEN

Bayern – 22 090 Ew. – Höhe 528 m – Regionalatlas **66-M20**
Berlin 596 km – München 21 km – Landshut 76 km – Passau 160 km
Michelin Straßenkarte 546

In Vaterstetten-Neufarn Nord-Ost: 10 km über B 304 Richtung Ebersberg und Markt Schwaben, in Purfing links

Stangl
Münchener Str. 1 ✉ 85646 – ✆ (089) 90 50 10 – www.hotel-stangl.de
57 Zim – 🚹79/144 € 🚹🚹89/165 €
Gasthof Stangl – Siehe Restaurantauswahl
Wie möchten Sie wohnen? Modern, rustikal oder im Jugendstil? Die Zimmer befinden sich im Gasthof oder im ehemaligen Gutshof - Letzterer ist mit seinem historischen Flair besonders attraktiv, für den Rest sorgt die Chefin mit einem Händchen für Deko!

Landhotel Anderschitz
Münchener Str. 13 ✉ 85646 – ✆ (089) 9 27 94 90 – www.hotel-anderschitz.de – geschl. 11. Dezember - 5. Januar
21 Zim – 🚹60/120 € 🚹🚹90/210 €
In dem familiär geleiteten Landhotel wohnen die Gäste in soliden und gepflegten Zimmern und lassen sich in gemütlich-ländlichen Stuben das Frühstück schmecken.

Gasthof Stangl – Stangl
Münchener Str. 1 ✉ 85646 – ✆ (089) 90 50 10 – www.hotel-stangl.de
Menü 25 € (mittags)/33 € – Karte 23/47 € – (Tischbestellung ratsam)
Holztäfelung, hübsche Stoffe und Accessoires, das ist richtig bayerisch-gemütlich. Und dazu gibt's Regionales wie Kalbsrahmgulasch - gut und preislich fair. Tipp: das Tagesmenü! Im Sommer kommt niemand am Kastanien-Biergarten vorbei!

VEITSHÖCHHEIM

Bayern – 9 740 Ew. – Höhe 170 m – Regionalatlas **49-I15**
Berlin 506 km – München 287 km – Würzburg 11 km – Karlstadt 17 km
Michelin Straßenkarte 546

Am Main
Untere Maingasse 35 ✉ 97209 – ✆ (0931) 9 80 40 – www.hotel-am-main.de – geschl. 22. Dezember - 6. Januar
34 Zim – 🚹65/85 € 🚹🚹98/110 € – 1 Suite
In dem hübschen Haus in einem ruhigen Wohnviertel am Main erwarten Sie moderne Gästezimmer in klaren Linien, ein heller Frühstücksbereich sowie ein netter Garten.

Weisses Lamm N
Kirchstr. 24 ✉ 97209 – ✆ (0931) 9 80 23 00 – www.hotel-weisses-lamm.bestwestern.de
70 Zim – 🚹50/109 € 🚹🚹81/129 € – ½ P
Das Hotel ist ein erweitertes historisches Gasthaus. Die Juniorsuiten im Gästehaus "Anna" sind besonders geräumig, modern und verfügen über eine kleine Küchenzeile. Im Fachwerk-Gästehaus wohnt man etwas preisgünstiger. Internationale Küche und geradliniges Ambiente im Restaurant "escaVinum".

VELBERT

Nordrhein-Westfalen – 80 580 Ew. – Höhe 245 m – Regionalatlas **26**-C11
▶ Berlin 544 km – Düsseldorf 41 km – Essen 16 km – Wuppertal 19 km
Michelin Straßenkarte 543

In Velbert-Neviges Süd-Ost: 4 km über B 224, Abfahrt Velbert-Tönisheide

Haus Stemberg

Kuhlendahler Str. 295 ✉ 42553 – ✆ (02053) 56 49 – www.haus-stemberg.de – geschl. Anfang März 2 Wochen, Juli - August 3 Wochen und Donnerstag - Freitag, Dezember: Donnerstag - Freitagmittag

Menü 39/79 € – Karte 38/79 € – (Tischbestellung ratsam)

Die Stembergs sind tief verwurzelt mit der Region, sogar die Bushaltestelle hier ist nach ihrem Gasthaus benannt! Hingabe und Qualitätsdenken spiegeln auch die "zwei Küchen von einem Herd" wider, mit denen Juniorchef Sascha Stemberg regionale Klassiker und auch international-kreative Gerichte zum Besten gibt.

→ Carpaccio vom gekochten Kalbstafelspitz, Rapunzel, leichte Kürbiskernmarinade. Ahrenhorster Waller, Allerlei aus Leipzig, Flusskrebsnage. Pommern Rind 35 Tage trocken gereift, Roastbeef, Zwiebeln, Salatherzen, Jalapeno.

VELBURG

Bayern – 5 200 Ew. – Höhe 492 m – Regionalatlas **58**-M17
▶ Berlin 474 km – München 144 km – Regensburg 58 km – Nürnberg 60 km
Michelin Straßenkarte 546

In Velburg-Lengenfeld West: 3 km, jenseits der Autobahn

Winkler Bräu

St.-Martin-Str. 6 ✉ 92355 – ✆ (09182) 1 70 – www.winkler-braeu.de – geschl. 23. - 25. Dezember

72 Zim – 77/135 € 105/163 € – 1 Suite – ½ P

Im Bräustüberl wird nun schon seit dem 15. Jh. bayrisch gegessen und Bier getrunken, entsprechend urig die Atmosphäre. Der Gasthof ist inzwischen aber auch ein schmuckes Hotel mit wohnlichen Zimmern - besonders schön die Zimmer in der ehemaligen Mälzerei.

VELDENZ

Rheinland-Pfalz – 940 Ew. – Höhe 170 m – Regionalatlas **46**-C15
▶ Berlin 689 km – Mainz 116 km – Trier 43 km – Saarbrücken 114 km
Michelin Straßenkarte 543

Rittersturz

Veldenzer Hammer 1, Süd-Ost: 0,5 km ✉ 54472 – ✆ (06534) 1 82 92 – www.rendezvousmitgenuss.de – geschl. Montag

Menü 39/45 € – Karte 40/52 € – *(Dienstag - Freitag nur Abendessen)* (Tischbestellung ratsam)

Eine wirklich nette Adresse: idyllisch die Lage im Grünen, gemütlich-charmant das Ambiente, angenehm freundlich und aufmerksam der Service... Dazu kocht Volker Kruft klassisch-saisonale Gerichte wie "warmes Hirschcarpaccio mit buntem Feldsalat, Walnusspesto und getrockneten Tomaten". Und als Dessert ein "geeister Kaiserschmarrn mit eingelegten Quitten"?

VELEN

Nordrhein-Westfalen – 12 940 Ew. – Höhe 55 m – Regionalatlas **26**-C10
▶ Berlin 525 km – Düsseldorf 90 km – Bocholt 30 km – Enschede 54 km
Michelin Straßenkarte 543

Sportschloss Velen

Schlossplatz 1 ✉ 46342 – ✆ (02863) 20 30 – www.sportschlossvelen.de

102 Zim – 90/150 € 145/225 € – 4 Suiten – ½ P

Das schöne historische Gebäudeensemble ist umgeben von einem traumhaften Park. Hübsche Zimmer, großes Sportangebot samt Putting-Green, klassisch gehaltenes Restaurant, reizvolle Terrasse über dem Schlossgraben... Rustikal: "Querbeet" mit tollem Backsteingewölbe. 21 Tagungs- und Veranstaltungsräume. Ideal für Hochzeitsfeiern ist z. B. die "Orangerie".

VERDEN (ALLER)

Niedersachsen – 26 670 Ew. – Höhe 20 m – Regionalatlas **18-H7**
▶ Berlin 354 km – Hannover 95 km – Bremen 43 km – Rotenburg (Wümme) 25 km
Michelin Straßenkarte 541

XX **Pades Restaurant**

Grüne Str. 15 ✉ 27283 – ✆ (04231) 30 60 – www.pades.de
Karte 37/52 € – (Tischbestellung ratsam)
Sie sind wirklich schön, die Gasträume in dem schmucken Patrizierhaus von Wolfgang Pade - moderne, aber auch klassische Elemente. Noch reizvoller ist da nur die wunderbare Gartenterrasse - so etwas findet man nur selten mitten in der Stadt! Gekocht wird saisonal, so z. B. "geschmorte Lammschulter, mit Rosmarin karamellisierter Spargel, Kartoffelstampf".

VERL

Nordrhein-Westfalen – 24 950 Ew. – Höhe 92 m – Regionalatlas **27-F10**
▶ Berlin 413 km – Düsseldorf 152 km – Bielefeld 19 km – Gütersloh 11 km
Michelin Straßenkarte 543

Landhotel Altdeutsche

Sender Str. 23 ✉ 33415 – ✆ (05246) 96 60 – www.altdeutsche.de
45 Zim – †96/99 € ††129/132 €
Das schöne Fachwerkhaus hat gleich mehrere Pluspunkte: Es liegt ruhig, wird vorbildlich geführt, hat komfortable Zimmer und gemütliche Gaststuben, in denen man bürgerlich-regional essen kann.

Papenbreer

Gütersloher Str. 82 ✉ 33415 – ✆ (05246) 9 20 40 – www.hotel-papenbreer.de
18 Zim – †53/69 € ††79/91 €
So gepflegt wie sich das kleine Hotel mit seiner auffallend weißen Fassade schon von außen zeigt, ist es auch im Inneren. Hier erwarten Sie freundlich und funktionell eingerichtete Zimmer.

VETTELSCHOSS

Rheinland-Pfalz – 3 440 Ew. – Höhe 280 m – Regionalatlas **36-D13**
▶ Berlin 620 km – Mainz 130 km – Bonn 33 km – Bad Honnef 17 km
Michelin Straßenkarte 543

In Vettelschoss-Kalenborn West: 1 km

XX **Nattermann's Fine Dining**

Bahnhofstr. 12 ✉ 53560 – ✆ (02645) 9 73 10 – www.nattermanns.de – geschl. Montag, außer an Feiertagen
12 Zim – †64/68 € ††79/109 € – 6 € – ½ P
Menü 45 € – Karte 33/50 € – *(Dienstag - Freitag nur Abendessen)*
"Jo" Nattermann und seine charmante Frau haben ihr "Fine Dining" einer "Frischzellenkur" unterzogen: In chic-modernem Ambiente lässt man sich z. B. "Sauerbraten vom Hirsch mit Rosenkohlpüree" schmecken! Warme Küche unter der Woche ab 16 Uhr. Gegenüber: die Kochschule "Genussakademie". Gepflegte Gästezimmer.

VIECHTACH

Bayern – 8 010 Ew. – Höhe 435 m – Regionalatlas **59-O17**
▶ Berlin 507 km – München 174 km – Passau 81 km – Cham 27 km
Michelin Straßenkarte 546

In Viechtach-Neunussberg Nord-Ost: 10 km in Richtung Lam, in Wiesing rechts

Burghotel Sterr

Neunußberg 35 ✉ 94234 – ✆ (09942) 80 50 – www.burghotel-sterr.de – geschl. 12. - 15. Dezember
23 Zim – †88/98 € ††186/190 € – 9 Suiten – ½ P
Genießen Sie mediterranes Flair im Bayerischen Wald! Sie wohnen in Zimmern mit Tal- oder Burgblick oder alternativ in den Ferienhäusern "Jagdhütte" und "Waidlerhaus". Oder bevorzugen Sie eines der hochwertigen, charmant-modernen Chalets (ab 2 Nächten) mit eigener Sauna und Schwimmteich?

VIERNHEIM

Hessen – 33 120 Ew. – Höhe 101 m – Regionalatlas **47-F16**
Berlin 608 km – Wiesbaden 82 km – Mannheim 11 km – Darmstadt 47 km
Michelin Straßenkarte 543

Central-Hotel am Königshof

Hölderlinstr. 2 ✉ 68519 – ✆ (06204) 9 64 20 – www.central-hotel-viernheim.de
20 Zim – 69/85 € 119/129 € – 10 Suiten
Ein familiär geleitetes Haus (5. Generation), in dem man gerne wohnt: Das liegt an den liebevoll und ganz individuell eingerichteten Zimmern, aber auch am reichhaltigen Frühstücksangebot und nicht zuletzt am schönen kleinen Day-Spa! Für Hausgäste bietet man eine kleine Speisekarte. Gute Autobahnanbindung.

In Viernheim-Neuzenlache über A 659, Ausfahrt Viernheim-Ost

Pfeffer & Salz

Neuzenlache 10 ✉ 68519 – ✆ (06204) 7 70 33 – www.pfeffersalz.de – geschl. 1. - 15. Januar und Sonntag - Montag, Dezember: Sonntag
Menü 39/69 € – Karte 38/75 € – *(nur Abendessen)* (Tischbestellung ratsam)
Hier zieht schon allein der wunderbare Garten die Gäste an: eine richtige kleine Oase mit viel Grün und hübschem Springbrunnen! Aber auch die Küche von Gastgeber Peter Liebold kommt gut an - schmackhaft und klassisch-saisonal, dazu eine sehr gute Auswahl an französischen Weinen.

VIERSEN

Nordrhein-Westfalen – 74 910 Ew. – Höhe 40 m – Regionalatlas **25-B11**
Berlin 592 km – Düsseldorf 34 km – Krefeld 20 km – Mönchengladbach 10 km
Michelin Straßenkarte 543

In Viersen-Süchteln Nord-West: 4,5 km über A 61, Ausfahrt Süchteln

Alte Villa Ling

Hindenburgstr. 34 ✉ 41749 – ✆ (02162) 97 01 50 – www.alte-villa-ling.de – geschl. Montag, Samstagmittag
7 Zim – 85 € 130/135 € Karte 43/61 €
Thomas Teigelkamp, Gastgeber in der schönen Jugendstilvilla von 1899, ist ein Vertreter der klassischen Küche, überzeugt aber auch mit Internationalem. Wichtig: die Produkte - Rind, Zicklein und Lamm kommen aus der Region. Serviert wird in Salon, Gaststube oder Wintergarten, alle charmant! Über einen hübschen Treppenaufgang gelangt man zu den wohnlichen Gästezimmern.

VILBEL, BAD

Hessen – 32 020 Ew. – Höhe 109 m – Regionalatlas **47-F14**
Berlin 540 km – Wiesbaden 48 km – Frankfurt am Main 10 km – Gießen 55 km
Michelin Straßenkarte 543

In Bad Vilbel-Dortelweil Nord: 2 km, über Kasseler Straße und Friedberger Straße

Golfhotel Lindenhof

Lehnfurterweg 1 ✉ 61118 – ✆ (06101) 5 24 51 40 – www.golfhotel-lindenhof.de – geschl. 27. Dezember - 11. Januar
18 Zim – 90/170 € 139/398 € – 1 Suite
Toll die Lage umgeben von Natur und Golfplatz! Interessant die Architektur des Hotels mit seinen in der ersten Etage im offenen Atriumstil angelegten Zimmern. Und im Restaurant (sehr schön das helle moderne Ambiente) findet sich auf der ansprechenden Speisekarte z. B. "Medaillon vom Kalbsfilet".

VILLINGENDORF

Baden-Württemberg – 3 210 Ew. – Höhe 621 m – Regionalatlas **62-F20**
Berlin 725 km – Stuttgart 89 km – Konstanz 92 km – Rottweil 6 km
Michelin Straßenkarte 545

Gasthof Linde

Rottweiler Str. 3 ✉ 78667 – ✆ (0741) 3 18 43 – www.linde-villingendorf.de – geschl. 2. - 10. Januar, 17. - 30. August und Montag - Dienstag
Menü 33/80 € – Karte 32/53 €
Hier kommt man gerne her: Das Ambiente ist gemütlich, man wird freundlich von der Chefin umsorgt und der Patron kocht Klassiker wie Rostbraten oder Schweinebäckle. Beliebt sind auch das Fisch- oder das Tagesmenü. Und kommen Sie auch mal zu Aktionen übers Jahr wie Gewürz- oder Champagnermenü. Und eine schöne Tradition zur Adventszeit: Die gesamte Familie backt bis zu 15 Sorten leckere Plätzchen - auch zum Kaufen!

VILLINGEN-SCHWENNINGEN

Baden-Württemberg – 81 130 Ew. – Höhe 704 m – Regionalatlas **62**-F20
Berlin 734 km – Stuttgart 115 km – Freiburg im Breisgau 77 km – Konstanz 90 km
Michelin Straßenkarte 545

Im Stadtteil Villingen

Rindenmühle

Am Kneipp-Bad 9, am Kurpark ✉ 78052 – ✆ (07721) 8 86 80 – www.rindenmuehle.de
23 Zim – †78/105 € ††94/145 € – ½ P
Rindenmühle – Siehe Restaurantauswahl
Woher der Name kommt? Im 16. Jh. wurde hier zum Gerben von Leder Baumrinde gemahlen. Heute schaffen in dem engagiert geführten Hotel Stoffe, Farben und Accessoires schöne Wohnräume! Gerne zeigt der Chef den Hausgästen auch mal die Mühle!

Bären

Bärengasse 2 ✉ 78050 – ✆ (07721) 2 06 96 90 – www.hotel-baeren.biz
15 Zim – †66/75 € ††86/96 € – 1 Suite
Ein kleiner Familienbetrieb in 3. Generation, mitten in der Altstadt, in der Nähe des Bickentors! Ansprechend nicht nur die Lage, sondern auch die zeitgemäßen und praktischen Zimmer.

Rindenmühle – Hotel Rindenmühle

Am Kneipp-Bad 9, am Kurpark ✉ 78052 – ✆ (07721) 8 86 80 – www.rindenmuehle.de – geschl. Sonntag - Montag
Menü 35/70 € – Karte 32/65 €
Frisch, schmackhaft und mit Bezug zur Saison, so speist man in dem hübschen Restaurant, dessen Einrichtung modern-eleganten Stil mit regionalem Touch verbindet. Wie wär's z. B. mit dem "Badischen Menü"? Mediterranes Flair auf der Terrasse.

Im Stadtteil Schwenningen

Central

Alte Herdstr. 12, Muslen-Parkhaus ✉ 78054 – ✆ (07720) 30 30 – www.centralhotel-vs.de – geschl. 18. - 31. Dezember
63 Zim – †84 € ††94 €
Das Businesshotel mit freundlichen Zimmern und modernem Frühstücksraum ist über ein Parkhaus erreichbar. Im UG hat man einen kleinen Sauna- und Fitnessbereich. Und fürs Auge: die farbenfrohen Gemälde eines norddeutschen Künstlers!

Ochsen

Bürkstr. 59 ✉ 78054 – ✆ (07720) 83 90 – www.hotelochsen.com – geschl. Weihnachten - 6. Januar
38 Zim – †74/94 € ††99/109 € – 5 € – ½ P
Ochsenstube – Siehe Restaurantauswahl
In dem Familienbetrieb stehen individuelle, wohnliche und freundliche Zimmer für Sie bereit - Zimmer 103 ist für alle: eine "Mini-Café-Bar" als Treffpunkt. Für Sommertage hat man die Sonnenterrasse "Steg 1"!

Ochsenstube – Hotel Ochsen

Bürkstr. 59 ✉ 78054 – ✆ (07720) 83 90 – www.hotelochsen.com – geschl. Weihnachten - 6. Januar, August 3 Wochen und Sonntag - Montag

Menü 29/43 € – Karte 20/43 € – *(nur Abendessen)*

Gastronomisch bietet der "Ochsen" saisonale Küche ebenso wie Ochsen-Klassiker - nicht nur im behaglich-klassischen Restaurant, sehr schön ist es auch draußen auf der Terrasse hinterm Haus!

VILSBIBURG

Bayern – 11 310 Ew. – Höhe 449 m – Regionalatlas **59**-**N19**

Berlin 581 km – München 79 km – Regensburg 81 km – Landshut 21 km

Michelin Straßenkarte 546

Best Motel N

Fraunhoferstr. 2 ✉ 84137 – ✆ (08741) 9 26 99 90 – www.bestmotel.de – geschl. 19. - 31. Dezember

65 Zim – 74/124 € 89/139 € – 5 €

Wirklich ansprechend der geradlinig-moderne Look, funktional die Ausstattung. Im Haus befindet sich auch eine Bäckerei mit Café - hier gibt's Frühstück. Praktisch: Man hat eine Ladestation für E-Autos und E-Bikes.

In Vilsbiburg-Achldorf Süd: 2 km

Kongressissimo

Hauptstr. 2 ✉ 84137 – ✆ (08741) 96 60 – www.kongressissimo.de – geschl. 24. Dezember - 6. Januar, 15. - 28. August

42 Zim – 89/159 € 129/229 € – 2 Suiten

Komfortable und neuzeitlich-funktionale Zimmer erwarten Sie hier ebenso wie ein modernes Restaurant mit Lounge-Atmosphäre, in dem man international-saisonale Küche bietet. Für alle, die gerne draußen sitzen, hat man einen netten Biergarten.

VILSHOFEN

Bayern – 15 970 Ew. – Höhe 308 m – Regionalatlas **59**-**P19**

Berlin 585 km – München 164 km – Passau 23 km – Regensburg 101 km

Michelin Straßenkarte 546

In Vilshofen-Hundsöd West: 5 km, Richtung Alkhofen

Schlemmerhof Schmalzl N

Hundsöd 30 ✉ 94474 – ✆ (08541) 51 03 – www.schlemmerhof.de – geschl. Februar 3 Wochen und Dienstag

6 Zim – 47/55 € 74/77 € – ½ P Menü 25/49 € – Karte 15/56 €

Seit über 30 Jahren führt Gerhard Schmalzl diesen Familienbetrieb, und das schon in 3. Generation. Er kocht regional-saisonal und mit internationalem Einfluss. Business- oder Gourmetmenü? Oder lieber seine Steinofen-Fleckerl am Abend? Ländlich-rustikale Gästezimmer gibt's auch.

VISBEK

Niedersachsen – 9 420 Ew. – Höhe 46 m – Regionalatlas **17**-**F7**

Berlin 429 km – Hannover 139 km – Bremen 48 km – Oldenburg 45 km

Michelin Straßenkarte 541

Stüve

Hauptstr. 20 ✉ 49429 – ✆ (04445) 96 70 10 – www.hotel-stueve.de

25 Zim – 62/81 € 85/99 € – ½ P

Der Anbau dieses schmucken Jugendstilhauses beherbergt neuzeitliche und besonders wohnliche Gästezimmer. Etwas einfacher sind die Zimmer im Stammhaus. Helles, freundliches Restaurant mit eleganter Note.

VISSELHÖVEDE

Niedersachsen – 9 920 Ew. – Höhe 55 m – Regionalatlas **18**-**H7**

Berlin 344 km – Hannover 81 km – Hamburg 87 km – Bremen 60 km

Michelin Straßenkarte 541

In Visselhövede-Hiddingen Nord-Ost: 3 km Richtung Schneverdingen

Röhrs

Neuenkirchener Str. 1 ✉ 27374 – ✆ (04262) 9 31 80 – www.hotel-roehrs.de
35 Zim – 62/72 € 84/104 € – ½ P
Ein Gasthaus mit langer Tradition. Buchen Sie die Komfortzimmer im Gästehaus - sie verfügen über Terrasse/Balkon mit Blick ins Grüne. Im Haupthaus hat man einfachere Zimmer, in denen man günstig übernachtet. Gediegenes Restaurant - einer der Räume mit Wintergartenanbau.

VÖHL

Hessen – 5 710 Ew. – Höhe 305 m – Regionalatlas **38-G12**
Berlin 436 km – Wiesbaden 177 km – Kassel 60 km – Düsseldorf 223 km
Michelin Straßenkarte 543

In Vöhl-Oberorke Süd-West: 17 km

Freund

Sauerlandstr. 6 ✉ 34516 – ✆ (06454) 70 90 – www.hotelfreund.de
77 Zim – 75/85 € 150/170 € – 3 Suiten
Urlaubsidyll im Grünen! Schön modern hat man es in den Zimmern "Gucci", "Bugatti" und "Leonardo", umfangreich das Angebot des attraktiven Wellnessbereichs. Für Pferdefreunde: Auch ein Finnpferde-Gestüt gehört zu diesem tollen Ferienhotel.

VÖHRINGEN

Bayern – 12 980 Ew. – Höhe 499 m – Regionalatlas **64-I20**
Berlin 628 km – München 146 km – Augsburg 86 km – Kempten (Allgäu) 75 km
Michelin Straßenkarte 546

In Vöhringen-Illerberg Nord-Ost: 3 km nahe der A 7

Speisemeisterei Burgthalschenke

Untere Hauptstr. 4, Thal ✉ 89269 – ✆ (07306) 52 65 – www.burgthalschenke.de – geschl. Februar - März 1 Woche, September - Oktober 1 Woche und Montag, außer an Feiertagen
Menü 26/55 € – Karte 30/63 €
Schmackhaft und saisonal isst man in dem seit 1968 familiengeführten Restaurant - Appetit machen da z. B. Kürbiscremesuppe oder Rostbraten mit Spätzle. Im Winter sitzt man gemütlich am Kamin (ansprechend übrigens die Kunst an den Wänden), im Sommer auf der hübschen Terrasse.

VÖLKLINGEN

Saarland – 38 470 Ew. – Höhe 200 m – Regionalatlas **45-B17**
Berlin 737 km – Saarbrücken 15 km – Neunkirchen 38 km – Homburg 49 km
Michelin Straßenkarte 543

Leonardo

Kühlweinstr. 105 ✉ 66333 – ✆ (06898) 5 66 10 – www.leonardo-hotels.com
96 Zim – 59/109 € 59/109 € – 12 € – 2 Suiten
Wo einst Nonnen ihr Gemüse angebaut haben, steht heute dieses Businesshotel. Von den Zimmern bis ins lichtdurchflutete Restaurant ist es modern designt - geschickt eingebunden ein Stück Industriegeschichte: Dekorationen im Haus nehmen Bezug auf das nahe Weltkulturerbe Völklinger Hütte.

Parkhotel Albrecht

Kühlweinstr. 70 ✉ 66333 – ✆ (06898) 91 47 00 – www.parkhotel-albrecht.de
13 Zim – 85/99 € 119/135 € – 2 Suiten – ½ P
Gourmetstube – Siehe Restaurantauswahl
Das gut geführte Hotel liegt in einem 7000 qm großen Park und bietet neuzeitlich-wohnliche Zimmer, benannt nach Städten. Besonders komfortabel sind die beiden Juniorsuiten. Restaurant "Orangerie" mit Wintergarten und Terrasse - hier serviert man mediterran geprägte Küche.

XXX **Gourmetstube** – Parkhotel Albrecht

Kühlweinstr. 70 ✉ 66333 – ✆ (06898) 91 47 00 – www.parkhotel-albrecht.de – geschl. Dienstag

Menü 35/89 € – Karte 59/81 €

Macht Ihnen "kross gebratenes Wolfsbarschfilet" Appetit? Das ist nur ein Beispiel für die saisonal inspirierte Küche in der Gourmetstube, deren modern-elegantes Ambiente ebenso ansprechend ist.

VOGTSBURG im KAISERSTUHL

Baden-Württemberg – 5 810 Ew. – Höhe 218 m – Regionalatlas **61**-D20

Berlin 797 km – Stuttgart 200 km – Freiburg im Breisgau 31 km – Breisach 10 km

Michelin Straßenkarte 545

In Vogtsburg-Achkarren

Zur Krone

Schlossbergstr. 15 ✉ 79235 – ✆ (07662) 9 31 30 – www.krone-achkarren.de

23 Zim – 59/75 € 89/129 € – ½ P

Das gewachsene Gasthaus ist über 400 Jahre alt und wird seit 1919 von der Familie geführt. Man schläft in unterschiedlich geschnittenen Zimmern (teils mit Balkon) und isst gemütlich in der rustikalen Winzerstube - hier kehren auch gerne Einheimische ein! Sehr beliebt ist die günstige Mittagskarte!

In Vogtsburg-Bischoffingen

XX **Steinbuck Stube**

Talstr. 2 ✉ 79235 Vogtsburg – ✆ (07662) 91 12 10 – www.steinbuck-stube.de – geschl. Montag - Dienstag

8 Zim – 59 € 86/136 € – 1 Suite – ½ P Menü 44/58 € – Karte 37/56 €

Aufwändig restauriert ist der über 400 Jahre alte ehemalige "Rebstock" heute ein wahres Schmuckstück, dem Familie Reichmann neues Leben eingehaucht hat. Die Patronne betreut herzlich die Gäste, ihr Mann kocht leckere Klassiker wie "Kalbsrücken mit Pfifferlingen". Richtig schön übernachten kann man ebenfalls.

In Vogtsburg-Burkheim

Kreuz-Post

Landstr. 1 ✉ 79235 – ✆ (07662) 9 09 10 – www.kreuz-post.de

35 Zim – 53/95 € 80/150 € – ½ P

Wo einst die Heilig-Kreuz-Kapelle stand, befindet sich dieser gewachsene Gasthof, Familienbetrieb in der 7. Generation. Besonders ansprechend sind die Gartenzimmer mit Terrasse. Die badische Küche lassen Sie sich im Sommer am besten im angenehmen Innenhof servieren.

In Vogtsburg-Oberbergen

XXX **Schwarzer Adler**

Badbergstr. 23 ✉ 79235 – ✆ (07662) 93 30 10 – www.schwarzeradler.eu – geschl. Februar und Mittwoch - Freitagmittag

14 Zim – 110/120 € 150/160 €

Menü 86/112 € – Karte 83/106 € – (Tischbestellung ratsam)

Elegant und gleichzeitig traditionell-badisch, so kommt der Gasthof der Familie Keller daher, und dazu passt die klassische Küche ganz vortrefflich. Seit Jahrzehnten Winzer, bieten die engagierten Betreiber eine Weinauswahl, die mit über 2600 Positionen und fairen Preisen wirklich Freude macht! Am besten bleiben Sie über Nacht, die Zimmer sind richtig stilvoll.

→ Wolfsbarsch auf der Haut gebraten mit Kalamansisauce und Hummus. Getrüffelte Poularde aus dem Ofen. Brust von der Anjou-Taube mit Portweinsauce und Gnocchi.

KellerWirtschaft

Badbergstr. 44, 1. Etage ✉ 79235 – ✆ (07662) 93 30 80 – www.franz-keller.de – geschl. Februar und Montag - Mittwoch außer an Feiertagen
Menü 64 € – Karte 41/78 €
Wirklich schön, was Winzer und Sterne-Gastronom Fritz Keller hier geschaffen hat: Terrassenförmig ist das neue Weingut in den Hang gebaut, mit Blick in den Weinkeller speist man in puristischem Ambiente an blanken Tischen (durchgehend von 12 - 22 Uhr). Auf der Karte z. B. "Rücken und Würstle vom Hirsch".

Winzerhaus Rebstock

Badbergstr. 22 ✉ 79235 – ✆ (07662) 93 30 11 – www.franz-keller.de – geschl. Januar und Montag - Dienstag, außer an Feiertagen
Menü 32 € – Karte 29/41 €
In dem liebenswerten alten Wirtshaus gegenüber dem "Schwarzen Adler" - ebenfalls unter der Leitung von Familie Keller - isst man regional, von Badischen Tapas bis zum Flammkuchen. Die Terrasse im Innenhof ist wirklich reizend.

VOLKACH

Bayern – 8 670 Ew. – Höhe 203 m – Regionalatlas **49**-I15
Berlin 466 km – München 269 km – Würzburg 28 km – Bamberg 64 km
Michelin Straßenkarte 546

Zur Schwane

Hauptstr. 12 ✉ 97332 – ✆ (09381) 8 06 60 – www.schwane.de – geschl. 21. - 29. Dezember
35 Zim – 95/130 € 159/175 € – 2 Suiten – ½ P
Zur Schwane – Siehe Restaurantauswahl
Sie finden das a. d. 15. Jh. stammende Gasthaus in der Altstadt. Nicht nur gepflegte, unterschiedlich eingerichtete Zimmer gibt es hier, gleich beim Empfang hat man eine Vinothek - der eigene Wein kommt aus dem Keller direkt unterm Hotel.

Vier Jahreszeiten

Hauptstr. 31 ✉ 97332 – ✆ (09381) 8 48 40 – www.vier-jahreszeiten-volkach.de – geschl. 18. Dezember - 17. Januar
20 Zim – 80/105 € 115/165 € – 2 Suiten
Schöne hohe Räume, Antiquitäten, eleganter Stil... So kommt das schmucke Haus von 1605 daher. Die Zimmer sind ganz individuell - wie wär's mit Himmelbett oder Kassettendecke? Oder das geräumige "Atelier" mit offenem Dachgebälk und Kamin?

Am Torturm

Hauptstr. 41 ✉ 97332 – ✆ (09381) 8 06 70 – www.hotel-am-torturm.de
21 Zim – 70/100 € 100/125 €
Die freundliche Betreiberin bietet in dem kleinen Hotel am Torturm komfortable und sehr gepflegte Zimmer, darunter auch größere Familienzimmer. Im Sommer frühstückt man schön im Innenhof.

Rose

Oberer Markt 7 ✉ 97332 – ✆ (09381) 84 00 – www.rose-volkach.de
29 Zim – 65/89 € 96/128 € – 1 Suite – ½ P
Der gepflegte Familienbetrieb nahe dem Altstadtkern ist u. a. bei Radfahrern beliebt, die die Landschaft um die Mainschleife erkunden möchten. Stärken können Sie sich an Sommermorgenden beim Frühstück auf der Terrasse, später speist man in regionstypisch-gemütlichen Gasträumen. Probieren Sie den eigenen Wein!

Behringer

Marktplatz 5 ✉ 97332 – ✆ (09381) 81 40 – www.hotel-behringer.de
16 Zim – 65/75 € 98/115 € – ½ P
Das schöne jahrhundertealte Fachwerkhaus mit seinem "Hinterhöfle" a. d. 17. Jh. ist seit 1928 im Familienbesitz - die Zimmer hier haben richtig Charme! Und wenn Sie zum Essen kommen: In den Marktblickstuben, der rustikalen Gaststube sowie im Wintergarten oder im Biergarten im Hof serviert man Regionales.

Zur Schwane – Hotel Zur Schwane

Hauptstr. 12 ✉ 97332 – ✆ (09381) 8 06 60
– www.schwane.de – geschl. 21. - 29. Dezember und Montagmittag
Menü 40/79 € – Karte 33/55 €
Schon die frische gelbe Fassade des Gasthofs spricht einen an, und bei den urigen Stuben drinnen (hübsch der alte Ofen) sieht es nicht anders aus! Im Sommer könnte es im Innenhof kaum gemütlicher sein. Mittags kleinere Tageskarte.

VREDEN

Nordrhein-Westfalen – 22 390 Ew. – Höhe 32 m – Regionalatlas **26-C9**
Berlin 537 km – Düsseldorf 116 km – Nordhorn 66 km – Bocholt 33 km
Michelin Straßenkarte 543

Am Kring N

Kring 6 ✉ 48691 – ✆ (02564) 9 30 80
– www.amkring.de – geschl. Mitte Juli - Mitte August
14 Zim – 49/65 € 82/96 €
Büschker's Stuben • ***Clemens*** – Siehe Restaurantauswahl
Der gewachsene Gasthof der Familie Winkelhorst ist Teil eines über 600 Jahre alten denkmalgeschützten Dorfkringes. Die Betreiber engagiert und herzlich, die Zimmer gemütlich und funktional, sehr gut das am Tisch servierte Frühstück!

Clemens N

Kring 6 ✉ 48691 – ✆ (02564) 9 30 80
– www.amkring.de – geschl. Mitte Juli - Mitte August und Montag - Donnerstag
Menü 50/90 € – *(nur Abendessen)*
Dies ist die Gourmet-Variante der Winkelhorst-Gastronomie. Juniorchef Christoph führt hier Regie und bietet eine ambitionierte und kreative internationale Küche, aufmerksam und freundlich der Service.

Büschker's Stuben N

Kring 6 ✉ 48691 – ✆ (02564) 9 30 80
– www.amkring.de – geschl. Mitte Juli - Mitte August und Montag
Karte 24/42 € – *(Dienstag - Samstag nur Abendessen)*
Sie haben die Wahl zwischen der rustikalen Gaststube und dem gemütlichen Kaminzimmer (wohltuend das Herdfeuer an kalten Tagen!). Es gibt traditionelle Küche und Internationales, vom Münsterländer Zwiebelfleisch bis zum Wiener Schnitzel.

WAAKIRCHEN-MARIENSTEIN

Bayern – 5 580 Ew. – Regionalatlas **66-M21**
Berlin 638 km – München 51 km – Innsbruck 104 km – Kufstein 70 km
Michelin Straßenkarte 546

Margarethenhof

Gut Steinberg 1 ✉ 83666 – ✆ (08022) 7 50 60
– www.margarethenhof.com – geschl. 20. Dezember - 31. Januar
16 Zim – 165/640 € 200/640 € – 19 Suiten – ½ P
Steinberg – Siehe Restaurantauswahl
Wie fern Ihr Alltag ist, merken Sie, wenn Sie den Blick über Wiesen, Wald und das Grün des Golfplatzes schweifen lassen, wenn Sie bei Massage und Beautyprogramm relaxen, wenn Sie in wohnlichen Zimmern zur Ruhe kommen... Fragen Sie nach den neueren Zimmern - hier ein schicker Mix aus modern und ländlich!

XX **Steinberg** – Hotel Margarethenhof

Gut Steinberg 1 ✉ 83666 – ✆ (08022) 7 50 63 10 – www.margarethenhof.com – geschl. 20. Dezember - 31. Januar
Menü 59 € – Karte 28/47 €
Wie könnte man einen Tag auf dem Golfplatz des Hotels besser ausklingen lassen als bei ambitionierter Regionalküche? Die kommt z. B. als "Entenbrust mit Chicorée, Rosenkohl und Röstzwiebelpüree" auf den Tisch. Mittags reduziertes, einfacheres Angebot.

WACHENHEIM

Rheinland-Pfalz – 4 680 Ew. – Höhe 141 m – Regionalatlas **47-E16**
Berlin 641 km – Mainz 86 km – Mannheim 27 km – Kaiserslautern 35 km
Michelin Straßenkarte 543

Rieslinghof

Weinstr. 86 ✉ 67157 – ✆ (06322) 9 89 89 20 – www.rieslinghof.com
6 Zim – 70/80 € 98/110 €
Im ehemaligen Pferdestall des Weinguts hat man Altes und Neues gelungen verbunden - stilvoll und wertig. Als Begrüßungspräsent gibt's Wasser und eine Flasche eigenen Wein. Eine nette familiäre Adresse! Gewölbe-Saal für Tagungen und Feiern.

In Gönnheim Ost: 4,5 km über Friedelsheim

X **Zum Lamm**

Bismarckstr. 21 ✉ 67161 – ✆ (06322) 9 52 90 – www.restaurant-zum-lamm.de – geschl. Februar 3 Wochen und Dienstag - Mittwoch
9 Zim – 64/69 € 79 € – ½ P
Menü 38/84 € – Karte 27/64 € – *(nur Abendessen)*
In dem hübschen alten Gasthaus bekommen Sie regionale und internationale Küche, die in schönen gemütlichen Stuben (es gibt auch einen Bereich für Raucher) und auf der Terrasse im Innenhof serviert wird. Sie möchten übernachten? Man hat auch sehr gepflegte Zimmer.

WACHENROTH

Bayern – 2 130 Ew. – Höhe 285 m – Regionalatlas **50-K16**
Berlin 439 km – München 218 km – Ansbach 67 km – Bayreuth 99 km

In Wachenroth-Weingartsgreuth Süd-Ost: 3 km

X **Landgasthof Weichlein**

Weingartsgreuth 20 ✉ 96193 – ✆ (09548) 3 49 – www.gasthofweichlein.de – geschl. 25. August - 16. September und Montag
15 Zim – 50/65 € 70/88 €
Menü 30/65 € – Karte 22/49 € – *(Dienstag - Freitag nur Abendessen)*
Seit 1784 sorgt Familie Weichlein hier für fränkische Gastlichkeit. In gemütlichen Stuben gibt es Klassiker wie "Saure Zipfel", aber auch eine saisonale Tageskarte, auf der es z. B. mit "Hirsch unter der Lebkuchenkruste" mitunter etwas moderner zugeht. Übernachten können Sie auch: einfacher oder komfortabler.

WACHTBERG

Nordrhein-Westfalen – 19 830 Ew. – Höhe 200 m – Regionalatlas **36-C13**
Berlin 609 km – Düsseldorf 99 km – Bonn 17 km – Koblenz 67 km
Michelin Straßenkarte 543

In Wachtberg-Adendorf West: 6 km Richtung Meckenheim

XXX **Kräutergarten**

Töpferstr. 30 ✉ 53343 – ✆ (02225) 75 78 – www.gasthaus-kraeutergarten.de – geschl. Sonntagabend - Montag
Menü 48/60 € – Karte 52/75 € – *(nur Abendessen, sonntags auch Mittagessen)* (Tischbestellung ratsam)
Ein familiengeführtes Restaurant mit ambitionierter internationaler Küche auf klassischer Basis. Mediterrane Farben und moderne Accessoires schaffen ein angenehm helles, freundliches Ambiente.

WACKERSBERG

Bayern – 3 440 Ew. – Höhe 735 m – Regionalatlas **65**-L21
Berlin 648 km – München 56 km – Garmisch-Partenkirchen 56 km
Michelin Straßenkarte 546

In Wackersberg-Arzbach Süd: 3 km

Benediktenhof

Alpenbadstr. 16 ✉ 83646 – ✆ (08042) 9 14 70 – www.benediktenhof.de – geschl. November 2 Wochen

11 Zim – †63/80 € ††96/174 € – 4 Suiten

Was für ein schönes, sympathisches Haus! Äußerst reizend der ländliche Charakter, herzlich die Gastgeberfamilie. Hier ist Wohlfühlen angesagt - vom hochwertigen Bio-Frühstück bis zu Kosmetik und Massage. Wie wär's mit der großen Familien-Suite im neuen Chalet? Der Chef ist Schreiner und das sieht man auch!

Außerhalb Nord-West: 5 km Richtung Bad Tölz West, jenseits der B 472

Tölzer Schießstätte N

Kiefersau 138, Zufahrt über Hans-Zantl-Weg ✉ 83646 Wackersberg – ✆ (08041) 35 45 – www.toelzer-schiessstaette.de – geschl. über Weihnachten, über Pfingsten 2 Wochen, Ende August - September 1 Woche, Anfang November 1 Woche und Sonntagabend - Montag, Donnerstag

Karte 24/40 € – (Tischbestellung ratsam)

Seit vielen Jahren bieten Michaela und Andreas Hager in der Schießstätte der Tölzer Schützen ihre bodenständige bayerisch-saisonale Küche - da schmeckt "Spinatnockerl mit Pfifferlingen" ebenso wie "Schweinsbraten mit Krautsalat und Knödel". Hier geht es lebendig zu, charmant der Service.

WÄSCHENBEUREN

Baden-Württemberg – 3 840 Ew. – Höhe 408 m – Regionalatlas **55**-H18
Berlin 598 km – Stuttgart 53 km – Göppingen 10 km – Schwäbisch Gmünd 16 km
Michelin Straßenkarte 545

In Wäschenbeuren-Wäscherhof Nord-Ost: 1,5 km

Zum Wäscherschloss

Wäscherhof 2 ✉ 73116 – ✆ (07172) 73 70 – www.gasthofwaescherschloss.de – geschl. August und Montag - Donnerstag

11 Zim – †55/80 € ††110/120 € – ½ P Karte 32/50 €

So behaglich das charmante Anwesen (Familienbetrieb in der 5. Generation!) von außen wirkt, ist es auch drinnen: sowohl in den gemütlichen Stuben (hier isst man zeitgemäß-regional) als auch in den Gästezimmern mit ihrem liebenswerten Landhausflair! Tipp: Schön geräumig sind die drei DZ im Gästehaus!

WAGING am SEE

Bayern – 6 510 Ew. – Höhe 465 m – Regionalatlas **67**-O21
Berlin 679 km – München 124 km – Bad Reichenhall 47 km – Traunstein 12 km
Michelin Straßenkarte 546

Landhaus Tanner

Aglassing 1 ✉ 83329 – ✆ (08681) 6 97 50 – www.landhaustanner.de – geschl. Oktober - März: Dienstag

9 Zim – †72/79 € ††118/144 € – 2 Suiten – ½ P

Menü 18 € (mittags unter der Woche)/35 € – Karte 22/54 €

Sie sitzen im gemütlich-ländlichen Restaurant mit Kachelofen oder auf der hübschen begrünten Terrasse, die gute saisonal-regionale Küche gibt's hier wie dort, so z. B. "Tachinger Lachsforellenfilet mit Eigelb, Topinamburpüree und grünem Spargel". Zum Übernachten: charmante Zimmer und komfortable Appartements.

WAIBLINGEN

Baden-Württemberg – 52 850 Ew. – Höhe 230 m – Regionalatlas **55-H18**
Berlin 609 km – Stuttgart 19 km – Schwäbisch Gmünd 42 km – Schwäbisch Hall 57 km
Michelin Straßenkarte 545

Bachofer

Am Marktplatz 6 ✉ 71332 – ✆ (07151) 97 64 30 – www.bachofer.info – geschl. Januar 1 Woche, Mitte Mai 2 Wochen und Samstagmittag, Sonntag - Montag sowie an Feiertagen
Menü 29 € (mittags)/110 € – Karte 58/89 €
Bernd Bachofer hat eine Leidenschaft für die Küche Asiens, und die kombiniert er gelungen mit klassischen Elementen. Und was passt besser zu kreativen Menüs (mit bis zu 10 Gängen) als ein modern designtes Interieur samt schicker Ess-Bar? Es gibt auch ein vegetarisches Menü und "Barfood-Gerichte".
➜ Sushi in 4 Gängen. Dorade Royal mit Sauerbratenravioli, Pulpo-Gröstel mit Liebstöckelschaum und Trockentomaten. Japanisches Knusperlamm in Teriyaki, geschmorte Keule, Erbsentapioka, Spargel, Ingwertaler.

In Waiblingen-Beinstein Ost: 4 km

Brunnenstuben

Quellenstr. 14 ✉ 71332 – ✆ (07151) 9 44 12 27 – www.brunnenstuben.de – geschl. Dienstag, Samstagmittag
Menü 30 € – Karte 28/48 €
Lassen Sie sich nicht täuschen vom etwas unscheinbaren Äußeren des Gebäudes, denn hier isst man richtig gut! Bei Petra und Thorsten Beyer (sie leitet die Küche, er managt freundlich und geschult den Service) gibt es sehr schmackhafte schwäbische Speisen - fast schon Pflicht ist da der Zwiebelrostbraten!

WAISCHENFELD

Bayern – 3 110 Ew. – Höhe 372 m – Regionalatlas **50-L15**
Berlin 391 km – München 228 km – Coburg 73 km – Bayreuth 26 km
Michelin Straßenkarte 546

Im Wiesenttal an der Straße nach Behringersmühle

Café-Pension Krems

Heroldsberg Tal 17, Süd-West: 3 km ✉ 91344 Waischenfeld – ✆ (09202) 2 45 – www.pension-krems.de – geschl. 25. November - 20. Dezember
14 Zim – 30/35 € 56/60 € – ½ P
In einem malerischen Tal liegt die gut geführte Pension ruhig an Wald, Wiesen und Wasser. Die Zimmer sind nett und sehr gepflegt. Probieren Sie den Kuchen - er ist natürlich selbst gebacken!

WALDBREITBACH

Rheinland-Pfalz – 1 860 Ew. – Höhe 140 m – Regionalatlas **36-D13**
Berlin 614 km – Mainz 135 km – Bonn 42 km – Koblenz 37 km
Michelin Straßenkarte 543

Zur Post

Neuwieder Str. 44 ✉ 56588 – ✆ (02638) 92 60 – www.hotelzurpost.de
43 Zim – 58/80 € 106/142 € – 1 Suite – ½ P
Das persönlich geführte Hotel ist aus einem Gasthof von 1777 gewachsen. Die Zimmer sind neuzeitlich und wohnlich, geräumiger sind die Deluxe-Zimmer. Poststube, Weinstube und die moderne Wiedtalstube im Wintergartenstil bilden das Restaurant. Im UG: gemütliche Zeip Bar.

WALDBRONN

Baden-Württemberg – 12 160 Ew. – Höhe 261 m – Regionalatlas **54-F18**
Berlin 683 km – Stuttgart 71 km – Karlsruhe 15 km – Pforzheim 22 km
Michelin Straßenkarte 545

In Waldbronn-Reichenbach

Schwitzer's Hotel am Park
Etzenroter Str. 4 ✉ 76337 – ✆ (07243) 35 48 50
– www.schwitzers-hotel-am-park.com
20 Zim – 110/200 € 145/255 € – 10 € – 1 Suite
Schwitzer's am Park – Siehe Restaurantauswahl
Direkt am Park liegt das beeindruckende Hotel der Familie Schwitzer. Überall hochwertige Materialien, die Zimmer geräumig, chic, technisch up to date. Turm- oder Parkzimmer? Letztere mit Blick ins Grüne! Für Hotelgäste freier Eintritt in die Albtherme.

Weinhaus Steppe
Neubrunnenschlag 18 ✉ 76337 – ✆ (07243) 56 56 0 – www.weinhaus-steppe.de
28 Zim – 73/110 € 98/135 € – 2 Suiten – ½ P
Die Gästezimmer in dem gewachsenen familiengeführten Hotel am Ortsrand sind recht unterschiedlich geschnitten und eingerichtet, von schlicht-rustikal bis ganz modern. Gemütlich-rustikal ist das Restaurant Weinstube.

Schwitzer's am Park
Etzenroter Str. 4 ✉ 76337 – ✆ (07243) 35 48 50
– www.schwitzers-hotel-am-park.com
Menü 39 € (mittags)/105 € – Karte 43/92 €
Cédric und Stephanie Schwitzer haben hier ein schönes, elegant gestaltetes Restaurant. Er kocht, sie kümmert sich um die Gäste. Hervorragende Produkte werden gekonnt in Szene gesetzt! Tipp: das Mittagsmenü.
→ Tatar vom Simmentaler Rind mit Salicornes, Aloe Vera und Pommery Senf. Poelierter Steinbutt mit Erbsen-Minzeis, Verjus und Fèves. Riegel von Brombeeren und Pistazien mit Blaubeermacarons und Himbeersorbet.

WALDECK

Hessen – 6 870 Ew. – Höhe 404 m – Regionalatlas **38-G12**
Berlin 436 km – Wiesbaden 201 km – Kassel 54 km – Korbach 23 km
Michelin Straßenkarte 543

Schloss Waldeck
Schloss Waldeck 1 ✉ 34513 – ✆ (05623) 58 90 – www.hotel-schloss-waldeck.de
42 Zim – 128/230 € 158/286 € – ½ P
Toll liegt die einstige Burganlage a. d. 11. Jh. auf einer Bergkuppe oberhalb des Edersees! Doch es gibt noch mehr Schönes: die Lobby in einem mächtigen Natursteingewölbe, "Teatime" im stilvoll-modernen Kaminzimmer, Burgmuseum, Standesamt, Beauty... Im Sommer sitzt man wunderbar auf den Restaurantterrassen, da kommt man auch gerne mit der Bergbahn vom See hier hinauf!

Roggenland
Schlossstr. 11 ✉ 34513 – ✆ (05623) 99 88 – www.roggenland.de – geschl. 18. - 27. Dezember
59 Zim – 82/105 € 120/153 € – 1 Suite – ½ P
Der Familienbetrieb befindet sich in der Nähe des Edersees. Fragen Sie nach den neueren, modernen Zimmern, von den "Deluxe" hat man Schlossblick! Massage- und Kosmetikangebot, nette Bar sowie Restaurant mit bürgerlicher Karte.

Im Ortsteil Nieder-Werbe West: 8 km

Werbetal
Uferstr. 28 ✉ 34513 – ✆ (05634) 9 79 60 – www.hotel-werbetal.de – geschl. 2. Januar - 1. März
29 Zim – 67/81 € 110/138 € – ½ P
Nahe am Seeufer steht dieses familiengeführte Hotel, das bereits seit 1866 als Gasthaus existiert. Die Zimmer sind z. T. recht geräumig, einige mit Balkon, rustikal das Restaurant mit großen Fenstern zum See. Auch ein Spielzimmer für Kinder ist vorhanden.

WALDENBUCH

Baden-Württemberg – 8 480 Ew. – Höhe 362 m – Regionalatlas **55-G19**
Berlin 662 km – Stuttgart 25 km – Tübingen 20 km – Ulm (Donau) 94 km
Michelin Straßenkarte 545

Gasthof Krone (Patrick Giboin)

Nürtinger Str. 14 ✉ 71111 – ✆ (07157) 40 88 49 – www.krone-waldenbuch.de – geschl. Anfang Januar 1 Woche, über Fasching 1 Woche, Ende August 2 Wochen und Montag

Menü 52 € (vegetarisch)/72 € – Karte 48/61 €

Mit Matthias Gugeler und Patrick Giboin hat der schöne 500 Jahre alte Gasthof überaus engagierte Betreiber - letzterer beweist das auch eindrucksvoll mit seiner klassischen Küche: top die Produkte und die Verarbeitung, gelungen die Präsentation! Haben Sie die alte Tischplatte im Eingangsbereich gesehen? Hier hat sich im 18. Jh vielleicht sogar Goethe verewigt!

→ Lauwarmer Kalbskopf mit Linsen, gebackenem Bries und Calamaretti. Tranche vom Steinbutt mit Perlgraupenrisotto, Bärlauchsauce und Spargel. Carré und Schulter vom Lamm mit Bulgur, Ziegenfrischkäseschaum und Datteln.

WALDENBURG

Baden-Württemberg – 2 920 Ew. – Höhe 506 m – Regionalatlas **55-H17**
Berlin 558 km – Stuttgart 88 km – Heilbronn 42 km – Schwäbisch Hall 19 km
Michelin Straßenkarte 545

Panoramahotel Waldenburg

Hauptstr. 84 ✉ 74638 – ✆ (07942) 9 10 00 – www.panoramahotel-waldenburg.de

65 Zim – 100/110 € 140/150 € – 4 Suiten – ½ P

Ein Businesshotel - gut geführt, praktisch, inklusive Traumblick auf die Hohenloher Ebene! Die Zimmer sind individuell und farblich teils recht prägnant, einige auch allergikergeeignet. Dazu ein moderner Saunabereich, ein frisches, helles Restaurant mit internationaler Küche und ein kleines Bistro.

Villa Blum

Haller Str. 12 ✉ 74638 – ✆ (07942) 9 43 70 – www.villa-blum.de

9 Zim – 89/95 € 125/135 €

Wenn Sie eines der geschmackvollen Zimmer ergattern möchten, sollten Sie zeitig buchen, denn der Charme der hübschen alten Villa und das Engagement der Familie Philipps haben sich rumgesprochen! Das Frühstück ist wirklich gut, W-Lan und Minibar sind gratis, im Frühling blüht und duftet der Garten...

Bergfried

Hauptstr. 30 ✉ 74638 – ✆ (07942) 9 14 00 – www.hotel-bergfried.com

15 Zim – 55/65 € 80/90 €

Ein gepflegtes kleines Hotel, das direkt an den Staufferturm gebaut ist, den höchsten Aussichtsturm des Hohenloher Landes. In den Zimmern: moderne, individuelle Bäder. Dazu das Restaurant und die Weinlauben-Terrasse mit schöner Aussicht.

WALDESCH

Rheinland-Pfalz – 2 230 Ew. – Höhe 297 m – Regionalatlas **36-D14**
Berlin 603 km – Mainz 88 km – Koblenz 12 km – Bingen 56 km
Michelin Straßenkarte 543

Rosenhof

Hübingerweg 10 ✉ 56323 – ✆ (02628) 9 60 90 – www.hotel-rosenhof-waldesch.de – geschl. 1. - 28. Januar

8 Zim – 49/55 € 82/88 € – ½ P

Der kleine Familienbetrieb liegt ruhig in einer Wohngegend und bietet seinen Gästen tipptopp gepflegte und funktionell eingerichtete Zimmer mit Balkon. Das Restaurant ist in rustikalem Stil gehalten.

WALDKIRCH

Baden-Württemberg – 21 150 Ew. – Höhe 274 m – Regionalatlas **61**-**D20**
Berlin 778 km – Stuttgart 204 km – Freiburg im Breisgau 26 km – Offenburg 62 km
Michelin Straßenkarte 545

Zum Storchen

Lange Str. 24, Zufahrt über Runzweg ✉ 79183 – ✆ (07681) 4 74 95 90 – www.zum-storchen-waldkirch.de
28 Zim – 75/85 € 95/110 € – ½ P
Zum Storchen – Siehe Restaurantauswahl
Nach ökologischen Aspekten designt: wohnlich, modern und hochwertig. Wer's gerne geräumiger hat, bucht ein Deluxe-Zimmer oder eine Suite. Sehr nett: Saunabereich und Dachterrasse. Schön: Frühstücken mit Blick über die Dächer von Waldkirch!

Zum Storchen – Hotel Zum Storchen

Lange Str. 24, Zufahrt über Runzweg ✉ 79183 – ✆ (07681) 474 95 90 – www.storchen-waldkirch.de – geschl. Sonntag
Menü 44/49 € – Karte 27/53 €
Hinter der nahezu original erhaltenen historischen Fassade sitzt man schön in behaglichen Räumen bei regional-internationaler Küche. Appetit macht da z. B. "Zweierlei vom Schwein mit Frühlingsgemüse und Polenta".

In Waldkirch-Buchholz Süd-West: 4 km über B 294

Hirschen-Stube - Gästehaus Gehri

Schwarzwaldstr. 45 ✉ 79183 – ✆ (07681) 47 77 70 – www.hirschenstube.de
24 Zim – 60/70 € 85/100 € – 1 Suite – ½ P
Hirschenstube – Siehe Restaurantauswahl
Das Gästehaus Gehri ist sehr gut geführt, man verbessert stetig hier und da und alles ist tipptopp gepflegt! Die Zimmer sind wohnlich und funktional, viele haben einen Balkon. Außerdem ist es hier dank der etwas zurückversetzten Lage schön ruhig.

Hirschenstube – Hirschen-Stube - Gästehaus Gehri

Schwarzwaldstr. 45 ✉ 79183 – ✆ (07681) 47 77 70 – www.hirschenstube.de – geschl. Februar 2 Wochen, August 3 Wochen und Sonntag - Montag
Menü 25/100 € – Karte 22/59 €
Frische Gerichte, freundlicher Service in Tracht und familiäre Atmosphäre... Da mischt man sich doch gerne unter die vielen Stammgäste und lässt sich regional, saisonal und auch international geprägte Speisen servieren. Wie wär's z. B. mit Rahmschnitzel vom Kalb oder pochiertem Zanderfilet?

WALDKIRCHEN

Bayern – 10 250 Ew. – Höhe 573 m – Regionalatlas **60**-**Q18**
Berlin 542 km – München 206 km – Passau 26 km – Freyung 19 km
Michelin Straßenkarte 546

Johanns

Marktplatz 24, 2. Etage im Modehaus Garhammer ✉ 94065 – ✆ (08581) 2 08 20 00 – www.restaurant-johanns.de – geschl. Sonntag sowie an Feiertagen
Menü 29 € (mittags)/79 € – Karte 36/56 € – (abends Tischbestellung ratsam)
"Gutes ganz oben" - im wahrsten Sinne, denn hier im 2. Stock des exklusiven Modehauses bieten Michael Simon Reis und sein Team eine interessante Küche: "Innovation und Tradition" nennt sie sich. Dazu attraktives modern-puristisches Interieur und eine Terrasse mit Sicht auf den Bayerischen Wald!
→ In Gewürzbutter gegarter Waller mit Zuckererbsen, Morcheln und lauwarmem Dotter. Poltinger Lamm mit Poveraden, Topinambur und eingelegten Blasenkirschen. Geschmorter Bluthabarber mit Himbeeren, Waldmeistereis und Molke.

WALD-MICHELBACH

Hessen – 10 430 Ew. – Höhe 346 m – Regionalatlas **48-G16**
Berlin 599 km – Wiesbaden 101 km – Mannheim 56 km – Darmstadt 61 km
Michelin Straßenkarte 543

Auf der Kreidacher Höhe West: 3 km Richtung Weinheim

Kreidacher Höhe

Kreidacher Höhe 1 ✉ 69483 Wald-Michelbach – ✆ (06207) 9 22 20 – www.kreidacher-hoehe.de
34 Zim – 65/85 € 105/130 € – ½ P
Ruhig liegt das Hotel auf einer Anhöhe in waldreicher Umgebung - nebenan befindet sich die Sommerrodelbahn. Man bietet funktionelle Zimmer, die nach Süden verfügen über einen Balkon. Vom Restaurant hat man z. T. eine schöne Sicht auf die Region. Biergarten mit Vesperkarte.

WALDSASSEN

Bayern – 6 730 Ew. – Höhe 477 m – Regionalatlas **51-N15**
Berlin 370 km – München 311 km – Weiden in der Oberpfalz 43 km – Bayreuth 77 km
Michelin Straßenkarte 546

Bayerischer Hof

Bahnhofstr. 15 ✉ 95652 – ✆ (09632) 92 31 30 – www.bayerischerhof-waldsassen.de – geschl. April 1 Woche, November 1 Woche
14 Zim – 41/51 € 66 € – ½ P
Schon seit drei Generationen ist der 1906 eröffnete Gasthof mit dem hübsch geschwungenen Giebel in der Hand der Familie Sperber. Tipp: Die wohnlicheren Zimmer sind die im 2. Stock! Behaglich auch das rustikale Restaurant. Schauen Sie sich die prächtige Basilika im Ort an!

WALDSEE, BAD

Baden-Württemberg – 19 600 Ew. – Höhe 588 m – Regionalatlas **63-H21**
Berlin 676 km – Stuttgart 154 km – Konstanz 61 km – Ulm (Donau) 66 km
Michelin Straßenkarte 545

Waldsee Golf-Resort

Hopfenweiler, Nord-Ost: 3 km ✉ 88339 – ✆ (07524) 4 01 70 – www.waldsee-golf.de
40 Zim – 79/119 € 129/178 € – ½ P
Diese Adresse wird natürlich vor allem von Golfern geschätzt, denn das moderne Hotel ist in eine Golfanlage eingebettet! Und auch wohnen lässt es sich schön dank neuzeitlicher Zimmer mit gutem Komfort.

Grüner Baum & Altes Tor

Hauptstr. 34 ✉ 88339 – ✆ (07524) 9 79 00 – www.baum-leben.de
49 Zim – 59/95 € 91/125 € – ½ P
Richtig charmant ist das Gasthaus direkt am Rathausplatz (schön hier im Sommer die Terrasse!): Es ist gepflegt, wird gut geführt und hat gemütliche, individuelle Zimmer, verteilt auf Haupthaus und "Altes Tor" (ca. 80 m entfernt). Tipp: nach altem Hausrezept gebrautes Bier der ehemaligen Brauerei von 1769!

Kreuz

Mattenhaus 3 ✉ 88339 – ✆ (07524) 9 75 70 – www.hotel-kreuz.de – geschl. 20. Dezember - 18. Januar
21 Zim – 56/75 € 82/98 € – ½ P
Für alle, die es modern mögen, gibt es in dem Gasthof a. d. 15. Jh. besonders schicke neuere Zimmer, die klare Linien und warmes Holz schön verbinden - teilweise haben sie Zugang zur Blumenwiese hinterm Haus! Alternativ hat man einfachere und günstigere Zimmer. Im Restaurant serviert man regionale Klassiker.

Gasthof Kreuz

Gut-Betha-Platz 1 ✉ 88339 – ✆ (07524) 39 27 – www.kreuz-gasthof.de – geschl. 15. Februar - 2. März und Sonntagabend - Dienstagmittag
6 Zim – 🚹49/59 € 🚹🚹69/79 € – ☕ 5 € – ½ P Menü 25/33 € – Karte 19/45 €
Ein sympathischer Gasthof bei der Kirche, in dem man in gemütlicher Atmosphäre regional isst - im Sommer sitzt man gerne im Freien vor dem Haus. Für Übernachtungsgäste stehen einfache, aber gepflegte und freundliche Zimmer zur Verfügung.

In Bad Waldsee-Gaisbeuren Süd-West: 4 km über B 30

Adler

Bundesstr. 15, B 30 ✉ 88339 – ✆ (07524) 99 80 – www.hotel-gasthaus-adler.de – geschl. 4. - 18. Februar
31 Zim ☕ – 🚹68/77 € 🚹🚹92/105 € – ½ P
Adler – Siehe Restaurantauswahl
Ein 500 Jahre altes Gasthaus, das zu einem Hotel mit funktionalen und recht geräumigen Zimmern gewachsen ist. In verschiedenen Seminarräumen lässt es sich auch gut tagen.

Adler – Hotel Adler

Bundesstr. 15, B 30 ✉ 88339 – ✆ (07524) 99 80 – www.hotel-gasthaus-adler.de – geschl. 4. - 18. Februar und Donnerstag
Karte 20/38 €
Was in den gemütlichen Stuben auf den Tisch kommt, ist bürgerliche Regionalküche, zu der selbstgemachte Maultaschen ebenso gehören wie Wild aus eigener Jagd. Hinterm Haus ein lauschiger Biergarten! Es gibt auch selbstgebrannten Schnaps.

WALDSHUT-TIENGEN

Baden-Württemberg – 22 810 Ew. – Höhe 341 m – Regionalatlas **62**-E21
▶ Berlin 793 km – Stuttgart 180 km – Freiburg im Breisgau 75 km – Donaueschingen 57 km
Michelin Straßenkarte 545

Im Stadtteil Waldshut

Waldshuter Hof

Kaiserstr. 56, 1. Etage ✉ 79761 – ✆ (07751) 8 75 10 – www.waldshuter-hof.de
23 Zim ☕ – 🚹70 € 🚹🚹115 € – ½ P
In dem Hotel in der Altstadt, mitten in der Fußgängerzone, gibt es nicht nur funktionell und zeitgemäß ausgestattete Zimmer, man kann hier auch gut essen! Das Restaurant im 1. Stock ist bekannt für ambitionierte internationale Küche.

Im Stadtteil Tiengen

Bercher

Bahnhofstr. 1 ✉ 79761 – ✆ (07741) 4 74 70 – www.bercher.de – geschl. August
36 Zim ☕ – 🚹69/109 € 🚹🚹120/190 € – 2 Suiten – ½ P
Die Zimmer in dem gewachsenen Familienbetrieb (seit 1911) sind komfortabel und individuell, von eher ländlich bis zum eleganten Landhausstil - es gibt auch welche mit Kachelofen. Ein schöner Ort zum Enstpannen: die Wellness-Stuben im separaten Anbau! Gediegene Restauranträume mit traditionellem Angebot.

Brauerei Walter

Hauptstr. 23 ✉ 79761 – ✆ (07741) 8 30 20 – www.brauereiwalter.de
19 Zim ☕ – 🚹46/55 € 🚹🚹82/95 €
Brauerei Walter – Siehe Restaurantauswahl
Das historische Haus mit der schönen gepflegten Fassade war einst eine Brauerei und ist heute (erweitert um einen Anbau) ein solides Hotel mit funktionalen Zimmern, gepflegter Auswahl am Frühstücksbuffet sowie familiärem Service.

Brauerei Walter – Hotel Brauerei Walter

Hauptstr. 23 ✉ 79761 – ✆ (07741) 8 30 20 – www.brauereiwalter.de – geschl. Ende August - Anfang September 3 Wochen und Sonntag und Montag
Menü 43 € (vegetarisch)/69 € – Karte 27/64 €
Mit einer Brauerei hat das traditionsreiche Haus nicht mehr viel zu tun, die meisten Gäste trinken Wein aus dem Markgräflerland, vom Kaiserstuhl oder vom Bodensee. Dazu frische regionale und international-mediterrane Küche: "Schnitzel in Waldpilzsauce", "Loup de Mer und Riesengarnele auf Tomatenrisotto"...

Im Stadtteil Breitenfeld Nord-Ost: 3 km ab Tiengen

Landgasthof Hirschen

Breitenfeld 13 ✉ 79761 – ✆ (07741) 6 82 50 – www.hirschen-breitenfeld.de
27 Zim – †46/59 € ††85/95 € – ½ P
Familie Knöpfle hält ihren Landgasthof top in Schuss und renoviert immer wieder, damit die wohnlich-ländlichen Zimmer auch stets gepflegt sind - die im Gästehaus "Cäcilia" sind übrigens geräumiger. Im rustikalen Restaurant bekommt man bürgerliche und regionale Küche serviert.

In Lauchringen-Oberlauchringen Süd-Ost: 4 km ab Tiengen, über B 34

Gartenhotel Feldeck

Klettgaustr. 1, B 34 ✉ 79787 – ✆ (07741) 8 30 70 – www.hotel-feldeck.de
36 Zim – †55/70 € ††100/110 € – ½ P
In dem familiengeführten Haus lässt es sich wirklich schön wohnen: Die Zimmer sind freundlich und zeitgemäß (teilweise mit Balkon), ebenso der Bade- und Saunabereich, und im ländlich-modernen Restaurant bekommen Sie sowohl ein Vesper als auch Zander, Kutteln, hausgemachte Lachsravioli...

Das Symbol † bzw. †† zeigt den Mindestpreis in der Nebensaison und den Höchstpreis in der Hochsaison für ein Einzelzimmer bzw. für ein Doppelzimmer an.

WALDSTETTEN – Baden-Württemberg ➜ Siehe Schwäbisch Gmünd

WALLDÜRN

Baden-Württemberg – 11 230 Ew. – Höhe 398 m – Regionalatlas **48-H16**
Berlin 554 km – Stuttgart 125 km – Würzburg 59 km – Aschaffenburg 64 km
Michelin Straßenkarte 545

Zum Riesen

Hauptstr. 14 ✉ 74731 – ✆ (06282) 9 24 20 – www.hotel-riesen.de
25 Zim – †59 € ††89 € – 1 Suite – ½ P
Das engagiert geführte Hotel besteht aus einem hübschen Herrenhaus a. d. 15. Jh. - hier hat man einige Barockzimmer mit Stuckdecke - und einem Anbau mit neuzeitlicherem Ambiente. Wer zum Essen kommt, lässt sich in gemütlichen Gaststuben traditionell-regionale Küche servieren.

In Walldürn-Reinhardsachsen Nord-West: 9 km

Frankenbrunnen

Am Kaltenbach 3 ✉ 74731 – ✆ (06286) 9 20 20 – www.hotel-frankenbrunnen.de – geschl. 2. - 31. Januar
26 Zim – †81/98 € ††115/150 € – 1 Suite – ½ P
Der Familienbetrieb in dem beschaulichen Dörfchen bietet funktionelle Zimmer, ein früheres Bauernhaus dient als Gästehaus. Zudem hat man eine schöne Veranstaltungsscheune.

WALLENFELS

Bayern – 2 830 Ew. – Höhe 382 m – Regionalatlas **50-L14**
Berlin 338 km – München 282 km – Bayreuth 54 km – Erfurt 172 km
Michelin Straßenkarte 546

Gasthof Roseneck

Schützenstr. 46 ✉ 96346 – ✆ (09262) 72 60 – www.gasthof-roseneck.de – geschl. Dienstag
21 Zim – †43/48 € ††54/70 € – ½ P
Menü 20 € – Karte 13/32 € – *(Januar - März: Montag - Freitag nur Abendessen)*
Bei Frank Fröhmel gibt es nicht nur regionale Speisen, auch ein etwas ungewöhnlicheres Angebot macht neugierig: Probieren Sie doch mal Gerichte oder Desserts aus Rosenblüten (aus dem eigenen Garten)! Im Sommer geht's natürlich raus in den Biergarten - da locken z. B. Grillabende und Flößer-Events.

WALLENHORST

Niedersachsen – 22 860 Ew. – Höhe 91 m – Regionalatlas **17-E8**
Berlin 433 km – Hannover 150 km – Bielefeld 61 km – Nordhorn 83 km
Michelin Straßenkarte 541

Alte Küsterei

Kirchplatz 6 ✉ 49134 – ✆ (05407) 85 78 70 – www.alte-kuesterei.de – geschl. Januar 2 Wochen, Mitte Juli - Ende August 2 Wochen und Montag - Dienstag
Menü 39/70 € – Karte 39/64 € – *(nur Abendessen)*
Mit der Bruchsteinfassade von 1883 ist das Haus des Ehepaares Stubenreich schon von außen ein Hingucker, innen dekorative Details wie freigelegte Holzbalken oder moderne Bilder. Der Chef am Herd, die Chefin herzlich im Service.

WALLERFANGEN – Saarland ➜ Siehe Saarlouis

WALLGAU

Bayern – 1 420 Ew. – Höhe 866 m – Regionalatlas **65-L22**
Berlin 680 km – München 93 km – Garmisch-Partenkirchen 20 km – Bad Tölz 47 km
Michelin Straßenkarte 546

Parkhotel

Barmseestr. 1 ✉ 82499 – ✆ (08825) 2 90 – www.parkhotel-wallgau.de
30 Zim – †95/110 € ††160/200 € – 15 Suiten – ½ P
In diesem Ferienhotel sind Sie gut aufgehoben, dafür sorgen bayerischer Charme, komfortable Zimmer unterschiedlicher Kategorien, ein angenehm heller, mit Lüftlmalereien verzierter Spabereich und die Kellerbar "Max & Moritz" - damit Sie nichts verpassen, werden hier auch Fernsehevents übertragen!

WALLHALBEN

Rheinland-Pfalz – 860 Ew. – Höhe 258 m – Regionalatlas **46-D17**
Berlin 689 km – Mainz 112 km – Neustadt a.d. Weinstraße 73 km – Saarbrücken 57 km
Michelin Straßenkarte 543

Landgrafen Mühle (N)

Landstuhler Str. 46 ✉ 66917 – ✆ (06375) 99 45 30 – www.landgrafenmuehle.de – geschl. 1. - 8. Januar
20 Zim – †72 € ††95 € – 11 € – ½ P
Mit viel Aufwand und Herzblut hat man die ehemalige Mühle samt Gesindehaus (hier schöner Saunabereich) zu einem charmanten, individuellen Ort gemacht: moderne Formen und hochwertige Materialien. Toll das freiliegende Mauerwerk in den Zimmern, beliebt die Maisonette "Herzfeld"! Regionale Küche.

WALLUF

Hessen – 5 470 Ew. – Höhe 84 m – Regionalatlas **47-E15**
Berlin 573 km – Wiesbaden 10 km – Bad Kreuznach 49 km – Koblenz 71 km
Michelin Straßenkarte 543

Zur Schlupp

Hauptstr. 25 ✉ 65396 – ✆ (06123) 7 26 38 – www.gasthauszurschlupp.de – geschl. Ende Dezember - Anfang Januar, Ende Juli - Anfang September und Mittwoch - Donnerstag

Menü 33/46 € – Karte 31/45 € – *(Montag - Samstag nur Abendessen)* (Tischbestellung ratsam)

In einem Haus a. d. J. 1608 hat die Familie ihr nettes kleines Restaurant. Es gibt frische saisonale Küche, die Spezialität sind Gänsegerichte - reservieren nicht vergessen! Tipp: Romantisch ist im Sommer der Innenhof!

WALPERTSKIRCHEN

Bayern – 2 050 Ew. – Höhe 464 m – Regionalatlas **66-M20**
Berlin 603 km – München 43 km – Erding 8 km
Michelin Straßenkarte 546

In Walpertskirchen-Hallnberg Süd: 1,5 km

Hallnberg

Hallnberg 2 ✉ 85469 – ✆ (08122) 9 94 30 – www.hotel-restaurant-hallnberg.de – geschl. August 2 Wochen

30 Zim – †65/150 € ††99/299 € – ½ P

Der ruhig gelegene, gut geführte Gasthof mit neuzeitlichem Anbau verfügt über zeitgemäße Zimmer, die wohnlich und zugleich funktionell eingerichtet sind. Das Restaurant bietet ambitionierte internationale Küche, die auch auf der Kräuterterrasse serviert wird.

WALSRODE

Niedersachsen – 23 360 Ew. – Höhe 32 m – Regionalatlas **18-H7**
Berlin 329 km – Hannover 70 km – Bremen 61 km – Hamburg 102 km
Michelin Straßenkarte 541

Landhaus Walsrode

Oskar-Wolff-Str. 1 ✉ 29664 – ✆ (05161) 9 86 90 – www.landhaus-walsrode.de – geschl. 20. Dezember - 5. Januar

14 Zim – †75/115 € ††90/157 €

Fast schon herrschaftlich steht das alte niedersächsische Bauernhaus auf dem Parkgrundstück. Wer es schön stilvoll mag, findet unter den sehr individuellen Zimmern natürlich auch das Passende. Nicht weniger einladend sind der Salon mit Kamin sowie der gemütlich-elegante Frühstücksraum mit Terrasse zum Garten!

Beim Vogelpark Nord: 3 km

Parkhotel Luisenhöhe

Am Vogelpark 2 ✉ 29699 – ✆ (05161) 9 86 20 – www.luisenhoehe.de

47 Zim – †90/145 € ††130/185 € – ½ P

Das Hotel gegenüber dem bekannten Vogelpark in einem Waldgebiet bietet funktionelle Zimmer sowie einen netten Sauna- und Anwendungsbereich, aber auch gute Tagungsmöglichkeiten. Man speist im Restaurant "Ums Mühlrad" oder am Abend im eleganten Kaminzimmer.

In Walsrode-Hünzingen Nord: 5 km über Dreikronen

Forellenhof

Hünzingen 3 ✉ 29664 – ✆ (05161) 97 00 – www.forellenhof.de

62 Zim – †70/145 € ††130/185 € – ½ P

Eine schon äußerlich sehr gepflegte Anlage mit hauseigener Brauerei und Reitmöglichkeiten. Hier überzeugen helle, wohnliche Zimmer im Landhausstil und die schöne Lage. Regionales und mediterranes Angebot im Restaurant.

WALTENHOFEN

Bayern – 8 900 Ew. – Höhe 722 m – Regionalatlas **64-J21**
Berlin 704 km – München 131 km – Kempten (Allgäu) 6 km – Bregenz 73 km
Michelin Straßenkarte 546

In Waltenhofen-Martinszell Süd: 5,5 km über B 19

Landhotel Adler

Illerstr. 10 ✉ 87448 – ✆ (08379) 92 07 00
– www.adler-martinszell.de
32 Zim – 57/80 € 82/120 € – ½ P
Der nette Gasthof mit seinen gepflegten Zimmern (einige im hübschen Fachwerkhaus gegenüber) steht mitten im Dorf, so finden an warmen Tagen natürlich viele Gäste den Weg in den Biergarten mit seinen Kastanienbäumen - im Sommer wird mittwochs gegrillt. Drinnen kann man in der gemütlichen Gaststube sitzen.

WALTROP

Nordrhein-Westfalen – 28 890 Ew. – Höhe 70 m – Regionalatlas **26-D10**
Berlin 494 km – Düsseldorf 74 km – Münster (Westfalen) 50 km – Recklinghausen 15 km
Michelin Straßenkarte 543

Gasthaus Stromberg

Dortmunder Str. 5 ✉ 45731 – ✆ (02309) 42 28
– www.gasthaus-stromberg.de – geschl. Sonntag - Montag
Menü 42 € (vegetarisch) – Karte 30/55 €
In dem alteingesessenen Gasthaus mitten in der Fußgängerzone trifft Tradition auf Moderne, das Ambiente puristisch und gemütlich zugleich. Dazu schmackhafte saisonale Speisen wie "kross gebratenen Zander auf Stielmusdurcheinander". Für Gesellschaften gibt es 1,5 km entfernt die "Werkstatt".

WANDLITZ

Brandenburg – 21 220 Ew. – Höhe 55 m – Regionalatlas **23-P7**
Berlin 33 km – Potsdam 61 km – Brandenburg 103 km – Frankfurt (Oder) 118 km
Michelin Straßenkarte 542

SeePark

Kirchstr. 10 ✉ 16348 – ✆ (033397) 7 50
– www.seepark-wandlitz.com
52 Zim – 70/90 € 105/160 € – ½ P
Vor allem die Lage auf einem wunderschönen Seegrundstück mit Park und Strandbad macht dieses mit zeitgemäßen Gästezimmern ausgestattete Hotel aus. Das Restaurant im Untergeschoss des Hotels wird durch eine nette Gartenterrasse ergänzt.

Zur Waldschänke

Zühlsdorfer Chaussee 14, Süd-West: 3 km über die B 273 ✉ 16348
– ✆ (033397) 35 50 – www.waldschaenkerahmersee.de
20 Zim – 40/45 € 72/74 € – 4 € – ½ P
Ein gepflegtes familiengeführtes Haus im Wald, das solide, funktionelle Gästezimmer sowie zwei Appartements mit schöner Dachterrasse bietet. Spezialität des Hauses ist Wildschwein am Spieß. Am Wochenende wird das Restaurant gerne als Ausflugslokal genutzt.

WANGELS

Schleswig-Holstein – 2 180 Ew. – Höhe 55 m – Regionalatlas **11-K3**
Berlin 350 km – Kiel 50 km – Hamburg 125 km – Oldenburg in Holstein 11 km
Michelin Straßenkarte 541

In Wangels-Weißenhäuser Strand Nord: 5 km

Weissenhaus Grand Village Resort & Spa am Meer
Parkallee 1 ✉ 23758
– ✆ (04382) 9 26 20 – www.weissenhaus.net
54 Zim – 359/590 € 400/630 € – 8 Suiten
Courtier ✿ • ***Bootshaus*** – Siehe Restaurantauswahl
Aus dem ehemaligen gräflichen Wohnsitz ist ein Ferienhotel der Superlative entstanden: über 70 ha Parkanlage, 2 km Naturstrand, stilvolles und ausgesprochen hochwertiges Interieur, luxuriöser Spa, Kino, Bibliothek, Smoker's Lounge..., dazu diverse kleine Aufmerksamkeiten!

Courtier – Hotel Weissenhaus Grand Village Resort & Spa am Meer
Parkallee 1 ✉ 23758 – ✆ (04382) 9 26 20 – www.weissenhaus.net
– geschl. 22. November - 7. Dezember, 31. Januar - 29. Februar und Sonntag - Montag
Menü 95/125 € – Karte 88/110 € – *(nur Abendessen)*
Ein toller Rahmen für ein Gourmetrestaurant: In dem sorgsam sanierten Schloss in strahlendem Weiß genießt man in historischen Räumen mit hohen Stuckdecken, sehenswerten Malereien und schickem Designmobiliar aufwändige modern-kreative Küche. Herrlich auch die Terrasse mit Blick auf die Hohwachter Bucht.
➜ Königskrabbe, Edamame, Miso, Koriander und Mango. Rotbarbe und roh marinierte Jakobsmuschel, gegrillte Melone, Yuzu, schwarzer Knoblauch. Rhabarber, Honig, Lavendel und Sauerrahm.

Bootshaus – Hotel Weissenhaus Grand Village Resort & Spa am Meer
Strandstr. 4 ✉ 23758 – ✆ (04382) 92 62 35 00
– www.weissenhaus.net
Menü 39 € (abends) – Karte 28/66 €
Mitten in den Dünen liegt das moderne Restaurant in hellem Naturholz, durch die große Fensterfront blickt man Richtung Strand, traumhafte Sonnenuntergänge inklusive! Die Küche ist regional und international, mittags Pizza, Pasta und Salate.

WANGEN im ALLGÄU

Baden-Württemberg – 26 550 Ew. – Höhe 556 m – Regionalatlas **63**-I21
Berlin 701 km – Stuttgart 194 km – Konstanz 37 km – Ravensburg 23 km
Michelin Straßenkarte 545

allgovia
Scherrichmühlweg 15 ✉ 88239 – ✆ (07522) 9 16 88 90
– www.hotel-allgovia.de – geschl. 20. Dezember - 10. Januar
21 Zim – 59/115 € 99/115 €
Ein schönes Ferienhotel in Altstadtnähe: freundlich die Gästebetreuung, gepflegt und neuzeitlich die Zimmer, im Sommer Frühstück auf der Terrasse - hier legt man Wert auf regionale Produkte! Und zum Entspannen vielleicht eine Thai-Massage?

In Wangen-Deuchelried Ost: 1,5 km

Adler
Obere Dorfstr. 4 ✉ 88239 – ✆ (07522) 70 74 77
– www.adler-deuchelried.de – geschl. über Fasching 2 Wochen, September 2 Wochen und Montag - Dienstag
Menü 56 € – Karte 32/48 € – (Tischbestellung ratsam)
Sie mögen regionale Küche und auch asiatische Einflüsse hier und da? Dann probieren Sie doch mal "Lachs mit Currynudeln" und als Dessert "Zitronen-Mascarponecreme mit Erdbeer-Rhabarberragout" - nur zwei der frischen, guten Gerichte in diesem wirklich schönen gemütlich-eleganten Gasthof!

WANGEN (KREIS GÖPPINGEN)

Baden-Württemberg – 3 080 Ew. – Höhe 388 m – Regionalatlas **55-H18**
Berlin 607 km – Stuttgart 38 km – Göppingen 5 km
Michelin Straßenkarte 545

Landgasthof Adler

Hauptstr. 103 ✉ 73117 – ✆ (07161) 2 11 95 – www.adler-clement.de – geschl. Anfang - Mitte Januar, Juli 2 Wochen Sonntagabend - Mittwochmittag
Menü 68/71 € – Karte 33/62 € – (Tischbestellung ratsam)
Man fühlt sich ein bisschen wie in einem Wohnzimmer, so liebenswert und gemütlich ist die Atmosphäre in dem kleinen Restaurant. Gekocht wird strikt klassisch-traditionell, immer mit guten, frischen Produkten - da kehrt man gerne wieder ein!

WANGERLAND

Niedersachsen – 9 130 Ew. – Höhe 2 m – Regionalatlas **8-E5**
Berlin 496 km – Hannover 242 km – Emden 76 km – Cuxhaven 123 km
Michelin Straßenkarte 541

In Wangerland-Hooksiel

Zum Schwarzen Bären

Lange Str. 15 ✉ 26434 – ✆ (04425) 9 58 10 – www.zum-schwarzen-baeren.de – geschl. 4. - 29. Januar und Mittwoch, außer Saison
Menü 22/26 € – Karte 17/41 €
Dieses im friesischen Stil eingerichtete Restaurant liegt genau gegenüber dem alten Hafen. Inmitten maritimer Accessoires isst man hier hauptsächlich Fischgerichte.

In Wangerland-Horumersiel

Bendiks

Deichstr. 18 ✉ 26434 – ✆ (04426) 18 57 – www.hotel-bendiks.de
15 Zim – †50/55 € ††80/100 €
Das mit Engagement geleitete Hotel ist nahe dem Deich in einem Wohngebiet zu finden und bietet zeitgemäß-elegante Zimmer, einen in warmen Farben gehaltenen Frühstücksraum sowie Kosmetik und Massage.

Schmidt's Hoern

Heinrich-Tiarks-Str. 5 ✉ 26434 – ✆ (04426) 9 90 10 – www.schmidts-hoern.de – geschl. 13. - 26. Dezember, 5. Januar - 15. Februar
17 Zim – †43/68 € ††79/114 €
Ruhig liegt das kleine Ferienhotel mit Pensionscharakter in einer Wohngegend. Jedes Zimmer verfügt über eine kleine Küche sowie Balkon oder Terrasse.

WANGEROOGE (INSEL)

Niedersachsen – 1 300 Ew. – Höhe 3 m – Regionalatlas **8-E4**
Berlin 512 km – Hannover 256 km – Cuxhaven 144 km – Emden 72 km
Michelin Straßenkarte 541

Atlantic

Peterstr. 13 ✉ 26486 – ✆ (04469) 18 01 – www.atlantic-wangerooge.de – geschl. 4. Januar - 18. März, 22. Oktober - 26. Dezember
16 Zim – †80/130 € ††120/140 €
Ein persönlich geführtes kleines Hotel nahe der Strandpromenade. Von den Zimmern hat man Meer- oder Gartenblick, im Sommer kann man auf der Gartenterrasse frühstücken.

WARDENBURG

Niedersachsen – 15 650 Ew. – Höhe 9 m – Regionalatlas **17-F6**
Berlin 444 km – Hannover 156 km – Bremen 56 km – Oldenburg 13 km
Michelin Straßenkarte 541

Wardenburger Hof

Oldenburger Str. 255 ✉ 26203 – ✆ (04407) 9 21 00 – www.wardenburger-hof.de
38 Zim – 60/70 € 90/100 € – ½ P
Sie wohnen in einem gewachsenen Gasthof, seit 1899 als Familienbetrieb geführt. Alles ist gepflegt, besonders schön die neueren Zimmer im ruhig gelegenen Anbau. Das Restaurant mit friesischem Touch (die Chefin stammt von Sylt) bietet saisonale Aktionen. Tipp: Die Wildeshauser Geest ist beliebt für Radtouren!

WAREN (MÜRITZ)

Mecklenburg-Vorpommern – 20 940 Ew. – Höhe 70 m – Regionalatlas **13-N5**
Berlin 162 km – Schwerin 102 km – Neubrandenburg 42 km – Hamburg 212 km
Michelin Straßenkarte 542

Kleines Meer

Alter Markt 7 ✉ 17192 – ✆ (03991) 64 80 – www.kleinesmeer.com – geschl. 23. - 27. Dezember
30 Zim – 85/110 € 99/150 € – ½ P
Kleines Meer – Siehe Restaurantauswahl
Ein Hotel in zentraler Lage nicht weit vom Hafen, das über modern ausgestattete Zimmer mit freundlichem Ambiente verfügt. Die Tagungsräume sind im Haus schräg gegenüber untergebracht.

Villa Margarete

Fontanestr. 11 ✉ 17192 – ✆ (03991) 62 50 – www.villa-margarete.de
28 Zim – 77/94 € 99/169 € – 1 Suite – ½ P
In dem wohnlich eingerichteten Hotel am Rande des Nationalparks kann man es sich bei Anwendungen wie Kosmetik, Floating und Bädern gut gehen lassen. Schön: die Fontane-Suite.

Am Yachthafen

Strandstr. 2 ✉ 17192 – ✆ (03991) 6 72 50 – www.am-yachthafen.de – geschl. November - Ende März
12 Zim – 60/85 € 74/139 € – 5 Suiten
Stilvoll und sehr wohnlich hat man das ansprechend restaurierte Haus von 1831 mit hübschen Möbeln eingerichtet. Macht Ihnen der hausgebackene Kuchen im Café Appetit? Schön ist es auch, das lebendige Treiben am Yachthafen zu beobachten.

Zwischen den Seen

Am Mühlenberg 4 ✉ 17192 – ✆ (03991) 631 4 44 – www.hotelzwischendenseen.de
30 Zim – 50/75 € 70/90 €
In der hübsch sanierten Villa im ruhigeren Teil der Stadt wohnt man in schlicht-modernen Zimmern. Bei zeitiger Reservierung wird auf der Terrasse abends auch Fisch geräuchert. Gerne stellt man für Sie auch individuelle Tagestouren zusammen.

Ingeborg

Rosenthalstr. 5, Zufahrt über Müritzstr. 5 ✉ 17192 – ✆ (03991) 6 13 00 – www.hotel-ingeborg.de – geschl. Januar - Februar
31 Zim – 49/60 € 59/95 €
In zweiter Reihe vor dem Yachthafen steht das gut geführte Hotel mit funktionellen, unterschiedlich großen Zimmern. Lust auf einen Ausflug mit der hauseigenen Jolle "Ingeborg"?

Hotel am Müritz Nationalpark

Specker Str. 71 ✉ 17192 – ✆ (03991) 6 21 90 – www.hotel-nationalpark.de – geschl. 21. - 27. Februar
16 Zim – 59/69 € 93/103 € – 3 Suiten – ½ P
Leddermann – Siehe Restaurantauswahl
Schön die Lage am Eingang zum Nationalpark, wohnlich die Zimmer, darunter auch Maisonette-Suiten. Ruhe findet man auch im hübschen kleinen Garten. Und gönnen Sie sich am Nachmittag Kaffee und Kuchen!

XX ☺ **Kleines Meer** – Hotel Kleines Meer

Alter Markt 7 ✉ 17192 – ✆ (03991) 64 82 00 – www.kleinesmeer.com – geschl. 23. - 27. Dezember und November - März: Dienstag - Mittwoch

Menü 30/65 € – Karte 37/62 € – *(November - März: nur Abendessen)*

Moderne Atmosphäre und schmackhafte saisonale Speisen wie "Jakobsmuscheln auf Spargelsalat mit Krebsschwänzen". Auf der Terrasse genießt man die Aussicht auf die Müritz. Am Mittag reicht man eine kleine Karte.

X **Leddermann** (N) – Hotel am Müritz Nationalpark

Specker Str. 71 ✉ 17192 – ✆ (03991) 62 19 40 – www.restaurant-leddermann.de – geschl. 21. - 27. Februar

Menü 27/39 € – Karte 24/36 € – *(Montag - Donnerstag ab 14 Uhr geöffnet)*

Ein helles, freundliches Restaurant mit Wintergarten und Terrasse - da kann man bei bürgerlich-saisonalen Gerichten wie "Wiener Schnitzel mit Spargel, Sauce Hollandaise und Bratkartoffeln" den Blick ins Grüne genießen.

In Groß Plasten Nord-Ost: 12 km über B 192 und B 194

Schloss Groß Plasten

Parkallee 36 ✉ 17192 – ✆ (039934) 80 20 – www.schlosshotel-grossplasten.de

54 Zim – 70/85 € 95/120 € – 1 Suite – ½ P

Das schöne historische Anwesen bietet im Schloss wie auch im Kutscherhaus wohnlich-klassische Zimmer. Wer es individueller mag, sollte eines der Themen- oder Nostalgie-Zimmer wählen. Vom eleganten Restaurant blickt man in den Garten, reizvolle Terrasse zum See.

WARENDORF

Nordrhein-Westfalen – 36 890 Ew. – Höhe 63 m – Regionalatlas **27**-E9

Berlin 443 km – Düsseldorf 150 km – Bielefeld 50 km – Münster (Westfalen) 27 km

Michelin Straßenkarte 543

Im Engel

Brünebrede 33 ✉ 48231 – ✆ (02581) 9 30 20 – www.hotel-im-engel.de – geschl. Anfang Januar 1 Woche

43 Zim – 79/115 € 99/195 € – ½ P

Im Engel – Siehe Restaurantauswahl

Das Hotel in der Altstadt wird seit 1692 familiär geführt und entwickelt sich stetig weiter. Alles ist tipptopp gepflegt, die Zimmer wohnlich und individuell gestaltet, hübsch die Sauna. Wer es gerne komfortabler mag, bucht eine Juniorsuite mit Whirlwanne. Über den Innenhof geht's zur eigenen Weinboutique.

Mersch

Dreibrückenstr. 66 ✉ 48231 – ✆ (02581) 6 37 30 – www.hotel-mersch.de

24 Zim – 95 € 135/145 € – ½ P

Alles hier ist ein bisschen mehr als nur "Standard": die geräumigen Zimmer, der schöne Garten (zu dieser Seite schläft es sich ruhiger), der aufmerksame Service, die gediegene "M's Lounge"..., und wo bekommt man schon am Abend gratis Suppe?

XX **Im Engel** – Hotel Im Engel

Brünebrede 33 ✉ 48231 – ✆ (02581) 9 30 20 – www.hotel-im-engel.de – geschl. Anfang Januar 1 Woche und Sonntag

Menü 30/62 € – Karte 25/55 €

Schön das Ambiente mit alter Täfelung und Kamin, gut die Küche, u. a. mit Westfälischem wie "Sauerbraten mit Rahmwirsing und Kartoffelklößen". Erwähnenswert auch die über 900 Positionen umfassende Weinkarte mit einigen Raritäten. Fragen? Der Patron ist ein echter Weinkenner und Gründer des Weinclubs.

X **Engelchen**

Heumarkt 2 ✉ 48231 – ✆ (02581) 7 89 88 88 – www.hotel-im-engel.de – geschl. Montag

Menü 27/40 € – Karte 23/49 €

Hätten Sie in Warendorf Vorfahren von Doris Day vermutet? Das einstige Wohnhaus ihrer Großeltern, nett im Herzen der Stadt gelegen, ist heute ein Mix aus Café, Bistro, Feinkost- und Weinhandel. Versuchen Sie erst gar nicht, der leckeren Kuchenauswahl des hauseigenen Konditors zu widerstehen!

WARSTEIN

Nordrhein-Westfalen – 25 250 Ew. – Höhe 310 m – Regionalatlas **27-F11**
Berlin 466 km – Düsseldorf 149 km – Arnsberg 32 km – Lippstadt 28 km
Michelin Straßenkarte 543

In Warstein-Allagen Nord-West: 11 km über B 55 bis Belecke und B 516

Püster

Marmorweg 27 ✉ 59581 – (02925) 9 79 70
– www.hotel-puester.de
40 Zim – 65/75 € 98/115 € – ½ P
Sie mögen es etwas ruhiger und familiärer? Dann sind Sie hier, etwas abseits am Hang in einem Wohngebiet, gut aufgehoben. Nach Massage oder Kosmetik entspannen Sie im orientalischen Ruheraum - oder bevorzugen Sie eine Radtour? Leihfahrräder gibt's im Haus.

WARTENBERG-ROHRBACH

Rheinland-Pfalz – 470 Ew. – Höhe 266 m – Regionalatlas **46-D16**
Berlin 637 km – Mainz 70 km – Mannheim 60 km – Kaiserslautern 10 km
Michelin Straßenkarte 543

Mühle am Schlossberg

Schloßberg 16 ✉ 67681 – (06302) 9 23 40
– www.muehle-schlossberg.de – geschl. 2. - 10. Januar
15 Zim – 69/99 € 89/139 €
Mühlenrestaurant – Siehe Restaurantauswahl
Der Dreiseithof a. d. 16. Jh. liegt idyllisch, schon die Außenanlage (samt Spielplatz) ist attraktiv, innen fügt sich der moderne Stil gelungen in den historischen Rahmen ein. Chic die Design-Elemente, nichts ist von der Stange! Man wird hier überaus freundlich umsorgt, i-Tüpfelchen ist das frische Frühstück!

Mühlenrestaurant – Hotel Mühle am Schlossberg

Schloßberg 16 ✉ 67681 – (06302) 9 23 40
– www.muehle-schlossberg.de – geschl. 2. - 10. Januar
Menü 35/50 € – Karte 39/61 € – (Tischbestellung ratsam)
Das schöne Restaurant ist ein ehemaliger Kuhstall. Geblieben sind das historische Kreuzgewölbe und die Sandsteinsäulen, ansprechend dazu der moderne Stil. Man kocht Schmackhaftes wie "kross gebratene Zanderschnitte auf Kohlrabi mit Pfifferlingen, Holunder und Böhmischen Knödeln.

WARTMANNSROTH – Bayern ➜ Siehe Hammelburg

WASSENBERG

Nordrhein-Westfalen – 17 190 Ew. – Höhe 50 m – Regionalatlas **35-A12**
Berlin 613 km – Düsseldorf 57 km – Aachen 42 km – Mönchengladbach 27 km
Michelin Straßenkarte 543

In Wassenberg-Effeld Nord-West: 6 km

Haus Wilms

Steinkirchener Str. 3 ✉ 41849 – (02432) 89 02 80
– www.haus-wilms.de
14 Zim – 70/89 € 99/119 € – ½ P
Birgit Wilms-Regen führt die über 500-jährige Familientradition gemeinsam mit ihrem Mann Peter engagiert fort. Das kleine Hotel liegt recht ruhig in der Ortsmitte, gerade mal 500 m von der holländischen Grenze. Die Zimmer sind wohnlich, die Küche ist klassisch-traditionell und ambitioniert - probieren Sie z. B. "Rheinischen Sauerbraten mit Rosinen-Printensauce".

WASSERBURG am BODENSEE

Bayern – 3 590 Ew. – Höhe 406 m – Regionalatlas **63-H22**
Berlin 728 km – München 185 km – Konstanz 74 km – Ravensburg 27 km
Michelin Straßenkarte 546

Lipprandt

Halbinselstr. 65 ✉ 88142 – ✆ (08382) 9 87 60 – www.hotel-lipprandt.de
40 Zim – †69/94 € ††104/174 € – 6 Suiten – ½ P
Das Ferienhotel hat viele Stammgäste - der sehr schicke, moderne Spa, eine engagierte Betreiberfamilie und ihr ständiges Bestreben, durch Renovierungen immer weiter zu verbessern, gibt ihnen recht! Pluspunkte sind natürlich der eigene Badebereich am See und die schöne Terrasse.

Walserhof

Nonnenhorner Str. 15 ✉ 88142 – ✆ (08382) 9 85 60 – www.walserhof.de – geschl. 4. Januar - 6. März
28 Zim – †52/65 € ††82/99 € – 1 Suite – ½ P
Bei dem guten Preis-Leistungs-Verhältnis verwundert es nicht, dass das Haus gut besucht ist! Außerdem liegt es nur wenige Gehminuten vom See - und trotzdem ruhig. Familie Walser leitet das Hotel wirklich engagiert, die Zimmer sind wohnlich, alles ist gepflegt und im Restaurant gibt es regionale Küche.

WASSERBURG am INN

Bayern – ✉ 83512 – 12 350 Ew. – Höhe 427 m – Regionalatlas **66-N20**
Berlin 629 km – München 53 km – Bad Reichenhall 77 km – Rosenheim 31 km
Michelin Straßenkarte 546

Herrenhaus

Herrengasse 17 ✉ 83512 – ✆ (08071) 5 97 11 70 – www.restaurant-herrenhaus.de – geschl. Februar 2 Wochen, August 2 Wochen und Sonntag - Montag, Dezember: Montag
Menü 36 € (abends)/43 € – Karte 36/51 €
Im Herzen der schönen Altstadt liegt das engagiert geführte Restaurant, das mit frischer saisonaler Küche Gäste anzieht. Auf der Karte z. B. "Tafelspitz, Gurke, Meerrettich". Mittags gibt es die guten Gerichten zudem als günstigen Lunch.

Weisses Rössl

Herrengasse 1 ✉ 83512 – ✆ (08071) 5 02 91 – www.weisses-rössl.de – geschl. 22. Mai - 14. Juni, 4. - 20. September und Sonntag - Dienstag
Menü 21 € (mittags)/46 € – Karte 30/50 €
In der Küche dieses gemütlich-ländlichen Restaurants ist ein eingespieltes Team am Werk und sorgt für schmackhafte und ambitionierte saisonal-regionale Gerichte - und die nennen sich z. B. "Ameranger Saiblingsfilet mit Bärlauchsoße, Gemüse und Kartoffelpüree". Mittags günstigeres reduziertes Angebot.

WASSERLIESCH

Rheinland-Pfalz – 2 280 Ew. – Höhe 135 m – Regionalatlas **45-B15**
Berlin 733 km – Mainz 164 km – Trier 12 km – Grevenmacher 10 km
Michelin Straßenkarte 543

Scheid's

Reinigerstr. 48 ✉ 54332 – ✆ (06501) 9 20 97 92 – www.scheids-wasserliesch.de – geschl. 8. - 18. Februar und Montag
12 Zim – †60/78 € ††78/95 €
Menü 29 € – Karte 28/51 € – *(Dienstag - Donnerstag nur Abendessen)*
Die Geschwister Scheid haben hier wirklich schöne freundliche Räume (einschließlich der Gästezimmer) und bieten frische Landhausküche mit mediterranem Touch. Appetit auf "Rotbarbenfilets auf Antipasti-Gemüse mit Olivenölvinaigrette"?

WEDEL

Schleswig-Holstein – 32 290 Ew. – Höhe 8 m – Regionalatlas **10-I5**
Berlin 304 km – Kiel 106 km – Hamburg 19 km – Bremen 126 km
Michelin Straßenkarte 541

Senator Marina

Hafenstr. 28 ✉ 22880 – ✆ (04103) 8 07 70 – www.hotel-senator-marina.de – geschl. 19. Dezember - 3. Januar
46 Zim – †87/89 € ††113/118 €
Nur wenige Gehminuten von der Elbe und dem Fähranleger erwartet Sie dieses gepflegte Hotel mit maritimem Touch. Funktionell ausgestattete Gästezimmer.

WEDEMARK

Niedersachsen – 28 750 Ew. – Höhe 75 m – Regionalatlas **19-I8**
Berlin 302 km – Hannover 26 km – Bremen 106 km – Braunschweig 82 km
Michelin Straßenkarte 541

Höpershof

Am Husalsberg 1, Im OT Scherenbostel ✉ 30900 – ✆ (05130) 5 86 42 90 – www.restaurant-hoepershof.de – geschl. Sonntag - Montag
Karte 33/51 € – *(nur Abendessen)*
Rustikales Holz gepaart mit geradlinig-elegantem Stil, so kommt das schmucke sanierte Hofgut von 1832 daher. In dieser wirklich charmanten Atmosphäre gibt es saisonal-internationale Gerichte wie "Kabeljau unter der Zitronen-Thymian-Kruste".

WEGSCHEID

Bayern – 5 450 Ew. – Höhe 718 m – Regionalatlas **60-Q19**
Berlin 644 km – München 224 km – Landshut 152 km – Linz 58 km
Michelin Straßenkarte 546

Reischlhof

Sperlbrunn 7, Nord-Ost: 8 km, Richtung Sonnen ✉ 94110 – ✆ (08592) 93 9 00 – www.reischlhof.de – geschl. 19. - 24. Dezember
65 Zim – †126/143 € ††220/282 € – 45 Suiten – ½ P
Ein Wellnesshotel wie aus dem Bilderbuch: schöne wohnliche Zimmer ("Träumeland-Wohlfühlzimmer", "Kuschelnest", "Sternensuite"...), Spa auf rund 3300 qm drinnen und draußen, darunter Naturwasser-Badeteich, Chill-Out-Bereich, diverse Saunen, unzählige Anwendungen! Zudem ambitionierte 3/4-Pension für Hausgäste.

WEHR

Baden-Württemberg – 12 640 Ew. – Höhe 366 m – Regionalatlas **61-D21**
Berlin 832 km – Stuttgart 216 km – Freiburg im Breisgau 64 km – Lörrach 22 km
Michelin Straßenkarte 545

Landgasthof Sonne

Enkendorfstr. 38 ✉ 79664 – ✆ (07762) 84 84 – www.hotel-sonne-wehr.de
17 Zim – †50/60 € ††75/85 € – ½ P
Landgasthof Sonne – Siehe Restaurantauswahl
Ein schmucker Gasthof, urig, individuell und von der Familie mit Engagement geführt. Sehr schön die Bilder, u. a. Gemälde von Adolf Lamprecht! In einigen der topgepflegten Zimmer kann man den hinterm Haus fließenden Bach Hasel hören.

Landgasthof Sonne – Hotel Landgasthof Sonne

Enkendorfstr. 38 ✉ 79664 – ✆ (07762) 84 84 – www.hotel-sonne-wehr.de – geschl. Montag
Karte 23/53 € – *(Dienstag - Freitag nur Abendessen, außer an Feiertagen)*
Warmes Holz, Kachelofen, dekorative Bilder - richtig heimelig! Dazu ambitionierte Küche: bürgerlich, aber auch gehobener. Tolle Terrasse: Hier speist man beim Rauschen des Baches unter schattenspendenden Ahornbäumen!

WEICHERING

Bayern – 2 390 Ew. – Höhe 374 m – Regionalatlas **57**-L18
Berlin 532 km – München 91 km – Augsburg 64 km – Ingolstadt 14 km
Michelin Straßenkarte 546

Landgasthof Vogelsang

Bahnhofstr. 24 ✉ 86706 – ✆ (08454) 9 12 60 – www.landgasthof-vogelsang.de
23 Zim – 52/62 € 78/88 € – ½ P

Der Landgasthof von 1872 bietet sehr gepflegte, in ländlichem Stil eingerichtete Zimmer zu fairen Preisen - etwas neuzeitlicher im kleinen Gästehaus. Eigener Hochzeitsstadl. Das Restaurant ist gemütlich-rustikal.

WEIDEN in der OBERPFALZ

Bayern – 41 690 Ew. – Höhe 397 m – Regionalatlas **51**-N16
Berlin 406 km – München 204 km – Bayreuth 64 km – Nürnberg 100 km
Michelin Straßenkarte 546

Admira

Brenner-Schäffer-Str. 27 ✉ 92637 – ✆ (0961) 4 80 90 – www.hotel-admira.com
103 Zim – 85 € 110 € – 1 Suite – ½ P

Das Hotel am Stadtrand bietet eine geräumige Lobby, wohnliche Zimmer und individuelle Juniorsuiten sowie eine "Luxussuite". Gute Tagungsmöglichkeiten durch das Kongresszentrum nebenan. Hell und freundlich das Wintergarten-Restaurant "Lobster", international beeinflusst die Küche.

Klassik Hotel am Tor

Schlörplatz 1a ✉ 92637 – ✆ (0961) 4 74 70 – www.klassikhotel.de – geschl. 22. - 26. Dezember
36 Zim – 69/109 € 89/139 € – 3 Suiten

Das nette Hotel (ursprünglich ein Gasthaus von 1567) ist praktisch Teil der historischen Stadtmauer und an das "Untere Tor" angebaut. Wie wär's z. B. mit einer geschmackvollen Juniorsuite? Schön auch der kleine Wellnessbereich mit Außensauna. Das öffentliche Parkhaus ist kostenfrei.

WEIKERSHEIM

Baden-Württemberg – 7 340 Ew. – Höhe 230 m – Regionalatlas **49**-I16
Berlin 522 km – Stuttgart 128 km – Würzburg 40 km – Ansbach 67 km
Michelin Straßenkarte 545

Laurentius

Marktplatz 5 ✉ 97990 – ✆ (07934) 9 10 80 – www.hotel-laurentius.de
13 Zim – 88/130 € 99/159 € – ½ P
Laurentius ✿ • ***Bistro*** – Siehe Restaurantauswahl

Familie Koch steckt jede Menge Herzblut in ihr kleines Hotel. Schön liegt es am historischen Marktplatz beim Schloss - da bietet sich ein Spaziergang durch den Park an! Hübsch die Zimmer: "Kabinett", "Cuvée" und "Grand Cru". Im eigenen Hohenloher Märktle gibt's "Obst, Gemüse, Schwein & Wein".

Laurentius (Jürgen Koch) – Hotel Laurentius

✿

Marktplatz 5 ✉ 97990 – ✆ (07934) 9 10 80 – www.hotel-laurentius.de – geschl. Februar 3 Wochen und Sonntag - Dienstag, außer an Feiertagen
Menü 39/99 € – Karte 48/84 € – *(nur Abendessen)* (Tischbestellung ratsam)

So attraktiv wie das historische Natursteintonnengewölbe, in dem sich das elegante Restaurant befindet, ist auch die aromenreiche klassisch-regionale Küche von Jürgen Koch. Interessant die offen ausgeschenkten, meist regionalen Weine - kennen Sie den Tauberschwarz? Tipp: kleines Menü "Heimat" (Mi. - Fr.).

→ Aal, warm geräuchert, mit Salzzitronen, Erbsen und konfiertem Rettich. Kabeljau mit Erbsenschoten, Wasabischaum und Limonen-Ricottagnocchi. Ochsenschlepp und Filet mit Schalottensoße, Kartoffel-Bärlauchpüree.

Bistro – Hotel Laurentius

Marktplatz 5 ✉ 97990 – ✆ (07934) 9 10 80 – www.hotel-laurentius.de – geschl. Montag, außer an Feiertagen

Menü 24/60 € – Karte 32/68 € – (Tischbestellung ratsam)

Wenn es mal keine Gourmetküche sein soll, sind Sie im angenehm legeren Bistro bei leckeren regionalen Gerichten wie "Kesselfleisch vom Hällischen Spanferkelbauch im Apfel-Gewürzsud mit Tauberhasenmostrich" bestens aufgehoben.

In Tauberrettersheim Nord-Ost: 4 km Richtung Rothenburg

Zum Hirschen

Mühlenstr. 1 ✉ 97285 – ✆ (09338) 3 22 – www.zum-hirschen.info – geschl. Anfang Januar - Anfang Februar

15 Zim – 48 € 73 € – ½ P

Bei der engagierten Gastgeberin Iris Kaulbersch (bereits die 5. Generation) wohnt man sehr gepflegt, familiär und günstig. Vom Restaurant schaut man auf die Tauber und die Bruchsteinbrücke von 1733. Probieren Sie die selbst gemachten Blüten- und Kräutergetränke! Tipp: 100 m vom Haus kann man im Fluss baden!

WEIL am RHEIN

Baden-Württemberg – 29 300 Ew. – Höhe 281 m – Regionalatlas **61-D21**

Berlin 860 km – Stuttgart 261 km – Freiburg im Breisgau 67 km – Basel 7 km

Michelin Straßenkarte 545

Go2bed

Pfädlistr. 15 ✉ 79576 – ✆ (07621) 9 86 75 10 – www.go2bed.biz

27 Zim – 79/99 € 119/129 € – 1 Suite

Sie suchen ein topmodernes und familiär geführtes Domizil nahe Basel? Man hat erweitert und bietet nun noch mehr der technisch sehr gut ausgestatteten und zugleich wohnlichen Zimmer. Das frische Frühstück gibt's im Sommer auch im kleinen Garten. "Coffee to go" und Getränke zu bestimmten Zeiten gratis.

Schwanen

Hauptstr. 121 ✉ 79576 – ✆ (07621) 9 78 60 – www.schwanen-weil.de

26 Zim – 85/95 € 130/140 €

Schwanen – Siehe Restaurantauswahl

Schön wohnt man bei Familie Ritter, die das Haus bereits seit 1906 leitet. Es erwarten Sie gut ausgestattete, wohnliche Zimmer und schon am Morgen wird man beim Frühstück im lichten Wintergarten herzlich und aufmerksam umsorgt.

Ott's Hotel Leopoldshöhe

Müllheimer Str. 4 ✉ 79576 – ✆ (07621) 9 80 60 – www.ottshotel.de

35 Zim – 85/130 € 120/200 €

Nur drei Kilometer vom Messezentrum Basel liegt das familiär geführte Hotel. Wer's modern mag, sollte eines der hellen, freundlichen Zimmer im Gästehaus buchen! Im Stammhaus (Blickfang ist die markant rote Fassade) gibt es internationale Küche und Klassiker wie Hackbraten oder Cordon bleu sowie Steaks.

Gasthaus Krone

Hauptstr. 58 ✉ 79576 – ✆ (07621) 7 11 64 – www.kroneweil.de

17 Zim – 80/115 € 115/145 €

Gasthaus Krone – Siehe Restaurantauswahl

In dem kleinen Hotel der Familie Hechler (mit Tochter Sonja ist die 3. Generation im Haus) wird persönliche Atmosphäre groß geschrieben. Man wohnt in geschmackvollen Designerzimmern - und die machen Lust auf einen Besuch im nahen "Vitra Museum"! Tipp: Man hat noch ein einfacheres und preiswerteres Gästehaus.

Adler

Hauptstr. 139 ✉ 79576 – ✆ (07621) 9 82 30 – www.adler-weil.de – geschl. Februar 2 Wochen, August 2 Wochen

23 Zim – 85/120 € 120/190 €

Adler – Siehe Restaurantauswahl

Hinter der traditionellen Fassade kann man auch richtig modern wohnen: einige Zimmer sind geradlinig und ganz in Weiß gehalten! In Sachen Restaurant ist der "Spatz" im Gewölbe die legerere Variante. Hier ist auch vespern möglich.

XXX **Adler** – Hotel Adler

Hauptstr. 139 ✉ 79576 – ✆ (07621) 9 82 30 – www.adler-weil.de – geschl. Februar 2 Wochen, August 2 Wochen und Sonntag - Montag
Menü 82/95 € – Karte 54/92 €
Ein echter Klassiker im südbadischen und Basler Raum - komfortabel und gediegen. Das Küchenteam bietet hier gute klassisch-französisch geprägte Speisen mit ausgesuchten Produkten und dazu eine ausgezeichnete Weinauswahl.

XX **Schwanen** – Hotel Schwanen

Hauptstr. 121 ✉ 79576 – ✆ (07621) 9 78 60 – www.schwanen-weil.de – geschl. Mittwoch
Menü 19 € (mittags unter der Woche)/68 € – Karte 38/76 €
Das ländlich-elegante Restaurant des traditionsreichen Schwanen ist schon einen Besuch wert: Die frische Küche ist traditionell und auch klassisch - so liest man auf der Karte z. B. "Zanderfilet mit Limettensauce, Butternudeln und Gemüse".

XX **Gasthaus Krone**

Hauptstr. 58 ✉ 79576 – ✆ (07621) 7 11 64 – www.kroneweil.de – geschl. Dienstag
Menü 19 € (mittags unter der Woche)/69 € – Karte 41/78 € – (Tischbestellung ratsam)
Auch im Restaurant der Hechlers spürt man deren Freude am Beruf - gut die regionale Küche, liebenswert der badisch-herzliche Service. Das Ambiente hat eine zurückhaltend moderne Note, was der gemütlichen Ländlichkeit aber keinerlei Abbruch tut. Im Sommer geht's auf die Terrasse im Hof.

In Weil-Friedlingen West: 3 km

Fritz

Steinackerstr. 22 ✉ 79576 – ✆ (07621) 70 50 80 – www.fritz-hotel-weil.de – geschl. 23. Dezember - 8. Januar
22 Zim – †86/100 € ††138/150 €
Die Lage mitten im Industriegebiet ist vielleicht nicht die attraktivste, aber praktisch, und die Zimmer sind modern, geräumig und tipptopp gepflegt - eine ideale Adresse, wenn man auf der Durchreise ist!

In Weil-Haltingen Nord: 3 km über B 3

Rebstock

Große Gass 30 ✉ 79576 – ✆ (07621) 96 49 60 – www.rebstock-haltingen.de – geschl. August 2 Wochen
16 Zim – †82/125 € ††120/150 €
Rebstock – Siehe Restaurantauswahl
Eine traditionsreiche Adresse ist dieser Familienbetrieb in ruhiger Ortsrandlage. Die Zimmer sind schön zeitgemäß und frisch, einige haben auch einen Balkon.

XX **Rebstock** – Hotel Rebstock

Große Gass 30 ✉ 79576 – ✆ (07621) 96 49 60 – www.rebstock-haltingen.de – geschl. August 2 Wochen
Menü 19 € (mittags unter der Woche)/64 € – Karte 36/68 € – (Tischbestellung ratsam)
Im Restaurant dieses schmucken gestandenen Gasthofs hat man die ländliche Atmosphäre hübsch mit neuzeitlichen Elementen gespickt. Aus der Küche kommen Klassiker wie "Kalbskopf en tortue" oder saure Kutteln ebenso wie "Wolfsbarsch provencale". Terrasse zum Innenhof.

In Weil-Märkt Nord-West: 5 km über B 3, in Eimeldingen links

XX **Zur Krone**

Rheinstr. 17 ✉ 79576 – ✆ (07621) 6 23 04 – www.krone-maerkt.de – geschl. Februar 2 Wochen, September 2 Wochen und Montag - Dienstag
9 Zim – †65/80 € ††95/120 € Menü 30 € – Karte 24/66 €
Die engagierte Familie hat das Gasthaus von 1884 schon in 5. Generation. Seit jeher steht Fisch im Fokus - toll, wie ganze Fische am Tisch präsentiert werden! Heiß begehrt sind im Sommer die Terrassenplätze unter Kastanien!

WEILBACH

Bayern – 2 240 Ew. – Höhe 152 m – Regionalatlas **48-G16**

Berlin 568 km – München 353 km – Würzburg 79 km – Wiesbaden 110 km

Michelin Straßenkarte 546

In Weilbach-Ohrnbach Nord-West: 8 km über Weckbach

Zum Ohrnbachtal

Ohrnbach 5 ✉ 63937 – ✆ (09373) 14 13 – www.gasthof-ohrnbachtal.de – geschl. 12. - 23. Januar

22 Zim – 65/75 € 90/100 € – ½ P

Die Familie ist hier seit rund 50 Jahren im Einsatz und auch die jüngere Generation ist mit im Haus. Vor allem die ruhige Lage macht's: ringsum Wiesen und Wälder. Spezialität im Restaurant sind Wildgerichte und Forellen aus dem eigenen Teich. Von der Terrasse schaut man ins Grüne.

WEILBURG

Hessen – 12 570 Ew. – Höhe 172 m – Regionalatlas **37-E13**

Berlin 530 km – Wiesbaden 72 km – Frankfurt am Main 61 km – Limburg an der Lahn 22 km

Michelin Straßenkarte 543

Lahnschleife

Hainallee 2 ✉ 35781 – ✆ (06471) 4 92 10 – www.hotel-lahnschleife.de

77 Zim – 88/102 € 112/116 € – ½ P

Zeitgemäß wohnt man in diesem Hotel mit mediterranem Touch, das oberhalb der Lahn am Hang liegt. Auch romantische Hochzeitszimmer stehen zur Verfügung. Ein Kosmetik- und Massage-Angebot gibt es ebenfalls. Zum Restaurant gehören zwei Terrassen mit schöner Sicht.

Joseph's

Marktplatz 10 ✉ 35781 – ✆ (06471) 21 30 – www.josephs-restaurant.de – geschl. Januar 1 Woche, Oktober 1 Woche und Montag

85 € – Karte 33/53 €

Der gebürtige Kroate Joseph Maric bietet in seinem modern-eleganten Restaurant bereits seit über 30 Jahren mediterrane Speisen wie "Milchkalbskotelett vom Grill mit Butter & Salbei". Schön die beiden Terrassen - zum Innenhof und zum Markt.

WEILER-SIMMERBERG im ALLGÄU

Bayern – 6 120 Ew. – Höhe 632 m – Regionalatlas **64-I21**

Berlin 715 km – München 179 km – Konstanz 83 km – Ravensburg 42 km

Michelin Straßenkarte 546

Im Ortsteil Weiler

Tannenhof

Lindenberger Str. 33 ✉ 88171 – ✆ (08387) 12 35 – www.tannenhof.com

113 Zim – 80/130 € 140/240 € – 12 Suiten – ½ P

Ein Ferien-, Sport- und Wellnesshotel wie aus dem Bilderbuch: beste Tennisbedingungen, Nordic Walking, Squash, Beautyanwendungen und Gesundheitsprogramme... und viel Ruhe! Dazu Zimmer vom eleganten Landhausstil bis zum "Allgäu-Design" sowie ein Restaurant mit modern-regionalem Ambiente. HP inklusive.

WEILHEIM

Bayern – 21 540 Ew. – Höhe 563 m – Regionalatlas **65-K21**

Berlin 637 km – München 51 km – Garmisch-Partenkirchen 45 km – Landsberg am Lech 37 km

Michelin Straßenkarte 546

Vollmann

Eisenkramergasse 4 ✉ 82362 – ✆ (0881) 92 77 18 60 – www.hotel-vollmann.com

41 Zim – 68/78 € 104 €

Es gibt gleich mehrere Gründe, hier zu übernachten: Das Haus liegt ganz zentral nur wenige Schritte vom Marktplatz, die Zimmer (darunter auch Appartements) sind tipptopp gepflegt und parken kann man günstig im Sparkassengebäude nebenan!

WEILROD

Hessen – 6 240 Ew. – Höhe 270 m – Regionalatlas **37-F14**
Berlin 532 km – Wiesbaden 42 km – Frankfurt am Main 47 km – Gießen 51 km
Michelin Straßenkarte 543

In Weilrod-Altweilnau Süd-Ost: 1,5 km

Landsteiner Mühle
Landstein 1 ✉ 61276 – ✆ (06083) 3 46 – www.landsteiner-muehle.de – geschl. Mittwoch - Donnerstag, außer an Feiertagen
Menü 20 € (mittags unter der Woche)/50 € – Karte 25/57 €
Hier dreht sich fast alles um den Apfel! In dem sympathischen "ApfelWeinBistrorant" mit rustikalem Charme (nett die landwirtschaftlichen Utensilien als Deko) lässt man sich den passenden Apfelwein zum regionalen Essen empfehlen. Abends gibt es ein Menü unter dem Motto "Probierma(h)l". Übrigens: In der kleinen Vinothek kann man verschiedene Weine degustieren.

WEIMAR

Thüringen – 63 240 Ew. – Höhe 220 m – Regionalatlas **40-L12**
Berlin 285 km – Erfurt 22 km – Chemnitz 132 km
Michelin Straßenkarte 544

Dorint Am Goethepark
Beethovenplatz 1 ✉ 99423 – ✆ (03643) 87 20 – www.dorint.com/weimar Stadtplan : B3**a**
137 Zim – 99/159 € 114/174 € – 20 € – 6 Suiten – ½ P
Ehemalige russische Gesandtschaft, frühere Privatvilla und moderner Zwischenbau verbinden Historisches mit Zeitgemäßem. Morgens ein sehr gutes Frühstücksbuffet, mittags und abends das Restaurant "Bettina von Arnim" mit schöner Täfelung und Dielenboden sowie die rustikale Bierstube mit Thüringer Küche.

Elephant
Markt 19 ✉ 99423 – ✆ (03643) 80 20 – www.hotelelephantweimar.com Stadtplan : B2**b**
93 Zim – 115/270 € 115/270 € – 20 € – 6 Suiten
Anna Amalia • ***Elephantenkeller*** – Siehe Restaurantauswahl
Mitten in der Stadt steht das elegante Hotel mit seinen hochwertig im Bauhausstil eingerichteten Zimmern. Interessant die Kunstsammlung im Haus - so sind z. B. die Suiten Persönlichkeiten bzw. Künstlern gewidmet.

Grand Hotel Russischer Hof
Goetheplatz 2 ✉ 99423 – ✆ (03643) 77 40 – www.russischerhof-weimar.de Stadtplan : A2**s**
126 Zim – 95 € 130 € – 20 € – 8 Suiten – ½ P
Anastasia – Siehe Restaurantauswahl
Das über 200 Jahre alte Stadthotel liegt schön zentral direkt bei der Fußgängerzone. Im vorderen historischen Gebäudeteil wohnt man besonders stilvoll, Frühstück gibt's im hellen Atrium. An die Lobby schließt sich die gediegene Bar an.

Villa Hentzel
Bauhausstr. 12 ✉ 99423 – ✆ (03643) 8 65 80 – www.hotel-villa-hentzel.de Stadtplan : B3**n**
13 Zim – 54/89 € 75/120 €
Eine ruhige Wohngegend, die Innenstadt und auch der Park an der Ilm ganz in der Nähe... Schon die Umgebung ist schön und die Villa a. d. 19. Jh. ist es ebenfalls: außen die schmucke Fassade, dahinter ganz individuelle hohe Räume. Gastgeberin Petra Hentzel und ihr Team sind freundlich und aufmerksam.

Zur Sonne
Rollplatz 2 ✉ 99423 – ✆ (03643) 8 62 90 – www.hotelzursonne-weimar.de Stadtplan : B2**c**
21 Zim – 48/52 € 68/78 € – ½ P
In dem denkmalgeschützten Haus an einem kleinen Platz im Herzen von Weimar werden schon seit dem 18. Jh. Gäste beherbergt. Die Zimmer sind unterschiedlich geschnitten und praktisch ausgestattet. Restaurant im Stil einer Gastwirtschaft, die Küche ist bürgerlich.

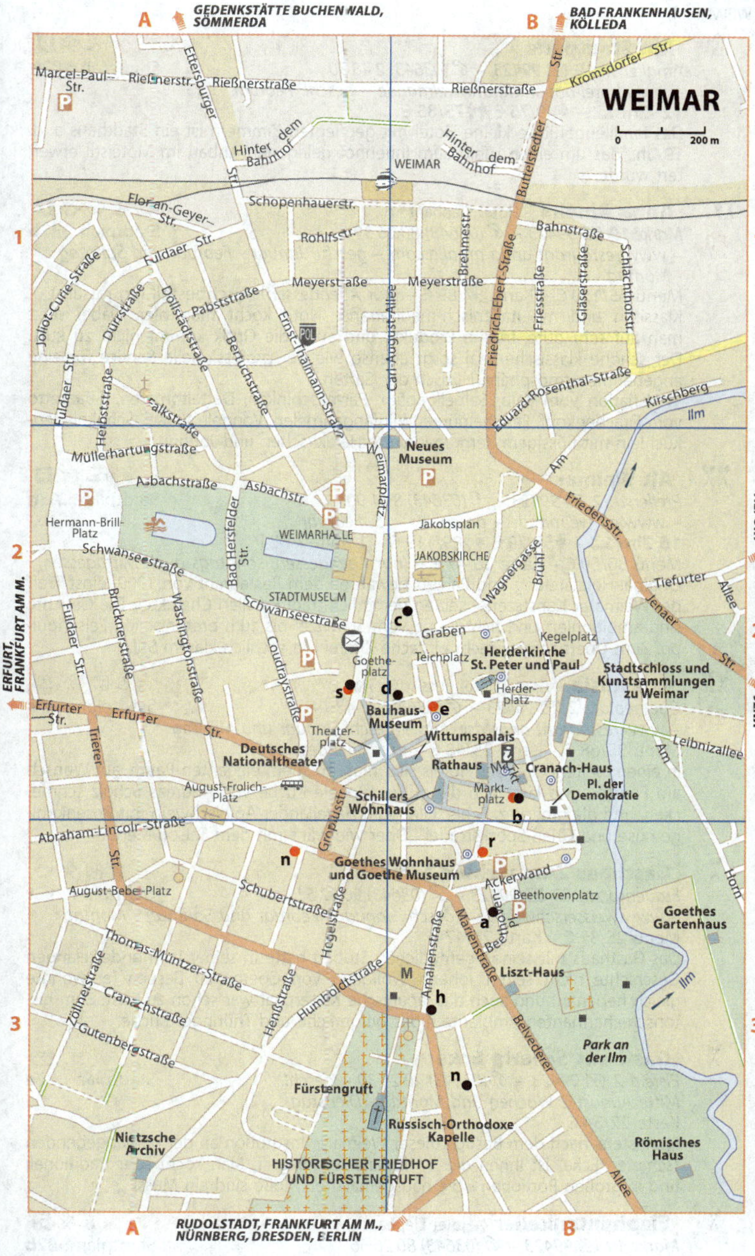
WEIMAR
0
200 m
A
B
GEDENKSTÄTTE BUCHENWALD, SÖMMERDA
BAD FRANKENHAUSEN, KÖLLEDA
RUDOLSTADT, FRANKFURT AM M., NÜRNBERG, DRESDEN, BERLIN
ERFURT, FRANKFURT AM M.
TIEFURT
JENA
1
2
3
Marcel-Paul-Str.
Rießnerstr.
Rießnerstraße
Ettersburger Str.
Kromsdorfer Str.
Buttelstedter Str.
Hinter dem Bahnhof
WEIMAR
Schopenhauerstr.
Florian-Geyer-Str.
Rohlfsstr.
Bahnstraße
Brehmestr.
Friedrich-Ebert-Straße
Fuldaer Str.
Joliot-Curie-Straße
Meyerstraße
Friesstraße
Gläserstraße
Schlachthofstr.
Dürrstraße
Döllstädtstraße
Pabststraße
Ernst-Thälmann-Straße
Carl-August-Allee
Bertuchstraße
Eduard-Rosenthal-Straße
Kirschberg
Ilm
Herbststraße
Falkstraße
Müllerhartungstraße
Neues Museum
Weimarplatz
Asbachstraße
Asbachstr.
Am Friedensstr.
Hermann-Brill-Platz
Bad Hersfelder Str.
WEIMARHALLE
Jakobsplan
JAKOBSKIRCHE
Schwanseestraße
Brühl
Wagnergasse
Tiefurter Allee
STADTMUSEUM
Jenaer Str.
Bucknerstraße
Washingtonstraße
Coudraystraße
c
Graben
Kegelplatz
Goetheplatz
Teichplatz
Herderkirche St. Peter und Paul
Stadtschloss und Kunstsammlungen zu Weimar
s
d
Herderplatz
Erfurter Str.
e
Bauhaus-Museum
Theaterplatz
Wittumspalais
Am Leibnizallee
Deutsches Nationaltheater
Rathaus
Markt
Cranach-Haus
August-Frölich-Platz
Trierer Str.
Schillers Wohnhaus
Marktplatz
Pl. der Demokratie
b
Abraham-Lincoln-Straße
Gropiusstr.
r
n
Goethes Wohnhaus und Goethe Museum
Ackerwand
August-Bebel-Platz
Schubertstraße
Beethovenplatz
Horn
a
Goethes Gartenhaus
Beethoven-Pl.
Hegelstraße
Amalienstraße
Marienstraße
Thomas-Müntzer-Straße
M
Liszt-Haus
Humboldtstraße
Zöllnerstraße
Cranachstraße
Henßstraße
h
Belvederer Allee
Gutenbergstraße
Park an der Ilm
n
Fürstengruft
Russisch-Orthodoxe Kapelle
Nietzsche Archiv
Römisches Haus
HISTORISCHER FRIEDHOF UND FÜRSTENGRUFT

Am Stadtpark

Amalienstr.19 ✉ 99423 – ✆ (03643) 2 48 30 Stadtplan : B3**h**
– www.hotel-am-stadtpark-weimar.de – geschl. Februar
12 Zim – 49/75 € 75/85 €
Das familiengeführte kleine Hotel mit gepflegten Zimmern ist ein Stadthaus a. d. 19. Jh., das um einen ruhig zum Innenhof gelegenen Anbau im Motelstil erweitert wurde.

Anna Amalia – Hotel Elephant

Markt 19 ✉ 99423 – ✆ (03643) 80 26 39 Stadtplan : B2**b**
– www.restaurant-anna-amalia.com – geschl. Januar - Februar und Sonntag - Montag
Menü 65/130 € – Karte 57/89 € – *(nur Abendessen)* (Tischbestellung ratsam)
Klassisch und mit italienisch-mediterraner Note kocht man hier. Dabei setzt man auf sehr gute, frische Produkte und auch die Optik kommt nicht zu kurz. Der schöne klassische Saal sorgt ebenso wie der professionelle Service für eine angenehme Atmosphäre. Hübsch der Garten.
➜ Variation vom Kalb, Salbeikrapfen, Parmaschinken, Datteltomaten. Guazzetto vom Drachenkopf, Fenchelpüree, Wildfanggarnelen, Vongole Veraci. Schokoladenküchlein mit flüssigem Kern, marinierte Herzkirschen und Joghurt.

Alt Weimar

Prellerstr. 2 ✉ 99423 – ✆ (03643) 8 61 90 Stadtplan : A3**n**
– www.alt-weimar.de – geschl. 1. - 15. Februar
16 Zim – 59/79 € 89/119 € – 1 Suite – ½ P
Menü 30/59 € – Karte 36/47 € – *(nur Abendessen, sonntags auch Mittagessen)*
Original-Holztäfelung und Parkett bewahren dem Restaurant von 1909 (einst Treff der Weimarer Kunstszene) seinen gemütlich-traditionellen Charakter. Die Gerichte sind ambitioniert und richtig gut, vom Schnitzel bis zum bretonischen Felsenpulpo. Zum Übernachten: recht einfache Zimmer in sachlich-klarem Stil.

Anastasia – Grand Hotel Russischer Hof

Goetheplatz 2 ✉ 99423 – ✆ (03643) 77 48 14 Stadtplan : A2**s**
– www.restaurant-anastasia.info – geschl. Januar und Montag
Menü 35/68 € – Karte 35/48 € – *(nur Abendessen)*
In einem Seitenflügel des Hotels sitzt man in einem eleganten Raum, auf Wunsch am Fenster, und lässt sich die gute saisonale Küche von Andreas Scholz schmecken, und die gibt es z. B. als "Filet vom Havelländer Apfelschwein mit Rosenkohlgemüse und Grieß-Speckstrudel". Oder wie wär's mit dem Saison-Menü?

Gasthaus Zum weißen Schwan

Frauentorstr. 23 ✉ 99423 – ✆ (03643) 90 87 51 Stadtplan : B3**r**
– www.weisserschwan.de – geschl. Januar - Februar und Sonntag - Montag
Menü 25/37 € – Karte 24/47 €
Das Gasthaus mit seinen gemütlichen Stuben hatte in seiner jahrhundertelangen Geschichte nicht selten Johann Wolfgang von Goethe zu Besuch (er wohnte gleich nebenan) und auch das japanische Kaiserpaar war schon zu Gast. Zum historisch-charmanten Ambiente gibt's bürgerliche und Thüringer Küche.

Gasthaus Scharfe Ecke

Eisfeld 2 ✉ 99423 – ✆ (03643) 20 24 30 – geschl. Mitte August 2 Wochen und Montag - Dienstag Stadtplan : B2**e**
Karte 22/34 €
Spätestens nach dem Besuch dieser Weimarer Institution an der namengebenden "scharfen Ecke" ist Ihnen die "Kloßmarie" ein Begriff. Man kocht sehr traditionell und in großen Portionen - die hausgemachten Klöße sind ein Muss!

Elephantenkeller – Hotel Elephant

Markt 19 ✉ 99423 – ✆ (03643) 80 26 66 Stadtplan : B2**b**
– www.hotelelephantweimar.com – geschl. März - September: Mittwoch
Menü 30/40 € – Karte 24/44 € – *(Juni - August: nur Abendessen)*
Auch Sie werden beeindruckt sein von dieser geschichtsträchtigen Stätte. Denn das Ambiente samt schönem Kreuzgewölbe wusste schon Johann Wolfgang von Goethe zu schätzen. Thüringer Spezialitäten!

In Weimar-Gelmeroda Süd-West 4 km über B3, Richtung Frankfurt am Main

Schwartze

Holzdorferweg 7 ✉ 99428 – ✆ (03643) 5 99 50 – www.hotel-schwartze.de – geschl. 20. Dezember - 5. Januar

30 Zim – 60/70 € 80/95 €

Seit über 20 Jahren betreibt Familie Schwartze ihr Haus und sorgt dafür, dass alles in Schuss ist. Nicht nur die freundlich eingerichteten Zimmer sind interessant, auch die gute Autobahnanbindung und die 24 Stunden besetzte Rezeption! Schauen Sie sich auch mal draußen um: Man hat ein eigenes Damwildgehege.

In Weimar-Schöndorf Nord: 4 km über Buttelstedter Straße B1

Dorotheenhof

Dorotheenhof 1 ✉ 99427 – ✆ (03643) 45 90 – www.dorotheenhof.com

56 Zim – 65/115 € 92/145 € – 15 € – 4 Suiten – ½ P

Alboth's Restaurant – Siehe Restaurantauswahl

Sie mögen Gutshof-Flair? Den hat der einst von Rittmeister Carl von Kalckreuth angelegte Dorotheenhof, passend dazu der schöne Landhausstil! Tagungsgäste schätzen die moderne Technik. Gastronomisch hat man neben dem "Alboth's" noch die behagliche "Küchenstube" und das elegante "Le Goullon" mit Kreuzgewölbe!

Alboth's Restaurant – Hotel Dorotheenhof

Dorotheenhof 1 ✉ 99427 – ✆ (03643) 45 90 – www.dorotheenhof.com – geschl. Januar 2 Wochen, Juli - August 3 Wochen und Sonntag - Dienstag

Menü 58/103 € – Karte 47/99 € – *(nur Abendessen)*

Claus Alboth ist kein Unbekannter in der Region. Es gibt zwei Menüs in einem kleinen Fine-Dining-Restaurant: elegantes Gedeck, dazu markantes Rot und fast schon intime Atmosphäre. Sie möchten selbst Hand anlegen? Kochschule im 1. Stock!

WEINBÖHLA – Sachsen ➔ Siehe Meißen

WEINGARTEN

Baden-Württemberg – 23 700 Ew. – Höhe 485 m – Regionalatlas **63-H21**

Berlin 692 km – Stuttgart 143 km – Konstanz 48 km – Ravensburg 4 km

Michelin Straßenkarte 545

Altdorfer Hof

Burachstr. 12 ✉ 88250 – ✆ (0751) 5 00 90 – www.altdorfer-hof.de – geschl. 21. Dezember - 10. Januar

55 Zim – 85/110 € 120/150 € – 1 Suite – ½ P

Das Hotel liegt in einer verkehrsberuhigten Zone am Stadtrand, wird familiär geführt und präsentiert sich in wohnlich-klassischem Stil. In das gediegene Bild fügt sich das Restaurant mit seiner Barock-Note schön ein.

Bären

Kirchstr. 3 ✉ 88250 – ✆ (0751) 56 12 00 – www.baeren-weingarten.de – geschl. 1. - 21. August

15 Zim – 61/77 € 84/98 € – 1 Suite – ½ P

Das seit über 300 Jahren existierende Gasthaus ist eine nette Adresse, die über gepflegte Zimmer mit gutem Platzangebot und ein Restaurant mit rustikaler Note verfügt. Hinterm Haus zur Fußgängerzone liegt die kopfsteingepflasterte und begrünte Terrasse.

In Wolpertswende-Mochenwangen Nord: 7,5 km über B 30, in Eggers links

Rist

Bahnhofstr. 8 ✉ 88284 – ✆ (07502) 9 22 20 – www.hotel-rist.de – geschl. Februar 2 Wochen, August 2 Wochen

16 Zim – 30/48 € 60/72 €

Ein typischer schwäbischer Gasthof mit neuzeitlichem Gästehaus. In beiden Bereichen sind die Zimmer gepflegt und funktionell ausgestattet. Helle rustikale Gaststube mit freundlich-familiärem und lebendigem Service.

WEINGARTEN (Kreis KARLSRUHE)

Baden-Württemberg – 10 080 Ew. – Höhe 119 m – Regionalatlas **54-F17**
Berlin 664 km – Stuttgart 88 km – Karlsruhe 17 km – Heidelberg 46 km
Michelin Straßenkarte 545

Walk'sches Haus

Marktplatz 7, B 3 ✉ 76356 – ✆ (07244) 7 03 70 – www.walksches-haus.de
26 Zim – †78/85 € ††134/144 € – ½ P
Gourmet-Restaurant ✿ – Siehe Restaurantauswahl
Das Hotel in der Altstadt besteht aus einem schönen jahrhundertealten Fachwerkhaus mit individuellen Zimmern und einem Gästehaus; hier sind die Zimmer etwas größer. Das Bistro als legere Alternative zum Gourmet-Restaurant bietet Bauernsülze, Flammkuchen, Wiener Schnitzel... Toll die Terrasse am Kanal!

Gourmet-Restaurant – Hotel Walk'sches Haus

✿

Marktplatz 7, B 3 ✉ 76356 – ✆ (07244) 7 03 70 – www.walksches-haus.de – geschl. Anfang Januar 2 Wochen und Sonntag - Montag
Menü 62/95 € – Karte 47/76 € – *(nur Abendessen)*
Ausgesprochen gelungene asiatischen Einflüsse in mehr als stimmigen Kombinationen - da sind Ihnen geschmackliche Highlights gewiss. Unverändert gemütlich die Restaurantstuben, schön die Terrasse im Hof.
➜ Jakobsmuschel, Kopfsalat, Passionsfrucht, weiße Schokolade. Glasiertes Rinderfilet, BBQ-Aromen, Lauch, Maiscreme, Tomate und Ofenkartoffelschaum. Mango, Limone, Gewürzbrot, Olivenöl und Joghurtcreme.

WEINHEIM an der BERGSTRASSE

Baden-Württemberg – 43 630 Ew. – Höhe 135 m – Regionalatlas **47-F16**
Berlin 609 km – Stuttgart 137 km – Mannheim 28 km – Darmstadt 45 km
Michelin Straßenkarte 545

Ottheinrich

Hauptstr. 126 ✉ 69469 – ✆ (06201) 1 80 70 – www.hotelottheinrich.de
25 Zim – †99/119 € ††119/139 € – 2 Suiten
Mitten in der Altstadt liegt das Hotel, dessen teilweise recht geräumige Zimmer in klarem modernem Design gehalten sind. Freundlich auch das Ambiente im Frühstücksraum. Wer länger bleibt, bucht ein großzügiges Appartement im Haus gegenüber.

Fuchs'sche Mühle

Birkenauer Talstr. 10, Ost: 1,5 km ✉ 69469 – ✆ (06201) 1 00 20 – www.fuchssche-muehle.de
18 Zim – †68/105 € ††110/145 € – ½ P
Fuchs'sche Mühle – Siehe Restaurantauswahl
Schon weit über 200 Jahre hat Familie Fuchs die einstige Mühle von 1563. Alles ist gepflegt, wohnlich die waldseitigen Zimmer, das Frühstücksbuffet gut bestückt, hübsch der Saunabereich. Für Wanderer und Jogger: schöne Wege direkt am Haus!

Goldener Pflug

Obertorstr. 5 ✉ 69469 – ✆ (06201) 9 02 80 – www.hotel-goldener-pflug.de – geschl. 24. Dezember - 6. Januar
17 Zim – †62/80 € ††89/97 €
Das hat Charme: ein denkmalgeschütztes über 400 Jahre altes Fachwerkhaus mitten in der Altstadt. Hier kümmert sich Familie Stark (3. Generation) mit wohnlich-klassischen Zimmern und gutem Frühstück um Sie. Dazu eine gemütliche Weinstube. Im Nebenhaus: Ferienwohnungen und kleines Chocolatiergeschäft.

Hutter im Schloss

Obertorstr. 9 ✉ 69469 – ✆ (06201) 9 95 50 – www.hutter-im-schloss.de – geschl. Mittwoch
Menü 30/69 € – Karte 28/72 € – *(im Winter: Montag - Freitag nur Abendessen, außer an Feiertagen)*
Hohe Decken, Stuck, Parkettboden... Schönes klassisches Interieur in einem historischen Schloss, dazu die Terrasse zum Schlosspark! Die Küche ist regional und spanisch inspiriert. Interessant: Tapas und Badische Bissen. Vegetarisches Menü.

Fuchs'sche Mühle – Hotel Fuchs'sche Mühle

Birkenauer Talstr. 10, Ost: 1,5 km ✉ 69469 – ✆ (06201) 1 00 20 – www.fuchssche-muehle.de – geschl. über Fasching 2 Wochen, August 2 Wochen und Sonntag - Montag

Menü 34/62 € – Karte 37/63 € – *(nur Abendessen)*

Müllerstube, Bauernstube, Fuchsbau... Hier hat man es schön gemütlich bei klassisch-internationalen Gerichten wie "Rinderschmorbraten mit Rotkohl" oder "Skreifilet mit Paprika". Probieren Sie auch mal das Vital- oder das Monatsmenü.

EssZimmer (N)

Marktplatz 6, 1. Etage ✉ 69469 – ✆ (06201) 8 77 67 87 – www.esszimmer-weinheim.de – geschl. Oktober - März: Dienstag

Menü 39/62 € – Karte 40/59 € – *(Oktober - März: nur Abendessen)* (Tischbestellung ratsam)

Direkt am charmanten Marktplatz erwarten Sie hier engagierte Gastgeber in modernem Bistroambiente zu frischer, schmackhafter Küche: "Seeteufel mit Pfifferlingen, Belugalinsen, Brokkoli, Artischocken", Steaks vom Dry Aged Odenwälder Rind...

WEINSBERG

Baden-Württemberg – 11 390 Ew. – Höhe 219 m – Regionalatlas **55-G17**

▶ Berlin 588 km – Stuttgart 53 km – Heilbronn 6 km – Schwäbisch Hall 42 km

Michelin Straßenkarte 545

Außerhalb Süd-Ost: 2 km, nahe A 81 Ausfahrt Weinsberg-Ellhofen

Rappenhof

Rappenhofweg 1 ✉ 74189 Weinsberg – ✆ (07134) 51 90 – www.rappenhof.de – geschl. 21. Dezember - 10. Januar

38 Zim – 🚹98/125 € 🚹🚹118/135 € – 1 Suite – ½ P

Das hübsche Landhotel liegt nicht weit von der Autobahn und doch im Grünen zwischen den Weinbergen. Die Zimmer sind hell und wohnlich im Landhausstil eingerichtet, meist mit Balkon. Der Wintergartenanbau und die Terrasse des Restaurants bieten eine schöne Sicht.

WEINSTADT

Baden-Württemberg – 26 180 Ew. – Höhe 241 m – Regionalatlas **55-H18**

▶ Berlin 616 km – Stuttgart 24 km – Esslingen am Neckar 13 km – Schwäbisch Gmünd 38 km

Michelin Straßenkarte 545

In Weinstadt-Baach

Adler

Forststr. 12 ✉ 71384 – ✆ (07151) 6 58 26 – www.adler-baach.de – geschl. 18. Januar - 2. Februar, 27. Juli - 14. August und Montag - Dienstag

5 Zim – 🚹41/59 € 🚹🚹70/89 €

Menü 30 € – Karte 27/65 € – *(Mittwoch, Donnerstag und Sonntag nur Mittagessen)*

Hier isst man lecker und bodenständig! Michael Kiesel steht nach wie vor mit großer Freude am Herd. Aus seiner bürgerlich-schwäbischen Küche sollten Sie eines der Forellengerichte probieren! Sie sitzen gerne draußen? Die Markise hält auch mal einem Regen Stand! Ansonsten sind die Stuben schön gemütlich.

Gasthaus Rössle

Forststr. 6 ✉ 71384 – ✆ (07151) 6 68 24 – www.roessle-baach.de – geschl. Ende März 1 Woche, Ende Juni 1 Woche, Mitte September 1 Woche und Mittwoch - Donnerstag

Karte 25/48 €

Ein bürgerlich-ländliches Gasthaus, das so manchen Stammgast hat. Kein Wunder, denn die sympathischen Betreiber Daniela und Roland Welte bieten hier Leckeres aus Schwaben wie Maultaschen oder Gaisburger Marsch, aber auch internationale Gerichte. Probieren Sie das Kürbiskernöleis!

In Weinstadt-Beutelsbach

Weinstadt-Hotel

Marktstr. 41 ✉ 71384 – ✆ (07151) 99 70 10 – www.weinstadt-hotel.de
32 Zim – 🚹70/79 € 🚹🚹90/99 € – ☕ 6 € – ½ P
Hier lässt es sich schön wohnen: ein freundlich geführtes Nichtraucherhotel mit gepflegten Zimmern (fragen Sie nach den neuen), charmantem Innenhof, in dem man auch angenehm frühstücken kann, und gemütlichem Restaurant mit schwäbischer und französischer Küche. Tipp: Ein Essen zu zweit im "Weinberghäusle"!

In Weinstadt-Endersbach

Weinstube Muz

Traubenstr. 3 ✉ 71384 – ✆ (07151) 6 13 21 – www.weinstube-muz.de – geschl. Anfang August 3 Wochen und Samstagmittag, Sonntag - Montag, sowie an Feiertagen
Menü 20 € (mittags unter der Woche)/59 € – Karte 25/54 €
Dass man sich in dem Gasthaus von 1877 so richtig wohlfühlt, liegt zum einen an der heimeligen Atmosphäre und den herzlichen Gastgebern, zum anderen an der wirklich guten regionalen Saisonküche mit verschiedenen Menüs und natürlich Klassikern wie Zwiebelrostbraten. Die schönen Weine der Region kann man übrigens auch bei einer (Gruppen-) Weinprobe in den Weinbergen kennenlernen. Zum Biergarten sind es 5 Gehminuten.

In Weinstadt-Strümpfelbach

Zum Hirsch

Hauptstr. 3 ✉ 71384 – ✆ (07151) 6 11 03 – www.hirsch-struempfelbach.de – geschl. Montag - Dienstag, Mittwochabend, Donnerstagabend
Karte 21/47 €
So ländlich-charmant kann es wohl nur in einem historischen Fachwerkhaus sein. Gekocht wird hier schwäbisch. Gefällt Ihnen eines der dekorativen Aquarelle? Die malt der Chef selbst, Sie können sie auch kaufen! Tipp: Erwandern Sie den rund 3 km langen Skulpturenpfad (39 Plastiken) in den Weinbergen!

WEISENDORF

Bayern – 6 360 Ew. – Höhe 308 m – Regionalatlas **50-K16**
Berlin 445 km – München 204 km – Nürnberg 35 km – Bamberg 53 km
Michelin Straßenkarte 546

Jägerhof

Auracher Bergstr. 2 ✉ 91085 – ✆ (09135) 71 70 – www.jaegerhof.biz – geschl. 1. - 6. Januar, August 2 Wochen
34 Zim ☕ – 🚹65/99 € 🚹🚹90/130 €
In dem familiengeführten Hotel in der Ortsmitte wohnt man in schön freundlich gestalteten Zimmern, im Gästehaus mit Blick auf den Badweiher. In den gemütlich-modernen Restaurantstuben essen Sie bürgerlich - vor allem sollten Sie die Fleischgerichte probieren!

In Weisendorf-Oberlindach Nord: 1 km

Acantus

Ringstr. 13 ✉ 91085 – ✆ (09135) 21 16 60 – www.acantus-hotel.de – geschl. Ende August 2 Wochen
57 Zim – 🚹85 € 🚹🚹97 € – ☕ 14 € – 2 Suiten – ½ P
Mit seiner wertigen Ausstattung und dem geradlinigen Stil hat das Hotel schon etwas zu bieten. Wenn Sie ein bisschen länger bleiben möchten, sind die Apartments mit Küche ideal. Wer zum Essen kommt, sollte Wild bestellen, das stammt aus eigener Jagd, und den Rehschinken stellt der Chef selbst her! Schön die Eventscheune - ein gelungener Mix aus historisch und modern.

WEISENHEIM am BERG

Rheinland-Pfalz – 1 660 Ew. – Höhe 221 m – Regionalatlas **47-E16**
Berlin 639 km – Mainz 78 km – Mannheim 29 km – Kaiserslautern 41 km
Michelin Straßenkarte 543

XX **Admiral** N

Leistadter-Str. 6 ✉ 67273 – ✆ (06353) 41 75 – www.admiral-weisenheim.de – geschl. Montag - Dienstag, Mittwochmittag, Donnerstagmittag
Menü 39/65 € – Karte 34/57 €
Ein charmantes Restaurant mitten im Ort, in dem Sie ambitioniert bekocht und aufmerksam umsorgt werden. Die internationalen Gerichte nennen sich z. B. "Kalbstafelspitz / Spinat / Ricotta-Nocken / Balsamico-Honigzwiebeln". Schöne Terrasse.

WEISKIRCHEN

Saarland – 6 390 Ew. – Höhe 400 m – Regionalatlas **45-B16**
Berlin 725 km – Saarbrücken 59 km – Trier 37 km – Birkenfeld 39 km
Michelin Straßenkarte 543

Parkhotel

Kurparkstr. 4 ✉ 66709 – ✆ (06876) 91 90 – www.parkhotel-weiskirchen.de
124 Zim – †80/185 € ††110/165 € – 1 Suite – ½ P
Nicht nur für Tagungen ist das Hotel optimal. Wer entspannen möchte, kann dies im direkt angeschlossenen öffentlichen Bäderzentrum "Vitalis" mit Gesundheits- und Beautyangebot. Und gastronomisch? Wählen Sie zwischen internationaler Küche im Restaurant mit Wintergarten und dem etwas günstigeren bürgerlichen Angebot der Brasserie. Jeden 1. Sonntag im Monat Brunch.

In Weiskirchen-Rappweiler Süd-West: 2 km

XX **La Provence**

Merziger Str. 25 ✉ 66709 – ✆ (06872) 43 26 – www.le-restaurant-la-provence.de – geschl. Angang - Mitte Februar 1 Woche, Juli - August 3 Wochen und Montag - Dienstag
Karte 25/55 € – *(nur Abendessen, sonntags auch Mittagessen)*
Es verwundert nicht, dass in einem Restaurant mit dem Namen "La Provence" alles etwas französisch inspiriert ist! Spezialität im Herbst sind Bouchot-Muscheln in unterschiedlichen klassischen Zubereitungen. Im Winter bringt der offene Kamin wohlige Wärme. Alternativ: Brasserie Le Mistral mit kleinerer Karte.

WEISSENBURG in BAYERN

Bayern – 17 740 Ew. – Höhe 422 m – Regionalatlas **57-K18**
Berlin 483 km – München 131 km – Nürnberg 59 km – Augsburg 82 km
Michelin Straßenkarte 546

Am Ellinger Tor

Ellinger Str. 7 ✉ 91781 – ✆ (09141) 8 64 60 – www.ellingertor.de
27 Zim – †60/79 € ††69/99 € – ½ P
Das historische Fachwerkhaus mit roter Fassade liegt relativ ruhig im Zentrum. Man bietet individuelle Zimmer, teils mit freigelegtem Gebälk, sowie einen hübschen Frühstücksraum. Bürgerlich-regionale Küche im Restaurant mit Terrasse im Innenhof.

WEISSENFELS

Sachsen-Anhalt – 39 910 Ew. – Höhe 100 m – Regionalatlas **41-M12**
Berlin 201 km – Magdeburg 122 km – Leipzig 42 km – Halle 34 km
Michelin Straßenkarte 542

Parkhotel Güldene Berge

Langendorfer Str. 94 ✉ 06667 – ✆ (03443) 3 92 00 – www.gueldene-berge.de
32 Zim – †70/95 € ††95/115 € – 1 Suite – ½ P
Gegen Ende des 19. Jh. wurde diese Villa mit kleiner Parkanlage erbaut. Ein gut geführtes Hotel mit wohnlichen und zeitgemäßen Zimmern. Schön hat man in der Lobby mit altem Treppenaufgang den historischen Charakter des Haupthauses bewahrt. Das Restaurant bietet regionale Speisen sowie Flammkuchen.

WEISSENHORN

Bayern – 13 230 Ew. – Höhe 501 m – Regionalatlas **56-I20**
Berlin 591 km – München 146 km – Augsburg 67 km – Memmingen 41 km
Michelin Straßenkarte 546

Zum Löwen

Martin-Kuen-Str. 5 ✉ 89264 – ✆ (07309) 9 65 00
– www.der-loewen.de – geschl. über Weihnachten
22 Zim – †61/70 € ††85/92 €
Eine lange Wirtshaustradition hat das recht ruhig in der Altstadt gelegene Haus, das von der Familie persönlich geführt wird. Im Gästehaus sind die Zimmer besonders geräumig. Im traditionellen Gasthof mit hübsch geschwungenem Giebel bietet man Regionales.

WEISSENSTADT

Bayern – 3 190 Ew. – Höhe 630 m – Regionalatlas **51-M15**
Berlin 349 km – München 265 km – Hof 28 km – Bayreuth 36 km
Michelin Straßenkarte 546

Gasthaus Egertal

Wunsiedler Str. 49 ✉ 95163 – ✆ (09253) 2 37
– www.gasthaus-egertal.de – geschl. 4. - 28. Januar und Dienstag
Menü 32/79 € – Karte 35/69 € – *(nur Abendessen, sonntags auch Mittagessen)*
(Tischbestellung ratsam)
Seit Jahrzehnten ist Familie Rupprecht in der Gastronomie zu Hause. Die Küche von Theodor Rupprecht ist klassisch, ein gutes Beispiel ist "US Steakhüfte und geschmorte Kalbsbäckchen auf Wurzelgemüse und Burgundersauce". Schön auch das Ambiente in dem hübsch sanierten alten Gasthaus.
Bistro Prinz-Rupprecht Stube – Siehe Restaurantauswahl

Bistro Prinz-Rupprecht Stube – Restaurant Gasthaus Egertal

Wunsiedler Str. 49 ✉ 95163 – ✆ (09253) 2 37
– www.gasthaus-egertal.de – geschl. 4. - 28. Januar und Dienstag
Menü 18/29 € – Karte 26/48 € – *(nur Abendessen, sonntags auch Mittagessen)*
"Egertaler Fischsuppe" gefolgt von "Rinderbraten mit Blaukraut und Klößen" - die regional-saisonale Küche lässt man sich in rustikaler Atmosphäre unter dem freigelegten böhmischen Kreuzgewölbe oder im lichten "Bistrogarden" schmecken.

WEISWEIL

Baden-Württemberg – 2 070 Ew. – Höhe 172 m – Regionalatlas **61-D20**
Berlin 783 km – Stuttgart 181 km – Freiburg im Breisgau 36 km – Offenburg 39 km
Michelin Straßenkarte 545

Landgasthof Baumgärtner

Sternenstr. 2 ✉ 79367 – ✆ (07646) 3 47
– www.baumgaertner-weisweil.de – geschl. August 2 Wochen und Montag
Menü 27/40 € – Karte 25/53 € – *(nur Abendessen, sonntags sowie an Feiertagen auch Mittagessen)*
In dem langjährigen Familienbetrieb kommen regionale Gerichte auf den Tisch, und zwar in einer rustikalen Stube mit hübschem altem Kachelofen, der im Winter schön wärmt. Gerne empfiehlt man auch Speisen außerhalb des Angebots.

WEITNAU

Bayern – 5 130 Ew. – Höhe 797 m – Regionalatlas **64-I21**
Berlin 724 km – München 154 km – Augsburg 131 km – Kempten 24 km
Michelin Straßenkarte 546

In Weitnau-Hellengerst Nord-Ost: 10 km über B 12

Hanusel Hof

Helinger Str. 5 ✉ 87480 – ✆ (08378) 9 20 00 – www.hanusel-hof.de
39 Zim – 89/162 € 127/232 € – 8 Suiten – ½ P
Früher Viehweiden, heute der hauseigene Golfplatz - das satte Grün ringsum ist geblieben! Viele Golfer sind hier zu Gast - sie wohnen in geräumigen Zimmern, gönnen sich gerne mal eine Ayurveda- oder Alpenkräutermassage und genießen den Bergblick (sehr schön von der Terrasse!). Im Winter Loipen vor dem Haus.

WEMDING

Bayern – 5 820 Ew. – Höhe 463 m – Regionalatlas **57**-K18
Berlin 511 km – München 128 km – Augsburg 70 km – Nördlingen 18 km
Michelin Straßenkarte 546

Weißer Hahn

Wallfahrtstr. 19 ✉ 86650 – ✆ (09092) 9 68 00 – www.weisser-hahn.de
27 Zim – 65/89 € 86/90 € – 1 Suite – ½ P
Von 1464 stammt das Haus mit dem aufwändig gestalteten Treppengiebel. Man hat gepflegte und funktionale Zimmer, ein Restaurant mit gutbürgerlicher Küche, die auch im Biergarten hinter dem Gasthof serviert wird, sowie Gastboxen auf dem eigenen Reiterhof!

WENDELSTEIN

Bayern – 15 620 Ew. – Höhe 330 m – Regionalatlas **50**-K17
Berlin 439 km – München 157 km – Nürnberg 15 km – Ingolstadt 84 km
Michelin Straßenkarte 546

Siehe Nürnberg (Umgebungsplan)

Zum Wenden

Hauptstr. 32 ✉ 90530 – ✆ (09129) 9 01 30 – www.hotelzumwenden.de Stadtplan : CD3c
17 Zim – 60/69 € 89/99 € – ½ P
Ein sympathischer Gasthof, dessen Tradition bis ins Jahr 1745 zurückreicht. Sie schlafen in funktionellen, zeitgemäßen Zimmern (teilweise mit Fachwerk) und speisen im gemütlichen Restaurant mit Holzdecke und alten Balken.

WENDEN

Nordrhein-Westfalen – 19 530 Ew. – Höhe 360 m – Regionalatlas **37**-E12
Berlin 565 km – Düsseldorf 109 km – Siegen 21 km – Köln 72 km
Michelin Straßenkarte 543

An der Straße nach Hünsborn Süd: 2 km

Landhaus Berghof

Berghof 1 ✉ 57482 – ✆ (02762) 50 88 – www.landhaus-berghof.de
15 Zim – 65/75 € 100 € – ½ P
Ein sehr nettes und persönlich geführtes Landhotel, das direkt am Waldrand liegt und für seine Gäste geschmackvolle, wohnliche Zimmer mit schönen modernen Bädern und teilweise mit Parkett bereithält. Das Restaurant bietet eine reizvoll zum Wald hin gelegene Terrasse.

In Wenden-Brün West : 5,5 km über Gerlingen

Sporthotel Landhaus Wacker

Mindener Str. 1 ✉ 57482 – ✆ (02762) 69 90 – www.hotel-wacker.de
71 Zim – 79/109 € 98/178 € – ½ P
Was 1860 als Post- und Pferdewechselstation begann, ist heute ein bei Wochenendurlaubern und Tagungsgästen gleichermaßen beliebtes Hotel. Warmes Holz im alpenländischen Stil sorgt für Wohnlichkeit. Für Wellnessfans und Aktive: Beautybehandlungen, Minigolf, Fußball, Reiten - eigene Reitanlage ganz in der Nähe.

WENDLINGEN AM NECKAR

Baden-Württemberg – 15 560 Ew. – Höhe 280 m – Regionalatlas **55-H18**
Berlin 626 km – Stuttgart 30 km – Göppingen 28 km – Reutlingen 31 km
Michelin Straßenkarte 545

Villa Behr

Behrstr. 90 ✉ 73240 – ✆ (07024) 5 01 95 51 – www.villa-behr.de
12 Zim – 99/109 € 109/139 € – 15 € – 2 Suiten
Übrig geblieben von der ehemaligen Möbelfabrik ist dieses hübsche denkmalgeschützte Gebäude von 1910, in dem es sich heute richtig schön in hellen, geradlinig-modernen Zimmern wohnt. Gegessen wird (genau wie damals) in der einstigen Betriebskantine: italienische Küche samt Pizza sowie Weine aus Italien.

WERBEN – Brandenburg ➜ Siehe Burg (Spreewald)

WERDAU

Sachsen – 21 120 Ew. – Höhe 276 m – Regionalatlas **42-N13**
Berlin 263 km – Dresden 123 km – Gera 41 km – Zwickau 9 km
Michelin Straßenkarte 544

Friesen

Zwickauer Str. 58, B 175 ✉ 08412 – ✆ (03761) 8 80 00 – www.hotel-friesen.de
20 Zim – 47/52 € 73/79 € – ½ P
Das schon seit über 20 Jahren familiengeführte kleine Hotel am Ortsanfang ist eine zeitgemäße, funktionelle und gepflegte Adresse. Viel Holz bestimmt das Ambiente im bürgerlichen Restaurant.

In Werdau-Steinpleis Süd-Ost: 2,5 km

In der Mühle

Mühlweg 1 ✉ 08412 – ✆ (03761) 18 88 80 – www.hotel-indermuehle.de
21 Zim – 47/53 € 69/73 €
Der Familienbetrieb liegt ruhig neben einer Wassermühle, beschattet von 100-jährigen Eichen. Sie schlafen in ländlich eingerichteten Zimmern und speisen im rustikalen Restaurant unter historischen Deckenbalken. Kinder wird's freuen: Der Garten ist groß genug für einen Spielplatz!

WERDER (HAVEL)

Brandenburg – 23 840 Ew. – Höhe 31 m – Regionalatlas **22-O8**
Berlin 53 km – Potsdam 11 km – Brandenburg an der Havel 29 km – Oranienburg 64 km
Michelin Straßenkarte 542

In Werder-Petzow Süd-Ost: 4 km

Resort Schwielowsee

Am Schwielowsee 117, Nord-Ost: 1,5 km ✉ 14542 – ✆ (03327) 5 69 60 – www.resort-schwielowsee.de – geschl. 14. - 28. Dezember
151 Zim – 79/179 € 99/219 € – 19 € – 4 Suiten – ½ P
Weitläufige Hotelanlage am See mit eleganten Zimmern und Suiten, Pfahlhäusern sowie Apartments im "Key West Village" (z. T. mit eigener Sauna). Strandbad und Bootssteg. Das Restaurant bietet Internationales, daneben gibt es das "Ernest" in einem Pavillon am Wasser, hier Fischgerichte aus der Showküche.

In Werder-Kemnitz

Zum Rittmeister

Seestr. 9 ✉ 14542 – ✆ (03327) 46 46 – www.zum-rittmeister.de
35 Zim – 75/80 € 95/105 € – ½ P
Wirklich schön, was aus dem ehemaligen Kinderheim geworden ist! Das parkähnliche Grundstück liegt direkt am Plessower See, die Zimmer sind neuzeitlich und freundlich und haben alle eine Terrasse zum Garten. Dazu ein gemütliches Restaurant mit traditioneller und internationaler Küche sowie eine Hausbrauerei.

WERDOHL

Nordrhein-Westfalen – 18 080 Ew. – Höhe 210 m – Regionalatlas **27-D11**
Berlin 534 km – Düsseldorf 91 km – Arnsberg 43 km – Hagen 36 km
Michelin Straßenkarte 543

In Werdohl-Kleinhammer

Thuns Dorfkrug

Brauck 7 ✉ 58791 – ✆ (02392) 9 79 80
– www.thuns.info – geschl. Samstagmittag, Sonntag
17 Zim ☕ – 49/63 € 91 € Menü 40/50 € – Karte 33/56 €
Gepflegte Tischkultur, engagierter Service und gute Küche, die einen schmackhaften Mix aus Regionalem und Internationalem bietet. Zeitgenössische Bilder und Parkettboden sind hübsche Details in dem modern und schlicht-elegant gestalteten Restaurant. Gästezimmer in geradlinigem neuzeitlichem Stil.

WERLTE

Niedersachsen – 9 730 Ew. – Höhe 33 m – Regionalatlas **16-E7**
Berlin 487 km – Hannover 220 km – Oldenburg 74 km – Assen 138 km
Michelin Straßenkarte 541

Afrikan Sky

Harrenstätter Str. 64 ✉ 49757 – ✆ (05951) 98 77 60
– www.africanskyhotel.de
39 Zim ☕ – 69/75 € 89/95 € – 1 Suite – ½ P
Simola – Siehe Restaurantauswahl
Allerlei Accessoires in Hotel und Restaurant lassen südafrikanischen Lodge-Stil erkennen. Kein Wunder: Der Eigentümer lebt seit Jahren in Südafrika und betreibt dort weitere Hotels dieser Art!

Simola – Hotel Afrikan Sky

Harrenstätter Str. 64 ✉ 49757 – ✆ (05951) 98 69 00
– www.simolarestaurant.de – geschl. 1. - 7. Januar und Sonntag
Menü 30/90 € – Karte 25/51 € – *(nur Abendessen)*
Der Bezug zu Südafrika ist angenehm unaufdringlich, aber doch präsent - zum einen in diversen Dekorationsgegenständen, zum anderen natürlich im internationalen Speisenangebot.

WERMELSKIRCHEN

Nordrhein-Westfalen – 34 480 Ew. – Höhe 310 m – Regionalatlas **36-C12**
Berlin 541 km – Düsseldorf 50 km – Köln 34 km – Lüdenscheid 38 km
Michelin Straßenkarte 543

Zum Schwanen

Schwanen 1 ✉ 42929 – ✆ (02196) 71 10
– www.zumschwanen.com
40 Zim – 55/110 € 90/136 € – ☕ 6 €
Ein gut geführter Familienbetrieb in zentraler Lage an der Durchgangsstraße. Die Zimmer im Stammhaus sind neuzeitlich-funktional eingerichtet, die im Anbau klassisch-elegant. Das Speisenangebot im gemütlichen Restaurant ist international ausgelegt, zudem gibt es die Gourmet-Variante "Schwanenstübchen" mit separater Karte.

In Wermelskirchen-Stumpf Süd: 4 km

Landhaus Spatzenhof

Süppelbach 11, Süd-Ost: 2,5 km in Richtung Kürten ✉ 42929
– ✆ (02196) 9 75 90 – www.landhaus-spatzenhof.de
– geschl. Mitte Oktober 1 Woche
6 Zim ☕ – 109/139 € 160/195 €
Landhaus Spatzenhof ✿ – Siehe Restaurantauswahl
Etwas Schöneres hätte man aus dem idyllisch gelegenen ehemaligen Waisenhaus von 1913 kaum machen können: Nach aufwändiger Sanierung wohnt man hier nun ausgesprochen geschmackvoll, wertig und individuell. Zudem bringt Familie Wolter eine persönliche Note ins Haus, nicht zuletzt in Form eines tollen Frühstücks - im Sommer natürlich am liebsten auf der Terrasse!

XX ✿

Landhaus Spatzenhof (Philipp Wolter) – Hotel Landhaus Spatzenhof

Süppelbach 11, Süd-Ost: 2,5 km in Richtung Kürten ✉ 42929 – ✆ (02196) 9 75 90 – www.landhaus-spatzenhof.de – geschl. Montag - Dienstag

Menü 32 € (vegetarisch)/95 € – Karte 42/62 € – *(nur Abendessen, sonntags auch Mittagessen)*

Philipp Wolter bietet hier regionale sowie moderne klassische Speisen, und die sind nicht nur niveauvoll, handwerklich exakt und optisch sehr ansprechend, sie sind auch preislich fair und werden zudem überaus freundlich und kompetent serviert. Und wo möchten Sie sitzen? In charmanten kleinen Stuben mit modernem Landhausambiente oder lieber auf der tollen Terrasse?

→ Mosaik vom Kaisergranat mit konfierter Melone und feiner Estragon-Emulsion. Grafschafter Weinbergschnecken mit Buchenpilzen, Papardelle und Bärlauchschaum. Knuspriges Röllchen mit Erdbeeren und Ingwer-Bionadesorbet.

WERMSDORF

Sachsen – 5 340 Ew. – Höhe 170 m – Regionalatlas **32-O11**

Berlin 226 km – Dresden 80 km – Leipzig 49 km – Oschatz 13 km

Michelin Straßenkarte 544

Seehof Döllnitzsee

Grimmaer Str. 29 ✉ 04779 – ✆ (034364) 5 17 00 – www.hotel-doellnitzsee.de

20 Zim – 64/69 € 90/109 € – 3 Suiten

Ein hübsches und tipptopp gepflegtes Hotel unter familiärer Leitung, in dem Sie wohnlich-alpenländisches Ambiente erwartet. Schön ist die Ortsrandlage am Döllnitzsee. Vom charmant-rustikalen Restaurant mit Galerie schaut man zum See.

WERNBERG-KÖBLITZ

Bayern – 5 590 Ew. – Höhe 377 m – Regionalatlas **51-N16**

Berlin 425 km – München 193 km – Weiden in der Oberpfalz 20 km – Nürnberg 95 km

Michelin Straßenkarte 546

Burg Wernberg

Schlossberg 10 ✉ 92533 – ✆ (09604) 93 90 – www.burg-wernberg.de – geschl. 1. - 10. Januar

29 Zim – 114/144 € 161/195 € – 19 € – 5 Suiten

Kastell ✿✿ – Siehe Restaurantauswahl

Sie mögen's romantisch? Dann begeben Sie sich über die alte Zugbrücke in das Gemäuer a. d. 13. Jh. Ebenso beeindruckend wie Historie und Handwerkskunst sind Herzlichkeit und Servicegedanke! Zum Entspannen: individuelle Zimmer, die "grüne Oase" des ehemaligen Burggrabens, der historische Pfad rund um die Burg.

Landgasthof Burkhard

Marktplatz 10 ✉ 92533 – ✆ (09604) 9 21 80 – www.hotel-burkhard.de

34 Zim – 64/70 € 104 € – 6 € – ½ P

Kaminstube – Siehe Restaurantauswahl

In dem familiengeführten Landgasthof (bereits die 6. Generation) wählt man zwischen größeren, etwas moderneren Zimmern im Neubau und kleineren, etwas günstigeren Altbauzimmern - tipptopp gepflegt sind sie alle! In der Wirtsstube bietet man bürgerlich-regionale Alternativen zur gehobenen Küche der Kaminstube.

XXXX ✿✿

Kastell – Hotel Burg Wernberg

Schlossberg 10 ✉ 92533 – ✆ (09604) 93 90 – www.burg-wernberg.de – geschl. 1. - 14. Januar, 27. März - 3. April, 7. - 25. August und Montag - Dienstag

Menü 98/148 € – *(nur Abendessen, sonntags auch Mittagessen)* (Tischbestellung erforderlich)

Hier wird mit Produkten von hervorragender Qualität gekocht, handwerklich äußerst exakt und aromenreich. Fein und in sich schlüssig die Kompositionen von Thomas Kellermann, ansprechend präsentiert in einem absolut passenden Rahmen: sehr chic, puristisch, ganz in Weiß gehalten.

→ Avocado mit Tatar von Garnele, Olivenölgelee und Fenchelgranitee. Erbseneintopf mit Zitronengras und Passionsfrucht. Oberpfälzer Rehrücken mit Rhabarber und Macadamia-Nussmüsli.

XX **Kaminstube** – Hotel Landgasthof Burkhard

Marktplatz 10 ✉ 92533 – ✆ (09604) 9 21 80 – www.hotel-burkhard.de – geschl. 1. Januar - 7. Februar und Donnerstagabend, Samstagmittag, Sonntagabend

Menü 37/74 € – Karte 22/62 €

Zirbelholzvertäfelung, Ofen, allerlei charmanter Zierrat..., schön heimelig ist es hier! Gerne lässt man sich da die schmackhafte regionale Küche von Josef Braun servieren, von der geschmorten Kalbsbacke bis zu feinen süßen Leckereien! Im Sommer isst man natürlich am liebsten draußen unter Kastanienbäumen!

WERNE

Nordrhein-Westfalen – 29 450 Ew. – Höhe 60 m – Regionalatlas **26-D10**

Berlin 483 km – Düsseldorf 104 km – Dortmund 25 km – Hamm in Westfalen 15 km

Michelin Straßenkarte 543

Hotel am Kloster

Kurt-Schumacher-Str. 9 ✉ 59368 – ✆ (02389) 52 61 40 – www.hotel-am-kloster.de

54 Zim – 62/117 € 72/127 € – 10 € – ½ P

In dem Hotel gegenüber dem Kapuzinerkloster kann man sich am Abend schon auf den Morgen freuen, denn der Tag beginnt wirklich schön beim Frühstück in den Räumen Klostereck und Klosterblick im obersten Stock! Gerne kommen Tagungsgäste und Geschäftsreisende hierher, für sie hat man spezielle Businesszimmer.

Sim-Jú

Stockumer Str. 8 ✉ 59368 – ✆ (02389) 95 39 30 – www.sim-ju.de

18 Zim – 59/89 € 69/114 € – 12 €

Lippekuss – Siehe Restaurantauswahl

Die Zimmer in dem Haus am einstigen Simon-Juda-Markt sind so liebenswert gestaltet, dass man darin nicht nur schlafen möchte! Genauso einladend sind aber auch die anderen Räume: Machen Sie es sich beim Schmökern in der Bibliothek gemütlich oder darf es vielleicht eine Zigarre in der Davidoff Lounge sein?

XX **Lippekuss** – Hotel Sim-Jú

Stockumer Str. 8 ✉ 59368 – ✆ (02389) 95 39 30 – www.sim-ju.de

Menü 30/89 € – Karte 22/58 €

Freigelegte Balken, warme Pastelltöne und Korbsessel schaffen hier ein stimmiges Ambiente zur überwiegend internationalen Karte. Etwas günstigere Gerichte gibt es im Bistro, dazu der gemütliche, von schmucken Hauswänden eingerahmte Bier- und Kräutergarten.

WERNECK

Bayern – 10 230 Ew. – Höhe 222 m – Regionalatlas **49-I15**

Berlin 468 km – München 295 km – Würzburg 27 km – Schweinfurt 13 km

Michelin Straßenkarte 546

Krone-Post

Balthasar-Neumann-Str. 1 ✉ 97440 – ✆ (09722) 50 90 – www.kronepost.de

37 Zim – 59/99 € 79/109 € – ½ P

Gasthaus mit Familientradition seit 1850. Komfortabel sind die hellen, modernen Business-Plus-Zimmer, die hübschen Jacobuszimmer vereinen Schlichtheit mit zeitgemäßer Technik. In den Gaststuben bietet man regional-internationale Küche.

WERNIGERODE

Sachsen-Anhalt – 33 480 Ew. – Höhe 240 m – Regionalatlas **30-K10**
Berlin 229 km – Magdeburg 78 km – Braunschweig 88 km – Erfurt 145 km
Michelin Straßenkarte 542

Travel Charme Gothisches Haus

Marktplatz 2 ✉ 38855 – ✆ (03943) 67 50 – www.travelcharme.com/gothisches-haus
113 Zim – †90/189 € ††124/308 € – 3 Suiten – ½ P
Bohlenstube – Siehe Restaurantauswahl
Ein reizender Anblick, das aus mehreren Häusern bestehende Hotel (das älteste a. d. 15. Jh.). Drinnen geht es ebenso schön weiter: herzliche Gästebetreuung, wertige Einrichtung, jede Menge Spa-Angebote, gutes Frühstück. Die Altstadt liegt direkt vor der Tür! Beliebtes Lunchbuffet in den "Stuben" (Mo - Fr).

Weißer Hirsch

Marktplatz 5 ✉ 38855 – ✆ (03943) 26 71 10 – www.hotel-weisser-hirsch.de
49 Zim – †82/112 € ††112/142 € – 2 Suiten – ½ P
Seit 1717 existiert das familiengeführte Hotel, umgeben von schönen alten Fachwerkfassaden. Besonders hochwertig und geräumig: Komfortzimmer und Suiten (zwei mit Whirlwanne). Internationales Angebot im Restaurant. Von der Terrasse blickt man aufs Rathaus.

Am Anger

Breite Str. 92 ✉ 38855 – ✆ (03943) 92 32 0 – www.hotel-am-anger.de
40 Zim – †60/75 € ††95/120 €
Hier spürt man noch die ländliche Behaglichkeit des einstigen kleinen Gehöfts, dennoch ist die historische Altstadt ganz nah. Einige Zimmer bieten Schlossblick, im Sommer schaut man beim Frühstücken auf der Balkonterrasse zum schönen Garten. Sie mögen Süßes? Verlockend die Kuchen des Louisen-Cafés!

Johannishof

Pfarrstr. 25 ✉ 38855 – ✆ (03943) 9 49 40 – www.hotel-johannishof.de
25 Zim – †59/69 € ††89/99 €
Das ehemalige Gutshaus ist ein wohnlich eingerichtetes Hotel, das freundlich-familiär geleitet wird. Eines der Zimmer verfügt über eine hübsche Dachterrasse. Nette Atmosphäre gleich am Morgen: liebenswert-rustikal der Frühstücksraum.

Bohlenstube – Hotel Travel Charme Gothisches Haus

Marktplatz 2 ✉ 38855 – ✆ (03943) 67 50 – www.travelcharme.com/gothisches-haus – geschl. 20. Dezember - Ende Januar und Sonntag - Mittwoch
Menü 49/144 € – Karte 55/70 € – *(nur Abendessen)* (Tischbestellung ratsam)
In der kleinen Bohlenstube zum historischen Marktplatz nimmt man an einem der vier fein eingedeckten Tische Platz und wählt Saisonales. Der elegante Raum bekommt durch schöne alte Holzbohlen einen ganz besonderen gemütlichen Charakter.

Zeitwerk N

Große Bergstr. 2 ✉ 38855 – ✆ (03943) 6 94 78 84 – www.dein-zeitwerk.com – geschl. Sonntag - Montag
Menü 45/65 € – *(nur Abendessen)* (Tischbestellung ratsam)
Jung, frisch, kreativ - so das moderne kleine Restaurant in dem Fachwerkhaus an der Ecke. Aus guten Produkten, am liebsten aus der Region, entsteht z. B. "confiertes Entrecôte, Rosenkohl, Lim & Kumquat, Zucchini, Möhre, Süßkartoffel".

WERSHOFEN

Rheinland-Pfalz – 870 Ew. – Höhe 460 m – Regionalatlas **35-B13**
Berlin 648 km – Mainz 176 km – Aachen 97 km – Adenau 19 km
Michelin Straßenkarte 543

Kastenholz

Hauptstr. 1 ✉ 53520 – ✆ (02694) 3 81 – www.kastenholz-eifel.de
50 Zim ☕ – 🚹83/128 € 🚹🚹130/210 € – ½ P
Eine sehr gepflegte Hotelanlage unter engagierter familiärer Leitung, zu der auch ein Gesundheitsbereich mit "F.-X.-Mayr-Kur" gehört. Wohnliche Zimmer mit Balkon und Blick zum eigenen Wildpark. Behaglich-rustikales Restaurant mit Kaminzimmer und Kachelofenzimmer.

WERTACH

Bayern – 2 480 Ew. – Höhe 915 m – Regionalatlas **64-J21**
▶ Berlin 722 km – München 150 km – Augsburg 125 km – Bregenz 90 km
Michelin Straßenkarte 546

Pferdeturm

Starzlach-Auen 2 ✉ 87497 – ✆ (08365) 70 39 66 – www.restaurant-pferdeturm-allgaeu.de – geschl. Montag
Menü 15 € (mittags)/28 € – Karte 21/31 €
Angekommen in diesem etwas abgelegenen Restaurant, dürfen Sie sich über eine nette Atmosphäre, internationale Küche und freundlichen Service freuen. Von den "Pferdeboxen" schaut man in die angrenzende Reithalle, von der Terrasse ins Grüne!

WERTHEIM

Baden-Württemberg – 22 420 Ew. – Höhe 145 m – Regionalatlas **48-H16**
▶ Berlin 537 km – Stuttgart 143 km – Würzburg 38 km – Aschaffenburg 47 km
Michelin Straßenkarte 545

Wertheimer Stuben

Rechte Tauberstr. 2 ✉ 97877 – ✆ (09342) 9 35 72 70 – www.wertheimer-stuben.de
21 Zim ☕ – 🚹90/110 € 🚹🚹98/130 €
Wo Tauber und Main zusammentreffen, wohnt man zeitgemäß und zentral, nur einen Steinwurf von der Altstadt entfernt. Eines der Zimmer mit Burgblick! Der Chef bietet einen kostenlosen Shuttleservice zu seinem Restaurant "Bestenheider Stuben".

Schwan

Mainplatz 8 ✉ 97877 – ✆ (09342) 9 23 30 – www.hotel-schwan-wertheim.de – geschl. 4. - 24. Januar
35 Zim ☕ – 🚹69/125 € 🚹🚹85/135 € – 2 Suiten – ½ P
Schön kann man hier in dem traditionsreichen Familienbetrieb am Rand der historischen Altstadt wohnen. Die Zimmer sind hell und modern, man hat aber auch einige ältere und günstigere Zimmer. Im Restaurant speist man regional. Fast nebenan gibt es öffentliche Parkplätze am Main.

Stadtpalais Gourmetrestaurant (Ralf Kronmüller)

Mühlenstr. 26 ✉ 97877 – ✆ (09342) 9 34 90 06 – www.stadtpalais-wertheim.de – geschl. Sonntag - Montag
Menü 62/110 € – *(nur Abendessen)*
Ralf Kronmüller hat hier ein modern-elegantes kleines Restaurant im Innenhof des historischen Rathauses. Dass er kochen kann, zeigt das stimmig zubereitete Menü - eine produktbezogene klassische Küche.
→ Kalbstatar mit roh mariniertem Thunfisch. Rücken und Nuss vom Reh mit Minigemüse und gebratener Grießschnitte. Knusperschokolade mit Tonkabohnen und Erdbeeren.
Stadtpalais Speiselokal – Siehe Restaurantauswahl

Stadtpalais Speiselokal – Stadtpalais Gourmetrestaurant

Mühlenstr. 26 ✉ 97877 – ✆ (09342) 9 34 90 06 – www.stadtpalais-wertheim.de – geschl. Sonntag - Montag
Menü 34 € – Karte 28/46 €
Das "Speiselokal" ist ebenso geradlinig-chic wie die Gourmet-Variante des Stadtpalais, nur stehen die Tische hier ein bisschen enger und sind etwas schlichter eingedeckt. Die Karte ist mit Gerichten wie "Maispoulardenbrust mit Ratatouille und Salbei-Gnocchi" eher international ausgelegt.

In Wertheim-Bestenheid Nord-West: 3 km

Bestenheider Stuben

Breslauer Str. 1 ✉ 97877 – ✆ (09342) 9 65 40 – www.bestenheider-stuben.de
20 Zim – 71/80 € 98/105 € – ½ P
Bestenheider Stuben – Siehe Restaurantauswahl
Freundlich, zeitgemäß und funktionell sind die Zimmer in dem familiär geleiteten kleinen Hotel an der Hauptstraße eingerichtet. Klar, dass man auch die Nähe zum Shopping-Paradies Wertheim-Village nutzt - es ist nur 14 km entfernt!

Bestenheider Stuben – Hotel Bestenheider Stuben

Breslauer Str. 1 ✉ 97877 – ✆ (09342) 9 65 40 – www.bestenheider-stuben.de – geschl. Juni - August: Sonntag
Menü 38/52 € – Karte 29/62 €
Viele zieht es hierher, denn es ist bekannt, dass Gastgeber Otto Hoh schmackhaft und unkompliziert kocht. Eine Sünde wert ist z. B. das "halbfeste Schokoküchle mit Tonkabohneneis"! Auch das Ambiente stimmt: hell und frisch.

In Wertheim-Reicholzheim Süd-Ost: 7 km

Martha

Am Felder 11 ✉ 97877 – ✆ (09342) 78 96 – www.hotel-restaurant-martha.de – geschl. Februar - März 2 Wochen
9 Zim – 40/65 € 70/96 € – ½ P
Die ruhige sonnige Hanglage sowie die solide und praktisch ausgestatteten Gästezimmer - teils mit Balkon - machen das familiengeführte kleine Hotel aus. Ländliches Restaurant mit wechselnder Bilderausstellung.

In Kreuzwertheim - auf der rechten Mainseite

Herrnwiesen

In den Herrnwiesen 4 ✉ 97892 – ✆ (09342) 9 31 30 – www.hotel-herrnwiesen.de – geschl. 24. Dezember - 3. Januar
20 Zim – 55/80 € 90/100 €
Das freundlich und engagiert geführte Haus bietet zeitgemäße Gästezimmer - einige verfügen über einen hübsch bewachsenen Balkon - sowie einen großen Garten mit Zierteich.

Lindenhof

Lindenstr. 41, Nord - Ost: 2 km Richtung Marktheidenfeld ✉ 97892 – ✆ (09342) 91 59 40 – www.weinhaus-lindenhof.de – geschl. 24. Dezember - 7. Januar, August 1 Woche
11 Zim – 70/98 € 95/125 € – ½ P
Die langjährige familiäre Führung spürt man hier im Haus, sehr gepflegt wohnt man bei engagierten Gastgebern. Die Zimmer sind ganz individuell (einige sogar mit Höhensonne), eine Wohltat ist die schöne Salzgrotte, gediegen-rustikal das Restaurant mit eleganter Tischkultur.

WERTHER – Thüringen ➜ Siehe Nordhausen

WERTINGEN

Bayern – 8 880 Ew. – Höhe 421 m – Regionalatlas **57**-J19
Berlin 538 km – München 90 km – Augsburg 34 km – Donauwörth 24 km
Michelin Straßenkarte 546

Gänsweid

Gänsweid 1 ✉ 86637 – ✆ (08272) 64 21 32 – www.gaensweid.de – geschl. Februar 1 Woche, August 2 Wochen und Mittwoch, Samstagmittag
Menü 30 € (abends) – Karte 26/46 €
Schön, was aus der einstigen Autowerkstatt geworden ist: ein hübsch dekoriertes, gemütlich-modernes Restaurant mit frischer regionaler Küche. Darf es vielleicht "Wildschweinragout mit Spätzle" sein? Mittags kleine, einfache Karte.

Schmankerlstube N

Zusmarshauser Str. 1 ✉ 86637 – ✆ (08272) 33 44
– www.schmankerlstube.de – geschl. Sonntagabend - Montag
Menü 30/43 € – Karte 28/49 € – *(nur Abendessen, sonntags auch Mittagessen)*
Schön gemütlich: Sie sitzen in einer holzgetäfelten Stube (im Winter wärmt der Ofen) bei international-regionaler Küche wie "Boeuf à la mode mit Barolojus und Serviettenknödel". Beliebt: das 4-Gänge-Überraschungsmenü Di. und Mi.

WESEL

Nordrhein-Westfalen – 60 070 Ew. – Höhe 27 m – Regionalatlas **25-B10**
Berlin 557 km – Düsseldorf 64 km – Bocholt 24 km – Duisburg 31 km
Michelin Straßenkarte 543

Welcome Hotel Wesel

Rheinpromenade 10 ✉ 46487 – ✆ (0281) 3 00 00
– www.welcome-hotel-wesel.de
102 Suiten – 100/130 € 130/160 € – ½ P
Ausschließlich Suiten gibt es in dem vierflügeligen Hotel in ruhiger Lage am Rhein - da wohnt es sich richtig komfortabel, mit Küchenzeile und Balkon bzw. verglaster Loggia, teils mit Flussblick. Wer noch mehr Platz möchte, bucht eine Master-Suite! Das schöne helle Restaurant und die Terrasse liegen zum Rhein - alternativ isst man einfacher im rustikalen "Stall".

In Wesel-Flüren Nord-West: 3 km über B 8

ART

Reeser Landstr. 188 ✉ 46487 – ✆ (0281) 9 75 75
– www.restaurant-art.de – geschl. Montagabend - Dienstag, Samstagmittag
Menü 15 € (mittags unter der Woche) – Karte 22/55 €
Seit vielen Jahre schätzen die Gäste das helle, moderne Restaurant. Schön der Blick zum Teich, sehenswert die zahlreichen Kunstwerke auf dem Anwesen. Die Zutaten für geschmackvolle Speisen wie "Kotelett vom Livar Schwein mit Kirschsauce" kommen aus der Region.

In Hamminkeln-Marienthal Nord-Ost: 14 km über B 70

Carpe diem

Pastor-Winkelmann-Str. 5 ✉ 46499 – ✆ (02856) 90 17 90
– www.carpe-diem-marienthal.de – geschl. Montag
Menü 32 € – Karte 37/53 € – *(Dienstag - Freitag nur Abendessen)*
Wäre das nicht auch eine Adresse für Sie? Wertig, hell und freundlich das Interieur, schmackhaft die Küche, engagiert die Gastgeber. Gekocht wird saisonal (z. B. Kalbsbacke mit Selleriepüree), und das meist mit regionalen Produkten. Kommen Sie ruhig auch mal nachmittags vorbei - es gibt hausgemachten Kuchen!

In Hamminkeln-Ringenberg Nord: 12 km über B 473, jenseits der A 3

J Restaurant im Schloß Ringenberg

Schloss Str. 8 ✉ 46499 – ✆ (02852) 50 75 40
– www.j-restaurant.de – geschl. Anfang Januar 2 Wochen,
Anfang August 2 Wochen und Sonntagabend - Dienstag
Menü 47/73 € – Karte 52/59 € – *(nur Abendessen, sonntags auch Mittagessen)*
Ein schönes herrschaftliches Anwesen, drum herum eine Parkanlage - hier liegt, ein bisschen versteckt, das Gewölberestaurant. Der Chef kocht einen Mix aus Asiatischem, Mediterranem und Modernem, die herzliche Chefin im Service. Im Sommer zieht es die Gäste nach draußen auf die Terrasse beim Wassergraben.

WESSELING

Nordrhein-Westfalen – 35 230 Ew. – Höhe 47 m – Regionalatlas **36-C12**
Berlin 583 km – Düsseldorf 55 km – Bonn 20 km – Köln 12 km
Michelin Straßenkarte 543

Am Rhein

Auf dem Rheinberg 2 ✉ *50389* – ✆ *(02236) 32 50* – *www.hotelamrhein.de*
65 Zim – ♦99/109 € ♦♦119/129 € – 3 Suiten
Eine funktionelle Adresse direkt am Rhein. Viele der Zimmer (teilweise mit Balkon) sowie der Frühstücksraum und die Terrasse bieten Flussblick. Auch für Besucher der Kölner Messe ist das Hotel ideal und im Rheinforum nebenan findet man beste Tagungsbedingungen (bis 1500 Pers.). Sehr gute Parkplatzsituation.

WESTERBURG

Rheinland-Pfalz – 5 620 Ew. – Höhe 343 m – Regionalatlas **37-E13**
Berlin 561 km – Mainz 88 km – Koblenz 54 km – Siegen 43 km
Michelin Straßenkarte 543

In Westerburg-Stahlhofen Nord-Ost: 4,5 km Richtung Wiesensee

Lindner Hotel und Sporting Club Wiesensee

Am Wiesensee
✉ *56457* – ✆ *(02663) 9 91 00* – *www.lindner.de*
95 Zim – ♦89/299 € ♦♦129/349 € – 8 Suiten – ½ P
Ein Tagungs- und Wellnesshotel in herrlich ruhiger Lage. Die Zimmer liegen zum See oder zum Golfplatz, auch Themensuiten sind vorhanden. Umfassendes Beauty-Angebot. Der Wintergarten des Restaurants und die Terrasse bieten Seeblick.

WESTERHEIM (KREIS UNTERALLGÄU)

Bayern – 2 150 Ew. – Höhe 602 m – Regionalatlas **64-J20**
Berlin 678 km – München 107 km – Augsburg 82 km – Kempten 55 km
Michelin Straßenkarte 546

In Westerheim-Günz Nord: 2 km

Brauereigasthof Laupheimer

Dorfstr. 19 ✉ *87784* – ✆ *(08336) 76 63* – *www.laupheimer.de*
9 Zim – ♦59/63 € ♦♦88/96 € – ½ P
Der Brauereigasthof mit langer Familientradition ist ein sehr gepflegtes Haus, das mit freundlichen und wohnlichen Zimmern überzeugt. Ländlich-gemütlich ist die Atmosphäre in den Restauranträumen. Zudem hat man einen netten Biergarten.

WESTERSTEDE

Niedersachsen – 21 920 Ew. – Höhe 8 m – Regionalatlas **8-E6**
Berlin 460 km – Hannover 195 km – Emden 58 km – Groningen 110 km
Michelin Straßenkarte 541

Altes Stadthaus

Albert-Post-Platz 21 ✉ *26655* – ✆ *(04488) 8 47 10*
– *www.hotel-altes-stadthaus.de*
17 Zim – ♦56/75 € ♦♦86/128 € – ½ P
Das kleine Hotel, ein saniertes altes Stadthaus mit Neubau, steht unter engagierter Leitung. Vorteile sind die gut ausgestatteten Zimmer und die Nähe zur Fußgängerzone.

WETZLAR

Hessen – 51 140 Ew. – Höhe 168 m – Regionalatlas **37-F13**
Berlin 510 km – Wiesbaden 96 km – Frankfurt am Main 68 km – Limburg an der Lahn 42 km
Michelin Straßenkarte 543

In Wetzlar-Naunheim Nord: 3 km

Landhotel Naunheimer Mühle

Mühle 2 ✉ 35584 – ✆ (06441) 9 35 30 – www.naunheimer-muehle.de
32 Zim – 🚹73/81 € 🚹🚹92/128 € – ☕ 9 € – 1 Suite
Idyllisch liegt die ehemalige Mühle direkt an der Lahn, von einigen der gepflegten, im Landhausstil eingerichteten Zimmer kann man auch auf diese blicken. Restaurant als Wintergarten oder rustikale Stube, ergänzt durch eine nette Terrasse.

WEYHAUSEN – Niedersachsen ➜ Siehe Wolfsburg

WEYHER – Rheinland-Pfalz ➜ Siehe Edenkoben

WICKEDE (RUHR)

Nordrhein-Westfalen – 11 360 Ew. – Höhe 165 m – Regionalatlas **27-E11**
▶ Berlin 478 km – Düsseldorf 103 km – Arnsberg 27 km – Dortmund 38 km
Michelin Straßenkarte 543

Haus Gerbens

Hauptstr. 211, Nord-Ost: 2 km, an der B 63 ✉ 58739 – ✆ (02377) 10 13 – www.haus-gerbens.de – geschl. Montag, Samstagmittag
13 Zim – 🚹70/80 € 🚹🚹100/120 € – ☕ 10 €
Menü 19 € (mittags)/59 € – Karte 29/52 €
Elegant oder lieber rustikal? In der ehemaligen Poststation (1838) des Fürstenhauses Thurn und Taxis wählen Sie zwischen Restaurant und Gaststube, um sich die frische internationale Küche schmecken zu lassen. Sie möchten über Nacht bleiben? Die Zimmer sind zwar eher klein, aber geschmackvoll in neuzeitlichem Stil eingerichtet, zur Rückseite etwas ruhiger.

WIEBLINGEN ➜ Siehe Heidelberg

WIECK auf dem DARSS – Mecklenburg-Vorpommern ➜ Siehe Prerow

WIEDEN

Baden-Württemberg – 570 Ew. – Höhe 835 m – Regionalatlas **61-D21**
▶ Berlin 813 km – Stuttgart 246 km – Freiburg im Breisgau 44 km – Basel 50 km
Michelin Straßenkarte 545

An der Straße zum Belchen West: 4 km

Berghotel Wiedener Eck

Oberwieden 15, Höhe 1050 m ✉ 79695 Wieden – ✆ (07673) 90 90 – www.wiedener-eck.de
28 Zim ☕ – 🚹76/80 € 🚹🚹130/170 € – ½ P
Das Haus verdient seinen Namen, liegt es doch schön auf 1050 m Höhe! Die Familie hat wohnliche Zimmer im Landhausstil und ein rustikales Restaurant nebst toller Panoramaterrasse zu bieten. Gekocht wird regional.

WIEK – Mecklenburg-Vorpommern ➜ Siehe Rügen (Insel)

WIENHAUSEN

Niedersachsen – 4 170 Ew. – Höhe 43 m – Regionalatlas **19-J8**
▶ Berlin 273 km – Hannover 48 km – Lüneburg 97 km – Braunschweig 45 km
Michelin Straßenkarte 541

Am Kloster

Mühlenstr. 6 ✉ 29342 – ✆ (05149) 18 55 50 – www.hotel-wienhausen.de
24 Zim ☕ – 🚹68/140 € 🚹🚹105/180 €
Sie wohnen direkt am Allerradweg! Das charmante Ensemble aus mehreren Backstein-Fachwerkhäusern ist nicht nur ein freundliches Hotel, sondern gleichzeitig ein Integrationsprojekt. Zeitgemäß vom Empfang über die Zimmer bis ins "Kloster-Kaffee" - hier gibt es Kuchen und kleine Speisen.

WIESBACH

Rheinland-Pfalz – 520 Ew. – Höhe 267 m – Regionalatlas **46-D17**

▶ Berlin 698 km – Mainz 115 km – Neustadt an der Weinstraße 77 km – Saarbrücken 50 km

Michelin Straßenkarte 543

Wiesbacher Hof

Lamachstr. 5 ✉ 66894 – ✆ (06337) 16 16 – www.wiesbacher-hof.de – geschl. Anfang Januar 1 Woche, Juni 1 Woche, Oktober 1 Woche und Montag - Dienstagmittag

Menü 19/43 € – Karte 24/51 €

"Cremesuppe vom Muskatkürbis", "Hirschragout in Preiselbeersauce"... In dem alteingesessenen Gasthaus wird traditionell und saisonal gekocht. Tipp: Kommen Sie zur Gänsesaison! Schön die Terrasse hinterm Haus.

WIESBADEN

Hessen – 272 640 Ew. – Höhe 115 m – Regionalatlas **47-E15**
Berlin 567 km – Bonn 153 km – Frankfurt am Main 40 km – Bad Kreuznach 49 km
Michelin Straßenkarte 543

Westend 61 / hemis.fr

Hotels

Nassauer Hof

Kaiser-Friedrich-Platz 3 ✉ 65183 – ✆ (0611) 13 30 Stadtplan : B1**v**
– www.nassauer-hof.de

143 Zim – 235/315 € 310/390 € – 32 € – 20 Suiten – ½ P

Ente • ***Orangerie*** • ***Ente-Bistro*** – Siehe Restaurantauswahl

Das schöne Grandhotel hat inzwischen seinen 200. Geburtstag gefeiert und noch immer pflegt man hier seinen klassischen Stil, ohne dabei stehenzubleiben. Das beweisen die zeitgemäß-eleganten und hochwertigen Zimmer ebenso wie der tolle Spa im 5. Stock mit Stadtblick und 32°-Thermal-Pool!

Radisson BLU Schwarzer Bock N

Kranzplatz 12 ✉ 65183 – ✆ (0611) 15 50 Stadtplan : BY**e**
– www.radissonblu.com/hotel-wiesbaden

139 Zim – 129/289 € 149/309 € – 20 € – 3 Suiten

Das älteste Grandhotel Europas (1486 eröffnet!) verbindet seit einem intensiven Facelift den historischen Rahmen mit modernem, wohnlichem Stil. Interessant auch die vielen Veranstaltungsräume, darunter das berühmte "Ingelheimer Zimmer". Speziell: Pool mit eigenem heißem Quellwasser. Internationale Küche.

Oranien

Platter Str. 2 ✉ 65193 – ✆ (0611) 1 88 20 Stadtplan : A1**u**
– www.hotel-oranien.de

80 Zim – 95/155 € 95/175 € – 15 € – 5 Suiten – ½ P

Linner – Siehe Restaurantauswahl

Sie suchen ein geschmackvolles Hotel im Zentrum mit individueller Note und top Führung? Hier erwarten Sie von der traditionell-klassischen Halle bis zu den modernen Minisuiten unterschiedlichste Facetten der Hotellerie. Schönes Frühstück!

Trüffel

Webergasse 6 ✉ 65183 – ✆ (0611) 99 05 50 Stadtplan : B1**t**
– www.citta-hotel.de

27 Zim – 110/145 € 140/195 € – 15 € – 3 Suiten – ½ P

martino KITCHEN – Siehe Restaurantauswahl

Schick das Design von Stefano Orsi! Neben wohnlichen und zugleich funktionalen Zimmern bietet das Boutiquehotel im Herzen von Wiesbaden ein leckeres, frisches Frühstück (serviert im Bistro) und im Delikatessengeschäft Feines für Zuhause.

De France

Taunusstr. 49 ✉ *65183 – ✆ (0611) 95 97 30* Stadtplan : B1**n**
– www.hoteldefrance.de

37 Zim – 65/198 € 78/248 € – 12 €

In dem schmucken historischen Stadthaus wohnt man in hübschen, unterschiedlich geschnittenen Zimmern, die teils ruhig nach hinten zum terrassenförmig angelegten Garten liegen. Tipp: Reservieren Sie einen Stellplatz in der nahen Hotelgarage!

Klemm

Kapellenstr. 9 ✉ *65193 – ✆ (0611) 58 20* Stadtplan : B1**d**
– www.hotel-klemm.de

62 Zim – 93/107 € 129/137 € – 1 Suite

Ein schmucker Altbau von 1888, hübsche Jugendstilelemente wie Stuck oder Buntglasfenster, ein charmanter Innenhof, liebevoll eingerichtete Zimmer, von denen keines dem anderen gleicht, und nicht zuletzt das tolle Frühstück. Und dieses reizende Haus hat mit Heike Lowell auch noch eine herzliche Gastgeberin!

Town

Spiegelgasse 5 ✉ 65183 – ✆ (0611) 36 01 60 Stadtplan : B1**a**
– www.townhotel.de

24 Zim – †73/83 € ††83/93 € – ☕ 8 €

Hier überzeugen modern-funktionale Ausstattung, freundliche Gästebetreuung und so manch kostenloses Extra wie z. B. Telefonieren ins deutsche Festnetz. Oder wie wär's mit einem zweiten Frühstück "to go"? Auch das gibt es gratis!

Restaurants

XXX **Ente** – Hotel Nassauer Hof

Kaiser-Friedrich-Platz 3 ✉ 65183 – ✆ (0611) 13 36 66 Stadtplan : B1**v**
– www.nassauer-hof.de – geschl. 1. - 13. Januar, 27. Juli - 17. August und Sonntag - Montag

Menü 95/120 € – Karte 80/101 € – *(Dienstag - Freitag nur Abendessen)* (Tischbestellung ratsam)

Einer der großen Klassiker unter den deutschen Hotel-Restaurants und seit 1980 mit einem Stern ausgezeichnet! Die Küche: fein, klassisch-modern, mit exzellenten Produkten und gelungenen Kontrasten. Spezialität ist nach wie vor "Ente in zwei Gängen". Sehr schöne Weinauswahl mit Schwerpunkt Rheingau-Riesling.

→ Maishähnchen, Frühlingsgemüse, Hühnerhaut, Wachtelei, Leindottermayonnaise. Dorade, Paellacreme, Ratatouille, Artischocke, Zucchiniblüte. Rosa gebratene Challans Ente, Kimchi, Basmatireiscreme, Dim Sum, asiatisches Gemüse.

XXX **Orangerie** – Hotel Nassauer Hof

Kaiser-Friedrich-Platz 3 ✉ 65183 – ✆ (0611) 13 30 Stadtplan : B1**v**
– www.nassauer-hof.de

Menü 49/79 € – Karte 44/72 €

Steht Ihnen der Sinn nach Regionalem wie "Sauerbraten vom Taunushirsch" oder darf es etwas Internationales sein wie "Dry Aged Beef vom irischen Black Angus"? Wer Wintergarten-Atmosphäre mag, wählt einen Platz im lichten verglasten Rondell!

XX **Linner** – Hotel Oranien

Platter Str. 2 ✉ 65193 – ✆ (0611) 1 88 20 Stadtplan : A1**u**
– www.hotel-oranien.de – geschl. Ende Dezember - Anfang Januar und Sonntagabend

Menü 33/75 € – Karte 33/53 €

"Tatar von der Laacher Renke in gelierter Tomatenessenz", "Hirschmedaillons mit Apfel- & Selleriepüree"... Die Küche ist frisch, saisonal und modern inspiriert. Das Ambiente elegant, in kräftigen warmen Farben, draußen der hübsche Garten!

X **Käfer's Bistro**

Kurhausplatz 1, im Kurhaus ✉ 65189 Stadtplan : B1**b**
– ✆ (0611) 53 62 00 – www.kurhaus-gastronomie.de

Karte 35/77 €

In dem prächtigen Kurhaus von 1907 (hier auch die Spielbank) bestaunt man im Parfüm-Saal große Original-Flacons, in der Belétage Werke von Gunter Sachs und im Bistro unzählige Fotos (zählen Sie die Eiffelturm-Bilder!). Gerne kommt man sonntags zum Brunch oder auch nach dem Theater (23 - 1 Uhr kleine Karte).

X **Ente-Bistro** – Hotel Nassauer Hof

Kaiser-Friedrich-Platz 3 ✉ 65183 – ✆ (0611) 13 30 Stadtplan : B1**v**
– www.nassauer-hof.de – geschl. 1. - 13. Januar, 27. Juli - 17. August und Sonntag - Montag

Menü 42/70 € – Karte 38/51 €

Der kleine Ableger der traditionsreichen "Ente" ist ein gemütliches Bistro, in dem man ebenfalls lecker isst, nur etwas schlichter. Aus der Küche kommt hier z. B. "Hirschrücken mit Rosenkohl und Kartoffel-Sellerie-Gratin".

Chez Mamie

Spiegelgasse 9 ✉ 65183 – ✆ (0611) 36 02 48 00 – www.chez-mamie.de – geschl. Sonntag
Karte 28/48 € – *(Montag - Freitag nur Abendessen)*
Im zweitältesten Haus der Stadt, dem "Pariser Hof", geht es französisch zu: Seele des Hauses ist der waschechte Pariser Frédéric Golendorf, sehr herzlich und ganz für seine Gäste da! Aus der Küche kommen unkomplizierte traditionelle Gerichte wie "Magret de canard" oder "Entrecôte, Frites, Sauce Béarnaise".

martino KITCHEN

Webergasse 6 ✉ 65183 – ✆ (0611) 99 05 50 Stadtplan : B1**t**
– www.mondofine.de – geschl. Sonntag
Menü 30/90 € (abends) – Karte 42/52 €
Hier wird man charmant umsorgt und gut bekocht. In dem legeren und quirligen Bistro wählt man aus dem regional-internationalen Angebot z. B. "Kabeljau auf Bohnenragout und geräuchertem Kartoffelstampf". "Carte blanche" am Chef's Table auch für A-la-carte-Gäste.

In Wiesbaden-Alt Klarenthal Nord-West: 5 km über Dotzheimer Srtaße A2

Landhaus Diedert

Am Kloster Klarenthal 9 ✉ 65195 – ✆ (0611) 1 84 66 00
– www.landhaus-diedert.de – geschl. Montag, Samstagmittag
13 Zim – †79/95 € ††99/149 € – ☕ 10 € – 2 Suiten – ½ P
Menü 40/50 € – Karte 39/59 €
Das Haus der Familie Diedert ist ein Synonym für französischen Landhauscharme - vom Restaurant (Kloster von 1298) über die charmanten Zimmer im Gästehaus bis zur traumhaften Platanen-Terrasse. Frisch und unkompliziert die Gerichte wie "Bauern-Entenbrust mit Honig-Sesamkruste". Mittwoch ist Spezialitätentag.

Hofgut Klarenthal

Am Kloster Klarenthal 13 ✉ 65183 – ✆ (0611) 4 11 87 90
– www.hofgut-klarenthal.de – geschl. 27. Dezember - Mitte Januar und Sonntagabend - Dienstag
Menü 42 € – Karte 30/44 € – *(nur Abendessen, sonntags auch Mittagessen)*
Die Dependance der Domäne Mechthildshausen ist in den Stallungen es Klosters Klarenthal untergebracht und hat seine ganz eigene Atmosphäre! Auch hier verarbeitet man die tollen eigenen Produkte - probieren Sie z. B. "Rücken vom Charolais-Rind in Pinot noir". Schön der Innenhof.

In Wiesbaden-Biebrich Süd : 4,5 km, über Biebricher Allee BZ :

Maloiseaus Lohmühle

Erich-Ollenhauer-Str. 75 ✉ 65187 – ✆ (0611) 98 89 38 21
– www.lohmuehle-wiesbaden.de – geschl. Montag - Dienstag
Menü 30 € – Karte 25/43 € – *(nur Abendessen, sonntags auch Mittagessen)*
Am Rand von Biebrich liegt das nette ländliche Gasthaus mit der schönen Terrasse. Am Herd kein Unbekannter: Jérôme Maloiseau bietet frische Küche von "gebackener Blutwurst auf Senflinsen" bis zur "rosa gebratenen Lammhüfte auf Ratatouille".

In Wiesbaden-Erbenheim Süd-Ost: 6 km über Gustav-Stresemann-Ring B2

Domäne Mechtildshausen

Süd-Ost: 4 km, über B 455, nahe Army Airfield ✉ 65205 – ✆ (0611) 7 37 46 60
– www.domaene-mechtildshausen.de – geschl. nach Weihnachten - Mitte Januar
15 Zim – †75 € ††120 € – ☕ 8 €
Domäne Mechtildshausen – Siehe Restaurantauswahl
Auf dem imposanten Gut wohnt man nicht nur schön, auch Gastronomie und eigene Landwirtschaft haben einiges zu bieten: Restaurant, Weinstube, Café "Bohne" (lecker die Kuchen und Torten!), dazu Bäckerei, Käserei und Metzgerei, nicht zu vergessen die Markthalle! Fast alles wird selbst produziert und gezüchtet!

XX **Domäne Mechtildshausen**

Süd-Ost: 4 km, über B 455, nahe Army Airfield ✉ 65205 – ✆ (0611) 7 37 46 60 – www.domaene-mechtildshausen.de – geschl. nach Weihnachten - Mitte Januar und Sonntagabend - Montag
Menü 42/56 € – Karte 32/47 € – (abends Tischbestellung ratsam)
Sie speisen in einem der größten ökologischen Landwirtschaftsbetriebe Hessens und so steckt die saisonal-regionale Bio-Küche voller selbst erzeugter Spezialitäten - wie wär's z. B. mit "Kotelett vom Hofschwein in Zwiebel-Senfkruste"? Auf Wunsch kleine Weinprobe am Tisch, groß das deutsch-französische Angebot.

In Wiesbaden-Sonnenberg Nord-Ost: 4 km über Sonnenberger Straße B1

XX **Gollner's Burg Sonnenberg**

Am Schlossberg 20 ✉ 65191 – ✆ (0611) 54 14 09 – www.gollners.de – geschl. Dienstag
Karte 34/66 € – *(nur Abendessen, sonntags auch Mittagessen)*
Wiener Schnitzel, geschmortes Schulterscherzel vom Styria Beef, Kaiserschmarrn... Klassiker wie diese verraten die österreichische Herkunft des Chefs! Vorteil der erhöhten Lage bei der Burg: Von der Terrasse hat man eine tolle Aussicht.

Außerhalb Nord-West: 5 km, über Seerobenstraße A1, Richtung Limburg an der Lahn

XX **Villa im Tal**

Adamstal 4 ✉ 65195 – ✆ (0611) 2 38 62 28 – www.villaimtal.de – geschl. Montag
Menü 48/69 € – Karte 33/66 €
Zum Essen von der Stadt in den Wald? Als gebürtiger Salzburger bietet Markus Seegert neben Saisonalem auch Leckeres aus seiner Heimat. Lust auf "geschmorte Kalbsbäckchen mit Waldpilzen" oder "Tiroler Kaiserschmarrn mit Zwetschgenröster"? Toll die Terrasse!

WIESENTTAL

Bayern – 2 470 Ew. – Höhe 400 m – Regionalatlas **50**-L15
Berlin 409 km – München 226 km – Nürnberg 58 km – Bayreuth 53 km
Michelin Straßenkarte 546

Im Ortsteil Muggendorf

XX **Feiler**

Oberer Markt 4 ✉ 91346 – ✆ (09196) 9 29 50 – www.hotel-feiler.de – geschl. Montag, Januar - März: Montag - Donnerstag
13 Zim – †55/65 € ††90 € – 2 Suiten – ½ P
Menü 33/60 € – Karte 33/59 €
Bei Familie Feiler stehen Junior und Senior gemeinsam am Herd - Produkte aus der Genussregion Oberfranken stehen dabei im Fokus: fangfrische Bachforellen (mal geräuchert, mal klassisch), Wüstensteiner Rehrücken, frische Morcheln... Lecker auch die Kuchen und Marmeladen der Seniorchefin. Charmante Gästezimmer.

WIESLOCH

Baden-Württemberg – 25 510 Ew. – Höhe 123 m – Regionalatlas **47**-F17
Berlin 633 km – Stuttgart 102 km – Mannheim 40 km – Heidelberg 14 km
Michelin Straßenkarte 545

Mondial

Schwetzinger Str. 123 ✉ 69168 – ✆ (06222) 57 60 – www.mondial-wiesloch.de – geschl. 27. Dezember - 10. Januar
43 Zim – †58/109 € ††68/125 € – 10 € – ½ P
Businessgäste sind von diesem komfortablen Hotel aus schnell im SAP-Schulungszentrum, Stadttouristen im schönen Heidelberg. Sehenswert die Fotos und Kunst aus Afrika! Modern das Ambiente im Restaurant, die Küche ist saisonal. Auf der Terrasse zum Garten wird im Sommer auch gegrillt.

Ifen
Schwetzinger Str. 131, 2. Etage ✉ 69168 – ✆ (06222) 5 80 90
– www.hotel-ifen.de – geschl. 21. Dezember - 6. Januar
32 Zim – 79/93 € 85/110 €
Eine tipptopp gepflegte und zeitgemäß ausgestattete Geschäftsadresse. Zu den Annehmlichkeiten zählen Shuttleservice zu SAP, Fahrradverleih, kostenfreies W-Lan und Kaffeeautomat im Zimmer, einige auch mit Küchenzeile.

Freihof
Freihofstr. 2, Zufahrt über Schustergasse 6 ✉ 69168 – ✆ (06222) 25 17
– www.freihof.de – geschl. Ende Januar 2 Wochen, Oktober - April: Sonntag
Karte 31/57 €
In den schönen Räumen des altehrwürdigen Freihof-Gemäuers (1300 erstmals erwähnt) spürt man noch das historische Flair, idyllisch die Terrasse unter Bäumen. Gekocht wird mit modernem Einfluss. In der Vinothek im Gewölbekeller gibt's zu Wein und Bier europäische Tapas.

WIESMOOR
Niedersachsen – 12 890 Ew. – Höhe 13 m – Regionalatlas **8-E5**
Berlin 493 km – Hannover 222 km – Emden 52 km – Oldenburg 51 km
Michelin Straßenkarte 541

Zur Post
Am Rathaus 6 ✉ 26639 – ✆ (04944) 9 10 60 – www.hotelzurpost-wiesmoor.de
14 Zim – 46 € 78 € – ½ P
Zur Post – Siehe Restaurantauswahl
Engagiert und persönlich-familiär wird das kleine Hotel mitten in der Blumengemeinde Wiesmoor geführt. Steht die Tür zum Garten offen? Dann dürfen Sie an diesem idyllischen Fleckchen relaxen.

Zur Post – Hotel Zur Post
Am Rathaus 6 ✉ 26639 – ✆ (04944) 9 10 60 – www.hotelzurpost-wiesmoor.de
– geschl. Montag
Menü 22/28 € – Karte 25/52 €
In gemütlich-ländlichen Stuben (nett auch der Wintergarten) kommt regionale Küche mit saisonalen Akzenten auf den Tisch, so z. B. "Filetpfanne mit frischen Champignons". Mittags etwas reduziertes Angebot von Eintopf bis Pasta.

In Wiesmoor-Hinrichsfehn Süd: 4,5 km Richtung Remels, nach 3,5 km rechts

Blauer Fasan
Fliederstr. 1 ✉ 26639 – ✆ (04944) 9 27 00 – www.blauer-fasan.de
26 Zim – 75/85 € 120/149 € – ½ P
Ideal ür Golfer ist das hübsche reetgedeckte Haus nebst Gästehaus. Die ruhige Lage in Golfplatznähe ist ebenso ansprechend wie die wohnlich-modernen Zimmer, die ostfriesisch-charmanten Gaststuben und der schöne Blumengarten. Man hat sogar einen Golfladen und einen Indoor-Golfsimulator!

WIESSEE, BAD
Bayern – 4 740 Ew. – Höhe 750 m – Regionalatlas **66-M21**
Berlin 643 km – München 54 km – Garmisch-Partenkirchen 76 km – Bad Tölz 18 km
Michelin Straßenkarte 546

Relais Chalet Wilhelmy
Freihausstr. 15 ✉ 83707 – ✆ (08022) 9 86 80 – www.relais-chalet.com
19 Zim – 110/169 € 169/219 € – 1 Suite
Schön ist der individuelle Stil hier: Von den Zimmern bis zur kleinen Vinothek hat man traditionelle und moderne Elemente sehr hübsch gemischt. Nett auch der Saunabereich. Highlight ist die "Alm Chalet Suite"!

Landhaus Marinella
Am Strandbad 7 ✉ 83707 – ✆ (08022) 8 59 99 90 – www.landhaus-marinella.de
8 Zim – 98/138 € 136/196 € – 3 Suiten
Gemeinsam mit ihrem Mann hat Caroline Güldener hier am Tegernsee ein wirklich geschmackvolles kleines Domizil geschaffen, das die beiden persönlich leiten. Individuelle Zimmer mit schönem Parkettboden, eines charmanter als das andere... mal romantisch, mal mit maritimem Touch - hell, frisch und ausgesprochen wohnlich sind sie alle! Strandbad gleich gegenüber.

Landhaus St. Georg im Jägerwinkel
Jägerstr. 20 ✉ 83707 – ✆ (08022) 6 62 61 00 – www.stgeorg.net
13 Zim – 75/95 € 110/150 €
Das sympathische Landhaus hat gleich mehrere Vorzüge: die ruhige Wohngegend ringsum, behagliche, individuelle Zimmer und die engagierte familiäre Führung. Das ist noch nicht alles: Von der Seife bis zum Frühstück ist alles biozertifiziert!

Landhaus am Stein
Im Sapplfeld 8 ✉ 83707 – ✆ (08022) 9 84 70 – www.landhausamstein.de
15 Zim – 95/165 € 135/215 € – 4 Suiten
Das Haus ist nicht von der Stange! Familie Schnorr ist sehr freundlich und engagiert, wenn es um ihre Gäste geht - so hat man liebenswerte ländliche Zimmer in frischem Pink, ein schönes Frühstück, einen gepflegten Garten und einen hübschen kleinen Spa! Tipp: die Kaminsuite!

Landhaus Christl
Sonnenfeldweg 11 ✉ 83707 – ✆ (08022) 1 88 08 90 – www.landhauschristl.de – geschl. 21. Februar - 20. März, 20. November - 18. Dezember
13 Zim – 85/150 € 155/210 €
Sie haben es gerne persönlich und familiär? Nur ein Privatweg führt zu dem kleinen Haus, und damit zu sympathisch-bayerischer Gastlichkeit, charmanten Landhauszimmern und einem tollen Blick auf den See! Die Betreiber sind übrigens dieselben wie im Landhaus am Stein.

Freihaus Brenner
Freihaus 4 ✉ 83707 – ✆ (08022) 8 65 60 – www.freihaus-brenner.de – geschl. 7. - 28. Januar
Menü 38/66 € – Karte 26/63 € – (Tischbestellung ratsam)
Lust auf typisch bayerische Gasthausküche wie "Schweinebraten mit Krautsalat"? Oder lieber etwas Gehobeneres wie "Zweierlei vom Kalb"? Neben dem guten Essen lockt auch die grandiose Aussicht - gefragt die Terrasse über dem See!

WILDBERG
Baden-Württemberg – 9 650 Ew. – Höhe 395 m – Regionalatlas **54**-F19
Berlin 674 km – Stuttgart 52 km – Karlsruhe 69 km – Nagold 12 km
Michelin Straßenkarte 545

Talblick
Bahnhofstraße 6 ✉ 72218 – ✆ (07054) 52 47 – www.talblick-wildberg.de – geschl. Februar 2 Wochen, Mitte - Ende Oktober
19 Zim – 40/50 € 70/85 €
Talblick – Siehe Restaurantauswahl
Bei den Weitbrechts (das Haus wird bereits in 3. Generation von der Familie geführt) wohnen Sie in schöner Aussichtslage oberhalb des Ortes. Die Zimmer sind tipptopp gepflegt, am Morgen gibt es ein leckeres Frühstück mit guten Produkten.

Talblick – Hotel Talblick
Bahnhofstraße 6 ✉ 72218 – ✆ (07054) 52 47 – www.talblick-wildberg.de – geschl. Februar 2 Wochen, Mitte - Ende Oktober und Dienstag
Menü 28/85 € – Karte 24/45 € – (Tischbestellung ratsam)
Bürgerlich-regionale Küche, wie sie sein soll! Von der Rinderkraftbrühe bis zum Kalbsrückensteak ist alles, was Chef Claus Weitbrecht kocht, frisch und schmackhaft! Alternative: Gourmetmenü am Abend auf Vorbestellung im zweiten Restaurant.

In Wildberg-Schönbronn West: 5 km über Effringen

Löwen

Eschbachstr. 1 ✉ 72218 – ✆ (07054) 9 26 10 – www.tagungshotel-loewen.com – geschl. August
50 Zim ☕ – †69/85 € ††98/150 € – 3 Suiten
Ein familiär geleiteter gewachsener Gasthof a. d. 19. Jh. In einem neueren Haus gegenüber befinden sich komfortable und ganz moderne Appartements, im Restaurant serviert man in freundlichem Ambiente bürgerliche Küche und auch für Feierlichkeiten gibt es den passenden Rahmen. Außerdem hat man eine eigene Kochschule - ideal z. B. für Team-Events.

WILDESHAUSEN

Niedersachsen – 18 870 Ew. – Höhe 25 m – Regionalatlas **17-F7**
Berlin 417 km – Hannover 149 km – Bremen 37 km – Oldenburg 37 km
Michelin Straßenkarte 541

An der Straße nach Oldenburg Nord: 1,5 km

Gut Altona

Wildeshauser Str. 34 ✉ 27801 Dötlingen – ✆ (04431) 95 00 – www.gut-altona.de
85 Zim ☕ – †49/85 € ††85/140 € – ½ P
Auf dem schönen weitläufigen Anwesen erwarten Sie individuelle, teilweise besonders wohnliche Zimmer im mediterranen Stil sowie viele Freizeitangebote wie Reiten, Schießen etc. In verschiedene Räume unterteiltes Restaurant mit hellem Wintergarten.

WILDUNGEN, BAD

Hessen – 16 630 Ew. – Höhe 273 m – Regionalatlas **38-G12**
Berlin 422 km – Wiesbaden 185 km – Kassel 40 km – Marburg 56 km
Michelin Straßenkarte 543

Allee-Schlößchen

Brunnenallee 11 ✉ 34537 – ✆ (05621) 7 98 00 – www.hotel-alleeschloesschen.de
14 Zim ☕ – †42/59 € ††76/89 € – ½ P
Freundlich wird das kleine Hotel in zentraler Lage von den Inhabern geleitet. Die Gästezimmer sind hell in neuzeitlich-ländlichem Stil eingerichtet. Das Restaurant wird ergänzt durch eine nette Terrasse vor dem Haus.

In Bad Wildungen-Reinhardshausen Süd-West: 4 km über B 253

Göbels Aqua Vita (N)

Hauptstr. 4 ✉ 34537 – ✆ (05621) 78 60 – www.goebels-aquavita.de
87 Zim ☕ – †82/105 € ††128/157 € – ½ P
Das Hotel mit direktem Zugang zur "QuellenTherme" besteht aus einem alten Fachwerkhaus und einem neuzeitlichen Hotelanbau. Die Zimmer: mal hell und klassisch im Stil, mal in dunklem Holz und warmen Lila-Tönen. Café-Restaurant mit großer Terrasse.

WILGARTSWIESEN

Rheinland-Pfalz – 990 Ew. – Höhe 222 m – Regionalatlas **53-D17**
Berlin 682 km – Mainz 122 km – Mannheim 70 km – Kaiserslautern 60 km
Michelin Straßenkarte 543

Landhaus Am Hirschhorn

Am Hirschhorn 12 ✉ 76848 – ✆ (06392) 5 81 – www.hotel-hirschhorn.de
17 Zim ☕ – †74/90 € ††130/150 € – ½ P
Abschalten vom Alltag? Das Hotel ist klein und familiär, liegt ruhig und hat wohnliche Zimmer sowie einen netten Wellnessbereich. Komfortabel die Appartements mit Terrasse. Fragen Sie nach den Arrangements - viele mit mehrgängigem Abendmenü! Für Champagner-Freunde hat man eine schöne Auswahl.

WILHELMSHAVEN

Niedersachsen – 76 550 Ew. – Höhe 2 m – Regionalatlas **8-E5**
Berlin 485 km – Hannover 228 km – Cuxhaven 110 km – Bremerhaven 70 km
Michelin Straßenkarte 541

Stadtplan auf der nächsten Seite

COLUMBIA

Jadeallee 50 ✉ 26382 – ✆ (04421) 7 73 38 0 – www.columbia-hotels.de — Stadtplan : B2**d**
120 Zim – 134/155 € 158/210 € – 25 Suiten – ½ P
Das Business- und Tagungshotel - erbaut nach dem Vorbild eines Luxusliners - befindet sich in bester Lage am Großen Hafen. Schön komfortabel wohnt es sich in den modernen, maritim-eleganten Zimmern. Im "Harbour View" genießt man bei regionaler und internationaler Küche den Blick auf die Kaiser-Wilhelm-Brücke.

ankerplatz

Kopperhörnerstr. 7 ✉ 26384 – ✆ (04421) 9 32 20 – www.ankerplatz-hotel.de — Stadtplan : B1**c**
21 Zim – 82 € 104 €
Die Lage im Zentrum sowie funktionell ausgestattete Gästezimmer machen das gut geführte Geschäfts- und Urlaubshotel aus. Schöner Loungebereich mit Bibliothek.

City Hotel Valois

Valoisstr. 1, Ecke Valoisplatz ✉ 26382 – ✆ (04421) 48 50 – www.city-hotel-valois.de — Stadtplan : B2**a**
70 Zim – 85/105 € 110/125 € – ½ P
Direkt im Stadtzentrum liegt dieses Hotel - nur Gehminuten von Bahnhof, Hafen und Strand entfernt. Die Zimmer sind unterschiedlich in der Größe, gepflegt und funktionell. Restaurant mit internationalem Angebot.

Keil

Marktstr. 23 ✉ 26382 – ✆ (04421) 9 47 80 – www.hotel-keil.de – geschl. 18. Dezember - 10. Januar — Stadtplan : B2**b**
16 Zim – 64/79 € 84/99 €
Ein Stadthaus am Rande der Fußgängerzone beherbergt im 1. und 2. Stock das sehr gepflegte kleine Hotel, das über helle, zeitgemäß gestaltete Zimmer verfügt.

Gute Küche zu moderatem Preis? Folgen Sie dem „Bib Gourmand“. Das freundliche Michelin-Männchen „Bib“ steht für ein besonders gutes Preis-Leistungs-Verhältnis!

WILLANZHEIM – Bayern ➜ Siehe Iphofen

WILLICH

Nordrhein-Westfalen – 50 600 Ew. – Höhe 40 m – Regionalatlas **25-B11**
Berlin 583 km – Düsseldorf 24 km – Krefeld 8 km – Mönchengladbach 16 km
Michelin Straßenkarte 543

In Willich-Neersen Süd-West: 5 km über A 44 Richtung Mönchengladbach und Viersen, nahe der B 7

Landgut Ramshof

Ramshof 1 ✉ 47877 – ✆ (02156) 9 58 90 – www.landgut-ramshof.de
41 Zim – 95/105 € 130/220 € – ½ P
Der nette Familienbetrieb im Grünen ist ein ehemaliges Hofgut a. d. 17. Jh. Mit vielen Antiquitäten hat man die recht individuellen Zimmer ausgestattet. Moderner wohnt man im Anbau, Highlight hier die "Wellness-Suite" mit eigener Sauna und Kamin! Bürgerlich-regionale Küche im ländlich-gemütlichen Restaurant.

WILHELMSHAVEN
450 m
STADTNORDEN, ÖLHAFEN
STADTNORDEN
SPORTFORUM
HELGOLAND
OLDENBURG, JEVER
BREMERHAVEN,
MARIENSIEL
Ausrüstungshafen
Bauhafen
Ems-Jade-Kanal
Handelshafen
Friesendamm
Jachmannstraße
Jachmannstraße
Hannoversche Str.
Hildesheimer Str.
Celler Str.
Schleusenstraße
Südstrand
Zur Kaiser-Wilhelm-Brücke
Norderneystraße
Spiekeroog-Str.
Wangerooger Allee
Deichsweg
Helgolandstraße
Halligenweg
Saarbrucker Str.
Athenstraße
Leiteweg
Heppenser
Lilienburgstraße
Margaretenstraße
Müllerstraße
Friederikenstraße
Gökerstraße
Bismarckstraße
Knorr Str.
Ebertstraße
Rheinstraße
Weserstraße
Kanalstraße
Kaakstraße
Schulstraße
KOPPERHORNER MÜHLE
Mühlenweg
Kopperhörner Str.
Berliner Str.
KURPARK
Bremer Str.
KUNSTHALLE
Peterstraße
Friedrich-Wilhelm Platz
Virchowstraße
ST. WILLEHAD KIRCHE
Viktoriastraße
Theaterplatz
Mozartstraße
Börsenplatz
Marktstraße
Bahnhofstraße
ADAC
CITY-HAUS
Postgang
Grenzstraße
RATHAUS
STADTHALLE
KOMMUNIKATIONS ZENTRUM
Banter Deich
Emsstraße
Segelstraße
rtebekerstraße
Paul-Hug-Straße
Mitscherlichstraße
Herderstraße
Börsenstraße
Luisenstraße
Marienstraße
Am Handelshafen
Schillerstraße
Ansgaristr.
Mellumstraße
Goethestraße
Uhlandstraße
Hamburger Str.
Oldeoogestraße
Otto-Meentz-Straße
Adolfstraße
Kreuzstraße
Kanalweg
Werftstraße
Ankerstr.
Schmiedestr.
Schützenstraße
Wilhelm-Krüger-Straße
Havermonikenstr.
a
b
c
d
A
B
C
1
2

WILLINGEN (UPLAND)

Hessen – 5 950 Ew. – Höhe 550 m – Regionalatlas **27-F11**
Berlin 467 km – Wiesbaden 208 km – Arnsberg 61 km – Kassel 81 km
Michelin Straßenkarte 543

ErlebnisWelt Willinger Brauhaus

Briloner Str. 54, B 251 ✉ 34508 – ✆ (05632) 9 69 00 – www.erlebniswelt-willingen.de
125 Zim – 🚹74 € 🚹🚹129 € – ☕ 14 € – 21 Suiten – ½ P
Zur "ErlebnisWelt" gehört neben dem Hotel mit seinen schönen Lifestyle-Zimmern, dem modernen Wellnessbereich und dem Sudhaus (hier Buffet- und A-la-carte-Angebot) auch das Willinger Brauhaus mit eigener Brauerei - der Hotspot an den Wochenenden! Beliebt auch die Bar "Leo".

Sporthotel Zum hohen Eimberg

Zum hohen Eimberg 3a ✉ 34508 – ✆ (05632) 40 90 – www.eimberg.de
73 Zim ☕ – 🚹76/91 € 🚹🚹140/152 € – ½ P
Die ruhige Lage, behagliche Zimmer und geräumige Appartements sowie Wellnessanwendungen machen den Familienbetrieb für Feriengäste interessant. Internationale Küche im Restaurant.

Fürst von Waldeck

Briloner Str. 1, B 251 ✉ 34508 – ✆ (05632) 9 88 99 – www.fuerst-von-waldeck.de
28 Zim ☕ – 🚹52/95 € 🚹🚹96/179 €
Das familiengeführte Haus bietet neben wohnlich-soliden Zimmern (nach hinten ruhiger gelegen) auch eine nette kleine Liegewiese sowie einen schönen Sauna- und Badebereich.

Kur- und Sporthotel Göbel

Waldecker Str. 5, B 251 ✉ 34508 – ✆ (05632) 4 00 90 – www.hotel-goebel.de – geschl. 20. November - 15. Dezember
36 Zim ☕ – 🚹50/70 € 🚹🚹110/144 € – 4 Suiten – ½ P
Familie Göbel betreibt hier ein sehr gepflegtes Ferienhotel - und das bereits in der 5. Generation (seit 1867)! Die Zimmer sind wohnlich, am Morgen gibt es ein gutes Frühstücksbuffet und im Restaurant speist man in behaglich-rustikalem Ambiente.

Rüters Parkhotel

Bergstr. 3a ✉ 34508 – ✆ (05632) 98 40 – www.ruetersparkhotel.de
38 Zim ☕ – 🚹60/90 € 🚹🚹120/190 € – ½ P
Das familiengeführte Hotel liegt in einer Parkanlage im Zentrum und hat u. a. schöne Komfortzimmer und zwei Appartements mit Whirlwanne zu bieten, zudem Kosmetikbehandlungen. Zum Garten hin liegt das elegante bürgerliche Restaurant mit Wintergartenanbau.

Waldecker Hof

Waldecker Str. 28 ✉ 34508 – ✆ (05632) 98 80 – www.waldecker-hof.de
34 Zim ☕ – 🚹63/93 € 🚹🚹126/143 € – 4 Suiten – ½ P
Seit 1908 gibt es den Waldecker Hof, in dem sich das Ehepaar Werner freundlich um die Gäste kümmert. Die Zimmer sind schön modern und wohnlich in warmen Farben gehalten, für den hochwertigen Beautybereich ist die Chefin, staatlich geprüfte Kosmetikerin, verantwortlich.

In Willingen-Schwalefeld Nord-Ost: 3,5 km

Upländer Hof

Uplandstr. 2 ✉ 34508 – ✆ (05632) 9 81 23 – www.uplaender-hof.de – geschl. 13. November - 2. Dezember, 7. - 17. März
28 Zim ☕ – 🚹33/60 € 🚹🚹74/120 € – ½ P
Man spürt, dass die Familie um Ihre Gäste bemüht ist: Man bringt Sie aufs Zimmer, bietet faire Preise und in der Küche verwendet man Bioprodukte! Tipp: Ringsum wollen viele schöne Wanderwege erkundet werden.

In Willingen-Stryck Süd-Ost: 3,5 km

Stryckhaus

Mühlenkopfstr. 12 ✉ 34508 – ✆ (05632) 98 60 – www.stryckhaus.de
53 Zim ☕ – 🚹75/140 € 🚹🚹150/170 € – 3 Suiten – ½ P
Das Hotel am Waldrand ist aus einem Landhaus entstanden, das der Künstler Heinrich Vogeler im Jahre 1912 erbaute; einige Details im Haus erinnern an ihn. Schöne Appartements. Klassisch-elegantes Restaurant mit Gartenterrasse und gemütlich-rustikale Wirtsstube.

Gutshof Itterbach

Mühlenkopfstr. 7 ✉ 34508 – ✆ (05632) 9 69 40 – www.gutshof-itterbach.de – geschl. Sonntagabend - Dienstag
Menü 36 € (vegetarisch)/55 € – Karte 32/51 € – *(Montag - Freitag nur Abendessen)* (Tischbestellung erforderlich)
Was Sie hier erwartet? "St. Pierre und Scampi mit Blattspinat", "Rücken vom Salzwiesenlamm mit Steckrübe und Pancetta"... Dazu gemütliche Atmosphäre, eine Terrasse mit Blick ins Grüne und aufmerksamer, freundlicher Service. Sonntags Brunch.

WILNSDORF – Nordrhein-Westfalen ➜ Siehe Siegen

WILTHEN

Sachsen – 5 270 Ew. – Höhe 288 m – Regionalatlas **44-R12**
Berlin 216 km – Dresden 81 km – Görlitz 49 km – Bautzen 13 km
Michelin Straßenkarte 544

In Wilthen-Tautewalde West: 2 km Richtung Neukirch

Erbgericht Tautewalde

Tautewalde 61 ✉ 02681 – ✆ (03592) 3 83 00 – www.tautewalde.de – geschl. 7. - 23. Februar
31 Zim ☕ – 🚹65/68 € 🚹🚹89/94 € – ½ P
Erbgericht Tautewalde – Siehe Restaurantauswahl
Nahe Görlitz und nicht sehr weit von Dresden ist das hier ein guter Ausgangspunkt für Kulturinteressierte. Altes wurde sorgsam saniert, so hat das Gasthaus von 1842 noch immer historisches Flair, zeitgemäß wohnen kann man dennoch.

Erbgericht Tautewalde – Hotel Erbgericht Tautewalde

Tautewalde 61 ✉ 02681 – ✆ (03592) 3 83 00 – www.tautewalde.de – geschl. 7. - 23. Februar und Montag - Mittwochmittag
Menü 25/33 € – Karte 31/41 €
Drinnen hübsche Räume in ländlich-modernem Stil, draußen ein herrlicher Innenhof mit Blick in die Küche. Hier entstehen schmackhafte saisonal-internationale Speisen wie "Lammkoteletts und Lammhaxenragout mit gegrillter Zucchini und Olivenpolenta". Kinderspielplatz am Haus.

WIMPFEN, BAD

Baden-Württemberg – 6 790 Ew. – Höhe 195 m – Regionalatlas **55-G17**
Berlin 598 km – Stuttgart 69 km – Heilbronn 16 km – Mannheim 73 km
Michelin Straßenkarte 545

Am Rosengarten

Osterbergstr. 16 ✉ 74206 – ✆ (07063) 99 10 – www.hotel-rosengarten.net
60 Zim ☕ – 🚹86/102 € 🚹🚹116/140 € – ½ P
Die verkehrsgünstige Lage und zeitgemäße, funktionelle Zimmer sprechen für dieses Hotel. Die Gäste haben direkten und kostenfreien Zugang zum Solebad. Das freundliche Restaurant, teils mit Blick zum Rosengarten, wird ergänzt durch einen Bistrobereich.

Friedrich

Hauptstr. 74, 1. Etage ✉ 74206 – ✆ (07063) 2 45 – www.friedrich-feyerabend.de – geschl. 21. - 29. Dezember, 1. - 13. Januar und Montag - Dienstag
Menü 35/65 € – Karte 34/50 €
Verbinden Sie doch einen Bummel durch die beschauliche Altstadt mit einem Essen in dem charmanten Stadthaus a. d. 16. Jh.! Unten die liebenswert-rustikale Weinstube Feyerabend, oben das Restaurant, in dem man mittags einfacher und am Abend ambitioniert kocht. Es gibt auch Leckeres aus der eigenen Konditorei!

WINDECK

Nordrhein-Westfalen – 18 730 Ew. – Höhe 200 m – Regionalatlas **36**-D13
Berlin 592 km – Düsseldorf 114 km – Bonn 62 km – Limburg an der Lahn 71 km
Michelin Straßenkarte 543

In Windeck-Schladern

Bergischer Hof

Elmorestr. 8 ✉ 51570 – ✆ (02292) 22 83 – www.bergischer-hof.de – geschl. August
19 Zim – †52/68 € ††82/99 € – ½ P
In dem denkmalgeschützten Haus mit typisch bergischer Schieferfassade erwarten Sie zeitgemäß ausgestattete Gästezimmer. Mit hübschem Garten. Gepflegtes ländliches Restaurant mit bürgerlichem Angebot.

WINDELSBACH – Bayern ➜ Siehe Rothenburg ob der Tauber

WINDEN

Baden-Württemberg – 2 820 Ew. – Höhe 327 m – Regionalatlas **61**-E20
Berlin 771 km – Stuttgart 192 km – Freiburg im Breisgau 35 km – Offenburg 46 km
Michelin Straßenkarte 545

In Winden-Oberwinden Nord-Ost: 2 km über B 294

Elztalhotel

Am Rüttlersberg 5, Süd: 2 km über Bahnhofstraße ✉ 79297 – ✆ (07682) 9 11 40 – www.elztalhotel.de
90 Zim – †152/193 € ††254/336 € – 13 Suiten – ½ P
Angefangen hat hier alles mit einer kleinen Pension in einem Schwarzwaldhof, die über die Jahre zu einem komfortablen und zeitgemäßen Urlaubshotel gewachsen ist. Zuvorkommender Service samt diverser Aufmerksamkeiten, Verwöhnpension, Spa auf 6000 qm mit "Schwarzwald-Saunahaus", Floatinganlage, Beauty- und Sportangebot..., das schätzen die vielen Stammgäste!

WINDORF

Bayern – 4 740 Ew. – Höhe 306 m – Regionalatlas **60**-P19
Berlin 587 km – München 181 km – Passau 26 km – Regensburg 104 km
Michelin Straßenkarte 546

In Windorf-Schwarzhöring Nord: 7,5 km, in Rathsmannsdorf links abbiegen Richtung Hofkirchen

Feilmeiers Landleben N

Schwarzhöring 14 ✉ 94575 – ✆ (08541) 82 93 – www.feilmeiers-landleben.de – geschl. Februar und Montag - Dienstag
Menü 28/60 € – Karte 24/49 € – *(Mittwoch - Donnerstag nur Abendessen)* (Tischbestellung ratsam)
Seine "Landleben"-Küche ist für Johann, genannt Hans, Feilmeier Heimatliebe und Verpflichtung zugleich. Er kocht regional und international, "Kalbstafelspitzscheiberl im Wurzelsud" oder "Roulade vom Weiderind - toskanisch". Tipp: hausgemachte Nudeln! Gemütlich-moderne Stuben, freundlich-bayerischer Service.

WINDSHEIM, BAD

Bayern – 11 910 Ew. – Höhe 321 m – Regionalatlas **49-J16**
Berlin 475 km – München 236 km – Nürnberg 68 km – Bamberg 72 km
Michelin Straßenkarte 546

Arvena Reichsstadt Hotel

Pastoriusstr. 5 ✉ 91438 – ✆ (09841) 90 70 – www.arvena.de
110 Zim – 78/98 € 98/124 € – 2 Suiten – ½ P
Das schmucke Haupthaus hat eine lange Geschichte (es stammt a. d. J. 1350), davon zeugt auch der 15 m tiefe historische Brunnen, den Sie an der Rezeption bewundern können! Sie wohnen in zeitgemäßen, funktionellen Zimmern und gespeist wird in einem charmant eingerichteten Fachwerkhaus a. d. 16. Jh., die Küche ist international.

Zum Storchen

Weinmarkt 6 ✉ 91438 – ✆ (09841) 66 98 90 – www.zumstorchen.de
21 Zim – 65/95 € 95/135 € – ½ P
Dieses ausgesprochen gepflegte Fachwerk-Gasthaus direkt am kleinen Weinmarkt schaut auf rund 250 Jahre Familientradition zurück. Dieses stolze Alter sieht man den geschmackvollen Zimmern und Juniorsuiten aber in keiner Weise an, denn hier heißt es schöner moderner Landhausstil! Im ländlich gehaltenen Restaurant bietet man bürgerliche und fränkische Küche.

WINGERODE

Thüringen – 1 230 Ew. – Höhe 290 m – Regionalatlas **29-J11**
Berlin 305 km – Erfurt 90 km – Göttingen 47 km – Nordhausen 43 km
Michelin Straßenkarte 544

Keppler's Ecke

Hauptstr. 52 ✉ 37327 – ✆ (03605) 50 16 66 – www.kepplersecke.de
18 Zim – 49/59 € 80/100 € – ½ P
Das hübsche Fachwerkhaus steht am Dorfplatz bei der Kirche. Ein sympathischer kleiner Familienbetrieb mit herzlicher, persönlicher Gästebetreuung. Wohnlich sind die individuellen Zimmer und der Frühstücksraum, zudem hat man ein Kosmetikstudio. Rustikales Ambiente im Restaurant und in der Jägerstube.

WINGST

Niedersachsen – 3 420 Ew. – Höhe 9 m – Regionalatlas **9-G5**
Berlin 383 km – Hannover 218 km – Cuxhaven 39 km – Bremerhaven 54 km
Michelin Straßenkarte 541

Oehlschläger-Stube

Bahnhofstr. 1, B 73 ✉ 21789 – ✆ (04778) 2 79 – www.hotel-peter-wingst.de – geschl. Mitte Januar - Mitte Februar und Dienstag - Donnerstag
Menü 37/60 € – Karte 25/53 € – *(nur Abendessen, sonntags auch Mittagessen)*
Benannt nach dem Wingster Heimatmaler Mario Oehlschläger serviert man Ihnen - umgeben von Bildern des verstorbenen Künstlers - internationale Speisen.

WINKLARN – Bayern ➜ Siehe Rötz

WINNENDEN

Baden-Württemberg – 27 370 Ew. – Höhe 292 m – Regionalatlas **55-H18**
Berlin 599 km – Stuttgart 26 km – Schwäbisch Gmünd 44 km – Schwäbisch Hall 48 km
Michelin Straßenkarte 545

In Winnenden-Hanweiler Süd: 3 km

Traube

Weinstr. 59 ✉ 71364 – ✆ (07195) 13 99 00 – www.traube-hanweiler.de – geschl. Mitte Februar - Anfang März, Ende Juli - Mitte August und Dienstag - Mittwoch
9 Zim – 68 € 96 € Menü 30/48 € – Karte 16/43 €
Seit 1902 befindet sich der Gasthof in Familienbesitz, inzwischen in 4. Generation. Als Spezialität bietet man Maultaschen und Wild - beliebt ist besonders die Wildschweinbratwurst! Verbinden Sie Ihren Besuch doch mit einer Wanderung oder Radtour - es wimmelt nur so von schönen Wegen!

In Berglen-Lehnenberg Süd-Ost: 6 km

Blessings Landhotel

Lessingstr. 13 ✉ 73663 – ✆ (07195) 9 76 00 – www.blessings-landhotel.de
24 Zim ☕ – 👤68/82 € 👥90/101 € – ½ P
Familie Blessing hat hier ein gepflegtes, funktionell ausgestattetes Hotel, das auch durch seine Lage überzeugt: Zum einen hat man eine gute Anbindung an Stuttgart, zum anderen kann man die Natur rings um den kleinen Ort genießen - schön auch die Aussicht auf die Region. Im Restaurant gibt es eine saisonal geprägte Küche. Spezialität des Hauses ist der Likör "Johanniskräutle" (nach Rezeptur der Großmutter).

WINSEN (LUHE)

Niedersachsen – 33 360 Ew. – Höhe 6 m – Regionalatlas **10-J6**
Berlin 285 km – Hannover 132 km – Hamburg 36 km – Bremen 118 km
Michelin Straßenkarte 541

In Winsen-Pattensen Süd-West: 8 km

Maack-Kramer's Landgasthof

Blumenstr. 2 ✉ 21423 – ✆ (04173) 2 39 – www.maack-kramer.de – geschl. 18. Juli - 9. August und Montag - Dienstag
Menü 24 € – Karte 22/38 € – *(nur Abendessen, sonntags auch Mittagessen)* (Tischbestellung ratsam)
Mit Engagement leitet die Familie den wirklich netten Gasthof, die Küche ländlich, frisch, bodenständig. Neben "Sülzwurst", "Roastbeef mit Bratkartoffeln" oder "Jägerschmaus" gibt es auch Saisonales. Schön die Terrasse zum Garten!

WINTERBACH – Baden-Württemberg ➜ Siehe Schorndorf

WINTERBERG

Nordrhein-Westfalen – 12 790 Ew. – Höhe 668 m – Regionalatlas **37-F12**
Berlin 482 km – Düsseldorf 186 km – Arnsberg 56 km – Marburg 60 km
Michelin Straßenkarte 543

Oversum Vital Resort

Am Kurpark 6 ✉ 59955 – ✆ (02981) 92 95 50 – www.oversum-vitalresort.de
76 Zim ☕ – 👤70/125 € 👥120/200 € – 2 Suiten – ½ P
Ein Hotel in Ei-Form! Mit seinem Namen - zusammengesetzt aus "Ovum" (lat. für "Ei") und "Universum" - steht es für kosmopolitisches Flair, und das spiegelt sich im geradlinig-schicken Design wider - von der Lobby über die großflächig verglasten Zimmer (meist mit schöner Sicht) bis zum Kosmetikbereich.

Engemann-Kurve

Haarfelder Str. 10, B 236 ✉ 59955 – ✆ (02981) 9 29 40 – www.engemann-kurve.de – geschl. Ende Juni - Mitte Juli
16 Zim ☕ – 👤67/69 € 👥114/138 € – ½ P
In dem Familienbetrieb überzeugen persönliche Gästebetreuung, solide, wohnliche Zimmer und ein gutes Frühstücksbuffet. Auf Anfrage bietet man auch Kosmetik und Massage. Die Küche des Hauses ist saisonal ausgerichtet - gerne speist man im Sommer auf der schönen Terrasse.

In Winterberg-Altastenberg West: 5 km über B 236

Berghotel Astenkrone

Astenstr. 24 ✉ 59955 – ✆ (02981) 80 90 – www.astenkrone.de
41 Zim ☕ – 👤88/186 € 👥120/272 € – ½ P
Berghotel Astenkrone – Siehe Restaurantauswahl
Als Jab-Anstoetz-Unternehmen präsentiert sich das engagiert geführte Haus als "Showhotel" für wunderschöne und stimmig arrangierte Stoffe - zu bewundern in den individuellen und äußerst wohnlichen Zimmern und Juniorsuiten. Im Wellnessbereich heißt es Meersalzpeeling, Hydrothermalbad, Farblichtanwendung...

Berghotel Astenkrone – Berghotel Astenkrone

Astenstr. 24 ✉ 59955 – ✆ (02981) 80 90
– www.astenkrone.de
Menü 38/55 € – Karte 33/61 €
Viel Holz kombiniert mit attraktiven Stoffen aus bekanntem Hause sorgt für ein gemütliches Ambiente. Auf den gut eingedeckten Tisch kommt international-regionale Küche, auch in Form von Aktiv-Gerichten. Und wenn bei Ihnen mal eine Feier ansteht: Man hat hier schöne Nebenräume.

In Winterberg-Züschen Süd-Ost: 7 km Richtung Hallenberg

Mühlengrund

Nuhnetalstr. 114, B 236 ✉ 59955 – ✆ (02981) 5 84
– www.hotel-muehlengrund.de – geschl. Ende Oktober - Mitte November
11 Zim – 50/60 € 80/100 € – ½ P
Dieser langjährige Familienbetrieb bietet seinen Gästen gepflegte praktische Zimmer und einen Garten mit Spielplatz und Minigolf. Auch für Biker eine interessante Adresse. Bürgerliches Angebot im Restaurant, im Sommer mit nettem kleinem Biergarten.

WINTERHAUSEN

Bayern – 1 430 Ew. – Höhe 188 m – Regionalatlas **49**-I16
Berlin 502 km – München 262 km – Würzburg 14 km – Kitzingen 13 km
Michelin Straßenkarte 546

Gasthof Schiff

Fährweg 14 ✉ 97286 – ✆ (09333) 17 85
– www.hotel-schiff.de – geschl. 8. - 17. Oktober und Sonntag
10 Zim – 59 € 89/105 € – ½ P Menü 29/45 € – Karte 32/41 €
In dem schönen Gasthof a. d. 16. Jh. lässt man sich in liebenswerten, hübsch dekorierten Räumen oder auf der Terrasse zum Main von der herzlichen Chefin umsorgen. Die Küche ist klassisch-regional. Nette wohnlich-rustikale Gästezimmer, teilweise mit Mainblick.

WIRSBERG

Bayern – 1 820 Ew. – Höhe 370 m – Regionalatlas **51**-L15
Berlin 341 km – München 250 km – Coburg 60 km – Hof 41 km
Michelin Straßenkarte 546

Herrmann's Posthotel

Marktplatz 11 ✉ 95339 – ✆ (09227) 20 80
– www.herrmanns-posthotel.de
31 Zim – 95 € 151/216 € – 7 Suiten – ½ P
Alexander Herrmann **•** ***AH - Das Bistro*** – Siehe Restaurantauswahl
Die Herrmanns sind stolz auf über 140 Jahre Familientradition. Stets um das Wohl des Gastes bemüht, wird immer wieder investiert und verbessert, z. B. in Form des geschmackvollen kleinen Kosmetikbereichs. Die Zimmer und Suiten gibt es als "Lifestyle" oder "Klassisch".

Reiterhof Wirsberg

Sessenreuther Str. 50, Süd-Ost: 1 km ✉ 95339 – ✆ (09227) 20 40
– www.reiterhof-wirsberg.de
46 Zim – 97/161 € 158/245 € – ½ P
Schön die ruhige Lage etwas außerhalb des Ortes, wohnlich-gediegen das Ambiente, von der holzgetäfelten Lobby bis in die Komfort- und Superiorzimmer sowie Juniorsuiten mit Empore (ideal für Familien). Die meisten Zimmer mit Blick über die Landschaft, ebenso das elegant-rustikale Restaurant und die Terrasse.

Alexander Herrmann – Herrmann's Posthotel
Marktplatz 11 ✉ 95339 – ✆ (09227) 20 80 – www.herrmanns-posthotel.de – geschl. Januar - Februar: Sonntag - Mittwoch, März: Sonntag - Dienstag, April - Mitte November: Sonntag - Montag, Mitte November - Mitte Dezember: Sonntag - Dienstag, außer Festspielzeit
Menü 110/185 € – Karte 89/106 € – *(nur Abendessen)*
Was Patron Alexander Herrmann und Tobias Bätz am Herd zum Besten geben, ist kreative Küche in Form zweier Menüs: "Kontraste" und "Organic" heißen sie, Letzteres ist rein vegetarisch. Und dazu vielleicht einen guten Frankenwein? Der Rahmen: elegant und zurückhaltend modern. Eine Kochschule gibt es auch.
➜ Gebratener Steinköhler, Kaffee-Gewürzquinoa, weiße Bohnencreme, Bohnensalat. Geschmortes Spanferkelbäckchen mit Ahornsirup und Chili glasiert. Gegrillter Haselnuss-Hefezopf, Weizengrasseis, Zitrone, Milchschaum.

AH - Das Bistro – Herrmann's Posthotel
Marktplatz 11 ✉ 95339 – ✆ (09227) 20 80 – www.herrmanns-posthotel.de
Menü 38/69 € – Karte 34/47 €
Sie suchen eine günstigere und etwas legerere Alternative zum Gourmetrestaurant des TV-bekannten Patrons? Dann probieren Sie in dem geradlinig-modernen Bistro die fränkischen Tapas oder den fränkischen Schiefertrüffel (seit 1978)!

WISMAR
Mecklenburg-Vorpommern – 42 220 Ew. – Höhe 15 m – Regionalatlas **11**-L4
Berlin 234 km – Schwerin 32 km – Rostock 52 km – Lübeck 59 km
Michelin Straßenkarte 542

Wismar
Breite Str. 10, Zufahrt Parkplatz über Böttcherstraße ✉ 23966 – ✆ (03841) 22 73 40 – www.hotel-restaurant-wismar.de
15 Zim – †70/80 € ††85/100 € – ½ P
Sie wohnen hier ideal direkt in der Altstadt und auch das Parken ist kein Problem (eigene Stellplätze!). Gemütliche Details in dem historischen Haus von 1896 sind warme Töne und teilweise Dachschrägen in den Zimmern sowie eine alte Holzdecke und -vertäfelungen im maritim-gediegenen Restaurant.

Fründts Hotel
Schweinsbrücke 1 ✉ 23966 – ✆ (03841) 2 25 69 82 – www.hotel-stadtwismar.de
35 Zim – †55/95 € ††76/118 €
Nach bewegter Geschichte ist das Haus a. d. 18. Jh. heute wieder das, was es ursprünglich einmal war: ein Hotel - wiedereröffnet unter dem Namen von einst. Der Tag beginnt stilvoll: gutes Frühstück unter hoher Decke mit mächtigem Kronleuchter - oder "open air" auf der schönen Terrasse!

WISSEN
Rheinland-Pfalz – 8 130 Ew. – Höhe 200 m – Regionalatlas **37**-D13
Berlin 588 km – Mainz 127 km – Bonn 69 km – Limburg an der Lahn 67 km
Michelin Straßenkarte 543

Ambiente
Hockelbachstr. 2 ✉ 57537 – ✆ (02742) 9 32 40 – www.hotel-ambiente-wissen.de
8 Zim – †63/71 € ††81/90 €
Ein sehr persönlich geleitetes Haus in einer relativ ruhigen Wohngegend. Die Zimmer (alle im EG) sind geschmackvoll-modern eingerichtet, hier kleine Aufmerksamkeiten wie Wasserkocher, Badeartikel und Hausschuhe.

WITTDÜN – Schleswig-Holstein ➜ Siehe Amrum (Insel)

WITTEN

Nordrhein-Westfalen – 95 630 Ew. – Höhe 130 m – Regionalatlas **26**-D11
Berlin 510 km – Düsseldorf 59 km – Bochum 10 km – Dortmund 21 km
Michelin Straßenkarte 543

Ardey

Ardeystr. 11 ✉ 58452 – ✆ (02302) 98 48 80 – www.ardey-hotel.de
56 Zim – 82 € 104 € – ½ P
Das Hotel ist ein Integrationsbetrieb, der sehr zentral direkt neben dem Marien-Hospital liegt. Alles hier ist schön geradlinig-modern und in hellen Erdtönen gestaltet. Man hat auch einen kleinen Saunabereich und gute Tagungsmöglichkeiten.

WITTENBERG (LUTHERSTADT)

Sachsen-Anhalt – 46 730 Ew. – Höhe 65 m – Regionalatlas **32**-N10
Berlin 108 km – Magdeburg 87 km – Leipzig 66 km – Dresden 151 km
Michelin Straßenkarte 542

Stadtpalais Wittenberg

Collegienstr. 56, Zufahrt über Wallstraße ✉ 06886 – ✆ (03491) 42 50 – www.stadtpalais.bestwestern.de
78 Zim – 79/119 € 102/130 € – ½ P
Die Lage in der Fußgängerzone und die komfortable Ausstattung mit eleganter Note sprechen für das Hotel. Vom Saunabereich im OG schaut man auf das Lutherhaus. Dazu Kosmetik- und Massageangebot. Das offen zur Halle hin gelegene Restaurant bietet internationale Küche.

Schwarzer Baer

Schlossstr. 2, Zufahrt über Wallstraße ✉ 06886 – ✆ (03491) 4 20 43 44 – www.stadthotel-wittenberg.de
32 Zim – 65/75 € 85/105 €
Mitten in der beschaulichen Altstadt steht das seit 1520 existierende Gasthaus. Schönes modernes Interieur hinter einer denkmalgeschützten Fassade. Direkt vor dem Haus laden Geschäfte zum Bummeln ein.

WITTENBURG

Mecklenburg-Vorpommern – 6 170 Ew. – Höhe 40 m – Regionalatlas **11**-K5
Berlin 209 km – Schwerin 35 km – Lübeck 54 km – Rostock 113 km
Michelin Straßenkarte 542

Schwanenhof

Bahnhofstr. 12 ✉ 19243 – ✆ (038852) 61 80 – www.hotel-a24.de
23 Zim – 52/58 € 74/86 €
In dem familiär geführten Hotel stehen freundliche und gut gepflegte Zimmer bereit - am schönsten ist Zimmer Nr. 17 mit großem Balkon zum Stadtteich. Reizvolle Terrasse.

WITTINGEN

Niedersachsen – 11 410 Ew. – Höhe 85 m – Regionalatlas **20**-K7
Berlin 265 km – Hannover 93 km – Schwerin 149 km – Celle 50 km
Michelin Straßenkarte 541

Wittinger Tor

Salzwedeler Str. 4 ✉ 29378 – ✆ (05831) 2 53 00 – www.wittinger-tor.de
16 Zim – 70/80 € 105/115 €
Das weiße Fachwerkhaus prägt wahrlich das Ortsbild! Wie ein Hobby scheint das Hotel für das Ehepaar Deck (er ist eigentlich Architekt), betrachtet man ihre Hingabe: Man kennt seine Stammgäste, die gediegene Einrichtung ist tipptopp gepflegt und wohnlich und die hübschen Stuben sind ein Sammelsurium von Antiquitäten, mit viel Liebe zum Detail gestaltet - besonders sehenswert die Weihnachtsdeko! Gespeist wird traditionell.

WITTLICH

Rheinland-Pfalz – 18 340 Ew. – Höhe 160 m – Regionalatlas **45-B15**
Berlin 681 km – Mainz 129 km – Trier 41 km – Koblenz 91 km
Michelin Straßenkarte 543

Lindenhof - Vulcano Spirit

Am Mundwald 5, Süd: 2 km ✉ 54516 – ✆ (06571) 69 20 – www.lindenhofwittlich.de
42 Zim – 80/100 € 135/150 € – ½ P
Das Hotel liegt ruhig etwas außerhalb am Hang, so bieten einige Zimmer und vor allem die Terrasse des modernen Restaurants eine schöne Aussicht Richtung Wittlich. Buchen Sie eines der besonders freundlichen "Vulcano Fresh"-Zimmer! Chic und trendig der Sauna- und Badebereich, auch Massage wird angeboten.

Well

Marktplatz 5, 1. Etage ✉ 54516 – ✆ (06571) 9 11 90 – www.hotel-well.de – geschl. 20. - 31. Dezember
20 Zim – 64/75 € 94/115 € – 1 Suite
Hübsch anzuschauen ist die zum Marktplatz hin gelegene Fassade a. d. 17. Jh. Die Zimmer im Altbau sowie im rückwärtigen Anbau sind in klassischem Stil gehalten.

In Dreis Süd-West: 8 km

Waldhotel Sonnora

Auf'm Eichelfeld 1 ✉ 54518 – ✆ (06578) 9 82 20 – www.hotel-sonnora.de – geschl. 21. Dezember - Mitte Januar, Mitte Juli - Anfang August
20 Zim – 95/250 € 140/300 €
Waldhotel Sonnora ✿✿✿ – Siehe Restaurantauswahl
Als Gourmetadresse ist das Haus der Thieltges' wohl jedem bekannt, aber man kann hier auch richtig schön übernachten: Die Zimmer sind aufwändig oder auch etwas einfacher, aber immer wohnlich. Zudem genießt man das Engagement der Familie, die ruhige Lage am Waldrand und den überaus gepflegten Garten!

XXXX ✿✿✿

Waldhotel Sonnora (Helmut Thieltges) – Waldhotel Sonnora

Auf'm Eichelfeld 1 ✉ 54518 – ✆ (06578) 9 82 20 – www.hotel-sonnora.de – geschl. 21. Dezember - Mitte Januar, Mitte Juli - Anfang August und Montag - Mittwochmittag
Menü 159/189 € – Karte 114/184 € – (Tischbestellung ratsam)
Helmut Thieltges ist einer der wirklichen Großmeister der klassischen Hochküche! Sie zeichnet sich nicht durch Spielerei und Schnörkel aus, sondern durch eine klare Linie, volle Aromen und die besten Produkte, die der Markt hergibt. Selbstverständlich sind da auch elegante Tischkultur und charmanter Service.
→ Kleine Torte vom Rinderfilettatar mit Royal Select Kaviar auf Kartoffelrösti. Tranche vom Steinbutt aus der Bretagne mit Sauce Béarnaise und Kalbsjus. Carré vom Limousin Lamm mit Artischockengemüse „Nicoise“ und Sarriettejus.

WITZHAVE

Schleswig-Holstein – 1 500 Ew. – Höhe 24 m – Regionalatlas **10-J5**
Berlin 260 km – Kiel 98 km – Hamburg 29 km – Lübeck 51 km
Michelin Straßenkarte 541

Pünjer

Möllner Landstr. 9 ✉ 22969 – ✆ (04104) 9 77 70 – www.hotel-puenjer.de – geschl. 22. Dezember - 5. Januar
36 Zim – 55/68 € 80/85 €
Ein freundlich-familiär geleitetes Haus, das sich durch seine verkehrsgünstige Lage nahe der A 24, die praktische Ausstattung sowie das gute Preis-Leistungs-Verhältnis auszeichnet. Das Restaurant mit rustikaler Note verfügt über einen Wintergartenanbau.

WÖLLSTEIN

Rheinland-Pfalz – 4 560 Ew. – Höhe 130 m – Regionalatlas **47-E15**
Berlin 605 km – Mainz 36 km – Bad Kreuznach 10 km – Kaiserslautern 60 km
Michelin Straßenkarte 543

Wöllsteiner Weinstube

Eleonorenstr. 32 ✉ 55597 – ✆ (06703) 96 19 33 – www.woellsteiner-weinstube.de
– geschl. Montag - Mittwoch
Karte 33/43 € – *(nur Abendessen)* (Tischbestellung ratsam)
Gemütlich sitzt man in dem reizenden Natursteinhaus in einer liebenswerten Weinstube mit Empore. Gekocht wird bürgerlich-regional mit internationalen Einflüssen. Plätze im Freien bietet der lauschige Innenhof.

WÖRISHOFEN, BAD

Bayern – 14 740 Ew. – Höhe 630 m – Regionalatlas **64-J20**
Berlin 612 km – München 80 km – Augsburg 62 km – Kempten (Allgäu) 53 km
Michelin Straßenkarte 546

Steigenberger Hotel Der Sonnenhof

Hermann-Aust-Str. 11 ✉ 86825 – ✆ (08247) 95 90
– www.spahotel-sonnenhof.de
143 Zim – 115 € 185 € – 13 Suiten – ½ P
CALLA – Siehe Restaurantauswahl
Man genießt die ruhige Lage am Rande des Kneipp-Kurortes in einem hübschen Park, wohnt in stilvollen Zimmern (gefragt die Familiensuiten) und entspannt im großzügigen Spa (verschiedene Pools, schicke Ruheräume...). Gastronomisch ist die modern-rustikale "König Ludwig Lounge" mit Allgäuer Küche eine Alternative zum "CALLA". Veranstaltungszentrum mit neuester Technik.

Fontenay

Eichwaldstr. 10 ✉ 86825 – ✆ (08247) 30 60 – www.hotel-fontenay.de
48 Zim – 145/233 € 266/330 € – 7 Suiten – ½ P
Fontenay – Siehe Restaurantauswahl
Vom ersten Moment an wird man von Hubertus Holzbock und seinem Team charmant und überaus zuvorkommend umsorgt, die Zimmer klassisch und elegant, der Wellnessbereich großzügig und ebenso komfortabel - bekannt ist man z. B. für die moderne Kneipp-Kur, Entspannung findet man aber auch bei zahlreichen anderen Anwendungen oder im schönen, ruhig gelegenen Park.

Edelweiß

Bürgermeister-Singer-Str. 11 ✉ 86825 – ✆ (08247) 3 50 10
– www.hotel-edelweiss.de
43 Zim – 58/98 € 128/196 € – 2 Suiten – ½ P
Was die vielen Stammgäste hier schätzen, ist die sehr gepflegte gediegene Einrichtung, aber auch die Leitung durch Familie Schneid, die schon in 3. Generation im Haus ist! Außerdem sorgen die ruhige Umgebung sowie Medical Wellness, Beauty & Co. für Erholung - und in der Bibliothek lässt es sich gut schmökern. Fragen Sie nach den neuen Zimmern im zeitgemäßen Landhausstil!

Angerhof

Lerchenstr. 13 ✉ 86825 – ✆ (08247) 99 10 – www.angerhof.com
46 Zim – 60/94 € 104/174 € – 4 Suiten – ½ P
Seit 1963 und inzwischen in 3. Generation erweitert und verbessert Familie Schegerer ihr Hotel stetig und so darf man sich hier auf wohnlich eingerichtete und nach Heilkäutern benannte Zimmer freuen (teilweise mit Balkon), ebenso auf Wellnessangebote von medizinischer Massage über Thermalbad bis Beauty. Restaurantgäste sitzen im Wintergarten oder auf der Terrasse zum Wörthbach am schönsten.

die Villa

Obere Mühlstr. 1 ✉ 86825 – ✆ (08247) 9 62 00 – www.villa-bad-woerishofen.de
– geschl. 24. Dezember - 4. Januar, 25. - 28. April, 14. - 19. Mai, 14. - 21. August
10 Zim – 58 € 108/128 €
Das hier ist nicht nur ein sympathisch-familiäres kleines Hotel mit Themenzimmern ("Pur", "Kunst", "Schokolade"...), sondern gleichzeitig auch Kinderbuch- und Deko-Laden sowie Café! Es gibt hausgemachten Kuchen und ein Tagesessen.

Fontenay – Hotel Fontenay
Eichwaldstr. 10 ✉ 86825 – ✆ (08247) 30 60 – www.hotel-fontenay.de
Menü 30 € (mittags unter der Woche)/72 € – Karte 45/78 € – (Tischbestellung ratsam)
In dem eleganten Restaurant bietet man klassische Speisen, darunter das sehr beliebte "am Tisch tranchierte Chateaubriand mit Sauce Béarnaise und Portweinjus" (für 2 Personen)! Dazu genießt man den aufmerksamen und zuvorkommenden Service.

CALLA – Steigenberger Hotel Der Sonnenhof
Hermann-Aust-Str. 11 ✉ 86825 – ✆ (08247) 95 90 – www.spahotel-sonnenhof.de – geschl. Montag - Dienstag
Menü 46/58 € – Karte 29/81 € – *(Mittwoch - Freitag nur Abendessen)*
Die euro-asiatischen Gerichte von Jörg Richter lassen deutlich seine Zeit in Tokio und Singapur erkennen. Beobachten Sie, wie die Crew in der offenen Showküche unter der Rubrik "Jörg Richters Spezial" z. B. "Duett vom Thunfisch und Gelbschwanzmakrele" zubereitet. Reizvoll auch der Blick in den Garten!

Muschitz
Fidel Kreuzerstr. 4, im Münchner Haus ✉ 86825 – ✆ (08247) 99 73 97 – www.muschitz-einrestaurant.de – geschl. Mitte Oktober 2 Wochen und Dienstag - Mittwoch
Menü 25 € (mittags)/80 € – Karte 31/56 €
Patron Frank Muschitz kocht in diesem freundlichen Restaurant (der schöne Mosaikfußboden gibt dem Raum eine mediterrane Note) eine frische saisonale Küche, während sich die Chefin herzlich um die Gäste kümmert. Sehr beliebt sind übrigens die Tagesmenüs - und im Sommer natürlich die große Terrasse!

WOLFACH

Baden-Württemberg – 5 840 Ew. – Höhe 262 m – Regionalatlas **54**-E19
Berlin 750 km – Stuttgart 137 km – Freiburg im Breisgau 57 km – Freudenstadt 38 km
Michelin Straßenkarte 545

In Wolfach-Kirnbach Süd: 5 km

Kirnbacher Hof
Untere Bahnhofstr. 2 ✉ 77709 – ✆ (07834) 61 11 – www.kirnbacher-hof.de
20 Zim – †52/84 € ††104/138 € – ½ P
Hier lässt es sich schön wohnen, dafür sorgen die sympathisch-familiäre Atmosphäre, Zimmer zum Wohlfühlen (auch an Familien mit Kindern ist gedacht) sowie der geschmackvoll-moderne Panorama-Saunabereich im 4. Stock. Im Restaurant wählt man zwischen bürgerlichen und modernen Gerichten.

In Wolfach-St. Roman Nord-Ost: 12 km Richtung Schiltach, nach 7 km links – Höhe 673 m

Adler
St. Roman 14 ✉ 77709 – ✆ (07836) 9 37 80 – www.naturparkhotel-adler.de
56 Zim – †101 € ††213 € – 1 Suite – ½ P
Adler – Siehe Restaurantauswahl
1659 begann alles mit einem Gasthof für Pilger, seither ist das Haus in der Hand der engagierten Familie Haas. Wohnliche Zimmer im gehobenen Landhausstil, ebenso komfortabel, nur eben moderner die Zimmer im neuesten Anbau. Einladender Wellnessbereich samt Saunen, Innen- und Außenpool, Panoramaterrasse, Beautyangebot. Ideal für Familien: Appartements und Spielzimmer.

Adler – Hotel Adler
St. Roman 14 ✉ 77709 – ✆ (07836) 9 37 80 – www.naturparkhotel-adler.de
Menü 30 € – Karte 28/47 €
Wo möchten Sie speisen? In ländlich-gemütlichen Stuben mit Kachelofen oder im lichten Wintergarten? Freundlich umsorgt wird man hier wie dort (natürlich auch auf der schönen Terrasse), und zwar mit regionalen Gerichten zu fairen Preisen wie "Apfel-Selleriesuppe" oder "Sauerbraten von Adlerwirt's Weideochsen".

WOLFENBÜTTEL

Niedersachsen – 51 570 Ew. – Höhe 75 m – Regionalatlas **30-J9**
Berlin 240 km – Hannover 74 km – Braunschweig 12 km – Goslar 31 km
Michelin Straßenkarte 541

Parkhotel Altes Kaffeehaus

Harztorwall 18 ✉ 38300 – ✆ (05331) 88 80 – www.parkhotel-wolfenbuettel.de
75 Zim – 83/93 € 116/126 € – ½ P
Sie sind noch erhalten, die denkmalgeschützten Mauern, in denen 1838 das namengebende Kaffeehaus eröffnet wurde! Heute befindet sich in dieser alten Weingrotte mit schönem Gewölbe das Restaurant. Die Zimmer solide, gepflegt und mit rustikalem Charme. Im Sommer können Sie auf der Terrasse auch frühstücken und dabei den Parkblick genießen.

WOLFSBURG

Niedersachsen – 121 760 Ew. – Höhe 63 m – Regionalatlas **20-K8**
Berlin 222 km – Hannover 91 km – Magdeburg 83 km – Celle 80 km
Michelin Straßenkarte 541

The Ritz-Carlton

Parkstr. 1, Autostadt ✉ 38440 – ✆ (05361) 60 70 00 Stadtplan : B1**a**
– www.ritzcarlton.de/wolfsburg
147 Zim – 265/425 € 265/425 € – 29 € – 23 Suiten
Aqua ❀❀❀ – Siehe Restaurantauswahl
Im Herzen der Autostadt liegt eines der Flaggschiffe der norddeutschen Hotellerie! Nach intensiver Renovierung ist hier alles noch etwas schicker und edler, vom attraktiven öffentlichen Bereich über die intime Bar bis zu den wohnlich-wertigen Zimmern. Nach wie vor ein Eyecatcher: der schwimmende Außenpool! "Terra" mit moderner, frischer, leichter Küche.

INNSIDE by Melia

Heinrich-Nordhoff-Str. 2 ✉ 38440 – ✆ (05361) 6 09 00 Stadtplan : B1**b**
– www.innside.com
219 Zim – 199 € 249 €
Ven – Siehe Restaurantauswahl
Topmodern in Design und Technik! Das komfortable Businesshotel liegt günstig nahe Hauptbahnhof, "phaeno" (Wissenschaftsmuseum) und Autostadt. In den Zimmern puristischer Look in schickem Schwarz-Silber-Weiß, toll die Aussicht von Sky-Bar und Dachterrasse! Gut auch die Tagungsmöglichkeiten.

Parkhotel Wolfsburg

Unter den Eichen 55, über B2, Richtung Helmstedt ✉ 38446 – ✆ (05361) 50 50
– www.parkhotel-wolfsburg.de
30 Zim – 120/140 € 150 € – ½ P
Parkhotel Wolfsburg – Siehe Restaurantauswahl
Sie hätten es gerne ruhig und doch zentral? Hier wohnen Sie im Grünen und eigentlich mitten in Wolfsburg! Man hat moderne Zimmer, die ebenso funktional wie wohnlich sind. Wie wär's nach dem guten Frühstück mit einem Spaziergang im Wald? Für Langzeitgäste vermietet man auch Appartements in der Umgebung.

einschlaf

An der St. Annen Kirche 24 ✉ 38440 Stadtplan : B1**s**
– ✆ (05361) 70 97 44 – www.einschlaf.de
5 Zim – 98/149 € 129/149 € – 19 €
Schon ein bemerkenswertes Haus: bemerkenswert klein, bemerkenswert individuell und geschmackvoll und dazu bermerkenswert herzlich geführt! Im alten Bauernhaus hat man ein modernes Café, im ehemaligen Schweinestall wird gefrühstückt (bemerkenswert auch das Buffet) und im einstigen Heuschober wird gewohnt.

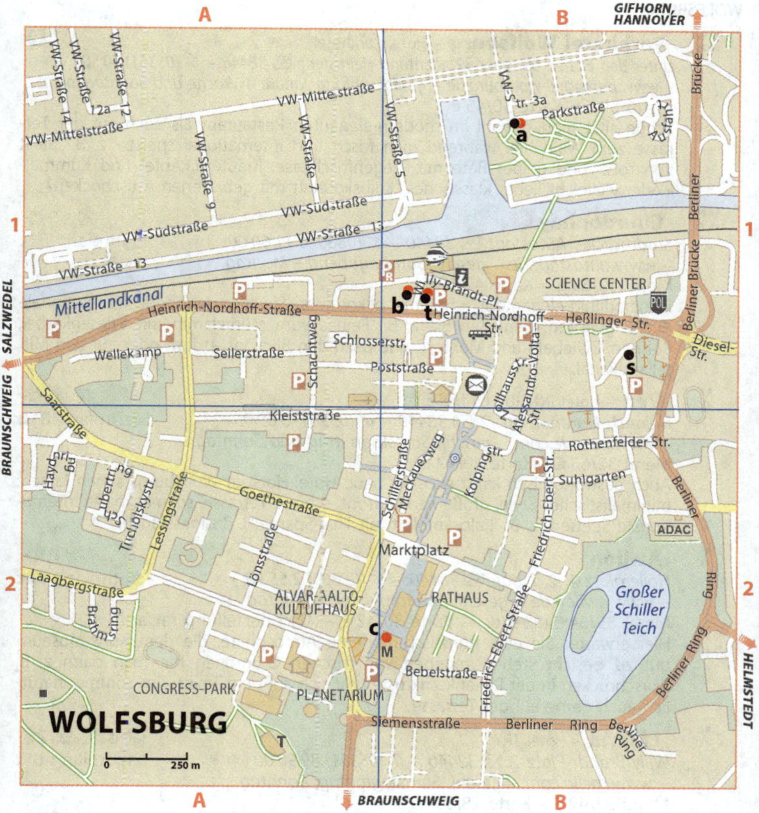

TRYP

Willy-Brandt-Platz 2 ✉ *38440 – ✆ (05361) 89 90 00* Stadtplan : B1**t**
– www.tryphotels.com/wolfsburg

121 Zim – 93/249 € 117/299 € – ½ P

Linario – Siehe Restaurantauswahl

Wer in dem sehr gut besuchten Hotel nahe Bahnhof und Autostadt übernachten möchte, sollte zeitig buchen! Der Komfort stimmt: Dank stetiger Investitionen darf man vom Kopfkissen bis zum Schallschutzfenster hochwertiges Interieur erwarten, und auch das Frühstück wird Sie nicht enttäuschen!

Aqua – Hotel The Ritz-Carlton

Parkstr.1, Autostadt ✉ *38440 – ✆ (05361) 60 60 56* Stadtplan : B1**a**
– www.restaurant-aqua.com – geschl. Anfang Januar 2 Wochen, über Ostern 1 Woche, August 3 Wochen und Sonntag - Montag

Menü 180/250 € – Karte 123/178 € – *(nur Abendessen)* (Tischbestellung ratsam)

Klar, modern, erlesen. Das gilt für das edel-puristische Design und die kreative Küche gleichermaßen. Bei einem gekonnten Spiel mit Texturen, Temperaturen und Aromen stehen Produkte allererster Güte im Mittelpunkt. Diesem top Niveau trägt auch der überaus professionelle und sympathische Service Rechnung.

→ Norwegische Jakobsmuschel, Lauch mit Gewürzen, Granatapfel und Zitrone. Lammzunge und pochierte Wachteleier, Topinambur, Parmigiano Reggiano und weißer Trüffel. Schokolade "Dulcey", Eierlikör, Blätterkrokant, Staudensellerie und Granny Smith.

XX **Parkhotel Wolfsburg** – Hotel Parkhotel

Unter den Eichen 55, über B2, Richtung Helmstedt ✉ 38446 – ✆ (05361) 50 50 – www.parkhotel-wolfsburg.de – geschl. Anfang Januar 1 Woche und Sonntagabend

Menü 39 € – Karte 30/45 €

Schön sitzt man sowohl im modern-eleganten Restaurant als auch auf der Terrasse zum Wald hin, während man frisch und international speist - z. B. "Salat von roter und gelber Bete mit Ziegenfrischkäse, Kräutern, Apfel und Kümmel" - oder vielleicht lieber klassisches "Kalbskotelett mit gebratenen Artischocken?

XX **Chardonnay** N

Stadtbrücke, Autostadt ✉ 38440 – ✆ (0800) 6 11 60 00 – www.autostadt.de – geschl. Sonntagabend - Montag Stadtplan : B1**c**

Menü 43/69 € – Karte 42/60 €

In geradlinig-elegantem Ambiente bekommen Sie hier gehobene internationale Küche geboten. Genießen Sie z. B. "Feines vom Müritzlamm mit Wiesenkerbel, Bohnen, Zwiebeln und Möhren" und dazu den Blick ins Atrium oder auf den Mittellandkanal.

X **Ven** – Hotel INNSIDE by Melia

Heinrich-Nordhoff-Str. 2 ✉ 38440 – ✆ (05361) 6 09 00 – www.innside.com – geschl. Samstagmittag und Sonntag Stadtplan : B1**b**

Menü 32/65 € – Karte 40/52 €

Auch gastronomisch kann sich der neue Hotel-Hotspot Wolfsburgs sehen lassen: minimalistischer Style, große Fensterfront, schöne Terrasse, schmackhafte internationale Speisen (z. B. "Kalbskotelett mit Thai-Spargel"). Businesslunch.

X **Awilon**

Hollerplatz 1, 2. Etage ✉ 38440 – ✆ (05361) 2 55 99 – www.awilon.de – geschl. Sonntagabend - Montag Stadtplan : B2**c**

Menü 35/64 € (abends) – Karte 30/42 € – (Tischbestellung ratsam)

Hier erwartet Sie eine puristisch-moderne Atmosphäre, die dem Kunstmuseum gut zu Gesicht steht. Umgeben von frischen Grüntönen hat man dann z. B. "Hirschrücken in der Pinienkernkruste" vor sich auf dem Teller - im Sommer natürlich auch gerne auf der Terrasse.

X **Linario** – Hotel TRYP

Willy-Brandt-Platz 2 ✉ 38440 – ✆ (05361) 89 90 00 – www.melia.com – geschl. Samstagmittag, Sonntag Stadtplan : B1**t**

Menü 32/42 € – Karte 28/39 €

Das "Linario" ist ein modernes Bistro mit freundlichem geradlinigem Ambiente und frischer saisonaler Küche. Mittags ist das Angebot etwas reduziert.

In Wolfsburg-Fallersleben West: 6 km über Heinrich-Nordof-Straße A1, Richtung Salzwedel

Ludwig im Park

Gifhorner Str. 25 ✉ 38442 – ✆ (05362) 94 00 – www.ludwig-im-park.de

46 Zim – †80/140 € ††99/165 € – 4 Suiten – ½ P

La Fontaine ✿ – Siehe Restaurantauswahl

Klassisch-stilvoll und komfortabel wohnt es sich in dem Hotel im Schwefelpark - von den meisten Zimmern hat man sogar Parkblick. Geheimtipp nicht nur für Hausgäste: das rustikale kleine "Hoffmann Stübchen". Hier bekommen Sie unter der Woche abends Gulaschsuppe, Schweinemedaillons oder einfach ein Rumpsteak.

XXX ✿ **La Fontaine** – Hotel Ludwig im Park

Gifhorner Str. 25 ✉ 38442 – ✆ (05362) 94 00 – www.ludwig-im-park.de – geschl. 1. - 10. Januar und Sonntag - Montag

Menü 68/90 € – Karte 63/92 € – *(nur Abendessen)*

Einer der Klassiker der gehobenen Gastronomie Niedersachsens, elegant wie eh und je. Aufmerksamer Service und geschmackvolle Einrichtung, dazu feine französische Küche, die sich ganz auf die ausgezeichneten Produkte konzentriert. Nicht mehr wegzudenken sind die frischen Meeresfrüchte aus dem Bassin!

→ Seezungenstreifen mit Risotto und Artischocken. Zweierlei vom Reh mit Pilzen, Sellerie und Apfel. Feines von der Ivoire Valrhonaschokolade mit exotischem Früchtekompott.

In Wolfsburg-Neuhaus Ost: 5 km über Heßlinger Straße **B1**

An der Wasserburg

An der Wasserburg 2 ✉ 38446 – ✆ (05363) 94 00
– www.an-der-wasserburg.de
62 Zim ☕ – †80/140 € ††95/165 € – 3 Suiten
Christalle • ***Saphir*** – Siehe Restaurantauswahl
Ein sehr komfortables und modernes Businesshotel mit High-End-Technik: Alle Zimmer verfügen z. B. über eine Apple-TV-PC-Kombination! Zu den unterschiedlich geschnittenen Zimmern und variablen Tagungsräumen im eigenen Zentrum kommt noch ein umfassender Spa.

Saphir – Hotel An der Wasserburg

An der Wasserburg 2 ✉ 38446 – ✆ (05363) 94 00
– www.an-der-wasserburg.de – geschl. Januar 1 Woche, August 3 Wochen und Sonntag - Montag
Menü 65/110 € – *(nur Abendessen)* (Tischbestellung erforderlich)
Attraktiv wie der namengebende Edelstein ist auch das Interieur dieses kleinen Gourmetrestaurants. Für den stimmigen Rahmen sorgen die geschmackvoll-geradlinige Einrichtung in wohltuend hellen Tönen sowie der umsichtige Service.

Christalle – Hotel an der Wasserburg

An der Wasserburg 2 ✉ 38446 – ✆ (05363) 94 00 – www.an-der-wasserburg.de
Menü 35/50 € – Karte 36/53 €
Auch im zweiten Restaurant des Tagungs- und Wellnesshotels speist man in schönem Ambiente: Klare moderne Formen bestimmen den dank großer Fensterflächen angenehm lichten Raum.

In Wolfsburg-Sandkamp West: 3 km über Heinrich-Nordoff-Straße **A1**

Jäger

Eulenweg 3 ✉ 38442 – ✆ (05361) 3 90 90
– www.hotel-jaeger-wolfsburg.de
60 Zim ☕ – †71/136 € ††101/161 € – ½ P
Sicher eines der bestgeführten Hotels in und um Wolfsburg, denn man steckt viel Herzblut in das Haus! Es wird ständig investiert, alles ist topgepflegt, und wer's besonders chic mag, sollte die ganz modernen und gleichzeitig schön wohnlichen Zimmer im Gästehaus reservieren! Einladend: großzügige Lobby und freundliches Restaurant - hier isst man international.

In Wolfsburg-Westhagen West: 5 km über Heinrich-Nordoff-Straße **A1**

Strijewski's

Rostocker Str. 2 ✉ 38444 – ✆ (05361) 8 76 40
– www.hotel-strijewski.de
50 Zim ☕ – †104/129 € ††125/155 € – ½ P
Das in einem Wohngebiet gelegene Hotel wird gut geführt und ist tipptopp gepflegt. Die Zimmer sind komfortabel - immer wieder werden sie renoviert und aufgefrischt, sehr gut sind Technik und Funktionalität. Modern und in warmen Farben zeigt sich das Restaurant, bürgerlich die Küche. Praktisch ist die Anbindung an Autobahn und Stadt.

In Weyhausen Nord-West: 9 km über Berliner Brücke **B1**, Richtung Hannover

Alte Mühle

Wolfsburger Str. 72, B188 ✉ 38554 – ✆ (05362) 9 80 00
– www.altemuehle.bestwestern.de
80 Zim ☕ – †99/221 € ††130/265 €
Zum einen ist hier die Lage günstig (gute Autobahnanbindung), zum anderen überzeugen die Zimmer mit viel Platz und einem frischen modernen Ambiente. Nach dem Essen - die Küche ist international ausgerichtet - können Sie es sich noch in der großzügigen Bar gemütlich machen.

WOLGAST

Mecklenburg-Vorpommern – 12 360 Ew. – Höhe 20 m – Regionalatlas **14-P4**
Berlin 210 km – Schwerin 193 km – Rügen (Bergen) 90 km – Greifswald 34 km
Michelin Straßenkarte 542

Peenebrücke

Burgstr. 2 ✉ 17438 – ✆ (03836) 2 72 60 – www.hotel-peenebruecke.de – geschl. Ende Dezember - Anfang Januar
20 Zim – 59/89 € 79/99 €
In dem rekonstruierten Patrizierhaus a. d. 16. Jh. wohnen Sie in eher einfachen, aber topgepflegten Zimmern. Einige geräumige Appartements sind ideal für Familien. Nett ist auch der freundliche Frühstücksraum mit freigelegtem Fachwerk.

WOLMIRSTEDT

Sachsen-Anhalt – 11 480 Ew. – Höhe 51 m – Regionalatlas **31-L9**
Berlin 152 km – Magdeburg 14 km – Gardelegen 50 km – Stendal 47 km
Michelin Straßenkarte 542

Wolmirstedter Hof

August-Bebel-Str. 1, Zufahrt über Friedensstraße ✉ 39326 – ✆ (039201) 2 27 27 – www.wolmirstedter-hof.de
20 Zim – 42/53 € 69/72 € – 5 € – ½ P
Sehr gepflegte Gästezimmer bietet das kleine Hotel in der Ortsmitte. In einem der Zimmer schläft man sogar in einem Wasserbett. In gemütlich-uriger Atmosphäre trinkt man zu böhmischen Gerichten das bekannte tschechische Bier Starobrno.

WOLPERTSWENDE – Baden-Württemberg → Siehe Weingarten

WORMS

Rheinland-Pfalz – 79 730 Ew. – Höhe 100 m – Regionalatlas **47-F16**
Berlin 607 km – Mainz 45 km – Mannheim 25 km – Darmstadt 43 km
Michelin Straßenkarte 543

Parkhotel Prinz Carl

Prinz-Carl-Anlage 10 ✉ 67547 – ✆ (06241) 30 80 – www.parkhotel-prinzcarl.de – geschl. 24. Dezember - 2. Januar
79 Zim – 88/98 € 131 € – 11 Suiten – ½ P
Das erste Haus am Platz ist ein großzügiges Hotel in historischen Gebäude - darunter "Kunsthaus" und "Kapelle" - auf einem ehemaligen Kasernengelände. Sie wohnen in hellen, freundlichen Zimmern. Das Restaurant bietet internationale Küche.

Dom-Hotel (N)

Obermarkt 10 ✉ 67547 – ✆ (06241) 90 70 – www.dom-hotel.de
53 Zim – 75/82 € 99/125 € – 2 Suiten
Zentraler kann man in Worms kaum wohnen und dennoch bietet das Hotel gute Parkmöglichkeiten. Die Zimmer sind unterschiedlich geschnitten und funktionell eingerichtet, von einigen schaut man zum Obermarkt. Reichhaltiges Frühstücksbuffet.

Tivoli

Adenauer-Ring 4b ✉ 67547 – ✆ (06241) 2 84 85 – geschl. Montag
Karte 24/49 €
Pizza "Hawaii" suchen Sie hier vergebens, stattdessen bekommen Sie frische italienische Küche auf klassischer Basis. In unkompliziert-legerer Atmosphäre serviert man z. B. Kürbisravioli, Fisch oder Pasta mit Steinpilzen.

WORPSWEDE

Niedersachsen – 9 160 Ew. – Höhe 17 m – Regionalatlas **18-G6**
Berlin 383 km – Hannover 142 km – Bremen 26 km – Bremerhaven 59 km
Michelin Straßenkarte 541

Buchenhof

Ostendorfer Str. 16 ✉ 27726 – ✆ (04792) 9 33 90 – www.hotel-buchenhof.de
28 Zim – 74/80 € 102/132 €
Die einstige Künstlervilla besticht durch ihre liebevolle Einrichtung mit zahlreichen schönen Antiquitäten. Hübsch auch das Café "Hans am Ende" - lecker die hausgemachten Torten! Von der Terrasse schaut man in den tollen Garten.

Hotel Village am Weyerberg

Bergstr. 22 ✉ 27726 – ✆ (04792) 9 35 00 – www.village-worpswede.de
9 Zim – 76/92 € 136 €
"Hotel - Bar - Café - Bistro", so das Motto hier. Ein kleines Hotel in der Ateliergegend mit wohnlich-individuellen Maisonetten und modernem Café-Restaurant mit internationalem Angebot wie Pasta, Flammkuchen, feinen Fisch- und Fleischgerichten, aber auch Rustikalem wie Sülze oder Matjes.

Kaffee Worpswede

Lindenallee 1 ✉ 27726 – ✆ (04792) 10 28 – www.kaffee-worpswede.de – geschl. Montag - Dienstag
Menü 39 € (abends) – Karte 33/58 € – (Tischbestellung ratsam)
Viele Gäste kommen wegen des Schnitzels "Wiener Art" hierher, gefragt sind am Mittag auch die hausgemachten Frikadellen! Abends wird aufwändiger gekocht: Wachtelbrust, Dry Aged Rumpsteak, Thunfischfilet... Das sehenswerte Anwesen stammt von 1925, der Künstler und Architekt Bernhard Hoetger hat es gestaltet.

WREMEN

Niedersachsen – 1 920 Ew. – Höhe 2 m – Regionalatlas **8-F5**
Berlin 419 km – Hannover 199 km – Bremerhaven 16 km – Cuxhaven 30 km
Michelin Straßenkarte 541

Gasthaus Wolters - Zur Börse

In der Lange Str. 22 ✉ 27638 – ✆ (04705) 12 77 – www.zur-boerse.de – geschl. Ende März - Anfang April 2 Wochen, Oktober - November 3 Wochen und Dienstag - Mittwoch
Menü 36/40 € – Karte 23/51 € – (Tischbestellung ratsam)
Neben der Kirche steht das nette Gasthaus a. d. 18. Jh., das einst der Viehbörse diente. In gediegenem Ambiente bietet man schmackhafte Speisen mit reichlich regionalen Produkten der Saison. Probieren Sie "Kalbsbäckchen vom Wurster Niederungsrind" oder "Röhrkohl", eine heimische Spezialität! Ein Muss auch die leckere "Rote Grütze mit Vanillesoße".

WÜRSELEN

Nordrhein-Westfalen – 37 690 Ew. – Höhe 195 m – Regionalatlas **35-A12**
Berlin 635 km – Düsseldorf 80 km – Aachen 9 km – Mönchengladbach 47 km
Michelin Straßenkarte 543

Alte Feuerwache - Podobnik's Gourmet Restaurant

Oppener Str. 115 ✉ 52146 – ✆ (02405) 4 29 01 12 – www.alte-feuerwache-wuerselen.de – geschl. Anfang Januar 1 Woche, Mai 2 Wochen, August - September 3 Wochen und Sonntag - Dienstag
Menü 90/135 € – Karte 80/102 € – *(nur Abendessen)* (Tischbestellung erforderlich)
Mit nur vier Tischen und modern-elegantem Interieur hat das Gourmet-Séparée von Kurt und Monika Podobnik schon etwas Exklusives, doch vor allem glänzen hier der Charme der Chefin und die geschmackvolle und ausdrucksstarke, immer klassisch basierte Küche des Patrons - allein die Saucen... - lecker!
→ Simmentaler Beef als Tatar, Wildkräuter und Borretschgelee. Zanderfilet in der Ochsenmark-Ingwerkruste mit Kartoffel-Lauchstampf. Soufflierte Orangen mit Topfen, Mandelmilcheis und Mandarinensorbet.
Alte Feuerwache - Podobnik's Bistro – Siehe Restaurantauswahl

Alte Feuerwache - Podobnik's Bistro

Oppener Str. 115 ✉ 52146 – ✆ (02405) 4 29 01 12 – www.alte-feuerwache-wuerselen.de – geschl. Sonntag - Montag
Menü 38/59 € – Karte 37/58 €
Geradliniger Stil und legere Atmosphäre, dazu geschulter Service und gutes Essen - das kommt an und ist keinesfalls als "Podobnik light" zu sehen! Lust auf "Cordon Bleu vom Bio-Landschwein" oder auch "Ravioli von Riesengarnelen mit Curry"?

WÜRZBURG

Bayern – 124 580 Ew. – Höhe 177 m – Regionalatlas **49-I15**
▶ Berlin 500 km – München 281 km – Frankfurt am Main 119 km – Nürnberg 110 km
Michelin Straßenkarte 546

R. Schmid / Sime / Photononstop

Hotels

Rebstock

Neubaustr. 7 ✉ 97070 – ✆ (0931) 3 09 30 – www.rebstock.com Stadtplan : A2**v**

71 Zim – 🚹110/134 € 🚹🚹184/229 € – ☕ 15 € – 3 Suiten

KUNO 1408 ✿ – Siehe Restaurantauswahl

Das Hotel hat eine hübsche denkmalgeschützte Rokokofassade, hinter der sich u. a. die besonders attraktiven Komfortzimmer mit Lounge-Design sowie die Suite mit Blick auf die Festung verbergen. Im "SALON" bekommen Sie eine regional beeinflusste internationale Küche vom "Würz-Burger" bis zum Rumpsteak.

Novotel

Eichstr. 2, Ecke Ludwigstraße ✉ 97070 – ✆ (0931) 3 05 40 – www.novotel.com/5362 Stadtplan : B1**f**

158 Zim – 🚹74/109 € 🚹🚹94/154 € – ☕ 19 € – 1 Suite – ½ P

Das Hotel in zentraler Lage ist eine ideale Adresse für Geschäfts- und Tagungsgäste. Die Ausstattung ist neuzeitlich-funktional, geräumiger sind die Zimmer der Executive-Kategorie. Praktisch für Familien: Kinder bis 16 Jahre sind im Zimmer der Eltern kostenfrei.

Am Congress Centrum

Pleichertorstr. 26 ✉ 97070 – ✆ (0931) 2 30 79 70 – www.hotel-am-congress-centrum.de Stadtplan : A1**c**

25 Zim – 🚹79/110 € 🚹🚹99/150 € – ☕ 5 € – 1 Suite

In dem hübschen Hotel in der Altstadt erwarten Sie elegante und komfortable Zimmer mit guter Technik. Im OG: Suite mit Aussicht. Gemütliche Atmosphäre im wohnlichen Frühstücksraum.

Amberger

Ludwigstr. 17 ✉ 97070 – ✆ (0931) 3 51 00 – www.hotel-amberger.de – geschl. 20. Dezember - 7. Januar Stadtplan : B1**t**

70 Zim ☕ – 🚹81/98 € 🚹🚹110/135 €

Wenige Gehminuten von der Fußgängerzone finden Sie dieses familiär geleitete Hotel mit freundlichen Mitarbeitern und wohnlichen, praktisch ausgestatteten Zimmern.

Ghotel

Schweinfurter Str. 1, über Ludwigstraße B1 ✉ *97080* – ✆ *(0931) 35 96 20*
– *www.ghotel.de*

196 Zim – 74/250 € 84/250 € – ☕ 12 € – 8 Suiten – ½ P

Mit seiner modernen Einrichtung und der zentralen, verkehrsgünstigen Lage spricht das Hotel vor allem Businessgäste an, am Wochenende wird das Haus aber auch gerne von Stadttouristen gebucht. Verteilt auf 17 Etagen, bieten die Zimmer teilweise eine schöne Sicht über Würzburg, einige mit kleiner Küchenzeile.

Strauss

Juliuspromenade 5 ✉ *97070* – ✆ *(0931) 3 05 70* Stadtplan : A1**v**
– *www.hotel-strauss.de*

77 Zim – 63/70 € 85/98 € – ☕ 10 € – ½ P

Die Lage in Altstadtnähe unweit des Bahnhofs sowie funktionelle, z. T. neuzeitlicher eingerichtete Gästezimmer sprechen für dieses familiengeführte Hotel. Restaurant in rustikalem Stil.

Till Eulenspiegel

Sanderstr. 1a ✉ *97070* – ✆ *(0931) 35 58 40* Stadtplan : A2**t**
– *www.hotel-till-eulenspiegel.de – geschl. 23. Dezember - 2. Januar*

20 Zim – 75/85 € 99/119 € – ☕ 9 €

Das kleine Hotel in Uninähe, wenige Minuten von der Fußgängerzone, ist gepflegt und preislich fair. Fragen Sie nach den Zimmern zum Innenhof - sie sind ruhiger und haben einen Balkon. Zum Essen oder auf ein Bier (18 verschiedene gezapfte!) geht man in die gemütliche holzverkleidete Weinstube mit Bierkeller.

Restaurants

KUNO 1408 – Hotel Rebstock

Neubaustr. 7 ✉ 97070 – ✆ (0931) 3 09 30 Stadtplan : A2**v**
– www.restaurant-kuno.de – geschl. Anfang Januar 3 Wochen, August und Sonntag - Montag sowie an Feiertagen
Menü 79/121 € – *(nur Abendessen)*
Ein Stück Moderne im traditionsreichen Rebstock, das gilt sowohl für das hochwertige und gleichermaßen geschmackvolle Interieur als auch für die kreative Küche. Einer der ersten Besitzer des seit 1408 als Gasthaus bekannten Anwesens war Kuno vom Rebstock - daher der Name.
➜ Leberwurst, Sauerkraut, Apfel, Morchel. Bachsaibling, Graupe, Staude, Zitronenmelisse. Entrecôte, Bratwurstsud, Gemüse.

REISERS am Stein

Mittlerer Steinbergweg 5, über Röntgenring A1 ✉ 97080 – ✆ (0931) 28 69 01 – www.der-reiser.de – geschl. Sonntag - Montag
Menü 85 € – Karte 60/71 € – *(nur Abendessen)* (Tischbestellung ratsam)
Lebendig, niveauvoll, schön gelegen, und dann noch ausgezeichnete Küche... Da wird man gerne zum Stammgast! Was man hier in toller Lage in den Weinbergen serviert bekommt, hat jede Menge Aroma, Finesse und eine eigene Note. Das Menü "Freistil" macht seinem Namen alle Ehre: die Menüfolge ist nicht festgelegt.
➜ Variation vom Kalb, Kohlrabi, Saubohnen, geeiste Grüne Soße. Schweinekinn, Garnelen Wan Tan, wilder Brokkoli, Karotten-Ingwerpüree, Sojajus. Topfenknödel, Rhabarber, Hibiskusblüteneis, Muscovado.

Schiffbäuerin

Katzengasse 7 ✉ 97082 – ✆ (0931) 4 24 87 Stadtplan : A1**s**
– www.schiffbaeuerin.de – geschl. 1. - 8. Januar, 16. Juli - 18. August und Sonntagabend - Montag sowie an Feiertagen abends, Juni - August: Sonntagabend - Dienstag
Karte 25/53 €
Wo im 19. Jh. die Tochter eines Schiffbauers eine Weinwirtschaft betrieb, serviert man heute in einem rustikalen Restaurant frische Fischgerichte aus den eigenen Bassins.

Alte Mainmühle

Mainkai 1 ✉ 97070 – ✆ (0931) 1 67 77 Stadtplan : A2**a**
– www.alte-mainmuehle.de
Menü 49 € – Karte 19/43 € – (Tischbestellung ratsam)
Regional und international kocht man in dem behaglichen Restaurant direkt an der alten Mainbrücke. Sehr beliebt sind die Tische in den Gauben, schön der Ausblick.

San Buca (N)

Balthasar-Neumann-Promenade 10 ✉ 97070 Stadtplan : B2**s**
– ✆ (0931) 80 10 03 56 – geschl. Sonntag - Montag
Menü 65 € – Karte 26/45 € – *(nur Abendessen)* (Tischbestellung ratsam)
Gänzlich unprätentiös ist das Lokal unweit der Residenz: Die Tische einfach eingedeckt, die Küche unkompliziert, aber richtig gut! Tagesfrische Speisen werden auf einer Tafel angeboten und am Tisch erklärt. Dienstags kocht man vegetarisch.

FRÄNKISCHE WEINSTUBEN: : gemütliche Lokale mit Weinen und Speisen aus der Region.

Weinstuben Juliusspital

Juliuspromenade 19 ✉ 97070 – ✆ (0931) 5 40 80 Stadtplan : B1**d**
– www.weinstuben-juliusspital.de
Menü 25/45 € – Karte 22/46 €
In dem gemütlichen Lokal in der Innenstadt sitzt man in rustikalen Stuben mit historischem Flair oder im hübschen Innenhof. Es gibt regionale Küche und Weine vom eigenen Weingut.

Bürgerspital-Weinstuben

Theaterstr. 19 ✉ 97070 – ✆ (0931) 35 28 80 Stadtplan : B1y
– www.buergerspital-weinstuben.de
Menü 20/50 € – Karte 19/50 €
In dem schmucken historischen Gebäude mit seinem schönen weißen Kreuzgewölbe wird bürgerliche Küche mit Fischgerichten sowie trocken gereiftem Rindfleisch geboten, dazu Weine des Bürgerspitals. Besuchen Sie auch die moderne Weinbar.

In Würzburg-Heidingsfeld Süd: 3 km über Friedrich-Ebert-Ring B2

REISERS am Golfplatz

Am Golfplatz 2 ✉ 97084 – ✆ (0931) 99 17 26 40 – www.der-reiser.de – geschl. November 2 Wochen, Ende Dezember - Ende Februar, April und Oktober: Montag, März und November - Dezember: Montag - Dienstag
Menü 35 € – Karte 27/39 €
Hier bietet man "mediterrane Alpenküche". Geradliniger Stil und warme Töne bestimmen das Ambiente, durch die Fensterfront blickt man auf den Golfplatz.

Am Stein Nord-West, über Röntgenring A1

Schloss Steinburg

Mittlerer Steinbergweg 100, schmale Zufahrt ab Unterdürrbach ✉ 97080 – ✆ (0931) 9 70 20 – www.steinburg.com
69 Zim – 120/200 € 156/255 € – ½ P
Die schöne Anlage entstand auf den Überresten einer alten Burg. Die Zimmer sind stilvoll und wohnlich, teils historisch-charmant, teils moderner, einige mit Blick auf die Stadt. Gehobene internationale Küche im Rittersaal, im Kaminzimmer oder auf der hübschen Gartenterrasse.

In Rottendorf über Ludwigstraße B1: 6 km

Waldhaus

Waldhaus 1, nahe der B 8 ✉ 97228 – ✆ (09302) 9 22 90 – www.waldhaus-leonhardt.de – geschl. Mitte August - Anfang September, Ende Dezember 1 Woche und Mittwoch - Donnerstag
Karte 19/31 €
Eine beliebte Adresse ist dieser langjährige Familienbetrieb mit seinen gemütlichen Stuben. Die Küche ist regional und international, auf der Karte finden sich viele Fischgerichte. Das Haus liegt verkehrsgünstig und doch schön am Waldrand.

In Biebelried über Ludwigstraße B1: 12 km

Leicht

Würzburger Str. 3, B8 ✉ 97318 – ✆ (09302) 91 40 – www.hotel-leicht.de – geschl. 23. Dezember - 6. Januar
69 Zim – 69/105 € 113/156 € – 2 Suiten – ½ P
Das ehemals als Herberge der Johanniterkommende genutzte Anwesen bietet in ländlichem Stil gehaltene Zimmer mit zeitgemäßem Komfort sowie diverse Tagungsräume und behagliche rustikale Gaststuben. Gute Autobahnanbindung.

In Erlabrunn über Röntgenring A1: 12 km

Zum Löwen

Würzburger Str. 5 ✉ 97250 – ✆ (09364) 13 27 – www.loewen-erlabrunn.de – geschl. 27. Dezember - 17. Januar, 25. Juli - 17. August und Montag - Dienstag
5 Zim – 60/70 € 80/90 € – ½ P
Karte 20/41 € – *(Mittwoch - Freitag nur Abendessen)*
Der fränkische Gasthof a. d. 16. Jh. ist schon seit 1921 in Familienhand. Engagiert und freundlich kümmert man sich in gepflegter ländlicher Atmosphäre um die Gäste, serviert wird z. B. "gebackenes Schäuferla" oder "Deichlammrücken in der Kräuterkruste". Spezialität zur Saison: Ente und Gans.

WUNSIEDEL

Bayern – 9 340 Ew. – Höhe 537 m – Regionalatlas **51-M15**
Berlin 353 km – München 280 km – Weiden in der Oberpfalz 55 km – Bayreuth 48 km
Michelin Straßenkarte 546

In Wunsiedel-Göpfersgrün Ost: 5 km, Richtung Thiersheim

Wirtshaus im Gut

Göpfersgrün 2 ✉ 95632 – ✆ (09232) 91 77 67 – www.wirtshausimgut.de – geschl. Ende August - Mitte September 3 Wochen und Montagabend - Dienstag

Menü 32 € (abends) – Karte 15/39 € – (Tischbestellung ratsam)

Ein richtig schöner gemütlicher Landgasthof! Zum umfangreichen Angebot der saisonalen (Kräuter-) Küche gehören neben Süßwasserfischen auch Wild, Lamm und schmackhafte Schmorgerichte. Tipp: Jeden Mittwoch gibt's Kronfleisch!

WUNSTORF

Niedersachsen – 40 640 Ew. – Höhe 43 m – Regionalatlas **18-H8**
Berlin 306 km – Hannover 24 km – Bielefeld 94 km – Bremen 99 km
Michelin Straßenkarte 541

Cantera Naturstein Hotel

Adolph-Brosang-Str. 32 ✉ 31515 – ✆ (05031) 95 29 23 – www.cantera-hotel.de

20 Zim – 69/99 € 89/126 € – 2 Suiten

Naturstein ist hier ganz klar das prägende Element, von den schicken modernen Zimmern bis zur schönen Saunalandschaft. Tipp: Themenzimmer wie "Kuschelzimmer", "Frauenzimmer"... Im Bistro gibt es neben dem Frühstück auch kleine Snacks.

In Wunstorf-Steinhude Nord-West: 8 km über B 441, in Hagenburg-Altenhagen rechts

Schweers-Harms-Fischerhus

Graf-Wilhelm-Str. 9 ✉ 31515 – ✆ (05033) 52 28 – www.fischerhus.de – geschl. November - März: Montag, außer an Feiertagen

Karte 20/49 €

Mit urig-ländlichem Charme und allerlei liebenswertem Zierrat strahlt das einstige Bauernhaus Gemütlichkeit aus. Geboten wird bürgerliche Fischküche.

WUPPERTAL

Nordrhein-Westfalen – 342 890 Ew. – Höhe 160 m – Regionalatlas **26-C11**
Berlin 522 km – Düsseldorf 40 km – Essen 35 km – Dortmund 48 km
Michelin Straßenkarte 543

In Wuppertal-Elberfeld

Miraflores

Nützenberger Str. 23, Zufahrt über Haarhausstraße ✉ 42115 – ✆ (0202) 4 96 28 69 – www.hotelmiraflores.de

6 Zim – 90/110 € 90/110 € – 12 €

Nicht von der Stange ist das kleine Hotel in dem Stadthaus a. d. 19. Jh. Es wird von der Gastgeberin freundlich geführt und verbindet helle, moderne Einrichtung mit Altbau-Charme. Auf Wunsch können Sie im Sommer auch draußen frühstücken.

Am Husar

Jägerhofstr. 2 ✉ 42119 – ✆ (0202) 42 48 28 – www.restaurant-am-husar.de – geschl. Mittwoch

Karte 30/62 € – *(nur Abendessen, sonntags auch Mittagessen)* (Tischbestellung ratsam)

Ein Familienbetrieb wie er im Buche steht! Seit über 30 Jahren kümmert sich Familie Schmand aufmerksam um die Gäste, und zwar in gemütlichen Stuben oder auf der großen Gartenterrasse. Serviert wird Regionales, im Sommer auch vom Grill.

In Wuppertal-Vohwinkel

XXX **Scarpati**

Scheffelstr. 41 ✉ 42327 – ✆ (0202) 78 40 74 – www.scarpati.de – geschl. Montag
7 Zim ☕ – 🚹90 € 🚹🚹120 € – 1 Suite
Menü 39 € (mittags)/70 € – Karte 46/68 €
Schon über 30 Jahre haben die Scarpatis in dieser Jugendstilvilla ihr stilvoll dekoriertes klassisches Restaurant und bieten hier italienische Küche. So richtig schön (und geschützt dank Markise) sitzt man auf der tollen Gartenterrasse. Tipp: Dienstags serviert man ein 6-gängiges Amuse-Bouche-Menü für 38 €.
Trattoria – Siehe Restaurantauswahl

X **Trattoria** – Restaurant Scarpati

Scheffelstr. 41 ✉ 42327 – ✆ (0202) 78 40 74 – www.scarpati.de – geschl. Montag
Menü 35 € – Karte 32/46 €
"Venezianische Kalbsleber", "Spaghetti Vongole", "Vitello Tonnato"... In der etwas legereren Restaurantvariante der Familie Scarpati bekommt man mit Liebe gekochte italienische Gerichte voller Geschmack und Frische. Mittags gibt's zusätzlich einen günstigeren Lunch, gefragt auch die wechselnden Empfehlungen.

In Wuppertal-Ronsdorf

Park Villa N

Erich-Hoepner Ring 5 ✉ 42369 – ✆ (0202) 2 83 35 4 00 – www.parkvilla-wuppertal.de
24 Zim – 🚹120/130 € 🚹🚹140 € – ☕ 15 € – 1 Suite
An der Südhöhe von Wuppertal hat man mit der aufwändig sanierten Villa von 1907 und dem angebauten "Design House" einen aparten Kontrast geschaffen - hier wie dort ist alles sehr hochwertig und individuell, einschließlich dem persönlichen Service. Zum Entspannen: hübscher Garten, Sauna, Billard.

WURZACH, BAD

Baden-Württemberg – 14 170 Ew. – Höhe 654 m – Regionalatlas **64**-I21
▶ Berlin 681 km – Stuttgart 159 km – Konstanz 121 km – Kempten (Allgäu) 47 km
Michelin Straßenkarte 545

Adler

Schlossstr. 8 ✉ 88410 – ✆ (07564) 9 30 30 – www.hotel-adler-bad-wurzach.de
18 Zim ☕ – 🚹62/75 € 🚹🚹85/110 €
Adler – Siehe Restaurantauswahl
In dem familiengeführten Gasthof in der Ortsmitte fühlt man sich gut aufgehoben: Zum einen schläft man in hellen und funktionalen Zimmer, in denen man sogar Kissenauswahl bietet, zum anderem wird man wirklich freundlich betreut!

X **Adler** – Hotel Adler

Schlossstr. 8 ✉ 88410 – ✆ (07564) 9 30 30 – www.hotel-adler-bad-wurzach.de – geschl. 15. - 28. Februar, 15. - 30. August und Montag
Menü 25 € (mittags)/35 € – Karte 25/44 € – *(Dienstag - Samstag nur Abendessen)*
Das ist etwas für Freunde schwäbischer Klassiker: Mit Käsespätzle, Rostbraten, Cordon bleu oder Maultaschensuppe bietet die Küche alles, was man hier in der Region erwartet. Mittags kleine Tageskarte.

WUSTERHAUSEN

Brandenburg – 6 020 Ew. – Höhe 35 m – Regionalatlas **21**-N7
▶ Berlin 100 km – Potsdam 80 km – Magdeburg 146 km
Michelin Straßenkarte 542

In Wusterhausen - Dosse-Bantikow

Schlosshotel Bantikow

Dorfstr. 34 ✉ 16868 – ✆ (033979) 50 40 – www.schlosshotel-bantikow.de – geschl. 18. Dezember - 6. Januar
9 Suiten ☕ – 🚹79 € 🚹🚹124 €
Stilvolle Möbel, Antiquitäten, Gemälde... Das hübsche Schlösschen ist klassisch von der Lobby über die Suiten (mit Himmelbetten) bis zu den Anwendungsräumen. Die zahlreichen Behandlungen (Heilschlamm, Ayurveda...) sind ebenso gefragt wie die Lage am Kyritzer See - der eigene kleine Park führt zum Bootssteg.

WUSTRAU-ALTFRIESACK

Brandenburg – 8 670 Ew. – Höhe 40 m – Regionalatlas **22-O7**
Berlin 81 km – Potsdam 74 km – Neuruppin 22 km
Michelin Straßenkarte 542

Seeschlösschen

Am Bollwerk 1 ✉ 16818 – ✆ (033925) 88 03 – www.seeschloesschen-wustrau.de – geschl. 27. Dezember - 31. Januar
11 Zim – 79/89 € 139/149 €
Das hübsche weiße Landhaus unmittelbar am Ruppiner See versprüht südliches Flair. Hell und freundlich sind die mit Terrakottaboden ausgestatteten Zimmer, meist mit Balkon. Im Restaurant mit schöner Seeterrasse serviert man spanisch beeinflusste Küche einschließlich Tapas.

WUSTROW

Mecklenburg-Vorpommern – 1 170 Ew. – Höhe 6 m – Regionalatlas **5-N3**
Berlin 255 km – Schwerin 133 km – Rostock 42 km
Michelin Straßenkarte 542

DorintResorts

Strandstr. 46 ✉ 18347 – ✆ (038220) 6 50 – www.dorint.com/wustrow
81 Zim – 80/200 € 96/290 € – 16 Suiten – ½ P
Über drei Häuser erstrecken sich hier Wohnkomfort, Wellness und Gastronomie - alles freundlich gestaltet und von Feng Shui inspiriert. Zum Wohlfühlen die schönen hellen Zimmer, der Spa auf 750 qm, das "Inner-Balance"-Teehaus... Und auch bei den Kids kommt angesichts diverser Spiel- und Freizeitangebote keine Langeweile auf!

Schimmel's

Parkstr. 1 ✉ 18347 – ✆ (038220) 6 65 00 – www.schimmels.de – geschl. Donnerstag
3 Zim – 50/60 € 60/70 € – 8 € – ½ P
Menü 38/48 € – Karte 37/48 € – *(nur Abendessen, sonntags auch Mittagessen)* (Tischbestellung ratsam)
Was Ralph Schulze an frischen regionalen Speisen kocht, nennt sich z. B. "Kotelett vom Landschwein mit Birne-Bohne-Speck". Für die wirklich nette Atmosphäre sorgen der behaglich-moderne Landhausstil und die Kunst an den Wänden sowie die herzliche Maren Schimmelpfennig. Tipp: die Gästezimmer sind ebenso schön.

XANTEN

Nordrhein-Westfalen – 21 190 Ew. – Höhe 22 m – Regionalatlas **25-B10**
Berlin 574 km – Düsseldorf 68 km – Duisburg 42 km – Kleve 26 km
Michelin Straßenkarte 543

In Xanten-Obermörmter Nord-West: 15 km über B 57, nach Marienbaum rechts ab

Landhaus Köpp

Husenweg 147 ✉ 46509 – ✆ (02804) 16 26 – www.landhauskoepp.de – geschl. Anfang Januar 10 Tage und Samstagmittag, Sonntagabend - Montag
Menü 60/97 € – Karte 64/74 € – (Tischbestellung erforderlich)
Einer der Klassiker am Niederrhein. Patron Jürgen Köpp kocht auf klassisch-französischer Basis und ganz ohne Chichi, seine Gerichte leben von sehr guten Produkten und vollmundigem Geschmack. Elegantes Ambiente, hochwertige Tischkultur, treffliche Weinberatung. Alternative: "Filius" mit bürgerlicher Küche.
→ Vielfalt von Roter und Gelber Bete mit Edelfischen. Rehrücken im Apfelmantel mit Merlotreduktion. Apfelchips und Apfelparfait mit Champagnersabayon.

ZEIL AM MAIN

Bayern – 5 600 Ew. – Höhe 230 m – Regionalatlas **49-J15**
Berlin 428 km – München 270 km – Coburg 70 km – Schweinfurt 27 km
Michelin Straßenkarte 546

Kolb

Krumer Str. 1 ✉ 97475 – ✆ (09524) 90 11 – www.hotel-kolb-zeil.de – geschl. Januar 3 Wochen, Ende August - Anfang September 1 Woche

21 Zim – 🚹50/70 € 🚹🚹80/90 €

Das kleine Hotel am Zentrumsrand ist ein engagiert geführter Familienbetrieb, in dem man sehr gepflegt wohnt. Die Zimmer sind ganz individuell gestaltet, neuzeitlicher und großzügiger sind sie im Gästehaus. Im Restaurant serviert man Ihnen internationale und regionale Küche.

ZEISKAM

Rheinland-Pfalz – 2 220 Ew. – Höhe 123 m – Regionalatlas **54-E17**

Berlin 674 km – Mainz 112 km – Neustadt an der Weinstraße 25 km – Karlsruhe 46 km

Michelin Straßenkarte 543

Zeiskamer Mühle

Hauptstr. 87, Süd: 1,5 km ✉ 67378 – ✆ (06347) 9 74 00 – www.zeiskamermuehle.de

46 Zim – 🚹84/104 € 🚹🚹115/135 €

Zeiskamer Mühle – Siehe Restaurantauswahl

Mit viel Engagement hat die Familie hier ein tipptopp gepflegtes modernes Landhotel geschaffen, das mit geradlinig-wohnlichen Zimmern, gutem Frühstück und schöner Lage Businessgäste und Pfalzurlauber gleichermaßen anspricht.

Zeiskamer Mühle – Zeiskamer Mühle

Hauptstr. 87, Süd: 1,5 km ✉ 67378 – ✆ (06347) 9 74 00 – www.zeiskamermuehle.de

Menü 36/47 € – Karte 29/63 € – *(nur Abendessen)*

Der Qualitätsanspruch von Familie Küspert ist auch im Restaurant zu spüren. Schmackhaft und ausdrucksstark verbindet man Regionales und Internationales, so z. B. bei "Ragout von Hirschkeule in Wacholder-Rahmsoße". Räumlich stehen die charmante in Holz gehaltene Mühlenstube und das moderne Restaurant zur Wahl.

ZEITHAIN – Sachsen → Siehe Riesa an der Elbe

ZELL am HARMERSBACH

Baden-Württemberg – 7 960 Ew. – Höhe 223 m – Regionalatlas **54-E19**

Berlin 769 km – Stuttgart 168 km – Karlsruhe 99 km – Freudenstadt 43 km

Michelin Straßenkarte 545

Bräukeller

Fabrikstr. 8 ✉ 77736 – ✆ (07835) 54 88 00 – www.braeukeller-zell.de – geschl. Montag

Karte 28/37 €

In dem engagiert geführten Restaurant werden die Gäste sehr freundlich umsorgt - ob im Hopfengarten (eine wirklich hübsche Terrasse an der alten Stadtmauer) oder im gemütlichen Gewölbekeller von 1768. Man kocht bürgerlich und international.

ZELL an der MOSEL

Rheinland-Pfalz – 4 080 Ew. – Höhe 100 m – Regionalatlas **46-C15**

Berlin 665 km – Mainz 105 km – Trier 72 km – Cochem 39 km

Michelin Straßenkarte 543

Haus Notenau

Notenau 8 ✉ 56856 – ✆ (06542) 50 10 – www.haus-notenau.de

20 Zim – 🚹60 € 🚹🚹70 €

Ein sehr gepflegtes und freundlich geleitetes Haus, das gut ankommt. Auch wohnliche Appartements stehen hier bereit. Im Sommer kann man auf der Terrasse frühstücken.

ZELL – Rheinland-Pfalz → Siehe Zellertal

ZELLA-MEHLIS

Thüringen – 10 790 Ew. – Höhe 500 m – Regionalatlas **40-J13**
▶ Berlin 346 km – Erfurt 55 km – Coburg 58 km – Suhl 6 km
Michelin Straßenkarte 544

Waldmühle

Lubenbachstr. 2 ✉ 98544 – ✆ (03682) 8 98 33 – www.hotel-waldmuehle.de
29 Zim ☕ – 🚹55/65 € 🚹🚹78/95 € – 2 Suiten – ½ P
Am Ortsrand steht dieses sehr gepflegte Hotel, das aus einem Gast- und Logierhaus von 1892 entstanden ist. Wohnlich gestaltete Zimmer und Saunabereich mit Außenwhirlpool. Das Restaurant ist mit viel Holz in ländlichem Stil eingerichtet.

ZELLERTAL

Rheinland-Pfalz – 1 220 Ew. – Höhe 169 m – Regionalatlas **47-E16**
▶ Berlin 636 km – Mainz 53 km – Neustadt an der Weinstraße 53 km – Mannheim 44 km
Michelin Straßenkarte 543

In Zellertal-Zell

Kollektur

Zeller Hauptstr. 19 ✉ 67308 – ✆ (06355) 95 45 45 – www.hotel-kollektur.de – geschl. 27. Dezember - 21. Januar
15 Zim ☕ – 🚹65/75 € 🚹🚹92/115 € – ½ P
In schöner Lage am Ortsrand bietet Familie Kiefer in einer ehemaligen Kollektur von 1748 sehr wohnliche Gästezimmer, teils mit Talsicht. Auch eine sonnige Liegewiese gehört zum Hotel. Restaurant mit hübscher Terrasse.

ZELTINGEN-RACHTIG

Rheinland-Pfalz – 2 250 Ew. – Höhe 120 m – Regionalatlas **46-C15**
▶ Berlin 688 km – Mainz 121 km – Trier 49 km – Bernkastel-Kues 8 km
Michelin Straßenkarte 543

Im Ortsteil Zeltingen

St. Stephanus

Uferallee 9, B 53 ✉ 54492 – ✆ (06532) 6 80 – www.hotel-stephanus.de
46 Zim ☕ – 🚹55/80 € 🚹🚹80/140 € – ½ P
Saxlers Restaurant – Siehe Restaurantauswahl
An der Mosel liegt das Herrenhaus mit hübscher Bruchsteinfassade a. d. 18. Jh. Neben wohnlichen Zimmern im historischen Haus sowie im angeschlossenen Anbau gibt es für Ihre Entspannung auch fernöstliche Massage- und Kosmetikbehandlungen.

Saxlers Restaurant – Hotel St. Stephanus

Uferallee 9, B 53 ✉ 54492 – ✆ (06532) 6 80 – www.hotel-stephanus.de
Menü 46/62 € – Karte 27/59 € – (Tischbestellung ratsam)
An der Uferpromenade unweit des alten Marktplatzes kommt man bei den freundlichen und engagierten Gastgebern auch bei internationaler Küche auf seine Kosten. Von März bis Oktober bieten die Saxlers abends als Alternative den Braukeller - hier gibt's Bier vom Kloster Machern.

ZERBST

Sachsen-Anhalt – 22 010 Ew. – Höhe 55 m – Regionalatlas **31-M9**
▶ Berlin 133 km – Magdeburg 43 km – Dessau 30 km
Michelin Straßenkarte 542

Park-Restaurant Vogelherd

Lindauer Str. 78, Nord: 2,5 km ✉ 39261 – ✆ (03923) 78 04 44 – geschl. Ende Juli - Mitte August und Montag - Dienstag
Menü 30/60 € – Karte 27/51 €
Idyllisch liegt das einstige Gutshaus im Grünen. Das seit über 100 Jahren familiär geleitete Restaurant bietet saisonale Küche. Gefragt ist auch die hübsche Terrasse bei einem kleinen Teich.

ZETEL

Niedersachsen – 11 620 Ew. – Höhe 6 m – Regionalatlas **8-E5**

Berlin 477 km – Hannover 189 km – Bremen 89 km – Wilhelmshafen 21 km

Michelin Straßenkarte 541

In Zetel-Neuenburg Süd: 4 km

Neuenburger Hof

Am Markt 12 ✉ 26340 – ✆ (04452) 2 66 – www.hotel-neuenburger-hof.de

16 Zim – 42/47 € 73/77 €

Dieser gestandene Landgasthof ist ein sehr gepflegter kleiner Familienbetrieb mit unterschiedlich eingerichteten, zeitgemäßen Zimmern. Im Restaurant bietet man bürgerliche Küche.

ZEUTHEN

Brandenburg – 10 820 Ew. – Höhe 35 m – Regionalatlas **23-P8**

Berlin 32 km – Potsdam 57 km – Frankfurt (Oder) 74 km

Michelin Straßenkarte 542

Seehotel

Fontaneallee 27 ✉ 15738 – ✆ (033762) 8 90 – www.seehotel-zeuthen.de

138 Zim – 80/115 € 109/145 € – 4 Suiten – ½ P

Sowohl Tagungsgäste als auch Urlauber schätzen dieses Hotel, und das liegt am großzügigen Rahmen, an der stilvollen Einrichtung und natürlich auch am Sandbadestrand mit Steg und an der schönen Terrasse des klassisch gehaltenen Restaurants.

ZEVEN

Niedersachsen – 13 600 Ew. – Höhe 18 m – Regionalatlas **9-H6**

Berlin 350 km – Hannover 147 km – Bremen 58 km – Bremerhaven 60 km

Michelin Straßenkarte 541

Central

Alte Poststr. 2 ✉ 27404 – ✆ (04281) 9 39 10 – www.hotelcentral.de

25 Zim – 69/75 € 85/99 €

Das familiär geleitete Haus im Ortszentrum verfügt über freundliche, in warmen Tönen gehaltene Zimmer, und auch über den geräumigen modernen Saunabereich werden Sie sich freuen! Im Sommer kann man auf der netten kleinen Terrasse frühstücken. Zum Restaurant gehört ein lichter neuzeitlicher Wintergarten.

Landhaus Radler

Kastanienweg 17 ✉ 27404 – ✆ (04281) 9 88 20 – www.landhaus-radler.de

16 Zim – 69/74 € 89/99 €

Das hübsche regionstypische Haus ist ein freundlich geführter kleiner Familienbetrieb mit wohnlichen Zimmern. Aus dem lichten Frühstücksraum schaut man in den schönen Garten, der vom Seniorchef gehegt und gepflegt wird!

In Gyhum-Sick Süd: 10 km über B 71

Niedersachsen-Hof

Sick 13 ✉ 27404 – ✆ (04286) 94 00 – www.niedersachsenhof.de – geschl. 1. - 11. Januar, August 2 Wochen

34 Zim – 59/65 € 80/95 €

Gepflegte, wohnlich-funktional eingerichtete Zimmer und eine gute Anbindung an die A 1 sprechen für dieses seit mehreren Generationen familiär geleitete Haus. Das Restaurant vereint Modernes mit Traditionellem.

ZIESAR

Brandenburg – 2 460 Ew. – Höhe 55 m – Regionalatlas **31-N9**
Berlin 106 km – Potsdam 77 km – Magdeburg 58 km
Michelin Straßenkarte 542

Burg Hotel

Frauentor 5 ✉ 14793 – ✆ (033830) 66 60 – www.burghotel-ziesar.de
14 Zim – 59/69 € 79/89 €
Hier erwarten Sie ein engagierter Gastgeber und freundliche, funktionelle Zimmer. Und auch ein lohnenswertes Ausflugsziel haben Sie in unmittelbarer Nähe: Zur namengebenden Burg sind es nur 10 Gehminuten! Im rustikalen Restaurant lässt man sich vom Chef mit traditionell-bürgerlichen Gerichten bekochen.

ZIMMERN – Baden-Württemberg ➜ Siehe Rottweil

ZINGST

Mecklenburg-Vorpommern – 3 030 Ew. – Höhe 2 m – Regionalatlas **5-N3**
Berlin 284 km – Schwerin 143 km – Rostock 71 km – Stralsund 42 km
Michelin Straßenkarte 542

Steigenberger Strandhotel

Seestr. 60 ✉ 18374 – ✆ (038232) 842 1 00 – www.strandhotel-zingst.steigenberger.de
117 Zim – 100/200 € 130/290 € – 6 Suiten – ½ P
Ein komfortables Hotel im Stil der Bäderarchitektur, dessen schickes modernes Interieur in hellen Naturtönen und klarem Design gehalten ist. Dezente maritime Kunst findet sich im ganzen Haus, so auch im Restaurant "Nautica" - hier internationale Küche. Und draußen ein schöner Garten- und Poolbereich.

Meerlust

Seestr. 72 ✉ 18374 – ✆ (038232) 88 50 – www.hotelmeerlust.de
45 Zim – 109/174 € 158/218 € – 7 Suiten – ½ P
Meerlust – Siehe Restaurantauswahl
In dem stilvoll-modernen Hotel kann man wirklich schön Urlaub machen: Die Zimmer sind äußerst wohnlich (besonders komfortabel in der Lodge!), gut das Wellnessangebot, angenehm die engagierte Gästebetreuung. Und wenn Sie ausgedehnte Spaziergänge mögen, Strand und Deich sind nur einen Steinwurf entfernt!

Steigenberger Aparthotel

Seestr. 54 ✉ 18374 – ✆ (038232) 8 50 – www.aparthotel-zingst.steigenberger.de
79 Zim – 65/150 € 90/230 € – ½ P
Schön liegt das Hotel an der Strandpromenade. Die Gästezimmer sind alle als Appartement angelegt: geräumig, neuzeitlich und mit Küchenzeile ausgestattet. Sie mögen Kunst? Dann sollten Sie sich unbedingt die Ausstellung lokaler Künstler hier im Haus ansehen! Die "Trattoria Vongola" bietet mediterrane Speisen.

Marks

Weidenstr. 17 ✉ 18374 – ✆ (038232) 1 61 40 – www.hotel-marks.de
25 Zim – 63/79 € 99/190 € – ½ P
Überzeugend ist hier schon die ruhige Lage in einem kleinen Wäldchen gleich hinterm Deich. Zudem hat man wohnliche, freundliche Zimmer (teilweise mit Terrasse) und ein hübsches Saunahaus im Garten (kostenpflichtig), in dem man nach Terminabsprache auch Massagen bekommt. Restaurant im Brasserie-Stil mit netter Terrasse.

Am Strand

Birkenstr. 21 ✉ 18374 – ✆ (038232) 1 56 00 – www.amstrand.de – geschl. 6. Januar - 12. Februar
19 Zim – 49/89 € 63/116 €
In einem Wohngebiet, wenige Schritte vom Strand, steht das familiär geleitete Haus. Zimmer teilweise mit Balkon, einige mit getrenntem Wohn- und Schlafbereich. Schön entspannen kann man in den eigenen Strandkörben oder beim Essen im bürgerlichen Restaurant - nett die frischen Farbakzente in Rot, Gelb und Blau.

Gode Tied

Friedenstr. 35 ✉ 18374 – ✆ (038232) 1 56 39 – www.hotel-gode-tied.eu
10 Zim – 55/80 € 75/105 €
In der familiären kleinen Ferienadresse erwarten Sie wohnliche Zimmer, alle mit Kitchenette und Balkon/Terrasse (ideal die behindertengerechte Ausstattung vieler Zimmer!) sowie ein charmanter Frühstücksraum. Sie möchten mit dem Fahrrad die Gegend erkunden? Hier im Haus können Sie eines leihen.

Meerlust – Hotel Meerlust

Seestr. 72 ✉ 18374 – ✆ (038232) 88 50 – www.hotelmeerlust.de
Menü 35/55 € – Karte 40/59 €
Cremefarbene Rattanstühle mit in Pastelltönen bezogenen Polstern, dazu die fein eingedeckten Tische - hier hat man ein Gefühl für Stil bewiesen. Die Küche offeriert ein internationales Speisenangebot.

ZINNOWITZ – Mecklenburg-Vorpommern ➔ Siehe Usedom (Insel)

ZIRNDORF

Bayern – 25 960 Ew. – Höhe 306 m – Regionalatlas **50-K16**
Berlin 452 km – München 175 km – Nürnberg 16 km – Ansbach 35 km
Michelin Straßenkarte 546

Siehe Nürnberg (Umgebungsplan)

Reubel

Banderbacher Str. 27 ✉ 90513 – ✆ (0911) 9 60 10 Stadtplan : A2c
– www.hotel-reubel.de
24 Zim – 69/139 € 98/169 € – ½ P
Engagiert geführt und tipptopp in Schuss! Man wohnt in individuellen Zimmern von Standard bis zur Themen-Juniorsuite "1001 Nacht" oder den "Playmobil-Zimmern" mit Bezug zum nahegelegenen Park! Alles ist wertig und geschmackvoll. Appartements im Gästehaus. Restaurant mit internationaler und regionaler Küche.

ZITTAU

Sachsen – 25 950 Ew. – Höhe 245 m – Regionalatlas **44-S12**
Berlin 246 km – Dresden 99 km – Görlitz 34 km
Michelin Straßenkarte 544

Dreiländereck

Bautzner Str. 9 ✉ 02763 – ✆ (03583) 55 50 – www.hotel-dle.de
45 Zim – 73 € 95 € – ½ P
Das Haus in verkehrsberuhigter Innenstadtlage diente im 19. Jh. als Konditorei und Kaffeehaus, bevor es zu diesem zeitgemäßen und funktionellen Hotel umgebaut wurde. Unter der schönen historischen Gewölbedecke hat man die Brasserie "Triangle" eingerichtet.

ZORNEDING

Bayern – 8 930 Ew. – Höhe 560 m – Regionalatlas **66-M20**
Berlin 599 km – München 24 km – Wasserburg am Inn 34 km
Michelin Straßenkarte 546

Glasl's Landhotel

Münchner Str. 11a ✉ 85604 – ✆ (08106) 24 12 80 – www.glasls-landhotel.de
– geschl. Weihnachten - Neujahr
54 Zim – 70/110 € 90/170 €
Sie werden sich wohlfühlen in dem Familienbetrieb, denn vom Zimmer bis in den Sauna- und Fitnessbereich ist alles auffallend gepflegt! Außerdem kümmert man sich freundlich um Sie. Die Zimmer im Haupthaus sind etwas größer und komfortabler.

Neuwirt
Münchner Str. 4 ✉ 85604 – ✆ (08106) 2 42 60 – www.hotelneuwirt.de
50 Zim – 75/150 € 98/200 € – ½ P
Der familiär geführte Gasthof liegt zwar an einer recht befahrenen Straße, bietet dafür aber wohnliche Zimmer und ein gutes Frühstück. Chic das klare moderne Design im Gästehaus - auch für Langzeitgäste geeignet. In verschiedenen behaglichen Gasträumen serviert man regionale Kost.

Alte Posthalterei
Anton-Grandauer-Str. 9 ✉ 85604 – ✆ (08106) 2 00 07 – www.alteposthalterei-zorneding.de – geschl. Anfang Februar 1 Woche, Ende August 2 Wochen, Mitte November 1 Woche und Montag - Dienstag
5 Zim – 95 € 105 € Menü 35/60 € – Karte 18/50 €
Paprikasuppe, Gulasch Stroganoff, Marillenknödel... Vater und Sohn kochen hier regional-saisonale Gerichte sowie Klassiker, die in den liebenswerten Stuben dieses gestandenen Gasthofs serviert werden. Lauschiger Biergarten unter Kastanien. Zum Übernachten stehen schöne großzügige Zimmer bereit.

ZWEIBRÜCKEN

Rheinland-Pfalz – 34 070 Ew. – Höhe 226 m – Regionalatlas **46-C17**
Berlin 691 km – Mainz 139 km – Saarbrücken 40 km – Pirmasens 25 km
Michelin Straßenkarte 543

Rosengarten am Park
Rosengartenstr. 60 ✉ 66482 – ✆ (06332) 97 70 – www.rosengarten-am-park.de
47 Zim – 81/105 € 128/138 € – ½ P
Hier wohnt man schön am angrenzenden Rosengarten, dem Wahrzeichen der Stadt. Die Zimmer sind in frischem Grün, Rot oder Beige gehalten, alle mit Holzfußboden und guter Technik. Restaurant mit lichtem Wintergarten und Terrasse. Interessant für Hausgäste: vergünstigtes "Lichtergarten Business Menü".

Zum StorchenNest
Landauer Str. 106a ✉ 66482 – ✆ (06332) 4 94 10 – www.zumstorchennest.de – geschl. Anfang Januar 1 Woche, Ende Juli - Anfang August 2 Wochen und Dienstag, Samstagmittag
Menü 14 € (mittags unter der Woche)/58 € – Karte 21/51 €
Die Lage am Stadtrand tut der Beliebtheit dieses Restaurants keinerlei Abbruch! Seit über 20 Jahren kommt die Herzlichkeit der Familie Krück ebenso an wie die charmanten Räume und die regionale Küche. Zu trinken gibt es rund 150 Positionen Pfälzer Wein zu fairen Preisen.

Außerhalb Ost: 3 km

Landschloss Fasanerie
Fasanerie 1 ✉ 66482 – ✆ (06332) 97 30 – www.landschloss-fasanerie.de
50 Zim – 109/118 € 149/155 € – ½ P
Landhaus • ***ESSLIBRIS*** – Siehe Restaurantauswahl
Sie genießen den romantischen Park samt Rosengarten und Weiher, entspannen bei Massage und Kosmetik, bleiben fit beim Joggen und Wandern rund ums Hotel, feiern im stilvollen Saal... Tipp: große Ateliers und Maisonetten. Sonntags Brunch.

ESSLIBRIS – Hotel Landschloss Fasanerie
Fasanerie 1 ✉ 66482 – ✆ (06332) 97 32 05 – www.landschloss-fasanerie.de – geschl. Sonntagabend - Dienstag
Menü 39/71 € – Karte 41/61 €
Unter dem Motto "Essen, Freiheit, Vergnügen" bietet man mediterrane, aber auch regionale Speisen. Appetit macht z. B. "rosa gebratener Kalbsrücken in Schalotten-Senfkruste". Die Küche geht auch gerne auf Ihre Wünsche ein!

Landhaus – Hotel Landschloss Fasanerie
Fasanerie 1 ✉ 66482 – ✆ (06332) 97 32 07 – www.landschloss-fasanerie.de
Karte 31/49 € – *(Mittwoch - Samstag ab 14 Uhr geöffnet)*
Sie mögen's ländlich-gemütlich? Im Winter unterstreicht ein offener Kamin die schöne Atmosphäre in den einstigen Stallungen des Landschlosses, im Sommer speist man draußen mit Blick auf den Park. Die regionale Küche bietet Schmackhaftes wie "Kalbsbraten mit Rotweinjus und Wurzelgemüse".

ZWENKAU

Sachsen – 8 820 Ew. – Höhe 129 m – Regionalatlas **41**-N12
Berlin 198 km – Dresden 125 km – Leipzig 23 km – Altenburg 35 km
Michelin Straßenkarte 542

Seehof

Zur Harth 1 ✉ 04442 – ☎ (034203) 57 10 – www.seehof-leipzig.de – geschl. 1. - 18. Januar
42 Zim – 76/119 € 87/139 € – ½ P
Ein familiengeführtes Hotel mit wohnlicher Atmosphäre. Angenehm licht ist der Frühstücksraum in klarem modernem Stil. Einige Zimmer hat man besonders charmant dekoriert. Im Restaurant sorgen helles Holz und Kachelofen für Gemütlichkeit.

ZWICKAU

Sachsen – 91 570 Ew. – Höhe 267 m – Regionalatlas **42**-N13
Berlin 263 km – Dresden 105 km – Chemnitz 42 km – Leipzig 80 km
Michelin Straßenkarte 544

Holiday Inn

Kornmarkt 9 ✉ 08056 – ☎ (0375) 2 79 20 – www.holidayinn.com/zwickau
126 Zim – 81/132 € 113/159 € – 2 Suiten – ½ P
Das Businesshotel liegt in einer verkehrsberuhigten Zone im Zentrum, ist neuzeitlich gestaltet und verfügt über eine gute technische Ausstattung. Das Restaurant nennt sich "No. 9" und kommt geradlinig-modern in Braun daher.

ZWIESEL

Bayern – 9 260 Ew. – Höhe 585 m – Regionalatlas **59**-P18
Berlin 476 km – München 179 km – Passau 62 km – Cham 59 km
Michelin Straßenkarte 546

GlasHotel

Hochstr. 45 ✉ 94227 – ☎ (09922) 85 40 – www.glashotel.de – geschl. 8. November - 20. Dezember
23 Zim – 50/80 € 100/150 € – 1 Suite – ½ P
Das Thema Glas wird hier groß geschrieben: Überall in diesem gut geführten Haus finden sich entsprechende Kunstgegenstände. Die Zimmer sind sehr gepflegt und wohnlich, geschmackvoll der Spa, umfangreich das Kosmetik- und Massageangebot.

Zur Waldbahn

Bahnhofplatz 2 ✉ 94227 – ☎ (09922) 85 70 – www.zurwaldbahn.de – geschl. 30. März - 19. April
20 Zim – 62/68 € 84/108 € – ½ P
Der erweiterte historische Gasthof gegenüber dem Bahnhof beherbergt wohnliche Zimmer (meist mit Balkon) und einen netten Sauna- und Badebereich. Gepflegter Garten. Gemütlich-rustikal ist das Ambiente im Restaurant.

Marktstube

Angerstr. 31 ✉ 94227 – ☎ (09922) 62 85 – www.restaurant-marktstube.de – geschl. 24. Mai - 6. Juni und Dienstag, November: Dienstag, Sonntagabend
Menü 30 € – Karte 24/38 €
Die persönlich-familiär geführte Marktstube ist ein gepflegtes, hell gestaltetes Restaurant, in dem man bürgerliche und internationale Speisen serviert bekommt.

ZWINGENBERG

Hessen – 6 710 Ew. – Höhe 99 m – Regionalatlas **47**-F16
Berlin 586 km – Wiesbaden 61 km – Mannheim 43 km – Darmstadt 23 km
Michelin Straßenkarte 543

Zur Bergstraße

Bahnhofstr. 10 ✉ 64673 – ☎ (06251) 1 78 50 – www.hotel-zur-bergstrasse.de – geschl. 22. Dezember - 4. Januar
21 Zim – 77/85 € 90/105 € – 2 Suiten
Wohnliche Zimmer mit Parkettboden und Bergstraßen-Blick (einige mit Balkon), eine schöne Terrasse sowie die praktische zentrale Lage nahe Altstadt und Bahnhof machen das Hotel interessant.

Kaltwassers Wohnzimmer

Obergasse 15A ✉ 64673 – ✆ (06251) 1 05 86 40 – www.kaltwasserswohnzimmer.de – geschl. Montag - Dienstag
Karte 28/47 € – *(nur Abendessen, sonntags auch Mittagessen)*
Gemütliche Wohnzimmer-Atmosphäre macht sich hier breit, was nicht zuletzt an charmanten Details im 50er-Jahre-Stil liegt. Gekocht wird modern-regional - Lust auf "Zweierlei vom Schwein, Rote Bete, Bohnen"? Draußen lockt das "Atrium" mit Innenhof-Flair und Blick in die verglaste Küche!

ZWISCHENAHN, BAD

Niedersachsen – 27 870 Ew. – Höhe 7 m – Regionalatlas **17-E6**
Berlin 453 km – Hannover 185 km – Bremen 67 km – Oldenburg 17 km
Michelin Straßenkarte 541

Haus am Meer

Auf dem Hohen Ufer 25 ✉ 26160 – ✆ (04403) 94 00 – www.hausammeer.de
71 Zim – 82/97 € 138 € – 1 Suite – ½ P
Die Zimmer dieses komfortablen Hotels unmittelbar am Zwischenahner Meer sind mit modernen Möbeln und warmen Farben sehr wohnlich eingerichtet. Ob Tagungsgäste, Urlauber oder Einheimische - besonders gerne genießt man im Sommer die Restaurantterrasse mit Blick aufs Wasser.

Am Badepark

Am Badepark 5 ✉ 26160 – ✆ (04403) 69 60 – www.hotelambadepark.de
45 Zim – 66/149 € 98/164 € – 5 Suiten – ½ P
Das familienfreundliche Ferienhotel mit seinen hellen, modernen Zimmern liegt neben einem großen Freizeitbad (für Hausgäste kostenfrei) und bietet auch einen Fahrradverleih. Neuzeitlich-gediegenes Restaurant mit netter Terrasse.

NordWest Hotel

Zum Rosenteich 14 ✉ 26160 – ✆ (04403) 92 30 – www.hotel-bad-zwischenahn.de
48 Zim – 66/149 € 98/164 € – 2 Suiten
Ein zeitgemäßes und gepflegtes Hotel in einem Wohngebiet. Nett sind der helle, freundliche Frühstücksraum mit Terrasse und die kleine Bar mit offenem Kamin.

Antonio Lava

In der Horst 1 ✉ 26160 – ✆ (04403) 6 49 70 – www.antonio-lava.de
Menü 26/33 € – Karte 20/80 €
In diesem neuzeitlich-gediegenen Restaurant bietet man italienische Küche mit ansprechendem Antipastibuffet. Freundliches Ambiente und netter Service.

In Bad Zwischenahn-Aschhauserfeld Nord-Ost: 4 km Richtung Wiefelstede

Jagdhaus Eiden am See

Eiden 9 ✉ 26160 – ✆ (04403) 69 80 00 – www.jagdhaus-eiden.de
99 Zim – 85/158 € 129/206 € – 3 Suiten – ½ P
Apicius ✿ • ***Jäger- und Fischerstube*** – Siehe Restaurantauswahl
Hochwertig und geschmackvoll sind die Zimmer in dem familiär geführten hübschen Haus in Seenähe. Zum Angebot gehören ein Bootssteg und der attraktive Spa auf 800 qm. Angeschlossenes Kasino.

Amsterdam

Wiefelsteder Str. 18 ✉ 26160 – ✆ (04403) 93 40 – www.hotel-amsterdam.de
40 Zim – 59/95 € 79/109 € – ½ P
In dem quadratischen Hotelbau erwarten Sie wohnlich und funktionell gestaltete Gästezimmer, die teilweise zum Garten hin liegen. Restaurant mit kleinem internationalem Angebot.

XXX **Apicius** (N) – Hotel Jagdhaus Eiden

Eiden 9 ✉ 26160 – ✆ (04403) 69 80 00 – www.jagdhaus-eiden.de – geschl. Juni 3 Wochen und Sonntag - Dienstag

Menü 59/112 € – *(Mittwoch - Freitag nur Abendessen)* (Tischbestellung ratsam)

Unverändert stilvoll präsentiert sich das Restaurant nach seiner Wiedereröffnung. Modern-klassisch die Küche - wählen Sie zwischen zwei Menüs. Tipp: donnerstags Schnuppermenü für 2 Personen. Interessant auch die Weinkarte mit Raritäten.
➜ Taschenkrebs, Avocado, Kaviar, Limone. Spanferkel, Apfel, Blutwurst, Majoran. Beerenfrüchte, Joghurt, Cerealien.

XX **Jäger- und Fischerstube** – Hotel Jagdhaus Eiden

Eiden 9 ✉ 26160 – ✆ (04403) 69 80 00 – www.jagdhaus-eiden.de

Menü 49/57 € – Karte 29/81 €

Die Lage des Jagdhauses in einem 10 ha großen Park ist fantastisch - da ist die herrliche Gartenterrasse natürlich besonders gefragt! Auch drinnen sitzt man schön bei regionalen Fisch- und Wildspezialitäten sowie internationalen Klassikern.

In Bad Zwischenahn-Aue Nord-Ost: 6 km Richtung Wiefelstede

X **Klosterhof**

Dreiberger Str. 65 ✉ 26160 – ✆ (04403) 91 59 90 – www.klosterhof-aue.de

11 Zim – †54/64 € ††92 € Menü 20/40 € – Karte 28/32 €

In dem Ammerländer Bauernhaus mit seinem ursprünglichen urigen Charakter bereitet man in der offenen Küche Spezialitäten vom Glühsteingrill und regional-bürgerliche Gerichte.

Auszeichnungen 2016

Und auch... *and also...*

Sterne-Restaurants

→ *Starred restaurants*

✿✿✿ 2016

Baiersbronn	Restaurant Bareiss
Baiersbronn	Schwarzwaldstube
Bergisch Gladbach	Vendôme
Hamburg	The Table Kevin Fehling **N**
Osnabrück	La Vie
Perl	Victor's Fine Dining by christian bau
Rottach-Egern	Restaurant Überfahrt Christian Jürgens
Saarbrücken	GästeHaus Klaus Erfort
Wittlich / Dreis	Waldhotel Sonnora
Wolfsburg	Aqua

✿✿ 2016

Aschau im Chiemgau	Restaurant Heinz Winkler
Augsburg	August
Baden-Baden	Brenners Park-Restaurant
Baiersbronn	Schlossberg
Berlin	FACIL
Berlin	Fischers Fritz
Berlin	Horváth **N**
Berlin	Lorenz Adlon Esszimmer
Berlin	reinstoff
Berlin	Tim Raue
Cuxhaven	Sterneck
Dorsten	Rosin
Düsseldorf	Im Schiffchen
Essen	Résidence
Frankfurt am Main	Lafleur **N**
Frankfurt am Main	Tiger-Gourmetrestaurant
Glücksburg	Meierei Dirk Luther
Griesbach, Bad	Il Giardino
Hamburg	Haerlin
Hamburg	Jacobs Restaurant
Hamburg	Süllberg - Seven Seas
Köln	Le Moissonnier
Königstein im Taunus	Villa Rothschild Kempinski
Konstanz	Ophelia
Leipzig	Falco
München	Atelier **N**
München	Dallmayr
München	EssZimmer
München	Tantris
Neuenahr-Ahrweiler, Bad	Steinheuers Restaurant Zur Alten Post
Nürnberg	Essigbrätlein
Peterstal-Griesbach, Bad	Le Pavillon
Piesport	schanz. restaurant. **N**
Rust	ammolite - The Lighthouse Restaurant
Sulzburg	Hirschen
Sylt / Munkmarsch	Fährhaus
Sylt / Rantum	Söl'ring Hof
Trier	BECKER'S
Wernberg-Köblitz	Kastell

N → *Neu* → *New*

✿ 2016

Aachen	La Bécasse	
Aachen	Sankt Benedikt	
Aerzen	Gourmet Restaurant im Schlosshotel Münchhausen	
Amorbach	Der Schafhof - Abt- und Schäferstube	
Aschaffenburg / Johannesberg	Auberge de Temple - Helbigs	
Asperg	Schwabenstube	
Auerbach in der Oberpfalz	SoulFood	N
Backnang	Rielke Restaurant Kerzenstube	
Baden-Baden	Le Jardin de France	
Baden-Baden	Röttele's Restaurant und Residenz im Schloss Neuweier	
Balduinstein	Landhotel Zum Bären - Bibliothek	
Beelitz	kochZIMMER	N
Bellheim / Knittelsheim	Steverding's Isenhof	
Bentheim, Bad	Keilings Restaurant	
Berchtesgaden	LE CIEL	
Berlin	Bandol sur Mer	N
Berlin	Bieberbau	N
Berlin	5 - cinco by Paco Pérez	
Berlin	First Floor	
Berlin	Frühsammers Restaurant	
Berlin	Hugos	
Berlin	Markus Semmler	N
Berlin	Nobelhart und Schmutzig	N
Berlin	Pauly Saal	
Berlin	Richard	N
Berlin	Rutz	
Berlin	SKYKITCHEN flavored by a.choice	
Berlin	Les Solistes by Pierre Gagnaire	
Berlin	VAU	
Bietigheim-Bissingen	Rose	
Blieskastel	Hämmerle's Restaurant - Barrique	
Bogen / Niederwinkling	Landgasthof Buchner	N
Bonn	Halbedel's Gasthaus	
Bonn	Yunico	N
Burg (Spreewald)	17 fuffzig	
Burgwedel	Ole Deele	
Celle	Endtenfang	
Coburg	Esszimmer	
Daun	Graf Leopold	N
Deidesheim	L.A. Jordan	
Deidesheim	Schwarzer Hahn	
Dierhagen	Strandhotel Fischland - Ostseelounge	
Doberan, Bad	Friedrich Franz	
Dorsten	Goldener Anker	
Dortmund	kikillus RESTAURANT	N
Dortmund	Palmgarden	
Dresden	bean and beluga	
Dresden	Caroussel	
Dresden	Elements	
Düsseldorf	Agata's	
Düsseldorf	Berens am Kai	
Düsseldorf	Enzo im Schiffchen	
Düsseldorf	Nagaya	
Düsseldorf	Schorn	
Düsseldorf	Tafelspitz 1876	
Düsseldorf	Victorian	
Durbach	Wilder Ritter	
Eggenstein-Leopoldshafen	Zum Löwen	
Ehningen	Landhaus Feckl	
Eltville am Rhein	Jean	
Eltville am Rhein	Kronenschlösschen	
Endingen am Kaiserstuhl	Merkles Restaurant	
Erftstadt	Husarenquartier	
Erfurt	Clara - Restaurant im Kaisersaal	
Essen	Schote	
Ettlingen	Erbprinz	
Euskirchen	Bembergs Häuschen	
Feldberger Seenlandschaft	Alte Schule - Klassenzimmer	
Föhr / Wyk	Alt Wyk	
Frankenberg (Eder)	Philipp Soldan	
Frankfurt am Main	Carmelo Greco	
Frankfurt am Main	Ernos Bistro	
Frankfurt am Main	Français	
Frankfurt am Main	Gustav	N
Frankfurt am Main	Restaurant Villa Merton	N
Frankfurt am Main	SEVEN SWANS	N
Frankfurt am Main	Sra Bua by Juan Amador	
Frankfurt am Main	Weinsinn	
Freiburg im Breisgau	sHerrehus	
Freiburg im Breisgau	Wolfshöhle	N
Freiburg im Breisgau	Zirbelstube	
Geisenheim	Burg Schwarzenstein - Gourmetrestaurant	
Gernsbach	Schloss Eberstein	
Göttingen / Friedland	Landhaus Biewald - Genießer Stube	
Grünstadt / Neuleiningen	Alte Pfarrey	
Gummersbach	Die Mühlenhelle	
Häusern	Adler	
Hamburg	Anna Sgroi	
Hamburg	Le Canard nouveau	
Hamburg	Landhaus Scherrer	
Hamburg	Piment	
Hamburg	SE7EN OCEANS	
Hamburg	TrüffelSchwein	N
Heidelberg	Le Gourmet	

Heidelberg	Scharff's Schlossweinstube im Heidelberger Schloss
Heidesheim am Rhein	Gourmetrestaurant Dirk Maus
Heinsberg	Burgstuben Residenz - St. Jacques
Hermeskeil / Neuhütten	Le temple
Hersfeld, Bad	L'étable
Herxheim	Kronen-Restaurant
Hörstel	Westfälische Stube
Homburg vor der Höhe, Bad	Schellers
Horben	Gasthaus zum Raben
Karlsruhe	Le Salon im Kesselhaus
Kernen im Remstal	Malathounis
Kerpen	Schloss Loersfeld
Ketsch	Die Ente
Kirchdorf (Krs. Mühldorf)	Christian's Restaurant - Gasthof Grainer
Kirchheim u. Teck / Ohmden	Landgasthof am Königsweg
Kissingen, Bad	Laudensacks Gourmet Restaurant
Kleinwalsertal / Hirschegg	Kilian Stuba
Koblenz	Da Vinci **N**
Koblenz	Schiller's Restaurant **N**
Köln	Alfredo
Köln	Himmel un Äd
Köln	maiBeck
Köln	Maître im Landhaus Kuckuck
Köln	Ox und Klee **N**
Köln	La poêle d'or
Köln	La Société
Köln	taku
Konstanz	San Martino - Gourmet
Krakow am See	Ich weiß ein Haus am See
Krozingen, Bad	Storchen
Krün	Luce d'Oro
Künzelsau	handicap.
Kuppenheim	Raubs Landgasthof
Lahr	Adler
Langenau	Zum Bad
Langenzenn	Keidenzeller Hof
Leer	Perior
Leimen	oben
Leipzig	Stadtpfeiffer
Lindau im Bodensee	Villino
Lübeck	Buddenbrooks
Lübeck	Wullenwever
Lütjenburg / Panker	Restaurant 1797
Mainz	FAVORITE restaurant
Mannheim	Doblers
Mannheim	Marly **N**
Mannheim	Opus V
Meersburg	Casala
Miltenberg	1622 im Jagd Hotel Rose

Mülheim an der Ruhr	am Kamin **N**
München	Acquarello
München	Les Deux
München	Geisels Werneckhof
München	Gourmet Restaurant Königshof
München	Restaurant N° 15
München	Schuhbecks in den Südtiroler Stuben
München	Schweiger^2
Münster	Kaiserhof - Gourmet 1895
Mulfingen	Amtskeller
Neuenahr-Ahrweiler, Bad	Historisches Gasthaus Sanct Peter Restaurant Brogsitter
Neunburg vorm Wald	Obendorfer's Eisvogel
Neustadt an der Weinstraße	Urgestein im Steinhäuser Hof
Neuwied	Coquille St. Jacques im Parkrestaurant Nodhausen
Nördlingen	Wirtshaus Meyers Keller - Restaurant Joachim Kaiser
Norderney	Seesteg
Nürnberg	Aumer's La Vie
Oberstdorf	ESS ATELIER STRAUSS
Oberstdorf	Maximilians Restaurant - Landhaus Freiberg
Odenthal	Zur Post
Öhningen	Falconera
Öhringen / Friedrichsruhe	Wald und Schlosshotel Friedrichsruhe - Gourmet-Restaurant
Paderborn	Balthasar
Pfaffenweiler	Zehner's Stube
Pleiskirchen	Huberwirt
Pliezhausen	Landgasthaus zur Linde
Potsdam	Friedrich-Wilhelm
Prien am Chiemsee	Rehmann
Pulheim	Gut Lärchenhof
Regensburg	storstad
Remscheid	Concordia - Heldmann's Restaurant
Rheda-Wiedenbrück	Reuter
Rötz	Gregor's
Rosenberg	Landgasthof Adler
Rostock	Gourmet-Restaurant Der Butt
Rottach-Egern	Dichterstub'n
Rottach-Egern	Maiwerts
Rügen / Binz	freustil
Rügen / Binz	Rugard's Gourmet **N**
Saarbrücken	Jens Jakob - Das Restaurant
Säckingen, Bad	Freigeist **N**
Salach	Burgrestaurant Staufeneck
Sankt Wendel	Kunz
Sasbachwalden	Fallert
Scharbeutz	DiVa
Schwäbisch Hall	Eisenbahn

N → *Neu* → *New*

Schwäbisch Hall	Rebers Pflug
Selzen	Kaupers Restaurant im Kapellenhof
Sobernheim, Bad	Jungborn
Sommerhausen	Philipp
Sonnenbühl	Hirsch
Sonthofen / Ofterschwang	Silberdistel
Starnberg	Aubergine
Stolpe	Gutshaus Stolpe
Stralsund	scheel's
Stromberg	Le Val d'Or
Stuttgart	Délice
Stuttgart	5 (Fünf)
Stuttgart	OLIVO
Stuttgart	Speisemeisterei
Stuttgart	top air
Stuttgart	Wielandshöhe
Stuttgart	YoSH
Stuttgart	Die Zirbelstube
Stuttgart / Fellbach	Goldberg **N**
Stuttgart / Fellbach	Gourmet Restaurant avui
Sylt / Hörnum	KAI3
Sylt / Tinnum	BODENDORF'S
Tegernsee	Schwingshackl ESSKULTUR
Teinach-Zavelstein, Bad	Gourmetrestaurant Berlins Krone
Teisnach	Oswald's Gourmetstube **N**
Timmendorfer Strand	Orangerie
Trittenheim	Wein- und Tafelhaus
Trittenheim / Naurath	Rüssel's Landhaus
Tübingen	Schranners Waldhorn
Ulm	LAGO
Usedom / Heringsdorf	Tom Wickboldt
Vaihingen an der Enz	Lamm Rosswag
Velbert	Haus Stemberg
Vogtsburg	Schwarzer Adler
Waiblingen	Bachofer
Waldbronn	Schwitzer's am Park
Waldenbuch	Gasthof Krone
Waldkirchen	Johanns
Wangels	Courtier
Weikersheim	Laurentius
Weimar	Anna Amalia
Weingarten (Kreis Karlsruhe)	Walk'sches Haus - Gourmet-Restaurant
Wermelskirchen	Landhaus Spatzenhof
Wertheim	Stadtpalais Gourmetrestaurant
Wiesbaden	Ente
Wirsberg	Alexander Herrmann
Wolfsburg	La Fontaine
Würselen	Alte Feuerwache - Podobnik's Gourmet Restaurant
Würzburg	KUNO 1408
Würzburg	REISERS am Stein
Xanten	Landhaus Köpp
Zwischenahn, Bad	Apicius **N**

N → *Neu* → *New*

Bib Gourmand

→ Gute Küche zu moderaten Preisen

→ *Good food at moderate prices*

Aachen	Sankt Benedikt - Bistro
Aachen	Schloss Schönau - Schänke
Abbach, Bad	Schwögler
Achern	1839Malerhaus
Achern	Chez Georges
Alpirsbach	Rössle
Altdorf	Augustlhof - Saustall **N**
Altenahr	Gaststube Assenmacher
Altenberge	Penz Am Dom
Amberg	Schön Kilian
Amöneburg	Dombäcker **N**
Amstetten	Stubersheimer Hof **N**
Amtzell	Akademie
Ansbach	La Corona
Arnsberg	Menge
Aschaffenburg	Zum Goldenen Ochsen - Oechsle
Aschaffenburg / Johannesberg	Auberge de Temple - Gasthaus
Aue	Tausendgüldenstube
Auenwald	Landgasthof Waldhorn
Auerbach (Vogtland)	Renoir
Aying	Brauereigasthof Aying - August und Maria
Backnang / Aspach	Lamm
Baden-Baden	Heiligenstein
Baden-Baden	Traube
Baiersbronn	Bareiss - Dorfstuben
Baiersbronn	Traube Tonbach - Bauernstube
Barmstedt	Lay's Bistro
Bayreuth / Bindlach	Landhaus Gräfenthal
Bellingen, Bad	Landgasthof Schwanen
Bentheim, Bad	Keilings Restaurant - Weinbistro **N**
Berlin	Brasserie Lamazère
Berlin	Buchholz Gutshof Britz
Berlin	Jungbluth
Berlin	Kochu Karu
Berlin	Die Nussbaumerin
Berlin	Ottenthal
Berlin	Renger-Patzsch

Berlin	La Soupe Populaire - Tim Raue
Berlin	44 (vierundvierzig)
Bielefeld	Büscher's Restaurant
Bisingen	Gasthof Adler
Blieskastel	Hämmerle's Restaurant - Landgenuss
Bonndorf	Sommerau
Boppard	Tannenheim
Brackenheim	Adler
Braunschweig	Zucker
Bretten	à la table de Guy Graessel
Bretzfeld	Reinecker's Dorfstube
Brilon	Almer Schlossmühle **N**
Brühl (Baden)	KRONE das gasthaus
Bühl	Lamm
Bühl	Pospisil's Gasthof Krone
Bühlertal	Bergfriedel
Bühlertal	Rebstock
Bürgstadt	Weinhaus Stern
Burbach	Fiester-Hannes
Castell	Gasthaus zum Schwan
Celle	der allerKrug
Celle	Schaper
Cham	Am Ödenturm
Chemnitz	alexxanders
Chemnitz	Villa Esche
Coburg	Victoria Grill
Coesfeld	Freiberger im Gasthaus Schnieder-Bauland
Dachau	Schwarzberghof
Dachau / Bergkirchen	Gasthaus Weißenbeck
Daun / Darscheid	Kucher's Weinwirtschaft
Deidesheim	Gasthaus zur Kanne
Deidesheim	St. Urban
Denzlingen	Rebstock-Stube
Dernbach	Schneider
Dessau	Pächterhaus
Dettelbach	Himmelstoss
Dießen am Ammersee	Seehaus
Dinkelsbühl	Altdeutsches Restaurant
Dörscheid	Landgasthaus Blücher

N → *Neu* → *New*

Dohna	Ratskeller	
Donzdorf	Castello	
Dornum	Fährhaus	
Dortmund	der Lennhof	
Dresden	Bülow's Bistro	
Dresden	Landhaus Lockwitzgrund	
Dresden	Ven	
Dresden	Villandry	
Düsseldorf	Dorfstube	
Düsseldorf	Münstermanns Kontor	
Düsseldorf	Nöthel's Restaurant	
Düsseldorf	Parlin	
Duisburg	Friederichs - Bistro NT	
Durbach	Rebstock	
Durbach	Ritter Stube	
Eckelsheim	Kulturhof	**N**
Efringen-Kirchen	Walsers	
Eggenstein-Leopoldshafen	Zum Goldenen Anker	
Eibelstadt	Gambero Rosso da Domenico	
Eichwalde	Carmens Restaurant	
Einbeck	Genusswerkstatt	**N**
Eisenach	Weinrestaurant Turmschänke	
Eltville am Rhein	Gutsausschank im Baiken	**N**
Eltville am Rhein	Zum Krug	
Elzach	Schäck's Adler	
Emmingen-Liptingen	Schenkenberger Hof	**N**
Ems, Bad	Bad Emser Hof - Estragon	
Emsdetten	Lindenhof	
Endingen am Kaiserstuhl	Dutters Stube	
Erftstadt	Husarenquartier - Bistro	
Erfurt	Restaurant und Weinstube Zumnorde	
Erlangen	Altmann's Stube	
Erlangen	Bayerischer Hof - Rosmarin	
Erlangen	Polster Stube	
Essen	HUGENpöttchen	
Ettlingen	Weinstube Sibylla	
Euskirchen	Bembergs Häuschen - Eiflers Zeiten	
Euskirchen	Stadtwald Vinum	
Fehmarn (Insel) / Burg	Margaretenhof	
Feldkirchen-Westerham	Aschbacher Hof	**N**
Feuchtwangen	Greifen-Post	
Finsterwalde	Goldener Hahn	
Flonheim	Weinwirtschaft Espenhof	
Forchheim	Zöllner's Weinstube	
Forstinning	Zum Vaas	
Frammersbach	Schwarzkopf	**N**
Frankenberg (Eder)	Sonne-Stuben	
Frankfurt am Main	La Cigale	
Frankweiler	Weinstube Brand	
Frasdorf	Schloßwirtschaft Wildenwart	
Freiamt	Zur Krone	

Freiberg	Le Bambou	
Freiburg im Breisgau	Hirschen	
Freiburg im Breisgau	Kühler Krug	
Freinsheim	WEINreich	
Freising / Hallbergmoos	Alter Wirt	
Frickingen	Löwen	
Friedberg	Zum Herzog Ludwig	**N**
Friedrichroda / Finsterbergen	Hüllrod	
Friedrichshafen	Goldenes Rad	
Friesenheim	Mühlenhof	
Fürth	Altes Forsthaus	
Füssing, Bad	Holzapfel's Restaurant	
Fulda	Goldener Karpfen	
Garmisch-Partenkirchen	Reindl's Restaurant	
Gengenbach / Berghaupten	Hirsch	
Gießen	Restaurant Tandreas	**N**
Gifhorn	Ratsweinkeller	
Glashütten	Glashüttener Hof	
Glottertal	Hirschen	
Glottertal	Zum Goldenen Engel	
Görlitz	Tuchmacher - Schneider Stube	
Grafenau	Säumerhof	
Greifswald	Tischlerei	
Grönenbach, Bad	Topf-Gucker	
Großheubach	Zur Krone	
Gschwend	Herrengass	
Gütersloh	Medium	
Gummersbach	Die Mühlenhelle - Bistro	
Hainfeld	Arens Restaurant	
Hamburg	Brook	
Hamburg	Casse-Croûte	
Hamburg	Cox	
Hamburg	LENZ	
Hamburg	Marlin	
Hamburg	Nil	
Hamburg	Le Plat du Jour	
Hamburg	RIVE Bistro	
Hamburg	Speisewirtschaft Wattkorn	
Hamburg	Stock's Fischrestaurant	
Hamburg	Stüffel	**N**
Hamburg	Trific	**N**
Hamburg	Tschebull	
Hamburg	Weinwirtschaft Kleines Jacob	
Hamburg	Zipang	
Hann. Münden	Biorestaurant Werratal	**N**
Hannover	boca	**N**
Hardheim	Wohlfahrtsmühle	**N**
Harsewinkel	Poppenborg's Stübchen	
Hauzenberg	Landgasthaus Gidibauer-Hof	
Heidelberg	Backmulde	
Heigenbrücken	Gewölbekeller und Parkrestaurant	**N**
Heilbronn	Bachmaier	

N → *Neu* → *New*

Heilbronn	Rebstock la petite Provence	
Heilbronn / Leingarten	Löwen - Dorfkrug	
Heiligenberg	Baader	
Heiligenberg	Hack	
Heitersheim	Landhotel Krone	
Hennef (Sieg)	Sängerheim - Das Restaurant	
Herford	Am Osterfeuer	
Hermeskeil / Neuhütten	Le temple - Bistro	
Heroldsberg	Freihardt	
Herrenalb, Bad	Lamm	
Hersfeld, Bad	Stern's Restaurant	
Herxheim	Pfälzer Stube	
Heßdorf	Wirtschaft von Johann Gerner	
Heßheim	Ellenbergs	
Hirschberg	Bistronauten	
Hirschberg	Krone	
Höchst im Odenwald	Krone - Gaststube	
Höchstädt an der Donau	Zur Glocke	
Hövelhof	Gasthof Brink	
Hüfingen	Landgasthof Hirschen	
Hungen	Hungener Käsescheune	
Ihringen	Bräutigam	
Ihringen	Holzöfele	
Ihringen	Weinstube Zum Küfer	
Ilbesheim bei Landau in der Pfalz	Hubertushof	
Illertissen	Gasthof Krone	
Illertissen	Vier Jahreszeiten	N
Illschwang	Weißes Roß	
Ilsfeld	Häußermann's Ochsen	
Immenstaad am Bodensee	Heinzler	
Immenstaad am Bodensee	Seehof	
Iphofen	Deutscher Hof	
Isny	Hohe Linde - Allgäuer Stuben	
Jagsthausen	Schlosshotel Götzenburg - Götzenstube	
Jugenheim	Weedenhof	
Kandel	Zum Riesen	
Kandern	Pfaffenkeller	
Kappeln	Speicher No. 5	
Kappelrodeck	Zum Rebstock	
Karben	Neidharts Küche	
Karlsruhe	Oberländer Weinstube	N
Kaub	Zum Turm	
Kehl	Grieshaber's Rebstock	
Kenzingen	Scheidels Restaurant zum Kranz	
Kirchdorf an der Iller	Landgasthof Löwen	
Kirchzarten	Schlegelhof	
Kirchzarten	Zum Rössle	
Kleinwalsertal / Riezlern	Humbachstube im Alpenhof Jäger	
Kleinwalsertal / Riezlern	Scharnagl's Alpenhof	
Klettgau	Landgasthof Mange	
Klingenberg am Main	Straubs Restaurant	
Koblenz	Deutscher Kaiser	N
Koblenz	GERHARDS GENUSSGESELLSCHAFT	N
Köln	basilicum	N
Köln	Capricorn [i] Aries Brasserie	
Köln	La poêle d'or - Bistro B	
Köln	Metzger und Marie	N
Köln	Zur Tant - Piccolo	
Köngen	Schwanen	
Köngen	Tafelhaus	
Königsbronn	Widmann's Löwen	
Königsfeld im Schwarzwald	Café Rapp	
Königswinter	Petit Lion - Weinstube Krone	N
Krefeld	Chopelin	
Kreuznach, Bad	Im Kittchen	
Kronach / Stockheim	Landgasthof Detsch	
Kühlungsborn	Tillmann Hahns Gasthaus	N
Künzelsau	Anne-Sophie	
Küps	Werners Restaurant	
Kürten	Zur Mühle	
Lahr	Adler - Gasthaus	
Landau in der Pfalz	Weinkontor Null41	
Lauf an der Pegnitz	Waldgasthof Letten	
Laufenburg (Baden)	Zumkellers Schlössle	
Lauffen am Neckar	Elefanten	
Laumersheim	Zum Weißen Lamm	
Lautenbach (Ortenaukreis)	Sonne	
Lauterbach	schuberts	N
Leimen	Weinstube Jägerlust	
Leinfelden-Echterdingen	Am Park	
Leipzig	Drogerie	N
Lenggries	Schweizer Wirt	
Lindau im Bodensee	Schachener Hof	
Lingen	Ratskeller	N
Lübeck	A-ROSA - Weinwirtschaft	
Lütjenburg / Panker	Forsthaus Hessenstein	
Lütjensee	Fischerklause	
Magdeburg	Bon Apart	N
Magdeburg	Landhaus Hadrys	
Maikammer	Dorf-Chronik	N
Mainz	Geberts Weinstuben	
Mandelbachtal	Gräfinthaler Hof	
Marburg	MARBURGER esszimmer	
March	Jauch's Löwen	N
Marktbergel	Rotes Ross	
Marktbreit	Michels Stern	
Marktheidenfeld	Weinhaus Anker	
Maselheim	Lamm	
Meerbusch	WINELIVE im Lindenhof	
Meerfeld	Zur Post - Poststuben	
Meiningen	Sächsischer Hof - Posthalterei	
Meisenheim	Meisenheimer Hof	
Merseburg	Ritters Weinstuben	N

Meschede	Landhotel Donner
Miltenberg	Jagd Hotel Rose - Kristinas Esszimmer
Mittenwald	Das Marktrestaurant
Mönchengladbach / Korschenbroich	Gasthaus Stappen
Mosbach	Landgasthof zum Ochsen
München	Le Barestovino
München	Le Cézanne **N**
München	Freisinger Hof
München	M Belleville
München	Mangi
München	Neumayr - Johannas
Münsing	Gasthaus Sebastian Limm
Mulfingen	Jagstmühle
Neckargemünd	Zum Rössel
Nenndorf, Bad	August
Nettetal	Sonneck
Neubeuern	Auers Schlosswirtschaft
Neubrandenburg / Groß Nemerow	Bornmühle - Lisette
Neuburg am Inn	Hoftaferne Neuburg
Neuburg an der Donau	Zum Klosterbräu - Gaststube
Neuendorf bei Wilster	Zum Dückerstieg
Neunburg vorm Wald	Landhotel Birkenhof - Turmstube
Neupotz	Gehrlein's Hardtwald
Neupotz	Zum Lamm
Neustadt an der Weinstraße	Grünwedel's Restaurant
Nördlingen	Wirthaus Meyers Keller - Wirtsstube
Notzingen	Die Kelter
Nürnberg	Landgasthof Gentner
Nürnberg	Zirbelstube
Nuthetal	Philippsthal
Oberboihingen	Zur Linde
Oberried	Die Halde
Oberried	Gasthaus Sternen Post
Oberstdorf	Das Jagdhaus
Oberstdorf	Löwen-Wirtschaft
Oberstenfeld	Zum Ochsen
Odenthal	Zur Post - Postschänke
Ötisheim	Sternenschanz
Offenburg	Blume
Osnabrück	Walhalla **N**
Ostrach	Landhotel zum Hirsch
Pappenheim	Zur Sonne
Peterstal-Griesbach, Bad	Kamin- und Bauernstube
Pfinztal	Die Guten Stuben
Pforzheim	Landgasthof Seehaus **N**
Pfronten	Berghotel Schlossanger-Alp
Piding	Lohmayr Stub'n
Pilsach	Landgasthof Meier
Pleinfeld	Landgasthof Siebenkäs
Plochingen	Stumpenhof
Polle	Graf Everstein
Potsdam	Speckers Landhaus
Presseck	Gasthof Berghof - Ursprung
Quedlinburg	Theophano im Palais Salfeldt
Radebeul	Charlotte K.
Radeburg	Gasthof Bärwalde
Radolfzell / Moos	Gottfried
Randersacker	Bären **N**
Ratingen	Christian Penzhorn **N**
Rauhenebrach	Gasthaus Hofmann
Ravensburg	Lumperhof
Regensburg / Donaustauf	Forsters Posthotel - Postillion
Regensburg / Neutraubling	Am See
Reichelsheim	Landhotel Lortz - O de vie
Reichenwalde	Alte Schule
Reil	Reiler Hof - Heim's Restaurant
Remchingen	Zum Hirsch
Remscheid	Concordia - Herzhaft
Remshalden	Weinstube zur Traube
Rengsdorf / Hardert	Corona
Rheda-Wiedenbrück	Reuter - Bistro
Rheine	Beesten
Rietberg	Domschenke
Ringsheim	Heckenrose
Rippoldsau-Schapbach, Bad	Klösterle Hof
Rötz	Resort Die Wutzschleife - Spiegelstube
Rohrdorf	MaximilianS Gut Apfelkam
Rosshaupten	Kaufmann
Rot am See	Landhaus Hohenlohe
Rothenburg o.d. Tauber / Windelsbach	Landhaus Lebert
Rudersberg	Gasthaus Stern
Saalfeld	Anker - Güldene Gans
Saarbrücken	Restaurant Quack in der Villa Weismüller
Saarbrücken	Schlachthof Brasserie
Saarlouis	PASTIS bistro **N**
Salem	Recks
Sankt Ingbert	Die Alte Brauerei
Sankt Märgen	Zum Kreuz **N**
Sankt Michaelisdonn	Landhaus Gardels
Sankt Peter	Zur Sonne
Sankt Wendel	Kunz - Kaminzimmer
Sasbach	Michael Harr
Sasbachwalden	Engel
Sasbachwalden	Talmühle - Badische Stuben
Saulheim	mundart Restaurant

N → Neu → New

Schalkham	Sebastianihof
Scharbeutz	Brechtmanns Botschaft
Scharbeutz	Muschel
Scheeßel	Rauchfang
Schlat	Gasthof Lamm **N**
Schmallenberg	Gasthof Schütte
Schneverdingen	Ramster
Schopfheim	Mühle zu Gersbach
Schorndorf / Winterbach	Landgasthaus Hirsch
Schramberg	Gasthof Hirsch
Schwäbisch Gmünd / Waldstetten	Sonnenhof
Schwäbisch Hall	Landhaus Zum Rössle
Schwaigern	Zum Alten Rentamt
Schwarzach am Main	Schwab's Landgasthof
Schweinfurt	Kings and Queens
Schweinfurt	Kugelmühle **N**
Schwendi	Oberschwäbischer Hof
Seeg / Rückholz	Landhotel Panorama
Serrig	Gasthaus Wagner
Simonswald	Hugenhof
Sobernheim, Bad / Meddersheim	Landgasthof zur Traube
Sommerhausen	Ritter Jörg
Sonnenbühl	Dorfstube
Spalt	Gasthof Blumenthal
Sprockhövel	Eggers
Sprockhövel	Habbel's
Stadthagen / Nienstädt	Sülbecker Krug
Staufen	Kreuz-Post
Steben, Bad / Lichtenberg	Harmonie
Steinen	Zum fröhlichen Landmann
Steinenbronn	Krone
Stühlingen	Gasthaus Schwanen
Stühlingen	Geng's Linde
Stuttgart	Fässle
Stuttgart	Goldener Adler
Stuttgart	Vetter
Stuttgart / Fellbach	Aldinger's
Stuttgart / Fellbach	Gasthaus zum Hirschen
Sulzburg	Landgasthof Rebstock
Sylt / Westerland	Bistro Stadt Hamburg
Tangstedt	Gutsküche
Teisendorf	Gut Edermann - MundArt
Tettnang	Lamm im Kau
Tiefenbronn	Ochsen-Post - Bauernstuben
Todtnau	derWaldfrieden
Tölz, Bad	Jägerwirt
Treis-Karden	Schloss Hotel Petry - Wein- und Schloßstube **N**
Triefenstein	Weinhaus Zum Ritter
Tröstau	Schmankerl Restaurant Bauer
Twist	Landgasthof Backers
Überlingen	Landgasthof zum Adler
Ürzig	Moselschild und Oliver's Restaurant
Urach, Bad	Wilder Mann
Vallendar	Die Traube
Vaterstetten	Gasthof Stangl
Verden (Aller)	Pades Restaurant
Villingendorf	Gasthof Linde
Villingen-Schwenningen	Rindenmühle
Vöhringen	Speisemeisterei Burgthalschenke
Vreden	Büschker's Stuben **N**
Wackersberg	Tölzer Schießstätte **N**
Waging am See	Landhaus Tanner
Waiblingen	Brunnenstuben
Waldshut-Tiengen	Brauerei Walter
Waltrop	Gasthaus Stromberg
Wangen im Allgäu	Adler
Waren (Müritz)	Kleines Meer **N**
Wasserburg am Inn	Herrenhaus
Wasserburg am Inn	Weisses Rössl
Weikersheim	Laurentius - Bistro
Weimar	Anastasia
Weinstadt	Gasthaus Rössle
Weinstadt	Weinstube Muz
Weissenstadt	Gasthaus Egertal - Bistro Prinz-Rupprecht Stube
Wernberg-Köblitz	Landgasthof Burkhard - Kaminstube
Wertheim	Bestenheider Stuben
Wertheim	Stadtpalais Speiselokal
Wertingen	Gänsweid
Wesel	ART
Wesel / Hamminkeln	Carpe diem
Wiesbaden	Chez Mamie **N**
Wiesbaden	Domäne Mechtildshausen
Wiessee, Bad	Freihaus Brenner
Wildberg	Talblick
Wilthen	Erbgericht Tautewalde
Windorf	Feilmeiers Landleben **N**
Worpswede	Kaffee Worpswede
Wremen	Gasthaus Wolters - Zur Börse
Wuppertal	Scarpati - Trattoria
Wustrow	Schimmel's
Zeiskam	Zeiskamer Mühle
Zorneding	Alte Posthalterei
Zweibrücken	Landschloss Fasanerie - Landhaus
Zwingenberg	Kaltwassers Wohnzimmer **N**

N → *Neu* → *New*

Bib Hotel

→ Hier übernachten Sie gut und preiswert

→ *Good accommodation at moderate prices*

Achern	Schwarzwälder Hof
Adelsdorf	Zum Löwenbräu
Adelshofen	Landhaus Zum Falken
Ahaus	Haus im Flör
Albstadt	In der Breite
Aldersbach	Mayerhofer
Alf	Bömer's Mosellandhotel
Alfeld (Leine)	Grüner Wald
Alpirsbach	Rössle
Altenberg	Zum Bären
Altensteig	Hirsch
Arnsberg	Menge
Aschau im Chiemgau	Edeltraud
Auggen	Zur Krone
Baden-Baden	Am Markt
Bautzen	Dom Eck
Bayrischzell	Postgasthof Rote Wand
Beilngries	Die Gams
Bernau im Schwarzwald	Schwarzwaldhaus
Billerbeck	Domschenke
Bispingen	Das kleine Hotel am Park
Bispingen	Heidehotel Rieckmann
Bönnigheim	Adler am Schloss
Boppard	Tannenheim
Brandenburg an der Havel	Havelfloß
Braunlage	Vitalhotel Sonneneck
Bretzenheim	Hintercorti
Brilon	Rech
Buchen (Odenwald)	Reichsadler
Bückeburg	Große Klus
Bühlertal	Bergfriedel
Bürgstadt	Weinhaus Stern
Chemnitz	alexxanders
Clausthal-Zellerfeld	Harzhotel Zum Prinzen
Cloppenburg	Schäfers Hotel
Dahn / Bruchweiler-Bärenbach	Landhaus Felsengarten
Doberan, Bad	Villa Sommer
Dörscheid	Landgasthaus Blücher
Dornum	Fährhaus
Dresden	AMBIENTE
Dresden	Privat
Dürkheim, Bad	An den Salinen
Edenkoben / Rhodt unter Rietburg	Rhodter Adler
Egling	Hanfstingl
Ehekirchen	Strixner Hof
Ellwangen	Klozbücher
Emmendingen	Park-Hotel Krone
Emsdetten	Lindenhof
Erfurt	Villa am Park
Essen	Ruhr-Hotel
Feldberger Seenlandschaft	Alte Schule - Klassenzimmer
Flörsheim-Dalsheim	Weingut und Gästehaus Peth
Floh-Seligenthal	Thüringer Hof
Forchtenberg	Krone
Forst an der Weinstraße	Landhotel Lucashof
Freital / Rabenau	Rabenauer Mühle
Friedberg	Park Ambiente
Fürstenzell	Zur Platte
Gengenbach / Berghaupten	Hirsch
Glottertal	Zum Goldenen Engel
Großschönau	Quirle-Häusl
Hamburg	Ökotel
Hammelburg	Deutsches Haus
Haslach im Kinzigtal	Gasthaus zur Blume
Hauzenberg	Landgasthaus Gidibauer-Hof
Heigenbrücken	Landgasthof Hochspessart
Heilbrunn, Bad	Kilian
Heiligenberg	Hack
Heitersheim	OX Hotel
Hermeskeil / Neuhütten	Le temple
Hersbruck	Grüner Baum

Hersbruck / Kirchensittenbach	Landpension Postwirt
Heßheim	Ellenbergs
Hinterzarten	Gasthaus Engel
Hirschaid	Gasthaus Wurm
Hövelhof	Gasthaus Spieker
Hornberg	Adler
Hügelsheim	Hirsch
Ibbenbüren	Hubertushof
Idar-Oberstein	Berghotel Kristall
Iphofen	Altstadthotel Bausewein
Jena	Zur Noll **N**
Kallstadt	Kallstadter Hof
Kassel	Am Herkules **N**
Kell am See	Fronhof
Kenzingen	Schieble
Kipfenberg	Zur Linde
Kirchberg an der Jagst	Landhotel Kirchberg
Kirchzarten	Sonne
Kißlegg	Ochsen
Klingenthal	Berggasthaus Schöne Aussicht
Königsbronn	Widmann's Löwen
Kronach / Stockheim	Landgasthof Detsch
Krozingen, Bad	Storchen
Lage (Lippe)	Haus Berkenkamp
Landsberg am Lech	Landhotel Endhart
Langenargen	Im Winkel
Langenau	Zum Bad
Lauffen am Neckar	Gästehaus Kraft
Liebenzell, Bad	Koch
Lüchow	Am Glockenturm
Maintal	Irmchen
Malente-Gremsmühlen, Bad	See-Villa
Marktbergel	Rotes Ross
Meppen	von Euch **N**
Mergentheim, Bad	Gästehaus Birgit
Meschede	Landhotel Donner
Meyenburg	Germania Hotel am Schlosspark
Mülheim (Mosel)	Domizil Schiffmann
München	Lutter
Neuendettelsau	Sonne
Neuendorf bei Wilster	Zum Dückerstieg
Neumarkt in der Oberpfalz	Mehl
Neupotz	Gehrlein's Hardtwald
Neustadt an der Weinstraße	Netts Restaurant und Landhaus
Neustrelitz	Schlossgarten
Nidderau	Alte Bäckerei
Nittel	Culinarium
Nordhorn	Am Stadtring
Nottuln	Gasthaus Stevertal **N**
Oberaula	Zum Stern
Oberheimbach	Weinberg-Schlösschen
Oberried	Gasthaus Sternen Post
Oberwesel	Weinhaus Weiler
Offenbach	Graf
Ostrach	Landhotel zum Hirsch
Pappenheim	Zur Sonne
Pasewalk	Villa Knobelsdorff
Passau	Passauer Wolf
Penzberg	Hoisl-Bräu
Petershagen-Eggersdorf	Landgasthof zum Mühlenteich
Planegg	Asemann Planegg
Plön	Landhaus Hohe Buchen
Pottenstein	Schwan
Pritzwalk	Waldhotel Forsthaus Hainholz
Ramsau	Nutzkaser
Randersacker	Bären
Reichenhall, Bad	Erika
Riethnordhausen	Landvogt
Rimsting	Landhotel beim Has'n
Roßbach	Zur Post **N**
Rostock / Sievershagen	Atrium Hotel Krüger
Rot am See	Landhaus Hohenlohe
Rothenburg o.d. Tauber	Gerberhaus
Rothenburg o.d. Tauber	Hornburg
Rothenburg o.d. Tauber / Steinsfeld	Landwehrbräu
Rügen / Baabe	Villa Granitz
Rügen / Göhren	Inselhotel
Saarbrücken	Bayrischer Hof
Salzgitter	Golfhotel
Sankt Peter	Jägerhaus
Schenkenzell	Waldblick
Schiltach	Zum weyßen Rössle
Schleswig	Hahn
Schmallenberg	Schäferhof
Schmiedefeld am Rennsteig	Gastinger **N**
Schönau am Königssee	Georgenhof
Schopfheim	Mühle zu Gersbach
Schorndorf	Gruber
Seiffen	Seiffener Hof
Siegen	Pfeffermühle
Sigmaringen / Scheer	Donaublick
Spalt	Zum Schnapsbrenner
Spiegelau	Panoramahotel Grobauer **N**
Stadecken-Elsheim	Gästehaus Hochmann **N**
Steinen	Zum fröhlichen Landmann
Steinhagen	Ententurm
Stühlingen	Gasthaus Schwanen
Sülzetal	Landhotel Schwarzer Adler
Tauberbischofsheim	Das kleine Amtshotel

N → *Neu* → *New*

Taufkirchen (Vils)	Am Hof
Todtnau	derWaldfrieden
Tölz, Bad	Lindenhof
Trostberg	Auf Wolke 8
Überlingen	Landgasthof zum Adler
Vaihingen an der Enz	Lamm Rosswag
Villingen-Schwenningen	Rindenmühle
Vreden	Am Kring **N**
Waldkirch	Zum Storchen **N**
Wangerland	Bendiks
Wardenburg	Wardenburger Hof
Wartenberg-Rohrbach	Mühle am Schlossberg
Wasserburg am Bodensee	Walserhof

Wehr	Landgasthof Sonne
Weimar	Villa Hentzel
Weinheim an der Bergstraße	Goldener Pflug
Weißenfels	Parkhotel Güldene Berge
Werdau	In der Mühle
Wernigerode	Am Anger
Wernigerode	Johannishof
Wertheim / Kreuzwertheim	Herrnwiesen
Westerstede	Altes Stadthaus
Wilthen	Erbgericht Tautewalde
Windsheim, Bad	Zum Storchen
Wingerode	Keppler's Ecke
Wurzach, Bad	Adler

Charme und Atmosphäre:
die angenehmsten Restaurants

→ *Particularly pleasant restaurants*

Berlin	Lorenz Adlon Esszimmer
Hamburg	Haerlin

Aschau im Chiemgau	Restaurant Heinz Winkler
Baden-Baden	Brenners Park-Restaurant
Baiersbronn	Restaurant Bareiss
Baiersbronn	Schwarzwaldstube
Bergisch Gladbach	Vendôme
Berlin	Les Solistes by Pierre Gagnaire
Hamburg	Jacobs Restaurant
Hamburg	Süllberg - Seven Seas
Lübeck	Buddenbrooks
München	Tantris
Osnabrück	La Vie
Perl	Victor's Fine Dining by christian bau
Rottach-Egern	Restaurant Überfahrt Christian Jürgens
Wittlich / Dreis	Waldhotel Sonnora
Wolfsburg	Aqua

Aerzen	Gourmet Restaurant im Schlosshotel Münchhausen
Berchtesgaden	LE CIEL
Berlin	FACIL
Bonn	Halbedel's Gasthaus
Celle	Endtenfang
Cuxhaven	Sterneck
Dresden	Caroussel
Durbach	Wilder Ritter
Essen	Résidence
Frankfurt am Main	Lafleur
Glücksburg	Meierei Dirk Luther
Griesbach, Bad	Il Giardino
Hamburg	The Table Kevin Fehling
Heidelberg	Le Gourmet
Heinsberg	Burgstuben Residenz - St. Jacques
Hohen Demzin	Wappen-Saal
Kleinwalsertal / Hirschegg	Kilian Stuba
Königstein im Taunus	Villa Rothschild Kempinski
Konstanz	Ophelia
Krün	Luce d'Oro
Leipzig	Falco
Lindau im Bodensee	Villino
Mannheim	Opus V
Meersburg	Casala

München	Atelier
München	Dallmayr
München	EssZimmer
Neuenahr-Ahrweiler, Bad	Steinheuers Restaurant Zur Alten Post
Neunburg vorm Wald	Obendorfer's Eisvogel
Öhringen / Friedrichsruhe	Wald und Schlosshotel Friedrichsruhe - Gourmet-Restaurant
Peterstal-Griesbach, Bad	Le Pavillon
Piesport	schanz. restaurant
Saarbrücken	GästeHaus Klaus Erfort
Salach	Burgrestaurant Staufeneck
Sankt Wendel	Kunz
Sobernheim, Bad	Jungborn
Sonthofen / Ofterschwang	Silberdistel
Stromberg	Le Val d'Or
Sylt / Munkmarsch	Fährhaus
Sylt / Rantum	Söl'ring Hof
Sylt / Tinnum	BODENDORF'S
Tegernsee	Schwingshackl ESSKULTUR
Trittenheim / Naurath	Rüssel's Landhaus
Vogtsburg	Schwarzer Adler

Aachen	Sankt Benedikt
Aerzen	Schlosskeller
Amöneburg	Dombäcker
Amorbach	Der Schafhof - Abt- und Schäferstube
Aschaffenburg / Johannesberg	Auberge de Temple - Helbigs
Aying	Brauereigasthof Aying - August und Maria
Badenweiler	Schwarzmatt
Baiersbronn	Andrea-Stube
Balduinstein	Landhotel Zum Bären - Bibliothek
Barmstedt	Lay's Loft
Bayreuth	Goldener Anker
Bellheim / Knittelsheim	Steverding's Isenhof
Bentheim, Bad	Keilings Restaurant
Berlin	reinstoff
Berlin	SRA BUA by Tim Raue
Berlin	Tim Raue
Bielefeld	Tomatissimo
Bienenbüttel	GUT Evening
Bietigheim-Bissingen	Friedrich von Schiller
Bogen / Niederwinkling	Landgasthof Buchner
Bonn	Yunico
Bottrop	Bahnhof Nord
Bretzfeld	Landhaus Rössle
Burbach	Fiester-Hannes
Burgwedel	Ole Deele
Celle	Köllner's Landhaus
Deidesheim	L.A. Jordan
Dießen am Ammersee	Seehaus
Dorsten	Goldener Anker
Dorsten	Rosin
Dresden	bean and beluga
Dresden	Elements
Düsseldorf	Tafelspitz 1876
Eggenstein-Leopoldshafen	Zum Löwen
Endingen am Kaiserstuhl	Merkles Restaurant
Essen	Schote
Euskirchen	Bembergs Häuschen
Fehmarn (Insel) / Burg	Margaretenhof
Föhr / Wyk	Alt Wyk
Frankenberg (Eder)	Philipp Soldan
Frankfurt am Main	Sra Bua by Juan Amador
Freinsheim	Freinsheimer Hof
Freyung	Landgasthaus Schuster
Fridingen an der Donau	Landhaus Donautal
Garmisch-Partenkirchen	Husar
Glinde	San Lorenzo
Göttingen	Gauß am Theater
Großkarlbach	Gebrüder Meurer
Groß-Umstadt	Farmerhaus
Grünstadt / Neuleiningen	Alte Pfarrey
Grünstadt / Neuleiningen	H'manns
Gummersbach	Die Mühlenhelle
Häusern	Adler
Halle	Immergrün
Hannover	Titus
Heidesheim am Rhein	Gourmetrestaurant Dirk Maus
Herrsching am Ammersee	Chalet am Kiental
Herxheim	Pfälzer Stube
Ilsenburg	Forellenstube
Kappelrodeck	Zum Rebstock
Karlsruhe	Künstlerkneipe
Kassel	Park Schönfeld
Kehl	Grieshaber's Rebstock
Kernen im Remstal	Malathounis
Kirchdorf (Krs. Mühldorf)	Christian's Restaurant - Gasthof Grainer
Kirschau	Juwel
Kissingen, Bad	Laudensacks Gourmet Restaurant
Kleinwalsertal / Riezlern	Humbachstube im Alpenhof Jäger
Köln	taku
Königstein im Taunus	Landgut Falkenstein

Krakow am See Ich weiß ein Haus am See
Kreuznach, Bad Im Gütchen
Lahr Adler
Landshut Fürstenzimmer und Herzogstüberl
Langenau / Rammingen Landgasthof Adler
Leimen oben
Leipzig Stadtpfeiffer
Lich Zum Heiligen Stein
Lübeck Holstein's
Lütjenburg / Panker Restaurant 1797
Mainz Buchholz
Meerbusch Landhaus Mönchenwerth
München Geisels Werneckhof
München Käfer Schänke
Münster Villa Medici
Mulfingen Amtskeller
Neuenahr-Ahrweiler, Bad Steinheuers Landgasthof Poststuben
Neuss Herzog von Burgund
Neu Ulm Stephans-Stuben
Nonnweiler Landgasthof Paulus
Nordenham Landhaus Tettens
Norderney Seesteg
Nürnberg Gasthaus Rottner
Oberstdorf Maximilians Restaurant - Landhaus Freiberg
Peterstal-Griesbach, Bad Kamin- und Bauernstube
Pfinztal Die Guten Stuben
Radebeul Atelier Sanssouci
Ratshausen Adler
Regensburg storstad
Rosenberg Landgasthof Adler
Rügen / Göhren Knoblochs Kräuterküche - Villa mit Sonnenhof
Rügen / Sehlen Gutshaus Kubbelkow
Saarow, Bad Villa Contessa
Schönwald Dorer
Schramberg Gasthof Hirsch
Schriesheim Strahlenberger Hof
Selzen Kaupers Restaurant im Kapellenhof
Simonswald Hugenhof
Sobernheim, Bad Hermannshof
Sommerhausen Philipp
Sonnenbühl Hirsch
Stolpe Gutshaus Stolpe
Stuttgart Délice
Stuttgart Kern's Pastetchen
Stuttgart / Fellbach Gourmet Restaurant avui
Sylt / Keitum KÖKKEN
Sylt / Kampen Rauchfang
Sylt / Tinnum SIEBZEHN84
Tegernsee Leeberghof
Tiefenbronn Ochsen-Post - Bauernstuben
Trittenheim Wein- und Tafelhaus
Tübingen Refugiola Casa
Tübingen Schranners Waldhorn
Vaihingen an der Enz Lamm Rosswag
Velbert Haus Stemberg
Vogtsburg Steinbuck Stube
Wangen im Allgäu Adler
Weikersheim Laurentius
Wermelskirchen Landhaus Spatzenhof
Winterberg Berghotel Astenkrone
Würselen Alte Feuerwache - Podobnik's Gourmet Restaurant
Würzburg REISERS am Stein
Zweibrücken ESSLIBRIS

Baiersbronn Bareiss - Dorfstuben
Baiersbronn Forsthaus Auerhahn
Barmstedt Lay's Bistro
Berchtesgaden Lockstein 1
Berlin Bieberbau
Berlin Brasserie Lamazère
Berlin Horváth
Berlin Rutz
Berlin La Soupe Populaire - Tim Raue
Bonn Bistro Remise
Bonndorf Sommerau
Düsseldorf Andrejs Oyster Bar
Düsseldorf Dorfstube
Düsseldorf Fehrenbach
Düsseldorf Lido
Eltville am Rhein Adler Wirtschaft
Feuchtwangen Greifen-Post
Flonheim Weinwirtschaft Espenhof
Flonheim Zum Goldenen Engel
Forchheim Zöllner's Weinstube
Frankfurt am Main Ernos Bistro
Frankfurt am Main Gustav
Frankfurt am Main SEVEN SWANS
Frankfurt am Main Weinsinn
Freiburg im Breisgau Wolfshöhle
Glonn Wirtshaus zum Schweinsbräu
Hamburg Clouds - Heaven's Restaurant und Bar
Hamburg Weinwirtschaft Kleines Jacob
Heidelberg Mensurstube
Heidesheim am Rhein Landgasthaus Sandhof
Heßdorf Wirtschaft von Johann Gerner
Hofheim am Taunus Die Scheuer

Horben Gasthaus zum Raben
Ilbesheim bei Landau in der Pfalz Hubertushof
Jagsthausen Schlosshotel Götzenburg - Götzenstube
Kandern Pfaffenkeller
Karlsruhe Anders auf dem Turmberg
Kempfeld / Asbacherhütte Harfenmühle
Kirchzarten Schlegelhof
Kobern-Gondorf Alte Mühle Thomas Höreth
Köln Haus Töller
Köln Le Moissonnier
Kressbronn Meersalz
Ladenburg Backmulde
Lautenbach (Ortenaukreis) Sonne
Lörrach Burgschenke Rötteln
Müllheim Ochsen
München Acetaia
München Vinaiolo
Münster Spitzner im Oer'schen Hof
Neustadt an der Weinstraße Netts Restaurant und Landhaus
Neustadt an der Weinstraße Spinne
Penzberg Troadstadl
Pilsach Landgasthof Meier
Pleiskirchen Huberwirt
Pliezhausen Landgasthaus zur Linde
Potsdam Juliette
Pullach Alte Brennerei
Quedlinburg Weinstube
Rottach-Egern Fährhütte 14
Säckingen, Bad Freigeist
Sankt Wendel Kunz - Kaminzimmer
Schalkham Sebastianihof
Scharbeutz Brechtmanns Botschaft
Sonnenbühl Dorfstube
Stühlingen Gasthaus Schwanen
Stuttgart Der Zauberlehrling
Sulzburg La Maison Eric
Sylt / Munkmarsch Käpt'n Selmer Stube
Sylt / Rantum Sansibar
Tettnang Lamm im Kau
Trittenheim Weinstube Stefan-Andres
Veldenz Rittersturz
Vogtsburg KellerWirtschaft
Weinstadt Weinstube Muz
Windorf Feilmeiers Landleben

Die angenehmsten Hotels

Hotels mit besonderem Charme

→ *Particularly pleasant hotels*

Baden-Baden	Brenners Park-Hotel und Spa
Bergisch Gladbach	Althoff Grandhotel Schloss Bensberg
Berlin	Adlon Kempinski
Berlin	Regent
Berlin	The Ritz-Carlton
Berlin	Waldorf Astoria
Düsseldorf	Breidenbacher Hof
Hamburg	Fairmont Hotel Vier Jahreszeiten
München	Mandarin Oriental
Sonthofen / Ofterschwang	Sonnenalp Resort

Aerzen	Schlosshotel Münchhausen
Baden-Baden	Belle Epoque
Baiersbronn	Bareiss
Baiersbronn	Traube Tonbach
Berchtesgaden	Kempinski Hotel Berchtesgaden
Burg (Spreewald)	Bleiche Resort und Spa
Dresden	Bülow Palais
Essen	Schloss Hugenpoet
Frankfurt am Main	Hessischer Hof
Frankfurt am Main	Kempinski Hotel Gravenbruch
Freiburg im Breisgau	Colombi Hotel
Hamburg	Louis C. Jacob
Kirschau	Bei Schumann
Kleinwalsertal / Hirschegg	Travel Charme Ifen Hotel
Königstein im Taunus	Falkenstein Grand Kempinski
Krün	Schloss Elmau
Krün	Schloss Elmau Retreat
Lübeck	A-ROSA
München	Königshof
Öhringen / Friedrichsruhe	Wald und Schlosshotel Friedrichsruhe
Peterstal-Griesbach, Bad	Dollenberg
Rottach-Egern	Park-Hotel Egerner Höfe
Sylt / Hörnum	BUDERSAND Hotel - Golf und Spa
Sylt / Keitum	Severin's
Sylt / List	A-ROSA
Wangels	Weissenhaus Grand Village Resort und & Spa am Meer
Wolfsburg	The Ritz-Carlton

Aschau im Chiemgau	Residenz Heinz Winkler
Badenweiler	Schwarzmatt
Baiersbronn	Engel Obertal
Berlin	Am Steinplatz
Berlin	Das Stue
Berlin	Zoo Berlin
Braunlage	Residenz Hohenzollern
Celle	Althoff Hotel Fürstenhof
Cuxhaven	Badhotel Sternhagen
Deidesheim	Deidesheimer Hof
Deidesheim	Ketschauer Hof
Dierhagen	Strandhotel Dünenmeer
Dresden	Bülow Residenz
Dresden	Suitess
Dresden	Swissôtel Am Schloss
Durbach	Ritter
Fichtenau	Vitalhotel Meiser
Frankfurt am Main	Roomers
Freiamt	Ludinmühle
Geisenheim	Burg Schwarzenstein
Glücksburg	Alter Meierhof Vitalhotel
Häusern	Adler
Hammelburg / Wartmannsroth	Neumühle
Heidelberg	Die Hirschgasse
Heidelberg	Heidelberg Suites
Herleshausen	Hohenhaus
Herxheim	Krone
Hinterzarten	Erfurths Bergfried
Hinterzarten	Kesslermühle
Hinterzarten	Reppert
Hörstel	Parkhotel Surenburg
Hornbach	Kloster Hornbach
Hornbach	Lösch für Freunde
Ilsenburg	Landhaus Zu den Rothen Forellen
Isselburg	Parkhotel Wasserburg Anholt
Juist	Achterdiek
Königstein im Taunus	Villa Rothschild Kempinski
Kötzting, Bad	Bayerwaldhof
Konstanz	RIVA
Krün	Das Kranzbach
Laasphe, Bad	Jagdhof Glashütte
Lindau im Bodensee	Villino
Lübeck	COLUMBIA
Madlitz-Wilmersdorf	Gut Klostermühle
Mülheim an der Ruhr	Villa am Ruhrufer
Mülheim (Mosel)	Weinromantikhotel Richtershof
München	Derag Livinghotel
München	Palace
Münster	Hof zur Linde
Neuenahr-Ahrweiler, Bad	Sanct Peter
Neuhardenberg	Schloss Neuhardenberg
Nörten-Hardenberg	Hardenberg BurgHotel
Oberammergau	Maximilian
Oberstdorf	Exquisit
Oberstdorf	Parkhotel Frank
Pfinztal	Villa Hammerschmiede
Pfronten	Berghotel Schlossanger-Alp
Potsdam	Bayrisches Haus
Rotenburg (Wümme)	Landhaus Wachtelhof
Rothenburg o.d. Tauber	herrnschlösschen
Rügen / Binz	CERÊS
Rügen / Sellin	ROEWERS Privathotel
Sachsa, Bad	Romantischer Winkel
Sobernheim, Bad	BollAnt's - SPA im Park
Stolpe	Gutshaus Stolpe
Stralsund	Scheelehof
Stromberg	Johann Lafer's Stromburg
Stuttgart	Althoff Hotel am Schlossgarten
Sylt / Keitum	Benen-Diken-Hof
Sylt / Munkmarsch	Fährhaus
Sylt / Rantum	Söl'ring Hof
Sylt / Tinnum	Landhaus Stricker
Sylt / Westerland	Stadt Hamburg
Titisee-Neustadt	Treschers Schwarzwaldhotel
Wernberg-Köblitz	Burg Wernberg
Wernigerode	Travel Charme Gothisches Haus
Winden	Elztalhotel
Winterberg	Berghotel Astenkrone
Wörishofen, Bad	Fontenay
Wuppertal	Park Villa
Zingst	Meerlust
Zweibrücken	Landschloss Fasanerie

Ahrenshoop	Künstlerquartier Seezeichen
Amorbach	Der Schafhof
Aschaffenburg / Johannesberg	Auberge de Temple
Aurich	Hochzeitshaus
Aying	Brauereigasthof Aying
Bacharach	Landhaus Delle
Baden-Baden	Der Kleine Prinz
Baiersbronn	Forsthaus Auerhahn
Balduinstein	Landhotel Zum Bären

Bamberg	Villa Geyerswörth
Bayreuth	Goldener Anker
Bederkesa, Bad	Bösehof
Bendestorf	Landhaus Meinsbur
Benz	Schloss Gamehl
Bergisch Gladbach	Malerwinkel
Berleburg, Bad	Alte Schule
Berlin	The Dude
Bienenbüttel	GUT Bardenhagen
Birnbach, Bad	Hofgut Hafnerleiten
Blankenburg	Viktoria Luise
Bonn	Villa Godesberg
Bruchhausen-Vilsen	Forsthaus Heiligenberg
Coburg	Stadtvilla
Crimmitschau	Villa Vier Jahreszeiten
Dahlem	Schlosshotel Burghaus Kronenburg
Detmold	Detmolder Hof
Dettighofen	Hofgut Albführen
Dresden	Villa Weißer Hirsch
Durbach	Rebstock
Eisenach	Auf der Wartburg
Endingen am Kaiserstuhl	Zollhaus
Feuchtwangen	Greifen-Post
Frankenberg (Eder)	Die Sonne Frankenberg
Frankfurt am Main	25hours by Levi's
Frankfurt am Main	25hours Hotel The Goldman
Freising / Hallbergmoos	Daniels
Füssen	Sommer
Garmisch-Partenkirchen	Staudacherhof
Gengenbach	Die Reichsstadt
Gernsbach	Schloss Eberstein
Gießen	heyligenstaedt
Gleisweiler	Landhotel Herrenhaus Barthélemy
Gotha	Landhaus und Burg Hotel Romantik
Groß-Umstadt	Farmerhaus Lodge
Grünstadt / Neuleiningen	Alte Pfarrey
Güstrow	Kurhaus am Inselsee
Gummersbach	Die Mühlenhelle
Hagnau	Burgunderhof
Hagnau	Villa am See
Hamburg	Eilenau
Hamburg	Strandhotel
Hartenstein	Jagdhaus Waldidyll
Heidelberg	Arthotel
Hochheim am Main	Zielonka
Iphofen	Zehntkeller
Kaiserslautern	Zollamt
Kallstadt	Weinhaus Henninger
Kehl	Grieshaber's Rebstock
Kirchzarten	Schlegelhof
Kissingen, Bad	Laudensacks Parkhotel
Köln	THE QVEST hideaway
Kressbronn	Boutique-Hotel Friesinger
Langenlonsheim	Jugendstil-Hof
Langeoog	Kolb
Lohmar	Schloss Auel
Lübeck	Anno 1216
Lütjenburg / Panker	Ole Liese
Magdeburg	Residenz Joop
Malchow	Rosendomizil
Mannheim	Speicher 7
Meersburg	Residenz am See
Meersburg	Villa Seeschau
Mönchengladbach	Palace St. George
Nachrodt-Wiblingwerde	Schloss Hotel Holzrichter
Neuburg an der Donau	Zum Klosterbräu
Norderney	Seesteg
Nürnberg	Drei Raben
Nürnberg	Rottner
Oberried	Die Halde
Oberstaufen	Alpenkönig
Oberstdorf	Löwen und Strauss
Oberwesel	Burghotel Auf Schönburg
Oy-Mittelberg	Die Mittelburg
Pfronten	Burghotel auf dem Falkenstein
Pullach	Seitner Hof
Quedlinburg	Hotel Am Brühl
Radebeul	Villa Sorgenfrei
Radolfzell	Art Villa am See
Ratekau	Landhaus Töpferhof
Regensburg	Orphée Großes Haus
Reichenhall, Bad	Haus Seeblick
Reit im Winkl	Gut Steinbach
Rothenburg o.d. Tauber	Villa Mittermeier
Rottach-Egern / Kreuth	Villa Sonnwend
Rügen / Binz	niXe
Saarow, Bad	Palais am See
Saarow, Bad	Villa Contessa
Sankt Englmar	Berghotel Maibrunn
Sankt Englmar	Gut Schmelmerhof
Sankt Ingbert	Villa Almarin
Sankt Peter-Ording	Landhaus an de Dün
Schluchsee	Hegers Parkhotel Flora
Schönwald	Zum Ochsen
Schriesheim	Kaiser
Sonnenbühl	Hirsch
Speyer	Residenz am Königsplatz
Stuttgart	Der Zauberlehrling
Sylt / Keitum	Aarnhoog
Sylt / List	Strand am Königshafen
Sylt / Rantum	Alte Strandvogtei
Sylt / Kampen	Village
Taunusstein	Légère
Tegernsee	Leeberghof
Thannhausen	Schreiegg's Post
Trier	BECKER'S Hotel
Trier	Villa Hügel
Trittenheim / Naurath	Rüssel's Landhaus
Tübingen	Hospederia La Casa
Uhldingen-Mühlhofen	Landhotel Fischerhaus

Usedom / Heringsdorf	Strandhotel Ostseeblick
Warendorf	Mersch
Weikersheim	Laurentius
Wermelskirchen	Landhaus Spatzenhof
Wiesbaden	De France
Wiessee, Bad	Landhaus Marinella
Wörishofen, Bad	Edelweiß
Wolfsburg	einschlaf

Adelshofen	Landhaus Zum Falken
Bonn	Venusberghotel
Bonndorf	Sommerau
Boppard	Park Hotel
Ehningen	Landhotel Alte Mühle
Eltville am Rhein	Eltvinum
Erkrath	Wahnenmühle
Felsberg	Zum Rosenhof
Frankenau	Landhaus Bärenmühle
Freiburg im Breisgau	The Alex Hotel
Hamburg	Mittelweg
Heidelberg	Astoria
Heidelberg	Das Lamm
Heidelberg	Weißer Bock
Holzdorf	Rosenduft und Kochlust
Horbruch	Historische Schlossmühle
Husum	Thomas Hotel
Kandern	Pfaffenkeller
Kitzingen / Sulzfeld am Main	Vinotel Augustin
Kleinwalsertal / Hirschegg	Sonnenberg
Köln	Humboldt1
Kressbronn	Pension am Bodensee
Kronach	Die Kronacher Stadthotels
Landshut	Fürstenhof
Lindau im Bodensee	Am Rehberg
Lüdinghausen	Hotel No. 11
Michendorf	Gasthof Zur Linde
Neukloster / Nakenstorf	Seehotel am Neuklostersee
Norderney	Haus Norderney
Regensburg	Landhaus Andreasstadel
Rendsburg	1690
Rheine	Zum Alten Brunnen
Schleswig	Hahn
Schönwald	Dorer
Sittensen / Groß Meckelsen	Zur Kloster-Mühle
Wackersberg	Benediktenhof
Waldenburg	Villa Blum
Weil am Rhein	Gasthaus Krone
Wiesbaden	Klemm

Wellness-Hotels

→ *Extensive facility for relaxation & well-being*

Aachen	Pullman Quellenhof
Aerzen	Schlosshotel Münchhausen
Ahrenshoop	THE GRAND Ahrenshoop
Aschaffenburg / Sailauf	Kurfürstliches Schlosshotel Weyberhöfe
Baden-Baden	Brenners Park-Hotel und Spa
Baden-Baden	Dorint Maison Messmer
Baiersbronn	Bareiss
Baiersbronn	Engel Obertal
Baiersbronn	Forsthaus Auerhahn
Baiersbronn	Heselbacher Hof
Baiersbronn	Lamm
Baiersbronn	Sackmann
Baiersbronn	Nationalpark-Hotel Schliffkopf
Baiersbronn	Sonne
Baiersbronn	Tanne
Baiersbronn	Traube Tonbach
Bayersoien, Bad	Parkhotel am Soier See
Bederkesa, Bad	Bösehof
Berchtesgaden	Kempinski Hotel Berchtesgaden
Berchtesgaden	Neuhäusl
Bergisch Gladbach	Althoff Grandhotel Schloss Bensberg
Berlin	Adlon Kempinski
Berlin	centrovital
Berlin	Grand Hyatt Berlin
Berlin	InterContinental
Berlin	The Mandala
Berlin	Palace
Berlin	Das Stue
Berlin	Waldorf Astoria
Berlin	The Westin Grand
Bernkastel-Kues	Zum Kurfürsten
Bernried	Bernrieder Hof
Bernried	Reblinger Hof
Bertrich, Bad	Häcker's Fürstenhof
Biberach an der Riß	Parkhotel Jordanbad
Billerbeck	Weissenburg
Birnbach, Bad	Sonnengut
Birnbach, Bad	Vitalhotel
Bischofswiesen	Reissenlehen
Blankenhain	Lindner Spa und Golf Hotel Weimarer Land
Bodenmais	Bayerwaldhotel Hofbräuhaus
Bodenmais	Bodenmaiser Hof
Bodenmais	Böhmhof
Bodenmais	Hammerhof Aktiv- und Wohlfühlhotel
Bodenmais	Mooshof Wellness und SPA Resort

Bodenmais	Neue Post
Bodman	Seehotel Adler
Boltenhagen	Iberotel
Bonn	Kameha Grand
Bonndorf	Möhringers Schwarzwaldhotel
Bremen	Dorint Park Hotel
Burg (Spreewald)	Bleiche Resort und Spa
Cham	Randsberger Hof
Chieming	Gut Ising
Cochem	Keßler-Meyer
Cuxhaven	Badhotel Sternhagen
Cuxhaven	Strandhotel Duhnen
Cuxhaven	Strandperle
Dahn	Pfalzblick
Datteln	Jammertal-Resort
Daun	Kurfürstliches Amtshaus Dauner Burg
Daun	Panorama
Daun / Schalkenmehren	Michels Landidyll
Deggenhausertal	Mohren
Deidesheim	Kaisergarten Hotel und Spa
Delbrück	Waldkrug
Dierhagen	Strandhotel Dünenmeer
Dierhagen	Strandhotel Fischland
Dinklage	Vila Vita Burghotel
Ditzenbach, Bad	Kurhotel Sanct Bernhard
Doberan, Bad	Grand Hotel Heiligendamm
Donaueschingen	Öschberghof
Dortmund	l'Arrivée
Dresden	Swissôtel Am Schloss
Driburg, Bad	Gräflicher Park
Dürkheim, Bad	Gartenhotel Heusser
Dürkheim, Bad	Kurpark-Hotel
Durbach	Ritter
Eisenschmitt	Molitors Mühle
Ems, Bad	Häcker's Grand Hotel
Enzklösterle	Enztalhotel
Ettlingen	Erbprinz
Euskirchen	Ameron Parkhotel
Feldberg im Schwarzwald	Schlehdorn
Fichtenau	Vitalhotel Meiser
Fischen i. A.	Sonnenbichl Hotel am Rotfischbach
Fischen i. A.	Tanneck
Frankenberg (Eder)	Die Sonne Frankenberg
Frankfurt am Main	Lindner Hotel und Residence Main Plaza
Frankfurt am Main	Steigenberger Frankfurter Hof
Frankfurt am Main	Villa Kennedy
Frankfurt am Main	The Westin Grand
Frauenau	St. Florian
Freiamt	Ludinmühle
Freiburg im Breisgau	Colombi Hotel
Freudenstadt	Grüner Wald
Freudenstadt	Langenwaldsee
Freudenstadt	Lauterbad
Friedewald	Göbels Schlosshotel Prinz von Hessen
Friedrichroda	Ramada
Friedrichshafen	Krone
Friedrichshafen	Traube am See

Füssen	Sommer
Füssing, Bad	MÜHLBACH
Füssing, Bad	Holzapfel Hotels
Füssing, Bad	Parkhotel
Fulda	ESPERANTO
Gaienhofen	Höri am Bodensee
Garmisch-Partenkirchen	Staudacherhof
Geldern	See Park Janssen
Glücksburg	Alter Meierhof Vitalhotel
Göhren-Lebbin	Iberotel Fleesensee
Göhren-Lebbin	Schloss Fleesensee
Göttingen	Freizeit In
Graal-Müritz	IFA
Grafenwiesen	Birkenhof
Griesbach, Bad	COLUMBIA
Griesbach, Bad	Das Ludwig
Griesbach, Bad	Fürstenhof
Griesbach, Bad	Maximilian
Griesbach, Bad	Parkhotel
Grönenbach, Bad	allgäu resort
Häusern	Adler
Halberstadt	Villa Heine
Halle in Westfalen	Gerry Weber Sportpark Hotel
Hallenberg	Diedrich
Hamburg	Europäischer Hof
Hamburg	Fairmont Hotel Vier Jahreszeiten
Hamburg	Grand Elysée
Hamburg	Park Hyatt
Hamburg	Sofitel Alter Wall
Hamburg	Steigenberger
Hammelburg	Neumühle
Hannover	Crowne Plaza
Hanstedt	Sellhorn
Harsewinkel	Residence Klosterpforte
Heimbuchenthal	Lamm
Hindelang, Bad	Lanig
Hindelang, Bad	Panorama Hotel Oberjoch
Hinterzarten	Erfurths Bergfried
Hinterzarten	Kesslermühle
Hinterzarten	Parkhotel Adler
Hinterzarten	Reppert
Hinterzarten	Thomahof
Höchenschwand	Alpenblick
Höchenschwand	Nägele
Höhr-Grenzhausen	Heinz
Höhr-Grenzhausen	Zugbrücke
Hörstel	Parkhotel Surenburg
Hohenstein	Hofgut Georgenthal
Husum	Altes Gymnasium
Husum	Thomas Hotel
Illschwang	Weißes Roß
Ilsenburg	Landhaus Zu den Rothen Forellen
Juist	Achterdiek
Juist	Pabst
Juist	Strandhotel Kurhaus Juist
Kirschau	Bei Schumann
Kissingen, Bad	Frankenland

Kissingen, Bad	Laudensacks Parkhotel
Kissingen, Bad	Residence von Dapper
Kleinwalsertal / Hirschegg	Birkenhöhe
Kleinwalsertal / Hirschegg	Naturhotel Chesa Valisa
Kleinwalsertal / Hirschegg	Travel Charme Ifen Hotel
Kleinwalsertal / Hirschegg	Walserhof
Kleinwalsertal / Mittelberg	Haller's Genuss und Spa Hotel
Kleinwalsertal / Mittelberg	IFA-Hotel Alpenhof Wildental
Kleinwalsertal / Mittelberg	Leitner
Köln	Savoy
Königstein im Taunus	Falkenstein Grand Kempinski
Kötzting	Bayerwaldhof
Kohlgrub, Bad	Das Johannesbad
Kohlgrub, Bad	Schillingshof
Konstanz	RIVA
Kremmen	Sommerfeld
Krün	Das Kranzbach
Krün	Schloss Elmau
Krün	Schloss Elmau Retreat
Kühlungsborn	Strandblick
Kühlungsborn	Travel Charme Ostseehotel
Laasphe, Bad	Landhotel Doerr
Lam	Sonnenhof
Langenburg	Mawell Resort
Langweiler	Kloster Marienhöh
Lauterberg, Bad	Revita
Lenzkirch	Saigerhöh
Lindau im Bodensee	Helvetia
Lindau im Bodensee	Villino
Lippspringe, Bad	Park Hotel
Lübeck	A-ROSA
Lübeck	COLUMBIA
Madlitz-Wilmersdorf	Gut Klostermühle
Mainz	Hyatt Regency
Malente-Gremsmühlen, Bad	Weisser Hof
Marburg	VILA VITA Hotel Rosenpark
Mellrichstadt	BIO Hotel Sturm
Mülheim (Mosel)	Landhaus Schiffmann
München	Bayerischer Hof
München	The Charles
München	Le Méridien
München	Sofitel Munich Bayerpost
München	The Westin Grand
Münster	Kaiserhof
Murnau	Alpenhof Murnau
Nauheim, Bad	Dolce
Neubrandenburg / Groß Nemerow	Bornmühle
Neuenahr-Ahrweiler, Bad	Weyer
Neukloster / Nakenstorf	Seehotel am Neuklostersee
Neunburg vorm Wald	Landhotel Birkenhof
Neuruppin	Resort Mark Brandenburg
Neustadt an der Donau	Eisvogel
Neustadt an der Donau	Marc Aurel
Niedernberg	Seehotel
Norden	Fährhaus
Norden	Reichshof
Norderney	Seesteg

Norderney	Strandhotel Georgshöhe
Oberaudorf	Feuriger Tatzlwurm
Oberaula	Zum Stern
Oberkirch	Waldhotel Grüner Baum
Obermaiselstein	Berwanger Hof
Oberried	Die Halde
Oberstaufen	Allgäu Sonne
Oberstaufen	Alpenkönig
Oberstaufen	Bergkristall
Oberstaufen	Haubers Alpenresort
Oberstaufen	Concordia
Oberstaufen	Lindner Parkhotel
Oberstaufen	Ludwig Royal
Oberstaufen	Rosenalp
Oberstdorf	Alpenhof
Oberstdorf	Alpenhotel
Oberstdorf	Exquisit
Oberstdorf	Filser
Oberstdorf	Parkhotel Frank
Oberuckersee	Panorama Hotel am Oberuckersee
Öhringen / Friedrichsruhe	Wald und Schlosshotel Friedrichsruhe
Ottobeuren	Parkhotel Maximilian
Perl	Victor's Residenz - Hotel Schloss Berg
Peterstal-Griesbach, Bad	Dollenberg
Pfalzgrafenweiler	Schwanen
Pfalzgrafenweiler	Waldsägmühle
Pirmasens	Kunz
Potsdam	Bayrisches Haus
Potsdam	INSELHOTEL
Prerow / Wiek a. Darß	Haferland
Pyrmont, Bad	Steigenberger
Radolfzell	bora HotSpaResort
Ramsau	Berghotel Rehlegg
Rattenberg	Posthotel
Reit im Winkl	Gut Steinbach
Reit im Winkl	Unterwirt
Rötz	Resort Die Wutzschleife
Rosshaupten	Kaufmann
Rostock	Yachthafenresidenz Hohe Düne
Rotenburg (Wümme)	Landhaus Wachtelhof
Rottach-Egern	Bachmair Weissach
Rottach-Egern	Haltmair am See
Rottach-Egern	Park-Hotel Egerner Höfe
Rottach-Egern	Althoff Seehotel Überfahrt
Rügen / Baabe	Solthus am See
Rügen / Binz	AM MEER und SPA
Rügen / Binz	CERÊS
Rügen / Binz	Grand Hotel Binz
Rügen / Binz	Rugard Strandhotel
Rügen / Binz	Seehotel Binz-Therme
Rügen / Binz	Travel Charme Kurhaus Binz
Rügen / Binz	Vier Jahreszeiten
Rügen / Göhren	Hanseatic
Rügen / Göhren	Travel Charme Nordperd
Rügen / Putbus	Badehaus Goor
Rügen / Sellin	ROEWERS Privathotel
Ruhpolding	Ortnerhof

Ruhstorf an der Rott	Antoniushof
Rust	Bell Rock
Saarow, Bad	A-ROSA Scharmützelsee
Saarow, Bad	Esplanade Resort und Spa
Sachsa, Bad	Romantischer Winkel
Sankt Englmar	Angerhof
Sankt Englmar	Berghotel Maibrunn
Sankt Englmar	Reiner-Hof
Sankt Goar	Schloss Rheinfels
Sankt Peter-Ording	Aalernhüs
Sankt Peter-Ording	Landhaus an de Dün
Sankt Martin	Wiedemann's Weinhotel
Scharbeutz	Bayside
Schermbeck	Landhotel Voshövel
Schleswig	Waldschlösschen
Schliersee	Arabella Alpenhotel am Spitzingsee
Schluchsee	Auerhahn
Schluchsee	Hegers Parkhotel Flora
Schluchsee	Vier Jahreszeiten am Schluchsee
Schmallenberg	Deimann
Schmallenberg	Gasthof Schütte
Schmallenberg	Waldhaus
Schönau am Königssee	Alm und Wellnesshotel Alpenhof
Schönau am Königssee	Alpenhotel Zechmeisterlehen
Schönwald	Zum Ochsen
Schwäbisch Hall	Hohenlohe
Schwangau	Rübezahl
Schwarmstedt / Essel	Heide-Kröpke
Seewald	Oberwiesenhof
Segeberg, Bad	Vitalia Seehotel
Senftenberg	Seeschlößchen
Sinzig	Maravilla
Sobernheim, Bad	BollAnt's - SPA im Park
Sobernheim, Bad	Maasberg Therme
Sonthofen / Ofterschwang	Sonnenalp Resort
Speyer	Lindner Hotel und Spa Binshof
Staffelstein, Bad	Kurhotel
Steben, Bad	relexa
Stolpe / Liepen	Am Peenetal
Stralsund	Scheelehof
Stromberg	Land und Golf Hotel Stromberg
Stuttgart	Le Méridien
Stuttgart	Pullman Fontana
Stuttgart	Steigenberger Graf Zeppelin
Südharz	Schindelbruch
Sylt / Hörnum	BUDERSAND Hotel - Golf und Spa
Sylt / Keitum	Benen-Diken-Hof
Sylt / Keitum	Severin's
Sylt / List	A-ROSA
Sylt / Munkmarsch	Fährhaus
Sylt / Kampen	Rungholt
Sylt / Tinnum	Landhaus Stricker
Sylt / Westerland	Stadt Hamburg
Tangermünde	Schloss Tangermünde
Tecklenburg	Teutoburger Wald
Teinach-Zavelstein, Bad	Berlins Hotel KroneLamm
[illegible]	Gut Edermann

Teisnach	Landromantik Wellnesshotel Oswald
Teistungen	Victor's Residenz-Hotel Teistungenburg
Thyrnau	Parkschlössl
Timmendorfer Strand	Grand Hotel Seeschlösschen
Titisee-Neustadt	Bären
Titisee-Neustadt	Seehotel Wiesler
Titisee-Neustadt	Treschers Schwarzwaldhotel
Titting	Dirsch
Todtnau	derWaldfrieden
Traben-Trarbach	Jugendstilhotel Bellevue
Triberg im Schwarzwald	Parkhotel Wehrle
Unterschleißheim	Dolce Munich
Usedom / Ahlbeck	Das Ahlbeck
Usedom / Ahlbeck	Seehotel Ahlbecker Hof
Usedom / Bansin	Kaiser Spa Zur Post
Usedom / Bansin	Travel Charme Strandhotel
Usedom / Heringsdorf	Steigenberger Grandhotel und Spa
Usedom / Heringsdorf	Strandhotel
Usedom / Heringsdorf	Strandhotel Ostseeblick
Usedom / Heringsdorf	Travel Charme Strandidyll
Usedom / Koserow	Nautic
Usedom / Loddin	Strandhotel Seerose
Viechtach	Burghotel Sterr
Waldshut-Tiengen	Bercher
Wallgau	Parkhotel
Wangels	Weissenhaus Grand Village Resort und Spa am Meer
Waren (Müritz) / Groß Plasten	Schloss Groß Plasten
Wasserburg am Bodensee	Lipprandt
Wegscheid	Reischlhof
Weiler-Simmerberg	Tannenhof
Wenden	Sporthotel Landhaus Wacker
Werder	Resort Schwielowsee
Wernigerode	Travel Charme Gothisches Haus
Wershofen	Kastenholz
Westerburg	Lindner Hotel und Sporting Club Wiesensee
Wiesbaden	Nassauer Hof
Wiessee, Bad	Landhaus am Stein
Wilgartswiesen	Landhaus Am Hirschhorn
Wilhelmshaven	COLUMBIA
Willingen (Upland)	Stryckhaus
Winden	Elztalhotel
Winterberg	Berghotel Astenkrone
Wirsberg	Reiterhof Wirsberg
Wörishofen, Bad	Angerhof
Wörishofen, Bad	Edelweiß
Wörishofen, Bad	Fontenay
Wörishofen, Bad	Steigenberger Hotel Der Sonnenhof
Wolfach	Adler
Wolfsburg	The Ritz-Carlton
Wustrow	DorintResorts
Zingst	Meerlu[illegible]
Zingst	Steigenberger Strand[illegible]
Zwiesel	[illegible]
Zwischenahn, Bad	Jagdhaus [illegible]